ZEITSCHRIFT FÜR UNTERNEHMENS- UND GESELLSCHAFTSRECHT

Begründet von
Marcus Lutter und Herbert Wiedemann

Herausgegeben von
Alfred Bergmann, Ingo Drescher, Holger Fleischer,
Stephan Harbarth, Jens Koch, Gerd Krieger,
Hanno Merkt, Christoph Teichmann, Jochen Vetter,
Marc-Philippe Weller, Hartmut Wicke

Sonderheft 24

DE GRUYTER

Fleischer/Mock

Große Gesellschaftsverträge aus Geschichte und Gegenwart

ZGR-Sonderheft 24

Große Gesellschaftsverträge aus Geschichte und Gegenwart

Herausgegeben von
Holger Fleischer und Sebastian Mock

DE GRUYTER

Professor Dr. Dr. h.c. *Holger Fleischer*, LL.M. (Michigan), Dipl.-Kfm., Max-Planck-Institut für ausländisches und internationales Privatrecht, Hamburg
Professor Dr. *Sebastian Mock*, LL.M. (NYU), Attorney-at-Law (New York), Wirtschaftsuniversität Wien

Zitiervorschlag: *Schmolke*, in Fleischer/Mock (Hrsg.), Große Gesellschaftsverträge aus Geschichte und Gegenwart, S. 687.

ISBN 978-3-11-073848-3
e-ISBN (PDF) 978-3-11-073383-9
e-ISBN (EPUB) 978-3-11-073387-7

Library of Congress Control Number: 2021931480

Bibliografische Information der Deutschen Nationalbibliothek
Die Deutsche Nationalbibliothek verzeichnet diese Publikation in der Deutschen Nationalbibliografie; detaillierte bibliografische Daten sind im Internet über http://dnb.dnb.de abrufbar.

Satz: jürgen ullrich typosatz, Nördlingen
Druck und Bindung: CPI books GmbH, Leck

www.degruyter.com

Inhalt

Vorwort

Große Gesellschaftsverträge und Satzungen gehören zu den Schlüsseltexten des Gesellschaftsrechts. Dieser Band erschließt ausgewählte Statuten und macht sie – zum Teil erstmals – der Fachöffentlichkeit zugänglich. Zugleich erläutert er die Statuten in begleitenden Essays, ordnet sie in ihren Entstehungskontext ein und wirft einen Blick auf die hinter ihnen stehenden Unternehmen und Organisationen. Zeitlich reicht der Bogen von der altrömischen societas über die Florentiner Medici, die Augsburger Fugger und die niederländisch-ostindische Compagnie bis hin zur Gründung von Google. Sachlich wird fast das gesamte Spektrum von Zweckzusammenschlüssen abgedeckt, von den Börsenschwergewichten Siemens, Allianz und Deutsche Telekom über den Massenverein ADAC und die HSV Fußball AG bis hin zur Bucerius Law School. Ein Stück deutscher Wirtschaftsgeschichte erzählen die Statuten der IG Farben, von Auto Union und der Alfried Krupp von Bohlen und Halbach-Stiftung. Insgesamt laden die 27 Einzelbeiträge ein zu einer (Neu-)Befassung der Rechtswissenschaft mit Gesellschaftsverträgen und schlagen zugleich die Brücke zur Wirtschafts- und Unternehmensgeschichte. Ein Einführungs- und ein Schlusskapitel führen die bisherigen Forschungserträge zusammen und zeigen künftige Forschungsperspektiven auf.

An der Entstehung dieses Buches haben viele Personen mitgewirkt. Wir danken zuvörderst allen Autorinnen und Autoren sehr herzlich für ihre bereichernden Beiträge. Ein besonderer Dank gilt außerdem den Verantwortlichen in den Unternehmensarchiven für ihre bereitwillige Unterstützung. Tatkräftig geholfen haben uns bei der Herstellung in Hamburg Ina Freisleben und in Wien Renate Kaltenbrunner-Leiner, auf Seiten des Verlages Claudia Loehr und Kathleen Prüfer.

Hamburg und Wien, im März 2021

Holger Fleischer Sebastian Mock

https://doi.org/10.1515/9783110733839-203

Holger Fleischer und Sebastian Mock

Gesellschaftsverträge und Satzungen im Wandel der Zeiten*

Inhaltsübersicht

* Dieser Beitrag ist zuerst in NZG 2020, 161 erschienen. Er stand am Beginn der Forschungsreihe über Gesellschaftsverträge und ist für dieses Einführungskapitel geringfügig überarbeitet worden.

https://doi.org/10.1515/9783110733839-001

I. Große Gesellschaftsverträge als eigener Forschungsgegenstand

Am Anfang war der Gesellschaftsvertrag. Auf diese einfache Formel lässt sich die Entstehung des Gesellschaftsrechts reduzieren. Schon bevor es erste gesellschaftsrechtliche Einzelgesetze oder gar Kodifikationen gab, schlossen sich Personen vertraglich zur gemeinsamen Zweckverfolgung zusammen und vereinbarten entsprechende Beitragsleistungen.[1] Der Gesellschaftsvertrag galt ihnen nicht nur als Gründungsurkunde, sondern auch als Urgrund mitgliedschaftlicher Rechte und Pflichten. Er fixierte die verbindlichen Spielregeln für ihr gemeinsames Wirken und Wirtschaften. Dieser Primat des Gesellschaftsvertrages kommt bis heute in einzelnen Gesetzesvorschriften zum Vorschein, für die Personenhandelsgesellschaften in § 109 HGB, für die GmbH in § 45 Abs. 2 GmbHG, für den rechtsfähigen Verein abgeschwächt in § 25 BGB.

Heute hat sich die wissenschaftliche Aufarbeitung des Rechtsstoffes längst vom Vorrang des Vertrages gelöst und setzt stattdessen bei der gesellschaftsrechtlichen Legalordnung an: Lehrbücher und Kommentare stellen das Gesetzesrecht in den Mittelpunkt ihrer Darstellungen; auch im Hörsaal dominiert der Gesetzesbezug. Der Gesellschaftsvertrag gerät dadurch ins Hintertreffen und wird als eigener Forschungsgegenstand kaum zur Kenntnis genommen. Allenfalls fristet er in entpersonalisierter Form ein Nischendasein in den Formularbüchern der Kautelarjuristen – ausgerechnet jener Literaturgattung, die unter Rechtswissenschaftlern (zu Unrecht[2]) die geringste Wertschätzung genießt.

Eine von den Verfassern angeregte Untersuchungsreihe möchte zur Schließung dieser Forschungslücke beitragen, indem sie die Aufmerksamkeit auf große Gesellschaftsverträge aus Geschichte und Gegenwart lenkt. Gedacht ist nicht an eine bloße Edition von Einzeldokumenten, wie sie Rechts- und Wirtschaftshistoriker für manche Epochen bereits vorgelegt haben[3], sondern an ein tieferes Eintau-

1 Vgl. am Beispiel des *Fugger*-Gesellschaftsvertrages *Fleischer*, FS Bergmann, 2018, S. 183, 185: „Als sich die *Fugger*-Brüder zu Beginn der 1490er Jahre anschickten, ihr Handelsunternehmen auf eine festere vertragliche Grundlage zu stellen, konnte von einer Gesetzgebung im modernen Sinne auf dem Gebiet des Gesellschaftsrechts noch keine Rede sein."

2 Zu den großen Leistungen der Kautelarpraxis im Gesellschaftsrecht *Fleischer*, RabelsZ 82 (2018), 239, 253 ff.; speziell für den Konzern *Thiessen*, in ZGR Sonderheft 22 (2020), 1, 5 ff.

3 Vgl. etwa *Lutz*, Die rechtliche Struktur süddeutscher Handelsgesellschaften in der Zeit der Fugger, 1976, Bd. 2: Urkunden; ferner *Hocker*, Sammlung der Statuten aller Actien- und Commanditgesellschaften Deutschlands mit statistischen Nachweisen und Tabellen, I. Band: Sammlung der Statuten aller Actien-Banken Deutschlands, 1858; *Flechtheim*/*Wolff*/*Schmulewitz*, Die Satzungen der deutschen Aktiengesellschaften, 1929; mit breiterem Zugriff auf zentrale kaufmännische Do-

chen in konkrete Verträge und Satzungen, ihren Entstehungskontext und ihre Einzelbestimmungen von der Präambel bis zur salvatorischen Klausel. Zu diesem Zweck werden gut zwei Dutzend Vertragswerke im – zum Teil nur schwer zugänglichen – Original erschlossen und in begleitenden Essays erläutert. Zeitlich spannt sich der Bogen von der altrömischen *societas* über die Florentiner *Medici* Mitte des 15. Jahrhunderts und der Vereinigten Ostindischen Compagnie der Niederlande (VOC) Anfang des 17. Jahrhunderts bis hin zu dem Internet-Giganten Google unserer Tage. Sachlich wird fast das gesamte Spektrum von Zweckzusammenschlüssen abgedeckt, von den deutschen Industrie-Schwergewichten Siemens, Allianz und Deutsche Telekom über den Massenverein ADAC und die HSV Fußball AG bis hin zu Kapitalgesellschaften des dritten Sektors wie der Bucerius Law School gGmbH und der Welt der schönen Künste, organisiert in der österreichischen Bundestheater-Holding GmbH. Ein besonderes Augenmerk gilt außerdem den grenzüberschreitenden Bezügen etwa bei der Air Berlin PLC & Co. Luftverkehrs KG, der Airbus SE, der Fédération Internationale de Football Association (FIFA) oder der Idee einer „Welt-AG" à la DaimlerChrysler. Für zeitgeschichtliche Studien sorgen die I.G. Farben AG, die erste österreichische Sparkassen AG und die Alfried Krupp von Bohlen und Halbach-Stiftung mitsamt der von Hitler abgesegneten Lex Krupp[4].

II. Besondere Gesellschaftsverträge und gesellschaftsvertragliche Besonderheiten

Mangels historischer oder rechtsvergleichender Vorbilder hat das weitgespannte Untersuchungsprogramm einen notwendig exploratorischen Charakter. Welche wissenschaftlichen Erträge der Streifzug durch die Welt der Statuten einbringt, lässt sich mit größerer Zuversicht erst sagen, wenn man eine kritische Masse von ihnen unter die Lupe genommen hat. Mit diesem *caveat* seien vorab einige Kategorien von Gesellschaftsverträgen herausgegriffen, die unter verschiedenen Aspekten neue Einsichten versprechen.

kumente *Lopez/Raymond* (Hrsg.), Medieval Trade in the Mediterranean World: Illustrative Documents, 1955, Nachdruck 2001.

4 RGBl. 1943, I, 655; dazu *Abelshauser*, in Gall (Hrsg.), Krupp im 20. Jahrhundert, 2002, S. 267, 317 ff.

1. Historische Gesellschaftsverträge der ersten Stunde

Aufmerksamkeit verdienen zunächst die Archetypen unserer heutigen Gesellschaftsformen. Für die internationale Entwicklung der Personenhandelsgesellschaften besonders aufschlussreich sind Zeugnisse der *compagnia* im mittelalterlichen Florenz[5], namentlich über die „medieval super-companies"[6] der *Bardi* und *Peruzzi* sowie nach deren Niedergang über die gesellschaftsrechtlichen Strukturen des *Medici*-Imperiums[7]. Manches Dokument ist urkundlich erhalten, etwa ein Personengesellschaftsvertrag von Mitgliedern der *Medici*-Familie mit einem familienfremden Gesellschafter von 1455 über den Betrieb von Wechsel- und Handelsgeschäften in Brügge.[8] Hierher gehört auch der erste schriftliche Gesellschaftsvertrag der *Fugger*-Brüder aus dem Jahre 1494[9], der als ältester überlieferter OHG-Vertrag hierzulande ein zeitgeschichtliches Dokument ersten Ranges darstellt.[10] Nicht minder bedeutend ist der „Oktroy" der niederländischen VOC[11], die nach ihrer Gründung 1602 „wie ein Meteor"[12] aufstieg und vielen als Vorläuferin der heutigen kontinentaleuropäischen AG oder gar als erste *naamloze vennootschap* in den Niederlanden gilt.[13]

---

5 Näher zu den Ursprüngen der *compagnia* in Oberitalien *Fleischer/Cools*, ZGR 2019, 463, 477 ff. m.w.N.; noch ausführlicher *Fleischer*, in ders. (Hrsg.), Personengesellschaften im Rechtsvergleich, § 1 Rn. 128 ff.

6 Monographisch *Hunt*, The Medieval Super-Companies. A Study of the Peruzzi Company of Florence, 1994.

7 Grundlegend *de Roover*, The Rise and Decline of the Medici Bank, 1397–1494, 1963, S. 77 ff.

8 Wiedergegeben bei *Grunzweig*, Correspondance de la filiale de Bruges des Medici, Première Partie, 1931, S. 55 ff. (italienisch), und bei *Lopez/Raymond* (Fn. 3), S. 206 ff. (englisch).

9 Wiedergegeben bei *M. Jansen*, Jakob Fugger der Reiche, Studien und Quellen, Bd. I, 1910, Anhang, S. 263 ff.

10 Näher *Fleischer*, FS Bergmann, 2018, S. 183, 186 ff.

11 Wiedergegeben bei *Gepken-Jager/van Solinge/Timmermann* (Hrsg.), VOC 1602–2002: 400 Years of Company Law, S. 17 ff. (niederländisch), S. 29 ff. (englisch); für eine frühe deutsche Übersetzung *Luzacs*, Betrachtungen über den Ursprung des Handels und der Macht der Holländer, die allmähliche Zunahme ihres Handels und ihrer Schiffahrt, die wirkenden Ursachen ihres Wachsthums und ihrer Abnahme, und die Mittel sie wieder zu heben, und zu ihrem ehemaligen Flor zu bringen, Bd. 1, 1788–1790, Beilage R, S. 516 ff.

12 *Bösselmann*, Die Entwicklung des deutschen Aktienwesens im 19. Jahrhundert, 1939, S. 51 in Auseinandersetzung mit der These, dass die erste wirkliche AG die 1407 in Genua gegründete St. Georgsbank gewesen sei.

13 So *Gepken-Jager*, in Gepken-Jager/van Solinge/Timmermann (Fn. 11), S. 43 m.w.N.

2. Rechtliche und organisatorische Innovationen

Mit den Gesellschaftsverträgen gehen nicht selten weitere rechtliche oder organisatorische Innovationen einher: Dies beginnt mit den *Medici*, die zwar keine neuen Produkte oder Geschäftsmethoden erfanden, aber Erfindungsreichtum im Hinblick auf die Organisation ihres Unternehmens bewiesen. Mit ihrem Netz von Partnerschaftsverträgen in ganz Europa waren sie rückblickend die Pioniere eines dezentralen Personengesellschaftskonzerns: „In studying the organization of the Medici Bank, one cannot fail to notice how closely it resembles that of a holding company."[14] In neuerer Zeit verdient das berühmte Standard Oil Trust Agreement von 1882[15] dieses Prädikat, das unter den widrigen Bedingungen der *Ultra-vires*-Doktrin eine zentrale Konzernleitung ermöglichte, bevor der Trust nach einer Liberalisierung des Gesellschaftsrechts durch die Holdinggesellschaft als dominante konzernrechtliche Organisationsform abgelöst wurde.[16] Außerdem nahm dieses Trust Agreement mit seinen Governance-Strukturen die heutige Ausschussbildung in Aufsichtsrat bzw. *board of directors* vorweg.[17] Die fortwährende Suche nach leistungsfähigeren oder passgenaueren Rechts- und Organisationsformen hält bis heute an. Zu den jüngeren Neuschöpfungen gehört etwa die Auslandsgesellschaft & Co. KG, die auf der herkömmlichen GmbH & Co. KG aufbaut[18], aber die Komplementärstelle nicht durch eine GmbH, sondern durch eine ausländische Rechtsform ausfüllt.[19] Ein bekanntes Beispiel bildet die Air Berlin PLC & Co. Luftverkehrs KG. Innovativen Charakter hat außerdem die mehrgliedrige stille (Publikums-)Gesellschaft, die sich schon seit einiger Zeit zu einem wahren Massenphänomen entwickelt hat,[20] beispielhaft eingefangen in atypischen stillen Beteiligungen an der Garbe Logimac AG.

---

14 *De Roover* (Fn. 7), S. 81; hieran anknüpfend *Schneider*, Zeitschrift für Unternehmensgeschichte 61 (2016), 64 ff.

15 Wiedergegeben bei *Cook*, Trusts – The Recent Combinations in Trade, Their Character, Legality and Mode of Organization, 1888, Appendix B, S. 78 ff.

16 Näher *Fleischer/Horn*, RabelsZ 83 (2019), 507, 525 ff.

17 Dazu *Chernow*, Titan – The Life of John D. Rockefeller, Sr., 1998/2004, S. 228: „The secret to unifying the dozens of affiliated concerns proved to be the committee system patented by Standard Oil."

18 Zu ihrer „Erfindung" *Fleischer/Wansleben*, in Fleischer/Thiessen (Hrsg.), Gesellschaftsrechts-Geschichten, 2018, § 1, S. 27 ff.

19 Aus akademischer Sicht *Teichmann*, ZGR 2014, 220; aus anwaltlicher Perspektive *Koziczinski*, Liber Amicorum D. Weber, 2016, S. 229 unter dem Titel „Die Auslandsgesellschaft & Co. KG oder die Grenzen der Gestaltungsphantasie der Berater".

20 Näher zu ihren verschiedenen Spielarten *Kauffeld/Mock*, ZIP 2019, 1411.

3. Kautelarjuristische Schöpfer und Promotoren

Gewürdigt werden sollen außerdem die kreativen Köpfe hinter den kautelarjuristischen Schöpfungen, sofern man ihrer überhaupt habhaft werden kann.[21] Was die Schaffung einer Unternehmensgruppe aus mehreren rechtlich selbstständigen Personengesellschaften anbelangt, gilt *Cosimo de' Medici* als „erster Netzwerktheoretiker und Konzerndesigner der Geschichte“[22]. Im Hinblick auf den frühen Gesellschaftsvertrag der *Fugger*-Brüder wird gelegentlich vermutet, dass ihnen *Conrad Peutinger*, ein rechtsgelehrter Humanist und langjähriger Augsburger Stadtschreiber, bei der Vertragsgestaltung beratend zur Seite stand.[23] Zuverlässig weiß man, dass der Kaufmann, Bankier und Wirtschaftspolitiker *David Hansemann* die treibende Kraft hinter der Gründung der Rheinischen Eisenbahngesellschaft im Jahre 1837 und weiterer Unternehmen wie der Aachener Feuerversicherungs-Gesellschaft war.[24] Der erste handgeschriebene OHG-Vertrag der Telegraphen-Bauanstalt Siemens & Halske von 1847[25] zwischen dem „Mechanikus Halske“, dem „Artillerielieutenant Werner Siemens“ und dem „Justizrath Georg Siemens“ stammte wohl von letzterem, seines Zeichens Notar und Rechtsanwalt beim Preußischen Obertribunal in Berlin.[26] Für das Standard Oil Trust Agreement zeichnete der Chefsyndikus des Unternehmens, *Samuel C.T. Dodd*, verantwortlich,[27] der hierüber später auch in der Harvard Law Review publizierte[28].

4. Familiengesellschaftsverträge

Hochinteressant für die juristische Forschung sind des Weiteren Statuten von Familienunternehmen, weil diese seit alters den Motor des Gesellschaftsrechts bil-

---

21 Illusionslos *Flume*, DNotZ, Sonderheft 1969, 30: „Nicht nur die Nachwelt, sondern auch die Mitwelt flicht im allgemeinen dem Kautelarjuristen keine Kränze.“

22 *Amstutz*, FS Schnyder, 2018, S. 947, 955.

23 So *Pölnitz*, Jakob Fugger, Kaiser, Kirche und Kapital in der oberdeutschen Renaissance, Bd. I, 1949, S. 57 mit dem Zusatz: „Wenigstens gab es später Fälle, in denen Fugger sein Gutachten erbat und gebrauchte.“

24 Näher zu *Hansemann* sowie zu *Ludolf Camphausen* und *Gustav Mevissen* als Gesellschaftsgründern und Schöpfern von Aktienstatuten *Landwehr*, ZRG, GA 99 (1982), 1, 87 ff.; aus *Hansemanns* Feder selbst, Die Eisenbahnen und deren Aktionäre in ihrem Verhältnis zum Staat, 1837.

25 Gesellschaftsvertrag vom 1. Oktober 1847, in Siemens-Archiv-Akte (SAA) 21/li 53.

26 Näher dazu *Fleischer*, AG 2019, 481, 482.

27 Zu ihm etwa *Chernow* (Fn. 17), S. 225: „As general solicitor of Standard Oil from 1881 to 1905, he was its leading theoretician and publicist, as much ideologist as lawyer.“

28 *Dodd*, 7 Harv. L. Rev. 157 (1893).

deten. Angefangen von der Brüdergesellschaft (*societas fratrum*) der Hauserben im alten Rom über die mittelalterliche *compagnia* – übersetzt: Gemeinschaft des Brotes – bis hin zu den Handels- und Bankhäusern des 19. Jahrhunderts trugen die meisten von ihnen in der Vergangenheit den Charakter von Familiengesellschaften.[29] Die Auswertung derartiger Gesellschaftsverträge verspricht einen unmittelbaren Eindruck von der Interaktionsdynamik und den Kräfteverhältnissen innerhalb eines Familienunternehmens, vor allem beim Übergang von einer Generation zur nächsten. Dies belegen generationenübergreifende Fallstudien zur *Fugger*-Dynastie[30], zur *Siemens*-Familie[31], aber auch zum Kölner Bankhaus *Sal. Oppenheim*, dessen Firmen- und Familiengeschichte schon vor einiger Zeit von Historikern sachkundig aufbereitet wurde.[32] Aus juristischer Sicht bilden solche Serien aufeinanderfolgender Gesellschaftsverträge und Satzungen eine wahre Fundgrube. Einen noch tieferen Einblick gewinnt man, wenn – wie im Falle der *Fugger* – auch die (Unternehmer-)Testamente öffentlich verfügbar sind.[33] Besondere Herausforderungen ergeben sich schließlich in Mehr-Generationen-Familienunternehmen mit mehreren Dutzend oder gar Hunderten von Familiengesellschaftern, die eines stabilen Organisationsrahmens für ihre Ownership Governance bedürfen.[34] Hierfür bietet sich traditionell die sog. große Familien-KG an; ein frühes Musterbeispiel bildet der KG-Vertrag des Industrie- und Automobilzulieferers Freudenberg, der von keinem Geringeren als *Max Hachenburg* entworfen worden war und von *Ernst Boesebeck* weiter ausgearbeitet wurde.[35]

5. Gesellschaftsverträge und Rechtsformwechsel im Zeitablauf

Sowohl bei Familiengesellschaften als auch bei sonstigen Gesellschaften kann man beobachten, wie sie mit zunehmendem Unternehmenswachstum im Zeit-

---

29 Näher dazu *Fleischer*, NZG 2017, 1201 ff.

30 Fn. 1.

31 Vgl. *Fleischer*, AG 2019, 481, 482 ff.

32 Vgl. *Stürmer/Teichmann/Treue*, Wägen und Wagen, Sal. Oppenheim jr. & Cie. Geschichte einer Bank und einer Familie, 2. Aufl. 1989; für eine juristische Auswertung aller Gesellschaftsverträge anhand der Archivakten *Fleischer/Tittel*, FuS 2020, 10.

33 Wiedergegeben bei *M. Jansen* (Fn. 9), S. 306 ff. und S. 329 ff.; monographisch *Simmacher*, Die Fuggertestamente des 16. Jahrhunderts, 1960.

34 Näher dazu *Fleischer*, BB 2019, 2819, 2822 ff.

35 In abstrakter Form wiedergegeben bei *Boesebeck*, Die „kapitalistische" Kommanditgesellschaft", 1938, Anlage IV, S. 97 ff.: „Beispiel einer großen hochkapitalistischen Familien-Kommanditgesellschaft, die Elemente der Kapitalgesellschaft übernommen, aber trotzdem ihr eigenes individualistisches Gepräge hat."

ablauf das Rechtskleid wechseln, manche auch mehrfach. So begann die schon erwähnte Telegraphen-Bauanstalt Siemens & Halske ursprünglich als OHG, bevor sie mit dem Rückzug des Patriarchen *Werner Siemens* 1890 in eine KG und nach dessen Tode in eine AG umgewandelt wurde, um dem längst börsennotierten Konkurrenten AEG weiterhin Paroli bieten zu können.[36] Das Bankhaus Sal. Oppenheim wurde nach dem Tod des Gründers *Salomon Oppenheim jr.* von dessen Witwe und den beiden ältesten Söhnen 1728 als OHG fortgeführt, mit dem Rückzug der dritten Generation 1904 in eine KG umgewandelt und schließlich 1989 in eine KGaA überführt. Standard Oil startete 1862 als „Rockefeller & Andrews Partnership" und wechselte 1870 zur Deckung des wachsenden Kapitalbedarfs in eine *joint stock corporation* nach dem Recht von Ohio.[37] Das Unternehmen Carl Zeiss Jena nahm in seiner Geschichte gleich eine ganze Reihe verschiedener Rechtsformen an, die von der unternehmenstragenden Carl-Zeiss-Stiftung über das noch zu DDR-Zeiten gegründete Kombinat VEB Carl Zeiss Jena bis hin zur Carl Zeiss Jena GmbH reichen.[38]

6. Gesellschaftsverträge mit grenzüberschreitenden Bezügen

Wieder andere Gesellschaftsverträge verdienen wegen ihrer internationalen Bezüge nähere Aufmerksamkeit. Anschauungsmaterial bietet etwa der Zusammenschluss von Daimler-Benz und Chrysler in der DaimlerChrysler AG.[39] Im Gegenzug zur Wahl der deutschen Rechtsform kam die Daimler-Fraktion der Chrysler-Seite in Corporate-Governance-Fragen entgegen, indem man neben Vorstand und Aufsichtsrat unter anderem ein sog. *Shareholder Committee* nach dem Vorbild des *board* einer US-amerikanischen *corporation* bildete.[40] Dass Englisch in den Führungsgremien von DaimlerChrysler als „Amtssprache" gelten sollte, hatte schon das vorbereitende Business Combination Agreement vorgesehen.[41] Wenig erörtert wird dagegen die Sprachenfrage in der Hauptversammlung einer AG oder SE mit überwiegend ausländischem Aktionariat.[42] Internationale Bezüge weist ferner die

---

36 Dazu *Georg Siemens*, Der Weg der Elektrotechnik. Geschichte des Hauses Siemens, 2. Aufl. 1961, Bd. I, S. 185.

37 First Act of Incorporation of the Standard Oil Company, wiedergegeben bei *Tarbell*, The History of the Standard Oil Company, Bd. I, 1904, Appendix Nr. 2, S. 276.

38 Allgemein zur Umwandlung eines VEB in eine GmbH BVerwGE 115, 231.

39 Näher *Appel/Hein*, Der DaimlerChrysler-Deal, 2. Aufl. 1998; *Stöcker*, Rechtsfragen grenzüberschreitender Zusammenschlüsse – unter besonderer Berücksichtigung des Falles Daimler/Chrysler, 2003.

40 Vgl. *Gentz*, in Schwalbach (Hrsg.), Corporate Governance, 2. Aufl. 2003, S. 2, 9 f.

41 Zu ihm noch unter IV.

42 Weiterführend aber *Mohamed*, NZG 2015, 1263.

1904 gegründete FIFA auf, ein Verein – ursprünglich französischen und heute – schweizerischen Rechts[43], in dessen Statuten sich diese Internationalität aber überraschenderweise nicht widerspiegelt. Gleiches gilt trotz ihrer Mischform für den Gesellschaftsvertrag der Air Berlin PLC & Co. Luftverkehrs KG. Anders liegt es hingegen bei Airbus, einer nach niederländischem Recht gegründeten SE, an der Deutschland, Frankreich und Spanien als Ankeraktionäre signifikante Anteile halten. Deren Geschäftsordnung für den Verwaltungsrat hält ausdrücklich fest, dass „these rules shall be governed by, and construed in accordance with, the laws of the Netherlands". Vertragliche Vorsorge hinsichtlich des Gerichtsstands trafen schon vorzeiten die *Medici* für ihre ausländischen Tochtergesellschaften, bei denen sich einzelne Familienmitglieder mit familienfremden lokalen Partnern zusammenschlossen.[44] Neuerdings enthält auch die Satzung der Volkswagen AG eine Klausel über den ausschließlichen Gerichtsstand am Sitz der Gesellschaft, um zu verhindern dass ausländische Aktionäre im Ausland klagen.[45]

7. Gesellschaftsverträge und hoheitlicher Octroi

Gleichsam ein *mixtum compositum* zwischen Gesellschaftsvertrag und Gesetz bilden jene Statuten, die zu Zeiten des Octroi- und Konzessionssystems beschlossen wurden.[46] Als Ursprung des Octroi-Systems gilt vielen die Gründung der niederländischen VOC[47], die nicht im Wege freier Vereinigung erfolgte, sondern als staatliche Schöpfung unter dem „Octroy"[48] vom 20. März

43 Dazu *Meier-Hayoz/Forstmoser/Sethe*, Schweizerisches Gesellschaftsrecht, 12. Aufl. 2018, § 20 Rn. 106: „Die FIFA und die UEFA sind ebenfalls als Vereine organisiert, obwohl ihre internationale und stark kommerziell ausgerichtete Struktur nicht dem gesetzgeberischen Leitbild entspricht."

44 Vgl. am Beispiel des in Fn. 7 erwähnten Gesellschaftsvertrages über die Tochtergesellschaft in Brügge *de Rover* (Fn. 7), S. 89: „Any dispute arising from the partnership contract was to be settled by the Court of the Six of the Mercanzia in Florence. Tani [= der lokale Partner] could also be sued for nonfulfillment of the contract before the *loya* (magistrates) of Bruges or the courts of London, Genoa, or Venice, and he recognized in advance their jurisdiction."

45 § 29 der Satzung der Volkswagen AG mit dem Vorbehalt „soweit dem nicht zwingende gesetzliche Vorschriften entgegenstehen" und dem Zusatz „Ausländische Gerichte sind für solche Streitigkeiten nicht zuständig."

46 Allgemein zum Octroi-System *Lehmann*, Die geschichtliche Entwicklung des Aktienrechts bis zum Code de Commerce, 1895, S. 82 ff.

47 So etwa *Köbler*, Deutsche Rechtsgeschichte, 6. Aufl. 2005, S. 173.

48 Zum Begriff *Zedler*, Großes vollständiges Universal-Lexicon aller Wissenschafften und Künste, 1731–1754, Bd. 25, S. 417: „Octroy, oder Oktroi, Lat. Concessio gratiosa, ist ein Niederlän-

1602.[49] Ähnlich verhielt es sich mit der Charter der Bank of England von 1694, die einer Gruppe von sieben Unterzeichnern die Gründung eines „Body Politick and Corporate" unter dem Namen „The Governor and Company of the Bank of England" gestattete.[50] Die Charter selbst bestimmte lediglich Namen, Rechtsform sowie Rechts- und Parteifähigkeit dieses neuen Gebildes und verwies im Übrigen auf ein (Haushalts-)Gesetz aus demselben Jahr, den sog. Tonnage Act.[51] Größerer Spielraum bot sich den Gründergesellschaftern in späteren Jahrhunderten, etwa in der preußischen Statutenpraxis des 19. Jahrhunderts. Noch immer bedurfte es jedoch der „Bestätigung des Gesellschaftsvertrages"[52] bzw. der „landesherrlichen Genehmigung der Errichtung der Gesellschaft"[53]. Zudem nahm die Genehmigungspraxis der Ministerien Einfluss auf die Gestaltung der inneren Gesellschaftsorganisation, sodass sich die Statuten durch eine hohe Gleichförmigkeit auszeichneten.[54] Beredten Ausdruck fand die notwendige hoheitliche Mitwirkung darin, dass die Statuten der Eisenbahngesellschaften, z. B. der bereits erwähnten Rheinischen Eisenbahngesellschaft, gemäß § 3 Abs. 2 EisenbahnG von 1838 in der preußischen Gesetzessammlung publiziert werden mussten.[55]

8. Gesellschaftsverträge und gesetzliches Musterprotokoll

Auch unter dem heutigen System freier Körperschaftsbildung gibt es noch Elemente staatlicher Vorprägung oder Mitwirkung, wenn auch in geringerem Maße. Eine hübsche Illustration aus den Vereinigten Staaten bildet der erste Gesellschaftsvertrag der Ford Motor Company von 1903 zwischen *Henry Ford* und elf weiteren Anteilseignern: Er kam zustande durch handschriftliche Eintragungen

---

disches Wort, und bedeutet so viel, als eine Vergünstigung, Privilegium oder Freyheit, welche durch die hoheitliche Landes-Obrigkeit ertheilet wird."

49 Dazu auch *Dari-Mattiacci/Gelderblom/Jonker/Perotti*, J. L., Econ. & Org. 33 (2017), 193, 204: „It is important to stress that the VOC charter was not a private contract among traders but rather a legislative act and that the legal innovations contained therein did not extend to other companies."

50 Näher *Broz/Grossman*, Explanations in Economic History 41 (2004), 48, 56 ff.

51 Vgl. *Clapham*, The Bank of England, Bd. I, 1966, S. 18 f.: „in fact little more than a piece of legal form, for all essentials were in the Act".

52 § 3 Abs. 1 Preußisches Aktiengesetz von 1843.

53 Art. 12 § 3 Abs. 1 EinführungsG zum ADHGB von 1861.

54 Näher dazu *Landwehr*, in Scherner/Willoweit (Hrsg.), Vom Gewerbe zum Unternehmen – Studien zum Recht der gewerblichen Wirtschaft im 18. und 19. Jahrhundert, 1982, S. 251, 275 f.

55 Vgl. Gesetz-Sammlung für die Königlichen Preußischen Staaten, 1855, S. 40 ff.: „Statuten für die Rheinische Eisenbahngesellschaft".

in einem vorgedruckten vierseitigen Formular der *articles of associations* bei dem zuständigen Clerk des County of Wayne, State of Michigan.[56] Selbst der moderne Gesetzgeber bedient sich noch solcher Elemente. So wurden hierzulande durch das MoMiG von 2008 zwei Musterprotokolle für die vereinfachte Gründung einer GmbH als Anlage zum GmbHG eingeführt.[57] Das Zustandekommen eines Gesellschaftsvertrages reduziert sich insoweit auf das bloße Ausfüllen eines Lückentextes.

9. Varietät der Gesellschaftszwecke

Schließlich sind die ausgewählten Gesellschaftsverträge auch ein Spiegelbild der höchst verschiedenartigen Gesellschaftszwecke. Dies gilt schon innerhalb ein und derselben Rechtsform, wie die Gegenüberstellung der Robert Bosch GmbH und der Bucerius Law School gGmbH veranschaulicht. Ähnlich liberal zeigt sich etwa die US-amerikanische *corporation*, die gegründet werden kann „to conduct or promote any lawful business or purpose“[58], was auch ideologisch oder politisch motivierte Personenzusammenschlüsse einschließt „ranging from the Ku Klux Klan (KKK) to the National Association for the Advancement of Colored People (NAACP)“[59]. Diese Varietät der Gesellschaftszwecke zeigt sich erst recht, wenn man weitere Organisationsformen hinzunimmt, die sich nach der üblichen Einteilung teils noch innerhalb der Grenzen des Gesellschaftsrechts bewegen (österreichische Bundestheater-Holding GmbH), teils mangels mitgliedschaftlichen Substrats schon *extra muros* (Richard-Wagner-Stiftung).

10. Gesellschaftsverträge zwischen Satzungsfreiheit und Satzungsstrenge

Das Wechselspiel zwischen Satzungsfreiheit und Satzungsstrenge lässt sich im Zeitablauf trefflich anhand der aktienrechtlichen Organisationsverfassung verfolgen. Die unvollständigen Regelungen hierzu im preußischen Aktiengesetz von

56 Eindrucksvolles Bilddokument in der Digital Collection des Henry-Ford-Museums.
57 Monographisch *Damler*, Das gesetzlich privilegierte Muster im Privatrecht, 2015, S. 7 ff. und passim.
58 § 1.01(b) Delaware General Corporation Law; dazu etwa *de Fontenay*, 8 Harv. Bus. L. Rev. 183, 207 (2018): „To be sure, the corporate form is adopted by organizations of wildly different missions."
59 *Lamoreaux/Nowak*, in dies. (Hrsg.), Corporations and American Democracy, 2017, S. 1, 27.

1843 und im ADHGB von 1861 hatten zur Folge, dass sich die innere Organisation „ohne Anlehnung an einen bestimmten normativen Sozietätstyp allein aus den Bedürfnissen der Praxis heraus entwickelte“[60]. Auch nach Einführung eines obligatorischen Aufsichtsrats durch die Aktienrechtsnovelle von 1870 verblieben noch beträchtliche Gestaltungsspielräume, von denen die Gesellschaften ausgiebig Gebrauch machten. Dies veranschaulicht etwa die Satzung der Siemens AG von 1890, die den ausschließlich aus Familienangehörigen bestehenden Aufsichtsrat mit einer enormen Machtfülle ausstattete und so den Familieneinfluss zu wahren suchte: „Damit war ein Novum in der deutschen Wirtschaftsgeschichte geschaffen. Eine Gesellschaft, deren Aktien bald eines der wichtigsten und repräsentativsten Börsenpapiere wurden, sah man von einer Familie beherrscht mit einem Oberhaupt wie in einer erblichen Monarchie.“[61] Erst das Aktiengesetz von 1937 setze dem mit seiner klaren Kompetenzverteilung und -abgrenzung zwischen Vorstand und Aufsichtsrat ein Ende.

Heute lässt der Grundsatz der aktienrechtlichen Satzungsstrenge nach § 23 Abs. 5 AktG den Beteiligten nur noch wenig Gestaltungsspielraum.[62] Selbst hiervon machen börsennotierte Gesellschaften aber überraschenderweise kaum Gebrauch.[63] Zudem scheint die Satzungsstrenge des Aktienrechts bei der Umwandlung von Unternehmen einen Beitrag zur Konfliktvermeidung zu liefern, wird doch im Profifußball wie im Fall der HSV Fußball AG für Ausgliederungen von Profisportabteilungen aus dem Verein gern auf die AG zurückgegriffen, weil sich auf diese Weise langwierige Diskussionen über die Organisationsverfassung vermeiden lassen. Von einem ganz anderen Ausgangspunkt gilt dies freilich ebenso für US-amerikanische Publikumsgesellschaften, die von den fast ausnahmslos als *default rules* ausgestalteten Gesetzesregeln nur höchst selten[64] abweichen[65]: „Yet the extraordinary freedom that is now available to the drafters of corporate charters is exploited in remarkably small degree.“[66]

---

60 *Landwehr*, ZRG, GA 99 (1982), 1, 21.

61 *Georg Siemens* (Fn. 36), S. 189 f.

62 Kritisch dazu *Kalss/Fleischer*, AG 2013, 693 ff. m. w. N.

63 Aktuelle Aufbereitung für die Satzungsgestaltung in den DAX-Unternehmen *Fleischer/Maas*, AG 2020, 761 m. w. N.

64 Für einen Ausnahmefall unten III. 4.

65 Vgl. die Auflistung der „sticky default terms“ bei *de Fontenay*, 8 Harv. Bus. L. Rev. 183, 225 (2018).

66 *Hansmann*, 8 Am. L. & Econ. Rev. 1, 4 (2006).

11. Gesellschaftsverträge und Verlust der Heimatrechtsordnung

Schließlich begegnet man gelegentlich Gesellschaften, die sich durch Kriegswirren oder widrige politische Umstände plötzlich in einem anderen Land oder einer (neuen) Rechtsordnung wiederfanden. Dies betraf nicht nur deutsche Unternehmen wie die Auto Union GmbH, deren Hauptverwaltung und Produktionsstätten nach dem Zweiten Weltkrieg in der Sowjetischen Besatzungszone lagen, sondern auch französische Unternehmen aus Elsass-Lothringen oder österreichische Unternehmen nach Auflösung der Doppelmonarchie Österreich-Ungarn oder dem Verlust von Südtirol. Die Beschäftigung mit dieser korporativen Entwurzelung und der damit verbundene statutarische Anpassungsbedarf kann auch für die Gegenwart wertvolle Einsichten liefern, zeigt doch das Beispiel des Brexit, dass der Verlust der Heimatrechtsordnung kein rein historisches Phänomen darstellt.[67]

III. Ausgewählte Einzelelemente von Gesellschaftsverträgen im Wandel der Zeiten

Neben diesen übergreifenden Bemerkungen verspricht ein Rundgang durch die in- und ausländische Statutenpraxis eine Fülle weiterer Einzelbeobachtungen zu verschiedenen Elementen eines Gesellschaftsvertrags.

1. Präambel

Frühe Gesellschaftsverträge begannen in ihrem Eingangsteil mit der Anrufung Gottes und der Heiligen.[68] Diese starke Glaubensgebundenheit fand ihre Fortsetzung darin, dass Messer Domeneddio, der Herrgott, selbst Teilhaber in florentinischen Gesellschaften wurde, ein laufendes Konto erhielt und im Falle eines Bankrotts vor allen anderen Gläubigern ausbezahlt wurde.[69] Die Fugger übernah-

---

67 Näher *Mohamed*, ZVerglRWiss 117 (2018), 189.

68 Vgl. für die süddeutschen Handelsgesellschaften in der Zeit der Fugger *Lutz* (Fn. 3), Bd. 1, S. 182 ff.

69 Vgl. am Beispiel der *Bardi* etwa *Zöller*, Kaiser, Kaufmann und die Macht des Geldes, 1993, S. 107.

men diese ursprüngliche Variante der Corporate Social Responsibility und setzten für ihr Wohlfahrtskonto den Namen des Stadtpatrons St. Ulrich ein. Später gerieten Gottesanrufung und Wohlfahrtskonto aus der Mode.[70]

Heutzutage begegnen Präambeln vor allem noch in Familiengesellschaftsverträgen[71], wo man das Bekenntnis zum Familienunternehmen und seinen Werten häufig in einem Eingangsteil oder Vorspann niederlegt.[72] Relevant werden können sie insbesondere für die Vertragsauslegung oder Lückenschließung. Ein zweites Einsatzfeld für Präambeln bilden die Gründungsdokumente atypischer Organisationsformen, z. B. der Gesellschaftsvertrag der Bundestheater-Holding GmbH. Bei allen übrigen Gesellschaften trifft man sie mittlerweile nur noch selten an. Kautelarjuristen scheinen sie zu meiden, weil sie ein Moment der Unsicherheit in das gesellschaftsvertragliche Pflichtengefüge hineintragen und weil der in ihnen manifestierte Gründerwille im Zeitablauf an Bedeutung einbüßt oder bei der notwendigen Neuausrichtung des Unternehmens sogar hinderlich sein kann.

2. Unternehmensgegenstand

Unter den Eingangsbestimmungen findet sich in aller Regel eine Vorschrift über den Unternehmensgegenstand. Ihr Detaillierungsgrad wies im Laufe der Jahrhunderte starke Schwankungen auf. Begnügten sich (Personen-)Gesellschaftsverträge anfangs damit, den universellen Geschäftszuschnitt in allgemeine Formeln zu kleiden, etwa „to deal in trade and exchange“[73] (*Medici*) oder „hantierung und gewerbe“ (*Fugger*)[74], so wurden die betreffenden Klauseln mit der Zeit zusehends konkreter. Bei den Handelscompagnien und frühen Aktiengesellschaften war dies eine Folge des Octroi- und Konzessionssystems: Die staatliche Privilegierung erstreckte sich nur auf die genannte Tätigkeit, z. B. die „Erbauung und Benutzung einer Eisenbahn von Cöln nach der Belgischen Grenze“[75] mitsamt einer Öffnungs-

70 Pointiert *Pölnitz* (Fn. 23), Bd. II, S. 262: „Offenbar hatte sich die Zeit doch bereits so weit an die neue Wirtschaftsform gewöhnt, daß man die merkantile Form von Überkompensation eines bedrängten Gewissens, wie sie bei den Bardi geschah, nicht mehr für angebracht hielt.“

71 Vgl. *Scherer*, in Scherer/Blanc/Kormann/Groß/Wimmer, Familienunternehmen, 2. Aufl. 2012, Kap. 4 Rn. 99.

72 Dies empfehlend etwa *Holler*, DStR 2019, 931, 933 f.

73 Im italienischen Original: „trafichare nella villa di Bruggia in Fiandra di merchatantia e chanbi“.

74 Dies hervorhebend auch *Peterka*, ZHR 73 (1913), 387, 397: „Auffällig mag es sein, dass die ersten Fugger-Gesellschaftsverträge die zu pflegenden Geschäfte nicht namentlich anführen.“

75 § 1 des Statuts für die Rheinische Eisenbahngesellschaft.

klausel für den technischen Fortschritt[76]; alle anderen Aktivitäten waren *ultra vires*.

Heute muss die Satzung einer AG nach § 23 Abs. 3 Nr. 2 AktG den Unternehmensgegenstand bestimmen; namentlich ist bei Industrie- und Handelsunternehmen die Art der Erzeugnisse und Waren, die hergestellt und gehandelt werden sollen, näher anzugeben. Hieran ist der Vorstand gemäß § 82 Abs. 2 AktG gebunden.[77] Soll eine ganz andere Art von Erzeugnissen hergestellt werden, so bedarf es einer Satzungsänderung durch die Hauptversammlung.[78] Um dies tunlichst zu vermeiden, ist der Unternehmensgegenstand gerade bei börsennotierten Gesellschaften vergleichsweise breit gefasst. In der aktuellen Satzung der Deutsche Telekom AG umfasst er nicht weniger als 16 Zeilen.[79] Aber auch bei anderen Gesellschaftsformen zeigt sich nicht selten ein Bedürfnis nach sehr detaillierten Angaben. So kommt der Unternehmensgegenstand der Tchibo-GmbH, einer Familien-Holding, trotz umfassender Bezugnahme auf die Ein- und Ausfuhr, die Herstellung, Be- und Verarbeitung sowie den Groß-, Einzel- und Versandhandel mit Lebens- und Genussmitteln nicht ohne eine Erwähnung des Röstkaffees aus.

International blickt der Unternehmensgegenstand als integrales Element des Gesellschaftsvertrags ebenfalls auf eine bewegte Entwicklung zurück. So fanden sich in England lange Zeit ausufernde Kataloge in der sog. *objects clause*, um den Tücken der *Ultra-vires*-Doktrin zu entgehen,[80] bevor der Companies Act 2006 den Unternehmensgegenstand kurzerhand vom obligatorischen zum fakultativen Satzungsgegenstand herabstufte.[81] Auch in Frankreich waren und sind weit gefasste Formulierungen in der Praxis verbreitet, die häufig noch um eine „Regenschirm"-Klausel (*clause parapluie*) ergänzt werden[82], doch machen Literaturstimmen

---

76 Vgl. § 6 des Statuts für die Rheinische Eisenbahngesellschaft: „Sollte in Folge weiterer Vervollkommnung in den Transportmitteln eine noch bessere oder wohlfeilere Förderung der Transporte, als auf Eisenschienen, möglich werden, so kann die Gesellschaft auch das neue Förderungsmittel herstellen und die Bahn, demselben angemessen, nach Anleitung des § 4. benutzen."

77 Vgl. BGH NJW 2013, 1958 Rn. 16; Spindler/Stilz/*Fleischer*, AktG, 4. Aufl. 2019, § 82 Rn. 28 ff.

78 So Begr. Reg. bei *Kropff*, AktG, 1965, S. 44 unter Hinweis darauf, dass eine solche Umstellung die „Grundlagen der Gesellschaft" berührt.

79 § 2 Abs. 1 der Satzung der Deutsche Telekom AG, ergänzt in § 2 Abs. 2 um die übliche Konzernklausel.

80 Vgl. *Mayson/French/Ryan*, Company Law, 35. Aufl. 2018, S. 616: „[...] drafters tried to counter the *ultra vires* rule by producing lengthy or wide-ranging objects clauses."

81 Vgl. *Mayson/French/Ryan* (Fn. 80), S. 616, 633.

82 Für ein Beispiel *Didier/Didier*, Droit Commercial, Tome 2, Les sociétés commerciales, 2011, Rn. 128.

gleichwohl einen rapiden Bedeutungsverlust des Unternehmensgegenstands (*objet social*) aus.[83]

3. Laufzeit

In puncto Laufzeit sind im Zuge der Jahrhunderte markante Änderungen zu verzeichnen. Die frühen Personengesellschaftsverträge waren fast ausnahmslos befristet und wurden sodann ausdrücklich oder stillschweigend verlängert.[84] Üblich waren ursprünglich Befristungen von vier bis fünf (*Medici*[85]) oder sechs Jahren (*Fugger*[86]). Später vereinbarte man auch längere Fristen: So war der erste OHG-Vertrag der Siemens & Halske Telegraphen-Bauanstalt von 1847 auf acht Jahre abgeschlossen, der erste OHG-Vertrag zwischen der Witwe von *Salomon Oppenheim* und ihren beiden ältesten Söhnen aus dem Jahre 1828 auf 15 Jahre. Was die frühen Handelscompagnien anbelangt, so stellte die Gründung der niederländischen VOC einen Wendepunkt dar: Während die vorherigen Zusammenschlüsse nur auf die Dauer einer Expedition angelegt waren, sah der „Octroy" für die VOC erstmals eine Laufzeit von 21 Jahren vor.

Heutige Handelsgesellschaften machen von der gesetzlich eingeräumten Möglichkeit einer Befristung (§ 262 Abs. 1 Nr. 1 AktG, § 60 Abs. 1 Nr. 1 GmbHG, §§ 131 Abs. 1 Nr. 1, 161 Abs. 2 HGB) keinen Gebrauch mehr. Auch eine gesetzliche Höchstgrenze von 99 Jahren, wie sie der französische Code civil vorsieht[87], ist dem deutschen Recht fremd.

4. Mitgliedschaftspflichten und -rechte

Kernelemente des gesetzlichen Pflichtenprogramms für Gesellschafter-Geschäftsführer in geschlossenen Gesellschaften hatte man vorzeiten vertraglich ausbuchstabiert. So nahm der erste Gesellschaftsvertrag der *Fugger*-Brüder von 1494 auf den „guten waren treuen und glauben" Bezug und bildete insoweit einen frühen

---

83 Vgl. *Didier/Didier* (Fn. 82), Rn. 132 f.
84 Näher dazu *Lutz* (Fn. 3), S. 209 ff. unter der Zwischenüberschrift „Der Grundsatz der Vertragsbefristung".
85 Vgl. *de Roover* (Fn. 7), S. 86
86 Vgl. *Fleischer* (Fn. 1), S. 183, 191.
87 Vgl. Art. 1838: „La durée de la société ne peut excéder quatre-vingt-dix-neuf ans."

Beleg für die gesellschaftsrechtliche Bedeutung des Treuegedankens.[88] Außerdem enthielt er eine Verschwiegenheitsklausel und statuierte ein strenges Wettbewerbsverbot[89]: „Es sol auch unser keiner weder durch sich selbs für sich noch sunst mit yemands anderm einichen kaufmanns handel gewerb und geselschaft ausserhalb di die gedachten sechs jare haben nich treyben."

Anders als der *Fugger*-Vertrag, der eine Abrede dreier gleichberechtigter Brüder widerspiegelt, offenbart der schon mehrfach erwähnte *Medici*-Vertrag von 1455 ein Machtgefälle zwischen Mehrheits- und Minderheitsgesellschaftern: Zwar hatte der Vertrag an sich eine Laufzeit von vier Jahren, doch behielten sich die *Medici* das Recht vor, den lokalen Partner jederzeit auszuschließen und die Partnerschaft aufzukündigen[90] – gleichsam ein Vorläufer der modernen und von der hiesigen Spruchpraxis kritisch beäugten Hinauskündigungsklausel. Außerdem vereinbarten die *Medici*, dass sämtliche Geschäftsaufzeichnungen einschließlich der Buchhaltung und des Archivs bei Vertragende in ihr Eigentum übergingen. Dem lokalen Gesellschafter-Geschäftsführer legten sie ein enges Pflichtenkorsett an, das neben einem Wettbewerbsverbot auch eine Legalitätspflicht *avant la lettre* umfasste[91] und eine Obergrenze für die Annahme von Bestechungen und Geschenken festlegte. Andererseits erhielt der lokale Gesellschafter-Geschäftsführer ähnlich wie die Angestellten der *Fugger*[92] eine gewinnabhängige Vergütung – Vorboten der variablen Vergütungskomponenten unserer Tage.

Was die Mitgliedschaftsrechte bei Aktiengesellschaften anbelangt, fördert vor allem die Verteilung der Stimmrechte Bemerkenswertes zu Tage. Dass die Satzungen der Internet-Giganten Facebook und Google mit ihren *Dual-class*-Strukturen zugunsten ihrer Gründer von dem Prinzip „one share, one vote" abweichen, weiß inzwischen jeder aufmerksame Zeitungsleser. Solche Gründerprivilegien sind freilich kein Novum moderner US-amerikanischer Start-up-Unternehmen, sondern eine altvertraute Strategie vieler deutscher Familiengesellschaften bei einer Öffnung gegenüber dem Kapitalmarkt. Hierzu bediente sich etwa die *Siemens*-Fami-

---

88 Gleichsinnig *Peterka*, ZHR 73 (1913), 387, 411: „interessantes historisches Dokument für die privatrechtliche Bedeutung des deutschen Treuebegriffs"; ferner *Riebartsch*, Augsburger Handelsgesellschaften des 15. und 16. Jahrhunderts, 1987, S. 231 ff.

89 Monographisch *Swoboda*, Das Wettbewerbsverbot unter Handelsgesellschaftern vorzugsweise nach deutschem Recht. Eine rechtsgeschichtliche Untersuchung, 1939.

90 Art. 11 (Fn. 8): „And even though the said *compagnia* is established to last four years, as it appears, they [the partners] agree that it may terminate and ought to terminate before the said time at the pleasure and discretion of said Medici and Pigli."

91 Art. 18 (Fn. 8): „Further, said Angelo promises not to do anything that is against the law and statutes of the country [Flanders] by reason of which he might incur penalties, danger, or loss."

92 Dazu *Hildebrandt*, in Burkhardt (Hrsg.), Augsburger Handelshäuser im Wandel des historischen Urteils, 1996, S. 149, 166.

lie ursprünglich des Instruments der Mehrstimmrechtsaktien[93], und seit ihrer Abschaffung durch das Aktiengesetz von 1937 begeben Familienunternehmen gerne stimmrechtslose Vorzugsaktien. In der wissenschaftlichen Diskussion[94] werden beide Phänomene bisher (selten[94a]) zusammen erörtert, obwohl die Parallelen mit Händen zu greifen sind.

5. Finanzierung

Finanzierungsfragen bilden traditionell ein Herzstück aller Gesellschaftsverträge. Selbstverständlich legten daher die Gesellschaftsverträge der *Medici* und *Fugger* sowie die Statuten der Handelscompagnien und frühen Aktiengesellschaften den Umfang der Einlagepflichten der Beteiligten fest, lange bevor dies die modernen Kodifikationen ausdrücklich verlangten (§ 705 BGB, § 3 Abs. 1 Nr. 4 GmbHG, § 23 Abs. 2 Nr. 2 AktG). Dabei wurde schon früh zwischen Einlagen und Beiträgen differenziert. So bestimmte der erste Gesellschaftsvertrag zwischen *Therese Oppenheim* und ihren ältesten Söhnen, dass diese „statt des Eigenkapitals" beide „ihre Kenntnisse und Dienste" in die OHG einbringen.[95] Weniger verbreitet waren (und sind) dagegen gesellschaftsvertragliche Abreden über die fortlaufende Finanzierung. Sie dürften sich häufiger in schuldrechtlichen Nebenvereinbarungen finden, weil die Gesellschafter so eine zwangsweise Durchsetzung durch die Gesellschaft – und später ggf. durch den Insolvenzverwalter – vermeiden können.[96] Eine Ausnahme bildet etwa der Gesellschaftsvertrag der Nord Lease AG, der sich mangels gesetzlicher Regelung der mehrgliedrigen stillen Gesellschaft eingehend der Finanzierung widmet.

---

93 Näher *Fleischer*, AG 2019, 481, 489 f.

94 Aus den Vereinigten Staaten einerseits *Bebchuk/Kastiel*, 103 Va. L. Rev. 585 (2017); andererseits *Sharfman*, 93 S. Cal. L. Rev. PS1 (2019); aus Deutschland *Daske*, Vorzugsaktien in Deutschland. Historische und rechtliche Grundlagen, ökonomische Analyse, empirischer Befund, 2019.

94a Vgl. etwa *Mock*, in: Großkommentar zum AktG, 5. Aufl. 2017, § 12 Rn. 41 („*Mehrstimmrechtsaktien als logisches Gegenstück zu stimmrechtslosen Vorzugsaktien*").

95 Klausel 2 des Gesellschaftsvertrags von 1828, Archivakte AO/0078 im Hausarchiv des Bankhauses Oppenheim.

96 Dazu *Mock/Csach/Havel*, in dies. (Hrsg.), International Handbook on Shareholders' Agreements, 2018, S. 15, 36 f.

6. Rechnungslegung

Buchführung und Bilanzierung waren bereits früh Essentialia für das Funktionieren des Handels und der Handelsgesellschaften. Berühmt geworden ist das Bonmot von *Werner Sombart*: „Man kann schlechthin Kapitalismus ohne doppelte Buchhaltung nicht denken."[97] Dementsprechend enthielt schon der überlieferte *Medici*-Gesellschaftsvertrag von 1455 eine Klausel über jährliche Rechnungslegungspflichten des lokalen Gesellschafter-Geschäftsführers.[98] Die Nürnberger Reformation von 1474, der Nukleus einer mittelalterlichen Gesellschaftsrechts-Gesetzgebung, sah als dispositive Regelung eine einjährige Rechnungsperiode vor[99]; nähere Vorschriften über die Art und Weise kaufmännischer Buchführung gab es aber noch nicht. Der erste Gesellschaftsvertrag der *Fugger* von 1494 – demselben Jahr, in dem *Luca Paciolis* berühmtes Werk über die doppelte Buchführung erschien[100] – beschränkte sich auf eine Rechnungslegung nach Ablauf von sechs Jahren. Gut erschlossen ist schließlich die Rechnungslegung der niederländischen VOC, die allerdings noch nicht als Grundlage für Investitionsentscheidungen der Anleger konzipiert war, sondern nur als ein Instrument zur internen Unternehmenslenkung.[101]

Noch heute können die Auf- und Feststellung von Unternehmensabschlüssen in großem Umfang durch Vorgaben in Gesellschaftsvertrag oder Satzung beeinflusst werden (vgl. etwa §§ 58–60 AktG). Inwieweit dies tatsächlich geschieht und der beträchtliche Spielraum für die Geschäftsleitung durch Sachverhaltsgestaltung und Bilanzierungswahlrechte statutarisch eingeschränkt wird, ist bisher kaum untersucht.[102]

---

97 *Sombart*, Der moderne Kapitalismus, Zweiter Bd.: Das europäische Wirtschaftsleben im Zeitalter des Frühkapitalismus, vornehmlich im 16., 17. und 18. Jahrhundert, 2. Aufl. 1987, S. 118.

98 Wörtlich hieß es dort: „Said Angiolo is to send every year on the twenty-fourth day of March to said Medici and Pigli in Florence the closed accounts and the balance sheet, as is customary."

99 30. Titel, 10. Gesetz: „Von haltung der rechnung nach abred der Gesellschaft oder sonst jerlich on redlich verhindrung."

100 *Pacioli*, De computis et scripturis, 1494.

101 Monographisch *Robertson/Funnell*, Accounting by the First Public Company, 2014.

102 Näher *Strothotte*, Die Gewinnverwendung in Aktiengesellschaften, 2014, S. 334 ff. m. w. N.

7. Länge und Standardisierung

Verallgemeinernde Aussagen zur Länge und Regelungsdichte der Statuten lassen sich am ehesten zu börsennotierten Aktiengesellschaften treffen. Diese sind hierzulande typischerweise recht knapp gehalten, fast schon spartanisch,[103] wie die Satzungen der Deutsche Telekom AG oder der Volkswagen AG veranschaulichen. Alles Übrige ergibt sich aus dem Aktiengesetz mit seinen über 400 Paragraphen. Hiermit eng zusammen hängt ein Zweites: Konnte *Flechtheim* im Jahre 1929 für die 689 an der Berliner Börse notierten Gesellschaften noch festhalten, dass jede Satzung eine eigene Mischung aus individuellen und typischen Bestimmungen aufweise,[104] so hat sich inzwischen so etwas wie ein allgemeines Normalstatut durchgesetzt.[105] Individuelle Züge trägt im Fall Deutsche Telekom allein der kurze Hinweis auf die Vergangenheit als Staatsunternehmen;[106] im Falle Volkswagen mag man allenfalls an die schon erwähnte Klausel über den ausschließlichen Gerichtsstand am Sitz der Gesellschaft denken, der auch für Streitigkeiten über Ansprüche aus fehlerhafter Kapitalmarktinformation gelten soll.[107]

Aber auch außerhalb der börsennotierten Gesellschaften ist eine Standardisierung festzustellen. So lassen sich zwischen den Satzungen der inzwischen mehrfach existierenden Profi-Fußball-Tochter-Aktiengesellschaften kaum Unterschiede ausmachen, haben diese das Erfolgsmodell der FC Bayern München AG schlicht nachgeahmt. Eine nicht koordinierte Standardisierung ist zudem bei den nicht börsennotierten Publikumsgesellschaften und vor allem bei der mehrgliedrigen stillen Gesellschaft vorzufinden, die nicht zuletzt für die Rechtsprechung eine erhebliche Erleichterung mit sich bringt, kann damit doch auf Entscheidungen anderer Gerichte zurückgegriffen werden.

Ähnliche Beobachtungen macht man zunehmend bei der GmbH, wo das Gesellschaftsstatut häufig nur noch die gesetzlich zwingenden gebotenen (Mindest-) Bestimmungen enthält (§ 3 Abs. 1 GmbHG) und sich so in einer unscheinbaren Standardsatzung erschöpft. Detailliertere Regeln werden nicht selten außerhalb der Statuten in separaten Abreden festgehalten.[108]

---

103 Genaue Angaben für die DAX-Satzungen bei *Fleischer/Maas*, AG 2020, 761 Rn. 4.

104 So *Flechtheim*, in Flechtheim/Wolff/Schmulewitz (Fn. 3), Vorwort, S. XI.

105 Vgl. *Fleischer/Maas*, AG 2020, 761 Rn. 56.

106 § 20 der Satzung der Deutsche Telekom AG: „Die Geschäfte der Deutsche Telekom AG werden am 1. Januar 1995 aufgenommen. Ab diesem Zeitpunkt gelten die Handlungen der Deutschen Bundespost TELEKOM als für Rechnung der Deutsche Telekom AG vorgenommen."; allgemein zu den damit verbundenen Rechtsfragen *Kalss/Fleischer/Vogt* (Hrsg.), Der Staat als Aktionär, 2019.

107 Fn. 45.

108 Näher dazu unter IV.

8. Salvatorische Klausel

Schließlich soll in den Blick genommen werden, wie Gesellschaftsverträge und Satzungen mit fehlerhaften Bestandteilen umgehen. Das allgemeine Vertragsrecht kennt dafür die sog. salvatorische Klausel, wonach die Nichtigkeit einer Vertragsbestimmung nicht zur Nichtigkeit des gesamten Vertrags führen soll. Sie kehrt in zulässiger Weise die Grundregel des § 139 BGB um.[109] Für Gesellschaften scheint eine derartige Klausel auf den ersten Blick nicht erforderlich, da die Vorschriften zur Nichtigkeit der Gesellschaft (§§ 275 ff. AktG, §§ 75 ff. GmbHG) bzw. die Grundsätze über die fehlerhafte Gesellschaft vorrangig zu beachten sind. Gleichwohl spannt die moderne Kautelarpraxis im GmbH- und Personengesellschaftsrecht gerne das Sicherheitsnetz einer salvatorischen Klausel auf und verspricht sich hiervon in verschiedener Hinsicht zusätzlichen Schutz.[110]

IV. Der Gesellschaftsvertrag und seine Trabanten

Gesellschaftsvertrag und Satzung gelten seit jeher als „Grundgesetz“[111] des Verbandes. Sie bilden den Rechts- und Pflichtenrahmen aber keineswegs immer vollständig ab. Vielmehr werden sie durch schuldrechtliche Nebenvereinbarungen, Geschäftsordnungen oder Corporate Governance Kodizes ergänzt, die das Gesellschaftsstatut wie Trabanten umkreisen. Zuweilen bilden sie sogar das eigentliche Gravitationszentrum, insbesondere bei Familiengesellschaften mit ihren Pool- und Syndikatsverträgen[112] sowie neuerdings mit ihren Familienverfassungen[113], die man in der Literatur schon als „das Grundgesetz oder die Magna Charta der Familie“[114] bezeichnet hat. Anders als das Gesellschaftsstatut bleiben sie den neugierigen Blicken der Öffentlichkeit verborgen, weshalb sie ein Schweizerischer Professor einmal als die „unsichtbare Seite des Mondes“[115] und ein deutscher Kolle-

109 Statt aller MüKoBGB/*Busche*, 8. Aufl. 2018, § 139 Rn. 13.

110 Für eine nähere Bestandsaufnahme *Sommer/Weitbrecht*, GmbHR 1991, 449 zu Teilnichtigkeits- und Ersetzungsklauseln.

111 So schon *Flechtheim* (Fn. 104), Vorwort, S. XI: „Die Satzung der Aktiengesellschaft ist ihr Grundgesetz.“; ähnlich *Wiedemann*, Gesellschaftsrecht, Bd. I, 1980, S. 159: „Lebensgesetz der Vereinigung“.

112 Näher *Klein-Wiele*, NZG 2018, 1401; monographisch *C. Müller*, Der Aktionärspool in der Familienaktiengesellschaft, 2012.

113 Eingehend *Fleischer*, ZIP 2016, 1509; *ders.*, NZG 2017, 1201.

114 *Kalss/Probst*, Familienunternehmen, 2013, Rn. 3/23.

115 *Forstmoser*, FS Schluep, 1988, S. 359, 369.

ge als „Schattensatzung“[116] bezeichnet hat. Sie teilen das Schicksal der Gesellschaftsstatuten aber insoweit, als auch sie in den gängigen Erläuterungswerken zum Unternehmensrecht nur kursorisch behandelt werden. Dies kann man exemplarisch an den Gesellschaftervereinbarungen beobachten, die in nahezu jedem Kommentar zum AktG oder GmbHG pflichtschuldig an einer anderen Stelle auftauchen[117] und auch in den einschlägigen Handbüchern eher am Rande erwähnt werden[118].

Eine Auseinandersetzung mit dem gelebten Gesellschaftsrecht jenseits der Kodifikationen muss solche privatautonomen Gestaltungsformen selbstverständlich mit einbeziehen. Dies kann im Rahmen dieser Untersuchungsreihe allerdings nur punktuell geschehen. Hingewiesen sei im Fall Siemens etwa auf den Treuhandvertrag von 1942 „zu dem Zweck, die Verbundenheit der Familie von *Siemens* mit der Siemens & Halske AG noch enger zu gestalten und dieser Gesellschaft nach bewährter Tradition eine stetige Entwicklung zu sichern“.[119] Ein jüngeres Beispiel bildet die publizierte Familienverfassung des Hamburger Speditionsunternehmens *Hoyer*.[120] Auf den Internetseiten börsennotierter Gesellschaften gut zugänglich sind ferner die Geschäftsordnungen für die Verwaltungsorgane und ihre Ausschüsse, etwa diejenige für den vielbeachteten, 2013 neu geschaffenen Aufsichtsratsausschuss für Integrität der Deutsche Bank AG.[121] Innovative Wege beschreitet die Gestaltungspraxis schließlich zur Vorbereitung grenzüberschreitender Zusammenschlüsse von börsennotierten Unternehmen, indem sie hierfür das sog. Business Combination Agreement (BCA) fruchtbar macht.[122] Im Ursprungsfall Daimler-Benz/Chrysler von 1998 hatten die Vertragspartner das BCA noch dem Recht von Delaware unterstellt, weil sie nicht wussten, wie deutsche Gerichte hiermit umgehen würden.[123]

---

116 *Noack*, Gesellschaftervereinbarungen bei Kapitalgesellschaften, 1994, S. 34 f.

117 Vgl. etwa Schmidt/Lutter/*Fleischer*, AktG, 4. Aufl. 2020, § 54 Rn. 17 ff. m.w.N.

118 Umfassend und rechtsvergleichend aber nun *Mock/Csach/Havel* (Hrsg.), International Handbook on Shareholders’ Agreements, 2018.

119 Näher dazu *Fleischer*, AG 2019, 481, 489; s. auch LG München I AG 2002, 105.

120 Wiedergegeben und erläutert bei *v. Schlippe/Groth/Plathe*, in Plate/Groth/Ackermann/v. Schlippe, Große deutsche Familienunternehmen, 2011, S. 522, 554 ff.

121 Näher dazu *Plagemann*, NZG 2013, 1293.

122 Für ein Muster *Seibt*, in ders. (Hrsg.), Beck’sches Formularbuch Mergers & Acquisitions, 3. Aufl. 2018, Formular K.II.2, S. 1801 ff.

123 Näher dazu *Fleischer/Horn*, DB 2019, 2675, 2677 m.w.N.

V. Erhoffter Ertrag und Einsatzfelder für große Gesellschaftsrechtsverträge

Was lässt sich aus einer gründlicheren Beschäftigung mit großen Gesellschaftsverträgen aus Geschichte und Gegenwart lernen? Warum und für wen könnte es sich lohnen, tiefer in die Welt der gesellschaftsrechtlichen Statuten einzutauchen? Fünf Gesichtspunkte erscheinen uns hervorhebenswert:

1. Erschließen gesellschaftsrechtlicher Schlüsseltexte

Jede Disziplin hat ihre Schlüsseltexte. Im Gesellschaftsrecht gehören hierzu gewiss höchstrichterliche Grundsatzentscheidungen sowie wegweisende Aufsätze und Monographien, aber eben auch epochemachende Gesellschaftsverträge und Satzungen der ersten Stunde. So wie sich Historiker mit der Magna Charta oder dem Wormser Konkordat beschäftigen, sollten sich auch Gesellschaftsrechtler von Zeit zu Zeit ihrer Grundlagen vergewissern[124], zu denen nicht zuletzt die Personengesellschaftsverträge der *Medici* und *Fugger* oder die Statuten der niederländischen VOC zählen. Sie sind bisher nur schwer zugänglich oder finden sich an verstreuter Stelle. Eine erste Aufgabe der Forschungsreihe liegt darin, sie in einem Sammelband zusammenzuführen, zu kontextualisieren und so überhaupt die Grundlage für ein sorgfältigeres Studium dieser Schlüsseltexte zu schaffen.

2. Gespür für die langen Entwicklungslinien

In der Sache schult eine nähere Beschäftigung mit den Gesellschaftsverträgen vergangener Tage den Blick für die langen Entwicklungslinien der Regelungsmaterie – die „longue durée“, wie man in der Geschichtswissenschaft gelegentlich formuliert. Sie zeigen sich zum einen bei der Ausformung *der einzelnen Gesellschaftstypen*, an deren Anfängen nicht der dekretierende Gesetzgeber, sondern die konsentierenden Vertragspartner standen. So haben die kaufmännischen Gewohnheiten und Usancen, das *law merchant*, die personengesellschaftsrechtliche Regelbildung maßgeblich geprägt und zu deren hoher Ak-

124 Treffend *Lopez/Raymond* (Fn. 3), S. 3: „If we turn to legal documents, we cannot find a single *collegantia* contract in English translation, although this type of contract is a milestone comparable in importance to the Magna Charta or the Concordat of Worms."

zeptanz beigetragen.[125] Und auch die Verfassung der frühen preußischen Aktiengesellschaften hat sich angesichts der höchst unvollständigen Gesetzesregeln zuvörderst an den Bedürfnissen und Gepflogenheiten der Praxis orientiert. Zum anderen ist auch *jeder einzelne Gesellschaftsvertrag* nicht allein ein Produkt seiner Zeit, sondern eingebunden in einen langen Überlieferungszusammenhang und Verfeinerungsprozess. In den trefflichen Worten von *Flechtheim*, der knapp fünfzig Jahre nach der Aktienrechtsreform von 1884 festhielt: „An jeder Satzung haben unsichtbar juristische Kräfte eines halben Jahrhunderts mitgearbeitet."[126]

3. Hohe Relevanz und Innovationskraft der Gestaltungspraxis

Hiermit eng zusammen hängt die hohe Relevanz der Gestaltungspraxis für die Pflege und Fortentwicklung des Gesellschaftsrechts.[127] Gesellschaftsrechtliche Innovationen entsprangen selten einem Geistesblitz des Gesetzgebers, sondern speisten sich in aller Regel aus den Bedürfnissen der Rechtspraxis, denen kundige Kautelarjuristen nach Kräften Rechnung trugen. Erfolgreiche Kreationen wurden rasch nachgeahmt. Das galt für die GmbH & Co. KG[128] nicht anders als für den Standard Oil Trust – die „Mother of Trusts"[129] –, dessen Gründungsdokument rasch Eingang in die zeitgenössischen Formular- und Erläuterungsbücher fand und die Blaupause für weitere Trusts lieferte.[130] In ähnlicher Weise popularisierte ein Praktikerleitfaden von *Francis Beaufort Palmer*, der erstmals im Jahre 1877 er-

---

125 Vgl. *Pryor*, Speculum: A Journal of Medieval Studies 51 (1977), 5, 13: „[...] the *commenda* was a development of the customary law of commerce rather than of juridical science [...]."; aus englischer Sicht etwa *Lindley & Banks*, On Partnership, 20. Aufl. 2017, Rn. 1-01: „The law of partnership was, on the whole, a good example of judge-made law, developing slowly with the growth of trade and commerce and representing generally perceived views of justice."; aus französischer Perspektive *Hilaire*, Introduction historique au droit commercial, 196 Rn. 114: „Le droit des sociétés reposait surtout sur les usages."

126 *Flechtheim* (Fn. 104), Vorwort, S. XI.

127 Näher *Mock*, ZDRW 2019, 239, 255 unter der Zwischenüberschrift „Gefangen im Elfenbeintum – die besondere Bedeutung der Gestaltungspraxis".

128 Dazu *Fleischer/Wansleben* (Fn. 18), S. 27, 34: „Die lokale Wirtschaftspraxis machte sich die neugewonnene Gestaltungsfreiheit rasch zunutze. Von Februar bis Oktober 1912 wurden allein in München 80 Kommanditgesellschaften mit einer GmbH als Komplementär gegründet."

129 *Wells*, The Work, Wealth and Happiness of Mankind, 1932, S. 446.

130 Vgl. etwa *Cook* (Fn. 15); ferner *Fletcher*, Corporation Forms and Precedents, Annotated, 1913, Supplement 1923, Form 2204, S. 708.

schien und bis 1915 nicht weniger als 29 Auflagen erlebte,[131] die Gründung von *private companies* durch kleinere Unternehmen in England.[132] Diese kautelarjuristischen Vorarbeiten aufnehmend, hat der englische Gesetzgeber die *private company* im Companies Act von 1907 erstmals positiviert, so wie der deutsche Gesetzgeber die GmbH & Co. KG später im Wege einer *legitimatio per subsequentem legem* anerkannt hat.

4. Widerlager gegen übermäßige Normenorientierung

Außerdem bildet die intensivere Auseinandersetzung mit Gesellschaftsverträgen ein Widerlager gegen die übermäßige Normorientierung in der Unternehmensrechtswissenschaft. Seit längerem wird der gesellschaftsrechtliche Diskurs in Wissenschaft und Praxis durch das Publikationsformat des Kommentars geprägt: „Von der Wiege bis zur Bahre: Kommentare, Kommentare!"[133] So gibt es zu nahezu jeder gesellschaftsrechtlichen Kodifikation zahlreiche Kommentare, nicht wenige von ihnen sogar mehrbändig. Das Verfassen und Aktualisieren dieser Kommentare nimmt in der Arbeit vieler Gesellschaftsrechtler (auch der unsrigen) einen zentralen Platz ein und führt häufig zu Pfadabhängigkeiten im weiteren wissenschaftlichen Werk. So befassen sich überdurchschnittlich viele Aufsätze und Anmerkungen mit Themenbereichen, in denen Autoren auch durch umfassende Kommentierungen ausgewiesen sind. Dies ist nicht zu kritisieren, hat aber zur Folge, dass das Gesellschaftsrecht überwiegend aus Sicht des verfügbaren Normenbestandes beleuchtet wird.[134] Andere Aspekte ohne normativen Anker bleiben hingegen oft unbeleuchtet.

---

131 *Palmer*, Private Companies; Or How to Convert Your Business into a Private Company, and the Benefit of So Doing, 1. Aufl. 1877.
132 Näher *McQueen*, A Social History of Company Law. Great Britain and the Australian Colonies 1854–1920, 2010, S. 233 ff.
133 *Kästler-Lamparter*, Welt der Kommentare, 2016, Vorwort, S. VII mit dem Zusatz: „Eine Welt ohne Kommentare ist für den deutschen Juristen kaum denkbar. Kommentare begleiten ihn von der Wiege der juristischen Ausbildung bis zur Bahre des juristischen Ruhestands."; s. auch *Slapnicar*, NJW 2000, 1692, 1699.
134 Kritisch dazu *Mock*, ZDRW 2019, 239, 252 f. unter der Zwischenüberschrift „Die Norm als Ausgangspunkt? – Ein schnelles Ende!".

5. Einsatz in der Fachdidaktik

Ferner eignet sich ein wohldosierter Einsatz großer Gesellschaftsverträge auch und gerade für den akademischen Unterricht. Dabei geht es weniger darum, die Studierenden in kautelarjuristischen Techniken auszubilden. Vielmehr sollen sie exemplarisch lernen, wie Gesellschaftsstatuten und Gesetz ineinandergreifen, wo erstere den dispositiven Gesetzesrahmen anreichern oder warum sie von ihm abweichen. Konkrete Fallanschauung hilft hier ungemein. Dies zeigt auch die Basisfrage nach der Rechtsformwahl: Man kann lange theoretisch über die Vor- und Nachteile verschiedener Gesellschaftsformen räsonieren oder man kann sie praktisch am Beispiel des Werdegangs der Telegraphen-Bauanstalt Siemens & Halske von einer dreiköpfigen OHG über die generationenübergreifende Familien-KG bis hin zur börsennotierten Publikums-Aktiengesellschaft mit zeitweiliger Zweitnotierung an der New York Stock Exchange erläutern. Schließlich gibt es Gebiete des Gesellschaftsrechts, in denen der gesetzliche Normenbestand das gelebte Gesellschaftsrecht nur höchst unvollkommen abbildet: So kann man anhand der §§ 105–227 HGB nicht einmal ansatzweise erschließen, wie Personenhandelsgesellschaften und die stille Gesellschaft in Wirklichkeit ausgestaltet sind.[135] Insoweit gilt gerade für Gesellschaftsverträge der berühmte Satz des französischen Code civil, dass gesetzmäßig zustande gekommene Verträge für die Parteien an Gesetzes Stelle treten.[136]

---

135 Dazu *Mock*, ZDRW 2019, 239, 253.

136 Art. 1103 C. civ.: „Les contrats légalement formés tiennent lieu de loi à ceux qui les ont faits."; geringfügig abweichend zuvor Art. 1134 C. civ. a. F.; zum Vertrag als „König des Privatrechts" auch *Weller*, GS U. Hübner, 2012, S. 435, 436.

Andreas Martin Fleckner und Amin Kachabia

§ 1 Die societas danistariae aus Siebenbürgen (CIL III 950)

Eine gemeinsame wirtschaftliche Unternehmung aus der Zeit des Gaius (166/167 n. Chr.)

Inhaltsübersicht

Am 24. Juli 1855 wurden aus dem verlassenen Stollen einer siebenbürgischen Goldgrube mehrere Wachstafeln geborgen[1] – zusammen mit einem Tisch, diversen Gefäßen, Löffeln, Tonlampen, einem Goldklumpen, Wollfetzen sowie einem Zopf von über einem halben Meter Länge, geflochten aus sehr feinem, dunkelbraunem Haar und offenbar direkt am Kopf abgeschnitten.[2] Welches möglicher-

1 Zu den weiteren Umständen der Entdeckung in der Nähe des heutigen Roșia Montană (dt.: Goldbach/Rotseifen; lat.: Alburnus Maior; ung.: Verespatak) insb. *Érdy*, Erdélyben talált viaszos lapok / De tabulis ceratis in Transsilvania repertis, 1856, S. 8 (ung.) bzw. S. 9 (lat.) sowie z. B. *Seidl*, Archiv für Kunde österreichischer Geschichts-Quellen 15 (1856), 239, 320 und *Gooss*, Chronik der archäologischen Funde Siebenbürgens, 1876, S. 125 f. Würdigung des Fundes in größerem Kontext insb. bei *Karlowa*, Römische Rechtsgeschichte, Band I, 1885, S. 795–798 und *Wenger*, Die Quellen des römischen Rechts, 1953, S. 74–78, 790.

2 So (teils aus eigener Anschauung) *Érdy* (Fn. 1), S. 8 f. und *Detlefsen*, in: Sitzungsberichte der Kaiserlichen Akademie der Wissenschaften – Philosophisch-historische Classe, Band XXIII, 1857, S. 636 f.

https://doi.org/10.1515/9783110733839-002

weise traurige Schicksal sich mit dem Zopf und den Gebrauchsgegenständen verbindet, ist bis heute ebenso unklar wie die Frage, ob diese Gegenstände irgendeinen historischen Wert haben.[3] Klar ist dagegen, dass zwei der in der Goldgrube gefundenen Wachstafeln aus gesellschaftsrechtlicher Sicht wahre Goldstücke, geradezu Jahrtausendfunde sind, denn sie enthalten die einzige aus der Antike überlieferte lateinischsprachige Vereinbarung, die sich als Gesellschaftsvertrag verstehen lässt.[4]

Der Vertrag hat die folgende Gestalt:

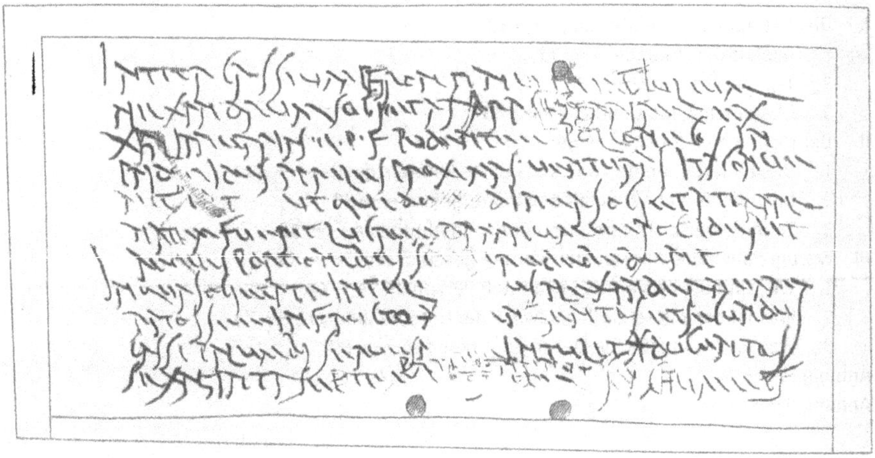

Abb. 1: Tafel 1 (Rückseite)[5]

3 Aus welchen Gründen die Wachstafeln in den Stollen gebracht worden sein könnten, ist unter III. 1. diskutiert (bei Fn. 220–228); viele der übrigen Gegenstände sind offenbar neueren Datums: *Érdy* (Fn. 1), S. 8 f.

4 CIL III 950 (Deusara, 28. März 167); die Einzigartigkeit dieses Vertrages ist soweit ersichtlich noch nicht bemerkt worden (zu zwei möglicherweise ähnlichen Verträgen, von denen bislang nur einzelne Wörter entziffert werden konnten, in Fn. 149); etwas zahlreicher sind die griechischsprachigen Quellen (Nachweise in Fn. 156).

5 Warum der Vertrag auf der *Rück*seite der ersten Tafel beginnt, ist unter I. 1. erläutert.

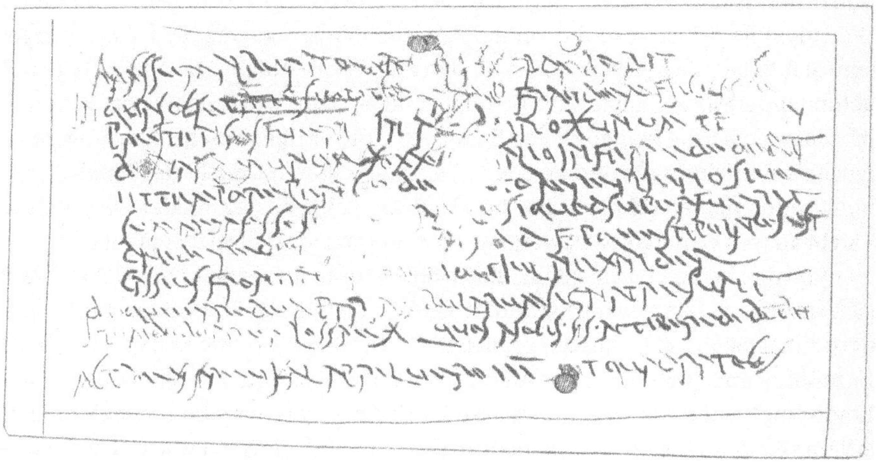

Abb. 2: Tafel 2 (Vorderseite)

Die hier abgedruckten Abbildungen stammen aus dem von *Theodor Mommsen* (1817–1903) im Jahre 1873 herausgegebenen dritten Band des *Corpus Inscriptionum Latinarum* (CIL III), einer Sammlung lateinischer Inschriften, in die auch die Wachstafeln aus Siebenbürgen aufgenommen wurden.[6] Bei den Abbildungen handelt es sich um Zeichnungen von *Karl Zangemeister* (1837–1902),[7] einem langjährigen CIL-Mitarbeiter,[8] der sich maßgeblich um die Entzifferung der beiden Tafeln verdient gemacht hat.[9]

Dass Ausgangspunkt und Grundlage dieses Beitrages von Hand angefertigte Zeichnungen und nicht etwa Photographien oder sonstige mechanische Reproduk-

6 Corpus Inscriptionum Latinarum, Band III/2, hrsg. von *Mommsen*, 1873, S. 921–966 (darin auf S. 950 die beiden Abbildungen, von denen das CIL für diesen Beitrag dankenswerterweise hochauflösende Scans zur Verfügung gestellt hat, und auf S. 951 der Versuch, den Text zu rekonstruieren); Korrekturen zum Text finden sich auf S. 1058 desselben Bandes (hierzu in Fn. 108), ein Änderungsvorschlag im Supplementum 2 zu Band III, hrsg. von *Mommsen/Hirschfeld/Domaszewski*, 1902, S. 2215 (hierzu in Fn. 69). Wie in Fachkreisen üblich, wird die Edition des Textes im weiteren Verlauf dieses Beitrages schlicht als „CIL III 950" bzw. „CIL III 951" zitiert (entsprechend für andere Inschriften), dagegen Aussagen, die sich allein *Mommsen* zuordnen lassen, als „*Mommsen*, CIL III" (plus Verweis auf diese Fußnote und Angabe der Zielseite).

7 *Mommsen*, CIL III (Fn. 6), S. 951 („Damus delineata a Zangemeistero.").

8 Zu Person und Œuvre insb. *Wille*, Karl Zangemeister, 1902; *Schumacher*, in: Biographisches Jahrbuch und deutscher Nekrolog, Band X, 1907, S. 297–301; *Drüll*, Heidelberger Gelehrtenlexikon 1803–1932, 2. Aufl. 2019, S. 939–941.

9 Lobend *Mommsen*, CIL III (Fn. 6), S. 951.

tionen der Wachstafeln sind, hat einen ebenso einfachen wie bedauerlichen Grund: Die Originale selbst, also die beiden in Siebenbürgen geborgenen Wachstafeln, sind seit langer Zeit verschollen. Von den *mehreren*[10] Tafeln, die am 24. Juli 1855 gefunden wurden,[11] kamen im November 1855 *neun*[12] ins Ungarische Nationalmuseum nach Pest, heute Teil von Budapest.[13] Die übrigen Wachstafeln gingen an einzelne Einrichtungen und Personen im unmittelbaren Umfeld des Fundes; ihre Spur verlor sich so schnell, dass bereits unter Zeitgenossen unklar war, welche Tafeln an wen weitergereicht worden waren und wo sie sich jetzt befanden.[14]

Von den beiden Wachstafeln, die im Mittelpunkt dieses Beitrages stehen, lässt sich nur sagen, dass sie höchstwahrscheinlich nicht nach Pest gekommen,[15] sondern zunächst in Siebenbürgen geblieben sind.[16] Denn hier, konkret in Nagyenyed (Straßburg am Mieresch, heute Aiud), hat sie *Mommsen* gut zwei Jahre nach ihrer Entdeckung auf einer Forschungsreise im Original gesehen und erstmals zu entziffern versucht (September/Oktober 1857).[17] Ein Jahrzehnt später wurden die beiden Tafeln von den Königlichen Museen zu Berlin erworben und inventarisiert

10 So die vage Angabe bei *Érdy* (Fn. 1), S. 8 („több, viaszszal bevont falap") bzw. S. 9 („plures tabulae ceratae"); daran mutmaßlich anknüpfend *Gooss* (Fn. 1), S. 125 („mehrere Cerattafeln").

11 Um welche Tafeln es sich genau handelt, ist ungewiss; eine Auflistung, die auch einige mit Fragezeichen versehene Tafeln enthält, findet sich bei *Mommsen*, CIL III (Fn. 6), S. 921.

12 So sehr zuverlässig (als Empfänger der Tafeln) *Érdy* (Fn. 1), S. 8 („kilencz darab viaszszal bevont falap") bzw. S. 9 („novem tabulas ceratas"); ebenso Fremden-Blatt Nr. 268 vom 17. November 1855 und *Gooss* (Fn. 1), S. 125.

13 Welche neun Wachstafeln zu diesem Zeitpunkt nach Pest kamen, ist soweit ersichtlich ungeklärt; sicher dazu gehören nur die vier Tafeln, von deren insgesamt acht Seiten im Anhang zu *Érdy* (Fn. 1) sechs Seiten in Gestalt von Zeichnungen abgebildet sind; diese vier Tafeln wurden später ediert in CIL III 934 (Alburnus Maior, 20. Oktober 162) und CIL III 936 (Kartum, 17. März 139). Wenn keine der neun Tafeln verloren gegangen ist und *Érdy* (Fn. 1) nur die gut erhaltenen Tafeln abgebildet und besprochen hat, könnte es sich bei den übrigen fünf Tafeln um die folgenden, kaum oder überhaupt nicht lesbaren Tafeln handeln: CIL III 952, 954 XVI., 955 XVIII., 955 XIX. und 958 XXIII. (Ort und Datum jeweils unklar). Diese fünf Tafeln, deren Provenienz bislang als unbekannt gilt, wären dann recht sicher dem Fund vom 24. Juli 1855 zuzuordnen – mit der bemerkenswerten Konsequenz, dass alle jemals gefundenen lateinischsprachigen Urkunden, die sich *möglicherweise* als Gesellschaftsverträge qualifizieren lassen (hierzu Fn. 4 und 149), aus demselben siebenbürgischen Stollen stammen.

14 Repräsentativ *Érdy* (Fn. 1), S. 10 bzw. S. 11 (jeweils unter Nr. 15) und *Gooss* (Fn. 1), S. 125; eine mindestens viergliedrige Übersendungskette ist dokumentiert bei *Detlefsen* (Fn. 2), S. 636 f. mit Fn. 1.

15 Das lässt sich im Umkehrschluss daraus folgern, dass sie in Pest trotz ihres vergleichsweise guten Erhaltungszustandes von niemandem erwähnt werden, insb. nicht von *Érdy* (Fn. 1).

16 Weder *Érdy* (Fn. 1) noch *Detlefsen* (Fn. 2) geben Hinweise zum Verbleib der beiden Tafeln.

17 Hierzu der Reisebericht von *Mommsen*, in: Monatsberichte der Königlichen Preuss. Akademie der Wissenschaften zu Berlin, 1858, S. 513–525 (mit Wiedergabe des entzifferten Textes auf

(1867).[18] Unmittelbar darauf gelangten sie zur Vorbereitung der CIL-Edition nach Gotha,[19] wo *Zangemeister* seinerzeit als Bibliothekar wirkte (1868–1873).[20]

In Gotha verliert sich die Spur der beiden Wachstafeln. Ob sie von hier jemals wieder nach Berlin zurückgekommen sind, ist unklar. In der Überschrift der CIL-Edition nennt *Mommsen* Berlin als Aufbewahrungsort der Tafeln (1873).[21] Aber diese Angabe könnte sich auch schlicht darauf beziehen, wo die Tafeln inventarisiert waren, ohne damit den *aktuellen* Aufenthaltsort zu bezeichnen. Deutlicher für eine Rückkehr der Tafeln nach Berlin spricht, dass sie offenbar einige Zeit später noch von *Otto Hirschfeld* (1843–1922), dem Nachfolger von *Mommsen* an der Friedrich-Wilhelms-Universität zu Berlin (ab 1885), inspiziert wurden; die näheren Umstände dieser Einsichtnahme, insbesondere ihr Ort und Zeitpunkt, sind allerdings unbekannt (spätestens 1893).[22] Weitere „Lebenszeichen" der beiden Wachstafeln fehlen. Bereits vor dem Zweiten Weltkrieg wurden die Tafeln im Inventarbuch der Berliner Museen als nicht mehr auffindbar notiert („wo jetzt?", eingetragen zwischen 1899 und 1935).[23]

Alle Versuche in Vorbereitung dieses Beitrages, die beiden Wachstafeln doch wieder aufzuspüren, sind bislang erfolglos geblieben.[24] Aktuell das beste und lei-

---

S. 521 f.); zurückblickend *Mommsen*, CIL III (Fn. 6), S. 951 („Deinde a. 1858 [gemeint ist 1857] vidi eas Nagy-Enyedi in museo collegii reformati.").

18 Auskunft von *Martin Maischberger*, Staatliche Museen zu Berlin/Preußischer Kulturbesitz (4. August 2020); als Zeitzeuge *Mommsen*, CIL III (Fn. 6), S. 951 („Nuper easdem emit museum Berolinense.").

19 *Mommsen*, CIL III (Fn. 6), S. 951 („primum Berolini, deinde Gothae (eo enim ut mitterentur tabellae, museo nostro qui praesunt officiose permiserunt)").

20 *Wille* (Fn. 8), S. 7; *Schumacher* (Fn. 8), S. 297; *Drüll* (Fn. 8), S. 939.

21 *Mommsen*, CIL III (Fn. 6), S. 951 („extat Berolini").

22 *Hirschfeld*, Philologus 52 (1894), 736, 736 spricht im Zusammenhang mit einer unsicheren Lesart von einer „Neuvergleichung" und davon, er „bemerke, daß das *B* auf dem Original zwar nicht sicher ist (der Buchstabe ist sehr zerstört), aber höchst wahrscheinlich; sicher war es kein *R*". Auf *Hirschfelds* neue Lesart wird bereits hingewiesen in: Fontes Iuris Romani Antiqui, hrsg. von *Bruns*, Band I, 6. Aufl., hrsg. von *Mommsen/Gradenwitz*, 1893, Nr. 143, S. 334 Fn. 3 („Sic Hirschfeld denuo collata tabella."), sodass *Hirschfeld* die Tafeln spätestens 1893 gesehen haben muss.

23 Auskunft von *Martin Maischberger* (Fn. 18 sowie vom 18. Januar 2021).

24 Die beiden Wachstafeln sind weder beim CIL (Auskunft von *Marcus Dohnicht*, Berlin-Brandenburgische Akademie der Wissenschaften, 7. August 2020) noch in den Staatlichen Museen zu Berlin (Auskunft von *Martin Maischberger*, Fn. 18) aufzufinden. Auch in Gotha, dem früheren Wirkungsort von *Zangemeister* (hierzu bei Fn. 20), gibt es weder im Antikenbestand der Stiftung Schloss Friedenstein Gotha (Auskunft von *Uta Wallenstein*, Stiftung Schloss Friedenstein Gotha, 26. August 2020) noch in dem Teil des Nachlasses von *Zangemeister*, der im Ostturm von Schloss Friedenstein lagert (Auskunft von *Monika Müller*, Forschungsbibliothek Gotha, 16. November 2020), Hinweise auf den Verbleib der beiden Wachstafeln. Dasselbe gilt für denjenigen Teil des Nachlasses von *Zangemeister*, der sich in Heidelberg, seinem letzten Wirkungsort, befindet (Aus-der auch einzige Mittel, um sich einen Eindruck von dem Vertrag auf den Wachstafeln zu verschaffen, sind daher die CIL-Zeichnungen von *Zangemeister*. Wie originalgetreu diese Zeichnungen sind, lässt sich ohne das Original bzw. andere Reproduktionen, mit denen die CIL-Zeichnungen verglichen werden könnten, nicht mehr überprüfen.[25] Da *Zangemeister* die Tafeln nicht nur gezeichnet, sondern auch entziffert hat, ist trotz seiner großen Erfahrung und Verdienste eine gewisse Skepsis nicht unberechtigt.[26] Es ist nämlich nicht auszuschließen, dass *Zangemeister* im Zweifel gezeichnet hat, was er lesen zu können glaubte, also Unklarheiten im Original unbewusst oder sogar bewusst in eine bestimmte Richtung verändert hat.[27]

Wie bereits diese Vorbemerkungen und die Abbildungen vermuten lassen, bereitet es einige Schwierigkeiten, den genauen Inhalt des Vertrages zu rekonstruieren, der auf den beiden Wachstafeln überliefert ist. In einem ersten Schritt wird deshalb der Versuch unternommen, die bisherigen Lesarten zusammen mit eigenen Ergänzungen in einer neuen Fassung zu konsolidieren und den so gewonnenen Text ins Deutsche zu übersetzen (I.). Im Anschluss wird der Vertrag mit den Regeln verglichen, denen die Parteien bzw. ihre vertraglichen Klauseln mutmaßlich unterlagen (II.). Hiermit ist der Boden bereitet, um in einem dritten und letzten Schritt der Frage nachzugehen, warum die Parteien den Vertrag überhaupt geschlossen haben, was also die Motive für die Gründung einer gemeinsamen Unternehmung bzw. für die Verschriftlichung des Vertrages auf den Wachstafeln waren (III.). Primärer Zweck der drei Abschnitte ist es, dem gesellschaftsrecht-

---

kunft von *Clemens Rohfleisch*, Universitätsbibliothek Heidelberg, 7. August 2020). Der Nachlass von *Hirschfeld*, der die Tafeln offenbar noch nach *Zangemeister* im Original gesehen hat (hierzu bei Fn. 22), besteht allein aus Korrespondenz (Quelle: Kalliope Verbundkatalog, Staatsbibliothek zu Berlin/Preußischer Kulturbesitz).

25 Auch die sog. Scheden (Notizblätter, von ital. *scheda*), auf denen zusätzliche Informationen zur Entzifferung der Wachstafeln und zur Entstehung der Zeichnungen notiert gewesen sein könnten, haben sich im Archiv des CIL nicht erhalten (Auskunft von *Marcus Dohnicht*, Fn. 24). Es lässt sich daher nur vermuten, dass die Abbildungen auf Basis einer Durchzeichnung oder eines Abriebs vom Original entstanden sind (weitere Auskunft von *Marcus Dohnicht*, 10. August 2020).

26 Wie unterschiedlich die Eindrücke von Photographien bzw. Zeichnungen derselben Wachstafeln sein können, zeigt etwa ein Vergleich der sechs Photographien in CIL III 934 und CIL III 936/938 mit den sechs Zeichnungen im Anhang zu *Érdy* (Fn. 1) (dort in umgekehrter Reihenfolge, als II. 2./3./4. und I. 2./3./4.); wie sehr zwei Zeichnungen derselben Tafel abweichen können, zeigen die beiden Zeichnungen im Anhang zu *Detlefsen* (Fn. 2) bzw. in CIL III 946.

27 Ein konkretes Beispiel liefert die bereits zitierte Beobachtung von *Hirschfeld*, Philologus 52 (1894), 736, 736 („Ich bemerke, daß das *B* auf dem Original zwar nicht sicher ist (der Buchstabe ist sehr zerstört), aber höchst wahrscheinlich; sicher war es kein *R*."). In der Zeichnung von *Zangemeister* ist ein *B* dagegen nicht zu erkennen, sondern – passend zu *Zangemeisters* Interpretation dieser dunklen Stelle (hierzu in Fn. 69) – ein *R* (bzw. ein *A* oder *T*, da diese drei Buchstaben auf den Wachstafeln kaum zu unterscheiden sind).

lichen Publikum die vertragliche Vereinbarung vorzustellen. Gleichzeitig besteht die Hoffnung, so ein wenig dazu beizutragen, dass das urkundliche Material in der Diskussion um die gemeinsamen wirtschaftlichen Unternehmungen des Altertums mehr Aufmerksamkeit erhält.[28]

I. Die vertragliche Vereinbarung

Zentraler Referenzpunkt des Beitrages ist die vertragliche Vereinbarung, die auf den beiden Wachstafeln beurkundet ist. Im wörtlichen wie im übertragenen Sinne lässt sich dieser Vereinbarung am besten näher kommen, indem zunächst die besondere Gestalt der Urkunde in den Blick genommen wird: zwei Wachstafeln (1.). Hieran schließt sich der Versuch an, den Text der Urkunde zu rekonstruieren (2.) und ins Deutsche zu übersetzen (3.).

1. Gestalt der Urkunde

Die einzige äußere Beschreibung der Urkunde von jemandem, der die beiden Wachstafeln selbst im Original gesehen hat, stammt soweit ersichtlich von *Mommsen* (1857): „Diptychon, sehr beschädigt und schwer zu entziffern. Beide Tafeln nur einseitig beschrieben, die zweite zum Aufnehmen der Siegel hergerichtet, aber ohne Zeugennamen."[29] Ihre Größe gibt *Mommsen* in der CIL-Edition (1873) mit 16,2 cm mal 8,5 cm an.[30] Dass die aus *Holz* gefertigten Tafeln üblicherweise als *Wachs*tafeln bezeichnet werden (sog. *tabellae ceratae* oder *tabulae ceratae*), verdanken die Tafeln einer Vertiefung, in die jeweils dunkles Wachs als Schreibfläche eingelassen ist. Bei den Zeichnungen von *Zangemeister*, die zu Beginn dieses Beitrages abgedruckt sind, handelt es sich also um Wiedergaben des Originals (d. h. der Wachsschicht und der in das Wachs geritzten Zeichen) in umgekehrten Farben.[31]

---

28 So ein vielfach ausgesprochenes Desideratum, etwa bei *Steinwenter*, ZRG RA 50 (1930), 592, 594 Fn. 2, *Jakab*, ZRG RA 123 (2006), 417, 420 Fn. 10 und *Meissel*, ZRG RA 130 (2013), 543, 548 sowie bei *Fleckner*, Antike Kapitalvereinigungen, 2010, S. 115, 230 Fn. 60, 655 und *Fleckner*, ZRG RA 135 (2018), 685, 695–700.

29 *Mommsen*, Reisebericht (Fn. 17), S. 521.

30 *Mommsen*, CIL III (Fn. 6), S. 950.

31 Sofort erkennbar wird dies im Vergleich zu den Photographien anderer Wachstafeln in CIL III 924, 926, 934, 936, 938, 944, 946, 949 oder zu den Zeichnungen bei *Érdy* (Fn. 1) und *Detlefsen* (Fn. 2).

Von der Vorderseite der ersten Wachstafel und von der Rückseite der zweiten Tafel sind in der CIL-Edition keine Zeichnungen veröffentlicht worden. Es existiert auch sonst keinerlei Reproduktion oder Visualisierung dieser beiden Tafelseiten. *Mommsen* hielt sie bei seiner ersten Inaugenscheinnahme offenbar für unbeschrieben (1857).[32] Für die CIL-Edition (1873) konnte *Zangemeister* demgegenüber auf der Rückseite der zweiten Tafel den Beginn einer Abschrift des Vertrages entziffern (Z. 23–25).[33] Die Zeilen dieser Abschrift scheinen etwas kürzer zu sein als die Zeilen auf den beiden abgebildeten Tafeln. Das dürfte sich daraus erklären, dass die Rückseite der zweiten Tafel neben der Abschrift vermutlich[34] auch die Namen der Siegelnden nebst ihren Siegeln trug.[35] Beide Umstände – die beginnende Abschrift und die kürzere Zeilenlänge – deuten darauf hin, dass ursprünglich nicht zwei Tafeln zu einem Diptychon,[36] sondern drei Tafeln zu einem Triptychon zusammengefügt waren.[37] Die beiden Außenseiten, also die Vorderseite der ersten Tafel und die Rückseite der dritten Tafel, dienten als schützender Einband und blieben deshalb üblicherweise unbeschrieben.

Weitere Bestätigung erhalten diese Annahmen von den drei Bohrlöchern, die auf den Zeichnungen von *Zangemeister* zu erkennen sind. Das Loch in der Mitte der Zeilen diente offenbar dazu, das Triptychon, also alle drei Tafeln, mit einem

32 *Mommsen*, Reisebericht (Fn. 17), S. 521 (wiedergegeben bei Fn. 29).

33 Die Zeilenangaben (= „Z.") beziehen sich hier und später auf die *lateinische* Fassung der vertraglichen Vereinbarung, wie sie unter I. 2. zu rekonstruieren versucht ist; die *deutsche* Übersetzung unter I. 3. weicht hiervon teilweise ab (zu den Gründen im Haupttext nach Fn. 128).

34 Die Bemerkung von *Mommsen*, Reisebericht (Fn. 17), S. 521 (wiedergegeben bei Fn. 29) dürfte nicht so zu verstehen sein, dass es sich bloß um einen unversiegelten Entwurf handelte, sondern so, dass sich Namen und Siegel nicht erhalten haben. Sonst wäre nämlich nur schwer zu erklären, warum die Urkunde bereits das Datum der Ausfertigung trägt (Z. 22) und eine Abschrift angefertigt wurde (Z. 23–25). Mit der Formulierung „zum Aufnehmen der Siegel hergerichtet" könnte *Mommsen* die Vertiefung meinen, auf welche die Siegel typischerweise gesetzt wurden.

35 Unter den Wachstafeln aus Siebenbürgen sind die Siegel erhalten geblieben für CIL III 936 (Kartum, 17. März 139), mit Zeichnung der Siegel im Anhang zu *Érdy* (Fn. 1) und Photographie in CIL III 938, sowie nach den Angaben von *Cipariu*, Archivu pentru filologia si istoria 1 (1867), 43, 49f. und *Pólay*, Klio 53 (1971), 223, 234 auch für CIL III 959 (kanabae legionis XIII geminae, 4. Oktober 160).

36 So noch *Mommsen*, Reisebericht (Fn. 17), S. 521 (wiedergegeben bei Fn. 29). Der Ausdruck „Diptychon" geht zurück auf δίπτυχος (zwei Lagen/Schichten).

37 „Triptychon", von τρίπτυχος (drei Lagen/Schichten), ist der allgemein anerkannte Ausdruck für dreigliedrige Wachstafeln dieser Art, der sich u. a. bei *Mommsen*, CIL III (Fn. 6), S. 950 findet und völlig zu Recht auch verwendet wird von *Weber*, Zur Geschichte der Handelsgesellschaften im Mittelalter, 1889, S. 32 Fn. 32 („Siebenbürger Triptychon"); sehr verwundern muss somit die Erläuterung in der Max Weber-Gesamtausgabe, Band I/1, hrsg. von *Dilcher*/*Lepsius*, 2008, S. 178 Fn. 89 („Es handelt sich um ein in drei Teile zerbrochenes Wachstäfelchen aus Siebenbürgen, das Weber daher als ‚Triptychon' anspricht.").

Faden aneinanderzubinden, sodass sich die einzelnen Tafeln „aufklappen" ließen. Durch die anderen beiden, einander gegenüberliegenden Löcher konnte ein zweiter Faden geführt werden, der die ersten beiden Tafeln fest zusammenschnürte. Damit genügten die beiden Wachstafeln, die im Mittelpunkt dieses Beitrages stehen, offenbar den Formerfordernissen, die ein Senatsbeschluss (das sog. *senatus consultum Neronianum*)[38] gut ein Jahrhundert (61[39])[40] vor Ausfertigung der beiden Tafeln (28. März 167) aufgestellt hatte. Nach dem Senatsbeschluss reichte es nicht mehr, Tafeln dieser Art lediglich zu umschnüren: Um Fälschungen (etwa durch das Verändern oder Hinzufügen einzelner Zeichen oder durch Neuausgießen der gesamten Tafelseite) zu erschweren, mussten die Tafeln fortan durchbohrt und mit einem Faden, der dreimal durch die beiden Löcher geführt wurde, zusammengebunden werden.[41] Anschließend wurden in einer Vertiefung auf der Rückseite der zweiten Tafel über dem Faden die Siegel angebracht. Im Ergebnis lag der Urkundentext nunmehr fest verschlossen und versiegelt im Innern zwischen den ersten beiden Tafeln (deshalb sog. *scriptura interior*). Um sich weiterhin über den Inhalt der Urkunde informieren zu können, trugen die Rückseite der zweiten Tafel und die Vorderseite der dritten Tafel eine jederzeit einsehbare Abschrift (sog. *scriptura exterior*).[42] Der versiegelte Text garantierte, dass die unversiegelte Abschrift nicht verfälscht wurde.[43]

---

38 Zu diesem *senatus consultum* in den antiken Quellen andeutungsweise Suetons Nero-Biographie (120), Suet., Nero 17, und die Paulussentenzen (Ende 3. Jh.), PS 5.25.6.

39 Sofern nicht anders angegeben (also „v. Chr."), beziehen sich in diesem Beitrag alle Datumsangaben auf die Zeit *nach* Christus („n. Chr.").

40 Die Datierung geht zurück auf *Zangemeister*, in: CIL-Supplementum 1 zu Band IV, hrsg. von *Zangemeister*, 1898, S. 275, 278; zustimmend z. B. *Wenger* (Fn. 1), S. 77 Fn. 24 und *Pólay*, Klio 53 (1971), 223, 224; ebenso auf Grundlage weiterer Quellen *Camodeca*, Index 21 (1993), 353, 358 f.

41 Anschauliche Visualisierungen insb. bei *Mommsen*, CIL III (Fn. 6), S. 922 und *Pólay*, Klio 53 (1971), 223, 226; allgemein zu den Hintergründen außerdem z. B. *Camodeca*, Index 21 (1993), 353, 354–364 und *Meyer*, Legitimacy and Law in the Roman World, 2004, insb. S. 126–134, 163–168.

42 Der auf PS 5.25.6 zurückgehende (wiedergegeben in der nächsten Fn.) und bis heute gängige Ausdruck *scriptura exterior* (bzw. die Bezeichnung von Text als „außen") ist insofern missverständlich, als auch die Abschrift *innen* liegt, nämlich auf der Rückseite der zweiten und der Vorderseite der dritten Tafel. Diese beiden Tafeln sind aber nur an einer Stelle aneinandergebunden, sodass sie sich einfach „aufklappen" lassen.

43 So wohl zu verstehen (für lange Zeit sehr strittig) PS 5.25.6 („ut exteriori scripturae fidem interior servet"); verwendete Ausgabe: Fontes Iuris Romani Antejustiniani, hrsg. von *Riccobono/Baviera/Ferrini/Furlani/Arangio-Ruiz*, Band II, 2. Aufl., hrsg. von *Baviera/Furlani*, 1940 (Edition von *Baviera*).

2. Text der Urkunde

Die vertragliche Vereinbarung, die auf den Wachstafeln überliefert ist, wurde in einer Variante der älteren römischen Kursive (Wachstafelschrift) verfasst, der römischen Alltags- und Gebrauchsschrift dieser Zeit.[44] Die Unleserlichkeit der Schrift auf Wachstafeln lieferte schon Plautus (3./2. Jh. v. Chr.) Stoff für Witze darüber, ob bestimmte Tafeln nicht von einem Huhn beschrieben worden seien.[45] Für die beiden Wachstafeln aus Siebenbürgen kommt erschwerend ihr schlechter Erhaltungszustand hinzu, sodass *Mommsen* als Augenzeuge zu der bereits zitierten Einschätzung gelangte, die Tafeln seien „schwer zu entziffern".[46] Heute stellt sich als weiteres Problem, dass die Originale der beiden Wachstafeln verschollen sind. Ihr Text ist deshalb nur noch über die Zeichnungen von *Zangemeister* zugänglich – und auch lediglich so, wie sie in der CIL-Edition veröffentlicht sind.[47] Vor diesem Hintergrund dürfte sofort deutlich werden, dass es sich im Folgenden nur um einen sehr unvollkommenen Versuch handeln kann, den auf den beiden Wachstafeln überlieferten Text zu rekonstruieren.[48]

44 Zur älteren römischen Kursive z. B. *Wenger* (Fn. 1), S. 107 f., *Steinmann*, in: Graf (Hrsg.), Einleitung in die lateinische Philologie, 1997, S. 74, 78 f. und *Bischoff*, Paläographie des römischen Altertums und des abendländischen Mittelalters, 4. Aufl. 2009, S. 85–89; speziell zur Schrift auf den Wachstafeln aus Siebenbürgen insb. CIL III, Tab. A („Litterarum formae ex tabellis ceratis descriptae", von *Zangemeister*).

45 In seiner Komödie „Pseudolus" (Uraufführung 191 v. Chr.): Plaut., Pseud., 29 f. („An, opsecro [h]ercle, habent quas gallinae manus? nam has quidem gallina scripsit."); verwendete Ausgabe: Plauti Comoediae, hrsg. von *Leo*, Band II, 1896.

46 *Mommsen*, Reisebericht (Fn. 17), S. 521; ebenso allgemein *Karlowa* (Fn. 1), S. 795, der in der schlechten Lesbarkeit der Wachstafeln aus Siebenbürgen sogar den Grund sieht, warum sie erst so spät ediert worden seien.

47 Den Verfassern ist es bislang nicht gelungen, etwaige Entwürfe der Zeichnungen von *Zangemeister* oder die Druckvorlage ausfindig zu machen (hierzu in Fn. 24 und 25).

48 Ein weiterer Grund für die Unleserlichkeit der beiden Tafeln ist möglicherweise, dass die vertragliche Vereinbarung insgesamt mindestens viermal (hierzu unter I. 1. und in Fn. 111) abgeschrieben wurde. Denn mit jeder zusätzlichen Abschrift sinkt die Notwendigkeit und vermutlich auch die Motivation des Schreibers (gerade wenn es immer dieselbe Person ist), möglichst deutlich und fehlerfrei zu schreiben. Das gilt besonders für die eingeschlossenen und damit ohnehin nicht zugänglichen Fassungen. Zumindest ein Teil der unleserlichen Stellen könnte sich zudem daraus erklären (worauf uns *Peter Rothenhöfer* dankenswerterweise allgemein aufmerksam gemacht hat), dass die beiden Wachstafeln bereits zuvor beschrieben worden waren und sich die neue Schrift so mit den Resten früherer Beschriftungsvorgänge vermischte. Für andere Wachstafeln aus Siebenbürgen sind solche Reste bereits vermerkt worden, z. B. in CIL III 925 Fn. 1 und CIL III 929 Fn. 1. Für die beiden Tafeln, die im Mittelpunkt dieses Beitrages stehen, bieten vor allem der Freiraum in Z. 5, der noch sichtbare untere Teil eines etwaigen *S* zwischen den beiden Bohrlöchern nach Z. 11 sowie das recht deutliche *S* am Ende von Z. 12 konkrete Anhaltspunkte für eine frühere Beschriftung der Tafeln.

Ausgangspunkt der neuen Fassung ist die grundlegende Edition von *Mommsen* und *Zangemeister* im dritten Band des *Corpus Inscriptionum Latinarum* (1873).[49] Der dort veröffentlichte Text (CIL III 951) wird mit *Mommsens* erster Entzifferung (1858), die auf der Reise nach Siebenbürgen entstanden ist,[50] verglichen, außerdem mit drei einflussreichen Editionen, die nach der CIL-Fassung erschienen sind (1909[51]/1943[52]/1975[53]). Besondere Aufmerksamkeit erhalten dabei diejenigen Autoren, die nachweislich mit dem Original gearbeitet haben (und nicht nur mit *Zangemeisters* Zeichnungen aus dem CIL-Band).[54] Der aus dem Vergleich der fünf Fassungen (1858/1873/1909/1943/1975) gewonnene Text wird sogleich in einer konsolidierten Fassung wiedergegeben, in die auch eigene Vorschläge – mit der gebotenen Vorsicht[55] – eingeflossen sind.

Die Formatierung der neuen Fassung orientiert sich an der Gestalt der Wachstafeln, wie sie den Zeichnungen von *Zangemeister* zu entnehmen ist (insbesondere mit Blick auf den Einzug zu Zeilenbeginn und den Umbruch am Zeilenende). Da jedenfalls in den CIL-Abbildungen der Zeichnungen (CIL III 950) etwaige Interpunktionszeichen nicht zuverlässig zu erkennen sind,[56] folgt auch die neue Fassung insoweit der Interpunktion in der CIL-Transkription des Textes (CIL III 951). Dasselbe gilt für die Editionszeichen.[57] Eigene Lesarten sind in den Fußnoten als Abweichungen von der CIL-Transkription gekennzeichnet. Eine Lesefassung des rekonstruierten Textes, also ohne Fußnotenapparat, findet sich am Ende des Beitrages (Anhang I).

---

49 Weitere Nachweise in Fn. 6.

50 *Mommsen*, Reisebericht (Fn. 17), S. 521 f.

51 Fontes Iuris Romani Antiqui, hrsg. von *Bruns*, Band I, 7. Aufl., hrsg. von *Gradenwitz*, 1909, Nr. 171, S. 376 f.

52 Fontes Iuris Romani Antejustiniani, hrsg. von *Riccobono/Baviera/Ferrini/Furlani/Arangio-Ruiz*, Band III, 2. Aufl., hrsg. von *Arangio-Ruiz*, 1943, Nr. 157, S. 481 f.

53 Inscriptiones Daciae et Scythiae Minoris Antiquae, hrsg. von *Pippidi/Russu*, Serie I, Band I, hrsg. von *Russu*, 1975, Nr. 44, S. 239–242.

54 Das sind nur *Mommsen* (hierzu bei Fn. 17) und *Zangemeister* (hierzu bei Fn. 19) sowie offenbar *Hirschfeld* (hierzu bei Fn. 22).

55 Wirklich „klären" ließen sich die Zweifelsfälle nur am Original; ohne dieses Original kann es lediglich darum gehen, die Plausibilität verschiedener Lesarten und ihre Vereinbarkeit mit den Zeichnungen von *Zangemeister* zu diskutieren.

56 Deutlich abgebildet sind Interpunktionszeichen in Z. 3 („q.p.f") und Z. 21 („s.s."); etwaige Spuren finden sich vielleicht in Z. 17 („s.s.") und Z. 18 („d f. p que").

57 Abkürzungen sind in runden Klammern aufgelöst, Compendien und Ligaturen ohne weitere Kennzeichnung. Ergänzte, weil im Original (bzw. in den Zeichnungen von *Zangemeister*) nicht mehr lesbare Buchstaben stehen in eckigen Klammern. Lücken sind mit Schrägstrichen gekennzeichnet (wobei jeder einzelne Strich einen zu vermutenden Buchstaben repräsentiert).

Tafel 1 (Rückseite)

1 Inter Cassium Frontinu[m][58] et Iulium
2 Alexandrum societas[59] dani[st]ariae[60] ex
3 X kal(endas)[61] Ianuarias q(uae) p(roximae) f(uerunt) Pudente
e[t][62] Polione co(n)s(ulibus)[63] in

---

58 Das *m* am Ende von *Frontinum* ist wegen des Bohrloches nicht vollständig lesbar und daher – abweichend von CIL III 951 – in eckige Klammern gesetzt; wie hier *Mommsen*, Reisebericht (Fn. 17), S. 521. Nach den Mitteilungen in CIL III 951 Fn. 1 wurde *Fr* zu Beginn von *Frontinum* korrigiert aus *P* und angefangenem *r*; auf Grundlage der Zeichnung von *Zangemeister* ebenso wahrscheinlich und aus inhaltlichen Gründen sogar noch plausibler ist *Pa* als Beginn von *Palumbum* (zu ihm in Z. 10 und unter III. 1.).

59 Nach den Mitteilungen in CIL III 951 Fn. 2 hatte der Schreiber nach *soci* ein *o* entworfen – möglicherweise, wie *Johannes Platschek* dankenswerterweise zur Diskussion gestellt hat, für *socios* (was in einem möglichen Satz *inter ... socios ... convenit, ut* besser passen würde als *societas*, hierzu allgemein bei Fn. 186–189, aber mit der Zeichnung von *Zangemeister* nicht vereinbar ist).

60 Die Lesart „dani[st]ariae“ geht nach den Mitteilungen in CIL III 951 Fn. 3 auf *Zangemeister* zurück und findet sich – mit zustimmenden Erläuterungen – ebenso bei *Bruns/Gradenwitz* (Fn. 51), S. 376 mit Fn. 1 („i. e. *negotium mensae argentariae*, a δανειστής“) und *Russu* (Fn. 53), S. 239 mit S. 241 („după restituirea lui Zangemeister, este o combinație hibridă latino-greacă“) sowie – ohne weitere inhaltliche Erläuterung – bei *Arangio-Ruiz*, FIRA^2 III (Fn. 52), S. 481 mit Fn. 1. Da die Buchstaben *A*, *R* und *T* auf den Wachstafeln (zur Schrift bei Fn. 44) einander zum Verwechseln ähnlich sind, ist die Lesart „dani[st]ariae“ aber nicht über jeden Zweifel erhaben; *Mommsen*, Reisebericht (Fn. 17), S. 521 las noch ein völlig anderes Wort, nämlich „prag[m]atiae“; ebenso die Mitteilung in CIL III 951 Fn. 3. Jedenfalls auf Grundlage der Zeichnung von *Zangemeister*, in der zu Beginn des Wortes auch ein durchgestrichener Buchstabe oder eine Ligatur zu erblicken sein könnte, wäre nach dem Vorbild eines zeitlich nicht weit entfernten Reskripts von Kaiser Septimius Severus (193–211), aus dem Ulp. (31 ad ed.), D. 17.2.52.5 zitiert, auch die – ebenfalls elf Buchstaben umfassende – Lesart *argentariae* denkbar (alternativ vielleicht sogar eine Konstruktion mit *ad* nebst Gerundium). Für die Lesart „dani[st]ariae“ spricht aber zusätzlich, dass *Zangemeister* auch in der Abschrift auf der Rückseite der zweiten Tafel das Wort *danistariae* auszumachen glaubte (Z. 24/25), dort offenbar mit sichtbarem *s*: „dan[i]s[tariae]“ (da es hiervon keine Zeichnung gibt, lässt sich diese Lesart nicht mehr überprüfen). Mit den Mitteilungen und der Zeichnung von *Zangemeister* vermutlich nicht vereinbar (einen Buchstaben zu kurz) ist die von *Andreas Bartholomä* dankenswerterweise zur Diskussion gestellte Lesart *danistriae* in Anlehnung an δανείστρια (die weibliche Form von δανειστής), belegt in P.Euphr. 2 (Birtha Okbanon, 244–250?), Z. 14 („δανιστρη“), und Gloss. II, S. 266 Z. 31 („Δανειστρια credetrix“); verwendete Ausgabe: Corpus Glossariorum Latinorum, Band II, hrsg. von *Goetz/Gundermann*, 1888. Zur Etymologie und inhaltlichen Bedeutung von *danistariae* unter III. 2. a).

61 Auflösung der Abkürzung (in runden Klammern) gegenüber CIL III 951 ergänzt (alle weiteren Auflösungen finden sich, soweit nicht anders angegeben, bereits in CIL III 951).

62 *Mommsen*, Reisebericht (Fn. 17), S. 521: „et“.

63 In CIL III 951 ist die Abkürzung „cos.“ nicht aufgelöst.

prid[i]e[64] idus Apriles proximas venturas ita conve-
n[i]t[65] [ut?][66] ut quidq[ui]d in ea[67] societati[68] a[b][69] re[69]

---

64 *Mommsen*, Reisebericht (Fn. 17), S. 521: „pridie“.

65 *Mommsen*, Reisebericht (Fn. 17), S. 521: „[ni]t“.

66 Nach den Mitteilungen in CIL III 951 Fn. 4 konnte *Zangemeister* zwischen der Endsilbe „n[i]t“ und dem anschließenden Freiraum ein oder zwei Buchstaben erkennen: „litterae una duaeve *(ut?)*“. Für *Arangio-Ruiz*, FIRA^{2} III (Fn. 52), S. 481 Fn. 3 handelt es sich um Überreste einer Streichung des Schreibers. Mindestens ebenso plausibel ist die Erklärung, dass der Schreiber den Überresten einer vorherigen, nicht sorgfältig getilgten Beschriftung auszuweichen versuchte (hierzu allgemein in Fn. 48). In der Zeichnung von *Zangemeister* ist ein *t* eines etwaigen *ut* zu erahnen, aber es könnte auch ein anderer Buchstabe oder der Rest eines anderen Buchstabens sein. Weniger plausibel als die Lesart *ut* oder die Annahme von Streichungen bzw. sonstigen Überresten sind Erweiterungen des vorhergehenden Wortes wie *convenitur* sowie (mit gestrichenem *u*) *conveniat* oder *convenerit* (die letzte Variante hat *Benedikt Strobel* dankenswerterweise zur Diskussion gestellt); gegen diese Erweiterungen sprechen der zu erwartende Modus und das zu vermutende Tempus des Satzes (hierzu Fn. 133) sowie die parallelen Formulierungen in CIL III 944 (Alburnus Maior, 6. Mai 159), innen Z. 15 und außen Z. 26, sowie in CIL III 954 XVI. (Ort und Datum unklar), Z. 1–3. Da *ut* nach alledem die plausibelste Lesart ist und auch gut als Fortsetzung zu *convenit* passt, wird *ut* hier – abweichend von CIL III 951 – trotz der Doppelung mit dem *ut* nach dem Freiraum in den Haupttext übernommen (der die vertragliche Vereinbarung so zu rekonstruieren versucht, wie sie auf den Zeichnungen zu erkennen ist).

67 *Mommsen*, Reisebericht (Fn. 17), S. 521 las „quidq[uid in]super“ statt „quidq[ui]d in ea“.

68 In auffälligem Gegensatz zu Z. 8 steht hier als Ablativ *societati* statt *societate*. *Russu* (Fn. 53), S. 241 scheint von einem Schreibfehler auszugehen. Plausibler ist, dass beide Formen des Ablativs nebeneinander verwendet wurden – etwa wie (ebenfalls innerhalb von nur drei Zeilen) *domu/domo* in CIL III 944 (Alburnus Maior, 6. Mai 159), außen Z. 24 bzw. Z. 27.

69 *Mommsen*, Reisebericht (Fn. 17), S. 521 las an diesem Zeilenwechsel zunächst „pra[es-] | titum“; in CIL III 951 steht „arre | natum“ mit dem Hinweis in Fn. 5, *datum* nicht in Erwägung zu ziehen. Die hier favorisierte Lesart *ab re* | *natum* stammt von *Hirschfeld* und wurde erstmals 1893 veröffentlicht (zu den Hintergründen bei Fn. 22). Unabhängig davon scheint *Kraschenninnikoff*, Philologus 52 (1894), 563 f. zu derselben Zeit zufällig auf dieselbe Idee gekommen zu sein; hierzu der Nachtrag von *Hirschfeld*, Philologus 52 (1894), 736, 736; kritisch zum Ausdruck (aber nicht zur Lesart) außerdem zuvor (1889) bereits *Weber* (Fn. 37), S. 33 Fn. 32 („Das Wort ‚*arrenatum*‘ ist grammatikalisch dunkel. ... Näher scheint die Annahme eines vulgären Compositum *ad-re-nasci* für alles, was aus einer Kapitalanlage als Gewinn oder Verlust dem Kapital ‚hinzu-er-wächst‘, zu liegen.“). *Hirschfelds* Lesart „ab re | natum“ wurde anschließend im CIL-Supplementband (Fn. 6), S. 2215 veröffentlicht, beibehalten von *Bruns/Gradenwitz* (Fn. 51), S. 376 mit Fn. 3 sowie übernommen von *Arangio-Ruiz*, FIRA^{2} III (Fn. 52), S. 481 mit Fn. 4 und *Russu* (Fn. 53), S. 239 mit S. 241. Der Vergleich mit den Institutionen des Gaius (zu ihnen durchgehend in Teil II m.w.N.), konkret G. 3.151, sowie mit der *Gai institutionum epitome* (zu ihr in Fn. 161), konkret GE 2.9.16 (gerade für diese Stelle gilt allerdings der Vorbehalt in Fn. 161), würde „adqui- | situm“ nahelegen; jedoch ist diese Lesart weder mit der Zeichnung von *Zangemeister* noch mit den Eindrücken von *Mommsen*, Reisebericht (Fn. 17), S. 521 und *Hirschfeld*, Philologus 52 (1894), 736, 736, die beide ebenfalls das Original eingesehen haben (Fn. 54), zu vereinbaren. Dasselbe gilt für die sehr bedenkenswerte Lesart „alie- | natum“, die *Johannes Platschek* dankenswerterweise zur Diskussion

natum[69] fuerit,[70] lucrum damnumve[71] acciderit,
ae[q]uis[72] portionibus s[uscipe]re[73] debebunt.
In qua societate intuli[t Iuli]us Alexander nume-
ratos sive in fructo[74] 𐆖[75] [qu]ingentos[76],[77] et Secundus

---

gestellt hat (ein Ausdruck, der viel verbreiteter und daher vertrauter ist als *ab re natum*, hier allerdings in diametralem Gegensatz zum vermuteten Inhalt, also *adquisitum*, stünde). Am plausibelsten ist somit *Hirschfelds* Lesart, die aber wegen der Unsicherheiten über den zweiten Buchstaben (hierzu Fn. 22, 27) als „a[b] re | natum" in den Haupttext übernommen wurde.

70 Sofern man sich, wie die CIL-Fassung, für die Setzung von Kommata entscheidet (hierzu allgemein bei Fn. 56), spricht vieles dafür, hier gegenüber CIL III 951 ein Komma hinzuzufügen, da „lucrum" sehr wahrscheinlich nicht mehr zu „fuerit", sondern bereits zu „acciderit" gehört.

71 *Mommsen*, Reisebericht (Fn. 17), S. 521: „[da]mnumve".

72 In der Zeichnung von *Zangemeister* ist kein *q* zu erkennen.

73 *Mommsen*, Reisebericht (Fn. 17), S. 521: „su[scip]ere"; vorsichtiger CIL III 951: „s[uscip]ere"; vermittelnd *Arangio-Ruiz*, FIRA^2 III (Fn. 52), S. 481: „sụ[scip]ere". Von dem vorletzten *e* ist in der Zeichnung von *Zangemeister* aber allenfalls die letzte Haste zu erkennen. Auch dieser Buchstabe steht hier deshalb abweichend von CIL III 951 in eckigen Klammern.

74 Die geringe Verbreitung von *frūctō* gegenüber *frūctū* (hierzu *Bacherler*, s.v. frūctus, in: Thesaurus Linguae Latinae (ThLL), Band VI/1, 1922, Sp. 1374, 1374 Z. 57) wirft die Frage auf, ob das Wort auf der Tafel wirklich mit *o* endet. Dagegen ließe sich anführen, dass sich das *o* in „fructo" deutlich von dem *o* an anderen Stellen unterscheidet; das vermeintliche *o* in „fructo" wäre dann in Wahrheit ein misslungenes *u*. Für ein *o* sprechen aber das dem *o* in „fructo" sehr ähnliche *o* in „uno" (Z. 14) oder in „alieno" (Z. 16). Wird ein *Lese*fehler verneint, bleibt als Erklärung von *frūctō* statt *frūctū* die Annahme eines *Schreib*fehlers, wie *Arangio-Ruiz*, FIRA^2 III (Fn. 52), S. 482 Fn. 1 möglicherweise zu verstehen ist, oder eine abweichende Bildung des Ablativs der u-Deklination (auch: 4. Deklination) nach dem Vorbild der o-Deklination (auch: 2. Deklination); für die zweite Erklärung spricht insb. die parallele Verwendung von *domu*/*domo* in CIL III 944 (Alburnus Maior, 6. Mai 159), außen Z. 24 bzw. Z. 27. Zu den inhaltlichen Unsicherheiten, die mit dem Ausdruck *frūctō* verbunden sind, unter III. 2. b).

75 Zeichen für *denarius*; hierzu *Wenger* (Fn. 1), S. 113 Fn. 19, S. 122 Fn. 24 und S. 123.

76 Zusatzinformation bei *Mommsen*, Reisebericht (Fn. 17), S. 521 Fn. 3 („Für quadringentos ist nicht Raum.").

77 Auch an dieser Stelle spricht vieles dafür (wie bereits bei Fn. 70), wegen des Wechsels von Subjekt und Prädikat gegenüber CIL III 951 ein Komma hinzuzufügen.

10 Cassi Palumbi servus a[ctor][78] intulit X̶[79] ducentos
pr[o Fron]tin[o][80]
11 sexaginta septe[m][81],[82] / / / / / / / / s / / c[h]um e[is][83]

78 Zu dieser Ergänzung unter III. 1. (bei Fn. 271–276).

79 *Russu* (Fn. 53), S. 239: „–" (hier wie Fn. 75).

80 Dieser Text steht in der Zeichnung von *Zangemeister* zwischen Z. 10 und Z. 11 (zu den verschiedenen Lesarten Fn. 83). Ähnlicher „Zwischentext" findet sich in CIL III 936 (Kartum, 17. März 139), innen Z. 2/3 und außen Z. 9/10 sowie CIL III 940 (kanabae legionis XIII geminae, 16. Mai 142), innen Z. 4/5 und Z. 12/13.

81 *Mommsen*, Reisebericht (Fn. 17), S. 521: „Secun" (hierzu in der zweiten Hälfte von Fn. 83). Das *m* von *septem* ist in der Zeichnung von *Zangemeister* kaum lesbar und deshalb abweichend von CIL III 951 in eckige Klammern gesetzt.

82 In CIL III 951 kommt das nächste Satzzeichen (hierzu allgemein bei Fn. 56) erst am Schluss von Z. 12. Da die beiden Prädikate des in Z. 8 beginnenden Satzes im Perfekt stehen („intuli[t" bzw. „intulit"), das Prädikat des mit Z. 12 endenden Satzes dagegen im Futur („d[ebe]bit"), ist es sehr wahrscheinlich, dass irgendwo in Z. 11 ein größerer Einschnitt ist. Dass der neue Satz(teil) bereits direkt nach „septe[m]" beginnt (wie hier im Haupttext mit einem Komma angedeutet ist, an dessen Stelle auch ein *et* oder ein Punkt stehen könnte), lässt sich nicht weiter verifizieren, ist aber sehr plausibel, da damit die Parallelformulierung des Satzes – erst der Beitrag des einen *socius* (Z. 8/9), dann der Beitrag des anderen *socius* (Z. 9–11) – zum Abschluss käme. Hierzu würde auch die Klarstellung „pr[o Fron]tin[o]" passen, die direkt über dem zu vermutenden *m* von „septe[m]" beginnt. Weniger plausibel ist es dagegen, dass nach „septe[m]" noch „numeratos sive in fructo" (wie in Z. 8/9) oder eine ähnliche Klarstellung wiederholt wurde (so aber wohl zu verstehen *Tudor*, Istoria sclavajului în Dacia romană, 1957, S. 95 Fn. 3); denn erstens steht diese Klarstellung in der ersten Satzhälfte *vor* dem Denariuszeichen (Z. 9) und *vor* der Zahlenangabe (Z. 9), zweitens ist die Lücke in der Zeichnung von *Zangemeister* zu klein für so viele zusätzliche Buchstaben.

83 Der nach „septe[m]" sowie in der Zwischenzeile darüber wiedergegebene Versuch einer Rekonstruktion des lateinischen Textes kombiniert den Haupttext in CIL III 951 mit den Vorschlägen von *Zangemeister*, die in CIL III 951 Fn. 6 mitgeteilt sind. Die Buchstabenkombination „c[h]um" könnte die Endsilbe eines griechischen Namens oder eines sonstigen Wortes griechischen Ursprungs sein (das einzige sicher lesbare *H* dieser beiden Wachstafeln findet sich in Z. 14: „-prehensus"). *Bruns/Gradenwitz* (Fn. 51), S. 376 setzen für den Text nach „septe[m]" und die Zwischenzeile allein „pr . . . . tin"; *Russu* (Fn. 53), S. 239 behält die Trennung bei: in der Zwischenzeile „pr — — — — tin — —", in der Zeile selbst „— — — — — — — — s — — c — — um — — — s"; alles hintereinander in einer Zeile dagegen bei *Arangio-Ruiz*, FIRA² III (Fn. 52), S. 482: „pr[o Fron]tin[o — —]s [—]cḥum ẹịs". Ganz anders las die Zeile noch *Mommsen*, Reisebericht (Fn. 17), S. 521: „sexaginta. Secun[dus societati in fru]ctum et". Mit der Zeichnung von *Zangemeister* ist das teilweise vereinbar: „Secundus" könnte nach den angedeuteten Buchstabenresten in der zweiten Hälfte der Zeile gestanden haben (was inhaltlich stimmig wäre, hierzu bei Fn. 271–276); auch das „et" am Ende der Zeile passt zu der Zeichnung von *Zangemeister* (zum Vergleich das *T* am Ende von Z. 20). Deshalb stehen abweichend von CIL III 951 Fn. 6 das *I*, das auch ein *T* sein könnte, und das *S*, dessen oberer Teil nicht sicher lesbar ist und dessen unterer, fast rechtwinkliger Teil auf beiden Tafeln keine Entsprechung hat, in eckigen Klammern. Das *E* ist in der Zeichnung von *Zangemeister* dagegen gut zu erkennen.

Tafel 2 (Vorderseite)

12 / / ssum[84] Alburno [Maiori?][85] d[ebe]bit[86].
13 In qua societ[ate][87] si quis d[olo ma]lo fraudem fec[isse de-][88]
14 prehensus[89] fue[rit][90], in a[sse][91] uno 𐆖[75] unum / / / / / / / [in?][92]

---

84 Nach den Mitteilungen in CIL III 951 Fn. 7 schlug *Zangemeister* „[mi?]ssum" vor; anders zuvor *Mommsen*, Reisebericht (Fn. 17), S. 521: „[a]d ussum". *Bruns/Gradenwitz* (Fn. 51), S. 376 schreiben „sum"; unverändert gegenüber CIL III 951 dagegen *Arangio-Ruiz*, FIRA^2 III (Fn. 52), S. 482 mit Fn. 3 und *Russu* (Fn. 53), S. 239 mit S. 241. Denkbar wäre auch *[iu]ssum* oder die Fortsetzung eines auf der ersten Tafel begonnenen Wortes.

85 In CIL III 951 sowie bei *Bruns/Gradenwitz* (Fn. 51), S. 376, *Arangio-Ruiz*, FIRA^2 III (Fn. 52), S. 482 und *Russu* (Fn. 53), S. 239 ist hier eine Lücke; *Mommsen*, Reisebericht (Fn. 17), S. 521 glaubte, zumindest „an" lesen zu können. Eine naheliegende und deshalb in den Haupttext übernommene, aber offenbar noch nicht in Erwägung gezogene Ergänzung ist „Maiori" (was exakt der in CIL III 951 vermuteten Buchstabenzahl entspricht) nach dem Vorbild von CIL III 924 (Alburnus Maior, 9. Februar 167), innen Z. 2, 22, 24, außen Z. 3, 27, 28, CIL III 928 (Alburnus Maior, 17. September 159 (?)), Z. 9, CIL III 934 (Alburnus Maior, 20. Oktober 162), innen Z. 9, CIL III 944 (Alburnus Maior, 6. Mai 159), innen Z. 3, 17, außen Z. 4/5, 28, CIL III 949 XII. (Alburnus Maior, 29. Mai 167), Z. 6 sowie CIL III 954 XVII. (Alburnus Maior [?], 6. Februar 131), Z. 8. An all diesen Stellen folgt auf *Alburno* stets *Maiori*; ganz ähnlich CIL III 957 XXI. (Alburnus Maior, Datum unklar), wo es „Maiore" heißt (wohl eher eine Variation des Ablativs wie bei Fn. 68 und 74 als ein Schreibfehler). Gegen die Ergänzung „Maiori" spricht (weshalb sie im Haupttext mit einem Fragezeichen versehen wurde), dass in Z. 7, 15, 18, 21 unmittelbar vor dem Verb *dēbēre* ein Infinitiv steht (anders auf diesen beiden Tafeln nur Z. 21: „[Item] debentur Lossae") und auch hier zu erwarten wäre (als Konkretisierung dessen, was geschuldet wird). Ohne die Ergänzung *Maior* steht *Alburnus* in CIL III 924 (Alburnus Maior, 9. Februar 167), innen Z. 8, 10, außen Z. 12, 15. Als Personenname, wie *Meissel*, Societas, 2004, S. 173 Fn. 413 *Alburnus* versteht, ist der Ausdruck den Verfassern bislang nicht begegnet.

86 *Bruns/Gradenwitz* (Fn. 51), S. 376 und *Arangio-Ruiz*, FIRA^2 III (Fn. 52), S. 482: „d[ebeb]it"; völlig anders noch *Mommsen*, Reisebericht (Fn. 17), S. 521: „[tr]ibu[etur]".

87 Für die Ergänzung *-ate* (wie in Z. 8) statt *-ati* (wie in Z. 5) sprechen die Zeichnung von *Zangemeister* sowie *Mommsen*, Reisebericht (Fn. 17), S. 521: „societate".

88 Nach dem „si" las in dieser Zeile *Mommsen*, Reisebericht (Fn. 17), S. 521: „qu[id soci infe]rant, dum Secu[ndus]".

89 *Mommsen*, Reisebericht (Fn. 17), S. 521 las zunächst „pramaticus" (ausdrücklich aufgegeben in CIL III 951 Fn. 8).

90 *Mommsen*, Reisebericht (Fn. 17), S. 521: „fuerit".

91 *Mommsen*, Reisebericht (Fn. 17), S. 521: „d[ie]".

92 Abweichend von CIL III 951, wo nur „/ / / / / / / / /" steht; in der Zeichnung von *Zangemeister* ist aber am Ende der Zeile ein *n* zu erkennen (gerade im Vergleich zum „in" am Ende von Z. 3). Für die Ergänzung „in" spricht die Parallele zu „in a[sse] uno" unmittelbar zuvor; dann müsste es anschließend aber „denario uno" heißen, was mit dem relativ sicheren „unum" in Z. 15 unvereinbar ist. Ähnlich *Arangio-Ruiz*, FIRA^2 III (Fn. 52), S. 482: „[— *in*]"; anders *Mommsen*, Reisebericht (Fn. 17), S. 521: „[et q]ua-" (fortgesetzt in Fn. 93).

15 d[en]a[rium?][93] unum[?][94] Ӿ[75] XX [alius?][95] alio[96] inferre deb[ebi]t[97],[98]
16 et tempore perac[t]o[99] de[duc]to[100] aere alieno sive
17 summas[101] s(upra) s(criptas)[102] s[ibi recipere sive,][103] si quod superfuerit,
18 dividere d[ebebunt][104]. Id[105] d(ari) f(ieri) p(raestari)que stipulatus est

---

93 In CIL III 951 „[denarium]“, aber ein *d* und ein *a* (nach der letzten noch sichtbaren Haste eines möglichen *n*) sind jedenfalls in der Zeichnung von *Zangemeister* hinreichend deutlich (zum Grund des Fragezeichens in Fn. 94); ein weiteres *r* glaubt zu sehen *Arangio-Ruiz*, FIRA² III (Fn. 52), S. 482: „d[en]ar[ium]“; völlig anders noch *Mommsen*, Reisebericht (Fn. 17), S. 521: „dran[tem]“ (fortgesetzt aus Fn. 92).

94 Abweichend von CIL III 951 ist hier ein Fragezeichen gesetzt, da die Fortsetzung aus Z. 14 den Ablativ erwarten ließe (hierzu in Fn. 92).

95 CIL III 951: „////“; *Mommsen*, Reisebericht (Fn. 17), S. 521 las „[XVII]S“ mit Erläuterung in Fn. 4 („Monatlich nämlich, 30 x 1¼ = 37½.“). Die hier vorgeschlagene Ergänzung stützt sich auf den am Ende der unleserlichen Stelle erkennbaren Rest eines *s* sowie auf den inhaltlichen Kontext.

96 Da „inferre“ hier ein Objekt im Dativ erwarten lässt (*Hofmann*, s.v. īnfero, in: ThLL, Band VII/1, 1951, Sp. 1373, 1375 Z. 14–47), ist das gut lesbare „alio“ vermutlich nicht als Ablativ zu verstehen, sondern als Variation der Dativform *aliī* (hierzu *Hey*, s.v. alius, -a, -ud, in: ThLL, Band I, 1904, Sp. 1622, 1623 Z. 17–30). Bei einer zweigliedrigen *societas* würde *alter alteri* nahe liegen; so auch die Interpretation von *Mommsen*, Reisebericht (Fn. 17), S. 521 Fn. 5 („Vermuthlich für alter alteri.“).

97 *Arangio-Ruiz*, FIRA² III (Fn. 52), S. 482: „debe[bi]t“; anders *Mommsen*, Reisebericht (Fn. 17), S. 521: „debebunt“.

98 Auch an dieser Stelle spricht wiederum vieles dafür, wegen des Wechsels von Subjekt und Prädikat gegenüber CIL III 951 ein Komma hinzuzufügen.

99 *Mommsen*, Reisebericht (Fn. 17), S. 521: „parti[en]di“.

100 *Mommsen*, Reisebericht (Fn. 17), S. 521: „[deduc]to“.

101 *Mommsen*, Reisebericht (Fn. 17), S. 521: „summmas“ [sic]; seit CIL III 951 allgemein anerkannt: „summam“. Jedenfalls in der Zeichnung von *Zangemeister* ist aber abweichend von CIL III 951 ein *s* am Ende des Wortes sehr deutlich zu erkennen (die Buchstaben davor sind mehrdeutig und möglicherweise ein Schreibfehler, wie bereits in der Lesart von *Mommsen*); auch inhaltlich passt der Plural *summas* besser, da die beiden *socii* offenbar unterschiedlich hohe Beiträge geleistet haben (hierzu Z. 8–11 sowie bei Fn. 173–175).

102 Als Folgeänderung zu der abweichenden Lesart „summas“ (Fn. 101) ergibt sich hier „s(criptas)“ als Auflösung der Abkürzung statt dem allgemein anerkannten „s(criptam)“.

103 *Mommsen*, Reisebericht (Fn. 17), S. 521: „sibi [rec]ip[ere sive]“. Die offenbar allgemein akzeptierte Ergänzung „sive“ ist nicht über jeden Zweifel erhaben, da ein „sive ... sive“ im Sinne eines „sei es dass ... oder dass “ bzw. eines „entweder ... oder“ hier keinen Sinn ergibt (hierzu in Fn. 141 und bei Fn. 389/390). Mindestens ebenso plausibel wie „sive ... sive“ wäre daher eine anakoluthische Konstruktion mit „sive ... vel“ oder „sive ... aut“.

104 Da die meisten Sätze der vertraglichen Vereinbarung mit dem Verb *dēbēre* enden (hierzu Fn. 196/197), ist hier abweichend von CIL III 951 („d[ebebunt?]“) kein Fragezeichen gesetzt.

105 Bis hierhin las *Mommsen*, Reisebericht (Fn. 17), S. 522: „dividi aequ[is partibus eaqu]e“.

19 Cassius Frontin[us[106], spopon]dit[107] Iul(ius) Alexander.
20 D[e]que ea re[108] dua[109] paria[110] [ta]bularum signatae sunt.[111]
21 [Item][112] debentur Lossae[113] 𐆖[75] L, quos a socis s(upra) s(criptis) accipere debebit.

---

106 *Mommsen*, Reisebericht (Fn. 17), S. 522: „Fron[tinus".

107 *Mommsen*, Reisebericht (Fn. 17), S. 522 setzte hier „prom]i[si]t" statt „spopon]dit". Da *promisit* auf den Wachstafeln aus Siebenbürgen nie alleine steht, spräche einiges dafür, vor dem Verb noch *fide sua* oder zumindest *fide* zu ergänzen nach dem Vorbild von CIL III 930 (Deusara, 20. Juni 162), innen Z. 9/10 („dari fide sua promisit Iulius Alexander") und außen Z. 8–10 („dari fide promisit Iulius Alexander") sowie (andere Personen) CIL III 934 (Alburnus Maior, 20. Oktober 162), innen Z. 1/2, 6 und außen Z. 3/4, CIL III 936 (Kartum, 17. März 139), innen Z. 15/16, CIL III 940 (kanabae legionis XIII geminae, 16. Mai 142), innen Z. 13/14 und außen Z. 19/20, CIL III 944 (Alburnus Maior, 6. Mai 159), innen Z. 11/12 und außen Z. 22/23, CIL III 959 (kanabae legionis XIII geminae, 4. Oktober 160), innen Z. 13 und außen Z. 13. Selbst für *fide promisit* dürfte die Lücke aber zu klein sein. Wie plausibel ist demgegenüber die im Haupttext aus CIL III 951 übernommene Lesart „spopon]dit"? Das Verb *spondēre* ist auf keiner anderen Wachstafel aus Siebenbürgen belegt; *Bradua Beusantis spopondit* in CIL III 952 (Ort und Datum unklar) ist eine bloße Vermutung. Für die Lesart „spopon]dit" spricht aber immerhin, dass die Formulierung *dari fieri praestarique stipulatus est* in CIL VI 10241 (Roma, um 126) und CIL VI 10247 (Roma, 252) mit dem Verb *spondēre* verbunden ist.

108 In CIL III 951 ohne eckige Klammern als „De qua re", aber das erste *e* ist jedenfalls in der Zeichnung von *Zangemeister* kaum auszumachen und daher hier als Ergänzung ausgewiesen. Die Buchstaben, die zu erkennen sind, entsprechen eher der Korrekturanweisung in CIL III 1058 (unter „Errata"), nämlich „De qua" zu ersetzen mit „Deque ea"; es müsste dann in der Korrekturanweisung aber „l. 20" statt „l. 29" heißen. Bei *Mommsen*, Reisebericht (Fn. 17), S. 522 beginnt die Zeile mit „De qui[bus] rebus".

109 *Arangio-Ruiz*, FIRA^2 III (Fn. 52), S. 482 korrigiert „dua" ohne weitere Erklärung zu „duo"; es dürfte sich bei „dua" aber nicht um einen Schreibfehler, sondern um eine in Inschriften häufiger belegte Variation des Nominativs Neutrum handeln: *Vollmer*, s.v. duo, duae, duo, in: ThLL, Band V/1, 1933, Sp. 2241, 2241 f. *Mommsen*, Reisebericht (Fn. 17), S. 522 ließ hier eine Lücke.

110 *Mommsen*, Reisebericht (Fn. 17), S. 522 hat auch hier eine Lücke.

111 Der Satz bezieht sich vermutlich nicht auf die Abschrift der vertraglichen Vereinbarung, deren Beginn auf der Rückseite der zweiten Tafel zu erkennen ist (Z. 23–25), sondern auf ein weiteres Triptychon gleicher Ausstattung und Gestalt (zu den inhaltlichen Implikationen insb. in Fn. 182). Ausgeschrieben findet sich eine ähnliche Formulierung auch gegen Ende zweier Abschriften des *senatus consultum de nundinis saltus Beguensis*: CIL VIII 270 = 11451 = 23246 (casae Beguenses, 138).

112 Abweichend von CIL III 951 wird Z. 21 hier entsprechend der Zeichnung von *Zangemeister* nicht eingerückt. Bei *Mommsen*, Reisebericht (Fn. 17), S. 522 ist die Zeile eingerückt und beginnt mit „Debentur".

113 *Mommsen*, Reisebericht (Fn. 17), S. 522: „Iun. Cossae" (mit Fn. 6: „Der Name unsicher."); Arangio-*Ruiz*, FIRA^2 III (Fn. 52), S. 482: „Cossae". Die Zeichnung von *Zangemeister* spricht – wie im Haupttext aus CIL III 951 übernommen – eher für „Lossae" statt für „Cossae", da der obere Teil des vermeintlichen *C* sich überzeugender als der untere Teil des *a* vom darüber liegenden „dua" verstehen lässt. Der Name *Lossa* ist in CIL XIII 10010, 1158 als Stempel *Lossa fecit* in verschiedenen Variationen belegt (allerdings aus einer anderen Region und ohne konkrete Anhaltspunkte zur jeweili-

22 Act(um)[114] Deu[sa]re[115] V[116] kal(endas)[117] April(es)[118] Vero III [e]t[119] Quadrato co(n)s(ulibus).[120]

Tafel 2 (Rückseite)[121]

23 Inter Cassium Frontinum et
24 Iul[i]um [Alexandrum societa]s dan[i-]
25 s[tariae][122]

3. Übersetzung ins Deutsche

Der lateinische Text, wie er im vorigen Abschnitt als die plausibelste Transkription des Originals rekonstruiert wurde, soll nunmehr für das gesellschaftsrechtliche Publikum übersetzt werden. Soweit ersichtlich, handelt es sich hierbei um

---

gen Datierung). Im Ergebnis wie hier *Russu* (Fn. 53), S. 240, der die Lesart „Lossae" aber S. 242 mit einer dunklen Inschrift auf einem Ziegel aus Gherla begründet.

114 Abweichend von CIL III 951 wird „Act" hier nicht in eckige Klammern gesetzt, da die drei Buchstaben jedenfalls in der Zeichnung von *Zangemeister* hinreichend deutlich sind; ebenso *Mommsen*, Reisebericht (Fn. 17), S. 522: „Act . .".

115 CIL III 951: „Deusa]re", aber der Beginn „Deu" ist jedenfalls in der Zeichnung von *Zangemeister* hinreichend deutlich zu erkennen. Der vorletzte Buchstabe könnte statt eines *r* auch ein *a* sein. In CIL III 930 (Deusara, 20. Juni 162) – der einzigen anderen Urkunde, die an diesem Ort ausgestellt wurde – findet sich innen „Deusare", außen aber „De[u]sarae". Der Ort hieß wahrscheinlich *Deusara*: *Mommsen*, CIL III (Fn. 6), S. 921. *Russu* (Fn. 53), S. 240 ergänzt entsprechend zu „Deusa]r(a)e". Ganz anders noch *Mommsen*, Reisebericht (Fn. 17), S. 522: „. . usar" (hierzu auch in der nächsten Fußnote).

116 *Mommsen*, Reisebericht (Fn. 17), S. 522: „IIII". Diese Lesart ist nach der Zeichnung von *Zangemeister* möglich; überzeugender dürfte es aber sein, wie in CIL III 951 die ersten beiden Striche als *e* am Ende von „Deu[sa]re" zu lesen und die verbleibenden beiden Striche zu einem „u" (bzw. nach heutiger Konvention „V") zusammenzuziehen.

117 Auflösung der Abkürzung gegenüber CIL III 951 ergänzt.

118 Ebenfalls gegenüber CIL III 951 ergänzt.

119 Das *e* ist wegen des Bohrloches nicht zu erkennen und daher abweichend von CIL III 951 in eckige Klammern gesetzt (wie Fn. 58).

120 In CIL III 951 steht „cos." (wie Fn. 63).

121 Ab hier sind die Zeilen in CIL III 951 nicht mehr nummeriert. *Mommsen*, Reisebericht (Fn. 17), S. 522, *Bruns/Gradenwitz* (Fn. 51), S. 376 f. und *Arangio-Ruiz*, FIRA^2 III (Fn. 52), S. 481 f. verzichten auf den Abdruck des Textes von der Rückseite der zweiten Tafel.

122 Nach den Mitteilungen in CIL III 951 Fn. 10 ist der übrige Text nicht mehr zu rekonstruieren.

die erste Übersetzung ins Deutsche.[123] Es gibt aber bereits – überwiegend recht freie – Übersetzungen ins Englische,[124] Französische,[125] Rumänische,[126] Russische[127] und Ungarische.[128]

Die Formatierung der Übersetzung ins Deutsche orientiert sich an der Gestalt der Wachstafeln, wie sie den Zeichnungen von *Zangemeister* zu entnehmen ist, kann aber nicht immer streng durchgehalten werden (insbesondere wegen der abweichenden Satz- bzw. Wortstellung im Deutschen). Einige lateinische Ausdrücke werden bewusst unübersetzt gelassen und stattdessen in den Fußnoten erläutert. Eine Lesefassung der Übersetzung, also ohne Fußnotenapparat, findet sich am Ende des Beitrages (Anhang II).

Tafel 1 (Rückseite)

1 Zwischen Cassius Frontinus und Iulius
2 Alexander ist eine *societas*[129] *danistariae*[130] vom
3 23. Dezember 166[131] bis zum

---

123 Eine deutsche Übersetzung der russischen Übersetzung (Fn. 127), nicht aber des lateinischen Originals, findet sich bei *Kolosovskaja*, in: Štaerman/Smirin/Belova/Kolosovskaja, Die Sklaverei in den westlichen Provinzen des Römischen Reiches im 1.–3. Jahrhundert, übersetzt von *Kriz* unter Mitwirkung von *Heinen* und *Herrmann-Otto*, 1987, S. 147, 229 Fn. 295.

124 *Crook*, Law and Life of Rome, 1967, S. 231 f.; *Lewis/Reinhold*, Roman Civilization, Band II, 3. Aufl. 1990, S. 130; *Urbanik*, in: Urbanik (Hrsg.), Culpa, 2012, S. 273, 291 Fn. 35.

125 *Macqueron*, Contractus Scripturae, 1982, S. 113 f.; *Ciulei*, Les triptyques de Transylvanie, 1983, S. 61 f. ≈ *Ciulei*, in: Zlinszky (Hrsg.), Questions de responsabilité, 1993, S. 39, 39 f. (da die Übersetzung von 1993 keine inhaltlichen Neuerungen bringt und zudem weniger gut redigiert ist, beziehen sich alle nachfolgenden Verweise auf die Fassung von 1983).

126 Insb. *Tudor* (Fn. 82), S. 269 und *Russu* (Fn. 53), S. 241.

127 *Колосовская*, in: Штаерман/Смирин/Белова/Колосовская, Рабство в западных провинциях Римской империи в I–III вв., 1977, S. 120, 182 f. Fn. 295.

128 *Pólay*, A dáciai viaszostáblák szerződései, 1972, S. 283 f.

129 *societas* ließe sich vor allem mit „Gesellschaft“ oder „Sozietät“ ins Deutsche übersetzen. Um aber nicht die Charakteristika, die heute mit den beiden Ausdrücken assoziiert werden, unbewusst in die Antike zu übertragen, empfiehlt es sich, *societas* unübersetzt zu lassen; ebenso bereits *Fleckner*, Kapitalvereinigungen (Fn. 28), S. 120 f.

130 Da unklar ist, was genau mit *danistariae* gemeint ist (vermutlich verzinsliche Kreditgeschäfte, hierzu unter III. 2.), scheidet eine Übersetzung ins Deutsche aus.

131 Die wörtliche Übersetzung des lateinischen Originals ist: „vom 10. vor den Kalenden des Januars, welche die letzten waren, unter den Konsuln Pudens und Pol(l)io“. Der Beginn der gemeinsamen wirtschaftlichen Unternehmung liegt also *vor* Ausstellung dieser Urkunde (hierzu in Z. 22). Aber reicht die Gründung drei Monate (Dezember 166) oder 15 Monate (Dezember 165) zurück? Das lateinische Original ist insoweit leicht missverständlich, da nicht klar ist, ob „Pudente e[t] Po-

4 12. April 167[132] so zustande gekom-
5 men,[133] dass . . . dass[134] sie, was auch immer in dieser *societas* aus dem Geschäft
6 entstanden sein werde, als Gewinn oder Verlust angefallen sein werde,
7 zu gleichen Teilen zu übernehmen verpflichtet sein werden.
8 In dieser[135] *societas* hat Iulius Alexander bar[136]
9 oder *in fructo*[137] fünfhundert Denare eingebracht, und Secundus,
10 des Cassius Palumbus *servus actor*,[138] hat zweihundert-
für Frontinus
11 siebenundsechzig Denare eingebracht, ... ihnen

Tafel 2 (Vorderseite)

12 . . . wird in Alburnus [Maior?] schulden/zu . . . verpflichtet sein.[139]

---

lione co(n)s(ulibus)" zum mit „q(uae)" beginnenden Relativsatz gehört (so offenbar *Bruns/Gradenwitz* (Fn. 51), S. 376) oder nicht (entsprechend fragt sich für die deutsche Übersetzung zu Beginn dieser Fußnote, ob vor „unter" ein Komma zu setzen ist oder nicht). Für die hier vorgeschlagene und im Ergebnis allgemein akzeptierte Deutung – Dezember 166 – spricht, dass Pudens und Pollio im Dezember 165 noch nicht im Amt waren.

132 Wörtlich: „bis zum Tag vor den Iden des Aprils, die als nächste kommen werden".

133 Den auf den Wachstafeln überlieferten Buchstaben nach kann „conven[i]t" sowohl Präsens (*cŏnvĕnĭt*) als auch Perfekt (*cŏnvēnĭt*) sein. Da der Vertragsschluss in der Vergangenheit liegt (Fn. 131), ist „conven[i]t" hier als Perfekt übersetzt. Dafür spricht auch die zweimal verwendete Perfektform *intulit* im nächsten Satz. Anders offenbar *Macqueron* (Fn. 125), S. 112.

134 Mit dem doppelten „dass" und der Lücke werden die Unsicherheiten bei der Rekonstruktion der lateinischen Fassung (hierzu in Fn. 66) auch in der deutschen Übersetzung sichtbar; am plausibelsten ist, dass das erste „dass" sowie die Lücke ersatzlos zu streichen sind.

135 Aus heutiger Sicht mag die Übersetzung des Ablativs mit einem Akkusativ näher liegen, also „In diese *societas* hat ... eingebracht". Aber die damit implizierte Verselbständigung der *societas* zu einem „Etwas", in das Gegenstände eingebracht werden können, wäre mit dem seinerzeitigen Konzept der *societas* unvereinbar; hierzu speziell für die Institutionen des Gaius, die in Teil II als die beste Referenzquelle der vertraglichen Vereinbarung identifiziert werden, *Fleckner*, FS Windbichler, 2020, S. 603, 613.

136 Wörtlich: „abgezählt".

137 Da unklar ist, was genau mit „in fructo" gemeint ist, scheidet eine Übersetzung ins Deutsche aus (wörtlich: „in Frucht"); zur vermutlichen Bedeutung unter III. 2. b).

138 *servus actor* ließe sich z.B. mit „ausführender Sklave" oder „geschäftsführender Sklave" übersetzen (zur konkreten Rolle bei Fn. 271–276).

139 Zur Bedeutung des Verbs *dēbēre* unter II. 3. (bei Fn. 196–198).

13 Sollte jemand in dieser *societas* dabei gefasst worden sein, einen Betrug in böser Absicht
14 begangen zu haben, wird für ein As einen Denar . . .,
15 für einen Denar zwanzig Denare der eine dem anderen zu zahlen verpflichtet sein,
16 und nach abgelaufener Zeit und Abzug der Schulden[140] werden sie
17 die oben festgehaltenen Summen wieder an sich zu nehmen und, falls etwas übrig geblieben sein sollte,
18 dieses zu teilen verpflichtet sein.[141] Dass das[142] gegeben, getan und erfüllt werde, hat in Gestalt einer *stipulatio* angefragt
19 Cassius Frontinus, hat mit dem Verb *spondēre* versprochen Iulius Alexander.[143]
20 Von diesem Geschäft[144] sind zwei Paare von Tafeln gesiegelt worden.[145]

---

140 Anders versteht die Formulierung „de[duc]to aere alieno" offenbar *Meissel*, Societas (Fn. 85), S. 172, der vom „Abzug von Darlehen" spricht (hiergegen unter III. 3. bei Fn. 385).

141 „sive ... sive" (zur fraglichen Lesart in Fn. 103) wird hier bewusst *nicht* – so aber etwa *Tudor* (Fn. 82), S. 269, *Crook* (Fn. 124), S. 232, *Pólay*, Viaszostáblák (Fn. 128), S. 283, *Russu* (Fn. 53), S. 241, *Колосовская* (Fn. 127), S. 182 Fn. 295, *Macqueron* (Fn. 125), S. 114, *Ciulei* (Fn. 125), S. 62 und *Urbanik* (Fn. 124), S. 291 Fn. 35 – mit „entweder ... oder" o. ä. übersetzt (zu den Gründen dieser Abweichung bei Fn. 389/390).

142 Es ist nicht ganz klar, ob sich das „Id" des Originals (= „das" in der Übersetzung), und damit auch die *stipulatio* (zur Bedeutung sogleich in Fn. 143), nur auf den unmittelbar vorangegangenen Satz (Z. 13–18), an den sich die Stipulationsformel ohne besondere Hervorhebung direkt anschließt, oder aber auf alles bis dahin Vereinbarte bezieht. Da die Beiträge bereits geleistet sind (hierzu in Fn. 133), dürften die praktischen Auswirkungen dieser Frage gering sein. Relativ sicher erscheint demgegenüber, dass die *stipulatio* nicht die anschließende Klausel, also die Verpflichtung gegenüber Lossa (Z. 21), umfasst.

143 Die *stipulatio* ist eine Verpflichtung, die dadurch zustande kommt, dass der zukünftige Gläubiger den zukünftigen Schuldner mündlich fragt, ob er sich verpflichte, und der Schuldner dies bestätigt. Auf die entsprechende Frage des Gläubigers mit *spopondit* (so die vermutete Rekonstruktion in Z. 19 der Urkunde) bzw. *spondeō* (so als 1. Person Singular im Moment des Versprechens) zu antworten (beide Formen abgeleitet von *spondēre*), ist nach den Institutionen des Gaius so charakteristisch für römische Bürger, dass die Formulierung nicht sachgerecht ins Griechische übersetzt werden könne (G. 3.93) – und ebenso wenig, so ließe sich anfügen, ins Deutsche.

144 Der terminologische Gleichlauf von „re" in Z. 5 und Z. 20 wird in der deutschen Übersetzung beibehalten, indem das blasse Allerweltswort *res* in beiden Fällen mit dem ebenso blassen Allerweltswort „Geschäft" übersetzt wird; gemeint ist in Z. 20 die vorstehende Vereinbarung, sodass als präzisierende (aber damit auch freiere) Übersetzung z. B. „Von diesem Vertrag ..." infrage käme.

145 Das zweite Exemplar ist mit dem ersten Exemplar vermutlich nicht identisch, da in dem zweiten Exemplar Cassius Frontinus sein Stipulationsversprechen gegenüber Iulius Alexander

21 Außerdem werden Lossa 50 Denare geschuldet, die er/sie[146] von den oben genannten *socii* erhalten soll.
22 Geschehen zu Deusara am 28. März 167.[147]

Tafel 2 (Rückseite)

23 Zwischen Cassius Frontinus und
24 Iulius Alexander [ist eine] *societas dani-*
25 *stariae*

II. Der rechtliche Kontext

Nach der Rekonstruktion der vertraglichen Vereinbarung und ihrer Übersetzung ins Deutsche wird in diesem Abschnitt eine geeignete Referenzquelle identifiziert (1.), mit der die Vereinbarung über die *societas danistariae* anschließend zunächst ihrem Inhalte (2.), dann ihrer Terminologie nach (3.) verglichen wird. Auf diese Weise soll der rechtliche Kontext sichtbar werden, in dem sich die Parteien und ihre Vereinbarung mutmaßlich bewegten.

1. Die Institutionen des Gaius als beste Referenzquelle

Die Urkunde über die *societas danistariae* wurde am 28. März 167 in Deusara, seinerzeit Teil der römischen Provinz Dacia, ausgestellt (Z. 22). Die beiden Wachs-

abgegeben haben dürfte (hierzu insb. in Fn. 182); missverständlich daher die Übersetzungen z. B. bei *Pólay*, Viaszostáblák (Fn. 128), S. 284, *Russu* (Fn. 53), S. 241 und *Ciulei* (Fn. 125), S. 62.

146 *Meissel*, Societas (Fn. 85), S. 172 geht offenbar von einer weiblichen Person aus, der die 50 Denare geschuldet werden; anders z. B. *Kerényi*, A Dáciai személynevek, 1941, S. 143 (Nr. 1672), *Tudor* (Fn. 82), S. 269, *Crook* (Fn. 124), S. 232, *Russu* (Fn. 53), S. 241, *Колосовская* (Fn. 127), S. 182 Fn. 295, *Macqueron* (Fn. 125), S. 114, *Ciulei* (Fn. 125), S. 62, *Lewis/Reinhold* (Fn. 124), S. 130 und *Urbanik* (Fn. 124), S. 291 Fn. 35. Da über Lossa sonst nichts bekannt ist (hierzu unter III. 1.), lässt sich das Geschlecht nicht sicher bestimmen. Die Endung *-a* allein ist jedenfalls kein hinreichender Anhaltspunkt für eine Person weiblichen Geschlechts. Dass dies keine übertriebene Vorsicht ist, zeigt eine Inschrift aus Trier (Datum unklar), in der ein gewisser „Aivinius Lossa" erwähnt ist: Katalog der römischen Steindenkmäler des Rheinischen Landesmuseums Trier, Band I, hrsg. von *Binsfeld/Goethert-Polaschek/Schwinden*, 1988, S. 19 f. (Nr. 28 mit Tafel 8; Edition von *Schwinden*).

147 Wörtlich: „am 5. vor den Kalenden des Aprils unter den Konsuln Verus (in seiner dritten Amtszeit) und Quadratus".

tafeln gehören zu einer größeren Gruppe ähnlicher Quellen, die über mehrere Jahrzehnte in Siebenbürgen gefunden wurden und einzigartige Einblicke in das Recht gewähren, das in Dacia praktiziert wurde.[148] Für das Recht der *societas* beschränken sich die Einblicke allerdings auf die beiden Wachstafeln, die im Mittelpunkt dieses Beitrages stehen.[149] Um den juristischen Kontext zu verstehen, in dem der Vertrag zwischen Cassius Frontinus und Iulius Alexander steht, muss daher – mit den sogleich diskutierten Vorbehalten – auf die allgemeinen *societas*-Quellen zurückgegriffen werden.[150]

Fast alles, was heute über das Recht der römischen *societas* bekannt ist, stammt aus drei Werken, die von Kaiser Justinian (ca. 482–565) in Auftrag gegeben und mit Gesetzeskraft publiziert wurden: die *Institutiones*, ein Lehrbuch für das erste Studienjahr (533); die *Digesta*, eine Kompilation von Auszügen aus den Werken älterer Juristen (533); und der *Codex*, eine Sammlung kaiserlicher Konstitutionen (534).[151] Alle drei Werke verfügen jeweils über einen eigenen Abschnitt zur *societas*[152] – aber es wäre ein grober Anachronismus, den Vertrag, den Cassius Frontinus und Iulius Alexander geschlossen haben (166/167), an Regeln zu messen, die mehr als dreieinhalb Jahrhunderte später publiziert wurden (533/534). Das gilt selbst hinsichtlich der Digesten, da die darin gesammelten Fragmente aus verschiedenen Jahrhunderten stammen und zudem teils verändert wurden.[153]

---

148 Monographisch insb. *Pólay*, Viaszostáblák (Fn. 128), *Ciulei* (Fn. 125) und *Şotropa*, Le droit romain en Dacie, 1990; über den aktuellen Forschungsstand informiert in größerem Kontext *Eckhardt*, in: Czajkowski/Eckhardt (Hrsg.), Law in the Roman Provinces, 2020, S. 417–435 (insb. S. 423–428).

149 Keine zusätzlichen Einblicke ergeben sich – jedenfalls auf Grundlage der bisherigen Editionen – aus CIL III 952 (Ort und Datum unklar), einer Wachstafel, auf der das Wort „societa[t] / /“ zu erahnen ist (Z. 13), ansonsten aber nur wenige Wortfetzen zu erkennen sind (insb. „[int]ulerunt partes“, „socis“, „debeb[it]“ und „[de]bebunt“), und CIL III 954 XVI. (Ort und Datum unklar), einer Wachstafel, die mit einer ähnlichen Formulierung („Inter P. Ant... convenit“) wie die Urkunde über die *societas danistariae* beginnt, aber keine ausdrücklichen Hinweise auf eine *societas* enthält.

150 Diese allgemeinen *societas*-Quellen sind aufgelistet bei *Fleckner*, Kapitalvereinigungen (Fn. 28), S. 121–123.

151 Verwendete Ausgaben: Corpus Iuris Civilis, Band I, hrsg. von *Krueger/Mommsen*, 17. Aufl. 1963 sowie Codex Iustinianus, hrsg. von *Krueger*, 1877.

152 I. 3.25: *de societate*; D. 17.2: *pro socio*; C. 4.37: *pro socio*. „I.“ steht für die Institutionen von Kaiser Justinian, „D.“ für die Digesten, „C.“ für den Codex.

153 Unter den Digesten-Fragmenten, die in diesem Beitrag zitiert werden, stehen insb. Gai. (3 ad ed. prov.), D. 3.4.1 pr. und D. 3.4.1.1 seit längerer Zeit im Verdacht, bei der Zusammenstellung der Digesten oder bereits zuvor verändert worden zu sein; hierzu z. B. *Fleckner*, Kapitalvereinigungen

Auf ältere (Rechts-)Quellen auszuweichen, ist üblicherweise keine Alternative, da von diesen Quellen fast nichts erhalten geblieben ist – mit einer berühmten Ausnahme, die sich für den Vertrag zwischen Cassius Frontinus und Iulius Alexander als außergewöhnlicher Glücksfall erweist: die *Institutionen des Gaius*,[154] die Vorlage für Justinians Institutionen und wie diese ein Lehrbuch für den Studienbeginn, dessen mutmaßliche Entstehungszeit (161) nur gut fünf Jahre vor dem Vertrag über die *societas danistariae* (166/167) liegt.[155] Es überschneiden sich hier also zwei der größten Überlieferungszufälle des römischen Rechts: der einzige *societas*-Vertrag, der auf Lateinisch,[156] und die einzige Schrift des klassischen römischen Rechts, die unmittelbar überliefert ist. *Zeitlich* sind die Institutionen des Gaius deshalb eine geradezu ideale Referenzquelle, um den Vertrag über die *societas danistariae* juristisch einzuordnen.

Es bleibt die Frage bzw. der Vorbehalt, ob die Institutionen des Gaius auch *örtlich* passen, also das Recht widerspiegeln, das in Dacia zur Mitte des zweiten nachchristlichen Jahrhunderts praktiziert wurde. Mit dieser unscheinbaren Frage ist ein bunter Strauß an Problemen angesprochen: Erstens ist unklar, wo Gaius selbst wirkte, in Rom oder in einer Provinz,[157] und wie sehr dieser Wirkungsort

---

(Fn. 28), S. 386–413, mit weiteren Überlegungen bei *Fleckner*, ZRG RA 137 (2020), 422, 424, 444 f., 447 f.

154 Verwendete Ausgabe: *Gaius*, Institutiones – Die Institutionen des Gaius, hrsg., übersetzt und kommentiert von *Manthe*, 2. Aufl. (Sonderausgabe) 2015. Verweise auf die nach dieser Ausgabe zitierten Institutionen des Gaius werden mit „G." abgekürzt, Verweise auf die Edition selbst mit „*Manthe*".

155 Einführende Überblicke insb. bei *Fuhrmann*, Das systematische Lehrbuch, 1960, S. 104–121, 157, 183–188; *Schulz*, Geschichte der römischen Rechtswissenschaft, 1961, S. 191–201; *Liebs*, in: Sallmann (Hrsg.), Handbuch der lateinischen Literatur der Antike, Band IV, 1997, S. 187, 191 f.; *Wieacker*, Römische Rechtsgeschichte, Band II (aus dem Nachlass hrsg. von *Wolf*), 2006, S. 113–115; *Manthe* (Fn. 154), S. 11–13, 20 f. Einen Eindruck von aktuellen Forschungsfragen vermitteln die Sammelbände von *Milazzo* (Hrsg.), Gaius Noster, 2019 und *Babusiaux/Mantovani* (Hrsg.), Le Istituzioni di Gaio, 2020.

156 Nachweise zu griechischsprachigen *societas*- bzw. κοινωνία-Verträgen, die möglicherweise römischem Recht unterlagen, insb. bei *Steinwenter*, FS Riccobono, 1936, Band I, S. 485–504, *Taubenschlag*, The Law of Greco-Roman Egypt in the Light of the Papyri, 2. Aufl. 1955, S. 388–393, *Montevecchi*, La papirologia, 2. Aufl. 1988, S. 225 und *Jakab*, Tyche 16 (2001), 63, 72–77 sowie bei *Fleckner*, Kapitalvereinigungen (Fn. 28), S. 134 f., *Fleckner*, ZRG RA 135 (2018), 685, 695–700 und *Fleckner*, in: Dari-Mattiacci/Kehoe (Hrsg.), Roman Law and Economics, 2020, Band I, S. 233, 243, 245, 247 f., 251 (zitiert als: Associations). Einige Beispiele finden sich in Fn. 178.

157 *Popescu*, SDHI 39 (1973), 496, 507–511 hält es sogar für möglich, dass Gaius aus Dacia stammte. Diese Idee ist bislang kaum beachtet worden, verdient angesichts der inhaltlichen und terminologischen Übereinstimmungen, die dieser Beitrag zwischen dem Vertrag über die *societas danistariae* und den Institutionen des Gaius identifiziert, aber mehr Aufmerksamkeit.

den Inhalt seiner Werke beeinflusst hat.[158] Zweitens ist bis heute sehr umstritten, inwieweit die Römer ihr Recht in den Provinzen eingeführt haben, in welchem Verhältnis solche Vorschriften zu dem überkommenen Lokalrecht standen und wie allgemein im Falle der Konkurrenz verschiedener Rechte verfahren wurde.[159] Drittens stellt sich speziell für das Recht der *societas* die Frage, ob es seinerzeit ein weitgehend einheitliches europäisches bzw. mediterranes *societas*-Recht oder aber lokale Partikularregelungen gab.[160]

Diese Anwendungsfragen lassen sich nicht allgemein, sondern höchstens für einen konkreten örtlichen, sachlichen und zeitlichen Kontext beantworten. Wenn in den folgenden beiden Unterabschnitten der Versuch unternommen wird, den Vertrag zwischen Cassius Frontinus und Iulius Alexander mit den Institutionen des Gaius zu vergleichen, dann geschieht dies also nicht in der Annahme, dass der Vertrag dem Recht unterfällt, das Gaius in seinen Institutionen skizziert, sondern nur mit dem Ziel, etwaige Übereinstimmungen und Unterschiede herauszuarbeiten. Wie diese dann zu erklären sind, ist eine Folgefrage (und, soweit es um die allgemeine Problematik geht, eine Frage, die über das Erkenntnisinteresse dieses Beitrages hinausgeht). Deshalb können mit den erwähnten Vorbehalten und der gebotenen Vorsicht auch ergänzend, als sekundäre Quelle, die neun Digesten-Fragmente herangezogen werden, in denen Gaius auf die *societas* zu sprechen kommt.[161] Es handelt sich hierbei um acht Fragmente aus seinem Kommen-

---

158 Zum kontroversen Lebens- und Wirkungsort des Gaius insb. *Mommsen*, JgdR 3 (1859), 1–15, *Kunkel*, Herkunft und soziale Stellung der römischen Juristen, 2. Aufl. 1967, S. 192–213 und *Liebs* (Fn. 155), S. 187 und S. 188.

159 Monographisch zu einzelnen dieser Probleme insb. *Mitteis*, Reichsrecht und Volksrecht in den östlichen Provinzen des römischen Kaiserreichs, 1891, *Wolff*, Das Problem der Konkurrenz von Rechtsordnungen in der Antike, 1979 und *Fournier*, Entre tutelle romaine et autonomie civique, 2010. Außerdem z. B. *Schulz*, Prinzipien des römischen Rechts, 1934, insb. S. 22 f., 53 f., 58, 63, 66–68, 80–94, 144, 166, *Schulz*, Classical Roman Law, 1951, insb. S. 76–81 und *Nörr*, Index 26 (1998), 71–87. Viele weitere Beiträge finden sich nunmehr in dem Sammelband von *Czajkowski/Eckhardt*, Law in the Roman Provinces (Fn. 148).

160 Aus verschiedenen Blickwinkeln sehr knapp *Fleckner*, FS Hopt, 2010, Band I, S. 659, 665 f.; *Fleckner*, ZRG RA 135 (2018), 685, 688–691; *Fleckner*, ZRG RA 137 (2020), 422, 440 f., 444 f.; *Fleckner*, FS Windbichler, 2020, S. 603, 607 f.

161 Nicht in den Vergleich einzubeziehen ist dagegen grds. die *Gai institutionum epitome* (ca. 400), darin insb. GE 2.9.16/17; verwendete Ausgabe: Fontes Iuris Romani Antejustiniani, hrsg. von *Riccobono/Baviera/Ferrini/Furlani/Arangio-Ruiz*, Band II (Fn. 43, Edition von *Baviera*). Die *Gai institutionum epitome* ist eine gekürzte Fassung der Institutionen des Gaius, die etwa zweieinhalb Jahrhunderte nach Gaius entstanden sein dürfte. Soweit die Epitome mit den Institutionen übereinstimmt, sind die Institutionen die bessere, weil ursprüngliche Quelle; soweit die Epitome abweicht, taugt sie wegen ihres deutlich späteren Entstehungszeitpunktes nicht zum Vergleich mit dem Vertrag über die *societas danistariae*.

tar zum Provinzialedikt (*ad edictum provinciale*)[162] sowie um ein Fragment aus seinem Lehrbuch zu juristischen Alltagsfragen (*res cottidianae sive aurea*)[163] – einem Werk, dessen genauer Inhalt und Zuschnitt sehr unsicher sind,[164] auch und gerade mit Blick auf das Recht der *societas*.[165]

2. Inhaltlicher Vergleich mit den Institutionen

Die Institutionen des Gaius behandeln die *societas* in einem eigenen Abschnitt (G. 3.148–154b).[166] Dieser Abschnitt ist nicht weiter untergliedert, folgt aber ersichtlich dem Lebenszyklus einer *societas*: zunächst die „Geburt" der *societas*, also ihre Begründung zwischen den Vertragsparteien (G. 3.148); dann das „Leben" der *societas*, worunter Gaius insbesondere die Beiträge der *socii* fasst sowie die daran anknüpfende Verteilung von Gewinn und Verlust (G. 3.149/150);[167] schließlich der „Tod" der *societas*, d.h. ihre Auflösung und Abwicklung (G. 3.151–154).[168] Dieselbe Abfolge lässt sich in der vertraglichen Vereinbarung zwischen Cassius Frontinus und Iulius Alexander beobachten: Zunächst geht es um den Abschluss und die Laufzeit des Vertrages (Z. 1–5), dann um die Gewinn-/Verlustverteilung und die Beiträge der Vertragsparteien (Z. 5–12), schließlich um die Modalitäten

162 Um die *societas* geht es bei Gai. (10 ad ed. prov.), D. 17.2.2, 17.2.22, 17.2.34, 17.2.66, 17.2.68 pr. und 17.2.68.1, außerdem – jedenfalls dem überlieferten Digesten-Wortlaut nach (wahrscheinlich verändert: Fn. 153) – bei Gai. (3 ad ed. prov.), D. 3.4.1 pr. und D. 3.4.1.1.

163 Gai. (2 cott.), D. 17.2.72.

164 Anders als hier insb. *Schulz*, Geschichte (Fn. 155), S. 202 („elementare Lehren, die in der Rechtsschule herkömmlicher Weise vorgetragen werden"); ausführlich nunmehr *Platschek*, in: Babusiaux/Mantovani (Fn. 155), S. 279–302, der das Werk für eine „Gesamtdarstellung des Privatrechts" hält und den Titel mit einer verunglückten Rückübersetzung aus dem Griechischen erklärt.

165 *Fleckner*, FS Windbichler, 2020, S. 603, 615.

166 Einführender Überblick über „Das Gesellschaftsrecht in den Institutionen des Gaius" bei *Fleckner*, FS Windbichler, 2020, S. 603–622.

167 Die Grenzen sind nicht völlig trennscharf. Insbesondere könnten die Beiträge der *socii*, die hier bereits zum „Leben" der *societas* gezählt werden, auch als Modalitäten ihrer „Geburt" verstanden werden. Dagegen spricht aber, dass manche Beiträge – vor allem persönliche Tätigkeiten – über einen längeren Zeitraum geleistet werden müssen, also während des „Lebens" der *societas*.

168 Am Ende von G. 3.154 findet sich außerdem noch der Hinweis, dass alle Menschen (also nicht nur römische Bürger) eine *societas* eingehen können (d.h. die Regeln über die *societas* gehören zum *ius gentium*). In PSI XI 1182, einer weiteren (aber nur fragmentarischen) Überlieferung der Institutionen des Gaius (vermutlich aus Antinoë/Antinoopolis, ca. 500), folgt an dieser Stelle zusätzlich ein Rückblick mit Informationen zur Geschichte der *societas* (G. 3.154a/154b).

der Abrechnung bzw. Abwicklung (Z. 13–18).[169] Es bietet sich an, diese gemeinsame Gliederung auch den folgenden Absätzen zugrundezulegen und in drei Schritten die „Geburt“, das „Leben“ und den „Tod“ der *societas danistariae* mit dem Regime der Institutionen zu vergleichen.

Warum man sich gewöhnlich („solemus“) darauf verständigt, eine *societas* einzugehen („societatem coire“), was also die Gründe ihrer „Geburt“ sind, ist die erste Frage, mit der sich Gaius im *societas*-Abschnitt der Institutionen beschäftigt (G. 3.148). Die Antwort fällt selbst für das Genre eines Anfängerlehrbuches recht kurz aus (G. 3.148): entweder zur Vereinigung aller Güter, sprich des gesamten Vermögens („totorum bonorum“), oder zur Etablierung irgendeiner Unternehmung („unius alicuius negotii“); als Beispiel für Letzteres nennt Gaius den Sklavenhandel („mancipiorum emendorum aut vendendorum“). Weshalb sich Cassius Frontinus und Iulius Alexander darauf verständigt haben, eine *societas* einzugehen, ist weder der Vereinbarung selbst noch sonstigen Quellen zweifelsfrei zu entnehmen (hierzu Teil III). Die Laufzeit von weniger als vier Monaten (Z. 2–4) und die Regelungen zu den Beiträgen der Vertragspartner (Z. 8–12) schließen jedoch aus, dass es sich um eine Vereinigung des gesamten Vermögens handelt. Das lässt sich auch aus der Bezeichnung der *societas* als *danistariae* (Z. 2, 24/25) ableiten, denn es geht offenbar nicht um eine Kooperation in allen Bereichen des Lebens, sondern um einen kleinen Ausschnitt: Kreditgeschäfte (hierzu unter III. 2.). Dass solche Geschäfte im Rahmen von *societates* betrieben wurden, ist bei Gaius weder in den Institutionen belegt noch in den neun Digesten-Fragmenten, in denen er auf die *societas* zu sprechen kommt. In anderen Quellen finden sich aber zahlreiche Beispiele.[170]

Im Mittelpunkt der Überlegungen zum „Leben“ der *societas* steht bei Gaius das Problem, das er als die *magna ... quaestio*, die „große Frage“, bezeichnet (G. 3.149): Ist es zulässig, die Gewinne und Verluste, die im Rahmen von *socie-*

---

169 Hieran schließen sich eine Reihe von Schlussbestimmungen an: das Stipulationsversprechen von Iulius Alexander (Z. 18/19); die Information, dass von der Urkunde zwei Exemplare ausgefertigt worden sind (Z. 20); die Feststellung, dass einer Person namens Lossa 50 Denare geschuldet werden (Z. 21); schließlich Ort und Datum der Ausfertigung der Urkunde (Z. 22).

170 Nachweise z. B. bei *Savigny*, Das Obligationenrecht als Theil des heutigen Römischen Rechts, Band I, 1851, S. 148–153; *Roesler*, Die rechtliche Natur des Vermögens der Handelsgesellschaften nach römischem Rechte, 1860, S. 20–25 = ZHR 4 (1861), 252, 269–274; *Arangio-Ruiz*, La Società in diritto romano, 1950, S. 82 f., 144–146; *García Garrido*, FS Biscardi, 1982, Band III, S. 373–383; *Andreau*, La vie financière dans le monde romain, 1987, S. 626–631; *Bürge*, ZRG RA 104 (1987), 465, 519–527; *Petrucci*, Mensam exercere, 1991, S. 334–347, 368 f.; *Gröschler*, Die tabellae-Urkunden aus den pompejanischen und herkulanensischen Urkundenfunden, 1997, S. 48 Fn. 169 und S. 106–122; *Meissel*, Societas (Fn. 85), S. 155–174; *Fleckner*, Kapitalvereinigungen (Fn. 28), S. 130, 135, 138, 252, 255, 312 f.

tates anfallen, *ungleich* zwischen den *socii* zu verteilen? Gaius beantwortet die *magna quaestio*, indem er zunächst den überkommenen Meinungsstand referiert und sich dann der Auffassung anschließt, dass ungleiche Gewinn-/Verlustanteile zulässig seien; Voraussetzung dafür ist nach Ansicht von Gaius aber offenbar, dass derjenige *socius*, der günstiger gestellt wird, zusätzlich eine seinem Vorteil entsprechende Tätigkeit („opera")[171] leistet (G. 3.149). Hierauf lässt Gaius noch zwei Auslegungsregeln folgen (G. 3.150). Soviel bei Gaius zur *magna quaestio*, die bis heute große Aufmerksamkeit erfährt.[172] Passt hierzu, was Cassius Frontinus und Iulius Alexander vereinbart haben? Die Antwort ist ein überraschend deutliches „Ja", denn der Vertrag über die *societas danistariae* fügt sich nahtlos in das Regelungskonzept ein, das Gaius in den Institutionen skizziert. Welche Anteile Cassius Frontinus und Iulius Alexander an Gewinn und Verlust haben sollen, wird in der vertraglichen Vereinbarung ausdrücklich festgehalten: gleiche Anteile (Z. 7: „ae[q]uis portionibus"). Damit wird die Auslegungsregel bei Gaius wiederholt (G. 3.150: „aequis ex partibus"), aber wohl nicht ohne Grund, also nicht als bloße Bestätigung der dispositiven Rechtslage. Die beiden Beiträge nämlich, die in den lesbaren Passagen der Wachstafeln genannt sind, weichen voneinander ab: Iulius Alexander hat 500 Denare eingebracht (Z. 8/9),[173] Cassius Frontinus dagegen nur 267 Denare (Z. 9–11).[174] Warum Cassius Frontinus und Iulius Alexander

---

171 *opera* ist in diesem Kontext, worauf bereits knapp bei *Fleckner*, FS Windbichler, 2020, S. 603, 617 hingewiesen wurde, nicht der Nominativ oder Akkusativ Plural des Neutrums *opus*, sondern der Nominativ Singular des Femininums *opera*, das sich außer mit der im Text vorgeschlagenen, bewusst neutralen „Tätigkeit" auch mit „Arbeit", „Arbeitskraft" oder „Arbeitsleistung" übersetzen ließe.

172 Seit *Santucci*, Il socio d'opera in diritto romano, 1997, darin insb. S. 35–93, lassen sich z.B. nennen (von verschiedenen Blickwinkeln aus): *Meincke*, FS Maier-Reimer, 2010, S. 443, 448–451; *Schanbacher*, FS Mutschler, 2011, S. 416–423; *Santucci*, Index 42 (2014), 331–348 (auch in: Milazzo [Fn. 155], S. 129–152); *Wiedemann*, FS Meincke, 2015, S. 423, 424; *Fleischer/Pendl*, WM 2017, 881, 881 f.; *Cannata*, FS Nishimura, 2018, S. 23–40; *Fleischer*, JZ 2019, 53, 54 f., 59 f.; *Fleckner*, FS Windbichler, 2020, S. 603, 616 f.

173 Der „runde" Betrag von 500 Denaren entspricht möglicherweise nicht dem tatsächlich Geleisteten, sondern dient als rückblickend festgesetzte Rechnungsgröße allein der Abrechnung.

174 Wie der „krumme" Betrag von 267 Denaren zustande kommt, ist unklar. Da die Beiträge bereits geleistet sind, könnte es schlicht der Betrag sein, der zusätzlich zu den 500 Denaren für die Geschäfte der *societas danistariae* benötigt und daher von Cassius Frontinus nach und nach eingezahlt wurde (für eine solche Abrede gibt es keine direkten Hinweise, aber sie passt zu den übrigen Annahmen über die Aufgabenverteilung innerhalb der *societas*; hierzu bei Fn. 267–270). Sind die 267 Denare kein zufälliger Betrag, dann öffnet sich ein weites Feld an Spekulationen darüber, wie sich von einem runden Betrag, etwa 250 Denaren, auf 267 Denare kommen ließe. Vielversprechend erscheint unter diesen Spekulationen nur die Annahme, dass Cassius Frontinus finanziell durchweg halb so viel leisten sollte wie Iulius Alexander, also 250 statt 500 Denare. Würde man

trotzdem gleichberechtigt an Gewinn und Verlust partizipieren, lässt sich aus dem Vertrag über die *societas danistariae* nicht sicher beantworten. Auf Grundlage dessen, was Gaius zur *magna quaestio* schreibt, wäre zu vermuten, dass Cassius Frontinus die geringere Geldleistung mit zusätzlicher Tätigkeit (G. 3.149: „opera") ausgleichen muss. Nach der – insoweit teils nicht lesbaren – Fassung der vertraglichen Vereinbarung zwischen Cassius Frontinus und Iulius Alexander wäre es auch denkbar, dass Secundus, der für Cassius Frontinus die 267 Denare einzahlt und als Sklave eines gewissen Cassius Palumbus bezeichnet wird (Z. 9–11), zusätzliche Dienste für die *societas* leistet (möglicherweise zusammen mit Cassius Palumbus und weiteren Personen im Umfeld), die Cassius Frontinus zugerechnet werden.[175] Mit dem, was sich über diese Personen aus anderen Quellen in Erfahrung bringen lässt, sind diese Annahmen gut vereinbar (hierzu unter III. 1.). Auch die 50 Denare, die einer Person namens Lossa gezahlt werden sollen (Z. 21), ließen sich teilweise als Leistung des Cassius Frontinus verstehen, sofern eigentlich Iulius Alexander die Zahlung schuldete.[176]

Gaius erwähnt in den Institutionen vier Ereignisse, die zum „Tod" der *societas* führen: Kündigung (G. 3.151), Ableben (G. 3.152), Schmälerung der Rechtsstellung (G. 3.153) und Insolvenz (G. 3.154) eines *socius*. Was hier bislang abkürzend und vereinfachend als „Tod" bezeichnet wurde, dürfte bereits zur Zeit des Gaius ein zweistufiger Prozess gewesen sein: erstens die Auflösung der *societas* mit

---

die Schuld gegenüber Lossa (Z. 21) in demselben Verhältnis teilen, entfielen auf Iulius Alexander 33 1/3, auf Cassius Frontinus 16 2/3, also gerundet 17. Zusammen ergäbe dies 267 Denare für Cassius Frontinus. Es verbleiben aber viele offene Fragen, insbesondere warum der Beitrag von Iulius Alexander dann nicht mit 533 angegeben ist.

175 Das könnte in den unleserlichen Passagen von Z. 11/12 ausdrücklich festgehalten worden sein; den Verfassern ist bislang allerdings keine Formulierung eingefallen, die in die Lücken passen würde. Auffällig ist, dass *debebit* im Futur (Z. 12) und *intulit* im Perfekt steht (Z. 8, 10), beide Verben bzw. Prädikate also zeitlich auseinanderfallen. Wenn die Buchstabenkombination „c[h]um" (Z. 11) nicht die Endsilbe eines griechischen Namens ist (hierzu Fn. 83), könnte der *servus actor* Secundus (Z. 9/10) auch Subjekt zu dem Prädikat *debebit* sein, war also offenbar mehr als einmal für die *societas* tätig (ausführlicher zu den Personen, die auf den Wachstafeln genannt sind, unter III. 1.). In den Lücken kann nur eine Schuld oder Verpflichtung für die letzten beiden Wochen vor Ablauf der *societas* festgehalten worden sein. Dass für diese Zeit noch finanzielle Mittel geleistet werden sollten, ist sehr unwahrscheinlich. Plausibel wäre aber eine Verpflichtung des Secundus, nach Auflösung der *societas* den *socii* – in Alburnus Maior? – Rechenschaft über die Kreditgeschäfte abzulegen, z. B. nach dem Vorbild von CIL III 924 (Alburnus Maior, 9. Februar 167), innen Z. 10/11 und außen Z. 16/17 („eis ... rationem reddedisse").

176 Dagegen spricht aber, dass die überlieferten Wachstafeln offenbar von dem Exemplar stammen, das Cassius Frontinus erhalten hat (hierzu insb. in Fn. 182). Des Zusatzes in Z. 21, dass die 50 Denare *gemeinsam* geschuldet werden, bedürfte die Ausfertigung für Cassius Frontinus nur, wenn Cassius Frontinus die 50 Denare ursprünglich *allein* schuldete.

dem Eintritt eines der vier Ereignisse, also ihre Überführung von einer *societas*, die auf Fortsetzung gerichtet ist, in eine *societas*, die auf Abwicklung gerichtet ist; zweitens der Prozess der Abwicklung selbst, also die allseitige Abrechnung mit anschließender Rückgewähr der Beiträge bzw. Gewinn-/Verlustverteilung. In den Institutionen ist diese Zweistufigkeit, die Trennung in Auflösung und Abwicklung, inhaltlich wie terminologisch nur zu erahnen; zur Gewissheit wird sie aber im Vergleich zu einem Fragment aus Gaius' Kommentar zum Provinzialedikt.[177] Der Vertrag zwischen Cassius Frontinus und Iulius Alexander erwähnt keines der vier Ereignisse, die Gaius in den Institutionen als Auflösungsgründe anführt, sondern datiert das Ende der *societas danistariae* auf den 12. April 167 (Z. 4). Eine derartige „Befristung" diskutiert Gaius weder in den Institutionen noch andernorts als Auflösungsgrund der *societas*. In den übrigen *societas*-Quellen sind Befristung bzw. Zeitablauf als Auflösungsgründe aber so etabliert,[178] dass das Schweigen in den Werken des Gaius vermutlich eher ihrem Genre (die Institutionen als knapper Grundriss für den Studienanfang) bzw. ihrer Überlieferung (der Kommentar zum Provinzialedikt ist nur auszugsweise über die Digesten erhalten geblieben) als einer abweichenden juristischen Konzeption der *societas* geschuldet ist. Dass Cassius Frontinus und Iulius Alexander umgekehrt in ihrem Vertrag nicht auf die vier Auflösungsgründe des Gaius eingehen, könnte schlicht daran liegen, dass diese Auflösungsgründe allgemein für zwingend erachtet wurden und man deshalb keinen Anlass oder Nutzen sah, sie in vertraglichen Vereinbarungen zu wiederholen.[179] Auch der Vertrag zwischen Cassius Frontinus und Iulius Alexander geht aber – wie Gaius – offenbar davon aus, dass der „Tod" der *societas* ein zweistufiger Prozess ist: Mit dem Ende ihrer Laufzeit ist die *societas danistariae* aufgelöst und wird daraufhin abgewickelt. Wie sich eine solche Abwicklung vollzieht, darüber ist bei Gaius fast nichts zu

---

177 Gai. (10 ad ed. prov.), D. 17.2.66 („quod si eo tempore quo dividitur societas in ea causa dos sit, ut certum sit eam vel partem eius reddi non oportere, dividere eam inter socios iudex debet."). In diesem Fragment geht es ersichtlich um die Abwicklung, nicht um die Auflösung der *societas*, und Gaius spricht – jedenfalls in der Fassung, die in den Digesten überliefert ist – nicht mehr von *solvere* (Nachweise in Fn. 200), sondern von *dīvidere* (D. 17.2.66).

178 In der Vertragspraxis sind Vereinbarungen mit einer vorab bestimmten Laufzeit („ad tempus" in der Terminologie von Paul. (32 ad ed.), D. 17.2.1 pr.) sehr verbreitet: P.Flor. III 370 (Hermopolis Magna, 132; ein Jahr); SB XVI 13008 (Arsinoites, 144; ein Jahr); P.Amh. II 94 (Hermopolis Magna, 208; fünf Jahre); P.Köln II 101 (Oxyrhynchos, 274/280 [?]; anderthalb Jahre); P.Lond. V 1794 (Hermopolis Magna, 488; ein Jahr); P.Cair.Masp. II 67159 (Antinoë/Antinoopolis, 568; ein Jahr).

179 Für den zwingenden Charakter der Auflösungsgründe spricht insb. G. 3.153 („sed utique si adhuc consentiant in societatem, nova videtur incipere societas."); hierzu ausführlicher aus verschiedenen Perspektiven *Fleckner*, ZRG RA 135 (2018), 685, 694, *Fleckner*, Associations (Fn. 156), S. 246, 247, 248, 249, 260 f. und *Fleckner*, FS Windbichler, 2020, S. 603, 619 f.

erfahren.[180] Der Vertrag zwischen Cassius Frontinus und Iulius Alexander ist erfreulicherweise etwas detaillierter (Z. 16–18; hierzu unter III. 3.).

Am Ende des inhaltlichen Vergleiches der vertraglichen Vereinbarung über die *societas danistariae* mit der Behandlung der *societas* in den Institutionen des Gaius steht ein überraschend klares Fazit: Der Vertrag harmoniert in allen wesentlichen Fragen mit dem Recht der *societas*, das Gaius skizziert. Anwendungskonflikte oder gar Verstöße gegen Regeln, die bei Gaius als zwingend erscheinen, sind nicht ersichtlich. Das gilt auch für zwei Eigentümlichkeiten des Vertrages, auf die abschließend noch hinzuweisen ist: Erstens vereinbaren Cassius Frontinus und Iulius Alexander, dass ein *socius*, der den anderen arglistig betrogen hat, dem anderen für ein As mindestens[181] einen Denar, für einen Denar mindestens[181] zwanzig Denare zahlen muss (Z. 13–15). Zweitens bekräftigen Cassius Frontinus und Iulius Alexander die vertragliche Vereinbarung (oder zumindest die gerade erwähnte Klausel sowie die Modalitäten der Abrechnung und Abwicklung), indem sie ihre jeweiligen Leistungsversprechen in eine *stipulatio* fassen (Z. 18/19).[182] Für beide Klauseln gibt es bei Gaius im Kontext der *societas* keine Entsprechung – weder in den Institutionen noch in den neun Digesten-Fragmenten.

3. Terminologischer Vergleich mit den Institutionen

Mindestens ebenso bemerkenswert wie die inhaltlichen Übereinstimmungen zwischen dem Vertrag über die *societas danistariae* und dem Recht der *societas* in

180 Allein Gai. (10 ad ed. prov.), D. 17.2.66 (wiedergegeben in Fn. 177).

181 Aufgrund der Lücken im Text lässt sich die exakte Höhe der Vertragsstrafe nicht mit Sicherheit bestimmen. Die Lücken können allerdings nicht so ergänzt werden, dass die Strafe die lesbaren Mindestbeträge von einem Denar für ein As bzw. von zwanzig Denaren für einen Denar unterschreitet. Im Gegenteil suggeriert die Zeichnung von *Zangemeister* eher Überreste eines weiteren *X* in Z. 15 und damit eine noch höhere Vertragsstrafe als das Zwanzigfache. Entscheidet man sich wie hier (Fn. 95) dazu, in der Lücke „alius" (Z. 15) zu lesen, dürfte für ein weiteres *X* aber nicht genügend Platz sein.

182 Die überlieferten Wachstafeln enthalten nur das Stipulationsversprechen des Iulius Alexander (Z. 18/19). Direkt in der nächsten Zeile wird aber festgehalten, dass es zwei Ausfertigungen der Urkunde gibt (Z. 20). Es könnte also sein (was bereits in den Fn. 111, 145 und 176 berührt wurde), dass das andere Exemplar das Stipulationsversprechen des Cassius Frontinus enthielt. Dann wären die überlieferten Tafeln diejenigen, die für Cassius Frontinus ausgestellt wurden, während die für Iulius Alexander bestimmten Tafeln verloren gegangen sind. Kaum plausibel erscheint demgegenüber die Deutung von *Arangio-Ruiz*, La Società (Fn. 170), S. 146 mit Relativierung in Fn. 1, dass nur Iulius Alexander stipuliert habe, weil er wirtschaftlich unterlegen gewesen sei; diese Deutung ist mit dem, was aus anderen Quellen über Iulius Alexander in Erfahrung zu bringen ist, nur schwer zu vereinbaren (hierzu unter III. 1.).

den Institutionen des Gaius sind die terminologischen Übereinstimmungen. Diese reichen vom Anfang des Vertrages bis zu seinem Ende, von der „Geburt" der *societas danistariae* über ihr „Leben" bis zu ihrem „Tod", und können daher in derselben Reihenfolge behandelt werden wie zuvor die inhaltlichen Übereinstimmungen.

Die „Geburt" der *societas danistariae* (Z. 1–5) beschreibt der Vertrag mit den Worten, zwischen („Inter") Cassius Frontinus und Iulius Alexander sei eine *societas danistariae* so („ita") zusammen oder zustande gekommen („conven[i]t"), dass („ut") ... (hierauf folgt die Klausel zur Teilung von Gewinn und Verlust).[183] Bei Gaius findet sich nicht exakt dieselbe Formulierung, aber auch Gaius verwendet jeden ihrer Bestandteile im Kontext der *societas*. Im Einzelnen: Der Vertrag nennt das, was zwischen Cassius Frontinus und Iulius Alexander kraft vertraglicher Vereinbarung entstanden ist, eine *societas* (Z. 2).[184] Das ist derselbe Ausdruck, den Gaius für diese Art von Obligation bzw. das soziale Phänomen gemeinsamer wirtschaftlicher Unternehmungen gebraucht.[185] Wer die Parteien des Vertrages sind, leitet der Vertrag mit der Präposition *inter* (Z. 1) ein, dem allerersten Wort auf der Urkunde. Dieser Ausdruck ist im Lateinischen ein Allerweltswort (wie „zwischen" im Deutschen),[186] aber Gaius verwendet *inter* – genau wie der Vertrag über die *societas danistariae* – auch explizit zur Kennzeichnung derer, zwischen denen eine *societas* besteht.[187] Es fehlt jetzt nur noch das Prädikat des Eröffnungssatzes, also ein Verb, das die Einigung zwischen den Parteien auf die *societas* beschreibt. Der Vertrag spricht hier davon, dass die *societas* zwischen Cassius Frontinus und Iulius Alexander zusammen bzw. zustande gekommen sei

---

183 Vor *ut* (Z. 5) stand möglicherweise noch weiterer Text (Fn. 66), sodass sich nicht mit Gewissheit, sondern nur mit an Sicherheit grenzender Wahrscheinlichkeit sagen lässt, dass *ut* auf *ita* (Z. 4) Bezug nimmt.

184 Außerdem Z. 5 („in ea societati"), Z. 8 („In qua societate"), Z. 13 („In qua societ[ate]") und Z. 24 („societa]s").

185 Im *societas*-Abschnitt der Institutionen findet sich *societas* im Nominativ (G. 3.149/151/152/153/154/154a), im Genitiv (G. 3.149 [vermutlich], G. 3.154a), im Dativ (G. 3.151), im Akkusativ (G. 3.148/149/151/152/153/154b) und im Ablativ (G. 3.154b), auffälligerweise aber durchgängig im Singular (letzteres gilt auch für die neun Digesten-Fragmente; im Plural verwendet Gaius *societas* allein in G. 3.135).

186 Der Ausdruck *inter* ist im Lateinischen so allgegenwärtig, dass sich selbst dort, wo Gaius primär mit der *societas* befasst ist, beiläufig ein Beispiel für eine Allerweltsverwendung findet: G. 3.154 („inter omnes homines").

187 G. 3.149 („lucrum inter eos commune sit"), G. 3.150 („nihil inter eos convenerit", „commodum ut incommodum inter eos commune esse"), G. 3.154a („inter suos heredes ... erat ... societas"), außerdem Gai. (10 ad ed. prov.), D. 17.2.66 („dividere eam inter socios"). Ähnlich Gai. (10 ad ed. prov.), D. 17.2.22 und D. 17.2.34.

(Z. 4/5: „conven[i]t"), und zwar so (Z. 4: „ita"), dass ... (Z. 5: „ut").[188] Variationen dieser Ausdrucksweise finden sich auch bei Gaius im Kontext der *societas*.[189]

Das „Leben" der *societas danistariae* betreffen insbesondere diejenigen Klauseln, mit denen der Vertrag die Verteilung von Gewinn und Verlust sowie die Beiträge der Vertragsparteien regelt (Z. 5–12). Für „Gewinn und Verlust" bedient sich der Vertrag der Formulierung *lucrum damnumve* (Z. 6); *lucrum* und *damnum* sind dieselben beiden Wörter, die auch Gaius durchgehend verwendet.[190] Die seltsame Wendung *quidquid in ea societati ab re natum fuerit, lucrum damnumve acciderit* (Z. 5/6) hat bei Gaius dagegen keine Entsprechung. Es gibt aber eine Stelle, an der bei Gaius die Ausdrücke *quidquid*, *societas* und *lucrum* in dichter Abfolge vorkommen, zusammen mit dem Verb *adquīrere*.[191] Hätte Gaius den Vertrag über die *societas danistariae* formuliert, hätte er also vermutlich statt des inhaltlich wie sprachlich dunklen *ab re natum* das Wort *adquisitum* verwendet.[192] An Gewinn und Verlust sollen Cassius Frontinus und Iulius Alexander zu gleichen Anteilen, *aequis portionibus* (Z. 7), partizipieren. Wenn Gaius im Zusammenhang mit einer *societas* von Anteilen, Beteiligungsquoten oder Rechnungsgrößen spricht, dann sagt er nicht *portiō* bzw. *portiōnēs*, wie der Vertrag zwischen Cassius Frontinus und Iulius Alexander, sondern *pars* bzw. *partēs*.[193] Der Sprachgebrauch in anderen juristischen Quellen deutet jedoch darauf hin, dass es sich bei *pars* und *portiō* jedenfalls im hiesigen Kontext um Synonyme handelt.[194] Zwischen den *aequis*

188 Zur Unsicherheit, worauf genau *ut* (Z. 5) Bezug nimmt, bereits in Fn. 183.

189 G. 3.149 („ita coiri possit societas, ut", „ita coiri posse societatem existimavit, ut dixerit illo quoque modo coiri posse, ut", „ita posse coiri societatem constat, ut") und G. 3.150 („nihil inter eos convenerit").

190 G. 3.149 („minorem damni praestet", „nihil omnino damni praestet, sed lucri partem capiat", „lucrum inter eos commune sit"), G. 3.150 („partibus lucri et damni", „velut in lucro") und G. 3.151 („aliquod lucrum solus habeat", „hereditatem solus lucri faciat", „cogetur hoc lucrum communicare", „aliud lucri fecerit").

191 G. 3.151 („si quid vero aliud lucri fecerit, quod non captaverit, ad ipsum solum pertinet, mihi vero, quidquid omnino post renuntiatam societatem adquiritur, soli conceditur.").

192 So, aber ohne inhaltliches Vorbild in den überlieferten Gaius-Texten (zu diesem Vorbehalt allgemein in Fn. 161) GE 2.9.16 („et huius rei definitio etiam verbo inita valet ita, ut quidquid societatis tempore quolibet modo fuerit adquisitum, sociis commune sit.").

193 G. 3.149 („maiorem partem lucretur, minorem damni praestet", „lucri partem capiat") und G. 3.150 („partibus lucri et damni", „aequis ex partibus commodum ut incommodum inter eos commune esse", „partes expressae fuerint, velut in lucro", „similes partes erunt"); außerdem Gai. (10 ad ed. prov.), D. 17.2.68 pr. („nemo ex sociis plus parte sua potest alienare").

194 Nachweise bei *Fleckner*, Kapitalvereinigungen (Fn. 28), S. 444 f., 484, 485, 485–489. Das Wort „partes" ist eines der wenigen bislang entzifferten Wörter in CIL III 952 (Ort und Datum unklar); auf Grundlage der CIL-Edition ist aber unklar, ob tatsächlich ein Vertrag über eine *societas* vorliegt (hierzu in Fn. 149).

portionibus im Vertrag über die *societas danistariae* (Z. 7) und den *aequis ... partibus* bei Gaius (G. 3.150) dürfte also kein inhaltlicher Unterschied bestehen. Der Vertrag spricht außerdem davon, Cassius Frontinus und Iulius Alexander schuldeten (Z. 7: „debebunt") einander die Übernahme gleicher Anteile an Gewinn und Verlust. Es handelt sich hierbei um die erste Stelle des Vertrages, an der das Verb *dēbēre* vorkommt; die weiteren Stellen legen nahe, dass *dēbēre* nicht nur im engeren Sinne von „eine Zahlung schulden" gebraucht wird,[195] sondern ganz generell ein rechtliches Müssen bzw. eine rechtliche Verpflichtung bezeichnet.[196] Dass jeder Satz auf den beiden Wachstafeln, der den Inhalt einer Verpflichtung beschreibt, mit dem Verb *dēbēre* endet,[197] deutet auf eine entsprechende Konvention in der Urkundenpraxis hin. Im *societas*-Abschnitt der Institutionen kommt Gaius ganz ohne die Verwendung von *dēbēre* aus, während das Verb in den neun Digesten-Fragmenten des Gaius wiederum in einem weiten Sinne erscheint (jedes rechtliche Müssen).[198] Was schließlich die Beiträge von Cassius Frontinus und Iulius Alexander zu der gemeinsamen Unternehmung angeht, so spricht der Vertrag davon, dass diese eingebracht worden seien (Z. 8 und Z. 10: „intulit", von *īnferre*). Gaius verwendet mit *cōnferre* einen nahezu identischen Ausdruck (der das *Zusammen*bringen unter den *socii* allerdings etwas mehr betont als das *Ein*bringen in etwas gegenüber den *socii* Verselbständigtes).[199]

Für den „Tod" der *societas danistariae* trifft der Vertrag insbesondere Bestimmungen zum Ausgleich von Schulden, zur Rückgewähr der Beiträge sowie zur Verteilung eines etwaigen Überschusses (Z. 16–18). Den Zeitpunkt, zu dem die *societas* abgewickelt wird, umschreibt der Vertrag mit *tempore peracto* (Z. 16), also „zu der Zeit, wenn die *societas* durchgeführt ist". In den Institutionen geht Gaius, wie bereits erwähnt, auf diese Phase nicht ein;[200] in seinem Kommentar zum Pro-

---

195 So Z. 21 („debentur Lossae ✱ L").

196 Z. 12 („d[ebe]bit", Kontext wegen der Lücken in Z. 11/12 unklar), Z. 15 („inferre deb[ebi]t") und Z. 18 („dividere d[ebebunt]"); anders Z. 21 („a socis ... accipere debebit").

197 Aus der Gestaltung der Wachstafeln (Einzug oder kein Einzug am Zeilenanfang) und der aus CIL III 951 übernommenen Interpunktion (hierzu allgemein bei Fn. 56) ergeben sich sieben Sätze. Von diesen sieben Sätzen enden nur drei nicht mit dem Verb *dēbēre*: die *stipulatio* (Z. 18/19) sowie die beiden Schlussbestimmungen zur Anzahl der ausgefertigten Exemplare (Z. 20) und zu Ort bzw. Datum der Urkunde (Z. 22).

198 Gai. (10 ad ed. prov.), D. 17.2.22 („ex contrario factum quoque sociorum debet ei praestare sicuti suum") und D. 17.2.66 („dividere eam inter socios iudex debet") sowie Gai. (2 cott.), D. 17.2.72 („de se queri debet").

199 G. 3.149 („unus pecuniam conferat, alter non conferat").

200 Gaius widmet sich in den Institutionen allein den Ereignissen, mit deren Eintritt die *societas* aufgelöst wird (hierzu unter II. 2.); der *terminus technicus* hierfür ist *solvitur* (G. 3.151/152/154) bzw. *solvi* (G. 3.153), beides von *solvere*.

vinzialedikt spricht er nach der Digesten-Fassung von *eo tempore quo dividitur societas*, also „zu der Zeit, wenn die *societas* aufgeteilt wird".[201] Das Verb *dividitur* von *dīvidere* ist dasselbe, das der Vertrag zwischen Cassius Frontinus und Iulius Alexander für die Verteilung eines etwaigen Überschusses verwendet (Z. 17/18: „si quod superfuerit, dividere d[ebebunt]"). In diesem technischen Sinne – dem Aufteilen nach Auflösung der *societas* – bringt Gaius *dīvidere* ein zweites Mal in dem Fragment aus seinem Kommentar zum Provinzialedikt;[202] im *societas*-Abschnitt der Institutionen ist *dīvidere* dagegen nur zur Erläuterung anderer Ausdrücke gebraucht.[203] Im (mindestens räumlichen, vielleicht auch sachlichen) Kontext der Abrechnung sieht der Vertrag zwischen Cassius Frontinus und Iulius Alexander außerdem Ausgleichspflichten für den Fall vor, dass einer der beiden Vertragspartner *dolo malo fraudem fecisse* (Z. 13). Hierfür gibt es bei Gaius wie gesehen keine inhaltliche Parallele; immerhin lassen sich gewisse terminologische Übereinstimmungen zu einer Formulierung in seinem Kommentar zum Provinzialedikt feststellen (die allerdings den Wortlaut von Interdikten aufgreifen).[204] Ohne Entsprechung in den *societas*-Passagen (aber G. 1.192) ist die Berücksichtigung von Schulden bei der Abrechnung als *deducto aere alieno* (Z. 16).

Am Ende des terminologischen Vergleiches steht erneut ein überraschend klares Fazit: Der Vertrag über die *societas danistariae* und der *societas*-Abschnitt in den Institutionen des Gaius harmonieren sehr gut miteinander. Es gibt eine große terminologische Überschneidung, und es fehlt an sprachlichen Widersprüchen zwischen beiden Quellen. Das gilt auch für ein weiteres Detail, das sich noch aus den Schlussbestimmungen des Vertrages ergänzen lässt. Dort heißt es, eine Person namens Lossa solle *a socis* (Z. 21), also von Cassius Frontinus und Iulius Alexander, 50 Denare erhalten. Dies ist die einzige Stelle, an der im Vertrag von einem *socius* bzw. von *socii* die Rede ist, und selbst insoweit deckt sich der Sprachgebrauch des Vertrages mit dem Sprachgebrauch des Gaius, der im Kontext der *societas* ebenfalls nur selten von einem *socius* bzw. von *socii* spricht.[205] Wie dieses letzte Beispiel noch einmal illustriert, sind die terminologischen Übereinstimmungen zwischen beiden Quellen so groß, dass fast der Eindruck entsteht,

201 Gai. (10 ad ed. prov.), D. 17.2.66 (wiedergegeben in Fn. 177).

202 Gai. (10 ad ed. prov.), D. 17.2.66 („dividere eam inter socios iudex debet"; vollständig wiedergegeben in Fn. 177).

203 G. 3.154a („‚ciere' autem ‚dividere' est; unde ‚caedere' et ‚secare' et ‚dividere' dicimus.").

204 Gai. (10 ad ed. prov.), D. 17.2.68.1 („qui erogat bona sua in fraudem futurae actionis", „idque ex interdictis colligere possumus, in quibus ita est: ‚quod dolo fecisti, ut desineres possidere'.").

205 Im *societas*-Abschnitt der Institutionen findet sich *socius* als Singular einmal im Nominativ (G. 3.151) und einmal im Genitiv (G. 3.152) sowie als Plural zweimal im Ablativ (G. 3.154/154b). Aus den neun Digesten-Fragmenten ließen sich drei Singulare und fünf Plurale ergänzen.

als hätten sich Cassius Frontinus und Iulius Alexander an den Institutionen des Gaius orientiert[206] – oder umgekehrt als hätte Gaius seine Texte in Kenntnis des Vertrages über die *societas danistariae* bzw. des mutmaßlich ihm zugrundeliegenden Vertragsmusters geschrieben.[207] Für beide Arten der Beeinflussung gibt es weder Hinweise, noch wäre eine Beeinflussung plausibel. Aber die terminologischen Übereinstimmungen sind – neben den inhaltlichen Parallelen – ein weiterer Beleg dafür, wie sehr sich das Recht der *societas*, abstrakt im juristischen Schrifttum und konkret in der vertraglichen Praxis, seinerzeit bereits gefestigt und standardisiert hatte.[208]

III. Warum haben die Parteien den Vertrag geschlossen?

Nach der Vorstellung der vertraglichen Vereinbarung, die auf den beiden Wachstafeln überliefert ist, und dem Vergleich dieser Vereinbarung mit den allgemeinen Regeln, denen die Vertragsparteien mutmaßlich unterlagen, soll nunmehr der Frage nachgegangen werden, warum der Vertrag überhaupt geschlossen wurde: Wer sind die Parteien des Vertrages und die weiteren im Vertrag erwähnten Personen (1.)? Aus welchen Erwägungen heraus haben sich die Vertragsparteien darauf verständigt, eine gemeinsame wirtschaftliche Unternehmung einzugehen (2.)? Was sind die Gründe dafür, dass sie den Vertrag über die *societas danistariae* auf den Wachstafeln beurkunden ließen (3.)?

---

206 In diese Richtung allgemein und sehr vorsichtig *Popescu*, SDHI 39 (1973), 496, 509.

207 Allgemein über „Vertragsformulare im Imperium Romanum" *Jakab*, ZRG RA 123 (2006), 71–101, darin zum *societas*-Recht 79–87, konkret zur hiesigen *societas danistariae* 81 f.; weiteres *societas*-Beispiel bei *Jakab*, ZRG RA 123 (2006), 417, 418 f.

208 Dass beide, ein Lehrbuch für den Studienbeginn und ein *societas*-Vertrag aus der Praxis, so große terminologische (und auch inhaltliche) Übereinstimmungen aufweisen, relativiert ein wenig das berühmte Prinzip der „Isolierung" bei *Schulz*, Prinzipien (Fn. 159), S. 13–26, darin insb. S. 16 („Von dem *typischen Inhalte* eines *Kauf-, Miet- oder Gesellschaftsvertrages*, von dem *typischen Aufbau der hierüber aufgenommenen Urkunden* hören wir von den Juristen so gut wie nichts; gelegentlich wird hervorgehoben, es sei üblich, dies und das zu vereinbaren, gelegentlich wird auch die Auslegung einer Urkundenklausel erörtert: das ist alles. Daß es auch im römischen Rechtsleben *Formularbücher* gegeben hat, und die Geschäftsurkunden weithin stereotyp ausfielen, könnte man aus den römischen Juristenschriften allein nicht erraten. Die ältere republikanische Jurisprudenz hat sich wohl noch mit der Herstellung von Formularbüchern befaßt, aber schon gegen Ende der Republik überläßt man dies subalterneren Geistern."; Hervorhebungen im Original) mit Fn. 21 („... Ihre Tätigkeit erkennt man in der Formula Baetica ... und den Siebenbürgener Urkunden ...").

Fragen dieser Art haben bislang überraschend wenig Aufmerksamkeit erfahren – trotz der mehrfach erwähnten Einzigartigkeit des Vertrages. Soweit ersichtlich gibt es nur einen einzigen Aufsatz, der sich speziell diesem Vertrag widmet.[209] In den *societas*-Monographien wird der Vertrag typischerweise nur am Rande erwähnt.[210] Dasselbe gilt für weitere Beiträge im Kontext der *societas*,[211] der Provinz Dacia[212] sowie verwandter Themen.[213] Warum Cassius Frontinus und Iulius Alexander den Vertrag über die *societas danistariae* geschlossen haben, ist daher noch weitgehend ungeklärt.

1. Wer sind die im Vertrag erwähnten Personen?

Auf den beiden Wachstafeln werden *fünf* verschiedene Personennamen genannt: „Cassius Frontinus“ und „Iulius Alexander“, die beiden Vertragsparteien, sowie „Cassius Palumbus“, „Lossa“ und „Secundus“.[214] Außer für Iulius Alexander, der jedenfalls dem Namen nach auch in anderen Quellen auftritt, ist von diesen Personen nur bekannt, was auf den beiden Wachstafeln über sie mitgeteilt wird.

---

209 *Pólay*, in: Acta Antiqua Academiae Scientiarum Hungaricae, Band VIII, 1960, S. 417–438 (zitiert als: Gesellschaftsvertrag); kein eigenständiger Aufsatz, sondern ein nahezu unveränderter Auszug aus *Ciulei*, Les triptyques (Fn. 125) ist *Ciulei*, in: Zlinszky (Fn. 125), S. 39–44 (aus den in Fn. 125 genannten Gründen auch im weiteren Verlauf nicht separat zitiert).

210 *del Chiaro*, Le contrat de société en droit privé romain, 1928, S. 214 f. Fn. 2; *Poggi*, Il contratto di società in diritto romano classico, Band I, 1930, S. 30 f.; *Wieacker*, Societas, Band I, 1936, S. 262 Fn. 2; *Arangio-Ruiz*, La Società (Fn. 170), S. 145 f.; *Hernando Lera*, El contrato de sociedad, 1992, S. 43 f.; *Santucci* (Fn. 172), S. 9, 19 Fn. 41, 206 f.; *Fleckner*, Kapitalvereinigungen (Fn. 28), S. 135; ausführlicher aber *Meissel*, Societas (Fn. 85), S. 68 Fn. 19, 171–174.

211 *Weber* (Fn. 37), S. 32 Fn. 32; *Meissel*, in: Kalss/Meissel (Hrsg.), Zur Geschichte des Gesellschaftsrechts in Europa, 2003, S. 13, 19 (zitiert als: Plura negotia); *Jakab*, ZRG RA 123 (2006), 417, 420, 422; *Urbanik* (Fn. 124), S. 290–292; *Fleckner*, Associations (Fn. 156), S. 243, 245, 251; *Fleckner*, FS Windbichler, 2020, S. 603, 620 Fn. 74.

212 *Tudor* (Fn. 82), S. 95 f.; *Pólay*, Viaszostáblák (Fn. 128), insb. S. 200–226, 283 f., 332, 345 f.; *Колосовская* (Fn. 127), S. 182 f.; *Ciulei* (Fn. 125), S. 61–68; *Şotropa* (Fn. 148), S. 220–223 mit S. 229 Fn. 21; *Eckhardt* (Fn. 148), S. 424.

213 *Karlowa* (Fn. 1), S. 797 f.; *Wenger* (Fn. 1), S. 790; *Crook* (Fn. 124), S. 213, 231 f.; *Bürge*, ZRG RA 97 (1980), 105, 130 Fn. 118; *Macqueron* (Fn. 125), S. 111–114; *Andreau*, La vie financière (Fn. 170), S. 627; *Bürge*, ZRG RA 104 (1987), 465, 493, 520 Fn. 281; *Gröschler* (Fn. 170), S. 106 Fn. 125; *Andreau*, Banking and Business in the Roman World, 1999, S. XV, 17 ≈ *Andreau*, La banque et les affaires dans le monde romain, 2001, S. 44, 289; *Nelson/Manthe*, Gai Institutiones III 88–181, 1999, S. 306, 472; *Jakab*, ZRG RA 123 (2006), 71, 81 f.

214 Ausgelassen sind in dieser Aufzählung die Namen der vier Konsuln, die in Z. 3 bzw. Z. 22 allein zu Datierungszwecken erwähnt sind.

Ein *Iulius Alexander* wird außer in dem Vertrag über die *societas danistariae* (Z. 1/2, 8, 19, 24) auf drei weiteren Wachstafeln aus Siebenbürgen erwähnt.[215] Knapp fünf Jahre, bevor die *societas danistariae* beurkundet wird, erhält Iulius Alexander von einer Person namens Anduenna Batonis[216] 140 Denare gegen Zinsen (20. Juni 162).[217] Während Iulius Alexander hier offenbar als Darlehens*nehmer* auftritt, wechselt er nur vier Monate später die Seiten und verleiht 60 Denare an einen gewissen Alexander Caricci (20. Oktober 162).[218] Dann klafft eine Lücke von gut vier Jahren, ehe die *societas danistariae* mit Cassius Frontinus begonnen (23. Dezember 166) und der Vertrag auf den Wachstafeln verschriftlicht wird (28. März 167). Einen guten Monat nach der vertraglich vereinbarten Auflösung der *societas danistariae* (12. April 167) erhält ein gewisser Lupus Carentis von Iulius Alexander 50 Denare (29. Mai 167).[219]

Iulius Alexander ist mit diesen vier Urkunden, die auffälligerweise alle Geld- und Kreditgeschäfte betreffen, in den Wachstafeln so prominent vertreten wie keine andere Person.[220] Stehen die vier Tafeln in einem Zusammenhang? Gehören sie zum privaten Archiv des Iulius Alexander?[221] Dagegen spricht, dass zwei der vier Urkunden nicht Iulius Alexander begünstigen, sondern seinen jeweiligen Vertrags-

---

215 In CIL III 930 (Deusara, 20. Juni 162) erscheint Iulius Alexander im Vertragstext, unter den Siegelnden und auf der Rückseite der dritten Tafel. In CIL III 934 (Alburnus Maior, 20. Oktober 162) und in CIL III 949 XII. (Alburnus Maior, 29. Mai 167) findet sich Iulius Alexander, ebenso wie in CIL III 950 (Deusara, 28. März 167), nur im Text der vertraglichen Vereinbarung (überwiegend vermutlich dem Erhaltungszustand geschuldet).

216 Über diese Person ist außerdem nur bekannt, dass sie – hier als *Andueia* Batonis – für 300 Denare eine (Doppel-?)Haushälfte erworben hat: CIL III 945 (Alburnus Maior, 6. Mai 159).

217 CIL III 930 (Deusara, 20. Juni 162), Z. 1/2 („sortis et eorum usuras").

218 CIL III 934 (Alburnus Maior, 20. Oktober 162), innen Z. 2/3 („mutuos numeratos").

219 CIL III 949 XII. (Alburnus Maior, 29. Mai 167), Z. 2 („commendatos"); *Arangio-Ruiz*, La Società (Fn. 170), S. 145 sowie z. B. *Pólay*, Gesellschaftsvertrag (Fn. 209), S. 429 und *Pólay*, ANRW II.14 (1982), 509, 522 klassifizieren das Geschäft als eine darlehensähnliche unregelmäßige Verwahrung (heute sog. *depositum irregulare*); allgemein zu diesem Geschäftstyp insb. *Bürge*, ZRG RA 104 (1987), 465, 536–555.

220 Ein Verzeichnis, wer in welchen Tafeln erwähnt ist, findet sich in CIL III 960. Mehr als zweimal vertreten ist ansonsten nur L. Vasidius Victor, dessen Name sich stets an erster Stelle neben den Siegeln findet in CIL III 924 (Alburnus Maior, 9. Februar 167), CIL III 934 (Alburnus Maior, 20. Oktober 162) und CIL III 944 (Alburnus Maior, 6. Mai 159); in CIL III 930 (Deusara, 20. Juni 162) ist dagegen nur „Va/si////" zu lesen (und zudem nicht an erster Stelle).

221 So die Vermutung von *Mommsen*, CIL III (Fn. 6), S. 921 („Alexandrum illum instrumenta rei familiaris eo loco seposuisse"); noch spekulativer *Téglás*, in: Erdélyi Muzeum-Egylet kiadványai, Band VII, 1890, S. 92, 93, nach dem der Hohlraum im Stollen sogar Iulius Alexander gehört haben könnte.

partner,[222] und bei einer weiteren Urkunde unklar ist, ob sie überhaupt in demselben Stollen gefunden wurde.[223] Wenn es sich nicht um das Archiv von Iulius Alexander handelt, wie hängen die Tafeln dann zusammen? Von den übrigen Tafeln, also denen ohne Erwähnung von Iulius Alexander, lassen sich nie mehr als zwei Urkunden einer bestimmten Personengruppe (etwa Soldaten) oder gar einer bestimmten Person (wie Iulius Alexander) zuordnen.[224] Eine verbreitete Erklärung ist daher, dass verschiedene Privatpersonen ihre Urkunden im Frühjahr/Sommer 167[225] zum Schutz vor den sog. Markomannenkriegen an einen sicheren Ort gebracht haben.[226] Bei dieser Deutung bleibt allerdings offen, warum sich unter den wiedergefundenen Wachstafeln auch Urkunden befinden,[227] die sich bereits Jahrzehnte vor den Kriegen erledigt hatten.[228]

Eine Person namens Iulius Alexander ist außerhalb der Wachstafeln auch in vier weiteren dakischen Inschriften erwähnt.[229] Auf sieben Ziegeln (aus dem Jahr 158), die in Sarmizegetusa gefunden wurden, ist ein runder, vergleichsweise auf-

---

222 In CIL III 930 (hierzu bei Fn. 217), einem Darlehen, stipuliert Iulius Alexander zugunsten von Anduenna Batonis, in CIL III 950, dem Vertrag über die *societas danistariae*, zugunsten von Cassius Frontinus (hierzu insb. in Fn. 182). Es ist natürlich möglich, dass Iulius Alexander die Urkunden nach Rückzahlung des Darlehens bzw. nach Abwicklung der *societas* zurückerhalten hat – wie *Mommsen*, CIL III (Fn. 6), S. 931 Fn. 7 für die erste Urkunde vermutet. Aber wenn Rückgabe belastender Urkunden üblich gewesen wäre, warum besaß Iulius Alexander dann offenbar noch die Urkunden CIL III 934 (Alburnus Maior, 20. Oktober 162) und CIL III 949 XII. (Alburnus Maior, 29. Mai 167)?

223 Für CIL III 949 XII. (Alburnus Maior, 29. Mai 167) vermutet das *Mommsen*, CIL III (Fn. 6), S. 921.

224 L. Vasidius Victor tritt in drei Urkunden auf (vielleicht noch in einer weiteren), aber immer nur unter den Siegelnden (hierzu Fn. 220).

225 Die zeitlich letzte, also jüngste Tafel ist CIL III 949 XII. (Alburnus Maior, 29. Mai 167).

226 *Mommsen*, CIL III (Fn. 6), S. 921; ebenso z.B. *Karlowa* (Fn. 1), S. 796 und *Brodersen*, Dacia Felix, 2020, S. 181 f.

227 Wie etwa CIL III 954 XVII. (Alburnus Maior [?], 6. Februar 131), die älteste unter den datierbaren Wachstafeln, oder – aus demselben Fund wie die Tafeln über die *societas danistariae* – CIL III 936 (Kartum, 17. März 139).

228 Möglicherweise handelt es sich um das Archiv der Beneficiarierstation in Alburnus Maior, die zeitweise von Iulius Alexander betreut worden sein könnte (hierzu bei Fn. 237–243). Allerdings ist unklar, ob die Aufbewahrung solcher Urkunden überhaupt in die Kompetenz einer Beneficiarierstation fiel und warum die Wachstafeln dann auf mehrere Stollen verteilt wurden. Alternativ könnte es sich auch um eine Sammlung erledigter Urkunden handeln, die ein Jurist oder ein Schreiber zur Wiederbeschriftung verwahrte. Denkbar wäre auch, dass die Bewohner von Alburnus Maior die Bergwerkstollen als gewöhnlichen Aufbewahrungsort für wichtige Unterlagen verwendeten.

229 CIL III 7692 (Potaissa, 2. Jh.); CIL III 8077 1 a/b (Ulpia Traiana Sarmizegetusa, 158); CIL III 7753 (Apulum, nach 168 [?]); IDR III-6 201 (Apulum, Datum unklar).

wendig gestalteter Stempel aufgeprägt mit der Inschrift *Tertullo et Sacerdote consulibus Iulius Alexander fecit* („Unter den Konsuln Tertullus und Sacerdos von Iulius Alexander hergestellt").[230] Ein Beobachter schließt daraus, dass Iulius Alexander „Provinzialunternehmer griechischen Ursprungs (dafür spricht der Name Alexander) mit römische[m] Bürgerrecht" gewesen sei und „eine Ziegelei in Sarmisegetusa" errichtet habe.[231] Gegen diese Deutung sprechen aber drei Ziegel aus Apulum, die den einfachen Stempel *Iulius Alexander / legio XIII gemina* („Iulius Alexander | 13. Zwillingslegion") tragen.[232] Diese Herkunftsangabe deutet eher auf einen Angehörigen des römischen Militärs als auf einen privaten Ziegelunternehmer griechischen Ursprungs hin. Hauptsitz der *legio XIII gemina* war Apulum,[233] auf den damaligen Verkehrswegen vermutlich weniger als einhundert Kilometer entfernt von Deusara, dem Ausstellungsort der Urkunde über die *societas danistariae* (Z. 22).[234]

Die anderen beiden Inschriften erlauben einen Einblick in die militärische Karriere des mutmaßlichen Soldaten Iulius Alexander. In dem gerade erwähnten Apulum weiht ein Iulius Alexander als *actarius legati legionis XIII geminae* einen Altar;[235] ein *actarius* war für die Heeresversorgung, insbesondere die Verpflegung mit Nahrungsmitteln, zuständig (und verrufen dafür, seine Stellung zum eigenen finanziellen Vorteil zu nutzen).[236] In Potaissa, dem Hauptquartier der *legio V Macedonica*,[237] weiht ein Iulius Alexander einen Altar als *veteranus ex beneficiario consularis* (was sich übersetzen ließe mit „aus dem Dienst entlassener Beneficia-

230 CIL III 8077 1 a/b (Ulpia Traiana Sarmizegetusa, 158) = (mit Nachzeichnung des Stempels) IDR III-2 558; hierzu *Piso*, Ephemeris Napocensis 6 (1996), 153, 173 f., 190 (Abbildung 31), 198.

231 *Pólay*, JJP 16/17 (1971), 71, 74; ebenso *Pólay*, Viaszostáblák (Fn. 128), S. 68 und S. 337. Ähnlich *Téglás* (Fn. 221), S. 92 („állami vállalkozó"); *Russu* (Fn. 53), S. 241 („omul de afaceri binecunoscut (în zona montanisticā-auriferā la Alburnus) Iulius Alexander"); *Ciulei* (Fn. 125), S. 63 („un homme d'affaires bien connu dans la zone des mines d'or d'Alburnus"); *Şotropa* (Fn. 148), S. 220 („société constituée par deux hommes d'affaires"); *Jakab*, ZRG RA 123 (2006), 71, 81 („Julius Alexander, der wohlhabende Unternehmer").

232 IDR III-6 201 (Apulum, Datum unklar).

233 *Mommsen*, Reisebericht (Fn. 17), S. 523 f.; *Brodersen* (Fn. 226), S. 170.

234 Die Entfernung zwischen Deusara und Ulpia Traiana Sarmizegetusa ist deutlich größer (zur Lage von Deusara in Fn. 322).

235 CIL III 7753 (Apulum, nach 168 [?]); die Datierung der Inschrift in die Zeit nach 168 folgt dem Vorschlag von IDR III-5-1 108, der dort damit begründet wird, dass die *legio XIII gemina* erst nach 168 wieder einen *legatus legionis* gehabt habe (hierzu Fn. 254).

236 Zu beiden Aspekten (militärische Zuständigkeit und private Nutzziehung) jeweils *Seeck*, s.v. Actarius, in: Paulys Real-Encyclopädie der classischen Altertumswissenschaft (Paulys RE), Band I/1, 1893, Sp. 301 f.; *Gizewski*, s.v. Actarius, in: Der Neue Pauly (DNP), Band I, 1996, Sp. 93; *Wierschowski*, Heeresversorgung, in: ebd., Band V, 1998, Sp. 224.

237 *Brodersen* (Fn. 226), S. 181.

rier eines ehemaligen Konsuls");[238] gegenüber *actarius* ist *veteranus ex beneficiario consularis* das ranghöhere Amt.[239] Zu den Aufgaben dieser Ordnungs- und Verwaltungsbeamten des römischen Militärs konnte auch die Leitung eines Außenposten (*statio*) gehören, auf den die Beamten typischerweise für sechs Monate abgesandt wurden.[240] Einer dieser Stützpunkte lag im Bergbaubezirk von Alburnus Maior.[241] Ein sechsmonatiger Dienst von Iulius Alexander auf einem Außenposten könnte also mit dem Ausstellungsort (Deusara in der Nähe von Alburnus Maior)[242] und mit der Laufzeit (knapp vier Monate) der *societas danistariae* zusammengefallen sein.[243] Ob allerdings der Soldat Iulius Alexander wirklich derselbe ist wie auf den Ziegeln aus Ulpia Traiana Sarmizegetusa und aus Apulum, ob der Iulius Alexander auf den beiden Ziegelarten überhaupt identisch ist, ob Iulius Alexander von Anfang an Mitglied des römischen Militärs war oder erst nach 158 rekrutiert wurde – all das lässt sich nicht mit Gewissheit entscheiden. Aufgrund der engen räumlichen und zeitlichen Verbindung spricht aber einiges dafür, dass es sich um ein und dieselbe Person handelt.[244] Der Iulius Alexander, mit dem Cassius Frontinus den Vertrag über die *societas danistariae* geschlossen hat, ist also vermutlich ein Soldat, der parallel oder zeitlich versetzt zu seinem Militärdienst auch unternehmerisch tätig war.[245]

---

238 CIL III 7692 (Potaissa, 2. Jh.).

239 *Ott*, Die Beneficiarier, 1995, insb. S. 30 Fn. 35, S. 47 Fn. 29 und S. 170.

240 Allgemein zu den Aufgaben der Beneficiarier *Ott* (Fn. 239), S. 113–150 (speziell zu ihrer Funktion in Bergbaudistrikten S. 151–155, zur *statio* S. 85–113).

241 Das geht aus den bei Roșia Montană (Alburnus Maior) gefundenen Beneficiarier-Inschriften hervor: *Schallmayer*, Der römische Weihebezirk von Osterburken I, 1990, S. 417–420 (Nr. 544–547, im Folgenden zitiert als CBFIR) und *Ott* (Fn. 239), S. 152.

242 Hierzu in Fn. 322.

243 Möglicherweise wurde Iulius Alexander wie sein Kollege C(aius) Calpurnius Priscinus in CBFIR 544 (Alburnus Maior, 2. Jh.) und CBFIR 546 (Alburnus Maior, 2. Jh.) zweimal auf die *statio* nach Alburnus Maior abgesandt; das würde erklären, warum es Wachstafeln mit Iulius Alexander aus zwei Phasen, den Jahren 162 und 167, gibt (hierzu Fn. 215).

244 Zu Iulius Alexanders Titel *actarius legati legionis XIII geminae* passt auch der Ausstellungsort der beiden Wachstafeln CIL III 940 (kanabae legionis XIII geminae, 16. Mai 142) und CIL III 959 (kanabae legionis XIII geminae, 4. Oktober 160). Die *kanabae legionis XIII geminae*, d.h. die Händler, Wirte und sonstigen zivilen Begleiter der 13. Zwillingslegion, lagen bei Apulum: *Mommsen*, Reisebericht (Fn. 17), S. 523 f. und *Mommsen*, CIL III (Fn. 6), S. 182 f., 921.

245 Außerdem wird ein Iulius Alexander in Inschriften aus der angrenzenden Provinz Moesia inferior erwähnt: in CIL III 6178 (Troesmis, 134), einer Entlassungsliste von Legionären, in CIL III 7449 (Municipium Montanensium, 155), einem Verzeichnis der Mitglieder einer *vexillatio* (abgeordnete Untereinheit) der *legio XI Claudia*, und in AE 1998, 1144 (Sacidava, 2./3. Jh.), einer Weihinschrift zweier Priester. Aufgrund der inhaltlichen, räumlichen und zeitlichen Abweichung ist eine Identität dieser Person(en) mit dem Iulius Alexander der *societas danistariae* sehr unwahrscheinlich.

Für das Stipulationsversprechen, das Iulius Alexander dem Cassius Frontinus auf den beiden Wachstafeln gibt, verwendet die Urkunde als Prädikat das Verb „[spopon]dit" (Z. 19).[246] Nach den Institutionen des Gaius, die aus den in Teil II entwickelten Gründen die beste juristische Referenzquelle für die vertragliche Vereinbarung über die *societas danistariae* sind, ist die Anerkennung einer Verpflichtung mit dem Verb *spondēre* allein römischen Bürgern vorbehalten;[247] die Urkundenpraxis bestätigt dies.[248] Es kann daher mit an Sicherheit grenzender Wahrscheinlichkeit davon ausgegangen werden, dass Iulius Alexander das römische Bürgerrecht besaß, als er sich mit dem Verb *spondēre* gegenüber Cassius Frontinus verpflichtete.[249]

Über die Person des *Cassius Frontinus* (Z. 1, vor 11,[250] 19, 23) ist nur bekannt, dass er sich mit Iulius Alexander darauf verständigt hat, eine *societas danistariae* einzugehen, und – wegen des Stipulationsversprechens mit dem Verb *spondēre* – entweder römischer Bürger[251] oder Sklave eines römischen Bürgers[252] war. Aus den Überlegungen, die sogleich zu Cassius Palumbus angestellt werden, lässt sich für Cassius Frontinus aber vorsichtig folgern, dass er in Dacia als römischer Bürger und Mitglied einer größeren *familia* unternehmerisch tätig war. Cassius Frontinus dürfte Iulius Alexander daher mindestens auf Augenhöhe begegnet sein.[253] Dass Cassi-

246 So jedenfalls die unter I. 2. präferierte (hierzu Fn. 107) und unter I. 3. erläuterte (hierzu Fn. 143) Lesart.

247 G. 3.93; außerdem im Umkehrschluss zu G. 3.119 und zu G. 3.179.

248 Detaillierte Nachweise im Exkurs über „Die Formen der Stipulation in den Urkunden der klassischen Zeit" bei *Nelson/Manthe* (Fn. 213), S. 468–485.

249 Zweifelnd, aber ohne Berücksichtigung der übrigen Informationen, die zu Iulius Alexander bzw. allgemein zur Urkundenpraxis überliefert sind, *Macqueron* (Fn. 125), S. 113 Fn. 5 („cette *sponsio* pourrait bien être ici aussi abusive que l'est la mancipation dans les ventes de Transylvanie"); ebenfalls abweichend *Tudor* (Fn. 82), S. 95.

250 So die unter I. 2. präferierte Lesart (hierzu in Fn. 82).

251 Wäre Cassius Frontinus ein Freier ohne römisches Bürgerrecht, dann wäre auch aufseiten des römischen Bürgers Iulius Alexander kein *spondēre* zu erwarten (Umkehrschluss zu G. 3.93). Dass dies nicht zu formalistisch gedacht ist, legt die abweichende Formulierung des Stipulationsversprechens von Iulius Alexander in CIL III 930 nahe (Deusara, 20. Juni 162), Z. 8–10 („fide rogavit Anduenna Batonis dari fide sua promisit Iulius Alexander"), da jedenfalls dem Namen nach durchaus plausibel ist, dass Anduenna Batonis kein römisches Bürgerrecht besaß.

252 Aufseiten des Versprechens*empfängers* (das ist in dem überlieferten Exemplar der Wachstafeln Cassius Frontinus) konnte auch ein Sklave eines römischen Bürgers stehen (allgemein G. 3.103/114); aufseiten des Versprechens*gebers* ist dies aber nicht möglich (so unter expliziter Verwendung des Verbes *spondēre* G. 3.119).

253 Zu weit ginge es aufgrund der dürftigen Quellenbasis, Iulius Alexander gegenüber Cassius Frontinus als wirtschaftlich unterlegen anzusehen; so aber *Arangio-Ruiz*, La Società (Fn. 170), S. 146 mit Relativierung in Fn. 1 (zum Kontext in Fn. 182).

us Frontinus bzw. seine *familia* auf den Wachstafeln nicht öfter in Erscheinung treten, könnte schlicht der sehr zufälligen Überlieferung geschuldet sein.

Zu dem soeben erwähnten *Cassius Palumbus* (Z. 10) wird auf den beiden Wachstafeln nichts weiter mitgeteilt als sein Name und die Tatsache, dass er einen Sklaven namens Secundus hat.[254] „Cassius", der Familienname (*nomen gentile*) des Cassius Palumbus, stimmt mit dem des Cassius Frontinus, des Vertragspartners von Iulius Alexander, überein. Das könnte ein bloßer Zufall sein. Dass Secundus, der Sklave des Cassius Palumbus, für Cassius Frontinus 267 Denare zahlt (Z. 10/11), wäre dann vermutlich so zu erklären, dass Cassius Palumbus dem Cassius Frontinus einen Geldbetrag schuldete und ihm die 267 Denare nicht direkt zurückgewährte, sondern für ihn in die gemeinsame Kasse mit Iulius Alexander, dem Vertragspartner in der *societas danistariae*, einzahlte.

Wahrscheinlicher ist aber, dass die Übereinstimmung des Familiennamens auf eine gewisse Verbindung zwischen Cassius Palumbus und Cassius Frontinus hindeutet.[255] Für freigelassene Sklaven war es üblich, den Namen ihres ehemaligen Herrn (*dominus*) und jetzigen Patrons (*patronus*) zu übernehmen, aber als Beinamen (*cognomen*) weiter den eingliedrigen Namen aus Sklavenzeiten zu führen.[256] Ein von Cassius Frontinus freigelassener Sklave namens „Palumbus" hätte also vermutlich den Namen „Cassius Palumbus" angenommen.[257] Dass dies auch

---

254 Ein Q(uintus) Cassius Domitius Palumbus ist als Urheber einer Inschrift zu Ehren eines Marcus Statius Priscus Licinius Italicus bezeugt: CIL VI 1523 (Roma, 162–164). In dieser Inschrift werden als Stationen im Leben des Geehrten u. a. *legatus Augusti provinciae Daciae* und *legatus legionis XIII geminae* genannt. Wenn man bedenkt, dass Iulius Alexander als *actarius legati legionis XIII geminae* auftrat (Fn. 235), ist es nicht ganz unwahrscheinlich, dass diese beiden Personen mit den Namensbestandteilen „Cassius" und „Palumbus" identisch sind. Dass Statius Priscus vor 168 als *legatus legionis XIII geminae* bezeichnet wird, stellt die Datierung der Inschrift CIL III 7753 (Apulum, nach 168 [?]) infrage (hierzu Fn. 235 und *Piso*, Fasti provinciae Daciae, Band I, 1993, S. 70 f.).

255 Ein Verzeichnis von insgesamt 13 Personen namens Cassius oder Cassia aus der Provinz Dacia findet sich bei *Noeske*, Bonner Jahrbücher 177 (1977), 271, 330 Fn. 300 (zur gesellschaftlichen Rolle dieser Familie 330 f.).

256 *Rix*, in: Eichler/Hilty/Löffler/Steger/Zgusta (Hrsg.), Namenforschung, 1995, S. 724, 725 f.; ferner z. B. *Wenger* (Fn. 1), S. 115 und *Salway*, JRS 84 (1994), 124, 128, 130 f.

257 Ein Gladiator namens Palumbus ist bezeugt in Suetons Claudius-Biographie (120), Suet. Claud. 21, und auf einem Bodenmosaik, CIL III 5835 a (Augusta Vindelicum, Ende 2. Jh.); zu Q(uintus) Cassius Domitius Palumbus in Fn. 254. Dass ein Gladiator den Namen Palumbus trägt, ist zwar kein zwingender Beleg, deutet aber darauf hin, dass es sich um einen Sklavennamen handelt; so im Ergebnis *Forcellini*, Lexicon totius Latinitatis, Band VI, 1940, s.v. Palumbus, S. 417, *Kerényi* (Fn. 146), S. 52 (Nr. 577) und *Pólay*, Gesellschaftsvertrag (Fn. 209), S. 430. Einen Überblick über die weiteren Fundstellen geben *Kajanto*, The Latin Cognomina, 1965, S. 331 sowie das Onomasticon provinciarum Europae Latinarum (OPEL), Band III, hrsg. von *Lörincz*, 2000, s.v. Palumbus, S. 122.

in der Provinz Dacia gängige Praxis war, zeigt eine Inschrift aus Apulum, in der die Freigelassene (*liberta*) Cassia Ponticilla ihrer Patronin (*patrona*) Cassia Saturnina ein Grab errichtet.[258] Rein dem Namen nach ist, wie andere Beobachter glauben, auch ein umgekehrtes Verhältnis (Cassius Frontinus als Freigelassener des Cassius Palumbus)[259] oder ein gleichgeordnetes Verhältnis (Cassius Frontinus und Cassius Palumbus entweder als Brüder[260] bzw. allgemein Verwandte[261] oder als Co-Freigelassene[262] einer dritten Person mit dem Familiennamen Cassius) möglich. Plausibler ist aber, dass Cassius Palumbus ein Freigelassener des Cassius Frontinus war.[263] Hierfür lassen sich vor allem zwei Gründe anführen: Erstens ist es äußerst unwahrscheinlich, dass Iulius Alexander mit einem Freigelassenen eine *societas* eingegangen wäre. Denn Iulius Alexander war nach allem, was über ihn bekannt ist, mit an Sicherheit grenzender Wahrscheinlichkeit selbst kein Freigelassener. Wenn aber römische Bürger schon große Hemmungen hatten, sich auf Augenhöhe mit ihresgleichen in einer *societas* zu vereinigen,[264] dann wird dies erst recht gegenüber Personen gegolten haben, die ein niedrigeres gesellschaftliches Ansehen besaßen.[265] Der zweite Grund für die Annahme, dass Cassius Frontinus der Patron des Cassius Palumbus ist (und nicht umgekehrt), lässt sich aus der Urkunde selbst ableiten. Cassius Palumbus erbringt hier offenbar Dienste (dazu im nächsten Absatz), ohne am Gewinn der gemeinsamen wirtschaftlichen Unternehmung zu partizipieren, während Cassius Frontinus als Vertragspartner des Iulius Alexander voll gewinnberechtigt ist. Eine solche Abrede ist kaum vorstellbar, wenn Cassius Palumbus der Patron oder Bruder des Cassius Frontinus gewesen wäre.

Wenn Cassius Palumbus ein Freigelassener des Cassius Frontinus war, welche Rolle könnte er dann in der gemeinsamen wirtschaftlichen Unternehmung

---

258 CIL III 1230 (Apulum, Datum unklar).

259 So offenbar *Arangio-Ruiz*, La Società (Fn. 170), S. 145 f.; in diese Richtung auch *Macqueron* (Fn. 125), S. 111 und S. 113 Fn. 5.

260 *Tudor* (Fn. 82), S. 95.

261 *Колосовская* (Fn. 127), S. 183.

262 *Urbanik* (Fn. 124), S. 291.

263 Ebenso *Pólay*, Gesellschaftsvertrag (Fn. 209), S. 430, aber unter der fraglichen (hierzu Fn. 257) Annahme, dass es sich bei Palumbus um einen typischen Sklavennamen gehandelt habe; dass Cassius Palumbus ein Freigelassener des Cassius Frontinus ist, zieht auch in Erwägung *Колосовская* (Fn. 127), S. 183.

264 *Fleckner*, Associations (Fn. 156), insb. S. 259 f.

265 Die Frage, wer sich typischerweise mit wem auf eine *societas* verständigt hat, kann hier nicht vertieft werden. Dazu bedürfte es einer genaueren Aufarbeitung aller Inschriften und Papyri, in denen gemeinsame wirtschaftliche Unternehmungen belegt sind (Nachweise zu Überblicken in Fn. 156).

seines Patrons mit Iulius Alexander übernommen haben? Oder anders gefragt: Warum ist Cassius Palumbus in der Urkunde überhaupt erwähnt? Die plausibelste Deutung knüpft an den Umstand an, dass sich Freigelassene mit ihrer Freilassung häufig gegenüber ihrem früheren Herrn bzw. künftigen Patron zu gewissen Diensten (*operae libertorum*) verpflichteten.[266] Es wäre also gut denkbar, dass Cassius Palumbus solche *operae* in die Unternehmung von Cassius Frontinus und Iulius Alexander einbringt, entweder selbst oder durch seinen Sklaven Secundus, und Cassius Frontinus auf diese Weise seinen geringeren Geldbeitrag ausgleicht.[267] Die Vereinbarung über die *societas danistariae* wäre dann so zu deuten, dass Iulius Alexander als Geldgeber weitgehend im Hintergrund bleibt, während Cassius Frontinus mit seiner *familia*[268] die Geschäfte führt.[269] Vielleicht beschränkte sich auch die Tätigkeit des Cassius Frontinus auf eine bloße Aufsichtsfunktion, d.h. der Abschluss der einzelnen Darlehen, das Eintreiben von Schulden etc. lag allein in den Händen seiner *familia*.[270]

Über *Secundus* (Z. 9) ist aus den beiden Wachstafeln nur zu erfahren, dass er ein Sklave des Cassius Palumbus ist und als sein *servus actor* 267 Denare in die gemeinsame wirtschaftliche Unternehmung von Cassius Frontinus und Iulius Alexander einbringt. Auf der Urkunde lässt sich zwar nur noch das *a* von *actor* entziffern, die Lesart ist aber recht sicher, da die Lücke nur eine Ergänzung weniger Buchstaben erlaubt. Außerdem sind für Dacia mehrere *actores* belegt.[271] Gaius kennt den Ausdruck *servus actor* ebenfalls.[272] Ein *servus actor* hatte kein typisches Aufgabenfeld, sondern kümmerte sich um Geschäfte jeder Art seines Herrn,[273]

---

266 G. 3.83.

267 Eine solche Abrede ist nach den Institutionen des Gaius möglich (mit expliziter Erwähnung von *opera* in G. 3.149, hierzu unter II. 2.). Belege für eine derartige Aufgabenverteilung – ein *socius* gibt Geld, der andere *socius* führt die Geschäfte – finden sich auch in den Papyri, z.B. P.Oxy XXII 2342 (Oxyrhynchos, 102) und PUG I 20/21 (Oasis Magna, 319/320).

268 Hier und an anderen Stellen des Beitrags wird der Ausdruck *familia* anknüpfend an Ulp. (46 ad ed.), D. 50.16.195.1 in einem weiten Sinne verwendet, der die Freigelassenen (*liberti*) mit einschließt. Das bedarf besonderer Hervorhebung, denn die Formulierung „lib(erti) et familia et leguli aurariar(um)“ in der örtlich wie zeitlich einschlägigen Inschrift CIL III 1307 (Ampelum, 165/166) legt nahe, dass *liberti* vom Ausdruck *familia* nicht oder nicht immer umfasst wurden.

269 Genau gegenteilig, aber ohne Berücksichtigung der im Haupttext diskutierten Informationen die Deutung von *Macqueron* (Fn. 125), S. 113 Fn. 5.

270 Die hier entwickelte Deutung passt zu dem, was auf Grundlage anderer Quellen allgemein herausgearbeitet ist bei *Bürge*, ZRG RA 104 (1987), 465, 495, 498, 502–508.

271 Nachweise bei *Mihailescu-Bîrliba*, Classica et Christiana 4 (2009), 307–316.

272 Gai. (l.s. ad form. hypoth.), D. 20.6.7.1.

273 Überblick bei *Chiusi*, s.v. Servus actor, in: Handwörterbuch der antiken Sklaverei, Band III, 2017, Sp. 2571 f.

auch und gerade um die Abwicklung und Dokumentation von Geld- und Kreditgeschäften.[274] Hierzu passt, dass Secundus die 267 Denare offenbar für Cassius Frontinus zahlt,[275] also nicht in eigenem Namen (aus seinem *peculium*).[276]

Am Ende der Urkunde, nach dem Stipulationsversprechen, wird noch eine Person unklaren Geschlechts namens *Lossa* (Z. 21) erwähnt.[277] Lossa werden 50 Denare geschuldet, die von den *socii* – also von Cassius Frontinus und Iulius Alexander – bezahlt werden sollen. Die Klausel kommt sehr unvermittelt, was auch durch das einleitende *item* (so die plausibelste Ergänzung) kaum kaschiert wird,[278] und wirkt wie ein Nachtrag oder Zusatz zu dem Vertragsmuster, dem die Urkunde in weiten Teilen zu folgen scheint.[279] Wer Lossa ist und aus welchem Grund ihm oder ihr 50 Denare geschuldet werden, ist völlig unklar und weder anhand der beiden Wachstafeln noch anderer Quellen weiter aufzuklären.[280] Dass die 50 Denare für die Vorbereitung und Ausstellung der Urkunde bestimmt waren, Lossa also Schreiber oder gar Jurist war, ist sehr unwahrscheinlich, denn der Betrag übersteigt den Gewinn, der aus der gemeinsamen wirtschaftlichen Unter-

---

274 Beispiele in den Digesten: Darlehen auszahlen, Pap. (9 quaest.), D. 16.3.24; Geld annehmen, Gai. (l.s. ad form. hypoth.), D. 20.6.7.1; Geld eintreiben, Paul. (71 ad ed.), D. 44.4.5.3; Urkunden schreiben, Paul. (3 quaest.), D. 45.1.126.2.

275 So jedenfalls die plausibelste Rekonstruktion des stark beschädigten Textes (hierzu bei Fn. 82).

276 Anders *Russu* (Fn. 53), S. 241 f., bei dem aber unklar bleibt, warum Secundus als Dritter, der nicht Partei des Vertrages ist, 267 Denare zahlen sollte; *Kerényi* (Fn. 146), S. 52 (Nr. 577) geht offenbar davon aus, dass Secundus selbst einer der *socii* ist. Wie hier (Leistung für Cassius Frontinus) z.B. *Arangio-Ruiz*, La Società (Fn. 170), S. 145 f., *Tudor* (Fn. 82), S. 95 und *Колосовская* (Fn. 127), S. 183.

277 Zur unsicheren Lesart des Namens unter I. 2. (Fn. 113), zum unklaren Geschlecht unter I. 3. (Fn. 146).

278 Ähnlich die Eindrücke von *Arangio-Ruiz*, La Società (Fn. 170), S. 146 („in una clausola aggiunta all'ultimo momento") und *Macqueron* (Fn. 125), S. 113 Fn. 6 („dans une sorte d'appendice ajouté au contrat").

279 Für einen Nachtrag oder Zusatz spricht neben dem *item* auch der Umstand, dass sich in anderen Urkunden – etwa in TPSulp 97 (Puteoli, 43), P.Mich. III 169 (Karanis, 145) und SB III 6223 (Alexandria, 198) – die Zeile mit dem Ort und Datum der Ausfertigung immer unmittelbar an die Zeile mit den Informationen zur Zahl der Ausfertigungen anschließt.

280 Mutiger *Kerényi* (Fn. 146), S. 269 sowie S. 288 und S. 295, der Lossa zur Gruppe der „dalmatischen Bergleute" zählt; hieran anschließend *Pólay*, Gesellschaftsvertrag (Fn. 209), S. 431 („Seinem Namen nach mag er [sc. Lossa] ein peregrinus gewesen sein. Seinem Beruf nach – laut Kerényis Ansicht – Bergarbeiter."); kritisch (kein Bergarbeiter, aber Peregrine) *Noeske*, Bonner Jahrbücher 177 (1977), 271, 329, 344; ähnlich (Peregrine oder *servus actor*) *Колосовская* (Fn. 127), S. 183. Vor dem Hintergrund der seinerzeit üblichen Löhne (hierzu bei Fn. 359–361) ist es sehr unwahrscheinlich, dass Lossa als Bergarbeiter 50 Denare verleihen konnte.

nehmung zwischen Cassius Frontinus und Iulius Alexander insgesamt zu erwarten ist.[281]

2. Was ist der wirtschaftliche Zweck der Unternehmung?

Aus der vertraglichen Vereinbarung zwischen Cassius Frontinus und Iulius Alexander geht nicht explizit hervor, welche Geschäfte im Rahmen ihrer *societas danistariae* verfolgt werden sollen bzw. – da die Gründung zurückliegt – bereits verfolgt worden sind. Es ist nicht einmal klar, ob es sich bei der *societas danistariae* um eine gemeinsame *wirtschaftliche* Unternehmung handelt,[282] der Zweck also auf Gewinnerzielung gerichtet ist.[283] Erst bei einer Gesamtwürdigung der vertraglichen Vereinbarung und ihrer Umstände lässt sich relativ plausibel folgern, dass Cassius Frontinus und Iulius Alexander die Unternehmung begründet haben, um Zinseinnahmen aus der Vergabe kurzlaufender Kleinkredite zu generieren.

a) Kreditgeschäfte als Gegenstand der Unternehmung

Der wichtigste Anhaltspunkt für den Gegenstand der gemeinsamen wirtschaftlichen Unternehmung, auf die sich Cassius Frontinus und Iulius Alexander verständigt haben, ist die Bezeichnung dieser Unternehmung als *societas danistariae* (Z. 2, 24/25). Damit ist die Frage nach dem Geschäftsgegenstand aber nicht direkt beantwortet, denn das Wort *danistariae*, mit dem die *societas* in der Urkunde konkretisiert wird, ist unter allen Quellen, die aus dem Altertum überlebt haben, allein an dieser einzigen Stelle belegt und zudem in vielerlei Hinsicht rätselhaft.[284]

Vergleichsweise einfach zu klären ist die *grammatikalische* Form von *danistariae*: Wäre das Wort ein Adjektiv, als Attribut zu *societas*, dann müsste die Vereini-

---

281 Hierzu unter III. 2. c).

282 Zu Ausdruck und Begriff der gemeinsamen wirtschaftlichen Unternehmung *Fleckner*, Kapitalvereinigungen (Fn. 28), S. 110–113, mit Präzisierungen bei *Fleckner*, ZRG RA 135 (2018), 685, 696 Fn. 54.

283 Dass ein Überschuss hälftig geteilt werden soll (Z. 17/18), sagt nichts über eine etwaige Gewinnerzielungsabsicht, denn auch eine gemeinsame Unternehmung, die auf karitative Zwecke gerichtet ist, steht vor der Frage, wie ein etwaiger Überschuss zu verteilen ist.

284 Zu pauschal daher insb. *Arangio-Ruiz*, La Società (Fn. 170), S. 145; ebenso problematisch z. B. *Pólay*, Gesellschaftsvertrag (Fn. 209), S. 433 oder *Şotropa* (Fn. 148), S. 221.

gung *societas danistaria* heißen (mit der Endung -*a*).[285] Der Zusatz *danistariae* (mit der Endung -*ae*) muss also als Genitiv Singular eines Substantivs *danistaria* und damit als Genitivattribut zur genaueren Bestimmung von *societas* verstanden werden.[286] Der *inhaltlichen* Bedeutung von *danistariae* bzw. der Grundform *danistaria* lässt sich am besten näher kommen, indem das Wort in seine zwei Bestandteile zerlegt wird: den Stamm *danist-* und das Suffix -*aria*. Letzteres, das Suffix, begegnet in substantivierten Feminina u.a. als Bezeichnung bestimmter Berufstätigkeiten.[287] Der Wortstamm *danist-* begegnet auch als ein eigenständiges Substantiv *danista*,[288] das auf den griechischen Ausdruck δανειστής (Gläubiger, insbesondere verzinslicher Darlehen) zurückgeht.[289] Als eigenständiges Substantiv kommt *danista* nur in zwei Quellen vor: in drei Komödien des Plautus (3./2. Jh. v. Chr.)[290] und in einer Inschrift aus der Nähe von Rom (1. Jh. v. Chr.).[291] Bei Plautus wird deutlich, dass man bei einem[292] *danista* ein Gelddarlehen gegen Zinsen (*argentum sumpsit ... faenore*) aufnehmen kann.[293] Plautus verwendet auch einmal *danisticum* als Adjektivattribut, analog zum griechischen δανειστικός (den Verleih von Geld auf Zinsen betref-

285 Widersprüchlich *Santucci* (Fn. 172), S. 9 („Così, per esempio, non mancano nelle fonti i richiami alle definizioni, formulate anche con un genitivo di relazione, di *societas argentaria* [sic], *danistaria* [sic], di *sagaria negotiatio* o simili espressioni.").

286 *Lommatzsch*, s.v. danīstārius, -a, -um, in: ThLL, Band V/1, 1909, Sp. 35 Z. 15 („subst. f. (sc. mensa)").

287 Allgemein *Leumann*, Lateinische Laut- und Formenlehre, 1977, S. 298 f. („Substantivierte Feminina auf -*āria*. ... Berufstätigkeit (sc. *ars*)"); konkret *Arangio-Ruiz*, La Società (Fn. 170), S. 145 („di *danistaria* (sott. *ars*) alla professione stessa"). Vor diesem Hintergrund nicht „plus exactement", sondern sehr fraglich ist die Erweiterung *societas rei danistariae* bei *Ciulei* (Fn. 125), S. 62; ähnlich *Meissel*, Societas (Fn. 85), S. 171, 173 und *Urbanik* (Fn. 124), S. 291.

288 *Lommatzsch*, s.v. danīsta, in: ThLL (Fn. 286), Sp. 35 Z. 9–14.

289 Der Ausdruck δανειστής kann kurioserweise auch das Gegenteil, also „Schuldner", bedeuten; allgemein *Liddell/Scott/Jones/McKenzie*, A Greek-English Lexicon, 1996, s.v. δανειστής, S. 369 (II.: „borrower") mit Korrektur ebd. im Revised Supplement von *Glare/Thompson*, s.v. δανειστής, S. 82; konkret für κοινωνὸς καὶ δανειστὴς in P.Oxy XXII 2342 (Oxyrhynchos, 102), Z. 4/5: *Jakab*, Tyche 16 (2001), 63, 64, die κοινωνὸς καὶ δανειστὴς – wie bereits die Erstausgabe auf S. 126: „my partner and debtor" – mit „mein Gesellschafter und Darlehens*schuldner*" (Hervorhebung hinzugefügt) übersetzt (näher begründet auf S. 66 Fn. 24 und S. 83 mit Fn. 128).

290 Plaut., Epid. (Uraufführung unklar), 53, 55, 252, 607, 621, 646 („danista"); 115, 142, 347 („danistae"). Plaut., Most. (Uraufführung unklar), 537, 626, 917 („danista"). Plaut., Pseud. (Uraufführung 191 v. Chr.), 287 („danistam"). In den vorgenannten Komödien „Epidicus" und „Mostellaria" tritt ein *Danista* sogar als eigenständiger Charakter auf. Verwendete Ausgabe: Plauti Comoediae, hrsg. von *Leo*, Band I, 1895; Band II (Fn. 45).

291 AE 1984, 161 (Velitrae, 1. Jh. v. Chr.).

292 *danista* ist ein Maskulinum der a-Deklination (auch: 1. Deklination).

293 Plaut., Epid. (Uraufführung unklar), 53 f., fast wortgleich wiederholt in 252; Plaut., Most. (Uraufführung unklar), 532, 917; Plaut., Pseud. (Uraufführung 191 v. Chr.), 286 f.

fend, zum Verleihen gewillt).[294] All das deutet darauf hin, dass Cassius Frontinus und Iulius Alexander im Rahmen ihrer *societas danistariae* Kredite vergeben wollten,[295] und passt auch dazu, dass alle übrigen Verträge, an denen Iulius Alexander auf den Wachstafeln beteiligt ist, Geld- und Kreditgeschäfte betreffen.[296]

Obwohl griechische Wörter in lateinischen Texten alles andere als ungewöhnlich sind, drängen sich doch spätestens an dieser Stelle einige Fragen auf: Wie ist zu erklären, dass Cassius Frontinus und Iulius Alexander – zwei römische Bürger (hierzu unter III. 1.) – ihre *societas* mit einer offenbar ungebräuchlichen, weil nirgendwo sonst belegten Ableitung aus dem Griechischen konkretisiert haben, statt einen lateinischen Ausdruck zu verwenden? Ist zwei römischen Bürgern, deren Vertrag ein Stipulationsversprechen in der römischen Bürgern vorbehaltenen Sonderform des *spondēre* enthält, kein lateinisches Wort eingefallen, um ihren Geschäftsgegenstand zu bezeichnen? Gab es keine griffigere Bezeichnung als die sperrige Kombination eines griechischen Lehnwortes mit einem lateinischen Suffix? Die einfachste, aber vermutlich zu einfache Antwort auf Fragen dieser Art ist, dass sich *Zangemeister* doch verlesen, also das Wort nach *societas* (Z. 2, 24) nicht richtig entziffert hat.[297] Gegen einen solchen Lesefehler spricht erstens, dass man *Zangemeister* kaum unterstellen kann, vom Ergebnis her gedacht zu haben, denn *danistariae* ist wie erwähnt nirgendwo sonst belegt. Zweitens ist der mittlere Teil des Wortes „dani[st]ariae“ (Z. 2) zwar nicht lesbar, aber *Zangemeister* glaubte, ein *s* in der Abschrift der vertraglichen Vereinbarung auf der Rückseite der zweiten Tafel (von der keine Nachzeichnung existiert) erkennen zu können (Z. 24/25: „dan[i]s[tariae]“). Drittens überzeugt die alternative Lesart *argentariae*, die sich mit der Zeichnung von *Zangemeister*, aber nicht mit dem *s* in der Abschrift auf der Rückseite der zweiten Tafel vereinbaren lässt, auch inhaltlich nicht.[298]

---

294 Plaut., Most. (Uraufführung unklar), 657 f.

295 Sachlich und zeitlich weit entfernt, aber terminologisch sehr nah ist der *societas danistariae* eine Stelle in den Gerichtsreden des Demosthenes (4. Jh. v.Chr.), in der es um die gemeinsame Vergabe eines Seedarlehens geht: Demosth., Or. LVI: Dionysod., 1 („Κοινωνός εἰμι τοῦ δανεἰσματος τούτου“); verwendete Ausgabe: Demosthenis Orationes, Band IV, 2009, S. 238. In einem griechischsprachigen Papyrus aus Ägypten bezeichnet ein Weingroßhändler seinen verstorbenen Geschäftspartner als κοινωνὸς καὶ δανειστὴς: P.Oxy XXII 2342 (Oxyrhynchos, 102), Z. 4/5 (zur mutmaßlichen Bedeutung in Fn. 289).

296 Allgemein zu den Geschäften des Iulius Alexander unter III. 1. (insb. bei Fn. 215–219) sowie sogleich unter b (bei Fn. 339–341).

297 Zu den verschiedenen Lesarten unter I. 2. (Fn. 60).

298 Das Bild, das die Quellen von den *argentarii* zeichnen (Nachweise in den Schriften, die in Fn. 170 aufgeführt sind), passt weder zur Person von Cassius Frontinus bzw. Iulius Alexander noch zu den Geschäften, die sie tätigen (hierzu das Fazit bei Fn. 366–371). Abweichend offenbar

Es muss daher davon ausgegangen werden, dass Cassius Frontinus und Iulius Alexander tatsächlich den Ausdruck *danistariae* verwendet haben, um ihre *societas* zu konkretisieren. Warum aber diese Kombination griechischer und lateinischer Elemente statt eines lateinischen Fachausdruckes – gerade unter zwei römischen Bürgern? Eine plausible Deutung ist, dass die Vermischung griechischer und lateinischer Einflüsse in der Bezeichnung *societas danistariae* letztlich nur ein Beispiel für einen viel größeren Vermischungsvorgang ist, der sich zu dieser Zeit in Dacia vollzog: Eine Wachstafel ist ganz auf Griechisch verfasst;[299] in einer anderen finden sich lateinische Wörter in griechischen Buchstaben;[300] von den Personennamen, die in den Urkunden erscheinen, klingen viele griechisch;[301] weitere Beispiele, auch für einzelne Ausdrücke und Wörter, ließen sich anfügen.[302]

Eine weitere plausible Deutung, die sich mit der ersten Deutung gut kombinieren lässt, ist, dass es auf Lateinisch schlicht keinen geeigneten Fachausdruck gab. Die beste lateinische Entsprechung zum griechischen Lehnwort *danista* ist *fenerator.*[303] Gaius verwendet *fenerare* synonym damit, ein Gelddarlehen zu vergeben [*sc. pecuniam*] *mutuam dare*).[304] Inschriftlich ist die Bezeichnung *fenerator* aber offenbar nur ein einziges Mal und dort zudem wenig aus-

Poggi (Fn. 210), S. 30 und S. 31; *Tudor* (Fn. 82), S. 95; *Pólay*, Gesellschaftsvertrag (Fn. 209), S. 421; *Meissel*, Societas (Fn. 85), S. 171 und S. 173 f., vorsichtiger S. 173 und S. 174. Im Ergebnis wie hier (keine *argentarii*) *Arangio-Ruiz*, La Società (Fn. 170), S. 145; *Macqueron* (Fn. 125), S. 113 Fn. 1; *Andreau*, La vie financière (Fn. 170), S. 105 mit Fn. 70 und S. 627; *Jakab*, ZRG RA 123 (2006), 417, 422; vorsichtig auch *Gröschler* (Fn. 170), S. 106 Fn. 125.

299 CIL III 933 (Alburnus Maior, Datum unklar).

300 CIL III 959 (kanabae legionis XIII geminae, 4. Oktober 160).

301 Hierzu wiederum das Personenverzeichnis in CIL III 960.

302 Allgemein *Mommsen*, CIL III (Fn. 6), S. 951 Fn. 3 sowie *Beu-Dachin*, Acta Musei Napocensis 52 (2015), 143–156 (zu *danistariae* 148) und *Beu-Dachin*, in: Ardevan/Beu-Dachin (Hrsg.), Mensa Rotunda Epigraphica Napocensis, 2016, S. 221–264 (zu *danistariae* 223).

303 Das ergibt sich am deutlichsten aus dem Wörterbuch „De verborum significatu" von Sextus Pompeius Festus (zweite Hälfte des 2. Jh.), das für diesen Teil nur durch einen Auszug von Paulus Diaconus (8. Jh.) überliefert ist: Paul. Fest. 68 („Danistae feneratores"); verwendete Ausgabe: Sexti Pompei Festi de verborum significatu quae supersunt cum Pauli epitome, hrsg. von *Lindsay*, 1913. Die von Festus gegebene Erläuterung von *danistae* (aus der zweiten Hälfte des 2. Jh.), an deren Authentizität kein Zweifel besteht, fällt genau in die Zeit der *societas danistariae* zwischen Cassius Frontinus und Iulius Alexander (166/167). Sehr zweifelhaft sind angesichts dieser zeitlichen Übereinstimmung die Erklärungen z. B. von *Bruns/Gradenwitz* (Fn. 51), S. 376 mit Fn. 1 („i. e. *negotium mensae argentariae*, a δανειστής") oder *Ciulei* (Fn. 125), S. 62 („le mot grec ‚danistes' a le même sens que le mot romain *argentarius*").

304 G. 3.156; zum Ausdruck *mutuum* G. 3.90. Anders der Sprachgebrauch z. B. bei Mod. (10 pand.), D. 12.1.33 und Paul. (2 sent.), D. 12.1.34.

sagekräftig belegt.[305] Auch in den Fragmenten juristischer Schriften, die in den Digesten überliefert sind, finden sich nur wenige Anhaltspunkte.[306] Da sich all diese *fenerator*-Belege nicht auf eine bestimmte soziale Gruppe beschränken, sondern auf die Vergabe verzinslicher Darlehen allgemein beziehen, liegt es nahe, *fenerator* nicht als Bezeichnung eines festen Berufsbildes zu verstehen („Banker"/„Bankier"),[307] sondern schlicht als Beschreibung einer bestimmten Funktion oder Parteirolle („Darlehensgeber"/„Geldgeber"/„Kreditgeber").[308] Eine Konkretisierung der *societas* zwischen Cassius Frontinus und Iulius Alexander als *societas feneratorum* oder *societas fenerationis*, zwei nirgends belegte Ausdrücke,[309] wäre also nicht präziser bzw. für den intendierten Adressatenkreis kaum verständlicher gewesen als *societas danistariae*. Vielleicht ist die Präferenz von *danistariae* gegenüber den lateinischen Ausdrücken auch ein Zeichen dafür, dass jedenfalls im Umfeld der Vertragsparteien die negative Konnotation (im Sinne von „Wucherer") bei *fenerator*[310] stärker ausgeprägt war als bei *danista*.[311]

b) Art der Beiträge und Kredite

Die Bezeichnung der gemeinsamen wirtschaftlichen Unternehmung als *societas danistariae* lässt vermuten, dass Cassius Frontinus und Iulius Alexander verzinsliche Kredite vergeben haben. Diese Deutung des Geschäftsgegenstandes entspricht heute der ganz überwiegenden, typischerweise nicht weiter begründeten

305 „Q(uintus) Gallus Feneratoris" in BCTH 1941/42, 326 (Seressi, Datum unklar), einer Grabinschrift aus der Provinz *Africa proconsularis*, aber der Genitiv „Feneratoris" lässt viel Raum für Spekulation (Beruf des Vaters? Name des Vaters? Kein Bezug zum Vater?).

306 Ulp. (4 op.), D. 4.2.23.2, Paul. (25 quaest.), D. 22.2.6 pr. und Ulp. (20 ad Sab.), D. 33.7.12.43.

307 So aber z. B. Arangio-*Ruiz*, La Società (Fn. 170), S. 145 und *Crook* (Fn. 124), S. 232 („Then there is the *daneista* or *faenerator*, the professional moneylender.").

308 Grundlegend *Bürge*, ZRG RA 104 (1987), 465, 487–509, insb. 496, 500, 503, 508 (anders noch *Bürge*, ZRG RA 97 (1980), 105–156); ebenso z. B. *Gröschler* (Fn. 170), S. 50 und *Földi*, Mélanges Wołodkiewicz, 2000, Band I, S. 207, 208.

309 Höchstens in Ciceros zweiter Rede gegen Verres (70 v. Chr.), Cic. Verr. 2.187 („societas ac faeneratio"); verwendete Ausgabe: In C. Verrem actionis secundae, hrsg. von *Klotz*, Band I, 1923, S. 227. Die Formulierung *societas ac faeneratio* lässt aber offen, ob die gemeinsame *faeneratio* tatsächlich als *societas* organisiert war.

310 Zum geringen Ansehen der *feneratores* z. B. *Bürge*, ZRG RA 97 (1980), 105, 114–122; in größerem Kontext *Fleckner*, Kapitalvereinigungen (Fn. 28), S. 520–560 (mit Fazit zum Kreditgeschäft auf S. 565 f.).

311 Dass der griechischstämmige Ausdruck *danista* unter zwei römischen Bürgern positiver konnotiert war als der lateinische Ausdruck *fenerator*, ist angesichts der griechischen Prägung der Region durchaus möglich.

Meinung im Schrifttum – wobei teils allein von Gelddarlehen die Rede ist,[312] teils weiter von Kreditgeschäften,[313] teils sogar allgemein von Bankgeschäften.[314] Eine abweichende Auffassung geht dagegen von verschleierten Getreideverkäufen als Geschäftsgegenstand der *societas danistariae* aus.[315]

Hintergrund der abweichenden Auffassung und Quelle einiger weiterer Unsicherheiten, die sich mit Blick auf die Geschäfte der *societas danistariae* ergeben, ist der Umstand, dass Iulius Alexander seinen Beitrag in Höhe von 500 Denaren „numeratos sive in fructo" (Z. 8/9) erbracht hat. Mit „numeratos" ist wahrscheinlich Bargeld gemeint (wie in G. 2.196 oder G. 3.90), aber „in fructo" lässt sich weder nach der allgemeinen Wortbedeutung noch nach dem Kontext der Urkunde eindeutig bestimmen. Aus dem wörtlichen Verständnis, also „in fructo" als „in Frucht", leitet die abweichende Auffassung ab, dass Iulius Alexander in die *societas danistariae* auch oder sogar ausschließlich Getreide eingebracht habe und es daher in Wahrheit um verschleierte Getreideverkäufe gehe. Vorbild hierfür ist ein Phänomen aus dem griechischen Rechtskreis: Der Käufer zahlt den Kaufpreis nicht sofort bei Erhalt der Ware, sondern stattdessen wird in Höhe des Kaufpreises eine Urkunde über ein Darlehen ausgestellt.[316] Damit wird im Ergebnis eine Stundung des Kaufpreises erreicht, die nach griechischem Kaufrecht ausschied, weil der Kaufvertrag als Realvertrag verstanden wurde.[317] Für das römische Recht, wie es Gaius als beste Referenzquelle für die

---

312 *Arangio-Ruiz*, FIRA^2 III (Fn. 52), S. 481; *Arangio-Ruiz*, La Società (Fn. 170), S. 145; *Pólay*, Gesellschaftsvertrag (Fn. 209), S. 418, 433; *Crook* (Fn. 124), S. 213, 231; *Andreau*, La vie financière (Fn. 170), S. 627; *Hernando Lera* (Fn. 210), S. 43; *Andreau*, Banking (Fn. 213), S. XV = *Andreau*, La banque (Fn. 213), S. 289; *Nelson/Manthe* (Fn. 213), S. 306; *Urbanik* (Fn. 124), S. 291 Fn. 35; *Eckhardt* (Fn. 148), S. 424.

313 *Колосовская* (Fn. 127), S. 182; *Macqueron* (Fn. 125), S. 113, enger S. 111; *Ciulei* (Fn. 125), S. 62, 63, 65; *Şotropa* (Fn. 148), S. 221; *Meissel*, Plura negotia (Fn. 211), S. 19; *Jakab*, ZRG RA 123 (2006), 71, 81 f.; *Fleckner*, Kapitalvereinigungen (Fn. 28), S. 135.

314 *Karlowa* (Fn. 1), S. 797; *Weber* (Fn. 37), S. 32 Fn. 32; *del Chiaro* (Fn. 210), S. 214 Fn. 2; *Wenger* (Fn. 1), S. 790; *Tudor* (Fn. 82), S. 95, 268 und 269; *Russu* (Fn. 53), S. 239, 241.

315 Am deutlichsten *Wolff* in einem Brief, der auszugsweise wiedergegeben ist bei *Ciulei* (Fn. 125), S. 66 f. Fn. 12, anknüpfend an *Wolff*, Das Recht der griechischen Papyri Ägyptens in der Zeit der Ptolemaeer und des Prinzipats, Band II, 1978, S. 85; zustimmend offenbar (aber missverständlich, denn dass Cassius Frontinus etwas von Iulius Alexander kauft, dürfte keinesfalls gemeint sein) *Bürge*, ZRG RA 105 (1988), 856, 857 Fn. 4 und – etwas zurückhaltender – *Bürge*, ZRG RA 104 (1987), 465, 493 Fn. 141; kritisch *Jakab*, ZRG RA 123 (2006), 417, 422; Darlehensgewährung und Weizenverkäufe kombinierend *Meissel*, Societas (Fn. 85), S. 173 f.

316 Hierzu nunmehr insb. *Scheibelreiter*, in: Jakab (Hrsg.), Sale and Community, 2015, S. 181–212; zuvor z.B. *Pringsheim*, FS de Francisci, 1956, Band IV, S. 209–236 (insb. S. 218 f.).

317 Allgemein *Pringsheim*, The Greek Law of Sale, 1950; außerdem z.B. *MacDowell*, The Law in Classical Athens, 1978, S. 138–140.

Rechtslage in der Provinz Dacia schildert, bedurfte es einer solchen Umgehung aber nicht, denn der Kaufvertrag (*emptio venditio*) war kein Realvertrag, sondern kam durch bloßen Konsens zustande.[318] Außerdem bot die *stipulatio* eine flexible Alternative.[319] Schließlich wäre ein Darlehen (*mutuum*), das als Realvertrag die tatsächliche Übergabe von Geld oder anderen vertretbaren Sachen voraussetzt,[320] für eine Stundung des Kaufpreises gänzlich ungeeignet gewesen.[321] Kreditfinanzierte Getreideverkäufe sind daher als Geschäftsgegenstand der *societas danistariae* wenig plausibel.

Es bleibt die Frage, was mit „in fructo" gemeint sein könnte und ob das, was Iulius Alexander „in fructo" in die gemeinsame Unternehmung eingebracht hat, auch gemeinsam „in fructo" als Kredit vergeben wurde. Aufschluss hierüber könnte der zu vermutende Empfängerkreis der Kredite geben. Die Urkunde über die *societas danistariae* wurde in Deusara (Z. 22) ausgestellt, einem kleinen Ort in dem Bergbaugebiet rund um Alburnus Maior.[322] Der Zeitraum, für den die *societas danistariae* eingegangen wurde (23. Dezember[323] 166 bis 12. April 167), liegt durchweg außerhalb der Monate, für die sich ein gewisser Memmius Asclepi drei Jahre früher zu Arbeiten im örtlichen Goldbergwerk verdingt hat (nämlich vom 20. Mai 164 bis zum 13. November 164).[324] Eine weit verbreitete Deutung ist daher, dass Cassius Frontinus und Iulius Alexander mit ihrer gemeinsamen Unternehmung vor allem darauf abzielten, den Bergarbeitern kurzlaufende Kleinkredite für die arbeits- und damit auch einnahmefreie Winterzeit zu gewähren.[325] Als Gegenstände dieser Kredite kämen neben Geld auch Getreide sowie sonstige Lebensmittel und Verbrauchsgüter, etwa Bau- und Heizstoffe, in Be-

---

318 Im Überblick G. 3.135; zu den Einzelheiten G. 3.139–141.

319 *Thür*, FS Knütel, 2009, S. 1269, 1279; *Scheibelreiter* (Fn. 316), S. 182.

320 G. 3.90.

321 Ebenso allgemein *Scheibelreiter* (Fn. 316), S. 182.

322 *Tomaschek*, s.v. Alburnus maior, in: Paulys RE, Band I/1, 1893, Sp. 1338 und *Patsch*, s.v. Deusara, ebd., Band V/9, 1903, Sp. 281.

323 Der 23. Dezember könnte kein Zufall, sondern das Ende der Saturnalia (auch Larentalia oder Sigillaria genannt) gewesen sein; hierzu in den Saturnalia von Macrobius (um 400), Macr. Sat., 1.10.2/11/24.

324 CIL III 948 X. (Immenosus Maior, 20. Mai 164). Möglicherweise wurde der Vertrag bereits am 19. Mai 164 geschlossen (hierzu in Fn. 359). Der andere Vertrag über Arbeiten im Goldbergwerk endet zwar auch am 13. November, das Anfangsdatum ist allerdings nicht überliefert: CIL III 949 XI. (Ort und Datum unklar); dieser Vertrag könnte daher ebenso wie CIL III 948 IX. (Alburnus Maior (?), 23. Oktober 163 (?)) für ein Jahr geschlossen worden sein.

325 *Pólay*, Gesellschaftsvertrag (Fn. 209), S. 429, 432, 438 und *Pólay*, Viaszostáblák (Fn. 128), S. 345; ebenso *Ciulei* (Fn. 125), S. 63, 64, 65, *Meissel*, Plura negotia (Fn. 211), S. 19 und *Jakab*, ZRG RA 123 (2006), 417, 422.

tracht.[326] Mit den Beiträgen, die Iulius Alexander „in fructo" erbringt, könnten dann solche Naturalien, insbesondere wiederum Getreide, gemeint sein.

Diese – wie gesehen sehr verbreitete – Interpretation des Geschäftsgegenstandes der *societas danistariae* ist bei näherem Hinsehen aber einigen gewichtigen Einwänden ausgesetzt. Die Zweifel beginnen bereits bei der Quellengrundlage. Die gesamte Vorstellung von Krediten an örtliche Bergarbeiter für den Winter beruht nämlich auf der möglicherweise zufälligen Laufzeit eines einzigen Arbeitsvertrages. Der einzige andere Arbeitsvertrag, für den Anfangs- und Enddatum erhalten sind, läuft dagegen ein ganzes Jahr.[327] Dieser zweite Vertrag konkretisiert zwar nicht, was Gegenstand der Tätigkeit ist, aber er belegt, dass es in Alburnus Maior auch während der Winterzeit gewisse Verdienstmöglichkeiten gab.[328] Noch gewichtiger ist ein zweites Bedenken: Das für die Auflösung der *societas danistariae* vereinbarte Datum (12. April) liegt mehr als einen Monat vor dem Zeitpunkt, zu dem nach dem früheren Vertrag die Arbeiten im Goldbergwerk beginnen sollten (20. Mai). Wie soll ein Bergarbeiter einen Kredit, den er zur Überbrückung der Winterzeit aufgenommen hat, mit Zinsen zurückzahlen, ehe die Arbeiten wieder begonnen haben? Das gilt besonders unter Berücksichtigung des Umstandes, dass im Zusammenhang mit Iulius Alexander kein Geldgeschäft belegt ist, das eine Summe von 50 Denaren unterschreitet. Einen solchen Kredit konnte sich ein Bergarbeiter, der für die gesamte Vertragslaufzeit zwischen 70 und 105 Denaren verdiente,[329] kaum leisten. Die Kredite, die Cassius Frontinus und Iulius Alexander im Rahmen der *societas danistariae* vergaben, dürften daher nicht für die örtlichen Bergarbeiter bestimmt gewesen sein, sondern für andere wohlhabendere Bewohner von Alburnus Maior – also Personen, die Cassius Frontinus und Iulius Alexander auf Augenhöhe begegneten und vorübergehende finanzielle Engpässe, gerade auch an Bargeld, mit Kleinkrediten überbrückten (so wie es auch für Iulius Alexander selbst als Kreditnehmer belegt ist). Im Winter könnten als Empfänger der Kredite insbesondere die Grubenpächter infrage gekommen sein.[330]

---

326 Gaius nennt in G. 3.90 als Beispiele dafür, was Gegenstand eines Darlehens (*mutuum*) sein kann, Bargeld (*pecunia numerata*), Wein (*vinum*), Öl (*oleum*), Getreide (*frumentum*), Kupfer (*aes*), Silber (*argentum*) und Gold (*aurum*).

327 CIL III 948 IX. (Alburnus Maior (?), 23. Oktober 163 (?)).

328 Anhand der überlieferten Quellen ist nicht einmal sicher, ob der Bergbau im Winter überhaupt ruhte.

329 Zur Höhe der Löhne bei Fn. 359–361.

330 Wie genau der Bergbau in Dacia finanziert und organisiert wurde (insbesondere ob Ausbeutungsrechte verpachtet wurden und ob sie ggf. an Klein- oder Großpächter gingen), ist aufgrund der überlieferten Quellen nicht sicher zu entscheiden. In zwei Weihinschriften aus Dacia, CIL III 1260 (Alburnus Maior, Datum unklar) und CIL III 1307 (Ampelum, 165/166), ist jeweils der Aus-

Wenn Cassius Frontinus und Iulius Alexander ihre Kredite primär an Personen auf Augenhöhe vergeben haben, dürfte anders als für Kredite an Bergarbeiter auszuschließen sein, dass Gegenstand der Kredite etwas anderes als Bargeld gewesen ist. Das schließt nicht zwingend aus, dass die Beiträge, die Iulius Alexander „in fructo" erbracht hat, nicht aus Bargeld bestanden. Es müssten dann aber verkehrsfähige Gegenstände gewesen sein, sie sich mit geringem Aufwand „versilbern" ließen (im wahrsten Sinne des Wortes). Ein vor allem der Wortbedeutung nach naheliegender Gegenstand einer solchen Leistung „in fructo", der bereits von verschiedenen Beobachtern auf Grundlage sehr unterschiedlicher Einschätzungen vorgeschlagen wurde, ist wiederum Getreide.[331] Als zusätzliche Erwägung ließe sich nach den Ergebnissen dieses Beitrages anführen, dass die Deutung von „in fructo" als Leistung „in Getreide" gut zu dem Amt des actarius passen würde, das Iulius Alexander offenbar bekleidete.[332] Neben Getreide kommen im Bergbaugebiet um Alburnus Maior außerdem insbesondere Edelmetalle als Leistung „in fructo" in Betracht, sodass „numeratos sive in fructo" auch als „abgezählt oder abgewogen" oder als „in Münzgeld oder in Rohmetallen" verstanden werden könnte.[333] Für beide Deutungen – Getreide oder Metalle – bleibt aber als Einwand und Frage, warum sich Cassius Frontinus darauf hätte einlassen sollen

---

druck *legulus* belegt („M(arcus) Aurelius Maximus [l]egulus" bzw. „lib(erti) et familia et leguli aurariar(um)"). Unklar ist, auf welcher Seite der aus Dacia überlieferten Arbeitsverträge (Fn. 359–361) diese *leguli* stehen, ob es sich bei ihnen also um die Grubenpächter handelt (die vermutlich als Darlehensnehmer infrage gekommen wären) oder aber um freie Arbeiter, die von den Grubenpächtern angestellt wurden (und angesichts ihres geringen, bei Fn. 359–361 dokumentierten Lohneinkommens wohl als Darlehensnehmer ebenso ausscheiden wie als Spender einer Weihinschrift). Für Grubenpächter halten die *leguli* insb. *Ростовцевъ*, Исторія государственнаго откупа, 1899, S. 125 = *Rostowzew*, Geschichte der Staatspacht, in: Philologus, Supplementband IX, 1902, S. 449 f.; *Hirschfeld*, Untersuchungen auf dem Gebiete der römischen Verwaltungsgeschichte, Band I, 2. Aufl. 1905, S. 155; *Tudor* (Fn. 82), S. 95, 96, 224, 259 Nr. 86; *Mrozek*, ANRW II.6 (1977), 95, 108; *Noeske*, Bonner Jahrbücher 177 (1977), 271, 349 Fn. 333. Als von Grubenpächtern angestellte, freie Bergarbeiter verstehen die *leguli* dagegen *Ştefan*, in: Analele Universităţii C.I.Parhon 9 (1960), S. 19–29 und daran anschließend *Ciulei*, RIDA 38 (1991), 121, 125 f.

331 *Pólay*, Gesellschaftsvertrag (Fn. 209), S. 433; *Pólay*, Viaszostáblák (Fn. 128), S. 220 und S. 283; *Bürge*, ZRG RA 104 (1987), 465, 493; mit diesem Verständnis von „in fructo" sympathisierend *Weber* (Fn. 37), S. 33 Fn. 32 und *Meissel*, Societas (Fn. 85), S. 173 f.

332 Ob Iulius Alexanders Tätigkeit als *actarius* mit der Laufzeit der *societas danistariae* (166/167) zusammenfällt, ist allerdings unbekannt; auch ist die Identität beider Personen namens Iulius Alexander nicht völlig gewiss (hierzu unter III. 1.).

333 Zurückblickend G. 1.122 („qui dabat olim pecuniam, non numerabat eam, sed appendebat"). Für dieses Verständnis von *fructus* z. B. Livius (59 [?] v. Chr. – 17 n. Chr.) in seiner Geschichte der Stadt Rom seit ihrer Gründung (geschrieben um Chr. Geb.), Liv. 45.40.2 („ex fructu metallorum"); verwendete Ausgabe: Titi Livi ab urbe condita, Libri XLI–XLV, hrsg. von *Briscoe*, 1986.

(gerade angesichts einer Laufzeit der *societas danistariae* von weniger als vier Monaten), erst die „in fructo“ eingebrachten Naturalien zu verkaufen,[334] ehe sich die daraus erzielten Erträge als gemeinsame Geldkredite ausreichen ließen.

Plausibler ist es daher, unter „in fructo“ Beiträge oder Leistungen zu verstehen, die keiner „Versilberung“ bedürfen, sondern einer Geldeinlage gleichkommen. Im intendierten Geschäftsfeld der *societas danistariae* kommen hierfür allein verzinsliche Kredite in Betracht, die bereits valutiert wurden, deren Gegenstand die Kreditnehmer also bereits erhalten haben.[335] Der Beitrag in Höhe von 500 Denaren, den Iulius Alexander zu der gemeinsamen Unternehmung mit Cassius Frontinus geleistet hat, bestand bei diesem Verständnis von „in fructo“ aus zwei Komponenten: der Leistung von Bargeld („numeratos“) und der Einbringung bereits ausgereichter Kredite („in fructo“). Diese „Alt-Kredite“ wurden nicht förmlich an Cassius Frontinus oder gar die *societas danistariae* übertragen (beides rechtlich nicht möglich), aber fortan von den beiden *socii* so behandelt, als seien sie im Rahmen der *societas danistariae* – also gemeinsam von Cassius Frontinus und Iulius Alexander – vergeben worden. Für Iulius Alexander war dies vorteilhaft, weil er sich entsprechend der allgemeinen Annahmen zur Arbeitsverteilung in der *societas danistariae* nicht mehr um das Eintreiben der Kredite kümmern musste, für Cassius Frontinus, weil diese Kredite und ihre Erträge in die gemeinsame Abrechnung der *societas danistariae* einflossen.

Wenn Cassius Frontinus und Iulius Alexander mit ihrer so verstandenen *societas danistariae* darauf abzielten, kurzlaufende Kleinkredite zu vergeben, welche Chancen und Risiken ergaben sich dann für sie aus ihrer gemeinsamen wirtschaftlichen Unternehmung? Das wesentliche Risiko dürfte wie bei den meisten Kreditgeschäften darin bestanden haben, dass die ausgereichten Darlehen nicht zurückgezahlt werden. Ob sich Cassius Frontinus und Iulius Alexander gegen dieses Risiko besonders geschützt haben, indem sie ihre Kredite nur gegen Sicherheiten vergaben,[336] ist dem Vertrag über die *societas danistariae* nicht zu

---

334 So aber *Pólay*, Gesellschaftsvertrag (Fn. 209), S. 434.

335 Ansätze in diese Richtung, aber mit vielen Abweichungen und Unklarheiten im Detail bei *Arangio-Ruiz*, FIRA^2 III (Fn. 52), S. 482 Fn. 1; *Arangio-Ruiz*, La Società (Fn. 170), S. 145; *Tudor* (Fn. 82), S. 269; *Crook* (Fn. 124), S. 231; *Колосовская* (Fn. 127), S. 182 Fn. 295; *Russu* (Fn. 53), S. 241; *Macqueron* (Fn. 125), S. 113 Fn. 2 und S. 114; *Ciulei* (Fn. 125), S. 61 f. und S. 62 f.; *Lewis/Reinhold* (Fn. 124), S. 130; *Urbanik* (Fn. 124), S. 291 Fn. 35. Krit. *Pólay*, Gesellschaftsvertrag (Fn. 209), S. 433 und *Meissel*, Societas (Fn. 85), S. 173.

336 Anders als Personalsicherheiten – neben den Siegeln erwähnt in CIL III 928 (Alburnus Maior, 17. September 159 (?)) („Iuli Macedonis | fideiussoris“), CIL III 940 (kanabae legionis XIII geminae, 16. Mai 142) („M. Vibi Longi | fideiussor(is)“) und CIL III 959 (kanabae legionis XIII geminae, 4. Oktober 160) („ΑΛΕΞΑΝΔΡΕΙ | ΑΝΤΙΠΑΤΡΙ | ΣΕΚΟΔΟ ΑΥΚ | ΤΩΡ ΣΕΓΝΑΙ“) mit Erläuterung in Fn. 12 – sind Sachsicherheiten auf keiner einzigen Wachstafel aus Siebenbürgen anzutreffen.

entnehmen und auch mit anderen Quellen nicht verlässlich zu entscheiden.[337] Da bereits der Ausfall eines einzigen Darlehens, das in einer für die dakischen Wachstafeln typischen Höhe vergeben wurde, den gesamten Gewinn, der aus der *societas danistariae* zu erwarten war (hierzu unter c), vernichtet hätte, erscheint die Entgegennahme von Sicherheiten sehr wahrscheinlich. Damit könnten Mitglieder der *familia* des Cassius Frontinus, insbesondere Cassius Palumbus und sein Sklave Secundus, betraut gewesen sein. Vielleicht waren solche Sicherheiten aber auch unnötig, da die Nichtrückzahlung von Darlehen gravierendere finanzielle, persönliche und soziale Konsequenzen gehabt hätte als heute.[338]

Als Chance der Kreditgeschäfte im Rahmen der *societas danistariae* ergab sich die Aussicht auf Zinseinnahmen. In einer Urkunde über ein Darlehen, bei dem Iulius Alexander auf der Seite des Darlehens*nehmers* steht, wird mit Blick auf die Verzinsung vereinbart: *ex ea die sing(ulas) centesimas* („ab diesem Tag ein Prozent").[339] Gemeint ist damit vermutlich ein Prozent *pro Monat*.[340] Analog heißt es in einer anderen Urkunde, in der Iulius Alexander als Darlehens*geber* auftritt: *ex hac die in dies XXX (singulas centesimas)* („ab diesem Tag ein Prozent für dreißig Tage").[341] In einer griechischsprachigen Urkunde, mit der Iulius Alexander offenbar in keinem Zusammenhang steht, ist schließlich einfach von

---

Nach den Mitteilungen in CIL III 951 Fn. 3 ging *Zangemeister* trotzdem von Pfandsicherheiten aus („mutuis pecuniis dandis et pignoribus accipiendis"). Ähnlich *Pólay*, Gesellschaftsvertrag (Fn. 209), S. 420 („wahrscheinlich, dass der Wucherer auch ein Pfand verlangte"), 432 („Pfandhaus"), 438 („Pfandhaus"), allerdings basierend auf der irrtümlichen Annahme eines Zinssatzes von einen Prozent *pro Tag* (hierzu sogleich im Haupttext), außerdem *Pólay*, Viaszostáblák (Fn. 128), S. 218 („zálogházat"), 283 („zálogkölcsönöket"), 345 („Pfandleihegesellschaft"/„Leihamt[]"/„Versatzamt") und *Pólay*, ANRW II.14 (1982), 509, 521 („Pfandhausinhaber") sowie *Jakab*, ZRG RA 123 (2006), 71, 81 f. („Kreditgewährung gegen Pfand").

337 Ebenso *Ciulei* (Fn. 125), S. 62.

338 Zu den (Selbsthilfe-)Möglichkeiten, Darlehns- und sonstige Geldforderungen einzutreiben, z. B. *Bürge*, ZRG RA 97 (1980), 105, 107–114, 144–154; in größerem Kontext *Fleckner*, Kapitalvereinigungen (Fn. 28), S. 296–298.

339 CIL III 930 (Deusara, 20. Juni 162), Z. 2.

340 *Mommsen*, CIL III (Fn. 6), S. 931 Fn. 2. Abweichend *Pólay*, Gesellschaftsvertrag (Fn. 209), S. 420 („Dass die kleinen Beträge gegen hohe Wucherzinsen geborgt wurden, zeigen die oben erwähnten Tafeln, (CIL III. 930. 934), laut denen für das Darlehen täglich 1 % Zinsen zu zahlen waren, also jährlich 365 %.") und S. 429 („ebenfalls gegen 1 % tägliche Zinsen 140 Denare"), dann aber *Pólay*, Viaszostáblák (Fn. 128), S. 344 („Die Höhe des Zinsfusses ... war den allgemeinen Normen des Reichsrechts entsprechend im Falle der drei Darlehnsverträge mit 12 % festgestellt.") und nahezu wortgleich *Pólay*, ANRW II.14 (1982), 509, 522.

341 CIL III 935 (Alburnus Maior, 20. Oktober 162), Z. 4. Abweichendes Verständnis der Klausel bei *Pólay*, Gesellschaftsvertrag (Fn. 209), S. 429 („wonach dieser den ihm gegebenen Darlehensbetrag von 60 Denaren binnen 30 Tagen mit 1 % Zinsen pro Tag zurückzahlen wird").

τούτων ἑκατοστὴν die Rede – also dem Hundertstel der dort genannten Geldsumme.[342] Dass ein Prozent pro Monat und damit, da es offenbar keine Zinseszinsen (*usurae usurarum*) gibt,[343] zwölf Prozent pro Jahr der übliche Zinssatz in den Wachstafeln ist, überrascht nicht, sondern ist im Gegenteil sehr plausibel, da dies der allgemein etablierte Höchstzinssatz war.[344]

c) Umfang und Wert der Kredite

In welcher Größenordnung bewegten sich die Kredite, für die sich Cassius Frontinus und Iulius Alexander in der *societas danistariae* zusammengeschlossen haben? Iulius Alexander hat in die gemeinsame Unternehmung 500 Denare „bar oder *in fructo*" eingebracht (Z. 8/9); Cassius Frontinus hat 267 Denare beigesteuert (Z. 10/11). Da Gewinn und Verlust hälftig geteilt werden sollen (Z. 5–7), ist davon auszugehen, dass Cassius Frontinus neben den 267 Denaren eine weitere Leistung erbracht hat. Das könnten zusätzliche Geld- oder Sachbeträge gewesen sein, die in den zerstörten Passagen aufgelistet wurden (Z. 11/12).[345] Wahrscheinlicher ist aber nach den noch erkennbaren Buchstaben und den früheren Überlegungen dieses Beitrages, dass die zusätzliche Leistung des Cassius Frontinus darin bestand, mit seiner *familia* die Ausgabe, Rückzahlung und Abrechnung der gemeinsamen Kredite zu organisieren.[346]

Aus ihren eigenen Beitragsleistungen standen Cassius Frontinus und Iulius Alexander dem Werte nach also vermutlich 767 Denare für Kreditgeschäfte zur Verfügung.[347] Ob sie diesen Betrag noch vergrößert haben, indem sie Anlagegelder von Dritten entgegengenommen und diese Gelder wieder als Darlehen aus-

342 CIL III 933 (Alburnus Maior, Datum unklar), Z. 2. In der Urkunde ist von der Rückzahlung von 23 Denaren und deren Zinsen sowie von einer Vertragsstrafe in Höhe von 25 Denaren die Rede. Aufgrund der Lücken im Text ist ungewiss, um welche Art von Geschäft es sich handelt; hierzu *Macqueron*, Aegyptus 49 (1969), 121–128, der von ausstehenden Lohnzahlungen an einen Minenarbeiter ausgeht.

343 Ulp. (26. ad ed.), D. 12.6.26.1; Marc. (14 inst.), D. 22.1.29; Mod. (1 resp.), D. 42.1.27; Iust. (529), C. 4.32.28 pr.

344 Überblick bei *Kaser*, Das römische Privatrecht, Band I, 2. Aufl. 1971, S. 497, und Band II, 2. Aufl. 1975, S. 341. Außerdem z.B. *Gizewski*, s.v. Centesima, in: DNP, Band II, 1997, Sp. 1060 f. und *Andreau*, s.v. Zins, in: ebd., Band XII/2, 2003, Sp. 814.

345 So die Vermutung von *Macqueron* (Fn. 125), S. 111.

346 In diese Richtung, aber sehr zurückhaltend *Pólay*, Viaszostáblák (Fn. 128), S. 222.

347 Abweichend, aber ohne Begründung *Ciulei* (Fn. 125), S. 68 Fn. 27 („La somme mise en commun était de 1000 denarii.").

gereicht haben,[348] ist eine praktisch wie rechtlich hochinteressante, aber aus den überlieferten Quellen nicht sicher zu beantwortende Frage.[349] Die Indizien sprechen eher dagegen.[350] Auch 767 Denare dürften aber ausgereicht haben, um daraus mehr als nur einige wenige Kleinkredite zu vergeben. Denn die vier Geldgeschäfte, die auf den Wachstafeln aus Siebenbürgen dokumentiert sind,[351] belaufen sich lediglich auf 50 Denare (zweimal),[352] 60 Denare[353] und 140 Denare.[354] Das arithmetische Mittel dieser vier Beträge, 75 Denare, hätten Cassius Frontinus und Iulius Alexander aus den 767 Denaren gut zehnmal als Kredit vergeben können, den Median von 55,5 Denaren fast vierzehnmal, den Modus und gleichzeitig Minimalbetrag von 50 Denaren gut fünfzehnmal.[355]

Um ein Gefühl für den Wert dieser Denarbeträge zu bekommen, sei ein Blick auf die übrigen Geldbeträge geworfen, die auf den Wachstafeln aus Siebenbürgen überliefert sind. In drei Urkunden werden Sklavenpreise genannt: Ein Mädchen namens Passia wird für 205 Denare verkauft,[356] eine Frau namens Theodote für 420 Denare,[357] ein Junge namens Apalaustus für 600 Denare.[358] Ebenfalls dreimal

---

348 Auf diese Weise hätten Cassius Frontinus und Iulius Alexander theoretisch unbegrenzt Kredite vergeben können. Es handelt sich hierbei um eine Form der sekundären Geldschöpfung, die der Sache nach auch damals möglich war, ohne dass die konzeptionellen Grundlagen bereits präsent gewesen sein müssen. Allerdings ist der rechtliche Rahmen wenig günstig; allgemein sehr skeptisch daher *Bürge*, ZRG RA 104 (1987), 465, insb. 536–555.

349 Verneinend *Andreau*, La vie financière (Fn. 170), S. 627.

350 Dass Lossa 50 Denare geschuldet werden (Z. 21), ist der einzige mögliche Beleg für eine Einlage, aber gleichzeitig sehr problematisch, denn nach der Urkunde wird *allein* Lossa etwas geschuldet (und der Grund könnte auch ein ganz anderer als die Entgegennahme von Anlagegeldern sein).

351 Aus den in CIL III 933 (Alburnus Maior, Datum unklar) genannten Summen (23 und 25 Denare) lässt sich wegen der schweren Beschädigung der Urkunde wenig ableiten (hierzu Fn. 342).

352 In CIL III 949 XII. (Alburnus Maior, 29. Mai 167) gewährt Iulius Alexander einem Lupus Carentis 50 Denare („commendatos"). 50 Denare beträgt außerdem die Summe, die Lossa von Cassius Frontinus und Iulius Alexander geschuldet wird (Z. 21); ob es sich hierbei um ein Geldgeschäft handelt, ist unklar.

353 In CIL III 934 (Alburnus Maior, 20. Oktober 162) leiht Iulius Alexander einem Alexander Caricci 60 Denare gegen Zinsen („mutuos numeratos").

354 In CIL III 930 (Deusara, 20. Juni 162) erhält Iulius Alexander von Anduenna Batonis 140 Denare gegen Zinsen („sortis et eorum usuras").

355 Dafür, dass der Zweck der *societas danistariae* in der arbeitsintensiven Vergabe zahlreicher Kleinkredite und nicht in der kapitalintensiven Vergabe weniger Großkredite lag, sprechen sowohl die ungleichen Beitragsleistungen als auch die Höhe der anderen auf den Wachstafeln dokumentierten Geldgeschäfte; beide Aspekte bleiben unberücksichtigt in der gegenteiligen Deutung von *Колосовская* (Fn. 127), S. 183.

356 CIL III 936 (Kartum, 17. März 139).

357 CIL III 959 (kanabae legionis XIII geminae, 4. Oktober 160).

358 CIL III 940 (kanabae legionis XIII geminae, 16. Mai 142).

belegt ist, was sich mit persönlicher Tätigkeit verdienen ließ: Memmius Asclepi erhält für seine Arbeit im Goldbergwerk („operas s[ua]s opere aurario"), die vom 20. Mai 164 bis zum 13. November 164 währen soll, 70 Denare.[359] Restitutus Senioris wird für – zeitlich nicht näher bestimmte – Arbeiten im Goldbergwerk („oper[as s]uas opere auri..."), mit 105 Denaren vergütet.[360] Schließlich verdient L. Ulpius Valerius mit einer Tätigkeit, die nicht weiter konkretisiert ist („[op]eras suas"), einen Jahreslohn in Höhe von 70 oder 90 Denaren.[361] Aus den Wachstafeln lässt sich außerdem erfahren, dass eine (Doppel-?)Haushälfte für 300 Denare verkauft wurde.[362] Fünf Lämmer kosteten 18 Denare und ein Ferkel 5 Denare.[363] Mit den 767 Denaren, die Cassius Frontinus und Iulius Alexander in die gemeinsame Unternehmung eingebracht haben, hätte man also 153 Ferkel oder 213 Lämmer kaufen können. Die Summe hätte auch gereicht, um knapp elf Bergarbeitern den Lohn für eine ganze Vertragslaufzeit zu zahlen, oder eben – wie bereits dargelegt – eine zweistellige Anzahl von Krediten in der typischen Höhe zu vergeben.

Vor dem Hintergrund dieser Zahlen ist die primär auf die Sklavenpreise gestützte Behauptung, dass die von Cassius Frontinus und Iulius Alexander begründete Unternehmung über nur sehr bescheidene Mittel verfügt habe,[364] wenig überzeugend.[365] Im Gegenteil ist die Summe von 767 Denaren der höchste Betrag, der auf den Wachstafeln aus Siebenbürgen überhaupt dokumentiert ist. Richtig ist aber (was offenbar noch nicht bemerkt wurde), dass Cassius Frontinus und Iulius Alexander insgesamt, also absolut, mit keinem großen Gewinn rechnen konnten. Bei einer Laufzeit von – großzügig aufgerundet – vier Monaten (23. Dezember 166 bis 12. April 167), einem Zinssatz von einem Prozent pro Monat und einer Darle-

359 CIL III 948 X. (Immenosus Maior, 20. Mai 164). Nach der abweichenden Lesart von *Röhle*, Acta Musei Napocensis 6 (1969), 515, 515 f. wurde der Vertrag am 19. statt am 20. Mai geschlossen.

360 CIL III 949 XI. (Ort und Datum unklar, aber Tag und Monat des Enddatums sind überliefert: 13. November).

361 CIL III 948 IX. (Alburnus Maior (?), 23. Oktober 163 (?)). In der CIL-Transkription steht „[sept?]aginta", sodass der möglicherweise weniger qualifizierte L. Ulpius Valerius für ein Jahr den gleichen Lohn erhält wie der Bergarbeiter Memmius Asclepi in einem halben Jahr (hierzu bei Fn. 359); ebenso plausibel ist eine Ergänzung der Lücke zu „[non]aginta": *Noeske*, Bonner Jahrbücher 177 (1977), 271, 397.

362 CIL III 944 (Alburnus Maior, 6. Mai 159).

363 In CIL III 953 (Ort und Datum unklar) sind Informationen über ein Festmahl überliefert, für das insgesamt – hier ist die Tafel etwas beschädigt – zwischen 166 und 169 Denare eingesammelt wurden.

364 *Ciulei* (Fn. 125), S. 63 mit S. 67 Fn. 16, außerdem S. 65; ähnlich *Meissel*, Societas (Fn. 85), S. 174; allgemein *Tudor* (Fn. 82), S. 95 und *Bürge*, ZRG RA 97 (1980), 105, 130 Fn. 118.

365 Näher liegt die Deutung, dass die Preise für Sklaven vergleichsweise hoch waren.

hensvaluta von höchstens 767 Denaren beträgt der Gewinn, den Cassius Frontinus und Iulius Alexander maximal erwarten konnten, gut 30 Denare, also bei hälftiger Teilung (Z. 5–7) für jeden der beiden *socii* rund 15 Denare. Davon konnte man sich wie gesehen gerade einmal drei Ferkel kaufen. Fällt nur ein Darlehen zum Minimalbetrag von 50 Denaren aus, ohne dass Cassius Frontinus und Iulius Alexander auf Sicherheiten zurückgreifen können, ergibt sich bereits ein Verlust in Höhe von zusammen 20 Denaren. Außerdem ist zu bedenken, dass Lossa noch 50 Denare geschuldet werden (Z. 21).

Wenn es noch eines Beweises oder zumindest weiteren Indizes bedurft hätte, dass Cassius Frontinus und Iulius Alexander nicht hauptberuflich Bankiers (*argentarii*) sind,[366] dann dürfte spätestens der bescheidene Umfang der zu erwartenden Gewinne für letzte Gewissheit sorgen. Cassius Frontinus und Iulius Alexander sind keine „blutsaugerischen Wucherer",[367] keine – wie sich die Polemik noch steigern ließe – „Blutsauger aus Transsylvanien",[368] sondern gewöhnliche Mitglieder der oberen Mittelschicht, die überschüssige Gelder anlegen, indem sie kurzlaufende Kleinkredite vergeben, die mit dem üblichen und in dieser Höhe zulässigen Zinssatz von einem Prozent pro Monat vergütet werden.[369] Dass gleichwohl bis heute das Wucherbild dominiert, liegt teils an der ungeprüften Übernahme eines Ergebnisses, das auf einer falschen Annahme beruht (Zinsen von einem Prozent *pro Tag* statt korrekt *pro Monat*),[370] teils vielleicht aber auch daran, dass die Kapitalismuskritik gut in das politische Umfeld mancher Autoren passte.[371]

---

366 Überlegungen und Nachweise hierzu insb. in Fn. 298.

367 *Pólay*, Gesellschaftsvertrag (Fn. 209), S. 429 („die im Bergrevier angesiedelten blutsaugerischen Wucherer").

368 In diese Richtung aber neben *Pólay* (vorige Fn.) zuvor bereits *Tudor* (Fn. 82), S. 95 („mici ‚bancheri' locali, care prin împrumuturi cu dobînzi ridicate, exploatează micile venituri ale arendaşilor mărunţi"), danach z. B. *Crook* (Fn. 124), S. 213 („a small-time practitioner of this necessary but despised trade in the Dacian mining villages, one Julius Alexander ... the partnership was for four months only—just to make a little quick profit out of local poverty, no doubt"), *Macqueron* (Fn. 125), S. 111 („usurier notoire dans la région"), *Ciulei* (Fn. 125), S. 62 („une société de banquiers ou plutôt d'usuriers") mit S. 66 Fn. 7 (*Pólay* zustimmend), S. 63 („deux banquiers, ou plutôt usuriers") und S. 65 („petits usuriers qui profitaient des besoins de la population locale") oder *Şotropa* (Fn. 148), S. 222 („les deux usuriers").

369 Entsprechend erwähnen G. 3.156 sowie Gai. (2 cott.), D. 17.1.2.6 unter den typischen Formen der Geldanlage auch *pecuniam fenerare*; allgemein hierzu *Fleckner*, Kapitalvereinigungen (Fn. 28), S. 508–518.

370 Es handelt sich hierbei um einen typischen Fall „akademischer stiller Post" im Sinne von *Fleckner*, Kapitalvereinigungen (Fn. 28), S. 103, 207, 454, 463 Fn. 66.

371 Dass die Kapitalismuskritik vor allem aus seinerzeit sozialistischen Ländern stammt, kann natürlich Zufall sein. Möglicherweise war solche Kritik aber mancherorts Voraussetzung dafür, sich überhaupt mit den antiken Quellen beschäftigen zu dürfen bzw. zu können; pauschale per-

Übersehen wird dabei, dass ohne Personen wie Cassius Frontinus und Iulius Alexander, die überschüssige Gelder nicht bunkerten, sondern gegen Zins an Dritte weiterreichten, der allgemeine Mangel an Bargeld noch größer gewesen wäre.[372] Das individuelle Gewinnstreben war also von gesamtgesellschaftlichem Nutzen.

3. Was ist der juristische Zweck der Urkunde?

Es bleibt als Frage, warum die vertragliche Vereinbarung über die *societas danistariae* auf den Wachstafeln verschriftlicht wurde. Weshalb haben Cassius Frontinus und Iulius Alexander die Kosten, die Mühe und die Zeit auf sich genommen, zwei Triptycha mit jeweils zwei Abschriften des Vertrages aufzusetzen und von mehreren Personen siegeln zu lassen? Welcher Funktion bzw. welchen Funktionen diente die Beurkundung des Vertrages auf den Wachstafeln? Was ist der juristische Zweck dieser vertraglichen Vereinbarung?

Die Antwort auf Fragen dieser Art ist vermutlich nicht, dass Cassius Frontinus und Iulius Alexander mit den beiden Wachstafeln einem bestimmten Formerfordernis genügen wollten. Denn jedenfalls auf Grundlage der Institutionen des Gaius bedurfte nichts von dem, was Cassius Frontinus und Iulius Alexander vereinbart haben, der Schriftform. Die *stipulatio*, die auf den Wachstafeln festgehalten ist, gehört zu denjenigen *obligationes*, die durch Worte (*verba*),[373] also mündlich, zustande kommen (Verbalobligationen).[374] Einer Beurkundung in Gestalt mehrfach durchbohrter und versiegelter Wachstafeln hätte es zur Wirksamkeit der *stipulatio* also nicht bedurft. Um eine *societas* zu begründen, ist nicht einmal eine mündliche Verständigung erforderlich. Die *societas* zählt nämlich zur Gruppe derjenigen *obligationes*, für deren Entstehung der bloße Konsens (*consensus*)[375] unter den Beteiligten genügt (Konsensualobligationen).[376] Dass Gaius auch insoweit als

sönliche Vorwürfe verbieten sich daher. Unberührt bleibt von alldem ohnehin, welch großen Beitrag die Romanistik dieser Länder zum besseren Verständnis der Wachstafeln geleistet hat.

372 Hierzu allgemein *Fleckner*, Kapitalvereinigungen (Fn. 28), insb. S. 509 f.

373 G. 3.89/92/119a.

374 G. 3.92–127, darin zur Mündlichkeit der *stipulatio* insb. G. 3.92/93. Dass die lokale (Gerichts-)Praxis hiervon abweichend doch Schriftform verlangte, wie *Pólay*, ZRG RA 79 (1962), 51, 84 vermutet, erscheint angesichts der großen Übereinstimmung, die ansonsten mit den Institutionen des Gaius zu beobachten ist, wenig plausibel.

375 G. 3.89/119a/135.

376 G. 3.135–162, darin zur Formlosigkeit der *societas* ausdrücklich G. 3.135 („consensu fiunt obligationes in ... societatibus ...") und G. 3.154 („societas ... quae nudo consensu contrahitur" in den Pergamenten aus Antinoë, „societas ... quae consensu contrahitur nudo" in der Veroneser

Referenzquelle passt, dürfte sich recht deutlich aus dem Umstand ergeben, dass die gemeinsame wirtschaftliche Unternehmung von Cassius Frontinus und Iulius Alexander bereits gut drei Monate (am 23. Dezember 166) vor Ausstellung der Urkunde (am 28. März 167) begonnen wurde – vermutlich ohne *stipulatio* oder schriftliche Vereinbarung, sondern durch – möglicherweise mündlich geäußerten[377] – bloßen Konsens[378] begründet.[379] Im Vertrag über die *societas danistariae* ist daher eher eine Bestätigung der von Gaius geschilderten Formfreiheit zu erblicken als eine Ausnahme von ihr.[380]

Neben der *stipulatio* und den Klauseln, die speziell der *societas* gelten, findet sich auf den beiden Wachstafeln noch die dunkle Formulierung, dass Lossa 50 Denare geschuldet werden (Z. 21). Was auch immer mit diesem Satz gemeint sein sollte,[381] es dürfte aus rechtlichen Gründen (kein Vertrag zugunsten Dritter) ebenso wie aus tatsächlichen Gründen (mangelndes Interesse der Vertragsparteien) ausgeschlossen sein, dass Lossa allein aufgrund dieser Klausel die Zahlung von 50 Denaren verlangen konnte. Vielmehr wird es sich um eine Regelung handeln, die ausschließlich das Verhältnis zwischen Cassius Frontinus und Iulius Alexander betrifft und als solche keine Beurkundung erforderte.[382] Dasselbe gilt, allerdings quasi spiegelverkehrt (da ein unbeteiligter Dritter nicht aus der Verein-

---

Handschrift); ein – Mitte des 2. Jh. vermutlich längst überholtes – Formerfordernis (für die Bildung einer *societas* nach dem Vorbild von Erben) ist erwähnt in G. 3.154b.

377 *Santucci* (Fn. 172), S. 206 Fn. 39; *Nelson/Manthe* (Fn. 213), S. 306.

378 *Pólay*, Gesellschaftsvertrag (Fn. 209), S. 423; *Pólay*, Viaszostáblák (Fn. 128), S. 346; *Ciulei* (Fn. 125), S. 63 f.; *Meissel*, Societas (Fn. 85), S. 172 mit Fn. 405.

379 Nicht auszuschließen ist natürlich, dass bereits zu Beginn der gemeinsamen wirtschaftlichen Unternehmung am 23. Dezember 166 eine Urkunde ausgestellt wurde, die am 28. März 167 mit einer neuen Urkunde ersetzt wurde. Hierfür gibt es aber weder auf den beiden Wachstafeln noch andernorts ein Indiz oder gar einen Beleg.

380 Wenig überzeugend daher die Annahme von *Girard/Senn*, Manuel élémentaire de droit romain, 8. Aufl. 1929, S. 612 Fn. 4, die *societas danistariae* sei im Wege gegenseitiger Stipulationen begründet worden.

381 *Tudor* (Fn. 82), S. 95 geht offenbar von einer älteren Schuld aus, *Macqueron* (Fn. 125), S. 113 Fn. 6 dagegen von einem Geschäft, das Iulius Alexander nach dem 23. Dezember getätigt hat; *Jakab*, ZRG RA 123 (2006), 71, 82 spricht von einer „Restschuld gegenüber einem Dritten".

382 Dass beide, Cassius Frontinus und Iulius Alexander, die 50 Denare schulden (Z. 21: „debentur", „a socis ... accipere debebit"), mag an die Haftung der *argentarii* (Nachweise zu Sekundärliteratur in Fn. 170) erinnern: *Meissel*, Societas (Fn. 85), S. 172 f. Aber erstens spricht wenig für die Annahme, dass Cassius Frontinus und Iulius Alexander *argentarii* waren (hierzu insb. bei Fn. 298 und 366); zweitens sagt Z. 21 nichts darüber, ob die beiden wie *argentarii* solidarisch oder aber nur anteilig haften; drittens hätten Cassius Frontinus und Iulius Alexander als *argentarii* unabhängig davon gehaftet, ob die Klausel zu Lossa mit in die Urkunde aufgenommen wird oder nicht, sodass sich auch hieraus kein Erfordernis ergeben hätte, die Wachstafeln auszustellen.

barung zwischen Cassius Frontinus und Iulius Alexander verpflichtet werden kann), für die nur zu erahnende Bemerkung, wonach eine bestimmte Person (Secundus?) in Alburnus Maior eine bestimmte Tätigkeit (Rechnungslegung?) oder etwas anderes (die Zahlung einer bestimmten Summe?) schulde (Z. 12: „Alburno [Maiori?] d[ebe]bit"). Auch hieraus ergibt sich also keinerlei Beurkundungserfordernis.

Wenn nichts von dem, was auf den beiden Wachstafeln steht, einer besonderen Form bedurfte: Was könnte dann der juristische Zweck der Urkunde gewesen sein? Die plausibelste Erklärung ergibt sich aus dem zeitlichen Ablauf: Der Tag der Ausstellung der Urkunde (28. März 167) liegt nämlich nur 15 Tage vor dem vereinbarten Ende der *societas danistariae* (12. April 167). Wer bei einer gemeinsamen wirtschaftlichen Unternehmung, die auf knapp vier Monate angelegt ist, gut zwei Wochen vor Ende der Unternehmung einen Vertrag aufsetzen lässt, noch dazu in doppelter Ausfertigung auf mehrfach versiegelten Wachstafeln,[383] der hat vermutlich vor allem eines im Sinn: die Abrechnung und Abwicklung der gemeinsamen Unternehmung vorzubereiten.[384] Hierzu passt, dass der Vertrag über die *societas danistariae* fast keinerlei Informationen über das „Leben" der gemeinsamen wirtschaftlichen Unternehmung enthält: zum Gegenstand der Geschäfte, die gemeinsam betrieben werden sollen, nur den nebulösen Zusatz „danistariae"; zur Durchführung der Geschäfte, also etwa zur Aufgabenverteilung unter den *socii*, überhaupt nichts (außer vielleicht sehr knapp in den unleserlichen Passagen von Z. 11/12).

Wie soll die *societas danistariae* nach der vertraglichen Vereinbarung, die auf den Wachstafeln überliefert ist, abgerechnet und abgewickelt werden? Am Ende der Laufzeit (Z. 16: „tempore perac[t]o") sind zunächst die Schulden gegenüber Dritten in Abzug zu bringen (Z. 16: „de[duc]to aere alieno").[385] Das ist exakt das, was auch aus heutiger Sicht bei der Auflösung und Abwicklung einer gemeinsamen wirtschaftlichen Unternehmung als erster Schritt zu erwarten wäre, ist für die *societas danistariae* zwischen Cassius Frontinus und Iulius Alexander aber

---

383 Der Aufwand für die Ausfertigung solcher Urkunden sollte allerdings nicht überschätzt werden. Für ein Darlehen von Iulius Alexander über die vergleichsweise geringe Summe von 50 Denaren ist vermutlich ein Triptychon ähnlicher Gestalt angefertigt worden (wie sich aus den Bohrungen ableiten lässt): CIL III 949 XII. (Alburnus Maior, 29. Mai 167).

384 Ähnlich *Poggi* (Fn. 210), S. 31; *Ciulei* (Fn. 125), S. 63, 64; *Şotropa* (Fn. 148), S. 220; *Santucci* (Fn. 172), S. 206 mit Fn. 39; *Meissel*, Societas (Fn. 85), S. 172; *Jakab*, ZRG RA 123 (2006), 71, 82.

385 Wie im Rahmen der Übersetzung (bei Fn. 140) bereits bemerkt, spricht *Meissel*, Societas (Fn. 85), S. 172 vom „Abzug von Darlehen". Das erscheint auch aus inhaltlicher Sicht fraglich, denn warum sollten bei der Abrechnung und Abwicklung einer *societas* nur „Darlehen" vorweg abgezogen werden, andere Verbindlichkeiten gegenüber Dritten aber nicht?

doch etwas überraschend: Gelder von Dritten haben sie vermutlich nicht angenommen,[386] sodass sich hieraus keine Schulden ergeben können; Dienstleistungen, die im Rahmen der *societas* erforderlich wurden (insbesondere im Zusammenhang mit der Vergabe der Darlehen), dürfte Cassius Frontinus als Teil seines Beitrages zur *societas* erbracht haben (selbst bzw. vermutlich überwiegend durch Mitglieder seiner *familia*). Es fragt sich dann außerdem, warum die Verbindlichkeit gegenüber Lossa noch ausdrücklich erwähnt wird und ob sie ebenfalls in die Abrechnung einzubeziehen ist (Z. 21).[387] Nach alledem sollte die Klausel mit dem Vorabzug der Schulden nicht überbewertet werden. Es könnte sich schlicht um eine Standardformulierung handeln, die aus einem Vertragsmuster oder aus früheren Verträgen übernommen wurde.

Nach Abzug der Schulden sieht die vertragliche Vereinbarung zwei weitere Abrechnungsschritte vor, deren Verhältnis jedenfalls dem Wortlaut nach nicht ganz klar ist. Der erste Schritt ist, dass die *socii* die zuvor genannten Summen (Z. 17: „summas s(upra) s(criptas)"), womit nur die individuell geleisteten Beiträge (Z. 8–11) gemeint sein können, wieder an sich nehmen (Z. 17: „s[ibi recipere]"). Der zweite Schritt ist, dass ein etwaiger Überschuss (Z. 17: „si quod superfuerit") aufgeteilt wird (Z. 18: „dividere"); nach welchem Schlüssel das geschieht, steht zu Beginn des Vertrages: zu gleichen Teilen (Z. 7: „ae[q]uis portionibus").[388] Traditionell werden beide Schritte der Abrechnung mit „sive ... sive" verknüpft und im Sinne eines „entweder ... oder" verstanden; weder die Lesart „sive ... sive" noch die Übersetzung mit „entweder ... oder" ist aber zwingend.[389] Sinnvoll ist bei ungleichen Beiträgen nur ein Nacheinander: Erst werden die geleisteten Beiträge zurückgezahlt, dann ein etwaiger Überschuss verteilt. Im Ganzen soll die Abrechnung der *societas danistariae* also in drei Schritten erfolgen: Begleichung der Schulden, Rückzahlung der geleisteten Beiträge, Verteilung eines etwaigen Überschusses.[390]

Treffen die Überlegungen dieses Beitrages zu, waren am 12. April 167, dem Tag der Auflösung der *societas danistariae*, maximal knapp 800 Denare in der ge-

386 Hierzu bei Fn. 348–350.

387 Für eine solche Einbeziehung *Şotropa* (Fn. 148), S. 222 f.

388 Anders (nach dem Verhältnis der geleisteten Geld- und Sachmittel) *Колосовская* (Fn. 127), S. 183.

389 Hierzu unter I. 2. (Fn. 103) und unter I. 3. (Fn. 141).

390 Der Fall, dass nach Begleichung der Schulden nicht genug übrig ist, um die geleisteten Beiträge zurückzuzahlen, ist nicht explizit angesprochen; aus der gleichberechtigten Verlusttragung (Z. 7: „ae[q]uis portionibus") dürfte aber abzuleiten sein, dass sich der Rückzahlungsbetrag *jeweils um die Hälfte des Verlustes* vermindert (und nicht nach dem Verhältnis der geleisteten Geld- und Sachmittel; so aber offenbar wiederum *Колосовская* (Fn. 127), S. 183). Die Abrechnung hat dann, da kein Überschuss zu verteilen ist, nur zwei Schritte (sofern nicht die Reduzierung der Rückzahlungsbeträge als Verteilung eines negativen Überschusses verstanden wird).

meinsamen Kasse. Sofern die Schuld gegenüber Lossa in Höhe von 50 Denaren nicht in die Abrechnung der *societas danistariae* einbezogen wird, dürften keine Verbindlichkeiten zu begleichen gewesen sein. Aus den knapp 800 Denaren konnten daher Cassius Frontinus 267 Denare und Iulius Alexander 500 Denare zurückgewährt werden. Der verbleibende Überschuss von rund 30 Denaren war hälftig zu teilen, sodass Cassius Frontinus und Iulius Alexander jeweils noch etwa 15 Denare erhalten konnten. Unabhängig davon mussten sie noch 50 Denare an Lossa zahlen. Die am 28. März 167 ausgefertigten Wachstafeln hatten den Zweck, diese Abrechnungs- und Abwicklungsfragen vorab zu klären.

Actum Berolini III nonas Ianuarias Angela XVI cancellaria.[391]

391 Für sehr hilfreiche Auskünfte danken wir *Marcus Dohnicht*, *Martin Maischberger*, *Monika Müller*, *Clemens Rohfleisch* und *Uta Wallenstein*, für sehr wertvolle Rückmeldungen zu früheren Fassungen des Beitrages *Felix Bassier*, *Corinna Coupette*, *Miguel Gimeno Ribes*, *Aron Leimbach*, *Johannes Liefke*, *Rafael Ohlhäuser*, *Laurin Rudloff*, *Sophia Scheurer* und *Enrik Vandieken* sowie den Teilnehmerinnen und Teilnehmern des Werkstattseminars „Antike Rechtsgeschichte und Römisches Recht" (Ludwig-Maximilians-Universität München) am 1. Dezember 2020; besonders dankbar sind wir *Alfons Bürge*, der uns ergänzend zu seinen Anmerkungen im Seminar noch detaillierte schriftliche Rückmeldungen übersendet hat, von denen der Beitrag ungemein profitiert hat.

Anhang I

Nach den Überlegungen dieses Beitrages hat die einzige auf Lateinisch überlieferte Vereinbarung aus dem Altertum, die sich als Gesellschaftsvertrag verstehen lässt, folgenden Wortlaut:

1 Inter Cassium Frontinu[m] et Iulium
2 Alexandrum societas dani[st]ariae ex
3 X kal(endas) Ianuarias q(uae) p(roximae) f(uerunt) Pudente e[t] Polione co(n)s(ulibus) in
4 prid[i]e idus Apriles proximas venturas ita conve-
5 n[i]t [ut?] ut quidq[ui]d in ea societati a[b] re

6 natum fuerit, lucrum damnumve acciderit,

7 ae[q]uis portionibus s[uscipe]re debebunt.
8 In qua societate intuli[t Iuli]us Alexander nume-
9 ratos sive in fructo ✱ [qu]ingentos, et Secundus
10 Cassi Palumbi servus a[ctor] intulit ✱ ducentos pr[o Fron]tin[o]
11 sexaginta septe[m], / / / / / / / / s / / c[h]um e[is]
12 / / ssum Alburno [Maiori?] d[ebe]bit.
13 In qua societ[ate] si quis d[olo ma]lo fraudem fec[isse de-]

14 prehensus fue[rit], in a[sse] uno ✱ unum / / / / / / / [in?]
15 d[en]a[rium?] unum[?] ✱ XX [alius?] alio inferre deb[ebi]t,

16 et tempore perac[t]o de[duc]to aere alieno sive
17 summas s(upra) s(criptas) s[ibi recipere sive,] si quod superfuerit,
18 dividere d[ebebunt]. Id d(ari) f(ieri) p(raestari)que stipulatus est

19 Cassius Frontin[us, spopon]dit Iul(ius) Alexander.

20 D[e]que ea re dua paria [ta]bularum signatae sunt.
21 [Item] debentur Lossae ✱ L, quos a socis s(upra) s(criptis) accipere debebit.
22 Act(um) Deu[sa]re V kal(endas) April(es) Vero III [e]t Quadrato co(n)s(ulibus).

Anhang II

Ins Deutsche übersetzt:

1 Zwischen Cassius Frontinus und Iulius
2 Alexander ist eine *societas danistariae* vom
3 23. Dezember 166 bis zum

4 12. April 167 so zustande gekom-
5 men, dass . . . dass sie, was auch immer in dieser *societas* aus dem Geschäft
6 entstanden sein werde, als Gewinn oder Verlust angefallen sein werde,
7 zu gleichen Teilen zu übernehmen verpflichtet sein werden.
8 In dieser *societas* hat Iulius Alexander bar
9 oder *in fructo* fünfhundert Denare eingebracht, und Secundus,
10 des Cassius Palumbus *servus actor*, hat zweihundert-
für Frontinus
11 siebenundsechzig Denare eingebracht, ... ihnen
12 . . . wird in Alburnus [Maior?] schulden/zu . . . verpflichtet sein.
13 Sollte jemand in dieser *societas* dabei gefasst worden sein, einen Betrug in böser Absicht
14 begangen zu haben, wird für ein As einen Denar . . .,
15 für einen Denar zwanzig Denare der eine dem anderen zu zahlen verpflichtet sein,
16 und nach abgelaufener Zeit und Abzug der Schulden werden sie
17 die oben festgehaltenen Summen wieder an sich zu nehmen und, falls etwas übrig geblieben sein sollte,
18 dieses zu teilen verpflichtet sein. Dass das gegeben, getan und erfüllt werde, hat in Gestalt einer *stipulatio* angefragt
19 Cassius Frontinus, hat mit dem Verb *spondēre* versprochen Iulius Alexander.
20 Von diesem Geschäft sind zwei Paare von Tafeln gesiegelt worden.
21 Außerdem werden Lossa 50 Denare geschuldet, die er/sie von den oben genannten *socii* erhalten soll.
22 Geschehen zu Deusara am 28. März 167.

Holger Fleischer

§ 2 Die Gesellschaftsverträge der Medici – Pioniere des Personengesellschaftskonzerns

Inhaltsübersicht

https://doi.org/10.1515/9783110733839-003

I. Einführung

Die *Medici* und ihre politische Dynastie faszinieren bis heute Forscher und Laien gleichermaßen. Ihren Nachruhm verdanken sie vornehmlich dem großzügigen Mäzenatentum für toskanische Kunst und Kultur.[1] So sind die unvergleichlichen Kunstwerke der Florentiner Renaissance und die Geschichte der Stadt vom 14. bis zum 18. Jahrhundert untrennbar mit ihrem Namen verbunden.[2] Hierin erschöpft sich ihre Rolle aber keineswegs. Vielmehr bleiben sie auch als frühe Promotoren des mittelalterlichen Bankenwesens in Erinnerung: „For all their fame as politicians and patrons, the Medici are always remembered as bankers too, and their rise from bankers to popes and princes has given a special aura to the history of Florentine banking."[3] Daher hat der Aufstieg und Fall der *Medici*-Bank von 1397 bis 1494 zunehmend Wirtschaftshistoriker auf den Plan gerufen, die sich mit deren Geschäftsstrategie und Organisationsstrukturen beschäftigen.[4] Am Rande gehen sie auch auf rechtliche Aspekte ein.[5]

Hier setzt der vorliegende Beitrag an: Nach einer kurzen Einführung in den Stand der wirtschaftshistorischen *Medici*-Forschung erläutert er, wie sich das Bankenwesen im mittelalterlichen Norditalien allmählich entfaltete und welche neuen Rechtsformen (*commenda, accomandita, compagnia*) sich hierbei herausgebildet haben. Sodann studiert er die Organisationstypen der großen Florentiner Banken und zeigt, wie die *Medici* mit ihrem europaweiten Netz von Partnerschaftsverträgen als „Pioniere eines dezentralen Personengesellschaftskonzerns"[6] in Erscheinung traten.[7] Exemplarisch betrachtet wird ein *compagnia*-Ver-

---

1 Vgl. *Brion*, Die Medici. Eine Florentiner Familie, 1969, S. 11: „Die Medici erwarben Unsterblichkeit durch jene Werke der Kunst, die ihrer Förderung das Dasein verdankten – Werken genialer Zeitgenossen, die sie mit ihrer umfassenden, verständnisvollen und freigebigen Freundschaft beschenkten."

2 Vgl. *Reinhardt*, Die Medici. Florenz im Zeitalter der Renaissance, 5. Aufl. 2013, S. 14: „Zum anderen ist die Geschichte der Medici aus der Geschichte von Florenz nicht herauszulösen. Dieser Sachverhalt gilt für jede führende Familie im Italien der Zeit, für die Medici aber in besonderem Maße."

3 *Goldthwaite*, The Economy of Renaissance Florence, 2009, S. 204.

4 Grundlegend *de Roover*, The Rise and Decline of the Medici Bank, 1397–1494, 1963.

5 Vgl. *de Roover* (Fn. 4), S. 77 ff. unter der Kapitelüberschrift „The Legal Status and Economic Structure of the Medici Bank"; aus jüngerer Zeit *Goldthwaite* (Fn. 3), S. 64 ff. unter der Zwischenüberschrift „Partnerships".

6 *Fleischer/Mock*, NZG 2020, 161, 162; ferner *Amstutz*, FS Schnyder, 2018, S. 947, 955 ff.

7 Dazu *de Roover* (Fn. 4), S. 81; hieran anknüpfend *Fazzini/Fici/Montrone/Terzani*, Int. Bus. & Econ. Research J. 15 (2016), 271; *Schneider*, Zeitschrift für Unternehmensgeschichte 61 (2016), 64, 73 ff.; speziell zum ökonomischen Netzwerk *Tewes*, Kampf um Florenz: die Medici im Exil (1494–1512), 2011, S. 91 ff.

trag, den drei Mitglieder der *Medici*-Familie am 25. Juli 1455 mit zwei familienfremden Geschäftspartnern über eine Tochtergesellschaft in Brügge abgeschlossen haben.[8]

II. Zum heutigen Stand der wirtschaftshistorischen *Medici*-Forschung

Dass ausgerechnet die *Medici* und ihre Bank das Interesse der Wirtschaftshistoriker auf sich gezogen haben, ist keine Selbstverständlichkeit. Zwar verfügten sie zu ihrer Blütezeit über ein weitgespanntes Netz von Zweigstellen und Tochtergesellschaften, doch erfanden sie weder neue Geschäftsmethoden noch bildeten sie gemessen an ihrem Handelsvolumen die größte Bank des Mittelalters.[9] Im Gegenteil: Die älteren Bankhäuser der *Bardi* und *Peruzzi*, die beide um 1345 ihren Bankrott erklären mussten, verfügten über doppelt so viel Eigenkapital. Eine Ausnahmestellung nehmen die *Medici* aber in Bezug auf die Quellenlage ein[10]: Ihre geheimen Geschäftsbücher (*libri segreti*) hat der belgisch-amerikanische Wirtschaftshistoriker *Raymond de Roover* umfassend ausgewertet[11], nachdem sie von seiner Frau in den staatlichen Archiven von Florenz durch einen Zufall entdeckt worden waren.[12] Seine Publikationen bildeten die Grundlage für weitere Arbeiten, die sich etwa mit den verschiedenen Facetten des Florentiner Kapitalismus aus-

---

8 Wiedergegeben bei *Grunzweig*, Correspondance de la filiale de Bruges des Medici, Première Partie, 1931, S. 55 ff. (italienisch) und bei *Lopez/Raymond*, Medieval Trade in the Mediterranean World, 1955, S. 206 ff. (englisch); abermals abgedruckt im Anhang zu diesem Kapitel.

9 So auch *Schneider*, Zeitschrift für Unternehmensgeschichte 61 (2016), 64, 65; ähnlich *Goldthwaite*, Past and Present 114 (1987), 3, 6: „The Medici company was just one of a large number of Florentine firms that engaged in international commerce and banking."; ferner *de Roover* (Fn. 4), S. 5: „[...] the Medici bank was the largest banking house of its time. Nevertheless, it failed to match the size of the Bardi and Peruzzi companies of earlier years, probably because conditions had ceased to be as favorable to large concerns."

10 Dies hervorhebend *Goldthwaite*, Past and Present 114 (1987), 3, 4: „The Medici bank is certainly the most suitable subject for such an investigation. More is known about it than about any other firm in Renaissance Florence."; *Schneider*, Zeitschrift für Unternehmensgeschichte 61 (2016), 64, 65: „[...] weil die Geschäftsunterlagen besonders gut und umfangreich überliefert sind."

11 Vgl. zuerst *de Roover*, Journal of Economic History 6 (1946), 24; monographisch später *ders.* (Fn. 4).

12 Dazu *de Roover* (Fn. 4), Preface, xii: „My greatest debt is to my wife, Dr. Florence Edler de Roover [...], whose name should perhaps appear on the title page, but she steadfastly declines to assume any responsibility for a work bristling with statistical tables. [...] It was also my wife who discovered the secret account books of the Medici Bank in a mislabeled bundle (No. 153)."

einandersetzen[13], den innovativen Anfängen der *partnership systems* und ihrer Verflechtung mit den sozialen Eliten in Florenz nachspüren[14] oder die *Medici*-Bank in die institutionellen Rahmenbedingungen ihrer Zeit einbetten[15].

Umfangreichere Archivalien, rund 500 Geschäftsbücher und über 100.000 Geschäftsbriefe, sind nur von einem toskanischen Kaufmann aus Prato überliefert, *Francesco de Marco Datini* (1355–1410)[16], dem *Federigo Melis* eine Pionierstudie gewidmet hat,[17] doch ist dieses reichhaltige Quellenmaterial bisher weniger gut erschlossen.[18] Weitere grundlegende Studien zum Entstehen und Wirken der Florentiner Familienbanken, die sich insbesondere mit den *Bardi* und den *Peruzzi* beschäftigen, haben vor einem Jahrhundert *Armando Sapori*[19] und in jüngerer Zeit *Edwin Hunt*[20] vorgelegt.

III. Entfaltung des Bankenwesens in Europa und Florenz

1. Die kommerzielle Revolution

Mit dem Begriff der kommerziellen Revolution[21] bezeichnen Wirtschaftshistoriker eine im 11. Jahrhundert[22] einsetzende Entwicklung, die durch das Erstarken des

---

13 *Goldthwaite*, The Medici Bank and the World of Florentine Capitalism, Past and Present 114 (1987), 3; monographisch in einem breiteren Kontext *ders.* (Fn. 3).

14 *Padgett/McLean*, Organizational Invention and Elite Transformation: The Birth of Partnership Systems in Renaissance Florence, American Journal of Sociology 111 (2006), 1463.

15 *Schneider*, Die Medici-Bank und ihre Struktur im Kontext ihrer Gegenwart, Zeitschrift für Unternehmensgeschichte 61 (2016), 64.

16 Zu ihm *Origo*, The Merchant of Prato: Francesco di Marco Datini, 1957, deutsche Fassung von 1985 unter dem Titel „Im Namen Gottes und des Geschäfts". Lebensbild eines toskanischen Kaufmanns der Frührenaissance. Francesco di Marco Datini (1335–1410)".

17 *Melis*, Aspetti della vita economica medievale: Studi nell'Archivio Datini di Prato, 1962.

18 Vgl. *Schneider*, Zeitschrift für Unternehmensgeschichte 61 (2016), 64, 65 mit Fn. 9: „weniger gut erforscht".

19 *Sapori*, La crisi delle compagnie mercantili dei Bardi e dei Peruzzi, 1926 ; *ders.*, I libri di commercio dei Peruzzi, 1934.

20 *Hunt*, The Medieval Super-Companies. A Study of the Peruzzi Company of Florence, 1994.

21 Wohl eingeführt durch *de Roover*, Bulletin of the Business Historical Society 16, no. 2 (1942), 34; dazu und allgemein zur kommerziellen Revolution des 13. Jahrhunderts zuletzt *Trivellato*, Business History Review 94 (2020), 229, 232 ff.

22 Die Periodisierungen der (Wirtschafts-)Historiker weichen voneinander ab; wie hier *Le Goff*, Kaufleute und Bankiers im Mittelalter, 1989, S. 12: „zwischen dem 11. und dem 13. Jahrhundert".

Fernhandels und das Aufblühen einer europaweiten Finanz- und Geldwirtschaft gekennzeichnet ist.[23] Im Mittelmeerraum hatten zunächst die italienischen Hafenstädte Venedig und Genua eine Vormachtstellung inne, zu denen sich später im Landesinneren Florenz und Mailand gesellten.[24] (Wirtschafts-)Historiker führen verschiedene Gründe für die damalige Dominanz der norditalienischen Städte an: ihre geographische Lage zwischen Ost- und Westeuropa, eine unternehmerfreundliche Kultur und Wertegemeinschaft sowie großes kaufmännisches Geschick.[25] Alle diese Städte verzeichneten während ihrer frühen wirtschaftlichen Blüte einen enormen Bevölkerungszuwachs. Florenz und Venedig hatten in der ersten Hälfte des 14. Jahrhunderts schon knapp 120.000 Einwohner, Mailand sogar 200.000. Erst der Schwarze Tod führte von 1347–1350 zu einem dramatischen Massensterben und wirtschaftlichem Stillstand.[26]

Geographisch profitierte Florenz von seiner glücklichen Lage am Arno und der Wegkreuzung nach Mailand, Venedig und Genua.[27] Die Stadt beherbergte eine hochentwickelte, international führende Tuchindustrie[28], die in der mächtigen Gilde der Stoffveredler (*arte di calimala)* organisiert war. Als dauerhaftes Handelszentrum löste sie die temporären Messen in der französischen Champagne ab, „denn in Florenz [war] immer Markt“[29]. Auch prägte die Stadt seit 1252 mit

---

23 Vgl. *Le Goff* (Fn. 22), S. 12 ff.; *Traub*, in Jung/Pieper/Traub, Geld macht Geschichte, 2010, S. 28 ff.; monographisch *Lopez*, The Commercial Revolution of the Middle Ages, 959–1350, 1976.

24 Vgl. *Körner*, in Pohl (Hrsg.), Europäische Bankengeschichte, 1993, S. 32, 35; *Schneider*, Zeitschrift für Unternehmensgeschichte 61 (2016), 64, 71.

25 Zusammenfassend *Hunt* (Fn. 20), S. 41: „Many reasons have been advanced to explain the preeminence of Italian cities in international trade and finance. The geographical location of Italy between the East and Western Europe has been cited by economic historians such as Renouard and Sapori [...]. Other scholars have focused on the genius of the Italian people. Burckhardt stressed their individuality. Peter Burke, in discussing late Renaissance Italy, emphasized its pro-enterprise cultural environment, ‘where the value-system had been shaped by entrepreneurs’. Sapori argued that the supremacy of those entrepreneurs was due to their orderliness, clear thinking, and managerial skill. And [...] Michael Veseth attributed Florence’s commercial achievements to a ‘fifth element’, that he called the ‘creative spark’ of the people.“

26 Vgl. *Hunt/Murray*, A History of Business in Medieval Europe, 1999, S. 2: „In this reign of ‘King Death’ recurring famines, plagues, and endemic warfare profoundly affected the demography, psychology, and economy of western Europe, to which business had to adapt.“

27 Diese Lage als nur vermeintlich vorteilhaft ansehend aber *Goldthwaite* (Fn. 3), S. 115 ff.

28 Vgl. *Hunt/Murray* (Fn. 26), S. 39: „In Florence, finisher-merchants of imported grey goods from northern Europe formed the powerful and wealthy Calimala Guild [...].“, S. 101: „Moreover, the Italian towns, especially Florence, began moving into the production of fine woolens themselves, first by importing Flemish semi-processed cloth for finishing, and later by importing top quality English wools for full manufacturing.“

29 *Le Goff* (Fn. 22), S. 36 unter Hinweis auf einen Ausspruch des zeitgenössischen Florentiner Chronisten *Giovanni Villani.*

ihrer eigenen Goldmünze, dem *fiorini d'auro*, eine der Leitwährungen Europas.[30] Die reichhaltigen Erfahrungen im internationalen Fernhandel regte die Florentiner Kaufleute zu ökonomischen und rechtlichen Neuerungen an, unter denen die doppelte Buchführung und der Wechsel besonders hervorstechen. Letzterer gilt als bedeutendste Finanzinnovation des Mittelalters, weil er den risikoreichen und kostspieligen Münztransport entbehrlich machte, ein probates Mittel für den internationalen Kredit- und Währungsaustausch bildete sowie das kirchliche Zins- und Wucherverbot umgehen half.[31] Ursprünglich als eine notariell beurkundete Vereinbarung Ende des 12. Jahrhunderts in Genua entstanden[32], erlangte das Wechselgeschäft im 13. Jahrhundert auf den Champagne-Messen große Beliebtheit[33] und wurde nach deren Niedergang von den toskanischen Kaufleuten weiter ausgebaut und verfeinert. Damit einher ging ein tiefgreifender Wandel der Handelsstrukturen: An die Stelle des wandernden trat der sesshafte Kaufmann, der „jetzt dank immer raffinierterer Techniken und einer komplexer werdenden Organisation von seiner Hauptgeschäftsstelle aus ein Netzwerk von Mitarbeitern und Beschäftigten [leitete], die ihm weitere Reisen ersparten"[34].

2. Entstehung und Rahmenbedingungen des mittelalterlichen Bankenwesens

Die mittelalterlichen Banken hatten mit den heutigen Kreditinstituten noch wenig gemein. Frühe Vorläufer gingen aus der Tätigkeit von Geldwechslern hervor[35] und fanden sich zuerst um 1150 in Genua.[36] Ein Jahrhundert später folgte Venedig, wo aus den anfänglichen Depositenbanken bald reine Girobanken entstan-

---

30 Näher *Le Goff* (Fn. 22), S. 52; eingehend *Goldthwaite* (Fn. 3), S. 48 ff. unter der Überschrift „The Era of the Florin".

31 Eindringlich in diesem Sinne *Hunt/Murray* (Fn. 26), S. 65; ferner *Schneider*, Zeitschrift für Unternehmensgeschichte 61 (2016), 64, 71; *de Roover* (Fn. 4), S. 13.

32 Vgl. *Hunt/Murray* (Fn. 26), S. 65.

33 Vgl. *Felloni*, in North (Hrsg.), Kredit im spätmittelalterlichen und frühneuzeitlichen Europa, 1991, S. 9, 19.

34 *Le Goff* (Fn. 22), S. 21.

35 Dazu *Hunt/Murray* (Fn. 26), S. 64: „It is generally agreed among historians that medieval banking owed its origins not to moneylenders and pawnbrokers, but to money changers."

36 Vgl. *Lopez*, in Center for Medieval and Renaissance Studies University of California, The Dawn of Medieval Banking, 1979, S. 1, 10; *Schneider*, Zeitschrift für Unternehmensgeschichte 61 (2016), 64, 72.

den, die Zahlungen durch das Überweisen von Geld ermöglichten.[37] Im 14. Jahrhundert stieg Florenz mit knapp 80 Geldhäusern zur führenden Bankenmetropole auf.[38] Überall beschränkten sich die Banken aber nicht auf Geld- und Wechselgeschäfte, sondern waren zugleich als Händler und Kaufleute aktiv.[39] „[S]cratch an early private banker and you will find a merchant"[40], wie es ein Historiker einmal anschaulich formuliert hat.

Zu den institutionellen Rahmenbedingungen, mit denen sich das mittelalterliche Bankenwesen arrangieren musste, gehörte das kirchliche Zinsverbot, das auf der Lehre vom gerechten Preis (*iustum pretium*) beruhte.[41] Zinsen zu nehmen galt als schwere Sünde und unterfiel dem Zins- und Wucherverbot, das von der Kirche mehrfach bestätigt wurde.[42] Einen Weg, dem Wucherverbot zu entgehen, bildete das Wechselgeschäft, bei dem das Zahlungsversprechen an einen anderen Ort gebunden war und häufig auch in einer anderen Währung beglichen wurde.[43] So ließen sich Zinszahlungen bemänteln, ohne dass die mittelalterlichen Moraltheologen daran Anstoß nahmen. Das Wechselgeschäft galt ihnen nicht als Darlehen, sondern als Tausch- oder Kaufvertrag: *cambium non est mutuum*.[44] Infolgedessen tummelten sich die frühen Banken vorwiegend im Wechsel- und Währungsgeschäft.[45] Nicht von ungefähr nannte sich die Florentiner Bankengilde Gilde der Geldwechsler (*arte del cambio*).[46] Damals bedeuteten *fare il banco* (Bankgeschäfte tätigen) und *fare il cambio* (Wechselgeschäfte tätigen) ein und dasselbe.[47]

---

37 Vgl. *van der Wee/Kurgan-Van Hentenryk/Bogaert*, A History of European Banking, 1994, S. 83 ff.

38 Dazu *Denzel*, Vierteljahresschrift für Sozial- und Wirtschaftsgeschichte 2008, 55, 96; *Schneider*, Zeitschrift für Unternehmensgeschichte 61 (2016), 64, 72.

39 Vgl. *de Roover* (Fn. 4), S. 7 f.; *Schneider*, Zeitschrift für Unternehmensgeschichte 61 (2016), 64, 66.

40 *Norman*, Business and Capitalism: An Introduction to Business History, 1939, S. 145.

41 Näher *Becker*, in Handwörterbuch zur deutschen Rechtsgeschichte, Bd. 5, 2. Aufl. 1998, Stichwort: Zinsverbot, Sp. 1719 ff.; knapper *Schmöckel/Maetschke*, Rechtsgeschichte der Wirtschaft, 2. Aufl. 2016, Rn. 26 f.

42 Monographisch *Noonan*, The Scholastic Analysis of Usury, 1957.

43 Vgl. *Hunt/Murray* (Fn. 26), S. 72; Abdruck eines Beispiels aus dem Archiv von *Francesco di Marco Datini* bei *Le Goff* (Fn. 22), S. 32 f.

44 Vgl. *de Roover* (Fn. 4), S. 11: „Although the presence of concealed interest is undeniable, the merchants argued – and most of the theologians accepted these views – that an exchange transaction was not a loan (*cambium non est mutuum*) but either a commutation of moneys (*permutatio*) or a buying and selling of foreign currency (*emptio venditio*)."

45 Vgl. *de Roover* (Fn. 4), S. 11.

46 Darauf hinweisend auch *Reinhardt* (Fn. 2), S. 25.

47 So *de Roover* (Fn. 4), S. 108: „synonymous expressions".

3. Aufstieg, Blüte und Fall des *Banco Medici*

a) Aufstieg unter *Giovanni di Bicci de' Medici*

In diesem historischen und wirtschaftlichen Umfeld entstand Ende des 14. Jahrhunderts der *Banco Medici*, das berühmte Bankhaus der Familie *Medici*. Als sein Gründervater gilt *Giovanni di Bicci de' Medici* (1360–1429). Er hatte lange in den Diensten eines entfernten Onkels, *Vieri di Cambio de' Medici* (1323–1395), gestanden, der Bankniederlassungen in ganz Italien besaß. *Giovanni* hatte sich vom Lehrling zum Angestellten und später zum Geschäftsleiter und Juniorpartner der römischen Dependance hochgearbeitet, die unter dem Namen „Vieri e Giovanni de' Medici in Roma" firmierte.[48] Nach *Vieris* alters- und krankheitsbedingtem Rückzug führte *Giovanni* die Bank zusammen mit zwei neuen Partnern weiter[49] und verlegte 1397 den Geschäftssitz von Rom nach Florenz. Wirtschaftshistoriker pflegen dieses Jahr deshalb als Gründungsdatum der *Medici*-Bank zu bezeichnen.[50]

Unter *Giovannis* Ägide gedieh das Bankgeschäft und warf rasch reiche Erträge ab. Einen Großteil des Gewinns steuerte das Geschäft mit der römischen Kurie bei[51] – vor allem als *Giovannis* enger Freund *Baldassare Cossa* im Jahre 1410 zum (Gegen-)Papst *Johannes XXIII.* gewählt wurde[52] und die *Medici* zum wichtigsten Bankier des Papstes avancierten. Als Generaldepositar des *Pontifex maximus* profitierten sie in vielfältiger Hinsicht von dessen weltlichen Geschäften.[53] Die geschäftlichen Verbindungen zur Kurie rissen auch später nicht ab und mehrten

---

48 Vgl. *de Roover* (Fn. 4), S. 36; *Reinhardt* (Fn. 2), S. 19.

49 Dazu *de Roover* (Fn. 4), S. 39: „According to the libro segreto of the Medici Bank, the initial capital was 10,000 florins, of which over 50 percent (5,500 florins) was supplied by Giovanni di Bicci and the remainder, by his two partners (2,000 by Benedetto de' Bardi and 2,500 by Gentile Buoni)."

50 Vgl. *de Roover* (Fn. 4), S. 3: „The year 1397 may be regarded as the founding date of the Medici Bank, for in that year Giovanni di Bicci de' Medici, who had been managing a bank in Rome, decided to transfer his headquarters to Florence."; zustimmend *Goldthwaite*, Past and Present 114 (1987), 3, 7.

51 Vgl. *de Roover* (Fn. 4), S. 47: „[...] the branch following the Curia was the principal source of profits, producing more than half of the total during the period from 1397 to 1420."

52 Vgl. *Goldthwaite*, Past and Present 114 (1987), 3, 7.

53 Dazu *Reinhardt* (Fn. 2), S. 26: „Er [= der Generaldepositar] erhob eine Provision auf die getätigten Transaktionen, zog günstige Kreditzinsen und beträchtliche Gewinne aus weiteren mit der doppelgesichtigen, geistlich-weltlichen Herrschaft des Papstes verbundenen Geschäften, etwa Getreidelieferungen zur Versorgung der Hauptstadt, und profitierte darüber hinaus von seiner strategischen Position an der Seite der Pfründen und Ämter vergebenden Spitze der Kirche."

dauerhaft Ansehen und Einfluss der *Medici*.[54] Mit dem wirtschaftlichen Erfolg ging eine allmähliche Expansion einher: *Giovanni* gründete schon früh eine Niederlassung in Venedig und kurz vor seinem Tod eine weitere in Genf, dem damals führenden Bankenzentrum nördlich der Alpen.[55]

Wie die meisten anderen Banken im Mittelalter legten auch die *Medici* Wert auf ein zweites Standbein im Handel[56] und produzierenden Gewerbe[57]. Zu diesem Zweck stiegen sie 1402 ins Wollgeschäft ein und errichteten 1408 eine zweite *bottega di lana*[58] – beide Unternehmungen trugen die Namen von *Giovannis* damals noch minderjährigen Söhnen *Cosimo* und *Lorenzo*.[59] Ob diese Investitionen (und ein sehr viel späterer Einstieg ins Seidengeschäft[60]) vorwiegend der Risikodiversifikation dienten[61] oder in erster Linie aus Reputationsgründen erfolgten[62], wird unterschiedlich beurteilt. Besonders ertragreich war das Wollgeschäft jedenfalls nicht[63], was die *Medici* allerdings nicht daran hinderte, auch in der bereits erwähnten Stoffveredlergilde (*arte di calimala*) mitzumischen. Die stattlichen Gewinne aus dem Bankgeschäft wurden zu einem kleineren Teil reinvestiert, flossen aber überwiegend in den Erwerb von Grundbesitz, vorzugsweise im Mugello-Tal nordöstlich von Prato, der ursprünglichen Heimat der *Medici*-Familie. Wie sich aus *Giovannis* Steuererklärungen für die Florentiner Vermögensabgabe (*catasto*) entnehmen lässt, besaß er neben seinem städtischen Besitz zahlreiche ländliche

---

54 Vgl. *Reinhardt* (Fn. 2), S. 26: „Langfristig betrachtet, erweist sich die römische Achse für die Medici als eigentlicher Stabilisierungsfaktor, nicht nur am Anfang, sondern mehr noch ganz am Ende des 15. Jahrhunderts und in den drei nachfolgenden Jahrzehnten."

55 Vgl. *de Roover* (F. 4), S. 41 (Venedig), S. 50 (Genf).

56 Eingehend *de Roover* (Fn. 4), S. 142 ff. unter der Kapitelüberschrift „The Medici as Merchants and as Dealers in Alum and Iron".

57 Eingehend *de Roover* (Fn. 4), S. 167 ff. unter der Kapitelüberschrift „The Medici as Industrial Entrepreneurs".

58 Vgl. *de Roover* (Fn. 4), S. 42 f.

59 Dazu *de Roover* (Fn. 4), S. 42: „Though it may seem odd, it was a common practice in Florence to have the names of minors appear in the style of business firms. In all probability this custom was a survival of the feudal cult of the family. In case of bankruptcy, liability rested presumably with the real partners named in the articles of association."

60 Näher *de Roover* (Fn. 4), S. 60: „The Medici were also attracted by silk manufacturing, Florence's second industry. In 1438 they acquired a silkshop from Tumo Manetti [...]."

61 So *Schneider*, Zeitschrift für Unternehmensgeschichte 61 (2016), 64, 66.

62 So *Reinhardt* (Fn. 2), S. 21: „[...] Wollgeschäft, das man überwiegend aus Gründen der Reputation und als Reminiszenz an eine größere wirtschaftliche Vergangenheit pflegte."; ferner *Goldthwaite*, Past and Present 114 (1987), 3, 19: „ [...] the amount of capital they put in this sector of the economy was inconsequential."

63 Vgl. *Reinhardt* (Fn. 2), S. 32, wonach das Wollgeschäft von 1420 bis 1435 nur 3,1 % des Gesamtgewinns beisteuerte.

Immobilien: „zwei Landhäuser zur familiären Sommerfrische, eines davon suburban gelegen, eines weit von der Metropole entfernt, 57 Bauernhöfe, zwei Wassermühlen, zwei Gasthäuser sowie weitere Immobilien zur Lagerung von Feldfrüchten oder Weitervermietung in Landstädten“[64].

b) Blütezeit unter *Cosimo de' Medici*

Nach *Giovannis* Tod im Jahre 1429 übernahmen seine Söhne *Cosimo* und *Lorenzo* das Ruder. Von ihrem Vater auf dem Totenbett angeblich eindringlich ermahnt und zu geschäftlicher Besonnenheit und politischer Vorsicht angehalten[65], harmonierten die beiden Brüder gut miteinander. *Cosimo* (1389–1464), der ältere von beiden, übernahm die Führungsrolle und sorgte für eine lange geschäftliche Blütezeit: „The Heyday of the Medici Bank: Cosimo at the Helm, 1429–1464“[66].

Unter *Cosimos* Leitung wurde der Expansionskurs der Bank fortgesetzt und intensiviert. Er gründete weitere Dependancen in Pisa und Mailand, London und Brügge, Avignon und Lyon. Wie noch ausführlicher zu erläutern[67], bediente er sich dabei neuartiger Organisationsmuster, indem er die Dependancen rechtlich verselbständigte und so eine konzernartige Struktur hervorbrachte.[68]

c) Niedergang unter *Lorenzo de' Medici*

Als *Cosimo* im Jahre 1464 starb, übernahm sein Sohn *Piero* die Nachfolge. Unter chronischer Gicht leidend, blieb ihm nur ein Lustrum bis 1469 beschieden.[69] An seine Stelle trat sein damals 21-jähriger Sohn *Lorenzo de' Medici* (1449–1492). Als *Lorenzo il Magnifico* („der Prächtige“) in die Geschichtsbücher eingegangen, gilt er als die wohl schillerndste Gestalt der Familie. Er hatte eine humanistische Erziehung genossen und war den schönen Künsten zugeneigt, verfügte aber nicht über jene Eigenschaften, die ein erfolgreicher Bankier im 15. Jahrhundert besitzen musste und die seine Vorfahren *Giovanni di Bicci* und *Cosimo* noch ausgezeichnet

---

64 *Reinhardt* (Fn. 2), S. 23.

65 Dazu *de Roover* (Fn. 4), S. 51: „The chronicler Giovanni Cavalcanti reports that the expiring Giovanni di Bicci gave to his sons and the members of his family a death bed oration full of homely advice about the conduct of business and political affairs.“

66 So die Kapitelüberschrift bei *de Roover* (Fn. 4), S. 53.

67 Näher unter V 2.

68 Dazu auch *Amstutz* (Fn. 6), S. 947, 955 ff.

69 Näher zu ihm, vor allem unter politischen Gesichtspunkten, *Reinhardt* (Fn. 2), S. 71 ff.

hatten: Menschenkenntnis und Geschäftserfahrung.[70] Auch nach Antritt seines Erbes zeigte *Lorenzo* wenig Interesse an den Geschäften und räumte seinem Generalmanager *Francesco Sassetti* weitreichende Vollmachten ein.[71] Dieser erwies sich indes als führungsschwach und ließ den auswärtigen Geschäftsleitern zu viel Freiraum,[72] die sich überdies häufig in Machtkämpfen aufrieben und das übergeordnete Konzerninteresse aus den Augen verloren.[73] Allerdings waren *Lorenzo* und *Sassetti* beileibe nicht die einzigen Verantwortlichen für den Niedergang der *Medici*.[74] Andere Faktoren spielten ebenfalls eine Rolle, etwa der schleichende Bedeutungsverlust von Florenz, die zunehmende gesamtwirtschaftliche Eintrübung, Währungsschwankungen und der geringe Eigenkapitalpuffer mittelalterlicher Banken.[75] Als die *Medici* im November 1494 nach heftigen politischen Auseinandersetzungen von der Ratsmehrheit aus Florenz vertrieben wurden und ihr Hab und Gut der Beschlagnahme anheimfiel, stand der *Banco Medici* bereits kurz vor dem Konkurs.[76] Vielen anderen Florentiner Banken erging es nicht besser.[77]

---

70 Anschaulich *Reinhardt* (Fn. 2), S. 27: „Vor allem mußte er [= ein erfolgreicher Bankier] Charaktere lesen können wie Geschäftsbücher. Das galt für die Auswahl der Zweigstellenleiter, denen man vertrauen können, aber auch auf die Finger sehen mußte. Und das galt mindestens ebenso für die Einschätzung der Kunden und ihrer Kreditwürdigkeit. Hier waren Voraussicht und vernünftige Risikobereitschaft, letztlich psychologischer Blick und Menschenkenntnis gefordert. Die beiden großen Bankiers Giovanni di Bicci und Cosimo haben beides besessen."

71 Vgl. *de Roover* (Fn. 4), S. 365; ferner *Goldthwaite*, Past and Present 114 (1987), 3, 8: „Lorenzo had little aptitude for business and he put the firm into the hands of Francesco Sassetti, a man who was incapable of providing it with vigorous leadership."; im Grundsatz auch *Tewes* (Fn. 7), S. 91 f., allerdings mit dem relativierenden Zusatz: „Die neuere Forschung konnte das negative Urteil über die geschäftlichen Fähigkeiten des *Magnifico* revidieren, indem sie ihm gerade für die Jahre ab ca. 1480 ein stärkeres Engagement für die ökonomischen Belange seines Hauses attestiert hat."

72 Vgl. *de Roover* (Fn. 4), S. 363: „His [= Sassetti's] duty was to keep branch managers under control, to audit their accounts, to detect any frauds, and to lay down the rules to be followed. This he did not do. Sassetti erred in giving the branch managers to much leeway and in not examining more carefully their reports."

73 Vgl. *de Roover* (Fn. 4), S. 368.

74 Vgl. *de Roover* (Fn. 4), S. 370: „Actually, the downfall is not traceable to a single cause but to a complex of circumstances and a combination of interacting factors whose importance is impossible to assess."

75 Näher *de Roover* (Fn. 4), S. 370 ff.

76 So *de Roover* (Fn. 4), S. 370; gleichsinnig *Goldthwaite*, Past and Present 114 (1987), 3, 8.

77 Vgl. *de Roover* (Fn. 4), S. 374: „By 1494 there were less than half-a-dozen bankers left, not enough to fill the offices of the Arte del Cambio. The decline was catastrophic. Thus the downfall of the Medici bank coincided with the collapse of the Florentine banking. Florence, it is true, reemerged as a banking center in the sixteenth century, but it never regained its leading position as the financial capital of Western Europe."

IV. Frühformen der Personengesellschaften im florentinischen Mittelalter

Die Florentiner „Kaufmannsbanquiers“[78], von den *Bardi* bis zu den *Medici*, bedienten sich für ihre geschäftlichen Aktivitäten jener Organisationsformen, die sich im hochmittelalterlichen Italien herausgebildet hatten: die *commenda* und *accomandita* als Vorläufer der modernen Kommanditgesellschaft und die *compagnia* als Frühform der heutigen Offenen Handelsgesellschaft.[79]

1. *Commenda* und *accomandita*

a) *Commenda*

Am Anfang stand die sog. *commenda*, die sich als ein „Kontrakt des Seehandels“[80] in den italienischen Hafenstädten herausgebildet hatte. Sie gilt als „the most famous of medieval commercial contracts, the linch-pin of the fantastic success of the Commercial Revolution in the Mediterranean from the eleventh to the thirteenth century“[81]. Konkret handelte es sich um eine Rechtsschöpfung der kaufmännischen Praxis mit einer charakteristischen Rollenverteilung zwischen zwei Parteien: Ein in der Heimat bleibender Kapitalgeber (*socius stans*) stattete einen reisenden Unternehmer (*tractator*) mit Kapital (Waren, Schiff, Geld) aus, das dieser gewinnbringend verwenden sollte. Bei seiner Rückkehr wurde der Gewinn nach einem bestimmten Schlüssel geteilt. Systematisch pflegt man zwei Arten von *commenda* zu unterscheiden: die einseitige *commenda*, zu der nur der *socius stans*, nicht aber der (meist mittellose) *tractator* Kapital beisteuerte, und die beidseitige *commenda*, an der sich auch der *tractator* zusätzlich zu seiner Arbeits-

---

78 *Le Goff* (Fn. 22), S. 36.

79 Dazu aus juristischer Sicht *Fleischer/Cools*, ZGR 2019, 463, 472 ff.; *Fleischer*, in ders. (Hrsg.), Personengesellschaften im Rechtsvergleich, 2021, § 1 Rn. 91 ff. (*commenda*), Rn. 128 ff. (*compagnia*); aus historischer Sicht *Goldthwaite* (Fn. 3), S. 64 ff.; *Körner* (Fn. 24), S. 41 ff.; *Le Goff* (Fn. 22), S. 21 ff.

80 *Silberschmidt*, Die Commenda in ihrer frühesten Entwicklung bis zum XIII. Jahrhundert, 1884, S. 36 und 69.

81 *Pryor*, Viator: Medieval and Renaissance Studies 14 (1983), 133; ähnlich *Lopez* (Fn. 23), S. 76: „a medieval innovation of the highest importance“.

kraft mit einem (häufig geringeren) Kapitalanteil beteiligte.[82] Ihre Rechtsbezeichnung leitet sich von dem Verb *commendare* (= anvertrauen, anempfehlen) ab[83], was den Akt des Anvertrauens von Kapitalien zum Ausdruck bringt.[84] Urkundlich zuerst erwähnt wurde die *commenda* in ihrer venezianischen Form der *collegantia* im Jahre 976[85], der früheste schriftlich überlieferte Notarvertrag stammte von 1073.[86] Das erste zuverlässig feststellbare Stadtstatut, welches sich der *commenda* annahm, war das Constitutum Usus aus Pisa von 1156, eine Zusammenstellung des lokalen Gewohnheitsrechts.[87]

Im Geschäftsverkehr der italienischen Städte Florenz, Genua und Pisa erwies sich die seehandelsrechtliche *commenda* als außerordentlich populär[88]: Als Vermählung von Arbeit und Kapital[89] bildete sie ein höchst praktisches Instrument der Unternehmensfinanzierung[90] und besaß obendrein einen flexiblen Grundrahmen, der maßgeschneiderte Gestaltungen ermöglichte.[91] Ein niederländischer Historiker hat sie jüngst mit der heutigen Einwerbung von Venture Capital verglichen.[92] Zum anderen war die *commenda* aus Investorensicht „*die* Kapitalanlage jener Zeit schlechthin"[93]: Ausweislich der erhaltenen Urkunden ließen nicht nur Aristokratie und Geldadel, sondern auch Handwerker, Richter, Notare und Priester ihr Kapital zwecks Vermehrung über die Meere tragen.[94] Eine wesentliche Rol-

---

82 Vgl. *Goldschmidt*, Universalgeschichte des Handelsrechts, 3. Aufl. 1891, S. 259 ff.; *Gonzáles de Lara*, in Wells (Hrsg.), Research Handbook on the History of Corporate and Company Law, 2017, S. 65, 71 f.; *Pryor*, Speculum: A Journal of Medieval Studies 51 (1977), 5, 7 ff.

83 Vgl. *Goldschmidt* (Fn. 82), S. 257.

84 Näher dazu *Silberschmidt* (Fn. 80), S. 23 und 74 f. m.w.N.

85 Vgl. *Silberschmidt* (Fn. 80), S. 38 m.w.N.

86 Vgl. *Pryor*, Speculum: A Journal of Medieval Studies 51 (1977), 5, 13.

87 Vgl. *Pryor*, Speculum: A Journal of Medieval Studies 51 (1977), 5, 13; *Silberschmidt* (Fn. 80), S. 52 ff.; *M. Weber*, Zur Geschichte der Handelsgesellschaften im Mittelalter, 1889, S. 97 ff.

88 Vgl. *Cordes*, in Handwörterbuch zur deutschen Rechtsgeschichte, 2. Aufl. 2012, Bd. II, Stichwort: Kommanditgesellschaft, Sp. 1966, 1967: „tausendfach abgeschlossen".

89 Von einer „Verbindung von Kapital und Arbeit" spricht *Rehme*, in Ehrenbergs Handbuch des gesamten Handelsrechts, Bd. I, 1913, S. 28, 102; anschaulich auch *Amend-Traut*, in De ruysscher/Cordes/Dauchy/Pihlajamäki (Hrsg.), The Company in Law and Practice: Did Size Matter?, 2017, S. 63, 66: „The penniless merchant used his expertise while benefiting from the investment of the capital holder, and vice versa."

90 Vgl. *Pryor*, Speculum: A Journal of Medieval Studies 51 (1977), 5, 13: „an eminently practical means of financing commerce."; ferner *Gonzáles de Lara* (Fn. 82), S. 65, 72.

91 Vgl. *Pryor*, Speculum: A Journal of Medieval Studies 51 (1977), 5, 13; von einem „einfachen und funktionalen Gesellschaftstyp" spricht auch *Cordes* (Fn. 88), Sp. 1966, 1967.

92 Vgl. *Fynn-Paul*, Low Countries Journal of Social and Economic History 14 (3), 2018, 85, 87 f.

93 *Silberschmidt* (Fn. 80), S. 106.

94 Vgl. *van Doosselaere*, Commercial Agreements and Social Dynamics in Medieval Genoa, 2009, S. 78 ff.

le spielte dabei, dass sich mit Hilfe der *commenda* – ähnlich wie mit dem Wechselgeschäft[95] – das Zins- und Wucherverbot des kanonischen Rechts umgehen ließ.[96]

Im Laufe der Zeit veränderte die *commenda* ihren Charakter: War die Seecommenda ursprünglich nur eine Gelegenheitsgesellschaft für eine einzige Geschäftsreise[97], so wurde die Land- oder Binnencommenda immer häufiger für eine bestimmte Dauer abgeschlossen.[98] Dieser Wandel der Handels-, Geschäfts- und Organisationsstruktur ließ sich auch und gerade in Florenz beobachten: „In the early years of the commercial revolution Florentines, like other merchants, probably engaged in single venture enterprises, going off on their own or on a commenda contract with a sleeping partner who provided some capital but remained at home. In the course of the time they advanced to a sedentiary organization that had a fixed base at home and operated through partners, employees, or agents abroad."[99] Ein bekanntes Beispiel für Kommanditgesellschaften, die bereits auf eine gewisse Kontinuität angelegt waren, findet sich bei dem eingangs erwähnten Prateser Kaufmann *Francesco Datini*. Dieser hatte gegen Ende des 14. Jahrhunderts gleich mehrere Kommanditgesellschaften mit unterschiedlichen Unternehmensgegenständen nebeneinander unterhalten.[100] Auf Einzelheiten ist zurückzukommen.[101]

95 Vgl. oben II 1.

96 Vgl. *Fynn-Paul*, Low Countries Journal of Social and Economic History 14 (3), 2018, 85, 86; *Wesel*, Geschichte des Rechts in Europa, 2010, S. 271: „Im Ergebnis war mit der Konstruktion dieser Gesellschaft das Zinsverbot der Kirche umgangen. Zumal die Kirche auch selbst gern solche Geschäfte machte."

97 Abdruck eines typischen *commenda*-Vertrages aus dem Jahre 1163 bei *Le Goff* (Fn. 22), S. 22: „Zeugen: Simone Bucuccio, Ogerio, Peloso, Ribaldo di Sauro und Genoardo Tosca. Stabile und Ansaldo Garration haben eine ‚societas' gegründet, in die Stabile, nach eigener Aussage, 88 Lire eingebracht hat, und Ansaldo 44 Lire. Ansaldo nimmt dies Kapital mit nach Tunis, um es zinsbringend anzulegen oder überall dorthin, wo das Schiff, das er benutzt, hinfahren sollte – nämlich das Schiff von Baldizzone Grasso und Girardo. Bei seiner Rückkehr wird er die Gewinne zum Zwecke der Teilung Stabile oder seinem Vertreter übergeben. Nach Abzug des Kapitals werden sie die Gewinne zur Hälfte teilen. Ausgefertigt im Kapitelhaus am 29. September 1163. Darüber hinaus ermächtigt Stabile Ansaldo, das Geld nach Genua zu schicken, und zwar mit einem von letzterem selbst bestimmten Schiff."

98 Vgl. *Amend-Traut*, in Handwörterbuch zur deutschen Rechtsgeschichte, 2. Aufl. 2012, Bd. II, Stichwort: Handelsgesellschaften, Sp. 703, 705; *Silberschmidt* (Fn. 80), S. 137; *M. Weber* (Fn. 87), S. 37; eingehend auch *Körner* (Fn. 24), S. 31, 42: „Die eigentliche Kommanditgesellschaft war die konsequente Weiterentwicklung des einfachen Kommanditvertrages."

99 *Goldthwaite* (Fn. 3), S. 64 f.; eingehend zum sesshaften Kaufmann auch *Le Goff* (Fn. 22), S. 21 ff.

100 Näher *Körner* (Fn. 24), S. 31, 42; *Origo* (Fn. 16), S. 101 ff., 124 ff.

101 Vgl. unter V 2.

b) Florentiner *accommandita*

Von der *commenda* führte der nächste Entwicklungsschritt zur sog. *accomandita* der spätmittelalterlichen italienischen Stadtrechte.[102] Ihre Geburtsstunde lässt sich mit dem Gesetz der Republik Florenz vom 30. November 1408[103] exakt bestimmen, das erstmals eine Anlagemöglichkeit für Gesellschafter gesetzlich festschrieb, die nur beschränkt haften wollten.[104] Seine Besonderheit bestand darin, dass die Möglichkeit der Haftungsbeschränkung an einen obligatorischen Registereintrag geknüpft war: Die an einer Gesellschaft beteiligten *socii* konnten ihre Haftung auf die Einlage beschränken, indem sie sich in ein Accomanditenbuch eintragen ließen, das vom lokalen Handelsamt, der *Università della Mercancia*, geführt wurde.[105] Durch Einsichtnahme in dieses Buch konnten sich die Gläubiger vergewissern, welche Gesellschafter ihnen unbeschränkt und welche beschränkt hafteten.

Die *Medici* machten von dieser neuen Rechtsformvariante rasch Gebrauch, vor allem bei der Errichtung neuer Gesellschaften außerhalb von Florenz. So wird berichtet, dass die Neugründung in Neapel im Jahre 1415 als *accomandita* erfolgte.[106] Gleiches galt für die Auslandsgründung 1426 in Genf.[107] Und schließlich war auch die Gesellschaft in Brügge, von der später noch ausführlich die Rede sein wird[108], ursprünglich als *accomandita* organisiert.[109] Insgesamt nutzte die Florentiner Kaufmannschaft die *accommandita* im 15. und frühen 16. Jahrhundert aber nur sehr zögerlich.[110] Kaum mehr als eine Handvoll Gesellschaften ließen sich

---

102 Näher *Fleischer/Cools*, ZGR 2019, 463, 474 f.; noch ausführlicher *Fleischer*, in ders. (Hrsg.), Personengesellschaften im Rechtsvergleich, 2021, § 1 Rn. 107 ff. m.w.N. zur nicht unbestrittenen historischen Kontinuität von *commenda* und *accomandita*.

103 Wiedergegeben bei *Fierli*, Della società chiamata accomandita e di altre materie mercantili, 1803, S. 14 ff.

104 Dazu *Cordes* (Fn. 88), Sp. 1966, 1967; *Goldschmidt* (Fn. 82), S. 269; eingehend *Melis*, in The Third International Conference of Economic History, 1974, S. 47 ff.; *ders.*, in Spallanzani (Hrsg.), L'azienda nel Medioevo, 1991, S. 170 ff.

105 Vgl. *Cordes* (Fn. 88), S. 243, 247.

106 Vgl. *de Roover* (Fn. 4), S. 43: „However, the Naples subbranch in 1415 became an *accomanda* (limited partnership), in which the Medici were the silent or dormant partners; accordingly, they were liable only to the extent of their initial investment."

107 Vgl. *de Roover* (Fn. 4), S. 50.

108 Näher unten VI.

109 Vgl. *de Roover* (Fn. 4), S. 338: „[...] the Bruges branch in 1450 was placed under the management of Angelo di Jacopo Tani (1415–1492), first as an accomanda and, after a few months, as a full-fledged partnership."

110 Vgl. *Goldthwaite*, Past and Present 114 (1987), 3, 14; zuletzt auch *Trivellato*, Business History Review 94 (2020), 229, 242 ff.

jährlich registrieren.[111] Erst später gewann die *accomandita* als Investitionsvehikel zunehmend an Beliebtheit.[112] Dessen ungeachtet war Florenz mit ihrer Etablierung den anderen Handelsstädten weit voraus: „In any event, Florence seems to have been far ahead of the other Italian centers in devising this kind of limited-liability contract, although the instrument never realized its potential for evolving into something like a joint-stock company […].“[113]

2. *Compagnia*

Die frühen Anfänge der offenen Handelsgesellschaft reichen zurück bis ins spätmittelalterliche Italien des ausgehenden 12. und beginnenden 13. Jahrhunderts. Dort bildeten sich in der Toskana, vor allem in Florenz, aus der Familien- und Hausgemeinschaft Zusammenschlüsse zu gemeinsamer gewerblicher Tätigkeit heraus[114], und zwar sowohl von Handwerkern auf lokaler Ebene als auch von international tätigen Kaufmannsfamilien wie den *Alberti*, *Bardi*, *Peruzzi* und *Medici*.[115] In ihrer Bezeichnung als *compagnia* (abgeleitet von *cum pane* = Brotgemeinschaft[116]) spiegelte sich ihr familiärer Ursprung wider.[117] Alle großen Florentiner Handelsgesellschaften waren Familiengesellschaften.[118]

Ebenso wie die *commenda* verdankte die *compagnia* ihre Entstehung den Handelsbräuchen und dem Handelsgewohnheitsrecht, die ihren Niederschlag in

111 Vgl. *Goldthwaite* (Fn. 3), S. 67: „From the late fifteenth century to the 1530s fewer than six such contracts, on the average, were registered annually, and the annual investment was less than fl. 8.000.“

112 Dazu und zu möglichen Gründen *Goldthwaite* (Fn. 3), S. 67: „Whether this increase represented economic expansion or the emergence of a *rentier* mentality on the part of investors seeking protection against risks in a time of contraction remains a moot point inasmuch as the registers of contracts have never been exhaustively studied.“; eingehend *Goodman*, J. European Econ. Hist. 10 (1981), 424.

113 *Goldthwaite* (Fn. 3), S. 67.

114 Vgl. *Peruzzi*, Storia del commercio e dei bancherieri di Firenze in tutto il mondo conosciuto dal 1200 al 1345, 1868, S. 211: „Quelle società si composero in principio della famiglia del mercante e di suoi parenti.“

115 Vgl. *Amend-Traut* (Fn. 98), Sp. 703, 705; *Goldschmidt* (Fn. 82), S. 272 f.

116 Vgl. *Goldschmidt* (Fn. 82), S. 271 f.; *Rehme* (Fn. 89), S. 103.

117 Näher *Fleischer*, NZG 2017, 1201, 1202 m.w.N.; ferner *Origo* (Fn. 16), S. 124: „Die *compagnia* war ursprünglich ein kleines Familienunternehmen: Partner waren Vater und Sohn oder auch Brüder, also Männer, die im selben Haus dasselbe Brot aßen […], die alle die gleichen Interessen hatten und für die es daher selbstverständlich war, ohne Vorbehalt füreinander einzustehen.“

118 Vgl. *Körner* (Fn. 24), S. 33, 43; *Schneider*, Zeitschrift für Unternehmensgeschichte 61 (2016), 64, 73.

den Gesellschaftsverträgen jener Zeit fanden. Hinzu kamen seit dem 12. Jahrhundert die Statutargesetzgebung der Kommunen sowie die Statuten der Gilden und Zünfte, die von den städtischen und zünftischen Rechtsprechungsorganen neben dem lokalen Gewohnheitsrecht angewendet wurden.[119] Von der römischen *societas* hob sich die mittelalterliche *compagnia* vor allem durch ihre allmähliche Verselbständigung und Verfestigung im Außenverhältnis ab. Jeder einzelne Handelsgesellschafter haftete persönlich und solidarisch für die Verbindlichkeiten der Gesellschaft.[120] Für Florenz lässt sich dies seit 1309 an der Entwicklungsreihe der Stadtstatuten ablesen[121], namentlich an den Statuta Populi Fiorentini von 1324. Außerdem enthielten verschiedene Gesellschaftsverträge ausdrückliche Vereinbarungen zur Solidarhaftung, etwa jener der *Peruzzi* von 1324.[122] Abweichungen blieben die seltene Ausnahme und ließen sich in der Statutenpraxis nicht durchhalten. Hiervon zeugt der erfolglose Versuch Sienas im Jahre 1310, die Solidarhaftung durch eine anteilige Haftung zu ersetzen, was zu einem dramatischen Bedeutungsverlust der Stadt als Handelszentrum führte.[123] Ernüchtert kehrte Siena im Jahre 1343 zur Solidarhaftung zurück.

Im frühen 14. Jahrhundert war die *compagnia* eine vollständig ausgebildete Organisationsform.[124] Die von den *compagni* vereinbarten Gesellschaftsverträge hatten gewöhnlich eine Laufzeit von drei bis fünf Jahren.[125] Inhaltlich ähnelten sie einander, auch wenn sie keinem Standardmodell folgten.[126] Der Vertragsschluss selbst bedurfte keiner notariellen Beurkundung.[127] Die Möglichkeiten einer Vertragsverlängerung[128] und einvernehmlichen Einlagenerhöhung schufen

---

119 Dazu etwa *M. Weber* (Fn. 87), S. 97 ff., 128 ff. und passim.

120 Näher zu Folgendem *Fleischer*, FS K. Schmidt, 2019, Bd. I, S. 325, 327 ff. m. w. N.

121 Näher *Lastig*, ZHR 24 (1879), 387, 431 ff.; ihm folgend auch unter Erörterung der Einzelregelungen über Vollstreckung und Haftung wegen Verbindlichkeiten eines flüchtigen Mitgesellschafters *M. Weber* (Fn. 87), S. 130 ff.

122 Vgl. *Bauer*, Unternehmung und Unternehmensformen im Spätmittelalter und in der beginnenden Neuzeit, 1936, S. 138.

123 Dazu *English*, Enterprise and Liability in Sienese Banking, 1230–1350, S. 59 ff. (zu frühen Vorstößen der notleidenden *Bonsignori*-Bank), S. 96; *Sapori*, Studi di Storia economica, 1955, S. 804 f.

124 Vgl. *Goldthwaite* (Fn. 3), S. 65.

125 Näher *Goldthwaite* (Fn. 3), S. 65.

126 Auch dazu *Goldthwaite* (Fn. 3), S. 65.

127 Vgl. *Goldthwaite* (Fn. 3), S. 65: „The partnership contract, however, was a private instrument, not a notarized document. The abandonment of the notary and the consequent confidence in such a private contract indicate that certain legal principles and institutions were in place by the early fourteenth century; they are significant benchmarks in the evolution of business practice."

128 Vgl. *Le Goff* (Fn. 22), S. 24: „gewohnheitsmäßige Erneuerung".

die Voraussetzungen für ein planvolleres Wirtschaften in größerem Umfang: „The firm [= *compagnia*] thus offered the entrepreneur infinitely greater flexibility than the kind of single-venture arrangements typically used by merchants of port cities who engaged in maritime commerce tied to specific sailing enterprises; it represented a step forward from speculation to planning, from a venture to a sedentary enterprise. The partnership was the basic business unit within the organizational structure of the Florentine commercial and banking network abroad."[129]

V. Zentrale und dezentrale Organisationsstrukturen florentinischer Banken

Was den Aufbau der großen florentinischen Banken und Handelshäuser anbelangt, lösten zentrale und dezentrale Organisationstypen einander im Zeitablauf ab.[130]

1. Zentraler Organisationstyp („Einheitsunternehmen")

In der zweiten Hälfte des 13. und der ersten Hälfte des 14. Jahrhunderts entstanden in Italien eine Reihe großer Bankhäuser.[131] Drei von ihnen, die *Bardi*, *Peruzzi* und *Acciaiuoli*, allesamt aus Florenz, erwuchsen zu außerordentlicher Größe und erzielten enorme Reichweiten weit über die Stadt- und Landesgrenzen hinaus. Daher werden sie in der jüngeren Forschung auch als „medieval super-companies"[132] bezeichnet. Der Sache nach handelte es sich um quasi-permanente Partnerschaften in dem Sinne, dass sie nach Ablauf der jeweiligen Vertragsdauer ent-

129 *Goldthwaite* (Fn. 3), S. 66.

130 Vgl. *de Roover* (Fn. 4), S. 77: „From a legal and structural point of view, it is possible to classify the Florentine banking and trading companies into two different types: those having a centralized form of organization and those constituted by a combination of autonomous partnerships controlled either by an individual or by another partnership topping the whole edifice."; dem folgend *Schneider*, Zeitschrift für Unternehmensgeschichte 61 (2016), 64, 75 ff.

131 Vgl. *Hunt* (Fn. 20), S. 1.

132 Näher *Hunt* (Fn. 20), S. 2: „'Megacompany' is another seductive term, but it is misleadingly pretentious, conjuring up a vision of much greater resources than we will find is the case. I have therefore opted for the relatively simple term 'super-company', which connotes an entity both larger than and qualitatively different from other business organization of that era."

weder verlängert oder in modifizierter Form fortgeführt wurden.[133] Im Falle der *Peruzzi* begann die Kette aufeinanderfolgender *compagnia*-Verträge im Jahre 1292;[134] der sechste und letzte Vertrag wurde 1335 unterzeichnet.[135] Kennzeichnend für diese *super-companies* war eine streng-zentrale Organisationsstruktur: Die Hauptniederlassung in Florenz und alle Zweigniederlassungen innerhalb und außerhalb von Italien bildeten eine rechtliche Einheit.[136] Im Rahmen dieser *unitary form* machten die *super-companies* als „Generalisten" alle Arten von Geschäften, die sie für sinnvoll und gewinnbringend hielten.[137]

Unternehmensführung und Mitspracherechte lagen theoretisch in den Händen aller in Florenz residierenden Gesellschafter; bei den *Peruzzi* waren dies 16 im Jahre 1324 und 21 im Jahre 1331.[138] Diese bestimmten aus ihrer Mitte eine Leitungspersönlichkeit (*capo della compagnia*), der praktisch alle wesentlichen Funktionen eines modernen Vorstandsvorsitzenden wahrnahm.[139] Die übrigen Gesellschafter, unter ihnen eine nennenswerte Anzahl von Nichtfamiliengesellschaftern, beteiligten sich häufig ebenfalls an der Geschäftsführung, indem sie etwa in- oder ausländische Niederlassungen leiteten.[140] Für die *Peruzzi* ergab sich daraus eine zweistufige Organisationsstruktur, die *Edwin Hunt* aus deren überlieferten Geschäftsbüchern zu rekonstruieren vermochte.[141] An der Spitze stand danach ein Gesellschafter, dem unmittelbar die verschiedenen Aktivitäten in Florenz (Bank- und Textilgeschäfte) unterstanden. Die wichtigsten der insgesamt 14 Niederlassungen (Neapel, Sizilien, Avignon, England, Brügge, Paris) wurden von Partnern geführt, die übrigen von Angestellten (*fattori*).

Die größte organisatorische Herausforderung für die *super-companies* des 13. und 14. Jahrhunderts bestand darin, die geschäftlichen Aktivitäten in ihren weit

---

133 Vgl. *Hunt* (Fn. 20), S. 76 mit dem Zusatz: „Each partnership lasted as long as it suited the partners; some were closed and profits distributed after two years, while others continued for as many as twelve years. The main purpose of closing a partnership was to effect a new alignment of shareholdings, usually, but not always accompanied by a formal distribution of profit. Whatever the reasons for closure, the business continued without interruption."; ferner *Origo* (Fn. 16), S. 128.

134 Vgl. *Hunt* (Fn. 20), S. 77.

135 Vgl. *Hunt* (Fn. 20), S. 184.

136 So *de Roover* (Fn. 4), S. 77: „The essential characteristic of the Bardi and Peruzzi companies is that they formed single units or entities embracing the home office in Florence and all the branches abroad."

137 So *Schneider*, Zeitschrift für Unternehmensgeschichte 61 (2016), 64, 65.

138 Vgl. *de Roover* (Fn. 4), S. 78.

139 In diesem Sinne *de Roover* (Fn. 4), S. 78.

140 Vgl. *Hunt* (Fn. 20), S. 77.

141 Näher *Hunt* (Fn. 20), S. 77 ff. mit einer graphischen Übersicht auf S. 79.

verstreuten Niederlassungen wirkungsvoll zu kontrollieren und Missmanagement sowie Korruptionsfälle zu unterbinden. Hierfür griffen die *Peruzzi* hauptsächlich auf vier Instrumente zurück[142]: eine starke Überwachungsabteilung am Florentiner Hauptsitz, die sorgfältige Rekrutierung sämtlicher Mitarbeiter, ein Rotationssystem für das Führungspersonal einschließlich vorübergehender Abordnungen nach Florenz und die hartnäckige Aufmerksamkeit einer durchsetzungsstarken Leitungspersönlichkeit[143].

Alle drei *super-companies* sind schließlich innerhalb kurzer Zeit zusammengebrochen und unwiederbringlich verschwunden: die *Peruzzi* und die *Acciaiuoli* im Jahre 1343, die *Bardi* im Jahre 1346. Als Hauptgrund führte man traditionell schwindelerregend hohe Darlehen an den englischen König *Edward III.* zur Finanzierung des 100jährigen Krieges an,[144] doch zeichnet die neuere Forschung inzwischen ein differenzierteres Bild.[145]

2. Dezentraler Organisationstyp („Holding-Struktur")

Mit der Zeit wurde der hergebrachte zentrale Organisationstyp der Florentiner Banken durch einen stärker dezentralen verdrängt. Dieser bestand nicht mehr nur aus einer einzigen *compagnia*, sondern aus einem ganzen System von Personengesellschaftsverträgen, die durch eine natürliche Person oder eine übergeordnete Personengesellschaft zusammengehalten wurden.[146] *Melis* verwendet hierfür den Begriff *sistema d'aziende*, *Goldthwaite* den des *partnership agglomerate*.[147] Als frühe Beispiele nennt letzterer eine Reihe von Familienunternehmen Mitte des

142 Näher zu Folgendem *Hunt* (Fn. 20), S. 88 ff.

143 Vgl. *Hunt* (Fn. 20), S. 96: „The Peruzzi Company was very fortunate in having two very able, single-minded chairmen over a period of more than forty years. The talented and enterprising Filippo dominated the company from its inception until his death in 1303. His successor, Tommasso, was characterized by Sapori as a strong prestigious governor of great honesty and ability during his uninterrupted tenure from 1303 to 1331."

144 Vgl. den Hinweis von *Hunt* (Fn. 20), S. 1 auf den zeitgenössischen Chronisten *Giovanni Villani*: „Villani claimed that the English king owed the Peruzzi company the colossal sum of 600,000 Florentine florins when it went bankrupt in 1343, and the Bardi an even larger total of 900,000 florins when it failed in 1346."

145 Näher *Hunt* (Fn. 20), S. 245 ff. und passim; s. auch *Körner* (Fn. 24), S. 32, 43: „Opfer ihres eigenen Gigantismus".

146 Vgl. *Padgett/McLean*, American Journal of Sociology 111 (2006), 1463, 1474 ff.; *Schneider*, Zeitschrift für Unternehmensgeschichte 61 (2016), 64, 73 ff.

147 Vgl. *Melis*, in Troisième conférence internationale d'histoire économique, 1974, S. 47 ff.; *Goldthwaite* (Fn. 3), S. 70.

14. Jahrhunderts in Florenz, Pisa und Lucca, die ihre Geschäfte jeweils über mehrere eigenständige Personengesellschaften betrieben.[148]

a) *Datinis* Unternehmenskonglomerat

Die Fortentwicklung dieses neuen Organisationstyps zu einer Art Holdingstruktur bringt die neuere Forschung mit dem Unternehmenskonglomerat von *Francesco de Marco Datini* in Verbindung.[149] Dieser gründete und unterhielt gegen Ende des 14. Jahrhunderts eine Reihe von Kommanditgesellschaften[150]: „In einer beteiligte er sich an der Vermarktung von Florentiner Produkten, in einer zweiten am Geschäftsgang dreier Strumpf- und Tuchläden in Florenz, in einer dritten am Salzhandel im Rhonetal, in einer vierten am Verkauf von Krämerwaren in Avignon; später fügte er noch eine vertragliche Verbindung mit einem Milanesen zur Fabrikation von Soldatenkopfbedeckungen hinzu. Schließlich trat er noch einer Speditionsfirma bei, welche Warenaustausch zwischen der Lombardei und der Provence betrieb. Weitere Kommanditverträge brachten noch Geschäftsverbindungen mit Barcelona, Valencia, Mallorca und Ibiza."[151]

Nach einer vielzitierten US-amerikanischen Studie zeichnete sich *Datinis* Firmenimperium durch folgende Hauptmerkmale aus: (1) rechtlich selbständige Personengesellschaften mit eigenen Geschäftsleitern an jedem Ort,[152] (2) separate Geschäftsbücher für jede Personengesellschaft, (3) Diversifizierung des Tätigkeitsfeldes in verschiedenen Branchen, (4) Entstehung einer Art Holding-Gesellschaft dadurch, dass *Datinis* Florentiner Personengesellschaft Anteile an anderen Personengesellschaften hielt, (5) zentrale Überwachung aller Gesellschaften durch eine große Anzahl von Geschäftsbriefen und regelmäßige Tref-

---

148 Vgl. *Goldthwaite* (Fn. 3), S. 70 f.; weitere Beispiele bei *Padgett/McLean*, American Journal of Sociology 111 (2006), 1463, 1478.

149 Vgl. *Goldthwaite* (Fn. 3), S. 70; *Körner* (Fn. 24), S. 32, 42; *Origo* (Fn. 16), S. 124 ff.; *Schneider*, Zeitschrift für Unternehmensgeschichte 61 (2016), 64, 74; relativierend *Padgett/McLean*, American Journal of Sociology 111 (2006), 1463, 1478: „In the hindsight of this contextualization, Datini stands out more because of the quality of his surviving documentation than because of the uniqueness of his organizational design."

150 Für ein Schaubild seines Fimennetzes *Origo* (Fn. 16), S. 125.

151 *Körner* (Fn. 24), S. 32, 42; ähnlich *Origo* (Fn. 16), S. 101.

152 Dazu auch *Origo* (Fn. 16), S. 128 f.: „Bis dahin war es üblich gewesen, daß eine *compagnia* ein Hauptkontor hatte, das etliche Filialen in anderen Städten mitverwaltete. Francesco dagegen gründete zusätzlich zu seinem Hauptkontor in Prato an allen Orten, an denen er Handel trieb, selbständige Gesellschaften. Jede dieser Firmen hatte verschiedene Gesellschafter, nur er selbst gehörte allen als Hauptgesellschafter an und kontrollierte überall die Geschäftsführung."

fen zwischen *Datini* und seinen verschiedenen Mitgesellschaftern, (6) doppelte Buchführung.[153]

Ein wesentlicher Vorteil dieser neuartigen Organisationsstruktur lag in ihrer großen Anpassungsfähigkeit: Je nach Konjunkturlage konnte *Datini* das Geschäftsvolumen in den einzelnen Branchen steigern, drosseln oder auf Null zurückschrauben.[154] Allerdings entsprang die Entwicklung des *sistema d'aziende* nicht allein seinem kreativen Unternehmergeist, sondern war vielmehr eine von der Florentiner Geschäftswelt gemeinsam hervorgebrachte organisatorische Erfindung.[155]

b) Holding-Modell der *Medici*-Bank

Weiter verfeinert wurde das Holding-Modell sodann durch die *Medici*-Bank. Anders als die früheren Bankhäuser der *Bardi* und *Peruzzi* war sie nicht als rechtliches Einheitsunternehmen organisiert, sondern bestand aus einer Kombination verschiedener, rechtlich selbständiger Personengesellschaften.[156] In den Worten von *de Roover*: „Each of the branches or manufacturing establishments was a separate legal entity (*ragione*) with its own style, its own capital, its own books, and its own management."[157] An der Spitze dieses Gesellschaftsgeflechts stand die Florentiner *compagnia*, die sämtliche Tochtergesellschaften kontrollierte: die das lokale Bankgeschäft verantwortende Tavola in Florenz, zwei in der Wolltuchherstellung tätige Gesellschaften und eine weitere in der Seidenstoffproduktion, vier Tochtergesellschaften in Italien (Mailand, Rom, Pisa, Venedig) sowie vier jenseits

---

153 So *Padgett/McLean*, American Journal of Sociology 111 (2006), 1463, 1476; dies aufnehmend auch *Schneider*, Zeitschrift für Unternehmensgeschichte 61 (2016), 64, 74.

154 Vgl. *Körner* (Fn. 24), S. 42: „Die unbeschränkten Möglichkeiten der Diversifizierung durch die Bildung immer neuer Kommanditgesellschaften unterwarfen so ein komplexes Netz von Verbindungen steten Strukturveränderungen. Es konnte deshalb den sich oft brüsk ändernden Konjunkturlagen leicht angepaßt werden. Der große Vorteil dieser Unternehmensform lag darin, daß das Geschäftsvolumen bei optimaler Risikominimierung in Einzelverträgen erweitert werden konnte."

155 So sehr klar *Padgett/McLean*, American Journal of Sociology 111 (2006), 1463, 1478: „Instead it was a simultaneous invention by the community of Florentine businessmen interacting with each other."

156 Vgl. *de Roover* (Fn. 4), S. 78: „a combination of partnerships all controlled by a 'parent' firm", S. 81: „a 'parent' company located in Florence and several subsidiaries".

157 *De Roover* (Fn. 4), S. 78; dazu auch *Fazzini/Fici/Montrone/Terzani*, Int. Bus. & Econ. Research J. 15 (2016), 271, 274; *Tewes* (Fn. 7), S. 95.

der Alpen (Genf, Brügge, London, Avignon).[158] An allen diesen Tochtergesellschaften hielten die *Medici* mehr als 50 % der Anteile.[159] Rechtstechnisch wurden die Personengesellschaftsverträge über die Tochtergesellschaften zwischen der Florentiner Mutter und den lokalen Partnern geschlossen.[160] Die dogmatische Frage, ob sich eine Personengesellschaft überhaupt an einer anderen Personengesellschaft beteiligen kann,[161] hat man damals offenbar nicht problematisiert, sondern stillschweigend bejaht.

Mit Blick auf diese Organisationsstruktur zogen und ziehen Wirtschaftshistoriker den Vergleich mit einer modernen Holdinggesellschaft[162]: „In studying the organization of the Medici Bank, one cannot fail to notice how closely it resembles that of a holding company."[163] Der *Banco Medici* sei im Grunde eine Bankholding gewesen[164], die als erste ihrer Art die Ausbildung größerer Firmenstrukturen in den folgenden Jahrhunderten maßgeblich befördert habe.[165] Manche Autoren feiern *Cosimo di Bicci de' Medici* sogar als Erfinder der modernen Unternehmensgruppe, „als ersten Netzwerktheoretiker und Konzerndesigner der Geschichte"[166]. In diesen Überschwang mischen sich freilich auch vorsichtigere Stimmen, die von einer Kollektivleistung des Florentiner Wirtschaftssystems sprechen.[167]

Erwähnung verdient schließlich noch eine neuere Untersuchung, nach der die Struktur der *Medici*-Bank Ähnlichkeiten mit dem modernen Organisationstyp

---

158 Für ein erläuterndes Organigramm *de Roover* (Fn. 4), S. 83 zur Konzernstruktur um 1455.

159 Vgl. *de Roover* (Fn. 4), S. 81; *Tewes* (Fn. 7), S. 95; ferner *Le Goff* (Fn. 22), S. 24: „Die Medici in Florenz fungierten einzig als Bindeglied, das alle diese einzelnen Häuser zusammenhielt, denn sie hatten an jedem Geschäftskapital fast immer eine Mehrheitsbeteiligung und zentralisierten die Konten, die Informationen und die Geschäftspolitik."

160 Vgl. *de Roover* (Fn. 4), S. 82.

161 Dazu aus heutiger Sicht und zum deutschen Recht etwa MüKoHGB/*K. Schmidt*, 4. Aufl. 2016, § 105 Rn. 92 m.w.N.

162 Vgl. *Fazzini/Fici/Montrone/Terzani*, Int. Bus. & Econ. Research J. 15 (2016), 271, 274, 277; *Körner* (Fn. 24), S. 32, 44; *Tewes* (Fn. 7), S. 95.

163 *De Roover* (Fn. 4), S. 81.

164 Vgl. *Fazzini/Fici/Montrone/Terzani*, Int. Bus. & Econ. Research J. 15 (2016), 271, 283: „In detail we found evidence that the Banco de' Medici was essentially a bank holding company, the first in Europe and that it facilitated both domestic and international trade with its structure and practices."

165 *Zu Fürstenberg*, Die Wechselwirkung zwischen unternehmerischer Innovation und Kunst: Eine wissenschaftliche Untersuchung in der Renaissance und am Beispiel der Medici, 2012, S. 119.

166 *Amstutz* (Fn. 6), S. 947, 955.

167 Vgl. *Goldthwaite* (Fn. 3), S. 15; ferner *Schneider*, Zeitschrift für Unternehmensgeschichte 61 (2016), 64, 76: „Eine derartige Struktur lässt sich allerdings nicht nur für die *Medici*-Bank zeigen, sondern auch für eine Vielzahl anderer Unternehmen jener Jahre [...]; sie stellt also keineswegs ein reines Spezifikum der Medici-Bank oder gar eine Erfindung dieser dar."

der M-Form aufweist[168] – jener divisionalisierten Struktur also, deren Entstehungszeit man bisher auf die 1920er Jahre datiert.[169] Zur Begründung dieser Ähnlichkeiten heißt es: „Eine zentrale Leitung (die *maggiori* der Muttergesellschaft) übernimmt die strategische Planung und Kontrolle der jeweiligen Divisionen, die zum Teil nach unterschiedlichen wirtschaftlichen Tätigkeiten (Bankengeschäft, Woll- und Tuchhandel, Alaunmonopol etc.), vorwiegend aber geographischen Aspekten (als Filialen) gegliedert weitgehend autonome Firmen darstellen und selbst funktional organisiert waren. Obwohl die Medici-Bank dem noch eine holdingtypische Dachorganisation hinzufügt und die einzelnen Divisionen – ebenfalls holdingtypisch – rechtlich eigenständige Unternehmen bilden, halte ich diese Beschreibung als M-Form für eine wesentlich präzisere als die einer reinen Holding."[170]

Intern lag die Leitung des *Banco Medici* in den Händen des jeweiligen Familienoberhaupts, der hierbei durch einen Hauptgeschäftsführer (*ministro*) unterstützt wurde.[171] Dieser fungierte als oberster Berater aller Seniorgesellschafter (*maggiori*), führte die geheimen Geschäftsbücher der Muttergesellschaft und arbeitete konzernweite Leitlinien aus.[172] Hieraus resultierte eine große Machtkonzentration in der Florentiner Zentrale, die jene der *Bardi* und *Peruzzi* sogar noch übertraf.[173] Angesichts dessen ist die verbreitete Einordnung des *Medici*-Firmen-

168 So *Schneider*, Zeitschrift für Unternehmensgeschichte 61 (2016), 64, 82 f.

169 Grundlegend *Chandler*, Strategy and Structure: Chapters in the History of the American Industrial Enterprise, 4. Aufl. 1973, S. 9 mit folgender Beschreibung: „At the top is a general office. There, general executives and staff specialists coordinate, appraise and plan goals and policies and allocate resource for a number of quasi- autonomous, fairly self-contained divisions. Each division handles a major product line or carries on the firm's activities in one large geographical area."

170 *Schneider*, Zeitschrift für Unternehmensgeschichte 61 (2016), 64, 83.

171 Vgl. *de Roover* (Fn. 4), S. 78 f.; *Schneider*, Zeitschrift für Unternehmensgeschichte 61 (2016), 64, 76.

172 Vgl. *de Roover* (Fn. 4), S. 84: „For a long time the important position of the general manager in the organization of the Medici Bank was not fully realized. He was not only the chief advisor of the Medici in all business matters, but he carried the administrative burden which they were unable to shoulder. It was, for example, the duty of the general manager to correspond with all the branch managers, to determine the policies which they were to follow, to give them instructions, to read their reports, and to discuss with the Medici at the top all problems that could not be solved without the latter's approval."

173 Vgl. *Schneider*, Zeitschrift für Unternehmensgeschichte 61 (2016), 64, 76: „Das System der Partnerschaft sorgte für eine Zentralisierung der operativen Ebene sowie für eine Machtkonzentration in den Händen der Eigentümer. Im Vergleich zu den Banken der Peruzzi und Bardi war also sowohl der Einfluss der Unternehmensführung größer als auch die Entscheidungsfindung flexibler."; ferner *Schneider*, Zeitschrift für Unternehmensgeschichte 61 (2016), 64, 82: „Ist doch

imperiums als dezentraler Organisationstyp zwar rechtlich zutreffend, aber faktisch irreführend: „Die Dezentralisierung war nur eine Fiktion; von der Kapitalkraft her funktionierte die Firma wie ihre älteren Vorbilder als mächtige Einheit.“[174]

c) Rechtliche Implikationen

Infolge der rechtlichen Verselbständigung konnten zwischen den einzelnen Tochtergesellschaften separate Verträge abgeschlossen werden.[175] So stellte die eine der anderen etwa Kommission für erbrachte Dienste in Rechnung.[176] Bei gemeinsamen Projekten verständigte man sich vorher über eine Gewinn- und Verlustverteilung.[177]

Eine weitere Folge dieser Verselbständigung bestand darin, dass eine Tochtergesellschaft grundsätzlich nicht für die Verbindlichkeiten einer anderen einstehen musste.[178] Dies veranschaulicht ein Gerichtsverfahren vor dem lokalen Gericht in Brügge am 30. Juli 1455, über das *de Roover* eingehend berichtet[179]: Der Mailänder *Damiano Ruffini* verklagte die Brügger Tochtergesellschaft der *Medici* auf Schadensersatz, weil der Geschäftsleiter der Londoner Tochtergesellschaft *Simone Nori* neun Ballen Holz fehlerhaft verpackt hatte. *Tommaso Portinari*, der Geschäftsleiter der Brügger Tochtergesellschaft, wies alle Verantwortung von sich, weil der Kaufvertrag nicht mit der Brügger Tochtergesellschaft geschlossen worden war. *Ruffini* replizierte, beide Tochtergesellschaften seien Teil eines Unternehmens und gehörten ein und demselben Eigentümer („master“). Daraufhin erklärte *Portinari* unter Eid, dass es sich trotz der Eigentümeridentität um selbständige Gesellschaften handle. Das Brügger Gericht wies die Klage ab und ver-

---

einerseits sehr wohl eine innere Kontrolle der einzelnen Einheiten gegeben und die zentrale Führung der Medici-Bank als ‚schwach' zu bezeichnen unzutreffend [...].“

174 *Körner* (Fn. 24), S. 32, 44.

175 Vgl. *de Roover* (Fn. 4), S. 78; *Schneider*, Zeitschrift für Unternehmensgeschichte 61 (2016), 64, 76; *Tewes* (Fn. 6), S. 95; ebenso schon für Francesco Datinis verschiedene Gesellschaften *Origo* (Fn. 16), S. 129: „Wie später auch die Unternehmen der Medici, war jede der Firmen Francescos selbständig. Daraus folgte, daß jede von ihnen Provision und Zinsen zahlen mußte, wenn sie mit einer der anderen Geschäfte machte.“

176 Vgl. *Bauer* (Fn. 122), S. 143; *de Roover* (Fn. 4), S. 78.

177 Vgl. *de Roover* (Fn. 4), S. 78; *Schneider*, Zeitschrift für Unternehmensgeschichte 61 (2016), 64, 76.

178 Dazu *de Roover* (Fn. 4), S. 82; *Schneider*, Zeitschrift für Unternehmensgeschichte 61 (2016), 64, 76.

179 Zu Folgendem *de Roover* (Fn. 4), S. 84.

band dies mit dem Hinweis, dass *Ruffini* die Londoner *Medici*-Gesellschaft verklagen müsse. Zur rechtlichen Einordnung dieser Entscheidung schlägt *de Roover* eine Brücke ins 20. Jahrhundert: „A similar issue would be raised if a person brought suit in an American court against the Standard Oil of New Jersey for defective merchandise received from the Standard Oil of Indiana and based his case upon the argument that all Standard Oil companies were controlled by the Rockefellers! Of course, such an action would be so absurd as to be inconceivable. But the Ruffini vs. Portinari case, one should not forget, dates back to the fifteenth century. At that time, commercial law was still more or less in its infancy, especially in Northern Europe, and there were presumably no well-established precedents on the issue at stake. There is no doubt that the decision of the Bruges court is consonant with what was to become later accepted mercantile usage."[180]

Im ökonomischen Schrifttum erklärt man die Einführung der Holdingstruktur zum Teil als Reaktion auf die Zusammenbrüche der Familienbanken der *Peruzzi*, *Bardi* und *Acciaiuoli* mit ihrem Modell des Einheitsunternehmens.[181] Die rechtliche Verselbständigung der Tochtergesellschaften sollte eine Haftungsabschottung herbeiführen und so verhindern, dass die Insolvenz einer Tochtergesellschaft den ganzen Konzern mit in den Abgrund reißt.[182] Dieser Begründungsansatz ist aus juristischer Warte nicht falsch, bedarf aber einer Relativierung und weiteren Erläuterung: Wegen der persönlichen und unbeschränkten Haftung der Partner in einer Personengesellschaft (*compagnia*) führte die Konzernbildung zu keiner Abschottung des Privatvermögens der Gesellschafter vor dem Zugriff der Gesellschaftsgläubiger. Von diesem sog. *owner shielding*[183] (= *defensive asset partitioning*[184]) zu unterscheiden ist jedoch das sog. *entity shielding*[185](= *affirmative asset partitioning*[186]), mit dem ein bestimmter Fonds von Vermögenswerten gebildet wird, der für die Gesellschaftsverbindlichkeiten haftet und auf den Privatgläubiger keinen (*strong entity shielding*) oder allenfalls nachrangigen (*weak entity shielding*) Zugriff haben.[187] Dieser effi-

180 *De Roover* (Fn. 4), S. 84.

181 So etwa *Körner* (Fn. 24), S. 32, 43 f.; s. auch *Schneider*, Zeitschrift für Unternehmensgeschichte 61 (2016), 64, 73.

182 Vgl. *Körner* (Fn. 24), S. 32, 44; *Padgett/McLean*, American Journal of Sociology 111 (2006), 1463; 1466; *Schneider*, Zeitschrift für Unternehmensgeschichte 61 (2016), 64, 73.

183 *Hansmann/Kraakman/Squire*, 119 Harv. L. Rev. 1335, 1339 f. (2006).

184 *Hansmann/Kraakman*, 110 Yale L.J. 387, 395 f. (2000).

185 *Hansmann/Kraakman/Squire*, 119 Harv. L. Rev. 1335, 1337 (2006).

186 *Hansmann/Kraakman*, 110 Yale L.J. 387, 393 f. (2000).

187 Vgl. *Hansmann/Kraakman*, 110 Yale L.J. 387, 394 f. (2000); aus deutscher Sicht mit Blick auf die Funktionen der Gesamthand auch *Fleischer*, in ders. (Hrsg.), Personengesellschaften im Rechtsvergleich, 2020, § 1 Rn. 230 ff.; ferner *Pfaffinger*, Unbeschränkte Gesellschafterhaftung und

zienzfördernde Effekt[188] stellt sich nicht nur im Aktien- und GmbH-Konzern, sondern in seiner schwachen Form auch im Personengesellschaftskonzern ein[189] und wird als ein mögliches Motiv für die Organisationsstruktur der *Medici*-Bank genannt: „With each office organized as a separate partnership, the creditors of each office would have had a clearer first claim to the assets of that particular office, and hence less exposure to claims arising from other branches. In short, the hub-and-spoke system may have served as a formal reinforcement of the locational asset partitioning that had become customary practice. It is difficult to assess just how important this consideration might have been."[190]

Unabhängig davon lag ein Vorteil der rechtlichen Verselbständigung darin, dass sie die Beteiligung von familienfremden Geschäftsleitern an den jeweiligen Tochtergesellschaften der *Medici* erleichterte und so die Einführung vergütungsbasierter Anreizsysteme vereinfachte.[191] Dieser Gesichtspunkt wird bis heute als

---

Gläubigerschutz. Eine ökonomische Betrachtung des Haftungssystems der Personengesellschaften, 2016, S. 17 ff.

188 *Hansmann/Kraakman/Squire*, 119 Harv. L. Rev. 1335, 1344 f. (2006): „If however, the partnership in Florence were endowed with entity shielding, even just the weak form, a would-be creditor of that firm could focus principally on evaluating that firm's assets and prospects. He would need to be less concerned with the affairs of operations in Rome and Bruges because creditors of those firms would be able to levy on the assets of the partnership in Florence only after he had been paid in full. In short, entity shielding would dedicate the Florence partnership's assets principally to that partnership's own creditors. Although this necessarily distributes away value from the creditors of the Bruges and Rome partnerships, that effect can be offset if those partnerships are also given entity shielding. [...] Entity shielding thus promotes specialization, permitting creditors to limit the risks they face to those businesses that they know particularly well or that they can monitor with particular ease."

189 Dazu mit Blick auf die Medici auch *Pistor*, The Code of Capital. How the Law Creates Wealth and Inequality, 2019, S. 58.

190 *Hansmann/Kraakman/Squire*, 119 Harv. L. Rev. 1335, 1371 (2006).

191 Dazu *Fazzini/Fici/Montrone/Terzani*, Int. Bus. & Econ. Research J. 15 (2016), 271: „Therefore, according to this medieval form of 'stock option', a proactive 'fattore' had the possibility of becoming a director and, thereafter, shareholder, thus providing him with an effective incentive to work productively. The idea of the Medici family to structure the bank as a group of companies was, therefore, suitable to this purpose. The group structure, indeed, gave the possibility to a number of 'fattore' in each branch to become a shareholder so providing them with an incentive to improve the global performance of the group."; angedeutet auch bei *Hansmann/Kraakman/Squire*, 119 Harv. L. Rev. 1335, 1371 f. (2006): „There would have been other resons for adopting the new arrangement, such as providing stronger incentives to local managers (who were generally made partners only in the local subpartnership) and insulating those local managers from personal liability for debts that arose in other branches of the company (a benefit that the subpartnership structure would have provided even in the absence of weak entity shielding)."

ein Erklärungsmuster für die Schaffung von Konzernstrukturen angeführt.[192] Schließlich mag die Gründung von Tochtergesellschaften auch die gleichzeitige Teilnahme an mehreren Märkten erleichtert und so zur Risikodiversifizierung beigetragen haben.[193]

VI. Der Gesellschaftsvertrag der Brügger Tochtergesellschaft von 1455

Abschließend soll beispielhaft ein Personengesellschaftsvertrag aus dem Repertoire der *Medici* genauer unter die Lupe genommen werden. Hierfür eignet sich besonders der überlieferte Vertrag über die Tochtergesellschaft in Brügge aus dem Jahre 1455.[194] Er ist in der *Medici*-Literatur schon verschiedentlich analysiert worden,[195] allerdings noch nicht unter einem spezifisch gesellschaftsrechtlichen Blickwinkel.

1. Geschäftsaktivitäten und Gesellschaftsgründung in Brügge

Über die Tochtergesellschaft in Brügge wissen wir, dass sie 1439 errichtet wurde.[196] Zuvor waren die *Medici* dort nur über Repräsentanten aktiv.[197] Ab 1436 sondierte dann einer ihrer fähigsten Mitarbeiter, *Bernardo Portinari*, langjähriger Manager der venezianischen Tochtergesellschaft, das Terrain für eine

192 Vgl. etwa *Engert*, FS Baums, 2017, S. 385, 398: „Die Unternehmenspraxis kennt sogar innerhalb eines Rechtsträgers Untereinheiten mit eigener Erfolgsrechnung (*profit center*). Dies deutet darauf hin, dass ein gesondertes Gewinnstreben die Anreizsteuerung des Führungspersonals und der Arbeitnehmer verbessern kann. Den Konzern kann man als gesellschaftsrechtlich verfasstes System von *profit centers* verstehen."

193 So das Argument bei *Padgett/McLean*, American Journal of Sociology 111 (2006), 1463, 1466; *Schneider*, Zeitschrift für Unternehmensgeschichte 61 (2016), 64, 74.

194 Vgl. *de Roover* (Fn. 4), S. 86 f.: „The best choice appears to be the articles of association of July 25, 1455, relating to the Bruges branch, because both the original text and an English translation are readily available in print."; dem folgend *Schneider*, Zeitschrift für Unternehmensgeschichte 61 (2016), 64, 80.

195 Vgl. *de Roover* (Fn. 4), S. 86 ff.; *Schneider*, Zeitschrift für Unternehmensgeschichte 61 (2016), 64, 80 ff.

196 Vgl. *de Roover* (Fn. 4), S. 320.

197 Vgl. *de Roover* (Fn. 4), S. 317 f.

Tochtergründung.[198] Diese erfolgte im März 1439 in der Rechtsform der *accommandita*, an der sich die *Medici* als beschränkt haftende Gesellschafter mit 6.000 Florin beteiligten.[199] Nach einem verheißungsvollen Start blieb jeglicher Gewinn von 1444 an über Jahre hinweg aus. Daraufhin wurde *Portinari* nach Florenz zurückbeordert und die Brügger Tochtergesellschaft unter die Fittiche der Londoner Tochtergesellschaft genommen.[200] Mit deren Kapital schloss man 1448 einen neuen Gesellschaftsvertrag, der zu einer konzernrechtlichen Pyramide aus drei Personengesellschaften führte: „at the top the Medici Bank, which had as partners Cosimo de' Medici and Giovanni Benci; in the middle, the London branch whose partners were the Medici Bank, Gerozzo de' Pigli, and Angelo Tani; at the bottom, the Bruges branch controlled by the London branch and managed by Simone Nori."[201]

Im Jahre 1450 gewann die Brügger Tochtergesellschaft ihre Unabhängigkeit von London zurück und wurde zunächst als *accommandita* neu gegründet, bevor sie wenige Monate später in eine *compagnia* überführt wurde.[202] Geschäftsleiter wurde *Angelo di Jacopo Tani* (1415–1492).[203] Der Gesellschaftsvertrag von 1450 ist nicht überliefert, wohl aber der Folgevertrag vom 25. Juli 1455. Im Jahre 1477 brach die Brügger Tochtergesellschaft nach dem Tode Herzogs *Karl des Kühnen* von Burgund zusammen, der bei ihr hohe Schulden hatte.[204]

2. Gesellschafterkreis

Als Gesellschafter werden im Eingangsteil des Vertrages von Seiten der *Medici*-Familie *Piero* und *Giovanni*, Söhne von *Cosimo*, und *Piero Francesco*, Sohn von *Lorenzo*, genannt. Sie schlossen sich mit zwei familienfremden Personen zusammen: *Gerozzo di Jacopo de' Pigli*, den ehemaligen Geschäftsleiter der Brügger und Londoner Tochtergesellschaften, und *Angelo di Jacopo Tani*.[205] Dies entsprach der gängigen Praxis der *Medici*, Familienfremde bei der Gründung auswärtiger Tochtergesellschaften als Investoren und Geschäftsleiter zu beteiligen. *Cosi-*

198 Vgl. *de Roover* (Fn. 4), S. 319 f.
199 Vgl. *de Roover* (Fn. 4), S. 320.
200 Vgl. *de Roover* (Fn. 4), S. 324.
201 *De Roover* (Fn. 4), S. 324.
202 Vgl. *de Roover* (Fn. 4), S. 338.
203 Vgl. *de Roover* (Fn. 4), S. 338.
204 Vgl. *Tewes* (Fn. 7), S. 92.
205 Die Schreibweise der Vornamen folgt der Diktion bei *de Roover* (Fn. 4), S. 87. Im Originaltext heißt es *Gierozzo* statt *Gerozzo* und *Angiolo* statt *Angelo*.

mo selbst wurde nicht als Vertragspartner genannt, doch hat dies keine praktischen Auswirkungen: Als *pater familias* hielt er im Hintergrund nach wie vor die Fäden in der Hand.[206]

Auffällig ist, dass der Gesellschaftsvertrag – anders als die Verträge zuvor – nicht von der Florentiner Muttergesellschaft, sondern von einzelnen *Medici*-Gesellschaftern persönlich unterzeichnet wurde. Dies hängt damit zusammen, dass das Holding-Modell nach dem Tode des langjährigen Generalmanagers *Giovanni Benci* 1455 nicht mehr in der überkommenen Form fortgeführt wurde[207]: „Partnerschaften wurden von nun an nicht mehr zwischen der Holdinggesellschaft und den verschiedenen Niederlassungen unterzeichnet, sondern zwischen den *Medici* und den jeweiligen Filialen geschlossen."[208] Ansonsten blieb jedoch in der Organisation des *Banco Medici* alles beim Alten.

3. Vertragsdauer

Gemäß der Eingangsbestimmung hatte der Vertrag eine Laufzeit von vier Jahren, und zwar vom 25. März 1456 bis zum 24. März 1460. Es ist wahrscheinlich, dass er danach ohne nennenswerte Änderungen um weitere fünf Jahre verlängert wurde und dass *Angelo Tani* auch währenddessen als Geschäftsleiter amtierte.[209] Dieses Modell befristeter Verträge war typisch für die Praxis oberitalienischer Gesellschaftsverträge;[210] deren Laufzeit bewegte sich regelmäßig zwischen drei und fünf Jahren. Ungeachtet des Grundsatzes der Vertragsbefristung stellten sich die Beteiligten aber regelmäßig auf eine längere Dauer der Gesellschaft ein. Durch die übliche Vertragsverlängerung entstanden stabile Organisationen, die zukunftsbezogene Investitionen und eine längere Unternehmensplanung erleichterten.[211] Eine ganz ähnliche Übung routinemäßiger Vertragsverlängerungen bildete sich später auch bei den süddeutschen Handelsgesellschaften des 15. und 16. Jahr-

---

206 So ausdrücklich *de Roover* (Fn. 4), S. 87: „Cosimo is not listed, but this omission does not have any significance. As *pater familias*, he was still the real power behind the front of his two sons and his nephew."

207 Vgl. *de Roover* (Fn. 4), S. 82: „There are among the Medici papers a few later partnership contracts dating from the time of Piero di Cosimo and Lorenzo the Magnificent. In them the Medici appear as individuals and no longer in partnership with their general manager. It seems, therefore, that the Medici Bank, as mentioned above, ceased to be a combination resembling the holding company after Giovanni Benci's death in 1455."

208 *Schneider*, Zeitschrift für Unternehmensgeschichte 61 (2016), 64, 77.

209 So *de Roover* (Fn. 4), S. 338.

210 Ebenso der Befund für die Gesellschaftsverträge von Datini bei *Origo* (Fn. 16), S. 127.

211 Allgemein dazu *Le Goff* (Fn. 22), S. 24.

hunderts heraus[212], etwa bei den Fuggern.[213] Eine Besonderheit der *Medici*-Verträge bestand freilich darin, dass sie sich das Recht vorbehielten, die Partnerschaft mit den lokalen Mitgesellschaftern jederzeit nach Belieben aufzukündigen.[214]

4. Unternehmensgegenstand

Ebenfalls in der Eingangsbestimmung wird – modern gesprochen – der Unternehmensgegenstand festgelegt: „to deal in trade and exchange in the City of Bruges in Flanders"[215]. In dieser weitgefassten Formulierung, wie sie in Personengesellschaftsverträgen bis heute vorkommt,[216] spiegelt sich treffend wider, dass die *Medici* keineswegs nur Geld- und Wechselgeschäfte, sondern auch Warenhandel betrieben und sonstige kaufmännische Aktivitäten entfalteten. Wie bereits dargelegt, entsprach dies ganz dem zeitgenössischen Geschäftszuschnitt der Florentiner Bankhäuser, die sich allesamt als „Kaufmannsbanquiers"[217] betätigten.[218]

5. Gesellschaftsfirma und Gesellschaftszeichen

Die Gesellschaft firmiert unter der Bezeichnung „Piero di Cosimo de' Medici e Gierozzo de' Pigli e comp.".[219] Ihr Firmenzeichen ist im Gesellschaftsvertrag selbst abgebildet.[220] Hierzu bestimmt der Vertrag, dass dieses Zeichen bei Beendigung

212 Näher *Lutz*, Die rechtliche Struktur süddeutscher Handelsgesellschaften in der Zeit der Fugger, Bd. I, 1976, S. 209 ff.

213 Dazu *Fleischer*, FS Bergmann, 2018, S. 183, 191; dazu auch unten § 3.

214 Vgl. Brügger Gesellschaftsvertrag, Rn. 11: „And even though the said *compagnia* is established to last four years, as it appears, they [the partners] agree that it may terminate and ought to terminate before the said time at the pleasure and discretion of said Medici and Pigli."

215 Im italienischen Original: „trafichare nella villa di Bruggia in Fiandra di merchatantia e chanbi".

216 Vgl. MüKoHGB/*Langhein*, 4. Aufl. 2017, § 112 Rn. 11: „In der Praxis sind ausufernde Unternehmensgegenstände aus Rechtsunkenntnis (anders als bei Satzungen der Kapitalgesellschaften fehlt es in der Regel an notarieller und gerichtlicher Kontrolle), purer Aufschneiderei oder infolge anglo-amerikanischer Einflüsse (ultra vires) keineswegs selten [...]."

217 *Le Goff* (Fn. 22), S. 36.

218 Vgl. oben III 2.

219 Brügger Gesellschaftsvertrag, Rn. 1.

220 Vgl. Brügger Gesellschaftsvertrag, Rn. 1

der Gesellschaft im Eigentum von *Piero*, *Giovanni* und *Piero Francesco de' Medici* verbleibt.[221]

6. Kapitaleinlagen

Was das Gesellschaftskapital (*chorpo*) anbelangt, sieht der Gesellschaftsvertrag eine Gesamtsumme von £ 3.000 Groat (= Groschen, flämische Währung) vor.[222] Hiervon sollen die drei beteiligten *Medici* £ 1.900 Groat aufbringen, *Gerozzo* £ 600 Groat und *Angelo* neben seiner Arbeitskraft £ 500 Groat. Wie üblich stammte also mehr als die Hälfte des Kapitals aus den Reihen der *Medici*, die auf diese Weise die Kontrolle über sämtliche Tochtergesellschaften behielten.[223] Alle Einlagen müssen sofort geleistet werden. Geschieht dies nicht, ist die ausstehende Summe mit 15 Prozent jährlich zu verzinsen.[224]

7. Gewinn- und Verlustverteilung

Nach dem vertraglich vereinbarten Gewinnverteilungsschlüssel erhalten *Piero*, *Giovanni* und *Piero Francesco* 12 soldi in the pound, *Gerozzo* 4 und *Angelo* ebenfalls 4.[225] Damit entspricht die Gewinnquote in etwa der jeweiligen Kapitalbeteiligung; nur *Angelo* erhält als Geschäftsführer einen erhöhten Gewinnanteil.[226] Eine periodische Gewinnausschüttung ist nicht vorgesehen; vielmehr soll sie nur stattfinden, wenn die *Medici* und *Gerozzo* dies verlangen.[227] Ansonsten werden die Gewinne (und das eingezahlte Kapital) während der gesamten Laufzeit des Vertrages einbehalten. Unzulässige Entnahmen müssen zurückgezahlt und mit

---

221 So Brügger Gesellschaftsvertrag, Rn. 1; dazu auch *Schneider*, Zeitschrift für Unternehmensgeschichte 61 (2016), 64, 79 f.: „sahen sämtliche Partnerschaftsverträge vor, dass der Name ‚Medici' geschütztes Eigentum der Familie Medici war und nur im Falle eines gültigen Vertrages verwendet werden durfte".

222 Brügger Gesellschaftsvertrag, Rn. 2.

223 Dazu *Schneider*, Zeitschrift für Unternehmensgeschichte 61 (2016), 64, 81.

224 So Brügger Gesellschaftsvertrag, Rn. 2 a. E.

225 Vgl. Brügger Gesellschaftsvertrag, Rn. 3.

226 Dazu auch *Schneider*, Zeitschrift für Unternehmensgeschichte 61 (2016), 64, 81: „Pigli erhielt mit 20 Prozent des Kapitals exakt 20 Prozent des Gewinns, Tani aufgrund seiner Tätigkeit als Geschäftsführer mit 16,67 Prozent des Kapitals ebenfalls 20 Prozent des Gewinns, was der üblichen Beteiligung von Juniorpartnern entsprach. Die restlichen 60 Prozent standen den Mitgliedern der Familie Medici zu."

227 Vgl. Brügger Gesellschaftsvertrag, Rn. 3.

15 Prozent jährlich verzinst werden. Allerdings darf *Angelo* jedes Jahr £ 20 Groat zur Bestreitung seiner notwendigen Auslagen entnehmen.[228]

8. Pflicht zur Geschäftsführung

Die Geschäftsführung (*governo*) legt die Eingangsbestimmung des Gesellschaftsvertrages in *Angelos* Hände. Allerdings unterliegt er dabei engen Vorgaben: Er ist verpflichtet, vor Ort oder in der engen Nachbarschaft von Brügge zu bleiben.[229] Reisen außerhalb von oder quer durch Flandern sind ihm ohne schriftliche Erlaubnis der *Medici* und von *Gerozzo* nicht gestattet.[230] Eine Ausnahme gilt für den Besuch der Messen in Antwerpen und Bergen op Zoom sowie für Reisen nach Middlesbrough, Calais und London, soweit sie geschäftlich erforderlich sind.[231] Auch im Übrigen muss *Angelo* allen Anweisungen der *Medici* und von *Gerozzo* Folge leisten.[232] Als Juniorpartner verfügt er daher insgesamt nur über wenig Beinfreiheit. In Form einer Generalklausel hält ihn der Gesellschaftsvertrag an, bei seiner Amtsführung zu Ehre, Vorteil und Wohlergehen der Gesellschaft (*honore, hutile e bene di detta conpagnia*) und in Überstimmung mit guter kaufmännischer Sitte (*buon huxo di merchatanti*) zu handeln.[233]

9. Legalitätspflicht

Weiterhin sieht der Gesellschaftsvertrag vor, dass *Angelo* nur legale Handelsgeschäfte betreiben und lediglich erlaubte und ehrenwerte Verträge und Wechselgeschäfte eingehen darf.[234] An einer anderen Stelle des Vertrages verspricht *Angelo* nichts zu tun, was gegen die Gesetze und Statuten von Florenz verstößt.[235] Für allfällige Geldbußen oder Strafen bei Verstößen muss er selbst aufkommen.[236] Wenn man so will, handelt es sich hier um eine Legalitätspflicht *avant la lettre*. Die beiden Vertragsklauseln veranschaulichen zugleich, wie wichtig es den *Medi-*

---

228 So Brügger Gesellschaftsvertrag, Rn. 3 a. E.
229 Vgl. Brügger Gesellschaftsvertrag, Rn. 2.
230 Vgl. Brügger Gesellschaftsvertrag, Rn. 12.
231 Vgl. Brügger Gesellschaftsvertrag, Rn. 12.
232 Vgl. Brügger Gesellschaftsvertrag, Rn. 2.
233 Vgl. Brügger Gesellschaftsvertrag, Rn. 2.
234 Vgl. Brügger Gesellschaftsvertrag, Rn. 2.
235 Vgl. Brügger Gesellschaftsvertrag, Rn. 18.
236 Vgl. Brügger Gesellschaftsvertrag, Rn. 18.

ci – und den anderen zeitgenössischen Bankiers in Oberitalien[237] – war, nicht in illegale Geschäfte verwickelt zu werden und insbesondere nicht mit dem kirchlichen Zins- und Wucherverbot[238] in Konflikt zu geraten[239]: „Moreover, they contended with a semblance of truth, that they were engaged in legitimate business and not in usurious activities. In fact, they did shun illicit contracts as much as possible."[240] Allerdings waren ihre Bemühungen nicht immer von Erfolg gekrönt, wie sich aus der überlieferten Buchhaltung ergibt.[241]

10. Weitere Geschäftsleiterpflichten

In großer Detailliertheit legt der Gesellschaftsvertrag noch weitere Verhaltenspflichten für *Angelo* fest: Kredite darf er nur an vertrauenswürdige Händler oder Handwerker unter Berücksichtigung ihres Rufes und ihrer Vermögensverhältnisse ausreichen.[242] Geld- und Wechselgeschäfte mit kirchlichen oder weltlichen Würdenträgern darf er ohne schriftliche Einwilligung der *Medici* oder von *Gerozzo* nicht eingehen[243]: „Die Medici hatten dabei möglicherweise das Schicksal der Bardi, der Peruzzi und der Acciaiuoli vor Augen, denen übermäßige Kredite an weltliche Herrscher zum Verhängnis geworden waren [...]. Ferner würde eine Gewährung von Darlehen bisweilen einer politischen Stellungnahme oder einer Unterstützung gleichkommen [...]."[244]

Außerdem darf *Angelo* namens der *compagnia* keine Schulden aufnehmen[245] oder Sicherheiten bestellen[246]. Ohne schriftliche Zustimmung der *Medici* oder von *Gerozzo* darf er auch keine Angestellten einstellen.[247] Für Großhandelsgeschäfte über Wolle oder Tuch in Flandern oder England oberhalb von £ 600 groat besteht

237 Dazu *de Roover* (Fn. 4), S. 12: „Even the Pratese merchant-banker, Francesco di Marco Datini (1335–1410), although ruthless and grasping, boasted in letters to his wife that he had never made illicit profits. When his branch manager in Barcelona became involved in questionable exchange dealings, he was promptly rebuked by an irate master and told to desist."

238 Vgl. oben III 2.

239 Vgl. *Schneider*, Zeitschrift für Unternehmensgeschichte 61 (2016), 64, 69.

240 *De Roover* (Fn. 4), S. 12.

241 Vgl. *de Roover* (Fn. 4), S. 12; *Schneider*, Zeitschrift für Unternehmensgeschichte 61 (2016), 64, 69.

242 Vgl. Brügger Gesellschaftsvertrag, Rn. 4.

243 Vgl. Brügger Gesellschaftsvertrag, Rn. 4.

244 *Schneider*, Zeitschrift für Unternehmensgeschichte 61 (2016), 64, 81.

245 Vgl. Brügger Gesellschaftsvertrag, Rn. 5.

246 Vgl. Brügger Gesellschaftsvertrag, Rn. 15.

247 Vgl. Brügger Gesellschaftsvertrag, Rn. 10.

ein Zustimmungsvorbehalt der *Medici* und von *Gerozzo*.[248] Für Versandgeschäfte von Wolle und Tuch muss *Angelo* eine Versicherung abschließen.[249] Ferner darf er keine Geschenke oder Bestechungsgelder von mehr als £ 1 Groat annehmen. Nach alledem ist *Angelo* in seiner Geschäftsführung streng reglementiert: „La sévérité de ses clauses est remarquable: le gouverneur, Tani, nous apparaît comme tenu de très près par ses associés majeurs.“[250]

11. Privater Lebenswandel

Im Hinblick auf seine private Lebensführung verspricht *Angelo*, sich an keinen Würfel-, Karten- oder sonstigen Glücksspielen zu beteiligen.[251] Bei Zuwiderhandlungen schuldet er eine Vertragsstrafe in Höhe von £ 100 Groat und muss außerdem den erzielten Gewinn an die Gesellschaft herausgeben. Ferner droht ihm der Ausschluss aus der Gesellschaft. Gleiches gilt, wenn er Frauen am Geschäftssitz aushält und beherbergt.[252]

12. Wettbewerbsverbot

Außerdem unterliegt *Angelo* einem strengen Wettbewerbsverbot: Er verpflichtet sich, keinerlei eigene Handels-, Wechsel- oder sonstige Geschäfte im eigenen oder fremden Namen, weder direkt noch indirekt, in Brügge oder einem anderen Ort zu machen.[253] Bei Zuwiderhandlungen wird eine Vertragsstrafe von £ 50 Groat für jeden einzelnen Verstoß fällig. Außerdem muss *Angelo* der Gesellschaft den erzielten Gewinn herausgeben[254] – eine bemerkenswerte Vorwegnahme der heutigen gesetzlichen Gewinnherausgabepflicht in § 113 Abs. 1 Halbs. 2 HGB.[255] Allfällige Verluste muss er selbst tragen.

248 Vgl. Brügger Gesellschaftsvertrag, Rn. 13.
249 Vgl. Brügger Gesellschaftsvertrag, Rn. 14.
250 *Grunzweig* (Fn. 8), S. XVI.
251 Vgl. Brügger Gesellschaftsvertrag, Rn. 7.
252 Vgl. Brügger Gesellschaftsvertrag, Rn. 7 a. E.
253 Vgl. Brügger Gesellschaftsvertrag, Rn. 6; gleicher Befund für die Gesellschaftsverträge von Datini bei *Origo* (Fn. 16), S. 128.
254 Vgl. Brügger Gesellschaftsvertrag, Rn. 3.
255 Näher dazu *Fleischer*, WM 2020, 1897 f.

13. Rechenschaftspflicht

Eine weitere Bestimmung des Gesellschaftsvertrages verpflichtet *Angelo*, alljährlich zum 24. März den Rechnungsabschluss des Vorjahres („closed accounts and the balance sheets") nach Florenz zu übersenden.[256] Unterjährig besteht eine anlassbezogene Pflicht zur Rechnungslegung, wann immer die *Medici* oder *Pigli* es verlangen. Die in Florenz eingegangenen Unterlagen wurden regelmäßig durch den Hauptgeschäftsführer (*ministro*)[257] durchgesehen und auf allfällige Unregelmäßigkeiten geprüft.[258] Anders als später etwa die *Fugger* setzten die *Medici* allerdings noch keine von Ort zu Ort reisenden Buchprüfer ein, die unmittelbar bei den einzelnen Tochtergesellschaften im In- und Ausland nach dem Rechten sahen[259] – ein Umstand, der ihnen in der neueren Forschung gelegentlich vorgehalten wird.[260]

14. Liquidation

Im Liquidationsfall obliegt *Angelo* eine umfassende Pflicht zur Rechnungslegung, die er höchstpersönlich in Florenz erfüllen muss.[261] Über die Art und Weise der Rechnungslegung heißt es im Gesellschaftsvertrag, sie solle gut, genau und getreulich („well, accurate, and faithfully")[262] erfolgen, also im heutigen Sprachgebrach einen *true-and- fair-view* ermöglichen. Geschäftssitz und Gebäude in Brügge, in dem *Angelo* lebt, sollen dann im Eigentum der *Medici* und von *Pigli* verbleiben.[263] Gleiches gilt für die Geschäftsbücher, Briefe und sonstige schriftliche Aufzeichnungen mit der Maßgabe, dass *Angelo* sie jederzeit einsehen kann.[264]

---

256 Vgl. Brügger Gesellschaftsvertrag, Rn. 8.
257 Dazu oben V 2 b.
258 Vgl. *de Roover* (Fn. 4), S. 84 f.: „[...] it was one of the major functions of the general manager to audit the balances he received and to go over them item by item with a trained eye for aging and slow accounts and other irregularities."
259 Vgl. *de Roover* (Fn. 4), S. 85; *Schneider*, Zeitschrift für Unternehmensgeschichte 61 (2016), 64, 80.
260 Kritisch etwa *de Roover* (Fn. 4), S. 85: „Perhaps a shortcoming of the Medici [...]. Too much reliance was placed on confidence in the integrity and ability of the branch managers, with the result that serious disorders were not always discovered in time to apply remedies and prevent heavy losses."
261 Vgl. Brügger Gesellschaftsvertrag, Rn. 8.
262 Im italienischen Original: „buono, justo e leale".
263 Vgl. Brügger Gesellschaftsvertrag, Rn. 9.
264 Vgl. Brügger Gesellschaftsvertrag, Rn. 9.

15. Gerichtsstandsvereinbarung

Der Gesellschaftsvertrag endet mit einer Gerichtsstandsvereinbarung, nach der sich alle Vertragspartner der Jurisdiktion eines jeden Gerichts oder Kirchengerichts, insbesondere dem berühmten Handelsgericht Mercanzia in Florenz unterwerfen. *Angelo* unterwirft sich ausdrücklich auch dem Magistrat von Brügge sowie den Gerichten in London, Venedig und Genua oder jeder anderen Stadt unter Verzicht auf jegliche ihm zustehenden Einwendungen.

VII. Schluss

Der Blick auf den *Banco Medici* führt uns in das wirtschaftlich vibrierende Florenz der Renaissancezeit. Die Stadt wirkte damals als Inkubator für das europäische Bankenwesen, das sich trotz des kirchlichen Zinsverbots dynamisch entwickelte und mit dem Wechsel die wohl bedeutendste Finanzinnovation des Mittelalters hervorbrachte. Die *Medici* spielten dabei während eines Jahrhunderts (1397–1494) eine führende, wenn auch nicht alles dominierende Rolle. Wie alle großen Bankhäuser waren sie eine Familiengesellschaft, die früh über die Stadtgrenzen von Florenz expandierte und später an den wichtigsten Handelsplätzen in Europa präsent war. Für ihre geschäftlichen Aktivitäten bedienten sie sich jener Organisationsformen, die sich im hochmittelalterlichen Italien entwickelt hatten: die *commenda* und *accomandita* als Vorläufer der modernen Kommanditgesellschaft und die *compagnia* als Frühform der heutigen offenen Handelsgesellschaft.

Kennzeichnend für die Organisation des *Banco Medici* war ein ganzes System von Personengesellschaftsverträgen, das durch die Florentiner *compagnia* an der Spitze zusammengehalten wurde. Wirtschaftshistoriker sehen hierin eine Vorwegnahme des modernen Holding-Modells, so dass man die *Medici* mit Fug und Recht als Pioniere des Personengesellschaftskonzerns bezeichnen kann. Allerdings entsprang dieses *sistema d'aziende* nicht allein dem kreativen Unternehmergeist des Gründervaters *Giovanni Bicci de' Medici*, sondern war vielmehr eine von der Florentiner Geschäftswelt gemeinsam hervorgebrachte organisatorische Erfindung. Im Gegensatz zu dem hergebrachten System des Einheitsunternehmens sollte die rechtliche Verselbständigung der Tochtergesellschaften die Haftungsrisiken für die gesamte Unternehmensgruppe verringern – wegen der unbeschränkten persönlichen Haftung der Partner einer *compagnia* aber nicht durch sog. *owner shielding*, sondern nur in Form eines abgeschwächten *entity shielding*. Zur Gründung der Tochtergesellschaften innerhalb und außerhalb Italiens schlossen sich die *Medici* mit lokalen Partnern zusammen, die häufig vor Ort als Geschäftsführer fungierten und von vergütungsbasierten Anreizsystemen profitierten. Ein straffes Vertragsregime sorgte freilich dafür, dass die Florentiner Zentrale bei alledem die Zügel fest in den Händen behielt. Im Einzelnen wiesen die Gesellschaftsverträge der *Medici* bereits verschiedene zukunftsweisende Elemente auf: von detaillierten Rechenschaftspflichten über ein strenges Wettbewerbsverbot bis hin zu einer Legalitätspflicht *avant la lettre*.

Anhang: Gesellschaftsvertrag vom 25. Juli 1455[265]

Florence, July 25, 1455

In the name of God, on July 25, 1455, in Florence

Be it known to all persons who shall see this contract, or hear it read, that on this aforesaid day, in the name of God and of good fortune, Piero and Giovanni, [sons] of Cosimo de' Medici, and Piero Francesco [son] of Lorenzo de' Medici; Gierozzo, [son] of Jacobo de' Pigli; and Angiolo, [son] of Jacobo Tani, have set up together and formed a *compagnia* to deal in trade and exchange in the city of Bruges in Flanders as seems best to the said Angiolo, [son] of Jacobo Trani, who is to be [entrusted] with the management (*governo*) of the said *compagnia* to last four years – which, in the name of God, are to begin March 25, 1456, and to end March 24, 1459 [Florentine style; that is, 1460] – subject to the pacts, agreements and conditions mentioned hereinafter.

[1] And first of all, that the said compagnia during the aforesaid four years will be known under the title of 'Piero di Cosimo de' Medici e Gierozzo de Pigli e Compagnia' and will have the following mark [the mark of the *compagnia* is here drawn], which will remain [the property] of said Piero, Giovanni, and Piero Francesco de' Medici at the said termination of the *compagnia*.

[2] Said Piero de' Medici, Pigli, and Angiolo Tani are to invest and to keep invested as capital (*chorpo*) in the said *compagnia* during the said period of four years £ 3,000 groat, Flemish currency – that is to say, said Giovanni, and Piero de' Medici are to invest £ 1,900 groat; Gierozzo de' Pigli, £ 600 groat; and Angiolo Tani, £ 500 groat, besides his personal [services]. And the latter is bound to conduct [business] and to stay in residence in Bruges and in the neighborhood [in order to attend] faithfully to all [business] that he shall see and understand to be to the honor, advantage and welfare of said *compagnia* in accordance with good mercantile custom and to all orders and instructions of said Medici and Pigli, engaging in legitimate trade [and in] licit and honest contracts and exchange [dealings]. And said sum of £ 3,000 groat, Flemish [currency], is to be invested by each of the said partners as allocated above immediately at the beginning of said *compagnia*. And from this moment it is agreed that the said Angiolo manager (*governatore*) of said *compagnia* for said time, is to be allowed to make use of the liquid assets that shall be found in possession of the *compagnia* which is now in operation and which is to end on the next March 24, 1455. And if it should happen that said partners or any one of them fails to supply the abovementioned sum in the capital of the *compgania*, then such partner or partners would be bound to indemnify the *compagnia* at the rate of 15 percent per annum until the full share has been paid in.

[3] And they agree that the profits which God by His grace will grant are to be divided in the following manner: to Piero, Giovanni, and Piero Francesco de' Medici, 12 soldi in the pound; to Gierozzo de' Pigli, 4 soldi in the pound; and to Angiolo Tani, 4 soldi in the pound. And should there be any losses – which God forbid – they must be divided in the same manner. It is understood that the distribution of profits must take place each time that it is so decided and requested by said Medici and Pigli; apart from that, the said partners or anyone of them are not allowed to withdraw any of the capital or profit during the said period of four years. And any one of them who violates [this provision] is bound and is to compensate the *compagnia* at the rate of 15 per-

265 Englische Version übernommen aus *Lopez/Raymond*, Medieval Trade in the Mediterranean World. Illustrative Documents Translated with Introductions and Notes, 1955, S. 206–211.

cent per annum with the reservation that Angiolo is to be allowed to draw £ 20 for his necessary expenses.

[4] Further, said Angiolo is not to be allowed and must not lend goods or any merchandise in behalf of the said *compagnia*, nor may he lend money or deliver exchange to anyone who is not a merchant or an artisan. And [even] to such merchants and artisans he should lend with discretion, [limiting] the amount in accordance with their character and standing, always considering well to whom, on what terms, and how much. And further he is not to be allowed to sell exchange on credit on the Court of Rome or on any other place to lords temporal or spiritual, prelates, priests, clerics, or officials, without permission of said Medici or Pigli or any one of them, such permission appearing in writing. And if he violates [the provision], let it be understood that any ensuing loss is to be charged to him and his account, and besides a penalty of £ 25 groat to be paid to said *compagnia* for each offense. And if there should be any profit, let it be understood that it will accrue to said *compagnia*, but that [Angiolo] will incur the said penalty nevertheless.

[5] And further, said Angiolo is not to be allowed and must not assume liabilities for any merchant or other person of whatever status, nation, or standing in behalf of the said *compagnia*; nor may he send liquid assets to persons outside of the *compagnia* of said Medici without expressed permission of said Medici and Pigli or of any one of them, such permission appearing in writing. And the said Angiolo ought to communicate with them about this on the [same] day by letter or by a memorandum brought us by him ...

[6] Said Angiolo promises and obligates himself not to do business for himself or to have business done in his own name or in the name of others, directly or indirectly, in the city of Bruges nor in any other place, in any trade, commerce, exchange, or *compagnia* through any means under the penalty of £ 50 groat for each instance to be paid to the said *compagnia*. And besides [he will be liable] to hand over to the said *compagnia* any profits that he may make or have made out of it. And if there should be a loss, let it be understood to be his own in addition to the penalty.

[7] Further, said Angiolo promises and obligates himself not to gamble or have [someone else] gamble in any game of *zara* or cards, with dice or with anything else during the life of this said *compagnia*, under the penalty of £ 100 groat for each instance, to be paid to said *compagnia*. And besides [he will be liable] to hand over to the said *compagnia* any winnings, and any losses will be his in addition to the penalty of the said £ 100 groat. And besides this, let it be understood that he would lose his connection with the *compagnia* and be expelled from it. And let it be understood he will incur the same penalty and disgrace any time he keeps any woman at his quarters at his expense.

[8] Said Angiolo is to send every year on the twenty-fourth day of March to said Medici and Pigli in Florence the closed accounts and the balance sheet, as is customary. And also if they or any one of them should ask for these within the year, he is bound and must send them. And on termination of said *compagnia* he promises and obligates himself to come in person to Florence to render the accounts well, accurately, and faithfully, in case it should be necessary or if he should be asked by letter of said Medici and Pigli or of any one of them.

[9] On termination of said *compagnia* the house and place of business (*fondacho*) where said Angiolo may have lived or is living is to remain the property of said Medici and Pigli, and also the books, letters, and all other written records, with the understanding that they must be shown and allowed to be seen by said Angiolo any time he may require. Likewise all debtor balances that are still open at the termination of said *compagnia* are to be handed over to said Medici and Pigli and

withdrawn from the said *compagnia* for their total amount, they [Medici and Pigli] remaining obligated to pay and to satisfy all those creditors.

[10] Said Angiolo is not to be allowed and must not hire any assistance or factor for a salary or otherwise without the permission of said Medici and Pigli or any one of them, such permission appearing in writing, with the understanding that assistants who should be or will be hired during that time are not to be allowed to withdraw money for their needs beyond the amount of their salary, said Angiolo remaining obligated [for them] in this respect.

[11] And even though the said *compagnia* is established to last four years, as it appears, they [the partners] agree that it may terminate and ought to terminate before the said time at the pleasure and discretion of said Medici and Pigli. And even if it lasts the said period of four years and any one of the aforementioned partners does not desire to continue it further, he must give notice to six months before the end of said four years. And said Angiolo will be obligated to stay in person in Bruges, if need be, up to six months after the termination of the said *compagnia* in order to wind up and to liquidate the said *compagnia* at the expense of the latter but without any salary or bonus.

[12] And during the said period of the said *compagnia* said Angiolo may not and must not leave the territory of Flanders or travel around Flanders except for the needs and business of the said *compagnia* without permission of the same Medici or Pigli or any one of them, the permission appearing in writing; there is the exception that he is allowed to go to the fairs of Antwerp and of Bergen-op-Zoom, to Middlesburgh, Calais, and as far as London, if need be. And if he violates [this provision], let it be understood that he is to go and to return wholly at his own expense and risk; and let any harm and damage that his going or leaving brought or could bring to the *compagnia* be charged to him.

[13] Said Angiolo is not to be allowed and must not buy wholesale for the said *compagnia* wool or cloth of the country [of Flanders] or of England [in amounts] in excess of £ 600 groat a year between the two, without permission of said Medici and Pigli or any one of them, such permission appearing by letter in their own hand.

[14] They also agree with said Angiolo that he insure or cause to be insured fully all wool, cloth, or other merchandise that may be shipped anywhere in behalf of the said *compagnia*, no matter in what ship it may be loaded, with the exception that if he should ship by Florentine or Venetian galleys he may take a risk up to £ 60 groat in each galley and no more. And if he violates this [provision] and if a loss results from it, it will be his and the *compagnia* will not suffer. And in regard to what he may send by land it is left to his discretion to insure or not to insure according as seems advisable to him, without risking, however, more than the sum of £ 300 groat on any one trip, this, of course, in value of merchandise.

[15] Further, they agree that said Angiolo is not to be allowed and must not underwrite any insurance by sea or land nor make any wager, nor may he pledge anything in any way, nor may he stand surety in behalf of the *compagnia*, himself or through others, under the penalty of £ 25 for each instance. And any resulting loss will be his own, and any profit is to be and must be for the said *compagnia*.

[16] And they agree that whatever gift might be made to said Angiolo from any persons during [the life] of the said *compagnia* which might be worth £ 1 groat or more, this [gift] he must turn over to said *compagnia*; and if he does not do so, [the amount of the gift] is to be and must be charged to his own account: this applies to money as well as to anything else.

[17] And said Angiolo promises not to obligate the said *compagnia* for his own actions, either in his own behalf or in that of any relative or friend of his, without permission of the said Medici and Pigli or any one of them, said permission appearing in writing ...

[18] Further, said Angiolo promises not do do anything that is against the laws and statutes of the country [Flanders] by reasons of which he might incur penalties, danger, or loss. And should he do this, let it be understood that any damage, penalty, or loss which he might incur or which might be incurred is to be charged to his own account.

[19] And when the said *compagnia* shall be terminated, said Angiolo is not to be allowed nor must he do or undertake any new business for the said *compagnia*, but he is to attend solely to the winding up and clearing of accounts in order to be able to close the balance, to pay whoever should have credits, to return the capital to all the said partners, and then [to distribute] the profits, if any, as allocated in this [contract] – may God grant us good fortune.

All the aforesaid provisions with said pacts agreements, and covenants the aforesaid partners promise one to the other in turn to observe well and diligently in accordance with the good custom of merchants, pledging themselves and their heirs and goods, existing and future, both movable and real property, submitting to the jurisdiction of any court and ecclesiastical or secular office, and especially to the Six of the Mercanzia of Florence; and the said Angiolo will also submit, in whatever part of the world [he may be, to the legal authorities], thus to the jurisdiction of the magistrates of London, Venice, Genoa, or any other town, castle, province, or kingdom in the world he may be summoned [by the other partners]; waiving every privilege, laws, statutes, or franchise that might be adduced in his favor by him or by them.

For the clarification and in good faith of this, I, Angiolo, [son] of Jacobo Tani aforesaid, with the will and consent of all the partners mentioned above, have written with my own hand the present record which shall be subscribed by the hand of the other mentioned parties, in Florence, this day, month, and year written above.

Holger Fleischer

§ 3 Der erste schriftliche Gesellschaftsvertrag von Ulrich, Georg und Jakob Fugger: Frühform des OHG-Rechts*

Inhaltsübersicht

I. Einführung

„Jener 14. August 1494, an dem Ulrich, Georg und Jakob ihre Namen unter den ersten eigentlichen Fuggerschen Gesellschaftsvertrag setzten, und man ihre Siegel in das weiche Wachs drückte, ward ein denkwürdiges Ereignis in der deut-

* Für eine frühere Version dieses Beitrags *Fleischer*, FS Bergmann, 2018, S. 183.

https://doi.org/10.1515/9783110733839-004

schen Wirtschaft."[1], schrieb Götz Freiherr von Pölnitz, langjähriger Leiter des Fugger-Archivs und später Professor in Erlangen. Dieser Vertrag war aber nicht nur wirtschaftlich bedeutsam, sondern bildet auch juristisch als ältester überlieferter OHG-Vertrag ein zeitgeschichtliches Dokument ersten Ranges. Als solcher wird er in manchen Lehrbüchern zwar bis heute pflichtschuldig erwähnt[2], aber fast nirgendwo ausführlicher gewürdigt.[3] Dies soll hier nachgeholt werden.

II. Zum heutigen Stand der Fugger-Forschung in Wirtschafts- und Rechtsgeschichte

Das Handelshaus der Fugger und ihre Familiengeschichte haben in der historischen Forschung seit jeher große Aufmerksamkeit erhalten. Unterstützt durch die Einrichtung eines eigenen Familien- und Stiftungsarchivs, dessen Ursprünge sich bis 1554 zurückverfolgen lassen,[4] sind allein in der 1907 begründeten Schriftenreihe „Studien zur Fuggergeschichte" rund 40 Veröffentlichungen unterschiedlichsten Zuschnitts erschienen.[5] Hinzu kommen monumentale wirtschaftsgeschichtliche Werke von Richard Ehrenberg[6], dem Pionier der Unternehmensgeschichte,[7] und Jakob Strieder[8], in denen die Fugger als frühkapitalistisches Unternehmen und Vorläufer moderner Wirtschaftsführer porträtiert wurden, ergänzt um voluminöse Biographien aus der Feder von Max Jansen[9], Götz Freiherr von Pölnitz[10]

1 *Pölnitz*, Jakob Fugger, Kaiser, Kirche und Kapital in der oberdeutschen Renaissance, Bd. I, 1949, S. 57.

2 Vgl. *Kübler/Assmann*, Gesellschaftsrecht, 6. Aufl. 2006, § 2 I d, S. 5; *Wiedemann*, Gesellschaftsrecht, Bd. II: Recht der Personengesellschaften, 2004, § 8 I 3, S. 682; *Windbichler*, Gesellschaftsrecht, 24. Aufl. 2017, § 11 Rn. 10.

3 Für eine frühe Ausnahme *Peterka*, ZHR 73 (1913), 387.

4 Dazu und zur Überlieferung des Fuggerschen Handelsarchivs *Karg*, Archiv und Wirtschaft 27 (1994), 69.

5 Näher *Karg*, in Burkhardt (Hrsg.), Augsburger Handelshäuser im Wandel des historischen Urteils, 1996, S. 308: „Niemand hätte sich 1907 träumen lassen, als das erste Heft der ‚Studien zur Fuggergeschichte' erschienen war, daß diese Reihe am Ende des Jahrhunderts auf über einen Regalmeter anwachsen würde."

6 *Ehrenberg*, Das Zeitalter der Fugger. Geldkapital und Kreditverkehr im 16. Jahrhundert, 2 Bände, 1896.

7 Zu ihm und zur Frühphase der Unternehmensgeschichte *Fleischer*, ZGR 2021 Heft 2 m.w.N.

8 *Strieder*, Jakob Fugger der Reiche, 1926.

9 *Jansen*, Jacob Fugger der Reiche. Studien und Quellen, 2 Bände, 1910.

10 *Pölnitz*, Jakob Fugger. Kaiser, Kirche und Kapital in der oberdeutschen Renaissance, 2 Bände, 1949/51; *ders.*, Anton Fugger, 5 Bände, 1958 bis 1971.

und Léon Schlick[11]. Dieser reichhaltige Strom an historischen und wirtschaftsgeschichtlichen Studien, der vor einem guten Jahrhundert einsetzte, ist bis heute nicht versiegt.[12]

Aus rechtsgeschichtlicher Sicht hat man vor allem den frühzeitlichen Monopolstreit untersucht[13], der sich nicht zuletzt an der Handels- und Preispolitik der Fugger entzündet hatte: Ihr Geschäftsgebaren im Gewürz- und Metallhandel galt vielen als ausbeuterisch und illegitim, so dass der Name Fugger geradezu ein „Synonym für Wucherer"[14] wurde. Dagegen harren die gesellschaftsrechtlichen Grundlagen des Fugger-Imperiums noch immer einer gründlicheren Aufarbeitung. Wie es scheint, haben die charismatischen Persönlichkeiten eines Jakob oder Anton Fugger Generationen von Historikern derart in ihren Bann gezogen[15], dass die Handelsgesellschaft, der sie vorstanden, eine bloße Hintergrundkulisse blieb.[16]

III. Aufstieg der Fugger und Abschluss der ersten Gesellschaftsverträge

1. Ein Handelshaus entsteht

1367 markiert gewöhnlich den Beginn der Fugger-Geschichtsschreibung: In diesem Jahr wanderte Hans Fugger, Sohn eines Bauern und Webers aus Graben am Lechfeld in Augsburg ein[17] – „Fucker advenit", wie es im Steuerbuch der Stadt

---

11 *Schlick*, Jakob Fugger, 1957.

12 Vgl. etwa *Kellenbenz*, Die Fugger in Spanien und Portugal. Ein Großunternehmen des 16. Jahrhunderts, 2 Bände, 1990; aus jüngerer Zeit der Sammelband von *Häberlein* (Hrsg.), Die Fugger: Geschichte einer Augsburger Familie (1367–1650), 2006, mit informativem und teils kritischem Überblick über die Fugger-Forschung in der Einleitung, S. 11 ff.

13 Vgl. etwa *Crebert*, Künstliche Preissteigerung durch Für- und Aufkauf, 1916; *Nehlsen-von Stryk*, ZNR 10 (1988), 1.

14 *Cordes*, in Handwörterbuch zur deutschen Rechtsgeschichte, 2. Aufl., Bd. I, 2008, Stichwort: Fugger und Welser, Sp. 1871, 1873.

15 Repräsentativ etwa *Jansen*, Die Anfänge der Fugger bis 1494, 1907, S. 7: „Wie reizvoll ist es, die Entwicklung eines Geschlechtes zu verfolgen, aus der Werkstatt eines Webers durch das weltumfassende Kontor zweier Kaufleute bis zum Palaste des Fürsten."

16 So die Mutmaßung von *E. Lutz*, Die rechtliche Struktur süddeutscher Handelsgesellschaften in der Zeit der Fugger, 1976, S. 2; zu dieser wichtigen Arbeit die Rezension von *Krause*, ZRG (GA) 95 (1978), 393.

17 Näher zu Folgendem *Pölnitz*, in Handwörterbuch der Sozialwissenschaften, Bd. 4, 1965, Stichwort: Fugger, S. 193 ff.; *Rieckenberg*, in Bayerische Akademie der Wissenschaften (Hrsg.), Neue Deutsche Biographie, Bd. 5, Stichwort: Fugger, Grafen, S. 707 ff.

bündig hieß.[18] Sein Sohn, Jakob der Ältere, gelangte durch den Handel mit Webwaren und Metallen zu einem gewissen Vermögen. Weiter ausgebaut wurde das Handelshaus sodann unter der Leitung von Jakobs ältestem Sohn Ulrich (* 1441), der zusammen mit seinen Brüdern Markus (* 1448) und Georg (* 1453) erfolgreich Kontakte nach Italien und in die Niederlande sowie zur päpstlichen Kurie knüpfte. Der wahre Aufstieg der Fugger-Brüder begann aber erst, als ihr jüngster Bruder Jakob (* 1459) in das Handelshaus eintrat. Ursprünglich für den geistlichen Stand bestimmt, übernahm er nach einigen Lehrjahren in Venedig 1485 die Leitung der Innsbrucker Niederlassung.[19] Mit großem Geschick und nicht minder großem Machtwillen schmiedete er ein monopolartiges Metallimperium und schuf ein dichtes Netzwerk zu Politik und Klerus. Vor allem vertiefte er die Beziehungen der Fugger zum Hause Habsburg; zu seinen größten Förderern gehörte der gleichaltrige spätere Kaiser Maximilian I.

2. Fehlende Gesellschaftsrechtsgesetzgebung

Als sich die Fugger-Brüder zu Beginn der 1490er Jahre anschickten, ihr Handelsunternehmen auf eine festere vertragliche Grundlage zu stellen, konnte von einer Gesetzgebung im modernen Sinne auf dem Gebiet des Gesellschaftsrechts noch keine Rede sein.[20] Nennen könnte man auf Reichsebene allenfalls das Privileg von 1464, das Kaiser Friedrich III. der Reichsstadt Nürnberg in Fragen des Gesellschaftsrechts erteilt hatte: Es bildete die Grundlage für eine Unterscheidung zwischen vollhaftenden Hauptgesellschaftern einerseits und nur mit ihrer Einlage haftenden sonstigen Teilhabern andererseits, ohne jedoch eine umfassende Regelung vorzusehen.[21] Auch das Augsburger Stadtrecht kannte trotz der hohen Ansammlung von Handelshäusern keine eigenständige Handelsgesetzgebung[22]; von

18 So auch *Jansen* (Fn. 15), S. 8; ferner die Kapitelüberschrift bei *Häberlein* (Fn. 12), S. 17.

19 Anschaulich *Strieder* (Fn. 8), S. 56: „Der Theologe wurde zum Kaufmann; just wie etwa 300 Jahre später ein anderer Stern der deutschen Wirtschaftsgeschichte, wie Maier Amschel Rothschild, der zum Rabbiner bestimmt war, aber der Gründer einer Finanzdynastie wurde."

20 Dazu *F.G.A. Schmidt*, Handelsgesellschaften in den deutschen Stadtrechtsquellen des Mittelalters, 1883, S. 31 ff., ferner *Peterka*, ZHR 73 (1913), 387, 390 f.; *E. Lutz* (Fn. 16), S. 71 f.

21 Näher *E. Lutz* (Fn. 16), S. 72 ff.

22 Näher *Peterka*, ZHR 73 (1913), 387, 391 f.; *Riebartsch*, Augsburger Handelsgesellschaften des 15. und 16. Jahrhunderts, 1987, S. 42; ferner *Pettinger*, Vermögenserhaltung und Sicherung der Unternehmensfortführung durch Verfügungen von Todes wegen. Eine Studie der Frühen Augsburger Neuzeit, 2007, S. 140 f.

den Gesellschaften handelte allein Art. 144 des sog. Stadtbuchs.[23] Maßgeblich war daher das vertraglich geformte Gesellschaftsrecht, aus dem eine Kodifikation erst allmählich herausreifen sollte: „Man steckt noch im Mittelalter. Gesetze, Privilegien, Verträge, Gewohnheitsrecht bilden insgesamt das Recht. Dazwischen gibt es überall weite rechtsfreie Räume. Der Unterschied von Gesetz und Vertrag, von objektivem und subjektivem Recht ist erst in der Entwicklung begriffen.“[24]

3. Chronologie der Gesellschaftsrechtsverträge im Hause Fugger

Vor diesem Hintergrund ist es umso wichtiger, einen Blick auf die Gesellschaftsverträge der Fugger zu werfen: „In einer Zeit, der ein ausgeprägteres genormtes Gesellschaftsrecht mangelte, in der aber mit dem zu Weltbedeutung sich entwickelnden Handel Unternehmen entstehen mußten, die in personeller und kapitalmäßiger Hinsicht über die Leistungsfähigkeit eines Einzelkaufmanns hinausgingen, waren Eigeninitiative und organisatorisches Talent von entscheidender Bedeutung, um das Fehlen von Gesellschaftsnormen durch klar ausgeprägte Gesellschaftsverträge auszugleichen.“[25]

a) Ganerbschaft nach dem Tode Jakob des Älteren

Als Jakob der Ältere im Jahre 1469 starb, setzte seine Witwe Barbara den Handelsbetrieb zusammen mit ihren erwachsenen Söhnen fort. Den rechtlichen Rahmen hierfür bot ihnen das Institut der Ganerbschaft[26], eine fortgesetzte Erbengemeinschaft in Gestalt einer Gemeinschaft zur gesamten Hand.[27] Erst elf Jahre später erschien den Brüdern Ulrich, Georg und Jakob – Markus war inzwischen gestorben – dieses erbrechtliche Korsett zu starr. Sie errichteten stattdessen eine Handelsgesellschaft, der das Handelsgeschäft von der Ganerbschaft übertragen wurde:

---

23 Einzelheiten bei *v. Ciriacy-Wantrup*, Familien- und erbrechtliche Gestaltungen von Unternehmen der Renaissance. Eine Untersuchung der Augsburger Handelsgesellschaften zur frühen Neuzeit, 2007, S. 158 ff.

24 *Krause*, ZRG (GA) 95 (1978), 396.

25 *Simnacher*, Die Fuggertestamente des 16. Jahrhunderts, 1960, S. 62 f.

26 Vgl. *Pölnitz* (Fn. 1), S. 56; *Reinhardt*, Jakob Fugger der Reiche aus Augsburg. Zugleich ein Beitrag zur Klärung und Förderung unseres Verbandswesens, 1926, S. 78 f.; *Strieder* (Fn. 8), S. 70.

27 Vgl. *Ogris*, in Handwörterbuch zur deutschen Rechtsgeschichte, 2. Aufl., Bd. I, 2008, Stichwort: Ganerben, Sp. 1928 m. w. N.

„Ulrich Fugger und seine geselschaft“, wie es in den Gerichtsbüchern der Stadt Augsburg hieß.[28] Der Gesellschaftsvertrag ist nicht überliefert, vielleicht wurde er nur mündlich geschlossen.[29]

b) Erster schriftlicher Gesellschaftsvertrag der Fugger-Brüder von 1494

Aufgrund der enormen Expansion der Fuggerschen Handels- und Bankaktivitäten in aller Welt hielt auch dieser Organisationsrahmen den praktischen Anforderungen kaum mehr stand.[30] Wohl auf Jakobs Anregung[31] schlossen die Brüder Ulrich, Georg und Jakob Fugger deshalb am 18. August 1494 ihren ersten schriftlichen Gesellschaftsvertrag unter der Kollektivbezeichnung „Ulrich Fugker und gebrudere von Augspurg“. Der Vertrag wurde im Anhang der Fugger-Biographie von Max Jansen 1910 erstmals der Forschung zugänglich gemacht.[32] In seinem Einleitungssatz erklären Ulrich, Georg und Jakob Fugger, dass sie schon bisher einen „gemainen bruderlichen handel und gesellschaft gewerbe und hantierung miteinander freuntlich und bruderlich gehabt und getriben haben“ und diesen Handel nun auf der Grundlage des neuen Gesellschaftsvertrages fortsetzen wollten. Ob ihnen bei der Abfassung des Vertrages professionelle Juristen zur Seite standen, ist nicht geklärt. Gelegentlich vermutet man, Conrad Peutinger, rechtsgelehrter Humanist, langjähriger Augsburger Stadtschreiber und Hausjurist der großen Augsburger Handelshäuser[33], habe beratend mitgewirkt.[34]

28 Dazu *Reinhardt* (Fn. 26), S. 79.
29 So die Mutmaßung von *Reinhardt* (Fn. 26), S. 79.
30 Vgl. *Pölnitz* (Fn. 1), S. 56, wonach die einfache juristische Prägung dieses lockeren Handelsverbands mit den verwickelten Geschäften bald nicht mehr Schritt hielt, obwohl die drei Brüder ohne Reibung zusammenwirkten.
31 Übereinstimmend in diesem Sinne *Pölnitz* (Fn. 1), S. 57: „wesentlich wohl Jakobs Werk“; *Reinhardt* (Fn. 26), S. 80.
32 Vgl. *Jansen* (Fn. 9), Bd. I, Anhang, S. 263–268; Original im Fugger-Archiv 31, 1 (Pergament mit drei anhängenden Siegeln, von denen eines abgerissen ist).
33 Monographisch zu ihm *H. Lutz*, Conrad Peutinger, 1958.
34 So die Mutmaßung bei *Pölnitz* (Fn. 1), S. 57 mit dem Zusatz: „Wenigstens gab es später Fälle, in denen Fugger sein Gutachten erbat und gebrauchte.“

c) Erneuerung des Gesellschaftsvertrages von 1502

Nach Ablauf der ursprünglich vorgesehenen Laufzeit von sechs Jahren wurde dieser Vertrag nicht sofort erneuert.[35] Erst am 23. Dezember 1502 kam ein abermals auf sechs Jahre befristeter Folgevertrag zustande[36], zeitgleich mit einem Sondervertrag über die ungarischen Bergwerke der Fugger[37], aus dem sich später die Fideikommissbildung des Fuggerhauses entwickelte.[38] Der Gesellschaftsvertrag von 1502 wurde, nachdem er abgelaufen war, stillschweigend um weitere sechs Jahre verlängert.

d) Gesellschaftsvertrag von Jakob Fugger mit seinen Neffen von 1510

Als Georg Fugger 1506 und Ulrich Fugger 1510 gestorben waren, bedurfte es einer neuen Vertragsgrundlage, die am 30. Dezember 1512 zustande kam[39]: Jakob Fugger schloss mit seinen vier Neffen Raymund, Anton, Ulrich und Hieronimus einen Gesellschaftsvertrag ab, nachdem er die anderen Erben seiner verstorbenen Brüder abgefunden hatte. Fortan firmierte die Gesellschaft unter „Jacob Fugger und seiner gebrueder süne" oder auf Italienisch „Jacobo Fugger e nepoti". Zugleich wurde der Grundsatz der Gleichberechtigung aller Gesellschafter, der in dem brüderlichen Zusammenschluss von 1494 stets gegolten hatte, aufgehoben. Jakob schwang sich nun zum quasi-monarchischen Alleinherrscher „mit durchaus diktatorischer Rechtsstellung"[40] auf und erklärte in dem Vertrag, dass ihn seine vier Neffen „für ain hauptherrn" mit unbeschränkter Macht „erkennen und halten" sollten und „nichts handlen noch thun, dann was ich inen bevilch und des macht oder gewalt gib". Infolgedessen waren seine Neffen von der Geschäftsführung und Vertretung ausgeschlossen. Jakob bestimmte allein über Gewinnverteilung und Entnahmen; er konnte seine Mitgesellschafter jederzeit ausschließen: „Selten hat ein Herrscher einen Kronprinz so tief gedemütigt, wie dieser König im Reiche des Geldes dies hier seinen Neffen und Nachfolgern gegenüber tat."[41]

35 Zu den Gründen *Jansen* (Fn. 9), S. 32: „Wahrscheinlich waren lange Verhandlungen erforderlich, auch widerstrebende Kräfte zu überwinden, ehe man sich auf zum Teil neuer Grundlage einigte."
36 Ebenfalls abgedruckt bei *Jansen* (Fn. 9), Bd. I, Anhang, S. 268–270.
37 Auch dazu *Jansen* (Fn. 9), Bd. I, Anhang, S. 272–281.
38 Dazu etwa *Simnacher* (Fn. 25), S. 68 ff.
39 Überliefert bei *Jansen* (Fn. 9), Bd. I, Anhang, S. 289–295.
40 *Reinhardt* (Fn. 26), S. 89.
41 *Strieder* (Fn. 8), S. 80.

4. Die Fugger als Prototyp einer Familiengesellschaft

Die Handelsgesellschaft der Fugger ist ein Paradebeispiel für die Bedeutung des „familienrechtlichen Momentes“[42] in der Herausbildung der modernen OHG.[43] Nicht nur im altrömischen Recht, sondern auch im Hochmittelalter hatten die meisten Handelshäuser den Charakter von Familiengesellschaften.[44] Ihre Namen waren allesamt Familiennamen (Peruzzi, Bardi, Medici, Welser, Fugger), ihre Gesellschafter überwiegend nahe Verwandte. Dies gilt auch und gerade für die süddeutschen Handelsgesellschaften des 15. und 16. Jahrhunderts in den Wirtschaftszentren Nürnberg und Augsburg.[45] Ein Hauptgrund lag wohl darin, dass es in Ermangelung gesetzlicher Regelungen einer besonderen Vertrauensgrundlage für einen gesellschaftsrechtlichen Zusammenschluss bedurfte, wie sie ein Verwandtschaftsverhältnis in der Regel bietet.[46] Im Hause Fugger waren die Familienbande sogar besonders eng geknüpft: Während die meisten anderen süddeutschen Handelsgesellschaften jener Zeit allmählich den Charakter reiner Familiengesellschaften verloren, indem sie Verschwägerte oder verdiente Handelsangestellte als Gesellschafter aufnahmen, duldete Jakob Fugger in seiner rigorosen Familienpolitik keine Ausnahme zu: „Fremdes Blut war aus der Leitung des Fuggerschen Unternehmens prinzipiell und ein für allemal ausgeschlossen.“[47]

---

42 *Peterka*, ZHR 73 (1913), 387, 394.

43 Näher *Peterka*, ZHR 73 (1913), 387, 393: „Es ist längst erkannt worden, daß die oberdeutschen Handelsgesellschaften in engem Zusammenhange mit der Familie standen [...]. Gerade in dieser Hinsicht bietet die Fugger-Gesellschaft die bedeutendste und reinste Form.“

44 Dazu bereits *Fleischer*, NZG 2017, 1201, 1202 ff. m. w. N.

45 Bündig *Isermann*, in Lütge/Strosetzki (Hrsg.), Zwischen Bescheidenheit und Risiko, Wirtschaftsethik in der globalisierten Welt, 2017, S. 79: „Familiengesellschaften bildeten als Organisationsform eine ‚zentrale Grundkonstante‘ in den ökonomischen Zentren Nürnberg und Augsburg des 15. und 16. Jahrhunderts.“; ferner *Becker*, in Möllers (Hrsg.), Standardisierung durch Markt und Recht, 2008, S. 247, 258: „Die Augsburger Handelshäuser pflegten die Einheit von Familie und Geschäft, das heißt, sie führten ihre Unternehmen in Familiengesellschaften.“

46 In diese Richtung *Riebartsch* (Fn. 22), S. 220; ferner *Pettinger* (Fn. 22), S. 141; früh schon *Hacmann*, ZHR 73 (1913), 47, 86: „Die primitiven Verhältnisse, insbesondere aber die durch die Unsicherheit der Zeit arg gefährdete Verkehrssicherheit, sowie der Umstand, daß das erforderliche Vertrauen eher, aber nicht ausschließlich bei den nächsten Angehörigen als bei Fremden zu finden war, machen es erklärlich, daß sich Konsortialverhältnisse zum Betriebe eines Handelsgewerbes leichter im Schoße der Familie als mit Außenstehenden bildeten.“

47 *Strieder* (Fn. 8), S. 85; ähnlich *Rehme*, ZRG (GA) 47 (1927), 487, 525: „Allzeit war die Gesellschaft streng auf Mitglieder der Familie Fugger, und zwar auf wenige nächste Verwandte, beschränkt.“; ferner *Ehrenberg* (Fn. 6), Bd. 1, S. 196, 383; *Peterka*, ZHR 73 (1913), 387, 393 f., 426, 428.

Woher Jakob Fugger seine Anregungen für die Schaffung einer neuen Organisationsform nahm, ist nicht endgültig geklärt. Unter Hinweis auf seine Lehrzeit in Venedig und spätere Geschäftsreisen nach Italien mutmaßen manche, dass er dort die damals übliche *compagnia palese*[48] kennen und in ihrer großen Brauchbarkeit für ein Verbandshandelsunternehmen schätzen gelernt habe.[49] Ein anderer Autor will dies nicht ausschließen, hält es aber ebenso für denkbar, dass die Neuerung letztlich Jakobs erfahrungs- und erlebnisgesättigter Intuition entsprang: „Gewesenes und Gewordenes, Deutsches und Fremdes verband er schöpferisch zu einer unmittelbar der Praxis angepaßten Form."[50] Nach einer weiteren Literaturstimme bildete die südländische Handelsrechtsentwicklung eine wichtige Quelle für den Vertrag, doch sei zugleich die eigene Handschrift Jakobs unverkennbar: „[D]ie deutschen Fassungen, welche kein fremdes Wort aufweisen, und die eingehende Berücksichtigung der besonderen Verhältnisse der Fugger-Familie sind jedoch Zeichen der Ursprünglichkeit"[51].

Über die Klassifizierung des Fuggerschen Zusammenschlusses im System der Gesellschaftsrechtsformen kann man streiten. In der älteren Literatur liest man ganz überwiegend, die am 18. August 1494 ins Leben getretene Gesellschaft sei eine offene Handelsgesellschaft[52], ja sogar „die erste offene Handelsgesellschaft Deutschlands"[53]. Das für die hiesigen Verhältnisse Neue erblickt ein Autor in drei Punkten: (a) Die Firma „Ulrich Fugger und seine geselschaft" sei die erste Firma Deutschlands, (b) die neue Handelsgesellschaft werde eine offene, d.h. ihre Mitgliederliste sei offenkundig, (c) die drei Brüder vereinbaren durch Vertrag die Solidarhaft der Gesellschafter.[54] Hiergegen mag man einwenden, es sei verfehlt, moderne Begriffe zur Bestimmung mittelalterlicher Verhältnisse heranzuziehen.[55] Die dahinter stehende Grundfrage rechtsgeschichtlicher Methodik kann hier nicht

---

48 Zu den historischen Ursprüngen der *compagnia* in Oberitalien *Fleischer*, in ders. (Hrsg.), Personengesellschaften im Rechtsvergleich, 2021, § 1 Rn. 130 ff. m.w.N.

49 So *Reinhardt* (Fn. 26), S. 80 f.; ähnlich *Simnacher* (Fn. 25), S. 65.

50 *Pölnitz* (Fn. 1), S. 57.

51 *Peterka*, ZHR 73 (1913), 387, 428.

52 In diesem Sinne etwa *Peterka*, ZHR 73 (1913), 387, 392: „Sie [= die Fugger-Gesellschaft] stellt vielmehr den Typus der offenen Handelsgesellschaft dar; *Rehme*, ZRG (GA) 47 (1927), 487, 523: „Ohne Zweifel liegt eine offene Handelsgesellschaft vor."; *Strieder* (Fn. 8), S. 71.

53 *Reinhardt* (Fn. 26), S. 80.

54 So *Reinhardt* (Fn. 26), S. 81 f.

55 Kritisch auch aus anderen Gründen *Cordes* (Fn. 14), Sp. 1871, 1872: „Das Interesse der Rechtsgeschichte an den F.[uggern] und W.[elsern] galt zum einen der gesellschaftsrechtlichen Struktur ihrer Handelshäuser, doch eine systematisch überzeugende Einordnung muss scheitern: Die Gestaltungen waren so individuell, dass die heutigen gesellschaftsrechtlichen Typen als Charakterisierung wenig taugen."

vertieft werden.[56] Für die Zwecke dieses Beitrags soll es bei dem pragmatischen Standpunkt von Karl Lehmann bewenden: „Gewiß kann man mittelalterliche Institute auch rein aus dem Geiste und der Denkweise ihrer Zeit darstellen, soll aber das Ziel erreicht werden, dem Leser klar zu machen, ob und wieweit eine Rechtserscheinung der Gegenwart bereits der Vergangenheit angehörte, so kommt man ohne den Gegenwartsbegriff nicht aus.“[57] Gleichwohl wird man bei alledem eine gewisse Vorsicht walten lassen müssen: „Die Chancen auf eine Annäherung an die Realität mittelalterlichen Rechtsdenkens erhöhen sich, wenn man die Sensoren für rechtliche Konzepte, die im heutigen Recht keinerlei Entsprechung haben, offenhält.“[58]

IV. Gesellschaftsvertragliche Regelungen des Innenverhältnisses

Der Gesellschaftsvertrag der Fugger von 1494 wird im Rückblick oft hochgelobt: Die einzelnen Rechte und Pflichten der Gesellschafter seien in dem Fuggerschen Vertrage viel eingehender, schärfer und klarer ausgesprochen als in allen aus früherer Zeit bekannten Verträgen[59]; er rage durch die Sorgfalt der Regelung der inneren Geschäftsverhältnisse heraus und sei in seinem juristischen Aufbau ziemlich hochstehend.[60] Insgesamt umfasst der Vertrag fünfeinhalb eng beschriebene Buchseiten in dem Wiederabdruck bei Max Jansen[61]. Anders als moderne Gesellschaftsverträge kennt er noch keine Durchnummerierung der Artikel[62]; die einzelnen Regelungen beginnen allerdings jeweils mit dem Wort „Item“.

---

56 Näher etwa *Rehme*, ZRG (GA), 47 (1927), 487, 491 ff.; zuletzt auch *Fleischer* (Fn. 48), § 1 Rn. 22 m. w. N.
57 *Lehmann*, ZHR 81 (1918), 475, 478.
58 *Cordes*, Spätmittelalterlicher Gesellschaftshandel im Hanseraum, 1998, S. 42.
59 *Reinhardt* (Fn. 26), S. 82.
60 *Peterka*, ZHR 73 (1913), 387, 392; gleichsinnig *Simnacher* (Fn. 25), S. 64.
61 Fn. 32.
62 Allgemein dazu *E. Lutz* (Fn. 16), S. 194 f.

1. Vertragsdauer

Die Eingangsbestimmung des Gesellschaftsvertrages vom 18. August 1494 sieht eine Vertragslaufzeit von sechs Jahre vor[63] – eine Befristung, an der sich alle Folgeverträge der Fugger orientierten[64], später freilich mit einer Verlängerungsklausel bei unterbliebenem Widerruf.[65] Dieses Modell befristeter Verträge war typisch für die Praxis der süddeutschen Handelsgesellschaften jener Epoche, wobei die Regellaufzeit vier bis sechs Jahre betrug.[66] Ungeachtet dieses Grundsatzes der Vertragsbefristung stellten sich die zumeist verwandtschaftlich verbundenen Gesellschafter regelmäßig auf eine längere Dauer der Gesellschaft ein, namentlich dann, wenn deren Kredit maßgeblich auf dem eingeführten (Familien-)Namen beruhte.[67] Infolgedessen sind uns von den Fuggern und anderen großen Familiengesellschaften ganze Vertragsserien überliefert, die interessante Einblicke in die inneren Machtverhältnisse und Dynamiken jener Handelsgesellschaften gestatten.[68] So veranschaulichen die Fugger-Verträge von 1494 bis 1510 die Kräfteverschiebung von einer Gesellschaft gleichberechtigter Brüder hin zu einem von Jakob Fugger allein dominierten Handelsverband.[69]

2. Unternehmensgegenstand

Hinsichtlich der Unternehmenstätigkeit enthält der Fugger-Gesellschaftsvertrag von 1494 keine weitere Beschreibung oder Eingrenzung.[70] Die Rede ist nur allgemein von „handel, gewerbe und hantierung" und im weiteren Text wiederholt von „handel". Solche und ähnlich generische Umschreibungen waren bei den

---

63 „Erstlich das solche unsere handlung und geselschaft die nechsten sechs jare schirst nacheinander volgend stehend u pleybend [...]."

64 Vgl. *E. Lutz* (Fn. 16), S. 212 m.w.N. in Fn. 41.

65 „Wir wollen auch, dass diese unsere ordnung und vertrag, den wir uf sechs jat gestelt haben, dieweil wir nit wiederruefen oder ain andern vertrag oder ordnung machen, hinfüro und hinfüro besteen khraft und macht haben soll."; dazu auch *Peterka*, ZHR 73 (1913), 387, 422: „Hierdurch wurde die Idee der Beständigkeit der Vereinigung zu entschiedenerem Ausdrucke gebracht."

66 Näher *E. Lutz* (Fn. 16), S. 209 ff.

67 In diesem Sinne *E. Lutz* (Fn. 16), S. 225 mit Fn. 225 unter ausdrücklich Bezugnahme auf die Fuggerverträge.

68 Näher dazu *Häberlein*, in Möllers (Hrsg.), Vielfalt und Einheit, 2008, S. 127, 132.

69 In diesem Sinne auch *Häberlein* (Fn. 68), S. 127, 133; von einer „offenen Handelscompagnie" spricht *Reinhardt* (Fn. 26), S. 89 f.

70 Dies hervorhebend auch *Peterka*, ZHR 73 (1913), 387, 397: „Auffällig mag es sein, dass die ersten Fugger-Gesellschaftsverträge die zu pflegenden Geschäfte nicht namentlich anführen."

Handelsgesellschaften des 15. und 16. Jahrhunderts – im Gegensatz zu den damaligen Bergwerksgesellschaften – durchaus üblich[71] und angesichts der Vielgestaltigkeit des Fuggerschen Handels wohl auch vernünftig.[72] Zum Zeitpunkt des Vertragsschlusses waren sie nämlich längst keine gewöhnlichen Kaufleute mehr: „[V]ielmehr leiteten sie schon ein Bankgeschäft von bedeutendem Umfange, machten Geldgeschäfte mit den Großen und Größten der Erde und setzten Edel- und Halbedelsteine in die weite Welt ab. Aber das hinderte sie nicht, auch weiterhin den Handel mit Gegenständen aller Art zu treiben."[73]

3. Geschäftsführung

Die Geschäftsführung – ein Begriff, der damals noch nicht etabliert war[74] – weist der Gesellschaftsvertrag von 1494 jedem der drei Brüder zur gleichberechtigten und vollständigen Wahrnehmung zu: „unser yeder soll gantzen vollen gewalt und macht haben in allen und yeden dingen den handel anrurend oder das dem handel und uns zu gut geschicht." Zur Illustration nennt der Vertrag Kauf und Verkauf von Waren, Einziehung von Forderungen und Begleichung von Gesellschaftsschulden. Besondere Erwähnung findet außerdem das Recht zur Einstellung und Entlassung von Hilfspersonen und Handelsangestellten: „Unser yeder soll auch macht haben unsers handels und geselschaft dyner und factor aufzenemen und zu dingen und diejenen, so wir itzo haben oder kunfticlich haben werden, zu urlauben, zuebezalen, andere an irer stat zdingen und auch uzu urlauben, wenn unser yeder will [...]."

Es gilt der Grundsatz der Einzelgeschäftsführung: Jeder Bruder soll tätig werden können, „als ob unser yeder der obristhaupthandler selbst were, auch in abwesen der anderen und sol uns alle sovil beruren und sein, als als ob wir alle solchs gehandelt hetten". Eine Beschränkung der Geschäftsführungsbefugnis ist

---

71 Näher *E. Lutz* (Fn. 16), S. 209: „Geschäftszweck und Geschäftsbereich werden in den allgemeinen Handelsgesellschaften so formuliert, daß keine detaillierte Bindung eintritt, wobei unklar bleibt, ob man in zeitgenössischer kaufmännischer Perspektive darin eine rechtliche Bindung gesehen hätte."

72 Ebenso *Peterka*, ZHR 73 (1913), 387, 397 mit dem Zusatz: „[A]ußerdem wollte man gewiß eine weitere Ausdehnung auf neue Geschäfte nicht hemmen."

73 *Jansen* (Fn. 9), S. 39.

74 Näher *E. Lutz* (Fn. 16), S. 322: „Das Wort ‚Geschäftsführung' taucht in der deutschen Rechtssprache erst sehr spät Ende des 18. Jahrhunderts auf. Die Gesellschaftsverträge kennen diesen Begriff nicht, treffen aber der Sache nach Bestimmungen, die die Geschäftsführungsbefugnis treffen."

nicht vorgesehen[75], auch kein Bürg- und Leihverbot, wie es spätere Fugger-Verträge[76] und andere Verträge süddeutscher Handelsgesellschaften kennen.[77] Anlässlich der Erneuerung des Gesellschaftsvertrages von 1502 wird im Zusammenhang mit dem Sondervertrag über die ungarischen Bergwerke jedoch eine obligatorische Mitentschließung der anderen Gesellschafter für großvolumige Erwerbsgeschäfte eingeführt: „Sie mögen auch woll khaufen pergwerckh oder anderes, dass sie dem handel zue guet ansehen und bedunckhen wure, doch wa es ain grosse summa kaufgelts treffn wurde, so sollen sie es auch mit der anderen gesellschafter, oder mehrer tails wissebn und willen auch thun".

4. Treuepflicht

Der Gesellschaftsvertrag von 1494 nimmt – wie auch seine Folgeverträge – auf den „guten waren treuen und glauben" Bezug und bildet insoweit einen frühen historischen Beleg für die gesellschaftsrechtliche Bedeutung des Treuegedankens.[78] Ob dieses Treuegelöbnis nur zur Verstärkung der Vertragsbindung diente oder auch weitere Funktionen übernahm, ist nicht endgültig geklärt.[79] Immerhin wird mit dem Gebot der Offenheit in allen Gesellschaftsangelegenheiten eine wesentliche Ausprägung des modernen Treuegedankens konkret ausbuchstabiert: „Was unser yeder in diesem unserm handel und geselschaft handelen wirdt, es sey mit kaufen verkaufen, hantirung, brieffen, schriften, puchern, registern und rechnung, sol er vor den andern nit verpergen und den andern, so sy des begern, unverporgen sein." In engem Zusammenhang mit dem Treuegelöbnis steht auch die Arglistklausel, mit der aller Gesellschafter versprechen, „on alle auszuge geverde und argelist" zu handeln, die angesichts der vorherrschenden Verbalinter-

---

75 Vgl. *Peterka*, ZHR 73 (1913), 387, 403.

76 Vgl. den Fugger-Gesellschaftsvertrag von 1512: [...] darzu in kainer on mein gunst wissen und willen ganz kain burgschaft vergwisung verpflichtung versprechung noch einsatzung weder durch gelt noch liegende gueter weder mündlich schriftlich noch in ander weg weder für sich noch under inen selbs für mich noch ander frembd, und ob gleich solichs in was gestalt das were geschech, so soll doch dasselb ganz kain craft haben."

77 Näher *E. Lutz* (Fn. 16), S. 323 ff.

78 Gleichsinnig *Peterka*, ZHR 73 (1913), 387, 411: „interessantes historisches Dokument für die privatrechtliche Bedeutung des deutschen Treuebegriffs"; ferner *Ciriacy-Wantrup* (Fn. 23), S. 226; *Riebartsch* (Fn. 22), S. 231 ff.; *Silberschmidt*, Beteiligung und Teilhaberschaft – ein Beitrag zum Recht der Gesellschaft, 1915, S. 73 ff.; *Simnacher* (Fn. 25), S. 64 f.

79 Eingehend *E. Lutz* (Fn. 16), S. 171 ff.

pretation jener Zeit eine wichtige Schutzfunktion übernahm.[80] Außerdem verlangt der Gesellschaftsvertrag von 1494 im Hinblick auf die Geschäftsführung, dass ein jeder der drei Gesellschafter „in diesem handel und geselschaft getreulichen handelen und furnamen".[81] Der Vertrag von 1512 sieht schließlich noch eine Verschwiegenheitspflicht vor, indem er die Gesellschafter anhält, „des handels und geselschaft frumen zu fürdern und schaden zu wenden nach irem höchsten vermugen, dartzu den handel in guter und stiller gehaim behalten und niemants offenbarn".

5. Wettbewerbsverbot

Als weitere Ausprägung der Treuepflicht findet das Wettbewerbsverbot besondere Erwähnung: „Es sol auch unser keiner weder durch sich selbs für sich noch sunst mit yemands anderm einichen kaufmannshandel gewerb und geselschaft ausserhalb di die gedachten sechs jare haben noch treyben." Diese Klausel unterstreicht, dass die drei Brüder ihre gesamte Arbeitskraft in den Dienst der (Familien-)Gesellschaft stellen sollten.[82] Welche Sanktion bei einem Verstoß gegen das Wettbewerbsverbot eingreifen soll, lässt der Gesellschaftsvertrag von 1494 ungeregelt.[83] Die späteren Fugger-Verträge von 1591 und 1622 sehen hierfür den Ausschluss des pflichtvergessenen Gesellschafters vor.[84] Allgemein bildet das Wettbewerbsverbot einen wichtigen Bestandteil der Gesellschaftsverträge süddeutscher Handelsgesellschaften des 15. und 16. Jahrhunderts.[85] Entsprechende Konkurrenzklauseln fanden sich in den Verträgen für die Diener und Handelsangestellten.[86]

---

80 Allgemein dazu *Fuhr*, Zur Entstehung und rechtlichen Bedeutung der mittelalterlichen Formel ‚ane argeliste unde geverde", 1959; speziell für ihre Verwendung in den Gesellschaftsverträgen des 15. und 16. Jahrhunderts *E. Lutz* (Fn. 16), S. 192 f.; ferner *Ciriacy-Wantrup* (Fn. 23), S. 226.
81 Vgl. auch *Peterka*, ZHR 73 (1913), 387, 414.
82 Vgl. *Jansen* (Fn. 9), S. 31; *Peterka*, ZHR 73 (1913), 387, 413.
83 Dazu auch *Amend-Traut*, in Schumann (Hrsg.), Justiz und Verfahren im Wandel der Zeit, 2017, S. 55, 76.
84 Näher *Peterka*, ZHR 73 (1913), 387, 413 f.
85 Monographisch *Swoboda*, Das Wettbewerbsverbot unter Handelsgesellschaftern vorzugsweise nach deutschem Recht. Eine rechtsgeschichtliche Untersuchung, 1939; eingehend auch *E. Lutz* (Fn. 16), S. 307 ff.; ferner *Ciriacy-Wantrup* (Fn. 23), S. 227; *Riebartsch* (Fn. 22), S. 235 f.
86 Für ein Beispiel (Diener der Thurgos und Fugger) *Jansen* (Fn. 9), S. 379; näher auch *Amend-Traut* (Fn. 82), S. 76.

6. Kapitaleinlage

Der Gesellschaftsvertrag von 1494 gibt keine Auskunft über die Höhe der Einlagen eines jeden Gesellschafters.[87] Aus anderer Quelle wissen wir, dass Ulrich 21.656 rheinische Goldgulden, Georg 17.177 und Jakob 15.552 Goldgulden als Kapitaleinlage zu Vertragsbeginn hatten.[88] Jeder Gesellschafter soll seinen Kapitalanteil („haubtgut") nebst Gewinn im Unternehmen belassen, jeder von ihnen nimmt am Gewinn und Verlust teil. Die Größe seines Gewinn- oder Verlustanteils richtet sich nach seinem Kapitalanteil zum Zeitpunkt der Abrechnung: „Was wir und unser yeder auf diesen tag im handel und gesellschaft hat und sich unter uns in der nechsten rechnung erfinden wirdt, haubtguts und gewynnung, das soll also im handel die gedachten zeit aus bleiben zu gleichem gewynn und verlust, doch nach anzall unseres yedes hauptguts, so unser yeder im handel hat und sich in rechnung erfinden wirdt."

7. Aufwendungsersatz und Entnahmerecht

Hinsichtlich des Aufwendungsersatzes unterscheidet der Gesellschaftsvertrag zwischen den Auslagen „des handels wegen" und jenen „ausserhalb der geselschaft handlung [...] für sich und von sein selbes wegen": Jene sind ersatzfähig, diese muss der betreffende Gesellschafter alleine tragen. Differenziert fällt auch die Entnahmeregelung aus: Was jeder Gesellschafter „zu seiner notturft haushaltung und narung" bedarf, kann er unter Anrechnung auf seinen Kapitalanteil entnehmen; sonstige Entnahmen bedürfen der Zustimmung der Mitgesellschafter, dürfen ein Viertel des Kapitalanteils nicht überschreiten und nur einmal während der Vertragsdauer erfolgen.[89]

V. Gesellschaftsvertragliche Regelungen des Außenverhältnisses

Verglichen mit der eingehenden Regelung des Innenverhältnisses „ist die Berücksichtigung der Rechtslage der Gesellschaft nach außen wesentlich rückständig"[90].

87 Vgl. *Riebartsch* (Fn. 22), S. 264.
88 Vgl. *Strieder* (Fn. 8), S. 66.
89 Vgl. *Peterka*, ZHR 73 (1913), 387, 419 f.
90 *Peterka*, ZHR 73 (1913), 387, 420.

1. Firma

Der Gesellschaftsvertrag von 1494 bestimmt im Anschluss an die Vertragsdauer sogleich den Gesellschaftsnamen: „Ulrich Fugker und gebrudere von augspurg". Dass nur der Älteste namentlich genannt wird, war damals durchaus üblich.[91] Die zusammenfassende Bezeichnung „Firma" fehlt einstweilen.[92] Im Spätmittelalter stand die Ausbildung eines eigenen Firmenrechts noch aus[93]; auch das Wort Firma in seiner heutigen Bedeutung fand erst um 1800 Eingang in die deutsche Rechtssprache.[94]

2. Vertretung

Unterentwickelt war des Weiteren die Frage der organschaftlichen Vertretung der Gesellschaft im Außenverhältnis. Sie wurde häufig nur mit Blick auf das Innenverhältnis geregelt.[95] Eine scharfe Unterscheidung zwischen Geschäftsführung und Vertretung sollte sich erst viel später durchsetzen. Immerhin heißt es im Fugger-Gesellschaftsvertrag von 1494: „Und ob unser einer einich schrift oder verschreybung in handel gebe oder neme und auf sein person allein stünde, sol es nicht dessminder sovil sein, als ob es von oder auf uns alle verlautet und gestellt were, als wir dann vormals untzhere das auch also gehalten und gepraucht haben." Die Wirkung der Rechtshandlungen eines Gesellschafters soll also unmittelbar auch seine Mitgesellschafter treffen.[96] Rechtstechnisch zum Ausdruck gebracht wird dies mit einer Fiktion der Gesamtvertretung.[97] Im Gesellschaftsvertrag von 1512 liest man dann im Hinblick auf das neu eingeführte Bürg- und Leihverbot der Neffen Jakobs, dass ein hiergegen verstoßendes Rechtsgeschäft „ganz kain kraft haben" soll. Ob damit nur das Innenverhältnis

---

91 Vgl. *E. Lutz* (Fn. 16), S. 450.

92 Dazu *Peterka*, ZHR 73 (1913), 387, 398.

93 Eingehend *Goldschmidt*, Universalgeschichte des Handelsrechts, Bd. 1, 1881, S. 273 ff.

94 Näher *E. Lutz* (Fn. 16), S. 443 ff.

95 Vgl. *E. Lutz* (Fn. 16), S. 443.

96 Dazu auch *Peterka*, ZHR 73 (1913), 387, 403 f.: „In dieser vollkommenen Ausgestaltung der Vertretungsbefugnis äußert sich die rechtliche Rückwirkung des immer steigenden deutschen Handelsverkehrs, welcher das unvollkommene Vertretungsrecht des früheren deutschen Mittelalters überwinden mußte."

97 So auch *Peterka*, ZHR 73 (1913), 387, 420.

gemeint ist oder ob der Passus zugleich auf eine Beschränkung der Vertretungsmacht im Außenverhältnis abzielt, lässt sich nicht zweifelsfrei klären.[98]

3. Haftung

In der Haftungsfrage hüllt sich der Fugger-Gesellschaftsvertrag von 1494 in Schweigen.[99] Er teilt diese Regelungsabstinenz mit vielen anderen mittelalterlichen Gesellschaftsverträgen, die hierzu ebenfalls nicht Stellung nehmen.[100] Immerhin kann man aus dem schon erwähnten Nürnberger Privileg von 1464[101] schlussfolgern, dass die unbeschränkte persönliche und solidarische Haftung aller Gesellschafter der Handelsrechtspraxis des 15. und 16. Jahrhunderts entspricht.[102] Für den Gesellschaftsvertrag von 1494 entnehmen manche die unbeschränkte Haftung aller drei Fugger-Brüder auch aus der gerade erwähnten[103] wechselseitigen Bevollmächtigung.[104]

VI. Verzahnung gesellschafts- und erbrechtlicher Regelungen

Hochinteressant sind die Fuggerschen Gesellschaftsverträge auch wegen ihrer engen Verzahnung gesellschafts- und erbrechtlicher Regelungen.[105] Ganz im Vor-

---

98 Dazu *E. Lutz* (Fn. 16), S. 330: „Da ein Gesellschaftsregister, aus dem die eingeschränkte Vertretungsbefugnis zu erkennen wäre, fehlte, mußten die Gesellschaften jedes Geschäft eines Hauptgesellschafters gegen sich gelten lassen, auch wenn es in Kompetenzüberschreitung abgeschlossen wurde. Vielleicht war in der Praxis die alleinige Entscheidungsbefugnis der Leiter der Fuggergesellschaft so bekannt, daß die Gesellschaft sich darauf berufen konnte."

99 Dazu auch *Peterka*, ZHR 73 (1913), 387, 420; ferner *Riebartsch* (Fn. 22), S. 245 ff.

100 Vgl. *Peterka*, ZHR 73 (1913), 387, 421; *Joseph Strieder*, Zwei Handelsgesellschaftsverträge aus dem 15. und 16. Jahrhundert, 1908, S. 55.

101 Vgl. oben unter III. 2.

102 Näher *E. Lutz* (Fn. 16), S. 460 ff.; umfassend zur Geschichte der Gesellschafterhaftung in der OHG aus historisch-vergleichender Sicht *Fleischer*, FS K. Schmidt, 2019, Bd. I, S. 325 ff.

103 Vgl. oben unter IV. 2.

104 In diesem Sinne *Rehme*, ZRG (GA) 47 (1927), 487, 523; *Peterka*, ZHR 73 (1913), 387, 399: „[...] so liegt für die Fuggerschen Handelsgesellschaftsverträge noch ein weiteres Moment vor, welches die Grundlage unbeschränkter Haftung bildete. Es ist dies die weitgehende Vertretungsbefugnis jedes Gesellschafters bei Rechtsgeschäften im Bereiche des Gesellschaftsbetriebes, wie sie sich deutlich aus der Bestimmung des ersten Vertrages vom Jahre 1494 ergibt."

105 Näher *Ciriacy-Wantrup* (Fn. 23), S. 263 ff.; *Pettinger* (Fn. 22), S. 143 f.

dergrund steht dabei der dynastische Erhalt des Familienunternehmens in den Händen der mitarbeitenden Hauptgesellschafter, welcher zu Lasten der Erben geht.[106] Dementsprechend sieht der Fugger-Vertrag von 1494 vor, dass im Falle des Todes eines Gesellschafters vor Ablauf von sechs Jahren dessen Erben das Kapital noch drei Jahre im Geschäft lassen müssen. Die beiden überlebenden Gesellschafter sollen die Gesellschaft „ganz und gar verwalten, verwesen und regieren on meniglicher Widerrede". Während diese Zeitspanne nehmen die Erben zwar noch am Gewinn und Verlust teil, müssen sich aber jeder Einflussnahme auf das Geschäft enthalten und die Schlussabrechnung ohne Wenn und Aber akzeptieren.[107] Insgesamt nehmen die Regelungen für den Todesfall eines Gesellschafters etwa die Hälfte des fünfeinhalbseitigen Gesellschaftsvertrags von 1494 ein.

An anderer Stelle abzuhandeln ist schließlich das Verhältnis von Gesellschaftsvertrag und letztwilliger Verfügung der einzelnen Gesellschafter. Ein Lehrstück bilden insoweit die beiden Testamente von Jakob Fugger aus den Jahren 1521 und 1525[108], zu denen es bereits eine ansehnliche rechtsgeschichtliche Aufarbeitung gibt.[109]

106 Vgl. *Strieder* (Fn. 8), S. 72; pointiert *Simnacher* (Fn. 25), S. 66: „Schon von 1494 an wurden die Erben rücksichtslos zu Gunsten einer zielstrebigen Geschäftsführung der Handelsgesellschaft zurückgesetzt. Fremdes Blut, aber auch Frauen und Geistliche wurden ferngehalten."

107 Vgl. *Rehme*, ZRG (GA) 47 (1927), 487, 523 f.; *Strieder*, ZgStW 82 (1927), 337, 340.

108 Abgedruckt bei *Jansen* (Fn. 9), S. 306 ff. und S. 329 ff.

109 Monographisch *Simnacher* (Fn. 25), S. 104 ff. und passim.

Anhang[110]

Erster Gesellschaftsvertrag der Brüder Ulrich, Georg und Jakob Fugger vom 14. August 1494

Wir Ulrich, Jeorg und Jacob die Fugker gebrudere bürgere zu Augspurg thun kunt allermeniclich mit diesem brief sambtlich und unser yeder sonnderlich für sich und sein erben und nachkomen. Nachdem wir in vergangen jaren here als bruder und gesellschaften einen gemainen bruderlichen handel und gesellschaft gewerbe und hantierung miteinander freundlich und bruderlich gehabt und getriben haben und noch auf diesen tag miteinander haben und treyben, also bekennen wir hiermit, das wir uns freuntlich bruderlich und williclich mit einander vereinigt und vertragen haben, solchen bruderlichen handel und geselschaft hinfuro lenger miteinander zehaben und zutreyben in massen wie hernach volgt:

Erstlich das solche unsere handlung und geselschaft die nechsten sechs jare schirst nacheinander volgend stehen und pleybend, und was wir und unser yeder auf diesen Tag im handel und gesellschaft hat und sich unter uns in der nechsten rechnung erfinden wirdt, haubtguts und gewynnung, das soll also im handel die gedachten zeit aus bleiben zu gleichem gewynn und verlust, doch nach anzall unsers yedes haubtguts, so unser yeder im handel hat und sich in rechnung erfinden wirdt.

Item das wir dieselben unser geselschaft, wa wir die nennen und schreiben werden, schreiben und nennen wöllen die gedachten sechs jar, als wir auch vormals untz here gethann haben also: Ulrich Fugker und gebrudere von Augspurg.

Item unser yeder soll gantzen vollen gewalt und macht haben in allen und yeden dingen, den handel anrurend oder das dem handel und uns zu gut geschicht, es sey mit kaufen verkaufen schuld einzunemen und zu bezahlen oder sunst den handel berurend, in aller mas, als ob unser yeder der obristhaupthandler selbst were, auch in abwesen der anderen und sol uns alle sovil beruren und sein, als ob wir alle solchs gehandelt hetten. Und ob unser einer einich schrift oder verschreybung in handel gebe oder neme und auf sein person allein stünde, sol es nicht dessminder sovil sein, als ob es von oder auf uns alle verlautet und gestellt were, als wir dann vormals untzhere das auch also gehalten und gepraucht haben.

Item unser yeder soll auch macht haben unsers handels und geselschaft dyner und factor aufzenemen und zu dingen und diejenen, so wir ytzo haben oder kunfticlich haben werden, zu urlanben, zuebezalen, andere an irer stat zudingen und auch ze urlauben, wenn unser yeder will, und was unser yeder damit thut und handelt, sol sovil sein, als ob wir das alle gethan und gehandelt hetten.

Item was unser yeder in diesem unserm handel und geselschaft handelen wirdt, es sey mit kaufen verkaufen hantirung, brieffen, schriften, puchern, registern und rechnung, sol er vor den andern nit verpergen und den andern, so sy des begern, unverporgen sein. Es sol auch unser keiner weder durch sich selbs für sich noch sunst mit yemands anderm einichen kaufmannshandel gewerb und geselschaft ausserhalb dis die gedachten sechs jare haben noch treyben. Wir sollen und wol-

---

110 Original im Fugger-Archiv 31, 1 (Pergament mit drei anhängenden Siegeln, von denen eines abgerissen ist); hier wiedergegeben nach *Jansen*, Die Anfänge der Fugger bis 1494, 1907; Bd. I, Anhang, S. 263–268.

len auch bey guten waren bruderlichen trewen, als wir dann das einander gelobt und verhaissen haben, in diesem handel und geselschaft getreulichen handelen und furnamen, was unser yeder für das beste ansehen wirdet, und unser yeder soll seiner handlung den andren treulich und ongeverlich rechnung halten und ansagen, darin ime durch die andren nichts zugemessen werden soll.

Item wa unser einer und yeder ausserhalb der geselschaft handlung und zerung ichts für sich und von sein selbes wegen gebraucht, sol er ime selbs treulich zuschreiben und an dem seinem abgezogen oder ime zugeschriben werden; was er aber von des handels wegen vertzeret und ausgebe und das er dem handel zeschreiben würde, sol den gemainen handel beruren und auf den geslagen werden.

Item was unser yeder yedes jars ungeverlich zu seiner notturft haushaltung und narung bedarf, mag er yedes jars aus dem handel nehmen und sol solchs ime selbs zeschreiben und auf sein haubtgut verrechnen.

Item ob es sich begeb, dass unser einer oder mere von seinem haubtgut ichts aus dem handel nehmen und ichts für sich und die seinen ausserhalb gemeiner haushaltung und zerung kaufen und anlegen wolt, soll er zethun macht haben, doch das er uber den virden phennig seins hauptguts nit neme und in den gemelten sechs jaren allain einmale und auch auf zimlich zeit und frist, so am leidlichsten ist und wirdet, wie dann die andern das am zimlichsten und billichsten ze sein ansehen werden. Und so die gedachten sechs jare aus sind, und wir lenger hinfuro beieinander uns freuntlich und bruderlich mit einander berechnen und tailen, und ob unserainer ain irrung furnemen und haben würde, soll an den andern zwayen besteen, die sollen das auf ir gut beduncken treulich ermessen, und wie sy solchs ermessen werden, dabey sol es derjene, der irrung hett, on alle widerrede pleiben lassen.

Item wa es sich begeb, das unser einer in den sechs jaren vor den andern mit tode abging, so soll dennocht nichtdessminder sein habe und gut, so er derselben zeit im Handel hat, in demselben handel pleiben, drey jar lang nach seinem abgang, es wern der sechs jar vil oder wenig verschinnen in aller mass, als ob er noch lebt, und in der gestalt als in den sechs jaren, es were dann das die andern zwen ee und vor ausgang, der dryer jare rechnung halten und austailung thun wolten, wie hernach volget. Es sollen auch die andern zwen machte haben, ob sye dieselben drey jare lassen, nennen und schreiben wollen oder nit. Es sollen auch des verstorben erben und freunde alle und jede büchere brief schrift register rechnung urkund und anders mit sambt dem gelt, kaufmansware und phennwert, so diesen handel und gesellschaft trifft und beruret, den andern zweyen getreulichen gantz und gar behendigen uberantworten und sollen sunst wider der andern zwayer willen mit dem handel nichts thun oder zethuen machte haben noch die andern verhindern in diesem handel, sonder die andern zwen sollen vollen gewalt und machte haben im handel ze handelen, als ob wir noch alle drey in leben weren. Und ob des verlassen erben zu irer notturft und notturftiger zerung und haushaltung järlichen ichts bedurfen wurden vor ausgang der dreyer jar oder rechnung, solman inen aus dem handel von irem haubtgut geben und raichen und inen zuschreiben. Es sollen auch nach abgangk des dritten die andern zwen in den obemelten dreyen jaren nachst nach seinem abgangk volgend rechnung für sich selbs und untter inen halten, die kaufmannsware, schculde und pfennwert zu gelt anschlagen und darfür behalten ongeverlich treulich und fleissiglich, und was sie haubtguts gewynnung oder verlusts den erben zu irem tail ansagen, daran sollen die erben ganz und gar genügig sein und pleiben on alle auszuge und widerrede und on alle fernere rechnung anzeigung und darlegung. Und was also des verstorben erben durch die zwen in den obewelten dreyen jaren es sey zum ersten andern oder dritten jaren für haubtgut gewinnung oder verlust und für alle ding angesagt wird, solch angesagt summa sollen dieselben zwen des verstobnen erben in dreyen jaren den nächsten nach solchem ansagen in sechs Frankfurter messen nacheinander volgend auf zimlich quintanzen ausrichten und bezalen. Doch soll des verstorbnen habe und gut seinen erben die abbemelten drey jare, dieweyl und ee ihnen solch ansagen geschicht, zu gewinn und verlust im handel ligen und bleiben, so aber das ansagen geschicht, sol die angesagt summa nimmer zu gewinn und verlust ligen, sonder inen auf gemelt frist entricht und bezalt werden, es were dann das sie sich anders oder weiter mit einander vereinigen und vertragen wurden. Begebe es sich aber, so einer in gemelter zeit der sechs jar unter uns gestorben were und ee die zwen rechnung als obverlaut in den dreyen jaren nach des dritten abgangk thetten, der anderen zwyer einer auch mit tod abging, so sollen jedes verstorben erben und freunde alle und jede büchere brief schrift register rechnung urkung und anders mitsambt dem gelt kaufmanswaren und phennwert, das diesen handel und geselschaft berurt und trift, dem dritten, der in leben ist, ganz und gar treulichen und on alle widerrede uberantworten und behendigen und mit dem handel und dienern nichts ze thun haben, sonder derselb dritt ganze volle machte haben im handel zu handelen, in massen die zwen als obverlaut zethun hetten, wo einer allain tod were, und darauf in den nechsten dreyen jaren nach abgang des andern ein rechnung für sich und bey im selbs aller ding halten und rechnen, die kaufmannsware, schulde und phenwert zu gelt selbs treulich anslagen für sich, für das angeschlagen gelt und summa behalten und jedes verlassen erben in denselben dreyen jaren für haubtgut gewinnung oder verlust und für alle ding ire summa ansagen, und was er jedes erben für haubtgut gewinnung oder verlust und für alle ding in gelt ansagt, daran sollen sie die erben on verner rechnung darlegung und anzeigung und on alle widerrede und auszug genügig sein, und er soll auf solch ansagen jedes verstorben erben ire angesagt summa in dreyen jaren nächst nach dem ansagen volgend in sechs Franckfurter messen nächst nacheinander volgend auf zimlich quittanzen zallen und entrichten, auch den erben, ob sie in zeit der dreier jaren, ee das ansagen geschehe, ichts zu irer notturft bedurften, geben und inen zeschreiben, und sol auch den erben das ire, unz das ansagen geschicht, zu gewyn und verlust ligen, so aber das ansagen geschicht, nymer also ligen, sonder auf obemelt frist wie obverlaut bezallt werden. Auch so wollen wir, ob es sich begeb, das unser einer oder zwen vor den andern als obverlaut mit tod abgingen in ehegemelter zeit, so sollen die andern zwen oder aber der dritt, wo zwen abgangen wern, ganzen vollen gewalt und macht haben unsere gemaine ungetailte hab, die wir dann aus unserem handel und gemeinem gelt kauft und in unsern gewalt bracht haben und auch die so wir hinfuro aus gemeiner habe kaufen und uberkomen wurden, es sein heusere, pergwerk, cleinot und andere stuck und gütter ligend und farend, wie die genant sindt, wie den zweyen oder dem dritten, die im leben wernn, gefellig sein wirdt, anzuslahen auszutailen, und wie dieselben zwen, so einer abgangen were, oder der dritt, so zwen abgangen weren, solchs anslagen austailen und jedem zu seinem tail ausagen geben und ordnen werden, es sey das man einem tail ligende stück cleinot oder geld darfür zutail und gebe, dabey sollen es des oder der verstorben erben und nachkomen on alle einrede und auszüge pleiben und besteen lassen und des genugig sein. Und nachdem wir obemelte drey gebrudere etliche vil jar in gutter einikait freuntlich und brüderlich mit einander gehandelt haben, damit aber, wa einer oder zwen aus uns vor den andern in solchem handel mit tod abgingen, den andern oder dem dritten durch die verlassen erben nit unpillich eintreg oder verhinderung im handel geschehe, haven wir uns solcher obemelter odrnung für uns oder unsere erben also zu halten vereinigt und vertragen. Und geloben und versprechen darauf bey unsern guten waren treuen und glauben und an ains rechten geschwornen ayds stat, das wir und unser jeder auch unsers jeden erben und nachkomen alles das, so unser jeden und sein erben berurt und künfticlich wie obegriffen ist berurer wirdt, stett und vest zu halten, getreulich und ongeverlich zuvolstrecken, darwider nichts zu handelen, fürzunemen oder ze thun on alle auszuge geverde und argelist. Mit urkund dis briefs, der drey in gleichem laut gemacht mit unser jedes handschrift underschriben und mit unsern anhangenden insigillen versigelt und geben sindt auf Montag nach unser lieben frauen tag assumpcionis genant, das ist auf den 18den tag des monats augusti, als man zelt nach cristi unsern lieben herren geburt in dem 1494sten jare.

Ich Ulrich Fugger bekenn mit dieser meiner aigen hangeschrift, wie oben stett.

Ich Jorig Fugger beken mit disser meiner eigen handgeschrift wie oben geschiben stett.

Ich Jacob Fugger beken mit dieser meiner hantschrift wie oben geschriben stat.

Pergament mit drei anhängenden Siegeln, von denen eins abgerissen ist. Original im Fugger-Archiv 31,1.

Daniel Damler

§ 4 Der Gesellschaftsvertrag zwischen Francisco Pizarro, Diego de Almagro und Hernando de Luque

– Vorstudie zu einer Gesellschaftsrechtsgeschichte der atlantischen Expansion –

Inhaltsübersicht

I. Vier Seiten Weltgeschichte – Einleitung

Er gilt als „eines der berühmtesten Dokumente der spanischen Entdeckungsgeschichte" (Hermann Kellenbenz[1]), ja der Geschichte Amerikas überhaupt („uno de los documentos más famosos de la historia de América"[2]): der in Panama im März 1526 vor dem öffentlichen Schreiber Hernando del Castillo geschlossene vierseitige Vertrag zwischen Francisco Pizarro, Diego de Almagro und Hernando de Luque. Seine Bedeutung verdankt er dem Umstand, dass zwei der drei Ver-

1 Hermann Kellenbenz, Die Finanzierung der spanischen Entdeckungen, VSWG 69 (1982), 153–181, 177.

2 M. Maticorena-Estrada, El contrato de Panamá, 1526, para el Descubrimiento del Perú, in: Cahiers du monde hispanique et luso-bresilien 7 (1966), S. 55–84, 57.

https://doi.org/10.1515/9783110733839-005

tragsparteien einige Jahre später das südamerikanische Großreich der Inkas, das geheimnisvolle „el Pirú", unterwarfen, das bereits der Vertrag als Ziel und Gegenstand der gemeinsamen Unternehmung benannte. Erst Pizarros Triumph vollendete den mehrstufigen Vorgang, der als „Entdeckung Amerikas" in die Geschichte einging und das Antlitz der Welt für immer veränderte.

Weniger bekannt als die Protagonisten, ihre Tat und der Vertrag als solcher ist der Inhalt der Vereinbarung von 1526. Das dürfte damit zusammenhängen, dass in der blutigen und goldenen Geschichte der Conquista kein Platz ist für ein so anämisches normatives Phänomen wie einen Gesellschaftsvertrag. Denn genau um einen solchen handelte es sich, um die rechtsverbindliche Vereinigung von Kapital, Wissen und Arbeitskraft zu einem gemeinsamen Zweck. Dass die Hauptakteure der blutrünstigen, tollwütigen spanischen Eroberung mit solchen rationalen, berechnenden kapitalistischen Praktiken vertrauten Umgang pflegten, passt nicht so recht zu dem Bild, das sich vor allem das angelsächsische und mitteleuropäische Publikum von den Geschehnissen nach 1492 zurecht gelegt hat. Das spanische Imperium gilt in erstaunlich ungebrochener Tradition bis heute als der Inbegriff des an seinen Allmachtsphantasien zu Grunde gehenden *failed state*, des zentralistisch gelenkten, bürokratischen Superstaats. Eine Art Sowjetunion *avant la lettre*: langsam, korrupt, unflexibel, ökonomisch impotent.

Die folgenden Zeilen stellen den Versuch dar, die Entwicklung aus der kautelarjuristischen und gesellschaftsrechtlichen Perspektive zu betrachten und dadurch zu einem etwas ausgewogeneren Urteil zu gelangen. Mehr als ein Versuch kann es nicht sein, eine Gesellschaftsrechtsgeschichte der atlantischen Expansion bleibt vorerst ein Desiderat, und erst recht muss an der Stelle die nicht weniger dringliche Frage unbeantwortet bleiben, welche Rückwirkung die Globalisierung des 16. und 17. Jahrhunderts auf die Genese des europäischen Gesellschaftsrechts hatte.

II. Der historische Rahmen – Mittelamerika seit 1513

Der Vertrag von 1526 ist das Produkt einer sehr speziellen, welthistorisch einmaligen Konstellation und daher noch weniger aus sich heraus verständlich als andere Dokumente dieser Art. Deshalb führt kein Weg daran vorbei, sich zunächst mit den Voraussetzungen und der Vorgeschichte der Pizarro-Almagro-Luque-Gesellschaft zu befassen.

1. „Sternstunde der Menschheit"

Stefan Zweig zählte die Tat zu den „Sternstunden der Menschheit", so genannt, „weil sie leuchtend und unwandelbar wie Sterne die Nacht der Vergänglichkeit überglänzen"[3], und hat ihr in seiner gleichnamige Sammlung „historischer Miniaturen" ein literarisches Denkmal gesetzt: die Entdeckung des Pazifischen Ozeans durch Vasco Núñez de Balboa am 25. September 1513: [4] „Langsam steigt er empor, ohne sich zu beeilen, denn das wahre Werk ist schon getan. Nur ein paar Schritte noch, weniger, immer weniger, und wirklich, nun da er am Gipfel angelangt ist, eröffnet sich vor ihm ein ungeheurer Blick. Hinter den abfallenden Bergen, den waldig und grün niedersinkenden Hügeln, liegt endlos eine riesige, metallen spiegelnde Scheibe, das Meer, das Meer, das neue, das unbekannte, das bisher nur geträumte und nie gesehene, das sagenhafte, seit Jahren und Jahren von Kolumbus und allen seinen Nachfahren vergebens gesuchte Meer, dessen Wellen Amerika, Indien und China umspülen."[5]

Erst jetzt dürfen auch die übrigen Teilnehmer der Expedition die Anhöhe betreten und sich an dem Ausblick ergötzen. Vor Ergriffenheit stimmen sie das „Te Deum laudamus" an. Dann ruft Núñez de Balboa den Schreiber, Andres de Valderrábano, zu sich, „dass er eine Urkunde aufsetze, welche diesen feierlichen Akt für alle Zeiten verzeichnet, Andres de Valderrábano entrollt ein Pergament, er hat es in verschlossenem Holzschrein mit Tintenbehälter und Schreibekiel durch den Urwald geschleppt," und fordert alle Anwesenden auf, die Entdeckung des Südmeeres zu bestätigen.[6]

Im „Vorwort" beschwört Zweig die historische Akkuratesse seiner Miniaturen: „Nirgends ist versucht, die seelische Wahrheit der äußern oder innern Geschehnisse durch eigene Erfindung zu verfärben oder zu verstärken. Denn in jenen sublimen Augenblicken, wo sie vollendet gestaltet, bedarf die Geschichte keiner nachhelfenden Hand."[7] Das ist in dieser Allgemeinheit zweifellos eine Übertreibung, eine Anmaßung des Schriftstellers gegenüber dem Historiker.

Doch im Fall Balboas verfügen wir tatsächlich über zeitgenössische Quellen, die das Ereignis sehr detailliert und anschaulich beschreiben. Sogar die Tränen, die dem Priester aus dem Gefolge Balboas in den Augen standen, als er an den Ufern des Stillen Ozeans den Choral sang (... *con lágrimas de muy alegre devoci-*

3 Stefan Zweig, Sternstunden der Menschheit, Frankfurt am Main 1971, S. 8.

4 Erstmals in der 2. Auflage von 1943, vorliegend nach der Ausgabe Stefan Zweig, Sternstunden der Menschheit, Frankfurt am Main 1971, S. 9–27.

5 Stefan Zweig, Sternstunden der Menschheit, Frankfurt am Main 1971, S. 20.

6 Stefan Zweig, Sternstunden der Menschheit, Frankfurt am Main 1971, S. 21.

7 Stefan Zweig, Sternstunden der Menschheit, Frankfurt am Main 1971, S. 8.

ón ...), sind dokumentiert.[8] Wichtigste Quelle ist eines Passage aus der „Historia general y natural de Las Indias" des Gonzalo Fernández de Oviedo. Der Autor, selbst Notar und zugleich wichtigster spanischer Chronist des 16. Jahrhunderts,[9] berichtet, er habe mit allen, die damals dabei waren, gesprochen (... *yo conoscí y vi y hablé muchas veces a todos lo que allí se hallaron* ...) [10] und außerdem die Unterlagen aus dem Nachlass des bei der Besitznahme des Pazifiks anwesenden Schreiber Andrés de Valderrábano ausgewertet. Zum Beweis fügt Oviedo die entsprechenden Urkunden seinem Bericht bei.[11]

Damit ist bereits eine erste wichtige Eigenheit der spanischen Expansion angesprochen: die Allgegenwart der juristisch (halb-) gebildeten Schreiber,[12] die nicht nur – wie von Stefan Zweig beschrieben – Federkiel und Tintenfass durch Sümpfe und Urwälder, über staubige Ebenen und eisige Hochgebirge schleppten, sondern auch Vertragsmuster und Formularbücher. Sie waren es, die an den entlegensten Orten der damals bekannten Welt und oft unter den widrigsten Umständen Gesellschaftsverträge zwischen den Konquistadoren zu Papier brachten. Diese Notare sind die heute vergessenen, namenlosen Helden einer beispiellosen Globalisierung des europäischen Privatrechts.

Doch zurück zu Stefan Zweig und den Helden seiner „Sternstunde": Kaum haben Núñez de Balboa und die Seinen ihre Gefühle wieder unter Kontrolle, beginnen sie sich weniger edlen Regungen hinzugeben. Gold und Perlen, die sie bei den Einheimischen an den Gestaden des Pazifiks zu Gesicht bekommen, wecken ihre Gier. Auf Edelmetall und Edelsteine angesprochen, „deutet einer der Kaziken nach Süden hinüber, wo die Linie der Berge weich in den Horizont verschwimmt. Dort, erklärt er, liege ein Land mit unermesslichen Schätzen, die Herrscher tafelten aus goldenen Gefäßen, und große vierbeinige Tiere – es sind die Lamas, die der Kazike meint – schleppten die herrlichsten Lasten in die Schatzkammer des Königs. Und er nennt den Namen des Landes, das südlich im Meer und hinter den Bergen liegt. Es klingt wie ‚Birù', melodisch und fremd. Vasco Nuñez de Balboa

---

8 Gonzalo Fernández de Oviedo, Historia general y natural de Las Indias, Lib. XXIX, c. 2 (Bd. III, 2. Aufl., Madrid 1992, S. 212).

9 Zu Oviedo: Daniel Damler s.v. Fernández de Oviedo y Valdés, Gonzalo, in: Lexikon zur Überseegeschichte, hrsg. von Hermann Hiery, Stuttgart 2015, S. 262.

10 Gonzalo Fernández de Oviedo, Historia general y natural de Las Indias, Lib. XXIX, c. 2 (Bd. III, 2. Aufl., Madrid 1992, S. 213).

11 Gonzalo Fernández de Oviedo, Historia general y natural de Las Indias, Lib. XXIX, c. 2 (Bd. III, 2. Aufl., Madrid 1992, S. 213–215).

12 Zur Geschichte des Notariats vgl. Thomas Duve, Geschichte des Notariats und Notariatsrechts im frühneuzeitlichen Hispanoamerika und im späteren Argentinien, in: Mathias Schmoeckel/ Werner Schubert (Hrsg.) Handbuch zur Geschichte des Notariats der europäischen Traditionen, Baden Baden 2009, S. 595–619.

starrt der ausgebreiteten Hand des Kaziken hinüber nach in die Ferne, wo die Berge sich blass in den Himmel verlieren. Das weiche, verführerische Wort ‚Birù hat sich ihm sofort in die Seele geschrieben.“[13]

Mit dieser Beschreibung verlässt Zweig das Fundament einer durch verlässliche Quellen verbürgten historischen Wahrheit. Ob das Wort „Birú“ den Spaniern schon 1513 „wie eine goldene Glocke“[14] durch die Seele schwang, ist zweifelhaft. Wahrscheinlich kam ihnen die rätselhafte Vokabel erst einige Jahre später zu Ohren.[15] Aber davon einmal abgesehen gibt es durchaus einen engen Zusammenhang zwischen Balboas Großtat und der genau zwei Jahrzehnte später vollendeten Eroberung des Inka-Reiches. Der Name des gleichaltrigen Francisco Pizarro fehlt in keinem der Protokolle, die Balboas Handlungen notariell beglaubigen.[16] Pizarro, geboren um 1476 in Trujillo als unehelicher Sohn eines Hidalgos,[17] seit 1502 in der Neuen Welt heimisch, war Zeuge des märchenhaften Aufstiegs Balboas, eines ehedem unbedeutenden, hoch verschuldeten Siedlers auf Hispaniola (Haiti), der – in einem Fass versteckt – sich vor seinen Gläubigern auf einem unter dem Kommando des Martín Fernández de Enciso stehenden Schiff in Sicherheit brachte.[18] Balboa zettelte eine Rebellion an und übernahm selbst das Kommando. Auf seinen Befehl hin änderte man den Kurs und ging an der Westseite der Bucht von Urabá (heute im Grenzgebiet zwischen den Staaten Panama und Kolumbien) an Land. Hier gründete Balboa den ersten dauerhaften spanischen Stützpunkt auf dem amerikanischen Kontinent, Santa María la Antigua del Darién.[19] Alles das geschah im Beisein Pizarros. Und es war bezeichnenderweise auch Pizarro, der als Scherge des berüchtigten Gouverneurs Pedro Arias de Ávila (Pedrarias) im Januar 1519 dabei half, Balboa aus dem Weg zu räumen.[20]

---

13 Stefan Zweig, Sternstunden der Menschheit, Frankfurt am Main 1971, S. 23.

14 Stefan Zweig, Sternstunden der Menschheit, Frankfurt am Main 1971, S. 24.

15 Zum Ursprung des Namens die inzwischen „klassische“ Darstellung von Raúl Porras Barrenechea, El nombre del Perú, Lima 1968 (1951); dazu sogleich unter II.3.

16 Das betrifft sowohl das Protokoll der erstmaligen Sichtung des pazifischen Ozeans als auch das der Inbesitznahme: Gonzalo Fernández de Oviedo, Historia general y natural de Las Indias, Lib. XXIX, c. 2 (Bd. III, 2. Aufl., Madrid 1992, S. 213 und 215).

17 Zum örtlichen und familiären Kontext seiner Herkunft Rafael Varón Gabai, Francisco Pizarro and his Brothers. The Illusion of Power in Sixteenth-Century Peru, Norman, London 1997, S. 3–10.

18 Eberhard Schmitt, Liselotte Engl, Theo Engl, Die Entdeckung des Südmeers durch Vasco Nuñez de Balboa, in: Eberhard Schmitt (Hrsg.), Dokumente zur Geschichte der europäischen Expansion, Bd. 2: Die großen Entdeckungen, München 1984, S. 373–374, 373.

19 Urs Bitterli, Die Entdeckung Amerikas: Von Kolumbus bis Alexander von Humboldt, 3. Aufl., München 1992, S. 96.

20 Urs Bitterli, Die Entdeckung Amerikas: Von Kolumbus bis Alexander von Humboldt, 3. Aufl., München 1992, S. 99.

Neben diesem biographischen Zusammenhang gibt es eine geostrategische Kausalität. Erst die Entdeckung des Pazifischen Ozeans in unmittelbarer Nähe zur Karibischen See – getrennt nur, wie man jetzt wusste, durch einen schmalen Korridor von nicht einmal 60 km Breite – hat nämlich die Voraussetzung für die Besiedelung der amerikanischen Westküste geschaffen. Die am 15. August 1519 von Pedrarias gegründete Stadt Nuestra Señora de la Asunción de Panamá und der gleichnamige Landstrich, verbunden über einen in der heutigen Kanalzone gelegenen Durchgangsweg mit der Stadt Nombre de Dios an der Karibikküste (mit Zugang zur Atlantikroute), wurden zum wichtigsten Basislager und Drehkreuz der Süd-Expansion. Von hier aus drang man zu Beginn der 1520er Jahre in das nördliche Südamerika und später in die Andenregion vor. 1522 segelte Pascual de Andagoya zweihundert Seemeilen gen Süden und ging an der Mündung des Flusses San Juan vor Anker. Vermutlich erst damals kam das Wort „Birú“ in Gebrauch als indigener Eigenname eines Kaziken oder großen Reiches im Hinterland.[21]

2. Die Compagnie der Levante

1519, in dem Jahr, in dem Núñez de Balboa von Henkershand aus dem Leben schied und Francisco Magellan sich aufmachte, die Welt zu umsegeln, begann der Aufstieg des Francisco Pizarro, ein später Aufstieg wohlgemerkt, denn der Hidalgospross aus der Extremadura war damals schon weit über vierzig und damit in einem Alter, das ihn nach zeitgenössischer Anschauung dazu berechtigt hätte, sich auf ein Landgut zurückzuziehen und das Leben in aller Stille zu beschließen.

Als Pedrarias Panamastadt gründete, war Pizarro nicht vor Ort, sondern befand sich auf einer Expedition unter Leitung des Lizenziaten Gaspar de Espinosa. Doch der Gouverneur hatte Pizarros Loyalität in der Balboa-Angelegenheit nicht vergessen und ließ ihn trotz seiner Abwesenheit teilhaben an den materiellen und institutionellen Chancen, die mit einer Stadtgründung und der Erschließung neuer Räume einher gingen. Als Pedrarias’ Protegé wurde er zum Regidor des Stadtrates ernannt und mit einer ertragreichen Encomienda ausgestattet.[22]

21 Bernard Lavallé, Francisco Pizarro. Conquistador de l’extrême, Paris 2004, S. 58; Urs Bitterli, Die Entdeckung Amerikas: Von Kolumbus bis Alexander von Humboldt, 3. Aufl., München 1992, S. 239.

22 Rafael Varón Gabai, Francisco Pizarro and his Brothers. The Illusion of Power in Sixteenth-Century Peru, Norman, London 1997, S. 11.

Unter „encomienda“ verstand man die Zuweisung eines bestimmten Kontingents indigener Frauen und Männer durch die Krone.[23] Die Encomenderos – meist verdiente Konquistadoren – hatten für die Christianisierung der Indigenen, für den Anbau von Nutzpflanzen und für einen militärischen Bereitschaftsdienst zu sorgen, konnten dafür jedoch Tributleistungen in Gestalt von Waren und Dienstleistungen verlangen, so dass eine Encomienda dem Begünstigten nicht selten zu großem Vermögen verhalf. Das von Hernán Cortés eingeführte System war von Anfang an umstritten, zum einen weil es das Risiko einer Feudalisierung der Neuen Welt durch die Hintertür in sich barg, zum anderen weil Las Casas und andere darin vornehmlich ein Mittel der Repression zu Lasten der lokalen Bevölkerung sahen. Diese Vorbehalte führten schließlich zu einer stärkeren gesetzlichen Regulierung und in der Folge zu einem Bedeutungsverlust der Encomienda. In dem vorliegend zu betrachtenden Zeitraum stellte sie freilich noch eine wichtige wirtschaftliche, politische und gesellschaftliche Größe dar.[24]

Mit der Gründung und Arrondierung Panamas gab sich Pedrarias nicht zufrieden. Er schloss noch im gleichen Jahr mit Gaspar de Espinosa einen Vertrag zur Durchführung einer Expedition nach Nicaragua. Einer der Teilnehmer war wiederum Francisco Pizarro, ein anderer Diego de Almagro.[25] Spätestens seit dieser gemeinsamen Unternehmung bildeten Pizarro und Almagro eine enge, fast symbiotische, vertraglich vielfach abgesicherte Arbeits-, Vermögens-, ja Schicksalsgemeinschaft, die als „Compañía del Levante“ in die Geschichte eingehen und zweifelhaften Ruhm erlangen sollte[26] („Levante“ – Osten – deshalb, weil aus der Perspektive der Landbrücke Panama Südamerika östlich gelegen schien). Diego de Almagro war ein wenig jünger als Pizarro, geboren um 1480 in Bolaños de Calatrava, einem Flecken im südlichen Kastilien, auch er unehelicher Sohn eines Hidalgo.[27]

Die Zusammenarbeit sollte über einen – für die damaligen Verhältnisse – sehr langen Zeitraum Bestand haben. Die treibende Kraft und dominantere Per-

---

23 Einführend (mwN) Pietschmann, s.v. Encomienda, in: Lexikon zur Überseegeschichte, hrsg. von Hermann Hiery, Stuttgart 2015, S. 238–239.

24 Vgl. Vitus Huber, Beute und Conquista. Die politische Ökonomie der Eroberung Neuspaniens, Frankfurt, New York 2018, S. 225–234; Rafael Varón Gabai, Francisco Pizarro and his Brothers. The Illusion of Power in Sixteenth-Century Peru, Norman, London 1997, S. 13. Robert Himmerich y Valencia, The Encomenderos of New Spain 1521–1555, Austin 1991.

25 Rafael Varón Gabai, Francisco Pizarro and his Brothers. The Illusion of Power in Sixteenth-Century Peru, Norman, London 1997, S. 11.

26 Bernard Lavallé, Francisco Pizarro. Conquistador de l'extrême, Paris 2004, S. 56.

27 Otto Danwerth, s.v. Almagro, Diego de, in: Lexikon zur Überseegeschichte, hrsg. von Hermann Hiery, Stuttgart 2015, S. 25–25; Bernard Lavallé, Francisco Pizarro. Conquistador de l'extrême, Paris 2004, S. 56.

sönlichkeit war Pizarro; insoweit hätte es für ihn an sich nahe gelegen, die lukrativen Vorhaben ganz in eigener Regie in Angriff zu nehmen. Doch Almagro hatte es verstanden, sich unentbehrlich zu machen. Er verfügte allem Anschein nach über eine beachtliche organisatorische Begabung und kümmerte sich um die Logistik und Versorgung. Wie die Kooperation in den Anfängen im Einzelnen ausgestaltet war, wissen wir nicht. Vielleicht bestand nur eine mündliche Übereinkunft. Ihre Vermögen schienen die beiden jedenfalls gemeinsam zu verwalten und waren daher de facto zu einer Einheit verschmolzen.[28]

Um 1522 trat Hernando de Luque in Geschäftsbeziehungen zu Pizarro und Almagro. Der aus Andalusien stammende Geistliche war im Gefolge Pedrarias ins Land gekommen und begleitete den Franziskaner Juan de Quevedo, erster Bischof von Santa María de La Antigua del Darién. Seit etwa 1520 lebte er in Panama bekleidete das Amt eines Provisor und Magister an der Kathedralschule, gehörte also zu den wichtigsten kirchlichen Würdenträger in der noch jungen Stadt und Provinz.[29] Gleichzeitig war er sehr geschäftstüchtig und häufte innerhalb weniger Jahre ein großes Vermögen an. Ein Schlaglicht auf die wirtschaftlichen Aktivitäten des Priesters wirft eine transatlantische Sendung von 705 Goldpesos an Jerónimo de Escobar und Bruder Juan Quejada im Kloster San Benito von Sevilla.[30] Absender waren neben Hernando de Luque (sowie einem gewissen Diego de Mora) Pizarro und Almagro, erster verlässlicher Hinweis auf die Zusammenarbeit der drei Protagonisten. Das Gold stammte offenbar aus einer gemeinschaftlich ausgebeuteten Mine in Panama.[31]

Eine weitere wichtige Einnahmequelle waren für Pizarro und Almagro die Encomiendas, die sie akkumulierten. Gemeinsam hielten sie (vermutlich als Gesellschafter) die Encomienda der indigenen Ortschaft Chochama.[32] Anfang der 1520er Jahre wurde Pizarro außerdem eine Encomienda im Umfang von 150 Indigenen auf Taboga zugeteilt, einer in der Bahía de Panamá gelegenen Insel mit frucht-

28 Rafael Varón Gabai, Francisco Pizarro and his Brothers. The Illusion of Power in Sixteenth-Century Peru, Norman, London 1997, S. 17.

29 Rafael Varón Gabai, Francisco Pizarro and his Brothers. The Illusion of Power in Sixteenth-Century Peru, Norman, London 1997, S. 17; Hermann Kellenbenz, Die Finanzierung der spanischen Entdeckungen, VSWG 69 (1982), S. 153–181, 177; Bernard Lavallé, Francisco Pizarro. Conquistador de l'extrême, Paris 2004, S. 56 f.

30 Bernard Lavallé, Francisco Pizarro. Conquistador de l'extrême, Paris 2004, S. 56; Rafael Varón Gabai, Francisco Pizarro and his Brothers. The Illusion of Power in Sixteenth-Century Peru, Norman, London 1997, S. 11.

31 Bernard Lavallé, Francisco Pizarro. Conquistador de l'extrême, Paris 2004, S. 56.

32 Rafael Varón Gabai, El clero y la fiscalización imperial en la conquista del Perú. La actuación de Hernando de Luque, Vicente Valverde y Tomás de Berlanga, in: Boletín del Instituto Riva-Agüero 19 (1992), S. 111–132, 112.

barem Böden, die später als Ausgangspunkt für die Peru-Expedition diente. Auch Almagro erhielt 40 Tributpflichtige, die man zu den 80 addieren muss, über die er bereits im *caciazgo* von Susy verfügte. Hernando de Luque wurden 70 Indigene im *caciazgo* von Perquete in West-Panama zugesprochen.[33]

Hinzu kam die Beteiligung an Gesellschaften, die die Eroberung und Erschließung Nicaraguas zum Ziel hatten.[34] In der Summe waren die Einkünfte beträchtlich, so dass Pizarro, Almagro und Hernando de Luque – neben dem Gouverneur Pedrarias und dem Lizenziaten Espinosa – wohl als die reichsten Bewohner des südlichen Mittelamerikas gelten konnten. Ihr Vermögen und Lebensstandard übertraf in jedem Fall alles, was sie in ihrer Heimat als uneheliche Kinder verarmter Hidalgos sich hätten erarbeiten oder verdienen können.[35]

Aber dieser Reichtum stellte offenbar weder Pizarro noch Almagro zufrieden. Beständig suchten sie nach neuen Gelegenheiten, ihre Geschäfte auszuweiten. Wie ihre Konkurrenten versprachen sie sich viel von der Ost-Süd-Route, wenngleich man über keinerlei gesicherte Informationen verfügte. Immerhin ging von der schon erwähnten Fahrt des Pascual de Andagoya ein ermutigendes Signal aus, das umso vielversprechender war als der schwer kranke Pascual de Andagoya selbst den einmal eingeschlagenen Weg nach Süden nicht fortsetzen konnte.[36] Somit gab es für ehrgeizige Neu-Spanier die realistische Chance, in der sich anbahnenden Unternehmung eine führende Rolle zu spielen.

In dieser Lage waren ausreichend Kapital und gute Kontakte von Vorteil, um als erstes zum Zuge zu kommen. Über beides verfügten die drei Geschäftspartner. Vielleicht unter Zwang, vielleicht von sich aus – in der Absicht, sich langfristig der Gunst des Gouverneurs zu versichern – schlossen sie am 20. Mai 1524 mit Pedrarias einen (unvollständig erhaltenen) Vertrag,[37] der ihnen nicht nur das Recht

33 Rafael Varón Gabai, Francisco Pizarro and his Brothers. The Illusion of Power in Sixteenth-Century Peru, Norman, London 1997, S. 11 f.

34 Rafael Varón Gabai, Francisco Pizarro and his Brothers. The Illusion of Power in Sixteenth-Century Peru, Norman, London 1997, S. 17; vgl. auch Bernard Lavallé, Francisco Pizarro. Conquistador de l'extrême, Paris 2004, S. 57.

35 Rafael Varón Gabai, El clero y la fiscalización imperial en la conquista del Perú. La actuación de Hernando de Luque, Vicente Valverde y Tomás de Berlanga, in: Boletín del Instituto Riva-Agüero 19 (1992), S. 111–132, 112; ders., Francisco Pizarro and his Brothers. The Illusion of Power in Sixteenth-Century Peru, Norman, London 1997, S. 14.

36 Rafael Varón Gabai, Francisco Pizarro and his Brothers. The Illusion of Power in Sixteenth-Century Peru, Norman, London 1997, S. 14.

37 Rafael Varón Gabai, El clero y la fiscalización imperial en la conquista del Perú. La actuación de Hernando de Luque, Vicente Valverde y Tomás de Berlanga, in: Boletín del Instituto Riva-Agüero 19 (1992), S. 111–132, 113; ders., Francisco Pizarro and his Brothers. The Illusion of Power in Sixteenth-Century Peru, Norman, London 1997, S. 17; Bernard Lavallé, Francisco Pizarro. Con-

verlieh, das Südmeer zu „entdecken", „bevölkern" und zu „befrieden („...convinyeron e hezieron entre si la capitulaçion seguyente para seruir a su magt. en la desCubrimo. e poblaçion e paçificaçion de la mar del sur azia el levante como a las otras partes..."), sondern der auch die Verantwortung für die Kosten der Expedition regelte.[38] Der Vertrag hatte demnach – modern gesprochen – den Charakter sowohl einer öffentlichrechtlichen Konzession als auch einer privatrechtlichen Finanzierungsabsprache.

Die auf der Grundlage dieser Übereinkunft im November 1524 mit einer relativ kleinen Mannschaft unternommene erste Südfahrt brachte noch keinen Durchbruch.[39] Die Männer hatten mit einer Reihe von Widrigkeiten und mit einer ihnen nicht wohl gesonnenen indigenen Bevölkerung zu kämpfen. Almagro verlor bei den gewalttätigen Auseinandersetzungen sein linkes Auge, und man kehrte wenn nicht unverrichteter Dinge, so doch ohne handfeste Ergebnisse zurück nach Panama.[40] Pedrarias zeigte nach dem Misserfolg nur noch wenig Interesse für kostspielige Entdeckungsfahrten entlang der Südküste und konzentrierte sich auf die Unterwerfung und Inbesitznahme Nicaraguas.[41] Nur mit großer Mühe konnte der Greis, der sich dem neunzigsten Lebensjahr näherte, dazu überredet werden, eine zweite Expedition unter Pizarros und Almagros Leitung zu genehmigen.[42] Als es dann doch gelang, schlossen die beiden Konquistadoren vor dem öffentlichen Schreiber (*escribano*) Hernando del Castillo am 10. März 1526 mit Hernando de Luque jenen Gesellschaftsvertrag, der Gegenstand der vorliegenden Abhandlung ist.

Kurze Zeit später verlor Pedrarias sein Amt als Gouverneur von Castilia del Oro und wurde durch Pedro Gutiérrez de los Ríos y Aguayo ersetzt, einem Juris-

---

quistador de l'extrême, Paris 2004, S. 57; M. Maticorena-Estrada, El contrato de Panamá, 1526, para el Descubrimiento del Perú, in: Cahiers du monde hispanique et luso-bresilien 7 (1966), S. 55–84, 56.

38 Capitulación entre el gobernador de Panamá, el P. Hernando de Luque, Francisco Pizarro y Diego de Almagro, Panamá, 20 de mayo 1524, in: Monumenta Hispano-Indiana, Bd. III: Francisco Pizarro. Testimonio – Documentos oficiales, cartas y escritos varios, hrsg. von Guillermo Lohmann Villena, Madrid 1986, S. 22.

39 Dazu Bernard Lavallé, Francisco Pizarro. Conquistador de l'extrême, Paris 2004, S. 59–65.

40 Vgl. Otto Danwerth, s.v. Almagro, Diego de, in: Lexikon zur Überseegeschichte, hrsg. von Hermann Hiery, Stuttgart 2015, S. 25–25, 24.

41 Hermann Kellenbenz, Die Finanzierung der spanischen Entdeckungen, VSWG 69 (1982), S. 153–181, 177; Rafael Varón Gabai, El clero y la fiscalización imperial en la conquista del Perú. La actuación de Hernando de Luque, Vicente Valverde y Tomás de Berlanga, in: Boletín del Instituto Riva-Agüero 19 (1992), S. 111–132, 113; M. Maticorena-Estrada, El contrato de Panamá, 1526, para el Descubrimiento del Perú, in: Cahiers du monde hispanique et luso-bresilien 7 (1966), S. 55–84, 56.

42 Bernard Lavallé, Francisco Pizarro. Conquistador de l'extrême, Paris 2004, S. 65.

ten, dem nicht zuletzt die Aufgabe zukam, die in Spanien unter anderem von Fernández de Oviedo und Las Casas erhobenen Vorwürfe gegen seinen Vorgänger zu untersuchen, galt Pedrarias doch in einem an grausamen und rachsüchtigen Gestalten reichen Umfeld als einer der grausamsten und rachsüchtigsten.[43] Der Wachwechsel an der politischen und administrativen Spitze „Gold-Kastiliens" hatte, soweit ersichtlich, keine unmittelbaren Folgen für das Pizarro-Almagro-Luque-Vorhaben.

Es ist allerdings in der Geschichtswissenschaft des 20. Jahrhunderts der Verdacht geäußert worden, die sich abzeichnende Absetzung des Pedrarias und die gerichtliche Überprüfung seiner Amtsführung habe Pizarro und Almagro veranlasst, Hernando de Luque statt des Lizenziaten Gaspar de Espinosa als Gesellschafter aufzunehmen. In Wahrheit sei der zuletzt Genannte der wahre Finanzier der Expedition gewesen. Wegen seiner großen Nähe zu Pedrarias – er diente ihm zeitweise als Alcalde mayor[44] – und wegen Verfehlungen im Umgang mit der indigenen Bevölkerung, die man am spanischen Hof mit Missbilligung zur Kenntnis genommen hatte, seien die Parteien, um Anfeindungen der Konkurrenz vorzubeugen, übereingekommen, jemanden mit einer weniger anstößigen Vergangenheit als Vertragspartner zu installieren. Der Geistliche Hernando de Luque war demnach nichts anderes als ein Strohmann, der im Auftrag Espinosas handelte.[45]

Für diese Theorie spricht nicht zuletzt Gaspar de Espinosas familiärer Hintergrund.[46] Geboren in Medina de Rioseco, heute ein verschlafenes Nest in Nordkastilien, im 16. Jahrhundert jedoch ein Finanz- und Wirtschaftszentrum ersten Ran-

---

43 Vgl. Rafael Varón Gabai, Francisco Pizarro and his Brothers. The Illusion of Power in Sixteenth-Century Peru, Norman, London 1997, S. 14 f.; Bernard Lavallé, Francisco Pizarro. Conquistador de l'extrême, Paris 2004, S. 67.

44 Dazu Daniel Damler s.v. Alcalde Mayor, in: Lexikon zur Überseegeschichte, hrsg. von Hermann Hiery, Stuttgart 2015, S. 19 f.

45 Guillermo Lohmann Villena, Les Espinosa. Une famille d'hommes d'affaires en Espagne et aux Indes à l'époque de la colonisation, Paris 1968, S. 220; Guillermo Lohmann Villena, Un hombre de negocios en la colonización de América: el Licenciado Gaspar de Espinosa, Estudios Americanos 20 (1960), S. 131–141,139; Rafael Varón Gabai, Francisco Pizarro and his Brothers. The Illusion of Power in Sixteenth-Century Peru, Norman, London 1997, S. 19 f.; ders., El clero y la fiscalización imperial en la conquista del Perú. La actuación de Hernando de Luque, Vicente Valverde y Tomás de Berlanga, in: Boletín del Instituto Riva-Agüero 19 (1992), S. 111–132, 114 f.; Hermann Kellenbenz, Die Finanzierung der spanischen Entdeckungen, VSWG 69 (1982), S. 153–181, 177; Eberhard Schmitt, Der Entdeckungsvertrag von Panamá zwischen Pizarro, Almagro und de Luque vom 10. März 1526, in: Eberhard Schmitt (Hrsg.), Dokumente zur Geschichte der europäischen Expansion, Bd. 2: Die großen Entdeckungen, München 1984, S. 381–386, 381; Bernard Lavallé, Francisco Pizarro. Conquistador de l'extrême, Paris 2004, S. 59.

46 Grundlegend zur Familie Espinosa: Guillermo Lohmann Villena, Les Espinosa. Une famille d'hommes d'affaires en Espagne et aux Indes à l'époque de la colonisation, Paris 1968; vgl. auch

ges, das zwei große, auch von französischen und flämischen Kaufleuten besuchte Messen beherbergte, war Don Gaspar Mitglied ein einflussreichen, weit verzweigten Kaufmanns- und Bankiersfamilie, die möglicherweise von „Conversos" abstammte.[47] Dem in Salamanca graduierten Gaspar standen damit von Haus aus – neben dem Vermögen, das er in der Neuen Welt selbst zusammengetragen hatte – erhebliche finanzielle Ressourcen zu Gebote, und es ist anzunehmen, dass er den Einfluss, den er aufgrund seiner hohen Ämter und Nähe zu Pedarias besaß, dazu nutzte, die Geschäfte der Familie auch in Übersee zu fördern.[48]

Für die Theorie spricht ferner, dass, wie Dokumente aus späteren Jahren belegen, auf die sogleich einzugehen sein wird, Hernande de Luque sehr enge Beziehungen zu Gaspar de Espinosa unterhielt und er ihn 1533 testamentarisch zu seinem Erben bestimmte.[49] Dafür spricht, drittens, dass Gaspar über viele Jahre mit Enthusiasmus und großer Konstanz Pizarros und Almagros peruanische Unternehmung förderte, immer wieder beim Nachschub und bei der transatlantischen Kommunikation behilflich war und seinen Sohn Juan mit wichtigen Missionen betraute, die der Conquista zugute kamen.[50]

Die These von dem verdeckten Espinosa-Investment hat also einiges für sich, restlos überzeugen kann sie aber nicht. Wie schon mehrfach erwähnt, war Hernando de Luque alles andere als ein mittelloser Priester und folglich niemand, der für eine warme Mahlzeit zu jedweder Gefälligkeit bereit gewesen wäre. Er zählte zum lokalen Establishment und zu den vermögendsten Männern „Gold-Kastiliens", stets darum bemüht, sein Kapital gewinnbringend anzulegen. Einkünfte aus seinen Encomiendas und aus dem Betrieb von Minen in andere vielverspre-

---

Ramón Carande, Carlos V y sus banqueros, Bd. 1: La vida económica de Castilla (1516–1556), 4. Aufl., Barcelona 1990, S. 305 f.

47 M. Maticorena-Estrada, El contrato de Panamá, 1526, para el Descubrimiento del Perú, in: Cahiers du monde hispanique et luso-bresilien 7 (1966), S. 55–84, 58; Ramón Carande, Carlos V y sus banqueros, Bd. 1: La vida económica de Castilla (1516–1556), 4. Aufl., Barcelona 1990, S. 305; Guillermo Lohmann Villena, Un hombre de negocios en la colonización de América: el Licenciado Gaspar de Espinosa, Estudios Americanos 20 (1960), S. 131–141, 135; vgl. auch ders., Les Espinosa. Une famille d'hommes d'affaires en Espagne et aux Indes à l'époque de la colonisation, Paris 1968, S. 203–232.

48 Rafael Varón Gabai, Francisco Pizarro and his Brothers. The Illusion of Power in Sixteenth-Century Peru, Norman, London 1997, S. 19.

49 Vgl. M. Maticorena-Estrada, El contrato de Panamá, 1526, para el Descubrimiento del Perú, in: Cahiers du monde hispanique et luso-bresilien 7 (1966), S. 55–84, 60 f.

50 Rafael Varón Gabai, Francisco Pizarro and his Brothers. The Illusion of Power in Sixteenth-Century Peru, Norman, London 1997, S. 20; M. Maticorena-Estrada, El contrato de Panamá, 1526, para el Descubrimiento del Perú, in: Cahiers du monde hispanique et luso-bresilien 7 (1966), S. 55–84, 58; Guillermo Lohmann Villena, Un hombre de negocios en la colonización de América: el Licenciado Gaspar de Espinosa, Estudios Americanos 20 (1960), S. 131–141, 139.

chende Vorhaben zu investieren, war kein für ihn untypisches Verhalten.[51] Außerdem stand auch er Pedrarias nahe und hatte wie Espinosa mit ihm jahrelang zusammengearbeitet.

Richtig ist aber in jedem Fall, dass Hernando de Luque nicht „der" oder gar der einzige Finanzier der Eroberung Perus war, wie gelegentlich in (populär-) wissenschaftlichen Werken zu lesen.[52] Zu diesem Unternehmen, das von den Anfängen bis zur Vollendung viele Jahre in Anspruch nahm, haben zahlreiche Geldgeber auf unterschiedlichen Ebenen einen Beitrag geleistet. Auch was den Gesellschaftsvertrag von 1526 als prominentestes Dokument dieser Art anbelangt, erscheint es wahrscheinlich, dass wenn nicht Gaspar de Espinosa sogar das gesamte Kapital aufgebracht hatte, er doch zumindest *neben* dem einzigen nach außen sichtbaren Investor Hernando de Luque mit eigenen Mitteln beteiligt war.

Der tiefere Grund für die Schwierigkeiten bei der Benennung des maßgeblichen Finanziers liegt darin, dass das Projekt der überseeischen Expansion, so wie es die spanische Krone seit dem späten 15. Jahrhundert forcierte, in jenen Jahren einen Transformationsprozess durchlief, der notwendigerweise Zuordnungen erschwert. Es vollzog sich damals der Übergang von den aus großen europäischen Vermögen finanzierten Westfahrten zu einer regionalen und lokalen „Selbstfinanzierung".[53] Die erste Phase der Expansion prägten maritime Unternehmungen mit italienischen (vor allem genuesischen), aber auch deutschen (Fugger, Welser) und iberischen (u.a. Cristóbal de Haro) Handelshäusern als Geldgeber und Seeleuten und Soldaten als Soldempfänger.[54]

---

51 Rafael Varón Gabai, El clero y la fiscalización imperial en la conquista del Perú. La actuación de Hernando de Luque, Vicente Valverde y Tomás de Berlanga, in: Boletín del Instituto Riva-Agüero 19 (1992), S. 111–132, 115.

52 Rafael Varón Gabai, El clero y la fiscalización imperial en la conquista del Perú. La actuación de Hernando de Luque, Vicente Valverde y Tomás de Berlanga, in: Boletín del Instituto Riva-Agüero 19 (1992), S. 111–132, 115.

53 Der Begriff geht offenbar auf Nestor Meza Villalobos, Las empresas de la Conquista de América, in: Revista Chilena de Historia y Geografía 1940/41, S. 88–89, zurück – dazu Hermann Kellenbenz, Die Finanzierung der spanischen Entdeckungen, VSWG 69 (1982), S. 153–181, 181. In der Sache zustimmend Enrique Otte, Träger und Formen der wirtschaftlichen Erschließung Lateinamerikas im 16. Jahrhundert, in: Jahrbuch für die Geschichte von Staat, Wirtschaft und Gesellschaft Lateinamerikas 4 (1967), S. 226–266, 257; Rafael Varón Gabai, Francisco Pizarro and his Brothers. The Illusion of Power in Sixteenth-Century Peru, Norman, London 1997, S. 12; Vitus Huber, Beute und Conquista. Die politische Ökonomie der Eroberung Neuspaniens, Frankfurt, New York 2018, S. 362 f.

54 Eingehend (mwN) Hermann Kellenbenz, Die Finanzierung der spanischen Entdeckungen, VSWG 69 (1982), S. 153–181; Enrique Otte, Träger und Formen der wirtschaftlichen Erschließung Lateinamerikas im 16. Jahrhundert, in: Jahrbuch für die Geschichte von Staat, Wirtschaft und Gesellschaft Lateinamerikas 4 (1967), S. 226–266, 226–247; Guillermo Lohmann Villena, Un hombre

In der zweiten Phase war es eine zu Reichtum gelangte Elite der Konquistadoren, die ihre Einkünfte (insbesondere aus Encomiendas) in neue Projekte reinvestierte, was indes nicht bedeutete, dass nicht auch weiterhin Investoren von der anderen Seite des Atlantiks – wie die Espinosa – in der Neuen Welt tätig waren. Der großen Masse der weniger begüterten und oft verschuldeten „Neu-Spanier" blieb in der Regel nichts anderes übrig, als an den von der kolonialen Oberschicht organisierten Expeditionen teilzunehmen, um den eigenen Lebensunterhalt zu sichern. Auch sie schlossen häufig Gesellschaftsverträge, wenngleich mit einem viel geringeren Einsatz.[55] Die Conquista begann, sich selbst zu ernähren.

3. Fälschung?

Die Diskussion um mögliche Hintermänner und geheime Geldgeber führt geradewegs in das dunkle Herz der Kontroverse um die Echtheit des Vertrages von 1526, die im 20. Jahrhundert die Gemüter erhitzte. Eine Reihe namhafter Autoren bestreitet nicht nur die herausgehobene Stellung de Luques als Finanzier der Eroberung Perus, sondern zieht darüber hinaus die Existenz des Vertrages von 1526 überhaupt in Zweifel. Das Meinungsspektrum ist groß[56] und reicht von einer Zurückweisung der Vorbehalte über eine vorsichtige Kritik der Überlieferungstradition bis hin zum Fälschungsverdikt.[57] Es gibt fast keine Auffassung, die noch nicht vertreten, und fast kein Argument, das noch nicht vorgebracht wurde.

Auf dem ersten Blick scheint sich das Problem nicht zu stellen, da neben dem Vertrag von 1526 ein Schriftstück überliefert ist, das auf den 6. August 1531 datiert

de negocios en la colonización de América: el Licenciado Gaspar de Espinosa, Estudios Americanos 20 (1960), S. 131–141, 133.

55 Vitus Huber, Beute und Conquista. Die politische Ökonomie der Eroberung Neuspaniens, Frankfurt, New York 2018, S. 252–257; Enrique Otte, Träger und Formen der wirtschaftlichen Erschließung Lateinamerikas im 16. Jahrhundert, in: Jahrbuch für die Geschichte von Staat, Wirtschaft und Gesellschaft Lateinamerikas 4 (1967), S. 226–266, 247–256.

56 Guillermo Lohmann Villena, Prevenciones sobre el contrato de 1526, in: Monumenta Hispano-Indiana, Bd. III: Francisco Pizarro. Testimonio – Documentos oficiales, cartas y escritos varios, hrsg. von Guillermo Lohmann Villena, Madrid 1986, S. 21.

57 An der Echtheit des Vertrages zweifeln u. a. Guillermo Lohmann Villena, Les Espinosa. Une famille d'hommes d'affaires en Espagne et aux Indes à l'époque de la colonisation, Paris 1968, S. 207–22; Rafael Varón Gabai, El clero y la fiscalización imperial en la conquista del Perú. La actuación de Hernando de Luque, Vicente Valverde y Tomás de Berlanga, in: Boletín del Instituto Riva-Agüero 19 (1992), S. 111–132, 114; M. Maticorena-Estrada, El contrato de Panamá, 1526, para el Descubrimiento del Perú, in: Cahiers du monde hispanique et luso-bresilien 7 (1966), S. 55–84, 78 (sowie der Diskussionsbeitrag von Marcel Bataillon, S. 83 f.); James Lockhart, The men of Cajamarca, Austin 1972, S. 71 f.

und eine Abtretung der durch den Vertrag begründeten Ansprüche an den Lizenziaten Espinosa dokumentieren soll.[58] Die Skeptiker müssen daher nicht nur die Authentizität des Vertrages, sondern auch die der Zession bestreiten und tun dies auch. Gerade weil die Abtretung den einflussreichen Gaspar de Espinosa begünstigt, ist ihnen der gesamte Vorgang suspekt.

Im Einzelnen sind es fünf Hauptargumente, auf die sich die Zweifler berufen:[59] 1. In dem Vertrag ist von „los reynos llamados el Pirú" als Ziel der Expedition die Rede, angeblich ein Anachronismus, denn 1526 sei der Begriff „el Pirú" noch nicht in Gebrauch, noch nicht Teil des Wortschatzes gewesen. 2. Der Vertrag sei im Original nicht erhalten; die erste und einzige Abschrift finde sich in einem Geschichtswerk des frühen 17. Jahrhunderts, den „Anales del Perú" des Fernando de Montesinos, eines wegen seiner Unzuverlässigkeit berüchtigten Chronisten. 3. In einer zwischen Francisco Pizarro, Francisco de Almagro und Juan de Espinosa – in Vertretung für seinen Vater Gaspar als Hernando de Luques Testamentsvollstreckers – geschlossenen Vereinbarung vom 20. Oktober 1535 werde der Vertrag von 1526 mit keinem Wort erwähnt, obwohl die Übereinkunft zum Ziel habe, sich über alle bislang nicht erfüllten Ansprüche des im Dezember 1533 verstorbenen Hernando de Luque gegen Almagro und Pizarro zu vergleichen. 4. Der Vertrag von 1526 finde außerdem keine Erwähnung in den zeitgenössischen Chroniken. 5. Am 26. März 1526, dem Datum des angeblichen Vertragsschlusses, habe sich Pizarro gar nicht in Panama aufgehalten und sei folglich außer Stand gewesen, dort irgendwelche Rechtshandlungen vorzunehmen; die von dem protokollierenden Notar gemachten Angaben seien daher unzutreffend.

Im Verlauf der wissenschaftlichen Auseinandersetzung haben allerdings einige dieser Argumente an Überzeugungskraft verloren. So ist die Behauptung fragwürdig geworden, der Ausdruck „Píru" sei ein Anachronismus. Maticorena-Estrada konnte bereits 1966 zeigen, dass die bis dahin weithin akzeptierte These von Porras Barrenechea,[60] der Begriff tauche erstmals überhaupt in einem auf dem 21. Februar 1527 datierten Dokument auf (also fast ein Jahr nach dem vermeintlichen Vertragsschluss), sich nicht aufrecht erhalten lässt.[61] Zwei Texte, der eine vom 9. Mai 1525, der andere vom 23. Juli 1523, belegen die Gebräuchlichkeit

58 Ediert in: José Toribio Medina, Colección de Documentos Inéditos para la Historia de Chile, Bd. 6, Santiago de Chile 1895, S. 41–43.

59 Vgl. die Zusammenstellung bei M. Maticorena-Estrada, El contrato de Panamá, 1526, para el Descubrimiento del Perú, in: Cahiers du monde hispanique et luso-bresilien 7 (1966), S. 55–84, 68.

60 Raúl Porras Barrenechea, El nombre del Perú, Lima 1968 (1951).

61 M. Maticorena-Estrada, El contrato de Panamá, 1526, para el Descubrimiento del Perú, in: Cahiers du monde hispanique et luso-bresilien 7 (1966), S. 55–84, 68–70.

der geographischen Zuschreibung „Pe(i)rú“ in den einschlägigen Kreisen schon Anfang der 1520er Jahre (neben der unspezifischen, nach und nach verdrängten Formel „Levante“), so dass nichts dagegen sprach, in einem Vertrag von 1526 als Zielgebiet der Expedition „Pe(i)rú“ anzugeben.[62]

Allenfalls der Zusatz „los reynos“ könnte auf einen Anachronismus hindeuten, da Peru in der Quelle von 1523 als „Provinz“ und in der Quelle von 1525 als „Küste“ bezeichnet wird, doch war es in jenen unruhigen Jahren – nach der Eroberung des Azteken-Reiches – alles andere als ungewöhnlich, jedes neue Gerücht über bislang unbekannte menschliche Siedlungen als Hinweis auf das Vorhandensein mächtiger „Königreiche“ zu deuten.

Auch die angeblich völlig unzulängliche Quellenlage erweist sich bei näherem Hinsehen als inzwischen nicht mehr ganz so unzulänglich. Zwar bleibt das Original verschollen (was in solchen Fällen eher die Regel als die Ausnahme war), aber man hat immerhin zeitnahe Abschriften des Vertrages von 1526 und der Zession von 1531 ausfindig gemacht. Der unzuverlässige Montesinos ist also nicht mehr die einzige und nicht mehr die wichtigste Quelle. In einem in Sevilla im *Archivo de las Indias* (Lima, 149) erhaltenen Dossier der Familie des Lizenziaten Gaspar de Espinosa finden sich eine – am 9. April 1616 in Lima ausgefertigte – Kopie einer am 20. Januar 1568 notariell beglaubigten Abschrift des Vertrages. Die Zession liegt sogar in der ursprünglichen Abschrift von 1568 vor.[63]

Mit diesen Dokumenten stehen die beiden beglaubigenden Schreiber – Pero Núñez de Trexo und Juan Gutiérrez – zwar nicht für den Inhalt ein, garantieren aber immerhin die Echtheit der Unterschrift des Hernando del Castillo, jenes Schreibers, der 1526 den Vertrag und 1531 die Zession beurkundet hatte: „... doy fee y verdadero testimonio a los que la presente vieren, como conoscí a Hernando del Castillo, de quien está signada e firmada la escriptura desta otra parte contenida...“[64]

Wer von einer Fälschung ausgeht, muss also eine recht zeitnahe Fälschung – nämlich eine vor 1568 – unterstellen, und er muss erklären, warum zwei öffentliche Schreiber die Unterschrift des ihnen bekannten Kollegen Hernando del Castillo zu Unrecht als echt bestätigt haben. In Betracht kommen wohl nur entweder eine professionelle Fälschung der Vorlage oder eine Bestechung der beiden Nota-

62 M. Maticorena-Estrada, El contrato de Panamá, 1526, para el Descubrimiento del Perú, in: Cahiers du monde hispanique et luso-bresilien 7 (1966), S. 55–84, 69f.

63 M. Maticorena-Estrada, El contrato de Panamá, 1526, para el Descubrimiento del Perú, in: Cahiers du monde hispanique et luso-bresilien 7 (1966), S. 55–84, 59 f., 62.

64 Nach M. Maticorena-Estrada, El contrato de Panamá, 1526, para el Descubrimiento del Perú, in: Cahiers du monde hispanique et luso-bresilien 7 (1966), S. 55–84, 62.

re. Beides ist natürlich denkbar, aber ohne weitere Anhaltspunkte nicht unbedingt das wahrscheinlichste Szenario.

Größeres Gewicht kommt dem Einwand zu, die Übereinkunft zwischen Pizarro, Almagro (vertreten durch Pizarro) und Juan de Espinosa (in Vertretung seines Vaters Gaspar, Testamentsvollstrecker für den verstorbenen designierten Bischof Hernando de Luque) vom 20. Oktober 1535 enthalte keine Hinweise auf einen Gesellschaftsvertrag und damit auf Ansprüche Hernando de Luques auf Teilhabe an den gewaltigen Gewinnen der Peru-Expedition.

In der Sache handelte es sich um einen Vergleich, der zum Gegenstand hat die Ansprüche aus einer „Gesellschaft und Gütergemeinschaft" zwischen Pizarro, Almagro und de Luque („... dezimos que por quanto yo, el dicho don Francisco Pizarro e el dicho Don Diego de Almagro tuvimos compañia e comunion de bienes generalmente con el dicho don Hernando de Luque, electo obispo ..."[65]). Dass ein solches Rechtsverhältnis existiert und daraus noch Ansprüche offen sind, wird im Grundsatz anerkannt. Zwar gebe es Gründe, an dem Fortbestand zu zweifeln, doch angesichts der Freundschaft zwischen den damaligen Vertragspartnern („... considerando el amystad que entre nosotros hubo ..."[66]) wolle man gerechten Forderungen die Anerkennung nicht versagen. Auch wird Espinosas Recht, diese Ansprüche geltend zu machen, nicht bestritten. In Erfüllung der noch offenen Forderungen und zur Bereinigung des Rechtsverhältnisses verpflichten sich Pizarro und Almagro, an Espinosa 13.000 Goldpesos auszuhändigen. Im Gegenzug erklärt dieser ein für allemal alle Ansprüche für erfüllt und alle Rechtsbeziehungen für erledigt und aufgehoben.

Dass dieser Vergleich, obwohl er den Abschluss eines Gesellschaftsvertrages zwischen Pizarro, Almagro und de Luque bestätigt, Wasser auf den Mühlen der Skeptiker ist, hat zwei Gründe: Zum einen stellt sich die Frage, warum Espinosa, wenn er sich auf einen Vertrag berufen könnte, der ein Drittel aller aus dem Peru-Unternehmen gezogenen Gewinne de Luque zuspricht und zudem dieses Drittel für erblich und übertragbar erklärt, sich mit der für sich genommen stattlichen, aber angesichts der ungeheuren peruanischen Reichtümer fast lächerli-

---

65 Escritura de avenencia y finiquito con los testamentarios del P. Hernando de Luque (Los Reyes, 20 de Octubre de 1535), in: Monumenta Hispano-Indiana, Bd. III: Francisco Pizarro. Testimonio – Documentos oficiales, cartas y escritos varios, hrsg. von Guillermo Lohmann Villena, Madrid 1986, S. 29–31, 29.

66 Escritura de avenencia y finiquito con los testamentarios del P. Hernando de Luque (Los Reyes, 20 de Octubre de 1535), in: Monumenta Hispano-Indiana, Bd. III: Francisco Pizarro. Testimonio – Documentos oficiales, cartas y escritos varios, hrsg. von Guillermo Lohmann Villena, Madrid 1986, S. 29–31, 29.

chen Summe von 13.000 Pesos abspeisen lässt, einer Summe, die noch dazu 7.000 Pesos unter dem 1526 von de Luque angeblich investierten Betrag liegt. Zum anderen ist der Vereinbarung zu entnehmen, dass die Parteien über keinen schriftlichen Gesellschaftsvertrag verfügen, den sie ihren Vergleichsverhandlungen zu Grunde legen könnten („... no abiendo como no abia entre los dichos gobernadores do Francisco Pizarro e don Diego de Almagro e el dicho don Hernando de Luque, electo, carta ny escriptura alguna asy en la contrataçion e conçierto prinçipal de la dicha compañia...“).

Diese Bedenken sind nicht von der Hand zu weisen, indes nicht vollständig überzeugend. Aus juristischer und rechtshistorischer Sicht (es sind bislang vornehmlich Historiker und Wirtschaftshistoriker, die sich mit dem Thema beschäftigt haben) ist an den Unterschied zwischen einer rechtlichen und einer historischen Wahrheit zu erinnern. Ziel eines Vergleiches oder Schuldanerkenntnisses ist heute so wenig wie früher, ein historisches Geschehen wahrheitsgetreu zu rekonstruieren, vielmehr soll durch solche Instrumente eine umstrittene oder sehr komplexe Rechtslage verbindlich bereinigt und dadurch Rechtssicherheit hergestellt werden.

In das Verhandlungsergebnis können sehr viele Erwägungen und Interessen eingehen, nicht alle davon finden notwendigerweise in dem endgültigen Vertragstext Erwähnung. Offenkundig gab es 1535 noch „unbeglichene Rechnungen“ aus einem Gesellschaftsvertrag mit de Luque, sonst hätten sich Pizarro und Almagro wohl kaum auf den Vergleich eingelassen. Umgekehrt hatte Espinosa offenkundig Schwierigkeiten, die von ihm geltend gemachten Ansprüche mit schriftlichen Belegen zu dokumentieren. Und offenkundig brauchten sich die Parteien, die sich wechselseitig ihrer „Liebe und Freundschaft“ („mucho amor e amistad“) versicherten, als Partner im lukrativen Peru-Geschäft noch in der Zukunft, so dass sie möglichst schnell „reinen Tisch“ machen wollten. Vor diesem Hintergrund erscheint es ratsam, den Wahrheitsgehalt der in das Dokument aufgenommenen Erklärungen nicht zu überschätzen.

Auch wissen wir nichts über die konkreten Vergleichsverhandlungen im Oktober 1535, insbesondere wissen wir nicht, über welche Verhandlungsmacht der Espinosa-Sohn verfügte. Francisco Pizarro befand sich im Zenit seiner Macht, hatte durch Mut, Entscheidungsstärke und Skrupellosigkeit sich innerhalb weniger Monate und Jahre einen halben Kontinent untertan gemacht. Die Verhandlungen fanden in der kurz vorher, im Januar 1535, gegründeten Ciudad de los Reyes (dem heutigen Lima) statt, also noch in einer Art Heerlager. Kaum vorstellbar, dass in diesem militärischen, von Pizarro dominierten Umfeld, 2.400 km von Panama entfernt, der junge Espinosa dem siegreichen Feldherrn das Zugeständnis hätte abringen können, ein Drittel der peruanischen Schätze an die Erben eines vor zwei Jahren verstorbenen Klerikers zu überweisen, wozu er nach dem Vertrag von

1526 verpflichtet gewesen wäre. Die 13.000 Goldpesos waren unter den gegebenen Bedingungen schon ein erstaunliches Zugeständnis.

Die Übereinkunft von 1535 besagt außerdem nur, dass man keine Urkunde, kein *schriftliches* Dokument den Verhandlungen zu Grunde legen konnte, nicht den Vertrag von 1526, aber auch keinen früheren Vertrag, etwa den von 1524. Vermutlich war Gaspar de Espinosa – Testamentsvollstrecker, aber zumindest nominell nicht Vertragspartner – in der Tat außer Stande, einen schriftlichen Nachweis zu beschaffen. Ob das auch für Pizarro und Almagro galt, steht auf einem anderen Blatt. Wenn sie über eine entsprechende Dokumentation verfügten, wären sie schlecht beraten, durch Vorlage derselben der Gegenseite bei ihren Beweisschwierigkeiten zu Hilfe zu kommen.

Dass Verträge abhanden kamen oder absichtlich geheim gehalten wurden, war im Übrigen in den turbulenten Anfangsjahren der Conquista angesichts unzureichender Gerichts- und Verwaltungsstrukturen keine Seltenheit.[67] Ferner mag man sich fragen, ob die Verhandlungen gänzlich anders ausgegangen wären, wenn der Vertrag von 1526 eine Rolle gespielt hätte (und vielleicht hat er es ja, ohne dass dies dokumentiert wurde), nicht nur wegen Pizarros militärischer Macht, sondern auch weil es nicht ganz fern lag, die Eroberung Perus, die immerhin erst sechs Jahre nach Vertragsschluss und nach der Spanien-Reise Pizarros (1529) erfolgte, als ein dem ursprünglichen Vertrag rechtlich nicht mehr zuzuordnendes Geschehen aufzufassen. Mit diesem Vorbringen hätte Espinosa zumindest rechnen müssen.

Wenn zeitgenössische Chronisten ein durch andere Quellen belegtes Ereignis ignorieren, ist das für die moderne Geschichtswissenschaft natürlich immer ein Ärgernis, aber noch längst kein Grund, das Ereignis selbst in Frage zu stellen, insbesondere wenn es sich um einen Vorgang handelt, der in der maßgeblichen historiographischen Tradition keinen nennenswerten Stellenwert hat. Genau so verhält es sich im vorliegenden Fall: Gesellschaftsverträge gehören nicht zu den gängigen Sujets der Renaissance-Geschichtsschreibung, die sich an mittelalterlichen und antiken Vorbildern orientierte und daher vorzugsweise an Schlachten, Heldentaten, Intrigen, ungewöhnlichen Begebenheiten und Liebeshändel interessiert war. Wenn also der Vertragsschluss von 1526 in vielen Geschichtswerken unerwähnt bleibt, folgt daraus nicht zwingend, dass er nicht stattgefunden hat.

Zudem gibt es durchaus Chronisten, die einen Vertrag zwischen Pizarro, Almagro und de Luque erwähnen. Zu nennen ist etwa die „Historia general de las Indias" des Francisco López de Gómara, eine nicht besonders zuverlässige, aber

67 Beispielen bei M. Maticorena-Estrada, El contrato de Panamá, 1526, para el Descubrimiento del Perú, in: Cahiers du monde hispanique et luso-bresilien 7 (1966), S. 55–84, 76.

zumindest recht frühe Darstellung der Geschehnisse in Übersee, erstmals erschienen 1552 in Zaragoza. Der Autor hatte die Neue Welt nie betreten, war jedoch als Kaplan des Hernán Cortés mit den Angelegenheiten in Las Indias vertraut und konnte mit wichtigen Akteuren der Conquista Gespräche führen sowie Dokumente einsehen. López de Gómara kommt im 108. Kapitel des Buches auf den Abschluss eines Gesellschaftsvertrages zwischen Almagro, Pizarro und de Luque zu sprechen: „Diego de Almagro, y Francisco Piçarro, que ricos eran, y antiquos en aquellas tierras, hizieron compañia con Hernando Luque, señor de la Taboga maestrescuela de Panama, clerigo rico ...“[68]

Ein Datum nennt López de Gómara an dieser Stelle nicht. Da er aber einige Zeilen später über den Eintritt des Gouverneurs Pedrarias in den Vertrag berichtet („Entro en la capitulacion, a los que algunos dizen, Pedrarias de Avila...“[69]), muss man wohl annehmen, dass der Chronist den Vertrag von 1524 und nicht den von 1526 im Blick hatte. Wenn er die Vereinbarung von 1526 übergeht, scheint das eher die Skeptiker zu bestätigen als sie zu widerlegen. Andererseits ist es ebenso gut denkbar, dass für López de Gómara eine bloße Aktualisierung und Modifikation des Gesellschaftsvertrages von 1524 keine Nachricht wert war. Wie sich aus einer späteren Bemerkung ergibt, die sich offenbar auf das Jahr 1528 (unmittelbar vor Pizarros Spanien-Reise) bezieht, ging er vom Fortbestand der *compañia* auch noch vier Jahre nach Abschluss des ersten Vertrages aus, ohne auf das Schicksal des – nach der Logik des Vertrages von 1524 – vierten Gesellschafters (Pedrarias) einzugehen („Como Piçarro llego a Panama, communico con Almagro y Luque, la bondad y riqueza de Tumbez y rio Chira ...“[70]).

Rätsel gibt die Erwähnung einer Übereinkunft zwischen Pizarro, Almagro und de Luque in der 1565 publizierten „Historia del Mondo Nuovo“ des Mailänders Girolamo Benzoni auf.[71] Der Italiener hatte – im Unterschied zu López de Gómara – einige Jahre in Las Indias gelebt, konnte demnach eigene Erlebnisse schildern und Gespräche vor Ort führen. Gleichwohl gilt seine Abhandlung als tendenziös, spanienfeindlich und fehlerhaft.

68 Francisco López de Gómara, La historia general de las Indias con todos los descubrimientos: y cosas notables que han acaescido en ellas, dende que se ganaron hasta agora, Antwerpen 1554, lib. I cap. CVIII (fol. 140v.).
69 Francisco López de Gómara, La historia general de las Indias con todos los descubrimientos: y cosas notables que han acaescido en ellas, dende que se ganaron hasta agora, Antwerpen 1554, lib. I cap. CVIII (fol. 140v.).
70 Francisco López de Gómara, La historia general de las Indias con todos los descubrimientos: y cosas notables que han acaescido en ellas, dende que se ganaron hasta agora, Antwerpen 1554, lib. I cap. CX (fol. 143 v.).
71 Girolamo Benzoni, La Historia del Mondo Nvovo, Libro terzo, Venedig 1572, fol. 117r./v.

Benzoni kennt nur einen Vertrag mit drei, nicht mit vier Parteien. Pedrarias gehört bei ihm nicht zu den Gesellschaftern. Da der Italiener zudem als Datum der Übereinkunft das Jahr 1526 angibt („l'anno del M.D.XXVI.")[72], hätte man damit eine zeitnahe Chronik gefunden, die den Abschluss des Gesellschaftsvertrages von 1526 belegt. Allerdings berichtet Benzoni im Anschluss daran nicht nur von der Expedition 1526–28, sondern auch von der Reise 1524/25, offenbar in Anlehnung an das Geschichtswerk López de Gómaras. Man kann sich folglich nicht sicher sein, ob Benzoni nicht lediglich die Abläufe, so wie sie die „Historia general de las Indias" schildert, verkürzt und ungenau wiedergibt. Doch ist auch nicht auszuschließen, dass er andere, López de Gómara unzugängliche Quellen benutzte.

Benzonis Werk hat eine große Wirkung entfaltet, nicht so sehr aus sich selbst heraus, sondern weil ein gewisser Theodor de Bry, Verleger und Kupferstecher, gebürtig aus Lüttich, seit den späten 1570er Jahren in Frankfurt am Main ansässig, die „Historia del Mondo Nuovo" als Teil seiner großen Reiseberichtssammlung – den „West-Indischen" und „Ost-Indischen Reisen" (seit 1590) – herausgab, übersetzt ins Deutsche und Lateinische und versehen mit zahlreichen ausdrucksstarken Kupferstichen. Bei der Auswahl des Textes dürfte der spanienfeindliche Grundtenor der Benzoni-Schrift eine maßgebliche Rolle gespielt haben. In dem Propagandakrieg des 16. und 17. Jahrhunderts zwischen der katholischen und der protestantischen Partei stand der protestantische Verleger de Bry in entschiedener Opposition zur katholischen Schutzmacht Spanien, die aus Sicht eines Neugläubigen in den Niederlanden ein ähnliches Terrorregime wie in der Neuen Welt errichtet hatte.

Das von Theodor de Bry und seinen Söhnen arrangierte Bildprogramm ist in seiner Wirkung kaum zu überschätzen. Es prägt die Vorstellung von der Conquista bis zum heutigen Tag. Kaum ein Bericht über das spanische Amerika des 16. Jahrhunderts, in welchem visuellen Medium auch immer, kommt ohne Bildzitate aus de Brys Monumentalwerk aus. Umso bemerkenswerter, dass de Bry dem Gesellschaftsvertrag zwischen de Luque, Pizarro und Almagro einen prominenten Platz in seinem Oeuvre zuweist. Die Darstellung der Vertragsverhandlungen (oder des Vertragsabschlusses) zwischen den drei Parteien ist nämlich der *erste* (szenische) Kupferstich im sechsten, 1597 herausgegebenen Band der „Neuwen Welt", der von der Unterwerfung des Inka-Reiches handelt.[73] Die Unterschrift

72 Girolamo Benzoni, La Historia del Mondo Nvovo, Libro terzo, Venedig 1572, Libro terzo, fol. 117v.

73 Der sechste Theil der neuwen Welt oder Der Historien Hieron. Benzo von Meylandt/Das dritte Buch. Darinnen warhafftig erzehlet wirdt, wie die Spanier die Goldreiche Landschafften deß Peruanischen Königreichs eyngenommen (…), hrsg. von Dieterich von Bry, Frankfurt am Main 1597.

zur Abbildung beschreibt, wie „drey namhaffte reiche Personen, mit Namen Franciscus Pizarrus, Didocus Almargus, und ein Priester Ferdinandus Luque ... einen starcken Bundt under ihnen auffgericht hatten." Almagro und Pizarro machten sich danach sogleich auf den Weg. „Den Priester Luquesium aber liessen sie zu Hauß." Man schrieb das „Jahr als man zahlt fünffzehn hundert unnd sechs unnd zwanzig."[74]

Dank der Verlegerfamilie de Bry dürfte der Pizarro-Almagro-de Luque-Kontrakt einer der bekanntesten und zugleich berüchtigtsten Finanzierungs- und Gesellschaftsverträge der frühen Neuzeit sein, ein Vertrag, der dem Betrachter de Bry'schen Bildergeschichte vor Augen führt („klärlich für Augen gestellet", wie es 1597 heißt), welche fatalen Konsequenzen die Kumulation von Kapital zu unlauteren, verbrecherischen Zwecken zeitigen kann.

Bleibt als letztes Argument der Skeptiker die mutmaßliche Abwesenheit Pizarros in Panama an dem von dem Schreiber dokumentierten Tag des Vertragsschlusses, dem 10. März 1526. Genau genommen weiß allerdings niemand, wo genau sich Pizarro an jenem Märztag aufhielt. Soweit bekannt, weilte er jedenfalls bis Januar und von Mai an nicht in Panama.[75] Die Anwesenheit im März lässt sich bislang nicht befriedigend erklären, doch ebenso wenig ausschließen.

Weder die Echtheit des Vertrages ist demnach bislang bewiesen noch die Fälschungshypothese. Es gibt begründete Zweifel; es gibt aber auch begründete Zweifel an den begründeten Zweifeln. Solange keine neuen Dokumente auftauchen, die in die eine oder andere Richtung weisen, muss man sich mit der unsicheren Quellenlage abfinden.[76] Aus (gesellschafts-) rechtshistorischer Perspektive ist das Ergebnis weniger verdrießlich als es auf den ersten Blick erscheinen mag. Denn weder bestreiten die Skeptiker die Existenz einer langjährigen *compañia* zwischen den drei Partnern, noch stellen sie in Abrede, dass der Vertrag von 1526 den für die Conquista typischen gesellschaftsrechtlichen Mustern entspricht. Wäre es anders, hätten die Fälscher, so es solche gegeben haben sollte, einen Kontrakt mit Phantasieklauseln entworfen, würde sich niemand finden, der dem

74 Der sechste Theil der neuwen Welt oder Der Historien Hieron. Benzo von Meylandt/Das dritte Buch. Darinnen warhafftig erzehlet wirdt, wie die Spanier die Goldreiche Landschafften deß Peruanischen Königreichs eyngenommen (...), hrsg. von Dieterich von Bry, Frankfurt am Main 1597, Tafel 1.

75 M. Maticorena-Estrada, El contrato de Panamá, 1526, para el Descubrimiento del Perú, in: Cahiers du monde hispanique et luso-bresilien 7 (1966), S. 55–84, 76 f.

76 Guillermo Lohmann Villena, Prevenciones sobre el contrato de 1526, in: Monumenta Hispano-Indiana, Bd. III: Francisco Pizarro. Testimonio – Documentos oficiales, cartas y escritos varios, hrsg. von Guillermo Lohmann Villena, Madrid 1986, S. 21.

Dokument Vertrauen schenkte. Sofern wir es mit einer Fälschung zu tun haben, entstammt sie der Feder zeitgenössischer lokaler Schreiber, die sich an den gleichen Vorlagen und ähnlichen mutmaßlichen Interessen orientierten wie der im Vertrag genannte *scriuano de Su Magestad* Hernando del Castillo.

Und das ist dann auch das eigentlich produktive Ergebnis der ganzen Kontroverse: Die intensive Beschäftigung mit den dem Vertragsschluss vorausgegangenen und nachfolgenden Handlungen und Vorgängen hat zu Tage gefördert, in welchem Umfang sich die maßgeblichen Akteure der Conquista einer kautelarjuristisch-gesellschaftsrechtlichen Regulierung ihrer Interessen anvertrauten und mit welcher Selbstverständlichkeit sie sich privatrechtlicher Instrumente und Rechtsfiguren bedienten (Zession, Vergleich, Anerkenntnis, Testamentsvollstreckung usw.), um ihre gesellschaftsvertraglich begründeten Ansprüche zu übertragen oder zu konsolidieren. Wir haben es mit auf Dauer gestellten Vertragsbeziehungen zu tun, die von Zeit zu Zeit erneuert, ergänzt oder in andere Gesellschaften überführt wurden, eine Art *stream of contracts*, der auf seine Weise einen Beitrag zur Stabilisierung der Conquista beitrug. Das als solches ist bemerkenswert, wenn wir uns die fast unwirkliche Lage vergegenwärtigen, in der sich die „Neu-Spanier" der frühen Jahre befanden, in einem überwiegend gewalttätigen, militarisierten Umfeld, fern etablierter juristischer und administrativer Institutionen und konfrontiert mit einer exotischen Natur und Lebenswelt, die ihren europäischen Erfahrungshorizont überstieg.

4. Vom Vertrag zum Bürgerkrieg

Die Nach-Geschichte des Vertrages von 1526 ist die Geschichte der „Eroberung Perus" und für sich genommen nicht mehr Gegenstand des vorliegenden Beitrags. Das Geschehen unmittelbar vor, während und nach der Schlacht von Cajamarca am 16. November 1532, gehört zu den wichtigsten Wegmarken der europäischen Expansion, der Wirkung nach durchaus vergleichbar mit anderen welthistorischen Treffen wie Alexanders Sieg über Dareios III. bei Gaugamela im Jahr 331 v. Chr., der den Untergang des persischen Großreiches besiegelte. Das Reich, das 1532/33 unterging, war ein nicht weniger ausgedehntes hochentwickeltes Gemeinwesen, das seit dem 13. Jahrhundert bestand und sich nach und nach weite Teile des westlichen Südamerikas unterworfen hatte. Wenn wir auch in dem gegebenen Rahmen auf die Einzelheiten der in Geschichtsschreibung und Dichtung vielfach beschriebenen Niederlage Atahualpas und ihre universalgeschichtlichen Implikationen nicht eingehen können, so soll doch der weitere Verlauf der in der Rechtsform einer *compañia* betriebenen Unternehmung zumindest nicht gänzlich unerwähnt bleiben.

Auf den Vertragsschluss von 1526, so er denn stattgefunden hat, folgte eine mehrfach unterbrochene Reise gen Süden, die zwar noch nicht die ersehnten Reichtümer einbrachte, aber die Teilnehmer immerhin in ihrer Überzeugung bestärkte, dass sie auf der richtigen Spur waren. Auf der Hinfahrt fiel ihnen ein Balsafloß in die Hände, beladen mit Silber- und Goldschmuck, kostbaren Brustharnischen, Gürteln und Trinkgefäßen. Die Zufallsbegegnung kündete von einer entwickelten Zivilisation, die offenbar über ansehnliche Bestände an Edelmetallen verfügte. Man erreichte schließlich – nach einigen Rückschlägen und Verzögerungen – eine städtische Siedlung in der Gegend des heutigen Tumbes im Norden Perus. Die Kontaktaufnahme mit der dortigen Bevölkerung verlief weitgehend konfliktfrei. Erneut fanden sich Hinweise auf materiellen Wohlstand, auf Gold, Silber und Edelsteine. Als die Spanier die Rückreise antraten, führten sie einige Jungen mit, die sie zu Übersetzern auszubilden hofften und ihnen bei der in Aussicht genommenen baldigen Wiederkehr gute Dienste leisten sollten.[77]

Zunächst stand freilich eine andere Reise auf Pizarros Agenda. Er begab sich nach Spanien, um Kaiser und Hof von seiner Mission zu überzeugen und sich und seinen Mitstreiter Almagro und de Luque Vorrechte im Vorgriff auf die zu erwartenden Annexionen zu sichern. Dass Pizarro die zeitaufwendige, beschwerliche Atlantiküberquerung antrat und nicht Hals über Kopf sich wieder nach Peru einschiffte, lässt Rückschlüsse auf eine politisch-strategische Begabung oder jedenfalls auf ein Vertrautsein mit den Spielregeln des transatlantischen Machtgefüges zu. In direkte Verhandlungen mit dem Hof zu treten und so die intermediären Instanzen in Übersee zu umgehen, verschaffte einem ehrgeizigen Konquistador Freiräume für selbstständiges Handeln und flexible Entscheidungen. Auch für die Krone hatte es Vorteile, sich der Loyalität eines Expeditionsleiters unmittelbar zu versichern, weil sie auf die Weise Machtkonzentrationen auf den nachgeordneten Ebenen entgegen wirken und im Konfliktfall die um ihre Gunst konkurrierenden Akteure gegeneinander ausspielen konnte.

Pizarro Reise war erfolgreicher, als er vielleicht selbst zu hoffen gewagt hatte. Es kam ihm zupass, dass zur gleichen Zeit ein weitläufiger Verwandter von ihm, ein gewisser Hernán Cortés, sich am Hof aufhielt und die Hautevolee von seinem Triumph über das Aztekenreich persönlich in Kenntnis setzte. Mit Pizarro trat nun jemand in den Ring, der versprach, das in Mexiko Erreichte zu wiederholen oder sogar noch zu übertreffen.[78] Das Ergebnis der Werbeoffensive war ein weiterer

77 Wolfgang Reinhard, Die Unterwerfung der Welt. Globalgeschichte der europäischen Expansion 1415–2015, München 2016, S. 303; Urs Bitterli, Die Entdeckung Amerikas: Von Kolumbus bis Alexander von Humboldt, 3. Aufl., München 1992, S. 240.

78 Urs Bitterli, Die Entdeckung Amerikas: Von Kolumbus bis Alexander von Humboldt, 3. Aufl., München 1992, S. 240.

Vertrag, *capitulación* genannt,[79] diesmal zwischen Pizarro und der Königin (Johanna von Kastilien), ausgefertigt in Toledo am 26. Juli 1529.[80] Das Dokument ist in mehrfacher Hinsicht bemerkenswert. In ihm manifestiert sich die für die spanische Expansion charakteristische öffentlich-private Kooperation, auf die noch einzugehen ist (IV.4.), in der Weise, dass Pizarro versprach, auf eigene Kosten (und Almagros und de Luques Kosten) „die Küste des Südmeeres" zu erobern („... tomastes a cargo de yr a conquistar, descubrir y paçificar e poblar por la costa del mar del Sur de la dicha tierra a la parte de Levante a vuestra costa y de los dichos vuestros conpañeros..."),[81] wofür er im Gegenzug die offizielle königliche Erlaubnis erhielt, genau dies zu tun: „... doy liçençia y facultad a vos el dicho capitán Fraçisco Piçarro para que por Nos, y en nuestro nombre y de la Corona, podais continuar el dicho descubrimiento, conquista y poblaçion de la dicha tierra y provinçia del Pirú..."[82]

Es folgte die Ernennung Pizarros zum „Gobernador e Capitán General de toda la dicha provinçia del Pirú",[83] die Verpflichtung, beim Heiligen Vater de Luque als Bischof von Túnbez zu empfehlen und ihn nach Eingang der päpstlichen Bulle zum „protector huniversal de todos los yndios de la dicha provinçia" zu bestimmen, sowie die Bestallung Almagros als Kommandanten der dortigen Festung.[84] Pizarro und die Seinen mussten – das gehörte zu den zahlreichen Auflagen – in ihren Reihen die Anwesenheit von königlichen Steuerbeamten und kirchlichen Missionaren dulden, letztere mit dem Auftrag, den Einheimischen im „heiligen katholischen Glauben" zu unterweisen („... ayais de llevar e tener con vos a los oficiales de nuestra hazienda que por Nos están y fueren nonbrados, y asímismo, las personas religiosos o ecclesiasticos que por Nos serán señaladas para ynstru-

---

79 Einführend Daniel Damler s.v. Capitulación, in: Lexikon zur Überseegeschichte, hrsg. von Hermann Hiery, Stuttgart 2015, S. 152.

80 Capitulación vom 26. Juli 1529 (AGI Indif. General 415. L. I, fols. 115–120), in: Marta Milagros del Vas Mingo (Hrsg.), Las capitulaciones de Indias en el siglo XVI, Madrid 1986, Dok. Nr. 30, S. 259–265.

81 Capitulación vom 26. Juli 1529 (AGI Indif. General 415. L. I, fols. 115–120), in: Marta Milagros del Vas Mingo (Hrsg.), Las capitulaciones de Indias en el siglo XVI, Madrid 1986, Dok. Nr. 30, S. 259–265, 259.

82 Capitulación vom 26. Juli 1529 (AGI Indif. General 415. L. I, fols. 115–120), in: Marta Milagros del Vas Mingo (Hrsg.), Las capitulaciones de Indias en el siglo XVI, Madrid 1986, Dok. Nr. 30, S. 259–265, 260.

83 Capitulación vom 26. Juli 1529 (AGI Indif. General 415. L. I, fols. 115–120), in: Marta Milagros del Vas Mingo (Hrsg.), Las capitulaciones de Indias en el siglo XVI, Madrid 1986, Dok. Nr. 30, S. 259–265, 260.

84 Capitulación vom 26. Juli 1529 (AGI Indif. General 415. L. I, fols. 115–120), in: Marta Milagros del Vas Mingo (Hrsg.), Las capitulaciones de Indias en el siglo XVI, Madrid 1986, Dok. Nr. 30, S. 259–265, 261.

ción de los yndios e naturales de aquella provinçia a nuestra Santa Fée Cathólica ...").[85] Aus der *capitulación* geht ferner hervor, dass sich Pizarro, Almagro und de Luque weiterhin als Gesellschafter betrachten, denn sie werden ausdrücklich als *compañeros* bezeichnet.[86]

Im Status erhöht und ausgestattet mit königlicher Autorität machte sich Pizarro daran, seinen Plan ins Werk zu setzen. Seit Januar 1531 drang er mit seiner Expeditionstruppe – nie viel größer als zweihundert Mann – immer weiter nach Süden vor, zunächst per Schiff, dann auf dem Landweg. Tumbes fanden die Spanier verwüstet und verlassen vor,[87] so dass sie weiter zogen und schließlich in der Nähe des Río Chira, heute ein Grenzfluss zwischen Peru und Ecuador, den Ort San Miguel de Piura gründeten, der ihnen als Basis für Feldzüge ins Landesinnere dienen sollte.[88] Im September 1532 war es soweit: Pizarros kleine, nur teilweise berittene Armee verließ Piura und orientierte sich nach Südwesten. Mitte November erreichte man die in 2.700 m Höhe gelegene Talebene von Cajamarca, in der Atahualpa, der *sapa inca*, mit einer Streitmacht von im Ganzen wohl einigen zehntausend Soldaten kampierte. Die Größe des Inkaheeres lässt sich nicht mehr genau bestimmen, aber selbst bei einer konservativen Schätzung waren die 170 Spanier zahlenmäßig so sehr unterlegen, dass die Lässigkeit, die die Entscheidungsträger des Andenreiches bei ihrer ersten Begegnung mit dem verlausten Haufen an den Tag legten, nicht sehr erstaunlich ist.[89]

Einerseits befand sich das Inkareich zu Beginn der 30er Jahre in einem kritischen Zustand, da nach dem plötzlichen Tod des unangefochtenen Huayna-Capac dessen Söhne Huascar und Atahualpa sich einen erbitterten Kampf um die Nachfolge lieferten. Andererseits – und das war wohl psychologisch entscheidend – hatte Atahualpa durch einen Sieg über Huascar den Bürgerkrieg gerade mehr oder weniger für sich entschieden und wusste eine riesige ihm ergebene, kampferprobte und mit den landschaftlichen Gegebenheiten vertraute Armee hin-

85 Capitulación vom 26. Juli 1529 (AGI Indif. General 415. L. I, fols. 115–120), in: Marta Milagros del Vas Mingo (Hrsg.), Las capitulaciones de Indias en el siglo XVI, Madrid 1986, Dok. Nr. 30, S. 259–265, 264.

86 Capitulación vom 26. Juli 1529 (AGI Indif. General 415. L. I, fols. 115–120), in: Marta Milagros del Vas Mingo (Hrsg.), Las capitulaciones de Indias en el siglo XVI, Madrid 1986, Dok. Nr. 30, S. 259–265, 259 f.

87 Urs Bitterli, Die Entdeckung Amerikas: Von Kolumbus bis Alexander von Humboldt, 3. Aufl., München 1992, S. 241.

88 Zu dieser Etappe der Expedition Liselotte Engl, Theo Engl, Der Marsch nach Cajamarca (1532), in: Eberhard Schmitt (Hrsg.), Dokumente zur Geschichte der europäischen Expansion, Bd. 2: Die großen Entdeckungen, München 1984, S. 392–395.

89 Wolfgang Reinhard, Die Unterwerfung der Welt. Globalgeschichte der europäischen Expansion 1415–2015, München 2016, S. 303.

ter sich.[90] Als eine spanische Abordnung unter Leitung Hernando de Sotos mit weichen Knien vor den *sapa inca* trat und ein Treffen in der verlassenen Stadt mit dem Kommandeur Pizarro vorschlug, kam dem gottgleich verehrten Herrscher wohl nicht in den Sinn, dass er sich mit seiner Einwilligung in große Gefahr begab. Anders als mit einer hoffnungslos falschen Einschätzung der skurrilen Eindringlinge und ihrer wahren Absichten lässt sich das, was am nächsten Tag, am denkwürdigen 16. November 1532, geschah, nicht erklären.[91]

In feierlicher Prozession zog der Inkaherrscher in die Stadt ein und machte Halt auf Cajamarcas Hauptplatz, den Pizarro zuvor im Geheimen von seinen Soldaten hatte umstellen lassen. Als der Gott-Kaiser und Sohn der Sonne sich über das Ansinnen eines resoluten Dominikanerpaters, auf der Stelle seiner Götzenreligion abzuschwören, erwartungsgemäß nicht besonders erfreut zeigte, gab Pizarro den Befehl zum Angriff.[92] Die Kanonen donnerten in die Menge, und die spanische Reiterei hatte leichtes Spiel. Das Gemetzel dauerte einige Stunden, ohne dass sich irgendeine Form von Widerstand formierte. Die Zahl der Opfer, die das Andenvolk zu beklagen hatten, ging wohl in die Tausende, während auf Seiten der Aggressoren fast niemand zu Schaden kam.[93] Doch die eigentliche Katastrophe war aus Sicht der Inkas die Gefangennahme Atahualpas, der nun für einige Monate als Faustpfand für beispiellose Schandtaten und Plünderungen herhalten musste.

Das Schicksal des *sapa inca* erfüllte sich, als im Frühjahr 1533 Diego de Almagro mit frischen Truppen aus Panama in Cajamarca eintraf und die Kräfteverhältnisse zu Gunsten der Spanier verschob. In einem provisorischen Gerichtsverfahren zum Tode verurteilt, wurde Atahualpa – Akt der Gnade – mit der Garotte erdrosselt und auf einem Scheiterhaufen zur Schau gestellt.[94] Wenn selbst eine moralisch so verwahrloste Gestalt wie Pizarro bei der Tat nicht ganz wohl in sei-

90 Wolfgang Reinhard, Die Unterwerfung der Welt. Globalgeschichte der europäischen Expansion 1415–2015, München 2016, S. 303; Urs Bitterli, Die Entdeckung Amerikas: Von Kolumbus bis Alexander von Humboldt, 3. Aufl., München 1992, S. 242.

91 Wolfgang Reinhard, Die Unterwerfung der Welt. Globalgeschichte der europäischen Expansion 1415–2015, München 2016, S. 303; Urs Bitterli, Die Entdeckung Amerikas: Von Kolumbus bis Alexander von Humboldt, 3. Aufl., München 1992, S. 245 f.

92 Eingehend Liselotte Engl, Theo Engl, Die Gefangennahme Atahualpas am 16. November 1532, in: Eberhard Schmitt (Hrsg.), Dokumente zur Geschichte der europäischen Expansion, Bd. 2: Die großen Entdeckungen, München 1984, S. 396–402.

93 Wolfgang Reinhard, Die Unterwerfung der Welt. Globalgeschichte der europäischen Expansion 1415–2015, München 2016, S. 303; Urs Bitterli, Die Entdeckung Amerikas: Von Kolumbus bis Alexander von Humboldt, 3. Aufl., München 1992, S. 245.

94 Urs Bitterli, Die Entdeckung Amerikas: Von Kolumbus bis Alexander von Humboldt, 3. Aufl., München 1992, S. 249.

ner Haut war und zu Anfang zögerte, das Urteil zu vollstrecken,[95] gehört wenig Phantasie dazu, sich vorzustellen, wie die sich gerade konstituierende „kritische" europäische Öffentlichkeit die Nachricht aufnahm. In der Tat erwies sich die Ermordung Atahualpas als ein schwer wiegender strategischer Fehler, als ein propagandistisches Armageddon, das Wasser auf die Mühlen derer leitete, denen die spanische Vormacht in Europa ein Dorn im Auge war, sei es in Italien, sei es in den Niederlanden, sei es im protestantischen Deutschland.

Vor allem die „ruchlose Treulosigkeit" Pizarros, die darin bestand, dass er Atahualpa die Freilassung in Aussicht stellte, wenn er ihm einen Raum bis an die Decke mit Gold fülle, und, als das geschehen, von seinem Versprechen nichts mehr wissen wollte,[96] erhitzte die Gemüter. Auch de Bry ließ es sich selbstverständlich nicht nehmen, das dramatische Geschehen ins Bild zu setzen und den Wortbruch in aller Deutlichkeit als solchen zu benennen: „Als nun der König Atabaliba solches blutdurstiges urtheil fürkommen/ hat er sich fast ubel gehalten unnd uber deß Francisci Pizarri zugesagter trew und glauben heftig geklagt/ als welcher sich ihm verpflichtet habe/ daß er ihn wolte frey und ledig geben/so fern er die Ranzion erlegte."[97] Überdies handelte sich Pizarro eine Rüge von „kayserlicher Majestät" ein, die Ihresgleichen, Fürsten von Geblüt, ungern durch einem forschen Hauptmann mir nichts, dir nichts vom Leben zum Tode befördert sah.[98] Schnell machte das böse Wort vom Königsmord die Runde, der, wie die Reaktionen auf die Hinrichtung Maria Stuarts einige Jahrzehnte später zeigen sollten, für die meisten Zeitgenossen ein schlechthin monströses Verbrechen darstellte. Im Rückblick hat der Verrat an Atahualpa als eines der schwarzen Gründungsnarrative der Neuzeit nicht unwesentlich zur Ausformung eines kollektiven kolonialkritischen Bewusstseins beigetragen.

Kurzfristig schadete Pizarros unsentimentales Vorgehen der spanischen Sache freilich keineswegs. Atahualpas gewaltsames Ende war zwar noch nicht das Ende der Inkaherrschaft, aber in jedem Fall der Anfang vom Ende, nicht zuletzt,

---

95 Urs Bitterli, Die Entdeckung Amerikas: Von Kolumbus bis Alexander von Humboldt, 3. Aufl., München 1992, S. 249.

96 Urs Bitterli, Die Entdeckung Amerikas: Von Kolumbus bis Alexander von Humboldt, 3. Aufl., München 1992, S. 249; vgl. auch Liselotte Engl, Theo Engl, Das Ansammeln des Goldschatzes in Cajamarca (1532/1533), in: Eberhard Schmitt (Hrsg.), Dokumente zur Geschichte der europäischen Expansion, Bd. 2: Die großen Entdeckungen, München 1984, S. 402–405.

97 Der sechste Theil der neuwen Welt oder Der Historien Hieron. Benzo von Meylandt/Das dritte Buch. Darinnen warhafftig erzehlet wirdt, wie die Spanier die Goldreiche Landschafften deß Peruanischen Königreichs eyngenommen (...), hrsg. von Dieterich von Bry, Frankfurt am Main 1597, Tafel 11.

98 Urs Bitterli, Die Entdeckung Amerikas: Von Kolumbus bis Alexander von Humboldt, 3. Aufl., München 1992, S. 250.

weil es die Spanier – wie auch schon bei der Eroberung des Aztekenreiches – verstanden, die Unzufriedenheit der von den Inkas unterworfenen Völker und Kommunen für sich zu nutzen und zeitweise durch das Tolerieren einheimischer Potentaten den Anschein zu erweckten, den neuen Herren sei langfristig an einem gedeihlichen Auskommen gelegen. Eine solche Marionette war zunächst Tupac Hualpa, dann Manco Inca, beide Söhne des Huayna-Capac und damit Brüder von Huascar und Atahualpa. Als Pizarro im November 1533 in Cuzco, der (ehemaligen) Hauptstadt des Inkareiches, eintraf, empfingen ihn die Bewohner freundlich.[99]

Größere Schwierigkeiten bereiteten bald die eigenen Leute, und damit sind wir wieder bei dem Vertrag von 1526. Diego de Almagro war unzufrieden mit dem Verlauf, den die Dinge genommen hatten. Die *capitulación*, die sein Mitgesellschafter Pizarro 1529 im Alleingang durch geschickte Verhandlungen mit der Krone erwirkt hatte, wies ihm, wie gesehen, das subalterne Amt eines Kommandeurs von Túnbez zu, eine Stadt von nunmehr marginaler Bedeutung, während Pizarro alle wichtigen Ämter auf sich vereinigen konnte. Von Gleichbehandlung der nach dem Gesellschaftsvertrag von 1526 nominell gleichberechtigten Partner keine Spur. Daher bemühte sich Almagro ebenfalls um eine *capitulación*, die ihm zu gleichem Rang und zur gleiche Machtfülle verhelfen sollte. 1534 erreichte er sein Ziel. Mit der am 21. Mai in Toledo ausgestellten *capitulación*[100] bekam er das Recht zugesprochen, einen im Text näher konkretisierten Landstrich für die Krone zu erschließen und in ihrem Namen zu verwalten: „las tierras y provinçias que ay por la costa del mar del Sur a la parte de levante, dentro de doçientas leguas hazia al strecho de Magallanes continuadas las dichas doçientas leguas desde donde se acavan los límites de la gobernaçión que por la capitulaçión y por nuestras provysiones tenemos encomendada al capitán Françisco Pizarro."[101]

Das waren alles andere als präzise geographischen Angaben, vor allem im Hinblick auf den Grenzverlauf zwischen den von Pizarro und den von Almagro zu verwaltenden *tierras y provinçias*. So verwundert es nicht, dass sich die beiden *compañeros* nicht einig waren, wer Anspruch auf die Metropole Cuzco erheben konnte. Immerhin erkannte Pizarro Almagros Recht an, die weiter südlich gelegenen, bislang noch nicht erkundeten Gebiete für sich zu reklamieren, so dass sich

---

99 Urs Bitterli, Die Entdeckung Amerikas: Von Kolumbus bis Alexander von Humboldt, 3. Aufl., München 1992, S. 250 f.

100 Capitulación vom 21. Mai 1534 (AGI Indif. General 415. L. I, fols. 140–144 vto.), in: Marta Milagros del Vas Mingo (Hrsg.), Las capitulaciones de Indias en el siglo XVI, Madrid 1986, Dok. Nr. 39, S. 300–305.

101 Capitulación vom 21. Mai 1534 (AGI Indif. General 415. L. I, fols. 140–144 vto.), in: Marta Milagros del Vas Mingo (Hrsg.), Las capitulaciones de Indias en el siglo XVI, Madrid 1986, Dok. Nr. 39, S. 300–305, 300.

letzterer in der Erwartung ähnlich reicher Beute wie in Peru dazu überreden ließ, den Streit zu begraben und zunächst sein Heil in der Eroberung der Südprovinzen zu suchen.[102] Zwischenzeitig hatten die beiden Partner und Konkurrenten auch ihr Gesellschaftsverhältnis erneuert. In dem am 14. Januar 1535 in Pachacama aufgesetzten Schriftstück[103] bestätigen sie, dass „entre nosotros a avido e ay compañya" und man alles Erworbene je zur Hälfte besitze („...es de entrambos de por medio..."").[104] Anfang Juli 1535 verließ Almagro mit einer relativ großen Streitmacht Cuzco.

Auf dem Papier fraglos ein hervorragender Kompromiss. Das Problem war nur, dass neben dem der Azteken und Inkas kein drittes Reich in der Neuen Welt existierte, das mit vergleichbaren Gold- und Silberschätzen aufwarten konnte. Anstatt wie erhofft sich am Anblick güldener Tempel zu laben, irrte man durch die Atacama-Wüste, bekanntlich die trockenste, lebensfeindlichste Zone der Erde, und überquerte mit völlig unzureichender Ausrüstung die eisigen Höhen der Anden. Außerdem durften die Eindringlinge Bekanntschaft machen mit einigen besonders kriegerischen indigenen Völkern.[105] Das war nicht die Art von Kompensation, die Almagro im Sinn hatte, als er seine Ansprüche auf das „Goldland" Peru zurückstellte.

Auch die von Pizarro vielleicht gehegte Hoffnung, der nach damaligen Maßstäben schon recht betagte Almagro könnte auf dem langen Marsch ins Unbekannte den Tod finden, erfüllte sich nicht. 1537 stand der zähe Mann mit seinen erschöpften Expeditionstruppen wieder vor Cuzco, fest entschlossen, die von ihm beanspruchte Stadt nicht noch einmal aus den Händen zu geben.[106] Es traf sich, dass Hernando Pizarro, Bruder des Francisco, in der Klemme saß. Die vermeintliche Marionette Manco Inca hatte ihre Fäden durchgeschnitten und sich zu einer Rebellion gegen die inzwischen allzu tyrannische spanische Fremdherrschaft

---

102 Urs Bitterli, Die Entdeckung Amerikas: Von Kolumbus bis Alexander von Humboldt, 3. Aufl., München 1992, S. 259.

103 Revalidación de la compañia entre Francisco Pizarro y Diego Almagro (Pachacama, 14 de enero de 1535), in: Monumenta Hispano-Indiana, Bd. III: Francisco Pizarro. Testimonio – Documentos oficiales, cartas y escritos varios, hrsg. von Guillermo Lohmann Villena, Madrid 1986, S. 25–26.

104 Revalidación de la compañia entre Francisco Pizarro y Diego Almagro (Pachacama, 14 de enero de 1535), in: Monumenta Hispano-Indiana, Bd. III: Francisco Pizarro. Testimonio – Documentos oficiales, cartas y escritos varios, hrsg. von Guillermo Lohmann Villena, Madrid 1986, S. 25–26, 25.

105 Urs Bitterli, Die Entdeckung Amerikas: Von Kolumbus bis Alexander von Humboldt, 3. Aufl., München 1992, S. 259–261.

106 Urs Bitterli, Die Entdeckung Amerikas: Von Kolumbus bis Alexander von Humboldt, 3. Aufl., München 1992, S. 261.

durchgerungen. Von den Truppen des Inka eingeschlossen befand sich Hernando Pizarro in einer fast aussichtslosen Lage. Almagro konnte die Stadt entsetzen, nahm jetzt jedoch seinerseits den Pizarro-Bruder als Faustpfand für die Verhandlungen über den Status von Cuzco. Er ließ diesen erst ziehen, als er die Zusage erhalten hatte, künftig über die strategisch wichtige Andenstadt gebieten zu dürfen.[107]

Damit begann eine Phase mehrjähriger innerer Wirren, die als „Bürgerkrieg" zwischen den Pizarristen und Almagristen[108] in die Geschichte einging, denn der Pizarro-Clan dachte gar nicht daran, irgendwelche Versprechen gegenüber Almagro einzuhalten. In der Schlacht von Las Salinas vor den Toren Cuzcos besiegte im Frühjahr 1538 ein Heer unter dem Kommando Hernando Pizarros die Anhänger Almagros. Jener wurde vor Gericht gestellt, in großer Eile verurteilt und wie einst Atahualpa im Kerker erdrosselt.[109] Die Almagristen sannen auf Rache, bis schließlich, am 26. Juni 1541, Diego de Almagro „el mozo", den Tod seines Vaters rächte, indem er in den Regierungspalast in Lima eindrang und Francisco Pizarro ermordete.[110] Damit waren alle *compañeros* der *Compañía del Levante* tot, der Bürgerkrieg indes noch nicht zu Ende. Erst als der Abgesandte der Krone, Pedro de la Gasca, in der Schlacht von Jaquijahuana am 9. April 1548 Gonzalo Pizarro und die wenigen ihm noch verbliebenen Getreuen bezwang und hinrichten ließ, begann eine neue Ära in einem konsolidierten, in das spanische Herrschaftssystem integrierten Vizekönigreich (*virreinato*).[111]

Das recht unerfreuliche, turbulente Ende der Levante-Gesellschaft hat die Zeitgenossen fast so sehr fasziniert wie der noch weitaus unerfreulichere Umgang mit dem Herrscher des Inkareiches, vielleicht weil es sich gut einfügte in uralte, antike Erzähltraditionen von der Geschichte der Entfremdung zweier Gefährten, die in der Katastrophe mündet. Die römischen Bürgerkriege und die Ermordung

---

107 Urs Bitterli, Die Entdeckung Amerikas: Von Kolumbus bis Alexander von Humboldt, 3. Aufl., München 1992, S. 263.

108 Einführend Ulrich Mücke, s.v. Peru, Bürgerkriege, in: Lexikon zur Überseegeschichte, hrsg. von Hermann Hiery, Stuttgart 2015, S. 636 f. Eingehend Otto Danwerth, Crimen laesae maiestatis im frühkolonialen Peru. Politische und rechtliche Reaktionen auf inkaische wie spanische Rebellionen (1533–1574), Max Planck Institute for European Legal History Research Paper Series, Frankfurt am Main 2021 (im Druck).

109 Wolfgang Reinhard, Die Unterwerfung der Welt. Globalgeschichte der europäischen Expansion 1415–2015, München 2016, S. 304; Urs Bitterli, Die Entdeckung Amerikas: Von Kolumbus bis Alexander von Humboldt, 3. Aufl., München 1992, S. 263.

110 Urs Bitterli, Die Entdeckung Amerikas: Von Kolumbus bis Alexander von Humboldt, 3. Aufl., München 1992, S. 263 f.

111 Wolfgang Reinhard, Die Unterwerfung der Welt. Globalgeschichte der europäischen Expansion 1415–2015, München 2016, S. 304.

Cäsars durch Brutus sind „klassische“ Vorbilder und Manifestationen diesen Narrativs. Auch de Bry widmete dem „abermal trewloß(en)“ Verhalten Pizarros[112] und dem sich daran anschließenden *bellum civile* eine stattliche Anzahl Tafeln, die mit der ersten, den Vertragsschluss von 1526 visualisierenden Abbildung eine dramaturgisch stimmige Einheit bilden.

III. Aufbau und Inhalt des Vertrages

Die Lektüre des Vertrages dürfte dem ausschließlich mit modernen Urkunden dieser Art vertrauten Leser einige Mühe bereiten, nicht wegen des rechtlichen Gehalts – gerade dieser ist denkbar einfach – sondern wegen der sprachlichen Besonderheiten. Schachtelsätze, Redundanzen, umständliche Beschreibungen, undurchsichtige Systematik, unscharfe und inkonsistente Terminologie sind zwar im Grundsatz für den frühneuzeitlichen Kanzleistil charakteristisch. Doch selbst an zeitgenössischen Maßstäben gemessen zeichnet sich der Vertrag nicht durch ein Übermaß an kautelarjuristischer Professionalität und Präzision aus (was seiner historischen Bedeutung und der historischen Bedeutung gleichartiger Verträge selbstverständlich keinen Abbruch tut). Mit dieser Einschränkung lassen sich Aufbau und Inhalt des Dokuments wie folgt zusammenfassen:[113]

Auf die *invocatio*, die Anrufung der Heiligen Dreifaltigkeit und der Heiligen Jungfrau Maria (Rn. 0), folgen Angaben zu den drei Vertragsparteien (Rn. 1). In Rn. 2 finden die Motive Erwähnung, die Franisco Pizarro, Diego de Almagro und Hernando de Luque zur Gründung der Gesellschaft bewogen haben. Demnach verfügen Pizarro und Almagro zwar über eine offizielle Erlaubnis, den unter dem Namen „el Pirú“ bekannten Landstrich für die Krone zu erwerben, nicht aber über die dazu erforderlichen materiellen Ressourcen, die aufzubringen sich de Luque in der Lage sieht.

Im Anschluss an die *narratio* werden die sich aus dieser Sachlage ergebenen Beiträge und Pflichten der drei Parteien benannt. Während de Luque das für die Durchführung des Unternehmens benötigte Kapital in Höhe von 20.000 Pesos in Goldbarren in die Gesellschaft einbringt, ein Betrag, der in Anwesenheit des die Urkunde ausfertigenden Schreibers sogleich beglichen wird (Rn. 3), setzt sich der

112 Der sechste Theil der neuwen Welt oder Der Historien Hieron. Benzo von Meylandt/Das dritte Buch. Darinnen warhafftig erzehlet wirdt, wie die Spanier die Goldreiche Landschafften deß Peruanischen Königreichs eyngenommen (...), hrsg. von Dieterich von Bry, Frankfurt am Main 1597, Tafel 15.

113 Die Unterteilung in Sinneinheiten und die Randnummern (Rn.) finden sich nicht in der Vorlage.

Beitrag der beiden Konquistadoren aus zwei Elementen zusammen: Sie versprechen, zum einen alle Privilegien für die Eroberung zu nutzen, die ihnen der Gouverneur Pedrarias und der Indienrat bereits gewährt haben und noch gewähren werden, zum anderen sich selbst mit ihren Fähigkeiten einzubringen, also persönlich an der Expedition teilzunehmen und die (Leitungs-) Aufgaben nicht zu delegieren (Rn. 4).

Der folgende Abschnitt (Rn. 5) hat die Ansprüche zum Gegenstand, die de Luque aus dem Vertrag zustehen. Er soll – wie die beiden anderen – den dritten Teil aller aus dem Unternehmen gezogenen „Vorteile" (*aprouechamientos/bentaxas*) erhalten, und auch seine rechtmäßigen Erben sollen auskunfts- und bezugsberechtigt sein, ein Umstand, der – wie gesehen – bedeutsam werden sollte, da de Luque starb, bevor er seinen Anspruch geltend machen konnte. Rn. 6 ergänzt und konkretisiert die Reichweise des Anspruchs in der Weise, dass er sich auch auf solche Nutzen bezieht, die bei der Ausübung delegierter Verwaltungs- und Herrschaftsrechte anfallen. Die Drittelberechtigung de Luques wird im Folgenden fortwährend wiederholt und bekräftigt und ist das Herzstück und *Respice post te, hominem te esse memento* der Vereinbarung – in weiser Voraussicht, dass derjenige, der nicht vor Ort ist und angesichts der immensen Entfernungen über keine aktuellen Informationen verfügt, also der Kapitalgeber, beständig in der Gefahr schwebt, von denen, die unmittelbaren Zugang zu den verteilungsrelevanten Gütern haben, hintergangen zu werden.

Pizarro und Almagro verzichten ferner auf alle denkbaren gerichtlichen und außergerichtlichen Einreden, die geeignet sind, de Luques Ansprüche herabzusetzen oder auszuschließen (Rn. 7). Auch diese Zusage wird im Vertrag mehrfach, mit unterschiedlichen Nuancen wiederholt. Es folgt abermals – in Form von Erklärungen der Vertragsparteien in der 1. Person („ich"/„wir") – die Aufzählung der gesellschaftsrechtlichen Pflichten de Luques (Rn. 8), Pizarros und Almagros (Rn. 9). Substantielle Ergänzungen enthalten die beiden Abschnitte nicht, nur erläuternde Angaben unter anderem zu den Edelmetallen (Gold, Silber) und Edelsteinen (Smaragde, Diamanten, Rubine), die man in Peru vorzufinden hofft und die ebenfalls zu einem Drittel de Luque gehören sollen.

In den Abschnitten 10, 11 und 12 kommt es nicht nur im übertragenden Sinne „zum Schwur". Der Notar reicht Pizarro und Almagro ein Messbuch und bittet sie bei Gott und den *Santos Evangelios* zu beschwören, dass sie ihren vertraglichen Pflichten nachkommen, insbesondere de Luque seinen dritten Teil auszahlen und persönlich die Expedition leiten werden. Weist schon die Schwurformel auf die drohenden Sanktionen hin (... *so pena de ynfames y malos cristianos*...), so konkretisiert Rn. 13 die Folgen eines Vertragsbruchs von Seiten Pizarros und Almagros dahingehend, dass sie, erstens, wie Ehrlose und Meineidige zu bestrafen sind und, zweitens, die von Luque eingebrachten 20.000 Pesos zurückzahlen müssen.

In den Abschnitte 14 und 16 kommt noch einmal und abschließend das Problem der Normenkollision zur Sprache. Die Vertragsparteien schließen nicht nur die Anwendung aller sie begünstigenden Gesetze und Verordnungen aus, die der Vereinbarung entgegenstehen, sie verzichten auch darauf, sich auf die Ungültigkeit eines allgemeinen, unspezifischen Rechtsverzichts zu berufen. Zwischen diesen Passagen ist eine Vollstreckungsklausel eingefügt, aus der sich ergibt, dass sich die Parteien – in moderner Terminologie – der sofortigen Zwangsvollstreckung unterwerfen und den Gerichten gestatten, das Recht *por todo rigor y mas breue remedio de derecho* durchzusetzen (Rn. 15). Den Abschluss bilden Beurkundungsvermerke, Unterschriften und Korrekturanmerkungen. Für die Analphabeten Pizarro und Almagro unterzeichnen die von ihnen dazu bestimmten Vertreter (Rn. 17, 18).

Nimmt man den Vertrag als Ganzes in den Blick, so ist eine asymmetrische Struktur nicht zu übersehen: Im Vordergrund stehen die *Pflichten* der beiden Konquistadoren und die *Rechte* des Kapitalgebers de Luque. Rhetorisch und rechtlich wird so gut wie alles aufgeboten, was als Instrument zur Absicherung des Gesellschaftsvertrages dienlich erscheint. Der Text der Vereinbarung bildet so in geradezu paradigmatischer Weise die zu erwartenden gravierenden Informationsasymmetrien ab, ihrerseits Resultat großer geographischer Entfernungen und einer ungenügenden institutionellen Infrastruktur. Hinzu kamen erhebliche Unsicherheiten in tatsächlicher wie rechtlicher Hinsicht, nämlich ein durch verschiedene Normenebenen geprägtes Umfeld und der zum Zeitpunkt des Vertragsschlusses schlichtweg unvorhersehbare Verlauf der Expedition. Diese Ausgangslage benachteiligte einseitig den finanzierenden Gesellschafter, der in Vorleistung getreten war.

IV. Das Gesellschaftsrecht der *Conquista* im Kontext

Die Lektüre des Vertragstextes ist notwendig, aber keinesfalls hinreichend, um zu verstehen, in welchem institutionell-normativen Gesamtgefüge sich die drei Vertragsparteien bewegten. Diesen zeitgenössischen (Normen-) Kontext, der die Motive und Erwartungen aller Beteiligten regulierte, umfassend zu rekonstruieren, würde den Rahmen des vorliegenden Beitrags sprengen. Dennoch wäre es fahrlässig, die den Vertragsschluss bedingenden Umstände nicht zumindest anzusprechen und die sich daraus ergebenen Perspektiven für zukünftige Forschung in der gebotenen Kürze zu skizzieren.

1. Kooperation ohne Institutionen?

Allem vorgelagert ist freilich die Frage, ob die Bereitschaft Hernando de Luques, in Vorleistung zu treten und Kapital in erheblichem Umfang zur Verfügung zu stellen, sich überhaupt mit den rechtlichen Gegebenheiten erklären lässt. Die Institutionenökonomik lehrt – im Einklang mit der Intuition und dem Selbstverständnis der meisten Juristen – dass Wachstum und Entwicklung ganz wesentlich von Stabilität und Sicherheit der (weit verstandenen) „Eigentumsrechte" abhängen. Je besser die juristische Infrastruktur, desto größer die Bereitschaft, in zukunftsweisende Projekte zu investieren. In dem „Enforcement" (in der deutschen Übersetzung: „Sicherung der Vertragserfüllung") überschriebenen 7. Kapitel in Douglass Norths einflussreicher Schrift „Institutions, institutional change and economic performance" (1990) geht es genau darum, um das notwendige Maß an institutionellen Garantien, dazu geeignet, verlässlich wirtschaftlich tätig sein zu können: „Tauschhandel gibt es selbst in *staatenlosen* Gesellschaften. Aber, wie ebenfalls schon betont, ist die Unfähigkeit von Gesellschaften, wirksam und mit geringen Kosten die Erfüllung von Verträgen zu sichern, die wichtigste Ursache sowohl historischer Stagnation wie auch der Unterentwicklung der Dritten Welt der Gegenwart."[114] Mancur Olson sieht in den Qualitätsunterschieden zwischen institutionellen Rahmenbedingungen ebenfalls die einzige plausible Erklärung für die ungleiche Verteilung von Wohlstand und Einfluss der Nationen.[115]

Demnach müsste die spanische Expansion in der ersten Hälfte des 16. Jahrhundert als ein unvergleichlich dynamischer welthistorischer Vorgang von besonders elaborierten und wirksamen Mechanismen zur Sicherung der Vertragserfüllung profitiert haben. Zumindest auf den ersten Blick kann indes davon keine Rede sein. Panama, der Ort des Vertragsschlusses, war 1526 aus europäischer Sicht einer der entlegensten Außenposten der bekannten Welt. Wenn es in „Hundert Jahre Einsamkeit" über das frühe Macondo heißt, „die Welt war noch so jung, dass viele Dinge des Namens entbehrten",[116] dann galt für die winzigen Siedlungen im zentralamerikanischen Nirgendwo der 1520er Jahre nichts anderes. Nicht nur entbehrten damals viele Dinge des Namens, sondern auch die dortige Gesellschaft einer stabilen Ordnung, die vertragsbrüchige Konquistadoren hätte zur Räson bringen können, von einem modernen Rechtsstaat gar nicht zu reden. Über das zu entdeckende „el Perú" ließ sich noch nicht einmal wie über Panama

114 Douglass North, Institutionen, institutioneller Wandel und Wirtschaftsleistung, Tübingen 1992, S. 65 (Hervorhebung im Original).

115 Mancur Olson, Big Bills Left on the Sidewalk: Why Some Nations are Rich, and Others Poor, The Journal of Economic Perspectives 10 (1996), S. 3–24, 19.

116 Gabriel García Márquez, Hundert Jahre Einsamkeit, 3. Aufl., Köln 2002, S. 7.

sagen, es gehöre zum spanischen Einflussbereich. Über den eigentlichen Ort der Vertragserfüllung wusste man bislang so gut wie nichts, außer dass er hunderte, gar tausende Meilen im unbekannten Süden lag. Und doch – trotz dieser extremen Ungewissheit und institutionellen Leere – stattete Hernando de Luque seine Vertragspartner mit 20.000 Pesos in Gold aus und sah zu, wie sein Vermögen auf einigen wurmstichigen Schiffen hinter dem Horizont verschwand. Warum?

Die Institutionenökonomik scheint de Luques Entscheidung also nicht plausibel erklären zu können. Die historische Situation gleicht vielmehr den Versuchsanordnungen, mit denen die Verhaltensökonomik operiert. Im verhaltensökonomischen „Vertrauensspiel" (*trust game*) besteht die Pointe darin, dass Probanden Geld an eine ihnen völlig unbekannte Person verteilen, in dem institutionell in keiner Weise abgesicherten Vertrauen, dass der Fremde ihnen nicht nur das Kapital zurückerstatten, sondern sie auch an den Gewinnen beteiligen werde.[117] Anders als es der Rational-Choice-Ansatz nahe legt, verhalten sich viele Menschen nicht wie der strikt rationale, eigensüchtige *homo oeconomicus*. Sie vertrauen im Alltag und in den geschäftlichen Beziehungen gleichsam ohne Netz und doppelten Boden auf die Integrität des Gegenübers. Denkbar, dass ein solches ungebundenes Vertrauen – wahrscheinlich eine wesentliche Funktionsbedingung komplexer anonymer Volkswirtschaften[118] – Hernando de Luque zur Bereitstellung der 20.000 Pesos motiviert hat.

Alternativ oder kumulativ könnten noch andere in der Verhaltensökonomik anerkannte Faktoren entscheidungsrelevant gewesen sein. Zu denken ist an kognitive Fehlschlüsse im Sinne von Amos Tversky und Daniel Kahneman,[119] etwa an eine falsche Einschätzung der Risiken als Folge der Verfügbarkeitsheuristik (*availability heuristic*). Gemeint ist die experimentell gut belegte Neigung, das voraussichtliche Ergebnis eines Projekts nicht nach der tatsächlichen, statistisch nachweisbaren Häufigkeit negativer oder positiver Resultate zu bewerten, sondern nach ihrer Verfügbarkeit in unserem Gedächtnis. Aber auch Bestätigungsfehler (*confirmation bias*) kommen in Betracht, basierend auf der Veranlagung,

---

117 Grundlegend Joyce Berg/John Dickhaut/Kevin McKabe, Trust, Reciprocity, and Social History, Games and economic behavior 10 (1995), 122–142. Ebenfalls wegweisend zu verwandten Phänomenen begrenzter Rationalität und begrenzten Eigeninteresses Ernst Fehr/Klaus M. Schmidt, A theory of fairness, competition, and cooperation, The Quarterly Journal of Economics 114 (1999), S. 817–868.

118 Zum Stand der Forschung vgl. Ernst Fehr, On the Economics and Biology of Trust, SOEPpapers on Multidisciplinary Panel Data Research, No. 154, Deutsches Institut für Wirtschaftsforschung (DIW), Berlin 2008; Noel D. Johnson/Alexandra A. Mislin, Trust games: A meta-analysis, Journal of Economic Psychology 32 (2011), S. 865–889.

119 Daniel Kahneman/Paul Slovic/Amos Tversky (Hrsg.), Judgment under uncertainty: Heuristics and biases, Cambridge 1982.

Informationen so zu interpretieren, dass sie mit Wunschvorstellungen und Ideologien in Einklang stehen. Das Ergebnis ist eine überzogene Kohärenz, da alle widersprechenden Informationen ignoriert, marginalisiert oder umgedeutet werden. An spektakulären, die Phantasie beflügelnden Nachrichten und Gerüchten gab es nach der erfolgreichen Eroberung des Aztekenreiches durch Cortés 1519–21 in der Neuen wie Alten Welt keinen Mangel. Noch 1529 profitierte Pizarro bei seinen Verhandlungen am Hof von der optimistischen Grundstimmung, die Hernán Cortés nach seiner Rückkehr verbreitete. So konnte leicht übersehen werden, dass es sich statistisch um eine Ausnahme handelte und die meisten Expeditionen den Geldgebern Verluste und keine Gewinne einbrachten.

Gewiss können dergleichen Lehren und Erkenntnisse der Verhaltensökonomik einen wichtigen Beitrag zum besseren Verständnis vieler (oft verhängnisvoller) Entscheidungen in der Geschichte der Conquista leisten. Aber für die Bereitschaft de Luques, in eine Gesellschaft mit Pizarro und Almagro zu investieren, müssen andere oder jedenfalls noch weitere Gründe verantwortlich gewesen sein. So ist in Erinnerung zu rufen, dass der Vertrag von 1526 mit seiner auffallend asymmetrischen Struktur gerade kein Dokument des Vertrauens, sondern des Misstrauens zwischen den Gesellschaftern ist.[120] Die fast schon bizarre Fokussierung auf die Vertragspflichten Pizarro und Almagros spricht dafür, dass sich Hernando de Luque nicht der Illusion hingab, er kontrahiere mit ehrbaren Kaufleuten, die stets Wort hielten. Schon die Existenz eines notariell ausgefertigten Schriftstücks ist Ausdruck einer Skepsis gegenüber der Aufrichtigkeit der Kapitalnehmer.

Auf den rechtlichen Rahmen kam es also offenbar doch an, ungeachtet der (noch) unterentwickelten juristischen Infrastruktur vor Ort. Auch oder vielmehr gerade eine Räuberbande aus Analphabeten bedarf, will sie mittel- und langfristig Erfolg haben, ab einer gewissen Größe eines stabilen Ordnungsrahmens, bedarf einer rationalen Verwaltung und Organisationsstruktur. Für diese Aufgaben waren Juristen und juristisch gebildete Schreiber, die Listen, Protokolle und Verträge zu erstellen wussten, prädestiniert. Infolge der *Letrado*-Revolution des späten 15. und 16. Jahrhunderts[121] stand in Kastilien und fast von Beginn an auch in Übersee ausreichend geschultes Personal bereit, das sich mit den einzelnen Komponenten des *state building* im Großen wie im Kleinen auskannte. Die Art und Weise, wie man selbst im sprichwörtlichen und realen Dschungel Mittel- und Süd-

120 So auch Eberhard Schmitt, Der Entdeckungsvertrag von Panamá zwischen Pizarro, Almagro und de Luque vom 10. März 1526, in: Eberhard Schmitt (Hrsg.), Dokumente zur Geschichte der europäischen Expansion, Bd. 2: Die großen Entdeckungen, München 1984, S. 381–386, 381.

121 Dazu vor allem Richard L. Kagan, Students and society in early modern Spain, Baltimore 1974; ders., Lawsuits and litigans in Castile 1500–1700, Chapel Hill 1981.

amerikas auf die Dienstleistungen der *letrados* und *escribanos* zurückgriff, hatte fast habituellen Charakter. Die Kehrseite dieser Abhängigkeit war der Import von Verfahrensgrundsätzen, die einen Schutz der wirtschaftlich und machtpolitisch schwächeren Partei vor einseitigen Eingriffen in das Vertragsgefüge durch den potenteren Partner gewährleisteten.[122] Des mobilen „Rechtsstaats", der dem Expeditionstross auf Schritt und Tritt folgte, hätte man sich nicht entledigen können, ohne zugleich die Strukturen zu zerstören, auf die man essentiell angewiesen war.

Auch auf Gesellschaftsverträge als Instrument der Macht- und Kapitalakkumulation wollte und konnte man nicht verzichten. Wie gesehen, war es mit einem einzigen Kontrakt nicht getan, vielmehr konnten nur eine große Zahl oft gleichartiger, immer wieder erneuerter Gesellschaftsverträge – ein *stream of contracts* – die kontinuierliche Versorgung mit Geldmitteln sicherstellen. Die Bedeutung des Gesellschaftsrechts erschöpfte sich überdies keineswegs im Zusammenführen großer Kapitalien. Eine Conquista-Expedition war ein vergleichsweise gut orchestriertes privatwirtschaftliches Unternehmen, das sich seinerseits aus Klein- und Kleinstunternehmen zusammensetzte:

Zu Beginn mussten sich alle Teilnehmer von dazu ermächtigten und besonders instruierten Schreibern registrieren lassen, die genau vermerkten, welche Waffen und welche sonstige Ausrüstung sie bei der Expedition mit sich führten.[123] Nach dieser Investition bemaß sich unter anderem der Anteil an der Beute und sonstiger Vergünstigungen, den man nach erfolgreichem Abschluss der Kampagne zu erhalten hoffte. Bereits die *Siete Partidas* (Partida 2, tít. 25, ley 4) empfahlen dieses Verfahren.[124] Um sich einen größeren Anteil an der Beute zu sichern und die Rentabilität zu optimieren, verfielen nicht wenige Teilnehmer darauf, mit anderen eine Gesellschaft zu gründen, drauf gerichtet, eine hochwertige Ausrüstung zu finanzieren.[125] Wenn zum Beispiel der Priester Juan de Asencio mit Francisco de Morales eine Gesellschaft errichtete, um ein Pferd zu kaufen, das in Cajamarca 1533 zum Einsatz kommen sollte, war dies ein typisches Vorgehen. Ebenso verfuhr Diego de Porras, Majordomus von Pizarro und Almagro, als er sich mit

---

122 Zur Bedeutung der Vertragsbindung (sogar) in Verträgen mit der Krone Daniel Damler, Imperium Contrahens. Eine Vertragsgeschichte des spanischen Weltreichs in der Renaissance, Stuttgart 2008, S. 385–433, 462–470.

123 Zu den Mobilisierungspraktiken insbesondere Vitus Huber, Beute und Conquista. Die politische Ökonomie der Eroberung Neuspaniens, Frankfurt, New York 2018, S. 114–124.

124 Vitus Huber, Beute und Conquista. Die politische Ökonomie der Eroberung Neuspaniens, Frankfurt, New York 2018, S. 114.

125 Vitus Huber, Beute und Conquista. Die politische Ökonomie der Eroberung Neuspaniens, Frankfurt, New York 2018, S. 127

einem gewissen Maldonando zu einer Compagnie zusammenschloss, in die er eine Stute einbrachte. Pferde als besonders wertvolles Equipment erhöhten den Beuteanteil erheblich (freilich musste dann ein Teil davon an den Mitgesellschafter weitergereicht werden).[126] Der Vertrag zwischen de Luque, Pizarro und Almagro von 1526 war also nur einer unter vielen Knoten in einem eng geknüpften Netz aus Gesellschaftsverträgen, das dem Gesamtvorhaben erst die notwendige Stabilität verlieh.

Das alles muss Hernando de Luque gewusst und bei seiner Entscheidung, Pizarro und Almagro zu finanzieren, berücksichtigt haben. Die Wahrscheinlichkeit, dass sich die beiden anderen Gesellschafter völlig außerhalb der Rechtsordnung stellten und seine Ansprüche schlechthin ignorierten, war angesichts der Abhängigkeit von juristischem Know-how relativ gering. Eine größere Bedrohung ging von systemimmanenten Risiken aus, also beispielsweise von der Geltendmachung – in modernen Begriffen – rechtsvernichtender oder rechtshemmender Einreden. Diese Sorge kommt im Vertrag in der wiederkehrenden Klausel zum Ausdruck, Pizarro und Almagro sollten vor Gericht nicht gehört werden, wenn sie sich auf entgegenstehende Rechte beriefen. Außerdem stand zu befürchten, dass die beiden Konquistadoren ihren Vertragspartner bei der Rechnungslegung betrogen und die tatsächlich gezogenen Gewinne verschleierten.

Aber dergleichen Gefahren waren von anderer Art als diejenigen, die aus der gänzlichen Abwesenheit einer Rechtsordnung resultiert hätten. Hernando de Luque blieb so immerhin die Chance und Hoffnung, dass ein Richter seine Argumente gewissenhaft prüfte und dann zu seinen Gunsten entschied. Im Übrigen – *last but not least* – gab es ja jenseits aller juristischen Mechanismen immer noch die Regulierung durch den Markt, in dem Fall durch den Kapitalmarkt für die Finanzierung größerer Conquista-Unternehmen. Die Geldgeber von Rang und Gewicht, die transatlantischen Finanziers, waren so gut untereinander vernetzt, dass die Nachricht über schwerwiegende Vertragsverletzungen sich schnell verbreitet und ihr Bekanntwerden eine Minderung des Kredits nach sich gezogen hätte, auf den die Konquistadoren bei Anschlussfinanzierungen ebenso angewiesen waren wie auf formalisierte normative Ordnungen.

---

126 Rafael Varón Gabai, Francisco Pizarro and his Brothers. The Illusion of Power in Sixteenth-Century Peru, Norman, London 1997, S. 25.

2. Gemeinrechtliche (und kautelarjuristische) Grundlagen

Für Liebhaber gesellschaftsrechtlicher Delikatessen ist der Vertrag von 1526 zweifellos eine Enttäuschung. Trotz seines beachtlichen Umfanges finden sich in ihm nicht viel mehr als zwei Anliegen unmissverständlich artikuliert: Zum einen legte der vorleistende Kapitalgeber Hernando de Luque erkennbar Wert darauf, dass der Vertrag alle, wirklich alle denkbaren Arten von Einkünften und Gewinne erfasste, von denen er den dritten Teil erhalten sollte. Zum anderen kam es ihm darauf an, juristischen Winkelzügen der Gegenseite in Gestalt von Einwendungen und Einreden von vornherein keinen Raum zu lassen, eine Strategie, die in der etwas wunderlichen Wendung gipfelte, man verzichte auf die Anwendung des Rechtssatzes, dass ein allgemeiner Verzicht auf die Anwendung von Gesetzen ungültig sei („Que jeneral renunciación de leyes non vala“ – Rn. 16).

Beide Aspekte sind nicht ganz so trivial, wie es vielleicht erscheinen mag. So existiert in den Siete Partidas – dem berühmten Gesetzbuch aus dem 13. Jahrhundert, das bekanntlich bis ins 19. Jahrhundert in Spanien und Übersee geltendes Recht war[127] – in dem 10. Titel des fünften Teils, der das Gesellschaftsrecht behandelt, eine Regelung, die bei der Ausübung hoheitlicher (jurisdiktioneller) Befugnisse generierte Einnahmen von der Gewinnverteilung ausnimmt, es sei denn, die Gesellschafter hätten ausdrücklich etwas anderes vereinbart.[128] Da die Konquistadoren des 16. Jahrhunderts es auch und gerade auf solche Einkünfte abgesehen hatten, war Hernando de Luque gut beraten, seine Ansprüche explizit auch auf sie zu erstrecken (Rn. 6).

Eine lange und gemeineuropäische Geschichte hat die Rechtsunwirksamkeit genereller Verzichtsformeln. Ausgehend von der in die Digesten (D. 2,11,4,4) aufgenommenen, allerdings nur einen Sonderfall betreffenden Feststellung des Ulpian, eine allgemeiner, nicht *specialiter et expresse* erfolgter Verzicht auf Einreden sei ungültig, entwickelte die mittelalterliche Doktrin (maßgeblich wohl Bulgarus) den Lehrsatz: *generalis renunciatio non valet nisi praecedat aliqua specialis.*[129] Die

127 Einführend (im Kontext der übrigen mittelalterlichen und frühneuzeitlichen Rechtsquellen) Rogelio Pérez Bustamante, Historia del derecho español. Las fuentes del derecho, Madrid 1994, S. 130–133.

128 „Pero si algunos de los compañeros hobiese señorio ó juredicion sobre castiello ó tierra, ó hobiese á recibir alguna cosa de sus debdores, los otros no lo pdrien demandar nin usar de la juredicion del señorio, si señaladamiente non les fuese otrogado del otro compañero poder de lo facer“ – Partida 5, tít. 10, ley 6 (Real Academia de la Historia (Hrsg.), Las Siete Partidas del Rey Don Alfonso El Sabio, Bd. 3, Madrid 1807, S. 248).

129 Hans Schlosser, Die Rechts- und Einredeverzichtsformeln (renuntiationes) der deutschen Urkunden des Mittelalters vom 13. bis zum ausgehenden 15. Jahrhundert, Aalen 1963, S. 48; vgl. auch José Manuel Pérez-Prendes Muñoz-Arraco, „General renunciacion non vala.“ Sobre doctrina

Rechtspraxis lief dagegen Sturm und leistete hartnäckig Widerstand, zunächst indem sie ungerührt an der Formel *renuntio (-amus) omni (-bus) exceptioni (-bus)* festhielt, später dann indem sie auf den überschlauen Gedanken verfiel, genannten Lehrsatz für unanwendbar zu erklären.[130] In Deutschland tauchte die Formel *renuntio juri dicenti renuntiationem generalem non valere, nisi praecedat aliqua specialis* erstmals gegen Ende des 13. Jahrhunderts auf.[131] Auf der iberischen Halbinsel lässt sich die spanische Fassung dieser Klausel spätestens seit dem 15. Jahrhundert nachweisen,[132] so dass die Verwendung in einer Urkunde von 1526 keine Überraschung ist.

Da die Unwirksamkeit der Generalrenuntiation darauf zielte, eine mechanische Verwendung von Verzichtsformeln zu unterbinden und dem verzichtenden Vertragsteil die Möglichkeit zu geben, die Tragweite seines Verzichts zu erkennen, erscheint die Wirksamkeit des doppelten Verzichts aus Sicht des gelehrten Rechts mehr als fraglich. Warum sich die (insbesondere notarielle) Praxis so beharrlich weigerte, die Unwirksamkeit eines generellen Verzichts anzuerkennen, ist nicht ganz klar. Denkbar, dass die *generalis renunciatio non valet*-Doktrin als Instrument der gelehrten, römischrechtlich geprägten Juristen wahrgenommen wurde, sich einen größeren Einfluss auf die Praxis zu sichern.[133] Aus Sicht letzterer könnte die Generalrenuntiation demnach ein probates Mittel gewesen sein, um zu vermeiden, dass man sich eingehend mit dem gelehrten, „fremden" Recht befassen musste. Einem Schreiber wie Hernando del Castillo mit allem Anschein nach nur rudimentären Rechtskenntnissen wäre es (zumal in der amerikanischen Wildnis) gar nicht möglich gewesen, alle in Betracht kommenden Gegenrechte zu ermitteln und gesondert aufzuführen.

Wie sehr die Parteien in Wahrheit auf ein „Reserverecht" angewiesen waren, offenbart ein Blick in die (spät-) mittelalterlichen Kommentierungen und Abhandlungen zum Gesellschaftsrecht. Besonders eingehend beschäftigte sich die Legistik mit Gesellschaften, in die der eine Teil nur Kapital, der andere hingegen nur

---

y práctica en tiempo del „ius commune", Glossae. Revista de historia del derecho Europeo 5/6 (1993/94), S. 75–114, 96.

130 Hans Schlosser, Die Rechts- und Einredeverzichtsformeln (renuntiationes) der deutschen Urkunden des Mittelalters vom 13. bis zum ausgehenden 15. Jahrhundert, Aalen 1963, S. 46 f.

131 Hans Schlosser, Die Rechts- und Einredeverzichtsformeln (renuntiationes) der deutschen Urkunden des Mittelalters vom 13. bis zum ausgehenden 15. Jahrhundert, Aalen 1963, S. 47.

132 José Manuel Pérez-Prendes Muñoz-Arraco, „General renunciacion non vala." Sobre doctrina y práctica en tiempo del „ius commune", Glossae. Revista de historia del derecho Europeo 5/6 (1993/94), S. 75–114, 100 f.

133 Hans Schlosser, Die Rechts- und Einredeverzichtsformeln (renuntiationes) der deutschen Urkunden des Mittelalters vom 13. bis zum ausgehenden 15. Jahrhundert, Aalen 1963, S. 46 f. (Verweis auf Meynial).

seine Arbeitskraft einbrachte, wie das bei der „Compañía del Levante" von 1526 der Fall war. Lebhaft diskutiert wurden zwei Fragen: erstens, ob der Kapitalgeber am Ende der Gesellschaft sein Kapital zurückerhielt (es also nicht der Teilungsmasse zugerechnet wurde), zweitens, ob bei Verlust des eingebrachten Kapitals der einbringende Gesellschafter allein den Verlust zu tragen hatte (und nicht auch der mit seiner Arbeitsleistung beteiligte Gesellschafter).[134] Auf beide Fragen gibt der Vertrag von 1526 keine befriedigenden, keine eindeutigen Antworten. An einer Stelle heißt es, das von Hernando de Luque bereitgestellte Gold im Wert von 20.000 Pesos gehe auf die beiden Mitgesellschafter über (Rn. 3: „...de vuestro poder al nuestro..."), an anderer Stelle ist die Rede davon, dieser Übergang erfolge „a pérdida o a ganaçia, como Dios nuestro Señor sea seruido" (Rn. 8) – unklar allein, was daraus rechtlich folgt. Ein Gegenbeispiel für eine gelungenere Vertragsgestaltung findet sich bei Baldus. In dem von ihm begutachteten Fall enthielt der Vertrag eine Klausel, die bestimmte, der mit einer Geldeinlage an dem Geschäft eines Kaufmanns beteiligte Gesellschafter solle am Ende der Gesellschaft „alle Gulden mit der Hälfte des Gewinns" von dem Kaufmann zurückerhalten. Zur Teilungsmasse gehörte demnach nicht die Kapitaleinlage, sondern nur das Saldo nach Abzug der Kapitaleinlage.[135]

Fehlte es an solchen kautelarjuristischen Klarstellungen, war die Rechtslage umstritten. Was die Berechnung des Gewinns anbelangt, hing alles davon ab, ob man als Äquivalent für die Arbeitsleistung das eingebrachte Kapital – so die ältere Literatur – oder den Nutzwert des Kapitals – so die neuere, namentlich von Baldus vertretene Auffassung – ansah. Nach erstgenannter Ansicht erhielt der Kapitalgeber nur die Hälfte seines Kapitals zurück, nach einer später weit verbreiteten Lehre konnte er vorab seine Einlage in Gänze zurückfordern, da er nur die Nutzung des Kapitals schuldete.[136]

Eine ähnliche Zweiteilung der Meinungen gab es in der Frage, wer den Schaden bei zufälligem Verlust zu tragen habe. Auch in diesem Punkt war für den Kapitalgeber die ältere Lehre ungünstiger als die neuere, indem sie mit dem Verlust

---

134 Ralf Mehr, *Societas* und *universitas*. Römischrechtliche Institute im Unternehmensgesellschaftsrecht vor 1800, Köln, Weimar, Wien 2008, S. 40; ähnlich Susanne Lepsius, in: Historisch kritischer Kommentar, hrsg. von Mathias Schmoeckel, Joachim Rückert, Reinhard Zimmermann, Bd. 3, Teilbd. 2, Tübingen 2013, §§ 705–740 BGB Rn. 181.

135 Ralf Mehr, *Societas* und *universitas*. Römischrechtliche Institute im Unternehmensgesellschaftsrecht vor 1800, Köln, Weimar, Wien 2008, S. 41.

136 Ralf Mehr, *Societas* und *universitas*. Römischrechtliche Institute im Unternehmensgesellschaftsrecht vor 1800, Köln, Weimar, Wien 2008, S. 41; Susanne Lepsius, in: Historisch kritischer Kommentar, hrsg. von Mathias Schmoeckel, Joachim Rückert, Reinhard Zimmermann, Bd. 3, Teilbd. 2, Tübingen 2013, §§ 705–740 BGB Rn. 181.

des Kapitals die Gesellschaft enden ließ und dem Kapitalgeber eine Erstattung mit der Begründung verweigerte, er habe für den Kapitalverlust einzustehen so wie umgekehrt der arbeitende Gesellschafter für den Verlust seiner Arbeitskraft einstehen müsse. Die Neueren wie Baldus sahen hingegen auch den arbeitenden Gesellschafter beim zufälligen Kapitalverlust in der Pflicht. Er müsse anteilig dafür aufkommen, denn in einer Gesellschaft seien die Verluste nun einmal gemeinschaftlich und der arbeitende Gesellschafter profitierte bei günstiger Entwicklung spiegelbildlich vom Wertzuwachs des Kapitals.[137] In der Neuzeit gewann schließlich die Ansicht an Boden, dass es entscheidend darauf ankomme, ob der arbeitende Gesellschafter Miteigentum an der eingebrachten Sache erlangt hatte; dann und nur dann falle das Kapital in die Teilungsmasse und der Verlust sei gemeinschaftlich zu tragen.[138]

Wie aus den Diskussionen der Legistik hervorgeht, waren (Personen-) Gesellschaften mit reinen Kapitalbeteiligungen auch schon vor 1500 nicht unbekannt, insbesondere nicht in Italien. Dennoch blieb das Leitbild der Handelsgesellschaft die Kooperation von erfahrenen Kaufleuten, die in die Gesellschaft sowohl ihr Kapital als auch ihre Arbeitsleistung einbrachten. Im großen Stil setzte sich die „Kapitalanlagengesellschaft“ mit ihrer Trennung zwischen arbeitenden und finanzierenden Gesellschaftern wohl erst mit der Intensivierung des Überseehandels und der europäischen Expansion durch. Grund hierfür waren vor allem die hohen Kosten und Unwägbarkeiten der Überseeunternehmungen, die eine Mobilisierung von Kapital in einem nie dagewesenen Ausmaß und eine breite Risikostreuung erforderten.[139]

Die Auswertung der Protokolle im Notariatsarchiv von Sevilla, die bereits in den 1960er Jahren erfolgte,[140] hat zu Tage gefördert, in welchem erstaunlichen

---

137 Ralf Mehr, *Societas* und *universitas*. Römischrechtliche Institute im Unternehmensgesellschaftsrecht vor 1800, Köln, Weimar, Wien 2008, S. 42; vgl. auch Susanne Lepsius, in: Historisch kritischer Kommentar, hrsg. von Mathias Schmoeckel, Joachim Rückert, Reinhard Zimmermann, Bd. 3, Teilbd. 2, Tübingen 2013, §§ 705–740 BGB Rn. 181.

138 Ralf Mehr, *Societas* und *universitas*. Römischrechtliche Institute im Unternehmensgesellschaftsrecht vor 1800, Köln, Weimar, Wien 2008, S. 43.

139 Luisa Brunori, Late Scholasticism and Commercial Partnership: Persons and Capitals in the Sixteenth and Seventeenth Centuries, in: Dave De Ruyscher u. a. (Hrsg.), The Company in Law and Practice: Did Size Matter? (Middle Ages – Nineteenth Century), Leiden 2017, S. 49–62, 50 f. Allerdings bedarf es zur Absicherung dieses Befundes noch weiterer Forschung.

140 Zunächst im Auftrag der Deutschen Forschungsgemeinschaft (Hermann Kellenbenz, Richard Konetzke), dann der Görres-Gesellschaft (Johannes Vincke, Clemens Bauer): Enrique Otte, Träger und Formen der wirtschaftlichen Erschließung Lateinamerikas im 16. Jahrhundert, in: Jahrbuch für die Geschichte von Staat, Wirtschaft und Gesellschaft Lateinamerikas 4 (1967), S. 226–266, 226.

Umfang private Investoren sich mit Kaufleuten, Handwerkern, Montanunternehmern, Soldaten und Seeleuten zu Gesellschaften zusammenschlossen, um in der Neuen Welt durch alle nur denkbare Arten von Geschäften und Projekten ihr Kapital zu vermehren. Typisch waren Gesellschaftsverträge, die eine Kapitalbeteiligung in Gestalt von Waren oder Produktionsmitteln vorsahen. Dem mittelosen Mitgesellschafter wurde das Kapital mit der Verpflichtung überlassen, es während einiger Jahren nach Belieben in den großen Wirtschaftszentren von Las Indias, in den Häfen Santo Domingo, Havanna, Vera Cruz, Nombre de Dios usw. gewinnbringend anzulegen oder zu nutzen. Nach Ablauf der Frist erfolgte eine (meist) hälftige Teilung des Gewinns.[141] Auf die Weise erhielten arbeitswillige und arbeitsfähige Habenichtse die Chance, in die Neue Welt auszuwandern und sich eine eigene Existenz aufzubauen, während diejenigen, die bereits über Vermögen verfügten, es produktiv verwerten konnten. Dabei darf man sich als Kapitalgeber nicht nur reiche Kaufleute vorstellen, beteiligten sich an Gesellschaften in dieser Form doch auch Handwerker und soziale Gruppen mit eingeschränkten Verdienstmöglichkeiten (z. B. Frauen).[142]

Als ein relativ frühes Beispiel für einen der zahlreichen kleinvolumigen transatlantischen Gesellschaftsverträge kann die Vereinbarung zwischen einem Schuhmacherehepaar und einem Sevillaner Kaufmann aus dem Jahr 1514 gelten. Letzterer stellte Waren zu Verfügung, die das Ehepaar in Santo Domingo mit einer Gewinnbeteiligung von einem Drittel zu veräußern hatte. Anschließend mussten während eines Jahres der Schuhmacher in seiner Profession und die Ehefrau als Bäckerin und Seifenmacherin arbeiten und den Erlös ihrer Tätigkeit mit dem Kaufmann hälftig teilen.[143] Nach und nach gewannen Gesellschaftsverträge an Bedeutung, an denen sich teilweise oder ausschließlich die neue, in Übersee zu Vermögen gelangte Elite beteiligte. So gründeten beispielsweise 1520 der oberste Richter von La Española und zwei Unternehmer eine *compañia* zum Anbau von Zuckerrohr. Das eingebrachte Kapital bestand aus Sklaven und Grundstücken.[144]

---

141 Enrique Otte, Träger und Formen der wirtschaftlichen Erschließung Lateinamerikas im 16. Jahrhundert, in: Jahrbuch für die Geschichte von Staat, Wirtschaft und Gesellschaft Lateinamerikas 4 (1967), S. 226–266, 241, 252 f.

142 Enrique Otte, Träger und Formen der wirtschaftlichen Erschließung Lateinamerikas im 16. Jahrhundert, in: Jahrbuch für die Geschichte von Staat, Wirtschaft und Gesellschaft Lateinamerikas 4 (1967), S. 226–266, 252 f.

143 Enrique Otte, Träger und Formen der wirtschaftlichen Erschließung Lateinamerikas im 16. Jahrhundert, in: Jahrbuch für die Geschichte von Staat, Wirtschaft und Gesellschaft Lateinamerikas 4 (1967), S. 226–266, 253.

144 Enrique Otte, Träger und Formen der wirtschaftlichen Erschließung Lateinamerikas im 16. Jahrhundert, in: Jahrbuch für die Geschichte von Staat, Wirtschaft und Gesellschaft Lateinamerikas 4 (1967), S. 226–266, 254.

In diesen Kontext ist die „Compañía del Levante" zwischen Almagro, Pizarro und de Luque zu verorten, die nicht wegen ihres juristischen Gehalts, sondern allein aufgrund der politischen und gesellschaftlichen Entwicklungen, die das Vorhaben in Gang setzte, eine Sonderstellung einnimmt.

Obwohl die Kommanditgesellschaft und andere komplexere Gesellschaftsformen italienischer Prägung infolge der engen Verbindung Sevillas zu den oberitalienischen Finanz- und Handelsmetropolen (allen voran Genua) im Grundsatz bekannt waren, kamen solche avancierten kautelarjuristischen Schöpfungen selten zum Einsatz. Die einfache *compañia* genügte offenbar den Anforderungen der Beteiligten. Haftungsbeschränkungen spielten keine Rolle, und erst recht fehlte es an Kapitalgesellschaften modernen Zuschnitts.[145] Darüber hinaus waren die spanischen Überseegesellschaften relativ schwach kapitalisiert. In den ersten Jahren betrug das eingebrachte Kapital selten mehr als 1.000 Dukaten (eine *compañía* mit 100.000 Dukaten Kapital, wie sie eine zwischen andalusischen Kaufleuten in Lima 1549 gegründete Gesellschaft aufwies, war selten).[146]

Es wäre allerdings zu kurz gesprungen, deshalb der spanischen Expansion den Charakter einer effizienten kapitalistischen Unternehmung abzusprechen, wie das häufig geschieht, namentlich im direkten Vergleich mit der niederländischen VOC oder ihren englischen Schwesterorganisationen. Statt einer einzigen oder einigen wenigen Kolonialgesellschaften operierten hunderte, tausende kleine, zeitlich limitierte Projektgesellschaften. Auch auf die Weise ließ sich Kapital in großem Stil mobilisieren.

Der dezentrale, „mittelständische" Ansatz hatte zudem den Vorteil, dass er sich besser mit der Absicht der Krone vertrug, unter keinen Umständen eine übermäßige Akkumulation von Kapital und Macht in der Neuen Welt zuzulassen, um die Kontrolle über die weit entfernten Gebiete nicht zu verlieren.[147] Die zeitweise geduldeten Versuche der Fugger und Welser, sich in Las Indias eine eigene Machtbasis aufzubauen, stellten Ausnahmen dar und scheiterten kläglich.[148] Im Übrigen ist daran zu erinnern, dass auch das antike römische Imperium ohne gro-

---

145 Enrique Otte, Träger und Formen der wirtschaftlichen Erschließung Lateinamerikas im 16. Jahrhundert, in: Jahrbuch für die Geschichte von Staat, Wirtschaft und Gesellschaft Lateinamerikas 4 (1967), S. 226–266, 240

146 Enrique Otte, Träger und Formen der wirtschaftlichen Erschließung Lateinamerikas im 16. Jahrhundert, in: Jahrbuch für die Geschichte von Staat, Wirtschaft und Gesellschaft Lateinamerikas 4 (1967), S. 226–266, 239

147 Vgl. Wolfgang Reinhard, Die Unterwerfung der Welt. Globalgeschichte der europäischen Expansion 1415–2015, München 2016, S. 365 f.

148 Zum Venezuela-Unternehmen der Welser u. a. Götz Simmer, Gold und Sklaven. Die Provinz Venezuela während der Welser-Verwaltung (1528–1556), Berlin 2000.

ße Kapitalgesellschaften auskam, obwohl man schon damals um die Ingredienzien für eine solche Rechts- und Organisationsform wusste. Die römische Oberschicht hatte ebenfalls wenig Interesse daran, sich einer Konkurrenz durch neue Mächte auszusetzen und dadurch die bewährten Strukturen zu destabilisieren.[149]

3. Kirchenrecht und Moraltheologie

Eine Darstellung des spätmittelalterlichen und frühneuzeitlichen Gesellschaftsrechts ohne die Berücksichtigung der kanonistischen und moraltheologischen Bezüge wäre unvollständig, so wie die Entwicklungsgeschichte der modernen Gesellschaftsrechtswissenschaft unverständlich bliebe, wenn man den Beitrag der US-amerikanischen *Law and economics*-Bewegung (sowie der Institutionen- und Verhaltensökonomik) ignorierte. Nach allem, was wir bislang wissen, waren die Theologen sogar diejenigen, die sich im 16. Jahrhundert mit der kautelarjuristischen Praxis am besten auskannten. Das galt sowohl für die Alte als auch (und erst recht) für die Neue Welt. Die Vereinbarkeit gesellschaftsvertraglicher Regelungen mit dem Zinsverbot war zu jener Zeit schlechthin *die* intellektuelle Herausforderung der Vertragsgestaltung[150] und der Umgang mit der *usura* der „Maßstab der Gerechtigkeit aller Vertragsbeziehungen".[151]

Aus zeitgenössischer Perspektive stellte die *cura animarum* keine Belanglosigkeit dar. Die Sorge um das Seelenheil beeinflusste wesentlich die alltäglichen Handlungen und Geschäftspraktiken:[152] „The salvation of souls mattered at least as much as economic efficiency."[153] Zu den Priestern eilten die Kaufleute und Wechsler, um sich im Voraus die Zulässigkeit ihrer Transaktionen bestätigen

149 Andreas M. Fleckner, Antike Kapitalvereinigungen. Ein Beitrag zu den konzeptionellen und historischen Grundlagen der Aktiengesellschaft, Köln, Weimar, Wien 2010, S. 628 f.

150 Vgl. Burckhardt Löber, Das spanische Gesellschaftsrecht im 16. Jahrhundert, Diss. Freiburg 1966, S. 31.

151 Thomas Duve, Salamanca in Amerika, Zeitschrift der Savigny-Stiftung für Rechtsgeschichte (Germanistische Abteilung) 132 (2015), S. 116–151, 125. Vgl. auch Bartolomé Clavero, The Jurisprudence of Usury as a Social Paradim in the History of Europe, in: Volkmar Heyen (Hrsg.), Historische Soziologie der Rechtswissenschaft, Frankfurt am Main 1986, S. 23–36; Hans-Jürgen Becker, Das Zinsverbot im lateinischen Mittelalter, in: Matthias Casper/Norbert Oberauer/Fabian Wittreck (Hrsg.), Was vom Wucher übrigbleibt, Tübingen 2014, S. 15–45.

152 Thomas Duve, Salamanca in Amerika, Zeitschrift der Savigny-Stiftung für Rechtsgeschichte (Germanistische Abteilung) 132 (2015), S. 116–151, 147.

153 Wim Decock, In defense of commercial capitalism: Lessius, partnerships and the *contractus trinus*, in: Bram Van Hofstraeten/Wim Decock (Hrsg.), Companies and Company Law in Late Medieval and Early Modern Europe, Leuven, Paris, Bristol 2016, S. 55–90, 89.

oder sich zurechtweisen zu lassen.[154] Vor die Priester in der Funktion als *iudices animarum* im *forum internum* mussten sie treten und die Beichte ablegen, nachdem sie ihre Geschäfte abgeschlossen hatten, und „mindestens bei der Erfüllung der jährlichen Beichtpflicht galt der Grundsatz: keine Absolution ohne Restitution."[155]

Gesellschaften wie „Compañía del Levante" (in der Gestaltungsvariante von 1526) mit arbeitenden und mit ausschließlich kapitalistisch beteiligten Gesellschaftern gerieten leicht in den Verdacht, dem Zinsverbot und dem Gebot der Austauschtauschgerechtigkeit nicht hinreichend Rechnung zu tragen. Allerdings hatte bereits Thomas von Aquin (S.th. IIa IIae, quaest. 78, ad 5) einen Weg aufgezeigt, auf welche Weise sich ein Gesellschaftsvertrag von einem verzinsten Darlehen unterscheiden und mit der christlichen Lehre in Einklang bringen ließ:[156] Da der Darlehensgeber das Eigentum (*dominium*) am Geld transferiere, trage allein der Darlehensnehmer das Risiko (*periculum*). Er müsse die Summe stets zurückzahlen, ganz gleich, wie sich die Geschäfte entwickelten. Anders verhalte es sich bei Gesellschaften mit Kapitalbeteiligungen, denn diese gehe nicht in das Eigentum des arbeitenden Gesellschafters über. Folglich könne der Kapitalgeber das eingebrachte Kapital verlieren, ohne dass dafür sein Mitgesellschafter einstehen müsse. Dann sei nicht zu beanstanden, wenn umgekehrt der Kapital-Gesellschafter an den Profiten einer erfolgreichen Gesellschaft teilhabe.

Jedenfalls im 16. Jahrhundert war die Zulässigkeit von Gesellschaften mit reinen Kapitalbeteiligungen im Grundsatz anerkannt. Meinungsverschiedenheiten bestanden aber hinsichtlich einer eigentümlichen Spielart dieser Gattung, dem sogenannten *contractus trinus*.[157] Um einen solchen handelte es sich, wenn der

---

154 Thomas Duve, Salamanca in Amerika, Zeitschrift der Savigny-Stiftung für Rechtsgeschichte (Germanistische Abteilung) 132 (2015), S. 116–151, 131.

155 Thomas Duve, Salamanca in Amerika, Zeitschrift der Savigny-Stiftung für Rechtsgeschichte (Germanistische Abteilung) 132 (2015), S. 116–151, 128.

156 Zum Folgenden: Wim Decock, In defense of commercial capitalism: Lessius, partnerships and the *contractus trinus*, in: Bram Van Hofstraeten/Wim Decock (Hrsg.), Companies and Company Law in Late Medieval and Early Modern Europe, Leuven, Paris, Bristol 2016, S. 55–90, 70 f.

157 Einführend Wim Decock, In defense of commercial capitalism: Lessius, partnerships and the *contractus trinus*, in: Bram Van Hofstraeten/Wim Decock (Hrsg.), Companies and Company Law in Late Medieval and Early Modern Europe, Leuven, Paris, Bristol 2016, S. 55–90, 69–75; John T. Noonan, The Scholastic Analysis of Usury, Cambridge (MA) 1957, S. 201–229; Burckhardt Löber, Das spanische Gesellschaftsrecht im 16. Jahrhundert, Diss. Freiburg 1966, S. 38–51; vgl. auch Ralf Mehr, *Societas* und *universitas*. Römischrechtliche Institute im Unternehmensgesellschaftsrecht vor 1800, Köln, Weimar, Wien 2008, S. 44–47; Luisa Brunori, Late Scholasticism and Commercial Partnership: Persons and Capitals in the Sixteenth and Seventeenth Centuries, in: Dave De Ruyscher u. a. (Hrsg.), The Company in Law and Practice: Did Size Matter? (Middle Ages – Nineteenth Century), Leiden 2017, S. 49–62.

Gesellschaftsvertrag mit zwei weiteren Verträgen verknüpft wurde, nämlich mit einem Versicherungsvertrag, mit dessen Hilfe der kapitalistisch beteiligte Gesellschafter das Verlustrisiko minimieren oder ganz ausschließen konnte, und mit einer Art Garantievertrag, der gegen Abtretung des künftigen und damit unsicheren Gewinns die Zahlung einer fixen Rendite durch den arbeitenden Gesellschafter vorsah.[158]

Der Wirkung nach kam der *contractus trinus* dem verzinsten Darlehen sehr nahe, was den Widerspruch erklärt, den dieses vormoderne „Flaggschiff" kautelarjuristischer Kreativität in den Kreisen konservativer Theologen hervorrief. Den einen oder anderen erinnerte er gar an eine *societas leonina*, die bereits nach römischrechtlichen Grundsätzen (D.17,2,29,2) unzulässig war, da sie einen Gesellschafter über die Maßen begünstigte, indem der Vertrag diesem alle Gewinne zubilligte, ihn aber nicht an den Verlusten beteiligte.[159] Trotzdem konnten sich die Kritiker nicht durchsetzen. Die Mehrheit der Moraltheologen sah den *contractus trinus* prinzipiell als zulässig an.[160] Daran änderte erstaunlicherweise auch der Erlass der Bulle „Detestabilis avaritia" im Jahr 1586 nichts, obgleich sie wie dazu bestimmt schien, Vertragsgestaltungen, die das Verlustrisiko einseitig einem Gesellschafter aufbürdeten, den Garaus zu machen. Nicht einmal die Kurie selbst nahm das Verdikt sonderlich ernst.[161]

Der Triumph der Kapitalbeteiligung im Allgemein und des *contractus trinus* im Besonderen liefert eine Blaupause dafür, wie ein Mentalitätswandel und ein neues Verständnis von Wirtschaft und Gesellschaft sich über kautelarjuristische Umwege etablieren können: „The triple contract established definitively that a riskless transfer need not to be usury; it destroyed the use of risk as the index of ownership by the usury theorists; and it made dominant for usury theory the concept of capital which partnership analysis had always implied."[162]

---

158 Burckhardt Löber, Das spanische Gesellschaftsrecht im 16. Jahrhundert, Diss. Freiburg 1966, S. 38–40.

159 Vgl. Wim Decock, In defense of commercial capitalism: Lessius, partnerships and the *contractus trinus*, in: Bram Van Hofstraeten/Wim Decock (Hrsg.), Companies and Company Law in Late Medieval and Early Modern Europe, Leuven, Paris, Bristol 2016, S. 55–90, 64 f.; ferner Reinhard Zimmermann, The law of obligations. Roman foundations of the civilian tradition, Cape Town 1990, S. 459.

160 John T. Noonan, The Scholastic Analysis of Usury, Cambridge (MA) 1957, S. 229.

161 John T. Noonan, The Scholastic Analysis of Usury, Cambridge (MA) 1957, S. 221

162 John T. Noonan, The Scholastic Analysis of Usury, Cambridge (MA) 1957, S. 229.

4. Öffentlich-private Regulierung

Die spanische Expansion der ersten Hälfte des 16. Jahrhunderts war *kein* staatszentriertes, planwirtschaftliches Unternehmen. Diese Feststellung kann gar nicht häufig genug wiederholt werden, da gegenteilige Vorstellungen weit verbreitet sind. Das anfänglich bestehende Monopol für den Handel mit der Neuen Welt wurde bereits in einem sehr frühen Stadium – 1504 – aufgehoben und der Warenaustausch gegen die Entrichtung eines Einfuhrzolls in Höhe von 7,5 % freigegeben. Das galt zunächst nur für die kastilischen Untertanen; indes schon ein Jahr später gestattete König Ferdinand auch Genuesen und anderen Ausländern die Teilnahme, sofern sie bestimmte Auflagen erfüllten (insbesondere mussten an den involvierten Gesellschaften kastilische Untertanen mehrheitlich beteiligt sein).[163]

Damit ist allerdings nicht gesagt, dass die Krone keine oder eine nur untergeordnete Rolle spielte. Wie gerade die Geschichte der „Compañía del Levante" eindrucksvoll zeigt, behielt die spanische Zentrale die Zügel in der Hand, wenngleich gelegentlich mit einiger Mühe. Das Kunststück gelang ihr vor allem dank spezieller, *capitulaciones* oder *asientos* genannter Lizenz- und Kooperationsvereinbarungen, eines Instruments, dessen man sich auch auf vielen anderen Feldern des Regierungs- und Verwaltungshandelns in Kastilien und in den europäischen Besitzungen bediente.[164] In einer *capitulación* verpflichtete sich ein privater Unternehmer gegenüber der Krone von Kastilien für diese, aber auf eigene Kosten und Gefahr, Expeditionen in bisher nicht erkundete, bevölkerte oder unterworfene Gebieten durchzuführen, um als Gegenleistung weitreichende Konzessionen bei der Verwaltung und wirtschaftlichen Erschließung der in der *capitulación* näher umschriebenen Region zu erhalten.[165]

163 Enrique Otte, Träger und Formen der wirtschaftlichen Erschließung Lateinamerikas im 16. Jahrhundert, in: Jahrbuch für die Geschichte von Staat, Wirtschaft und Gesellschaft Lateinamerikas 4 (1967), S. 226–266, 232 f.; Hermann Kellenbenz, Die Finanzierung der spanischen Entdeckungen, VSWG 69 (1982), S. 153–181, 162.

164 Ausführlich Daniel Damler, Imperium Contrahens. Eine Vertragsgeschichte des spanischen Weltreichs in der Renaissance, Stuttgart 2008.

165 Daniel Damler s.v. Capitulación, in: Lexikon zur Überseegeschichte, hrsg. von Hermann Hiery, Stuttgart 2015, S. 152.

Die Rechtsnatur der *capitulaciones* war unklar und umstritten. Während die Asentistas und ihre juristischen Berater den Vertragscharakter betonten, versuchten die Kronjuristen eine Nähe zum Privileg zu konstruieren, weil sich beim einseitigen Rechtsakt auch die einseitige Beendigung der Rechtsbeziehungen leichter begründen ließ.[166] Solche Kontroversen waren nicht theoretischer Natur, sondern beschäftigten die Gerichte. Einen besonders spektakulären Fall stellen die sogenannten Kolumbus-Prozesse dar, eine Jahrzehnte währende gerichtliche Auseinandersetzung zwischen der Krone und den Erben des Genuesen um die Ansprüche aus der *capitulación* von Santa Fe vom 17. April 1492. Um deren juristischen Gehalt zu bestimmen, kamen in den Prozessen auch gesellschaftsrechtliche Figuren und Behelfe zum Einsatz, wenn es ins Kalkül passte.[167]

Kaum zweifelhaft konnte hingegen die Absicht sein, die die Krone mit ihrer Asiento-Strategie verfolgte. Sie wollte ihre ohnehin unzureichenden, durch die Kriege in Europa arg strapazierten materiellen Ressourcen schonen, ohne gleichzeitig ihren Herrschaftsanspruch über die Neue Welt aufzugeben. Sie gewährte Rechtstitel, die nichts oder wenig kosteten; um die eigentlichen Investitionen hingegen hatten sich ihre Vertragspartner zu kümmern, die sich die notwendigen Mittel auf dem Kapitalmarkt besorgten, indem sie – wie Pizarro, Almagro und de Luque – Gesellschaften gründeten. Hellsichtig bemerkte der Chronist Fernández de Oviedo: „Fast nie brachten Ihre Majestäten Vermögen oder Geld in diese Entdeckungen ein, sondern nur Papier und gute Worte (*exepto papel e palabras buenas*).“[168]

Dass man sich darauf einließ, hatte verschiedene Gründe. Vor allem das große Angebot an Interessenten mit annähernd gleicher Ausgangslage und die daraus resultierende Konkurrenzsituation spielte der Krone in die Karten. In dem Wettlauf um die tatsächlichen oder vermeintlichen Reichtümer Amerikas konnte die nur durch die Krone zu gewährleistende Legitimität des Vorhabens den Ausschlag geben. Deshalb nahm Pizarro mitten in der Vorbereitung für die entscheidende Expedition die beschwerliche Reise nach Spanien auf sich, die ihm dann tatsächlich den ersehnten rechtlichen Vorsprung gegenüber den Rivalen ver-

---

166 Daniel Damler s.v. Capitulación, in: Lexikon zur Überseegeschichte, hrsg. von Hermann Hiery, Stuttgart 2015, S. 152; Daniel Damler, Imperium Contrahens. Eine Vertragsgeschichte des spanischen Weltreichs in der Renaissance, Stuttgart 2008, S. 405–428.

167 Daniel Damler, Pars pro toto. Die juristische Erfindung der Entdeckung Amerikas, in: Zeitsprünge. Forschungen zur Frühen Neuzeit 10 (2006), S. 424–471, 454.

168 Gonzalo Fernández de Oviedo, Historia general y natural de Las Indias, Lib. XXXV, c. 4 (Bd. IV, 2. Aufl., Madrid 1992, S. 300).

schaffte (Kapitulation vom 26. Juli 1529).[169] Und deshalb setzte sechs Jahre später Almagro alle Hebel in Bewegung, um durch Abschluss eines auf ihn zugeschnittenen Asientos einen ähnlich vorteilhaften Status zu erlangen wie sein Mitgesellschafter.[170]

Die *capitulaciones* waren von Anfang an mehr als bilaterale Vereinbarungen zur Regulierung rein kommerzieller Interessen. Immer ging es auch um die Interessen Dritter, die zu wahren die Krone sich verpflichtet fühlte. Mit Fortschreiten der Eroberung gewann dieser paternalistische, gemeinwohlorientierte Charakter – Fernwirkung der spätmittelalterlichen Rezeption aristotelischen Gedankenguts[171] – noch einmal erheblich an Bedeutung. Die *duda indiana*, die geistesgeschichtlich eminent wichtige, zwischen spanischen Theologen und Juristen entbrannte Kontroverse um die Rechtstellung der indigenen Bevölkerung Amerikas, hinterließ in den Asientos deutliche Spuren. Die Gesetzgebung zum Schutz der Indigenen – die Ordenanzas vom 17. November 1526, später die Nuevas Leyes von 1542 – wurden fester Bestandteil aller Verträge mit der Krone.[172] Sie gehörte somit zum normativen Kontext auch der Gesellschaftsverträge.

5. Beute- und Gnadenökonomie

Abschließend ist daran zu erinnern, dass die Akteure der Vormoderne sich in einer Welt bewegten, die ganz wesentlich durch vor- und außerrechtliche Praktiken strukturiert war. Um die Verteilung der im Verlauf eines erfolgreich verlaufenden Conquista-Unternehmens erworbenen Güter zu verstehen, reicht ein Blick in die Gesellschaftsverträge und Asientos nicht aus.

Wie bereits erwähnt, ging den Expeditionen ein Werben um das zu ihrer Durchführung notwendige Personal voraus. Auf Marktplätzen und in den großen Häfen ließ man das Vorhaben unter Trommelwirbel und Fanfarenstößen aus-

169 Capitulación vom 26. Juli 1529 (AGI Indif. General 415. L. I, fols. 115–120), in: Marta Milagros del Vas Mingo (Hrsg.), Las capitulaciones de Indias en el siglo XVI, Madrid 1986, Dok. Nr. 30, S. 259-265.

170 Capitulación vom 21. Mai 1534 (AGI Indif. General 415. L. I, fols. 140-144 vto.), in: Marta Milagros del Vas Mingo (Hrsg.), Las capitulaciones de Indias en el siglo XVI, Madrid 1986, Dok. Nr. 39, S. 300-305.

171 Dazu Daniel Damler, Herr der Welt und König der Frösche. Von der ästhetischen zur teleologischen Weltherrschaftsidee, in: Renate Dürr/Gisela Engel/Johannes Süßmann (Hrsg.), Expansionen in der Frühen Neuzeit, Berlin 2005, S. 279–305, 297; Anthony Pagden, The diffusion of Aristotle's moral philosophy in Spain, ca. 1400-ca. 1600, Traditio 31 (1600), S. 287–313.

172 Daniel Damler, Imperium Contrahens. Eine Vertragsgeschichte des spanischen Weltreichs in der Renaissance, Stuttgart 2008, S. 49–51.

rufen. Gegen das Versprechen auf Teilhabe an der Beute schworen die Geworbenen den Anführern Treue und Gehorsam. Ihr Beuteanteil bestimmte sich nach der – sorgfältig geprüften und von Schreibern protokollierten – Qualität ihrer Ausstattung und Kampfkraft (Pferde, mitgeführte Waffen). Darüber hinaus bestand die Aussicht, bei besonderen Leistungen eine Art Gratifikation (*mejorías*) zu erhalten, was zusätzliche Anreize schuf.[173] Das solchen Verfahren zu Grunde liegende Rechtsverhältnis mochte ebenfalls Elemente eines Gesellschaftsvertrages aufweisen, doch beruhte es wohl eher auf den Traditionen einer militärischen Gefolgschaft, wie sie für die mittelalterliche Reconquista charakteristisch war.[174]

Neben der eigentlichen „Beuteverteilung" zwischen den Vertragsparteien und ihrem militärischen Gefolge existierte ein weiterer Gratifikations- und Belohnungsmechanismus, den die Krone orchestrierte. Indem sie verdiente Konquistadoren mit Statuserhöhungen und Privilegien begünstigte, weckten sie Hoffnungen auf einen langfristigen, „nachhaltigen" Aufstieg und Wohlstand. Die Aussicht auf königliche Gnadenerweise wurde zu einem wichtigen Antrieb, die Conquista fortzusetzen und wirtschaftliche Risiken auf sich zu nehmen.[175] Die Krone profitierte von dieser Erwartungshaltung nicht nur dadurch, dass die Ausdehnung und Konsolidierung ihrer Herrschaft eine Fortsetzung fand, ohne allzu sehr die eigenen Ressourcen zu binden. Auch die Kommunikationsprozesse ließen sich so optimieren: Der König von Spanien erhielt aus allen Himmelsrichtungen fortwährend Leistungsberichte seiner Untertanen – die *informaciones de méritos y servicios* – die ihn jedenfalls theoretisch in die Lage versetzte, Informationsasymmetrien abzubauen und unter Umgehung intermediärer Hierarchieebenen sich ein vielschichtiges Bild von den Verhältnissen vor Ort zu machen.[176] Die „Gnadenökonomie" folgte – wie das Asiento-System – der bewährten *divide et impera*-Logik, diente also vornehmlich dem Zweck, dem Aufbau mit der Krone konkurrierender Machtzentren in Übersee entgegenzuwirken.

173 Vitus Huber, Beute und Conquista. Die politische Ökonomie der Eroberung Neuspaniens, Frankfurt, New York 2018, S. 361, 106–124.
174 Vitus Huber, Beute und Conquista. Die politische Ökonomie der Eroberung Neuspaniens, Frankfurt, New York 2018, S. 361.
175 Vitus Huber, Beute und Conquista. Die politische Ökonomie der Eroberung Neuspaniens, Frankfurt, New York 2018, S. 361 f.
176 Eingehend und mit weiteren Differenzierungen Arndt Brendecke, Imperium und Empirie. Funktionen des Wissens in der spanischen Kolonialherrschaft, Köln, Weimar, Wien 2009, S. 335–345; zu Konzept und Ausgestaltung der „Gnadenökonomie" Vitus Huber, Beute und Conquista. Die politische Ökonomie der Eroberung Neuspaniens, Frankfurt, New York 2018, S. 301–326.

So war das Gesellschaftsrecht in dieser kunstvollen, von einem multinormativen Ordnungsrahmen flankierten Machtarithmetik nur eine von vielen Rechengrößen, freilich eine unverzichtbare.

Anhang[177]

[0] En el nombre de la Santísima Trinidad, Padre, Hijo y Espíritu Santo, tres personas distintas y un solo Dios Uerdadero y de la Santísima Virgen María Nuestra Señora, hazemos esta compañía.

[1] Sepan quantos esta carta de compañía uieren como yo don Hernando de Luque, clérigo presvítero, uicario de esta Santa Yglesia de Panamá, de la una parte, y de la otra el capitán Frantçisco Piçarro y Diego de Almagro, vezinos que somos en esta çiudad de Panamá, dezimos que somos / concertados y conuenidos de hazer y formar conpañía, la qual sea firme e valedera para siempre xamas de esta manera.

[2] Que por quanto nos los dichos capitán Françisco Piçarro y Diego de Almagro, tenemos merced y licencia del señor gouernador Pedrarias de Auila para descubrir e conquistar la tierra e prouinçias de los reynos llamados el Pirú que està, por noticia que ay. passado este golfo y trauesía de mar de la otra parte; y porqué para hacer la dicha conquista y jornada y nauíos y jente y bastimentos y otras cossas que son nessesarias, no la podemos hacer por no tener dineros y possibilidad tanta quanta es menester; y vos el dicho don Hernando de Luque nos los dais porquesta dicha conpañía la hagamos con vos por yguales partes [:] somos concertados y conuenidos de que todos tres hermanablemente, sin que aya de auer uentaxa ninguna mas el uno que el otro, ni el otro que el otro, de todo lo que se descubriere, ganare y conquistare y poblare / en los dichos rreynos y prouincias del Pirú;

[3] por quanto bos el dicho don Hernando de Luque nos distes y poneis de puesto de buestra parte, en esta dicha conpañía, para gastos de la dicha armada y jente que se haze para la dicha jornada y conquista del dicho Reyno del Pirú, veynte mill pessos en barras de oro y de a quatrocientos y cinquenta marauedís cada peso, los quales los rresiuimos luego en las dichas barras de oro que passaron de vuestro poder al nuestro, en presençia del escriuano de esta carta, que lo valió e montó, e yo Fernando del Castillo doy fe que los uide passar los dichos veynte mill pessos en las dichas harras de oro y los resciueron en mi presencia los dichos capitán Francisco Piçarro y Diego de Almagro, y se dieron por contentos y pagados dellos.

[4] E nos los dichos capitán Francisco Piçarro y Diego de Almagro, ponemos de nuestra parte en esta dicha conpañía la merced que tenemos del dicho señor gouernador, de la dicha conquista y reyno que descubriéremos de la tierra del dicho Pirú, que en nombre de Su Magestad nos a hecho / y las demás merçedes quél nos hiciere, y acressentare Su Magestad y los del su Conssejo de Yndias de aqui adelante, para que todos gozeis y ayais vuestra terçia arte sin que en cosa alguna ayamos de tener mas parte cada uno de nos, el uno que el otro, sino que ayamos de todo ello partes yguales. Y mas ponemos en esta dicha conpañía nuestras personas y el auer de hazer la dicha conquista y descubrimiento, con assistir con ellas en la guerra todo el tiempo que se tardare en conquistar, e ganar, y poblar el dicho rreyno del Pirú, sin que por ello ayamos de lleuar ninguna bentaxa, ni parte, mas de la que vos el dicho don Hernando de Luque llevàredes, que a de ser por yguales partes todos tres,

177 Der Text folgt der Edition von M. Maticorena-Estrada, El contrato de Panamá, 1526, para el Descubrimiento del Perú, in: Cahiers du monde hispanique et luso-bresilien 7 (1966), S. 79–83 (auf der Grundlage von AGI, Lima, 149).

[5] anssí de todos los aprouechamientos que con nuestras perssonas huviéremos, y bentaxas de las partes que nos cupieren en la guerra y en los despoxos y ganancias y suertes que en dicha tierra del Pirú huiéremos, y gocaremos, y nos cupiere por qualquier uía y forma que sea, anssí a mi el dicho capitán Francisco Piçarro, como a mi Diego de Almagro, aueis de auer de todo ello, y es buestro, y os lo daremos bien y fielmente, sin deffraudaros en cossa alguna dello, la tercia parte, porqué desde agora en lo que Dios nuestro Señor nos diere, dezimos y confessamos que es buestro y de vuestros herederos y subcessores, y de quién en esta dicha conpañía subcediere y lo hubiere de auer, en vuestro nombre se lo daremos y le daremos quenta de todo ello, a vos y a vuestros subcessores, quieta é pacífiìcamente, sin llevar mas parte cada uno de nos que vos el dicho don Hernando de Luque, y quién vuestro poder hubiere y le pertenesciere,

[6] anssí de cualquier dictado y estado de señorio perpetuo, y por tiempo señalado que Su Magestad nos hiciere merçed en el dicho Reyno del Pirú, anssí a mi el dicho capitán Françisco Piçarro o a mi el dicho Diego de Almagro, o a cualquiera de nos, sea vuestro el tercio de toda la renta, y estado, y vasallos que a cada uno de nos se nos diere / y hiçiere merçed, en cualquier manera, forma que sea en el dicho Reyno del Pirú por uía de estado, e rrenta, de repartimiento de yndios, situaciones, vassallos, seais señor y goçeis de la tercia parte dello como nosotros missmos, sin adición, ni condición ninguna,

[7] y si la huviere y alegáremos, yo el dicho capitán Piçarro y Diego de Almagro, y en nuestro nombre nuestros herederos, que no seamos oydos en juicio ni fuera dél; y nos damos por condenados en todo, y por todo, como en esta escriptura se contiene, paralo pagar y que aya effecto.

[8] E yo el dicho don Hernando de Luque hago la dicha conpañía en la forma y manera que de suso està declarado, y doy los dichos veynte mill pessos de buen oro para el dicho descubrimiento y conquista, del dicho reyno del Pirú, a pérdida o a ganançia, como Dios nuestro Señor sea seruido, y de lo sussodicho en el dicho descubrimiento de la dicha governación y tierra, e yo de goçar e auer la tercia parte, y la otra terçia parte el capitán Francisco Piçarro, y la otra terçia parte Diego de Almagro, sin que el uno no lleue más que el otro, assi estado de señor como de repartimiento de yndios perpetuos, como de tierras y solares / y eredades, como de tessoros y escondedixos encueviertas (sic), como de cualquier rriqueca o aprouechamiento de oro, plata, perlas, esmeraldas, diamantes y rubíes, y de qualquier estado y condición que sea, que los dichos capitán Françisco Piçarro y Diego de Almagro ayas y tengais en el dicho reyno el Pirú, me aueis de dar de todo la tercia parte.

[9] Y nos el dicho capitán Françisco Piçarro e Diego de Almagro, dezimos que açeptamos la dicha conpañía y la haçemos con el dicho don Hernando de Luque, de la forma y manera que él lo pide y declara, para que todos por yguales partes ayamos en todo e por todo, anssí de estados perpetuos que Su Magestad nos hiciere, mercedes en vassallos e yndios, o en otras qualesquier rentas, goze el dicho don Hernando de Luque y aya la dicha tercia parte de todo ello enteramente, y goce dellos como cossa suya, desde el día que Su Magestad nos hiziere qualesquier mercedes como dicho es. /

[10] Y para mayor berdad y seguridad de esta dicha escriptura de conpañía, y de todo lo en ella contenido, y que os acudiremos y pagaremos nos los dichos capitán Françisco Piçarro y Diego de Almagro a vos, el dicho Hernando de Luque, con la tercia parte de todo lo que se hubiere y descubriere, e nosotros tuviéremos por cualquier uía y forma que sea; para mayor fuerça de que lo cumpliremos como en esta escriptura se contiene, juramos a Dios nuestro Señor y a los Santos Evangelios, donde mas largamente son escritos y están en este libro misal,

[11] donde pusieron sus manos el dicho capitán Françisco Piçarro y Diego de Almagro, hiçieron la señal de la cruz en semejança de esta cruz con sus dedos de la mano en presencia de mi el pressente escriuano, y dixeron que guardarán y cumplirán esta dicha conpañía y escriptura, en todo y por todo, como en ella se contiene, so pena de ynfames y malos / cristianos, y caer en casso de menos valèr, y que Dios se lo demande mal y caramente; y dixeron el dicho Françisco Piçarro y Diego de Almagro, amén; anssí lo juramos y le daremos el tercio dc todo lo que descubriéremos, y conquistáremos, e obláremos en el dicho reyno y tierra del Pirú, y que goce dello como nuestras perssonas, de todo aquello en que fuere nuestro y tuviéremos parte, como dicho es en esta dicha escriptura;

[12] e nos obligamos de acudir con ello a vos el dicho don Hernando de Luque, y a quién en vuestro nombre le pertenesciere, y hubiere de auer, y les daremos quenta con pago de todo, cada y quando que se nos pidiere, hecho el dicho descubrimiento y conquista y población del dicho Reyno y tierra del Pirú; y prometemos que en la dicha conquista y descubrimiento nos ocuparemos y travaxaremos con nuestras personas, sin ocuparnos en otra cossa hasta que se conquiste la tierra y se gane,

[13] y si no lo hiçiéremos / seamos castigados por todo rigor de justicia por ynffames y perjuros, seamos obligados a bolueros a vos el dicho don Hernando de Luque los dichos veynte mill pesos de oro de que vos rresciuimos.

[14] E para lo cumplir, y pagar, y auer por firme todo lo en esta dicha escriptura contenido, cada uno por lo que le toca, renunciaron todas y qualesquier leyes, ordenamientos y pragmáticas e otras cualesquier constituciones, ordenanças, que estén hechas en su favor, y cualquiera dellos, para que, aunque las pidan y aleguen que no les vala, e valga esta dicha escriptura e todo lo en ella contenido,

[15] y trayga aparexada y deuida execución anssí en sus perssonas como en sus bienes, muebles y raíces auidos y por auer; e para lo cumplir e pagar, cada uno por lo que le toca, obligaron sus personas y bienes auidos e por auer, según dicho es, y dieron poder cumplido a qualesquier justiçias jueces de Su Magestad / para que por todo rigor y mas breue remedio de derecho, les conpelan e apremien a lo anssy cumplir y pagar, como si lo que dicho es fuesse sentençia diffinitiba de juez competente passada en cossa juzgada;

[16] errenunciaron cualesquier leyes, fueros y derechos que en su favor hablan, especialmente la ley que dize Que jeneral renunciación de leyes non vala.

[17] Que es fecha e otorgada en la dicha ciudad de Panamá, en diez días del mes de Março, año del nacimiento de nuestro Salbador Iesuchristo de mill y quinientos y beintisseis años. Testigos que fueron presentés, a lo que dicho es, Joan de Panes y Alvaro del Guijo y Joan de Vallexo, bezinos de la dicha ciudad de Panamá, y firmó el dicho don Hernando de Luque; e porqué no sauen firmar el dicho capitán Françisco Piçarro, ni el dicho Diego de Almagro, firmaron por ellos en el registro de esta carta Joan de Panes y Alvaro del Guixo, a los quales otorgantes, yo el pressente escriuano, doy fe que conozco. Don Hernando de Luque. A su ruego de Françisco Piçarro / Joan de Panes; y a su ruego de Diego de Almagro Alvaro del Guijo.

[18] Va entre renglones do diz los vala, va testado do diz las dichas, do diz y, do diz a, do diz go, y do dis L, no valga. E yo Hernando del Castillo scriuano de Su Magestad, escriuano público del número de esta ciudad de Panamá, pressente fui al otorgamiento de esta escriptura, e la fize escriuir en estas quatro fojas con esta con esta (sic), e por ende flze aqui este mi signo a tal en testimonio de berdad. Hernando del Castillo escribano público.

Übersetzung[178]

[0] Im Namen der Allerheiligsten Dreifaltigkeit, des Vaters, des Sohnes und des Heiligen Geistes, drei verschiedene Personen und ein wahrer Gottes, und der Allerheiligsten Jungfrau Maria, unserer Herrin, errichten wir diese Gesellschaft.

[1] Ihr, die Ihr diesen Gesellschaftsvertrag seht, wisset, dass ich, Don Hernando de Luque, Priester und Vikar der Heiligen Kirche von Panama, auf der einen und auf der anderen Seite Hauptmann Francisco Pizarro und Diego de Almagro, die wir sind Einwohner dieser Stadt Panama, hiermit erklären, dass wir uns einig geworden und übereingekommen sind, eine Gesellschaft zu errichten und zu gründen, die unter den folgenden Bedingungen auf immer und ewig Gültigkeit und Bestand haben soll.

[2] Da wir, besagter Hauptmann Francisco Pizarro und Diego de Almagro, über das Privileg und die Erlaubnis des Herrn Gouverneur Pedrarias de Avila verfügen, die Länder und Provinzen der „el Pirú" genannten Königreiche zu entdecken und zu erobern, die sich nach gegenwärtigem Kenntnisstand jenseits dieses Golfes und dieser Meeresdurchfahrt befinden, und weil für besagte Eroberung und Expedition Schiffe, Personal, Vorräte und andere Dinge erforderlich sind, die uns in Ermangelung von Geld und Mitteln nicht in dem gebotenen Umfang zur Verfügung stehen, und Ihr, besagter Hernando de Luque, diese Mittel beisteuern wollt, errichten wir zu gleichen Teilen besagte Gesellschaft: Wir haben uns darauf geeinigt und verständigt, dass wir brüderlich alles das teilen, was man in besagten Königreichen und Provinzen von Peru entdeckt, erlangt, erobert und besiedelt, ohne dass einer gegenüber dem jeweils anderen einen Vorteil haben soll.

[3] Ihr, besagter Hernando de Luque, habt uns ausgehändigt und als Euren Anteil an besagter Gesellschaft eingebracht den Betrag von zwanzigtausend Pesos in Goldbarren, jeder Peso zu vierhundertfünfzig Maravedís, dazu bestimmt, die Kosten für besagte Flotte und das entsprechende Personal zu decken, das besagte Expedition und Eroberung des besagten Königreichs Peru unternimmt. Den Betrag haben wir sogleich in Form besagter Goldbarren, die von Euren in unseren Besitz (*poder*) übergegangen sind, und in Gegenwart des diese Urkunde ausfertigenden Schreibers erhalten, der die Barren begutachtet und gezählt hat. Und ich, Fernando del Castillo, bezeuge, dass ich gesehen habe, wie die besagten zwanzigtausend Pesos in Gestalt genannter Goldbarren den Besitzer gewechselt und von besagtem Hauptmann Francisco Pizarro und Diego de Almagro in meiner Gegenwart in Empfang genommen wurden, und dass sich beide durch diese Goldbarren befriedigt und bezahlt erklärt haben.

[4] Als unseren Anteil an besagter Gesellschaft bringen wir, besagter Hauptmann Francisco Pizarro und Diego de Almagro, das Privileg ein, welches uns der Herr Gouverneur im Namen Seiner Majestät für die genannte Eroberung und das in der Gegend von Peru zu entdeckende Königreich verliehen hat, und dazu alle weiteren Privilegien, die uns von heute an der Herr Gouverneur ge-

178 Es handelt sich um eine freiere, nicht immer wörtliche Übersetzung, da sich die feststehenden Formeln der redundanten frühneuzeitlichen Rechts- und Amtssprache nicht immer angemessen in die deutsche Gegenwartssprache übertragen lassen. Im Vordergrund steht die Verständlichkeit des Textes im Ganzen. Für eine wissenschaftliche Beschäftigung mit einzelnen Rechtsfragen ist die spanische Vorlage heranzuziehen. Die Einteilung in mit Randnummern gekennzeichnete Sinnabschnitte findet sich nicht in der Vorlage.

währt und Seine Majestät oder die Mitglieder von Seiner Majestät Indienrat vermehren, so dass Ihr, besagter Hernando de Luque, an allem Euren dritten Teil habt und Euch daran erfreuen könnt, ohne dass einem von uns an irgendeiner Sache ein größerer Anteil zustehen soll als dem anderen, vielmehr sollen wir alle in allem gleichberechtigt sein; und ferner bringen wir in besagte Gesellschaft uns selbst in Person ein sowie die Pflicht, besagte Eroberung und Entdeckung vorzunehmen und daran teilzunehmen während der gesamten Zeit, die es dauern wird, besagtes Königreich von Peru zu erobern, zu erlangen und zu besiedeln, ohne dass uns daraus ein Vorteil und Anteil erwächst, der über den hinausreicht, der Euch, besagten Hernando de Luque, zusteht, und der für uns alle drei identisch sein soll;

[5] von allen Vorteilen, die unseren Personen zuteil werden, und auch allen Vorzügen, in deren Genuss wir bei der Beuteverteilung, den Erwerbungen oder in anderen Glücksfällen im besagten Land von Peru kommen, auf welchem Weg und in welcher Form das auch immer geschehen mag, zu meinen des besagten Hauptmanns Francisco Pizarro Gunsten wie auch zu meines Diego de Almagro Nutzen, von alle dem sollt Ihr den dritten Teil bekommen, und er soll Euch gehören, und wir werden Euch Euren Anteil gut und treu entrichten, ohne Euch zu betrügen. Hiermit bestätigen und bekennen wir, dass wir ab sofort von allem, was uns Gott unser Herr zukommen lässt, Euch und Euren Erben oder demjenigen, der sonst auf Euch in besagter Gesellschaft nachfolgt und dem es von Rechts wegen zusteht, Euren Anteil in Eurem Namen entrichten und überlassen und Euch oder Euren Nachfolgern ruhig und friedfertig Rechnung legen werden, ohne dass einer von uns einen größeren Anteil erhalten soll als Euch, besagten Hernando de Luque, oder wer auch immer Eure Vollmacht besitzt und beanspruchen kann, zusteht.

[6] Von allem gehöre Euch der dritte Teil, auch von der Zuerkennung oder Übertragung einer Herrschaft (*señorio*), sei es auf Dauer oder auf bestimmte Zeit, die Seine Majestät in dem besagten Königreich von Peru sowohl an mich, besagten Hauptmann Pizarro, als auch an mich, besagten Diego de Almagro, oder an irgendeinen von uns überträgt; und außerdem sei der dritte Teil Euer von allen Einkommen, Besitzungen (*estado*) und Untertanen (*vasallos*), die uns gnadenhalber zuteil werden, gleich auf welche Weise das im besagten Königreich Peru geschieht, sei es durch Zuteilung von Besitzungen, Einkünften, Indigenen, Renten und Untertanen; darüber sollt Ihr Herr sein und den dritten Teil nutzen können wie wir selbst, ohne Zusatz und Bedingung;

[7] sofern es indes solche Bedingungen gibt und sie geltend gemacht werden sollten, von mir, besagtem Hauptmann Pizarro oder von mir Diego Almagro oder in unserem Namen von unseren Erben, so sollen wir nicht gehört werden, weder vor Gericht noch außerhalb davon; und wir bekennen uns schuldig, alles zu bezahlen und umzusetzen, was diese Urkunde zum Inhalt hat.

[8] Und ich, besagter Hernando de Luque, errichte besagte Gesellschaft zu den zuvor genannten Bedingungen und bringe besagte zwanzigtausend Pesos in massivem Gold für besagte Entdeckung und Eroberung des besagten Königreiches von Peru ein, auf Gewinn oder Verlust, so wie es dem Herrn gefällt. Und von dem, was bei besagter Entdeckung besagten Landes und besagten Bezirks anfällt, erhalte und nutze ich den dritten Teil und der Hauptmann Francisco Pizarro das andere Drittel sowie das letzte Drittel Diego de Almagro, ohne dass einer mehr erhält als der andere, sowohl mit Blick auf die Herrschaftsrechte als auch auf die dauerhafte Zuteilung von Indigenen, auf Landgüter, Grundstücke, Erbgüter, Schätze und vergrabene Güter, sowie in Hinsicht auf alle Reichtümer und Nutzungen an Gold, Silber, Perlen, Smaragden, Diamanten und Rubinen, von welcher Beschaffenheit und Bedingung auch immer, über die besagter Hauptmann Francisco Pizarro und Diego de Almagro im besagten Königreich Peru verfügen; von dem allen müsst Ihr mir den dritten Teil entrichten.

[9] Und wir, besagter Hauptmann Francisco Pizarro und Diego de Almagro, erklären, dass wir besagte Gesellschaft errichten und wir sie mit besagtem Don Hernando de Luque zu den Bedingungen schließen, wie er sie fordert und bestimmt, nämlich, dass wir alle zu gleichen Teilen an allem und jedem Besitz haben sollen; sowohl an den Besitzungen auf Dauer, die uns von Seiner Majestät verliehen werden, als auch den Zuteilungen von Untertanen und Indigenen oder anderen Einkünften jedweder Art, soll besagter Hernando de Luque teilhaben und besagten dritten Teil voll und ganz besitzen und daraus Nutzen ziehen so wie aus seinem eigenen Besitz und dies von dem Tag an, an dem uns Seine Majestät irgendeine solche Gnade erweist, wie dies geschrieben steht.

[10] Und zur größeren Sicherheit und Wahrhaftigkeit dieses Gesellschaftsvertrages und alles dessen, was in ihm enthalten ist, und damit wir, besagter Hauptmann Francisco Pizarro und Diego de Almagro, Euch, besagten Don Hernando de Luque, den dritten Teil von all dem, was wir erhalten und entdecken werden, auf welchen Wegen und in welchen Formen auch immer, entrichten und bezahlen werden, schwören wir zur Bekräftigung, dass wir alles so erfüllen werden, wie es in dieser Urkunde enthalten ist, bei Gott unserm Herrn und den heiligen Evangelien, wie sie hier in diesem Messbuch ausführlich abgehandelt sind.

[11] Auf dieses Buch legten besagter Hauptmann Francisco Pizarro und Diego de Almagro in meiner, des Schreibers, Anwesenheit ihre Hände, machten mit den Fingern das Kreuzzeichen nach der Vorgabe dieses Kreuzes hier und bekräftigten, dass sie diese besagte Gesellschaft und diese Urkunde in allem und in jeder Hinsicht erfüllen werden, so, wie es hier geschrieben steht, bei der Strafe, die meineidige und schlechte Christen trifft, und bei Verlust ihres Vermögens, und dass Gott der Herr sie es bitter und teuer büßen lasse, und besagter Francisco Pizarro und Diego de Almagro sagten Amen; so schwören wir es und wir werden ihm den dritten Teil von all dem geben, was wir im besagten Königreich und Land von Peru entdecken, erobern und besiedeln werden, so dass er seinen Anteil gebrauchen kann, wie wir selbst es mit unseren eigenen Personen es tun werden, und zwar von dem, was uns gehört und woran wir Anteil haben werden, wie es die vorliegende Urkunde bestimmt.

[12] Und wir verpflichten uns, mit diesem dritten Teil Euch, besagten Hernando de Luque, aufzusuchen, oder denjenigen, dem dieser dritte Teil in Eurem Namen gehören und zustehen soll, und wir werden ihnen über alles Rechnung legen, sobald und wann auch immer man dies von uns verlangt, nachdem besagte Entdeckung, Eroberung und Besiedlung des besagten Königreiches und Landes von Peru abgeschlossen ist; und wir versprechen, dass wir selbst bei besagter Eroberung und Entdeckung teilnehmen und uns in Person einbringen werden, ohne uns mit anderen Dingen zu befassen, bis das Land erobert und erworben ist.

[13] Und wenn wir das nicht umsetzen, so sollen wir mit aller Strenge des Gesetzes als Ehrlose und Meineidige bestraft werden und verpflichtet sein, Euch, besagten Hernando de Luque, die besagten zwanzigtausend Pesos in Gold, die wir von Euch empfangen haben, wieder zurückzuerstatten.

[14] Und damit alles eingehalten, gezahlt und erfüllt werde, was in dieser Urkunde enthalten ist, hat jeder, soweit es ihn anbelangt, auf alle und jedes einzelne Gesetz, Verordnung, Satzung, und jede Art von Vorschrift (*leyes, ordenamientos y pragmáticas e otras cualesquier constituciones, ordenanças*) und jede einzelne davon, die zu seinen Gunsten besteht, verzichtet, so dass die Gesetze, auch wenn man sich darauf beruft und darauf Bezug nimmt, keine Anwendung finden; maßgeblich ist allein die vorliegende Urkunde.

[15] Und diese Urkunde soll zweck- und ordnungsmäßig vollstreckbar sein, sowohl hinsichtlich ihrer Personen wie auch ihrer beweglichen und unbeweglichen Güter, welche sie jetzt besitzen oder in Zukunft besitzen werden. Und zur Erfüllung und Bezahlung hat jeder von ihnen in Bezug auf das, was ihn betrifft, seine Person, einschließlich der Güter, die er jetzt oder in Zukunft besitzen wird, verpflichtet, wie es geschrieben steht, und bevollmächtigt jeden Richter und Gerichtsdiener Seiner Majestät, die Vertragsparteien mit aller Strenge und auf dem kürzesten Wege zu zwingen und dazu anzuhalten, alles so zu erfüllen und zu bezahlen, als ob es sich um ein rechtskräftig ergangenes Urteil eines zuständigen Richters handeln würde;

[16] und sie haben auf die Anwendung von jedwedem Gesetz, Partikularrecht oder Recht, das ihnen günstig sein könnte, verzichtet, namentlich auf die Anwendung jenes Rechtssatzes, der bestimmt: „Ein allgemeiner Verzicht auf die Anwendung von Gesetzen hat keine Gültigkeit".

[17] Geschehen und ausgefertigt in der Stadt Panama, am 10. Tag des Monats März, im Jahre nach der Geburt unsers Erlösers Jesus Christus eintausendfünfhundertundsechsundzwanzig. Als Zeugen für das, was gesagt wurde, waren Joan de Panes, Alvaro del Guijo und Joan de Vallexo, Einwohner besagter Stadt Panama, anwesend, und besagter Hernando de Luque hat eigenhändig unterzeichnet; weil weder besagter Hauptmann Francisco Pizarro noch der genannte Diego de Almagro schreiben können, haben für sie Joan de Panes und Alvaro del Guixo das Protokoll dieser Urkunde unterzeichnet; von welchen Unterzeichnern ich, der anwesende Schreiber, beglaubige, dass sie mir bekannt sind.

Don Hernando de Luque.

Auf Bitten des Francisco Pizarro, Joan de Panes, und auf Bitten des Diego de Almagro, Alvaro del Guijo.

[18] (Errata/Korrekturanmerkungen) Und ich, Hernando del Castillo, Amtsschreiber Seiner Majestät und öffentlicher Notar (*escriuano público del número*) dieser Stadt Panama, war bei der Ausfertigung dieser Urkunde anwesend, und ich habe sie auf diesen vier Blättern niedergeschrieben und zur Beglaubigung der Wahrheit dieses mein Notariatszeichen hinzugefügt.

Hernando del Castillo, öffentlicher Notar.

Holger Fleischer und Matthias Pendl

§ 5 Die Vereinigte Ostindische Compagnie der Niederlande zwischen privater Handelsgesellschaft und staatlicher Kolonialagentur

Inhaltsübersicht

https://doi.org/10.1515/9783110733839-006

I. Einführung

Am 20. März 1602 schlug die Geburtsstunde einer das Kapitalgesellschaftsrecht prägenden Handelsvereinigung: der Vereinigten Ostindischen Compagnie der Niederlande (VOC). Sie war die größte und mächtigste[1] unter den vielen ab Ende des 16. Jahrhunderts gegründeten Handelscompagnien[2] und stellte, wie die junge niederländische Republik, einen Gegenentwurf zum monarchischen Regierungs- und Wirtschaftsmodell in Spanien und Portugal dar. Als hybride Institution zwischen privater Handelsgesellschaft und staatlicher Kolonialagentur[3] verstand sie es, ungeheure Mengen an Kapital zu beschaffen und äußerst erfolgreich einzusetzen. Aber nicht nur deshalb hat sich die VOC tief in die Geschichte des Gesellschaftsrechts eingeschrieben: Sie gilt vielen auch als Vorläufer der heutigen kontinental-europäischen Aktiengesellschaften[4] und als erste *naamloze vennootschap* in den Niederlanden[5]. Außerdem setzte schon früh ein reger Han-

1 Näher dazu *Furber*, Rival Empires of Trade in the Orient 1600–1800, 1976, S. 186.

2 Für eine Zusammenstellung *Lehmann*, Die geschichtliche Entwicklung des Aktienrechts bis zum Code de Commerce, 1895, S. 8 ff.

3 Weiterführend *Schuppert*, Verflochtene Staatlichkeit. Globalisierung als Governance-Geschichte, 2014, S. 42 ff.; s. auch den Titel des Sammelbandes von *Schmitt/Schleich/Beck* (Hrsg.), Kaufleute als Kolonialherren: Die Handelswelt der Niederländer vom Kap der Guten Hoffnung bis Nagasaki 1600–1800, 1988.

4 Vgl. *Assmann*, in Großkomm. AktG, 4. Aufl. 1992, Einl. Rn. 13; *Cordes*, in Handwörterbuch zur deutschen Rechtsgeschichte, 2. Aufl. 2004, Bd. I, Stichwort: Aktiengesellschaft, Sp. 132; *Großfeld*, Aktiengesellschaft, Unternehmenskonzentration und Kleinaktionär, 1968, S. 115; *Hartung*, Geschichte und Rechtsstellung der Compagnie in Europa, 2000, S. 7; *Schmoeckel/Maetschke*, Rechtsgeschichte der Wirtschaft, 2. Aufl. 2016, Rn. 245; *Schmoller*, Jahrbuch für Gesetzgebung, Verwaltung und Volkswirthschaft in Deutschland 17 (1893), 959, 960; kritisch aber *Coing*, Europäisches Privatrecht, Bd. I, 1985, S. 524 ff.; früher schon *van Brakel*, VSWG 14 (1918), 549, 550.

5 *Gepken-Jager*, in Gepken-Jager/Solinge/Timmerman (Hrsg.), VOC 1602–2002: 400 Years of Company Law, 2005, S. 43 m. w. N.

del mit ihren Anteilen an der Amsterdamer Wertpapierbörse ein,[6] so dass man die VOC mit Fug und Recht als erste börsennotierte Gesellschaft der Welt bezeichnen kann.

II. Quellenlage

Die Forschung zur VOC füllt ganze Bibliotheken. Dies veranschaulicht bereits ein flüchtiger Blick auf den einschlägigen Eintrag bei Wikipedia.[7] Verantwortlich dafür ist neben ihrer enormen Bedeutung für die westliche Zivilisation vor allem der vorzügliche Quellenbestand: Die reichhaltigen Archive der VOC, die sich in den Niederlanden, Indonesien, Sri Lanka, Indien und Südafrika befinden, wurden von der UNESCO im Jahr 2003 zum Weltdokumentenerbe erhoben und dem *Memory of the World* hinzugefügt.[8] Sie geben auf etwa 1.205 Metern[9] und rund 25 Mio. Seiten[10] Aufschluss über soziale, religiöse, kulturelle, politische, geografische, militärische, ökonomische und rechtliche Aspekte der VOC.

Dieser Informationsreichtum kann hier nicht einmal ansatzweise aufbereitet werden. Der vorliegende Beitrag konzentriert sich auf die Unternehmensverfassung der VOC im Gründungsakt (Octroy) und ihre Weiterentwicklung vor allem in den beiden folgenden Jahrzehnten. Als Hauptquellen dienen neben der Gründungsurkunde[11] und ihren Anpassungen bis 1648[12] die historischen Grundlagen-

---

6 Vgl. *Gepken-Jager* (Fn. 5), S. 43, 68: „There was trading in VOC shares several days after the subscriptions had closed and even before there had been any deposits of money."; gleichsinnig *Dari-Mattiacci/Gelderblom/Jonker/Perrotti*, 33 Journal of Law, Economics & Organization 193, 208 (2017).

7 https://en.wikipedia.org/wiki/List_of_works_about_the_Dutch_East_India_Company (eingesehen, wie alle weiteren Internetquellen, am 1.7.2020). Die niederländische Version der Wissensplattform hält sogar ein Portal zur VOC bereit: https://nl.wikipedia.org/wiki/Portaal:VOC. Ein weiterer Literaturüberblick findet sich auf der Homepage des niederländischen Forschungsprogramms TANAP (Towards A New Age of Partnership) unter http://www.tanap.net/content/voc/literature/lit_intro.htm.

8 Vgl. dazu den online verfügbaren Eintrag http://www.unesco.org/new/en/communication-and-information/memory-of-the-world/register/full-list-of-registered-heritage/registered-heritage-page-1/archives-of-the-dutch-east-india-company/.

9 So die Schätzung von *Gaastra*, in Schmitt/Schleich/Beck (Fn. 3), Vorwort, S. 1.

10 Dazu *van Boven*, Memory of the World Register – Nomination Form, 2003, S. 5.

11 Abdruck in niederländischer Sprache in Groot Placaet-Boeck, 1658, S. 529 ff. und bei *Gepken-Jager/van Solinge/Timmerman* (Fn. 5), S. 17 ff., in deutscher Sprache im Anhang zu diesem Kapitel.

12 Abdruck in niederländischer Sprache in Groot Placaet-Boeck (Fn. 11), S. 537 ff.

werke von *Femme Gaastra*[13], *Holden Furber*[14] und *Gerard Cornelis Klerk de Reus*[15]. Aus gesellschaftsrechtlicher Sicht sind vor allem die Schriften von *Niels Steensgaard*[16] sowie die Beiträge in dem Jubiläumsband von *Ella Gepken-Jager*, *Gerard van Solinge* und *Levinus Timmerman*[17] zu nennen. Rechtsökonomische und wirtschaftshistorische Einsichten steuert die Forschergruppe rund um den Utrechter Professor *Oscar Gelderblom* bei.[18] Originell und gleichzeitig höchst informativ präsentiert sich ferner eine Arbeit des Journalisten und Historikers *Christoph Driessen*[19], der die VOC in einer Zusammenstellung von Texten aus der niederländischen Presse und der Reiseliteratur beschreibt. Ein zeitgeschichtliches Dokument ersten Ranges sind schließlich die „Beschrijvinge van de Oostindische Compagnie" aus der Feder von *Pieter van Dam*: Er diente der VOC ganze 54 Jahre lang als *Advocaat*[20] und legte im Jahr 1701 eine einzigartige Beschreibung der Compagnie aus einer Binnenperspektive vor.[21]

III. Politische Rahmenbedingungen und Vor-Compagnien

Wie eingangs erwähnt, war das Schicksal der VOC eng mit der jungen niederländischen Republik verbunden. Eine neuere Veröffentlichung verwendet hierfür den anschaulichen Begriff der „verflochtenen Staatlichkeit".[22] Für ein vertieftes Verständnis der VOC ist es daher unumgänglich, vorab einen Blick auf die politischen und wirtschaftlichen Rahmenbedingungen jener Zeit zu werfen. Auf diese

---

13 Fn. 9; *ders.*, The Dutch East India Company, 2003; *ders.*, TANAP, VOC-Organization, abrufbar unter http://www.tanap.net/content/voc/organization/organization_intro.htm.

14 Fn. 1.

15 *Klerk de Reus*, Geschichtlicher Ueberblick der administrativen, rechtlichen und finanziellen Entwicklung der Niederländisch-Ostindischen Compagnie, 1894.

16 *Steensgaard*, in Aymard (Hrsg.), Dutch Capitalism and World Capitalism, 1982, S. 235.

17 Fn. 5.

18 *Gelderblom/Jonker*, The Journal of Economic History, 64 (3), (2004), 641; *Gelderblom/de Jong/Jonker*, in Koppell (Hrsg.), Origins of Shareholder Advocacy, 2011, S. 29; *dies.*, The Journal of Economic History, 73 (4), (2013), 1050; *dies.*, European Review of Economic History, hez003 (2019); *Dari-Mattiacci/Gelderblom/Jonker/Perrotti*, 33 Journal of Law, Economics & Organization 193 (2017).

19 *Driessen*, Die kritischen Beobachter der Ostindischen Compagnie, 1996.

20 Als solcher fungierte er als eine Art Generalsekretär der VOC und „rechte Hand" der Direktoren; dazu *Gaastra* (Fn. 9), S. 58, 68 mit Fn. 27.

21 *van Dam*, Beschrijvinge van de Oostindische Compagnie, hrsg. von F.W. Stapel, 1927.

22 So *Schuppert* (Fn. 3), S. 27 ff. und *passim*.

Weise lassen sich zugleich Missverständnisse und fehlerhafte historische Rückprojektionen vermeiden.[23]

1. Gründung der Vereinigten Niederlande im Jahre 1581

Die Niederlande waren nach einem knappen Jahrhundert unter burgundischer Herrschaft im Jahre 1477 in die Hände der Habsburger gelangt[24] und galten wegen ihres Wohlstands als ein Juwel des Habsburgischen Weltreiches.[25] Nach der Abdankung von Kaiser *Karl V.* im Jahre 1556 übernahm sein Sohn *Philipp II.* das Regiment. Anders als sein in Gent geborener Vater brachte er wenig Verständnis für den niederländischen Volksgeist auf. Tief im katholischen Glauben verwurzelt,[26] versuchte er mit aller Macht, den sich ausbreitenden Calvinismus in den Niederlanden zurückzudrängen. Hiergegen lehnten sich der einheimische Adel und die wohlhabenden Städte im sog. Bildersturm von 1566 auf. Daraufhin entsandte *Philipp II.* ein königstreues Heer unter dem berüchtigten *Herzog von Alba*, der die Niederlande als „Schreckensfürst"[27] mit Blut und Chaos überzog. Die Aufständischen erkoren 1572 *Wilhelm von Oranien* zu ihrem Anführer. Sie konnten sich namentlich in den nördlichen Landesteilen behaupten. Im Jahre 1579 schlossen sich dort sieben Provinzen[28] zur sog. Utrechter Union zusammen. Am 26. Juli 1581 erklärten diese sieben nördlichen Provinzen mit dem *Plakkaat van Verlatinghe* ihre Unabhängigkeit[29] und riefen die Republik der Vereinigten Niederlande aus.[30] An der

---

23 Allgemein zu dieser Gefahr *Cordes/Jahntz*, in Bayer/Habersack (Hrsg.), Aktienrecht im Wandel, Bd. I, 2007, 1. Kap. Rn. 6: „Wer die Handelscompagnien des 17./18. Jh. auf der Suche nach Vorformen der Aktiengesellschaften ins Auge fasst, wird dazu neigen, ihren staats- und allgemein öffentlich-rechtlichen Kontext zu vernachlässigen. [...] Darüber hinaus besteht die Gefahr, die historische Institution im Prokrustesbett der modernen Dogmatik zu dehnen oder zu stauchen."

24 Näher zum Folgenden *Driessen*, Geschichte der Niederlande, 2. Aufl. 2016, S. 18 ff.; *M. North*, Geschichte der Niederlande, 4. Aufl. 2013, S. 18 ff.

25 Vgl. *D. North/Thomas*, The Rise of the Western World, 1973, S. 134: „The Low Countries had because of their prosperity become the jewels of the Habsburg Empire [...]."

26 Vgl. *Driessen* (Fn. 24), S. 19: „Philipp, Seine *Allerkatholischste Majestät*, war ein auch für seine Zeit ungewöhnlich religiöser Mensch. Täglich besuchte er die Heilige Messe."

27 *Driessen* (Fn. 24), S. 33; ähnlich *Mak*, Kleine Geschichte der Niederlande, 2013, S. 63: „Schreckensherrschaft".

28 Holland, Zeeland, Utrecht, Friesland, Groningen, Overijssel und Gelderland.

29 Dazu *Driessen* (Fn. 24), S. 50 f. mit dem Hinweis: „Das *Placcaet van Verlatinghe* war 1776 eine der wichtigsten Inspirationsquellen für Thomas Jefferson beim Verfassen der amerikanischen Unabhängigkeitserklärung."

30 Zur historischen Einordnung *Driessen* (Fn. 24), S. 51: „Um sich die Radikalität der Lossagung zu verdeutlichen, muss man bedenken, dass es damals in Europa überhaupt nur zwei Staaten

Spitze stand *Wilhelm von Oranien*, den seine Verehrer schon zu Lebzeiten als „Vater des Vaterlandes“[31] bezeichneten. Rasch begann nun der beispiellose Aufstieg der Niederlande zur Weltmacht und führenden Handelsnation[32] – eine Ära, die als „Goldenes Zeitalter“[33] in die Geschichtsbücher eingegangen ist. Zur wirtschaftlichen Blüte trugen nicht zuletzt zahlreiche Kaufleute und Handwerker aus den südlichen Provinzen bei, die nach der Rückeroberung des reichen Handelsplatzes Antwerpen durch die Spanier im Jahre 1585 massenhaft[34] in die niederländische Hauptstadt Amsterdam geflohen waren.[35]

2. Von den Vor-Compagnien zur VOC

Der niederländische Asienhandel begann Ende der 1590er Jahre mit Gründung der sog. Vor-Compagnien. Für das neu aufkommende Handelsinteresse an Fernost werden im Schrifttum verschiedene Erklärungen angeboten. Manche Autoren nennen das spanisch-portugiesische Handelsembargo gegenüber ausländischen, vor allem niederländischen Schiffen.[36] Führende VOC-Forscher verweisen dagegen vornehmlich auf den Kampf gegen das portugiesische Pfeffermonopol.[37] Pfeffer, aber auch Zimt, Muskat und Gewürznelken waren in Europa außerordent-

gab, die ohne einen Fürsten an der Spitze auskamen, nämlich die schweizerische Eidgenossenschaft und die Republik Venedig.“

31 *Driesen* (Fn. 24), S. 42 mit einem Kurzporträt.

32 Vgl. dazu *D. North/Thomas* (Fn. 25), S. 132 ff. mit der Bemerkung auf S. 132: „The Dutch success is all the more interesting because it was a small country with relatively few resources. [T]he Dutch developed an efficient economic organization compared to their rivals and in so doing achieved an economic and political importance all out of proportion to the small size of their country."

33 *Driessen* (Fn. 24), S. 58 ff.; *M. North* (Fn. 24), S. 37 ff.

34 Vgl. *Mak* (Fn. 27), S. 70: „Einhunderttausend, wenn nicht sogar einhundertfünfzigtausend Menschen machten sich da auf den Weg, und das bei einer damaligen Gesamtbevölkerung von kaum mehr als einer Million.“

35 Näher dazu *Crump*, The Dutch East Indies Company – The First 100 Years, 2006, S. 4: „The consequences for the city were disastrous. Capital, and those who owned it, had fled north to Amsterdam, while the harbour, whose only access to the sea was the Schelde, was completely cut off because the mouth of the river (as it still is today) was in Zeeland, next to Holland the most important of the United Provinces."; ferner den Vergleich der beiden Städte in den Worten des englischen Botschafters im Jahr 1616, zitiert nach *Driessen* (Fn. 24), S. 66: „Mir fiel der Unterschied zu Antwerpen auf: Hier eine Stadt ohne Menschen, dort gleichsam Menschen ohne Stadt.“

36 So etwa *Driessen* (Fn. 24), S. 67.

37 Ausführlich *Gaastra* (Fn. 9), S. 3 f.; s. auch *Klosa*, Die Brandenburgisch-Africanische Compagnie in Emden, 2010, S. 19 f.; für weitere Faktoren *Klerk de Reus* (Fn. 15), S. XI.

lich gefragt, weil sie die Speisen haltbarer machten und ihnen Geschmack gaben.[38] Als die Portugiesen, seit 1580 in Personalunion von Spanien aus regiert, durch fortwährende Angriffe englischer Schiffe zunehmend in Beschaffungsschwierigkeiten gerieten, kam es bei gleichzeitig steigender Nachfrage zu einem steilen Anstieg der Pfefferpreise. Außerdem war der portugiesische Pfefferkontrakt für den Absatz in Europa in die Hände eines internationalen Kaufmannssyndikats gefallen, an dem unter anderem auch die Fugger[39], aber keine niederländischen Geschäftsleute beteiligt waren.[40] Beide Faktoren – die Aussicht auf hohe Renditen und der Ausschluss niederländischer Kaufleute vom lukrativen Gewürzmarkt in Kontinentaleuropa – spornten die Niederländer an, sich fortan selbst um die Pfeffereinfuhr zu kümmern.

Konkret waren es in den Provinzen Holland und Zeeland ansässige Kaufleute, die mithilfe ihres gestiegenen Finanz- und Humankapitals sowie fortentwickelter kartografischer Kenntnisse im Rahmen von Gelegenheitsgesellschaften zahlreiche Expeditionen ausrüsteten.[41] Diese ersten Handelsfahrten waren so erfolgreich, dass sie bei Londoner Kaufleuten im Jahre 1600 den Zusammenschluss zur englischen *East India Company* provozierten, um nicht ins Hintertreffen zu geraten.[42] Unmittelbarer Anlass war die legendäre Fahrt des *Jakob van Neck* für die Amsterdamer *Oude Compagnie*. Er stach im Mai 1598 mit acht Schiffen in See, um im Juli 1599 mit einer Fracht zurückzukehren, die den Investoren angeblich einen Profit in Höhe von 400 % einbrachte.[43] Bald bestanden in Holland und Zeeland etliche ostindische Handelsgesellschaften, die insgesamt über fünfzehn Flotten mit 65 Schiffen verfügten.[44] Zwischen ihnen entspann sich ein „mörderischer Konkurrenzkampf“[45], in dem sich Gesellschaften wie die *Oede Compagnie*, die

---

38 Dazu *Driessen* (Fn. 24), S. 67.

39 Zu ihnen und ihrem Gesellschaftsvertrag *Fleischer*, § 3, in diesem Buch.

40 Näher *Gaastra* (Fn. 9), S. 3.

41 Vgl. *Furber* (Fn. 1), S. 32: „By the end of 1601, some eight companies had sent out fourteen fleets, using at least sixty-five ships, leaving factors ahore at Bantam and five other ports in the islands and two on the Malay peninsula."; ferner *Gaastra* (Fn. 9), S. 4 ff. mit tabellarischem Überblick über die Expeditionen der Vor-Compagnien auf S. 78.

42 Dazu *Klosa* (Fn. 37), S. 18; zu den weiteren Hintergründen *Harris*, in Gepken-Jager/Solinge/Timmermann (Fn. 5), S. 217, 224 f.

43 Näher dazu *Furber* (Fn. 1), S. 32; s. auch *Taylor*, Business Insider, 6.11.2013: „The foundations of the VOC were laid when the Dutch began to challenge the Portuguese monopoly in East Asia in the 1590s. These ventures were quite successful. Some ships returned a 400 % profit, and investors wanted more."

44 Vgl. *Driessen* (Fn. 24), S. 68.

45 *Driessen* (Fn. 24), S. 68.

Compagnie van Verre, die *Magellaanse Compagnie* oder die *Middelburgse Compagnie* preislich immer weiter unterboten.[46]

Dieser Umstand blieb auch dem niederländischen Staat nicht verborgen. *Johan van Oldenbarnevelt*[47], ein Weggefährte des *Wilhelm von Oranien*, der als holländischer Kanzler (*landsadvocaat*) indirekt die niederländische Politik leitete, machte den noch bestehenden Vor-Compagnien deutlich, dass sie nur die Wahl zwischen Zusammenarbeit oder Ruin hätten.[48] Nach langen und zähen Verhandlungen[49] kam es zu einem Zusammenschluss der holländischen und zeeländischen Vor-Compagnien unter dem Banner der Vereinigten Ostindischen Compagnie. Ihr Gründungsdokument gehört zu den „wichtigsten Urkunden in der Geschichte der Niederländer“[50] und wird in allen Bänden zur Landeshistorie gebührend herausgestellt. Funktional handelte es sich bei der VOC zunächst um ein landesweites Kartell,[51] mit dem sich schließlich auch die vermeintlich freiheitsliebenden niederländischen Kaufleute anfreundeten, weil sie wussten, dass sich so die enormen Preisschwankungen auf dem Gewürzmarkt eindämmen ließen.[52]

---

46 Bildhaft *Klerk de Reus* (Fn. 15), S. XII: „In wenigen Jahren hatte die Concurrenz so zugenommen, dasz die verschiedenen Rhedereien (Compagnieen genannt), um eine Redensart jener Zeit zu gebrauchen, ‚sich gegenseitig das Geld aus dem Beutel und die Schuhe von den Füszen segelten.‘“; ferner *Gaastra* (Fn. 13), S. 19.

47 Über ihn und seine Bedeutung *Driessen* (Fn. 24), S. 84 ff.

48 So *Driessen* (Fn. 24), S. 68; *Nagel*, Abenteuer Fernhandel. Die Ostindienkompanien, 2. Aufl. 2011, S. 102.

49 Dazu *Steensgaard* (Fn. 16), S. 235, 240 f.; ferner *Nagel* (Fn. 48), S. 102: „Das entscheidende Problem, das solchen Plänen entgegenstand, war das tief sitzende Misstrauen zwischen Amsterdamern und Seeländern, da letztere stets eine Übermacht der holländischen Konkurrenten befürchteten.“

50 *Klerk de Reus* (Fn. 15), S. 1.

51 So auch *Cordes/Jahntz* (Fn. 23), 1. Kap. Rn. 21: „kartellartige Funktion“; ferner *Harris*, in Wells (Hrsg.), Research Handbook on the History of Corporate and Company Law, 2018, S. 88, 103: „a single cartel“; *Schmoller*, Jahrbuch für Gesetzgebung, Verwaltung und Volkswirthschaft in Deutschland 17 (1893), 959, 969: „ursprünglich mehr ein Kartell einer Anzahl Schiffspartnerschaften [...] als eine Aktiengesellschaft“.

52 Mit dieser Schlussfolgerung *Steensgaard* (Fn. 16), S. 235, 241: „The Dutch merchants of the seventeenth century undoubtedly loved their independence and freedom of initiative dearly, but they were not the good boys of liberal economy. They knew from experience the security of combination and monopoly in an age where prices might flucutate desperately from week to week or from day to day.“

IV. Octroy

Die Vereinigte Ostindische Compagnie wurde nicht im Wege freier Vereinigung gegründet, sondern kam – wie alle späteren Handelscompagnien des 17. und 18. Jahrhunderts – durch einen staatlichen Hoheitsakt, das sog. „Octroy“[53], zustande. Werfen wir zunächst einen Blick auf dieses schillernde Rechtsinstitut:

1. Begriff

Auch wenn der Duden die Herkunft des deutschen Wortes „Oktroi“ im Französischen verortet,[54] fand sich diese Bezeichnung bereits in der niederländischen Originalfassung des VOC-Gründungsdokuments.[55] Zutreffend erläuterte daher *Johann Heinrich Zedler* in seinem Universal-Lexicon aller Wissenschaften und Künste: „Octroy, oder Octroi, Lat. Concessio gratiosa, ist ein Niederländisches Wort, und bedeutet so viel, als eine Vergünstigung, Privilegium oder Freyheit, welche durch die hohe Landes-Obrigkeit ertheilet wird.“[56] Etymologisch steht dahinter das lateinische Verb „auctorare“, das sich mit „verbindlich machen, berechtigen“ übersetzen lässt.[57]

2. Bedeutung

Juristisch gestattete der jeweilige Landesherrscher durch ein solches Octroy die Gründung einer Handelscompagnie. Dabei handelte es sich um eine Privilegierung im Einzelfall[58], eine besondere Form der Gesetzgebung, die theoretisch auf

---

53 Die Schreibweise folgt hier der wohl ersten Publikation des Gründungsdokuments nach den bibliographischen Angaben bei *Landwehr*, VOC – A bibliography of publications relating to the Dutch East India Company 1602–1800, 1991, S. 5.

54 Ebenso *R. Gmür*, FS. H. Westermann, 1974, S. 167, 168; *Jahntz*, Privilegierte Handelscompagnien in Brandenburg und Preußen, 2006, S. 20 mit Fn. 44.

55 Artt. 44 und 46 des Octroy, abgedruckt bei *Gepken-Jager/Solinge/Timmermann* (Fn. 5), S. 17 ff.

56 *Zedler*, Großes vollständiges Universal-Lexicon aller Wissenschafften und Künste, welche bißhero durch menschlichen Verstand und Witz erfunden und verbessert worden, 1731-1754, Bd. 25, S. 417.

57 Vgl. *Stolleis*, in Handwörterbuch zur deutschen Rechtsgeschichte, 1. Aufl. 1984, Bd. III, Stichwort: „Octroi, oktroyierte Verfassung“, Sp. 1230.

58 Vgl. *Coing* (Fn. 4), S. 524; *Großfeld* (Fn. 4), S. 115 f.; *Hallstein*, Die Aktienrechte der Gegenwart, 1931, S. 57; *Jahntz* (Fn. 54), S. 21; *Kalss/Burger/Eckert*, Die Entwicklung des österreichischen Akeiner übergreifenden gemeinrechtlichen Privilegienlehre beruhte.[59] Eine freie Körperschaftsbildung gab es zur damaligen Zeit nicht.[60] Die Handelscompagnie kam erst durch das Octroy zustande.[61] Seine Bestimmungen legten zugleich für jede Handelscompagnie deren öffentliche Befugnisse und Pflichten sowie deren wichtigste privatrechtliche Verhältnisse fest.[62] Zuwiderhandlungen gegen das Privileg stellte das Octroy unter Strafe.[63]

3. Funktionen

Mit Erteilung einer Lizenz zur Compagnie-Gründung verfolgten die Landesherren üblicherweise verschiedene Ziele. Im Vordergrund stand zunächst die Förderung wirtschaftlicher Belange.[64] Das Octroy bildete ein beliebtes Instrument ökonomischer Standortpolitik: Durch Gewährung bestimmter Vorrechte oder Vergünstigungen wie einem Handelsmonopol[65] sollte ein nationaler Champion geschaffen werden, der für den internationalen Konkurrenzkampf gewappnet war und so zugleich die Wohlfahrt des Landes förderte. Ganz in diesem Sinne erhielt die VOC vom niederländischen Staat das Monopol für den Handel östlich des Kaps der Guten Hoffnung und westlich der Magellan-Straße.[66]

Hinzu kam im Laufe der Zeit das weitere Motiv, die Handelscompagnien für außenpolitische Eroberungsziele einzuspannen.[67] Diese wurden so zu einem Mittel für die Vergrößerung militärischer Macht. Angelegt war dies auch im Gründungsdokument der VOC, das sie ausdrücklich ermächtigte, Festungen zu bauen

tienrechts, 2003, S. 48: „Ein Oktroi (Privileg) war eine Spezialregelung in Form eines konkreten Rechtssatzes für den Einzelfall."

59 Näher dazu *Mohnhaupt*, Ius Commune, Sonderheft 15 (1981), 58, 60 ff.

60 Vgl. *Hartung* (Fn. 4), S. 232; *Jahntz* (Fn. 54), S. 31; *Kalss/Burger/Eckert* (Fn. 58), S. 48.

61 Vgl. *Cordes/Jahntz* (Fn. 23), 1. Kap. Rn. 30; *Jahntz* (Fn. 54), S. 21.

62 Vgl. *Coing* (Fn. 4), S. 526; *Großfeld* (Fn. 4), S. 116; *Hallstein* (Fn. 58), S. 57; *Kalss/Burger/Eckert* (Fn. 58), S. 48.

63 Vgl. Art. 46 VOC-Octroy; dazu *Hartung* (Fn. 4), S. 17; *Kalss/Burger/Eckert* (Fn. 58), S. 48.

64 Vgl. *Cordes/Jahntz* (Fn. 23), 1. Kap. Rn. 24; *Großfeld* (Fn. 4), S. 115.

65 Dazu etwa *Coing* (Fn. 4), S. 526; *Lehmann* (Fn. 2), S. 83.

66 Vgl. Art. 34 VOC-Octroy; dazu *Furber* (Fn. 1), S. 32 f.; *Gepken-Jager* (Fn. 5), S. 41, 47.

67 Vgl. *Cordes/Jahntz* (Fn. 23), 1. Kap. Rn. 28; *Schmoeckel/Maetschke* (Fn. 4), Rn. 246; *Harris* (Fn. 51), S. 88, 106: „The VOC was also being used by the financial-political elite to promote the military, religious, and political aims of the republic and the provinces."

und bewaffnete Truppen anzuheuern. Dadurch wurde aus der ursprünglichen Handelsgesellschaft auch eine Compagnie der Herrschaftsausübung.[68]

4. Hybrider Charakter des Octroy und der Handelscompagnien

Kennzeichnend für den Regelungszuschnitt eines Octroy war von Anfang an eine Mischung öffentlich-rechtlicher und privatrechtlicher Bestimmungen,[69] wie sie im vorkonstitutionellen Staat regelmäßig begegnete.[70] So verhielt es sich auch mit der Gründungsurkunde der VOC. Ein Großteil ihrer Bestimmungen betraf das Verhältnis der VOC zum niederländischen Staat, allen voran die Gewährung eines nationalen Monopols für den Ostindienhandel sowie die hierfür fällige Vergütung, ferner Steuer- und Zollfragen sowie die Ermächtigung der VOC-Repräsentanten zum Abschluss von Verträgen mit den Regierenden in Südostasien im Namen der Vereinigten Niederlande.

Darüber hinaus fanden sich in den Octroys der Handelscompagnien fast durchweg auch Vorschriften gesellschaftsrechtlicher Natur, die heute in der Satzung einer juristischen Person geregelt wären.[71] Ihre Aufnahme in die Gründungsurkunde entsprang schon deshalb einer praktischen Notwendigkeit, weil weder die hergebrachten lokalen Gesetze noch das gemeine Recht einen hinreichenden Regelungsrahmen für die Compagnie bereitstellten.[72] Für die VOC regelte das Octroy etwa die Leitungsstruktur durch einen Führungskreis von 17 Personen, die Wahl und Vergütung der Direktoren, die Einlageverpflichtungen der Anleger und die Gewinnausschüttung. Man kann deshalb von einer *gesetzlichen Satzung* spre-

---

68 In diesem Sinne *Nagel* (Fn. 48), S. 7 unter Hinweis auf einen Ausspruch von *van Beuningen*, einem Direktor der VOC.

69 Vgl. *Coing* (Fn. 4), S. 526; *Cordes/Jahntz* (Fn. 23), 1. Kap. Rn. 30; *Jahntz* (Fn. 54), S. 20.

70 Allgemein zum Verhältnis von Privileg (Octroy) und Kodifikation *Mohnhaupt*, Ius Commune V (1975), 77 ff.

71 Vgl. *Cordes/Jahntz* (Fn. 23), 1. Kap. Rn. 30; *Jahntz* (Fn. 54), S. 20.

72 Vgl. *Coing* (Fn. 4), S. 524; *Gmür* (Fn. 54), S. 167, 180 ff.; ferner *Cordes/Jahntz* (Fn. 23), 1. Kap. Rn. 29: „Allgemeine Gesetzgebung gab es für diese Gesellschaftsform bis zum Code de Commerce nicht."; *Jahntz* (Fn. 54), S. 23: „Dies ist in der Geschichte der Entwicklung der verschiedenen Gesellschaftsformen jedoch nicht ungewöhnlich. Auch das Recht der Vorformen von offener Handelsgesellschaft und Kommanditgesellschaft entwickelte sich aus Gesellschaftsverträgen, die die Unternehmer, wie die Fugger oder die Gesellschafter der Großen Ravensburger Gesellschaft, schufen. Ausgehend von diesen Verträgen fanden Regelungen Einlass in Privilegien und Stadtrechtsreformationen des Spätmittelalters, vor allem aber der frühen Neuzeit."

chen, auch wenn das Octroy nicht alle regelungsbedürftigen Punkte ansprach.[73] Ein gesonderter Gesellschaftsvertrag, wie er bei anderen Handelscompagnien nach Erteilung des Octroy häufig noch zustande kam,[74] wurde bei der VOC nicht geschlossen.

Nach alledem bildeten die Handelscompagnien hybride, „halb öffentliche, halb private Organisationen"[75], „gemischt privatrechtlich-öffentlich-rechtliche Gebilde"[76], „staatliche Einrichtungen in Form von Gesellschaften eigener Art"[77], deren Rechtsnatur sich in keine vorgefertigte Schablone pressen ließ, auch nicht in die einer obrigkeitsrechtlichen Anstalt.[78] Vielmehr flossen in den Handelscompagnien die Funktionslogiken von Kommerz und Herrschaft zusammen,[79] wobei die VOC international eine Pionierrolle übernahm: „Die in der VOC offenbar werdende, *symbiotische Verknüpfung von Fernhandel, militärischer Macht und Politik* war prägend für die Handelscompagnien der frühen Neuzeit."[80]

5. Herkunft der konkreten Octroy-Bestimmungen

Das VOC-Octroy betraf nach dem Gesagten eine Spezialregelung für den Einzelfall. Gleichwohl wurde sein Text nicht von Grund auf neu geschrieben. Vielmehr griffen seine Verfasser, über die nichts Näheres bekannt ist, für eine ganze Reihe von Bestimmungen auf die Gesellschaftsverträge der bestehenden Vor-Compagnien zurück.[81] Diese wurden mit einigen neuen Vorschriften angereichert, die vor allem die übergeordnete Organisation für die bisherigen Vor-Compagnien betrafen,[82] und so zu einem Gesamtdokument zusammengefügt.[83] Solchermaßen bewahrte das VOC-Octroy in mancher Hinsicht die Binnenstrukturen der Vorläu-

73 Dazu auch *Lehmann* (Fn. 2), S. 84: „In den Niederlanden ist die Scheidung von Octroi und Statut keineswegs so weit gehend wie in England. Ein großer Theil der Bestimmungen in den Octrois für die beiden großen Compagnien regelt Interna des Corporationslebens."

74 Vgl. *Cordes/Jahntz* (Fn. 23), 1. Kap. Rn. 30.

75 So *Wiethölter*, Interessen und Organisation der Aktiengesellschaft im amerikanischen und deutschen Recht, 1961, S. 58.

76 *Gmür* (Fn. 54), S. 167, 186 mit Blick auf die Emder Compagnien.

77 *Schmoeckel/Maetschke* (Fn. 4), Rn. 246.

78 Dagegen namentlich *Wiethölter* (Fn. 75), S. 60 ff.; relativierend *Assmann* (Fn. 4), Einl. Rn. 15, der von einem noch „stark anstaltlich gefärbten" Organisationstypus spricht.

79 Vgl. *Schuppert* (Fn. 3), S. 42.

80 *Cordes/Jahntz* (Fn. 23), 1. Kap. Rn. 28; zuvor bereits *Jahntz* (Fn. 54), S. 29.

81 Vgl. *Gaastra* (Fn. 9), S. 5 f.; *Hartung* (Fn. 4), S. 50; *Steensgaard* (Fn. 16), S. 235, 241.

82 Vgl. *Hartung* (Fn. 4), S. 50.

83 Dazu *Gaastra* (Fn. 9), S. 5.

fer-Gesellschaften[84]: „Das ‚Vereinigte' im Namen der VOC war also nicht nur politische Absichtserklärung; vielmehr war die neue Kompanie eine unmittelbare Fortführung des bereits Bestehenden."[85]

V. Geschriebene Verfassung der VOC

Die Gründungsurkunde der VOC vom 20. März 1602, die im Kern unverändert mehr als zwei Jahrhunderte Bestand haben sollte,[86] ist nicht leicht zu verstehen. Sie setzt einiges an zeitgenössischem Wissen voraus und leidet mitunter an systematischen Defiziten. Beginnen wir daher mit einem orientierenden Rundgang durch den Text:

1. Präambel

Eine längere Präambel rief zunächst in Erinnerung, dass der Wohlstand der Vereinigten Niederlande wesentlich auf Seefahrt, Handel und Verkehr beruhte, wie sie von alters her betrieben und von Zeit zu Zeit in löblicher Weise ausgedehnt worden seien. Neuerdings sei der vielversprechende und erfolgreiche Handel mit Ostindien hinzugekommen, den mehrere Compagnien in verschiedenen niederländischen Städten aufgenommen hätten. Dieser Handel solle beibehalten und durch einen allgemeinen Rechtsrahmen weiter ausgebaut werden. Daher habe man die Direktoren der betreffenden Compagnien eingeladen und ihnen dargelegt, dass man die konkurrierenden Compagnien zu einer einzigen vereinigen wolle, an der sich alle Niederländer beteiligen könnten – zum Wohle der Vereinigten Niederlande, der Initiatoren und Partizipanten der bisherigen Compagnien sowie aller Einwohner des Landes. Aus der Wir-Perspektive der Generalstaaten[87], des höchsten Organs der Vereinigten Niederlande, in dem jede Provinz eine Stimme hatte, liest man dort in einer älteren deutschen Übersetzung:

---

84 Vgl. *Steensgaard* (Fn. 16), S. 235, 241: „The charter, actually, to a large extent preserved the previous structure of the precompanies."

85 *Nagel* (Fn. 48), S. 102.

86 Dazu *Klerk de Reus* (Fn. 15), S. 1: „Mag man das Oktroi nun loben oder tadeln, es ist beinahe zwei Jahrhunderte lang so gut wie unverändert in Kraft geblieben."; s. auch *Hartung* (Fn. 4), S. 69.

87 „Staten Generaal", auch Generalstände genannt; vgl. *Zimmermann*, in Feenstra/Zimmermann (Hrsg.), Das römisch-holländische Recht, 1992, S. 9, 19.

„[S]o haben wir solches reiflich überlegt und erwogen, wie sehr den vereinigten Provinzen und ihren guten Einwohnern daran gelegen sey, daß diese Schiffahrt, Handel und Kommerz unter eine gute allgemeine Ordnung, Policey, Korrespondenz und Gemeinschaft gestellet, und daß sie unterhalten und vermehret werden, und daher gutgefunden, Vorsteher dieser Gesellschaft zu ernennen und vorzuschlagen, daß es nicht nur den vereinigten Provinzen, sondern auch allen denen, welche diese rühmliche Sache unternommen, und daran Theil hätten, anständig, dienlich und vortheilhaft seyn würde, wenn diese Gesellschaften vereinigt und vorbesagte Unternehmung unter eine feste, sichere Einigkeit, Ordnung und Policey verbunden, getrieben und vermehret würden, so daß alle Einwohner der vereinigten Provinzen, die dazu geneigt wären, daran Theil nehmen könnten."[88]

2. Von der Gelegenheits- zur Dauergesellschaft

Von den 46 folgenden Einzelbestimmungen ist für ein vertieftes Verständnis der VOC zunächst Art. 7 Satz 1 besonders wichtig. Die Vereinigte Compagnie, so hieß es dort, solle 21 Jahre dauern und alle zehn Jahre einer allgemeinen Rechnungsprüfung unterliegen. Dies klingt aus heutiger Sicht nicht sonderlich spektakulär, stellte aber gegenüber den erwähnten Vor-Compagnien eine wesentliche Neuerung dar. Um das zu erkennen, muss man sich die Rechtsnatur der Vor-Compagnien vor Augen führen: Bei ihnen handelte es sich um gewöhnliche Handelsgesellschaften, auch wenn sie durch den Fernhandel mit Südostasien ungewöhnlich große Risiken eingingen.[89] Sie verfügten über keinerlei hoheitliche Befugnisse oder Monopolrechte,[90] sondern bildeten rein privatrechtliche Zusammenschlüsse. Was die Rechtsform anbelangt, trugen sie als „special-purpose partnerships"[91] personengesellschaftsrechtliche Züge vergleichbar denen einer italienischen *(See-)commenda*.[92] Mitunter verweist man auch auf die Nähe zur Reederei.[93] In der Sache handelte es sich durchweg um Gelegenheitsgesellschaf-

---

88 *Luzacs*, Betrachtungen über den Ursprung des Handels und der Macht der Holländer, die allmähliche Zunahme ihres Handels und ihrer Schiffahrt, die wirkenden Ursachen ihres Wachsthums und ihrer Abnahme, und die Mittel sie wieder zu heben, und zu ihrem ehemaligen Flor zu bringen, Bd. 1, 1788–1790, übersetzt von *Johann Andreas Engelbrecht*, Beilage R, S. 516, 517 f.

89 So *Steensgaard* (Fn. 16), S. 235, 239.

90 Dies herausstellend *Steensgaard* (Fn. 16), S. 235, 239.

91 *Gelderblom/de Jong/Jonker*, The Journal of Economic History, 73 (4), (2013), 1050, 1053.

92 Vgl. *Harris* (Fn. 51), S. 88, 103: „The pre-companies were based, conceptually and most likely also historically, on the *commenda*. They were partnerships in the trade business and not in the ships themselves."

93 So *Lehmann* (Fn. 2), S. 31: „Danach kann gar kein Zweifel herrschen, dass wir es mit Rhedereien zu thun haben."; dies erwägend auch *Cordes/Jahntz* (Fn. 23), 1. Kap. Rn. 24; scharf ablehnend *van Brakel*, VSWG 10 (1912), 491, 505.

ten, die nur für eine einzige Expedition gebildet wurden.[94] Die erforderlichen Mittel stammten zum einen von den Initiatoren selbst, den Compagniedirektoren (*Bewindhebbers*[95]), zum anderen von passiven Teilhabern (*Participanten*), die gleichsam als Unterbeteiligte über die Initiatoren investierten[96] und keinen Einfluss auf den tatsächlichen Geschäftsverlauf nehmen konnten.[97] Nach Rückkehr von der Expedition wurden Schiffe und Waren veräußert, das Kapital und ein allfälliger Gewinn ausbezahlt.[98]

Von diesem passageren Charakter der Vor-Compagnien hob sich die VOC mit ihrer Laufzeit von 21 Jahren markant ab: Aus den vormaligen Gelegenheitsgesellschaften erwuchs eine beständige und weitaus größere Unternehmung, die sich zudem auf einen hoheitlichen Gründungsakt stützen konnte.[99] Damit ging, ohne dass dies im Octroy von 1602 näher ausbuchstabiert wurde, eine stärkere Verselbständigung der Handelscompagnie einher, auf die noch gesondert einzugehen ist.[100] Zugleich traten die persönlichen Verhältnisse der Beteiligung in den Hintergrund, die Kapitalanlage wurde zusehends unpersönlicher.[101] Diesen Gestaltwandel hat ein VOC-Forscher anschaulich als *Metamorphose* beschrieben.[102] Er spiegelte sich nach den Beobachtungen eines anderen Forschers auch in den umfassenderen handels- und kolonialpolitischen Plänen wider: „Nicht nur die

94 Vgl. *Gaastra* (Fn. 9), S. 3, 6; *Gelderblom/de Jong/Jonker*, The Journal of Economic History, 73 (4), (2013), 1050, 1053; *Lehmann* (Fn. 2), S. 31; letztlich auch *Steensgaard* (Fn. 16), S. 235, 240: „In actual practice, there was some continuity from one voyage to the next, but in principle the pre-companies stuck to the ordinary merchant's point of view, that every single venture should be considered in isolation."

95 „Bewind" bedeutet Regierung, „Bewindhebbers" also Direktoren oder Vorsitzende.

96 Vgl. *Harris* (Fn. 51), S. 88, 103: „They invested through the active partners who, supposedly, represented them."; gleichsinnig *Steensgaard* (Fn. 16), S. 235, 240; s. aber auch *Gaastra* (Fn. 9), S. 3, 6: „Trotz der Einlage über die Kompaniedirektoren betrachteten sich die kleineren Teilhaber [...] als vollwertige Anteilseigner der Kompanie; ihr Anteil oder ‚Part' war übertragbar."

97 Vgl. *Steensgaard* (Fn. 16), S. 235, 240.

98 Vgl. *Gaastra* (Fn. 9), S. 3, 6; *Steensgaard* (Fn. 16), S. 235, 240.

99 Vgl. *Cordes/Jahntz* (Fn. 23), 1. Kap. Rn. 34.

100 Näher unten VI. 2.

101 Vgl. *Harris* (Fn. 51), S. 88, 105: „This was a major shift from personal to impersonal collaboration – from a local *bewindhebber* attracting a few familiar passive investors in a pre-company, to a united VOC with approximately 70 *bewindhebbers*, about 1,800 shareholders, and a huge capital [...] coming from six cities."; ähnlich *Cordes/Jahntz* (Fn. 23), 1. Kap. Rn. 33: „[...] deutete sich in diesem Punkt bei den privilegierten Handelscompagnien bereits eine Eigenschaft an, die später prägend für die Aktiengesellschaft werden sollte: *das von der Person der Einleger losgelöste Geschäft.*"

102 So *Steensgaard* (Fn. 16), S. 235, 239: „A metamorphosis: from private partnership to incorporated company"; zustimmend *Gaastra* (Fn. 9), S. 7.

Zielsetzung der VOC war weiter gesteckt – sie schloss z. B. militärisches Auftreten ein –, die Verleihung der Kompanie-Satzung mündete auch in ein Unternehmen mit völlig anderem Charakter.“[103]

3. Kapitalbindung über zehn Jahre

Zur längerfristigen Dauer der Handelscompagnie kam mit der Kapitalbindung[104] ein zweites innovatives Konstruktionselement hinzu, das man heutzutage bündig als „capital lock-in“ bezeichnet.[105] Der Einsperreffekt des Kapitals folgte aus Art. 7 Satz 2, wonach kein VOC-Anleger seine Einlage vor Ablauf von zehn Jahren abziehen durfte: „The lock-in introduced by the 1602 VOC implied a radically different sort of commitment, fully backed by the law.“[106] Auch wenn damit einstweilen nur eine mittelfristige Kapitalbindung gewährleistet war,[107] handelte es sich für die damaligen Verhältnisse um eine enorme Zeitspanne,[108] die einen viel längeren Planungshorizont und lukrativere Geschäftsstrategien ermöglichte. Nicht zuletzt dank dieses Einsperreffekts vermochte sich die VOC in der Folgezeit sehr viel erfolgreicher zu entwickeln als ihre Erzrivalin, die englische *East India Company*, die lange Zeit kein gebundenes Kapital kannte.[109]

Die Höhe des aufzubringenden Gründungskapitals war im Octroy allerdings nicht betragsmäßig festgelegt.[110] Art. 11 sprach nur abstrakt von den für die Schiffsreisen erforderlichen Geldern. Tatsächlich betrug das Anfangskapital der VOC 6,4 Mio. holländische Gulden[111], was aus heutiger Sicht einer Summe von

---

103 *Gaastra* (Fn. 9), S. 7.

104 Beide Aspekte sondernd auch *Harris* (Fn. 51), S. 88, 104: „It is noteworthy that two levels were addressed, the corporate longevity level and the capital lock-in level.“

105 Eingehend etwa *Blair*, 51 UCLA L. Rev. 387 (2003) unter der Überschrift „Locking in Capital: What Corporate Law Achieved for Business Organizations in the Nineteenth Century“.

106 *Dari-Mattiacci/Gelderblom/Jonker/Perrotti*, 33 Journal of Law, Economics & Organization 193, 204 (2017).

107 Von „medium-term capital“ sprechen *Dari-Mattiacci/Gelderblom/Jonker/Perrotti*, 33 Journal of Law, Economics & Organization 193, 197 (2017).

108 Vgl. *Gepken-Jager* (Fn. 5), S. 43, 62: „At that time, this was regarded as a lengthy period for capital to be tied-up.“

109 Vgl. *Dari-Mattiacci/Gelderblom/Jonker/Perrotti*, 33 Journal of Law, Economics & Organization 193, 196 (2017): „The VOC could thus outspend and outperform the EIC for decades.“

110 Vgl. *Hartung* (Fn. 4), S. 139; *Lehmann* (Fn. 2), S. 33 f.; allgemein dazu auch *Coing* (Fn. 4), S. 527.

111 Exakt wurde im Jahr 1602 eine Summe von 6.424.588 Gulden gezeichnet; ausführlich dazu *van Dam* (Fn. 21), Deel 1.1., S. 138 ff.; s. ferner *de Korte*, De jaarlijkse financiele verantwoording in de VOC, 1984, S. 2; *Klerk de Reus* (Fn. 15), S. 176.

knapp 110 Mio. Euro entspricht.[112] Abgesehen von einer kleinen Kapitalerhöhung im Jahre 1638 blieb das Kapital in dieser Höhe während der gesamten Dauer der VOC bestehen.[113]

4. Vielzahl von Partizipanten

Eine dritte spektakuläre Neuerung bildete die Finanzierung der VOC durch eine Vielzahl von Kapitalanlegern.[114] Anders als noch bei den Vor-Compagnien konnten sich die Partizipanten nunmehr unmittelbar und nicht mehr nur über die *Bewindhebbers* beteiligen.[115] Konzipiert war die Kapitalanlage als eine Art frühe Volksaktie: Nach Art. 10 Satz 1 stand es allen Einwohnern der Vereinigten Niederlande offen, sich zu beteiligen, und zwar mit so viel oder so wenig, wie sie imstande waren beizutragen. Für den Fall, dass mehr Einlagen angeboten wurden als für die Schiffsreisen benötigt, ordnete Art. 10 Satz 2 eine anteilige Kürzung aller über 30.000 Gulden liegenden Beteiligungen an, die jedoch nicht relevant wurde.[116]

Für die Kapitalbeteiligung an der VOC wurde nach Art. 11 durch öffentliche Anschläge geworben, und zwar höchst erfolgreich: Das Zeichnungsangebot der VOC fand in breiten Bevölkerungskreisen Anklang. Bürgermeister und Kaufleute, Pastoren und Lehrer, ja sogar Dienstboten beteiligten sich[117]: „Der Handelsfürst Isaac le Maire zeichnete 85.000 Gulden, der Dienstbote Tryntgen Pieters 60, und der Bürgermeister Reinier Pauw machte alle seine Hausangestellten zu Teilhabern à 100 Gulden."[118] Angesichts dieser enormen Streuung der Anteile hat man die VOC treffend als ein „onderneming van landsbelang"[119] bezeichnet. Darüber hinaus gab es auch einen erheblichen Anteil ausländischer Anleger, wie-

---

112 Berechnet mit dem Kaufkraftrechner des International Institute of Social History (IISH), abrufbar unter http://www.iisg.nl/hpw/calculate.php.
113 Vgl. *Hartung* (Fn. 4), S. 139.
114 Dazu etwa *Harris* (Fn. 51), S. 88, 89, 94.
115 Vgl. *Steensgaard* (Fn. 16), S. 235, 242.
116 Dazu *de Korte* (Fn. 111), S. 2.
117 So *Mak* (Fn. 27), S. 73.
118 *Driessen* (Fn. 24), S. 68.
119 So der Titel der Arbeit von *Witteveen*, Een onderneming van landsbelang – de oprichting van de Verenigde Oost-Indische Compagnie in 1602, 2002.

wohl das Octroy dies nicht ausdrücklich regelte;[120] so gehörten Augsburger, Frankfurter und Hamburger Kaufleute zu den Anteilseignern der VOC.[121]

Für die individuelle Kapitalaufbringung sah Art. 11 Einlageleistungen in drei jährlichen Raten vor, die 1603, 1604 und 1605 von den Direktoren eingefordert werden sollten. Diese Drittelung war auf die Ausrüstung der ersten drei Expeditionen der VOC abgestimmt. Die vierte sollte wohl schon durch die Einkünfte aus den vorangegangenen Schifffahrten finanziert werden.[122] Tatsächlich wurden die Kapitaleinlagen letztlich in vier Tranchen eingefordert, wobei die letzte 8,3 % des Gesamtkapitals umfasste.[123] Großen Geldgebern wurde auch die Aufteilung in bis zu zwölf Raten gewährt.[124]

5. Organisation und Leitung

Organisation und Leitung der VOC folgten einem komplizierten Aufbaumuster,[125] das sich vor allem aus ihrer Entstehungsgeschichte erklärt. Ihr Fundament bildeten sechs Kammern, denen jeweils eine Anzahl von Direktoren (*Bewindhebbers*) vorstand. Diese wiederum wählten das Leitungsgremium der VOC, die Versammlung der Siebzehn Herren (*Heren XVII*).

a) Sechs Kammern

Art. 1 setzte ohne weitere Erläuterung voraus, dass die VOC aus sechs Kammern bestand: Amsterdam, Zeeland, Rotterdam, Delft, Hoorn und Enkhuizen.[126] Ihre

---

120 Dazu *Jahntz* (Fn. 54), S. 29: „Der Erfolg der V.O.C. basierte neben anderem darauf, dass sie nicht allein eine Gesellschaft für die Bürger der Niederlande darstellte, sondern auch für das gesamte nicht-niederländische Hinterland."

121 Vgl. *Furber* (Fn. 1), S. 186 f.; *Jahntz* (Fn. 54), S. 29 mit Fn. 101 und S. 47.

122 Vgl. *Gelderblom/de Jong/Jonker*, The Journal of Economic History, 73 (4), (2013), 1050, 1054.

123 Dazu *de Korte* (Fn. 111), S. 2; *Gelderblom/de Jong/Jonker*, The Journal of Economic History, 73 (4), (2013), 1050, 1054.

124 Vgl. *de Korte* (Fn. 111), S. 2; *Gepken-Jager* (Fn. 5), S. 41, 62.

125 So auch *Gepken-Jager* (Fn. 5), S. 43.

126 Im Octroy werden Rotterdam und Delft mitunter als Kammern auf der Maas zusammengefasst, Hoorn und Enkhuizen mitunter als Kammern von Nordholland und Westfriesland. Für letztere wurde gelegentlich auch die Bezeichnung Noorderkwartier verwendet; vgl. Art. 1 sowie *Klerk de Reus* (Fn. 15), S. 6.

Einrichtung folgte weniger föderalen Kriterien,[127] sondern entsprang vielmehr einem Kompromiss zwischen den Direktoren der Vor-Compagnien: Überall dort, wo bereits Vor-Compagnien beheimatet waren oder gerade gegründet werden sollten, wurden nun Kammern angesiedelt,[128] die auf die schon bestehende Infrastruktur zurückgreifen konnten.[129] Diese Kammern waren nach einem bestimmten Verteilungsschlüssel für die Finanzierung der Expeditionen verantwortlich, den Art. 1 festlegte: Die größte Kammer, Amsterdam, musste für die Hälfte der Kosten aufkommen; ein Viertel bestritt die Kammer von Zeeland, die ihren Sitz in Middelburg hatte; je ein Sechzehntel steuerten die holländischen Kammern von Rotterdam, Delft, Hoorn und Enkhuizen bei, die wegen ihres geringeren Beitrags die „kleinen Kammern" genannt wurden.[130]

Man darf diese sechs Kammern nicht als schlichte Unterabteilungen der VOC verstehen. Zwar waren sie nach Art. 4 dafür zuständig, die Beschlüsse des Leitungsgremiums der Siebzehn Herren in die Tat umzusetzen.[131] Dessen ungeachtet bildeten sie aber eigenständige Verwaltungskörper, die der Zentralverwaltung nicht bloß Geld und andere Ressourcen für die Organisation der Ostindienreisen zur Verfügung stellten. Vielmehr rüsteten sie selbst die Schiffe aus, verwalteten sie und übernahmen den Verkauf der Waren, die ihre Schiffe geladen hatten.[132] Außerdem führten die Kammern jeweils ihre eigenen Bücher, nahmen Fremdfinanzierungen auf und vieles mehr.[133] Schließlich wurden auch die Kapitaleinlagen nicht bei der Zentralorganisation der VOC, sondern bei einer der sechs Kammern

127 Diesen Aspekt aber stärker betonend *Klerk de Reus* (Fn. 15), S. 19: „Aus Art. I des Oktrois, worin die verschiedenen Kammern angegeben werden, welche die Comp. bilden sollten, geht deutlich hervor, wie sehr diese Handelsvereinigung der Mutter glich, welche ihr das Leben geschenkt hatte. War der Staat der Niederlande damals nichts anderes als ein sehr loser Bund von sieben selbstständigen Provinzen, so war auch die Comp. nichts anderes als eine künstliche Vereinigung von verschiedenen Handelsgesellschaften welche unter den Namen ‚Kammern' selbstständig bestehen blieben."

128 Vgl. *Gaastra* (Fn. 9), S. 3, 6; *Gepken-Jager* (Fn. 5), S. 47; *Hartung* (Fn. 4), S. 51.

129 Zur internen Struktur der Kammern *Gaastra*, TANAP (Fn. 13), VOC-Organization, Kap. 5.

130 Vgl. *Klerk de Reus* (Fn. 15), S. 5.

131 Vgl. *Gepken-Jager* (Fn. 5), S. 50.

132 Vgl. *Lehmann* (Fn. 2), S. 33; *Nagel* (Fn. 48), S. 49.

133 Vgl. die sehr ausführlichen Regelungen in den Artt. 12ff. des Octroy; ferner *Gepken-Jager* (Fn. 5), S. 41, 50f.; *Klerk de Reus* (Fn. 15), S. 19ff.; *Lehmann* (Fn. 2), S. 34: „Erscheinen also wirthschaftlich die einzelnen Kammern fast als stationes der grossen Compagnie, so dass es sich rechtfertigt, wenn von Aktien, in der Ostindischen Compagnie gesprochen wird, so lagen doch juristisch in den Kammern Sondervereinigungen vor, die ihre Contingente stellten und ihren Antheil am Gewinn einzogen, der Antheil des Einzelnen war Antheil am Sondervermögen dieser Kammer."

gezeichnet.[134] Diese führten jeweils ein Mitgliedschaftsregister (*Inlegboek*[135]), in dem der Name des Einlegenden und die von ihm gezeichnete Summe eingetragen wurden.[136] Die Kammermitgliedschaft konnte frei gewählt werden. Der Löwenanteil des Kapitals ging bei der Amsterdamer Kammer ein, wo sich 1.143 Personen an der neuen Compagnie beteiligten.[137] Ihre Partizipanten bestritten mit über 3,6 Mio. Gulden mehr als die Hälfte des Gesamtkapitals. Es folgten Zeeland mit rund 1,3 Mio. Gulden, Enkhuizen mit 540.000 Gulden, Delft mit knapp 470.000 Gulden, Hoorn mit beinahe 267.000 Gulden und Rotterdam mit 173.000 Gulden.[138] Unabhängig von der Kammerzugehörigkeit war jeder Partizipant an der VOC beteiligt.[139] Bezeichnet wurden die Anteile, die keinen einheitlichen Nominalwert aufwiesen,[140] (noch) nicht als Aktien, sondern als „paert" oder „partije".[141] Davon leitet sich auch der Begriff „Participant" ab, den die VOC zeitlebens für ihre Anteilseigner verwendete.[142]

Die in Art. 1 vorgenommene Gewichtung zwischen den Kammern spiegelte vergröbernd ihre Bedeutung für die VOC wider. Die Vorrangstellung Amsterdams folgte aus der enormen Wirtschaftskraft der Stadt; sie hatte am meisten vom Zuzug geflohener Kaufleute und Handwerker aus Antwerpen im Jahre 1585[143] profitiert. Den zweiten Machtblock innerhalb der Compagnie bildeten die ebenfalls sehr wirtschaftskräftigen Zeeländer aus Middelburg, deren Rivalität mit Amsterdamer Kaufleuten Hauptanlass für die Vereinigung der Vor-Compagnien gewesen war.[144] Sie konnten zudem auf eine strategisch wichtige geografische Position verweisen, denn die Provinz Zeeland kontrollierte die Westerschelde – den einzigen Seeweg nach Antwerpen.[145]

---

134 Vgl. *Gaastra* (Fn. 9), S. 7.
135 *Colenbrander*, ZHR 50 (1901), 383, 384.
136 Dazu *Gepken-Jager* (Fn. 5), S. 41, 63.
137 *Driessen* (Fn. 24), S. 68.
138 Diese gerundeten Werte beziehen sich auf die bei den in Fn. 111 genannten Autoren gemachten Zahlenangaben für das Jahr 1602.
139 Vgl. *de Korte* (Fn. 111), S. 2.
140 Vgl. *de Korte* (Fn. 111), S. 2; *Gepken-Jager* (Fn. 5), S. 41, 61.
141 Vgl. *Colenbrander*, ZHR 50 (1901), 383, 384.
142 Vgl. *Colenbrander*, ZHR 50 (1901), 383, 387: „Der Ausdruck ‚paert' ist ziemlich kurz nach 1610 ganz aus dem holländischen Verkehr verschwunden, nur hat sich das Wort ‚participant', so lange die ost- und westindischen Kompagnien gelebt haben, erhalten; es ist bei diesen Körperschaften von ‚Aktionären' niemals die Rede gewesen."
143 Vgl den Text zu Fn. 35
144 Vgl. *Gaastra* (Fn. 9), S. 5.
145 Dazu *Crump* (Fn. 35), S. 4; vgl. auch *de Vries/van der Woude*, The First Modern Economy, 1997, S. 371.

b) Direktoren der Kammern

Jede der sechs Kammern wurde durch eine Anzahl von Direktoren geleitet, die jeweils ein eigenes Verwaltungsgremium bildeten.[146] Bei der Gründung der VOC setzte man schlicht die Direktoren der Vor-Compagnien als VOC-Direktoren ein.[147] Ihre Namen waren, gegliedert nach Kammerzugehörigkeit, in Artt. 20 ff. aufgelistet. Sie summierten sich zu der stattlichen Zahl von 76 Personen, allesamt männlich.[148] Zur allmählichen Absenkung dieser Zahl sah Art. 24 vor, dass freiwerdende Posten anfangs nicht wiederbesetzt werden sollten. Auf Dauer sollte es nämlich nach Art. 25 nur sechzig Direktoren geben, und zwar zwanzig aus Amsterdam, zwölf aus Zeeland und je sieben aus den kleinen Kammern.

Die *Bewindhebbers* mussten eine erkleckliche Mindestbeteiligung an der VOC zeichnen. Für die Bewerbung um einen freigewordenen Posten waren nach Art. 28 mindestens 1.000 Flämische Pfund (6.000 Gulden[149]) bei einer der Kammern einzulegen. Dies entspricht im Kaufkraftvergleich zwischen 1602 und 2018 rund 100.000 Euro.[150] Nur wenn man dem Noorderkwartier (Hoorn oder Enkhuizen) angehörte, reichte die Hälfte. Doch nicht nur Geld, sondern auch gute Kontakte waren vonnöten, weil das Vorschlagsrecht für freiwerdende Posten bei den übrigen Direktoren der jeweiligen Kammer lag. Diese mussten nach Art. 26 binnen drei Monaten drei geeignete und qualifizierte Personen vorschlagen. Aus diesem Dreiervorschlag wählten nach dem Octroy die holländische bzw. zeeländische Provinzverwaltung, faktisch bald die Bürgermeister jener Stadt, in der die Kammer ihren Sitz hatte, eine Person aus, die nach Art. 27 den Eid auf die Compagnie ablegen musste.[151] Diese Art der Kooptation beförderte eine enge Verknüpfung zwischen der VOC und der politischen Führungselite, die bisweilen Kritik entfachte.[152]

Direktoren erhielten nach Art. 28 eine ansehnliche Vergütung in Gesamthöhe von 1 % der Kosten der Flottenausrüstung sowie 1 % der Erlöse aus den Rückfrachten. Diese Gesamtsumme wurde nach demselben Schlüssel auf die einzelnen Kammern verteilt, den Art. 1 für die Verteilung der Expeditionskosten vorsah. Al-

---

146 Vgl. *Gepken-Jager* (Fn. 5), S. 53.

147 Vgl. *Steensgaard* (Fn. 16), S. 235, 242.

148 Vgl. *Gaastra* (Fn. 9), S. 6; *de Korte* (Fn. 111), S. 3.

149 *Klerk de Reus* (Fn. 15), S. 9; *Wätjen*, Die Niederländer im Mittelmeergebiet zur Zeit ihrer höchsten Machtstellung, 1909, S. XVII.

150 Berechnet mit dem Kaufkraftrechner des International Institute of Social History (IISH), abrufbar unter http://www.iisg.nl/hpw/calculate.php.

151 Ausführlich zum Besetzungsmechanismus *Gaastra* (Fn. 13), S. 31 f.

152 Näher *Gaastra* (Fn. 9), S. 10 f. und S. 108; s. auch noch unten VIII.

lerdings mussten die Direktoren gemäß Art. 31 ihrerseits für die Bezahlung der Buchhalter, Kassierer und sonstigen Bediensteten der einzelnen Kammern aufkommen.

c) Versammlung der Siebzehn Herren

Die Direktoren wählten aus ihrer Mitte 17 Personen für das Leitungsgremium der VOC aus: die in Art. 2 genannte Versammlung der *Heren XVII*. Acht von ihnen entsandte die Amsterdamer Kammer, vier Zeeland und jeweils einen Rotterdam, Delft, Hoorn und Enkhuizen. Das siebzehnte Mitglied wurde abwechselnd von Zeeland oder einer der kleinen Kammern abgeordnet.[153] Auf diesem Entsendungsmechanismus hatte vor allem Zeeland aus Furcht vor einer Amsterdamer Vormachtstellung bestanden. Weil das Leitungsgremium seine Entscheidungen nach dem Mehrheitsprinzip traf, konnten die Amsterdamer Direktoren von jenen der übrigen fünf Kammern überstimmt werden.[154] Gleichwohl ließ sich in der Praxis nicht ganz verhindern, dass Amsterdam aufgrund seiner wirtschaftlichen Stärke den Ton angab.[155]

Die Siebzehn Herren wurden nicht für eine längere Amtszeit bestellt, sondern für jede der zwei- bis dreimal jährlich stattfindenden Versammlungen neu gewählt.[156] Ihre Sitzungsperioden dauerten vier bis fünf Wochen und richteten sich zeitlich nach der Abreise und Rückkehr der Handelsflotte.[157] Nach Art. 4 Satz 2 tagte das Leitungsgremium turnusmäßig sechs Jahre in Amsterdam und zwei Jahre in Zeeland. In der Sache verfügte es über weitreichende Kompetenzen: Es beschloss gemäß Art. 3 namentlich über die Ausrüstung und Zahl der Schiffe, ihr Abreisedatum und andere den Handel betreffende Angelegenheiten. Besonderen Sachverstand erforderte die Planung von Fracht und Rückfracht, weil zwischen Bestellung und Entgegennahme der Rückfracht rund zweieinhalb Jahre vergingen.[158] Darüber hinaus fassten die Siebzehn Herren auch in anderen Angelegen-

---

153 Dies kommt in Art. 2 nicht ganz klar zum Ausdruck, entsprach jedoch den tatsächlichen Gegebenheiten und der allgemeinen Auslegung; vgl. *Gaastra* (Fn. 9), S. 6.

154 Dazu *Lehmann* (Fn. 2), S. 85; *Gaastra* (Fn. 9), S. 6.

155 Vgl. *Gaastra* (Fn. 9), S. 6; *Klerk de Reus* (Fn. 15), S. 25: „Es versteht sich von selbst, dasz das mächtige *Amsterdam*, welches während 3/4 der Zeit als präsidiale Kammer fungierte, am meisten auf den Gang der Dinge einwirkte. Doch wurde nur selten darüber geklagt. Die kleinen Kammern waren dafür auch viel zu abhängig von ihrer so viel mächtigeren Schwester, und diese hat ihre Uebermacht im Groszen und Ganzen nicht miszbraucht."

156 Vgl. *Gepken-Jager* (Fn. 5), S. 41, 54.

157 Vgl. *Hartung* (Fn. 4), S. 52.

158 Dazu *Gaastra* (Fn. 9), S. 59; *Hartung* (Fn. 4), S. 52.

heiten der Compagnie-Verwaltung Beschlüsse, etwa über die Ausschüttung von Dividenden[159], die Aufnahme von Krediten oder die Besetzung von Führungspositionen in den ostindischen Niederlassungen.[160] Sofern sie sich nicht einigen konnten, sollten nach Art. 7 die Generalstaaten entscheiden.

6. Keine Generalversammlung

Ebenso auffällig wie die Leitungsstrukturen der VOC waren aus heutiger Sicht die Lücken ihres Organisationsreglements: „Betrachten wir das erste Octroi der Niederländisch-Ostindischen Compagnie von 1602, so ist hier von einer Generalversammlung überhaupt nicht die Rede, nur am Schlusse der zehnjährigen Periode soll eine öffentliche Rechnungsablegung stattfinden, zu der sich jeder Aktionär einfinden kann."[161] Der einzelne Aktionär verfügte demnach über keine nennenswerten Mitverwaltungsrechte in Bezug auf die Angelegenheiten der Compagnie.[162] Leitung und Einfluss lagen vielmehr allein in den Händen der Direktoren, die anfangs obendrein auf Lebenszeit bestellt wurden.[163] Daher wird die VOC mitunter als „autokratisch",[164] „oligarchisch"[165] oder „obrigkeitlich geleitet"[166] bezeichnet.

7. Monopol und Außenbeziehungen

Für die vorgesehene Laufzeit von 21 Jahren verlieh Art. 34 der VOC das nationale Handelsmonopol für Ostindien, allerdings nicht umsonst, sondern für eine Summe von 25.000 Gulden, die bei späteren Erneuerungen des Octroy auf 1,5 Mio. Gulden (1647) bzw. 3 Mio. Gulden (1696 und 1742) gesteigert wurde und schließlich 3 % der jährlichen Dividende (1742) betrug.[167] Abgesichert wurde dieses Han-

---

159 Dazu *Furber* (Fn. 1), S. 78; unter Berufung auf ihn auch *Hartung* (Fn. 4), S. 52: „Gerade darin, daß die Heren Zeventien in diesem Punkt unabhängig von den Aktionären sind und damit deren Druck nicht nachgeben müssen, wird auch als ein Grund für den Erfolg und die Kontinuität der VOC angesehen."

160 *Gepken-Jager* (Fn. 5), S. 41, 52.

161 *Lehmann* (Fn. 2), S. 57 f.; übereinstimmend *Gepken-Jager* (Fn. 5), S. 41, 44: „The VOC did not hold shareholder meetings."

162 Vgl. *Harris* (Fn. 51), S. 88, 106; *Lehmann* (Fn. 2), S. 58.

163 Dazu *Gepken-Jager* (Fn. 5), S. 41, 54; s. aber noch unten VIII 2. und 3.

164 *Furber* (Fn. 1), S. 187.

165 *Gepken-Jager* (Fn. 5), S. 41, 56.

166 *Lehmann* (Fn. 2), S. 58.

167 Vgl. *Nagel* (Fn. 48), S. 40 f.

delsmonopol durch eine Strafandrohung, wonach allfällige Verstöße zur Konfiszierung von Schiffen und Gütern führten. Die Generalstaaten zeigten allerdings Sinn für die Problematik des Vertrauensschutzes, indem sie für bereits verliehene Handelserlaubnisse eine vierjährige Übergangszeit bestehen ließen.[168]

Als unmittelbare Folge des Monopols ermächtigte Art. 35 die Repräsentanten der VOC, im Namen der Generalstaaten Verträge mit den Herrschern in Südostasien zu schließen. Darüber hinaus gestattete er der Compagnie ausdrücklich, Befestigungen zu errichten, Streitkräfte zu beschäftigen und die örtliche Polizei- und Justizgewalt auszuüben. Dies legte den Grundstein für den späteren Aufbau einer privatisierten Parallelverwaltung mit allen Facetten staatlicher Autorität.[169] Vorweggenommen wurden in Art. 37 auch kriegerische Auseinandersetzungen mit anderen Seemächten, wobei insbesondere an spanische und portugiesische Schiffe gedacht war, zu denen sich später vor allem jene der englischen *East India Company* gesellen sollten.[170] Dabei betonte das Octroy eine enge Anbindung an die Generalstaaten, die Begünstigte einer Prise sein, die Compagnie aber immerhin schadlos halten sollten. Es stellte in Art. 39 aber auch klar, dass Schiffe, Waffen und Munition im Eigentum der VOC standen und nicht ohne deren Einwilligung vom niederländischen Staat genutzt werden durften.

VI. Gelebte Verfassung der VOC

Trotz ihrer 46 Artikel wies die Gründungsurkunde der VOC in verschiedener Hinsicht Lücken oder Unklarheiten auf. Beispielsweise fehlte die Angabe des später so bekannten Namens der Compagnie: Die Generalstaaten oktroyierten bloß für „dese Compagnie" bzw. „dese vereenichde Compagnie".[171] Keine eindeutigen Aussagen enthielt das Gründungsdokument außerdem zur Rechtspersönlichkeit der Compagnie und ihrer Haftungsverfassung. Gleiches galt für die konkrete Organisation der Geschäfte in Südostasien, aber auch in den Niederlanden, wo zahlreiche Ausschüsse gebildet und die laufenden Geschäfte vom Advokaten der Compagnie geführt wurden.[172] Zudem fehlten Vorgaben für den Handel mit

168 Vgl. Art. 34 Satz 4–6 des Octroy.
169 Näher dazu unter IX.
170 Eingehend dazu *Furber* (Fn. 1), S. 38 ff. und S. 146 ff.
171 Darauf hinweisend auch *Landwehr* (Fn. 53), S. XV.
172 Vgl. hierzu *Gaastra* (Fn. 9), S. 57 ff.

VOC-Anteilen. Alles dies und noch mehr entwickelte sich erst in den „formative years"[173] der VOC bis zur ersten Verlängerung des Octroy im Jahre 1623.

1. Name und Markenzeichen

Für die Festlegung einer unterscheidungskräftigen Firma sahen die Generalstaaten offenbar keinen Anlass. Schließlich war die Compagnie Inhaberin eines Handelsmonopols.[174] Dennoch bürgerte sich bereits rasch nach ihrer Gründung die Bezeichnung als „Oost-Indische Compagnie" ein, wie die heute noch erhaltenen Formblätter für die Aktienübertragung belegen.[175] Dagegen legten die *Heren XVII* besonderen Wert auf das weithin bekannte Monogramm „VOC", bestehend aus einem großen „V" in der Mitte, das mit einem kleinen „O" an der linken und einem kleinen „C" an der rechten Seite verschränkt war:[176]

Sie beschlossen die Verwendung dieses Symbols bereits im Februar 1603 und ließen das Monogramm an Häuserfassaden und Schiffen sowie auf Münzen und Gütern anbringen. Dabei konnte jede der sechs Kammern das Zeichen individualisieren, indem sie ihren Anfangsbuchstaben hinzusetzte.[177]

173 Vgl. den Aufsatztitel von *Gelderblom/de Jong/Jonker*, The Journal of Economic History, 73 (4), (2013), 1050: „The Formative Years of the Modern Corporation: The Dutch East India Company VOC, 1602–1623".

174 Allgemein dazu auch *Jahntz* (Fn. 54), S. 36: „Die Compagnien hatten in der Regel ein Monopol inne. Es gab somit keine anderen Marktteilnehmer, von denen sie sich durch eine klare Firma hätten abgrenzen müssen."

175 Vgl. *Landwehr* (Fn. 53), S. XV f., der aber darauf hinweist, dass noch jahrelang andere Bezeichnungen wie z. B. „De Edle Compagnie" oder „De Achtbare Vereenichde Nederlandtsche Compagnie" geläufig waren.

176 Bildquelle: Wikimedia Commons, https://commons.wikimedia.org/wiki/File:VOC.svg.

177 Vgl. *Landwehr* (Fn. 53), S. XVII.

2. Rechtspersönlichkeit

Jüngere Stellungnahmen gehen wie selbstverständlich davon aus, dass die VOC Trägerin von Rechten und Pflichten sein konnte und mithin eigene Rechtspersönlichkeit besaß.[178] Aus dem Wortlaut des Octroy von 1602 folgte dies allerdings nicht ausdrücklich. Eine Festlegung nach dem Muster der englischen Charter von 1600, wonach die *East India Company* „one body corporate and politick" sei[179], sucht man in dem VOC-Gründungsdokument vergeblich. Allerdings gibt es verschiedene Anhaltspunkte in diese Richtung. So wurde das Handelsmonopol nach Art. 34 nicht den Anteilseignern oder Direktoren, sondern der VOC verliehen. Außerdem verfügten ihre Repräsentanten nach Art. 35 über die Befugnis, Verträge zu schließen und Festungen zu errichten; ferner konnte die VOC Eigentümerin von Schiffen, Waffen und Munition sein und gar quasi-staatliche Autorität für sich in Anspruch nehmen.[180] Dazu passt es, dass *Johannes Marquard*, der bedeutendste deutsche Handelsrechtsautor des 17. Jahrhunderts, die VOC gemeinrechtlich als *universitas* einordnete.[181]

3. Haftungsbeschränkung

Im Schrifttum schlossen manche aus der Rechtspersönlichkeit der VOC geradewegs auf eine Haftungsbeschränkung von Direktoren und Partizipanten[182] – gelegentlich unter Hinweis auf den für die *universitas* geltenden Satz „si quid universitati debetur, singulis non debetur: nec quod debet universitas singuli debent".[183] Diese Begründung greift jedoch zu kurz und entsprach für die Anfangszeit der VOC wohl auch nicht der herrschenden Lehre. Vielmehr folgert man heute aus einem Gutachten des niederländischen Advokaten *van Beaumont* aus dem Jahre 1603,[184] dass die unternehmerische Betätigung der Direktoren gemein-

178 Vgl. etwa *Gepken-Jager* (Fn. 5), S. 41, 50: „The VOC was a legal entity."

179 *Harris* (Fn. 51), S. 217, 225; *Hartung* (Fn. 4), S. 113.

180 Darauf hinweisend auch *Gepken-Jager* (Fn. 5), S. 41, 50; ferner *Hartung* (Fn. 4), S. 115, der jedoch allein auf die Fähigkeit der VOC abstellt, Vermögen zu haben, und keine weiteren Vorschriften erkennen möchte, aus denen Rechtspersönlichkeit abgeleitet werden könnte.

181 *Marquard*, Tractatus politico-iuridicus de jure mercatorum el commerciorum singulari, 1662, S. 365 ff., zitiert nach *Jahntz* (Fn. 54), S. 141 f.; s. auch *Coing* (Fn. 4), S. 524 f.; *Cordes/Jahntz* (Fn. 23), 1. Kap. Rn. 7.

182 So etwa *Lehmann* (Fn. 2), S. 51 f.: „Die Folge der Incorporirung ist nach aussen beschränkte Haftung, oder, anders ausgedrückt, es haftet die Corporation, nicht der Einzelne [...]."

183 Erläuternd dazu *Fleckner*, Antike Kapitalvereinigungen, 2010, S. 336.

184 Wiedergegeben bei *Kohler*, ZHR 59 (1907), 243, 280 f.

rechtlich als *societas* beurteilt worden sei.[185] Daher seien die Direktoren persönlich und solidarisch für ein durch ihren *institor* aufgenommenes Darlehen haftbar gewesen.[186]

Für die Folgezeit ist die Haftungsbeschränkung von Direktoren allerdings einhellig anerkannt.[187] Umstritten sind nur die konkreten Umstände ihrer Entwicklung. Die herrschende Lehre verweist auf Art. 42 über Ansprüche des Compagniepersonals, die nicht gegen die Compagnieverwaltung gerichtet werden sollten. Sie deutet dies als Anordnung einer Haftungsbeschränkung auf die Einlage.[188] Für Partizipanten hatte eine solche Haftungsbeschränkung schon vor 1602 gegolten, zumal sie in den Vor-Compagnien nur eine Art Unterbeteiligung im Verhältnis zu einem bestimmten Direktor hielten[189] und damit jedenfalls als externe Anspruchsgegner ausschieden.[190] Hieran sollte sich durch ihre neue Stellung als unmittelbare Anteilseigner der VOC nichts ändern; vielmehr hat sich ihre Haftungsbeschränkung nach einer prominenten Literaturstimme sogar zugunsten der Direktoren ausgewirkt, die in haftungsrechtlicher Hinsicht nicht schlechter stehen sollten als sie.[191] Demgegenüber führen jüngere rechtsökonomische Beiträge die Haftungsbeschränkung der Direktoren auf eine „contractual innovation" unmittelbar nach der ersten Verlängerung des Octroy zurück. Zur Begründung verweisen sie darauf, dass die Direktoren für ausgegebene Obligationen zunächst persönlich gehaftet hätten, bevor sie die Obligationen im Jahr 1623 umschreiben ließen und ihre Haftung ausdrücklich ausschlossen.[192]

Bereits vor Gründung der VOC entsprach es allgemeiner Ansicht, dass die Gesellschaftsgläubiger vor den Privatgläubigern der Gesellschafter auf das Gesellschaftsvermögen zugreifen konnten. Diesen Rechtsgrundsatz hatte die niederländische Rechtswissenschaft aus den Schriften der Postglossatoren und der

185 So *Mehr*, Societas und universitas, 2008, S. 313.

186 Dazu *Asser*, In solidum of pro parte, 1983, S. 117 f.; *Punt*, Het Vennootschapsrecht van Holland, 2010, S. 108 ff.

187 Vgl. *Gepken-Jager* (Fn. 5), S. 41, 65; *Hartung* (Fn. 4), S. 171 f. m.w.N.

188 Vgl. die Nachweise in Fn. 187. Dagegen scheinbar *Lehmann* (Fn. 2), S. 23: „In den Niederlanden wird auf die beschränkte Haftung in den Octrois der ersten Compagnien gar nicht hingewiesen, es wird nur betont, dass keiner die eingelegte Summe vor Ablauf der Zeit herausnehmen dürfe."

189 Dazu schon oben im Text zu Fn. 96.

190 Vgl. *Punt* (Fn. 186), S. 104 ff.; *Asser* (Fn. 186), S. 118: „Wat nu de participanten betreft, geldt dat zij nooit extern aansprakelijk zijn geweest."

191 Vgl. *Asser* (Fn. 186), S. 116.

192 So *Gelderblom/de Jong/Jonker*, The Journal of Economic History, 73 (4), 1050, 1063, 1068 ff.; *Dari-Mattiacci/Gelderblom/Jonker/Perrotti*, 33 J.L. Econ. & Org. 193, 208 f., 212 f. (2017).

oberitalienischen Gerichtspraxis übernommen und auch schon für Personengesellschaften anerkannt.[193]

4. Dauerhafter Kapitalstock

Wie bereits erläutert, sah die Gründungsurkunde der VOC in Art. 7 Satz 2 eine Kapitalbindung von zehn Jahren vor.[194] Im Jahre 1612 sollte dann eine Liquidation bei vollem Betrieb erfolgen. Schon bald unternahmen die VOC-Direktoren den Versuch, den Zeitpunkt des Rechnungsabschlusses nach hinten zu verschieben,[195] doch bedurfte es hierzu einer Änderung des Octroy, die nur den Generalstaaten offenstand. Diese setzten die zehnjährige Abrechnungsperiode erst mit einem Beschluss vom Juli 1612 außer Kraft.[196] Seither verfügte die VOC über einen dauerhaften Kapitalstock, der als ein wesentlicher Schlüssel für ihren wirtschaftlichen Erfolg im 17. Jahrhundert gilt. Ohne diese Maßnahme, so mutmaßen Wirtschafts- und Rechtshistoriker im Rückblick, wäre der Fortbestand der VOC gefährdet gewesen. Denn einerseits wurde das vorhandene Kapital zur weiteren Entfaltung der Tätigkeit in Südostasien gebraucht, andererseits hätte der absehbar zu geringe Liquidationserlös künftige Neuinvestoren abgeschreckt.[197]

5. Regelbrüche rund um die Dividende

Auch die dauerhafte Verstetigung des Kapitalstocks vermochte den ständigen Kapitalhunger der VOC nicht zu stillen. Vor allem der Aufbau von Verwaltungs- und

193 Vgl. *Kohler*, ZHR 59 (1907), 243, 293 ff. m. w. N.; ferner *Dari-Mattiacci/Gelderblom/Jonker/Perrotti*, 33 J.L. Econ. & Org. 193, 201 ff. (2017).

194 Vgl. oben V. 3.

195 Vgl. *Klerk de Reus* (Fn. 15), S. 12: „Schon 1607 versuchten die Direktoren das Oktroi, welches thatsächlich für 2 x 10 Jahre verliehen war, umgeändert zu bekommen in ein 20jähriges, indem sie behaupteten, die Bestimmung in Art. 7 erlitte dadurch keine Beeinträchtigung, da die Aktien bereits ein gangbarer Artikel geworden wären, welche jeder, der sein Geld zurück erlangte, ohne Mühe verkaufen könnte. Ihre Bemühungen schlugen jedoch ganz fehl."

196 Vgl. *Gelderblom/de Jong/Jonker*, The Journal of Economic History, 73 (4), (2013), 1050, 1064; *Steensgard* (Fn. 16), S. 235, 246.

197 *Gelderblom/de Jong/Jonker*, The Journal of Economic History, 73 (4), (2013), 1050, 1060 f. m. w. N.; ferner *Gepken-Jager* (Fn. 5), S. 41, 62: „[...] paying out shares and going into liquidation was just not possible. The VOC had been forced to put a part of its capital into real estate in both the Netherlands and in the Indies. Moreover, going into interim liquidation was not compatible with the VOC's desire to maintain permanent and regular trade connections with the Indies."

Militärstrukturen in Südostasien, von dem noch die Rede sein wird,[198] verschlang enorme Summen. Daher mussten andere Wege der Geldbeschaffung gefunden werden. Hierzu gehörten fragwürdige und zum Teil auch statutenwidrige Praktiken im Umgang mit der Dividende. Nach Art. 17 sollten Dividenden ausgeschüttet werden, wenn von den Retouren 5 % in der Kasse waren. Entgegen dieser verbindlichen Vorgabe unterließen es die Direktoren aber bis zum Jahr 1610,[199] Dividenden auszukehren. Selbst dann gewährten sie die Dividende vornehmlich in Naturalien (Muskatblüten, Muskatnüssen und Pfeffer) und händigten zudem nur solche Gewürze aus, die aufgrund gesättigter Märkte gerade schwer verkäuflich waren. Während in der ersten Ausschüttungswelle zwischen 1610 und 1612 nach Rechnung der Compagnie insgesamt eine Dividende in Höhe von 162,5 %, davon nur 7,5 % in Geld, ausbezahlt wurde,[200] dürfte der Nettoertrag für die annehmenden Partizipanten infolgedessen merklich geringer gewesen sein.[201] Viele von ihnen hatten daher das Angebot von Naturalien von vornherein abgelehnt und erhielten ab 1612 bis 1618 Ratenzahlungen in Geld.[202] Insgesamt handelte es sich in jedem Fall um deutlich weniger, als sich die Anteilseigner erhofft hatten. Schließlich hatten sie bei ihrer ursprünglichen Anlage noch den sagenhaften Gewinn von 400 % unter *Jakob van Neck* sowie die 399 % der 1601 unter *Jacob van Heemskerck* gestarteten Einzelexpedition[203] vor Augen. Erst nach Verlängerung des Octroy im Jahr 1623[204] erfolgten regelmäßige Auszahlungen. Auch dabei bewiesen die Direktoren großes Geschick, indem sie beispielsweise zwischen 1630 und 1644 die Dividenden vornehmlich in Nelken auszahlten und so den Markt zulasten der englischen Konkurrenz im Nelkengeschäft überschwemmten.[205]

198 Vgl. unten IX.

199 Die Datumsangaben variieren mitunter; vgl. *Gepken-Jager* (Fn. 5), S. 41, 63. Die vorliegende Darstellung folgt den glaubwürdigen Angaben bei *van Dam* (Fn. 21), Deel 1.1, S. 433 ff.; im Wesentlichen übereinstimmend *Klerk de Reus* (Fn. 15), S. 178 f. und *Gaastra* (Fn. 9), S. 8 f. sowie *ders.*, (Fn. 13), S. 24.

200 Vgl. *Gelderblom/de Jong/Jonker*, The Journal of Economic History, 73 (4), (2013), 1050, 1061; *Klerk de Reus* (Fn. 15), S. 179; *van Dam* (Fn. 21), Deel 1.1, S. 433 ff.

201 Vgl. *Gaastra* (Fn. 9), S. 9.

202 Vgl. *Gaastra* (Fn. 9), S. 9; *Gelderblom/de Jong/Jonker*, The Journal of Economic History, 73 (4), (2013), 1050, 1064.

203 Vgl. *Gaastra* (Fn. 13), S. 23 f. sowie die Übersichten bei *dems.* (Fn. 9), S. 78 f.

204 Dazu noch unter VIII.

205 *Gaastra* (Fn. 9), S. 9.

6. Instrumente der Fremdkapitalfinanzierung

Darüber hinaus finanzierte sich die VOC vornehmlich über Anleihen und Kurzzeitkredite.[206] Vor allem die Amsterdamer Kammer gab bereits ab 1603 Obligationen mit einer Fälligkeit von sechs bis zwölf Monaten aus.[207] Der Zinssatz betrug zur Zeit der Compagnie-Gründung rund 8 %, fiel jedoch während der ersten Laufzeit des Octroy auf rund 5,5 %.[208] Dies war angesichts des anhaltenden Wirtschaftsaufschwungs durchaus bemerkenswert, erklärt sich aber wohl aus der in Amsterdam immer größer werdenden Zahl ausländischer Investoren und damit aus einer Zunahme an vorhandenem Kapital. Außerdem wurden VOC-Aktien als hochliquide Sicherheit angesehen.[209]

Eine besondere Form der Kreditaufnahme bildeten die sog. *Anticipatiepenningen.*[210] Hierbei handelte es sich um Vorschüsse auf künftige Einnahmen aus dem Verkauf von VOC-Waren aus Südostasien; als Gegenleistung erhielten die Kreditgeber Zinsen und Vorzugsrechte beim Ankauf von Gewürzen auf späteren Compagnie-Auktionen.[211] Zu den Zeichnern gehörten zunächst vor allem Kaufleute, später auch die finanzstarke Amsterdamer Wisselbank,[212] die der Amsterdamer Kammer darüber hinaus einen ansehnlichen Rahmenkredit einräumte.[213]

Ferner gingen die *Heren XVII* vor allem um die Zeit des dritten englisch-niederländischen Seekriegs (1672–1674) dazu über, Obligationen als Dividendenzahlungen auszugeben.[214] Dies war einer unmittelbaren praktischen Notwendigkeit geschuldet. Denn das Katastrophenjahr 1672, in welchem nicht nur England, sondern auch Frankreich, Köln und Münster den Vereinigten Niederlanden den Krieg erklärten,[215] beendete deren Goldenes Zeitalter und schlug sich auch auf die Ge-

---

206 Zu dieser bereits vor Gründung der VOC verbreiteten Praxis *Gelderblom/Jonker*, The Journal of Economic History, 64 (3), (2004), 641, 644 ff. Zu den Modalitäten eines Versicherungsvertrages für die Expedition von 1613 als frühes Beispiel für Hedging *Gelderblom/de Jong/Jonker*, European Review of Economic History, hez003 (2019).

207 Näher *Gaastra* (Fn. 9), S. 8; *Gepken-Jager* (Fn. 5), S. 41, 59.

208 Vgl. *Gelderblom/Jonker*, The Journal of Economic History, 64 (3), (2004), 641, 663 ff.

209 Vgl. *Gelderblom/Jonker*, The Journal of Economic History, 64 (3), (2004), 641, 664 f.

210 Dazu *de Vries/van der Woude*, The First Modern Economy, 1997, S. 454; *Gaastra* (Fn. 9), S. 8; *ders.* (Fn. 13), S. 26; *Gepken-Jager* (Fn. 5), S. 41, 59 f. m. w. N.

211 Vgl. *Gaastra* (Fn. 9), S. 8.

212 Zu dieser *Driessen* (Fn. 24), S. 66 f.: „Die Höhe der Gesamteinlagen war geheim, aber es galt als sicher, dass an keinem anderen Ort der Welt so viel Kapital konzentriert war wie in der Bank von Amsterdam."

213 *Gaastra* (Fn. 9), S. 8.

214 *Klerk de Reus* (Fn. 15), S. 183; *Gaastra* (Fn. 9), S. 9.

215 Vgl. *Driessen* (Fn. 24), S. 129.

schäfte der VOC nieder, die den Generalstaaten als Gegenleistung für die Verlängerung des Octroys maritime und finanzielle Unterstützung gewähren musste.[216] Bemerkenswert und einer näheren Untersuchung würdig wäre der in diesem Zusammenhang von *Gaastra*[217] angesprochene Vorgang, wonach die Direktoren längerfristige Obligationen in eine Art nicht rückforderbares Mezzanine-Kapital mit einer Verzinsung von 3,5 % umgewandelt hätten. Insgesamt soll es ab 1685 durch die Umwandlung von Schulden in Höhe von 12,2 Mio. Gulden beinahe zu einer Verdreifachung der Eigenmittel gekommen sein.[218]

VII. Aktienhandel und Börse

Wie bereits ausgeführt, zeichnete sich die VOC in gesellschaftsrechtlicher Hinsicht durch ihr gebundenes Kapital aus.[219] Dieser Einsperreffekt wurde für ihre Partizipanten durch eine weitere Neuerung abgemildert,[220] die man seit jeher mit der VOC in Verbindung bringt: den lebhaften Handel mit Aktien an der Amsterdamer Börse. Das älteste und berühmt gewordene Buch über die Börse und den Effektenhandel stammt von dem portugiesischen Juden *Joseph de la Vega*. Seine 1688 in spanischer Sprache verfasste „Confusion de Confusiones",[221] gibt in vier fiktiven Konversationen zwischen einem Kaufmann, einem Philosophen und einem Aktionär – trotz ihres eigenwilligen Stils – informative Einblicke in den teils hochspekulativen Amsterdamer Aktienhandel des 17. Jahrhunderts. Die jüngste, sehr umfassende Untersuchung zur Entwicklung der Amsterdamer Wertpapierbörse bis 1700 verdanken wir der Amsterdamer Dissertation von *Lodewijk Petram*[222], die in abgewandelter Form in der Schriftenreihe der Columbia Business

---

216 Vgl. *Gaastra* (Fn. 9), S. 9 und S. 62.

217 (Fn. 9), S. 8; *ders.* (Fn. 13), S. 27 f.

218 Unklar ist, ob sich auch *Gepken-Jager* (Fn. 5), S. 41, 60 ebenfalls darauf bezieht, wenn sie schreibt: „In addition, as from 1676, the VOC operated as a savings bank against a return of 3 %."

219 Vgl. oben V 3 und VI 4.

220 So auch *Harris* (Fn. 51), S. 88, 109: „The exit option through the sale of shares in the secondary market was introduced because of the need to offset the lock-in of capital. The option was exercised with growing frequency by passive investors, partly offsetting the oligarchic and non-voluntary effects of the other institutional features of the VOC."

221 Hier zitiert nach der deutschen Übersetzung samt Einleitung: *de la Vega*, Die Verwirrung der Verwirrungen, hrsg. von Kostolany, 2. Aufl. 2000.

222 De bakermat van de beurs: hoe in zeventiende-eeuws Amsterdam de moderne aandelenhandel ontstond, 2011; hier zitiert wird die in englischer Sprache verfasste Open-Access-Publikation, online abrufbar unter dem Permalink https://hdl.handle.net/11245/1.342701.

School erschienen ist.[223] *Petram* hat zahlreiche Originaldokumente niederländischer Notare und Gerichte verarbeitet und viele Aspekte des Aktienhandels dargestellt, auf die hier leider nur verwiesen, aber nicht näher eingegangen werden kann.

1. Aktien

Der Begriff „Aktie" stammte ebenso wenig aus dem Octroy von 1602 wie sich hieraus die Handelbarkeit der VOC-Anteile ergab. Beides ging jedoch Hand in Hand. Schon die erste Seite des *Inlegboek*, in das sich Partizipanten im Zuge der Zeichnung ihrer „partije" bei der jeweiligen Kammer eintrugen, unterrichtete sie über die freie Übertragbarkeit der Anteile.[224] Auch die Übertragungsmodalitäten waren genau festgelegt: So wurde die Anteilsübertragung erst dadurch abgeschlossen, dass sie vom Buchhalter der Compagnie im jeweiligen Kammerregister eingetragen wurde. Das wiederum erfolgte erst nach Zahlung einer Gebühr in Höhe von 2,80 Gulden sowie der Zustimmung zweier Direktoren, die insbesondere die Zugehörigkeit zur Gesellschaft und die Verkaufsabsicht des Veräußerers prüften.[225] Zudem musste ein Übertragungsformular ausgefüllt werden, dessen Inhalt in einem Beschluss der *Heren XVII* wörtlich festgelegt war.[226] Anteilsscheine gab die VOC hingegen nicht aus.[227]

Von einer „actie" sprachen all diese Dokumente noch nicht. Nach der eingehenden Untersuchung von *Herman Theodoor Colenbrander*[228] begegnete der Begriff erstmals 1606 in Beschlüssen der *Heren XVII* und der Generalstaaten sowie 1607 in einer erhalten gebliebenen Umschreibungsurkunde. Seither verdrängte die „actie" den „paert" aus dem Sprachgebrauch,[229] was *Colenbrander* im Anschluss an *Lehmann* damit begründet, dass „paert" nur den Anteil am Grundkapital zu bezeichnen vermochte, während „actie" zusätzlich auch den Anspruch auf

---

223 *Petram*, The World's First Stock Exchange, 2014, übersetzt von *Lynne Richards*.
224 Vgl. *Colenbrander*, ZHR 50 (1901), 383, 384; *Petram* (Fn. 222), S. 18.
225 *Petram* (Fn. 222), S. 18.
226 Wiedergegeben bei *Colenbrander*, ZHR 50 (1901), 383, 384; *Ehrenberg*, Das Zeitalter der Fugger: Geldkapital und Creditverkehr im 16. Jahrhundert, Bd. 2, 3. Aufl. 1922, S. 329.
227 Vgl. *Gaastra* (Fn. 9), S. 9; *Gepken-Jager* (Fn. 5), S. 41, 63: „There were no negotiable share certificates issued for VOC shares. Possession of shares could only be proven on the basis of the company's books."
228 ZHR 50 (1901), 383, 384 ff.
229 Vgl. schon oben Fn. 142.

eine „ungewisse, aber unerhört hohe“ Dividende mitumfasste, die erst den Anlass für die einsetzende Aktienspekulation gab.[230]

2. Handel und Kursentwicklung

Der Handel mit VOC-Anteilen setzte bereits unmittelbar nach Ablauf der Zeichnungsfrist ein; schon im Jahre 1602 wurden Preise um 15 % über Pari registriert.[231] Eine feste Stückelung der Anteile gab es nicht.[232] Allerdings etablierte sich bald eine übliche Handelseinheit zu einem Nominalwert von 3.000 Gulden.[233] Erste Höhepunkte des Handels fielen mit den drei Terminen für die Einzahlung der Einlagen zusammen; hier dürften Partizipanten verkauft haben, die nicht in der Lage waren, die zunächst gezeichneten Summen aufzubringen.[234] Nicht jede Veräußerung spiegelte sich freilich in den Kammerregistern wider: Häufig wurden mehrere Transaktionen zwischen unterschiedlichen Personen zu einer einzigen zusammengefasst, die dann allein in die Bücher aufgenommen wurde.[235]

Gehandelt wurden die Aktien zunächst auf der *Nieuwe Brug* im Amsterdamer Hafen, bei Schlechtwetter in der nahegelegenen *Oude Kerk*, wo sich bereits das Zentrum für den Warenhandel etabliert hatte. Als die Handelsvolumina im Jahr 1607 zunahmen, beschloss die Stadtregierung den Bau der *Beurs*, die von *Henrik de Keyser* als Hofhallenbörse geplant und 1611 fertiggestellt wurde. An ihren Säulen beherbergte sie fortan sowohl den Handel mit Waren als auch erstmals jenen mit Effekten.[236] Die VOC war mithin nicht nur die erste börsennotierte Gesell-

---

230 Vgl. *Colenbrander*, ZHR 50 (1901), 383, 386; *Lehmann* (Fn. 2), S. 24 ff., insb. S. 26: „Vielmehr ist es die Eigenschaft des Dividendenpapiers, aus der alle Wirkungen resultiren. Dividendenantheil und Antheil am Grundkapital sind in der ‚Aktie‘ enthalten, aber jener ist das Wichtigere, das die Aktie zur Aktie machende.“

231 Vgl. *Ehrenberg* (Fn. 226), S. 329; *Gelderblom/Jonker*, The Journal of Economic History, 64 (3), (2004), 641, 644 ff.

232 Vgl. *Petram* (Fn. 222), S. 19.

233 Dazu *Ehrenberg* (Fn. 226), S. 333; *Petram* (Fn. 222), S. 39.

234 *Gelderblom/Jonker*, The Journal of Economic History, 64 (3), (2004), 641, 656 f.

235 *Petram* (Fn. 222), S. 10; *de la Vega* (Fn. 221), Einleitung, S. 19: „[…] aber da der erste Käufer seinen Posten an einen anderen weiter verkauft haben kann und der neue Käufer wiederum an einen anderen und so kaskadenartig weiter, bis der Käufer oder Verkäufer eine Schlußoperation findet, d. h. eine effektive oder künstlich herbeigeführte Abnahme. Diese Überweisung nennt man bei der Abrechnung, den Verkäufer in letzter Instanz mit dem Käufer verheiraten.“

236 Näher dazu *Petram* (Fn. 222), S. 19 f., 30 ff.; *J. Flume*, Marktaustausch, 2019, S. 32, 34 ff. m. w. N.

schaft der Welt; sie leistete auch einen wesentlichen Beitrag zum Bau der Amsterdamer Börse.

Der Aktienkurs schwankte von Beginn an gehörig. Je nachdem, ob es gute oder schlechte Nachrichten oder zumindest Gerüchte aus Ostindien, einschneidende politische Ereignisse oder Dividenden gab, veränderte sich der Preis im Verhältnis zum Ausgabebetrag:[237] So stieg der Kurs nach den Angaben bei *Petram*[238] im Jahr 1605 aufgrund erster Erfolge gegen die Portugiesen auf Ambon und Tidor[239] und der Rückkehr der letzten Vor-Expeditionen auf 140 % des Ausgabepreises. Eine Falschnachricht über die Eroberung Malaccas[240] sorgte 1607 für ein Kurshoch von 167 %, das nach anderen Angaben sogar die 200 %-Marke erreichte.[241]

Die Jahre 1609 und 1610 wurden durch die legendäre Baisse-Spekulation des *Isaac le Maire*. geprägt. Er war ein *Bewindhebber* der ersten Stunde, musste aber schon nach drei Jahren wegen Betrugsvorwürfen zurücktreten.[242] Fortan „Erzfeind der VOC"[243], versuchte er ihr Monopol mit einer französischen und einer australischen Compagnie zu brechen. Letztlich blieben diese Versuche ebenso erfolglos wie das von ihm gegründete Baisse-Konsortium, dessen Mitglieder Short-Selling betrieben: Sie tätigten Leerverkäufe mit dem Ziel, den Aktienkurs durch Gerüchte über schlechte Ostindiengeschäfte zu drücken,[244] um sich dann zum Lieferzeitpunkt billig eindecken zu können.[245] Die von ihnen gestreuten Gerüchte vermochten den Kurs des Jahres 1609 zwar auf unter 140 % zu drücken, doch reagierten die Compagnie-Direktoren hierauf mit der ersten Dividendenverteilung[246],

237 Zum Informationsstand der Investoren *Petram* (Fn. 222), S. 148 ff.

238 Appendix A bei *Petram* (Fn. 222), S. 196 ff.

239 Dazu *Schleich*, in Schmitt/Schleich/Beck (Fn. 3), S. 120 f.; falsch datiert bei *Ehrenberg* (Fn. 226), S. 330, der auch die Ausschüttung des Jahres 1605 irrig der VOC zuschreibt und nicht der Vor-Expedition.

240 Laut *Klerk de Reus* (Fn. 15), S. 69 handelte es sich dabei um eine von den Direktoren gesteuerte Kursmanipulation.

241 Vgl. etwa *Ehrenberg* (Fn. 226), S. 330; *de la Vega* (Fn. 221), Einleitung, S. 16.

242 Eingehende biografische Angaben bei *van Dillen*, Economisch Historisch jaarboek 16 (1930) 1; hier benutzt wurde die englische Übersetzung der französischen Kurzfassung (*van Dillen*, Revue d'Histoire Moderne 5-21 [1935] 121) bei *van Dillen/Poitras/Majithia*, in Poitras (Hrsg.), Pioneers of Financial Economics, S. 45.

243 *Driessen* (Fn. 19), S. 70.

244 Vgl. *Gepken-Jager* (Fn. 5), S. 41, 70: „The rumor that half of the ships had sunk caused the shares to fall even further in value."

245 Vgl. *van Dillen et al.*, in Poitras (Fn. 242), S. 45, 46, 57 ff.

246 Vgl. oben VI. 5.

sodass sich der Kurs wieder erholte.[247] Zudem forderten die Compagnie-Direktoren von den Generalstaaten ein Verbot von Leerverkäufen, weil diese angeblich gutgläubige Partizipanten schädigten, und bemühten dabei sogar die sprichwörtlichen Witwen und Waisen.[248] Ferner behaupteten sie, dass Spanien seine Finger im Spiel habe, um der VOC und mit ihr den Vereinigten Niederlande zu schaden.[249] Die Generalstaaten entsprachen diesem Ansuchen im Februar 1610 mit der ersten staatlichen Regulierung eines Finanzmarktes,[250] obwohl sich zuvor zahlreiche Anleger und Händler in mehreren Pamphleten dagegen ausgesprochen hatten.[251] Die Maßnahme zeigte in der Folge wenig Wirkung und wurde von den Marktteilnehmern weitgehend ignoriert.[252] Stattdessen regulierten sich die Märkte trotz weiterer generalstaatlicher Dekrete[253] über mehr als zwei Jahrhunderte lang selbst.[254]

Im weiteren Verlauf lassen sich einschneidende Kurseinbrüche immer wieder an politischen Ereignissen festmachen. Das betrifft insbesondere die Zeiten der englisch-niederländischen Seekriege. Der erste (1652–1654) ließ den mittlerweile auf 532 % gestiegenen Kurs auf 438 % fallen, der zweite (1665–1667) drückte den Kurs von 490 % auf 315 % und der dritte (1672–1674) sorgte zwischen Juli 1671 und Juni 1672 für einen Verfall von 560 % auf 280 %.[255] Erst als sich die Wasserlinie[256] für die englischen und französischen Truppen als unüberwindbar erwies und Admiral *de Ruyter* zur See siegreich blieb,[257] erholte sich der Kurs wieder.[258] Hinge-

---

247 Vgl. die genauen Zahlenangaben bei *van Dillen et al.*, in Poitras (Fn. 242), S. 45, 57; ferner *Petram* (Fn. 222), S. 26 f.

248 *Ehrenberg* (Fn. 226), S. 331.

249 Näher *Ehrenberg* (Fn. 226), S. 331; *Petram* (Fn. 222), S. 25 f.

250 Abgedruckt in Groot Placaet-Boeck (Fn. 11), S. 553 ff.; s. auch *Gepken-Jager* (Fn. 5), S. 41, 71.

251 Dazu *Ehrenberg* (Fn. 226), S. 331 f.; *Petram* (Fn. 222), S. 27 f.

252 Vgl. *Gepken-Jager* (Fn. 5), S. 41, 71; *Ehrenberg* (Fn. 226), S. 332: „Seine einzige Wirkung bestand darin, ungetreuen Spekulanten einen bequemen Vorwand zur Nichterfüllung ihrer Verpflichtungen zu geben." Vgl. zur Möglichkeit von Blankoverkäufen zurückzutreten, indem man sich „unter den Mantel Friedrichs steckte" auch *de la Vega* (Fn. 221), Erster Dialog, S. 39; anschaulich und unter Berücksichtigung der niederländischen Rechtsprechung *Petram* (Fn. 222), S. 94 ff.

253 Vgl. *Gepken-Jager* (Fn. 5), S. 41, 71 Fn. 108.

254 Vgl. *Gepken-Jager* (Fn. 5), S. 41, 71; vertiefend *Petram* (Fn. 222), S. 91 ff.

255 Vgl. *Petram* (Fn. 222), S. 108, 113 und Appendix A; s. auch die leicht abweichenden Angaben bei *de la Vega* (Fn. 221), Einleitung, S. 16

256 Darunter versteht man ein System aus Deichen, Schleusen und Befestigungen, mit denen das Land überflutet werden und eine natürliche Barriere aus Wasser angelegt werden konnte; vgl. *Mak* (Fn. 27), S. 166.

257 Vgl. dazu *Driessen* (Fn. 24), S. 133.

258 Vgl. *Petram* (Fn. 222), Appendix A.

wiesen sei schließlich noch auf das imposante Kurshoch vor dem Börsenkrach 1720 rund um die „South Sea Bubble“ und die „Mississippi-Spekulation“ des *John Law*;[259] es soll ganze 1.260 % betragen haben.[260] Als 1794 das Ende der VOC nahte, war der Kurs wieder auf 134 % gesunken.[261]

Die hohe Volatilität der VOC-Aktien bereitete den Nährboden für Investitionsstrategien und Spekulationen unterschiedlichster Art,[262] deren Volumen ein Vielfaches der tatsächlich registrierten Aktienverkäufe erreichte. Zum besseren Verständnis des Amsterdamer Aktienmarktes beschrieb der schon erwähnte „Aktionär“ bei *de la Vega*[263] zunächst die Marktteilnehmer, die er in drei Klassen einteilte: (1) Die „Finanzbarone“ besaßen Aktien, lebten von den Dividenden und beteiligten sich kaum an Aktientransfers. (2) Die „Kaufleute“ erwarben Aktien, ließen sie auf ihren Namen umschreiben, um bei steigendem Kurs zu verkaufen. (3) Die „Spieler und Spekulanten“ machten sich unterschiedliche Arten von Termingeschäften zu Nutze[264]. Sie ersannen Geschäftsformen, die auch bei näherer Betrachtung äußerst modern wirken.[265] So standen Repo-Geschäfte, Leerverkäufe und Derivatehandel bereits nach kurzer Zeit auf der Tagesordnung.[266] Ab 1607 wurden Derivate in Form von Forward-Geschäften nachgewiesen, die ihre Basis im Preis der VOC-Aktien zu einem bestimmten zukünftigen Zeitpunkt hatten.[267] Um der notwendigen Eintragung einer Aktienübertragung zu entgehen, wurden sie häufig durch Barausgleich erfüllt, also mittels Zahlung des Differenzbetrags zwischen vereinbartem Terminpreis und bei Fälligkeit bestehendem Kassapreis.[268] Auch *Isaac Le Maire* nutzte solche Termingeschäfte im Rahmen seiner Baisse-Spekulation. Darüber hinaus kannte man sog. Opsies – Optionsgeschäfte zum Zwecke der Absicherung eines Termingeschäfts gegen Hausse oder Baisse, die auch in

259 Illustrativ dazu einerseits *Papon*, Die Südseeblase kam auch Isaac Newton teuer zu stehen, FAZ.NET 2.7.2008; andererseits *Braunberger*, Aufstieg und Fall von John Laws Finanzsystem, FAZ 1.4.2008, Nr. 76, S. 25.
260 *Klerk de Reus* (Fn. 15), S. 177.
261 *de la Vega* (Fn. 221), Einleitung, S. 16.
262 Neben Aktien wurden auch Obligationen gehandelt, die auf Inhaber lauteten. Vgl. dazu *de la Vega* (Fn. 221), Einleitung, S. 17; *Gaastra* (Fn. 9), S. 9: „[A]uch mit ihnen wurde ein schwunghafter Handel getrieben.“
263 (Fn. 221), Erster Dialog, S. 33 f.
264 Vgl. etwa die Beschreibung bei *de la Vega* (Fn. 221), erster Dialog, S. 34.
265 Vgl. *Ehrenberg* (Fn. 226), S. 333, demzufolge „damals bereits die wesentlichsten Bestandtheile des heutigen Fondsverkehres in Amsterdam vorhanden waren […].“
266 Überblick bei *Petram* (Fn. 222), S. 20 ff.
267 *Petram* (Fn. 222), S. 20 und *passim*.
268 Vgl. *van Dillen et al.*, in Poitras (Fn. 242), S. 45, 53, 58. Zur Entwicklung der Vertragspraxis *Petram* (Fn. 222), S. 20 ff. und 45 ff.

Kombination vorkamen sowie zu Spekulationszwecken eingesetzt wurden.[269] Sie dürften vor allem ab der zweiten Hälfte des 17. Jahrhunderts in Mode gekommen sein und den Handel befeuert haben.[270]

VIII. Aktionärsaktivismus und Anpassungen des Octroy

Neben der Börsenspekulation erregte vor allem die oligarchische Führungsstruktur der VOC die Gemüter. Die Streitigkeiten sind über „Pamphlete" oder „Flugschriften" der Partizipanten einerseits und der Direktoren andererseits überliefert, die zu jener Zeit das übliche Medium bildeten, um – meist auf polemische Art und Weise – gesellschaftliche Entwicklungen zu kommentieren.[271] Hierzu muss man wissen, dass die anonymen Verfasser gebildete Personen waren, die sich an ihresgleichen wandten.[272] Angesichts der hohen Quote von Analphabeten im 17. Jahrhundert handelte es sich also nicht um eine Revolte von Kleinaktionären, sondern um eine Initiative durchaus betuchter Anteilseigner mit bedeutenden Beteiligungen, die ihre eigenen Interessen verfolgten.

Die Wahl der Mittel erklärt sich unter anderem daraus, dass offizielle Beschwerde- und Rechtsschutzmöglichkeiten aus Sicht der Partizipanten wenig erfolgversprechend waren. Denn die geschilderte Nachbesetzung von Direktorenposten im Wege der Kooptation[273] hatte zu engen Verflechtungen zwischen Staat und Compagnie geführt: „Wenn wir vor den Magistraten der Städte und den Schöffengerichten Klage führen, sitzen dort Kompanie-Direktoren, Angehörige der Gegenpartei. Vor den Admiralitäten, sind dort Kompanie-Direktoren. Vor den Generalstaaten, findet man dort Abgeordnete, die in gleicher Person und zu gleicher Zeit Kompanie-Direktoren und damit Angehörige der Gegenpartei sind."[274]

Hochkonjunktur erlebten die Streitschriften zunächst um das Jahr 1610, als nach dem Octroy die erste Abrechnung ins Haus stand,[275] und insbesondere in

---

269 Dazu *de la Vega*, (Fn. 221), Erster Dialog, S. 45 f. und 50 f. sowie dazu die erläuternde Einleitung, S. 21 ff.; *Petram* (Fn. 222), S. 141 ff.

270 Vgl. *Petram* (Fn. 222), S. 23.

271 Näher zu dieser Literaturgattung *Driessen* (Fn. 19), S. 35 f.

272 Dazu *Driessen* (Fn. 19), S. 35.

273 Dazu oben V. 5. b).

274 Tweede nootwendiger Discours, zitiert nach der Übersetzung bei *Gaastra* (Fn. 9), S. 12.

275 Vgl. hierzu etwa *Gelderblom/de Jong/Jonker*, The Journal of Economic History, 73 (4), (2013), 1050, 1061.

den Jahren 1622 und 1623, als das Octroy zum ersten Mal verlängert werden sollte. Eine weitere Welle an Pamphleten brachte der Schlagabtausch in den Jahren 1644 und 1645, als über eine mögliche Fusion der VOC mit der weniger erfolgreichen West-Indischen Compagnie (WIC) diskutiert wurde, die letztlich unterblieb.[276] Hier wird die zweite Kampagne um die Octroy-Verlängerung von 1623 unter die Lupe genommen. Sie gibt nicht nur Aufschluss über die Handhabung des ursprünglichen Octroy in den ersten zwanzig Jahren der VOC, sondern war für die Generalstaaten auch Anlass, an einzelnen Stellen Anpassungen vorzunehmen.

1. Kritik an den Direktoren

Die in den Pamphleten aufgegriffenen Kritikpunkte waren vielgestaltig. Im Zentrum stand der Vorwurf, dass das Octroy nur den Direktoren, nicht aber den übrigen Partizipanten Gestaltungsmöglichkeiten einräume. Letztere wollten die anstehende Entscheidung über die Verlängerung von Monopol und Laufzeit nutzen, um mehr Mitspracherechte zu erlangen.

Moniert wurde zunächst die Führungsschwäche der Direktoren, deren Geschäftssinn angezweifelt wurde. Anlass hierzu bildete der Unsummen verschlingende Aufbau der wirtschaftlichen und militärischen Infrastruktur in Südostasien.[277] Obwohl die Feinde deutlich schwächer aufgestellt seien als die Niederländer, betrieben die *Heren XVII* ein unnötiges Wettrüsten.[278] Ein Autor fragte provokant, ob sie damit noch einen anderen Zweck verfolgten, „als den ostindischen Würmern, die auf unser Eichenholz versessen sind, Aas zu liefern?“[279] Diese angebliche Mittelverschwendung in Südostasien machte sich für die Partizipanten schmerzlich im Ausbleiben höherer Dividendenzahlungen bemerkbar.[280] Da zudem die für 1612 geplante Abrechnung ausgefallen war, beklagte man die fehlende Einsicht in die Bücher der Compagnie.[281] Hierfür verwies man auf die weitergehenden Einsichtsrechte bei der englischen *East India Company*; manche forderten gar die Einrichtung eines Rechnungshofes.[282]

276 Vgl. hierzu die Zusammenstellung bei *Driessen* (Fn. 19), S. 38 ff.
277 Näher dazu unter IX.
278 Näher *Driessen* (Fn. 19), S. 40 f.
279 Klaer vertooch van de schadelijcke directie der bewinthebberen der Vereenichde Oost-Indische Compagnie [...], zitiert nach der Übersetzung bei *Driessen* (Fn. 19), S. 40.
280 Dazu schon oben VI. 5.
281 Näher zu diesem Fragenkreis *Robertson/Funnel*, Accounting by the First Public Company, 2014, S. 150 ff.
282 Vgl. die wiedergegebenen Forderungen bei *Driessen* (Fn. 19), S. 44 ff.

Doch nicht nur die Art der Mittelverwendung, auch Selbstbereicherung und Vetternwirtschaft prangerten die Verfasser der Streitschriften an. Denn offenbar stellten die Direktoren ihre Eigeninteressen über jene der Compagnie, sofern sie solche überhaupt verfolgten[283]: „Die Bewindheber, hieß es in Holland, seien nicht die Diener, sondern die Tyrannen der Kompagnie.“[284] Zunächst verleitete die Vergütungsregelung in Art. 29, wonach den Direktoren 1 % der Kosten der Flottenausrüstung zustand, zu „großer und unnötig schädlicher Equipage“[285]. Überdies schoben sich die Direktoren gegenseitig Aufträge für die Ausstattung der Expeditionen zu, sodass sie an beiden Enden verdienten. Hinsichtlich der aus Südostasien importierten Gewürze ließen sie sich zudem Vorkaufsrechte und Rabatte zusichern.[286] Schließlich wurden den Direktoren auch noch Aktienspekulationen und Kursmanipulationen unter Zuhilfenahme von Insiderwissen vorgeworfen, was zumindest für einige von ihnen der Wahrheit entsprochen haben dürfte.[287] Die Direktoren vermochten dem wenig entgegenzuhalten;[288] wie ein Feigenblatt wirkt etwa ihre Verteidigung, dass Entscheidungen nicht von einem Einzelnen, sondern unter den Augen vieler getroffen würden, sodass Schiebung unmöglich sei.[289]

2. Anpassungen des Octroy

Die Generalstaaten standen im Lager der Direktoren und befürworteten daher grundsätzlich eine Verlängerung des Monopols. Angesichts des öffentlichen Unmuts sahen sie sich aber 1623 genötigt, den opponierenden Partizipanten Zu-

---

283 Dies in Abrede stellend *Gepken-Jager* (Fn. 5), S. 41, 66: „Moreover, the governors were not aware that they had to promote the interests of the company as a legal entity and those of the shareholders. They saw the advantages associated with the voyages to the Indies in the same terms as they did for the early companies: they were solely the product of their own efforts. They thus saw themselves as being legally entitled to extract as much profit from the expeditions as they could.“

284 *Schmoller*, Jahrbuch für Gesetzgebung, Verwaltung und Volkswirthschaft in Deutschland 17 (1893), 959, 996.

285 Vgl. *Driessen* (Fn. 19), S. 40.

286 Dazu *Driessen* (Fn. 19), S. 41 f.; *Gepken-Jager* (Fn. 5), S. 41, 66.

287 Vgl. nur *Driessen* (Fn. 19), S. 42 f. mit dem Beispiel *Elias Trip*.

288 In diesem Sinne auch *Klerk de Reus* (Fn. 15), S. 73: „Die einzigen stichhaltigen Argumente in dieser Verteidigung waren diejenigen mit welchen die Direktoren die Comp. für einen Bestandteil des Staates erklärten und die Ausrüstung der Flotte im Jahre 1622 rechtfertigten. Die übrigen Gründe welche sie beibrachten, waren nicht haltbar.“

289 Vgl. die Tegen-vertooch, zitiert nach *Driessen* (Fn. 19), S. 46 f.

geständnisse zu machen, indem sie das Octroy an einzelnen Stellen überarbeiteten oder ergänzten.[290]

Verschiedene Maßnahmen richteten sich gegen eine missbräuchliche (Selbst-)Begünstigung der Direktoren: Zunächst strichen die Generalstaaten den Direktoren den kostenorientierten Teil ihrer Provision, sodass sich deren Vergütung nur noch nach den Gewinnen der Handelsgeschäfte richtete, bevor im Zuge der Octroy-Verlängerung von 1647 ein festes Entgelt eingeführt wurde. Ebenso wurden privilegierte Vorerwerbsrechte für Gewürze verboten. Außerdem sollten die Direktoren fortan nicht mehr auf Lebenszeit, sondern nur noch auf drei Jahre bestellt werden. Schließlich verpflichteten die Generalstaaten die Direktoren zur Rechnungslegung und zur Zahlung einer jährlichen Mindestdividende von 10 %.

Hinzu kam ein behutsamer Aufbau von Kontrollstrukturen durch Einrichtung verschiedener Überwachungsgremien.[291] Am wichtigsten war der Ausschuss der Neun (*Commissie van Negen*),[292] dem die jährliche Prüfung der Bilanzen oblag und dessen Mitglieder darüber hinaus eine beratende Funktion ausübten.[293] Zu diesem Zweck durften sie auch an den Sitzungen der Siebzehn Herren teilnehmen.[294] Die Ausschussmitglieder rekrutierten sich ausschließlich aus den Reihen der Hauptpartizipanten, also jenen Großaktionären, die wie die Direktoren mit mindestens 6.000/3.000 Gulden an der VOC beteiligt waren.[295] Die neun Sitze wurden auf die Kammern aufgeteilt: Amsterdam stellte vier, Zeeland zwei und die kleinen Kammern die übrigen drei Ausschussmitglieder.[296] Erwähnung verdient außerdem ein Rechnungsausschuss (*Rekening-committee*), dem vier Repräsentanten der Generalstaaten und mehrere Großaktionäre angehörten.[297] Er kontrollierte im Beisein anderer interessierter Anleger alle vier Jahre die Gesamtbilanz.[298]

---

290 Vgl. *de Korte* (Fn. 111), S. 5 f.; *Driessen* (Fn. 19), S. 47; *Gaastra* (Fn. 9), S. 9, 12, 107; *Gepken-Jager* (Fn. 5), S. 41, 66 f.; *Robertson/Funnel* (Fn. 281), S. 157 ff.

291 Vgl. *Gepken-Jager* (Fn. 5), S. 41, 55, 57 f.; *de Korte* (Fn. 111), S. 5; *van Dam* (Fn. 21), Deel 1.1, S. 295 ff.

292 Vgl. *Gepken-Jager* (Fn. 5), S. 41, 57.

293 Vgl. *Gepken-Jager* (Fn. 5), S. 41, 57.

294 Vgl. *Gaastra* (Fn. 9), S. 12.

295 Vgl. *de Korte* (Fn. 111), S. 5.

296 Vgl. *Gaastra* (Fn. 9), S. 12; *Gepken-Jager* (Fn. 5), S. 41, 57.

297 Vgl. *Gepken-Jager* (Fn. 5), S. 41, 57.

298 Vgl. *Gaastra* (Fn. 9), S. 12.

3. Nachwirkungen der Reformschritte

Bei der Bewertung dieser Reformschritte schwankt man aus heutiger Sicht zwischen Fortschrittsglauben und Ernüchterung. Manche Autoren erblicken in dem Ausschuss der Neun einen Vorläufer des modernen Aufsichtsrats,[299] der später in verschiedenen Schritten weiter ausgeformt wurde.[300] Weitere Stimmen stellen die Etablierung des Rechnungsausschusses als einen hochbedeutenden Entwicklungsschritt in der Geschichte des Gesellschaftsrechts dar, weil mit ihm erstmals ein spezielles Organ zum Schutz der Kapitalanleger geschaffen worden sei.[301]

Es gibt aber auch kritische Stimmen, nach denen die Reform von 1623 kaum zur Steigerung der Kontrolleffizienz beigetragen hat.[302] Sie bemängeln, dass die Amtszeitbeschränkung der Direktoren allenfalls kurzfristig eingehalten oder von vornherein umgangen wurde.[303] Als Belege genannt werden etwa *Gerardo Welhouck*, der in Delft zwischen 1630 und 1656 als Direktor diente, *Joannes Hudde*, der Bürgermeister von Amsterdam war und zugleich von 1679 bis 1704 als Direktor der größten Kammer fungierte, oder *Pieter de Graef*, der ab 1664 für ganze 42 Jahre Direktor der Amsterdamer Kammer war.[304] Kritisiert wird außerdem, dass lediglich die Hauptpartizipanten als Kontrolleure eingebunden wurden, die wie die Direktoren dem Geldadel zugehörten, während den einfachen Partizipanten ein Mitspracherecht verwehrt blieb.[305] Dennoch regte sich in den folgenden Jahrzehnten kaum noch Widerspruch. Denn die Direktoren verstanden es geschickt, dem Hauptanliegen aller Aktionäre zu entsprechen: Sie zahlten kräftige Dividenden und ließen ihre Kritiker damit verstummen.[306]

---

299 So etwa *Lehmann* (Fn. 2), S. 65: „Der Aufsichtsrath ist aus den alten Hauptparticipanten hervorgegangen, welche dem Vorstande zur Seite standen, und welche ursprünglich kraft eignen Rechts im Laufe der Zeit kraft Wahl der Interessenten den Vorstand controlliren und unterstützen sollen."; s. auch *Klein*, Die neueren Entwicklungen in Verfassung und Recht der Aktiengesellschaft, 1904, S. 10: „Der Aufsichtsrat ist niederländisch [...]."

300 Vgl. *Lieder*, Der Aufsichtsrat im Wandel der Zeit, 2006, S. 42 ff. m. w. N.

301 So namentlich *Robertson/Funnel* (Fn. 281), S. 158.

302 In diesem Sinne etwa die Einschätzungen bei *Gaastra* (Fn. 9), S. 12 und *Driessen* (Fn. 19), S. 47 f.; ambivalent die Bewertung von *Gepken-Jager* (Fn. 5), S. 41, 58.

303 Vgl. *Gaastra* (Fn. 9), S. 12 und 107; *Gepken-Jager* (Fn. 5), S. 41, 55.

304 Weiterführend *Gaastra* (Fn. 9), S. 107; *ders.* (Fn. 13), S. 156 f. mit Porträts und weiteren Beispielen.

305 Vgl. *Gaastra* (Fn. 9), S. 12.

306 Vgl. *Driessen* (Fn. 19), S. 48; *Gaastra* (Fn. 9), S. 12; s. auch *Steensgaard* (Fn. 16), S. 235, 249 f.

IX. Etablierung kolonialer Herrschaftsstrukturen und Völkermord in Südostasien

Für ein wirklichkeitsgetreues Gesamtbild ist über die gesellschafts- und kapitalmarktrechtlichen Zusammenhänge hinaus noch ein Blick auf die Errichtung kolonialer Herrschaftsstrukturen durch die VOC in Südostasien erforderlich. Er offenbart ihren allmählichen Wandel von einer Handels- zu einer Militär-Kompanie[307] – und mit ihm auch die dunklen Seiten der VOC. Der Strategiewechsel hin zu einer aggressiveren Eroberungs- und Kolonialpolitik begann schon bald, nachdem die ersten Flotten aus Südostasien heimgekehrt waren.[308] Immer mehr Stimmen riefen die VOC zu einer robusteren Art des *empire building* auf. Die Siebzehn Herren machten sich diese Appelle, insbesondere den des Compagnie-Direktors und Kommandeurs der zweiten VOC-Flotte *Cornelis Matelieff de Jonge*[309], mit einer dreifachen Zielsetzung zu eigen:[310] Zunächst sollten Verwaltungsaufgaben an eine lokale Leitungseinheit übertragen werden, die vor Ort die Kräfte der VOC koordinierte. Sodann sollte ein zentraler Sammelpunkt entstehen, der als Drehscheibe für den Handel dienen konnte. Schließlich sollte insbesondere das Gewürzmonopol gefestigt und gegen andere europäische Kräfte verteidigt werden.

Den ersten Schritt gingen die *Heren XVII*, indem sie 1609 einen Generalgouverneur ernannten und in die auf Java befindliche Stadt Bantam entsandten. Ihm zur Seite stellten sie den *Raad van Indië*, den der Generalgouverneur leitete und dem die ranghöchsten Vertreter aus Handel, Militär und Justiz angehörten.[311] Das lokale Geschäft führten Gremien, die strukturell den heimatlichen Kammern der VOC glichen, während die Verwaltung der größeren Gewürzinseln mit Gouvernements wiederum dem Indienrat nachempfunden war.[312]

Den Mitgliedern der ostindischen Handelsregierung gelang es zunächst jedoch nicht, eine leistungsfähige Infrastruktur aufzubauen. Dies änderte sich erst

---

307 Vgl. *Schuppert* (Fn. 3), S. 45; ferner *Steensgaard* (Fn. 16), S. 235, 240.

308 Ausführlich zur Expansion der VOC *Gaastra* (Fn. 9), S. 13 ff.; *Nagel* (Fn. 48), S. 103 ff.

309 Zu ihm siehe *Borschberg*, Journal, Memorials and Letters of Cornelis Matelieff de Jonge, 2015.

310 Vgl. *Borschberg* (Fn. 309), Preface und insbesondere die Dokumente ab S. 253 ff. sowie *passim.*; ferner *Gaastra* (Fn. 9), S. 14; *Nagel* (Fn. 48), S. 104 f.; s. auch *Gelderblom/de Jong/Jonker*, The Journal of Economic History, 73 (4), (2013), 1050, 1060 f.

311 Zum Verhältnis von Rat und Vorsitzendem *Gaastra* (Fn. 9), S. 24: „Der Generalgouverneur war nicht allmächtig, sondern Vorsitzender im Rat, durfte aber außerhalb des Rates keine wichtigen Entscheidungen treffen."

312 Vgl. dazu *Nagel* (Fn. 48), S. 50.

mit *Jan Pieterszoon Coen*[313], den die *Heren XVII* im Jahr 1613 zum stellvertretenden Generalgouverneur bestellten und der für die nächsten beiden Jahrzehnte zur bestimmenden Figur werden sollte.[314] Der aus Hoorn stammende, in Rom ausgebildete *Coen* war mit der vierten VOC-Flotte im Jahr 1607 aufgebrochen und hatte bereits von sich reden gemacht, indem er den Direktoren die Lage vor Ort eingehend und kritisch auseinandergesetzt hatte. Dabei forderte er erhebliche Zusatzinvestitionen[315] und warb dafür, den innerasiatischen Handel zu erschließen.[316] Außerdem sparte er nicht mit Kritik an den Direktoren[317] und legte dar, dass „in Indien etwas Großes vollbracht werden könne", jedoch nur „mit Waffen und Zwang".[318] Ganz im Sinne dieses Credos vertrieb *Coen* im Jahr 1619 englische und javanische Belagerer aus dem strategisch günstig gelegenen Fort in Batavia (Jakarta)[319], brannte die einheimische Siedlung nieder, vertrieb die Bevölkerung und ließ dort das Hauptquartier der VOC errichten, das über Jahrhunderte das niederländische Zentrum in Südostasien bleiben sollte.[320]

Noch blutiger war das Vorgehen bei der Sicherung des Gewürzmonopols. Die Gewalt richtete sich sowohl gegen europäische Konkurrenten als auch gegen die einheimische Bevölkerung. Ein Beispiel bildete das sog. Amboyna-Massaker von 1623, das Propaganda für drei englisch-niederländische Kriege lieferte.[321] Mit ihm bestrafte *Herman van Speult*, der Gouverneur des VOC-Forts auf der Gewürzinsel Ambon, eine angebliche englische Verschwörung durch die Hinrichtung von zwanzig Bediensteten der englischen *East India Company*, die sich jedoch erst unter schwerer Folter geständig gezeigt hatten.[322]

---

313 Über ihn etwa *Furber* (Fn. 1), S. 35 ff.; *Driessen* (Fn. 24), S. 69 f.

314 Seine Wirkung über das eigene Leben hinaus betonend *Driessen* (Fn. 19), S. 41: „Begründer des niederländischen Kolonialreiches".

315 Vgl. die Wiedergabe bei *Driessen* (Fn. 19), S. 41: „Es sei *dringend erforderlich ... daß die Herren jährlich eine sehr große Summe Geld hierher senden*, betont Coen." (Hervorhebungen im Original).

316 Vgl. *Nagel* (Fn. 48), S. 107.

317 Vgl. *Driessen* (Fn. 19), S. 63: „*Ich schwöre Euch beim Allerhöchsten, daß die Vereinigte Compagnie keine Feinde hat, die ihr mehr Abbruch tun und schaden, als die Unwissenheit und Unbedachtsamkeit, die – nehmt es mir nicht übel – unter E. (uer) E. (dlen) regiert.* [...] Ein anderes Mal schrieb er ihnen, sie trachteten nach dem Ruin des Unternehmens." (Hervorhebungen im Original).

318 Zitiert nach *Driessen* (Fn. 19), S. 108.

319 Auch *Cornelis Matelieff de Jonge* hatte Jakarta als Ort für eine dauerhafte Niederlassung der VOC bevorzugt; vgl. die in Fn. 310 zitierten Stellen und Dokumente bei *Borschberg*.

320 Dazu etwa *Nagel* (Fn. 48), S. 50, 104, 113 ff.

321 Vgl. etwa das 1673 geschriebene Stück von *John Dryden* mit dem Titel „Amboyna or the Cruelties of the Dutch to the English Merchants"; s. ferner *Driessen* (Fn. 19), S. 69 f. m. w. N.

322 Weiterführend *Bassett*, Journal of Southeast Asian History, 1 (2), 1 ff. m. w. N.; ferner *Driessen* (Fn. 19), S. 134 ff.

Zwei Jahre zuvor hatte *Coen* eines der dunkelsten Kapitel in der Geschichte der VOC und wohl auch der Niederlande geschrieben, als er den „ersten kolonialen Völkermord in der östlichen Hemisphäre“[323] an den Einwohnern der Banda-Inseln anordnete.[324] Die an Muskat- und Gewürznelkenbäumen reichen Inseln waren bereits von Schiffen der Vor-Compagnien angesteuert worden; seither gehörten die Bandanesen zu wichtigen Handelspartnern der Niederländer. Als sich die dort herrschende Kaufmannselite jedoch den Monopolbestrebungen der VOC widersetzte, beschloss *Coen* die gewaltsame Eroberung der Insel. Wer sich widersetzte, wurde gefoltert und hingerichtet; wer sich ergab, wurde verschleppt und versklavt; wer floh, musste verhungern. Von den insgesamt rund 15.000 Bewohnern überlebten nur 1.000.[325]

In den folgenden Jahrzehnten dehnte die VOC – mit geringerem Gewalteinsatz[326] – ihr Handelsnetz immer weiter aus. Wie einst von *Coen* vorgeschlagen, erschloss sie auch den innerasiatischen Handel, so dass sie immer dort verkaufen konnte, wo der größte Gewinn wartete.[327] Im Jahr 1684 befand sich die VOC in Südostasien auf dem Höhepunkt ihrer Macht.[328] Die portugiesische Vormachtstellung war gebrochen, man hatte Bantam erobert und sich auch das Monopol für die feinen Gewürze (Gewürznelke, Muskatnuss, Muskatblüte und Zimt)[329] gesichert.

X. Verfall und Ende der VOC

Im 18. Jahrhundert ging die VOC nach Jahrzehnten des wirtschaftlichen Aufstiegs einem schleichenden Ende entgegen. Was sie letztlich in die Knie zwang, wird unterschiedlich beurteilt.[330] Zu nennen sind zunächst gesellschaftsinterne Faktoren. Hierzu gehörte eine unzureichende Buchhaltung, die sich in einer wenig aussagekräftigen Gewinn- und Ausgabenrechnung erschöpfte[331] und zudem nicht zentral,

323 *Schmitt* in Schmitt/Schleich/Beck (Fn. 3), S. 209.
324 Vgl. dazu etwa *Driessen* (Fn. 24), S. 69 f.; *Nagel* (Fn. 48), S. 106 f.
325 Zu den grausamen Einzelheiten etwa *Driessen* (Fn. 19), S. 110 ff.
326 Vgl. *Steensgaard* (Fn. 16), S. 235, 255.
327 Vgl. *Steensgaard* (Fn. 16), S. 235, 238.
328 Vgl. *Gaastra* (Fn. 9), S. 13.
329 Vgl. *Gaastra* (Fn. 13), S. 46.
330 Vgl. *de Vries/van der Woude* (Fn. 210), S. 448 ff.; *Gaastra* (Fn. 9), S. 66; *Gepken-Jager* (Fn. 5), S. 41, 77; *Nagel* (Fn. 48), S. 122 ff.
331 Vgl. *Gaastra* (Fn. 9), S. 59 f. m. w. N. und dem Fazit auf S. 60: „Die Buchhaltung in den Niederlanden ließ zu wünschen übrig und die Bilanzen der Kammern boten nur ein unvollständiges

sondern von den sechs Kammern geführt wurde.[332] Außerdem fiel es der VOC zunehmend schwer, qualifiziertes Personal zu finden.[333] Immer mehr Ausländer mit wenig Erfahrung in der Seefahrt oder im Handel, darunter viele Deutsche, wurden angeheuert.[334] Angesichts der kräftezehrenden und höchst gefährlichen Überfahrt, auf der man beinahe mit Gewissheit an Skorbut erkrankte, fanden sich immer weniger Freiwillige.[335] Im Durchschnitt kehrte nur einer von drei Ostindienfahrern lebend zurück;[336] ein zeitgenössischer Dichter bezeichnete die Mannschaftsdecks auf den Schiffen als „Vorhof zur Hölle"[337]. Schon längere Zeit problematisch gestaltete sich die Abstimmung zwischen den Direktoren in den Niederlanden und der Verwaltung in Südostasien. Die Übersicht über die dortigen Finanzen, die wiederum auf einem anderen Bilanzblatt standen, dürfte noch mangelhafter gewesen sein als in Europa.[338] Zudem waren die Wege für den Briefwechsel weit und die Korrespondenz dauerte zu lange, um sich in allen Fragen rechtzeitig abzustimmen. Darüber hinaus fehlte den *Heren XVII* das Verständnis für die Verhältnisse in Südostasien, sodass die Statthalter vor Ort bisweilen eigenmächtig handelten.[339] Besonders schädlich für die VOC war die „gewaltige Korruption"[340], die nicht nur den Postenschacher in den Niederlanden umfasste,[341] sondern auch in den südostasiatischen Niederlassungen um sich griff. Schmuggel, Betrug und Günstlingswirtschaft waren an der Tagesordnung und nicht selten kehrten Angestellte der Compagnie mit Reichtümern zurück, die völlig außer Verhältnis zu ihren Gehältern standen.[342] Daran vermochte auch der halbherzige Versuch, durch einen internen Ermittler (*independent fiscaal*) für Aufklärung zu

---

Bild."; relativierend *Steensgaard* (Fn. 16), S. 235, 255: „The accounting system of the VOC was crude, but it was certainly better than nothing."

332 Vgl. *Gepken-Jager* (Fn. 5), S. 41, 75.

333 Vgl. *de Vries/van der Woude* (Fn. 210), S. 450 f.

334 Vgl. die Personalstatistiken bei *Gaastra* (Fn. 9), S. 31.

335 Näher dazu das erschreckende Kapitel „Mitten im Tod" bei *Driessen* (Fn. 19), S. 140 ff.

336 Vgl. *Driessen* (Fn. 19), S. 140.

337 *Joost van den Vondel*, Lob der Seefahrt, zitiert bei *Driessen* (Fn. 19), S. 141.

338 Dazu *Klerk de Reus* (Fn. 15), S. 181, 189 ff.; ferner *Gaastra* (Fn. 9), S. 49: „Das Buchhaltungssystem war 1613 entwickelt worden und blieb von da an unverändert. [...] Das Auffälligste dieses Systems ist jedoch, daß es überhaupt keinen Anschluß an die Buchhaltung im Mutterland besaß, deren Prinzipien von den Vorkompanien übernommen worden waren [...]."; zu den Auswirkungen unterschiedlicher Währungseinheiten in den Niederlanden (*zwaargeld*) und in Ostindien (*lichtgeld*) *de Vries/van der Woude* (Fn. 210), S. 450.

339 Vgl. *Nagel* (Fn. 48), S. 126.

340 *Gaastra* (Fn. 9), S. 62.

341 Dazu *de Vries/van der Woude* (Fn. 210), S. 452; s. zudem *Driessen* (Fn. 19), S. 74 ff. über einen Betrugsskandal in der Kammer von Hoorn.

342 Anschaulich *Gaastra* (Fn. 9), S. 35 ff.

sorgen, nichts zu ändern.[343] Vielmehr spricht es Bände, wenn die Abkürzung VOC gelegentlich mit „Vergaan Onder Corruptie" (durch Korruption untergegangen) entschlüsselt wurde.[344]

Äußere Faktoren begünstigten den Niedergang der VOC, wobei sich erneut die enge Verknüpfung zwischen Staat und Compagnie zeigt.[345] So nahm das geopolitische Gewicht der Vereinigten Niederlande seit dem Ende des Spanischen Erbfolgekriegs im Jahr 1713 nach und nach ab.[346] Außerdem änderten sich die europäischen Geschmäcker hinsichtlich der Güter aus Südostasien. Die von der VOC monopolisierten Gewürze wurden weniger nachgefragt; dafür erlebte der Handel mit Tee und Textilien einen Aufschwung – Marktsegmente, in denen sich die englische *East India Company*, die sich in Indien festgesetzt hatte, als wesentlich erfolgreicher erwies.[347] Den schwersten Schlag versetzte aber wohl der vierte englisch-niederländische Seekrieg (1780–1783), den die Niederländer durch Anerkennung der Unabhängigkeit der Vereinigten Staaten von Amerika provoziert hatten[348] und in dem die VOC große Verluste erlitt.[349] 1790 hatte sich aus alledem ein Schuldenberg von mehr als 100 Mio. Gulden aufgehäuft.[350]

Besiegelt wurde das Ende der VOC schließlich durch die Revolution der sog. Patrioten, die sich im Sog der Aufklärung gegen die Herrschaftsoligarchie wandte und 1795 in der Eroberung der Vereinigten Niederlande durch französische Revolutionstruppen gipfelte.[351] Die neue Batavische Republik, ein französischer Vasallenstaat,[352] verabschiedete am 24. Dezember 1795 ein Dekret zur Ablösung der Direktoren, ersetzte sie ab 1. März 1796 durch ein staatliches Komitee, bevor das Octroy der Compagnie zum 31. Dezember 1799 offiziell aufgehoben wurde.[353] Un-

---

343 Dazu *Nagel* (Fn. 48), S. 124 f.

344 Vgl. *Nagel* (Fn. 48), S. 124.

345 Vgl. *Damsté/van de Vrugt*, in Gepken-Jager/Solinge/Timmermann (Fn. 5), S. 83, 85: „The Republic and the VOC, one of the Republic's originally so successful public organisations, were characterized by similar internal organisational and administrative problems, and the same external international political context."

346 Dazu *M. North* (Fn. 24), S. 66 ff.

347 Vgl. das mit „The Triumph of Tea: The Making of British Power" überschriebene Kapitel bei *Furber* (Fn. 1), S. 125 ff.

348 Vgl. *Driessen* (Fn. 24), S. 139.

349 Vgl. *Gaastra* (Fn. 9), S. 62; *Gepken-Jager* (Fn. 5), S. 41, 75; *Nagel* (Fn. 48), S. 125 f.

350 Vgl. *de Korte* (Fn. 111), S. 86, Tabelle 46.

351 Vgl. *Damsté/van de Vrugt* (Fn. 345), S. 83, 85 ff.; *Driessen* (Fn. 24), S. 137 ff.; *Nagel* (Fn. 48), S. 122.

352 Vgl. *Nagel* (Fn. 48), S. 126.

353 Ausführlich *Damsté/van de Vrugt* (Fn. 345), S. 83, 85 ff. und 96 ff.; vgl. auch *Gepken-Jager* (Fn. 5), S. 41, 77 ff.; *Nagel* (Fn. 48), S. 122.

ter Protest der Partizipanten kam es zur letztlich entschädigungslosen[354] Verstaatlichung der Compagnie und der Ostindischen Territorien, die zur Grundlage für den niederländischen Kolonialstaat wurden.[355]

XI. Schlussbetrachtung

Angesichts der Vielschichtigkeit der geschriebenen wie der gelebten Verfassung der VOC ist es kaum möglich, alle gewonnenen Eindrücke angemessen zu verarbeiten. Ein Resümee muss daher auswählen:

1. Frühe Variationen moderner Themen

Faszinierend ist zunächst, wie frisch viele Themen wirken, welche die VOC und ihre Zeitgenossen schon im frühen 17. Jahrhundert beschäftigten:[356] Aus gesellschaftsrechtlicher Sicht fallen sofort die Auseinandersetzungen zwischen Anteilseignern und Verwaltung ins Auge. Schon damals ging es um Interessenkonflikte durch Eigengeschäfte der Direktoren mit ihrer Gesellschaft, die neuerdings unter dem Stichwort *related-party-transactions* reguliert werden. Ferner kam es zu einer Sensibilisierung für nachteilige Anreizwirkungen unterschiedlicher Vergütungssysteme für Führungskräfte. Außerdem haben die Hauptpartizipanten versucht, Agenturkonflikte durch neu geschaffene Kontrollgremien in den Griff zu bekommen. Wenn man so will, bildeten ihre Pamphlete und Streitschriften im Zuge der Verlängerung des Octroy von 1623 eine Art Aktionärsaktivismus *avant la lettre*.[357] In dem auf ihren Druck hin eingerichteten Rat der neun Hauptpartizipanten erblicken heutige Autoren die Wiege des modernen Aufsichtsrats,[358] in dem Rech-

---

354 Vgl. *de Korte* (Fn. 111), S. 94.

355 Vgl. *Gepken-Jager* (Fn. 5), S. 41, 79 f.; zur Entschädigung früherer Angestellter *Damsté/van de Vrugt* (Fn. 345), S. 83, 106.

356 Gleichsinnig *Conac*, in Gepken-Jager/Solinge/Timmerman (Fn. 5), S. 131, 133: „Furthermore, the issues raised in Holland 400 years ago, especially in the area of corporate governance, are still of an amazing modernity."; ferner *Gepken-Jager* (Fn. 5), S. 41, 80: „Considering the preceding, it becomes clear that the company law history of the VOC shows remarkable similarities with crucial present-day corporate governance issues."

357 So auch der Titel des Beitrags von *de Jongh*, in Koppell (Fn. 18), S. 61: „Shareholder Activists Avant La Lettre: The 'Complaining Participants' in the Dutch East India Company, 1622–1625".

358 In diesem Sinne etwa *Gepken-Jager* (Fn. 5), S. 41, 57: „The Committee of Nine may be regarded as the precursor of the present-day supervisory board."; früher schon *Schmoller*, Jahrbuch für

nungsausschuss eine Vorform des Prüfungsausschusses.[359] Überdies ersannen die Direktoren, wiewohl mit aktionärsfeindlicher Zielrichtung, originelle Spielarten der erst zuletzt wieder in Mode gekommenen Sachausschüttung.

Aus kapitalmarktrechtlicher Perspektive blickt man mit Erstaunen auf den regen Aktienhandel und die mit ihm verbundenen Spekulationen. Viele der heutigen Finanztransaktionen wie Repo-Geschäfte oder Derivatehandel waren schon damals gang und gäbe.[360] Die Strategie der Leerverkäufe rief bereits im frühen 17. Jahrhundert den Regulierer in Gestalt der Generalstaaten der Vereinigten Niederlande auf den Plan. Entwickeln mussten sich dagegen erst schlagkräftige Instrumente zur Bekämpfung des Insiderhandels. Beachtlich sind unter Corporate-Finance-Gesichtspunkten auch kreative neue Finanzierungsinstrumente, um den Kapitalhunger der nimmersatten VOC zu stillen.

Rechtspolitisch bemerkenswert ist schließlich die Vermarktung der VOC-Aktien im Octroy von 1602 als eine Art Volksaktie für breite Bevölkerungsschichten, wie sie hierzulande mit der Aktienrechtsreform von 1965 auf der Agenda stand.[361] Freilich verfügten die einfachen Partizipanten, die Kleinaktionäre jener Zeit, über keine nennenswerten Mitverwaltungsrechte, sodass ihre Beteiligung an der VOC weniger eine echte Mitgliedschaft, sondern eher ein Rentenpapier darstellte.[362]

Gesetzgebung, Verwaltung und Volkswirthschaft in Deutschland 17 (1893), 959, 994: „eine Art Aufsichtsrath und Rechnungsrevisionsbehörde".

359 In diese Richtung *Robertson/Funnel* (Fn. 282), S. 158: „The audit committee was authorised to inspect the general accounting which was to be made to participants every ten years. The establishment of the VOC's audit committee was a highly significant development in corporate history, representing the first time that a body was created which was specially intended to protect the rights of company investors."

360 Vgl. das Vorwort von *André Kostolany* zu *de la Vega* (Fn. 221), S. 3: „Damit die vielen jungen Börsenprofis, die ‚Golden Boys', wenn sie es lesen [...] erfahren, daß diese böse Börse, die schon seit Jahrhunderten existiert und blüht und gedeiht, immer noch dieselbe ist und bleibt – trotz zahlreicher neuer Erfindungen und technischer Hilfsinstrumente."

361 Vgl. Allg. Begründung RegE bei *Kropff*, AktG, 1965, S. 14: „Damit wird zugleich der gesellschaftspolitischen Aufgabe, immer weitere Schichten und Kreise unseres Volkes an dem Produktionsvermögen der Wirtschaft zu beteiligen [...], wirksam gedient und eine für die Verwirklichung der Forderung breitester Streuung des Eigentums auf dem Gebiet des Aktienwesens entscheidende Voraussetzung geschaffen."

362 In diese Richtung auch *Lehmann* (Fn. 2), S. 58 und 66; ferner *Conac* (Fn. 356), S. 131, 140: „Indeed, at that time, the difference between a share and a bond was not so well assured. [...] Therefore, in many companies, there were shares that gave an interest and not a dividend (actions rentières)."

2. Vom Octroy- über das Konzessions- zum Normativsystem

Auch unter dem Gesichtspunkt gesellschaftsrechtlicher Gründungssysteme verdient das niederländische Octroy von 1602 besondere Aufmerksamkeit. Manche Literaturstimmen erblicken in ihm die erste Entwicklungsstufe auf dem Weg zum heutigen System der Normativbestimmungen.[363] Kennzeichnend für das Octroy- oder Privilegienwesen war die hoheitliche Gründung einer Handelscompagnie durch einen Einzelrechtsakt mit speziell zugeschnittener Binnenverfassung, an die sich eine laufende Staatskontrolle anschloss.[364] Abgelöst wurde das Octroy- durch das Konzessionssystem – hierzulande zuerst durch die Verbreitung des *Code de commerce* und sodann durch das Preußische Aktiengesetz von 1843 etabliert. Unter Geltung des Konzessionssystems blieb zwar weiterhin eine staatliche Genehmigung zur Gesellschaftsgründung erforderlich, jedoch erfolgten keine individuellen Satzungsvorgaben mehr.[365] Mit der Aktienrechtsnovelle von 1870 wurde die Konzessionspflicht im Zuge der allgemeinen Liberalisierung des Wirtschaftslebens beseitigt und durch ein Normativsystem ersetzt, wonach jeder eine Aktiengesellschaft gründen kann, der die gesetzlichen Voraussetzungen erfüllt.[366]

3. Die VOC als Vorläuferin der modernen Aktiengesellschaft?

Weiterhin steht die schon eingangs aufgeworfene Frage im Raum, ob die VOC in die Ahnengalerie des Aktienrechts gehört: Bildet sie, wie vielfach angenommen, eine Vorläuferin der modernen Aktiengesellschaft bzw. *joint-stock corporation*? Eine verbindliche Antwort auf diese Frage fällt schwer. Die Schwierigkeiten sind zum einen methodischer Natur: Ist es sinnvoll oder überhaupt zulässig, die heutige Kategorienbildung an die Frühformen gesellschaftsrechtlicher Kapitalvereini-

363 So namentlich *Köbler*, Deutsche Rechtsgeschichte, 6. Aufl. 2005, S. 173; allgemein zur zeitlichen Abfolge von Octroy-, Konzessions- und Normativsystem *Großfeld* (Fn. 4), S. 115 ff., 120 ff., 132 ff.; *Hartung* (Fn. 4), S. 18; *Jahntz* (Fn. 54), S. 14 f.; *Kalss/Burger/Eckert* (Fn. 58), S. 48; *Lehmann* (Fn. 2), S. 82.

364 Vgl. *Raiser/Veil*, Recht der Kapitalgesellschaften, 5. Aufl. 2010, § 2 Rn. 1.

365 Vg. *Großfeld* (Fn. 4), S. 121: „Das Konzessionssystem unterscheidet sich vom Octroi-System durch die Abstraktheit der Norm, die über die Entstehung der Aktiengesellschaft entscheidet."; *Wiedemann*, Gesellschaftsrecht, Bd. I, 1980, § 4 II 1 b, S. 206 mit Fn. 9: „Das Octroisystem unterschied sich vom Konzessionssystem dadurch, daß der Inhalt der Satzung im Einzelfall hoheitlich vorgeschrieben wurde und daß mit der Verleihung der Rechtsfähigkeit teilweise auch die Übertragung öffentlich-rechtlicher Befugnisse verbunden war."

366 So *Raiser/Veil* (Fn. 364), § 2 Rn. 3.

gungen heranzutragen?[367] Oder lassen sich die privilegierten Handelscompagnien des 17. Jahrhunderts letztlich nur als eigene historische Erscheinung angemessen erfassen?[368] Die dahinterstehende Grundfrage rechtsgeschichtlicher Hermeneutik kann hier nicht vertieft werden,[369] doch wird man zur Vermeidung von Anachronismen zumindest eine gewisse Vorsicht bei der Anwendung heutiger Begriffe auf historische Sachverhalte walten lassen müssen.[370] Zum anderen setzt eine Einordnung der VOC als Vorläuferin *der* Aktiengesellschaft voraus, dass es für diese Organisationsform zeit- und länderübergreifend eine konsensfähige Definition gibt. Auch hieran sind durchaus Zweifel erlaubt.

Mit größerer Zuversicht kann man demgegenüber festhalten, dass der Ausdruck *Aktie* zuerst in den Niederlanden gebraucht worden ist. Wie dargelegt, begegnete er erstmals im Jahre 1606 in Beschlüssen der Siebzehn Herren und der Generalstaaten sowie ein Jahr später in der Umschreibungsurkunde einer VOC-Aktie.[371] Dabei bezeichnete er wohl vor allem den Anspruch auf die Dividende.[372] Andere niederländische Fachbegriffe aus der Frühzeit der VOC wie *Participanten* oder *Bewindhebbers* hallten zwar noch in den Verfassungen brandenburgischer und preußischer Handelscompagnien nach,[373] haben aber keinen Eingang in das hiesige Aktienrechts-Vokabular gefunden.

367 Allgemein zu diesem Problem *Cordes*, Spätmittelalterlicher Gesellschaftshandel im Hanseraum, 1998, S. 4 ff.; *Fleckner* (Fn. 183), S. 24 f.

368 Vorsichtig in diese Richtung *Coing* (Fn. 4), S. 525; zu den Vor- und Nachteilen der einzelnen Vorgehensweisen *Cordes*, in Kalss/Meissel (Hrsg.), Zur Geschichte des Gesellschaftsrechts in Europa, 2003, S. 27, 28 f.

369 Näher etwa *Rehme*, ZRG GA 47 (1927), 487, 491 ff.; zur Vorsicht mahnend auch *Schmoeckel/Maetschke* (Fn. 4), Rn. 231; frühe Kritik schon bei *van Brakel*, VSWG 14 (1918), 549, 550; pragmatischer *Lehmann*, ZHR 81 (1918), 475, 478: „Gewiß kann man mittelalterliche Institute auch rein aus dem Geist und der Denkweise ihrer Zeit darstellen, soll aber das Ziel erreicht werden, dem Leser klar zu machen, ob und wieweit eine Rechtserscheinung der Gegenwart bereits der Vergangenheit angehörte, so kommt man ohne den Gegenwartsbegriff nicht aus."

370 So im Zusammenhang mit den Handelscompagnien etwa *Jahntz* (Fn. 54), S. 15: „Leicht passiert es dann, dass einem der Blick auf die historischen Verhältnisse verstellt wird durch die zu starke Fixierung auf die heutigen Maßstäbe."

371 Vgl. oben VII. 1.

372 Vgl. *Colenbrander*, ZHR 50 (1901), 383, 386; zustimmend *Coing* (Fn. 4), S. 528; ferner *Fleckner* in Basedow/Hopt/Zimmermann (Hrsg.), Handwörterbuch des Europäischen Privatrechts, Bd. 1, 2009, Stichwort: Aktiengesellschaft.

373 Dazu *Jahntz* (Fn. 54), S. 48 mit Fn. 88, S. 76 ff. und 98 ff.

4. Strukturmerkmale großer Kapitalvereinigungen und ihr Abgleich mit der VOC

Eine Möglichkeit, den geschilderten Einordnungsschwierigkeiten zu entgehen und gleichwohl zu gehaltvollen Aussagen über die VOC zu gelangen, besteht in einem stärker strukturbezogenen und funktionalen Problemzugriff.[374] Dabei greift man als Vergleichsbasis auf die Kernelemente einer Kapitalvereinigung für möglichst viele Anteilseigner zurück, über die heute weithin Einvernehmen besteht: (1) Rechtspersönlichkeit, (2) Haftungsbeschränkung, (3) Übertragbarkeit der Anteile, (4) zentralisiertes Management durch ein kollegiales Leitungsorgan, (5) Beteiligung von Investoren mit gebundenem Eigenkapital.[375]

Trägt man diese Merkmale an die VOC heran, so ergibt sich ein differenziertes Bild: Bereits in ihrem Gründungsdokument war ein kollegiales Leitungsorgan in Gestalt der *Heren XVII* vorgesehen, ferner eine mittelfristige Kapitalbindung über zehn Jahre, aus der binnen einer Dekade ein dauerhafter Kapitalstock wurde. Weitere Strukturelemente wie die eigene Rechtspersönlichkeit und die Haftungsbeschränkung hat das Octroy von 1602 zwar nicht ausdrücklich ausbuchstabiert. Immerhin gab es für sie aber manche Ansatzpunkte, sodass sie sich im Rechtsleben der VOC aufgrund von Anpassungs- und Lerneffekten[376] vergleichsweise früh durchsetzen konnten. Das gilt schließlich auch für die Übertragung der Anteile, deren Modalitäten in einem Beschluss der *Heren XVII* übersichtlich und genau vorgegeben wurden. Vor diesem Hintergrund ist es vollauf berechtigt, die

---

374 Zu diesem Ansatz am Beispiel der VOC *Dari-Mattiacci/Gelderblom/Jonker/Perrotti*, 33 Journal of Law, Economics & Organization 193, 199 ff. (2017); allgemein zu dieser Methode für die Aktiengesellschaft *Fleckner* (Fn. 183), S. 25 f.; s. auch *Hansmann/Pargendler*, 123 Yale L.J. 948, 1002 ff. (2014).

375 So namentlich *Armour/Hansmann/Kraakman/Pargendler*, in Kraakman et al., The Anatomy of Corporate Law, 3. Aufl. 2017, S. 1, 5 ff.; variierend der Kriterienkatalog von *Dari-Mattiacci/Gelderblom/Jonker/Perrotti*, 33 Journal of Law, Economics & Organization 193, 199 f. (2017): (1) representation, (2) entity shielding, (3) capital lock-in, (4) tradable shares, (5) limited liability; vier Strukturmerkmale identifiziert *Fleckner* (Fn. 183), S. 25: Trennung von Inhaberschaft und Leitung, Schutz des individuellen (Privat-)Vermögens der Kapitalgeber, Schutz des gemeinsamen (Geschäfts-)Vermögens der Kapitalvereinigung und Übertragbarkeit der Anteile.

376 Die Anpassungs- und Lerneffekte der Beteiligten in den ersten beiden Jahrzehnten hervorhebend *Gelderblom/de Jong/Jonker*, The Journal of Economic History, 73 (4), (2013), 1050, 1072: „Our analysis of the VOC's first two decades in operation shows that its company form owed less to foresight than to piecemeal engineering to remedy original design flaws surfacing under the strains of the Asian trade."; ähnlich *Steensgaard* (Fn. 16), S. 235, 238 f.: „[...] and it was not the result of a deliberate company policy aiming at what we might consider a modern economic organisation. Rather it was a side effect of a number of practical decisions made in the first ten or twenty years of the company's existence."

VOC als eine „fundamental legal innovation“[377] zu bezeichnen und den mit ihr verbundenen Quantensprung darin zu erblicken, dass sie erstmals einen stabilen Rechtsrahmen für die großvolumige Eigenkapitalaufnahme durch eine Vielzahl von Anlegern bot.[378] Dessen ungeachtet blieb sie in anderer Hinsicht hinter der ausgeklügelten Organisationsverfassung einer Aktiengesellschaft des 19. oder 20. Jahrhunderts zurück.[379]

5. Enge Verflechtung mit dem niederländischen Staat

Nicht oft genug betont werden kann die enge Verflechtung der VOC mit dem niederländischen Staat. Die Generalstaaten haben sie durch den Octroy von 1602 „aus souveräner Macht und Gewalt“, wie es in der Präambel heißt, überhaupt erst ins Leben gerufen und sodann durch fortwährende Verlängerung des Octroy am Leben erhalten.[380] Sie verbanden damit von vornherein nicht nur wirtschaftspolitische Ziele, sondern auch einen Ausbau ihrer militärischen Präsenz in Südostasien. Die VOC war folglich beides in einem: Handelsgesellschaft und Territorialmacht. Treffend hat sie ein niederländischer Historiker daher als „Gentle Janus“, als doppelgesichtige Erscheinung, porträtiert.[381] Diese Doppelgesichtigkeit hat die VOC bis zu ihrem Ende nicht mehr abgelegt. Entsprechend komplex gestalteten sich ihre formellen Governance- und informellen Netzwerkstrukturen, zusammengehalten auch durch vielfältige personelle Verflechtungen und die Herkunft

---

377 Vgl. *Dari-Mattiacci/Gelderblom/Jonker/Perrotti*, 33 Journal of Law, Economics & Organization 193, 223 (2017): „A fundamental legal innovation took place in the early 17th century, when what we now understand as corporate personhood became consolidated with the capital commitment by the Dutch East India Company.“

378 Dazu *Harris* (Fn. 51), S. 88, 94: „The quantum leap of the business corporation that involved the raising of joint-stock capital on an unprecedented scale, relying on more sophisticated financial design, longer-term basis, took place only with the formation of the EIC and VOC, in 1600 and 1602 respectively.“

379 Abgewogen *Steensgaard* (Fn. 16), S. 235, 239: „The crudeness and lack of sophistication remains an unchallenged fact if the VOC is compared to a nineteenth- or twentieth-century commercial organisation. But if the Dutch company is compared to the institutions which it superseded, the picture is reversed, and the company organisation stands out not with the clumsiness of an old-fashioned piece of machinery, but with the elegance of a spinning jenny.”

380 Dazu auch *Coing* (Fn. 4), S. 526: „Diese Verleihungen machen deutlich, daß es sich um eine *staatlich geförderte* Institution, ja man könnte sagen, fast einen Teil der Staatsverwaltung handelt.“

381 *Vos*, Gentle Janus, Merchant Prince. The VOC and the Tightrope of Diplomacy in the Malay World, 1993.

aus derselben gesellschaftlichen Schicht.[382] Eine Literaturstimme hat dieses institutionelle Arrangement mit dem Begriff des „Staatlichkeitsunternehmers“ eingefangen[383] und schlägt damit die Brücke zu modernen Erscheinungsformen der Verzahnung von öffentlichem und privatem Sektor – von der Beleihung bis hin zur Public Private Partnership.[384]

6. Die VOC als Wegbereiterin der Globalisierung

Schließlich betonen mehrere Autoren die Verwandtschaft der VOC mit einem modernen multinationalen Unternehmen.[385] Tatsächlich entfaltete die VOC ihre Aktivitäten in zahlreichen Ländern auf verschiedenen Kontinenten und verfügte über eine internationale Belegschaft, die in ihrer Blütezeit auf bis zu 30.000 Beschäftigte geschätzt wird.[386] Damit ging notwendig eine allmähliche Verflechtung über wirtschaftliche, gesellschaftliche und kulturelle Grenzen einher. Vor diesem Hintergrund weisen einzelne Autoren den Ostindischen Compagnien, allen voran der VOC, einen Platz in der Weltgeschichte als Pioniere der Globalisierung zu: „Kurz- und mittelfristig waren sie Wegbereiter der Kolonialisierung weiter Teile Asiens und auch Südafrikas. Langfristig bereiteten sie durch die Transformation von Märkten, Warenströmen und Kulturen bis hin zur unumkehrbaren Bezugssetzung dieser auf überregionaler, zumindest in Ansätzen globaler Ebene das Feld für einen dauerhaften Prozess, der heute in seiner durch das Hightech-Zeitalter beschleunigten Spielart eben als Globalisierung bekannt ist.“[387] Auch wenn eine Schifffahrt von Batavia bis Amsterdam im frühen 17. Jahrhundert mehr als acht Monate dauerte, gewann der Globalisierungsprozess mit dem Wirken der VOC

382 Vgl. *Schmoller*, Jahrbuch für Gesetzgebung, Verwaltung und Volkswirthschaft in Deutschland 17 (1893), 959, 960, 994, wonach die „gesamten Hauptparticipanten jener einheitlichen städtischen Kaufmanns-, Rheder- und Bürgermeisteraristokratie angehören, welche, durch Familienbande, Geschäftsinteressen und politische Parteifarbe verbunden, die Städte und die Generalstaaten ebenso wie die Kompagnie regierten“, s. auch *Gaastra* (Fn. 9), S. 107.

383 So *Schuppert* (Fn. 3), S. 33 und öfter.

384 Näher dazu *Schuppert* (Fn. 3), S. 372 ff.

385 Vgl. *Hartung* (Fn. 4), S. 49; *Schuppert* (Fn. 3), S. 40 ff.; vgl. auch *Mak* (Fn. 27), S. 71: „der erste multinationale Konzern überhaupt“.

386 Vgl. *Hartung* (Fn. 4), S. 61; *Nagel* (Fn. 48), S. 55; von 25.000 Beschäftigten spricht *Driessen* (Fn. 24), S. 69.

387 *Nagel* (Fn. 48), S. 179 f.

eine zuvor nie gekannte Eigendynamik.[388] Er forderte freilich einen hohen Blutzoll: Zur wechselvollen Geschichte der VOC gehört untilgbar der von ihr und ihren Führungskräften zu verantwortende Völkermord in Südostasien.[389]

388 Vgl. *Nagel* (Fn. 48), S. 8. Manchen Forscher inspiriert diese Beobachtung neuerdings dazu, das Phänomen der Globalisierung als Governance-Geschichte zu analysieren; vgl. etwa den Untertitel des Werkes von *Schuppert* (Fn. 3).
389 Näher unter IX.

Anhang: Octroy der Vereinigten Ostindischen Compagnie der Niederlande[390]

Die General-Staaten der vereinigten Niederlande entbieten Allen denen, welches gegenwärtiges gezeigt wird, ihren Gruß, und thun zu wissen:

Da der Wohlstand der vereinigten Niederlande hauptsächlich in der Schiffahrt, Handel und Kommerz bestehet, welche von diesen Provinzen nicht allein mit den benachbarten Reichen und Gegenden, sondern auch mit den entfernteren Ländern in Europa, Asia und Afrika von Alters her getrieben, und von Zeit zu Zeit rühmlichst vermehret sind; auch überdem in den letztern zehn Jahren von einigen der vornehmsten Kaufleute dieser Länder, Liebhabern der Schiffahrt des Handels und Kommerzes nach fremden Ländern, Gesellschaften in der Stadt Amsterdam mit grossen Kosten, Bemühungen und Gefahren errichtet sind, welche die sehr löbliche Schiffahrt, Handel und Gewerb nach Ostindien mit einem sehr guten und vortheilhaften Anschein unternommen haben, wodurch auch ohnlängst verschiedene andere Kaufleute in Seeland, auf der Maas, in Nordholland und in Westfriesland angetrieben worden, ähnliche Gesellschaften zu errichten, und besagte Schiffahrt, Handel und Kommerz zur Wirksamkeit gebracht haben; so haben wir solches reiflich überlegt und erwogen, wie sehr den vereinigten Provinzen und ihren guten Einwohnern daran gelegen sey, daß diese Schiffahrt, Handel und Kommerz unter eine gute, allgemeine Ordnung, Policey, Korrespondenz und Gemeinschaft gestellet, und daß sie unterhalten und vermehret werden, und daher gutgefunden, Vorsteher dieser Gesellschaft zu ernennen und vorzuschlagen, daß es nicht nur den vereinigten Provinzen, sondern auch allen denen, welche diese rühmliche Sache unternommen, und daran Theil hätten, anständig, dienlich und vortheilhaft seyn würde, wenn diese Gesellschaften vereinigt und vorbesagte Unternehmung unter eine feste, sichere Einigkeit, Ordnung und Policey verbunden, getrieben und vermehret würden, so daß alle Einwohner der vereinigten Provinzen, die dazu geneigt wären, daran Theil nehmen könnten. Nachdem die Deputierten dieser Kompagnie diesen Vortrag angehöret, und sich darüber nach verschiedenen Rückreden, Erwägungen, Bemerkungen und Anzeigen vereinigt; so haben wir nach desfalls gehaltenen reifen Berathschlagungen, zu Beförderung des Wohls der vereinigten Provinzen, den Nutzen aller Einwohner derselben einstimmig genehmigt und bestätigt, so wie wir ihn hiedurch aus souverainer Macht und Gewalt, und mit fester Wissenschaft genehmigen und bestätigen, unter nachfolgenden Artikeln, Freyheiten und Vortheilen, als:

I.

Daß bey der Ausrüstung zum Dienst und Nutzen dieser Kompagnie, die Kammer der Vorsteher zu Amsterdam die Hälfte, die Kammer von Seeland ein Viertheil, und die Kammern auf der Maas, und von Nordholland und Westfriesland, jede ein Achttheil zu besorgen und zu befördern haben.

---

390 Deutsche Übersetzung nach *Luzacs*, Betrachtungen über den Ursprung des Handels und der Macht der Holländer, die allmähliche Zunahme ihres Handels und ihrer Schiffahrt, die wirkenden Ursachen ihres Wachtsthums und ihrer Abnahme, und die Mittel sie wieder zu heben, und zu ihrem ehemaligen Flor zu bringen, Bd. 1, 1788–1790, übersetzt von *Johann Andreas Engelbrecht*, Beilage R, S. 516 ff.; eine englische Übersetzung findet sich bei *Geken-Jager/van Solinge/Timmerman* (Hrsg.), VOC 1602-2002: 400 Years of Company Law, 2005, S. 29 ff.

II.

Daß eine allgemeine Versammlung oder Kollegium besagter Kammern, so oft es vonnöthen seyn mögte, von siebenzehn Personen gehalten werden soll, worin aus der Kammer von Amsterdam acht, von Seeland vier, von der Maas zwey und von Nordholland auch zwey, erscheinen sollen; die siebenzehnte Person aber sollen die Kammern von Seeland, der Maas und Nordholland wechselsweise zu der Versammlung senden, und alle Angelegenheiten dieser vereinigten Kompagnie sollen durch die mehresten Stimmen dieser Personen verhandelt werden.

III.

Dieses vorbenannte Kollegium soll zusammen kommen, um zu beschliessen, wenn und wie viel Schiffe ausgerüstet werden, wenn sie abgehen sollen und andere den Handel betreffende Angelegenheiten; und die Schlüsse dieses Kollegiums sollen von den Kammern von Amsterdam, Seeland, der Maas und Nordholland ausgeführt und ins Werk gerichtet werden.

IV.

Die Zusammenberufung und Versammlung dieses Kollegiums soll die ersten sechs Jahre zu Amsterdam und die folgenden zwey Jahre in Seeland und so fortan, so lange diese Verbindung währet, gehalten werden.

V.

Die Vorsteher, welche ernannt werden, wegen dieser vereinigten Kompagnie, es sey zu der Versammlung oder in andern Angelegenheiten, zu verreisen, sollen zu ihren Ausgaben des Tages vier Gulden erhalten, worin aber die Fuhren zu Wasser und zu Lande nicht begriffen sind. Wohl zu verstehen, daß dieses diejenigen nicht betrift, die als Vorsteher ihrer Kammern, um diese zu besuchen, von einer Stadt nach der andern reisen; denn diese haben weder Reisegeld noch Diäten zu geniessen.

VI.

Wenn es sich zutrüge, daß in dem Kollegio eine Sache von grosser Wichtigkeit vorfiele, darüber sie sich nicht vertragen oder eins werden könnten, oder sie es selbst bedenklich fänden, einander zu überstimmen, so soll solches unserm Ausspruch und Entscheidung überlassen und was wir darinn gutfinden, soll befolgt werden und geschehen.

VII.

Die Vereinigung der Kompagnie soll mit dem Jahre 1602. beginnen und ihren Anfang nehmen, und ein und zwanzig nach einander folgende Jahre währen; alle zehn Jahre soll ein allgemeiner Abschluß der Rechnung gemacht werden und am Ende dieser Jahre soll es einem jeden freystehen, auszuscheiden und sein Geld herauszunehmen, wohl zu verstehen, daß von der gegenwärtigen Equipierung und Ausrhedung der Schiffe, die in diesem Jahre ausfahren, besondere Rechnung abgelegt werden soll.

VIII.

Und sollen die Unkosten, die von den Theilhabern der ersten Rechnung in Ostindien oder in der Magellanischen Meerenge, wo diese Kompagnie gehandelt hat, ausgegeben sind, und den Theilhabern der folgenden Rechnung zu Nutze kommen oder zum Vortheil gereichen, von der zweyten Rechnung zur Hälfte oder um so viel weniger, als es das Kollegium der Siebzehner der Billigkeit nach befinden wird, getragen und vergütet werden.

IX.

Im Fall einige Theilhaber der bevorstehenden Reise zu dieser Verbindung keine Lust haben, sondern ihr Geld zu sich nehmen und die versprochene Summa aufkündigen wollen, so soll ihnen solches freystehen und ihnen sieben und ein halb Procent Zinsen oder auch mehr, wenn es ihnen versprochen ist, vergütet werden.

X.

Allen Einwohnern dieser Provinzen soll es freystehen, in dieser Kompagnie, mit so viel oder so wenig, als es ihnen gefällig ist, Theil zu nehmen; denn wenn es sich zutrüge, daß mehr Gelder angeboten würden, als die Schifffahrt erfordert, so sollen diejenigen, die mehr als dreißig tausend Gulden darinn haben, ihr Kapital verhältnismässig vermindern, um andern Platz zu machen.

XI.

Und soll es den Einwohnern durch öffentliche Anschläge an den Stellen, wo gewöhnlich Bekanntmachungen angeschlagen zu werden pflegen, binnen einem Monat nach dato angezeigt werden, daß sie innerhalb fünf Monate, vom nächsten ersten April angehend, in diese Kompagnie eintreten können, und das Geld, das sie einlegen wollen, in drey Terminen, nemlich: ungefähr ein Drittheil zu der Ausrüstung für das Jahr 1603., ein Drittheil zu der Equipierung für das Jahr 1604. und das übrige ein Drittheil zu der Ausrhedung für das Jahr 1605., binnen einen Monat, nachdem sie von den Vorstehern daran erinnert sind, aufzubringen haben; eine gleiche Anzeige soll in dem Monat März 1612., wegen der Ausrhedung zu den zweyten eilf Jahren dieser Otroi, geschehen.

XII.

Die zurückkommenden Schiffe sollen in eben dem Hafen, von welchem sie ausgesegelt, wieder einlaufen; und wenn durch widrigen Wind und Wetter die in dem einen Quartier ausgehende Schiffe, in dem andern wieder ankämen, als die von Amsterdam oder aus Nordholland in Seeland oder auf der Maas; oder die von Seeland in Holland, so soll dem ohngeachtet eine jede Kammer die Aufsicht und Verwaltung ihrer ausgesandten Schiffe und Waaren behalten, doch sollen die Vorsteher einer solchen Kammer gehalten seyn, sich selbst in Person an dem Orte einzufinden, wo die Schiffe und Güter angekommen sind, und es keinen Faktoren auftragen dürfen; sollte ihnen selbst aber die Reise nicht bequem fallen, so müssen sie den Vorstehern der Kammer des Orts, wo das Schiff eingelaufen ist, die Besorgung auftragen.

XIII.

Wenn die eine oder die andere Kammer Gewürze oder andere Waaren aus Indien erhalten hat und die andern Kammern keine haben oder noch keine erhalten haben, so soll in solchem Falle die Kammer, die damit versehen ist, die andern Kammern, auf ihr Ansuchen, damit versorgen und ihnen, wenn sie damit aufgeräumt haben, allemahl mehr senden.

XIV.

Die Rechnung der Ausrüstung und Equipirung der Schiffe, und was dazu gehört, soll drey Monathe nach Abgang derselben abgelegt, und einen Monath hernach die Abschrift davon an die respectiven Kammern gesandt werden. Und es sollen die Kammern, so oft sie darum ersucht werden, einander den Zustand derselben übersenden, und die Rechnung darüber soll, sobald es möglich ist, geschlossen werden. Die General-Rechnung aber soll öffentlich nach zehn Jahren abgelegt, und solches vorher durch einen Anschlag bekannt gemacht werden, damit sich ein jeder, der dabey zu gegen seyn will, einfinden könne.

XV.

Und sollen die Kammern gehalten seyn, an die Provinzen oder Städte, deren Einwohner in diese Compagnie fünfzigtausend Gulden oder mehr eingelegt haben, alsdenn wenn die Retouren kommen werden, die Beschaffenheit der eingenommenen Ladungen, und die Rechnung der für die Waaren eingehobnen Gelder über zu senden, wenn sie darum von den Provinzen und Städten ersucht werden.

XVI.

Und wenn einige Provinzen gut finden sollten, einen Agenten zu stellen, um die Gelder von den Einwohnern besagter Provinzen einzutreiben, und in eine Summe zusammen zu bringen, und von den Retouren und eingehobnen Geldern, die Bezahlung zu fordern, so soll die Kammer dem Agenten, der die Gelder eingeliefert hat, den Zutritt zu ihrer Kammer verstatten, damit sie von dem Zustand der Einnahmen und Ausgaben, der Activ- und Passiv-Schulden der Comtoire unterrichtet werden; jedoch muß die von den Agenten eingelieferte Summe auf fünfzigtausend Gulden oder drüber belaufen.

XVII.

Wenn von den Retouren fünf pro Cent in Kasse sind, so soll an die Interessenten eine Austheilung geschehen.

XVIII. bis XXIII.

Die respectiven Kammern sollen von den gegenwärtigen Vorstehern bedient werden: nemlich die Kammer von Amsterdam durch – von Seeland durch – von Delft – von Rotterdam – von Hoorn – von Enkhuisen.
[Das Namen-Verzeichniß von respect. 23, 14, 12, 9, 4 und 11 Männer, hält man für unnötig her zu setzen.]

XXIV.

Wenn von diesen Vorstehern einige mit Tode abgehen, oder ihre Bedienung niederlegen, so soll die Stelle unbesetzt bleiben, und niemand an ihrer Statt gewählt werden, (es wäre denn, daß die Kammern ein anderes für gut fänden,) bis die Vorsteher auf folgende Anzahl begränzt sind, nemlich:

XXV.

Die Kammer von Amsterdam auf zwanzig, von Seeland auf zwölf, von Delft auf sieben, von Rotterdam auf sieben, imgleichen von Hoorn und Enkhuisen auf sieben Personen.

XXVI.

Wenn aber jemand aus dieser Anzahl mit Tode abgienge, oder seine Bedienung niederlegte, so sollen die andern Vorsteher der Kammer, bey welcher sich solches zuträgt, binnen zwey oder höchstens drey Monathen, drey tüchtige qualificierte Personen ernennen, und sie den Staaten der Provinz, wo das Kollegium sich aufhält, oder dem, welchen sie dazu ernennen, vorlegen, um einen davon in die Stelle des Verstorbenen, oder aus dem Dienst gegangenen zu erwählen.

XXVII.

Die Vorsteher sollen auf Ehre, Eid und Redlichkeit feierlich angeloben, daß sie sich in ihrer Verwaltung wohl und getreu betragen, richtige Rechnungen halten, und den größten Interessenten im Einfordern, der zur Ausrüstung nöthigen Gelder, und in der Austheilung der Retouren nicht mehr Vortheil, als den geringsten angedeihen lassen wollen.

XXVIII.

Und die inskünftige zu Vorstehern erwählet werden möchten, sollen ein jeder in der Compagnie wenigstens Ein tausend Pfund vlämisch aus ihren eignen Mitteln wagen; nur in Hoorn und Enkhuisen können Vorsteher erwählt werden; die funfhundert Pfund eingelegt haben.

XXIX.

Sie sollen künftig von der Ausrhedung ein pro Cent, und von den Retouren eben so viel geniessen, und diese Provision soll folgendergestalt vertheilt werden: die Kammer von Amsterdam die Hälfte, die Kammer von Seeland ein Viertheil, und die Kammer von der Maas und von Nordholland, jede ein Achttheil, ohne Rücksicht darauf zu nehmen, ob die eine oder die andere Kammer mehr oder weniger Geld von den Gewürzen einliefert, als ihr Contingent beträgt.

XXX.

Und ist zu merken, daß die Vorsteher der Kompagnie keine Provision für Einkassirung der Gelder, oder für Verbesserung der Waren, zu Last bringen, noch jemand zur Belästigung der Kompagnie, die Beforderung der Ausrüstung, und den Einkauf der dazu nöthigen Waaren auftragen sollen.

XXXI.

Der Buchhalter, Kassierer und Bediente, oder Kammerbote, soll von den Vorstehern einer jeden Kammer besoldet werden, ohne daß sie den Interessenten dafür etwas in Rechnung bringen dürfen.

XXXII.

Wenn es sich träfe, daß einer von den Vorstehern irgend einer Kammer in den Umständen geriethe, daß er dem, was ihm abseiten der Verwaltung anvertrauet wäre, kein Gnüge leisten könnte, und dadurch ein Schaden entstünde, so soll solches den Geldern dieser Kammer, nicht aber der allgemeinen Masse zu Last kommen, auch sollen die Gelder, welche die Vorsteher in der Kompagnie haben, besonders für ihre Verwaltung haften.

XXXIII.

Die Vorsteher der Kammern sollen für ihre Kassirer einstehen.

XXXIV.

Und damit der Zweck dieser vereinigten Kompagnie zum Wohl der vereinigten Provinzen, zur Erhaltung und Verbesserung ihres Gewerbes, und zum Nutzen der Gesellschaft, desto fruchtbarer erreicht werden möge, so haben wir besagte Kompagnie dahin geoctroyrt, und ihr zugestanden, so wie wir sie hiedurch octroyren und ihr zugestehen, daß niemand wes Standes und Würden er seyn mag, ausser der Kompagnie von den vereinigten Provinzen innerhalb den nächsten ein und zwanzig Jahren, die mit diesem Jahr 1602. dasselbe eingeschlossen, ihren Anfang nehme, ostwärts des Vorgebürges der guten Hofnung, oder durch die Magellanische Meerenge fahren dürfe, bey Verlust von Schiff und Gütern, doch bleibt die einigen Kompagnien vorhin ertheilte Erlaubniß, durch die Magellanische Meerenge zu fahren, noch vier Jahren bey Würden, mit Vorbehalt, daß sie ihre Schiffe aus diesen Provinzen absenden, bey Verlust der Erlaubnis.

XXXV.

Es soll der besagten Kompagnie erlaubt seyn, ostwärts des Vorgebürges der guten Hofnung, und in und durch die Magellanische Meerenge mit den Prinzen und Potentaten im Namen der Generalstaaten der vereinigten Niederlande, oder der hohen Obrigkeit Bündnisse und Contrakte zu schliessen, daselbst Forts und Schanzen zu bauen, Befehlshaber, Kriegsvolk, Gerichtsbeamte, und andere nöthigen Bediente, zu Erhaltung der Plätze, Unterhaltung guter Ordnung, Policey und Gerechtigkeit, und zugleich zur Beförderung des Handels zu ernennen, (mit Vorbehalt, daß besagte Befehlshaber, Gerichtsbeamte und Soldaten, den General-Staaten als der höchsten Obrigkeit, und der Kompagnie, in so fern es Handel und Gewerbe betrift, den Eid der Treue ablegen,) besagte Befehlshaber und Gerichtsbeamte, wenn sie sich ungebührlich und ungetreu betragen, abzusetzen, jedoch daß sie diesen Befehlshabern und Beamten nicht verwehren, über zu kommen, und ihre Klagen und Beschwerden, wenn sie deren zu haben glauben, vor uns anzubringen; und soll die Kompagnie so oft ein Schiff zurückkommt, verpflichtet seyn, den Herren General-Staaten von den Befehlshabern und Beamten, die sie in den Oertern und Vestungen gesetzt haben, Nachricht zu ertheilen, um ihre Ernennung zu genehmigen und zu bestätigen.

XXXVI.

Und im Fall die Kompagnie an einigen Orten betrogen und schlecht behandelt würde, oder daß sie für anvertrauete Gelder oder Waaren, dafür sie keine Vergütung oder Bezahlung empfangen hätte, gehalten würde, so soll sie den Schaden nach Beschaffenheit der Sachen, so wie es sich am beßten und auf die füglichste Weise thun lassen will, ersetzen, doch soll sie, wenn die Schiffe hier glücklich ankommen, von der Bewandniß der Sachen an das Kollegium der Admiralität in dem Quartier wo sie ankommen, Bericht abstatten, und wenn die Kompagnie sich durch den Spruch der Admiralität beschwert befindet, so mag sie an uns appelliren, und es sollen die Güter von der Kompagnie nach einem ordentlichen Verzeichniß vergütet werden, es wäre denn, daß der Fiscal die Güter reklamirte, in welchem Fall sie nach dem Ausspruch der Admiralität verwaltet werden sollen.

XXXVII.

Wenn es sich zutrüge, daß Spanische, Portugiesische oder andere feindliche Schiffe, die Schiffe der Kompagnie feindlich angriffen und einige feindliche Schiffe im Gefecht erobert würden, so sollen die eroberten Schiffe und Güter nach der Ordnung des Landes vertheilt werden, als: das Land und der Admiral geniessen ihre Rechte davon, nachdem zuvor der Schade, welchen die Kompagnie in dem Gefecht gelitten, abgezogen worden, und sollen die Admiralitäten des Orts, wo die Schiffe ankommen, die Rechtmässigkeit der Prise untersuchen, und die Verwaltung der Güter soll währendem Prozesse nach einem gehörigen verfertigten Verzeichniß der Kompagnie verbleiben; die aber durch den Spruch beschwert zu seyn glauben, haben die Freyheit, an uns zu appelliren.

XXXVIII.

Die Gewürze, Chinesische Seide und Kattunen, die von der Kompagnie aus Ostindien gebracht werden, sollen einkommend und ausgehend keine höhere Auflagen als jetzt tragen, und soll man darinn dem Tarif und der Erklärung am Ende desselben, die nicht darinn benannte Waaren betreffend, folgen.

XXXIX.

Man soll keine Schiffe, Geschütz oder Ammunition der Kompagnie ohne ihre Einwilligung zum Dienst des Landes nehmen.

XXXX.

Die Gewürze der Kompagnie sollen nach einerley Gewicht, welches so schwer wie das von Amsterdam ist, verkauft werden.

XXXXI.

Die Kompagnie kann in ihren Kammern ihre Gewürze sowohl an Bord als in den Packhäusern wägen, ohne davon Accise, Impost oder Waaggeld zu bezahlen, doch sollen diese Gewürze nach besagtem Gewicht nicht versandt, sondern nach dem Verkauf gewogen werden, und gleich andern der Waage unterworfenen Gütern, so oft sie verkauft oder veräussert werden, Waaggeld bezahlen.

XXXXII.

Item: man soll keine Personen oder Güter der Vorsteher anhalten oder mit Arrest belegen, um Rechnung ihrer geführten Verwaltung wegen, oder wegen des Lohns von Schreibern, Schiffern, Steuerleuten, Matrosen, oder anderen zum Dienst der Kompagnie angenommener Personen, sondern wer in Ansehung dessen einige Forderung an sie machen will, soll gehalten seyn, sie vor ihrem gewöhnlichen Richter zu fordern.

XXXXIII.

Die Profosse der Kompagnie sollen das Schiffsvolk, das sich in Dienst begeben hat, ergreifen und die ergriffene zu Schiffe bringen, in welchen Städten, Oertern oder Gebiete sie sich auch befinden mögen, nur sollen die Profosse den Officier und die Bürgermeister des Orts oder der Stadt darum ansprechen.

XXXXIV.

Zur Erkenntlichkeit für diese Oktroi und was darinn enthalten ist, soll die Kompagnie uns fünf und zwanzig tausend Pfund, das Pfund zu vierzig Groten flämisch, bezahlen, die wir zu der Ausrhedung der ersten zehnjärigen Rechnung anlegen wollen und davon die Generalität, gleich allen anderen Interessenten dieser Kompagnie, Gewinn und Verlust, trägt.

XXXXV.

Und wenn einige Schiffe von der Reise zurückkommen, so sollen die Generale oder Befehlshaber der Flotte, des Schiffs oder der Schiffe an uns von dem Erfolg ihrer Reise Bericht abstatten und auf Begehren schriftliche Nachricht geben.

XXXXVI.

Wir haben verordnet und verordnen, daß alle diese vorstehende Artikel, Vortheile und Freyheiten von allen und jeden Einwohnern und Unterthanen der vereinigten Niederlande befolgt und gehalten werden sollen, ohne dagegen mittelbar oder unmittelbar, innerhalb oder ausserhalb der vereinigten Provinzen auf einige Art zu handeln oder handeln zu lassen, bey Strafe, als Stöhrer der Ruhe des gemeinen Wesens und als Uebertreter unserer Verordnungen und Befehle angesehen und an Leib und Gut gestraft zu werden. Entbieten und befehlen daher ausdrücklich allen Befehlshabern, Gerichtsverwaltern, Officiren, Obrigkeiten und Einwohnern der vereinigten Provinzen, daß sie vorbesagten Vorstehern des Effektes dieser unserer Oktroie, Bewilligung und Privilegiums ruhig und ungestört geniessen und gebrauchen lassen, und heben alle Widersprüche und dagegen streitende Beschwerden auf, indem wir solches zum Dienst des Landes für gut gefunden haben.

Gegeben unter unserm Siegel und der Unterschrift unsers Greffier. Gravenhaag den 20 März 1602.

Susanne Kalss und Julia Nicolussi

§ 6 Die Erste Group Bank AG – Stärkung des wirtschaftlichen Wohlergehens der Kunden als Unternehmenszweck*

Inhaltsübersicht

* Wir bedanken uns sehr herzlich für sehr bereichernde Gespräche mit Herrn Mag. *Andreas Treichl*, Generaldirektor bis Ende 2019, nunmehr Aufsichtsratsvorsitzender der Erste Stiftung; Herrn Prof. Dipl.-Ing. Mag. *Friedrich Rödler*, Vorsitzender des Aufsichtsrats; Herrn Mag. *Franz Portisch*, Mitglied des Vorstands der Erste Stiftung; Frau Mag. *Gerda Holzinger-Burgstaller*, Mitglied des Vorstands der Erste Bank der österreichischen Sparkassen AG und nunmehr Vorstandsvorsitzende und Herrn Mag. *Norbert Bacher*, Leiter des Corporate Archivs der Erste Group.

https://doi.org/10.1515/9783110733839-007

I. Einführung

Die Erste Group Bank AG zählt mit 16,6 Mio Kunden, mit mehr als 2.370 Geschäftsstellen in sieben Ländern und mit einer Bilanzsumme von rund EUR 271,98 Mrd zu den großen Bankengruppen und Finanzdienstleistern in Zentral- und Osteuropa.[1] Die 200-jährige Geschichte der Erste Group Bank AG ist die Geschichte von 200 Jahren Wirtschaftsentwicklung in Österreich und in der Habsburgermonarchie, zugleich ist sie auch das Spiegelbild der Gesellschaftsentwicklung in diesem – heute – mehrere Länder übergreifenden Wirtschafts- und Lebensraum. Die Errichtungserklärung aus dem Jahr 1819 ist von einem sozial-liberalen Gründungsgedanken geprägt, den man heute als Beispiel einer über die Gewinnerzielung hinausgehenden Sinnstiftung und *Corporate Social Responsibility* diskutieren würde. Die „hochelegante Verfassung"[2] zeigt sich besonders in Zeiten des Umbruchs im Laufe der österreichischen Geschichte.

---

1 Zwischenbericht der Erste Group Bank AG 3. Quartal 2020, Stichtag: 30.09.2020.

2 So ausdrücklich Bundespräsident *Dr. Alexander Van der Bellen* bei der 200-Jahr-Feier der Erste Group im Wiener Musikverein, zit nach *Winkler*, 200-Jahr-Feier, Kleine Zeitung, 6.10.2019. Die Würdigung durch den Bundespräsidenten ist im Herbst 2019 deshalb von so großer Bedeutung, da der Bundespräsident im Frühjahr und im Sommer 2019 zwei besondere Herausforderungen auf der Grundlage der damals 99 Jahre alten österreichischen Bundesverfassung bewältigen musste, nämlich die Auflösung der Regierung im Mai 2019 sowie die Auflösung der fortgesetzten Regierung durch Misstrauensvotum und ein Expertenkabinett bis zur Neuwahl und Angelobung der türkis-grünen Bundesregierung im Jänner 2020.

II. Ein kurzes Schlaglicht auf 1819 – Wo steht das Kaiserreich Österreich?

1. Der Wiener Kongress – ein Paukenschlag für Europa

Die historische Vermessung unserer Untersuchung führt uns in die Anfänge des 19. Jahrhunderts. Ganz Europa blickt auf den langen Krieg gegen die Revolution in Frankreich und gegen Napoleon zurück, der die Zerstörung politischer, kultureller, wirtschaftlicher und territorialer Strukturen sowie vertrauter Lebensräume der Menschen hinterlässt.[3] Europa steht am Beginn einer grundlegenden Neuordnung. Ein Katalysator dafür ist der ***Wiener Kongress*** im Jahr 1814/1815. Er bildet das Scharnier für die Transformation des Europa des *ancien régime* zum Europa der Moderne.[4] Wien bietet dafür eine famose Bühne für die große Veranstaltung der europäischen Diplomatie.[5] Die Hauptakteure des Kongresses ordnen in diesem Jahr die Landkarte Europas neu.[6] Stabilität, Sicherheit und Frieden sollen durch ein neues Gleichgewicht zwischen den Ländern gewährleistet werden, unter anderem wird der Deutsche Bund als föderative Ordnung geschaffen.[7]

Die Habsburgermonarchie kann in diesen Jahren ihre Position als europäische Großmacht festigen. Sie nimmt im Deutschen Bund eine bedeutende Rolle ein und kann die europäische Politik mitbestimmen.[8]

2. Biedermeier und Vormärz – Die Ära Metternich

Eine neue Ära, die später als Vormärz bezeichnet werden soll, beginnt, die maßgeblich durch die Person ***Clemens Wenzel Lothar Fürst von Metternich***[9] geprägt wird. Die anhaltende Krise, die erzwungene Stabilität samt fehlender Reformen sowie ein eng gefasstes „Spitzeltum" gefolgt von Überwachung und Lähmung umreißen diese Jahre. *Metternich* war zunächst im diplomatischen Dienst (Paris,

3 *Gruner*, Der Wiener Kongress 1814/15 (2014) 70 ff.

4 *Gruner*, Der Wiener Kongress 1814/15 7 ff.

5 Zur Festkultur des Wiener Kongress: *Stauber*, Der Wiener Kongress (2014) 205 ff.

6 *Stauber*, Der Wiener Kongress 91 ff; *Eigner/Heilige*, Österreichische Wirtschafts- und Sozialgeschichte im 19. und 20. Jahrhundert (1999) 15.

7 *Stauber*, Der Wiener Kongress 194 ff.

8 *Butschek*, Österreichische Wirtschaftsgeschichte (2011) 103 f.

9 Biographisch *Seward*, Metternich der erste Europäer (1993); *Kissinger*, Das Gleichgewicht der Großmächte (1994) 19 ff.

London) tätig, übernahm dann das Außenministerium und bestimmt ab 1821 als Staatskanzler die Politik der Habsburgermonarchie.[10] Sein Konzept beruht auf dem Prinzip der „Legitimität", dh auf einer absoluten Herrschaft, die auf legitime Monarchen beschränkt ist. Andere politische Strömungen, die dieses Prinzip infrage stellen, wie etwa der Liberalismus oder der Nationalismus, werden mit Gewalt unterdrückt. *Metternich* baut das Polizei- und Spitzelwesen massiv aus. Vereine, die auch nur in Verdacht geraten, politische Diskussionen zuzulassen, werden verboten, schließlich wird das gesamte Zeitschriften- und Bücherwesen unter Zensur gestellt.[11]

3. Die wirtschaftliche Lage in Wien und im Habsburgerreich (Kaiserreich Österreich)

Österreich ist vom Krieg der vergangenen zwei Jahrzehnte gegen Napoleon schwer gezeichnet.[12] Aufgrund der hohen Belastungen und schließlich Kriegskontribution an Frankreich ist das – eben erst 1804 – neu ausgerufene Reich[13] im Staatsbankrott.[14] Das Bankwesen erlebt am Beginn des 19. Jahrhunderts eine tiefe Krise; sowohl die Wiener Stadtbank als auch die als erste österreichische Aktiengesellschaft 1796 gegründete Commercial-Leih- und Wechselbank gehen wegen mangelnder Rückzahlbarkeit von Banco-Zetteln unter, der Staat selbst geht bankrott.[15] Die politische Neuordnung und das polizeistaatliche Konzept wirken sich auf die hartnäckige Nachkriegsdepression nicht positiv aus. Eine hohe Inflation sowie eine hohe Steuerbelastung drücken die Wirtschaft nieder. Die Krise verstärkt sich durch eine Missernte im Jahr 1816/1817, was die agrarisch geprägte Wirtschaft des Habsburgerreiches unmittelbar trifft.[16] Die dadurch geförderte Teuerung führt zu Einkommensverlusten und spürbaren Verschlechterungen der Lebensbedingungen einer breiten Bevölkerung, vor allem in den Städten.[17] Sie erfasst nicht nur Dienstboten und Taglöhner, sondern auch die Mittelschicht, somit

10 *Butschek*, Österreichische Wirtschaftsgeschichte 103 f.

11 *Bruckmüller*, Österreichische Geschichte (2019) 310 f; *Butschek*, Österreichische Wirtschaftsgeschichte 103 f; *Brusatti*, Wien, am Graben 21, 23 ff.

12 S nur *Winder*, Danubia (2013) 296 ff.

13 S nur *Mazohl-Wallnig*, Zeitenwende 1806 (2005) 217 ff.

14 *Bruckmüller*, Österreichische Geschichte 287 f.

15 *Eigner/Paleczny*, Die Gründung der Ersten österreichischen Sparkasse – Eine Nachbetrachtung, Wiener Geschichtsblätter 01/2020, 1, 3.

16 *Butschek*, Österreichische Wirtschaftsgeschichte 110 ff.

17 *Eigner/Helige*, Österreichische Wirtschafts- und Sozialgeschichte im 19. und 20. Jahrhundert 16.

Handwerker und Kleingewerbetreibende. Wien ist zu jener Zeit – als Mittelpunkt eines mitten in Europa gelegenen, weit in den Osten und Südosten ausgreifenden Reichs – nach London und Paris die drittgrößte Stadt Europas. Wien ist 1815 der Mittelpunkt eines heterogenen Reiches unter der Regentschaft der Habsburger, das sich – unter der Brille von heute – über bis zu 19 europäische Staaten erstreckt.[18]

Trotz dieser Bremsen für die Wirtschaft setzt in diesen Jahrzehnten in der Monarchie die ***Industrialisierung*** ein.[19] Der zentrale Industriezweig ist neben der Metallverarbeitung – wie in allen sich industrialisierenden Ländern auch – die Textilindustrie, insbesondere die Baumwollindustrie.[20] Diese kann in besonderem Maß die Rationalisierung durch die Dampfmaschine einsetzen.[21] Neben der Baumwollspinnerei spielt die Seidenproduktion eine bedeutende Rolle.[22] Die aufblühende österreichische Industrie leidet an der instabilen politischen Lage.[23] Mit der Industrialisierung beginnt die „große Landflucht“. Knechte, Mägde und Dienstboten sowie die weichenden Erben der Bauernhöfe suchen Arbeit in und um die großen Städte. Wien ist als unumstrittenes Zentrum ein besonderer Magnet. Wohnungsnot, Arbeitslosigkeit und Armut sind Begleiterscheinungen dieses massiven Zuzugs.[24]

Im Metternich'schen System fehlt die soziale Komponente, die den Absolutismus abzufedern vermocht hätte und die Begleiterscheinungen der Industrialisierung nicht nur für die Eigentümer und Unternehmen, sondern auch für die Arbeiter in den Manufakturen und in den niedrigen Stellungen begleitet und erträglich gemacht hätte. Zu dieser Zeit kristallisiert sich in Wien und in den anderen deutlich kleineren Ballungszentren des Habsburgerreiches eine neue Bevölkerungsgruppe heraus: Die Arbeiter und Taglöhner, die durch den Zustrom der Landarbeiter und Landbewohner monatlich größer wird. Für sie existiert weder ein arbeitsrechtlicher Schutz (keine Begrenzung der Arbeitsstunden) noch eine soziale Absicherung oder eine angemessene Altersvorsorge. Die Entlohnung reicht

---

18 S *Winder*, Danubia 3 [Deutsch: Des Kaisers Rumpelkammer].

19 *Butschek*, Österreichische Wirtschaftsgeschichte 110 ff.

20 *S Beckert*, King Cotton – Eine Geschichte des globalen Kapitalismus (2019).

21 *Beckert*, King Cotton – Eine Geschichte des globalen Kapitalismus.

22 *Bruckmüller*, Österreichische Geschichte 321 ff; *Butschek*, Österreichische Wirtschaftsgeschichte 110 f.

23 *Brusatti*, Wien, am Graben 21: 150 Jahre Erste Österreichische Spar-Casse; 150 Jahre österreichische Geschichte (1969) 13.

24 *Eigner/Helige*, Österreichische Wirtschafts- und Sozialgeschichte im 19. und 20. Jahrhundert 42 f.

gerade zum Überleben.[25] Diese Gruppe gehört keiner Zunft an und lebt praktisch ohne jede finanzielle Sicherheit; sie muss ihren gesamten Lebensunterhalt aus Barvermögen aus der täglichen Arbeit bestreiten.[26]

4. Die Gründung der österreichischen Nationalbank 1816

Vom Staat wird diese Bevölkerungsgruppe nicht gehört. Vielmehr konzentrieren sich die staatlichen Bemühungen über mehrere Jahre hinweg auf die Stabilisierung des Budgets und des Geldwerts.[27] Dem Staat wird die Möglichkeit entzogen, selbst Banknoten auszugeben. 1816 wird die ***Österreichische Nationalbank*** gegründet.[28] Sie ist als – eine der ersten österreichischen – private Aktiengesellschaft errichtet und mit dem Monopol ausgestattet, Banknoten auszugeben.[29] Sie unterliegt nicht dem Verbot der Kreditgewährung an den Staat.[30] Die Österreichische Nationalbank kann in den folgenden Jahren die finanziellen Verhältnisse des Staates durch Abwertung und Währungstausch stabilisieren. Die Not der Menschen aus der Gruppe der Arbeiter, Handwerker und der Unterschicht der Taglöhner und Einlieger wird dadurch nicht gelindert.[31] Diese Gruppe liegt außerhalb des Betätigungsfeldes der Nationalbank und der wirtschaftlichen Sanierung des Staates.

---

25 *Eigner/Helige*, Österreichische Wirtschafts- und Sozialgeschichte im 19. und 20. Jahrhundert 42 f.

26 *Rapp/Rapp-Wimberger*, Arbeite, Sammle, Vermehre (2019) 13.

27 *Eigner/Paleczny*, Wiener Geschichtsblätter 1/2020, 2.

28 *Jobst/Kernbauer*, OeNB, Die Österreichische Nationalbank seit 1816 (2016) 34 f; *OeNB*, Die Währungshüterin (2016) 9; *Kolm*, Die Oesterreichisch-ungarische Bank im Spannungsfeld der Nationalitätenkonflikte, in FS Matis (2001) 222 f.

29 Die privilegierte oesterreichische National-Bank wurde am 1. Juni 1816 auf der Grundlage von zwei kaiserlichen Patenten, dem Finanz- und dem Bankpatent, als „Privatanstalt" (Aktiengesellschaft) gegründet. Ihre volle Geschäftsfähigkeit erlangte die Bank nach ihren Statuten erst ab der Zeichnung von 1.000 Aktien. Ihre Aufgabe lag im Umtausch der Banco-Zettel in Einlösungsscheine der Wiener Währung.

30 *Butschek*, Österreichische Wirtschaftsgeschichte 107 f.

31 *Kolm* in FS Matis 222 f.

5. Privatbankiers – Nationalbank

Die Österreichische Nationalbank ist eng mit den Privatbankiers verbunden, die sich in Wien seit der zweiten Hälfte des 18. Jahrhunderts etabliert haben.[32] Sie haben im Krieg gegen *Napoleon* überwiegend die Finanzierung des Staates übernommen und waren dadurch zu großem Reichtum gelangt. So sind etwa die Privatbankiers *Heinrich Geymüller* und *Bernhard Freiherr von Eskeles* an der Gründung der Österreichischen Nationalbank maßgeblich beteiligt.[33] Sie übernehmen in der Nationalbank – neben ihrer eigenständigen Banktätigkeit – bedeutende Verwaltungspositionen.[34] Die Bankiers sind weder in der Nationalbank noch in ihren eigenen Häusern Anlaufstelle für die Arbeiter oder kleinen Handwerker; für diese Gruppe gibt es kein Angebot von Finanzdienstleistungen. Die Bankiers widmen sich der Staatsfinanzierung, dem internationalen Geldgeschäft sowie später auch der Industriefinanzierung. Sie wenden sich in erster Linie an adelige Großgrundbesitzer und Kaufleute im internationalen Handel.[35]

6. Entdeckung der neuen sozialen Gruppe

In dieser Zeit, in der der Staat den wachsenden sozialen Problemen verständnis- und vor allem tatenlos gegenübersteht, beginnt – europaweit – die Suche nach einer Öffnung von Bankdienstleistungen für diese breite, untere Gesellschaftsgruppe, nach einer sozialen Absicherung für den Fall der Krankheit und des Alters, und schließlich nach einer Einrichtung und Gestaltungsmöglichkeit, um der armen, täglich ums Überleben kämpfenden Bevölkerungsgruppe eine Bank- oder Finanzdienstleistung zu bieten, um sie eigenständiger und unabhängiger von der täglichen Arbeitsleistung zu machen.

Die Habsburgermonarchie war dabei kein Einzelfall: Die Not und die Armut der Fabrikarbeiter, Taglöhner und Handwerker sind die Begleiterscheinung der

---

32 *Matis*, Die Schwarzenberg-Bank, Kapitalbildung und Industriefinanzierung in den habsburgischen Erblanden 1787 – 1830 (2005) 36 ff.

33 *Eigner/Paleczny*, Wiener Geschichtsblätter 01/2020, 3; *Eigner*, Österreichische Privatbanken und Privatbankiers im langen 19. Jahrhundert, in *Eigner/Falschlehner/Resch*, Geschichte der österreichischen Privatbanken (2018) 31.

34 *Eigner* in *Eigner/Falschlehner/Resch*, Geschichte der österreichischen Privatbanken 20 f.

35 Dazu *Matis*, Gründerzeit, Börsenkrach und Wirtschaftskrise in der Habsburgermonarchie (1971) 81ff; *Matis*, Schwarzenberg-Bank (2005) 36ff; *Korom*, Bankenmacht in der Österreich-AG, Kurswechsel 4/2014, 52; *Butschek*, Österreichische Wirtschaftsgeschichte 109f; *Fremuth/Laurer*, Das neue Sparkassenrecht (1979) 3.

stark zunehmenden Industrialisierung,[36] diese folgt primär den Interessen der Eigentümer; arbeitsrechtliche und soziale Absicherung sind nur ganz rudimentär und punktuell bekannt.[37]

Vereinzelt finden sich Initiativen, um diese prekäre Lage für die betroffene Gruppe im Rahmen der Industrialisierung erträglich zu machen. Etliche philanthropische Privatvereine machen sich in unterschiedlicher Ausprägung – in den einzelnen Ländern – die nachhaltige Linderung der Armut zum Ziel: Neben der 1778 in Hamburg errichteten „*Patriotische Gesellschaft*“[38], die ein gutes Jahrzehnt später die erste Sparkasse gründete,[39] sind vor allem die ersten englischen Sparkassen ein unmittelbares Vorbild für ein österreichisches Modell:[40] 1798 rief die Pädagogin und Kinderbuchautorin *Priscilla Wakefield* in Tottenham die „*Bank for the earings for poor children*“ ins Leben, wodurch es Personen unter 20 Jahren beiderlei Geschlechts gestattet war, eine monatliche Summe bei der Versammlung des Vereins zur Aufbewahrung zu übergeben und das eingelegte Kapital in einem Alter über 14 Jahren bei wichtigen Anlässen (Dienstantritt, Verehelichung) wieder zu beheben. Zwar bekamen die Kinder auf ihr eingelegtes Kapital keine Zinsen, doch wurde diesen die Sicherheit der Einlagen gewährleistet und diese somit zur Sparsamkeit angehalten. In den darauf folgenden Jahren wurde die Institution weiter ausgebaut und in ganz England weitere Sparkassen wie etwa die schottische „*Ruthwell Savings Bank*“ 1810 errichtet.[41] Die Entwicklung der begleitenden wirtschaftlich-sozialen Einrichtungen begann deshalb deutlich früher, weil in Großbritannien auch die Industrialisierung und Urbanisierung deutlich früher einsetzten. Daher konnten schon erste Erfahrungen für ein österreichisches Modell einer Vereinssparkasse fruchtbar gemacht werden.[42] Das deutsche Modell der Gemeindesparkasse war mangels Eigenständigkeit der Gemeinden und wegen des Fehlens einer sicheren Rechtsgrundlage (Gemeindestatut) für Gemeinden

36 Vgl dazu auch *Eigner/Paleczny*, Wiener Geschichtsblätter 01/2020, 5 f.

37 Handelsdienerinstitut 1798 in Graz (Krankenunterstützungskasse Kaufmännischer Versorgungsverein als Vorläufer des noch heute bestehenden Versicherungsvereins: MERKUR Wechselseitige Versicherungsanstalt Vermögensverwaltung); vgl § 1 Abs 2 des Vereinsstatuts.

38 *Thausing*, Hundert Jahre Sparkasse (1919) 5 ff; *Rapp/Rapp-Wimmberger*, Arbeite, Sammle, Vermehre (2005) 30. Allerdings waren die Minimaleinlagen sehr hoch und schlossen somit ärmere Schichten als Kunden praktisch aus.

39 *Webher*, Das preußische Sparkassenreglement von 1838, Börsen-Zeitung vom 18.2.2013, Nr. 243, 19.

40 *Eigner/Paleczny*, Wiener Geschichtsblätter 01/2020, 6.

41 S monographisch dazu *J. M. Richardson*, Annals of Banks for Savings, aus dem Englischen übersetzt von *J.G. Krause* (1821).

42 *Gruner*, Der Wiener Kongress 1814/15 70 ff; *Eigner/Helige*, Österreichische Wirtschafts- und Sozialgeschichte im 19. und 20. Jahrhundert 18.

(Kommunen) (noch) nicht möglich. Dies sollte erst in den Vierziger und Fünfziger Jahren des 19. Jahrhunderts so weit sein. Erst 1853 wird in Waidhofen an der Thaya die erste Gemeindesparkasse von der Gemeinde gegründet.

III. Die Sparkasse – eine Rechtsform für eine eben erst entdeckte Gesellschaftsschicht

1. Die Charakteristika einer Sparkasse

Die maßgeblichen Charakteristika der Sparkasse sind rasch umschrieben: Die Sparkasse verfügt als juristische Person des Privatrechts über Rechtsfähigkeit. Sie hat keine Mitglieder oder Eigentümer. Sie verfügt über ein bestimmtes Vermögen, um Bankgeschäfte zu einem bestimmten Zweck zu betreiben. Als Gründer können – nach geltendem Recht – entweder Gemeinden oder Sparkassenvereine fungieren. Das Sparkassengesetz (SpG) ermöglicht nach geltendem Recht zwei Arten von Sparkassen, nämlich die *Gemeindesparkasse*, die von einer oder mehreren Gemeinden gegründet wird, und die *Vereinssparkasse*, die von einem Sparkassenverein gegründet wird. Chronologisch war mit der Ersten österreichischen Spar-Casse die Vereinssparkasse in Österreich federführend. Verein oder Gemeinde sind nicht Eigentümer der Sparkasse, sondern sie fungieren als Initiatoren und Haftungsträger und nehmen Einfluss auf die Verwaltung der Sparkasse.[43] Sie sind von einer Beteiligung am Vermögen und am Gewinn der Sparkasse ausgeschlossen.[44] Daraus ergibt sich der Gemeinnützigkeitscharakter der Sparkasse. Die Gemeinnützigkeit ist heute im Sparkassengesetz (SpG) nicht ausdrücklich normiert, sie findet aber ihren Anker in § 22 Abs 2 SpG, wonach eine Rücklage für Zwecke der Allgemeinheit gebildet werden kann.[45] Die Gemeinnützigkeit war explizit in dem Sparkassenstatut 1844 statuiert und ist auch ausdrücklich in der Satzung der Erste Spar-Casse und in vielen weiteren Sparkassen festgelegt.[46]

---

43 *Perl*, Die Sparkassen-Privatstiftung (2005) 33 f; *Nickerl/Portisch/Riefel*, Praxiskommentar zum Sparkassengesetz (2000) § 1 Rz 10.

44 *Kalss* in *Kalss/Nowotny/Schauer*, Österreichisches Gesellschaftsrecht[2] (2017) Rz 7/130; *Fremuth/Laurer*, Das neue Sparkassenrecht (1979) 8 f; *Nickerl/Portisch/Riefel*, Praxiskommentar zum Sparkassengesetz (2000) § 1 Rz 1.

45 *Nickerl/Portisch/Riefel*, Praxiskommentar zum Sparkassengesetz § 22 Rz 2ff; *Perl*, Die Sparkassen-Privatstiftung 37.

46 *Perl*, Die Sparkassen-Privatstiftung 37.

2. Sparkassen-Vereine – Spar-Casse

Aus dem Zusammenschluss einiger Personen zur Organisation und dem Aufbringen von Kapital als Grundlage der Tätigkeit der Sparkassen werden die Aufgaben der Sparkassenvereine – und später auch der Gemeinden – ersichtlich, nämlich

- als *Initiatoren*,
- als *Verwalter* und
- als *Haftungsträger* für die später als eigene Rechtspersönlichkeit organisierten Sparkassen.[47]

Diese zweigliedrige Struktur von Rechtsträgern, die heute einen zentralen Wesenszug der Sparkasse bildet, wird in der historischen Entwicklung erst einige Jahrzehnte später sichtbar und ausgeformt. Die Erste Spar-Casse wird vielmehr als Verein gegründet, der durch die Beiträge von sog. Menschenfreunden einen Fonds, somit eine Spar-Casse, zu errichten hat. Eigene Rechtspersönlichkeit kommt diesem Fonds in den Jahren der Gründung noch nicht zu.

Besonders bei der Vereinssparkasse manifestiert sich die Eigentümerlosigkeit und das daraus resultierende Fehlen einer aus dem Eigentum stammenden ordnenden Kraft. Durch die gemeinnützige Zweckausrichtung kommt der stiftungsähnliche Charakter der Sparkasse im Sinne einer Bürgerstiftung deutlich hervor.

Gleichzeitig wird damit die Bedeutung der Zweckausrichtung und -bindung hervorgehoben:[48] Der Zweck der Sparkasse ist nicht nur die Motivation, Leitlinie und Antrieb, sondern gleichzeitig auch Begrenzung für die operative Tätigkeit der Sparkasse. Der Zweck ist gerade nicht der Unternehmensgegenstand. Der Unternehmensgegenstand beschreibt den Betrieb des Bankgeschäfts. Der Sparkassenzweck liegt regelmäßig in der Unterstützung der ärmeren Bevölkerung oder ausgewählter – regionaler oder lokaler – Gruppen.

IV. Die Initialzündung in Wien

1. Anstoß von höchster politischer Ebene

Den Anstoß in Wien, sich aufgrund der ausufernden Not der armen Bevölkerung gerade wegen der fünf schlechten Erntejahre mit der Frage der Einrichtung einer

47 *Dirninger* in *Sparkassenverband*, Hundert Jahre Sparkassenverband (2005) 9.

48 *Kalss/Aburumieh*, Corporate Governance im wirtschaftlich tätigen Verein in Österreich, in *Walz*, Non-Profit-Yearbook 2005 (2006) 125; *Kalss*, Die gemeinnützige Stiftung, in *Studiengesellschaft für Wirtschaft und Recht*, Das Recht der Non-Profit-Organisationen (2006) 207.

Sparkasse „*für künftige Fehljahre*" intensiver zu beschäftigen, gibt die Kabinettsorder von Kaiser Franz I. vom 19. Juli 1817.[49] Der Kaiser hatte zu diesem Zeitpunkt schon von den Erfolgen von deutschen und englischen Sparinstituten gehört und sah darin eine unverfängliche Möglichkeit, das Elend der breiten Bevölkerung zu lindern.[50] Im darauffolgenden Jahr erscheint in London zum ersten Mal die Publikation „*Annals of Banks for Savings*" von *J M Richardson*, worin das Wesen und die Organisation der wichtigsten englischen Sparinstitute erstmals aufgearbeitet und detailliert beschrieben wurde. Dieses wird kurz darauf übersetzt und dient als Vorlage für die Errichtung eines eigenständigen österreichischen Instituts.[51] Etliche weitere Beiträge in Fachpublikationen beruhen auf von *Metternich* beauftragten Recherchen.[52]

Aufgrund des Wohlwollens des *Kaiser Franz* und des Staatskanzlers *Metternich* gab der oberste Kanzler und Minister des Inneren, *Graf von Saurau*, die Initiativzündung.[53]

2. Das Team der Gründer

Die vier sehr unterschiedlichen Persönlichkeiten, der oberste Kanzler und Innenminister *Graf Saurau*, der Geschäftsmann und Bankier *Bernhard von Eskeles*, der Hofagent *Ignaz Ritter von Schönfeld* und schließlich Pfarrer *Johann Baptist Weber*, leisten gemeinsam die operative Gründungsarbeit für die Erste Spar-Casse. Der Hofagent *Ignaz Ritter von Schönfeld* und Pfarrer *Johann Baptist Weber* sind Bürger der Leopoldstadt (2. Wiener Gemeindebezirk) zwischen dem Donaukanal und der Donau. *Graf Ritter von Schönfeld* ist Repräsentant und Bevollmächtigter der Sparkasse. Er fungiert auch als Adressat und als postalische Anlaufstelle, dem auch der Regierungspräsident der Niederösterreichischen Landesregierung die genehmigten Statuten übersendet.[54] Er ist gleichzeitig auch Verbindungsmann zur Regierung und zum Hof und zugleich Repräsentant gegenüber den Behörden. Die operative Tätigkeit wird von *Eskels*, *Weber* und *Schönfeld* gemeinsam geleistet.

Freiherr Bernhard von Eskeles bringt das Banken-Know-How in das Gründungsteam ein. Er ist sehr erfolgreicher Privatbankier, Mitgründer und Direktor

---

49 Abgedruckt in *Thausing*, Hundert Jahre Sparkasse (1919) 18 f; *Eigner/Paleczny*, Wiener Geschichtsblätter 6 f.

50 *Eigner/Paleczny*, Wiener Geschichtsblätter 01/2020, 5 ff, 25.

51 *Eigner/Paleczny*, Wiener Geschichtsblätter 01/2020, 6 f; *Thausing*, Hundert Jahre Sparkasse 19.

52 *Eigner/Palecny*, Wiener Geschichtsblätter 1/2020, 5 ff.

53 Dazu *Eigner/Palecny*, Wiener Geschichtsblätter 1/2020, 8 f.

54 *Eigner/Palecny*, Wiener Geschichtsblätter 1/2020, 9.

der Nationalbank und ist der Mann, der die ersten Finanzprodukte und Finanzdienstleistungen für die Kunden erarbeitet.

Schließlich spielt Pfarrer *Johann Baptist Weber* eine wichtige Rolle. Er hat schon Erfahrung mit einer Armen- und Waisenkasse, die er im 1. Wiener Gemeindebezirk am Bauernmarkt als Einrichtung der Hilfe durch Selbsthilfe mitgestaltet.[55] *Webers* wichtigste Tätigkeit besteht in der Anwerbung von Spendern und Förderern des Vereins. Ihm gelingt es, in relativ kurzer Zeit 50 Bürger und Bürgerinnen dazu zu bewegen, Beträge zwischen 100 und 1.000 Gulden in bar oder durch sichere Wertpapiere aufzubringen.[56] Dieses Kapital wird nicht mehr an die Spender und Förderer zurückbezahlt. Die Leistung *Webers* liegt somit in der Aufbringung des Kapitals für den Fonds als Grundstock der Sparkassentätigkeit. *Weber* hat in der Folge keine wichtige operative Funktion in der Sparkasse, vielmehr arbeitet er rund um die Sparkasse. So gründet er ein Armenversorgungshaus, wobei dafür gerade die Sparkasse wesentlich zur Finanzierung beiträgt.[57]

Die Gründungsurkunde für den Verein wird von *Eskeles* formuliert und von *Weber* in seinem Bezirk propagiert,[58] wobei er Anleihe an den Satzungen der Sparkassen in England und in Paris genommen haben dürfte. Die Gründungsurkunde wird im Wege der allerhöchsten Entschließung des Kaisers, nämlich als Hofkanzleidekret, genehmigt.[59]

Dieser Akt schafft die Grundlage der Institution. Als feierlichen Eröffnungstag wählt man den Namenstag des Kaisers, den 4. Oktober 1819: Nach dem Gottesdienst in der Kirche St. Leopold im Pfarrhaus werden die „Schalter" der Spar-Casse zum ersten Mal geöffnet. Das Institut findet bei der Bevölkerung Anklang, sodass innerhalb weniger Stunden bereits mehrere Tausend Gulden eingezahlt werden.[60]

Wie gezeigt werden soll ist die Erste Spar-Casse ein innovatives Projekt, das nicht primär auf Gewinn gerichtet ist, sondern das zum ersten Mal der Mittelschicht und auch der ärmeren Bevölkerung den Zugang zum Finanzmarkt und zu ersten Bankdienstleistungen und -produkten eröffnet. Das erste innovative Produkt ist das Sparbuch, das nicht nur eine deutlich höhere Sicherheit als der Spar-

---

55 *Roithner*, Eine Idee, die lebt, Die Ersten 1/1986, 6.

56 Acht Aristokraten und 42 Bürgerinnen und Bürger der Leopoldstadt brachten das Kapital auf.

57 *Eigner/Palecny*, Wiener Geschichtsblätter 1/2020, 12 unter Bezugnahme auf Archiv für Geschichte, Statistik, Literatur und Kunst, 30. Mai 1823, 65.

58 *Eigner/Paleczny*, Wiener Geschichtsblätter 01/2020, 8 ff.

59 Zum Oktroi- und Privilegienwesen vgl *Kalss/Burger/Eckert*, Die Entwicklung des österreichischen Aktienwesens (2003) 47 ff.

60 Wiener Zeitung vom 6. Oktober 1819, 229/1819.

strumpf oder die Bettlade bietet, sondern das darüber hinaus auch einen bescheidenen Gewinn in Aussicht stellt.[61]

Der Verein als Träger bietet dafür nun die Plattform: Der notwendige Grundstock an Vermögen (der Fonds) wird durch die Spender, die zugleich Vereinsmitglieder werden, aufgebracht. Dieser Verein bringt das Kapital auf und besorgt die Verwaltung, sodass von Beginn an die Stabilität der Institution gewährleistet ist. Die führenden Vereinsfunktionäre verwalten den Fonds, dh die Sparkasse. Die mit dem Geld des Fonds erwirtschafteten Erträge (Überschuss) werden – anders als bei den eben entstehenden AGs oder bei den schon existierenden Offenen Handelsgesellschaften oder Kommanditgesellschaften – eben nicht an die Vereinsmitglieder ausgeschüttet, sondern zu gemeinnützigen Zwecken verwendet.

Die Idee liegt somit in der Hilfe zur Selbsthilfe für die „*Minderbemittelten*" (so wörtlich), dh die Mittel- und Unterschicht. Sie unterscheidet sich von der feudalen und zugleich bevormundend patriarchalischen Tradition der Waisenkassen. Der Sparkassengedanke ist Ausdruck der aufklärerischen Botschaft, die individuelle, auch finanzielle Selbstverantwortung der armen oder jedenfalls nicht wohlhabenden Bevölkerung zu fördern.[62] Die Umsetzung eines derartigen Projekts ist in der Ära *Metternichs* nicht selbstverständlich:[63] Der Privatverein der Sparkasse unterliegt genauen Berichtspflichten, wie die Bewilligungsurkunde vom 9. Juli 1819 ausführt.[64] Vereinigungen jeglicher Art werden per se als verdächtig eingestuft und genau beobachtet.[65] Dieses Vorhaben ist aber vom Hofe selbst veranlasst und daher von Beginn an wohlwollend begleitet worden.

Von Anfang an ist klar, dass neben den sog. Minderbemittelten auch die untere Mittelschicht, somit selbstständige Kleinhandels- und Gewerbetreibende, Landwirte, Beamte, Lehrer, Geistliche, Hauspersonal uä, gefördert werden und angesprochen werden sollen.[66] Die Erste Spar-Casse sollte damit bis weit in der neunzehnte Jahrhundert die maßgebliche Einrichtung sein, die für diese Gruppen Ansprech- und Geschäftspartner war.

---

61 *Brusatti*, Wien, am Graben 21, 36.

62 Dazu auch *Hwaletz*, Bürgertum, Sparen, Geld – Das Beispiel der Steiermärkischen Sparkasse 1825 – 1858, in FS Matis (2001) 286 f.

63 *Thausing*, Hundert Jahre Sparkasse 22.

64 Abgedruckt bei *Eigner/Paleczny*, Wiener Geschichtsblätter 01/2020, 9.

65 *Bruckmüller*, Österreichische Geschichte 343 ff.

66 *Eigner/Paleczny*, Wiener Geschichtsblätter 01/2020, 3.

V. Die Statuten

1. Der Zweck – der rote Faden der Tätigkeit

An zentraler Stelle hält die Gründungsurkunde den *offenen Zweck* fest, wenn sie in der Einleitung bestimmt: *„Erste Österreichische Sparkasse in der Leopoldstadt in Wien, die den Zweck hat, dem Fabrikarbeiter, dem Handwerker, dem Taglöhner, dem Dienstbothen, dem Landmanne, oder sonst einer gewerbfleißigen und sparsamen minderjährigen oder großjährigen Person, die Mittel an die Hand zu geben, von ihrem mühsamen Erwerbe von Zeit zu Zeit ein kleines Capital zurück zu legen, um solches in späteren Tagen zur Begründung einer besseren Versorgung, zur Aussteuer, zur Aushülfe in Krankheit, im Alter, oder zur Erreichung irgendeines löblichen Zweckes zu verwenden.“* Diese soziale Zwecksetzung ist *Leitidee* und *Motivation* der Gründer der Ersten Spar-Casse, gleichzeitig aber auch *Begrenzung* für die operative und organisatorische Tätigkeit derselben. Dieser Zweck ist Antrieb für die Tätigkeit, zugleich auch *Anker*, um Krisenzeiten zu überstehen.

Dieser Zweck ist *Vorbild* für andere Sparkasseninstitute, die später entstanden sind. Als Einleitung wird in der Gründungsurkunde die Offenheit des Einlegerkreises pointiert[67] formuliert: *„Kein Alter, kein Geschlecht, kein Stand, keine Nation ist von den Vortheilen ausgeschlossen, welche die Spar-Casse jedem Einlegenden anbiethet.“* Damit wird an zentraler Stelle festgehalten, dass die Erste Spar-Casse sämtlichen Bevölkerungsschichten offensteht. Somit wird nach „unten“ niemand ausgeschlossen; zugleich wird allerdings auch keine Beschränkung auf einen ärmeren Kundenkreis vorgenommen, wie dies beispielsweise bei vielen englischen oder deutschen Sparkasseninstituten der Fall war.[68]

Das Innovative, geradezu Revolutionäre liegt in dieser Offenheit und – zumindest – programmatischen Öffnung einer Bank und deren Finanzdienstleistungen für eine Bevölkerungsgruppen, denen diese Geschäftsbeziehungen bis dahin verschlossen waren.

Die Präambel war und ist auch heute Programm. Sie ist auch als von Hof und Verwaltung geduldete Erprobung unter genauer Beobachtung zu sehen. Der 1819 so fortschrittlich formulierte Zweck gerät bisweilen in den Hintergrund: Politische

---

67 Dieser markante Satz wurde Anfang Oktober 2019 – aus Anlass des 200-Jahr-Jubiläums – über die Tagespresse, die Werbung im öffentlichen Raum und soziale Medien in Erinnerung gerufen, strahlte im Blau der Erste Bank Group getünchten Goldenen Saal des Wiener Musikvereins und wurde letztlich als Marketinginstrument verwendet; siehe nur die Berichte der Tagespresse: Standard 200 Jahre Erste Bank, 6.10.2019; *Winkler*, 200-Jahr-Feier – Van der Bellen würdigt „hochelegante Verfassung“ der Sparkassen, Kleine Zeitung, 6.10.2019.

68 *Eigner/Paleczny*, Wiener Geschichtsblätter 01/2020, 14.

Vereinnahmung, Expansion, Spekulation und Konkurrenz mit anderen Kreditinstitute prägen einzelne Perioden. Die sozial-gemeinnützige Zwecksetzung steht nicht immer im Scheinwerferkegel für die Geschäftstätigkeit. Dennoch bleibt sie als Leitmotiv stets an zentraler Stelle statuiert und wurde – in modifizierter Form – gerade in den letzten Jahrzehnten wieder zur Handlungsmaxime der Erste Bank. Heute lebt die Erste Bank den Zweck innerhalb der gesamten Gruppe durch die Institutionen der Ersten Privatstiftung sowie der Zweiten Sparkasse AG, die das soziale Engagement sicherstellen (s dazu unten). Genau diese Aufgabe und Zwecksetzung der Schaffung von Wohlstand der Kunden und Vermögensbildung zur Bewältigung von Alterung der Gesellschaft, Klimawandel, COVID-19-Pandemie etc wird heute als maßgeblicher Antrieb gesehen.[69]

2. Privileg, Gründungsurkunde, Statuten, Reglement

Für juristische Personen des Privatrechts gelten um 1819 nur wenige allgemeine Regelungen, das Allgemeine Bürgerliche Gesetzbuch mit der Gesellschaft nach bürgerlichem Recht war seit ein paar Jahren in Kraft,[70] das Allgemeines Handelsgesetzbuch (AHGB) wird erst 1863 im Kaisertum Österreich eingeführt.[71] Eine freie Gründung ist nicht möglich, sondern die Gründung bedarf einer eigenständigen hoheitlichen Rechtsgrundlage, eines Privilegs. Die erste Entwicklungsstufe hin zu dem heute geltenden Normativsystem bildet das ***Octroi- bzw Privilegiensystem***, wonach ein Privileg als Spezialregelung in Form eines konkreten Rechtssatzes für den Einzelfall erlassen wird. Das Privileg ist in einer Einzelurkunde gefasst, die sich an einzelne oder mehrere Personen richtet und diese bestimmte Rechte einräumt.[72]

Die Grundlage der Erste Spar-Casse bildet daher ein von der Vereinten Hofkanzlei erlassenes Privileg: Im Zuge der Gründung der Ersten Spar-Casse erarbeiten die Proponenten, insbesondere *Eskeles*, einen Satzungsentwurf, der am 30. Mai 1819 bei der zuständigen Vereinten Hofkanzlei eingereicht wird.[73] Parallel dazu laufen bereits die Bemühungen zum Akquirieren von Kapital und Mitgliedern. Im Satzungsentwurf zur Errichtung des Vermögensfonds wird bereits als

---

69 So *Andreas Treichl*, Generaldirektor bis 31.12.2019, anlässlich der 200-Jahr-Feier im Musikverein im Oktober 2019, Kleine Zeitung, 6.10.2019; zum purpose insgesamt *The British Academy*, Principles for Purposeful Business (2019).

70 Dazu *Kalss* in *Fischer-Czermak/Hopf/Kathrein/Schauer*, FS 200 Jahre ABGB (2011) 441, 443 ff.

71 RGBl 1/1863.

72 *Kalss/Burger/Eckert*, Entwicklung des österreichischen Aktienrechts 48;

73 *Hauptverband der österreichischen Sparkassen*, 150 Jahre Sparkassen in Österreich (1972) 146.

Anmerkung darauf hingewiesen, dass ein Teil des Fondsvermögens schon aufgebracht sei und dass aufgrund der Anzahl an Einladungen mit weiteren Zuschüssen von – dort ausdrücklich so bezeichneten – *Menschenfreunden* gerechnet wird. Allerdings dürfte es sich bei der Urkunde nur um einen ersten Satzungsentwurf gehandelt haben, der bis zur finalen Satzung noch einige Abweichungen erfahren musste. Im Satzungsentwurf wird eine „*Sparbank*" präsentiert, deren Fonds neben Stiftern und Beförderern von sogenannten Aktionären errichtet wird (§§ 1, 3) und von den Stiftern und Beförderern geleitet wird (§ 7). Diese Aktionäre haben keine Stimme. Der Satzungsentwurf enthält auch eine Bestimmung über die Verantwortlichkeit des geschäftsführenden Direktoriums (§ 30) und eine stark organisationsrechtliche Gliederung. Die an das Aktienrecht angelehnte Organisation und Terminologie ist damit erklärbar, dass gerade in den Jahren vor der Gründung der Ersten Spar-Casse die ersten Aktiengesellschaften auf der Grundlage von Privilegien gegründet wurden, insbesondere die Oesterreichische Nationalbank, und somit dementsprechende Satzungsvorlagen – auch wegen der personellen Verflechtungen – zur Verfügung stehen. Zudem werden Regelungsideen aus den englischen Mustern übernommen.

Dieser Satzungsentwurf bildet die Grundlage für das Privileg, dh die hoheitliche Einzelgenehmigung und Rechtsgrundlage zur Errichtung eines Sparkasseninstituts durch die Vereinte Hofkanzlei am 8. Juli 1819. Einen Tag später erteilt die niederösterreichische Landesregierung auf Grund der ihr von der Hofkanzlei zugegangenen Genehmigung den Bestätigungsvermerk und genehmigt die eingereichten Satzungen.[74] In den darauffolgenden Wochen wird der Satzungsentwurf noch einmal überarbeitet, das Gründungstatut vom 9. August 1819 weicht an einigen Stellen vom Satzungsentwurf ab (30.5): So wird etwa die strikte organisationsrechtliche Gliederung des Statuts aufgegeben sowie das Verhältnis der Spar-Casse zur Staatsverwaltung gestrichen.

Die Sparkassensatzung ist somit primäre und einzige unmittelbare Rechtsgrundlage für die Erste Spar-Casse. Sie bildet auch das Muster für die in weiterer Folge selbstständige Sparkasseninstitute in den Ländern (s dazu unten) sowie für das 1844 erlassene Sparkassenregulativ (s dazu unten).[75]

Viele der Statutenregelungen sind rudimentär. Die Regelungen werden daher durch Beiregelungen, nämlich das ***Reglement*** und die ***Instruktionen*** ausgeführt. Während das Reglement konkretisierende Regelungen für die Verwaltungsorgane sowie Details über die Veranlagung der Gelder enthält, zielen die Instruktionen auf das arbeitsteilige Zusammenwirken der Funktionäre des Vereins und der

74 *Hauptverband der österreichischen Sparkassen*, 150 Jahre Sparkassen in Österreich 146.
75 *Hauptverband der österreichischen Sparkassen*, 150 Jahre Sparkassen in Österreich 146 f.

Sparkasse; sie können somit im Wesentlich mit dem heutigen Verständnis einer Geschäftsordnung verglichen werden.[76]

3. Unternehmensgegenstand – Haftungsfonds – Verwaltung

a) Haftungsfonds – Betriebsvermögen

Der Haftungs- bzw Betriebsfonds als Grundlage der Geschäftstätigkeit des Bankgeschäfts wird durch die als Menschenfreunde bezeichneten Vereinsmitglieder aufgebracht: Entweder gemäß § 4 der Statuten durch eine freiwillige, unwiderrufliche Gabe von mindestens einer auf 300 Gulden lautenden (= *Stifter*) und mit 5 % verzinslichen Staatsobligation oder mit einer Spende von mindestens einer Metallique per 100 (= einhundert Gulden Conventionsmünz-Währung) Nominale (= *Beförderer*). Dieser Fonds bildet einen eigenen Rechnungskreis und ein Sondervermögen; der Fonds ist aber in seiner ursprünglichen Form noch nicht als eigenständiger und vom Gründungsverein formal separierter Rechtsträger ausgebildet. § 1 der Satzung formuliert: „*Die Gesellschaft bildet ihren Fond: a) Durch freywillige unwiderrufliche Gaben; b) durch verzinsliche Einlagen [...].*“. Die formale Zweiteilung wird erst später ausgebildet und findet ihre rechtliche Grundlage im Sparkassenstatut 1844; im Jahr 1993 – somit erst 150 Jahre später – wird der rechtliche Rahmen für eine Dreiteilung geschaffen, nämlich Verein (Gemeinde), Sparkasse, Aktiengesellschaft und gleichzeitiger Umwandlung der operativ tätigen Sparkasse in eine Anteilsverwaltungssparkasse (s unten XXII. 1.).

Alle Funktionäre sind ehrenamtlich tätig.[77] In § 23 findet sich die eindeutige Zielsetzung: „*Die vereinigte Gesellschaft entsagt jedem Anspruch auf Nutzen und Gewinn. Alles, was immer nach Bezahlung der Zinsen, Verwaltungskosten, und sonstigen nöthigen Auslagen erübrigt werden dürfte, bildet einen Reserve-Fond, und dient zur Sicherheit sämtlicher Einlagen.*“ Die Stifter und Beförderer sind auch keine Eigentümer der Vermögenswerte und sie erhalten kein Recht auf Gewinn.

b) Verwaltung

Die Geldgeber sind die Stifter und Beförderer, dh die Versammlung aller Geldgeber der Spar-Casse. Stifter und Beförderer bilden die Verwaltung. Mitglieder der

76 *Hauptverband der österreichischen Sparkassen*, 150 Jahre Sparkassen in Österreich 146 f.
77 *Brusatti*, Wien am Graben 21, 36.

Ersten Spar-Casse sind somit die Personen, die den Betriebsfonds mit einer freiwilligen, unwiderruflichen Gabe bereichern, sie werden je nach Höhe der Gabe als Stifter oder Beförderer bezeichnet (§ 4). Die Stifter und Beförderer sind – als Versammlung des Privat-Vereins – zur Wahl des aus 25 Mitgliedern bestehenden Ausschusses berechtigt (§§ 5 ff). Die ***Organisationsstruktur*** ist – zunächst – aufwendig drei- bzw vierstufig konzipiert: Die Verwaltung der Spar-Casse liegt in den Händen von drei Gremien: der Ausschussversammlung, dem Direktorium und dem Kuratorium. Der Ausschuss wiederum wählt aus seiner Mitte den Vorsitzenden, zwei Stellvertreter sowie die Direktion und die Kuratoren mit einer absoluten Mehrheit. Das Direktorium, das als Exekutivorgan des Ausschusses die operative Tätigkeit, somit die Verwaltung des Kassenvermögens zu besorgen hat, setzt sich aus zwei Obervorstehern, vier Vorstehern und zwei Ersatzmännern zusammen (§ 15). Die Kontrolle der Direktion obliegt vier Kuratoren, dessen Leitung ein Oberkurator innehat (§§ 20 ff).[78] Die Schwerfälligkeit der Organisationsstruktur zwingt bereits 1821 zu einer Statutenänderung: Dabei wird dem Oberkurator die Leitung sämtlicher Geschäfte übertragen.[79]

c) Unternehmensgegenstand

Die Erste Spar-Casse ist keineswegs als Universalbank, wie wir sie heute kennen, eingerichtet, vielmehr ist der Unternehmensgegenstand, somit die konkrete Tätigkeit, durch zwei zentrale Bankgeschäfte gekennzeichnet, nämlich das ***Einlagengeschäft*** und das ***Kreditgeschäft***. Einige Jahre später tritt noch das ***Hypothekargeschäft*** hinzu.

Das Spargeschäft und die für das Habsburgerreich und für Kontinentaleuropa innovative Idee des Sparbuchs für die Minderbemittelten, dh für die Mittel- und Unterschicht, bilden die Eckpfeiler: Die Satzung legt in § 31 der Statuten sowohl eine Untergrenze (25 kr. CM oder 75 kr. W.W.) als auch eine Obergrenze für Einlagen (100 fl. CM oder 250 fl. W.W.) fest.[80] Durch die geringe Einlagenleistung mit gleichzeitiger Deckelung nach oben soll das Zielpublikum, nämlich sozial schwächere Kunden, angesprochen werden. Dies entspricht auch dem Zweck der Anstalt, gerade der armen Unterschicht das Bankgeschäft zu öffnen. Die Einlage

78 *Thausing*, Hundert Jahre Sparkasse 32 f.

79 *Rapp/Rapp-Wimberger*, Arbeite, Sammle, Vermehre (2019) 53.

80 Zum damaligen Zeitpunkt existierten in Österreich zwei Währungssysteme nebeneinander: die Conventionsmünze (CM) und die Wiener Währung (W.W.). Beide Währungen wurden von der Sparkasse akzeptiert. Das monatliche Durchschnitteinkommen betrug damals in Österreich rund 10 fl. CM vgl. *Eigner/Paleczny*, Wiener Geschichtsblätter 01/2020, 15.

wird mit 4 % verzinst (§ 27). In der Gründungssatzung wird zudem die Veranlagungsstrategie beschrieben: Gemäß § 2 des Statuts vermehrt die Gesellschaft ihren Fonds durch *„die sicherste und nützlichste Verwendung ihrer Kapitale"*. Diese statuierte Veranlagungsstrategie hat im Laufe der Geschichte zu einer Sicherheit und zur Beständigkeit der Erste Spar-Casse beigetragen und sie auch über Weltwirtschaftskrisen gerettet. Angelegt wird das Kapital ausschließlich in risikoarme Sparten, so der Ankauf von Staatspapieren, die mit 5 % verzinst sind.[81]

Tatsächlich werden aber diese Obergrenzen für die Einlagen von Anfang an nicht eingehalten, sondern vielmehr wendet sich die Erste Spar-Casse letztlich vor allem an die Mittelschicht, um tatsächlich „in das Geschäft" zu kommen.[82] Die Erträge werden vor allem auch sehr bald mit dem (Hypothekar-)Kreditgeschäft erwirtschaftet. Bereits in den ersten Jahren ihres Bestehens hat die Erste Spar-Casse mit ihrer Strategie, zwei Kundengruppen anzusprechen, Erfolg. Dienstag und Freitag kann das Einlagengeschäft im Pfarrhaus in der Leopoldstadt abgewickelt werden. Der Erfolg lässt sich auch in Zahlen ausdrücken: Bereits nach fünf Jahren verfügte das Institut über eine Bilanzsumme von 1,5 Mio. fl., was auf den heutigen Kaufwert umgerechnet rund 30 Mio. EUR entspricht.[83]

Unmittelbar nach der Gründung spenden zwei Geldgeber und Funktionäre auf Initiative von Pfarrer *Weber* der Ersten Spar-Casse 100 Sparbücher mit gestifteten Beträgen an *„würdige Kinder der unteren Klasse von 12 bis 15 Jahren"*. Eines dieser Kinder ist die zwölfjährige ***Marie Schwarz***, die das erste Sparbuch mit der Nr. 1 mit einem Guthaben von zehn Gulden erhält.[84] Über das Leben von Marie Schwarz, die alle gesellschaftlichen, wirtschaftlichen, politischen und kulturellen Entwicklungen des 19. Jahrhunderts miterlebt hat, ist wenig bekannt. Jedenfalls ist sie keine regelmäßige Sparerin, das Sparkapital bleibt fast 30 Jahre bis 1848 unangetastet; erst danach folgen einige Auszahlungen und Einlagen.[85]

Im ersten Rumpfgeschäftsjahr und im ersten Geschäftsjahr (1820) akquiriert die Bank je tausend Neusparkunden und -kundinnen. Die Einlagen der untersten

---

81 Möglich war gemäß § 24 der Gründungssatzung auch eine Veranlagung in langfristig höher-verzinste Obligationen mit beweglichem Zinssatz.

82 *Eigner/Paleczny*, Wiener Geschichtsblätter 01/2020, 5 ff, 25.

83 *Eigner/Paleczny*, Wiener Geschichtsblätte 01/2020, 2; zum Stichtag (September 2020) verfügt die Erste Bank Group AG über eine Bilanzsumme von 271,98 Mrd. EUR; vgl dazu Zwischenbericht Q3 2020.

84 *Rapp/Rapp-Wimberger*, Arbeite, Sammle, Vermehre 40; *Eigner/Paleczny*, Wiener Geschichtsblätter 01/2020, 15.

85 Diese dünne Faktenlage war 2019 – im Jahr des 200-jährigen Bestehens der Erste Bank – Anstoß dafür, sieben österreichische Schriftstellerinnen einzuladen, Marie Schwarz zum Subjekt von Kurzgeschichten zu machen, indem sie ihr Leben frei erzählen; vgl *Kaiser/Klemm/Knecht/Mischkulnig/Reitzer/Rossmann/Travnicek*, Die sieben Leben der Marie Schwarz (2020).

Bevölkerungsschicht, der Taglöhner und Arbeiter, machen nur einen Bruchteil der Spareinlagensumme aus.[86] Im Jahr 1825 hat die Spar-Casse rund 10.000 Kundinnen und Kunden.[87]

Ab etwa 1840 verändert sich das Verständnis der Bürger zum Geldbegriff. Während zuvor weitgehend in Naturalien entlohnt worden ist, wird Geld nun sukzessive verbürgerlicht. Der Gelderwerb steigt zum legitimen Ziel bürgerlichen Strebens.[88] Für die Erste Spar-Casse ist dies mit einem Anwachsen des Vermögens verbunden: Im Jahr 1840 zählt das Einlagen-Vermögen rund 21 Mio Gulden. Da das Vermögen sukzessive wächst, werden auch ***vermögendere Kreise*** angezogen und wollen gewinnbringend ein- und anlegen. Dies ist einerseits nicht dem statutarischen Zweck der Ersten Spar-Casse entsprechend (maximale Einlagenhöhe) und andererseits droht dies das Institut zu gefährden.[89] Die Erste Spar-Casse wählt eine alternative Lösung: Das Maximum der Einlagen wird statutenwidrig erhöht und es werden somit höhere Einlagen akzeptiert, die Verzinsung und die Rückzahlung wird allerdings erschwerenden Bedingungen unterworfen.[90]

Das ***Darlehensgeschäft*** startet erst 1822 mit einer Änderung der Regelungen; erst ab dieser Änderung wird die Verwendung der Mittel durch Vergabe von Hypothekar- und Lombardkrediten (Vorschüsse auf Wechsel, Staatspapiere und Nationalbankaktien) möglich. Auch der erste Hypothekarkredit wird einer jungen Frau gewährt: ***Anna Nagl*** ist Besitzerin des Gasthofs „*Schwarzer Adler*" in der Wiener Taborstraße in der Leopoldstadt (II. Wiener Gemeindebezirk) und war kurz davor verwitwet. Da sie die erforderlichen Reparaturen im Gasthaus nicht finanzieren kann, gewährt ihr die Erste Spar-Casse einen Kredit in Höhe von 30.000 Gulden. Damit kann sie den Gasthof renovieren. Der gut eingeführte Betrieb floriert bald wieder, sodass sie den Kredit an die Erste Spar-Casse sogar vorzeitig zurückzahlen kann.[91]

Die Rückzahlungsmodalitäten der Darlehensbedingungen sehen nicht nur den endfälligen Kredit, sondern auch die Rückzahlung durch Ratenzahlung vor, was eine völlig neue Gestaltung und Verringerung der Belastung bewirkt.[92]

---

86 *Eigner/Paleczny*, Wiener Geschichtsblätter 01/2020, 18 f.

87 Im Jahr 2019 zählt die Erste Group 16,6 Mio Kunden s dazu Geschäftsbericht der Erste Group 2019, Seite 3.

88 *Mikl-Horke*, Geld – soziologische Interpretationen, in *Bachinger/Stiefel*, Auf Heller und Cent (2001) 14 f.

89 Vergleichbare Entwicklungen zeichnen sich zu dieser Zeit auch in England, Deutschland und Frankreich ab. In England etwa wird der Gesetzgeber tätig und ordnet zur Sicherung des Instituts eine Sistierung der Zinszahlung an, sobald die Einlage samt Zinsen eine Summe von 200 Pfund erreicht hatte.

90 *Thausing*, Hundert Jahre Sparkasse 74 f.

91 *Rapp/Rapp-Wimberger*, Arbeite, Sammle, Vermehre 70 ff.

92 *Eigner/Paleczny*, Wiener Geschichtsblätter 01/2020, 20.

Während die Erste Spar-Casse das Spareinlagengeschäft sowohl an die armen Leute und den unteren Mittelstand richtet, beschränkt sich die Spar-Casse beim Kreditgeschäft überwiegend bis in das 20. Jahrhundert auf den mittleren und oberen Mittelstand: Zwischen 1822 und 1827 werden 184 Kredite vergeben, wobei die Kreditnehmer zum großen Teil – durchaus bekannte und reputierte – Personen aus der Hocharistokratie sowie Bürgerinnen und Bürger aus Wien und aus den Wiener Vorstädten[93] sind. Kleine Handwerkerinnen oder Gewerbetreibende werden nur vereinzelt als Kreditnehmer akzeptiert, da letztlich meist die Sicherstellung durch eine Hypothek verlangt wird.[94]

4. Verbreitung der Idee der Sparkassen in der Habsburgermonarchie

Das Pfarrhaus in der Leopoldstadt ist bald zu klein, zudem soll die Spar-Casse an einem „sichtbaren" Platz in der Stadt tätig sein, um nicht nur auf Bezirksebene, sondern für die gesamte Stadt wirken zu können. Die Erste Spar-Casse übersiedelt in die Innere Stadt und wird zunächst im Deutschordenshaus in die Singerstraße Nr. 7 – 200 Meter vom Stephansdom – aufgenommen. Nur zwei Jahre später zieht sie in derselben Straßenachse in das Haus Graben 21, das bis 2019 die Zentrale der Erste Spar-Casse bilden sollte. Erst 2019 zieht die Erste Bank mit einem völlig neuen Bürocampus in den zehnten Bezirk zwischen Belvedere, Arsenal und Hauptbahnhof. Das Haus ziert eine Biene in seinem Giebelfeld, die bald zum Wahrzeichen der Ersten Spar-Casse wird und noch heute als Logo der Ersten Privatstiftung dient.[95]

Der Erfolg der Sparkassenidee wird nach und nach in der gesamten Monarchie verbreitet. Diesen Bemühungen geht zuvor eine vom Staat orchestrierte Informations- und Marketingoffensive voraus. In den ersten Jahrzehnten vollzieht sich diese Ausdehnung der Aktivitäten der Spar-Casse selbst nicht in Form von Zweigstellen in Wien oder in anderen Städten und Orten. In Wien gelingt dies nur ein einziges Mal, nämlich in der Alser Vorstadt (= heute 9. Wiener Gemeindebezirk).

Die Entwicklung konzentriert sich auf die Städte. Auf dem Land gibt es noch bis zur Revolution 1848 die Grundherrschaft,[96] die in den agrarisch strukturierten

---

93 Diese Vorstädte sind heute Wiener Bezirke.

94 *Eigner/Paleczny*, Wiener Geschichtsblätter 01/2020, 21 f.

95 Die Biene als Symbol wird außerdem heute dadurch hochgehalten, dass am heutigen Sitz der Erste Bank Group AG, dem Erste Campus, Bienen gezüchtet werden.

96 Die Aufhebung der Grundherrschaft war die bleibende Errungenschaft der Revolution und ist mit dem Namen *Hans Kudlich* verbunden; vgl dazu *Feigl*, Die Niederösterreichische Grundherr-

Provinzen der Monarchie – wie schon angesprochen – bevormundend-kontrollierend die Geldgeschäfte der bäuerlichen Untertanen besorgt. Dennoch sind auch in den letzten Jahrzehnten davor schon Geschäfte mit der Sicherung von Rustikal-Gütern (Land von halbfreien Bauern) möglich. Erst nach Aufhebung des Systems der Grundherrschaft im Jahr 1848 eröffnet sich die Möglichkeit, auch im ländlichen Raum das Einlagen- und Kreditgeschäft anzubieten.

5. Neue selbstständige Institute in den Städten – Einzelprivilegien

Die Verbreitung des Geschäftsmodells wird durch die Errichtung von sogenannten eigenständigen Instituten in anderen Städten vorangetrieben.[97] Der Sparkassengedanke verbreitet sich nach und nach in der gesamten Monarchie und in den Städten Laibach (1820), Split (1822) und Begrenz (1822), Innsbruck (1823), Mailand (1823), Hollabrunn (1824), Graz (1825) und Prag (1825) werden parallel eigenständige Institute gegründet.[98] Bis 1825 entstehen – nur – acht eigenständige Sparkassen, somit unabhängige juristische Personen. Die Gründung wird stets durch einflussreiche Personen vor Ort initiiert. Da einheitliche, übergeordnete Normen fehlen, bedarf jede einzelne Satzung der zu gründenden Sparkasseninstitute in der österreichischen Monarchie jeweils gesondert der allerhöchsten Erschließung des Kaisers im Wege eines Hofkanzleidekrets (Privileg). Auch jede Änderung einer Satzung bedarf der Genehmigung.

Die einzelnen Satzungen der selbstständigen Institute werden somit jeweils nach dem Vorbild der Ersten Spar-Casse formuliert, zum Teil schon um die ersten Erfahrungen weiterentwickelt und mit den konkreten lokalen Bedürfnissen und Erfordernissen angereichert.[99] So ist etwa § 1 der Satzung der Sparkasse in Laibach aus 1820 (1822) genau der Zwecksetzung der Ersten Spar-Casse nachgebildet, allerdings stellt er sogar eine Erweiterung der Zielgruppe dar, wörtlich heißt es: *„Kein Alter, kein Geschlecht, kein Stand, keine Nation ist von den Vorteilen aus-*

---

schaft (1964) 122 ff; *Burkert-Dottolo*, Das Land geprägt: die Geschichte der steirischen Bauern und ihrer politischen Vertretung (1999).

97 *Frühbauer/Bacher*, Eine kurze Geschichte zur langen Entwicklung der Erste-Filialen, Corporate Archives 01/2019, 15.

98 *Thausing*, Hundert Jahre Sparkasse 57 ff; *Paleczny/Kraetschmer*, Im Dienste der Sparkasse – Geschichte des österreichischen Sparkassenverbandes, in *Sparkassenverband Österreich*, Die Sparkassen (2005) 126.

99 *Hauptverband der österreichischen Sparkassen*, 150 Jahre Sparkassen in Österreich 146 ff.

geschlossen, welche die Spar-Casse jedem Einleger darbietet.“[100] Ebenso sind bereits der Hypothekar- und Lombardkredit von Anfang an als Geschäftsfelder genannt.[101]

6. Ausdehnung der Ersten Spar-Casse über Kommanditen im lokalen Wirkungsbereich

In Regionen, in denen die Gründung einer selbstständigen Sparkasse wegen des fehlenden Gründungskapitals und wegen Fehlens einer ausreichenden Zahl von Geldgebern zu diesem Zeitpunkt (noch) nicht möglich ist, werden vorläufig Einrichtungen geschaffen, die finanziell durch die Erste Spar-Casse gesichert werden. Ihnen kommt die wichtige Aufgabe der Kapitalsammel- und Rückzahlungsstelle für kleinere Beträge zu. Sie werden als sogenannte ***Kommanditen*** bezeichnet. Kommanditen sind keine Bankfilialen mit bestimmter organisatorischer Eigenständigkeit im heutigen Sinn, sondern sie sind deutlich informellere Einrichtungen. Sie werden zum Teil nur von einzelnen Bürgern errichtet und getragen; zum Teil werden sie in deren Geschäfts- und Handelshäusern organisiert. Kommanditen fungieren in weiterer Folge auch als Grundstock für spätere eigenständige Sparkassengründungen.[102]

Um eine Vereinheitlichung zu erreichen, wird von den Direktoren der Ersten Spar-Casse ein ausgearbeitetes Statut für Kommanditkassen erarbeitet und in der Wiener Zeitung veröffentlicht.[103] Demnach soll jede Kommanditkasse aus mindestens drei ortsansässigen Mitgliedern bestehen, die durch Widmung bestimmten Vermögens zu Stiftern der Ersten Spar-Casse werden. Die Erste Spar-Casse stellt sodann diesen Mitgliedern einen Kredit zur Führung der Geschäfte zur Verfügung. Die Kommanditkasse soll nur in beschränktem Ausmaß Einlagen annehmen. Die Verrechnung zwischen der Ersten Spar-Casse und der jeweiligen Kommanditkasse wird einmal jährlich vorgenommen.[104] Bis Mitte des 19. Jahrhunderts entstehen auf diese Weise 47 Kommanditen.[105]

---

100 Abgedruckt in *Hauptverband der österreichischen Sparkassen*, 150 Jahre Sparkassen in Österreich 68.

101 *Eigner/Paleczny*, Wiener Geschichtsblätter 1/2020, 20.

102 *Rapp/Rapp-Wimberger*, Arbeite, Sammle, Vermehre 65; *Eigner/Paleczny*, Wiener Geschichtsblätter 1/2020, 25.

103 Wiener Zeitung vom 1. Mai 1823, 100/1823.

104 Wiener Zeitung vom 1. Mai 1823, 100/1823; vgl dazu auch *Hauptverband der österreichischen Sparkassen*, 150 Jahre Sparkassen in Österreich 374.

105 *Thausing*, Hundert Jahre Sparkasse 59.

7. Versorgungskassen – eine Ergänzung zur Bankdienstleistung

Der Arzt Dr. ***Ignaz von Sonnleithner*** regt bereits in den ersten Jahren der Geschäftstätigkeit der Sparkasse die Errichtung einer Vorsorgeanstalt für die arme Bevölkerung an. Sonnleithner sieht in seiner täglichen Praxis viele Härtefälle und die mangelnde Leistbarkeit medizinischer Versorgung. Er findet aber zu wenig Geldgeber. Bis zum Ende des 19. Jahrhunderts existiert in der Habsburgermonarchie keine gesetzliche Krankenversicherung; auch eine Altenversorgung besteht bis zum Ende des 19. Jahrhunderts und Anfang des 20. Jahrhunderts nicht.

Ignaz von Sonnleithner wendet sich mit seinem Konzept an die Erste Spar-Casse, die nach sorgfältiger Prüfung und Abänderung ihrer Statuten den Plan Sonnleithners in die Tat umsetzt: 1825 nimmt die ***„Allgemeine Versorgungsanstalt für die Unterthanen des österreichischen Kaiserstaates“*** ihre Tätigkeit als eine Art Dependance des Vereins der Ersten österreichischen Spar-Casse auf. Damit entsteht ein privates Sozialversicherungsinstitut in Mitteleuropa, das seiner Zeit voraus ist.[106] Als Bestätigung für die Einzahlung in die Allgemeine Versorgungsanstalt dient der Interimsschein. Dieser belegt die Anwartschaft auf Leistungen aus der Vorsorgekasse.[107]

VI. Vom Statut zum Regulativ

1. Das Sparkassenregulativ 1844

Die erste Hälfte des 19. Jahrhunderts ist durch die Industrialisierung und die Ausbreitung und Stärkung der industriellen Wirtschaft gekennzeichnet, daher verbreiten sich auch die die Wirtschaft fördernden Bankdienstleistungen. Damit einher geht auch der Ruf nach einer einheitlichen gesetzlichen Grundlage.

Die maßgeblichen Gründe für die gesetzliche Regelung der Sparkassen liegen in Folgendem:

- ***Befristung des Privilegs***: Das Privileg, auf das sich die Gründung der Erste Spar-Casse stützte, ist nur auf 25 Jahre befristet und droht auszulaufen, sofern es nicht verlängert wird.[108]

---

106 *Brusatti*, Wien, am Graben 21, 38 f.

107 *Rapp/Rapp-Wimmberger*, Arbeite, Sammle, Vermehre 54.

108 Die Befristung geht nicht unmittelbar aus dem Gründungsstatut der Erste Spar-Casse hervor, aber aus § 40 des Satzungsentwurfs: *„Das der Bank verliehene Privilegium soll mit allen der Bank durch dasselbe verliehenen Vorrechte durch 25 Jahre dauern.“*

- ***Sanierung und Einschränkung der statutenwidrigen Handlungen***: Die Erste Spar-Casse lässt – letztlich von Anfang an – entgegen der Statuten ein Überschreiten der Einlagensummen zu; zudem hat sie auch der Versorgungsanstalt entgegen der Statuten günstigere Zinsen gewährt. Diese statutenwidrigen Handlungen werden von der staatlichen Verwaltung nicht unterbunden, dennoch werden sie wahrgenommen und sollen aus Anlass des notwendigen Einschreitens eingeschränkt werden.
- ***Kontrolle von privaten Vereinen***: Jedenfalls sollen die Tätigkeiten der Sparkassenvereine und Sparkassen der durchgängigen Kontrolle der Staatsverwaltung unterworfen werden. Weiters sollen das Einlagengeschäft und Kreditgeschäft engen gesetzlichen Regelungen unterworfen werden.
- ***Verhinderung der Rechtszersplitterung***:[109] Nach und nach werden neben den Kommanditen auch eigenständige Sparkassen errichtet. Auch wenn sich die meisten an den Vorbildern der Erste Spar-Casse und den ersten Modifikationen orientieren, werden Ergänzungen und Erweiterungen vorgenommen, sodass der Rechtsbestand unübersichtlich und zersplittert wird. Genau dieser Uneinheitlichkeit soll entgegengewirkt werden.
- ***Etablierung von Gemeinden***: Die Gründung von Spender-Vereinen und die Aufbringung des notwendigen Grundkapitals durch Geldgeber und Stifter (durch Menschenfreunde) stellt sich als deutlich mühsamer heraus als zwei Jahrzehnte zuvor angenommen, sodass der Kreis der zulässigen Gründereinrichtungen um Gemeinden erweitert werden soll. Dass Gemeinden als Träger von Sparkassen genannt werden, ist bemerkenswert, da in der Monarchie in den 40er Jahren des 19. Jahrhunderts noch die Grundherrschaft als Verwaltungsregime besteht und die politische Gemeinden erst nach der Revolution 1848 im Jahr 1849 konstituiert werden.[110]
- ***Allgemeine Kodifikationsbestrebungen***: Schließlich fügt sich die Bemühung um ein Sparkassenstatut auch in den Zug der Zeit, für wirtschaftliche Tätigkeiten Kodifikationen zu schaffen. Zu nennen sind insbesondere die Vorarbeiten zur Etablierung eines Gesetzes oder eines allgemeinen Patents für wirtschaftliche Vereine, wie insbesondere die Fortführungen des Kommerzhofkommissionsdekrets vom 15. Oktober 1821, das ein Konzessionssystem für Aktienvereine vorsah,[111] das sodann durch das Hofkanzleidekret über

---

109 *Thausing*, 100 Jahre Sparkasse 78 f.

110 *Neuhofer*, Handbuch des Gemeinderechts, Organisation und Aufgaben der Gemeinden Österreichs (1972) 3 f; *Löfler*, Grundherrschaftliche Verwaltung, Staat und Raum in den böhmischen und österreichischen Ländern der Habsburgermonarchie vom ausgehenden 18. Jahrhundert bis 1848, Zeitschrift für Verwaltungsgeschichte, Bd 2/2017, 112 ff.

111 S nur *Kalss/Burger/Eckert*, Die Entwicklung des österreichischen Aktienrechts 61 ff.

die Stellung von gesellschaftlichen Privatvereinen 1840 sowie das Hofkanzleidekret vom 5. November 1843 als Vorschrift über das Verhältnis der Privatvereine zur Staatsverwaltung fortgesetzt wird und schließlich in das Vereinspatent 1852 mündet.[112] Das Vereinspatent ist nach der kurzen liberalen Phase 1848/1849 eine Machtdemonstration des Kaisers mit engen einschränkenden Regelungen. Zudem werden in den 40-Jahren bedeutende Kodifikationsarbeiten zum österreichischen Handelsrecht, die auch Grundlagen für das später kodifizierte AHGB sind (Entwurf Liechtenfels 1841), massiv vorangetrieben.[113]

Zur Ausarbeitung der Grundsätze werden nicht Verwaltungsorgane der Sparkassen oder ein gemischtes Komitee herangezogen, sondern vielmehr werden die Aufgabe von staatlichen Stellen ausgeführt. Mit dem Sparkassenstatut wird auch die romantisierende Vorstellung der Unterstützung der untersten Gesellschaftsschicht (Taglöhner) angesprochen und die Ausrollung der Geschäftstätigkeit auch gegenüber der Mittelschicht klar adressiert.[114] Wie dies die Erste Spar-Casse bereits von Anfang an ausgeführt hat, soll dies nunmehr allen Sparkassen, die zum Teil engere Begrenzungen in ihren Statuten enthalten haben, ermöglicht werden. Während die Erste Spar-Casse in ihren programmatischen Einleitungssätzen alle Kunden unabhängig von Geschlecht, Herkunft und Nationalität anspricht und auch keine Gesellschaftsgruppe ausschließt, nämlich nicht nur die Unterschicht, sondern auch die Mittel- oder Oberschicht, wird dies in anderen Sparkassenstatuten sehr wohl statuiert.

Besonders einflussreich ist die Stellungnahme zum Regulativ-Entwurf von ***Freiherr von Kübeck***. *Kübecks* Vorstellungen gehen über die streng patriarchalisch-bevormundende Gesellschaftsauffassung hinaus und postulieren einen umfassenderen Begriff des Gemeinwohls: Gesellschaftspolitisches Hauptziel der Sparkasse sei nicht mehr allein die karitative Betreuung der unteren sozialen Schicht, sondern die Eingliederung der „Minderbemittelten" (= Unterschicht und Mittelschicht) in den Gesamtwirtschaftsprozess. Dadurch soll die fortschreitende gesellschaftliche und wirtschaftliche Emanzipation dieser Gesellschaftsschicht gefördert und erreicht werden.[115] Diese – nunmehr offen angesprochene – innovative Vorstellung der Sparkasse als Instrument und Mittler zwischen kleinen Einlagen der Armen und nicht Wohlhabenden und der gleichzeitigen nutzbringen-

112 *Kalss/Burger/Eckert*, Die Entwicklung des österreichischen Aktienrechts 68.

113 *Weigand*, Die österreichische *Handelsrechtsgesetzgebung* vor den großen Kodifikationen (1997) 271 ff; *Kalss/Burger/Eckert*, Die Entwicklung des österreichischen Aktienrechts 84 f.

114 Hauptverband der österreichischen Sparkassen, 150 Jahre Sparkassen in Österreich 83.

115 Vortrag des Hofkammerpräsidenten *Freiherr von Kübeck* vom 26.9.1842, Österreichisches Staatsarchiv, Präsidiale 2121/1842.

den Verwendung dieses Kapitals für die Gesamtwirtschaft findet zwar keine unmittelbaren Niederschlag im Regulativ, genau diese Verbindung kommt allerdings in den folgenden Jahrzehnten voll zum Tragen und bildet auch heute das wirtschafts- und gesellschaftspolitische Anliegen der Erste Bank.[116] Der Zweck der Sparkassen liegt auch heute darin und ist statutarisch vorgegeben, den Menschen in den Regionen, in denen die Erste Spar-Casse oder andere Sparkassen tätig sind, zu Wohlstand zu verhelfen.[117]

Nach jahrlangen Beratungen tritt mit 2. September 1844 das ***„Regulativ für die Bildung, Errichtung und Überwachung der Sparcassen“***[118] in Kraft und löst das Oktroisystem durch das ***Konzessionssystem*** ab: Nunmehr wird, ähnlich wie für wirtschaftliche Vereine (Aktiengesellschaften) wenige Jahre zuvor, für Sparkassenvereine der Schritt vom Privilegien- zum Konzessionssystem vollzogen.[119] Während das Privileg ein eigenständiges Gesetz für einen einzigen Rechtsträger darstellt, bildet die Konzession nur eine individuelle behördliche Genehmigung auf der Grundlage eines allgemeinen Gesetzes.

Die Bewilligung für die Errichtung von Sparkassen ist bei den Behörden anzusuchen (§ 4 f). Diese dürfen die Bewilligung nur dann erteilen, wenn die Statuten der zu gründenden Sparkasse mit den Grundsätzen des Regulativs in Einklang stehen, wobei jedoch lokale Verhältnisse in den Statutenbestimmungen berücksichtigt werden können, wenn diese nicht in Widerspruch zu den Grundsätzen des Regulativen stehen (§ 6). Generell sieht das Regulativ viele Öffnungsklauseln für das Statut vor. Es wird damit ein rechtliches Fundament geschaffen, bestehende Sparkassen müssen ihre Statuten entsprechend anpassen und neue zu gründende Sparkassen müssen auf den Normen des Regulativs aufbauen.[120] Das Statut der Erste Spar-Casse dient als Vorlage und erfährt inhaltlich nur wenige Modifikationen durch das Regulativ.

Zentral in § 1 des Regulativs findet sich die Zweckbestimmung, wonach die Bestimmung der Sparkassen darin bestehe, *„[...] den minder bemittelten Volksklassen Gelegenheit zur sicheren Aufbewahrung, Verzinsung und allmählichen Ver-*

---

116 *Hauptverband der österreichischen Sparkassen*, 150 Jahre Sparkassen in Österreich 84 f.

117 Governance Kodex für Sparkassenstiftungen und Anteilsverwaltungssparkassen (Stand 17.1.2019) unter Punkt 1 Abs 3; ferner *Treichl*, Die Säulen der Zukunft, in *Rapp/Rapp-Wimberger*, Arbeite, Sammle, Vermehre 236.

118 Vom 26.9.1844, 832 JGS.

119 Dazu *Kalss/Burger/Eckert*, Die Entwicklung des österreichischen Aktienrechts 56 ff; *Großfeld* in *Coing/Wilhelm*, Wissenschaft und Kodifikation des Privatrechts im 19. Jahrhundert, Band IV (1979) 235 ff.

120 *Hauptverband der österreichischen Sparkassen*, 150 Jahre Sparkassen in Österreich 155.

mehrung kleiner Ersparnisse darzubieten, dadurch aber den Geist der Arbeitsamkeit und der Sparsamkeit bei denselben zu beleben.“

Was sind nun aus Sicht der Erste Spar-Casse die maßgeblichen Neuerungen des Sparkassenstatuts, die über die zeitliche Verlängerung und die rechtliche Sicherheit hinausgehen?

- ***Juristisch-organisatorische Zweiteilung von Verein und Sparkasse***: Bis 1844 wird die Zweigliedrigkeit zwischen Sparkassenverein einerseits und Sparkasse andererseits als separate Rechtsträger nicht deutlich. Erstmals findet dies eine klare Berücksichtigung in § 22 des Sparkassenregulativs, in dem ausdrücklich die rechtliche Konzeption des Privatvereins von jener der Sparkasse als Anstalt kompetenzrechtlich und funktional abgegrenzt wird sowie eine Zuständigkeit des Sparkassenvereins für die Aufbringung des Fondsvermögens sowie die Übernahme allfälliger Haftungen festgehalten wird (§ 2) und der Verein zudem für die Besetzung der Organe der Sparkasse zu sorgen hat.
- ***Öffnung für Gemeinden als Gründer***: Das Regulativ erweitert auch den potentiellen Gründerkreis: Zur Schaffung der Sparkassen sollen neben Vereinen von Menschenfreunden (§ 2) auch ***Gemeinden*** befugt sein (§ 3). Die Einbeziehung der Gemeinden wird deshalb als erforderlich angesehen, weil es immer weniger gut gelingt, ausreichend Geldgeber für Privatvereine anzuwerben, um das notwendige Gründungs- und Anfangskapital aufzubringen. Daher wird mit der Ausdehnung einer staatlichen Institution eine deutliche Erweiterung der möglichen Gründungsaktivitäten und Gründungsvorhaben geschaffen. Mit der Möglichkeit der Errichtung von Gemeindesparkassen, werden völlig neue Voraussetzungen für die Aufbringung des Gründungs- und Garantiefonds geschaffen.[121] Die Gemeinde dient als Garantiefonds.
- Das Regulativ nimmt sich des ***Verhältnisses Gesetzesrecht und Satzungsfreiheit*** an. § 6 hält dazu fest: „*die [einzureichenden] Statutenentwürfe [...] sind nach den in der gegenwärtigen Vorschrift enthaltenen allgemeinen gesetzlichen Bestimmungen einzurichten, wobei es jedoch einzuschreitenden Vereinen oder Gemeinden unbenommen bleibt, anderweitige, damit nicht in Widerspruch stehende, nach den Lokalverhältnissen gebotene, oder sonst zweckmäßige Einrichtungen in Vorschlag zu bringen.*“ Das im Regulativ gesatzte Recht genießt demnach zwingenden Charakter, Ergänzungen sind nach Maßgabe der Bestimmung zulässig. Darüber hinaus sieht § 25 vor, dass auch Ausnahmen vom Regulativ auf Grund besonderer Verhältnisse mit kaiserlicher Bewil-

121 *Hauptverband der österreichischen Sparkassen*, 150 Jahre Sparkassen in Österreich 380.

ligung zulässig sind, diese aber in jedem Fall besonders ersichtlich zu machen und zu begründen sind.[122]

- Für die maximale ***Einlagenhöhe*** sowie für eine maximale Gesamteinlage sieht das Regulativ eine Öffnungsbestimmung für die jeweiligen Statuten vor (§ 7 ff): Die geringste sowie die maximale Einlagehöhe habe mit Bedacht auf den Zweck, nämlich die ärmste Klasse die Gelegenheit zur Verwahrung zu geben, festgelegt zu werden, wobei auch Ortsverhältnisse berücksichtigt werden sollen.
- ***Namenssparbücher***: Das Regulativ schafft die Möglichkeit der ***Anonymität*** ab und ordnet zwingend die Einrichtung von Sparbüchern, die auf den Namen lauten, an (§ 14), wodurch die Nachweisbarkeit und Kontrolle gesichert werden soll.
- Sicherung der Eigenständigkeit – Beschränkung von Vereinigungen: In § 29 wird das Verbot formuliert, dass sich Sparkassen nicht mit anderen, den Teilnehmern ***gewinnbringender Unternehmungen vereinigen*** dürfen, wodurch sich das Betätigungsfeld der Sparkassen wieder eindeutig gegenüber anderen Instituten abgrenzt.
- Zulässigkeit der Verwendung von Erträgen zum Gemeinwohl: Ein wesentliches Verdienst des Sparkassenregulativ ist die ausdrückliche Normierung der ***gemeinwohlorientierten Spendentätigkeit*** (§ 12). Bislang waren Überschüsse gemäß den Statuten zur Aufstockung des Reservefonds zu verwenden. Nur ausnahmsweise wurden Reserven als Spenden für Naturkatastrophen und diverse Notstände verwendet.[123]

Das Regulativ bildet in weiterer Folge – mit Unterbrechung – bis zur Einführung des Sparkassengesetzes 1979 die zentrale Rechtsgrundlage für die Erste Spar-Casse und für das österreichische Sparkassenwesen insgesamt.[124]

---

122 *Hauptverband der österreichischen Sparkassen*, 150 Jahre Sparkassen in Österreich 159.

123 *Rapp/Rapp-Wimberger*, Arbeite, Sammle, Vermehre 99.

124 Dazu *Kastner*, Die neue Organisation der Sparkassen, in Gesammelte Aufsätze 1946-1981 (1982) 676 ff; *Fremuth/Laurer*, Das neue Sparkassenrecht 3 f.

VII. Normative Spange des politischen Bruchs 1848

1. Gesetz und Mustersatzung

Das Regulativ stimuliert neue Sparkassen-Gründungen nur in geringem Maß: Bis 1848 entstehen im Kaisertum Österreich 17 eigenständige Sparkasseninstitute, 10 davon in deutschsprachigen Gebieten.[125]

Dennoch ist die Etablierung des Sparkassenstatuts die Grundlage für etliche unternehmerische Initiativen. So wird die Kommandite in Linz 1849 als eigenständige Vereinssparkasse etabliert, die Salzburger Kommandite wird 1855 als Gemeindesparkasse gegründet.[126] Die ursprünglich als Bregenzer Sparkasse (1822) gegründete Vereinssparkasse wandelt sich 1848 in eine Gemeindesparkasse um, 1853 wird die Sparkasse Waidhofen als Erste Gemeindesparkasse gegründet.[127]

Der Schub vollzieht sich aber erst nach dem Revolutionsjahr 1848/1849. 1848 stürzt in Paris König Louis Philip; die 2. Republik wird ausgerufen. In Wien erzwingen Aufstand und Demonstrationen im März 1848 den Rücktritt *Metternichs*, der seit mehr als vier Jahrzehnten die Geschicke des Landes geprägt hat.[128] In einer kurzen liberalen Phase werden die Zensur aufgehoben und die Pressefreiheit erklärt sowie eine moderne Verfassung versprochen.[129] Selbst wenn die untersten Schichten, dh die Taglöhner, Knechte und Bauern unmittelbar kaum profitieren,[130] die liberale Phase nur kurz währt und Kaiser Franz Joseph I. sofort die Ära des Neoabsolutismus mit beschränkenden Regelungen festigt, markiert 1848 eine maßgebliche Wegmarke, gerade auch für die Erste Spar-Casse: Zunächst wird deutlich, dass in Zeiten des Umbruchs das Vertrauen in Banken und Sparkassen schwindet. Zahlreiche Einleger nehmen Abhebungen bei der Sparkasse vor. So nimmt etwa *Marie Schwarz*, die Inhaberin des ersten Sparbuches, 1848 ihre erste Abhebung vor.[131]

---

125 *Fremuth/Laurer*, Das neue Sparkassenrecht 4.

126 *Rapp/Rapp-Wimberger*, Arbeite, Sammle, Vermehre 65.

127 Vgl *Perl*, Sparkassenprivatstiftung 37 FN 73.

128 *Seward*, Metternich – Der erste Europäer (1993) 288 ff.

129 *Bruckmüllner*, Österreichische Geschichte 348 ff; *Butschek*, Österreichische Wirtschaftsgeschichte 109 f.

130 *Eigner/Helige*, Österreichische Wirtschafts- und Sozialgeschichte im 19. und 20. Jahrhundert 55.

131 *Doepel*, Die erste Kundin, in Erste Bank, Arbeite, Sammle, Vermehre (2019) 45.

In der liberalen Phase wird das Gemeindegesetz als allgemeine Rechtsgrundlage für Gemeinden geschaffen (1849).[132] Die Grundherrschaft wird aufgehoben und die Bauern werden in die Lage versetzt – zum Teil auch gedrängt – das Land von den Grundherren zu erwerben, wofür sie naturgemäß finanzielle Mittel brauchen. Dies drängt sie aber auch vielfach in finanzielle Überforderung.[133] Die Geschäftstätigkeit der Erste Spar-Casse ist unmittelbar berührt, da nunmehr mit den Bauern und ihren Finanzierungsfragen eine neuen Kundengruppe mit all den Schwierigkeiten angesprochen werden kann. Vielfach werden die Bauern allerdings wenig beraten und mit der Aufnahme der Kredite in massive Abhängigkeiten gedrängt.[134]

Die erhoffte Vereinheitlichung der Satzungen bestehender Institute ist gering, zumal das Regulativ gerade die Öffnung zulässt, Sonderbestimmungen nach lokalen Verhältnissen zu erlassen und dies auch von den Behörden häufig bewilligt wird. Ebenso wenig bringt das Regulativ aufgrund der vielen Öffnungsklauseln eine Vereinfachung. Es wird damit erst Recht den Initiatoren die Aufgabe der Satzungsgestaltung aufgebürdet, die oft allerdings gerade dafür wenig Erfahrung mitbringen.[135]

Um diese Barriere zu überwinden, werden im Jahr 1853 die ersten ***Mustersatzungen*** für die Erstellung von Einzelsatzungen auf Basis des Regulativs erlassen.[136] Diese haben zunächst unverbindlichen Charakter und sollen die Abfassung der Statuten erleichtern und gleichzeitig die Prüfung durch die Behörden vereinfachen.[137] Mustersatzungen haben somit eine Funktion als unverbindliche Richtschnur und Leitlinie. Faktisch wirken sie aber auf die Gestaltung ganz erheblich ein.[138] So wird etwa in den Musterstatuten 1892 den Sparkassen als Antwort auf aufkommende Konkurrenz die Berechtigung zur Teilnahme am Anweisungs- (Scheck- und Clearing-)-Verkehr des K&K Postsparkassenamtes ermöglicht.

---

132 *Neuhofer*, Handbuch des Gemeinderechts 4 f.

133 *Eigner/Helige*, Österreichische Wirtschafts- und Sozialgeschichte im 19. und 20. Jahrhundert 56 f; *Matis*, Gründerzeit, Börsenkrach und Wirtschaftskrise in der Habsburgermonarchie 167 f.

134 *Eigner/Helige*, Österreichische Wirtschafts- und Sozialgeschichte im 19. und 20. Jahrhundert 56 f; *Matis*, Gründerzeit, Börsenkrach und Wirtschaftskrise in der Habsburgermonarchie 167 f.

135 Vgl dazu allgemein *Kalss/Nicolussi*, Aktuelle Satzungsgestaltungen in Aktiengesellschaften. Der Gesellschafter – Zeitschrift für Gesellschafts- und Unternehmensrecht, GesRZ 2017, 204 f; *Langenfeld*, Der Gesetzgeber als Vertragsgestalter im Gesellschaftsrecht – eine Fehlbesetzung, in FS Spiegelberger (2009) 823.

136 *Hauptverband der österreichischen Sparkassen*, 150 Jahre Sparkassen in Österreich 156.

137 *Thausing*, Hundert Jahre Sparkasse 94.

138 *Kalss*, Privates Recht im Gesellschaftsrecht, in *Studiengesellschaft für Wirtschaft und Recht*, Privatisierung der Rechtsetzung (2018) 173, 189.

Der unverbindliche Charakter der Mustersatzungen wird Jahre später auch in einem Erkenntnis des Verwaltungsgerichtshofs aus 1896 bestätigt.[139] Dabei hatte der Gerichtshof über eine stimmenmäßige Patt-Situation bei der Wahl von Directionsmitgliedern zu entscheiden, in der der Vorsitzende ohne entsprechende Vorgabe in den Statuten ein Dirimierungsrecht ausübte und somit den Ausschlag gab. Die Mustersatzungen sahen ein entsprechendes Dirimierungsrecht vor, allerdings wurde der maßgebliche § 43 nicht in die Satzung der konkreten Sparkasse aufgenommen. Der VwGH hielt dazu fest, dass Mustersatzungen, „*eben nur als Leitfaden bei der Verfassung der Statuten einzelner Sparcassen zu dienen haben, ohne dass sie den Zweck haben, als unwandelbare Richtschnur zu dienen und dass daher diejenigen Bestimmungen dieser Musterstatuten, welche in den concreten Statuten einer Sparcasse nicht Aufnahme gefunden haben, nicht weiter maßgebend sind.*“

2. Gemeindesparkassen als neue lokale Finanzdienstleister

1849 wird das ***Gemeindegesetz*** erlassen, auf dessen Grundlage die politischen Gemeinden und Bezirke eingerichtet werden.[140] Aufgaben wie die Armen- und Krankenfürsorge, die öffentliche Sicherheit sowie die verschiedenen Sanitätseinrichtungen fallen nun in den Kompetenzbereich der Gemeinden, die dafür Kapital benötigen.[141] Bis dahin werden diese Aufgaben von verschieden privaten und kirchlichen Einrichtungen besorgt. Die ***neue, liberale Gewerbeordnung*** führt 1859 die Gewerbefreiheit ein. Den Gewerbetreibenden fehlt es aber an finanziellen Mitteln für die Errichtung des Betriebs, sodass sie auf Kredite angewiesen sind.

Aus diesen gesetzgeberischen Reformen resultiert ein ***lokaler Kreditbedarf***. Der Wirkungskreis der Privatbanken, die das Kapital für größere Industriebetriebe überwiegend für den Eisenbahn-, Straßen- und Schiffsbau zur Verfügung gestellt haben, sind auf die Großstädte, insbesondere die Reichshauptstadt Wien, konzentriert. Im lokalen Bereich sind die Privatbanken kaum vertreten.[142]

Diese Lücke für das Kreditgeschäft gegenüber Bauern, Handwerkern und lokalen Einrichtung wird erkannt. So werden etliche eigenständige Gemeindesparkassen gegründet, deren Grundlage bereits im Sparkassenregulativ gelegt worden ist. Fortan gründen mehr Gemeinden als Haftungsträger Sparkassen und nicht mehr Vereine von „*Menschenfreunden*“.[143] Die Leitidee der Erste Spar-Casse und auch

139 VwGH vom 12.11.1896, Zahl 5.997, Budw. 10.081.
140 *Hauptverband der österreichischen Sparkassen*, 150 Jahre Sparkassen in Österreich 74.
141 *Hauptverband der österreichischen Sparkassen*, 150 Jahre Sparkassen in Österreich 75.
142 *Eigner* in *Eigner/Falschlehner/Resch*, Geschichte der österreichischen Privatbanken 48.
143 *Thausing*, Hundert Jahre Sparkasse 93 f.

anderer Sparkassen ist die Sicherung des Zugangs der Minderbemittelten, somit der Unterschichten und unteren Mittelschicht auch zum Finanz- und Kapitalmarkt. Im Kern liegt darin eine soziale Leitidee. Im Rahmen des aufkeimenden Liberalismus tritt nunmehr die Funktion hervor, möglichst billig Kapital für Grundbesitz und Gewerbe zu beschaffen.[144] Die Erste Spar-Casse und die Sparkassen beteiligen sich daran dank ihrer gesetzlichen und statutarischen Regelungen nur in eingeschränktem Maß. Insofern greifen sowohl die statutarischen Eigenbeschränkungen als auch die seit 1844 allgemein gesetzlich vorgegebenen Schranken.

3. Gründerzeit-Boom und Wirtschaftskrise

Anfang der 60er Jahre des 19. Jahrhunderts findet in Wien ein ***Bankenboom*** statt: Seit 1850 werden fast jährlich neue Aktienbanken gegründet, da das Kapitalbedürfnis der Industrie, vor allem im Eisenbahnbau, immer größer wird und die heimischen Privatbanken an ihre finanziellen Kapazitätsgrenzen stoßen.[145] Meist sind die Privatbankiers auch maßgebliche Initiatoren für die – größeren – Aktienbanken.[146] Ab 1860 schließen sich Handwerker und Gewerbetreibende zu Genossenschaften zusammen. Sie treten als Genossenschaftsbanken als unmittelbare Konkurrenten zur Sparkasse auf (Schulze-Delitzsch). Im ländlichen Raum etabliert *F. W. Raiffeisen* die Idee der Genossenschaftsbank.

Die Erste Spar-Casse erlebt zugleich mit den Privatbanken das erste Mal eine große Konkurrenz beim Einlagengeschäft. Die Konkurrenz bietet bis zu 20 % Zinsen für Einlagen. Viele Sparer ziehen daher ihre Spareinlagen von der Ersten Spar-Casse ab und gehen zur Konkurrenz.

Dies führt zunächst zu einer ***Anpassung der Satzung*** der Ersten Spar-Casse im Jahr 1859. Die ***Maximaleinlage*** von 100 wird auf 500 Gulden ***erhöht***, um auch – wie schon zuvor in satzungswidriger Weise – vermögendere Kreise offensiv ansprechen zu können.

Zudem wird die ***Organisationsstruktur*** deutlich ***vereinfacht***: Die Kuratoren – als Aufsichtsorgan – werden gestrichen. Die Geschäfte werden künftig unter der Leitung des Oberkurators von einer Generalversammlung, die an die Stelle des Ausschusses tritt, und von den Direktoren besorgt. Zudem werden der Generalver-

---

144 *Hauptverband der österreichischen Sparkassen*, 150 Jahre Sparkassen in Österreich 75 ff.

145 *Eigner* in *Eigner/Falschlehner/Resch*, Geschichte der österreichischen Privatbanken 57 f.

146 So wurde etwa die Niederösterreichische Escompte-Gesellschaft vom bekannten Bankiers *Daniel Bernhard Freiherr von Eskeles* 1853 und die k.k.priv. Österreichische Credit-Anstalt für Handel und Gewerbe vom Wiener Haus *Rothschild* 1855 gegründet; s *Eigner* in *Eigner/Falschlehner/Resch*, Geschichte der österreichischen Privatbanken 58 f.

sammlung ausdrücklich Agenden zugewiesen. Alle übrigen Kompetenzen, die nicht ausdrücklich der Generalversammlung zugeschrieben sind, kommen den Direktoren zu. In den Satzungsänderungen spiegelt sich auch das 1852 erlassene Vereinsgesetz wider.[147]

Zum Höhepunkt des Konjunkturaufschwungs und zur Epoche, die wirtschaftlich als „Gründerzeit" bekannt ist, kommt es ab 1867: In Ungarn und anderen Ländern entlang der unteren Donau bringt eine „***Wunderernte***" unerwartet hohe Einnahmen für die Bauern und Grundbesitzer. Die übrigen großen Getreideproduzenten erleben hingegen eine Missernte. In der – immer noch – agrarisch dominierten Monarchie bewirkt der hohe Ertrag in der Landwirtschaft einen Anstoß für die Wirtschaftsentwicklung insgesamt: Österreichisches Getreide wird exportiert, von den Exporten profitieren der Eisenbahn- und Schiffsverkehr, die wiederum die Schwerindustrie ankurbeln.[148] Gleichzeitig beginnen zu dieser Zeit die Bauarbeiten rund um die ***Wiener Ringstraße:*** Auf Befehl des Kaisers werden die Basteien rund um die Innere Stadt geschliffen. Wien soll mit der Ringstraße eine repräsentative Prachtstraße erhalten. Parlament, Oper, Burgtheater und Rathaus und die zwei großen Museen entstehen; zudem werden zahlreiche Palais errichtet. Die Industrie wird massiv angekurbelt.[149] Wien boomt. Die größte Wirkungskraft hat eine Steuererleichterung: Neubauten erlangen eine 25-jährige Steuerfreiheit, wodurch die Bauwirtschaft sehr stark gefördert wird.[150]

Der Finanzierungsbedarf fördert die Gründung von Unternehmen mit völlig unterschiedlichen Tätigkeitsbereichen, vor allem Aktiengesellschaften, und aufgrund des Finanzierungsbedarf auch die Gründung von Banken.[151] Den wirtschaftlichen Aufschwung begleitet eine Investitionseuphorie in allen Bevölkerungsschichten. Die Euphorie, geradezu Leichtsinnigkeit, umgekehrt das Fehlen von erprobten Governance-Regelungen, insbesondere im Aktienrecht unter dem AHGB 1862, begünstigen die Gründungen zum Nachteil der Anleger und Investoren und zum Vorteil der Initiatoren.[152] Die 5. Weltausstellung dreht das Rad der

---

147 *Thausing*, Hundert Jahre Sparkasse 107 f.

148 S dazu umfassend *Matis*, Gründerzeit, Börsenkrach und Wirtschaftskrise in der Habsburgermonarchie 339 ff.

149 *Eigner/Helige*, Österreichische Wirtschafts- und Sozialgeschichte im 19. und 20. Jahrhundert 72 f.

150 *Brusatti*, Wien am Graben 80 f.

151 *Eigner* in *Eigner/Falschlehner/Resch*, Geschichte der österreichischen Privatbanken 65 ff; *Kalss/Eckert/Burger*, Die Entwicklung des österreichischen Aktienrechts 128 ff; *Nicolussi*, Die Satzungsstrenge im Aktienrecht 40 ff; *Lembke*, Das abrupte Ende der Gründerzeit begann an der Donau, FAZ vom 4.3.2008.

152 *F Klein*, Entwicklung und Verfassung im Recht der Aktiengesellschaft (1904) 16 ff; *Kalss/Eckert/Burger*, Die Entwicklung des österreichischen Aktienrechts 128 ff; *Thiessen*, Transfer von

Gründungen noch einmal schneller, kreditfinanzierte Gründungen können nicht mehr bedient werden. Die Überhitzung endet mit dem Schwarzen Freitag am 9. Mai 1873 und einem massivem Kurssturz an der Wiener Börse.[153] Viele kleine Anleger und Privatiers müssen große Verluste hinnehmen. Zahlreiche junge Banken verschwinden.

Im Gegensatz zu den Banken unterliegen die ***Sparkassen*** gesetzlichen und statutarischen Schranken. Diese Beschränkungen sind der Grund, warum sie die Krise im Jahr 1873 überstehen und weder die Erste Spar-Casse noch eine andere Sparkasse deshalb in große Schwierigkeiten geraten.[154] Zwar hat die Erste Spar-Casse statutenwidrige Lombardgeschäfte, dh Kreditgewährung gegen Verpfändung von Waren oder Wertpapieren, und Hypothekargeschäfte zur Immobilienfinanzierung, durchgeführt. Beide Geschäftsarten bescheren der Bank Verluste.[155] Ihr kommen aber nach dem Börsenkrach der Verbleib und die Rückkehr von Kunden auf – relativ sichere – Grundlage zugute.[156]

Die strengen Regelungen nach dem Sparkassenstatut werden aber im Abstimmung mit dem zuständigen Innenministerium in den Musterstatuten sukzessive ab 1872 gelockert. Damit konnten die Sparkassen, allen voran die Erste Spar-Casse, ihre Geschäftstätigkeiten ausdehnen.[157]

4. Die neue Lage nach der Krise

Die Folgejahre nach der Börsenkrise sind durch zahlreiche rechtspolitische Versuche zur Bewältigung und Beseitigung der Verluste aus der Krise gekennzeichnet. Als Reaktion wird 1874 und 1877 das Kuratorengesetz für Teilschuldverschreibungen und das Kuratorenergänzungsgesetz, die noch heute in Geltung sind,[158] in Kraft gesetzt, wohingegen trotz mehrfachen Anläufen die Normierung eines

---

GmbH-Recht im 20. Jahrhundert – Export, Import und Binnenhandel, in *Duss/Linder/Kastl/Börner/Hirt/Züsli*, Rechtstransfer in der Geschichte (2006) 466 ff.

153 *Kalss/Burger/Eckert*, Die Entwicklung des österreichischen Aktienrechts 128 ff.

154 *Dirninger*, Wachstum, Wandel, Wegmarken, in Sparkassenverband, 100 Jahre Sparkassenverband (2005) 10; *Dirninger*, Sparkassen und Staatsinterventionismus im Zusammenhang mit der Krise von 1873 in Österreich, in *Tilly*, Banken-Krisen in Mitteleuropa im 19. und 20. Jahrhundert (2000) 13 ff; *Fremuth/Laurer*, Das neue Sparkassenrecht (1979) 5.

155 Zwei herausragende Persönlichkeiten, *Nikolaus Dumba* und *Alexander Nava*, prägten die Geschäftstätigkeit der Spar-Casse; ihre Umsicht und Zurückhaltung verhinderten die Ausweitung statutenwidriger, spekulativer Geschäfte: *Arnbom*, Die Villen von Pötzleinsdorf (2019) 94.

156 *Rapp/Rapp-Wimberger*, Arbeite, Sammle, Vermehre (2019) 95.

157 *Dirninger* in Sparkassenverband, Die Sparkassen – 100 Jahre Sparkassenverband 10.

158 Dazu *Kalss/Moser*, Kuratorengesetz (2019).

modernen, auf den Anlegerschutz ausgerichteten Aktiengesetzes scheitert. Das Genossenschaftsgesetz 1873 bildet den gesetzlichen Rahmen für die bereits zu jenem Zeitpunkt 1.500 bestehenden Genossenschaften. Rund 1.000 davon sind Kreditvereine, bei denen sich die Genossenschafter als Mitglieder wechselseitig mit Finanzierungshilfen unterstützen.[159] Das Modell nach *Schulze-Delitzsch* ist vor allem im Bereich der Kreditgenossenschaften erfolgreich. Ab den 80er Jahren des 19. Jahrhunderts soll sich die Idee F*riedrich Wilhelm Raiffeisens* auch in Österreich im ländlichen Raum etablieren. 1885 begann die Errichtung von Raiffeisenkassen, in nur 10 Jahren sollten bis 1896 1.800 Raiffeisenkassen entstehen, die massive politische Unterstützung erfahren.[160] Ab diesem Zeitpunkt spielt die Sparkasse nicht mehr die alleinige, aber eine bedeutende Rolle in der Versorgung der Minderbemittelten, der unteren Mittelschicht.

Die Erste Spar-Casse bleibt in ihrer Tätigkeit – nach Verselbstständigung der Kommanditen – auf Wien beschränkt. Die Sparkassenidee ist aber dennoch erfolgreich: 1886 bestehen in der Monarchie 395 Sparkassen, davon 28 Bezirkssparkassen, 299 Gemeindesparkassen, 59 Vereinssparkassen und 9 sonstige Sparkassen. 2 Mio Einleger sind Kunden der Sparkassen.[161]

Eine wesentliche weitere Konkurrenz erwächst der Erste Spar-Casse mit dem K&K ***Postsparkassenamt*** auf der Grundlage des Gesetzes 1882. Alle Postämter fungieren als Einlage- und Auszahlungsstellen. Dies erschwert die Errichtung von Sparkassenzweigstellen deutlich.[162] Die Postsparkasse hat insbesondere die Berechtigung, Scheckeinlagen entgegenzunehmen und wird damit zum Vorreiter für den Scheck- und Clearingverkehr und damit für den gesamten Zahlungsverkehr. Schließlich etablieren sich (erneut) zahlreiche Aktienbanken. Das Einlagengeschäft ist bei diesen dadurch gekennzeichnet, dass die Einlagebücher als Inhaberpapiere gehandelt werden können.[163] Schließlich bilden die Landeshypothekenanstalten eine wichtige Konkurrenz. Unter Garantie des jeweiligen Kronlandes vergeben diese Anstalten Hypothekar-, Kommunal-, Eisenbahn- und Verbesserungsdarlehen für Infrastrukturinvestitionen im Land.[164]

---

159 *Tomanek* in Dellinger, Genossenschaftsgesetz samt Nebengesetzen^2 (2014) vor § 1 GenG Rz 5.

160 *Tomanek* in Dellinger, Genossenschaftsgesetz samt Nebengesetzen^2 vor § 1 GenG Rz 14.

161 *Brusatti*, Wien am Graben 112.

162 *Dirniniger* in Sparkassenverband, Die Sparkassen – 100 Jahre Sparkassenverband 10; *Wagner*, 10 Jahre österreichische Postsparkasse 1883 – 1983.

163 *W Schmidt*, Das Sparkassenwesen in Österreich (1930) 67; *Dirninger* in Sparkassenverband, Die Sparkassen – 100 Jahre Sparkassenverband 10.

164 *Dirniniger* in Sparkassenverband, Die Sparkassen – 100 Jahre Sparkassenverband 11.

5. Politisierung des Sparkassenwesens

Wenige Jahre später beginnt die starke Politisierung des Sparkassenwesens selbst: In Wien wird – nach mehreren Anläufen – 1907 neben der Erste Spar-Casse, die als Vereinssparkasse errichtet wurde (s dazu oben), die erste Gemeindesparkasse, die ***Zentralsparkasse***, gegründet. Für die Erste Spar-Casse entsteht damit in der eigenen Stadt erstmals eine ernstzunehmende Konkurrentin für die gleichen Kundengruppe.[165] Die Aufteilung folgt jedenfalls nach dem 1. Weltkrieg und nach der Übernahme der Mehrheit der Mandate im Gemeinderat durch die Sozialdemokraten 1919 den politischen Linien: Während in der Zentralsparkasse das „rote Wien" und damit vor allem Arbeiter und niedrige Angestellte, somit die sozialdemokratisch ausgerichtete Bevölkerung[166] anlegt, bleibt die Erste Spar-Casse die Kasse für die christlich-sozial geprägte Bevölkerung und primär auf die Mittelschicht mit Kunden-„Ausgriffen" nach unten und oben konzentriert.

Die ***gemeinwohlorientierte Tätigkeit*** und das karitative Engagement der Erste Spar-Casse werden ausgebaut, welche bereits Jahre zuvor im Sparkassenregulativ angelegt worden ist. Förderungen bestehen von Anfang an, ab den 1870er Jahren nehmen sie aufgrund der guten Ertragslage und auch wegen der Öffentlichkeitswirksamkeit größere Formen an: Die Erste Spar-Casse investiert in wohltätige Zweckeinrichtungen wie in den Asyl-Verein für Obdachlose, den Frauen-Erwerbsverein, die niederösterreichische Findelanstalt und in den evangelischen Waisenverein etc.[167]

VIII. Erster Weltkrieg und die Zeit danach (1914–1930)

Die Erste Spar-Casse verliert – ebenso wie viele andere Sparkassen und Banken auch – hohe Beträge an Einlagen, da die Kunden Barauszahlungen verlangen.

---

165 *Thausing*, Hundert Jahre Sparkasse 371; *Stanek* in *Österreichischer Sparkassenverband*, Die Sparkassen – Verantwortung für Wirtschaft und Gesellschaft (2005) 73 ff; *K Grubelnik*, Die rote Krake: Eine Bank erobert Österreich (1998).

166 Die Konkurrenz ist in Wien auch deshalb stark, weil der Sitz im I. Bezirk ist, in den Bezirken 11-19 Zweigstellen errichtet werden; zudem werden die Bezirkssparkassen in den Außenbezirken mit der Zentralsparkasse fusioniert; damit überholt die Zentralsparkasse die Erste Sparkasse Mitte der Zwanziger Jahre mit ihrer Bilanzsumme zum ersten Mal; vgl *Stanek* in Sparkassenverband, 100 Jahre Sparkassenverband 76.

167 *Rapp/Rapp-Wimberger*, Arbeit, Sammle, Vermehre 78; *Brusatti*, Wien, am Graben 114 f.

1915 wird mittels Erlasses des Innenministers das bis dahin geltende Verbot für Sparkassen, als Zeichnungsstelle für Anleihen zu fungieren, aufgehoben, sowie die Befugnis zum Effektendepotgeschäft erteilt. Die Sparkassen werden für die Verwahrung und Verwaltung von ***Kriegsanleihen*** geöffnet. Die k.k. Regierung zögert vorerst, den Sparkassen die Verwahrung von Anleihen zu gestatten, weil sie besorgt ist, dass die Institute durch solche Geschäfte „artentfremdet" werden könnten. Die Übernahme von Wertpapieren für fremde Rechnung in Verwahrung und Verwaltung ist ein Novum für die Sparkassen, da dieses bislang ein „Vorrecht" der Banken gewesen ist.[168] Die Sparkassen entwickeln sich dadurch zu einer tragenden Säule für die Kriegsfinanzierung.[169]

Der erste Weltkrieg endet bekanntlich mit dem Zerfall der Monarchie Österreich-Ungarn, die bislang immer noch eine europäische Großmacht mit 52 Millionen Einwohnern gewesen ist, und ließ die ***Erste Republik*** Österreichs unter Kanzler Dr. *Karl Renner* entstehen. Anstelle der bislang geschlossenen wirtschaftlichen Region von unterschiedlichen Teilstaaten entstanden nun mehrere mittelgroße autonome Länder mit jeweils nationaler Gesetzgebung.[170] Das „zu groß gewachsene" Wien ist Hauptstadt eines Restes mit 7 Millionen Einwohnern. Dem Krieg folgt eine Wirtschaftskrise mit einer galoppierenden Inflation.[171]

Die Lage der Ersten Spar-Casse verschlechtert sich, da der Einlagestand auf einem historischen Tiefstand gesunken ist und sie nach dem Zerfall der Monarchie ihre Position in den Ländern aufgeben muss und neue Geschäftsfelder und Strukturen finden muss.[172] Die Erste Spar-Casse bildet mit der österreichischen Creditanstalt für Handel und Gewerbe eine ***Interessengemeinschaft***: Mit Beschluss der Generalversammlung vom 20.2.1922 und mit Erlass des Bundesministeriums für Inneres wird die neue ***„Bankanstalt der Ersten österreichischen Spar-Casse"*** errichtet.[173] Für die Erste Spar-Casse eröffnet sich dadurch die Möglichkeit, mittels der Bank das ihr anvertraute Geld weit ertragreicher anzulegen,

---

168 *Thausing*, Hundert Jahre Sparkasse 404.

169 *Hauptverband der österreichischen Sparkassen*, 150 Jahre Sparkassen in Österreich 175; *Rapp/Rapp-Wimberger*, Arbeite, Sammle, Vermehre (2019) 106 f.

170 Vgl dazu *Butschek*, Österreichische Wirtschaftsgeschichte 182 ff.

171 *Autsch*, Als die Banken fielen (2013) 29; *Hanisch*, Der lange Schatten des Staates (1994) 274 ff; *Resch*, Österreichische Privatbanken von 1919 bis 1945, in *Eigner/Falschlehner/Resch*, Geschichte der österreichischen Privatbanken (2018) 84 f. Im August 1922 erreichte die Krone mit einem Siebzehntausendstel ihrer Vorkriegswerte ihren Tiefstand.

172 Vgl dazu *Stiefel*, Die Krise der Credit-Anstalt in den 1930er Jahren und ihre Folgen für das österreichische Bankensystem, ÖZG 19.2008.3, 119.

173 *Resch* in FS Matis 375 (insb FN 14).

als dies einer Sparkasse aufgrund ihrer Statuten möglich wäre.[174] Diese Interessengemeinschaft wird allerdings am 31. März 1927 wieder gelöst.

Mit unterschiedlichen Maßnahmen gelingt es, die Inflation in den Griff zu bekommen: Der Völkerbund gewährt 1922 eine Anleihe, deren Erlös in die Deckung des Budgetdefizits fließt.[175] Der Güter- und Leistungsaustausch fängt wieder zu laufen an; 1925 wird mit dem Schillingeröffnungsgesetz der Schilling als neue Währung eingeführt. Ab diesem Zeitpunkt steigen die Spareinlagen der Erste Spar-Casse wieder. Am 31. Oktober 1925 wird zum ersten Mal der Weltspartag in sämtlichen Sparkassen veranstaltet.[176] Da die Bilanzen der Banken in den Inflationsjahren nur ein sehr ungenaues Bild der wirtschaftlichen Lage vermittelt haben, wird es nach dem Ende der Geldentwertung erforderlich, eine völlige Neubewertung aller Vermögens- und Schuldenpositionen vorzunehmen. Das Goldbilanzgesetz vom 4. Juni 1925 bildet dafür die gesetzliche Grundlage.[177]

Für die Erste Spar-Casse ist in diesen Jahren entscheidend, die im Ersten Weltkrieg erlangte Erweiterung des Geschäftsbetriebes zu behaupten. Die Aktien-Banken spüren die Konkurrenz und verlangen, dass die Erste Spar-Casse sich wieder auf ihren ursprünglichen Geschäftsbereich beschränken und nur das Einlagengeschäft betreiben solle. Die Annäherung an das „bankmäßige Geschäftsspektrum" ist allerdings zu diesem Zeitpunkt bereits weit fortgeschritten: 1922 wird im Erlassweg dauerhaft die Berechtigung eingeräumt, sich in erweiterter Form im kurz- und mittelfristigen Ausleihungsgeschäft zu engagieren. Ebenso wird die Möglichkeit der Errichtung von Zweig- und Zahlstellen eröffnet.[178]

Ausgelöst durch eine missglückte Spekulation gegen den französischen Franc im Jahr 1924[179] stürzen die österreichischen Banken in eine dramatische Krise. Die Erste Spar-Casse selbst ist zwar nicht an den Devisen- und Aktienspekulationen beteiligt, dennoch wird auch sie als Kreditinstitut erfasst. Negative Höhepunkte sind der Fall der ***Depositenbank*** 1924, der Angloamerikabank, der Boden Credit und schließlich der ***Credit-Anstalt*** im Jahr 1931.[180]

---

174 *Resch* in FS Matis 375.

175 *Butschek*, Österreichische Wirtschaftsgeschichte 201 ff.

176 *Rapp/Rapp-Wimberger*, Arbeite, Sammle, Vermehre 86.

177 *Kernbauer/Weber*, Die Wiener Großbanken in der Zeit der Kriegs- und Nachkriegsinflation, in Veröffentlichungen der historischen Kommission zu Berlin, Bd 57, *Feldman/Holtfrerich/Ritter/Witt* (1984) 178 f.

178 *Fremuth/Laurer*, Das neue Sparkassenrecht 6; *Rapp/Rapp-Wimberger*, Arbeite, Sammle, Vermehre 107.

179 *Stiefel*, ÖZG 19.2008.3, 118 f.

180 Dazu umfassend *Stiefel*, ÖZG 19.2008.3, 117 ff.

Die ***Erste Spar-Casse*** wird von den Turbulenzen ab dem Jahr 1924 und der bis in die frühen 1930er-Jahre andauernden Weltwirtschaftskrise vergleichsweise wenig berührt, da sie an das enge und nur mit wenigen Erlässen erweiterte Sparkassenregulativ aus 1844 gebunden ist. Wiederum sind ihr aber hohe und schnelle Gewinne aus ***spekulativen Geschäften*** verwehrt, umgekehrt ist die Verlustkurve nicht so steil, da sie die verlustreichen Spekulationsgeschäfte nicht machen darf.[181]

IX. Politische Vereinnahmung (1933–1945)

Der Ständestaat unter *Dollfuß* und *Schuschnigg* greift tief in die Organisation der Sparkassen, daher auch in jene der Erste Spar-Casse, ein. Der Staat wird nach Berufsgruppen (sog Stände) organisiert. Eine Regulierungswelle schränkt die Autonomie der Banken und Sparkassen massiv ein:[182] Das ***Sparkassenverwaltungsgesetz 1935*** ordnet eine völlige Neuorganisation des Betriebes durch Regelungen für die Neuwahl und die Zusammensetzung der Organe entsprechend den dem „Ständestaat“ zugrundeliegenden berufsständigen Grundsätzen an. Das Sparkassenverwaltungsgesetz lässt aber das Sparkassenregulativ 1844 unverändert und stellt nur eine Ergänzung desselben dar.[183] Die Sparkassen müssen ihre Satzung an die neuen organisatorischen Vorgaben anpassen und genehmigen lassen. Kurze Zeit später wird die Eintragung der Ersten Spar-Casse im Handelsregister gelöscht und mit 1. Juli 1937 die Eintragung in das neu geschaffene ***Sparkassenregister*** wirksam. Damit gelten die Sparkassen nicht mehr als Unternehmen nach dem Handelsrecht, sondern sie unterliegen als eigenständige Einrichtungen der Kontrolle der Landesregierung.[184]

Dem ständestaatlichen Verständnis entspricht auch eine hierarchische Ordnung des Sparkassensektors: So wird versucht, eine Art „Konzernstruktur“ in den Sparkassensektor zu bringen: Im Jahr 1937 gründen alle eigenständigen Sparkassen die „***Girozentrale***“ in der Rechtsform der Aktiengesellschaft. Diese soll die Funktion der Drehscheibe für den bargeldlosen Zahlungsverkehr innerhalb der

---

181 *Resch* in FS Matis 373 f.
182 *Rapp/Rapp-Wimberger*, Arbeite, Sammle, Vermehre (2019) 137 f.
183 *Hauptverband der österreichischen Sparkassen*, 150 Jahre Sparkassen in Österreich 183 f.
184 *Brusatti*, Wien, am Graben 208.

Sparkassengruppe übernehmen und somit als zentrale Verrechnungsstelle dienen.[185]

Nach dem „Anschluss" Österreichs an das Deutsche Reich 1938[186] werden die Sparkassen, insbesondere die Erste Spar-Casse, in das Vorhaben einbezogen, die Bevölkerung in das staatliche Finanzsystem einzugliedern. Die Sparkassen werden in die deutsche Sparkassenorganisation eingegliedert. Die erst 1937 gegründete Girozentrale wird aufgelöst und ihr Vermögen im Wege der Gesamtrechtsnachfolge in die neu gegründete ***„Girozentrale der Ostmärkischen Sparkassen"*** überführt, die als Anstalt öffentlichen Rechts organisiert ist. Ihre Verwaltung obliegt der Staatsverwaltung. Die rechtliche Struktur der Ersten Spar-Casse mit dem Verein und der Sparkasse bleibt dennoch aufrecht.

Die Erste Spar-Casse erwirbt insgesamt sechs Gebäude aus jüdischem Besitz, in denen Zweigstellen eingerichtet werden.[187] Mit einem Rundschreiben wird dem Sparkassenverband aufgetragen, dass sämtliche Bedienstete ihre Herkunft nachzuweisen haben. Mitarbeiter mit jüdischer Herkunft müssen sofort gekündigt werden ohne Anspruch auf Abfertigung und unter Verlust der erworbenen Pensionsansprüche.[188] Führungspersonal und Mitarbeiter werden aus rassischen und politischen Gründen ausgetauscht.[189] Der politische Versuch, den Namen der Erste Spar-Casse in die „Erste Wiener Spar-Casse" umzubenennen, kann abgewehrt werden. Der Ersten Spar-Casse wird ebenso wie anderen Sparkassen ein reichseinheitlicher Zinssatz für die Spareinlagen auferlegt. Sie wird strikten Veranlagungsvorschriften unterworfen, wodurch das angelegte Geld in die Kriegswirtschaft gelenkt und dort abgeschöpft wird.[190]

---

185 *Fremuth/Laurer*, Das neue Sparkassenrecht 6; *Kasper*, Die Bank der Sparkassen – die Bank der Wirtschaft, Die 60-jährige Geschichte der Girozentrale, in *Österreichischer Sparkassenverband* (Hrsg), Die Sparkassen 100 f.

186 Vgl *Bruckmüller*, Österreichische Geschichte 535 ff.

187 *Frühbauer/Bacher*, Corporate Archives 01/2019, 28.

188 *Rapp/Rapp-Wimberger*, Arbeite, Sammle, Vermehre 142 f.

189 *Brusatti*, Wien, am Graben 106; *Rapp/Rapp-Wimmberger*, Arbeite, Sammle, Vermehre 106.

190 *Brusatti*, Wien, am Graben 214; *Rapp/Rapp-Wimberger*, Arbeite, Sammle, Vermehre 110.

X. Zweite Republik – Neubeginn und Wiederaufbau der Wirtschaft

Am Ende des zweiten Weltkriegs 1945 ist die österreichische Wirtschaft zerstört.[191] Ersparnisse werden beschlagnahmt, Kriegsanleihen sind – auch nun wieder – wertlos.[192] Die Sicherung der Geldversorgung gelingt unter Wiederherstellung der Österreichischen Nationalbank.[193] Während ein Großteil der Banken und der Industrie ***verstaatlicht*** wird, um das Vermögen dem potentiellen Zugriff der Alliierten zu entziehen,[194] bleibt die Erste Spar-Casse weiterhin eigentümerlos und als privater Rechtsträger bestehen.[195]

Die Erste Spar-Casse etabliert ihr breiter gewordenes Geschäftsspektrum,[196] sie kann ihre bedeutende Stellung als Kapitalsammelstelle und als langfristiger Kreditgeber für den Wohnbau sowie für den öffentlichen und den privaten Sektor ausbauen.[197] Die Girozentrale wird ab 1945 als Spitzeninstitut des Sektors der Sparkassen als öffentlich rechtliche Bankanstalt weitergeführt.[198]

Der ***Marshallplan*** vom Juli 1948 kanalisiert rund 1 Mrd Dollar an Hilfsleistung der USA nach Österreich. Neben Nahrungsmitteln werden vor allem Maschinen und Ausrüstungsgegenstände für die Industrie finanziert.[199] Das Jahr 1955 markiert für Österreich mit dem Staatsvertrag die politische Genehmigung der Eigenständigkeit und Unabhängigkeit Österreichs. Für die Wirtschaft sind das ***Schillingeröffnungsgesetz*** und das Gesetz über eine ***Rekonstruktionsbilanz*** von großer Bedeutung; insbesondere auch für die Erste Spar-Casse: Insgesamt 10 Jahre lang konnte die Erste Spar-Casse keine reguläre Bilanz erstellen, denn es war –

---

191 *Eigner/Helige*, Österreichische Wirtschafts- und Sozialgeschichte im 19. und 20. Jahrhundert 191 ff.

192 *Frühbauer/Bacher*, Corporate Archives 01/2019, 32.

193 *Falschlechner*, Die österreichischen Privatbanken nach 1945, in *Eigner/Falschlehner/Resch*, Geschichte der österreichischen Privatbanken (2018) 217; *Butschek*, Österreichische Wirtschaftsgeschichte 487.

194 *Falschlechner* in *Eigner/Falschlehner/Resch*, Geschichte der österreichischen Privatbanken 224 f; *Eigner/Helige*, Österreichische Wirtschafts- und Sozialgeschichte im 19. und 20. Jahrhundert 194.

195 *Butschek*, Österreichische Wirtschaftsgeschichte 488.

196 *Rapp/Rapp-Wimberger*, Arbeite, Sammle, Vermehre 110.

197 *Fremuth/Laurer*, Das neue Sparkassenrecht 6.

198 *Falschlechner* in *Eigner/Falschlehner/Resch*, Geschichte der österreichischen Privatbanken 226.

199 *Bruckmüller*, Österreichische Geschichte 584 ff; *Falschlechner* in *Eigner/Falschlehner/Resch*, Geschichte der österreichischen Privatbanken 231 f.

wie für alle anderen Banken auch – ungewiss, wie die Forderungen aus reichsdeutschen Schuldtiteln zu bewerten sind. Durch das Gesetz über eine Rekonstruktionsbilanz werden die letzten 10 Jahre zu einer Bilanzepoche zusammengefasst und die Verluste als Forderungen gegen die Republik Österreich umgewandelt. Damit kann die Erste Spar-Casse einen Neubeginn unternehmen.[200]

Für die Erste Spar-Casse beginnt ein Zweigstellen-Boom: Zwischen 1958 und 1962 werden 19 ***neue Filialen*** eröffnet und 26 bestehende Filialen deutlich ausgebaut.[201] Das Einkommen der Bevölkerung steigt ab Ende der Fünfziger Jahre. Ab Mitte der 1960er Jahre kann die Bevölkerung über einen immer größeren Teil ihres Einkommens frei verfügen; im „Konsumkredit" liegt ein neues Geschäftsfeld.[202] Zu dieser Zeit öffnet sich die Erste Spar-Casse aber auch für die Industriefinanzierung, die bis dahin traditionell den Aktienbanken oblag.[203] Die Sparkassen genießen nämlich den Vorteil der Filialgründung und können somit in der gesamten Republik verteilt in eigenen Filialen ihre Dienstleistung anbieten; den Aktienbanken wurde die Filialgründung erst 1976 ermöglicht.[204]

XI. Gesetzliche Schritte auf dem Weg zur Universalbank

Die Erste Spar-Casse hatte bereits über viele Jahrzehnte wichtige Schritte in Richtung Universalbank gemacht. In den 1970er Jahren wird diese Tendenz nun auch gesetzlich und in der Satzung abgebildet: Sie wird zur ***Universalbank***, dh sie darf als Sparkasse künftig *alle* bankmäßigen Geschäfte abwickeln. Bisherige Beschränkungen, so etwa das Verbot, eigene Wertpapiere auszugeben, fallen weg. Bislang nur „tolerierte" Bankgeschäfte, wie das Leasinggeschäft, werden nun ausdrücklich zugelassen. Die Grundlage dafür bietet das neue ***Kreditwesengesetz 1979***, welches die historischen Unterschiede zwischen Aktien-Banken, Sparkassen und Genossenschaftsinstitute beseitigt und eine Gleichstellung aller Insti-

---

200 *Rapp/Rapp-Wimmberger*, Arbeite, Sammle, Vermehre 112.

201 *Frühbauer/Bacher*, Corporate Archives 01/2019, 32.

202 *Eigner/Helige*, Österreichische Wirtschafts- und Sozialgeschichte im 19. und 20. Jahrhundert 203 ff; *Rapp/Rapp-Wimberger*, Arbeite, Sammle, Vermehre 151.

203 *Butschek*, Österreichische Wirtschaftsgeschichte 487.

204 *Butschek*, Österreichische Wirtschaftsgeschichte 488.

tute normiert.[205] Das Kreditwesengesetz 1979 stellt die erste nationale Regelung für alle Kreditinstitute dar.[206]

Davor galt das deutsche Gesetz über das Kreditwesen aus 1939 und einige Einzelgesetze für die unterschiedlichen Banken. Für die Erste Spar-Casse bedeutet diese ***Liberalisierung*** eine bedeutende Ausweitung ihrer geschäftlichen Möglichkeiten. Die Erste Spar-Casse macht dies nun auch nach außen deutlich, indem sie 1982 ihren Firmenwortlaut mit dem Begriff „*Bank*" erweitert;[207] ab diesem Zeitpunkt heißt sie „Erste Bank und Sparkasse".

Parallel zum Kreditwesengesetz wird das Sparkassengesetz modernisiert: Das ***Sparkassengesetz 1979*** regelt die Organisation der Sparkassen und schafft eine einheitliche und moderne Rechtsgrundlage, die sich für die Organisation stark am Aktienrecht orientiert.[208] Anders als das Sparkassenregulativ 1844 und die Satzung der Erste Bank und Sparkasse wird den Sparkassen keine wohltätige Zielsetzung und Aufgabe mehr auferlegt.[209] Die Streichung der gesetzlich vorgegebenen sozialen Zielsetzung unterstreicht den erwerbswirtschaftlichen Charakter der Sparkassen, die in vollem Wettbewerb zu den anderen Kreditinstituten stehen. Dem wohltätigen Gründungszweck wird nur noch dadurch Rechnung getragen, dass § 22 SpG den Sparkassen aus dem erwirtschafteten Gewinn die Bildung einer „Widmungsrücklage" ermöglicht, die der Förderung von karitativ-sozialen und lokalen, regionalen Hilfseinrichtungen zugutekommen kann.[210]

Die neuen Regelungen führen ***mehrere Grundprinzipien*** ein:

- ***Corporate Governance***: Zunächst werden die Sparkassen verpflichtet, mindestens zwei hauptberufliche Geschäftsführer zu bestellen, die alleinverantwortlich für die Geschäftsabwicklung auch im Außenverhältnis zuständig sind (***Vier-Augen-Prinzip***) (§ 16 SpG). Getrennt davon wird ein Sparkassenrat installiert, der als Aufsichtsorgan die Geschäftsführung kontrolliert (§ 17 SpG). Dadurch wird ***Leitung und Kontrolle*** – angelehnt an das Aktienrecht – getrennt,[211] was bislang nicht vorgesehen war. Darüber hinaus wird die ***Spar-***

---

205 *Wünsch*, Handelsrechtliche Vorschriften des KWG und ihre Stellung im System des österreichischen Privatrechts, in *Kastner/Schinnerer/Ulrich/Wünsch*, Beiträge zum Kreditwesengesetz, Heft 3/1979, 7 ff; *Ulrich* in *Frasl/Haiden/Taus*, Österreichische Kreditwirtschaft (2007) 163 ff.

206 *Butschek*, Österreichische Wirtschaftsgeschichte 488.

207 *Rapp/Rapp-Wimberger*, Arbeite, Sammle, Vermehre 113.

208 ErläutRV 843 BlgNR XIV. GP Seite 16; *Ulrich* in *Frasl/Haiden/Taus*, Österreichische Kreditwirtschaft 165.

209 Entwurf für ein Sparkassengesetz 1969, RV 1280 Bgl NR XI. GP (§ 1 Abs 2).

210 ErläutRV 843 BlgNR XIV. GP Seite 20; vgl dazu auch *van Husen* in *Laurer/M. Schütz/Kammel/Ratka*, BWG[4] § 92 Rz 146; *Perl*, Sparkassen-Privatstiftung 22.

211 *Ulrich* in *Frasl/Haiden/Taus*, Österreichische Kreditwirtschaft (2007) 175; *Kastner*, Gesammelte Aufsätze 679.

einlagensicherung festgeschrieben sowie die staatliche Aufsicht durch ***Staatskommissäre*** normiert (§ 29 SpG).

- ***Gemeindesparkasse – Vereinssparkasse***: An zentraler Stelle normiert das SpG die Unterscheidung zwischen Gemeindesparkassen und Vereinssparkassen. Im Zeitpunkt des Inkrafttretens des SpG existieren in Österreich 33 Vereinssparkassen und 125 Gemeindesparkassen.[212] Im Unterschied zur Gemeinde haftet allerdings der Verein nicht für die Verbindlichkeiten der Sparkasse.[213] Darüber hinaus werden im SpG einige Bestimmungen betreffend den Gläubigerschutz eingeführt, wie etwa die Sicherstellung von ausreichendem Eigenkapital[214] sowie der Erwerb von Beteiligungen auch außerhalb des eigenen Sektors, was für das Wachstum der Erste Bank und Sparkasse in den Folgejahren bedeutsam werden sollte. Die Erste Bank und Sparkasse adaptiert ihre Satzung, um sie an die neuen Anforderungen anzupassen.

XII. Nationale Expansionspolitik

1. Aus zwei (Verein und Sparkasse) werden drei Rechtsträger (Verein, Sparkasse und Aktiengesellschaft)

Die gesetzliche Gleichstellung aller Kreditunternehmen mit dem Kreditwesengesetz 1979 verstärkt den Wettbewerb weiter. Die Ausweitung der geschäftlichen Möglichkeiten einerseits, der Konkurrenzdruck durch andere, auch ausländische Kreditinstitute andererseits führen aber zu einer Verschlechterung der Ertragslage und damit zu einem wachstumshemmenden Druck auf die Eigenkapitalbasis der Sparkassen. Nach wie vor dürfen die Sparkassen ihr Eigenkapital nur aus dem erwirtschafteten Gewinn aufstocken.[215] Da die Erste Bank und Sparkasse – wegen der Ausdehnung der Geschäftstätigkeit und der beginnenden Unterlegungspflicht mit Eigenmitteln – immer größeren Eigenmittelbedarf hat und sich aufgrund ihrer Eigentümerlosigkeit schwer finanzieren kann, beschließt der Gesetzgeber wenige Jahre nach dem Inkrafttreten des KWG – auf Initiative des Sparkassenverbandes –

---

212 Zu den Zahlen s *Kastner*, Gesammelte Aufsätze 677.

213 *Fremuth/Laurer*, Das neue Sparkassenrecht 14; *Kastner*, Gesammelte Aufsätze 678.

214 *Rapp/Rapp-Wimberger*, Arbeite, Sammle, Vermehre 155.

215 932 Blg XVI. GP 7; *Nickerl/Portisch/Riefel*, Praxiskommentar zum SpG § 1 Rz 11ff; aus Sicht der Erste Bank *H Haumer*, Gedanken zur KWG-Novelle 1986, Die Ersten, 3/1986, 3f.

1986 eine grundlegende Reform des Sparkassengesetzes und des Kreditwesengesetzes.[216]

Zunächst schafft die Novelle die Möglichkeit der Zuführung von *nachrangigem Ergänzungs- und Partizipationskapital* (§ 12 KWG aF), welches dem Eigenkapital zuzurechnen ist.[217] Die Erste Bank und Sparkasse macht von dieser Möglichkeit sofort Gebrauch und verbreitert ihr Eigenkapital. Die Partizipationsscheine werden auch den Mitarbeiterinnen und Mitarbeitern angeboten und unter diesen breit gestreut.[218] Partizipationsscheine werden an die Börse gebracht und der Kurs leidlich gepflegt.

Die zweite Neuerung 1986 ist eine fundamentale ***Strukturerweiterung***: Die historische Rechtsform der Sparkasse wird geöffnet und es wird ermöglicht, dass die Sparkassen ihren bankgeschäftlichen Betrieb in eine Sparkassen-Aktiengesellschaft einbringen (§ 8a KWG). Die Sparkasse bleibt als *Anteilsverwaltungssparkasse* (AVS) bestehen und beschränkt ihre Tätigkeit im Wesentlichen aber auf die Verwaltung der Aktienbeteiligung, somit auf eine Holdingfunktion.[219] Fortan sollen nach dem Gesetz somit drei Rechtsträger existieren, nämlich (i) der Sparverein bzw die Gemeinde als Gründer; (ii) die Anteilsverwaltungssparkasse als Holding sowie (iii) die Sparkassen-Aktiengesellschaft als operativer Unternehmensträger. So wird über drei Stufen der ursprüngliche Gedanke einer Sparkasse, nämlich die Verbindung von Einlagengeschäft und gewinnbringende Veranlagung sowie das Kreditgeschäft, verwirklicht.

Während bei Gemeindesparkassen die Gemeinde für die Anteilsverwaltungssparkasse einstehen muss (§ 2 Abs 1 SpG),[220] wird auch anlässlich dieser Novelle keine Ausfallshaftungen des Vereins für die Sparkasse bzw die AG normiert. Die Erste Bank und Sparkasse erfährt somit dadurch keine Belastung.

Diese aus Sparkassen hervorgehenden AGs sind dem Sparkassensektor ausdrücklich zugeordnet. Neben dem Aktiengesetz werden auch teilweise Bestimmungen des SpG auf die AG für anwendbar erklärt.[221] Der Bankbetrieb wird im Weg einer gesetzlich angeordneten Gesamtrechtsnachfolge in die neu geschaffene AG ausgegliedert, die künftig den Bankbetrieb führt. Dadurch ist es möglich,

---

216 BGBl. Nr. 325/1986; s dazu umfassend *Nickerl/Portisch/Riefel*, Praxiskommentar zum SpG § 1 Rz 11 ff; *Kastner*, Gedanken zu § 8a Kreditwesengesetz, in FS Ostheim (1990) 288.

217 *Schorner*, Privatisierung kommunaler Sparkassen (2008) 121.

218 In der Mitarbeiterzeitschrift wird das System den Mitarbeitern erklärt s dazu *H Haumer*, Leistung und Erfolg, Die Ersten 6/1986, 14 ff.

219 *Raschauer*, Anmerkungen zur Neuordnung des Sparkassenrechts, ÖBA 1993, 447.

220 *Nickerl/Portisch/Riefel*, Praxiskommentar zum Sparkassengesetz § 1 Rz 13.

221 *Kastner*, Zur Sparkassengesetz-Novelle 1986, GesRZ 1987, 1ff; *Ulrich* in *Frasl/Haiden/Taus*, Österreichische Kreditwirtschaft 163.

dass die Aktiengesellschaft im gesetzlich festgelegten Rahmen durch Aufnahme von Dritten als Aktionäre Eigenkapital beschafft.[222]

Diese Form der Ausgliederung ermöglicht dem Sektor seine in den folgenden Jahren durchgeführte Strukturreform, die sich auch nachhaltig auf die gesamte österreichische Kreditwirtschaft auswirkt. Gleichzeitig kommt es in den Folgejahren zu zahlreichen Bankenfusionen und -übernahmen,[223] die sich gerade auch in der Erste Bank und Sparkasse zeigt.

Als eine der ersten Sparkassen vollzieht die Wiener Gemeindesparkasse Zentralsparkasse – die lokale Konkurrentin der Erste Bank und Sparkasse – die Umstrukturierung: 1990 wird deren Bankbetrieb in eine Aktiengesellschaft eingebracht, die neugeschaffene Anteilsverwaltung *Zentralsparkasse (AVZ)* kontrolliert weiterhin die Mehrheit der Aktien der Zentralsparkasse. Im Mai 1991 nimmt die Zentralsparkasse Fusionsgespräche mit der Länderbank auf. Am 7. Oktober 1991 wird der Zusammenschluss der angegliederten AG mit der Länderbank AG offiziell vollzogen. Das neue Kreditinstitut erhält den Namen „*Bank Austria*".[224] Damit steht der Erste Bank und Sparkasse ein durch die Fusion sehr groß gewordener Konkurrent gegenüber; nunmehr geht es um die Vorherrschaft im Sparkassensektor durch eine der beiden großen Wiener Sparkassen. Sowohl die Bank Austria als auch die Erste Bank und Sparkasse erwerben oft zu deutlich überhöhten Preisen die Anteile an Sparkassenaktiengesellschaften mit Gemeinde oder Vereins-Sparkassen in ganz Österreich.

Erst im Jahr 1993 wird sodann der Geschäftsbetrieb der Erste Sparkasse auf die neu gegründete „*Die Erste österreichische Spar-Casse-Bank Aktiengesellschaft*" ausgegliedert, die Erste Bank und Sparkasse bleibt als Aktionär „*DIE ERSTE österreichische Spar-Casse Anteilsverwaltungssparkasse*" (AVS) erhalten.[225] Unmittelbar danach werden die ersten Vorzugsaktien ausgegeben sowie die noch bestehenden Partizipationsscheine in Vorzugsaktien umgewandelt. Durch die Ausgliederung des Bankbetriebs in eine Aktiengesellschaft ist die nachhaltige Öffnung zum Kapitalmarkt eingeleitet.

---

222 *Kastner* in FS Ostheim 289.

223 S dazu *Falschlechner* in *Eigner/Falschlehner/Resch*, Geschichte der österreichischen Privatbanken 224 ff; *Butschek*, Österreichische Wirtschaftsgeschichte 488 f.

224 *Stanek*, Von der Gemeindesparkasse zur Allfinanzgruppe: Die Geschichte der Bank Austria Creditanstalt, in *Österreichischer Sparkassenverband*, Die Sparkassen – Verantwortung für Wirtschaft und Gesellschaft (2005) 91 ff.

225 *Rapp/Rapp-Wimmberger*, Arbeite, Sammle, Vermehre 132.

2. Erste Bank – Konzernierung, Börsegang, Kapitalerhöhungen und Osteuropa

Die Erste Bank drängt an die Wiener Börse, die in den 90er Jahren des 20. Jahrhunderts eine Blüte erlebt. Die entscheidende Transaktion gelingt im Frühjahr 1997: Im März 1997 erwirbt die Erste Anteilsverwaltungssparkasse 56 % der Anteile an der *GiroCredit Bank AG*, dh jener Gesellschaft, die aus der ursprünglichen Girozentrale entstanden war. Sie ist das Zentralinstitut der Sparkassen und zugleich Pionier im Investmentbanking. Im Juni desselben Jahres wird die GiroCredit Bank AG noch auf die Erste Sparkasse Bank AG verschmolzen. Damit wird somit das Spitzeninstitut der Sparkassen mit der Erste Sparkasse Bank AG vereint. Diese Änderung ist der entscheidende Schritt für die Erste Sparkasse zur Erlangung ihrer bedeutenden Marktposition in den nächsten Jahren. Ihre Rolle als Zentralinstitut der österreichischen Sparkassen erhält auch an prominenter Stelle in der Satzung seine Verfestigung: Sie verwaltet Liquiditätsreserven, steuert die Liquidität der einzelnen Sparkassen, bietet Kredithilfe und soll eine Geldausgleichsstelle für die Sparkassen darstellen, die „[...] *auf die Wahrung der Interessen der Sparkassen sowie deren Liquiditätserfordernisse* [Bedacht nimmt]." (§ 2 Abs 4 der Satzung der Erste Bank idgF). Gleichzeitig wird die Firma auf „*Erste Bank der österreichischen Sparkassen*" geändert.[226] Damit ist die *Erste Bank* unter Federführung ihres Generaldirektors *Andreas Treichl*, der die Bank 25 Jahre führen und prägen wird, als Konzernmutter im Sparkassensektor entstanden.

Noch im Jahr 1997 emittiert und platziert die Erste Bank 11,5 Mio Aktien mit einem Gesamtvolumen von über 7 Mrd Schilling (umgerechnet 508 Mio EUR) an der *Börse* .[227] Dies war zum damaligen Zeitpunkt die größte Emission an der Wiener Börse. Unmittelbar nach der Notierung am 22. Dezember wird die Erste-Aktie in den Leitindex der Wiener Börse, *ATX*, aufgenommen. Seitdem folgten bislang insgesamt drei Kapitalerhöhungen, wobei die Kapitalerhöhung 2006 mit einem Volumen von 2,9 Mrd EUR die größte Kapitalerhöhung der Wiener Börse darstellt.[228]

Mitte der Neunzigerjahre tritt Österreich der Europäischen Union bei und nimmt auf wirtschaftlicher Ebene Verbindungen mit den mittel- und osteuropäischen Staaten nach der „Wende" auf.[229] Die Erste Bank verschafft sich früh gute

---

226 *Helgert/Roithner/Tschögl*, Vom Humanitätsinstitut zur europäischen Finanzdienstleister – Die Geschichte der Erste Bank der österreichischen Sparkassen, in *Österreichischer Sparkassenverband* 54 ff.

227 Geschäftsbericht der Erste Bank, 1997, Seite 5.

228 *Rapp/Rapp-Wimberger*, Arbeite, Sammle, Vermehre 157.

229 *Butschek*, Österreichische Wirtschaftsgeschichte 407.

Kenntnisse über Märkte, Institutionen und Organisationen in *ostmitteleuropäischen Staaten.* Sie erkennt das hohe Potential der Nachbarstaaten und beginnt früh mit der Filialgründung und der Übernahme von Banken:[230] Noch 1997 erwirbt sie die *ungarische Mezöbank,* wodurch die Expansion in Mittel- und Osteuropa eingeleitet wird.

Die Erste Bank erwirbt in den folgenden Jahren sukzessive Mehrheitsanteile an zentralen Banken in Ungarn, Tschechien, Serbien, Ukraine, Kroatien und Rumänien.[231] Mit der *Expansion nach Osteuropa* verfolgt sie ein strategisches Ziel: Die Profitabilität des Privatkunden- und des Kommerzgeschäfts in dieser Region sind besser als in Österreich. Die Bevölkerung ist gut ausgebildet und öffentliche und private Verschuldungen sind gering.[232] Finanzdienstleistungen haben in dieser Region großes Wachstumspotential. Die Erste Bank übernimmt als strategische Konzernmutter die Steuerungsfunktion, die regionalen Tochtergesellschaften sind weiterhin für das lokale Kundengeschäft verantwortlich. Die Erste Bank entwickelt sich so sukzessive zum größten Finanzdienstleister in Zentraleuropa.[233] 2006 übernimmt sie die *Banca Comerciala Romana (BCR)*, die größte Bank Rumäniens, zu einem Preis von 3,75 Mrd Euro.

3. Marktbereinigung und Haftungsverbund der Sparkassen

Die Erste Bank und die übrigen Sparkassen treten seit 1997 als Sparkassengruppe mit einer gemeinsamen Marketinglinie und zunehmend gleichen Finanzdienstleistungen auf. Die Sparkassen vereinbaren eine rentabilitätsorientierte neue Arbeitsteilung nach dem Prinzip „Zentrale Produkte – dezentraler Vertrieb". Es folgt eine Fusionswelle und damit eine Verringerung der Sparkassenzahl. In Umsetzung dieser Strategie gibt die Erste Bank etliche Filialen in den Bundesländern auf und tauscht diese gegen Aktienanteile an den Landeshauptstadtsparkassen (jeweils zwischen 5 %-75 %),[234] um die Regionalität zu erhalten und zu betonen. Viele dieser Landeshauptstadtsparkassen halten umgekehrt auch Aktien an der Erste Bank der österreichischen Sparkassen AG (Rückbeteiligung). Insgesamt lag die Beteiligung der Sparkassen an der Erste Bank im Jahr 2001 bei rund 9,3 %.[235]

---

230 *Butschek*, Österreichische Wirtschaftsgeschichte 490.

231 *Rapp/Rapp-Wimberger*, Arbeite, Sammle, Vermehre 189.

232 *Rapp/Rapp-Wimberger*, Arbeite, Sammle, Vermehre 189.

233 *Rapp/Rapp-Wimmberger*, Arbeite, Sammle, Vermehre 135.

234 ÜbK GZ 2014/1/10-28.

235 *Rapp/Rapp-Wimberger*, Arbeite, Sammle, Vermehre 191; zum Stichtag (31.05.2020) verfügen die Sparkassen und Sparkassenstiftungen über eine unmittelbare Beteiligung iHv rund 6,7 % an

Im Herbst 2001 wird die Kooperation verfestigt: Die Erste Bank und 54 weitere regionale und selbstständige Sparkassen gründen den ***Haftungsverbund***. Dieser stellt eine auf freiwilliger Basis abgeschlossene Vereinbarung dar, in der die Mitglieder wechselseitig für die Einlagensicherung der Kunden haften und darüber hinaus einen gemeinsamen Marktauftritt, eine einheitliche Risikopolitik, ein einheitliches Liquiditätsmanagement, digitale sowie einheitliche Technologie („*George*") festlegen. Zwar bleiben die Diversität und Regionalität der einzelnen Sparkassen bestehen, die Autonomie ist allerdings eingeschränkt zugunsten des Verbundes und der Erste Bank als beherrschende Gesellschaft.

Im Jahr 2003 ergreift die ***Bank Austria Creditanstalt*** (BA-CA) rechtliche Schritte gegen den Haftungsverbund mit der Begründung, dass dieser gegen das Kartellrecht sowie die gänzliche Einbeziehung der 53 Sparkassen in die Eigenmittel-Bilanz der Erste Bank-Gruppe gegen das BWG und die EU-Bankrechtsnormen verstoßen. Knapp fünf Jahre dauert der Rechtsstreit, der letztlich zugunsten der Sparkassengruppe entschieden wird.[236] Zuvor wurde neben dem Kartellgesetz, wodurch Kreditinstitutsgruppen generell vom Kartellverbot ausgenommen wurden, sowie das BWG dahingehend geändert, dass es einem Zentralinstitut und den ihm angeschlossenen Kreditinstitut gestattet, eine eigene Kreditinstitutsgruppe zu bilden (§ 30 Abs 2a BWG) (medial mitunter auch als „*Lex Treichl*" bezeichnet).[237]

2008 gründet die Erste Bank gemeinsam mit den beteiligten Sparkassen die Haftungsverbund GmbH, wodurch die Verbundfragen in einer einheitlichen Gesellschaft gebündelt werden. Die Haftungsverbund-Vereinbarungen werden in den Folgejahren mehrfach geändert, schließlich werden die Eingriffsrechte der Ersten Bank auf die einzelnen Sparkassen deutlich ausgedehnt.[238] Aufgrund der wechselseitigen Beteiligungen und der Einflussrechte, die auch durch mehrere Syndikatsverträge verstärkt werden, sind die Zurechnungen und die Kontrolle an der Ersten Bank als Zielgesellschaft auch auf dem Radar der Übernahmekommission und regelmäßig Gegenstand von behördlichen Befassungen und Stellungnahmen.[239]

---

der Erste Group Bank AG; vgl dazu https://www.erstegroup.com/de/investoren/aktie/aktionaers-struktur (zuletzt abgerufen am 06.07.2020).

236 OGH 6 Ok 12/06; *Grabner*, Segen für Ehe im Sparkassensektor, Standard, 18. April 2007; https://www.diepresse.com/339485/rechtsstreit-bdquoehe-lightldquo-zwischen-erster-und-sparkassen-genehmigt (zuletzt abgerufen am 05.06.2020).

237 Vgl dazu https://aktien-portal.at/shownews.html?nid=5888&s=BA-CA-BA-CA-arrangiert-syndizierten-Kredit-f%FCr-rum%E4nische-Romgaz. (zuletzt abgerufen am 05.06.2020).

238 Dazu ÜbK GZ 2014/1/10-28.

239 ÜbK GZ 2009/1/3-30; ÜbK GZ 2014/1/10-28; ÜbK GZ 2016/1/5-28; ÜbK 2018/1/6-25.

4. Erste Privatstiftung

Sämtlichen Sparkassen – Gemeinde- und Vereinssparkassen – wird 1991[240] die Möglichkeit gem § 27a SpG eingeräumt,[241] ihre Anteilsverwaltungssparkasse in eine ***Privatstiftung*** nach dem Privatstiftungsgesetz[242] umzuwandeln. Für die Sparkassen-Privatstiftung kommen neben den Regelungen des PSG spezifische Regelungen des SpG als *leges speciales* zur Anwendung. Die Rechtsform der Privatstiftung ermöglicht es, umfangreichere Ausschüttungen vorzunehmen: Während nämlich bislang die Sparkasse lediglich Beträge in Höhe einer Widmungsrücklage ausschütten durfte (s dazu oben), sind nach dem PSG iVm § 27a Abs 4 Z 4 SpG Ausschüttungen aus den Erträgen der Privatstiftung zulässig. Allein die Vermögenssubstanz muss erhalten bleiben; der Stiftungsvorstand hat das Vermögen dauerhaft zu erhalten.[243] Zudem ist die Einrichtung der Anteilsverwaltungssparkasse international weitgehend unbekannt und die Holdingstruktur nur schwer erklärbar, sodass sich daraus Wettbewerbsnachteile ergeben.[244] Bei der Privatstiftung besteht dieses Dilemma nicht in vergleichbarem Ausmaß, da diese schon konzeptionell für die Ausübung einer Holdingfunktion geschaffen wurde.[245] Das gesetzgeberische Projekt ist ein Erfolg, denn es haben rund die Hälfte der österreichischen Sparkassen diesen Schritt vollzogen.[246]

Die Erste Bank vollzieht diesen Schritt **2003**: Mit Beschluss der Vereinsversammlung wird die Anteilsverwaltungssparkasse in die ***„DIE ERSTE österreichische Spar-Casse Privatstiftung“*** umgewandelt. Zunächst sollen durch die Bündelung der Anteile an der Erste Bank die Anteilsverhältnisse nachhaltig stabilisiert werden. Dieser Zweck kommt an unterschiedlichen Stellen der Stiftungsurkunde besonders zum Ausdruck, so etwa in § 3 Abs 3, wenn es dort heißt „*Die Privatstiftung soll dauerhaft an der Erste Bank der oesterreichischen Sparkassen AG qualifiziert beteiligt bleiben, soweit nicht wirtschaftliche Erfordernisse oder sektorale Überlegungen andere strukturelle Maßnahmen erforderlich machen.*“ Weiters heißt es in § 5 Abs 2 der Stiftungsurkunde „*Die Privatstiftung ist, abgesehen von den im Gesetz vorgesehenen Fällen aufzulösen: b) wenn die Beteiligung der Privat-*

240 BGBl. I Nr. 184/1998; *van Husen* in *Laurer/M Schütz/Kammel/Ratka*, BWG[4] § 92 Rz 104.
241 Der Grund liegt in einer Klärung der Gemeindehaftung für Gemeindesparkassen im Lichte des EU-Rechts.
242 BGBl. I 1993/694.
243 *Schorner*, Privatisierung kommunaler Sparkassen 126.
244 *Raschauer*, ÖBA 1993, 448.
245 *Eiselsberg/Haberer*, Sparkassen-Privatstiftung – Organisationsstruktur, Gemeinnützigkeitsspektrum, Vermögensbindung, GesRZ 2004, 301.
246 *Eiselsberg/Haberer*, GesRZ 2004, 301.

stiftung an der Erste Bank der oesterreichischen Sparkassen AG unter fünfzehn Prozent des stimmberechtigten Aktienkapitals absinkt." Dadurch soll auch die Übernahme der Bank nachhaltig verhindert werden. In dieser Härte findet sich die Bestimmung heute nicht mehr in der Stiftungsurkunde.

Zwei weitere Maßnahmen leitet die Erste Bank ein, um der operativen Geschäftsbereich vor einer Übernahme zu schützen: Die Kapitalerhöhungen der Erste Bank können naheliegender Weise nur zu einem Teil von der Erste Privatstiftung gezeichnet werden, was ein deutliches Absinken der Beteiligung zur Folge hat; um dennoch weiterhin die Kontrolle zu halten, schließt die Erste Privatstiftung nicht nur mit anderen Sparkassen und Sparkassenstiftungen (s dazu oben), sondern auch mit einigen „befreundeten" Aktionären mehrere ***Syndikatsverträge*** (Stimmpoolverträge). Die kontinuierlichen Vertragsänderungen führten aber bislang nicht zu einer Beseitigung der übernahmerechtlichen Kontrolle.[247]

Als ergänzende, präventive Abwehrmaßnahme wird im Jahr 2000 die ***übernahmerechtliche Kontrollschwelle*** in der Satzung der Erste Bank von 30 % auf 20 % herabgesetzt (§ 10 der Satzung idgF). Wenn ein Bieter die Kontrolle der börsenotierten AG übernehmen möchte, muss er deutlich früher ein Pflichtangebot an die übrigen Aktionäre stellen. Die Übernahme wird somit insgesamt teurer.[248]

Durch die Privatstiftung soll das soziale Engagement ausgebaut werden. In der Sparkasse sind die Mittel, die sich aus den ***Dividenden*** der Ersten-Aktien ergeben, weitgehend gebunden (s dazu oben). Die Stiftung ermöglicht es nun, den Zweck und die Begünstigten frei zu formulieren und die finanziellen Mittel in gemeinnützige und wohltätige Einrichtungen zu investieren (§ 3 der Stiftungsurkunde). Dadurch ist auch die Ausdehnung des sozialen Engagements in den CEE-Staaten möglich. Die Zweckverfolgung ist abhängig vom ökonomischen und unternehmerischen Erfolg des operativen Bankgeschäfts, welches in der AG liegt.

2008 wird die Struktur erneut geändert: Die Erste Bank gliedert den Betrieb Österreich auf eine 100 %-Tochter Aktiengesellschaft aus und firmiert künftig unter dem Namen ***„Erste Group Bank AG"***. Damit soll die Erste Group Bank AG nur mehr als börsenotierte Holding-Gesellschaft fungieren. Ihre operativen Geschäfte in Österreich und in Mittel-und Osteuropa sollen künftig zur Gänze von parallelen

---

247 ÜbK GZ 2009/1/3-30; ÜbK GZ 2014/1/10-28; ÜbK GZ 2016/1/5-28; ÜbK 2018/1/6-25; die Entscheidungen der Übernahmekommission geben anschaulich die übernahmerechtlichen Auswirkungen der komplexen syndikatsvertraglichen Vereinbarungen wider.

248 *Hopt*, Europäisches Übernahmerecht (2013) 36; *Kalss*, Das Gegenangebot im österreichischen Übernahmerecht, in FS Köndgen (2016) 280 f; *Nicolussi*, Die Satzungsstrenge im Aktienrecht 202 ff.

100 %-Tochtergesellschaften operativ geführt werden.[249] Die aufnehmende Gesellschaft firmiert künftig unter dem ehemaligen Namen der Holding, nämlich „Erste Bank der österreichischen Sparkassen AG" (EBÖ).

Die Finanzkrise 2008 trifft die Erste Group hart. Insgesamt hat die Erste Group strukturierte Finanzprodukte wie ABS („Asset Backed Securities") in Höhe von 3,4 Mrd. EUR in ihren Büchern.[250] Die Erste Group muss Staatshilfe in Anspruch nehmen: 2009 zeichnet die Republik Österreich das von der Erste Group aufgelegte Partizipationskapital iHv rund 2,3 Mrd EUR, das die Bank aber bereits 2013 wieder zurückzahlt.[251] Die Erste Group macht aber daraufhin eine für die künftige Ausrichtung der Bank wichtige Zäsur: Sie zieht sich vollständig aus dem Bereich des Investmentbanking zurück und will sich künftig hauptsächlich dem Retail-Kunden-Bereich widmen und sich auf ihren Zweck rückbesinnen: Die Hilfe zur finanziellen Selbsthilfe der Marktteilnehmer und der gesamten Bevölkerung.

5. Förderung des Sparkassengedankens und die Zweite Sparkasse

Die vorangegangenen Kapitel zeigen eine Erste Bank, die Schritt für Schritt zu einem der führenden Finanzdienstleister in Mittel- und Osteuropa wächst. Daneben ist aber besonders das soziale und volkswirtschaftliche Engagement der Gruppe, somit der besondere *Corporate Purpose*,[252] hervorzuheben. Die Erste Privatstiftung verfolgt gerade in den Ländern und Volkswirtschaften, in denen ihre Bank tätig ist, das Ziel, die Finanzausbildung, politische Aufgeschlossenheit und soziale Absicherung der Bevölkerung zu fördern. *„Genauso wie die körperliche Gesundheit ist die finanzielle Gesundheit ein Grundbedürfnis, um ein glückliches Leben zu führen."*, erklärt Andreas Treichl, ehemaliger CEO der Erste Group, in einem rezenten Interview.[253]

2006 wird auch in Österreich die historische Bedeutung der Sparkasse als Wegbereiter und Türöffner zum Finanzmarkt für Benachteiligte unterstrichen: Auf Initiative und mit den Mitteln der Erste Privatstiftung wird am 15. Mai 2006 der „Zweite Sparverein" gegründet, der wiederum am 25. August die „Zweite

---

249 Protokoll der Hauptversammlung vom 6.5.2008.

250 https://www.diepresse.com/366675/erste-bank-verdiente-trotz-finanzkrise-deutlich-besser. (zuletzt abgerufen am 02.07.2020).

251 *Rapp/Rapp-Wimberger*, Arbeite, Sammle, Vermehre 191.

252 Dazu *Fleischer*, ZIP 2021, 5; *Kershaw/Schuster*, LSE working paper 4/2019; zurückhaltender *Habersack*, Corporate Purpose, in FS Windbichler (2020) 707 ff.

253 https://www.forbes.at/artikel/financial-health.html. (zuletzt abgerufen am 02.07.2020).

Sparkasse" errichtet. Diese verfolgt als Kernaufgabe die Hilfe zur Selbsthilfe; sie hat den Zweck, Menschen, die sich in Privatkonkurs oder in einer längeren Phase der Arbeitslosigkeit befinden, die Möglichkeit zu bieten, intensive Finanzberatung und -dienstleistungen in Anspruch zu nehmen. Dies wird in der Präambel der Satzung klar umschrieben: „*Die Zweite Wiener Vereins-Sparcasse ist für Menschen da, die einen Zweiten brauchen. Denn manchmal geht es nicht alleine.*" Seit ihrer Gründung hat die Zweite Sparkasse rund 18.000 Menschen in finanziellen Schwierigkeiten betreut und geholfen.[254] Eine wesentliche Aufgabe der Erste Privatstiftung ist es nun, vergleichbare Einrichtung in anderen Staaten des CEE-Raums, in denen das Institut tätig ist, einzurichten.

Darüber hinaus engagiert sich die Gruppe besonders im Bereich der „*Financial Literacy*". Jugendliche und Kinder soll so früh wie möglich Finanzwissen vermittelt werden und aufgeklärt werden, damit sie später selbstbewusste Entscheidungen treffen können. Dafür gründet die Erste Group 2016 den *Financial Life Park (FLiP)*, der dieses Wissen an Schulklassen und Jugendliche vermitteln soll.[255]

XIII. Schlusswort

Die Satzungsgeschichte der Erste Group Bank AG ist von Beginn an in besonderem Maß von Regulierungsvorgaben geprägt. Sie kann vor der Hintergrundfolie der historischen Entwicklung mit vier großen Schlagworten umschrieben werden, nämlich (i) die Aufbringung des Haftungsfonds, deren rechtliche Gestaltung und Verselbstständigung sowie die Sicherung des Haftungsfonds durch mehrere miteinander eng verbundene Rechtsträger, nämlich Verein, Sparkasse und Aktiengesellschaft; (ii) die Organisation und Verwaltung der Sparkasse; (iii) die Ausweitung der Geschäftstätigkeit und (iv) die parallele Verantwortlichkeit als Spitzeninstitut des Sparkassensektors und Tätigkeit als Sparkasse.

Die ursprüngliche Aufgabe und Leitidee des Sparcassenvereins wird nunmehr zweihundert Jahre später durch mehrere Einrichtungen verwirklicht. Die Leitidee findet sich in den Satzungen verschiedener Rechtsträger wieder; der Sparcassengedanke, der 1819 erstmals in Österreich formuliert wurde, wird heute – faktisch im gleichen Wirtschaftsraum – durch die Wirkungseinheit der Erste Group als eine der größten Finanzdienstleister in diesem Raum mit großem Engagement und Erfolg verfolgt.

254 *Rapp/Rapp-Wimberger*, Arbeite, Sammle, Vermehre 197.
255 https://www.forbes.at/artikel/financial-health.html. (zuletzt abgerufen am 02.07.2020).

Anhang – Errichtung, Statuten und Reglement der ersten Österreichischen Spar-Casse

Nach dem Beispiele anderer Hauptstädte hat sich in einem Teile der Kaiserstadt ein Verein zur Errichtung einer Spar-Casse unter dem Namen;

Erste Österreichische Spar-Casse in der Leopold Stadt in Wien

gebildet.

Dem Vereine ist am 9. Julius des Jahres, Zahl 25908, die nachstehende hohe Bewilligung der k.k. Niederösterreichischen Landes-Regierung erteilt worden.

An Ignaz Ritter von Schönfeld, k.k. Hof-Agenten und Bevollmächtigten des Leopoldstädter Spar-Cassen-Vereins.

Von der k.k. Niederösterreichischen Landes-Regierung zur Zahl 25908.

Der Privat-Verein zur Errichtung einer Spar-Casse für die erwerbenden Kassen, minderer Kategorie, dem mehrere angesehene Einwohner der Leopoldstadt, unter Betretung des Herrn Hof-Agenten von Schönfeld laut seiner Eingabe vom 30. Mai des Jahres unter dem Namen: „Erste Österreichische Spar- Casse in der Leopoldstadt in Wien" zu errichten gedenken, ist eine Anstalt von so unverkennbarer Gemeinnützigkeit, dass von Seite der Regierung mit Vergnügen die Bewilligung dazu erteilt wird, dass diese Gesellschaft, nach den, den 30. Mai des Jahres, hierher vorgelegten Statuten in Wirksamkeit trete: und die Regierung nimmt keinen Abstand, dem gedachten Privat-Vereine ihren Schutz hiermit zuzusichern.

Da übrigens die Regierung das Verdienst vollkommen erkennet, welches die ersten Unternehmer dieses Vereins, durch die Gründung und Emporbringung einer solchen, in anderen Staaten bereits mit glücklichen Erfolgen gekrönten Anstalt; sich erworben haben; so kann sie nicht umhin, dem Vertreter dieses Privat-Vereins, von Schönfeld, und den sämtlichen Gliedern desselben, für den warmen Eifer und regen Sinn für gemeinnützige und wohltätige Anstalten, den sie hierdurch beurkundet haben, das Wohlgefallen der Landesstelle zu erkennen zu geben.

Übrigens versieht sich die Landesstelle, dass der Privatverein sowohl die Glieder der Direktion, als die Kuratoren, wenn sie gewählt worden sein werden, ihr anzeigen, auch ihr die in der Folge hierbei vorfallenden Veränderungen jedes Mal zur Kenntnis bringen, und von dem jährlichen Ausweise, den der Privatverein nach seinen Statuten über den Stand und die Verhältnisse der Spar-Casse zur öffentlichen Kenntnis zu bringen vorhat, der Landesstelle einige Exemplare überreichen werde.

Wien, den 9. Julius 1819.

Reichmann m.p.
Perger m.p.

Indem nun der Verein seine Statuten und das Reglement zur öffentlichen Kenntnis bringt, erlaubt er sich alle Obrigkeiten, Seelsorger, Schullehrer, Hausväter und Dienstherrn einzuladen, mit dem vereine den Zweck zu verfolgen, welcher durch die Ansicht geheiligt, durch den Ausspruch der hohen Regierung geehrt ist.

Kein Alter, kein Geschlecht, kein Stand, keine Nation ist von den Vorteilen ausgeschlossen, welche die Spar-Casse jedem Einlegenden anbietet.

Denjenigen Menschenfreunden, welche das Institut durch Wort oder Tat unterstützen wollen, wird der Vereinseinen Dank öffentlich zu sagen, sich zur Pflicht machen.

Der Verein empfängt die ersten verzinslichen Einlagen mit 4. Oktober des Jahres, am hohen Namensfeste unseres allverehrten Monarchen, Sr. Majestät des Kaisers und Königs Franz, im Hauptpfarrhause in der Leopoldstadt in Wien, vergütet aber die Zinsen von diesen Anlagen so, als wären solche schon am 30. September 1819 erlegt worden.

Außerdem empfängt und zahlt der Verein nur alle Dienstage und Freitage von 9 bis 12 Uhr Vormittags, und von 3 bis 6 Uhr Nachmittags.

Auswärtige wollen sich an den Verein nur portofrei verwenden.

Statuten

Mit Bewilligung einer hohen k.k. Niederösterreichischen Landesregierung vom 9. Julius 1819, Zahl 25908, vereinigt sich eine Gesellschaft unter dem Namen: Erste Österreichische Spar-Casse in der Leopoldstadt in Wien, die den Zweck hat, dem Fabriksarbeiter, dem Handwerker, dem Taglöhner, dem Dienstboten, dem Landmanne, oder sonst einer gewerblichen und sparsamen minderjährigen oder großjährigen Person, die Mittel an die Hand zu geben, von ihrem mühsamen Gewerbe von Zeit zu Zeit ein kleines Kapital zurück zu legen, um solches in späteren Tagen zur Begründung einer besseren Versorgung, zur Aussteuer, zur Aushilfe in Krankheit, im Alter, oder zur Erreichung irgend eines löblichen Zweckes zu verwenden.

Die Casse wird zu dem Ende kleine Kapitale, die den ihr angelegt werden

1) sicher verwahren
2) dergestalt verzinsen, dass die halbjährig angewachsenen und nicht erhobenen Zinsen, in Folge des somit zu erkennen gegebenen Wunsches des Interessenten (Erlegers), als neue Einlage behandelt, und in so weit sie wie §. 25, 26, 27, 28 zinsfähig sind wieder verzinst werden;
3) diese Kapitale oder Zinsen jederzeit auf verlangen zurück zahlen.

§ 1

Die Gesellschaft bildet ihren Fond:

a) Durch freiwillige unwiderrufliche Gaben;
b) Durch verzinsliche Einlagen von fünf und zwanzig Kreuzer Conventionsmünz-Währung, oder fünf und siebenzig Kreuzer (1 fl. 15 kr.) Wiener Währung und darüber, aber nicht darunter.

Über die freiwilligen Gaben führt die Casse eigene Vormerkungen, und fertigt an die Geber Danksagungsschreiben aus.

Die freiwilligen Gaben, die sogleich fruchtbringend angelegt werden, setzen die Gesellschaft in den Stand, von dem Augenblicke ihrer Entstehung an, auch die geringste Einlage zu verzinsen, und die Verwaltungskosten zu bestreiten.

Da die eingelegten Beträge von fünf und zwanzig und fünfzig Kreuzer in Conventionsmünz- Währung vierteljährig, die Beträge von fünf und siebenzig Kreuzer (oder einem Gulden fünfzehn Kreuzer) in Conventionsmünz und Wiener Währung monatlich verzinst werden (§. 25, 26, 27, 28), so bestätigt die Casse den Empfang verschiedenartig, und zwar:

1) Für die Beträge von fünf und zwanzig Kreuzer und darüber, bis fünf und siebenzig Kreuzer (oder einem Gulden fünfzehn Kreuzer) Conventionsmünz-Währung, gibt die Casse nur ein Blatt mit Siegel und Stempel, Rubriken für Zahl, Namen des ersten Erlegers, Tag und Monat des Erlags, Einnahme, Ausgabe, Zinsen, und der Fertigung der Direktion versehen.
2) Über die verzinslichen Einlagen für die Beträge von einem Gulden fünfzehn Kreuzer, oder fünf und siebenzig Kreuzer, erhält der Erleger (Interessent) von der Casse ein Auszugsbuch, mit Siegel und Stempeln den due Rubriken für Zahl, Namen der ersten Erlegers, Tag und Monat des Erlags, Einnahme, Ausgabe, Zinsen und die Fertigung der Direktion beigefügt; dann diese Statuten, das Reglement, eine Zinsen-Tabelle, einige Beispiele über den möglichen Erfolg eines erlegten kleinen Kapitals, unter verschiedenen Voraussetzungen beigedruckt sind.

§ 2

Die Gesellschaft vermehrt ihren Fond durch die sicherste und nützlichste Verwendung ihre Kapitale, nach Weisung des durch den Ausschuss (§. 12.) zu entwerfenden Reglements (Geschäftsordnung).

§ 3

Die vereinigte Gesellschaft entsagt jedem Anspruch auf Nutzen oder Gewinn.
Alles, was immer nach Bezahlung der Zinsen, Verwaltungskosten, und sonstigen nötigen Auslagen erübrigt werden dürfte, bildet einen Reserve-Fond, und dient zur Sicherheit sämtlicher Einlagen.

§ 4

Die Gesellschaft besteht aus solchen Menschenfreunden die den Fond entweder
1) mit einer freiwilligen unwiderruflichen Gabe von wenigstens einer auf dreihundert Gulden Conventionsmünz-Währung lautenden und mit 5 pr. Lt. verzinslichen Österreichischen Staats-Obligation, oder
2) Mit einer freiwilligen und unwiderruflichen Gabe von wenigstens einer auf einhundert Gulden Conventionsmünz-Währung lautenden und mit 5 pr. Lt. Verzinslichen Österreichischen Staats-Obligation, begründen oder bereichern.
3) Die ersten sind Stifter, anderen Beförderer der Spar-Casse.

§ 5

Jeder Stifter ist stimm- und wahlfähig zur Bildung eines Ausschusses, einer Direktion, und eines Kuratoriums.

Im Abgange der Stifter trifft die Reihe zur Abstimmung und Wahl der Beförderer.

§ 6

Nur ein Österreichischer Untertan, nur derjenige, dem weder das bürgerliche noch Strafgesetz, in freier Verwaltung seines Vermögens, oder freier Ausübung seiner Rechte im Wege steht, kann ein Mitglied des Ausschusses, der Direktion, und des Kuratoriums sein.

§ 7

Da die Anzahl der Stifter und der Beförderer bis auf fünfzig anwachsen, und durch diese der Fond mit einem Kapitale von zehntausend Gulden und 5perzentigen auf Conventionsmünz-Währung lautenden Österreichischen Staats-Obligationen begründet ist, schreiten die Stifter und Beförderer nach erhaltener, hohen Regierungsbewilligung, zur Wahl eines Ausschusses, und die Spar-Casse tritt hiermit in ihre Wirksamkeit.

§ 8

Der Ausschuss besteht aus 25 Mitgliedern, die einem aus ihnen den Vorsitz einräumen, und zwei als Stellvertreter des Vorsitzenden ernennen.

§ 9

Bei der Versammlung des Ausschusses geben der Vorsitzende und die Stellvertreter die ersten Stimmen, sonach die Stifter und Beförderer, nach dem Tage des Eintritts zur Gesellschaft, oder nach dem Alter.

Jedes Mitglied hat nur eine Stimme, die es nur persönlich abgeben darf.

Der Vorsitzende hat die Beratung über alle von ihm vorgelegten Anträge zu leiten, selbst darüber zu stimmen, und nach Stimmenmehrheit die Beschlüsse zu fassen.

§ 10

Alle drei Jahre treten fünf Mitglieder des Ausschusses durch Los aus, und werden fünf neue an deren Stelle von den bleibenden 20 Ausschussmännern aus den Stiftern oder Beförderern nach den Statuten § 4–7 erwählt.

§ 11

Der Ausschuss versammelt sich in der Regel nur ein Mal des Jahres, im Monate Januar. – Außerordentlich können ihn statutenmäßig die Direktion, oder die Kuratoren zusammen berufen.

§ 12

Der Ausschuss wählt die Direktion und Kuratoren aus seiner Mitte, und scheibt ihnen nach dem Sinne der Statuten die Geschäftsordnung (das Reglement) vor.

§ 13

Bei der jährlichen Versammlung berät der Ausschuss:

a) über die von der Direktion vorgelegten jährlichen Rechnungsabschlüsse, und die Gebahrung mit den Casse-Geldern;
b) über die Art, wie der allenfalls erworbenen Überschuss (Reserve-Fond) zu verwenden sei;
c) über die von der Direktion angetragenen Abänderungen der Statuten, oder des Reglements;
d) über die Frage: ob die Gesellschaft zu dauern habe oder auszulösen sei.

§ 14

Der Ausschuss wird im Monate Januar jedes Jahres (von Jahre 1821 angefangen) eine Nachweisung bekannt machen, wie viel die Summe beträgt, welche für die Rechnung jeder Nummer der Interessenten am 31. Dezember vorhanden war.

In dieser Nachweisung werden aber nur die Nummern, und nicht den Namen der Interessenten selbst, wenn diese in den Büchern verzeichnet ständen, angezeigt werden.

In diese öffentliche Bekanntmachung wird zugleich aufgenommen werden, was sonst im vergangenen Jahre vorgefallen ist, und die Verhältnisse der Spar-Casse betrifft.

Jeder Interessent erhält diese Nachweisung auf Verlangen unentgeltlich, und hat, wenn er in dieser beim Vergleiche mit seinem Buche eine Verschiedenheit bemerkt, den Kuratoren die Anzeige zu machen.

§ 15

Die Verwaltung des Casse-Vermögens besorgt nach den Vorschriften der Statuten und des Reglements eine Direktion, bestehend aus zwei Obervorstehern, vier Vorstehern, und zwei Ersatzmänner.

§ 16

Jedes Jahr tritt ein Obervorsteher, ein Vorsteher, und ein Ersatzmann durch Los aus, auf dessen Stelle der Ausschuss ernennt,

Die Austretenden sind wieder wahlfähig.

Die verhinderten Vorsteher werden durch die Ersatzmänner vertreten.

§ 17

Jeder Vorsteher übernimmt die Oberaufsicht einer Verwaltungszweiges.

§ 18

Die Direktion führt die Firma: Erste Österreichische Spar-Casse in der Leopoldstadt in Wien, und mit ihr das Wappen der Leopoldstadt im Siegel und Stempel.

§ 19

Die Direktion legt dem Ausschusse über ihre Geschäftsführung jährlich Rechnung, und ist diesem und jedem einzelnen Interessenten der Spar-Casse nach den Grundsätzen der Gesellschafts- und Bevollmächtigungs-Verträge für die genaue Beobachtung der Statuten und des Reglements verantwortlich.

§ 20

Die Kontrolle der Direktion liegt vier Kuratoren ob, deren einer jedes Jahr durch Los austritt, und an dessen Stelle der Ausschluss ein wahlfähiges Mitglied, welches auch das austretende sein kann, ernennt.

§ 21

Die Kuratoren können, so oft sie es im Laufe des Jahres gut finden, nach Weisung der Statuten, und des Reglement, Rechnungs- und Casse-Revisionen vornehmen, nötigenfalls auch den Ausschuss zusammen berufen.

§ 22

Die Dienstleistungen der Obervorsteher, Vorsteher, Ersatzmänner und Kuratoren sind unentgeltlich.

§ 23

Für die ununterbrochenen oder laufenden Geschäfte der Spar-Casse bestellt die Direktion nach Maßgabe des Reglements die unumgänglich nötigen Beamten, und bewilligt ihnen ein Gehalt.

§ 24

Die Spar-Casse führet ihre Rechnungen in Conventions-Münze und in Wiener Währung, je nachdem es dem Interessenten gefällt, in einer oder der anderen Währung einzulegen.

Die Spar-Casse zahlt an den Interessenten in jeder Währung, in welcher derselbe eingelegt hat. Jene angewachsenen Erlags-Summen in Conventionsmünz-Währung, für welche die Spar-Casse einer mit 5% verzinsliche, auf Conventions-Münze lautende Österreichische Staats-Obligation an sich bringen kann, verwendet sie zum Ankaufe eines derlei Staatspapieres, und schreibt in ihren Büchern sogleich, und in dem Erlagsbuche, bei Vorzeigung derselben den Erleger (Interessenten) als Eigentümer einer derlei Obligation vor, welchen sonach statt den festgesetzten 4 pr. .... Casse-Zinsen, die Zinsen des erkauften Staatspapieres berechnet und vergütet werden, wogegen aber der Interessent für dieses umgesetzte Kapital bei der Rückzahlung nur das erkaufte Staatspapier zu fordern berechtigt ist.

§ 25

Die Spar-Casse verzinset in der Regel nur Einlagen von fünf bis siebenzig Kreuzer (oder einem Gulden fünfzehn Kreuzer) Conventionsmünz-Währung oder Wiener-Währung nur für ganze Monate, so dass, was im Laufe jedes Monats eingelegt wird, nur vom 1. des folgenden Monats an, mit Vier vom hundert verzinset, und bei Zurücknahme des Kapitals die Zinsen nicht bis zum tage des Empfangs, wenn man sie während des Monats zurückfordert, sondern nur bis Ende des letztverflossenen Monats berechnet werden.

§ 26

Die Casse verzinset weiter nur jene Beträge, die sich mit der Summer von fünf und siebenzig Kreuzer (oder einem Gulden fünfzehn Kreuzer) auslösen lassen.

Wer also am 21. Mai 16 fl. 40 kr. Erlegt hat, erhält am letzten Junius nur die Zinsen vom 1. bis letzten Junius von 16 fl. 15 kr.

§ 27

Die ursprünglichen Einlagen von fünf und zwanzig und von fünfzig Kreuzer Conventionsmünz-Währung verzinset die Casse wohl auch mit Vier Vom Hundert; jedoch nur für ganze Vierteljahre oder drei Monate (wie § 25), und nur bis sie durch fortgesetzte Einlage, oder Zinsenvermehrung und Zuschlag auf einen Gulden fünfzehn Kreuzer, oder fünf und siebenzig Kreuzer angewachsen sind, und dem Besitzer des Blattes statt dessen ein Buch ausgefertigt werden muss.

§ 28

Auch von diesen Einlagen vergütet die Casse die Zinsen nur für runde Beträge von fünf und zwanzig, oder fünfzig Kreuzer, und nur für Beträge, die sich mit der Zahl 25 oder 50 auflösen lassen.

§ 29

Den Interessenten, welche zur Vergrößerung ihres Kapitals, die ihnen gebührenden Zinsen in den halbjährigen Terminen vom 7. bis 21. Januar, und vom 7. bis 21. Julius nicht erheben, werden diese Zinsen, als neune Einlage zum Kapitale geschlagen, und sich von diesem vergrößerten Kapital anch dem §§. 25, 26, 27, 28, wieder Zinsen berechnet.

§ 30

Die Casse zahlt ohne Rücksicht auf den Namen des Erleger, welcher daher nach Willkür eingetragen werden kann, an den Inhaber des Buches (§. 1), dein sie so lange für den rechtmäßigen Eigentümer ansieht, als das Gegenteil nicht rechtsbeständig erwiesen, und ihr nicht förmlich angezeigt ist; weshalb jeder Besitzer eines solchen Buches, dieses sorgsam zu verwahren angewiesen wird. Bedingt sich ein Erleger ausdrücklich, dass nur an ihn gezahlt werden dürft, so ist diese Bedingung, sowohl bei den Büchern der Casse, als auf dem Auszugsbuche des Erlegers (Interessenten), von ihm eigenhändig oder rechtsbeständig anzumerken, und wird sonach die Zahlung nur unter den gesetzlichen Vorschriften an den Inhaber geleistet.

§ 31

Die Spar-Casse kann keine minderen Beträge als fünf und zwanzig Kreuzer Conventionsmünz-Währung, oder fünf und siebenzig Kreuzer (1...l. 15 kr) Wiener Währung, und keine höheren Summen als einhundert Gulden Conventionsmünz-Währung, oder zweihundert fünfzig Gulden Wiener- Währung, annehmen; sie behält sich noch überdies vorm jedem sonstigen Erlag die Annahme zu verweigern, und den ge..... früher teilweise oder ganz hinaus zu zahlen.

§ 32

Jedem Interessenten stehet frei, zu jeder Zeit sein erlegtes Kapital, und die ihm gebührenden Zinsen, ganz der teilweise, jedoch mit Berücksichtigung der angenommenen Zinsberechnung nach Summen von 25, 50, und 75 Kreuzer, bei der Spar-Casse zu erheben. Teilweise Rückzahlungen werden in den Büchern der Spar-Casse, und dem Buche des Interessenten abgeschrieben.

Wird das ganze eingelegte Kapital zurück bezahlt, so muss der Inhaber des Budgets solches an die Spar-Casse zurückstellen, und, dass es durch ihn geschehen sei, eigenhändig oder rechtsbeständig in dem zurückzustellenden Buche anmerken.

§ 33

Alle Gaben der Stifter und Beförderer, alle Erläge, alle angekauften...... und öffentlichen Staatspapiere, werden unter Sperre eines Obervorstehers, eines Vorstehers, und eines Kurators, in der Leopoldstädter-Hauptpfarrhause befindlichen Casse verwahrt.

Der Kassier dieser Anstalt behält nur so viel in seiner Verwahrung, als ihm nach zu machender Erfahrung zu den täglichen Ausgaben erforderlich ist.

§ 34

Bei allenfälliger Auflösung der Spar-Casse wird das gesamte reine Eigentum derselben in bare Conventions-Münze, und nach Verhältnis der Wiener-Währung umgesetzt, die Rechnung allseitig ausgeglichen, und der erübrigte Betrag, nach der Stimmenmehrheit des Ausschusses, zu irgend einem wohltätigen Zweck verwendet.

Reglement

§ 1

Das Reglement (die Geschäftsordnung) setzt die Grundsätze fest, nach denen in Übereinstimmung mit den Statuten, alle Geschäfte der Spar-Casse durch den Ausschuss, die Direktion und das Kuratorium zu verhandeln sind.

§ 2

Der Ausschuss erteilt Vorschriften, die Direktion vollzieht diese selbst, oder durch ihre Beamte, denen die die nötigen Instruktionen erteilt, das Kuratorium wacht über die Erfüllung der Statuten und des Reglements.

§ 3

Die ersten Stifter sind an und für sich auch Ausschüsse des Vereins.

§ 4

Zur Gültigkeit der Wahl eines neu eintretenden Ausschuss wird die absolute Stimmenmehrheit von fünfzig Mitgliedern, zur Gültigkeit der Wahl von Vorsitzenden im Ausschuss, der Obersteher, Vorsteher, Kuratoren, und der Ersatzmänner der Vorsteher, die absolute Stimmen Mehrheit von fünf und zwanzig Ausschüssen erfordert.

Im Abganger aller Stifter und Beförderer können nur Mitglieder der Leopoldstädter-Gemeinde gewählt werden.

§ 5

Die Stelle der persönlich abzugebenden Wahlstimmen kann auch eine schriftliche vertreten.

Von dem Ausschusse

§ 6

Der Wirkungskreis des Ausschusses, den Spar-Casse-Verein vorstellt, ist in den §§. 5, 6, 8, 9, 11, 12, 13 und 14 der Statuten bezeichnet.

§ 7

Der Ausschuss kann seine Geschäfte auch in Abteilungen (Comités) beraten und verhandeln lassen; die Beschlüsse dieser Abteilungen erhalten aber erst durch den Ausschuss verbindliche Kraft.

Von der Direktion

§ 8

Der Obervorsteher weiset den Vorstehern die Abteilungen zu, über welche sie statutenmäßig die Aufsicht zu führen haben.

§ 9

Sowohl den gewöhnlichen Versammlungstag, als den Tag, wenn Begehren des Kuratoriums, aber aus Veranlassung des Obervorsteher, eine außergewöhnliche Versammlung statt haben sollte, bestimmt der Obervorsteher.

In dieser Versammlung entscheidet die Mehrheit der Stimmen; bei gleichgeteilten Stimmen der Ausschuss; wo Gefahr auf dem Verzuge steht, eine durch drei Ausschüsse verstärkte Versammlung.

§ 10

Bei den Versammlungen weisen sich die Vorsteher über die ihnen zur Oberaufsicht anvertrauten Geschäftszweige aus.

§ 11

Im Verhinderungsfalle werden die Obervorsteher von den Vorstehern, diese von den Ersatzmännern vertreten.

Den aus der Direktion austretenden Vormann ersetzt der folgenden. Ein Neugewählter nimmt den letzten Platz.

Von dem Kuratorium

§ 12

Die Kuratoren werden sich unter einander einverstehen, wer aus ihnen den Versammlungen beizuwohnen, die im § 21 der Statuten vorgeschriebenen, wenigstens ein Mal binnen 14 tagen statt zu habenden, und in den Haupt- und Casse-Büchernm nebst den allenfalligen Bemerkungen eigenhändig vom Kurator nachzuweisenden Revisionen vorzunehmen, und überhaupt das Amt des Kurators durch zwei Wochen zu versehen hat.

§ 13

Die Stimme des Kurators in den Versammlungen der Direktion entscheidet nicht, sondern hemmt nur; der gehemmte Beschluss muss, wenn aus den vier Kuratoren, drei auf der Hemmung bestehen, dagegen die Direktion auf ihrem Beschlusse beharrt, dem Ausschusse zur Entscheidung vorgelegt werden. Bei gleichgeteilten Stimmen der Kuratoren ist der Beschluss der Direktion zu vollziehen.

Von den Beamten

§ 14

Die Direktion holt über die unumgänglich nötig bestellten Beamten, und die ihnen bewilligten Gehalte, die Genehmigung des Ausschusses ein.

Von den Stiftern und Beförderern

§ 15

Alle Einlagen der Stifter und Beförderer, und jener Wohltäter, welche die Spar-Casse in der Folge durch Geschenke, unverzinsliche Darleihen, oder auf welche Art immer bereichern, werden in den Büchern der Spar-Casse namentlich aufgeführt, und auf Verlangen den Erlegern Auszüge darüber hinausgegeben werden.

Im Archive wird ein eigenen Ehrenbuch geführt, in welchem diese Wohltäter, und auch alle jene Menschenfreunde eingetragen werden sollen, welche nach dem Erkenntnisse des Ausschusses unter die Zahl der Ehrenmitglieder aufgenommen werden dürfen.

Von Verwendung der Einlagen der Stifter, der Beförderer, der Interessenten und des Ausschusses

§ 16

Die Spar-Casse verwendet alle ihre anvertrauten Summen entweder in Ankauf öffentlicher Staatspapiere, Aktien der k.k. priv. Österreichischen National-Bank, oder Escompte solcher auf vier in Wien zahlbar lautenden Wechselbriefen welche mit drei anerkannt sichern Firmen, deren eine wenigstens bei dem k.k. Nieder-Österreichische Wechselgerichte protokolliert sein muss, versehen sind, und welche sämtliche Effekten sich die Spar-Casse durch beeidete Börse-Sensalen verschafft.

Von der Verantwortlichkeit der Ausschüsse, der Direktion und des Kuratoriums

§ 17

Die Ausschüsse, die Direktion und das Kuratorium haften für die Beobachtung der Statuten und der Reglements, und verantworten die Überschreitung dieser Vorschriften.

Wien, den 31. August 1819

Peter, Bohr, Hauseigentümer. – Philipp Bosch, Hauseigentümer. – Joseph R. v. Dallstein., Associé der k.k. Schwadorfer Maschinen und Sespunkt Fabrik. – Johann Diedek, Hauseigentümer. – G. Dillmann, bürgerlicher Handelmann. – Joseph Dopller, Hauseigentümer. – Franz Endlicher d. ältere, Hauseigentümer. – Franz Endlicher d. jüngere, Hauseigentümer. – Bernhard Ritter v. Eskeles, Direktor der priviligierten Österreichischen Nationalbank. – Adam Föderl, Hauseigentümer. – Michael Hengelmüller, Herrschafts-Eigentümer. – Anton Hengelmüller. Lieutenant des k.k. Edeveaurlegers-Regiments Kaiser. – Anton Hoffer, Hauptmann, Oberst-Schiffahrts-Cassier, und Hauseigentümer. – Leopold Huber, Hauseigentümer. – Urban Hütthaler, Handelsmann. – Franz Jahn, k.k. Hof Traiteur. – Anton Köll, k.k. Armenvater und Hauseigentümer. – Albert Kohn, Großhandlungs-Associé. – Lazar Kohn, k.k. privil. Großhändler. – Rudolph Kohn, Großhandlungs-Associé. – Joseph Kraus, k.k. Armenvater und Hauseigentümer. – Joseph Langer, Hauseigentümer. – Stephan Mayerhofer, k.k. Hof- und privil. Englischer Plattier-Waren-Fabrikant. – Johann Mohrenthal, des äußern Rates und k.k. Armenvater. – Franz Mollner, k.k. Hof-Zimmermeister. – Mathias Müller, bürgerl. Tuchhändler. – Mathias Müller, Hauseigentümer. – Vincent Neuling, Güterbesitzer. – J. Edler von Neuwall, Großhandlungs- Associé. – Franz Nickel, des äußern Rates und Armen-Instituts-Vorsteher. – Johann Joseph Nowak, Hauseigentümer. – Joseph Peham, Hauseigentümer. – Thomas Pilling, Hauseigentümer. – Franz Pluch, k.k. Armenvater und Hauseigentümer. – Joseph Polhacker, Hauseigentümer. – Andreas Rabislovitsch, bürgerl. Eisenhändler und Hauseigentümer. – Ignaz Radel, Hauseigentümer. – Joseph Ritter d. ältere, k.k. Hof-Pstmeiser. – Joseph Ritter d. jüngere, Großhandlungs- Associé. – Johann Heinrich Römer, Hauseigentümer. – Johann Rott, Hauseigentümer und Grundrichter in der Leopoldstadt. – Martin Ruepp, Hauseigentümer. – Johann Georg Scherzer, Hauseigentümer. – Carl Scheirer, Handelsmann. – Ignaz Ritter von Schönfeld, k.k. Hof-Agent. – Leonhard Wasner, k.k. Armenvater und Hauseigentümer. – Johann Baptist Weber, Pfarrer an der hauspfarre in der Leopoldstadt. – Leopold Mathias Wechel, k.k. Hof-Kriegs-Konzipist. – Franz Zimmermann, Hauseigentümer. – Johann Zorn, Hauseigentümer.

Aus diesen oben angeführten Mitgliedern des Vereins ist statutengemäß ein Ausschuss, und aus diesem Ausschusse die Direktion, und das Kuratorium gewählt worden.

Mitglieder des Ausschusses		**Mitglieder der Direktion**	
Stifter		**Obervorsteher**	
Peter Bohr. Joseph R. v. Dallstein Bernhard Ritter v. Ekeles Michael Hengelmüller Leopold Huber Franz Jahn Albert Kohn Johan Mohrenthal	Vincent Neuling J. E. v. Neuwall Franz Rikl Joseph Peham A, J. Rabislovitsch Joseph Ritter, der ältere Ignaz Ritter von Schönfeld Johann Weber (Pfarrer)	Michael Hengelmüller	Joseph Ritter, der ältere

Beförderer		Vorsteher	
Johann Diebek G. Dillmann Anton Köll Joseph Krauß Johann Rott	Martin Ruepp Carl Scheirer Leopold Mathias Weschel Johann Zorn	J. E. v. Neuwall Albert Kohn	Ignaz Ritter v. Schönfeld (Kanzleivorsteher) Joseph Peham
		Ersatzmänner	
		A, J. Rabislovitsch Vincent Neuling	Leopold Mathias Weschel (Stellvertreter des Kanzleivorstehers)
		Mitglieder des Kuratoriums	
		Bernhard Ritter v. Eskeles Joseph R. v. Dallstein	Johan Mohrenthal Franz Nikl

Bemerkungen für das Publikum

Der Erlagsort ist in dem, Hauptpfarrhause zu St. Leopold in der Leopoldstadt.
Die Erlagstage sind der Dienstag und Freitag.

Ein Erlagsbuch für Conventionsmünz-Währung kostet 8 kr. C.M., welche der Erleger aus den Zinsen, oder aus dem Kapitale zu berichtigen hat, in so ferne der Erleger sein Kapital nicht so lange liegen lässt, damit es Zinsen tragen kann.

Ein Erlagsbuch in Wiener-Währung kostet 20 kr. W.W., welche der Erleger, auf dieselbe Art, wie die Kosten eines Erlagsbuches in Conventionsmünz-Währung, zu berichtigen hat.

Ein Auszugsblatt kostet 1 kr. in Conventions-Münze, welchen Betrag der Erleger beim Empfang des Blattes zu berichtigen hat.

Auswärtige wollen sich an den Verein unter der Anschrift: Erste Österreichische Spar-Casse, oder an den Kanzleivorsteher derselben portofrei verwenden.

Von der Direktion der ersten Österreichischen Spar-Casse
Wien, den 11. Oktober 1819

Michael Hengelmüller,
Obervorsteher

Joseph Ritter,
Obervorsteher

Ignaz Ritter von Schönfeld
Kanzleivorsteher

Holger Fleischer und Julia Tittel

§ 7 Die Privatbank Sal. Oppenheim jr. & Cie.: Eine Bankiersfamilie und ihr Unternehmen im Spiegel ihrer Gesellschaftsverträge

Inhaltsübersicht

https://doi.org/10.1515/9783110733839-008

I. Verschwiegene Unternehmerfamilien und beredtes Archivmaterial*

Unternehmerfamilien sind verschwiegen. Über ihre privaten und geschäftlichen Verhältnisse dringt gewöhnlich nur wenig nach außen: „Pour vivre heureux, vivons cachés."[1] Dieses Diskretionsbedürfnis ist nur allzu verständlich, erschwert der juristischen Familienunternehmensforschung aber den Zugang zu wesentlichen Rechtstatsachen und Entwicklungsprozessen. Eine Möglichkeit, gleichwohl zu einer breiteren Datengrundlage zu gelangen, besteht darin, auf ältere, nicht mehr unter Verschluss gehaltene Familiengesellschaftsverträge zurückzugreifen. Deren Auswertung verspricht einen unmittelbaren Eindruck von der Interaktionsdynamik und den Kräfteverhältnissen innerhalb eines Familienunternehmens. Dies gilt erst recht, wenn weiteres Archivmaterial zur Verfügung steht und womöglich schon aus nichtjuristischer Perspektive aufbereitet wurde.

So verhält es sich mit dem Bankhaus Sal. Oppenheim, dessen Firmen- und Familiengeschichte schon vor einiger Zeit sachkundig aufbereitet wurde: Drei namhafte Historiker haben das Schicksal dieser großen Privatbank und ihrer jüdisch-deutschen Inhaberfamilie über zwei Jahrhunderte hinweg nachgezeichnet und in die europäische Kultur- und Wirtschaftsgeschichte eingebettet.[2] Hierauf aufbauend, aber mit einem stärker juristischen Fokus richtet der vorliegende Beitrag sein Hauptaugenmerk auf die überlieferten Gesellschaftsverträge und Satzungen aus mehreren Generationen. Eine solche Annäherung gründet auf der festen Überzeugung, dass historische Familiengesellschaftsverträge ein vielversprechendes und bisher zu selten genutztes Forschungsinstrument zur Untersuchung von Familiengesellschaftsverträgen bilden, zumal sich die zentralen Regelungsnotwendigkeiten in Familienunternehmen über die Jahrhunderte nicht grundlegend verändert haben. Wie ergiebig ihre Erschließung sein kann, haben neuerdings generationenübergreifende Fallstudien zur Fugger-Dynastie[3] und zur

* Eine kürzere Version dieses Beitrags ist zuerst in FuS 2020, 10 erschienen.

1 So das vielzitierte Motto der französischen Unternehmerdynastie *Mulliez*; aufgegriffen etwa von *Fleischer*, NZG 2017, 1201, 1207.

2 Vgl. *Stürmer/Teichmann/Treue*, Wägen und Wagen, Sal. Oppenheim jr. & Cie. Geschichte einer Bank und einer Familie, 2. Aufl. 1989.

3 *Fleischer*, FS Bergmann, 2018, S. 183.

Siemens-Familie[4] sowie vorher etwa schon zu Villeroy & Boch[5] gezeigt. In Fortsetzung dieser Untersuchungsreihe wirft der folgende Beitrag anhand von Originaldokumenten aus dem Firmenarchiv[6] einen Blick hinter die Kulissen einer berühmten Bankiersfamilie und ihres Unternehmens.

II. Unternehmerische Anfänge

1. Gründung eines Handelshauses durch Salomon Oppenheim jr.

Salomon Oppenheim jr. wird 1772 in Bonn geboren. Bonn ist zu diesem Zeitpunkt Residenzstadt des Erzbischofs von Köln – einem der geistlichen Kurfürsten des Heiligen Römischen Reichs. Dort macht Salomon sich 1789 als erst 17-Jähriger mit Wechselgeschäften und Warenhandel selbständig. Samuel Wolff (1758–1836), Cousin seines Vaters und als Bankier, Händler und Hoflieferant für Silber und Juwelen etabliert, wird sein kapitalkräftiger Geschäftspartner. Er stellt ihm 40.000 rheinische Taler in bar sowie Wertpapiere in Höhe von 50.000 Talern als Sicherheiten zur Verfügung.[7] Wie genau die geschäftliche Beziehung zwischen beiden aussah, lässt sich nicht mehr sicher feststellen. Im Geschäftsverkehr nach außen tritt Salomon Oppenheim jr. wohl allein unter seinem Namen auf.[8] Insofern kann man aus heutiger Sicht bei der Beteiligung von Samuel Wolff am ehesten von einer stillen Beteiligung an einem einzelkaufmännischen Unternehmen und nicht etwa von der Gründung einer Personen(handels-)gesellschaft sprechen.[9]

4 *Fleischer*, AG 2019, 481.

5 *Reiter*, Die Handelsgesellschaft Villeroy & Boch von der Gründung 1838 bis zum Jahre 1878, 1992, mit Abdruck der frühen Verträge; für spätere Perioden bis in die Gegenwart *Groth*, in Plathe/Groth/von Schlippe (Hrsg.), Große deutsche Familienunternehmen, 2011, S. 413 ff.

6 Das Hausarchiv des Bankhauses Oppenheim wurde 1939 als erstes privates Bankarchiv in Deutschland gegründet. Nachdem Sal. Oppenheim im Jahre 2018 endgültig in der Deutschen Bank AG aufgegangen ist, hat das Rheinisch-Westfälische Wirtschaftsarchiv die Archivbestände übernommen.

7 *Stürmer/Teichmann/Treue* (Fn. 2), S. 25.

8 Im Bonner Schöffenbuch unter dem Eintrag vom 7. Mai 1793 wird ausschließlich von Salomon Oppenheim jr. als Gläubiger der Eheleute Schön gesprochen, vgl. dazu *Stürmer/Teichmann/Treue* (Fn. 2), S. 25 f.

9 Dagegen führt *Krüger*, Das Kölner Bankiergewerbe vom Ende des 18. Jahrhunderts bis 1875, 1925, S. 72 Wolff als „leitende[n] Teilhaber“ auf.

Die Gründungsphase der Unternehmung fällt in eine Zeit des politischen und wirtschaftlichen Umbruchs. Im Jahre 1794 erobern französische Truppen das linke Rheinufer und besetzen die Städte Bonn und Köln. 1798 wird Köln Teil des Roer-, Bonn Teil des Rhein-Mosel-Departement mit der Folge, dass dort schrittweise französisches Recht gilt. Die allgemeine Vertragsfreiheit hält Einzug ins Recht,[10] die Justiz wird neu geordnet,[11] Protestanten und Juden erhalten das vollständige Bürgerrecht,[12] Zünfte und Adel verlieren ihre Sonderstellung.[13] Dadurch wandelt sich das Wirtschaftssystem hin zu einer weitestgehend vom Markt bestimmten Ordnung.[14] Durch den Frieden von Lunéville im Jahre 1801 werden die linksrheinischen Gebiete dann endgültig Teil der französischen Republik.

In dieser Zeit des Umbruchs wagt Salomon Oppenheim sein Glück und zieht nach Köln, um von dort sein Handelshaus zu betreiben. Zunächst ist er wohl vorwiegend in der Spedition und Kommission landwirtschaftlicher Produkte tätig. Im Laufe der Zeit werden allerdings Wechselhandel, Arbitrage und Kreditgeschäfte für sein Handelshaus immer wichtiger.[15] Privat bleibt er mit seiner Familie vorläufig noch in Bonn. Erst 1801 zieht die Familie nach Köln.[16] 1808 erwirbt Salomon Oppenheim dann den Stadtpalais in der Großen Budengasse Nr. 8, der „in der Rangliste der Stattlichkeit an 12. Stelle unter allen Kölner Häusern"[17] stand. Diese Adresse wird bis 1945 Sitz der Bank bleiben.

2. Etablierung einer Bank

Das Geschäft wächst in den folgenden Jahren stetig und entwickelt sich zunehmend zu dem, was man unter einem Bankhaus versteht.[18] Insbesondere ab 1815 expandiert das Geschäft: Die Bank betätigt sich jetzt im Bereich des Geldwechsels, Sortenhandels, Personal- und Lombardkredits sowie des Anleihegeschäfts, Kon-

---

10 *Mettele*, Bürgertum in Köln 1775–1870, Gemeinsinn und freie Association, 1998, S. 88; *Müller*, Köln von der französischen zur preußischen Herrschaft 1794–1815, S. 203 ff.

11 *Mettele* (Fn. 10), S. 88; *Müller* (Fn. 10), S. 180 ff.

12 *Mettele* (Fn. 10), S. 85, 89; *Müller* (Fn. 10), S. 303, 308.

13 *Mettele* (Fn. 10), S. 85; *Müller* (Fn. 10), S. 50 ff.

14 *Müller* (Fn. 10), S. 208.

15 *Feldenkirchen*, Zeitschrift für Unternehmensgeschichte 27 (1982), 81, 84; *Krüger* (Fn. 9), S. 65; *Stürmer/Teichmann/Treue* (Fn. 2), S. 30 f., 38; *van Eyll*, in Kellenbenz (Hrsg.), Zwei Jahrtausende Kölner Wirtschaft, Bd. 2, 1975, S. 232. Zum Phänomen, dass im Rheinland Privatbanken ihren Ursprung häufig in Handelshäusern hatten, *Tilly*, Financial Institutions and Industrialization in the Rhineland 1815–1870, 1966, S. 47 ff., speziell zu Sal. Oppenheim S. 53.

16 *Stürmer/Teichmann/Treue* (Fn. 2), S. 31; *Treue*, FS Germania Judaica 1959–1984, 1984, S. 141.

17 *Stürmer/Teichmann/Treue* (Fn. 2), S. 31.

tokorrentkreditverkehrs und der Kreditbriefe.[19] Das Jahr 1818 markiert zudem den Anfang des Gründergeschäfts der Bank. Sie beteiligt sich erstmals an der Gründung einer Gesellschaft – der Rheinschifffahrt-Assekuranz-Gesellschaft, einer der ersten deutschen Aktiengesellschaften. Dabei geht ihre Beteiligung an den Gesellschaften häufig mit einer solchen an der Emission und dem Handel mit den jeweiligen Effekten einher. Gleichzeitig bekleiden Familienmitglieder in diesen Gesellschaften häufig Leitungspositionen.[20]

In dieser Phase der Etablierung firmiert die Bank erstmals (1816) unter dem Namen „Sal. Oppenheim jr. & Cie".[21] Hintergrund war wohl, dass sich zwei Jahre zuvor Philipp Gompertz, ein Verwandter von Salomon Oppenheim und vormals Prokurist, an der Bank beteiligt hatte. Wie die Beziehung zwischen Salomon Oppenheim und Philipp Gompertz im Detail ausgestaltet war, lässt sich nicht mehr aufhellen. Es ist jedoch durchaus denkbar, dass zwischen beiden eine Gesellschaft gegründet worden ist.[22] Dass der Name Gompertz nicht in der Firma auftaucht, hindert jedenfalls nicht die Annahme, er sei möglicherweise Gesellschafter geworden. Firmenrechtlich verlangt Art. 21 C. Comm. von 1807[23], der trotz Ende der französischen Herrschaft als sog. rheinisches Recht fortgilt, nur, dass keine anderen Namen als die der Mitgesellschafter Teil der Firma sein dürfen. Nicht erforderlich ist, dass jeder Mitgesellschafter in der Firma auftaucht.

Diese Episode in der Geschichte der Bank endet aber relativ schnell: Gompertz scheidet schon 1821 wieder aus der Bank aus, worauf Samuel Wolff erneut 500.000 Francs beisteuert.[24] Es bleibt bei der Firmierung „Sal. Oppenheim jr. & Cie".

---

18 *Feldenkirchen*, Zeitschrift für Unternehmensgeschichte 27 (1982), 81, 85: vollständige Beendigung des Handelsgeschäfts um 1830; *Stürmer/Teichmann/Treue* (Fn. 2), S. 40; *van Eyll* (Fn. 15), S. 232.

19 *Oepen-Domschky*, Kölner Wirtschaftsbürger im Deutschen Kaiserreich, 2003, S. 150; *Stürmer/Teichmann/Treue* (Fn. 2), S. 47 f.; *Treue* (Fn. 16), S. 142.

20 *Oepen-Domschky* (Fn. 19), S. 154 f., 202 f.; *Tilly* (Fn. 15), S. 107; *Krüger* (Fn. 9), S. 69 ff.

21 *Stürmer/Teichmann/Treue* (Fn. 2), S. 48.

22 Sowohl *Stürmer/Teichmann/Treue* (Fn. 2), S. 48 als auch *Krüger* (Fn. 9), S. 72 führen Gompertz als „Associé" auf.

23 „Les noms des associés peuvent seuls faire partie de la raison sociale."

24 *Stürmer/Teichmann/Treue* (Fn. 2), S. 48.

3. Europäisierung der Bank durch Ausdehnung der Familienbande

In dem Bestreben, zu wachsen und das Bankgeschäft zu europäisieren, setzt man auf ein in vielen Familienunternehmen bewährtes Konzept – Vertrauen innerhalb der Verwandtschaft (*kinship*).[25] Durch Eheschließungen der Kinder werden die Beziehungen zu anderen Bankhäusern in Europa gefestigt.[26] Abraham, einer von Salomons Söhnen, heiratet Charlotte Beyfus, Tochter des Bankiers Siegmund Leopold Beyfus und dessen Frau Babette, deren Vater wiederum Meyer Amschel Rothschild, Begründer der legendären Frankfurter Bankiersdynastie, war.[27] Simon, ein anderer Sohn Salomons, ehelicht die Augsburger Bankierstochter Henriette Obermayer.[28] Und auch drei der Töchter heiraten in bedeutende Bankiersfamilien ein. 1813 wird die 15-jährige Helene mit dem aus einer vornehmen jüdischen Pariser Familie stammenden Bankier Bénédict Fould im Wege der Ferntrauung vermählt. Mit der Hochzeit einher geht die Gründung des Bankhauses B. L. Fould & Fould-Oppenheim in Paris.[29] Tochter Charlotte heiratet in das Bankhaus Ratisbonne in Straßburg ein.[30] Ähnlich wird bei Tochter Caroline verfahren. Sie geht die Ehe mit dem Bankier Moritz de la Parra ein. Tochter Betty heiratet zwar keinen Spross einer Bankiersfamilie, dafür aber den Hamburger Kaufmann Heinrich David Hertz.[31] Die jüngeren Söhne Arnold und Alexander werden Inhaber des Bankhauses Gebr. Oppenheim & Co. in Amsterdam.[32]

---

25 Allgemein dazu *Sabean/Teuscher* (Hrsg.), Kinship in Europe, 2008.

26 *Krüger* (Fn. 9), S. 68.

27 *Teichmann*, in Historische Kommission bei der Bayerischen Akademie der Wissenschaft (Hrsg.), Neue Deutsche Biographie, 19. Bd., 1999, S. 561.

28 *Treue* (Fn. 16), S. 172.

29 *Stürmer/Teichmann/Treue* (Fn. 2), S. 41; *Teichmann* (Fn. 27), S. 560.

30 *Stürmer/Teichmann/Treue* (Fn. 2), S. 59.

31 *Teichmann* (Fn. 27), S. 560; ihr Enkel Heinrich Hertz gilt als Entdecker elektromagnetischer Wellen. Ihr Urenkel Gustav Hertz wird 1925 den Nobelpreis für Physik gewinnen.

32 *Teichmann* (Fn. 27), S. 560.

III. Übergang auf die zweite Generation der Oppenheims

Das Jahr 1828 markiert den beginnenden Wechsel auf die zweite Generation der Oppenheims. Der (Gründungs-)Vater Salomon Oppenheim stirbt im Alter von 56 Jahren und seine Ehefrau Therese wird Geschäftsinhaberin.

1. Gesellschaftsvertrag von 1828

Nur zehn Tage nach dem Tod ihres Ehemanns „nimmt" Therese Oppenheim die ältesten Söhne Simon und Abraham, die beide seit dem Jahre 1827 bereits eine Generalvollmacht besitzen,[33] „als Gesellschafter der besagten Handlung [...] auf"[34]. Mutter und Söhne gründen mit Vertrag vom 18. November 1828, beurkundet durch den Kölner Notar Johann Theodor zur Hoven, eine Gesellschaft. Die Söhne erhalten zunächst nur jeweils 10 %, nach Ablauf von 5 Jahren 12,5 % „an dem Gewinne oder Verluste derselben". Dieses Prinzip der schrittweisen Übertragung der Beteiligung wird in späteren Generationen beibehalten werden. Auch das Wort „Handlung" wird noch jahrzehntelang gebraucht werden, um die Bank zu bezeichnen.

„[S]tatt des Einlagenkapitals" bringen beide „ihre Kenntnisse und ihre Dienste" in die Gesellschaft ein.[35] Auch wenn die beiden Brüder im Verhältnis zu ihrer Mutter relativ kleine Geschäftsanteile innehaben, wird ihnen bereits jetzt die „Führung und Leitung der sämmtlichen Geschäfte"[36] anvertraut. Ihre Mutter erhält Zinsen in Höhe von 5 % „der in dem Geschäfte befindlichen baaren Fonds"[37]. Der Gesellschaftsvertrag ist auf 15 Jahre befristet.[38] Wird nach Ablauf der 15 Jahre „keine andere Vereinbarung unter den Partheyen getroffen", soll die Gesellschaft solange fortbestehen, bis einer der Gesellschafter kündigt.[39] Auch für den Fall des Todes eines der Gesellschafter werden Vorkehrun-

---

33 *Stürmer/Teichmann/Treue* (Fn. 2), S. 64; *Treue* (Fn. 16), S. 171.

34 Klausel 1 des Gesellschaftsvertrags von 1828; alle Gesellschaftsverträge von 1828 bis 1912 stammen aus der Archivmappe mit der Signatur AO/0078.

35 Klausel 2 des Gesellschaftsvertrags von 1828.

36 Klausel 3 des Gesellschaftsvertrags von 1828.

37 Klausel 4 des Gesellschaftsvertrags von 1828.

38 Klausel 1 des Gesellschaftsvertrags von 1828.

39 Klausel 5 des Gesellschaftsvertrags von 1828.

gen getroffen. Die Gesellschaft soll „nicht aufgehoben [werden], sondern geht alsdann auf dessen Erben über“.[40]

2. Endgültiger Übergang auf die zweite Generation mit dem Tod der Mutter: Gesellschaftsvertrag von 1842

Alleingesellschafter werden Abraham und Simon erst 1842 mit dem Tode von Therese Oppenheim am 25. März. Unter dem 11. Mai schließen die beiden Brüder einen Gesellschaftsvertrag ab.[41] Sie sollen zu gleichen Teilen an Gewinn und Verlust beteiligt sein. Im Falle des Todes „bleibt der überlebende Associé einziger Chef der Handlung“[42]. Weiter heißt es: „Es ist der Wille des Herrn Abraham Oppenheim, daß das von dem seligen Vater gegründete, bisher rühmlich bestandene Bankhaus auch noch in den spätesten Zeiten von den direkten Nachkommen des guten Vaters Oppenheim allein fortgesetzt werde.“[43]

Die Fortführung des Bankhauses nur durch Abraham und Simon wird durch erbrechtliche Maßnahmen abgesichert. Ihre neun Geschwister unterzeichnen in dem Zeitraum vom 19. Mai bis zum 7. August 1842 eine vertragliche Erbauseinandersetzung. In der heißt es, dass die „Brüder Simon und Abraham alleinige und ausschließliche Eigenthümer [...] der Handlung und Eigner aller Activen und Passiven derselben“[44] sind. Trotzdem spielt neben Simon und Abraham ihr jüngerer Bruder Dagobert für das Bankhaus eine wichtige Rolle. Er wird zwar nicht Gesellschafter, doch trägt er durch Wahrnehmung verschiedener Ämter in den Eisenbahn- und Schifffahrtsgesellschaften wesentlich zum Gesamterfolg der Bank und ihrer Vormachtstellung im Rheinland bei.[45]

IV. Konfliktreicher Übergang von der zweiten auf die dritte Generation

Der Übergang von der zweiten auf die dritte Generation verläuft dagegen weniger harmonisch und wird von Misstrauen und Konflikten zwischen den Generationen

40 Klausel 7 des Gesellschaftsvertrags von 1828.
41 *Stürmer/Teichmann/Treue* (Fn. 2), S. 71.
42 Zitiert nach *Stürmer/Teichmann/Treue* (Fn. 2), S. 71.
43 Zitiert nach *Stürmer/Teichmann/Treue* (Fn. 2), S. 72.
44 Vertragliche Erbauseinandersetzung von Mai bis August 1842.
45 *Treue* (Fn. 16), S. 143 f.

begleitet.[46] Insbesondere der kinderlos gebliebene Abraham zeigt sich gegenüber seinen Neffen Eduard und Albert skeptisch. Gleichzeitig spielt er immer wieder mit dem Gedanken die Bank zu verlassen, um zusammen mit seiner Ehefrau in Paris ein Leben im Ruhestand zu genießen – erstmals im Jahre 1852[47] und dann erneut in den Jahren 1859[48] und 1866[49]. Umsetzen wird er diese Pläne aber nie.

1. Stellung der jüngeren Generation als untergeordnete Gesellschafter

a) Gesellschaftsvertrag von 1861: Aufnahme als „Theilhaber"

Nachdem 1857 zunächst Simons ältestem Sohn Eduard und ein Jahr später auch dessen jüngerem Bruder Albert Prokura erteilt wird,[50] werden beide mit Gesellschaftsvertrag von 1861 zum 1. Januar 1862 „Theilhaber"[51] der Bank. Ihnen kommt aber im Verhältnis zu Simon und Abraham nur eine untergeordnete Rolle zu. Gleich zu Beginn des Gesellschaftsvertrags wird festgestellt: „Die Herren Simon und Abraham Oppenheim bleiben die Chefs der Gesellschaft und behalten als solche die obere Leitung des ganzen Geschäfts."[52] Diese Formulierung wird sich auch in späteren Gesellschaftsverträgen finden.[53] Erst nach Abrahams Tod 1878 wird sie verschwinden.

Diese ungleiche Rollenverteilung spiegelt sich in zahlreichen Klauseln des Gesellschaftsvertrags von 1861 wider. So haben sich die Gesellschafter bei wichtigen Geschäften zwar zu beraten, nur die beiden jüngeren Oppenheims haben aber

---

46 *Stürmer/Teichmann/Treue* (Fn. 2), S. 206: „[...] aber das geschah nicht ohne schwere Zerwürfnisse, bleibende Bitternis und ernste Krisen"; *Oepen-Domschky* (Fn. 19), S. 66.

47 *Stürmer/Teichmann/Treue* (Fn. 2), S. 161 ff.; *Treue*, in Kölner Unternehmer und die Frühindustrialisierung im Rheinland und in Westfalen (1835–1871), 1984, S. 91.

48 *Stürmer/Teichmann/Treue* (Fn. 2), S. 165; dagegen *Treue* (Fn. 47), S. 93 f., wonach Abraham nur zweimal die Bank verlassen wollte und zwar das zweite Mal in den 1860er Jahren.

49 *Stürmer/Teichmann/Treue* (Fn. 2), S. 168 f.

50 *Stürmer/Teichmann/Treue* (Fn. 2), S. 165.

51 Ziff. 1 S. 1 des Gesellschaftsvertrags von 1861; dagegen heißt es bei *Stürmer/Teichmann/Treue* (Fn. 2), S. 167, dass Eduard und Albert erst 1878 *„Associé"* werden; im Rahmen einer Grafik zu allen Teilhabern der Bank im Buchdeckel wird für Eduard und Albert das Jahr 1880 als Beginn ihrer Teilhaberschaft genannt; insofern formuliert *Oepen-Domschky* (Fn. 19), S. 151 vorsichtiger, wenn es bei ihr heißt, dass Eduard und Albert 1880 „vollwertige Teilhaber [wurden], was ihnen von den Vätern bis dahin verwehrt worden war."

52 Ziff. 2 S. 2 des Gesellschaftsvertrags von 1861.

53 § 1 des Gesellschaftsvertrags von 1867; § 1 S. 1 des Gesellschaftsvertrags von 1876.

zum Abschluss bestimmter Geschäfte die Zustimmung der beiden „Chefs" einzuholen.[54] Auch am Gewinn und Verlust sind die vier Gesellschafter nicht gleichberechtigt beteiligt. Die Simon und Abraham zustehenden bzw. von ihnen zu tragenden Anteile belaufen sich auf jeweils 40 %, während auf die beiden jüngeren Oppenheims nur jeweils 10 % entfallen.[55] Außerdem wird die Jahresbilanz durch die beiden Älteren festgelegt; die beiden Jüngeren sind vorher lediglich anzuhören.[56]

Besonders deutlich wird das Misstrauen gegenüber der jüngeren Generation bei der Ausgestaltung der „Kündigungsrechte" hinsichtlich des eigentlich auf unbestimmte Zeit geschlossenen[57] Gesellschaftsvertrags. Allen vier Gesellschaftern steht ein Kündigungsrecht zu, das an die Einhaltung einer Kündigungsfrist gebunden ist, aber keinen Kündigungsgrund verlangt.[58] Allerdings unterscheiden sich die Folgen dieser Kündigung. Üben die „Chefs" Simon oder Abraham ihr Kündigungsrecht aus, wird die Gesellschaft grundsätzlich liquidiert[59], es sei denn, der kündigende Gesellschafter kann sich mit den anderen Gesellschaftern darauf einigen, ihnen „das Geschäft mit allen Activen und Passiven zur ferneren Fortführung zu überlassen"[60]. Eduard oder Albert können dagegen die Liquidation nach Ausübung ihres Kündigungsrechts nicht verlangen.[61] Ihnen gebührt nur ein Anspruch auf den „Saldo ihres Guthabens [...] wie [es] sich aus ihren Folien im Conto-Current und Geheimbuche ergiebt"[62]. Nach heutiger Terminologie hat die ältere Generation also das Recht, die Auflösung und Beendigung der Gesellschaft zu verlangen, während der jüngeren Generation nur ein Austrittsrecht verbunden mit einem Abfindungsanspruch zusteht.

Dies ist allerdings nicht der einzige Unterschied mit Blick auf die im Gesellschaftsvertrag vorgesehenen „Kündigungsrechte". Nur Simon und Abraham können „in gemeinschaftlichem Einverständnisse [...] den beiden neu aufgenommenen Theilhabern Eduard u. Albert Oppenheim, so wie auch den Einen oder Andern derselben mit der Wirkung, kündigen, daß derjenige, dem gekündigt werde, nur noch bis zu dem auf die Kündigung folgenden nächsten 31. Dezember in

---

54 Ziff. 2 S. 3 lit. A des Gesellschaftsvertrags von 1861.
55 Ziff. 4 des Gesellschaftsvertrags von 1861.
56 Ziff. 6 S. 1 des Gesellschaftsvertrags von 1861.
57 Ziff. 7 S. 1 des Gesellschaftsvertrags von 1861.
58 Ziff. 7 lit. a.) S. 1 und 2 (Simon und Abraham) und lit. b.) S. 2 (Eduard und Albert) des Gesellschaftsvertrags von 1861.
59 Ziff. 7 lit. a.) S. 3 des Gesellschaftsvertrags von 1861.
60 Ziff. 7 lit. a.) S. 4 des Gesellschaftsvertrags von 1861.
61 Ziff. 7 lit. b.) S. 3 Hs. 1 des Gesellschaftsvertrags von 1861.
62 Ziff. 7 lit. b.) S. 3 Hs. 2 des Gesellschaftsvertrags von 1861.

der Gesellschaft bleibt“[63]. Dem gekündigten Gesellschafter steht dann lediglich ein Abfindungsanspruch (wie auch bei eigenständiger Kündigung) zu.[64] Simon und Abraham behalten sich also vor, die Jüngeren einseitig aus der Gesellschaft auszuschließen und so loszuwerden.

Gleichbehandelt werden die vier Gesellschafter allerdings bei der Verzinsung ihrer „Kapitalien“: Diese sollen „jedem Einzelnen bis zur Höhe von fünfzehn mal hunderttausend Thaler mit 5 % pr. anno, für jeden diese Summe übersteigenden Betrag aber nur mit 4 % pr. anno verzinst werden.“[65] Die Verzinsung soll verhindern, dass die Gesellschafter ihre „Kapitalien“ aus der Bank abziehen. Darüberhinausgehende Zinsen oder Entnahmen verbietet der Gesellschaftsvertrag allerdings.[66] Diese Regelung widerum spiegelt das Bedürfnis wider, Vermögenswerte in der Bank zu belassen, um deren ausreichende Kapitalausstattung und langfristige Existenz zu sichern. Wenn der Gesellschaftsvertrag trotzdem erlaubt, in Geschäftsjahren ohne Gewinn bis zu 5.000 Thaler zu entnehmen,[67] wird dem persönlichen Anliegen der Gesellschafter Rechnung getragen, mit diesem Geld ihren Lebensunterhalt zu bestreiten.

Aufschlussreich sind auch die gesellschaftsvertraglichen Regelungen für den Fall des Todes. Zunächst einmal wird die Gesellschaft nicht aufgelöst.[68] Stattdessen geht „[d]er Antheil des Verstorbenen“ grundsätzlich auf dessen Erben über.[69] Das sichert die kontinuierliche Existenz der Gesellschaft. Allerdings wird festgelegt, dass die Erben eines verstorbenen Gesellschafters von der Geschäftsführung der Gesellschaft ausgeschlossen sind.[70] Dadurch soll die Handlungsfähigkeit der Gesellschaft sichergestellt werden – nicht nur um die Geschäftsführung von unliebsamen Personen freizuhalten, sondern auch, weil mit fortschreitenden Generationen oftmals die Vergrößerung des Kreises der Erben einhergeht.

Zudem sieht der Gesellschaftsvertrag Sonderregelungen für den Fall des Todes der beiden älteren Gesellschafter vor. Rechte, die im Gesellschaftsvertrag den beiden „Chefs“ zur gemeinsamen Ausübung vorbehalten sind, übt der jeweils Überlebende dann alleine aus.[71] Im Übrigen unterscheiden sich die Regelungen

63 Ziff. 7 lit. b.) S. 1 des Gesellschaftsvertrags von 1861.
64 Ziff. 7 lit. b.) S. 3 Hs. 2 des Gesellschaftsvertrags von 1861.
65 Ziff. 4 S. 1 des Gesellschaftsvertrags von 1861.
66 Ziff. 5 S. 1 des Gesellschaftsvertrags von 1861.
67 Ziff. 5 S. 2 des Gesellschaftsvertrags von 1861.
68 Ziff. 8 S. 1 des Gesellschaftsvertrags von 1861.
69 Ziff. 8 S. 2 des Gesellschaftsvertrags von 1861.
70 Ziff. 8 S. 2 des Gesellschaftsvertrags von 1861.
71 Vgl. etwa Ziff. 2 S. 8, Ziff. 6 S. 1 Hs. 1 des Gesellschaftsvertrags von 1861; klarstellend Ziff. 11 S. 2 des Gesellschaftsvertrags von 1861 für den Fall, dass Simon Oppenheim zuerst verstirbt.

zum Tode Abrahams und Simons, was wohl der Tatsache geschuldet ist, dass Abraham keine Nachfahren hinterlassen wird.

Stirbt Abraham, „so geht sein Antheil am Geschäfte auf seinen Bruder und dessen Söhne nach Verhältniß ihrer Betheiligung über."[72] Abrahams Erben erhalten dagegen keine Beteiligung an der Bank, sondern nur einen Anspruch auf das „Guthaben [...] und [den] Vermögens-Antheil [...] an der Handlung", die sich aus der „Bilanz, in Verbindung mit dem Conto-Current und Geheimbuche"[73] ergeben. Allerdings ist dieser Anspruch nicht sofort zu befriedigen. Der Gesellschaftsvertrag sieht vielmehr detaillierte Regelungen wie z. B. Staffelungen hinsichtlich der zu leistenden Zahlungen vor.[74] An dieser Stelle des Gesellschaftsvertrags wird besonders deutlich: Die Gesellschaft soll in Familienhand bleiben, ohne dass ihr abrupt überlebenswichtige Liquidität entzogen wird.

Die Regelungen zum Tode Simons legen dagegen fest, dass, jedenfalls wenn er vor seinem Bruder verstirbt, „sein Antheil am Geschäfte" zunächst auf seine Ehefrau Henriette und erst dann auf seine Söhne Eduard und Albert sowie auf seinen weiteren Sohn Felix übergeht, falls dieser sich entschließt, in die Bank einzutreten.[75] Auch hier wird das Misstrauen Abrahams gegenüber seinen Neffen deutlich, der seine Schwägerin als Mitgesellschafterin zu bevorzugen scheint.

Trotz allen Misstrauens gegenüber der jüngeren Generation wird gleichzeitig der Grundstein dafür gelegt, dass die Bank als Familienunternehmen durch die direkten Nachkommen Salomon Oppenheims fortgeführt werden soll – so wie es schon im Gesellschaftsvertrag von 1842 zum Ausdruck gekommen ist. Bezeichnend dafür ist die Regelung, dass sich Abraham für den Fall, dass Simon vor ihm verstirbt, dazu verpflichtet, nur noch vier Jahre als Gesellschafter in der Gesellschaft zu verbleiben, dann auszuscheiden und „den Erben von Simon Oppenheim in männlicher Linie [...] zu gleichen Theilen seinen Antheil am Geschäft zu überlassen resp. die Handlung zu übergeben."[76]

b) Gesellschaftsvertrag von 1867

Sechs Jahre später am 18. Dezember 1867 müssen die vier Gesellschafter einen neuen Gesellschaftsvertrag abschließen. Dieser wurde erforderlich, nachdem im November des Vorjahres zwischen ihnen ein Vertrag geschlossen worden war,

72 Ziff. 10 S. 1 des Gesellschaftsvertrags von 1861.
73 Ziff. 10 S. 2 des Gesellschaftsvertrags von 1861.
74 Ziff. 10 S. 3 ff. des Gesellschaftsvertrags von 1861.
75 Ziff. 9 des Gesellschaftsvertrags von 1861.
76 Ziff. 11 S. 1 des Gesellschaftsvertrags von 1861.

wonach Abraham zum 31. Dezember 1867 aus der Gesellschaft ausscheiden sollte,[77] dies nun aber nicht mehr gewollt ist. An der Einstellung Abrahams gegenüber seinen Neffen hat sich jedoch nicht viel geändert. Er steht ihnen weiterhin skeptisch gegenüber.

Nach wie vor bleiben Abraham und Simon die „Chefs der Gesellschaft"[78]. Allerdings werden die Zustimmungserfordernisse zugunsten der älteren Generation summenmäßig gelockert.[79] Auch an Gewinn und Verlust wird die jüngere Generation stärker beteiligt. Ihre Quote wird leicht auf jeweils 12,5 % erhöht.[80] Zudem sieht der neue Vertrag bereits jetzt vor, dass sich die Beteiligung von Eduard und Albert nach drei Jahren – gleichsam automatisch – auf jeweils 16,66 % weiter erhöhen soll.[81]

Zudem werden bei den „Kündigungsrechten" Änderungen vorgenommen. Das Recht Simons und Abrahams, die beiden jüngeren Gesellschafter aus der Gesellschaft auszuschließen, findet sich nicht mehr im Gesellschaftsvertrag. Außerdem werden die Kündigungsfolgen zum Teil neu geregelt. Übt Abraham sein Kündigungsrecht aus, führt dies nicht mehr grundsätzlich zur Liquidation, sondern nur noch zu dessen Ausscheiden. Sein „Geschäftsantheil" geht *pro rata* auf die verbleibenden Gesellschafter über.[82] Abraham verzichtet aber nur dann auf die Durchführung der Liquidation, wenn ein ganzer Strauß sehr detaillierter Bedingungen, die allesamt die dann erforderliche Auseinandersetzung betreffen, erfüllt ist.[83]

Eine weitere Änderung betrifft die Regelungen zur Vermögensentnahme. Im Ausgangspunkt bleibt es bei den Regelungen des Gesellschaftsvertrags von 1861.[84] Ausnahmsweise wird den beiden Jüngeren aber das Recht gewährt, „jährlich bis zu fünfunddreißig tausend Thaler aus der Handlung entnehmen zu dürfen"[85], allerdings nur zu dem Zweck, den Bau ihrer Häuser zu finanzieren. Diese Klausel führt noch stärker als der Gesellschaftsvertrag von 1861 vor Augen, dass die Gesellschafter auf Zahlungen der Bank zur Finanzierung ihres Lebensunterhalts angewiesen sind.

---

77 Präambel des Gesellschaftsvertrags von 1867.
78 § 1 S. 1 des Gesellschaftsvertrags von 1867.
79 § 1 S. 3 lit. A des Gesellschaftsvertrags von 1867.
80 § 3 S. 2 des Gesellschaftsvertrags von 1867.
81 § 3 S. 4 des Gesellschaftsvertrags von 1867.
82 § 7 S. 1 des Gesellschaftsvertrags von 1867.
83 § 7 lit. a.) –l.) des Gesellschaftsvertrags von 1867.
84 § 4 S. 1 und S. 2 des Gesellschaftsvertrags von 1867.
85 § 4 S. 3 des Gesellschaftsvertrags von 1867.

Wie der vorherige Gesellschaftsvertrag sieht auch der neu abgeschlossene Vertrag Regelungen für den Fall des Todes vor, die sich nur im Detail von jenen des Jahres 1861 unterscheiden. Erstmals taucht allerdings eine Klausel auf, nach der zur Aufstellung der das Sterbejahr eines der Gesellschafter betreffenden Bilanz an der Gesellschaft nicht beteiligte, aber mit der Familie verbundene Personen hinzugezogen werden müssen.[86] Dies spiegelt den Versuch wider, in einer streitanfälligen Situation – die Bilanz ist Grundlage der Ansprüche der Erben – das Konfliktpotential zu reduzieren.[87]

Die größte Änderung stellt die Aufnahme eines Eintrittsrechts zugunsten des von Abraham sehr geschätzten Dresdner Bankiers Felix Kaskel dar.[88] Bei ihm handelt es sich aber keinesfalls um eine familienfremde Person. Er ist mit Simons Tochter Emma verheiratet. Von diesem Eintrittsrecht wird Kaskel jedoch nie Gebrauch machen.[89]

Erstmalig tauchen im Gesellschaftsvertrag von 1867 zudem Regelungen zur Versorgung weiterer Mitglieder der Familie Oppenheim auf: Die Bank soll nach Abrahams Ausscheiden die von ihm an seine und Simons Geschwister gewährten Zahlungen fortführen.[90]

2. Umwandlung in eine AG?

Ab den 1870er Jahren verändert sich die Bankenlandschaft in Deutschland tief greifend. Ein für Deutschland ganz neuartiger Typ Bank gewinnt an Bedeutung: die Aktienbank.[91] Die vier bedeutendsten Banken dieser Art sind die schon 1853 gegründete Darmstädter Bank, die Disconto-Bank, die Deutsche Bank (1870) und

86 § 8 S. 2 des Gesellschaftsvertrags von 1867 für die „Anfertigung der Bilanz und Feststellung des Guthabens der Erben Abraham Oppenheim"; vgl. auch § 15 S. 2 des Gesellschaftsvertrags von 1876 sowie § 8 S. 2 des Gesellschaftsvertrags von 1878.

87 Besonders deutlich § 13 S. 5 des Gesellschaftsvertrags von 1893: „Die in dieser Weise festgestellte Bilanz haben die Erben und Rechtsnachfolger des verstorbenen [...] Gesellschafters als unbedingt maßgebend ohne weiteres Prüfungs und Widerspruchsrecht anzuerkennen."

88 § 14 des Gesellschaftsvertrags von 1867.

89 *Stürmer/Teichmann/Treue* (Fn. 2), S. 169.

90 § 10 des Gesellschaftsvertrags von 1867.

91 Vgl. zur sog. „Bankenkonzentration" seit der Reichsgründung *Treue*, Tradition: Zeitschrift für Firmengeschichte und Unternehmerbiographie 15 (1970), 225, 226.

die Dresdner Bank (1872). Diese laufen den Privatbanken, die wie Sal. Oppenheim häufig an deren Gründung beteiligt waren,[92] zunehmend den Rang ab.[93]

Auch in der Großen Budengasse Nr. 8 wird ab März 1873 überlegt, die OHG in eine Aktiengesellschaft umzuwandeln.[94] Während Eduard und Albert interessiert zu sein scheinen,[95] ist Abraham von den Umwandlungsplänen nicht überzeugt.[96] Es kommt zu einem weiteren Zerwürfnis. Nicht nur aus Sicht des Onkels, sondern auch des Vaters stellen die Jüngeren zu hohe Forderungen.[97] Ein jähes Ende findet diese Diskussion dann aber schon im Mai desselben Jahres, als der Wiener Börsenkrach Europa erschüttert.[98]

3. Gesellschaftsvertrag von 1876

Zu einer Änderung des Gesellschaftsvertrags kommt es erst wieder im Januar 1876, allerdings ohne die Rechtsform der Bank umzuwandeln. Auch inhaltlich ändert sich wenig.[99] Nur die Gewinn- und Verlustbeteiligung wird erneut angepasst. Die Simon und Abraham zustehenden bzw. von ihnen zu tragenden Anteile belaufen sich auf zusammen 66,66 %, während auf die beiden jüngeren Oppenheims zusammen mittlerweile 33,33 % entfallen.[100]

92 *Treue* (Fn. 16), S. 171, 186: „Ohne Frage haben die Oppenheim [...] in den Jahren zwischen 1852 und 1856 den epochal zu nennenden Vorstoß zur Entstehung der deutschen Aktienbanken geleistet."

93 Vgl. dazu *Feldenkirchen*, Zeitschrift für Unternehmensgeschichte 27 (1982), 81, 99; *Oepen-Domschky* (Fn. 19), S. 151 f.; *Tilly* (Fn. 15), S. 111: „The Period between 1830 and 1870 was the heyday of the Rhenish private banker."

94 *Stürmer/Teichmann/Treue* (Fn. 2), S. 206; *Treue* (Fn. 16), S. 149; *ders.* (Fn. 47), S. 93 f.

95 *Stürmer/Teichmann/Treue* (Fn. 2), S. 206, 208.

96 *Stürmer/Teichmann/Treue* (Fn. 2), S. 207.

97 *Stürmer/Teichmann/Treue* (Fn. 2), S. 207 f.; *Treue* (Fn. 16), S. 148.

98 *Stürmer/Teichmann/Treue* (Fn. 2), S. 207 f.

99 Vgl. etwa zur Leitungsstruktur: § 1 des Gesellschaftsvertrags von 1876; zur Kündigung: §§ 6, 7 und 9 des Gesellschaftsvertrags von 1876; zum Tode eines der Gesellschafter: §§ 12–15 des Gesellschaftsvertrags von 1876.

100 § 3 S. 2 und 3 des Gesellschaftsvertrags von 1876.

4. Gesellschaftsvertrag von 1878: Aufwertung der Stellung der jüngeren Generation nach dem Tode Abrahams

Nach Abrahams Tod am 9. Oktober 1878 schließen Simon von Oppenheim und seine beiden Söhne einen neuen, kürzeren Gesellschaftsvertrag.[101] Simon als „der eigentliche Chef"[102] soll mit 50 %, Eduard und Albert mit je 25 % an den Gewinnen und Verlusten der Bank beteiligt sein.[103] Zwar sieht der Gesellschaftsvertrag immer noch vor, dass die beiden jüngeren Gesellschafter für bestimmte Geschäfte die Zustimmung ihres Vaters einzuholen haben[104], und auch die „definitive Festsetzung der Bilanz"[105] obliegt noch dem Vater. Die Leitung der Bank wird aber vermehrt von einem „Geist der Solidarität"[106] getragen. Besonders deutlich wird das bei der Regelung zur Kündigung des Gesellschaftsvertrags. „[D]ie Modalitäten, unter welchen der Austritt zu erfolgen hat,"[107] werden nicht genauer spezifiziert. Man verlässt sich vielmehr darauf, dass die Gesellschafter untereinander schon eine Lösung finden werden. Festgelegt wird nur, dass bei ausbleibender Einigung die Liquidation der Gesellschaft zu erfolgen hat.[108]

Auch dieser Gesellschaftsvertrag sieht Regelungen zur Versorgung der Familienmitglieder vor, die nicht in die Bank eintreten. Nach dem Tod Simons soll das Geschäftshaus der Bank in der Großen Budengasse Nr. 8 zwar in das Eigentum der verbleibenden Gesellschafter übergehen, im Gegenzug sind sie allerdings verpflichtet, den Geschwistern eine „jährliche Rente von je M 1500,– auszuzahlen"[109] und ihren Onkel Dagobert dort „gratis wohnen zu lassen"[110].

Für den Tod des Vaters sieht der Gesellschaftsvertrag im Übrigen vor, dass dessen Erben nur bis zum Ende des Sterbejahres Gesellschafter bleiben. Danach geht „sein Antheil am Gewinn und Verlust zu gleichen Theilen auf die Frhr. Eduard und Albert von Oppenheim über."[111] Die Erben sind gleichzeitig verpflichtet, zehn Mio. Mark „der Firma als Commandit-Capital zu belassen"[112], das sie zwar

---

101 Der Vertrag von 1878 umfasst elf Seiten, während der Vertrag von 1876 neunzehn Seiten umfasst.
102 § 1 S. 1 des Gesellschaftsvertrags von 1878.
103 § 1 S. 1 des Gesellschaftsvertrags von 1878.
104 § 2 S. 2 des Gesellschaftsvertrags von 1878.
105 § 3 S. 3 des Gesellschaftsvertrags von 1878.
106 *Stürmer/Teichmann/Treue* (Fn. 2), S. 215.
107 § 6 S. 2 des Gesellschaftsvertrags von 1878.
108 § 6 S. 2 des Gesellschaftsvertrags von 1878.
109 § 7 S. 1 des Gesellschaftsvertrags von 1878.
110 § 7 S. 3 des Gesellschaftsvertrags von 1878.
111 § 8 S. 1 des Gesellschaftsvertrags von 1878.
112 § 8 S. 2 Hs. 2 des Gesellschaftsvertrags von 1878.

nicht zur Beteiligung am Gewinn berechtigt, ihnen aber in Höhe von jährlich 5 % verzinst wird.[113] Wird seine Ehefrau Henriette im Falle ihres Überlebens seine Erbin, gilt diese Verpflichtung auf Lebenszeit. Ihre Erben bzw. Simons Erben, sollte er seine Ehefrau überleben, trifft diese Verpflichtung dagegen nur zeitlich begrenzt.[114] Sterben dagegen Eduard oder Albert, gehen ihre „Geschäfts-Antheile" zunächst auf die jeweiligen Ehefrauen über.[115] Die jeweilige Witwe tritt zum Ende des Sterbejahres aus der Gesellschaft aus, „soll aber gehalten sein, das gesammte Geschäfts-Guthaben des Verstorbenen während der Dauer von fünf Jahren als Commandit Capital der Firma zu belassen."[116] In allen Fällen ist das „Commandit-Capital" nach Ablauf der jeweiligen Frist nicht auf einen Schlag auszuzahlen. Schon der Gesellschaftsvertrag sieht einen Zahlungsplan vor.[117] Diese Kombination aus der Verpflichtung, Vermögen in der Bank stehen zu lassen, sowie der nur schrittweisen Auszahlung zeugt abermals von dem Bestreben, der Bank nicht abrupt Liquidität zu entziehen. Trotzdem konnten diese Klauseln nicht verhindern, dass der Gesellschaft mit Abschluss des Generationenwechsels nach dem Tod Simons am Heiligen Abend des Jahres 1880[118] nicht unerhebliches Vermögen entzogen worden war.[119]

Zudem trifft der Gesellschaftsvertrag Vorkehrungen dafür, wie die nächste, die vierte Generation in die Bank eintritt. Stirbt Eduard oder Albert, sind ihre jeweiligen Söhne berechtigt, als „verantwortlicher Theilhaber ins Geschäft einzutreten", wobei „die Betheiligung derselben am Gewinn und Verlust des Geschäftes [...] aus dem Gewinn-Antheilen des Verstorbenen bestritten werden"[120] muss. Voraussetzung ist allerdings, dass die jeweilige Mutter dem zustimmt. Aber „Chef des Hauses"[121] soll dann Eduard bzw. Albert sein.

113 § 8 S. 4 des Gesellschaftsvertrags von 1878.
114 § 8 S. 5 und S. 8 des Gesellschaftsvertrags von 1878.
115 § 9 S. 1 des Gesellschaftsvertrags von 1878.
116 § 9 S. 3 des Gesellschaftsvertrags von 1878.
117 § 8 S. 6 sowie § 9 S. 4 des Gesellschaftsvertrags von 1878.
118 *Stürmer/Teichmann/Treue* (Fn. 2), S. 216.
119 *Treue* (Fn. 16), S. 151.
120 § 9 S. 7 des Gesellschaftsvertrags von 1878.
121 § 9 S. 8 des Gesellschaftsvertrags von 1878.

V. Harmonischer Übergang von der dritten auf die vierte Generation

Der Übergang auf die vierte Generation verläuft harmonischer.

1. Aufnahme der vierten Generation in die OHG

Mit Vertrag vom 25. Januar 1893 tritt die vierte Generation der Oppenheims in die Bank ein – die beiden Cousins Simon Alfred (Sohn von Eduard) und Emil (Sohn von Albert).[122] Der Vertrag sieht vor, dass Simon Alfred und Emil „das ihnen seitens ihrer Eltern, Frauen oder sonst etwa zufallende bezw. zugewandte Vermögen, soweit dasselbe nicht unbeweglich ist, dem gemeinschaftlichen Unternehmen als Einlage zuzuführen bezw. darin [...] belaßen."[123]

Man möchte schmunzeln, dass sich in diesem Vertrag ausgerechnet jene Klausel wiederfindet, wonach die beiden Älteren – also diejenigen, die einen Generationswechsel zuvor noch für mehr Einfluss der Jüngeren gekämpft hatten – „die Chefs der Gesellschaft" sind und „als solche die Oberleitung des ganzen Geschäfts" inne haben.[124] „Bei Meinungsverschiedenheiten geben [sie] den Ausschlag"[125]. Zudem sieht der Gesellschaftsvertrag Zustimmungserfordernisse vor. Sie beschränken sich allerdings auf „wichtige Angelegenheit[en]"[126], lassen also im Gegensatz zu den Gesellschaftsverträgen von 1861, 1876 und 1878 einen viel weiteren Einschätzungsspielraum zu. Gegenüber der jüngeren Generation scheint größeres Vertrauen zu bestehen.

Wie schon in den Generationen zuvor, setzt auch dieser Gesellschaftsvertrag beim Wechsel von der dritten auf die vierte Generation auf das Prinzip der schrittweisen Heranführung der jüngeren Generation an das Bankgeschäft. Zunächst beträgt der Gewinn- und Verlustanteil der beiden jüngeren Oppenheims jeweils 10 %, später wächst er auf 12,5 % und dann 16,66 % an. Die Anteile der Väter reduzieren sich entsprechend.[127] Wahrscheinlich um den beiden jüngeren Gesell-

---

122 § 1 des Gesellschaftsvertrags von 1893; die zwei weiteren Söhne Alberts Paul und Max waren an einer Tätigkeit im Bankhaus nicht interessiert: *Oepen-Domschky* (Fn. 19), S. 76 f.

123 § 5 des Gesellschaftsvertrags von 1893; eine ähnliche Regelung findet sich auch im Gesellschaftsvertrag von 1904 (§ 4 S. 2).

124 § 3 S. 1 des Gesellschaftsvertrags von 1893.

125 § 3 S. 3 des Gesellschaftsvertrags von 1893.

126 § 3 S. 4 des Gesellschaftsvertrags von 1893.

127 *Stürmer/Teichmann/Treue* (Fn. 2), S. 259.

schaftern den Aufbau einer eigenen Existenz zu ermöglichen, wird allerdings bestimmt, dass sie während der ersten drei Jahre nicht an einem etwaigen Verlust partizipieren, sondern ihnen „ein Gewinnanteil von je M 15000“[128] zusteht. Dagegen werden die beiden Jüngeren bei den Entnahmerechten gegenüber ihren Vätern benachteiligt. Diese sind zu Entnahmen, die über Zinsen[129] und Gewinnanteilen hinausgehen, „nach ihrem Ermessen“ berechtigt, während die beiden Söhne einer Genehmigung der „Chefs“ bedürfen.[130]

Die Regelungen zur Kündigung und zum Tod eines Gesellschafters lehnen sich ebenfalls an ihre Vorbilder an. Allerdings sind gerade die Regelungen für den Todesfall deutlich weniger detailliert und kompliziert.[131] Inzwischen scheint kein Bedürfnis mehr zu bestehen, sich ausdrücklich gegen alle Eventualitäten abzusichern. Auch das ist Ausdruck eines größeren Vertrauens der Gesellschafter untereinander.

Bei diesen Regelungen sollte es aber nicht bleiben.

2. Umwandlung in eine KG

1904 markiert den Rückzug der dritten Generation aus dem aktiven Bankgeschäft. Auslöser der Neuregelung waren die Verluste der Bank aus ihrer Beteiligung an der „Compagnie Parisienne de l’Air Comprimé“, die hohe Abschreibungen in der Bilanz zum 31. Dezember 1901 erforderlich machten. Die Väter Eduard und Albert gründen zusammen mit ihren Söhnen Emil und Simon Alfred sowie mit dem ersten nicht aus dem Kreise der Familie stammenden Gesellschafter Ferdinand Rinkel eine Kommanditgesellschaft. Kommanditisten werden Eduard und Albert mit einer Einlage in Höhe von 5 Mio. Mark[132]. Anders als die erste und zweite Generation zieht sich die dritte also nicht erst mit dem Tod aus der Geschäftsführung der Bank zurück.

Für die Umwandlung der Gesellschaft von einer OHG in eine KG spricht aus Sicht der Bank als Familienunternehmen einiges: Will sich die ältere Generation nicht erst mit dem Tod aus dem Unternehmen zurückziehen, ist die Rechtsform der KG im Vergleich zur OHG interessengerechter, ermöglicht sie es doch, den verringerten unmittelbaren Einfluss der älteren Generation auf das Tagesgeschäft der Bank durch Beschränkung ihrer persönlichen Haftung auf die Einlage zu

---

128 § 7 a. E. des Gesellschaftsvertrags von 1893.
129 Vgl. dazu § 2 S. 3 des Gesellschaftsvertrags von 1893.
130 § 8 S. 2 des Gesellschaftsvertrags von 1893.
131 §§ 13–16 des Gesellschaftsvertrags von 1893.
132 Präambel des Gesellschaftsvertrags von 1904.

kompensieren. Aber das ist nicht der einzige Vorteil: Durch die Wahl der Rechtsform einer KG müssen die Erben eines verstorbenen Gesellschafters nicht mehr ausbezahlt werden, um sie aus der Geschäftsführung herauszuhalten.[133] Es reicht, dass sie Kommanditisten werden.

Zudem beteiligt sich die Disconto-Gesellschaft mit einer Einlage in Höhe von 5 Mio. Mark für einen Zeitraum von 15 Jahren an der Bank und sorgt damit für frisches Kapital.[134] Im Gegenzug erhält die Disconto-Gesellschaft 14 % des Gewinns. Zur Absicherung wird ihr ein Pfandrecht an der Beteiligung der Sal. Oppenheim Bank an der „Compagnie Parisienne" eingeräumt.[135]

Bei Sal. Oppenheim liegt die Geschäftsführung bei den drei Komplementären Emil und Simon Alfred von Oppenheim sowie Ferdinand Rinkel. Die beiden Kommanditisten sind nur noch eingeschränkt in das Tagesgeschäft der Bank involviert. Nur „Geschäfte von 100,000.– M. und mehr bedürfen zu ihrem Abschluss der Zustimmung [...] mindestens eines der genannten Commanditisten"[136]. Allerdings sind ihnen weitreichende Informationsrechte eingeräumt. „[B]eide Commanditisten sollen durch tägliche Geschäftsauszüge unterrichtet werden."[137] Auffällig ist, dass auch vermeintliche Kleinigkeiten im Gesellschaftsvertrag geregelt sind. So wird festgelegt, dass „stets zwei [der Komplementäre] in den üblichen Geschäftsstunden im Bankhaus anwesend sind"[138], die Komplementäre „sich untereinander über die für ihre Erholungsreisen zu wählende Zeit verständigen und zwar möglichst schon im Anfange eines jeden Jahres"[139] und sich die beiden Kommanditisten das Recht vorbehalten, „das heute von ihnen benutzte Cabinet im Geschäftshause der Firma Sal. Oppenheim jr. & Co. auch weiterhin zu benutzen"[140]. Die Disconto-Gesellschaft hält sich dagegen aus der Führung der Bank vollständig heraus, „wirkt aber wie eine Garantiemacht im Hintergrund"[141].

Aufschlussreich sind die Regelungen, die der Gesellschaftsvertrag für den Fall des Todes eines der Gesellschafter trifft. Vor allem die Regelungen im Falle des Todes Ferdinand Rinkels verdienen nähere Betrachtung. Stirbt er, „so wird das Unternehmen von den übrigen Gesellschaftern für alleinige Rechnung unter

---

133 *Treue* (Fn. 16), S. 151.

134 Zur Zusammenarbeit zwischen dem Bankhaus Sal. Oppenheim und der 1851 von David Hansemann gegründeten Disconto-Gesellschaft *Oepen-Domschky* (Fn. 19), S. 152 ff.

135 *Stürmer/Teichmann/Treue* (Fn. 2), S. 261.

136 § 1 lit. a des Gesellschaftsvertrags von 1904.

137 § 1 lit. c des Gesellschaftsvertrags von 1904.

138 § 2 S. 1 des Gesellschaftsvertrags von 1904.

139 § 2 S. 2 des Gesellschaftsvertrags von 1904.

140 § 6 des Gesellschaftsvertrags von 1904.

141 *Stürmer/Teichmann/Treue* (Fn. 2), S. 261.

der bisherigen Firma fortgesetzt".[142] Seine Erben bleiben für das laufende Geschäftsjahr „noch mit seiner Quote an Gewinn und Verlust beteiligt"[143]. Sie erhalten „alsdann ihr Guthaben, wie es sich aus der per Ablauf des Sterbejahres aufgemachten Bilanz ergiebt, baar ausgezahlt"[144]. Der frei werdende Anteil wächst den überlebenden Komplementären „im Verhältnis ihrer Gewinn- und Verlustquote"[145] an, wenn er nicht zur Ausstattung eines etwaigen neu aufzunehmenden Komplementärs verwendet wird[146]. Hier wird deutlich, wie skeptisch man nach wie vor gegenüber Nicht-Familienmitgliedern ist. Rinkel hatte sich als Prokurist jahrelang bewiesen.[147] Seine nicht erprobten Erben sollten aber unter keinen Umständen Gesellschafter der Bank werden.

Sterben dagegen Emil oder Simon Alfred von Oppenheim, werden deren Erben „Commanditisten und zwar mit demjenigen Guthaben, welches die bei Ablauf des Sterbejahres aufgemachte Bilanz nachweist".[148] Ihr Anteil an Gewinn und Verlust für das laufende Geschäftsjahr beläuft sich auf den Anteil ihres Erblassers.[149] In den Folgejahren reduziert sich der Gewinn- und Verlustanteil auf 9 %.[150] Der frei werdende Anteil wächst den überlebenden Komplementären „im Verhältnis ihrer Gewinn- und Verlust-Quote"[151] zu, wenn er nicht zur Ausstattung eines etwaigen neu aufzunehmenden Komplementärs verwendet wird.[152] Wie in den vorherigen Gesellschaftsverträgen zeigt sich erneut das Bestreben, die Handlungsfähigkeit der Gesellschaft auch im Falle des Ablebens eines Gesellschafters sicherzustellen. Die Leitung der Bank sollte nicht durch das Einrücken der Erben erschwert werden. Selbst wenn einer der beiden aus der Familie stammenden Komplementäre stirbt, werden seine Erben deshalb nur Kommanditisten. Mitwirkungsrechte bei der Geschäftsführung sind in § 1 des Gesellschaftsvertrags von 1904 für sie nicht vorgesehen.

---

142 § 9 S. 1 des Gesellschaftsvertrags von 1904.
143 § 9 S. 2 Hs. 1 des Gesellschaftsvertrags von 1904.
144 § 9 S. 2 Hs. 2 des Gesellschaftsvertrags von 1904.
145 § 11 S. 3 a. E. des Gesellschaftsvertrags von 1904.
146 § 11 S. 3 des Gesellschaftsvertrags von 1904; zur Aufnahme eines neuen Gesellschafters im Falle des Todes eines Komplementärs: § 11 S. 1 und S. 2 des Gesellschaftsvertrags von 1904.
147 *Stürmer/Teichmann/Treue* (Fn. 2), S. 261.
148 § 10 S. 1 des Gesellschaftsvertrags von 1904.
149 S 10 S. 2 Hs. 1 des Gesellschaftsvertrags von 1904.
150 § 10 S. 2 Hs. 2 des Gesellschaftsvertrags von 1904.
151 § 11 S. 3 a. E. des Gesellschaftsvertrags von 1904.
152 § 11 S. 3 des Gesellschaftsvertrags von 1904.

Wieder andere Regelungen sieht der Gesellschaftsvertrag für das Ableben eines der Kommanditisten vor. In diesem Fall fällt dessen jeweiliger Anteil an Gewinn und Verlust für das noch laufende Geschäftsjahr an die Erben.[153] Dann ermäßigt sich der Gewinn- und Verlustanteil der Erben auf 9 %.[154] Der frei werdende Anteil fällt je zur Hälfte Emil und Simon Alfred zu.[155]

Das Bestreben, die Leitung der Bank nicht zu verkomplizieren, lässt sich auch an anderen Stellen des Gesellschaftsvertrags aufzeigen. Etwaige Mitwirkungsrechte der Kommanditisten bei der Geschäftsführung gehen nicht auf ihre Erben über.[156] Das Recht, täglich über Umsätze und andere Vorgänge informiert zu werden, besteht im Ausgangspunkt schon nur zugunsten der „vorbenannten beiden Commanditisten“[157], also nur gegenüber Eduard und Albert von Oppenheim. Die Pflicht, die jährlichen Bilanzen den Kommanditisten zur Genehmigung vorzulegen,[158] wird nach dem Tod beider Kommanditisten dahin modifiziert, dass die Erben „hinsichtlich der Prüfung und Genehmigung der Bilanz, wenn sie sich nicht mit den übrigen Gesellschaftern über eine andere Persönlichkeit verständigt haben sollten, durch den Herrn Justizrat Emil Schmiewind in Cöln und nach dessen Tode oder bei sonstiger Verhinderung durch einen der Geschäftsinhaber der Disconto-Gesellschaft vertreten“[159] werden.

3. Zusatzvertrag von 1912

Nach dem Tode Eduards (1909) und Alberts (1912) und nach der Entscheidung Emils, sich aus dem aktiven Bankgeschäft zum 31. Dezember 1912 zurückzuziehen, wird am 27. Oktober 1912 ein Zusatzvertrag zum Gesellschaftsvertrag von 1904 geschlossen, der die zunehmende Vergrößerung des Gesellschafterkreises besonders augenscheinlich macht.

Anstelle von Eduard werden seine fünf Töchter, Gräfin Maria de Plancy, Gräfin Ada von Bredow, Gräfin Emmy Arco-Valley, Frau Victoria von Frankenberg-Ludwigsdorff und Frau Rita Isernhagen (geschiedene Freifrau von Hammerstein-Loxten), Kommandisten der KG. Materiell soll allerdings „das Capital und die damit verbundene Beteiligung [...] als Commanditcapital und Beteiligung aller sechs

153 § 8 S. 1 des Gesellschaftsvertrags von 1904.
154 § 8 S. 2 des Gesellschaftsvertrags von 1904.
155 § 8 S. 3 des Gesellschaftsvertrags von 1904.
156 § 1 letzter Satz des Gesellschaftsvertrags von 1904.
157 § 1 lit. c des Gesellschaftsvertrags von 1904.
158 § 5 Hs. 1 des Gesellschaftsvertrags von 1904.
159 § 5 Hs. 4 des Gesellschaftsvertrags von 1904.

[Anm. der Autoren: also nicht nur der Töchter, sondern auch des Sohns und Komplementärs Simon Alfred] Kinder und zwar zu gleichen Teilen"[160] gelten.

Anstelle von Albert werden seine fünf Kinder, Freiherr Paul von Oppenheim, Ministerresident Freiherr Max von Oppenheim, Freiherr Dr. Emil von Oppenheim, Gräfin Clara Matuschka Greiffenklau und Gräfin Wanda Pocci Kommanditisten der KG. Jedes der Kinder übernimmt „je eine Million Mark des Commanditcapitals ihres verstorbenen Vaters mit der entsprechenden Beteiligung"[161]. Zugunsten ihrer noch lebenden Mutter räumen die Kinder einen „lebenslänglichen Niessbrauch an diesem ganzen Commanditcapital und der damit verbundenen Beteiligung ein, so dass die Zinsen und Gewinne, die auf die Commanditbeteiligung der Kinder entfallen, der Mutter gehören und vom Bankhaus ihr direkt zur Verfügung zu stellen sind."[162]

Emil gibt seine Stellung als Komplementär auf und wird Kommanditist. Er wird allerdings bis zum Ende des Jahres 1918 „noch besonders am Gewinn und Verlust des Bankhauses beteiligt[163]. Diese Beteiligung wird (neben der Beteiligung von Simon Alfred als Komplementär) als „Hauptbeteiligung"[164] bezeichnet.

Simon Alfred und Ferdinand Rinkel bleiben die einzigen Komplementäre. Von nun an liegt die alleinige Leitung der Bank bei ihnen. Allerdings sieht der Gesellschaftsvertrag vor, dass Emil auch als Kommanditist weiterhin Aufsichtsratsämter für die Bank bekleidet.[165] Außerdem verständigt man sich darauf, dass Emil „in der inneren Geschäftsführung"[166] der Bank mitwirken soll. Dazu „werden die geschäftsführenden Teilhaber alle wichtigeren Geschäftssachen mit ihm, wenn er anwesend ist, besprechen und seinen Rat einholen"[167]. Weiterhin sind ihm „in gewohnter Weise die täglichen Geschäftsauszüge [zu] übermitteln"[168]. Auch steht ihm nach wie vor die Nutzung des „schon von seinem Vater im Bankhaus genutzte[n] Kabinet[s]"[169] zu. Wenn es aber weiter heißt, „[j]uristische Abmachungen sollen und können in vorstehender Richtung nicht getroffen werden und [so] muss es der Zukunft überlassen bleiben, wie eine solche Mitarbeit sich praktisch

160 2. Bemerkung der Einleitung des Zusatzvertrags von 1912 zum Gesellschaftsvertrag von 1904.
161 3. Bemerkung der Einleitung des Zusatzvertrags von 1912 zum Gesellschaftsvertrag von 1904.
162 3. Bemerkung der Einleitung des Zusatzvertrags von 1912 zum Gesellschaftsvertrag von 1904.
163 4. Bemerkung der Einleitung des Zusatzvertrags von 1912 zum Gesellschaftsvertrag von 1904.
164 4. Bemerkung S. 3 der Einleitung des Zusatzvertrags von 1912 zum Gesellschaftsvertrag von 1904.
165 § 9 des Zusatzvertrags von 1912 zum Gesellschaftsvertrag von 1904.
166 § 10 S. 2 des Zusatzvertrags von 1912 zum Gesellschaftsvertrag von 1904.
167 § 10 S. 3 des Zusatzvertrags von 1912 zum Gesellschaftsvertrag von 1904.
168 § 10 S. 3 des Zusatzvertrags von 1912 zum Gesellschaftsvertrag von 1904.
169 § 10 S. 3 des Zusatzvertrags von 1912 zum Gesellschaftsvertrag von 1904.

erzielen lässt“[170], ist das wohl so zu verstehen, dass die Klauseln zur Mitwirkung des ehemaligen Komplementärs Emil von Oppenheim an der Geschäftsführung der Bank nicht rechtsverbindlich sein sollen. Wozu sie sich verpflichten,[171] ist ein „loyale[s] und freundschaftliche[s] Entgegenkommen“[172].

VI. Übergang auf die fünfte Generation: Eintritt Pferdmenges und Sicherung der Bank im Nationalsozialismus

Auch der Übergang der vierten auf die fünfte Generation verläuft in Etappen und geht einher mit der vermehrten Aufnahme familienfremder persönlich haftender Gesellschafter. Als für den Fortbestand der Bank entscheidend wird sich die Aufnahme von Dr. Robert Pferdmenges als persönlich haftender Gesellschafter zu Beginn des Jahres 1931 erweisen.[173] Nur zwei Jahre später, mit der Machtübernahme Hitlers am 30. Januar 1933, beginnt für die Bank und ihre Gesellschafter ein beispielsloser Balanceakt. Auch wenn die Familie Oppenheim seit mittlerweile vier Generationen christlichen Glaubens ist, steht die Bank unter steter Beobachtung der Nationalsozialisten.[174] Die beiden familienexternen Gesellschafter Wilhelm Chan und Otto Kaufmann, die nach den Nürnberger Rassegesetzen als jüdisch gelten, müssen aus der Gesellschaft ausscheiden. Neuer Gesellschafter wird der mit Pferdmenges familiär verbundene Dr. Leopold Valentin Kaufmann.[175] Waldemar und Friedrich Carl von Oppenheim, Söhne von Simon Alfred und Vertreter der mittlerweile fünften Generation der Familie, verlieren zahlreiche ihrer Aufsichtsratspositionen.[176] Schließlich entschließt man sich 1938 unter großem Druck, den Namen der Bank zu ändern: Fortan firmiert sie unter „Bankhaus Pferdmenges & Co“.[177] Verdienste der Familie Oppenheim um die Stadt Köln wer-

170 § 10 S. 4 Hs. 1 des Zusatzvertrags von 1912 zum Gesellschaftsvertrag von 1904.
171 § 10 S. 4 Hs. 2 des Zusatzvertrags von 1921 zum Gesellschaftsvertrag von 1904: „jedoch sagen sich alle Beteiligten [...] zu.“
172 § 10 S. 4 Hs. 2 des Zusatzvertrags von 1921 zum Gesellschaftsvertrag von 1904.
173 *Oepen-Domschky* (Fn. 19), S. 336; *Stürmer/Teichmann/Treue* (Fn. 2), S. 354; *Treue* (Fn. 16), S. 154 f. nennt dagegen den 1. Januar 1932.
174 *Stürmer/Teichmann/Treue* (Fn. 2), S. 366 ff., 374, 377; *Treue* (Fn. 16), S. 155 ff.
175 *Stürmer/Teichmann/Treue* (Fn. 2), S. 375.
176 *Stürmer/Teichmann/Treue* (Fn. 2), S. 369; *Treue* (Fn. 16), S. 155.
177 *Stürmer/Teichmann/Treue* (Fn. 2), S. 379; *Treue* (Fn. 16), S. 155.

den aus der öffentlichen Wahrnehmung getilgt.[178] Die Oppenheims werden sozial ausgegrenzt.[179]

Während des Zweiten Weltkrieges konnte das Bankgeschäft nur unter erheblichen Schwierigkeiten aufrechterhalten werden. Nach mehreren Bombenangriffen in den Jahren 1942 und 1943 brannte der Sitz der Bank in der Großen Budengasse im Juni 1943 aus.[180] Nachdem der Sitz provisorisch wieder hergerichtet wurde, wird er in den letzten Kriegstagen endgültig zerstört.[181] Um zu verhindern, dass die Geschäftsbücher – unerlässliche Voraussetzung für das Betreiben der Bank – zerstört werden, wird „in Gütersloh eine neue, kriegsbedingte Art der doppelten Buchführung [eingerichtet]"[182]; später kommt eine dritte hinzu, die bei einer ehemaligen Angestellten im „Chefcabinet" in Bad Neuenahr untergebracht ist.[183]

VII. Umwandlung in eine KGaA im Jahre 1989

Nach dem Zweiten Weltkrieg wird die Bank wiederaufgebaut. Dies kann hier im Einzelnen nicht nachgezeichnet werden.[184] Nur ein wichtiges und für Familiengesellschaften typisches Ereignis sei noch herausgegriffen: Im Jahre 1989 wird das Bankhaus in eine KGaA umgewandelt[185], denn diese Rechtsform ermöglicht es den Familiengesellschaftern, Aktien der Gesellschaft an der Börse zu platzieren und so Kapital einzusammeln, ohne ihren Einfluss auf die Geschäftsleitung zu verlieren.

Unternehmensgegenstand ist die „Erledigung von Bankgeschäften aller Art, insbesondere [die] Übernahme und Fortführung des bisher von der Kommanditgesellschaft unter der Firma Sal. Oppenheim jr. & Cie. betriebenen und seit 1789 bestehende Bankgeschäfts"[186]. Das Grundkapital beträgt 200 Mio. Deutsche Mark und ist in 200.000 Namensaktien mit einem Nennbetrag von je 1.000 Deutsche Mark unterteilt.[187] Die Aktien sind nicht frei übertragbar, sondern es „bedarf der

178 *Stürmer/Teichmann/Treue* (Fn. 2), S. 370.
179 *Stürmer/Teichmann/Treue* (Fn. 2), S. 403.
180 *Stürmer/Teichmann/Treue* (Fn. 2), S. 391.
181 *Stürmer/Teichmann/Treue* (Fn. 2), S. 393 f.
182 *Stürmer/Teichmann/Treue* (Fn. 2), S. 391.
183 *Stürmer/Teichmann/Treue* (Fn. 2), S. 391.
184 Näher *Stürmer/Teichmann/Treue* (Fn. 2), S. 412 ff.
185 § 37 der Satzung von 1989.
186 § 2 Abs. 1 der Satzung von 1989.
187 § 5 Abs. 1 und Abs. 2 S. 1 der Satzung von 1989.

Zustimmung der Gesellschaft, für deren Erteilung die persönlich haftenden Gesellschafter aufgrund einstimmiger Entscheidung zuständig sind“[188].

Die Gesellschaft verfügt über vier Organe: die persönlich haftenden Gesellschafter, den Aktionärsausschuss, den Aufsichtsrat und die Hauptversammlung.[189] „Die persönlich haftenden Gesellschafter erbringen keine Vermögenseinlage.“[190] Sie sind für die Geschäftsführung und die Vertretung der Gesellschaft zuständig. Im Innenverhältnis führen sie die Geschäfte gemeinsam; die interne Geschäftsverteilung ist durch eine einstimmig zu beschließende Geschäftsverteilung zu regeln.[191] Im Außenverhältnis ist jeder von ihnen „zur alleinigen und selbständigen Vertretung der Gesellschaft“ berechtigt.[192] Gegenüber den persönlich haftenden Gesellschaftern vertritt dagegen der Aktionärsausschuss die Gesellschaft sowie auch die Kommanditaktionäre, soweit nicht die Hauptversammlung oder der Aufsichtsrat zwingend zuständig sind.[193] Im Übrigen ist es Aufgabe des Aktionärsausschusses, „die ihm von der Hauptversammlung oder durch die Satzung übertragenen Angelegenheiten durchzuführen.“[194] Hervorzuheben ist insbesondere die Aufgabe, die Tätigkeitsvergütung sowie die Gewinnbeteiligung mit den persönlich haftenden Gesellschaftern zu vereinbaren.[195] Die Hauptversammlung ist die Versammlung der Kommanditaktionäre. „Je DM 1.000 ,– Nennbetrag der Aktien gewähren in der Hauptversammlung eine Stimme.“[196]

Beim Jahresabschluss wirken alle vier Organe zusammen. Die persönlich haftenden Gesellschafter stellen den Jahresabschluss und den Lagebericht auf und machen einen Vorschlag für die Verwendung des Bilanzgewinns.[197] Möchten die persönlich haftenden Gesellschafter einen Teil des Jahresüberschusses, maximal aber 50 % in die Gewinnrücklagen einstellen, bedarf es der Zustimmung des Aktionärsausschusses.[198] Der Jahresabschluss und der Lagebericht sowie der Prüfbericht des Abschlussprüfers und der Vorschlag für die Verwendung des Bilanzgewinns sind durch den Aufsichtsrat zu prüfen.[199] Die Hauptversammlung beschließt dann über „a) die Feststellung des Jahresabschlusses; b) die Verwen-

---

188 § 5 Abs. 3 der Satzung von 1989.
189 § 6 der Satzung von 1989.
190 § 7 Abs. 2 der Satzung von 1989.
191 § 9 Abs. 2 der Satzung von 1989.
192 § 9 Abs. 1 der Satzung von 1989.
193 § 12 Abs. 1 S. 2 der Satzung von 1989.
194 § 12 Abs. 1 S. 1 der Satzung von 1989.
195 § 10 Abs. 1 der Satzung von 1989.
196 § 31 der Satzung von 1989.
197 § 34 Abs. 1 S. 1 der Satzung von 1989.
198 § 34 Abs. 1 S. 2 der Satzung von 1989.
199 § 34 Abs. 2 der Satzung von 1989.

dung des Bilanzgewinns; c) [...]; d) die Wahl des Abschlußprüfers."[200] Die Feststellung des Jahresabschlusses bedarf darüber hinaus auch der Zustimmung sämtlicher persönlich haftender Gesellschafter.[201]

VIII. Schlussbetrachtung

Insgesamt ist die Bank Sal. Oppenheim ein repräsentatives Beispiel für aufstrebende Familiengesellschaften im Spiegel der Zeit. Ihr dynastischer Gedanke wurde erstmals in dem Gesellschaftsvertrag von 1842 von dem Gründersohn Abraham Oppenheim artikuliert: Das von dem „seligen Vater Oppenheim gegründete, bisher rühmlich bestandene Bankhaus" sollte auch noch „in den spätesten Zeiten von den direkten Nachkommen des guten Vaters Oppenheim allein fortgesetzt" werden. Die Weitergabeformen der Gesellschaftsanteile an nachfolgende Generationen variierten im Zeitablauf: In der zweiten Generation verwirklichte man die sog. Kleinfamilien-Organisation[202], indem die beiden ältesten Söhne das Geschäft gleichsam als Kronprinzen[203] fortführten, während die übrigen neun Geschwister ausbezahlt wurden. In der vierten Generation wechselte man dann zur Großfamilien-Organisation[204] mit der sog. großen Familien-Kommanditgesellschaft als adäquater Rechtsform[205]. Die frühe Europäisierungsstrategie der Oppenheims beruhte – wie bei vielen anderen Bank- und Industrieunternehmen des 19. Jahrhunderts – auf einer strategisch eingesetzten Heirats- und Verwandtschaftspolitik (*kinship*-System).[206] Ebenfalls typisch für stark wachsende Familienunternehmen war der Wechsel des Rechtskleides von der Gründer-OHG über die Familien-KG bis hin zur KGaA – jener Rechtsform, die sich mitsamt ihren Varianten der SE & Co. KGaA oder GmbH & Co. KGaA zunehmender Beliebtheit erfreut.[207]

---

200 § 35 S. 2 der Satzung von 1989.

201 § 35 S. 3 der Satzung von 1989.

202 Näher *Simon/Wimmer/Groth*, Mehr-Generationen-Familienunternehmen, 3. Aufl. 2017, S. 50; aus juristischer Sicht zuletzt *Fleischer*, BB 2019, 2819 f.

203 Zu diesem Begriff etwa *Hennerkes/Kirchdörfer*, Die Familie und ihr Unternehmen, 2. Aufl. 2015, S. 172 und öfter.

204 Vgl. *Simon/Wimmer/Groth* (Fn. 202), S. 90 ff.; aus juristischer Sicht zuletzt *Fleischer*, BB 2019, 2819, 2821, 2822 f.

205 Zur Typologie einer großen, generationenübergreifenden Familien-KG *Ulmer*, ZIP 2010, 549 (Teil 1) sowie 805 (Teil 2); für ein frühes kautelarjuristisches Beispiel *Boesebeck*, Die „kapitalistische" Kommanditgesellschaft, 1939, Anlage IV, S. 97 ff.

206 Näher zum *Kinship*-Faktor *Lubinski/Fear/Fernández Pérez* (Hrsg.), Family Multinationals, 2013, S. 1 f. und öfter.

207 Umfassend *Begemann*, Die SE & Co. KGaA als Rechtsform für Familienunternehmen, 2018.

Die Beziehungen der Familiengesellschafter zueinander spiegeln ebenso typische Problemlagen wider. So war die anfängliche *societas fratrum* der beiden Gründersöhne Simon und Abraham nicht spannungsfrei, weil letzterer keine eigenen Nachkommen hatte – ein ähnliches Phänomen wie bei den Siemens-Brüdern[208] oder bei Jakob Fugger[209]. Beredtes Zeugnis von dem Misstrauen zwischen älterer und jüngerer Generation legte dann der Gesellschaftsvertrag von 1861 ab, der Simons Söhne gleichsam als Gesellschafter minderen Rechts in die Partnerschaft aufnahm. Spätere Generationenwechsel verliefen harmonischer; die Notwendigkeit umfangreicher Klauselwerke schwand, die Länge der Gesellschaftsverträge nahm ab. Zu allen Zeiten von Bedeutung blieben die erbrechtlichen Nachfolgeklauseln, auf die man stets große Sorgfalt verwandte. Familienfremde Gesellschafter wurden nur zögerlich aufgenommen, retteten während des Nationalsozialismus aber die Existenz der Bank.

Schließlich zeigt der höchst unterschiedliche Zuschnitt der Oppenheim-Familiengesellschaftsverträge im Zeitablauf, dass es für eine gute Ownership Governance keine allgemeingültige Musterlösung gibt.[210] Die richtige Lösung muss vielmehr für jedes Familienunternehmen und bei diesem wiederum für jeden einzelnen Generationenübergang individuell erarbeitet werden.[211]

---

208 Zum kinderlosen Wilhelm Siemens und seiner fehlenden Aussicht, eine „dauernde Firma" an eigene Nachkommen zu vererben *Lutz*, Carl von Siemens. 1829–1906, 2013, S. 146 f.

209 Zum kinderlosen Jakob Fugger und seinen Neffen *Fleischer* (Fn. 3), S. 183, 188.

210 Vgl. *Fleischer*, BB 2019, 2819, 2823.

211 Eindringlich dazu *Hennerkes/Kirchdörfer* (Fn. 203), S. 183: „Jedes Familienunternehmen ist anders, und deshalb muss jedem Familienunternehmen auch die Nachfolgeregelung individuell ausfallen."; ferner *Simon/Wimmer/Groth* (Fn. 202), S. 158: „von daher versteht man, dass höchst individuelle Gesellschaftsverträge geschlossen werden."; zuletzt *Kirchdörfer*, FuS 2019, 144.

Anhang
Ausgewählte Gesellschaftsverträge der Sal. Oppenheim jr. & Cie.

Gesellschaftsvertrag von 1828 (erster überlieferter Vertrag)

Heute den achtzehnten November, achtzehnhundertachtundzwanzig.

Vor Johann Theodor zur Hoven, Notar wohnhaft zu Köln und [Rheine], in Gegenwart der beiden nachgenannten und mitunterschiebenen Zeugen, waren zugegen:

Frau Therese geborene Stein, Wittwe des am achten laufenden Monats verstorbenen königlichen Oberhofagenten und Banquiers Herrn Salomon Oppenheim, zu Köln wohnhaft, einerseits

Die Herren Simon Oppenheim und Abraham Oppenheim, beide Kaufleute zu Köln domiziliirt, andererseits,

welche folgenden Vertrag unter sich abgeschlossen zu haben erklärten:

1. Frau Wittwe Oppenheim als dermalige Inhaberinn des in hiesiger Stadt Köln unter der Firma: Salomon Oppenheim junior et Compagnie etablirten Groß-Handlungs- und Banquier-Geschäftes, um ihren gedachten beiden Herren Söhnen Simon und Abraham Oppenheim einen Beweis der Zufriedenheit mit ihren bisher geleisteten Diensten zu geben, nimmt dieselbe durch Gegenwärtiges für den Zeitraum von fünfzehn nacheinanderfolgenden Jahren, welche vom heutigen Tage an beginnen, als Gesellschafter der besagten Handlung, jeden für einen zehnten Theil an dem Gewinne oder Verluste derselben, auf, mit der Verbindklichkeit, diese Betheiligung nach Verlauf von fünf Jahren auf einen achten Theil für jeden zu erhöhen;

2. Die Herren Simon und Abraham Oppenheim nehmen diese Betheiligung an, und bringen, statt des Einlagenkapitales der Gesellschaft ihre Kenntnisse und ihre Dienste ein.

3. Dieselben übernehmen daher die ihnen von ihrer Frau Mutter anvertraute Führung und Leistung der sämmtlichen Geschäfte und werden durch [...] bekannt machen, daß sie als Theilhaber in der Handlung aufgenommen wurden und statt der bisher geführten Proccura von nun an die Unterschrift des Hauses annehmen.

4. Die Handlung vergütet der Frau Wittwe Oppenheim die Zinsen der in dem Geschäfte befindlichen baaren Fonds zu fünf von Hundert, wogegen dieselbe die Kosten der gemeinschaftlichen Haushaltung allein zu tragen übernimmt.

5. Wenn beim Ablaufe dieser fünfzehn Jahre keine andere Vereinbarung unter den Partheyen getroffen worden ist, so dauert die Gesellschaft auch nach deren Ablauf noch so lange fort bis von dem einen oder dem anderen Theile eine Aufkündigung geschehen wird.

6. Die Auflösung der Gesellschaft kann nur ein halbes Jahr nach dieser Aufkündigung stattfinden und die Rückzahlung der Fonds nur in vier halbjährigen Terminen, vom Tage der Auflösung an, gefordert werden.

7. Die Gesellschaft wird durch den Tod eines der contrahierenden Theile nicht aufgehoben, sondern geht alsdann auf dessen Erben über.

Gesellschaftsvertrag von 1861 (Übergang von der zweiten auf die dritte Generation, Ausdruck der zwischen den Generationen bestehenden Konflikte)

Zwischen den Herren Gebrüder Simon und Abraham Oppenheim, beide Banquiers in Cöln, als alleinigen Inhabern der Firma Salomon Oppenheim junior & Compagnie, sodann den Herren Eduard und Albert Oppenheim, beide Söhne des Herrn Simon Oppenheim, ist heute folgender Gesellschafts-Vertrag abgeschlossen worden.

1° Die Herren Simon u. Abraham Oppenheim setzen das zu Cöln unter der Firma Sal. Oppenheim j^r. & C. bestehende Bank und Handlungshaus unter derselben Firma fort und nehmen vom 1. Januar 1862 an die beiden genannten Söhne des Herrn Simon Oppenheim, nämlich die Herren Eduard und Albert Oppenheim, als Theilhaber in das Geschäft auf, welches p. Circular spätestens am 1. Juli 1862 wie üblich bekannt gemacht werden soll. – Von da ab sollen, unter Aufhebung des von Notar Fier zu Cöln am 11. Mai 1842 abgeschlossenen Gesellschaftsvertrages und der diesen in einem Punkte abänderden Uebereinkunft vom 9. Sept. 1852, nur die Bestimmungen des gegenwärtigen Vertrages gelten.

2° Die Herren Simon und Abraham Oppenheim bleiben die Chefs der Gesellschaft und behalten als solche die obere Leitung des ganzen Geschäftes. Die Gesellschafter berathen sich untereinander über alle wichtigen Geschäfts-Gegenstände, insbesondere über alle Speculationen und größeren Operationen überhaupt, so wie den Geschäfts-Kunden zu bewilligenden Credite. Ohne Zustimmung der beiden Chefs Simon und Abraham Oppenheim kann

A. von der Firma für deren Rechnung kein neuer Credit bewilligt und keine Bankoperation in Wechsel, welche Hunderttausend Thaler übersteigt, gemacht werden. Sollten die beiden Chefs abwesend sein, so ist es den beiden übrigen Theilhabern gestattet, Credite bis zu Sechstausend Thaler zu bewilligen, jedoch mit der Maaßgabe, daß beide Theilhaber Eduard u. Albert Oppenheim mit der Creditbewilligung einverstanden sind.

B. Ebenso wenig darf ohne Zustimmung der beiden Chefs ein Speculations-Geschäft gemacht, noch daran, so wie an industriellen Unternehmungen irgend einer Art Theil genommen werden. Es ist aber auch die Zustimmung dieser beiden Chefs entscheidend.

Nach dem Tode des Herrn Simon oder Abraham Oppenheim ist die Zustimmung des überlebenden von Beiden, so lange dieser mit den beiden jüngeren Theilhabern das Geschäft fortsetzt, in derselben Weise entscheidend. Dagegen soll alsdann den beiden jüngeren Theilhabern zusammen das Recht zustehen, bei jedem Geschäfte, mit dem sie beide nicht einverstanden sein sollten, zu verlangen, daß, wenn dasselbe doch gemacht werde, dasselbe nur für die Privatrechnung des überlebenden Chefs gelten.

Wenn gegen die Vertrags-Bestimmung ad. 2° B. gehandelt werden sollte, so fallen der Gewinn der Handlung, die daraus entstehenden Verluste dem oder den Zuwiderhandelnden allein zur Last.

3° Keiner der Gesellschafter darf unter irgend einem Vorwande Geschäfte für eigene Rechnung machen, ausgenommen von dieser Bestimmung sind nur die beiden Chefs in so weit es die Verwaltung und Geldanlage ihres Privatvermögens betrifft.

4° Die Kapitalien, welche die einzelnen Gesellschafter in dem Geschäfte haben, werden für jeden Einzelnen derselben durch die Folien im Conto-Current und im Geheimbuche nachgewiesen, und sollen aus dem Geschäfte jedem Einzelnen bis zur Höhe von fünfzehn mal hunderttausend Thaler mit 5 % p^{r}. an^{no}, für jeden diese Summe übersteigenden Betrag aber nur mit 4 % p^{r}. an^{no} verzinst werden. Der abzüglich dieser Zinsen und der Geschäftsspesen bleibende Ueberschuß soll als Gewinn wie folgt vertheilt werden

Herr	Simon Oppenheim	erhält	40 %
"	Abraham Oppenheim	"	40 %
"	Eduard Oppenheim	"	10 %
"	Albert Oppenheim	"	10 %

In gleichem Verhältnisse partizipiren sämmtliche Betheiligte an dem von Gott zu verhütenden Verluste.

5° Keiner der Theilhaber darf in einem Jahre mehr als die vertragsmäßigen Zinsen seines Capitals und seinen Antheil am Gewinne des abgelaufenen Jahres aus dem Geschäfte entnehmen. Falls kein Gewinn aus dem abgelaufenen Jahre vorhanden sein sollte, so dürfen außer den Zinsen von einem Theilhaber nicht mehr als fünf tausend Thaler entnommen werden.

6° In jedem Jahre soll und muß spätestens bis zum 15. Juni eine Bilanz gezogen werden, deren definitive Festsetzung, nach vorher angehörter gutachtlicher Äußerung der beiden neuen Theilhaber, in so weit den beiden Chefs Simon und Abraham Oppenheim und nach dem Tode des Einen dem Ueberlebenden derselben vorbehalten bleibt, als sie beide oder der Ueberlebende von ihnen allein den Werth der Activa jeder Art zu bestimmen haben. Bei Abschätzung der Activa soll als Grundsatz gelten, daß die einzelnen Posten nach ihrem wahren Werthe abgeschätzt werden, und zwar sollen alle börsenmäßigen Effecten zum Tagescourse des 31. Dec. a. p. und alle industriellen Effecten möglichst nach ihrem inneren Werthe abgeschätzt werden. Die Bilanz sowie der Gewinn aus Verlust-Conto werden jedes Jahr von allen Theilhabern unterzeichnet.

7° Der gegenwärtige mit dem 1ten Januar 1862 beginnende Vertrag ist von da ab auf unbestimmte von Jahr zu Jahr laufende Zeit, vorbehältlich der Kündigung, abgeschlossen. Das Kündigungsrecht wird in folgender Weise regulirt.

a.) Jeder der beiden Chefs Simon u. Abraham Oppenheim kann zu jeder Zeit diesen Vertrag kündigen. Diese Kündigung muß aber, wenn sie für das auf die Kündigung folgende Jahr Wirkung haben soll, mindestens sechs Monate vor Ablauf des Jahres, also spätestens am 1. Juli geschehen, beispielsweise würde also schon am 31ten December 1862 dieser Vertrag sein Ende erreichen, wenn Herr Simon oder Abraham Oppenheim am 1. Juli 1862 von dem Kündigungsrechte Gebrauch machen sollte. Im Falle der hier sub a.) vorgesehenen Kündigung tritt die Liquidation des Geschäftes ein, welche alsdann die beiden Chefs Simon und Abraham Oppenheim in selbstständiger Weise allein und mit Ausschluß der beiden anderen Theilhaber zu besorgen haben. Es bleibt aber auf jedem der vorgenannten Chefs, welcher von dem Kündigungsrechte in der angegebenen Weise Gebrauch gemacht hat, die Wahl, auf die Liquidation zu verzichten, den anderen Theilhabern das Geschäft mit allen Activen und Passiven zur ferneren Fortführung zu überlassen, und sich mit denselben über das ihm gutkommende Gesellschafts-Kapital zu verständigen.

b.) die beiden Chefs Simon und Abraham Oppenheim können auch in gemeinschaftlichem Einverständnisse mit Beobachtung der sub a.) angegebenen Frist den beiden neu aufgenommenen Theilhabern Eduard u. Albert Oppenheim, so wie auch den Einen oder Andern derselben mit der Wirkung kündigen, daß derjenige, dem gekündigt werde, nur noch bis zu dem auf die Kündigung folgenden nächsten 31. December in der Gesellschaft bleibt. – Ebenso kann auch unter Beobachtung derselben Frist jeder der beiden jüngeren Theilhaber Eduard & Albert Oppenheim mittelst Kündigung mit dem Schlusse des auf die Kündigung folgenden 31. December aus der Gesellschaft ausscheiden. In dem Falle der einen oder andern sub b.) vorgesehenen Kündigung haben Eduard und Albert Oppenheim weder zusammen noch einzeln das Recht auf die Liquidation des Geschäftes anzutragen, sondern sie haben nur den Saldo ihres Guthabens zu beanspruchen, wie solches sich aus ihren Folien im Conto-Current und Geheimbuche ergiebt. Es soll ihnen indessen auch frei stehen, ihren ratirlichen Antheil an Effecten, Actien, Obligationen zu den in der letzten sie betreffenden Bilanz aufgenommenen Preisen zu übernehmen.

8° Durch den Tod des Einen oder Andern der Gesellschafter soll die Gesellschaft nicht aufgelöst werden. Der Antheil des Verstorbenen geht vorbehaltlich der im § 10 für den Todesfall des Herrn Abraham Oppenheim gegebenen besonderen Bestimmungen auf die Erben über, welche jedoch an der Geschäfts-Führung keinen Theil nehmen sollen und sich in solche in keiner Weise einmischen dürfen, indem vielmehr die Geschäfts-Führung vor wie nach bei den überlebenden Gesellschaftern nach Maaßgabe dieses Vertrages bleibt, so daß auch der Ueberlebende von den beiden Chefs Simon u. Abraham Oppenheim allein die Befugniß hat, welche früher beiden zusammen und jedem Einzelnen zugestanden. Die jährlichen Bilanzen haben aber die Erben des Verstorbenen zu unterzeichnen.

9° Sollte Herr Simon Oppenheim vor seinem Bruder Abraham Oppenheim sterben, so dürfen die Erben des Ersteren das von dem Erblasser bei dessen Tode im Geschäfte zurückgelassenen Capital, welches sich aus dem Geheimbuche ergiebt, weder ganz noch theilweise zurückziehen, so lange Herr Abraham Oppenheim Chef der Handlung ist, oder nach § 10 und 11 für sein Guthaben an dieselbe nicht vollkommen befriedigt sein sollte. Es geht dagegen sein Antheil am Geschäfte auf seine Frau Henriette, so lange sie lebt, über und nach ihrem Tode auf seine Söhne Eduard, Albert und Felix, für den Fall Letzterer bereits ins Geschäfte eingetreten ist, oder noch eintreten will.

10° Würde Herr Abraham Oppenheim während der Dauer dieses Vertrages vor seinem Bruder sterben, so geht sein Antheil vom Geschäfte auf seinen Bruder und dessen Söhne nach Verhältniß ihrer Betheiligung über. Die Erben des Herrn Abraham Oppenheim soll eine fernere Betheiligung an dem von dessen Todestage ab fortlaufenden Geschäfte nicht zustehen, und es soll die für das dem Sterbe-Jahre vorhergegangenen Jahr bereits gezogene, oder noch zu ziehende Bilanz, in Verbindung mit dem Conto-Current und Geheimbuche, als Grundlage des den Erben des Herrn Abraham Oppenheim als dann zustehenden Guthabens und Vermögens-Antheils an der Handlung dienen. Für die Befriedigung der Ansprüche der Erben des Herrn Abraham Oppenheim werden folgende Maaßnahmen und Termine bestimmt.

1.) Das auf dem Conto-Current Buche sich ergebende Guthaben ist jeder Zeit nach einer einmonatlichen Kündigung einforderbar.

2.) Für das auf dem Geheimbuche verzeichnete Guthaben wird die Befriedigung in folgender Weise gewährt.

A.	Es sollen sofort von allen in der Handlung vorhandenen Staats-Communal und industriellen Papieren, allen vorrähtigen Actien Hypotheken u.s.w. nach von in der letzten Bilanz aufgeführten Werthen, unter Zuziehung der Erben des Herrn Abraham Oppenheim, der Antheil des Letzteren seinen Erben in natura zugewiesen und überliefert werden. – Von dem auf dem Geheimbuche verzeichneten Guthaben des Herrn Abraham Oppenheim wird der Gesammtbetrag der vorstehend erwähnten, den Erben des Herrn Abraham Oppenheim zugetheilten und überlieferten Werthpapieren, Hypotheken u.s.w. nach dem letzten Bilanz-Werthe abgezogen, und das alsdann noch übrig bleibende Guthaben wird in folgender Weise zurückgezahlt:					
B.	1/4	6	Monate	nach	dem	Todestage
C.	1/4	12	"	"	"	"
D.	1/4	18	"	"	"	"
E.	1/4	24	"	"	"	"

und zwar Alles mit den Zinsen à 5 % pr. anno vom Todestage ab, in der Art, daß die Zinsen des jedesmaligen Guthabens jedoch erst am 31. December jeden Jahres an die Erben des Herrn Abraham Oppenheim berichtigt werden.

Es sollen indessen die Erben des Herrn Abraham Oppenheim, wenn Herr Simon Oppenheim denselben überleben sollte, gehalten sein, auf Verlangen des Letzteren ein Capital von fünfmal hunderttausend Thaler gegen 5 % Zinsen p^{r}. an^{no} gegen einen von der Firma Sal. Oppenheim jr. & C. auszustellenden Schuldschein auf Lebenszeit des Herrn Simon Oppenheim im Geschäfte zu belassen, in welchem Falle alsdann diese Summe auf die oben stipulirten letzten Terminzahlungen zu verrechnen sind. Nach erfolgtem Ableben des Herrn Simon Oppenheim müssen diese fünf mal hunderttausend Thaler mit Zinsen von den übrigen Theilhabern an die Erben des Herrn Abraham Oppenheim auf Verlangen innerhalb drei Monaten zurückbezahlt werden.

Immerhin bleibt es aber nach dem Tode des Herrn Abraham Oppenheim seinen ihn überlebenden Gesellschaftern freigestellt, den ganzen den Erben des Herrn Abraham Oppenheim nach der sub A. oben vorgesehenen Theilung nach gut kommenden Betrag, und, nach etwa schon geleisteten Zahlungen, den Rest derselben nach dreimonatlicher Kündigung mit Zinsen à 5 % p^{r}. an^{no} zu bezahlen.

11° Herr Abraham Oppenheim erklärt hiermit seinen ausdrücklichen Willen, falls er seinen Bruder Simon Oppenheim überleben sollte, von diesem Zeitpunkte ab nur noch vier Jahre im Geschäfte verbleiben zu wollen, und verpflichtet sich nach Ablauf dieses Zeitraumes aus der Gesellschaft auszuscheiden und den Erben von Simon Oppenheim in männlicher Linie, nähmlich den Herren Eduard, Albert und Felix Oppenheim, für den Fall Letzterer bereits ins Geschäfte eingetreten ist, oder noch eintreten will, zu gleichen Theilen seinen Antheil am Geschäfte zu überlassen resp. die Handlung zu übergeben.

Herr Abraham Oppenheim wird im Laufe dieser Zeit succesive jedes Jahr den ratirlichen Theil, also ein Viertel seiner sämmtlichen im Geschäfte ruhenden Kapitalien nebst den Zinsen des abgelaufenen Jahres aus dem Geschäfte zurückziehen, so daß er nach Ablauf von vier Jahren bei seinem Ausscheiden aus der Handlung für sein ganzes Guthaben befriedigt ist. – Sollte Herr

Abraham Oppenheim im Laufe der vier Jahre sterben, so sollen die Erben desselben für das dem Herrn Abraham Oppenheim von der Handlung alsdann noch geschuldete Capital an die im § 10 vorgesehenen Maaßnahmen und Termine gebunden sein, jedoch nur unter der Bedingung, daß die Kapitalien der übrigen Associés der Handlung zusammen bleiben müssen und nicht eher herausgezogen werden dürfen, bis die Erben von Abraham Oppenheim von der Handlung Sal. Oppenheim jr. u. & C. vollständig befriedigt sind.

Herr Abraham Oppenheim behält nach dem Tode seines Bruders während der vier Jahre, die er alsdann noch im Geschäfte bleibt, wie dieses oben bestimmt ist, allein die obere Leitung des ganzen Geschäftes, und bleiben namentlich die darauf bezüglichen Paragraphen 2, 3 & 6 bis zu seinem Austritte in voller Kraft. Dagegen soll der § 7 dieses Vertrages, im Betreff der Kündigung, während dieser vier letzten Jahre außer Wirksamkeit treten.

Sollte Herr Abraham Oppenheim durch Krankheit oder sonst verhindert werden, die Leitung des Geschäftes bis zu dem Zeitpunkte, an welchem er sein Guthaben ganz zurückgezogen, fortzuführen, so verzichtet er auf die Ernennung eines Stellvertreters und kann in diesem Falle von beiden Theilhabern Eduard und Albert die Führung des laufenden Geschäftes zeitweise oder ganz übertragen. In einem solchen Falle darf jedoch keine Speculation irgend einer Art in Staats Papieren, Effecten, Waaren, industriellen Unternehmungen ohne specielle Autorisation des Herrn Abraham Oppenheim unternommen werden. Sollten die Herren Eduard und Albert Oppenheim zusammen oder einer von ihnen dieser letzten Bestimmung zuwider handeln, so fällt der daraus entstehende Verlust dem oder den Zuwiderhandelnden allein zur Last, während der darauf fallende Gewinn der Handlung zufällt.

So geschehen in vierfacher Ausfertigung, wovon Jeder der Contrahenten ein Exemplar erhält, zu Cöln den zehnten December achtzehnhundert einundsechszig.

Simon Oppenheim   A Oppenheim   Ed Oppenheim

Albert Oppenheim

Gesellschaftsvertrag von 1878 (Vertrag nach dem Tod Abrahams, Auflösung des Generationenkonflikts, deutlich freundlicher gegenüber der jüngeren Generation)

2. Nov. 1878

Zwischen den Freiherren Simon, Eduard und Albert von Oppenheim ist heute folgender neue Gesellschaftsvertrag, unter Aufhebung des früheren, verabredet und abgeschlossen worden.

§ 1.

In Folge des durch den Tod des Freiherrn Abraham von Oppenheim erfolgten Ausscheidens desselben aus der Firma Sal. Oppenheim j. & Cie, wird letztere von den überlebenden oben genannten Theilhabern vom 1. Januar 1879 ab für alleinige Rechnung weiter geführt, in der Weise, daß der eigentliche Chef, Frhr. Simon von Oppenheim mit 50 %, den beiden anderen Theilhaber Eduard und Albert Oppenheim mit je 25 % am Gewinn und Verlust der Handlung betheiligt sind. Der resp. Gewinn ergibt sich nach Verzinsung zu 5 % der Capitalien, welche die einzelnen Gesellschafter im Geschäft haben.

§ 2.

Die sämmtlichen Theilhaber berathen unter sich über alle neuen größeren Credite, sowie über Betheiligung an neuen Geschäften und Speculationen irgend welcher Art. So lange Frhr. Simon von Oppenheim Theilhaber im Geschäft bleibt, darf ohne seine Zustimmung kein Geschäft vorgedachter Art gemacht werden. Nach seinem Austritt ist dazu Einstimmigkeit der übrigen Theilhaber erforderlich.

Keiner der Gesellschafter darf unter irgend einem Vorwande Geschäfte für eigene Rechnung machen; ausgenommen von dieser Bestimmung ist nur Frhr. Simon von Oppenheim in soweit es die Verwaltung seines Privatvermögens betrifft.

Sollte Einer oder Mehrere der Theilhaber den in diesem § enthaltenen Vorschriften entgegen handeln, so soll der Gewinn der Handlung, die daraus etwa entstehenden Verluste aber ausschließlich dem oder den Zuwiderhandelnden zur Last fallen.

§ 3.

In jedem Jahre soll spätestens bis zum 31. März eine Bilanz per 31. Dec. a. p. gezogen werden. Bei Abschätzung der Activa soll als Grundsatz gelten, daß die einzelnen Posten möglichst nach ihrem vollen Werthe abgeschätzt werden, und zwar sollen alle börsenmäßigen Effecten zum Börsen Geldcours des 31. Dec. a. p. und alle industriellen Effecten möglichst nach ihrem inneren Werthe abgeschätzt werden. So lange Frhr. Simon von Oppenheim Theilhaber des Hauses bleibt, ist demselben nach vorher angehörter gutachtlicher Äußerung der übrigen Theilhaber, die definitive Festsetzung der Bilanz, resp. die Bestimmung des Werthes der Activa allein vorbehalten. Die Bilanz sowohl wie das Gewinn und Verlust-Conto werden jedes Jahr von allen Theilhabern unterschrieben.

§ 4.

Alle im letzten Gesellschaftsvertrage enthaltenen Bestimmungen über das Verhältniß zu den Erben des verstorbenen Theilhabers Frhr. Abraham von Oppenheim bleiben in Kraft.

§ 5.

Die sämmtlichen Tantiemen aller Theilhaber sollen dem Geschäft zu Gute kommen und werden bei Eingang auf Gewinn und Verlust Conto gebucht.

§ 6.

Der gegenwärtige mit dem 1. Januar 1879 beginnende Vertrag ist auf unbestimmte von Jahr zu Jahr laufende Zeit abgeschlossen, die Kündigung kann von Jedem der Theilhaber erfolgen, muß aber wenigstens sechs Monate vor Ablauf des Jahres in dem sie ihre Wirkung äußern soll, Statt gefunden haben.

Sollte nach erfolgter Kündigung keine Einigung über die Modalitäten, unter welchen der Austritt zu erfolgen hat, zu erzielen sein, so kann der Ausscheidende die Liquidation des Geschäftes verlangen.

So lange Frhr. Simon von Oppenheim Theilhaber der Firma ist, steht diesem allein das Recht zu, die Liquidation zu verlangen.

§ 7.

Sollte Frhr. Simon von Oppenheim während der Dauer dieses Vertrages mit Tode abgehen, so soll das Geschäfts-Haus in der großen Budengasse N° 8, welches bis dato alleiniges Eigenthum des Frhr. Simon von Oppenheim ist, in das Eigenthum der überlebenden Theilhaber übergehen, welche dagegen die Verpflichtung übernehmen, ihren nicht am Geschäft betheiligten Geschwistern, so lange diese leben, jährlich eine Rente von je M 1500,– auszuzahlen und zwar am 31. Dec. jeden Jahres. Diese Verpflichtung besteht für den Theil ihrer seeligen Schwester Emilie deren Kinder Margarite und Madeleine Deslandes gegenüber, und zwar bei Jeder für die Hälfte von M 750,–. Außerdem übernehmen die Frhr. Eduard und Albert von Oppenheim die Verpflichtung, ihren Oheim Dagobert Oppenheim bis zu seinem Tode im Hause gratis wohnen zu lassen, und das Haus selbst nur dann zu verkaufen, wenn das Geschäft aufhört.

§ 8.

Mit Schluss des Jahres, in welchen der Tod des Frhr. Simon von Oppenheim erfolgt, hören die Erben desselben auf, Theilhaber in der Firma Sal. Oppenheim jr & Cie. zu sein, und geht sein Antheil am Gewinn und Verlust zu gleichen Theilen auf die Frhr. Eduard und Albert von Oppenheim über. Dieselben werden alsdann unter Zuziehung ihres Schwagers Frhrn. Felix von Kaskel, resp. bei dessen Ableben des Herrn Arnold Oppenheim, und wenn auch dieser nicht mehr am Leben sein sollte, des Herrn Alexander Oppenheim aus Paris, in letzter Reihe des Herrn Adolph von Hansemann in Berlin, die endgültige Bilanz feststellen, und soll Freifrau Simon von Oppenheim verpflichtet sein, das Gesellschafts Capital, welches Frhr. Simon von Oppenheim auf Capital Conto gut hält, so lange sie lebt, der Firma als Commandit-Capital zu belassen. Dieses Commandit-Capital wird hiermit auf zehn Millionen Mark limitirt, so zwar, daß falls das oben gedachte Guthaben des Frhrn. Simon von Oppenheim auf Capital Conto die Höhe von zehn Millionen Mark nicht erringen sollte, dieser Betrag aus den anderen Vermögens-Objecten des Verstorbenen ergänzt werden müßte, während in anderen Falle, wenn dasselbe die Höhe von zehn Millionen Mark übersteigen sollte, der Überschuß baar heraus zu zahlen ist.

Freifrau Simon von Oppenheim erhält für ihre Commandit- Betheiligung keinen Antheil am Gewinn des Geschäftes, sondern nur eine feste Zins Vergütung von 5 % per annum in halbjährigen Raten am 30. Juni und 31. Dec. zahlbar, dahin gegen verpflichten sich die derzeitigen Theilhaber der Firma, derselben jeden Verlust, welchen sie an dem Commandit Capitale und den zugesicherten 5 % Zinsen erleiden könnte, aus ihrem Privatvermögen zu ersetzen.

Die Verpflichtung, das vorerwähnte Guthaben des Freiherrn Simon von Oppenheim im Betrage von zehn Millionen Mark als Commandit Capital der Firma Sal. Oppenheim jr & C. zu belassen, ist nach dem Tode von Freifrau Simon von Oppenheim für die sämmtlichen Erben derselben noch auf die Dauer von zehn Jahren von ihrem Todestage an gerechnet, unbedingt verbindlich, wie auch die F. Sal. Oppenheim jr & C. verpflichtet sind, den Erben, soweit sie darauf Anspruch haben, diese Capitalien mit 5 % per annum zu verzinsen und zwar in halbjährigen Raten, resp. denselben jeden Verlust, den sie an Capital und Zinsen erleiden könnten, aus ihrem Privatvermögen zu ersetzen.

Nach Ablauf dieser 10 Jahre ist der den Erben zukommende Betrag zu einem Drittel sofort, das zweite Drittel ein Jahr später und das letzte Drittel zwei Jahre später mit den ratirlichen Zinsen auszuzahlen.

Ausgenommen von dieser Rückzahlung ist der dem Freiherrn Felix von Oppenheim zukommende Betrag, welcher, so lange dieser lebt und die Firma Sal. Oppenheim jr & c. noch wenigstens von einem der Frhrn. Eduard und Albert von Oppenheim und eventuell Freiherrn Felix von Kaskel geleitet wird, nicht aus dem Geschäfte zurückgezogen werden darf. Sollte Freiherr Simon von Oppenheim seine Ehefrau überleben, so soll die vorerwähnte Verpflichtung der Erben, der Firma Sal. Oppenheim jr & Cie den Betrag von zehn Millionen Mark als Commandit Capital unter den angeführten Bedingungen zu belassen, vom 31. December des Sterbejahres von Frhrn. Simon von Oppenheim ab gerechnet werden.

§ 9.

Sollte Freiherr Eduard oder Albert von Oppenheim während der Dauer dieses Vertrages mit Tode abgehen, so geht der Geschäfts-Antheil des Verstorbenen auf dessen Ehefrau über. Mit Schluß des Sterbejahres soll alsdann unter Mitwirkung ihres Schwagers, des Freiherrn Felix von Kaskel, oder nach dessen Tode des Advokat Anwalts Esser II, die endgültige Bilanz zur Feststellung des Geschäfts Guthabens des Verstorbenen gezogen werden.

Die Wittwe des Verstorbenen tritt mit Schlusse des Sterbejahres aus der Firma als verantwortlicher Theilhaber aus, soll aber gehalten sein, das gesammte Geschäfts-Guthaben des Verstorbenen während der Dauer von fünf Jahren als Commandit Capital der Firma zu belassen. Findet während der Dauer dieser 5 Jahre keine neue Vereinbarung mit der Wittwe, resp. den Erben des Verstorbenen Statt, so muß das Geschäftsguthaben in drei jährlichen gleichen Raten, die erste sofort nach Ablauf der fünf Jahre, die zweite nach einem Jahr und die letzte nach zwei Jahren der Wittwe, resp. den Erben des Verstorbenen ausgezahlt werden.

Die Wittwe, resp. die Erben des Verstorbenen haben während der Dauer des Commandit Verhältnisses Anspruch auf den gleichen Antheil am Gewinn und Verlust wie derjenige des überlebenden Theilhabers, ohne sich indessen in irgend welcher Weis in die Geschäftsführung der Firma ein mischen zu dürfen, dagegen sind sie befugt, bei Aufstellung der jährlichen Bilanzen durch den Freiherrn Felix von Kaskel oder nach dessen Tode durch den Advokat Anwalt Esser II, oder eine andere Persönlichkeit, über welche sie sich mit dem überlebenden Geschäfts-Inhaber zu verständigen haben, mit zu wirken. Die betreffenden Bilanzen sind alsdann von der Wittwe, resp. nach ihrem Tode von der die Erben vertretenden Persönlichkeit mit zu unterzeichnen.

Außerdem soll den Söhnen des Verstorbenen, die Zustimmung der Mutter für jeden einzelnen Fall vorausgesetzt, das Recht vorbehalten bleiben, als verantwortlicher Theilhaber ins Geschäft einzutreten, die Betheiligung derselben am Gewinn und Verlust des Geschäftes muß indessen aus dem Gewinn-Antheilen des Verstorbenen bestritten werden. Der überlebende Theilhaber Frhr. Eduard oder Albert von Oppenheim bleibt alsdann der Chef des Hauses und sind demselben alle Befugnisse allein vorbehalten, welche nach diesem Vertrage dem Frhrn. Simon von Oppenheim zustehen.

Die Wittwe, resp. die Erben des Verstorbenen haben das Recht, die Auszahlung ihres jährlichen Gewinn-Antheiles und der Zinsen zu beanspruchen, insbesondere soll ihnen auch gestattet sein, die sofortige Auszahlung ihres Commandit Capitals, oder die Liquidation des Geschäftes zu verlangen, sobald die Hälfte des Commandit Capitals verloren gegangen sein würde.

§ 10.

Die Freiherrn Simon, Eduard und Albert von Oppenheim behalten dem Freiherrn Felix von Kaskel den Eintritt als Theilhaber in ihr Geschäft vor, sobald derselbe es wünscht. Letzterer muß indessen diesen Wunsch spätestens unmittelbar nach dem Tode des Frhrn. Simon von Oppenheim aussprechen und hat alsdann die Verpflichtung am 1ten Januar des kommenden Jahres seinen Eintritt zu bewerkstelligen. Erfolgt der Eintritt noch während der Zeit, daß Frhr. Simon von Oppenheim Theilhaber des Geschäftes ist, so wird dieser dem Frhrn. Felix von Kaskel die Hälfte seiner Betheiligung d. i. 25 % von Gewinn und Verlust des Geschäftes abtreten, während nach dem Tode desselben Frhr. Felix von Kaskel gleich den Frhrn. Eduard und Albert von Oppenheim 33 1/3 % Betheiligung von Gewinn und Verlust erhalten würde. Frhr. Felix von Kaskel soll indessen nicht das Recht haben, falls er demnächst wieder aus dem Geschäfte ausscheiden sollte, alsdann die Liquidation desselben zu verlangen.

So geschehen in dreifacher Ausfertigung, wovon jeder der Contrahenten ein Exemplar erhalten, zu Cöln am zweiten November achtzehnhundert achtundsiebenzig.

Simon Fhr. von Oppenheim

Frhr Eduard v Oppenheim

Albert von Oppenheim

Mit vorstehendem Vertrage, insoweit derselbe mich betrifft einverstanden

Henriette von Oppenheim

Gesellschaftsvertrag von 1904 (Umwandlung in eine KG)

VERTRAG.

Die Freiherren Eduard, Albert, Emil und Simon Alfred von Oppenheim sowie Herr Ferdinand Rinkel, alle in Cöln wohnend, die beiden ersteren Herren als Commanditisten, die drei letztgenannten Herren als persönlich haftende Teilhaber des Bankhauses unter der Firma Sal. Oppenheim jr. & Co. in Cöln, regeln das zwischen ihnen bestehende Gesellschaftsverhältnis durch den gegenwärtigen Vertrag, der schon vom 1. Januar 1904 ab Geltung haben soll und ergänzt wird durch den mit der Disconto-Gesellschaft Berlin geschlossenen Vertrag, welcher in den Briefen dieser Gesellschaft an das Bankhaus Oppenheim vom 26. und 28 Januar 1904, in dem Briefe des Bankhauses Oppenheim an die Disconto-Gesellschaft vom 1. Februar 1904 und in der Depesche und dem Bestätigungschreiben (sic) der Letzteren vom 2. Februar 1904 niedergelegt ist. Diese Briefe sind in Abschrift diesem Vertrage beigefügt.

§ 1.

Die Behandlung der Geschäfte wird wie folgt geregelt:

a). Geschäfte von 100,000.– M. und mehr bedürfen zu ihrem Abschlusse der Zustimmung sämtlicher persönlich haftenden Gesellschafter und mindestens eines der genannten Commanditisten.

b). Geschäfte unter 100,000 M. bedürfen zu ihrem Abschlusse der Zustimmung von mindestens zwei Gesellschaftern. In Fällen schneller Entscheidung soll von etwa abwesenden Teilhabern telegraphisches oder telephonisches Votum eingeholt werden.

c). Die vorbenannten beiden Commanditisten sollen durch tägliche Geschäftsauszüge über die jeweiligen Umsätze und Vorgänge unterrichtet werden.

Derjenige Teilhaber, der vorstehenden Bestimmungen zuwiderhandelt, ist der Gesellschaft aller ihr daraus entstehenden Schaden und Nachteil verantwortlich. Ergeben sich im Uebrigen bei der Geschäftsführung Meinungsverschiedenheiten, so sollen dieselben von den offenen Gesellschaftern und den Commanditisten gemeinschaftlich besprochen werden, und ist dann die Ansicht der Majorität massgebend.

Das in diesen Paragraphen für die heutigen Commanditisten vorgesehene Recht der Mitwirkung bei der Geschäftsführung geht auf ihre Erben nicht über.

§ 2.

Um die Geschäftsführung des § 1 zu erleichtern, werden sich die offenen Teilhaber thunlichst so einrichten, dass stets zwei von ihnen in den üblichen Geschäftsstunden im Bankhause anwesend sind. Die offenen Teilhaber werden sich unter einander über die für ihre Erholungsreisen zu wählenden Zeit verständigen und zwar möglichst schon im Anfange eines jeden Jahres.

§ 3.

Die offenen Teilhaber dürfen Geschäfte für eigene Rechnung nicht machen; sollten sie dem zuwiderhandeln, so ist die Gesellschaft berechtigt, jeden aus so solchen Geschäften erzielten Gewinn für sich zu beanspruchen. Unter vorstehendes Verbot fallen solche Geschäfte nicht, welche für die Teilhaber die Verwaltung des Vermögens der Ehefrau mit sich bringt; dieselben müssen aber soweit thunlich durch das Bankhaus Oppenheim bezw. dessen Vermittlung gemacht werden.

§ 4.

Die Einlagen der Freiherren von Oppenheim ergeben sich aus der per 1. Januar 1904 aufgemachten Bilanz; Herr Rinkel wird eine Einlage von 300,000 Mark machen.

Die Freiherren Emil und Simon Alfred von Oppenheim verpflichten sich, das ihnen seitens ihrer Eltern zufliessende Vermögen, soweit es nicht unbeweglich ist, dem Geschäfte zuzuführen bezw. darin zu belassen.

§ 5.

Die jährliche Bilanzen werden von den offenen Gesellschaftern aufgemacht und den beiden Commanditisten zur Genehmigung vorgelegt; sollte einer der beiden Commanditisten gestorben sein, so genügt die Genehmigung des überlebenden Commanditisten; die so genehmigte Bilanz ist für die Erben des verstorbenen Commanditisten unbedingt massgebend; sollten beide Commanditisten nicht mehr am Leben sein, so werden die Erben beider Commanditisten hinsichtlich der Prüfung und Genehmigung der Bilanz, wenn sie sich nicht mit den übrigen Gesellschaftern über eine andere Persönlichkeit verständigen haben sollten, durch den Herrn Justizrat Emil Schniewind in Cöln und nach dessen Tode oder bei sonstiger Verhinderung durch einen der Geschäftsinhaber der Disconto-Gesellschaft vertreten, welchen diese Gesellschaft selbst zu bestimmen hat.

§ 6.

Die Freiherren Eduard und Albert von Oppenheim behalten sich das Recht vor, das heute von ihnen benutzte Cabinet im Geschäftshause der Firma Sal. Oppenheim jr. & Co. auch weiterhin zu benutzen.

§ 7.

Folgende Renten, welche das Geschäftshaus betreffen und von der Firma zu tragen sind, sind an nachbezeichnete Personen, solange sie leben, wie bisher so auch weiterhin von dem Geschäfte zu leisten und auf Geschäftsunkosten zu buchen:

an	Baronin Emma Kaskel	M. 1,500.–
"	Baron Felix von Oppenheim	M. 1,500.–
"	Comtesse Marguerite D'Yanville	M. 750.–
"	Baronin Deslandes	M. 750.–

§ 8.

Im Falle des Todes der Commanditisten bleiben ihre Erben für das Sterbejahr noch in derselben Weise an Gewinn und Verlust beteiligt, wie es ihr Erblasser war. Für die Folge ermässigt sich dagegen ihr Gewinn- und Verlust-Anteil auf neun Prozent (9 %). Der dadurch frei werdende Anteil fällt den Freiherrn Emil und Simon Alfred von Oppenheim je zur Hälfte zu.

§ 9.

Sollte Herr Rinkel, der nicht Mitbesitzer der Firma ist, während der Dauer des Vertrages durch Tod aus der Gesellschaft ausscheiden, so wird das Unternehmen von den übrigen Gesellschaftern für alleinige Rechnung unter der bisherigen Firma fortgesetzt. Die Erben des Herrn Rinkel bleiben für das beim Ausscheiden laufende Jahr noch mit seiner Quote an Gewinn und Verluste beteiligt und erhalten alsdann ihr Guthaben, wie es sich aus der per Ablauf des Sterbejahres aufgemachten Bilanz ergiebt, baar ausbezahlt. Für die Erben ist die Bilanz massgebend, welche gemäss § 5 aufgestellt und genehmigt worden ist.

§ 10.

Sollte einer der Freiherren Emil und Simon Alfred von Oppenheim während der Dauer des Vertrages mit Tode abgehen, so werden ihre Erben Commanditisten und zwar mit demjenigen Guthaben, welches die bei Ablauf des Sterbejahres aufgemachte Bilanz nachweist. Für das Sterbejahr behalten sie den Gewinn- und Verlust-Anteil ihres Erblassers; für die Folge ermässigt sich derselbe auf neun Prozent (9 %). Für die Erben der beiden Genannten ist die Bilanz gemäss § 5 massgebend.

§ 11.

Stirbt einer der heutigen offenen Gesellschafter so soll ein neuer Gesellschafter aufgenommen werden, wenn dies von den überlebenden offenen Gesellschaftern oder von den beiden heutigen Commanditisten oder von dem Ueberlebenden derselben oder von der Disconto-Gesellschaft verlangt wird. Ueber die Person des neuen Gesellschafters soll möglichst allseitiges Einverständnis erzielt werden; ist solches nicht zu erreichen, so soll die Entscheidung über die Person von der Disconto-Gesellschaft getroffen werden.

Im Falle der §§ 9 und 10 wächst der Gewinn- und Verlustanteil des Verstorbenen, soweit er nicht an die Erben fällt und auch nicht zur Ausstattung eines neuen Teilhabers verwandt wird, den überlebenden offenen Teilhabern im Verhältnis ihrer Gewinn- und Verlust-Quoten zu.

§ 12.

Für den Fall, dass die Freiherren Emil und Simon Alfred von Oppenheim beide während der Dauer dieses Vertrages mit Tode abgehen sollten, bleibt weitere Verständigung vorbehalten.

§ 13.

Der gegenwärtige Vertrag ist auf fünfzehn Jahre, vom 1. Januar 1904 ab gerechnet, geschlossen.

Zur Kündigung der Commanditeinlagen sind die Commanditisten mit einjähriger Ankündigung nur dann berechtigt, wenn die Hälfte des Geschäftskapitals und der Commanditeinlage von 10 Millionen Mark verloren gegangen ist.

§ 14.

Bei Beendigung des Gesellschaftsverhältnisses sind mangels anderweitiger Verständigung die Freiherren Emil und Simon Alfred von Oppenheim beziehentlich der Ueberlebende von ihnen berechtigt, behufs Abwendung der Liquidation das ganze Geschäft mit Activen und Passiven und der Firma zu übernehmen, wenn sie die Einlagen der übrigen Gesellschafter und das Guthaben der Disconto-Gesellschaft baar herausbezahlen oder, soweit dieselben bestehen bleiben sollen, die Befreiung der ausscheidenden Gesellschafter von ihrer Haftbarkeit für sie bewirken. Dasselbe gilt, wenn bei Ablauf des Vertrages beide genannten Herren noch leben und sie sich unter einander verständigen, dass nur einer von ihnen das Recht der Uebernahme des Geschäftes mit der Firma haben soll.

§ 15.

Der vorstehende Vertrag ist in fünf gleichlautenden Exemplaren ausgefertigt worden.

Cöln, den 12. Februar 1904.

Albert Frh. von Oppenheim — Frh. Eduard v. Oppenheim

Emil Frh. v. Oppenheim — S. Alfred Frh. v. Oppenheim — Ferdinand Rinkel

Holger Fleischer

§ 8 Die Siemens AG: Rechtliche Wegmarken von der Familien- zur Publikumsgesellschaft

Inhaltsübersicht

I. Einführung*

„Die im Jahre 1847 als offene Handelsgesellschaft gegründete, 1889 in eine Kommanditgesellschaft und 1897 in eine Aktiengesellschaft umgewandelte Handelsgesellschaft Siemens & Halske führt die Firma Siemens Aktiengesellschaft und hat ihren Sitz in Berlin und München", so lautet § 1 der aktuellen Satzung der Sie-

---

* Dieser Beitrag ist zuerst in AG 2019, 481 erschienen.

https://doi.org/10.1515/9783110733839-009

mens AG. Er fängt in wenigen Worten die Historie des heutigen Weltunternehmens ein, das dereinst in einem Berliner Hinterhof entstand. Eine nähere Beschäftigung mit diesem Unternehmen und seiner Entwicklung[1] lohnt sich nicht nur aus wirtschafts- und unternehmensgeschichtlicher Sicht. Sie verspricht auch und gerade unter gesellschaftsrechtlichen Aspekten wertvolle Einsichten, weil sein Werdegang die Vorzüge und Schwächen eines Familienunternehmens wie in einem Brennglas bündelt. Außerdem erlauben das reichhaltige Archivmaterial[2] und die Lebensbeschreibungen der drei Brüder Werner[3], Wilhelm[4] und Carl Siemens[5] einen seltenen Blick hinter die Kulissen, der uns bei vielen Unternehmerfamilien verwehrt bleibt. Der vorliegende Beitrag richtet sein Hauptaugenmerk auf die überlieferten Gesellschaftsverträge und Satzungen sowie auf weitere Nebenabreden zwischen den Beteiligten. Er entspringt der doppelten Überzeugung, dass solche Dokumente in der rechtswissenschaftlichen Forschung bisher zu selten ausgewertet werden[6] und dass Fallstudien über Familien(aktien)gesellschaften[7] ein vielversprechendes Forschungsinstrument bilden.[8]

---

1 Materialreiche Gesamtdarstellungen bieten etwa *Feldenkirchen*, Siemens: Von der Werkstatt zum Weltunternehmen, 1997, und aus der familiären Binnensicht *Georg Siemens*, Der Weg der Elektrotechnik. Geschichte des Hauses Siemens, 2. Aufl. 1961, Bd. I: Die Zeit der freien Unternehmung 1847–1910; Bd. II: Das Zeitalter der Weltkriege 1910–1945; früh schon *Ehrenberg*, Die Unternehmungen der Brüder Siemens. Bd. I: Bis zum Jahre 1870, 1906.

2 Heute hauptsächlich im Siemens Historical Institute in Berlin verfügbar. Das Siemens-Archiv wurde als eines der ersten Unternehmensarchive in Deutschland im Jahre 1907 gegründet; näher dazu *Feldenkirchen*, Archiv und Wirtschaft 40 (2007), 177 ff.

3 *Werner von Siemens*, Lebenserinnerungen, 1. Aufl. 1892, hier zitiert nach der von *Feldenkirchen* herausgegebenen 19. Aufl. 2008; *Bähr*, Werner von Siemens, 1816–1892, 2016; *Feldenkirchen*, Wilfried Werner von Siemens. Erfinder und internationaler Unternehmer, 2. Aufl. 1996; *Heintzenberg*, Aus einem reichen Leben. Werner von Siemens – In Briefen an seine Familie und Freunde, 2. Aufl. 1953; *Matschoß*, Werner von Siemens. Ein kurzgefasstes Lebensbild neben einer Auswahl seiner Briefe, 2 Bde., 1916; *Nathalie von Siemens*, Werner von Siemens. Der brodelnde Geist, 2. Aufl. 2016; *von Weiher*, Werner von Siemens – Ein Leben für Wissenschaft, Technik und Wirtschaft, 2. Aufl. 1974.

4 *Pole*, Wilhelm Siemens, 1890; *König*, Sir William Siemens, 2020.

5 *Lutz*, Carl von Siemens, 1829–1906, Ein Leben zwischen Familie und Weltfirma, 2013.

6 Eindringlich dazu am Beispiel der *Rockefeller*-Familie und des Standard Oil Trust Agreement von 1882 *Fleischer/Horn*, RabelsZ 83 (2019), 507.

7 Monographisch *Rothärmel*, Gestaltungsfreiheit der Familiengesellschafter im deutschen und US-amerikanischen Aktienrecht, 2006.

8 Allgemein zu Familienunternehmen jüngst etwa *Vogt/Fleischer/Kalss* (Hrsg.), Recht der Familiengesellschaften, 2017; grundlegend *Kalss/Probst*, Familienunternehmen. Gesellschafts- und zivilrechtliche Fragen, 2013; für eine historisch-vergleichende Standortbestimmung *Fleischer*, NZG 2017, 1201.

II. Gesellschaftsgründung und Entstehung eines Familienunternehmens

1. Gründung der Telegraphen-Bauanstalt Siemens & Halske (1847)

Am Anfang stand der Zeigertelegraph. Werner von[9] Siemens (1816–1892), der bei der preußischen Armee eine ingenieurwissenschaftliche Ausbildung genossen hatte, konstruierte ihn im Jahre 1847 mit denkbar einfachen Mitteln[10] und schuf damit eine wesentliche Voraussetzung für den Siegeszug der Telegraphentechnik in der zweiten Hälfte des 19. Jahrhunderts. Die mechanische Verbesserung des Geräts überließ er dem Feinmechaniker Johann Georg Halske, den er aus der Berliner Physikalischen Gesellschaft kannte. Er überredete ihn, sich von seinem bisherigen Kompagon zu trennen und mit ihm, Siemens, eine „Telegraphen-Bauanstalt" zu gründen. Die Gelegenheit hierfür schien ihm günstig, weil er bereits in aussichtsreichen Verhandlungen für einen Großauftrag mit der preußischen Telegraphenverwaltung stand. Das erforderliche Startkapital schoss sein reicher Vetter (Johann) Georg Siemens zu.[11] Schnell und unbürokratisch gründeten alle drei ein Unternehmen[12] und setzten am 1. Oktober 1847 ihre Unterschriften unter einen handgeschriebenen OHG-Vertrag: der „Mechanikus Halske", der „Artillerielieutenant Werner Siemens" und der „Justizrath Georg Siemens".[13]

Bei Vertragsschluss gab es noch keine gesetzliche Regelung für die OHG; das Allgemeine Deutsche Handelsgesetzbuch (ADHGB) mit seiner umfassenden Kodi-

9 Im Jahre 1888 von Kaiser Friedrich III. (wider Willen) in den Adelsstand erhoben; dazu *Bähr* (Fn. 3), S. 412: „Die Meldung löste bei ihm keinen Jubel aus. Er hatte die Verleihung des Adelstitels nicht beantragt, der Hof hatte bei ihm auch nicht angefragt. Werner fühlte sich überrollt, ja düpiert."

10 Anschaulich Werner Siemens in einem Bericht an seinen Bruder Wilhelm: „Mein Telegraph gebraucht nur einen Draht, kann dabei mit Tasten wie ein Klavier gespielt werden und er verbindet mit der größten Sicherheit eine solche Schnelligkeit, daß man fast so schnell telegraphieren kann, wie die Tasten nacheinander gedrückt werden. Dabei ist er lächerlich einfach und ganz unabhängig von der Stärke des Stroms."; wiedergegeben bei *Feldenkirchen*, Einführung zu Werner von Siemens, Lebenserinnerungen (Fn. 3), S. 10.

11 Dazu *Natalie von Siemens* (Fn. 3), S. 83: „Er übernimt die Rolle des Business Angel und steuert 6842 Taler bei. Das ist ungefähr die Summe, die man heute als Stammkapital bei der Gründung einer GmbH braucht."

12 Dazu *Feldenkirchen* (Fn. 10), S. 11: „Die schnelle und unbürokratische Gründung eines Unternehmens und seine Finanzierung mit der Hilfe von wohlhabenden Verwandten sind typische Erscheinungen der frühen Industrialisierungsphase."

13 Gesellschaftsvertrag vom 1. Oktober 1847, in Siemens-Archiv-Akte (SAA) 21/Li 53.

fikation der OHG in den Artt. 85–149 sollte in Preußen erst 1861 in Kraft treten. Infolgedessen mussten die Gesellschafter alle wesentlichen Fragen selbst regeln. Ihr Vertrag umfasste insgesamt zehn Paragraphen, war übersichtlich gegliedert und juristisch präzise abgefasst. Man darf wohl annehmen, dass er aus der Feder von Georg Siemens stammt, der Notar und Rechtsanwalt beim Preußischen Obertribunal in Berlin war. Zum Unternehmensgegenstand verlautete der Vertrag, man werde „eine mechanische Werkstatt, hauptsächlich zur Fabrikation und Ausführung elektrischer Telegraphen, doch ohne Ausschließung anderer Arbeiten" anlegen (§ 1). Es folgten Vorschriften zu den Gesellschaftereinlagen und -beiträgen: „Werner Siemens übergiebt der Compagnie das ihm für Preussen ertheilte Patent auf einen neuen Telegraphen und verzichtet auf jede alleinige Nutzbarmachung desselben." Er werde ferner für alle Aufträge mit seinen persönlichen Kräften Rechnung tragen und sich dem Unternehmen fortdauernd widmen (§ 2). „Der Mechanikus Halske giebt sein bisher betriebenes Geschäft auf, und widmet seine ganze Thätigkeit dem neuen Unternehmen" (§ 3). „Der Justizrath Georg Siemens übernimmt die Beschaffung der nöthigen Geldmittel, welche auf 10,000 rt veranschlagt werden" (§ 4).

Der Gesellschaftsvertrag wurde – wie früher bei vielen Familiengesellschaften üblich[14] – nur für eine begrenzte Zeitspanne abgeschlossen: „Die Dauer des Contracts wird auf 8 Jahre festgestellt" (§ 5). Ein Gesellschafter sollte mit einer Frist von einem halben Jahr kündigen können und dann auf eine Barabfindung verwiesen werden. Über die Abfindungshöhe sollten nicht staatliche Gerichte, sondern zwei Schiedsrichter entscheiden (§ 5). Von dem Gewinn sollten Halske und Werner Siemens jeweils zwei Fünftel, Georg Siemens ein Fünftel erhalten (§ 6). Die Leitung der Gesellschaft oblag Halske und Werner Siemens gemeinschaftlich; ersterer übernahm die „specielle Leitung der inneren Fabrication", letzterer die Leitung der Arbeiten außerhalb der Werkstätten (§ 7). Eine genaue Buchführung über alle Ausgaben und Einnahmen sollte halbjährig abgeschlossen und von allen drei Gesellschaftern unterzeichnet werden (§ 8). Im Falle des Todes eines Gesellschafters sollten dessen Erben für ihn in die Gesellschaft eintreten (§ 9). Für Verkäufe der Erfindung des Werner Siemens sollte dieser ein Drittel des Gewinns vorab erhalten, die übrigen zwei Drittel sollten in die Gesellschaftskasse fließen. Spätere Erfindungen oder patentfähige Verbesserungen sollten als Eigentum der Gesellschaft angesehen und verwertet werden (§ 10).

Die erste Werkstatt befand sich auf einem gemieteten Grundstück in der Schöneberger Straße 19 nahe dem Anhalter Bahnhof in Berlin-Kreuzberg. Werner Sie-

---

14 Näher *Lutz*, Die rechtliche Struktur süddeutscher Handelsgesellschaften in der Zeit der Fugger, Bd. I, 1976, S. 209 ff. unter der Zwischenüberschrift „Der Grundsatz der Vertragsbefristung".

mens wohnte dort im Erdgeschoss, Halske im zweiten Stock; im ersten Stock wurde auf 150 Quadratmetern eine Werkstatt mit drei Drehbänken und einer Belegschaft von zehn Arbeitern eingerichtet.[15] Im Geschäftsverkehr trat die Neugründung einstweilen nur als „Werkstatt Halske" in Erscheinung, solange Werner Siemens noch Offizier der Telegraphenkommission des Generalstabs war.[16] Erst vier Jahre später firmierte sie unter „Telegraphen-Bauanstalt Siemens & Halske".

2. Aufnahme von Carl Siemens als Gesellschafter (1855)

Das junge Unternehmen florierte zunächst durch einen staatlichen Großauftrag zum Bau einer über 500 Kilometer langen Telegraphenlinie von Berlin nach Frankfurt am Main.[17] Als sich die Kontakte zur preußischen Telegraphenverwaltung abkühlten, sorgte das Russlandgeschäft für einen neuen Aufschwung, das Carl von[18] Siemens (1829–1906), ein jüngerer Bruder von Werner, aufgebaut hatte. Zum Jahresende 1854 schied Justizrat Georg Siemens aus der Gesellschaft aus und erhielt seinen Gesellschaftsanteil von inzwischen 60.000 Talern in sechs gleichen Jahresraten ausbezahlt.[19] Über die Gründe seines Ausscheidens lässt sich nur spekulieren. Manche Biographen vermuten, dass ihm die Risiken des Russlandsgeschäfts zusehends Sorge bereiteten,[20] andere verweisen auf persönliche Animositäten zwischen den Gesellschaftern und sehen in der Abfindungszahlung eine Art goldenen Handschlag.[21]

Durch Gesellschaftsvertrag vom 1. Januar 1855[22] führten die beiden verbliebenen Sozien das Unternehmen zusammen mit Carl Siemens als neuem Gesellschaf-

---

15 Vgl. *Georg Siemens* (Fn. 1), S. 19.

16 Ausführlicher *Bähr* (Fn. 3), S. 110 m. w. N.

17 Näher *Feldenkirchen* (Fn. 1), S. 29 f. mit der Erläuterung: „Siemens & Halske gelang es, die Linie rechtzeitig zur Wahl des preußischen Königs Friedrich Wilhelm IV. (reg. 1840–58) zum deutschen Erbkaiser am 28. März 1849 fertigzustellen. Als das Wahlergebnis noch in der Stunde seiner Verkündung von der Frankfurter Paulskirche aus nach Berlin übermittelt wurde, war dies eine vielbeachtete technische Leistung, die dem Unternehmen hohes Ansehen eintrug."

18 1895 vom letzten Zaren Nikolaus II. in den erblichen Adelsstand erhoben.

19 Dazu *Georg Siemens* (Fn. 1), S. 32 mit dem Zusatz: „[Z]u dieser großzügigen Regelung war man jetzt in der Lage."

20 Vgl. *Bähr* (Fn. 3), S. 183 f.

21 In diesem Sinne *Waller*, Studien zur Finanzgeschichte des Hauses Siemens, 1. Teil: 1840–1860, o.J., S. 23; s. auch *Bähr* (Fn. 3), S. 184: „Werner hatte sich schon bei Gründung nur aus Geldnot auf den Vertrag mit Johann Georg eingelassen. Er mochte nicht dessen ‚griesgrämiges Wesen, mit dem er sich und aller Welt die Laune verdirbt'."

22 Sozietätsvertrag vom 1. Januar 1855, SAA Z 21.

ter fort (§ 1).[23] Dieser sollte „speciell die Leitung des Russischen Geschäfts" übernehmen und war gehalten, „wichtige Fragen desselben seinen Associés mitzutheilen und ihre Ansicht darüber einzuholen" (§ 2). Als Anerkennung für seine außergewöhnlichen Leistungen in Russland erhielt er ohne eigene Kapitaleinlage einen Gesellschaftsanteil von 20 Prozent; außerdem standen ihm jährlich 3.000 Silberrubel für allfällige Repräsentationsaufwendungen in St. Petersburg zu (§ 4).[24] Der neue Gesellschaftsvertrag sah eine Laufzeit von zwölf Jahren vor (§ 6).

3. Der Gesellschaftsvertrag von 1867: Siemens wird zum Familienunternehmen

Nach dem Wegfall der preußischen Staatsaufträge forcierte Siemens & Halske vor allem das Auslandsgeschäft. In Russland schlossen sich an den Bau ausgedehnter Telegraphenlinien höchst lukrative Wartungsverträge an. Einen weiteren Schwerpunkt bildete England, wo Wilhelm Siemens (1823–1883), ein weiterer Bruder von Werner, mit der Herstellung und Verlegung telegraphischer Tiefseekabel neue Geschäftsfelder eröffnete.

Die geschilderte Expansionsstrategie stieß allerdings im Gesellschafterkreis nicht auf ungeteilte Zustimmung. Vor allem Halske fürchtete die Risiken des Seekabelgeschäfts, die sich gelegentlich auch in verunglückten Kabelverlegungen niederschlugen. Zudem missfiel ihm das schnelle Wachstum im fernen Russland. Sein Unmut stieg weiter, als Carl Siemens dort verlustreiche Geschäfte mit Glas und Holz einging. Zwar schloss der Gesellschaftsvertrag von 1847 neben der Fabrikation und Ausführung elektrischer Telegraphen „andere Arbeiten" nicht aus, doch nahmen solche Nebengeschäfte nach Halskes Auffassung zunehmend überhand. Die Zeichen der Zeit standen daher auf Trennung, zumal Halske mit seinem Faible für sorgfältige Qualitätsarbeit der industriellen Massenfertigung nichts abgewinnen konnte.[25] Man schied nach zwanzigjähriger Zusammenarbeit 1867

23 Wörtlich hieß es dort: „Die Gesellschaft übernimmt alle Activa und Passiva, sowie alle Rechte und Verpflichtungen des bisher unter der Firma Siemens & Halske betriebenen Geschäfts, nach der Bilanz vom 1. Januar 1855 und führt dieselbe Firma fort."

24 Eingehend *Lutz* (Fn. 5), S. 96 ff. unter der Überschrift „Partnerschaft bei Siemens & Halske".

25 Dazu etwa *Werner von Siemens* (Fn. 3), S. 289: „[Halske] hatte Freude an den tadellosen Gestaltungen seiner geschickten Hand, sowie an allem, was er ganz übersah und beherrschte. [...] Halske betrachtete es als eine Entweihung des geliebten Geschäfts, daß Fremde in ihm anordnen und schalten sollten."

allerdings im Frieden: Halske beließ 360.000 Taler – 60 % seines Kapitalanteils – als Darlehen im Unternehmen, so dass dessen Fortbestand nicht gefährdet war.[26]

Die notwendige Umorganisation nach dem Auslaufen des Gesellschaftsvertrags von 1855 wollte Werner Siemens zur Formung eines reinen Familienunternehmens nach dem Vorbild des international weitverzweigten Bankhauses Rothschild[27] nutzen: „Mein leitender Gedanke zu diesen Vorschlägen war der, eine dauernde Firma zu stiften, welche vielleicht einmal später unter der Leitung unserer Jungens zu einer Weltfirma à la Rothschild [...] werden könnte und uns. Namen in Ansehen in die Welt bringt!“[28] Wilhelm Siemens zeigte sich von diesem Gedanken allerdings wenig begeistert – vielleicht auch deshalb, weil seine Ehe kinderlos geblieben war und er somit keine Aussicht hatte, eine „dauernde Firma“ an eigene Nachkommen zu vererben.[29] Nach langwierigen Diskussionen rauften sich die drei Brüder aber schließlich zusammen und schlossen am 24. August 1867 einen neuen Gesellschaftsvertrag mit einer Laufzeit von zwölf Jahren.[30] Er sah vor, das Berliner Geschäft von Siemens & Halske mit dem Londoner Geschäft der Siemens Brothers, von dem noch gesondert zu handeln ist[31], zu einem „Gesammtgeschäft“ zusammenzuführen (§ 1). Was damit juristisch genau gemeint war, lässt sich aus dem Vertragstext selbst nicht erschließen, sondern allenfalls aus den späteren Lebenserinnerungen von Werner Siemens.[32] Werner sollte unverändert die Geschäfte in Berlin leiten, Wilhelm das Londoner Geschäft und Carl von Tiflis aus den Bau der Indo-Europäischen Telegraphenlinie (§ 3). Zudem gestand Werner seinen Brüdern zu, dass sie auf eigene Rechnung weitere Geschäfte in Tiflis, London und Paris betreiben durften (§ 7). Außerdem kam er ihnen bei der Gewinnverteilung weit entgegen: Trotz seiner sehr viel größeren Kapitalbeteiligung beanspruchte er nur einen Gewinnanteil von 40 Prozent für sich, während Wilhelm 35 Prozent und Carl 25 Prozent des Gewinns erhalten sollten (§ 8). Als Lektion aus dem gerade noch einmal abgewendeten Liquiditätsabfluss bei Halskes Ausscheiden vereinbarte man, dass jeder Gesellschafter bei

---

26 Vgl. *Bähr* (Fn. 3), S. 254 f.; *Georg Siemens* (Fn. 1), S. 69.

27 Näher dazu und zum ersten Gesellschaftsvertrag von Mayer Amschel Rothschild mit seinen Söhnen vom 27. September 1810 *Ferguson*, Die Geschichte der Rothschilds, Bd. I, 2002, S. 103 f. und passim; für eine juristische Einordnung *Fleischer*, NZG 2017, 1201, 1205 f.

28 Brief an Carl Siemens vom 4.11.1863, zitiert bei *Lutz* (Fn. 5), S. 146.

29 So die Mutmaßung bei *Lutz* (Fn. 5), S. 146 f.; ganz ähnlich *Bähr* (Fn. 3), S. 253.

30 Gesellschaftsvertrag vom 24. August 1867, in SAA Z 21.

31 Dazu unter III 2.

32 Vgl. *Werner von Siemens* (Fn. 3), S. 399: „Es wurde ein Gesamtgeschäft gebildet, welches sie alle umfaßte. Jede Firma behielt ihre selbständige Verwaltung und Rechnungsführung, ihr Gewinn und Verlust wurde aber auf das Gesamtgeschäft übertragen, dessen Inhaber und alleinige Teilnehmer wir drei Brüder waren.“

einem etwaigen Ausscheiden zwei Drittel seines Kapitals als verzinsliches Darlehen im Unternehmen belassen muss (§ 10).

4. Ablösung durch den Gesellschaftsvertrag von 1880

Ende Dezember 1880 einigten sich Werner, Wilhelm und Carl Siemens, den (aus)laufenden Gesellschaftsvertrag – und mit ihm das „Gesammtgeschäft" – zu beenden und ihr Verhältnis auf eine neue Grundlage zu stellen.[33] Nach dem neuen Vertrag verfügte jeder von ihnen über Einzelvertretungsmacht für die gewöhnlichen Geschäfte; ungewöhnliche Geschäfte bedurften dagegen einer vorherigen Verständigung aller drei Gesellschafter (§ 5). An die Stelle des „Gesammtgeschäfts" trat eine „gemeinsame Capital-Verwaltung" mit Sitz in Berlin, die Elemente eines modernen Cash-Pooling-Systems vorwegnahm: „Dieselbe ist bestimmt, den in den Geschäften der Contrahenten jeweils unbenutzten Kapitalbestand zinstragend aber derartig unterzubringen, dass einem Kapitalbedürfnisse eines der Contrahenten oder des von ihm speciell geleiteten Geschäfts jederzeit schnellstens genügt werden kann" (§ 9). Außerdem wurden die Nachfolgefragen erstmals angesprochen: „Die Contrahenten sind damit einverstanden, daß die Söhne des Dr. Werner Siemens, der Sohn des Herrn Carl Siemens und eine von Dr. Wilhelm Siemens zu designirende Persönlichkeit demnächst als Theilhaber in das von ihrem Vater resp. von Dr. Wilhelm Siemens geführt Geschäft aufgenommen werden. Die Aufnahme muß erfolgen, sobald der Vater des Aufnehmenden bzw. Dr. Wilhelm Siemens sie hinsichtlich der von ihm zu wählenden Person verlangt" (§ 10). Der neue Gesellschaftsvertrag sah eine Dauer von sechs Jahren bis zum 31. Dezember 1897 vor (§ 11).

33 Abdruck des Gesellschaftsvertrages bei *von Weiher*, Die englischen Siemens-Werke, 1990, S. 197 f.; Wiederabdruck im Anhang unter IV.

III. Entstehen einer multinationalen Unternehmensgruppe

1. Siemens als Family Multinational

Von Familienunternehmen heißt es bis heute häufig, sie seien „reluctant internationalizers“[34]. Ein leuchtendes Gegenbeispiel bildet die Telegraphen-Bauanstalt Siemens & Halske, die fast von Beginn an eine Internationalisierungsstrategie verfolgte. Dies mag zum Teil an den Besonderheiten der noch jungen Elektroindustrie gegen Mitte des 19. Jahrhunderts gelegen haben, die auf eine Patentsicherung auch im Ausland bedacht sein musste.[35] Zudem legte der Markt für Telegraphenanlagen, der durch wenige staatliche oder halbstaatliche Großkunden geprägt war, eine internationale Ausrichtung nahe.[36] Strategisch setzte der Unternehmensgründer Werner Siemens dabei – ebenso wie die Medici und Fugger einige Jahrhunderte zuvor[37] oder die schon erwähnten Rothschilds[38] – auf die einende und disziplinierende Kraft der Familienbande: Wie bereits geschildert, übernahmen seine beiden Brüder und andere Verwandte Schlüsselstellungen an den ausländischen Siemens & Halske-Standorten. In Ermangelung moderner Überwachungsmöglichkeiten war dies ein naheliegender Weg, um allfällige Kontrollprobleme und Agenturkosten der ausgedehnten Auslandsaktivitäten abzumildern.[39] National und international hatte Siemens mit dieser frühen Veranke-

34 *Gupta*, in Lubinski/Fear/Pérez (Hrsg.), Family Multinationals, 2013, S. 21 m.w.N.

35 Dazu die Erläuterung von *Feldenkirchen* (Fn. 10), S. 16.

36 So *Feldenkirchen* (Fn. 1), S. 82.

37 Treffend schon *F.G.A. Schmidt*, Handelsgesellschaften in den deutschen Stadtrechtsquellen des Mittelalters, 1883, S. 8: „In der That sind gerade die grössten und berühmtesten Handelsgesellschaften des späteren Mittelalters auf dem Boden der Familie erwachsen, sie sind grosse, durch eine Reihe von Generationen hindurch fortgesetzte Ganerbschaften. [...]. Das enge Vertrauensband, das die Gesellschafter umschlang, gab diesen einen besonderen Halt und befähigte sie zu Unternehmungen, zu welchen nur auf Vertrag beruhende Gesellschaften nicht in gleichem Maße geeignet waren.“

38 Vgl. *Klein*, in Rödl/Scheffler/Winter (Hrsg.), Internationale Familienunternehmen, 2008, S. 1, 12: „Der Fall der Rothschild Brüder verdeutlicht, wie ein Unternehmen aufgrund der besonderen Beziehungen der Mitglieder untereinander international tätig werden kann. Dank eines hohen Grades an Vertrauen und eines geteilten Werteverständnisses war es ihnen möglich, in einer Zeit ohne Internet und Post, die über Nacht liefert, Risiken einzugehen und eine Vision zu verwirklichen, was bei einem Nicht-Familienunternehmen derart nie möglich gewesen wäre.“

39 Ebenso *Lubinski*, in Lubinski/Fear/Pérez (Fn. 34), S. 38: „By placing his brothers and other relatives in strategic positions in different countries, he hoped to profit from social ties, intimate trust-based relationships, and open lines of communication, thus – in modern management par-

rung in verschiedenen Ländern Maßstäbe gesetzt, wie der führende Managementforscher Peter Drucker nachdrücklich betonte: „The modern multinational corporation was invented in 1859. Siemens invented it because the English Siemens company had grown faster than the German parent."[40]

2. Auslandsniederlassungen und Auslandsgesellschaften

Intensivere grenzüberschreitende Tätigkeiten kann ein Unternehmen entweder durch ausländische (Zweig-)Niederlassungen oder durch eigene Tochtergesellschaften entfalten. Erstere sind rechtlich unselbstständig, erlauben also keine Haftungssegmentierung und firmieren im Tätigkeitsstaat als ausländische Rechtsform, letztere verfügen über einen eigenen Marktauftritt und eine klare gesellschaftsrechtliche und steuerliche Trennung.[41] Unter den frühen Auslandsaktivitäten von Siemens & Halske finden sich Beispiele für beide Vorgehensweisen:

Episode blieb die erste internationale Unternehmensbeteiligung von Siemens & Halske in Paris – die „Société pour la fabrication des appareils télégraphiques" –, bei deren Gründung der unerfahrene Carl Siemens im März 1852 von seinen beiden französischen Mitgesellschaftern übervorteilt wurde.[42] In St. Petersburg gründete man 1855 eine Niederlassung, die unter dem Namen „Contrahenten für den Bau und die Remonte der Telegraphenlinie im Kaiserreich Siemens & Halske" auftrat.[43] 1858 wurde eine weitere Filiale in Wien eröffnet, die unter Leitung eines angestellten Geschäftsführers das Telegraphengeschäft im österreichischen Eisenbahnbau ankurbeln sollte.[44] In London hatte Wilhelm Siemens schon früh eine Vertretungsagentur betrieben, die im Oktober 1858 in ein ei-

---

lance – reducing agency cost. When few modern communication and mobility technologies were available or in their infancy, this was a very reasonable – and perhaps indispensable – business strategy."

40 *Karlsgaard*, Peter Drucker On Leadership, Forbes vom 19.11.2004; dazu auch *Lutz* (Fn. 5), S. 321.

41 Zu diesen beiden Alternativen und ihren Vor- und Nachteilen aus heutiger Sicht *Teichmann*, in Hommelhoff/Schubel/Teichmann (Hrsg.), Societas Privata Europaea (SPE) – die europäische Kapitalgesellschaft für mittelständische Unternehmen, 2014, S. 39, 41 ff.

42 Dazu *Lutz* (Fn. 5), S. 73: „Es hätte vermutlich schon geholfen, wenn Carl bei der Ausarbeitung des Gesellschaftsvertrages vom März 1852 besser beraten worden wäre. Eine Partnerschaft mit mehreren Gesellschaftern, in der komplizierte internationale Patentrechte geregelt werden mussten, erforderte juristische Fachkompetenz und Verhandlungsgeschick."

43 Vgl. *Lutz* (Fn. 5), S. 97.

44 Näher *Kliendinst*, Siemens in Österreich. Der Zukunft auf der Spur, 2004, S. 28 ff.

genes Unternehmen überführt wurde: die „Siemens, Halske & Co.“[45], deren Partner Wilhelm und Werner Siemens sowie Halske waren.[46] Nach Halskes Ausscheiden im Jahre 1865 firmierte sie unter dem Namen „Siemens Brothers“. Ende Dezember 1880 lösten die drei Siemens-Brüder das im Gesellschaftsvertrag von 1867 vereinbarte „Gesammtgeschäft“ auf[47] und überführten „Siemens Brothers“ in eine *private company* namens „Siemens Brothers & Co. Ltd“[48], also keine Personen-, sondern eine Kapitalgesellschaft englischen Rechts.[49] Werner widerstrebte dies wegen seiner allgemeinen Abneigung gegen Aktiengesellschaften, doch erklärte er sich schließlich einverstanden, weil 97,5 % der Aktien in Familienhand blieben.

Was das Verhältnis der einzelnen Niederlassungen und Konzerngesellschaften zueinander anbelangt, hatte Werner Siemens schon früh als Richtschnur ausgegeben, dass die Berliner „Mama“ nicht die Kontrolle über ihre „Kinder“ verlieren dürfe.[50] Modern gesprochen sollte das Konzerninteresse den Einzelinteressen der Konzernglieder stets vorgehen.[51]

IV. Generationen- und Rechtsformwechsel

1. Dynastisches Denken und das Vorbild der Fugger

In einem Brief an seinen Bruder Carl vom ersten Weihnachtstag 1887 schrieb Werner Siemens, er habe von Jugend an für die „Gründung eines Weltgeschäftes à la Fugger“ geschwärmt, um auch den „Nachkommen Macht und Ansehen in der Welt“ zu verschaffen.[52] Von diesem dynastischen Denken und einem ausgepräg-

45 Deren Gesellschaftsvertrag ist nicht überliefert, wohl aber ein entsprechendes Memorandum der drei Gesellschafter; dazu *von Weiher* (Fn. 33), S. 186 f.

46 Vgl. *Lutz* (Fn. 5), S. 138.

47 Dazu bereits oben II 4.

48 Auszug aus dem Gründungsvertrag in deutscher Übersetzung bei *von Weiher* (Fn. 33), S. 112 mit folgender vorangestellter Erläuterung: „Die acht zeichnenden Teilnehmer – das englische Aktiengesetz für diesen Gesellschaftstyp der ‚private company‘ verlangt mindestens sieben – waren einmal die drei Brüder Werner, William und Carl Siemens, sodann Ludwig Löffler, dann Werners älteste Söhne Arnold und Wilhelm und Carls Sohn Werner Hermann, schließlich Alexander Siemens, ein entfernter Neffe. Das Grundkapital betrug £ 400 000, von dem £ 300 000, also 75 % eingezahlt waren.“

49 Näher *Bähr* (Fn. 3), S. 293 ff.; *Lutz* (Fn. 5), S. 231.

50 So Werner Siemens in einem Brief an seinen Bruder Carl von 1858, zitiert bei *Lutz* (Fn. 5), S. 140.

51 In diesem Sinne auch *Lutz* (Fn. 5), S. 140: „Vorrang vor den Erfolgen der Teilgeschäfte hatte für Werner immer die Entwicklung des Gesamtgeschäfts unter seiner Führung.“

52 Zitiert bei *Bähr* (Fn. 3), S. 423; in gekürzter Form auch bei *Lutz* (Fn. 5), S. 255.

ten Familiensinn[53] war er schon seit der Formung des Familienunternehmens im Jahre 1867 beseelt. Der Vergleich mit den Fuggern ist in verschiedener Hinsicht gut gewählt: Auch bei ihnen waren es drei Brüder – Ulrich, Georg und Jakob Fugger –, die mit ihrem Gesellschaftsvertrag von 1494[54] den Grundstein für ein weltumspannendes Firmenimperium legten. Auch bei ihnen waren die Familienbande besonders eng geknüpft; Jakob Fugger duldete in seiner rigorosen Familienpolitik keinerlei Ausnahme: „Fremdes Blut war aus der Leitung des Fuggerschen Unternehmens prinzipiell und ein für allemal ausgeschlossen."[55] In anderer Hinsicht zeigten sich freilich auch Unterschiede: Jakob Fugger, die treibende Unternehmerpersönlichkeit, war unter den drei Augsburger Brüdern mit Abstand der jüngste, während Werner Siemens der älteste der Siemens-Brüder war. Er übernahm nach dem frühen Tod der Eltern insbesondere für Carl die Rolle eines Ersatzvaters[56] und wirkte daher eher als eine Art Firmenpatriarch[57], zumal er Siemens & Halske auch gegründet hatte und seine beiden Brüder erst nachträglich hinzustießen: „Die Brüder Werner, Wilhelm und Carl standen nie in einem gleichrangigen Verhältnis zueinander. Werner war der Mittelpunkt des Geschwisterkreises und die maßgebliche Autorität."[58]

2. Umwandlung in eine Kommanditgesellschaft (1890)

Wie viele andere Unternehmensgründer vor und nach ihm[59] zeigte Werner Siemens auch im fortgeschrittenen Alter wenig Neigung, sich aus der Unternehmensführung zurückzuziehen. Obwohl seine Söhne Arnold und Wilhelm beide schon Mitte 30 und seit 1882 bzw. 1884 Teilhaber von Siemens & Halske waren[60], machte er trotz wiederholter Mahnungen seines zwölf Jahre jüngeren Bruders Carl mit über 70 Jahren noch keinerlei Anstalten, den Generationenwechsel zu vollzie-

---

53 Zusammenfassend *Bähr* (Fn. 3), S. 423: „das Familienprinzip als Fundament unternehmerischen Wirkens"; ähnlich *Nathalie von Siemens* (Fn. 3), S. 124: „Family First".

54 Abgedruckt bei *Jansen*, Jacob Fugger der Reiche. Studien und Quellen, Bd. I, 1910, Anhang, S. 263–268; eingehend dazu jüngst *Fleischer*, FS Bergmann, 2018, S. 183 ff.

55 *Strieder*, Jakob Fugger der Reiche, 1926, S. 85; ähnlich *Rehme*, ZRG (GA) 47 (1927), 487, 525.

56 Vgl. *Lutz* (Fn. 5), S. 39.

57 Vgl. *Feldenkirchen* (Fn. 1), S. 80: „Dem Selbstverständnis als Familien- und Firmenoberhaupt entsprach ein patriarchalischer Führungsstil, der zwar dem Fürsorgeprinzip verpflichtet war, im Gegenzug aber unbedingte Loyalität verlangte."

58 *Bähr* (Fn. 3), S. 432 f.

59 Vgl. *Felden/Hack*, Management von Familienunternehmen, 2014, S. 175 f. unter der Zwischenüberschrift „Der Betrieb als Lebenswerk des Übergebers".

60 Vgl. *Bähr* (Fn. 3), S. 393.

hen.[61] Immerhin stimmte er 1890 einer Umwandlung der bisherigen OHG in eine Kommanditgesellschaft zu.

Der handschriftlich verfasste „Gesellschafts- und Kommanditvertrag" von Siemens & Halske vom 8. und 10. Januar 1890[62] umfasst knapp 20 Seiten mit insgesamt 19 Paragraphen. Persönlich haftende Gesellschafter waren nun Carl Siemens und Werners Söhne Arnold und Wilhelm (§ 2). Die beiden letzteren sollten die Geschäfte alleine führen; für alle Handlungen, die der gewöhnliche Betrieb des Gewerbes mit sich bringt, hatten sie Einzelvertretungsmacht (§ 3). Werner wechselte von der Komplementär- in die Kommanditistenstellung, was nach dem damaligen Stand der gesellschaftsrechtlichen Dogmatik als Aus- und Eintritt konstruiert wurde: „Herr Geheimrath Dr. Werner von Siemens scheidet mit dem heutigen Tage als Mitinhaber der Firma Siemens & Halske zu Berlin [...] aus und tritt vom 1. Januar 1890 ab unter den weiter unten vereinbarten Bedingungen als Kommanditist in die genannten Firmen ein" (§ 1). Er blieb mit einer Einlage von 6,2 Mio. Mark (= 44,3 Prozent) am Gesellschaftskapital beteiligt (§ 6). Die Kapitalbeteiligung von Carl betrug 3 Mio. Mark, die von Arnold und Wilhelm je 2,4 Mio. Mark. Am Gewinn und Verlust der Gesellschaft waren Werner mit 35 Prozent, Carl mit 25 Prozent sowie Arnold und Wilhelm mit jeweils 20 Prozent beteiligt (§ 7). Außerdem unterschrieb Carls Sohn Werner Hermann den Vertrag, ohne selbst einen Kapital- oder Gewinnanteil zu erhalten. Die Dauer des Vertrages war auf zehn Jahre bis zum 31. Dezember 1899 festgesetzt (§ 9).

Trotz des offiziellen Abschieds aus der Geschäftsleitung wirkte Werner Siemens weiterhin tatkräftig mit.[63] Er hatte sich in allen richtungsweisenden Entscheidungen sein Einverständnis vorbehalten: „Ueber solche neue Unternehmungen, welche ein ungewöhnliches Risiko herbeiführen oder ein größeres als das gegenwärtige unten näher festgestellte Geschäftskapital erfordern, muß eine vorgängige Verständigung unter den drei offenen Gesellschaftern und dem neu eingetretenen Kommanditisten stattfinden" (§ 3 a. E.). Hinzu kamen weitere Mitsprache- und umfassende Informationsrechte (§ 13), so dass ein Biograph treffend

---

61 Näher *Lutz* (Fn. 5), S. 258.

62 Gesellschaftsvertrag vom 16. Januar 1890, in SAA 13085; Abdruck im Anhang unter V.

63 Vgl. *Lutz* (Fn. 5), S. 258: „Auch nach der offiziellen Übergabe der Geschäftsleitung an seine Söhne behielt Werner die Zügel fest in der Hand."; mit anderer Akzentuierung aber *Bähr* (Fn. 3), S. 419: „Natürlich nahm Werner weiterhin an den Geschäften Anteil, aber er machte keine Vorgaben mehr."; aus der Binnensicht *Werner von Siemens* (Fn. 3), S. 442: „Über mein eigenes Leben in den letzten Jahren bleibt mir noch anzuführen, daß ich seit dem Beginn des Jahres 1890 die Geschäftsleitung der Firma Siemens & Halske zu Berlin, Charlottenburg, Petersburg und Wien den bisherigen Sozien, meinem Bruder Carl und meinen Söhnen Arnold und Wilhelm überlassen habe und nur noch als Kommanditist an der Firma beteiligt bin."

resümierte: „[Werner Siemens] trat gewissermaßen aus dem Vorstand in den Aufsichtsrat über, denn ein Temperament wie das seinige löst sich nicht von heute auf morgen aus all den selbstgeschaffenen Bindungen.“[64] Testamentarisch verfügte er kurz darauf, dass sein Kommanditanteil zu gleichen Teilen an seine insgesamt sechs Kinder übergehen solle.[65]

V. Öffnung zum Kapitalmarkt

1. Wachstum und Finanzierung von Familienunternehmen

Verglichen mit anderen Unternehmen legen Familiengesellschaften häufig ein ungewöhnliches Finanzierungsverhalten an den Tag.[66] Dies hängt damit zusammen, dass sie neben unternehmensbezogenen auch familienorientierte Ziele verfolgen, insbesondere die Erhaltung der Unabhängigkeit und Kontrolle über das Familienunternehmen.[67] Um diese Ziele zu erreichen, legen sie typischerweise Wert auf eine hohe Eigenkapitalquote, konzentrieren sich auf interne Finanzierungsquellen und meiden eine externe Mitteleinwerbung. In einem dynamischen Marktumfeld geraten sie dadurch leicht in einen Zielkonflikt zwischen Wachstum und Einflusswahrung, den man als „growth versus control dilemma“[68] zu bezeichnen pflegt.

Ein Musterbeispiel für diesen Zielkonflikt bildete die Lage von Siemens & Halske seit Mitte der 1880er Jahre. Von einer Öffnung zur Kapitalmarktfinanzierung wollte Werner Siemens zeitlebens nichts wissen. Sein ganzes Trachten war darauf gerichtet, die Kontrolle über das Unternehmen in eigenen Händen zu halten und „kein Diener“ zu werden, schrieb er seinem Bruder Carl schon im Februar 1870.[69] Solange Siemens & Halske eine fast monopolartige Stellung in der deutschen Elektroindustrie innehatte, machten sich die eingeschränkten Möglichkeiten der Außenfinanzierung nicht negativ bemerkbar. Dies änderte sich jedoch mit der stürmischen Entwicklung des Starkstromgeschäfts, das auf der Entdeckung des dynamoelektrischen Prinzips durch Werner Siemens beruhte. Seine praktischen Anwendungen wie der Bau von Kraftwerken, Stromnetzen und elektrischen

---

64 *Georg Siemens* (Fn. 1), S. 132.
65 Vgl. *Feldenkirchen* (Fn. 1), S. 92; *Georg Siemens* (Fn. 1), S. 150.
66 Von einer „peculiar financial logic“ sprechen *Gallo/Tàpies/Cappuyns*, Family Business Review 17 (2004), 303; eingehend auch *Zellweger*, Managing the Family Business, 2017, S. 368 ff.
67 Monographisch *Schraml*, Finanzierung von Familienunternehmen, 2010, S. 58 ff. und 67 ff.
68 *Poutziouris*, Family Business Review 14 (2001), 277, 282.
69 Zitiert bei *Lutz* (Fn. 5), S. 247.

Straßenbahnen waren außerordentlich kostspielig und kapitalintensiv. Zudem wuchs mit den vielfältigen Möglichkeiten der Nutzung von Elektrizität auch die Zahl der Wettbewerber. Junge Unternehmen wie Felten & Guilleaume, die Nürnberger Schuckert-Werke und die Union-Electricitäts-Gesellschaft jagten Siemens & Halske rasch Marktanteile ab.[70]

Als schärfster Rivale erwies sich die stark expandierende „Allgemeine Electricitäts-Gesellschaft"[71], mit der Siemens & Halske anfangs noch kooperiert hatte.[72] Sie setzte auf moderne Management-Methoden[73] und verfügte als börsennotierte Aktiengesellschaft über enorme Finanzmittel[74], um ihren Wachstumskurs voranzutreiben: „Als Werner Siemens 1890 von der Leitung der von ihm gegründeten Firma zurücktrat, war Emil Rathenau der Generaldirektor der ‚Allgemeinen Electricitäts-Gesellschaft' (AEG), die Siemens an Kapitalkraft, Innovationsfähigkeit und Einfluß auf dem neu entwickelten Starkstrommarkt, bald auch an Zahl der Beschäftigten überlegen war."[75]

Siemens & Halske konnte da mit seiner vergleichsweise schmalen Kapitalbasis als Familienunternehmen kaum mehr mithalten. Anfang der 1890er Jahre musste das Unternehmen erstmals in seiner Geschichte eine hypothekarisch gesicherte Anleihe in Höhe von zehn Millionen Mark bei der Deutschen Bank aufnehmen, um den Ausbau des Starkstromgeschäfts zu finanzieren.[76] Dennoch blieben rechtsformbedingte Wettbewerbsnachteile gerade in jenen Jahren schmerzlich spürbar, in denen die Aufnahmefähigkeit des Kapitalmarkts für Elektrowerte unbegrenzt schien: „Die Aktiengesellschaften gingen dann einfach mit ihren Emissionen an die Börse, wo ihnen das Geld in Scheffeln entgegengebracht wurde; Siemens & Halske waren auf Bankkredite angewiesen."[77]

---

70 Vgl. *Lutz* (Fn. 5), S. 249.

71 Eingehend dazu *Kocka*, Tradition: Zeitschrift für Firmengeschichte und Unternehmerbiographie 17 (1972), 125 unter der Überschrift „Siemens und der aufhaltsame Aufstieg der AEG".

72 Vgl. *Bähr* (Fn. 3), S. 390 f.

73 Vgl. *Kocka*, Tradition: Zeitschrift für Firmengeschichte und Unternehmerbiographie 17 (1972), 125, 140: „[...] kollegiale Leitung, Stabsabteilungen, systematisiertes Informationswesen, arbeitsteilige, spezialisierte Entwicklungs- und Patentabteilungen, Dezentralisation, Ersetzung des persönlichen Fabrikherrenregiments durch indirektere, distanziertere, systematischere Führungstechniken".

74 Vgl. *Georg Siemens* (Fn. 1), S. 182.

75 *Kocka*, Tradition: Zeitschrift für Firmengeschichte und Unternehmerbiographie 1972, 125.

76 Vgl. *Feldenkirchen* (Fn. 1), S. 93; *Lutz* (Fn. 5), S. 271; beide mit unterschiedlichen Angaben dazu, ob die Anleihe 1890, 1893 oder 1894 aufgenommen wurde.

77 *Georg Siemens* (Fn. 1), S. 185.

2. Umwandlung in eine Aktiengesellschaft (1897)

Um gegenüber der Konkurrenz nicht vollends ins Hintertreffen zu geraten, lag es nahe, sich durch einen Rechtsformwechsel ebenfalls für den Kapitalmarkt zu öffnen. Wie schon geschildert, konnte Werner Siemens der Kapitalmarktfinanzierung indes partout nichts abgewinnen, weil er sie als eine Bedrohung für die Unabhängigkeit von Siemens & Halske ansah. Seine heutigen Biographen kreiden ihm dies als kardinalen Managementfehler an und kommen zu dem Schluss, dass seine ehernen Prinzipien aus der Frühzeit der Industrialisierung nicht mehr so recht in die Zeit des Kaiserreichs passten.[78] Noch weitergehend halten sie ihm vor, auch dann noch an den Mustern einer eigentümergeführten Personengesellschaft festgehalten zu haben, als das Unternehmen für einen derartigen Rahmen längst zu groß geworden sei.[79]

Nach Werner Siemens' Tod am 6. Dezember 1892 spitzte sich die Lage weiter zu: Die Firma Siemens & Halske sah sich „in einen wahren Hexensabbat von Gründungen, Spekulationen und gewagten Geschäften" versetzt, und „wenn sie nicht völlig überrannt werden wollte, mußte sie dabei irgendwie mittun"[80]. Vor allem der Bankier Georg von Siemens (1839–1901), Sohn des Siemens & Halske-Mitgründers (Johann) Georg Siemens und einer der Gründungsdirektoren der Deutschen Bank[81], machte seinem älteren Vetter Carl Siemens immer wieder deutlich, dass Banken einem Industrieunternehmen nur dann Großkredite gewähren, wenn sie tieferen Einblick in die Bücher erhalten und durch ihre Repräsentanten im Aufsichtsrat vertreten sind.[82] Diesen Einsichten vermochte sich Carl Siemens nicht länger zu verschließen, nachdem auch die Nürnberger Starkstromfirma Schuckert mit Erfolg an die Börse gegangen war. Im Juli 1894 schrieb er an seinen Mitgesellschafter Wilhelm Siemens, dass Aktiengesellschaften gegenüber Siemens & Halske klar im Vorteil seien, „weil sie so viele Teilnehmer haben, die für sie durch Dick und Dünn gehen"[83].

---

78 So etwa *Bähr* (Fn. 3), S. 437.

79 In diesem Sinne das Ergebnis der vielbeachteten Dissertation von *Kocka*, Unternehmensverwaltung und Angestelltenschaft am Beispiel Siemens 1847–1914, 1969; aufgenommen auch von *Bähr* (Fn. 3), S. 11 und dort kontrastiert mit dem ganz anderen Bild, das die technisch- und wissenschaftsgeschichtliche Forschung von Werner Siemens zeichnet, die ihn als weitsichtigen Unternehmer beschreibt.

80 *Georg Siemens* (Fn. 1), S. 185.

81 Zu ihm die Biographie von *Helfferich*, Georg von Siemens. Ein Lebensbild aus Deutschlands grosser Zeit, 3 Bände, 1921.

82 Vgl. *Georg Siemens* (Fn. 1), S. 186.

83 Brief vom 23.7.1894, zitiert bei *Lutz* (Fn. 5), S. 271.

Den letzten Anstoß zur Umwandlung in eine AG gaben dann weit gediehene Pläne von Emil Rathenau zur Verschmelzung seiner AEG mit der Union-Electricitäts-Gesellschaft.[84] Hierdurch hätte Siemens & Halske die Unterstützung fast aller Berliner Banken verloren.[85] Einen Ausweg aus dieser bedrohlichen Situation wies die Deutsche Bank mit Georg von Siemens an der Spitze: Sie erklärte sich bereit, die Verschmelzungspläne platzen zu lassen, indem sie ihre Mitwirkung versagte, sofern Siemens & Halske den längst überfälligen Rechtsformwechsel in eine AG vornehmen würde.[86] So geschah es denn auch: Am 3. Juli 1897, aber mit Wirkung vom 1. August 1896 wurde die „Siemens & Halske Aktien-Gesellschaft" im Wege der Sachgründung errichtet.[87]

Über die Einzelheiten der Gründung[88] unterrichtet § 40 der neuen Satzung: „Die Kommanditgesellschaft in Firma Siemens & Halske macht der Aktiengesellschaft eine auf das Grundkapital anzurechnende Einlage mit ihrem gesammten Geschäftsvermögen einschließlich des Firmenrechts" (Abs. 1). „Die Einbringung geschieht nach näherem Inhalt der behufs genauerer Feststellung gleichzeitig aufzunehmenden besonderen Verhandlung, welche einen integrierenden Bestandtheil dieses Gesellschaftsvertrages bilden soll, mit Rechten und Pflichten vom Ablauf des 31. Juli 1896 ab gerechnet, [...]" (Abs. 2). „Für die gesammte Einlage gewährt die Aktiengesellschaft, ausser der Uebernahme der in der besonderen bereits erwähnten Verhandlung näher festzustellenden Passiven, der Kommanditgesellschaft 28 000 Stück für vollgezahlt geltende Aktien der Aktiengesellschaft zum Nominalbetrage von im ganzen 28 000 000 Mark und zwar die No. 1–28 000" (Abs. 3). Weitere 7.000 Stück Aktien wurden von Mitgliedern der Familie Siemens gegen Bareinlagen zum Nennwert erworben, so dass sich das Gründungskapital auf 35 Mio. Mark belief.[89]

Die Satzung selbst, von der es verschiedene Versionen gibt[90], umfasst 45 Paragraphen auf 21 Druckseiten. Ihre Eckpunkte finden sich unter dem Titel I „Die

---

84 Vgl. *Feldenkirchen* (Fn. 1), S. 92 f.; *Georg Siemens* (Fn. 1), S. 186 f.

85 So ohne weitere Erläuterungen *Feldenkirchen* (Fn. 1), S. 93; *Georg Siemens* (Fn. 1), S. 187.

86 Vgl. *Georg Siemens* (Fn. 1), S. 187; eingehend auch *Kocka* (Fn. 79), S. 321 mit dem weiteren Hinweis: „Die Familie Siemens stimmte zu, und Georg Siemens trat aus dem Aufsichtsrat der AEG aus, um die Deutsche Bank als Hausbank der Firma S&H, in der er einst als juristischer Berater und Agent seine Karriere begonnen hatte, zu liieren."

87 Vgl. *Feldenkirchen* (Fn. 1), S. 93; *Georg Siemens* (Fn. 1), S. 187.

88 Ausführlich zu dem Gründungsvorgang und den einzelnen Gründungsdokumenten *S. Müller*, Aktiengesellschaften des 19. Jahrhunderts. Familienunternehmen zwischen Kapitalbedarf und Einflusswahrung, 2018, S. 67 ff.

89 Vgl. *Feldenkirchen* (Fn. 1), S. 93; *Georg Siemens* (Fn. 1), S. 187.

90 Dazu *S. Müller* (Fn. 88), S. 71: „Die eine Fassung findet sich im Gesellschaftsvertrag vom 18. Juni 1897 wieder. [...] Die nächste Fassung sind die Statuten mit Druckdatum aus dem Jahre

Gesellschaft im Allgemeinen": „Unter der Firma: ‚Siemens & Halske Aktiengesellschaft' wird eine Aktiengesellschaft errichtet, welche ihren Sitz in Berlin hat" (§ 1). „Zweck der Gesellschaft ist die Uebernahme und Weiterführung des Geschäftes der zu Berlin domizilierenden Kommanditgesellschaft in Firma Siemens & Halske, sowie der Betrieb von Fabriken und Unternehmungen jeder Art im Gebiete der angewandten Elektrotechnik" (§ 2). „Die Gesellschaft ist berechtigt, auf Beschluss des Aufsichsraths Filialen, Niederlassungen oder Kommanditen innerhalb und außerhalb Deutschlands zu errichten" (§ 3). „Die Dauer der Gesellschaft ist auf eine bestimmte Zeit nicht beschränkt" (§ 4). Endgültig vorbei war damit die bisherige Übung zeitlich begrenzter Gesellschaftsverträge.

3. Statutarische Sicherung des Familieneinflusses

Für die Zwecke dieses Beitrags besonders aufschlussreich sind die Satzungsbestimmungen im Titel 3 „Organisation und Verwaltung der Gesellschaft", weil sie veranschaulichen, wie die Familie Siemens ihren Einfluss durch kautelarjuristisches Geschick zu wahren vermochte.

Über den Vorstand schickt § 16 der Satzung zunächst vorweg: „Der Vorstand hat alle Rechte und Pflichten, welche dem Vorstand einer Aktien-Gesellschaft zustehen und obliegen." In Bezug genommen werden damit namentlich die Artt. 227–241 ADHGB in der Fassung von 1884. Aufhorchen lässt dann aber – zumindest aus heutiger Sicht – § 19, wonach der Vorstand „an die Bestimmungen des Statuts, an die Beschlüsse der Generalversammlung und an die Anweisungen des Aufsichtsrathes gebunden" ist. Diese Vorschrift ist Ausdruck der damaligen Organisationsfreiheit in Bezug auf die Leitungsverfassung der AG, zu der sich der Reformgesetzgeber von 1884 ausdrücklich bekannte[91]: Nach Art. 225 ADHGB konnten dem Aufsichtsrat neben der ihm zugewiesenen Überwachungsaufgabe (Abs. 1 Satz 1) in den Statuten weitere Befugnisse übertragen werden (Abs. 3),

---

1897, die laut Angabe am 3. Juli 1897 in das Handelsregister Berlin eingetragen wurden. [...] Die dritte Fasssung trägt als Druckjahr das Jahr 1898 und den handschriftlichen Vermerk ‚Originalbescheinigung'."

91 Vgl. Amtl. Begr. zum Aktiengesetz von 1884, abgedruckt bei *Hommelhoff/Schubert* (Hrsg.), Hundert Jahre modernes Aktienrecht, 1884, S. 460: „Daraus folgt indessen keineswegs die Nothwendigkeit, dem Aufsichtsrathe jede Beteiligung an der Verwaltung zu untersagen. Dies würde mit Recht dem Vorwurf begegnen, daß einer doktrinären Ansicht zu Liebe die realen Verhältnisse des Lebens nicht genügende Berücksichtigung fänden."

was in der Praxis auch häufg geschah.[92] In der zeitgenössischen Literatur hat man dem Aufsichtsrat daher eine gewisse „Janusköpfigkeit“[93] als Kontroll- und etwaiges Verwaltungsorgan attestiert. Der Vorstand, so das OLG Hamburg in einer Entscheidung aus dem Jahre 1887, könne dadurch „zum Exekutivbeamten des Aufsichtsraths herabgedrückt [werden], wenn er auch nach außen als gesetzlicher Vertreter der Gesellschaft fungirt“[94].

Vor diesem Hintergrund wird verständlich, dass sich der erste Aufsichtsrat der Siemens & Halske AG ausschließlich aus Familienangehörigen zusammensetzte: „Unsere Inhaber, die Herren Carl, Arnold und Wilhelm von Siemens, sowie Herr Werner von Siemens bilden den Aufsichtsrath der Gesellschaft.“[95] Als Aufsichtsratsvorsitzender fungierte Carl Siemens, den man als Seniorchef des Hauses zu bezeichnen pflegte[96] und der nach § 25 Abs. 1 der Satzung mit zusätzlichen Befugnissen ausgestattet war: „Der Vorsitzende des Aufsichtsraths hat zu jeder Zeit die Befugniss, die gesammte Geschäftsführung des Vorstands zu überwachen und demgemäss alle Bücher und Schriften der Gesellschaft einzusehen.“ Im Vorstand waren die Leiter der wesentlichen Geschäftsabteilungen vertreten. Den Vorsitz sollte auf Drängen der Deutschen Bank ein hoher Staatsbeamter und Verwaltungsfachmann übernehmen; nach langen Diskussionen verständigte man sich auf Tonio Bödiker, den ehemaligen Präsidenten des Reichsversicherungsamtes.[97]

Dass diese Satzungsregelungen zusammen mit der Ämterbesetzung dazu geeignet und gedacht waren, den Einfluss der Familie Siemens zu sichern, konnte niemandem verborgen bleiben.[98] Georg von Siemens war denn auch hell empört, als seine Vetter ihm den Satzungsentwurf erstmals vorgelegt hatten, und schrieb postwendend zurück: „Ich habe noch niemals eine solche Bremse gesehen wie diese Instruktion. Die Theorie des Gesetzes ist die, der Aufsichtsrat soll überwachen bzw. alles wissen, die Theorie des Geschäftsordnungsentwurfs von S&H ist, der Aufsichtsrat soll alles genehmigen, ohne ihn darf nichts geschehen, damit wird jede Jurisdiktion der Direktion vernichtet. Als Deutsche Bank würde ich abra-

92 Näher dazu *Passow*, Die Aktiengesellschaft, 2. Aufl. 1922, S. 387 ff. mit folgendem Resümee auf S. 433: „[...] so weisen doch – nicht contra legem, aber praeter legem – die Statuten fast aller Aktiengesellschaften dem Aufsichtsrat eine große Anzahl von Aufgaben der Leitung und Verwaltung zu und bekunden dadurch, daß die Männer der Praxis, die Gründer der Gesellschaften Wesen und Bedeutung des Aufsichtsrats in ganz anderem Lichte sahen.“

93 *Löwenfeld*, Das Recht der Actien-Gesellschaft – Kritik und Refomvorschläge, 1879, S. 283.

94 OLG Hamburg ZHR 20 (1889), 247.

95 Offizielle Mitteilung über die Umwandlung in eine Aktiengesellschaft vom 3. Juli 1897, zitiert nach *S. Müller* (Fn. 88), S. 182.

96 Vgl. *Lutz* (Fn. 5), S. 273.

97 Vgl. *Georg Siemens* (Fn. 1), S. 241.

98 Vgl. *Feldenkirchen* (Fn. 1), S. 93; eingehend *Kocka* (Fn. 79), S. 399 ff.

ten, sich mit einem so geführten Institut auf lange Abmachungen einzulassen."[99] Die Siemens-Brüder zeigten sich jedoch unbeeindruckt und antworteten: „Da wir den überwiegenden Anteil an dem Geschäftsvermögen vertreten [...], beanspruchen wir das Recht, nicht nur die Verwaltung, sondern den technischen Fortschritt zu kontrollieren, auf dem die Zukunft unseres Unternehmens und der Wert unseres Eigentums im wesentlichen basiert."[100] Sie setzten sich letztlich durch, weil sie angesichts der euphorischen Börsenstimmung ein Emissionskonsortium auch ohne Mitwirkung der Deutschen Bank hätten gewinnen können. Mit Blick auf die solchermaßen in Kraft getretene Satzung der Siemens & Halske AG resümierte ein Biograph rückblickend: „Damit war ein Novum in der deutschen Wirtschaftsgeschichte geschaffen. Eine Gesellschaft, deren Aktien bald eines der wichtigsten und repräsentativsten Börsenpapiere wurden, sah man von einer Familie beherrscht mit einem Oberhaupt wie in einer erblichen Monarchie."[101]

4. Weitere Entwicklung bis zum Ersten Weltkrieg

Die ersten Jahre nach der Umwandlung verliefen glänzend; von 1897 bis 1900 stieg der Umsatz um 60 Prozent.[102] Auch die große Krise in der Elektroindustrie von 1901 meisterte die Siemens & Halske AG ohne größere Probleme.[103] Sie verleibte sich mit den Schuckert-Werken sogar einen früheren Konkurrenten ein.[104] Die Niederlassung in St. Petersburg wurde im April 1898 in der „Russische Elektrotechnische Werke Siemens & Halske AG" verselbständigt und ebenfalls an die Börse gebracht.[105] Die weitere Expansion wurde über Aktien- und Anleiheemissionen finanziert[106], wobei Siemens & Halske aber vorsichtiger vorging als die konkurrierende AEG. Infolgedessen hielt die Siemens-Familie zu Beginn des Ers-

---

99 Zitiert nach *Feldenkirchen* (Fn. 3), S. 270 und *Lutz* (Fn. 5), S. 273; gleichsinnig *Georg Siemens* (Fn. 1), S. 189: „Der Vorstand werde zu Kommis degradiert."

100 *Georg Siemens* (Fn. 1), S. 189.

101 *Georg Siemens* (Fn. 1), S. 189 f.

102 So *Kleinschmidt*, Die Siemens-Rheinelbe-Schuckert-Union G.m.b.H., ein Beispiel heutiger Konzentrationsbewegung, 1927, S. 28.

103 Vgl. *Kleinschmidt* (Fn. 102), S. 29: „Die Siemens & Halske A.-G. und die AEG. blieben als einzige von schweren Erschütterungen verschont [...]."

104 Näher zur Gründung der Siemens-Schuckertwerke GmbH mit Sitz in Nürnberg *Feldenkirchen* (Fn. 1), S. 94 ff.

105 Vgl. *Lutz* (Fn. 5), S. 274.

106 Näher *Lutz* (Fn. 5), S. 274; ferner *Kocka* (Fn. 79), S. 397 f, wonach Siemens & Halske von 1897 bis 1914 50 Mio. Mark an Anleihen aufnahm.

ten Weltkrieges noch immer 64 Prozent des Aktienkapitals.[107] Auch in der Gewinnverwendung folgte Siemens & Halske nach wie vor den Gepflogenheiten von Familienunternehmen, indem sie zwei Drittel des Gewinns einbehielt.[108]

VI. Schaffung und Abschaffung von Mehrstimmrechten

1. Satzungsmäßige Begründung (1920/1942)

Durch den Ausgang des Ersten Weltkriegs hatte die Siemens & Halske AG ihr gesamtes Auslandsvermögen verloren.[109] In der Frühphase der Weimarer Republik kämpfte sie – wie die gesamte Industrie – mit der galoppierenden Inflation. Zur Überwindung von Liquiditätsengpässen legte sie schon im Frühjahr 1919 eine Anleihe über 20 Mio. Mark auf. Als das nicht reichte, beschloss eine außerordentliche Generalversammlung im Mai 1920, das Aktienkapital von 63 auf 126 Mio. Mark zu erhöhen. Um den Einfluss der Familie Siemens zu wahren[110], wurde durch Satzungsänderung festgeschrieben, dass die im Familienbesitz befindlichen Aktien 1 bis 9.500 auf Verlangen in Namensaktien mit 30fachem Stimmrecht umgewandelt werden konnten.[111] Solche Mehrstimmrechtsaktien waren nach § 252 HGB 1897 zulässig.[112] Erst das Aktiengesetz von 1937 erklärte Mehrstimmrechtsaktien in § 12 Abs. 2 Satz 1 grundsätzlich für unzulässig, doch konnte der Reichswirtschaftsminister im Einvernehmen mit dem Reichsjustizminister und den sonst beteiligten Reichsministern nach § 12 Abs. 2 Satz 2 Ausnahmen zulassen, wenn das Wohl der Gesellschaft oder gesamtwirtschaftliche Belange es forderten. Eine solche

---

107 Vgl. *Bähr* (Fn. 3), S. 439; *Kocka* (Fn. 79), S. 397 mit Fn. 57: „Von 1908–1920 besaß die Familie 40 Mill. oder 64 % eines konstanten Aktienkapitals der S&H AG von 63 Mill."; resümierend auch *S. Müller* (Fn. 88), S. 190 f.: „Auch wenn sich das einzele Aktienpaket in seinem Ausmaß nicht dauerhaft halten ließ, so führte jedenfalls die Umwandlung zur Aktiengesellschaft zu keinem Verlust des Einflusses der Familie Siemens. Durch das geschickte Vorgehen schaffte man es, das dringend zum Fortbestand des Unternehmens benötige Kapital zu beschaffen, ohne das Unternehmen beispielsweise an die Banken zu verlieren."

108 Dazu *Feldenkirchen* (Fn. 1), S. 93.

109 Näher dazu *Georg Siemens* (Fn. 1), Bd. 2, S. 45 f.

110 Vgl. *Feldenkirchen* (Fn. 1), S. 93; *Kleinschmidt* (Fn. 102), S. 29.

111 Vgl. *Kleinschmidt* (Fn. 102), S. 29.

112 Vgl. § 252 Satz 3 HGB 1897: „Werden mehrere Gattungen von Aktien ausgegeben, so kann der Gesellschaftsvertrag den Aktien der einen Gattung ein höheres Stimmrecht beilegen als den Aktien einer anderen Gattung."

Ausnahme wurde für die Stammaktien der Siemens-Familie bewilligt, die seinerzeit 4,75 % des Grundkapitals ausmachten. Diese wurden durch Beschluss der Hauptversammlung im Jahre 1942 in Namensaktien mit sechsfachem Stimmrecht umgewandelt, das allerdings nur bei bestimmten Beschlussgegenständen, insbesondere Strukturänderungen und Wahlen zum Aufsichtsrat, zum Tragen kam.[113]

Ein gleichzeitig abgeschlossener Treuhandvertrag „zu dem Zweck, die Verbundenheit der Familie von Siemens mit der Siemens & Halske AG noch enger zu gestalten und dieser Gesellschaft nach bewährter Tradition eine stetige Entwicklung zu sichern", sah eine Übertragung der Mehrstimmrechtsaktien auf einen Treuhänder vor. Dieser hatte gemäß § 5 Abs. 2 des Treuhandvertrages „unabänderlich sicherzustellen", „daß das mit den Aktien verbundene Mehrstimmrecht zum Besten der AG und der Gesamtheit ihrer Aktionäre ausgeübt wird".[114] Später ist dieser Treuhandvertrag durch einen Bindungs- und Treuhandvertrag ersetzt worden, der sicherstellen sollte, dass die Mehrstimmrechtsaktien ausschließlich im Besitz von Angehörigen der Familie von Siemens blieben, und wiederholte, dass der Treuhänder das Stimmrecht einheitlich zum Besten der AG und der Gesamtheit der Aktionäre ausüben sollte.[115]

Die noch engere rechtliche Koordinierung der Familieninteressen in Bezug auf Siemens & Halske erwies sich auch deshalb als notwendig, weil das Aktiengesetz von 1937 zu tief greifenden Machtverschiebungen zwischen Vorstand und Aufsichtsrat geführt hatte: Maßnahmen der Geschäftsführung konnten dem Aufsichtsrat nach § 95 Abs. 5 AktG 1937 nicht mehr übertragen werden: „[E]r kann namentlich nicht durch die Satzung zum Vorgesetzten des Vorstands gemacht werden."[116] Auch konnte der Aufsichtsrat die Bestellung zum Vorstandsmitglied nach § 75 Abs. 3 AktG 1937 fortan nur noch widerrufen, wenn ein wichtiger Grund vorlag. Die Steuerung der Unternehmensgeschicke über den Aufsichtsrat, wie sie die Siemens-Familie seit 1897 praktiziert hatte, war damit nicht mehr möglich.

2. Gesetzliche Abschaffung (1998)

Der Reformgesetzgeber des Aktiengesetzes von 1965 bestimmte in § 5 Abs. 1 EGAktG a. F., dass Mehrstimmrechte, die vor dem Inkrafttreten des Aktiengesetzes

---

113 Dazu LG München I ZIP 2001, 1959.

114 So die Wiedergabe in LG München I ZIP 2001, 1959.

115 Auch dazu LG München I ZIP 2001, 1959.

116 Amtl. Begr. zum AktG von 1937, abgedruckt bei *Klausing*, Gesetz über Aktiengesellschaften und Kommanditgesellschaften auf Aktien, 1937, S. 57.

rechtmäßig geschaffen worden sind, aufrechterhalten bleiben. Die Hauptversammlung konnte sie allerdings gemäß § 5 Abs. 2 EGAktG a. F. mit qualifizierter Mehrheit beseitigen, was im Fall Siemens jedoch nicht geschah. Die letzte Stunde schlug den Mehrstimmrechten der Familie Siemens daher erst durch das KonTraG von 1998[117], das in § 12 Abs. 2 AktG bündig anordnete: „Mehrstimmrechte sind unzulässig." Infolgedessen wurden die vinkulierten Namensaktien mit sechsfachem Stimmrecht durch Hauptversammlungsbeschluss vom Februar 1999 in nicht vinkulierte Inhaberstammaktien im Verhältnis 1 zu 1 umgewandelt. § 5 Abs. 3 Satz 1 EGAktG verpflichtete die AG, die Inhaber abgeschaffter Mehrstimmrechtsaktien zu entschädigen. Art und Höhe der Ausgleichspflicht blieben in der Hoffnung auf eine Konsenslösung gesetzlich ungeregelt. Im Fall Siemens ist eine Entschädigung ausgeblieben. Daher beschritt die Siemens Vermögensverwaltung GmbH, die aufgrund des Bindungs- und Treuhandvertrags als Treuhänderin für die Familienaktionäre fungierte, den Rechtsweg. Der Anteil der Stimmrechte am gesamten Grundkapital der Siemens AG belief sich damals auf einen Anteil von 1,55 %.

Vor Gericht erzielte die Siemens Vermögensverwaltung GmbH in erster Instanz einen Teilerfolg: Das LG München I entschied, dass das Stimmrecht einer Aktie grundsätzlich einen Geldwert besitze, und setzte für dessen Verlust im konkreten Fall einen – wenn auch geringen – Ausgleich von 0,70 Euro je beseitigtes Mehrstimmrecht fest.[118] Dem ist das BayObLG indes nicht gefolgt: Nach seiner Auffassung besteht eine Ausgleichspflicht nach § 5 Abs. 3 Satz 1 EGAktG nur dann, wenn ein besonderer Wert der beseitigten Mehrstimmrechte im Sinne einer konkreten Vermögensmehrung bei dem betroffenen Aktionär feststellbar ist.[119] Dies vermochte das Gericht nicht festzustellen. Auch das sog. Vergleichswertverfahren, bei dem aus der Marktbewertung von stimmberechtigten und stimmrechtslosen Aktien anderer Gesellschaften Rückschlüsse auf den Wert des Stimmrechts der verfahrensgegenständlichen Aktien gezogen werden, erbrachte nach Auffassung des BayObLG keine hinreichenden Anhaltspunkte für einen „Mehrwert".[120] In der Literatur ist dieser Richterspruch zum Teil auf heftige Kritik gestoßen.[121]

Heute hält die Siemens Vermögensverwaltung GmbH[122] zwar keine Mehrstimmrechtsaktien mehr, doch bündelt sie unverändert den Aktienbesitz der Sie-

---

117 BGBl. I, S. 786.

118 Vgl. LG München I ZIP 2001, 1959, 1960 f.

119 So BayObLG NZG 2002, 1016.

120 Vgl. BayObLG NZG 2002, 1016, 1019 f.

121 Eingehend dazu *Fleischer*, in Fleischer/Hüttemann (Hrsg.), Rechtshandbuch Unternehmensbewertung, 2. Aufl. 2019, § 20 Rn. 47 m. w. N.

122 Amtsgericht München HRB 2876.

mens-Familienaktionäre, der sich auf rund 6 % beläuft. Ihr Unternehmensgegenstand lautet nach § 2 der GmbH-Satzung: „Förderung der Interessen der Nachkommen von Werner von Siemens und Carl von Siemens, Förderung des Familienzusammenhalts sowie Verwaltung von Vermögensgegenständen von Mitgliedern und von Familienstiftungen der Familie Siemens, insbesondere Verwaltung von Aktien." Als Geschäftsführerin fungiert derzeit Nathalie von Siemens[123], eine Ur-Ur-Enkelin von Werner Siemens, die ihm kürzlich eine Biographie gewidmet hat[124] und seit 2015 im Aufsichtsrat der Siemens AG sitzt.

VII. Listing und Delisting an der New York Stock Exchange

Als letzten Schritt auf dem Weg zu einer international präsenten Publikumsgesellschaft hat die Siemens AG am 12. März 2001 den Sprung an die New York Stock Exchange (NYSE) gewagt. Vorangetrieben von dem damaligen Vorstandsvorsitzenden Heinrich von Pierer[125] und seinem Finanzvorstand Heinz-Joachim Neubürger[126], erhoffte sich das Unternehmen davon, die US-amerikanischen Aktien-Äquivalente (American Depositary Receipts, ADR) als Akquisitionswährung einsetzen zu können. Als weiterer Grund wurde das enorme Geschäftsvolumen von Siemens in den Vereinigten Staaten angeführt.[127]

Die hochfliegenden Erwartungen haben sich freilich nicht erfüllt. Im Gegenteil: Als die jahrelangen Schmiergeldzahlungen in Milliardenhöhe durch Siemens nach einer Großrazzia der Münchener Staatsanwaltschaft im November 2006 allmählich ans Tageslicht kamen[128], entpuppte sich die Zweitnotierung geradezu als desaströs, weil Siemens dadurch auch der strengen Börsenaufsicht der SEC unterworfen war. Strafzahlungen in Höhe von 800 Mio. Dollar und die Einsetzung

---

123 Zu ihr etwa *Hegmann*, Siemens-Dynastie setzt auf das Guardiola-Prinzip, Die Welt vom 27.2.2014.

124 Vgl. *Nathalie von Siemens* (Fn. 3).

125 „Für ein Unternehmen wie Siemens ist es ein Muss, hier in New York notiert zu sein.", zitiert nach FAZ vom 14.5.2014.

126 Zu seiner späteren Rolle bei der Aufarbeitung des Korruptionsskandals LG München I NZG 2014, 345 – Siemens/Neubürger; dazu *Fleischer*, NZG 2014, 321.

127 Wörtlich lautete das Listing Statement: „By listing on the New York Stock Exchange, the company [Siemens] aims to underscore the importance of the U. S. for its business and to gain a further acquisition currency for potential investments.", zitiert nach *Bessler/Kaen/Kurmann/Zimmermann*, Int. Fin. Markets, Inst. and Money 22 (2012), 1024, 1045.

128 Dazu etwa *Graeff/Schröder/Wolf* (Hrsg.), Der Korruptionsfall Siemens, 2009.

eines US-Monitor auch in Deutschland waren die Folge.[129] An einen Rückzug vom New Yorker Börsenparkett, den viele deutsche Unternehmen nach einer US-amerikanischen Gesetzesänderung im Jahre 2006 vollzogen[130], war einstweilen nicht zu denken: „Delisting presumably would have been perceived very negatively by U. S. prosecutors and impact its business with the U. S. government."[131]

Erst Mitte Mai 2014 kehrte die Siemens AG der NYSE den Rücken: Weniger als fünf Prozent des Handels mit Siemens-Aktien wurden zu diesem Zeitpunkt noch in New York abgewickelt.[132] Auch US-amerikanische Investoren nutzten überwiegend die Frankfurter Börse und die außerbörslichen elektronischen Handelsplattformen, so dass sich eine Zweitnotierung nicht mehr rentierte.

VIII. Schlussbetrachtung

Generationenübergreifende Fallstudien über Familienunternehmen bilden ein bisher zu selten genutztes Instrument der rechtswissenschaftlichen Forschung über Familiengesellschaften. Wie ergiebig sie sein können, veranschaulicht der rechtliche Werdegang der „Siemens & Halske Telegraphen-Bauanstalt" von einem frühen Start-up-Unternehmen des Jahres 1847 zum heutigen Weltkonzern mit zeitweiliger Zweitnotierung an der NYSE. Er führt dem Betrachter nicht nur das geschäftliche Auf und Ab der Gründergeneration, sondern auch typische Vorzüge und Schwächen von Familienunternehmen vor Augen – all dies in einem Zeitalter, das wie das heutige durch disruptive Erfindungen in der Kommunikationstechnologie geprägt war: „Die weltweiten Telegrafennetze bildeten das Internet des 19. Jahrhunderts."[133]

Wir werden Zeuge, wie sich die Bedürfnisse bei Siemens & Halske bezüglich des geeigneten Rechtskleides im Zeitablauf wandelten: An die Stelle der Offenen Handelsgesellschaft trat beim Generationenübergang nach langem Zögern die Kommanditgesellschaft, bei der sich der Unternehmensgründer Werner Siemens

---

129 Eingehend dazu *Bachmann*, in Fleischer/Thiessen (Hrsg.), Gesellschaftsrechts-Gesichichten, 2018, § 22, S. 691 ff. mw.N.

130 Näher *Bessler/Kaen/Kurmann/Zimmermann*, Int. Fin. Markets, Inst. and Money 22 (2012), 1024 unter dem Titel: „The listing and delisting of German firms on NYSE and NASDAQ: Were there any benefits?".

131 *Bessler/Kaen/Kurmann/Zimmermann*, Int. Fin. Markets, Inst. and Money 22 (2012), 1024, 1050.

132 Vgl. Handelsblatt vom 15.4.2014, S. 38.

133 *Lutz* (Fn. 5), S. 18 unter Hinweis auf *Standage*, The Victorian Internet. The Remarkable Story of the Telegraph and the Nineteenth Century's Online Pioneers, 1998; s. auch *Nathalie von Siemens* (Fn. 3), S. 27 f. unter der Zwischenüberschrift „Disruptive Power, wohin man blickt".

auf eine Kommanditistenstelle zurückzog. Erst nach dessen Tod und gegen seinen Willen folgte die Umwandlung in eine Aktiengesellschaft und der Gang an den Kapitalmarkt, vor dem viele Familienunternehmen bis heute zurückschrecken. Wie Werner Siemens fürchten sie den Einfluss externer Investoren und potentielle Übernahmen, aber auch die größere Transparenz, die sie als belastend empfinden[134]: „Pour vivre heureux, vivons cachés."[135]

Das erste halbe Jahrhundert von der Unternehmensgründung bis zur Umwandlung in eine Aktiengesellschaft im Jahre 1897 zeigte eindrucksvoll die große Stärke familiengeführter Unternehmen: Das Zusammengehörigkeitsgefühl unter den Siemens-Brüdern sorgte für ein Maß an Verlässlichkeit und Loyalität, wie es vertragliche Abreden unter Familienfremden kaum jemals nachzubilden vermögen. Dieses *kinship*-System[136] bewährte sich gerade bei den zahlreichen Auslandsaktivitäten in ganz Europa und fand hierzulande viele Nachahmer. Freilich wurden auch manche Nachteile familiengeführter Unternehmen offenkundig: die allmählich auseinanderdriftenden Eigeninteressen der Siemens-Brüder[137], die sich schon 1867 nur mühsam zusammenführen ließen[138], der lange hinausgezögerte Generationenwechsel in der Geschäftsführung und die ausschließliche Fokussierung auf familieneigene Führungskräfte[139].

In Finanzierungsfragen illustriert das Beispiel Siemens & Halske die bei Familienunternehmen häufig zu beobachtende Hackordnung (*pecking order*) der Nutzung von Finanzierungsinstrumenten: Interne Finanzmittel werden gegenüber externen bevorzugt, und bei letzteren rangiert externes Fremdkapital vor exter-

---

134 Dazu, aber auch zu allfälligen Vorteilen eines Börsengangs *Warburg/Kruse*, FS Binz, 2014, S. 791, 792 ff.

135 So das vielzitierte Motto der französischen Unternehmerfamilie Mulliez; dazu etwa *Fleischer*, NZG 2017, 1201, 1207.

136 Näher *Sabean/Teuscher*, in dies. (Hrsg.), Kinship in Europe, 2008, S. 1 ff.; speziell zur Siemens-Famile *Sabean*, ebenda, Chapter 11.

137 Eindringlich dazu *Ehrenberg* (Fn. 1), S. 403 ff. unter der Überschrift „Kämpfe und Einigkeit innerhalb der Geschäftsleitung".

138 Vgl. *Lutz* (Fn. 5), S. 145 ff.; ferner *Bähr* (Fn. 3), S. 434: „Sehr anschaulich zeigen dies die jahrelangen Verhandlungen zwischen Werner, Wilhelm und Carl um den Gesellschaftsvertrag vom 24. August 1867. Werner musste hier einlenken, um seine Vorstellung von einem multinationalen Brüder-Unternehmen à la Rothschild aufrechterhalten zu können."

139 Vgl. *Kocka*, Tradition: Zeitschrift für Firmengeschichte und Unternehmerbiographie 17 (1972), 125, 132: „Bei der Besetzung von Führungsposten, bei der Lösung von Nachfolgeproblemen und bei anderen Unternehmensentscheidungen wurden familiären Erwägungen weiterhin und auch dann der Primat eingeräumt, wenn sie der Entwicklung, dem Erfolg, der Expansion und dem Profit des Unternehmens nicht günstig waren, bzw. wenn nicht familien-orientierte, wirtschaftliche Alternativen bereitstanden."

nem Eigenkapital.[140] Desgleichen konnte man bei Siemens & Halske gerade in den Boomjahren der Starkstromindustrie das klassische Dilemma zwischen Wachstum und Einflusswahrung (*growth versus control*) beobachten, vor dem Familienunternehmen in Expansionsphasen stehen.

Zur Sicherung des Familieneinflusses hatte Siemens & Halske die kautelarjuristischen Möglichkeiten ausgeschöpft, die das Aktienrecht bis 1937 bot: Der zunächst ausschließlich mit Familienmitgliedern besetzte Aufsichtsrat wurde rechtlich aufgewertet und avancierte zum eigentlichen Machtzentrum der Gesellschaft. Seit Beginn der 1920er Jahre traten Mehrstimmrechtsaktie mit zunächst 30fachem, später 6fachem Stimmrecht hinzu. Beide Kontrollinstrumente stehen heute nicht mehr zur Verfügung. Familienunternehmen, die trotz eines Börsengangs den Familieneinfluss nach Kräften wahren wollen, wählen daher statt der AG häufig eine KGaA oder gar eine SE & Co. KGaA.[141] Geblieben ist dagegen – auch bei den Siemens-Familienaktionären – die Bündelung der Stimmrechtsmacht in einem Treuhandvertrag.[142] Die Siemens AG selbst ist derweil in einem unaufhörlichen Wandel begriffen: Die traditionelle Kraftwerksparte, deren großer Finanzbedarf im Jahre 1897 den Formwechsel von Siemens & Halske in eine AG forcierte, ist Ende September 2020 in die Siemens Energy (SE) abgespalten worden.[143]

---

140 Näher *Schraml* (Fn. 67), S. 36 f. mit dem zusammenfassenden Hinweis: „[...] stellt sich die Frage, ob die Gründe für dies Rangordnung tatsächlich auf Informationsasymmetrien, Fehlbewertungen und drohender Unterinvestitionen zurück zu führen sind. Vielmehr könnte die Angst vor einem Unabhängigkeits- und Kontrollverlust die Präfenz für interne Finanzmittel und die Abneigung gegnüber externem Eigenkapital erklären."

141 Umfassend *Begemann*, Die SE & Co. KGaA als Rechtsform für Familienunternehmen, 2018, S. 51 ff. und passim; Einzelbeispiele bei *Warburg/Kruse* (Fn. 134), S. 791, 793.

142 Allgemein dazu *C. Müller*, Der Aktionärspool in der Familienaktiengesellschaft, 2012.

143 Dazu im Vorfeld FAZ vom 9. Mai 2019, S. 22 mit Erläuterungen des Vorstandsvorsitzenden Joe Kaser: „Emotional sei für ihn dieser historische Einschnitt. Raum für Sentimentalitäten oder Nostalgie sieht er aber nicht, wenn es darum geht, das Unternehmen in eine sichere Zukunft in der vierten industriellen Revolution zu transformieren. Nichts kann er mit dem Spruch anfangen, Siemens würde sein Wurzeln kappen."

Anhang

I. Gesellschaftsvertrag vom 1. Oktober 1847

Gesellschaftsvertrag

zwischen

1., dem Mechanikus Herrn Halske,

2., dem Artillerielieutenant Werner Siemens,

3., dem Justizrath Georg Siemens.

Zwischen folgenden Personen

1., dem Mechanikus Halske,

2., dem Artillerielieutenant Werner Siemens,

3., dem Justizrath Georg Siemens.

ist nachstehender Gesellschaftsvertrag verabredet und geschlossen:

§ 1

Es wird von Denselben in Gemeinschaft eine mechanische Werkstatt, hauptsächlich zur Fabrikation und Ausführung elektrischer Telegraphen, doch ohne Ausschließung anderer Arbeiten angelegt.

§ 2

Werner Siemens übergiebt der Compagnie das ihm für Preussen ertheilte Patent auf einen neuen Telegraphen und verzichtet auf jede alleinige Nutzbarmachung desselben. Er verpflichtet sich ferner ihr alle seine Erfindungen zur Verbesserung desselben abzutreten und verzichtet darauf, dieselben sich später auf alleinigen Namen patentiren zu lassen. Er wird ferner auch für die Ausführung der von der Gesellschaft übernommenen Aufträge mit seinen persönlichen Kräften Sorge tragen und macht sich anheischig dieselben dem Unternehmen fortdauernd zu widmen.

§ 3

Der Mechanikus Halske giebt sein bisher betriebenes Geschäft auf, und widmet seine ganze Thätigkeit dem neuen Unternehmen.

§ 4

Der Justizrath Georg Siemens übernimmt die Beschaffung der nöthigen Geldmittel, welche auf 10,000 rt veranschlagt werden. Er verpflichtet sich diese Summe bis Ostern 1848 einzuzahlen; und zwar bis Ende October 1847 4000 rt Neujahr 1848 3000 rt und Ostern 1848 ebenfalls 3000 rt. Diese Summen werden vom Tage der Einzahlung ab mit 5 Prozent jährlich verzinst. Sollte die Geldherbeischaffung auf besondere Schwierigkeiten stoßen und die vorstehend bestimmten Zahlungen nicht erfüllt werden, so können die dem Justizrath Siemens dafür ausgesetzten Vortheile verhältnißmäßig verwendet werden, um die nöthigen Summen aufzunehmen und herbeizuschaffen.

§ 5

Die Dauer des Contracts wird auf 8 Jahre festgestellt. Alsdann hängt es von der Mehrheit ab, ob sie die Fortdauer oder die Auflösung beschließt. Will aber ein einzelnes Mitglied austreten, so muß dasselbe ein halbes Jahr vorher kündigen. Die sämtlichen Geräthschaften und fertigen Maschinen bleiben Eigenthum der Zusammenbleibenden, desgleichen das oder die Patente, welche zu jener Zeit der Gesellschaft gehören. Das ausscheidende Mitglied muß sich, sofern es die Uebrigen vorziehn, in Gelde abfinden lassen, und ist nicht berechtigt die gerichtliche Abschätzung zu verlangen. Vielmehr erfolgt diese Auseinandersetzung durch zwei von den Parteien zu wählende Schiedsrichter und können diese sich nicht einigen, durch einen von denselben zu wählenden Obmann. Ist die Abfindungssumme wie eben bestimmt ermittelt, so bleibt der Gesellschaft eine halbjährige Frist zur Abzahlung.

§ 6

Der aus dem Unternehmen sich ergebende Gewinn, soll in dem Verhältniß unter den drei Contrahenten getheilt werden, daß Halske und Werner Siemens, Jeder zwei Fünftel; Georg Siemens dagegen ein Fünftel der Gesammtsumme erhält. Halske und Werner Siemens haben ferner das Recht sich aus der Gesellschaftskasse einen Vorschuß auf ihren Gewinnantheil auszahlen zu lassen, der im ersten Jahre bis 500 rt. in den folgenden bis auf zwei Drittel der letztjährigen Gewinnsumme gehen darf.

§ 7

Die Leitung des Geschäfts liegt dem Herrn Halske und Werner Siemens gemeinschaftlich ob, und zwar soll Halske die specielle Leitung der inneren Fabrication; Werner Siemens die der Arbeiten außerhalb der Werkstätten übernehmen. Kommen zwischen den Genannten Meinungsdifferenzen über Geschäftsangelegenheiten vor, so tritt das dritte Mitglied hinzu und entscheidet alsdann über ihre Differenz.

§ 8

Der Nachweis des gesellschaftlichen Vermögens wird durch ein Inventarium geführt, welches halbjährlich revidirt und vervollständigt werden muß. Enthält dasselbe über einzelne Gegenstände keine Auskunft, so entscheidet der Umstand, daß dieselben zu Gesellschaftszwecken gebraucht worden sind und muß der Nachweis des besonderen Eigenthums geführt werden.

Außerdem muß eine genaue Buchführung über alle Ausgaben und Einnahmen statt finden, welche halbjährig abgeschlossen und von den drei Theilnehmern unterzeichnet werden muß.

§ 9

In dem Fall des Todes eines der Gesellschafter bleibt es bei den contractlichen Bestimmungen und treten mithin die Erben für ihn ein. Die übrigbleibenden Gesellschafter haben indeß das Recht für die Vertretung des verstorbenen Mitgliedes im Geschäfte auf Kosten der Erben zu sorgen. Diese Kosten dürfen aber den halben Antheil nicht übersteigen und bleibt eine weitere Einwirkung des vormundschaftlichen Gerichts ausgeschlossen.

§ 10

Verkäufe der Erfindung des Werner Siemens im Auslande sollen, wenn die Kompagnie die Kosten der Patentirung etc. übernehmen will in der Art zur Verrechnung kommen, daß Werner Siemens ein Drittel des Gewinns vorweg erhält und die übrigen zwei Drittel in die Kompagnie Kasse fließen. Spätere von Werner Siemens oder Halske allein, oder von beiden gemeinschaftlich gemachte Erfindungen oder patentfähige Verbesserungen sollen als Eigenthum der Compagnie angesehen und verwerthet werden.

Berlin den 1ten October 1847.

Selbst gelesen und genehmigt und eigenhandig unterschrieben
Johann Georg Siemens
Justizrath und Justizcommissarius bei dem
Geh. Ober Tribunal

Selbst gelesen und genehmigt und eigenhändig unterschrieben
Johann Georg Halske.

Selbst gelesen, genehmigt und eigenhändig unterschrieben
Werner Ernst Siemens

Dieser Contract ist am 31. Dez. 1854 aufgehoben

II. Gesellschaftsvertrag vom 1. Januar 1855

Societäts Vertrag zwischen Werner Siemens und J. G. Halske in Berlin und Carl Siemens in St. Petersburg

Unter heutigem Tage ist zwischen Werner Siemens, J. G. Halske und Carl Siemens nachstehender Contract geschlossen worden.

§ 1

Die Gesellschaft übernimmt alle Activa und Passiva, sowie alle Rechte und Verpflichtungen des bisher unter der Firma Siemens & Halske betriebenen Geschäftes, nach der Bilanz vom 1. Januar 1855 und führt dieselbe Firma fort.

§ 2

Werner Siemens und J. G. Halske werden wie bisher die Leitung des in Berlin betriebenen Geschäftes fortführen und zwar wird J. G. Halske im Allgemeinen die Fabrikation und innere Verwaltung, Werner Siemens dagegen das auswärtige Geschäft dirigiren. Car Siemens wird speciell die Leitung des Russischen Geschäfts übernehmen und ist gehalten, wichtige Fragen desselben, seinen Associés mitzutheilen und ihre Ansicht darüber einzuholen. Bei Meinungsverschiedenheit entscheidet die Majorität. Carl Siemens hat ferner dafür zu sorgen, daß übersichtliche Geschäftsberichte an das Berliner Geschäft regelmäßig eingesandt werden.

§ 3

Das Geschäftsvermögen, woran die drei Theilnehmer, nach Maaßgabe ihres im nächsten § festgesetzten Antheiles participiren, besteht in sämmtlichem be und unbeweglichen Vermögen, des bisher von Siemens & Halske betriebenen Geschäftes, nach Abrechnung der auf ihm ruhenden Lasten. Der General Abschluss der Geschäftsbücher vom 1. Januar 1855 der Berliner Verwaltung ergiebt die Vermögens Bilanz. Diese Letztere wird Carl Siemens mitgetheilt, sobald die noch fehlenden Data des Russischen Geschäfts eingegangen sind.

§ 4

An dem am 1. Januar 1855 vorhandenen Geschäftsvermögen, sowie an dem bei jeder Inventur sich ergebenden Gewinn oder Verlust des gesammten Geschäfts participiren Werner Siemens und J. G. Halske mit je zwei fünftel, Carl Siemens mit ein fünftel des Resultats. Außerdem erhält Carl Siemens, während der Dauer dieses Contractes, 3000 Ro S. schreibe dreitausend Silber Rubel jährliche persönliche Entschädigung, die, in die General Unkosten gehörend, als zur Bestreitung der Repräsentation des Geschäfts in St. Petersburg angesehen werden sollen.

§ 5

Jedes Jahr müssen mindestens einmal die Geschäftsbücher abgeschlossen und die Vermögensbilanz gezogen werden. Das Petersburger Filial muß den betreffenden Abschluß so schnell als möglich anfertigen und in aller Ausführlichkeit mit Gewinn und Verlust Conto einsenden, worauf das Berliner Geschäft seiner Seits die General Bilanz ziehen und Carl Siemens für seinen Antheil erkennen, resp. belasten wird.

§ 6

Die Dauer dieses Contractes ist auf 12, schreibe zwölf Jahre, bis zum 1. Januar 1867 festgesetzt. Mindestens sechs Monate vor Ablauf des Contractes, haben sich die Theilnehmer über die etwaige Fortdauer desselben zu verständigen. Es wird hierdurch im Voraus festgestellt, daß im Falle der Fortdauer der Association, der künftige Gewinnantheil aller drei Socien gleich sein soll. Zu dem Ende muß bereits sechs Monate vor Ablauf des Contractes, eine Feststellung des Vermögens des Geschäfts und der einzelnen Theilnehmer, durch Übereinkunft erfolgen.

§ 7

Jedes Mitglied hat das Recht, im Laufe jeden Jahres, die Hälfte des vorjährigen Gewinnantheils aus dem Geschäft zu entnehmen. Wird diese Summe nicht erreicht und will das Mitglied sich später nachträglich die Differenz auszahlen lassen, so muß es sechs Monate vorher kündigen.

§ 8

In dem Falle des Todes oder der Invalidität eines der Associés, beleibt es bei den contractlichen Bestimmungen und treten mithin die Erben für ihn ein. Die übrigbleibenden Gesellschafter haben indeß das Recht, für die Vertretung des verstorbenen oder invaliden Mitgliedes im Geschäft, auf Kosten der Erben zu sorgen. Diese Kosten dürfen aber den halben Antheil nicht übersteigen und bleibt eine weitere Einwirkung des vormundschaftlichen Gerichts ausgeschlossen.

§ 9

Nach Auflösung der Association, wird das Vermögen jedes Mitgliedes durch Inventur festgestellt. Will keins der bisherigen Mitglieder das Geschäft fortsetzen, so wird das be und unbewegliche Vermögen verwerthet und das Ergebniß nach den contractlichen Bestimmungen getheilt. Anderen Falls hat dasjenige Mitglied, welches das Geschäft fortsetzen will, das Recht, die übrigen, nach dem Ergebniß der Inventur, im Laufe des nächstfolgenden Jahres auszuzahlen. Gerichtliche Abschätzung ist ausgeschlossen. Sollten Differenzen zwischen den Associés entstehen, so werden erstere, mit Ausschluss jedes gerichtlichen Verfahrens, durch Schiedsrichter ausgeglichen, von denen jedes Mitglied einen wählt und wobei Stimmenmehrheit entscheidet.

Gelesen, genehmigt und unterschrieben

Berlin d. 1. Januar 1855

Ernst Werner Siemens
Johann Georg Halske
Carl Heinrich Siemens

III. Gesellschaftsvertrag vom 24. August 1867

Verhandelt Berlin den vierundzwanzigsten August 1867

Gesellschaftsvertrag

Der am 1ten Januar 1855 zwischen Dr. Werner Siemens, J. G. Halske und Carl Siemens, als Inhaber der Firma Siemens & Halske in Berlin eingegangene Gesellschaftsvertrag wird mit Ende dieses Jahres aufhören, indem Herr J. G. Halske als dann zu Folge Auseinandersetzungsvertrags vom 23ten dieses Monats aus gedachter Firma ausscheiden wird. Ebenmäßig wird der zwischen Dr. Werner Siemens und Wilhelm Siemens am 31ten December 1866 eingegangene Gesellschaftsvertrag bezüglich der Londoner Firma Siemens brothers am 31. December dieses Jahres seitens der beiden Theilnehmer aufgehoben werden.

Die übrigen beiden Theilnehmer der Firma Siemens & Halske in Berlin Dr. Werner Siemens und Carl Siemens einerseits sowie Dr. Werner Siemens & Wilhelm Siemens als Inhaber der Firma Siemens brothers in London andererseits, beziehungsweise Dr. Werner Siemens, Wilhelm Siemens und Carl Siemens persönlich, haben sich heute über die folgenden Bestimmungen eines zwischen ihnen einzugehenden Gesellschaftsverhältnisses geeinigt.

§ 1

Die drei obgenannten Contrahenten werden die bisher unter den Firmen Siemens & Halske in Berlin und Siemens brothers in London geführten Fabrikations und Handels Geschäfte für gemeinsame Rechnung übernehmen und fortführen und zwar soll dieses Gesellschaftsverhältnis am 1ten Januar 1868 beginnen und zwölf Jahre lang, also bis zum 31ten December 1879 fortdauern.

§ 2

Die Berliner Firma, in welche Wilhelm Siemens eintritt und die Londoner Firma, in welche Carl Siemens eintritt, sollen unverändert bleiben. Das Petersburger Geschäft der Firma Siemens & Halske wird Ende dieses Jahres liquidiert und die an Stelle desselben in St. Petersburg zu begründende Commandit Gesellschaft wird Filiale des Berliner Geschäfts.

§ 3

Das Londoner Geschäft wird von Wilhelm Siemens, das Berliner Geschäft von Werner Siemens selbstständig geleitet werden. Carl Siemens wird vorläufig für die Dauer von zwei Jahren seinen Wohnsitz in Tiflis nehmen und der Anlage der indischen Linie durch Russland und Persien, sowie der Einrichtung des Betriebes derselben seine Kräfte widmen. Nach Ablauf dieser Zeit wird Carl Siemens in London oder in Berlin seinen Wohnsitz nehmen, je nachdem das Geschäftsinteresse das Eine oder das Andere verlangt und wird sich daselbst an der Geschäftsleitung betheiligen.

§ 4

Das bisher von Siemens & Halske in Berlin und Wilhelm Siemens in London separat geführte Wassermesser Geschäft, wird Ende dieses Jahres als solches aufgehoben und den respectiven Social Geschäften vereinigt. Der hierfür in Berlin angesammelte Reservefond wird alsdann unter die seitherigen Theilnehmer desselben vertheilt.

§ 5

Zur Feststellung der Antheilsverhältnisse des Associés an dem Gesammtgewinn werden die Gewinn und Verlust Conten, sowie die Capital Conten des Londoner und Berliner Geschäfts vereinigt und in besonderen Büchern in Berlin geführt unter dem Titel „Gesammtgeschäft von Siemens & Halske in Berlin und Gebrüder Siemens in London".

§ 6

Ueber neue Unternehmungen, welche wesentliches Risico herbeiführen oder ein größeres Capital als bisher im Geschäfte thätig war beanspruchen die beiden Geschäfte Siemens & Halske in Berlin und Siemens brothers in London sich vorher zu verständigen.

§ 7

Werner und Carl Siemens sind berechtigt das bisher mit Walter Siemens geführte nicht telegraphische Geschäft unter der Firma Gebrüder Siemens in Tiflis für ihre Separat Rechnung fortzuführen. Ebenso ist Wilhelm Siemens berechtigt sein unter der Firma C. W. Siemens in London und Paris geführte Ingenieur Geschäft auf alleinige Rechnung weiter zu betreiben. Andere eine persönliche Thätigkeit oder Capital Risico bedingende Geschäfte auf alleinige Rechnung zu führen, ist ohne ausdrückliche Zustimmung der anderen Theilnehmer keinem Mitinhaber des Geschäftes Siemens & Halske und Siemens brothers gestattet.

§ 8

Gewinn und Verlust des Gesammt Geschäftes wird unter die Theilnehmer in folgendem Verhältniß vertheilt; Werner Siemens 40 Wilhelm Siemens 35 und Carl Siemens 25. Würde wie vorerwähnt Carl Siemens demnächst nach Berlin oder London übersiedeln, so bleibt die Verständigung über eine angemessene Erhöhung seiner Antheils Quote vorbehalten.

§ 9

Sollte ein jährlicher Gesammt Abschluß der beiden Geschäfte Siemens & Halske und Siemens brothers Verlust ergeben, so wird derselbe den Capital Conten des Gesammt Geschäftes aus dem Gewinne des oder der nächstfolgenden Jahre versetzt, so daß also erst der Ueberschuß des letzteren über den früheren Verlust als bleibender Gewinn betrachtet wird und als solcher zur Vertheilung kommt.

§ 10

Wird einer der Theilnehmer Invalide oder wünscht er auszutreten aus anderen Gründen, so steht ihm der Austritt frei. Er muß jedoch in diesem Falle 2/3 seines im Geschäft befindlichen Capitals in demselben bis zum Ablauf dieses Contractes als Darlehn belassen. Er erhält dagegen für dieses Capital 5 % jährlicher Zinsen, – zu welchem Zinsfuße überhaupt alle im Geschäft befindlichen Capitalien der Theilnehmer denselben verzinst werden – sowie außerdem die Hälfte des Gewinnantheils, welchen er bis dahin als Theilnehmer bezog. Dasselbe Verhältniß findet im Falle des Todes eines der Theilnehmer bezüglich der Erben desselben statt.

§ 11

Alle den vorstehenden Bestimmungen widersprechenden Abmachungen und Vereinbarungen der Contrahenten unter sich oder mit dritten Personen werden hierdurch per 1ten Januar 1868 aufgehoben, beziehungsweise wird von den betreffenden Contrahenten hierdurch versprochen deren Aufhebung per 1ten Januar 1868 für ihre Rechnung bewirken.

V. g. u.

Dr. Werner Siemens C.W. Siemens Carl Siemens

Als Zeugen der untenstehenden drei eigenhändigen Unterschriften

Berlin d. 24 August 1867

Friedr. Crome Dr. G. Willert

IV. Gesellschaftsvereinbarung vom 21./28./30. Dezember 1880

Zwischen den Herren Dr. Ernst Werner Siemens zu Berlin, Dr. Carl Wilhelm Siemens zu London und Carl Heinrich Siemens zu St. Petersburg ist der nachstehende Gesellschafts-Vertrag vereinbart und errichtet worden.

§ 1

Der zwischen Dr. Werner Siemens, Dr. Wilhelm Siemens und Carl Siemens zur Zeit bestehende Gesellschafts-Vertrag vom 24. August 1867 nebst Nachtrag vom 16. Mai 1871 tritt mit dem 31. December 1880 außer Kraft.

§ 2

Dr. Werner Siemens, Dr. Wilhelm Siemens und Carl Siemens haben sich über die folgenden Bestimmungen geeinigt, unter welchen ihr Societäts-Verhältnis vom 1. Januar 1881 ab fortgesetzt werden soll.

§ 3

Die drei Contrahenten werden das bisher unter der Firma Siemens & Halske mit der Hauptniederlassung Berlin und den bestehenden Zweigniederlassungen in Charlottenburg, Petersburg und Wien und unter der Firma Siemens Brothers in London mit der Zweigniederlassung in Paris geführte Fabrications-Geschäft für gemeinschaftliche Rechnung weiter betreiben.

Die Petersburger Filiale der Gesellschaft wird vom 1. Januar 1881 ab wiederum als eine selbständige für sich abrechnende Unternehmung, als welche sie bis zum 31. December 1867 bestanden hat, für gemeinschaftliche Rechnung der drei Contrahenten fortgeführt werden.

Das von den Contrahenten in London bisher unter der Firma Siemens Brothers betriebene Fabricationsgeschäft wird am 1. Januar 1881 in eine Actien-Gesellschaft unter der Firma:

„Siemens Brothers & Co limited“

umgewandelt werden, an welcher die drei Contrahenten, den Statuten dieser Actien-Gesellschaft gemäß, als persönliche Actionaire nach dem unten (§ 7) festgesetzten Verhältniß betheiligt sind.

§ 4

Das Berliner Geschäft der Gesellschafter sammt seinen Zweigniederlassungen wird von Dr. Werner Siemens, das Petersburger Geschäft sammt seinen etwaigen Zweigniederlassungen von Carl Siemens selbständig geleitet. Dr. Wilhelm Siemens wird als Chairman des Board of Directors die Leitung der Londoner Actien-Gesellschaft führen.

Ueber das unter Leitung des Londoner Geschäftes in Paris auf gemeinschaftliche Rechnung unter der Firma Siemens frères geführte Geschäft und die ebenfalls auf gemeinsame Rechnung, unter Leitung des Londoner Geschäfts, betriebene Verwerthung der Patente beider Firmen in Nordamerika findet eine besondere Vereinbarung der Berliner mit der Londoner Firma statt.

§ 5

Jeder der Socien ist berechtigt, Namens der von ihm speciell geleiteten Unternehmungen alle Handlungen vorzunehmen, welche der gewöhnliche Betrieb des Fabrik- und Handelsgewerbes der Gesellschaft mit sich bringt. Ueber solche neue Unternehmungen, welche ein ungewöhnliches Risico herbeiführen, oder ein größeres als das bisher im Geschäft thätige Capital beanspruchen, muß eine vorgängige Verständigung aller drei Gesellschafter stattfinden.

§ 6

Jedem der Contrahenten ist gestattet, andere, eine persönliche Thätigkeit oder auch ein Capital-Risico bedingende Geschäfte auf alleinige Rechnung zu betreiben, insoweit solche Geschäfte nicht mit einer der auf gemeinschaftliche Rechnung geführten gewerblichen Unternehmungen direct concurriren.

§ 7

Gewinn und Verlust der Gesellschaft werden unter die Socien dergestalt vertheilt, dass entfallen auf:

		bei dem	
	Berliner Geschäft nebst Filialen	Londoner Geschäft	Petersburger Geschäft
Dr. Werner Siemens	50 %	35 %	35 %
Dr. Wilhelm Siemens	25 %	45 %	20 %
Carl Siemens	25 %	20 %	45 %

Um eine entsprechende Gewinn- und Verlust-Betheiligung in Betreff der Londoner Actien-Gesellschaft zu bewirken, werden die drei Contrahenten sich in der vorstehenden Reihenfolge an dieser Gesellschaft durch Actien-Zeichnung im Verhältnis von 35, 45 und 20 betheiligen.

§ 8

Vor Festsetzung der Tantiemen an Beamte werden von allen im Geschäft befindlichen Betriebs-Capitalien der Contrahenten dem Eigentümer fünf Procent jährlich zu Lasten der Gesellschaft gutgeschrieben.

§ 9

Das bisher geführte „Gesammtgeschäft" der Firmen Siemens & Halske und Siemens Brothers hört mit dem 31. December 1880 auf.

Anstatt dieses „Gesammtgeschäfts" wird vom 1. Januar 1881 ab eine gemeinsame Capital-Verwaltung, mit dem Sitze in Berlin eingerichtet. Dieselbe ist bestimmt, den in den Geschäften der Contrahenten jeweilig unbenutzten Kapitalbestand zinstragend aber derartig unterzubringen, dass einem Kapitalbedürfnisse eines der Contrahenten oder des von ihm speciell geleiteten Geschäftes-jederzeit schnellstens genügt werden kann.

Die Einzelheiten dieser Kapital-Verwaltung werden durch besondere Uebereinkunft der Contrahenten geregelt.

§ 10

Die Contrahenten sind damit einverstanden, daß die Söhne des Dr. Werner Siemens, der Sohn des Herrn Carl Siemens und eine von Dr. Wilhelm Siemens zu designirende Persönlichkeit demnächst als Theilhaber in das von ihrem Vater resp. von Dr. Wilhelm Siemens geführte Geschäft aufgenommen werden. Diese Aufnahme muß erfolgen, sobald der Vater des Aufzunehmenden bezw. Dr. Wilhelm Siemens hinsichtlich der von ihm zu wählenden Person sie verlangt.

Sie kann so lange versagt werden, als der Aufzunehmende sein 28tes Lebensjahr noch nicht vollendet hat.

Jeder hiernach eintretende jüngere Theilnehmer soll an Gewinn und Verlust der betreffenden Geschäfte bis zum Ablauf dieses Contracts betheiligt werden. Die Höhe dieses Antheils hat der Vater beziehungsweise Dr. Wilhelm Siemens zu bestimmen und wird demnächst der eigene Antheil desselben an dem von ihm geführten Geschäfte um den dem jüngeren Theilnehmer bewilligten Antheil vermindert.

§ 11

Die Dauer dieses Vertrages wird zunächst auf die 6 Jahre vom 1. Januar 1881 bis 31. December 1886 festgesetzt.

Der Vertrag gilt als auf ein weiteres Jahr verlängert, sofern er nicht spätestens sechs Monate vor seinem Ablaufe von einem der Contrahenten schriftlich gekündigt ist.

Gleiche stillschweigende Verlängerung, allemal auf ein Kalenderjahr, tritt auch im weiteren Laufe des Vertragsverhältnisses ein, sofern nicht Kündigung mit sechsmonatlicher Frist stattgefunden hat.

§ 12

Im Falle des Ablebens eines der Contrahenten während der nach § 11 geordneten Vertragsdauer treten die Erben des Verstorbenen hinsichtlich ihrer Betheiligung an Gewinn und Verlust zunächst bis zum Ablauf der Vertrags-Periode in alle Rechte und Pflichten ihres Erblassers ein. Falls der Erblasser nicht letztwillig, nach vorher eingeholter Genehmigung der übrigen Socien, Bestimmung über die Geschäftsführung bis zum Vertrags-Ende getroffen hat, haben die Erben einen Vertreter für die Geschäftsführung zu wählen, welche Wahl der Bestätigung der übrigen Socien bedarf. Mit dem Ablauf dieser Periode werden sie berechtigt, dasjenige Geschäft, welches unter der selbstständigen Leitung ihres Erblassers stand (§ 4), für alleinige Rechnung dergestalt zu übernehmen, daß sie den Mitcontrahenten deren bilanzmäßigen Guthaben auszahlen und das bilanzmäßige Guthaben ihres Erblassers aus den übrigen Geschäften empfangen.

Machen die Erben von diesem Rechte keinen Gebrauch, so sind sie gehalten, den Mitcontrahenten ihres Erblassers dessen Geschäftsantheil gegen Herauszahlung ihres Guthabens abzutreten.

Bei allen hieraus entstehenden Abrechnungen müssen die Actien des Londoner Unternehmens zu Pari-Course in Zahlung genommen und gegeben werden. Das Rechtsverhältnis der überlebenden Socien wird durch den Tod eines der Contrahenten im Übrigen nicht berührt.

Die Gewinn- und Verlust-Betheiligung erfolgt hinsichtlich der auf gemeinschaftliche Rechnung fortgehenden Geschäfte pro rata der in § 7 festgestellten Quoten.

§ 13

Im Falle der Kündigung dieses Societäts-Vertrages steht es nach gleichen Grundsätzen (§ 12) jedem Contrahenten frei, das von ihm speciell geleitete Geschäft (§ 4) für alleinige Rechnung zu übernehmen, indem er den übrigen Gesellschaftern ihr bilanzmäßiges Guthaben aus diesem Geschäft herausgezahlt und sein bilanzmäßiges Guthaben aus den übrigen Geschäften empfängt. Macht er von diesem Rechte keinen Gebrauch, so ist er gehalten, den Mitcontrahenten seinen Geschäftsantheil gegen Herauszahlung seines Guthabens abzutreten. Auch hierbei müssen die Actien des Londoner Unternehmens zum Pari-Course in Zahlung genommen und gegeben werden.

§ 14

Sofern in den Fällen der §§ 12 und 13 von den dort vereinbarten wechselseitigen Rechten kein Gebrauch gemacht wird, tritt Auflösung und Liquidation der Gesellschaft ein.

Berlin, den 21. December 1880	Dr. Ernst Werner Siemens
London, den 28. December 1880	C. William Siemens
St. Petersburg, den 30. December 1880	Carl Heinrich Siemens

Im Vorgehenden ist unter dem Ausdruck „Londoner Geschaeft“ der Antheil in Actien verstanden, welcher den drei Socien als Actionairen der Gesellschaft „Siemens Brothers & Co Limited“ gehört.

Berlin, den 21. December 1880	Dr. Ernst Werner Siemens
London, den 28. December 1880	C. William Siemens
St. Petersburg, den 30. December 1880	Carl Heinrich Siemens

V. Gesellschaftsvertrag vom 16. Januar 1890

Zwischen den Herren

1, Geheimen Regierungs Rath Dr. Ernst <u>Werner</u> von Siemens zu Charlottenburg,

2, <u>Carl</u> Heinrich Siemens zu St. Petersburg,

3, <u>Arnold</u> Wilhelm von Siemens zu Berlin,

4, Georg <u>Wilhelm</u> von Siemens zu Berlin,

5, <u>Werner</u> Hermann Siemens zu St. Petersburg,

wurde heute unter Aufhebung des Vertrages vom 1. Januar 1888 beziehungsweise 20. Dezember 1887 Russischer Zeitrechnung, insoweit dieser Vertrag nicht gemäß § 19 des gegenwärtigen Nebeneinkommens ausdrücklich für fortwirkend erklärt wird, folgender

Gesellschafts- und Kommandit-Vertrag

abgeschlossen:

§ 1

Herr Geheimrath Dr. Werner von Siemens scheidet mit dem heutigen Tage als Mitinhaber der Firma Siemens & Halske zu Berlin, sowie der zu dieser Firma gehörigen Geschäfte unter der Firma Gebr. Siemens & Cie. zu Charlottenburg und Siemens & Halske zu Wien aus und tritt vom 1. Januar 1890 ab unter den weiter unten vereinbarten Bedingungen als Kommanditist in die genannten Firmen ein.

§ 2

Die Herren Carl Siemens, Arnold von Siemens und Wilhelm von Siemens übernehmen die im § 1 genannten Geschäfte mit allen Activen und Passiven für ihre alleinig Rechnung und führen dieselben für gemeinsame Rechnung nach Maßgabe ihrer in §§ 6, 7 unten festgestellten Antheile an denselben weiter fort.

§ 3

Die vorbezeichneten nunmehrigen drei persönlich haftenden offenen Gesellschafter sind einverstanden, daß die unter der Firma Gebr. Siemens & Cie. in Charlottenburg und unter der Firma Siemens & Halske zu Wien geführten Fabrikationsgeschäfte als zur Firma Siemens & Halske zu Berlin gehörig vor wie nach betrachtet werden, dergestalt daß dieselben zwar als selbstständig abrechnende Unternehmungen weiter bestehen, Gewinn und Verlust derselben aber gemeinsam mit dem Ertrag der Firma Siemens & Halske zu Berlin errechnet wird.

Dieselben sind ferner einverstanden und übereingekommen, daß die vorgenannten drei Geschäfte sowie etwaige zukünftige Zweigniederlassungen der genannten Firmen von den Herren Arnold von Siemens und Wilhelm von Siemens ausschließlich selbstständig geleitet werden. Jeder dieser beiden geschäftsleitenden offenen Gesellschafter ist berechtigt, Namens der von ihm mitgeleiteten Unternehmungen alle Handlungen vorzunehmen, welche der gewöhnliche Betrieb des Fabrik- und Handels-Gewerbes der Gesellschaft mit sich bringt. Ueber solche neue Unternehmungen, welche ein ungewöhnliches Risiko herbeiführen oder ein größeres als das gegenwärtige unten näher festgestellte Geschäftskapital erfordern, muß eine vorgängige Verständigung unter den drei offenen Gesellschaftern und dem neu eingetretenen Kommanditisten stattfinden.

§ 4

Jedem offenen Gesellschafter ist gestattet, andern eine persönliche Thätigkeit oder auch ein Kapital- Risiko bedingende Geschäfte auf alleinige Rechnung zu betreiben, insoweit solche Geschäfte nicht mit einer der auf gemeinschaftliche Rechnung geführten Unternehmungen direkt concurriren, (vergleiche jedoch § 19).

§ 5

Bezüglich des den Herren Dr. Werner von Siemens, Carl Siemens, Arnold von Siemens und Wilhelm von Siemens heute zustehenden Antheils an den vorgenannten drei Geschäften wird alsbald nach Feststellung des Abschlusses pro 1889 eine Abrechnung stattfinden; der Herr Dr. Werner von Siemens zustehende Antheil wird demselben bis zur Höhe seiner Kommandit-Einlage (§ 6) gutgeschrieben. Die nunmehrigen offenen Gesellschafter quittiren schon jetzt über den richtigen Empfang dieser Einlage.

§ 6

Das verantwortliche Gesellschaftskapital wird hiermit auf 14 000 000 M. in Worten: Vierzehn Millionen Mark festgestellt, wovon entfallen:

1,	auf Herrn Dr. Werner von Siemens als Kommanditist in Worten: Sechs Millionen zweihunderttausend Mark,	6 200 000 M.
2,	auf Herrn Carl Siemens als offenen Gesellschafter in Worten: Drei Millionen Mark,	3 000 000 M.
3,	auf Herrn Arnold von Siemens als offenen Gesellschafter in Worten: Zwei Millionen vierhunderttausend Mark,	2 400 000 M
4,	auf Herrn Wilhelm von Siemens als offenen Gesellschafter in Worten: Zwei Millionen vierhunderttausend Mark	2 400 000 M

Der nach dem im § 5 vorgesehhenen Abschlusse sich ergebende Ueberschuß über das vorstehend normirte Gesellschaftskapital beziehungsweise über die vorfestgestellten Antheile wird den Berechtigten baar ausgezahlt.

§ 7

Am Gewinn und Verlust der Gesellschaft nehmen die drei nunmehrigen offenen Gesellschafter und der neu eingetragene Kommanditist in der Weise Theil, daß entfallen auf:

1,	den Kommanditisten Herrn Dr. Werner von Siemens: Fünf und dreißig Prozent	35 %
2,	den offenen Gesellschafter Herrn Carl Siemens: Fünf und zwanzig Prozent	25 %
3,	den offenen Gesellschafter Herrn Arnold von Siemens Zwanzig Prozent	20 %
4,	den offenen Gesellschafter Herrn Wilhelm von Siemens, Zwanzig Prozent	20 %
		100 %

Nach Maßgabe der gesetzlichen Bestimmung haftet der Kommanditist Herr Dr. Werner von Siemens für Verluste den offenen Gesellschaftern gegenüber nur bis zur Höhe seiner Einlage, wenngleich derselbe im Hinblick auf Artikel 168 des Allgemeinen Deutschen Handelsgesetz-Buchs etwaigen Gläubigern gegenüber gleich einem der offenen Gesellschafter haftbar ist.

§ 8

Vor Festsetzung der Tantiemen an Beamte werden von dem nach Vorstehendem im Geschäfte befindlichen Betriebskapital den Betheiligten fünf Prozent Zinsen zu haften- der Gesellschaft jährlich gutgeschrieben; anderweitige Einlagen oder Darlehn sollen mit vier Prozent jährlich vorweg verzinst werden. Nach Feststellung der Tantiemen werden den beiden Geschäftsleitern Herrn Arnold von Siemens und Herrn Wilhelm von Siemens zusammen zehn also jedem Einzelnen fünf Prozent des Gewinnertrags als Praecipuum für die Geschäftsleitung gutgebracht; nach Abzug dieses Praecipuum's erfolgt die Vertheilung gemäß § 7.

§ 9

Die Dauer sowohl des Gesellschaftes- als des Kommandit-Vertrags wird zunächst auf die zehn Jahre vom 1. Januar 1890 bis zum 31. Dezember 1899 festgesetzt. Die Verträge gelten als auf je ein weiteres Jahr verlängert, sofern sie nicht spätestens sechs Monate vor ihrem jeweiligen Ablaufe von einem der drei Gesellschafter oder dem Kommanditisten schriftlich gekündigt sind.

§ 10

Im Falle des Ablebens eines der offenen Gesellschafter Arnold von Siemens oder Wilhelm von Siemens während der vorstehend geordneten Vertragsdauer treten die Erben des Verstorbenen hinsichtlich ihrer Betheiligung am Gewinn und Verlust zunächst bis zum Ablauf der Vertragsperiode in alle Rechte und Pflichten ihres Erblassers ein.

Falls der Erblasser nicht letztwillig Bestimmungen über die Geschäftsführung bis zum Vertragsende getroffen hat, welche die Genehmigung der überlebenden offenen Gesellschafter und des überlebenden Kommanditisten finden, haben die Erben einen Vertreter für ihre Betheiligung an der Geschäftsführung (Geschäftsleitung) zu bestellen und entsprechend zu honoriren, dessen Wahl der Bestätigung der überlebenden offenen Gesellschafter sowie des überlebenden Kommanditisten bedarf.

Wird diese Bestätigung von einem der Betheiligten versagt, so verbleibt die Geschäftsleitung dem überlebenden geschäftsleitenden offenen Gesellschafter so lange, bis eine allseitig bestätigte Wahl erfolgt ist.

Dem allseitig bestätigten Vertreter werden in Bezug auf die Geschäftsleitung die gleichen Rechte eingeräumt wie dem überlebenden geschäftsleitenden offenen Gesellschafter.

§ 11

Schon jetzt wird bestimmt, daß im Falle des Ablebens eines der offenen Gesellschafter Arnold von Siemens oder Wilhelm von Siemens während der Vertragsdauer die Erben des Verstorbenen nach Ablauf der Vertragsdauer berechtigt sein sollen, die hier in Rede stehenden Geschäfte mit dem überlebenden anderen geschäftsleitenden offenen Gesellschafter, unter sinngemäßer Anwendung der Bestimmung des § 10 in Bezug auf ihre Vertretung, fortzusetzen oder dieselben oder eines derselben ihrerseits zum Buchwerth zu übernehmen, falls der überlebende offene Gesellschafter dieselben nicht fortsetzen will.

§ 12

Im Falle des Ablebens des Herrn Carl Siemens ist der Sohn desselben Herr Werner Siemens berechtigt und verpflichtet, als offener Gesellschafter oder als Kommanditist mit dem Betrage der Betheiligung des Ver- storbenen in die Gesellschaft ein- zutreten.

§ 13

Dem Kommanditisten Herrn Geheimrath Dr. Werner von Siemens [... (Handschrift nicht entzifferbar)]

2., die Berechtigung, von allen Geschäftsbüchern und Correspondenzen persönlich oder durch einen Bevollmächtigten jederzeit Einsicht zu nehmen beziehungsweise Einsicht und Auszüge nehmen zu lassen, an den geschäftlichen Conferenzen Theil zu nehmen sowie von den monatlichen Geschäftsberichten, Bestellungslisten und sonstigem Material, welches eine fortlaufende Uebersicht über die Geschäftslage zu geben geeignet ist, Kenntniß zu nehme respective Abschrift dieser Scripturen zu verlangen,

3., die unentgeltliche Weiterbenutzung des bisher innegehabten Privatquartiers nebst Arbeitszimmer im Geschäftshause Markgrafenstraße 92 und 93 sowie der bisher benutzten Stallung,

4., die Berechtigung, Beamte des Geschäfts nach seiner Wahl für seine Privatbuchführung und Privatcorrespondenz zu benutzen und dieselben hierfür zu entschädigen.

§ 14

Zwischen den offenen Gesellschaftern und dem Commanditisten wird hiermit vereinbart, daß im Falle des Ablebens des letzteren während der Dauer dieses Vertrages die sämmtlichen Erben des Kommanditisten berechtigt aber auch verpflichtet sein sollen, dessen Commanditbetheiligung dergestalt zu übernehmen, daß der auf die Firmeninhaber Arnold von Siemens und Wilhelm von Siemens vererbte Antheil demjenigen Antheil zuwächst, welcher ihnen als offenen Gesellschaftern zusteht, während die übrigen Erben mit den auf sie entfallenden Quoten der Commanditbetheiligung des Erblassers und pro rata dieser Quoten in der Rechtsstellung als Kommanditisten für die Dauer des Vertrages verbleiben. Diese übrigen Erben sind demgemäß gehalten, die betreffenden Kapitalantheile in den Geschäften zu belassen, und berechtigt, an dem Geschäftsgewinn pro rata der auf sie vererbten Kommanditbetheiligung Theil zu nehmen.

§ 15

Den im § 14 genannten Erben des Kommanditisten Herrn Geheimrath Dr. Werner von Siemens stehen nach ihrem Eintritt als Kommanditisten lediglich die gesetzlichen Rechte und Pflichten bezüglich ihrer Betheiligung zu. Schon jetzt wird bestimmt, daß dieselben einer Erhöhung des Gesellschaftskapitals oder der Aufnahme eines neuen Kommanditisten nach Anordnung der geschäftsleitenden offenen Gesellschafter zuzustimmen verpflichtet sind und daß im Falle einer solchen Erhöhung des Gesellschaftskapitals deren Betheiligungs-Quote am Gewinn und Verlust der Gesellschaft unter Zugrundelegung des heutigen Verhältnisses des Kommanditkapitals zum Gesammtkapital der Gesellschaft festgesetzt werden soll.

§ 16

Das Geschäftsjahr läuft wie bisher vom 1. Januar bis 31. Dezember. Spätestens am 1. Mai jeden Jahres muß der aus der Bilanz des vorhergehenden Jahres sich ergebende Gewinn Ueberschuß des Kommanditisten beziehungsweise seiner Rechtsnachfolger zur Ausschüttung gelangt sein.

§ 17

Nach Ablauf der Vertragsdauer steht es beim Mangel einer anderweitigen Vereinbarung den beiden geschäftsleitenden offenen Gesellschaftern Arnold von Siemens und Wilhelm von Siemens beziehungsweise deren Rechtsnachfolgern frei, die hier in Rede stehenden Geschäfte gegen Herauszahlung des Antheils des anderen offenen Gesellschafters beziehungsweise des Kommanditisten oder deren Rechtsnachfolger für ihre alleinige Rechnung zum Buchwerthe zu über- nehmen und fortzuführen. Macht einer derselben hiervon keinen Gebrauch, so geht diese Berechtigung auf den anderen geschäftsleitenden offenen Gesellschafter allein über (siehe auch § 11 oben). Innerhalb einer Frist von drei Monaten nach Ablauf der Vertragsdauer müssen die betreffenden Erklärungen hierüber schriftlich von den Berechtigten abgegeben sein, widrigenfalls die Berechtigung des Säumigen oder der Säumigen erlischt.

§ 18

Wird von den in vorstehenden Paragraphen vorgesehenen Rechten kein Gebrauch gemacht, so tritt beim Mangel eines anderweitigen Abkommens die Auflösung und Liquidation der Gesellschaft ein.

§ 19

Das bisher zwischen sämmtlichen Kontrahenten bestehende Rechtsverhältniß in Bezug auf die Firma Siemens & Halske zu St. Petersburg und etwaigen später zu errichtenden Zweigniederlassungen derselben soll zunächst thatsächlich auf bisheriger Grundlage fortgesetzt werden und wird eine nähere Vereinbarung über etwaige Aenderungen andemselben innerhalb einer Frist von drei Monaten in Aussicht genommen.

Carl Heinrich Siemens

St. Petersburg, den 27. December 1889.
8. Januar 1890 — Werner Hermann Siemens
Berlin, den 10. Januar 1890. — Dr W von Siemens
Arnold Wilhelm Siemens
Georg Wilhelm v Siemens

Die §§ 9 und 16 des vorstehenden Gesellschafts- u. Commandit-Vertrags werden hiermit dahin abgeändert, daß:

1., der erste Endtermin dieses Vertrages vom 31. December 1899 auf den 31. Juli 1900 verlegt wird;
2., der nächste Abschluß am 31. Juli a. anzufertigen ist, und
3., das Geschäftsjahr für die Folge vom 1. August bis zum 31. Juli zu laufen hat.

Berlin, den 10. April 1891.

Dr W v Siemens — Carl Heinrich Siemens
Arnold Wilhelm Siemens — Georg Wilhelm v Siemens.
Werner Hermann Siemens.

Der Mitunterzeichnete, Herr Geheime Regierungs-Rath Dr. W. von Siemens, Commanditist unserer Firma (Siemens & Halske), hat derselben Behufs Erhöhung des Betriebscapitals und für die Dauer des Gesellschafts- und Commanditvertrages vom 8./10. Januar 1890 die Summe von

Rm: 2.800000,– in Worten : Zwei Millionen achthunderttausend Mark per 1. Januar 1890

als Darlehn überwiesen.

Dieses Darlehn ist wie das Commanditcapital mit 5 % (fünf Procent) pro anno zu verzinsen, und sind die Zinsen am Schlusse eines jeden Jahres dem Darlehnsgeber resp. Dessen Rechtsnachfolgern baar auszuzahlen oder gutzuschreiben.

Berlin, den 28. Januar 1891.
Dr W v Siemens
Carl Siemens
Arnold Siemens
Wilhelm v Siemens
Werner Hermann Siemens.

Holger Fleischer und Konstantin Horn

§ 9 „Mother of Trusts“: Das Standard Oil Trust Agreement*

Inhaltsübersicht

I. Das Standard Oil Trust Agreement: Eine Rechtsinnovation ersten Ranges

In einem Sammelband historisch bedeutsamer Statuten darf das Standard Oil Trust Agreement vom 2. Januar 1882 nicht fehlen.[1] Dass ihm ein Platz in der ersten

---

* Für eine frühere Version *Fleischer/Horn*, RabelsZ 83 (2019), 507.

1 Abgedruckt bei *Cook*, Trusts – The Recent Combinations in Trade, Their Character, Legality and Mode of Organization, and the Rights, Duties and Liabilities of their Managers and Certificate-Holders, 1888, Appendix B, S. 78 ff. sowie bei *Stevens* (Hrsg.), Industrial Combinations and Trusts,

https://doi.org/10.1515/9783110733839-010

Reihe berühmter Gesellschaftsverträge gebührt, steht für Kenner des Aktien- und Konzernrechts[2], aber auch für Experten der Wirtschafts- und Unternehmensgeschichte[3] außer Zweifel. Regelungsgegenstand ist mit Standard Oil das damals größte Erdölraffinerie-Unternehmen der Welt[4], welches den Grundstein für den unermesslichen Reichtum der Rockefeller-Familie[5] legte.[6] Durch unablässige Zukäufe, Zusammenschlüsse und Neugründungen von Schwester- oder Tochterunternehmen zu einem unübersichtlichen Firmenkonglomerat herangewachsen, ließ sich Standard Oil zu Beginn der 1880er Jahre organisatorisch wie rechtlich kaum mehr steuern. Abhilfe schaffen sollte eine neuartige Treuhandkonstruktion: der Standard Oil Trust, den man als „Mother of Trusts"[7] zu bezeichnen pflegt.

1913, S. 17 ff. und bei *U. S. Bureau of Corporations* (Hrsg.), Report of the Commission of Corporations on the Petroleum Industry, Part I, Position of the Standard Oil Company in the Petroleum Industry, 1907, Exhibit 8, S. 361 ff.

2 Rechtsvergleichend *Spindler*, Recht und Konzern, 1993, S. 268: „Von besonderem Interesse für die Entwicklung von Formen der Unternehmenszusammenschlüsse ist die Geschichte der Standard Oil Co., die neue rechtliche Organisationsformen einführte und die gesamte Industrie beeinflusste."; ähnlich *Damler*, Konzern und Moderne, 2016, S. 27: „einer der bedeutendsten Verträge der modernen Wirtschaftsgeschichte".

3 Vgl. etwa *Chandler*, The Visible Hand: The Managerial Revolution in American Business, 1977, S. 418 ff. sowie *Nevins*, John D. Rockefeller, The Heroic Age of American Enterprise, 1940, Bd. 1, S. 613: „The new trust agreement [...] marked a new departure in the history not only of the Standard Oil, but of industrial organizations in the United States."; *Seager/Gulick*, Trust and Corporation Problems, 1929, S. 99: „Among the 'romances of trade', few are more absorbing than the story of the rise and progress of the Standard Oil Company."

4 Zur Geschichte von Standard Oil *Tarbell*, The History of the Standard Oil Company, Bd. I und II, 1904 (tendenziös); *Montague*, The Rise and Progress of the Standard Oil Company, 1903 (neutraler); *Hidy/Hidy*, Pioneering in Big Business. The History of the Standard Oil Company (New Jersey), 1919 (wissenschaftlich ausgewogen); materialreich auch *U. S. Bureau of Corporations*, Petroleum Industry (Fn. 1), S. 2 ff., 48 ff.

5 Speziell zur dynastischen Komponente *Landes*, Dynasties. Fortunes and Misfortunes of the World's Great Family Businesses, 2006, Part 3, Chapter 8, S. 127 ff.: The Rockefellers – Luck, Virtue, and Piety.

6 Biographien über *John D. Rockefeller*, die auch ausführliche Erörterungen der Geschichte von Standard Oil enthalten, von *Chernow*, Titan – The Life of John D. Rockefeller, Sr., 1998/2004; *Nevins* (Fn. 3), Bd. 1 und 2; s. auch die Bemerkung von *Wells*, The Work, Wealth and Happiness of Mankind, 1932, S. 446: „The life history of Rockefeller is the history of the trust; he made it, and equally it made him."

7 *Wells* (Fn. 6), S. 446; gleichsinnig *Dodd*, Combinations: Their Uses and Abuses, with a History of the Standard Oil Trust, 1888, S. 19: „parent of the trust system".

Sein Gründungsdokument fand rasch Eingang in die zeitgenössischen Formular- und Erläuterungsbücher[8] und lieferte die Blaupause für weitere Trusts[9], die während des wirtschaftlichen Aufschwungs bis zur Jahrhundertwende („Gilded Age“[10]) das industrielle Bild Amerikas prägten. Manche Literaturstimmen sprechen noch heute bewundernd von einem „legal masterpiece“[11] und einem „Musterbeispiel dafür, dass (kautelar-)juristische Innovationen für den Bestand eines Unternehmens ebenso entscheidend sein können wie technische oder wissenschaftliche“[12]. Andere legen das Augenmerk mehr auf die wettbewerbsfeindlichen Wirkungen der Vereinbarung und erblicken in ihr die Keimzelle einer Krankheit, die sich im amerikanischen Wirtschaftssystem verbreitete.[13] Auch nachdem die Organisationsform des Trusts später durch Holding-Modelle abgelöst wurde, blieb der Begriff „Trust“ fest im Sprachgebrauch verankert und wurde zum Synonym für Großunternehmen, die ganze Industriezweige dominieren.[14] In der Rechtssprache gab er der Kartellgesetzgebung der Vereinigten Staaten ihren Namen („Antitrust Law“).[15]

---

8 Vgl. *Cook* (Fn. 1), Appendix B, S. 78 ff.; *Fletcher*, Corporation Forms and Precedents, Annotated, 1913, Supplement 1923, Form 2204, S. 708.

9 Dazu *Thorelli*, The Federal Antitrust Policy: Origination of an American Tradition, 1954, S. 76 f.: „[I]t was the second Standard Oil Trust Agreement that was to serve as a model for subsequent trusts.“; *Jones*, The Trust Problem in the United States, 1911, S. 20 f.

10 Monographisch *Cashman*, America in the Gilded Age. From the Death of Lincoln to the Rise of Theodore Roosevelt, 3. Aufl. 1993.

11 *Becht/DeLong*, in Morck (Hrsg.), A History of Corporate Governance Around the World: Family Business Groups to Professional Managers, 2005, S. 613, 627.

12 So *Damler* (Fn. 2), S. 27.

13 In diesem Sinne *Senate of New York*, Report of the Committee on General Laws on the Investigation Relative to Trusts, 1888, S. 8: „It is the type of a system which spread like a disease through the commercial system of this country.“

14 Vgl. *Friedman*, A History of American Law, 2. Aufl. 1985, S. 464: „The trust device did not last very long; after 1890, the holding company became a more popular method of accomplishing the same objects. But the name ‘trust’ did not disappear so quickly; it came to be applied to any agglomeration that monopolized a field of business (or appeared to).“

15 Vgl. *Chernow* (Fn. 6), S. 227: „[...] the 1882 trust agreement executed by Standard Oil led straight to the Sherman Antitrust Act eight years later.“

II. Frühe Anfänge und steiler Aufstieg von Standard Oil

Die Geburtsstunde der amerikanischen Erdölindustrie schlug am 27. August 1859. An diesem Samstag entdeckte Edwin L. Drake die erste Ölquelle nahe Titusville, Pennsylvania.[16] Noch fehlten freilich viele Voraussetzungen für ein funktionierendes Ölgeschäft: eine gute Bohrtechnik, geeignete Fässer für den Abtransport und ein leistungsfähiges Transportnetz. Das rapide Wirtschaftswachstum in den 1860er Jahren mit seinem stetig steigenden Ölbedarf sorgte jedoch dafür, dass die amerikanische Ölindustrie binnen weniger Jahre einen rasanten Aufschwung nahm.[17]

1. Anfangsjahre der „Rockefeller & Andrews" Partnership

Einer der jungen Männer, die in dieser Zeit in das Ölgeschäft einstiegen, war John D. Rockefeller (1839–1937), der nach einer ersten Anstellung als Buchhalter[18] in den Docks von Cleveland, Ohio, zusammen mit Maurice B. Clark ein Kommissionsgeschäft im Lebensmittelhandel gegründet hatte. Während des Bürgerkriegs war dieses Geschäft außerordentlich erfolgreich. Die beiden Partner hatten zum einen das Glück, nicht in den Krieg ziehen zu müssen, und profitierten zum anderen von der starken Nachfrage der Armee nach ihren Produkten.[19] Die Tür zum Ölgeschäft öffnete sich ihnen, als der englische Ingenieur Samuel Andrews sie im Jahre 1862 um das notwendige Startkapital für eine Raffinerie in Cleveland bat. Beide investierten zunächst 4.000 Dollar, ein für sie damals ganz erheblicher Betrag[20], und beteiligten sich damit hälftig an der Raffinerie.[21] Der technisch versierte Andrews entwickelte ständig neue Verfahren, mit denen er die Qualität des raffinierten Öls verbesserte, so dass die Raffinerie rasch wuchs. Den damit einhergehenden Kapitalbedarf deckten Rockefeller und Clark, indem sie ihr Investment auf 100.000 Dollar aufstockten.[22]

---

16 Vgl. *Hidy/Hidy* (Fn. 4), S. 5; *Montague* (Fn. 4), S. 4.

17 Allgemein zur frühen Geschichte der Ölindustrie *Williamson/Daum*, The American Petroleum Industry – The Age of Illumination 1859–1899, 1959.

18 Dazu *Tarbell* (Fn. 4), Bd. I, S. 41: „He proved an admirable accountant – one of the early-and-late sort, who saw everything, forgot nothing and never talked."

19 Vgl. *Tarbell* (Fn. 4), Bd. I, S. 42.

20 Vgl. *Chernow* (Fn. 6), S. 77.

21 Vgl. *Tarbell* (Fn. 4), Bd. I, S. 42.

22 Vgl. *Tarbell* (Fn. 4), Bd. I, S. 43.

Im Jahre 1865 gingen Rockefeller und Clark nach einem Streit über die künftige Geschäftsstrategie und persönlichen Differenzen getrennte Wege. Rockefeller erwarb Clarks Anteile am Raffineriegeschäft und führte es mit Andrews in Form einer *partnership* unter der Firma „Rockefeller & Andrews" fort.[23] Beide ergänzten sich hervorragend. Andrews kümmerte sich weiterhin um den technischen Bereich, während Rockefeller Einkauf und Vertrieb perfektionierte. Neben Andrews Erfindergeist und Rockefellers Geschäftssinn wurde ihr wirtschaftlicher Erfolg auch durch den günstigen Standort der Raffinerie in Cleveland befördert: Es gab einen Eisenbahnanschluss, der die Raffinerie sowohl mit den Ölfeldern von Pennsylvania als auch mit dem Handelszentrum von New York verband. Außerdem konnte das Öl per Schiff über den Erie-Kanal befördert werden.[24] Dies verschaffte Rockefeller eine gute Ausgangsposition in den Verhandlungen über die Frachtpreise, die einen ganz wesentlichen Kostenfaktor im Ölgeschäft bildeten.[25]

Wegen ihres anhaltenden Geschäftserfolgs errichteten Rockefeller und Andrews bald eine weitere Raffinerie. Hierzu gründeten sie eine zweite *partnership* und nahmen als zusätzliche Teilhaber John D. Rockefellers jüngeren Bruder William, der Beziehungen zur Wall Street pflegte, und Henry M. Flagler auf. Flagler (1830–1913), der den Kontakt zu dem wohlhabenden Geschäftsmann Stephen V. Harkness herstellte, entwickelte sich zu Rockefellers kongenialem Partner und engem persönlichen Freund; er hatte großen Anteil am Erfolg von Standard Oil.[26] Zugleich errichteten die Gesellschafter erstmals eine Dependance in New York, einem der wichtigsten Umschlagplätze für raffiniertes Öl und späteren Sitz des Standard Oil Trust. Im Jahre 1867 wurden beide Raffinerien in eine gemeinsame *partnership* eingebracht[27]: „Rockefeller, Andrews & Flagler".[28]

---

23 Vgl. *Chernow* (Fn. 6), S. 87 f.; *Seager/Gulick* (Fn. 3), S. 97.

24 Zusammenfassend *Bringhurst*, Antitrust and the Oil Monopoly: The Standard Oil Cases, 1890–1911, 1979, S. 10: „Blessed with advantageous location, clever management, and the rapid growth of the oil business, the enterprise prospered."

25 Vgl. *Seager/Gulick* (Fn. 3), S. 116: „[...] it is necessary to keep in mind that oil is a cheap commodity, and that, therefore, the cost of transportation is one of the chief items in its expense of production."

26 Vgl. *Hidy/Hidy* (Fn. 4), S. 25: „It is difficult to determine where the ideas of Rockefeller stop and those of Flagler begin."

27 Dazu und den Gründen das Selbstzeugnis von John D. Rockefeller, zitiert bei *Montague* (Fn. 4), S. 7: „The cause leading to the combination was the desire to unite our skill and capital, in order to carry on a business of some magnitude and importance in place of the small business that each had separately heretofore carried on."

28 Vgl. *Chernow* (Fn. 6), S. 106; *Seager/Gulick* (Fn. 3), S. 97.

2. Gründung und rasante Expansion der Standard Oil Company (Ohio)

Das folgende Jahrzehnt war durch fortwährende Expansion und ständig steigenden Finanzierungsbedarf des Unternehmens in einem harten Wettbewerbsumfeld geprägt.

a) Wachsender Kapitalbedarf und Rechtsformwechsel

Zur Deckung des Kapitalbedarfs suchten die Gesellschafter nach Möglichkeiten, außenstehende Investoren zu gewinnen, ohne die unternehmerische Kontrolle zu verlieren[29] – das Standardproblem vieler Familiengesellschaften bis auf den heutigen Tag.[30] Die von Flagler[31] ersonnene Lösung lag in der Umwandlung ihrer *partnership* in eine *joint stock corporation* nach dem Recht von Ohio: die Standard Oil Company. Deren Gründungsurkunde[32] datiert vom 10. Januar 1870 und gab öffentlich kund:

> „That we, John D. Rockefeller, Henry M. Flagler, Samuel Andrews, and Stephen V. Harkness, of Cleveland, Cuyahoga County, Ohio, and William Rockefeller, of the City, County, and State of New York, have associated ourselves together under the provisions of the Act of the Legislature of Ohio [...] for the purpose of forming a body corporate for manufacturing petroleum and dealing in petroleum, and its products under the corporate name of THE STANDARD OIL COMPANY."

Das Grundkapital betrug 1 Mio. Dollar, aufgeteilt in Aktien zu jeweils 100 Dollar. Die Rockefeller-Familie war hieran mit 50 % beteiligt: John D. Rockefeller hielt 26,7 %, William Rockefeller 13,3 % und dessen Schwager Oliver B. Jennings weitere 10 %. Flagler, Harkness und Andrews besaßen jeweils 13,3 % der Anteile.[33]

---

29 *Becht/DeLong* (Fn. 11), S. 613, 626: „The expanding 'Rockefeller, Andrews, and Flagler' partnership was soon in need of further capital and confronted with problem of bringing in outside investors without losing control."

30 Näher dazu mit weiteren Beispielen *Fleischer*, NZG 2017, 1201, 1203 f.

31 Vgl. *Hidy/Hidy* (Fn. 4), S. 25: „Having an aptitude for legal affairs, he [= Flagler] was a master of drawing up clear, concise contracts. The incorporation of Ohio Standard appears to have been his brain child [...]."; ferner *Landes* (Fn. 5), S. 217, 222: „Flagler was a master of words and especially of legal language; in the give-and-take of negotiations, John D. found him superior to trained lawyers."

32 First Act of Incorporation of the Standard Oil Company, abgedruckt bei *Tarbell* (Fn. 4), Bd. I, Appendix Nr. 2, S. 276.

33 Tabellarische Auflistung bei *Becht/DeLong* (Fn. 11), S. 613, 627.

Weitere 10 % der Aktien gehörten früheren Partnern von „Rockefeller, Andrews & Flagler". John D. Rockefeller amtierte als *president*, sein Bruder als *vice president*, Flagler als *secretary* und *treasurer*.[34] Der Firmenname sollte den Kunden Vertrauen einflößen: Um diese Zeit häuften sich Vorfälle, bei denen minderwertiges raffiniertes Öl verheerende Brände auslöste; Rockefeller wollte dagegen für Öl von höchstem Qualitäts-„Standard" einstehen.[35]

Nur zwei Jahre später, am 10. Januar 1872, beschloss der Verwaltungsrat eine Kapitalerhöhung auf 2,5 Mio. Dollar, einen Tag später nach nochmaliger hastiger Beratung sogar auf 3,5 Mio. Dollar.[36] Weitere Aktionäre beteiligten sich, John D. Rockefeller hielt seinen Anteil jedoch konstant. 1878 erwarb er noch die Anteile von Samuel Andrews hinzu, nachdem sich beide über die Dividendenpolitik von Standard Oil gestritten hatten; Andrews wollte höhere Ausschüttungen, Rockefeller eine stärkere Einbehaltung der erzielten Gewinne.[37]

b) Wirtschaftliches Wachstum durch zweifelhafte Wettbewerbspraktiken

Bei seiner Inkorporierung war Standard Oil schon das größte Unternehmen im Raffineriegeschäft der Vereinigten Staaten – und damit der Welt. Gleichwohl betrug sein Marktanteil gerade einmal 10 % und alle seine Raffinerien lagen in der Region von Cleveland.[38] Die übrigen 90 % des Marktes teilten etwa 250 weitere Raffinerien unter sich auf. Diese Wettbewerbsverhältnisse sollten sich innerhalb eines knappen Jahrzehnts durch einen beispiellosen Konzentrationsprozess grundlegend ändern: Im Jahre 1879 kontrollierte Standard Oil 90 bis 95 % der Raffineriekapazitäten des Landes.[39] Während der frühe Erfolg des Unternehmens auf Andrews Erfindungsreichtum und Rockefellers Managementtalent beruhte, war die massive Expansion der Folgejahre das Ergebnis von Rockefellers brillantem taktischen Verständnis und seinen skrupellosen Wettbewerbspraktiken.

---

34 Vgl. *Becht/De Long* (Fn. 11), S. 613, 626.

35 Näher *Chernow* (Fn. 6), S. 132.

36 Vgl. *Landes* (Fn. 6), S. 217, 229; *Montague* (Fn. 14), S. 41.

37 Vgl. *Chernow* (Fn. 6)), S. 181; *Hidy/Hidy* (Fn. 4), S. 29.

38 Näher *U. S. Bureau of Corporations* (Fn. 1), S. 48.

39 Vgl. *Laidler*, Concentration of Control in American Industry, 1931, S. 16; *Landes* (Fn. 6), S. 217, 230; *U. S. Bureau of Corporations*, Petroleum Industry (Fn. 1), S. 49; ferner *Wells* (Fn. 6), S. 447: „Even now it amazes that from his first entry into the oil business, it was under ten years before he attained virtual control of the entire industry."

aa) Allgemeine Bedingungen in der Ölindustrie

Die Ölindustrie war anfangs ein *cutthroat business.*[40] Es herrschte rücksichtslose Rivalität, die wohl auch dem Umstand geschuldet war, dass viele junge Männer, die gerade als Veteranen aus dem amerikanischen Bürgerkrieg zurückgekehrt waren, dort ihr Glück versuchten.[41] Patente wurden breitflächig umgangen, Industriespionage war an der Tagesordnung.[42] Die Ölpreise schwankten stark, weil ständig neue Ölquellen erschlossen wurden, während andere versiegten. Weitere Unsicherheiten beruhten auf fortwährenden Professionalisierungsschüben bei der Förderung und Raffinierung von Öl sowie bei seinem Transport und Vertrieb. Um sich gegen diese Unsicherheiten zu wappnen, schlossen sich Unternehmen vermehrt zusammen. Horizontale und vertikale Zusammenschlüsse, hauptsächlich durch *interlocking partnerships*, waren also schon an der Tagesordnung, bevor die große Kartellierungs- und Konzentrationswelle von Standard Oil einsetzte: „The idea of combination in the petroleum industry had emerged out of the uncertainties of the business itself long before the Standard Oil Group was formed."[43]

bb) Rockefellers Kartellierungs-, Übernahme- und Monopolisierungspraktiken

Die riesigen Profite im Raffineriegeschäft hatten immer mehr (Jung-)Unternehmer angelockt. Bald übertrafen die Raffineriekapazitäten die geförderte Rohölmenge um das Dreifache. Infolgedessen verfielen die Preise und stürzten die Branche in ihre erste schwere Krise. Rockefeller sah den wesentlichen Grund hierfür in der ruinösen Konkurrenz zwischen den Raffinerien. Deshalb wollte er den Wettbewerb durch Kooperation ersetzen[44] und entwickelte den Ehrgeiz, ein industrieweites Kartell zu formen.[45] Tief religiös[46] und von seinem Biographen als Muster-

---

40 Vgl. *Hidy/Hidy* (Fn. 4), S. 4: „In the petroleum industry competition was strenuous, often cutthroat in character."; ähnlich *Carr*, John D. Rockefeller's Secret Weapon, 1962, S. 5: „tooth-and-claw competition".

41 Vgl. *Hidy/Hidy* (Fn. 4), S. 7: „[...] youth predominated in the oil industry, particularly after the veterans of the Civil War poured into the business. [...] And their very youth added to the ruthless competitive pattern of producing, refining, and marketing petroleum products which soon developed."

42 Näher *Hidy/Hidy* (Fn. 4), S. 7 ff.

43 *Hidy/Hidy* (Fn. 4), S. 9 f.

44 Vgl. *Chernow* (Fn. 6), S. 130; *Dodd* (Fn. 7), S. 22; *Hidy/Hidy* (Fn. 4), S. 15.

45 Vgl. *Chernow* (Fn. 6), S. 130: „He saw that his individual success as a refiner was now menaced by industry-wide failure and that it therefore demanded a systemic solution. This was a momentous insight, pregnant with consequences. Instead of just tending to his own business, he began to conceive of the industry as a gigantic, interrelated mechanism and thought in terms of strategic alliances and long-term planning."

beispiel eines protestantischen Unternehmers beschrieben[47], stilisierte sich Rockefeller dabei als Erlöser der gesamten Ölindustrie: „The Standard was an Angel of mercy, reaching down from the sky, and saying ‚Get in the ark. Put in your old junk. We'll take all the risks.'"[48]

Der erste Schritt hin zu einer Kartellierung der Branche sollte in der Erlangung der Kontrolle über die anderen 26 Raffinerien in Cleveland liegen – ein Vorgang, der später *Cleveland Massacre* getauft wurde.[49] Gemäß einem vorgefertigten Plan schloss sich Standard Oil mit einigen wenigen Raffineuren und den drei großen Eisenbahngesellschaften in der South Improvement Company (SIC) zusammen. Die SIC plante eine massive Erhöhung der Frachtraten für alle Raffineure, wobei ihre eigenen Mitglieder Frachtrabatte von bis zu 50 % erhalten sollten. Auf diese Weise winkten den Eisenbahngesellschaften auskömmliche Renditen und den beteiligten Raffineuren enorme Kostenvorteile gegenüber der Konkurrenz. Obwohl der Plan der Kartellanten letztlich nicht aufging, weil er frühzeitig bekannt wurde und für große öffentliche Empörung sorgte,[50] verfehlte er seine Wirkung keineswegs. Viele unabhängige Raffineure sahen sich in ihrer wirtschaftlichen Existenzgrundlage bedroht und verkauften im Jahre 1872 ihre Unternehmen innerhalb weniger Wochen zu Niedrigpreisen an Standard Oil.[51] Zudem verpflichteten sie sich gegenüber Standard Oil, nicht mehr im Raffineriegeschäft tätig zu werden. Um die Überproduktion in der Ölindustrie einzudämmen, schloss Standard Oil viele der neuerworbenen Raffinerien.

Auf nationaler Ebene scheiterte 1873 ein weiterer Plan Rockefellers zur Kartellierung der gesamten Branche, der sog. *Pittsburgh Plan*.[52] Daraufhin entschloss sich Standard Oil, statt auf eine Zusammenarbeit zwischen selbständigen Raffinerien künftig auf Zukäufe in großem Stil zu setzen.[53] Hierbei kam dem Unternehmen die anhaltende Depression in der US-amerikanischen Wirtschaft zugute: Sie zwang viele Raffineure, ihre Unternehmen zu Niedrigpreisen zu verkaufen, und Standard Oil griff zu, wo immer sich eine Gelegenheit bot. Vereinzelt half Rocke-

---

46 Dazu *Landes* (Fn. 6), S. 217, 231: „John D. was a devoutly religious man, sanctimonious to a fault. But like most pious folk, he had no trouble living amid sin."

47 So *Chernow* (Fn. 6), S. 55: „[...] was the Protestant work ethic in its purest form, leading a life so consistent with Weber's classic essay that it reads like his spiritual biography."

48 *Chernow* (Fn. 6), S. 153.

49 Ausführlicher zu Folgendem mit Nuancierungen im Einzelnen *Chernow* (Fn. 6), S. 135 ff.; *Hidy/Hidy* (Fn. 4), S. 16 ff.; *Tarbell* (Fn. 4), Bd. I, S. 56 ff.

50 Vgl. *Hidy/Hidy* (Fn. 4), S. 16: „tempestuous opposition by producers and both large and small refiners in the producing and New York areas."

51 Vgl. *Seager/Gullick* (Fn. 3), S. 103.

52 Vgl. *Chernow* (Fn. 6), S. 127; *Tarbell* (Fn. 4), Bd. I, S. 106 ff.

53 Vgl. *Chernow* (Fn. 6), S. 75; ferner *Chandler* (Fn. 3), S. 321.

feller auch mit schmutzigen Tricks nach, etwa indem er in einer Region alle Ölfässer aufkaufte, so dass seinen Wettbewerbern jede Transportmöglichkeit fehlte.[54] Er zog es aber vor, die Konkurrenz davon zu überzeugen, freiwillig an Standard Oil zu verkaufen. Zu diesem Zweck beließ er häufig das amtierende Management auf seinen Posten.[55] Bei alledem versuchte Standard Oil seine Expansion so gut wie möglich geheim zu halten. Die erworbenen Unternehmen sollten, sofern sie nicht vom Markt genommen wurden, unter ihrem bisherigen Namen weiterbetrieben und die Verbindung zu Standard Oil nirgendwo aktenkundig werden.[56]

Mit einem anderen Manöver zwang Rockefeller die größte Eisenbahngesellschaft des Landes, Pennsylvania Railroad, in die Knie, die 1876 auch ins Pipeline- und Raffineriegeschäft eingestiegen war.[57] Rockefeller legte kurzerhand alle jene Raffinerien von Standard Oil vorübergehend still, deren Erzeugnisse Pennsylvania Railroad beförderte. Damit brach ein Großteil ihres Frachtgeschäfts plötzlich weg, hunderte Eisenbahner mussten entlassen werden oder drastische Lohnkürzungen hinnehmen. Ein Generalstreik brach aus, in dessen Zuge zahlreiche Tankwagen und Gebäude von Pennsylvania Railroad zerstört wurden. Der Aktienkurs von Pennsylvania Railroad rauschte in den Keller, das Unternehmen konnte nur mit einem Notkredit über Wasser gehalten werden. Rockefeller nutzte die Gunst der Stunde und erwarb mit Hilfe eines Großdarlehens alle Unternehmensteile von Pennsylvania Railroad im Öl- und Pipelinegeschäft. Außerdem schloss sich Standard Oil mit Pennsylvania Railroad und anderen großen Eisenbahngesellschaften zu einem Frachtkartell zusammen und ließ sich selbst großzügige Frachtrabatte einräumen.

Ein letztes Beispiel für Rockefellers Rücksichtslosigkeit bot sein Kampf gegen das Unternehmen Tidewater, das im Jahre 1878 Pläne zur Errichtung der ersten Langstrecken-Pipeline schmiedete.[58] In diesem weitaus günstigeren Beförderungsmittel witterte Rockefeller eine Gefahr für die Effektivität seines Systems von Frachtrabatten bei den Eisenbahnen. Um Tidewaters Pläne zu durchkreuzen, erwarb Standard Oil in großem Umfang Grundstücke entlang der geplanten Pipeline-Strecke. Zudem platzierte man Gerüchte in den lokalen Zeitungen über angebliche Lecks in den Ölleitungen, die zu Bodenverschmutzungen führen würden. Parallel wurden Abgeordnete bestochen, um Enteignungs-

---

54 Vgl. *Chernow* (Fn. 6), S. 162.

55 Vgl. *Chernow* (Fn. 6), S. 162.

56 Vgl. *Chernow* (Fn. 6), S. 161.

57 Näher zu Folgendem *Chernow* (Fn. 6), S. 171 f.; *Hidy/Hidy* (Fn. 4), S. 20; *Tarbell* (Fn. 4), Bd. I, S. 183 ff.

58 Näher zu Folgendem *Landes* (Fn. 6), S. 320; *Seager/Gulick* (Fn. 3), S. 109 f.; *Tarbell* (Fn. 4), Bd. II, S. 13 f.

gesetze zugunsten von Tidewater zu verhindern. Als dies alles nicht half und die Pipeline 1879 gleichwohl ihren Betrieb aufnahm, kaufte oder pachtete Standard Oil Raffinerien, die als potentielle Kunden von Tidewater in Betracht kamen, und drehte Tidewater so den Hahn ab. Unter dem Druck der schwachen Auslastung seiner Pipelines einigte sich Tidewater mit Standard Oil schließlich darauf, seine Frachtraten auf das Niveau der Eisenbahnen anzuheben, und erhielt im Gegenzug einen garantierten Anteil an Frachtaufträgen von Standard Oil.

Am Ende eines stürmischen Jahrzehnts hatte Rockefeller 1879 mit der Einverleibung von Raffinerien, Eisenbahnstrecken und Pipelines zentrale Elemente der Wertschöpfungskette in der Ölindustrie unter seine Kontrolle gebracht. Standard Oil war unangefochtener Marktführer in den Vereinigten Staaten und beherrschte 70 % des Weltmarktes. Die betriebswirtschaftlichen Gründe für seinen atemberaubenden Aufstieg erblickten Branchenexperten weniger in technischen Vorteilen bei der Ölraffinierung, sondern vielmehr in den wesentlich günstigeren Transportkosten gegenüber der Konkurrenz.[59]

III. Rechtliche und betriebswirtschaftliche Herausforderungen für „Big Business"

Die enorme Expansion von Standard Oil führte zu einer neuartigen Form des Wirtschaftens: War der Betrieb eines Unternehmens zuvor im Wesentlichen eine regionale Angelegenheit, so betrat mit Standard Oil nunmehr ein national tätiger Wirtschaftsakteur die Bühne und läutete die Zeit des „Big Business" ein.[60] Dieser Wachstumsprozess verlief allerdings nicht ohne Schmerzen: Zum einen war das damalige Gesellschaftsrecht nicht auf landesweit agierende Unternehmen, sondern auf kleinere Einheiten angelegt, die ihre Geschäftstätigkeit ausschließlich

---

59 Vgl. *Seager/Gulick* (Fn. 3), S. 124: „The conclusion that seems warranted from this brief study of the Standard Oil Trust during the period from its organization until its formal dissolution in 1911 is that the principal sources of its monopolistic control over the oil refining industry were advantages in the field of transportation."; ähnlich *Laidler* (Fn. 39), S. 16: „At one time when the open rate from Pennsylvania to the coast was $1.44 ½, the Standard Oil secured a rate of 80 cents! These rebates, naturally, greatly aided the Rockefeller concern in outrunning its competitors."; allgemein auch *Landes* (Fn. 6), S. 220: „The story of oil was in large part a story of transportation."
60 In diesem Sinne etwa *Hidy/Hidy* (Fn. 4), S. 3: „one of the earliest representatives of Big Business"; *Wells* (Fn. 6), S. 447: „[...] he inaugurated, by his immense success, the era of Big Business."

innerhalb eines einzelnen Bundesstaates entfalteten.[61] Zum anderen brachte das tief gestaffelte und immer komplexere Unternehmensgeflecht von Standard Oil auch aus betriebswirtschaftlich-organisatorischer Perspektive neue Herausforderungen mit sich.

1. Ultra-vires-Lehre

In gesellschaftsrechtlicher Hinsicht erschwerte vor allem die *ultra-vires*-Lehre das Verbandsleben von Standard Oil. Danach konnte eine *corporation* nur solche Handlungen vornehmen, die von ihrem Unternehmenszweck (*purpose*) und ihren Befugnissen (*powers*) gedeckt waren.[62] Eine darüber hinausgehende, also *ultra vires* vorgenommene Handlung war nichtig oder vernichtbar.[63] Dies galt selbst dann, wenn ihr alle Gesellschafter zugestimmt hatten.[64]

a) Ursprünge und Hintergründe

Die *ultra-vires*-Lehre beruht auf der Vorstellung, dass eine *corporation* keine natürliche Person, sondern eine bloße Zweckschöpfung des Rechts ist. In den berühmten Worten von *Chief Justice John Marshall* aus der *Dartmouth College*-Entscheidung des Obersten Gerichtshofs der Vereinigten Staaten von 1819:

> „A corporation is an artificial being, invisible, intangible, and existing only in contemplation of law. Being the mere creature of law, it possesses only those properties which the charter of its creation confers upon it, either expressly, or as incidental to its very existence."[65]

Vor diesem ideengeschichtlichen Hintergrund entstand die *corporation* im Amerika des frühen 19. Jahrhunderts nicht durch einen privatautonomen Akt ihrer

61 Vgl. *Nevins* (Fn. 3), S. 604: „They were building up a huge interstate combination of numerous companies and properties, all under one direction; and while such far-spreading organizations were soon to become numerous in America, State laws as yet threw grave impediments in their ways."

62 Vgl. von den zeitgenössischen Lehrbüchern *Angell/Ames*, A Treatise on the Law of Private Corporations Aggregate, 1832, S. 58 ff.; *Field*, Treatise on the Law of Private Corporations, 1877, S. 284 ff.; monographisch *Brice*, A Treatise on the Law of Ultra Vires, 1875.

63 Näher *Abbott/Springer/Gilmore*, Corporation Law, 1913, S. 109 ff.; ausführlich *Lattin*, The Law of Corporations, 1971, S. 218 ff., rückblickend *Bainbridge*, Corporate Law, 3. Aufl. 2015, S. 30 ff.

64 Vgl. *Thomas v. Railroad Co.*, 101 U. S. 71, 78 ff. (1880); *Abbott/Springer/Gilmore* (Fn. 63), S. 109 ff.

65 *Treasurers of Dartmouth College v. Woodward*, 17 U. S. 518, 636 (1819).

Gründer. Vielmehr wurde sie durch ein Spezialgesetz (*special charter*) eines bundesstaatlichen Legislativorgans ins Leben gerufen. Jede einzelne Gesellschaftsgründung beruhte auf einem besonderen staatlichen Privileg, und dieses wurde nur zu bestimmten Zwecken und in beschränktem Umfang verliehen.[66] In dieser engmaschigen Regulierung spiegelte sich das verbreitete Misstrauen gegenüber der *corporation*[67], das sich noch aus den Erfahrungen der Kolonialzeit speiste, in der Korporationen als Machtinstrumente der englischen Krone wahrgenommen worden waren.[68]

In diesem politischen Klima gedieh die *ultra-vires*-Lehre prächtig und diente interessierten Kreisen dazu, die statutarischen Beschränkungen für *corporations* mit den Mitteln des Privatrechts durchzusetzen.[69] Als öffentlich-rechtliches Gegenstück stand ihr das sog. *quo-warranto*-Verfahren zur Seite, mit dem der betreffende Bundesstaat Überschreitungen des gesetzlichen Mandats verfolgen konnte.[70]

Inhaltlich galten nach überkommener Auffassung strenge Restriktionen für die Geschäftstätigkeit einer Gesellschaft, sofern ihr der Gründungsakt keine besonderen Befugnisse zubilligte: (1) Die *charter* beschränkte eine *corporation* zumeist auf Tätigkeiten in dem Bundesstaat, in dem sie gegründet worden war.[71] (2) Die *corporation* musste sich mit ihren Aktivitäten in den Grenzen des statutarisch vorgegebenen Unternehmensgegenstands bewegen, der von den Gerichten zudem eng ausgelegt wurde.[72] (3) Und sie durfte ohne spezielle Ermächtigung keine Anteile an anderen Gesellschaften halten.[73] Diese gesellschaftsrechtlichen Be-

---

66 Vgl. *Angell/Ames* (Fn. 62), S. 58; rückblickend *Hurst*, The Legitimacy of the Business Corporation in the Law of the United States, 1970, S. 14 f.

67 Vgl. *Wright/Baughman*, 2 Miami L.Q. 69, 75 (1947).

68 Vgl. *Luce*, 50 Mich. L. Rev. 1291, 1294 (1951/52); eingehend auch *Sprague/Wells*, 49 Am. Bus. L. J. 507, 618 ff. (2012).

69 Vgl. *Cary/Eisenberg*, Cases and Materials on Corporations, 7. Aufl. 1995, S. 206: „The original purpose of the ultra vires doctrine seems to have been to protect the public or state from unsanctioned corporate activity.“

70 Vgl. *Hovenkamp*, Enterprise and American Law, 1836–1937, 1991, S. 57: „Quo warranto procedures were legal actions against the corporation by the incorporating state for abuse of its franchise or other illegal acts.“; aus dem zeitgenössischen Schrifttum *Angell/Ames* (Fn. 62), S. 469 ff.; *Field* (Fn. 62), S. 519 ff.

71 Vgl. *Bringhurst* (Fn. 24), S. 11; *Hovenkamp* (Fn. 70), S. 63.

72 Vgl. etwa *Oregon Railway & Navigations Co. v. Oregonian Railway Co.*, 130 U. S. 1, 26 (1899): „rigid construction in regard to the powers granted“.

73 Vgl. etwa *Pearson v. Concord Railroad Co.*, 62 N.H. 537, 548 (1883): „A corporation cannot become a stockholder in another corporation unless such power is given by its charter or is necessarily implied in it.“

schränkungen wurden von *corporation*-kritischen Staatsanwälten begierig aufgegriffen:

> „The weapons were the remaining vestiges of the preclassical theory of corporation: statutes and charter provisions prohibiting the corporation from doing business outside the incorporation state, prohibiting activities outside the scope of the charter, and prohibiting one corporation from owning the shares of the other. Coupled to these was the doctrine permitting states to exclude corporations charted in other states from doing business within their borders.“[74]

b) Gesellschaftsrechtliche Fesseln für Standard Oil

Die gerade erläuterte Verbotstrias legte dem Expansionsdrang von Standard Oil in jeder Hinsicht enge Fesseln an:

(1) Zwar lagen ihre Produktionsstädten ursprünglich allein in Ohio, doch schon das Öl als Ausgangsprodukt stammte größtenteils aus dem benachbarten Pennsylvania. Später erworbene Raffinerien befanden sich vielfach in anderen Bundesstaaten. Der Handel mit raffiniertem Öl fand hauptsächlich in New York statt, wo dem Unternehmen auch wertvolle Grundstücke gehörten. Kurzum: Im Jahre 1881 besaß Standard Oil Vermögenswerte in 13 anderen Bundesstaaten und in mehreren Ländern außerhalb Amerikas.[75] Dies alles war mit dem Verbot, außerhalb von Ohio Geschäfte zu betreiben, kaum vereinbar.[76]

(2) Standard Oil hatte einen beschränkten Unternehmensgegenstand: „manufacturing petroleum and dealing in petroleum and its products“[77]. Weitergehende geschäftliche Aktivitäten durfte sie nicht entfalten. Ob ihre Tätigkeiten im Pipeline-Geschäft als Annexkompetenzen hiervon noch gedeckt waren, erschien zweifelhaft. Gleiches galt erst recht für den Erwerb von Ölfeldern, den Standard Oil in immer größeren Maße betrieb.

(3) Im Rahmen ihrer ausgedehnten Übernahmeaktivitäten erwarb Standard Oil die Kontrolle über zahlreiche Unternehmen, ohne deren Anteile selbst halten

74 *Hovenkamp* (Fn. 70), S. 63.
75 So *Hidy/Hidy* (Fn. 4), S. 42 f.
76 Zum Problem *Bringhurst* (Fn. 24), S. 11: „This massive organization presented Rockefeller and his partners with complex legal problems. Ohio Standard's charter permitted the company to manufacture, transport and market petroleum products in Ohio, but it could neither hold stock in other companies nor conduct out-of-state business.“; *Nevins* (Fn. 3), S. 604: „It is an Ohio company, and has no legal right to hold a plant in New York or Pennsylvania.“
77 Vgl. oben unter II 2 a.

zu dürfen. Notgedrungen griff man auf Umgehungsstrategien zurück. Häufig fungierte Flagler als Trustee, so schon 1872 bei dem Erwerb eines Ölunternehmens in New York.[78]

2. Fehlende einheitliche Konzernleitung

Durch die fortwährende Expansion und die eingesetzten Umgehungsstrategien war Standard Oil zu Beginn der 1880er Jahre zu einem außerordentlich komplexen Firmengeflecht herangewachsen. Es bestand aus 14 Gesellschaften mit 100 %iger Beteiligung und 26 weiteren zumeist im Mehrheitsbesitz[79] – formal allesamt selbständige Gesellschaften, der Sache nach aber „Teil eines großen virtuellen Ganzen“[80].

Diese byzantinischen Strukturen hatten zwar den Vorteil, dass die Tätigkeit der Standard Oil-Gruppe von außen nur schwer zu durchschauen war.[81] Musste man Daten an staatliche Stellen herausgeben, ließen sich belastende Dokumente in den Parallelstrukturen leicht verstecken.[82] Die Kehrseite bestand freilich darin, dass es keine einheitliche Leitung gab. Man konnte nicht einfach aus der Zentrale „durchregieren“, sondern musste sich immer wieder mit den Managern der Beteiligungsgesellschaften verständigen.[83] Diese saßen obendrein nicht am selben Ort, sondern waren über ein halbes Dutzend Städte in mehreren Bundesstaaten verteilt.[84] Reibungsverluste im operativen Geschäft waren deshalb an der Tagesordnung. So kam es vor, dass sich manche Standard Oil-Gesellschaften gegensei-

---

78 Vgl. *Nevins* (Fn. 3), S. 605: „The Long Island Oil Company received a certain sum in Standard Oil stock and cash, which was distributed to its stockholders. In return, all the securities of the Long Island were transferred to Henry M. Flagler, Secretary of the Standard, as *trustee*.“

79 Tabellarische Zusammenstellung mit Aufschlüsselung der Beteiligungsquote bei *Hidy/Hidy* (Fn. 4), S. 47.

80 *Damler* (Fn. 2), S. 24.

81 Vgl. *Nevins* (Fn. 3), S. 607: „The device at first seemed effective. It partially protected the company under State laws. It maintained a veil of secrecy about the Standard's expansions; even on the witness stand the leading officers, from Rockefeller down, could flatly deny the Standard's ownership or control of purchased corporations.“

82 Vgl. *Damler* (Fn. 2), S. 26; s. auch *Bringhurst* (Fn. 24), S. 5.

83 Vgl. *Nevins* (Fn. 3), S. 607: „Moreover, a proper unification of the *management* of the mighty congeries of plants, pipe lines and marketing agencies was difficult. Many of the companies remained essentially separate in their workings. The single trustee who held the majority-stock of a unit could sometimes control its active operation only with difficulty, particularly when the managers were men of stubborn force.“

84 Vgl. *Hidy/Hidy* (Fn. 4), S. 41: Cleveland, New York, Philadelphia, Pittsburgh, Oil City, Titusville und Parkersburg.

tig Konkurrenz machten, weil es keine klare Marktaufteilung gab.[85] Vor allem aber erschwerte die fehlende einheitliche Leitung strategische Entscheidungen zum Wohle des Konzernganzen, etwa hinsichtlich einer Reorganisation der Raffineriestandorte[86], des Vertriebsnetzes[87] oder der immer wichtigeren Auslandsaktivitäten[88]. Zudem gab es in zwei Dritteln der Gesellschaften noch Minderheitsgesellschafter, die den Betriebsablauf ein um das andere Mal störten.[89] Alle diese Aspekte drängten mit Macht auf eine Neuordnung der Unternehmensstrukturen.

3. Aufziehende steuerrechtliche Gefahren

Der Tropfen, der das Fass am Ende zum Überlaufen brachte und eine Restrukturierung unausweichlich machte, war ein steuerrechtlicher. Wie erwähnt, war Standard Oil nicht nur in Ohio, sondern auch in anderen Bundesstaaten wirtschaftlich tätig, insbesondere in Pennsylvania. Diese Tätigkeit weckte Begehrlichkeiten bei den dortigen Steuerbehörden. Der oberste Steuerbeamte (*auditor general*) von Pennsylvania präsentierte Standard Oil im Jahr 1881 einen Bescheid in Höhe von 3,2 Mio. Dollar für ausstehende Steuern der Jahre 1872 bis 1880, eine für die damalige Zeit enorme Summe. Dabei befleißigte er sich einer einfallsreichen Auslegung der einheimischen Steuergesetze: Als Bemessungsgrundlage für die eingeforderten Steuern sollte nicht nur der in Pennsylvania gehaltene *capital stock* von Standard Oil, sondern deren gesamtes Vermögen herangezogen werden.[90] Im Ergebnis wäre das auf eine Doppelbesteuerung durch Ohio und Pennsylvania hinausgelaufen.[91] Gegen diesen Bescheid wehrte sich Standard Oil vor

---

85 Dazu *Bringhurst* (Fn. 24), S. 11; *Hidy/Hidy* (Fn. 4), S. 41 f.

86 Vgl. *Chernow* (Fn. 6), S. 322 f.; *Hidy/Hidy* (Fn. 4), S. 41.

87 Vgl. *Hidy/Hidy* (Fn. 4), S. 42.

88 Vgl. *Bringhurst* (Fn. 24), S. 11: „And although Standard exported over 50 percent of its kerosene, the combination lacked a coherent program to develop foreign markets."

89 Vgl. *Bringhurst* (Fn. 24), S. 11: „Minority interests exercised undue influence in several subsidiaries."

90 Weiterführend zur damaligen steuerrechtlichen Situation in Pennsylvania *Seligman*, Essays in Taxation, 1931, S. 195 ff.; s. aus der Binnensicht von Standard Oil auch *Dodd*, 5 Railway & Corp. L.J. 97, 99 (1889); zum politischen Hintergrund *Carr* (Fn. 40), S. 64: „A new and comparatively strong governor had been elected in Pennsylvania, and he found the state's finances gravely unbalanced. This was no time to permit outside interests to profit at Pennsylvania's expense. The key to the problem was taxation."

91 Vgl. *Hidy/Hidy* (Fn. 4), S. 44.

Gericht und bekam letztlich Recht.[92] Allerdings bestand das Risiko, dass andere Staaten, namentlich New York, dem Beispiel Pennsylvanias folgen und ihre Steuergesetze entsprechend auslegen oder verschärfen, um ihre Einnahmen zu vergrößern und die lokale Wirtschaft zu schützen.[93]

Angesichts dessen erschien Rockefeller und Flagler eine grundlegende Neuordnung der Organisationsstrukturen überfällig[94], die zwei Bedingungen erfüllen sollte: Zum einen musste sichergestellt werden, dass die Gesellschaften der Standard Oil-Gruppe keine grenzüberschreitenden Tätigkeiten mehr entfalteten[95]; damit entfiel die naheliegende Lösung, sämtliche Einzelgesellschaften im Wege der *amalgamation* auf einen einzigen Rechtsträger zu verschmelzen.[96] Zum anderen musste eine zentrale Leitung aller Gruppenunternehmen möglich sein.[97]

IV. Schaffung und Inhalt des Standard Oil Trust Agreement

Der heutige Kautelarjurist würde in einer solchen Situation zu einer Holding-Konstruktion greifen: Die Aktionäre der operativen Einzelgesellschaften bringen ihre Anteile im Wege der Sacheinlage in eine Holding-Gesellschaft ein und erhalten im Gegenzug deren Anteile.[98] Waren sie zuvor daran interessiert, dass ihre jeweilige Einzelgesellschaft den größtmöglichen Gewinn erwirtschaftet, so richtet sich ihr Augenmerk fortan darauf, den Gewinn aller operativen Einzelgesellschaften zu

---

92 Vgl. *Commonwealth v. Standard Oil Co.*, 101 Pa. 119, 146 f. (1882): „To the extent that it [= Standard Oil Corporation] brought its property here it is taxable, and no further. An act of assembly must have a reasonable construction. When it says ‘all’ horses, ‘all’ carriages shall be taxed, it does not mean all horses and all carriages in the state of Ohio. It refers to all such things as are within the jurisdiction of the taxing power. Regarding the words ‘capital stock’ in the act of assembly as the equivalent of the property and assets of the corporation, we must construe them to mean so much of the capital stock measured by the property actually brought within the state by the company in the transaction of its business.“

93 Vgl. *Hidy/Hidy* (Fn. 4), S. 44; *Williamson/Daum* (Fn. 17), S. 469; aus Sicht von Standard Oil auch *Dodd*, 5 Railway & Corp. L.J. 97, 99 (1889).

94 Vgl. *Carr* (Fn. 40), S. 65: „But the dangers that other states might follow Pennsylvania’s lead gave Rockefeller a pause. Here was a kettle in which even big fish could be cooked if they were not wary.“

95 Vgl. *Hidy/Hidy* (Fn. 4), S. 44; *Williamson/Daum* (Fn. 17), S. 468.

96 Vgl. *Hidy/Hidy* (Fn. 4), S. 46.

97 Vgl. *Jones* (Fn. 9), S. 19.

98 Eingehend *Stephan*, in Lutter/Bayer (Hrsg.), Holding-Handbuch, 6. Aufl. 2020, § 3 Rn. 105 ff.

maximieren, der dann an die Holding ausgekehrt wird. Zu diesem Zweck kann das Holding-Management eine einheitliche Konzernstrategie entwickeln.

Einer solchen Holding-Lösung stand indes die *ultra-vires*-Lehre in ihrer hergebrachten Lesart entgegen, die es Kapitalgesellschaften untersagte, Anteile an anderen Kapitalgesellschaften zu halten. Wie eine Alternativlösung aussehen könnte, war erstmals 1872 aufgeblitzt, als Flagler die Anteile an der Long Island Oil Company treuhänderisch erworben hatte.[99] Rückblickend lag hierin der Keim für die spätere Ausarbeitung einer umfassenderen Treuhandkonstruktion.[100]

1. Ein Vorläufer: Das Trust Agreement vom April 1879

Wohl auf Anregung von Flagler[101] wurde am 8. April 1879 ein unternehmensübergreifendes Trust Agreement aufgesetzt[102], das einen wenig bekannten Vorläufer der berühmten Vereinbarung vom Januar 1882 darstellte.[103] Statt eines Treuhänders für jede einzelne Gesellschaft verständigte man sich darauf, drei Angestellte des mittleren Managements für sämtliche Gesellschaftsanteile der Standard Oil-Gruppe als Trustees einzusetzen:

> „[...] we, the undersigned, hereby grant, assign, transfer, and convey all our right, title, and interest and all the right, title, and interest of each and every one of us of whatever name and nature in and to all and singular the following-described stocks and interests [...][104] to Myron R. Keith, George F. Chester, and George H. Vilas, as trustees, to have and to hold said stocks and interests to them and their survivors and successors, in trust nevertheless for the following purposes, to wit: To hold, control, and manage the said stocks and interests for the exclusive use and benefit of the following-named persons and in the following proportions named [...][105]."

Obwohl diese Vereinbarung für mehr Sicherheit hinsichtlich des rechtlichen Status der Gruppengesellschaften sorgte, blieb sie auf halbem Wege stehen. Den drei

---

99 Fn. 78.

100 So namentlich *Nevins* (Fn. 3), S. 615: „It is evident from the facts which we recited that the 'trust' was an evolution, and not a creation snatched from thin air. Its germ had lain in the trusteeship vested in Flagler when the Long Island Oil Company was purchased in 1872."

101 So die Vermutung von *Nevins* (Fn. 3), S. 611.

102 Abgedruckt bei *Stevens* (Fn. 1), Exhibit I, S. 14 ff.

103 Dazu *Stevens* (Fn. 1), S. 13: „For many years it was supposed that the Standard Oil Trust of 1882 was the first agreement of this character. More recent revelations, however, have shown that the original Trust agreement was made by this company in 1879."

104 Hier werden die Anteile von 30 Einzelgesellschaften aufgelistet.

105 Hier werden 37 Personen, allesamt Aktionäre der Standard Oil (Ohio), aufgezählt.

eingesetzten Treuhändern fehlten nämlich jegliche unternehmerischen Leitungsbefugnisse[106], so dass Standard Oils dringendstes Problem – das Fehlen einer einheitlichen Konzernleitung – nach wie vor einer Lösung harrte: „The still loose and shackling arrangement of companies was likely to run out of gear, with no proper co-ordination of parts. Keith, Vilas, and Chester had no power in any way to control the operations of the subsidiaries."[107]

2. Der *spiritus rector* der endgültigen Lösung: Samuel C.T. Dodd

Der Erfinderruhm für die endgültige Lösung gebührt dem Chefjuristen von Standard Oil, Samuel C.T. Dodd (1836–1907). Bevor er im Jahre 1879 nach langem Zögern[108] in die Dienste von Standard Oil trat, hatte er als erfolgreicher Anwalt in Franklin, Pennsylvania, gearbeitet und sich als scharfer Kritiker des Systems von Frachtrabatten der Eisenbahnen hervorgetan.[109] Nach seinem beruflichen Seitenwechsel wurde er von vielen früheren Mandanten geächtet, was er mit der Bemerkung quittierte: „Well, as the ministers say when they get a call to a higher salary, it seems to be the Lord's will.“[110]

Äußerlich eher gedrungen und von enormer Leibesfülle[111], hielt er viel auf seine innere Unabhängigkeit. Sein Gehalt überstieg nie 25.000 Dollar pro Jahr, und er weigerte sich beharrlich, Standard Oil-Aktien als zusätzliche Vergütung entgegenzunehmen.[112] Um sein rechtliches Urteil nicht zu trüben, verzichtete er auch darauf, Direktor von Standard Oil zu werden. Ebenso beharrte er gegenüber Rockefeller und Flagler auf seiner gefestigten Ansicht, dass Frachtrabatte ungerecht seien.[113]

106 Dazu *Bringhurst* (Fn. 24), S. 11: „The three trustees were mere figureheads whose sole function was to hold stock and distribute dividends.“; *Nevins* (Fn. 3), S. 613.

107 *Nevins* (Fn. 3), S. 613.

108 Dazu *Nevins* (Fn. 3), S. 610: „The Standard leaders then asked Dodd to join the legal staff, but he refused. Doubtless he was still much in sympathy with the Regions producers to hire himself to the corporation which they most hated.“

109 Näher *Hidy/Hidy* (Fn. 4), S. 31; *Nevins* (Fn. 3), S. 608 f.

110 *Carr* (Fn. 40), S. 48.

111 *Nevins* (Fn. 3), S. 608: „Physically Dodd was short and squarely built, and in middle life became so portly that he was described as being the same dimensions in every direction.“

112 *Nevins* (Fn. 3), S. 610: „He therefore refused to let Rockefeller place in his name, for gradual purpose, an amount of Standard Oil stock which would have made him a multimillionaire [...].“

113 Vgl. *Hidy/Hidy* (Fn. 4), S. 31; *Nevins* (Fn. 3), S. 608.

Intellektuell stach Dodd durch seinen großen Scharfsinn und Einfallsreichtum hervor. Wenn nötig, konnte er Gestaltungen konzipieren, die dem Buchstaben des Gesetzes gehorchten, mochten sie auch dessen Geist zuwiderlaufen.[114] Insgesamt waren seine juristischen Ratschläge aber von großer Integrität geprägt.[115] In seiner langen Zeit als Chefsyndikus von 1881–1905 war er der führende theoretische und publizistische Kopf von Standard Oil.[116] Er nahm durch verschiedene Beiträge an der öffentlichen Debatte über die juristische Einordnung des Trusts teil[117], wobei er freilich keinen leichten Stand hatte: „He had a most difficult assignment in charting a course for a large business in a period when a new public policy toward trusts and combinations was emerging."[118]

3. Grundstrukturen des Trust Agreement vom Januar 1882

Dodds Grundidee war ebenso einfach wie einfallsreich: Er ersann eine Holding-Konstruktion, bei der die Anteile der operativen Gesellschaften nicht in einer Holding-Gesellschaft gebündelt, sondern den Führungskräften unmittelbar zu treuen Händen übertragen wurden.[119] Auf diese Weise übten natürliche Personen, und nicht die *corporation* selbst, die Holding-Funktion aus – mit der Folge, dass die *ultra-vires*-Lehre in dieser Hinsicht leerlief. In Dodds eigenen Worten:

> „Given this problem, how would you solve it? You would suggest that the stockholders surrender their stock certificates in the hands of trustees and take certificates from the trustees showing the amount of interest thus surrendered. This was a problem presented to me as a lawyer years ago, and this was my solution. Thus the first trust was formed."[120]

Mit dem Verzicht auf eine *corporation* als Holdingspitze fehlte jedoch zugleich der organisatorisch-institutionelle Rahmen, den das Korporationsrecht bietet. Dies gilt vor allem für das stabile Organisationsgefüge mit seinen erprobten Regeln zur

---

114 So *Chernow* (Fn. 6), S. 226.

115 Vgl. *Hidy/Hidy* (Fn. 4), S. 31: „Thereafter, Dodd quietly and honestly told top managers what they could and could not do under existing law as he interpreted it and occasionally, as extant correspondence shows, advocated course of action on moral rather than legal grounds."

116 Vgl. *Chernow* (Fn. 6), S. 225: „As general solicitor of Standard Oil from 1881 to 1905, he was its leading theoretician and publicist, as much ideologist as lawyer."

117 Vgl. in zeitlicher Reihenfolge: *Dodd* (Fn. 7); *ders.*, 5 Railway & Corp. L.J. 97 (1889); *ders.*, 7 Harv. L. Rev. 157 (1893).

118 *Hidy/Hidy* (Fn. 4), S. 31.

119 Vgl. *Jones* (Fn. 9), S. 20: „The trustees under this agreement were given powers substantially similar to those possessed by the directors of an ordinary holding company."

120 *Dodd*, 5 Railway & Corp. L.J. 97, 99 (1889).

Willensbildung der Anteilseigner und zur Kontrolle der Verwaltung. Dodds zweiter juristischer Geniestreich bestand nun darin, dass er dieses Grundgerüst im Standard Oil Trust Agreement auf schuldrechtlicher Ebene meisterlich nachbildete. So entstand ein Konstrukt, das keine *corporation* war, aber wie eine solche funktionierte.[121] Erschaffen wurde ein kaum greifbares Gebilde ohne eigene rechtliche Existenz[122], aber mit schier grenzenloser wirtschaftlicher Macht:

> „Today, we would term it a holding company, but at the time it seemed an imaginary entity, lacking any real existence. It couldn't make deals, sign contracts, or keep books, though it wielded infinite power."[123]

Ein weiterer Vorzug dieser Vereinbarung lag darin, dass sie einstweilen geheim blieb.[124] Und in der Tat wurde das Standard Oil Trust Agreement der Öffentlichkeit erst sechs Jahre später im Rahmen einer Untersuchung des New Yorker Senats bekannt.[125]

4. Einzelheiten des Trust Agreement vom Januar 1882

Das Vertragsdokument füllt etwa zehn Druckseiten. Es besteht aus drei Abschnitten ohne eigene Zwischenüberschriften: Der erste und kürzeste Abschnitt listet die Vertragsparteien auf; der zweite trifft die erforderlichen Anordnungen, um den Trust ins Leben zu rufen; der dritte und längste regelt die Funktionsweise des Trusts und seine etwaige Abwicklung. Hinzu kommt eine ergänzende Vereinbarung („Supplemental Agreement")[126], die zwei Tage später, am 4. Januar 1882, abgeschlossen wurde und die eingesetzten Treuhänder ermächtigt, die notwendigen Maßnahmen zur Bildung des Trusts, namentlich den Vollzug der Eigentumsübertragung, nach freiem Ermessen vorzunehmen.

---

121 So auch *Rice v. Rockefeller*, 31 N.E. 907, 908 (N.Y. 1892): „And while it [= the Standard Oil Trust] is not a corporation, it by the agreement took some of the attributes of a corporation [...]."
122 Vgl. *Tarbell* (Fn. 4), Bd. II, S. 141: „It had no legal existence. It was a force powerful as gravitation and as intangible."
123 *Chernow* (Fn. 6), S. 227.
124 Vgl. *Hidy/Hidy* (Fn. 4), S. 45; ferner *Seligman*, 1 Del. J. Corp. L. 249, 263 (1976): „The Trust had one great advantage over an illegally organized corporation: it was totally secret."
125 Vgl. *Nevins* (Fn. 3), S. 616: „As long as possible the nature of the trust was kept secret from the American public. The trust agreement was not published until it was dragged to light by the New York Senate Investigation of 1888; the full facts were not brought out until later still."
126 Abgedruckt bei *Stevens* (Fn. 1), S. 26 f.

a) Parteien

Der erste Abschnitt teilt die Vertragsparteien in drei Gruppen ein. Die Mitglieder der ersten Gruppe werden nicht namentlich, sondern nur anhand ihrer Anteilsinhaberschaft an 14 Gesellschaften identifiziert: „all the stockholders and members of the following corporations and limited partnerships“[127]. Zur zweiten Gruppe gehören etwa 40 namentlich benannte Personen, unter ihnen John D. und William Rockefeller, Flagler und Harkness.[128] Die dritte Gruppe umfasst einen Teil der Anteilsinhaber von 26 weiteren Gesellschaften: „a portion of the stockholders and members of the following corporations and limited partnerships“[129]. Anders als bei vorherigen Treuhandkonstruktionen waren damit nicht nur einige wenige, sondern fast alle hinter der Standard Oil-Gruppe stehenden Investoren an dem Trust Agreement von 1882 beteiligt.

b) Entstehen des Trusts

Der zweite Abschnitt gibt in neun Einzelparagraphen die erforderlichen Schritte zur Verwirklichung des Trusts vor. Zunächst sollen in den Bundesstaaten Ohio, New York, Pennsylvania und New Jersey eigene Regionalgesellschaften entstehen[130], die den Namen Standard Oil und die Bezeichnung des jeweiligen Bundesstaates tragen sollen, z. B. Standard Oil of Ohio.[131]

Die Gesellschaften der ersten Gruppe sollen ihr gesamtes Vermögen[132], die Personen der zweiten Gruppe die unternehmerisch relevanten Teile ihres eigenen Vermögens auf die Regionalgesellschaften übertragen[133]. Dabei werden die Vermögensgegenstände so aufgeteilt, dass das in einem Bundesstaat belegene Vermögen auf die Regionalgesellschaft des betreffenden Bundesstaates übertragen wird. So will man der beschriebenen Gefahr einer Doppelbesteuerung begegnen und den Beschränkungen der *ultra-vires*-Lehre Rechnung tragen.[134] Die Parteien der dritten Gruppe sollen alle ihre Anteile an die Trustees übertragen.[135]

127 Part I, Sec. 1.
128 Part I, Sec. 2.
129 Part I, Sec. 3.
130 Part II, Sec. 1.
131 Part II, Sec. 4.
132 Part II, Sec. 7.
133 Part II, Sec. 8.
134 Vgl. *Dodd*, 5 Railway & Corp. L.J. 97, 99 (1889).
135 Part II, Sec. 9.

Die Übertragung des Vermögens auf die Regionalgesellschaften vollzieht sich im Wege der Sacheinlage, wobei die von den Regionalgesellschaften ausgegebenen Anteile nicht an die Einleger, sondern an die Trustees ausgehändigt werden.[136] Den Trustees ist es grundsätzlich untersagt, Anteile an den Regionalgesellschaften zu veräußern.[137] Eine Ausnahme gilt nur für den Fall, dass das Gesellschaftsrecht des betreffenden Bundesstaates vorsieht, dass die Verwaltungsmitglieder einer *corporation* Anteile an ihr halten müssen.

c) Leitung des Trusts

Der dritte Abschnitt regelt in seinen ersten zehn Paragraphen die Bestellung und Zusammensetzung der Trustees. Danach soll es neun Trustees geben[138], die sogleich benannt werden[139]. Diesmal übernehmen die führenden Köpfe von Standard Oil, namentlich John. D. und William Rockefeller sowie Flagler, selbst das Ruder. Ihre Amtszeiten sind gestaffelt, so dass jedes Jahr ein Drittel der Trustees durch die Eigentümerversammlung wieder- oder neugewählt wird[140] – ein *staggered board* in der Begrifflichkeit des Aktienrechts. Die reguläre Amtszeit beträgt drei Jahre.[141] Jeder Trustee soll nicht mehr als 25.000 Dollar verdienen, der Präsident nicht mehr als 30.000 Dollar[142] – ein hohes, aber angesichts ihrer Aufgaben keineswegs übermäßiges Gehalt. Außerdem legte Rockefeller Wert darauf, dass die Trustees selbst Trust-Anteile halten, um sie zu einer erfolgreichen Unternehmensführung zu motivieren.[143]

Den Königsparagraphen des gesamten Vertragswerks bildet Part III Sec. 15, der die Trustees zur eigenverantwortlichen Ausübung der Verwaltungsrechte an allen Gesellschaften ermächtigt, ihnen die gruppenweite Personalkompetenz überträgt und sie anhält, ihre Entscheidungen im besten Interesse sämtlicher Eigentümer zu treffen:

---

136 Part II, Sec. 10.
137 Part III, Sec. 13.
138 Part III, Sec. 1.
139 Part III, Sec. 1–4.
140 Part III, Sec. 5.
141 Part III, Sec. 5.
142 Part III, Sec. 18.
143 Dazu *Chernow* (Fn. 6), S. 227: „Not only did Rockefeller urge underlings to take stock but made money abundantly available to do so. As such shareholdings became widespread, it wielded the organization more tightly together, creating an esprit de corps that helped in steamrolling over competitors and government investigators alike. With employees receiving high capital gains and dividends, they converted Standard Oil into a holy Crusade.“

„It shall be the duty of said trustees to exercise general supervision over the affairs of said several Standard Oil Companies, and as far as practicable over the other companies or partnerships, any portion of whose stock is held in said trust. It shall be their duty as stockholders of said companies to elect as directors and officers thereof faithful and competent men. They may elect themselves to such positions when they see fit so to do, and shall endeavor to have the affairs of said companies managed and directed in the manner they deem most conducive to the best interests of the holders of said trust certificates."

Auf diese Weise war die so dringend benötigte einheitliche Leitung der Unternehmensgruppe geschaffen – die wohl größte Innovation des Trust Agreement.[144] Sie ermöglichte endlich die Entwicklung einer konzernweiten Geschäftsstrategie, die aus der Zentrale des Trusts, gelegen an 26 Broadway in New York[145], auch reibungslos durchgesetzt werden konnte.[146] Selbst die schärfsten Kritiker von Standard Oil erkennen hierin eine große Leistung.[147]

Weitere Regelungen des Trust Agreement betreffen die Geschäftsführung. Alle Entscheidungen der Trustees können mit einfacher Mehrheit getroffen werden.[148] Die Trustees können sich eine Geschäftsordnung geben[149] und Ausschüsse bilden[150]. Vorgesehen ist insbesondere ein *executive committee* mit weitreichenden Zustimmungsbefugnissen,welches die Aufgaben der Trustees übernimmt, wenn diese gerade nicht tagen.[151] Daneben oder darunter werden weitere beratende Ausschüsse unter Einbeziehung von Tochterrepräsentanten eingerichtet.[152]

---

144 So auch *Hidy/Hidy* (Fn. 4): „outstanding innovation".

145 Part III, Sec. 19.

146 Vgl. *Jones* (Fn. 9), S. 19 f.; *Hidy/Hidy* (Fn. 4), S. 48.

147 So etwa *Tarbell* (Fn. 4), Bd. II, S. 232: „If one attempts to analyze what may be called the legitimate greatness of Mr. Rockefeller's creation in distinction to its illegitimate greatness, he will find at the foundation the fact that it is as perfectly centralized as the Catholic church or the Napoleonic government."

148 Part III, Sec. 16.

149 Part III, Sec. 19.

150 Part III, Sec. 16.

151 Vgl. *Chernow* (Fn. 6), S. 228 f.: „The inner sanctum was the executive committee. Though they recommended actions to field supervisors, they held considerable power in reserve, for they had to approve all expenditures above $5,000 and salary increases above $50 a month, enabling them to retard the growth of any unit."

152 *Williamson/Daum* (Fn. 17), S. 470 nennen die folgenden Aufgabengebiete: „case and can, cooperage, domestic trade, export trade, lubricating oil, manufacturing, and transportation."; ferner *Chernow* (Fn. 6), S. 229: „These committees standardized the quality of subsidiaries engaged in similar work, enabling managers to swap insights and align their operations. [...] The committee system was an ingenious adaptation, integrating the policy of constituent companies without stripping them of all autonomy."

d) Schaffung von Trust-Zertifikaten und Stellung der Zertifikate-Inhaber

Das Vertragswerk verpflichtet die Trustees zur Schaffung von Zertifikaten, die einen Anteil an dem Trust verbriefen und den berechtigten Personen ausgehändigt werden sollten.[153] Sie sollen in Anteile im Nennwert von 100 Dollar aufgeteilt und „Standard Oil Trust certificates“ genannt werden. Insgesamt wurden Trust-Zertifikate im Nennwert von 70 Mio. Dollar ausgegeben.[154] Ihre Inhaber haben eine Stellung, die der von Anteilseignern einer Holding-Gesellschaft gleicht:

aa) Dividendenrecht

Zunächst steht ihnen ein Dividendenanspruch gegen die Trustees zu. Die Trustees müssen alle Dividenden für die im Trust gehaltenen Anteile sowie sonstige Erlöse verwahren. Aus diesen Erträgen sollen sie an die Zertifikate-Inhaber ausschütten, was nicht für die Zwecke des Trusts gebraucht wird.[155] Deren Dividendenanspruch entspricht dem Anteil des Nennwerts ihrer Zertifikate an dem Nennwert aller Zertifikate.[156]

Wenn sich der Wert der von den Trustees gehaltenen Gesellschaftsanteile erhöht oder aus den Erträgen der Standard Oil-Gesellschaften weitere Gesellschaftsanteile erworben werden, können die Trustees auch „Aktiendividenden“ ausschütten. Zu diesem Zweck wird die Anzahl der Zertifikate, vergleichbar mit einer Kapitalerhöhung aus Gesellschaftsmitteln, in dem Verhältnis erhöht, in dem der Wert der von den Trustees gehaltenen Gesellschaftsanteile gestiegen ist. Die neu geschaffenen Zertifikate sollen anteilig an die bisherigen Inhaber der Zertifikate ausgegeben werden[157], was in der Praxis gar nicht selten vorkam.[158]

bb) Mitverwaltungsrechte in der Inhaberversammlung

Daneben verfügen die Zertifikate-Inhaber über Mitverwaltungsrechte. Diese werden in einer jährlichen Inhaberversammlung ausgeübt, in der die Trustees gegenüber den Zertifikate-Inhabern Rechenschaft ablegen müssen.[159] Die Versammlung ist mit einer Ladungsfrist von mindestens 10 Tagen von den Trustees

---

153 Part III, Sec. 11.
154 Vgl. *Hidy/Hidy* (Fn. 4), S. 46.
155 Part III, Sec. 14.
156 Part III, Sec. 14.
157 Part III, Sec. 14.
158 Davon wird etwa in *Rice v. Rockefeller*, 31 N.E. 907, 908 (N.Y. 1892) berichtet.
159 Part III, Sec. 20.

einzuberufen und wählt turnusgemäß ein Drittel der Trustees. Daneben kann sie *by-laws* für den Trust erlassen[160] und das Trust Agreement selbst durch einfachen Mehrheitsbeschluss ändern. Nur die „essential intents and purposes"[161] des Trust Agreement sind mehrheitsfest. Neben der jährlichen ordentlichen Inhaberversammlung besteht auch die Möglichkeit, eine außerordentliche Versammlung einzuberufen. Hierzu sind die Trustees verpflichtet, wenn eine Minderheit von mindestens 10 % des gesamten Kapitals dies verlangt.[162]

cc) Übertragbarkeit der Zertifikate

Schließlich können die Zertifikate übertragen werden.[163] Auf der Rückseite jedes einzelnen Zertifikats ist bereits ein Formular für die Übertragung vorgedruckt.[164] Jedes Zertifikat soll ausdrücklich vorsehen, dass sein Inhaber an die Bestimmungen des Trust Agreement gebunden ist.[165] Die Zertifikate sind damit standardisiert. Sie enthalten alle die gleichen Rechte und unterscheiden sich voneinander nur in der Anzahl der Anteile an dem Trust, die sie verbriefen. Damit sind sie leicht handelbar und wurden auch tatsächlich gehandelt.[166]

e) Beendigung des Trusts

Das Trust Agreement ist entsprechend den gesetzlichen Vorgaben befristet[167] und soll 21 Jahre nach dem Tod des letzten ursprünglichen Trustees enden.[168] Eine vorherige Auflösung ist ebenfalls möglich. Das Quorum für einen solchen Beschluss richtet sich danach, wie viele Jahre seit Gründung des Trusts bereits verstrichen sind. Nach einem Jahr müssen 90 % des Kapitals der Auflösung zustim-

---

160 Part III, Sec. 7, die *by-laws* selbst sind abgedruckt bei *von Halle*, Trusts or Industrial Combinations and Coalitions in the United States, 1900, Appendix II, S. 170 ff.
161 Part III, Sec. 7.
162 Part III, Sec. 6 f.
163 Part III, Sec. 11.
164 Dazu *Rice v. Rockefeller*, 31 N.E. 907, 908 f. (N.Y. 1892).
165 Part III, Sec. 11.
166 Auch dazu *Rice v. Rockefeller*, 31 N.E. 907 (N.Y. 1892).
167 Allgemein zu dieser Einschränkung *Cook* (Fn. 1), S. 15 f: „Each State by its statutes generally provides and names the time during which property may be tied up by a trust, and if a trust is formed for a period longer than that allowed by statute, the trust itself is void. Moreover, if the time is to be measured by the life of a person then living, a trust which is to exist for a fixed period, however short, without reference to the life of a person then living, is void."
168 Part III, Sec. 21.

men, nach zehn Jahren genügt eine Mehrheit von zwei Dritteln.[169] Der Auflösungsbeschluss soll festlegen, auf welche Art der Trust abgewickelt wird: durch Verkauf sämtlicher Vermögensgegenstände oder deren Aufteilung auf die Inhaber der Zertifikate. Die Abwicklungsaufgabe fällt den Trustees zu.[170]

V. Das *Trustbusting* beginnt

1. Politisches Klima

Schon seit den frühen Kartellplänen von Standard Oil in Cleveland und Pittsburgh gab es öffentlichen Unmut über die Bildung von Kartellen.[171] Im Falle von Standard Oil waren Stein des Anstoßes vor allem die Frachtrabatte, die Rockefeller von den Eisenbahnen erhielt. Nach verbreiteter Auffassung waren die Eisenbahnen ein *common carrier* und deshalb verpflichtet, allen Kunden die gleichen Konditionen zu bieten. Sonderkonditionen für Einzelne liefen dem zuwider. In der Folgezeit spitzte sich die öffentliche Meinung gegen Quasi-Monopole vom Schlage der Standard Oil immer weiter zu. Im Präsidentschaftswahlkampf des Jahres 1888 sagten Demokraten wie Republikaner den Monopolisten den Kampf an.[172] Trotz aller Beteuerungen von Samuel Dodd, dass der Standard Oil Trust den Verbrauchern nur Gutes, nämlich günstigere und bessere Erzeugnisse, beschert habe[173], führte die politische Grundstimmung gegen Trusts zum Erlass des Sherman Antitrust Act vom Juli 1890[174], das erste und wohl berühmteste Kartellgesetz unserer Zeit, benannt nach Senator John Sherman aus Ohio. Es erwies sich freilich zunächst als zahnloser Tiger.[175] Seine Kernbestimmungen in sec. 1[176] und sec. 2[177]

169 Part III, Sec. 21.
170 Part III, Sec. 21.
171 Vgl. *Tarbell* (Fn. 4), Bd. I, S. 65 ff., 70 ff.; *Hidy/Hidy* (Fn. 4), S. 16.
172 Vgl. *Bringhurst* (Fn. 24), S. 1; *Jones* (Fn. 9), S. 318.
173 Vgl. *Dodd* (Fn. 7), S. 25 ff.; *ders*, 5 Railway & Corp. L. J. 97, 99 f. (1889).
174 Act of July 2, 1890; ausführlich zu seiner Entstehungsgeschichte: *Thorelli* (Fn. 9), S. 164 ff.; ferner *Letwin*, Law and Economic Policy in America: The Evolution of the Sherman Antitrust Act, 1965, S. 53 ff., beide m. w. N.
175 Vgl. *Bringhurst* (Fn. 24), S. 4 ff.; *Letwin* (Fn. 174), S. 100 ff.
176 „Every contract, combination in the form of trust or otherwise, or conspiracy, in restraint of trade or commerce among the several States, or with foreign nations, is hereby declared to be illegal. [...].“
177 „Every person who shall monopolize, or attempt to monopolize, or combine or conspire with any other person or persons, to monopolize any part of trade or commerce among the several States, or with foreign nations, shall be deemed guilty of a misdemeanor [...].“

waren ziemlich unscharf[178], so dass sehr aufwändige Verfahren erforderlich waren, um überhaupt Verurteilungen zu erreichen.[179]

2. Ohio v. Standard Oil of Ohio

Ernstzunehmendes Ungemach drohte jedoch auf einzelstaatlicher Ebene. Der republikanische Justizminister von Ohio, David K. Watson, entdeckte das Standard Oil Trust Agreement im Jahre 1889 eher zufällig im Anhang einer juristischen Abhandlung über Trusts:

> „In 1889, the state's young Republican attorney general, David K. Watson, wandered into the shop one evening and happened upon a slim volume by William W. Cook, cheaply bound in imitation leather and bearing the title Trusts: The Recent Combinations in Trade. He took the book home and perused it late into the night. In the appendix, Watson was fascinated to discover Standard Oil's trust deed, which he had never seen before. He was aghast to learn that for the past seven years Standard Oil of Ohio had violated its state charter by transferring control of the organization to mostly out-of-state trustees in New York."[180]

Von der Rechtswidrigkeit der Vereinbarung überzeugt und durch die Grundstimmung gegen Trusts ermutigt, leitete Watson 1890 ein *quo warranto*-Verfahren gegen Standard Oil of Ohio ein. Hieran hielt er auch fest, als Rockefeller, ein großer Spender der Republikaner, über die Parteispitze politischen Druck auf ihn ausübte.[181] Die schärfste Sanktion dieses Verfahrens bestand darin, der *corporation* ihren rechtlichen Status zu entziehen.[182] Eben dies beantragte Watson mit der Begründung, Standard Oil of Ohio habe durch ihre angebliche Beteiligung am Standard Oil Trust Agreement einen Vertrag geschlossen, der gegen die *public policy* verstoße.

Standard Oil of Ohio hielt dem entgegen, selbst gar nicht Partei des Standard Oil Trust Agreement zu sein. Vertragspartner seien lediglich die Anteilseigner, die hinsichtlich ihrer Standard Oil-Anteile eine Abrede getroffen hätten. Diese gedrechselte Argumentation vermochte den Obersten Gerichtshof von Ohio allerdings nicht zu überzeugen: Zwar sei eine *corporation* grundsätzlich von ihren Anteilseignern zu unterscheiden. Hierbei handele es sich jedoch um

178 Näher dazu *Thorelli* (Fn. 9), S. 221 ff.
179 Vgl. *Bringhurst* (Fn. 24), S. 4 ff.; *Letwin* (Fn. 174), S. 103 ff.
180 *Chernow* (Fn. 6), S. 331. Die gleiche Anekdote schildern *Bringhurst* (Fn. 24), S. 12; *Tarbell* (Fn. 4), Bd. II, S. 142.
181 Vgl. *Chernow* (Fn. 6), S. 332.
182 Vgl. *Field* (Fn. 62), S. 530; *Angell/Ames* (Fn. 62), S. 828.

eine vereinfachende Fiktion, die nicht entscheidend sein könne, wenn gerade in Frage stehe, ob eine bestimmte Handlung der *corporation* oder ihren Anteilseignern zuzurechnen ist.[183] Das Trust Agreement sei als eigene Handlung der Standard Oil of Ohio anzusehen, weil zu seinem Vollzug die Übertragung ihres Vermögens erforderlich gewesen sei, und könne deshalb im *quo warranto*-Verfahren angegriffen werden.[184]

Konkret beanstandete der Oberste Gesichtshof von Ohio zwei Verstöße gegen die *ultra vires*-Doktrin: Zum einen müssten die Direktoren eine *corporation* stets im Interesse der Anteilseigner leiten. Das Trust Agreement von 1882 sehe aber vor, dass die Trustees Standard Oil of Ohio nicht im Interesse ihrer Aktionäre – der Trustees – sondern in dem der Zertifikate-Inhaber leiten.[185] Zum anderen sei das Trust Agreement darauf ausgelegt, ein Monopol zu schaffen und Wettbewerb zu verhindern. Monopole verstießen grundsätzlich gegen die *public policy*, ein zu Monopolisierungszwecken eingegangener Vertrag sei daher *ultra vires*.[186] Ferner schien sich das Gericht daran zu stören, dass die Trustees als tatsächliche Leiter der Standard Oil of Ohio nicht vor Ort, sondern in New York residierten.[187]

Obwohl damit *ultra vires*-Handlungen der Standard Oil of Ohio festgestellt waren, entzog ihr das Gericht nicht den Korporationsstatus. Das *quo warranto*-Verfahren gewährte dieses scharfe Schwert nämlich nur, wenn es innerhalb von fünf Jahren ab Vornahme der *ultra vires*-Handlung eröffnet wird. Hier waren seit Vereinbarung[188] des Trust Agreement bereits neun Jahre verstrichen. Stattdessen ordnete das Gericht an, dass sich Standard Oil of Ohio nicht länger an dem Trust beteiligen dürfe.[189]

183 Vgl. *Ohio v. Standard Oil Co.*, 30 N.E. 279, 287 f. (Ohio 1892).
184 Vgl. *Ohio v. Standard Oil Co.*, 30 N.E. 279, 288 ff. (Ohio 1892).
185 Vgl. *Ohio v. Standard Oil Co.*, 30 N.E. 279, 290 (Ohio 1892)
186 Vgl. *Ohio v. Standard Oil Co.*, 30 N.E. 279, 290 (Ohio 1892)
187 Vgl. *Ohio v. Standard Oil Co.*, 30 N.E. 279, 289 und 290 (Ohio 1892)
188 Das Gericht geht stillschweigend davon aus, dass allein der Abschluss des Trust Agreement die relevante Handlung darstellt. Es geht nicht auf die Frage ein, ob die fortwährende Beteiligung an dem Trust eine weiter andauernde *ultra vires*-Handlung sein könnte.
189 *Ohio v. Standard Oil Co.*, 30 N.E. 279, 291 (Ohio 1892).

VI. Von der Auflösung des Trusts bis zur Zerschlagung von Standard Oil

Kurze Zeit später äußerte sich Samuel Dodd in der Harvard Law Review zum „Present Legal Status of Trusts“[190]. Er beklagte, dass die jüngsten Anti-Trust-Gesetze und die hierzu ergangene Spruchpraxis zu einer weitgehenden Kriminalisierung großer Unternehmen führten. Eine ähnliche Tendenz habe es einige Jahrhunderte zuvor in England gegeben, wo man Trusts durch gesetzliche Verbote bekämpfte, um den freien Handel zu gewährleisten. Dort sei man schließlich zu der Einsicht gelangt, dass derartige Gesetze den Handel nicht ermöglichten, sondern umgekehrt behinderten. Über diese Erkenntnis habe man sich in den Vereinigten Staaten hinweggesetzt und sei dadurch in „dunkle Zeiten“ zurückgeworfen worden.[191] Rechtlich sei der Trust als Form der Unternehmensorganisation damit gescheitert.[192]

1. Formale Auflösung des Trusts im Jahre 1892

Tatsächlich dauerte es nach der Ohio-Entscheidung nur wenige Tage, bis aus 26 Broadway verkündet wurde, dass der Standard Oil Trust aufgelöst werde. Zu diesem Zweck wurde eine außerordentliche Versammlung der Zertifikate-Inhaber einberufen.[193] Dort brachte Dodd eine Beschlussvorlage zur Auflösung des Trusts ein, die einstimmig angenommen wurde.[194] Mit der Umsetzung wurden vertragsgemäß die bisherigen Trustees betraut.[195]

In der Praxis hatte diese „Abwicklung“ aufgrund eines geschickten Manövers jedoch kaum Auswirkungen auf den Trust.[196] Man entschied sich nämlich, den Zertifikate-Inhabern einen entsprechenden Anteil an Aktien *aller* Trust-Unterneh-

---

190 *Dodd*, 7 Harv. L. Rev. 157 (1893).

191 Vgl. *Dodd*, 7 Harv. L. Rev. 157 (1893).

192 So *Dodd*, 7 Harv. L. Rev. 157, 158 (1893): „These decisions ended this particular form of organization".

193 Vgl. *Chernow* (Fn 6), S. 333; *Tarbell* (Fn. 4), Bd. II, S. 151 f. mit einem Abdruck der Einladung zur außerordentlichen Inhaberversammlung.

194 Vgl. *Tarbell* (Fn. 4), Bd. II, S. 152.

195 Vgl. *Bringhurst* (Fn. 24), S. 20; *Chernow* (Fn. 6), S. 333.

196 Dies hat Dodd den Zertifikate-Inhabern nach der Darstellung von *Tarbell* (Fn. 4), Bd. II, S. 153 f. in der Versammlung der Inhaber so auch versprochen: „Your interests will be the same as now. The various corporations will continue to do the same business as heretofore, and your proportion of the earnings will not be changed.“

men anzubieten.[197] Dies begünstigte die Inhaber großer Stückzahlen, namentlich die Trustees selbst. Demgegenüber konnten die Inhaber kleiner Stückzahlen mit Splitterbeteiligungen an einer Vielzahl von Unternehmen wenig anfangen, zumal es für diese – im Gegensatz zu den Trust-Zertifikaten – keinen liquiden Sekundärmarkt gab.[198] Außerdem musste man mindestens 194,5 Trust-Zertifikate besitzen, um mindestens eine ganze Aktie an allen *corporations* zu erhalten.[199] Bruchteile von Aktien waren wenig attraktiv, weil auf sie kraft Veranlassung der Trustees keine Dividenden ausgezahlt wurden.[200] Infolgedessen tauschten zwar die Inhaber großer Stückzahlen ihre Trust-Zertifikate gegen Anteile an den *corporations* – allen voran John D. Rockefeller, der seine 256.854 von insgesamt 972.500 ausgegebenen Zertifikaten umtauschte[201] – nicht aber die Inhaber kleinerer Positionen.[202] Noch vier Jahre nach der Gerichtsentscheidung von 1892 waren 477.881 Trust-Zertifikate nicht liquidiert.[203]

Die Trustees führten die Geschäfte des Trusts als Liquidatoren unverändert fort[204] – dessen Auflösung blieb somit ein rein formaler Akt, um den Anschein zu erwecken, man setze die Entscheidung des Supreme Court von Ohio um.[205] Dieser ließ die Trustees gewähren, solange überhaupt Bemühungen erkennbar waren, den Trust aufzulösen.[206]

---

197 Vgl. *Bringhurst* (Fn. 24), S. 20.

198 Vgl. *Chernow* (Fn. 6), S. 333.

199 Dazu *Bringhurst* (Fn. 24), S. 21.

200 Vgl. *Bringhurst* (Fn. 24), S. 21; *Tarbell* (Fn. 4), Bd. II, S. 257; rechtsvergleichend *Schmey*, Aktie und Aktionär im Recht der Vereinigten Staaten mit besonderer Berücksichtigung der Trustbildung, 1930, S. 494: „Dieses Angebot war eine Ungeheuerlichkeit: [...] Das Institut der Bruchteilsaktie ist dem amerikanischen Recht ebenso unbekannt wie dem deutschen. Infolgedessen weigerten sich die Gesellschaften, auf Aktienbruchteile Dividenden zu zahlen, wozu sie in der Tat keineswegs verpflichtet, vielleicht nicht einmal berechtigt waren.“

201 Dokumentiert bei *Tarbell* (Fn. 4), Bd. II, Appendix Nr. 54, S. 375; ferner *Bringhurst* (Fn. 24), S. 20 f.

202 Vgl. *Chernow* (Fn. 6), S. 333.

203 Dazu *Tarbell* (Fn. 4), Bd. II, S. 154.

204 Vgl. *Schmey* (Fn. 200), S. 494: „Die Gesellschafter arbeiteten zusammen wie zuvor, und die Macht der Treuhänder alias Liquidatoren war größer als je.“

205 Pointiert *Bringhurst* (Fn. 24), S. 20: „policy of systematic non-compliance“; plastisch auch *Chernow* (Fn. 6), S. 333: „The 1892 overhaul was mostly a shadow play, a charade to appease the courts. The executive committee at 26 Broadway was formally dissolved, but the members lost only their titles and were soon converted, by the nicest legal cunning, into the presidents of twenty affiliated companies. In Standard parlance, these men were now the ‘gentlemen upstairs’ or the ‘gentlemen in Room 1400’.“

206 Dazu *Bringhurst* (Fn. 24), S. 19.

2. Umstrukturierung vom Trust zur Holding-Gesellschaft im Jahre 1899

Der Zustand fortwährender Liquidation dauerte Jahre an.[207] Zu durchgreifenden Veränderungen sahen sich die Trustees erst veranlasst, als der Bundesstaat Ohio im Jahre 1897 *contempt proceedings* einleitete, um Standard Oil of Ohio wegen Nichtumsetzung des Urteils von 1892 zur Verantwortung zu ziehen.[208] Als neue Organisationsform wählte man diesmal eine „normale" Holding-Gesellschaft, die inzwischen zur Verfügung stand, seit der Bundesstaat New Jersey sein Gesellschaftsrecht als erster im Jahre 1889 – durchaus nach den Vorstellungen von Standard Oil[209] – liberalisiert hatte und binnen kurzem zum „Mekka des Trusts"[210] aufstieg:

> „And be it enacted, That any company organized as aforesaid may carry on a part of its business out of this state [...] And be it enacted, That the directors of any company incorporated under this act may purchase [...] the stock of any company or companies owning [...] property necessary for their business [...]."[211]

Zu diesem Zweck gründete man keine neue Gesellschaft, sondern baute die schon bestehende Standard Oil of New Jersey zur Dachgesellschaft des ganzen Trusts aus, indem man ihre Satzung um eine Holding-Klausel ergänzte.[212] Anschließend brachten die Trustees ihre eigenen und die weiterhin treuhänderisch gehaltenen Anteile an den vormaligen Trust-Gesellschaften im Wege der Sachkapitalerhö-

---

207 Lakonisch *Tarbell* (Fn. 4), Bd. II, S. 257: „It became a ‚Trust in Liquidation', and there it remained for some five years."

208 Vgl. *Hidy/Hidy* (Fn. 4), S. 307.

209 Dazu *Carr* (Fn. 40), S. 92: „Standard's agents had quietly lobbied at Trenton to effect certain technical changes in those laws. New Jersey's legislature obliged. The state Commissioner of Corporations was authorized to issue new charters embodying the features desired by Standard; while state taxes on corporate shares were adjusted downwards."

210 *Schmey* (Fn. 200), S. 506; gleichsinnig *Becht/DeLong* (Fn. 11), S. 613, 629: „home of trusts"; s. auch *Stoke*, Journal of Political Economy 38 (1930), 551.

211 Act of May 9, 1889, Chapter CCLXV, S. 412 ff., Acts of the One Hundred and Thirteenth Legislature of the State of New Jersey and Forty-fifth Under the New Constitution, 1889.

212 Amended Certificate of Incorporation von Standard Oil of New Jersey vom 26. Mai 1899, abgedruckt bei *Tarbell* (Fn. 4), Bd. II, Appendix Nr. 62, S. 392 ff.: „*Third.* The objects for which this company is formed are: [...] to acquire, use, sell, assign and transfer shares of capital stock and bonds or other evidences of indebtedness of corporations, and to exercise all the privileges of ownership including voting upon the stocks so held; to carry on its business and have offices and agencies therefor in all parts of the world, and to hold, purchase, mortgage, and convey real estate and personal property outside of the State of New Jersey."

hung in die Standard Oil of New Jersey ein.[213] Diese trat damit als Holding-Gesellschaft nahtlos an die Stelle der Trustees.[214] Dass man mit dieser Umgestaltung so lange zugewartet hatte, hing offenbar mit der zögerlichen Haltung von Dodd zusammen. Er wollte abwarten, wie sich die Anti-Trust-Gesetzgebung in der Praxis tatsächlich auswirkte, bevor der Trust in eine neue dauerhafte Organisationsform gegossen wurde.[215]

3. Zerschlagung im Jahre 1911

Standard Oil wirtschaftete einige Jahre in der Holding-Konstruktion weiter. Dodds schlimmste Befürchtungen im Hinblick auf die Antitrust-Gesetze sollten sich jedoch schon bald bewahrheiten. Die politische Stimmung in den Vereinigten Staaten wurde – nicht zuletzt getrieben von Ida Tarbells vielbeachteter, wenn auch tendenziöser „History of the Standard Oil Company“ im Jahr 1904[216] – immer ungünstiger für Standard Oil.[217] Im Jahre 1907 leitete die Bundesregierung unter Aufbietung beträchtlicher Ressourcen schließlich ein Antitrust-Verfahren gegen Standard Oil of New Jersey ein.[218] Diesen Frontalangriff vermochte das Unternehmen vor Gericht nicht mehr abzuwehren. Der Circuit Court gab der Klage der Regierung statt,[219] das Rechtsmittel beim Obersten Gerichtshof der Vereinigten Staa-

---

213 Vgl. *Seager/Gulick* (Fn. 3), S. 57; *Tarbell* (Fn. 4), Bd. II, S. 264; zu den rechtstechnischen Einzelheiten *Carr* (Fn. 40), S. 92 f.: „This great recasting could not, of course, be effected overnight. In its first phase the 92 companies were consolidated into 20. Of these 20 surviving units of the combine 4 were producing companies, 7 were pipe line companies, 8 were refining and marketing companies, and one, Union, a tank car company.“

214 Vgl. *U. S. Bureau of Corporations* (Fn. 1), S. 3: „For all practical purposes, the present organization is a direct successor of the former trust. The properties, except for subsequent acquisitions, are substantially the same, and the control of these properties exercised by the same individuals. The change was of form only.“; ähnlich *Schmey* (Fn. 200), S. 509 f.: „Wirtschaftlich gesehen ist der alte Treuhändertrust mit der neuen holding company identisch.“

215 Vgl. *Hidy/Hidy* (Fn. 4), S. 309.

216 Dazu *Hidy/Hidy* (Fn. 4), S. 676: „The book was a topic of conversation all over the nation.“

217 Näher *Chernow* (Fn. 6), S. 519 ff.; ferner *Hidy/Hidy* (Fn. 4), S. 676 ff. unter der Überschrift „Standard Oil Becomes a National Political Issue“.

218 Ausführlich hierzu *Bringhurst* (Fn. 24), S. 108 ff.; *Chernow* (Fn. 6), S. 519 ff. und 537 ff.

219 *United States v. Standard Oil Co. of New Jersey et al.*, 173 F. 177 (E.D. Mo. 1909).

ten blieb ohne Erfolg.[220] Das Standard Oil-Imperium wurde nun in seine Einzelteile zerschlagen.[221]

VII. Schluss

„The early history of Rockefeller's Standard Oil illustrates the influence of legal innovations and antitrust regulation on the evolution of ownership and corporate organization in the pre WWI period"[222], resümieren zwei Wirtschaftswissenschaftler. Auch unter Juristen rühmte man schon früh die Neuerungen des Standard Oil Trust Agreement. Es war der erste echte Trustvertrag überhaupt; ein Vertrag, mit dem sich unter widrigen Gesetzesbedingungen eine zentrale Konzernleitung errichten ließ – das „Ei des Columbus"[223]. Daher verwundert es nicht, dass er rasch Nachahmer in anderen Wirtschaftszweigen fand: 1884 wurde der American Cotton Oil Trust errichtet, 1887 gesellten sich mit dem Distillers' and Cattle Feeders' Trust, dem National Lead Trust und dem Sugar Trust drei weitere Anwendungsfälle hinzu.[224]

In Deutschland stieß das Standard Oil Trust Agreement ebenfalls auf reges Interesse. Zuerst unter wettbewerblichen Gesichtspunkten erschlossen und gewürdigt[225], wurde es später in einer grundlegenden Studie über den Effektenkapitalismus ökonomisch unter die Lupe genommen[226] und auch in der aktien- und konzernrechtlichen Literatur der Weimarer Republik als Anschauungsmaterial beigezogen[227]. Anders als in den Vereinigten Staaten, die Kartellverträge durch den Sherman Act schon 1890 verboten hatten, fehlte es hierzulande freilich bis zum Inkrafttreten des Gesetzes gegen Wettbewerbsbeschränkungen von 1957 an einem wettbewerbsrechtlichen Korrektiv.

---

220 *Standard Oil Co. of New Jersey et al. v. United States*, 221 U. S. 1 (1910); hierzu etwa *Bringhurst* (Fn. 24), S. 108 ff.; aus zeitgenössischer Sicht *Raymond*, 5 Harv. L. Rev. 31 (1911).

221 Dazu *Bringhurst* (Fn. 24), S. 180 ff.; *Chernow* (Fn. 6), S. 554 ff.; *Hidy/Hidy* (Fn. 4), S. 708 ff.; *Jones* (Fn. 9), S. 445 ff.

222 *Becht/DeLong* (Fn. 11), S. 613, 626.

223 *Schmey*, Aktie (Fn. 200), S. 460.

224 Abgedruckt bei *Stevens* (Fn. 1), S. 27 ff.

225 Abgedruckt bei *von Halle*, Über wirtschaftliche Kartelle im Deutschland und im Auslande. Fünfzehn Schilderungen nebst einer Anzahl Statuten und Beilagen, 1894, S. 200 ff.

226 Vgl. *Liefmann*, Beteiligungs- und Finanzierungsgesellschaften, 1. Aufl. 1909, 5. Aufl. 1931, S. 235 ff.

227 Vgl.*Bauer*, Die rechtliche Struktur der Truste. Ein Beitrag zur Organisation der wirtschaftlichen Zusammenschlüsse in Deutschland unter vergleichender Heranziehung der Trustformen in den Vereinigten Staaten von Amerika und Rußland, 1927, S. 164 ff.

Wie manchen anderen Geschöpfen der Vertragspraxis wohnt auch dem Standard Oil Trust Agreement eine gewisse Zweischneidigkeit inne: Einerseits stand es wohl nicht zu Unrecht im Verdacht der Gesetzesumgehung[228], andererseits lenkte es den Blick auf lange verschleppte Anpassungsprozesse im geschriebenen Recht, das national tätigen Unternehmen keinen adäquaten Regelungsrahmen zur Verfügung stellte.[229] In diesem Sinne erfüllte der Treuhändertrust historisch eine wichtige Schrittmacherrolle[230], bis er durch die Liberalisierung des Gesellschaftsrechts selbst obsolet wurde: Die Holding-Gesellschaft hat den Trust als konzernrechtliche Organisationsform abgelöst.

Darüber hinaus ist das Standard Oil Trust Agreement einer jener seltenen Fälle, in denen man den Urheber einer kautelarjuristischen Erfindung sicher identifizieren kann. Häufig lassen sich die juristischen „Erfinder" – anders als die rechtswissenschaftlichen „Entdecker"[231] – kaum feststellen und nur vereinzelt bleiben sie der Nachwelt in Erinnerung[232], die ihnen in der Regel keine Kränze flicht.[233] Hier aber kann man Samuel Dodd bei seinen Überlegungen gleichsam über die Schulter schauen, und fast jede Studie über den Standard Oil Trust nennt bis heute seinen Namen.

Die gründlich ausgeleuchtete Vorgeschichte des Standard Oil Trust Agreement führt uns zudem vor Augen, auf welchem Boden kautelarjuristische Kreativität gedeiht: Der Praktiker wird mit einem bestimmten Rechtsproblem konfrontiert, das eine sinnvolle wirtschaftliche Betätigung erschwert oder gar verhindert. Er sucht nach möglichen Lösungsvorschlägen, verwirft sie wieder, grübelt weiter, bis er endlich den entscheidenden Einfall hat. Dabei handelt es sich freilich selten um eine vollkommene Neuschöpfung, sondern vielmehr um eine feinfühlige Fortentwicklung oder Rekombination bereits vorhandener Elemente: „Weder das

228 Rückblickend *Becht/De Long* (Fn. 11), S. 613, 629: „an arrangement that conformed with the letter of the law, but not the spirit."

229 Eindringlich dazu bereits *Dodd*, 5 Railway & Corp. L.J. 97, 99 (1889).

230 Rechtsvergleichend *Schmey* (Fn. 200), S. 456: „Die Unternehmungsformen, die die angloamerikanische Rechtsordnung bot, waren [...] auf die älteren, engeren begrenzten Wirtschaftsgebiete und Wirtschaftsvorgänge zugeschnitten und vom Geist des wirtschaftlichen Individualismus getragen. Die beginnende industrielle Konzentration, der beginnende Unternehmer-Kollektivismus mußte sich notwendig neue, eigene Formen schaffen und hat es folgerichtig getan."

231 Vgl. dazu den Sammelband von *Hoeren* (Hrsg.), Zivilrechtliche Entdecker, 2001; ferner *Fleischer*, Juristische Entdeckungen im Gesellschaftsrecht, FS K. Schmidt, 2009, S. 375.

232 Dazu bereits *Fleischer*, RabelsZ 82 (2018), 239, 251.

233 Noch illusionsloser *Flume*, DNotZ, Sonderheft 1969, 30, 36: „Nicht nur die Nachwelt, sondern auch die Mitwelt flicht im allgemeinen dem Kautelarjuristen keine Kränze. Von der gelungenen Rechtsgestaltung spricht man in der Regel nicht, und Beratung, die das Gelingen bewirkt hat, nimmt man als selbstverständlich hin."

Treuhandverhältnis noch der voting trust, wohl aber die Verwendung beider als Konzentrationsform ist eine Erfindung des Rechtsanwalts Dodd, Syndikus der Standard Oil of Ohio."[234]

Schließlich erweist sich das Standard Oil Trust Agreement im Großen wie im Kleinen als wegweisend und seiner Zeit weit voraus. Es erschafft durch schuldrechtliche Abreden eine virtuelle Rechtsperson, bildet durch Ausgabe von Trust-Zertifikaten die mitgliedschaftliche Stellung eines Aktionärs nach und nimmt in seinem Organisationsreglement[235] die heutige Ausschussbildung im Verwaltungsorgan vorweg. Durch Einsetzung von Treuhändern entsteht überdies eine übernahmefeste Organisationsform.[236] Gruppenweite Weisungsrechte und Personalkompetenzen belegen ferner die historische Richtigkeit der These, dass sich ein Konzernorganisationsrecht gleichsam von selbst dadurch entwickelt, dass Unternehmen von ihrer Herrschaftsmacht über andere Unternehmen einfach Gebrauch machen.[237] Und zu guter Letzt handelt es sich um ein geschliffenes und rechtstechnisch ausgereiftes Vertragswerk, das den Vergleich mit modernen Gesellschaftsverträgen nicht zu scheuen braucht.

---

234 *Schmey* (Fn. 200), S. 460.

235 Zur großen Bedeutung der Ausschussbildung *Chernow* (Fn. 6), S. 228: „The secret to unifying the dozens of affiliated concerns proved to be the committee system patented by Standard Oil."

236 So die Beobachtung von *Becht/DeLong* (Fn. 11), S. 613, 629: „The holders of the trust certificates appointed the trustees in a vote, but the Rockefellers, Flagler, Payne, and Harkness continued to hold a majority of the certificates, and the trustees were appointed for a staggered term. In fact, Dodd had managed to create a takeover-proof holding company operating [...]."

237 Vgl. aus heutiger Sicht *K. Schmidt*, Gesellschaftsrecht, 4. Aufl. 2002, § 17 II 1, S. 491.

Anhang: Standard Oil Trust Agreement[238]

This agreement, made and entered upon this second day of January, A.D. 1882, by and between all the persons who shall now or may hereafter execute the same as parties thereto.
Witnesseth:

I. It is intended that the parties to this agreement shall embrace three classes, to wit:

1st. All the stockholders and members of the following corporations and limited partnerships, to wit:

Acme Oil Company, New York.
Acme Oil Company, Pennsylvania.
Atlantic Refining Company of Philadelphia.
Bush & Co. (Limited).
Camden Consolidated Oil Company (Limited).
Elizabethport Acid Works.
Imperial Refining Company (Limited).
Charles Pratt & Co.
Paine, Ablett & Co.
Standard Oil Company, Ohio.
Standard Oil Company, Pittsburgh.
Smith's Ferry Oil Transportation Company.
Solar Oil Company (Limited).
Sone & Fleming Manufacturing Company (Limited).

Also, all the stockholders and members of such other corporations and members of such other corporations and limited partnerships as may hereafter join in this agreement at the request of the trustees herein provided for.

2nd. The following individuals, to wit:

W.C. Andrews, John D. Archbold, Lide K. Arter, J.A. Bostwick, Benjamin Brewster, D. Bushnell, Thomas C. Bushnell, J.N. Camden, Henry L. Davis, H.M. Flagler, Mrs. H.M. Flagler, H.M. Hanna and George W. Chapin, D.M. Harkness, D.M. Harkness, trustee, S.V. Harkness, John Huntington, H.A. Hutchins, Charles F. G. Heye, O.B. Jennings, Charles Lockhart, A.M. McGregor, William H. Macy, William H. Macy, jr., O.H. Payne, trustee, Charles Pratt, Horace A. Pratt, C.M. Pratt, estate of Josiah Macy, jr., William H. Macy, jr., executor, O.H. Payne, A.J. Pouch, John D. Rockefeller, William Rockefeller, Henry H. Rogers, W.P. Thompson, J.J. Vandergrift, William T. Wardwell, W.G. Warden, Joseph L. Warden; Warden, Frewe & Co., Louise C. Wheaton, Julia H. York, George H. Vilas, M.R. Keith, George F. Chester, trustees.

Also all such individuals as may hereafter join in the agreement at the request of the trustees herein provided for.

3rd. A portion of the stockholders and members of the following corporations and limited partnerships, to wit:

---

238 Abschrift aus Report of the Commissioner of Corporations on the Petroleum Industry, 1907, Part I, Exhibit 8, S. 369 ff.

American Lubricating Oil Company.
Baltimore United Oil Company.
Beacon Oil Company.
Bush & Denslow Manufacturing Company.
Central Refining Company of Pittsburgh.
Cheesebrough Manufacturing Company.
Chess Carley Company.
Consolidated Tank Line Company.
Inland Oil Company.
Keystone Refining Company.
Maverick Oil Company.
National Transit Company.
Portland Kerosene Company.
Producers' Consolidated Land and Petroleum Company.
Signal Oil Works (Limited).
Devoe Manufacturing Company.
Eclipse Lubricating Oil Company (Limited).
Empire Refining Company (Limited).
Franklin Pipe Company (Limited).
Galena Oil Works (Limited).
Germania Mining Company.
Vacuum Oil Company.
H.C. Van Tine & Company (Limited).
Waters Pierce Oil Company.

Also, stockholders and members (not being all thereof) of other corporations and limited partnerships who may hereafter join in this agreement at the request of the trustees herein provided for.

II. The parties hereto do covenant and agree to and with each other, in consideration of the mutual covenants and agreements of the others, as follows:

1st. As soon as practicable a corporation shall be formed in each of the following States, under the laws thereof, to wit: Ohio, New York, Pennsylvania, New Jersey; provided, however that instead of organizing a new corporation, any existing charter and organization may be used for the purpose when it can advantageously be done.

2nd. The purposes and powers of said corporation shall be to mine for, produce, manufacture, refine and deal in petroleum and all its products, and all the materials used in such businesses, and transact other business collateral thereto. But other purposes and powers shall be embraced in the several charters such as shall seem expedient to the parties procuring the charter, or, if necessary to comply with the law, the powers aforesaid may be restricted and reduced.

3rd. At any time hereafter, when it may seem advisable to the trustees herein provided for, similar corporations may be formed in other States and Territories.

4th. Each of said corporations shall be known as the Standard Oil Company of (and here shall follow the name of the State or Territory by virtue of the laws of which said corporation is organized).

5th. The capital stock of each of said corporations shall be fixed at such an amount as may seem necessary and advisable to the parties organizing the same, in view of the purpose to be accomplished.

6th. The shares of stock of each of said corporations shall be issued only for money, property, or assets equal at a fair valuation to the par value of the stock delivered therefor.

7th. All of the property, real and personal, assets, and business of each and all of the corporations and limited partnerships mentioned or embraced in class first, shall be transferred to and vested in he said several Standard Oil companies. All of the property, assets, and business in or of each particular state shall be transferred to and vested in the Standard Oil Company of that particular State, and in order to accomplish such purpose the directors and managers of each and all of the several corporations and limited partnerships mentioned in class first are hereby authorized and directed by the stockholders and members thereof (all of them being parties to this agreement) to sell, assign, transfer, convey and make over, for the consideration hereinafter mentioned, to the Standard Oil Company or companies of the proper State or States, as soon as said corporations are organized and ready to receive the same, all the properties, real and personal, assets, and business of said corporations and limited partnerships. Correct schedules of such property, assets and business, shall accompany each transfer.

8th. The individuals embraced in class second of this agreement do, each for himself, agree for the consideration hereinafter mentioned to sell, assign, transfer, convey, and set over all the property, real and personal, assets and business mentioned and embraced in schedule accompanying such sale and transfer to the Standard Oil Company or companies of the proper State or States, as soon as said corporations are organized and ready to receive the same.

9th. The parties embraced in class third of this agreement do covenant and agree to assign and transfer all of the stock held by them in the corporations or limited partnerships herein named, to the trustees herein provided for, for the consideration and upon the terms hereinafter set forth. It is understood and agreed that the said trustees and their successors may hereafter take the assignment of stock in the same or similar companies upon the terms herein provided, and that whenever and as often as all of the stocks of any corporations or limited partnerships are vested in said trustee, the proper steps may then be taken to have all the moneys, property, real and personal, of such corporation or partnership assigned and conveyed to the Standard Oil Company, of the proper State, on the terms and in the mode herein set forth, in which event the trustees shall receive stocks of the Standard Oil companies, equal to the value, the money and business assigned, to be held in place of the stocks of the company or companies assigning such property.

10th. The consideration for the transfer and conveyance of the money, property and business aforesaid to each or any of the Standard Oil companies shall be stock of the respective Standard Oil Company to which said transfer or conveyance is made, equal at par value to the appraised value of the money, property and business so transferred. Said stock shall be delivered to the trustees hereinafter provided for, and their successors and no stock of any of said companies shall ever be issued except for money, property, or business, equal, at least, to the par value of the stock so issued, nor shall any stock be issued by any of said companies for any purpose except to the trustees herein provided for, to be held subject to the trust hereinafter specified. It is understood, however, that this provision is not intended to restrict the purchase, sale and exchange of property by said Standard Oil companies as fully as they may be authorized to do by their respective charters; provided only that no stock be issued therefor except to said trustees.

11th. The consideration for any stocks delivered to said trustees, as above provided for, as well as for stocks delivered to said trustees by persons mentioned or included in class third of this agreement, shall be the delivery by said trustees to the persons entitled thereto of trust certificates hereinafter provided for, equal at par value to the par value of the stocks of the said several Standard Oil companies so received by said trustees, and equal to the appraised value of the stocks of other companies or partnerships delivered to said trustees.

The said appraised value shall be determined in a manner agreed upon by the parties and interest and said trustees.

It is understood and agreed, however, that the said trustees may, with any trust funds in their hands, in addition to the mode above provided, purchase the bonds and stocks of other companies engaged in business similar or collateral to the business of said Standard Oil Companies on such terms and in such mode as they may deem advisable, and shall hold the same for the benefit of the owners of said trust certificates, and may sell, assign, transfer and pledge such bonds and stocks whenever they may deem it advantageous to said trust to do so.

III. The trusts upon which said stocks shall be held, and the number, powers and duties of said trustees shall be as follows;

1st. The number of trustees shall be nine.

2nd. J.D. Rockefeller, O.H. Payne, and William Rockefeller are hereby appointed trustees, to hold their office until the first Wednesday of April, A.D. 1885.

3rd. J.A. Bostwick, H.M. Flagler, and W.G. Warden are hereby appointed trustees, to hold their office until the first Wednesday of April, A.D. 1884.

4th. Charles Pratt Benjamin Brewster, and John Archbold are hereby appointed trustees, to hold their office until the first Wednesday of April, A.D. 1883.

5th. Elections for trustees to succeed those herein appointed shall be held annually, at which election a sufficient number of trustees shall be elected to fill all vacancies occurring, either from expiration of the term of the office of trustee or from any other cause. All trustees shall be elected to hold their office for three years, except those elected to fill a vacancy arising from any cause except expiration of term, who shall be elected for the balance of the term of the trustee whose place they are elected to fill. Every trustee shall hold his office until his successor is elected.

6th. Trustees shall be elected by ballot by the owners of trust certificates or their proxies. At all meetings the owners of trust certificates, who may be registered as such on the books of the trustees, may vote in person or by proxy, and shall have one vote for each and every share of trust certificates standing in their names, but no such owner shall be entitled to vote upon any share which has not stood in his name thirty days prior to the day appointed for the election. The transfer books may be closed for thirty day immediately preceding the annual election. A majority of the shares represented at such election shall elect.

7th. The annual meeting of the owners of said trust certificates for the election of trustees and for other business shall be held at the office of the trustees, in the city of New York, on the first Wednesday of April of each year, unless the place of meeting be changed by the trustees; and said meeting may be adjourned from day to day until its business is completed. Special meetings of the owners of said trust certificates may be called by a majority of the trustees at such times and places as they may appoint. It shall also be the duty of the trustees to call a special meeting of holders of trust certificates, whenever requested to do so, by a petition signed by the holders of ten per cent in value of such certificates. The business of such special meetings shall be confined to the object specified in the notice given therefor. Notice of the time and place of all meetings of the owners of trust certificates shall be given by personal notice as far as possible and by public notice in one of the principal newspapers of each State in which a Standard Oil Company exists, at least ten days before such meeting. At any meeting, a majority in value of the holders of trust certificates represented consenting thereto, by-laws may be made, amended, and repealed relative to the mode of the election of trustees, and other business of the holders of trust certificates; provided, however, that said by-laws shall be in conformity with this agreement. By-laws may also be made, amended and repealed at any meeting by and with the consent of a majority in value of the holders of trust certificates, which alter this agreement relative to the number, powers, and duties of the trustees, and to other matters tending to the more efficient accomplishment of the objects for which the trust is created; provided only, that the essential intents and purposes of this agreement be not thereby changed.

8th. Whenever a vacancy occurs in the board of trustees more than sixty days prior to the annual meeting for the election of trustees, it shall be the duty of the remaining trustees to call a meeting of the owners of Standard Oil Trust certificates for the purpose of electing a trustee or trustees to fill the vacancy or vacancies. If any vacancy occurs in the board of trustees from any cause within sixty days of the date of the annual meeting for the election of trustees, the vacancy may be filled by a majority of the remaining trustees, or, at their option, may remain vacant until the annual election.

9th. If for any reason at any time a trustee or trustees shall be appointed by any court to fill any vacancy or vacancies in said board of trustees, the trustee or trustees so appointed shall hold his or their respective office or offices only until a successor shall be elected in the manner above provided for.

10th. Whenever any change shall occur in the board of trustees, the legal title to the stock and other property held in trust shall pass to and vest in the successors of said trustees without any formal transfer thereof. But if at any such time formal transfer shall be deemed necessary or advisable, it shall be the duty of the board of trustees to obtain the same and it shall be the duty of any retiring trustee, or the administrator or executor of any deceased trustee, to make said transfer.

11th. The trustees shall prepare certificates which shall show the interest of each beneficiary in said trust and deliver them to the persons properly entitled thereto. They shall be divided into shares of the par value of $100 each, and shall be known as the Standard Oil Trust certificates, and shall be issued subject to all the terms and conditions of this agreement. The trustees shall have power to agree upon and direct the form and contents of said certificates and the mode in which they shall be signed, attested and transferred. The certificates shall contain an express stipulation that the holders thereof shall be bound by the terms of this agreement and by the by-laws herein provided for.

12th. No certificates shall be issued except for stocks and bonds held in trust as herein provided for, and the par value of certificates issued by said trustees shall be equal to the par value of the stocks of said Standard Oil Company and the appraised value of other bonds and stocks held in trust. The various bonds, stocks and moneys held under said trust shall be held for all parties in interest jointly, and the trust certificates shall be the evidence of the interest held by the several parties in this trust. No duplicate certificates shall be issued by the trustees except upon surrender of the original certificate or certificates for cancellation, or upon satisfactory proof of the loss thereof, and in the latter case they shall require a sufficient bond of indemnity.

13th. The stocks of the various Standard Oil companies, held in trust by said trustee, shall not be sold, assigned, or transferred by said trustees, or by the beneficiaries, or by both combined, so long as this trust endures. The stocks and bonds of other corporations held by said trustees may be by them exchanged or sold and the proceeds thereof distributed pro rata to the holders of trust certificates, or said proceeds may be held and reinvested by said trustees for the purposes and uses of the trust; provided, however, that said trustees may from time to time assign such shares of stock of Standard Oil Company as may be necessary to qualify any person or persons chosen or to be chosen as directors and officers of any of said Standard Oil companies.

14th. It shall be the duty of said trustees to receive and safely to keep all interest and dividends declared and paid upon any of the said bonds, stocks, and moneys held by them in trust and to distribute all moneys received from such sources or from sales of trust property or otherwise by declaring and paying dividends upon the Standard Trust certificates as funds accumulate, which in their judgment are not needed for the use and expenses of said trust. The trustees shall, however, keep separate account of receipts from interests and dividends, and of receipts from sales or transfers of trust property, and in making any distribution of trust funds, in which moneys derived from sales or transfers shall be included, shall render the holders of trust certificates a statement showing what amount of the funds distributed has been derived from such sales or transfers. The said trustees may be also authorized and empowered by a vote of a majority in value of the holders of trust certificates, whenever stocks or bonds have accumulated in their hands from money purchases thereof, or the stocks and bonds held by them have increased in value, or stock dividends shall have been declared by any of the companies whose stocks are held by said trustees, or whenever, from any such cause, it is deemed advisable so to do, to increase the amount of trust certificates to the extent of such increase or accumulation of values and to divide the same among the persons then owning trust certificates pro rata.

15th It shall be the duty of said trustees to exercise general supervision over the affairs of said several Standard Oil companies, and, as far as practicable, over the other companies or partnerships, any portion of whose stock is held in said trust. It shall be their duty, as stockholders of said companies, to elect as directors and officers thereof faithful and competent men. They may elect themselves to such positions when they see fit so to do, and shall endeavor to have the affairs of all of said companies managed and directed in the manner they may deem most conducive to the best interests of the holders of said trust certificates.

16th. All the powers of the trustees may be exercised by a majority of their number. They may appoint from their own number an executive and other committees. A majority of each committee shall exercise all the powers which the trustees may confer upon such committee.

17th. The trustees may employ and pay all such agents and attorney as they deem necessary in the management of said trust.

18th. Each trustee shall be entitled to a salary for his services not exceeding $25,000 per annum, except for the president of the board who may be voted a salary not exceeding $30,000 per annum, which salaries shall be fixed by said board of trustees. All salaries and expenses connected with or growing out of the trust shall be paid by the trustees from the trust fund.

19th. The board of trustees shall have its principle office in the city of New York, unless changed by a vote of the trustees, at which office or in some place of safe deposit in said city the bonds and stocks shall be kept. The trustees shall have power to adopt rules and regulations pertaining to the meetings of the board, the election of officers, and the management of the trust.

20th. The trustees shall render at each annual meeting a statement of the affairs of the trust. If a termination of the trust be agreed upon, as hereinafter provided, or within a reasonable time prior to its termination by lapse of time, the trustees shall furnish to the holders of trust certificates a true and perfect inventory and appraisement of all stocks and other property held in trust, and a statement of the financial affairs of the various companies whose stocks are held in trust.

21st. This trust shall continue during the lives of the survivors and the survivor of the trustees in this agreement named, and for twenty-one years thereafter: Provided, however, that if at any time after the expiration of ten years, two-thirds of all the holders in value, or if, after the expiration of one year, ninety percent of all the holders in value of trust certificates, shall, at a meeting of holders of trust certificates called for that purpose, vote to terminate this trust at some time to be by them then and there fixed, the said trust shall terminate at the date so fixed. If the holders of trust certificates shall vote to terminate the trust as aforesaid, they may, at the same meeting or at a subsequent meeting called for that purpose, decide by a vote of two-thirds in value of their number, the mode in which the affairs of the trust shall be wound up, and whether the trust property shall be distributed or whether it shall be sold, and the values thereof distributed or whether part, and if so, what part shall be divided and what part shall be sold, and whether such sale should be public or private.

The trustees, who shall continue to hold their offices for that purpose, shall make the distribution in the mode directed; or, if no mode be agreed upon by two-thirds in value, as aforesaid, the trustees shall make the distribution of the trust property according to law. But said distribution, however made, and whether it be of the property or values or of both, shall be just and equitable, and such as to insure to each owner of a trust certificate his due proportion of the trust property, or the value thereof.

22nd. If the trust shall be terminated by expiration of the time for which it is created, the distribution of the trust property shall be directed and made in the mode above provided.

23rd. This agreement, together with the registry of certificates, books and accounts, and other books and papers connected with the business of said trust, shall be safely kept at the principal office of said trustees.

[Unterschriften]

Holger Fleischer und Yannick Chatard

§ 10 Von der Aktiengesellschaft zur Societas Europaea – die Satzungsgeschichte der Allianz

Inhaltsübersicht

https://doi.org/10.1515/9783110733839-011

I. Wie alles begann

1. Carl Thieme und Wilhelm Finck als Mitgründer der Münchener Rückversicherung im April 1880

Die Geschichte der Allianz begann mit Carl Thieme. Im Jahre 1844 in Erfurt geboren, kannte er das Versicherungswesen praktisch von Kindesbeinen an: Sein Vater Julius arbeitete seit 1853 bei der Thuringia-Versicherung, in die auch der Sohn nach Schulabschluss und Militärdienst als Lehrling eintrat.[1] Carl arbeitete sich dort zum Generalagenten in München hoch, suchte aber nach zehn höchst erfolgreichen Jahren eine neue Herausforderung, weil ihm der Aufstieg in den Vorstand versperrt schien.[2] Bald schon schmiedete er Pläne zur Gründung einer Rückversicherung. Weil ihm hierfür das erforderliche Kapital fehlte, schloss er sich mit Freiherr von Cramer-Klett zusammen, dem damals wohl reichsten Mann Bayerns.[3] Dieser wiederum ließ sich von seinem Finanzberater Wilhelm Finck unterstützen, ohne den Cramer-Klett seit den frühen 1870er Jahren keine bedeutenden Transaktionen mehr in Angriff genommen und durchgeführt hatte.[4] Finck, 1848 in Vilbel geboren,[5] war 1870 als Prokurist in das Münchener Bankhaus Merck, Christian & Co. eingetreten, wurde dort rasch Gesellschafter und 1879 auch Namenspartner der nunmehr als Merck, Finck & Co. firmierenden Privatbank.

Nachdem das Königlich Bayerische Staatsministerium des Innern dem Bankhaus Merck, Finck & Co. am 15. März 1880 die Konzession zur Errichtung einer Aktiengesellschaft für den Betrieb einer Rückversicherung erteilt hatte,[6] wurde die Münchener Rückversicherungs AG („Münchener Rück") am 3. April 1880 offiziell aus der Taufe gehoben. Das Aktienkapital von nominell 3 Mio. Mark wurde zu

---

1 Vgl. *Bähr*, in Bähr/Kopper, Munich Re. Die Geschichte der Münchener Rück 1880–1980, 2015, S. 25.

2 Zu seinen Motiven *Bähr* (Fn. 1), S. 26: „Möglicherweise drängte es den erfolgreichen Generalagenten danach, selbst ein Unternehmen zu leiten. Bei der Thuringia konnte er sich keine Hoffnungen auf eine Berufung in den Vorstand machen, da sein Vater diesem Gremium angehörte und der Aufsichtsrat wohl kaum zwei Thiemes in der Direktion sehen wollte. Hinzu kam, dass Carl von Waldow, der damals an der Spitze der Thuringia stand, zu den beiden Thiemes ein recht gespanntes Verhältnis hatte."

3 Für ein Lebensbild *Biensfeldt*, Freiherr Dr. Th. von Cramer-Klett, erblicher Reichsrat der Krone Bayern. Sein Leben und sein Werk. Ein Beitrag zur bayerischen Wirtschaftsgeschichte des 19. Jahrhunderts, 1922.

4 So ausdrücklich *Hoffmann*, Wilhelm von Finck 1848–1924. Lebensbild eines deutschen Bankiers, 1953, S. 50 f. mit dem Zusatz: „[...] ein täglicher Brief- und Telegrammwechsel beweist es."

5 Für ein Lebensbild *Hoffmann* (Fn. 4).

6 Abbild des Konzessionsschreibens bei *Bähr* (Fn. 1), S. 31.

80 % von Cramer-Kletts Vermögensverwaltungs-Gesellschaft, dem Bankhaus Merck, Finck & Co. sowie der Bank für Handel und Industrie gezeichnet. Carl Thieme und Wilhelm Finck beteiligten sich mit jeweils 100.000 Mark.[7] Die Aktien mit einer Stückelung von 1.000 Mark blieben zunächst vollständig in Gründerhand.

Den Vorstandsvorsitz der Münchener Rück übernahm, in Absprache mit Cramer-Klett, Carl Thieme und behielt ihn von 1880 bis 1921. Als erster Aufsichtsratsvorsitzender amtierte Wilhelm Finck und bekleidete diese Position mehr als vier Jahrzehnte lang bis zu seinem Tod im Jahre 1924. Beide arbeiteten mit eisernem Fleiß, unermüdlicher Schaffenskraft und geschäftlicher Weitsicht trotz ihrer unterschiedlichen Temperamente harmonisch zusammen: „Die Verbindung dieser beiden Männer, die vorwärtsstürmende Art Thiemes und die kühle Nüchternheit Fincks [...] ergaben die glückliche Mischung.“[8] Unter ihrer Führung gedieh das junge Unternehmen prächtig und war schon bei seiner Börseneinführung im Jahre 1888 die mit Abstand größte deutsche Rückversicherungsgesellschaft. Wegen der glänzenden Geschäftsaussichten konnte die mit 400 Mark eingezahlte Aktie zu einem Kurs von bis zu 710 Mark platziert werden.[9]

2. Zehn Jahre später: Carl Thieme und Wilhelm Finck als Mitgründer der Allianz-Versicherung

Thieme und Finck ruhten sich auf diesem Erfolg nicht aus, sondern entwickelten schon bald ehrgeizige Expansionspläne. Sie verfolgten das strategische Ziel, die Münchener Rück durch Aufnahme eines Erstversicherungsgeschäfts breiter aufzustellen und noch rentabler zu machen.[10] Zu diesem Zweck wurden die Statuten der Münchener Rück im Dezember 1886 in der Weise geändert, dass sie künftig auch Erstversicherungen anbieten konnte.[11] Im Hinblick auf die Versicherungs-

7 Vgl. *Bähr* (Fn. 1), S. 32 mit einer zahlenmäßigen Aufschlüsselung der Beteiligungen aller Gründeraktionäre.

8 Thuringia. 100 Jahre einer deutschen Versicherungsgesellschaft 1853–1953, 1953, S. 52, zitiert bei *Bähr* (Fn. 1), S. 37; ebenso *Hoffmann* (Fn. 4), S. 52; ähnlich *Kisch*, Fünfzig Jahre Allianz. Ein Beitrag zur Geschichte der Deutschen Privatversicherung, 1940, S. 9 f.

9 Dazu *Bähr* (Fn. 1), S. 37; *Hoffmann* (Fn. 4), S. 55: „Die erste Börsennotiz am 20. März 1888 wurde 700 und 710 M für die mit 400 M eingezahlten Aktien.“

10 Vgl. *Bähr* (Fn. 1), S. 44; zu weiteren möglichen Motiven *Borscheid*, 100 Jahre Allianz, 1990, S. 14 f.: „Thieme [...] konnte trotz des glänzenden Aufstiegs der von Finck und ihm selbst gegründeten Münchener Rück seine Vorliebe für die Erstversicherung nie ganz verbergen. Auch plagte ihn eine gewisse Sorge, seine Rückversicherungsgesellschaft könnte in Zukunft nicht mehr so schnell wachsen, wie für ihre Stabilität notwendig sei, und ins Straucheln geraten.“

11 Vgl. *Bähr* (Fn. 1), S. 44; *Borscheid* (Fn. 10), S. 16.

sparte schien Thieme ein Einstieg in die Feuerversicherung wegen des starken Wettbewerbs und der hohen Schadensquote zu riskant.[12] Stattdessen schlug er dem Aufsichtsrat die Unfallversicherung als neues Betätigungsfeld vor, die durch die zunehmende Industrialisierung lukrative Geschäfte versprach.[13]

Organisatorisch erwog Thieme zunächst eine Erweiterung der Münchener Rück um eine Unfallversicherungssparte, kam davon jedoch wieder ab und favorisierte stattdessen die Gründung einer eigenen Unfallversicherungsgesellschaft in Berlin – die Allianz Versicherungs AG („Allianz").[14] Die Motive für diese sehr viel aufwändigere und teurere Lösung[15] lassen sich aufgrund fehlender Quellen nicht mehr endgültig aufhellen[16], da wichtige Dokumente zur Allianz-Gründung im Zweiten Weltkrieg unwiederbringlich verlorengingen.[17] Eine verbreitete Erklärung verweist auf juristische Hürden für den Marktzugang in Preußen: Der dortige Gesetzgeber hatte 1837 einen Konzessionszwang für ausländische Versicherer eingeführt, der nach der Reichsgründung auch für Versicherungsunternehmen aus Bayern galt. Danach forderten die Beamten im preußischen Innenministerium zum Nachweis der Solidität eines auswärtigen Versicherers die Vorlage zweier Jahresabschlüsse.[18] Eine bayerische „Allianz" hätte also erst zwei Jahre nach ihrer Gründung gen Berlin ziehen können – eine Zeitverzögerung, die

12 Dazu *Bähr* (Fn. 1), S. 48.

13 Vgl. *Bähr* (Fn. 1), S. 46 unter Hinweis auf ein ausführliches Memorandum Thiemes an den Aufsichtsrat der Münchner Rück; ferner *Pretzlik*, in Eggenkämper/Modert/Pretzlik, Die Allianz. Geschichte des Unternehmens 1890–2015, 2015, S. 14; außerdem *Borscheid* (Fn. 10), S. 16, der erläutert, dass das Memorandum ursprünglich von Carl Schreiner, dem späteren Leiter der Londoner und New Yorker Allianz-Niederlassung stammte.

14 Vgl. *Bähr* (Fn. 1), S. 48.

15 Dazu *Bähr* (Fn. 1), S. 49 mit dem zusätzlichen Hinweis: „Die Gründer mussten ein beträchtliches Kapital aufbringen, in Berlin mussten eigene Geschäftsräume gemietet werden und der MR hätte nach einer Kalkulation Thiemes ein eigenes Unfallversicherungsgeschäft drei mal so hohe Prämieneinnahmen ermöglicht wie eine mit ihr über Personalunion verbundene Unfallversicherungsgesellschaft."

16 Dazu *Pretzlik* (Fn. 13), S. 17: „Es sind daher eher Thesen und Vermutungen als gesicherte Erkenntnisse, dennoch kann man annehmen, dass es wohl eine Kombination aus unterschiedlichen Gründen war, die letztlich für Berlin den Ausschlag gab."; ähnlich *Bähr* (Fn. 1), S. 50: „Welche [Gründe] dies waren, kann nur vermutet werden, da Akten zur Gründung der Allianz schon vor dem Zweiten Weltkrieg weder bei der MR noch bei der Allianz aufzufinden waren."

17 Dazu *Schieren*, Vorwort zu *Borscheid* (Fn. 10), S. 7.

18 Vgl. *Arps*, Wechselvolle Zeiten, 75 Jahre Allianz Versicherung 1890–1965, 1965, S. 8; *Pretzlik* (Fn. 13), S. 20.

sich durch die Gründung in Preußens Hauptstadt umgehen ließ.[19] Als ein weiterer Grund wird die Notwendigkeit zusätzlicher Finanziers für die Neugründung einer Unfallversicherung genannt, die sich am ehesten in Berlin, dem damals führenden Finanzplatz im Kaiserreich, finden ließen.[20] Dort waren allein zwischen 1870 und 1873 insgesamt 35 Banken neu errichtet worden, darunter die Deutsche Bank.[21] Ferner mutmaßt man, dass Thieme und Finck mit ihrer Unfallversicherungsgesellschaft vor allem den preußischen Markt mit seinen industriellen Ballungsgebieten erobern wollten.[22] In Preußen lebten damals etwa 30 Mio. Menschen, in Bayern nur 5,6 Mio.[23]

Die Gründung der Allianz verlief weitgehend reibungslos[24]: Errichtet wurde sie durch notarielle Beurkundung der Satzung am 17. September 1889. Die ministerielle Konzession zum Betrieb einer Versicherung in Preußen folgte am 13. Januar 1890, als eine der letzten Verfügungen des preußischen Handelsministers Bismarck.[25] In das Handelsregister des Königlichen Amtsgerichts I in Berlin eingetragen wurde die „Allianz Versicherungs-Aktien-Gesellschaft" schließlich am 5. Februar 1890 – ihrem offiziellen Geburtsdatum.[26] Die zeitliche Reihenfolge war gesetzlich vorgeschrieben: Nach Art. 210 Nr. 4 ADHGB musste die Genehmigungsurkunde der Handelsregistereintragung beigefügt werden, sofern der Gegenstand des Unternehmens – wie bei einer Versicherung[27] – der staatlichen Genehmigung bedurfte.

Das Gründungskapital der Allianz betrug 4 Mio. Mark, also ein Drittel mehr als das anfängliche Aktienkapital der Münchener Rück. Diese konnte sich an der Allianz selbst nicht beteiligen, weil ihre Satzung das damals noch nicht zuließ.[28] Von den Großaktionären der Münchener Rück war die Bank für Handel und Industrie an einem zusätzlichen Engagement offenbar nicht interessiert; das Bank-

---

19 Vgl. *Arps* (Fn. 18), S. 8; *Bähr* (Fn. 1), S. 50; *Pretzlik* (Fn. 13), S. 20; ferner *Hoffmann* (Fn. 4), S. 54: „Daß man Berlin für ihren Sitz wählte, hatte seinen Grund in der Tatsache, daß die Konzession in Preußen leichter zu erlangen war als in Bayern."

20 Vgl. *Bähr* (Fn. 1), S. 52.

21 Vgl. *Pretzlik* (Fn. 13), S. 18.

22 Vgl. *Bähr* (Fn. 1), S. 52 f.

23 Vgl. *Pretzlik* (Fn. 13), S. 20.

24 Zu Folgendem *Pretzlik* (Fn. 13), S. 20; ferner *Borscheid* (Fn. 10), S. 18.

25 Dazu auch *Bähr* (Fn. 1), S. 52: „Die Allianz erhielt denn auch bereits am 13. Januar 1890, vier Monate nach ihrer Gründung, die Konzession für Preußen."; *Arps* (Fn. 18), S. 3.

26 Vgl. *Arps* (Fn. 18), S. 13; *Pretzlik* (Fn. 13), S. 20: „Letzteres Datum hat die Allianz aus diesem Grunde [= Erlangung der Rechtsfähigkeit] bei ihren Jubiläen als offizielles Gründungsdatum gewählt."

27 Näher dazu unter II. 1. b).

28 Dazu *Bähr* (Fn. 1), S. 49; *Borscheid* (Fn. 10), S. 18.

haus Merck, Finck & Co. beteiligte sich mit 1,5 Mio. Mark (37,5 %) an der Allianz.[29] Als weiterer Finanzier zeichnete die Deutsche Bank Allianz-Aktien von nominell 1 Mio. Mark (25 %).[30] Beide gaben wie verabredet einen Teil ihrer Aktien an andere Banken ab: die Deutsche Bank an die Bayerische Vereinsbank, Merck, Finck & Co. an die Dresdner Bank.[31] Zu den weiteren Gründern gehörten neben Carl Thieme und Wilhelm Finck noch der Direktor der Süddeutschen Bodenkreditbank Friedrich von Schauß, der bayerische Industrielle Hugo Ritter von Maffei und der Münchener Rechtsanwalt Hermann Pemsel,[32] der als früherer Generalbevollmächtigter des Freiherrn von Cramer-Klett schon an der Gründung der Münchener Rück beteiligt und deren erster stellvertretender Aufsichtsratsvorsitzender gewesen war.[33] Jeweils kleinere Beteiligungen an der Allianz zeichneten außerdem Heinrich Lueg, Mitbegründer der Düsseldorfer Maschinenfabrik Haniel & Lueg, der nationalliberale Reichstagsabgeordnete und Bergwerksbesitzer Friedrich Hammacher und Wilhelm Oechelhäuser, Generaldirektor der Deutschen Continental-Gas-Gesellschaft.[34]

Carl Thieme übernahm den Vorstandsvorsitz der Allianz AG und behielt ihn bis 1904. Wilhelm Finck amtierte als Aufsichtsratsvorsitzender von 1890 bis 1924. Beide standen in Personalunion auch weiterhin dem Vorstand bzw. Aufsichtsrat der Münchener Rück vor. Formal bildete die Allianz damit eine Schwestergesellschaft der Münchener Rück, mit der sie einen Großaktionär – die Privatbank Merck, Finck & Co. – sowie das Leitungspersonal teilte.[35] In der Sache betrachtete sich die Münchener Rück aber als Muttergesellschaft.[36] Über die Geschäftspolitik der Berliner Allianz wurde demnach in ihrer Frühphase[37] in München entschie-

---

29 Vgl. *Bähr* (Fn. 1), S. 52; *Borscheid* (Fn. 10), S. 19 f.; *Hoffmann* (Fn. 4), S. 60.

30 *Kisch* (Fn. 8), S. 2.

31 Vgl. *Bähr* (Fn. 1), S. 52; *Pretzlik* (Fn. 13), S. 17.

32 Vgl. *Bähr* (Fn. 1), S. 52; *Kisch* (Fn. 8), S. 2; *Pretzlik* (Fn. 13), S. 16.

33 Dazu *Hoffmann* (Fn. 4), S. 51. Für ein Lebensbild *Spree*, Eine bürgerliche Karriere im deutschen Kaiserreich: der Aufstieg des Advokaten Dr. jur. Hermann Ritter von Pemsel in Wirtschaftselite und Adel Bayerns, 2007.

34 Vgl. *Bähr* (Fn. 1), S. 52; *Borscheid* (Fn. 10), S. 20; *Kisch* (Fn. 8), S. 2; *Pretzlik* (Fn. 13), S. 16 f.

35 Vgl. *Hoffmann* (Fn. 4), S. 59 f.: „‚Tochtergesellschaft' – diese Bezeichnung ist hier eigentlich nicht ganz zutreffend, denn die Münchener selbst war ursprünglich an dem neuen Unternehmen mit Kapital nicht beteiligt."

36 So ausdrücklich *Pretzlik* (Fn. 13), S. 21; gleichsinnig *Bähr* (Fn. 1), S. 49: „[...] geführt wurde sie [= die Allianz] wie eine Tochtergesellschaft."; *Sack*, Die deutsche Rückversicherung in der Entwicklung, 1941, S. 153: „[...] durch die Allianz, der Tochtergesellschaft der Münchener Rückversicherungsgesellschaft [...]."

37 Zur späteren Entwicklung nach dem Eintritt von der Nahmers als weiterem Vorstandsmitglied im Jahre 1894 unter III. 1.

den.[38] Diese Machtverteilung spiegelte sich auch in einem Vertrag zwischen beiden Gesellschaften wieder. Sofern die Allianz Rückversicherungen in der Feuerbranche anbieten wollte – was ihr Unternehmensgegenstand erlaubte[39] –, musste sie die Zustimmung der Münchener Rück einholen und auf deren Verlangen einen Vertrag wieder kündigen.[40]

Über die Erwägungen zur Namenswahl der Allianz ist kaum etwas überliefert. Berichtet wird lediglich, dass die Firma „Allianz Versicherungs-Aktiengesellschaft" letztlich auf die Anregung des Registerrichters zurückging. Bis dahin hatte man beabsichtigt, die Gesellschaft „Versicherungs-Aktiengesellschaft Allianz" zu taufen. Besondere Originalität konnten die Gesellschaftsgründer jedenfalls nicht für sich in Anspruch nehmen, führten doch damals bereits zahlreiche Versicherungsgesellschaften das Wort „Allianz" in den jeweiligen Landessprachen in ihrem Namen.[41] Markanter präsentierte sich das erste Firmenzeichen: der Reichsadler, das Wappen des deutschen Kaiserreichs, der in seinen Fängen die Stadtwappen von München und Berlin hält, dazu zentral der Schriftzug „ALLIANZ".[42] Im Schrifttum betont man die Symbolkraft dieses Firmenzeichens: „Damit ist der Dreiklang definiert: die Allianz zwischen München und Berlin, die Allianz zwischen dem Rückversicherer und dem Erstversicherer und die Allianz zwischen dem Versicherer und dem Kunden."[43]

II. Ein Rundgang durch die Gründungssatzung der Allianz

Weiteren Aufschluss über die Organisation der Allianz AG verspricht ein Rundgang durch ihre Gründungssatzung. Zum besseren Verständnis seien dem einige Erläuterungen zur damaligen Rechtslage vorausgeschickt.

---

38 So ausdrücklich *Bähr* (Fn. 1), S. 53.

39 Dazu unter II. 2. b).

40 Dazu *Pretzlik* (Fn. 13), S. 21.

41 Vgl. zum Ganzen *Arps* (Fn. 18), S. 8 f.; *Pretzlik* (Fn. 13), S. 21 f. m. w. N.

42 Abbildung bei *Pretzlik* (Fn. 13), S. 25; dazu auch *Feldman*, Die Allianz und die deutsche Versicherungswirtschaft 1933–1945, S. 22.

43 *Pretzlik* (Fn. 13), S. 24; ähnlich *Arps* (Fn. 18), S. 9 f. mit dem Hinweis: „Die Sprache der Heraldik kennt das ‚Allianzwappen', in dem die Wappen eines Ehepaares nebeneinanderstehen und in einem Schilde verbunden sind, wie die Stadtwappen von München und Berlin im ersten Firmenzeichen der Allianz vom Reichsadler gehalten werden. Die Geläufigkeit des Wortes Allianz in der internationalen Assekuranz und seine Verständlichkeit in den wichtigsten Sprachen mögen endlich auch die Entscheidung für diesen Namen beeinflußt haben."

1. Aktien- und aufsichtsrechtlicher Rahmen

a) Aktienrecht

Als die Allianz im Februar 1890 in das Handelsregister eingetragen wurde, hatte das Aktienrecht in Deutschland schon eine knapp fünfzigjährige Entwicklung hinter sich.[44] Eine erste Kodifikation brachte das Preußische Gesetz über die Aktiengesellschaften von 1843, das deren Errichtung an eine landesherrliche Genehmigung knüpfte.[45] Das Allgemeine Deutsche Handelsgesetzbuch von 1861 behielt das Erfordernis einer staatlichen Genehmigung grundsätzlich bei,[46] überließ es jedoch den Ländern, davon abzusehen.[47] Mit der Aktienrechtsnovelle von 1870 wurde die „lästige, das Geschäftsleben hindernde"[48] Konzessionspflicht aufgehoben und durch ein Normativsystem ersetzt.[49] Stattdessen führte der Reformgesetzgeber einen obligatorischen Aufsichtsrat ein.[50] Die zweite Aktienrechtsnovelle von 1884 hielt an dem Prinzip der Gründungsfreiheit fest, verschärfte jedoch die Gläubigerschutzvorschriften, um während des sog. Gründerkrachs zu Tage getretene Missstände künftig zu verhindern.[51]

Was den Gesellschaftsaufbau anbelangt, behielt die Novelle von 1884 die dreigliedrige Organisationsverfassung bei, grenzte die Rechte und Pflichten der einzelnen Organe aber schärfer gegeneinander ab.[52] So wies sie der Generalver-

44 Vorzüglicher Überblick bei *Passow*, Die Aktiengesellschaft, 2. Aufl. 1922, S. 63 ff.

45 § 1 Abs. 1 Preußisches AktG: „Aktiengesellschaften mit den im gegenwärtigen Gesetze bestimmten Rechten und Pflichten können nur mit landesherrlicher Genehmigung errichtet werden."

46 Art. 208 ADHGB: „Aktiengesellschaften können nur mit staatlicher Genehmigung errichtet werden."

47 Art. 249 ADHGB: „Den Landesgesetzen bleibt vorbehalten, zu bestimmen, daß es der staatlichen Genehmigung zur Errichtung von Aktiengesellschaften nicht bedarf."

48 *Passow* (Fn. 44), S. 67.

49 § 2 des Gesetzes betreffend die Kommanditgesellschaften auf Aktien und die Aktiengesellschaften vom 11. Juni 1870: „Die Landesgesetze, welche zur Errichtung von Kommanditgesellschaften auf Aktien oder Aktiengesellschaften die staatliche Genehmigung vorschreiben oder eine staatliche Beaufsichtigung der Gesellschaft anordnen, werden aufgehoben."

50 Dazu *Goldschmidt*, ZHR 30 (1884), 69; *Passow* (Fn. 44), S. 400; *Wiethölter*, Interesse und Organisation der Aktiengesellschaft im amerikanischen und deutschen Recht, 1961, S. 285 ff.; instruktiv *Assmann*, in Großkomm. AktG, 4. Aufl. 1992, Einl. Rn. 79 ff.

51 Näher dazu *Hofer*, in Bayer/Habersack (Hrsg.), Aktienrecht im Wandel, Bd. I, 2007, 11. Kap. Rn. 11 ff., 15 ff.

52 Überblick bei *Hommelhoff*, in Schubert/Hommelhoff (Hrsg.), Hundert Jahre modernes Aktienrecht, 1985, S. 53, 86 ff.; *Lieder*, Der Aufsichtsrat im Wandel der Zeit, 2006, S. 131 ff.

sammlung unentziehbare und unveräußerliche Kompetenzen zu.[53] Außerdem verstetigte sie die Überwachungsfunktion als Hauptaufgabe des Aufsichtsrats und präzisierte die Pflichten seiner Mitglieder. Jedoch verzichtete der Gesetzgeber darauf, den Aufsichtsrat von der Teilhabe an der Unternehmensleitung vollständig auszuschließen. Vielmehr konnte der Satzungsgeber dem Aufsichtsrat auch andere als Überwachungsaufgaben übertragen: Das Prinzip der Satzungsstrenge im heutigen Sinne war damals außerhalb der gesetzlich zwingend vorgeschriebenen Befugnisse noch nicht anerkannt.[54]

b) Versicherungsaufsichtsrecht

Von dem allgemeinen Genehmigungserfordernis zur Gründung einer Aktiengesellschaft war der spezielle Konzessionszwang für bestimmte Wirtschaftszweige zu unterscheiden. Ein solcher bestand für Versicherungen in Preußen seit den 1830er Jahren.[55] Er wurde durch das Preußische Gesetz vom 17. Mai 1853 betreffend den Geschäftsverkehr mit Versicherungsanstalten auf alle in- und ausländischen Versicherungsunternehmen ausgedehnt.[56] Im Vergleich zu vielen anderen Einzelstaaten wies das preußische Aufsichtsregime eine hohe Regelungsdichte auf.[57] Darüber hinaus behielten sich die zuständigen Aufsichtsbehörden Eingriffsbefugnisse während des laufenden Geschäftsbetriebs der Gesellschaft vor.[58] An dieser speziellen Versicherungsaufsicht änderte sich auch

---

53 Entwurf eines Gesetzes, betreffend Kommanditgesellschaften auf Aktien und die Aktiengesellschaften vom 7. März 1884, abgedruckt bei Schubert/Hommelhoff (Fn. 52), S. 387, 464; später auch RGZ 53, 234, 236 („oberstes Organ"); *Lehmann*, Das Recht der Aktiengesellschaft, Bd. 2, 1904, S. 153 („vornehmste Organ"); aus heutiger Perspektive *Fleischer*, in Bayer/Habersack (Hrsg.), Aktienrecht im Wandel, Bd. 2, 2007, S. 430, 434 m. w. N.

54 Entwurf eines Gesetzes, betreffend Kommanditgesellschaften auf Aktien und die Aktiengesellschaften vom 7. März 1884 (Fn. 53), S. 387, 460: „Das Gesetz, ist nicht in der Lage, die Funktion des Aufsichtsraths vollständig abzugrenzen. Was dazu dienlich und notwendig erscheint, damit derselbe die ihm vom Gesetz zugewiesene Aufgabe einer wirksamen Kontrolle erfülle, muß im einzelnen Falle von der Gesellschaft je nach der Art und dem Betriebe des Unternehmens bestimmt werden. Das Gesetz vermag nur die Grundzüge aufzustellen; im Uebrigen sind die weiteren Obliegenheiten des Aufsichtsraths durch den Gesellschaftsvertrag festzusetzen (Art. 225 Abs. 3)."; rückblickend *Lieder* (Fn. 52), S. 135, 173 ff.; ferner *Pohl*, Zeitschrift für Unternehmensgeschichte 26 (1981), 163 f.

55 Vgl. *Kilian*, Das Gesetz über die privaten Versicherungsunternehmen von 1901, 2015, S. 42.

56 Näher dazu *Tigges*, Geschichte und Entwicklung der Versicherungsaufsicht, 1985, S. 50 ff.

57 So *Kilian* (Fn. 55), S. 41.

58 Eine Aufsichts*pflicht* bestand, wenn sich das Grundkapital um die Hälfte verminderte gemäß § 25 Abs. 2 des Gesetzes über die Aktiengesellschaften vom 9. November 1843, abgedruckt in der

nach Abschaffung des aktienrechtlichen Konzessionssystems nichts. Vielmehr ordnete § 3 der Aktienrechtsnovelle von 1870 ausdrücklich an, dass die landesgesetzlichen Vorschriften, nach welchen der Gegenstand des Unternehmens der staatlichen Genehmigung bedurfte und die Gesellschaft der staatlichen Aufsicht unterlag, unberührt blieben.

Bis zum Inkrafttreten des Versicherungsaufsichtsgesetzes vom 12. Mai 1901 blieb die Aufsicht über das Versicherungswesen Sache der Einzelstaaten.[59] Daher bedurfte die Allianz neben der am 13. Januar 1890 erlangten Konzession zum Betrieb einer Versicherung in Preußen weiterer Einzelgenehmigungen in den übrigen Bundesstaaten.[60] Die Konzession für das Königreich Bayern erhielt sie am 7. März 1890.[61] Nach und nach erteilten ihr dann auch alle anderen Bundesstaaten die nötige Konzession – mit Ausnahme des Fürstentums Schaumburg-Lippe, wo die Angelegenheit später wohl in Vergessenheit geriet.[62]

2. Die Gründungssatzung der Allianz

Die Ursprungsstatuten der Allianz, von denen sich im Firmenhistorischen Archiv in München[63] noch ein gedrucktes Exemplar fand,[64] bestanden aus insgesamt 41 Vorschriften. Verteilt auf drei Abschnitte behandelten sie „Firma, Sitz, Zweck und Grundlagen der Gesellschaft“ (Abschnitt I, §§ 1–8), „Generalversammlung, Auf-

---

Gesetzes-Sammlung für die Königlichen Preußischen Staaten, 1843, S. 341, 345. Ein Aufsichts*recht* leiteten die Verwaltungsbehörden für bestehenden Versicherungsaktiengesellschaften gewohnheitsrechtlich aus ihrem Oberaufsichtsrecht ab, während neugegründete Gesellschaften ein ausdrückliches, statutarisches Aufsichtsrecht vorsehen mussten, Circular-Reskript des Ministers für Handel und des Inneren und des Ministers für landwirthschaftliche Angelegenheiten v. 8. Juni 1852, abgedruckt bei *Doehl*, Das Versicherungs-Wesen des Preußischen Staates, 1965, S. 78.

59 Vgl. *Kilian* (Fn. 55), S. 30 ff., 177 ff.; ferner *Tigges* (Fn. 56), S. 46 ff.

60 Allgemein dazu *Tigges* (Fn. 56), S. 53: „Es bestand eine unübersehbare Vielfalt von Bestimmungen, die die Versicherungsgesellschaften beachten mußten, wenn sie ihr Betätigungsfeld über einen Staat hinaus erweiterten.“

61 Vgl. *Pretzlik* (Fn. 13), S. 20.

62 Dazu *Pretzlik* (Fn. 13), S. 20: „Hier [= in Schaumburg-Lippe] scheint man sich ein Beispiel an Preußen genommen zu haben und verlangte von der preußischen Gesellschaft den Nachweis einer mehrjährigen erfolgreichen Geschäftstätigkeit. Nach Ablauf dieser Zeit hatte man bei der Allianz wohl längst vergessen, dass es noch einen weißen Fleck auf der Landkarte des Deutschen Reiches gab, und beantragte für Schaumburg-Lippe nicht neuerlich eine Konzession.“ Ferner *Arps* (Fn. 18), S. 13.

63 Dieses Archiv wurde erst im Jahre 1993 gegründet.

64 Statuten der „Allianz“ Versicherungs-Aktien-Gesellschaft in Berlin. München. Kgl. Hof- und Universitäts-Buchdruckerei von Dr. C. Wolf & Sohn. 1889.

sichtsrath, Direktion“ (Abschnitt II, §§ 9–29) und „Rechnungsstellung, Bilanz, Gewinnvertheilung, Reservefond, Kontrole“ (Abschnitt III, §§ 30–41). Im Folgenden soll das Augenmerk auf einige besonders wichtige oder beachtenswerte Bestimmungen gerichtet werden. Eine wertvolle Hilfe bei ihrer zeitgeschichtlichen Einordnung bietet die empirische Untersuchung von Julius Flechtheim, der vor gut 90 Jahren zusammen mit Martin Wolff und Maximilian Schmulewitz die Satzungen aller 689 an der Berliner Börse zugelassenen Gesellschaften zusammengetragen und auf über 500 Seiten akribisch ausgewertet hat.[65]

a) Der aufsichtsrechtliche Einfluss der Königlichen Preussischen Staatsregierung

Verstreut über den ganzen Satzungstext finden sich Belege dafür, dass die Allianz bei ihrem geschäftlichen Wirken unter der Kontrolle der Königlichen Preussischen Staatsregierung als zuständiger Aufsichtsbehörde stand. „Mit Genehmigung der Kgl. Preussischen Staatsregierung“, so hieß es gleich in § 1 Abs. 1, war die Allianz zum Zwecke des Betriebs bestimmter Versicherungen gegründet worden. Eine Ausdehnung des Geschäftsbetriebs auf andere Versicherungszweige stand nach § 1 Abs. 2 unter dem Vorbehalt der staatlichen Genehmigung. Überdies konnten Beschlüsse zur Abänderung des Unternehmensgegenstandes, zur Fusion und zur Abänderung des Grundkapitals nach § 13 Abs. 3 nur mit Genehmigung der Königlichen Staatsregierung in Wirksamkeit treten. Schließlich durfte die Königliche Staatsregierung nach § 40 zur Ausübung ihres Aufsichtsrechts dauerhaft oder für einzelne Fälle einen Kommissar ernennen. Dieser war berechtigt, sowohl Generalversammlungen der Aktionäre als auch Versammlungen des Aufsichtsrats auf Kosten der Gesellschaft einzuberufen und denselben beizuwohnen. Außerdem konnte er jederzeit Einsicht in die Kassenbestände, Bücher, Rechnungen, Register und sonstigen Verhandlungen und Schriftstücke der Gesellschaft nehmen.

---

65 *Flechtheim/Wolff/Schmulewitz*, Die Satzungen der deutschen Aktiengesellschaften, 1929. Zu einer Untersuchung von Satzungen bestimmter preußischer Aktiengesellschaften vor Gründung des deutschen Kaiserreichs bereits zuvor *Passow*, ZHR 64 (1909), 27.

b) Unternehmensgegenstand

Den Gegenstand des Unternehmens, der nach Art. 209 Abs. 2 Nr. 2 ADHGB schon damals zu den obligatorischen Satzungsbestandteilen gehörte, legte § 1 Abs. 1 fest: „Unfall- und Transportversicherungen, sowie Rückversicherungen auf Unfall-, Transport-, Feuer- und Lebensversicherungen". Von der zunehmenden Bedeutung der Unfallversicherung war schon die Rede.[66] In der Transportbranche sollte der Schwerpunkt der Allianz auf der Versicherung von Valoren, also Wertpapieren, Edelmetallen, Schmuck, Geld und Ähnlichem, liegen.[67] Auch hierfür war Berlin wegen der großen Bankenpräsenz ein attraktiver Standort.[68] Die Erstreckung des Geschäftsfeldes auf Rückversicherungen war keineswegs ein Affront gegen die Münchener Rück, sondern von ihr sogar dringend erwünscht, weil manche Erstversicherer davor zurückscheuten, einen zu großen Teil ihres Geschäftes an einen einzigen Rückversicherer abzugeben.[69] Für Rückversicherungen der Allianz in der Feuerbranche hatte sich die Münchener Rück ohnehin ein vertragliches Zustimmungsrecht vorbehalten.[70]

c) Kapitalaufbringung und -erhaltung

Das Grundkapital der Allianz betrug gemäß § 3 Abs. 1 vier Millionen Mark – ein für die damalige Zeit stattlicher Betrag, der aus heutiger Sicht einer Kaufkraft von 26,8 Mio. Euro entspricht.[71] Es war in 4.000 Namensaktien zu je 1.000 Mark eingeteilt. Dies entsprach dem gesetzlichen Mindeststückelungsbetrag[72] und zeigt zugleich, dass Aktien Ende des 19. Jahrhunderts im Deutschen Reich kein Anlageobjekt für breitere Bevölkerungsschichten waren.

Auf jede Aktie war nach § 4 nur ein Viertel des Nominalbetrages, also 250 Mark, in bar einzuzahlen – der Mindestbetrag, den Art. 210 Abs. 3 Satz 2 ADHGB

---

66 Vgl. den Text zu Fn. 13.
67 Näher *Pretzlik* (Fn. 13), S. 18.
68 Vgl. *Pretzlik* (Fn. 13), S. 18.
69 Dazu *Pretzlik* (Fn. 13), S. 21.
70 Vgl. den Text zu Fn. 39.
71 Berechnet nach der Tabelle der Bundesbank zu Kaufkraftäquivalenten historischer Beträge in deutschen Währungen, Stand: Januar 2020, abrufbar unter https://www.bundesbank.de/resource/blob/615162/3334800ed9b5dcc976da0e65034c4666/mL/kaufkraftaequivalente-historischer-betraege-in-deutschen-waehrungen-data.pdf.
72 Vgl. Art. 207a Abs. 1 ADHGB: „Die Aktien müssen, wenn sie auf Namen lauten, auf einen Betrag von mindestens eintausend Mark, wenn sie auf Inhaber lauten, auf einen Betrag von mindestens zweitausend Mark gestellt werden."

vorschrieb. Solche teileingezahlten Aktien waren bei Versicherungsgesellschaften verbreitet anzutreffen.[73] Diese konnten ihren planmäßigen Liquiditätsbedarf in der Regel bereits aus den Prämienzahlungen decken. Das Grundkapital diente daher weniger als Betriebskapital, sondern hatte in erster Linie Reserve- und Garantiefunktion. Der Anspruch auf die ausstehenden Resteinlagen genügte, um als „Garantiefonds“[74] die Zahlungsfähigkeit der Gesellschaft auch dann zu sichern, wenn sich das versicherungstechnische Risiko realisierte und die fällig gewordenen Versicherungsleistungen höher ausfielen als erwartet.[75] Zuständig für die Einforderung weiterer Einzahlungen auf die Aktie war nach §§ 5 Abs. 1, 22 Nr. 3 der Aufsichtsrat, der dann gleichzeitig die Generalversammlung einberufen und ihr Bericht erstatten musste. Wies die Jahresabschlussbilanz einen Verlust von mindestens 10 % des Grundkapitals aus, war der Aufsichtsrat nach § 5 Abs. 2 sogar dazu verpflichtet, die ausstehenden Einlagen einzufordern. Diese mussten mindestens ein Viertel des Grundkapitals wiederherstellen. Eine darüber hinausgehende, spezifische Regelung zum Verhältnis, in dem die Einzahlungen eingefordert werden konnten, sucht man in den Statuten der Allianz hingegen vergeblich. Insbesondere fehlte eine – in damaligen Versicherungsgesellschaften durchaus verbreitete – Verpflichtung des Aufsichtsrats, die weiteren Einzahlungen auf alle Aktien gleichmäßig auszuschreiben.[76]

d) Vinkulierung

Die Übertragung einer Namensaktie musste der Aufsichtsrat gemäß § 6 genehmigen und konnte sie ohne die Angabe von Gründen ablehnen. Durch die eingeschränkte Übertragbarkeit der Anteile kontrollierten die Bestandsgesellschafter die Beteiligungsverhältnisse. Insbesondere konnten sie so die Zahlungsfähigkeit von Erwerbern teileingezahlter Anteile überprüfen. Aus diesem Grunde erfreuten sich Vinkulierungsklauseln bereits früh großer Beliebtheit in Versicherungs-

73 Vgl. *Flechtheim/Wolff/Schmulewitz*, (Fn. 65), S. 17 ff., 132; ferner *Zöllner*, AG 1985, 19, 19: „Namentlich im Versicherungswesen hat sich die teileingezahlte Aktie als bewährtes Rechtsinstitut erwiesen.“; zur eher rückläufigen Entwicklung vor der Jahrtausendwende *Schinzler*, Die teileingezahlte Namensaktie als Finanzierungsinstrument der Versicherungswirtschaft, 1999, S. 9 f.

74 RGZ 79, 174, 176: „Garantiefonds“.

75 Vgl. *Schinzler* (Fn. 73), S. 2, 5 ff.; *Zöllner*, AG 1985, 19, 19 m. w. N.; ferner *Braeß*, ZVersWiss 53 (1964), 1, 3 f.; allgemein dazu *Farny*, ZVersWiss 53 (1964), 437, 443.

76 Dazu *Flechtheim/Wolff/Schmulewitz* (Fn. 65), S. 17, wonach etwa § 10 Gladbach Feuervers. (weitere Barzahlungen) und § 16 Thuringia (weitere Einzahlungen gleichmäßig auf alle Aktien) abweichende Regelungen vorsahen.

gesellschaften[77] und sind heute noch in den Satzungen der größten hiesigen Assekuranzen anzutreffen.[78]

e) Janusköpfigkeit des Aufsichtsrats

Die Statuten der Allianz spiegelten die seit 1870 bestehende dreigliedrige Organisationsstruktur der Aktiengesellschaft wider und enthielten nacheinander Regelungen für Generalversammlung, Aufsichtsrat und Vorstand, den die Statuten „Direktion" nannten.[79] Dabei zeigte sich die herausgehobene Stellung des Aufsichtsrats gegenüber dem Vorstand bereits in der jeweiligen Regelungsdichte: Während dem Aufsichtsrat volle elf Paragrafen gewidmet waren, entfielen auf die im Anschluss daran geregelte Direktion lediglich vier Vorschriften. Darüber hinaus übertrug die Ursprungssatzung der Allianz dem Aufsichtsrat zusätzlich zu seiner gesetzlichen Überwachungskompetenz bestimmte Geschäftsführungsaufgaben, was nach damaliger Rechtslage statthaft war.[80] Gemäß § 22 oblag dem Aufsichtsrat etwa die Zuständigkeit für die Beschlussfassung über Anleihen und den Erwerb und die Veräußerung von Grundstücken, die Errichtung und Auflösung von Zweigniederlassungen sowie die Verwendung, Anlage und Sicherstellung vorhandener Gelder. Auf eine in damaligen (Versicherungs-)Gesellschaften nicht unübliche generalklauselartige Übertragung aller gesellschaftlichen Angelegenheiten, die nicht der Generalversammlung vorbehalten waren, verzichtete die Allianz hingegen.[81]

---

77 Nach *Flechtheim/Wolff/Schmulewitz* (Fn. 65), S. 6 f. sahen im Jahr 1928 die Satzungen von 17 Versicherungsgesellschaften eine Vinkulierung vor.

78 Für eine aktuelle Untersuchung der DAX30-Unternehmen *Fleischer/Maas*, AG 2020, 761.

79 § 26 Satz 1: „Vorstand der Gesellschaft im Sinne des Handelsgesetzbuchs ist die Direktion."

80 Vgl. etwa OLG Hamburg ZHR 35 (1889), 247: „Durch Art. 225 wird der Aufsichtsrath nicht befugt, ‚in die Geschäftsführung des Vorstands durch demselben zu ertheilende Weisungen einzugreifen'. Wohl aber kann dem Aufsichtsrath durch den Gesellschaftsvertrag dies Recht gewährt werden und zwar sogar in dem Umfang, daß der Vorstand jedem Beschlusse des Aufsichtsraths nachzukommen hat und ‚zum Exekutivbeamten des Aufsichtsraths' herabgerückt wird, wenn er auch nach außen als gesetzlicher Vertreter der Gesellschaft fungiert."; rückblickend *Lutter*, in Bayer/Habersack (Hrsg.), Aktienrecht im Wandel, Bd. 2, 2007, S. 389, 395.

81 Allgemein dazu *Flechtheim/Wolff/Schmulewitz* (Fn. 65), S. 263 ff. Instruktiv zur damaligen Stellung des Aufsichtsrats *Lieder* (Fn. 52), S. 129 ff.

f) Fehlende Weisungsfreiheit des Vorstands

Spiegelbildlich zur starken Stellung des Aufsichtsrats waren die Kompetenzen des Vorstands damals schwächer ausgestaltet als heute. Zwar bildete er nach Art. 227 Abs. 1 ADHGB das Vertretungsorgan der Gesellschaft, doch verfügte er noch nicht über jene uneingeschränkte Leitungsautonomie, die ihm § 76 Abs. 1 AktG heute zuweist. In der Allianz-Satzung zeigte sich dies namentlich in § 28. Danach war die Direktion für ihre Geschäftsführung dem Aufsichtsrat und der Gesellschaft nach Maßgabe der gesetzlichen und statutarischen Bestimmungen, ihres Dienstvertrages und der ihr vom Aufsichtsrat besonders erteilten Instruktionen verantwortlich. Umgekehrt oblag dem Aufsichtsrat nach § 22 Nr. 4 die Feststellung der erforderlichen Geschäfts-Instruktionen.

g) Staffelung der Amtszeit von Aufsichtsratsmitgliedern

Der Aufsichtsrat der Allianz bestand nach § 15 aus fünf bis neun Mitgliedern, die spätestens nach zwei Jahren ausschieden und wiedergewählt werden konnten. Dabei war die Amtszeit der Aufsichtsratsmitglieder bereits in den Statuten der Allianz von 1889 gestaffelt – wie es letztmalig im DCGK in seiner bis Juni 2008 geltenden Fassung angeregt wurde:[82] Von den ersten in ordentlicher Generalversammlung gewählten Aufsichtsratsmitgliedern schied nach zwei Jahren die Hälfte aus, bei ungerader Anzahl die Mehrheit von ihnen. Wer austrat, bestimmte zunächst das Los. Später schied stets derjenige aus, der am längsten Mitglied des Aufsichtsrats gewesen war. Diese Pioniergestaltung sicherte die Allianz gegen feindliche Übernahmen ab und schuf eine gewisse Organkontinuität; freilich zum Preis zusätzlichen Aufwands.

h) Variable Organvergütung

Die Organvergütung bestimmte sich in der Ursprungssatzung der Allianz maßgeblich anhand variabler Vergütungsbestandteile. So erhielten Aufsichtsratsmitglieder überhaupt keine Festvergütung. Stattdessen standen ihnen nach §§ 25, 34 lit. b) der Statuten 7,5 % des Gewinnüberschusses zu, über deren Verteilung der

82 Zur heutigen Zulässigkeit sowie den Vor- und Nachteilen *Blasche*, AG 2017, 112, 114; MünchKomm/*Habersack*, 5. Aufl. 2019, § 102 AktG Rn. 2; Hüffer/Koch/*Koch*, 14. Aufl. 2020, § 102 AktG Rn. 4 m.w.N.

Aufsichtsrat zu beschließen hatte. Damit wich die Satzung von der damals verbreiteten Kombination fester und variabler Vergütungselemente ab, beschritt aber keinen Sonderweg.[83] Auch die Vergütung von Vorstandsmitgliedern musste nach § 28 Abs. 3 zumindest teilweise vom Betriebsergebnis abhängen.

i) Kautionsleistung der Verwaltungsmitglieder in Form von Aktien

Darüber hinaus mussten die Verwaltungsmitglieder Allianz-Aktien erwerben und in der Hauptkasse der Gesellschaft als Kaution hinterlegen: Mitglieder des Aufsichtsrats nach § 25 Abs. 2 zehn, Vorstandsmitglieder gemäß § 28 Abs. 5 sogar 25 Stück vorbehaltlich besonderer Bestimmungen ihrer Dienstverträge. Was an heutige *share-ownership-guidelines* erinnert,[84] war zur Zeit der Allianz-Gründung bereits verbreitet. Die Satzungen von etwa 60 Gesellschaften verpflichteten Vorstandsmitglieder, eine Kaution zu stellen, die teilweise ausdrücklich bis zur Erteilung der Entlastung hinterlegt bleiben musste.[85] Entsprechende Regelungen waren für Mitglieder des Aufsichtsrats seltener, aber keineswegs unbekannt.[86]

j) Mehrheitserfordernisse in der Generalversammlung

Beschlüsse der Generalversammlung bedurften nach § 12 der „absoluten Mehrheit", soweit weder das Gesetz noch die Statuten eine größere Mehrheit verlangten. Gemeint gewesen sein dürfte damit die einfache Stimmenmehrheit.[87] Für Satzungsänderungen und bestimmte Beschlüsse der Generalversammlung mussten bei der ersten Beschlussfassung mehr als die Hälfte des Aktienkapitals vorhanden sein und sich mindestens drei Viertel der vertretenen Stimmen für die Modifikation entscheiden. Wurde das Quorum in einer ersten Generalversammlung verfehlt,

---

83 Näher *Flechtheim/Wolff/Schmulewitz* (Fn. 65), S. 236 ff., wonach 444 Statuten variable und fixe Vergütungskomponenten kombinierten und in 74 Gesellschaften eine ausschließlich variable Vergütung vorsahen.

84 Für Vorstandsmitglieder s. nur Begründung DCGK v. 16.12.2019 zu G.10 wonach „[e]ine Verpflichtung zur Anlage von (Netto-)Gewährungsbeträgen in Aktien der Gesellschaft [...] Bestandteil einer Share Ownership Guideline sein [kann]." sowie *Bauer/Arnold*, AG 2009, 717, 723. Für Aufsichtsratsmitglieder jüngst erst *Dörrwächter*, NZG 2020, 370, 374 ff.

85 Vgl. *Flechtheim/Wolff/Schmulewitz* (Fn. 65), S. 147 ff.

86 Vgl. *Flechtheim/Wolff/Schmulewitz* (Fn. 65), S. 219.

87 Dafür spricht neben dem Wortlaut („bei Stimmengleichheit gilt der gestellte Antrag als abgelehnt.") auch der Befund von *Flechtheim/Wolff/Schmulewitz* (Fn. 65), S. 372 ff., wonach nur eine Gesellschaft für alle Beschlüsse eine drei Viertel-Mehrheit vorsah.

entfiel es nach §§ 13, 14 in einer neu einzuberufenden Generalversammlung. Damit sahen die Statuten der Allianz für damalige Verhältnisse recht strenge Anforderungen vor: In anderen Gesellschaften genügte oftmals schon eine einfache Mehrheit – jedenfalls wenn der Aufsichtsrat die Satzungsänderung beantragt hatte oder die qualifizierte Mehrheit in einer ersten Generalversammlung verfehlt wurde.[88]

III. Weiterentwicklung bis zum Zweiten Weltkrieg

1. Börsengang und Kapitalerhöhungen

Die ersten Jahre der Allianz verliefen außerordentlich erfolgreich. Nach nur zwölf Monaten konnte sie bereits eine Dividende in Höhe von 4 % auf das eingezahlte Kapital auszahlen.[89] Den größten Anteil am Prämienwachstum steuerte die Transportversicherung bei. Beflügelt durch diesen Erfolg strebte die Allianz auf Betreiben der Deutschen Bank an die Börse, die einen Teil ihrer Allianz-Aktien abstoßen wollte.[90] Der Börsengang glückte: Am 12. Dezember 1895 debütierte die Allianz-Aktie an der Berliner Börse mit einem Kurs von 750 Mark; ein Jahr zuvor hatte die Deutsche Bank noch Aktien für 327 Mark unter anderem an Carl Thieme verkauft.[91]

An der Unternehmensspitze hatte sich bereits ein Jahr zuvor eine Veränderung ergeben, als Paul von der Nahmer, ein Neffe von Thiemes erster Frau, neben diesem als weiterer Direktor in den Allianz-Vorstand berufen wurde.[92] Er gehörte dem Vorstand bis zu seinem Tode im Jahre 1921 an und leitete die Gesellschaft seit 1905 als Vorstandsvorsitzender. Mit seiner Ernennung verschoben sich die Gewichte allmählich Richtung Berlin,[93] wo die Allianz für ihre Hauptverwaltung einen großzügigen Neorenaissancebau in der Nähe des Brandenburger Tores er-

---

88 Dazu *Flechtheim/Wolff/Schmulewitz* (Fn. 65), S. 438 ff.

89 Vgl. *Arps* (Fn. 18), S. 32 f.; *Pretzlik* (Fn. 13), S. 26.

90 Vgl. *Pretzlik* (Fn. 13), S. 26.

91 Dazu *Arps* (Fn. 18), S. 33; *Pretzlik* (Fn. 13), S. 26 mit der zusätzlichen Erläuterung: „Paul von der Nahmer kommentierte den sich bereits im Vorfeld der Platzierung abzeichnenden Erfolg in einem Schreiben an Direktor Max Steinthal von der Deutschen Bank mit kaum verhohlener Schadenfreude."

92 Eine Kurzbiographie von der Nahmers findet sich bei *Arps* (Fn. 18), S. 24 ff.; *Kisch* (Fn. 8), S. 21 ff.

93 Dazu *Borscheid* (Fn. 10), S. 30: „Erst nach der Berufung von der Nahmers in den Vorstand der Allianz im Jahre 1894 tritt nach und nach eine Wandlung ein. Bis zum Jahre 1897 unterzeichnet Thieme […] die Abschlüsse als erster vor seinen Vorstandskollegen Bruno Pohl und von der Nahrichten ließ, der insgesamt 1,7 Mio. Mark kostete.[94] Zu von der Nahmers großen unternehmerischen Leistungen gehörte namentlich, dass er die Allianz stärker international ausrichtete: „Einen Eindruck von den weltweiten Aktivitäten der jungen Gesellschaft vermitteln die vor dem Ersten Weltkrieg in 52 verschiedenen Währungen geführten Konten, Prämieneinnahmen aus allen Kontinenten."[95]

Im Laufe der Zeit verbreiterte die Allianz ihr Leistungsangebot um eine Einbruchdiebstahl-, eine Maschinen- und eine Feuerversicherung.[96] Die Konzession für letztere erteilte ihr im November 1905 das Kaiserliche Aufsichtsamt für Privatversicherung, welches die Versicherungsaufsicht seit 1901 reichsweit bündelte.[97] Die Erschließung der neuen Sparten erfolgte häufig über Fusionen, mit denen jeweils Kapitalerhöhungen einhergingen.[98] 1905 erhöhte die Allianz ihr Grundkapital erstmals von vier auf acht Mio. Mark durch Ausgabe von 4.000 neuen Aktien.[99] Ein Jahr später erfolgte eine weitere Kapitalerhöhung um eine Mio. Mark[100] und 1909 abermals eine Kapitalerhöhung um denselben Betrag.[101] Eine vorläufig letzte Kapitalerhöhung vor Kriegsbeginn im Jahre 1912 diente dazu, die Dotierung des Reservefonds zu erhöhen.[102]

2. Entstehung des Allianz-Konzerns

Nach dem Ersten Weltkrieg kämpfte die Allianz wie alle anderen Unternehmen mit der Geldentwertung. Im Wettlauf mit der galoppierenden Inflation erhöhte sie ihr Grundkapital von 12,5 auf zunächst 30 und später auf 100 Mio. Mark, bevor es mit der Währungsreform auf 30 Mio. Goldmark umgestellt wurde.[103] Ungeachtet aller wirtschaftlichen Schwierigkeiten hielt die Allianz an ihrem Wachstumskurs

---

mer. Danach fehlt die Unterschrift Thiemes, und von der Nahmer ist an die erste Stelle gerückt."; ähnlich *Pretzlik* (Fn. 13), S. 27; vgl. auch *Arps* (Fn. 18), S. 27.

94 Vgl. *Borscheid* (Fn. 10), S. 30 f.; *Pretzlik* (Fn. 13), S. 28.

95 *Schieren*, in 100 Jahre Allianz, Festansprachen am 9. März 1990, S. 19, 23; ausführlich zum internationalen Aktionsradius der Allianz im Jahre 1909 *Pretzlik* (Fn. 13), S. 61.

96 Vgl. *Borscheid* (Fn. 10), S. 33; *Pretzlik* (Fn. 13), S. 39 und 42.

97 Dazu *Büchner*, in Rohrbeck (Hrsg.), 50 Jahre materielle Versicherungsaufsicht, Bd. 1, 1952, S. 1, 10 ff.

98 Für eine Übersicht über das Grundkapital der Allianz von 1890 bis 1989 *Borscheid* (Fn. 10), S. 491; ferner *Kisch* (Fn. 8), S. 14 f.

99 Vgl. *Borscheid* (Fn. 10), S. 32; *Pretzlik* (Fn. 13), S. 41.

100 Vgl. *Kisch* (Fn. 8), S. 15; *Pretzlik* (Fn. 13), S. 47.

101 Vgl. *Kisch* (Fn. 8), S. 15; *Pretzlik* (Fn. 13), S. 48.

102 Vgl. *Pretzlik* (Fn. 13), S. 49.

103 Vgl. *Pretzlik* (Fn. 13), S. 104.

fest.[104] Dabei kam ihr zugute, dass sie wegen ihres großen Auslandsgeschäfts über beträchtliche Vermögenswerte in fremder Währung verfügte.[105] Während sich die Geschäfte aller deutschen Versicherer von 1914 bis 1924 halbierten, konnte die Allianz ihr Prämienaufkommen im selben Zeitraum mehr als verdoppeln.[106] Solchermaßen gerüstet, konnte sie als stärkster Allbranchenversicherer in die Goldenen Zwanziger Jahre eintreten.[107] Zu den Wachstumsfeldern gehörte fortan auch das Lebensversicherungsgeschäft, das die Allianz vier Jahre nach Kriegsende aufnahm.[108] Zu diesem Zweck gründete sie eine „Allianz Lebensversicherungsbank-AG", die nach Konzessionserteilung durch das Reichsaufsichtsamt am 21. März 1922 in das Handelsregister eingetragen wurde.[109]

Mit der Schaffung eines eigenen Rechtsträgers war der Schritt zur Konzernbildung vollzogen. Diese neuartige Organisationsform war nach dem Ersten Weltkrieg aus den Vereinigten Staaten[110] nach Deutschland hinübergeschwappt.[111] Begünstigt durch die fortschreitende Inflation[112] und konzernfreundliche steuerrechtliche Rahmenbedingungen[113], bildeten sich hierzulande zu Beginn der 1920er Jahre gewaltige Konzerne,[114] die man anschaulich als „industrielle Herzogtümer"[115] beschrieb. Nach damaliger Überzeugung gehörte nicht dem organisch wachsenden Unternehmen die Zukunft, sondern jenem, dem es gelingt, eine Viel-

---

104 Vgl. *Kisch* (Fn. 8), S. 19; *Pretzlik* (Fn. 13), S. 87.

105 Dazu *Arps* (Fn. 18), S. 83; *Borscheid* (Fn. 10), S. 45 mit dem Zusatz: „Viel wird über die Größe der Nahmerschen ‚Devisenkiste' gemunkelt."; außerdem *Schieren* (Fn. 95), S. 19, 25: „In der Inflation der frühen 20er Jahre verhalfen von der Nahmers Devisenreserven aus dem Auslandsgeschäft der Allianz zu einer überlegenen Ausgangssituation."; ferner *Feldman* (Fn. 42), S. 32.

106 Vgl. *Borscheid* (Fn. 10), S. 45.

107 So *Pretzlik* (Fn. 13), S. 87 f.

108 Näher dazu *Pretzlik* (Fn. 13), S. 91 ff.

109 *Arps* (Fn. 18), S. 81 ff.; *Borscheid* (Fn. 10), S. 50; *Kisch* (Fn. 8), S. 28 ff. *Pretzlik* (Fn. 13), S. 93 nennt hingegen den 23. März 1922.

110 Zum Standard Oil Trust *Fleischer/Horn*, § 9 in diesem Band.

111 Näher zur Konzernbildung und zur sich allmählich entfaltenden Konzernrechtsdiskussion in der Weimarer Republik *Fleischer*, in Großkomm. AktG, 4. Aufl. 2020, vor § 311 Rn. 2 ff.; ferner *Dettling*, Die Entstehungsgeschichte des Konzernrechts im Aktiengesetz von 1965, 1996, S. 57 ff.; *Nörr*, ZHR 150 (1986), 155, 186 ff.; zuletzt *Thiessen*, in Bergmann/Drescher/Fleischer et al. (Hrsg.), Vom Konzern- zum Einheitsunternehmen, ZGR Sonderheft 22, 2020, S. 1 ff.

112 Dazu *Bühler*, Steuerrecht der Gesellschaften und Konzerne, 3. Aufl. 1956, S. 293 mit Fn. 3.

113 Zum Schachtelprivileg und zur Organschaft *Bühler* (Fn. 112), S. 284 ff., 312 ff.

114 Zahlenmaterial bei Statistisches Reichsamt, Konzerne, Interessengemeinschaften und ähnliche Zusammenschlüsse im Deutschen Reiche 1926, 1927, S. 13.

115 *Friedländer*, Konzernrecht unter Berücksichtigung der amerikanischen Praxis, 2. Aufl. 1954, S. 9.

zahl von Einzelkräften zu einem schlagkräftigen Ganzen zu bündeln.[116] In der Allianz fiel dieser Gedanke bei ihrem neuen Vorstandsvorsitzenden Kurt Schmitt, einem promovierten Juristen, der 1921 von der Nahmer beerbte, auf fruchtbaren Boden: „Er ist ein echtes Kind seiner Zeit. Wenn er von Fortschritt spricht, buchstabiert er diesen mit Wachstum; wenn er von der Leistungsfähigkeit spricht, übersetzt er diese mit Größe; wenn er von Geltung spricht, denkt er an Weltgeltung. Wie nur wenige andere besitzt er die Fähigkeit zum großen Wollen."[117] Unter Schmitts Führung erwarb die Allianz zahlreiche Beteiligungen und wuchs durch eine geschickte Fusionspolitik.[118] Die neuen (Tochter-)Gesellschaften wurden nach Kräften in die Allianz eingegliedert, die seit dem Frühjahr 1922 als „Allianz-Konzern" firmierte.[119] Im Kopf der Policen wurden nicht weniger als dreizehn Sach- und Lebensversicherungsgesellschaften ausgewiesen.[120] Hierzu passte das neue Firmenemblem der Allianz: ein Adler mit drei Jungen.[121]

In die Weimarer Zeit fielen schließlich noch zwei spektakuläre Großfusionen, die in keiner Allianz-Chronik und keiner Historie des deutschen Versicherungswesens fehlen. Zunächst fädelte Schmitt im Jahre 1927 einen Zusammenschluss

---

116 So *Borscheid* (Fn. 10), S. 40.

117 *Borscheid* (Fn. 10), S. 40.

118 Vgl. *Kisch* (Fn. 8), S. 24 ff. (eingehende Darstellung aller Fusionen), S. 97 ff. (zu den einzelnen Gesellschaften). Ferner *Schieren* (Fn. 95), S. 19, 23 sowie *Feldman* (Fn. 42), S. 24: „Ein wohlkalkulierter Expansionsdrang und ein hohes Maß an unternehmerischer Kreativität und Tatkraft wurden zu den Markenzeichen Schmitts [...]"; s. auch *Pretzlik* (Fn. 13), S. 92: „Dieses Projekt entsprach dem Zeitgeist: Überall wurden Unternehmen verschmolzen und Konzerne geschmiedet. [...] hatte eine ähnliche Bewegung längst auch die Bankenwelt und die Versicherungswirtschaft erfasst. Als Hauptakteure traten in Deutschland neben der Münchener Rück und der Schweizerischen Rückversicherungs-Gesellschaft, die bis 1933 allein 14 Beteiligungen aufbaute, der von Paul Dumcke geleitetet Favag-Konzern, die Versicherungsgruppe der Hamburger Familie Mutzenbecher (Albingia, Hamburg-Mannheimer) und der rasch expandierende Gerling-Konzern sowie die Allianz auf [...]."

119 Vgl. *Arps* (Fn. 18), S. 84; *Borscheid* (Fn. 10), S. 45; *Kisch* (Fn. 8), S. 32: „Der Begriff ‚Allianzkonzern', der wohl schon vorher in Versicherungs- und sonstigen Wirtschaftskreisen gelegentlich gebraucht sein wird, begegnet uns als ein nunmehr offizieller zum erstenmal in der Mai-Nummer 1922 der Allianz-Zeitung."; *Pretzlik* (Fn. 13), S. 94: „eine neu geschaffene Unternehmensgruppe, die zeittypisch ‚Allianz-Konzern' getauft wurde".

120 So ausdrücklich *Borscheid* (Fn. 10), S. 45; zur Gliederung des Allianz-Konzerns im Jahre 1931 die Übersicht bei *Feldman* (Fn. 42), S. 53, ergänzt um die Einordnung auf S. 42: „Der Allianz-Konzern war, wie Tafel 1 zeigt, eine komplexe Organisation, bestehend aus einer zentralen Konzernleitung in Berlin, einer Reihe von Tochtergesellschaften, von denen einige Spezialgesellschaften waren, und einer Kette von Zweigniederlassungen in verschiedenen Städten des Reichs." Detailliert auch *Kisch* (Fn. 8), S. 82, 90 ff.; ferner die Abbildung bei *Arps* (Fn. 18), S. 85.

121 Dazu *Arps* (Fn. 18), S. 86; *Borscheid* (Fn. 10), S. 45; *Feldman* (Fn. 42), S. 22.

der Allianz mit der Gruppe des Stuttgarter Versicherungs-Vereins ein,[122] der schon ob seiner schieren Größe die Schlagzeilen der Tagespresse bestimmte.[123] Noch während beide Partner damit beschäftigt waren, die Synergien ihres Zusammenschlusses zu heben, geriet die Frankfurter Allgemeine Versicherungs-AG (Favag), der damals nach der Allianz zweitgrößte deutsche Versicherungskonzern, insbesondere durch Verluste aus branchenfremden Finanzgeschäften in eine existenzbedrohende Schieflage.[124] In einer dramatischen Rettungsaktion entschloss sich die Allianz, innerhalb von nur 24 Stunden nach dem Bekanntwerden der wirtschaftlichen Schieflage nahezu sämtliche Versicherungsverträge der Favag zu übernehmen; zwei Tage später stimmte deren Verwaltung der Sanierungsfusion zu.[125]

3. Wechselseitige Beteiligungen zwischen Allianz und Münchener Rück

Zu den Grundkonstanten der Allianz-Geschichte gehört die enge Partnerschaft mit der Münchener Rück. Diese besaß zwar zu Beginn keine einzige Allianz-Aktie, doch liefen bei ihr gleichwohl alle Fäden zusammen. Bei der ersten Kapitalerhöhung der Allianz im Jahre 1905 beteiligte sich die Münchener Rück schließlich unmittelbar an der Zeichnung der jungen Aktien und stieg so zur „Großaktionärin der Allianz“[126] auf.[127]

In der Folgezeit drängte vor allem die Münchener Rück auf eine weitere Formalisierung des beiderseitigen Verhältnisses. Dies hatte seinen Grund nicht zuletzt darin, dass Carl Thieme 1904 als Vorstandsvorsitzender der Allianz zurückgetreten war und sich fortan auf die Leitung der Münchener Rück konzen-

122 Für Einzelheiten *Arps* (Fn. 18), S. 100 ff.; *Borscheid* (Fn. 10), S. 63 ff.; *Kisch* (Fn. 8), S. 49 ff.

123 Zusammenstellung der Pressestimmen bei *Borscheid* (Fn. 10), S. 61 ff.; *Pretzlik* (Fn. 13), S. 115. Vgl. auch *Kisch* (Fn. 8), S. 49: „Die bedeutendste Verschmelzung in der Geschichte der Allianz, wie wohl überhaupt der gesamten deutschen Privatversicherung [...].“

124 Zu den Hintergründen *Arps* (Fn. 18), S. 110 ff.; *Borscheid* (Fn. 10), S. 68 ff.; *Feldman* (Fn. 42), S. 39 ff.; *Kisch* (Fn. 8), S. 63 ff.

125 Näher *Borscheid* (Fn. 10), S. 71 ff.; *Kisch* (Fn. 8), S. 69 ff., 85; *Pretzlik* (Fn. 13), S. 121; zur Einordnung rückblickend auch *Schieren* (Fn. 95), S. 19, 25: „Sie [= die Allianz] bewahrte damals die gesamte Branche vor einem schweren Vertrauensverlust und vor dirigistischen Eingriffen des Staates.“; ähnlich *Arps* (Fn. 18), S. 74.

126 *Pretzlik* (Fn. 13), S. 41.

127 Vgl. *Borscheid* (Fn. 10), S. 33.

trierte.[128] Damit war die bisherige Personalunion beider Gesellschaften jedenfalls in der Führungsspitze[129] aufgelöst.[130] Zunächst verlängerten beide Unternehmen am 4. Juli 1905 ihren jährlich kündbaren Kooperationsvertrag, welcher der Münchener Rück eine Rückversicherungsquote von 50 % am Allianz-Geschäft zugestand, bis zum Jahre 1910.[131]

Mitten im Ersten Weltkrieg, am 10. und 19. Mai 1917, unterzeichneten die Allianz und die Münchener Rück dann einen neutral als „Übereinkommen" betitelten Vertrag, der sich als erweiterter Rückversicherungsvertrag darstellte.[132] Darin verpflichtete sich die Allianz, der Münchener Rück eine 50 %ige Quote ihres Versicherungsgeschäfts gegen Ersatz der Originalkosten und einen Gewinnanteil von 10 % abzugeben.[133] Nur vier Jahre später, am 23. und 29. April 1921, wurde dieser Vertrag durch einen sehr viel weitergehenden Gemeinschaftsvertrag mit einer feierlichen Präambel[134] abgelöst, der eine Geltungsdauer bis Ende 1970 vorsah.[135] Die Allianz sicherte der Münchener Rück wie bisher eine 50 %ige Quote zu und erhielt dafür eine höhere Gewinnbeteiligung von 20–25 %.[136] Außerdem verpflichtete sich die Münchener Rück, auf die Gründung von Tochtergesellschaften in den von der Allianz betriebenen Versicherungssparten zu verzichten. Umgekehrt gab die Allianz ihr Versicherungsgeschäft an die Münchener Rück ab. Darüber hinaus vereinbarten beide Gesellschaften eine Überkreuzvertretung in den Aufsichtsräten durch ihre Vorstandsvorsitzenden.[137] Schließlich stockte die Münchner Rück ihre 1905 an der Allianz erworbene Kapitalbeteiligung auf 25 % des Aktienkapitals auf.[138] Damit kam sie zugleich in den Genuss des steuerlichen Schachtelprivilegs, das mit Einführung der einheitlichen Körperschaftsteuer 1921 von gro-

---

128 Vgl. *Pretzlik* (Fn. 13), S. 41 mit dem Zusatz: „Den Chefsessel bei der Münchener Rück behielt er [= Thieme] bis 1922."

129 Vgl. im Übrigen aber *Borscheid* (Fn. 10), S. 42: „Bis zum Jahre 1919 gab es [...] zwei gemeinsame Vorstandsmitglieder."

130 Vgl. *Borscheid* (Fn. 10), S. 32.

131 Vgl. *Borscheid* (Fn. 10), S. 43.

132 Vgl. *Borscheid* (Fn. 10), S. 42 f.; *Modert*, in Eggenkämper/Modert/Pretzlik (Fn. 13), S. 76; knapper *Bähr* (Fn. 1), S. 116.

133 Vgl. *Borscheid* (Fn. 10), S. 43.

134 Wörtlich hieß es dort: „Die Allianz steht seit ihrer Gründung in inniger Gemeinschaft mit der Münchner Rückversicherungs-Gesellschaft; beiden Gesellschaften hat ihre Zusammengehörigkeit Erstarkung und Nutzen gebracht. Geleitet von dem Wunsche, das freundschaftliche Verhältnis für die Zukunft sicher zu stellen [...]."; zitiert nach *Modert* (Fn. 132), S. 76.

135 Näher zu diesem Vertrag *Bähr* (Fn. 1), S. 116 ff.; *Borscheid* (Fn. 10), S. 43; *Feldman* (Fn. 42), S. 31; *Modert* (Fn. 132), S. 76 ff.

136 Vgl. *Bähr* (Fn. 1), S. 116; *Modert* (Fn. 132), S. 78.

137 Vgl. *Bähr* (Fn. 1), S. 116; *Borscheid* (Fn. 10), S. 43; *Modert* (Fn. 132), S. 77.

138 Vgl. *Bähr* (Fn. 1), S. 116 f.; *Borscheid* (Fn. 10), S. 43.

ßer Bedeutung war: Es befreite Großaktionäre bei einer Beteiligung von über 20 % von der Doppelbesteuerung des auf die Beteiligung entfallenden Gewinns.[139]

Mit dem außerordentlich schnellen Wachstum der Allianz auch aufgrund der Großfusionen von 1927 und 1929 konnte die Münchener Rück nicht Schritt halten. Daher erwies es sich als notwendig, den Gemeinschaftsvertrag von 1921 neu zu verhandeln,[140] nicht zuletzt deshalb, weil sich bei der Allianz ein gewisser Missmut ausgebreitet hatte[141]. Die am 11. November 1940 unterzeichnete Vereinbarung beschwor in ihrer Präambel zunächst die bewährte Partnerschaft und erneuerte sie für einen Zeitraum von fünfzig Jahren.[142] Konkret sollte die Münchener Rück nur noch 30 % des inländischen Allianz-Geschäfts und 50 % ihres ausländischen Geschäfts erhalten.[143] Außerdem vereinbarte man eine paritätische wechselseitige Kapitalbeteiligung von bis zu 30 %.[144] Damit wurde in den Worten von Wilhelm Kißkalt, langjähriger Vorstandsvorsitzender der Münchener Rück und noch länger Aufsichtsratsmitglied der Allianz, die Münchener Rück „von der Mutter zur Schwester, es seien in Zukunft zwei unabhängige Gesellschaften durch den Gemeinschaftsvertrag und die gemeinsamen Interessen verbunden“[145]. Allerdings gab es auch fortan keine gleichmäßige Kapitalverflechtung: Während die Münchener Rück 28,8 % an der Allianz hielt, besaß diese umgekehrt nur 7,5 %.[146] Zudem kaufte die Münchener Rück entgegen der vereinbarten Höchstgrenze weitere Allianz-Aktien hinzu, sodass sie bei Kriegsende 34,2 % des Aktienkapitals der Allianz hielt.[147] Die misstrauisch gewordene und stärker als früher auf ihre Eigenständigkeit bedachte Allianz[148] kaufte daraufhin insgeheim

---

139 Vgl. *Bähr* (Fn. 1), S. 118.

140 Vgl. *Borscheid* (Fn. 10), S. 74.

141 Dazu *Feldman* (Fn. 42), S. 337: „Gewiß hatte die Münchener Rück die Allianz gegründet und über einen längeren Zeitraum hinweg beherrscht, doch die Tage dieser ungleichen Partnerschaft waren längst vorüber. Die im Vertrag von 1921 enthaltenen Rückversicherungspflichten, die sich noch auf ein Abhängigkeitsverhältnis gründeten, wurden deshalb auf seiten der Allianz zunehmend als Ärgernis empfunden.“

142 Vgl. *Borscheid* (Fn. 10), S. 74; *Feldman* (Fn. 42), S. 341; *Kopper*, in Bähr/Kopper (Fn. 1), S. 176; *Modert* (Fn. 132), S. 190.

143 Vgl. *Borscheid* (Fn. 10), S. 74 f.; *Feldman* (Fn. 42), S. 342; *Kopper* (Fn. 142), S. 176; *Modert* (Fn. 132), S. 190.

144 Vgl. *Borscheid* (Fn. 10), S. 74; *Kopper* (Fn. 142), S. 176; *Modert* (Fn. 132), S. 190.

145 Zitiert nach *Feldman* (Fn. 42), S. 343; *Kopper* (Fn. 142), S. 176; *Modert* (Fn. 132), S. 190.

146 Vgl. *Feldman* (Fn. 42), S. 341; *Kopper* (Fn. 142), S. 176.

147 Vgl. *Kopper* (Fn. 142), S. 177.

148 Dazu *Feldman* (Fn. 42), S. 339: „die sehr große Sorge der Allianz vor einem möglichen Versuch der Münchener Rück, sich eine Kontrollmehrheit am Allianz-Kapital zu verschaffen“.

eigene Aktien auf, um zu verhindern, dass die Münchener Rück eine noch stärkere Beteiligung aufbaute.[149]

4. Die Allianz während des Nationalsozialismus

Über die NS-Vergangenheit der Allianz hüllten sich die Festredner in ihren Jubiläumsrückblicken jahrzehntelang in Schweigen: „Auch für Opportunismus und Vergessenwollen gab es freilich Grenzen des Erträglichen, und diese wurden ganz bestimmt erreicht, als die Allianz 1990 ihr 100-jähriges Bestehen feierte. Weder der damalige Vorstandsvorsitzende Wolfgang Schieren noch der prominente Journalist und Hitler-Biograph Joachim C. Fest, der als Gastredner geladen war, deuteten auch nur entfernt eine Verstrickung der Allianz in die Untaten des ‚Dritten Reichs' an."[150] Erst als sich die Allianz 1997 in einer Sammelklage aus den Vereinigten Staaten dem Vorwurf ausgesetzt sah, Lebensversicherungen jüdischer Versicherungsnehmer aus der Zeit vor 1945 nicht ausgezahlt zu haben, begann sie mit der Aufarbeitung ihrer Rolle während des Nationalsozialismus.[151] Sie beauftragte den US-amerikanischen Historiker Gerald Feldman mit einer umfassenden Untersuchung, die seit 2001 in deutscher und englischer Sprache vorliegt.[152]

Hier ist nicht der Platz, näher auf alle Ergebnisse dieser wirtschaftshistorisch grundlegenden Untersuchung einzugehen. Erwähnt werden soll aber, dass der langjährige Allianz-Vorstandsvorsitzende Kurt Schmitt sein Amt im Juni 1933 aufgab, um als Reichswirtschaftsminister in Hitlers Kabinett einzutreten.[153] Er hatte sich schon früh zum Nationalsozialismus bekannt[154] und mit Hermann Göring angefreundet.[155] Im August 1933 nahm er das Angebot Heinrich Himmlers an, im Rang eines Oberführers ehrenhalber der SS beizutreten.[156] Nachdem er sich mit seinen wirtschaftspolitischen Vorstellungen nicht hatte durchsetzen können, trat

---

149 Dazu *Modert* (Fn. 132), S. 189.
150 *Feldman* (Fn. 42), S. 627.
151 Vgl. *Eggenkämper*, in Eggenkämper/Modert/Pretzlik (Fn. 13), S. 330.
152 Dazu *Feldman* (Fn. 42), gleich zu Beginn seines Vorworts, S. 8: „Im Frühjahr 1997 wurde ich vom Vorstand der Allianz AG beauftragt, eine Geschichte des Unternehmens in der Zeit des Nationalsozialismus zu schreiben – und dies als völlig unabhängiger Historiker, der bei der Erstellung seiner Studie einzig den wissenschaftlichen Maßstäben seiner Profession verpflichtet sein sollte."
153 Vgl. *Arps* (Fn. 18), S. 74, 76; *Modert* (Fn. 132), S. 147; eingehend *Feldman* (Fn. 42), S. 89 ff.
154 Vgl. *Kopper* (Fn. 142), S. 162: „Doch schon im Mai 1933 bekannte sich Schmitt durch seinen Eintritt in die NSDAP und das demonstrative Heben des rechten Arms auf einer Betriebsversammlung der Allianz auch öffentlich zum Nationalsozialismus."
155 Vgl. *Kopper* (Fn. 142), S. 161
156 Vgl. *Kopper* (Fn. 142), S. 165; *Modert* (Fn. 132), S. 153.

er – auch gesundheitlich angeschlagen – Ende Januar 1935 als Minister ab und kehrte als stellvertretender Aufsichtsratsvorsitzender zur Allianz zurück.[157] Neuere Studien zeichnen von ihm das Bild einer in sich widersprüchlichen Persönlichkeit: „Er war gegenüber Größen des Regimes wie Göring von einer geradezu gläubigen Verehrung erfüllt, die in krassem Gegensatz zu seinem scharfen Verstand, seiner weltgewandten Art und seiner dominanten Persönlichkeit stand. [...] Es gibt recht eindeutige Hinweise, dass Schmitt gegen die Ermordung der Juden war, aber er setzte sich gleichwohl mit den Tätern an einen Tisch."[158]

Auch eine Reihe weiterer Verwaltungsmitglieder und Führungskräfte der Allianz waren schon früh „aus Überzeugung, Neigung oder Opportunismus"[159] der NSDAP beigetreten,[160] unter ihnen der stellvertretende Vorstandsvorsitzende Eduard Hilgard, der Chef der neu gegründeten Reichsgruppe Versicherungen wurde.[161] Demgegenüber machte Hans Heß, der Schmitt 1933 im Vorstandsvorsitz der Allianz nachfolgte, aus seiner Abneigung gegenüber dem Nationalsozialismus keinen Hehl.[162] Er beschränkte sich allerdings fortan auf alle Aufgaben des internen Managements, während Hilgard die Kontakte zur NSDAP und den Regierungsstellen pflegte.[163]

157 Vgl. *Arps* (Fn. 18), S. 74, 76; *Feldman* (Fn. 42), S. 135 f.: „Es war natürlich ausgeschlossen, daß er seinen alten Posten zurückbekam, doch als der neu ernannte Vorsitzende des Aufsichtsrats von Allianz Leben und stellvertretender Vorsitzender des Aufsichtsrats der Allianz hatte er alle Möglichkeiten, auf die Geschicke seines alten Konzerns von neuem Einfluß zu nehmen."

158 *Kopper* (Fn. 142), S. 367; s. auch *Seidel*, in Blesgen (Hrsg.), Financiers, Finanzen und Finanzierungsformen des Widerstands, 2006, S. 53 unter der Überschrift „Vom Reichswirtschaftsminister zum Gegner des NS-Regimes. Der Wirtschaftsführer Kurt Schmitt: Financier Hitlers und des Widerstands?".

159 *Modert* (Fn. 132), S. 154.

160 Eingehend zu „Ausmaß und Grenzen der Nazifizierung der Allianz" der längere Abschnitt bei *Feldman* (Fn. 42), S. 139 ff.

161 Vgl. *Modert* (Fn. 132), S. 154; eingehend zu Hilgard und der Reichsgruppe Versicherungen *Feldman* (Fn. 42), S. 188 ff.

162 Näher *Modert* (Fn. 132), S. 154.

163 So *Modert* (Fn. 132), S. 154.

IV. Wiederaufbau, Wirtschaftswunder und Holding-Gründung

1. Ein Neubeginn aus dem Nichts

Der Wiederaufbau der Allianz nach den Zerstörungen des Zweiten Weltkriegs wird im Rückblick bisweilen etwas pathetisch geschildert: „Er begann dann schon einen Tag vor der Kapitulation, am 7. Mai 1945, mit einem kleinen handgeschriebenen Zettel, den der spätere Vorstandsvorsitzende von Allianz Leben, Gerd Müller, an einen angekohlten Türpfosten der völlig zerbombten Generaldirektion im heutigen Ostberlin geheftet hatte. ‚Am 18. Mai wollen wir uns treffen und weitersehen', war darauf zu lesen."[164] Vier Tage später durfte die Allianz mit Genehmigung der amerikanischen Militärregierung in Frankfurt ihren Betrieb wieder aufnehmen.[165] Ähnliches galt bald auch in Köln, München und Stuttgart; nur in der Sowjetischen Besatzungszone hatte die Privatversicherung keine Zukunft mehr.[166] Nach der Berlin-Blockade 1948 erwies sich deshalb die Suche nach einem zweiten Geschäftssitz der Allianz als unerlässlich.[167] Im Jahre 1949 beschloss die Hauptversammlung einstimmig, dass die Allianz ihren Sitz fortan in Berlin *und* München hat.[168] Der Berliner Sitz hatte fortan keine praktische Bedeutung mehr[169] und wurde später auch statutarisch aufgegeben.

---

164 So der damalige Vorstandsvorsitzende *Schieren* (Fn. 95), S. 19, 29 in seiner Festrede zum 100jährigen Geburtstag der Allianz mit dem Zusatz: „An diesem Tag versammelten sich tatsächlich rund 250 Mitarbeiter inmitten einer trostlosen Trümmerlandschaft und begannen hier wie in anderen Städten Deutschlands unter heute kaum noch vorstellbaren Mühen und Entbehrungen mit einer beispiellosen, bewundernswerten Aufbauarbeit." Allgemeiner Überblick bei *Arps* (Fn. 18), S. 149 ff.

165 Vgl. *Pretzlik* (Fn. 13), S. 198.

166 Dazu *Feldman* (Fn. 42), S. 533: „Alle Allianz-Geschäftsstellen in der sowjetischen Zone waren Ende 1946 geschlossen, ihre Bestände an die öffentlich-rechtlichen Provinzialversicherungen übertragen worden. Die Filialen in Ostberlin arbeiteten noch bis zur Währungsreform im Juni 1948 und wurden dann ebenfalls verstaatlicht."

167 Näher *Pretzlik* (Fn. 13), S. 206 ff.

168 Vgl. *Pretzlik* (Fn. 13), S. 209.

169 Vgl. *Pretzlik* (Fn. 13), S. 210.

2. Entstehung der „Deutschland-AG"

Die Allianz sammelte alljährlich enorme Geldsummen ein, die traditionell in eigenes Grundeigentum und Hypotheken flossen.[170] Im Laufe der Zeit investierte sie zunehmend in Industriebeteiligungen.[171] So vermerkte etwa der Geschäftsbericht der Allianz Leben von 1958, dass sie insgesamt Aktien von 113 deutschen Unternehmen besaß.[172] Auf diese Weise partizipierte die Allianz an dem steilen und langanhaltenden Wirtschaftsaufschwung in der Nachkriegszeit.[173] Seit den 1970er Jahren verstand sie sich immer stärker als „Financier der deutschen Wirtschaft"[174]. Wegen ihrer zahlreichen Unternehmensbeteiligungen bildete sie zusammen mit der Münchener Rück und der Deutschen Bank das Zentrum eines Verflechtungsnetzwerkes deutscher Großunternehmen,[175] für das sich der Begriff „Deutschland AG" eingebürgert hat.[176] Noch enger geknüpft wurde dieses Netzwerk durch eine Vielzahl von Ring- und Überkreuzverflechtungen nicht nur mit der Münchener Rück, sondern auch mit anderen Unternehmen,[177] die von liberalen Ökonomen als Schutzmechanismen gegen feindliche Übernahmen gedeutet wurden.[178] Anders als die deutschen Großbanken strebte die Allianz allerdings nicht nach möglichst vielen Aufsichtsratsposten, sondern begnügte sich zumeist mit kapitalmäßigen Beteiligungen.[179]

---

170 Näher dazu *Pretzlik* (Fn. 13), S. 245.

171 Vgl. *Borscheid* (Fn. 10), S. 430; *Pretzlik* (Fn. 13), S. 248.

172 Vgl. *Pretzlik* (Fn. 13), S. 249.

173 So *Beyer*, in *Streeck/Höpner* (Hrsg.), Alle Macht dem Markt? Fallstudien zur Abwicklung der Deutschland AG, 2003, S. 118, 133.

174 *Borscheid* (Fn. 10), S. 430.

175 Vgl. *Pretzlik* (Fn. 13), S. 248; ferner *Beyer* (Fn. 173), S. 118, 132: „Die herausragende Bedeutung der Allianz in der Deutschland AG ist im Gegensatz zur Deutschen Bank eher ein Phänomen der Nachkriegszeit."

176 Dazu *Beyer* (Fn. 173), S. 118: „Der Begriff ‚Deutschland AG' ist ein Etikett für die enge Personen- und Kapitalverflechtung zwischen deutschen Großunternehmen, wobei den Unternehmensmanagern im Dichtezentrum der Verflechtungsnetzwerke Steuerungspotenziale zugeschrieben werden, die über die eigenen Unternehmensgrenzen hinausreichen."

177 Vgl. *Beyer* (Fn. 173), S. 118, 134; ferner *Kammerath*, Methodische und empirische Grundlagen der quantitativen Erfassung kontrollierender Verbindungen deutscher Unternehmen mit ihren direkten und indirekten Anteilseignern, Gutachten des ifo-Institutes im Auftrag des Bundeswirtschaftsministeriums, 1999, S. 75, wonach die Allianz das mit weitem Abstand am stärksten in Ring- und Überkreuzverflechtungen eingebundene Unternehmen war.

178 So etwa *Adams*, AG 1994, 148, 149 ff.

179 Vgl. *Beyer* (Fn. 173), S. 118, 134; *Pretzlik* (Fn. 13), S. 248: „Aufsichtsratsposten sollten von Managern der Allianz nur bei solchen Unternehmen übernommen werden, bei denen die finanziellen Interessen eine Überwachung erforderlich machen."

3. Gründung der Allianz-Holding

Anfang der 1980er Jahre setzten bei der Allianz Überlegungen zu einer Neugliederung des Konzerns ein.[180] Die Aachener und Münchener Versicherungs-AG hatte ihr 1979 den Weg gewiesen, indem sie eine Holding-Gesellschaft gegründet und das direkte Versicherungsgeschäft auf eine hundertprozentige Tochtergesellschaft übertragen hatte.[181] Von einer solchen Holding-Struktur, wie sie allgemein in der deutschen Wirtschaft an Beliebtheit gewann,[182] versprach sich auch die Allianz verschiedene Vorteile: Zum einen sollte sich der Holding-Vorstand stärker auf die strategische Steuerung des Gesamtkonzerns konzentrieren und vom Tagesgeschäft entlastet werden.[183] Zum anderen hatte sich bei der gescheiterten Übernahme des englischen Versicherers Eagle Star von 1981–1983 gezeigt, dass die Finanzierung größerer Beteiligungszukäufe wegen der strengen Eigenkapitalanforderungen des Aufsichtsrechts beträchtliche Schwierigkeiten bereitete.[184] Vorstand und Aufsichtsrat der Allianz beschlossen deshalb mit Einverständnis des Bundesaufsichtsamts des Versicherungswesens (BAW), der Vorgängerin der heutigen BaFin, die Umwandlung der Allianz Versicherungs-AG in eine Finanzholding.[185] Die Hauptversammlung stimmte dem am 27. Juni 1985 zu; am Tag darauf erfolgte die Handelsregistereintragung in Berlin und München.[186] Konkret wurde das inländische Versicherungsgeschäft auf eine hundertprozentige Tochtergesellschaft übertragen, welche die Firma „Allianz Versicherungs-AG" fortführte und als Obergesellschaft der Allianz Sachversicherungsgruppe Inland alle inländischen Betriebsstätten und Arbeitnehmer der bisherigen Allianz Versicherungs-AG übernahm.[187] Umgekehrt war sie als abhängige Gesellschaft durch

---

180 Vgl. *Borscheid* (Fn. 10), S. 79 f.; *Eggenkämper* (Fn. 151), S. 305.

181 Vgl. *Eggenkämper* (Fn. 151), S. 307.

182 Dazu und zu den Vorteilen einer Holding im Einzelnen *Scheffler*, in Lutter/Bayer (Hrsg.), Holding-Handbuch, 6. Aufl. 2020, § 2 Rn. 29 ff.

183 Vgl. *Borscheid* (Fn. 10), S. 80 f.

184 Vgl. *Eggenkämper* (Fn. 151), S. 306 f.; wörtlich äußerte sich der damalige Vorstandsvorsitzende Schieren im Spiegel-Interview vom 7.1.1985: „Zum einen müssen nach unseren Aufsichtsregeln Beteiligungen an anderen Unternehmen von fünf Prozent oder mehr durch Eigenkapital oder gleichgestellte Kapitalien, wie Pensionsrückstellungen etwa, gedeckt sein. Sie dürfen beispielsweise nicht mit Spargeldern der Versicherten in der Lebensversicherung erworben werden. Das war ein Handikap. Wir hatten damals zu wenig Mittel mit Eigenkapital-Charakter. Zum anderen standen uns bestimmte Finanzierungsmöglichkeiten nicht offen. Als Versicherungsgesellschaft darf die Allianz beispielsweise keinen Kredit zum Erwerb einer Beteiligung aufnehmen."

185 Vgl. *Eggenkämper* (Fn. 151), S. 307.

186 Vgl. *Eggenkämper* (Fn. 151), S. 307 f.

187 Dazu *Borscheid* (Fn. 10), S. 81; *Eggenkämper* (Fn. 151), S. 308.

einen Beherrschungs- und Gewinnabführungsvertrag mit der neuen Allianz-Holding verbunden.[188] Deren Aufgabe war es fortan, den Allianz-Konzern zu steuern, über strategische Grundsatzfragen zu entscheiden und die Führung der ausländischen Versicherungsgesellschaften sowie aller versicherungsfremden Unternehmen zu übernehmen.[189] Außerdem erließ sie in Ausübung ihrer konzernweiten Überwachungsverantwortung allgemeine Richtlinien für sämtliche Unternehmensbereiche.[190]

V. Transformationsprozesse rund um die Jahrtausendwende

1. Entflechtung von Münchener Rück und Allianz

In der zweiten Hälfte der 1990er Jahre begann die allmähliche Auflösung der Deutschland AG.[191] Auch Allianz und Münchener Rück lockerten ab 1996 ihre enge Verflechtung, indem sie sich von den gemeinsamen geführten Versicherungsbeteiligungen trennten: Bei den Sachversicherern behielt in der Regel die Allianz das Sagen, bei den Lebens- und Rückversicherern die Münchener Rück.[192] Beschleunigt wurde der Trennungsprozess sodann durch das Steuersenkungsgesetz aus dem Jahre 2000[193], das die steuerfreie Veräußerung von Beteiligungen ermöglichte. Allianz und Münchener Rück nutzten die Gunst der Stunde und führten ihre Überkreuzbeteiligung auf unter 15 % zurück.[194] Inzwischen liegt die wechselseitige Beteiligung bei unter 3 %.[195] Schließlich wurde 2003 auch der jahrzehntelange Gemeinschaftsvertrag zwischen der Allianz und der Münchener Rück aufgekündigt: „Die Auflösung des Gemeinschaftsvertrages besiegelte das Ende einer 103-jährigen Phase engster Zusammenarbeit."[196]

---

188 Vgl. *Borscheid* (Fn. 10), S. 81; *Eggenkämper* (Fn. 151), S. 308.
189 So *Borscheid* (Fn. 10), S. 81.
190 Vgl. *Borscheid* (Fn. 10), S. 81.
191 Allgemein dazu etwa *Streeck/Höpner* (Hrsg.), Alle Macht dem Markt? Fallstudien zur Abwicklung der Deutschland AG, 2003; eingehend *Ringe*, 63 Am. J. Comp. L. 493 (2015).
192 Näher *Eggenkämper* (Fn. 151), S. 338.
193 BGBl. I, 1433.
194 Vgl. *Eggenkämper* (Fn. 151), S. 340.
195 Nach der Datenbank der BaFin zu den bedeutenden Stimmrechtsanteilen nach § 33, § 38 und § 39 WpHG halten beide Gesellschaften wechselseitig keine wesentlichen Stimmrechtsanteile mehr.
196 *Eggenkämper* (Fn. 151), S. 340.

2. Listing und Delisting an der New York Stock Exchange

Als international präsente Publikumsgesellschaft strebte die Allianz im neuen Jahrtausend an die New York Stock Exchange (NYSE). Hiervon versprach sie sich einen besseren Zugang zum größten Kapitalmarkt der Welt und mehr Flexibilität bei der Finanzierung künftiger Akquisitionen.[197] Anlässlich der dortigen Erstnotierung der Aktien am 3. November 2000 wurde das historische NYSE-Gebäude unter dem Motto „Covered by Allianz“ mit blauem Stoff verhüllt.[198]

Die hochfliegenden Erwartungen erfüllten sich freilich nicht; die Allianz-Aktien wurden zum größten Teil auch weiterhin in Frankfurt gehandelt. Wie viele andere deutsche Unternehmen[199] zog sich die Allianz daher wieder vom New Yorker Börsenparkett zurück. Seit 2009 ist die Allianz-Aktie nicht mehr an der Wall Street notiert. Gleichzeitig vollzog die Allianz auch ein Delisting in London, Mailand, Paris und Zürich, sodass sich der Handel ihrer Aktien ganz auf den Börsenplatz Frankfurt beschränkt.[200]

VI. Umwandlung in eine Europäische Aktiengesellschaft

Das letzte Kapitel der ereignisreichen Allianz-Geschichte, über das hier berichtet werden soll, bildet die Umwandlung der Allianz AG in eine Europäische Aktiengesellschaft. Am 11. September 2005 gab die Allianz AG bekannt, dass sie sich das Rechtskleid der Societas Europaea (SE) überstreifen wolle. Das geschah im Wege einer Verschmelzung durch Aufnahme gemäß Art. 17 Abs. 2 lit. a) SE-VO, indem das italienische Versicherungsunternehmen RAS auf die Allianz AG verschmolzen wurde, die sich ihrerseits in eine SE umwandelte. In der Öffentlichkeit wurde diese Rechtsformwahl mit Überraschung aufgenommen, hatte die Europäische Aktiengesellschaft doch seit Verabschiedung der SE-VO im November 2001[201] ein

---

197 Vgl. *Eggenkämper* (Fn. 151), S. 358.

198 Vgl. *Eggenkämper* (Fn. 151), S. 358 mit einem entsprechenden Bild auf S. 359.

199 Näher *Bessler/Kaen/Kurmann/Zimmermann*, Int. Fin. Markets, Inst. and Money 22 (2012), 1024 unter dem Titel: „The listing and delisting of German firms on NYSE and NASDAQ: Were there any benefits?“.

200 Vgl. *Eggenkämper* (Fn. 151), S. 359.

201 Verordnung (EG) Nr. 2157/2001 des Rates über das Statut der Europäischen Gesellschaft (SE) vom 8.10.2011, ABl. Nr. L 294/1 vom 10.11.2001.

Schattendasein geführt[202] und war von den Marktakteuren eher skeptisch beäugt worden.[203] Mit der Entscheidung der Allianz wich die Skepsis und das Interesse an der neuen Rechtsform wuchs beträchtlich. Das „Flaggschiff des europäischen Gesellschaftsrechts“[204] hatte Fahrt aufgenommen. Heute gibt es 647 SEs mit Sitz in Deutschland.[205]

1. Gründe für die Rechtsformwahl

Zu den Kuriositäten der SE-Erfolgsgeschichte gehört, dass für die Rechtsformwahl der Allianz „nicht die besondere Attraktivität der [...] SE [...] ursächlich“[206] war. Vielmehr sollte die italienische RAS möglichst rasch und rechtssicher vollständig in die Allianz-Gruppe integriert werden. So wollte die Allianz-Gruppe ihre historisch gewachsenen Gesellschaftsstrukturen vereinfachen sowie Synergieeffekte und Effizienzvorteile heben.[207] Eine grenzüberschreitende Verschmelzung ließ sich zum damaligen Zeitpunkt nur über eine SE-Gründung rechtssicher bewerkstelligen. Denn die Verschmelzungs-Richtlinie zeichnete sich erst am Horizont ab und eine Verzögerung des Vorhabens bis zu deren voraussichtlicher Umsetzung Ende 2007 erschien der Allianz nicht hinnehmbar.[208]

Die einzige veritable Alternative zur grenzüberschreitenden Verschmelzung stellte ein Barangebot mit anschließendem Squeeze-Out dar. Im Unterschied dazu bot die Verschmelzung der RAS auf die Allianz erhebliche Vorteile bei der Finanzierung:[209] Durch ein vorgeschaltetes freiwilliges Kaufangebot konnte die Allianz

---

202 So *Kiem*, ZHR 173 (2009), 156, 157.

203 Dazu *Fleischer*, AcP 204 (2004), 502, 503 f.: „Häufig bezweifelt man den rechtspraktischen Nutzen der SE und rügt die fehlende steuerliche Flankierung oder die unzulänglichen Mitbestimmungsregeln; eher selten hört man freundlichere Töne, daß die neue Rechtsform besser sei als der ihr vorauseilende Ruf.“

204 *Hopt*, ZIP 1998, 96, 99.

205 Vgl. *Kornblum*, GmbHR 2020, 677 Rn. 59 mit dem zusätzlichen Hinweis in Fn. 55: „Auch in diesem Berichtsjahr hatte die Societas Europaea bzw. Europäische Aktiengesellschaft wieder mit Abstand die höchste Zuwachsrate aller in das Handelsregister eingetragenen Unternehmens- und Gesellschaftsformen vorzuweisen.“

206 So der damalige Allianz-Chefsyndikus *Hemeling*, in Deutsches Aktieninstitut (Hrsg.), Die Societas Europaea (SE), 2007, S. 38; ähnlich *ders.*, Die Societas Europaea in der praktischen Anwendung, 2007, S. 3: „Maßgeblich für die Entscheidung der Allianz war eine konkrete M&A-Zielsetzung.“

207 Dazu *Hemeling* (Fn. 206), S. 38, 39; Verschmelzungsbericht des Vorstands der Allianz AG, S. 143 ff.; ferner *Lenoir*, 4(1) Utrecht L. Rev. 13, 18 (2008); *Reichert*, FS Hüffer, 2010, S. 805, 815 f.

208 *Hemeling* (Fn. 206), S. 3; Verschmelzungsbericht des Vorstands der Allianz AG, S. 147.

209 Zum Folgenden *Hemeling* (Fn. 206), S. 38, 39; ferner *Reichert* (Fn. 207), S. 805, 816.

den verbleibenden Free Float, der Allianz-Aktien als Gegenleistung erhielt, von 44,6 % auf 23,7 % reduzieren und so Bar- und Aktienfinanzierung vorteilhaft verbinden. Im Rahmen des freiwilligen Kaufangebots blieb zudem die gezahlte Prämie (10–12 %) wegen der darauffolgenden Verschmelzung deutlich hinter der bei einem reinen öffentlichen Barangebot marktüblichen Prämie von 30 % zurück. Das entsprach einer Ersparnis von etwa einer Milliarde Euro. Des Weiteren konnte die Allianz AG bei einem Squeeze-Out auch bei Zahlung einer hohen Prämie nicht vom Erreichen der nach italienischem Recht notwendigen Beteiligungsschwelle von 98 % ausgehen. Dadurch wäre die angestrebte vollständige Integration der RAS gefährdet gewesen.[210]

Nur am Rande spielten Motive eine Rolle, die nach Inkrafttreten der Verschmelzungs-Richtlinie die heutige Beliebtheit der SE erklären:[211] Der Verschmelzungsbericht des Vorstands der Allianz AG nannte eine effizientere und dem internationalen Auftritt der Allianz Gruppe gerechtere Ausgestaltung der Rahmenbedingungen von Vorstand und Aufsichtsrat.[212] Ihr damaliger Chefsyndikus stellte darüber hinaus noch „erfreuliche ‚Nebenwirkungen'" fest, wie die positive Reaktion der Öffentlichkeit auf das neue europäische Image und die starke Signalwirkung für die beabsichtige Neuordnung der Gesellschaft.[213]

2. Ein Rundgang durch die SE-Satzung

Die nähere Ausgestaltung der SE-Satzung von 2006[214] verdient schon deshalb besondere Aufmerksamkeit, weil es sich um die erste Satzung einer Europäischen Aktiengesellschaft mit Sitz in Deutschland handelte. Reizvoll sind außerdem ein vertikaler Vergleich mit der Ursprungssatzung der Allianz von 1890 sowie ein horizontaler Vergleich mit den heutigen Satzungen anderer börsennotierter Groß-

---

210 Verschmelzungsbericht des Vorstands der Allianz AG, S. 146.

211 Überblick zu den heutigen Motiven einer SE-Gründung bei *Habersack*, in Bergmann/Kiem/Mülbert/Verse/Wittig (Hrsg.), 10 Jahre SE, 2015, S. 9, 14 ff.; *v. Rosen*, FS Hopt, 2010, S. 1245, 1250 ff.; aus europäischer Sicht *Lenoir*, 4(1) Utrecht L. Rev. 13, 14 ff. (2008); empirische Aufarbeitung bei *Eidenmüller/Engert/Hornuf*, AG 2009, 845, 846 ff.

212 Verschmelzungsbericht des Vorstands der Allianz AG, S. 146 f.

213 Vgl. *Hemeling* (Fn. 206), S. 4, 8 f.; s. auch *Reichert* (Fn. 207), S. 805, 815.

214 Die erste Satzung der Allianz SE ist im Verschmelzungsplan vom 16.12.2005 enthalten, siehe die Verschmelzungsdokumentation der Allianz Aktiengesellschaft, Verschmelzung der Allianz Aktiengesellschaft und der RIUNIONE ADRIATICA DI SICURTÀ Società per Azioni zur Allianz SE, S. 39 ff.

unternehmen. Für letzteren bietet eine aktuelle Untersuchung zur Satzungsgestaltung der DAX30-Unternehmen Orientierung.[215]

a) Schmales Statut und Satzungsstrenge

Mit nur 18 Paragraphen fällt die Satzung der Allianz SE deutlich schlanker aus als die Ursprungssatzung aus dem Jahr 1890. Sie gliedert sich in sieben, jeweils mit Zwischenüberschriften versehene Abschnitte: Allgemeine Bestimmungen (§§ 1–3), Organe (§ 4), Vorstand (§ 5), Aufsichtsrat (§§ 6–11), Hauptversammlung (§§ 12–13), Jahresabschluss (§§ 14–17) und Schlussbestimmungen (§ 18). Geregelt wird nur das Allernötigste. Alles Weitere ergibt sich nach der Normenhierarchie des Art. 9 SE-VO aus den Bestimmungen dieser Verordnung, des SE-Ausführungsgesetzes und des deutschen Aktiengesetzes. Die Generalverweisung auf das hiesige Aktienrecht schließt den Grundsatz der Satzungsstrenge gemäß § 23 Abs. 5 AktG ein,[216] sodass der statutarische Gestaltungsspielraum sehr viel kleiner ist als unter dem ADHGB Ende des 19. Jahrhunderts.[217] Immerhin eröffnet die Rechtsform der SE gegenüber der AG einzelne Variationsmöglichkeiten,[218] von denen auch die Allianz-Satzung zum Teil Gebrauch gemacht hat.

b) Unternehmensgegenstand

Der Unternehmensgegenstand spiegelt die Funktion der Allianz SE als Führungsholding eines weltweit tätigen Konzerns im Versicherungs- und Bankensektor wider: „Gegenstand der Gesellschaft ist die Leitung einer internationalen Unternehmensgruppe, die in den Bereichen der Versicherung, des Bankgeschäfts, der Vermögensverwaltung und sonstiger Finanz-, Beratungs- und ähnlicher Dienstleistungen tätig ist. Die Gesellschaft hält Beteiligungen an Versicherungsgesellschaften, Banken, Industrieunternehmen, Vermögensanlagegesellschaften und

---

215 Vgl. *Fleischer/Maas*, AG 2020, 761.
216 Vgl. *Hommelhoff/Teichmann*, in Lutter/Hommelhoff/Teichmann, SE-Kommentar, 2. Aufl. 2015, Art. 9 SE-VO Rn. 56: „[...] gilt für die in Deutschland ansässige SE eine doppelte Satzungsstrenge: Zur Satzungsstrenge der Verordnung tritt diejenige des deutschen Aktienrechts."
217 Vgl. *Kiem*, ZHR 173 (2009), 156, 166: „Die SE-VO gestattet daher keine wirklichen Alternativentwürfe für die Modellierung der Unternehmensverfassung, sondern wandelt eher auf ausgetretenen Pfaden."
218 Dazu *Kiem*, ZHR 173 (2009), 156, 166: „Die Gestaltungsspielräume ergeben sich im Kleinen und offenbaren sich oft nur dem Kenner."

sonstigen Unternehmen." Als Rückversicherer soll die Allianz nach ihrer Satzung vornehmlich das Versicherungsgeschäft von Konzern- und Beteiligungsgesellschaften übernehmen.[219] In Übereinstimmung mit den heutigen Anforderungen an einen aktienrechtlichen Konzerneingangsschutz enthält die Allianz-Satzung in § 1 Abs. 3 sowohl eine allgemeine Konzernklausel[220] als auch eine spezielle Holdingklausel[221]: „Die Gesellschaft ist zu allen Geschäften und Maßnahmen berechtigt, die geeignet erscheinen, dem Gegenstand des Unternehmens zu dienen. Sie kann andere Unternehmen gründen, erwerben und sich an ihnen beteiligen sowie Unternehmen leiten oder sich auf die Verwaltung der Beteiligung beschränken."

c) Grundkapital und Kapitalmaßnahmen

Das Grundkapital der Allianz liegt nach § 2 Abs. 1 inzwischen jenseits der Milliardengrenze. Es beträgt genau EUR 1.039.462.400 und ist eingeteilt in 406.040.000 Stückaktien, die jeweils eine Stimme gewähren. Wie fast alle im DAX30 notierten Gesellschaften ermächtigt auch die Allianz-Satzung den Vorstand in § 2 Abs. 3 und 4 zur Ausübung eines genehmigten Kapitals unter Ausschluss des Bezugsrechts[222] und sieht in § 2 Abs. 5 und 6 außerdem ein bedingtes Kapital vor[223].

d) Vinkulierte Namensaktien

Wie schon in der Ursprungssatzung lauten die Allianz-Aktien auf den Namen und können nur mit Zustimmung der Gesellschaft übertragen werden. Allerdings schränkt § 2 Abs. 2 Satz 2 die Motive für eine Ablehnung mittlerweile stark ein. Danach verweigert die Gesellschaft ihre Zustimmung nur noch, wenn sie es aus außerordentlichen Gründen im Interesse des Unternehmens für erforderlich hält.

---

219 So § 1 Abs. 2 Unterabs. 2 des SE-Statuts.

220 Allgemein zur Notwendigkeit einer Konzernklausel BGHZ 159, 30, 46; OLG Frankfurt AG 2008, 862; *Fleischer* (Fn. 111), vor §§ 311 ff. Rn. 65 ff.

221 Allgemein zur Notwendigkeit einer Holdingklausel für eine Vollholding *Fleischer* (Fn. 111), vor § 311 ff. AktG Rn. 68; *Habersack*, in Emmerich/Habersack, Aktien- und GmbH-Konzernrecht, 9. Aufl. 2019, vor § 311 AktG Rn. 31.

222 Zur Verbreitung des genehmigten Kapitals in DAX30-Satzungen *Fleischer/Maas*, AG 2020, 761 Rn. 20 f.

223 Zur Verbreitung des bedingten Kapitals in DAX30-Satzungen *Fleischer/Maas*, AG 2020, 761 Rn. 22.

Einen derartigen Fall hat es nach Angaben der Allianz in den vergangenen Jahrzehnten nicht gegeben.[224]

e) Beibehaltung der dualistischen Leitungsstruktur

Die Rechtsformwahl einer SE hätte der Allianz nach Art. 38 lit. b SE-VO i. V. m. §§ 20 ff. SEAG auch die Wahl einer monistischen Organisationsstruktur ermöglicht. Wie die anderen Europäischen Aktiengesellschaften im DAX30[225] entschied sich die Allianz SE in § 4 ihrer Satzung aber, ihr bisheriges dualistisches System beizubehalten. Aus ihrer Sicht sprachen dafür zum einen die positiven Erfahrungen mit der Trennung von Aufsichts- und Leitungsorgan. Zum anderen wollte man verhindern, dass die Arbeitnehmervertreter in Geschäftsführungsfragen mehr Gewicht erhielten.[226] Denn in Aktiengesellschaften, deren Aufsichtsrat bislang paritätisch besetzt war, greift nach der Umwandlung in eine monistische SE die paritätische Zusammensetzung des – einflussreicheren – Verwaltungsrats Platz.[227]

f) Verkleinerung des Aufsichtsrats

Von anderen neuen Gestaltungsoptionen der Europäischen Aktiengesellschaft machte die Allianz SE hingegen Gebrauch. So nutzte sie als erstes Unternehmen, die als „bahnbrechend" angesehene Möglichkeit, ihren Aufsichtsrat zu verkleinern.[228] Statt wie bisher aus 20 Mitgliedern besteht dieser gemäß § 6 Satz 1 der Satzung aus zwölf Mitgliedern. Zwei der sechs Arbeitnehmervertreter stammen dabei aus England und Frankreich.[229] Dem Vorbild der Allianz sind mittlerweile

---

224 So die Auskunft auf der Internetseite der Allianz https://www.allianz.com/de/investor_relations/aktionaere/faq.html#aktie [zuletzt abgerufen am 10.8.2020].

225 § 5 der Satzung der SAP SE; § 6 der Satzung der BASF SE; § 5 der Satzung der E.ON SE; § 7 der Satzung der Deutsche Wohnen SE; § 7 der Satzung der Vonovia SE.

226 So *Hemeling* (Fn. 206), S. 8.

227 Zu diesen mitbestimmungsgetriebenen Bedenken gegen ein monistisches System *Habersack*, ZHR 171 (2007), 613, 626 („reine Theorie"); *Hoffmann-Becking*, ZGR 2004, 355, 380 ff.; *v. Rosen* (Fn. 211), S. 1245, 1254; zu Lösungsmöglichkeiten *Bachmann*, ZGR 2008, 779, 797 ff.

228 Vgl. *Hemeling* (Fn. 206), S. 8: „Als bahnbrechend wurde jedoch die Verkleinerung des Aufsichtsrats von 20 Mitglieder auf 12 Mitglieder angesehen [...]."

229 Vgl. *Hemeling* (Fn. 206), S. 8.

alle SEs im DAX30 gefolgt und haben für eine Verkleinerung ihres Aufsichtsrats optiert.[230]

g) Stichentscheid bei Aufsichtsratsbeschlüssen

Beschlüsse des Allianz-Aufsichtsrats werden mit der Mehrheit der teilnehmenden Mitglieder gefasst. Bei Stimmengleichheit gibt die Stimme des Vorsitzenden den Ausschlag, was § 8 Abs. 3 Satz 1 der Satzung klarstellt.[231] Gedanklich setzt der Stichentscheid die Wahl des Aufsichtsratsvorsitzenden voraus, für die es in einem paritätisch besetzten Aufsichtsrat auf Stimmen der Arbeitnehmervertreter ankäme.[232] Dem beugt § 8 Abs. 1 Satz 2 der Allianz-Satzung vor: Bei der Wahl des Aufsichtsratsvorsitzenden übernimmt das an Lebensjahren älteste Mitglied der Anteilseignervertreter den Vorsitz. Sein Votum gibt bei Stimmengleichheit den Ausschlag.

Fehlt der Vorsitzende, rückt sein Stellvertreter in dessen Rechte und Pflichten ein. Ihm gebührt dann grundsätzlich auch der Stichentscheid. Nach teilweise vertretener Ansicht müssen Stellvertreter daher zwingend Vertreter der Anteilseigner sein, um deren durchgehendes leichtes Übergewicht zu sichern.[233] Demgegenüber stammen Stellvertreter des Aufsichtsratsvorsitzenden bei der Allianz SE nicht zwingend aus dem Kreis der Anteilseignervertreter.[234] Stattdessen sichert § 8 Abs. 3 Satz 2 die durchgängige Mehrheit der Anteilseigner, indem er den Stichentscheid nur Stellvertretern einräumt, die Anteilseignervertreter sind.[235]

---

230 Vgl. *Fleischer/Maas*, AG 2020, 761 Rn. 31; *v. Rosen* (Fn. 211), S. 1245, 1251.

231 Nach Art. 42 S. 2 SE-VO ist der Aufsichtsratsvorsitzende zwingend ein Vertreter der Anteilseigner.

232 Vgl. nur *Kiem*, ZHR 173 (2009), 156, 168.

233 Dafür etwa *Reichert/Brandes*, in MünchKomm. AktG, 4. Aufl. 2017, Art. 42 SE-VO Rn. 19; BeckOGK/*Eberspächer*, Stand: 15.1.2020, Art. 42 SE-VO Rn. 3 jew. m.w.N. auch zur Gegenansicht.

234 Vgl. § 8 Abs. 3; *Hemeling* (Fn. 206), S. 8.

235 Ähnlich etwa § 12 Nr. 2 Satz 4 der Satzung der BASF SE: „Ergibt eine Abstimmung im Aufsichtsrat Stimmengleichheit, so gibt die Stimme des Aufsichtsratsvorsitzenden und bei dessen Nichtteilnahme an der Beschlussfassung die Stimme des Stellvertreters den Ausschlag, sofern dieser ein Vertreter der Anteilseigner ist." Überzeugend für die Zulässigkeit entsprechender Satzungsgestaltungen *S. H. Schneider*, AG 2008, 887, 891; s. ferner *Kiem*, ZHR 173 (2009), 156, 168.

h) Vetorecht des Vorstandsvorsitzenden

Eine SE-Satzung kann im Gegensatz zur mitbestimmten Aktiengesellschaft auch dem Vorsitzenden eines mitbestimmten Leitungsorgans ein Vetorecht einräumen. Gemäß § 38 Abs. 2 SEBG ist nämlich zwar ein Organmitglied für den Bereich „Arbeit und Soziales" zuständig. Anders als beim Arbeitsdirektor nach § 33 Abs. 1 Satz 1 MitbestG ordnet das Gesetz aber nicht dessen Gleichberechtigung mit den anderen Organmitgliedern an.[236] Die Satzung der Allianz SE macht in § 5 Abs. 6 von diesem Gestaltungsspielraum Gebrauch und gewährt ihrem Vorstandsvorsitzenden ein Vetorecht gegen mehrheitlich getragene Vorstandsbeschlüsse. Auf diese Weise wollte die Allianz SE „die starke Stellung des CEO [hervorheben]."[237]

i) Kein besonderer Ort der Hauptversammlung

In den ersten Entwürfen der SE-Satzung hatte die Allianz noch europäische Metropolen als Ort der Hauptversammlung ins Auge gefasst. Schlussendlich verzichtete sie aber darauf. Zu unsicher erschien damals die Rechtslage.[238] Die Hauptversammlung findet daher nach § 12 Abs. 2 am Sitz der Gesellschaft oder in einer anderen deutschen Stadt mit mehr als 100.000 Einwohnern statt, auch wenn mittlerweile der BGH grundsätzlich anerkannt hat, dass die Satzung einer „deutschen" SE einen Hauptversammlungsort im Ausland vorsehen kann.[239]

VII. Fazit

Lässt man die ereignisreiche Geschichte der Allianz noch einmal Revue passieren, so zeigen sich zwei durchgängige Leitmotive: Zum einen sind die geschilderten Einzelstationen der Allianz geradezu repräsentativ für größere Wellenbewegungen in Aktienrecht und Wirtschaft, zum anderen hat die Allianz manche dieser Bewegungen durch ihren Pioniergeist mit angestoßen.

---

236 Vgl. *Reichert/Brandes* (Fn. 233), Art. 50 SE-VO Rn. 31 m.w.N.; *v. Rosen* (Fn. 211), S. 1245, 1251.

237 *Hemeling* (Fn. 206), S. 38, 42.

238 Zu den Überlegungen *Hemeling* (Fn. 206), S. 38, 43.

239 BGH NZG 2015, 18 Rn. 14 ff.

1. Die Satzungsgeschichte der Allianz als Spiegelbild deutscher Aktienrechts- und Wirtschaftsgeschichte

In der Satzungsgeschichte der Allianz spiegeln sich wie unter einem Brennglas zentrale aktienrechtliche Entwicklungen der vergangenen 130 Jahre einschließlich ihrer wirtschaftlichen und politischen Rahmenbedingungen. Die Ursprungssatzung von 1890 führt dem heutigen Leser vor Augen, wie viel Freiheit Gesellschaftsgründer bei der Ausgestaltung der Binnenorganisation besessen hatten, bevor das Aktiengesetz von 1937 die Kompetenzverteilung zwischen Vorstand, Aufsichtsrat und Hauptversammlung weitgehend zwingend festlegte. Zugleich illustriert die Ursprungssatzung den weitreichenden Einfluss der Aufsichtsbehörden auf das Binnenleben einer Versicherungsgesellschaft, an dem die Abschaffung des aktienrechtlichen Konzessionssystems im Jahre 1870 nichts geändert hatte. Die dynamische Wirtschaftsentwicklung im Deutschen Reich gegen Ende des 19. Jahrhunderts führte die Allianz wie viele andere Unternehmen rasch auf den Kapitalmarkt; schon fünf Jahre nach ihrer Gründung strebte sie 1895 an die Berliner Börse.

In den Weimarer Jahren lässt sich am Beispiel der Allianz trefflich demonstrieren, wie Großunternehmen die neue Organisationsform des Konzerns für sich entdeckten, noch bevor der Gesetzgeber Anfang der 1930er Jahre erste konzernrechtliche Leitplanken errichtete.[240] Neben dem „Allianz Konzern" als solchem verdienen die engen Verflechtungen zwischen Allianz und Münchener Rück Beachtung: Sie sind ein Paradebeispiel für das Phänomen wechselseitig beteiligter Unternehmen (vgl. heute § 328 AktG), nachdem die Verbindung beider Unternehmen anfangs nur auf einer Personalunion der Vorstands- und Aufsichtsratsvorsitzenden beruhte.

Wie viele andere Großunternehmen war auch die Allianz tief in den Nationalsozialismus verstrickt. Bei ihr stachen diese Verbindungen sogar besonders hervor, weil ihr damaliger Vorstandsvorsitzender Kurt Schmitt früh als Reichswirtschaftsminister in Hitlers Kabinett eintrat, ehe er als stellvertretender Aufsichtsratsvorsitzender zur Allianz zurückkehrte. Die Aufarbeitung dieses dunklen Kapitels ihrer Unternehmensgeschichte setzte erst ein, als sich die Allianz 1997 gegen Sammelklagen aus den Vereinigten Staaten verteidigen musste.

Nach dem Zweiten Weltkrieg sah sich die Allianz infolge der Teilung Deutschlands dazu veranlasst, einen statutarischen Doppelsitz in Berlin und München einzuführen, der erst nach der Wiedervereinigung zugunsten des alleinigen Sitzes

240 *Kisch* (Fn. 8), S. 83: „Die Geschichte der Allianz bietet das großartigste Beispiel einer erfolgreichen Konzentrationsbewegung in der deutschen Privatversicherung."

in München aufgegeben wurde. Während des Wirtschaftsaufschwungs der Nachkriegszeit investierte die Allianz ihr enormes Prämienaufkommen aus dem Versicherungsgeschäft nicht zuletzt in Industriebeteiligungen und stieg so zu einem führenden Mitglied der „Deutschland AG" auf, deren Ring- und Überkreuzverflechtungen sich erst um die Jahrtausendwende endgültig auflösten. Für ihre Binnenorganisation folgte die Allianz 1985 einem verbreiteten Trend unter hiesigen Großunternehmen, indem sie sich eine neue Holding-Struktur gab.

Im neuen Jahrtausend teilte die Allianz schließlich das Schicksal vieler deutscher Publikumsgesellschaften, die mit großem Aufwand eine Zweitnotierung an der New York Stock Exchange erwirkten, nur um sich von dort wenige Jahre später desillusioniert zurückzuziehen. Erfolgreicher verlief dagegen im Jahre 2006 die Umwandlung der Allianz in eine Europäische Aktiengesellschaft, die zugleich zu ihren „Pioniertaten" in Wirtschaft und Aktienrecht überleitet.

2. Der Pioniergeist der Allianz in Wirtschaft und Aktienrecht

Die energiegeladene Aufbruchstimmung der Allianz verkörperten schon ihre beiden großen Gründerpersönlichkeiten Carl Thieme und Wilhelm Finck, die mit Mitte dreißig die Münchener Rück ins Leben gerufen und damit einen „Markstein in der Geschichte der deutschen Assekuranz"[241] gesetzt hatten, ehe sie mit der Allianz eine zweite Erfolgsgeschichte schrieben. Eine Vorreiterrolle in der Versicherungsbranche spielte die Allianz nicht nur bei der Erschließung neuer Versicherungsarten,[242] sondern auch bei der frühen Internationalisierung ihres Geschäfts, die ihr bei der Überwindung der inflationsbedingten Krisenjahre in der Weimarer Republik einen entscheidenden Vorteil gegenüber der Konkurrenz verschaffte. Zudem zeigte sich die Allianz als geschickter Akteur auf dem M&A-Markt, der sogar vorübergehend Kompromisse beim Firmennamen machte, um eine Großfusion zum Erfolg zu führen.[243] All dies geschah mit einer bemerkenswerten, heute kaum noch vorstellbaren Kontinuität an der Unternehmensspitze: Von 1890 bis 2020 ist die Allianz mit nur zehn Vorstandsvorsitzenden ausgekommen.[244]

---

241 *Hoffmann* (Fn. 4), S. 53.

242 Dazu unter der Überschrift „Pionierdienste", *Arps* (Fn. 18), S. 34 ff.

243 Näher zur Umbenennung der Allianz Versicherungs AG in die „Allianz und Stuttgarter Verein Versicherungs-AG" im Rahmen der Großfusion von 1927 *Pretzlik* (Fn. 13), S. 115. Erst 1940 erhielt die Allianz wieder ihren ursprünglichen Namen.

244 Für eine Liste der Vorstandsvorsitzenden und ihrer jeweiligen Amtszeiten von 1890 bis 1985 *Borscheid* (Fn. 10), S. 493.

Im Hinblick auf das Aktienrecht enthielt bereits die Ursprungssatzung von 1890 manche Regelungen, die damals selten waren, aber im Laufe der Zeit zunehmend Beachtung gefunden haben und heute aktuell und frisch wirken. Ein Beispiel bildet die Staffelung der Amtszeit von Aufsichtsratsmitgliedern, welche die Allianz als Pioniergestaltung gegen feindliche Übernahmen absicherte; jenseits des Atlantiks flammt die Debatte um sog. *staggered boards* gerade wieder auf.[245] Ähnlich verhielt es sich mit der variablen Organvergütung für Aufsichtsrats- und Vorstandsmitglieder als einem Instrument zur Abmilderung vertikaler Agenturkonflikte. Nachgerade fortschrittlich mutet aus heutiger Sicht auch die statutarisch vorgeschriebene Kautionsleistung der Verwaltungsmitglieder in Form von Aktien an, die an moderne *share-ownership-guidelines* erinnert.

Gesellschaftsrechtsgeschichte schrieb die Allianz dann im Jahre 2005 als Pionierin der „deutschen" SE. Mit der Bekanntgabe ihrer Entscheidung für die Europäische Aktiengesellschaft nahm dieses Flaggschiff hierzulande erstmals Fahrt auf; es ist daher nicht übertrieben, von einem *tipping point* für den Erfolg dieser neuen Rechtsform zu sprechen. Seither gehört die SE zum festen Bestandteil der deutschen Gesellschaftsrechtslandschaft.[246] Auch in der konkreten Satzungsausgestaltung setzte die Allianz Maßstäbe: Sie nutzte als erste die neu geschaffene Möglichkeit, den Aufsichtsrat deutlich zu verkleinern. Diesem Vorbild sind mittlerweile viele SEs, unter ihnen die fünf anderen Europäischen Aktiengesellschaften im DAX30,[247] gefolgt.[248]

245 Vgl. etwa *Amihud/Schmid/Davidoff Solomon*, 166 U. Pa. L. Rev. 1475 (2018); *Cremers/Sepe/Masconale*, 167 U. Pa. L. Rev. Online 9 (2019).

246 Vgl. *Drinhausen*, in Bergmann/Kiem/Mülbert/Verse/Wittig (Fn. 211), S. 30: „zu einer etablierten Rechtsform geworden".

247 § 10 Nr. 1 der Satzung der SAP SE (18 Aufsichtsratsmitglieder); § 10 Nr. 1 der Satzung der BASF SE; § 11 Abs. 1 der Satzung der Vonovia SE; § 8 Abs. 1 der Satzung der E.ON SE (jeweils 12 Aufsichtsratsmitglieder); § 10 Abs. 1 der Satzung der Deutsche Wohnen SE (6 Aufsichtsratsmitglieder).

248 Empirisch *Schuberth/von der Höh*, AG 2014, 439, 443.

Anhang

1. Statuten der „Allianz“ Versicherungs-Aktien-Gesellschaft in Berlin (1889)

Abschnitt I.

Firma, Sitz, Zweck und Grundkapital der Gesellschaft

§ 1.

Mit Genehmigung der Kgl. Preussischen Staatregierung wird unter der Firma:

„Allianz" Versicherungs-Aktien-Gesellschaft

und mit dem Sitze in Berlin eine Aktiengesellschaft gebildet, welche den Zweck hat, Unfall- und Transportversicherungen, sowie Rückversicherungen auf Unfall-, Transport-, Feuer- und Lebensversicherungen zu gewähren.

Unter Vorbehalt der staatlichen Genehmigung kann der Geschäftsbetrieb auch auf andere Versicherungszweige ausgedehnt werden.

§ 2.

Die von der Gesellschaft ausgehenden Bekanntmachungen erfolgen durch den Aufsichtsrath oder die Direktion mittelst Abdruckes im „Deutschen Reichsanzeiger".

Für die Form der Bekanntmachungen des Vorstandes sind die für die Firmenzeichnung gegebenen Vorschriften maßgebend; Bekanntmachungen des Aufsichtsrathes sind von dessen Vorsitzenden oder seinem Stellvertreter zu unterzeichnen.

§ 3.

Das Grundkapital der Gesellschaft besteht aus Vier Millionen Mark, eingetheilt in 4000 auf den Namen lautende Aktien zu je 1000 Mark.

Die Generalversammlung ist berechtigt, das Grundkapital zu erhöhen. Die Erhöhung des Grundkapitals kann vor der vollen Einzahlung desselben erfolgen.

§ 4.

Auf jede Aktie sind 25 % des Nominalbetrages, demnach je 250 Mark baar eingezahlt.

Ueber diese Einzahlung werden auf Namen lautende Interimsscheine ausgestellt.

Für die übrigen 75 % sind in Berlin domicilirte, drei Monate nach Sicht zahlbare Solawechsel auszustellen und in der Hauptkasse der Gesellschaft zu hinterlegen. Die hinterlegten Solawechsel sind spätestens drei Monate vor Ablauf der Verjährungsfrist zu erneuern. Die erste Ausfertigung dieser Wechsel erfolgt nach dem am Schlusse dieser Statuten beigefügten Formulare.

§ 5.

Ueber die Einforderung weiterer Einzahlungen bestimmt der Aufsichtsrath.

Neue Einzahlungen müssen ausgeschrieben werden, wenn die nach § 30 der Statuten zu ziehende Bilanz einen Verlust von 10 oder mehr Prozent des Grundkapitals ergiebt. In diesem Falle sind die weiteren Einzahlungen mindestens in solcher Höhe einzufordern, dass der an den ursprünglich eingezahlten 25 % des Grundkapitals erlittene Verlust vollständig ersetzt wird.

Die Wechselschuld der Aktionäre vermindert sich um den Betrag der geleisteten Einzahlungen.

Das Verfahren gegen säumige Aktionäre und deren Rechtsvorgänger richtet sich, unbeschadet der der Gesellschaft auf Grund der Wechselausstellung zustehenden Schritte, nach den gesetzlichen Vorschriften (Art. 184, 184a, 184b, 184c des Handelsgesetzbuches in der Fassung des Reichsgesetzes vom 18. Juli 1884.)

§ 6.

Die Aktien sind mit fortlaufender Nummer zu versehen und von dem Vorstande, sowie einem Mitgliede des Aufsichtsrathes auszufertigen.

Der Uebergang einer Aktie auf einen anderen Besitzer, sei es durch Verkauf, Erbschaft oder auf andere Weise, kann nur mit Genehmigung des Aufsichtsrathes geschehen.

Zur Angabe von Gründen, aus welchen der Uebergang von Aktien abgelehnt wird, ist der Aufsichtsrath nicht verpflichtet.

Im Uebrigen gelten für die Eintragung in das Aktienbuch und für die Uebertragung der Aktien die gesetzlichen Vorschriften. (Art. 182 Abs. 1 und 3, Art. 183 des Handelsgesetzbuches in der Fassung des Reichsgesetzes vom 18. Juli 1884.)

Stirbt ein Aktionär, geräth er in Concurs oder stellt er seine Zahlungen ein, wird ihm das Verfügungsrecht über sein Vermögen ganz oder theilweise entzogen, oder hört eine bei der Gesellschaft mit Aktien betheiligte Firma auf zu existieren, so hat der betreffende Aktionär, beziehungsweise haben seine Vertreter oder Erben auf Aufforderung des Aufsichtsrathes in einer von diesem zu bestimmenden Frist entweder den Betrag der Wechselschuld gegen eine Verzinsung von 3 % p. a. baar zu deponieren, oder einen neuen, der Gesellschaft genehmen Aktionär zu bezeichnen, widrigenfalls der Aufsichtsrath berechtigt ist, nach Massgabe der Vorschrift in Art. 184a des Handelsgesetzbuches zu verfahren.

Das Verfahren bei Amortisation von Aktien richtet sich nach den Bestimmungen der Reichs- und Landesgesetze.

§ 7.

Dividendenscheine werden auf den Inhaber gestellt.

Ein Aufgebot findet bezüglich derselben nicht statt.

Dividendenscheine verfallen zu Gunsten der Gesellschaft, wenn sie nicht innerhalb vier Jahren von Ablauf des Kalenderjahres ab, in welchem sie zur Auszahlung fällig waren, erhoben worden sind.

Geht ein Dividendenschein verloren und ist hierüber innerhalb vorstehender Frist bei der Gesellschaft Anzeige gemacht, so wird der Betrag hiefür dem Anmeldenden nach Ablauf eines weiteren Kalenderjahres ausbezahlt, sofern nicht der Dividendenschein selbst inzwischen eingehoben worden ist. Durch solche Verlustanzeige wird die Gesellschaft weder zur Prüfung der Legitimation des Präsentanten, noch zur Sistirung der Auszahlung verpflichtet.

§ 8.

Beschädigte Aktien, Interimsscheine und Dividendenscheine können, wenn über ihre Echtheit kein Zweifel obwaltet, durch neue Ausfertigungen unter gleicher Nummer auf Kosten des Antragstellers ersetzt werden.

Abschnitt II.

Generalversammlung, Aufsichtsrath, Direktion.

A. Generalversammlung.

§ 9.

Die Anmeldung zur Generalversammlung erfolgt beim Vorstand der Gesellschaft mindestens am zweiten Tage vor der Generalversammlung.

Nur Aktionäre, welche als solche im Aktienbuche der Gesellschaft eingetragen sind, können (in Person oder durch ihre gesetzlichen Vertreter, oder durch einen schriftlich Bevollmächtigten) an der Generalversammlung Theil nehmen, sofern sie sich über den Aktienbesitz durch Vorzeigung der Aktien oder durch Vorlage eines Besitzzeugnisses ausweisen, welches gerichtlich oder notariell, oder von einer in der Einladung zur Generalversammlung bezeichneten Anmeldungsstelle ausgestellt sein muss.

Der Vorstand ertheilt den rechtzeitig Anmeldenden Eintrittskarten und Stimmzettel.

§ 10.

Die Einladungen zu der Generalversammlung erfolgen, unbeschadet der Befugnisse des Vorstandes nach Art. 236 des Handelsgesetzbuches, durch den Aufsichtsrath mittels öffentlicher Bekanntmachung mindestens 3 Wochen vor dem Versammlungstage.

Diese Frist ist dergestalt zu bemessen, dass zwischen dem Datum des die Bekanntmachung enthaltenden Blattes und dem Datum der Versammlung selbst, beide Daten nicht mit eingerechnet, ein Zeitraum von mindestens 3 Wochen liegt.

Versammlungsort, Tag und Stunde, sowie die Tagesordnung sind in der Bekanntmachung anzugeben.

§ 11.

Die ordentliche Generalversammlung findet regelmässig im zweiten Quartale jeden Kalenderjahres statt und sind die zur Tagesordnung derselben gehörigen Gegenstände folgende:

1. Der Geschäftsbericht der Direktion und der Bericht des Aufsichtsrathes über die Prüfung der Bilanz und der Gewinn- und Verlustrechnung;
2. Beschlussfassung über die Vertheilung des Gewinnrestes (§ 37);
3. Wahl der Mitglieder des Aufsichtsrathes;
4. Wahl einer aus drei Aktionären bestehenden Kommission zur Revision der Bilanz des laufenden Geschäftsjahres und Entlastung des Vorstandes auf Antrag des Aufsichtsrathes;
5. Beschlussfassung über sonstige auf der Tagesordnung stehende Anträge des Vorstandes, des Aufsichtsrathes oder der Aktionäre.

Anträge von Aktionären müssen jedoch nach der Massgabe des Art. 237 des Handelsgesetzbuches eingebracht sein.

Ausserordentliche Generalversammlungen können so oft berufen werden, als es die Geschäfte erfordern.

Ist weder ein gehörig constituirter Aufsichtsrath noch ein Vorstand vorhanden, so ist jeder einzelne Aktionär, ohne Rücksicht auf die Höhe seines Aktienbesitzes, berechtigt, sich von dem das Handelsregister führenden Richter ermächtigen zu lassen, seinerseits eine Generalversammlung einzuberufen.

§ 12.

Den Vorsitz in der Generalversammlung, mag dieselbe durch den Vorstand oder durch den Aufsichtsrath berufen sein, führt der Vorsitzende des Aufsichtsrathes oder dessen Stellvertreter. Ist keiner derselben erschienen, oder ist kein gehörig constituirter Aufsichtsrath vorhanden, so eröffnet derjenige Aktionär, welcher den grössten Aktienbesitz angemeldet hat, bei gleich hohem Aktienbesitz Mehrerer, der unter diesen durch das Loos zu bestimmende Aktionär die Versammlung und lässt von dieser einen Vorsitzenden wählen. Ist die Generalversammlung auf Ermächtigung des Gerichts durch einen Aktionär berufen, so gebührt diesem der Vorsitz, der ihn auch alsdann an einen anderen Aktionär abtreten kann; ist dieselbe unter gleicher Voraussetzung durch mehrere Aktionäre berufen, so haben dieselben unter sich einen Vorsitzenden zu wählen.

Abstimmungen müssen, sobald ein stimmberechtigter Aktionär dies verlangt, schriftlich durch Stimmzettel vorgenommen werden.

Ausserdem entscheidet die Generalversammlung auf Vorschlag des Vorsitzenden über Abstimmungsform und Geschäftsordnung.

Die Beschlüsse werden, soweit nicht das Gesetz oder das Statut eine grössere Mehrheit erfordert, mit absoluter Mehrheit gefasst; bei Stimmengleichheit gilt der gestellte Antrag als abgelehnt.

Die über die Beschlüsse und Wahlhandlungen zu errichtende Notariatsurkunde wird vom Vorsitzenden und von zwei weiteren Theilnehmern der Versammlung unterzeichnet. Die Zuziehung von Instrumentszeugen ist nicht erforderlich.

Der Aufsichtsrath kann bestimmen, dass über den Gang der Verhandlungen noch ein besonderes Protokoll geführt und in gleicher Weise unterzeichnet werde.

§ 13.

Aenderung der Statuten ist statthaft, wenn in der hierzu berufenen Generalversammlung mehr als die Hälfte des Aktienkapitals vertreten ist, und wenn mindestens drei Viertheile der vertretenen Stimmen sich für die Aenderung entscheiden.

Unter den gleichen Voraussetzungen kann die Generalversammlung giltig beschliessen:

1. Auflösung der Gesellschaft,
2. Abänderung des Gegenstandes des Unternehmens (§ 1),
3. eine Fusion, insbesondere eine solche gegen Gewährung von Aktien einer anderen Gesellschaft,
4. eine Abänderung des Grundkapitals der Gesellschaft.

Die in Absatz 1 und die in Absatz 2 Ziffer 2 bis 4 bezeichneten Beschlüsse können nur mit Genehmigung der Kgl. Staatsregierung in Wirksamkeit treten.

§ 14.

Ist in der zur Beschlussfassung über einen in § 13 bezeichneten Gegenstand berufenen Generalversammlung der erforderliche Aktienbetrag nicht vertreten, so wird unter Einhaltung der in § 10 gegebenen Vorschriften eine weitere Generalversammlung berufen, deren Beschlussfähigkeit hinsichtlich des fraglichen Gegenstandes von der Höhe des vertretenen Aktienbetrages nicht abhängig ist.

Hierauf ist in der ergehenden öffentlichen Einladung ausdrücklich hinzuweisen.

An das Erforderniss der Dreiviertelmehrheit ist die Beschlussfassung auch in der zweiten Generalversammlung gebunden.

B. Aufsichtsrath.

§ 15.

Der Aufsichtsrath besteht aus fünf bis neun Mitgliedern.

§ 16.

Die Wahl des ersten Aufsichtsrathes gilt für die Zeit bis zum Schlusse der ersten ordentlichen Generalversammlung. In dieser wird der Aufsichtsrath neu gewählt und scheidet alsdann von dessen Mitgliedern in jedem zweiten Jahre beim Schluss der ordentlichen Generalversammlung die Hälfte, bei ungerader Zahl das erste Mal die Mehrzahl aus. Der Austritt wird zunächst durch das Loos, sodann nach der Funktionsdauer bestimmt, dergestalt, dass bei verschiedenem Dienstalter immer derjenige auszuscheiden hat, welcher die längste Zeit dem Aufsichtsrathe angehört.

An Stelle der Ausscheidenden nimmt die ordentliche Generalversammlung Neuwahlen vor. Die Ausscheidenden sind wieder wählbar.

§ 17.

Scheiden Aufsichtsrathsmitglieder vor Ablauf ihrer Amtsdauer aus, so findet eine Ersatzwahl in der nächsten ordentlichen Generalversammlung statt. Die Amtsdauer der Ersatzmänner währt so lange, wie das Amt der Ausgeschiedenen, an deren Stelle sie getreten, gewährt haben würde. Die Ausscheidenden sind stets wieder wählbar.

§ 18.

Der Aufsichtsrath wählt in jedem zweiten Jahre nach dem Schlusse derjenigen Generalversammlung, in welcher eine Wahl stattgefunden hat, aus seiner Mitte einen Vorsitzenden und dessen Stellvertreter. Bei dieser Verhandlung führt der Vorsitzende des abgelaufenen Jahres, oder in dessen Behinderung sein Stellvertreter, in deren Ermanglung jedoch das den Lebensjahren nach älteste Mitglied den Vorsitz. Die Wahl ist in entsprechender Weise zu wiederholen, sobald in der Zwischenzeit das Amt zur Erledigung kommt, oder sobald nach übereinstimmender Erklärung aller übrigen Mitglieder andauernde Unfähigkeit zur Verwaltung des betreffenden Amtes eingetreten ist. Der Aufsichtsrath fasst seine Beschlüsse mit absoluter Stimmenmehrheit der Anwesenden; bei Stimmengleichheit entscheidet die Stimme des Vorsitzenden. Die Wahlen erfolgen ebenfalls nach absoluter Stimmenmehrheit; ist diese bei der ersten Wahlhandlung nicht erreicht, so findet eine engere Wahl über diejenigen statt, welchen die beiden höchsten Stimmenzahlen zugefallen sind; bei gleicher Stimmenzahl in der engeren Wahl entscheidet das von der Hand des Vorsitzenden zu ziehende Loos.

§ 19.

Die Beschlüsse des Aufsichtsrathes sind giltig, wenn die Mehrzahl seiner Mitglieder sich an der betreffenden Abstimmung betheiligt hat und sämmtliche Mitglieder zur Theilnahme eingeladen waren.

Die erfolgte Einladung wird durch die Absendung eines eingeschriebenen Briefes erwiesen.

§ 20.

Der Vorsitzende erlässt die Einladungen zu Sitzungen des Aufsichtsrathes unter Mittheilung der Tagesordnung, so oft die Angelegenheiten der Gesellschaft dies erfordern, mindestens aber alle 3 Monate, ausserdem auf Antrag zweier Mitglieder oder des Direktors.

Der Antrag auf Berufung des Aufsichtsrathes von Seiten der Mitglieder desselben oder der Direktion ist schriftlich zu stellen und zu begründen.

In dringenden Fällen kann der Vorsitzende schriftliche oder telegraphische Abstimmung unter entsprechender Beobachtung der Vorschriften in § 19 veranlassen.

§ 21.

Ueber die in den Sitzungen des Ausichtsrathes gefassten Beschlüsse wird ein von den Theilnehmern zu unterzeichnendes Protokoll abgefasst.

Ueber Wahlhandlungen ist eine Notariatsurkunde aufzunehmen.

§ 22.

Dem Aufsichtsrath liegt ausser den ihm vom Gesetz zugewiesenen Aufgaben ob:

1. Der Abschluss der Dienstverträge mit der Direktion. Verträge, welche mehr als 5 Jahre bindend sein sollen, unterliegen der Genehmigung der Generalversammlung;
2. Die Verwendung, Anlage und Sicherstellung vorhandener Gelder;
3. Die Bestimmung über Einforderung weiterer Einzahlungen bis zum Nominalbetrage der Aktien, jedoch nur unter gleichzeitiger Berufung einer Generalversammlung, welcher Bericht hierwegen zu erstatten ist;
4. Die Feststellung der erforderlichen Geschäfts-Instruktionen;
5. Die Festsetzung der Dotirung des Reservefonds;
6. Die Beschlussfassung über Anleihen und über Erwerb und Veräusserung von Grundstücken;
7. Die Errichtung und Auflösung von Zweigniederlassungen.

§ 23.

Der Aufsichtsrath ist befugt, zur besonderen fortlaufenden Wahrnehmung seiner Obliegenheiten einzelne seiner Mitglieder für die Dauer eines Jahres zu delegiren.

Die Befugnisse des Delegirten bestimmen sich nach der vom Aufsichtsrath festgesetzten Instruktion und sind jederzeit widerruflich.

§ 24.

Alle Ausfertigungen des Aufsichtsrathes werden vom Vorsitzenden unterzeichnet.

Die Legitimation der Mitglieder des Aufsichtsrathes, sowie des Vorsitzenden und seines Stellvertreters wird durch ein auf Grund der eingesehenen Wahlprotokolle ausgestelltes, notarielles Attest erbracht.

Zum Nachweis der Annahme der Wahl genügt die Erklärung in einer Privaturkunde oder zum Protokolle des Aufsichtsrathes.

§ 25.

Die Mitglieder des Aufsichtsrathes erhalten einen Antheil am Reingewinn nach Massgabe des § 34, über dessen Vertheilung unter die einzelnen Mitglieder der Aufsichtsrath beschliesst.

Jedes Mitglied des Aufsichtsrathes hat 10 Aktien der Gesellschaft in deren Hauptkasse als Kaution zu deponiren.

Auf die Mitglieder des ersten Aufsichtsrathes finden die Vorschriften im Art. 192 des Handelsgesetzbuches Anwendung.

C. Direktion.

§ 26.

Vorstand der Gesellschaft im Sinne des Handelsgesetzbuches ist die Direktion. Sie kann aus einem oder mehreren Mitgliedern bestehen. Sofern nicht der Aufsichtsrath hinsichtlich einer Kollektivzeichnung besondere Anordnungen trifft, zeichnet jedes Mitglied der Direktion die Firma der Gesellschaft, indem es derselben seinen Namen beisetzt, mit rechtlicher Wirksamkeit.

§ 27.

Die Direktion wird vom Aufsichtsrath gewählt und bestellt.

Etwa erforderliche Stellvertretung und die Form für die Zeichnung der Stellvertreter ordnet der Aufsichtsrath an.

Die Legitimation für die Direktion und deren Stellvertreter gegenüber dem Handelsgericht erfolgt durch Vorlage des notariellen Wahlprotokolls.

Die erstmalige Bestellung der Direktion erfolgt durch die Zeichner der Aktien in der constituirenden Generalversammlung (§ 41).

§ 28.

Die Direktion ist für ihre Geschäftsführung dem Aufsichtsrathe und der Gesellschaft nach Massgabe der gesetzlichen und statutarischen Bestimmungen, ihres Dienstvertrages und der ihr vom Aufsichtsrathe besonders ertheilten Instruktionen verantwortlich. In gleichem Masse sind der Gesellschaft gegenüber ihre Befugnisse begrenzt.

Kein Mitglied der Direktion darf ohne Genehmigung des Aufsichtsrathes bei einem Konkurrenzunternehmen des In- und Auslandes persönlich oder finanziell betheiligt sein.

Mindestens ein Theil ihres Einkommens muss von der Höhe der Betriebsergebnisse der Gesellschaft abhängig sein.

Zur Uebernahme jeder anderen Funktion nach ihrem Eintritte bedürfen die Mitglieder der Direktion der Genehmigung des Aufsichtsrathes.

Jedes Mitglied der Direktion hat, vorbehaltlich besonderer Bestimmungen der Dienstverträge, 25 Stück Aktien der Gesellschaft in deren Hauptkasse als Kaution zu hinterlegen.

§ 29.

Der Direktion sind alle Beamte, Bedienstete und Agenten der Gesellschaft unmittelbar untergeben. Ihre Legitimation wird durch Zeugnisse der Direktion erbracht.

Die Mitglieder der Direktion wohnen den Sitzungen des Aufsichtsrathes mit berathender Stimme bei.

Abschnitt III.

Rechnungsstellung, Bilanz, Gewinnvertheilung, Reservefond, Kontrole

§ 30.

Das Geschäftsjahr der Gesellschaft schliesst am 31. Dezember. An diesem Tage, erstmals am 31. Dezember 1890, wird durch den Vorstand vollständige Inventur gemacht und die Bilanz nach Massgabe der gesetzlichen Vorschriften gezogen.

Die Vorlagen hierüber an den Aufsichtsrath müssen so zeitig erfolgen, dass die Mittheilung an die Generalversammlung der Aktionäre, sowie die vorgeschriebenen Veröffentlichungen spätestens bis Ende Juni des nächsten Jahres erfolgen können.

§ 31.

Den baaren Einnahmen des Rechnungs-Jahres treten hinzu:

a) die aus den Vorjahren für die laufenden Risiken reservirten Prämien;

b) die im Vorjahre zurückgestellten Reserven für noch nicht regulirte Schäden;

c) Stückzinsen aus den angelegten Kapitalien, bis zum Jahresschluss berechnet.

§ 32.

Unter die Ausgaben sind ausser der gesammten Jahres-Ausgabe einschliesslich der Organisations- und Verwaltungskosten, wozu insbesondere die vom Geschäftsumfange zu gewährenden Tantièmen gehören, zu ihrem vollen Betrage einzusetzen:

a) Die rechnungsmässige Prämienreserve für die am Schlusse des Rechnungsjahres noch nicht abgelaufenen Versicherungen;

b) die Reserve zur Deckung angemeldeter, noch nicht berichtigter Schäden; soweit bis zur Beendigung des Rechnungsabschlusses die Entschädigungsziffern nicht endgiltig feststehen, sind die Schäden in Höhe der angemeldeten Beträge zu reserviren.

§ 33.

Der Ueberschuss der Aktiven über die Passiven wird zunächst, wenn durch Verlust in den Vorjahren der Reservefond aufgezehrt und das Grundkapital angegriffen ist, zur Wiederergänzung des letzteren verwendet.

Insoweit dies nicht erforderlich ist, werden nach gesetzlicher Dotierung des Reservefonds 4 % Dividende pro anno für das eingezahlte Aktienkapital zur Vertheilung an die Aktionäre ausgeschieden.

§ 34.

Von dem hiernach verbleibenden Gewinn-Ueberschuss werden:

a) sofern der Aufsichtsrath es beschliesst, höchstens 20 % zu einer Spezialreserve zurückgelegt;

b) an die Mitglieder des Aufsichtsrathes 7 ½ %,

c) an die Direktion und die Beamten der Gesellschaft die vertragsmässig aus dem Reingewinn zu leistenden Tantièmen abgeführt.

Der Rest wird zur Verfügung der Generalversammlung gestellt.

§ 35.

Die Dividende wird vom 1. Juli ab gegen Einlieferung des betreffenden Dividendenscheines bei der Gesellschaftskasse und an den vom Aufsichtsrathe zu bezeichnenden Stellen bezahlt.

§ 36.

Die Zuschüsse zum gesetzlichen Reservefond unterbleiben, wenn und in so lange derselbe eine Höhe von 50 % des eingezahlten Aktienkapitals erreicht hat.

Der gesetzliche Reservefond ist getrennt zu verwalten. Das Zinserträgniss des gesetzlichen Reservefonds fliesst diesem zu, bis er die vorbezeichnete Höhe erreicht hat.

§ 37.

Die Generalversammlung kann den ihr zur Verfügung gestellten Gewinnrest (§ 34) ganz oder theilweise zur Vertheilung einer Superdividende an die Aktionäre oder zur Anlegung neuer oder zur Dotierung bestehender Reserven verwenden, oder dessen Vortrag auf neue Rechnung beschliessen.

§ 38.

Anlagen aus Beständen des Grundkapitals und der gesetzlichen Reserve dürfen nur in pupillarisch sicheren Hypotheken, in Schuldverschreibungen des deutschen Reiches oder eines zu demselben gehörigen Staates, in vom deutschen Reiche oder von deutschen Bundesstaaten garantirten Papieren, in Communalpapieren, Pfandbriefen oder in Wechseln und Lombardgeschäften, wie letztere beide den Grundsätzen der deutschen Reichsbank entsprechen, erfolgen. Ausländische Papiere dürfen nur in dem Umfange erworben werden, als solche zur Bestellung der in dem betreffenden Staate bei der Conzessionierung etwa geforderten Caution nöthig sind.

Die Anlegung von Prämiengeldern darf nur in solcher Weise geschehen, dass dieselben für die rechtzeitige Bezahlung der Schäden jeden Augenblick ungeschmälert verfügbar sind.

Der Erwerb von Grundstücken ist nur soweit gestattet, als es sich um Beschaffung von Geschäfts-Lokalitäten für die Gesellschaft oder um Sicherung ausstehender Forderungen handelt.

§ 39.

Die Hauptkasse der Gesellschaft wird unter gemeinsamem Verschlusse der Direktion und eines vom Aufsichtsrathe hiezu bestimmten Mitgliedes des Aufsichtsrathes gehalten.

Der Generalversammlung bleibt es überlassen, aus der Mitte der Aktionäre zwei Revisoren zur alljährlichen Verifikation der Bücher, Rechnungen und des Kassen- und des Effektenstandes zu wählen.

§ 40.

Die Königl. Staatsregierung kann zur Ausübung des ihr über die Gesellschaft zustehenden Aufsichtsrechtes einen Kommissar für beständig oder für einzelne Fälle ernennen. Letzterer ist berechtigt, sowohl Generalversammlungen der Aktionäre als auch Versammlungen des Aufsichtsrathes auf Kosten der Gesellschaft zu berufen und denselben beizuwohnen, auch jederzeit von den Kassenbeständen, Büchern, Rechnungen, Registern und sonstigen Verhandlungen und Schriftstücken der Gesellschaft Einsicht zu nehmen.

§ 41.

Ist bei der notariellen Errichtung des Gesellschaftsvertrages das gesammte emittirte Aktienkapital durch die persönlich anwesenden Zeichner oder deren Bevollmächtigte vertreten, so können die Erschienenen, ohne dass es einer weiteren Form für die Berufung bedarf, sich sofort als erste statutenmässige Generalversammlung constituiren, die Wahlen (§§ 16, 27) vornehmen und einzelne Personen ermächtigen, am Gesellschaftsvertrage diejenigen Abänderungen vorzunehmen und rechtswirksam zu beurkunden, welche etwa von Seite der Königlichen Staatsregierung vor der Eintragung im Handelsregister gefordert oder von Seite des Gerichtes als Vorbedingungen des Registereintrages aufgestellt werden.

Diese Ermächtigung gilt als Vollmacht für allenfallsige Beschwerdeführung gegen solche Verfügungen.

2. Gründungssatzung der Allianz SE (2006)

1. Allgemeine Bestimmungen

§ 1

1.1 Die Gesellschaft trägt die Firma Allianz SE und hat ihren Sitz in München.

1.2 Gegenstand der Gesellschaft ist die Leitung einer internationalen Unternehmensgruppe, die in den Bereichen der Versicherung, des Bankgeschäfts, der Vermögensverwaltung und sonstiger Finanz-, Beratungs- und ähnlicher Dienstleistungen tätig ist. Die Gesellschaft hält Beteiligungen an Versicherungsgesellschaften, Banken, Industrieunternehmen, Vermögensanlagegesellschaften und sonstigen Unternehmen.

Als Rückversicherer übernimmt die Gesellschaft vornehmlich Versicherungsgeschäft von Konzerngesellschaften sowie sonstigen Unternehmen, an denen die Gesellschaft unmittelbar oder mittelbar beteiligt ist.

1.3 Die Gesellschaft ist zu allen Geschäften und Maßnahmen berechtigt, die geeignet erscheinen, dem Gegenstand des Unternehmens zu dienen. Sie kann andere Unternehmen gründen, erwerben und sich an ihnen beteiligen sowie Unternehmen leiten oder sich auf die Verwaltung der Beteiligung beschränken. Im Rahmen ihres Unternehmensgegenstandes ist die Gesellschaft berechtigt, Kredite aufzunehmen und Schuldverschreibungen auszustellen.

1.4 Bekanntmachungen der Gesellschaft erfolgen im elektronischen Bundesanzeiger.

1.5 Das Geschäftsjahr ist das Kalenderjahr.

§ 2

2.1 Das Grundkapital beträgt EUR 1.039.462.400. Es ist eingeteilt in 406.040.000 Stückaktien. Jede Stückaktie hat eine Stimme. Das Grundkapital der Gesellschaft wird erbracht durch Formwechsel der Allianz Aktiengesellschaft in die Allianz SE im Wege der Verschmelzung der RIUNIONE ADRIATICA DI SICURTÀ Società per Azioni, Mailand, Italien, auf die Allianz Aktiengesellschaft.

2.2 Die Aktien lauten auf den Namen und können nur mit Zustimmung der Gesellschaft übertragen werden. Die Gesellschaft wird die ordnungsgemäß beantragte Zustimmung nur dann verweigern, wenn sie es aus außerordentlichen Gründen im Interesse des Unternehmens für erforderlich hält; die Gründe werden dem Antragsteller bekannt gegeben.

2.3 Der Vorstand ist ermächtigt, das Grundkapital der Gesellschaft bis zum 7. Februar 2011 mit Zustimmung des Aufsichtsrats durch Ausgabe neuer, auf den Namen lautender Stückaktien gegen Bar- und/oder Sacheinlagen einmalig oder mehrmals um bis zu insgesamt EUR 450.000.000 zu erhöhen, jedoch höchstens bis zu dem Betrag, in dessen Höhe im Zeitpunkt des Formwechsels der Allianz Aktiengesellschaft in eine Europäische Gesellschaft (SE) gemäß Verschmelzungsplan vom 16. Dezember 2005 das genehmigte Kapital gemäß § 2 Abs. 3 der Satzung der Allianz Aktiengesellschaft noch vorhanden ist (Genehmigtes Kapital 2006/I).

Wird das Kapital gegen Bareinlagen erhöht, ist den Aktionären ein Bezugsrecht zu gewähren. Der Vorstand ist jedoch ermächtigt, mit Zustimmung des Aufsichtsrats dieses Bezugsrecht der Aktionäre auszuschließen

- für Spitzenbeträge;
- soweit es erforderlich ist, um den Gläubigern der von der Allianz SE bzw. Allianz AG oder ihren Konzerngesellschaften ausgegebenen Schuldverschreibungen mit Wandlungs- oder Optionsrechten bzw. einer Wandlungspflicht ein Bezugsrecht auf neue Aktien in dem Umfang einzuräumen, wie es ihnen nach Ausübung ihres Wandlungs- oder Optionsrechts bzw. nach Erfüllung einer Wandlungspflicht zustünde;
- wenn der Ausgabebetrag der neuen Aktien den Börsenpreis nicht wesentlich unterschreitet und die unter Ausschluss des Bezugsrechts gemäß § 186 Abs. 3 Satz 4 AktG ausgegebenen Aktien insgesamt 10 % des Grundkapitals nicht überschreiten, und zwar weder im Zeitpunkt des Wirksamwerdens noch im Zeitpunkt der Ausübung dieser Ermächtigung. Auf diese Begrenzung ist die Veräußerung eigener Aktien anzurechnen, sofern sie während der Laufzeit dieser Ermächtigung bzw. der Ermächtigung für Allianz AG gemäß Beschluss der Hauptversammlung vom 8. Februar 2006 unter Tagesordnungspunkt 3 unter Ausschluss des Bezugsrechts gemäß § 186 Abs. 3 Satz 4 AktG erfolgt. Ferner sind auf diese Begrenzung diejenigen Aktien anzurechnen, die zur Bedienung von Schuldverschreibungen mit Wandlungs- oder Optionsrechten bzw. einer Wandlungspflicht ausgegeben wurden bzw. auszugeben sind, sofern die Schuldverschreibungen während der Laufzeit dieser Ermächtigung bzw. der Ermächtigung für die Allianz AG gemäß Beschluss der Hauptversammlung vom 8. Februar 2006 unter Tagesordnungspunkt 3 unter Ausschluss des Bezugsrechts in entsprechender Anwendung des § 186 Abs. 3 Satz 4 AktG ausgegeben wurden.

Darüber hinaus ist der Vorstand ermächtigt, mit Zustimmung des Aufsichtsrats das Bezugsrecht der Aktionäre bei Kapitalerhöhungen gegen Sacheinlagen auszuschließen.

Der Vorstand ist ferner ermächtigt, mit Zustimmung des Aufsichtsrats den weiteren Inhalt der Aktienrechte und die Bedingungen der Aktienausgabe festzulegen.

2.4 Der Vorstand ist ermächtigt, das Grundkapital der Gesellschaft bis zum 7. Februar 2011 mit Zustimmung des Aufsichtsrats durch Ausgabe neuer, auf den Namen lautender Stückaktien gegen Bareinlagen einmalig oder mehrmals um bis zu insgesamt EUR 15.000.000 zu erhöhen, jedoch höchstens bis zu dem Betrag, in dessen Höhe im Zeitpunkt des Formwechsels der Allianz Aktiengesellschaft in eine Europäische Gesellschaft (SE) gemäß Verschmelzungsplan vom 16. Dezember 2005 das genehmigte Kapital gemäß § 2 Abs. 4 der Satzung der Allianz Aktiengesellschaft noch vorhanden ist (Genehmigtes Kapital 2006/II). Der Vorstand kann das Bezugsrecht der Aktionäre mit Zustimmung des Aufsichtsrats ausschließen, um die neuen Aktien an Mitarbeiter der Allianz SE und ihrer Konzerngesellschaften auszugeben. Der Vorstand ist ferner ermächtigt, mit Zustimmung des Aufsichtsrats Spitzenbeträge vom Bezugsrecht der Aktionäre auszunehmen.

Der Vorstand ist ermächtigt, mit Zustimmung des Aufsichtsrats den weiteren Inhalt der Aktienrechte und die Bedingungen der Aktienausgabe festzulegen.

2.5 Das Grundkapital ist um bis zu EUR 226.960.000 durch Ausgabe von bis zu 88.656.250 neuen, auf den Namen lautenden Stückaktien mit Gewinnberechtigung ab Beginn des Geschäftsjahres ihrer Ausgabe bedingt erhöht, jedoch höchstens bis zu dem Betrag, in dessen Höhe im Zeitpunkt des Formwechsels der Allianz Aktiengesellschaft in eine Europäische Gesellschaft (SE) gemäß Verschmelzungsplan vom 16. Dezember 2005 das bedingte Kapital in § 2 Abs. 5 der Satzung der Allianz Aktiengesellschaft noch ausgewiesen ist (Bedingtes Kapital 2004). Die bedingte Kapitalerhöhung wird nur insoweit durchgeführt, wie die Inhaber von Wandlungs- oder Optionsrechten aus Schuldverschreibungen, die die Allianz SE bzw. Allianz AG oder deren Konzernunternehmen aufgrund des Ermächtigungsbeschlusses der Hauptversammlung der Allianz AG vom 5. Mai 2004 gegen bar ausgegeben haben, ihre Wandlungs- oder Optionsrechte ausüben oder Wandlungspflichten aus solchen Schuldverschreibungen erfüllt werden und soweit nicht andere Erfüllungsformen zur Bedienung eingesetzt werden. Der Vorstand ist ermächtigt, die weiteren Einzelheiten der Durchführung der bedingten Kapitalerhöhung festzusetzen.

2.6 Das Grundkapital ist um bis zu EUR 250.000.000 durch Ausgabe von bis zu 97.656.250 neuen, auf den Namen lautenden Stückaktien mit Gewinnberechtigung ab Beginn des Geschäftsjahres ihrer Ausgabe bedingt erhöht, jedoch nur wenn und höchstens bis zu dem Betrag, in dessen Höhe im Zeitpunkt des Formwechsels der Allianz Aktiengesellschaft in eine Europäische Gesellschaft (SE) gemäß Verschmelzungsplan vom 16. Dezember 2005 ein bedingtes Kapital in § 2 Abs. 6 der Satzung der Allianz Aktiengesellschaft ausgewiesen ist (Bedingtes Kapital 2006). Die bedingte Kapitalerhöhung wird nur insoweit durchgeführt, wie die Inhaber von Wandlungs- oder Optionsrechten aus Schuldverschreibungen, die die Allianz SE bzw. Allianz AG oder deren Konzernunternehmen aufgrund des Ermächtigungsbeschlusses der Hauptversammlung der Allianz AG vom 8. Februar 2006 gegen bar ausgegeben haben, ihre Wandlungs- oder Optionsrechte ausüben oder Wandlungspflichten aus solchen Schuldverschreibungen erfüllt werden und soweit nicht andere Erfüllungsformen zur Bedienung eingesetzt werden. Der Vorstand ist ermächtigt, die weiteren Einzelheiten der Durchführung der bedingten Kapitalerhöhung festzusetzen.

2.7 Bei Kapitalerhöhungen kann die Gewinnberechtigung neuer Aktien abweichend von § 60 Abs. 2 AktG bestimmt werden.

§ 3

3.1 Ein Anspruch der Aktionäre auf Verbriefung ihrer Anteile ist ausgeschlossen, soweit nicht eine Verbriefung nach den Regeln erforderlich ist, die an einer Börse gelten, an der die Aktie zugelassen ist.

3.2 Die Gewinnanteilscheine und Erneuerungsscheine werden auf den Inhaber ausgestellt.

2. Organe

§ 4

Organe der Gesellschaft sind:

- der Vorstand
- der Aufsichtsrat sowie
- die Hauptversammlung.

3. Vorstand

§ 5

5.1 Der Vorstand besteht aus mindestens zwei Personen. Im Übrigen bestimmt der Aufsichtsrat die Zahl der Mitglieder des Vorstands.

5.2 Die Gesellschaft wird gesetzlich durch zwei Vorstandsmitglieder oder durch ein Vorstandsmitglied in Gemeinschaft mit einem Prokuristen vertreten.

5.3 Die Mitglieder des Vorstands werden vom Aufsichtsrat für einen Zeitraum von höchstens fünf Jahren bestellt. Wiederbestellungen, jeweils für höchstens fünf Jahre, sind zulässig.

5.4 Der Vorstand ist beschlussfähig, wenn alle Vorstandsmitglieder eingeladen sind und mindestens die Hälfte seiner Mitglieder – darunter der Vorsitzende oder ein von ihm benanntes Vorstandsmitglied – an der Sitzung teilnimmt. Abwesende Vorstandsmitglieder können ihre Stimme schriftlich, fernmündlich, per Telefax oder durch elektronische Medien abgeben. Die abwesenden Vorstandsmitglieder sind unverzüglich über die gefassten Beschlüsse zu unterrichten.

5.5 Der Vorstand trifft seine Entscheidungen mit einfacher Mehrheit der an der Beschlussfassung beteiligten Vorstandsmitglieder, sofern nicht zwingende gesetzliche Bestimmungen etwas anderes vorschreiben. Bei Stimmengleichheit gibt die Stimme des Vorsitzenden den Ausschlag.

5.6 Der Vorstandsvorsitzende ist berechtigt, einem Vorstandsbeschluss zu widersprechen (Vetorecht). Übt der Vorstandsvorsitzende sein Vetorecht aus, gilt der Beschluss als nicht gefasst.

4. Aufsichtsrat

§ 6

6.1 Der Aufsichtsrat besteht aus zwölf Mitgliedern, die von der Hauptversammlung bestellt werden. Von den zwölf Mitgliedern sind sechs Mitglieder auf Vorschlag der Arbeitnehmer zu bestellen. Die Hauptversammlung ist an die Vorschläge zur Bestellung der Arbeitnehmervertreter gebunden.

6.2 Zu den Mitgliedern des ersten Aufsichtsrats werden bis zur Beendigung der Hauptversammlung, die über die Entlastung für das erste Geschäftsjahr der Allianz SE beschließt, längstens jedoch für drei Jahre, bestellt:

[...]

Das erste Geschäftsjahr der Allianz SE ist das Geschäftsjahr, in dem die Verschmelzung der RIUNIONE ADRIATICA DI SICURTÀ Società per Azioni auf die Allianz Aktiengesellschaft im Handelsregister der Allianz Aktiengesellschaft eingetragen wird. Die auf Vorschlag der Arbeitnehmer zu bestellenden weiteren sechs Mitglieder des Aufsichtsrats sind nach Beendigung des Verfahrens über die Beteiligung der Arbeitnehmer zu bestellen.

6.3 Zu Ersatzmitgliedern der in Absatz 2 Satz 1 benannten Aufsichtsratsmitglieder werden bestellt:

[...]

Sie werden in der aufgeführten Reihenfolge Mitglieder des Aufsichtsrats, wenn ein in Absatz 2 Satz 1 benanntes Aufsichtsratsmitglied der Anteilseigner oder ein für dieses in den Aufsichtsrat nachgerücktes Ersatzmitglied vor Ablauf der regulären Amtszeit ausscheidet und die Hauptversammlung nicht vor diesem Ausscheiden einen Nachfolger wählt. Die Amtszeit von den in den Aufsichtsrat nachgerückten Ersatzmitgliedern endet mit dem Schluss der Hauptversammlung, in der ein Nachfolger für das jeweils ersetzte Aufsichtsratsmitglied gewählt wird, spätestens aber zu dem Zeitpunkt, in dem die reguläre Amtszeit des Letzteren abgelaufen wäre. Ein in den Aufsichtsrat nachgerücktes und vorzeitig wieder ausgeschiedenes Ersatzmitglied nimmt seinen ursprünglichen Platz in der Reihe der Ersatzmitglieder wieder ein.

§ 7

7.1 Die Bestellung der Mitglieder des Aufsichtsrats erfolgt durch die Hauptversammlung vorbehaltlich § 6 Absätze 2 und 3 für einen Zeitraum bis zur Beendigung der Hauptversammlung, die über die Entlastung für das vierte Geschäftsjahr nach Beginn der Amtszeit beschließt, wobei das Geschäftsjahr, in dem die Amtszeit beginnt, nicht mitgerechnet wird, längstens jedoch für sechs Jahre. Wiederbestellungen sind zulässig.

7.2 Die Mitglieder und die Ersatzmitglieder des Aufsichtsrats können ihr Amt jederzeit durch schriftliche Erklärung gegenüber dem Vorstand der Gesellschaft niederlegen.

7.3 Scheidet ein Mitglied vor Ablauf seiner Amtszeit aus dem Aufsichtsrat aus, ohne dass ein Ersatzmitglied nachrückt, wird ein Nachfolger nur für die restliche Amtszeit des ausgeschiedenen Mitglieds gewählt.

§ 8

8.1 Der Aufsichtsrat wählt aus seiner Mitte einen Vorsitzenden sowie zwei Stellvertreter für die Dauer ihrer Amtszeit im Aufsichtsrat. Bei der Wahl zum Vorsitzenden des Aufsichtsrats übernimmt das an Lebensjahren älteste Mitglied der Anteilseignervertreter des Aufsichtsrats den Vorsitz; Absatz 3 Satz 1 findet Anwendung.

8.2 Ist der Vorsitzende des Aufsichtsrats gewählt, so ist der Aufsichtsrat beschlussfähig, wenn sämtliche Mitglieder eingeladen oder zur Beschlussfassung aufgefordert sind und entweder mindestens sechs Mitglieder, darunter der Vorsitzende, oder mindestens neun Mitglieder an der Beschlussfassung teilnehmen. Beschlüsse werden mit der Mehrheit der an der Beschlussfassung teilnehmenden Mitglieder gefasst.

8.3 Bei Stimmengleichheit gibt die Stimme des Vorsitzenden und bei dessen Nichtteilnahme an der Beschlussfassung die Stimme des Stellvertreters den Ausschlag (Stichentscheid), sofern dieser ein Anteilseignervertreter ist. Einem Stellvertreter, der Arbeitnehmervertreter ist, steht ein Recht zum Stichentscheid nicht zu.

§ 9

9.1 Die folgenden Arten von Geschäften dürfen nur mit Zustimmung des Aufsichtsrats vorgenommen werden:

a) Erwerb von Unternehmen, Unternehmensbeteiligungen und Unternehmensteilen (ausgenommen Finanzbeteiligungen), wenn im Einzelfall der Verkehrswert oder in Ermangelung des Verkehrswerts der Buchwert 10 % des Eigenkapitals der letzten Konzernbilanz erreicht oder übersteigt.

b) Veräußerung von Beteiligungen (ausgenommen Finanzbeteiligungen) an einer Konzerngesellschaft, sofern diese durch die Veräußerung aus dem Kreis der Konzernunternehmen ausscheidet und wenn im Einzelfall der Verkehrswert oder in Ermangelung des Verkehrswerts der Buchwert der veräußerten Beteiligung 10 % des Eigenkapitals der letzten Konzernbilanz erreicht oder übersteigt.

c) Abschluss von Unternehmensverträgen.

d) Erschließung neuer oder Aufgabe bestehender Geschäftssegmente, soweit die Maßnahme für den Konzern von wesentlicher Bedeutung ist.

Der Aufsichtsrat kann weitere Arten von Geschäften von seiner Zustimmung abhängig machen.

§ 10

Der Aufsichtsrat kann die Fassung der Satzung ändern.

§ 11

11.1 Die Mitglieder des Aufsichtsrats erhalten

a) eine feste jährliche Vergütung in Höhe von EUR 50.000;

b) eine erfolgsbezogene jährliche Vergütung in Höhe von EUR 150 für jeden angefangenen Zehntelprozentpunkt, um den das Konzernergebnis je Aktie in einem Zeitraum von einem Jahr gestiegen ist, wobei die Steigerung durch einen Vergleich des Konzernergebnisses je Aktie in dem Geschäftsjahr, für das die Vergütung gezahlt wird (Vergütungsjahr), mit dem Konzernergebnis je Aktie in dem Geschäftsjahr, das dem Vergütungsjahr vorausgeht, ermittelt wird;

c) eine auf den langfristigen Unternehmenserfolg bezogene jährliche Vergütung in Höhe von EUR 60 für jeden angefangenen Zehntelprozentpunkt, um den das Konzernergebnis je Aktie in einem Zeitraum von drei Jahren gestiegen ist, wobei die Steigerung durch einen Vergleich des Konzernergebnisses je Aktie im Vergütungsjahr mit dem Konzernergebnis je Aktie im dritten dem Vergütungsjahr vorausgehenden Geschäftsjahr ermittelt wird.

Die Vergütung nach b) und c) ist jeweils auf einen Betrag von höchstens EUR 24.000 begrenzt. Für die Berechnung der erfolgsbezogenen Vergütung ist das im Konzernabschluss entsprechend den International Financial Reporting Standards (IFRS) für das betreffende Geschäftsjahr ausgewiesene Konzernergebnis je Aktie maßgebend. Bei einer nachträglichen Änderung des Konzernergebnisses je Aktie gilt der geänderte Wert. Führen Änderungen der Rechnungslegungsvorschriften zu einer Erhöhung oder Ermäßigung des Konzernergebnisses je Aktie, sind die für die Vergütung maßgeblichen Konzernergebnisse je Aktie zur Sicherstellung der Vergleichbarkeit einheitlich nach Maßgabe der geänderten Vorschriften zu bestimmen. Das im Konzernabschluss der Allianz AG für die Geschäftsjahre bis einschließlich 2004 ausgewiesene Konzernergebnis je Aktie ist entsprechend um die vorgenommenen planmäßigen Goodwill-Abschreibungen zu bereinigen.

Beträgt das gemäß vorstehenden Regelungen ermittelte Konzernergebnis je Aktie im Fall b) in dem dem Vergütungsjahr vorausgehenden Geschäftsjahr, im Fall c) im dritten dem Vergütungsjahr vorausgehenden Geschäftsjahr weniger als EUR 5, so ist für diese Geschäftsjahre das für die Berechnung der erfolgsbezogenen Vergütung maßgebende Konzernergebnis je Aktie mit dem Wert EUR 5 anzusetzen.

11.2 Der Vorsitzende des Aufsichtsrats erhält das Doppelte und jeder Stellvertreter das Eineinhalbfache der Vergütung nach Absatz 1. Jedes Mitglied eines Ausschusses mit Ausnahme des Prüfungsausschusses erhält einen Zuschlag von 25 % auf die Vergütung nach Absatz 1, der Vorsitzende des Ausschusses einen solchen von 50 %. Mitglieder des Prüfungsausschusses erhalten eine zusätzliche jährliche Festvergütung von EUR 30.000, der Vorsitzende eine solche von EUR 45.000.

Die jährliche Gesamtvergütung eines Aufsichtsratsmitglieds darf das Zweifache, die des Aufsichtsratsvorsitzenden das Dreifache der Vergütung nach Absatz 1 nicht übersteigen.

11.3 Darüber hinaus erhalten die Mitglieder des Aufsichtsrats für jede persönliche Teilnahme an einer Präsenzsitzung des Aufsichtsrats und seiner Ausschüsse ein Sitzungsgeld von EUR 500. Für mehrere Sitzungen, die an einem Tag oder an aufeinander folgenden Tagen stattfinden, wird Sitzungsgeld nur einmal gezahlt.

11.4 Aufsichtsratsmitglieder, die nur während eines Teils des Geschäftsjahrs dem Aufsichtsrat angehört haben, erhalten für jeden angefangenen Monat ihrer Tätigkeit ein Zwölftel der Vergütung. Dies gilt entsprechend für Mitgliedschaften in Aufsichtsratsausschüssen.

11.5 Die Vergütung nach den Absätzen 1 und 2 wird nach Ablauf der Hauptversammlung fällig, die den Konzernabschluss für das Vergütungsjahr entgegennimmt oder über seine Billigung entscheidet.

11.6 Die Gesellschaft erstattet den Aufsichtsratsmitgliedern ihre Auslagen und die ihnen für die Aufsichtsratstätigkeit zur Last fallende Umsatzsteuer. Sie stellt den Mitgliedern des Aufsichtsrats Versicherungsschutz und technische Unterstützung in einem für die Ausübung der Aufsichtsratstätigkeit angemessenen Umfang zur Verfügung.

5. Hauptversammlung

§ 12

12.1 Die ordentliche Hauptversammlung findet innerhalb der ersten sechs Monate nach Ablauf des Geschäftsjahres statt.

12.2 Die Hauptversammlung findet nach Wahl des Vorstands am Sitz der Gesellschaft oder in einer anderen deutschen Stadt mit mehr als 100.000 Einwohnern statt.

12.3 Die Anmeldung zur Teilnahme an jeder Hauptversammlung muss der Gesellschaft spätestens am letzten Tag der gesetzlichen Anmeldefrist unter der in der Einberufung hierfür mitgeteilten Adresse zugehen, sofern nicht der Vorstand einen späteren Anmeldeschlusstag bestimmt. Der Anmeldeschlusstag wird zusammen mit der Einberufung der Hauptversammlung in den Gesellschaftsblättern bekannt gemacht.

12.4 Zur Teilnahme an der Hauptversammlung und zur Ausübung des Stimmrechts sind diejenigen Aktionäre berechtigt, die rechtzeitig angemeldet und für die angemeldeten Aktien im Aktienregister eingetragen sind.

12.5 Das Stimmrecht kann durch Bevollmächtigte ausgeübt werden. Vollmachten, die der Aktionär der Gesellschaft oder einem von ihr benannten Stimmrechtsvertreter zuleitet, können auch auf einem von der Gesellschaft näher zu bestimmenden elektronischen Weg erteilt werden. Die Einzelheiten für die Erteilung dieser Vollmachten werden zusammen mit der Einberufung der Hauptversammlung in den Gesellschaftsblättern bekannt gemacht.

§ 13

13.1 Die Hauptversammlung leitet der Vorsitzende des Aufsichtsrats oder im Fall seiner Verhinderung ein anderes vom Aufsichtsrat zu bestimmendes Mitglied des Aufsichtsrats.

13.2 Wenn dies in der Einladung zur Hauptversammlung angekündigt ist, kann der Versammlungsleiter die audiovisuelle Übertragung der Hauptversammlung über elektronische Medien in einer von ihm näher zu bestimmenden Weise zulassen.

13.3 Der Versammlungsleiter regelt den Ablauf der Hauptversammlung. Er bestimmt die Reihenfolge der Redner. Ferner kann er das Frage- und Rederecht der Aktionäre zeitlich angemessen beschränken; er kann insbesondere zu Beginn der Hauptversammlung oder während ihres Verlaufs den zeitlichen Rahmen des Versammlungsverlaufs, der Aussprache zu den Tagesordnungspunkten sowie des einzelnen Frage- und Redebeitrags angemessen festsetzen. Bei der Festlegung der für den einzelnen Frage- und Redebeitrag zur Verfügung stehenden Zeit kann der Versammlungsleiter zwischen erster und wiederholter Wortmeldung und nach weiteren sachgerechten Kriterien unterscheiden.

Der Versammlungsleiter bestimmt das Abstimmungsverfahren. Er kann eine von der Einladung abweichende Reihenfolge der Verhandlungsgegenstände bestimmen.

13.4 Die Beschlüsse der Hauptversammlung werden, soweit nicht zwingende gesetzliche Vorschriften entgegenstehen, mit einfacher Mehrheit der abgegebenen gültigen Stimmen gefasst. Soweit nicht zwingende gesetzliche Vorschriften entgegenstehen, bedarf es für Satzungsänderungen einer Mehrheit von zwei Dritteln der abgegebenen Stimmen bzw., sofern mindestens die Hälfte des Grundkapitals vertreten ist, der einfachen Mehrheit der abgegebenen Stimmen. Sofern das Gesetz für Beschlüsse der Hauptversammlung außer der Stimmenmehrheit eine Kapitalmehrheit vorschreibt, genügt, soweit gesetzlich zulässig, die einfache Mehrheit des bei der Beschlussfassung vertretenen Grundkapitals.

6. Jahresabschluss, Gewinnverwendung

§ 14

Der Vorstand hat innerhalb der gesetzlichen Fristen den Jahresabschluss (Bilanz, Gewinn- und Verlustrechnung, Anhang) und den Lagebericht sowie den Konzernabschluss und -lagebericht aufzustellen und dem Aufsichtsrat sowie dem Abschlussprüfer vorzulegen.

§ 15

Stellen Vorstand und Aufsichtsrat den Jahresabschluss fest, können sie einen die Hälfte übersteigenden Teil des Jahresüberschusses in andere Gewinnrücklagen einstellen, bis die Hälfte des Grundkapitals erreicht ist.

§ 16

Soweit die Gesellschaft oder ihre Rechtsvorgängerin, die Allianz AG, Genussrechte gewährt hat und sich aus den jeweiligen Genussrechtsbedingungen für die Genussrechtsinhaber ein Anspruch auf Beteiligung am Bilanzgewinn ergibt, ist der Anspruch der Aktionäre auf diesen Teil des Bilanzgewinns ausgeschlossen.

§ 17

Die Hauptversammlung beschließt über die Verwendung des Bilanzgewinns. Sie kann anstelle oder neben einer Barausschüttung auch eine Sachausschüttung beschließen.

7. Schlussbestimmungen

§ 18

18.1 Der Gründungsaufwand in Bezug auf die Verschmelzung der RIUNIONE ADRIATICA DI SICURTÀ Società per Azioni (im Folgenden auch RAS) und der Allianz Aktiengesellschaft beträgt EUR 95.000.000.

18.2 Im Rahmen des Formwechsels der Allianz Aktiengesellschaft in die Allianz SE im Wege der Verschmelzung der RIUNIONE ADRIATICA DI SICURTÀ Società per Azioni auf die Allianz Aktiengesellschaft sind folgende Vorteile gewährt worden:

[...]

Lars Leuschner

§ 11 Der Massenverein – Die Satzung des Allgemeinen Deutschen Automobil-Clubs e.V.

Inhaltsübersicht

I. Einführung

Um einen Eindruck von der Bedeutung des „Allgemeinen Deutschen Automobilclubs“ (ADAC) zu gewinnen, genügt ein Blick auf seine Mitgliederzahl: Mit über 21 Millionen Mitgliedern[1] bewegt sich der Verein in einer Dimension, an die außer den beiden großen deutschen Religionsgemeinschaften[2] keine andere Organisation in Deutschland auch nur ansatzweise heranreicht.[3] Damit einher geht ein erheblicher wirtschaftlicher und auch politischer Einfluss: Bereits im Jahr 1933 war

---

1 Zum 31. Dezember 2019 hatte der ADAC e.V. 21.205.353 Mitglieder (Pressemitteilung des ADAC vom 17. Januar 2020).

2 Römisch-katholische Kirche in Deutschland: 23,3 Mio. (2017), Evangelischen Kirche in Deutschland: 21,5 Mio. (2017) (Quelle: Statistisches Jahrbuch 2019, S. 73).

3 Zum Vergleich: Der FC Bayern München e.V. hat als größter Sportverein der Welt 291.000 Mitglieder, die Siemens AG hat 850.000 Aktien ausgegeben (die Zahl der Aktionäre ist naturgemäß deutlich geringer).

https://doi.org/10.1515/9783110733839-012

von einem der „bedeutendsten und reichsten Sportverbände der Welt" die Rede.[4] Aus dem Jahr 1977 ist die Aussage von Vertretern der Versicherungswirtschaft überliefert, die – getrieben von der Sorge, der ADAC würde den Versicherungsmarkt erobern – meinten, der Verein habe in den Augen vieler Bürger „den gleichen Status und das gleiche Ansehen wie eine vom Staat getragene Institution".[5]

Lassen es schon die außergewöhnliche Größe und Bedeutung der Organisation des ADAC lohnenswert erscheinen, sich mit dessen statutarischen Grundlagen und ihrem Wandel über die Jahre zu befassen, wird die Aufgabe noch zusätzlich dadurch interessant, dass man es mit der Rechtsform des Vereins zu tun hat. Anders als vor allem im Aktien- oder Genossenschaftsrecht, wo das Gesetz die Verfassungen detailreich regelt und dem Satzungsgeber kaum Gestaltungsspielräume belässt (§ 23 Abs. 5 AktG, § 18 S. 2 GenG), sind die Regelungen des Vereinsrechts rudimentär und die bei der Ausgestaltung der Satzung verbleibenden Spielräume maximal (vgl. § 40 S. 1 BGB). Satzungen von Großvereinen erweisen sich hiernach meist als Fundgrube kautelarjuristischen Erfindungsreichtums. Nur beispielhaft erwähnt sei die auch den ADAC prägende Organisationsform des sogenannten Gesamtvereins, bei der ein Hauptverein in eine Vielzahl eigenständiger, sogenannter Zweigvereine untergliedert ist.[6] Die mit einer solchen Struktur verbundenen Rechtsfragen sind äußerst komplex und dürften sich außerhalb der Vorstellungskraft der meisten Vertreter des Kapitalgesellschaftsrechts bewegen. Ergiebig ist die Analyse der Satzung des ADAC zuletzt aber auch deshalb, weil deren Veränderungen im Laufe der über 100-jährigen Geschichte des Vereins sowohl die Entwicklung der Massenmotorisierung nachzeichnen als auch Spiegelbild der deutschen Geschichte sind.[7]

4 Schreiben von *Otto Madlener* an das AG München vom 24.11.1947.

5 LG Düsseldorf VersR 1979, 236, 237.

6 Näher unter III.2.

7 Folgende Satzungen wurden dem Verfasser für seine Untersuchung vom ADAC e.V. zur Verfügung gestellt bzw. beim Registergericht eingesehen: 1911, 1924, 1928, 1931, 1932, 1933, 1946, 1950, 1957, 1960, 1964, 1969, 1977, 1983, 1990, 1994, 2002, 2006, 2008, 2012, 2015, 2016, 2017, 2019, 2020.

II. Entwicklungsphasen des ADAC

1. Die Anfangsjahre (1903–1911)

Die Gründung des Vereins erfolgte am 24. Mai 1903 in Stuttgart unter dem Namen „Deutsche Motorradfahrer-Vereinigung" (DMV).[8] Zu diesem Zeitpunkt gab es in Deutschland bereits eine Reihe von Automobilclubs, die aber auf ein eher wohlhabendes Klientel zugeschnitten waren, das sich den Luxus eines „Motorwagens" leisten konnte.[9] Die Gründung des DMV zielte demgegenüber auf die „Motorisierung des kleinen Mannes".[10] Die Ursprünge des Vereins lagen im Milieu der Radfahrer, die das Motorrad als eine willkommene Fortentwicklung des Fahrrads betrachteten.[11] Der Aufruf zur Gründung des Vereins stammte vom 2. Vorsitzenden des Stuttgarter Radfahrervereins und pries die Vorzüge des Motorrads mit dem Hinweis, dieses vereinige in sich „alle Vorteile des ‚vulgären' Fahrrads mit denjenigen des für viele zu kostspieligen Automobils".[12] Am 9. November 1903 wurde der DMV beim königlichen Amtsgericht in Stuttgart ins Vereinsregister eingetragen.

Die erste Hauptversammlung des DMV fand am 12. Mai 1904 unter der Bezeichnung „1. Deutscher Motorradfahrertag" in Frankfurt am Main statt.[13] Dort wurde eine Satzung verabschiedet, die bereits eine Gliederung des Vereins in 13 Gaue (spätere „Regionalclubs") und Sektionen (spätere „Ortsclubs") vorsah.[14] Da im Folgejahr auf der zweiten Hauptversammlung in Eisenach *Dr. Josef Bruckmayer*, ein Arzt aus München, zum neuen Vorsitzenden gewählt wurde, verlegte der Verein seinen Sitz nach München und wurde im dortigen Vereinsregister am 1. Juni 1905 eingetragen.[15] Die Folianten, in denen die ersten Eintragungen erfolgten, sind beim Münchener Amtsgericht einsehbar. In ihnen erfolgten die Eintragungen noch für mehrere Vereine gemeinschaftlich, geordnet nach der Reihenfolge des Eintragungsantrags. Eine Vereinsregisternummer existierte seinerzeit noch nicht,

---

8 Ausführlich unter Abdruck der Gründungsurkunde *Graf von Seherr-Thoss*, 75 Jahre ADAC, 1903–1978, Tagebuch eines Automobilclubs, ADAC-Verlag, München 1978, S. 11 ff.

9 *Dultz* (Hrsg.), 100 Satzung Jahre ADAC, 2003, S. 12, 16.

10 *Bretz*, 50 Jahre ADAC im Dienste der Kraftfahrt: 1903–1953, 1953, S. 8.

11 *Merki*, Der holprige Siegeszug des Automobils 1895–1930: Zur Motorisierung des Straßenverkehrs in Frankreich, Deutschland und der Schweiz, 2002, S. 223.

12 Zeitschrift „Deutsche Rad- und Motorradfahrer" vom 14. Mai 1903 (zitiert nach *Merki* (Fn. 11), S. 223).

13 *Bretz* (Fn. 10), S. 20 f.

14 *Dultz* (Fn. 9), S. 12, 17; *Graf von Seherr-Thoss* (Fn. 8), S. 38, 194; näher dazu unter III.2.

15 *Bretz* (Fn. 10), S. 26 ff.; *Dultz* (Fn. 9), S. 13; *Graf von Seherr-Thoss* (Fn. 8), S. 150.

doch findet sich in der Spalte 6, „Bemerkungen", teilweise der Eintrag „Akt 304", ein Hinweis auf die spätere Registernummer des Vereins.[16]

Die Mitgliederzahl des DMV wuchs in der Folge rasant. Am Ende des Jahres 1905 konnte der Verein bereits den Beitritt des 10.000sten Mitglieds verkünden.[17] 1907 wurde der Vereinsname geringfügig verändert und lautete fortan „Deutsche Motorfahrer-Vereinigung." Damit wurde dem Umstand Rechnung getragen, dass die Kosten für die Anschaffung eines Automobils inzwischen deutlich gesunken waren und innerhalb der Mitgliederschaft die „Wagenfahrer" zahlenmäßig die Motorradfahrer überholt hatten.[18]

2. Der Aufstieg des ADAC zum Großverein (1911–1932)

Im Jahr 1911 erfolgte eine weitere Umbenennung und der Verein erhielt seinen heutigen Namen: „Allgemeiner Deutscher Automobilclub (ADAC)".[19] Die auf einer außerordentlichen Hauptversammlung am 20. August 1911 in Frankfurt am Main beschlossene Satzung enthielt bereits viele wesentliche Elemente, die auch heute noch die Satzung des Vereins prägen. Die Aufnahmegebühr für Club-Mitglieder betrug 5 Mark, der Jahresbeitrag 10 Mark. Eine Ermäßigung war vorgesehen für „Chauffeure, unselbständige Mechaniker und Angehörige verwandter Berufsarten", für die es eine eigene „Chauffeur-Abteilung" gab.[20] Im Jahr 1913 war der Verein mit 21.000 Mitgliedern bereits der größte Kraftfahrerverband in Deutschland.[21]

Gebremst wurde die Entwicklung des Vereins sodann durch den Ersten Weltkrieg, in dem viele Mitglieder des ADAC ihr Leben verloren.[22] Um die vorhandenen Automobile in den Dienst des Krieges stellen zu können, wurden Privatfahrten mit dem eigenen Fahrzeug in dieser Zeit untersagt.[23] Im Laufe der 20er Jahre verbesserte sich die Situation jedoch deutlich. 1928 gründete der Verein einen Straßenhilfsdienst, den Vorläufer der 1954 (wieder) eingeführten ADAC-Straßenwacht, deren Fahrzeuge als „Gelbe Engel" noch heute maßgeblich die Wahrneh-

16 Wobei nicht auszuschließen ist, dass die entsprechenden Einträge später hinzugefügt worden sind.

17 „Deutscher Motorradfahrer" Nr. 24 vom 23.11.1905 (abgedruckt in *Dultz* (Fn. 9), S. 13).

18 *Bretz* (Fn. 10), S. 52; *Graf von Seherr-Thoss* (Fn. 8), S. 21.

19 Siehe Abdruck des Beschlusses bei *Graf von Seherr-Thoss* (Fn. 8), S. 39.

20 § 4 Satzung 1911.

21 *Graf von Seherr-Thoss* (Fn. 8), S. 21.

22 Vgl. *Bretz* (Fn. 10), S. 61 ff.; *Graf von Seherr-Thoss* (Fn. 8), S. 21.

23 *Graf von Seherr-Thoss* (Fn. 8), S. 75.

mung des ADAC in der Öffentlichkeit prägen.[24] Trotz der Weltwirtschaftskrise, die eine erhebliche Verteuerung von Öl und Benzin bewirkte,[25] erreichte der Verein bis 1933 eine Mitgliederzahl von 115.000.[26] Spätestens seit diesem Zeitpunkt wird man den ADAC als „Großverein" bezeichnen müssen.

3. Nationalsozialismus (1933–1945)

Mit der Machtergreifung *Adolfs Hitlers* Anfang 1933 änderten sich die Dinge radikal.[27] Obwohl der Verein noch am 24. Januar 1932 den Hinweis auf die parteipolitische Neutralität in seine Satzung aufgenommen hatte – die Satzungsänderung erlangte mangels Eintragung allerdings nie Wirksamkeit –, wurde alsbald eine Reihe von Maßnahmen ergriffen, die ersichtlich darauf zielten, sich die Gunst des neuen Regimes zu sichern. Das reichte von öffentlichen Solidaritätsbekundungen gegenüber den Nationalsozialisten, einschließlich eines Besuchs des Präsidiums in der Reichskanzlei am 14. März 1933 (*Hitler* war seit 1925 Mitglied des ADAC),[28] über verstärkte Aktivitäten im Wehrsport bis hin zu einem Beschluss des Verwaltungsrats vom 30. April 1933, jüdische Mitglieder auszuschließen.[29] Die dem zugrunde liegenden Motive mögen vielschichtig gewesen sein und von Angst vor Repressalien, Opportunismus, allgemeiner nationaler Begeisterung bis hin zu antisemitischer Überzeugung gereicht haben.[30] Die wohl wichtigste Triebfeder war die Sorge, der Verein könne ohne entsprechende Kooperation mit dem Regime der Nationalsozialisten bei der sich abzeichnenden Gleichschaltung seine Vorrangstellung einbüßen.[31]

---

24 *Graf von Seherr-Thoss* (Fn. 8), S. 107, 126 ff.; vgl. auch *Bretz* (Fn. 10), S. 143 f.
25 Dazu *Hochstetter*, Motorisierung und Volksgemeinschaft, 2005, S. 193 f.
26 Siehe Überblick über die Mitgliederentwicklung bei *Graf von Seherr-Thoss* (Fn. 8), S. 27.
27 Ausführlich *Hochstetter* (Fn. 25), S. 191 ff.
28 *Hochstetter* (Fn. 25), S. 194.
29 *Hochstetter* (Fn. 25), S. 194 und 203 f.
30 *Hochstetter* (Fn. 25), S. 204 f.; vgl. auch die Beschreibung von *Bretz* (Fn. 10), S. 105 ff.
31 So der damalige Präsident *Hermann Fulle* in einem Schreiben vom 22.2.1934 an den Rechtsanwalt *Trendel* (zitiert nach der Beschlussbegründung des LG München I vom 6. Juni 1934); siehe auch *Hochstetter* (Fn. 25), S. 204, 208; *Graf von Seherr-Thoss* (Fn. 8), S. 118.

a) Umwandlung des ADAC in den DDAC

Maßgeblich vorangetrieben wurde die Zusammenfassung der verschiedenen Kraftfahrzeugverbände zu einem Einheitsclub unter der Führung der Nationalsozialisten von Obergruppenführer *Adolf Hühnlein*, dem Korpsführer des Nationalsozialistischen Kraftfahrkorps (NSKK), einer im Jahr 1930 gegründeten Unterorganisation der NSDAP.[32] Auf seinen Druck hin unterzeichnete der damalige Präsident, Rechtsanwalt *Hermann Fulle*, im Namen des ADAC am 24. Juli 1933 in Baden-Baden ein Abkommen, an dem neben dem NSKK auch Vertreter dreier weiterer Automobilclubs beteiligt waren („Automobilclub von Deutschland [AvD]", „Deutscher Touring Club [DTC]", „Nationaler Deutscher Automobilklub [NDA]").[33] Hierin wurde dem NSKK die Führungsrolle im Kraftfahrzeugwesen zugewiesen und vereinbart, dass die übrigen Automobilclubs zu einem vom NSKK zu unterscheidenden Einheitsclub zusammengeführt werden sollten. Die Hoffnung des ADAC, er könne bei dem Neuaufbau des Einheitsclubs eine besondere Stellung erlangen, schien sich in der Folge zu bewahrheiten. Der Verein sollte nach entsprechender Umbenennung der von den Nationalsozialisten gewünschte Einheitsclub werden und konnte auf diese Weise zunächst seine Existenz bewahren. Demgegenüber wurden die übrigen Automobilverbände in der Folge dazu gedrängt, sich selbst aufzulösen und ihre Mitglieder dem neuen Einheitsclub zuzuführen.[34]

Die beim Amtsgericht in München geführte Registerakte zeigt eindrucksvoll, mit welcher Konsequenz und Geschwindigkeit die Umwandlung des ADAC in einen unter der Leitung der Nationalsozialisten stehenden Einheitsclub umgesetzt wurde. Am 28. November 1933 erfolgte die Eintragung der Namensänderung von ADAC in „Der Deutsche Automobil-Club e.V. (DDAC)". Zugleich wurde dem Präsidenten Alleinvertretungsbefugnis sowie die Zuständigkeit für Satzungsänderungen eingeräumt. Am 21. Dezember 1933 erfolgte sodann die Eintragung einer von *Fulle* am 2. Dezember 1933 beschlossenen Neufassung der Satzung. Diese sah unter anderem vor, dass sämtliche Funktionäre einschließlich der Mitglieder des Präsidiums von dem Korpsführer des NSKK bestellt werden mussten[35] und Satzungsänderungen vom Präsidenten nur im Einvernehmen mit dem Korpsführer des NSKK beschlossen werden konnten.[36] Die Aufgabe der Hauptversammlung beschränkte sich nach der Satzung darauf, „dem Präsidenten wichtige Eindrücke

32 *Graf von Seherr-Thoss* (Fn. 8), S. 118 ff.; *Hochstetter* (Fn. 25), S. 192.
33 *Hochstetter* (Fn. 25), S. 207 f.; *Graf von Seherr-Thoss* (Fn. 8), S. 120.
34 *Hochstetter* (Fn. 25), S. 209 ff.
35 § 9 Abs. 3 Satzung 1933.
36 § 16 Abs. 1 Satzung 1933.

aus den Reihen der Gefolgschaft [zu vermitteln]".[37] Einen Tag später, am 22. Dezember 1933, erfolgte die Eintragung, dass *Fulle* nicht mehr Präsident war und an seine Stelle *Günther Freiherr von Egloffstein* trat.[38] Dieser wird in einem in der Registerakte enthaltenen Schreiben als „willige[r] nationalsozialistische[r] Exponent und Freund des Obergruppenführers Hühnlein sowie langjähriges Parteimitglied" bezeichnet.[39]

Bemerkenswert ist, dass der grundlegenden, die Transformation des ADAC in den DDAC einleitenden Eintragung vom 28. November 1933 kein Beschluss der Hauptversammlung zugrunde lag. Sie erfolgte vielmehr aufgrund eines im Umlaufverfahren eingeholten Vorstandsbeschlusses, welcher am 16. November 1933 initiiert worden war.[40] Gestützt wurde er auf § 22 Abs. 3 der Satzung aus dem Jahr 1931, wonach „in besonders dringlichen Fällen" das Präsidium Maßnahmen treffen konnte, die dem Verwaltungsrat oder der Hauptversammlung vorbehalten waren. *Otto Madlener*, früherer Erster Vorsitzender des Gaus Südbayern und Mitglied des Verwaltungsrats des ADAC, erhob am 18. Dezember 1933 gegen die Eintragung Beschwerde beim Landgericht München I mit der Begründung, es habe an der eine Zuständigkeit des Vorstandes begründenden Dringlichkeit gefehlt.[41] Zwar entschied das Gericht zunächst im Sinne von *Madlener*,[42] dennoch zog dieser anschließend auf Druck der Gestapo – man bezichtigte ihn der „Sabotage des Einigungswerkes der deutschen Kraftfahrt im nationalsozialistischen Geiste"[43] – im Februar 1934 seine Beschwerde zurück.[44] Das Gericht fasste am 6. Juni 1934 (erneut) einen Beschluss, in dem es die Rechtmäßigkeit der Eintragung feststellte. In der Begründung hieß es unter anderem:

> „Mit der Ergreifung der Macht im Reiche durch den Nationalsozialismus war neben der Einigung des Volkes auch die Zusammenfassung der einzelnen Berufsstände, ihr Ausbau und

---

37 § 15 Abs. 3 Satzung 1933.

38 Dem zugrunde gelegen haben soll ein „scharfer Briefwechsel" zwischen *Adolf Hühnlein* und *Hermann Fulle* (*Bretz* (Fn. 10), S. 107 f.).

39 Schreiben von *Otto Madlener* an das LG München I vom 20.5.1946, S. 1 (in der Registerakte).

40 Dies folgt aus dem vom 22.11.1933 datierten Eintragungsantrag (in der Registerakte). Eine zuvor auf einen Beschluss des Verwaltungsrats vom 12.8.1933 gestützter Eintragungsantrag vom 16.10.1933 wurde offenbar abgelehnt, weil die ihm zugrunde liegende Regelung des § 26 Abs. 3 der am 24.1.1932 beschlossenen Satzung mangels Eintragung im Vereinsregister keine Wirksamkeit erlangt hatte (siehe Beschluss des LG München I vom 6.6.1934, S. 4 (in der Registerakte)).

41 Siehe Beschluss des LG München I vom 6.6.1934, S. 2 (in der Registerakte).

42 Vgl. das Schreiben von *Otto Madlener* an das LG München I vom 8.4.1946, S. 1 (in der Registerakte) sowie Beschluss des LG München I vom 6.6.1934, S. 3 (in der Registerakte).

43 Vgl. das Schreiben von *Adolf Hühnlein* an *Otto Madlener* vom 5.12.1933 (in der Registerakte).

44 Ausweislich eines Schreibens von *Otto Madlener* an das LG München I vom 8.4.1946 (in der Registerakte) wurde er seinerzeit von der Gestapo viermal geladen und bedroht.

> ihre Organisation im Sinne des Führerprinzips das Gebot der Stunde. Das Kraftfahrtwesen konnte nicht zurückstehen."[45]

Die nach der Satzung erforderliche Dringlichkeit begründete das Gericht damit, *Hühnlein* habe im August des Jahres den sofortigen Zusammenschluss der Automobilverbände verfügt. „Neben der sich hieraus ergebende Notwendigkeit zu raschem Handeln" hätte zudem die Befürchtung, der ADAC würde beim Zusammenschluss andernfalls „in keiner Weise eine Vorzugsstellung erlangen", verlangt, „keine Zeit zu verlieren".[46] Dass es auch keiner nachträglichen Genehmigung der Entscheidung durch die Hauptversammlung bedurfte, begründete das Gericht mit dem Führerprinzip, das „mit einer solchen Auffassung im Widerspruch gestanden hätte".[47]

In den folgenden Jahren wurde der DDAC immer weiter zu Gunsten des NSKK entmachtet.[48] Unter anderem verfügte *Hühnlein* im Jahr 1936, dass sportliche Aktivitäten fortan ausschließlich vom NSKK durchgeführt werden durften. Nachdem mit Kriegsbeginn die private Nutzung von Kraftfahrzeugen verboten wurde, sank die Mitgliederzahl drastisch. Der Verein bestand jedoch bis zum Kriegsende fort.

b) „Vergewaltigtes Opfer des Nazisystems" oder „Überleitung aus freiem Entschluss"?

Bereits unmittelbar nach Ende des Nazi-Regimes wurde die Frage diskutiert, ob der ADAC zwangsweise in den DDAC überführt wurde, oder ob es sich doch eher um einen freiwilligen Akt handelte. Prägnant formuliert wird dies in einem Schreiben eines Präsidiumsmitglieds des Automobilclubs von Deutschland (AvD) vom 20. Dezember 1948 an das Registergericht in München mit der Bitte um „Feststellung der Wahrheit". Es stelle sich die Frage, ob der ADAC

> „[...] vom nazistischen Gewaltsystem widerrechtlich unter Verletzung von Recht und Gesetz aufgelöst und seines [sic] Vermögens beraubt wurde, oder ob die Satzungsänderung vielmehr, wie von anderer Seite behauptet und auch angeblich in einem früher durchgeführten Rechtsstreit bereits festgestellt ist, eine freiwillige der alten Clubleitung war. Die Beurteilung dieser Rechtsfragen hat insofern prinzipielle Bedeutung, als festgestellt werden muss, ob der alte ADAC in der Tat ein vergewaltigtes Opfer des Nazisystems war, oder ob die Überlei-

---

45 Beschluss des LG München I vom 6.6.1934, S. 9 (in der Registerakte).

46 A. a. O. S. 9 f.

47 A. a. O. S. 8.

48 Hierzu und zum Folgenden *Hochstetter* (Fn. 25), S. 226 f.; *Bretz* (Fn. 10), S. 108 f.

> tung des Clubs in die Hände des Hitler-Regimes aus freiem Entschluss erfolgte, indem sich die Clubleitung damals ‚auf den Boden der Tatsachen stellte!'"

Wenig überraschend findet sich in der Registerakte hierauf keine Antwort. Die bekannten Fakten lassen nur bedingt Rückschlüsse zu. Kritisch zu sehen ist sicherlich das Verhalten des damaligen Präsidiums rund um den Präsidenten *Fulle*, von Beruf Rechtsanwalt, der maßgeblich zum raschen und vereinsrechtlich höchst fragwürdigen Anschluss des Vereins an das Nazi-Regime beigetragen hat. Über die Frage, welche Motive für ihn maßgeblich waren, lässt sich nur spekulieren. Das Bestreben, den ADAC vor der Bedeutungslosigkeit zu bewahren, ist nachvollziehbar und vermag sein Verhalten sicherlich ein Stück weit zu erklären. Zum Teil war *Fulle* nach dem Krieg aber auch erheblichen Anschuldigungen ausgesetzt. Der bereits erwähnte *Otto Madlener* warf ihm vor, sich „mit *Hühnlein* zu dem ADAC-Handel prostituiert [zu haben] in der Meinung, er würde bei dieser Gelegenheit Club-Präsident mit ‚Führerprinzip' werden und bleiben und könnte wirtschaften wie er wollte, ohne jemand fragen zu müssen".[49] Die Handelnden hätten „ihre Pflichten als ADAC-Präsidenten auf das gröbste missbraucht [...] und den ADAC satzungswidrig an den DDAC verschachert".[50]

Inwieweit die Kritik berechtigt ist, lässt sich anhand der im Rahmen der Registerrecherche ausgewerteten Quellen kaum beurteilen. Der Umstand, dass *Fulle* und seine Präsidiumskollegen noch vor Ende des Jahres 1933 zurücktreten mussten, ist zumindest ein Indiz dafür, dass er den Nationalsozialisten offenbar nicht übermäßig nah gestanden hat. Auch *Madlener* relativiert seine Kritik ein Stück weit, wenn er davon spricht, die ehemaligen ADAC-Präsidenten seien einer „nationalsozialistischen Bauernfängerei" zum Opfer gefallen.[51] Festgehalten werden kann auf jeden Fall, dass die Transformation des ADAC in den DDAC nicht durch den Willen der Mitglieder legitimiert war. Denn wie bereits erwähnt, wurde die sie repräsentierende Hauptversammlung nicht in die Entscheidung einbezogen.

---

49 Schreiben von *Otto Madlener* an das LG München I vom 22.5.1946, S. 3 (in der Registerakte).
50 A. a. O. S. 2.
51 A. a. O. S. 1.

4. Neuaufbau nach dem Zweiten Weltkrieg

a) Neu- bzw. Wiedergründung des ADAC am 5.12.1946

Nach dem Zweiten Weltkrieg fanden alsbald Verhandlungen mit der Militärregierung über die Wiedergründung des ADAC statt.[52] Ende 1946 lud der damalige Münchener Stadtrat *Ludwig Sporer* mit Genehmigung des Bayerischen Staatsministeriums zu einer „Wiedergründungsversammlung des Allgemeinen Deutschen Automobil-Clubs" ein. Die entsprechende Kompetenz war dem Ministerium kurz zuvor vom Alliierten Kontrollrat übertragen worden. Auf der Versammlung, die am 5.12.1946 im Sitzungssaal des Rathauses in München unter Teilnahme von 76 Herren stattfand, wurde eine Satzung verabschiedet und *Sporer* zum Präsidenten gewählt.[53]

Die Anmeldung des Vereins zum Vereinsregister erfolgte am 16.7.1947. In ihr wird die „Wiederherstellung des alten Namens des Vereins ‚Allgemeiner Deutscher Automobil-Club (ADAC)' statt ‚Der Deutsche Automobil-Club (DDAC)'" beantragt. Die Eintragung erfolgte sodann am 6.8.1947. Formal handelte es sich dabei nicht um eine Neueintragung, sondern es wurde an die fortlaufende Nummerierung des bis dahin als DDAC eingetragenen Vereins angeknüpft. Am 12.11.1948 erfolgte eine weitere Eintragung, in der ausdrücklich auf die Errichtung der Satzung am 1.5.1905 sowie deren Änderung vom 5.12.1946 verwiesen wird.

Die dem neu gegründeten ADAC erteilte Genehmigung beschränkte sich zunächst auf Bayern und wurde erst später auf die gesamte amerikanische Besatzungszone ausgedehnt.[54] In der britischen Besatzungszone konnte der Verein erst Ende 1947 aktiv werden. Die in der Zwischenzeit aus verschiedenen Sektionen gebildete ADAC-Gruppe Nord-West schloss sich in der Folge ebenso wie die Sektion Nordrhein dem in München gegründeten Verein an. In der französischen Besatzungszone wurde der ADAC sogar erst im August 1949 wieder zugelassen. Auch dort hatten sich regionale Gruppierungen gebildet, die sich nunmehr dem ADAC anschlossen.

---

52 Ausführlich *Graf von Seherr-Thoss* (Fn. 8), S. 15 f.; *Bretz* (Fn. 10), S. 133 f.

53 Auszug aus dem Protokoll der Widergründungsversammlung vom 5.12.1947 (in der Registerakte).

54 Hierzu und zum Folgenden *Graf von Seherr-Thoss* (Fn. 8), S. 18 ff.; 122 f.; *Bretz* (Fn. 10), S. 134 f.

b) Verhältnis von „altem" und „neuem" ADAC

aa) Rechtliche Identität?

Die beschriebenen Eintragungen im Vereinsregister des Amtsgerichts München deuten auf eine rechtliche Identität zwischen dem nach dem Zweiten Weltkrieg (wieder) gegründeten heutigen ADAC e.V. und dem 1905 als „Deutsche Motorradfahrer-Vereinigung" bereits eingetragenen Verein hin. Ausweislich des Vereinsregisters sieht es so aus, als habe der Verein lediglich mehrfach seinen Namen geändert, zuletzt von „Der Deutsche Automobil-Club" (DDAC) in „Allgemeiner Deutscher Automobil-Club (ADAC)". Bei näherer Betrachtung zeigt sich jedoch, dass dies nicht der materiellen Rechtslage entspricht. Im Einzelnen:

Zunächst wird man davon ausgehen müssen, dass der ursprüngliche Verein nicht im Jahre 1933 erlosch. Der bei der Neufassung der Satzung im Jahr 1950 in § 1 aufgenommene und bis heute unveränderten Passus, wonach der am 24. Mai 1903 gegründete Verein „im Jahr 1933 zwangsweise aufgelöst [wurde]", beschreibt die Dinge in rechtlicher Hinsicht unzutreffend. Der damalige Verein wurde nicht aufgelöst, sondern hat allenfalls seinen Namen in DDAC geändert. Ob die Namensänderung sowie die in diesem Zusammenhang weiteren Umstrukturierungsmaßnahmen Wirkung entfaltet haben, hängt davon ab, wie man den ihnen zugrunde liegenden Vorstandsbeschluss sowie die Konsequenzen der entsprechenden Eintragungen im Vereinsregister beurteilt.[55] Die rechtliche Existenz des Vereins war davon in keinem Fall betroffen.[56]

Schwieriger zu beurteilen ist, ob der nunmehr als DDAC firmierende Verein mit Ende des Dritten Reichs im Jahr 1945 seine Existenz eingebüßt hat. Die Frage war in den Jahren 1946/47 Gegenstand eines von *Otto Madlener* initiierten Rechtsstreits, in dem dieser die Auffassung vertrat, der ADAC resp. DDAC sei nie aufgelöst worden.[57] Für diese These spricht der Teilauszug eines sich in den Akten befindlichen Schreibens des Bayerischen Staatsministeriums für Verkehrsangelegenheiten vom 29.1.1947, wonach der DDAC „unter Vermögenskontrolle gem. Ge-

---

55 Es spricht viel dafür, dass die entsprechenden Beschlüsse nicht von der Zuständigkeit des Vorstandes erfasst und daher nichtig waren und auch keine Heilung eingetreten ist (vgl. zur Wirkung der Eintragung im Falle der Nichtigkeit BeckOGK/*Notz*, 15.9.2018, BGB § 33 Rn. 54).

56 Insoweit zutreffend der Beschluss des LG München I vom 6.6.1934, S. 11 (in der Registerakte): „[D]ie Anschauung, die von Mitgliedern des früheren ADAC geäußert worden ist, als wenn der DDAC nicht die Fortführung der Rechtspersönlichkeit des ADAC sei, [ist] rechtlich nicht haltbar".

57 Schreiben von *Otto Madlener* an das LG München I vom 8.4.1946, 12.4.1946 und 22.5.1946 sowie an das Registergericht München vom 30.11.1946, 7.12.1946 und 24.11.1947 (allesamt in der Registerakte), in denen dieser die Auffassung vertrat, aufgrund der Fortexistenz des „alten" ADAC hätte die Neugründung vom 5.12.1946 nicht eingetragen werden dürfen.

setz 52" stehe. In dieselbe Richtung deutet, dass die Militärregierung offenbar *Sporer* im Vorfeld der Neugründung Ende 1946 als Treuhänder des DDAC eingesetzt hatte.[58] Das Registergericht beim Amtsgericht München vertrat indes die gegenteilige Auffassung und begründete dies damit, mit dem Einmarsch der Amerikaner seien nach einer „nicht veröffentlichten Anordnung der Militärregierung sämtliche Vereine aufgelöst" worden.[59] Das Landgericht München I stimmte dem im Ergebnis zu und meinte, „[d]aß [...] der Verein DDAC mit dem Zusammenbruch der nationalsozialistischen Herrschaft zu bestehen aufgehört hat, braucht keiner besonderen Begründung".[60]

Ob der DDAC 1933 aufgelöst wurde, kann letztlich aber auch dahinstehen. Selbst wenn man unterstellen wollte, dass der „alte" ADAC unter entsprechendem Namen über 1945 hinaus fortbestanden hat, wird man zu dem Ergebnis gelangen müssen, dass es sich bei dem am 5.12.1946 gegründeten Verein rechtlich um eine Neugründung handelte. Das folgt schon daraus, dass der an diesem Tag geladene und versammelte Personenkreis nicht ansatzweise mit dem Mitgliederkreis des ursprünglichen Vereins übereinstimmte.[61] In dem Versammlungsprotokoll heißt es folglich auch, dass „alle Anwesenden mit Ausnahme *Madleners* ihren Beitritt zum neuen ADAC erklärt [hätten]".[62] Schließlich soll auch *Ludwig Sporer*, der Initiator der Neugründung, ausdrücklich darauf hingewiesen haben, dass es sich bei dem neu gegründeten Verein um einen neuen, anderen Club handelt.[63] Warum man darauf offenbar Wert gelegt hat, erhellen die Ausführungen, die Rechtsanwalt *Dr. Manfred Heirich*, Präsidiumsmitglied des neuen Vereins, mit Schreiben vom 17.9.1947 gegenüber dem Registergericht machte:[64]

> „Entscheidend ist aber unwiderleglich in dieser Frage der Wille der Besatzungsmächte. Diese haben sich unmissverständlich dahingehend ausgesprochen, dass eine stillschweigende

---

58 *Graf von Seherr-Thoss* (Fn. 8), S. 15.

59 Beschluss des AG München vom 24.9.1947.

60 Beschluss des LG München I vom 5. 11. 1947, S. 4. In der Literatur findet sich auch die Behauptung, der DDAC sei gemäß Art. 1 des vom Alliierten Kontrollrat am 10. Oktober 1945 erlassenen „Kontrollratsgesetz Nr. 2" als eine von einer NS-Gliederung abhängige Organisation „liquidationslos aufgelöst" worden (*Hochstetter* (Fn. 25), S. 228 mit Fn. 183). Hiergegen spricht allerdings, dass die maßgebliche Liste im Anhang zu dem Gesetz den NSKK, nicht aber den DDAC aufführt.

61 Schreiben von Rechtsanwalt *Dr. Manfred Heirich* an das Registergericht München vom 17.9.1947, S. 1 f. (in der Registerakte).

62 Auszug aus dem Protokoll der Wiedergründungsversammlung vom 5.12.1947 (in der Registerakte); einzig *Otto Madlener* verweigerte den Beitritt, da er eine Neugründung für nicht erforderlich hielt (siehe auch *Graf von Seherr-Thoss* (Fn. 8), S. 18 Fn. 2).

63 Schreiben von *Otto Madlener* an das OLG München I vom 23.8.1947, S. 1 (in der Registerakte).

64 Schreiben von Rechtsanwalt *Dr. Manfred Heirich* an das Registergericht München vom 17.9.1947, S. 2 (in der Registerakte).

Weiterführung des Vereinslebens – auch bei Anknüpfung an die Zustände vor 1933 – von ihnen nicht geduldet wird [...]. Es ist auch klar, dass den Besatzermächten eine Garantie für eine durchgreifende, politische Säuberung des Vereinslebens nicht gegeben erscheint, wenn eine einfache Fortführung früherer Vereinsgebilde gestattet würde."

bb) Legitime Nachfolgeorganisation?

Von der Frage nach der rechtlichen Identität zu unterscheiden ist die Frage, ob es sich bei dem 1946 neu gegründeten Verein um die legitime Nachfolgerorganisation des 1903 in Stuttgart gegründeten Vereins handelt. Sie spielte vor allem im Rahmen der Diskussion, wer fortan berechtigt sei, den Namen „ADAC" zu führen, eine Rolle. So opponierte etwa der einige Monate zuvor beim Registergericht in Dortmund eingetragen ADAC Westfalen-Lippe e.V. mit Schreiben vom 21.5.1947 gegen die Eintragung des Münchener Vereins und beanspruchte die Namensrechte für sich.[65] Zudem stellte sich die Frage, wer Anspruch auf die ehemaligen Vermögenswerte des ADAC resp. DDAC hat.[66]

Otto Madlener sprach dem Ende des Jahres 1946 neu gegründeten Verein jede Berechtigung zur Fortführung des Namens des ehemaligen ADAC ab. Es liege die Neugründung eines Automobilclubs vor, „der die ungeheure Frechheit besitzt, sich den Namen unseres alten ADAC zuzulegen, mit demselben Reklame zu machen und zu behaupten, er sei der ADAC".[67] Die Gründungsversammlung fand seiner Einschätzung nach unter „sehr undemokratischen Umständen" statt.[68] Worauf *Madlener* seine Bedenken letztlich stützte, bleibt trotz umfangreicher von ihm verfasster Schriftsätze im Dunkeln. Die Vertreter des neu gegründeten Vereins betonten demgegenüber die Ordnungsgemäßheit der Neugründung und führten aus, *Ludwig Sporer* sei persönlich vom Bayerischen Verkehrsministerium damit beauftragt worden.[69] Das Landgericht München I schloss sich dem in einem Beschluss vom 5.11.1947 an und bestätigte die Rechtmäßigkeit der Eintragung. Auch im Übrigen setzte sich die Auffassung durch, dass es sich bei dem Ende 1946 gegründeten Verein um die legitime Nachfolgeorganisation des „alten"

---

65 Schreiben des ADAC Westfalen-Lippe an das Registergericht München vom 21.5.1947 (in der Registerakte).
66 Hierzu u. a. Schreiben von *Otto Madlener* an das LG München I vom 12.4.1946 sowie an das Registergericht München vom 24.11.1947, S. 6 f. (in der Registerakte); vgl. auch *Graf von Seherr-Thoss* (Fn. 8), S. 15 ff.
67 Schreiben von *Otto Madlener* an das Registergericht München vom 23.8.1947, S. 1 (in der Registerakte).
68 Schreiben von *Otto Madlener* an das Registergericht München vom 7.12.1946, S. 1 (in der Registerakte).
69 Schreiben von Rechtsanwalt *Dr. Manfred Heirich* an das Registergericht München vom 17.9.1947, S. 2 (in der Registerakte).

ADAC handelt. Dies zeigt sich nicht zuletzt daran, dass es im Jahr 1948 gelang, das im Jahr 1928 bezogene und nach Ende des Zweiten Weltkriegs beschlagnahmte Club-Gebäude in der Münchener Königinstraße 11a zurückzuerlangen.[70]

cc) Fazit

Resümierend lässt sich festhalten, dass der heutige, am 5.12.1946 gegründete ADAC e.V. entgegen dem durch die Registerakte vermittelten Eindruck nicht mit dem ursprünglichen 1903 in Stuttgart gegründeten ADAC identisch ist. Gleichwohl ist der neu gegründete ADAC aber ohne Zweifel legitime Nachfolgeorganisation oder – um mit den Worten von § 1 der Satzung zu sprechen – „Träger der Tradition des am 24. Mai 1903 gegründeten [...] ADAC".[71]

5. Aufstieg zum Vereinskonzern (1950–2013)

Im Jahr 1950 wurde auf der Hauptversammlung in Kiel eine Neufassung der Satzung beschlossen, deren Inhalt in wesentlichen Teilen die kommenden Jahrzehnte überdauerte und prägte. Die sich ab diesem Zeitpunkt vollziehende Mitgliederentwicklung war rasant und Ausweis des beginnenden „Wirtschaftswunders": Bereits im Jahr 1951 erreichte der Verein mit 112.000 Mitgliedern einen Stand, der etwa dem vor Beginn des Dritten Reichs entsprach.[72] Im Jahr 1965 wurde die Marke von 1.000.000 Mitgliedern erreicht.[73] Der stärkste Mitgliederanstieg fand aber Ende der 1970er Jahre statt, als ausweislich der Vereins-Chronik alle 40 Sekunden ein neues Mitglied aufgenommen wurde.[74] Bis zum Jahr 2013 wuchs der Mitgliederbestand auf knapp 19 Mio.[75]

Mit dieser rasanten Entwicklung ging der Ausbau des Vereins zu einem Vereinskonzern mit umfangreichen wirtschaftlichen Aktivitäten einher. Bereits Ende der 1950er Jahre begann deren Auslagerung in eigenständige Tochtergesellschaften und damit der Aufbau eines Vereinskonzerns. So wurden unter anderem 1957 die ADAC-Reise- und Wirtschaftsdienst GmbH (später: ADAC Reise GmbH) und

70 *Graf von Seherr-Thoss* (Fn. 8), S. 123.
71 So unverändert seit der Neufassung der Satzung im Jahr 1950.
72 *Bretz* (Fn. 10), S. 135; *Graf von Seherr-Thoss* (Fn. 8), S. 27.
73 *Graf von Seherr-Thoss* (Fn. 8), S. 27, 98.
74 Abrufbar unter: www.adac.de/der-adac/verein/geschichte (zuletzt abgerufen am 20.3.2020).
75 Pressemitteilung des ADAC e.V. vom 03.02.2014 („ADAC Mitgliederentwicklung im Januar 2014").

1958 die ADAC Verlag GmbH gegründet.[76] Ende des Jahres 1977 folgte als siebte Tochtergesellschaft die ADAC Rechtsschutz-Versicherungs-AG, deren Tätigkeit darin bestand, ADAC-Mitgliedern Verkehrsrechtsversicherungsschutz anzubieten.[77] Alarmiert durch die Marktmacht des ADAC e.V. und seiner Tochtergesellschaften erhoben als Reaktion darauf die drei damals führenden Anbieter von Rechtsschutzversicherungen vor dem Landgericht Düsseldorf Unterlassungsklage gegen den ADAC e.V. und begründeten diese unter anderem damit, die wirtschaftlichen Betätigungen des Vereins in Tochtergesellschaften verstießen gegen das in § 21 BGB enthaltene Gebot der Nichtwirtschaftlichkeit.[78] Das sei wettbewerbsrechtlich relevant, weil sich der Verein durch den entsprechenden Rechtsverstoß einen unlauteren Vorteil gegenüber seinen Wettbewerbern verschaffe. Das Verfahren wurde durch drei Instanzen geführt und endete mit der berühmten ADAC-Entscheidung des Bundesgerichtshofs vom 29.9.1982.[79] Das oberste Gericht widersprach der Rechtsauffassung der Kläger und gab dem ADAC Recht. Die zentrale Aussage des Urteils lautet, dass sich ein Verein im Zusammenhang mit der Frage, ob er ein nichtwirtschaftlicher Verein im Sinne von § 21 BGB ist, die wirtschaftlichen Aktivitäten rechtlich eigenständiger Tochtergesellschaften nicht zurechnen lassen muss.[80]

Das Urteil, das man auch als „Freibrief“ zur Bildung von Vereinskonzernen bezeichnen kann, hatte maßgeblichen Einfluss auf den ADAC und darüber hinaus auf die gesamte Vereinslandschaft.[81] Viele Vereine im Bereich der Wohlfahrtspflege, des Profisports usw. lagerten fortan ihre wirtschaftlichen Betätigungen in Kapitalgesellschaften aus und intensivierten diese. Auch der ADAC gründete in den Folgejahren eine Vielzahl weiterer Kapitalgesellschaften. Bis Ende 2013 verfügte er so – vermittelt durch eine im Jahr 1981 installierte Zwischenholding – über ca. 44 Tochter- und Beteiligungsgesellschaften im In- und Ausland. Die konsolidierten Umsätze der wirtschaftlichen Beteiligungen für das Geschäftsjahr 2013 betrugen 1,09 Mrd. Euro, der Jahresüberschuss lag bei 119,2 Mio. Euro.[82]

---

76 *Graf von Seherr-Thoss* (Fn. 8), S. 133, 156.

77 Zu den Hintergründen *Leuschner* in: Fleischer/Thiessen, Gesellschaftsrechts-Geschichten, 2018, S. 379, 381 f.

78 LG Düsseldorf VersR 1979, 236 f.

79 BGHZ 85, 84 = NJW 1983, 569.

80 Ausführlich *Leuschner* (Fn. 77), S. 379, 383 ff.; *Schnödel*, Die Zuständigkeitsordnung im unverbundenen Verein und im Verein als Gruppenspitze, 2017, S. 81 ff.

81 *Leuschner* (Fn. 77), S. 379, 388 f.

82 FAZ vom 1.7.2014, S. 24 („Noch ein Konflikt: ADAC gegen das Finanzministerium“, Die WELT vom 1.7.2014, S. 19 („ADAC will jetzt weniger Konzern sein“).

6. Das Ende des Vereinskonzerns (2014–2017)

Einen erheblichen Einschnitt erfuhr die Struktur des ADAC aufgrund einer umfangreichen Umstrukturierung, die 2014 eingeleitet und 2017 abgeschlossen wurde.[83] Diese betraf allerdings weniger den Verein und seine Untergliederungen, als vielmehr das Verhältnis zu den wirtschaftlichen Beteiligungen. Hintergrund war der Anfang 2014 bekannt gewordene Skandal um die Manipulation bei der Vergabe des Autopreises „Gelber Engel", welcher dazu führte, dass das Amtsgericht München aufgrund verschiedener Anregungen die Rechtmäßigkeit des Vereinsstatus des ADAC e.V. zu überprüfen begann. Konkret ging es um die Frage, ob es sich bei ihm möglicherweise um einen Wirtschaftsverein handelt, der zu Unrecht im Vereinsregister eingetragen und daher gemäß § 395 FamFG von Amts wegen zu löschen ist.

a) Das sogenannten „3-Säulen-Modell"

Der ADAC sah sich veranlasst, noch im Laufe des Jahres 2014 unter dem Namen „Reform für Vertrauen" eine Strukturreform anzukündigen, die der Wahrung des Vereinsstatus dienen sollte. Das sogenannte „3-Säulen-Modell" sah vor, dass die gemeinnützigen Aktivitäten auf eine Stiftung übertragen, die wirtschaftlichen Aktivitäten bei einer als europäische Aktiengesellschaft (SE) organisierten Holding konzentriert werden und nur die restlichen Aktivitäten beim Verein verbleiben. Durch die Übertragung von 25,1 % der Aktien der SE auf eine Stiftung sowie einem dieser eingeräumten Entsendungsrecht in dem mitbestimmenden Aufsichtsrat der SE sollte sichergestellt werden, dass der Verein keinerlei Einfluss mehr auf die SE und die darin gebündelten wirtschaftlichen Beteiligungsgesellschaften hat. Man orientierte sich dabei ersichtlich an einer in der Literatur verbreiteten Rechtsauffassung, wonach einem Verein entgegen der BGH-Auffassung externe wirtschaftliche Betätigungen zuzurechnen seien, sofern er auf diese einen herrschenden Einfluss ausübt.[84]

Kurz bevor die Umsetzung des Reformvorhabens auf der Hauptversammlung in Lübeck im Jahr 2016 beschlossen werden sollte, regte sich hiergegen zum Teil erheblicher Widerstand.[85] Insbesondere der Regionalclub Nordrhein vertrat die Auffassung, die Umstrukturierung sei nicht im Interesse der Mitglieder und auf-

83 Ausführlich hierzu und zum Folgenden *Leuschner* (Fn. 77), S. 379, 390 ff.
84 Statt vieler Soergel/*Hadding*, 13. Aufl. 2000, BGB §§ 21, 22 Rn. 27.
85 Hierzu und zum Folgenden *Leuschner* (Fn. 77), S. 379, 392 f., 395 ff.

grund der noch immer maßgeblichen BGH-Entscheidung von 1982 zum Erhalt des Vereinsstatus nicht erforderlich. In der Folge kam es zu einer aufwendig geführten Auseinandersetzung, die durch eine Vielzahl rechtlicher Gutachten geprägt wurde. Die Münchener ADAC-Führung hielt dabei stets an den Reformplänen fest und begründete dies damit, die zuständige Rechtspflegerin beim Amtsgericht in München hätte klar zum Ausdruck gebracht, dass sie die höchstrichterliche Rechtsprechung von 1982[86] für nicht mehr maßgeblich erachte. Die Delegierten folgten dem Vorschlag des Präsidiums und stimmten am 7.5.2016 mit großer Mehrheit (84 %) für die Strukturreform, welche in der Folgezeit umgesetzt wurde.[87] Am 17.1.2017 beendete das Amtsgericht München die eingeleitete Untersuchung per Beschluss und stellte fest, dass der ADAC e.V. zu Recht als nicht wirtschaftlicher Verein eingetragen ist.[88] Ob die Umstrukturierung für die Entscheidung ursächlich war, lässt die Beschlussbegründung nicht erkennen.

b) Die Kritik

Auch nach der Umsetzung des „3-Säulen-Modells" verstummte die Kritik an der Reform nicht. Vor allem der Umstand, dass viele der maßgeblichen Initiatoren der Umstrukturierung in die nunmehr als Zwischenholding fungierende ADAC SE wechselten, führte zu dem Vorwurf, die Handelnden hätten sich möglicherweise von sachfremden Motiven leiten lassen.[89] *Otto Flimm*, der langjährige Präsident des ADAC und Ehrenpräsident, beklagte die mit der neuen Struktur verbundenen Mehrkosten und bezeichnete den Verweis auf die mutmaßliche Rechtsauffassung des Registergerichts als „vorgeschoben".[90]

Über die Hintergründe der Kritik und die sie stützenden Indizien wurde bereits ausführlich an anderer Stelle berichtet.[91] Hinzuzufügen ist dem nur, dass die in der Registerakte beim Amtsgericht München enthaltene Korrespondenz nicht geeignet ist, sie zu entkräften. Einen auch nur ansatzweise eindeutigen Beleg für die zentrale Behauptung, die für den ADAC zuständige Rechtspflegerin habe das BGH-Urteil von 1982 für nicht maßgeblich erklärt – eine Aussage, die im diametralen Gegensatz zu der ihres Kollegen in dem den FC Bayern München e.V. betref-

---

86 BGHZ 85, 84 = NJW 1983, 569
87 „ADAC beschließt neue Struktur", Frankfurter Allgemeine Zeitung, 9.5.2016, S. 19.
88 AG München npoR 2017, 159; dazu *Leuschner* (Fn. 77), S. 379, 393 f.
89 Ausführlich *Leuschner* (Fn. 77), S. 379, 394 ff.
90 *Flimm*, Vom Verein zum Wirtschaftsunternehmen – Aus Eins mach Vier, 2016, S. 8.
91 *Leuschner* (Fn. 77), S. 379, 395 ff.

fenden Beschuss vom 15.9.2016[92] gestanden hätte –, findet sich in den Akten nicht. Die zentrale, die Zurechnung externer Beteiligungen im Rahmen der Vereinsklassenabgrenzung betreffende Aussage des Urteils wird in dem umfangreichen, mehr als 20 Schreiben umfassenden Briefwechsel überhaupt nicht thematisiert. Das ist äußerst überraschend, wenn man bedenkt, dass es auf Grundlage dieser Entscheidung der Umstrukturierung nicht bedurft hätte. Insbesondere ist nicht ersichtlich, dass sich die Vertreter des ADAC auf die für den Verein günstige höchstrichterliche Rechtsprechung sowie die diese stützenden Literaturstimmen[93] berufen haben.

III. Besonderheiten der ADAC-Satzung(en)

Die Analyse der Satzung des ADAC offenbart eine Reihe von Besonderheiten, die typisch für die Organisation eines Großvereins sind. Dabei gilt es zu beachten, dass sich die Betrachtung nicht auf die Satzung des ADAC e.V. München beschränken darf, welche ADAC-intern als „Gesamtclubsatzung" bezeichnet wird. Die Organisationsverfassung des ADAC als Gesamtorganisation erschließt sich nur, wenn man neben der Gesamtclubsatzung die Satzungen der inzwischen 18 Regionalclubs in die Betrachtung mit einbezieht. Die Analyse der Mitgliederrepräsentation durch das Delegiertensystem setzt zusätzlich noch den Blick auf die organisatorisch unterhalb der Ebene der Regionalclubs vorhandenen ADAC-Ortsclubs voraus.[94]

1. Der Vereinszweck

Lohnenswert ist zunächst der Blick auf den in der Satzung formulierten Vereinszweck und dessen über die Jahre stattgefundene Wandlungen. Letztere sind nicht nur Spiegelbild der Veränderungen im Verein selbst, sondern auch des jeweiligen zeitgeschichtlichen Hintergrunds. Aufschlussreich ist die Satzungsanalyse vor allem, wenn man neben dem Vereinszweck im engeren Sinne, d. h. der abstrakten Zielsetzung des Vereins, den Blick auch auf die Mittel richtet, die zur Zweckerreichung aufgeführt sind.[95]

---

92 Hierzu *Segna*, npoR 2017, 3, 5; *Leuschner*, NZG 2017, 16, 19.
93 U. a. *Leuschner* ZIP 2015, 356 („Ist der ADAC zu Recht ein eingetragener Verein?").
94 Hierzu unter III.4.
95 Vorbildlich getrennt in der Satzung von 1911, die in § 2 den „Zweck" und in § 3 die „Mittel" regelte.

Wesentliches Ziel des ADAC war stets die „Förderung des Kraftfahrwesens". Insoweit handelt es sich um eine Konstante, die trotz unterschiedlicher Formulierungen von 1903 bis heute den Vereinszweck prägt. Die zur Konkretisierung dieses Anliegens verwandten Formulierungen lassen gleichwohl eine Entwicklung erkennen. So waren die Anfangsjahre ersichtlich gekennzeichnet von dem Anliegen, dem motorisierten Verkehr erst einmal zum Durchbruch zu verhelfen. Die Satzung von 1911 nennt etwa als Mittel zur Verwirklichung des Vereinszwecks „Stellungnahmen gegen schädigende Gesetze, Verbote und Steuern, sowie gegen die Übergriffe behördlicher Organe".[96] Schon die Satzung von 1924 zeigt, dass sich der Fokus alsbald verschob und fortan auch darauf gerichtet war, die Folgen des motorisierten Verkehrs zu bewältigen. Die „Gründung einer Autowacht, die den Zweck hat, den Kraftfahrtverkehr reibungslos in den Straßenverkehr einzuordnen" sowie die Aufstellung von „Warnungstafeln" wurden nunmehr als Anliegen genannt.[97] Einige Jahre später, nachdem sich der Staat der entsprechenden Aufgaben angenommen hatte, verschwanden entsprechende Formulierungen wieder aus der Satzung.[98] Das Anliegen der Verkehrssicherheit als solches blieb allerdings bedeutsam und spielte fortan sogar eine immer wichtigere Rolle. So nennt die Satzung von 1946 als Ziel die „Zusammenarbeit mit den Behörden zur Verhütung von Verkehrsunfällen" und nennt als mögliche Mittel zur Erreichung dieses Ziels die „Verkehrserziehung der Mitglieder" und die „periodische Untersuchung der Kraftfahrzeuge auf Verkehrs- und Betriebssicherheit".[99] Ferner deutet das in die Satzung aufgenommene Ziel, Mitglieder bei „Kauf, Tausch und Pflege der Fahrzeuge und in Versicherungsfragen" zu beraten, die steigende Bedeutung des Verbraucherschutzes an.[100]

In der Folge gab es immer wieder Änderungen bei der Formulierung des Satzungszwecks, die ersichtlich durch die sich ändernden Lebensumstände in Deutschland geprägt waren. So dürfte die Aufwertung des Motorsports in der Satzung von 1950 als ein gleichrangiges, neben die Förderung des Kraftfahrwesens gestelltes Ziel Folge des inzwischen eintretenden wirtschaftlichen Aufschwungs gewesen sein. Gleiches gilt für die erstmalige Erwähnung des Tourismus in der Satzung von 1973 sowie dessen spätere Gleichstellung mit den Anliegen des Kraftfahrwesens und des Motorsports in der Satzung von 1981. Im Jahr 1990 schlug

96 § 3 Satzung 1911.

97 § 2 Abs. 1 lit. g und h Satzung 1924.

98 In der Satzung von 1931 fehlt ein entsprechender Hinweis.

99 Zif. 3 lit. a Satzung 1946. Die gesetzliche Pflicht zur regelmäßigen Hauptuntersuchung von Kraftfahrzeugen folgte im Jahr 1953; erstmals diskutiert wurde sie innerhalb des ADAC aber bereits im Jahr 1929 (*Graf von Seherr-Thoss* (Fn. 8), S. 109).

100 Zif. 3 lit. f Satzung 1946.

sich das stärkere Problembewusstsein in Bezug auf die ökologischen Auswirkungen des Straßenverkehrs in der Einschränkung nieder, dass der Verein seine Satzungsziele unter „Berücksichtigung des Natur- und Umweltschutzes" verfolge. Die steigende Sorge um einen Klimawandel führte Ende 2019 dazu, dass die Einschränkung um den Aspekt des Klimaschutzes ergänzt wurde.

Angesichts des Umstandes, dass die große Mehrheit der heutigen ADAC-Mitglieder sich wohl primär in der Rolle des „Kunden" sehen, ist es schließlich interessant zu betrachten, welche Fundierung der Charakter des Vereins als „Dienstleistungsverein" in der Satzung findet. Die früheren Satzungen enthielten insoweit zum Teil deutliche Aussagen: So schreibt etwa die Satzung von 1924 als Anliegen des Vereins fest, den Mitgliedern „wirtschaftliche Vorteile aller Art" zu gewähren.[101] Obwohl der Ausbau des Vereins zu einem Dienstleistungsverein vor allem in den Jahren nach dem Zweiten Weltkrieg immer stärker an Fahrt aufnahm, finden sich in den Satzungen dieser Zeit keine entsprechenden Formulierungen. Erst seit 1990 wurden nach und nach verstärkt Hinweise auf Leistungen des Vereins gegenüber seinen Mitgliedern in den Satzungstext aufgenommen. Die Satzung von 2020 enthält nunmehr die folgende, vergleichsweise „vornehme" Formulierung:

> „Der ADAC bietet zur Förderung und Aufrechterhaltung der Mobilität seiner Mitglieder Leistungen an. Hierzu zählen insbesondere Hilfe, Rat und Schutz, auch nach Panne, Unfall und Krankheit. Er fördert den Versicherungsschutz seiner Mitglieder."[102]

2. Die Organisationsstruktur als Gesamtverein: Das Autonomieproblem

Der ADAC ist wie auch viele andere Großvereine als sogenannter Gesamtverein organisiert. Als solche bezeichnet man Vereine, die in ihrer Satzung sachliche oder örtliche Untergliederungen vorsehen, die ihrerseits vereinsmäßige Strukturen aufweisen.[103] Je nachdem wie weitreichend und eigenständig die Organisationsstruktur der Untergliederungen ist, handelt es sich bei ihnen entweder um unselbstständige Organisationseinheiten oder aber eigenständige Vereine. In letzterem Fall stellen sich die Untergliederungen als „Vereine im Verein" dar.[104] Begrifflich unterscheidet man bei solchen Strukturen typischerweise zwischen

101 § 2 Abs. 2 lit. d Satzung 1924.
102 § 2 Abs. 2 Satzung 2020.
103 BeckOGK/*Segna*, 1.1.2020, BGB § 21 Rn. 292.
104 *König*, Der Verein im Verein, 1992.

dem sogenannten Haupt- oder Gesamtverein und den Untergliederungen, die als Zweigvereine bezeichnet werden.[105]

a) Untergliederung des ADAC in Regional- und Ortsclubs

aa) Regionalclubs (ehemals: „Gaue")

Im Fall des ADAC erfolgte die Aufteilung in regionale Untergliederungen wie bereits ausgeführt bereits unmittelbar nach der Gründung im Jahr 1904 auf der außerordentlichen Hauptversammlung in Frankfurt.[106] Durch § 20 der damaligen Satzung wurde das Gebiet des Vereins (damals noch „DMV")

> „[...] in Gaue eingeteilt, deren Abgrenzung im Allgemeinen mit der politischen Einteilung der gleichnamigen Bundesstaaten, Provinzen usw. übereinstimmt. Der Vorstand der DMV legt das Gebiet der Gaue fest, beruft den ersten Gau-Tag und bezeichnet ein Mitglied, welches denselben leitet. Der Gau-Tag wählt den Gauvorstand und beschließt die Gausatzungen. Ein besonderer Gaubeitrag darf nicht erhoben werden. Die Gaue sind unablösbare Teile der DMV und dürfen nur aus Mitgliedern der DMV bestehen. Für die Gaue sind die DMV-Satzungen maßgebend. Auf dieser Grundlage regeln die Gaue ihre inneren Angelegenheiten selbständig. [...] Die Gaue haben den Zweck, durch Zusammenwirken der DMV-Mitglieder im Gaugebiete eine rege Förderung der DMV-Ziele oder Vertretung der DMV-Interessen [...] innerhalb dieses Gebietes zu ermöglichen." [107]

Lange Zeit handelte es sich bei den Gauen lediglich um unselbstständige Verwaltungsabteilungen, d.h., diese besaßen noch keine Rechtsfähigkeit.[108] Rechtsgeschäfte, die die Gauvorstände eingingen, wurden folglich im Namen des ADAC e.V. München, d.h. des Hauptvereins, abgeschlossen. Folgerichtig enthielt die Satzung den Hinweis, dass die zur „Führung der Sektionsgeschäfte benötigten Vollmachten" vom Präsidium (des Hauptvereins) zu erteilen sind.[109] Bereits früh gab es allerdings Autonomiebestrebungen der Gaue sowie die Forderung, durch Eintragung in den lokalen Vereinsregistern eigenständige Rechtsfähigkeit zu erlangen. Dies belegt eine Resolution der Hauptversammlung des ADAC im Jahr 1914, die sich explizit gegen eine solche Eintragung ausspricht und eine Überprüfung ankündigt, welche Maßnahmen gegen die offenbar gleichwohl erfolgte Eintragung des Gaus Berlin-Brandenburg eingeleitet werden können.[110] Erst im Jahr

105 Statt vieler BeckOGK/*Segna*, 1.1.2020, BGB § 21 Rn. 292.
106 Oben unter I.1.
107 *Graf von Seherr-Thoss* (Fn. 8), S. 194 ff.; *Bretz* (Fn. 10), S. 20 f.
108 Ausdrücklich klargestellt in Zif. 27 Satz 2 Satzung 1946.
109 Zif. 28 Satzung 1946.
110 Der Motorfahrer 1914, Nr. 31, S. 4 ff. (zitiert nach *Graf von Seherr-Thoss* (Fn. 8), S. 43).

1950 wurde die Satzung des ADAC dahingehend geändert, dass die Gaue nunmehr „eigene Rechtspersönlichkeit" haben *müssen*.[111] Anlass war eine entsprechende Anweisung der damaligen Militärregierung,[112] welche wohl vor dem Hintergrund des Bestrebens der Alliierten zu sehen ist, zukünftig übermäßige Machtkonzentrationen in Deutschland zu verhindern. Heute handelt es sich bei sämtlichen 18 Regionalclubs um eingetragene Vereine.

Typisch für die Struktur eines Gesamtvereins ist, dass die Zweigvereine nicht Mitglied des Hauptvereins sind, sondern die Verknüpfung der verschiedenen Ebenen durch spezielle Satzungsgestaltungen sowie eine sogenannte „gestufte Mehrfachmitgliedschaft" erfolgt.[113] Dem entspricht auch die Struktur des ADAC. Die Eingliederung der Regionalclubs in die Gesamtorganisation ergibt sich zusätzlich aus der Ausgestaltung der Regionalclub-Satzungen. Exemplarisch verwiesen sei auf die Satzung des ADAC Nordbayern e.V., die in § 1 Abs. 1 Satz 3 feststellt, dass der Verein „für sein Gebiet Träger der Tradition des im Jahre 1903 gegründeten Allgemeinen Deutschen Automobil-Club e.V." ist. In § 2 der Satzung heißt es ferner, Zweck des Vereins sei die Förderung des Kraftfahrwesens „im Rahmen der Ziele des ADAC-Gesamtclubs".[114] Die „gestufte Mehrfachmitgliedschaft" findet ihre Grundlage sowohl in den Satzungen der Regionalclubs[115] als auch in § 3 Abs. 1 Satz 2 der Gesamtclubsatzung:

> „Jedes Mitglied und jedes außerordentliche Mitglied des ADAC gehört gleichzeitig demjenigen Regionalclub an, in dessen Gebiet es seinen Hauptwohnsitz bzw. Sitz hat."

bb) Ortsclubs (ehemals: „ADAC-Clubs")

Ebenfalls bereits in der Satzung von 1904 vorgesehen war die weitere Untergliederung der Gesamtorganisation in „Ortsgruppen", welche später „ADAC-Clubs" sowie heute „Ortsclubs" genannt werden.[116] Das Verhältnis von den Ortsclubs zu den Regionalclubs gestaltet sich ähnlich wie das zwischen den Regionalclubs und dem Gesamtverein. Einschlägige Regelungen finden sich in der Satzung des Gesamtvereins,[117] den Satzungen der Regionalclubs[118] sowie den Satzungen der jeweiligen Ortsclubs. Ein wesentlicher Unterschied besteht allerdings darin, dass

---

111 § 7 Abs. 2 Satzung 1950.
112 *Graf von Seherr-Thoss* (Fn. 8), S. 41, 124.
113 Siehe u.a. BGH NJW 1979, 140; näher BeckOGK/*Können*, 20.4.2020, BGB § 38 Rn. 82.
114 § 2 Abs. 1 Satzung ADAC Nordbayern 2016.
115 Siehe § 3 Mustersatzung 2019.
116 §§ 14–19 Satzung 1904, zitiert nach *Graf von Seherr-Thoss* (Fn. 8), S. 194.
117 § 7 Satzung 2020.
118 §§ 4, 5 Mustersatzung 2019.

nicht jedes ADAC-Mitglied automatisch Mitglied in einem Ortsclub ist, sondern nur diejenigen, die sich aus Interesse an den Aktivitäten der Ortsclubs bewusst hierfür entscheiden. Aktuell existieren etwa 1.800 Ortsclubs, von denen die Mehrzahl im Bereich des Motorsports aktiv ist. Mutmaßlich sind maximal 0,5 % der 21 Mio. ADAC-Mitglieder in Ortsclubs organisiert.[119]

b) Instrumente zur Wahrung des Homogenitätsinteresses

Die Struktur eines Gesamtvereins mit selbstständigen, autonom handelnden Untergliederungen begründet die Gefahr, dass darunter die Homogenität der Gesamtorganisation leidet.[120] Um dem entgegenzuwirken, lassen sich Hauptvereine typischerweise statutarische Rechte einräumen, die es ihnen erlauben, auf die Zweigvereine einzuwirken und deren Autonomie einzuschränken. Die verschiedenen Satzungen innerhalb des ADAC-Gesamtvereins bieten insoweit ein reichhaltiges Anschauungsmaterial. Bereits in der Satzung von 1950, die erstmals die rechtliche Eigenständigkeit der Regionalclubs vorsah, fand sich eine Bestimmung, gemäß derer den Mitgliedern des Präsidiums des Münchener Hauptvereins das Recht zusteht, „an allen Versammlungen und Sitzungen der Gaue und ADAC-Clubs mit Stimm- und Rederecht teilzunehmen“.[121] Im Jahr 1957 wurde sodann eine Regelung in die Satzung des ADAC e.V. eingefügt, wonach der Verwaltungsrat des ADAC e.V. eine Mustersatzung für Regionalclubs zu beschließen hat und Regionalclubs verpflichtet sind, die darin als „Mindesterfordernisse“ gekennzeichneten Bestandteile in ihre Satzungen zu übernehmen.[122] 1977 folgte die Regelung, dass sowohl die Hauptversammlung als auch der Verwaltungsrat mit qualifizierter Mehrheit Beschlüsse fassen können, die für die Regionalclubs verbindlich sind („Verbindlichkeitsbeschlüsse“).[123] Zusätzlich sieht die Satzung seither die Möglichkeit einer Art Ersatzvornahme vor, wonach das Präsidium des ADAC e.V. berechtigt ist, entsprechende Beschlüsse auf Ebene der Regionalclubs erforderlichenfalls selbst zu vollziehen und dabei für dessen Vorstand zu handeln.[124] Satzungsänderungen der Regionalclubs, die nicht der Umsetzung der Mustersatzung dienen, bedürfen zu ihrer Wirksamkeit der Zustimmung des Ver-

119 Siehe unter III.4.b).
120 Zum Homogenitätsinteresse *Reuter* in: FS Hopt, 2010, S. 195, 210 ff.
121 § 13 Abs. 9 Satzung 1950.
122 § 7 Abs. 2 Satz 2 Satzung 1957. Eine Mustersatzung existierte indes schon früher, vgl. *Graf von Seherr-Thoss* (Fn. 8), S. 140 ff.
123 § 10 Abs. 2 und § 12 Abs. 5 Satz 1 Satzung 1977; dazu *Graf von Seherr-Thoss* (Fn. 8), S. 145.
124 § 13 Abs. 5 Satz 2 Satzung 1977; siehe auch § 13 Abs. 4 Satz 2 Mustersatzung 2019.

waltungsrats des ADAC e.V.[125] Von großer Bedeutung ist schließlich die seit 1969 im Wesentlichen unveränderte Regelung, wonach Mitgliedsbeiträge nur vom ADAC e.V. erhoben werden dürfen und anschließend in Höhe von 37 % an den jeweiligen Regionalclub weiterleitet werden.[126]

c) Zwingender Autonomiebereich der Zweigvereine?

Die skizzierten Eingriffsbefugnisse bergen Konfliktpotenzial. Bei Vereinen, die wie die Regional- und Ortsclubs des ADAC über eine eigene Satzung, eigene Organe und zum Teil beträchtliche Vermögenswerte verfügen, besteht grundsätzlich die Erwartung, auch eigenständige Entscheidungen treffen zu können. Die Vorgaben aus München stoßen folglich zum Teil auf wenig Gegenliebe. Besonders sensibel sind dabei Entscheidungen über die Verteilung und Verwendung von Mitteln innerhalb der Gesamtorganisation und die damit verbundenen Eingriffe in die Finanzautonomie der Zweigvereine. Wie groß in diesem Zusammenhang das Konfliktpotenzial ist, belegt eine im Jahr 2019 publik gewordene Klage von fünf Regionalclubs des ADAC vor dem Landgericht München I gegen einen Beschluss des ADAC e.V., mit dem dieser die Regionalclubs an einer hohen Nachzahlung von Versicherungssteuern beteiligen wollte.[127]

Der skizzierte Konflikt leitet über zu einer der zentralen Fragen des Rechts des Gesamtvereins: Darf der Hauptverein in beliebiger Weise auf die Zweigvereine einwirken oder existiert ein „Kernautonomiebereich", der dem Zweigverein verbleiben muss? Dem Gesetz lassen sich insoweit keine Anhaltspunkte entnehmen. § 40 Satz 1 BGB, der nahezu alle zentralen Normen des Vereinsinnenrechts für satzungsdispositiv erklärt, spricht in der Tendenz eher gegen einen zwingenden Autonomiebereich. Die ganz h.M. sieht dies indes anders und beruft sich dabei vor allem auf den Grundsatz der Verbandsautonomie.[128] Hierbei soll es sich um eine ungeschriebene Grenze der Satzungsautonomie handeln, die es einem Ver-

---

125 § 24 Abs. 2 Satz 4 Mustersatzung 2019.

126 § 3 Abs. 4 Mustersatzung 2019.

127 Süddeutsche Zeitung, 6.5.2019 („Überall Baustellen", abrufbar unter: https://www.sueddeutsche.de/wirtschaft/adac-ueberall-baustellen-1.4434267, zuletzt abgerufen am 16.05.2020). Das Klageverfahren wurde zwischenzeitlich durch einen Vergleich beendet. Die Aufnahme einer Schiedsklausel in die Satzung des ADAC im Rahmen der Ende 2019 beschlossenen Satzungsreform (§ 31 Abs. 1 Satzung 2020) dürfte eine Reaktion auf dieses Verfahren sein. Mit ihr wird verhindert, dass entsprechende ADAC-interne Streitigkeiten zukünftig vor staatlichen Gerichten und somit öffentlich verhandelt werden.

128 Grundlegend dazu *Steinbeck*, Vereinsautonomie und Dritteinfluß, 1999, 82 ff.; *Weber*, Privatautonomie und Außeneinfluß im Gesellschaftsrecht, 2000, 119 ff.; *Beuthien/Gätsch* ZHR 156

ein verbietet, sich zu stark fremdem Einfluss zu unterwerfen. Welche Ableitungen hieraus für die Autonomie der Zweigvereine im Einzelnen folgen, ist aber nach wie vor wenig geklärt. Teilweise geht man davon aus, die Einflussrechte eines Hauptvereins seien anhand der gewöhnlichen für statutarischen Dritteinfluss entwickelten Kriterien zu messen. Selbst der Zustimmungsvorbehalt des Hauptvereins zu Satzungsänderungen der Zweigvereine wird hiernach vereinzelt für unzulässig erachtet.[129] Andere betonen demgegenüber, dass man den Hauptverein angesichts der Teilhabe der Mitglieder des Zweigvereins an der Willensbildung des Hauptvereins nicht mit einem außenstehenden Dritten gleichstellen könne und beurteilen die Zulässigkeit entsprechender Einflussrechte deutlich weniger streng.[130] Zur näheren Konkretisierung wird dabei u. a. auf das Übermaßverbot rekurriert und vertreten, die Einflussnahme des Hauptvereins sei in dem Umfang zulässig, als sie der Wahrung des Homogenitätsinteresses der Gesamtorganisation dient.[131]

Interessant an der Diskussion um einen zwingenden Autonomiebereich der Zweigvereine ist, dass sie sich zusätzlich aus einer bereits vom Reichsgericht begonnenen Rechtsprechungslinie speist, wonach die rechtliche Selbstständigkeit eines Zweigvereins voraussetzt, dass dieser neben seiner „unselbstständigen Tätigkeit für den Gesamtverein auch eigenständig Aufgaben wahrnimmt".[132] Hintergrund der Rechtsprechung sind allerdings ausschließlich Fälle, in denen es um die Frage ging, ob nicht als e.V. eingetragene Untergliederungen einer Gesamtorganisation aufgrund ihrer vereinsähnlichen Strukturen als Vereine im Sinne des § 54 BGB zu qualifizieren und daher partei- bzw. rechtsfähig sind. Auf den e.V. sind diese Überlegungen nicht unmodifiziert übertragbar, weil dessen Eintragung gemäß § 21 BGB konstitutive Wirkung hat und die Rechtsfähigkeit folglich nicht von einem Mindestautonomiekriterium abhängt. Nach wohl einhelliger Auffassung soll das Mindestautonomiekriterium aber für den e.V. insoweit maßgeblich sein, als die übermäßige Einflussmöglichkeit des Hauptvereins dessen Eintragungsfähigkeit entgegensteht bzw. beseitigt. Ausdrücklich formuliert hat diesen Gedanken das OLG Karlsruhe: „Wenn ein regionaler Zweigverein, dessen Mitglieder zugleich dem Gesamtverein angehören, in das Vereinsregister eingetragen

---

(1992), 459 ff.; kritisch *Leuschner*, Das Konzernrecht des Vereins, 2011, 267 ff.; *Wolff*, Der drittbestimmte Verein, zusammenfassend S. 288 ff.

129 Näher MünchKommBGB/*Leuschner*, 2018, § 25 Rn. 34.

130 BeckOGK/*Notz*, 15.9.2018, BGB § 33 Rn. 44; BeckOGK/*Segna*, a. a. O., § 21 Rn. 300; *Reuter* (Fn. 121), S. 195, 311; MünchKommBGB/*ders.*, 7. Aufl. 2015, Vor § 21 Rn. 147; in diesem Sinne auch OLG Karlsruhe NZG 2012, 1314, 1315.

131 *Reuter* (Fn. 121), S. 195, 203; MünchKommBGB/*ders.*, a. a. O., Vor § 21 Rn. 149, 152.

132 *Reuter* (Fn. 121), S. 195, 210 ff.

werden will, darf er auch dem Gesamtverein gegenüber nicht vollständig auf sein Selbstverwaltungsrecht verzichten."[133]

Mit Blick auf die Gesamtsystematik des Körperschaftrechts erscheint diese Sichtweise zumindest überdenkenswert. Dass es bei nicht eingetragenen Untergliederungen materieller Kriterien bedarf, um unselbstständige Abteilungen von selbstständigen Vereinen im Sinne von § 54 BGB abzugrenzen, liegt auf der Hand. Hierbei auf ein Mindestautonomiekriterium abzustellen, ist ebenfalls nachvollziehbar. Von demselben Kriterium sodann aber auch den Zugang zu der Rechtsform des e.V. abhängig zu machen, erweist sich zumindest auf den zweiten Blick als nicht zwingend. Richtet man den Blick auf die GmbH, so käme dort niemand auf die Idee, deren Eintragungsfähigkeit von einer Mindestautonomie abhängig zu machen.[134] Ein Großteil der GmbH wird als Einpersonen-Gesellschaften in Konzernstrukturen „hineingegründet" und ist von vornherein auf ein Konzerninteresse ausgerichtet. Für autonome Entscheidungen der Geschäftsführung ist dabei vielfach kein Platz. Da es sich bei der GmbH nur um eine Spielart des bürgerlich-rechtlichen Vereins handelt, bedarf diese Ungleichbehandlung zumindest der Erklärung. Dass im Fall der GmbH der herrschende Einfluss über die Gesellschafterversammlung vermittelt wird, während es sich bei den einflussnehmenden Organen des Hauptvereins in der Regel nicht um Organe des Zweigvereins handelt, befriedigt insoweit nicht. Denn die Satzung der Zweigvereine könnte die Organe des Hauptvereins ohne Weiteres auch zu Organen des Zweigvereins erklären, ohne dass dies in der Sache einen Unterschied machen kann.[135] Als Grund für die Ungleichbehandlung von e.V. einerseits und GmbH andererseits bleibt hiernach allein der Umstand, dass der e.V. über das Pendant des nicht eingetragenen Vereins gemäß § 54 BGB (n.e.V.) verfügt – mit der Folge der oben skizzierten Abgrenzungsproblematik –, während die nicht eingetragene GmbH als „Dauerrechtsform"[136] nicht existiert. Ob dieser Umstand aber die infrage stehende Differenzierung tatsächlich rechtfertigt, sollte noch einmal diskutiert werden.

---

133 OLG Karlsruhe NZG 2012, 1314.

134 Im Zusammenhang mit der GmbH als problematisch erachtet wird nur der Fall, dass einem „Dritten" in der Satzung Einflussrechte eingeräumt werden, vgl. *Schürnbrand*, Organschaft im Recht der privaten Verbände, 2007, S. 154 ff.

135 Näher zu diesem Aspekt *Leuschner*, Konzernrecht des Vereins 2011, S. 34 ff.

136 Die Vor-GmbHG wird nur als Provisorium bis zum Zeitpunkt der Eintragung bzw. der Aufgabe der Eintragungsabsicht anerkannt.

3. Die Leitungsstruktur: Das Corporate Governance-Problem

Die Vorgaben, die das BGB bezüglich der Leitungsstruktur von Vereinen enthält, sind gering. Zwingend vorgeschrieben ist lediglich die Existenz eines Vorstandes und dessen Rolle als gesetzlicher Vertreter (§ 26 Abs. 1 BGB). Im Übrigen sind die Beteiligten bei der Abfassung der Satzung weitestgehend frei (vgl. § 40 S. 1 BGB). Insbesondere die Zuständigkeiten im Innenverhältnis können nahezu beliebig gestaltet und auch anderen Organen als dem Vorstand zugewiesen werden. Die Satzung des ADAC zeigt, wie Großvereine diese Gestaltungsspielräume nutzen und über die Jahre individuelle Leitungsstrukturen herausbilden und immer weiter verfeinern.[137]

a) Leitungsstruktur des ADAC

aa) Ehrenamtliches Präsidium und Verwaltungsrat

Bereits im Jahr 1907 sah man sich beim ADAC aufgrund des hohen Arbeitsanfalls gezwungen, von der gesetzlichen Grundstruktur, in der allein der Vorstand die Geschäfte leitet, abzuweichen.[138] Es wurde beschlossen, die Verwaltung des Vereins der Sache nach auf zwei Organe aufzuteilen: Neben dem „Gesamtvorstand"[139] gab es fortan einen „engeren Vorstand".[140] Letzterer bestand aus dem Präsidenten, zwei stellvertretenden Präsidenten, dem Schriftführer und dem Vorsitzenden des Sportausschusses, welche jeweils von der Hauptversammlung gewählt wurden. Der Gesamtvorstand hingegen setzte sich zusammen aus den Mitgliedern des engeren Vorstandes zuzüglich einer Reihe von Beisitzern, die von den Regionalclubs entsendet wurden.[141] Während der engere Vorstand mit der „Leitung der allgemeinen Vereinsangelegenheiten" betraut war, hatte der Gesamtvorstand eine Reihe anderer Zuständigkeiten, wie insbesondere die Begutachtung und Genehmigung der Satzung der Regionalclubs („Gausatzungen").[142]

---

137 Instruktiv zu den typischen Leitungsstrukturen von Großvereinen *Brouwer* NZG 2017, 481 ff.

138 *Graf von Seherr-Thoss* (Fn. 8), S. 70 f.

139 Vgl. § 10 ff. Satzung 1911 (die Satzung von 1907 stand dem Verfasser nicht zur Verfügung).

140 In der Satzung 1924 wurde sodann begrifflich zwischen dem „Hauptvorstand" und dem „Gesamtvorstand" unterschieden (§§ 5 ff., 31).

141 Die anfängliche Anzahl der Beisitzer ist nicht ganz klar; im Jahr 1915 soll sie aber bereits 21 betragen haben (*Graf von Seherr-Thoss* (Fn. 8), S. 103).

142 § 13 Abs. 1 Satzung 1911.

Gesetzlicher Vertreter im Sinne von § 26 BGB war ausschließlich der Präsident sowie im Verhinderungsfall dessen Stellvertreter.[143]

Im Jahr 1926 erfolgte eine weitere Ausdifferenzierung der Leitungsstruktur. Neu geschaffen wurde der noch heute existierende „Verwaltungsrat“. Dessen Zusammensetzung aus den ersten Vorsitzenden sämtlicher Gaue, den Mitgliedern des Präsidiums (vormals: Vorstand) und den Beisitzern des Hauptsportausschusses macht deutlich, dass es sich im Wesentlichen um die Fortentwicklung bzw. Emanzipation des bisherigen Gesamtvorstandes handelte.[144] Mit der Einführung des Verwaltungsrats sollte ein Ausgleich dafür geschaffen werden, dass nicht alle Gaue im Präsidium vertreten sind.[145] Als Zuständigkeit des Verwaltungsrats nennt die Satzung insbesondere „Entscheidungen in Gau-, Bezirks- und ADAC-Clubs-Angelegenheiten“.[146] Daneben wird der Verwaltungsrat als „Berufungsinstanz gegenüber dem Präsidium“ bezeichnet.[147] Das Präsidium trat fortan im Wesentlichen an die Stelle des bisherigen (engeren) Vorstands. Neu war allerdings, dass nunmehr innerhalb des Präsidiums ein „geschäftsführendes Präsidium“ existierte, welches für die „gesamte Verwaltung des ADAC verantwortlich“ und zugleich gesetzlicher Vertreter des Vereins war.

Die beschriebene Leitungsstruktur wurde nach Ende des Zweiten Weltkriegs im Wesentlichen wieder aufgegriffen und blieb trotz vielfältiger kleiner Änderungen bis in dieses Jahrtausend bestehen. Das gilt insbesondere für den Verwaltungsrat, dem bis heute die Aufgabe zukommt, die Interessen der Regionalclubs zu vertreten. Auf Grundlage der Satzung von 1950 erhöhte sich deren Einfluss dadurch erheblich, dass seine Vertreter fortan im Vergleich zu den Vertretern des Präsidiums ein deutlich höheres Stimmrecht erhielten: Für je 50 (später 100) Mitglieder des jeweiligen Regionalclubs konnte jeweils ein Stimmrecht ausgeübt werden. Das einfache Stimmrecht der Präsidiumsmitglieder (gleiches galt für die seinerzeit ebenfalls im Verwaltungsrat vertretenen Referenten und den Generalsyndikus) dürfte fortan eher symbolischer Natur gewesen sein. Die Kompetenzen des Verwaltungsrats unterlagen immer wieder kleineren Veränderungen, waren aber stets auf die Angelegenheiten der Regional- und Ortsclubs fokussiert. Darüber hinaus erwähnenswert ist, dass dem Verwaltungsrat ab 2002 ein Zustimmungsvorbehalt in Bezug auf Maßnahmen der Kon-

---

143 § 17 Satz 1, 1. Hs. Satzung 1911.

144 Vgl. § 23 Abs. 1 Satzung 1928 (die Satzung von 1926 stand dem Verfasser nicht zur Verfügung).

145 75-Jahre-Chronik, S. 105.

146 § 23 Abs. 10 Satzung 1928.

147 § 23 Abs. 8 Satzung 1928.

zernbildung und -umbildung (insbesondere den Erwerb und die Aufgabe von Beteiligungen) eingeräumt wurde.[148]

bb) Hauptamtliche Geschäftsführung

Typisch für die Entwicklung eines Großvereins ist auch, dass das ehrenamtlich besetzte Präsidium die Führung der laufenden Geschäfte alsbald nicht mehr ohne die Hilfe von hauptamtlichen Mitarbeitern bewältigen konnte.[149] Auch der ADAC soll im Anschluss an die Verlegung seines Sitzes nach München im Jahr 1905 dort bereits über eine Geschäftsstelle mit einer zweistelligen Anzahl (mutmaßlich hauptamtlicher) Mitarbeiter verfügt haben.[150] Im Jahr 1922 lag die Zahl der Mitarbeiter bereits bei über 60. Zu diesem Zeitpunkt wurde erstmals auch ein sogenannter „Generalsekretär" als Leiter der Geschäftsstelle ernannt. Letztere findet in der Satzung von 1924 ausdrücklich Erwähnung als Einrichtung „mit Beamten und Angestellten zu Erledigung der laufenden Geschäfte und zur Unterstützung der Ehrenbeamten des Clubs".[151] Der Begriff des „Verwaltungsdirektors" wird, soweit ersichtlich, erstmals in der Satzung von 1928 verwendet und als „Vorgesetzter sämtlicher Angestellter des ADAC sowohl am Hauptsitz als auch in sämtlichen Filialen oder Verwaltungsabteilungen" definiert.[152] Die Begriffe des Generalsekretärs und des Verwaltungsdirektors scheinen im Wesentlichen synonym verwandt worden zu sein.

Die Funktion des Verwaltungsdirektors/Generalsekretärs blieb über viele Jahrzehnte mit kleineren Modifikationen unverändert. Soweit ersichtlich, hatte er nie die Stellung eines Organs, sondern war stets nur als Angestellter dem Präsidium gegenüber weisungsgebunden.[153] Für die Ernennung waren entweder das Präsidium oder der Verwaltungsrat zuständig.[154] Der Umfang der Vertretungsmacht des Verwaltungsdirektors/Generalsekretärs variierte über die Jahre. Während er anfangs über eine recht weitreichende, dem Vorstand angeglichene

148 § 12 Abs. 7 lit. d Satzung 2002.

149 Zu diesem Phänomen *Brouwer* NZG 2017, 481 ff.

150 *Graf von Seherr-Thoss* (Fn. 8), S. 150.

151 § 68 Abs. 1 Satzung 1924.

152 § 28a Satzung 1928; vgl. aber auch *Graf von Seherr-Thoss* (Fn. 8), S. 40.

153 Siehe aber Fn. 155.

154 Siehe etwa Satzung 1950: Bestellung durch Verwaltungsrat auf Vorschlag des Präsidiums (§ 17 Abs. 2 S. 2); Satzung 2002: Bestellung durch Präsidium bei anschließender Unterrichtung des Verwaltungsrats (§ 20 Abs. 1).

Vertretungsmacht verfügte,[155] war er in der Folge offenbar auf die Bevollmächtigung durch das Präsidium angewiesen.[156] 1972 wurde das Amt des stellvertretenden Generalsekretärs geschaffen. Ab 1983 war in der Satzung nur noch von einem „Generalsekretariat" die Rede, dem die Geschäftsführung des ADAC oblag und dessen Mitglieder als besondere Vertreter im Sinne von § 30 BGB bestellt werden konnten.[157] In der Satzung von 2006 wurde sodann der Begriff des Generalsekretariats durch den der „Geschäftsführung" ersetzt.[158]

cc) Satzungsreform Ende 2019

Ende 2019 kam es zu einer Änderung der Leitungsstruktur. Im Rahmen einer Satzungsreform wurde die bisherige „Geschäftsführung" zum „geschäftsführenden Vorstand" aufgewertet. Die Satzung legt ausdrücklich fest, dass es sich bei dem geschäftsführenden Vorstand nunmehr um ein Organ handelt[159] und weist ihm sogar die Stellung des Vorstandes im Sinne von § 26 BGB zu.[160] Zugleich wird festgestellt, dass die Mitglieder des geschäftsführenden Vorstandes „hauptamtlich tätig [sind] und [...] eine Vergütung [erhalten]".[161] Die Feststellung war erforderlich, weil die Betroffenen fortan nicht mehr den Status von Angestellten, sondern den von Organmitgliedern haben und bisher der in der Satzung verankerte Grundsatz galt, dass sämtliche „Ämter" des ADAC Ehrenämter sind.[162]

Angesichts der Aufwertung der hauptamtlichen Geschäftsführung zu einem eigenständigen Organ rückt die Frage in den Mittelpunkt, wie sich dessen Zuständigkeiten im Verhältnis zum noch immer ehrenamtlichen Präsidium verhalten. Die Hinweise in der Satzung, das Präsidium übe die „Aufsicht über den geschäftsführenden Vorstand und dessen Mitglieder" aus und ihm obliege die „Repräsentation und politische Interessenvertretung", mögen auf den ersten Blick den Eindruck erwecken, das Ehrenamt habe in nennenswertem Umfang Befugnisse an

---

155 § 28a Satzung 1928. Dies mag man als organschaftliche Vertretungsmacht und somit auch die Stellung des Verwaltungsdirektors auf Grundlage dieser Satzung als die eines Organs qualifizieren.

156 Siehe z. B. § 38 Satzung 1932: „Verwaltungsdirektor [...], dessen Rechte und Pflichten vertraglich festzulegen sind."

157 § 18 Satzung 1983.

158 § 20 Satzung 2006.

159 § 8 Nr. 4 Satzung 2020.

160 § 22 Abs. 2 Satzung 2020.

161 § 22 Abs. 3 Satzung 2020.

162 Vgl. z. B. § 19 Abs. 1 Satz 1 Mustersatzung 2019. Der entsprechende Passus ist in der neuen Satzung des ADAC noch immer enthalten (§ 28 Abs. 1 Satz 1 Satzung 2020), doch wurden die Mitglieder des geschäftsführenden Vorstands ausdrücklich von ihm ausgenommen.

das Hauptamt abgegeben und beschränke sich fortan auf die Aufgaben der Repräsentation und der Aufsicht. Dem ist indes nicht so: Die in der Satzung enthaltene Aufgabenbeschreibung des Präsidiums stellt klar, dass diesem nach wie vor die „Gesamtleitung des ADAC" obliegt.[163] Ausdrücklich vorgesehen ist auch ein Weisungsrecht des Präsidiums gegenüber dem geschäftsführenden Vorstand.[164] Komplettiert wird die Machtfülle des Präsidiums durch umfangreiche Einwilligungsvorbehalte[165] sowie die Kompetenz, die Mitglieder des geschäftsführenden Vorstandes zu bestellen.[166]

Zu Veränderungen ist es auch hinsichtlich des Verwaltungsrats gekommen, welcher sich fortan ausschließlich aus den Vertretern der Regionalclubs zusammensetzt.[167] Die Mitglieder des Präsidiums sind nicht mehr zugleich Mitglieder des Verwaltungsrats und haben folglich kein Stimmrecht mehr. Kraft ausdrücklicher Regelung dürfen sie aber nach wie vor an den Sitzungen des Verwaltungsrats mit Rederecht teilnehmen.[168] Neu gefasst wurden die Aufgaben des Verwaltungsrats, der nunmehr ausdrücklich als „das föderative Organ des ADAC" bezeichnet wird, dem die Verantwortung für einen „Ausgleich der Interessen des Gesamtclubs und der Gesamtheit der Regionalclubs" obliegt.[169] Doch sieht die neue Satzung für den Verwaltungsrat auch wesentliche, den Gesamtverein betreffende Befugnisse vor. Insbesondere gibt es einen Zustimmungsvorbehalt des Verwaltungsrats im Zusammenhang mit der Festlegung der vom ADAC zu erbringenden Leistungen sowie der Mitgliedsbeiträge.[170]

Bemerkenswert ist schließlich die in § 28 Abs. 5 der Satzung erfolgte Einführung einer für Ehrenamtsträger geltenden Regelung, wonach deren Haftung auf Vorsatz und grobe Fahrlässigkeit beschränkt sowie die Beweislast für das Vorliegen von Vorsatz und grober Fahrlässigkeit dem Verein zugewiesen ist.[171] Die Vorschrift ist ersichtlich § 31a Abs. 1 BGB nachempfunden, der aber eine Vergütungsobergrenze von 720 € p.a. vorsieht und daher auf die ehrenamtlichen Organmitglieder des ADAC e.V. kaum Anwendung finden dürfte. Die von der Satzungsregelung insbesondere für die Präsidiumsmitglieder ausgehende Privilegierung ist durchaus erheblich. Das liegt weniger an dem Ausschluss der Haftung für

163 § 20 Abs. 1 Satz 1 Satzung 2020.
164 § 23 Abs. 1 Satz 1 Satzung 2020.
165 § 23 Abs. 3 Satzung 2020.
166 § 22 Abs. 1 Satz 1 Satzung 2020.
167 § 16 Abs. 1 Satz 1 Satzung 2020.
168 § 16 Abs. 2 Satzung 2020.
169 § 17 Abs. 1 Satz 1 und 2 Satzung 2020.
170 § 17 Abs. 2 lit. a und b Satzung 2020.
171 § 28 Abs. 5 Satzung 2020.

einfache Fahrlässigkeit als vielmehr der zugunsten der Organmitglieder eingreifenden Beweislastumkehr. Wendet man die für § 31a Abs. 1 BGB maßgeblichen Grundsätze an, ist davon auszugehen, dass den Verein hiernach auch die Beweislast hinsichtlich der objektiven Pflichtwidrigkeit trifft.[172] Insoweit handelt sich um eine „bemerkenswerter Abweichung“ [173] von den im Kapitalgesellschafts- und Genossenschaftsrecht geltenden Regelungen (§ 93 Abs. 2 S. 2 AktG, § 34 Abs. 2 S. 2 GenG),[174] die angesichts der im Zusammenhang mit der Geltendmachung von Organhaftungsansprüchen typischerweise bestehenden Beweisnot des Anspruchstellers die Beweislast bewusst den Organmitgliedern zuweist. In der Folge ist davon auszugehen, dass Präsidiumsmitglieder vielfach auch für grob fahrlässig oder sogar vorsätzlich verursachte Schäden nicht zur Verantwortung gezogen werden können.

b) Kritik

Die Leitungsstruktur des ADAC war in der Vergangenheit zum Teil massiver Kritik ausgesetzt. In einem von der SPD-Fraktion im Jahr 1995 eingebrachten Entwurf eines „Gesetzes zur Verbesserung von Transparenz und Beschränkung von Machtkonzentration in der deutschen Wirtschaft“ wird ausdrücklich der ADAC als Beispiel eines Vereins genannt, dessen Management „faktisch nicht kontrolliert [werde]“. In einem Beitrag in der Wirtschaftswoche aus dem Jahr 1998 heißt es, der Verein werde trotz seiner Umsätze in Milliardenhöhe geführt „wie eine Edeka-Filiale auf dem Lande“.[175] Erneut laut geworden ist die Kritik im Zuge des Skandals um den Autopreis „Gelber Engel“ im Jahr 2014.[176] Dabei wurde insbesondere der Vorwurf erhoben, dass eine Kontrolle der Vereinsführung durch die Mitglieder aufgrund der Statuten des Vereins praktisch nicht stattfinde.[177]

Die Kritik an der Leitungsstruktur des ADAC hat sicherlich einen berechtigten Kern, erscheint in Teilen jedoch auch übertrieben. Die überwältigende Anzahl von 21 Mio. offenbar nicht gänzlich unzufriedener Mitglieder stellt der Unternehmensführung des ADAC kein allzu schlechtes Zeugnis aus. Zugleich kann man in der Abhängigkeit des Vereins vom Zuspruch seiner Mitglieder – der Sache nach:

---

172 *Leuschner* NZG 2014, 281, 283.
173 Erman/*Westermann*, 15. Aufl. 2017, BGB § 31a Rn. 4.
174 Auf die GmbH finden die Regelungen entsprechende Anwendung (BGH NZG 2009, 912).
175 Wirtschaftswoche vom 4. Juni 1998, S. 54 f.
176 Siehe oben unter II.6.
177 U. a. Die WELT vom 27.9.2014, S. 10 („Mit diesen Klauseln schottet sich die ADAC-Spitze ab“); hierzu sogleich noch unter III.4.

Kunden – auch eine Form der externen, durch den Markt vermittelten Unternehmenskontrolle erblicken, der die Handelnden in den vergangenen Jahrzehnten recht erfolgreich standgehalten haben.[178] Unverkennbar ist allerdings auch, dass die interne Corporate Governance nicht den Standards gerecht wird, die insbesondere im Bereich des Aktienrechts gelten und für eine Organisation dieser Größenordnung geboten wären. Dabei geht es weniger um die geringen Einflussmöglichkeiten der Mitglieder. Dass diese in der Lage wären, bei der Überwachung der Vereinsführung eine entscheidende Rolle zu spielen, erscheint von vornherein unrealistisch.[179] Wünschenswert und umsetzbar wäre aber eine Struktur, in der Leitung und Kontrolle unterschiedlichen, voneinander unabhängigen Organen zugewiesen wären. Das war beim ADAC nie der Fall. Seine Führungsstruktur ist seit Jahrzehnten durch ineinander verschachtelte, sich personell überschneidende Organe gekennzeichnet. Eine Form der „Checks and Balances", die Fehlentwicklungen vorbeugt, hat es dadurch nie gegeben. Hinzu kommt, dass die Leitung des Unternehmens nach wie vor in letzter Konsequenz in den Händen von ehrenamtlichen Präsidiumsmitgliedern liegt. Auch dies ist wenig zeitgemäß und setzt den Verein Risiken aus.

Die Ende 2019 beschlossene Reform der Leitungsstruktur zeigt einige positive Ansätze, ist aber im Ergebnis nicht geeignet, die vorherige Kritik zu entkräften. Zwar wird dem Präsidium nunmehr die Rolle einer Art Aufsichtsorgan zugewiesen, das die Aktivitäten des geschäftsführenden Vorstandes überwacht. Da das Präsidium aber zugleich oberstes Leitungsorgan bleibt, fehlt es nach wie vor an der Trennung zwischen Leitung und Kontrolle. Zugleich folgt daraus, dass dem Petitum, die Verantwortung für den Verein von den Händen des Ehrenamtes in die des Hauptamtes überzuleiten, nicht Rechnung getragen wurde. Dass die Satzung gleichwohl eine erhebliche Haftungsprivilegierung vorsieht, erscheint wenig konsequent, profitieren von ihr doch – ganz anders als in § 31a Abs. 1 BGB vorgesehen – keine typischen Ehrenamtsträger, sondern Präsidiumsmitglieder, denen die Leitung einer der bedeutendsten, mit erheblichen Vermögenswerten ausgestatteten Organisationen Deutschlands obliegt.[180] Auch die Aufwertung des Verwaltungsrats vermag die Kontrolldefizite nicht zu beseitigen. Seine Kompetenzen sind noch immer zu gering, als dass er zu einer effektiven Überwachung von Präsidium und geschäftsführendem Vorstand in der Lage wäre. Der Umstand, dass die Mitglieder des Präsidiums in den Sitzungen des Verwaltungsrats ein Teil-

---

178 Hierzu bereits *Leuschner* 72. DJT 2018, Band II/1, P 65, 104 f.

179 *Hüttemann*, Gutachten für den 72. DJT, 2018, G 61; *Leuschner* 72. DJT 2018, Band II/1, P 65, 100 f.; näher unter III.4.c).

180 Vgl. insoweit den Beschluss 20.b des 72. DJT 2018, Band II/2, P 259, die Organmitglieder von Großvereinen von der Anwendung des § 31a BGB auszunehmen.

nahme- und Rederecht haben, macht zudem deutlich, dass dem Verwaltungsrat auch keine entsprechende Rolle zugedacht ist. Das zeigt einmal mehr die Berechtigung der Forderung, für Großvereine die Existenz eines Aufsichtsrats nach dem Vorbild des Aktienrechts gesetzlich vorzuschreiben.[181]

4. Die Mitgliederrepräsentation: Das Demokratieproblem

a) Entwicklung und Zusammensetzung der Hauptversammlung über die Jahre

Bei der Hauptversammlung des ADAC handelt es sich ausweislich dessen Satzung um das „oberste Organ" des Vereins.[182] In den Anfangsjahren wurden ihre Zusammenkünfte noch nicht als „Hauptversammlung", sondern als „Deutsche Motorradfahrer-Tage" bezeichnet. Mitglieder der Hauptversammlung und somit an deren Zusammenkunft teilnahmeberechtigt waren ursprünglich sämtliche ADAC-Mitglieder.[183] Tatsächlich handelte es sich bei der Hauptversammlung aber bereits sehr früh faktisch um eine reine Delegiertenversammlung. Schon die Satzung von 1911 enthält eine Regelung, wonach die Abgeordneten der Gaue, ohne dass eine besondere Bevollmächtigung erforderlich wäre, die Stimmrechte sämtlicher Mitglieder des Gaus ausüben können, die nicht persönlich bei der Hauptversammlung anwesend sind.[184] Bedenkt man, dass der Verein zu diesem Zeitpunkt bereits 17.000 Mitglieder hatte, von denen mutmaßlich nur ein geringer Anteil persönlich an den Hauptversammlungen teilnahm, wird deutlich, dass die Abstimmungen wohl durch die Abgeordneten der Gaue dominiert wurden.[185]

Schon die Satzung von 1924 sah vor, dass einfache ADAC-Mitglieder nur noch ein Teilnahme-, jedoch kein Stimmrecht mehr in der Hauptversammlung haben.[186] Stattdessen war nunmehr unter anderem ein Stimmrecht der Vorstandsmitglieder vorgesehen.[187] Ab 1931 bestand die Hauptversammlung dann nur noch

---

181 So bereits *Leuschner* 72. DJT 2018, Band II/1, P 65, 102 f.; der Vorschlag hat indes keine Mehrheit gefunden (72. DJT 2018, Band II/2, P 259, Beschluss 20.c).

182 § 9 Abs. 1 Satzung 2020.

183 Vgl. § 21 Satzung 1911.

184 § 21 Abs. 3 Satzung 1911. Ausgenommen waren die Mitglieder der ADAC-Clubs, die sich ihrerseits durch einen Vertreter repräsentieren lassen konnten.

185 *Graf von Seherr-Thoss* (Fn. 8), S. 37: „Die Praxis gestaltete sich dann so, daß jeder Gau einen Delegierten zu den Hauptversammlungen entsandte (meist den Vorsitzenden), der die Stimmen dieses Gaues vertrat."

186 § 10 Abs. 2 Satzung 1924.

187 § 10 Abs. 1 Satzung 1924.

aus den Gau-Abgeordneten, dem Verwaltungsrat und drei Revisoren.[188] Da die Versammlung öffentlich war, hatten sämtliche Mitglieder ein Teilnahmerecht; die Abgeordneten konnten aber die Öffentlichkeit per Mehrheitsbeschluss zeitweise ausschließen.[189] Nach dem Zweiten Weltkrieg war in der Satzung dann auch kein Teilnahmerecht der einfachen Mitglieder mehr vorgesehen. Die Hauptversammlung bestand fortan ausschließlich aus den Delegierten der Regionalclubs, dem Verwaltungsrat und den Mitgliedern des Präsidiums.[190] Auf Grundlage der aktuellen Satzung besteht die Hauptversammlung nur noch aus den Delegierten der Regionalclubs.[191] Die Mitglieder des Präsidiums, des Verwaltungsrats, des Ehrenhofes, des geschäftsführenden Vorstandes, des Generalsyndikus sowie die Mitglieder der Vorstände der Regionalclubs und der Geschäftsführung der Regionalclubs haben jedoch ein Teilnahme- und Rederecht.[192]

b) Stimmrecht und Repräsentation

Um die Mitgliederrepräsentation innerhalb der ADAC-Gesamtorganisation zu verstehen, bedarf es der Betrachtung der die Delegiertenauswahl betreffenden Regelungen. Da sich diese seit Einführung des reinen Delegiertensystems nicht grundlegend verändert haben, kann sich die Beschreibung dabei auf die aktuelle Satzungslage beschränken. Maßgeblich ist insoweit nicht nur die Satzung des Hauptvereins, sondern deren Zusammenspiel mit den Satzungen der Regional- und Ortsclubs.

Die Satzung des Gesamtclubs beschränkt sich bezüglich der Delegiertenauswahl auf den Hinweis, dass jeder Regionalclub berechtigt ist, für je angefangene 100.000 ordentliche Mitglieder einen Delegierten in die Hauptversammlung zu entsenden.[193] Die Einzelheiten zur Delegiertenauswahl auf Ebene der Regionalclubs sind in den Satzungen der Regionalclubs bzw. in der diese determinierenden Mustersatzung enthalten. Dort heißt es, die Mitgliederversammlung des Regionalclubs wählt die Mitglieder seines Vorstandes „und damit zugleich die als gewählt geltenden Delegierten im Sinne der Gesamtclubsatzung“. Das Vorstandsmitglied eines Regionalclubs ist somit automatisch Delegierter, d. h. es muss als solcher nicht gesondert gewählt werden. Nur in dem Umfang, in dem einem Re-

188 § 7 Abs. 1 Satz 1, 1. Hs. Satzung 1931.
189 § 7 Abs. 1 Satz 2 und 3 Satzung 1931.
190 Z. B. § 10 Abs. 2 Satzung 1950.
191 § 10 Abs. 1 Satzung 2020.
192 § 10 Abs. 2 Satzung 2020.
193 § 10 Abs. 1 Satzung 2020.

gionalclub aufgrund seiner Mitgliederzahl mehr Delegierte zustehen als es der Zahl seiner Vorstandsmitglieder entspricht, sind weitere Delegierte zu wählen. Berücksichtigt man, dass die meisten Regionalclubs über einen aus 6–7 Mitgliedern bestehenden Vorstand und eine durchschnittliche Mitgliederzahl von etwa 1,1 Mio. verfügen,[194] wird deutlich, dass es sich bei mehr als der Hälfte der Delegierten um Funktionäre der Regionalclubs handelt.

Unter dem Gesichtspunkt der Repräsentativität ausschlaggebend ist schließlich, wie sich die die Delegierten bestimmende Mitgliederversammlung auf Ebene der Regionalclubs zusammensetzt. Insoweit sieht die Mustersatzung vor, dass jedes ADAC-Mitglied des jeweiligen Regionalclubs mit Stimmrecht teilnehmen kann, sofern es sich unter Wahrung einer bestimmten Form und einer bestimmten Frist (2–3 Wochen) für die Mitgliederversammlung angemeldet hat.[195] Tatsächlich ist die Regelung aber nur für sogenannte „Einzelmitglieder" relevant, d.h. Mitglieder, die – wie die große Mehrzahl der ADAC-Mitglieder – nicht zugleich Mitglied in einem Ortsclub sind und ausweislich der Satzung ihre Mitgliedschaftsrechte auf der Mitgliederversammlung auch „nur persönlich" ausüben können.[196] Für die ADAC-Mitglieder, die zugleich Mitglied eines Ortsclubs sind, gilt hingegen eine Art Sonderregime: Sie nehmen ihre Rechte in der Mitgliederversammlung der Regionalclubs zwingend nicht selbst wahr, sondern ihre Stimmen werden von einem auf Ebene des Ortsclubs zu wählenden Delegierten vertreten. Die Delegierten wiederum werden in den Mitgliederversammlungen der Ortsclubs gewählt, wo jedem Ortsclubmitglied ein einfaches Stimmrecht zusteht.[197] Die Beteiligung der Ortsclubmitglieder an der Willensbildung beschränkt sich hiernach auf die Delegiertenwahl in der Mitgliederversammlung des Ortsclubs.

Die tatsächlichen Auswirkungen des skizzierten Regelungsmechanismus werden deutlich, wenn man die Realstruktur des ADAC und seiner Untergliederungen näher betrachtet. Auch ohne nähere Informationen über die Anzahl der Ortsclubs und deren Mitgliederzahlen[198] lassen einzelne Medienberichte Rückschlüsse zu. Ausweislich eines Zeitungsbeitrages aus dem Jahr 2014[199] stand auf

---

194 Die Mustersatzung 2019 empfiehlt in § 14 mindestens fünf, in der Regel nicht mehr als sieben, höchstens neun Vorstandsmitglieder.

195 Exemplarisch § 8 Abs. 4 Satz 3 Satzung ADAC Berlin-Brandenburg e.V.: 3 Wochen.

196 § 8 Abs. 4 Satz 1 Mustersatzung 2019.

197 Siehe exemplarisch § 9 Abs. 1 Satzung des Automobil- und Motorrad- Club Kempten e.V. im ADAC und § 9 Abs. 1 lit. b Satzung des Automobil-und Motorradclub Diepholz (ADAC) e.V. Pro 100 Mitglieder des Ortsclubs kann ein Delegierter in die Mitgliederversammlung der Regionalclubs entsandt werden (§ 8 Abs. 3 Satz 3 Mustersatzung 2019).

198 *Segna*, Vorstandskontrolle im Großverein, 2002, S. 82 nennt unter Verweis auf STERN, Heft 29 v. 15. Juli 1999, S. 110, 112 die Zahl von 1858 Ortsclubs.

199 Die WELT am Sonntag, 26.1.2014, S. 29 („Undurchsichtiger Verein").

der damaligen Mitgliederversammlung des Regionalclubs Sachsen (800.000 Mitglieder) 53 Delegierten von Ortsclubs, die insgesamt 1.045 Stimmen von Ortsgruppenmitgliedern vertraten, ein einziges Einzelmitglied gegenüber. Von der Mitgliederversammlung des Regionalclubs Westfalen (1.300.000 Mitglieder) heißt es in demselben Bericht, dass 201 Vertretern von Ortsclubs, die 6.473 Stimmen repräsentierten, sechs Einzelmitglieder gegenüberstanden. Diese Zahlen verdeutlichen, dass die Willensbildung innerhalb des ADAC maßgeblich durch die Delegierten der Ortsclubs bzw. dessen Mitglieder geprägt wird. Einzelmitglieder – rechnet man die zuvor genannten Zahlen hoch, handelt es sich bei ihnen um mindestens 99,5 % der ADAC-Mitglieder – nehmen faktisch keinen Einfluss auf die Willensbildung.

c) Kritik

Dass die Satzung des ADAC nur eine Delegierten- und keine Vollversammlung vorsieht, an der jedes ADAC-Mitglied teilnehmen kann, ist angesichts der Mitgliederzahl selbstverständlich nicht nur legitim, sondern alternativlos. Problematisch erscheinen jedoch die Regelungen über die Zusammensetzung der Delegiertenversammlung. Anerkanntermaßen sind die Vereine bei deren Ausgestaltung nicht frei, sondern müssen den Grundsatz der Repräsentativität beachten, d. h. sicherstellen, dass keine Mitgliedergruppen vom Willensbildungsprozess ausgeschlossen werden. Ob die Statuten des ADAC dem gerecht werden, erscheint aus mehreren Gründen fraglich. Da die Mehrzahl der Delegierten Vorstandsmitglieder der Regionalclubs sind (sog. „geborene“ Delegierte), dominieren sie die Willensbildung. Das Postulat, wonach die selbstständig gewählten („gekorenen“) Delegierten über die satzungsändernde Mehrheit verfügen, ist nicht erfüllt.[200] Noch problematischer erscheint der dominierende Einfluss der Vertreter der Ortsclubs in den Mitgliederversammlungen der Regionalclubs. Die Regelungen, wonach diese automatisch die Stimmrechte sämtlicher Mitglieder der Ortsgruppe vertreten, während Einzelmitglieder ihr Stimmrecht nur unter Überwindung nicht unerheblicher formaler Hürden höchstpersönlich ausüben können, bewirkt eine erhebliche Machtverschiebung. Die Regelungen ließen sich allenfalls rechtfertigen, wenn man davon ausginge, dass auf Ebene der Ortsclubs tatsächlich sämtliche Mitglieder an der Willensbildung beteiligt wären und den Vertretern der Ortsclubs insoweit ein entsprechendes Mandat erteilten. Realistischerweise ist indes davon auszugehen, dass auch die Präsenz in den Mitgliederversammlungen der Orts-

200 BeckOGK/*Notz*, 15.9.2018, BGB § 32 Rn. 272.

gruppen nicht übermäßig groß ist und die dort gewählten Vertreter überwiegend Eigeninteressen repräsentieren. Dass sie dabei sämtliche Stimmrechte der Ortsclubmitglieder ausüben dürfen, erscheint kaum gerechtfertigt. Ob die Regelungen zur Mitgliederrepräsentation einer gerichtlichen Überprüfung standhalten würden, erscheint vor diesem Hintergrund durchaus Zweifeln ausgesetzt.

Ob es sich insoweit zugleich um einen rechtspolitischen Missstand handelt, der ein Einschreiten des Gesetzgebers erfordert, steht indes auf einem anderen Blatt. Die Vorstellung, man könne durch entsprechende Ausgestaltung des Willensbildungsprozesses tatsächlich erreichen, dass die Hauptversammlung des ADAC den Willen von 21 Mio. ADAC-Mitgliedern repräsentiert, dürfte letztlich illusorisch sein. Das Grundproblem besteht darin, dass die ganz überwiegende Anzahl der Mitglieder sich als Kunde versteht und genauso wenig wie der Käufer eines Volkswagens daran interessiert ist, sich an der Willensbildung im Volkswagenkonzern zu beteiligen, ein entsprechendes Interesse in Bezug auf den ADAC hat. Das ist nicht nur legitim, sondern auch rational, wenn man bedenkt, dass die Teilnahme an der Willensbildung selbst dann, wenn die Erklärung des Willens maximal erleichtert wird, stets die Auseinandersetzung mit Sachthemen oder zumindest Kandidaten voraussetzt und daher Zeit kostet. Dass die ganz große Mehrheit der ADAC-Mitglieder hierzu nicht bereit ist, ist nachvollziehbar („rationale Apathie"). Das damit einhergehende Kontrolldefizit der ADAC-Führung wird – darauf wurde bereits hingewiesen – zumindest partiell dadurch ausgeglichen, dass die ADAC-Mitglieder in ihrer Kundenrolle eine gewisse Erwartungshaltung an den Tag legen, welcher der Verein genügen muss. Ist die Führung des ADAC nicht mehr in der Lage, Mitgliedern insoweit ein attraktives Paket anzubieten, dürfte sich dies schnell in schwindenden Mitgliederzahlen niederschlagen.

Einer gesonderten Betrachtung bedarf die Thematik insoweit, als dass der ADAC nicht nur die Rolle eines Dienstleistungsvereins einnimmt, sondern darüber hinaus den Anspruch erhebt, die Interessen der Kraftfahrer zu vertreten. Diesbezüglich erweist es sich tatsächlich als problematisch, dass der ganz überwiegende Anteil der Mitglieder nicht an der Willensbildung beteiligt ist. Einen legislativen Handlungsbedarf wird man allerdings auch daraus nicht ableiten können. Erforderlich aber auch ausreichend erscheint vielmehr, die vereinsinternen Demokratiedefizite im Rahmen der politischen Auseinandersetzung zu berücksichtigen, d. h., der Stimme des ADAC kein übermäßiges Gewicht einzuräumen. Es wäre dann Sache des Vereins, auf den damit verbundenen Bedeutungsverlust durch entsprechende Reformen zu reagieren. Alternativ wäre sicherlich auch denkbar, den Mitgliederwillen jenseits des in der Satzung vorgesehenen Willensbildungsmechanismus durch andere Maßnahmen (z. B. Onlineumfragen) zu ermitteln.

IV. Schluss

Die Satzung des ADAC und ihre Veränderungen über die Jahrzehnte (einschließlich der dazugehörigen Registerakte beim Amtsgericht München) gewähren interessante Einblicke sowohl in die Entwicklung des Automobils und seine sich wandelnde Wahrnehmung in der Gesellschaft als auch die Geschichte Deutschlands. In letzterem Zusammenhang faszinierend ist insbesondere der in den Registerakten enthaltene Schriftwechsel aus dem Jahr 1933, welcher einen intensiven Eindruck davon vermittelt, mit welcher atemberaubenden Geschwindigkeit seinerzeit der Rechtsstaat durch das NS-Unrechtsregime abgelöst wurde. Es wäre zu wünschen, dass der ADAC dieses dunkle Kapitel seiner Geschichte, welches er mit vielen anderen deutschen Organisationen teilt, im Rahmen der Selbstdarstellung nicht ausspart, sondern aktiv aufarbeitet. Der Deutsche Fußballbund, der vor einigen Jahren unabhängige Historiker mit einer entsprechenden Studie beauftragt hat, könnte hier als Vorbild dienen.[201]

In Kontrast zu den vielen Veränderungen, die der ADAC seit seiner Gründung durchlebt hat, steht die große Kontinuität seiner Organisationsstruktur: Wesentliche Elemente wie insbesondere die Untergliederung in Regional- und Ortsclubs waren bereits in der Satzung von 1904 angelegt und sind bis heute unverändert. Gleiches gilt für die Führungsstruktur des Vereins, die seit den frühen Jahren durch die Leitungsbefugnis eines ehrenamtlichen Präsidiums, eine Vertretung der Regionalclubs (zunächst im erweiterten Vorstand, dann im Verwaltungsrat) sowie einer hauptamtlichen Geschäftsführung geprägt ist. Das mögen viele kritisch sehen und hierin Tendenzen von Reformunfähigkeit oder sogar Besitzstandsdenken einzelner Protagonisten erblicken. Man kann es aber auch anders deuten und darauf verweisen, dass sich die bestehenden Strukturen nun einmal bewährt und den Verein ungeachtet der einen oder anderen Krise äußerst erfolgreich bis in die heutige Zeit geführt haben. Das große Vertrauen, das dem ADAC noch immer entgegengebracht wird und seine Bestätigung in einer bis heute ständig steigenden Mitgliederzahl findet, liefert den Verantwortlichen insoweit gute Argumente.

Schließlich ist die Satzung des ADAC einschließlich der seiner Unterorganisationen Ausweis davon, dass es sich beim Vereinsrecht wie bei keinem anderen Rechtsgebiet um „Satzungsrecht" handelt. Die Organisation des Vereins als Gesamtverein einschließlich der Regelung zur Wahrung des Homogenitätsinteresses

201 *Havemann*, Fußball unterm Hakenkreuz: der DFB zwischen Sport, Politik und Kommerz, 2005. Vgl. auch die Veröffentlichung des Deutschen Alpenvereins „Berg heil!: Alpenverein und Bergsteigen 1918 – 1945" aus dem Jahr 2011.

und der Willensbildung schaffen eine „Regelungswelt", deren Komplexität im übrigen Gesellschaftsrecht ihresgleichen sucht. Damit verbunden ist eine Vielzahl hochinteressanter Rechtsfragen, deren wissenschaftliche Durchdringung erst am Anfang steht. Es wäre zu wünschen, dass das entsprechende Forschungspotenzial stärker erkannt wird und zukünftig mehr Wissenschaftlerinnen und Wissenschaftler den Mut finden, die zum Teil doch sehr ausgetretenen Pfade des Kapitalgesellschaftsrechts auch einmal zu verlassen.

Anhang: Satzung des ADAC e.V. von 1911

SATZUNGEN
des
Allgemeinen Deutschen
Automobil-Club (e.V.)

Beschlossen in der D.M.V.-Hauptversammlung am 24. und 25. Mai 1911 zu Naumburg a. d. Saale und der a.o. D.M.V.-Hauptversammlung am 20. August 1911 zu Frankfurt a.M.

SATZUNGEN
des
Allgemeinen Deutschen
Automobil-Club (e.V.)

Sitz München.

A. Gesamtverein.

Name und Sitz.

§ 1.

Der Name des Vereins ist: Allgemeiner Deutscher Automobil-Club, e. V. (A.D.A.C.). Der Verein ist eingetragener Verein und hat seinen Sitz in München.

Zweck

§ 2.

Der A.D.A.C. bezweckt die Förderung und Verbreitung des Kraftfahrens jeder Art, zu Lande, zu Wasser und in der Luft, insbesondere aber die Wahrung der Interessen der Besitzer und Fahrer der kleinen Kraftwagen und Krafträder.

Mittel.

§ 3.

Mittel zur Erreichung des Zweckes des A.D.A.C. sind hauptsächlich: Veröffentlichungen über technische und kraftrechtliche Fragen in der Presse, Gewährung von Rechtsschutz- und Auskunftsstellen in Einzelbezirken, Stellungnahme gegen schädliche Gesetze, Verbote und Steuern, sowie gegen die Übergriffe behördlicher Organe, Errichtung von Öl-, Benzin- und Hilfsstationen, Erleichterung des Grenzverkehrs, Abschluß günstiger Versicherungen, kraftsportliche Veranstaltungen allein oder in Gemeinschaft mit anderen Vereinigungen, sowie Mitarbeit an der Nutzbarmachung der Kraftfahrzeuge im Heeresdienste für das deutsche Reich, speziell für die Chauffeur-Abteilung: Stellenvermittlung, Auszeichnung und besonderer Rechtsschutz für Chauffeure und verwandte Berufsklassen.

Den Zwecken der Vereinigung zu dienen, ist besonders die Verbandszeitschrift bestimmt.

Mitgliedschaft.

§ 4.

Der A.D.A.C. setzt sich zusammen aus:
a) Clubmitgliedern und
b) Mitgliedern der Chauffeur-Abteilung.

a) Als Clubmitglieder können aufgenommen werden: Unbescholtene Herren und Damen welche das 18. Lebensjahr erreicht haben.
Die Anmeldung ist unter Bekanntgabe von zwei Paten aus dem betreffenden Gau bei der Geschäftsstelle des A.D.A.C. zu betätigen.
b) Als Mitglieder der Chauffeur-Abteilung können aufgenommen werden Chauffeure, unselbständige Mechaniker und Angehörige verwandter Berufsarten, und zwar nur diese.

Die Anmeldung in die Chauffeur-Abteilung erfolgt bei der Geschäftsstelle des. A.D.A.C. Ausnahmen zu a) und b) können auf Antrag des zuständigen Gauvorstandes durch den engeren Vorstand gemacht werden.

Jede Anmeldung als Clubmitglied bezw. zur Chauffeur-Abteilung wird in der nächsten Nummer der Verbandszeitschrift veröffentlicht. Erfolgt innerhalb 14 Tagen nach der Bekanntgabe keine Einwendung, so erhebt die Geschäftsstelle unter gleichzeitiger Übersendung der Mitgliedskarte usw. die Aufnahmegebühr nebst dem Jahresbeitrag, womit die Aufnahme vollzogen ist.

Einwendungen gegen eine Anmeldung sind an die Geschäftsstelle zu richten. Die Entscheidung hat, nach vorheriger Anhörung des zuständigen Gauvorsitzenden, der engere Vorstand. Entscheidet dieser entgegen der Äußerung des Gauvorsitzenden, so ist diesem schriftliche Mitteilung von der Entscheidung zu machen und steht ihm innerhalb zwei Wochen die Berufung an den Gesamtvorstand zu, welcher endgültig entscheidet.

Das A.D.A.C.-Abzeichen und das Abzeichen der Chauffeur-Abteilung bleibt Eigentum des A.D.A.C. Es ist beim Austritt zurückzugeben oder mit Mark 2,50 zu ersetzen.

Zu Ehrenmitgliedern können Persönlichkeiten, die sich um den A.D.A.C. bezw. den Automobilismus verdient gemacht haben, oder auf Vorschlag des engeren Vorstandes, oder auf einen von mindestens der Hälfte der anwesenden Abgeordneten unter Zustimmung des engeren Vorstandes eingebrachten Antrag von der Hauptversammlung ernannt werden. Ehrenmitglieder sind von den Beiträgen befreit.

§ 5.

Die Gesamtmitgliedschaft des A.D.A.C. ist in einzelne Gaue gegliedert. Jedes Mitglied ist Mitglied des Gaues, in dem es seinen Wohnsitz hat.

Rechte der Mitglieder.

§ 6.

Jedes Mitglied hat Sitz und Stimmrecht in den Hauptversammlungen des A.D.A.C. und den Versammlungen seines zuständigen Gaues. Mitglieder, welche in den Hauptversammlungen nicht erschienen sind, werden durch den bezw. die Abgeordneten ihres Gaues vertreten; außerdem sind Abgeordnete von A.D.A.C.-Clubs („A.D.A.C.-Club-Vertreter") zur Vertretung der ihnen von. Ihren Clubmitgliedern besonders übertragenen Stimmen berechtigt.

Die Clubmitglieder haben aktives und passives, die Mitglieder der Chauffeur-Abteilung haben aktives Wahlrecht. Ferner hat jedes Mitglied von seiner Aufnahme ab Anspruch auf freie Zusendung der Verbandszeitschrift, sowie auf alle sonstigen, von dem A.D.A.C. gebotenen Vergünstigungen und erhält kostenlos Mitgliedskarte, Satzungen, A.D.A.C.-Schriften und leihweise das Abzeichen.

Beiträge.

§ 7.

Jedes Clubmitglied hat eine Aufnahmegebühr von Mark 5,– und einen Jahresbeitrag (1. April bis 31. März) von Mark 10,–, jedes Mitglied der Chauffeur-Abteilung eine Aufnahmegebühr von Mark 3,– und einen Jahresbeitrag von Mark 8,–. zu entrichten.

Nach dem 1. Oktober aufgenommene Mitglieder haben bis zum Schlusse des Geschäftsjahres (31. März) nur Mark 5,– bezw. Mark 4,– Beitrag zu zahlen.

Der Beitrag für das kommende Geschäftsjahr ist bis zum 15. März des laufenden Geschäftsjahres zu bezahlen. Nach dem 1. April ist das Präsidium berechtigt, die rückständigen Beiträge durch Postnachnahme zu erheben. Mitglieder, welche die Nachnahme nicht einlösen, können durch den engeren Vorstand sofort aus der Mitgliederliste gestrichen werden.

Erfüllungsort für sämtliche an den A.D.A.C. zu leistenden Beiträge und Zahlungen ist der Sitz des Vereins.

Austritt.

§ 8.

Der Austritt soll durch „Einschreiben" unter gleichzeitiger Rücksendung des Abzeichens bezw. Einsendung des Betrages von Mark 2,50 (siehe § 4) der Geschäftsstelle bis spätestens drei Monate vor Ablauf des Geschäftsjahres (spätestens am 31. Dezember) erklärt werden.

Mit dem Ausscheiden erlöschen alle Rechte am Vereinsvermögen.

Ausschluss.

§ 9.

Mitglieder, die sich einer unehrenhaften Handlung schuldig machen, oder die Interessen des A.D.A.C. schädigen, können auf Antrag nach Anhörung des Mitgliedes und der zuständigen Gau- und A.D.A.C.-Club-Vorstände durch Beschluß des Ehrenrates dauernd oder auf Zeit ausgeschlossen werden.

Der Ehrenrat besteht aus dem Berichterstatter für Rechtssachen als Vorsitzenden und 8 alljährlichen zu wählenden Mitgliedern, von denen zwei Mitglieder des engeren Vorstandes sein müssen. Das Verfahren wird durch die Geschäftsordnung geregelt.

Zur Beschlußfassung gehört Anwesenheit von mindestens 6 Mitgliedern einschließlich des Vorsitzenden.

Der Ausschließungsbeschluß ist mit Gründen zu versehen. und dem Auszuschließenden eingeschrieben mit Rückschein zuzustellen, dem Antragsteller ist Kenntnis von dem Beschlusse zu geben, ebenso dem Hauptvorstand.

Gegen den Beschluß steht dem Auszuschließenden binnen 2 Wochen nach Zustellung die Berufung an die nächste Hauptversammlung zu, die endgültig unter Ausschluß des Rechts entscheidet. Besondere Haupt-Versammlungen zu diesem Zweck sollen nur berufen werden, wenn der Antragsteller, die Kosten trägt und vorausbezahlt.

Der Erlaß des Ausschließungsbeschlusses hat die Wirkung, daß der Auszuschließende bis zur Rechtskraft von allen Ämtern des, A.D.A.C. und seiner Organisation vorläufig enthoben ist und kein Stimmrecht hat.

Andere Strafen als Ausschluß aus dem A.D.A.C. sind den Satzungen der Gaue und der A.D.A.C.-Clubs vorbehalten.

Zeitlich Ausgeschlossene können nach Ablauf der Zeit ihren Wiedereintritt anmelden, gegen den Einwendungen aus dem früheren Verfahren nicht zulässig sind.

Mit dem Ausschluß erlöschen alle Ansprüche an das Vermögen des A.D.A.C.

Leitung des Vereins.

§ 10.

Die Angelegenheiten des Vereins erledigt der engere Vorstand, der Gesamtvorstand und die Hauptversammlung.

Ist ein Mitglied an der Fassung eines Beschlusses persönlich beteiligt, so ruht sein Stimmrecht (§ 34 B.G.B.)

Gesamtvorstand.

§ 11.

Der Gesamtvorstand besteht aus:
1. dem engeren Vorstande,
2. den Beisitzern.

Der engere Vorstand besteht aus:
1. dem Präsidenten,
2. und 3. den stellvertretenden Präsidenten
4. dem Schriftführer,
5. dem Vorsitzenden des ~Sportausschusses
6. bis. 10. aus fünf Beisitzern oder Berichterstattern.

Von diesen wählt die Hauptversammlung besonders:
a) den Berichterstatter für Rechtssachen,
b) den Berichterstatter für Presseangelegenheiten.

Im Übrigen stellt das Feld der Tätigkeit der engere Vorstand unter sich fest.

Der Schriftführer und der Vorsitzende des Sportausschusses müssen denselben Wohnsitz wie der Präsident haben.

Die Wahl der Mitglieder des engeren Vorstandes erfolgt auf der ordentlichen A.D.A.C-Hauptversammlung für jedesmal zwei Jahre. In jedem Jahre scheiden 5 Mitglieder aus. Wer zuerst ausscheidet, bestimmt bei der ersten Wahl die A.D.A.C.-Hauptversammlung.

Die Besitzer und deren Stellvertreter werden aus jedem Gau auf den Gau-Hauptversammlungen vor der A.D.A.C.-Hauptversammlung von den Gauen auf ein Jahr gewählt. Außerdem ist Beisitzer der jeweilige Syndikus des A.D.A.C.

Wiederwahl der Vorstandsmitglieder ist zuläßig.

Geschäftsführung des Gesamtvorstandes.

§ 12.

Der Gesamtvorstand muß zu Sitzungen einberufen werden:
1. im Spätherbste,
2. vor der jährlichen A.D.A.C.-Hauptversammlung,
3. wenn 9 (neun) Beisitzer schriftlich unter Angabe der Gründe beim engeren Vorstand beantragen.

Außerdem haben der Präsident und der engere Vorstand jederzeit das Recht der Einberufung.

Die Einberufung zu einer Sitzung erfolgt durch den Präsidenten mittels Einschreibebriefes, der die Tagesordnung enthalten und spätestens am 6. Tage vor der Sitzung abgesandt werden muß.

Den Vorsitz in der Sitzung führt der Präsident, im Verhinderungsfalle ein Mitglied des engeren Vorstandes, in der in § 11 aufgeführten Reihenfolge.

Der Gesamtvorstand ist beschlußfähig, wenn mindestens 7 (sieben) Beisitzer anwesend sind.

In der Geschäftsordnung kann in von dieser festzusetzenden Fällen briefliche Abstimmung ohne Sitzung zugelassen werden.

Pflichten des. Gesamtvorstandes.

§ 13.

1. Allgemeine Begutachtung und Genehmigung der Gausatzungen.
2. Auf der Herbstsitzung: Prüfung der Abrechnung für das erste Halbjahr, Festsetzung der sportlichen Veranstaltungen für das kommende Geschäftsjahr.
3. Auf der Sitzung vor der Hauptversammlung: Prüfung des jeweiligen Rechnungsabschlusses und des rechnerischen Voranschlages für das neue Geschäftsjahr. Prüfung des Berichtes des engeren Vorstandes. Prüfung der eingelaufenen Anträge auf ihre formelle Zuverlässigkeit und der Vorschläge für die von der Hauptversammlung vorzunehmenden Wahlen.

Der engere Vorstand.

§ 14.

Der engere Vorstand ist mit der Leitung der allgemeinen Vereinsangelegenheiten betraut; er vollzieht die Beschlüsse der Hauptversammlung und entscheidet in allen der Hauptversammlung und dem Gesamtvorstande nicht besonders vorbehaltenen Angelegenheiten. Er legt der Hauptversammlung den Jahres- und Rechenschaftsbericht vor, fertigt die Voranschläge an und stellt die Tagesordnung nach den Satzungen fest.

Er hat den Mitgliedern des Gesamtvorstandes und den Abgeordneten den Jahres- und Rechenschaftsbericht, sowie den Voranschlag für das nächste Geschäftsjahr spätestens 10 Tage vor der Hauptversammlung zuzusenden. Des weiteren obliegt ihm die Genehmigung der Satzungen, der A.D.A.C.-Clubs.

Er beschließt über die im gewöhnlichen Geschäftsverkehr erforderlichen Verträge, zu deren Abschluß jedoch stets die Zustimmung des gerichtlich hierfür verantwortlichen ersten Präsidenten nötig ist.

Verträge, die eine erhebliche finanzielle Belastung des A.D.A.C. ergeben, oder die sonst von einschneidender Bedeutung für den A.D.A.C. werden können, sollen der Hauptversammlung vorgelegt werden. Soweit besondere Gründe einen Aufschub bis zur Hauptversammlung unmöglich erscheinen lassen, soll über derartige Verträge der Gesamtvorstand beschließen können.

§ 15.

Bei dauernder Verhinderung eines Mitgliedes des engeren Vorstandes wird von den Abgeordneten der letzten Hauptversammlung ein Ersatzmitglied aus der Zahl der Beisitzer des Gesamtvorstandes gewählt. Schriftliche Abstimmung ist zulässig. Der engere Vorstand hat für umgehende Wahl zu sorgen.

Bei dauernder Verhinderung eines Beisitzers des Gesamtvorstandes hat der zuständige Gauvorstand möglichst bald für Ersatzwahl zu sorgen.

Rechnungsprüfer.

§ 16.

Neben dem Vorstande stehen zwei Rechnungsprüfer. Diese werden auf zwei Jahre gewählt und zwar jedes Jahr einer.

Die Rechnungsprüfer sind nach Ablauf ihrer Wahlzeit erst nach einem Jahre wieder wählbar und dürfen dem Vorstande nicht angehören. Sie haben vor der alljährlichen Hauptversammlung die Kassen- und sonstige Geschäftsführung genau zu prüfen und auf der Hauptversammlung darüber zu berichten. Die Prüfung soll nicht nur eine rechnerische, sondern auch eine materielle sein.

Es können jederzeit Prüfungen vorgenommen werden.

Befugnisse des Präsidenten.

§ 17.

Der Präsident, im Verhinderungsfalle der stellvertretende Präsident, vertritt den A.D.A.C. gemäß § 26 B.G.B. gerichtlich und außergerichtlich; insbesondere ist er berechtigt, allein rechtsverbindliche Erklärungen vor dem, Gericht abzugeben. Er hat Sitz und Stimme in allen Ausschuß-Sitzungen, sowie das Recht, an allen Versammlungen und Sitzungen innerhalb des A.D.A.C. teilzunehmen.

Ausschüsse.

§ 18.

Ständige Ausschüsse sind der Sportausschuss und der Presseausschuss. Außerdem kann die Hauptversammlung nach Bedarf besondere Ausschüsse einsetzen.

Den Vorsitz in den ständigen Ausschüssen führen die betreffenden Berichterstatter; die Zahl der Ausschußmitglieder neben dem Vorsitzenden beträgt mindestens zwei und sollen dieselben aus der Zahl der Mitglieder des Gesamtvorstandes gewählt werden.

Die Mitglieder des Sportausschusses, sollen aus der Zahl der Mitglieder des engeren Vorstandes gewählt werden.

Der Sportausschuss ist die oberste Sportbehörde des A.D.A.C. und seiner sämtlichen örtlichen Verbände. Als solche ist er die letzte Beratungsinstanz bei allen sportlichen Streitigkeiten innerhalb e s A.D.A.C. Berufungen an ihn sind nur zulässig innerhalb einer Woche nach Bekanntgabe des anzufechtenden Bescheides.

Bei Veranstaltungen, welche von dem A.D.A.C. als solchem durch den Sportausschuß abgehalten werden, wird die oberste Berufungsinstanz durch diejenigen Mitglieder des engeren Vorstandes gebildet, welche nicht Mitglieder des Sportausschusses sind.

Zu den Sitzungen des Sportausschusses, in welchen Proteste behandelt werden, haben die A.D.A.C.-Mitglieder Zutritt. Parteien erhalten keine Reisekosten.

Der Presseausschuß entscheidet über Streitigkeit hinsichtlich der Aufnahme von Artikeln in die Vereinszeitschrift. Die Beisitzer dürfen nicht dem engeren Vorstande angehören. Er hat mit dem Schriftführer die Berichte über die Hauptversammlungen, welche für die Öffentlichkeit bestimmt sind, zu redigieren und hat mit den Tages- und Fachzeitschriften Fühlung zu halten.

Die Entscheidungen der Ausschüsse und die des engeren Vorstandes in Sportsachen erfolgen endgültig unter Ausschluß, des Rechtsweges; sie sind dem Präsidenten und den Beteiligten schriftlich mitzuteilen.

§ 19.

Sämtliche Ämter des A.D.A.C. sind Ehrenämter; der Präsident erhält jedoch Repräsentationsgelder und sämtliche Inhaber von Ämtern Reisekosten und Tagegelder für die Sitzungen. Die Höhe derselben wird alljährlich von der Hauptversammlung festgesetzt.

Geschäftsordnung.

§ 20.

Die gesamte Geschäftsführung, sowie das Verfahren in den Sitzungen des Ehrenrates, der Vorstände und der Ausschüsse werden durch eine vom engeren Vorstande festzulegende Geschäftsordnung geregelt, welche, ebenso wie etwaige Änderungen, der Genehmigung der Hauptversammlung bedarf. In der Geschäftsordnung kann auch die Einrichtung einer Geschäftsstelle mit besoldeten Angestellten vorgesehen werden.

Hauptversammlungen.

§ 21.

Alljährlich findet eine ordentliche Hauptversammlung statt.

Die Tagesordnung ist folgende:

a) Feststellung der Stimmliste,
b) Bericht über das letzte Geschäftsjahr,
c) Kassenbericht und Bericht der Rechnungsprüfer,
d) Entlastung,
e) Genehmigung des Voranschlages für das kommende Geschäftsjahr und Feststellung der Reise- usw. Kosten,
f) Bericht der besonderen Ausschüsse,
g) Anträge,
h) Wahlen,
i) Bestimmung von Ort und Zeit der nächstjährigen Hauptversammlung.

Mitglieder, welche persönlich nicht erschienen sind, werden durch die Abgeordneten der zuständigen Gaue, bezw. durch ihre Club-Vertreter nach Maßgabe der §§ 6 und 39 vertreten.

Die Abgeordneten haben so viele Stimmen, als für den betreffenden Gau Beiträge abgeliefert sind, abzüglich der Stimmen der A.D.A.C-Club-Vertreter und der persönlich erschienenen Mitglieder. Sind mehrere Vertreter eines Gaues gewählt, so werden die von ihnen vertretenen Stimmen gleichmäßig verteilt.

Die Abgeordneten sollen 4 Wochen vor der Hauptversammlung dem engeren Vorstande namhaft gemacht werden. Dringlichkeitsanträge sind nur zuläßig, wenn sie von einem Drittel der vertretenen Stimmen unterstützt werden.

Anträge der Mitglieder zur Hauptversammlung bedürfen der Zustimmung des zuständigen Gauvorstandes und müssen mindestens 4 Wochen vorher beim Vorstande des A.D.A.C. eingelaufen sein. Die Anträge müssen mindestens 2 Wochen vor der Versammlung in der Vereinszeitschrift veröffentlicht werden.

Die erschienenen Mitglieder und die A.D.A.C.Club-Vertreter können ihr Stimmrecht durch den zuständigen Abgeordneten ausüben lassen.

Die Auslandsmitglieder vertritt der Präsident. Die Abgeordneten dürfen nicht Mitglieder des Gesamtvorstandes sein.

Die Hauptversammlung ist beschlußfähig ohne Rücksicht auf die Zahl der vertretenen Stimmen. Bei Abstimmung entscheidet einfache Stimmenmehrheit. Stimmengleichheit gilt als Ablehnung.

Außerordentliche Hauptversammlungen werden vom Gesamtvorstande berufen; derselbe ist zur Berufung verpflichtet, wenn die Abgeordneten von 6 Gauen, die zusammen auf Grund von schriftlich vorzulegenden Vollmachten oder von Gaubeschlüssen mindestens ein Drittel sämtlicher A.D.A.C.-Mitglieder für diesen Zweck vertreten, die Einberufung schriftlich beantragen. Die auf die Tagung bezüglichen Veröffentlichungen usw. müssen mit tunlichster Beschleunigung erfolgen. Neuwahl der Abgeordneten ist nicht erforderlich.

Außer dem in § 18, vorletzter Absatz, letzter Satz, vorgesehenen Bericht, der vom Präsidenten, dem Schriftführer und den Mitgliedern des Presseausschusses, soweit sie anwesend sind, zu unterzeichnen ist, ist ein stenographisches Protokoll aufzunehmen, das auf Verlangen den Mitgliedern des Gesamtvorstandes, den Abgeordneten und den Gauvorständen zur Verfügung zu stellen ist.

Der Bericht des Presseausschusses ist längsten, innerhalb 8 Wochen nach der Hauptversammlung in der Verbandszeitschrift zu veröffentlichen.

Verbandszeitschrift.

§ 22.

Die Bekanntmachungen des A.D.A.C. werden in der Verbandszeitschrift veröffentlicht. Der engere Vorstand trifft in Gemeinschaft mit dem Presseausschuß die die Verbandzeitschrift betreffenden Anordnungen.

Das Verbandsorgan steht dem A.D.A.C.-Vorstande und den Ausschüssen, sowie den Vorstände der Gaue und der A.D.A.C.-Clubs für ihre Veröffentlichungen nach Maßgabe des, verfügbaren Raumes zur Verfügung. Verantwortlich für die Artikel sind die Einsender, soweit nicht das Pressegesetz etwas anderes bestimmt.

Die Veröffentlichungen sind, an den Schriftführer zu senden, der sie sofort an die Redaktion weiter zu senden hat. Hat der Schriftführer Bedenken gegen die Veröffentlichung, so hat er nach Verständigung mit dem Präsidenten die betreffenden Artikel sofort unter schriftlicher Niederlegung seiner Bedenken dem Presseberichterstatter vorzulegen, der nach Anhörung des Einsenders über die Bedenken die Entscheidung des Presseausschusses herbeiführt.

Satzungsänderungen.

§ 23.

Satzungsänderungen können nur in Hauptversammlungen mit einer Mehrheit von zwei Dritteln der abgegebenen Stimmen beschlossen werden.

Auflösung des Vereins.

§ 24.

Eine Auflösung des A.D.A.C. kann nur auf Beschluß einer zu diesem Zwecke besonders einberufen Hauptversammlung ausgesprochen werden und zwar mit Vierfünftelmehrheit der vertretenen Stimmen.

Die Tagesordnung zu dieser Hauptversammlung muß drei Monate vorher den einzelnen Gauen mittels eingeschriebenen Briefes zugestellt werden; außerdem ist die Tagesordnung außer in der Verbandszeitschrift in drei Tageszeitungen zu veröffentlichen. Diese Hauptversamrnlung ernennt im Falle der beschlossenen Auflösung die Liquidation und entscheidet über die Verwendung des vorhandenen Vermögens.

B. Gaue.

Allgemeines.

§ 25.

Die Gesamtmitgliedschaft des A.D.A.C. zerfällt in einzelne Gaue. Die Festsetzung der Zahl und Grenzen, der Gaue ist Sache der Hauptversammlung.
Die Abgrenzung soll im Allgemeinen den politischen Grenzen der einzelnen Bundesstaaten bezw. Provinzen entsprechen.

Zweck.

§ 26.

Zweck und Aufgabe des Gaues ist es, durch Zusammenwirken der A.D.A.C.-Mitglieder im Gaugebiete eine rege Förderung A.D.A.C.-Ziele und Vertretung der A.D.A.C.-Interessen innerhalb des Gaugebietes zu ermöglichen.

Gau-Mitgliedschaft.

§ 27.

Der Gau darf nur Mitglieder des A.D.A.C. umfassen. Die Gauzugehörigkeit des einzelnen A.D.A.C-Mitgliedes ist vom Wohnsitz innerhalb der Grenzen des betreffenden Gaues abhängig. Jedes Mitglied des A.D.A.C. ist Mitglied seines zuständigen Gaues.

Zahlungen an die Gaue.

§ 28.

Gaubeiträge dürfen nicht erhoben werden; der Gau erhält pro Mitglied einen von der alljährlichen Hauptversammlung festzusetzenden Gauzuschuß aus der A.D.A.C.-Kasse, der zu $^2/_5$ bis zum 1. Juni weitere $^2/_5$ zum 1. September, Rest nach Schluß des Geschäftsjahres zu entrichten ist.

Gauvorstand.

§ 29.

Der Gau wird vom Gauvorstand geleitet, der auf der Gau-Hauptversammlung gewählt wird. Weder dem engeren noch dem Gesamtvorstande des A.D.A.C. steht das Recht zu, in innere Angelegenheiten der Gaue einzugreifen. Innere Angelegenheit ist in Sonderheit die Besetzung der Ämter. In allgemeinen A.D.A.C.-Angelegenheiten sind die Gaue dem Gesamtvorstand unterstellt.

Der Gauvorstand besteht aus:
1. dem Vorsitzenden,
2. dem stellvertretenden Vorsitzenden,
3. dem Schriftführer,
4. dem Schatzmeister,
5. dem Fahrwart,
6. einer beliebigen Anzahl Beisitzer.

Die Zuständigkeit der einzelnen Vorstandsmitglieder setzen die Gau-Satzungen fest.

Leitung des Gaues.

§ 30.

Der Gauvorstand leitet die Geschäfte des Gaues nach den Grundsätze des Gesamtvereins und den Gausatzungen. Der Gauvorstand ist verpflichtet, von jeder größeren sportlichen Veranstaltung dem Vorsitzenden des Sportausschusses des A.D.A.C. mindestens 2 Wochen vorher Mitteilung zu machen und durch letzteren die Genehmigung des engeren Vorstandes des A.D.A.C. einzuholen. Der engere Vorstand muß spätestens binnen 8 Tagen seine Entscheidung dem Gau übermitteln. Bahnrennen fallen nicht unter diese Bestimmung.

Gau Hauptversammlung.

§ 31.

Jedes Mitglied hat auf den Gau-Hauptversammlungen Sitz und Stimme. Es ist den Gauen überlassen, ob sie Stimmübertragung zu ihren Hauptversammlungen zulassen wollen.

Die Gau-Hauptversammlung wählt außer dem Gauvorstande (§ 27) den Beisitzer zum Gesamtvorstand des A.D.A.C. und die Abgeordneten zur Hauptversammlung des A.D.A.C., befindet auch über die innere Verwaltung und Organisation des Gaues.

Jeder Gau ist berechtigt, zur A.D.A.C.-Hauptversammlung für je volle 500 Mitglieder des Gaues einen, mindestens jedoch einen Abgeordneten zu wählen.

Die ersten beiden Abgeordneten werden aus der A.D.A.C.-Hauptkasse bezahlt, die übrigen aus der Gaukasse.

Die Art und Weise der Wahl bestimmen die Gausatzungen. Die jährliche Gau-Hauptversammlung hat vor dem 1. März stattzufinden.

Über die Sitzungen ist Protokoll zu führen. Der Gesamtvorstand des A.D.A.C. hat das Recht, durch den Gauvorstand eine außerordentliche Gau-Hauptversammlung einberufen zu lassen.

Gausatzungen.

§ 32.

Die Satzungen des Gaues und Änderungen derselben unterliegen der Genehmigung des Gesamtvorstandes des A.D.A.C.

Jeder Gau muß schriftlich festgelegte Satzungen haben.

C. A.D.A.C.-Clubs.

Allgemeines.

§ 33.

Innerhalb des A.D.A.C. können sich Clubs in beliebiger Zahl bilden, ebenso können mehrere Clubs neben einander am gleichen Orte bestehen. Jeder Club muß bei der Gründung mindestens 7 Mitglieder zählen.

Zweck.

§ 34.

Zweck der Clubs ist einerseits der engere Zusammenschluß der Mitglieder auf gesellschaftlicher Grundlage durch gesellige oder auch sportliche Veranstaltungen, andererseits die tatkräftige Wahrung der Interessen des Automobilismus im Arbeitsgebiete der einzelnen Clubs.

Mitgliedschaft.

§ 35.

Ordentliche Mitglieder eines Clubs können nur Mitglieder des A.D.A.C. werden; Nichtmitglieder des A.D.A.C. können nur als außerordentliche Club-Mitglieder Aufnahme finden.

Außerordentliche Clubmitglieder sind weder wahl- noch stimmberechtigt.

§ 36.

Kein Mitglied des A.D.A.C. ist verpflichtet, einem Club beizutreten, ebenso wenig ist ein Club verpflichtet, ein A.D.A.C.-Mitglied aufzunehmen. Beitritt zu mehreren oder zu auswärtigen A.D.A.C.-Clubs ist gestattet.

Beim Austritt eines Mitgliedes aus einem Club bleibt seine Mitgliedschaft zum A.D.A.C. mit allen Rechten und Pflichten bestehen.

Rechte.

§ 37.

Die A.D.A.C.-Clubs haben die Berechtigung, einen besonderen Namen und ein besonderes Abzeichen zu führen und besondere Beiträge zu erheben. Bei Annahme eines besonderen Namens sind hinter diesem als Zeichen der Zugehörigkeit zum Gesamtverein die eingeklammerten Buchstaben: A.D.A.C. anzufügen.

§ 38.

In Bezug auf ihre innere Verwaltung sind die A.D.A.C.-Clubs vollkommen selbständig. Bei offiziellen A.D.A.C-.Veranstaltungen ist neben dem Club-Abzeichen das A.D.A.C.-Abzeichen zu tragen.

Bei sportlichen Club-Veranstaltungen ist der Sport-Ausschuß des A.D.A.C. als oberste und endgültig entscheidende Sportbehörde anzuerkennen.

§ 39.

Die A.D.A.C.-Clubs haben das Recht, zu den Hauptversammlungen des A.D.A.C. (§ 21) je einen Vertreter zu entsenden. Dieser vertritt die ihm von seinen Club-Mitgliedern besonders übertragenen Stimmen.

Die Kosten der Vertretung trägt der Club selbst.

Satzungen.

§ 40.

Jeder A.D.A.C.-Club muß schriftlich niedergelegte Satzungen haben.
Die Satzungen eines A.D.A.C.-Clubs dürfen keine Widersprüche gegen die Satzungen des Gesamtvereins haben und müssen einen Hinweis darauf enthalten, daß der Club dem A.D.A.C. korporativ angehört. Die Satzungen und etwaige Änderungen derselben unterliegen der Genehmigung des engeren Vorstandes. Die Entwürfe der Satzungen sind in 10 Exemplaren dem engeren Vorstande einzureichen.

its worst crisis."[8] Damit ist zugleich aber auch eine kontroverse Seite angesprochen. Kritik an der FIFA und ihrer Monopolstellung[9] im Weltfußball gibt es nämlich schon länger,[10] Korruptionsvorwürfe sind jedoch insbesondere im Zuge der Vergabe der Weltmeisterschaften 2018 und 2022 zum Gegenstand[11] geworden und stellen die FIFA vor immense (rechts-)ethische Aufgaben, weshalb unter anderem ein Ethikreglement gemäß Anträgen der Ethikkommission (2018) verabschiedet worden ist.

Die FIFA polarisiert. Historisch, ökonomisch, politisch, sportlich, ethisch etc. gäbe es weitaus mehr zur FIFA zu schreiben und darüber zu streiten als hier nur im Geringsten geleistet werden könnte. Ausgehend von dem dieser Forschungsreihe zugrundeliegenden Thema („Gesellschaftsverträge“) soll im Folgenden das Hauptaugenmerk vordringlich auf die gesellschaftsrechtliche Entwicklung der „FIFA-Statuten“[12] gelegt werden, ohne jedoch die wichtigen historischen und die dem Phänomen eines grenzüberschreitenden *Weltverbandes* innewohnenden Besonderheiten unerwähnt und ununtersucht zu lassen. Abschließend wollen wir auch noch über die Staatsgrenzen hinweg einen Blick auf eine transnationale Ummantelung der FIFA wagen.

II. Historischer Werdegang

1. Gründungsakt durch die «Constitution 1904»

Die FIFA wurde vom 21.–23. Mai 1904 bei einem Treffen von Vertretern sieben nationaler (europäischer) Verbände in Paris gegründet (Art. 1 der «constitution»). Die Anregung dazu gab wenige Zeit zuvor *Robert Guérin*, der damalige «secrétai-

8 69th FIFA Congress, Paris, 5 June 2019.
9 Zum Alleinvertretungsanspruch der FIFA für den weltweiten Fußballsport siehe III.4. lit. c) bb).
10 Siehe nur Welt online, 29.5.2015: „Brecht endlich das Monopol der Fifa!“ oder *Stefan Kühl*, FIFA. Die gescheiterte Legalisierung der Korruption, Working Paper 4/2015 (Universität Bielefeld).
11 Vgl. etwa das eigens dafür geschaffene Dossier von FAZ.NET (FIFA-Skandal), abrufbar unter https://www.faz.net/aktuell/sport/thema/fifa-skandal.
12 Die aktuelle Ausgabe stammt aus Juni 2019, abrufbar unter https://resources.fifa.com/image/upload/fifa-statutes-5-august-2019-en.pdf?cloudid=upjo9uvafywdznh4wu73 (zuletzt abgerufen am 11.9.2020). Zum Begriff „Statut“ für die (schweizerische) Vereinssatzung verwendend schon Art. 60 ff. des schweizerischen Zivilgesetzbuches und vgl. auch etwa *Scherrer/Brägger*, in: Basler Komm, 6. Aufl. 2018, Art. 60 Rdnr. 21, 42 („*Wie das Grundgesetz des Vereins schliesslich bezeichnet wird (Statuten, Satzung, Reglement, Verfassung o. ä.) ist [...] irrelevant*“); missverständlich, wenn von *Singbartl/Dziwis*, JA 2014, 407, 409 „Statut“ als „satzungsnachrangiger Norm[en]“ geschrieben wird.

re» des französischen Sportverbandes *Union des Sociétés Françaises de Sports Athlétiques (USFSA)*, indem er die Verbände des Kontinents anschrieb und bat, sich Gedanken über die Gründung eines Dachverbands des Fußballs zu machen.[13] Als sich am 1. Mai 1904 im ersten offiziellen Länderspiel Belgien gegen Frankreich im Stadion *Ganzenvijver/Vivier d'Oie* in *Uccle* (Belgien) gegenüberstanden, besprachen sich der niederländische Sekretär des *Nederlandse Voetbal Bond, Cornelis August Wilhelm Hirschmann* und *Robert Guérin*, und luden sodann alsbald zur Gründungsversammlung in Paris ein. Als Verbandvertreter waren zur Unterzeichnung der «constitution» beteiligt (Art. 1 und a. E. der «constitution»):

- *Robert Guérin* und *André Espir* für den französischen Verband *Union des Sociétés Françaises de Sports Athlétiques (USFSA)*,
- *Louis Mühlinghaus* und *Max Kahn* für die belgische *Union Belge des Sociétés de Sports Athlétiques (UBSSA)*,
- *Victor E. Schneider* für die schweizerische *Association Suisse de Football (ASF)*,
- *Cornelis August Wilhelm Hirschmann* für den *niederländischen Nederlandsche Voetbal Bond (NVB)* (im Vertrag unter «Hollande»),
- *Ludvig Sylow* für die dänische *Dansk Boldspil Union (DBU)* und
- derselbe für die schwedische *Svenska Bollspells Förbundet (SBF)*, sowie schließlich
- *André Espir* ebenfalls für den *Madrid Football Club* (heue *Real Madrid Club de Fútbol*) und damit auch gleichsam für den damals spanischen Fußball, da jener vom Club selbst vertreten[14] wurde.

Der bereits am 26. Oktober 1863 in London gegründete erste Fußballverband der Welt, die englische *Football Association*,[15] war somit kein Gründungsmitglied der FIFA, obgleich *Hirschmann* dem Verband den Vorschlag einer Gründung des

---

13 Zur Entstehungsgeschichte der FIFA schon *Borges*, Verbandsgerichtsbarkeit und Schiedsgerichtsbarkeit im internationalen Berufsfußball, 2009, S. 26 f.; *Eisenberg/Lanfranchi/Mason*, FIFA 1904-2004: 100 Jahre Weltfußball, 2004, S. 57 ff. und unter https://de.fifa.com/about-fifa/who-we-are/history/ (zuletzt abgerufen am 11.9.2020).

14 Der spanische Fußballverband (*Real Federación Española de Fútbol*) wurde erst 1913 gegründet und konnte daher (noch) nicht selbst den spanischen Fußball vertreten. Dass der *Futbol Club Barcelona* als zweiter großer Club Spaniens nicht zu der Vertretung gehörte, lässt sich nur bedingt daraus erklären, dass der Verein zu jener Zeit noch in der katalanischen Meisterschaft (*Copa Macaya*) spielte. Denn bereits im Jahr 1902 spielte der Verein gegen Real Madrid sowie im Finale des ersten gesamtspanischen Pokals (*Copa de la Coronación*).

15 Zur Geschichte der Football Association http://www.thefa.com/about-football-association/what-we-do/history (11.9.2020).

Dachverbands zuvor unterbreitete.[16] Bei der Gründung hatten die Engländer nämlich noch kein ausgeprägtes Interesse an der Verbandsmitgliedschaft gezeigt, weil ihnen die heimischen *internationals* mit Teams aus Schottland, Wales und Irland ausreichten.[17] Erst rund ein Jahr später am 14. April 1905 trat mit der *Football Association* auch der englische Verband der FIFA bei.[18] Der *Deutsche Fußball-Bund (DFB)* war am Gründungsakt zwar selbst nicht beteiligt gewesen, doch trat er noch am Gründungstag telegrafisch dem neuen Verband bei.[19] Der Kongress wählte schließlich *Robert Guérin* zum ersten Präsidenten der neu gegründeten FIFA.[20]

Interessanterweise findet sich zum Gesellschaftsstatut, d. h. der gesellschaftsrechtlichen Heimat der FIFA, kein Wort in der «constitution». Der heute geltende Status als Verein schweizerischen Rechts[21] lässt sich jedenfalls nicht auf die in Paris gegründete *«association»* projizieren. Wenngleich auch ohne textuelle Hervorhebung, so ist infolge der Gründung in Paris wohl[22] davon auszugehen, dass die FIFA verbandsrechtlich zu den französischen «droit des associations» gehörte[23] und die ersten kurzen Statuten nur provisorischen Charakter hatten, um die Auf-

---

16 Siehe unter Fn. 13. Näher auch schon *Eisenberg*, in: Vierteljahreshefte für Zeitgeschichte 2 (2006), S. 209, 213.

17 Vgl. auch bereits *Eisenberg*, in: Vierteljahreshefte für Zeitgeschichte 2 (2006), S. 209, 213 m. w. N. in Fn. 13, 14.

18 Vgl. auch bereits *Borges*, Verbandsgerichtsbarkeit und Schiedsgerichtsbarkeit im internationalen Berufsfußball, 2009, S. 27; *Dallinger*, Der Vertragsbruch des Berufsfußballspielers, 2016, S. 30.

19 «L'Allemagne a adhére en principe par télégramme en date de ce jour» (letzter Satz der «constitution»).

20 Berichtet unter https://de.fifa.com/about-fifa/who-we-are/the-president/robert-guerin/ (11.9.2020).

21 Zur Verankerung im schweizerischen Recht III.3.a).

22 Zwingend ist dies freilich nicht, da jedenfalls das deutsche internationale Gesellschaftsrecht in gewissem Umfang eine Rechtswahl jedenfalls bei der Gründung von Innen-Gesellschaften zulässt (*von Bar/Mankowski*, Internationales Privatrecht – Band II, 2019, § 7 I.). Zudem gestattet auch das europäische internationale Privatrecht für Innengesellschaften eine Rechtswahl (zur Erfassung von Innengesellschaften durch Art. 1 Abs. 2 lit. f) Rom-I-VO vgl. nur *Martiny*, in: Münchener Kommentar zum BGB, 7. Aufl. 2018, Art. 1 Rom-I-VO Rdnr. 65).

23 Schrifttum und FIFA selbst stellen heute stets auf den aktuellen Status ab und gehen für die Gründungsphase sowie der späteren Übergangsphase nicht auf den französischen Verbandsstatus ein. In einer *deutschen* Vereinssatzung müsste zwar der Name mit dem Zusatz „eingetragener Verein" oder der Abkürzung „e.V." versehen sein (vgl. nur KG JW 1930, 3777; BayObLGZ 1987, 161, 171), im Übrigen besteht aber freie Namenswahl (*Knof*, in: Münchener Handbuch zum Gesellschaftsrecht – Band V, 4. Aufl. 2016, § 16 Rdnr. 3; *Leuschner*, in: Münchener Kommentar zum BGB, 8. Aufl. 2018, § 22 Rdnr. 5), weshalb auch in Deutschland kein Zusatz auf einen „deutschen Verein" vonnöten wäre.

nahme weiterer Mitglieder möglichst einfach zu halten. Die FIFA erhielt ihre «capacité juridique» somit (statuarisch stillschweigend) zunächst nach französischem Recht, namentlich aus dem privatrechtlichen Vertrag unter Anwendung des «Loi du 1er juillet 1901 relative au contrat d'association»[24] und des Code Civil.

2. Inhalt der ersten «Constitution 1904»

Die erste „Verfassung" der FIFA bestand aus nur zehn Artikeln und einer «Administration»-Klausel, insgesamt aus gerade einmal fünf Seiten.[25] Zunächst wurde geregelt, dass die vorgenannten Verbände sich gegenseitig als die einzigen Verbände anerkennen, die den Sport des Fußballs in ihren jeweiligen Ländern regeln. Als Vereinszweck wurde unter Art. 2 bündig festgehalten, den internationalen Fußball zu regulieren und die Interessen der angeschlossenen Verbände zu berücksichtigen. Demzufolge dürfe der internationale Sport[26] auch nur zwischen solch anerkannten Verbänden ausgeübt werden (Art. 3). Eine Kollisionsregelung lag Art. 5 zugrunde, wonach jede «société», jedes Mitglied, das einem der Vertragsverbände angehörte, de facto von allen anderen ausgeschlossen war. Gemeint sein müsste logischerweise, dass etwa der Fußballclub *Girondins Bordeaux* (1881) neben der französischen nicht auch der niederländischen Verbandsliga beigehören durfte. In dieser Klausel spiegelte sich somit der grenzüberschreitende Bezug und der diesbezügliche Regelungsbedarf des Vorhabens der FIFA wider. Internationale Spiele zwischen «sociétés», die den Vertragsverbänden angehörten, durften ohne Zustimmung ihrer jeweiligen Verbände nicht ausgetragen werden (Art. 6 Abs. 1).

---

24 Das Gesetz vom 1. Juli 1901 definitiert in Article 1 die *association* als eine Vereinbarung («convention»), durch die zwei oder mehr Personen ihr Wissen oder ihre Tätigkeit auf Dauer zu einem anderen Zweck als zur Gewinnteilung zusammenlegen. Nach Article 5 musste aber in der «déclaration préalable» der Sitz («siège social») mitgeteilt und eine Kopie der Satzung dem staatlichen Vertreter («représentant de l'Etat») beigefügt werden. In der Satzung aus dem Jahr 1904, genauso wie aus der von 1912 (sogleich), findet sich die Angabe zum Sitz aber nicht (im deutschen Recht z.B. zwingend nach §§ 57, 24 BGB).

25 Abgesehen von den Mußvorschriften für die Satzung des deutschen Vereins (§ 57 BGB), gibt es keinen festen Aufbau oder eine Ordnung für eine Vereinssatzung, so etwa *Röcken*, in: Röcken (Hrsg.), Vereinssatzungen, 3. Aufl. 2018, 1. Einl. Rdnr. 6. Eine „kurze Satzung" eines deutschen Vereins kann heute noch etwa nach dem Muster von *Waldner/Wörle-Himmel*, in: Sauter/Schweyer/Waldner (Hrsg.), Der eingetragene Verein, 20. Aufl. 2016, 2. Teil Rdnr. 627 ff. aus nur zehn Paragraphen bestehen. Siehe zuvor und Fn. 24 zum französischen Verein.

26 Die allgemeine Wendung «Le sport international» wird man freilich den internationalen Fußball betreffend verstehen müssen.

Die rechtlichen Streitfragen zum anwendbaren Recht («droit applicable») unterfielen nicht einem transnationalen[27] eigenen Rechtsregime, sondern es galten nach Art. 7 ausschließlich die Vorschriften der Vertragsverbände und die Vorschriften des Verbandes, in dessen Land das Spiel stattfand (sportliche *lex rei sitae* oder *„Spielortanknüpfung"*). Auch gab es für internationale Spiele „noch" kein allgemeines Regelwerk und so beließ man es bei der Anwendung des Regelwerks der (englischen) Football Association (Art. 8). Internationale Wettbewerbe durfte nur die FIFA organisieren (Art. 9); darin zeigt sich, dass schon damals mit dem Gedanken gespielt wurde, einen großen Wettbewerb zu schaffen. Insgesamt waren all' dies sehr schlanke Regelungen, die weder korporativ noch statutarisch das Vorhaben der internationalen Vergemeinschaftung des Fußballs detailreich angehen sollten.

Die Organisations- und Finanzverfassung der FIFA wurde in einer «Administration»-Klausel adressiert, beschränkte sich dabei aber nur auf drei Aspekte:

- Die Organisation der FIFA wurde unterteilt in einen jährlich zusammentreffenden Kongress, wonach jede nationale Föderation im Kongress eine Stimme hatte. Die Verwaltung der FIFA sollte von einem «Comité» aus fünf Mitgliedern – u. a. der Präsident – vorgenommen werden, die vom Kongress für den doch recht kurzen Zeitraum von einem Jahr ernannt und wiedergewählt werden konnten.
- Finanzieller Art war lediglich die Regelung zum (günstigen) Jahresbetrag von 50 Francs.
- Inkrafttreten sollten die Bestimmungen erst am 1. September 1904. Die lange Zwischenphase lässt sich womöglich daraus erklären, dass man möglichst schnell weitere Verbände eingliedern und in jener Phase aus der FIFA mehr machen wollte als nur die Zusammenstellung auf dem Papier.

3. Ein Blick auf die statutarischen Jahre nach der Gründung und die «Règlements de la Fédération» bzw. „Satzungen der Vereinigung" aus 1912

As time goes by, entwickelte sich die FIFA nicht nur in der Größe der Mitgliederanzahl – der Beitritt Englands als *key player* wurde bereits genannt –, sondern auch in der formellen Ausgestaltung der Satzung. Als Exempel verschiedener über die Jahre erstellter Satzungsfassungen seien hier die uns vorliegenden „Satzungen der Vereinigungen" aus dem Jahr 1912 herangezogen. Die erste Änderung,

27 Siehe noch unter IV.

oder besser gesagt Erweiterung, betrifft die Sprachversion(en). Die Statuten waren nunmehr neben der französischen, auch in der englischen und deutschen Fassung zu lesen. Mit rund zehn Seiten waren die «Règlements» doppelt so lang wie noch die Gründungsstatuten aus 1904, gleichwohl aber für einen Weltsportverband recht übersichtlich. Der Titel der FIFA-Statuten lautete aber nicht mehr im Singular «constitution», sondern «Règlements de la Fédération» (Plural). Damit dürfte besser zur Geltung gebracht worden sein, dass es sich um einen Weltsport-Dachverband handelt, der mehrere Verbände anerkennt – der Sache nach bleibt es aber bei nur einer Satzung mit internationaler (d.h. auch mehrfacher) Geltung.[28]

Die Anzahl der Satzungsregelungen wurde im Vergleich zu 1904 fast vervierfacht mit 37 im Verhältnis zu zehn Regelungen zzgl. Verwaltungsklausel. Bei der Aufzählung der Verbände direkt zu Beginn fällt freilich der erste außereuropäische Verband auf, namentlich die *South African Football Association* (Eintritt 1909)[29]. Es wurde also zumindest im ersten Schritt dafür gesorgt, dass der Fußball künftig weltweit durch die FIFA repräsentiert werden sollte. Eine technische Feinheit, die man in Satzungen heute wohl kaum mehr so sieht,[30] zeigt sich in dem *Klammerzusatz* nach jeder Regelung mit Ort und Datum des Kongresses, in dem jeweils die Vorschrift eingeführt wurde.[31] Die Satzung aus 1912 beinhaltete somit Regelungen aus verschiedenen Kongressen,[32] aber keine neu eingeführte Passage aus 1912 selbst. Auch waren es nicht mehr nur aufeinanderfolgende und erst durch Lektüre inhaltlich zu erschließende Artikel, sondern vielmehr Themenkomplexe mit Überschriften, unter welche die Artikel nummerisch folgten:

> Name und Zusammensetzung, Zweck, Kongress, Aufnahme von Mitgliedern, Vorstand und Ausschuss für dringende Angelegenheiten, Finanzen, Schriftverkehr, Spielverbot, Internationale Meisterschaft, Definitionen von Wettspielen, Internationale Spiele, Interverbandsspiele, Intervereinsspiele, Beaufsichtigung der Wettspiele, Spieler, Disqualificationen, Spielregeln, Streitfälle und Austritt.

Man mag dies in gewisser Weise als nur kautelarjuristische Formalitäten abtun: Gliederungsebenen als optische Merkmale und nicht mehr als das. Man kann po-

28 Der Einfachheit halber wird im Folgenden nur der Singular verwendet.

29 Berichtet u. a. von *Borges*, Verbandsgerichtsbarkeit und Schiedsgerichtsbarkeit im internationalen Berufsfußball, 2009, S. 27 Fn. 104. Insgesamt achtzehn Verbände wurden von der FIFA in jener Satzung anerkannt, zum Vergleich: im Jahr 1904 waren es noch acht.

30 In allen gängigen Formularbüchern wird eine solche Eigenheit jedenfalls nicht empfohlen.

31 Siehe etwa nach „Zweck", „2.": „*(Amsterdam 19/20 Mai 1907).*"

32 Der Kongress in Amsterdam vom 19. und 20.5.1907 war mit ganzen 26 Normierungen (70 % der gesamten Statuten) ein offensichtlich besonders wichtiger Kongress für die Satzung der FIFA.

sitiv aber auch eine Entwicklung auf grundprofessioneller Ebene darin sehen und hervorheben, wie die FIFA es über die Anfangsjahre hinaus geschafft hatte, aus einer provisorischen Regelungsdichte eine zumindest für die damalige Zeit ausgefeilte Systematisierung zu kreieren. Arbeit an der Form, ist nun mal Arbeit am Inhalt, und das Verbandskleid für den Weltsport war (gesellschaftlich) sicher nicht leicht zu nähen. Die Statuten aus 1912 zeichneten sich im Vergleich zur Ausgangssatzung von 1904 durch folgende besonderen Aspekte aus:

(1) Die Bestimmungen zum *Kongress* wurden von lediglich dem Unterabsatz einer Verwaltungsklausel am Ende der Satzung (1904) verschoben in (i.) eine eigene Unterüberschrift mit sechs angebundenen Artikeln und (ii.) in eine Unterebene mit Bestimmungen für Vorstand und Ausschüsse mit drei Artikeln. Die Regeln zum Kongress wurden insgesamt feiner in der Ausgestaltung und adressierten auch ganz praktische Themen wie den Zeitraum für die Einladung zum ordentlichen Kongress (Art. 5) oder die Stimmberechtigung mitsamt Vertreterregelung (Art. 8).

(2) Etwas eigentlich sehr Naheliegendes fehlte noch in der «constitution»: eine Regelung zur Aufnahme von Mitgliedern. Da die FIFA per se auf Expansion aus war, mag das etwas verwundern; mit Kongressen in Amsterdam (1907) und Wien (1908) kamen dann allerdings durch die Einführung der Art. 9 bis 11 genau solche Regelungen in die Satzung, die zum einen für Transparenz[33] sorgten und zum anderen eine qualifizierte Mehrheitsstimmregelung[34] zur Aufnahme in die FIFA vorgaben.

(3) Was naheliegend für die Ausübung des Weltsports war, jedoch erst mit dem Kongress 1907 tatsächlich statutarisch aufgenommen wurde, sind Bezüge zum Spiel an sich, namentlich Definitionen von *Wettspielen* („Internationales Wettspiel"[35], „Inter-Verbands-Spiel"[36], „Inter-Vereins-Spiel"[37]) und die Regulierung[38] jener Spiele.

(4) Basierend auf das unter (3) Genannte, waren schließlich wenige Jahre nach der Urfassung der «constitution» auch übergreifende Vorgaben betreffend die Satzungen der jeweiligen Mitgliedverbände implementiert worden. Nach Art. 27 musste etwa jedes Mitglied „[...] in seinen Satzungen Bestimmungen

33 Art. 9: *„Jeder Verband hat vor seiner Aufnahme in die F.I.F.A. seine vollständigen Satzungen und Bestimmungen dem Kongress vorzulegen."*

34 Art. 10 Satz 1: *„Neue Verbände können nur bei dem ordentlichen Kongress mit Zustimmung von Zweidritteln der stimmberechtigten Vertreter aufgenommen werden."*

35 Art. 23.

36 Art. 24.

37 Art. 25.

38 Art. 29 und 30.

über die Spielberechtigung der für Internationale Spiele auszuwählenden Spieler haben." Weiter ging gar die Regelung in Art. 31, wonach für Interverbands- und Intervereinsspiele diverse Bestimmungen (lit. (a)-(e)) in den jeweiligen nationalen Satzungen der Mitglieder einzustellen waren.[39] Damit war der Weg für die Entstehung eines Weltkonzernvereinsrechts geebnet, ein Vorgang, der in den nachfolgenden Jahrzehnten immer intensiver angegangen wurde.[40]

4. Zwischen IPR, der Statuten-Totalrevision aus 1990 und dem korporativen Weg in den schweizerischen Kanton Zürich

a) Prolog zur Zwischenphase

Die wohl umfassendste Veränderung hat die FIFA in den 1980er und 1990er Jahren erfahren. Nun könnte man sich allerdings auch fragen, wie denn die statutarische Entwicklung bezogen auf das *französische* Recht über die Jahrzehnte[41] vonstattenging. Wie dargestellt wurde, ist die FIFA vertraglich als französische *association* zusammengekommen und bestand über fast ein Jahrhundert lang als solche. Nur kommt hier das Dilemma einer solchen Studie zu Tage: man gelangt kaum an die alten Satzungsfassungen, oder die eigenen begrenzten Ressourcen genügen hier nicht, um eine solch lange Periode zu evaluieren. Sicherlich wäre es ein schöner Ansatz gewesen, noch zwei, drei – über die Jahrzehnte gedehnte – Satzungen zu streifen, insbesondere, da keine Satzungsfassung vorliegt, in der ausdrücklich auf den *französischen* Verein verwiesen wird. So trug eine deutschsprachige Ausgabe aus dem Jahr 1986, d. h. vor der noch anzuzeigenden schweizerischen Vereinsrechtsphase, den Titel „Statuten. Reglement" und gab, obgleich wohl noch dem französischen Vereinsrecht angebunden, eine schweizerische Anschrift („FIFA House") sowie nach Art. 1 Ziff. 4 den Sitz in der Schweiz an. Der Sitz konnte nach der Regelung sogar „nur durch einen FIFA-Kongressbeschluss in ein anderes Land verlegt werden" – aber was hieß „anderes Land", wenn schon die französische *association* ihren Sitz im Ausland (Schweiz) hatte (?): noch ein „drittes" Land? In der Fassung von 1986 war also keine Angabe zum Rechtsstatut im-

39 Nach lit. d) etwa musste jeder Verband „[...] *eine Bestimmung haben, die Spiele zum Zwecke des Gelderwerbs oder der Spekulation von privater Seite untersagen.*"

40 Siehe III.4.

41 Von *Joseph S. Blatter* aus dem Editorial „Die FIFA in neuen Statuten", FIFANews 8/90 liest sich immerhin, dass seit 1961 – der Kongress damals in London – Statuten und Reglemente der FIFA nur in kleinen Abschnitten von Fall zu Fall erneuert worden waren.

plementiert; ersichtlich war hingegen die schon getätigte operative Verlegung in die Schweiz[42].

Neben den im Jahr 1986 rund dreißig Seiten starken Statuten mit 55 Artikeln,[43] gab es innerhalb des Dokuments auch noch ein „Reglement" mit 23 Artikeln und eine „Geschäftsordnung des FIFA-Kongresses" mit 12 Artikeln. Das „Reglement" befasste sich mit dem Spiel an sich, ausgehend von den verschiedenen Mikroebenen: die „Spielberechtigung", „Bezeichnung der Spiele", „Länderspiele", „Interligenspiele", „Interklubspiele",[44] aber auch etwa „Platzverweise von Spielern bei internationalen Spielen und Turnieren" oder „Spielregeln" und „Schiedsrichter". Die „Geschäftsordnung des FIFA-Kongresses" gab selbsterklärend die formellen Einzelheiten für das Binnenleben des Kongresses vor, kurzum: wer macht was wie und wie wird gewählt. Betrachtet man das Konglomerat der FIFA-Regelungen, so zeigte sich also viele Jahrzehnte nach der Gründung kaum mehr ein Bezug zur französischen Inkorporierung als *association*. Der Sitz war nicht mehr in Frankreich, das französische Recht an sich ward nicht genannt und selbst Auslegungszweifel unter den Sprachenfassungen waren nach der englischen Fassung zu klären. Der Schritt zum echten globalen „Verein" war längst vollzogen. Die FIFA hatte sich nicht auf die klassischen Feinheiten gesetzgeberischen *nationalen* Satzungsdenkens eingelassen, sondern die *tools* für einen internationalen Weltverband umgesetzt; rechtstatsächlich dürfte dies schon seit Beginn an gegolten haben, allerdings in den späteren Fassungen noch viel detaillierter.

b) Internationale Mobilität der FIFA: von Frankreich in die Schweiz?

Vorstehend wurde angezeigt, dass die FIFA als französische *association* bereits 1986 sowohl ihre Anschrift als auch ihren Sitz in der Schweiz hatte. Damit drängt sich die Frage auf, ob ein solches Auseinanderfallen von Satzungs- und Verwaltungssitz überhaupt möglich war.

Zunächst einmal unterliegen Verbände ebenfalls den Kollisionsnormen des internationalen Gesellschaftsrechts[45]. Mangels Regelungen weder im *französi-*

---

42 Sogleich unter b).

43 Ausgehend von mehrsprachigen Statutenfassungen, war nach Art. 52 im „Falle einer unterschiedlichen Auslegung des englischen, französischen, spanischen oder deutschen Textes [...] der englische Wortlaut massgebend."

44 In den Statuten aus 1912 gehörte, wie gezeigt, die Definitionsebene der Spiele noch zu den Statuten selbst.

45 Aus deutscher Sicht etwa *Kindler*, in: Münchener Kommentar zum BGB, 7. Aufl. 2018, IntGesR Rdnr. 315 i. V. m. Rdnr. 668 ff.

schen Gesetz vom 1. Juli 1901 noch in den Rom-I- (EG/593/2008) und Rom-II-(EG/864/2007)-Verordnungen bleibt maßgeblich die autonome und ungeschriebene Anknüpfungsregel. Gleichwohl ist aber auch auf die Regelung von Art. 5 des französischen Gesetzes hinzuweisen, da es dort entsprechend heißt, der Verein habe die «déclaration préalable» an den staatlichen Vertreter in dem Department, in dem sich die Betriebsstätte befindet, zu richten, wenn der Verein seinen Hauptsitz im Ausland hat («siège social à l'étranger»)[46]. Das französische Recht erlaubt also zumindest implizit, dass die *association* selbst ihren Hauptsitz im Ausland haben kann. Was die FIFA in den Statuten mit „Sitz" genau meinte, kann hier nur gemutmaßt werden: damals noch als französischer Verein auftretend und nicht in der Schweiz registriert, wäre ein Satzungssitz im Ausland kaum möglich gewesen, da es dann an einer Verankerung im französischen Gründungsrecht gefehlt und der Verein sachlich-rechtlich in der Luft gehangen hätte. Die Verlegung des „Satzungssitzes" ins Ausland wäre z. B. im deutschen Recht gemäß § 6 Abs. 3 der VereinsregisterVO als Auflösungsbeschluss zu werten[47] unter grenzüberschreitender Umwandlungsmöglichkeit[48]. Trotzdem verblüfft, ja irritiert vielleicht sogar die damalige Satzungswendung, dass der Sitz sich in der Schweiz befand. Die statutarische Aussage zum Sitz in der Schweiz dürfte eigentlich (nur) für die Wahl des Satzungssitzes sprechen.

Wenn wir aber davon ausgehen, dass nur der Verwaltungssitz ins Ausland verlegt worden war, so änderte sich mit der Verlegung des Sitzes das Merkmal, an das die in Frankreich geltende Sitztheorie[49] das Vereinsstatut anknüpfte. Der Vorgang ist gerade aber auch aus seiner kollisionsrechtlichen Bedeutung unter Bezugnahme des Zuzugsstaates zu würdigen. Folgt der Zuzugsstaat nämlich der Sitztheorie, so wäre dessen Recht anwendbar und es stellte sich die Frage, ob die *association* ohne Liquidation zu existieren hätte aufhören müssen oder im Inte-

---

46 Zum Begriff des «siège social» (entsprechend als Hauptverwaltungssitz) Cour de Cassation Rev. crit. DIP 1949, 78; Conseil d́ Etat Rev. crit. DIP 1960, 335.

47 Vgl. nur *Leuschner*, (Fn. 23), § 24 Rdnr. 12; *Wolff*, in: beck-online.GROSSKOMM, Stand 1.11.2017, § 24 BGB Rdnr. 70 f. Deutsches Sachrecht erfordert dahingehend stets einen inländischen Satzzungssitz, weil die deutsche Gesellschaft sonst praktisch keine Anknüpfung hätte, vgl. entsprechend BayObLGZ 2004, 24, 26; *Schwennicke*, in: Staudinger, 2019, § 24 Rdnr. 15; *Weller*, DStR 2004, 1218, 1219.

48 Hierzu näher *Leuschner*, (Fn. 23), Vor § 21 Rdnr. 196 ff.

49 Hier sei nur darauf verwiesen, dass nach der Sitztheorie das anzuwendende (Gesellschafts-) Recht an den effektiven Verwaltungssitz der Gesellschaft angeknüpft wird, ausführlich *Kindler*, (Fn. 45), Rdnr. 420 ff. Frankreich folgt der Sitztheorie, vgl. Art. L 210–3 des Code de Commerce und Art. 1837 des Code Civil und Art. L 210–3 des Code de Commerce, grundlegend Cass. civ. 20.6.1870, S. 1870 I. 373; siehe auch *Stiegler*, ZGR 2017, 312, 356 f. Zur Entwicklung der Theorie in Frankreich näher *Pohlmann*, Das französische internationale Gesellschaftsrecht, 1988, S. 46 ff.

resse des *stakeholder*-Schutzes nur in ein Liquidationsstadium eingetreten wäre.[50] Dies ist für das Verhältnis Frankreichs zu der Schweiz kollisionsrechtlich aber nicht der Fall. Die Schweiz, als (zumindest) operativer Zuzugsstaat jener Zeit, folgt nämlich gemäß Art. 154 Abs. 3 IPRG ausdrücklich der Gründungstheorie: „Gesellschaften unterstehen dem Recht des Staates, nach dessen Vorschriften sie organisiert sind, wenn sie [...] sie sich nach dem Recht dieses Staates organisiert haben."[51] Das internationale Privatrecht der Schweiz verwies also auf französisches Sachrecht zurück; durch Verlegung nur des «siège social» änderte sich das Vereinsstatut daher nicht. In dieser Konstellation kam es entscheidend darauf an, ob das französische Vereinsrecht den Wegzug gestattet, d.h. die *association* mit Verwaltungssitz im Ausland akzeptiert. Dass dies positiv so der Fall war, wurde anhand von Art. 5 des Gesetzes vom 1. Juli 1901 bereits aufgezeigt – was in gewisser Weise verwundert, da es gegen das Dogma der Sitztheorie zu sprechen scheint. Die FIFA konnte insgesamt aber damit ihren «siège social» dank (i.) der Gründungsanknüpfung des schweizerischen Rechts und (ii.) der operativen Wegzugsgestattung nach französischem Recht verlegen. In den Statuten hätte ein ausdrücklicher Verweis gutgetan, weshalb umgekehrt zumindest gewisse Restbedenken aufgrund der statutarischen Sitzwahl bestehen.

c) Totalrevision der FIFA-Statuten im Jahr 1990

> „Der 6. Juni dieses Jahres [1990] ist ein wichtiges Datum für die FIFA. Einerseits wurde João Havelange für eine weitere Amtsperiode als Präsident des Weltverbandes bestätigt, andererseits wurden vom gleichen Kongress die neuen Statuten gebilligt. Kurz vor Beginn der Weltmeisterschaft und fern vom grossen Scheinwerferlicht gab der FIFA-Kongress unserem Verband jene neue Verfassung, welche die FIFA über die Jahrtausendwende hinaus in ihr 100jähriges Bestehen tragen wird."[52]

Das Jahr 1990 war gewiss ein besonderes Jahr für die FIFA und ihre Statuten. In dem Editorial zeigt *Joseph S. Blatter*, damaliger Generalsekretär, den Ablauf zur Totalrevision der Statuten auf und spart nicht mit großen Wendungen zu der Erwartungshaltung, wenn er etwa vom „grosse[n] Wurf" spricht, der sich zunächst „aufzudrängen" schien. So sei eine Verfassung erwartet worden, „die den moder-

---

50 Für das deutsche Vereinsrecht wird letztere Konsequenz diskutiert, vgl. *Leuschner*, (Fn. 23), Vor § 21 Rdnr. 191 m. N.

51 Zur Gründungstheorie in der Schweiz aus dem deutschen Schrifttum etwa *Heini*, IPRax 1992, 405 f.; *Hoffmann*, ZVglRWiss 101 (2002), 283, 303 f.

52 *Joseph S. Blatter* aus dem Editorial „Die FIFA in neuen Statuten", FIFANews 8/90.

nen Anforderungen an unsere Organisation gerechtwerden sollte"[53]. Allerdings habe sich sodann bei den Kommissionsarbeiten schnell gezeigt, dass die Statuten die vergangenen Jahrzehnte doch besser als erwartet überlebt hätten. Die Unterschiede zwischen den Statuten fänden sich daher mehr in der Feinabstimmung auf neue Gegebenheiten als in revolutionären Änderungen.[54] Von Seiten der FIFA hieß es zudem unlängst in einem Schreiben, dass im Jahr 1990 keine Neugründung der FIFA vorgenommen worden sei, sondern vielmehr die FIFA-Statuten totalrevidiert worden seien.[55] Was dahingehend dann aber kaum gesellschaftsrechtlich aufzulösen ist, ist Art. 1 der Fassung von 1990 („*Die Fédération Internationale de Football Association ist ein Verein Sinne der Art. 60 ff. des Schweizerischen Zivilgesetzbuches.*").[56]

Von einer Neugründung war auch in *Joeph S. Blatters* Rede kein Wort. Hier sei bereits gesagt[57], dass die FIFA uns über einer „Neueintragung" ins Handelsregister des Kantons Zürich im Jahr 1996 informierte[58] und sich dies auch mit der Registerakte[59] aus dem Kanton Zürich deckt (Eintragung am 1. April 1996). Nur wieso gaben die totalrevidierten Statuten schon im Jahr 1990 die schweizerische Vereinsform an?[60]

Zuerst aber zurück zu den neuen Statuten bzw. zum Gesamtband. Neben den Statuten gab es nunmehr „Ausführungsbestimmungen" und abermals die „Geschäftsordnung des Kongresses". Die Statuen waren wie schon in der Fassung aus 1986 rund 30 Seiten lang, beinhalteten nun aber 63 Artikel. Die „Ausführungsbestimmungen" wurden 18 Artikel stark und waren in der thematischen Ausgestaltung vielfältiger als noch das „Reglement". So fingen sie an mit Bestimmungen zum „Aufnahmegesuche an die FIFA" (Art. 1 bis 3) oder befassten sich auch mit „Finanzielle[n] Bestimmungen" (Art. 11 bis 13). Die „Geschäftsordnung des Kongresses" war hingegen mit zwölf Artikeln sowohl von der Anzahl her als auch vom Inhalt entsprechend bzw. sehr ähnlich zu der uns vorliegenden vorherigen Fassung aus dem Jahr 1986.

53 Siehe Fn. 52.
54 Siehe Fn. 52. Hervorgehoben wurde auch, dass die „letzten Reibungsflächen in der Beurteilung verschiedener Punkte [...] vor allem mit Initiativen von afrikanischer Seite, beim Kongress in Rom bereinigt" wurden.
55 Internes FIFA-Schreiben vom September 2019 (Zürich).
56 Siehe dazu ausführlich III.3.a).
57 Siehe sogleich unter d).
58 Siehe Fn. 55.
59 CH-020.6.000.262-1, Tagebuch-Nummer 7192, Tagebuch-Jahr 2.4.1996.
60 Dazu sogleich unter d).

Die Totalrevision zeigt sich – abgesehen von der Verbandsfrage – demnach eher als Detailrevision im kleineren. Eine besondere Erwähnung[61] erfolgte darauf, dass es Neuregelungen bedurfte betreffend Fragen rund um die elektronischen Medien und Transferwesen, und dass auch weiterhin die Anrufung ziviler Gerichte für die Belange des Fußballs verboten sei (Art. 57 für „Streitigkeiten“ und Schiedsgerichte) sowie die Dreiviertelmehrheit für Statutenänderungen in der FIFA verankert bleibe (Art. 14 Abs. 4).

Die Statuten selbst hatten, hier zum Überblick und späteren Vergleich, folgende Gliederungsebenen:

Erläuterungen (10 Begriffe), I. Name, Zusammensetzung, Sitz, II. Zweck, III. Mitglieder, IV. Gesetzgebende, ausführende und administrative Organe (Kongress, Exekutiv-Komitee, Dringlichkeits-Komitee, Ständige Kommissionen [darunter z.B. schon damals eine Medienkommission], Rechtsorgane, Generalsekretariat), V. Strafe, VI. Finanzen, VII. Fernseh- und Rundfunkgebühren, VIII. Offizielle Sprachen, IX. Internationale Wettbewerbe, X. Suspensionen und Ausschüsse, XI. Spieler-Statut, XII. Spielregeln, XIII. Streitigkeiten, XIV. Austritt, XV. Ausschluss, XVI. Schlussbestimmungen.

d) Neueintragung (?) in der Schweiz im Jahr 1996

aa) Grundthemen und -fragen zum Formwechsel

Die FIFA dürfte korporativ bei den meisten – ja jedenfalls anfangs bei den Verfassern – als schweizerischer (Welt-)Verband bekannt sein. Dass dies aber nicht immer so war, wurde nicht nur bereits aufgezeigt, sondern auch versucht von der grenzüberschreitenden Problematik her zu beschreiben. Im Jahr 1996 war es jedenfalls so weit, dass die FIFA in das Handelsregister des Kantons Zürich eingetragen wurde unter der Rechtsform: „Verein (Neueintragung)“[62]. Als „Statutendatum“ wurden drei Fassungen angegeben (1990, 1992 und zuletzt 1994) sowie zur Anmeldung die Protokolle jener Kongresse eingereicht. Der 6. Eintrag der Handelsregisterverfügung zum „Zweck“ entspricht Art. 2 Abs. 1 bis 3 der Statuten schon aus dem Jahr 1990.[63] Da sämtliche Handelsregisterdaten auf eine Eintragung im Jahr 1996

61 Entsprechend *Joseph S. Blatter* aus dem Editorial „Die FIFA in neuen Statuten“, FIFANews 8/90.

62 Siehe bereits Fn. 59.

63 Jeweils identisch: *„Den Association Football in jeder ihr angebracht erscheinenden Weise zu fördern. Durch Anregung zur Durchführung von Fussballspielen auf allen Ebenen und durch Unterstützung des Association Football mit Hilfe aller ihr nützlich erscheinenden Mittel die freundschaftlichen Beziehungen zwischen Verbänden, Konföderationen sowie deren Offiziellen und Spielern zu fördern.*

datieren, ist es, et ceterum censeo, ein praktisches Rätsel wieso nicht nur der Standort Zürich in den Statuten schon seit der totalrevidierten Fassung 1990 gewählt, sondern gar angegeben wurde, man sei ein „Verein im Sinne der Art. 60 ff. des schweizerischen Zivilgesetzbuches", ohne sich gleichzeitig in der Schweiz eintragen zu lassen. Auch die eingereichte Fassung zur „Neueintragung" aus dem Jahr 1994 gab in Art. 1 diese gesellschaftsrechtliche Aussage an. Auf den Punkt gebracht: wann wurde die FIFA tatsächlich ein schweizerischer Verein – und wie? Als sei die Ausgangslage nicht bereits verworren genug, können wir jene sogar weiter verkomplizieren, indem wir das uns vorliegenden Protokoll des 21. FIFA Kongresses in Stockholm (1932) heranziehen. Aus der dritten Sitzung ist die Thematisierung einer Sitzverlegung von Paris nach Zürich zu entnehmen: "*A lively discussion took place regarding the future seat of the Federation.*" Als Argument für einen Wechsel in die Schweiz wurde angebracht, der Staat sei neutral und in jeder Hinsicht gut aufgestellt. Mit 14 zu 11 Stimmen wurde zugunsten der Sitzverlegung in die Schweiz gestimmt. So wurde ausdrücklich schon im Jahr 1932 festgehalten: "*So it was decided, that the future seat of the Federation [...] will be in Switzerland.*"

Versuchen wir es mit einer rechtlichen Auflösung. Es sei hier gesellschaftsrechtlich zunächst auf das schweizerische Wesensverständnis des Vereins als Körperschaft hingewiesen. Dem Verein kommt nach der Wertung des Art. 60 des schweizerischen Zivilgesetzbuches („ZGB") eigene Rechtspersönlichkeit zu, sobald der Wille, als Körperschaft mit bestimmtem Zweck zu bestehen, aus den schriftlichen Statuten ersichtlich wird.[64] Für die Entstehung genügte also der Wille, der aus den Statuten hervorgehen musste – ein Unterschied etwa zur deutschen Gesellschaft bürgerlichen Rechts besteht darin, dass die Statuten in schriftlicher Form errichtet werde müssen (Art. 60 Abs. 2 ZGB). Der Verein ist berechtigt, aber nicht verpflichtet, sich in das Handelsregister eintragen zu lassen, sofern er kein kaufmännisches Gewerbe betreibt (Art. 61 ZGB). Ein allfälliger Eintrag ist nur deklaratorisch, also nicht erforderlich für die Erlangung der Rechtspersönlichkeit.[65] Das Gesetz enthält nur eine exemplifikative Aufzählung von Vereinszwe-

---

Den Association Football in all seinen Formen zu überwachen, indem alle Massnahmen ergriffen werden, die nötig oder geeignet erscheinen, um Verletzungen der Statuten und Reglemente der FIFA oder der vom International F.A. Board herausgegebenen Spielregeln zu verhüten und zu verhindern, dass andere reglementswidrige Methoden oder Praktiken sowie Missbräuche – zu denen die Spiele führen könnten – in diesem Sport Eingang finden."

64 Vgl. auch *Hayoz/Forstmoser*, Schweizerisches Gesellschaftsrecht, 8. Aufl. 1998, § 20 N 9; *Scherrer/Brägger*, (Fn. 12), Art. 60 Rdnr. 37.

65 Auch hierzu *Hayoz/Forstmoser*, (Fn. 64), § 20 N 71 ff.; *Scherrer/Brägger*, (Fn. 12), Art. 61 Rdnr. 1. Anders hingegen das deutsche Vereinsrecht, wonach die Eintragung im Normativsystem des nicht wirtschaftlichen Vereins konstitutive Wirkung entfaltet, vgl. nur *Leuschner*, (Fn. 23), §§ 21 Rdnr. 81 ff.

cken in Art. 60 ZGB, doch selbst unter strenger Lesart, wonach Haupt- und wirtschaftlicher Nebenzweck nicht verbunden werden dürften[66] oder Sportvereine, die wirtschaftliche Umsätze tätigen, einen nach kaufmännischer Art geführtes Gewerbe betreiben würden,[67] dürfte die FIFA als Dachverband klar einen nichtwirtschaftlichen[68] Zweck verfolgen und im weitesten Sinne den Fußball fördern und einem breiten Publikum näher bringen wollen.[69] In einer Sternchenfußnote zu Art. 1 der Statuten von 1990 war sogar – untypischerweise für Satzungen – der Wortlaut des Gesetzes (Art. 60 ZGB) abgedruckt; das für den internationalen Leser nicht direkt bekannte Rechtssystem sollte so wohl herausgestellt werden. Demnach konnte der Handelsregistereintrag als Publizitätsmittel also auch erst im Jahr 1996 erfolgen. Ob der Weltverein FIFA tatsächlich den Schutz des öffentlichen Glaubens durch Handelsregistereintragung überhaupt bedurfte (oder umgekehrt Dritte), kann man bezweifeln, allerdings schaffte die Eintragung immerhin Klarheit und Ordnung hinsichtlich der Rechtsfähigkeit der FIFA. Mit der Rechtsform des Vereins konnte insgesamt eine vom schweizerischen Recht äußerst freiheitliche Ordnung für eine Rechtsform gewählt werden, d. h. flexibel[70] genug ausgestaltet, um nahezu allen Bedürfnissen eines Weltdachverbands angepasst werden zu können.

Jetzt kommt hinsichtlich der *IPR-Anknüpfung*, die hier oben unter 2. schon abgeschlossen schien, ein weiterer Clou ins Spiel: musste der Verein nämlich *nicht* zwangsweise eingetragen werden und betrieb er eben kein nach kaufmännischer Art geführtes Gewerbe, so unterstand er mit Sitzverlegung in die Schweiz dem schweizerischen Recht nach Art. 162 Abs. 2 IPRG, sobald (i.) der Wille der Unterstellung deutlich wurde, (ii.) eine genügende Beziehung zur Schweiz bestand und (iii.) die Anpassung an das schweizerische Recht erfolgt war. Die Voraussetzungen wird man anhand der Statuten aus dem Jahr 1986 wohl nicht – und noch weniger durch Kongressbeschluss 1932 – als erfüllt erkennen können, da nur der Sitz in der Schweiz festgelegt wurde, aber nichts Weiteres; gleichwohl war dies schon ein erster Schritt in diese Richtung, und auch bereits im Jahr 1986 waren es „Sta-

66 Vgl. *Scherrer/Brägger*, (Fn. 12), Art. 60 Rdnr. 13.

67 Siehe zuvor Fn. 66.

68 Beim deutschen Idealverein geht die Tendenz freilich dazu, diese als faktische Wirtschaftsunternehmen auch in eine Kapitalgesellschaft einzugliedern (siehe hier etwa den Beitrag von *Mock* zur *HSV Fußball AG* – § 25), während das schweizerische Recht bei der Auslegung großzügiger zu sein scheint, vgl. so auch *Summerer*, in: Fritzweiler/Pfister/Summerer (Hrsg.) Praxishandbuch Sportrecht, 2. Aufl. 2007, 1. Kap. 2. Teil Rdnr. 14.

69 Zur Zweckbestimmung in den Statuten siehe III.3. lit. b).

70 Die Entstehung ist denkbar einfach geregelt und in seiner inneren Ausgestaltung ist der schweizerische Verein weitgehend autonom, vgl. schon *Hayoz/Forstmoser*, (Fn. 64), § 20 N 20.

tuten“ für die FIFA und nicht mehr „Satzungen“. Dafür dürften hingegen die Statuten von 1990 den schweizerischen IPR-Erfordernissen dergestalt genügt haben, dass sie dem schweizerischen Vereinsrecht unterliegen konnten. Kollisionsrechtlich müsste gleichwohl das ausländische französische Recht die Verlegung zunächst gestattet haben, um einen solchen Statutenwechsel überhaupt zu ermöglichen.[71] Aufgrund der Anwendung der Sitztheorie dürfte dies aber kaum der Fall gewesen sein. Die französische *association* dürfte somit kollisionsrechtlich bedingt nicht im Jahr 1990 (oder bereits früher) zum schweizerischen (Vereins-) Recht gewechselt haben, sondern durch die Totalrevision der Satzung den Willen gezeigt haben, von nun an eine schweizerische Körperschaft unter Fortwirkung eines Weltverbands zu sein.

bb) Konzeptioneller Umwandlungsvorgang

Gewiss war das Vorstehende aber nur die eine Seite der (Umwandlungs-)Medaille, denn eine Universalsukzession von der *association* hin zum Verein konnte kaum ipso iure nur durch Wahl der schweizerischen Rechtsform geschehen.[72] Von lediglich einer „Neueintragung“ kann korporativ kaum die Rede sein, denn grenzüberschreitend konnte die Gesellschaftsform nicht schlicht durch einen Registervorgang gewechselt werden. Weiterhin kam es in der Schweiz auf den Eintrag auch gar nicht an, um als schweizerischer Verein zu entstehen. In Frankreich hingegen dürften die Dinge anders gelegen haben, da nach Art. 5 Satz 1 des Gesetzes vom 1. Juli 1901 jede Vereinigung, die die *Rechtsfähigkeit* erlangen will, von den Gründern öffentlich bekannt gemacht werden muss.[73] Nun ist es schon logistisch unmöglich, dass die FIFA in ihrer Größenordnung keine Rechts- oder Sachgüter hielt; man schaue sich nur den 7. Abschnitt der Statuten aus 1990 zu Fernseh- und Rundfunkübertragungen an, wonach die FIFA u. a. Eigentümerin aller exklusiven Rechte der Übertragungen von Veranstaltungen war. Für (alle) Rechte und Sachgüter, sozusagen für die Gesamtheit, musste daher eine irgendwie geartete *transaction* stattfinden.

Freilich erfolgte aber kein formeller Umwandlungsvorgang, wie wir ihn aus dem deutschen Umwandlungsgesetz kennen. Ein solcher ist nicht dokumentiert und uns auch nicht übermittelt. Möglich wäre es also, dass es zu einem – wenn

---

71 Allg. zu dem Erfordernis *Scherrer/Brägger*, (Fn. 12), Art. 61 Rdnr. 11.

72 Insbesondere, wenn dass französische Kollisionsrecht der Sitztheorie folgt und die *association* an die Heimtätigkeit gebunden hatte.

73 «*Toute association qui voudra obtenir la capacité juridique prévue par l'article 6 devra être rendue publique par les soins de ses fondateurs.*»

auch immens komplizierten, da global verstrickten – *asset deal*[74] kam, wonach die Vermögensgegenstände direkt an den neuen schweizerischen FIFA-Verein übertragen und die Verbindlichkeiten im Wege der Einzelrechtsnachfolge übernommen wurden. Die Idee, schlicht die Satzung zu einem neuen ausländischen Rechtsregime zu ändern und damit sogleich identitätswahrend die Gesellschaft weiterführen zu können – mit allen Rechten und Pflichten –, liest sich so zwar aus den Statutenentwicklungen, jedoch fehlen die eigentlichen rechtlichen Schritte für eine solche Wandlung. Dass die FIFA als *association* ausgetragen wurde und in der Schweiz vollends neu gegründet sowie alle Rechtsbeziehungen neu begründet wurden, ist – wie schon hingewiesen – von der FIFA jüngst verneint worden (strukturell zweifelhaft). Hier können die Verfasser leider nicht Licht ins Dunkel bringen und gehen vorsichtig von einem *asset deal*-Szenario aus. Abschließend sei hier gleichwohl erwähnt, dass die FIFA uns mit internem Schreiben vom März 2020 mitteilte, ihr sei nicht bekannt, ob im Rahmen des Umzugs ein gesonderter Vertrag geschlossen wurde. Dieser Komplex bleibt gewissermaßen also *terra incognita*.

5. Zwischenfazit

Gestartet mit provisorischen Regelungen als französische *association*, dann über Jahrzehnte eine immer weitere statutarische Spezialisierung eingebracht ohne jemals einen Kernaussage zum gesellschaftsrechtlichen Gerüst gemacht zu haben, stellte die FIFA stets ein klares Beispiel für ein nicht an nationales Rechtsverständnis gebildetes Verbandsgerüst dar, welches selbst in der Phase der „Neueintragung" bzw. „Neugründung" oder nur „Umwandlung" nicht wirklich den Feinheiten einer grenzüberschreitenden Satzungsänderung unterliegen wollte. Aus einer «constitution» wurden «Règlements» bzw. „Satzungen" und sodann „Statuten" mit verschiedenen Nebenordnungen (Reglement, Ausführungsbestimmungen, Geschäftsordnung). Fragen rund um das *conflict-of-laws* und insbesondere zum genauen Umwandlungsvorgangs können teilweise weniger genau beantwortet werden als die Frage, ob die FIFA dem Postulat eines *globalen* Verbandsdenkens im Laufe der Zeit gerecht geworden ist: hierzu ein klares Ja.

---

74 Zur Struktur des *assets deals* statt vieler *Kershaw*, Principles of Takeover Regulation, 2016, S. 32f.; *Meyer-Sparenberg*, in: Beck'sches M&A Hdb., 2017, § 41; *Kogge*, in: Seibt (Hrsg.), Beck'sches Formularbuch Mergers & Acquisitions, 3. Aufl. 2018, D.; *Vetter*, RabelsZ 82 (2018), 267, 270.

III. FIFA-Statuten zwischen Organisationsverfassung eines (Welt-)Vereins und einem (Weltfußball-)Konzernvereinsrecht

Nähert man sich den eigentlichen heutigen Statuten fällt auf, dass sich diese zunächst in ihrer Struktur und in ihrem Regelungsumfang deutlich von einer typischen Vereinsverfassung deutscher Prägung unterscheiden. So werden zwar auch in den FIFA-Statuten die für jeden Verband prägenden Aspekte des Zwecks, der Organisation, der Finanzierung und der Mitgliedschaft geregelt, so dass diese FIFA-Statuten durchaus als typische Verfassung eines Weltvereins betrachtet werden können (siehe III.1.). Die FIFA und ihre Statuten wollen aber zugleich mehr sein und die Basis für die Organisation des Fußballs in der gesamten Welt als eine Art Konzernspitze darstellen, die allen nachgelagerten Vereinen und Verbänden umfassende organisatorische Vorgaben macht. Insofern sind die Statuten auch die maßgebliche Quelle für das Vereinsrecht eines Weltverbands des Fußballs, oder anders ausgedrückt: der Kern eines Weltfußballkonzernrechts (siehe III.4.).

1. „Vorfrage" der (privatrechtlichen) Rechtsnatur der FIFA

Bei einer Auseinandersetzung mit diesen beiden klassischen Fragestellungen des Gesellschaftsrechts stellt sich freilich die nicht ganz unwesentliche Vorfrage, ob das Verbands- oder Gesellschaftsrecht im Zusammenhang mit der FIFA überhaupt der richtige Anknüpfungspunkt ist. So könnte man die FIFA durchaus als öffentlich-rechtliche – oder gar als völkerrechtliche – und nicht als privatrechtliche Organisation begreifen, womit das Gesellschaftsrecht als zuständiges Rechtsgebiet nicht mehr berufen wäre. Die Idee einer öffentlich-rechtlichen Verortung der FIFA liegt aus mehreren Gründen nahe. Vor allem die Terminologie der Statuten deutet selbst in diese Richtung, verwendet die FIFA vor allem für ihre Organisationsverfassung doch ausschließlich Begriffe, die eher an eine völkerrechtliche Organisation als an einen privatrechtlichen Verein erinnern. So taucht in den Statuten zwar der Begriff der Mitgliedschaft auf, die Mitgliederversammlung wird aber – wie bei völkerrechtlichen Organisationen – als Kongress[75] bezeichnet, der im Übrigen nach Art. 24 Abs. 1 *gesetzgebende*[76] Kompetenzen haben soll. Zu-

---

75 Siehe dazu III.3. lit. c) aa).

76 Auch die englische und die französische Sprachfassung sind nicht zurückhaltender, da dort von einem *legislative body* bzw. einem *l'organe législatif* gesprochen wird.

dem verfügt die FIFA wie die meisten völkerrechtlichen Organisationen über einen Generalsekretär.[77] Ein öffentlich-rechtlicher Charakter der FIFA würde auch das Problem der Monopolstellung[78] klären bzw. nicht aufkommen lassen. Mit der allumfassenden – im öffentlichen Interesse – erfolgenden Wahrnehmung des Fußballs für die gesamte Welt, erscheint die Begründung einer marktbeherrschenden Stellung bzw. der Ruf nach Wettbewerbern aufgrund des dann schon fehlenden Marktes fernliegend und unnötig. Darüber hinaus würde der öffentlich-rechtliche Charakter der FIFA auch die zahlreichen eher (sport-)politischen Anknüpfungspunkte in den Statuten[79] erklären und in einen Kontext setzen, der eher zu passen scheint.

Im Ergebnis ist die Annahme eines öffentlich-rechtlichen und damit im internationalen Kontext völkerrechtlichen Charakters der FIFA aber klar abzulehnen. Die Verfolgung öffentlicher Interessen ist ein Wesenskern des Vereinsrechts und macht die Rechtsform des Vereins – auch im schweizerischen Recht[80] – gerade aus. Dass es dabei weltweit nur einen Verein gibt, der diese Aufgabe wahrnimmt, ist dabei nicht ungewöhnlich, auch wenn dieser Umstand bei Vereinen eher selten anzutreffen ist. Zudem berührt die FIFA als nur *multinationale Gesellschaft* nicht den Kern der völkerrechtlichen Ordnung in Form der Rechtsbeziehungen zwischen den Staaten (keine *implied powers*).[81] Schließlich ist zu beachten, dass die FIFA eben nicht auf eine staatliche Initiative – wie etwa der Weltpostverein (1874) – zurückgeht, sondern von Anfang an eine nicht-staatliche Organisation gewesen ist, die eine staatliche Einmischung auch auf der Ebene ihrer Mitglieder ausdrücklich nicht gestattet.[82]

2. Regelungsgegenstand und -umfang

Geht man nun hinsichtlich der FIFA von einem privatrechtlichen Verein aus, lohnt zunächst ein quantitativer Blick auf die Statuten. Mit insgesamt 75 Artikeln

---

77 Siehe III.3. lit. c) dd).
78 Siehe III.4. lit. c) bb).
79 Siehe III.3. lit. b) bb).
80 *Hayoz/Forstmoser*, (Fn. 64), § 20 N 3 ff.
81 Zu internationalen Sportverbänden und der fehlenden Einordnung als Völkerrechtssubjekte *Pfister*, in: Fritzweiler/Pfister/Summerer (Hrsg.) Praxishandbuch Sportrecht, 2. Aufl. 2007, 1. Kap. 6. Teil Rdnr. 6; zu der Rechtspersönlichkeit im Völkerrecht insgesamt *Herdegen*, Völkerrecht, 18. Aufl. 2019, II. Kapitel, für die UNO insb. § 7 Rn. 4; zu der UNO als Völkerrechtssubjekt etwa *Meng*, in: von der Groeben/Schwarze/Hatje (Hrsg.), Europäisches Unionsrecht, 7. Aufl. 2015, EUV Art. 47 Rn. 3; *Rosenwick*, JuS 1994, 1000.
82 Zu den dahingehenden Vorgaben siehe III.4. lit. d).

auf 69 Seiten nebst Ausführungsbestimmungen von 15 Artikel und eine Geschäftsordnung von 12 Artikeln erreichen die Statuten einen erheblichen Umfang. Um zuerst einen Vergleichswert anzuzeigen: Die Satzung der *Siemens AG*[83] ist 25 Seiten lang und besteht ein 25 Paragraphen, die der Volkswagen AG aus 14 Seiten und 29 Paragraphen. Das gesamtheitlich als „FIFA-Statuten" benannte Dokument umfasst hingegen 85 Seiten und hat sich zu der anfänglichen «constitution» versiebzehnfacht. Gleichwohl ist trotz der Gesamtnennung als „Statuten" zu unterscheiden, was die das Vereinsleben bestimmenden Grundentscheidungen sind und was als Nebenordnung oder (ausdrücklich) Geschäftsordnung zu verstehen[84] ist. Die Befugnis zum Erlass von Vereinsordnungen folgt aus der Vereinsautonomie[85] selbst und findet sich für die FIFA in Art. 29 Abs. 1 der Statuten[86] (im Übrigen auch für die Geschäftsordnung). Die „Ausführungsbestimmungen zu den Statuten" wird man als solch abstrakt-generelle Regelungen verstehen können, die der Erläuterung und Ausgestaltung und Durchführung der Statutenbestimmungen dienen. Summa summarum, erfährt das FIFA-Regelungswerk damit insgesamt ein austariertes System mit sehr beachtlichem Umfang. Womit wir uns hier nicht näher befassen können sind die weiteren Ausdehnungen des *soft laws* in Form von „FIFA-Ethikreglements", der „Verfahrensordnung für die Kommission für den Status von Spielern und für die Kammer zur Beilegung von Streitigkeiten" oder dem „Reglement bezüglich Status und Transfer von Spielern".[87]

3. FIFA-Statuten als Organisationsverfassung eines Weltvereins

Betrachtet man die Statuten zunächst als eine Organisationsverfassung eines Weltvereins, stellt sich die Frage, auf welche Weise und im Wesentlichen auch warum die FIFA mit dem schweizerischen Recht verbunden ist (siehe III.3. lit. a)).

---

83 Hierzu § 8; *Fleischer*, AG 2019, 481.

84 Zu der Unterscheidung im deutschen Vereinsrecht *Schöpflin*, in: BeckOK BGB, Stand 1.2.2020, § 25 Rdnr. 19 ff.; *Schwennicke*, in: Staudinger, 2019, § 24 Rdnr. 68 ff.; *Segna*, in: beck-online. GROSSKOMM, Stand 15.2.2020, § 25 BGB Rdnr. 39 ff.

85 Für das deutsche Recht etwa *Segna*, (Fn. 84), § 25 BGB Rdnr. 39. Das schweizerische Vereinsrecht ist weitgehend dispositiver Natur und dementsprechend ist der Verein in seiner inneren Ausgestaltung stark *autonom*, vgl. *Hayoz/Forstmoser*, (Fn. 64), § 20 N 3 29; *Scherrer/Brägger*, (Fn. 12), Art. 63 Rdnr. 1.

86 „*Der Kongress ist für den Erlass und die Änderung der Statuten, der Ausführungsbestimmungen zu den Statuten und der Geschäftsordnung des Kongresses* zuständig."

87 Siehe allein die Auflistung der „offiziellen Dokumente" unter https://de.fifa.com/who-weare/official-documents/ (zuletzt abgerufen am 29.2.2020).

Darüber hinaus lohnt aber auch ein Blick auf die für das Vereins- oder Gesellschaftsrecht typischerweise adressierten Aspekte in Form des Zwecks (siehe III.3. lit. b)), der Organisationsverfassung (siehe III.3. lit. c)), der Finanzverfassung (siehe III.3. lit. d)), der Mitgliedschaft (siehe III.3. lit. e)), der Rechtsdurchsetzung (siehe III.3. lit. f)) und der Auflösung (siehe III.3. lit. g)).

a) Verankerung im schweizerischen Recht

Die FIFA-Statuten nehmen in Art. 1 zunächst eine umfassende Verankerung im schweizerischen Recht vor. Nach Art. 1 Abs. 1 handelt es sich bei der FIFA um einen im Handelsregister des Kantons Zürich eingetragenen Verein nach Art. 60 ff. ZGB. Dieser hat nach Art. 1 Abs. 2 seinen Sitz in Zürich und kann nur durch einen Beschluss des Kongresses verlegt werden.[88] Diese scheinbar umfassende Bezugnahme auf die Schweiz bzw. das schweizerische Recht muss überraschen, besteht beim Fußball oder dessen Organisation tatsächlich doch kein zwingender Sachzusammenhang mit der Schweiz. Immerhin wurde oben bereits ausgeführt, dass das schweizerische Vereinsrecht flexible Gestaltungen zuließ und man sich von Seiten der FIFA zudem bereits im Kongress von 1932 auf einen möglichst *neutralen* Gesellschaftsort verständigen wollte. Tatsächlich ist die Verknüpfung der Statuten mit dem schweizerischen Recht sehr schwach ausgeprägt. Neben der schon erwähnten Anknüpfung an die Eintragung im Kanton Zürich und dem Sitz in der Schweiz wird auf diese bzw. auf das schweizerische Recht ansonsten nur im Zusammenhang mit der Buchführungsstelle (Art. 24 Abs. 6, 63)[89] und der Schiedsgerichtsbarkeit (Art. 57) Bezug genommen, auch wenn letzterer Bezug vor allem darauf zurückzuführen ist, dass sich die FIFA insgesamt dem *Court of Arbitration for Sport (CAS)* unterworfen hat, der seinen Sitz ebenfalls in der Schweiz hat.[90] Bei näherer Betrachtung kann diese geringe Verknüpfung mit der Schweiz aber nicht überraschen, versteht sich die FIFA doch als Weltverein, der schon der Sache nach keine enge (hauptsächliche) Beziehung zu einem Staat haben kann und auch nicht haben will. Darin liegt auch ein entscheidender Unterschied zu international agierenden Unternehmen, da diese stets eine Verankerung in einem Staat, typischerweise dem Gründungsstaat haben und von dort aus operieren und expandieren. Dies trifft bei der FIFA aber nur sehr bedingt zu, da vor allem die Kongresse als zentrales Willensbildungsorgan meist gerade nicht in

88 Zur Bedeutung und „Mobilität" des Sitzes siehe II.4.
89 Siehe III.3. lit. d).
90 Siehe zur Rechtsdurchsetzung allgemein III.3. lit. f).

der Schweiz stattfinden, sondern als *Wanderveranstaltungen* organisiert sind, um tatsächlich dem Credo eines Weltvereins zu entsprechen. Somit weicht die FIFA als Weltverein aus international gesellschaftsrechtlicher Sicht sozusagen von einem zentralen Grundprinzip des internationalen Privatrechts in Form des Vorliegens einer engsten Verbindung[91] zu einem Staat ab.

b) Zweck

Die FIFA-Statuten widmen sich in Art. 2 dem Zweck der FIFA. Dabei werden insgesamt sieben verschiedene Aspekte genannt, die weit über die in der Ursprungssatzung von 1904 genannte Regelung und Fortentwicklung des Fußballs (*«de régler et de développer le football international»*) und die Organisation internationaler Wettbewerbe (*«d'organiser un Championnat international»*) hinausgehen. Dabei lassen sich in Art. 2 und den FIFA-Statuten insgesamt letztlich drei große Themenblöcke identifizieren, die für das Verständnis der FIFA als Weltverein von entscheidender Bedeutung sind.

aa) Sportorganisation

So findet sich vor allem in Art. 2, aber auch in anderen Regelungen der FIFA-Statuten eine umfangreiche Beschreibung, wie die FIFA den internationalen Fußball organisieren will. Dazu zählt die Organisation von internationalen Wettbewerben (Art. 2 lit. b)), die Regelsetzung (Art. 2 lit. c)), die Kontrolle des internationalen Fußballs (*Association Football*[92]) (Art. 2 lit. d)) und die Regelung des Status von Spielern (Art. 6). Diese Aspekte waren größtenteils auch schon in der Ursprungssatzung von 1904 enthalten.

bb) Sportpolitik

Neu hinzugetreten und in der Ursprungssatzung von 1904 nicht adressierte Aspekte sind diejenigen der Sportpolitik, die die gesamten FIFA-Statuten durchziehen. So soll die FIFA ausweislich Art. 2 lit. g) Integrität, Ethik und Fairplay fördern. Im Rahmen der Revision der Statuten im Jahr 2019 sind zudem zwei weitere Aspekte in Form des diskriminierungsfreien Zugangs zum Fußball (Art. 2

---

91 Vgl. dazu nur *von Bar/Mankowski*, Internationales Privatrecht – Band I, 2003, § 7 I.; auch *Hartley*, International Commercial Litigation, 3rd ed. 2020, Ch. 21 § 2.3.2.

92 Der Begriff *Association Football* wird in den den FIFA-Statuten vorangestellten Definitionen als *das durch die FIFA kontrollierte und gemäss den Spielregeln durchgeführte Spiel* umschrieben.

lit. e)) und die Förderung des Frauenfußballs (Art. 2 lit. f)) hinzugekommen. Weiterhin bekennt sich die FIFA zu den Menschenrechten (Art. 3), lehnt jede Form von Diskriminierung ab (Art. 4) und will freundschaftliche Beziehungen zwischen allen am Weltfußball beteiligten Akteuren fördern (Art. 5). Diese, für einen privatrechtlichen Verband nicht selbstverständliche Zwecksetzungen sind darauf zurückzuführen, dass die FIFA nicht nur ein weltweit agierender Verein oder Weltverein ist, sondern ein globales öffentliches Interesse in Form der weltweiten Förderung und Verbreitung des Fußballs verfolgt. Daher ist die in den Statuten festgehaltene Ausrichtung auf diese (sport-)politischen Ziele deutlich fundierter als die erst vor wenigen Jahren bei den Kapitalgesellschaften begonnene *Corporate-Social-Responsibility*-Debatte[93].

cc) FIFA und der Alleinvertretungsanspruch

In unmittelbaren Zusammenhang damit steht der Alleinvertretungsanspruch der FIFA[94], der in den Statuten allerdings nicht mehr so klar formuliert wird, obwohl dies in der Ursprungssatzung in Art. 3 («*Le sport international peut seulement être traité entre ces fédérations ainsi reconnues*») noch der Fall war. Der Hintergrund dafür dürfte darin zu sehen sein, dass dies aufgrund der hohen und die gesamte Welt umfassenden Mitgliederzahl nicht mehr notwendig ist, da die Gründung eines Weltfußballverbands durch nicht in der FIFA und ihren Mitgliedsverbänden organisierten Fußballvereinen kaum denkbar ist. Tatsächlich verzichten will man auf diesen Alleinvertretungsanspruch aber scheinbar nicht, da etwa Art. 7 Abs. 1 etwas versteckt darauf hinweist, dass nur das *International Football Association Board (IFAB)* dazu berufen ist, die Spielregeln für den Weltfußball zu erlassen. Zudem zeigen andere Sportarten, dass eine weltweite Alleinvertretung durchaus keine Selbstverständlichkeit ist, da oftmals – etwa im Boxsport[95] – gleich mehrere Weltverbände existieren.

---

93 Zu den CSR-Themen vgl. eingehend *Crane/Matten/McWilliams/Moon/Siegel* (Hrsg.), The Oxford Handbook of Corporate Social Responsibility, 2009 oder *Fleischer/Kalss/Vogt* (Hrsg.), Corporate Social Responsibility, 2018 mit diesbetreffenden Themenbeiträgen; überdies zeigt *Simons*, ZGR 2018, 316 ff. bereits in seiner Überschrift den Bezug zu *globalem* Wirtschaftsrecht auf („Corporate Social Responsibility und globales Wirtschaftsrecht").

94 Zu der sich daraus ergebenden Monopolstellung und -macht siehe III.4. lit. c) bb).

95 Im Boxsport bestehen gleich vier bedeutende Weltverbände nebeneinander (WBC, WBA, IBF und WBO), weshalb es schwierig ist zu ermitteln, wer der aktuelle Weltmeister ist. Aktuell (Stand Februar 2020) sind im Schwergewicht z.B. *Anthony Joshua* (WBA, IBF, WBO) und *Tyson Fury* (WBC) Weltmeister.

dd) Unternehmerische Zweckverfolgung

Keine ausdrückliche Erwähnung findet die unternehmerische Zweckverfolgung in den Statuten, was insofern überrascht als die FIFA vor allem im Rahmen der Durchführung internationaler Sportveranstaltungen enorme Umsätze generiert und sich im schweizerischen[96] – wie auch im deutschen[97] – Vereinsrecht die Frage stellt, ob das Nebenzweckprivileg nicht überschritten ist.

c) Organisationsverfassung

Betrachtet man die Organisationsverfassung in den Statuten gewinnt man schnell den Eindruck, dass es sich bei der FIFA um eine völkerrechtliche Organisation handelt, sind doch die Bezeichnungen der einzelnen Organe sprachlich an diese angelehnt.[98] Tatsächlich handelt es sich dabei aber nur um die Ausnutzung einer Gestaltungsfreiheit des schweizerischen Vereinsrechts[99] zugunsten einer international eingängigen Terminologie, mit der zugleich der weltweite Alleinvertretungsanspruch der FIFA[100] unterstrichen wird. Darüber hinaus fällt auf, dass die heutigen Statuten im Hinblick auf die Organisationsverfassung deutlich komplexer sind, als dies in der Gründungssatzung von 1904 der Fall war, da letztere neben einem Präsidenten (nebst Vizepräsidenten) nur einen Kongress als Mitgliederversammlung und einen Ausschuss (*comité*) vorsah.[101] Die Organisationsverfassung wird schließlich nicht nur in den Statuten, sondern mit einem großen Detailierungsgrad in den *FIFA-Governance-Reglement (FGR)* adressiert, auf die vorliegend jedoch nicht näher eingegangen werden kann.

aa) Kongress als Mitgliederversammlung

Hauptorgan der FIFA ist der Kongress, der die Mitgliederversammlung der FIFA darstellt (Art. 25). Bemerkenswert ist dabei, dass der Kongress theoretisch an je-

---

96 Vgl zur Abgrenzung vom wirtschaftlichen Zweck etwa *Hayoz/Forstmoser*, (Fn. 64), § 20 N 11 ff., 14 ff.; *Scherrer/Brägger*, (Fn. 12), Art. 60 Rdnr. 4 ff.

97 Zum Nebenzweckprivileg bei unternehmerischen Tätigkeiten jüngst etwa BGH v. 16.5.2017 – II ZB 7/16, BGHZ 215, 69 = NJW 2017, 1943; dazu *Beuthien*, ZGR 2018, 1 ff.; *Leuschner*, NJW 2017, 1919 ff.; *Mock/Mohamed*, DStR 2017, 2232 ff. und 2288 ff.

98 Zur fehlenden Völkerrechtssubjektivität der FIFA siehe III.1.

99 Vgl. zur weiten Autonomie des schweizerischen Vereinsrechts bereits in Fn. 85 sowie *Hayoz/Forstmoser* (a. a. O.) N 59 zur Ausgestaltung der Organisation.

100 Siehe dazu III.3. lit. b) cc).

101 Siehe dazu II.2.

dem Ort der Welt abgehalten werden kann, der vom Rat festgelegt wird (Art. 25 Abs. 2). Dies ist jedenfalls aus Sicht des deutschen Aktienrechts überraschend, da eine Durchführung der Mitgliederversammlung im Ausland nur dann möglich ist, wenn dieser eine (!) Ort in der Satzung bestimmt ist.[102] Die Möglichkeit einer Auswahl für den Einberufungsberechtigten zwischen einer großen Zahl geographisch weit auseinanderliegenden Orte ist hingegen unzulässig.[103] Das schweizerische Recht scheint damit kein Problem zu haben, was bei der Mitgliederstruktur der FIFA auch sachgerecht ist. Hier zeigt sich wieder mal die fehlende Nationalität der FIFA, auch wenn diese ein Verein nach schweizerischem Recht mit Sitz in der Schweiz ist. Die Struktur des Kongresses ist im Übrigen wenig revolutionär. Jedes Mitglied hat eine Stimme (Art. 26 Abs. 1), die persönlich abgegeben werden muss (Art. 26 Abs. 1 Satz 2). Zudem ist der Kongress nur für Mitglieder oder besondere Beobachter ohne Stimmrecht zugänglich (Art. 26 Abs. 3). Der Ablauf der Kongresse ist sehr detailliert und recht formalistisch geregelt, was dem Umstand geschuldet sein dürfte, dass eine Durchführung mit Vertretern aus nahezu allen Staaten der Welt ansonsten kaum möglich wäre.[104] Dies zeigt sich etwa an den Vorgaben für die Tagesordnung, die insgesamt zwingend 19 Unterpunkte ausweist, die auf einem Kongress abgearbeitet werden müssen (Art. 28) und die damit hinsichtlich des Mindestinhalts deutlich über dem einer Kapitalgesellschaft liegen. Aufgrund dieses hohen Detailgrads scheinen sich international-privatrechtliche Fragen im Zusammenhang mit der Stimmabgabe und der Beschlussfassung kaum zu stellen, die im Übrigen aufgrund der Durchführung der Kongresse an verschiedenen Orten der Welt sehr komplex sein dürften.

---

102 Grundlegend BGH v. 21.10.2014 – II ZR 330/13, BGHZ 203, 68 Tz. 13 ff. = NJW 2015, 336; eine solche Möglichkeit generell noch ablehnend OLG Hamburg v. 7.5.1993 – 2 Wx 55/91, OLGZ 1994, 42, 43 f. (*Unzulässigkeit der Durchführung der Hauptversammlung in Zürich [!]*); OLG Hamm v. 1.2.1974 – 15 Wx 6/74, NJW 1974, 1057 (für die GmbH); im deutschen Vereinsrecht scheint diese Problematik bisher nicht erörtert zu werden (jedenfalls ohne entsprechenden Hinweis *Leuschner*, in: Münchener Kommentar zum BGB, 8. Aufl. 2018, § 32 Rdnr. 21 ff.; *Notz*, in: BeckOGK, Stand 15.9.2018, § 32 Rdnr. 58 f.).

103 Siehe die Nachweise in Fn. 102.

104 Interessanterweise ist die Internationalität der Kongresse von solch überragender Bedeutung, dass aufgrund der Verbreitung des COVID-19 zunächst nicht ein Online-Kongress gewählt wurde, sondern zwecks Teilnahme aller Mitgliedverbände eine Verschiebung des 70. FIFA-Kongresses in Äthiopien von Juni auf September 2020, vgl. FIFA Pressemitteilung vom 11.3.2020. Am 18. September 2020 fand der Kongress allerdings auf Beschluss des Rats dann doch in Form einer Onlinekonferenz statt. FIFA-Statuten (Art. 25, 26, 75) und die Geschäftsordnung (Art. 9) wurden dahingehend geändert, dass Kongresse auch virtuell abgehalten werden dürfen.

bb) Rat als Strategie- und Aufsichtsorgan

Neben dem Kongress tritt bei der FIFA der Rat, bei dem es sich nach Art. 24 Abs. 2 um ein Strategie- und Aufsichtsorgan handelt. Damit liegt den Statuten auf den ersten Blick ein dualistisches Organisationsmodell zu Grunde, das in dieser Ausprägung heute insbesondere in unserem deutschen Rechtskreis bekannt ist[105] und vor allem im anglo-amerikanischen, aber auch im romanischen Rechtskreis keine Entsprechung gefunden hat.[106] Betrachtet man sich das schweizerische Vereinsrecht ist eine solche dualistische Struktur auch nicht vorgegeben aber zulässig[107], was die Verankerung in den Statuten noch rechtfertigungsbedürftiger macht. In der Gründungssatzung war die dualistische Struktur schon angelegt, da dort ein Ausschuss (*comité*) zur Verwaltung der FIFA neben dem Präsidenten vorgesehen war. Die Schaffung eines Strategie- und Aufsichtsorgans bei der FIFA erscheint auch vor der sehr geringen Mitgliederzahl von 211 seltsam, da dem Rat 37 Mitglieder angehören sollen (Art. 33 Abs. 1), womit stets ca. jedes fünfte Mitglied im Rat vertreten ist. Der Grund für die Schaffung des Rates scheint daher nicht in einer Mediationsfunktion zwischen den unmittelbaren Mitgliedern und der Geschäftsführung – wie beim deutschen Aufsichtsratsmodell[108] – zu suchen zu sein. Berücksichtigt man allerdings, dass die Mitglieder der FIFA selbst auch rein nationale Fußballverbände mit wiederrum zahllosen weiteren nachgeordneten Vereinen[109] sind, wird schnell deutlich, dass dieser Aspekt auch bei der FIFA durchdringt. Der Rat als Strategie- und Aufsichtsorgan rechtfertigt sich daher aus dem Umstand, dass es sich bei der FIFA um eine Weltorganisation handelt, die im Ergebnis alle auf der Welt im Fußball tätigen Vereine mittel- oder unmittelbar berührt. Dass man sich schließlich bei dieser Organisationsstruktur doch nicht ganz an der *two-tier structure* orientiert hat, zeigt etwa der Umstand, dass der Präsident der FIFA nicht vom Rat, sondern vom Kongress und damit unmittelbar von den Mitgliedern gewählt wird (Art. 33 Abs. 2). Zudem gehen die Kompetenzen des Ra-

---

105 Siehe jedoch schon den Vortrag von *Franz Klein*, Die neueren Entwicklungen in Verfassung und Recht der Aktiengesellschaften, 1904, S. 10 f., wonach das System eines Aufsichtsrats *niederländisch* sei. In diesem Rahmen auch zu *legal transplants* im deutschen Aktienrecht *Fleischer*, NZG 2004, 1129 ff.; überblicksartige Zusammenstellung von *Graziadei*, in: Reimann/Zimmermann (Hrsg.), The Oxford Handbook of Comparative Law, 2. Aufl. 2019, S. 443 ff.

106 Zu den verschiedenen internationalen Board-Modellen vgl. etwa *Ventoruzzo/Conac/Goto/Mock/Notari/Reisberg* (Hrsg.), Comparative Corporate Law, 2015, S. 219 ff.; *Armour/Enriques/Hansmann/Kraakman*, in: Kraakman et al, The Anatomy of Corporate Law, 3. Aufl. 2017, S. 49 ff.

107 Siehe zur Möglichkeit, autonom die Organisation zu bestimmen und daher auch zusätzliche Organe zu schaffen die Quellen in Fn. 99.

108 Dazu nur *Habersack*, in: Münchener Kommentar zum AktG, 5. Aufl. 2019, Vor § 95 Rdnr. 2 f.; *Lutter/Krieger/Verse*, Rechte und Pflichten des Aufsichtsrats, 7. Aufl. 2020, § 1.

109 Zu den Beschränkungen der Mitgliedschaft III.3. lit. e) aa).

tes teilweise deutlich über die eines deutschen Aufsichtsrats hinaus, da dieser etwa die Politik und strategische Ausrichtung der FIFA bestimmen (Art. 34 Abs. 1) und das Budget bewilligen kann (Art. 34 Abs. 4), die personelle Hoheit über den Generalsekretär hat (Art. 34 Abs. 9) und schließlich etwa auch den Ort und die Daten der FIFA-Wettbewerbe bestimmen kann (Art. 34 Abs. 10). Insofern kann der Rat in großem Umfang in die Geschäftsführung eingreifen. Die *balance of power* ist hierbei also – eher untypisch– für manche Aspekte mehrgleisig ausgestaltet.

Um dies im Tagesgeschäft zu gewährleisten, wird ein Ratsausschuss mit höchstens sieben Mitgliedern gebildet, der diese Aufgabe zwischen zwei Ratssitzungen wahrnimmt (Art. 38). Der Ratsausschuss setzt sich aber nicht aus Mitgliedern des Rates, sondern aus dem Präsidenten und den Präsidenten der Konföderationen zusammen.

cc) Präsident

Das zentrale Vertretungsorgan der FIFA ist der Präsident (Art. 35 Abs. 1). Zudem leitet er die Sitzungen des Kongresses und des Rates (Art. 35 Abs. 5). Die weiteren Aufgaben sind eher repräsentativer Natur und erinnern mehr an die Aufgaben eines Staatsoberhaupts als diejenigen eines privatrechtlichen Vereins. So hat der Präsident die Aufgabe der Verbreitung eines positiven Images (Art. 35 Abs. 2) und der Pflege und Förderung von guten Beziehungen zwischen den FIFA-Organen und den Mitgliedern (Art. 35 Abs. 3).

dd) Generalsekretär

Neben den Präsidenten tritt der Generalsekretär bzw. das Generalsekretariat. Der Generalsekretär ist der Geschäftsführer der FIFA (Art. 37 Abs. 1) und scheint sich daher mit dem Präsidenten die Leitung der FIFA zu teilen. Die Einzelheiten ergeben sich wohl in einem Umkehrschluss aus den in den Statuten dem Präsidenten zugewiesenen Aufgaben.

ee) Kommissionen

Schließlich sehen die Statuten eine sehr große Zahl von Kommissionen vor, bei denen insgesamt neun ständige Kommissionen vorgesehen sind (Art. 39 Abs. 1). Die Aufgabe der Kommission besteht in der Berichterstattung gegenüber dem Rat sowie in der Unterstützung und Beratung des Rates (Art. 39 Abs. 2). Bei den Kommissionen, die sich nicht zwingend aus Mitgliedern des Rates zusammensetzen müssen (Art. 39 Abs. 3), scheint es sich um die *Herzkammer* der FIFA zu handeln, da dort alle thematisch relevanten Fragen erörtert werden. Zudem sind (weitere) unabhängige Kommissionen vorgesehen (Art. 50). Dabei handelt es sich um die Audit- und Compliance-Kommission, die Disziplinarkommission, die Ethikkommission und die Berufungskommission (Art. 53-55), wobei die drei letzteren die sogenannten Rechtsorgane[110] bilden. Im Unterschied zu den allgemeinen Kommissionen bestehen bei den unabhängigen Kommissionen erhöhte Anforderungen an die Mitglieder und deren Pflichtenkanon (Art. 50), was auf die besondere Bedeutung der diesen Kommissionen zugewiesenen Aufgaben zurückzuführen ist.

ff) Rechtsorgane

Schließlich sieht Art. 52 drei Rechtsorgane der FIFA in Form der Disziplinarkommission, der Ethikkommission und der Berufungskommission vor. Der Begriff des Rechtsorgans bleibt dabei etwas nebulös und löst sich erst in der englischen Sprachfassung (*judicial bodies*) bzw. französischen Sprachfassung (*organe juridictionnels*) auf. Insofern wird deutlich, dass es sich um FIFA-interne Schiedsgerichte handelt, die über die Disziplinarmaßnahmen entscheiden. Insofern wäre der Begriff der Rechts*prechungs*organe wohl treffender. Die Schaffung einer derartigen vereinsinternen Gerichtsbarkeit ist nach schweizerischem Vereinsrecht[111] – ebenso wie nach deutschem Vereinsrecht[112] – grundsätzlich zulässig.

d) Finanzverfassung

Die Finanzverfassung – oder in der Terminologie der FIFA-Statuten die *Finanzen* – wird lediglich in sieben Artikeln adressiert, die aber teilweise recht weitgehende Regelungen enthalten. So kommen auch die Statuten etwa nicht ohne eine Beitragspflicht der Mitglieder aus, die allerdings höchstens 1.000 USD pro Mitglied betragen darf (Art. 64 Abs. 2). Betrachtet man sich die Umsätze und Gewinne im Zusammenhang mit der Fußballweltmeisterschaft[113], dürfte es sich dabei wohl nur um einen Erinnerungsbetrag ohne tatsächliche wirtschaftliche Bedeutung handeln. Hinsichtlich der Rechnungslegung ergeben sich zahlreiche Besonderheiten. So orientiert sich die Geschäftsperiode der FIFA an dem Austragungs-

---

110 Siehe dazu III.3. lit. c) ff).

111 Vgl. nur *Scherrer/Brägger*, (Fn. 12), Art. 70 Rdnr. 30 f.

112 Dazu nur *Leuschner*, (Fn. 23), § 25 Rdnr. 26; *Schwab/Walter*, Schiedsgerichtbarkeit, 7. Aufl. 2005, Kapitel 32 Rdnr. 4 ff. mit jeweils weiteren Nachweisen.

113 Siehe dazu I.

modus der Fußball-Weltmeisterschaft, für die die Einnahmen und Ausgaben der FIFA ausgeglichen zu gestalten sind (Art. 73 Abs. 2). Nichtsdestotrotz sind vom Generalsekretär jährlich konsolidierte Jahresrechnungen unter Einbeziehung der Tochtergesellschaften zu erstellen. Diese müssen von der Finanzkommission genehmigt, anschließend von der Buchprüfungsstelle geprüft und schließlich dem Kongress vorgelegt werden (Art. 74). Damit gehen die Statuten über die Vorgaben des schweizerischen Vereinsrechts hinaus, da dieses keine zwingende Abschlussprüfung vorsieht. Interessanterweise lassen die Statuten offen, nach welchem Rechnungslegungsrecht die konsolidierten Jahresrechnungen zu erstellen sind. Insofern böte es sich an, auf die IAS/IFRS als staatenunabhängiges und internationales Rechnungslegungsrecht[114] zurückzugreifen. Tatsächlich dürften stattdessen das schweizerische Rechnungslegungsrecht zur Anwendung kommen, da die Rechnungslegung im internationalen Privatrecht dem Gesellschaftsstatut[115] unterfällt.

In einem unmittelbaren Zusammenhang mit der Finanzverfassung stehen die Art. 67 f., die sich den Rechten an Wettbewerben und Veranstaltungen widmen. Danach sind die FIFA, die Mitglieder und die Konföderationen Eigentümer aller Rechte, die an den Wettbewerben und Veranstaltungen in ihrem Zuständigkeitsbereich entstehen können. Diese Rechte dürften mit Abstand die wichtigsten Vermögensgegenstände der FIFA darstellen. An der tatsächlichen Reichweite von Art. 67 bestehen allerdings nicht unerhebliche Zweifel, da dieser insbesondere die urheberrechtlichen Fragen am Austragungsort außer Betracht lässt. Grundsätzlich kann eine Satzung eines Vereins zwar die Rechtsbeziehungen zwischen den Mitgliedern regeln und dabei auch neu entstehende Rechte dem Verein oder einzelnen Mitgliedern zuweisen.[116] Rechte Dritter – die sich insbesondere aus dem nationalen Recht ergeben – können dadurch allerdings nicht beeinträchtigt werden.

---

114 Dazu nur *Wöhe/Mock*, Die Handels- und Steuerbilanz, 7. Aufl. 2020, S. 245 ff.

115 Zum (zwingenden) Rechnungslegungsrecht für den schweizerischen Verein *Scherrer/Brägger*, (Fn. 12), Art. 69a Rdnr. 1 ff., wobei nach Art. 962 Abs. 2 OR ein Anteil von 20 Prozent der Vereinsmitglieder einen Abschluss nach einem anerkannten Standard zur Rechnungslegung – etwa IFRS – verlangen können, vgl. *Scherrer/Brägger*, (Fn. 12), Art. 69a Rdnr. 4; zur Maßgeblichkeit des Gesellschaftsstatuts für das anwendbare Handelsbilanzrecht vgl. aus dem deutschen Schrifttum etwa *Hennrichs*, FS Horn, 2006, S. 387, 392; *Schön*, FS Heldrich, 2005, S. 391, 395; *Westhoff*, in: Hirte/Bücker, Handbuch Grenzüberschreitende Gesellschaften, 2. Aufl. 2006, § 18 Rdnr. 27 ff. mit jeweils weiteren Nachweisen; **a. A.** aber *Kindler*, (Fn. 45), Rdnr. 273 ff.

116 Vgl. nur *Segna*, (Fn. 84), § 25 BGB Rdnr. 20.

e) Mitgliedschaft

Die Mitgliedschaft in der FIFA wird von den Statuten recht ausführlich adressiert. Dabei ergeben sich aber eine Reihe von Besonderheiten, die auf die besondere Organisationsstruktur der FIFA und auf ihren Zweck zurückzuführen sind.

aa) Beschränkung der Mitgliedschaft auf nationale Verbände

Die Mitgliedschaft in der FIFA ist in doppelter Weise beschränkt. Zunächst können nur Verbände selbst Mitglied der FIFA sein (Art. 11 Abs. 1), was auch erklärt, dass die Statuten statt des Begriffs der Mitglieder den der Mitgliedsverbände verwenden. Daher sind natürliche Personen von einer Mitgliedschaft ausgeschlossen. Weitere Voraussetzung für die Mitgliedschaft ist, dass der Verband in seinem Land für die Organisation und Kontrolle des Fußballs in all seinen Formen verantwortlich ist (Art. 11 Abs. 1). Daraus ergibt sich pro Land denknotwendigerweise nur ein Mitgliedsverband. Damit wird deutlich, dass die FIFA eben kein regulärer Verein oder Verband im Rechtssinne ist, sondern sich als Dachorganisation für den Weltfußball versteht, die darauf ausgerichtet ist, dass Verbände aus jedem Land der Welt dort vertreten sind. Dass es sich bei der FIFA um eine nichtstaatliche Organisation ohne Völkerrechtssubjektivität[117] handelt, zeigt sich auch an dieser Stelle. So hat die FIFA stets eine nicht am Völkerrecht orientierte Sichtweise hinsichtlich der Mitgliedsverbände an den Tag gelegt, was sich heute etwa an der Mitgliedschaft Palästinas (seit 1998), Taiwans (seit 1954), der DDR (1952 bis 1990) oder der bis 1945 bestehenden Mitgliedschaft des deutschen Verbands[118] zeigt.

bb) Begründung und Verlust

Die Regelungen zur Ausnahme von Mitgliedern in Art. 10-12 sind daher äußerst komplex und basieren auf einem langwierigen Verfahren, das aufgrund der inzwischen erreichten Mitgliederzahl von 211 aber nur noch selten zur Anwendung kommt. Interessanter sind hingegen die Regelungen zur Suspendierung (Art. 16), zum Ausschluss (Art. 17) und zum Austritt von Mitgliedern (Art. 18). Diese tragen weitgehend den Regelungen des schweizerischen Vereinsrecht Rechnung, sehen aber etwa keine Abfindung bei einem Ausscheiden vor. Dies scheint bewusst so

---

117 Siehe III.1.

118 Der *Deutsche Fußballbund e.V.* wurde 1940 aufgelöst und in das *Fachamt Fußball* beim Reichsbund für Leibesübungen überführt. 1950 wurde der DFB neu gegründet und wieder in die FIFA aufgenommen.

vorgesehen worden zu sein, da Art. 74 für den Fall der Auflösung der FIFA auch keine Ausschüttung eines Liquidationserlöses an die Mitglieder vorsieht.[119] Ein solches Ausscheiden aus der FIFA ohne eine anteilige Beteiligung am Vereinsvermögen ist nach schweizerischem Recht (Art. 73 Abs. 2 ZGB) – aber etwa auch nach deutschem Vereinsrecht[120] – möglich. Diese Frage ist aber wohl – abgesehen von historischen Sondersituationen[121] – ohne praktische Bedeutung, da eine tatsächliche Beendigung der Mitgliedschaft in der FIFA eher theoretischer Natur sein dürfte.

cc) Rechte und Pflichten

Die Rechte der Mitglieder der FIFA sind vor allem verfahrensrechtlicher Natur und sichern eine Einflussnahme auf die Ausübung des internationalen Fußballsports ab. So sieht Art. 13 vor allem eine Mitarbeit in den Gremien der FIFA und die Teilnahme an deren Wettbewerben vor. Keine Erwähnung finden hingegen Minderheiten- oder allgemeine Kontrollrechte, obwohl diese dem schweizerischen Vereinsrecht nicht gänzlich unbekannt sind.[122] Der Hintergrund dieser Zurückhaltung ist nicht klar erkennbar. Auch bei privatrechtlichen Organisationen mit einem überschaubaren Mitgliederbestand wie bei der FIFA lassen sich Minderheits-/Mehrheitskonflikte nicht vermeiden und müssen nicht zuletzt vor dem Hintergrund des Alleinvertretungsanspruchs der FIFA[123] in irgendeiner Weise mediatisiert werden. Der Ansatzpunkt dafür scheint der Rat[124] und die zahlreichen Kommissionen[125] zu sein, da bei diesen eine hohe personelle Dichte und Repräsentation aller Mitglieder sichergestellt ist. Unabhängige Untersuchungen sind damit gleichwohl nicht verbunden, da sowohl der Rat als auch die Kommissionen nur durch Mitglieder besetzt werden können (Art. 33 Abs. 1, Art. 18 ff. *FIFA-Governance-Reglement [FGR]*). Dass es sich dabei um ein tatsächliches Regelungsproblem der Statuten handelt, zeigen die aufsehenerregenden Skandale

---

119 Siehe III.3. lit. g).

120 Dazu etwa *Könen*, in: beck-online.GROSSKOMM, Stand 20.4.2020, § 39 BGB Rdnr. 30; *Leuschner*, (Fn. 23), § 39 Rdnr. 10.

121 Vgl. etwa zur Entwicklung der FIFA-Mitgliedschaft des *Deutschen Fußballbund e.V.* Fn. 118.

122 Vgl. zu den Rechten des Vereinsmitglieds *Hayoz/Forstmoser*, (Fn. 64), § 20 N 39 ff., die allerdings auch aufzeigen, dass Mitentscheidungsrechte beim Verein auf ein Minimum reduziert werden können, und umfassender als bei den übrigen Körperschaften grundlegende Entscheidungen der Verwaltung zugewiesen werden können.

123 Siehe III.3. lit. b) cc).

124 Siehe III.3. lit. c) bb).

125 Siehe III.3. lit. c) ee).

in der Geschichte der FIFA und die bei diesen oftmals fehlende umfassende und abschließende Aufklärung.

Die Betonung der verfahrensrechtlichen Mitwirkung der Mitglieder zeigt sich auch bei deren Pflichten, die in Art. 14 geregelt sind. Diese beschränken sich vor allem auf eine Beachtung der Vorgaben der Statuten und der von ihren Gremien ausgearbeiteten Regeln (Art. 14 Abs. 1 lit. a, d)). Damit wird nicht weniger als eine allumfassende auf das „FIFA-Recht" ausgerichtete Legalitätspflicht für alle Mitglieder geschaffen, die über die Vorgaben für die Organisation der Mitgliedsverbände auch auf die nachgeordneten Vereinsebenen weitergereicht wird.[126] Weitere Pflichten sind etwa die Pflicht zur Beitragszahlung (Art. 14 Abs. 1 lit. c)) oder die Teilnahme an den internationalen Sportveranstaltungen (Art. 14 Abs. 1 lit. b)). Bemerkenswert ist aber auch, dass die Mitglieder der FIFA die Pflicht haben, ihre Verbände in einer bestimmten Art und Weise auszugestalten und zu führen, was dem Charakter der FIFA als Weltverband geschuldet ist, da nur auf diese Weise eine einheitliche Struktur in der gesamten Welt geschaffen werden kann.

f) Rechtsdurchsetzung

Schließlich widmen sich die FIFA-Statuten auch umfassend der Rechtsdurchsetzung, was aufgrund der weltweiten Aktivitäten der FIFA auch zwingend erforderlich ist. Mit insgesamt 211 Mitgliedsverbänden wäre es nicht vermittelbar, die Rechtsdurchsetzung dem (staatlichen) Recht eines dieser Mitgliedsverbände zu unterwerfen. Tatsächlich sehen die Statuten sehr umfangreiche und inhaltlich abgestufte Sanktionsmechanismen bzw. in der Diktion der Statuten *Disziplinarmaßnahmen* (Art. 56) vor.[127] Die gerichtliche Überprüfung der von den zuständigen FIFA-Organen verhängten Disziplinarmaßnahmen obliegt dem *Court of Arbitration for Sport (CAS)* mit Sitz in Lausanne (Art. 57) und damit einem von der FIFA unabhängigen Schiedsgericht. Diese vollständige Unterwerfung unter die Schiedsgerichtsbarkeit in den Statuten ist nach schweizerischem Vereinsrecht auch möglich[128], wäre nach deutschem Vereinsrecht allerdings nicht ausreichend, da mit der Bezugnahme auf den *CAS* als institutionelles Schiedsgericht zwar die wesent-

---

126 Zur Geltung für die nachgeordneten Vereine III.4. lit. d) aa).

127 Dazu ausführlich etwa *Orth*, Vereins- und Verbandsstrafen am Beispiel des Fußballsports, 2009.

128 Vgl. nur *Scherrer/Brägger*, (Fn. 12), Art. 70 Rdnr. 30 f.

lichen Aspekte des Schiedsverfahrens bestimmt sind, die Schiedsordnung aber nicht Satzungsbestandteil wäre.[129]

Zur tatsächlichen Absicherung dieser Form der Rechtsdurchsetzung sieht Art. 59 vor, dass nicht nur alle Mitglieder, sondern auch die Konföderationen und die Ligen den *CAS* anerkennen und den ordentlichen Rechtsweg ausschließen. Die Mitglieder müssen in ihren Satzungen sogar ein Verbot des Zugangs zu den staatlichen Gerichten vorsehen (Art. 59 Abs. 3). Schließlich sind die Mitglieder verpflichtet, alle Entscheide der FIFA-Organe anzuerkennen (Art. 60), was bei Zuwiderhandlungen sanktioniert werden kann (Art. 61). Bei der Frage der Rechtsdurchsetzung muss natürlich beachtet werden, dass die FIFA als sportpolitische Institution möglichst zeitnahe, sehr spezialisierte und aber auch kulturell global einheitlich aufgefasste Judikate braucht, um dem Weltsportpostulat in jeglichen Zweifelsfragen gerecht zu werden.

g) Auflösung

Für den Fall der Auflösung sehen die Statuten eine sehr seltsam anmutende Regelung vor. Statt einer – auch im schweizerischen Vereinsrecht (Art. 76 ff., 58 ZGB i. V. m. Art. 739 ff., Art. 913 OR) – vorgesehenen Liquidation mit anschließender Schlussverteilung soll das Vermögen der FIFA im Fall einer Auflösung dem obersten Gericht des Sitzstaates der FIFA übergeben werden, dass dieses bis zu einer Neugründung als *bonus pater familiae* verwalten soll (Art. 74). Insofern scheinen die Statuten davon auszugehen, dass eine Welt ohne FIFA nicht denkbar ist und stets eine Nachfolgeorganisation bereitsteht oder geschaffen werden wird, die die Arbeit der FIFA fortsetzen kann. Obwohl in keiner Weise sichergestellt ist, dass an einer neuen FIFA die gleichen Mitglieder beteiligt sind, dürfte diese Regelung wohl dennoch wirksam sein, da das schweizerische Recht – ebenso wie das deutsche Vereinsrecht[130] – nicht zwingend eine Beteiligung der Mitglieder eines Vereins am Liquidationserlös vorsieht.[131]

---

129 Dazu etwa *Segna*, (Fn. 84), § 25 BGB Rdnr. 22; OLG München v. 24.3.2016 – 23 U 3886/15, npor 2016, 213.

130 *Könen*, (Fn. 120), § 45 BGB Rdnr. 2; *Leuschner*, (Fn. 23), § 45 Rdnr. 9 ff.

131 Vgl. *Hayoz/Forstmoser*, (Fn. 64), § 20 N 77.

4. FIFA-Statuten zwischen Rechtsquelle eines Weltvereinskonzernrechts und einem Weltfußballrecht – das Phänomen der Weltsport(spitzen)verbände

Trotz der umfassenden Auseinandersetzung mit vor allem der Organisationsstruktur der FIFA erschöpfen sich die Statuten nicht darin, sondern sind zugleich eine Rechtsquelle für ein Weltfußballvereinskonzernrecht. Dieser Regelungsansatz entspringt der Idee der Weltsport(spitzen)verbände oder -dachverbände. Für eine wettkampforientierte sportliche Betätigung ist ein gewisser Grad an Organisation notwendig und so verfügt jeder Sport über seine eigene Struktur. Die in den FIFA-Statuten enthaltenen Vorschriften sind damit selbst geschaffenes und im Rahmen der institutionellen Autonomie der Sportverbände erlassenes Recht. Bei Wertungskollisionen mit zwingendem staatlichen Recht gebührt diesem zwar der Vorrang, doch fließen verbandsrechtliche Wertungen und sporttypische Merkmale in die Auslegung[132] jener unbestimmter (staatlicher) Gesetzesbegriffe ein. Hierarchie zwischen Verbandrecht und staatlichem Recht einerseits sowie Status und Organisationsstruktur andererseits nehmen für eine Recherche zu der Verbandsautonomie der FIFA eine tragende Rolle ein, da nur durch das duale und grundlegende Verständnis jener *Phänomene* man der selbst gewählten Verfassungsidee überhaupt verständlich näher kommen kann.

a) Der globale Vereinsverband: mehr als nur ein Begriff (?)

Die Rede ist so oft von Sport*verbänden*[133], dabei wurde aufgezeigt, dass z.B. die FIFA (heute) ein „Verein" schweizerischen Rechts ist. Dennoch wird die FIFA als internationaler Fußballverband bezeichnet und definiert in seinen Statuten gar den Begriff des „Verbands":

> „Verband: ein Fussballverband, der von der FIFA als solcher anerkannt wird. Er ist Mitglied der FIFA, es sei denn, es ergibt sich aus dem Text eine andere Bedeutung." (Definition 2)

Wenn mehrere Vereine den gleichen oder einen ähnlichen Zweck verfolgen, hier also den Fußball, führt dies häufig zu der Feststellung, dass die gemeinsamen Interessen wirkungsvoller durch einen regionalen und überregionalen Zusammen-

---

132 Hierzu *Pfister*, FS Lorenz, 1991, S. 171, 191 f.; *Vieweg*, Normsetzung und -anwendung deutscher und internationaler Verbände, 1990, S. 143.
133 Siehe dazu auch den Beitrag von *Mock* zur *HSV Fußball AG* (in diesem Band – § 25).

schluss der Vereine vertreten werden. Die einzelnen Vereine möchten dabei in aller Regel ihre Selbstständigkeit nicht völlig aufgeben, ein umwandlungsrechtlicher Zusammenschluss scheidet also gänzlich aus (Verschmelzung aller Vereine in einen neuen Verein). Mithin bietet sich die Gründung eines Verbands an, dessen Mitglieder die betreffenden Vereine sind; der Begriff „Verband" hat sich im deutschsprachigen Raum inzwischen durchgesetzt.[134] Der Rechtsform nach ist er ein Verein, die Gründungsmitglieder sind regelmäßig selbst Vereine oder Verbände (siehe FIFA). Freilich erlischt der eigene vereinsrechtliche Status nicht automatisch mit der Mitgliedschaft beim Verband. Auch ist eine totale Abhängigkeit vom Verband nicht erstrebenswert,[135] dennoch werden Teile der eigenen Autonomie an den Verband abgegeben werden müssen, da sonst der mit dem Zusammenschluss erstrebte Zweck kaum zu verwirklichen ist.[136] Diese Strukturweise fängt national an und geht bis an die internationale Spitze. In der deutschen Rechtsordnung ergibt sich sogar verfassungsrechtlich aus der Vereinigungsfreiheit in Art. 9 Abs. 1 GG, dass sämtlichen so gebildeten Sportverbänden das Recht zusteht, ihre internen Angelegenheiten eigenverantwortlich und staatsfern zu regeln.[137]

Es kann heute wohl als Tatsache bezeichnet werden, dass das Sportgeschehen (im Fußball) eine *sui generis* Gemeinschaft gerade auch im internationalen Raum bildet. Die Regulierungsfreiheit der FIFA kann durchaus aber mit der Rechtssetzungskompetenz eines Staates in Konflikt treten. Diese Stellung der FIFA zusammen mit ihrem mehr als hundertjährigen Tätigwerden im Weltfußball haben diesem Weltsportverband eine solch mächtige Rechtssetzungskompetenz zugewiesen, dass sein Regelwerk genauso wie die Beschlüsse und Weisungen seiner Organe den jeweiligen nationalen Gesetzgeber stark beeinflussen können.[138] Die hier studierte *lex sportiva* der FIFA lebt somit insbesondere von der verbandsstrukturierten «*position supérieure*» heraus.

Dass internationale Sportdachverbände keine Völkerrechtssubjekt sind, wurde schon angedeutet.[139] Daraus folgt, dass die FIFA ihre Rechtsfähigkeit seit jeher nur von einer staatlichen Rechtsordnung ableiten konnte: zuerst von der französi-

---

134 Vgl. insgesamt schon *Waldner/Wörle-Himmel*, in: Sauter/Schweyer/Waldner (Hrsg.), Der eingetragene Verein, 20. Aufl. 2016, 1. Teil Rdnr. 323.

135 Zur Handlungsfreiheit im deutschen Vereinsrecht OLG Frankfurt NJW 1983, 2576; OLG Hamm NJW-RR 1998, 183.

136 Auch hierzu aus dem deutschen Vereinsrecht unter Fn. 134.

137 Zur Selbstbestimmung über die eigene Organisation BVerfG v. 15.6.1989 – 2 BvL 4/87, BVerfGE 80, 244 = NJW 1990, 37; BVerfG v. 1.3.1979 – 1 BvR 532, 533/77, 419/78, 1 BvL 21/78, BVerfGE 50, 190 = NJW 1979, 699, 706.

138 So schon etwa *Panagiotopoulos*, SpuRT 2006, 189, 191.

139 Siehe III.1.

schen und sodann von der schweizerischen.[140] Die von der FIFA beanspruchte Autonomie, d.h. die Befugnis Recht zu setzen und durchzusetzen, dürfte damit nicht nur als Ausfluss eines (zunächst französisch-rechtlichen) *contractarian approaches*[141] angesehen werden, sondern jene Befugnis wird heute vom schweizerischen Staat im Rahmen seiner Gesetze anerkannt. Allerdings zeigten schon die Anfänge der FIFA als *association* eine Nähe zur korporativen *Vertrags*idee auf und heute noch wird kaum zufällig das recht flexible schweizerische Recht gewählt worden sein, nach welchem die (deutlich spätere) Registereintragung nur deklaratorischer Natur war. Öffentlich-rechtlichen Status haben Weltsportverbände mangels staatlicher Verleihung gleichwohl nicht, sie stützen die Rechtsfähigkeit auf ein nationales Recht. Diese Anknüpfung an eine Rechtsordnung ist auch zu wünschen, damit trotz sportlicher, wirtschaftlicher und sozialer Monopolstellung der vertikale Rechtsschutz zu den Sportlern und den (untergegliederten) Verbänden gewährt wird.[142] Die privatrechtliche Einbindung der FIFA und anderer monopolistischer Weltsportverbände in eine staatliche Rechtsordnung und gleichzeitig das Gewähren einer teils großzügigen Verbandsautonomie dürften erklären, woher die ausreichende Basis für eine wissenschaftliche Diskussion[143] über die Jahre herkam. Gleichwohl ist angesichts der kaum noch zu überbietenden Transnationalität einer für die FIFA geltenden *lex sportiva* ein gewisser *shift* hin zu einem überstaatlichen Rechtsdenken kaum zu verkennen.[144]

---

140 Vgl. allgemein zu internationalen Sportverbänden auch *Pfister*, in: Fritzweiler/Pfister/Summerer (Hrsg.) Praxishandbuch Sportrecht, 2. Aufl. 2007, 1. Kap. 6. Teil Rdnr. 6; auch *van Hecke*, in: FS Seidl-Hohenveldern, 1988, S. 629, der die historischen Versuche skizziert, internationalen Vereinen eine internationale Rechtspersönlichkeit zukommen zu lassen; monographisch schon *Schrag*, Internationale Idealvereine, 1936 (Diss.).

141 Dies wird teilweise im anglo-amerikanischen Recht benutzt, um eine Gesellschaft als nicht mehr und nicht weniger als ein Set von *nexux of contracts* zu verstehen, vgl. nur *Easterbrook/D. Fischel*, Columbia Law Review 89 (1989), 1416; *dies.*, The Econmic Structre of Corporate Law, 1991, S. 35; *Jensen/Meckling*, Journal of Financial Economics 3 (1976), 305; unlängst *Ayotte/Hansmann*, International Review of Law and Economics 42 (2015), 1; vgl. auch die Passagen zur *contractarian theory of the firm* in *Moore/Petrin*, Corporate Governance: Law, Regulation and Theory, 2017, S. 29 ff; jüngst von *Schirmer/Pauschinger*, AcP 220 (2020), 211, 230 im Rahmen einer metaphorischen Analayse der juristischen Person und des Diesel-Falls aufgezeigt.

142 Vgl. *Pfister*, in: Fritzweiler/Pfister/Summerer (Hrsg.) Praxishandbuch Sportrecht, 2. Aufl. 2007, 1. Kap. 6. Teil Rdnr. 7 m.w.N.

143 Hervorgehoben sei hier die Habiliationsschrift von *Klaus Vieweg*, Normsetzung und -anwendung deutscher und internationaler Verbände: eine rechtstatsächliche und rechtliche Untersuchung unter besonderer Berücksichtigung der Sportverbände, 1990; zu den Rechtsgrundlagen der Bindung nationaler Verbände an internationale Sportverbandsregeln schon *Will*, in: Reuter (Hrsg.), Einbindung des nationalen Sportrechts in internationale Bezüge, 1987, S. 29 ff.

144 Siehe hierzu noch unter IV.

b) Doppelnatur der Satzung

Die Verfassung eines Sportverbandes bestimmt die äußere Gestalt, die Hauptzwecke und das Innenleben des Verbandes. Die Schaffung des Verbandes ist freilich zunächst nichts anderes als ein Rechtsgeschäft, denn die Satzung bzw. bei der FIFA einst die «constitution» ist bzw. war ein Vertrag. Das Eigentümliche an der Entstehung eines solchen *Dach*sportverbands ist vielmehr die privatautonome Gestaltung von Verhältnissen, auf welcher Grundlage Sportclubs und Sportler das gesetzte Recht anzunehmen haben. Es verwundert daher wenig, wenn es heißt, Sportverbände würden ihren Regelwerken „gern einen hoheitlich Anstrich“[145] geben. Die Gründer der FIFA schlossen einen Vertrag, der nicht nur für sie, sondern ausweislich der eher provisorischen «constitution» für alle nachfolgenden Mitglieder verbindlich gelten sollte, eingedenk später deutlicher Erweiterungen. Es handelte sich also nie um eine Rechtsnorm, die im Sinne der staatlichen[146] Autorität galt. Ohne eine detailreiche und historische Grundlagendebatte über die rechtliche Einordnung eines Verbands anzustrengen,[147] gleicht bzw. glich die Organisationsweise hin zur FIFA einem *vertraglichen Charakter*: anfangs erst wenig geregelt und dann peu à peu autonome (global wirkende) Erweiterungen als Dachverband unter Wechsel zu einer schweizerischen Vereinsrechtsform, für deren Gründung der „Wille“ schon ausreicht. Dementsprechend wird die juristische Doppelnatur der Satzung zwar anerkannt, indem sie praktisch eine „Rechtsordnung eigener Art (speziell für die jeweilige Sportart)“[148] schafft, gleichzeitig wird der Verfassung aber – trotz dieser Eigengesetzlichkeiten – „kein Sonderstatus“[149] zugemessen. Schlussendlich mag es wohl auch eine Frage der Gewichtung sein,

---

145 So *Summerer*, in: Fritzweiler/Pfister/Summerer (Hrsg.) Praxishandbuch Sportrecht, 2. Aufl. 2007, 1. Kap. 2. Teil Rdnr. 12.

146 Zur Vereinsautonomie der *brasilianischen* Sportverbände, welche in Brasilien verfassungsrechtlichen Schutz genießt und wo die Sportgerichtsbarkeit als Staatspflicht ausgestaltet wird, berichtet von *Borges*, Verbandsgerichtsbarkeit und Schiedsgerichtsbarkeit im internationalen Berufsfußball, 2009, S. 9 ff.

147 Zum Meinungsstand zwischen der Vertragstheorie (rechsgeschäftliche Betrachtungsweise), der Normentheorie (korporationsrechtliche Betrachtungsweise) und der auch von der Rechtsprechung (RGZ 165, 140; BGHZ 47, 172, 179 f.; OLG Hamm OLGZ 1993, 24, 28) vertretenen modifizierten Normentheorie, vgl. die Darstellungen aus dem deutschen Schrifttum von *Hadding*, in: FS Fischer, 1979, S. 165 ff.; *Leuschner*, (Fn. 23), § 25 Rdnr. 13 ff.; (umfangreich) *Schwennicke*, in: Staudinger, 2019, § 25 Rdnr. 25 ff.; *Segna*, (Fn. 84), § 25 BGB Rdnr. 28 ff.; jeweils m. w. N.

148 So *Borges*, Verbandsgerichtsbarkeit und Schiedsgerichtsbarkeit im internationalen Berufsfußball, 2009, S. 6.

149 So *Summerer*, in: Fritzweiler/Pfister/Summerer (Hrsg.) Praxishandbuch Sportrecht, 2. Aufl. 2007, 1. Kap. 2. Teil Rdnr. 12 unter der Überschrift „Die Satzung als Sonderprivatrecht?“.

wie sehr man dem Eigenleben und Konstruieren der FIFA in einem sehr flexiblen (Vereins-)Gerüst und in einem gerade nicht nur rechtlichen Kreis eigener Art, dem *Fußball*, mehr zusprechen mag als etwas kontraktuelles: nämlich einen „sozialrechtlichen Konstitutivakt“ nach *Otto von Gierkes*[150] Vorbild, also etwas, was im Individualrecht kein echtes Vorbild hat und damit ein objektives Gesetz setzen kann. Die «constitution» im Jahr 1904 wäre dann nur ein Reflex eines solches Sondergebildes gewesen.

c) Organisationsaufbau in Pyramidenform

aa) Struktur

Jede Sportart verfügt über seine eigene konkrete Verbandsstruktur. Neben dem nationalen Spitzenverband, sind dies vor allem Regionalverbände, welche für die Koordinierung des Sports auf regionaler Ebene zuständig sind sowie darüber hinaus teilweise noch untergeordnete Landesfachverbände.[151] Nur die jeweiligen nationalen Spitzenverbände sind wiederum in einem kontinentalen sowie internationalen Verband zusammengeschlossen. Dabei gilt weitgehend das sogenannte Ein-Platz-Prinzip[152], wonach jeder höhere Verband für seine Sportart für jeweils ein bestimmtes Gebiet nur einen Verband als Mitglied aufnimmt. Allerdings gilt dies nicht für jede Sportart.[153]

Der generelle Verbandsaufbau ähnelt so einer Pyramide: an der Spitze stehen die Weltsport(spitzen)verbände, deren Mitglieder die kontinentalen und nationalen Spitzenverbände sind. Als ordentliche Mitglieder sind diese an das Regelwerk des höheren Verbands gebunden und zumeist auch verpflichtet, diese Regeln

150 *Von Gierke*, Deutsches Privatrecht, Allgemeiner Teil und Personenrecht, Bd. 1, 3. Aufl. 2010 (unveränd. Nachdr. der 2. Aufl. 1936), § 63, S. 486; *ders.*, Das Wesen der menschlichen Verbände, Neuausgabe 2013 (Rede, Antritt Rektorat 1902), S. 29 ff.; unlängst zur Bedeutung *Gierkes* für die Architektur der Rechtsfähigkeit jurisitscher Personen *Schirmer*, JZ 2019, 711, 712 f.; vgl. auch *Renner*, in: Grundmann/Micklitz/Renner (Hrsg.), Privatrechtstheorie, Bd. I, 2015, S. 1457 ff.

151 Zum generellen Aufbau etwa *Butte*, Das selbstgeschaffene Recht des Sports im Konflikt mit dem Geltungsanspruch des nationalen Rechts, 2010, S. 74 f.; *Fechner/Arnhold/Brodführer*, Sportrecht, 2014, 3. Kapitel Rdnr. 1 ff.

152 *Butte*, Das selbstgeschaffene Recht des Sports im Konflikt mit dem Geltungsanspruch des nationalen Rechts, 2010, S. 75; *Petri*, in: FS Fenn, 2000, S. 239, 245 (auch „Highlander-Prinzip“ genannt); *Pfister*, in: Fritzweiler/Pfister/Summerer (Hrsg.) Praxishandbuch Sportrecht, 2. Aufl. 2007, 1. Kap. 6. Teil Rdnr. 4; *Vieweg*, Normsetzung und -anwendung deutscher und internationaler Verbände, 1990, S. 70 (Habil.).

153 Vgl. zum Boxsport schon oben Fn. 95.

auch ihren Mitgliedern aufzuerlegen.[154] Die unteren nationalen Regionalvereine sind wiederum Mitglieder (nur) der nationalen Spitzenverbände.

Im *Fußball* ist das Verbandssystem – mit der FIFA an der Spitze – gleichermaßen hierarchisch[155] wie monopolistisch organisiert.[156] Der FIFA kommt die globale Aufgabe zu, die internationalen Wettbewerbe auszurichten und die Regeln für den Sports vorzugeben. Das bedeutet aber nicht, dass die FIFA dies unmittelbar als Dachverband selbst tun muss. Die FIFA-Statuten ermächtigen nämlich in Art. 7 ausdrücklich das International Football Association Board (IFAB) dazu, die Spielregeln zu erlassen und zu ändern. Die IFAB ist ebenfalls ein Verein schweizerischen Rechts mit Sitz in Zürich und Mitglieder des IFAB sind die FIFA und die vier britischen Verbände (Art. 7 Abs. 2). Die Mitgliedverbände haben sich wiederum zu von der FIFA anerkannten Konföderationen zusammengeschlossen (vgl. Art. 22), in Europa etwa zur «Union des Associations Européennes de Football»

---

154 Vgl. etwa *Pfister*, in: Fritzweiler/Pfister/Summerer (Hrsg.) Praxishandbuch Sportrecht, 2. Aufl. 2007, 1. Kap. 6. Teil Rdnr. 4.

155 Zur hierarchischen Gliederung bei Sportfachverbänden *Fechner/Arnhold/Brodführer*, Sportrecht, 2014, 3. Kapitel Rdnr. 4.

156 Hierzu insgesamt schon *Butte*, Das selbstgeschaffene Recht des Sports im Konflikt mit dem Geltungsanspruch des nationalen Rechts, 2010, S. 76 und Fn. 230; *Pfister*, in: Festgabe Zivilrechtslehrer 1934/1935, 1999, S. 457, 459 f. Monopolistisch ist die Struktur aufgrund des aufgezeigten „Ein-Platz-Prinzips"; hierarchisch ist der Aufbau wiederum, weil sich die Strukturen von unten nach oben entwickelt haben, indem die unteren Verbände den oberen gründeten (bis hin zur FIFA), jene unteren Verbände aber die Regeln des höheren Verbands anerkennen und sich sowie die jeweils unteren Mitglieder dahingehend auch verpflichten.

(UEFA)[157]. Hierbei muss aber deutlich werden, dass die UEFA als anerkannte Konföderation der FIFA *nicht* Mitglied der FIFA ist, sondern mit Rechten und Pflichten ausgestattet ist (Art. 22 f.) und ihre Beziehung zur FIFA durch Vertrag regelt, soweit dies notwendig ist (Art. 3 der UEFA-Statuten). Die jeweilige kontinentale Konföderation stellt also selbst die Spitze einer Pyramide dar (darüber sollte die Illustration nicht hinwegtäuschen).[158] Besondere Bedeutung kommt der UEFA in der Ausrichtung der Europameisterschaft zu und der europäischen Vereinswettbewerbe (Champions League und Euro League). In Deutschland nimmt sodann der Deutsche Fußballbund (DFB) die nationale Spitzenverbandsposition ein. Ebenso wie die FIFA und die UEFA ist der DFB als Verein organisiert, und zwar als eingetragener Verein[159] gemäß 21 BGB mit Sitz in Frankfurt am Main. Ordentliche Mitglieder des DFB sind die Landes- und Regionalverbände und die DFL Deutsche Fußball-Liga (GmbH).[160] Auf der bzw. den unteren Ebenen folgen schließlich die Landes- und Regionalverbände.

bb) Monopolstellung und -macht

Die Monopolstellung[161] der Weltsportverbände[162] ist letztendlich eine Folge des jeweiligen Sportartenmonopols. Einheitliche Regeln sind im Sportbereich erforderlich und nützlich, wenn ein Leistungsvergleich möglich sein soll, der die Bestimmung einer Rangliste (bis zum Weltbesten) zulässt.[163] Es wird so eine einheitliche Regelsetzung sowie Bindungswirkung ermöglicht von der Spitze bis zur kleinsten Untergliederung, um so den Sport insgesamt zu fördern. Die sich durch die Monopolstellung freilich auch ergebenden Nachteile – insbesondere, wenn der Dachverband eben nicht in der Funktion auftritt, in der ihm eine Monopolstel-

157 Auch die UEFA ist ein „eingetragener Verein im Sinne von Art. 60 ff. des Schweizerischen Zivilgesetzbuches (ZGB). Sie ist parteipolitisch und konfessionell neutral", vgl. UEFA-Statuten (Ausgabe Februar 2018).

158 Dies wird deutlich bei *Butte*, Das selbstgeschaffene Recht des Sports im Konflikt mit dem Geltungsanspruch des nationalen Rechts, 2010, S. 77; *Scherrer*, Sportrecht, 2001, S. 73, 75, 175; ungenau dahin *Borges*, Verbandsgerichtsbarkeit und Schiedsgerichtsbarkeit im internationalen Berufsfußball, 2009, S. 12.

159 § 1 der Satzung des DFB, abrufbar unter https://www.dfb.de/fileadmin/_dfbdam/216691-02_Satzung.pdf (zuletzt abgerufen am 29.2.2020).

160 Vgl. § 7 der Satzung des DFB.

161 Zur Qualifikation der Monopolstellung und der internationalen Verbandsmacht im Sport, etwa *Hess*, ZZPInt 1996, 371 ff.

162 Selbst das International Olympic Committee (IOC) folgt in Regel 27 Abs. 3 der Olympischen Charta vom 9.9.2013 dem Ein-Platz-Prinzip.

163 *Fechner/Arnhold/Brodführer*, Sportrecht, 2014, 3. Kapitel Rdnr. 3.

lung zukommen soll – werden zugunsten dieses Ziels in gewissem Maße hingenommen. Die Verbandsmacht der FIFA wird für das einzelne (Spitzen-)Mitglied insbesondere nur und erst insoweit verbindlich, als es eine eigene Satzungsverankerung[164] erfährt: und so eine statutarische Kaskade entsteht.

d) Verbandsrechtliche Vorgaben der FIFA-Statuten für *nachgelagerte* Organisationen und Personen

Mit dieser Struktur und der FIFA an ihrer Spitze ergeben sich zahlreiche Gestaltungsvorgaben der FIFA für die Ausgestaltung aller nachgelagerten Organisationen und Personen des Weltfußballs. Bei diesen in den Statuten zahlreich enthaltenen Gestaltungsvorgaben muss zwischen den nationalen Fußballverbänden (siehe III.4. lit. d) aa)), den „eigentlichen" Fußballvereinen (siehe III.4. lit. d) bb)) und allen übrigen am Fußball beteiligten Personen (siehe III.4. lit. d) cc)) unterschieden werden.

aa) Nationale Fußballverbände

Für die nationalen Fußballverbände ergeben sich zunächst umfassende strukturelle Vorgaben. Diese nationalen Mitgliedsverbände – als alleinige Mitglieder der FIFA[165] – müssen sicherstellen, dass ihre eigenen Mitglieder zur Beachtung aller Statuten und sonstigen (Rechts-)Akte der FIFA verpflichtet sind (Art. 14 lit. d)). Darüber hinaus müssen diese ihr oberstes gesetzgebendes (!) Organ in regelmäßigen Abständen einberufen (Art. 14 lit. c)) und haben ihre eigenen Statuten an den FIFA-Standardstatuten auszurichten (Art. 14 lit. f)). Letztere sind nicht weniger als eine Mustersatzung, die – wie die FIFA-Statuten selbst – ohne eine Anknüpfung an das nationale Recht auskommen. Dadurch werden die Mitglieder oder Mitgliedsverbände[166] der FIFA im Ergebnis ebenso wie die FIFA strukturiert, auch wenn bei den Mitgliedsverbänden aufgrund des regionalen Bezugs eine stärkere Verbindung mit dem jeweiligen Heimatrecht besteht. Weiterhin müssen die Mit-

---

164 Vgl. etwa § 3 Abs. 1 der Satzung des DFB: „[...] *Aufgrund dieser Mitgliedschaft ist der DFB den Bestimmungen dieses Verbandes unterworfen und zur Umsetzung der Entscheidungen seiner Organe verpflichtet. Insbesondere nachgenannte Vorschriften der FIFA sind für den DFB, seine Mitglieder, Spieler und Offiziellen sowie die Vereine und Kapitalgesellschaften seiner Mitgliedsverbände verbindlich: Statuten* [...]."

165 Siehe III.3. lit. e) aa).

166 Zur dahingehenden Differenzierung III.3. lit. e) aa).

gliedsverbände eine Schiedsrichterkommission schaffen (Art. 14 g)) und sich vollständig der Schiedsgerichtsbarkeit unterwerfen (Art. 15 lit. f)).

Die Umsetzung dieser umfassenden Vorgaben in allen (!) Rechtsordnungen der Welt dürfte letztlich kaum möglich sein. So muss etwa der DFB als deutscher Mitgliedsverband diese Vorgaben umfassend beachten, auch wenn diese mit dem deutschen Vereinsrecht der §§ 21 ff. BGB nicht vereinbar sind. Dahingehend bestehen etwa Zweifel, ob der DFB seine Mitglieder tatsächlich zur Beachtung der Statuten und sonstiger (Rechts-)Akte der FIFA oder zur vorrangigen Nutzung der Schiedsgerichtsbarkeit wirksam verpflichten kann.[167] Ebenso dürfte die in den FIFA-Statuten angeordnete und die auf das „FIFA-Recht" inhaltlich ausgerichtete Legalitätspflicht[168] den Pflichtenmaßstab der Geschäftsführung des DFB kaum umfassend modifizieren, da spätestens die drittschützenden Pflichten des Vereinsrechts vorrangig anzuwenden wären. Diese Fragen stellen sich für jede Rechtsordnung der Welt, so dass es als geradezu unmöglich erscheint, dass alle nationalen Vereinsrechte der Welt mit diesen Vorgaben keine Probleme haben.

bb) (Eigentliche) Fußballvereine

Die Vorgaben für die Vereinsverfassung beschränken sich aber nicht nur auf die Mitgliedsverbände, sondern werden über Art. 20 auch auf die nachgelagerten eigentlichen Fußballvereine auf den unteren *Ebenen der Pyramide* übertragen. Nach Art. 20 bedürfen alle Klubs, Ligen oder andere Vereinigungen einer Anerkennung durch einen Mitgliedsverband der FIFA, wenn sie diesem angeschlossen sind. Zudem müssen die Mitgliedsverbände bei diesen die Beachtung bestimmter organisatorischer Mindestvorgaben sicherstellen (Art. 20 Abs. 2). Diese sind allerdings deutlich geringer im Umfang als die Vorgaben für die Mitgliedsverbände selbst. Im Wesentlichen besteht insofern nur die Vorgabe, dass die Fußballvereine ihre Entscheidungen hinsichtlich der Mitgliedschaft bei den nationalen Fußballverbänden unabhängig von externen Instanzen treffen können (Art. 20 Abs. 2 Satz 1), womit augenscheinlich eine mittelbare negative Beeinflussung der FIFA verhindert werden soll. Zudem darf niemand die Kontrolle über mehr als einen Fußballverein ausüben (Art. 20 Abs. 2 Satz 2).

---

167 Zur Bindung über dynamische Verweisklauseln ausführlich *Heermann*, ZHR 174 (2010), 250 ff.

168 Siehe III.3. lit. e) cc).

cc) Weitere am Fußball beteiligte Personen

Schließlich adressieren die Statuten auch zahlreiche andere Personen, die weder Mitglied der FIFA noch der nationalen Fußballverbände sein können. Dies gilt insbesondere für Spieler, Trainer und Vermittler. Für diese haben die verschiedenen Kommissionen zahlreiche Reglements erlassen. Deren Verbindlichkeit kann sich mangels eigener Mitgliedschaft dieser Personen in der FIFA somit nicht unmittelbar ergeben, wird aber aus dem Umstand abgeleitet, dass die nationalen Fußballverbände die Ausübung des Fußballs in ihren Staaten umfassend regeln. Grundlage ist also die Bezugnahme in den einzelnen Staaten auf die Statuten und die Reglements der FIFA.

IV. Statt eines Resümees – FIFA-Statuten als Wegbereiter eines Transnational Law of Associations?

Mit dieser Rolle der FIFA-Statuten als Verfassung eines – weltweit agierenden aber dem Grunde nach doch einfachen – Vereins[169] und zugleich einer monopolistischen Weltorganisation mit Regelsetzungskompetenz für den Weltfußball[170] drängt sich die Frage der tatsächlichen Regelungsreichweite der FIFA-Statuten auf. Handelt es sich bei diesen tatsächlich noch um Verbandsrecht innerhalb der Wirkungsweite des internationalen Vereinsstatuts oder haben die FIFA-Statuten diese Ebene schon längst verlassen und sind selbst zur Rechtsquelle eines weltweiten (Fußball-)Einheitsrechts geworden?

1. Evolution (auch) im Gesellschaftsrecht – National, International, Supranational zu Transnational?

Was genau ist transnationales Recht? Die Frage ist – wie könnte es auch anders sein – höchst umstritten, wenn überhaupt zu beantworten. Es sollen hier nur ein paar wenige einleitende Worte genügen.[171] Weltweit wird der von *Philip C. Jessup*

---

169 Siehe III.3.
170 Siehe III.4.
171 Vgl. aus dem deutschen eher spärlichen Schriftttum etwa aber das Gesamtwerk von *Calliess* (Hrsg.), Transnationales Recht, 2014 mit Beiträgen aus verschiedentlich betroffenen Rechtsbereichen, generell zum transnationalen Recht die Einleitung von *Calliess/Maurer*, S. 1 ff.; *Renner*, Zwingendes transnationales Recht, 2011, S. 199 ff.; im Überblick *Cotterrell*, Law & Social Inquiry

im Jahr 1956 gehaltene Vortrag im Rahmen der Storrs Lectures Series an der Yale Law School als erster prominenter Versuch zitiert, sich mit *transnational law* zu beschäftigen. *Jessup* definierte den Bereich im weiteren Sinne als

> "[...] all law which regulates actions or events that transcend national frontiers."[172]

In jüngerer Zeit machte sich *Ralf Michaels* über die Transnationalisierung von Rechtsbereichen und der Rechtsvergleichung an sich vermehrt Gedanken und setzte den Begriff von law *beyond the state*[173]. Es besteht nunmehr gar – für unser Thema von Bedeutung – die Erkenntnis, dass das *transnational legal ordering*[174] im Bereich des internationalen Sportgeschehens eine sogenannte *lex sportiva* schafft, welche im Kern nicht durch staatliches Recht, sondern von der jeweiligen *society* und deren betroffenen *private actors* bestimmt wird.[175]

Damit ist eine zentrale Fragestellung im Gesellschaftsrecht angesprochen, die andere Bereiche des Privatrechts längst für sich entschieden haben. Insbesondere das internationale Handels- oder Wirtschaftsrecht kann Zeugnis von einer Evolution von nationalem über internationalem hin zu transnationalem Recht legen. Das Gesellschaftsrecht scheint mit dem supranationalem Recht – für die supranationalen Gesellschaftsformen – sogar noch eine weitere Etappe eingelegt zu haben, die bei einer genaueren Betrachtung aber auch im Handels- oder Wirtschaftsrecht vorzufinden ist. Gleichwohl findet etwa für die supranationale Societas Europaea eine weitreichende Verweisungstechnik auf das nationale Recht Anwendung, sodass eine Gemengelage aus mehreren (nationalen) Rechten unter der Möglichkeit von Gesellschaftsrechtsarbitrage entstehen kann.[176] Versucht man nun die FIFA-Statuten und insbesondere deren Vorgaben für die Mitgliedsverbände und ihre nachgelagerten Vereine in diese Systematik einzuord-

37 (2012), 500; *Koh*, Penn State International Law Review 24 (2006), 745; mit Verbindung zum fiduciary law jüngst *Kuntz*, UC Irvine Journal of International, Transnational, and Comparative Law 5 (2020), 47; umfangreich *Zumbansen* (Hrsg.), The Oxford Handbook of Transnational Law (im Erscheinen für 2021).

172 *Jessup*, Transnational Law, 1956, S. 2.

173 Vgl. *Michaels*, Maastricht Journal of European and Comparative Law 23 (2016), 352, 355 f.; vgl. auch *ders.* in Calliess (Fn. 171), S. 39 ff.; jüngst auch *ders.*, in: Kästle-Lamparter/Jansen/Zimmermann (Hrsg.), Juristische Kommentare: Ein internationaler Vergleich, 2020, S. 395, 396 ff.

174 Vgl. hierzu *Shaffer*, Annu. Rev. Law Soc. Sci 12 (2016), 231 ff.; *ders.*, Transnational Legal Ordering and State Change, 2014.

175 Vgl. zur lex sportiva etwa *Duval*, European Law Journal 19 (2013), 822; *Röthel*, JZ 2007, 755, 757 ff.; *Shaffer* (Fn. 174), 233.

176 Hierzu *Casper*, in: beckGrossKomm AktG, Spindler/Stilz (Hrsg.), SE-VO Art. 9 Rdnr. 4; *Schäfer*, in: Münchener Kommentar zum AktG, 4. Aufl. 2017, Art. 9 SE-VO Rdnr. 1 ff.

nen, ist dies zum Scheitern verurteilt. Die FIFA-Statuten haben trotz des Sitzes der FIFA in Zürich praktisch keinerlei Verbindung zur Schweiz, sondern sind Ausdruck eines allgemeinen und international anerkannten Verständnisses der Organisation eines Sportspitzenverbandes und seiner nachgelagerten Organisationen. Darüber hinaus wollen die Statuten auch keinen Bezug zu einem anderen Staat oder zu einem Staat als solchem haben, da jede dahingehende Orientierung den Alleinvertretungsanspruch im Weltfußball konterkarieren würde. So konnten wir hier in Einzelbereichen diverse strukturelle Umsetzungen der FIFA ausfindig machen, die nicht in ein klassisches national-gesellschaftsrechtliches Cluster passen.[177] Die Transnationalität ist somit Wesenskern der FIFA, ihrer Statuten und der von ihr gesetzten Regeln. Ob man letztere als Recht bezeichnen kann, ist in gewisser Weise eine vorevolutionäre Fragestellung, die nicht weiterführend ist, aus rechtssoziologischer Sicht aber sogar eindeutig beantwortet werden kann.

2. Wesensmerkmale eines Transnational Law of (Sport) Associations

Die Annahme eines solchen transnationalen Rechts bedarf einer Typenbestimmung oder anders ausgedrückt: was macht eines solches Transnational Law of (Sport) Associations eigentlich aus? Die vorliegende Untersuchung hat gezeigt, dass scheinbar auch die Gründung dazu zählt, obwohl diese im Gesellschaftsrecht meist umfassenden Regelungen unterworfen ist. Die FIFA mit ihrem Umzug von Paris nach Zürich hat aber gezeigt, dass die im nationalen und internationalen Gesellschaftsrecht typischerweise in diesem Zusammenhang adressierten Fragestellungen des Schutzes der Gläubiger bzw. Vertragspartner, (Minderheits-)Gesellschafter und Arbeitnehmer keine Rolle gespielt haben.[178] Hinsichtlich des Zwecks zeichnet sich das Transnational Law of (Sport) Associations durch einen globalen Anspruch in Verbindung mit einem Alleinvertretungsanspruch aus.[179] Bei der Organisationsverfassung scheint sich das Transnational Law of (Sport) Associations den allgemeinen Entwicklungen der weltweiten *Corporate-Governance*-Diskussion zu entziehen, in dem es keine Präferenz für bestimmte Organisationsmodelle hat, sondern sich eher an öffentlich- bzw. völkerrechtlichen Organisationsstrukturen zu orientieren scheint.[180] Die Finanzverfassung scheint im Transnational Law of (Sport) Associations wenig ausgeprägt zu sein, was wohl dem Umstand geschuldet

177 Siehe vorstehend insbesondere unter III.3. und sogleich unter 2..
178 Siehe II.4.
179 Siehe III.3. lit. b).
180 Siehe III.3. lit. c).

ist, dass Gläubigerschutzprobleme in der Vergangenheit wenig aufgetreten sind. Bemerkenswert ist zudem, dass andere transnationale Rechtquellen – wie etwa die IAS/IFRS – keine Rolle zu spielen scheinen, was auf die fehlende unternehmerische Ausrichtung zurückzuführen sein dürfte. Ein entscheidender Aspekt ist schließlich die Rechtsdurchsetzung, die ausschließlich auf die Schiedsgerichtsbarkeit zurückgreift und damit dem Vorbild des *transnational law* im Handels- und Wirtschaftsrecht folgt. Praktische Durchsetzungsprobleme ergeben sich dabei auf Verbandsebene kaum, sondern sind eher bei individualrechtlichen Fragestellungen für einzelne Sportler zu suchen.

3. Erfordernis eines staatlichen Einflusses oder einer staatlichen Inhaltskontrolle?

Die Entwicklung oder Entdeckung eines Transnational Law of Associations provoziert die Frage, ob der im Gesellschaftsrecht ansonsten stark ausgeprägte staatliche Einfluss bei diesem tatsächlich verzichtbar ist. Dies wird man bejahen können, da die im Gesellschaftsrecht typischerweise geschützten Interessen[181] im Transnational Law of Associations nicht berührt werden. Dies ist für die Gläubiger bzw. Vertragspartner, (Minderheits-)Gesellschafter und Arbeitnehmer bereits ausgeführt worden.[182] Insbesondere Mehrheits-/Minderheitsprobleme spielen im Sportsegment der Transnational Law of Associations keine entscheidende Rolle. Nun muss man natürlich zugestehen, dass vor allem die FIFA aufgrund der zahlreichen Geschehnisse in den vergangenen Jahrzehnten kein Zeugnis darüber abzulegen scheint, dass eine staatliche Intervention nicht erforderlich ist. Die Frage – die sich im Übrigen im nationalen Gesellschaftsrecht in gleicher Weise stellt – wäre dabei aber eher, ob auf das *Strafrecht* verzichtet werden kann, was man ganz klar sowohl in präventiver als auch repressiver Sicht verneinen muss. Es geht also nicht um die Delegitimation des Nationalstaates und Dekodifikation[183] in den sozial-gesellschaftlich existenziell bedeutenden Bereichen. Anders gewendet: Die Probleme der FIFA der vergangenen Jahrzehnte haben ihren Ursprung nicht in derem transnationalen Charakter, sondern eher in dem äußerst erfolgreichen und lukrativen Zweck und würden wohl auch bei einer Organisation

181 Vgl. in diesem Rahmen *Armour/Hansmann/Kraakman/Pargendler*, (Fn. 106), S. 1, 22 ff., die sich in diesem Rahmen mit der Frage *What is the Goal of Corporate Law?* beschäftigen.

182 Siehe IV.2.

183 Zur „Dekodifikation" im Kontext der nationalstaatlichen Rechtsetzung und im *civil law* näher *Meder*, JZ 2006, 477 ff.

in einer anderen und stärker am nationalen Recht eines Staates ausgerichteten Rechtsform auftreten.

Auch für die Rechtstheorie stellt sich sozusagen in neuem Gewande die Frage, ob eine *concession theory*[184] – der politische Staat verleiht der Gesellschaft das Recht zu existieren –, für einen transnationalen Sportweltverband wie die FIFA überhaupt einen Ansatz dafür bringen kann, *was* und *wie* eine Gesellschaft überhaupt ist und *inwieweit* ihre Existenz vom Staat abhängt.

4. Transnational Law of Associations als Vorläufer eines Transnational Corporate Law?

Die finale Frage ist schließlich, ob das entstehende Transnational Law of Associations mittel- oder langfristig die Basis für ein Transnational Corporate Law sein kann. Dies ist bei einem Blick auf historisch gewachsene Unternehmen wohl eher zu verneinen. Diese wurden typischerweise in einem Staat nach dessen Recht gegründet und sind erst danach international expandiert. Bei der FIFA war es anders, da diese vielmehr den Weg für die Entstehung von nationalen Mitgliedsverbänden geebnet hat, so dass von Anfang an ein Wechselspiel zwischen nationalen Verbänden und der FIFA im Vordergrund stand. Betrachtet man sich hingegen die Entstehung großer Unternehmen und etwa der Tech-Branche in der heutigen Zeit, erscheint der Unterschied nicht mehr so gravierend. Zwar werden die meisten Unternehmen zu Beginn ihrer Existenz noch immer als kleine Kapitalgesellschaft gegründet. Allerdings erfolgt das Wachstum dann oft nicht organisch, sondern aufgrund des Einstiegs eines (größeren) Investors in größeren Schritten, bei denen oftmals gleich mehrere Staaten mit Gesellschaftsgründungen in diesen anvisiert werden. Bei derartigen Unternehmen liegt die Annahme der Dominanz eines nationalen Gesellschaftsrechts fern, sodass auch bei diesen über die Entwicklung eines Transnational Corporate Law nachgedacht werden sollte.

184 Siehe eingehende Darstellung schon von *Moore/Petrin* (Fn. 141), S. 26 f.; zur staatlichen Einwirkung auch *Moore*, Corporate Governance in the Shadow of the State, 2013; *Orts*, Business Persons. A Legal Theory of the Firm, 2013, Ch. 1; *Watson*, Jour. Of Corp. Law Stud. 19 (2019), 137, 141 ff.

Anhang – Constitution der Fédération Internationale de Football Association (1904)

Art. 1

II est créé Paris le 21 Mai 1904 (vingt-et-un Mai mil neuf cent quatre) une Union Internationale sous le nom de
Fédération Internationale de Football Association
Internationaler Fussball-Association Verband
International Football Association Federation
Internationale Association Voetbal Unie
Internacional Football Asociación Federación
Internationalt Association Fodbold Förbund

par les Fédérations ci-après:

U. S.F.S.A.	France
U B S S A	Belgique
A.S.F.	Suisse
N.V.B.	Hollande
Dansk Boldspil Union	Danemark
Svenska Bollspil Förbundet	Suède
Madrid Football Club	Espagne.

Ces fédérations se reconnaissent réciproquement comme les seules fédérations, régissant le sport de Football Association dans leurs pays respectifs et comme les seules compétentes pour traiter des relations internationales.

Art. 2

Elle a pour but de régler et de développer le football international et de prendre à cœur les intérêts de ses fédérations affiliées.

Art. 3

Le sport international peut seulement être traité entre ces fédérations ainsi reconnues.

Art. 4

La Fédération de chaque pays fixe son calendrier comme elle l'entend.

II est défendu aussi bien aux joueurs individuels qu'aux clubs et associations locales, de jouer dans la même saison et simultanément pour différentes fédérations nationales.

Art. 5

Toute société, tout membre radié de l'une des fédérations contractantes l'est de fait dans toutes les autres.

Art. 6

Aucun match international ne peut être conclu entre des sociétés appartenant aux fédérations contractantes sans l'autorisation de leur fédération respective.

Toute notification de forfait doit être faite par lettre recommandée avent les dix jours pré cédant le match, sous peine d'indemnité équivalente aux frais occasionnés par le match, et in- dépendamment d'une amende de cinquante francs, au bénéfice de la Fédération Internationale.

Art. 7

En cas de litige survenant à l'occasion de matches internationaux organisés sous les auspices des fédérations contractantes, les règlements des, fédérations contractantes, les règlements de la fédération, dans le pays de laquelle le match a lieu, seront seuls en vigueur.

Art. 8

Les règles de jeu de football association sont, dans les matches internationaux celles de la Football Association Ltd.

Art. 9

La Fédération Internationale seule a le droit d'organiser un Championnat international.

Art. 10

Aucune fédération ne peut admettre Ime société d'une autre nation. Exception est faite en ce qui concerne la Bohême.

N.B. Par mesure transitoire, article 3 ne recevra d'application qu'à partir du premier Septembre mil neuf cent cinq.

ADMINISTRATION

La Fédération Internationale se réunit chaque année en un congrès dont la date et le lieu sont fixés par le Congrès précédent.

Chaque fédération nationale n'a droit qu'à une voix au congrès. La Fédération Internationale est administrée par un Comité de cinq membres nom pour un an par le Congrès et rééligible, soit un Président, 2 Vice-Présidents, un Secrétaire Général et un Secrétaire adjoint. Le Président, le premier Vice-Président et le Secrétaire Général forment le Bureau. Le Comité ne peut comprendre plus d'un membre de chaque Fédération.

La cotisation annuelle de chaque Fédération est fixée à 50 francs payables dans le courant de Janvier. Les rapports entre les Fédérations et la Fédération Internationale se font par l'intermédiaire des délégués officiels.

Le présent contrat sera exécutoire à partir du 1er Septembre 1904. Les présents statuts sont adoptés à l'unanimité.

Par exception le Comité fixera lui—même le lieu et la date du prochain Congrès.

Lu et approuvé

Paris ce vingt—trois Mai mil-neuf-cent-quatre.

Pour la France :	Robert Guérin
	A. Espir
Pour la Belgique :	Mühlinghaus
	Max Kahn
Pour la Hollande :	Hirschman

Pour la Suisse:	Schneider
Pour l'Espagne :	A. Espir
Pour le Danemark:	Sylow
Pour la Suède:	Sylow

Sauf ratification de l'Union Néerlandaise.

L'Allemagne a adhéré en principe par télégramme en date de ce jour.

Sebastian Mock und Christoph Beckmann

§ 13 Von der privaten zur staatlichen Aktiengesellschaft – die Satzung der Hamburger Hochbahn AG

Inhaltsübersicht

I. Einleitung

Die Wahrnehmung öffentlicher Aufgaben durch Privatunternehmen ist in der heutigen Zeit kein seltenes Phänomen. So verfügen die Bundesrepublik Deutschland und die einzelnen Bundesländer über eine Vielzahl von Beteiligungen an verschiedensten Unternehmen. Die zentrale Herausforderung ist in diesem Zusammenhang – im Rahmen von Gesellschaftsverträgen oder anderen Vereinbarungen – die öffentlichen und die privatwirtschaftlichen Interessen in einen

https://doi.org/10.1515/9783110733839-014

Ausgleich zu bringen. Die dominanten Gestaltungsvarianten sind dabei – die vor allem in den 1990er Jahren durchgeführten – (Teil-)Privatisierungen ehemals staatlicher Unternehmen[1] oder die Gründung von Gesellschaftsformen des Privatrechts durch den Staat[2], was meist eher kämpferisch als *Flucht ins Privatrecht*[3] umschrieben wird, die beide aus verbandsrechtlicher Sicht vor der großen Herausforderung der Versöhnung des öffentlichen und des Verbandsinteresses stehen.[4] In vermeintlich jüngeren Zeit sind zudem die sogenannten *Public-Private-Partnership (PPP)* hinzugetreten, bei denen sich die öffentliche Hand Unternehmen der Privatwirtschaft im Rahmen vertraglicher Vereinbarungen bedient, um gemeinwohlorientierte Ziele zu verfolgen.[5] Die Geschichte der *Hamburger Hochbahn AG* vereinigt alle diese Entwicklungen auf eine einzigartige Weise, da diese im Jahr 1911 als ein – in der heutigen Terminologie – *Public-Private-Partnership (PPP)* gegründet wurde und danach den (umgekehrten) Weg von einer privaten zu einer rein staatlichen Aktiengesellschaft gegangen ist.

II. Bedeutung und Entstehung der *Hamburger Hochbahn AG*

1. Heutige wirtschaftliche Bedeutung

Die *Hamburger Hochbahn AG* ist zum heutigen Zeitpunkt als Betriebsgesellschaft der Hamburger U-Bahn und Buslinien das Rückgrat der Mobilität in der Freien und Hansestadt Hamburg.[6] In Zahlen ausgedrückt bedeutet dies, dass 5.288 Mitarbeiter dafür sorgen, dass jährlich 465,1 Mio. Fahrgäste in den öffentlichen Verkehrsmitteln befördert werden und dabei ein Umsatz von € 537,4 Mio. erwirtschaftet wird.[7]

---

1 Dazu etwa der Beitrag zur *Deutschen Telekom AG* von *Koch/Holle* (in diesem Band).

2 Dazu jüngst etwa *Becker*, NVwZ 2019, 1385, 1391.

3 So erstmals *Fleiner*, Institutionen des deutschen Verwaltungsrechts, 8. Aufl. 1928, S. 326.

4 Dazu etwa im Überblick aus verbandsrechtlicher Sicht *Vogt*, in: Fleischer/Kalss/Vogt, Der Staat als Aktionär, 2019, S. 1 ff.

5 Dazu mit vielen Einzelbeiträgen etwa *Mühlenkamp* (Hrsg.), Öffentlich-private Partnerschaften, 2016.

6 So bezeichnet sich die *Hamburger Hochbahn AG* zuletzt in ihrem Unternehmensbericht 2018, S. 8 abrufbar unter: https://www.hochbahn.de/hochbahn/wcm/connect/de/6896ac53-1f23-4d94-b25c-b78a75ed5cc8/hbn_ub18_image_s.pdf?MOD=AJPERES&CACHEID=ROOTWORKSPACE.Z18_JH8I1JC0L05M10AEB6TSP430A1-6896ac53-1f23-4d94-b25c-b78a75ed5cc8-nbbi1B0 (letzter Aufruf am 1.7.2020).

7 Unternehmensbericht 2018, (Fn. 6), S. 5.

Mittlerweile hält die *HGV Hamburger Gesellschaft für Vermögens- und Beteiligungsmanagement mbH* („HGV“), deren Alleingesellschafterin die Freie und Hansestadt Hamburg ist, nach einem aktienrechtlichen Squeeze-Out der Minderheitsaktionäre im Jahr 2003, die damals noch ca. 2 % der Aktien hielten, sämtliche Aktien der *Hamburger Hochbahn AG.*[8] Zusätzlich sind die Gesellschaften durch Beherrschungs- und Gewinnabführungsverträge miteinander verbunden.[9] Die Freie und Hansestadt Hamburg ist somit mittelbar Alleinaktionärin der *Hamburger Hochbahn AG*, die die Gesellschaft nach privatrechtlichen Grundsätzen führt. Dass aus der *Hamburger Hochbahn AG* einmal eine Gesellschaft mit der öffentlichen Hand als Alleinaktionärin werden würde, war nicht von vornherein abzusehen, da die Gesellschaft ursprünglich als private Betriebsgesellschaft für den öffentlichen Nahverkehr in Hamburg gegründet wurde.

2. Hintergründe der Entstehung der *Hamburger Hochbahn AG*

Die Gründung der *Hamburger Hochbahn AG* geht auf das Jahr 1911 zurück. Vorausgegangen war der Baubeginn einer Hamburger Hoch- und Untergrundbahn durch die *Siemens und Halske Aktiengesellschaft* (fortan „*Siemens & Halske*“) und die *Allgemeine Electricitäts Gesellschaft* (fortan „AEG“) im Jahr 1906.[10] Da der Bau 1911 bereits weitestgehend abgeschlossen war, bedurfte es einer Betriebsgesellschaft für die dort verkehrenden Bahnen. Somit gründeten *Siemens & Halske* und die *AEG* die *Hamburger Hochbahn AG*. Beide hatten bereits 1908 nach Ausschreibungen den Zuschlag zum Betrieb des staatlichen Schienennetzes erhalten.[11] Das Grundkapital der *Hamburger Hochbahn AG* betrug 15 Millionen Mark[12] und beide Gesellschaften waren jeweils hälftig am Grundkapital beteiligt. Aktien besonderer Gattung bestanden zu diesem Zeitpunkt noch nicht. Ihre Schaffung war in der Satzung jedoch ausdrücklich vorbehalten. Doch obwohl es sich zunächst um eine Aktiengesellschaft mit ausschließlich privaten Aktionären handelte, war das Schicksal von Betriebsgesellschaft und der Stadt Hamburg von Anfang an eng miteinander verknüpft. Diese Verknüpfung geht auf die Planungsphase der Hamburger Hoch- und Untergrundbahn zurück. Wohnraumknappheit und eine gute

---

8 *Krause*, 100 Jahre Hochbahn AG, 2012, S. 343 f.

9 Vgl. Beteiligungsübersicht der HGV Stand 31.12.2018 abrufbar unter: http://www.hgv.hamburg.de/PDF/Beteiligungsuebersicht.pdf (letzter Aufruf am 19. Februar 2020).

10 *Krause*, (Fn. 8), S. 12.

11 *Krause*, (Fn. 8), S. 59.

12 § 4 der Gründungssatzung von 1911.

Anbindung der arbeitenden Bevölkerung aus dem Stadtrand zu ihren Arbeitsstätten im Hafengebiet und Stadtzentrum waren damals eine der meistdiskutierten sozialen Fragen. Deswegen wurde schon in der Planungsphase der Hoch- und Untergrundbahn gefordert, dass diese in jedem Fall in staatliche Hand gehöre, um eine ausreichende Interessenwahrung der Bürger zu gewährleisten.[13] Letztlich vermochte sich diese Forderung nicht durchzusetzen. Stattdessen entschieden sich Hamburger Senat und Bürgerschaft im Jahr 1906 für eine privatwirtschaftliche Lösung. Hoch- und Untergrundbahn sollten von einer privaten Betriebsgesellschaft organisiert werden. Damit wurde jedoch die Gefahr der Verfolgung kapitalistischer Partikularinteressen gefördert und die soziale Aufgabe der Teilhabe der Bevölkerung an einer preisgünstigen Nahverkehrsbeförderung gefährdet. Um dies zu verhindern wurde entschieden, dass sich die Stadt Einfluss auf die Betriebsgesellschaft sichern sollte. Die Bahnen sollten daher auf der von der Stadt zur Verfügung gestellten in ihrem Eigentum stehenden Infrastruktur betrieben werden. Die Finanzierung der Infrastruktur durch die Stadt Hamburg stellte somit keine Bezuschussung der späteren Fahrpreise dar. Stattdessen sollte das Eigentum an der Infrastruktur Einfluss auf die Betriebsgesellschaft vermitteln, um die Position der Stadt gegenüber der *Hamburger Hochbahn AG* zu stärken.[14] Daneben sollte Einfluss auf die Geschäftsführung der Betriebsgesellschaft durch Mitwirkungsrechte im Aufsichtsrat und bei der Tarif- und Fahrplangestaltung gesichert werden. Die Konzession zum Betrieb der Hoch- und Untergrundbahn wurde nur für 40 Jahre erteilt und die Stadt sicherte sich in der Konzessionsurkunde ein vorzeitiges Erwerbsrecht an der Betriebsgesellschaft.[15] Zwischen Beschlussfassung über die privatrechtliche Lösung 1906 und der endgültigen Gründung der *Hamburger Hochbahn AG* mit der Gründungssatzung von 1911 lagen fünf Jahre zäher Verhandlungen zur Umsetzung der Ziele von Bürgerschaft und Senat.[16]

3. Elemente staatlichen Einflusses

Wirft man einen Blick in die Gründungssatzung wird deutlich, dass der Stadt Hamburg dieses Ziel ohne eigene Beteiligung am Grundkapital gelungen ist. Zentrale Elemente der Sicherung dieses staatlichen Einflusses in der Gründungssatzung von 1911 sind die Beschreibung des Unternehmensgegenstandes (siehe III.), die Einräumung von Veto-Rechten (siehe IV.), die Ausgestaltung der Gewinn-

13 *Krause*, (Fn. 8), S. 43.
14 *Krause*, (Fn. 8), S. 60.
15 *Krause*, (Fn. 8), S. 44.
16 *Krause*, (Fn. 8), S. 59.

beteiligung (siehe V.), die (spätere) Ausgabe von Mehrstimmrechtsaktien (siehe VI.) und die (spätere) Verankerung von Entsenderechten (siehe VII.).

III. Unternehmensgegenstand

Bereits der in der Gründungssatzung beschriebene Unternehmensgegenstand zeigt die Nähe, in der sich die Freie und Hansestadt Hamburg und die *Hamburger Hochbahn AG* von Anbeginn befanden. „*Gegenstand des Unternehmens ist die Übernahme und Ausführung des von der Siemens und Halske Aktiengesellschaft und der Allgemeinen Electricitäts Gesellschaft in Berlin mit der Finanzdeputation der Freien und Hansestadt Hamburg unter dem 25. Januar 1909 abgeschlossenen Betriebsvertrages betreffend die Hochbahn, dessen Bestimmungen für die Gesellschaft so maßgebend sind, als ob sie einen Teil dieses Gesellschaftsvertrages bildeten, sowie ferner die Übernahme des Betriebes der Hochbahn in Hamburg aufgrund des vorerwähnten Betriebsvertrages.*“[17] § 31 der Satzung erklärt sogar den Eintritt der Freien und Hansestadt Hamburg in den zuvor genannten Betriebsvertrag. Diese umfassende Inkorporation des Betriebsvertrages in den Gesellschaftsvertrag war aus Sicht des damals geltenden Aktienrechts des HGB 1897 weitgehend unproblematisch, da dieses weder die Satzungsstrenge des heutigen § 23 Abs. 5 AktG noch den Grundsatz der eigenverantwortlichen Leitung der AG durch den Vorstand kannte.[18]

Mit Eintritt der Freien und Hansestadt Hamburg als Aktionärin in die *Hamburger Hochbahn AG* im Jahr 1918[19] ging die Erteilung einer neue Konzessionsurkunde zum Betrieb des öffentlichen Nahverkehrs durch die Stadt einher, die auch verkehrspolitische Vorgaben für die Unternehmenspolitik beinhaltete.[20] Auch dieser Vertrag wurde in der Satzung der *Hamburger Hochbahn AG* zum Unternehmensgegenstand erhoben. So bleibt in der Satzung von 1925 der in der Satzung von 1911 angegebene Unternehmensgegenstand unberührt, wird allerdings um einen Absatz 3 ergänzt.[21] In diesem Absatz wird die Ausführung des Konzessionsvertrags in damalig aktueller Fassung durch Nachtragsvertrag vom 7. Juni 1923 zum Unternehmensgegenstand erklärt, „*der für die Gesellschaft so maßgebend ist, als ob er einen Teil des Gesellschaftsvertrags bilden würde.*“ Darü-

---

17 Vgl. § 2 der Satzung von 1911.
18 Zur Geschichte des Grundsatzes der eigenverantwortlichen Leitung § 76 AktG etwa *Fleischer*, FS Heldrich, 2005, S. 597, 604 ff.
19 Ausführlich dazu VI.1.
20 *Krause*, (Fn. 8), S. 77.
21 Vgl. § 2 der Satzung von 1925.

ber hinaus wurde der Unternehmensgegenstand um den Erwerb des Bahnkörpers der bestehenden Hochbahn, Herstellung und Betrieb neuer Schnell- und elektrischer Güterbahnen, Erwerb, Ausbau und Betrieb weiterer dem Stadt- und Vorortverkehr dienenden Unternehmungen und den Erwerb und Ausbau von Kraftwagen- und Schifffahrtslinien ergänzt. Flankiert wurde der Unternehmensgegenstand von detaillierten Regelungen innerhalb welcher Grenzen der Unternehmensgegenstand auszuüben ist. Ergebnis war eine DIN A 4 Seite fassende, unübersichtliche Beschreibung des Unternehmensgegenstands der *Hamburger Hochbahn AG*.

Bis zur Neufassung der Satzung im Jahr 1938 zwecks Anpassung der Bestimmungen an das neu in Kraft getretene Aktiengesetz 1937 blieb die Beschreibung des Unternehmensgegenstandes unangetastet. Mit der Neufassung der Satzung enthielt sie einige redaktionelle Änderungen. Der Verweis auf den am 25. Januar 1909 abgeschlossenen Betriebsvertrag entfiel. Die Ausführung des Konzessionsvertrags rutschte in Abs. 3. Dem wurde die gegenüber der Satzung 1925 unveränderte, das Geschäftsleiterhandeln begrenzende, Beschreibung der unternehmerischen Tätigkeitsfelder vorangestellt. In der Satzung von 1989 findet man diese Begrenzung des Unternehmensgegenstands noch nahezu unverändert. Nur die Bezeichnungen einzelner Verkehrsmittel wurden an den gewandelten Sprachgebrauch angepasst. In der aktuell gültigen Satzungsfassung aus dem Jahr 2002 findet sich nun eine offene Formulierung des Unternehmensgegenstands ohne spezifische Verkehrsmittel zu nennen. Dort heißt es: *„Gegenstand des Unternehmens ist die Versorgung Hamburgs sowie die Versorgung des Hamburger Umlands mit öffentlichem Personennahverkehr.“*[22] Das Leitungsermessen des Vorstands ist damit nicht mehr auf konkrete Bereiche der Erbringung des öffentlichen Personennahverkehrs begrenzt, wenngleich die Satzung noch immer Konkretisierungen vornimmt, welche Geschäfte zur Versorgung des *„Umlands mit öffentlichem Personennahverkehr“* gehören. Hierzu gehören beispielhaft in der Satzung aufgezählt *„der Erwerb, die Errichtung und der Betrieb von Schnellbahnen, Stadtbahnen, oder ähnlichen Bahnen, Bussen und Schiffen sowie damit zusammenhängende oder ergänzende Tätigkeiten.“* An die Stelle des Konzessionsvertrags mit seinen verkehrspolitischen Vorgaben ist in § 2 Nr. 3 die Verpflichtung der Gesellschaft getreten, *„die sonstigen vom Senat festgelegten öffentlichen Interessen zu berücksichtigen, zum Beispiel arbeitsmarkt- und ausbildungspolitische Zielsetzungen.“* Damit hat bereits die Satzung von 2002 eindeutig Aspekte der *Corporate Social Responsibility* aufgenommen, die im aktienrechtlichen Schrifttum in großem Umfang erst im Rahmen der Schaffung der bilanziellen Berichterstattung über die

22 Vgl. § 2 Nr. 1 der aktuellen Satzung 2002.

Corporate Social Responsibility (§§ 289a ff., 315a ff. HGB)[23] in Umsetzung der CSR-Richtlinie[24] (wieder-[25])entdeckt wurden.[26] Dabei erscheint es allerdings nicht ganz zweifelsfrei, dass die Festsetzung dieser öffentlichen Interessen durch den Senat der Freien und Hansestadt Hamburg erfolgen darf, da es sich damit letztlich um eine dynamische Verweisklausel handelt, mit der eine Änderung des Unternehmensgegenstandes verbunden ist.[27]

IV. Vetorechte der Freien und Hansestadt Hamburg im Aufsichtsrat

In besonderem Umfang hat sich die Freie und Hansestadt Hamburg Einfluss im Aufsichtsrat der *Hamburger Hochbahn AG* gesichert. § 18 Abs. 5 der Gründungssatzung berechtigte sie dazu, *„drei vom H.G. Senate aus der Mitte der Behörde zu wählende Vertreter der öffentlichen Interessen durch Konvokation des Vorsitzenden zuzuziehen bzw. bei schriftlich oder telegraphisch gefassten Beschlüssen von dem Inhalt derselben vor ihrer Ausführung in Kenntnis zu setzen."* Den Vertretern der öffentlichen Interessen stand kein Stimmrecht zu. Auf den ersten Blick hat sich die Freie und Hansestadt Hamburg durch stimmrechtslose Vertreter zur Beaufsichtigung von Aufsichtsratsbeschlüssen keinen besonderen Einfluss gesichert. Wie groß der Einfluss der Vertreter des öffentlichen Interesses tatsächlich war, erschließt sich bei der weiteren Lektüre der Bestimmung, da sie *„berechtigt [sind] – und zwar die Mehrheit der in der Sitzung anwesenden oder an der Beschlussfassung teilnehmenden Vertreter – selbstständig Anträge zu stellen und gegen die Maßregeln der Verwaltung ein zu Protokoll zu motivierendes Veto einzulegen."* Das Veto hatte einen Suspensiveffekt. Damit die Maßnahmen dennoch vollzogen werden konnten, musste die Entscheidung des Hamburger Senats eingeholt werden. Für den Fall, dass der Senat die Maßnahme gleichfalls missbilligte, blieb der *Hambur-*

---

23 Dazu ausführlich etwa *Mock*, in: Fleischer/Kalss/Vogt, Corporate Social Responsibility, 2018, S. 125 ff.

24 Richtlinie 2014/95/EU des Europäischen Parlaments und des Rates vom 22.10.2014 zur Änderung der Richtlinie 2013/34/EU im Hinblick auf die Angabe nichtfinanzieller und die Diversität betreffender Informationen durch bestimmte große Unternehmen und Gruppen, ABl. EU 2014 Nr. L 330, S. 1.

25 Zu den historischen Wurzeln dieser Entwicklung vgl. etwa *Fleischer*, JZ 2017, 991 ff.

26 Zu den Herausforderungen für das Aktienrecht vgl. etwa *Fleischer*, in: Fleischer/Kalss/Vogt, Corporate Social Responsibility, 2018, S. 1 ff.

27 Zu solchen Verweisklauseln ausführlich *Heermann*, ZHR 174 (2010), 250 ff.

ger Hochbahn AG die Möglichkeit, ein Schiedsgericht anzurufen, das über die Sache entscheiden sollte. Das Vetorecht bezog sich gem. § 18 Abs. 6 der Satzung jedoch ausdrücklich nur auf solche Aufsichtsratsbeschlüsse, die über die Betätigung der gesetzlichen Aufgabenverteilung des Aufsichtsrats hinausgingen.

Gesetzlich zugedachte Aufgabe des Aufsichtsrats war die Überwachung des Vorstands, wie sich aus § 246 HGB 1897 ergibt. Der Aufgabenkreis des Aufsichtsrats konnte jedoch um weitere Obliegenheiten durch den Gesellschaftsvertrag erweitert werden. Eine Möglichkeit, von der die damalige aktienrechtliche Praxis regen Gebrauch gemacht hat.[28] Der Aufsichtsrat konnte durch den Gesellschaftsvertrag auch mit praktischen Aufgaben der Unternehmensführung betraut werden. Diese Befugnis reichte sogar soweit, dass der Aufsichtsrat zum Geschäftsführungsorgan umgestaltet werden konnte und einzige Aufgabe des Vorstands noch die Vertretung nach außen war.[29] Ein Verständnis des Aufsichtsrats, das mit seinem heutigen zwingend ausgestalteten Kontrollauftrag des Vorstands wenig gemein hat.[30]

Ausschließlich mit Überwachungsaufgaben war auch der Aufsichtsrat der *Hamburger Hochbahn AG* nicht betraut. § 17 der Satzung bestimmte, dass alle Gegenstände der Beschlussfassung des Aufsichtsrats unterlägen, die im Gesellschaftsvertrag oder Gesetz nicht anders geordnet würden. § 17 Abs. 1 S. 2 der Satzung erklärte die Beaufsichtigung des Vorstands zur vornehmlichen Aufgabe des Aufsichtsrats. S. 3 befugte den Aufsichtsrat dazu, die leitenden Grundsätze für die Geschäftsführung sowie eine Geschäftsordnung für den Vorstand aufzustellen[31] und regelte, dass der Aufsichtsrat seine Zustimmung zum Abschluss und zur Abänderung von Verträgen mit dem Staate Hamburg und dessen Behörden und Gemeinden, sowie zur Ernennung und Entlastung von Prokuristen und Handelsbevollmächtigten erteilen musste. Da diese Zustimmungserfordernisse über die gesetzliche Aufgabenverteilung hinaus gingen, erstreckte sich das Vetorecht der

---

28 So stellte etwa *Passow*, Die Aktiengesellschaft, 1922, S. 433 fest: „*[...] die Statuten fast aller Aktiengesellschaften [weisen] dem Aufsichtsrat eine große Anzahl von Aufgaben der Leitung und Verwaltung zu und bekunden dadurch, daß die Männer der Praxis, die Gründer der Gesellschaften Wesen und Bedeutung des Aufsichtsrats in ganz anderem Lichte sahen.*"

29 *Passow*, (Fn. 28), S. 431 ff.

30 Diese Aufgabeverteilung verträgt sich nicht mit dem heutigen Aufgabenverständnis des Aufsichtsrats. Dessen vornehmliche Aufgabe ist die Überwachung der Geschäftsführung, die an mehreren Stellen im Gesetz eine Durchbrechung dahingehend erfährt, dass der Aufsichtsrat mit Leitungsaufgaben betraut wird, z. B. für den Fall der Vertretung der Gesellschaft gegenüber dem Vorstand, vgl. § 112 AktG. Ein Weisungsrecht gegenüber dem Vorstand besteht jedoch ausdrücklich nicht (vgl. nur *Habersack*, in: Münchener Kommentar zum AktG, 5. Aufl. 2019, § 111 Rn. 12 f.).

31 Die Kompetenz des Aufsichtsrats dem Vorstand eine Geschäftsordnung zu geben findet sich heute in § 77 Abs. 2 AktG.

Vertreter des öffentlichen Interesses insbesondere auf Zustimmungsbeschlüsse des Aufsichtsrats zu diesen Kataloggeschäften.

Dass die Freie und Hansestadt Hamburg sich mit ihrem Vetorecht über Aufsichtsratsbeschlüsse auch mittelbaren Einfluss auf den Vorstand gesichert hat, wird erst bei Betrachtung des § 15 der Satzung deutlich. Dieser bestimmte, dass der Vorstand den Geschäftsbetrieb in Gemäßheit der gesetzlichen Vorschriften, des Gesellschaftsvertrages und den Anordnungen des Aufsichtsrates zu leiten habe. Der Vorstand der *Hamburger Hochbahn AG* war damit zwar noch, wie gesetzlich vorgesehen, oberstes Leitungsorgan[32], jedoch von den Anordnungen des Aufsichtsrats abhängig. In welchem Umfang der Aufsichtsrat tatsächlich von diesem Anordnungsrecht Gebrauch gemacht hat, lässt sich heute nur schwer beurteilen. Der Freien und Hansestadt Hamburg stand jedoch über dieses Vetorecht ein Mittel zur Verhinderung unliebsamer Geschäftsführungsmaßnahmen zur Verfügung, wenn sie auf einer Anordnung des Aufsichtsrats beruhte. Durch das Vetorecht hatte sich die Freie und Hansestadt Hamburg schon in der Gründungssatzung eine starke Rechtsposition, insbesondere zur Wahrung ihrer vertraglichen Interessen mit der *Hamburger Hochbahn AG*, durch Einfluss auf den Aufsichtsrat der Gesellschaft gesichert.

Das satzungsmäßig eingeräumte Vetorecht der Vertreter des öffentlichen Interesses ist mit Neufassung der Satzung von 1938 weggefallen. Die Rechtslage hatte sich mit Inkrafttreten des § 93 AktG 1937 (heute § 109 AktG) grundlegend verändert. Er verbot die Teilnahme von nicht dem Aufsichtsrat oder Vorstand angehörenden Dritten, sodass eine Anpassung der Satzung der *Hamburger Hochbahn AG* erforderlich wurde, da die Norm zwingend ausgestaltet war und keine abweichenden Satzungsregelungen erlaubte.[33] Die *Hamburger Hochbahn AG* reagierte mit Beschluss vom 18. Juli 1938 und passte ihre Satzung entsprechend an. Zur Teilnahme an den Aufsichtsratssitzungen waren nur noch Aufsichtsratsmitglieder und Vorstände berechtigt. Das Recht der Teilnahme Dritter wurde in § 16 Abs. 6 der Satzung von 1938 dahingehend begrenzt, dass Dritte anstelle der Aufsichtsratsmitglieder an den Sitzungen teilnehmen konnten, wenn eine schriftliche Ermächtigung des zu vertretenden Aufsichtsratsmitglieds erteilt wurde. Dies entsprach dem nach dem Gesetz zulässigen Maß der Teilnahme Dritter an Aufsichtsratssitzungen, setzte jedoch eine zwingende Anpassung der Satzung voraus, wenn die Gesellschaft von der Möglichkeit der Vertretung einzelner Aufsichtsratsmitglieder Gebrauch machen wollte.[34] Der Wegfall des Vetorechts der Vertreter

32 *Passow*, (Fn. 28), S. 371.
33 *Schlegelberger/ua.*, in: AktG, 1937, § 93 AktG Rn. 3.
34 *Godin/Wilhelmi*, AktG, 1. Aufl. 1937, § 93 AktG Rn. 7.

des öffentlichen Interesses dürfte allerdings keinen schwerwiegenden Kontrollverlust für die Freie und Hansestadt Hamburg zur Folge gehabt haben, da sie zu diesem Zeitpunkt bereits anderweitig aktive Kontrolle über die Gesellschaft erlangt hatte.

V. Teilhabe an den Gesellschaftserträgen

Die Freie und Hansestadt Hamburg hatte sich nicht nur Einfluss auf die Gesellschaft, sondern auch die Teilhabe an ihren Erträgen gesichert. Die Gewinnverteilung sollte nach den gesetzlichen, d.h. nach der Regel des § 214 HGB 1897, und den Bestimmungen des Betriebsvertrags vom 25. Januar 1909 zum Betrieb der Hochbahn erfolgen. Die Satzung sah vor, dass nach Abzug der Kosten der Gesellschaft, sowie Leistungen von Rückstellungen und einer Dividendenausschüttung von 5 %, die Freie und Hansestadt Hamburg an dem übrigbleibenden Gewinn zu zwei Dritteln zu beteiligen war.[35] Diese Vereinbarung war jedoch nur auf solche Gewinne bezogen, die die *Hamburger Hochbahn AG* aufgrund des mit der Freien und Hansestadt Hamburg geschlossenen Betriebsvertrages erwirtschaften konnte. Umsätze aus anderen geschäftlichen Betätigungen waren hiervon nicht betroffen. Auf diese Weise sollte die Refinanzierung der Investitionen in die Bahninfrastruktur durch die Freie und Hansestadt Hamburg abgesichert werden. Damit wurde deutlich, dass die Stadt die Infrastrukturinvestitionen nicht getätigt hatte, um die Fahrpreise indirekt niedrig zu halten, sondern aus dem Kalkül heraus, damit einen erhöhten eigentumsvermittelten Einfluss auf die *Hamburger Hochbahn AG* als Betriebsgesellschaft der Hoch- und Untergrundbahn ausüben zu können.[36]

Diese Art der Gewinnverteilung wurde langfristig auch nach Eintritt der Stadt als Aktionärin in die Gesellschaft beibehalten und um weitere Verteilungsregeln ergänzt. Dabei variierte die Höhe des zu verteilenden Gewinns und die übrigen Parameter über die Jahre. Nach Eintritt der Stadt als Aktionärin entfiel zunächst eine Dividende von bis zu 6 % auf die Privataktionäre und 5 % auf die Stadt. Blieb nach Ausschüttung dieser Dividende noch ein Restgewinn übrig, war dieser zu einem Viertel an die Stadt auszuschütten. Der restliche Gewinn sollte dann genutzt werden, um die Dividende der Aktionäre um ein weiteres Prozent zu erhöhen. Erst wenn hiernach noch etwas vom Gewinn der Gesellschaft übrig geblieben war, sollte eine Fahrscheinabgabe an die Stadt gezahlt werden, die in Kombination mit dem zuvor um einen Prozent erhöhten Gewinnanteil 1.500.000 Mark nicht

35 Vgl. § 30 der Satzung von 1911.
36 *Krause*, (Fn. 8), S. 60.

übersteigen durfte.[37] Ergänzt wurde dies um die in der Satzung verankerte Garantie, dass den Privataktionären eine Dividende von 5 % gezahlt würde, die, wenn die Gewinne der Gesellschaft nicht ausreichten, vom Staate Hamburg entrichtet würde.[38] Diese Gewinnverteilung wurde in der Satzung von 1938 beibehalten, nur dass die inzwischen für die Stadt ausgegebenen C-Aktien berücksichtigt wurden, auf die eine zusätzliche Dividende von 2,5 % entfiel.[39] Die Verfasser konnten diesen Gewinnverteilungsschlüssel bis nach der Aktienrechtsreform 1965 zurückverfolgen. Die Satzung von 1966 nutzte ihn noch immer.[40] Zwischen 1966 und 1977 wurde zumindest der Verteilungsschlüssel aufgehoben. Mangels vorgehender Satzungsregelung galt somit von nun an § 60 Abs. 1 AktG, sodass der Gewinn quotal nach der Beteiligung am Grundkapital zu verteilen war. Die übernommene Garantiedividende von 5 % zugunsten der Privataktionäre wurde jedoch beibehalten und gilt noch heute.[41] Da die Stadt seit 2003 Alleinaktionärin ist, ist die Garantiedividende jedoch funktionslos geworden.[42]

VI. Schaffung und Abschaffung von Mehrstimmrechten

Ein entscheidendes Element der Sicherung des Einflusses der Freien und Hansestadt Hamburg auf die *Hamburger Hochbahn AG* war die Ausgabe von Mehrstimmrechtsaktien. Dabei ergibt sich allerdings die Besonderheit, dass bei der Gründung der *Hamburger Hochbahn AG* auf dieses Gestaltungsmittel nicht zurückgegriffen wurde. Vielmehr war die Freie und Hansestadt Hamburg zu Beginn nicht einmal Aktionärin der *Hamburger Hochbahn AG,* sondern nahm diese Stellung erst mit dem Ende des I. Weltkrieges ein.

37 Vgl. § 29 der Satzung von 1925.
38 Vgl. § 30 Abs. 2 der Satzung von 1925.
39 Vgl. §§ 26, 27 der Satzung von 1938.
40 Vgl. §§ 22, 23 der Satzung von 1966.
41 Vgl. § 18 der Satzung 2002.
42 Zum historischen Hintergrund siehe VI.1.

1. Vorbedingung des Beitritts der Freien und Hansestadt Hamburg als Aktionärin

1918 war ein richtungsweisendes Jahr für die weitere Entwicklung der *Hamburger Hochbahn AG*, denn die Stadt Hamburg stieg als Aktionärin in die Gesellschaft ein. Dass dem so war, oblag eher dem Zufall, als den zu dieser Zeit in vielen deutschen Großstädten bestehenden Bestrebungen Nahverkehrsbetriebe von der privaten in die öffentliche Hand zu überführen. In Hamburg lag die Gemengelage anders. Triebfeder für die Beteiligung der Freien und Hansestadt Hamburg an der *Hamburger Hochbahn AG* waren Schwierigkeiten bei der Verlängerung der Konzession zum Betrieb der Hamburger Straßenbahnen durch die *Straßen-Eisenbahn-Gesellschaft in Hamburg, Actien-Gesellschaft* („SEG"). Der Konkurrenzbetrieb der *Hamburger Hochbahn AG* hatte wegen des drohenden Auslaufens seiner Konzession im Jahr 1922 und den schwierigen Verhandlungen über ihre Verlängerung die Instandhaltung ihrer Wagen und Anlagen vernachlässigt. Als die Stadt 1917 die Verlängerung der Konzession unter die Bedingung der Einräumung aktiver Einflussnahme auf die Geschäftsführung der *SEG* stellte, um sie zur Sanierung ihres Fuhrparks und Infrastruktur zwingen zu können, platzte die Verlängerung endgültig. Die *Hamburger Hochbahn AG* zeigte reges Interesse an der Übernahme der Konzession und anderer Unternehmen des öffentlichen Nahverkehrs. So ergab sich für sie die Möglichkeit, den damals noch auf mehrere private Unternehmen – die *SEG*, die *Hamburg-Altonaer-Centralbahn-Gesellschaft* („HAC"), die *Hafen-Dampfschiffahrts-Actiengesellschaft* („HADAG") und die *Alsterdampfschifffahrt GmbH* – verteilten öffentlichen Nahverkehr in sich zu bündeln, indem sie teils den Druck durch die auslaufenden Konzessionen und den auf der Konkurrenz lastenden wirtschaftlichen Druck für sich nutzte. Die Freie und Hansestadt Hamburg gab dem Vorhaben der *Hamburger Hochbahn AG*, die zersplitterten Verkehrsbetriebe in sich zu bündeln und entsprechende Konzessionen zu erteilen, ihren Segen, forderte dafür jedoch die Aktienmehrheit an der *Hamburger Hochbahn AG*. Dass die Aktionäre *Siemens & Halske* und *AEG* der Forderung der Freien und Hansestadt Hamburg nachgaben, lag vor allem an den damaligen Führungspersönlichkeiten, die beide Unternehmen lenkten. *Carl Friedrich von Siemens* und *Walther Rathenau*[43] waren der Idee nicht abgeneigt, gemeinsam mit staatlichem Kapital ihre Dienste in das Interesse des Allgemeinwohls zu stellen.[44] Die Aktionäre der *SEG* und der *Alsterdampfschifffahrts GmbH*

---

43 Zu *Rathenaus* Sicht auf die öffentliche Aufgabe von Aktiengesellschaft vgl. etwa *Fleischer*, JZ 2017, 991 ff.

44 *Krause*, (Fn. 8), S. 74 ff.

stimmten dem Angebot der Übernahme durch die *Hamburger Hochbahn AG* zu, da sie erkannten, dass ihre Konzession ohnehin nicht verlängert werden würde. Die *Hamburg-Altonaer-Centralbahn-Gesellschaft* beugte sich diesem Druck nicht, sodass sie erst 1922 nach Ablauf ihrer Konzession Teil der neuen *Hamburger Hochbahn AG* wurde. Bei der *HADAG* dauerte die Eingliederung sogar bis 1991.[45]

Aus dieser Situation heraus wurde die *Hamburger Hochbahn AG* durch Beschluss einer außerordentlichen Generalversammlung am 16. Juli 1918 umstrukturiert. Ihr Grundkapital wurde auf 95 Millionen Mark erhöht. Gleichzeitig wurde eine neue Aktienstruktur eingeführt, die A- und B-Aktien vorsah und später noch um C-Aktien ergänzt wurde. Die A-Aktien waren für die Privataktionäre gedacht und repräsentierten 46,5 Mio. Mark des Grundkapitals. Davon hielten *Siemens & Halske* und *AEG* 15 Mio. Mark, der Rest verteilte sich auf die Altgesellschafter der *SEG* und der *Alsterdampfschifffahrts GmbH.* Obwohl die Gründungsgesellschafter dem Beitritt der Stadt zugestimmt hatten, begann von diesem Zeitpunkt an ein sukzessives Abstoßen der Aktienpakete. An ihre Stelle traten vornehmlich Kleinaktionäre und deren Depotbanken.[46] Die Stadt brachte nun die von ihr finanzierte Bahninfrastruktur in die Gesellschaft ein und erhielt dafür die Mehrheit von 48,5 Mio. Mark am Grundkapital, repräsentiert durch B-Aktien. Die Zustimmung der Privataktionäre zu dieser Transaktion wurde durch Zusicherung einer Mindestdividende von bis zu 6 % in § 29 Abs. 2 der Satzung erkauft.[47] Abgesichert wurde die Mindestdividende in § 30 Abs. 2 der Satzung. In diesem übernahm die Freie und Hansestadt Hamburg Gewähr dafür, dass den A-Aktionären ein jährlicher Gewinnanteil von 5 % der A-Aktien ausgezahlt würde, wenn die *Hamburger Hochbahn AG* keine ausreichenden Gewinne erwirtschaftete, um die Mindestdividende auszuzahlen. Die Freie und Hansestadt Hamburg glich in diesem Fall die erforderlichen Fehlbeträge aus. Diese garantierte Mindestdividende für A-Aktionäre zieht sich durch spätere Satzungsfassungen bis hin zur aktuell geltenden Fassung aus dem Jahr 2002, die A-Aktionären noch immer eine Mindestdividende in Höhe von 5 %, abgesichert durch etwaige Ausgleichszahlungen der Freien und Hansestadt Hamburg, garantiert.

45 *Krause*, (Fn. 8), S. 76.
46 *Krause*, (Fn. 8), S. 72.
47 *Krause*, (Fn. 8), S. 76 ff.

2. Erstmalige Schaffung durch Generalversammlungsbeschluss vom 30. Juni 1923

Am 30. Juni 1923 hat die *Hamburger Hochbahn AG* einen Beschluss der Generalversammlung zum Handelsregister angemeldet, der die Stimmrechtsstruktur der Gesellschaft grundlegend geändert hat. Erstmals wurden bei der *Hamburger Hochbahn AG* Mehrstimmrechtsaktien eingeführt. Mehrstimmrechtsaktien waren als Aktien eigener Gattung gem. Art. 252 Abs. 1 S. 4 HGB 1897 ausdrücklich erlaubt.[48] Das Grundkapital der Gesellschaft wurde um 120.000.000 Mark erhöht. Es wurde eingeteilt in 100.000 auf den Inhaber lautende A-Aktien für die Privataktionäre und 20.000 auf den Namen des Hamburgischen Staates lautende B-Vorzugsaktien. Beiden Aktien lag ein Nennbetrag von 1.000 Mark zugrunde. Die B-Vorzugsaktien waren mit einem 5-fachen Stimmrecht versehen und sollten zu 25 % ihres Nennwerts im Falle der Liquidation der *Hamburger Hochbahn AG* vorweg befriedigt werden. Der Vorzug bei der Liquidation sollte nur gelten, wenn die *Hamburger Hochbahn AG* aus einem anderen Grund als der Übernahme des Gesellschaftsvermögens durch den Hamburger Staat liquidiert würde. Die Ausstattung der Vorzugsaktie mit einem weiteren Liquidationsvorzug erfolgte vermutlich, da es damals zu den strittigen Fragen des Aktienrechts gehörte, ob allein die Ausstattung einer Aktie mit Mehrstimmrechten gattungsbegründend wirkt oder nur Aktien, die bereits mit einem anderen Vorzugsrecht ausgestattet sind mit Mehrstimmrechten versehen werden können.[49] Daher wurden in der damaligen aktienrechtlichen Praxis viele Mehrstimmrechtsaktien mit einem zusätzlichen Vorzugsrecht ausgestattet, um es nicht auf diese Streifrage ankommen zu lassen.[50] Um die geschaffene Stimmrechtsstruktur nicht zu verwässern, wurde das Bezugsrecht der Altaktionäre ausgeschlossen, sodass im Ergebnis durch die B-Vorzugsaktien das bestehende Stimmrechtsverhältnis nicht berührt wurde, obwohl die Stadt deutlich weniger Aktien gezeichnet hatte als die Privataktionäre.

---

48 § 252 Abs. 1 HGB 1897 lautete:
„Jede Aktie gewährt das Stimmrecht. Das Stimmrecht wird nach den Aktienbeträgen ausgeübt. Der Gesellschaftsvertrag kann für den Fall, daß ein Aktionär mehrere Aktien besitzt, die Ausübung des Stimmrechts durch Festsetzung eines Höchstbetrags oder von Abstufungen beschränken. Werden mehrere Gattungen von Aktien ausgegeben, so kann der Gesellschaftsvertrag den Aktien der einen Gattung ein höheres Stimmrecht beilegen als den Aktien einer anderen Gattung.“

49 *Pinner*, in: Staub, HGB – Band II, 14. Aufl. 1933, § 252 Anm. 9 ff.

50 Dazu *Spindler* in: Bayer/Habersack, Aktienrecht im Wandel – Band I, 2007, Rn. 30 mwN; zu den Differenzierungskriterien der Aktiengattungen vgl. *Pinner*, in: Staub, HGB – Band II, 14. Aufl. 1933, § 185 Anm. 4 ff; Stimmrechtsunterschiede als unterschiedliche Gattungen begründend ablehnend *Pinner*, (Fn. 49), § 252 Anm. 9 ff.

Damit lag die *Hamburger Hochbahn AG* voll im damaligen Trend. Eine Vielzahl von Aktiengesellschaften hatte sich seit 1919 Mehrstimmrechten bedient, um sich vor Übernahmen zu schützen.[51] Die rapide Geldentwertung, die 1923 ihren Höhepunkt erreichte, machte Unternehmen zu einfachen Übernahmekandidaten, da in den meisten Fällen die Altaktionäre inflationsbedingt schlicht nicht die Finanzkraft hatten, um sich bei den zum Alltag gehörenden Kapitalerhöhungen die Mehrheit zu sichern.[52] Daher wurde zunächst die Ausgabe von Mehrstimmrechtsaktien mit der Übernahmeabwehr durch ausländisches Kapital begründet, da die massive Geldentwertung dazu führte, dass feindliche Übernahmen für dieses besonders leicht zu realisieren waren. Man wollte seine Unternehmen jedoch nicht an ausländisches Kapital verlieren. Später wurde dieses Argument um die Verhinderung von feindlichen Übernahmen im Allgemeinen, also auch durch inländische Konkurrenten, erweitert. Adressiert wurde das ganze unter den Stichworten der aus- und inländischen Überfremdung.[53] Wirtschaftlich glich der Zustand der *Hamburger Hochbahn AG* dem vieler Unternehmen zu Zeiten der Inflation. Die Inflation hatte ihr stark zugesetzt, sodass diese Zeit selbst in dem zum hundertjährigen Bestehen des Unternehmens herausgegebenen Festband als die „verlorenen Jahre" bezeichnet wird.[54] Die Schaffung von Mehrstimmrechtsaktien zugunsten der Freien und Hansestadt Hamburg ist somit vor dem Hintergrund des damaligen Zeitgeistes und der wirtschaftlichen Situation Deutschlands zu betrachten. Sie waren ein vielfach genutztes Mittel zur Herrschaftssicherung der herrschenden Aktionäre in Zeiten des wirtschaftlichen Abschwungs.[55] Dass die Abwehr von Übernahmen vor allem durch Mehrstimmrechtsaktien erfolgte, war der Kautelarjurisprudenz zu verdanken. Der Versailler Friedensvertrag vom 28. Juni 1919 verbot es in Art. 276, Staatsangehörige der Alliierten und Assoziierten Mächte Beschränkungen zu unterwerfen, de-

---

51 1920 wurden in Deutschland insgesamt Vorzugsaktien mit einem Wert von 826 Mio. Mark ausgegeben. Vorzugsaktien mit einem Gegenwert von 541,6 Mio. Mark hatten einfaches Stimmrecht, 100,3 Mio. Mark ein zwei- bis vierfaches Stimmrecht, 133 Mio. Mark vier- bis zehnfaches Stimmrecht und 51 Mio. Mark ein zehn- bis vierzigfaches Stimmrecht. Im Vergleich dazu waren die Stammaktien bei Aktiengesellschaften nahezu ausschließlich mit einfachem Stimmrecht ausgestattet (vgl. *Frank-Fahle*, Stimmrechtsaktie, 1923, S. 25). 1927 haben sich ein Drittel aller börsennotierten Aktiengesellschaften in Deutschland dem Mehrstimmrecht in unterschiedlichen Ausprägungen bedient *Spindler*, (Fn. 50), Rn. 21.

52 *Spindler*, (Fn. 50), Rn. 17.

53 *Spindler*, (Fn. 50), Rn. 17.

54 Zum Zustand der Hochbahn in den für die Entwicklung der Hochbahn „verlorenen Jahren" zwischen 1919 bis 1923 im einzelnen *Krause*, (Fn. 8), S. 79 ff.

55 *Spindler*, (Fn. 50), Rn. 21.

nen sie nicht bereits bei Kriegsbeginn unterworfen waren.[56] Der als Bedrohung wahrgenommenen Überfremdungsgefahr konnte somit nicht durch gesetzliche Regelungen entgegengetreten werden, die den Erwerb von Aktien durch nicht deutsche Staatsangehörige untersagten, oder aufgrund der Nationalität die Zugehörigkeit zum Vorstand oder Aufsichtsrat einer Aktiengesellschaft untersagten. Da Mehrstimmrechtsaktien, wenn auch nur im begrenzten Maße, schon vor Abschluss des Versailler Vertrages geschaffen wurden und die Mitbestimmungsrechte innerhalb der Aktiengesellschaft von In- und Ausländern gleichermaßen betroffen waren, waren Mehrstimmrechte mit den Regelungen des Versailler Vertrages vereinbar.[57]

3. Mehrstimmrechte in der Satzung vom 31. August 1925

1925 kam es bei der *Hamburger Hochbahn AG* aufgrund der Goldbilanzverordnung und ihrer Durchführungsverordnungen zu strukturellen Veränderungen des Grundkapitals. Das Grundkapital betrug nun gem. § 4 der Satzung von 1925 92.075.000 RM. Es wurde eingeteilt in 115.000 A-Stammaktien je 500 RM und 68.630 B- Stammaktien je 500 RM und eine B-Vorzugsaktie über 260.000 RM. § 22 der Satzung bestimmte, dass jede A-Stammaktie zu einer Stimme berechtigte. Gleiches galt für die B-Stammaktien, die namentlich auf die Stadt Hamburg lauteten. Aus heutiger Sicht absurd mutet die Stimmberechtigung der B-Vorzugsaktie,

---

56 Artikel 276 des Friedensvertrags von Versailles vom 28. Juni 1919 lautete:
„Deutschland verpflichtet sich:
a) die Staatsangehörigen der alliierten und assoziierten Mächte hinsichtlich der Ausübung von Handwerk, Beruf, Handel und Gewerbe keine Ausschlußmaßnahmen zu unterwerfen, die nicht in gleicher Weise und ausnahmslos für alle Ausländer gilt;
b) die Staatsangehörigen der alliierten und assoziierten Mächte keinen Vorschriften oder Beschränkungen hinsichtlich der in Absatz a) bezeichneten Rechte zu unterwerfen, soweit sie unmittelbar oder mittelbar den Bestimmungen des genannten Absatzes widersprechen oder soweit sie von anderer Art oder ungünstiger sind als diejenigen, die für die der meistbegünstigten Nation angehörenden Ausländer gelten;
c) die Staatsangehörigen der alliierten und assoziierten Mächte, deren Güter, Rechte oder Interessen, einschließlich der Gesellschaften oder Vereinigungen, an denen sie beteiligt sind, keinen anderen oder höheren direkten oder indirekten Gebühren zu unterwerfen, als sie den eigenen Angehörigen oder deren Gütern, Rechten oder Interessen auferlegt sind oder etwa auferlegt werden;
d) den Staatsangehörigen irgendeiner der alliierten und assoziierten Mächte keinerlei Beschränkungen aufzuerlegen, die nicht am 1. Januar 1914 auf die Staatsangehörigen dieser Mächte anwendbar war, sofern nicht seinen eigenen Angehörigen dieselbe Beschränkung gleichfalls auferlegt wird.“

57 Dazu etwa *Frank-Fahle*, (Fn. 51), S. 112 f.

die ebenfalls namentlich auf die Freie und Hansestadt Hamburg registriert war, an. Auf diese eine Aktie entfielen 48.900 Stimmen in der Generalversammlung. Diese eine B-Vorzugsaktie führte also dazu, dass bei insgesamt 232.530 bestehenden Stimmen in der Generalversammlung allein 48.900 Stimmen auf eine Aktie entfielen. Damit war 1925 eine auf den Namen des Staates Hamburg lautende Aktie zur Ausübung von insgesamt 21,03 % aller Stimmen in der *Hamburger Hochbahn AG* berechtigt. Das auf die Aktie entfallende Grundkapital entsprach lediglich 0,28 % des gesamten Grundkapitals der *Hamburger Hochbahn AG*. B-Stamm- und B-Vorzugsaktien berechtigten die Freie und Hansestadt Hamburg damit insgesamt zur Ausübung von 50,54 % der Stimmrechte, obwohl ihre Beteiligung durch B-Aktien am Grundkapital lediglich 37,55 % entsprach.

a) Beherrschung der Generalversammlung durch Mehrstimmrechte

Die Generalversammlung war insbesondere in den gesetzlich vorgesehenen Fällen zur Beschlussfassung berufen, so z. B. bei Satzungsänderungen, Kapitalerhöhungen und -herabsetzungen, Veräußerungen des Vermögens im Ganzen, Wahl und Abberufung von Aufsichtsratsmitgliedern. Darüber hinaus war anerkannt, dass die Satzung der Generalversammlung weitere Zuständigkeiten einräumen konnte. Gab es keine besonderen Satzungsregeln, konnte die Generalversammlung über alles bindenden Beschluss fassen, was ihrer Zuständigkeit nicht ausdrücklich durch die Satzung entzogen wurde.[58] Grundsätzlich reichte zur Beschlussfassung in der Generalversammlung gem. § 251 Abs. 1 HGB 1897 die einfache Stimmenmehrheit, soweit Gesetz oder Satzung keine anderen Erfordernisse aufgestellt hatten. Andere Erfordernisse wurden z. B. in § 278 Abs. 2 HGB 1897 und § 288 Abs. 3 HGB 1897 für Beschlüsse über die Kapitalerhöhung und -herabsetzung aufgestellt. Es mussten für diese Beschlüsse grundsätzlich alle Aktiengattungen einen Sonderbeschluss fassen. Aber auch die Satzung konnte strengere weitere Erfordernisse hinsichtlich der Beschlussfassung aufstellen.[59] Vor diesem Hintergrund ergab sich für die Beschlussfassung in der *Hamburger Hochbahn AG* 1925 Folgendes: § 25 der Satzung bestimmte die Zuständigkeit der Generalversammlung für Beschlussfassungen über Erhöhungen des Grundkapitals, Ausgabe von Teilschuldverschreibungen, Freistellungen, Abänderungen oder Ergänzungen des Gesellschaftsvertrages, sowie Auflösung- und Fusion der Gesellschaft. Da der Gesellschaftsvertrag der Generalversammlung ihr jedoch nirgends ausdrück-

---

58 *Pinner*, (Fn. 50), § 250 Anm. 7.
59 *Pinner*, (Fn. 50), § 251 Anm. 2.

lich die Zuständigkeit für Beschlussgegenstände entzog, war sie nach dem obigen Grundsatz auch in allen anderen Angelegenheiten beschlussberechtigt. Die Beschlüsse wurden gem. § 26 Abs. 1 des Gesellschaftsvertrages grundsätzlich mit einfacher Stimmenmehrheit herbeigeführt. Da die Freie und Hansestadt Hamburg sowohl B-Stamm- als auch die B-Vorzugsaktien hielt, die insgesamt 50,54 % der Stimmrechte ausmachten, konnte die Freie und Hansestadt Hamburg somit alle Aktionäre sogar dann überstimmen, wenn ausnahmslos alle Inhaber der A-Aktien in der Generalversammlung anwesend gewesen wären. Dass alle Aktionäre auf der Generalversammlung anwesend waren, dürfte jedoch entsprechend unwahrscheinlich gewesen sein, da schon 1925 aufgrund mangelnder Teilnahme an der Generalversammlung die Ausübung von 30 bis 40 % der Stimmrechte ausgereicht haben, um die Stimmenmehrheit auf der Generalversammlung zu erreichen.[60]

Für einige Beschlüsse stellte die Satzung in § 26 Abs. 3 über die einfache Mehrheit hinausgehende Erfordernisse auf. So mussten Sonderbeschlüsse zur Erhöhung, Verminderung oder Herabsetzung des Grundkapitals, Ausgabe von Teilschuldverschreibungen, Änderungen des Zwecks der Gesellschaft, Vereinigung der Gesellschaft mit einer anderen und Auflösung der Gesellschaft mit Zustimmung von drei Vierteln des vertretenen Aktienkapitals jeder Aktienart (A-Stammaktien, B-Stammaktien und B-Vorzugsaktien) erfolgen. Die Freie und Hansestadt Hamburg konnte somit die in § 26 Abs. 3 genannten Beschlüsse nicht alleine herbeiführen, jedoch war es ihr möglich diese zu verhindern. Gemeinhin kam Mehrstimmrechtsaktien damit bei Sonderbeschlüssen defensive Wirkung zu.[61]

Insgesamt konnte die Freie und Hansestadt Hamburg damit trotz ihrer Kapitalbeteiligung von nur 37,55 % die *Hamburger Hochbahn AG* beherrschen. Sie konnte wesentliche Beschlüsse zur Kontrolle über die Gesellschaft die Einstimmigkeit vorsahen herbeiführen, so z. B. die Bestellung von Aufsichtsratsmitgliedern. Wesentliche Strukturänderungen in der *Hamburger Hochbahn AG* konnten nicht ohne ihre Zustimmung herbeigeführt werden. Damit war es der kapitalistischen Mehrheit der Gesellschafter faktisch unmöglich geworden, durch Ausübung ihres Stimmrechts steuernden Einfluss auf die Gesellschaft auszuüben. Die kapitalistische Minderheit der *Hamburger Hochbahn AG* ist 1925 durch das Mehrstimmrecht zum Herrscher über die kapitalistische Mehrheit ihrer Aktionäre geworden. Dieser durch die Mehrstimmrechtsaktie herbeigeführte Zustand in der *Hamburger Hochbahn AG* wurde in der Literatur der Weimarer Republik über Kapitalgesellschaften auch als „*kapitallose Herrschaft über das Kapital*" beschrieben.[62]

---

60 *Müller-Erzbach*, Entartung des Aktienwesens, 1926, S. 12.
61 *Nörr*, (Fn. 66), 162.
62 *Planitz*, Die Stimmrechtsaktie, 1922, S. 28.

b) Mangelnder Minderheitenschutz

Die Freie und Hansestadt Hamburg hatte durch das Mehrstimmrecht die Mitverwaltungsrechte der Stammaktionäre erheblich eingeschränkt. Insoweit stellt sich die Frage, wie es allgemein um den Schutz der Stammaktionäre gestellt war. Generalversammlungsbeschlüsse zur Schaffung von Mehrstimmrechten wurden von den Registergerichten nicht abgelehnt, da sie ihre Vereinbarkeit mit dem Gesetz anerkannten. Der Schutz der Stammaktionäre beschränkte sich daher auf Anfechtungs- und Feststellungsklagen gegen die Beschlüsse, die Mehrstimmrechtsaktien einführten.[63] Auf einen rechtssicheren sich an nachvollziehbaren Maßstäben messenden gerichtlichen Schutz konnten sich die Aktionäre dabei zur Weimarer Zeit nicht verlassen.[64] Die Rechtsprechung erkannte die grundsätzliche Zulässigkeit von Mehrstimmrechtsaktien an und respektierte ihre Schaffung als Ausdruck der Privatautonomie. Bei der Überprüfung der Zulässigkeit der Mehrstimmrechtsaktien beschränkte sich das Reichsgericht auf eine reine Überprüfung der Vereinbarkeit mit den guten Sitten gem. § 138 BGB.[65] Dabei entwickelte es jedoch keinen nachvollziehbaren Prüfungsmaßstab, sondern entschied kasuistisch von Fall zu Fall,[66] indem es das Interesse der Gesellschaft den Interessen der Aktionäre mit Mehrstimmrechten gegenüberstellte. Dienten die Mehrstimmrechte eigensüchtigen Motiven und liefen den Interessen der Gesellschaft zuwider, stufte das Reichsgericht sie als sittenwidrig ein.[67] Dass Mehrstimmrechtsaktien insbesondere ein probates Mittel der Gesellschaft zum Schutz vor Überfremdung waren, hat das Reichsgericht in einer Reihe damaliger Entscheidungen ausdrücklich bestätigt. Das Reichsgericht räumte der Generalversammlung die grundsätzliche Deutungshoheit über die zu wahrenden Interessen der Gesellschaft ein. Ging der Beschluss auf die Mehrheit in der Generalversammlung zurück, könne er gar nicht gegen die Interessen der Gesellschaft gefasst worden sein, da die Generalversammlung selbst über das Gesellschaftsinteresse entscheide.[68] Diese Linie führte das Reichsgericht in weiteren Urteilen fort. Eigensüchtige Motive der Aktionäre und damit einhergehende Sittenwidrigkeit wurden selbst dann abgelehnt,

---

63 *Frank-Fahle*, (Fn. 51), S. 105.

64 Dies kritisierend *Müller-Erzbach*, (Fn. 60), S. 12.

65 *Pinner*, (Fn. 50), § 185 Anm. 11c.

66 *Nörr*, ZHR 150 (1986) 155, 163; *Spindler*, (Fn. 50), Rn. 35.

67 *Nörr*, (Fn. 66) 163; vgl. auch die Übersicht zur damaligen Rechtsprechung des Reichsgerichts bei *Pinner*, (Fn. 50), § 185 Anm. 11c; Darstellung aus heutiger Sicht bei *Spindler*, (Fn. 50), Rn. 35 ff.

68 RG vom 24.06.1924 – II 53/23 – RGZ 107, 68, 71. Ein zirkelschlüssiges Argument, wenn man bedenkt, dass Satzungen bestimmen konnten, dass Satzungsänderungen mit einfacher Stimmenmehrheit erfolgen können.

wenn die Stammaktionäre aufgrund des Mehrstimmrechts für längere Zeit ihren Mitverwaltungsrechte verlören, wenn sie den Verlust ihrer Teilhabe bei der Beschlussfassung hätten voraussehen können.[69] Deutungshoheit und Schutz vor Überfremdung dienten also regelmäßig als Rechtfertigung für Mehrstimmrechte, selbst wenn die Mitverwaltungsrechte der Stammaktionäre dadurch tatsächlich entwertet wurden. Dabei musste die Überfremdungsgefahr nicht einmal tatsächlich vorliegen. Geschaffene Mehrstimmrechte waren nach dem Reichsgericht auch dann nicht anfechtbar, wenn die Überfremdungsgefahr sich *ex post* als nicht bestehend herausstellte, die Verwaltung der Gesellschaft diese jedoch nach den gegebenen Umständen als gegeben habe ansehen dürfen.[70] Nur wenn das Reichsgericht die drohende Überfremdung für vorgeschoben und tatsächlich nicht gegeben hielt, entschied es zugunsten der Minderheitsaktionäre. Eine fehlende Überfremdungsgefahr könne nicht begründen, dass die Teilhaberecht der Aktionäre unterschiedlich ausgestaltet würden. Bei fehlender Überfremdungsgefahr lag dann eine unzulässige Einschränkung der Teilhaberechte der Stammaktionäre durch Mehrstimmrechte vor.[71] Betrachtet man die Rechtsprechung des Reichsgerichts, muss festgestellt werden, dass diese von einem außerordentlich niedrigen Schutzniveau der durch Mehrstimmrechtsaktien in ihren Teilhaberechten betroffenen Stammaktionären geprägt ist.[72] Die Schaffung von Mehrstimmrechtsaktien wurde mit dem Argument der drohenden Überfremdung in die Deutungshoheit der Generalversammlung gestellt, ohne dass das Reichsgericht Einwände gegen die Folgen der Entwertung der Mitverwaltungsrechte der nicht von den Mehrstimmrechten profitierenden Stammaktionäre gehabt hätte.

c) Missbrauch der Mehrstimmrechte durch die Wirtschaftspraxis

aa) Praktische Verbreitung der Mehrstimmrechtsaktie

Das Mehrstimmrecht in der *Hamburger Hochbahn AG* war sicherlich extrem ausgestaltet und schloss 1925 den Einfluss der Privataktionäre aus. Die Verwendung von Mehrstimmrechtsaktien war symptomatisch für die Weimarer Zeit. Sie galten

---

69 RG v 24.06.1924 – II 915/23 – RGZ 108, 322, 327.

70 RG v. 30.03.1926 – II 226/25 – RGZ 113, 188, 192 f.

71 Das Reichsgericht sah die Überfremdungsgefahr aus tatsächlichen Gründen als vorgeschoben an. Hätten Umstände vorgelegen, die eine Überfremdungsgefahr hätten vermuten lassen, hätte das Reichsgericht sicherlich auch hier keine Bedenken gegen die Mehrstimmrechte gehabt RG v. 23.10.1925 – II 575/24 – RGZ 112, 14, 18.

72 *Nörr*, (Fn. 66), 163; *Spindler*, (Fn. 50), Rn. 43.

als *„unentbehrliches Kampfmittel gegen die Überfremdungsgefahr."*[73] Welche Auswüchse die Mehrstimmrechtsaktien angenommen hatten zeigen Statistiken des Statistischen Reichsamts von 1925 und 1927. Von 1595 insgesamt an den deutschen Börsen notierten Aktiengesellschaften hatten im Jahr 1925 860 Mehrstimmrechtsaktien ausgegeben. Diese berechtigten insgesamt zur Ausübung von 38,2 % aller Stimmrechte, repräsentierten ihrerseits jedoch nur ein Vierzigstel des insgesamt eingezahlten Grundkapitals.[74] Auch die A-Aktien der *Hamburger Hochbahn AG* waren – bereits bei Einführung des 5-fachen Mehrstimmrechts 1923 – zum Handel an den Wertpapierbörsen in Hamburg und Berlin zugelassen. Die Höhe des Mehrstimmrechts der *Hamburger Hochbahn AG* war jedoch auch für die Weimarer Zeit extrem. Üblicherweise bewegten sich die mit einer Aktie verbundenen Mehrstimmrechte im Bereich des 5-, 10-, 100- oder in seltenen Fällen 1000-fachen Stimmrechts.[75] Das Statistische Reichsamt hat zum 1. Juli 1927 die Mehrstimmrechtsstrukturen von 1499 der damals 1502 börsennotierten deutschen Aktiengesellschaften untersucht. Die untersuchten Gesellschaften repräsentierten 62 % des insgesamt in Deutschland investierten Aktienkapitals und 12 % aller deutschen Aktiengesellschaften.[76] Von den 1499 untersuchten Aktiengesellschaften hatten sich insgesamt 382 Gesellschaften eines auf bestimmte Beschlussgegenstände beschränkten Mehrstimmrechts und 408 Gesellschaften eines unbeschränkten Mehrstimmrechts bedient. 285 aller Gesellschaften, insgesamt mehr als die Hälfte, die beschränkte Mehrstimmrechte nutzten, räumten den Vorzugsaktien ein 20- bis 250-faches Stimmrecht ein. Gleiches ist bei den unbeschränkten Mehrstimmrechten zu beobachten. Hier haben sich 229 von 408 Aktiengesellschaften eines 20- bis 250-fachen Mehrstimmrechts bedient. Nur acht Gesellschaften nutzten ein beschränktes Mehrstimmrecht mit 1000-fachem Stimmrecht und sieben Gesellschaften ein unbeschränktes Mehrstimmrecht mit 1000-fachem Stimmrecht.[77] Das unbeschränkte Mehrstimmrecht über 48.900 Stimmen der *Hamburger Hochbahn AG* aus dem Jahr 1925 sticht somit selbst vor dem Hintergrund der damaligen aktienrechtlichen Praxis als ungewöhnlich hoch heraus.[78]

---

73 *Planitz*, (Fn. 62), S. 28.

74 *Müller-Erzbach*, (Fn. 60), S. 12.

75 *Fischer*, ZHR 103 (1936) 1, 9.

76 Das Grundkapital der untersuchten börsennotierten Gesellschaften betrug im Jahr 1927 13 Milliarden RM. Das gesamte Grundkapital aller deutschen Aktiengesellschaften inkl. der nichtbörsennotierten betrug im selben Jahr 21 Milliarden RM. Die 1.502 börsennotierte Aktiengesellschaften repräsentieren insgesamt 12 % der damals bestehenden 12.108 Aktiengesellschaften in Deutschland. Vgl. *Schmalenbach*, Finanzierungen, 1928, S. 261.

77 Vgl. die abgedruckte Statistik bei *Schmalenbach*, (Fn. 76), S. 262.

78 Die Ausstattung einer einzelnen Aktie mit noch höheren Stimmrechten als bei der *Hamburger Hochbahn AG* ist bei den *Hamburger Elektrizitätswerken* überliefert, die eine einzelnen Aktie mit

bb) Kritik an der Wirtschaftspraxis

Kritik an Mehrstimmrechten entbrannte vor allem wegen der Entkoppelung von Kapitalbeteiligung und vermitteltem Aktionärseinfluss. So wurde kritisiert, dass das in der Aktiengesellschaft vorherrschende Mehrheitsprinzip umgangen werde. Über die Gesellschaft sollen alle Aktionäre gleichermaßen durch die Generalversammlung herrschen. Die Generalversammlung sollte damit das Willensbildungsorgan der Aktiengesellschaft sein, in dem gewissermaßen demokratisch durch alle Aktionäre gebilligte Entscheidungen getroffen werden. Der Wirtschaftspraxis wurde vorgeworfen, diesen demokratischen Grundgedanken der Mehrheitsherrschaft nicht zu beachten, sich dem Mehrstimmrecht vielmehr in missbräuchlicher Absicht zu bedienen und den Minderheiten so ihre Rechte zu entziehen.[79] Die Mehrstimmrechtsinhaber werden durch die Stimmrechtsgestaltung zum unabsetzbaren Herrscher über die Gesellschaft und festigten nur ihre Stellung in der betroffenen Gesellschaft, wälzen dabei allerdings wesentliche Teile des wirtschaftliche Risiko auf die ihrem Einfluss beraubten Stammaktionäre ab.[80] Die von der Mitbestimmung entkoppelten Stammaktionäre können ihren Einfluss nicht mehr geltend machen, sodass das Mitverwaltungsrecht der Stammaktien in tatsächlicher Hinsicht wertlos werde und die durch Mehrstimmrechtsaktien geschützte Verwaltung der Gesellschaft niemandem über das formale Maß hinaus rechenschaftspflichtig ist.[81] Durch Abkoppelung von Kapitalbeteiligung und Einfluss werde die der Aktiengesellschaft zugrundeliegende demokratische Grundkonzeption durch eine Verwaltungsoligarchie, -aristokratie[82] oder -absolutismus[83] ersetzt. Daneben wurde nicht nur der geschaffene Zustand der Verfestigung der Vormacht der Mehrstimmrechtsaktionäre kritisiert, sondern auch die Dauerhaftigkeit des geschaffenen Zustands. Zwar wurden Mehrstimmrechte mit dem Argument des Überfremdungsschutzes ausgegeben, tatsächlich beschränkten sich in vielen Fällen die Mehrstimmrechte gerade nicht auf Beschlussgegenstände, die zur Übernahmeabwehr erforderlich gewesen wären, sondern erstreckten sie auf alle Beschlussgegenstände. Sie waren auch zeitlich nicht begrenzt, sodass sie selbst nach Überwindung der Überfremdungsgefahr bestehen blie-

308.000 Stimmen ebenfalls zugunsten der Freien und Hansestadt Hamburg ausstatteten (vgl. *Müller-Erzbach*, (Fn. 60), S. 11).

79 *Pinner*, Verhandlungen 34. DJT, 1927, 611, 625; *Planitz*, (Fn. 62), S. 36.

80 *Planitz*, (Fn. 62), S. 30 ff.

81 *Planitz*, (Fn. 62), S. 36; *Nußbaum*, JW 1931, 772, 772.

82 *Pinner*, (Fn. 79), 625; *Passow*, Der Strukturwandel der Aktiengesellschaft im Lichte der Wirtschaftsenquete, 1930, S. 2.

83 *Planitz*, (Fn. 62), S. 33.

ben.[84] So lag der Fall auch bei der *Hamburger Hochbahn AG*. Weder war das Mehrstimmrecht beschränkt, noch gab es Satzungsregelungen, die ein Erlöschen des Mehrstimmrechts anordneten. Nachdem es einmal in der Satzung verankert war, blieb es ohne anderweitigen Beschluss der Generalversammlung auf unbestimmte Zeit bestehen und festigte so die Macht der Freien und Hansestadt Hamburg auf lange Sicht.

Nach anhaltender Kritik am Aktienrecht, prüfte der 34. Deutsche Juristentag die Reformbedürftigkeit des Aktienwesens und damit auch die Statthaftigkeit von Mehrstimmrechtsaktien. Der Juristentag erkannte zwar ein Missbrauchspotential von Mehrstimmrechten an, sah auf der anderen Seite jedoch gewichtige Gründe für ihre Statthaftigkeit, insbesondere bestätigte der Juristentag den bisher herangezogenen Gedanken des Überfremdungsschutzes als Rechtfertigung für Mehrstimmrechtsaktien.[85]

Auch von gesetzgeberischer Seite wurden Mehrstimmrechte als wirksame Maßnahme gegen innere und äußere Überfremdung gesehen, sodass von dieser Seite ebenfalls keine Intervention zu erwarten war.[86] Entgegen der Kritik bestätigte der Gesetzgeber sogar die Zulässigkeit von Mehrstimmrechtsaktien in der Goldbilanzverordnung von 1923[87], die die Umstellung der Aktien auf Goldmark regelte.[88] Des Weiteren erhob der Gesetzgeber in § 15 Kapitalverkehrssteuergesetz eine Sondersteuer auf Mehrstimmrechtsaktien, die ebenfalls deren Zulässigkeit voraussetzte.[89] Es war somit nicht abzusehen, dass die durch Mehrstimmrechte ihrer Teilhabe beraubten Stammaktionäre trotz umfassender Kritik an der Wirkung des Mehrstimmrechts auf Abhilfe hoffen konnten.

4. Mehrstimmrechte nach Inkrafttreten des Aktiengesetzes 1937

Mit dem Inkrafttreten des Aktiengesetzes am 1. Oktober 1937[90] veränderte sich die Rechtslage hinsichtlich Mehrstimmrechtsaktien erheblich. Die Aktienrechts-

84 *Planitz*, (Fn. 62), S. 33.
85 *Lehmann*, Gutachten zum 34. DJT, 1926, 258, 318.
86 *Spindler*, (Fn. 50), Rn. 48. Zu Reformbestrebungen, die Mehrstimmrechtsaktien noch immer als zulässigen Schutz vor Überfremdung ansahen vgl. *Nußbaum*, JW 1931, 772, passim.
87 Verordnung über Goldbilanzen v. 28.12.1923, RGBl. I, S. 1253.
88 *Nörr*, (Fn. 66), 162.
89 *Frank-Fahle*, (Fn. 51), S. 122; *Spindler*, (Fn. 50), Rn. 48.
90 Gesetz über Aktiengesellschaften und Kommanditgesellschaften auf Aktien (Aktiengesetz) v. 30.1.1937, RGBl. I, S. 107.

reform führte die in der Weimarer Zeit begonnenen, aber nie beendeten Reformbestrebungen fort und brachte sie zu einem Abschluss.[91] Die Mehrstimmrechtsaktie betreffend ging die Aktienrechtsreform von 1937 über die Reformentwürfe aus Weimarer Zeiten hinaus, da diese nach den Weimarer Reformentwürfen grundsätzlich erlaubt bleiben und nur Vorkehrungen gegen ihren Missbrauch getroffen werden sollten.[92] Die Aktienrechtsreform umfasste hingegen eine Neuregelung des Mehrstimmrechts. § 12 Abs. 2 AktG 1937 wurde eingeführt. Der erste Teil der Norm steht noch heute unverändert im AktG und lautete: *„Mehrstimmrechte sind unzulässig.“* Seit Einführung des AktG 1937 sind Mehrstimmrechtsaktien in Deutschland somit grundsätzlich unzulässig. Damit wurde ein neuer Grundsatz des Aktienrechts eingeführt.[93] Allerdings erlaubte § 12 Abs. 2 S. 2 des AktG 1937 Ausnahmen von diesem Grundsatz, wenn das Wohl der Gesellschaft oder gesamtwirtschaftliche Belange dies erforderten und der Reichswirtschaftsminister im Einvernehmen mit dem Reichsminister der Justiz und den sonst beteiligten Reichsminister eine ministerielle Ausnahmegenehmigung erteilt hatten.

a) Satzung der Hochbahn von 1938

Durch einen Hauptversammlungsbeschluss vom 18. Juli 1938 wurde die Satzung der *Hamburger Hochbahn AG* an die Neuregelungen des in Kraft getretenen Aktiengesetzes angepasst. Betrachtet man die Satzung, stellt man fest, dass das Mehrstimmrecht der *Hamburger Hochbahn AG* trotz der nunmehr generellen Unzulässigkeit von Mehrstimmrechten fortbestand. § 4 der Satzung teilt das Grundkapital von 109.104.000 RM in 115.000 für Privataktionäre gedachte A-Aktien je 500 RM und 68.630 auf den Namen des Hamburgischen Staates lautende B-Aktien je RM 500 und 34.058 auf den Namen des Hamburgischen Staates lautenden C-Aktien je 500 RM ein. Zusätzlich bestand eine auf den Namen des Hamburgischen Staates lautende B-Vorzugsaktie über 260.000 RM. Die auf den Namen des Hamburgischen Staates lautenden B- und C-Aktien wurden vinkuliert, während die A-Aktien frei veräußerlich waren.

Nach § 20 Abs. 5 der Satzung berechtigten A-, B- und C-Stammaktien zu je einer Stimme. Damit entfielen auf die Stammaktien insgesamt 217.688 Stimmen. Die B-Vorzugsaktie berechtigte noch immer zu 48.900 Stimmen. Von insgesamt

91 *Bayer/Engelke*, in: Bayer/Habersack, Aktienrecht im Wandel – Band I, 2007, Rn. 1.
92 *Spindler*, (Fn. 50), Rn. 98 ff.
93 *Schlegelberger/Quassowski* in AktG 3. Auflage 1939, § 12 Rn. 1.

266.588 verfügbaren Stimmen berechtigte die Vorzugsaktie somit zur Ausübung von immerhin 18,34 % aller Stimmen. Sie repräsentierte allerdings nur 0,24 % am gesamten Grundkapital der Gesellschaft. Die Gesamtheit von B- und C-Aktien berechtigte die Freie und Hansestadt Hamburg somit insgesamt zur Ausübung von 151.588 bzw. 56,86 % aller Stimmen. Damit korrespondierte eine Kapitalbeteiligung von 47,3 % am gesamten Grundkapital. Wieder war also das sehr hohe Mehrstimmrecht Grund für die Sicherung der Stimmenmehrheit der Freien und Hansestadt Hamburg. § 113 AktG 1937 bestimmte, dass die Hauptversammlung grundsätzlich mit einfacher Stimmenmehrheit entscheidet, soweit nicht Gesetz oder Satzung eine höhere Mehrheit oder sonstige Erfordernisse aufstellen. Solche Erfordernisse an die Kapitalmehrheit wurden in das neue AktG in Ansehung möglicherweise durch ministerielle Ausnahmegenehmigung entstehender Mehrstimmrechte in Form qualifizierter Mehrheiten aufgenommen, um den mehrstimmrechtlich vermittelten Einfluss entsprechend zu verringern.[94] Diese Regelung spiegelte sich in § 23 der Satzung wider, wonach Hauptversammlungsbeschlüsse mit einfacher Stimmenmehrheit gefasst wurden, soweit das AktG keine größere Mehrheit oder andere Erfordernisse vorsah. Bei Beschlussfassungen, die eine Mehrheit des vertretenen Grundkapitals erforderten, sollte die einfache Mehrheit des vertretenen Grundkapitals ausreichen, wenn das Gesetz oder Abs. 4 der Satzung keine höhere Mehrheit erforderte. Für Abstimmungen über Erhöhung und Herabsetzung des Grundkapitals, Ausgabe von Wandel- und Gewinnschuldverschreibungen, Änderungen des Unternehmensgegenstands, Vereinigungen mit anderen Gesellschaften und die Auflösung der Gesellschaft wurde eine getrennte Abstimmung nach A-, B- und C- Aktien in der Satzung verankert, wobei jeweils drei Viertel des vertretenen Grundkapitals jeder Aktienart zustimmen mussten. Damit hatte sich die Freie und Hansestadt Hamburg noch immer durch das Mehrstimmrecht die Kontrolle über die Hauptversammlung gesichert. Entscheidungen, die eine einfache Stimmrechtsmehrheit erforderten, konnte die Freie und Hansestadt Hamburg herbeiführen. So konnte sie Aufsichtsratsmitglieder wegen des Erfordernisses der einfachen Stimmenmehrheit[95] alleine bestimmen, was ihr maßgeblichen Einfluss auf den Vorstand sicherte. Die statutarisch geforderte einfache Mehrheit des vertretenen Grundkapitals bei Beschlüssen mit qualifizierten

---

94 Zusätzlich zur Stimmenmehrheit wurde eine zusätzliche Kapitalmehrheit gefordert bei Beschlussfassungen über Sachgründung, Satzungsänderung, Kapitalerhöhung, den Ausschluss des Bezugsrechts, bedingte Kapitalerhöhungen, genehmigtes Kapital, die Ausgabe von Wandel und Gewinnschuldverschreibungen, ordentliche und einfache Kapitalherabsetzungen, Auflösung der Gesellschaft, Verschmelzung, Vermögensveräußerungen und Gewinngemeinschaften und die Umwandlung vgl. *Schlegelberger/ua.*, (Fn. 33), § 113 AktG Rn. 1.

95 *Schlegelberger/ua,*. (Fn. 33) § 87 AktG Rn. 7.

Mehrheitserfordernissen hätte die Freie und Hansestadt Hamburg bei 100 %iger Anwesenheit des Grundkapitals fast alleine herbeiführen können. Realistischer ist die Annahme vor dem Hintergrund schwankender Hauptversammlungspräsenzen, dass eine Beteiligung am Grundkapital in dieser Höhe für eine einfache Kapitalmehrheit ausreichend gewesen ist. Damit hat trotz des neuen Aktienrechts und einem legislativen Verbot von Mehrstimmrechten keine Änderung der durch das Mehrstimmrecht vermittelten vorherrschenden Stellung der Freien und Hansestadt Hamburg in der *Hamburger Hochbahn AG* stattgefunden.

Die Mehrstimmrechte in der Satzung 1938 der *Hamburger Hochbahn AG* konnten bestehen bleiben, da das AktG 1937 ausdrücklich nur die Neuschaffung von Mehrstimmrechtsaktien an eine ministerielle Ausnahmegenehmigung knüpfte.[96] Für bereits bestehende Mehrstimmrechte wurde in § 9 EGAktG eine Ausnahme dahingehend geschaffen, dass Mehrstimmrechte, die vor Inkrafttreten des AktG beschlossen wurden, erst zu einem von der Reichsregierung zu bestimmenden Zeitpunkt ihre Wirkung verlieren sollten. Damit genossen Mehrstimmrechte, die vor dem 1. Oktober 1937 zur Eintragung ins Handelsregister angemeldet wurden Bestandsschutz.[97] Da die Mehrstimmrechte in der *Hamburger Hochbahn AG* bereits 1923 geschaffen und eingetragen und 1925 in einer Aktienurkunde mit 48.900 Stimmen zusammengefasst wurden, konnte das Mehrstimmrecht der *Hamburger Hochbahn AG* fortbestehen. Da auch kein Zeitpunkt des Erlöschens der Mehrstimmrechte im Sinne des § 9 EGAktG mit der Aktienrechtsreform 1937 bestimmt wurde, blieben bestehende Mehrstimmrechte vorerst auf unbestimmte Zeit in Kraft.[98]

b) Satzung der Hochbahn von 1966

Mit dem Aktiengesetz 1965[99] wurde einerseits die Entfernung nationalsozialistischen Gedankenguts aus dem Aktiengesetz und andererseits die Stärkung des deutschen Kapitalmarkts durch Steigerung der Attraktivität der Aktie als Anlageinstrument verfolgt.[100] Damit wurde auch erneut das Mehrstimmrecht diskutiert und Ziel von Reformbestrebungen. Versucht wurde das Verbot von Mehrstimmrechtsaktien nun ausnahmslos durchzusetzen, indem die Ausnahmeregelung aus § 12 Abs. 2 S. 2 AktG gestrichten und ein endgültiger Zeitpunkt des Erlöschens der

---

96 *Bayer/Engelke*, (Fn. 91), Rn. 84.
97 *Schlegelberger/Quassowski* (Fn. 93), § 9 EGAktG Rn. 1.
98 *Kropff*, in: Bayer/Habersack, Aktienrecht im Wandel – Band I, 2007, Rn. 303 f.
99 Aktiengesetz vom 6.9.1965, BGBl I, S 1089.
100 *Kropff*, (Fn. 98), Rn. 55 ff.

Mehrstimmrechte gem. § 9 EGAktG festgesetzt werden sollte.[101] Dieses Ziel konnte sich am Ende der Reform nicht durchsetzen.[102] Stattdessen fand eine Verschärfung der Ausnahmeregelung des § 12 Abs. 2 S. 2 AktG statt, wonach eine Ausnahmegenehmigung nicht mehr zum Wohle der Gesellschaft erteilt werden konnte, sondern die Erteilung der Ausnahmegenehmigung von der Wahrung überwiegender gesamtwirtschaftlichen Belange abhängig gemacht wurde.[103] Am Ende der Reform stand mit § 5 EGAktG eine Übergangsregelung, die eine vereinfachte Abschaffung von bestehenden Mehrstimmrechten ermöglichte. Ein automatisches erlöschen von Mehrstimmrechtsaktien wurde in der Aktienrechtsreform 1965 nicht bestimmt, sodass durch § 252 HGB a. F. bzw. vorherige ministerielle Ausnahmegenehmigung geschaffene Mehrstimmrechte weiterhin Bestandsschutz hatten.[104] Die nach der Aktienrechtsreform 1965 zum Handelsregister eingereichte Satzung der *Hamburger Hochbahn AG* aus dem Jahr 1966 sah daher noch immer eine bestehende B-Vorzugsaktie über 166.400 DM vor. Dieses hatte gem. § 20 der Satzung nun sogar 156.480 Stimmen. Ansonsten berechtigten je 100 DM am Grundkapital zu einer Stimme. Dass das Mehrstimmrecht nochmal angestiegen ist, ist vermutlich Folge des § 216 Abs. 1 S. 2 AktG a. F., der die Erhöhung und Neuausgabe bestehender Mehrstimmrechte trotz des Verbots von Mehrstimmrechten erlaubte, um das bisherige Stimmverhältnis der Aktiengattungen zueinander zu wahren.[105] Das Grundkapital der *Hamburger Hochbahn AG* über 110.035.000 DM war mittlerweile in jeweils 69.008 auf den Inhaber lautende A-Aktien je 1000 DM, 30.092 auf den Inhaber lautende A-Aktien je 100 DM, 21.760 B-Aktien je 1000 DM, 2016 B-Aktien je 100 DM, 15.889 C-Aktien je 1000 DM, 8 C-Aktien je 100 DM und eine B-Vorzugsaktie über 166.400 DM eingeteilt. Sämtlich B- und C-Aktien lauteten auf den Namen der Freien und Hansestadt Hamburg und waren vinkuliert. Somit entfielen von 1.255.166 Stimmen allein 12,46 % aller Stimmen auf eine Aktie. Mit den übrigen von ihr gehaltenen Aktien konnte die Freie und Hansestadt Hamburg dadurch 42,62 % aller Stimmen ausüben, hielt aber lediglich 34,55 % des Grundkapitals mittels ihrer B-, und C-Aktien. Die Satzung sah noch immer dieselben Erfordernisse zur Beschlussfassung wie die 1938er Satzung vor. Insbesondere vor dem Hintergrund des seit 1938 geschwundenen Anteils der Freien und Hansestadt Hamburg am Grundkapital der *Hamburger Hochbahn AG* war die Bedeutung des Mehrstimmrechts zur Sicherung der einfachen Stimmenmehrheit in der Ge-

101 *Kropff*, (Fn. 98), Rn. 80; *Schilling*, Bericht der Studienkommission des Deutschen Juristentages, 1955, S. 91.
102 Vgl. zum Reformprozess der Aktienrechtsreform 1965 *Kropff*, (Fn. 98), Rn. 303 ff.
103 Zur ministeriellen Ausnahmegenehmigung nach 1965 vgl. *Brändel*, FS Quack, 1991, S. 175.
104 *Meyer-Landrut*, in: Großkommentar zum AktG, 3. Aufl 1973, § 12 Rdnr. 7.
105 *Wiedemann*, in: Großkommentar zum AktG, 3. Aufl 1973, § 216 Rdnr. 2.

sellschaft gestiegen. Gerade aufgrund allgemein schwindender Hauptversammlungspräsenzen durch Streubesitzaktionäre konnte der durch das Mehrstimmrecht vermittelte Einfluss der Freien und Hansestadt Hamburg in der *Hamburger Hochbahn AG* trotz des durch B-, und C-Aktien verringerten Anteils am Grundkapital noch immer als hoch bezeichnet werden.[106]

c) Abschaffung der Mehrstimmrechte durch das KonTraG

Die Freie und Hansestadt Hamburg baute ihren Einfluss in der *Hamburger Hochbahn AG* durch weitere Kapitalbeteiligungen stetig aus. Als unmittelbare Folge verwässerte der durch das Mehrstimmrecht vermittelte Einfluss zusehends, da die Höhe des Mehrstimmrechts nicht mehr geändert wurde. So hielt die Freie und Hansestadt Hamburg 1977 48,94 % des gesamten Grundkapitals, wobei ihr 53,98 % der Stimmrechte zufielen. Bis 1989 hatte die Freie und Hansestadt Hamburg ihren Anteil am Grundkapital durch B-, und C-Aktien auf 57,89 % erhöht. Seit diesem Zeitpunkt hätte sie auch bei korrespondierendem Kapitalanteil und Einfluss die Gesellschaft ohne Mehrstimmrecht beherrschen können. Dennoch standen ihr 61,39 % aller Stimmen zu.

Mit dem Inkrafttreten des Gesetzes zur Kontrolle und Transparenz im Unternehmensbereich (KonTraG) vom 27. April 1998[107] wurde die 1937 begonnene schrittweise Verbannung von Mehrstimmrechten aus der deutschen Rechtswirklichkeit zu Ende geführt. Die Ausnahmeregelung des § 12 Abs. 2 S. 2 AktG wurde gestrichen. § 5 Abs. 1 EGAktG legte den 1. Juni 2003 als Zeitpunkt des Erlöschens sämtlicher bestehender Mehrstimmrechtsaktien fest. Die Hauptversammlung konnte jedoch auch über das Fortbestehen von Mehrstimmrechtsaktien durch Zustimmungsbeschluss von drei Vierteln des vertretenen Grundkapitals fassen. Diesen Weg schlug die *Hamburger Hochbahn AG* nicht ein. Stattdessen machte sie von der Möglichkeit des § 5 Abs. 2 EGAktG Gebrauch und fasste am 31. August 2001 einen Beschluss über das vorzeitige Erlöschen der Mehrstimmrechtsaktie. Der Beschluss erforderte gem. § 5 Abs. 2 EGAktG drei Viertel des bei der Beschlussfassung vertretenen Grundkapitals. Bei der Beschlussfassung waren insgesamt 98,68 % des gesamten Grundkapitals der *Hamburger Hochbahn AG* vertreten, wovon nahezu das gesamte vertretene Grundkapital für den Beschlussantrag stimmte. Dieser hohe Zustimmungswert verwundert nicht, da die Freie und Han-

---

106 Die Betrachtung geht von der Prämisse aus, dass die Freie und Hansestadt Hamburg lediglich die auf ihren Namen lautenden B-, und C-Aktien gehalten hat.
107 BGBl. I, S. 786.

sestadt Hamburg ihre Aktienbeteiligungen an der *Hamburger Hochbahn AG* bis 2001 auf ca. 98 % des Grundkapitals erhöht und die Aktien auf die HGV übertragen hatte. Die gem. § 5 Abs. 3 zu erstattende Entschädigung für die erloschenen Mehrstimmrechtsaktien wurde daher auf € 0,00 festgesetzt. Zwar hat die HGV als Aktionärin der B-Vorzugsaktie durch die Abschaffung des Mehrstimmrechts insgesamt 154.816 Stimmen in der Hauptversammlung verloren, jedoch ergaben sich hieraus keine substanziellen Beeinträchtigungen ihres Stimmgewichts, da sie zu diesem Zeitpunkt ohnehin mit großem Abstand Mehrheitsaktionärin der *Hamburger Hochbahn AG* war. Dem erloschenen Mehrstimmrecht kam somit kein besonderer Wert mehr zu. Mit diesem Beschluss ist die *Hamburger Hochbahn AG* zu dem aktienrechtlichen Prinzip des *one share one vote* zurückgekehrt. Seit 2003 ist die HGV Alleinaktionärin der *Hamburger Hochbahn AG* nach einem aktienrechtlichen Squeeze-Out. Die Aktien wurden im selben Jahr vom Börsenhandel abgemeldet.[108]

5. Bewertung der Mehrstimmrechtsstruktur

Die Freie und Hansestadt Hamburg ist 1918 als Mehrheitsaktionärin an der *Hamburger Hochbahn AG* beteiligt worden. Die schwierigen wirtschaftlichen Jahre der Inflationszeit in der Weimarer Republik haben dazu geführt, dass sie Maßnahmen ergreifen musste, um ihre beherrschende Stellung in der Gesellschaft zu sichern. Dazu wurden ab 1923 Mehrstimmrechtsaktien zugunsten der Freien und Hansestadt Hamburg ausgegeben. Das Mehrstimmrecht wurde sehr extrem ausgestaltet, sodass die Freie und Hansestadt Hamburg trotz späterer kapitalmäßiger Minderheit gegenüber den Privataktionären stets in der Lage war, die Hauptversammlung zu dominieren. Bis auf in wenigen Ausnahmejahren, z. B. in der Satzung 1966, konnte die Freie und Hansestadt Hamburg die einfache Stimmenmehrheit durch das Mehrstimmrecht selbst dann erreichen, wenn ausnahmslos alle Aktionäre in der Hauptversammlung anwesend gewesen wären. Die damit einhergehende Entmachtung wesentlicher Aktionärsteile durch den exzessiven Gebrauch von Mehrstimmrechten hat eine schrittweise legislative Verbannung des Mehrstimmrechts aus der deutschen Rechtswirklichkeit ausgelöst, die 1998 ihren Abschluss gefunden hat. Als Kompensation für die schwachen Mitverwaltungsrechte der Privataktionäre wurde schon 1918 eine garantierte Mehrdividende zugunsten der Privataktionäre in die Satzung aufgenommen. Der exzessive Gebrauch dieses Rechtsinstituts in der *Hamburger Hochbahn AG* hat sicherlich

108 *Krause,* (Fn. 8), S. 343 f.

dennoch wesentlich zum Verruf des Mehrstimmrechts beigetragen. Bereits in der Weimarer Republik war die *Hamburger Hochbahn AG* für ihren exzessiven Gebrauch des Mehrstimmrechts bekannt und wurde für die Sicherung ihres Einflusses durch exzessiven Gebrauch des Mehrstimmrechts kritisiert.[109] Die Stammaktionäre in der *Hamburger Hochbahn AG* waren jedenfalls aufgrund der Höhe des Mehrstimmrechts ihren Teilhaberechten beraubt.

Interessant sind derzeitig andauernde Bestrebungen im europäischen Ausland, bestehende legislative Verbote von Mehrstimmrechten wieder aufzuheben.[110] Pate für die Bestrebungen steht oftmals das französische Treuestimmrecht.[111] Begründet wird die Wiedereinführung nicht mit einer Überfremdungsgefahr. Diese ist in Zeiten der Globalisierung und Verflechtung internationaler Kapitalmärkte nicht zu beanstanden.[112] Die neuen Befürworter der Mehrstimmrechte argumentieren, dass insbesondere die interne Corporate Governance durch langfristig investierte Aktionäre verbessert werden könne, wenn diese aktiviert werden und ihre Aktio-

---

109 So z.B. die Hamburger Hochbahn AG ausdrücklich benennend und kritisierend *Müller-Erzbach*, (Fn. 60), S. 11.

110 In Italien wurden Aktien mit bis zu dreichfachem Mehrstimmrecht bei nichtbörsennotierten und bei börsennotierten Gesellschaften Aktien, deren Stimmrecht sich nach einer Mindesthaltedauer von wenigstens zwei Jahren verdoppelt zugelassen (vgl. *Ventoruzzo*, ZVglRWiss 114 (2015) 192, 209 ff.). Zur Zulassung doppelter Stimmrechte nach Ablauf einer Mindesthalteperiode in belgischen börsennotierten Gesellschaften vgl. *Dubios*, Introduction of Loyalty Shares in the Belgian listed companies, a real game changer? 2019, passim, aufrufbar unter: https://dial.uclouvain.be/memoire/ucl/object/thesis:20981 (letzter Aufruf am 5. März 2020). In Spanien wird derzeit die Einführung zeitgebundener Doppelstimmrechte diskutiert. Diese ablehnend *Gurrea Martínez*, The Case Against the Implementation of Loyalty Shares in Spain 2019, passim, aufrufbar unter: https://www.law.ox.ac.uk/business-law-blog/blog/2019/07/case-against-implementation-loyalty-shares-spain (letzter Aufruf am 5. März 2020); zur Zulässigkeit Treuestimmrechte vermittelnder Loyalitätsaktien in den Niederlanden, Frankreich und Italien vgl. *Cronheim*, FS Wegen, 2015, S. 197; vgl. auch *Mock*, in: Großkommentar zum AktG, 5. Aufl. 2017, § 12 Rdnr. 26 ff.

111 Zum französischen Treuestimmrechtsmodell vgl. *Storck/Schneider*, AG 2008 700; Treuestimmrechte sind in Frankreich seit dem *loi florange* 2014 der Regelfall. Soweit diese nicht vorgesehen sein sollen, müssen neugegründete Aktiengesellschaften diese ausdrücklich in ihrer Satzung abbedingen (vgl. *Ventoruzzo*, (Fn. 110), 192, 201 f.; *Conac*, ZVglRWiss 114 (2015) 215, 228.).

112 *Heider*, in: Münchener Kommentar zum AktG, 5. Aufl. 2019, § 12 AktG Rdnr. 12; *Mock*, (Fn. 110), § 12 Rdnr. 6; Darüber hinaus dürfte spätestens seit dem Inkrafttreten der Übernahmerichtlinie (2004/25/EG) der Überfremdungsschutz nicht mehr als geeignetes Argument zur Begründung von Mehrstimmrechtsaktien dienen dürfen, da diese einen klaren transparenten Regelungsrahmen für Übernahmeangebote schaffen sollte und ein ausreichendes Schutzniveau für (Minderheits-)Aktionäre geschaffen werden sollte. Sie stellt somit ein klares Bekenntnis zu Übernahmen dar. Zur Richtlinie und ihren Zielen (dazu etwa *Fleischer*, in: Paschos/Fleischer, Handbuch Übernahmerecht nach dem WpÜG, 2017, § 1 Rdnr. 70).

närsrechte ausüben würden.[113] Folgt man dieser Idee sind Mehrstimmrechte nicht per se als nachteilig für die Corporate Governance einzustufen. Die Idee stellt in jedem Fall den vorherrschenden Grundsatz des *one share one vote* als vorzugswürdigen Mechanismus der Corporate Governance auf den Prüfstand. Klar ist allerdings auch, dass das Mehrstimmrecht der *Hamburger Hochbahn AG* niemals den Anforderungen einer guten Corporate Governance genügt hätte. Es bleibt somit die offene Frage, ob Mehrstimmrechte und gute Corporate Governance miteinander vereinbar sind, oder sich ausschließen. Für letzteres spricht die gemachte Erfahrung mit dem Mehrstimmrecht der *Hamburger Hochbahn AG*. Eine intensive Diskussion über dieses Instrument hat sich in Deutschland noch nicht eingestellt.[114]

VII. Entsendungsrechte

Mit Eintritt der Freien und Hansestadt Hamburg als Aktionärin in die *Hamburger Hochbahn AG* im Jahr 1918 musste der Balanceakt gemeistert werden, die Interessen der privaten Aktionäre und der öffentlichen Hand in Einklang miteinander zu bringen. Die Privataktionäre verfolgten bei ihrem Engagement in der *Hamburger Hochbahn AG* vor allem wirtschaftliche Interessen. Ihnen wurde daher eine Mindestdividende zugesichert.[115] Die Freie und Hansestadt Hamburg hingegen musste ausreichend großen Einfluss auf die Geschäftsführung haben, um durch Lenkung des Leistungs- und Preisangebots der Gesellschaft den öffentlichen Nahverkehr für breite Teile der Bevölkerung zugänglich machen zu können,[116] schließlich gehört der öffentliche Personennahverkehr zu der dem Staat obliegenden Daseinsvorsorge. Mehrstimmrechte, die zu einer faktischen Entrechtung der kapitalistischen Mehrheit in der *Hamburger Hochbahn AG* geführt haben, wurden erst später als Reaktionen auf die Wirtschaftskrise in der Weimarer Republik eingeführt. Zunächst war die Freie und Hansestadt Hamburg mit ihrem Eintritt 1918 zu 51,05 % am Grundkapital beteiligt, was ihre Macht ohnehin absicherte. Dazu kamen Satzungsregeln, die ihr Einfluss auf die Besetzung des Aufsichtsrats einräumten.

113 *Habersack*, Gutachten E 69. DJT, 2012, E 9, E 90; *Weber-Rey/Reps*, ZGR 2013 597, 643; *Noack*, in: Fleischer/Koch/Kropff/Lutter, 50 Jahre AktG, 2016, S. 163, 184.
114 *Noack*, (Fn. 113), S. 184.
115 Siehe dazu ausführlich VI.1.
116 *Krause*, (Fn. 8), S. 76.

1. Das Vorschlagsrecht der Freien und Hansestadt Hamburg ab 1918

Der Aufsichtsrat der mit Generalversammlungsbeschluss vom 16. Juli 1918 neu – in der heutigen Terminologie – als *Public Private Partnership* neu strukturierten *Hamburger Hochbahn AG* musste aus einer geraden Zahl von Aufsichtsratsmitgliedern bestehen, mindestens jedoch aus zwölf Mitgliedern.[117] Tatsächlich umfasste der Aufsichtsrat 1918 insgesamt 24 Mitglieder unter dem Vorsitz des Hamburger Senators und späteren Bürgermeisters *Dr. Arnold Diestel.* Mindestens die Hälfte der Mitglieder des neu besetzten Aufsichtsrats entfielen auf Vorschläge der Stadt.[118] Dieses Wahlvorschlagsrecht hatte sich die Stadt in der Satzung einräumen lassen. Die Satzung bestimmte, dass *„der hamburgische Staat [...] das von der Finanzdeputation auszuübende Recht neben dem Vertreter der öffentlichen Interessen*[119] *die Hälfte der Mitglieder des Aufsichtsrats vorzuschlagen“*[120] hat. Die Regelung beinhaltete jedoch nur das Recht Mitglieder vorzuschlagen, sie musste anschließend noch gem. Art. 243 Abs. 1 HGB 1897 von der Generalversammlung gewählt werden. In Zusammenhang mit der 1918 bestehenden kapitalistischen Mehrheit der Freien und Hansestadt Hamburg als Aktionärin und dem zu diesem Zeitpunkt noch geltenden Prinzips des *one share one vote*, war es undenkbar, dass die vorgeschlagenen Aufsichtsratsmitglieder gegen den Willen der Stadt nicht in den Aufsichtsrat gewählt wurden. In der Inflationszeit wurde die Wahl der vorgeschlagenen Aufsichtsratsmitglieder durch die in der Satzung verankerten Mehrstimmrechte zugunsten der Freien und Hansestadt Hamburg sichergestellt. Dominanz im Aufsichtsrat erreichte die Stadt dadurch, dass ihr, vertreten durch den Hamburger Senat, das Recht eingeräumt wurde, für jedes Geschäftsjahr aus den Reihen der gewählten Aufsichtsratsmitglieder dessen Vorsitzenden zu bestimmen. Bei Abstimmungen innerhalb des Organs gab bei Stimmengleichheit die Stimme des Aufsichtsratsvorsitzenden den Ausschlag, da sie doppelt zählte.[121]

---

117 Vgl. § 16 der Satzung von 1925.
118 *Krause*, (Fn. 8), S. 78.
119 Siehe ausführlich IV.
120 Vgl. § 16 der Satzung von 1925.
121 Vgl. § 18 der Satzung von 1925; diese Regelung entspricht auch noch heute gebräuchlichen Satzungsklauseln nicht der Mitbestimmung unterfallenden Aktiengesellschaft. Dort hat die Stimme des Aufsichtsratsvorsitzenden und die Stimme der übrigen Aufsichtsratsmitglieder grundsätzlich die gleiche Stimmkraft. Die Satzung kann jedoch bestimmen, dass bei Stimmengleichheit die Stimme des Aufsichtsratsvorsitzenden den Ausschlag gibt (vgl. nur *Habersack*, [Fn. 30], § 107 Rn. 67). Bei mitbestimmten Aktiengesellschaften hat der Aufsichtsratsvorsitzende im zweiten Wahlgang nach Stimmengleichheit doppeltes Stimmrecht, vgl. § 29 Abs. 2 MitbestG.

Somit wurde sichergestellt, dass die Stadt die Kontrolle über die Gesellschaft durch die Kontrolle des Aufsichtsrats erlangt.

Das 1918 geltende HGB 1897 verbot in Art. 243 HGB 1897 ausdrücklich die Bestellung von Aufsichtsratsmitgliedern anderen Organen als der Generalversammlung einzuräumen. Die Bestellung der Aufsichtsratsmitglieder war somit ein ausschließliches Recht der Generalversammlung, dem Entsendung, Delegation und Kooptation von Aufsichtsratsmitgliedern durch Dritte entgegengestanden hätte.[122] Das Reichsgericht legte die betreffenden Normen der Aufsichtsratsbestellung eng aus, sodass von dem Wahlrecht der Generalversammlung abweichende Bestimmungen oder Entsendungsrechte nach der Rechtsprechung unwirksam waren.[123] Trotz des Verbots war die Vereinbarung eines faktischen Entsendungsrechtes durch schuldrechtliche Nebenabreden ein häufig genutztes Gestaltungsmittel der damaligen aktienrechtlichen Praxis *contra legem*. Dies wurde wohl besonders häufig bei gemischtwirtschaftlichen Aktiengesellschaften genutzt, wie z. B. der *Hamburger Hochbahn AG*, um staatlichen Einfluss auf die Unternehmensleitung zu gewährleisten. Dass der Staat an solchen Vereinbarungen beteiligt war, hat wohl auch zur praktischen Akzeptanz solcher schuldrechtlichen Vereinbarungen entgegen der Rechtsprechung des Reichsgerichts geführt.[124] Gemessen an diesem Maßstab bewegt sich die Satzungsgestaltung bei der *Hamburger Hochbahn AG* wohl im Rahmen des gesetzlich zulässigen. Sie erklären gleichermaßen, weswegen sich die Regelung in einem Vorschlagsrecht für die Freie und Hansestadt Hamburg erschöpft. Rein faktisch hat dieses Vorschlagsrecht jedoch die einem Entsendungsrecht vergleichbare Wirkung gehabt, solange die Stadt sich die Stimmenmehrheit in der Generalversammlung sichern konnte.

2. Implementierung eines Entsendungsrechts zugunsten der Stadt

Mit Anpassung der Satzung der *Hamburger Hochbahn AG* an das Aktiengesetz 1938 wurde die ohnehin durch die Veto- und Vorschlagsrechte starke Stellung der Stadt im Aufsichtsrat weiter gestärkt. Zwar führte das Inkrafttreten des AktG 1937 dazu, dass die das Vetorecht betreffende Satzungsregelung nicht mehr mit geltendem Aktienrecht vereinbar war, an ihre Stelle trat jedoch ein wirkliches Entsendungsrecht der Stadt. § 14 Abs. 1 S. 2 der Satzung von 1938 bestimmte: *„Die Han-*

---

122 *Klausmann*, Entsendungsrechte in der Aktiengesellschaft, 2016, S. 61.

123 RG v. 16.12.1913 – II 566/13 – RGZ 83, 377, 382; RG v. 11.06.1931 – II 398/29 – RGZ 133, 90, 94; *Klausmann*, (Fn. 122), S. 62 m. w. N.

124 *Klausmann*, (Fn. 122), S. 63 f.

sestadt Hamburg hat als Inhaber der auf ihren Namen lautenden B- und C- Aktien das Recht, den dritten Teil aller Aufsichtsratsmitglieder zu entsenden." Der Aufsichtsrat bestand zu diesem Zeitpunkt aus höchstens 18 und wenigstens zwölf Mitgliedern. Hintergrund dieser Regelung war, dass durch die Gesetzesreform mit § 88 AktG 1937 Entsendungsrechte durch den Gesetzgeber ausdrücklich anerkannt wurden, um insbesondere dem Staat als Aktionär ein wirksames Mittel zur Wahrung seiner Interessen an die Hand zu geben.[125] Der historische Kontext der Entstehung der Norm könnte den Eindruck entstehen lassen, die Norm sei von nationalsozialistischem Gedankengut wie dem Hineintragen des Führerprinzips in das Wirtschaftsrecht geprägt. Tatsächlich beruhen weite Teile des Aktiengesetzes von 1937 auf bereits zu Weimarer Zeiten eingeleiteten Reformbestrebungen, dies gilt auch für die geschaffenen Entsendungsrechte,[126] sodass der Einfluss nationalsozialistischen Gedankenguts auf das Aktiengesetz 1937 heute als gering gilt.[127]

Nach § 88 AktG 1937 konnte durch Entsendungsrechte maximal ein Drittel aller Aufsichtsratsmitglieder bestellt und das Entsendungsrecht nur vinkulierten Namensaktien eingeräumt werden. Das Entsendungsrecht enthielt auch das Recht des Entsendungsrechtsinhabers, die entsendeten Aufsichtsratsmitglieder jederzeit wieder abzuberufen. Auf diese Weise sollte verhindert werden, dass spekulative Aktionäre, die nur finanzielle Interessen verfolgten, das Entsendungsrecht und damit einhergehender Einfluss auf die Unternehmensleitung eingeräumt wird.[128] Um den an die Einräumung des Entsendungsrechts gestellten Anforderungen gerecht zu werden, wurde § 4 der Satzung dahingehend geändert, dass die Übertragung der von der Stadt gehaltenen Aktien an die Zustimmung der Gesellschaft gebunden wurde. Die Schaffung von Namensaktien hingegen war nicht mehr notwendig, da seit dem Eintritt der Stadt 1918 das Grundkapital in auf den Inhaber lautende A-Aktien und auf den Namen der Stadt lautende B- und später hinzukommende C-Aktien geteilt war.

---

125 *Klausmann*, (Fn. 122), S. 71.

126 Untersuchung des § 88 AktG 1937 auf dessen nationalsozialistische Einflüsse bei *Klausmann*, (Fn. 122), S. 75 ff. „*Letztlich lässt sich konstatieren, dass die Einführung des Entsendungsrechts im AktG 1937 nur schwerlich als Ausprägung einer spezifisch nationalsozialistischen Staats- und Wirtschaftsräson angesehen werden kann.*"

127 *Bayer/Engelke*, in Bayer/Habersack (Fn. 91) Rn. 122: „*Rückblickend hat sich das Aktiengesetz von 1937 auch in schweren Zeiten des Zusammenbruchs und des Wiederaufbaus der deutschen Wirtschaft nach 1945 bewährt. Nicht ohne Grund wird das Gesetz deshalb auch als wohldurchdacht, technisch und sprachlich auf großer Höhe stehendes Gesetzeswerk gepriesen.*"

128 *Klausmann*, (Fn. 122), S. 71.

3. Weitere Entwicklung nach 1938

Mit der Aktienrechtsreform 1965 wurden die 1937 geschaffenen Regelungen zum Entsendungsrecht abgesehen von einigen redaktionellen Änderungen nahezu unverändert übernommen und in §§ 101, 103 AktG überführt. Für die Satzung der *Hamburger Hochbahn AG* bedeutete dies, dass Satzungsänderungen nicht erforderlich gewesen wären. So ist das der Stadt eingeräumte Entsendungsrecht in der zweiten Hälfte des 20. Jahrhunderts nahezu unangetastet geblieben. Lediglich die Anzahl der zu entsendenden Aufsichtsratsmitglieder im Verhältnis zur Gesamtgröße des Aufsichtsrats wurde angepasst. Von 18 Aufsichtsratsmitgliedern durfte die Stadt im Jahr 1966 insgesamt vier Aufsichtsratsmitglieder entsenden.[129] Bei dieser Satzungsgestaltung fällt auf, dass die Stadt nicht die maximal zulässige Höchstzahl der entsendbaren Aufsichtsratsmitglieder ausgeschöpft hat. Hier wäre es gem. § 101 Abs. 2 AktG möglich gewesen, sechs Mitglieder in den Aufsichtsrat zu entsenden. Dies darf nicht darüber hinwegtäuschen, dass die Stadt 1966 allein wegen des ihr noch zustehenden Mehrstimmrechts den Aufsichtsrat nur dann nicht hätte selbstständig bestimmen können, wenn die übrigen Streubesitzaktionäre koordiniert hiergegen vorgegangen wären.

In der Satzung von 1977 hat die Freie und Hansestadt Hamburg wieder das gesetzlich zulässige Anzahl an entsendbaren Aufsichtsratsmitgliedern ausgeschöpft. Die Gesamtgröße des Aufsichtsrats wurde auf zehn Mitglieder reduziert. Die Zahl der entsendbaren Aufsichtsratsmitglieder musste entsprechend auf drei herabgesetzt werden.[130] Bei diesem Verhältnis der entsendbaren Aufsichtsratsmitglieder ist es nach dem den Autoren vorliegenden Unterlagen bis zur aktuell geltenden Satzung der *Hamburger Hochbahn AG* aus dem Jahr 2002 geblieben. In der aktuell geltenden Fassung finden sich keine verankerten Entsendungsrechte mehr. Dies ist vor dem Hintergrund ihres Zwecks nur konsequent, denn die Satzung stellt den Endpunkt der Entwicklung der *Hamburger Hochbahn AG* von einer im Rahmen einer *Public Private Partnership* gegründeten privaten zur staatlichen Aktiengesellschaft dar. Mit einem zu diesem Zeitpunkt gehaltenen Grundkapital von ca. 98 % mussten keine besonderen Vorkehrungen mehr getroffen werden, damit die öffentlichen Interessen ausreichende Berücksichtigung bei der Unternehmensleitung finden.

129 Vgl. § 12 der Satzung 1966.
130 Vgl. § 13 der Satzung 1977.

VIII. (Neue) Herausforderungen für die Satzungsgestaltung

Die nunmehr bestehende Alleingesellschafterstellung der Freien und Hansestadt Hamburg bei der *Hamburger Hochbahn AG* scheint weitere Satzungsänderungen oder -anpassungen nicht erforderlich zu machen, ist das von Anfang bestehende Ziel der Sicherung des Einflusses damit doch garantiert. Tatsächlich ist dies aber nicht zwingend. Vielmehr dürften sich hinsichtlich des Unternehmensgegenstandes (siehe VIII.1.), der Governance-Struktur (siehe VIII.2.) und der Finanzierung (siehe VIII.3.) neue Herausforderungen an die Satzungsgestaltung ergeben.

1. Keine Anpassung des Unternehmensgegenstandes

Der Unternehmensgegenstand der Satzung in der heutigen Form dürfte – abgesehen von dem in § 2 Abs. 3 vorgenommenen Verweis auf die Festlegung durch den Senat der Freien und Hansestadt Hamburg[131] – jedenfalls bei einer Beibehaltung der derzeitigen Beteiligungsverhältnisse und Ausrichtung der *Hamburger Hochbahn AG* unproblematisch sein. Dies gilt im Grundsatz unabhängig davon, welche Entwicklungen der öffentliche Personennahverkehr zukünftig nehmen wird, da der Unternehmensgegenstand bereits weit gefasst ist. So dürften auch moderne Verkehrskonzepte – wie etwa die Zusammenarbeit mit Car- oder Fahrrad-Sharing-Modellen – vom Unternehmensgegenstand umfasst sein. Auch die in vielen Großstädten diskutierte generelle kostenlose Beförderung der Fahrgäste[132] lässt sich mit dem derzeitigen Unternehmensgegenstand vereinbaren, auch wenn sich an anderer Stelle Herausforderungen für die Finanzverfassung ergeben.[133] Zwar nimmt die Satzung derzeit noch mehrfach Bezug auf Gewinnausschüttungen. Allerdings ist eine Gewinnorientierung auch bei einer Umstellung auf eine kostenlose Personenbeförderung aufgrund anderer Erwerbsquellen nicht zwingend ausgeschlossen, auch wenn eine tatsächliche Gewinnerzielung wohl kaum eintreten dürfte.

131 Siehe III.
132 Dazu etwa *Matz*, IR 2014, 2 ff. (Teil I) und 32 ff. (Teil II) zum Modell des umlagefinanzierten ÖPNV.
133 Dazu VIII.3.

2. Schaffung einer (öffentlich-rechtlichen) Corporate Governance-Struktur

Die zentralste Herausforderung für die Satzungsgestaltung dürfte die Schaffung einer öffentlich-rechtlichen Corporate Governance-Struktur sein. In der aktuellen Satzung wird darauf vollständig verzichtet und insofern lediglich auf die Governance-Strukturen des Aktienrechts zurückgegriffen, die sozusagen mit der Alleingesellschafterstellung der Freien und Hansestadt Hamburg gepaart werden. Moderne Elemente wie etwa eine Bezugnahme auf einen (Public) Corporate Governance Kodex sucht man vergeblich, obwohl andere Gesellschaften mit einem staatlichen Alleingesellschafter darüber bereits verfügen[134] und auch die Freie und Hansestadt Hamburg einen solchen[135] für ihre Unternehmensbeteiligungen geschaffen hat. Die Frage nach der Modernisierung der Corporate Governance-Struktur dürfte sich zudem auch dann stellen, wenn es zukünftig zu einer Teilprivatisierung der *Hamburger Hochbahn AG* kommen sollte. Auch wenn dies derzeit nicht auf der politischen Agenda zu stehen scheint, ist dies nicht völlig ausgeschlossen. Dies gilt insbesondere vor dem Hintergrund neuerer Mobilitätskonzepte, bei denen möglicherweise eine Einbeziehung externer Investoren oder Anbieter dieser Konzepte erforderlich werden kann. Spätestens bei einer solchen Reprivatisierung dürfte eine Anpassung der Corporate Governance-Struktur – und sei es auch nur durch eine Bezugnahme auf einen Kodex – erforderlich werden.

3. Sicherung der Unternehmensfinanzierung

Die wohl zentralste Herausforderung dürfte die weitere Unternehmensfinanzierung sein. In den vergangenen Jahren hat die *HGV* stets einen Betrag zwischen 45 und 50 Millionen als Verlustübernahme aufgrund des bestehenden Unternehmensvertrags an die *Hamburger Hochbahn AG* geleistet.[136] Sollten sich die Überlegungen für einen kostenfreie Beförderung im öffentlichen Personennahverkehr durchsetzen, dürfte sich die Verlustübernahmeverpflichtung der *HGV* deutlich erhöhen und sich die *Hamburger Hochbahn AG* langfristig und wohl unumkehrbar

---

134 Dies gilt etwa für den Gesellschaftsvertrag der *Bundestheater Holding GmbH* (dazu *Mock/Fuhrmann* [in diesem Band – § 21]).

135 Hamburger Corporate Governance Kodex (HCGK), gültig seit dem 26.3.2013; dazu und anderen Public Corporate Governance Kodizes etwa *Hartmann/Zwirner*, WPg 2016, 1082 ff.; allgemein *Kalss*, in: Kalss/Fleischer/Vogt, Der Staat als Aktionär, 2018, S. 145 ff. (*aus österreichischer Sicht*).

136 Vgl. *Hamburger Hochbahn AG*, Unternehmensbericht 2019, S. 50 (abrufbar unter www.hochbahn.de).

zu einem Zuschussgeschäft für die Freie und Hansestadt Hamburg entwickeln, das einer Gegenfinanzierung bedarf. Soweit man dabei auf Steuer- oder Abgabetatbestände[137] zugreift, dürfte sich einmal mehr die Frage nach der Sinnhaftigkeit des Festhaltens an der Rechtsform der Aktiengesellschaft stellen, zumal in diesem Fall auch eine Finanzierung durch externe Investoren wenig aussichtsreich sein dürfte.

IX. Fazit

Betrachtet man die Entwicklung der Satzung der *Hamburger Hochbahn AG* fällt auf, dass der Hauptzweck der Satzungsgestaltung von Anfang an die Sicherung des Einflusses der Freien und Hansestadt Hamburg im Interesse der Förderung des öffentlichen Personennahverkehrs gewesen ist. Die dazu gewählten Instrumente spiegeln in einer eindrucksvollen Art und Weise die Entwicklung des deutschen Aktienrechts im 20. Jahrhundert wieder und reichen von einer Vollintegration des Betriebsvertrags in die Satzung, über die Schaffung von Vetorechten im Aufsichtsrat, einer Bevorzugung bei der Gewinnverteilung, der Schaffung von Mehrstimmrechtsaktien bis hin zu Entsendungsrechten. Dem mit der zunehmenden Regulierung dieser Rechtsinstitute erforderlichen Anpassungsbedarf wurde dabei immer wieder entsprochen, auch wenn parallel ein stetiger Ausbau der Aktionärsstellung der Freien und Hansestadt Hamburg bis hin zur Alleingesellschafterstellung verbunden war. Damit stellen sich aus heutiger Sicht die Fragen nach der Erforderlichkeit der Beibehaltung der Rechtsform der Aktiengesellschaft, die wohl mit dem fehlenden Erfordernis einer Umwandlung in eine öffentlich-rechtliche Organisationsform, den damit verbundenen Kosten und der Sicherung der Option einer Reprivatisierung beantwortet werden dürften. Tatsächlich führt aber auch die Alleingesellschafterstruktur der Freien und Hansestadt Hamburg bei der *Hamburger Hochbahn AG* nicht dazu, dass zukünftig keine Änderungen der Satzung erforderlich sein werden. Maßgebliche Triebfedern werden die zunehmende Entstehung einer öffentlich-rechtlichen Corporate Governance-Struktur und die Herausforderungen der Finanzierung des öffentlich-rechtlichen Nahverkehrs sein.

---

137 Dazu *Matz*, (Fn. 132), 32 ff.

Anhang – Gesellschaftsvertrag der Hamburger Hochbahn AG (1911)

Abschnitt I.
Allgemeine Bestimmungen.

§ 1.

Unter der Firma

Hamburger Hochbahn AKTIENGESELLSCHAFT

ist eine Aktiengesellschaft gegründet, welche Ihren Sitz in Hamburg hat und in ihrer Dauer unbeschränkt ist.

§ 2.

Gegenstand des Unternehmens ist die Übernahme und Ausführung des von der Siemens & Halske Aktiengesellschaft und der Allgemeinen Elektricitäts-Gesellschaft in Berlin mit der Finanzdeputation der Freien und Hansestadt Hamburg unter dem 25. Januar 1909 abgeschlossenen Betriebsvertrages betreffend die Hochbahn, dessen Bestimmungen für die Gesellschaft so maßgebend sind, als ob sie einen Teil dieses Gesellschaftsvertrages bildeten, sowie ferner die Übernahme des Betriebes der Hochbahn in Hamburg auf Grund des vorerwähnten Betriebsvertrages.

Die Gesellschaft, welche anstelle der vorgenannten Elektrizitäts-Gesellschaften in den gedachten Betriebsvertrag eintritt, ist zum Betriebe alle Geschäfte berechtigt, welche zur Ausführung dieses Vertrages und später etwa erfolgender weiteren Ausdehnung der Hamburger Hochbahn dienen, sowie sonstiger mit Zustimmung der Aufsichtsbehörde unternommenen Geschäfte, auch wenn sie außerhalb des mit dem Staate abgeschlossenen Vertrages liegen.

§ 3.

Bekanntmachungen der Gesellschaft gelten unbeschadet weiterer für zweckmäßig gehaltener Anzeigen insbesondere in Hamburgischen Zeitungen als gehörig veröffentlicht, sofern sie einmal in dem „Deutschen Reichsanzeiger" eingerückt sind, vorausgesetzt, daß nicht das Gesetz eine mehrmalige Einrückung verlangt.

Abschnitt II.
Grundkapital, Aktien, Schuldverschreibungen.

§ 4.

Das Grundkapital der Gesellschaft beträgt 15 Millionen Mark, eingeteilt in 15000 Aktien über je Mark 1000,–. (Die Einteilung in Stamm- und Vorzugsaktien bleibt vorbehalten).

Die Ausgabe neuer Aktien zu einem höheren als dem Nennbetrag ist zulässig. Für die Zeit bis zum Beginn des vollen Betriebes, längstens bis zum 31. Dezember 1914, können durch Beschluss der Generalversammlung den Aktionären auf die geleisteten Einzahlungen Bauzinsen nicht über 5 % jährlich gewährt werden.

Die Aktien lauten auf den Inhaber.

§ 5.

Bei Errichtung der Gesellschaft wird auf das Grundkapital eine bare Einzahlung von mindestens 25 % geleistet. Die weiteren Einzahlungen werden je nach Bedarf auf Beschluß des Aufsichtsrates einberufen.

Die Aufforderungen zu weiteren Einzahlungen müssen mindestens 4 Wochen vor dem Zahlungstage gemäß § 3 bekannt gemacht werden.

§ 6.

Bis zur erfolgten Volleinzahlung des Ausgabebetrages der Aktien werden auf Namen lautende Interimsscheine ausgegeben, welche mit genauer Bezeichnung des Zeichners nach Namen, Stand und Wohnort in das Aktienbuch der Gesellschaft eingetragen werden.

Die aus dem Aktienbuch ersichtlichen Inhaber der Interimsscheine sind für die Einzahlung des vollen Ausgabebetrages der Aktien verhaftet und verpflichtet, bei nicht rechtzeitiger Leistung der einberufenen Einzahlungen 6 % Verzugszinsen zu bezahlen.

Die Abtretung nicht voll gezahlter Aktien ist der Gesellschaft gegenüber erst wirksam nach Umschreibung der Aktien im Aktienbuche, welche auf Antrag des alten oder des neuen Aktionärs unter Vorlegung der Abtretungserklärung zu erfolgen hat.

§ 7.

Den Aktien sind Gewinnanteilscheine und ein Erneuerungsschein beizufügen. Die Form der Aktien und Interimsscheine bestimmt der Aufsichtsrat.

§ 8.

Die Aktien erhalten die Unterschrift des Vorstandes sowie diejenige deines Kontrollbeamten. Letztere muss handschriftlich erteilt werden, wogegen es genügt, wenn die erstere Unterschrift durch Faksimile dargestellt wird.

Gewinnanteile, welche binnen 4 Jahren nach Ablauf desjenigen Kalenderjahres, in welchem sie fällig geworden sind, nicht abgehoben werden, verfallen zu Gunsten der Gesellschaft; jedoch soll demjenigen, welcher den Verlust von Gewinnanteilscheinen vor Ablauf der gedachten vierjährigen Frist angemeldet hat und in glaubhafter Weise dartut, nach Ablauf der gedachten Frist der Betrag der angemeldeten und bis dahin nicht vorgenommenen Gewinnanteilscheine gegen Quittung ausgezahlt werden.

§ 9.

Zur Ausfertigung von Ersatzurkunden an Stelle beschädigter oder verunstalteter Aktien beziehungsweise Interimsscheine (§ 229 H.G.B.) ist der Vorstand ermächtigt.

§ 10.

Durch Zeichnung, Erwerb oder Übertrag von Aktien und Interimsscheinen unterwerfen sich die Aktionäre für alle Streitigkeiten mit der Gesellschaft der Enscheidung der in Hamburg zuständigen Gerichte.

§ 11.

Die Gesellschaft darf auf Beschluß des Aufsichtsrates Schuldverschreibungen bis zum Nennbetrage des jeweiligen Grundkapitals ausgeben.

Zur Ausgabe weiterer Schuldverschreibungen bedarf es der Genehmigung F. H. Senates. Der Aufsichtsrat bestimmt Form und Inhalt der Schuldverschreibungen.

Abschnitt III.
Verwaltung der Gesellschaft.

§ 12.

Die Organe der Gesellschaft sind:
1) Der Vorstand.
2) Der Aufsichtsrat.
3) Die Generalversammlung.

1. Der Vorstand.

§ 13.

Der Vorstand der Gesellschaft besteht nach Beschluß des Aufsichtsrates aus einer oder mehreren Personen, die vom Aufsichtsrat ernannt werden. Der Aufsichtsrat schließt den Vertrag über die Anstellung der Vorstandsmitglieder namens der Gesellschaft.

Der Aufsichtsrat kann stellvertretende Vorstandsmitglieder und zwar sofern die Vorschriften des § 248 des Handelsgesetzbuches beobachtet werden, auch aus seiner Mitte wählen.

Die Ernennung von Prokuristen sowie von sonstigen Beamten, welche zur Mitzeichnung der Firma der Gesellschaft befugt sein sollen, bedarf der Zustimmung des Aufsichtsrates.

§ 14.

Zur Verpflichtung der Gesellschaft sowie zur Zeichnung der Firma derselben gehört:
1) wenn der Vorstand aus einer Person besteht, die Erklärung oder Unterschrift dieser alleinigen Person oder zweier Prokuristen;
2) wenn der Vorstand aus mehreren Personen besteht, die gemeinschaftliche Erklärung oder Unterschrift von zwei Mitgliedern des Vorstandes oder eines Mitgliedes des Vorstandes und eines Prokuristen.

Stellvertretende Mitglieder des Vorstandes stehen in Bezug auf die Abgabe der Unterschrift den ordentlichen gleich.

§ 15.

Der Vorstand hat den Geschäftsbetrieb der Gesellschaft in Gemäßheit der gesetzlichen Vorschriften, des Gesellschaftsvertrages und der Anordnungen des Aufsichtsrates zu leiten; er vertritt die Gesellschaft nach außen.

Nach Ablauf eines jeden Geschäftsjahres entwirft der Vorstand die Bilanz, die Gewinn- und Verlustrechnung und den Geschäftsbericht und legt die Entwürfe dem Aufsichtsrat zur Prüfung und Genehmigung vor.

2. Der Aufsichtsrat.

§ 16.

Der Aufsichtsrat besteht aus mindestens fünf von der Generalversammlung zu wählenden Mitgliedern.

Die Wahl des ersten Aufsichtsrates gilt für das erste Geschäftsjahr bis zur Beendigung der Generalversammlung, welch nach dem Ablauf eines Jahres seit Eintragung der Gesellschaft in das Handelsregister zur Beschlussfassung über die Jahresbilanz abgehalten wird. (H.G.B. § 243).

Später erfolgen die Wahlen auf vier Jahre von der ordentlichen Generalversammlung bis zur ordentlichen Generalversammlung, doch muß alljährlich mindestens ein Mitglied austreten. Die Reihenfolge der Austretenden richtet sich nach der Amtsdauer; bei gleichzeitig eingetretenen Mitgliedern wird die Reihenfolge durch das Los festgestellt. Die Austretenden können wieder gewählt werden.

§ 17.

Der Beschlussfassung des Aufsichtsrates unterliegen alle durch den Gesellschaftsvertrag oder das Gesetz nicht anders geordneten Angelegenheiten. Insbesondere beaufsichtigt er die Geschäftsführung des Vorstandes. Er stellt die leitenden Grundsätze für die Geschäftsführung sowie die Geschäftsordnung für den Vorstand auf, namentlich bedarf es der Zustimmung des Aufsichtsrates:

1) zum Abschluß oder zur Abänderung von Verträgen mit dem Hamburgischen Staate, sowie mit Behörden oder Gemeinden,
2) zur Ernennung und Entlassung von Prokuristen und Handelsbevollmächtigten.

§ 18.

Der Aufsichtsrat setzt seine eigene Geschäftsordnung fest; er ist beschlußfähig bei Anwesenheit der Hälfte, mindestens aber von drei Mitgliedern.

Der Aufsichtsrat wählt alljährlich in seiner ersten nach der Generalversammlung stattfindenden Sitzung aus seiner Mitte einen Vorsitzenden und einen Stellvertreter desselben.

Der Aufsichtsrat faßt seine Beschlüsse mit einfacher Mehrheit der Stimmen; bei Stimmengleichheit gilt ein Antrag als abgelehnt.

Nach Ermessen des Vorsitzenden bezw. seines Stellvertreters können Beschlüsse auch schriftlich oder telegraphisch gefasst werden.

Zu allen Verhandlungen des Aufsichtsrates sind drei von F. H. Senate aus der Mitte der Behörden zu wählende Vertreter der öffentlichen Interessen durch Konvokation seitens des Vorsitzenden zuzuziehen bezw. bei schriftlich oder telegraphisch gefaßten Beschlüssen von dem Inhalt derselben vor ihrer Ausführung in Kenntnis zu setzen. Den Vertretern der öffentlichen Interessen steht kein Stimmrecht zu; sie nehmen aber an den Beratungen teil und sind berechtigt – und zwar die Mehrheit der in der Sitzung anwesenden oder an der Beschlussfassung teilnehmenden Vertreter – selbständige Anträge zu stellen und gegen die Maßregeln der Verwaltung ein zu Protokoll zu motivierendes Veto einzulegen. Machen die Vertreter von dem Rechte des Veto Gebrauch, so ist die betreffende Maßregel vorläufig zu suspendieren und die Entscheidung des Senats einzuholen, welcher, wenn ein gütlicher Ausgleich nicht zu erreichen ist, die Entscheidung durch ein in Gemäßheit § 22 der Bedingungen für die Ausschreibung des Betriebes der Hochbahn einzusetzendes Schiedsgericht herbeiführt.

Ein Veto ist nicht zulässig gegen Beschlüsse, welche der Aufsichtsrat in Betätigung seiner gesetzlichen Aufgabe (H.G.B. §§ 246 ff) gefaßt hat.

§ 19.

Die Mitglieder des Aufsichtsrates erhalten als Vergütung für ihre Tätigkeit 7 ½ % von demjenigen Teile des zur Verteilung gelangenden Reingewinnes, der übrig bleibt, nachdem eine Dividende von 5 % verteilt ist, mindestens aber jedes Mitglied Mk. 2000,–. Die Vertreter der öffentlichen Interessen erhalten keine Vergütung.

3. Die Generalversammlung.

§ 20.

Die Generalversammlungen werden in Hamburg abgehalten und durch den Aufsichtsrat oder den Vorstand der Gesellschaft berufen. Die Einladung zur Generalversammlung erfolgt durch Aufforderung in dem Deutschen Reichsanzeiger mit einer Frist von mindestens 17 Tagen, den Tag der Bekanntmachung und der Versammlung nicht mitgerechnet.

§ 21.

Die Tagesordnung ist mit der Einladung zur Generalversammlung bekannt zu machen. Über andere Anträge, als die auf der Tagesordnung stehenden, können Beschlüsse nicht gefaßt werden, mit Ausnahme des Antrages auf Berufung einer außerordentlichen Generalversammlung.

§ 22.

Aktionäre, welche das Stimmrecht an der Generalversammlung ausüben wollen, haben ihre Aktien bzw. die Hinterlegungsscheine der Reichsbank oder eines deutschen Notars spätestens am dritten Tage vor der Generalversammlung – diesen Tag nicht mitgerechnet – bei der Gesellschaft oder an den von dieser bekannt gemachten Stellen zu hinterlegen und werden durch die über diese Hinterlegung ausgestellte Bescheinigung legitimiert. Inhaber nicht voll bezahlter Aktien werden durch das Aktienbuch legitimiert. Eine Hinterlegung ist nicht erforderlich. Jede Aktie gewährt eine Stimme. Das Stimmrecht kann durch einen Bevollmächtigten ausgeübt werden; für die Vollmacht ist schriftliche Form erforderlich und ausreichend.

§ 23.

Den Vorsitz in der Generalversammlung führt ein Mitglied des Aufsichtsrates; über die Verhandlungen in der Generalversammlung ist ein notarielles Protokoll aufzunehmen.

§ 24.

Die ordentliche Generalversammlung findet alljährlich innerhalb der ersten sechs Monate des Kalenderjahres statt. In derselben ist durch den Vorstand und den Aufsichtsrat schriftlicher Bericht über den Geschäftsgang des verflossenen Jahres abzustatten, die Jahresabrechnung und die Bilanz vorzulegen. Die Generalversammlung beschließt über die Genehmigung der Jahresbilanz und die Gewinnverteilung, sowie über die Entlastung des Vorstandes und des Aufsichtsrates, sowie über sonstige ihr durch Gesetz obliegenden Angelegenheiten und Anträge der Verwaltung oder der Aktionäre.

§ 25.

Zur Kompetenz der Generalversammlung gehören die Beschlussfassungen über die Erhöhung des Grundkapitals, die Feststellung, Abänderung oder Ergänzung des Gesellschaftsvertrages, sowie die Auflösung der Gesellschaft oder die Fusion derselben mit einer anderen Gesellschaft.

§ 26.

Bei Abstimmungen in den Generalversammlungen entscheidet die einfache Stimmenmehrheit der abgegebenen Stimmen, soweit das Gesetz nicht erhöhte Mehrheit vorschreibt.

Ergibt sich bei Wahlen keine einfache Mehrheit der abgegebenen Stimmen, so findet Stichwahl zwischen denjenigen statt, welche die meisten Stimmen auf sich vereinigt haben und zwar sind doppelt so viel Personen zur Stichwahl zu stellen, als Personen zu wählen sind. Bei Stimmengleichheit entscheidet bei Wahlen das Los.

Bei allen Beschlüssen, welche betreffen:
a) Erhöhung, Verminderung oder Herabsetzung des Grundkapitals
b) Änderung des Zweckes der Gesellschaft, Vereinigung der Gesellschaft mit einer anderen
c) Auflösung der Gesellschaft
ist zur Gültigkeit des Beschlusses außer der Mehrheit von mindestens 3/4 des bei der Beschlussfassung vertretenen Aktienkapitals erforderlich, daß mindestens die Hälfte des jeweiligen Aktienkapitals in der Generalsversammlung vertreten ist oder das mangels dieser Voraussetzung der bezügliche Beschluss in einer zweiten Generalversammlung wiederholt wird, welche ohne Rücksicht auf die Zahl der anwesenden Aktionäre mit 3/4 Mehrheit beschließt. Der Beschluss auf Abänderung dieser Bestimmung bedarf der gleichen Erfordernisse.

Abschnitt IV.
Ermittlung und Verwendung des Ertrages.

§ 27.

Das Geschäftsjahr ist das Kalenderjahr; das erste Geschäftsjahr läuft vom Tage der Eintragung der Gesellschaft in das Handelsregister bis zum 31. Dezember des betreffenden Kalenderjahres.

§ 28.

Der Vorstand bestimmt im Einvernehmen mit dem Aufsichtsrat, welche Abschreibungen vorzunehmen sind und stellt die Bilanz in Gemäßheit der gesetzlichen Bestimmungen, der bezüglichen Vorschriften des Betriebsvertrages und im übrigen nach kaufmännischen Grundsätzen fest.

Die Bilanz ist der Generalversammlung zur Beschlussfassung vorzulegen.

Der Vorstand hat die vom Aufsichtsrate geprüften Vorlagen mindestens 17 Tage lang vor der ordentlichen Generalversammlung in den Geschäftsräumen der Gesellschaft zur Einsicht auszulegen.

§ 29.

Aus dem Betriebsüberschuß des Unternehmens wird ein Tilgungsfonds gebildet, welcher zur Tilgung des Aktienkapitals bis zum Ablauf der Konzession zum Betriebe der Hochbahn in Hamburg bestimmt ist.

Die Tilgung von Aktien ist nur mit Genehmigung des Hamburger Senats zulässig.

§ 30.

Die Gewinnverteilung ist nach den gesetzlichen Bestimmungen und nach den Bestimmungen des mit dem Staate geschlossenen Betriebsvertrages vorzunehmen, und zwar wie folgt:

Nach Deckung aller Verwaltungskosten, Unterhaltungs- und Betriebsausgaben einschließlich der Ausgaben für Versicherungen und Wohlfahrszwecke, der Abgaben an den Staat, der Steuern und Hypothekenschuld- und Schuldverschreibungszinsen, sowie nach Rückstellung der Beträge für Tilgung und Erneuerung und für außergewöhnliche Ausgaben im Betriebe und ferner nach Vornahme der Einlagen in den gesetzmäßigen Reservefonds und nach Zahlung der Tantiemen an Direktion und Angestellte erhält die Gesellschaft einen Betrag von bis fünf vom Hundert des Aktienkapitals. Der verbleibende Überschuss fällt nach Abrechnung der gemäß § 19 festzusetzenden Vergütung für den Aufsichtsrat zu zwei Dritteln dem Staate und zu einem Drittel der Gesellschaft zu.

Von denjenigen Erträgnissen, welche aus Geschäften herrühren, die von der Gesellschaft außerhalb des mit dem Staate geschossenen Betriebsvertrages betrieben werden, erhält der Staat keinen Anteil. Die Gewinnverteilung des Staates erstreckt sich ferner nicht auf solche Einnahmen, von denen der Staat bereits nach § 12 des Betriebsvertrages einen Anteil erhalten hat.

Über die Verwendung es nach vorstehendem verteilbaren Reingewinnes bestimmt die Generalversammlung; dieselbe kann außerordentliche Rückstellungen, Verwendungen für bestimmte Zwecke und einen Gewinnvortrag beschließen, letzterer kommt für die Berechnung des Anteiles des Staates in folgenden Geschäftsjahren vorweg in Abzug.

Nicht vollgezahlte Aktien nehmen am Gewinn des betreffenden Geschäftsjahres im Verhältnis der geleisteten Einzahlungen und entsprechend dem Zeitpunkt seit der erfolgten Einzahlung teil.

Abschnitt V.
Verhältnis der Gesellschaft zum Staate Hamburg und zu den Firmen Siemens & Halske A.-G. und Allgemeine Elektricitäts-Gesellschaft.

§ 31.

Für das Rechtsverhältnis der Gesellschaft zum Staate Hamburg ist der im § 2 bezeichnete Betriebsvertrag maßgebend. Die Gesellschaft tritt an Stelle der Siemens & Halske A.-G. und der Allgemeinen Elektricitäts-Gesellschaft in alle Pflichten und Rechte dieses Vertrages gegenüber dem Staate ein.

Abschnitt VI.
Übergangsbestimmungen.

§ 32.

Zu den bis zur Eintragung der Gesellschaft in das Handelsregister erforderlich werdenden Generalversammlungen und zu den bis dahin verlangten Einzahlungen bedarf es keiner Einladung durch öffentliche Aufforderung, sondern es genügt schriftliche Anzeige an die Gründer der Gesellschaft.

§ 33.

Der in der konstituierenden Generalversammlung erwählte Aufsichtsrat ist ermächtigt, Zusätze und Änderungen des Gesellschaftsvertrages, welche die Fassung (Satzung?) betreffen und zum Zwecke der Eintragung der Gesellschaft in das Handelsregister erforderlich scheinen, mit verbindlicher Kraft für die Aktienzeichner und die Gesellschaft festzusetzen. Zur Beurkundung solcher Zusätze und Abänderungen genügt die Erklärung von zwei Mitgliedern des Aufsichtsrates.

Klaus Ulrich Schmolke

§ 14 Die I.G. Farbenindustrie AG

Die Geschichte eines deutschen Industriegiganten im Spiegel seiner gesellschaftsvertraglichen Grundlagen

Inhaltsübersicht

https://doi.org/10.1515/9783110733839-015

I. Ein deutscher Industriemythos und sein vertragliches Fundament

Die I.G. Farbenindustrie AG, kurz „I.G. Farben", umgibt eine Aura des Mythischen. In Aufstieg und Fall dieses Industriegiganten vermeint man nicht nur Elemente einer *Buddenbrook*'schen Epik zu finden, sondern auch Anregungen für die gegenwärtige Debatte um den „Corporate Purpose"[1]. Tatsächlich gehörte die I.G. Farbenindustrie AG mit ihren zahlreichen Beteiligungen zu den größten Chemieunternehmen der Welt.[2] Dabei war ihre Geschichte relativ kurz. Von den ersten Unternehmensverbünden der Gründergesellschaften bis zur Fusion zur I.G. Farbenindustrie AG dauerte es ungefähr zwanzig Jahre. Und nur zwanzig Jahre später hörte der I.G.-Farben-Konzern mit der Beschlagnahme seines Vermögens durch die Alliierten faktisch schon wieder auf als wirtschaftliche Einheit zu existieren.[3]

Die Geschichte der I.G. ist in ihrer Gesamtheit sowie in Bezug auf Einzelaspekte Gegenstand zahlreicher wissenschaftlicher Darstellungen und Analysen.[4] An einer wissenschaftlichen Aufbereitung der unternehmerischen Aktivität der I.G. besteht daher kein Mangel. Der vorliegende Beitrag kann und will den bereits vorliegenden historischen Großwerken zur I.G. nicht nacheifern, sondern hat bescheidenere Ziele. Entsprechend dem Forschungsprogramm dieses Bandes[5] geht es vielmehr darum, die „Lebensabschnitte" der I.G. vor allem anhand ihrer vertraglichen Grundlagen nachzuzeichnen. Dies betrifft nicht nur die Interessengemeinschaftsverträge der Jahre 1904 und 1916, sondern auch das berühmte „Gentlemen's Agreement" von 1925, das den Weg zur Fusion der I.G. Farben-

---

1 Zur Kritik an der zu einseitigen Orientierung der Handelnden an einer wirtschaftlich-technischen Logik unter Ausblendung des Politischen *G. Plumpe*, Die I.G. Farbstoffindustrie AG, 1990, S. 40 ff., dazu noch unten unter VIII.2 bei Fn. 229; zur gegenwärtigen Debatte s. nur *Edmans*, Grow the Pie: How Great Companies Deliver Both Purpose and Profit, 2020.

2 Vgl. auch *Hayes* ZUG 32 (1987), 124 m. N.: Der I.G.-Farben-Konzern sei „das größte private Unternehmen in Europa und in den meisten Verzeichnissen hinter General Motors, US Steel und Standard Oil of New Jersey das viertgrößte Unternehmen der Welt" gewesen.

3 *G. Plumpe* (Fn. 1), S. 15, 746.

4 Zu nennen sind hier insbesondere die historischen Monographien von *Tammen*, Die I.G. Farbenindustrie Aktiengesellschaft (1925–1933) – Ein Chemiekonzern in der Weimarer Republik, 1978; *Hayes*, Industry and Ideology, IG Farben in the Nazi Era, 1987; *G. Plumpe*, Die I.G. Farbstoffindustrie AG – Wirtschaft, Technik und Politik 1904 – 1945, 1990; aber auch die „Insiderschrift" von *ter Meer*, Die I.G. Farbenindustrie Aktiengesellschaft – Ihre Entstehung, Entwicklung und Bedeutung, 1953. S. ferner zu Einzelaspekten die N. im Text.

5 S. dazu bereits *Fleischer/Horn* RabelsZ 83 (2019), 507, 508 ff.; *Fleischer/Mock* NZG 2020, 161 ff.

industrie AG ebnete.[6] Abgerundet wird das Bild durch die relativ „nüchternen“ Satzungen der I.G. aus den Jahren 1934 und 1940, anhand derer sich die Auswirkungen der Aktienrechtsreform von 1937 nachvollziehen lassen.[7] Der vorliegende Text ist damit in gewisser Weise eine juristisch-historische Melange.[8] So erfolgen die Darstellung und Analyse der genannten Vertragsgrundlagen vor allem aus juristischer Perspektive. Eingefasst werden diese vornehmlich juristischen Passagen von umfangreichen Ausführungen, die zuvörderst der historischen Kontextualisierung der Verträge dienen.

Die Entstehung der I.G. fällt in eine Zeit, in der sich die rechtlichen Instrumente für die Koordination und Leitung von Unternehmensgruppen erst herausbildeten.[9] Auf einer Meta-Ebene stellt der vorliegende Beitrag daher ein Komplementärstück zum Beitrag von *Fleischer* und *Horn* über die vertraglichen Grundlagen des Standard-Oil-Konzerns dar. Dabei werden die folgenden Zeilen nicht den Versuch unternehmen, das durch Syndikate, Konventionen und Kartelle verstärkte I.G.-Beteiligungsimperium in all' seinen Verästelungen nachzuzeichnen.[10] Wie schon angedeutet konzentriert sich der Beitrag vielmehr auf die vertragliche Gestaltung der Interessengemeinschaft(en) der Gründergesellschaften und die aus ihrer Fusion hervorgegangene I.G. Farbenindustrie AG als Muttergesellschaft des I.G.-Farben-Konzerns.

II. Die Entwicklung der Farbstoffindustrie im 19. Jahrhundert

Die Entwicklung der industriellen Farbstoffsynthese begann Mitte des 19. Jahrhunderts. Im Jahre 1856 entwickelte der Engländer *W.H. Perkin* den ersten Anilinfarbstoff, das Mauvein. Nur kurze Zeit später zog der Franzose *Verguin* mit der

6 Zur Bedeutung solcher vertraglichen „Trabanten“ *Fleischer/Mock* NZG 2020, 161, 168.

7 Die genannten Primärquellen stammen überwiegend aus dem Bayer-Archiv, dem an dieser Stelle ebenso gedankt sei wie dem BASF Unternehmensarchiv, welches das Gentlemen's Agreement von 1925 nebst Anlagen beigesteuert hat. Meinem Mitarbeiter Herrn *Bastian Held* sei für die Quellensichtung herzlich gedankt.

8 Vgl. insofern auch die Ausführungen bei *Spindler*, Recht und Konzern, 1993, S. 119 ff. mit 52 ff.

9 S. für einen Überblick *Spindler* (Fn. 8), S. 53 ff.; ferner etwa *Nörr*, Zwischen den Mühlsteinen, 1988, S. 121 ff.

10 Für einen Eindruck s. nur die Liste im Anhang des Gesetzes Nr. 35 der Alliierten Hohen Kommission v. 17.8.1950, Amtsblatt AHK 1950, S. 534, 541 ff.; zu den von der I.G. abgeschlossenen Kartellen und Syndikaten s. den Überblick bei *ter Meer* (Fn. 4), S. 67 ff.

Entdeckung des Fuchsins nach.[11] Innerhalb der nächsten zwanzig Jahre entwickelte die deutsche Farbstoffindustrie jedoch eine Dynamik, welche die englischen und französischen Bemühungen auf diesem Gebiet in den Schatten stellte. Die Entwicklung in Deutschland nahm Anfang der 1860er Jahre Fahrt auf, als die „großen Drei" der später zur I.G. Farben zusammengeschlossenen Unternehmen gegründet wurden. Den Anfang machte 1861 die Badische Anilin- & Soda-Fabrik (Ludwigshafen), gefolgt von den im Jahre 1863 gegründeten Unternehmen Friedr. Bayer et comp. (Barmen) und Meister, Lucius & Co. (Höchst).[12] Der effiziente Einsatz von Chemikern, hohe Investitionen in die Forschung und erfolgreiche technische Entwicklungen bescherten der deutschen Farbstoffindustrie, die ihre Produktpalette inzwischen auch auf andere chemische Erzeugnisse erweitert hatte, fortdauernd hohe Wachstumsraten. Um die Wende vom 19. zum 20. Jahrhundert war die deutsche Farbstoffindustrie technisch und wirtschaftlich führend.[13] Die besondere Verbindung von Wirtschaft und Technik in der deutschen chemischen Industrie sollte später auch die I.G. Farben auszeichnen.[14] Diese Verschränkung manifestierte sich nicht zuletzt an der Unternehmensspitze: Die beiden herausragenden Führungspersönlichkeiten der I.G., *Carl Duisberg* und *Carl Bosch*, waren Chemiker.[15]

---

11 *L. F. Haber* Proceedings of the Chemical Society, 1958, 241, 244; offenbar kurz zuvor bzw. gleichzeitig entdeckten auch *Natanson* und *v. Hofmann* die Fuchsinsynthese. Jedoch war es *Verguin*, der die Bedeutung des Fuchsins als Textilfarbstoff erkannte.

12 S. *L. F. Haber* Proceedings of the Chemical Society, 1958, 241, 244, der für das Höchster Unternehmen auf den Zeitpunkt abstellt, zu dem *Adolf v. Brüning* Teilhaber wird (1865); *ter Meer* (Fn. 4), S. 9 datiert die Gründung der später Chemischen Fabriken vorm. Weiler-ter Meer auf das Jahr 1861. Indes ging dieses Unternehmen auf die erst 1877 von *Edmund ter Meer* in Uerdingen gegründete Teerfarbenfabrik zurück.

13 S. zum Ganzen *L. F. Haber* Proceedings of the Chemical Society, 1958, 241, 244 ff.; ferner *G. Plumpe* (Fn. 1), S. 40 ff.

14 Vgl. nur beispielhaft etwa *G. Plumpe* (Fn. 1), S. 146 über Zusammensetzung und Bedeutung des Technischen Ausschusses (TEA).

15 *Carl Bosch* erhielt 1931 den Nobelpreis für Chemie für seinen Beitrag zur Entwicklung chemischer Hochdruckverfahren.

III. *Carl Duisberg* und die Idee der I.G. Farben

1. *Carl Duisberg* – Geistiger Vater der I.G. Farben

Besagter *Carl Duisberg* kann heute auch als geistiger Vater und entscheidender Wegbereiter der I.G. Farben gelten.[16] *Duisberg* wurde am 29. September 1861 in Barmen geboren. Er wuchs in relativ bescheidenen Verhältnissen auf.[17] Von dort an lässt sich sein Leben als eine einzige Erfolgsgeschichte beschreiben, weshalb sich *Duisberg* in der Rückschau auch selbst als „Liebling der Götter" bezeichnete.[18] Im Telegrammstil lassen sich die Stationen seines Berufslebens wie folgt zusammenfassen:[19] Promotion im Fach Chemie kurz vor Vollendung des 21. Lebensjahres.[20] 1883 Eintritt in die kriselnden Farbenfabriken vorm. Fried. Bayer & Co. AG (künftig FFB).[21] Nach mehreren wichtigen Farbstoffentdeckungen 1888 zum Prokuristen befördert. 1900 Berufung zum Vorstandsmitglied. Seit 1912 Generaldirektor und Vorstandsvorsitzender der FFB. Von 1926 bis 1931 Aufsichtsratsvorsitzender der I.G. Farbenindustrie AG sowie Vorsitzender des Reichsverbands der Deutschen Industrie. 1931 zog sich *Duisberg* aus dem Berufsleben zurück und starb 1935 im Alter von 74 Jahren. Bei seinem Tod galt *Duisberg* als einer der bedeutendsten Industriellen seiner Zeit[22] und wurde in der Folgezeit immer mehr zum Mythos verklärt.[23]

Werner Plumpe beschreibt *Duisberg* in seiner Biographie als Vertreter einer Generation von Aufsteigern, die sich auszeichnete durch „[h]ohe Qualifikation, Hingabe an die Sache, Ehrgeiz und Durchsetzungsvermögen, das alles entfaltet in einer Zeit des wirtschaftlichen Aufschwungs, ja einer Art wilhelminischem Wirtschaftswunder".[24] Nach einem Leben auf der Sonnenseite hätten der erste Weltkrieg und die nachfolgenden politischen Umwälzungen die letzten zwanzig Lebensjahre *Duisbergs* hingegen verschattet und bisweilen ins Zwielicht gerückt. Denn seine Anpassungsfähigkeit sei hier als Opportunismus scharf hervorgetre-

---

16 S. auch *Duisberg* selbst in *ders.*, Meine Lebenserinnerungen, 1933, S. 96: „Als Vater der Interessengemeinschaft" (die Rede ist noch allein vom Dreibund).

17 *Duisberg* (Fn. 16), S. 88. *Duisbergs* Vater war Bandwirker, der sein Unternehmen in häuslichem Betrieb führte.

18 S. *W. Plumpe*, Carl Duisberg, 2016, S. 9 f., der dieser Zuschreibung im Epilog seiner *Duisberg*-Biographie widerspricht (S. 823 ff., 828).

19 S. zum Folgenden die gedrängte Darstellung bei *W. Plumpe* (Fn. 18), S. 9 f.

20 S. *Duisberg* (Fn. 16), S. 20 sowie *W. Plumpe* (Fn. 18), S. 42 f.

21 *Duisberg* (Fn. 16), S. 26 f., 28.

22 S. *W. Plumpe* (Fn. 18), S. 9, 815.

23 *W. Plumpe* (Fn. 18), S. 815 ff.

24 *W. Plumpe* (Fn. 18), S. 826.

ten und angesichts der Radikalität der Brüche zum moralischen Problem geworden.[25]

2. Die Idee der I.G. Farben

a) Die Amerikareise *Duisbergs* und der Briefwechsel mit *Brüning*

Die Idee für den Zusammenschluss der deutschen Farbenindustrie in einer Interessengemeinschaft kam *Duisberg* auf einer Amerikareise, die er im Frühjahr des Jahres 1903 zusammen mit *Friedrich Bayer* unternahm.[26] *Duisberg* zeigte sich beeindruckt von der „Trustbewegung in den Vereinigten Staaten".[27] Tatsächlich aber neigte sich zu jener Zeit die Ära des Trust im technischen Sinne bereits dem Ende. Die berühmteste Vereinigung dieser Art, der *Standard Oil Trust* von 1882, war zu dieser Zeit bereits in eine Holding-Konstruktion überführt worden.[28] Unter „Trust" versteht *Duisberg* denn auch ganz allgemein die „Zusammenlegung von gleichartigen Betrieben, durch einheitliche Leitung und Kontrolle und durch Vereinigung des Verkaufs in einer Hand."[29]

Noch in den USA reifte in *Duisberg* der Plan, angesichts seiner Reiseeindrücke eine Denkschrift über eine „trustartige" Vereinigung der deutschen Farbenindus-

25 *W. Plumpe* (Fn. 18), S. 824 f. Liest man die Kapitel über *Duisbergs* Wirken während des ersten Weltkriegs und seine „Anpassungsleistungen" bei bzw. nach Kriegsende, erscheint diese Kritik freilich noch zurückgenommen.
26 S. *Duisberg* (Fn. 16), S. 9.
27 Ebenda.
28 S. hierzu im Einzelnen *Fleischer/Horn* in diesem Band. Die untechnische Verwendung des Begriffs zeigt sich auch in *Duisbergs* wenig später erschienener Denkschrift über die Vereinigung der deutschen Farbenfabriken [dazu sogleich unter 2.b)], wo er den „Trust" als „Verschmelzung der einzelnen Firmen zu einer einzigen großen Aktiengesellschaft" beschreibt [*Duisberg*, Denkschrift über die Vereinigung der deutschen Farbenfabriken v. Januar 1904, in: Aufsichtsrat und Direktorium der FFB (Hrsg.), Abhandlungen, Vorträge und Reden aus den Jahren 1882–1921 von Carl Duisberg, 1923, S. 343, 362].
29 S. *Duisberg* (Fn. 16), S. 88. Die Terminologie der Unternehmenszusammenschlüsse war damals noch im Fluss [s. *Marquardt*, Die Interessengemeinschaften, 1910, S. 10 und ff.]. In späteren Jahren verstand man in der deutschen rechtswissenschaftlichen Literatur unter einem Trust allgemein „monopolistische Kontrollgesellschaften" [so *Liefmann*, Die Unternehmungen und ihre Zusammenschlüsse, Bd. II, 8. Aufl. 1930, S. 380, der die I.G. Farbenindustrie AG als (seinerzeit) größten deutschen Trust bezeichnet (ebenda, S. 382)] bzw. den Konzern mit marktbeherrschender Tendenz [so *Rasch*, Deutsches Konzernrecht, 1944, S. 308].

trie zu verfassen.[30] Wieder zurück in Deutschland sprach er im September 1903 über dieses Vorhaben mit dem Leiter der Farbwerke vorm. Meister, Lucius & Brüning in Höchst (im Weiteren FWH), *Gustav v. Brüning*. Dieser zeigte reges Interesse an der Denkschrift und erinnerte *Duisberg* zum Jahresende noch einmal an sein Vorhaben.[31] *Duisberg* antwortete postwendend und legte hier bereits einige der später in der Denkschrift verfeinerten Argumente für eine Vereinigung der deutschen Farbenfabriken dar.[32]

b) Die Denkschrift von 1904

Anfang Januar 1904 legte *Duisberg* die angekündigte Denkschrift über die Vereinigung der deutschen Farbenfabriken vor. Die Funktion der Schrift beschrieb er wie folgt: „Aufgabe der vorliegenden Denkschrift soll es sein, die gegenwärtige Lage dieser wichtigen Industrie zu schildern, Vorteile und Nachteile eines solchen Zusammenschlusses festzustellen, Mittel und Wege zu zeigen, wie sich eine Vereinigung durchführen und organisieren läßt, und die Vertreter der Farbenindustrie zu einer Kritik dieser Vorschläge herauszufordern."[33] *Duisberg* begründete seinen Vorschlag für einen Zusammenschluss der deutschen Farbenindustrie mit den damit einhergehenden Kostenvorteilen für Produktion, Verwaltung und Vertrieb sowie der Beendigung eines „ruinösen Konkurrenzkampfes" unter den beteiligten Unternehmen.[34] Die erzielbaren Synergieeffekte dienten der Stärkung der deutschen Farbenindustrie auf dem Weltmarkt, zumal künftig mit erheblichem Investitionsbedarf zu rechnen sei.[35] Gerade in Zeiten, in denen es der Industrie noch gut gehe, sei der Moment für einen Zusammenschluss günstig.[36]

Freilich sah *Duisberg* auch die Gefahren eines solchen Zusammenschlusses: „Mit der Aufhebung der Konkurrenz tritt aber eine Stagnation des Fortschritts ein;

30 *Duisberg* (Fn. 16), S. 88.
31 Telegramm von *v. Brüning* an *Duisberg* v. 10. Dezember 1903.
32 Brief von *Duisberg* an *v. Brüning* v. 11. Dezember 1903.
33 *Duisberg* (Fn. 28), S. 344.
34 S. speziell zur Kostenersparnis des Zusammenschlusses bei absehbar steigenden Ausgaben für die Einzelunternehmen *Duisberg* (Fn. 28), S. 348 ff.; zur Gefahr von „Missbräuchen" bei fortgesetzt scharfem Wettbewerb, S. 350 f.
35 S. *Duisberg* (Fn. 28), S. 351 ff. unter Verweis auf die (sich abzeichnende) Zoll- und Patentgesetzgebung in den bisherigen Absatzregionen.
36 *Duisberg* (Fn. 28), S. 344 f. mit dem Hinweis, dass man dann – anders als in Zeiten der Not – auf eine Erhöhung der Verkaufspreise verzichten könne. Später (S. 355) fügt er hinzu: „Neue Konkurrenzunternehmungen werden aber immer dann herangezüchtet, wenn mit der Gründung auch die Erhöhung der bis dahin gedrückten Verkaufspreise Hand in Hand geht".

schlimmer noch als das, mit der Vereinigung der industriellen Macht in einer Hand liegt die Versuchung zum Mißbrauch dieser Macht allzunahe."[37] Diesen Gefahren wollte *Duisberg* mithilfe einer „dezentralen Zentralisierung" begegnen: „[J]e größer ein Organismus wird, um so mehr neigt er zum Zerfall und Untergang, es sei denn, daß es ihm gelingt, sich so einzurichten, und unter zentraler Leitung eine solche Dezentralisation durchzuführen, wie wir es bei den hoch organisierten Lebewesen durchgeführt sehen."[38]

Damit wandte sich *Duisberg* der Frage nach Organisation und äußerer Form eines etwaigen Zusammenschlusses zu.[39] Als „einfachste, nur geringe Unkosten verursachende Form" des Zusammenschlusses identifizierte *Duisberg* das „Syndikat": „Die Aktiengesellschaften und Firmen bleiben bestehen, wie sie sind, und übergeben ihre gesamte Produktion zum Verkauf einem zu gründenden Verkaufssyndikat, dem ein aus den Direktoren zu bildender Beirat behufs Festsetzung der Übernahme- und Verkaufspreise, Normierung der Produktion, Zuteilung der Aufträge usw. zur Seite steht."[40] Für vorzugswürdig hielt *Duisberg* hingegen die echte Fusion: „Sollen wirklich in vollem Maß die Vorteile der Vereinigung erzielt werden, [...] müßten [wir] uns [...] schon mit der in Amerika üblichen Form der ‚Trust' genannten Assoziationen befreunden, die in der Verschmelzung der einzelnen Firmen zu einer einzigen großen Aktiengesellschaft besteht."[41] Ob hierfür eine neue Gesellschaft begründet werde oder eine der bestehenden Gesellschaften die Aktien der anderen Farbenfabriken aufkaufe oder umtausche, oder ob die Aktiengesellschaften als solche, wenigsten für eine Reihe von Jahren, bestehen blieben, aber Betrieb, Verwaltung, Verkauf und Reinertrag zusammenwerfen und dann den Gewinn in einem im Voraus zu vereinbarenden Verhältnis verteilten (Interessengemeinschaft), um später „selbstverständlich" ganz ineinander überzugehen, sei „hier irrelevant und eine mehr juristische und auf Ersparung von Gründungs- und Stempelgebühren gerichtete Zweckmäßigkeitsfrage".[42]

Mit Blick auf die weitere Organisation des durch den Zusammenschluss entstehenden Unternehmens identifizierte *Duisberg* als „einzige Gefahr [...] das Ein-

---

37 *Duisberg* (Fn. 28), S. 355.

38 *Duisberg* (Fn. 28), S. 356. Dieser Kampf um die richtige Balance zwischen Zentralisierung und Dezentralisierung wird die Entwicklung der I.G. Farben künftig begleiten, s. noch unter VI.1.b), VI.3 und VII.2.

39 *Duisberg* (Fn. 28), S. 362.

40 *Duisberg* (Fn. 28), S. 362. S. für eine zeitgenössische Definition des Syndikats auch *Marquardt* (Fn. 29), S. 12.

41 *Duisberg* (Fn. 28), S. 362. Die Fusion war damals in §§ 305 f. HGB geregelt. S. dazu hier nur *Spindler* (Fn. 8), S. 61 f. m. w. N.

42 *Duisberg* (Fn. 28), S. 363.

reißen eines für das geschäftliche Leben schädlichen Bureaukratismus und schablonenhaften Wirkens."[43] Die Lösung war nach *Duisberg* einfach: „[S]o brauchen wir nichts weiteres zu tun, als die Organisation, wie sie bei unseren großen Farbenfabriken[...] bereits durchgeführt ist, auch dieser neuen Gesellschaft vorzuschreiben, wobei wir allerdings sehr darauf bedacht sein müssen, die Faktoren, die einen solchen großen Organismus gesund und lebenskräftig erhalten, nämlich die Konkurrenz und den Ehrgeiz, als Haupttriebfedern einzuspannen."[44] *Duisberg* führte dies im Folgenden näher aus. Für unsere Zwecke erscheinen einige Aussagen interessant, welche die Organisationsverfassung der künftigen Unternehmung im engeren Sinne betreffen: „Das Wichtigste bei einer jeden Erwerbsgesellschaft ist die Direktion, die wir uns allerdings nicht in monarchischer Form als Generaldirektion mit einem einzigen Oberhaupt an der Spitze, sondern mit republikanischer Verfassung denken. In diese Direktion müßten die tüchtigsten technischen und kaufmännischen Kräfte mit großem Organisations- und Verwaltungstalent hineinberufen werden, und von jedem Fach, soweit es sich wenigstens um große Fabrikationsgebiete handelt, sollten wenigstens zwei Vertreter vorhanden sein, die sich in die Arbeit teilen und sich gegenseitig vertreten können [...]. Als Vermittlung zwischen dieser Direktion und dem gesetzlich vorgeschriebenen Aufsichtsrat wäre bei der Größe des Unternehmens ein Delegationsrat erforderlich, wie er schon bei den großen Bankvereinigungen besteht, als Bevollmächtigter des Aufsichtsrates, in den zur Kontrolle und Erledigung der laufenden Angelegenheiten die Fachkenntnis besitzenden Direktoren der früheren Gesellschaften zu berufen wären."[45]

IV. Zwischenschritte – Dreibund und Dreiverband

1. Reaktionen auf die Denkschrift

Die Denkschrift *Duisbergs* verfehlte ihren Zweck nicht. Der Vorstandsvorsitzende der Badischen Anilin- und Sodafabrik AG (BASF, Ludwigshafen), *Friedrich Karl v. Brunck*, lud die Direktoren der vier großen Aktiengesellschaften der BASF, der FFB, der FWH sowie der Aktien-Gesellschaft für Anilin-Fabrikation (Agfa, Berlin)

43 *Duisberg* (Fn. 28), S. 363.
44 *Duisberg* (Fn. 28), S. 364.
45 *Duisberg* (Fn. 28), S. 364.

zu einer Versammlung am 22. Januar 1904 in den Kaiserhof nach Berlin ein.[46] Auf die Einladung des Unternehmens Leopold Cassella & Co. (Frankfurt a. M.) verzichtete man, da dieses noch als „Privatgesellschaft", genauer: als oHG, organisiert war,[47] deren Einbeziehung in den geplanten Zusammenschluss als schwierig angesehen wurde.[48] Man verabredete, dass eine Kommission, bestehend aus *Franz Oppenheim* (Agfa) und *Duisberg*, zusammen mit dem Rechtsanwalt und stellvertretenden Aufsichtsratsvorsitzenden der Agfa, *August v. Simson*, über einen Fusionsvertrag beraten sollte. Deren Ergebnisse wurden dann bei einer zweiten Zusammenkunft am 19. Februar 1904 im Frankfurter Hof in Frankfurt a. M. erörtert. Hier zeigte sich jedoch, dass die Vertreter der FWH erhebliche Vorbehalte gegenüber einem Zusammenschluss zum damaligen Zeitpunkt hatten.[49] Bereits mit Brief vom 17. Februar 1904 hatte *v. Brüning Duisberg* seine Bedenken mitgeteilt: „Wenn sich die Voraussetzungen, die sich an das Zustandekommen des chemischen Trusts knüpfen (namentlich billigeres Arbeiten, dauernde Rente und Unterdrückung der Konkurrenz) nicht erfüllen, so ist es unmöglich, wieder den einzelnen Werken ihre Selbständigkeit zu geben, da sie sich zwischenzeitlich so verändert haben, dass ihre Wiederherstellung in der früheren Form unmöglich wäre. Man wagt einen Schritt in's Dunkle, den man nie mehr zurückgehen kann."[50] Zudem – und dies wird noch eine Rolle spielen – hielt *v. Brüning* einen Zusammenschluss der vier großen Aktiengesellschaften für unvollständig: „Es liegt in der Natur der Sache, dass der Trust nur dann einen Zweck hätte, wenn nicht nur die 4 grossen Aktien-Gesellschaften, sondern auch die Firma Leop. Cassella & Co und die in der Denkschrift aufgeführten kleineren Privatgesellschaften angeschlossen werden würden." Kurzum: *v. Brüning* sah die Zeit für einen Zusammenschluss noch nicht gekommen. Damit hatte sich dessen Umsetzung vorerst erledigt. *Duisberg* schreibt hierzu in seinen Lebenserinnerungen: „Mit dem Zusammenschluß solch großer Vereinigungen[...] geht es ähnlich wie mit der Ehe. Wenn sich die verschiedenen Partner allzulange betrachten und allzusehr die Umstände, die für und wider eine Vereinigung sprechen, überlegen, dann kommt keine Verlobung, aber auch keine derartige Firmenvereinigung zustande. Dazu gehört ein gewisser Mut der Überzeugung und des Wollens. [...] Schade, daß diese Einsicht und dieser Mut gefehlt haben."[51]

---

46 *Duisberg* (Fn. 16), S. 89.
47 *Vollmann* CIUZ 45 (2011), 324, 332.
48 *Duisberg* (Fn. 16), S. 89.
49 *Duisberg* (Fn. 16), S. 90.
50 Brief von *v. Brüning* an *Duisberg* v. 17. Februar 1904, abgedruckt in Tradition 9 (1964), S. 1 ff.
51 *Duisberg* (Fn. 16), S. 90.

2. Die Entstehung des Dreibunds und des Dreiverbands

Nach dem Scheitern des großen Zusammenschlusses begann *Duisberg* Fusionsverhandlungen mit der BASF, weil er hier die größten Synergieeffekte vermutete.[52] Nach einem Austausch der Geschäftszahlen Ende August 1904 schwand allerdings die Zuversicht bei den Beteiligten auf eine erfolgreiche Verbindung.[53] Nur kurz darauf schlossen sich die FWH mit Cassella durch Interessengemeinschaftsvertrag und wechselseitige Kapitalverflechtung zum sog. Zweibund zusammen.[54] Zu diesem Zweck hatte sich Cassella zunächst in eine GmbH umgewandelt.[55] Sodann erhielten die FWH 25 % der Anteile an Cassella, während Cassella 20 % der Aktienanteile an den FWH übernahm, nachdem diese ihr Kapital zuvor von 20 auf 25,5 Mio. Mark erhöht hatten.[56] Die übrigen großen Farbwerke wurden von diesem Schritt überrascht. *Duisberg* sah sich zum Handeln gezwungen und schlug der BASF die Gründung einer Interessengemeinschaft vor. Nach harten Verhandlungen am 3. und 4. Oktober 1904 in Köln und Rücksprache mit dem Aufsichtsrat in Ludwigshafen stimmte die Verhandlungsdelegation der BASF dem finalen Vorschlag der FFB-Delegation zu.[57] *V. Brunck* offenbarte daraufhin *Duisberg*, dass er auch Verhandlungen mit der Agfa geführt hatte, und schlug vor, diese in die Interessengemeinschaft aufzunehmen. Eine entsprechende Übereinkunft zwischen FFB, BASF und Agfa wurde am 19. Oktober 1904 auch erzielt. Der sog. Dreibund konnte damit zum 1. Januar 1905 ins Leben treten. Der Zweibund erweiterte sich 1906 durch die Aufnahme der Kalle & Co. AG (künftig Kalle) zum „Dreiverband".[58]

---

52 *Duisberg* (Fn. 16), S. 90 f. spricht von „gegenseitiger Ergänzung".

53 *Duisberg* (Fn. 16), S. 91 f.

54 Zur Einordnung des Zusammenschlusses als Interessengemeinschaft s. *Marquardt* (Fn. 29), S. 38 f.; Handbuch der Deutschen Aktien-Gesellschaften, Ausgabe 1913/1914, Bd. I, 1914, S. 1600; aus dem jüngeren Schrifttum *Spindler* (Fn. 8), S. 121 f. Dort auch zum weiteren Inhalt der Vereinbarung.

55 S. Handbuch der Deutschen Aktien-Gesellschaften, Ausgabe 1913/1914, Bd. I, 1914, S. 1600; ferner *G. Plumpe* (Fn. 1), S. 47; insofern ungenau *Marquardt* (Fn. 29), S. 38.

56 Handbuch der Deutschen Aktien-Gesellschaften, Ausgabe 1913/1914, Bd. I, 1914, S. 1601; *Duisberg* (Fn. 16), S. 92; *G. Plumpe* (Fn. 1), S. 47.

57 *Duisberg* (Fn. 16), S. 92 ff.

58 1908 erwarben dann die FWH die Kapitalmehrheit an Kalle. S. Handbuch der Deutschen Aktien-Gesellschaften, Ausgabe 1913/1914, Bd. I, 1914, S. 1601; *G. Plumpe* (Fn. 1), S. 47.

3. Grundstruktur des Dreibunds – Die Verträge vom 23.11. und 10.12.1904

Der Dreibund aus FFB, BASF und Agfa war als Interessengemeinschaft organisiert. Die vertraglichen Grundlagen bildeten der Interessengemeinschaftsvertrag zwischen FFB und BASF vom 23.11.1904 sowie der Zusatzvertrag mit der Agfa vom 10.12.1904. Das hierin getroffene Arrangement galt ab dem 1. Januar 1905 auf 50 Jahre.[59] Es diente später als Basis für das Vertragswerk über die sog. „kleine I.G." von 1916[60] und soll hier daher – anders als die Vereinbarung des Dreiverbands – näher betrachtet werden.[61]

a) Zweck der Interessengemeinschaft

In § 1 der Vereinbarungen wird zum Zweck des Zusammenschlusses unverblümt ausgeführt, dass man sich vereinige, „um den unnötigen Konkurrenzkampf unter sich zu beseitigen und [die] industrielle und kommerzielle Stellung durch gegenseitige Unterstützung zu kräftigen." Aus heutiger Sicht erscheint diese Verabredung wettbewerbsrechtlich hoch problematisch.[62] Den Zeitgenossen war ein solches Denken allerdings fremd. Die US-amerikanische Antitrust-Regulierung erlangte erst nach dem zweiten Weltkrieg in Deutschland Einfluss.[63] Das GWB trat gar erst am 1. Januar 1958 in Kraft.[64]

b) Rechtliche Selbstständigkeit der Vertragspartner

Zum Wesen des Zusammenschlusses stellt der jeweilige § 2 in beiden Verträgen klar, dass jede Gesellschaft „ihre selbständige Organisation" behält und Dritten gegenüber allein haftbar ist. Allerdings werde „mit Sicherheit erwartet, dass im

---

59 S. zur Frist Präambel Vertrag v. 23.11.1904 und § 12 Zusatzvertrag v. 10.12.1904. Das Kündigungsrecht war ausgeschlossen.
60 S. auch *G. Plumpe* (Fn. 1), S. 47.
61 Zur sog. „kleinen I.G." noch ausführlich unter V.
62 S. *Fikentscher*, Die Interessengemeinschaft, 1966, zu kartellrechtlichen Fragen rund um die Interessengemeinschaft. Zur Anwendbarkeit des § 36 Abs. 2 S. 1 GWB auf den Gleichordnungskonzern [s. noch unter e)] Immenga/Mestmäcker/*Thomas*, WettbewerbsR, 6. Aufl. 2020, § 36 GWB Rn. 751 ff.
63 S. hierzu illustrativ *ter Meer* (Fn. 4), S. 67.
64 BGBl. 1957 I 1081.

Laufe des Vertrags eine vollständige Verschmelzung" der Vertragspartner eintreten werde.

c) Gewinngemeinschaft

Die Interessengemeinschaft „soll auf der Grundlage aufgebaut werden, dass der Gewinn beider Vertragsteile nach einem festen Schlüssel unter sie aufgeteilt wird".[65] Vorgesehen war, dass – vorbehaltlich gewisser Vorausleistungen – der Zweierblock aus FFB und BASF 86 % des gemeinsam erwirtschafteten Gewinns erhielt, der unter den beiden wiederum hälftig zu teilen war[66], während Agfa Anspruch auf 14 % des gemeinsamen Gewinns hatte.[67]

d) Koordinierung der gemeinschaftlichen Interessen

Die Vereinbarung zwischen FFB, BASF und Agfa beschränkte sich freilich nicht auf eine Gewinngemeinschaft. Vielmehr fand eine umfassende Koordinierung „aller die gemeinschaftlichen Interessen berührenden Fragen" statt. Hierzu und zur „Förderung der durch die Gemeinschaft erstrebten Ziele"[68] wurde ein „Delegationsrat" gebildet, der aus den Mitgliedern der Vorstände der drei beteiligten Aktiengesellschaften bestand.[69] Zu den Abstimmungsgegenständen gehörten etwa (1) die Ausführung von Neuanlagen sowie auch die Einstellung von Betrieben und die Einschränkung von Wohlfahrtsanlagen, (2) die Erhöhung oder Verminderung des Aktienkapitals oder die Aufnahme von Anleihen[70], (3) die Beteiligung an fremden Unternehmen, (4) der Erwerb und die Überlassung von Patenten etc., (5) der Abschluss oder die Aufhebung von Konventionen, Kartellen, Syndikaten und Trusts, (6) die Änderung des Unternehmensgegenstands und (7) die Auflösung einer Aktiengesellschaft.[71] Dem Delegationsrat wurden für seine Tätigkeit

---

65 S. § 4 Zusatzvertrag v. 10.12.1904; vgl. auch § 3 Vertrag v. 23.11.1904.
66 S. § 3 Vertrag v. 23.11.1904.
67 § 6 mit §§ 4 f. Zusatzvertrag v. 10.12.1904.
68 S. dazu sub 3.a).
69 S. § 7 Abs. 1 Vertrag v. 23.11.1904 und § 8 Abs. 1 Zusatzvertrag v. 10.12.1904. Die Vertragspartner waren zudem berechtigt Mitglieder ihres Aufsichtsrats in den Delegationsrat zu entsenden.
70 Zudem dürfen Kapitalveränderungen zur Wahrung der den Gewinnverteilungsschlüssel begründenden Vermögensverhältnisse nur in der Weise durchgeführt werden, dass die neuen Aktien im Verhältnis 86:14 bzw. 50:50 von den Vertragspartnern erworben werden.
71 S. die Beispielskataloge in § 8 Vertrag v. 23.11.1904 und § 9 Zusatzvertrag v. 10.12.1904.

weitreichende Informationsrechte gegenüber den Aktiengesellschaften eingeräumt. Bei der Abstimmung hatte jede Aktiengesellschaft eine Stimme. Die Beschlüsse wurden mit Stimmenmehrheit gefasst. Einstimmigkeit war jedoch für solche Beschlüsse erforderlich, welche „eine Einschränkung der Betriebe oder der Verkaufsorganisation einer der drei Gesellschaften" bezweckten.[72] Die beteiligten Aktiengesellschaften waren an die Beschlüsse des Delegationsrats „vertraglich gebunden".[73] Auf Initiative *Duisbergs* wurde dieses organisatorische Arrangement im Anschluss noch verfeinert,[74] indem ein geschäftsführender Ausschuss aus je einem Geschäftsführer und Stellvertreter gebildet wurde, der die „großen Fragen innerhalb der Interessengemeinschaft beraten und behandeln sollte". War dort keine Einigung zu erzielen, wurde der Delegationsrat angerufen. Alle untergeordneten Fragen kaufmännischer und technischer Art wurden durch Kommissionen behandelt, die aus den Vorständen der betreffenden Abteilungen gebildet wurden. Bei fehlender Übereinstimmung fand wiederum eine Eskalation zunächst an den geschäftsführenden Ausschuss und bei mangelnder Einigung an den Delegationsrat statt.

Schließlich war der Vorstand jeder der drei Gesellschaften berechtigt, zu den Sitzungen des Aufsichtsrates der anderen Gesellschaften zwei Mitglieder mit beratender Stimme zu entsenden. Die Protokolle der Aufsichtsratssitzungen waren auszutauschen. Eine Ausnahme galt nur für Entscheidungen über Personalfragen, die weiterhin vertraulich blieben.[75]

e) Einordnung und Bewertung

Zum damaligen Zeitpunkt war der Interessengemeinschaftsvertrag eine noch relativ junge kautelarjuristische Schöpfung,[76] die den beteiligten Gesellschaften er-

---

72 S. § 7 Abs. 2 Vertrag v. 23.11.1904 und § 8 Abs. 2 Zusatzvertrag v. 10.12.1904.

73 § 8 Abs. 3 Zusatzvertrag v. 10.12.1904.

74 S. zum Folgenden *Duisberg* (Fn. 16), S. 96; die dort angesprochenen Regelungen waren (noch) nicht in den Verträgen v. 23.11.1904 und v. 10.12.1904 enthalten.

75 S. § 9 Vertrag v. 23.11.1904 und § 10 Zusatzvertrag v. 10.12.1904.

76 Nach *Liefmann* (Fn. 29), S. 285 f. wurden die ersten Interessengemeinschaftsverträge in den 1880er Jahren geschlossen. Als erste „eigentliche" Interessengemeinschaft gilt der vertragliche Zusammenschluss zwischen der Württembergischen Bankanstalt und der Württembergischen Vereinsbank im Jahre 1881 [s. auch *Marquardt* (Fn. 29), S. 15]. S. allgemein zu rechtlicher und organisatorischer Innovation im Zusammenhang mit der Gestaltung von Gesellschaftsverträgen *Fleischer/Mock* NZG 2020, 161, 162.

lauben sollte, ihren Gewinn unter Wahrung der Selbstständigkeit zu poolen.[77] In späteren Jahren wurde sie als „charakteristische Rechtsform dieser Epoche der Konzernbildung“ bezeichnet.[78]

Kern des Interessengemeinschaftsvertrags war die Abrede über die Zusammenlegung der Gewinne und deren anschließende Verteilung nach einem vereinbarten Schlüssel,[79] die nach heutiger Rechtslage als Gewinngemeinschaft i. S. d. § 292 Abs. 1 Nr. 1 AktG[80] und zudem – damals wie heute – als GbR zu qualifizieren ist.[81] Damals stellte sich die Frage nach der Zulässigkeit eines solchen Arrangements. Hierbei diskutierte man vor allem, ob die Zusammenlegung der Erträge eine Satzungsänderung der beteiligten Gesellschaften und damit einen entsprechenden Beschluss der Generalversammlung[82] erforderlich macht.[83] Für die hier in Rede stehenden Vereinbarungen lagen jedenfalls entsprechende Ermächtigun-

---

77 S. Staub/*Pinner*, HGB, 8. Aufl. 1906, § 306 Anm. 26: „Es fehlte eine Form der Vereinigung, die unter Wahrung der Selbständigkeit der einzelnen Gesellschaften, die Erträge vereinigte. Um dies zu erreichen, hat sich in den letzten Jahren die Form der Interessengemeinschaft gebildet und mehrfach, auch bei Gesellschaften sehr bedeutenden Grundkapitals, Anwendung gefunden.“

78 *Friedländer*, Die Interessengemeinschaft als Rechtsform der Konzernbildung, 1921, S. 7, wobei der dortige Begriff der Konzernbildung weiter zu verstehen ist als der heutige, an § 18 Abs. 1 AktG 1965 Maß nehmende.

79 S. auch die Definition der Interessengemeinschaft bei *Marquardt* (Fn. 29), S. 7 und S. 14 („eigentliche“ Interessengemeinschaft); sowie später bei *Liefmann* (Fn. 29), S. 285, freilich bestanden auch hier bei der Begriffsbestimmung zunächst Unsicherheiten, s. dazu *Friedländer* (Fn. 78), S. 12, 18 f., der dann aber auch festhält (S. 25): „Den Kernpunkt des Interessengemeinschaftsvertrages bildet alsdann die Regelung der Zusammenwerfung der Gewinne.“

80 Vgl. auch Emmerich/Habersack/*Emmerich*, Aktien- und GmbH-KonzernR, 9. Aufl. 2019, § 292 Rn. 10a: „Voraussetzung für die Annahme einer Gewinngemeinschaft ist nach § 292 Abs. 1 Nr. 1, dass der Vertrag gerade darauf gerichtet ist, die *Gewinne* der Beteiligten ganz oder partiell mit dem Ziel der Bildung eines gemeinschaftlichen Gewinns *und* dessen anschließender Aufteilung unter den Beteiligten *zusammenzulegen*“, die so verstandene Gewinngemeinschaft sei ein „Sonderfall der Interessengemeinschaften“; gleichsinnig GKAktG/*Mülbert*, 4. Aufl. 2012, § 292 Rn. 62.

81 S. nur *Friedländer* (Fn. 78), S. 27 ff.; zur Natur der Gewinngemeinschaft Emmerich/Habersack/*Emmerich*, Aktien- und GmbH-KonzernR, 9. Aufl. 2019, § 292 Rn. 14 m. w. N.

82 S. §§ 274, 275 HGB in der damals geltenden Fassung.

83 S. zur Diskussion Staub/*Pinner*, HGB, 8. Aufl. 1906, § 306 Anm. 26 (die Frage verneinend) sowie – zwanzig Jahre später – Staub/*Pinner*, HGB, 12. und 13. Aufl. 1926, § 306 Anm. 25 m. w. N. Vgl. ferner *Friedländer* (Fn. 78), S. 36 f., 59 f. (verneinend); unsicher hingegen das Reichsjustizministerium, s. DAV, Zur Reform des Aktienrechts, 1929, II. Teil, S. 65 Rn. 37; ferner Bericht der durch den 34. JT zur Prüfung einer Reform des Aktienrechts eingesetzten Kommission, 1928, S. 42 (*de lege ferenda* Erfordernis befürwortend).

gen der Generalversammlungen von BASF, FFB und Agfa vor.[84] Heute gilt insofern § 293 Abs. 1 AktG.[85]

Das seinerzeit „Neue" des Interessengemeinschaftsvertrags des Dreibunds war die für die Einzelgesellschaften verbindliche Interessenkoordination durch einen Delegationsrat. Als Vorbild[86] diente insofern die kurz zuvor im November 1903 geschlossene Vereinbarung zwischen der Dresdner Bank und dem A. Schaaffhausen'schen Bankverein, die damals viel Aufmerksamkeit erregte.[87] Diese verbindliche Interessenkoordination lässt das vertragliche Arrangement des Dreibunds – aus gegenwärtiger Sicht – als Gleichordnungskonzern i. S. d. § 18 Abs. 2 AktG erscheinen.[88] Auch insofern handelt es sich damals wie heute konstruktiv um eine GbR.[89] Mit Blick auf das Erfordernis einheitlicher Leitung mag zwar irritieren, dass die Beteiligten später an verschiedenen Stellen die „volle[...] Selbständigkeit der drei Firmen in Organisation, Verwaltung und Verkauf" betont haben.[90] Indes liegt hier hinsichtlich der „gemeinschaftlichen Interessen" eine intensive und über den Delegationsrat (sowie den geschäftsführenden Ausschuss) auch organisationsrechtlich vermittelte Koordination auf unternehmerisch-planender Ebene vor. Insofern dürften die Anforderungen an eine einheitliche Leitung erfüllt sein.[91] Betrachtet man die weitere Entwicklung des Dreibunds, so

84 S. Präambel Vertrag v. 23.11.1904 und Präambel Zusatzvertrag v. 10.12.1904.

85 S. zum Ganzen auch GKAktG/*Mülbert*, 4. Aufl. 2012, § 292 Rn. 21. S. zur Vorgängervorschrift des § 256 AktG 1937 etwa Teichmann/Koehler/*Teichmann*, AktG, 2. Aufl. 1938, S. 514 f.

86 S. *Duisberg* (Fn. 28), S. 363; dazu auch *Spindler* (Fn. 8), S. 121.

87 S. dazu ausführlich *Marquardt* (Fn. 29), S. 16 ff.; ferner *Liefmann* (Fn. 29), S. 286 f. Eine ganz ähnliche Vereinbarung hatten ebenfalls im Jahre 1903 A.E.G. und U.E.G. getroffen; s. *Marquardt* (Fn. 29), S. 25 f.; ferner *Spindler* (Fn. 8), S. 121 mit 138 f.

88 S. dazu allgemein GKAktG/*Mülbert*, 4. Aufl. 2012, § 291 Rn. 206 ff. und in Verbindung mit einer Gewinngemeinschaft GKAktG/*Mülbert*, 4. Aufl. 2012, § 292 Rn. 75; ferner GKAktG/*Windbichler*, 5. Aufl. 2017, § 18 Rn. 45 ff., 50, 52; zur Frage der einheitlichen Leitung s. GKAktG/*Windbichler*, 5. Aufl. 2017, § 18 Rn. 49 ff. mit 24 ff. m. w. N.

89 S. für das aktuell geltende Recht nur GKAktG/*Mülbert*, 4. Aufl. 2012, § 291 Rn. 211 f. m. w. N.; für die Interessengemeinschaft nach damaligem Recht Staub/*Pinner*, HGB, 12. und 13. Aufl. 1926, § 306 Anm. 25.

90 S. in der Präambel der Vereinbarung zwischen den Gesellschaften von Dreibund und Dreiverband v. 23. Januar 1916; auch *Duisberg*, Achtes Jubilarsfest der FFB in Leverkusen am 31. Oktober 1925, in: Direktorium der I.G. Farbenindustrie AG (Hrsg.), Abhandlungen, Vorträge und Reden aus den Jahren 1922 – 1933, 1933, S. 226: „Wir vereinigten zwar unsere Interessen, die beiden Firmen [scil. BASF und FFB] als solche blieben jedoch in ihren Entscheidungen und Entschlüssen vollkommen selbständig.", aber andererseits ebenda: „Wir entschlossen uns deshalb, was damals nicht allgemein bekannt war, wenigstens nicht in dieser weitgehenden und intimen Art [sic!], eine ‚Interessengemeinschaft' abzuschließen."

91 Vgl. insofern aus heutiger Sicht GKAktG/*Windbichler*, 5. Aufl. 2017, § 18 Rn. 24 ff. mit 49 ff. m. w. N. Dort auch zum „tendenziell organisationsrechtlichen Gepräge" der Zusammenfassung

zeigt sich zwar eine relative Selbstständigkeit der beteiligten Gesellschaften für den Farbstoffbereich. Allerdings übte man in den Bereichen Energieversorgung, Entwicklung internationaler Unternehmensstrukturen und technische Expansion eine stärker koordinierte Unternehmenspolitik, die etwa dazu führte, dass die von Agfa in den Blick genommene Herstellung von Kunstseide abgelehnt wurde.[92]

Der heutige Streit um die Rechtsnatur eines Gleichordnungskonzernvertrags betrifft im Ergebnis vor allem die Frage nach der Notwendigkeit eines Zustimmungsbeschlusses der Hauptversammlung.[93] Wie bereits erwähnt, lagen für den Abschluss der hier betrachteten vertraglichen Vereinbarungen vom 23.11. und 10.12.1904 entsprechende Ermächtigungsbeschlüsse der Generalversammlungen vor.[94] Einen näheren Blick verdient auch die vertragliche Ausgestaltung der koordinierten Leitung. Die verbundenen Aktiengesellschaften hatten sich „vertraglich" an die Beschlüsse des Delegationsrats „gebunden".[95] Dabei waren besonders einschneidende Leitungsmaßnahmen mit nachteiligem Charakter („Einschränkung der Betriebe oder der Verkaufsorganisation") über das Einstimmigkeitserfordernis nur mit Zustimmung der betroffenen Gesellschaft möglich.[96]

Aus heutiger Sicht befremdlich erscheint hingegen das Recht des Vorstands der beteiligten Aktiengesellschaften zwei Mitglieder mit beratender Stimme in die Aufsichtsratssitzungen der anderen Aktiengesellschaften zu schicken. Denn nach § 109 Abs. 1 S. 1 AktG gilt für Aufsichtsratssitzungen bekanntlich im Grundsatz ein Teilnahmeverbot für Externe. Dabei ist man sich weithin einig, dass auch alle Organmitglieder anderer Unternehmen in der Unternehmensgruppe externe Drit-

---

als Voraussetzung für einen Gleichordnungskonzern. Zur damaligen Sichtweise Staub/*Pinner*, HGB, 12. und 13. Aufl. 1926, § 306 Anm. 24: „Soweit Fusion aus irgendwelchem Grunde nicht in Betracht kommt, ist die Form die der Interessengemeinschaft [...], bei der ebenfalls ein enger Zusammenschluß mehrerer Gesellschaften unter einheitlicher Leitung [sic!] erfolgt."; vgl. auch *Rasch* (Fn. 29), S. 77 f.; speziell zum Dreibund *Spindler* (Fn. 8), S. 122: „horizontale Konzentration"; schließlich die Ausführungen von *Fischer*, in: Horn/Kocka, Recht und Entwicklung der Großunternehmen im 19. und frühen 20. Jahrhundert, 1979, S. 476, 479 zur „kleinen I.G.".

92 S. *G. Plumpe* (Fn. 1), S. 48 m. w. N.

93 S. hierzu im Überblick GKAktG/*Mülbert*, 4. Aufl. 2012, § 291 Rn. 209 f., 213 f. m. w. N.

94 Ob hierbei auch die Mehrheitserfordernisse der §§ 293 Abs. 1, 319 Abs. 1 S. 1, 320 Abs. 1 S. 1 AktG eingehalten worden sind, ist dem Autor freilich nicht bekannt.

95 S. insofern auch *Friedländer* (Fn. 78), S. 24: „Die Eigenart – in gewisser Hinsicht die Schwäche – einer Interessengemeinschaft liegt darin, daß sie auf vertraglicher Bindung beruht, und daß neben den Gemeinschaftsorganen die satzungsmäßigen Organe der Mitglieder ihre Selbständigkeit behalten. Gerade die Abstimmung der vertraglichen Bindung mit der selbständigen Stellung dieser Organe erfordert eine besondere juristische Delikatesse."

96 S. zu der für das heutige Recht heftig umstrittenen Frage, ob und inwieweit ein Gleichordnungsvertrag Weisungsrechte begründen kann, nur GKAktG/*Mülbert*, 4. Aufl. 2012, § 291 Rn. 216 f. m. w. N.

te i. S. dieses Verbots sind.[97] Beim Unterordnungskonzern ließe sich diese Hürde aber leicht dadurch überwinden, dass man dem Vorstand der herrschenden AG ein Aufsichtsratsmandat in der konzernierten AG überträgt (vgl. § 100 Abs. 2 S. 2 AktG).[98] Für die hier in Rede stehende Interessengemeinschaft erscheint das vereinbarte „Beschickungsrecht" als funktionale Annäherung an ein solches Doppelmandat, jedoch mit deutlich geringerem Einflusspotenzial.

V. Die Gründung der I.G. Farben im Kriegsjahr 1916

1. Der Weg zur „kleinen I.G."

Während die Chronisten späterer Jahre das eigentlich „Ungewöhnliche" an den Zusammenschlüssen zu Dreibund und Dreiverband darin sahen, „daß gar keine Notwendigkeit bestand, zu rationalisieren und einen so radikalen Schritt wie die Fusion zu planen",[99] stellte sich die Lage vor Gründung der I.G. Farben in den Jahren 1915/16 anders dar: Vor dem Krieg hatte die deutsche Farbenindustrie ca. 90 % des weltweiten Bedarfs an Farbstoffen gedeckt.[100] Im Zuge des Krieges brach der Absatz im Ausland ein, auch weil die Farbstoffproduktion zugunsten kriegswichtiger Erzeugnisse, allen voran Ammoniak als Grundlage für Sprengstoffe, weitgehend eingestellt wurde.[101] Bisherige Importländer nahmen selbst die Farbstoffproduktion auf, teils unter Rückgriff auf Filialunternehmen der deutschen Farbenindustrie, und hoben deutsche Patente auf.[102]

---

97 S. etwa Hüffer/*Koch*, AktG, 15. Aufl. 2021, § 109 Rn. 4; GKAktG/*Hopt*/*Roth*, 5. Aufl. 2019, § 109 Rn. 15 f. m. w. N. Freilich sollen gemeinsame Sitzungen mit den Aufsichtsräten von Konzernunternehmen in der Praxis stattfinden, s. *v. Schenk* in Semler/v. Schenk, ArbHb Aufsichtsratsmitglieder, 4. Aufl. 2013, § 5 Rn. 155.

98 Zur Frage der Nutzung der als Aufsichtsrat erlangten Informationen s. nur Hüffer/*Koch*, AktG, 15. Aufl. 2021, § 116 Rn. 12 m. w. N.

99 *G. Plumpe* (Fn. 1), S. 45: „Obschon es eine ganze Reihe von Faktoren gibt, mit denen die Konzentration in der deutschen Farbstoffindustrie zu Beginn des 20. Jh. plausibel erklärt werden kann, fällt es schwer, zwingende Gründe zu erkennen. […] Das Ungewöhnliche lag eigentlich darin, daß gar keine Notwendigkeit bestand, zu rationalisieren und einen so radikalen Schritt wie die Fusion zu planen."

100 *G. Plumpe* (Fn. 1), S. 50 ff.; knapp *ter Meer* (Fn. 4), S. 16.

101 *Ter Meer* (Fn. 4), S. 15 f. Möglich wurde die industrielle Großproduktion von Ammoniak durch das Haber-Bosch-Verfahren. Ausführlich zur Rolle der deutschen Farbstoffindustrie im Ersten Weltkrieg wiederum *G. Plumpe* (Fn. 1), S. 63 ff.

102 S. zu dieser Entwicklung *ter Meer* (Fn. 4), S. 16 f.; knapper *Duisberg* (Fn. 16), S. 98; ausführlich *G. Plumpe* (Fn. 1), S. 106 ff.

Es war erneut *Duisberg*, der sich in dieser Situation für eine Fusion aller bedeutenden deutschen Farbstoffunternehmen zu einer Aktiengesellschaft aussprach, um die Rückkehr der deutschen Farbenindustrie auf den Weltmarkt für die Zeit nach Kriegsende vorzubereiten. Er hatte dabei neben den in Dreibund (BASF, FFB, Agfa) und Dreiverband (FWH, Cassella, Kalle) zusammengeschlossenen Gesellschaften die Unternehmen Chemische Fabrik Griesheim Elektron AG (CFGE), Chemische Fabriken, vorm. Weiler-ter Meer AG (WTM), Wülfing, Dahl & Co. AG (WDC) sowie die Farbwerk Mühlheim AG (FWM) im Blick.[103] Die beteiligten Gesellschaften sollten ihr Vermögen in die Zielgesellschaft einbringen und hierfür im Gegenzug Aktien erhalten.[104] Die derart angedachte Fusion scheiterte erneut an den Vorbehalten der Beteiligten. Stattdessen einigten sich zunächst Dreibund und Dreiverband auf einen Zusammenschluss in Form der Interessengemeinschaft, der an dem Vertragswerk des Dreibunds Maß nahm.[105] Die FWH legten größten Wert darauf, in gleicher Höhe an diesem Zusammenschluss beteiligt zu sein wie BASF und FFB.[106] Zu diesem Zweck war vorgesehen, dass die FWH ihr Kapital erhöhten und ihre Beteiligung an Cassella veräußerten. Für Cassella war wiederum die Umwandlung in eine AG geplant.[107] Nachdem der Dreibund die Mehrheit an WDC und Cassella an FWM erworben hatten[108], kam es schließlich am 18. August 1916 zum Zusammenschluss der sechs Gesellschaften mit CFGE und WTM. Die „kleine Interessengemeinschaft" war geboren[109] oder, wie *Duisberg* später in seinen Lebenserinnerungen formulierte: „die Einheitsfront der deutschen chemischen Industrie".[110]

103 S. *Duisberg*, Die Vereinigung der deutschen Farbenfabriken, August 1915 (Denkschrift 1915), abgedruckt in Jahrbuch für Wirtschaftsgeschichte, 1966, Teil III, S. 236, 240 mit Tabelle; dazu *G. Plumpe* (Fn. 1), S. 97 f.

104 S. *Duisberg* (Fn. 103), S. 262 unter Verweis auf §§ 305, 306 HGB; dazu *G. Plumpe* (Fn. 1), S. 98.

105 S. Vertrag v. 23. Januar 1916.

106 S. Präambel (S. 3) Vertrag v. 23. Januar 1916.

107 S. Präambel (S. 3) Vertrag v. 23. Januar 1916; sowie auch Präambel (S. 2) Vertrag v. 18.8.1916.

108 S. dazu *G. Plumpe* (Fn. 1), S. 98.

109 Vertrag v. 18.8.1916; dazu *Duisberg* (Fn. 90), S. 227; *ders.* (Fn. 16), S. 106.

110 *Duisberg* (Fn. 16), S. 106.

2. Der Interessengemeinschaftsvertrag vom 18. August 1916

a) Das Vertragswerk – Gewinngemeinschaft und Interessenkoordination

Kernbestandteil der zunächst[111] auf 50 Jahre[112] angelegten Interessengemeinschaft war wiederum[113] die Zusammenlegung des Gewinns und dessen anschließende Verteilung nach einem festen Schlüssel.[114] Dieser Verteilungsschlüssel unterschied sich für das Anfangsjahr 1916, eine Übergangsphase der Jahre 1917 bis 1925 und eine finale Phase ab 1926.[115] Die besondere Verteilungsregelung für das Jahr 1916 war dem Umstand geschuldet, dass die CFGE erst zum Jahre 1917 der Gewinngemeinschaft beitrat. In der Phase bis 1925 hatten sich einige der vertragschließenden Gesellschaften Sondergebiete vorbehalten, deren Gewinne als Sonderergebnisse in voller Höhe allein ihnen zuflossen, also nicht an der Gewinnverteilung teilnahmen. Dies galt namentlich für die erst seit kurzem in industriellem Maßstabe betriebene Ammoniaksynthese der BASF.[116] Eine Konstante durch die verschiedenen Phasen war die paritätische Beteiligung von FFB, BASF, FWH, die zunächst jeweils 26,405 %, dann 24,82 % betrug und ab 1926 bei 25,019 % liegen sollte.

Wie schon beim Dreibund blieben auch die in der „kleinen I.G." zusammengeschlossenen Gesellschaften rechtlich selbstständig und gegenüber Dritten für ihr Handeln allein haftbar.[117] Neu war die Beschwörung des kooperativen Geistes: „Im Verkehr der Gesellschaften untereinander hat Offenheit zu herrschen; Meinungsverschiedenheiten sollen durch Aussprache unter den Firmen, notfalls unter Anrufung des Gemeinschaftsrates, beseitigt werden."[118] Damit ist bereits die zweite wesentliche Säule der Vereinbarung angesprochen, die Interessenkoordination. Nach § 14 des I.G.-Vertrages wurden alle die gemeinschaftlichen Interessen berührenden und die Förderung der durch die Gemeinschaft erstrebten Ziele bezweckenden Fragen von der Gesamtheit der Gesellschaften erledigt. War unter den Gesellschaften eine direkte Verständigung nicht zu erzielen, so wurden

---

111 Die I.G. wurde 1920 auf 99 Jahre verlängert, s. *ter Meer* (Fn. 4), S. 23.

112 Gerechnet ab dem 1. Januar 1916.

113 S. zum Dreibund oben unter IV.3.

114 S. Präambel sowie §§ 5 ff. Vertrag v. 18.8.1916. Der Vertragstext ist in Auszügen im Anhang wiedergegeben.

115 S. § 6 Vertrag v. 18.8.1916.

116 S. §§ 8 ff. Vertrag v. 18.8.1916; dazu knapp *G. Plumpe* (Fn. 1), S. 98; *ter Meer* (Fn. 4), S. 18. Allgemein zu einem solchen vertraglichen Arrangement *Friedländer* (Fn. 78), S. 30 ff.

117 § 2 Abs. 1 Vertrag v. 18.8.1916; dazu etwa *ter Meer* (Fn. 4), S. 17 f.

118 § 2 Abs. 2 Vertrag v. 18.8.1916.

die Fragen vor einen Gemeinschaftsrat (G.R.) gebracht, der aus maximal zwei Vertretern jeder der beteiligten Gesellschaften bestand und sich aus deren Vorstands- oder Aufsichtsratsmitgliedern rekrutierte.[119] Jede Gesellschaft hatte im G.R. die ihrer Beteiligungsziffer entsprechende Zahl von Stimmen. Beschlüsse wurden grundsätzlich mit 70 % der vertretenen Stimmen gefasst.[120] Indes wurde von diesem Grundsatz häufiger abgewichen, sei es durch Absenkung auf eine einfache Stimmenmehrheit, sei es durch das Erfordernis der Einstimmigkeit.[121] Zur Zuständigkeit des G.R. gehörten neben den bereits dem Delegationsrat für den Dreibund zugewiesenen Beschlussgegenständen[122] insbesondere die Entscheidung von Streitigkeiten zwischen einzelnen Gesellschaften über Kundenschutz sowie die Abänderung der für die Ermittlung des Gemeinschaftsgewinns maßgeblichen Bilanzen nach erfolgter Beanstandung.[123] Mit Blick auf die Genehmigung von Neuanlagen hatte der G.R. bei seiner Entscheidung den Grundsatz zu beachten, dass alle wichtigen Produkte möglichst von mindestens zwei verschiedenen Gesellschaften hergestellt wurden.[124] Hierdurch sollte zum einen die Gefahr des vollständigen Produktionsausfalls durch Brand oder Explosion gebannt und zum anderen die Innovationskraft des Wettbewerbs aktiviert werden.[125] Für Beschlüsse des G.R. zur Änderung der Bilanzen nach erfolgter Beanstandung bestimmte der Vertrag mit Blick auf den Rechtsschutz: „Soweit es sich um Fragen handelt, die mit der Berechnung der Sondergewinne zusammenhängen, kann die Entscheidung innerhalb dreier Monate im Rechtsweg angefochten werden."[126]

Die Gesellschaften verpflichteten sich ferner, keine Einsprüche gegen Anträge auf Patenterteilung einer anderen Gesellschaft der I.G. zu erheben. Verletzungsklagen und Nichtigkeitsklagen zwischen den Gesellschaften der I.G. waren ausgeschlossen. Die Frage der Gültigkeit eines Patentes im Verhältnis der Gesellschaften zueinander, der Abhängigkeit, des Rechts der Vorbenutzung, sowie Streitigkeiten aus Patentverletzung waren von einer intern gebildeten Patentkommission zu entscheiden. Entsprechendes galt bei Streitigkeiten über Warenbezeichnungen und Gebrauchsmuster.[127]

---

119 Die geschäftsführende Leitung des G.R. wechselte alle zwei Jahre zwischen den I.G.-Gesellschaften, s. *G. Plumpe* (Fn. 1), S. 136.
120 S. § 15 Vertrag v. 18.8.1916; zusammengefasst bei *ter Meer* (Fn. 4), S. 18 f.
121 S. § 16 Vertrag v. 18.8.1916.
122 S. dazu oben unter IV.3.d).
123 S. § 16 Nr. 2 i.V.m. § 7 Vertrag v. 18.8.1916.
124 § 16 Nr. 3 Vertrag v. 18.8.1916.
125 *Ter Meer* (Fn. 4), S. 20.
126 S. zur Zulässigkeit solcher Regelungen aus dem aktuellen Schrifttum nur MünchKommBGB/*Schäfer*, 7. Aufl. 2017, § 709 Rn. 114 mit 110 m.w.N.
127 § 17 Vertrag v. 18.8.1916; dazu *ter Meer* (Fn. 4), S. 18 f.

Sofern der G.R. eine Kapitalerhöhung in den I.G.-Gesellschaften beschloss, war er darauf angewiesen, dass die Generalversammlungen die Kapitalerhöhung auch genehmigten.[128] Für den Fall das die Generalversammlung einer I.G.-Gesellschaft den erforderlichen Beschluss nicht fasste, sah § 18 des I.G.-Vertrages vor, dass sich die Gewinnbeteiligungsquote der betreffenden Gesellschaft entsprechend verringerte.

Dem G.R. wurde ein umfassendes Auskunftsrecht gegenüber den Gesellschaften eingeräumt.[129] Ferner verpflichteten sich die Gesellschaften, die Protokolle ihrer Aufsichtsratssitzungen auszutauschen.[130]

b) Einordnung und Bewertung

Fritz ter Meer, Vorstandsmitglied der I.G. Farbenindustrie AG von 1925 bis 1945, schrieb später über die Vereinbarung von 1916: „Diese[r ...] Interessengemeinschafts-Vertrag vermittel[te...] die in jahrelanger Übung bei den früheren Zusammenschlüssen gesammelten Erfahrungen. Jede Gesellschaft blieb nach außen hin selbständig und hatte die Gewähr, daß ihr Aktienkapital sich im Verhältnis der Beteiligungsziffer bewegte, und daß eine vergleichbare Kontinuität in der Dividendenausschüttung gesichert war. Nur mit Zustimmung der einzelnen Firma konnte ihr Betrieb oder ihre Verkaufsorganisation eingeschränkt werden. In der Forschung blieb jede Firma frei. Die früher häufigen, viel Zeit und Arbeit verschlingenden Patentprozesse wurden ausgeschaltet."[131]

In der Tat erscheint die gesellschaftsvertragliche Entwicklung der I.G. von 1904 bis 1916 als ein evolutionärer Prozess. Das Arrangement des Dreibunds hatte offensichtlich (leidlich) funktioniert. Man behielt daher die Grundkonstruktion für die „kleine I.G." bei und ergänzte und modifizierte das Reglement, wo dies erforderlich schien. *Ter Meer* beschrieb denn auch die weitere Entwicklung der „kleinen I.G." als Prozess der auf nahezu „natürliche" Weise auf die Fusion des Jahres 1925[132] zustrebte: „Aber darüber hinaus wurde ein Großes erreicht: Das Wachsen des Gemeinschaftsgefühls und die allmähliche Hintansetzung egoisti-

128 Zum Erfordernis des Generalversammlungsbeschlusses s. §§ 274, 278 HGB a.F. Dazu Staub/*Pinner*, HGB, 12. und 13. Aufl. 1926, § 278 Anm. 4 und 5.

129 § 19 Vertrag v. 18.8.1916.

130 § 20 Vertrag v. 18.8.1916. Von einem Recht zur Teilnahme eigener Vertreter an den Sitzungen der anderen Gesellschaften war hingegen nicht mehr die Rede [zur Regelung für den Dreibund s.o. unter IV.3.d)].

131 *Ter Meer* (Fn. 4), S. 19 f.

132 Dazu sogleich unter VI.

scher und persönlicher Bestrebungen der Einzelfirmen. Die in immer stärkerem Maße sich durchsetzende Rücksichtnahme auf das Gesamtinteresse ermöglichte es, auf dem einmal beschrittenen Wege weiterzugehen – zur Fusion."[133] Als die wohl wichtigste und dabei durchaus riskante Entscheidung in diesem Geiste muss der Ausbau der bislang bei der BASF liegenden Stickstoffproduktion gelten, den die I.G. durch eine gemeinsame Kapitalerhöhung der I.G.-Gesellschaften unterstützte.[134]

Indes stieß die horizontale Integration[135] in der Form der Interessengemeinschaft gerade deshalb an ihre Grenzen, weil dem Gemeinschaftsinteresse weiterhin die – durchaus divergierenden – Einzelinteressen der beteiligten Gesellschaften gegenüberstanden. Dieser spezifische Nachteil der Interessengemeinschaft[136] zeigte sich letztlich auch bei der „kleinen I.G." von 1916.[137]

Eine gewisse Hemmung bei der weiteren Integration der I.G.-Gesellschaften ergab sich auch aus dem Recht der GbR: Durch die Befristung auf 50 und später 99 Jahre wurde zwar das Recht zur ordentlichen Kündigung der I.G. gem. § 723 Abs. 1 S. 1 BGB ausgeschaltet.[138] Jedoch blieb es bei dem Recht zur Kündigung aus wichtigem Grund, das vertraglich nicht ausgeschlossen werden kann (§ 723 Abs. 1 S. 2, Abs. 3 BGB). Die I.G.-Gesellschaften mussten also immer damit rechnen, dass der Zusammenschluss auseinanderbrach.[139] Was das bedeutete, erläutert *ter Meer* in aller Klarheit: „Kein Vorstand einer der Gemeinschaftsfirmen konnte es somit seinen Aktionären gegenüber verantworten, seine Fabrikation oder seine Verkaufsorganisation beschneiden zu lassen, auf die Gefahr hin, bei einer möglichen Kündigung aus wichtigem Grund die Schlagkraft seines Unternehmens teilweise eingebüßt zu haben."[140]

---

133 *Ter Meer* (Fn. 4), S. 20 f.

134 S. dazu hier nur *W. Plumpe* (Fn. 18), S. 684 ff.

135 Vgl. *Duisberg* (Fn. 90), S. 226: „Sie wissen, daß wir es vor 20 Jahren für notwendig befanden, uns, wie man es heute ausdrückt, horizontal zusammenzuschließen."

136 S. etwa Staub/*Pinner*, HGB, 12. und 13. Aufl. 1926, § 306 Anm. 24: „Diese Interessengemeinschaften haben den Nachteil, daß immerhin die zusammengeschlossenen Gesellschaften gesonderte Persönlichkeiten bilden und es sehr schwer ist, für vollständig einheitliche Durchführung zu sorgen, da doch neben dem Gemeinsamkeitsinteresse auch besondere Interessen der einzelnen Gesellschaften vorhanden sind."

137 S. dazu sogleich unter VI. bei Fn. 143. S. ferner *ter Meer* (Fn. 4), S. 56.

138 S. allgemein zur Laufzeit von Gesellschaftsverträgen *Fleischer/Mock* NZG 2020, 161, 166.

139 S. dazu allgemein *Spindler* (Fn. 8), S. 71 f.

140 *Ter Meer* (Fn. 4), S. 23.

VI. Die Umwandlung in die I.G. Farbenindustrie AG im Jahre 1925

Es war denn auch nicht das gewachsene „Gemeinschaftsgefühl", das im Jahre 1925 zur Fusion der I.G.-Gesellschaften zur I.G. Farbenindustrie AG führte, sondern der wirtschaftliche Zwang.[141] Die I.G.-Gesellschaften sahen sich Mitte der 1920er Jahre genötigt, ihre nicht zuletzt durch den geschrumpften Auslandsabsatz entstandenen Überkapazitäten in der Farbstoffproduktion abzubauen und die Vertriebsstrukturen zu rationalisieren.[142] Das bisherige I.G.-Konstrukt hatte einen entsprechenden Rationalisierungsschub nicht geleistet, vielmehr herrschte schädliches Konkurrenzdenken.[143] Hinzu trat – wie gesehen[144] – die Unsicherheit, die sich aus dem nicht abdingbaren Recht zur Kündigung aus wichtigem Grund ergab.[145]

1. Der Kampf um die Fusion

a) Die Auseinandersetzung zwischen *Duisberg* und *Bosch*

Die Probleme der I.G. blieben natürlich auch von den handelnden Personen nicht unbemerkt. Es war wieder einmal *Duisberg*, der den Anstoß für den nächsten Schritt zur weiteren Integration der I.G. gab. Am 16. Dezember 1923 legte er eine Denkschrift mit dem Titel „Kritische Betrachtungen über die am 1. Januar 1916 ins Leben getretene Interessengemeinschaft der deutschen Teerfarbenindustrie" vor.[146] Anders als *ter Meer* in seinem verklärenden Rückblick[147] identifizierte *Duisberg* neben den Kriegsfolgen und den äußeren Veränderungen der Nachkriegszeit gerade einen Mangel an Gemeinschaftsgeist als Ursache der schwierigen Situation, in der sich die I.G. und die an ihr beteiligten Gesellschaften befan-

141 *G. Plumpe* (Fn. 1), S. 135 f.: „Anders als 1904, aber auch 1915 [...] gab es nunmehr wirtschaftliche Zwänge, die eine Reorganisation der Unternehmensgruppe nahelegten."

142 S. *Duisberg*, (Fn. 90), S. 228 f.; ferner *ter Meer* (Fn. 4), S. 22 f.; *G. Plumpe* (Fn. 1), S. 135 f.; *W. Plumpe* (Fn. 18), S. 688 verweist insofern auch auf die Währungsreform und die Wiederherstellung einer geordneten Betriebswirtschaft nach dem Oktober 1923.

143 *G. Plumpe* (Fn. 1), S. 135 f.

144 S. soeben unter V.2.b) bei Fn. 139.

145 *Ter Meer* (Fn. 4), S. 23; *G. Plumpe* (Fn. 1), S. 136.

146 BAL 300/085, zitiert nach *W. Plumpe* (Fn. 18), S. 688.

147 S. o. unter V.2.b) bei Fn. 131.

den: In den gegenwärtigen, konjunkturell schwierigen Zeiten „sucht jeder mehr oder weniger die eigene Firma in den Vordergrund zu rücken und strebt danach, für die Interessen der Einzelfirmen zu sorgen, ohne die nötige Rücksicht auf das Gesamtinteresse zu nehmen. So ist es gekommen, dass jetzt wiederholt die bisher so gute Harmonie der Firmen und ihrer Leiter untereinander Störungen erfuhr und Misstrauen, Neid und Zwietracht sich breit zu machen suchen."[148] Als Remedur sah *Duisberg* aber nicht etwa die von ihm 1904 und 1915 propagierte Fusion an. Vielmehr strich er die Vorzüge der Interessengemeinschaft heraus: „Die von uns gewählte Form der Interessengemeinschaft ist besonders für uns Deutsche, unter Wahrung der Individualität der einzelnen Firmen und der darin tätigen Persönlichkeiten, wirtschaftlich so sehr dem trustartigen Zusammenschluß der Firmen überlegen, daß alles geschehen muß, um sie zu erhalten, allerdings unter Beseitigung der Hemmungen und Schäden, die allzu weit betriebene Individualisierung und Dezentralisation zur Folge haben."[149] *Duisberg* wollte daher die I.G. beibehalten, aber ihre Organisation straffen. Hierfür sollte nicht nur die Zahl der beteiligten Gesellschaften durch Fusion oder Übernahme reduziert, sondern auch Geschäftsführung und Gemeinschaftsrat personell ausgedünnt werden.[150]

Dieser Wechsel *Duisbergs* vom Befürworter zum Gegner einer Fusion überrascht zunächst, auch wenn der Wunsch nach Erhaltung der am Markt gut etablierten Firmennamen und sicher auch Personalfragen echte Hindernisse auf dem Weg zur Fusion waren.[151] Bei näherem Hinsehen zeigt sich jedoch, dass es *Duisberg* hierbei durchaus auch um die Machtfrage ging. Die BASF hatte sich vor allem durch die industriell betriebene Ammoniaksynthese zur eindeutig größten I.G.-Gesellschaft entwickelt.[152] Im Sommer 1923 kam die Großsynthese von Methanol hinzu.[153] Angesichts dieser Kräfteverhältnisse gründete *Duisbergs* Sinneswandel wohl zu einem Großteil auf der Furcht, dass das fusionierte Unternehmen von Ludwigshafen dominiert werde.[154]

Der Vorstandsvorsitzende der BASF, *Carl Bosch*, gehörte denn auch zu den nachdrücklichen Befürwortern einer Fusion. Nach einer Zeit kontroverser Diskus-

148 *Duisberg*, Denkschrift v. 16.12.1923, BAL 300/085, zitiert nach *W. Plumpe* (Fn. 18), S. 688.
149 *Duisberg*, Denkschrift v. 16.12.1923, BAL 300/085, zitiert nach *ter Meer* (Fn. 4), S. 23; *W. Plumpe* (Fn. 18), S. 688.
150 *G. Plumpe* (Fn. 1), S. 136 unter Verweis auf *Duisberg*, Denkschrift v. 16.12.1923, BAL 300/085, S. 5; mit ausführlicheren Zitaten auch *W. Plumpe* (Fn. 18), S. 690.
151 Vgl. die Schilderungen bei *Duisberg* (Fn. 90), S. 229 f.; *ter Meer* (Fn. 4), S. 23 f.
152 *G. Plumpe* (Fn. 1), S. 131 f.
153 *W. Plumpe* (Fn. 18), S. 689.
154 So die plausible Deutung von *W. Plumpe* (Fn. 18), S. 689, 693.

sionen konnte er sich schließlich durchsetzen.[155] *Duisberg* versuchte noch mit dem Vermittlungsvorschlag zur Bildung einer Holding-Gesellschaft die Fusion abzuwenden.[156] Jedoch sprach sich eine klare Mehrheit der I.G-Gesellschaften für eine sofortige Fusion aus.[157] In der Folge entbrannte eine heftige Kontroverse um die künftige Organisationsstruktur des fusionierten Unternehmens. Dabei trafen mit den Personen *Carl Duisberg* und *Carl Bosch* zwei völlig unterschiedliche Stile der Unternehmensführung aufeinander. *Duisberg* glaubte an die Überlegenheit einer ausgeklügelten Organisationsstruktur unter Einbeziehung möglichst vieler Manager. *Bosch* hingegen hielt eine möglichst freie Unternehmensführung durch hierzu befähigte Personen für den richtigen Weg.[158] Während der jüngere und dynamischere *Bosch* den Machtkampf mit *Duisberg* um die Leitung der fusionierten I.G. gewann, konnte letzterer seine Vorstellungen zur Organisation des Unternehmens weitgehend durchsetzen.[159]

b) Der Kompromiss – Das *Gentlemen's Agreement* von August/Oktober 1925

Die Verhandlungen um die Organisationsstruktur der künftigen I.G. Farbenindustrie AG mündeten in ein Gentlemen's Agreement, das der G.R. Anfang August 1925 beschloss und das sämtliche Vorstände und Aufsichtsräte der I.G.-Gesellschaften bis zum 6. Oktober 1925 unterzeichneten.[160] Hierin wurde festgelegt, dass Agfa, CFGE, WTM, FFB und FWH auf die BASF verschmolzen werden. Zugleich wurde vereinbart, den Sitz der Gesellschaft nach Frankfurt am Main zu verlegen und die Gesellschaft in „I.G. Farbenindustrie Aktiengesellschaft" umzubenennen. Die alten, bestens etablierten Firmennamen wurden gleichwohl erhalten, indem man die zugehörigen Standorte als Zweigniederlassungen der neuen AG unter den al-

---

155 S. dazu näher *W. Plumpe* (Fn. 18), S. 691 ff.; knapp *ter Meer* (Fn. 4), S. 25.
156 S. dazu näher *W. Plumpe* (Fn. 18), S. 692 f.; knapp *ter Meer* (Fn. 4), S. 25, jeweils unter Verweis auf *Duisberg*, Denkschrift v. 26.10.1924.
157 *W. Plumpe* (Fn. 18), S. 693 ff.
158 S. ausführlich *W. Plumpe* (Fn. 18), S. 694 ff.; ferner *G. Plumpe*, (Fn. 1), S. 138 ff.: „Überspitzt formuliert, vertrat Bosch die Ansicht, Organisation sei Unsinn, und die Führung des Unternehmens hinge ausschließlich von den persönlichen Qualitäten und Beziehungen einer möglichst kleinen Gruppe führender Manager ab. Bosch sagte: ‚Ich nehme mir vier meiner Freunde, denen gebe ich die verschiedenen Sparten der I.G., daraus sollen sie dann das Beste machen, was sie können. Wenn sie es nicht können, schmeiße ich sie raus.'"
159 Vgl. *W. Plumpe* (Fn. 18), S. 698; *G. Plumpe* (Fn. 1), S. 140; auch *ter Meer* (Fn. 4), S. 25.
160 S. *G. Plumpe* (Fn. 1), S. 140. Den folgenden Ausführungen liegt der im Weiteren mit GA abgekürzte Text aus dem BASF Unternehmensarchiv, IG PB / A 21/1: Fusion, zugrunde.

ten Namen weiterführte.[161] Kalle und Cassella blieben als Tochtergesellschaften selbstständig.[162] Casella diente dabei wohl auch als „Depot“ für stimmberechtigte Vorzugsaktien der AG und damit als Schutzschild des Managements gegen eine „Überfremdung“ des Kapitals.[163]

Ferner hatte man vereinbart, dass *Bosch* den Vorsitz des Vorstands übernahm, der aus den bisherigen Vorstandsmitgliedern sämtlicher I.G.-Gesellschaften bestehen sollte.[164] Das Gremium zählte daher zunächst[165] sage und schreibe 40 ordentliche und 43 stellvertretende Mitglieder.[166] Um Arbeitsfähigkeit herzustellen, wurde ein Arbeitsausschuss gebildet, dem 27 der ordentlichen Vorstandsmitglieder angehörten.[167] Für die Behandlung „von geheimen und Personalangelegenheiten“ wurde ein nochmals verkleinerter Ausschuss gebildet, der aus dem Vorstandsvorsitzenden und vier weiteren Vorstandsmitgliedern bestand.[168] Auch der Aufsichtsrat der I.G. Farbenindustrie AG bestand zunächst aus sämtlichen Aufsichtsratsmitgliedern der bisherigen I.G.-Gesellschaften.[169] Den Vorsitz übernahm *Duisberg*, Stellvertreter wurden *Walther vom Rath* (bislang FWH), *Carl Müller* (bislang BASF) und *Carl von Weinberg* (bislang Cassella).[170] Aus seiner Mitte bildete der Aufsichtsrat einen „Verwaltungsrat“ genannten Ausschuss, der aus elf Mitgliedern bestand, die dem Machtzentrum der alten Interessengemeinschaft,

---

161 § 1 GA; s. dazu auch *Duisberg* (Fn. 90), S. 230, mit dem Hinweis: „Es war eine schwierige Sache, bis dieser Name gefunden war.“ Zur rechtlichen Zulässigkeit eines solchen Vorgehens s. RG DNotZ 1916, 575; Staub/*Pinner*, HGB, 12. und 13. Aufl. 1926, § 306 Anm. 13.

162 § 2 GA.

163 So jedenfalls *G. Plumpe* (Fn. 1), S. 143 unter Verweis auf die Duisberg-Denkschrift v. 1924; auf *G. Plumpe* verweisend wiederum *Spindler* (Fn. 8), S. 131. Zur seinerzeitigen Üblichkeit eines solchen Vorgehens s. *Nörr* (Fn. 9), S. 114 f. m. w. N.; *Spindler* (Fn. 8), S. 59.

164 § 12 GA mit Anlagen 7 und 8.

165 Zum Übergangscharakter dieser Regelung *ter Meer* (Fn. 4), S. 51 f.

166 Eine vollständige Auflistung der Vorstandsmitglieder findet sich auch im Bericht des Vorstands und des Aufsichtsrates über das Geschäftsjahr 1925 v. Mai 1926.

167 S. dazu näher *G. Plumpe* (Fn. 1), S. 141: „Die übrigen Mitglieder waren praktisch nur nominell Vorstandsmitglieder.“; s. aber auch *ter Meer* (Fn. 4), S. 51 f.: „Aus gesetzlichen und praktischen Gründen wurde dafür Sorge getragen, daß jedes Vorstandsmitglied schnellstens über die Beschlüsse des Arbeitsausschusses orientiert wurde und gegebenenfalls dagegen Stellung nehmen konnte.“ Die dem Arbeitsausschuss zur Entscheidung zugewiesenen Angelegenheiten waren in § 13 GA aufgelistet.

168 § 12 GA, s. dazu näher *G. Plumpe* (Fn. 1), S. 141; s. auch *ter Meer* (Fn. 4), S. 56.

169 § 11 GA mit Anlage 3. Die Zahlen des ersten Aufsichtsrats werden nicht einheitlich angegeben. Laut der genannten Anlage 3 des GA waren es 48. *G. Plumpe* (Fn. 1), S. 141 spricht von 39 Mitgliedern, *ter Meer* (Fn. 4), S. 57 von über 50. Im Geschäftsbericht des Vorstands und des Aufsichtsrates für 1925 werden 50 Mitglieder aufgelistet.

170 § 11 GA sowie Geschäftsbericht des Vorstands und des Aufsichtsrates über das Geschäftsjahr 1925 v. Mai 1926.

dem Gemeinschaftsrat, angehört hatten, und über den wiederum *Duisberg* den Vorsitz führte.[171] Dabei stand jedem Verwaltungsratsmitglied das Recht zu, mit beratender Stimme an den Vorstandssitzungen teilzunehmen.[172] Der Vorstandsvorsitzende und sein Stellvertreter waren ihrerseits zur Teilnahme an den Sitzungen des Verwaltungsrats berechtigt. Das Gentlemen's Agreement betonte die beratende Funktion des Verwaltungsrats und kombinierte dies mit weitgehenden Auskunftsrechten. Schließlich sah die Vereinbarung auch Zustimmungsvorbehalte des Verwaltungsrats bei Investitionsentscheidungen über RM 100.000, für den Abschluss von Konventionen, Syndikaten etc. sowie ein Mitspracherecht bei zentralen Personalentscheidungen vor.[173]

Eine wesentliche Rationalisierung der Unternehmenstätigkeit sollte dadurch erreicht werden, dass die acht I.G.-Gesellschaften mitsamt ihren Töchtern in vier Betriebs- und fünf Verkaufsgemeinschaften neu organisiert wurden.[174] In den vier Betriebsgemeinschaften fasste man die bestehenden 41 Werke unter Führung der großen Werke in Ludwigshafen (BG Oberrhein), Höchst (BG Mittelrhein), Leverkusen (BG Niederrhein) und Berlin (BG Mitteldeutschland, später BG Berlin).[175] Diese Betriebsgemeinschaften sollten sich „unter Oberleitung einer Zentrale in weitgehendem Maße selbst verwalten und kontrollieren und so in idealen Wettbewerb mit den anderen Betriebsabteilungen treten."[176] Gerade in diesem Passus der Vereinbarung zeigt sich das *Duisberg*'sche Credo der „dezentralen Zentralisierung"[177] mit besonderer Deutlichkeit.[178] Ganz ähnlich wie bei Produktion und Entwicklung verfuhr man für die Verkaufsorganisation. Die regionalen und zentralen Verkaufsorganisationen aller I.G.-Gesellschaften im In- und Ausland wurden zu fünf Verkaufsgemeinschaften zusammengefasst, die nach Produkten (Teerfarbstoffe, Stickstoff, Anorganika und organische Zwischenprodukte, Phar-

---

171 § 11 GA mit Anlage 5; vgl. auch Geschäftsbericht des Vorstands und des Aufsichtsrates über das Geschäftsjahr 1925. Dazu *G. Plumpe* (Fn. 1), S. 141; *ter Meer* (Fn. 4), S. 57.

172 S. dazu *ter Meer* (Fn. 4), S. 51: „Als weiteres Merkmal einer Übergangsregelung sei erwähnt, daß die dem Gemeinschaftsrat (G.R.) aus der Zeit der Interessengemeinschaft angehörigen Mitglieder, die bei der Fusion in den Aufsichtsrat eingetreten waren, an den Arbeitsausschußsitzungen teilnahmen. Infolgedessen war auch der Arbeitsausschuß des Vorstands in der ersten Zeit nach der Fusion ein zahlenmäßig reichlich großes Gremium. Ohne Zweifel war es aber für die im Arbeitsausschuß zusammengefaßten Vorstandsmitgliedern von erheblichem Wert, aus den Erfahrungen der ehemaligen Leiter der Gründerfirmen Nutzen zu ziehen."

173 Wiederum § 11 GA; dazu *G. Plumpe* (Fn. 1), S. 141.

174 § 10 GA.

175 S. Anlage 2 zum GA; dazu *G. Plumpe* (Fn. 1), S. 142.

176 § 10 Abs. 1 GA.

177 S. bereits o. unter III.2.b).

178 Vgl. auch *G. Plumpe* (Fn. 1), S. 142; *ter Meer* (Fn. 4), S. 29.

mazeutika mit Veterinaria und Pflanzenschutzmitteln sowie Photographika und Kunstseide) geordnet wurden.[179] Schließlich wurde die – dann auch verwirklichte – technische Bündelung sämtlicher Kohlegruben und Brikettfabriken der I.G.-Gesellschaften unter einer zentralen Bergwerksverwaltung mit Sitz in Halle an der Saale in Aussicht genommen.[180]

2. Die Fusion zur I.G. Farbenindustrie AG

Im Anschluss erfolgte dann die Fusion selbst wie in § 1 des Gentlemen's Agreement vorgesehen:[181] Agfa, CFGE, WTM, FFB und FWH übertrugen ihr gesamtes Vermögen auf die BASF und erloschen ohne Liquidation.[182] Die BASF gewährte den Aktionären der übertragenden Rechtsträger im Gegenzug die neuen Aktien in Höhe des der Altbeteiligung entsprechenden Nennwerts. Hierfür erhöhte die BASF ihr Kapital um die Summe des Kapitals der übertragenden fünf Gesellschaften auf insgesamt RM 646 Mio.[183] Mit Eintragung der durchgeführten Kapitalerhöhung am 9.12.1925[184] wurde die Fusion schließlich wirksam.[185]

179 § 10 Abs. 2 GA.

180 § 10 Abs. 3 GA mit Anlage 2.

181 S. näher zu den Einzelschritten auch § 5 GA; ferner Bericht des Vorstands und des Aufsichtsrates über das Geschäftsjahr 1925.

182 Dies geschah durch Veräußerungsvertrag. Auf die Fusion fanden die §§ 305, 306 HGB in der damaligen Fassung Anwendung. S. für Einzelheiten die zugehörige Kommentierung bei Staub/*Pinner*, HGB, 12. und 13. Aufl. 1926.

183 S. § 5 der Satzung der I.G.-Farbenindustrie AG von 1925 (Anlage 1 zum GA). Durchgeführt wurde der Aktientausch durch ein Bankenkonsortium unter Führung der Deutschen Bank. S. *G. Plumpe* (Fn. 1), S. 143 mit Quellennachweis.

184 Vgl. §§ 284 Abs. 1, 305 Abs. 2 HGB in der damaligen Fassung.

185 S. wiederum *G. Plumpe* (Fn. 1), S. 143; *ter Meer* (Fn. 4), S. 26. Zur Maßgeblichkeit dieser Eintragung s. Staub/*Pinner*, HGB, 12. und 13. Aufl. 1926, § 306 Anm. 12 m. w. N. Nach *G. Plumpe*, a. a. O., trat die Fusion „[j]uristisch und rechnerisch" rückwirkend zum 1.1.1925 in Kraft. Indes galt auch damals, dass die Parteien nicht über den Verschmelzungszeitpunkt disponieren konnten, RG LZ 1909, 543; Staub/*Pinner*, HGB, 12. und 13. Aufl. 1926, § 306 Anm. 12. Mithin ging es offenbar um die nur schuldrechtlich wirkende Festlegung des Verschmelzungsstichtags, also um eine „rechnerische" Rückwirkung; vgl. auch Geschäftsbericht des Vorstands und des Aufsichtsrates über das Geschäftsjahr 1925; für die aktuelle Rechtslage *Kogge*, MHdb. GesR, Bd. 8., 5. Aufl. 2018, § 13 Rn. 12.

3. Einordnung und Bewertung

Der Wirtschaftshistoriker und Chronist der I.G. Farben *Gottfried Plumpe* fasst die Gründe für die Fusion mit den Schlagworten „Rationalisierung und technische Expansion" zusammen.[186] Freilich bildete die Fusion lediglich den Startpunkt für die Erreichung dieser Ziele. So wurde die Zustimmung aller Beteiligten zur Fusion nicht zuletzt durch einen personell überdimensionierten Vorstand und Aufsichtsrat erkauft.[187] Der Gemeinschaftsrat der großen I.G., der sog. „Rat der Götter", existierte in Form des Verwaltungsrats weiter.[188] Man mag dessen starke Stellung mit seiner auch beratenden Funktion und den zu seinen Gunsten geregelten Zustimmungsvorbehalten als Ausdruck eines modernen Verständnisses von der Rolle des Aufsichtsrats begreifen. Bei der Ausgestaltung der Kompetenzen scheint es indes eher darum gegangen zu sein, den Führungspersönlichkeiten der alten I.G. den Abschied vom operativen Geschäft zu erleichtern.[189] Insbesondere *Duisberg* trug schwer an der ihn ereilenden „Götterdämmerung".[190] Aber nicht nur diese schonungsvolle Versorgung der Entscheidungsträger und Führungspersönlichkeiten der alten I.G. widersetzte sich dem Rationalisierungsziel. Dasselbe galt ein Stück weit auch für die viel gepriesene Idee der „dezentralen Zentralisierung". Dabei war den Handelnden durchaus bewusst, „daß diese Dezentralisierung des gesamten technischen Geschehens kostenmäßig nicht die sparsamste Lösung war."[191] Die weitere Entwicklung zeigte denn auch, dass der expandierende Konzern eine weitere organisatorische Straffung benötigte.

---

186 *G. Plumpe* (Fn. 1), S. 144.
187 Vgl. auch *ter Meer* (Fn. 4), S. 51 f.
188 S. *G. Plumpe* (Fn. 1), S. 141; *W. Plumpe* (Fn. 18), S. 699.
189 *G. Plumpe* (Fn. 1), S. 141.
190 S. *Duisberg* (Fn. 90), S. 229 f.: „Jeder hat Opfer bringen müssen. Wenn ich mich persönlich dazu entschlossen habe, mit dem 1. Januar des nächsten Jahres aus dem Vorstand auszuscheiden, um in den Aufsichtsrat überzutreten, dann können Sie begreifen und verstehen, daß mir das nicht leicht geworden ist, denn ich fühle mich, offengestanden, dazu noch nicht alt genug."; ausführlich *W. Plumpe* (Fn. 18), S. 695 ff.
191 *Ter Meer* (Fn. 4), S. 29.

VII. Expansion und organisatorische Straffung – Die „Weimarer Jahre" der AG

1. Expansion und Krise

In den Jahren nach der Fusion folgte eine Zeit der Diversifikation und Expansion: Die AG investierte vor allem in Neuanlagen für die Produktion auf dem Stickstoffsektor hohe Summen.[192] Die Mittel für den Investitionsbedarf wurden durch eine Kapitalerhöhung auf RM 1,1 Mrd. (1926) und die Begebung der in Deutschland wohl ersten Wandelanleihe i. H. v. RM 250 Mio. (1928) beschafft.[193] Der Umsatz der AG stieg in diesen ersten Jahren von über RM 1 Mrd. im Jahre 1926 auf einen vorläufigen Höchststand von über RM 1,4 Mrd. im Jahre 1929.[194] Die I.G. Farbenindustrie AG gehörte 1929 zu den größten Industriekonzernen in Deutschland[195] und zählte zu den größten vier Chemieunternehmen weltweit.[196] Dann brach die Weltwirtschaftskrise auch über die I.G. Farben herein. In der Folge sank der Umsatz auf ein Tief von unter RM 890 Mio. (1932) ab.[197] Umsatz und Gewinn brachen vor allem im Stickstoffsegment ein, während die Bereiche Farben, Chemikalien und Pharmazeutika gerade mit Blick auf die abfallenden Gewinne stabilisierend wirkten.[198] In dieser Zeit getätigte Investitionen in die Erforschung und Entwicklung von Verfahren zur Mineralöl- und Kautschuksynthese zahlten sich (noch) nicht aus.[199]

192 S. *G. Plumpe* (Fn. 1), S. 435.
193 S. dazu *ter Meer* (Fn. 4), S. 27 ff. Das Kapital von RM 1,1 Mrd. wurde nie voll begeben. Dividendenberechtigt waren nur rund RM 800 Mio. Ausführlicher zur Zusammensetzung des Eigenkapitals *G. Plumpe* (Fn. 1), S. 481 f.
194 S. die leicht voneinander abweichenden Umsatzzahlen bei *ter Meer* (Fn. 4), Tabellenanhang, und *G. Plumpe* (Fn. 1), S. 433 f.
195 Gemessen am Konzernumsatz, s. *G. Plumpe* (Fn. 1), S. 175.
196 Für Einzelheiten *G. Plumpe* (Fn. 1), S. 182 ff.
197 S. die leicht voneinander abweichenden Umsatzzahlen bei *ter Meer* (Fn. 4), Tabellenanhang, und *G. Plumpe* (Fn. 1), S. 433 f.
198 S. ausführlich *G. Plumpe* (Fn. 1), S. 433 ff.
199 S. ausführlich *G. Plumpe* (Fn. 1), S. 255 ff., 339 ff., 471 ff.

2. Organisatorische Straffung

Die Krisenjahre erzeugten einen weiteren Rationalisierungsdruck, dem peu à peu die von *Duisberg* ersonnene „dezentrale Zentralisierung" zum Opfer fiel.[200] Bereits am Vorabend der Weltwirtschaftskrise[201] verpasste man der I.G. mit der Zusammenfassung der Arbeitsgebiete in drei Sparten (I: Stickstoff, Methanol, synthetische Kraftstoffe etc., II: Schwerchemikalien, Pigmente, Farbstoffe, Pharmazeutika etc., III: Fotographische Artikel, Kunstfasern, Kunststoffverarbeitung etc.) auf der technischen Seite eine divisionale Struktur.[202] Damit holte man nach, was der große internationale Konkurrent DuPont bereits Anfang der 1920er Jahre vorgemacht hatte.[203] Mit dieser Neuorganisation verloren die Betriebsgemeinschaften stark an Eigenständigkeit.[204] Zudem gab man ab 1930 die Idee der Fabrikation wichtiger Produkte an mindestens zwei Standorten breitflächig auf.[205] Zugleich wurde auch die Vertriebsorganisation gestrafft, indem man wesentliche Teile in Frankfurt bündelte, wo gerade das neue Zentralverwaltungsgebäude entstand.[206]

Der Rationalisierungsprozess der Krisenjahre machte auch vor der Unternehmensspitze nicht halt. Bislang war der Arbeitsausschuss das Macht- und Kraftzentrum des Gesamtvorstands gewesen.[207] Auch wenn sich dessen Mitgliederzahl nach der Fusion relativ zügig durch Tod und Pensionierung der älteren Mitglieder reduzierte,[208] erschien insbesondere *Bosch* der Arbeitsausschuss als Entscheidungs- und Verantwortungsträger zu schwerfällig.[209] In Abstimmung mit *Duisberg* wurde daher 1930 ein Zentralausschuss (ZA) gebildet, dessen Größe in den

---

200 Vgl. *G. Plumpe* (Fn. 1), S. 154: „In der Form [...] hatte die I.G.-Organisation zu Beginn der 30er Jahre eine gegenüber den Gründerkompromissen deutlich veränderte Form gefunden"; deutlich auch *K.H. Roth*, Die Geschichte der I.G. Farbenindustrie AG von der Gründung bis zum Ende der Weimarer Republik, 2009, online: www.wollheim-memorial.de, S. 17 f.: „Alle diese Zentralisierungsmaßnahmen [...] machten die ‚dezentrale Zentralisierung' des Gründerkompromisses zu Makulatur".

201 S. *Tammen* (Fn. 4), S. 23: „Diese Sparten wurden am Vorabend der Weltwirtschaftskrise, im August 1929, gebildet".

202 *G. Plumpe* (Fn. 1), S. 150; *ter Meer* (Fn. 4), S. 31 ff.

203 *G. Plumpe* (Fn. 1), S. 185.

204 *G. Plumpe* (Fn. 1), S. 148.

205 *Ter Meer* (Fn. 4), S. 35.

206 *Ter Meer* (Fn. 4), S. 45.

207 S.o. unter VI.1.b) bei Fn. 167.

208 *Ter Meer* (Fn. 4), S. 52.

209 *G. Plumpe* (Fn. 1), S. 149.

Folgejahren zwischen sieben und neun Mitgliedern schwankte.[210] *Ter Meer*, von 1933 bis 1945 selbst Mitglied des ZA,[211] beschreibt dessen Kompetenzen und Arbeitsweise wie folgt: „Nach der ihm gegebenen Geschäftsordnung sollten durch ihn insbesondere Personalfragen entschieden und vertrauliche Dinge behandelt werden; ferner konnten wichtige und eilbedürftige Fragen vorbesprochen werden, um dann dem Arbeitsausschuß des Vorstandes zur Entscheidung vorgelegt zu werden. Solange Bosch Vorsitzender des Vorstandes und damit des Zentralausschusses war, kam demselben eine beachtliche Bedeutung zu, indem sowohl wissenschaftliche und technische Fragen als auch kaufmännische und Verwaltungsangelegenheiten, Beziehungen zu ausländischen Konzernen usw. eingehend und zwanglos im kleinsten Kreise (sieben Mitglieder und der Vorsitzende des Aufsichtsrates) beraten wurden. Als nach dem Tode Duisbergs Bosch Vorsitzender des Aufsichtsrates wurde, verlor der Zentralausschuß allmählich seinen ursprünglichen Charakter [...]. Fortan wurden im Zentralausschuß im wesentlichen Personalfragen behandelt."[212]

VIII. Die I.G. Farben in der Nazizeit

1. Entwicklung unter staatlicher Wirtschaftspolitik und Kriegswirtschaft

Nach der Machtergreifung setzten die Nationalsozialisten auf staatliche Konjunkturimpulse und eine auf Autarkie setzende Wirtschaftspolitik.[213] Für die I.G. führte dies dazu, dass Investitionsmaßnahmen und Produktion in wesentlichen Arbeitsbereichen maßgeblich durch Staatsaufträge und -abkommen getrieben waren. Dies betraf vor allem die Produktsegmente Mineralöl, Metalle, Kautschuk und Zellwolle.[214] Unter der nationalsozialistischen Planwirtschaft seit 1936 waren rund 80 % aller Investitionen der I.G. auf den Vierjahresplan zurückzuführen.[215]

210 *G. Plumpe* (Fn. 1), S. 150 ff.; ferner *ter Meer* (Fn. 4), S. 56 f., der die Entstehung des ZA allerdings auf 1931 datiert.
211 *G. Plumpe* (Fn. 1), S. 152.
212 *Ter Meer* (Fn. 4), S. 56 f.; vgl. auch die knappen Ausführungen bei *G. Plumpe* (Fn. 1), S. 150.
213 S. dazu *Petzina*, Autarkiepolitik im Dritten Recht, 1968.
214 S. dazu *G. Plumpe* (Fn. 1), S. 591 ff.; auch *ter Meer* (Fn. 4), S. 82.
215 *G. Plumpe* (Fn. 1), S. 593. S. für Einzelheiten des Vierjahresplans *Petzina* (Fn. 213), S. 96 ff. Gegen dessen Deutung der hierbei von der I.G. Farben eingenommenen Rolle (dort S. 123) *Hayes* ZUG 32 (1987), 124, 132 f.

Bis 1939 stieg der Gesamtumsatz der I.G. auf knapp RM 2 Mrd.,[216] wobei der Exportumsatz rückläufig war.[217]

Nach Ausbruch des Krieges und damit einhergehender Kriegswirtschaft in Deutschland geriet die Produktion der I.G. weitgehend unter staatliche Lenkung. Wesentlicher Maßstab für die Produktionsentscheidungen war der Wehrmachtsbedarf bei knappen Ressourcen.[218] Im Zuge dieser staatlichen Lenkungsmaßnahmen wuchs vor allem die Produktion von Synthesekautschuk, Gerbstoffen und Methanol, aber auch von Kunststoffen, Lösungsmitteln und Treibstoffen.[219] Die I.G. war ein wichtiger Lieferant von Vorprodukten und Know-how für die Herstellung von Kriegsbedarf, den der Staat weitgehend in eigenen Anlagen produzierte.[220] Eine herausragende Stellung hatte die I.G. als Alleinanbieter in Bezug auf die Synthesekautschuk- und Methanolproduktion.[221] Die volle Auslastung der Kapazitäten in der Kriegswirtschaft führte dazu, dass die I.G. im Kriegsjahr 1943 einen Umsatz von RM 3,116 Mrd. verbuchen konnte.[222]

2. Verstrickung

Mit der Synthesekautschukproduktion ist auch eines der dunkelsten Kapitel der I.G.-Firmengeschichte verbunden. Auf Veranlassung des Reichswirtschaftsministeriums und entgegen der eigenen Wünsche baute die I.G. in Schlesien ein Buna-Werk, wobei man sich wegen der guten Rohstoffversorgung für den Standort Auschwitz entschied.[223] Für die Baubetreuung, einschließlich der Beschaffung der Arbeitskräfte zeichnete der Generalbevollmächtigte Chemie *Carl Krauch* verantwortlich, der zugleich Aufsichtsratsvorsitzender der I.G. war. Für den Bau des Werkes wurden Häftlinge eingesetzt, die zunächst aus dem naheliegenden KZ kamen. Später brachte man die Häftlinge in dem von der SS verwalteten Außenlager Auschwitz-Monowitz unter, das direkt neben der Baustelle lag. *Gottfried Plumpe*

---

216 S. die Zahlen bei *ter Meer* (Fn. 4), Tabellenanhang.
217 *G. Plumpe* (Fn. 1), S. 560 ff.
218 *G. Plumpe* (Fn. 1), S. 603; vgl. auch *ter Meer* (Fn. 4), S. 113 f.
219 *G. Plumpe* (Fn. 1), S. 603.
220 *G. Plumpe* (Fn. 1), S. 558; vgl. auch *ter Meer* (Fn. 4), S. 113.
221 S. näher *G. Plumpe* (Fn. 1), S. 604 f.
222 S. *Kreikamp* VfZ 25 (1977), 220. Zur Steigerung der Gewinne von 1933 bis 1943 *Hayes* ZUG 32 (1987), 124.
223 S. zu den Hintergründen der Entscheidung für Auschwitz auch *Hayes* ZUG 32 (1987), 124, 134; *ders.* GG 18 (1992), 405, 412; anders *Sandkühler/Schmuhl* GG 19 (1993), 259, 260, die mutmaßen, dass jedenfalls für *Krauch* die Versorgung mit Arbeitskräften aus dem nahen Konzentrationslager für die Wahl des Standorts Auschwitz zentral gewesen sei.

geht davon aus, dass „annähernd 30000 Häftlinge, die auf der Baustelle gearbeitet hatten, von der SS hauptsächlich in Birkenau ermordet worden sind.“[224] Das dort eingesetzte Zyklon B stammte von der Deutschen Gesellschaft für Schädlingsbekämpfung m.b.H. (Degesch), an der die I.G. beteiligt war.

Im späteren I.G.-Farben-Prozess wurden 23 I.G.-Manager, darunter der Aufsichtsratsvorsitzende *Krauch* und sämtliche Vorstandsmitglieder, angeklagt. Wegen ihrer „Maßnahmen zur Beschaffung und Verwendung“ von KZ-Häftlingen und ausländischen Zwangsarbeitern für den Bau des Buna-Werks in Auschwitz wurden die I.G.-Manager *Krauch*, *Ambros*, *Bütefisch*, *Dürrfeld* und *ter Meer* zu Haftstrafen verurteilt. Mit Blick auf die Verwendung von Zyklon B zur Ermordung von KZ-Insassen wurden die Angeklagten von den gegen sie erhobenen Vorwürfen freigesprochen. Denn die I.G.-Manager hätten keinen bestimmenden Einfluss auf die Geschäftspolitik der Degesch ausüben können.[225]

Angesichts dieser Verstrickung in das Nazi-Unrecht muss man sich vor Augen halten, dass die Unternehmensspitze der I.G. lange Zeit viele jüdische Mitglieder zählte. Erst 1938 war es damit vorbei, musste die I.G. doch nachweisen, ein „deutsches Unternehmen“ zu sein, um bei der öffentlichen Auftragsvergabe berücksichtigt werden zu können.[226] 1937/38 war es auch, als zahlreiche Mitglieder der Führungsriege, in der Regel nach entsprechender Aufforderung durch die Partei, in die NSDAP eintraten.[227] *Gottfried Plumpe* sieht hierin weniger ein Zeichen der Überzeugung als von Opportunismus. Insgesamt habe die Rassenideologie der Nazis nicht zur technischen und wirtschaftlichen Logik der I.G. gepasst.[228] Ein Vorwurf sei den I.G.-Verantwortlichen aber jedenfalls insofern zu machen, als sie sich unter weitgehender Ausblendung der politischen Dimension ihres Handelns zu stark auf diese technisch-wirtschaftliche Perspektive zurückgezogen hätten.[229]

---

224 S. zum Ganzen *G. Plumpe* (Fn. 1), S. 378 ff., 385. Dort auch zur Einordnung: „Wie groß immer der Anteil an Verantwortung für das Schicksal dieser Menschen war, der auf die I.G. entfiel, allein durch die Tatsache des Einsatzes von Häftlingen der SS geriet das Unternehmen in Verstrickung mit den Verbrechen in Auschwitz. Zwar war der Einsatz von Konzentrationslagerhäftlingen in der deutschen Kriegswirtschaft allgemein verbreitet, Auschwitz ist jedoch wie kein anderer Ort zum Symbol für die einmaligen Verbrechen des Nazi-Regimes geworden.“; ähnliche, leicht niedrigere Zahlen nennt *Hayes* ZUG 32 (1987), 124, 135; s. auch *Sandkühler/Schmuhl* GG 19 (1993), 259, 264.

225 S. zum Ganzen den Überblick bei *G. Plumpe* (Fn. 1), S. 750 ff.

226 *G. Plumpe* (Fn. 1), S. 695 f.

227 *G. Plumpe* (Fn. 1), S. 692 ff.

228 *G. Plumpe* (Fn. 1), S. 695. S. auch die Einschätzung bei *Hayes* ZUG 32 (1987), 124 ff. (Zusammenstellung der Ergebnisse seiner Monographie *Industry and Ideology* von 1987).

229 *G. Plumpe* (Fn. 1), S. 740 ff.; vgl. auch *Hayes* ZUG 32 (1987), 124, 135.

3. Die Satzungen der AG und die Aktienrechtsreform von 1937

In der Satzung der I.G. Farbenindustrie AG spiegelten sich die wirtschaftspolitischen Entwicklungen unter dem Naziregime ebenso wenig wider wie der Krieg und die in seinem Schatten verübten Verbrechen. Der Gesellschaftsvertrag der I.G. war vielmehr relativ „farblos". Die Satzung von 1934 reflektiert bereits die sukzessive Kapitalherabsetzung von 1932/1934, die unter den erleichterten Bedingungen der Notverordnung vom 6. Oktober 1931[230] möglich war.[231] Das Grundkapital lag damit nurmehr bei RM 800 Mio. (§ 5).[232] Hinzu kam ein bedingtes Kapital von knapp RM 177 Mio.[233] Während die organisationsrechtlichen Festlegungen für den Vorstand äußerst knapp ausfielen (Mindestzahl, Vertretungsregelung, Genehmigungsvorbehalt für Geschäftsordnung durch Aufsichtsrat)[234], nahm die Regelung des Aufsichtsrats breiten Raum ein.[235] Einige Klauseln fallen aus heutiger Sicht besonders ins Auge. Dies betrifft etwa die Regelung des Verwaltungsrats, der als Ausschuss des Aufsichtsrats „für die Anstellung und Entlassung der Vorstandsmitglieder, für die Festsetzung ihrer Bezüge, sowie für die Genehmigung zur Erteilung von Prokura" zuständig ist und damit eine außerordentlich starke Stellung innehat.[236] Aus heutiger Sicht ungewöhnlich war auch die Vergütung der Aufsichtsratsmitglieder durch eine an den Gewinn der Gesellschaft anknüpfenden Tantieme von 3 % des als „weitere Dividende", d. h. nach Abzug von Reserven und Rücklagen sowie Auszahlung von Vorzugsdividenden sowie einer ers-

---

230 RGBl. 1931 I 537, 556. An die Notverordnung knüpfte dann die Achte Verordnung zur Durchführung der Vorschriften über die Kapitalherabsetzung in erleichterter Form v. 14. März 1934, RGBl. 1934 I 196, an.

231 *G. Plumpe* (Fn. 1), S. 673 f.

232 § 5 Gesellschaftsvertrag 1934.

233 S. zu dessen Zweck *G. Plumpe* (Fn. 1), S. 674.

234 § 17 Gesellschaftsvertrag 1934.

235 §§ 18–27 Gesellschaftsvertrag 1934.

236 § 26 Gesellschaftsvertrag 1934. Diese hatte er freilich bereits seit seiner Einrichtung i.R. der Fusion, s. o. unter VI.1.b) bei Fn. 173; die Klausel ist identisch mit § 26 Gesellschaftsvertrag 1925 (Anlage 1 zum GA). Nach heutigem Recht wäre eine Klausel, welche die Befugnis zur Bestellung und Abberufung des Vorstands einem Aufsichtsratsausschuss zuweist, rechtswidrig (vgl. § 107 Abs. 3 S. 7 i. V. m. § 84 AktG). Unter dem HGB war die Zuständigkeit für Bestellung und Abberufung des Vorstands hingegen nicht geregelt. § 182 Nr. 4 HGB sah lediglich vor, dass der Gesellschaftsvertrag die „Art der Bestellung" regeln müsse. Da Bestellung und Widerruf mithin nicht zu den gesetzlichen Befugnissen des Aufsichtsrats gehörten, sah man es als zulässig an, diese Entscheidungen durch Satzung auf einen Aufsichtsratsausschuss oder den Aufsichtsratsvorsitzenden zu übertragen. S. RG JW 1924, 1144; Staub/*Pinner*, HGB, 14. Aufl. 1933, § 231 Anm. 20.

ten Dividende auf die Stammaktien von 4 %, zu verteilenden Betrags.[237] Ein Blick in § 245 HGB zeigt aber auch hier, dass eine solche Regelung seinerzeit durchaus üblich war.[238]

In die Zeit des Nationalsozialismus fiel auch die Aktienrechtsreform von 1937.[239] Die dortigen Änderungen des Aktienrechts spiegeln sich auch in der I.G.-Satzung von 1940 wider. So verschwanden die Vorzugsaktien der Serie A,[240] die bisher von Cassella gehalten worden waren, um mithilfe der zugehörigen Stimmrechte den Einfluss des I.G.-Vorstands in der Generalversammlung abzusichern.[241] Grund hierfür war offenbar der neue § 114 Abs. 6 AktG 1937, der entgegen der bisherigen Rspr. zum HGB das Stimmrecht für Aktien ausschloss, die von einem abhängigen Unternehmen der AG gehalten wurden.[242] Zudem wurden durch § 12 Abs. 2 AktG 1937 Mehrstimmrechte grundsätzlich abgeschafft.[243] Indes galt dies nur für Neufälle. Bereits bestehende Mehrstimmrechte blieben bis auf Weiteres erhalten.[244] Dementsprechend bestimmte § 24 der Satzung von 1940 weiterhin: „Jede Aktie gewährt das Stimmrecht. Für je RM 100.– Nennbetrag gewähren die Stammaktien eine Stimme, die Vorzugsaktien zehn Stimmen.“[245]

Auch die Regelungen zu Vorstand und Aufsichtsrat waren von der Aktienrechtsreform 1937 betroffen. Nunmehr hieß es auch in der I.G.-Satzung, dass der

237 § 13 Nr. 6 Gesellschaftsvertrag 1934. Ausweislich des § 27 beschloss der Aufsichtsrat selbst über die Verteilung dieser Tantieme unter seinen Mitgliedern.

238 S. für Einzelheiten Staub/*Pinner*, HGB, 14. Aufl. 1933, § 245, dort auch zum zwingenden Charakter der Vorschrift.

239 RGBl. 1937 I 107.

240 Vgl. § 6 Gesellschaftsvertrag 1940 im Vergleich zu §§ 5, 6 Gesellschaftsvertrag 1934.

241 So jedenfalls *G. Plumpe* (Fn. 1), S. 143, 661 f.; daran anknüpfend *Spindler* (Fn. 8), S. 131; dazu bereits oben unter VI.1.b). Allerdings bestanden Mehrstimmrechte nur für die Vorzugsaktien der Serie B, s. noch sogleich bei Fn. 245. Der Vergleich der Satzungen von 1925 und 1934 legt zudem nahe, dass allein die Vorzugsaktien der Serie B bereits 1925 bestanden.

242 S. dazu *Schlegelberger/Quassowski/Herbig/Geßler/Hefermehl*, AktG 1937, 2. Aufl. 1937, § 114 Rn. 19 m. w. N. zur bisherigen Rechtslage. *G. Plumpe* (Fn. 1), S. 143, 661 verweist fälschlicherweise auf § 51 AktG 1937. Dort ging es jedoch um das Verbot der Übernahme von Aktien der herrschenden Gesellschaft durch ein abhängiges Unternehmen (Abs. 2). Die Vorschrift war insofern auch nicht neu, sondern entsprach § 226 Abs. 4 S. 2 HGB i. d. F. der Notverordnung vom 19.9.1931. S. zum Ganzen *Schlegelberger/Quassowski/Herbig/Geßler/Hefermehl*, AktG 1937, 2. Aufl. 1937, § 51 Rn. 9; ferner *Spindler* (Fn. 8), S. 78 f.

243 Insofern zutr. *G. Plumpe* (Fn. 1), S. 661; *Spindler* (Fn. 8), S. 133.

244 S. § 9 EGAktG 1937; dazu *Schlegelberger/Quassowski/Herbig/Geßler/Hefermehl*, AktG 1937, 2. Aufl. 1937, § 9 EGAktG 1937 (S. 1125 f.); ferner *Daske*, Vorzugsaktien in Deutschland, 2018, S. 32 f.

245 Es waren denn auch nicht die Vorzugsaktien der Serie A, die mit einem Mehrfachstimmrecht ausgestattet waren [so *G. Plumpe* (Fn. 1), S. 661], sondern die Vorzugsaktien der Serie B [s. § 29 Abs. 1 Gesellschaftsvertrag 1934].

Vorstand die Gesellschaft „unter eigener Verantwortung“ zu leiten hat, und zwar so „wie das Wohl des Betriebs und seiner Gefolgschaft und der gemeine Nutzen von Volk und Recht es fordern.“[246] In Reaktion auf die Aktienrechtsreform wurde im April 1938 auch der Arbeitsausschuss des Vorstands sowie die Unterscheidung zwischen ordentlichen und stellvertretenden Vorstandsmitgliedern abgeschafft. Allerdings änderte sich dadurch in der Sache wenig, war der Gesamtvorstand personell doch inzwischen auf die Größe des ursprünglichen Arbeitsausschusses abgeschmolzen.[247] Die hervorgehobene Bedeutung des Zentralausschusses bei der Unternehmensführung schwand bereits seit dem Wechsel von *Bosch* in den Aufsichtsrat im Jahre 1935.[248] Ebenfalls infolge der Aktienrechtsreform verschwand der Verwaltungsrat als beschließender Ausschuss des Aufsichtsrats. In der Satzung von 1940 taucht er daher nicht mehr auf. An seine Stelle trat ein siebenköpfiger Personalausschuss.[249]

IX. Entflechtung durch die Alliierten

Nach der Besetzung der Werke durch die alliierten Truppen im Frühjahr 1945[250] folgte die Beschlagnahme des I.G.-Vermögens im Sommer.[251] Im November 1945 schob der Alliierte Kontrollrat das Gesetz Nr. 9 über die Beschlagnahme und Kontrolle des Vermögens der I.G. Farbenindustrie nach, in dessen Artikel III die folgenden Endziele für das Vermögen und den Betrieb der I.G. aufgelistet wurden: a) Bereitstellung von industriellen Anlagen und Vermögensbestandteilen für Reparationen; b) Zerstörung derjenigen industriellen Anlagen, die ausschließlich für Zwecke der Kriegsführung benutzt wurden; c) Aufspaltung der Eigentumsrechte an den verbleibenden industriellen Anlagen und Vermögensbestandteilen; d) Liquidierung aller Kartellbeziehungen; e) Kontrolle aller Forschungsarbeiten; f) Kontrolle der Produktionstätigkeit. In der Folge wurden „Vorstand und Auf-

246 S. § 11 Abs. 1 Gesellschaftsvertrag von 1940, insofern gleichlautend mit § 70 Abs. 1 AktG 1937. Zur vergleichsweise geringen Veränderung der konkreten Arbeitsweise im Zusammenspiel von Vorstand und Aufsichtsrat *G. Plumpe* (Fn. 1), S. 157 f.

247 *G. Plumpe* (Fn. 1), S. 157; *ter Meer* (Fn. 4), S. 52: Im Jahre 1938 bestand der Gesamtvorstand aus 27 Mitgliedern. Die Zahl sank bis Kriegsende auf rund 20 Mitglieder ab. Zu Einzelheiten der Geschäftsordnung bzw. Arbeitsweise des Vorstands s. wiederum *ter Meer* (Fn. 4), S. 52 f.

248 *Ter Meer* (Fn. 4), S. 56 f.

249 *Ter Meer* (Fn. 4), S. 57. § 19 der Satzung von 1940 beschränkt sich auf die Aussage, dass ein mindestens dreiköpfiger Ausschuss gebildet wird, dessen Aufgaben und Befugnisse in einer Geschäftsordnung festgelegt werden.

250 *G. Plumpe* (Fn. 1), S. 746.

251 S. dazu *ter Meer* (Fn. 4), S. 114.

sichtsrat der I.G. ausgeschaltet, der Handel mit Aktien unterbunden und Einzelbetriebe gezwungen, selbständig zu wirtschaften.“ Damit hatte die I.G. faktisch aufgehört zu existieren.[252] Das in der UdSSR, Polen und der sowjetischen Besatzungszone belegene Vermögen diente der Reparationsleistung bzw. wurde enteignet. Die in der SBZ gelegenen Werke wurden zunächst der Sowjetischen Aktiengesellschaft zugeschlagen und später in volkseigene Betriebe der DDR umgewandelt.[253]

Teile der US-amerikanischen Administration hatten anfänglich eine Zerschlagung der I.G. Farben vorgesehen. Vor dem Hintergrund des heraufziehenden Ost-West-Konflikts und angesichts der Kosten einer solchen Politik wurden diese Pläne jedoch aufgegeben.[254] Stattdessen setzten die West-Alliierten unter amerikanischer Führung zunächst auf eine umfassende Entflechtung in rund 50 unabhängige Einheiten.[255] Diese Linie war ordnungspolitisch getragen von US-amerikanischem Antitrust-Denken und zielte auf die Monopolausschaltung. Die deutsche Seite sprach sich hingegen dafür aus, möglichst große Kerngesellschaften zu erhalten, um die internationale Konkurrenzfähigkeit der neu zu schaffenden Unternehmen zu gewährleisten.[256] Nach langwierigen Verhandlungen[257] setzte sich die deutsche Linie weitgehend durch. So heißt es in Art. 1 Abs. 4 des Gesetzes Nr. 35 der Alliierten Hohen Kommission v. 17. August 1950: „Die diesem Gesetz unterliegenden Vermögensgegenstände sind in eine Anzahl wirtschaftlich gesunder und unabhängiger Gesellschaften in der Weise aufzuspalten, daß die Aufspaltung der Eigentums- und Kontrollrechte gewährleistet ist und der Wettbewerb in der deutschen chemischen Industrie und verwandten Industrien gefördert wird.“[258] In Anknüpfung an die vor der Fusion von 1925 bestehenden Unternehmen wurden 1951/1952 als Nachfolge-Kerngesellschaften die Farbenfabriken Bayer AG, ferner die BASF AG, die Farbwerke Hoechst AG sowie die deutlich kleinere Casella Farbwerke AG gegründet.[259] Die Durchführungsverordnung Nr. 1 zum Gesetz Nr. 35 v. 17. Mai 1952 regelte sodann die Errichtung von insgesamt zwölf Nachfolgegesellschaften nebst Tochtergesellschaften und einschließlich

252 *Kreikamp* VfZ 25 (1977), 220, 221.
253 *G. Plumpe* (Fn. 1), S. 747 f.
254 *Kreikamp* VfZ 25 (1977), 220, 222 f.; *G. Plumpe* (Fn. 1), S. 748 f.
255 *Kreikamp* VfZ 25 (1977), 220, 223 f.; vgl. hierzu auch *G. Plumpe* (Fn. 1), S. 757.
256 *Kreikamp* VfZ 25 (1977), 220, 224 ff.
257 S. dazu ausführlich *Kreikamp* VfZ 25 (1977), 220 ff.
258 Amtsblatt der AHK, 1950, S. 534 ff., s. auch dessen Anhang, in dem die Gesellschaften, die der I.G. Farbenindustrie AG gehörten oder unter ihrer Kontrolle standen und ihren Sitz oder ihr Vermögen in den Westzonen oder den Westsektoren von Berlin hatten, aufgelistet sind. Zum Ganzen auch *Kreikamp* VfZ 25 (1977), 220, 223.
259 *Kreikamp* VfZ 25 (1977), 220, 247. S. auch Spiegel v. 2. September 1959, S. 44 f.

der genannten Kerngesellschaften.[260] Die sich anschließenden Fragen der Vermögensübertragung und des Aktienumtauschs zogen sich indes noch eine Weile hin.[261] Parallel zur Gründung der Nachfolge-Kerngesellschaften trat die I.G. Farbenindustrie A.G. Anfang 1952 in Liquidation.[262] Das I.G.-Liquidationssschlussgesetz v. 21. Januar 1955[263] entließ die I.G. Farbenindustrie A.G. i.L. sowie die Nachfolgegesellschaften schließlich aus der Kontrolle der Alliierten.[264]

X. Das lange Sterben der I.G. Farbenindustrie A.G. i.L.

Die I.G. Farbenindustrie A.G. i.L. verwaltete fortan das Restvermögen der I.G. Sie war Schuldnerin aller Verbindlichkeiten und Lasten der I.G. Farbenindustrie AG, die am 8. Mai 1945 bestanden hatten sowie aller seither bei der Verwaltung des Vermögens entstandenen Verbindlichkeiten und Lasten.[265] Die Liquidation zog sich indes wegen anhängiger Gerichtsverfahren und der teils unklaren Vermögenslage über Jahrzehnte hin.[266] Am 25. März 2004 wurde schließlich das Insolvenzverfahren über das Vermögen der Gesellschaft eröffnet.[267] Mit Antrag vom 17. August 2011 nahm die Insolvenzverwalterin das Unternehmen von der Börse.[268] Die Löschung im Handelsregister erfolgte am 31. Oktober 2012.[269] Damit war die I.G. Farben endgültig Geschichte.

XI. Fazit

Die Geschichte der I.G. Farben und ihrer Vorläufer ist bis zu ihrem Zusammenbruch im Jahre 1945 eine Geschichte der Unternehmenskonzentration und der

---

260 Amtsblatt der AHK, 1952, S. 1680 ff.; dazu auch *G. Plumpe* (Fn. 1), S. 758 f.
261 *Kreikamp* VfZ 25 (1977), 220, 248.
262 S. *Reichelt*, Das Erbe der IG-Farben, 1956, S. 79 f.
263 Amtsblatt der AHK, 1955, S. 3161 ff.
264 Vgl. *Kreikamp* VfZ 25 (1977), 220, 248.
265 S. Art. 5 Abs. 1 I.G.-Liquidationsschlussgesetz v. 21. Januar 1955.
266 S. bereits den bösen Spot in „IG-Liquidation: Schluß machen geht nicht", Spiegel v. 2. September 1959, S. 44 ff.
267 AG Frankfurt a.M., HRB 400.
268 Ad-hoc-Mitteilung v. 17.8.2011. Der endgültige Rückzug von der Börse zog sich noch bis zum 9. März 2012 hin.
269 AG Frankfurt a.M., HRB 400.

Konzernbildung. Sie steht damit exemplarisch für die sowohl die wilhelminische als auch die Weimarer Zeit umspannende Epoche.[270] *Ter Meer* hält die Entstehung der I.G. in der Rückschau gar für „eine zwangsläufige Folge der wirtschaftlichen Verhältnisse in der Zeit nach dem ersten Weltkriege."[271] Das Recht musste die passenden Formen für diese ökonomische Konzentrationsbewegung erst finden. Nur allmählich bildete sich ein Konzernrecht im modernen Sinne heraus.[272] Zunächst aber kam der Kautelarjurisprudenz die Aufgabe zu, die rechtliche Infrastruktur für die beabsichtigten Unternehmenszusammenschlüsse zu entwickeln. Die Rechtswissenschaft konnte sich sodann anhand der vorfindlichen Arrangements an die hiermit verbundenen Rechtsfragen herantasten.[273] In der hier vorgelegten „Gesellschaftsvertragsgeschichte" der I.G. Farben zeigt sich damit stellvertretend die große Bedeutung der Gestaltungspraxis für die Fortentwicklung des Rechts der Unternehmenszusammenschlüsse in den ersten Dekaden des 20. Jahrhunderts.[274] Ganz „nebenbei" erzählt sie zugleich ein bewegtes Stück deutscher Wirtschaftsgeschichte.

270 S. zur Entwicklung der Unternehmenskonzentration dieser Zeit etwa *Pohl* ZUG 26 (1981), 143 ff.; ferner *F. Hoffmann* in Hoffmann (Hrsg.), Konzernhandbuch, 1993, S. 1, 61; speziell für die Zeit während und nach der Hyperinflation *Nörr* (Fn. 9), S. 121.

271 *Ter Meer* (Fn. 4), S. 115.

272 *Nörr* (Fn. 9), S. 121; *Spindler* (Fn. 8), passim.

273 Einen Eindruck hiervon vermitteln die zu verschiedenen Zeiten entstandenen Arbeiten zur Interessengemeinschaft von *Marquardt* (Fn. 29) und *Friedländer* (Fn. 78). Zum Ganzen wiederum *Nörr* (Fn. 9), S. 121 ff.

274 Vgl. allgemein zur Rolle der Kautelarpraxis für die Fortentwicklung des Gesellschaftsrechts *Fleischer/Mock* NZG 2020, 161, 169.

Anhang

Auszüge aus dem Interessengemeinschafts-Vertrag vom 18. August 1916[275]

Interessengemeinschafts-Vertrag

Durch die Generalversammlung ihrer Aktionäre sind die Vorstände der Firmen:
1. Actien-Gesellschaft für Anilin-Fabrikation in Berlin, genannt Berlin,
2. Badische Anilin- & Soda-Fabrik in Ludwigshafen am Rhein, genannt Ludwigshafen,
3. Leopold Cassella & Co., G.m.b.H. in Frankfurt am Main, genannt Frankfurt,
4. Chemische Fabrik Griesheim – Elektron in Frankfurt am Main, genannt Griesheim,
5. Chemische Fabriken vorm. Weiler – ter Meer in Uerdingen am Rhein, genannt Uerdingen,
6. Farbenfabriken vorm. Friedr. Bayer & Co. in Leverkusen bei Cöln am Rhein, genannt Leverkusen,
7. Farbwerke vorm. Meister Lucius & Brüning in Höchst am Main, genannt Höchst,
8. Kalle & Co., Aktiengesellschaft in Biebrich am Rhein, genannt Biebrich,

ermächtigt worden, eine Interessengemeinschaft für die Dauer von 50 Jahren, nämlich bis zum 31. Dezember 1965, auf der Grundlage abzuschliessen, dass die Selbständigkeit der einzelnen Firmen gewahrt bleibt und der Gewinn vom 1. Januar 1916 ab, im Ausgleich mit Griesheim vom 1. Januar 1917 ab, nach einem bestimmten Schlüssel unter die Gesellschaften verteilt wird. Die Vorstände sind ferner ermächtigt worden, die Einzelheiten über die Organisation, die Gewinnberechnung und die Gewinnverteilung der Gemeinschaft festzusetzen. [...]

§ 1

Die Dauer der Gemeinschaft ist rückwirkend vom 1. Januar 1916 auf 50 Jahre, also bis zum 31. Dezember 1965, festgesetzt.

§ 2

Die Selbständigkeit der Gemeinschaftsfirmen bleibt gewahrt. Jede Gemeinschaftsfirma behält ihre selbständige Organisation und handelt Dritten gegenüber unter alleiniger Haftbarkeit.

Im Verkehr der Gesellschaften untereinander hat Offenheit zu herrschen; Meinungsverschiedenheiten sollen durch Aussprache unter den Firmen, notfalls unter Anrufung des Gemeinschaftsrates, beseitigt werden.

§ 3

Der Aufstellung der öffentlichen Bilanzen geht der Gewinn-Ausgleich unter den Gemeinschaftsfirmen voraus. Im übrigen sind die Gemeinschaftsfirmen bei der Aufstellung ihrer öffentlichen Bilanzen nur an ihre Satzungen und an das Gesetz gebunden. Auch unterliegen die öffentlichen Bilanzen der alleinigen Genehmigung durch die Generalversammlungen der einzelnen Gesellschaften.

275 Abgedruckt mit freundlicher Genehmigung des Bayer-Unternehmensarchivs.

§ 4

Die Gemeinschaftsfirmen treten mit den aus den ausgetauschten Zahlen per 31. Dezember 1914 ergebenden Vermögenswerten und Reserven, unter Berücksichtigung der in der Einleitung erwähnten Veränderungen, in die Gemeinschaft ein.

[...]

§ 6

Der Ausgleich unter den Jahresergebnissen der Gemeinschaftsfirmen findet in der Weise statt, dass vom Gemeinschaftsgewinn entfallen:

I. für das Jahr 1916		
auf	Berlin	8,596 %,
	Ludwigshafen	26,405 %,
	Frankfurt	10,439 %,
	Uerdingen	1,750 %,
	Leverkusen	26,405 %,
	Höchst Biebrich }	26,405 %;
II. für die Jahre 1917 bis inklusive 1925		
auf	Berlin	8,082 %,
	Ludwigshafen	24,820 %,
	Frankfurt	9,813 %,
	Griesheim	6,000 %,
	Uerdingen	1,645 %,
	Leverkusen	24,820 %,
	Höchst Biebrich }	24,820 %;
III. für die Restdauer der Interessengemeinschaft		
auf	Berlin	8,146 %,
	Ludwigshafen	25,019 %,
	Frankfurt	9,152 %,
	Griesheim	6,000 %,
	Uerdingen	1,645 %,
	Leverkusen	25,019 %,
	Höchst Biebrich }	25,019 %.

[...]

§ 13

Die aus der jährlichen Verteilung sich ergebenden Anteile am Gesamtjahresergebnis der Gemeinschaft stehen zuzüglich etwaiger Sondergewinne und abzüglich etwaiger Sonderverluste zur freien Verfügung der einzelnen Gesellschaften. Die nicht oder darüber hinaus ausgeschütteten Beträge bilden, wie im § 4 vorgesehen, Reservezunahmen oder Reserveschmälerungen, die mit 4 % vom Beginn des auf das Bilanzjahr folgenden Geschäftsjahres zu verzinsen sind.

§ 14

Alle die gemeinschaftlichen Interessen berührenden und die Förderung der durch die Gemeinschaft erstrebten Ziele bezweckenden Fragen werden von der Gesamtheit der Gesellschaften erledigt. Ist unter den Gesellschaften eine direkte Verständigung nicht zu erzielen, so werden die Fragen vor den [Gemeinschaftsrat (G.R.) ...] gebracht.

§ 15

Der G.R. besteht aus Vertretern sämtlicher Gesellschaften.

Die Zahl der Vertreter ist den Gesellschaften überlassen, soll jedoch nicht mehr als zwei betragen. Die Vertreter müssen dem Vorstand oder Aufsichtsrat der betreffenden Gesellschaft angehören. Der G.R. kann auf Antrag einer Gesellschaft zu den Sitzungen auch sachverständige Beamte mit beratender Stimme zulassen.

In dem G.R. hat jede Gesellschaft die ihrer Beteiligungsziffer (§ 6) entsprechende Zahl von Stimmen. Hierbei sind wegen Griesheim auch für das Jahr 1916 schon die Beteiligungsziffern für die Jahre 1917 bis 1925 maßgebend. Das Stimmrecht kann für jede Gesellschaft nur einheitlich ausgeübt werden. Für die Beteiligungsziffer Höchst-Biebrich steht nur Höchst ein Stimmrecht zu.

Die Beschlüsse werden mit 70 % der vertretenen Stimmen gefasst soweit nicht im Vertrag ein anderes Stimmverhältnis ausdrücklich vorgesehen ist.

Der G.R. ergibt sich seine Organisation und Geschäftsordnung selbst.

§ 16

Zur Zuständigkeit des G.R. gehören insbesondere:

1.) Die Entscheidung von Streitigkeiten zwischen den einzelnen Gesellschaften über Kundenschutz. Zur Beschlussfassung genügt einfache Stimmenmehrheit, dabei hat jede der acht Firmen eine Stimme. Bei Stimmengleichheit entscheidet das Los.
2.) Die Abänderung der I.-G.-Bilanzen nach erfolgter Beanstandung (siehe § 7). Zur Beschlussfassung genügt einfache Stimmenmehrheit.
   Soweit es sich um Fragen handelt, die mit der Berechnung der Sondergewinne oder Sonderverluste zusammenhängen, kann die Entscheidung innerhalb dreier Monate im Rechtsweg angefochten werden.
3.) Die Genehmigung von Neuanlagen, die zur Ausdehnung oder Verlegung von Betrieben, zur Aufnahme neuer Betriebe oder zur Erweiterung der Wohlfahrtsanlagen dienen. Dabei ist an dem Grundsatz festzuhalten, dass alle wichtigen Produkte möglichst an zwei verschiedenen Stellen, also von mindestens zwei Gesellschaften hergestellt werden sollen, es sei denn, dass Patentrechte im Wege stehen.
   Über die Genehmigung entscheidet einfache Stimmenmehrheit.
4.) Die Beschlussfassung über die von anderer Seite beantragte Einstellung oder Einschränkung von Betrieben, einschließlich Wohlfahrtsanlagen, sowie über die Einschränkung der Verkaufsorganisation einer Gesellschaft. Zur Beschlussfassung ist Einstimmigkeit erforderlich.
5.) Die Beschlussfassung über die Erhöhung oder Verminderung des Aktienkapitals oder die Aufnahme von Obligationen- und Hypothekenanleihen. Jede Veränderung des Aktienkapitals muss im Verhältnis der Beteiligungsziffern erfolgen.

Zur Beschlussfassung über Kapitalserhöhungen, die nicht die Beschaffung neuer Mittel, sondern die Umwandlung vorhandener Mittel in Kapitalvermögen bezwecken, ist Einstimmigkeit erforderlich.

6.) Die Genehmigung zum Erwerb anderer Unternehmungen, sowie jeder Beteiligung an anderen Unternehmungen und zu Verzichtleistung oder Aufgabe solcher Beteiligung. Es ist damit auch die Beteiligung in Aktien gemeint.

7.) Die Genehmigung zum Erwerb und zur Veräußerung von Grund und Boden, Gebäuden und Betriebseinrichtungen. Die Beschlussfassung erfolgt mit einfacher Stimmenmehrheit.

8.) Die Genehmigung zum Erwerb und zur Überlassung von Patentrechten und Lizenzen, sowie von Fabrikationsgeheimnissen von Dritten oder an Dritte.
Die Beschlussfassung erfolgt mit einfacher Stimmenmehrheit.

9.) Die Genehmigung zum Abschluss, zur Verlängerung oder zu Aufhebung von Konventionen, Kartellen, Syndikaten, Interessengemeinschaften und dergleichen.

10.) Die Genehmigung zur Abänderung des Gegenstandes eines Unternehmens. Zu dieser Beschlussfassung ist Einstimmigkeit erforderlich.

11.) Die Genehmigung zur Auflösung einer Gesellschaft, auch wenn sie zum Zweck einer Fusion erfolgt. Zu dieser Beschlussfassung ist Einstimmigkeit erforderlich.

§ 17

Die Gesellschaften verpflichten sich, keine Einsprüche gegen Anträge auf Patenterteilung einer Gesellschaft der I.-G. zu erheben. [...]

§ 19

Die Gesellschaften sind verpflichtet, soweit der G.R. dies zu seiner Aufklärung für erforderlich erachtet, ihm oder seinen Bevollmächtigten alle Geschäftsbücher und sonstigen Dokumente jeder Art vorzulegen und alle verlangten Aufschlüsse zu erteilen.

Hierzu muss ein Beschluss vorhergehen, der mit einfacher Stimmenmehrheit der Beteiligungsziffern gefasst ist.

§ 20

Die Gesellschaften sind verpflichtet, die Protokolle über die Sitzungen ihrer Aufsichtsräte untereinander auszutauschen, mit Ausnahme der Beschlüsse, die sich auf Personalfragen beziehen. Jede Gemeinschaftsfirma hat ein Exemplar dieses in achtfacher Ausfertigung getätigten Vertrages erhalten.

Berlin, 18. August 1916.

Sebastian Mock

§ 15 Der erste (verstaatlichte) Automobilkonzern – Der Gesellschaftsvertrag der Auto Union Aktiengesellschaft

Inhaltsübersicht

I. Einleitung

Die Automobilindustrie ist bis zum heutigen Tag das Herzstück der deutschen Wirtschaft. So existieren noch immer mehrere große Traditionsmarken, die weltweit eine Spitzenposition in nahezu jedem Marktsegment des Automobilsektors einnehmen. Die herausragende Stellung der Automobilindustrie schlägt sich aufgrund ihrer großen Bedeutung auch nachhaltig auf die deutsche Wirtschaftspolitik nieder. So ist der Ruf nach staatlichen Eingriffen bei dieser Industrie zur Überwindung verschiedener Krisen nahezu selbstverständlich und wurde in der

https://doi.org/10.1515/9783110733839-016

Vergangenheit von staatlicher Seite allzu oft gehört. Die im Rahmen der COVID-19-Pandemie geführte Debatte über die sogenannten Abwrack- oder Kaufprämien legt davon Zeugnis ab. Aber auch direkte Eingriffe durch die Begründung staatlicher Beteiligungen an Automobilherstellern wurden in der Vergangenheit immer wieder gefordert[1] und auch umgesetzt, auch wenn dieses Mittel in der jüngeren Vergangenheit – wie das Beispiel der *Adam Opel GmbH* im Rahmen der Folgen der Finanzkrise 2007/2008 zeigt – nicht mehr uneingeschränkt[2] favorisiert wird. Die Tradition der staatlichen Stützung der Automobilindustrie hat ihren Anfang durch die Gründung der *Auto Union Aktiengesellschaft* mit Unterstützung des Freistaates Sachsen 1931/1932 genommen, womit in Chemnitz durch eine staatlich gelenkte Konzerngründung nicht weniger als nach der (damaligen) *Adam Opel AG* der zweitgrößte Produzent der deutschen Automobilindustrie geschaffen wurde, bevor die deutsche Teilung dieser Entwicklung ein jähes Ende setzte und zu einem Neubeginn im bayerischen Ingolstadt führte.

II. Historischer Ursprung der *Auto Union Aktiengesellschaft*

1. Blüte der sächsischen Kraftfahrzeugindustrie

Ausgangspunkt der Gründung der *Auto Union Aktiengesellschaft* war die Ende des 19. Jahrhunderts einsetzende Blüte der sächsischen Kraftfahrzeugindustrie. So wurden dort im Umfeld von Chemnitz gleich mehrere Unternehmen im Bereich der Kraftfahrzeugindustrie gegründet[3], was vor allem auf das *Technicum Mittweida* (heute *Hochschule Mittweida*) zurückzuführen sein dürfte, das am Ende des 19. und zu Beginn des 20. Jahrhunderts eine der bedeutendsten Ingenieurausbildungsstätten für Maschinenbau in Deutschland war.[4]

---

1 Die wohl bekanntesten Beispiele sind die Rettung der *Adam Opel GmbH* im Rahmen der Folgen der Finanzkrise 2007/2008 oder die letztlich gescheiterte Rettung der Unternehmen der sogenannten *Borgward* Gruppe (*Carl F. W. Borgward G.m.b.H. Automobil- und Motoren-Werke, Goliath-Werk G.m.b.H. und der Lloyd Maschinenfabrik G.m.b.H.)* im Jahr 1961 in Bremen.

2 Zu der aufgrund der teilweise staatlichen Intervention bedingten Gratwanderung zwischen industriepolitischem Interventionismus und ordnungspolitischer Gerechtigkeit *Homann*, Vierteljahreshefte zur Wirtschaftsforschung 80 (2011), 79 ff.

3 Dazu im Überblick etwa *Auto Union GmbH*, Vier Ringe – Die Audi Geschichte, 2009, S. 6 ff.

4 Ausführlich *Domschke*, Vom Technikum zur Hochschule – 125 Jahre technische Bildung in Mittweida, 1992.

a) Von der *A. Horch & Cie. oHG* zur *Horchwerke Aktiengesellschaft in Zwickau*

Eine der sicherlich schillerndsten und einflussreichsten Persönlichkeiten dieser Zeit war *August Horch*[5], der nach einer Schmiedelehre bei *Benz & Cie* in Mannheim am 14. November 1899 in Köln-Ehrenfeld zusammen mit dem Kölner Kaufmann und Tuchhändler *Salli Herz* die *A. Horch & Cie Cöln-Ehrenfeld oHG* gründete, bei der Benz-Motorwagen repariert wurden.[6] Daneben entwickelte *Horch* auch eigene Automobile, stieß dabei aber schnell an finanzielle Grenzen. Durch die Unterstützung des Plauener Maschinenbauunternehmers *Moritz Bauer* und anderer Mitglieder des *Sächsisch-Thüringischen Automobil-Clubs*, in dem sich vor allem finanzstarke Kraftfahrzeug-Enthusiasten versammelten, erfolgte der Umzug des Unternehmens nach Zwickau. Das Geschäft und die Firma der erst wenige Jahr zuvor in Köln gegründeten *A. Horch & Cie Cöln-Ehrenfeld oHG* wurde dazu am 3. März 1902 auf den Plauener Kaufmann *Wilhelm Moritz* übertragen und anschließend aufgelöst. Danach erfolgte die Gründung der *August Horch & Cie. Motorwagenwerke AG* mit einem Gründungskapital von 110.000 Mark, die am 10. Mai 1904 im Königlichen Handelsregister beim Amtsgericht Leipzig eingetragen wurde, allerdings bereits am 30. November 1904 ihren Sitz nach Zwickau verlegte.[7] Seine eigene Rolle umschrieb *Horch* später selbst mit den Worten: „*Ich bin es gewesen, welcher in Sachsen die Automobilfabrikation ins Leben rief und diese Fabrikation zu großer Höhe brachte.*“[8]. Den hohen Kapitalbedarf dieser Unternehmung kann man daran ablesen, dass das Grundkapital in den folgenden Jahren durch Kapitalmaßnahmen stetig erhöht wurde (November 1904: Erhöhung auf 350.000 Mark, März 1906: Erhöhung auf 525.000 Mark, Oktober 1907: Erhöhung auf 700.000 Mark und 1910: Erhöhung auf eine Million Mark). Dieser ständig wachsende Kapitalbedarf, der vor allem durch die bestehenden Gesellschafter (mit Ausnahme *Horchs*) und neue Gesellschafter gedeckt wurde, führte zu einer erheblichen Veränderung des Unternehmens. Während in der Anfangszeit *August Horch* als der technische Visionär das Unternehmen dominierte, wurde er in dieser Rolle zunehmend verdrängt, zumal sein Führungsstil als patriarchisch beschrieben wurde.[9] Zudem kam es zu Streitigkeiten über die strategische Ausrich-

---

5 Zum Leben und Wirken von *August Horch* etwa *Etzold/Rother/Erdmann*, Im Zeichen der vier Ringe – Band I (1873-1945), 1992, S. 115 ff.; *Auto Union GmbH*, (Fn. 3), S. 6 ff.

6 Handelsregister des Königlichen Amtsgerichts Cöln (HRA 1587).

7 Handelsregister des Königlichen Amtsgerichts Zwickau (HRB 1885).

8 Zitiert nach *Etzold/Rother/Erdmann*, (Fn. 5), S. 5.

9 *Sächsisches Staatsarchiv Chemnitz*, Findbuch zu den Beständen der Auto Union AG, Horchwerke AG, Audi-Automobilwerke AG und Zschopauer Motorenwerke J.S.Rasmussen AG, 2000, S. XIX.

tung des Unternehmens, die zu seinem Ausscheiden führten.[10] Ausweislich des Geschäftsberichts von 1909[11] hatte *Horch* für die Prinz Heinrichfahrt 1909[12] neue Rennmotoren entwickelt und in fünf Fahrzeuge verbaut, obwohl der Aufsichtsrat für dieses Rennen lediglich die Genehmigung zum Umbau von drei Fahrzeugen erteilt hatte. Die Prinz Heinrichfahrt 1909 endete für die *August Horch & Cie. Motorwagenwerke AG* in einem Desaster, da die Fahrzeuge schon am ersten Renntag auf der Strecke liegenblieben. Hinzu kam, dass dieses Projekt nicht – wie von *Horch* vorher angegeben – einige tausend Mark, sondern tatsächlich ca. 50.000 Mark verschlang. Diesen Vorfall nahm man zum Anlass, *Horch* am 21. Juni 1909 gegen Zahlung einer Abfindung von 20.000 Mark als Vorstandsmitglied abzuberufen und wohl auch als Aktionär auszuschließen.[13] Bedenkt man, dass das Grundkapital der *August Horch & Cie. Motorwagenwerke AG* zu diesem Zeitpunkt bereits 700.000 Mark betrug, erscheint die Abfindung für *Horch* vergleichsweise gering, zumal man für das Geschäftsjahr 1909 einen Gewinn von ca. 197.000 Mark und eine Dividende von 12 % vorweisen konnte.[14] Aufgrund dieser positiven Entwicklung wurde auch eine Börsennotierung angestrebt, zu der es wohl kriegsbedingt nicht mehr kam. Am 16. Februar 1918 erfolgte schließlich die Umbenennung der Firma in *Horchwerke Aktiengesellschaft in Zwickau.*

b) Von der *August Horch Automobilwerke GmbH Zwickau* zur *Audiwerke AG Zwickau*

Zusammen mit neuen Investoren gründete *Horch* bereits am 16. Juli 1909 – und damit gerade einmal einen Monat nach dem Verlassen der *Horch & Cie. Motorwagenwerke AG* – die *August Horch Automobilwerke GmbH Zwickau* mit einem Stammkapital von 200.000 Mark[15], was dem zehnfachen des damals gesetzlich vorgeschriebenen Stammkapitals entsprach (§ 5 Abs. 1 GmbHG 1892). Da diese und *Horchs* früheres Unternehmen, die *August Horch & Cie. Motorwagenwerke AG*, beide die Bezeichnung *Horch* verwendeten, kam es zum Streit über die Nutzung dieses Namens. Die *Horchwerke AG in Zwickau* hatte nach dem Ausscheiden von

---

10 Zu den verschiedenen Gründen *Sächsisches Staatsarchiv Chemnitz*, (Fn. 9), S. XIX f.
11 Geschäfts-Bericht der Firma *August Horch & Cie. Motorwagenwerke AG* über das 6. Geschäftsjahr vom 1. Januar bis 31. Dezember 1909, S. 3.
12 Bei der *Prinz Heinrichfahrt* handelte es sich um einen von Prinz *Albert Wilhelm Heinrich von Preußen* 1907 gestifteten Tourenwagen-Wettbewerb über mehrere tausend Kilometer.
13 *Etzold/Rother/Erdmann*, (Fn. 5), S. 148 f.
14 Geschäfts-Bericht der Firma *August Horch & Cie. Motorwagenwerke AG* (Fn. 11).
15 Handelsregister des Königlichen Amtsgerichts Zwickau (HRB 2029).

Horch wohl insgesamt 14 Warenzeicheneintragungen auf den Namen *Horch*[16] vornehmen lassen, ohne dass *Horch* dagegen vorgegangen ist oder selbst solche Eintragungen betrieben hatte.[17] Daraufhin ging die *Horchwerke AG in Zwickau* gegen die *August Horch Automobilwerke GmbH Zwickau* und deren Gesellschafter gerichtlich vor, unterlag allerdings in der ersten Instanz vor dem LG Zwickau. Das Königliche OLG Dresden gab der Berufung am 6. April 1910 hingegen statt und gab den Beklagten auf, die Firma *August Horch Automobilwerke GmbH Zwickau* löschen zu lassen und den Gebrauch des Wortes *Horch* zur Bezeichnung von Waren auf dem Gebiet der Automobilfabrikation zu unterlassen.[18] Aufgrund dieser Entscheidung dürfte den Gesellschaftern der *Horch Automobilwerke GmbH Zwickau* das Konfliktpotential des Firmennamens und die Gefahr des Verlusts der eigenen Firma deutlich geworden sein. Es entsprach zudem der wohl damaligen – und auch heutigen[19] – herrschenden Meinung, dass die Firma einer Gesellschaft, in der der Name eines Gesellschafters enthalten ist, nicht abgeändert werden muss, wenn der Gesellschafter seine Anteile an der Gesellschaft überträgt oder er aus dieser ausscheidet.[20] Zudem hatte die damalige Rechtsprechung eine ausreichende Unterscheidbarkeit zweier Firmen mit lediglich unterschiedlichem Rechtsformzusatz bei einer Sachfirma angenommen.[21] Trotz dieser nicht eindeutigen Rechtslage entschieden sich die Gesellschafter zu einer Neufirmierung. Auf der Suche nach einer neuen Firma soll *Horch* nach eigenen Angaben von dem Sohn seines Mitgesellschafters *Franz Fikentscher*, der bei der Gesellschafterversammlung am 25. April 1910 wohl anwesend war und seine Lateinhausaufgaben gemacht haben soll, den Ratschlag bekommen haben, den Namen *Horch* ins Lateinische zu übersetzen, woraus der Markenname *Audi* (Imperativ Singular von *audire* [hören]. – Höre bzw. *Horch*) wurde.[22] Auf eben dieser Gesellschafterversammlung erfolgte die Umbenennung der *August Horch Automobilwerke GmbH Zwickau* in *Audi Automobilwerke GmbH Zwickau*, obwohl die Gesellschaft und ih-

16 Dazu zählten Begriffe wie *Originalhorchwagen, Autohorch, Horchoriginal, Horchuk, Horchol* oder *Horcher* (vgl. RG v. 3.3.1911 – II 317/10, MuW X (1910/11), 387; vgl. auch *Auto Union GmbH*, (Fn. 3), S. 9).

17 *Auto Union GmbH*, (Fn. 3), S. 8 f.

18 Zitiert nach RG (Fn. 16).

19 Vgl. nur *Mock*, in: Michalski/Heidinger/Leible/J. Schmidt, GmbH-Gesetz 3. Aufl. 2017, § 4 Rdnr. 33 mit weiteren Nachweisen.

20 So jedenfalls Staub's Kommentar zum Handelsgesetzbuch, 8. Aufl. 1906, § 22 Rdnr. 14; *Brodmann*, GmbHG, 2. Aufl. 1930, § 4 Punkt 2. (S. 32) mit dem Hinweis der fehlenden Anwendung von § 24 Abs. 2 HGB a.F.

21 KG v. 26.11.1908, RJA 1910, 20 (*Aktien-Gesellschaft für Kohlensäure-Industrie* und *Berliner Kohlensäure-Industrie-Gesellschaft mit beschränkter Haftung*).

22 *Auto Union GmbH*, (Fn. 3), S. 13.

re Gesellschafter gegen die Entscheidung des Königlichen OLG Dresden in Revision gegangen waren oder diese später noch einlegten[23]. Tatsächlich kam es erst fast ein Jahr später am 3. März 1911 zu einer Entscheidung des RG, die zugunsten der *Horchwerke AG in Zwickau* ausging[24], womit dieser Streit abschließend geklärt war und es für die *Audi Automobilwerke GmbH Zwickau* kein Zurück zur Bezeichnung *Horch* mehr gab.

Auch diese Unternehmung war sehr kapitalintensiv, so dass es in den Folgejahren immer wieder zu Kapitalerhöhungen kam (1911 Erhöhung auf 400.000 Mark und 1912 Erhöhung auf eine Mio. Mark). Am 21. Dezember 1914 kam es schließlich zu einer Umwandlung der *Audi Automobilwerke GmbH Zwickau* in die *Audiwerke AG Zwickau*, was – aufgrund des seinerzeit in diese Richtung nicht ausdrücklich geregelten Formwechsels[25] – durch Gründung der *Audiwerke AG Zwickau*, der Veräußerung des Vermögens der *Audi Automobilwerke GmbH Zwickau* an diese und der anschließenden Liquidation der *Audi Automobilwerke GmbH Zwickau* erfolgte. Die bisherigen GmbH-Gesellschafter wurden dabei in Anrechnung ihrer Stammeinlagen im gleichen Verhältnis Aktionäre der neuen AG.[26] Die neue *Audiwerke AG Zwickau* startete mit einem Gründungskapital von einer Million Mark.

c) Von der *Zschopauer Motorenwerke J.S. Rasmussen e.K.* zur *Zschopauer Motorenwerke J.S. Rasmussen AG*

Neben *August Horch* war der dänische Ingenieur und Industrielle *Jørgen Skafte Rasmussen* eine der zentralen Persönlichkeiten der sächsischen Kraftfahrzeugindustrie, der für ein Ingenieursstudium am *Technicum Mittweida* nach Sachsen gekommen war.[27] *Rasmussen* gründete 1903 in Chemnitz zunächst das Unternehmen *Rasmussen & Ernst oHG*, das Dampfkesselarmaturen und Metallwaren her-

---

23 Die Revisionsfrist betrug seinerzeit auch einen Monat (§ 514 ZPO 1877), so dass diese zum Zeitpunkt der Gesellschafterversammlung noch nicht abgelaufen sein konnte, da die Berufungsentscheidung des Königlichen OLG Dresden vom 6.4.1910 stammte.

24 RG (Fn. 16).

25 §§ 78, 79 GmbHG 1892 sahen nur die Möglichkeit eines Formwechsels von einer AG in eine GmbH vor. Eine entsprechende Anwendung für den umgekehrten Fall wurde abgelehnt (vgl. etwa *Staub*, GmbHG, 1903, § 80 Rdnr. 46). Zur historischen Entwicklung des heute in den §§ 209 ff. UmwG geregelten Formwechsels insgesamt *Spranger*, Rechtsprobleme des Austritts beim Formwechsel (§§ 207 ff. UmwG), 2006, S. 25 ff.

26 Anträge des Geschäftsführers und des Aufsichtsrats der *Audi Automobilwerke GmbH Zwickau*.

27 Zum Leben und Wirken von *Jørgen Skafte Rasmussen* ausführlich *Etzold/Rother/Erdmann*, (Fn. 5), S. 203 ff.

stellte. 1913 erfolgte (in Köln) zur Eintragung in Chemnitz die Gründung der *Rasmussen & Ernst G.m.b.H.* mit einem Stammkapital von 240.000 Mark, die den Geschäftsbetrieb der *Rasmussen & Ernst oHG* übernahm und an der neben *Rasmussen* auch der Ingenieur *Otto Lambertz* beteiligt war, der aber ausweislich der Gesellschaftervereinbarung hauptsächlich als Kapitalgeber fungierte.[28] Parallel[29] dazu betrieb *Rasmussen* – der insgesamt über ein kaum überschaubares Konglomerat von Unternehmen und Unternehmensbeteiligungen verfügte[30] – ab 1907 das Unternehmen *Zschopauer Maschinenfabrik J.S. Rasmussen e.K.*, mit der er 1916 den Prototyp eines dampfbetriebenen Kraftfahrzeugs entwickelte, das auch Grundlage für das in den folgenden Jahrzehnten verwendete Markenzeichen DKW (*Dampf Kraft Wagen*) wurde, obwohl die Produktion bereits 1921 nach dem Verkauf von weniger als einem Dutzend Exemplare wieder eingestellt wurde.[31] Stattdessen widmet sich *Rasmussen* ab 1919 der Produktion von Fahrradhilfsmotoren, ab 1921 der Produktion von Motorrädern und ab 1927 der Produktion von Automobilen, wozu auch die Firma schon 1919 in *Zschopauer Motorenwerke J.S. Rasmussen e.K.* umbenannt wurde. Aufgrund des wachsenden Geschäftsbetriebs und Kapitalbedarfs gründete *Rasmussen* Ende 1923 – und damit auf dem Höhepunkt der Hyperinflation – die *Zschopauer Motorenwerke J.S. Rasmussen AG* mit Sitz in Zschopau. Die Hyperinflation wirkte sich auch auf das Grundkapital der Gesellschaft aus, das im Gesellschaftsvertrag mit 250 Mio. Mark angegeben wurde. Bereits 1925 erfolgte nach Einführung der Goldmark eine Änderung des Gesellschaftsvertrags und eine Neufestsetzung des Grundkapitals auf eine Mio. Reichsmark. Tatsächlich handelte es sich um eine faktische Einmann-Aktiengesellschaft, da neben *Rasmussen* nur vier weitere Aktionäre inklusive seiner Ehefrau mit jeweils 0,0004 % beteiligt waren, womit die Mindestanzahl von Gründern nach § 182 Abs. 1 Satz 1 HGB 1900 gerade erreicht wurde. Dies wird auch

---

28 Handelsregister des Königlichen Amtsgerichts Chemnitz (HRB 2280).

29 Das Verhältnis der *Rasmussen & Ernst G.m.b.H.* zur *Zschopauer Maschinenfabrik J.S. Rasmussen e.K.* lässt sich anhand der verfügbaren Unterlagen nicht mehr eindeutig bestimmen. Typischerweise wird zwischen beiden Unternehmen eine Unternehmensnachfolge angenommen (*Etzold/Rother/Erdmann*, (Fn. 5), S. 223). Da das notarielle Gründungsprotokoll der *Zschopauer Motorenwerke J.S. Rasmussen AG* vom 22.12.1923 ausführt, dass *Rasmussen* alleiniger Inhaber der Firma *Zschopauer Motorenwerke J.S. Rasmussen* ist, wäre eine solche Verbindung der beiden Unternehmen nur denkbar, wenn der Geschäftsbetrieb der *Rasmussen & Ernst G.m.b.H.* auf die *Zschopauer Maschinenfabrik J.S. Rasmussen e.K.* übertragen wurde. Zu den insofern widersprüchlichen Angaben auch *Sächsisches Staatsarchiv Chemnitz*, (Fn. 9), S. XXXI (Fn. 51).

30 Dazu zählten unter anderm die *Framo Werke GmbH* und die *Prometheus Maschinenfabrik GmbH*. Zu den zahlreichen von Rasmussen gegründeten oder übernommenen Unternehmen *Sächsisches Staatsarchiv Chemnitz*, (Fn. 9), S. XXXV f.

31 *Etzold/Rother/Erdmann*, (Fn. 5), S. 205.

daran deutlich, dass das Kapital im Wesentlichen allein durch *Rasmussen* in Form der Einbringung des Geschäftsbetriebs der *Zschopauer Motorenwerke J.S. Rasmussen e.K.* aufgebracht wurde. Die *Zschopauer Motorenwerke J.S. Rasmussen AG* schrieb in der Folgezeit Industriegeschichte, da sie als erstes Unternehmen der Welt eine Fließbandproduktion von Motorrädern einführte[32], die den Grundstein für die spätere Marktführerschaft im Deutschen Reich und der gesamten Welt legte.[33]

d) Von der *Chemnitzer Veloziped-Fabrik Winklhofer & Jaenicke* zur *Wanderer-Werke AG*

Neben *Horch* und *Rasmussen* hatten schließlich *Johann Baptist Winklhofer* und *Richard Adolf Jaenicke* einen nachhaltigen Einfluss auf die sächsische Kraftfahrzeugindustrie.[34] Diese beiden gründeten bereits 1885 ihr Unternehmen *Chemnitzer Veloziped-Fabrik Winklhofer & Jaenicke*, das auf den Verkauf und die Reparatur von Hochrädern spezialisiert war. Im Jahr 1896 erfolgte die Umwandlung in die *Wanderer Fahrradwerke AG vorm. Winklhofer & Jaenicke Schönau/Chemnitz*, bei deren Namenswahl sich die beiden Gründer an dem damaligen englischen Fahrradhersteller *Rover* orientiert haben sollen, dessen Namen sie ins Deutsche übersetzten (*Rover* – der Wanderer). Mit Beginn des 20. Jahrhunderts begann das Unternehmen zunächst mit der Produktion von Motorrädern und Schreibmaschinen, bevor ab 1913 die Produktion von Automobilen aufgenommen wurde.[35] Die somit nicht mehr bestehende Konzentration auf die Fahrradproduktion schlug sich auch in der Firma nieder, die 1908 in *Wanderer-Werke AG vorm. Winklhofer & Jaenicke Schönau/Chemnitz* geändert wurde.

e) Die Aktiengesellschaft als die Rechtsform der Stunde

Interessanterweise griffen die Gründer all dieser Unternehmen früher oder später auf die Rechtsform der Aktiengesellschaft zurück, obwohl seit 1892 die mit einem kleineren Stammkapital und wegen des fehlenden Aufsichtsrats weniger personalintensive GmbH als Gesellschaftsform zur Verfügung stand. Die Hintergründe dieser Präferenz der Aktiengesellschaft lassen sich im Nachhinein freilich kaum

32 Dazu *Etzold/Rother/Erdmann*, (Fn. 5), S. 214 f.
33 Siehe V.1.
34 Dazu ausführlich *Etzold/Rother/Erdmann*, (Fn. 5), S. 30 ff.
35 Dazu ausführlich *Etzold/Rother/Erdmann*, (Fn. 5), S. 81 ff.

mehr aufklären. Wahrscheinlich sind sie in dem Umstand zu suchen, dass die Kraftfahrzeugindustrie zum damaligen Zeitpunkt als eine der Zukunftsbranchen galt[36], bei der in größeren Dimensionen gedacht wurde. Zudem zeigen die zahlreichen Investoren und der häufige Wechsel der Gesellschafterstruktur, dass man wohl dahingehend auf eine Flexibilität setzte, die nur die Aktiengesellschaft bot. Schließlich schien das bei der AG erforderliche und im Vergleich zur GmbH höhere Kapital kein Problem gewesen zu sein, was durch das hohe Gründungskapital der Gesellschaften und die ständigen und in kurzen Abständen erfolgenden Kapitalerhöhungen belegt wird.

2. Weltwirtschaftskrise und Existenzbedrohung

Die Wachstums- und Expansionspolitik dieser vier Unternehmen fand im Laufe der durch den Börsencrash von 1929 ausgelösten Weltwirtschaftskrise ein jähes Ende.

a) *Zschopauer Motorenwerke J.S. Rasmussen AG*

Dies betraf zunächst die *Zschopauer Motorenwerke J.S. Rasmussen AG*. Für das Geschäftsjahr 1928 wurde im Vorstandsbericht noch eine Umsatzverdopplung verkündet und ausgeführt, dass die Nachfrage an Motorrädern nicht ansatzweise habe befriedigt werden können, die Werksanlagen aber erheblich erweitert wurden, um die Nachfrage im nachfolgenden Geschäftsjahr vollumfänglich zu befriedigen.[37] Diese schlug sich auf die Dividende nieder, die 10 % auf die Stammaktien und 4 % auf die Vorzugsaktien betrug.[38] Der auf den 30. Juni 1930 datierende und damit nach Beginn der Weltwirtschaftskrise erstellte Vorstandsbericht der *Zschopauer Motorenwerke J.S. Rasmussen AG* für das Geschäftsjahr 1929 war schon deutlich zurückhaltender. So wurde festgestellt, dass der Absatz an Motorrädern erstmals nachließ und dass eine über das Geschäftsjahr 1930 hinausgehende Prognose nicht erstellt werden könne.[39] Tatsächlich waren die Auswirkungen der Weltwirtschaftskrise auf die deutsche Kraftfahrzeugindustrie verheerend, da de-

36 Dazu etwa *Sächsisches Staatsarchiv Chemnitz*, (Fn. 9), S. XV f.
37 Geschäftsbericht der *Zschopauer Motorenwerke J.S. Rasmussen AG* für das Geschäftsjahr 1928.
38 Geschäftsbericht der *Zschopauer Motorenwerke J.S. Rasmussen AG* für das Geschäftsjahr 1928.
39 So heißt es: „*Es ist infolge der undurchsichtigen wirtschaftlichen Verhältnisse in Deutschland zurzeit nicht möglich, über das Jahr 1930 ein abschließendes Urteil abzugeben.*“

ren Absatz auf weniger als 30 % des Vorkrisenniveaus absank.[40] Diese Krise dauerte mehrere Jahre an und verschärfte sich immer mehr. Wurden etwa die Produktionskapazitäten der deutschen Automobilhersteller 1929 noch zu 55 % ausgelastet, sank die Auslastung auf 25 % im Jahr 1932.[41] Diesen Entwicklungen wollte man anscheinend auch bei der *Zschopauer Motorenwerke J.S. Rasmussen AG* schnell begegnen und beschloss auf der Gesellschafterversammlung am 24. November 1929 – und damit nur einen Monat (!) nach dem *Black Thursday* (24. Oktober 1929) an der New Yorker Wallstreet – verschiedene Änderungen des Gesellschaftsvertrags.[42] So umfasste der Unternehmensgegenstand fortan auch die Verpachtung von Betrieben und das Pachten anderer Betriebe, womit man offenbar drohenden Überkapazitäten der eigenen Produktion begegnen bzw. das kurzfristige Ausweichen auf andere Produktionen ermöglichen wollte. Zudem wurde das Grundkapital von einer Million RM auf 10 Millionen RM erhöht und damit nicht weniger als verzehnfacht. Die neuen Aktien gingen zu 4/9 an ein Konsortium unter der Leitung der Sächsischen Staatsbank – womit zugleich der Grundstein für eine sich später für *Rasmussen* noch als verhängnisvoll herausstellende Verbindung gelegt wurde – und zu 5/9 an die Altaktionäre im Umtauschverhältnis 1:5.[43] Der Einstieg der Sächsischen Staatsbank als Aktionär und die damit verbundene Besetzung des Postens des Aufsichtsratsvorsitzenden – neben dem schon bestehenden umfassenden Engagement bei der Gewährung von Fremdkapital – dürfte darauf zurückzuführen sein, dass die Sächsische Staatsbank dem kaufmännischen Geschick von *Rasmussen* nur bedingt traute. Dies beschrieb ein Berater von *Rasmussen* in dem späteren Schiedsverfahren[44] folgendermaßen: *„Bei der Auswahl seiner kaufmännischen Mitarbeiter hatte er [Rasmussen, sic] eine wenig glückliche Hand. Ihm, dem temperamentvollen vorwärtsdrängenden Konstrukteur fehlte stets der nüchtern vorausschauende und risikobeobachtende Berater. Dadurch entstanden Kapitalfehlleistungen, die ihm beim Rückschlage 1929/30 ernste Schwierigkeiten bereiteten."*

Dass der Vorstand mit der eher schlechten Prognose im Vorstandsbericht aus dem Jahr 1929 recht behalten sollte, zeigte sich schon kurze Zeit später. So wird in dem Vorstandsbericht für das Geschäftsjahr 1930 festgehalten, dass die in den 1920er Jahren massiv ausgebauten Produktionskapazitäten nicht ansatzweise

40 So wurden im Deutschen Reich 1928 noch 137.000 Fahrzeuge mit einem Umsatz von 700 Millionen RM hergestellt, während 1932 nur noch 40.000 Fahrzeuge mit einem Umsatz von 150 Millionen RM produziert wurden (Geschäftsbericht der Auto Union AG für das Geschäftsjahr 1931/32).

41 *Blaich*, Vierteljahreshefte zur Wirtschaftsforschung 24 (1976), 406, 407.

42 Bekanntmachung im Wochenblatt für Zschopau und Umgebung vom 30.12.1929.

43 Zeichnungsschein für die Kapitalerhöhung vom 24.11.1929.

44 Siehe IV.3.

ausgelastet werden konnten. Da der Absatz von Kühlanlagen der Weltwirtschaftskrise trotzte und weiter anstieg, wurde deren Produktion in eine neue GmbH ausgelagert, womit dieser Bereich anscheinend vor einem möglichen Konkurs gesichert bzw. die anstehende Gründung der *Auto Union* vorbereitet werden sollte.[45] Zudem stellte *Rasmussen* der Gesellschaft ein Aktienpaket in Höhe von drei Millionen Reichsmark zur Verfügung. Diese Aktien wurden eingezogen, womit der bilanziell ausgewiesene Verlust erheblich reduziert werden konnte. Zudem wurde Dr. *Richard Bruhn* als Vertreter der Sächsischen Staatsbank in den Aufsichtsrat gewählt und in den Vorstand delegiert. Diese Rettungsmaßnahmen nahmen aber offenbar erheblich Zeit in Anspruch, was man daran erkennt, dass die Bilanz für das Geschäftsjahr 1930 erst am 5. März 1932 und damit ein Jahr zu spät vorlag. In der Registerakte findet sich dazu ein nicht enden wollender Briefwechsel zwischen dem zuständigen Registerrichter und dem Vorstand der *Zschopauer Motorenwerke J.S. Rasmussen AG,* bei dem letzterer sich auf technische Schwierigkeiten bei der Erstellung der Bilanz, auf einen krankheitsbedingten Ausfall verschiedener Vorstands- und Aufsichtsratsmitglieder und schließlich auf anstehende Fusionsgespräche berief. Diese Bemühungen konnten das Registergericht allerdings nicht erweichen, so dass es zur Festsetzung von Ordnungsstrafen kam.

b) *Horchwerke Aktiengesellschaft in Zwickau*

Auch um die *Horchwerke Aktiengesellschaft in Zwickau* war es kaum besser gestellt.[46] Diese hatte in den 1920er Jahren zwar massive Investitionen getätigt, die allerdings weitgehend fremdkapitalfinanziert waren und denen keine entsprechenden Zuwachsraten bei der Produktion gegenüberstanden. So wurden ab 1924 nur zwei Mal Dividenden gezahlt.[47] Die Unternehmensleitung versuchte dieser Entwicklung mit einer massiven Ausweitung des Typenprogramms unter Einschluss von diversen Luxusmodellen zu begegnen, was sich im Rahmen der Weltwirtschaftskrise als fatal herausstellen sollte. Zudem hatte die Geschäftsleitung – was seinerzeit durchaus nicht ungewöhnlich war – die Investitionen überwiegend über kurzfristige Banken- und Lieferantenkredite oft unter Einsatz von prolongierten Wechseln finanziert, was bei einem stabilen Absatz der produzierten Kraft-

45 *Rasmussen* verfügte über ein nahezu unüberschaubares Geflecht von Unternehmen außerhalb der später bei der Gründung der *Auto Union AG* eingebrachten Gesellschaften, die ursprünglich für einen Rückerwerb der Anteilsmehrheit an der *Auto Union AG* genutzt werden sollten (dazu IV.3.).

46 Ausführlich dazu *Sächsisches Staatsarchiv Chemnitz*, (Fn. 9), S. XXII f.

47 *Sächsisches Staatsarchiv Chemnitz*, (Fn. 9), S. XXII f.

fahrzeuge weitgehend unproblematisch war. Mit dem durch die Weltwirtschaftskrise verursachten Absatzeinbruch konnten diese Kredite allerdings nicht mehr bedient werden. Damit geriet die *Horchwerke Aktiengesellschaft in Zwickau* immer mehr unter die Kontrolle der kreditgebenden Banken. So standen im Geschäftsjahr 1929/30 dem Eigenkapital von 5 Millionen RM ein Verlust von 4,9 Millionen RM und kurzfristige Verbindlichkeiten in Höhe von 18,5 Millionen RM gegenüber. Zur Rettung der *Horchwerke Aktiengesellschaft in Zwickau* wurde ein Kapitalschnitt im Verhältnis 1:10 und eine gleichzeitige Kapitalerhöhung von 3 Millionen RM beschlossen, bei der die neuen Aktien von einem Bankenkonsortium unter Leitung der Sächsischen Staatsbank gezeichnet wurden.[48] Diese Maßnahmen hatten allerdings nicht die gewünschte Wirkung, so dass sich die Lage der *Horchwerke Aktiengesellschaft in Zwickau* auch 1931 noch weiter verschlechterte.

c) *Audiwerke AG Zwickau*

Für die *Audiwerke AG Zwickau* begann die wirtschaftliche Krise schon lange vor der Weltwirtschaftskrise und geht zurück auf die Mitte der 1920er Jahre. Vor allem im Bereich der Luxusfahrzeuge war die *Audiwerke AG Zwickau* einem enormen Wettbewerb ausgesetzt, so dass es schon Mitte der 1920er Jahre zu massiven Absatzschwierigkeiten und Umsatzeinbrüchen kam und Ende 1925 ein Vergleich unter der Aufsicht des AG Zwickau angemeldet werden musste.[49] Die Maßnahmen waren allerdings nur bedingt erfolgreich und bereits Ende 1927 drohte erneut der Konkurs, zumal sich die Produktion inzwischen auf nur noch 90 Fahrzeuge pro Jahr reduziert hatte.[50] Durch Vermittlung der Sächsischen Staatsbank[51] wurde der Kontakt zu *Jørgen Skafte Rasmussen* von der *Zschopauer Motorenwerke J.S. Rasmussen AG* hergestellt, der zunächst die Aktienmehrheit an der *Audiwerke AG Zwickau* übernahm, die später im Rahmen einer Kapitalerhöhung 1929 noch weiter ausgebaut wurde.[52] Die Erwartungen von *Rasmussen* wurden allerdings überwiegend enttäuscht. So sank die Produktionsleistung der *Audiwerke AG Zwickau* im Jahr 1932 auf 22 Fahrzeuge im Segment Luxusfahrzeuge.[53] Allerdings gelang es

---

48 *Maurer*, (Fn. 49), S. 147 f.

49 Dazu *Maurer*, Das Zusammenschlußproblem in der deutschen Automobilindustrie mit besonderer Berücksichtigung der Auto-Union A.G., 1936, S. 145 f.; *Sächsisches Staatsarchiv Chemnitz*, (Fn. 9), S. XXVII.

50 *Sächsisches Staatsarchiv Chemnitz*, (Fn. 9), S. XXVIII.

51 Zur Rolle der Sächsischen Staatsbank ausführlich *Etzold/Rother/Erdmann*, (Fn. 5), S. 253 ff.

52 *Sächsisches Staatsarchiv Chemnitz*, (Fn. 9), S. XXVIII.

53 *Sächsisches Staatsarchiv Chemnitz*, (Fn. 9), S. XXIX.

Rasmussen die *Audiwerke AG Zwickau* verstärkt im Marktsegment Kleinfahrzeuge einzusetzen, womit aber eine umfassende Abhängigkeit von der *Zschopauer Motorenwerke J.S. Rasmussen AG* einherging, die wiederum selbst stark von der Sächsischen Staatsbank abhängig war[54].

d) *Wanderer-Werke AG*

Bei der *Wanderer-Werke AG* war die Situation teilweise abweichend. Diese hatte erst verhältnismäßig spät mit dem Automobil- und Motorradbau begonnen, konnte mit diesem aber nicht an die Erfolge im Bereich der Werkzeug-, Schreibmaschinen- und Fahrradproduktion anknüpfen.[55] Im Gegensatz zu den anderen drei Unternehmen entschied man sich für eine unternehmerische Kurskorrektur und veräußerte bereits 1929 die Motorradproduktion an die *NSU-Vereinigte Fahrzeugwerke AG Neckarsulm*. Die Automobilproduktion blieb aber das Sorgenkind des Unternehmens und erwies sich als stetiges Zuschussgeschäft.[56]

3. Bewältigung der Krise durch staatlich gelenkte Konzentrationsbewegungen

Die wirtschaftliche Situation der vier Unternehmen verschlechterte sich in den Jahren 1930/31 immer weiter. Die Sächsische Staatsbank, die an drei der Gesellschaften nicht nur als Aktionär beteiligt, sondern zugleich der Hauptfremdkapitalgeber war, weigerte sich, weitere Kredite zur Verfügung zu stellen, so dass alle Gesellschaften vom Konkurs bedroht waren. Allerdings entwickelte der Bankier Dr. *Richard Bruhn*, der seit 1930 schon Mitglied des Aufsichtsrats war, zusammen mit *Rasmussen* den Plan, die *Zschopauer Motorenwerke J.S. Rasmussen AG* und die übrigen Unternehmen durch eine Zusammenlegung zu retten.[57] Der Rettungswille der Sächsischen Staatsbank kam dabei nicht von ungefähr. Diese hatte in den vergangenen Jahren in massivem Umfang Darlehen an *Rasmussen* gewährt, die zu einer gegenseitigen Abhängigkeit führten. So beschreibt der Sohn von *Rasmussen* die Situation folgendermaßen: „*Durch hohe Kredite war mein Vater der Sächsischen Staatsbank verpflichtet. Dass diese Verbindlichkeiten so angewachsen sind,*

54 Siehe II.2.a).
55 Dazu *Etzold/Rother/Erdmann*, (Fn. 5), S. 109.
56 *Maurer*, (Fn. 49), S. 157.
57 Die Urheberschaft dieses Fusionsplans ist freilich umstritten (dazu ausführlich *Sächsisches Staatsarchiv Chemnitz*, (Fn. 9), S. XLV ff.).

ist mehr oder weniger die Schuld der Banken gewesen. Die hatten soviel Geld und wollten es einfach unterbringen. So wurde meinem Vater ein Werk nach dem anderen, so zum Beispiel die Audi-Werke, ans Herz gedrückt.“[58]

Die Idee der Rettung bestand darin, einen Automobilgroßkonzern zu schaffen, in dem alle sächsischen Automobilhersteller zusammengefasst werden sollten. Insbesondere die Sächsische Staatsregierung, die seit 1930 nur aus einem geschäftsführenden Beamtenkabinett unter der Führung von *Walther Schieck* (DVP) bestand, befürchtete durch einen Konkurs der Unternehmen der sächsischen Kraftfahrzeugindustrie eine Massenarbeitslosigkeit. Hinzu kam, dass vor allem die Sächsische Staatsbank bei allen Unternehmen massiv – teilweise unter Verstoß gegen die eigenen Statuten – über Eigen- und Fremdkapital beteiligt war, so dass ein Konkurs dieser Unternehmen auch einen Konkurs der Sächsischen Staatsbank bedeutet hätte.[59] Die Bemühungen zur Durchführung der Fusion begannen bereits 1930 und dauerten bis Mitte 1932 an. Dabei schien die genaue Form des Zusammenschlusses bis zum Ende offen gewesen zu sein, da dieser etwa in der Presse als *Autotrust* bezeichnet wurde.[60] Der Zusammenschluss dieser vier Unternehmen zu einem Gesamtkonzern war zur damaligen Zeit durchaus nichts ungewöhnliches, da in der deutschen Automobilindustrie insgesamt Konzentrierungsbewegungen festzustellen waren.[61] So wurde bereits 1919 die „*Gemeinschaft Deutscher Automobilfabriken*“ *(GDA)* begründet, bei der es sich um nicht weniger als ein Verkaufskartell der *Brennabor-Werke AG* aus Brandenburg, der *Hansa-Lloyd AG* aus Bremen und der *Neue Automobil-Gesellschaft AG* (NAG) aus Berlin handelte. Zudem geisterten bedingt durch die Weltwirtschaftskrise zahlreiche andere Fusionspläne durch die Presselandschaft, bei denen nahezu jeder Autohersteller mit einem anderen Autohersteller in Verbindung gebracht wurde.[62] So wurde etwa auch über die Begründung einer Interessengemeinschaft der *BMW AG* und der *Daimler-Benz AG* spekuliert und diese sogar schon verkündet, was sich nachträglich als Falschmeldung herausstellte.[63]

---

58 Nachweis bei *Etzold/Rother/Erdmann*, (Fn. 5), S. 256.

59 *Blaich*, Vierteljahreshefte zur Wirtschaftsforschung 24 (1976), 406, 410; *Etzold/Rother/Erdmann*, (Fn. 5), S. 256 f.

60 So etwa Allgemeine Zeitung – Börsenblatt v. 22.12.1931, S. 1.

61 Dazu bereits umfassend *Maurer*, (Fn. 49), S. 41 ff. mit zahlreichen Beispielen.

62 Beispielhaft etwa *Prie*, Berliner Tageblatt – Handelszeitung v. 8.11.1931, S. 1 wo es heißt: „*Die Projekte einer Fusion oder Interessengemeinschaft Daimler-Benz-Horch, Adler-Daimler-Benz, Wanderer-Daimler-Benz oder sogar die große Kombination B.M.W.-Daimler-Benz-Adler-Horch werden nicht verwirklicht.*“; vgl. auch *Etzold/Rother/Erdmann*, (Fn. 5), S. 250; *Maurer*, (Fn. 49), S. 148 f. jeweils mit zahllosen Zeitungsberichten dieser Zeit.

63 Prie, (Fn. 62): „*..., sodann aber dürfte nach unseren Informationen auch der Abschluss einer Interessengemeinschaft Daimler-Benz-B.M.W. in den nächsten Tagen zu erwarten sein.*“.

Die Zustimmung der Aktionäre der *Audiwerke AG Zwickau*, die auf der außerordentlichen Generalversammlung am 29. Juni 1932 einstimmig erteilt wurde, war unproblematisch, da der Hauptaktionär, die *Zschopauer Motorenwerke J.S. Rasmussen AG*, aufgrund der Beteiligung an der Verschmelzung als aufnehmende Gesellschaft nach § 252 Abs. 3 HGB a. F. nicht stimmberechtigt war und somit nur die Sächsische Staatsbank mit ihrer Beteiligung von 25 % und das Vorstandsmitglied Dr. *Hahn* abstimmen konnten.[64] Auch die (durchaus gemischt zusammengesetzten[65]) Aktionäre der *Horchwerke Aktiengesellschaft in Zwickau* stimmten auf der ebenfalls am 29. Juni 1932 stattfindenden außerordentlichen Generalversammlung dem Fusionsvertrag zu. Somit wurden beide Gesellschaften aufgelöst und auf die *Zschopauer Motorenwerke J.S. Rasmussen AG* mit (Rück-)Wirkung zum 1. November 1931 verschmolzen.[66] Bei letzterer wurde ebenfalls am 29. Juni 1932 eine außerordentliche Generalversammlung durchgeführt und eine umfassende Änderung des Gesellschaftsvertrags mit (unter anderem) der Änderung der Firma in *Auto Union Aktiengesellschaft* beschlossen. Zur Finanzierung der Fusion wurde das Grundkapital um 4,5 Millionen RM erhöht. Die erforderliche Zustimmung der Aktionäre war unproblematisch, da ausweislich des Protokolls der Gesellschafterversammlung nur noch die Sächsische Staatsbank und *Rasmussen* mit jeweils 50 % an der *Zschopauer Motorenwerke J.S. Rasmussen AG* beteiligt waren.

An der neuen *Auto Union AG* war nunmehr neben *Rasmussen* und den Aktionären der *Horchwerke AG* vor allem die Sächsische Staatsbank beteiligt.[67] Die Leitung der *Wanderer-Werke AG* hingegen widersetzte sich der Fusion und stimmte als Kompromiss lediglich der Veräußerung der inzwischen sehr absatzschwachen Automobilabteilung an die *Auto Union AG* und dem Abschluss eines Betriebspachtvertrages für das Werk in Siegmar für einen Zeitraum von zehn Jahren zu, an deren Ende das Werk in das Eigentum der *Auto Union AG* übergehen sollte.[68] Dafür erhielt die *Wanderer-Werke AG* insgesamt 3,5 Millionen RM, die allerdings nicht in bar, sondern in Höhe von 1 Mio. RM in Aktien und in der restlichen Höhe

---

64 Protokoll der außerordentlichen Generalversammlung der *Audiwerke AG Zwickau* vom 29.6.1932.

65 Neben dem Direktor der *Horchwerke Aktiengesellschaft in Zwickau* Herrn *Ernst Gebhardt* waren an dieser die *Argus Motoren GmbH* aus Berlin sowie die *Commers & Privatbank Berlin* und die *Allgemeine Deutsche Creditanstalt (ADCA)* beteiligt.

66 Protokoll der außerordentlichen Generalversammlung der *Horchwerke Aktiengesellschaft in Zwickau* vom 29.6.1932.

67 Dazu III.

68 Dazu *Etzold/Rother/Erdmann*, (Fn. 5), S. 109 f.

in Akzepten geleistet wurde.[69] Zudem wurde eine jährliche Pacht von 360.000 RM vereinbart.[70] Dabei handelte sich allerdings nicht um eine „Liebesheirat“, wie auch der Geschäftsbericht der *Wanderer-Werke AG* für das Geschäftsjahr 1931 deutlich macht.[71] Allerdings sah man in der Gründung der *Auto Union AG* die Möglichkeit, sich von der defizitären Automobilabteilung des Unternehmens zu trennen.[72] Somit kam es zu einem Fortbestand der *Wanderer-Werke AG*, was sich später für deren Aktionäre noch als Glückfall herausstellen sollte.[73]

Um dem Zusammenschluss dieser vier Unternehmen auch nach außen Rechnung zu tragen, wurden als Markenzeichen vier miteinander verbundene Ringe mit den jeweiligen Teilmarken[74] gewählt, das später vereinfacht wurde und bis heute den Kern der Marke *Audi* darstellt. Somit blieben die einzelnen Marken trotz der Bildung eines Gesamtkonzerns und der Einrichtung eines zentralen Konstruktionsbüros erhalten.

---

69 (Nicht näher spezifizierter) Vertrag zwischen der *Wanderer-Werke AG* und der in Durchführung begriffenen Vereinigung der Automobilwerke der später zur *Auto Union AG* fusionierten Gesellschaften, S. 13.

70 Vertrag (Fn. 69), S. 21.

71 Dort heißt es: „*Als im Herbst des Berichtsjahres die Anregung an uns erging, unsere Automobilinteressen in eine Gesellschaft einzubringen, an welcher sich die Zschopauer Motorenwerke J. S. Rasmussen AG in Zschopau, die Horchwerke AG in Zwickau und die Audiwerke AG in Zwickau beteiligen sollten, haben wir auf Grund reiflichster Überlegungen zugestimmt. Wir sehen nur eine Möglichkeit, daß sich die deutsche Automobilindustrie behauptet, wenn sich unter Beibehaltung ihrer in der Welt anerkannten Fabrikmarken diejenigen Automobilunternehmungen zusammenschließen, die sich in ihrem Fabrikationsprogramm und damit im Verkauf ergänzen bzw. ihr Fabrikationsprogramm organisch zweckmäßig gestalten können. Diese Voraussetzung ist bei einer Zusammenfassung der Automobilinteressen der genannten Werke gegeben. ...*“

72 *Maurer*, (Fn. 49), S. 157.

73 Siehe V.4.

74 Über die Nutzung der Marke Wanderer kam es in der Folge zu einem Rechtsstreit, da die *Auto Union AG* nur die Automobilabteilung der *Wanderer-Werke AG* erworben hatte. Dies löste man, indem ab 1938 das geflügelte W (für Wanderer) nur mit dem Zusatz „Automobile“ verwendet werden durfte (*Etzold/Rother/Erdmann*, (Fn. 5), S. 112 f.).

Der Versuch, auch weitere Unternehmen außerhalb von Sachsen an der Fusion zu beteiligen, scheiterte. So lehnten die Aktionäre der *Hannoversche Maschinenbau AG* (Hanomag) aus Hannover und der *Brennabor-Werke AG* aus Brandenburg ein entsprechendes Angebot ab. Die Rettung der vier Kraftfahrzeugproduzenten durch den Freistaat Sachsen stieß außerhalb von Sachsen freilich auf wenig Gegenliebe. So beschwerte sich etwa der Wirtschaftsminister des Freistaates Württemberg Dr. *Reinhold Maier* beim damaligen Reichsjustizminister über die damit verbundene öffentliche Subvention und die nachteiligen Auswirkungen auf die Kraftfahrzeugindustrie in Württemberg, ohne dass diese Beschwerde allerdings konkrete Folgen nach sich zog.[75]

III. Der Gründungsvorgang als konzernrechtliches „Meisterstück"?

Aus aktienrechtlicher Sicht ist der Gründungsvorgang der *Auto Union AG* vor allem wegen der dabei zu bewältigenden konzernrechtlichen Fragestellungen von Interesse. Der Gründungsvorgang selbst erfolgte in Form einer Fusion (Verschmelzung), die aus heutiger – und wohl auch damaliger Sicht[76] – recht abenteuerlich erscheint (siehe III.1.). Daneben wurde auch auf das Instrument des Betriebspachtvertrages zurückgegriffen, was zur damaligen Zeit ein häufiges Instrument eines entstehenden Konzernrechts war und erst einige Jahrzehnte später einen normativen Niederschlag gefunden hat (siehe III.2.). Schließlich ist der Gesellschaftsvertrag selbst erstaunlich standardisiert gehalten, was vor dem komplexen Entstehungsprozess und der langfristig gegenläufigen Interessen des Freistaates Sachsen und der bisherigen Aktionäre verwundert (siehe III.3.).

1. „Sanierende" Fusion (Verschmelzung) der Gesellschaften

Die Gründung der *Auto Union AG* erfolgte im Wesentlichen im Wege der Fusion, an der zwei Aktiengesellschaften als übertragende Gesellschaft und eine Aktiengesellschaft als übernehmende Gesellschaft beteiligt waren.

75 Dazu *Blaich*, Vierteljahreshefte zur Wirtschaftsforschung 24 (1976), 406.
76 Zum Stand des damaligen Konzernrechts etwa *Thiessen*, in: Vom Konzern zum Einheitsunternehmen (ZGR Sonderband 22), 2020, S. 1 ff.

a) Wahl der Konzernbildung durch Fusion statt durch Begründung einer Holding-Struktur

Dabei stellt sich zunächst die Frage, warum tatsächlich eine Fusion durchgeführt und keine einfache Holding-Struktur mit der *Auto Union AG* als Konzernspitze gewählt wurde.[77] Insbesondere die Fortführung der bisherigen Marken der an der Fusion beteiligten Gesellschaften hätte die Gründung einer Holding-Gesellschaft nahegelegt, zumal man dann auch zu einem späteren Zeitpunkt eine Teilveräußerung der einzelnen Gesellschaften hätte durchführen können. Die genauen Hintergründe für die Wahl einer Fusion statt der Begründung einer Holding-Gesellschaft lassen sich im Nachhinein anhand der verfügbaren Unterlagen freilich kaum sicher bestimmen. Tatsächlich dürften wohl zwei Aspekte eine große Rolle gespielt haben. Zum einen dürfte aufgrund der tiefgreifenden Krise, in der sich die deutsche Kraftfahrzeugindustrie befunden hat, sich wohl die Erkenntnis durchgesetzt haben, dass über kurz oder lang nicht alle Marken fortgeführt werden können, so dass sich bei einer Holding-Struktur langfristig Schwierigkeiten mit einzelnen Gesellschaften ergeben hätten. Zudem konnte die Fusion nur durch eine umfangreiche Rekapitalisierung der *Zschopauer Motorenwerke J.S. Rasmussen AG* bzw. der späteren *Auto Union AG* durchgeführt werden, die bei der Wahl einer Holding-Struktur deutlich schwieriger hätte umgesetzt werden können.

b) Durchführung der Fusion und Rekapitalisierung des aufnehmenden Rechtsträgers

Tatsächlich war die Durchführung der Fusion äußerst komplex und zeichnete sich durch die Einschaltung mehrerer eigens gegründeter Tochtergesellschaften aus, was auch zur damaligen Zeit[78] in dieser Form zweifelhaft erschien. Dies war vor allem darauf zurückzuführen, dass man die Kapitalzufuhr an die *Auto Union AG* über die *Industrie-Finanzierungs-GmbH Dresden (INFI)* sicherstellte, die von einem Angestellten der Sächsischen Staatsbank (Rechtsanwalt Dr. *Barthold*) und einer von *Rasmussen* eigens gegründeten GmbH (*Industrie-Verwaltungs- und Treuhand GmbH [IVT]*) ins Leben gerufen worden war.[79] Diese war nur zu dem Zweck ge-

---

77 Zur damaligen Diskussion der Vor- und Nachteile beider Varianten ausführlich *Maurer*, (Fn. 49), S. 110 ff.

78 Siehe III.1.c).

79 *Etzold/Rother/Erdmann*, (Fn. 5), S. 258 f.

gründet worden, Kredite von der Sächsischen Staatsbank, der *Allgemeinen Deutschen Creditanstalt (ADCA)*, der *Commerz- und Privatbank* und der *Dresdner Bank* zu erhalten, die der Finanzierung des Erwerbs von Aktien der *Auto Union AG* dienten. Damit wurden der *Auto Union AG* umfassend Geldmittel zur Verfügung gestellt, ohne dass diese selbst Kredite aufnehmen musste. Auf diese Weise flossen insgesamt 6,07 Millionen RM an die *Auto Union AG*, die der *Industrie-Finanzierungs-GmbH Dresden (INFI)* dafür 44,8 % der Aktien übertrug.[80] Damit handelte es sich bei der *Industrie-Finanzierungs-GmbH Dresden (INFI)* um ein *Special Purpose Vehicle*, welche Jahrzehnte später in anderen Finanzkrisen noch eine herausragende Rolle spielen sollten und schließlich im Konzernbilanzrecht in § 290 Abs. 2 Nr. 4 HGB geregelt wurden. Die Eröffnungsbilanz der *Auto Union AG* wurde zudem weiter geschönt, indem die *Industrie-Verwaltungs- und Treuhand GmbH [IVT]* der *Zschopauer Motorenwerke J.S. Rasmussen AG* in großem Umfang Außenstände abkaufte, was ebenfalls durch die Sächsische Staatsbank finanziert wurde.[81] Zudem wandelten mehrere Banken ihre teilweise vorab extrem reduzierten[82] Fremdkapitalforderungen in Anteile an der *Auto Union AG* um, womit nicht weniger als ein *Debt-to-Equity*-Swap durchgeführt wurde. Weiterhin wurde die *Auto Union Filialen GmbH* gegründet, die dank einer Finanzierung durch die Sächsische Staatsbank die im Laufe der vergangenen Jahre erheblich angewachsenen Lagerbestände an produzierten Fahrzeugen erwarb.[83] Mit der *Auto Union AG* war die *Auto Union Filialen GmbH* über einen Organvertrag verbunden[84], wonach die *Auto Union AG* ein uneingeschränktes Weisungsrecht gegenüber deren Geschäftsführung hatte. Schließlich wurde die Fusion mit einer Bankbürgschaft des Freistaates Sachsen in Höhe von 6 Millionen RM und einem Erlass von Steuerschulden in Höhe von 900.000 RM abgesichert.[85] Dies wurde durch eine Entscheidung des sächsischen Landtages ermöglicht, bei der es zu einer fraktionsübergreifenden Zustimmung aus unterschiedlichsten politischen Motiven kam.[86] Diese Maßnahmen

---

80 *Etzold/Rother/Erdmann*, (Fn. 5), S. 258 f.

81 *Etzold/Rother/Erdmann*, (Fn. 5), S. 259.

82 So dürften die Sächsische Staatsbank, die *Commerz- und Privatbank* und die *Allgemeine Deutsche Creditanstalt (ADCA)* zusammen auf ca. 30 Millionen RM verzichtet haben. Weitere 11,45 Millionen RM wurden in eine Obligationen-Anleihe konvertiert (*Maurer*, (Fn. 49), S. 154).

83 *Etzold/Rother/Erdmann*, (Fn. 5), S. 259.

84 So *Etzold/Rother/Erdmann*, (Fn. 5), S. 279 f.

85 *Etzold/Rother/Erdmann*, (Fn. 5), S. 260 f.

86 Während bei der SPD vor allem die sozialen Folgen eines Konkurses der Einzelgesellschaften den Ausschlag für eine Zustimmung gaben, soll bei der NSDAP die Bedeutung der Automobilindustrie für die Wiederbewaffnung im Vordergrund gestanden haben, die sich gleichwohl der Stimme enthielt (*Blaich*, Vierteljahreshefte zur Wirtschaftsforschung 24 (1976), 406, 410; *Etzold/Rother/Erdmann*, (Fn. 5), S. 261; *Sächsisches Staatsarchiv Chemnitz*, (Fn. 9), S. LII).

waren für die sächsische Wirtschaftspolitik aber durchaus nicht ungewöhnlich, hatte sich die Sächsische Staatsregierung schon seit Mitte der 1920er Jahre gegenüber der Sozialisierung von Produktionsmitteln und der Bildung großer Betriebseinheiten offen gezeigt.[87] Daher waren mit der Fusion auch verhältnismäßig wenig Rationalisierungsmaßnahmen verbunden.[88] Vielmehr verfolgte man das Ziel, durch die Zurverfügungstellung weiteren Kapitals in einer neuen Struktur auf bessere Zeiten zu warten.[89] Der konzernrechtliche Gründungsvorgang lässt sich vereinfacht wie folgt darstellen:

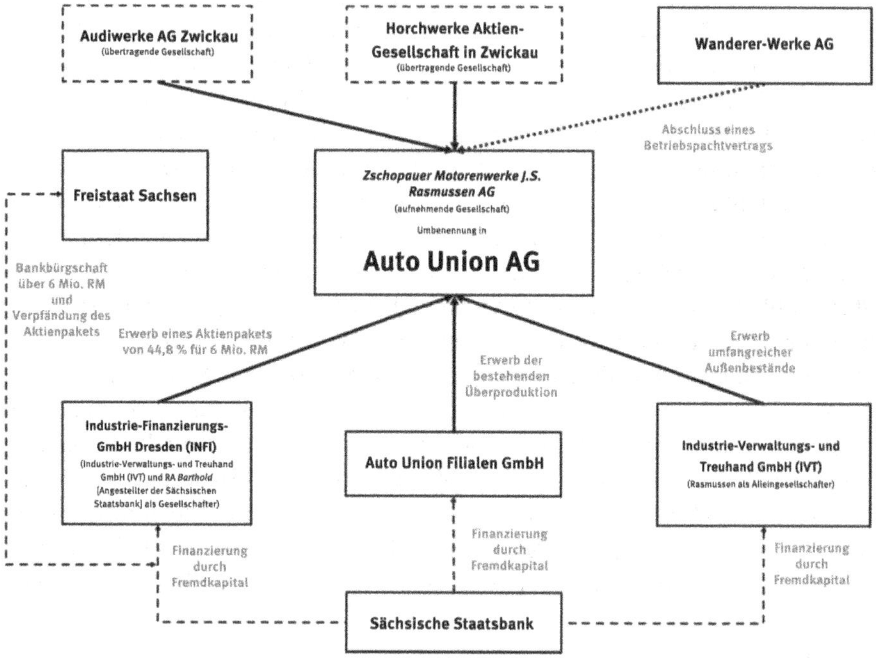

87 Dazu und zu davon abweichenden Politiken in der Weimarer Republik *Blaich*, Vierteljahreshefte zur Wirtschaftsforschung 24 (1976), 406, 408.
88 Kritisch *Blaich*, Vierteljahreshefte zur Wirtschaftsforschung 24 (1976), 406, 412; *Maurer*, (Fn. 49), S. 147.
89 *Maurer*, (Fn. 49), S. 153.

Der bei Durchführung einer Fusion erforderliche Aktientausch für die Aktionäre der *Horchwerke Aktiengesellschaft in Zwickau* und die Aktionäre der *Audiwerke AG Zwickau* und die Fortsetzung der Aktionärsstruktur der *Zschopauer Motorenwerke J.S. Rasmussen AG* an der *Auto Union AG* unterblieb weitestgehend. Tatsächlich wurden alle Aktionäre umfassend marginalisiert, da letztlich die Sächsische Staatsbank über 75 %[90] der Aktien kontrollierte.[91] Die Aktionäre der *Wanderer-Werke AG* wurden an der neuen *Auto Union AG* nicht beteiligt, da zwischen diesen Gesellschaften lediglich verschiedene Übertragungsverträge unter Einschluss eines Betriebspachtvertrags abgeschlossen wurde. Neben der Sächsischen Staatsbank waren auch diverse Gläubiger fortan als Aktionäre beteiligt, da diese ihre Forderungen gegen Aktien umgetauscht hatten. Damit stellte sich die Aktionärsstruktur der *Auto Union AG* nach ihrer Gründung folgendermaßen dar[92]:

Aktionär	Beteiligung am Kapital	Beteiligung in %
Industrie-Finanzierungs-GmbH Dresden (INFI)	6.500.000 RM	44,8
Sächsische Staatsbank	3.489.300 RM	24,1
J.S. Rasmussen	1.250.000 RM	8,6
Staatsbank, Stadt Chemnitz	750.000 RM	5,2
Industrie-Verwaltungs- und Treuhand GmbH [IVT]	450.000 RM	3,1
Commerzbank	430.400 RM	3,0
Dresdner Bank	312.500 RM	2,2
Auto Union Filialen GmbH	254.000 RM	1,8
Allgemeine Deutsche Creditanstalt [ADAC]	183.750 RM	1,3
Maschinenfabrik Prometheus, Berlin	100.000 RM	0,7
Diverse Kunden	780.050 RM	5,4
Gesamt	**14.500.000 RM**	**100**

90 Die Sächsische Staatsbank kontrollierte nicht nur die *Industrie-Finanzierungs-GmbH Dresden (INFI)*, sondern auch die *ADAC*, die durch eine Notverordnung der Sächsischen Staatsregierung vom 31.7.1931 mit der Sächsischen Staatsbank zusammengelegt wurde.

91 Neben der eigenen und über die Stadt Chemnitz erfolgten direkten Beteiligung an der *Auto Union AG* kontrollierte die Sächsische Staatsbank die *Industrie-Finanzierungs-GmbH Dresden (INFI)*.

92 *Etzold/Rother/Erdmann*, (Fn. 5), S. 259.

August Horch als die neben *Rasmussen* zentrale Person der sächsischen Kraftfahrzeugindustrie und Gründer der beiden übertragenden Gesellschaften (*Audiwerke AG Zwickau* und *Horchwerke Aktiengesellschaft in Zwickau)* wurde als Aktionär nicht beteiligt, sondern war fortan nur noch Mitglied des Aufsichtsrats, der im übrigen vollständig von Bankenvertretern dominiert wurde. Durch die führende Rolle der Sächsischen Staatsbank und der bereits vorher bestehenden dominanten Rolle von *Rasmussen* bzw. der *Zschopauer Motorenwerke J.S. Rasmussen AG* trat bei der Fusion das Problem der Bewertung der einzelnen Beteiligungen und darauf basierend die Festsetzung eines Umtauschverhältnisses nicht auf, was für die Durchführbarkeit der Gesamttransaktion sicherlich dienlich gewesen sein dürfte.[93]

c) (Aktien-)Rechtliche Zulässigkeit des Gründungsvorgangs

Betrachtet man diese Vorgänge aus aktien-, bilanz- oder beihilferechtlicher Sicht dürfte Verwunderung überwiegen. So scheint es für diesen Vorgang an nahezu jeder Art von Kontrolle gefehlt zu haben. Dies ist allerdings für den Stand des damaligen Aktienrechts nicht ungewöhnlich gewesen.

aa) Verschmelzung durch Aufnahme ohne verfahrensrechtliche Absicherung?

Tatsächlich sah das Aktienrecht seinerzeit ausdrücklich die Möglichkeit einer Fusion vor (§§ 305 ff. HGB a. F.), die bereits in Art. 215 Abs. 2, 247 ADHGB angelegt war. Dabei handelt es sich im Vergleich zum heutigen Umwandlungsrecht, das der Verschmelzung mit den §§ 2–122 UmwG gleich ein ganzes Buch widmet, eher um eine sehr rudimentäre Regelung, bei der vor allem eine verfahrensrechtliche Absicherung der Verschmelzung in Form der Wahrung der daran beteiligten Parteien nicht vorhanden war. So erfolgte insbesondere keine Verschmelzungsprüfung, die sicherlich eine Überschuldung der übertragenden Gesellschaften aufgezeigt hätte. Allerdings dürfte dies einer Verschmelzung nach den §§ 305 ff. HGB a. F. nicht im Wege gestanden haben, da diese Bestimmungen tatbestandlich insofern keinerlei Voraussetzungen enthielten. Dies hat sich bis zum heutigen Tag nicht geändert, wobei die höchstrichterliche Rechtsprechung bei einer Vertiefung der Insolvenz des übernehmenden Rechtsträgers durch die Verschmelzung eines überschuldeten übertragenden Rechtsträgers heute einen existenzvernichtenden Eingriff und damit eine Haftung nach § 826 BGB annimmt.[94] Die Voraus-

---

93 So auch schon *Maurer*, (Fn. 49), S. 154 f.
94 BGH v. 6.11.2018 – II ZR 199/17, BGHZ 220, 179 Tz. 29 ff. = NJW 2019, 589.

setzungen dieser Rechtsprechung dürften aufgrund der Überschuldung aller an der Fusion beteiligten Gesellschaften damals tatsächlich vorgelegen haben. Für die Aktionäre der beteiligten Gesellschaften dürfte die Fusion hingegen keine Differenzhaftung begründet haben, auch wenn bei allen Gesellschaften eine Überschuldung vorgelegen hat, da das Grundkapital der *Zschopauer Motorenwerke J.S. Rasmussen AG* um lediglich 4,5 Millionen RM erhöht wurde, die von der *Industrie-Finanzierungs-GmbH Dresden (INFI)* aufgebracht wurden. Zudem wird eine solche Differenzhaftung bei der Verschmelzung überschuldeter Gesellschaften auch nach heutiger höchstrichterlicher Rechtsprechung abgelehnt.[95]

bb) Ausreichende Beachtung der Kapitalerhaltungsvorschriften?

Problematisch dürften aber die Kapitalerhaltungsvorschriften gewesen sein. Dies gilt dabei weniger für die *Zschopauer Motorenwerke J.S. Rasmussen AG* bzw. die *Auto Union AG* als aufnehmende Gesellschaft, sondern für die drei zur Finanzierung der Fusion gegründeten GmbHs (*Industrie-Finanzierungs-GmbH Dresden [INFI], Auto Union Filialen GmbH* und *Industrie-Verwaltungs- und Treuhand GmbH [IVT]*). Diese nutzten das von der Sächsischen Staatsbank und den übrigen Banken zur Verfügung gestellte Kapital zu einem Erwerb verschiedener Vermögensgegenstände und von Aktien der *Auto Union AG*, der deutlich über dem eigentlichen Wert erfolgte. Dies wirft – unabhängig von der damit verbundenen Frage nach der Haftung der Geschäftsführer nach § 43 GmbHG – die Frage auf, ob darin eine nach § 30 Abs. 1 GmbHG unzulässige Leistung an einen Nichtgesellschafter zu sehen ist. Tatsächlich würde diese Frage nach der heutigen und wohl auch der damaligen Rechtsprechung und herrschenden Meinung verneint werden. Zwar war *Rasmussen* an der *Industrie-Verwaltungs- und Treuhand GmbH (IVT)* direkt und damit mittelbar an der *Industrie-Finanzierungs-GmbH Dresden (INFI)* beteiligt, so dass er als Aktionär von dem Erwerb der Aktien und der Außenbestände der *Auto Union AG* mittelbar profitierte. Darin dürfte aber wohl keine Verletzung von § 30 Abs. 1 GmbHG zu sehen sein.[96]

---

95 Zur fehlenden Differenzhaftung bei der Verschmelzung überschuldeter Gesellschaften BGH (Fn. 94), Tz. 9 ff.

96 Zu den Fallgruppen bei einem Verstoß gegen § 30 Abs. 1 GmbHG bei der Leistung der Gesellschaft an Dritte vgl. *Fastrich*, in: Baumbach/Hueck, GmbHG, 22. Aufl. 2019, § 30 Rdnr. 23 ff.

cc) Wahl der Rechtsform der GmbH zur Verschleierung der Finanzierungsstruktur?

Die Einschaltung der drei GmbHs zur Finanzierung der Fusion dürfte nicht von ungefähr erfolgt sein. Tatsächlich sah das damalige Bilanzrecht für die GmbH keine Pflicht zur Veröffentlichung des Jahresabschlusses vor. Eine solche Pflicht bestand nur für die AG und die KGaA (§§ 265, 334 HGB a. F.). Ebenso wenig erstreckten sich die rudimentären Vorschriften des Konzernbilanzrechts im HGB, die im Rahmen der Notverordnung über Aktienrecht vom 19. September 1931 kurz zuvor eingeführt worden waren, auf die im Rahmen der Fusion eingeschalteten GmbHs, so dass die Struktur der Finanzierung außenstehenden Personen verborgen blieb und somit nur für deren Gesellschafter erkennbar war. Tatsächlich wurden die hier verwendeten Konstruktionen der *special purpose vehicle* erst im Rahmen des BilMoG[97] im Jahr 2009 adressiert, indem die Regelung des § 290 Abs. 2 Nr. 4 HGB zu Zweckgesellschaften eingeführt wurde, so dass die GmbHs wohl erst in der heutigen Zeit hätten teilweise einbezogen werden müssen. Interessanterweise blieb die gesamte Finanzierungsstruktur der Fusion der Öffentlichkeit nicht verborgen. So wurde seinerzeit in der Wirtschaftspresse darüber ausgiebig berichtet, ohne dass dabei übermäßig Kritik geäußert wurde.[98]

dd) Beihilferecht

Zudem stellt sich die Frage, ob diese massive Unterstützung durch den Freistaat Sachsen aus wettbewerbs- bzw. beihilferechtlicher Sicht überhaupt zulässig war. Diese aus heutiger Sicht höchst relevante Fragestellung stellt sich zur damaligen Zeit allerdings nicht, da sich das Beihilferecht in Deutschland erst aufgrund europäischer Impulse entwickelte.[99] Nichtsdestotrotz hatte dieser Aspekt politische Wellen geschlagen, da insbesondere die Regierung Württembergs mit der Gründung der *Auto Union AG* erhebliche Nachteile für die eigene Kraftfahrzeugindustrie befürchtete.[100] Die entsprechenden Eingaben bei der Reichsregierung blieben allerdings ohne Erfolg.

97 Gesetz zur Modernisierung des Bilanzrechts v. 25.5.2009, BGBl I, S 1102.

98 So etwa Leipziger Zeitung am Mittag vom 28.11.1931 oder die Freiberger Zeitung vom 10.11.1931; kritisch aber etwa Deutsche Bergwerkszeitung Düsseldorf vom 7.5.1932 mit dem Hinweis auf den durch die Fusion verhinderten Ausleseprozess.

99 Dazu etwa *Bunte*, Kartellrecht, 3. Aufl. 2016, § 13.

100 Dazu II.3.

ee) Kollektive Insolvenzverschleppung durch die beteiligten Banken?

Schließlich stellt sich die Frage, ob die durch die Sächsische Staatsbank und die anderen Banken finanzierte Fusion nicht einen Fall der kollektiven Insolvenzverschleppung darstellt, da durch die Fusion letztlich drei überschuldete Gesellschaften durch einen massiven mittelbaren Zufluss von Fremdkapital vor dem Konkurs gerettet wurden. Tatsächlich kann die fortgesetzte Fremdkapitalfinanzierung insolventer Unternehmen eine Haftung nach § 826 BGB auslösen, die vor allem in der höchstrichterlichen Rechtsprechung des BGH anerkannt wurde.[101] Da die Rettung der sächsischen Kraftfahrzeugindustrie durch die Gründung der *Auto Union AG* am Ende aber erfolgreich war, stellte sich dieses Rechtsproblem seinerzeit nicht. Bei einem ungünstigeren Verlauf wäre diese Frage aber wohl sicherlich aufgekommen.

2. Abschluss eines Betriebspachtvertrages

Interessant ist zudem der Betriebspachtvertrag für das Werk der *Wanderer-Werke AG* in Siegmar, für den seinerzeit keine gesetzliche Regelung bestand und eine solche erst im Rahmen des AktG 1965 in § 292 Abs. 1 Nr. 3 AktG eingeführt wurde. Tatsächlich schienen derartige Betriebspachtverträge in der damaligen Zeit keine Seltenheit zu sein[102], auch wenn sie heute eher im Einzelhandel und im Hotel- und Gastronomiebereich vorzufinden sind.[103] Dies zeigt nicht zuletzt, dass diese Art der Konzernbildung im Rahmen des AktG 1937 eine eigenständige Regelung in § 256 Abs. 2 AktG a. F. erfahren hat. In der praktischen Umsetzung scheint der Abschluss des Betriebspachtvertrages mit der *Wanderer-Werke AG* erheblichen Schwierigkeiten ausgesetzt gewesen zu sein, da für dessen Abschluss insgesamt 30 Verträge – unter Einschluss eines Vertrags zum Erwerb der Automobilinteressen[104] – unterzeichnet werden mussten.[105] Ein Ausgleich oder eine Abfindung

---

101 Vgl. dazu im Überblick etwa *Spindler*, in: BeckOGK, Stand 1.5.20, § 826 Rdnr. 57 ff.; zur Bankenhaftung bei der Vergabe von Sanierungskrediten ausführlich etwa *Urlaub/Kamp*, ZIP 2014, 1465 ff.

102 Beispielhaft zu nennen ist etwa die der sogenannte *Rumänische Eisenbahnfall* des RG (RG v. 19.2.1881 – Rep. I 872/80, RGZ 3, 123); zu den Anforderungen des Abschlusses eines Betriebspachtvertrags etwa *Pinner*, in: Staub, HGB – Band II, 12./13. Aufl. 1926, § 275 Rdnr. 3.

103 *Veil/Walla*, in: BeckOGK-AktG, Stand 15.1.2020, § 292 Rdnr. 34.

104 Vertrag (Fn. 69).

105 *Etzold/Rother/Erdmann*, (Fn. 5), S. 262.

war für die Aktionäre der *Wanderer-Werke AG* nicht vorgesehen, was der Rechtslage bis zum heutigen Tag[106] entspricht.

3. Gesellschaftsvertrag mit standardisiertem Inhalt

Die zur Entlastung der Eröffnungsbilanz unternommenen erheblichen Anstrengungen finden in dem Gesellschaftsvertrag der *Auto Union AG* keine Entsprechung. Betrachtet man den Gesellschaftsvertrag, fällt auf, dass dieser wenig innovative oder bemerkenswerte Regelungen enthält. Vielmehr stellt dieser einen Standardgesellschaftsvertrag für eine Aktiengesellschaft dar, was überraschen muss, da die *Auto Union AG* 1932 und somit vor der Aktienrechtsform 1937 gegründet wurde und sich Satzungen von Aktiengesellschaften damals häufig durch eine gewisse Gestaltungshöhe auszeichneten. Derartiges vermisst man bei dem Gesellschaftsvertrag der *Auto Union AG*, obwohl bei dieser die Sicherung des staatlichen Einflusses offenbar von großem Interesse war und bei anderen Aktiengesellschaften – wie etwa der *Hamburger Hochbahn AG*[107] – allerlei Vorsorge dahingehend getroffen wurde. Der Gesellschaftsvertrag der *Auto Union AG* dürfte ein Ergebnis eines zu dieser Zeit bereits einsetzenden Standardisierungsprozesses im Aktienrecht gewesen sein. Den Grad der Standardisierung vermag man schließlich daran erkennen, dass der Gesellschaftsvertrag nach der Aktienrechtsreform 1937[108] keine übermäßigen „materiell-rechtlichen" Änderungen erfahren hat, da nur wenige Anpassungen an die neue Rechtslage erforderlich waren. Festzustellen ist gleichwohl, dass die neue Satzung der *Auto Union AG* gegenüber der Gründungsversion deutlich verkürzt[109] und entschlackt wurde. Die neue Satzung verfügte dann nur noch über 23 Paragraphen.

106 Vgl. nur *Veil/Preisser*, in: BeckOGK-AktG, Stand 15.1.2020, § 304 Rdnr. 11; § 305 Rdnr. 13 mit weiteren Nachweisen.

107 Dazu *Mock/Beckmann* (in diesem Band – § 13).

108 Gesetz über Aktiengesellschaften und Kommanditgesellschaften auf Aktien (Aktiengesetz) v. 30.1.1937 (RGBl. I, 107).

109 Die Kürzungen ergeben sich vor allem im Bereich der Aktienurkunden und zu den verschiedenen Gesellschaftsorganen.

IV. (Marginale) Besonderheiten des Gesellschaftsvertrags

Tatsächlich zeichnet sich der Gesellschaftsvertrag der *Auto Union AG* durch einige fehlende Besonderheiten aus.

1. Fehlende (staatliche) Sonderrechte im Gesellschaftsvertrag

Dabei ist zunächst auffällig, dass der Gesellschaftsvertrag keinerlei Sonderrechte für einzelne Aktionäre enthält. Dies ist verwunderlich, da sowohl *Rasmussen* als auch die Sächsische Staatsbank die Hauptbeteiligten an der Gründung der *Auto Union AG* gewesen sind und nur sehr bedingt gleiche Interessen hatten.

a) Keine Sonderrechte für die Sächsische Staatsbank

So wäre es aus Sicht der Sächsischen Staatsbank sicherlich lohnend gewesen, etwa Entsendungsrechte für den Aufsichtsrat oder Vetorechte für bestimmte Geschäftsführungsmaßnahmen vorzusehen, wie dies bei anderen Unternehmen mit staatlicher Beteiligung seinerzeit durchaus üblich war.[110] In dieser Hinsicht finden sich im Gesellschaftsvertrag lediglich umfangreiche Sonderzuständigkeiten für die Generalversammlung, die ihren Ursprung in den öffentlichen Interessen der Sächsischen Staatsbank haben. So muss die Generalversammlung der Verpachtung des Unternehmens im Ganzen (§ 37 lit. b) Gesellschaftsvertrag), dem Abschluss von Interessengemeinschaften (§ 37 lit. c) Gesellschaftsvertrag) und der Aufgabe und der Verlegung der auf eigenen Grundstücken befindlichen Hauptbetrieben (§ 37 lit. d) Gesellschaftsvertrag) zustimmen. Bei letzterer Maßnahme war sogar eine ¾-Mehrheit erforderlich (§ 37 Abs. 2 Gesellschaftsvertrag). Diese sicherlich im wirtschaftspolitischen Sinne des Freistaats Sachsen bestehenden Regelungen wurden bei der Neufassung der Satzung im Zuge der Aktienrechtsreform 1937 gestrichen, obwohl § 103 Abs. 1 AktG 1937 diese Regelungen in der Satzung sogar gestattet hätte. Dies dürfte darauf zurückzuführen sein, dass zu diesem Zeitpunkt *Rasmussen* als einziger Privataktionär schon ausgeschieden war bzw. eine Einigung in dem Rechtsstreit[111] unmittelbar bevorstand. Ebenso

---

110 So etwa bei der *Hamburger Hochbahn AG* (dazu *Mock/Beckmann* [in diesem Band – § 13]).
111 Siehe dazu IV.2.

wäre es zu erwarten gewesen, dass an die Sächsische Staatsbank – der damaligen Praxis folgend – Mehrstimmrechtsaktien ausgegeben wurden, was aber ebenfalls nicht geschehen ist. Stattdessen wurde der Sächsischen Staatsbank nicht nur die Stimm-, sondern auch die Kapitalmehrheit eingeräumt.

b) Keine Sonderrechte für *Rasmussen*

Umgekehrt finden sich auch keine Sonderrechte für *Rasmussen*, obwohl dieser noch mit knapp 64 % nicht nur der Hauptaktionär der *Zschopauer Motorenwerke J.S. Rasmussen AG* als aufnehmende Gesellschaft, sondern darüber hinaus der Dreh- und Angelpunkt der gesamten Fusion gewesen war. An der *Auto Union AG* war er nur noch mit ca. 8,6 % beteiligt, so dass ihm nach allgemeinem Aktienrecht nicht einmal eine Sperrminorität zukam. Dabei ist allerdings zu beachten, dass *Rasmussen* bei der Gründung der *Auto Union AG* einen Teil seiner (neuen) Aktien aufgrund von Altschulden an die Sächsische Staatsbank verpfänden musste. Tatsächlich standen ihm nur 6,8 % der Aktien (1 Mio. RM vom Grundkapital) zur freien Verfügung.[112]

2. Fehlende Absicht der Reprivatisierung

Diese fehlende Adressierung der Interessen der Sächsischen Staatsbank und von *Rasmussen* dürften darauf zurückzuführen sein, dass bei der Sächsischen Staatsbank wohl schon im Zeitpunkt der Gründung der *Auto Union AG* keine wirkliche Absicht bestand, sich später wieder von dieser Beteiligung zu trennen. So zeigen interne Dokumente der Sächsischen Staatsregierung, dass man bereits zum Zeitpunkt der Verhandlung zur Gründung der *Auto Union AG* wohlwollend zu Kenntnis nahm, dass der konjunkturelle Absatzrückgang gestoppt war und dass insbesondere der erst gerade auf den Markt gekommene und von der *Zschopauer Motorenwerke J.S. Rasmussen AG* hergestellte DKW Kleinwagen mit Frontantrieb (DKW F1 bis F8) in kürzester Zeit erhebliche Marktanteile erobern konnte.[113] Zudem erhoffte man sich eine Verlegung von Produktionsanlagen aus anderen Teilen des Reichs nach Sachsen.[114] Das Interesse an der fehlenden Einmischung privater Investoren wird auch an dem Umstand deutlich, dass eine von der *I.G.*

---

112 Dies wird so jedenfalls in dem späteren Schiedsgutachten (siehe IV.3.) ausgeführt.

113 Dazu *Blaich*, Vierteljahreshefte zur Wirtschaftsforschung 24 (1976), 406, 412.

114 Dies sollte vor allem zu Lasten von Preußen und Württemberg gehen (*Blaich*, Vierteljahreshefte zur Wirtschaftsforschung 24 (1976), 406, 413).

Farbenindustrie AG angebotene Beteiligung an der *Auto Union AG* in Höhe von 1,5 Millionen RM abgelehnt wurde, weil damit ein weiterer Hauptaktionär jenseits des Einflusses des Freistaates Sachsen entstanden wäre.[115]

Bei der Gründung der *Auto Union AG* wurde *Rasmussen* zwar zugestanden, die Einnahmen aus Pacht- und Lizenzrechten im Ausland zu erhalten, wodurch diesem ein Rückerwerb der Aktien ermöglicht werden sollte.[116] Zudem soll es eine mündliche Abrede zwischen *Rasmussen* und der Sächsischen Staatsbank gegeben haben, dass *Rasmussen* nach der Fusion sein weiteres industrielles Eigentum in die *Auto Union AG* einbringen sollte, um somit (wieder) die Mehrheit der Aktien zu erhalten.[117] Diese Vereinbarungen wurden dem Vernehmen nach aber nur mündlich abgeschlossen und haben daher weder im Gesellschaftsvertrag selbst noch in einer Gesellschaftervereinbarung Platz gefunden, obwohl die Vereinbarung von entsprechenden Vorkaufsrechten seinerzeit durchaus schon üblich war.[118]

3. Endgültige Verdrängung von Rasmussen

Dieses aus Sicht von *Rasmussen* fahrlässige Handeln sollte sich bereits wenige Jahre später rächen. So kam es bereits Ende 1933 zu erheblichen Spannungen zwischen *Rasmussen* und den Mitgliedern des Vorstands und des Aufsichtsrats. Diese waren darauf zurückzuführen, dass sich letztere weigerten, die von *Rasmussen* vorgeschlagenen Kapitalerhöhungen durchzuführen, bei denen *Rasmussen* seine übrigen Industriebeteiligungen hätte einbringen und damit die Kapitalmehrheit an der *Auto Union AG* erhalten sollte. Die Sächsische Staatsbank sah darin allerdings eine erhebliche Gefahr für die weitere wirtschaftliche Entwicklung der *Auto Union AG* und präferierte ein organisches Wachstum, das auf die bereits 1933 einsetzende positive wirtschaftliche Entwicklung der *Auto Union AG* gestützt war.[119] Dieser Streit gipfelte zunächst darin, dass sich *Rasmussen* ab Ende 1933 weigert die Werksanlagen der *Auto Union AG* zu betreten. Die Spannungen wurden durch das Vorstandsmitglied *von Oertzen* später folgendermaßen beschrieben: „*Irgendwann hat Rasmussen das Werk nicht mehr betreten, nachdem die Auto Union stand, weil er nicht das kriegte, was er wollte. Er wollte der Chef werden vom Ganzen. Und er war vorher am Rande der Pleite. Nachdem nun die Sächsische Staatsbank zusam-*

---

115 *Maurer*, (Fn. 49), S. 156; über einen Einstieg der *I.G. Farbenindustrie AG* auch spekulierend *Prie*, Berliner Tageblatt – Handelszeitung v. 8.11.1931, S. 1.
116 So etwa *Etzold/Rother/Erdmann*, (Fn. 5), S. 257, 329.
117 *Etzold/Rother/Erdmann*, (Fn. 5), S. 329.
118 So etwa *Pinner*, (Fn. 102), § 317 Rdnr. 8.
119 *Etzold/Rother/Erdmann*, (Fn. 5), S. 329.

men mit der Dresdner Bank und der Commerzbank und der Deutschen Bank uns wieder auf die Beine gestellt hatte, da kam er schließlich wieder, etwa nach einem Jahr, und er sagte zu uns: ›Jetzt ist die Zeit gekommen, wo Ihr abtretet, und ich bin der Chef.‹ Da haben wir gesagt: ›Da fragen Sie mal den Aufsichtsrat, was der darüber denkt.‹ Und der Aufsichtsrat dachte darüber genau so wie wir. Und damit hatte es sich."[120] Ähnlich beschreibt es auch das umfassende Schiedsgutachten in dem späteren Schiedsverfahren, in dem ausgeführt wird, dass sich *Rasmussen* letztlich mit dem Wandel vom Alleinunternehmen zum Anteilseigner nie habe abfinden können. Aufgrund dieser Entwicklungen fasste der Aufsichtsrat am 20. Dezember 1934 den Beschluss, *Rasmussen* aus dem Vorstand zu entlassen. Dabei stützte sich der Aufsichtsrat unter anderem auf ein Gutachten der *NSDAP-Abteilung zur Wahrung der Berufsmoral*, das zu dem Schluss kam, dass *Rasmussen* keinen Grund für die zwischenzeitlich fehlende Wahrnehmung seiner Vorstandstätigkeit gehabt habe.[121] Dagegen erhob *Rasmussen* Kündigungsschutzklage nach § 56 AOG (*Gesetz zur Ordnung der nationalen Arbeit*) und machte dabei offenbar auch geltend, dass es bei der Gründung der *Auto Union AG* zu Unregelmäßigkeiten gekommen war.[122] Zudem kam es zu weiteren Prozessen und im August 1935 zur Einleitung eines umfassenden Schiedsverfahrens, dessen genaue streitgegenständliche Abgrenzung zu den übrigen Prozessen unklar blieb.[123] Nachdem dieser Rechtsstreit mehr als vier Jahre andauerte und sich mehrere Mitglieder der Reichsregierung – inklusive *Adolf Hitler* persönlich[124] – zugunsten von *Rasmussen* selbst eingeschaltet hatten, kam es durch Vermittlung des Reichsjustizministers *Gürtner* im Februar 1938 zu einem umfassenden Vergleich zur Beilegung aller Streitigkeiten. Dabei wurde *Rasmussen* ein Betrag von 1,3 Mio. RM zugesprochen, der teilweise von der *Auto Union AG* in Raten zu leisten war. Zudem wurde vereinbart, dass zwischen der *Auto Union AG* und *Rasmussen* nur noch ein Kundenverhältnis bestehen sollte, womit auch ein Verlust der Aktionärsstellung verbunden war, ohne dass ganz klar wird, was mit den Aktien von *Rasmussen* geschehen sollte. Berücksichtigt man, dass *Rasmussen* mit 1,25 Millionen RM am Kapital der *Auto Union AG* beteiligt war, wird deutlich, dass er letztlich mit kaum mehr als der Kapitalbeteiligung abgefunden wurde, obwohl die *Auto Union AG* zum Zeitpunkt

---

120 Zitiert nach *Etzold/Rother/Erdmann*, (Fn. 5), S. 330.

121 *Etzold/Rother/Erdmann*, (Fn. 5), S. 331.

122 *Etzold/Rother/Erdmann*, (Fn. 5), S. 332.

123 Darauf geht das insgesamt 341 Seiten lange Schiedsgutachten umfassend ein.

124 So erfolgte am 14.10.1937 eine Mitteilung des Reichsjustizministern *Gürtner* an den Vorstand der *Auto Union AG* und an *Rasmussen*, dass er von *Hitler* den förmlichen Auftrag erhalten habe, in dem Rechtstreit den Abschluss eines Vergleichs zu fördern. Eine schrifltiche Fassung dieses Auftrags ist nicht erhalten.

des Ausscheidens von *Rasmussen* die Anzahl der produzierten Automobile im Vergleich zum Zeitpunkt der Gründung verzehnfacht und die Anzahl der produzierten Motorräder vervierfacht hatte.[125] Eine jedenfalls an den Umsätzen orientierte Unternehmensbewertung hätte daher zu einer völlig anderen Abfindungshöhe führen müssen. Ausweislich der Unterlagen zum Schiedsverfahren wurde eine solche Unternehmensbewertung aber nicht vorgenommen, sondern vielmehr frei darüber verhandelt.

Mit dem Ausscheiden von *Rasmussen* war zugleich der Weg für eine Reprivatisierung der *Auto Union AG* verschlossen. Tatsächlich kam es in der Folgezeit auch nicht zu einer Veräußerung der Beteiligung. Vielmehr wurde die Beteiligung der Sächsischen Staatsbank mit Ende des II. Weltkrieges sogar noch weiter ausgebaut. So wurde zur Finanzierung der Kriegsproduktion 1943 gleich zwei Mal eine Kapitalerhöhung auf 20,3 bzw. später 30 Millionen RM durchgeführt, bei der alle jungen Aktien allein von der Sächsischen Staatsbank gezeichnet wurden. Somit war diese mit ca. 97 % der Aktien an der *Auto Union AG* beteiligt, womit es sich quasi um ein (mittelbares) Staatsunternehmen handelte.

V. Unaufhaltsamer Aufstieg, Ende und Neubeginn der *Auto Union*

Trotz der enormen Schwierigkeiten bei der Geburt der *Auto Union AG* und der offenbaren Überschuldung der beteiligten Gesellschaften entwickelte sich die *Auto Union AG* in der Folgezeit zu einem der führenden deutschen Unternehmen der Kraftfahrzeugindustrie.

1. Motorisierung des Deutschen Reichs und Aufstieg zur Marktspitze

Dies ist vor allem darauf zurückzuführen, dass die Gründung der *Auto Union AG* im Jahr 1932 zu einem Zeitpunkt erfolgte, in dem die Motorisierung des Deutschen Reiches erheblich an Geschwindigkeit zunahm. Während bis Mitte der 1920er Jahre der Absatz von Motorrädern noch deutlich über dem von Automobilen lag,

125 Siehe zum rasanten Wachstum der *Auto Union AG* ausführlich V.1.

wurden ab 1933 erstmals mehr Automobile als Motorräder zugelassen.[126] Der Trend der wachsenden Bedeutung des Automobils gegenüber dem Motorrad setzte sich – trotz zwischenzeitlich insgesamt stark sinkendem Absatz[127] – auch in der Weltwirtschaftskrise fort, auch wenn das Automobil gegenüber dem Motorrad ein mit Abstand kostenintensiveres Konsumprodukt war. Mit der Machtübernahme der NSDAP am 30. Januar 1933 kam es zu einer umfassenden Förderung der Motorisierung in Deutschland, da die Zulassungszahlen von Automobilen in anderen Industriestaaten deutlich größer waren und die Motorisierung als eine der zentralen Zukunftsaufgaben betrachtet wurde. Während 1934 in den Vereinigten Staaten auf einen Kraftwagen fünf Einwohner kamen, „teilten" sich statistisch gesehen in Frankreich 22, in Großbritannien 27 und in Deutschland noch 75 Einwohner einen solchen Kraftwagen.[128] Dieses Zurückbleiben bei der Motorisierung des Deutschen Reiches wurde bereits in der Rede *Adolf Hitlers* am 11. Februar 1933 – und damit weniger als zwei Wochen nach der Machtergreifung – auf der Internationalen Automobil- und Motorradausstellung thematisiert, in der neben der steuerlichen Entlastung von Autofahrern der massive Ausbau des Straßennetzes des Deutschen Reichs und die Förderung des Rennsports Kernpunkte waren. Damit fiel die Gründung der *Auto Union AG* in einen Zeitraum, in dem das Automobil massive Verbreitung in Deutschland erfuhr[129], was zu einem enormen Aufschwung des Unternehmens führte. Diese Entwicklungen lassen sich eindrucksvoll an den Geschäftsberichten[130] der *Auto Union AG* bis zu Beginn des II. Weltkriegs nachvollziehen und können anhand der folgenden Kennzahlen dargestellt werden:

126 So wurden im Deutschen Reich 1932 noch 47.640 Motorräder und 41.118 Personenwagen zugelassen, während es 1933 schon 82.048 Personenwagen im Vergleich zu 50.108 Motorräder waren (Geschäftsbericht der *Auto Union AG* für das Geschäftsjahr 1936/1937).

127 Während im Jahr 1928 im Deutschen Reich noch insgesamt 137.000 Fahrzeuge verkauft wurden, schrumpfte der Absatz im Jahr 1932 auf 40.000 Fahrzeuge und damit auf weniger als 25 % des Vorkrisenniveaus (Geschäftsbericht der Auto Union AG für das Geschäftsjahr 1931/1932).

128 Geschäftsbericht der *Auto Union AG* für das Geschäftsjahr 1933/34, S. 4.

129 Ausführlich dazu *Kirchberg*, in: Niemann/Hermann, Die Entwicklung der Motorisierung im Deutschen Reich und den Nachfolgestaaten, 1995, S. 9 ff.

130 Die dort angegebenen Zahlen stimmen nicht völlig mit denen im Schrifttum (etwa *Etzold/Rother/Erdmann*, (Fn. 5), S. 270; *Sächsisches Staatsarchiv Chemnitz*, (Fn. 9), S. LXXXI ff.) verwendeten Zahlen überein, weichen insofern aber nicht erheblich ab.

Geschäftsjahr	Fahrzeuge		Motorräder		Arbeitnehmerzahl	Umsatz in Millionen RM	Investitionen in Millionen RM
	Produktionszahl	Marktanteil im Deutschen Reich	Produktionszahl	Marktanteil im Deutschen Reich			
1931/1932	6.629	16,1 %	12.778	26,8 %	4.359	40	1,639
1932/1933	17.458	20,5 %	11.922	21,9 %	7.907	65	1,107
1933/1934	30.004	21,9 %	25.149	31,4 %	13.114	116	3,332
1934/1935	42.639	21,2 %	39.458	35,9 %	16.503	181	11,299
1935/1936	50.962	23,9 %	43.581	34,8 %	20.154	222	11,830
1936/1937	57.314	23.9 %	49.477	34,8 %	21.498	235	12,344
1937/1938	66.571	25,3 %	58.152	30,0 %	22.673	276	12,244
1938/1939[131]	67.108	23,0 %	59.207	30,6 %	24.889	273	9,867

Insbesondere im Bereich des Motorradbaus konnte die *Auto Union AG* ihre dominante Stellung im Markt nicht nur im Deutschen Reich, sondern weltweit kontinuierlich ausbauen. So stammten 1938 ca. 20 % der Weltproduktion von Motorrädern von der *Auto Union AG*. Auch im Automobilbau konnte die *Auto Union AG* ihre Marktanteile erheblich erweitern, da sie durch vier Marken in nahezu jedem Marktsegment vertreten war. Die *Auto Union AG* entwickelte schließlich auch mit dem DKW F9 eine auffallend ähnliche Alternative zu dem von *Ferdinand Porsche* entwickelten KdF-Wagen[132], der ab 1940 in Serienproduktion gehen sollte, wozu es kriegsbedingt nicht mehr kam. Diese rasante wirtschaftliche Entwicklung fand mit dem Ausbruch des II. Weltkrieges ein jähes Ende.[133]

2. Umstellung auf kriegsbedingte Produktion

Mit dem Beginn des II. Weltkriegs kam es auch bei *Auto Union AG* zu einer Umstellung auf die kriegsbedingte Rüstungsproduktion.[134] Dies wird in den Geschäfts-

131 Der Geschäftsbericht für das Geschäftsjahr 1938/39 weist durch den Beginn des II. Weltkrieges am 1.9.1939 nur den Absatz für das erste Halbjahr (Januar-Juli 1939) aus.

132 Dazu *Mock/Illetschko* (in diesem Band – § 24).

133 Dazu ausführlich V.

134 Dazu ausführlich etwa *Etzold/Rother/Erdmann*, (Fn. 5), S. 377 ff.; *Kukowski*, Die Chemnitzer Auto Union AG und die „Demokratisierung" der Wirtschaft in der Sowjetischen Besatzungszone von 1945 bis 1948, 2003, S. 30 ff.

berichten zwischen 1939 und 1944 erwähnt, ohne dass dazu allerdings Details angegeben wurden. Zudem wurden die Geschäftsberichte immer kürzer. Während der Geschäftsbericht im Geschäftsjahr 1938/1939 aus insgesamt 27 Seiten bestanden hatte, umfasste der letzte im Juni 1944 veröffentlichte Geschäftsbericht für das Geschäftsjahr 1942/43 nur noch vier Seiten mit sehr wenigen Informationen. Die letzte Sitzung des Vorstands hat wohl am 6. Mai 1945 stattgefunden, bevor die Vorstands- und Aufsichtsratsmitglieder die Flucht nach Westen antraten.[135]

3. Vorläufiger Neubeginn nach 1945

Mit dem Ende des II. Weltkrieges kam es nach dem Abzug US-amerikanischer Truppen zu einer Besetzung durch sowjetische Soldaten. Kurz darauf begannen die ersten Demontagen bei den verschiedenen Fabriken der *Auto Union AG*. Zu diesem Zeitpunkt waren die Mitglieder des Vorstands und des Aufsichtsrats schon nicht mehr vor Ort, sondern versuchten zunächst in München die Geschicke der *Auto Union AG* wahrzunehmen. Jedenfalls machte die Sächsische Staatsbank als Hauptaktionär dies im September 1945 beim Handelsregister geltend und beantragte unter analoger Anwendung von § 89 AktG a. F. die Bestellung eines Notaufsichtsrats bestehend aus zwei Personen, damit dieser einen neuen Vorstand bestellen und die Handlungsfähigkeit der *Auto Union AG* wiederherstellen könne. Ausweislich des Registerauszugs kam das Registergericht diesem Antrag aber nicht nach. Vielmehr erfolgte am 11. März 1946 eine Abberufung des gesamten Vorstands und eine Neubestellung mit Personen, die vom antifaschistischen Betriebsrat ausgewählt worden waren.

4. Enteignung und liquidationslose Vollbeendigung

Der Versuch eines Neustarts nahm allerdings 1948 ein jähes Ende. Aufgrund eines angeblich durchgeführten Volksentscheides am 30. Juni 1946 wurde die *Auto Union AG* wie viele andere Unternehmen in Sachsen enteignet. Allerdings kam es erst im Juli 1948 auf Anordnung der Landesregierung Sachsen zu einer Löschung der Firma im Handelsregister und damit zu einer Vollbeendigung der *Auto Union AG*. Die Durchführung oder jedenfalls der Beginn eines Liquidationsverfahrens hat offenbar nicht stattgefunden; jedenfalls ist dies als solches nicht aus dem Handelsregister erkennbar. Diese liquidationslose Vollbeendigung kann nicht ohne eine Gewisse Iro-

135 *Etzold/Rother/Erdmann*, Im Zeichen der vier Ringe – Band II (1845-1968), 1995, S. 13 f.

nie zur Kenntnis genommen werden. Da die Sächsische Staatsbank zu diesem Zeitpunkt mit 97 % nahezu Alleinaktionär der *Auto Union AG* gewesen ist, wäre deren Enteignung und Löschung im Handelsregister nicht notwendig geworden, um diese in Volkseigentum zu überführen, da dies quasi sowieso schon der Fall war. Diese Maßnahme war aus Sicht des (inzwischen) kommunistisch verwalteten Staats Sachsen sogar kontraproduktiv, da dadurch ein Neubeginn der *Auto Union* in den Westsektoren des besetzten Deutschlands (juristisch gesehen) überhaupt erst möglich war. Die Betriebsanlagen der nicht mehr existierenden *Auto Union AG* wurden in verschiedene Kombinate überführt, die später unter dem *Industrieverband Fahrzeugbau (IFA)* zusammengefasst wurden, womit ein – wenn auch nach sozialistischen Grundsätzen geführter und organisierter – Konzern entstand.

5. Mehrfache Neugründung als Auto Union in Ingolstadt

Diesen Entwicklungen in der sowjetischen Besatzungszone hatten die verschiedenen Verwaltungsmitglieder der *Auto Union AG* nicht untätig zugesehen, sondern auf verschiedenen Wegen versucht, einen Neustart in den westlichen Besatzungszonen durchzuführen.

a) Interessenfindung in verschiedenen Gesellschaften

Dabei handelte sich aber nicht um ein konzertiertes Verhalten aller Beteiligten. Vielmehr kam es zu verschiedenen Initiativen und Gesellschaftsgründungen, die erst 1949 zusammengeführt wurden. Überblickartig lassen sich die verschiedenen Gesellschaftsgründungen folgendermaßen darstellen:

Zentraldepot für Auto Union Ersatzteile GmbH
(Gründung durch *Erhard Burghalter*, *Oswald Heckel* und *Karl Schittenhelm*)

(Erste) Auto Union GmbH Ingolstadt
(Gründung als Tochtergesellschaft der *Auto Union AG* [Chemnitz] durch Dr. *Hanns Schüler* und *Erhard Burghalter*)

Arbeitsgemeinschaft Auto Union (GbR)
(Gründung durch Dr. *Richard Bruhn*, Dr. *Carl Hahn*, Dr. *Friedrich Carl Freiherr von Oppenheim*)

(Zweite oder Neue) Auto Union GmbH Ingolstadt
(Gründung durch Dr. *Bruhn*, Dr. *Hahn*, Dr. *Friedrich Carl Freiherr von Oppenheim*, *Hanns Schüler*)

Auto Union AG (West)
(„Gründung" bzw. Eintragung als einer Niederlassung in Ingolstadt durch Dr. *Hanns Schüler* nach Löschung der AG in Chemmnitz)

Diese Initiativen begannen bereits im Sommer 1945 nach Gesprächen in München und liefen auf den Standort Ingolstadt als Keimzelle einer neuen *Auto Union* hinaus. Die Wahl auf Ingolstadt fiel aufgrund des Umstandes, dass sich dort ein großes Ersatzteildepot befand, das den Krieg weitestgehend unbeschadet überstanden hatte.

b) Neubeginn mit der *Zentraldepot für Auto Union Ersatzteile GmbH*

Dort wurde bereits am 19. Dezember 1945 kurz nach Kriegsende die *Zentraldepot für Auto Union Ersatzteile GmbH* durch ehemalige Mitarbeiter[136] und ohne Beteiligung des bisherigen Vorstands aufgrund von dessen Inhaftierung im Zuge von Entnazifizierungsverfahren der *Auto Union AG* mit finanzieller Unterstützung der Bayerischen Staatsbank gegründet. Daneben hatten sich die ehemaligen Vorstandsmitglieder[137] zur *Arbeitsgemeinschaft Auto Union* zusammengeschlossen, bei der es sich um eine Gesellschaft bürgerlichen Rechts handelte, die den Aufbau einer Produktion von Auto-Union-Fahrzeugen in den westlichen Besatzungszonen zum Ziel hatte.

c) Gesamtdeutsche Lösung in einem Gesamtkonzern?

Nachdem in den ersten Nachkriegsjahren mit dem Vertrieb der Ersatzteile und der Reparatur von Auto-Union-Fahrzeugen erhebliche Umsätze getätigt worden waren, kam es 1947 sogar zu einer direkten Zusammenarbeit zwischen der noch in Chemnitz ansässigen *Auto Union AG*, die dort durch Dr. *Hanns Schüler* vertreten wurde, und der *Zentraldepot für Auto Union Ersatzteile GmbH*, wonach letzterer das Recht eingeräumt wurde, Originalersatzteile zu produzieren und die gewerblichen Schutzrechte der *Auto Union AG* in den Westzonen zu nutzen. Dabei wurde der *Auto Union AG* auch ein Erwerbsrecht an 50 % der Anteile an der *Zentraldepot für Auto Union Ersatzteile GmbH* eingeräumt, was allerdings unter dem Vorbehalt stand, dass die politische und wirtschaftliche Einheit Deutschlands verwirklicht wird.[138]

---

136 Dazu zählten *Erhard Burghalter, Oswald Heckel* und *Karl Schittenhelm.*
137 Dazu zählten die Herren Dr. *Bruhn*, Dr. *Hahn* und Dr. *Friedrich Carl Freiherr von Oppenheim.*
138 *Etzold/Rother/Erdmann*, (Fn. 135), S. 51 ff.

d) Löschung der *Auto Union AG* in Chemnitz und Neueintragung in Ingolstadt

Nach der Löschung der *Auto Union AG* im Handelsregister in Chemnitz am 17. August 1948 hatte sich deren Vorstand Dr. *Hanns Schüler* nach Ingolstadt abgesetzt und dort die Eintragung einer Niederlassung betrieben, so dass diese mit Eintragung am 29. November 1948 dort fortbestand. Die fortwährende Existenz der *Auto Union AG* trotz Löschung im Handelsregister war freilich nicht unumstritten. Allerdings setzte sich in (West-)Deutschland die Ansicht durch, dass eine in der sowjetischen Besatzungszone im Handelsregister gelöschte Kapitalgesellschaft gleichwohl fortbesteht.[139] Daraufhin machte der Vorstand der nunmehr in Ingolstadt ansässigen *Auto Union AG* (West) geltend, dass das Erwerbsrecht an den 50 % der Geschäftsanteile der *Zentraldepot für Auto Union Ersatzteile GmbH* auf die *Auto Union AG* (West) übergegangen und die Wiedervereinigungsklausel sinngemäß eingetreten sei. Erst nach einem Schiedsspruch konnte die Optionsklausel ausgeübt werden. Ebenfalls 1947 war es durch die noch in Chemnitz ansässige *Auto Union AG, Erhard Burghalter* und das *Bankhaus Lenz & Co.* zur Gründung der (Erste) *Auto Union GmbH Ingolstadt* gekommen, der ein kostenloses Mitbenutzungsrecht an den gewerblichen Schutzrechten der *Auto Union AG* für die Dauer des Bestehens der Gesellschaft eingeräumt wurde.

e) Konsolidierung der Gesellschaften

Da die (Erste) *Auto Union GmbH Ingolstadt* neben der *Zentraldepot für Auto Union Ersatzteile GmbH* bestand, bedurfte es einer Klärung des Verhältnisses dieser beiden Gesellschaften, zumal mit der *Auto Union AG (West)* noch eine weitere Gesellschaft existierte, die an beiden Gesellschaften beteiligt war. Daher kam es zu einer Veräußerung des Zentraldepots an die (Erste) *Auto Union GmbH Ingolstadt.* Bei dieser handelte es sich um eine Tochtergesellschaft der *Auto Union AG*, deren genaues rechtliches Schicksal trotz Löschung im Handelsregister in Chemnitz zu diesem Zeitpunkt niemand abschließend bestimmen konnte und man daher eine Vereinnahmung durch den Freistaat Sachsen oder einer Nachfolgeorganisation fürchtete. Hinzu kam die Tatsache, dass die *Auto Union AG* in den Westzonen viele Gläubiger hatte, die möglicherweise auf die (Erste) *Auto Union GmbH Ingolstadt* hätten zugreifen können. Somit entschied man sich zur Gründung einer (Zweiten)

---

139 So etwa OLG Düsseldorf v. 29.9.1950 - 2 U 157/50, GRUR 1951, 73 in einem Rechtsstreit über gewerbliche Schutzrechte zwischen der *IFA* (Chemnitz) und der *Auto Union AG (West).* Vgl. auch OGHbrZ v. 13.4.1950 – I ZS 89/49, NJW 1950, 644; OLG Düsseldorf v. 20.12.1949 – 2 U 185/49, NJW 1950, 470.

Auto Union GmbH Ingolstadt mit einem Stammkapital von drei Millionen DM, was am 3. September 1949 erfolgte. Die (Erste) *Auto Union GmbH Ingolstadt* wurde in die *Industrie Auffang GmbH* umbenannt, wurde aber mit 40 % der Geschäftsanteile Gesellschafterin der (Zweiten) *Auto Union GmbH Ingolstadt.* Daneben waren die *Arbeitsgemeinschaft Auto Union* (26,6 %), das *Bankhaus Salomon Oppenheim jun. & Cie* (30 %) und der Düsseldorfer Rechtsanwalt Dr. *Walter Schmidt* (3,4 %) Gesellschafter. Die *Auto Union AG (West)* überließ zudem alle wesentlichen gewerblichen Schutzrechte der (Zweiten) *Auto Union GmbH Ingolstadt,* womit die Stellung der (Zweiten) *Auto Union GmbH Ingolstadt* als eigentliche Produktionsgesellschaft gefestigt wurde. Die Gesellschafterstruktur stellte sich daher folgendermaßen dar:

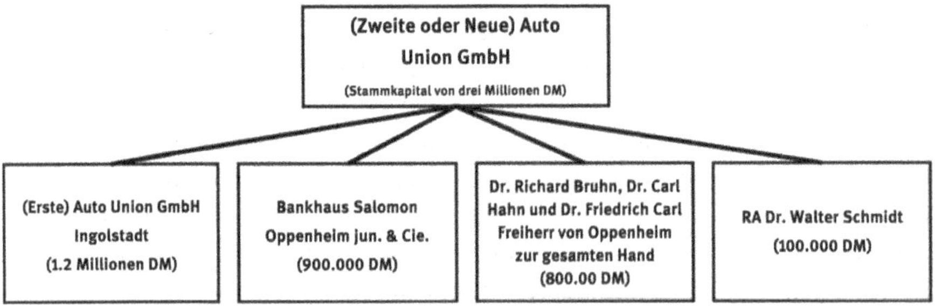

Die *Auto Union AG (West)* wurde schließlich in *Alte Auto Union Verwaltungs AG* umbenannt. Damit war der Grundstein für einen Neuanfang der *Auto Union* in den westlichen Besatzungszonen gelegt, der zugleich die Basis für die spätere Erfolgsgeschichte der heutigen *Audi AG* werden sollte.[140] Von den ursprünglichen Gründern aus Chemnitz war nunmehr nur noch *August Horch* vertreten, der in den Aufsichtsrat gewählt wurde.

VI. Fazit

Die Gründung und die durch die deutsche Teilung bedingte Neugründung des Unternehmens *Auto Union* zeigen auf eindrucksvolle Weise, welchen Stellenwert das zum damaligen Zeitpunkt normativ kaum in Erscheinung getretene Konzernrecht bereits hatte. Insofern ist es geradezu eine gewisse Ironie, dass sowohl die ursprüngliche Gründung der *Auto Union AG* in Chemnitz als auch die (Neu-) Gründung der (Zweiten) *Auto Union GmbH* in Ingolstadt eine enorme konzernrechtliche Komplexität aufwiesen. Bemerkenswert ist zudem, dass bei der Grün-

140 Zur weiteren Entwicklung ausführlich *Etzold/Rother/Erdmann*, (Fn. 135), S. 87 ff.

dung der *Auto Union AG* bereits ein umfassender Standardisierungsprozess bei der Gestaltung von Gesellschaftsverträgen eingesetzt hatte, obwohl etwa ein Börsengang der *Auto Union AG* anscheinend weder beabsichtigt war noch später umgesetzt wurde. Der Grund für die fehlende Verankerung von Sonderinteressen einzelner Aktionäre dürfte wohl auch in dem vermutlich überschaubaren kaufmännischen Sachverstand *Rasmussens* zu suchen sein. Dieser war – wie auch *August Horch* – wohl eher ein begnadeter Konstrukteur und Ingenieur und weniger ein Unternehmer. So fanden sich diese beiden Pioniere der Kraftfahrzeugindustrie am Ende außerhalb der von ihnen gegründeten Unternehmen wieder. Zudem wirft die Gründung der *Auto Union AG* ein Schlaglicht auf die eingangs erwähnte Empfänglichkeit der deutschen Politik für die Rettung der Kraftfahrzeugindustrie und die Folgen einer zu engen und meist unheilvollen Verbindung von beiden, wie sie in den vergangenen Jahrzehnten etwa bei Niedersachsen und dem *Volkswagen*-Konzern zu erkennen ist. Auch wenn die Gründung der *Auto Union AG* im Ergebnis zur Rettung der sächsischen Kraftfahrzeugindustrie und zur Schaffung eines Branchenprimus geführt hat, wurde bestehendes Rationalisierungspotential kaum ausgeschöpft und ein schrittweiser Rückzug des Staates nicht umgesetzt. Schließlich läutete der Neubeginn der *Auto Union* in Ingolstadt nur weitere Kapitel der wechselvollen Firmengeschichte ein, zu denen nicht nur die vorübergehende Liaison mit der *Daimler Benz AG* und die Integration in den *Volkswagen*-Konzern gehörte, sondern in deren Verlauf es auch zur bis heute maßgeblichen *Audi-NSU*-Entscheidung des BGH[141] zur Treuepflicht von Aktionären kam.

---

141 BGH v. 13.2.1976 – II ZR 61/74, AG 1976, 218.

Anhang – Der Gesellschaftsvertrag der *Auto Union Aktiengesellschaft* vom 29. Juni 1932

A) Allgemeine Bestimmungen.
Firma.

§ 1

Die aus einer Verschmelzung der Zschopauer Motorenwerke J. S. Rasmussen Aktiengesellschaft, Horchwerke Aktiengesellschaft, Audiwerke Aktiengesellschaft und der Automobilabteilung der Wanderer-Werke vorm. Winkelhofer & Jaenicke Aktiengesellschaft hervorgegangene Aktiengesellschaft führt die Firma: Auto Union Aktiengesellschaft.

Sitz.
§ 2

Sitz der Gesellschaft ist Chemnitz.

Gegenstand.
§ 3

Gegenstand des Unternehmens ist die Herstellung und der Vertrieb von Kraftwagen, Kraftfahrzeugen und Kraftmaschinen, sowie aller mit dem Kraftwagen-, Kraftfahrzeug- und Kraftmaschinenvertrieb unmittelbar oder mittelbar zusammenhängenden Gegenstände, sowie der Abschluss aller hiermit unmittelbar oder mittelbar zusammenhängenden Geschäfte.

Die Gesellschaft ist berechtigt, Zweigniederlassungen im In- und Auslande zu errichten.

Dauer.
§ 4

Die Dauer der Gesellschaft ist auf eine bestimmte Zeit nicht beschränkt.

Geschäftsjahr.
§ 5

Das Geschäftsjahr läuft vom 1. November bis zum 31. Oktober des folgenden Jahres.

Bekanntmachung.
§ 6

Die Bekanntmachungen der Gesellschaft sind wirksam, auch wenn sie nur im Deutschen Reichsanzeiger erfolgen. Soweit nicht eine mehrmalige Bekanntmachung zwingend vorgeschrieben ist, genügt die einmalige Veröffentlichung.

B) Grundkapital, Aktien.
Grundkapital und Aktien.
§ 7

Das Grundkapital der Gesellschaft beträgt RM 14.500.000.—. Das Grundkapital der Gesellschaft zerfällt in 11000 Stück Aktien über je nominal 1000.— RM, 2000 Stück Aktien über je nominal 500.— RM und 25 000 Stück Aktien über je -nominal 100.— RM. Sämtliche Aktien lauten auf den Inhaber.

Ueberpari-Ausgabe.

§ 8

Die Ausgabe von Aktien zu einem höheren Betrage als dem Nennbetrage ist statthaft.

Gewinnbeteiligung.

§ 9

Im Falle einer Erhöhung des Grundkapitals kann von der Generalversammlung für die neuen Aktien eine von den Vorschriften des § 214 Abs. 2 HGB abweichende Beteiligung am Jahresgewinn beschlossen werden.

Einziehung.

§ 10

Die Einziehung von Aktien ist zulässig. Für die Einziehung sind allenthalben die Bestimmungen in § 227 HGB in der Fassung der Verordnung des Reichspräsidenten über Aktienrecht, Bankaufsicht und über eine Steueramnestie vom 19.9.1931 maßgeblich.

Sollte diese Bestimmung im Falle einer weiteren Reform des Aktienrechts durch neue Bestimmungen ersetzt werden, so gelten diese neuen Bestimmungen an Stelle der Vorschriften des jetzigen § 227 HGB.

Aktienurkunden.

§ 11

Form und Inhalt der Aktienurkunden, Gewinnanteil und Erneuerungsscheine werden vom Aufsichtsrat festgesetzt. Es ist zulässig, mehrere Aktienrechte in ein und derselben Aktienurkunde zu verbriefen.

Kraftloserklärung.

§ 12

Verlorene oder abhandengekommene Aktien unterliegen der Kraftloserklärung nach den gesetzlichen Bestimmungen.

Nach Erlaß des Ausschlußurteiles wird die neue Aktie unter der alten Nummer und unter der Bezeichnung: „Allein gültige zweite Ausfertigung" ausgehändigt. Die Kosten der Ausfertigung hat der Aktionär zu tragen. Mit der Kraftloserklärung der verlorengegangenen Aktie erlischt auch der Anspruch aus den zu ihr gehörigen, noch nicht fälligen, auf den Inhaber lautenden Gewinnanteilscheinen.

Gewinnanteilscheine, die binnen vier Jahren nach Abhaltung der maßgebenden Generalversammlung nicht eingelöst worden sind, verfallen zu Gunsten der Gesellschaft. Verlorene Gewinnanteilscheine werden nicht aufgeboten.

Gemeinschaft.

§ 13

Steht eine Aktie mehreren Mitberechtigten zu, so können sie die Rechte aus der Aktie nur durch einen gemeinschaftlichen Vertreter ausüben.

C) Verfassung und Geschäftsführung der Gesellschaft.

1. Der Vorstand.

Bestellung.

§ 14

1. Der Vorstand besteht aus einer oder mehreren Personen. Er soll in der Regel aus mehreren Personen bestehen.
2. Die Bestellung der Vorstandsmitglieder und stellvertretenden Vorstandsmitglieder, sowie der Widerruf der Bestellung steht dem Aufsichtsrat zu.
3. Der Aufsichtsrat ist berechtigt, die Bestellung und den Widerruf dem Vorsitzenden des Aufsichtsrates zu übertragen.
4. Der Vorsitzende des Aufsichtsrates und bei seiner Verhinderung sein Stellvertreter schließt die Dienstverträge mit den Vorstandsmitgliedern ab und setzt ihre Bezüge fest.

Vertretung.

§ 15

1. Der Vorstand vertritt die Gesellschaft in allen gerichtlichen und außergerichtlichen Angelegenheiten.
2. Sind mehrere Vorstandsmitglieder vorhanden, so wird die Gesellschaft durch gemeinschaftliches Handeln zweier Vorstandsmitglieder oder durch das gemeinschaftliche Handeln eines Vorstandsmitgliedes und eines Prokuristen vertreten.
3. Der Vorstand soll die Firma der Gesellschaft in der Weise zeichnen, daß er der Firma der Gesellschaft seine Namensunterschrift hinzufügt.
4. Der Vorstand darf Prokura und allgemeine Handlungsvollmacht nur mit der Genehmigung des Aufsichtsrates erteilen.
5. Der Aufsichtsrat soll durch eine Geschäftsanweisung die Abgrenzung der Tätigkeitskreise unter den einzelnen Vorstandsmitgliedern festsetzen.
6. Die Mitglieder des Vorstandes sind auf Verlangen verpflichtet, an den Sitzungen des Aufsichtsrates teilzunehmen. Ein Recht auf Teilnahme an diesen Sitzungen steht ihnen nicht zu.

Befugnisse.

§ 16

1. Die nachfolgend aufgeführten Rechtshandlungen darf der Vorstand nur mit Genehmigung des Aufsichtsrates vornehmen:
   a) Erwerb von Grundstücken, Veräußerung und Belastung von Grundstücken der Gesellschaft, wenn der dafür aufzuwendende Betrag eine vom Aufsichtsrat festzusetzende Summe übersteigt,
   b) Abschluß von Pacht- oder Mietverträgen auf längere Dauer als ein Jahr, wenn der jährige Pacht- oder Mietzins eine vom Aufsichtsrat festzusetzende Summer übersteigt,
   c) die Aufnahme von langfristigen Anleihen in irgendwelcher Form, insbesondere Ausgabe von Schuldverschreibungen,
   d) die Einstellung von Beamten, sofern hierbei eine längere als dreimonatige Kündigungsfrist vereinbart wird oder sofern der Jahresgehalt den Betrag von 10 000.— RM übersteigt,
   e) die Errichtung und die Auflösung von Zweigniederlassungen,
   f) die Ausführung von Neubauten und Anschaffungen jeder Art, sofern die hierfür erforderlichen Aufwendungen eine vom Aufsichtsrat festzusetzende Summer übersteigen,
   g) die Erteilung und der Widerruf einer Prokura oder allgemeinen Handlungsvoll-macht,
   h) allgemeine Gratifikationen an Beamte oder sonstige Angestellte der Gesellschaft,

i) Eingehung von Interessengemeinschaften und Beteiligungen an fremden Unternehmungen irgendwelcher Art (vgl. § 37).

2. Der Aufsichtsrat ist generell berechtigt, auch andere Rechtshandlungen des Vorstandes als genehmigungspflichtig zu erklären.

§ 17

Der Vorstand hat dem Aufsichtsrat in regelmäßigen, mindestens einvierteljährigen Zwischenräumen, sowie bei wichtigem Anlaß über den Gang des Geschäftes und die Lage des Unternehmens mündlich oder schriftlich zu berichten.

Der Aufsichtsrat kann schriftliche Berichterstattung. verlangen. In diesem Falle ist der Bericht dem Aufsichtsratsvorsitzenden zu übermitteln. Jedes Mitglied ist berechtigt, Einsicht zu fordern.

2. Der Aufsichtsrat.
Zusammensetzung.
§ 18

Der Aufsichtsrat besteht außer den ihm etwa kraft gesetzlicher Bestimmung angehörenden Personen aus mindestens fünf von der Generalversammlung gewählten Mitgliedern. Die Generalversammlung kann eine höhere Zahl festsetzen.

Die Wahl erfolgt im allgemeinen auf je vier Amtsjahre, wobei unter einem Amtsjahr der Zeitraum zu verstehen ist, der zwischen zwei ordentlichen Generalversammlungen (vgl. § 34) liegt. Von den Mitgliedern des Aufsichtsrates scheidet alljährlich in der ordentlichen Generalversammlung mindestens ein Mitglied und außerdem, wenn erforderlich, eine so große Anzahl von weiteren Mitgliedern aus, daß die Amtsdauer jedes einzelnen Mitgliedes vier Amtsjahre nicht überschreitet.

Erfolgt die Wahl in einer außerordentlichen Generalversammlung (vgl. § 38), so gilt als erstes Amtsjahr die Zeit von der Wahl bis zur darauffolgenden ordentlichen Generalversammlung.

In jeder ordentlichen Generalversammlung scheiden diejenigen von der Generalversammlung gewählten Mitglieder aus dem Aufsichtsrat aus, die ihm vier Amtsjahre angehört haben. Wiederwahl ist zulässig.

Die von der Generalversammlung gewählten Mitglieder des Aufsichtsrates weisen sich durch Abschriften des Wahl-protokolls aus.

Erlöschen des Amtes.
§ 19

1. Das Amt der von der Generalversammlung gewählten Mitglieder des Aufsichtsrates erlischt außer durch Ablauf der Amtsperiode (vgl. § 18, 2.) durch freiwillige Niederlegung oder durch Widerruf seitens der Generalversammlung. Die freiwillige Niederlegung erfolgt durch schriftliche Erklärung gegenüber dem Aufsichtsratsvorsitzenden. Sie ist nur unter Einhaltung- einer dreimonatigen Kündigungsfrist wirksam, es sei denn, daß der Aufsichtsrat erklärt, daß er mit der sofortigen Niederlegung des Amtes einverstanden sei.
2. Erfolgt das Ausscheiden nicht für das Ende, sondern innerhalb des Laufes des Geschäftsjahres, so hat der Ausscheidende weder Anspruch auf Tantieme noch Anspruch auf anteilige feste Vergütung (vgl. § 26).
3. Der Widerruf der Bestellung. zum Mitglied des Aufsichtsrates durch die Generalversammlung erfolgt mit einfacher Mehrheit des bei der Beschlußfassung vertretenen Grundkapitals.

Aufsichtsratsvorsitzender.
§ 20

1. Der Vorsitzende des Aufsichtsrates und seine beiden Stellvertreter werden vom Aufsichtsrat bestimmt.
2. Sie müssen zu den von der Generalversammlung gewählten Aufsichtsratsmitgliedern gehören.
3. Erklärungen, die der Vorsitzende des Aufsichtsrates oder sein Stellvertreter schriftlich unter Bezugnahme auf einen Beschluss des Aufsichtsrates abgibt, gelten nach außen als Erklärungen des Gesamtaufsichtsrates.

Einberufung,
Beschlußfassung.
§ 21

1. Der Aufsichtsrat ist vom Vorsitzenden bzw. dessen Stellvertreter einzuberufen. Der Einberufung soll eine Mitteilung der Tagesordnung, des Ortes und der Zeit der Versammlung beigefügt werden. In dringenden Fällen genügt eine telegrafische oder telefonische Einladung.
2. Unmittelbar nach jeder ordentlichen Generalversammlung findet eine Sitzung des Aufsichtsrates statt, zu der eine besondere Einladung nicht ergeht.
3. Jede Aufsichtsratssitzung muß am Orte des Sitzes der Gesellschaft stattfinden, sofern auch nur ein Mitglied des Aufsichtsrates der Einberufung an einen anderen Ort rechtszeitig und ausdrücklich widerspricht.

§ 22

1. Jedes Mitglied des Aufsichtsrates ist berechtigt unter Angabe des Zweckes und der Gründe zu verlangen, daß der Vorsitzende unverzüglich den Aufsichtsrat einberuft.
2. Die Sitzung muß spätestens zwei Wochen nach der Einberufung stattfinden.
3. Wird einem von mindestens zwei Mitgliedern des Aufsichtsrates geäußertem Verlangen nicht entsprochen, so können die Mitglieder, die das Verlangen gestellt haben, unter Mitteilung des Sachverhaltes den Aufsichtsrat selbst einberufen.
4. Stellt die Einberufung einen Mißbrauch dar, so fallen die Kosten der Sitzung den Mitgliedern zur Last, die die Einberufung veranlaßt haben. Der Anspruch der Gesellschaft auf Erstattung der Kosten kann nur mit Zustimmung von Dreiviertel der Gesamtzahl der Mitglieder des Aufsichtsrates geltend gemacht werden.

§ 23

1. Der Aufsichtsrat ist beschlußfähig, wenn mindestens die Hälfte, jedoch mindestens drei der von der Generalversammlung gewählten Mitglieder, darunter entweder der Vorsitzende oder sein Stellvertreter, anwesend ist.
2. Die formelle Einberufung des Aufsichtsrates kann durch schriftliche Umfrage ersetzt werden. In dringenden Fällen können Beschlüsse auf telegrafischem oder telefonischem Wege herbeigeführt werden, es sei denn, daß die Hälfte Mitglieder des Aufsichtsrates hiergegen Widerspruch erhebt.
   Zur Beschlußfassung genügt die einfache Mehrheit der an der Abstimmung beteiligten Mitglieder.
3. Die Beschlüsse sind zu Protokoll zu nehmen. Das Protokoll ist vom Vorsitzenden des Aufsichtsrates oder von seinem Stellvertreter bei der Beschlußfassung zu unterzeichnen.

Vorstandsbericht, Prüfung.

§ 24

1. Jedes Mitglied des Aufsichtsrates ist berechtigt, den vom Vorstand dem Aufsichtsrat schriftlich erstatteten Bericht (vgl. § 17) einzusehen.
2. Alle schriftlichen Erklärungen des Aufsichtsrates sind mit den Worten „Der Aufsichtsrat" unter Beifügung der Namensunterschrift des Vorsitzenden oder seines Stellvertreters zu unterzeichnen.
3. Zur Prüfung der Bücher und Belege ist der Aufsichtsrat berechtigt, sich der Beihilfe von Sachverständigen zu bedienen. Die Kosten sind aus der Geschäftskasse zu zahlen.

Ausschüsse.

§ 25

Der Aufsichtsrat kann aus der Zahl seiner Mitglieder Ausschüsse für Aufgaben und Zwecke jeder Art bestellen. Er kann weiter bestimmte Aufgaben einzelnen Mitgliedern allgemein oder im einzelnen Falle zur Erledigung zuweisen.

Den bestellten Ausschüssen bez. den delegierten Mitgliedern darf für ihre Tätigkeit eine Sondervergütung bewilligt werden.

Die Festsetzung erfolgt durch den Aufsichtsrat.

Vergütung.

§ 26

1. Jedes Mitglied des Aufsichtsrates erhält außer dem ihm satzungsgemäß zustehenden Anteil am Reingewinn (vgl § 36) eine feste jährliche Vergütung von RM 1500.— (in Buchstaben: Eintausendfünfhundert Reichsmark).
2. Der Vorsitzende erhält den doppelten Betrag.
3. Der stellvertretende Vorsitzende erhält die Hälfte mehr als das einzelne Aufsichtsratsmitglied.

3. Generalversammlung.

a) Allgemeine Bestimmungen.

Teilnahme.

§ 27

1. Die Rechte, die den Aktionären in den Angelegenheiten der Gesellschaft, insbesondere in Bezug auf die Führung der Geschäfte zustehen, werden durch die Beschlussfassung der Generalversammlung ausgeübt.
2. Zur Stellung der Anträge und zur Teilnahme an der Abstimmung in der Generalversammlung ist jeder Aktionär berechtigt, der spätestens am dritten Werktage vor der Generalverrammlung seine Aktien oder die auf diese Aktien lautenden Hinterlegungsscheine einer deutschen Effektengirobank bei der Gesellschaftskasse oder einer anderen in der öffentlichen Einladung zur Generalversammlung bezeichneten Stelle oder bei einer deutschen Effektengirobank hinterlegt hat und sie bis zur Beendigung der Generalversammlung dort beläßt. Werktage, an denen die Banken aus irgendwelchem Grunde ihre Schalter geschlossen halten, gelten im Sinne dieser Bestimmung als Feiertage.
3. Die Hinterlegung der Aktien kann auch bei einem deutschen Notar erfolgen, sofern der von diesem ausgestellte Hinterlegungsschein spätestens am zweiten Werktage vor der Generalversammlung bis zum Ende der Schalterkassenstunden bei der Gesellschaft hinterlegt wird und der Hinterlegungsschein die Bemerkung enthält, daß die Herausgabe der Aktien nur gegen Rückgabe des Scheines erfolgen darf. In der öffentlichen Bekanntmachung braucht hierauf

auch dann nicht hingewiesen zu werden, wenn die Angabe von sonstigen Hinterlegungsstellen erfolgt ist. Die Kosten der Hinterlegung bei einem deutschen Notar trägt der betr. Aktionär.
4. Die Hinterlegung ist auch dann ordnungsmäßig erfolgt, wenn Aktien mit Zustimmung einer Hinterlegungsstelle für sie bei einer anderen Bankfirma bis zur Beendigung der Generalversammlung im Sperrdepot gehalten werden.
5. Durch Bekanntgabe in der Einladung zu der Generalversammlung kann die Berechtigung zur Ausübung des Stimmrechts in der Generalversammlung von der innerhalb bestimmter Frist erfolgenden Einreichung eines doppelten Nummernverzeichnisses der hinterlegten Aktien abhängig gemacht werden.

Einberufung, Beschlußfassung.
§ 28
1. Die Einberufung der Generalversammlung erfolgt durch den Vorsitzenden des Aufsichtsrates oder seinen Stellvertreter oder durch den Vorstand durch öffentliche Bekanntmachung entsprechend den Bestimmungen in § 6.
2. Die Bekanntmachung muß mindestens 21 Tage vor dem Tage der Generalversammlung veröffentlicht sein. Bei Berechnung dieser Frist sind Erscheinungstag der Bekanntmachung und der Tag der Versammlung selbst nicht mit zu rechnen.

Ort der Generalversammlung.
§ 29
Die Generalversammlung findet am Sitze der Gesellschaft statt. Die Einberufung kann jedoch aus besonderen Gründen auch an einem anderen, innerhalb des Freistaat Sachsen gelegenen Ort erfolgen, sofern dies der Aufsichtsrat auf Grund eines Mehrheitsbeschlusses anerkennt.

Leitung.
§ 30
1. Die Leitung der Generalversammlung steht dem Vorsitzenden des Aufsichtsrates oder seinem Stellvertreter zu.
2. Der Vorsitzende bestimmt die Reihenfolge, in der die Gegenstände der Tagesordnung erledigt werden sollen, sowie die Art der Abstimmung. Die Abstimmung kann in jedem Falle durch Zuruf erfolgen, es sei denn, daß auch nur ein Aktionär geheime Abstimmung durch Stimmzettel verlangt.

Beschlussfassung.
§ 31
Die Abstimmung erfolgt nach Aktienbeträgen. Auf je 100 RM Nennwert entfällt eine Stimme. Das Stimmrecht kann auch durch Bevollmächtigte ausgeübt werden. Die Vollmacht bedarf der schriftlichen Form.

§ 32
Für die Beschlußfassung genügt die einfache Mehrheit der abgegebenen Stimmen, es sei denn, daß in einer zwingenden gesetzlichen Bestimmung oder in einer Bestimmung dieses Gesellschaftsvertrages etwas anderes angeordnet ist. Bei Stimmengleichheit gilt der Antrag, über den abgestimmt wird, als abgelehnt. Ergibt sich bei Wahlen Stimmengleichheit, so entscheidet das Los. Das Los wird vom Vorsitzenden gezogen.

Stimmenthaltung.

§ 33

Ungültige Stimmen werden nicht mitgezählt. Etwa auftauchende Zweifel werden durch den Vorsitzenden entschieden. Gegen seine Entscheidung kann die Entscheidung der Generalversammlung angerufen werden.

b) Die ordentliche Generalversammlung.

Bilanzgenehmigung.

§ 34

Die ordentliche Generalversammlung der Gesellschaft ist diejenige Generalversammlung, die entsprechend der Bestimmung in § 260 HGB über die Genehmigung der Jahresbilanz und die Gewinnverteilung, sowie über die Entlastung des Vorstandes und des Aufsichtsrates zu beschließen hat.

Die ordentliche Generalversammlung muß innerhalb der ersten 6 Monate des Geschäftsjahres (vgl. § 5) abgehalten werden.

Geschäftsbericht.

§ 35

In dem gemäß § 260 HGB vom Vorstande der Generalversammlung vorzulegenden Geschäftsbericht sind der Vermögensstand und die Verhältnisse der Gesellschaft zu entwickeln und der Jahresabschluß zu erläutern. Im übrigen hat der Geschäftsbericht allenthalben den Anordnungen in § 260a HGB in der Fassung der Verordnung des Reichspräsidenten über Aktienrecht, Bankaufsicht und über eine Steueramnestie vom 19.9.1931 zu entsprechen.

Abschreibungen usw.

§ 36

Soweit nach Vornahme der von der Generalversammlung beschlossenen Abschreibungen, Rückstellungen, Reservierungen usw. sich ein Reingewinn ergibt, wird er wie folgt verteilt:

a) Zunächst werden 5 % in den gesetzlichen Reservefond überführt, bis dieser den zehnten Teil des Grundkapitals erreicht hat.
b) Alsdann erhalten Aktionäre einen Gewinnanteil von vier vom Hundert. Soweit bei späteren Kapitalerhöhungen der Nennbetrag nicht voll eingezahlt ist, entfällt auf die betr. Aktien nur der der Einzahlung entsprechende Anteil der Dividende.
c) Von dem verbleibenden Rest erhalten die Mitglieder des Aufsichtsrates acht vom Hundert. Soweit nicht der Aufsichtsrat unter sich einstimmig eine anderweitige Verteilung beschließt, erfolgt die Verteilung nach Köpfen. Über die Verwendung des alsdann noch verbleibenden Restes des Reingewinnes beschließt die Generalversammlung.

§ 37

Die Generalversammlung beschließt, abgesehen von den ihr kraft Gesetzes zur Beschlußfassung überwiesenen Gegenständen

a) über die Ausgabe von Schuldverschreibungen auf den Inhaber und von Genußscheinen,
b) über die Verpachtung des Unternehmens im Ganzen,
c) über den Abschluß von Interessengemeinschaften,
d) über Aufgabe und Verlegung der auf eigenen Grundstücken befindlichen Hauptbetriebe.

Im Falle zu d) ist 3/4 Majorität erforderlich.

c) Die außerordentliche Generalversammlung.

§ 38

Außerordentliche Generalversammlungen sind einzuberufen, soweit dies das Interesse der Gesellschaft erfordert.

d) Satzungsänderungen.

§ 39

Zu allen Änderungen dieses Gesellschaftsvertrages ist eine Mehrheit von drei Vierteilen des bei der Beschlußfassung vertretenen und an der Abstimmung beteiligten Grundkapitals erforderlich.

Auflösung.

§ 40

1. Im Falle der Auflösung der Gesellschaft bestimmt die Generalversammlung die Art der Ausführung, wählt die Liquidatoren und setzt die Vergütung sowohl für die Liquidatoren als auch für den Aufsichtsrat fest.
2. Die Verteilung des nach Deckung der Schulden verbleibenden Überschusses erfolgt gegen Quittung auf den vorzulegenden Aktien.
3. Zur Abhebung des Überschusses sind die Aktionäre zweimal in Zwischenräumen von einem Monat öffentlich aufzufordern.
4. Beträge, die binnen sechs Monaten vom Tage der letzten öffentlichen Bekanntmachung nicht abgehoben werden, sind auf Kosten und Gefahr der betreffenden Aktionäre bei der staatlichen Hinterlegungsstelle zu hinterlegen.
5. Nach beendeter Liquidation geschieht die Legung der Schlußabrechnung an die Generalversammlung, die gleichzeitig über die Entlastung beschließt.

Jan Lieder

§ 16 Die Familie als Unternehmen – Der Gesellschaftsvertrag der Tchibo GmbH*

Inhaltsübersicht

I. Einführung

Der Gesellschaftsvertrag der Tchibo GmbH ist auf den ersten Blick ein recht unscheinbares Stück Papier. Seine Tragweite erschließt sich erst bei einem näheren Blick hinter die Kulissen des Familienunternehmens. Da ist zum einen die besondere Anteilseignerstruktur der Tchibo GmbH, die im Alleineigentum der maxingvest ag als Holding der Unternehmerfamilie *Herz* steht und in der Vergangenheit schon zahlreiche Umstrukturierungen erlebt hat. Die vorliegende Darstellung wäre daher unvollständig, nähme man nicht zumindest auch die zentralen Entwicklungen der Familienholding und ihre maßgeblichen Beteiligungen mit in den

* Der Beitrag ist zuerst in GmbHR 2020, 929 erschienen und befindet sich auf dem Stand vom 7.5.2020.

https://doi.org/10.1515/9783110733839-017

Blick. Zum anderen sind da die innerfamiliären Konflikte, welche die kargen Satzungsregelungen erst lebendig werden lassen. Mit Blick auf die besondere Interessenlage der Familiengesellschafter und die im Unternehmen über viele Jahre ausgetragenen Konflikte, Nachfolgestreitigkeiten und Auseinandersetzungen der zweiten Generation erscheint die Geschichte der Tchibo GmbH geradezu paradigmatisch für deutsche Familienunternehmen, die noch immer das Rückgrat der deutschen Wirtschaft[1] bilden.[2]

Der Blick in die Entwicklungsgeschichte von Tchibo wird allerdings dadurch erschwert, dass die Familie *Herz* seit jeher sehr auf Diskretion bedacht ist.[3] Informationen aus öffentlich zugänglichen Quellen sind ebenfalls Mangelware;[4] sie beschränken sich im Wesentlichen auf spärliche Informationen auf der unternehmenseigenen Homepage und Zeitungsberichte. Hinzu kommen aus dem Handelsregister abrufbare Gesellschaftsverträge und andere publikationspflichtige Dokumente. Alle Versuche, weitere Informationen direkt beim Unternehmen zu erlangen, verliefen erfolglos. Auch Materialien aus dem Tchibo-Archiv waren nicht erreichbar.[5] Obgleich sich die internen Verhältnisse vor dieser Hintergrund nicht vollständig aufhellen lassen, erzählt das verfügbare Material doch eine beeindruckende Erfolgsgeschichte aus der deutschen Nachkriegszeit.

II. Geschichte des Unternehmens

Als sich der Kaffeeimporteur *Max Herz* und der Trockenfrüchtespezialist *Carl Tchilling-Hiryan* am 15. März 1949[6] durch Errichtung einer GmbH zusammenschlossen, um Kaffee selbst zu rösten und per Post an Privatkunden zu vertreiben, wählten sie als Markennamen die Bezeichnung „Tchibo“ – eine Abkürzung für „Tchilling-Bohne“. Heute gehört Tchibo zu den bekanntesten deutschen Marken

---

1 So etwa *Möschel* ZRP 2011, 116 (117).

2 Neueste Daten bei Stiftung Familienunternehmen, Die volkswirtschaftliche Bedeutung der Familienunternehmen, 5. Aufl. 2019, S. 6; vgl. weiter *Hennerkes/Kirchdörfer*, Die Familie und ihr Unternehmen, 2. Aufl. 2015, S. 41 ff.

3 Zum Problem auch *Fleischer/Tittel* FuS 2020, 10.

4 Das unterschiedet die Quellenlage bei der Tchibo GmbH wesentlich von der Siemens AG; vgl. *Fleischer* AG 2019, 481.

5 Eine Anfrage bei der Pressestelle des Unternehmens wurde unter Hinweis auf „prinzipielle Gründe“ abgelehnt.

6 So die Angabe auf der unternehmenseigenen Homepage, abrufbar unter: https://www.tchibo.com/servlet/content/309600/-/starteseite-deutsch/tchibo-unternehmen/ueber-tchibo/zahlen-fakten.html (7. 5. 2020); abweichend (15. August 1949) etwa *Gossler* in Kopitzsch/Brietzke, Hamburgische Biografie, Bd. 5, 2010, 184 (185).

überhaupt und gibt der unternehmenstragenden „TCHIBO GmbH“[7] inzwischen ihren Namen. Das seit jeher in Hamburg[8] ansässige Unternehmen konnte für das Geschäftsjahr 2018 einen Gesamtumsatz von 3,15 Mrd. Euro verbuchen.[9] Mit etwa 620 deutschen und etwa 350 ausländischen Filialen sowie 19.000 Depots im Fach- und Lebensmittelhandel gehört Tchibo heute zu Deutschlands größten Handels- und Konsumgüterunternehmen[10], das derzeit insgesamt 11.850 Mitarbeiter beschäftigt, über 7.700 davon in Deutschland. Der Weg vom innovativen Kaffee-Start-up in den Nachkriegsjahren zu einem der größten deutschen Familienunternehmen ist das Verdienst der Familie *Herz*.

1. Max Herz: Erste Gehversuche als Kaufmann

Die Gründung des Unternehmens ging maßgeblich zurück auf den Hamburger Kaufmann *Max Herz*. Seinen Geschäftssinn hatte er offenbar von seinem Vater *Walter Herz* geerbt, der selbst in Hamburg als Kaufmann tätig war, zunächst eine Fabrik für Malzkaffee betrieb und später Rohkaffee importierte.[11] Der 1905 geborene, einzige Sohn *Max* interessierte sich früh für das Kaffeegeschäft und begann noch als Jugendlicher bei seinem Vater zu arbeiten. Dessen Firma G. C. Breiger musste – gebeutelt von der Weltwirtschaftskrise – am 8. August 1930 Vergleich anmelden. *Max Herz* engagierte sich sehr für die Sanierung des Unternehmens und tat neue Kapitalquellen auf, so dass das Vergleichsverfahren in weniger als einem Monat zu einem erfolgreichen Abschluss gebracht und ein Konkursverfahren abgewendet werden konnte. Zwar wurde *Max Herz* in der Folge als Gesellschafter in die fortgeführte OHG aufgenommen. Aufgrund der massiven Importbeschränkungen der Nationalsozialisten war dem Unternehmen aber kein großer Erfolg beschieden.[12] Als zweites Standbein diente ihm daher ab August 1936 die Übernahme einer Filiale der Hamburger Klassenlotterie.

---

7 Vgl. § 1 Abs. 1 Gesellschaftsvertrag vom 28. 4. 2016.

8 Vgl. § 1 Abs. 2 Gesellschaftsvertrag vom 28. 4. 2016: „Die Gesellschaft hat ihren Sitz in Hamburg“.

9 Dazu und zum Folgenden vgl. die auf der unternehmenseigenen Homepage veröffentlichten Zahlen und Fakten, abrufbar unter: https://www.tchibo.com/servlet/content/309600/-/startseite-deutsch/tchibo-unternehmen/ueber-tchibo/zahlen-fakten.html (7. 5. 2020).

10 Vgl. § 2 Abs. 1 Gesellschaftsvertrag vom 28. 4. 2016: „Gegenstand des Unternehmens sind die Ein- und Ausfuhr, die Herstellung, Be- und Verarbeitung von sowie der Groß-, Einzel- und Versandhandel mit Lebens- und Genussmitteln, insbesondere Röstkaffee, sonstigen Konsumgütern und anderen Waren, ferner die Erbringung von Dienstleistungen.“

11 Dazu und zum Folgenden *Gossler* in Kopitzsch/Brietzke, Hamburgische Biografie, Bd. 5, 2010, 184.

12 O.V., Der Spiegel, Nr. 42/1962, S. 38 (43).

2. Gesellschaftsgründung

Nach dem politischen und wirtschaftlichen Zusammenbruch Ende des 2. Weltkriegs lag das Kaffeeimportgeschäft am Boden.[13] Während zunächst nur geringe Mengen Kaffee durch die Alliierten und die Hilfen des Marshallplans nach Deutschland gelangten, begann ab 1948 der selbstständige, wenn auch mengenmäßig arg beschränkte Kaffeeimport.[14] Daraufhin stieg auch *Max Herz* wieder in das Kaffeeimportgeschäft ein. Unter Nutzung der Importlizenz seines Vaters begann er Rohkaffee nach Deutschland zu importieren. Bis zur Teilliberalisierung der Kaffeeeinfuhr durch den damaligen Wirtschaftsminister *Ludwig Erhard*, war dies ein durchaus lukratives Geschäft, weil nur Kaufleute mit Sitz in Hamburg oder Bremen, die zugleich Mitglieder des „Vereins der am Caffeehandel betheiligten Firmen“ waren, überhaupt Rohkaffee importieren durften. Demgegenüber bekamen Röster aufgrund des in der Vereinssatzung festgeschriebenen Numerus-clausus-Prinzips keine Importlizenz.[15]

Um aber auch von der Weiterverarbeitung und vom Vertrieb des Röstkaffees zu profitieren, diese Geschäftstätigkeit nach den damals geltenden Regularien aber nicht vom importierenden Unternehmen entfaltet werden durfte, gründete er mit dem gebürtigen Armenier *Carl Tchilling-Hiryan* (1910-87), der selbst mit Datteln, Feigen und Studentenfutter handelte, die Frisch-Röst-Kaffee Carl Tchilling GmbH, die den von *Max Herz* importierten Rohkaffee rösten und vertreiben sollte. Die beiden Gesellschafter brachten jeweils 20.000 Mark ein.[16] Da *Tchilling-Hiryan* damit nicht nur hälftig am Stammkapital beteiligt war, sondern anfangs auch als Geschäftsführer agierte, wird man ihn schwerlich als bloßen Strohmann bezeichnen können,[17] und zwar weder im wirtschaftlichen noch im rechtlichen Sinne.

Als Strohmanngründung bezeichnete man unter Geltung des damaligen Rechts, das noch keine Einpersonengründung kannte (vgl. heute § 1 GmbHG),[18] Konstellationen, in denen eine oder mehrere Personen für Rechnung eines Auf-

---

13 Zur Gesamtsituation und den Entwicklungen in der Nachkriegszeit ausf. *Becker*, Kaffee-Konzentration: Zur Entwicklung und Organisation des hanseatischen Kaffeehandels, 2002, S. 315 ff.

14 Dazu und zum Folgenden *Gossler* in Kopitzsch/Brietzke, Hamburgische Biografie, Bd. 5, 2010, 184 (185).

15 O.V., Der Spiegel, Nr. 42/1962, S. 38 (40).

16 O.V., Der Spiegel, Nr. 42/1962, S. 38 (44).

17 So aber o.V., Der Spiegel, Nr. 42/1962, S. 38 (44, 46).

18 Zur damaligen Rechtslage vgl. nur *Ulmer* in Hachenburg, GmbHG, 7. Aufl. 1975, § 2 Rn. 47; zur gegenwärtigen Rechtslage, die auf die GmbH-Rechtsnovelle 1980 zurückgeht, vgl. etwa *Bayer* in Lutter/Hommelhoff, GmbHG, 20. Aufl. 2020, § 1 Rn. 24 f.; *Fleischer* in Münch. Komm. z. GmbHG, 3. Aufl. 2018, § 1 Rn. 65; *Schäfer* in Henssler/Strohn, Gesellschaftsrecht, 4. Aufl. 2019, § 1 GmbHG Rn. 30 ff.

traggebers als Treuhänder an der GmbH-Gründung mitwirkten.[19] Mit Blick auf die offen zutage liegende Beteiligung von *Max Herz* würde dies voraussetzen, dass er mit der Einschaltung *Tchilling-Hiryans* nicht nur dem förmlichen Zweigründererfordernis des damaligen Rechts zu entsprechen suchte, sondern der Vorgang außerdem wirtschaftlich einer Einpersonengründung gleichstand. Für den letzten Punkt fehlen indes belastbare Hinweise. Dessen ungeachtet sah die damals hM[20] die Strohmanngründung aber ohnehin als im Grundsatz zulässig an. Auch der Registerrichter konnte eine Eintragung nicht nur wegen des Verdachts einer Strohmanngründung ablehnen. Das war nur dann möglich, wenn die Mitwirkung des Strohmanns ausnahmsweise nur zum Schein erfolgte[21] oder aber dem alleinigen Zweck einer Gesetzesumgehung zu dienen bestimmt war.[22] Weder das eine noch das andere dürfte bei Gründung der Frisch-Röst-Kaffee Carl Tchilling GmbH den Tatsachen entsprochen habe, ist in den Berichten über die Anfangszeit doch immer wieder vom echten unternehmerischen Engagement beider Gründer die Rede. So nutzte das Unternehmen namentlich die von *Tchilling-Hiryan* gemieteten Lagerräume, um Röstmaschinen aufzustellen. Dessen gute Kontakte zu Landsleuten in der Schweiz dienten außerdem der Devisenbeschaffung.[23]

3. Max Herz als Alleingesellschaft

Nach der Gründung fungierte *Tchilling-Hiryan* zunächst als alleiniger Geschäftsführer, wurde aber bereits ein Jahr später von *Max Herz* ersetzt. Im Jahre 1952 verlässt der Mann, der Tchibo seinen Namen gab, das Unternehmen dann aber auch endgültig als Gesellschafter. Seine Verluste im Studentenfutter- und Trockenfrüchtegeschäft zwangen ihn zur Kreditaufnahme bei seinem Mitgründer. Da er die Schulden nicht mehr zurückzahlen konnte, übertrug er *Max Herz* sukzessive gegen Zahlung von insgesamt 225.000 Mark alle seine GmbH-Geschäftsanteile.

---

19 *Ulmer* in Hachenburg, GmbHG, 7. Aufl. 1975, § 2 Rn. 49; *Cramer* in Scholz, GmbHG, 12. Auflage 2020, § 1 Rn. 49; *Bayer*, in Lutter/Hommelhoff, GmbHG, 20. Aufl. 2020, § 1 Rn. 24.

20 BGHZ 21, 378 (382); 31, 258 (271); *Baumbach/Hueck*, GmbHG, 13. Aufl. 1969, § 2 Anm. 2 E; *Scholz* in Fischer GmbHG, 8. Aufl. 1977, § 2 Anm. 2; *Ulmer* in Hachenburg, GmbHG, 7. Aufl. 1975, § 2 Rn. 50.

21 BGHZ 21, 378 (381).

22 *Ulmer* in Hachenburg, GmbHG, 7. Aufl. 1975, § 2 Rn. 50; ausf. *O. Kuhn*, Strohmanngründung bei Kapitalgesellschaften, 1964, S. 153 ff., 176 ff.; zur Grundsatzentscheidung BGHZ 21, 378, zur Strohmann-Gründung und zur Einpersonen-GmbH instruktiv und umfassend *Fleischer/Dubovitskaya* in Fleischer/Thiessen, Gesellschaftsrechts-Geschichten, 2018, S. 117 ff.

23 O.V., Der Spiegel, Nr. 42/1962, S. 38 (44).

Max Herz leitete fortan das Unternehmen als Alleingesellschafter und alleiniger Geschäftsführer.

Während der Markenname inzwischen solche Bekanntheit erlangt hatte, dass man sich einen Vertrieb der Kaffeemischungen ohne Tchibo-Etikett schlichtweg nicht vorstellen konnte, hatte die Firmenbezeichnung „Tchilling" hingegen keine Zukunft. Dafür sorgte der in Bremen ansässige Versandkaufmann *Eduard Schilling*. Der Konkurrent strengte gegen das Unternehmen einen Prozess an, weil die Verwendung der Bezeichnung „Tchilling" geeignet sei, seine Kunden irre zu führen; viele hätten ihre Bestellung daher an die falsche Adresse geschickt. *Max Herz* musste daraufhin nicht nur 50.000 Mark Schadensersatz zahlen, sondern auch das Unternehmen umbenennen. Das geschah im Zuge der Gesellschafterversammlung im Sommer 1953 und wurde den Kunden recht euphemistisch vermittelt. In einem Rundschreiben hieß es wörtlich:[24]

> „Ich möchte Ihnen hiermit zur Kenntnis bringen, daß in der Generalversammlung vom 15. August 1953 beschlossen worden ist, in Anerkennung seiner Verdienste den Namen des Mitbegründers der Firma und Schöpfers der Tchibo-Mocca-Mischung, Herrn Max Herz, in die Firmenbezeichnung gebührend aufzunehmen. Der Firmenname lautet demnach jetzt Frisch – Röst – Kaffee Max Herz GmbH. Mit freundlicher Empfehlung Ihr ergebener Tchibo".

In den Folgejahren erlebte Tchibo einen beispiellosen wirtschaftlichen Aufstieg. Bis zum Jahre 1962 stieg der Jahresumsatz auf 400 Mio. Mark. In gesellschaftsrechtlicher Hinsicht blieb das Unternehmen seine Gründungsrechtsform GmbH bis auf Weiteres treu. Das ist bemerkenswert, da gerade die eingeschränkten Möglichkeiten der Unternehmensfinanzierung als maßgeblicher Schwachpunkt bei der Wahl dieser Verbandsform erscheinen müssen.[25] Anders als die AG fehlt der GmbH der Zugang zum geregelten Kapitalmarkt. Dies vermochte die Expansion indes nicht zu verhindern, weil für das Kaffeegeschäft in der damaligen Zeit einige Besonderheiten galten. Lassen wir zu diesem Aspekt den Protagonisten *Max Herz* einmal selbst zu Wort kommen:[26]

> „Ich versende nur per Nachnahme, so daß ich nie Außenstände habe. Wer nicht bezahlt, bekommt keine Ware. Röstfrisch wird sie verpackt, und drei Tage später habe ich mein Geld. Das Postscheckamt ist meine Inkassoabteilung und das Betriebspostamt hier im Tchibo-Haus meine Paketabfertigung. Ich spare also das Rollgeld."

---

24 O.V., Der Spiegel, Nr. 42/1962, S. 38 (45).
25 Dazu ausf. *Lieder* in Vogt/Fleischer/Kalss, Das Recht der Familiengesellschaften, 2017, S. 37.
26 O.V., Der Spiegel, Nr. 42/1962, S. 38 (46).

Hinzu kam, dass Kaffee damals noch immer mit staatlichen Abgaben von fast einem Drittel des Kaufpreises belegt war.[27] Diese Gelder musste das Unternehmen zwar an den Fiskus abführen, hatte dafür aber drei Monate Zeit, währenddessen Tchibo mit den Abgaben zinslos wirtschaften konnte. Dementsprechend verfügte die Familiengesellschaft stets über hohe Liquidität und brauchte für die Expansion der Geschäftstätigkeit auch keine hohen Bankkredite aufzunehmen, sondern konnte sie aus den laufenden Einnahmen finanzieren. Auch für eine Umwandlung der GmbH in eine AG bestand keine Notwendigkeit, weil für eine Unternehmensfinanzierung über den regulären Kapitalmarkt kein Bedürfnis bestand. Das galt umso mehr vor dem Hintergrund der besonderen Sparsamkeit von *Max Herz* in privaten Angelegenheiten. Bis 1955 soll er dem Unternehmen überhaupt kein Geld entzogen, sondern den Lebensunterhalt der Familien ausschließlich aus den Einnahmen des Lotteriegeschäfts und den Einnahmen der Kaffeeimportfirma G. C. Breiger bestritten haben.[28]

Diese Perpetuierung des Gesellschaftsvermögens ist geradezu symptomatisch für Familienunternehmen, weil sich die Familienmitglieder davon einen größeren Nutzen erwarten, als von an sie ausgeschütteten Dividenden. Bemerkenswerte Parallelen ergeben sich heute mit Blick auf die Beteiligungsverwaltung an der Beiersdorf AG.[29] Dort sorgt Tchibo als Hauptaktionäre seit Jahren dafür, dass das Geld im Unternehmen gebunden bleibt und nicht in Form einer großzügigen Dividende an die Aktionäre ausgeschüttet wird.[30]

4. Tod des Firmengründers und Generationenwechsel

Das Geburtstagsjahr des modernen Aktienrechts markiert eine einschneidende Zäsur für das Familienunternehmen: Überraschend verstirbt der Firmengründer *Max Herz* am 12. Mai 1965 an einem Herzinfarkt.[31] Die Nachfolgeregelung gestaltete sich schwierig, was maßgeblich auf das unklare Testament des Patriarchen zu-

27 Dazu und zum Folgenden o.V., Der Spiegel, Nr. 42/1962, S. 38 (46).

28 Siehe nochmals o.V., Der Spiegel, Nr. 42/1962, S. 38 (46).

29 Zum Erwerb und zur Entwicklung der Beteiligung bis in die Gegenwart siehe unten II 5 a.

30 *Kapalschinski* Handelsblatt vom 4. 11. 2016, S. 18: „Seit 2009 zahlt Beiersdorf stur 70 Cent je Aktie, obschon der Gewinn steigt; eine eigene Art von Verlässlichkeit"; *Hohn* Handelsblatt vom 29. 4. 2020, abrufbar unter https://www.handelsblatt.com/unternehmen/handel-konsumgueter/konsumgueterkonzern-nivea-hersteller-beiersdorf-beschliesst-sparpaket/25787132.html (7. 5. 2020): „also weiterhin 70 Cent je Anteilsschein"; vgl. weiter *Kapalschinski* Handelsblatt vom 9. 3. 2017, S. 27.

31 *Gossler* in Kopitzsch/Brietzke, Hamburgische Biografie, Bd. 5, 2010, 184 (186).

rückzuführen ist. Danach sollten nämlich zwei seiner „befähigsten Jungen" zusammen mindestens 51 % der Anteile an der Frisch-Röst-Kaffee Max Herz GmbH erhalten.[32]

Seine Frau *Ingeburg* und die fünf Kinder *Günter*, *Michael*, *Wolfgang*, *Joachim* und *Daniela* kamen überein, dass *Günter Herz* als Unternehmenschef künftig das operative Geschäft einschließlich Finanzen, Einkauf und Marketing verantworten sollte, während *Michael Herz* als Vizechef für den Vertrieb verantwortlich zeichnete.[33] Dass die Wahl auf *Günter Herz* fiel, war kein Zufall. Er war mit damals 25 Jahren nicht nur das älteste der fünf Geschwister, sondern hatte als einziger auch schon im Unternehmen gearbeitet, zudem eine abgeschlossene Lehre und Erfahrung im Kaffeegeschäft; alle anderen Kinder waren noch in der Ausbildung.[34] Bemerkenswert und bis heute ungeklärt ist indes der Umstand, weshalb der damals 24-jährige *Joachim* in der Unternehmensnachfolge gegenüber dem 22-jährigen *Michael* das Nachsehen hatte.[35]

Während der Patriarch zeit seines Lebens im Privaten nach Normalität strebte und auch seine Kinder in diesem Geiste zu erziehen suchte,[36] bildete das unklare Testament die Grundlage für die Familienstreitigkeiten in der Folgezeit, die sich nicht unerheblich auf die Geschäftsführung des Unternehmens auswirken sollten. Dabei lässt sich die konkrete gesellschaftsrechtliche Organisationsstruktur nach dem Tod von *Max Herz* nur mit Mühe rekonstruieren. Offenbar brachten die Erben sämtliche zum Kaffeegeschäft gehörenden Vermögenswerte in die Tchibo-Frisch-Röst-Kaffee Max Herz KG ein, während für die übrigen Gegenstände die Max Herz Erben GbR errichtet wurde.[37] Die TCHIBO Frisch-Röst-Kaffee GmbH ist mit Gesellschaftsvertrag vom 23. Juli 1968 errichtet worden. Erst im Dezember 1975 konnten die Erbstreitigkeiten durch einen Auseinandersetzungsvertrag (vorläufig) bereinigt werden. Im Zuge der Durchführung erfolgte am 26. Januar 1977 die Gründung

---

32 *v. Haacke* WiWo 1999, Heft 47, S. 120; *Thiede* Süddeutsche Zeitung vom 28. 6. 2008, S. 26; *Ankenbrand* FAZ vom 23. 6. 2011, S. 36; abrufbar unter https://www.faz.net/aktuell/wirtschaft/menschen-wirtschaft/tchibo-erben-die-merkwuerdige-milliardaersfamilie-herz-1656682.html (7. 5. 2020).

33 Eintrag „Herz, Michael" in Munzinger Online/Personen – Internationales Biographisches Archiv, URL: http://www.munzinger.de/document/00000026776 (7. 5. 2020).

34 *Goy/v. Taube* Welt am Sonntag vom 29. 6. 2003, S. 25.

35 Vgl. *Thiede* Süddeutsche Zeitung vom 28. 6. 2008, S. 26.

36 O.V., Der Spiegel, Nr. 42/1962, S. 38 (45) zitiert *Max Herz* mit den Worten: „Sie (scil.: die Söhne) brauchen nicht zu wissen, wieviel Geld im Haus ist. Ich will nicht, daß sie Playboys werden; sie sollen sich ja nicht als Millionärssöhne fühlen."

37 Dazu und zum Folgenden: Eintrag „Herz, Günter" in Munzinger Online/Personen – Internationales Biographisches Archiv, URL: http://www.munzinger.de/document/00000017422 (7. 5. 2020).

der Tchibo Frisch-Röst-Kaffee AG mit einem Grundkapital in Höhe von 96 Mio. D-Mark, an dem *Günter* und *Michael Herz* zu jeweils 50 % beteiligt waren. Von Anfang an fungierte *Günter Herz* als Vorstandsvorsitzender.

Im Jahre 1989 erfolgt eine großangelegte Restrukturierung des Familienkonzerns, dessen Muttergesellschaft in Tchibo Holding AG umbenannt wurde. Nach mehreren Kapitalerhöhungen betrug das Grundkapital inzwischen 240 Mio. D-Mark, woran *Günter Herz* mit 20,6 %, *Daniela Herz-Schnoeckel* mit 19 %, *Michael* und *Wolfgang Herz* mit jeweils 18 %, *Joachim Herz* mit 14,5 % und *Ingeburg Herz* mit 9,9 % beteiligt waren.[38] Daraufhin schied *Michael Herz* wenig später aus dem Vorstand aus und übernahm ein Aufsichtsratsmandat, so dass er im operativen Geschäft praktisch nicht mehr präsent war.[39] Für diesen Schachzug, der offenbar auf das Betreiben von *Günter Herz* zurückging,[40] sollte sich *Michael Herz* über 10 Jahre später bei seinem älteren Bruder revanchieren.[41]

5. Vom Einzelunternehmen zur Unternehmensgruppe

Diese Tchibo Holding AG, die heute – in Anerkennung der Verdienste von *Max* und *Ingeburg Herz* – unter der Bezeichnung maxingvest ag[42] firmiert,[43] fungierte fortan als Alleingesellschafterin der Tchibo GmbH und als Mutterunternehmen für die hinzuerworbenen Beteiligungen Beiersdorf und Reemtsma.[44]

a) Beiersdorf AG

Der Weg zur Unternehmensgruppe begann mit dem Erwerb einer Minderheitsbeteiligung an der Beiersdorf AG. Das Hamburger Bankhaus M. M. Warburg-Brinckmann, Wirtz & Co. wollte sich schon längere Zeit von einer 25-prozentigen Beiersdorf-Beteiligung trennen.[45] Als Käufer agierte die Max Herz Erben GbR, die

---

38 Eintrag „Herz, Günter" in Munzinger Online/Personen – Internationales Biographisches Archiv, URL: http://www.munzinger.de/document/00000017422 (7. 5. 2020).
39 *v. Haacke* WiWo 1999, Heft 47, S. 120.
40 *Freese* Die Zeit vom 14. 3. 2002; abrufbar unter: https://www.zeit.de/2002/12/200212_tchibo_xml(7. 5. 2020).
41 Siehe unten II. 5., 7.
42 Siehe § 1 Abs. 1 Satzung der maxingvest ag vom 28. 4. 2016; vgl. weiter *Reckendrees*, Beiersdorf, 2018, S. 223 m. Fn. 71 (S. 373).
43 Zur maxingvest ag ausf. unten III. 3.
44 Dazu sogleich unten II. 5. a).
45 Dazu und zum Folgenden ausf. *Reckendrees*, Beiersdorf, 2018, S. 222 ff.

für das Aktienpakt Anfang 1974 insgesamt 120 Mio. D-Mark zahlte. Drei Jahre später übertrugen die Herz-Erben das Beiersdorf-Paket auf die neu gegründete Tchibo Frisch-Röst-Kaffee AG, die heute als maxingvest ag bekannt ist.

Das Familienunternehmen betrachtete sein Investment bei Beiersdorf als langfristiges Engagement, das vom Kaffeegeschäft streng getrennt sein sollte.[46] Das hielt *Günter Herz*, der Tchibo bis zum Jahre 2003 im Aufsichtsrat bei Beiersdorf repräsentierte, allerdings nicht davon ab, seine Mitgliedschaft im Überwachungsorgan extensiv zu interpretieren. Aktiv brachte er seine Vorstellungen über Strategie, Märkte und neue Geschäftsfelder in die Diskussion mit dem Vorstand ein.[47] Um den Aufsichtsrat von formellen Entscheidungen zu entlasten, sorgte er dafür, dass der Vorstand – ohne Zustimmungsvorbehalt des Aufsichtsrats – künftig Prokuristen aus eigener Machtvollkommenheit ernennen konnte; Unternehmenstransaktionen und Kreditaufnahmen waren selbstständig bis zu einem Volumen von 5 Mio. D-Mark zulässig. Soweit der Vorstand indes umfangreiche Investitionen plante, mussten dem Aufsichtsrat im Vorfeld der Zustimmungserteilung deutlich umfangreichere Unterlagen vorgelegt werden. Entsprechende Satzungsänderungen wurden durch die Hauptversammlung der Beiersdorf AG schon im Juni 1975 beschlossen.[48] Zugleich haben die Repräsentanten von Tchibo dafür gesorgt, dass sich die Berichterstattung vom Vorstand an den Aufsichtsrat deutlich intensivierte, insbesondere soweit es die strategische Entwicklung des Unternehmens anbelangte.[49]

Ein späteres Beispiel für die Einflussnahme auf unternehmerische Entscheidungen war die Verhinderung der Teilnahme von Beiersdorf an dem Bieterverfahren für die US-amerikanische Marke Clairol im Jahre 2001, für die der Beiersdorf-Vorstand bis zu 4 Mrd. US-Dollar zu zahlen bereit war. Obschon die Akquisition über Monate von einem achtköpfigen Projektteam vorbereitet worden war, nahm Beiersdorf am entscheidenden Bieterverfahren am Ende gar nicht teil. Denn die

---

46 Tchibo-Manager *Horst Pastuszek* (1928-2015) ließ sich bei *Eichstädt* Die Zeit vom 22. 2. 1974, abrufbar unter https://www.zeit.de/1974/09/verdienen-an-kaffee-und-nivea/seite-2 (7. 5. 2020) mit den Worten zitieren: „Tchibo hat mit der ganzen Sache nichts zu tun, und außerdem sind Beiersdorf und Tchibo Markenartikler, die auf Unabhängigkeit bedacht sein müssen. Schließlich soll Nivea künftig nicht nach Kaffee riechen."

47 Dazu und zum Folgenden *Reckendrees*, Beiersdorf, 2018, S. 223 f.

48 Vgl. *Reckendrees*, Beiersdorf, 2018, S. 224 m. Fn. 72 (S. 373).

49 Aufschlussreich *Reckendrees*, Beiersdorf, 2018, S. 343: „Die Protokolle der etwa viermal im Jahr stattfindenden Aufsichtsratssitzungen waren demgegenüber weniger informativ, bis 1974 mit Tchibo ein neuer Akteur auf der Bühne des Unternehmens auftrat. Ab diesem Zeitpunkt gewähren die Berichte des Vorstands an den Aufsichtsrat, die kritischen Fragen einiger Aufsichtsratsmitglieder und die Antworten der Vorstandsmitglieder einen guten Einblick in die strategischen Ziele des Unternehmens."

Anteilseignervertreter von Allianz and Tchibo waren der Auffassung, dass die Marke höchstens 3 Mrd. US-Dollar wert war.[50]

Im selben Jahr teilte die Allianz dem Vorstand der Beiersdorf AG mit, dass sie beabsichtige, ihre Beteiligung von damals rund 38 % zu veräußern. Finanzieller Hintergrund der Verkaufsabsicht waren die durch den Anschlag auf das World Trade Center am 11. September 2001 erlittenen Verluste von über 1,5 Mrd. Euro, die durch den Verkauf hätten kompensiert werden sollen.[51] Neben den großen internationalen Wettbewerbern kam auch Tchibo als Käufer in Betracht. Zeitungsberichten zufolge interessierten sich auch *Günter* und *Daniela Herz* für die Beiersdorf-Beteiligung, deren Übernahme den 2001 eskalierten Konflikt mit den Geschwistern einer Lösung hätte zu führen können. Dem stellte sich indes *Michael Herz* entgegen und suchte für Tchibo nach einer Lösung, die Beteiligung an Beiersdorf wesentlich auszubauen.[52]

Bevor es aber dazu kam, trat zum 1. Januar 2002 zunächst das neue Übernahmerecht in Kraft.[53] Erreichte nun ein Großaktionäre eine Beteiligungsquote von 30 %, so war er verpflichtet, den übrigen Aktionären ein Angebot zum Erwerb ihrer Anteile zu unterbreiten (§§ 35, 29 Abs. 2 WpÜG). Für Großaktionäre, die bereits im Zeitpunkt des Inkrafttretens über eine entsprechende Kontrollbeteiligung verfügten, ergab sich aus § 68 Abs. 3 WpÜG 2002 eine Privilegierung, so dass der Kontrollerwerb noch bis Ende 2001 angebotsfrei erfolgen konnte. Dies machte sich Tchibo kurzerhand zunutze und stockte seine Beteiligung bis Ende Dezember 2001 auf 30 % auf.[54] Diese Kapitalbeteiligung verschaffte Tchibo eine starke Position, weil die Sperrminorität eine Integration von Beiersdorf in das Unternehmen eines Wettbewerbers verhindert hätte.

Der Beiersdorf-Vorstand war ohnehin daran interessiert, mit dem Unternehmen selbstständig zu bleiben und insbesondere nicht von einem internationalen Wettbewerber aufgekauft und zerschlagen zu werden. Da kam es gerade recht, dass die Allianz und Tchibo im Sommer 2002 über einen Erwerb von Beiersdorf-Aktien sprachen.[55] Die Gespräche fielen in eine Zeit, in welcher der Münchener

---

50 *Reckendrees*, Beiersdorf, 2018, S. 321.

51 *Reckendrees*, Beiersdorf, 2018, S. 321.

52 Pointiert *Jensen/Schlitt* Manager Magazin vom 1. 12. 2001, S. 14: „Michael Herz hingegen, der Wortführer der Anti-Günter-Fraktion, missgönnte dem Bruder die attraktive Beiersdorf-Beteiligung."

53 Wertpapiererwerbs- und Übernahmegesetz (WpÜG), eingeführt durch Gesetz zur Regelung von öffentlichen Angeboten zum Erwerb von Wertpapieren und von Unternehmensübernahmen vom 20. 12. 2001, BGBl. I, S. 3822.

54 *Reckendrees*, Beiersdorf, 2018, S. 322 f.

55 *Reckendrees*, Beiersdorf, 2018, S. 325.

Rechtsanwalt *Reinhard Pöllath* gerade interimistischer Vorstandsvorsitzender der Tchibo Holding AG geworden war. Ein Erwerb durch Tchibo wurde aber durch die anhaltenden Streitigkeiten der Familiengesellschafter und den massiven Liquiditätsabfluss aufgrund der Abfindung von *Günter* und *Daniela Herz* deutlich erschwert.[56] Erst im Oktober 2003 kam es daher zu der von Beiersdorf ersehnten Transaktion, in deren Rahmen Tchibo 19,6 % der Beiersdorf-Aktien von der Allianz AG übernahm. Weil Tchibo mit Blick auf die finanzielle Lage keinen größeren Anteil übernehmen konnte, waren auf der Erwerberseite außerdem die HGV Hamburger Gesellschaft für Vermögens- und Beteiligungsverwaltung mbH und die TROMA Alters- und Hinterbliebenenstiftung, die Pensions-Stiftung von Beiersdorf, beteiligt.[57]

Während die Transaktion bei Management und Arbeitnehmerschaft von Beiersdorf zu einer deutlichen Entspannung führte, weil nicht länger eine Zerschlagung des Unternehmens oder Massenentlassungen in Frage standen, hatte der Erwerb für die Käufergruppe noch ein juristisches Nachspiel.[58] Während der Zukauf aus Sicht der EG-Kommission nicht zu einer marktbeherrschenden Stellung von Tchibo führte,[59] wollte die BaFin mittels einer Untersuchung klären lassen, ob die Erwerber als gemeinsam handelndes Konsortium allen außenstehenden Aktionären ein Übernahmeangebot hätten unterbreiten müssen. Davon abgesehen meinten ausländische Investoren, wie zB der US-amerikanische Hedgefonds P. Schoenfeld und die belgische Gruppe Deminor International, die Erwerber hätte ihre Minderheitsrechte verletzt und schuldeten daher Schadensersatz, zumal der Kurs der Beiersdorf-Aktie nach Bekanntwerden des Deals um 18 % einbrach und die Investoren, die sich erst aufgrund von Übernahmegerüchten an dem Unternehmen beteiligt hatte, nicht unerhebliche Verluste zu gewärtigen hatten.

Allerdings stellt die BaFin bereits im Januar 2004 ihre Untersuchung ein, weil Tchibo im Erwerbszeitpunkt über eine Beteiligung von insgesamt 30,36 % verfügt hatte und daher – ebenso wie die anderen Erwerber – nicht zur Abgabe eines Übernahmeangebots verpflichtet war. Auch ein *acting in concert* habe nicht vorgelegen, weil neben dem gemeinsamen Erwerb keine weiteren gemeinsamen Aktivitäten geplant waren[60] und im Übrigen zwischen den Erwerbern auch keine Nebenabreden bestanden hätten.[61] Dieser Argumentationslinie folgte später auch das LG Hamburg, das Ersatzansprüche von Deminor gegen die HGV und die TRO-

56 Dazu sogleich unten II 7.
57 *Reckendrees*, Beiersdorf, 2018, S. 330.
58 Dazu und zum Folgenden *Reckendrees*, Beiersdorf, 2018, S. 331 ff.
59 EG-Kommission, Pressemitt. v. 17. 12. 2003 – IP/03/1758, EuZW 2004, 69.
60 Zum formalen Verständnis des Einzelfalls vgl. auch BGH NJW 2019, 219 m. Anm. *Oppenhoff*; dazu *Buck-Heeb* BKR 2019, 8 ff.; *Horcher*/*Kovács* DStR 2019, 388 ff.

MA verneinte.[62] Gegenwärtig ist Tchibo über seine Familienholding mit 51,01 % an der im DAX30 notierten Beiersdorf AG beteiligt, die damit ihrerseits zu den größten deutschen Familienunternehmen zählt.

b) Reemtsma Cigarettenfabriken GmbH

Im Jahre 1980 erwarb Tchibo zudem eine Mehrheitsbeteiligung an der Reemtsma Cigarettenfabriken GmbH. Die Transaktion erfolgt dergestalt, dass die Tchibo Frisch-Röst-Kaffee AG 45 % der GmbH-Geschäftsanteile an dem Zigaretten- und Getränkeunternehmen erwarb, während weitere 8 % nominell von *Ingeburg Herz* erworben wurden. In der Folgezeit wuchsen die direkte und die indirekte Beteiligung auf 59,8 % der Stimm- und Gewinnanteile an.[63] Erst über 20 Jahre später – im Zuge des Machtwechsels von *Günter* an *Michael Herz* – stieß die Familienholding die einträgliche Beteiligung wieder ab.[64]

6. Expansion im wiedervereinigten Deutschland und in Europa

Während sich das Wachstum des Kaffeegeschäfts bis Ende der 1980er Jahre auf die Bundesrepublik Deutschland beschränkt hatte, zog es das Familienunternehmen nach der Wiedervereinigung mit eigenen Filialen in die neuen Bundesländer und ab 1991 auch nach Zentral- und Osteuropa.[65] Tchibo eröffnete Niederlassungen in Ungarn, der Slowakei und Tschechien sowie ab 1994 auch in Russland.[66] Dort investierte der Konzern etwa 150 Mio. DM.[67] In konzernorganisatorischer

61 Vgl. *Jahn*, FAZ vom 26. 1. 2004, S. 21: „Kritik an der Bafin-Entscheidung im Fall Beiersdorf"; o. V., Süddeutsche Zeitung vom 24. 1. 2004, S. 27: „Kein Pflichtangebot an Beiersdorf-Aktionäre."
62 LG Hamburg AG 2007, 177 (178 f.).
63 Eintrag „Herz, Günter" in Munzinger Online/Personen – Internationales Biographisches Archiv, URL: http://www.munzinger.de/document/00000017422 (7. 5. 2020).
64 Dazu unten II 7.
65 Für Details siehe *Alon/Lattemann* Global Business and Organizational Excellence January/February 2016, 18 (24 f.); vgl. weiter *v. Haacke* WiWo 1999, Heft 47, S. 120: „Als sich die Märkte in Osteuropa öffneten, war Tchibo unter Führung von Herz der erste vor Ort mit Kaffee und Zigaretten."
66 Vgl. die Hinweise auf der unternehmenseigenen Homepage, abrufbar unter: https://www.tchibo.com/servlet/content/309018/-/starteseite-deutsch/tchibo-unternehmen/ueber-tchibo/historie.html (7. 5. 2020).
67 Eintrag „Herz, Günter" in Munzinger Online/Personen – Internationales Biographisches Archiv, URL: http://www.munzinger.de/document/00000017422 (7. 5. 2020).

Hinsicht wurde das Auslandsgeschäft der Tchibo Holding AG von der 1991 neu errichteten Tochter Tchibo International abgewickelt. Es folgte im Jahre 1994 die Ausgliederung des Tchibo Coffee Service als selbstständiges Tochterunternehmen, das Gastronomie- und Bürokunden belieferte.

Im Jahre 1997 übernahm die Tchibo Holding AG mit der Eduscho Unternehmensgruppe einen harten Wettbewerber im Kaffeegeschäft. Die Transaktion soll – ohne Grundstücke – einen Wert von 200 Mio. DM gehabt haben, kostete Tchibo aber weitere ca. 300 Mio. DM für die Integration von Eduscho in das Familienunternehmen. Mit der Übernahme steigerte Tchibo seinen Umsatz auf rund 5,75 Mrd. DM, was einem Marktanteil von etwa 30 % entsprach.[68] Ab 2000 setzt eine weitere internationale Expansionswelle ein, indem die Märkte in England, Rumänien, der Schweiz und der Ukraine erschlossen wurden. Später folgten Filialen und Internetpräsenzen in der Türkei (2006) sowie Online-Shops in Dänemark (2017) und Schweden (2019).

7. Family-Buy-out

Der Aufstieg von Tchibo unter der Leitung von *Günter Herz* ist nicht zuletzt deshalb so bemerkenswert, weil er mit massiven Streitigkeiten zwischen den Geschwistern einherging.[69] Vor allem *Michael Herz* wurde nachgesagt, dass er sich für den berufensten Nachfolger seines Vaters hielt. Umgekehrt soll *Günter Herz* den Familienkonzern autoritär geführt und – anders als vom Aufsichtsrat gewünscht – keinen externen Manager für seine Nachfolge aufgebaut haben. Als nun sein Vorstandsvertrag zum Ende 2001 auslaufen sollte, stellte sich der von *Michael Herz* dominierte Aufsichtsrat bereits Mitte Dezember 2000 einer Verlängerung entgegen.[70] Damit revanchierte er sich offenbar bei seinem Bruder dafür, dass dieser ihn im Jahre 1989 aus dem Vorstand der Tchibo Holding AG gedrängt

---

68 Eintrag „Herz, Günter" in Munzinger Online/Personen – Internationales Biographisches Archiv, URL: http://www.munzinger.de/document/00000017422 (7. 5. 2020).

69 *Jensen/Schlitt* Manager Magazin vom 1. 12. 2001, S. 14: „Was für ein Trauerspiel. Eine brisante Mischung aus Habgier, Eitelkeit, Inkompetenz und Entscheidungsschwäche lähmt den Konzern."; *v. Haacke* WiWo 1999, Heft 47, S. 120: „Die fünf Geschwister Günter, Michael, Wolfgang, Joachim und Daniela, die gemeinsam mit Mutter Ingeburg 100 Prozent der Firmenanteile (...) halten, sind chronisch zerstritten."

70 Dazu und zum Folgenden: Eintrag „Herz, Günter" in Munzinger Online/Personen – Internationales Biographisches Archiv, URL: http://www.munzinger.de/document/00000017422 (7. 5. 2020).

hatte.[71] *Günter Herz* trat daraufhin zum 31. Januar 2001 zurück und verwies als Grund auf eine vollständige Zerrüttung der Vertrauensbeziehung zwischen dem Aufsichtsrat und ihm. In der Folgezeit machte er seinen Geschwistern als Aktionär das Leben schwer. Als trauriger Höhepunkt der Auseinandersetzung darf gelten, dass er auf der Hauptversammlung der Tchibo Holding AG Ende Juni 2001 gegen die Entlastung des Aufsichtsrats stimmte.[72] Zudem belastete auch der Umstand das Unternehmen sehr, dass es seit Ende April 2001 über 10 Monate ein Führungsvakuum bei Tchibo gab. Der noch von *Günter Herz* installierte Vorstandsvorsitzende *Wolfgang Meusburger* hatte das Unternehmen zu diesem Zeitpunkt „aus persönlichen Gründen" verlassen.[73]

Eine unternehmerische Trennung der Geschwister war vor diesem Hintergrund unvermeidlich. Sie erfolgte im August 2003, als *Günter* und *Daniela Herz* ihre direkt und indirekt gehaltenen Anteile in Höhe von insgesamt 39,6 % an der Tchibo Holding AG an die verbleibenden Familienmitglieder übertrugen.[74] Die von der Holding gezahlte Abfindung in Höhe von 4,1 Mrd. Euro stammte aus den Veräußerungserlösen für die Reemtsma GmbH an die britische Imperial Tobacco Group. In der Konsequenz hielten daraufhin *Michael* und *Wolfgang Herz* jeweils 34 % der Anteile, *Ingeburg* und *Joachim Herz* standen jeweils 15 % zu, während die übrigen 2 % an die Max-Herz-Stiftung gingen. Zudem fungierten *Michael* und *Wolfgang Herz* als Aufsichtsratsmitglieder und nahmen von dort aus Einfluss auf die strategischen Entscheidungen der Familienholding.

Aus betriebswirtschaftlicher Perspektive handelte es sich bei der Umstrukturierung um einen Family-Buy-out.[75] Das Prinzip ist simpel: Ein Gesellschafter oder ein Familienstamm kauft einen anderen Gesellschafter oder Familienstamm aus dem Unternehmen heraus. Zur Verhinderung fortlaufender Konflikte und zur Reduktion von Komplexität ist dieses Gestaltungsmittel gut geeignet. Allerdings wird die Erwerberseite mit erheblichen finanziellen Lasten beschwert, die naturgemäß den künftigen unternehmerischen Spielraum des Unternehmens einschränken. So lag der Fall auch bei Tchibo. Denn nach dem Family-Buy-out fehlte

---

71 *Freese* Die Zeit vom 14. 3. 2002, abrufbar unter https://www.zeit.de/2002/12/200212_tchibo_xml (7. 5. 2020).

72 Eintrag „Herz, Günter" in Munzinger Online/Personen – Internationales Biographisches Archiv, URL: http://www.munzinger.de/document/00000017422 (7. 5. 2020).

73 *Freese* Die Zeit vom 14. 3. 2002, abrufbar unter https://www.zeit.de/2002/12/200212_tchibo_xml (7. 5. 2020).

74 Dazu und zum Folgenden: Eintrag „Herz, Günter" in Munzinger Online/Personen – Internationales Biographisches Archiv, URL: http://www.munzinger.de/document/00000017422 (7. 5. 2020).

75 Dazu und zum Folgenden *Baus*, Die Familienstrategie, 5. Aufl. 2016, S. 100.

die notwendige Liquidität, um die wirtschaftliche Situation des Unternehmens durch Zukäufe und Übernahmen zu verbessern.[76]

Das missfiel namentlich *Joachim Herz*, der zu dieser Zeit mit 15 % am Unternehmen, aber offenbar nicht an den Gesprächen über die Auslösung von *Günter* und *Daniela Herz* beteiligt war.[77] Er strengte daraufhin Gerichtsverfahren gegen *Michael* und *Wolfgang Herz* an, um sie auf Zahlung von Schadensersatz in Anspruch zu nehmen.[78] Zudem überschrieb er im Jahre 2007 *Karl-Walter Freitag*, der sich als Berufsopponent („aktienrechtlicher Sittenstrolch"[79]) bereits zuvor einen Namen gemacht hatte,[80] insgesamt vier Aktien. Sie machten ihn zum ersten Anteilsinhaber außerhalb der Familie *Herz* und das sorgte auf der Hauptversammlung für erhebliche Unruhe. Zwar bestand dem Vernehmen nach zum maßgeblichen Zeitpunkt ein Poolvertrag, der die Familienmitglieder dazu verpflichtete, die Aktien vor einem Verkauf an Dritte zunächst innerhalb der Familie anzubieten. Allerdings hatte *Joachim Herz* die schuldrechtliche Nebenabrede im Streit mit seinen Geschwistern aufgekündigt.[81] Solcherlei Streitigkeiten sind in Familiengesellschaftern nicht selten; man denke etwa auch an die Auseinandersetzungen bei Bahlsen und Oetker.[82] Ein gesteigertes Konfliktpotenzial[83] gehört – gemeinsam mit der besonderen Identifikation der Familiengesellschafter mit ihrem Unternehmen – zum Markenkern des Familienunternehmens.[84]

---

76 *Seiwert* WiWo 2007, Heft 17, S. 58.

77 *Goy/v. Taube* Welt am Sonntag vom 29. 6. 2003, S. 25: „WELT am SONNTAG weiß aus Firmenkreisen, dass sich vorvergangenen Freitag, als die Trennung beschlossen wurde, nur die Geschwister Günter Herz, 62, Daniela und Michael, 59, sowie die Günter-Herz-Kinder Christian und Michaela trafen. Ingeburg Herz fehlte ebenso wie der Rest der Brüder. Angeblich war sie noch nicht einmal über das Treffen informiert. Was auch auf Bruder Joachim zutrifft, der wie die Mutter erst nach der Einigung von Michael Herz unterrichtet wurde."

78 *Seiwert* WiWo 2007, Heft 17, S. 58.

79 Vgl. *Freitag* im Interview von *Hamprecht*, WiWo vom 3. 5. 2001, Heft 19, S. 22.

80 Zu *Freitag* vgl. etwa *Baums/Drinhausen/Keinath* ZIP 2011, 2329 (2335); *Bayer/Hoffmann* AG 2014, R163 (R164).

81 O.V. Handelsblatt vom 3. 7. 2007 unter dem Titel „Fremdaktionär tritt auf: Bruderzwist in der Herz-Dynastie"; abrufbar unter: https://www.handelsblatt.com/unternehmen/handel-konsumgueter/fremdaktionaer-tritt-auf-bruderzwist-in-der-herz-dynastie/2830338.html (7. 5. 2020): *Joachim Herz* „ist aus dem Poolvertrag ausgestiegen, weil er sich unterschätzt und ausgebootet gefühlt haben soll."

82 Vgl. auch *Baus*, Die Familienstrategie, 5. Aufl. 2016, S. XXII.

83 Zu Streitigkeiten in Familiengesellschaften *Holler* in Münch. HdB GesR VII, 5. Aufl. 2016, § 75 Rn. 1 ff., 10 ff.; monografisch *Fabis*, Gesellschafterkonflikte in Familienunternehmen, 2007, S. 125 ff.; *Schmeing*, Konfliktmanagement in Familienunternehmen, 2018, S. 27 ff.

84 *Lieder* in Vogt/Fleischer/Kalss, Recht der Familiengesellschaft, 2017, S. 29, 58; vgl. weiter *Habersack* in v. Rosen, Die börsennotierte Familienaktiengesellschaft, 2006, S. 10 (11); *Habersack* in

Dass Tchibo die innerfamiliären Auseinandersetzungen verhältnismäßig gut überstanden hat, scheint nicht zuletzt der Holdingsstruktur geschuldet, bestehend aus der maxingvest ag und der 100 %-igen Tochter Tchibo GmbH. Über die Familienholding sind die persönlichen Konflikte der Familiengesellschafter mediatisiert worden. Sie spielten sich primär auf der Ebene der Holdinggesellschaft ab, während das operative Geschäft der Tochtergesellschaft hiervon nur wenig berührt worden ist. Die Steuerung erfolgte durch den Vorstand der Holdinggesellschaft. Die Holdingstruktur sorgte im Rahmen der geschäftlichen Aktivitäten der Tchibo GmbH auf lange Sicht für stabile Verhältnisse.

8. Geplante Umstrukturierung zur SE & Co. KGaA

Nach dem Tod von *Joachim* (2008) und *Ingeburg Herz* (2015) waren *Michael* und *Wolfgang Herz* zu jeweils 40 % an der maxingvest ag beteiligt; die übrigen 20 % hielt die gemeinnützige Max und Ingeburg Herz Stiftung. Mit Blick auf die bevorstehende Erbschaftsteuerreform,[85] deren negative Auswirkungen auf das Familienvermögen man soweit wie möglich zu vermeiden suchte, übertrugen die Gründersöhne ihre Aktienbeteiligungen im Jahre 2016 schon größtenteils an ihre insgesamt fünf Kinder.[86] Ein Poolvertrag bindet offenbar die beteiligten Familienmitglieder seither an das übergeordnete Familieninteresse.[87]

Neben der Eigentümerstruktur sollte sich auch die gesellschaftsrechtliche Organisation der Holding grundlegend verändern.[88] Bereits im Jahre 2013 hatten *Michael* und *Wolfgang Herz* die Maxingvest Management SE errichtet. Sie sollte künftig als Komplementärin einer SE & Co. KGaA fungieren. Einer Umwandlung der maxingvest ag zu diesem Zweck hatte der Aufsichtsrat im Jahre 2016 offenbar bereits zugestimmt. Der Restrukturierungsplan sah vor, dass ausschließlich Mitglieder der Familien von *Michael* und *Wolfgang Herz* sowie die Max und Ingeburg Herz Stiftung als Aktionäre der SE und Kommanditaktionäre der KGaA fungieren sollten. Der Unternehmenszweck sollte darauf gerichtet sein, „das unternehmerische Erbe von Max und Ingeburg Herz in einer Familiengesellschaft erfolgreich fortzuführen".[89] Um eine fortwährende Durchsetzung der Familieninteressen in

Tröger/Wilhelmi, Rechtsfragen der Familiengesellschaften, 2006, S. 19 (20); monografisch *Krämer*, Das Sonderrecht der Familiengesellschaften, 2019, S. 37 ff., 62 ff.

85 Dazu im Einzelnen *Lieder* in Erman, BGB, 15. Aufl. 2017, Einl. § 1922 Rn. 19 ff.

86 Vgl. *Müßgens* FAZ vom 30. 4. 2020, S. 26.

87 Siehe *Mehringer* manager managin vom 20. 3. 2020, S. 17.

88 Dazu und zum Folgenden *Jensen* manager magazin vom 27. 5. 2016, S. 24.

89 Zitiert nach *Jensen* manager magazin vom 27. 5. 2016, S. 24.

der laufenden Unternehmensführung sicherzustellen und zugleich ihre Machtposition im Unternehmen generationsübergreifend zu perpetuieren,[90] beabsichtigten die Gesellschafter zum einen offenbar den Abschluss eines langjährigen Poolvertrags. Zum anderen sollte eine Vinkulierung der Aktien der Maxingvest Management SE das Eindringen familienfremder Dritter verhindert.

Die geplante Umstrukturierung ist bis heute nicht in die Tat umgesetzt worden. Die Gründe dafür sind nicht überliefert. Man wird aber davon ausgehen dürfen, dass man für eine so tiefgreifende Reorganisation schlicht kein zwingendes Bedürfnis mehr erkannt hat. Überhaupt deutet der Umstand, dass es um die Familie *Herz* in den letzten Jahren deutlich ruhiger geworden ist, daraufhin, dass die verantwortlichen Familienmitglieder gegenwärtig miteinander auskommen und auf einer professionellen Ebene zusammenwirken. Umgekehrt wäre ein Konzernumbau mit erheblichen Belastungen des operativen Geschäfts verbunden gewesen. Hinzu kommen die laufenden Belastungen durch komplexe und beratungsintensive Organisationsstrukturen, die unter Beibehaltung der tradierten Holdingsstruktur vermieden werden können.[91] Die wahren Gründe lassen sich am Ende freilich nicht weiter aufhellen.

III. Gesellschaftsvertrag der Tchibo GmbH

Im Rahmen der wechselhaften, von unternehmerischen Erfolgen und innerfamiliären Konflikten geprägten Geschichte des Familienunternehmens sind die unterschiedlichen Gesellschaftsverträge des unter der Bezeichnung „Tchibo" firmierenden Kaffeegeschäfts bereits mehrfach angesprochen und in den historischen wie auch gesamtunternehmerischen Kontext eingebettet worden. Im folgenden Abschnitt soll der Fokus auf einzelnen, für die Tchibo GmbH besonders charakteristischen Vertragsklauseln liegen. In diesem Zusammenhang sind gerade Änderungen des Gesellschaftsvertrags und ihr unternehmerischer Hintergrund von besonderem Interesse.

---

90 Zu diesen typischen Zielsetzungen von Familienunternehmen vgl. *Lieder* in Vogt/Fleischer/Kalss, Recht der Familiengesellschaft, 2017, S. 30 f.; *Ulmer* ZIP 2010, 549; vgl. ferner *Stückemann* in Sudhoff, Familiengesellschaften, 2. Aufl. 2005, S. 3 f.; *Holler* DStR 2019, 931 (932 f., 935 f.); *Möschel* ZRP 2011, 116 (117).

91 Zu den Vor- und Nachteilen der SE & Co. KGaA für Familiengesellschaften im Überblick *Lieder* in Vogt/Fleischer/Kalss, Recht der Familiengesellschaft, 2017, S. 54 ff.; monografisch *Begemann*, Die SE & Co. KGaA als Rechtsform für Familienunternehmen (2018).

1. Keine Präambel

Blickt man zunächst auf die Gesamtstruktur der Tchibo GmbH, dann fällt auf, dass dem Gesellschaftsvertrag – anders als bei anderen Familiengesellschaften[92] – keine Präambel vorangestellt ist. Im beratenden Schrifttum wird vielfach empfohlen, sich im Rahmen einleitender Bemerkungen zum Familienunternehmen und den Werten der Familie zu bekennen.[93] Dass dem Gesellschaftsvertrag der Tchibo GmbH kein Eingangsteil vorangestellt ist, leuchtet freilich mit Blick auf die Eigentümerstruktur der Gesellschaft ohne Weiteres ein, befindet sie sich doch im Alleineigentum der maxingvest ag.

Aber auch die Satzung der Familienholdung verzichtet auf einen Vorspann und beginnt sogleich mit Firma und Sitz, die in § 1 geregelt sind. Über die Gründe für die Zurückhaltung der Familiengesellschaft lässt sich nur spekulieren. Zum einen passt die Zurückhaltung zur allgemeinen Kommunikationspolitik der Familie *Herz*, die auf höchste Diskretion bedacht ist. Zum anderen dürfte es zwischen den an der maxingvest ag beteiligten Teilhabern einen – öffentlich nicht zugänglichen – Konsortialvertrag geben, in dem ein Bekenntnis zum Familienunternehmen niedergelegt sein mag. Davon abgesehen ist in der kautelarjuristischen Praxis in letzter Zeit ein Trend zum Verzicht auf Präambeln zu beobachten, um zu vermeiden, dass diese Eingangstexte Unsicherheiten in die Interpretation der gesellschaftsvertraglichen Regelungen hineintragen, mit der Zeit ihre ursprüngliche Relevanz für die Geschäftstätigkeit verlieren und stattdessen eine strategische Neuausrichtung verhindern.[94] Umgekehrt passt es zum spartanischen Gesamtcharakter der hier in den Blick genommenen gesellschaftsvertraglichen Grundlagen, dass man auch eine salvatorische Klausel, die sich in der Kautelarpraxis im Allgemeinen großer Beliebtheit erfreut,[95] in beiden Vertragswerken vergeblich sucht.

92 Vgl. *Scherer* in Scherer/Blanc/Kormann/Groß/Wimmer, Familienunternehmen, 2. Aufl. 2012, Kap. 4 Rn. 99; *Fleischer/Mock* NZG 2020, 161 (165).

93 Dezidiert etwa *Holler* DStR 2019, 931 (933 f.).

94 Vgl. *Fleischer/Mock* NZG 2020, 161 (165).

95 Zu Teilnichtigkeits- und Ersetzungsklauseln ausf. *Sommer/Weitbrecht* GmbHR 1991, 449 ff.; vgl. im Kontext exemplarischer Gesellschaftsverträge und Satzungen *Fleischer/Mock* NZG 2020, 161 (168).

2. Zwingender Satzungsinhalt

Die allgemeinen Bestimmungen im Gesellschaftsvertrag der Tchibo GmbH sind eher unspektakulär. Neben Firma („TCHIBO GmbH“) und Sitz in Hamburg (§ 1) ist die Gesellschaft auf unbestimmte Zeit errichtet (§ 3 Abs. 1). Das Geschäftsjahr entspricht dem Kalenderjahr (§ 3 Abs. 2) und Bekanntmachungen erfolgen ausschließlich im Bundesanzeiger (§ 4). Durchaus bemerkenswert ist das Stammkapital der Gesellschaft, das 40,5 Mio. Euro beträgt und voll eingezahlt ist (§ 5). Dass zudem Geschäftsanteile, die sich in der Hand eines Gesellschafters befinden, mit dessen Zustimmung durch Gesellschafterbeschluss zusammengelegt oder geteilt werden können (§ 6), ist gegenwärtig mit Blick auf die alleinige Gesellschafterstellung der maxingvest ag praktisch ohne Belang.[96] Sollte es hingegen künftig zu Veränderungen im Gesellschafterkreis der Tchibo GmbH kommen, lassen sich Konflikte über den Zuschnitt von Geschäftsanteilen durch eine solche Regelung minimieren.[97] Besondere Erwähnung verdient der auf Röstkaffee ausgerichtete Unternehmensgegenstand, der in § 2 wie folgt festgeschrieben ist:

> „(1) Gegenstand des Unternehmens sind die Ein- und Ausfuhr, die Herstellung, Be- und Verarbeitung von sowie der Groß-, Einzel- und Versandhandel mit Lebens- und Genussmitteln, insbesondere Röstkaffee, sonstige Konsumgüter und anderen Waren, ferner die Erbringung von Dienstleistungen jeder Art.
>
> (2) Die Gesellschaft ist berechtigt, alle Geschäfte zu tätigen und alle Maßnahmen zu ergreifen, die mit dem Gegenstand des Unternehmens zusammenhängen oder ihn zu fördern oder zu erreichen geeignet erscheinen. Zu diesem Zweck kann die Gesellschaft im In- und Ausland auch andere Unternehmen oder Zweigniederlassungen errichten, erwerben oder veräußern, sich an anderen Industrie-, Handels- und Dienstleistungsunternehmen beteiligen oder mit anderen Unternehmen Interessengemeinschafts- und Unternehmensverträge abschließen.“

---

96 Dementsprechend findet sich in Formularen und Mustern für Einpersonen-GmbH typischerweise auch keine Regelung über Zusammenlegung und Teilung von Geschäftsanteilen; vgl. etwa *Haasen* in Lorz/Pfisterer/Gerber, Beck'sches Formularbuch GmbH-Recht, 2010, Muster C I 1; *Wälzholz* in Fuhrmann/Wälzholz, Formularbuch Gesellschaftsrecht, 3. Aufl. 2018, Muster M 13.1; *Walz*, Beck'sches Formularbuch Zivil-, Wirtschafts- und Unternehmensrecht, 4. Aufl. 2018, Muster J II 1.

97 Zur Bedeutung des Gesellschaftsvertrags als Instrument der Konfliktvermeidung ausf. *Fabis*, Gesellschaftsvertragliche und individualvertragliche Instrumentarien zur Vermeidung und Lösung von Gesellschafterkonflikten in Familienunternehmen, 2007, S. 87 ff.

3. Beherrschungs- und Gewinnabführungsvertrag

Von der Konzernklausel am Ende von § 2 Abs. 2 des Gesellschaftsvertrags hat die Tchibo GmbH durch Abschluss eines Beherrschungs- und Gewinnabführungsvertrages mit der heute als maxingvest ag firmierenden Holdingsgesellschaft Gebrauch gemacht. Nach einer Änderung im Jahre 2006 besteht der Unternehmensvertrag bis in die Gegenwart fort. Bei der Tchibo GmbH handelt es sich damit um eine von insgesamt etwa 30.000 beherrschungsvertraglich konzernierten GmbH deutschlandweit.[98] Das ist durchaus bemerkenswert, weil es sich bei dem Familienunternehmen um eine Einpersonen-GmbH handelt.[99] Mit Blick auf die Weisungsgebundenheit der Geschäftsführer der abhängigen GmbH nach § 37 Abs. 1 GmbHG und das Fehlen außenstehender Gesellschafter ergibt der Beherrschungsvertrag für die maxingvest ag als Alleingesellschafterin aus gesellschaftsrechtlicher Perspektive prima vista wenig Sinn.[100] Auch aus körperschaftsteuerrechtlichen Gründen besteht seit 2001 keine Notwendigkeit für eine Beherrschungsabrede. Allein für die umsatzsteuerliche Organschaft kann aus dem Abschluss eines Beherrschungsvertrags auf die nötige organisatorische Eingliederung nach Maßgabe des § 2 Abs. 2 Nr. 2 UStG geschlossen werden.[101] Auch wenn das notwendige Eingliederungsniveau auch mittels personeller Verflechtung zwischen den Leitungsorganen des herrschenden und abhängigen Unternehmens erreicht werden kann,[102] ist dies in einem so großen Konzern nicht ohne Weiteres zu bewerkstelligen. Gleichwohl zeigt ein Abgleich des Führungspersonals in der maxingvest ag einerseits und der Tchibo GmbH andererseits, dass es durchaus einige Doppelmandatare gibt. Zum einen sitzen *Wolfgang Herz*, *Matthias Baumgart* und *Arno Bayer* in beiden Aufsichtsräten. Zum anderen gehören *Michael Herz*, *Martin Hansson* und *Thomas Holzgreve* sowohl dem Vorstand der maxingvest ag und dem Aufsichtsrat der Tchibo GmbH an. Schließlich erscheint der Fortbestand des Unternehmensvertrags mit Blick auf die künftige unternehmerische Entwicklung und Personalpolitik durchaus zweckmäßig.[103] Davon abgesehen

---

98 Für eine empirische Rundschau der vertraglich beherrschten GmbH vgl. *Lieder/Hoffmann* GmbHR 2019, 1261 ff.

99 Speziell zu Beherrschungsverträgen bei Einpersonen-GmbH vgl. *Lieder/Hoffmann* GmbHR 2019, 1261 (1271 f.).

100 Maßgeblich waren die Änderungen durch das zum 1. 1. 2001 in Kraft getretene StSenkG vom 23. 10. 2000, BGBl. I, S. 1433; vgl. noch *Lieder/Hoffmann* GmbHR 2019, 1261 (1263 Fn. 17).

101 BFH DStR 2017, 1653; vgl. zuvor bereits BMF DStR 2013, 593.

102 Vgl. Abschn. 2.8 Abs. 8 und Abs. 9 UStAE.

103 Zu weiteren Instrumenten der organisatorischen Eingliederung für die umsatzsteuerliche Organschaft vgl. BFH GmbHR 2017, 263; ausf. *Wagner/Marchal* DStR 2017, 2150 (2153 ff.).

mögen es auch historische Gründe sein, die den Familienkonzern dazu bewogen haben, an dem hergebrachten Beherrschungs- und Gewinnabführungsvertrag – trotz der Änderung im Jahre 2006 – im Ergebnis festzuhalten. Das gilt umso mehr, als die Ergänzung eines Gewinnabführungsvertrags um eine Beherrschungsvereinbarung mit keinen zusätzlichen Kosten verbunden ist.[104]

4. Geschäftsführung

Nach den allgemeinen Grundsätzen der mitbestimmten GmbH bestellt der Aufsichtsrat nach Maßgabe des § 7 Abs. 2 Satz 1 die Geschäftsführer, über deren Zahl allerdings die Gesellschafterversammlung bestimmt (§ 7 Abs. 1 Satz 2). Erwähnenswert ist die Bestimmung, dass der Aufsichtsrat vor der Beschlussfassung über die Geschäftsführerbestellung die Stellungnahme der Gesellschafterversammlung einholen soll. Damit werden Personalentscheidungen an den Willen der Familiengesellschafter der maxingvest ag rückgebunden. Dass man sich für eine Sollvorschrift entschieden hat, ist offenbar dem Umstand geschuldet, dass die Bestellungskompetenz in der paritätisch mitbestimmten GmbH ausschließlich beim Aufsichtsrat liegt,[105] der seine Entscheidung jedenfalls nicht von einem bindenden Votum der Gesellschaftsversammlung abhängig machen darf.

Ungeachtet der tatsächlichen Zusammensetzung des Überwachungsorgans können die Familienmitglieder über ihre Beteiligung am Alleingesellschafter der Tchibo GmbH auf die Auswahl der Geschäftsführung Einfluss nehmen, namentlich durch Gespräche mit aktuellen Aufsichtsratsmitgliedern, die im Ernstfall nach § 9 Abs. 8 – in Abweichung von § 103 Abs. 1 Satz 3 AktG iVm. § 6 Abs. 2 Satz 1 MitbestG – durch einfachen Gesellschafterbeschluss abberufen werden können, auch wenn kein wichtiger Grund vorliegt. Durch die gesellschaftsvertraglich zulässige[106] Absenkung des Beschlussquorums wird sichergestellt, dass Auf-

---

104 Dazu näher *Lieder/Hoffmann* GmbHR 2019, 1261 (1272).

105 Vgl. *Liebscher* in Münch. Komm. z. GmbHG, 3. Aufl. 2019, § 46 Rn. 100; *Spindler* in Münch. Komm. z. GmbHG, 2. Aufl. 2019, § 52 Rn. 390; *Zöllner/Noack* in Baumbach/Hueck GmbHG, 22. Aufl. 2019, § 52 Rn. 302; *Giedinghagen* in Michalski/Heidinger/Leible/J. Schmidt GmbHG, 3. Aufl. 2017, § 52 Rn. 271 f.; *Bayer* in Lutter/Hommelhoff GmbHG, 20. Aufl. 2020, § 46 Rn. 24, § 52 Rn. 2.

106 Vgl. *Heermann* in Ulmer/Habersack/Löbbe, GmbHG, 2. Aufl. 2014, § 52 Rn. 200 iVm. Rn. 52; *Spindler* in Münch. Komm. z. GmbHG, 2. Aufl. 2019, § 52 Rn. 203; *Schneider/Seyfarth* in Scholz GmbHG, 12. Aufl. 2018, § 52 Rn. 255; *Zöllner/Noack* in Baumbach/Hueck GmbHG, 22. Aufl. 2019, § 52 Rn. 47.

sichtsratsmitglieder nicht nur deshalb im Amt bleiben, weil sie nur noch das Vertrauen einer Gesellschafterminderheit haben.[107]

Ein zweites Element der mittelbaren Einflussnahme durch die Unternehmerfamilie besteht nach § 7 Abs. 3 darin, dass der Gesellschafterversammlung die Aufstellung allgemeiner Richtlinien und Rahmenbedingungen für die Anstellungsverträge der Geschäftsführer und für deren Altersversorgung obliegt. Das ist rechtlich ohne Weiteres zulässig,[108] auch wenn der Abschluss des Anstellungsvertrags selbst nach zutreffender hM dem Aufsichtsrat obliegt.[109] Drittens kann die Gesellschafterversammlung auf die Verfahrensabläufe dadurch einwirken, dass sie für die Geschäftsführung unter Berücksichtigung von § 33 MitbestG eine Geschäftsordnung erlässt. Schließlich weist der maßgebliche § 8 Abs. 4 des Gesellschaftsvertrages klarstellend darauf hin, dass „die Geschäftsführung den ihr durch Beschluss der Gesellschafter im Rahmen des gesetzlichen Zulässigen erteilten allgemeinen und besonderen Weisungen" unterliegt.

5. Altersgrenze

Hervorhebenswert erscheint weiterhin eine Regelung, die im Jahre 2016 aus dem Gesellschaftsvertrag getilgt worden ist. Noch in der vom 25. September 2007 datierenden Version war in § 9 Abs. 8 Satz 2 die Bestimmung zu finden, dass die Amtszeit der Aufsichtsratsmitglieder „ohne Widerruf mit der Beendigung der ersten nach Vollendung des 72. Lebensjahres des Aufsichtsratsmitglieds stattfindenden ordentlichen Gesellschafterversammlung" ende. In der aktuellen Version ist diese Regelung nicht mehr enthalten. Der Hintergrund ist durchaus naheliegend, erreichte der im Jahre 1943 geborene *Michael Herz* doch schon 2015 die Altersgrenze und wäre ohne Änderung des Gesellschaftsvertrags aus dem Überwachungsorgan ausgeschieden, dessen Vorsitzender er übrigens auch heute[110] noch ist. Zudem gehörte *Michael Herz* noch bis zum 29. April 2020 dem Aufsichtsrat der

---

107 Vgl. *Heermann* in Ulmer/Habersack/Löbbe, GmbHG, 2. Aufl. 2014, § 52 Rn. 200 iVm. Rn. 52.
108 *Heermann* in Ulmer/Habersack/Löbbe, GmbHG, 2. Aufl. 2014, § 52 Rn. 304 aE; *Oetker* in Erf. Komm. z. AR, 20. Aufl. 2020, § 31 Rn. 2; *Habersack* in Habersack/Henssler, MitbestR, 4. Aufl. 2018, § 31 MitbestG Rn. 40a; *Seibt* in Henssler/Willemsen/Kalb, AR Komm., 8. Aufl. 2018, § 31 Rn. 2; *Konzen* GmbHR 1983, 92 (93).
109 BGHZ 89, 48 (52 ff.); *Baukelmann* in Rowedder/Schmidt-Leithoff, GmbHG, 6. Aufl. 2017, § 35 Rn. 18; *Zöllner/Noack* in Baumbach/Hueck, GmbHG, 22. Aufl. 2019, § 52 Rn. 303; *Oetker* in Großkomm. z. AktG, 4. Aufl. 2009, § 31 MitbestG Rn. 19; *Hommelhoff* in Lutter/Hommelhoff, GmbHG, 20. Aufl. 2020, § 52 Rn. 2.
110 Stand: 7. 5. 2020.

Beiersdorf AG an,[111] was namentlich vonseiten der Aktionärsschützer in der Vergangenheit kritisiert worden ist.[112] Ihm folgte sein sieben Jahre jüngerer Bruder *Wolfang Herz* im Aufsichtsratsamt nach. Schließlich wurde 2016 auch die Altersgrenze aus § 9 Abs. 7 der Satzung der maxingvest ag gestrichen. Das ermöglichte *Wolfgang Peiner*, weiland Hamburger Finanzsenator, den Verbleib im Aufsichtsrat der Familienholding.[113] Für den Vorstand bestehen ebenfalls keine Grenzen, so dass *Michael Herz* auch nach seinem Rückzug aus dem Beiersdorf-Aufsichtsrat weiterhin als Vorstand der Familienholding tätig sein kann und wird.[114]

Die Streichung der Altersgrenze ist kein ungewöhnlicher Vorgang. Allerdings werden Altersgrenzen gemeinhin vereinbart, um Streitigkeiten innerhalb der Familie zu vermeiden und eine geordnete Nachfolgeplanung zu ermöglichen.[115] Zumindest das letzte – übergeordnete – Regelungsziel wird mit Streichung der Vorschrift verfehlt. Das muss mit Blick auf die Unternehmensgeschichte und die Auseinandersetzungen zwischen *Günter* und *Michael Herz* geradezu ironisch erscheinen, weil der Family-Buy-out von *Günter Herz* letztlich auf dem Vorwurf gründete, dass er – gegen den Willen des von *Michael Herz* dominierten Aufsichtsrats – keinen externen Manager als Nachfolger aufbaute.

Davon abgesehen entspricht die Festsetzung von Altersgrenzen heute den Grundsätzen guter Corporate Governance. Empfohlen wird sie nach Maßgabe von Ziff. B.5 und Ziff. C.2 DCGK 2020 sowohl für Vorstands- als auch für Aufsichtsratsmitglieder börsennotierter Gesellschaften. Die hinter diesen Empfehlungen stehenden Grundgedanken beanspruchen aber auch für nicht kapitalmarktorientierte Unternehmen Geltung. Denn ein überaltertes Führungs- oder Kontrollgremium kann eine Gefahr für die Effizienz von Leitung und Überwachung darstellen.[116]

Dieser Aspekt hat auch vor den Anforderungen des Allgemeinen Gleichbehandlungsgesetzes (AGG) Bestand. Auch wenn es bisher an höchstrichterlicher Rechtsprechung zu diesem Punkt fehlt, wird man mit Blick auf die Anwendung der §§ 2 Abs. 1 Nr. 1, 6 Abs. 3 AGG auf GmbH-Geschäftsführer durch den II. Zivilsenat des BGH[117] schwerlich Aufsichtsratsmitglieder vollständig aus dem Anwendungsbereich des AGG herausnehmen können.[118] In den letzten beiden Dekaden hat sich das Berufsbild des Aufsichtsrats erheblich verändert und verfügt heute

111 Zum Ausscheiden vgl. *Müßgens* FAZ vom 30. 4. 2020, S. 26.
112 Vgl. *Holst* Lebensmittel Zeitung vom 3. 6. 2016, S. 4.
113 Vgl. *Holst* Lebensmittel Zeitung vom 3. 6. 2016, S. 4.
114 *Müßgens* FAZ vom 30. 4. 2020, S. 26.
115 Vgl. *Blaum/Scholz* in Hoffmann-Becking/Gebele, Beck'sches Formularbuch Bürgerliches, Handels- und Wirtschaftsrecht, 13. Aufl. 2019, VIII D 2 Rn. 20.
116 Vgl. *Hopt/Roth* in Großkomm. z. AktG, 5. Aufl. 2019, § 100 Rn. 222.
117 BGHZ 193, 110 Rn. 16 ff.

über deutliche Konturen. Zunehmend üben Organmitglieder ihre Überwachungstätigkeit hauptberuflich aus und erzielen hieraus signifikante Einkünfte. Dementsprechend führt an einer grundsätzlichen Anwendbarkeit des AGG im Ergebnis kein Weg vorbei. Allerdings vermag § 8 AGG, der eine Differenzierung wegen beruflicher Anforderungen zulässt, zumindest eine Altersgrenze ab 70 Jahre zu rechtfertigen.[119] Es bestand demnach zumindest kein rechtlicher Grund dafür, die Altersgrenze von 72 Jahren ersatzlos zu streichen.

6. Gesellschafterausschuss

Ein letztes Gestaltungsinstrument, das für Familiengesellschaften typisch ist und im Zusammenhang mit der Tchibo GmbH zur Sprache kommen soll, ist der Gesellschafterausschuss (§§ 19–21). Als das Unternehmen im Jahre 2007 die bisher schwerste Krise der Unternehmensgeschichte zu durchleiden hatte, sollten weitreichende Änderungen im operativen Geschäft, aber auch in der Unternehmensorganisation das Unternehmen wieder zurück in die Gewinnzone befördern.[120] Bei den damit verbundenen personellen Änderungen kam *Michael Herz* einmal mehr eine Schlüsselrolle zu. Er hatte es zunächst auf den Vorsitz des Aufsichtsrats der Tchibo GmbH abgesehen, verzichtete aber später auf den Posten. Stattdessen wurde auf Grundlage der am 22. August 2007 beschlossenen Änderungen des Gesellschaftsvertrags ein Gesellschafterausschuss eingerichtet, der die Neuausrichtung des Unternehmens steuern sollte. Der Ausschuss sollte aus sechs bis acht Personen bestehen, *Michael Herz* den Vorsitz führen. Aus Kreisen des neuen Gremiums hieß es: „Der Ausschuss wird flexibler und leichtgängiger sein als der Aufsichtsrat".[121] Die leichtere Gangart des Gremiums mochte auch daraus resultieren, dass dem Gesellschafterausschuss – anders als dem Aufsichtsrat – keine Arbeitnehmervertreter angehören sollten. In organisatorischer Hinsicht sollte der Ausschuss alle zwei Monate zusammenkommen und über wesentliche unternehmerische Entscheidungen befinden.

---

118 So aber *Kremer* in Kremer/Bachmann/Lutter/von Werder, DCGK, 7. Aufl. 2018, Rn. 1325; *Mertens/Cahn* in Kölner Komm. z. AktG, 3. Aufl. 2013, § 100 Rn. 47.

119 Vgl. OLG München ZIP 2009, 133 (134); *Hopt/Roth* in Großkomm. z. AktG, 5. Aufl. 2019, § 100 Rn. 223; vgl. weiter *Drygala* in K. Schmidt/Lutter, AktG, 3. Aufl. 2015, § 100 Rn. 31a; *Spindler* in Spindler/Stilz, AktG, 4. Aufl. 2019, § 100 Rn. 10 f.; *Wilsing* in Wilsing, DCGK, 2012, Ziff. 5.4.1 Rn. 9; *Eßer/Baluch* NZG 2007, 321 (329); *Lutter* BB 2007, 725 (729 f.).

120 Dazu und zum Folgenden: *Seiwert* WiWo 2007, Heft 17, S. 58.

121 *Seiwert* WiWo 2007, Heft 17, S. 58.

Aus organisationsrechtlicher Perspektive handelte es sich bei dem Gesellschafterausschuss um eine besondere Spielart des Beirats, der primär darauf ausgerichtet ist, die spezifischen Interessen der Gesellschafter in den innergesellschaftlichen Entscheidungsfindungsprozess einzubringen.[122] In rechtlicher Hinsicht wirft die Einrichtung eines solchen – fakultativen – Gesellschaftsorgans insbesondere die Frage nach der Kompetenzabgrenzung zur Geschäftsführung und zu einem obligatorischen (paritätisch mitbestimmten) Aufsichtsrat auf. Wie die Problemstellung für den Gesellschafterausschuss der Tchibo GmbH aufzulösen ist, erschließt sich aus dem Gesellschaftsvertrag indes nicht, weil dessen Zuständigkeiten nur sehr kursorisch umrissen sind. Konkret hat der Gesellschafterausschuss „die ihm von der Gesellschafterversammlung übertragenen Aufgaben“ (§ 20 Abs. 1), welche die Gesellschafterversammlung „jederzeit auch ohne Angabe von Gründen allgemein oder im Einzelfall anpassen oder entziehen“ kann (§ 20 Abs. 2).

Diese Regelungen eröffnen den an der Holdingsgesellschaft beteiligten Familienmitgliedern letztlich eine umfassende Übertragung von Leitungs- und Überwachungsaufgaben auf den Gesellschafterausschuss – freilich stets im Rahmen des rechtlich Zulässigen. Es dürfte aber im Ergebnis außer Frage stehen, dass die Einrichtung und Tätigkeit eines solchen Gesellschafterausschusses geeignet ist, das Machtgefüge – vor allem in Abgrenzung zum mitbestimmten Aufsichtsrat – noch weiter in Richtung der Familiengesellschafter zu verschieben, und zwar ohne dass diese Machtverschiebung sich im Detail aus den publikationspflichtigen Dokumenten der Tchibo GmbH ersehen ließe. Überhaupt lässt sich unter Heranziehung öffentlich zugänglicher Quellen weder die Einsetzung des Ausschusses verifizieren, noch lassen sich konkrete Maßnahme nachweisen. Hier werden einmal mehr die Grenzen deutlich, die einer Analyse von Gesellschaftsrechtsverträgen und der gelebten Unternehmenswirklichkeit gerade in auf Diskretion bedachten Familiengesellschaften gezogen sind.

IV. Zusammenfassung und Schluss

Die Geschichte der Tchibo GmbH, der Unternehmerfamilie *Herz* und der von ihr beherrschten Familienholding bilden ein facettenreiches Stück deutscher Unternehmensgeschichte. Zugleich manifestieren sind in den Erfolgen und Misserfol-

122 Vgl. *Giedinghagen* in Michalski/Heidinger/Leible/J. Schmidt, GmbHG, 3. Aufl. 2017, § 52 Rn. 399; *Zöllner/Noack* in Baumbach/Hueck, GmbHG, 22. Aufl. 2019, § 45 Rn. 19; *Spindler* in Münch. Komm. z. GmbHG, 3. Aufl. 2019, § 52 Rn. 714; *Sigle* NZG 1998, 619.

gen des Unternehmens die Vorzüge und Schwächen von Familiengesellschaften im Allgemeinen. Auf der einen Seite erlebte Tchibo geprägt durch *Max Herz* als außergewöhnliche Unternehmerpersönlichkeit in den Nachkriegsjahren sein ganz eigenes Wirtschaftswunder. Auf der anderen Seite löste das unklare Testament des Unternehmensgründers tiefgehende Auseinandersetzungen der zweiten Generation aus, die nach dem Tod des Patriarchen den innergesellschaftlichen Frieden auf eine harte Probe stellten und letztlich in einem Family-Buy-out gipfelten. Die Story zeigt, welche Bedeutung einer geordneten Nachfolgeplanung in Familienunternehmen zukommt und wie wichtig in diesem Zusammenhang klare testamentarische und gesellschaftsvertragliche Regelungen sind.[123] Welche Schwierigkeiten die Nachfolgeplanung respektive ein geordneter Übergang den Familiengesellschaftern bereitet, manifestiert sind aber auch in den Änderungen von Gesellschaftsverträgen der Unternehmensgruppe in der jüngeren Vergangenheit. Dass die ersatzlose Streichung von Altersgrenzen tatsächlich im besten Interesse des Unternehmens lag, mag man durchaus bezweifeln. Einen Beitrag zu guter Corporate Governance leistet sie jedenfalls nicht. Umgekehrt erweist sich die GmbH einmal mehr auch bei Tchibo als nachgerade ideale Gesellschaftsform für ein Familienunternehmen. Der Gesellschaftsvertrag der Tchibo GmbH darf als ein Beispiel für besonders spartanische Kautelarjurisprudenz gelten. Seine Funktion erfüllt der Gesellschaftsvertrag auch ohne weitschweifige Regelungen. Das gilt umso mehr, als die Geschäftsanteile der Tchibo GmbH ausschließlich von der maxingvest ag gehalten werden. Die gewählte Holdingsstruktur mag letztlich auch ein maßgeblicher Grund dafür gewesen sein, dass das operative Geschäft der Tchibo GmbH von den innerfamiliären Auseinandersetzung weitgehend unberührt geblieben ist.

123 Für ein Gegenbeispiel vgl. *Fleischer/Tittel* FuS 2020, 10 (17) zu Sal. Oppenheim Jr. & Cie.

Anhang – Gesellschaftsvertrag

Gesellschaftsvertrag der TCHIBO GmbH mit Sitz in Hamburg in der nach Eintragung der am 28. April 2016 beschlossenen Neufassung, URNr. 00932/2016

I. ALLGEMEINE BESTIMMUNGEN

§ 1 Firma und Sitz

(1) Die Firma der Gesellschaft lautet TCHIBO GmbH.

(2) Die Gesellschaft hat ihren Sitz in Hamburg.

§ 2 Gegenstand des Unternehmens

(1) Gegenstand des Unternehmens sind die Ein- und Ausfuhr, die Herstellung, Be- und Verarbeitung von sowie der Groß-, Einzel- und Versandhandel mit Lebens- und Genussmitteln, insbesondere Röstkaffee, sonstigen Konsumgütern und anderen Waren, ferner die Erbringung von Dienstleistungen jeder Art.

(2) Die Gesellschaft ist berechtigt, alle Geschäfte zu tätigen und alle Maßnahmen zu ergreifen, die mit dem Gegenstand des Unternehmens zusammenhängen oder ihn zu fördern oder zu erreichen geeignet erscheinen. Zu diesem Zweck kann die Gesellschaft im In- und Ausland auch andere Unternehmen oder Zweigniederlassungen errichten, erwerben oder veräußern, sich an anderen Industrie-, Handels- und Dienstleistungsunternehmen beteiligen oder mit anderen Unternehmen Interessengemeinschafts- und Unternehmensverträge abschließen.

§ 3 Dauer, Geschäftsjahr

(1) Die Gesellschaft ist auf unbestimmte Zeit errichtet.

(2) Das Geschäftsjahr entspricht dem Kalenderjahr.

§ 4 Bekanntmachung

Bekanntmachungen der Gesellschaft erfolgen ausschließlich im Bundesanzeiger.

II. STAMMKAPITAL UND GESCHÄFTSANTEILE

§ 5 Stammkapital

(1) Das Stammkapital der Gesellschaft beträgt € 40.500.000,00 (in Worten: Vierzig Millionen Fünfhundertausend).

(2) Das Stammkapital ist voll eingezahlt.

§ 6 Zusammenlegung und Teilung von Geschäftsanteilen

Geschäftsanteile, die sich in der Hand eines Gesellschafters befinden, können mit dessen Zustimmung durch Gesellschafterbeschluss zusammengelegt oder geteilt werden.

III. DIE GESCHÄFTSFÜHRUNG

§ 7 Zusammensetzung, Bestellung

(1) Die Geschäftsführung besteht aus mindestens zwei Mitgliedern. Im Übrigen bestimmt die Gesellschafterversammlung die Zahl der Geschäftsführer.

(2) Die Bestellung der Geschäftsführer erfolgt durch den Aufsichtsrat. Der Aufsichtsrat kann ein Mitglied der Geschäftsführung zum Vorsitzenden oder Sprecher ernennen. Vor der Beschlussfassung soll die Stellungnahme der Gesellschafterversammlung eingeholt werden.

(3) Die Aufstellung allgemeiner Richtlinien und Rahmenbedingungen für die Anstellungsverträge der Geschäftsführer und für deren Altersversorgung obliegt der Gesellschafterversammlung. Sie kann diese Aufgabe zur selbständigen Erledigung auf einen von ihr gebildeten Gesellschafterausschuss übertragen.

§ 8 Vertretung, Führung der Geschäfte

(1) Die Gesellschaft wird durch zwei Geschäftsführer oder durch einen Geschäftsführer in Gemeinschaft mit einem Prokuristen vertreten.

(2) Zur Führung der Geschäfte der Gesellschaft sind sämtliche Geschäftsführer gemeinsam berechtigt und verpflichtet, soweit nicht eine für die Geschäftsführung erlassene Geschäftsordnung etwas Abweichendes bestimmt.

(3) Die Geschäftsführung fasst ihre Beschlüsse mit einfacher Mehrheit. Ist ein Vorsitzender ernannt, so gibt seine Stimme bei Stimmengleichheit den Ausschlag. Anderenfalls ist die Entscheidung der Gesellschafterversammlung einzuholen.

(4) Die Gesellschafterversammlung kann für die Geschäftsführung eine Geschäftsordnung erlassen. Bei dem Erlass der Geschäftsordnung ist § 33 MitbestG zu beachten. Im Übrigen unterliegt die Geschäftsführung den ihr durch Beschluss der Gesellschafter im Rahmen des gesetzlich Zulässigen erteilten allgemeinen und besonderen Weisungen.

(5) Macht die Gesellschafterversammlung von ihrem Recht zum Erlass einer Geschäftsordnung für die Geschäftsführung keinen Gebrauch, so gibt sich die Geschäftsführung durch einstimmigen Beschluss unter Berücksichtigung des § 33 MitbestG selbst eine Geschäftsordnung. Diese Geschäftsordnung bedarf der Zustimmung der Gesellschafterversammlung. Die Gesellschafterversammlung kann die von der Geschäftsführung beschlossene Geschäftsordnung ändern und ergänzen. Abs. (4) Satz 3 bleibt unberührt.

(6) Durch Beschluss der Gesellschafterversammlung können Geschäftsführer von den Beschränkungen des § 181 BGB befreit werden.

IV. DER AUFSICHTSRAT

§ 9 Zusammensetzung und Amtszeit

(1) Der Aufsichtsrat besteht aus zwölf Mitgliedern, von denen sechs von der Gesellschafterversammlung nach den Vorschriften des GmbH-Gesetzes und sechs von den Arbeitnehmern nach den Vorschriften des Mitbestimmungsgesetzes gewählt werden.

(2) Die Bestellung der Aufsichtsratsmitglieder erfolgt jeweils für eine Amtszeit bis zur Beendigung der Gesellschafterversammlung, in der über die Entlastung für das vierte Geschäftsjahr nach dem

Beginn der Amtszeit beschlossen wird; das Geschäftsjahr, in dem die Amtszeit beginnt, wird nicht mitgerechnet.

(3) Wird ein Aufsichtsratsmitglied anstelle eines ausscheidenden Mitgliedes gewählt, erfolgt die Neuwahl nur für die restliche Amtszeit des Aufsichtsrates.

(4) Für die von der Gesellschafterversammlung gewählten Aufsichtsratsmitglieder können Ersatzmitglieder bestellt werden. Werden mehrere Ersatzmitglieder für mehrere Aufsichtsratsmitglieder bestellt, ist bei der Wahl die Reihenfolge zu bestimmen, in der sie für ausscheidende Aufsichtsratsmitglieder nachrücken.

(5) Tritt ein Ersatzmitglied an die Stelle des Ausgeschiedenen, so erlischt sein Amt, falls nach Eintritt des Ersatzfalles eine Neuwahl für den Ausgeschiedenen stattfindet mit Beendigung dieser Gesellschafterversammlung, andernfalls mit Ablauf der restlichen Amtszeit des Ausgeschiedenen.

(6) Das bestellte Ersatzmitglied tritt nicht für ein ausscheidendes Aufsichtsratsmitglied in den Aufsichtsrat ein, wenn die Gesellschafterversammlung vor dem Ausscheiden eines Aufsichtsratsmitgliedes einen Nachfolger wählt.

(7) Jedes Aufsichtsratsmitglied und jedes Ersatzmitglied kann sein Amt unter Einhaltung einer Frist von einem Monat auch ohne wichtigen Grund durch schriftliche Erklärung gegenüber der Geschäftsführung niederlegen.

(8) Die von den Gesellschaftern gewählten Aufsichtsratsmitglieder können durch Beschluss der Gesellschafterversammlung mit der Mehrheit der abgegebenen Stimmen abberufen werden, auch wenn kein wichtiger Grund vorliegt.

§ 10 Vorsitzender, stellvertretender Vorsitzender, Ausschüsse

(1) Der Aufsichtsrat wählt für seine Amtszeit unmittelbar nach der Gesellschafterversammlung, die alle Aufsichtsratsmitglieder der Anteilseigner neu gewählt hat, in einer ohne besondere Einladung stattfindenden Sitzung aus seiner Mitte einen Vorsitzenden und dessen Stellvertreter. Fällt einer der Vorgenannten während der Amtszeit fort, so hat der Aufsichtsrat unverzüglich eine Ergänzungswahl für die restliche Amtszeit des Fortgefallenen vorzunehmen.

(2) Vorbehaltlich eines anderweitigen Beschlusses des Aufsichtsrates wird die konstituierende Sitzung von dem bisherigen Vorsitzenden des Aufsichtsrates oder – falls dieser dem Aufsichtsrat nicht mehr angehört – von dem nach Lebensjahren ältesten anwesenden Aufsichtsratsmitglied der Anteilseigner geleitet.

(3) Der Aufsichtsrat kann aus seiner Mitte einen Personalausschuss sowie weitere Ausschüsse bilden und ihnen im Rahmen des gesetzlich Zulässigen einzelne seiner Aufgaben und Rechte zur selbständigen Wahrnehmung übertragen. § 27 Abs. (3) MitbestG bleibt unberührt.

(4) Für die Beschlussfassung in den Ausschüssen gilt § 11 Abs. (1) Satz 1 und 4, § 11 Abs. (2) Satz 1, Abs. (3) bis (5), (7), (8) und (9) S. 1 und 2 entsprechend. Bei Stimmengleichheit gibt die Stimme des Ausschussvorsitzenden den Ausschlag, soweit nicht zwingende gesetzliche Vorschriften entgegenstehen.

(5) Erklärungen des Aufsichtsrates und seiner Ausschüsse gibt der Vorsitzende des Aufsichtsrates ab, sofern nicht der Aufsichtsrat im Einzelfall etwas anderes beschließt.

§ 11 Innere Ordnung und Beschlussfassung

(1) Der Vorsitzende beruft die Sitzungen des Aufsichtsrates ein und bestimmt Ort und Zeit der Versammlung. Die Einladung erfolgt regelmäßig in schriftlicher Form unter der der Geschäftsführung zuletzt schriftlich (auch in Textform) bekannt gegebenen Anschrift. Sie kann auch in Textform (z.B. durch Telefax oder E-Mail), mündlich oder fernmündlich erfolgen. Der Vorsitzende kann eine einberufene Sitzung nach pflichtgemäßem Ermessen aufheben oder verlegen.

(2) Mit der Einladung ist die Tagesordnung sowie Ort und Zeit der Sitzung bekanntzugeben. Die Beschlussvorschläge sind so konkret zu bezeichnen, dass abwesende Aufsichtsratsmitglieder von ihrem Recht zur schriftlichen Stimmabgabe gemäß Absatz (4) Satz 2 Gebrauch machen können.

(3) Der Vorsitzende leitet die Sitzung und bestimmt die Reihenfolge der Verhandlungsgegenstände und die Art und Reihenfolge der Abstimmung. Erkann die Beratung und Beschlussfassung über einzelne Gegenstände der Tagesordnung nach pflichtgemäßem Ermessen vertagen. Er bestellt den Protokollführer, der nicht Aufsichtsratsmitglied sein muss, und entscheidet im Einzelfall über die Hinzuziehung von Sachverständigen und Auskunftspersonen sowie über die Zulassung von Gästen.

(4) Beschlüsse werden in der Regel in Präsenzsitzungen gefasst. Abwesende Aufsichtsratsmitglieder können dadurch an der Beschlussfassung teilnehmen, dass sie schriftliche Stimmabgaben überreichen lassen, wobei auch eine per Telefax, E-Mail-Anhang oder auf ähnliche Weise übermittelte Kopie der Stimmabgabe genügt, wenn das entsprechende Original vom abwesenden Aufsichtsratsmitglied eigenhändig unterschrieben wurde. Die nachträgliche Stimmabgabe eines abwesenden Mitglieds ist innerhalb einer von dem Vorsitzenden gesetzten, angemessenen Frist möglich, wenn der Vorsitzende dieses Beschlussverfahren vor der Abstimmung der anwesenden Aufsichtsratsmitglieder zu dem/den betroffenen Tagesordnungspunkt/en angeordnet hat. Der Vorsitzende kann die Form der nachträglichen Stimmabgabe festlegen (vgl. Absatz 7). Der so angeordneten Art der Beschlussfassung kann nicht widersprochen werden.

(5) Eine Beschlussfassung in nicht ordnungsgemäß einberufenen Sitzungen oder über nicht bzw. nicht ordnungsgemäß in der Tagesordnung bezeichnete Gegenstände ist nur zulässig, wenn kein anwesendes Aufsichtsratsmitglied widerspricht und die abwesenden Aufsichtsratsmitglieder nachträglich zur Stimmabgabe aufgefordert werden und keines der abwesenden Aufsichtsratsmitglieder innerhalb einer vom Vorsitzenden bestimmten angemessenen Frist diesem Verfahren widerspricht. Der Beschluss wird erst wirksam, wenn kein abwesendes Mitglied innerhalb der angemessenen Frist widersprochen hat. Der Vorsitzende kann die Form der Stimmabgabe festlegen (vgl. Absatz 7).

(6) Sind nicht sämtliche Aufsichtsratsmitglieder anwesend, ist die Beschlussfassung auf Antrag von mindestens zwei anwesenden Aufsichtsratsmitgliedern zu vertagen, sofern nicht entweder alle abwesenden Aufsichtsratsmitglieder schriftliche Stimmabgaben gemäß Abs. (4) Satz 2 überreicht haben oder der Vorsitzende die nachträgliche Stimmabgabe der abwesenden Aufsichtsratsmitglieder gemäß Abs. (4) Satz 3 angeordnet hat. Abweichend von Satz 1 kann eine Vertagung nicht beantragt werden, wenn der Vorsitzende anwesend ist (oder sich ein anwesendes Aufsichtsratsmitglied im Besitz seiner schriftlichen Stimmbotschaft gemäß Abs. (4) Satz 2 befindet) und entweder die gleiche Anzahl von Anteilseigner- und Arbeitnehmervertretern persönlich anwesend ist (oder durch schriftliche Stimmabgabe gemäß Absatz (4) Satz 2 an der Beschlussfassung teilnimmt) oder wenn eine Ungleichheit dadurch aufgehoben wird, dass sich einzelne Aufsichtsratsmitglieder nicht an der Beschlussfassung beteiligen. Eine nochmalige Vertagung ist

hinsichtlich desselben Gegenstandes nur aufgrund eines entsprechenden Beschlusses des Aufsichtsrates zulässig.

(7) Ein Beschluss kann auf Anordnung des Vorsitzenden auch außerhalb von Präsenzsitzungen gefasst werden, nämlich insbesondere in Form von Telefon- oder Videokonferenzen oder durch schriftlich (auch in Textform), mündlich oder fernmündlich übermittelte Stimmabgaben oder durch eine Kombination dieser Möglichkeiten. Der vom Vorsitzenden angeordneten Art der Beschlussfassung kann nicht widersprochen werden.

(8) Der Aufsichtsrat ist beschlussfähig, wenn die Hälfte der Mitglieder, aus denen er insgesamt zu bestehen hat, an der Beschlussfassung teilnimmt.

(9) Beschlüsse des Aufsichtsrates werden mit der Mehrheit der abgegebenen Stimmen gefasst, soweit nicht gesetzlich zwingend etwas anderes bestimmt ist. Stimmenthaltungen gelten als nicht abgegebene Stimmen. Ergibt eine Abstimmung Stimmengleichheit, so bestimmt der Vorsitzende, ob eine erneute Abstimmung über denselben Gegenstand erfolgen soll. Diese Anordnung kann er auch zusammen mit seiner schriftlichen Stimmabgabe gemäß Abs. (4) Satz 2 treffen. Ergibt auch die erneute Abstimmung Stimmengleichheit, so hat der Aufsichtsratsvorsitzende zwei Stimmen nach Maßgabe der §§ 29 Abs. (2) und 31 Abs. (4) MitbestG.

§ 12 Niederschriften

(1) Über die Sitzungen des Aufsichtsrates und seiner Ausschüsse ist eine Niederschrift anzufertigen, die der Vorsitzende und der Protokollführer unterzeichnen. Sie beinhaltet Ort und Tag der Sitzung, die Teilnehmer und die Art ihrer Teilnahme, die Gegenstände der Tagesordnung, den wesentlichen Inhalt der Verhandlungen und die Beschlüsse unter Angabe des Abstimmungsergebnisses, auf Anordnung des Vorsitzenden oder Verlangen eines Aufsichtsratsmitglieds auch mit Namensnennung (außer bei zulässiger geheimer Abstimmung). Die Niederschrift ist jedem Aufsichtsratsmitglied unverzüglich nach Erstellung in Abschrift zu übersenden. Das Original der Niederschrift ist zu den Akten der Gesellschaft zu nehmen. Die vorstehenden Regelungen gelten entsprechend für Beschlussfassungen außerhalb von Präsenzsitzungen; sie werden von dem Vorsitzenden in einer Niederschrift festgestellt.

(2) Die Niederschrift gilt als genehmigt, wenn kein Aufsichtsratsmitglied, das an der Sitzung bzw. Beschlussfassung teilgenommen hat, innerhalb eines Monats seit Absendung der Niederschrift an die Aufsichtsratsmitglieder schriftlich bei dem Vorsitzenden mit Gründen und alternativem Textvorschlag widerspricht.

§ 13 Geheimhaltung im Aufsichtsrat

(1) Alle Aufsichtsratsmitglieder haben, auch über ihre Amtszeit hinaus, über vertrauliche Angaben und Geheimnisse der Gesellschaft, namentlich Betriebs- oder Geschäftsgeheimnisse, die ihnen durch ihre Tätigkeit im Aufsichtsrat bekannt geworden sind, Stillschweigen zu bewahren. Geheimhaltungspflichtig sind insbesondere alle Angaben, die der Mitteilende als geheimhaltungspflichtig bezeichnet und bei denen bei verständiger wirtschaftlicher Betrachtungsweise nicht auszuschließen ist, dass die Interessen der Gesellschaft durch ihre Offenbarung beeinträchtigt werden könnten.

(2) Bei Beendigung ihres Amtes haben die Aufsichtsratsmitglieder unaufgefordert und mit der Versicherung der Vollständigkeit die ihnen während ihrer Amtszeit ausgehändigten und noch nicht vernichteten Dokumente und Unterlagen einschließlich davon gefertigter Auszüge, Abschriften und Vervielfältigungen jeder Art, soweit sie sich auf Vorgänge i. S. des Abs. (1) bezie-

hen, an die Gesellschaft zurückzugeben. Das gleiche gilt für handschriftliche Aufzeichnungen über Sitzungen. Ausnahmen bedürfen der schriftlichen Zustimmung der Gesellschaft, die hierüber nach billigem Ermessen entscheidet.

V. DIE GESELLSCHAFTERVERSAMMLUNG

§ 14 Ort, Einberufung, Teilnahme

(1) Die Gesellschafterversammlung findet regelmäßig am Sitz der Gesellschaft statt. Der Vorsitzende der Gesellschafterversammlung oder im Falle seiner Verhinderung die Geschäftsführung kann einen anderen Versammlungsort bestimmen.

(2) Die Einberufung der Gesellschafterversammlung erfolgt durch ihren Vorsitzenden oder die Geschäftsführung unter Mitteilung der Tagesordnung der Versammlung. Sie hat so rechtzeitig zu erfolgen, dass zwischen dem Tag der Aufgabe des Einladungsschreibens zur Post und dem Tag der Versammlung eine Frist von mindestens zwei Wochen liegt, wobei der Tag der Absendung und der Tag der Versammlung nicht mitgerechnet werden.

(3) Die Einberufung kann in dringenden Fällen auch in Textform, mündlich oder fernmündlich erfolgen. Die Einberufungsfrist kann in diesen Fällen auf zwei Tage verkürzt werden.

(4) Jeder Gesellschafter kann sich bei der Wahrnehmung seiner Gesellschafterrechte durch einen mit schriftlicher Vollmacht versehenen anderen Gesellschafter oder Dritten vertreten lassen. Die Vertretung durch einen Dritten in der Gesellschafterversammlung bedarf der Zustimmung der Versammlung. Die Zustimmung gilt als erteilt, wenn keiner der Gesellschafter der Teilnahme des Dritten unverzüglich zu Protokoll der Versammlung widerspricht.

§ 15 Innere Ordnung, Art der Beschlussfassung

(1) Die Gesellschafterversammlung wählt in der der konstituierenden Sitzung des Aufsichtsrates gem. § 10 Abs. (1) unmittelbar vorangehenden Versammlung aus ihrer Mitte für die Dauer der Amtszeit des Aufsichtsrates den Vorsitzenden der Versammlung und dessen Stellvertreter.

(2) Der Vorsitzende oder, sofern er verhindert ist, dessen Stellvertreter leitet die Sitzungen der Gesellschafterversammlung. Der Versammlungsleiter bestimmt die Reihenfolge der Verhandlungsgegenstände und die Art der Abstimmung.

(3) Beschlüsse der Gesellschafter werden regelmäßig in der Gesellschafterversammlung gefasst. Der Abhaltung einer Versammlung bedarf es nicht, wenn sämtliche Gesellschafter unter der der Gesellschaft zuletzt bekanntgegebenen Anschrift zur schriftlichen Stimmabgabe (auch in Textform) aufgefordert sind und keiner der Gesellschafter der Beschlussfassung im schriftlichen Verfahren binnen einer Frist von zwei Wochen, gerechnet vom Tage der Absendung des Aufforderungsschreibens an, widerspricht. Der zu fassende Beschluss ist dem Aufforderungsschreiben im Wortlaut beizufügen. Die zwingenden gesetzlichen Formvorschriften bleiben unberührt.

§ 16 Beschlussfassung, Stimmrecht, Wahlen

(1) Beschlüsse der Gesellschafter werden, soweit nicht dieser Vertrag oder das Gesetz in zwingender Form etwas anderes vorschreiben, mit der Mehrheit der abgegebenen Stimmen gefasst. Stimmenenthaltungen gelten als nicht abgegebene Stimmen. Bei Stimmengleichheit gilt ein Beschlussantrag als abgelehnt.

(2) Bei der Beschlussfassung gewähren je EUR 1.000,– Nominalbetrag eines Geschäftsanteils eine Stimme.

(3) Das Ergebnis einer Beschlussfassung ist in einer Niederschrift festzustellen, die vom Vorsitzenden der Gesellschafterversammlung oder dessen Stellvertreter zu unterzeichnen und unverzüglich abschriftlich allen Gesellschaftern mitzuteilen ist.

(4) Bei Wahlen in der Gesellschafterversammlung entscheidet die relative Mehrheit der abgegebenen Stimmen.

§ 17 Anfechtung von Gesellschafterbeschlüssen

(1) Gesellschafterbeschlüsse können nur wegen einer Verletzung des Gesetzes oder dieses Vertrages angefochten werden.

(2) Eine Anfechtung ist nur innerhalb einer Frist von einem Monat zulässig. Die Frist beginnt mit dem auf die Absendung der Mitteilung gem. § 16 Abs. (3) folgenden Tage.

§ 18 Anwendung gesetzlicher Vorschriften

Befinden sich sämtliche Geschäftsanteile an der Gesellschaft in der Hand eines Gesellschafters, so gelten anstelle der Regelungen gemäß vorstehender §§ 14 bis 17 die gesetzlichen Vorschriften, insbesondere § 48 Abs. (3) GmbHG.

VI. DER GESELLSCHAFTE 1 USSCHUSS

§ 19 Bildung eines Gesellschafterausschusses

(1) Die Gesellschafterversammlung kann einen Gesellschafterausschuss bilden. Auf diesen Gesellschafterausschuss findet die Vorschrift des § 52 GmbHG keine Anwendung.

(2) Die Gesellschafterversammlung gibt dem Gesellschafterausschuss eine Geschäftsordnung. Sie bestellt die Mitglieder des Gesellschafterausschusses längstens für einen Zeitraum von fünf Jahren. Die Gesellschafterversammlung kann alle oder einzelne Mitglieder des Gesellschafterausschusses jederzeit auch ohne Angabe von Gründen abberufen.

§ 20 Aufgaben des Gesellschafterausschusses

(1) Der Gesellschafterausschuss hat die ihm von der Gesellschafterversammlung übertragenen Aufgaben, wie sie sich aus der Geschäftsordnung des Gesellschafterausschusses und der Geschäftsordnung der Geschäftsführung ergeben.

(2) Die Gesellschafterversammlung kann dem Gesellschafterausschuss die ihm übertragenen Aufgaben jederzeit auch ohne Angabe von Gründen allgemein oder im Einzelfall anpassen oder entziehen.

§ 21 Erstattung von Auslagen, Vergütung

(1) Die Gesellschafterversammlung kann eine angemessene Vergütung für die Tätigkeit als Mitglied des Gesellschafterausschusses festlegen.

(2) Die Mitglieder des Gesellschafterausschusses haben Anspruch auf Ersatz der ihnen entstehenden Auslagen.

VII. RECHNUNGSLEGUNG, GEWINNVERWENDUNG

§ 22 Jahresabschluss

(1) Die Geschäftsführung stellt in den ersten drei Monaten eines jeden Geschäftsjahres den Jahresabschluss für das vergangene Geschäftsjahr auf und legt ihn unverzüglich dem Abschlussprüfer vor.

(2) Die ordentliche Gesellschafterversammlung, die über die Feststellung des Jahresabschlusses und über die Verwendung des Ergebnisses beschließt, findet innerhalb der ersten acht Monate eines jeden Geschäftsjahres statt.

§ 23 Gewinnverwendung

(1) Der sich aus dem festgestellten Jahresabschluss ergebende Jahresüberschuss, zuzüglich eines Gewinnvortrages und abzüglich eines Verlustvortrages, steht den Gesellschaftern zu, soweit nicht die Gesellschafterversammlung eine anderweitige Ergebnisverwendung beschließt.

(2) Anstelle (oder zusätzlich) zu einer Barausschüttung können die Gesellschafter eine Sachausschüttung beschließen. Der Beschluss ist einstimmig mit allen Stimmen zu fassen und hat die auszuschüttenden Vermögensgegenstände in bestimmter oder bestimmbarer Weise zu bezeichnen.

(3) An dem zur Verteilung gelangenden Ergebnis nehmen die Gesellschafter im Verhältnis ihrer Geschäftsanteile teil.

Sebastian Mock und Stephan Schauhoff

§ 17 Die unternehmensverbundene Stiftung – Die Satzung der Alfried Krupp von Bohlen und Halbach-Stiftung

Inhaltsübersicht

I. Einleitung

Das deutsche Stiftungsrecht ist ein verhältnismäßig wenig reguliertes Rechtsgebiet. So besteht dieses nur aus den §§ 80–88 BGB und den Stiftungsgesetzen der einzelnen Bundesländer. Mit dieser geringen Regelungsdichte geht eine große Gestaltungsfreiheit einher, so dass sich das Stiftungsrecht durch eine ganze Reihe verschiedener Realtypen auszeichnet. Dazu zählt auch die unternehmensverbundene Stiftung, für die die *Alfried Krupp von Bohlen und Halbach-Stiftung* ein typi-

https://doi.org/10.1515/9783110733839-018

sches Beispiel darstellt.[1] Wenn allerdings aus steuerlichen Gründen die Gemeinnützigkeit der Stiftung angestrebt wird, schränkt nicht nur das Stiftungsrecht, sondern ebenso das Gemeinnützigkeitsrecht die Gestaltungsfreiheit des Stifters ein. Ein charakteristisches Merkmal der *Alfried Krupp von Bohlen und Halbach-Stiftung* und der unternehmensverbundenen Stiftung generell ist die Verbindung eines meist historisch gewachsenen Unternehmens (siehe II.) mit einer Stiftung, die zur Lösung (generationsübergreifender) Nachfolgeprobleme errichtet wird. Diese Verbindung des Unternehmens mit der Stiftung stellt sowohl für das auf den Rechtsträger anwendbare Gesellschafts- als auch für das Stiftungs- und Gemeinnützigkeitsrecht eine große Herausforderung dar. Zentrale Aspekte sind neben der generellen Zulässigkeit unternehmensverbundener Stiftungen (siehe III.), vor allem deren Governance (siehe IV.) und die Vornahme von Strukturveränderungen und die Fortentwicklung der unternehmensverbundenen Stiftung (siehe V.).

II. Historische Entwicklung

Das Unternehmen *Krupp* kann auf eine über 200 Jahre alte Geschichte zurückblicken, die sich durch verhältnismäßig viele gesellschaftsrechtliche Strukturmaßnahmen auszeichnet, die ihren Ursprung stets in dem Problem der Übertragung des Unternehmens auf die nächste Generation hatten.

1. Gründung der *Gesellschaft wegen Etablirung einer Stahl Fabrik*

Die Anfänge des Unternehmens *Krupp* reichen bis zum Beginn des 19. Jahrhunderts zurück, als *Friedrich Krupp*[2] am 20. November 1811 zusammen mit den Brüdern *Georg Karl Gottfried* und *Wilhelm Georg Ludwig von Kechel* in Essen eine –

---

1 Vgl. zur unternehmensverbundenen Stiftung *Hoffmann-Becking*, ZHR 178 (2014), 491 ff.; *Hüttemann/Rawert*, in: Staudinger, BGB, Neubearbeitung 2017, Vorbemerkungen zu §§ 80–88 Rdnr. 208 ff.; *Hüttemann*, ZHR 167 (2003), 35, 60 f.; *Jakob/Uhl*, in: BeckOGK, Stand 1.10.2020, § 80 BGB Rdnr. 469 ff.; *Richter*, in: Richter, Stiftungsrecht, 2019, § 10; *Schiffer/Pruns*, BB 2013, 2755 ff.; *Weitemeyer*, in: Münchener Kommentar zum BGB, 8. Aufl. 2018, § 80 Rdnr. 198 ff.; *Schauhoff*, Stiftungen als Unternehmensträger, in: Gesellschaftliche Vereinigung (Hrsg.), Gesellschaftsrecht in der Diskussion 2018, 2019, S. 83 ff.; grundlegend kritisch *Rawert*, ZEV 1999, 294, 297 f.; *Reuter*, GS Eckert, 2008, S. 677 ff.

2 Geboren am 17.7.1787 in Essen und verstorben am 8.10.1826 in Essen. Zur Person *Friedrich Krupp* ausführlich *Berdrow*, Friedrich Krupp der Gründer der Gußstahlfabrik in Briefen und Urkunden, 1915; *James*, Krupp – Deutsche Legende und globales Unternehmen, 2011, S. 15 ff.

ausweislich der Präambel des Gesellschaftsvertrags – *Gesellschaft wegen Etablirung einer Stahl Fabrik* gründete. Interessanterweise wird die Rechtsform dieser Gesellschaft im Gesellschaftsvertrag nicht näher bezeichnet, der im Übrigen mit insgesamt 19 Artikeln sehr ausführlich alle relevanten Aspekte regelte.[3] Tatsächlich dürfte es sich um eine stille Gesellschaft gehandelt haben, da der Vertrag vorsieht, dass allein *Friedrich Krupp* die Verträge der Gesellschaft (mit Dritten) unterzeichnen und dass die Firma der Fabrik unter dem Namen *Friederich Krupp in Essen* geführt werden soll.[4] Eine solche stille Gesellschaft war seinerzeit nach dem in Essen (wohl[5]) geltenden Allgemeinen Landrecht für die Preußischen Staaten von 1794 zulässig (Th. II Tit. 8 § 651 ALR).[6] Bemerkenswert sind dabei die Pflichten der Gesellschafter, da sich die Brüder *von Kechel* verpflichteten, *Friedrich Krupp* die für den Betrieb der Fabrik erforderlichen Kenntnisse überhaupt erst zu vermitteln.[7] Dabei scheint *Friedrich Krupp* nicht der erste Partner eben dieser Brüder *von Kechel* gewesen zu sein, da diese bereits im Jahr 1803 mit anderen Partnern eine Gesellschaft zur Errichtung einer *Stahlbackerey* in Remscheid gegründet und sich in dem zugrundeliegenden Vertrag verpflichtet hatten, *das Geheimniß und die gantz vollkommenste Art des Stahl zu fertigen der Gesellschaft zu deponiren.*[8] Tatsächlich scheint es sich bei den Gebrüdern *von Kechel* um zweifelhafte Geschäftspartner gehandelt zu haben, die nur bedingt das in den Gesellschaftsverträgen versprochene Wissen vorweisen konnten und sich in beiden Fällen als äußerst unzuverlässig herausstellten.[9] So kam es auch zwischen *Friedrich Krupp* und den Gebrüdern *von Kechel* zum Streit und am 9. April 1813 zu einem Vertrag,

---

3 Abgedruckt bei *Berdrow*, (Fn. 2), S. 91 ff.

4 Art. 12 des Vertrags lautete:
„*... unter den Namen Friederich Krupp in Essen die Firma der Fabric geführet werden soll.*".

5 Die Stadt Essen lag 1811 zwar im Großherzogthum Berg. Dort wurde aber erst am 17. Dezember 1811 der Code de Commerce durch das kaiserliche Decret vom 17. Dezember 1811 in Kraft gesetzt, so dass bis dahin das ALR weiter galt.

6 Zur stillen Gesellschaft im ALR etwa *Jung*, in: Blaurock, Handbuch Stille Gesellschaft, 9. Aufl. 2020, Rdnr. 3.6; *Servos*, Personenhandelsgesellschaften und die stille Gesellschaft, 1984, S. 61 ff.

7 Art. 8 des Vertrags lautete:
„*Die Herren von Kechel versprechen und machen sich hierzu auch verbindlich, all jene zur Betreibung dieser Fabrick erforderlichen Kenntniße und Wißenschaften zusammt allen Handgriffen, die zur praktischen Kenntniß der Fabrik zu wissen nöthig sind, dem Herrn Friederich Krupp gründlich beizubringen und zu lehren, fort selbigen auch auf sein Verlangen zu den nöthigen Wißenschaften privat Unterricht zu ertheilen, und ihm alles so zu lehren und beizubringen, wie Sie es selbst wißen, können und verstehen.*".

8 Art. 5 des Vertrages der Brüder *Poensgen* und der Brüder *von Kechel* vom 9.2.1803.

9 Zu Gesellschaften mit den Brüdern *Poensgen* vgl. etwa *Kraft*, Krupp – Zeitschrift der Kruppschen Werksgemeinschaft Nummer 6, S. 88; *Beyer*, Vom Tiegelstahl zum Kruppstahl, 2007, S. 143 ff.

mit dem der Societätscontract vom 20. November 1811 aufgehoben wurde, gleichwohl aber zahlreiche neue Pflichten für die Beteiligten begründet wurden. Ob es sich dabei noch um eine Gesellschaft handelte, kann nicht sicher bestimmt werden, da dieser Vertrag eher eine Auseinandersetzung zwischen den Parteien regelte, auch wenn er gleichwohl die Pflicht zur weiteren Unterstützung von *Friedrich Krupp* in seiner Stahlfabrik durch die Gebrüder *von Kechel* vorsah. Auch diese Vereinbarung hielt nicht und bereits 1814 sah sich *Friedrich Krupp* genötigt, den Gesellschaftsvertrag im Streit aufzukündigen.[10]

2. (Beschränkte) Übertragung auf nachfolgende Generationen

Nach einer weiteren kurzen Teilhaberschaft mit *Friedrich Nicolai*[11] übernahm *Friedrich Krupp* die Fabrik – in der heutigen Terminologie – als Einzelkaufmann unter der Firma *Fried. Krupp*. Nachdem zunächst seine Ehefrau *Therese Krupp* das Unternehmen nach dem Tod von *Friedrich Krupp* im Jahr 1826 formal fortführte, wurde dieses durch den gemeinsamen Sohn *Alfred Krupp*[12], der das Unternehmen schon seit 1826 faktisch führte, 1848 allein übernommen. Seine Schwester und seine beiden Brüder erhielten als Ausgleich eine Abfindung.[13] *Alfred Krupp* betrieb das Unternehmen ebenfalls als Einzelkaufmann und machte es in seiner Schaffenszeit zu einem der größten Stahlproduzenten der Welt.[14]

Dessen Sohn *Friedrich Alfred Krupp*[15] übernahm 1887 das Unternehmen nach dem Tod seines Vaters *Alfred Krupp* und führte es ebenso als Einzelkaufmann weiter. Der Unternehmensübergang von *Alfred Krupp* auf *Friedrich Alfred Krupp* erscheint zunächst wenig komplex, da *Friedrich Alfred Krupp* der einzige (eheliche[16]) Sohn von *Alfred Krupp* war. Interessanterweise erfolgte allerdings keine

---

10 So heißt es in einem Brief von *Friedrich Krupp* an die Gebrüder *von Kechel* vom 6.11.1814 „*…so werden Sie sich selbst überzeugen, daß unsere, durch Sie selbst aufgelösten Verträge länger nicht bestehen können…*“; abgedruckt bei *Berdrow*, (Fn. 2), S. 114 f.

11 Dazu *Beyer*, (Fn. 9), S. 164 ff.

12 Geboren am 26.4.1812 in Essen und verstorben am 14.7.1887 in Essen. Zur Person *Alfred Krupp* ausführlich *James*, (Fn. 2), S. 31 ff.

13 Zu deren Ausscheiden aus dem Unternehmen etwa *James*, (Fn. 2), S. 84 ff.

14 Zu dieser Epoche des Unternehmens etwa *James*, (Fn. 2), S. 31 ff.

15 Geboren am 17.2.1854 in Essen und verstorben am 22.11.1902 in Essen. Zur Person *Friedrich Alfred Krupp* ausführlich *James*, (Fn. 2), S. 97 ff.; Epkenhans/Stremmel (Hrsg.), Friedrich Alfred Krupp – Ein Unternehmer im Kaiserreich, 2010.

16 *Alfred Krupp* hatte noch einen weiteren Sohn *Wilhelm Alfried Löbbert*, der unehelich und vor seiner Heirat mit *Bertha Eichhoff* im Jahr 1829 geboren worden war. Die Mutter dieses Sohnes verzichete allerdings gegen Zahlung von 300 Talern für ihren Sohn auf alle Ansprüche, so dass dieeinfache (testamentarische) Vererbung des Unternehmens an *Friedrich Alfred Krupp*. Vielmehr machte *Alfred Krupp* – nach sehr umfangreichen Überlegungen, bei denen auch eine Stiftungslösung erwogen wurde[17] – in seinem Testament von einem Fideikommiss Gebrauch.[18] Danach sollte *Friedrich Alfred Krupp* zunächst Alleinerbe sein; es war diesem aber nicht möglich, das Unternehmen an eine andere Person als seine ehelichen Nachkommen (*Descendenz*) bzw. seinen Cousin oder dessen ehelichen Nachkommen zu vererben.[19] Darüber hinaus waren die (ehelichen) Nachkommen von *Friedrich Alfred Krupp* der ersten Generation an das Fideikommiss gebunden, so dass auch diese das Unternehmen nur ihren ehelichen Nachkommen vermachen konnten. Allerdings durften *Friedrich Alfred Krupp* und die Substitute das Unternehmen zu Lebzeiten veräußern, wobei eine Schenkung *auf blosser Freigebigkeit* ausgeschlossen war.[20] Damit waren im Ergebnis sowohl *Friedrich Alfred Krupp* (als Erbe) als auch (später) seine Tochter *Bertha Antoinette Krupp* (als erstes Substitut) bei der Vererbung[21] und sogar noch *Alfried (Krupp) von Bohlen und Halbach* (als zweites Substitut) als deren Sohn zu Lebzeiten (jedenfalls im Hinblick auf eine *Schenkung auf bloßer Freigebigkeit)* durch das Fideikommiss gebunden.[22] Nach den Vorstellungen von *Alfred Krupp* wären daher theoretisch erst *Alfried (Krupp) von Bohlen und Halbach* bei der Ver-

---

ser von der Erbfolge ausgeschlossen war (dazu etwa *Beyer*, in: Essener Beiträge 115 (2003), 332 ff.; *ders.*, in: Essener Beiträge 114 (2002), 185 ff.).

17 Dazu ausführlich *Stremmel*, FS n.n., 2021, (im Erscheinen).

18 § 1 des Testaments von *Alfred Krupp* vom 21.4.1882 lautete:
„Als Erben meines Nachlasses berufe ich meinen Sohne Friedrich Alfred Krupp und substituire demselben nach seinem Ableben fideicommissarisch in folgender Reihenfolge:
1. seine ehelichen Descendenz...“

19 Diese Bindung ergibt sich ausdrücklich aus § 1 des Testament von *Alfred Krupp*, der lautete:
„Als Erben meines Nachlasses berufe ich mein einziges Kind, meinen Sohn Friedrich Alfred Krupp, und substituire demselben nach seinem Ableben fideicommissaisch in folgender Reihenfolge
1. seine eheliche Descendenz,
2. meinen Neffen Arthur Krupp, zur Zeit in Berndorf bei Leobersdorf (in der Nähe von Wien),
3. die eheliche Descendenz dieses Neffen Arthur Krupp.“

20 § 3 Ziffer 1 des Testaments von *Alfred Krupp* lautete:
„Mein Sohn und demnächst auch jeder zur Nachfolge gelangende Substitut ist berechtigt, über die mit der Substitution belegte Substanz unter Lebendigen, aber nicht von Todeswegen zu verfügen. Auch unter Lebendigen darf nicht durch Schenkungen, die auf blosser Freigebigkeit beruhen, über die Substanz verfügt werden.“

21 Siehe II.3.

22 Theil I Titel 12 § 50 ALR unterschied zwischen dem ersten Erben und den Substituten (klarstellend *Koch*, Allgemeines Landrecht für die Preußischen Staaten – Kommentar mit Anmerkungen – Band 2, 8. Aufl. 1886, § 50 Fn. 65). Die Zahl der Substituten war auf zwei beschränkt (Theil I Titel 12 § 55 ALR).

erbung und dessen Sohn *Arndt* zu Lebzeiten von einer entsprechenden Bindung frei gewesen. Diese Beschränkung auf die ersten und zweiten Substituten war in Theil I Titel 12 § 55 ALR ausdrücklich vorgesehen[23], erschien *Alfred Krupp* aber offenbar als noch nicht weitgehend genug. So enthielt sein Testament die Bitte an denjenigen, welcher dieses zweite Substitut sein wird, ähnliche Anordnungen zu treffen.[24] Diese Bitte richtete sich somit letztlich an *Alfried Krupp von Bohlen und Halbach*, der bei der Regelung seines Erbes aber nicht mehr auf das Fideikommiss zugreifen konnte. Stattdessen wählte *Alfried Krupp von Bohlen und Halbach* das Stiftungsmodell und kam mit der Verankerung des Ziels der Wahrung der Einheit des Unternehmens in gewisser Weise den Wünschen seines Urgroßvaters nach, soweit ihm das nach neuer Rechtslage möglich war.[25] Ob das Testament von *Alfred Krupp* tatsächlich der Beweggrund für die Verankerung der Wahrung der Einheit des Unternehmens in der Satzung der Stiftung war, lässt sich anhand der Quellenlange aber nicht beantworten. Als Motiv für das Fideikommiss wird in dem Testament von *Alfred Krupp* ausgeführt, dass von ihm *geschaffene Werke so lange, als es nach den Gesetzen möglich ist, conservirt und auch nach Möglichkeit erweitert werden.*[26] Das aus dem römischen Recht stammende Fideikommiss[27] war ein seinerzeit weit verbreitetes, gleichwohl nicht unumstrittenes Instrument der Gestaltung von Erbfolgen. Während das zu diesem Zeitpunkt auch in Essen geltende Allgemeine Preußische Landrecht das Fideikommiss noch ausdrücklich zuließ und in Theil I Titel 12 §§ 50 ff. ALR regelte, sollte dies etwa durch die Paulskirchenverfassung 1849[28] abgeschafft werden.[29]

Friedrich Alfred Krupp baute das Unternehmen noch weiter aus, so dass dieses zum Ende des 19. Jahrhunderts den größten Industriekomplex des deutschen

---

23 Zum Fideikommiss in Preußen ausführlich *Eckert*, Der Kampf und die Familienfideikommisse in Deutschland, 1992, S. 112 ff.

24 § 4 des Testaments von *Alfred Krupp* lautete:
„Da nach gegenwärtig bestehender Gesetzgebung die von mir angeordnete fideicommissarische Substitution nur zum Besten der ersten und zweiten Substituten gilt, so bitte ich denjenigen, welcher dieser zweite Substitut sein wird, seinerseits Anordungen zu treffen, durch welche in ähnlicher Weise, wie ich es gethan habe, die Conservirung und Verbesserung der Werke für weitere Zeit möglichst gesichert wird.“

25 Zu den dahingehenden Beschränkungen II.5.e).

26 § 3 Satz 1 des Testaments von *Alfred Krupp*.

27 Dazu etwa *Fraydenegg/Monzello*, FS 200 Jahre Rechtswissenschaftliche Fakultät Graz, 1979, S. 777 ff.; *Söllner*, FS Kaser, 1976, S. 657 ff.

28 § 170 Verfassung des deutschen Reiches vom 28. März 1849 lautete:
„Die Familienfideicommisse sind aufzuheben. Die Art und Bedingungen der Aufhebung bestimmt die Gesetzgebung der einzelnen Staaten.“

29 Zum Kampf zur Abschaffung der Fideikommisse *Fraydenegg/Monzello*, (Fn. 27), S. 777, 800 ff.; *Söllner*, (Fn. 27), S. 657, 665 ff.

Reiches darstellte.[30] Auch wenn dieses noch immer rechtlich als ein einzelkaufmännisches Unternehmen organisiert war, war es längst zu einem Großunternehmen herangewachsen, was etwa dadurch deutlich wird, dass 1899 ein Directorium mit nicht weniger als 13 Mitgliedern bestand, die alle General-Vollmacht hatten. Zudem hatte bereits *Alfred Krupp* im Jahr 1872 ein General-Regulativ erlassen, bei dem es sich um eine Art Unternehmenssatzung handelte.[31]

3. Gründung der *Fried. Krupp Aktien-Gesellschaft*

Mit dem Tod von *Friedrich Alfred Krupp* im Jahr 1902 stellte sich erneut die Herausforderung der Übertragung des Unternehmens auf die nächste Generation. Dabei ergaben sich aber gleich mehrere Probleme, die vor allem auf das Inkrafttreten des BGB am 1. Januar 1900 zurückzuführen waren, so dass *Friedrich Alfred Krupp* sein Testament von 1887 bis zum finalen Testament vom 26. Mai 1900 insgesamt elf Mal[32] abändern musste, obwohl sich die übrigen Umstände nicht verändert hatten.

a) Fehlen eines männlichen Erbes

Ausgangspunkt war, dass *Friedrich Alfred Krupp* „nur" zwei Töchter hatte, die zum Zeitpunkt seines Ablebens noch minderjährig waren. Er selbst traute dabei weder seiner Frau noch seinen Töchtern zu, das Unternehmen leiten zu können.[33] Um dieses gleichwohl in der Familie zu halten, bedurfte es einer Trennung von Eigentum und Leitung. Dazu sollte das Unternehmen in eine Aktiengesellschaft umgewandelt werden, da er selbst zu dem Schluss kam, dass mit der Fortführung des Unternehmens als Einzelkaufmann den nachfolgenden Generatio-

30 Dazu etwa *James*, (Fn. 2), S. 112 ff.; *Epkenhans*, in: Epkenhans/Stremmel, (Fn. 12), S. 77 ff.

31 Ausführlich zu dem General-Regulativ *Schröder*, Zeitschrift für Firmengeschichte und Unternehmerbiographie 1956, 35 ff. mit einem Abdruck des General-Regulativs.

32 So jedenfalls angegeben im vom Königlichen Amtsgericht Essen ausgestellten Erbschein vom 12.12.1902 (Historisches Archiv Krupp).

33 So führt *Friedrich Alfred Krupp* in einem an seine Ehefrau *Margarethe* gerichteten und erst nach seinem Ableben zu öffnenden Brief aus: *„Ich halte nach dem Umfange der Ansprüche, welche die oberste Leitung des Werks an den Leitenden stellt, für ausgeschlossen, dass diese Aufgabe einer Frau angesonnen und von ihr gelöst werden kann, selbst wenn sie sich mit der Gewissenhaftigkeit, Umsicht und Energie widmet, welch Dir zu Gebote stehen.*" (abgedruckt in: Epkenhans/Stremmel, (Fn. 12), S. 327 f.).

nen eine unerträgliche Last aufgebürdet werden würde.[34] Dass er mit dieser Einschätzung recht behalten sollte, zeigte sich nach 1943 in der Person *Alfried Krupp von Bohlen und Halbach* und der ihm im Rahmen der Nürnberger Kriegsverbrecherprozesse zugewiesenen Verantwortung. Zu seinen Lebzeiten selbst wollte er die Gründung der AG gleichwohl nicht vornehmen, da er sich durch die testamentarische Verfügung seines Vaters an die Alleinunternehmerstellung gebunden sah.[35] Allerdings wurden die Vorbereitungen zur Errichtung der Aktiengesellschaft schon zu seinen Lebzeiten vorangetrieben.

b) Keine Möglichkeit der (vorübergehenden) Ernennung eines (männlichen) Vormunds

Hinzu kam, dass sich hinsichtlich der Minderjährigkeit seiner beiden Töchter durch das Inkrafttreten des BGB am 1. Januar 1900 eine erhebliche Rechtsänderung ergeben hatte. Während zuvor die Ernennung eines (männlichen) Vormunds in einem Testament oder Kodizill möglich gewesen wäre, schied dies nach §§ 1626, 1684 Abs. 1 Nr. 1 BGB 1896 nunmehr aus, da seine Ehefrau *Margarethe* automatisch gesetzliche Vertreterin der Töchter bis zum Erreichen der Volljährigkeit mit 21 Jahren (§ 2 BGB 1896) war. Damit wäre dieser bei einer Vererbung des Unternehmens an eine oder beide Töchter die Leitung des Unternehmens zugefallen, was *Friedrich Alfred Krupp* ihr aber eben nicht zutraute.[36]

c) Sicherung der Alleininhaberschaft von *Bertha Antoinette Krupp*

Zudem konnte das Unternehmen ausweislich der fideikommissarischen Bindung durch das Testament von *Alfred Krupp* durch *Friedrich Alfred Krupp* nur auf seine ehelichen Nachkommen übertragen werden.[37] Das Testament von *Alfred Krupp* hatte für den Fall des Bestehens mehrerer ehelicher Nachkommen dahingehend Vorsorge getroffen, dass zum einen immer nur einer zur *Succession* gelangen sollte und zum anderen die Söhne vor den Töchtern Vorrang haben sollten.[38] Auch

34 Denkschrift vom 3. Dezember 1902, S. 7 f. (Historisches Archiv Krupp).
35 Denkschrift (Fn. 34), S. 2.
36 Siehe den Nachweis in Fn. 33.
37 Siehe II.2.
38 § 2 des Testaments von *Alfred Krupp* lautete:
„Beim Vorhandensein mehrerer gleichberechtigter Substituten soll immer nur Einer zur Succession gelangen und es haben die Söhne vor den Töchtern den Vorzug“.

für den Fall des Vorhandenseins zweier Töchter bzw. gleichberechtigter Substituten war im Testament von *Alfred Krupp* vorgesorgt worden, indem *Friedrich Alfred Krupp* dahingehend ein Wahlrecht zukam. Dieses übte er zugunsten seiner erstgeborenen Tochter *Bertha Antoinette Krupp* aus, ohne dabei an den Umstand der Erstgeburt gebunden gewesen zu sein[39]. Das Problem bestand nun aber darin, dass Fideikommisse nach dem BGB nicht mehr errichtet werden konnten, da diese ausweislich der Gesetzgebungsmaterialien zum BGB *zu einer schweren Ungerechtigkeit*[40] führten. Diese waren allerdings mit dem Inkrafttreten des BGB nicht verboten oder abgeschafft, sondern richteten sich nach landesgesetzlichen Vorschriften (Art. 59 EGBGB). Zudem sah das BGB mit der Vor- und Nacherbschaft ein ähnliches Konzept vor, das allerdings nach einem Ablauf von 30 Jahren nach dem Erbfall unwirksam wurde (§ 2109 Abs. 1 BGB). Damit war die Alleinerbenstellung von *Bertha Antoinette Krupp* bzw. ihrer Schwester *Barbara* vorgezeichnet und auch noch wirksam[41]. Im Erbschein vom 12. Dezember 1902[42] wurde vermerkt, dass *Bertha Antoinette Krupp* lediglich Nacherbin geworden ist, was seltsam ist, da ihr Vater selbst kein Vorerbe geworden ist, da zum Todeszeitpunkt von *Alfred Krupp* das Fideikommiss noch zulässig war. Darin ist wohl der Versuch zu sehen, die Wirkung des Fideikommisses an die Vor- und Nacherbschaft des BGB anzupassen. Interessanterweise wird im Erbschein das Fideikommiss nicht nur im Verhältnis von *Bertha Antoinette Krupp* zum Erblasser (*Friedrich Alfred Krupp*), sondern auch zu ihren eigenen Nachkommen geregelt. Dies macht im Hinblick darauf, dass *Bertha Antoinette Krupp* selbst erstes Substitut im Sinn des Testaments von *Alfred Krupp* war, durchaus Sinn, wirft aber die Frage auf, ob dies bei einem Erbfall nach Inkrafttreten des BGB überhaupt noch möglich war.[43] Seltsam ist zudem, dass der Erbschein *Bertha Antoinette Krupp* als Nacherbin ihres Vaters ausweist, im Hinblick auf ihre Nachkommen aber den Begriff der Succession verwendet. Wenn man von einer Fortgeltung der fideikommissarischen Bindung im Verhältnis von *Bertha Antoinette Krupp* zu ihren Nachkommen ausgeht, handelte es sich in der Terminologie des BGB um einen Fall der Anordnung mehrerer Nach-

---

39 Der erstgeborene Nachkomme wäre nur im Fall einer fehlenden Benennung das Substitut gewesen (§ 2 Abs. 2 Satz 2 des Testaments von *Alfred Krupp [„Ist eine solche Bezeichnung unterblieben, so gibt das höhere Lebensalter den Vorzug."]*).

40 So heißt es dort: *„Die Fideikommisse seien aber nicht nur kulturschädlich, sondern führten auch zu einer schweren Ungerechtigkeit gegen die nachgeborenen Kinder des jeweiligen Besitzers, auf deren Kosten ein einziger Sohn, und zwar nicht immer der tüchtigste bevorzugt werde."* (Mugdan, Die gesammelten Materalien zum Bürgerlichen Gesetzbuch für das Deutsche Reich – Band I, 1899, S. 139).

41 Dazu noch II.4.a).

42 Siehe Fn. 32.

43 Siehe II.4.a).

erbfolgen (sogenannte Nachnacherbschaft), was grundsätzlich zulässig ist.[44] *Bertha Antoinette Krupp* war dann also einerseits Nacherbe (im Verhältnis zu ihrem Vater *Friedrich Alfred Krupp*) als auch Vorerbe (im Verhältnis zu ihren Nachkommen). Für den Fall, dass sie selbst keine Kinder haben sollte, wurde sie durch ihre Schwester *Barbara* bzw. deren ehelichen Nachkommen und diese wiederum durch den schon im Testament von *Alfred Krupp* erwähnten *Arthur Krupp*[45] substituiert. Diese Vorgehensweise war im Rahmen der §§ 2100 ff. BGB auch möglich, da der Nacherbe erst zur Zeit des Eintritts des Falls der Nacherbfolge (Tod von *Bertha Antoinette Krupp* im Jahr 1957) leben oder gezeugt worden sein musste (§§ 1923 Abs. 1, 2101 Abs. 1, 2108 Abs. 1 BGB). Dies traf auf die Nachkommen von *Bertha Antoinette Krupp* zu, da ihr erster Sohn *Alfried Krupp von Bohlen und Halbach* 1907 und damit fünf Jahre nach dem Tod von *Friedrich Alfred Krupp* geboren wurde. Diese Sichtweise setzt allerdings voraus, dass man § 2101 Abs. 1 BGB vorliegend überhaupt anwenden konnte. Da das AG Essen im Erbschein lediglich auf eine Succession verweist, ist dies nicht eindeutig.

Zudem stellte sich nach dem BGB – wie auch schon nach dem vorher geltenden Preußischen Allgemeinen Landrecht (2. Theil 2. Titel §§ 391 ff.) – aufgrund der Alleinerbenstellung von *Bertha Antoinette Krupp* zusätzlich das Problem des Pflichtteilsanspruchs ihrer Schwester *Barbara Krupp* (§ 2303 Abs. 1 BGB). Tatsächlich scheint *Barbara Krupp* diesen aber nicht geltend gemacht zu haben. Jedenfalls weist der Erbschein vom 12. Dezember 1902 aus, dass *Barbara Krupp* vom freien[46] Nachlass 23/48 und ihre Mutter *Margarethe* 16/48 erhalten sollte, während *Bertha Antoinette Krupp* von diesem Vermögen ihren Pflichtteil in Höhe von 9/48 erhielt. Damit sollte offenbar ein hinreichender Ausgleich geschaffen werden.

d) Sicherung des Namens *Krupp*

Ein weiteres Problem der Unternehmensnachfolge war die Sicherung des Namens *Krupp*. Da dieser in der Firma der AG enthalten sein sollte, bestand insofern kein akuter Handlungsbedarf. Allerdings drohte dieser als Familienname im Fall einer Heirat der beiden Töchter von *Friedrich Alfred Krupp* aufgrund von § 1355 BGB 1896 verloren zu gehen. Um dies zu vermeiden, verabschiedete Wilhelm II. am

44 Zur Zulässigkeit der Nachnacherbschaft vgl. nur *Küpper*, in: BeckOGK, Stand 1.10.2020, § 2100 Rdnr. 59 mit weiteren Nachweisen.

45 Siehe II.2.

46 Der Erbschein unterscheidet zwischen dem *vinculiertem Fabrikvermögen* und dem freien Nachlass (siehe Fn. 32).

15. Oktober 1906 in der Villa Hügel in Essen und somit sozusagen auf der Hochzeit selbst einen königlich-preußischen Erlass, wonach es *Bertha Antoinette Krupp* und ihrem Mann *Gustav von Bohlen und Halbach* gestattet war, fortan den Namen *Krupp von Bohlen und Halbach* als Ehenamen zu führen; ihren Nachkommen war dies hinsichtlich des Namensbestandteils *Krupp* nur dann gestattet, wenn diese das Unternehmen persönlich führten. Der Erlass wurde später im Deutschen Reichsanzeiger in Kurzform veröffentlicht.[47] Die Rechtsqualität und Wirksamkeit dieses Erlasses erscheint allerdings mehr als fragwürdig, da mit den §§ 1355, 1616 BGB 1896 ausdrückliche Regelungen bestanden, wonach sowohl *Bertha Antoinette Krupp* als auch die gemeinsamen Kinder den Familiennamen des Vaters hätten erhalten müssen. Da seit der *Lex Miquel-Lasker*[48] die Gesetzgebungskompetenz im Deutschen Reich für das gesamte bürgerliche Recht beim Reich bestand und durch das BGB ausgefüllt war, hatte *Wilhelm II.* auch als König von Preußen wohl keine Kompetenz mehr für einen solchen Erlass. Die tatsächliche Rechtsqualität dieses Erlasses war in der Zeit nach dem I. Weltkrieg Gegenstand eines umfassenden Rechtsgutachtens des Kieler Rechtsprofessors *Otto Opet*, der 1928 zu dem Ergebnis kam, dass darin eine zulässige Namensänderung zu sehen war.[49]

e) Vermeidung der Erbschaftssteuer?

Schließlich stellte sich das Problem der Erbschaftsteuer. Diese existierte zum Todeszeitpunkt von *Friedrich Alfred Krupp* im Jahr 1902 im Deutschen Reich noch nicht, da diese erst 1906 eingeführt wurde. Allerdings existierte die Erbschaftssteuer im Königreich Preußen bereits ab 1873. Dabei handelte es sich aber lediglich um eine proportionale Kollateralsteuer, so dass nur Seitenverwandte besteuert wurden.[50] Somit stellte sich das Problem der Vermeidung der Erbschaftsteuer nicht, da weder die Ehefrau noch die beiden Töchter von *Friedrich Alfred Krupp* dieser unterfielen.

47 Deutscher Reichsanzeiger und Königlich Preußischer Staatsanzeiger vom 20.11.1906.
48 Gesetz, betreffend die Abänderung der Nr. 13 des Artikels 4 der Reichs-Verfassung v. 20.12.1873, RGBl. S. 379.
49 *Opet*, Rechtsgutachten über die Frage der Namensführung in der Familie Krupp von Bohlen und Halbach vom 5.1.1928 (Historisches Archiv Krupp).
50 Dazu etwa *Wischmann*, in: Schremmer (Hrsg.), Steuern, Abgaben und Dienste vom Mittelalter bis zur Gegenwart, 1994, S. 177 f.

f) Gründung einer Familien-Aktiengesellschaft als Lösung

Zur Lösung dieser zahlreichen Probleme wurde die Gründung einer Aktiengesellschaft ersonnen, die im Todeszeitpunkt von *Friedrich Alfred Krupp* noch nicht errichtet war. Da das Unternehmen nach § 1922 BGB schon auf *Bertha Antoinette Krupp* durch die Einsetzung als Alleinerbin im Testament ihres Vaters übergegangen war, oblag es dieser, die Aktiengesellschaft zu gründen. Aufgrund ihrer Minderjährigkeit wurde *Bertha Antoinette Krupp* durch ihre Mutter *Margarethe* vertreten und eine vormundschaftliche Genehmigung beim Königlichen Amtsgericht Essen eingeholt[51], wie dies nunmehr §§ 1643 Abs. 2, 1822 Nr. 2 BGB 1896 vorsahen. Danach erfolgte die Sachgründung der *Fried. Krupp AG*, indem *Bertha Antoinette Krupp* das Unternehmen als eine auf das Grundkapital von 160 Mio. Mark anzurechnende Sacheinlage in dieses einbrachte. Nicht völlig eindeutig geklärt schien die Frage gewesen zu sein, wie sich die Gründung der *Fried. Krupp AG* zu der fideikommissarischen Bindung hinsichtlich des Unternehmens verhielt. Die zur Vorbereitung der Gründung der AG verfasste Denkschrift führt dazu kurz aus, dass die von *Bertha Antoinette Krupp* gezeichneten Aktien eben dieser fideikommissarischen Bindung unterliegen würden.[52] Dies erscheint allerdings fragwürdig, da bei der Anordnung des Fideikommisses durch *Alfred Krupp* in seinem Testament ausdrücklich nur die Übertragung *unter Lebendigen* zugelassen war, nicht die Übertragung auf eine Aktiengesellschaft.

Bei der Wahl der Aktiengesellschaft schien zudem von Anfang an klar gewesen zu sein, dass es sich dabei lediglich um eine Familien-Aktiengesellschaft handeln sollte, so dass mit deren Gründung keine Aufnahme neuer Gesellschafter oder gar eine Börsennotierung angestrebt wurde.[53] Vielmehr sollten alle Aktien in der Familie bleiben. Die *Fried. Krupp AG* wurde dann am 22. April 1903 bei dem Berliner Notar *August Eduard von Simson* gegründet und übernahm am 30. Juni 1903 den Geschäftsbetrieb. Von den insgesamt 160.000 ausgegebenen Aktien á 1.000 Mark wurde alle bis auf vier Aktien an *Bertha Antoinette Krupp* ausgegeben, womit die Mindestanzahl von fünf Gründern nach § 182 Abs. 1 Satz 1 HGB 1900 gerade erreicht wurde. Die übrigen vier Aktien wurden von Freunden und Familienmitgliedern[54] gezeichnet. Dass man intern von einer Alleingesellschafterstellung von *Bertha Antoinette Krupp* ausging, zeigen auch die Ausführungen in der

51 Beschluss des Königlichen Amtsgerichts Essen vom 3.4. 1903 (Historisches Archiv Krupp).

52 Denkschrift (Fn. 34), S. 10.

53 So ausdrücklich Denkschrift (Fn. 34), S. 9 f.

54 Dies waren der Geheime Commerzienrath *Gustav Hartmann*, der Maler *Freiherr Felix von Ende*, der Finanzrath *Ludwig Klüpfel* und der Finanzrath *Ernst Haux*.

intern erstellten Denkschrift vom 3. Dezember 1902, wo es heißt[55]: „*Für alle künftigen Möglichkeiten, die ich hier nur andeute, gewährt die Actien-Gesellschaft volle Freiheit, weil eben der Allein-Actionär durch die General-Versammlung, in welcher er beschliesst und nie überstimmt werden kann, schliesslich wieder die ganze Sache beherrscht und in der Hand hat.*“. Dass sich durch die Gründung der Aktiengesellschaft auch im Übrigen nicht viel ändern sollte, zeigt, dass die zwölf Mitglieder des bisherigen Directoriums in den Vorstand gewählt wurden; der Aufsichtsrat bestand hingegen nur aus drei Mitgliedern.[56]

4. Umwandlung in das einzelkaufmännische Unternehmen *Fried. Krupp*

Die Rechtsform der Aktiengesellschaft hatte in den folgenden 40 Jahren Bestand, wurde aber beim Übergang des Unternehmens auf die nächste Generation erneut auf den Prüfstand gestellt. Dabei ergaben sich ähnliche Probleme wie 40 Jahre zuvor.

a) Unwirksamkeit der fideikommissarischen Bindung?

Ein zentrales Problem war zunächst, dass das durch *Alfred Krupp* in seinem Testament von 1882 angeordnete Fideikommiss[57], das auch noch *Bertha Antoinette Krupp* bei der Vererbung des Unternehmens binden sollte, inzwischen nach § 2109 Abs. 1 Satz 1 BGB (wohl) unwirksam war, da der letzte Erbfall von *Friedrich Alfred Krupp* an *Bertha Antoinette Krupp* im Jahr 1902 erfolgt war und damit ab 1933 mehr als 30 Jahre zurücklag. Ob dies wirklich der Fall war, kann nicht abschließend geklärt werden, da es bei der Schaffung des BGB an einer eindeutigen Übergangsregelung für bereits wirksam begründete Fideikommisse fehlte. So spielte möglicherweise Art. 158 EGBGB eine Rolle, der lautete: „*Die Wirkungen einer vor dem Inkrafttreten des Bürgerlichen Gesetzbuchs erfolgten Todeserklärung bestimmen sich nach den bisherigen Gesetzen, soweit sich nicht aus den Artikeln 159, 160 ein Anderes ergiebt.*“. Zudem ordnete Art. 213 EGBGB an, dass für die erbrechtlichen Verhältnisse die bisherigen Gesetze maßgebend sind, wenn der Erblasser vor dem Inkrafttreten des BGB gestorben ist. Letzteres traf zwar auf *Alfred*

55 Denkschrift (Fn. 34), S. 11 f.
56 Anmeldung der *Fried. Krupp AG* zum Handelsregister (Historisches Archiv Krupp).
57 Siehe II.2.

Krupp, nicht aber auf *Friedrich Alfred Krupp* zu. Anders gewendet fehlte es also an einer Regelung dazu, ob eine nach dem Inkrafttreten des BGB verstorbene Person noch den Bindungen eines Fideikommisses unterliegen konnte, das eine vor dem Inkrafttreten des BGB verstorbene Person errichtet hatte. Das AG Essen wollte diese Frage bei der Ausstellung des Erbscheins 1902 nach dem Tod von *Friedrich Alfred Krupp* wohl nicht beantworten, da dort einerseits von einer fideikommissarischen Bindung und andererseits von einer Vor- und Nacherbschaft die Rede war.[58] Neben dem zeitlichen Höchstrahmen des § 2109 BGB stellte sich bei der Anwendung der Vor- und Nacherbschaft von *Bertha Antoinette Krupp* im Verhältnis zu ihren Nachkommen das Problem, dass diese möglicherweise keine (Nach-)Erben werden konnten, da diese zum Zeitpunkt des Erbfalls an *Bertha Antoinette Krupp* im Jahr 1902 noch nicht geboren oder gezeugt waren (§§ 1923 Abs. 2, 2108 Abs. 1 BGB).[59] Schließlich wurden unabhängig davon alle noch existierenden Fideikommisse zum 1. Januar 1939 durch gesetzliche Anordnung[60] aufgelöst.

Daraus folgte, dass die im faktischen Alleineigentum von *Bertha Antoinette Krupp* stehenden Aktien an der *Fried. Krupp AG* eben keiner fideikommissarischen Bindung mehr unterlagen und damit nicht automatisch an einen von ihr benannten Alleinerben übergehen konnten. Vielmehr musste *Bertha Antoinette Krupp* selbst dahingehend eine Erbfolge vorsehen.

b) Gefahr der Zersplitterung der Anteilsverhältnisse

Das Problem bestand aber nicht darin, dass *Bertha Antoinette Krupp* als faktische Alleinaktionärin der *Fried. Krupp AG* bei der Gestaltung ihrer Erbfolge nicht mehr den entsprechenden Bindungen unterlag, sondern ergab sich aus dem Umstand, dass sie und *Gustav von Bohlen und Halbach* insgesamt sieben lebende Kinder hatten, so dass die *Fried. Krupp AG* bei einer gleichmäßigen Vererbung der Aktien auf alle Kinder nicht mehr *in einer Hand* gewesen wäre, wie dies in den vorherigen Generationen immer der Fall war. Selbst im Fall der testamentarischen Einsetzung eines Alleinerben hätten die Pflichtteilsansprüche der Geschwister zu einer erheblichen Zersplitterung der Aktionärsstruktur geführt. Aber selbst für den Fall, dass eine vollständige Übertragung der Aktien an einen Nachkommen gelungen wäre, hätte dieser keinerlei Bindungen bei der Gestaltung seiner Erbfolge unterlegen, so dass spätestens bei der nächsten Vererbung die Gefahr der Zersplitterung

58 Siehe Fn. 32.
59 Siehe II.3.c).
60 Gesetz über das Erlöschen der Familienfideikommisse und sonstiger gebundener Vermögen vom 6.7.1938, RGBl. I, S. 825.

der Anteilsverhältnisse bestanden hätte. Dieses Problem hatte man interessanterweise schon im Jahr 1914 – wohl in langfristiger Vorbereitung des Eintritts der Testierfähigkeit von *Alfried (Krupp) von Bohlen und Halbach* im Jahr 1925 (§ 2229 Abs. 1 BGB) – vorhergesehen und zwei Rechtsgutachten von Herrn Notar *August Eduard von Simson* und Herrn Finanzrat *Ludwig Klüpfel* in Auftrag gegeben, die für dieses Problem allerdings keine wirkliche Lösung anbieten konnten und lediglich zu dem Schluss kamen, dass *Alfried (Krupp) von Bohlen und Halbach* nicht mehr der fideikommissarischen Bindung von *Alfred Krupp* unterlag und eine solche auch nicht begründet werden konnte.[61]

c) Erbschaft- bzw. Schenkungsteuer

Schließlich stellt sich noch ein weiteres Problem in Form der Erbschaft- bzw. Schenkungsteuer, die im Unterschied zum letzten Erbfall im Jahr 1902 nunmehr reichseinheitlich geregelt war. Diese hätte wohl insgesamt 120-400 Mio. RM[62] betragen und die Familie vor große Liquiditätsprobleme gestellt. Dahingehend hatte man aber schon Mitte Januar 1933, und damit vor der Machtergreifung durch die NSDAP, mit dem Reichsfinanzministerium Kontakt aufgenommen und ausgelotet, ob von § 108 Reichsabgabenordnung Gebrauch gemacht werden könne, wonach der Reichsfinanzminister auf die Einziehung von Steuern aus Billigkeitsgründen ganz oder teilweise verzichten konnte.

d) Schaffung eines Familienunternehmens mit besonders geregelter Nachfolge als Lösung

Zur Lösung dieser zahlreichen Probleme nahm *Alfried Krupp von Bohlen und Halbach* als erstgeborener Sohn von *Bertha Antoinette* und *Gustav von Bohlen und Halbach* im November 1942 Kontakt mit dem Reichsleiter *Martin Bormann* auf und konnte über diesen erreichen, dass *Adolf Hitler* einen speziellen *Erlass über das Familienunternehmen der Firma Fried. Krupp vom 12. November 1943*[63] (auch als *Lex Krupp* bezeichnet) verkündete. Die Motive und Hintergründe des Erlasses auf Seiten des NS-Regimes bleiben weitgehend im Dunkeln. Aus dem Briefwechsel

---

61 Gutachten des Geheimen Justizrates *August Eduard von Simson* v. 10.11.1914 und November 1915 (Historisches Archiv Krupp) und Gutachten von Herrn Finanzrat *Ludwig Klüpfel* vom Juli 1915 (Historisches Archiv Krupp).

62 Die Quellenangaben dazu sind abweichend.

63 RGBl. I, S. 655.

zwischen *Bormann* und *Alfried Krupp von Bohlen und Halbach* ist nicht erkennbar, warum dem Ansinnen der Familie entsprochen wurde. Ein Hinweis lässt sich aus den späteren Verhörprotokollen von *Hermann Göring* im Rahmen der Nürnberger Kriegsverbrecherprozesse entnehmen, der – auf die *Lex Krupp* angesprochen – ausführte, dass diese wohl auf eine verklärte Sicht *Hitlers* auf das Krupp-Werk zurückzuführen war; so sollte das Werk ebenso wie die Festspiele Bayreuth über die normalen Gesetze hinaus an eine Familie gebunden werden.[64] Tatsächlich hatte das zugrundeliegende Konzept schon andere Vorläufer im NS-Recht. So sah das Reichserbhofgesetz vom 29. September 1933[65] ein Anerbenrecht für bestimmte Bauernhöfe vor, so dass diese immer nur an einen Erben gingen und von diesen nicht veräußerbar waren.[66]

aa) Spezialgesetzliche Umwandlung der *Fried. Krupp AG*

Damit wurde der Inhaber des – in dem Erlass nicht näher definierten – *Krupp-schen Familienunternehmens* ermächtigt, mit diesem Vermögen ein Familienunternehmen mit besonders geregelter Nachfolge zu errichten, so dass es zu einer Umwandlung der *Fried. Krupp AG* in ein einzelkaufmännisches Unternehmen kam. Der genaue (gesellschaftsrechtliche) Regelungsgehalt der Ermächtigung des Erlasses blieb allerdings unklar, da der Erlass nicht näher spezifiziert, welche Rechtsform eben dieses Familienunternehmen mit besonders geregelter Nachfolge haben sollte. Einen scheinbaren Hinweis gibt der Erlass, indem dort das Erfordernis der Genehmigung der Satzung dieses Familienunternehmens mit besonders geregelter Nachfolge durch *Hitler* bzw. den Reichsminister und Chef der Reichskanzlei aufgestellt wird. Tatsächlich wurde die *Fried. Krupp AG* aufgrund des Erlasses unter Ausschluss der Abwicklung auf die Hauptgesellschafterin *Bertha Antoinette Krupp von Bohlen und Halbach* übertragen, die unmittelbar auf die Inhaberschaft zugunsten ihres Sohnes *Alfried Krupp von Bohlen und Halbach* verzichtete.

Am 21. Dezember 1943 kam es zur Genehmigung der kurz zuvor errichteten Satzung, deren Rechtsqualität ebenfalls unklar ist. Diese sah nicht nur vor, dass sie für das Familienunternehmen *Fried. Krupp* bindend sei, sondern regelte auch umfassend die Nachfolge. Zentrale Elemente waren der – mit einer im Verhältnis

---

64 17. Frage der Vernehmung von *Hermann Göring* am 11.9.1946, Dok. Lammers No. 31.

65 RGBl. I, S. 685.

66 Zum Reichserbhofgesetz etwa *Böse*, Die Entstehung und Fortbildung des Reichserbhofgesetzes, 2008.

zum Gesamtwert des Unternehmens verhältnismäßig kleinen Kompensation[67] versehene – Ausschluss des Pflichtteils aller übrigen Familienmitglieder in Ansehung des Familienvermögens, der Übergang des Vermögens auf ein einzelnes Familienmitglied beim Tod des Inhabers und das Recht des Inhabers, einen Nachfolger zu bezeichnen. Sollte letzteres nicht geschehen sein, sollte dies nach den Grundsätzen der Primogenitur erfolgen. Mit diesen Regelungen wurde im Prinzip ein Fideikommiss für das gesamte Familienvermögen angeordnet. Zudem war vorgesehen, dass Nachfolger nur sein konnte, wer im Zeitpunkt der Berufung das 30. Lebensjahr vollendet hatte. Bis dahin wurden die Aufgaben durch einen Stellvertreter wahrgenommen. In den Übergangsbestimmungen der Satzung findet sich allerdings die nicht ganz unwesentliche Einschränkung, dass für die kommenden 15 Jahre Frau *Bertha Antoinette Krupp von Bohlen und Halbach* und nicht *Alfried Krupp von Bohlen und Halbach* das Recht hat, einen Nachfolger zu bestimmen. Weiterhin sah die Satzung die Errichtung eines dreiköpfigen Direktoriums vor, dessen Mitglieder das Unternehmen zu zweit vertreten konnten. Diese für ein einzelkaufmännisches Unternehmen ungewöhnliche Struktur wurde in das seinerzeitige Handelsrecht dahingehend eingepasst, dass die Mitglieder des Direktoriums als Prokuristen im Handelsregister eingetragen wurden. Schließlich gab es einen Familienrat, dem die gleichen Aufgaben wie einem Aufsichtsrat zugewiesen wurden.

bb) Sicherung des Namens *Krupp*

Zudem sah der Erlass vor, dass der jeweilige Inhaber des Unternehmens den Namen *Krupp* vor seinem Familiennamen führen darf, womit die von Wilhelm II. 1906 vorgesehene Ausnahme im Rahmen der Hochzeit von *Bertha Antoinette* und *Gustav von Bohlen und Halbach*[68] sozusagen gesetzlich verstetigt wurde.

cc) Sonderregelung der Erbschaft- oder Schenkungsteuer

Für das Problem der Erbschaft- oder Schenkungsteuer sah der Erlass schließlich eine Ermächtigung für den Reichsminister der Finanzen vor, derartige Abgaben zu regeln. Dies geschah durch eine Vereinbarung mit dem Reichsfinanzministeri-

---

67 Vorgesehen war eine Aussteuer oder eine Ausstattung, *wie sie der Größe des Unternehmens und der Tradition der Familie Krupp entspricht*. Zudem sollte aus den Gewinnen des Unternehmens ein Sonderfonds errichtet werden, aus dem die Anverwandten Beträge zum Aufbau einer eigenen wirtschaftlichen Lebensstellung erhalten sollten (Punkt IV. der Satzung [Historisches Archiv Krupp]).
68 Siehe II.3.d).

um vom 18. September 1944, wonach fortan jährlich 5 % des steuerpflichtigen Gewinns des Unternehmens zu zahlen waren.[69]

5. Gründung der *Alfried Krupp von Bohlen und Halbach-Stiftung*

Das Ende des II. Weltkrieges war auch für das einzelkaufmännische Unternehmen *Fried. Krupp* existenzbedrohend. Neben dem erforderlichen Wiederaufbau der durch den Krieg zerstörten Werksanlagen stellte vor allem die Inhaftierung und spätere Verurteilung des Firmeninhabers *Alfried Krupp von Bohlen und Halbach* bei den Nürnberger Kriegsverbrecherprozessen die Fortführung des Unternehmens vor erhebliche Schwierigkeiten. Nach der vorzeitigen Haftentlassung von *Alfried Krupp von Bohlen und Halbach* 1951 und der Fortführung des einzelkaufmännischen Unternehmens durch ihn stellte sich wieder die Frage nach der Gestaltung der Unternehmensnachfolge, wobei die Probleme dieses Mal anderer Natur waren.

a) Wirksamkeit der *Lex Krupp*?

Ein entscheidendes Problem war dabei zunächst die Frage der Wirksamkeit der *Lex Krupp*[70]. Da es sich dabei um einen Erlass *Hitlers* gehandelt hatte, bestanden nicht unerhebliche Zweifel an der Wirksamkeit dieser Regelung oder jedenfalls an deren Fortwirkung nach dem Ende des II. Weltkriegs. Zu dieser Frage wurden bereits Ende der 1940er und Anfang der 1950er Jahre Rechtsgutachten von dem vormaligen Universitätsprofessor Dr. *Georg Erler*[71] aus Göttingen, Herrn Prof. Dr. *Heinrich Lehmann* aus Köln und Herrn Prof. Dr. *Konrad Zweigert*[72] aus Hamburg eingeholt, die zu dem Ergebnis kamen, dass die *Lex Krupp* und die auf ihr aufbauende Satzung aufgrund eines Verstoßes gegen die Verfassung des Dritten Reiches ungültig seien; zudem würden die im Rahmen der *Lex Krupp* abgegebenen Erklärungen kein privatrechtliches Rechtsgeschäft entsprechenden Inhalts darstellen. Daraus wurden in den Gutachten aber teilweise abweichende Schlüsse gezogen. Ob die *Lex Krupp* tatsächlich noch wirksam war, blieb auch in der Folgezeit um-

---

69 Darauf Bezug nehmend *Berthold Beitz, Dedo von Schenk*, Vorläufiger Abschlussbericht über die Testamentsvollstreckung aufgrund der öffentlichen letztwilligen Verfügung des Erblassers vom 23.9.1966, (Historisches Archiv Krupp), S. 34.
70 Siehe II.4.d).
71 *Erler, Georg*: Die Rechtsgültigkeit der Lex Krupp vom 22.1.1949 (Historisches Archiv Krupp).
72 Rechtsgutachten von Prof. Dr. Konrad Zweigert v. 31.8.1957.

stritten[73] und wurde zuletzt vom OLG Hamm in einer Entscheidung aus dem Jahr 1999 offen gelassen.[74] Jedenfalls für die Eigentümerstellung war diese Frage von untergeordneter Bedeutung, da nach der alliierten Entflechtungsanordnung vom 4. März 1953[75] das gesamte Vermögen von *Alfried Krupp von Bohlen und Halbach* ihm zuzuordnen war, soweit es nicht auf Anordnung auf Einheitsgesellschaften zu übertragen war bzw. an Dritte verkauft werden musste. Zudem erklärte Art. 2 Abs. 2 Entflechtungsanordnung[76] die *Lex Krupp* ausdrücklich für unanwendbar. Schließlich existierte mit dem sogenannten Mehlemer Abkommen, das ebenfalls auf den 4. März 1953 datierte und das zwischen *Alfried Krupp von Bohlen und Halbach* und den drei Westalliierten geschlossen worden war, eine weitere Vereinbarung, mit der faktisch die Alleininhaberschaft von *Alfried Krupp von Bohlen und Halbach* anerkannt worden war.[77]

b) Fehlen eines die Unternehmensleitung übernehmenden Erbens

Ein zentrales Problem war weiter, dass *Alfried Krupp von Bohlen und Halbach* nur seinen Sohn *Arndt von Bohlen und Halbach* aus seiner geschiedenen Ehe mit *Annelise von Bohlen und Halbach* (geb. *Bahr*) hatte, der an der Fortführung des Unternehmens aber wenig Interesse zeigte und dem alle Beteiligten eine Fortführung des Unternehmens nicht zutrauten.[78]

---

73 Darauf auch eingehend *Beitz/von Schenk*, (Fn. 69), S. 4 f.

74 OLG Hamm v. 3.11.1999 – 8 U 220/98, NJOZ 2001, 170, 173; nachfolgend Nichtannahmebeschluss BGH v. 7.12.2000 – III ZR 355/99.

75 Anordnung Nr. (V) 5-A – Umgestaltung des deutschen Kohlenbergbaues und der deutschen Stahl- und Eisenindustrie v. 5.3.1953, Amtsblatt der Alliierten Hohen Kommission für Deutschland v. 23.3.1953, S. 2384.

76 Siehe Fn. 75.

77 Danach verpflichtete sich *Alfried Krupp von Bohlen und Halbach* zur Veräußerung großer Teile des Konzerns und zur Zahlung einer Entschädigung an seine Geschwister bzw. deren Nachkommen für den Erbverzicht aufgrund der *Lex Krupp*. Gleichzeitig wurde seine Alleininhaberschaft dadurch aber auch bestätigt. Zu den Mehlemer Verträgen etwa *Gall*, Krupp im 20. Jahrhundert, 2002, S. 495 ff.

78 Dazu etwa *James*, (Fn. 2), S. 269 f.

c) Erbschaft- bzw. Schenkungsteuer

Schließlich stellte sich wieder das Problem der Erbschaft- bzw. Schenkungsteuer, welches bei den beiden vorherigen Unternehmensübertragungen[79] durch gesetzliche Sonderregelungen gelöst werden konnte bzw. sich nicht stellte. Tatsächlich schien dieses Problem aber von nachrangiger Bedeutung gewesen zu sein, da man sich bereits 1956 mit dem Finanzministerium des Lands Nordrhein-Westfalen geeinigt hatte, dass der auf der *Lex Krupp* basierende Erlass des Reichsfinanzministers vom 18. September 1944[80] im Grundsatz anerkannt, bei diesem aber Anpassungen vorgenommen werden sollten. Danach sollten alle vom 1. April 1953 bis zum 31. März 1983 aufgrund des Todes des Inhabers des Unternehmens *Fried. Krupp* anfallenden Erbschaft- und Schenkungssteuern durch jährliche Zahlungen in Höhe von 6 % des steuerpflichtigen Gewinns der Firma *Fried. Krupp* abgegolten werden.[81] Ob diese Vereinbarung aufgrund ihrer (verfassungsrechtlich) zweifelhaften Grundlage bei tatsächlichen Erbfällen letztlich Bestand gehabt hätte, muss angezweifelt werden. Mit der Errichtung der gemeinnützigen Stiftung 1967 kam es auf diese Vereinbarung aber nicht mehr an.[82]

d) Die schwierige Suche nach einer geeigneten Lösung

Diese zahlreichen Probleme führten dazu, dass bereits ab Anfang der 1950er Jahre verschiedene Lösungsansätze diskutiert wurden.

aa) Keine Lösung durch Abschluss eines Erbvertrags am 13. Juli 1953

Ein scheinbar erster Lösungsversuch bestand in dem Abschluss eines Erbvertrags am 13. Juli 1953, der unter der Bedingung stand, dass die Satzung des Familienunternehmens von 1943 unwirksam sein sollte. Im Erbvertrag war im Wesentlichen vorgesehen, dass im Fall des Todes von *Alfried Krupp von Bohlen und Halbach* zunächst seine Brüder und danach erst sein Sohn als Vor- und dessen Nachkommen als entsprechende Nacherben Eigentümer werden sollten, womit eine Zersplitterung des Unternehmens verhindert werden sollte. Allerdings sah der Erbvertrag eine Rücktrittsmöglichkeit für *Alfried Krupp von Bohlen und Halbach* vor. Das zentrale Problem dieser Lösung bestand darin, dass *Arndt von Boh-*

---

79 Siehe II.3.f) und II.4.d)cc).
80 Siehe II.4.d)cc).
81 *Beitz/von Schenk*, (Fn. 69), S. 33 ff.
82 *Beitz/von Schenk*, (Fn. 69), S. 33 ff.

len und Halbach als gesetzlicher Erbe ausgeschlossen gewesen wäre und somit einen Pflichtteilsanspruch in Höhe der Hälfte des gesamten Unternehmenswerts gehabt hätte.

bb) Rechtliche Trennung des Unternehmens von der Person des Inhabers

In den Folgejahren reifte allerdings die Erkenntnis, dass die ausgehend von *Alfred Krupp* durch sein Testament von 1882 favorisierte *Conservirung* des Unternehmens[83] jedenfalls nicht durch eine Fortführung des Unternehmens als Einzelkaufmann gesichert werden konnte. Vielmehr wurde eine rechtliche Trennung des Unternehmens von der Person des Inhabers angestrebt, wie dies auch schon *Friedrich Alfred Krupp* in seinem Testament[84] vorgesehen hatte.

cc) Die Suche nach einer geeigneten Rechtsform

Mit der so gewonnen Erkenntnis des Erfordernisses einer Umwandlung des Unternehmens in eine andere Rechtsform begannen intensive Überlegungen, welche Rechtsform dafür am geeignetsten war. Dazu wurden eine Vielzahl von Memoranden erstellt, in denen die verschiedenen Optionen und ihre rechtlichen Folgen ausführlich diskutiert wurden.[85]

(1) Die Aktiengesellschaft

Als Lösung wurde zunächst[86] die Gründung einer Aktiengesellschaft erwogen, wie sie schon bis 1943 bestanden hatte. Entscheidende Triebfeder dieser Lösungsvariante war der Umstand, dass die Rechtsprechung eine solche Umwandlung in eine AG als einkommensteuerrechtlich neutral betrachtete, so dass sie steuerrechtlich weitgehend unproblematisch war. Für die Rechtsform der Aktiengesellschaft war man sich dabei darüber im Klaren, dass sich die zunächst bestehende Alleinbeteiligung durch spätere Erbgänge aufspalten würde, zumal insbesondere die Pflichtteilsrechte und Erbschaftsteuer finanziert werden müssten. Daher kommt das Memorandum von *Schürmann, Hanewinkel* und *Beusch* von 1961 auch zu dem nüchternen Ergebnis, dass es bei dieser Variante gegen die Zersplitterung des Beteiligungseigentums kein rechtliches Mittel gäbe.

---

83 Siehe II.2.

84 Siehe II.3.

85 Dabei handelte es sich im Wesentlichen um das Memorandum von *Schürmann, Hanewinkel* & *Beusch* vom 5.6.1961; das Memorandum von *Schröder* vom 14.4.1961 und ein weiteres Memorandum von *Schürmann* vom 4.8.1965 (alle Historisches Archiv Krupp).

86 *Schürmann, Hanewinkel* & *Beusch*, (Fn. 85), S. 18 ff.

(2) Die Stiftung

Daher verfiel man schnell auf eine Stiftungslösung in verschiedenen Varianten[87], zumal die Gründung einer Stiftung sowohl von *Alfred Krupp* zu Beginn der 1880er Jahre[88] als auch beim Unternehmensübergang 1942 als Option in Erwägung gezogen wurde. Dabei erörterte man zunächst die auch später umgesetzte Umwandlung des Einzelunternehmens in eine AG mit anschließender Gründung einer Stiftung unter Einbringung der Aktien, wobei letzteres wieder einkommensteuerneutral hätte vollzogen werden können. Schwierigkeiten bereitete allerdings die Übertragung der Aktien auf die Stiftung aus einkommensteuerrechtlicher Sicht. Problematisch war auch die mögliche Erbschaftsteuer, soweit eine Übertragung der Aktien auf die Stiftung nicht schon zu Lebzeiten erfolgen würde. Als Nachteil wurde zudem das Mitbestimmungsergänzungsgesetz 1957 ausgemacht, wonach bei der AG ein mitbestimmter Aufsichtsrat gebildet werden müsste. Schließlich wurde schnell klar, dass eine Errichtung der Stiftung nur mit Zustimmung von *Arndt von Bohlen und Halbach* möglich war. Aufgrund der steuerrechtlichen Probleme wurde schnell die Gründung einer gemeinnützigen Stiftung erwogen und die fehlende Schenkungsteuer bei einer unentgeltlichen Übertragung der Aktien auf diese als entscheidender Vorteil ausgemacht. Hinsichtlich des Motivs der Sicherung der Einheit des Unternehmens wurde erwogen, in der Stiftungssatzung ein Verbot der Veräußerung der Aktien vorzusehen, was aber aufgrund der damit ausgeschlossenen (externen) Finanzierungsmöglichkeiten schnell verworfen wurde.[89] Darüber hinaus wurde aber auch die Gründung eines Stiftungsunternehmens erwogen, bei der die Stiftung Rechtsträger des Unternehmens werden sollte.[90] Dabei stellten sich aber vergleichbare steuerrechtliche Probleme wie bei dem Modell der unternehmensverbundenen „normalen" Stiftung. Eine Lösung über die Gemeinnützigkeit schied aus, so dass sich herauskristallisierte, dass die Gemeinnützigkeit der Stiftung nur mit einer Aktionärsstellung verbunden sein konnte. Teilweise wurde auch vorgeschlagen, dem Stiftungsvorstand die Möglichkeit der Einbringung des Stiftungsvermögens in eine AG einzuräumen, um dieser dann die damit verbundenen Finanzierungsmöglichkeiten auf dem Kapitalmarkt zu ermöglichen.[91]

---

87 *Schürmann, Hanewinkel & Beusch*, (Fn. 85), S. 33 ff.
88 Siehe dazu den Nachweis in Fn. 17.
89 Memorandum von *Schröder*, (Fn. 85).
90 So vor allem *Schröder*, (Fn. 85), S. 22 f.
91 *Schröder*, (Fn. 90), S. 22 f.

(3) Die GmbH & Co. KG mit der Stiftung als Kommanditistin

Schließlich wurde auch erörtert, eine GmbH & Co. KG zu gründen, bei der das Unternehmen in die KG eingebracht werden sollte.[92] Dazu sollte eine *Krupp-Unternehmensführungs- und Beteiligungsgesellschaft m.b.H.* als Komplementärin und die auch in dieser Variante zu gründende Stiftung als Kommanditistin beteiligt werden. *Alfried Krupp von Bohlen und Halbach* sollte ebenfalls Komplementär werden. Für den Fall des Todes von *Alfried Krupp von Bohlen und Halbach* sollte der Gesellschaftsvertrag der KG vorsehen, dass sein Anteil in Form der Anwachsung an die Stiftung übergeht. Zudem sollten die Anteile an der GmbH an die Stiftung vererbt werden. Als zentrale Vorteile dieses Modells wurden neben der fehlenden Anwendung der Mitbestimmung vor allem steuerrechtliche Aspekte betrachtet. Interessanterweise wurde auch bei diesem Modell eine spätere Finanzierung über den Kapitalmarkt erörtert und dazu die Umwandlung in eine GmbH & Co. KGaA erwogen. Der Grund, warum dieses Modell nicht weiter verfolgt wurde, lässt sich anhand der Quellenlage nicht eindeutig ermitteln.

(4) Steuervermeidung und Vermeidung der Unternehmensführung durch *Arndt von Bohlen und Halbach* als zentrale Leitmotive

Betrachtet man die zahlreichen verschiedenen Gestaltungsvarianten, wird deutlich, dass einerseits die Vermeidung einer übermäßigen Steuerlast zu Lebzeiten und im Todesfall von *Alfried Krupp von Bohlen und Halbach* und andererseits die Vermeidung der Unternehmensführung durch *Arndt von Bohlen und Halbach* und damit als wahrscheinliche Folge die Übernahme durch einen familienexternen Dritten im Mittelpunkt der Erwägungen standen. Damit war eine erhebliche Zäsur in der Familiengeschichte verbunden, da nicht die Fortführung des Unternehmens durch die nächste Generation der zentrale Aspekt war. Darin liegt auch ein erheblicher Unterschied zum Unternehmensübergang von *Friedrich Alfred Krupp* an *Bertha Antoinette Krupp* im Jahr 1902[93]. Denn auch wenn damals eine Fortführung des Unternehmens durch *Bertha Antoinette Krupp* selbst nicht zur Debatte stand, sollte diese doch faktische Alleineigentümerin des Unternehmens werden. *Arndt von Bohlen und Halbach* sollte als einziger Erbe von *Alfried Krupp von Bohlen und Halbach* weder das eine noch das andere werden.

---

92 *Schürmann*, (Fn. 85).
93 Siehe II.3.

e) Gründung einer unternehmensverbundenen Stiftung als Lösung

Letztlich entschied sich *Alfried Krupp von Bohlen und Halbach* für die Stiftungslösung in Form einer gemeinnützigen Stiftung. Die genauen Motive und tieferen Beweggründe für eine solch höchstpersönliche Entscheidung lassen sich naturgemäß nicht vollständig aufklären. Ein wesentlicher Faktor dürfte wohl die Vermeidung einer umfassenden Besteuerung im Rahmen der Unternehmensnachfolge gewesen sein, die unweigerlich zu einem massiven Liquiditätsabfluss geführt hätte. Inwiefern die im Testament von *Alfred Krupp* von 1882 letztlich an *Alfried Krupp von Bohlen und Halbach* gerichtete Bitte, eine dem Fideikommiss ähnliche Regelung zu finden[94], eine Rolle gespielt hat, lässt sich nicht aufklären.

aa) Testamentarischer Auftrag zur Errichtung der Stiftung

Die Errichtung der Stiftung erfolgte – wohl aufgrund des überraschenden Todes – allerdings nicht zu seinen Lebzeiten. Vielmehr verfügte er lediglich in seinem in Zürich am 23. September 1966 errichteten Testament, dass eine rechtsfähige Stiftung mit Sitz in Essen seine Alleinerbin sein sollte. Deren Zweck sollte die Wahrung der Einheit des Unternehmens und die Förderung der Forschung, der Lehre, der Wissenschaften, des Erziehungs- und Gesundheitswesens und der schönen Künste sein.[95] Sein Sohn *Arndt von Bohlen und Halbach* wurde in dem Testament im Hinblick auf das Unternehmen nicht bedacht. Dieser hatte allerdings wenige Tage vor der Beurkundung des Testaments auf Pflichtteilsansprüche verzichtet. Im Gegenzug hatte er neben einigen Unternehmensbeteiligungen, Grundstücken und persönlichen Gegenständen seines Vaters eine jährliche Zahlung von einer Mio. DM erhalten, wobei letztere Verpflichtung nur zu Lebzeiten von *Alfried Krupp von Bohlen und Halbach* bestand. Dieser Verzicht stand unter anderem unter der Bedingung, dass sein Vater das Unternehmen *Fried. Krupp* nicht einer natürlichen Person zukommen ließ.

---

94 Siehe II.2.

95 Ziff. 2 des Testaments lautete:
„Zweck der Stiftung soll sein,
a) die Einheit des Unternehmens Fried. Krupp dem Willen seinen Vorfahren entsprechend auch für die fernere Zukunft zu wahren;
b) mit den ihr aus dem Unternehmen Fried. Krupp anfallenden Erträgnissen nach näherer Bestimmung ihrer Satzung philanthropischen Zwecken zu dienen, insbesondere der Förderung der Forschung, der Lehre, der Wissenschaften, des Erziehungs- und Gesundheitswesens und der schönen Künste.
Ich erwarte, dass die Stiftung das Firmenvermögen im Sinne dieser beiden Aufgaben und unter Wahrung der Tradition des Namens Fried. Krupp fortführen wird."

bb) Umsetzung des Stifterwillens und Satzungsgestaltung

Auch wenn die für die Stiftungsgründung erforderliche Genehmigung des Landes Nordrhein-Westfalen im Zeitpunkt des Todes von *Alfried Krupp von Bohlen und Halbach* noch fehlte, war das Stiftungsgeschäft nach §§ 81, 83 BGB schon wirksam, da das Testament insofern auch spezifizierte, dass den Testamentsvollstreckern die Ausarbeitung des *Näheren über die Satzung* obliegen soll. Zentrale Folge des somit schon zu Lebzeiten von *Alfried Krupp von Bohlen und Halbach* vorgenommenen Stiftungsgeschäfts war, dass der Stiftung das gesamte Vermögen im Wege der Universalsukzession nach § 1922 BGB angefallen war. Für die nähere Ausgestaltung der Satzung zogen die Testamentsvollstrecker mehrere Sachverständige[96] hinzu. Ein zentrales Thema bei der Satzungsgestaltung war dabei die Verankerung des Rechts eines Familienmitglieds auf Vertretung in dem Kuratorium, was von *Alfried Krupp von Bohlen und Halbach* kurz vor seinem Ableben allerdings noch abgelehnt und entsprechende Entwürfe entsprechend abgeändert wurden.[97] Die Fortsetzung der besonderen Rolle von *Berthold Beitz* als Generalbevollmächtigter des Alleininhabers *Alfried Krupp von Bohlen und Halbach* und als Testamentsvollstrecker schlug sich dadurch nieder, dass dieser geschäftsführendes Kuratoriumsmitglied wurde; dieses Amt hatte *Berthold Beitz* bis zu seinem Tod 2013 inne.[98]

cc) Gemeinnützigkeit als zwingendes und prägendes Merkmal der Stiftung

Hinsichtlich der steuerrechtlichen Ausgestaltung setzte sich schon zu Lebzeiten von *Alfried Krupp von Bohlen und Halbach* die Erkenntnis durch, dass die Gemeinnützigkeit der Stiftung ein zentrales Element sein sollte, da sich nur auf diese Weise sicherstellen ließ, dass keine Erbschaftsteuer anfiel und die der Stiftung zufließenden Erträge nicht der Körperschaftssteuer unterfallen sowie auf das Vermögen keine Vermögensteuer erhoben wird.[99] Dabei wurden mit der Finanzverwaltung Nordrhein-Westfalen intensive Gespräche darüber geführt, ob die Gemeinnützigkeit auch gewährt werden kann, wenn die Wahrung der Einheit des Unternehmens – wie im Testament ausgeführt – als Stiftungszweck definiert wird.

---

96 Dabei handelte sich um Prof. Dr. *Ludwig Raiser* (Tübingen), Prof. Dr. *Paul Mikat* (Düsseldorf), Rechtsanwalt Dr. *Reinhard Goerdeler* (Frankfurt) und den Notar Dr. *Kurt Schürmann* (Essen).

97 So sah ein vor dem Tod von *Alfried Krupp von Bohlen und Halbach* erstellter Entwurf noch folgende Regelung vor: *„Nach Ausscheiden des Stifters soll dem Kuratorium nach Möglichkeit immer ein männlicher Abkömmling von Gustav und Bertha Krupp von Bohlen und Halbach angehören, der den Namen von Bohlen und Halbach trägt."* (so angegeben bei *Beitz/von Schenk*, (Fn. 69), S. 26).

98 Zum geschäftsführenden Kuratoriumsmitglied siehe IV.1.c).

99 *Beitz/von Schenk*, (Fn. 69), S. 20 ff.; so gehen alle im Vorfeld erstellten Memoranden (Fn. 85) auf die Frage der Gemeinnützigkeit ein.

Dabei kam man zu dem Ergebnis, dass die Gemeinnützigkeit der Stiftung jedenfalls dann nicht gefährdet werden würde, wenn man diesen Aspekt in der Satzung nicht als eigenen Zweck, sondern lediglich in die Präambel aufnimmt.[100] Hintergrund ist, dass nach deutschem Gemeinnützigkeitsrecht die Stiftung nur – ausschließlich (heute § 56 AO) – gemeinnützige Zwecke verfolgen darf. Die Wahrung der Einheit des Unternehmens tritt im Konfliktfall daher stets hinter die gemeinnützige Zweckerfüllung zurück. Zudem könnte in dieser Wahrung selbst eine unternehmerische Tätigkeit zu sehen sein bzw. die Trennlinie zwischen Unternehmen und Stiftung trotz der nur mittelbaren Beteiligung der Stiftung an dem Unternehmen über die zwischengeschaltete Aktiengesellschaft rein formeller Natur werden. Stiftungsrechtlich war zweifelhaft, ob die Führung eines Unternehmens in der Rechtsform der Stiftung überhaupt zulässig ist oder als unzulässige Umgehung der Vorschriften des Handels- und Gesellschaftsrechts anzusehen ist.[101] Insbesondere widerspricht eine Stiftung, deren Zweck im Erhalt des gestifteten Vermögens besteht, dem Verbot der Selbstzweckstiftung.[102] Das Vermögen soll Mittel zum Zweck sein. Die Vermögenserträge müssen der gemeinnützigen Zweckerfüllung dienen. Das Vermögen soll auf Dauer erhalten werden, was aber kein Selbstzweck sein darf. Aufgrund dieser Vorgaben bei der Errichtung der Stiftung findet sich der Gedanke der Wahrung der Einheit des Unternehmens nur in der Präambel und als (nicht uneingeschränkt zu verfolgendes [„*möglichst gewahrt*“]) Ziel bei der Verwaltung des Stiftungsvermögens (§ 4 Abs. 3 der Satzung), während die Verfolgung philanthropischer, gemeinnütziger Zwecke sowohl in der Präambel als auch in § 2 der Satzung als Stiftungszweck niedergelegt ist. Die Gemeinnützigkeit war für die Genehmigung der Stiftung schließlich auch einer der zentralsten Aspekte.

dd) Erfordernis der Gründung einer (zwischengeschalteten) Kapitalgesellschaft

Die intensiven Vorbereitungen zur Gründung der Stiftung ab Mitte der 1960er Jahre fielen in eine Zeit der allgemeinen Rezension, die auch an dem Unternehmen

---

100 So ausdrücklich *Beitz/von Schenk*, (Fn. 69), S. 22 f.

101 Dazu Runderlass des Innenministers v. 29.7.1958 – I A 2/17 – 42.15, Ministerialblatt NRW 1958, 1847 f., wonach die Genehmigung nicht zu erteilen war, wenn die Stiftung offenbar überwiegend wirtschaftliche Vorteile für den Stifter persönlich bezweckt oder wenn die Stiftung offenbar im Wesentlichen dazu benutzt werden soll, unter Umgehung der einschlägigen Vorschriften des Handels- und Gewerberechts eine gewerbliche Tätigkeit auszuüben. Siehe auch *Rawert*, ZEV 1999, 294, 297 f.; *Reuter*, GS Eckert, 2008, S. 677 ff.; heute wird dies differenzierter gesehen (vgl. *Hüttemann/Rawert*, [Fn. 1], Vorbemerkungen zu §§ 80–88 Rdnr. 214 ff.).

102 Dazu *Hüttemann/Rawert*, (Fn. 1), Vorbemerkungen zu §§ 80–88 Rdnr. 224 ff.

nicht spurlos vorüberging.[103] So war es erforderlich, Bürgschaften des Landes Nordrhein-Westfalen und des Bundes in Anspruch zu nehmen, auch wenn *Alfried Krupp von Bohlen und Halbach* als Hauptschuldner am Ende nicht ausfiel und die Bürgen keine Zahlungen leisten mussten.[104] Dabei waren die politischen Entscheidungsträger und die beteiligten Banken nicht bereit, diese Maßnahmen ohne strukturelle Veränderungen im Unternehmen durchzuführen und forderten die Überführung des Konzerns in eine Kapitalgesellschaft. Hinzu kam, dass eine unmittelbar unternehmerisch tätige Stiftung praktisch nicht genehmigungsfähig war, so dass das Unternehmen auch aus stiftungsrechtlicher Sicht auf eine Kapitalgesellschaft übertragen werden musste.[105]

Die Vorbereitungen für die Gründung einer Kapitalgesellschaft wurden schon Ende der 1950er Jahre begonnen. Eine wichtige Funktion hatte dabei die Gründung der *Beteiligungs- und Patentverwaltungsgesellschaft mbH* am 22. September 1959[106], auf die bereits ein kleiner Teil des Vermögens des einzelkaufmännischen Unternehmens *Fried. Krupp* übertragen worden war. Auf der Gesellschafterversammlung am 21. Dezember 1967 wurde deren Gesellschaftsvertrag umfassend umgestaltet, um das gesamte einzelkaufmännische Unternehmen *Fried. Krupp* zu übernehmen. Dabei kam es neben einer Erhöhung des Stammkapitals auf 500 Mio. DM auch zu einer Änderung der Firma in *Fried. Krupp Gesellschaft mit beschränkter Haftung*. Um die Stiftung weitgehend von der Haftung für die Verpflichtungen des einzelkaufmännischen Unternehmens *Fried. Krupp* zu befreien, wurde eine Einbringungsvereinbarung zwischen der Stiftung und der *Fried. Krupp GmbH* geschlossen, wonach letztere eine entsprechende Freistellungsverpflichtung übernahm. Zudem vereinbarte die *Fried. Krupp GmbH* mit der Stiftung, dass Rechtsgeschäfte im Hinblick auf die Geschäftsanteile der *Fried. Krupp GmbH* von der Stiftung für einen Zeitraum von zehn Jahren nur im Einvernehmen mit dieser vorgenommen werden dürfen.[107] Zudem wurde vereinbart, dass der Reingewinn der *Fried. Krupp GmbH* in die freien Rücklagen einzustellen ist, bis diese die Hälfte des Nominalkapitals erreichen, womit vor allem in den Anfangsjahren Vollausschüttungen an die Stiftung nicht möglich waren. Im Gegenzug wurde allerdings eine jährliche Mindestausstattung der Stiftung von zwei Mio. DM vereinbart, um die gemeinnützigkeitsrechtlichen Vorgaben überhaupt erfüllen zu können.[108]

---

103 Dazu etwa *Gall*, (Fn. 77), S. 579 ff.; *James*, (Fn. 2), S. 263 ff.
104 Dazu *Beitz/von Schenk*, (Fn. 69), S. 13 ff.
105 Siehe Fn. 101.
106 AG Essen, HRB 833.
107 Vertrag zwischen der *Alfried Krupp von Bohlen und Halbach-Stiftung* und der *Beteiligungs- und Patentverwaltungsgesellschaft mbH* v. 21.12.1967 (Historisches Archiv Krupp).
108 Siehe Fn. 107.

ee) Abschluss der Gründung der Stiftung

Nach Abschluss der Formulierungsarbeiten an der Satzung der Stiftung wurde diese am 29. November 1967 vom Innenminister des Landes Nordrhein-Westfalen genehmigt, womit die *Alfried Krupp von Bohlen und Halbach-Stiftung* als juristische Person entstanden war.

ff) (Fort-)Entwicklung des Unternehmens bis heute

In den nachfolgenden Jahrzehnten setzte sich der für das Unternehmen *Krupp* in seiner Historie charakteristische stetige Wandel weiter fort. In dieser Zeit musste auch die Stiftung ihrer besonderen Verantwortung für das Unternehmen gerecht werden, was eine unternehmerische Interpretation des Gedankens der Einheit des Unternehmens erforderte. So kam es aufgrund eines Gesellschafterbeschlusses vom 12. März 1992 zu einer Umwandlung der *Fried. Krupp GmbH* in die *Fried. Krupp AG* mit einem Grundkapital von 700 Mio. DM. Damit war praktisch die Rückkehr zu der bis 1943 bestehenden Rechtsform vollzogen. Die Motive der Gründung der *Fried. Krupp AG* waren aber andere. So diente die Rechtsform der AG einerseits der Durchführung mehrerer Fusionen im Stahlsektor und andererseits der Nutzung des organisierten Kapitalmarkts. Bereits wenige Monate später kam es zur Verschmelzung mit der *Hoesch AG* und erstmals zu einer Börsennotierung. Wenige Jahre darauf folgte dann die Verschmelzung mit der *Thyssen AG* zur heute noch bestehenden *thyssenkrupp AG*.

Die Verbundenheit der Stiftung mit dem Unternehmen zeigt sich auch an Sonderrechten, die der Stiftung als einem maßgebenden Aktionär in der Satzung der *thyssenkrupp AG* eingeräumt sind. Durch Beschluss der Hauptversammlung 2007 wurde in § 9 Abs. 2 der Satzung ein Entsenderecht u.a. für zwei der zehn Aufsichtsratsmitglieder der Aktionäre festgelegt, solange die Stiftung mindestens 15 v.H. des Grundkapitals hält (derzeit hält die Stiftung ca. 21 v.H. der Aktien). Zur Wahrung der Tradition und Verantwortung gegenüber den historischen Wurzeln wurden schon zum Zeitpunkt der Gründung der Stiftung dem Unternehmen besondere Unterhaltspflichten übertragen und Nutzungsrechte eingeräumt. So ist bis heute in § 21 der Satzung, u.a. als Sondervorteil im Sinne von § 26 AktG zugunsten der Stiftung, geregelt, dass die *thyssenkrupp AG* als Rechtsnachfolgerin der *Fried. Krupp GmbH* die Villa Hügel und den Hügelpark sowie das heutige Gästehaus nutzen darf, diese aber auch zu unterhalten hat, die Kosten des Krupp'schen Familienarchivs als Teil des Werkarchivs trägt und die Friedhofsanlage der Familie pflegen wird. In alldem zeigt sich, dass Unternehmen und Stiftung über das Beteiligungsverhältnis hinaus historisch gewachsene Schnittstellen besitzen und beide Pflichten in Bezug auf das Familienerbe zu erfüllen haben, ungeachtet des Umstands, dass die Stiftung an der börsennotierten *thyssenkrupp AG* nur einen Minderheitsanteil hält.

III. Grundlagen unternehmensverbundener Stiftungen

Unternehmensverbundene Stiftungen werden typischerweise deswegen errichtet, um den Erhalt eines bestimmten unternehmerischen Vermögens zu gewährleisten. Allerdings ist es zwar einerseits die Pflicht einer Stiftung, das gestiftete Vermögen dauerhaft zu erhalten. Andererseits darf der Erhalt des Vermögens aber nach deutschem Recht kein Selbstzweck sein. Das gestiftete Vermögen ist Mittel zum Zweck. Der eigentliche Zweck kann die Förderung der Allgemeinheit, also ein gemeinnütziger Zweck sein, wie es bei der *Alfried Krupp von Bohlen und Halbach-Stiftung* der Fall ist. Andere Formen von Stiftungen sind Familienstiftungen, bei denen die Versorgung einer bestimmten Familie im Vordergrund steht. Unternehmensverbundene Stiftungen werden typischerweise errichtet, damit der Unternehmenserhalt mit der Zweckverfolgung verbunden wird. Damit stellt sich sowohl für das Stiftungsrecht als auch für das Gemeinnützigkeitsrecht die Frage, welche Anforderungen dahingehend zu stellen sind, dass die gemeinnützige Stiftung einerseits ständig und ausschließlich gemeinnützige Zwecke verfolgen muss, andererseits aber auch den Erhalt des gestifteten Unternehmens zu gewährleisten hat.

Großunternehmen, an denen eine oder mehrere gemeinnützige oder Familienstiftungen mehr oder weniger in erheblicher Höhe beteiligt sind, sind in Deutschland außer *thyssenkrupp* bspw. *Fresenius*, *Bertelsmann*, *Würth*, *Aldi Nord*, *Aldi Süd* und *Lidl* oder *Carl Zeiss* und *SAP*. Daneben gibt es zahlreiche unternehmensverbundene Stiftungen, die zumindest einen bedeutenden Anteil an einem Unternehmen halten. Diese Stiftungen lassen sich im Grundsatz in zwei Gruppen einteilen: Entweder verfolgen sie gemeinnützige Zwecke oder es handelt sich um Familienstiftungen, die der Versorgung der Nachkommen des Stifters dienen.

1. Zulässigkeit gemeinnütziger unternehmensverbundener Stiftungen

Die Stiftung ist das einzige Rechtsmittel im deutschen Recht, mit dem ein Stifter oder eine Stifterin auf unbestimmte Zeit den Einfluss über ihr Vermögen nach Maßgabe der von ihnen vorgegebenen Zweckausrichtung festlegen können. Die

Organe der Stiftung haben sich an die Vorgaben des Stifters, die er bei Stiftungserrichtung in der Satzung niedergelegt hat, zu halten. Die Satzung der Stiftung ist nur dann zu ändern, wenn diese Änderung dem mutmaßlichen Willen des Stifters bei Errichtung entsprochen hat, weil wesentliche Änderungen der Umstände seit Errichtung der Stiftung dies nahelegen. Welcher Entscheidungsspielraum den Organen verbleibt, wird in der Satzung der Stiftung festgelegt. Der Stifter kann selbst regeln, wie eng er das Ermessen der Stiftungsorgane beschränken will. Die grundlegenden Entscheidungen muss er allerdings selbst treffen, nämlich zum einen welcher Zweck mit der Stiftung verfolgt werden soll, welches Vermögen dauerhaft von der Stiftung erhalten werden soll, damit es als Grundlage für die Zweckverfolgung dienen kann, und unter welchen Voraussetzungen der Stiftungszweck geändert oder die Stiftung aufgelöst werden kann. Die staatliche Stiftungsaufsicht gewährleistet als Rechtsaufsicht, ob die Stiftungsorgane nach Maßgabe des Entscheidungsspielraums, der ihnen vom Stifter in der Stiftungssatzung gelassen wurde, eine vertretbare Entscheidung getroffen haben.[109]

Auch wenn für die Stiftungsorgane die Rechtspflicht besteht, das gestiftete Vermögen dauerhaft zu erhalten, bedeutet dies natürlich nicht, dass die Rechtsform der Stiftung die erfolgreiche Unternehmensentwicklung gewährleisten kann und muss. Vielmehr werden die Entscheidungen über das Wohlergehen des Unternehmens in diesem selbst getroffen. Jede Stiftung ist, wie es bei der *Alfried Krupp von Bohlen und Halbach-Stiftung* seit ihrer Errichtung der Fall war, entweder der alleinige Anteilseigner (zu Beginn) oder der beherrschende Anteilseigner (zwischenzeitlich nach Veräußerung eines Teils der Anteile bspw. an den Iran) oder, wie heute, ein Minderheitsaktionär der *thyssenkrupp AG*, dem aber in der Satzung der Aktiengesellschaft Sonderrechte eingeräumt sind. Die Befugnis der Stiftung beschränkt sich somit im Grundsatz darauf, zum einen in der Hauptversammlung der Aktiengesellschaft das Stimmrecht auszuüben und dabei u. a. über die Ausschüttung der Dividende mitzuentscheiden, Satzungsänderungen mit zu beeinflussen sowie – wie derzeit – zwei Aufsichtsratssitze besetzen zu können. Zwar kommt der Stiftung – wie oben erwähnt – eine besondere historische Verantwortung bei der Verwaltung ihrer Beteiligung am Unternehmen zu, sie besitzt aber kein Initiativ- oder gar Weisungsrecht bzgl. der Unternehmenspolitik. Die staatliche Stiftungsaufsicht ist nicht dafür geeignet, die Unternehmensführung zu überwachen. Sie überwacht alleine, dass die verantwortlichen Organe der Stiftung das Vermögen wie fremdes Vermögen nach den Vorgaben des Stifters verwalten. Diese Verantwortlichkeit der Organe gegenüber den Vorgaben des Stifters

109 BVerwG v. 22.09.1972 – VII C 27.71, BVerwGE 40, 347; *Rawert*, Jahrbuch des Öffentlichen Rechts der Gegenwart, 2017, S. 179, 194 ff.; *Schauhoff*, (Fn. 1), S. 88 ff.

lässt den Unternehmenserhalt (hoffentlich) wahrscheinlicher werden. Ein empirischer Beleg dafür, dass Unternehmen, die sich im Eigentum von Stiftungen befinden, schlechter als Familienunternehmen oder besser als börsennotierte Unternehmen performen, lässt sich nicht finden.[110]

Das Gemeinnützigkeitsrecht erlaubt ebenso wie das Stiftungsrecht, dass ein Unternehmen, typischerweise ist dies die Beteiligung an einem Unternehmen in der Rechtsform der Kapitalgesellschaft, dauerhaft gehalten wird und mit den Erträgen aus dem Unternehmen respektive der Beteiligung die gemeinnützigen Zwecke verfolgt werden. Allerdings gibt es spezifische stiftungsrechtliche und gemeinnützigkeitsrechtliche Grenzen für derartige Gestaltungen.

a) Verbot der Selbstzweckstiftung

Nach der derzeit herrschenden Rechtsauffassung erlaubt das deutsche Stiftungsrecht nicht die Unternehmensselbstzweckstiftung. Dies ist nichts anderes als eine Variante des Unternehmens an sich.[111] Erst recht verträgt sich die steuerliche Gemeinnützigkeit nicht mit einer Selbstzweckstiftung. Der Betrieb eines Unternehmens kann kein gemeinnütziger Zweck sein.[112] Eine Selbstzweckstiftung ist ein Gebilde ohne Nutzen und Funktion, dem die Rechtsordnung die Anerkennung verweigern muss. § 81 Abs. 1 Satz 2 BGB bestimmt deswegen, dass das Stiftungsgeschäft die verbindliche Erklärung des Stifters enthalten muss, ein Vermögen zur Erfüllung eines von ihm vorgegebenen Zwecks zu widmen. Das Vermögen muss eine dienende Funktion haben.

Gegenwärtig gibt es in Deutschland eine rechtspolitische Diskussion dazu, ob die Rechtsform einer Gesellschaft in Verantwortungseigentum eingeführt werden sollte. Kern dieser Rechtsform soll sein, dass unternehmerisches Vermögen nicht mehr dazu dient, eine angemessene Rendite im Interesse der Anteilseigner zu erwirtschaften. Vielmehr soll der Betrieb des Unternehmens zum Selbstzweck werden und die Gesellschaftsform dies gewährleisten. Ob diese neue Rechtsform Sinn

---

110 Vgl. dazu *Eulerich*, Stiftungsverbundene Unternehmen in Deutschland, 2016, S. 216; *Thomsen/Hansmann*, Virtual Ownership and Managerial Distance: The Governance of Industrial Foundations, Workingpaper Copenhagen Business School, 2013; *Fleisch*, in: Fleisch/Eulerich/Krimmer/Schlüter/Stolte, Modellunternehmen verbundener Stiftungen, 2008, S. 41 ff.

111 Dazu *Hüttemann/Rawert*, (Fn. 1), Vorbemerkungen zu §§ 80–88 Rdnr. 224 ff.; a. A. *Schiffer*, ZSt 2003, 252, 253; *Ihle*, DNotZ 2009, 621, 623.

112 Siehe dazu *Hüttemann*, Wirtschaftliche Betätigung steuerliche Gemeinnützigkeit, 1991, S. 113 ff.

macht, ist rechtspolitisch hoch umstritten.[113] Diskutiert wird alternativ, dass das Stiftungsrecht dermaßen geändert wird, dass die Unternehmensselbstzweckstiftung erlaubt wird. Die Debatte darüber dauert an. Nach dem bislang geltenden Recht ist die Selbstzweckstiftung in Deutschland verboten. Bei der Gestaltung der Satzung einer unternehmensverbundenen Stiftung ist daher darauf zu achten, dass keine verdeckte Selbstzweckstiftung errichtet werden soll. Der Zweck der Stiftung muss auch wirtschaftlich andere Ausgaben ermöglichen als die Thesaurierung sämtlicher Gewinne des verbundenen Unternehmens, damit dieses gestärkt wird. Zwar schreibt das deutsche Stiftungs- und Gemeinnützigkeitsrecht nicht vor, in welchem Umfang Erträge des Unternehmens thesauriert bzw. zur Verwendung für die gemeinnützigen Zwecke an die Stiftung ausgeschüttet werden müssen. Auf der anderen Seite geht das Gemeinnützigkeitsrecht grundsätzlich davon aus, dass eine Thesaurierung von Gewinnen in einem Unternehmen nur mit vernünftigen wirtschaftlichen Erwägungen zulässig ist. Eine angemessene Rendite in Relation zum im Unternehmen gebundenen Kapital wird dagegen nicht erwartet. Eine vollständige Thesaurierung von Gewinnen auf Unternehmensebene wird regelmäßig stiftungsrechtlich und gemeinnützigkeitsrechtlich kritisch betrachtet werden. Manche Stifter schreiben bereits in der Stiftungssatzung vor, in welchem Maße Ausschüttungen zwingend vorzunehmen sind, ggf. auch dann, wenn das Unternehmen selbst in einzelnen Jahren Verluste machen sollte.

b) Wirtschaftliche Betätigung von Stiftungen

Lange Zeit war im Stiftungsrecht umstritten, ob für Stiftungen ebenso wie für Vereine der in § 22 BGB niedergelegte Grundsatz gilt, wonach die Führung eines stiftungsverbundenen Unternehmens der nicht wirtschaftlichen Haupttätigkeit der Stiftung funktional untergeordnet sein muss. Das sog. Nebenzweckprivileg in § 21 BGB erlaubt die Führung eines Unternehmens nach deutschem Recht dann, wenn das Unternehmen unmittelbar der Zweckverwirklichung dient.[114] Mittlerweile ist geklärt, dass seit der Modernisierung des Stiftungsrechts im Jahr 2002 sich die Forderungen nach einer analogen Anwendung des § 21 BGB auf die unternehmensverbundene Stiftung nicht mehr aufrecht erhalten lassen.[115] Der Gesetzgeber ist nicht den Stimmen in der stiftungsrechtlichen Literatur gefolgt, die eine Über-

113 Kritisch zu Recht *Hüttemann/Rawert/Weitemeyer*, FAZ v. 6.10.2020.
114 BGH v. 16.5.2017 – II ZB 7/16, BGHZ 215, 69 = NJW 2017, 1943; dazu *Schauhoff/Kirchhain*, ZIP 2016, 1857.
115 Dazu *Hüttemann/Rawert*, (Fn. 1), Vorbemerkung zu §§ 80 ff. BGB Rdnr. 222.

tragung dieses Gedankens in das Stiftungsrecht gefordert hatten. Die Beschränkung der stiftungsrechtlichen Zulässigkeit unternehmensverbundener Stiftungen ergibt sich somit vor allem aus dem Verbot der Selbstzweckstiftung.

c) Ausschließlich gemeinnützige Zweckverfolgung

Gemeinnützige Stiftungen sind von Gesetzes wegen verpflichtet, ausschließlich und unmittelbar sowie selbstlos einen oder mehrere der in §§ 52–54 AO genannten gemeinnützigen mildtätigen oder kirchlichen Zwecke zu verfolgen. In § 60 AO ist angeordnet, dass die entsprechenden grundlegenden Bestimmungen für eine gemeinnützige Stiftung Satzungsbestandteil werden müssen. Daher bestimmt § 2 der Satzung, dass diese ausschließlich und unmittelbar die Wissenschaft, das Erziehungs- und Bildungswesen, das Gesundheitswesen sowie Literatur, Musik und bildende Kunst fördert. In § 13 Abs. 2 der Satzung ist geregelt, dass diese Zwecke durch Satzungsänderung nicht berührt werden dürfen. Vielmehr soll jede Satzungsänderung dazu dienen, dass die Stiftung bei sich wandelnden Verhältnissen die Zwecke in einer dem Willen des Stifters entsprechenden Weise wirksam verfolgen kann. Aus § 4 Abs. 3 der Satzung wird deutlich, dass die Verwaltung des Stiftungsvermögens Mittel zur Zweckverfolgung ist. Bei der Verwaltung ihres Vermögens und bei Verfügung über einzelne Vermögenswerte ist die Stiftung im Rahmen der Satzung und des jeweils geltenden Gesetzes frei. Die Stiftung und ihre Organe sollen jedoch bei Entscheidungen, die sich auf ihre Beteiligung an der das Unternehmen *Fried. Krupp* fortführenden Kapitalgesellschaft beziehen, im Geiste des Stifters und seiner Vorfahren darauf achten, dass die Einheit dieses Unternehmens möglichst gewahrt und seine weitere Entwicklung gefördert wird. Das Gemeinnützigkeitsrecht kann ebenso wenig wie das Stiftungsrecht eine gedeihliche Unternehmensentwicklung gewährleisten. Es kann allein die Handlungspflicht für die Organe der Stiftung festlegen, das Stiftungsvermögen so zu verwalten, dass es nach Möglichkeit dauerhaft als Ertragsgrundlage für die Verfolgung der gemeinnützigen Zwecke dienen kann. Dabei haben die Stiftungsorgane aber ein weites Ermessen. Grundsätzlich sind sie in ihrer Entscheidung über das Vermögen frei. Wenn mehrere Entscheidungsalternativen im Rahmen der Vermögensverwaltung bestehen, soll möglichst die Entscheidung getroffen werden, bei der die Einheit des Unternehmens gewahrt bleibt. Nach der Satzung soll aber nicht die Einheit des Unternehmens als Selbstzweck erhalten bleiben, sondern vor allem die weitere Entwicklung des Unternehmens gefördert werden. Da es auf dem Markt typischerweise hoch dynamische Entwicklungen gibt, denen das Unternehmen ausgesetzt ist, setzt die Förderung des Unternehmens strategische Entscheidungen voraus, damit das Unternehmen auch bei einem sich wandelnden Markt erhalten bleibt. In diesem Sinn ist die Förderung vorrangig gegenüber der möglichen Bewahrung der Einheit des Unternehmens. Dies schließt ein, wie die bisherige Entwicklung auch gezeigt hat, dass auch andere Gesellschafter an dem Unternehmen beteiligt werden dürfen. Der Einfluss der Stiftung auf das Unternehmen ist im Laufe der Zeit stetig zurückgegangen. Mit einem Entsenderecht für zwei von insgesamt 20 Aufsichtsratssitzen lässt sich die Unternehmenspolitik nicht maßgebend steuern. Es entspricht der Stiftungssatzung und der Voraussicht des Stifters, dass er den Stiftungsorganen die Freiheit gegeben hat, im Rahmen vertretbarer Entscheidungen ihre Unternehmensbeteiligung sukzessive zu reduzieren, um dem Unternehmen die weitere Entwicklung zu ermöglichen. Die Stiftungssatzung erlaubt, andere Anteilseigner aufzunehmen, damit das Unternehmen sich weiter entwickeln kann, auch wenn dadurch die Beteiligungshöhe für die Stiftung und ihr Einfluss reduziert wird. Aus diesen Regelungen wird deutlich, dass keine Unternehmensselbstzweckstiftung vorliegt, sondern ausschließlich gemeinnützige Zwecke verfolgt werden. Denn es steht den Organen frei, wie sie das Vermögen investieren und weiterentwickeln. Die Einheit des Unternehmens soll möglichst gewahrt werden. Es gilt deswegen immer wieder abzuwägen zwischen dem Interesse der Stiftung am Vermögenserhalt, d. h. der Wert der Ertragsgrundlage für die Stiftung soll dauerhaft erhalten bleiben, und der nachgeordneten Anordnung in § 4 Abs. 3 der Stiftungssatzung, die Einheit des Unternehmens möglichst zu wahren und seine weitere Entwicklung zu fördern.

2. Abgrenzung zu anderen Stiftungsformen und Gestaltungsvarianten

Wie die Geschichte des Unternehmens *Fried. Krupp* zeigt, wurden im Laufe der Zeit immer wieder unterschiedliche Konzepte erwogen, wie die Nachfolge in die unternehmerische Verantwortung gestaltet werden soll. Zu den jeweiligen Zeitpunkten standen unterschiedliche rechtliche Gestaltungsvarianten zur Verfügung, die wiederum unterschiedliche steuerliche Vor- und Nachteile mit sich bringen. Im Folgenden wird ein kurzer Überblick über diese verschiedenen Gestaltungsformen gegeben.

a) Familienstiftung

Unternehmensverbundene Stiftungen erleben derzeit in Deutschland eine Renaissance, vielfach aber nicht in der Form der gemeinnützigen, sondern in der Form der sogenannten Familienstiftung. Zweck einer Familienstiftung ist die langfristige Versorgung der Familienmitglieder. Die Rechtsform der Stiftung kann, muss es aber nicht, erschweren, das Unternehmen zu zerschlagen oder zu verkaufen. Vielmehr sorgt der Stifter typischerweise für den Erhalt des unternehmerischen Vermögens als Beteiligung der Stiftung. Oft werden außer Familienmitgliedern auch familienfremde Personen als Organe der Stiftung benannt. Auch dadurch soll gewährleistet werden, dass unabhängig vom familiären Willen die Stiftung den vom Stifter vorgegebenen Zweck erfüllt. Im Unterschied zur Steuerrechtslage 1967, als das Erbschaftsteuerrecht und das damals noch bestehende Vermögensteuerrecht die Errichtung einer gemeinnützigen Stiftung nahelegte, erlauben heute die §§ 13a, 13b i. V. m. § 28 ErbStG, dass unternehmerisches Vermögen weitgehend steuerfrei auf eine Stiftung, auch eine Familienstiftung, übertragen werden kann. Ob *Alfried Krupp von Bohlen und Halbach* bei den heutigen Steuergesetzen, die auch bei der Vermögensübertragung auf eine Familienstiftung eine weitgehend erbschaftsteuerfreie Übertragung unter Inkaufnahme komplexer Bindungen in den nachfolgenden sieben Jahren erlauben, dennoch eine gemeinnützige Stiftung errichtet hätte, ist ungewiss, wäre aber vermutlich abgewogen worden.

b) Nicht gemeinnützige unternehmensverbundene Stiftung

Es gibt auch unternehmensverbundene Stiftungen, die weder gemeinnützig sind, noch der Familie dienen. Vielfach wird die gemeinnützige Zweckverfolgung auch mit der Versorgung der Familie in Notfällen kombiniert. Derartige Stiftungen sind zulässig, weil sie nicht dem Verbot der Selbstzweckstiftung unterfallen. Steuerlich ist eine derartige Gestaltung nach heutigem Recht auch deutlich günstiger als 1967. Die Vermögensteuer ist abgeschafft, so dass die Dividenden nicht zur Finanzierung der Vermögensteuer benötigt werden. Dividendenausschüttungen aus dem Unternehmen sind auf Ebene einer nicht gemeinnützigen Stiftung weitgehend steuerfrei nach § 8b KStG zu beziehen. Danach unterliegen nur 5 v.H. der Dividendenausschüttungen der Besteuerung. Schließlich erlauben die Regelungen zum Verschonungsabschlag für unternehmerisches Vermögen nach den §§ 13a, 13b, 28 ErbStG, dass der Übergang vom Vermögen auf eine Stiftung ohne Anfall wesentlicher Schenkung- oder Erbschaftsteuer gelingen kann. Derartige Stiftungen unterliegen nicht den engen Bindungen des Gemeinnützigkeitsrechts. Es besteht eine erhebliche Freiheit für die Stiftungsorgane, wie die vom Unternehmen ausgeschütteten Erträge verwendet werden.

c) gGmbH oder nicht rechtsfähige Stiftung als Anteilseignerin

Vielfach finden sich auch unternehmensverbundene „Stiftungen" in der Praxis, die tatsächlich gemeinnützige GmbHs sind. So gehört der *Bosch*-Konzern ganz wesentlich der *Robert Bosch Stiftung GmbH*, die im allgemeinen Sprachgebrauch oft aber als Stiftung bezeichnet wird. Auch die Gründer des Unternehmens *SAP* haben ihre Aktien in erheblichem Umfang und lange Zeit über gGmbHs gehalten, die erst später zu Beteiligungen, die von unternehmensverbundenen Stiftungen gehalten werden, geändert wurden. Vorteil einer derartigen gGmbH ist, dass sie nicht der staatlichen Stiftungsaufsicht untersteht und Änderungen am Gesellschaftsvertrag oder an der Ausrichtung der gemeinnützigen Gesellschaft weitaus leichter sind, als dies bei einer Stiftung der Fall ist. Gerade wenn die Gesellschafter noch leben, erlaubt dieses Modell eine weitaus höhere Flexibilität. Neben der rechtsfähigen Stiftung kennt das Recht auch die nicht rechtsfähige Stiftung. Sie unterscheidet sich von der rechtsfähigen Stiftung dadurch, dass anstelle der staatlichen Stiftungsaufsicht der Rechtsträger gegenüber dem Stifter verpflichtet ist, dessen Vorgaben in der Satzung einzuhalten. Damit ist die Kontrolle privatrechtlich determiniert. Auch für die nicht rechtsfähige Stiftung als unternehmensverbundene Stiftung findet sich ein Beispiel in Deutschland, nämlich die *ZF Friedrichshafen AG*.

d) Familiengesellschaft

Auch von der Familie *Krupp* wurde im Laufe der Geschichte öfter erwogen, eine Familiengesellschaft zu gründen, über die das Unternehmen gehalten wird. Dabei wurden sowohl eine Aktiengesellschaft als auch eine Personengesellschaft, bspw. in der Rechtsform einer GmbH & Co. KG, in die Überlegungen einbezogen.[116] Der große Unterschied zwischen einer Familiengesellschaft und einer Stiftung ist, dass bei der Stiftung der Stifter oder die Stifterin auf Dauer ihren Willen, was mit dem Vermögen geschieht und zu welchem Zweck die Vermögenserträge verwendet werden dürfen, vorgeben. Dagegen können bei der Familiengesellschaft die Gesellschafter aus der Familie in ihrer wechselnden Zusammensetzung jeweils entscheiden, was in Bezug auf Unternehmenserhalt bzw -entwicklung und Gewinnverwendung geschehen soll. Es gibt große börsennotierte Unternehmungen, die als Familiengesellschaft ausgestaltet sind und über ausgefeilte Satzungen für die Familiengesellschaft verfügen, um zu gewährleis-

116 Siehe II.5.d)cc).

ten, dass nicht einzelne Familienmitglieder die Unternehmensentwicklung nachhaltig stören können, sondern das Interesse der Gesamtfamilie an der Unternehmensentwicklung sich durchsetzt und die Berufung kompetenter Entscheidungsträger in den wesentlichen Gremien gewährleistet wird. Familien, die über erhebliches Familienvermögen verfügen, geben sich häufig auch eine Familienverfassung, damit aus einem gemeinsamen Geist heraus die erfolgreiche Entwicklung des Familienvermögens gestaltet werden kann. Steuerlich lässt sich heute auch eine Familiengesellschaft so gestalten, dass der Übergang von Anteilen an der Familiengesellschaft bei unternehmerischem Vermögen in erheblichem Umfang erbschaftsteuerfrei gestellt werden kann und die laufende steuerliche Belastung auf den Unternehmensgewinn entsprechend den allgemeinen steuerlichen Vorschriften beschränkt bleibt, soweit der Unternehmensgewinn thesauriert wird. Daneben können auch Ausschüttungen vorgenommen werden und ein Vermögen auf Ebene einer Familiengesellschaft gebildet und verwaltet werden und dabei gleichfalls die steuerliche Belastung erträglich gehalten werden. Die Familiengesellschaft ist daher ein ebenso taugliches Instrument wie die Rechtsform der Stiftung, um ggf. den dauerhaften Erhalt des unternehmerischen Vermögens erreichen zu können.

3. Handlungspflichten in Bezug auf Vermögenserhalt und zeitnahe Mittelverwendung

Gemeinnützige Stiftungen zeichnen sich dadurch aus, dass das gestiftete Vermögen zu erhalten ist, damit auf Dauer eine Ertragsgrundlage vorhanden ist, aus der der gemeinnützige Zweck der Stiftung nachhaltig verfolgt werden kann. Deswegen ist in der Präambel der Satzung der *Alfried Krupp von Bohlen und Halbach-Stiftung* vom 24. November 1967 das Motiv des Stifters festgehalten, während Satzungszweck allein die Verfolgung der gemeinnützigen Zwecke ist, wozu das Vermögen dauerhaft erhalten und die Einheit des Unternehmens möglichst gewahrt und dieses gefördert werden soll. Die Präambel kann zwar bei der Auslegung einzelner Satzungsbestimmungen herangezogen werden, aber Vorrang kommt natürlich der Auslegung der Satzung nach dem Wortlaut, Sinn und Zweck sowie Historie der einzelnen Bestimmung zu. In der Präambel heißt es:

- Die Einheit des Unternehmens *Fried. Krupp* soll dem Willen seiner Vorfahren entsprechend auch für die fernere Zukunft gewahrt werden;
- Mit den aus dem Unternehmen *Fried. Krupp* anfallenden Erträgnissen sollen nach näherer Bestimmung der Satzung philanthropische Zwecke verfolgt werden, insbesondere die Förderung der Forschung, der Lehre, der Wissenschaften, des Erziehungs- und Gesundheitswesens und der schönen Künste.

Naturgemäß besteht ein Spannungsverhältnis zwischen der Notwendigkeit, das Stiftungsvermögen einerseits dauerhaft erhalten zu müssen, andererseits die Erträgnisse aus dem Stiftungsvermögen für die gemeinnützigen Zwecke zu verwenden. Die Lage des Unternehmens kann es erfordern, dass der gesamte Gewinn thesauriert wird. Denkbar ist auch, dass Investitionsentscheidungen getroffen werden, die Ausschüttungen aus dem Unternehmen für längere Zeit unmöglich machen. Zudem kann sich die Frage stellen, wie lange eine gemeinnützige Stiftung an der Beteiligung an einem Unternehmen festhalten darf, auch wenn der Wert des Unternehmens erheblich zu sinken droht und die Einheit des Unternehmens allenfalls aufrecht erhalten werden kann, wenn fremde Dritte am Unternehmen neben der Stiftung beteiligt werden. Denkbar ist auch, dass die Mehrheitsbeteiligung am Unternehmen schließlich aufgegeben wird, wie es auch bei der *Alfried Krupp von Bohlen und Halbach-Stiftung* der Fall war. Dann droht natürlich, dass die Einheit des Unternehmens nicht aufrecht erhalten werden kann, sondern die anderen Aktionäre andere unternehmensstrategische Ziele bevorzugen und die Minderheitsaktionärin sich nicht durchsetzen kann. Stiftungsrecht und Gemeinnützigkeitsrecht sind beide gleichermaßen von den Stiftungsorganen bei ihren Entscheidungen zu beachten. Im Vordergrund steht der Stifterwille, wie er in der Satzung seinen Niederschlag gefunden hat. Ursprünglich andere Motive und Erwägungen des Stifters, die auch im Fall von *Alfried Krupp von Bohlen und Halbach* sich aus der Entwicklung hin zur letztlich gefundenen Lösung der gemeinnützigen *Alfried Krupp von Bohlen und Halbach-Stiftung* ersehen lassen, sind von untergeordneter Bedeutung. Entscheidend ist der im Stiftungsgeschäft und der Satzung niedergelegte Stifterwille. Dieser Stifterwille schließt die Statuierung und den unbedingten Erhalt der Gemeinnützigkeit ein. Die wesentlichen gemeinnützigkeitsrechtlichen Vorschriften sind in der Satzung niedergelegt, bspw. in § 2 der Satzung. In § 13 Abs. 2 Satz 2 der Satzung ist bestimmt, dass die Befugnis zur Satzungsänderung insbesondere auch die Herstellung und Erhaltung der Voraussetzungen umfasst, dass die Stiftung steuerlich als gemeinnützig anerkannt bleibt. Soweit sich gemeinnützigkeitsrechtliche Vorgaben ändern, sind die Organe somit befugt, die Satzung ggf. anzupassen, damit die Steuerbefreiung erhalten bleibt. Das Stiftungs- und das Gemeinnützigkeitsrecht regeln beide somit i. V. m. den Vorgaben des Stifters in Stiftungsgeschäft und Satzung den Handlungsrahmen für die Organe.

a) Stiftungsrecht – Vermögenserhaltungsgrundsatz und Strukturveränderungen

Der oberste Grundsatz für die Stiftung ist, dass die Stiftungsorgane die Stiftung so verwalten, wie es die dauernde und nachhaltige Verwirklichung des Stiftungszwecks erfordert. Falls in der Satzung nichts anderes bestimmt ist, ist das Stiftungsvermögen ungeschmälert zu erhalten. Vermögensumschichtungen sind nach den Regeln ordentlicher Wirtschaftsführung zulässig. § 4 Abs. 3 der Satzung legt fest, dass die Stiftungsorgane bei der Verwaltung des Vermögens und bei der Verfügung über einzelne Vermögenswerte im Rahmen der Satzung und der jeweils geltenden Gesetze frei sind. Sie sollen jedoch bei Entscheidungen, die sich auf die Beteiligung an der das Unternehmen *Fried. Krupp* fortführenden Kapitalgesellschaft beziehen, im Geiste des Stifters und seiner Vorfahren darauf achten, dass die Einheit dieses Unternehmens möglichst gewahrt und seine weitere Entwicklung gefördert wird. Stiftungsrechtlich darf der Stifter das übertragene Vermögen mit einer bestimmten wirtschaftlichen Bestimmung versehen.[117] Es ist grundsätzlich der Stifter, der darüber entscheidet, wie das Grundstockvermögen bei der Stiftung zu erhalten und einzusetzen ist. Der Stifter kann die Vermögenswidmung durch ergänzende Satzungsbestimmungen näher ausformen. Dies kann z. B. durch die Vorgabe eines bestimmten Kapitalerhaltungskonzepts, wie der Befugnis zur Rücklagenbildung, oder den Ausschluss der Zulässigkeit von Vermögensumschichtungen erfolgen. Wird, wie bei der *Alfried Krupp von Bohlen und Halbach-Stiftung*, unternehmerisches Vermögen gestiftet, so führt dies bei einer gemeinnützigen Stiftung mit unternehmerischem Vermögen zwingend dazu, dass die Unternehmensbeteiligung letztlich nur Mittel zum Zweck sein darf. Solange die ausschließlich gemeinnützige Zweckverfolgung durch das Halten der Unternehmensbeteiligung nicht gefährdet wird, kann die Beteiligung erhalten werden. Zulässig ist, wie die Satzung in § 4 Abs. 2 ausdrücklich vorsieht, dass auch weitere Anteile am Unternehmen *Fried. Krupp* erworben werden können und Rücklagen bei der Stiftung gebildet werden dürfen, um den Stiftungszweck nachhaltig verfolgen zu können (vgl. § 5 Abs. 1 der Satzung). Eine Grenze finden diese Möglichkeiten aber dann, wenn die Stiftungsorgane aufgrund konkreter Entwicklungen zu der Einschätzung gelangen müssen, dass eine dauerhafte und nachhaltige Erfüllung des gemeinnützigen Stiftungszwecks lediglich auf der Grundlage einer Umschichtung des Unternehmensvermögens gewährleistet ist.[118] Die Entwicklung der *Fried. Krupp GmbH* über die *Fried. Krupp AG* zur heutigen *thyssenkrupp AG* belegt, wie die Stiftungsorgane ihre Verantwortung zum Vermögenserhalt wahrgenommen haben. Sie haben die Einheit des Unternehmens und dessen weitere Entwicklung besser gewährleistet ge-

117 *Hüttemann/Rawert*, (Fn. 1), § 81 Rn. 24; näher *Hüttemann*, FG Flume, 1998, S. 59, 68 ff.

118 *Hüttemann*, ZHR 167 [2003] 35, 62; *Hüttemann/Rawert*, (Fn. 1), Vorbemerkungen zu §§ 80–88 Rdnr. 242; enger *Weitemeyer*, (Fn. 1), § 80 Rdnr. 154: „*Wenn aufgrund einer abstrakten Prognose der Wechsel in eine andere Vermögensanlage unzweifelhaft dauerhaft eine deutlich wirksamere Erfüllung des gemeinnützigen Zwecks ermöglicht.*“

sehen, wenn fremde Dritte an diesem Unternehmen beteiligt werden. Durch Bildung neuer unternehmerischer Einheiten, wie der Verschmelzung mit der *Hoesch AG* oder der *Thyssen AG*, sollte die Marktstellung deutlich stabilisiert werden. Bei der *thyssenkrupp AG* sind mittlerweile ganz neue werthaltige Unternehmenssparten entstanden. Das Unternehmen hat erst jüngst sich von der Aufzugssparte getrennt. Unmittelbar hat die *Alfried Krupp von Bohlen und Halbach-Stiftung* auf derartige unternehmerische Entscheidungen ohnehin keinen Einfluss mehr. Die maßgebenden unternehmensleitenden Entscheidungen werden vom Vorstand der Aktiengesellschaft getroffen, der dabei der Überwachung durch den Aufsichtsrat unterliegt. Folge der Entscheidungen, Fusionen zur Sicherung der Marktstellung zuzulassen, ist, dass der unternehmerische Einfluss der Stiftung fortlaufend gesunken ist. Damit wird deutlich, dass aufgrund konkreter Entwicklungen auf den Märkten des Unternehmens der Sicherung des Stiftungsvermögens und dem Versuch, die weitere Entwicklung des Unternehmens auch unter Beteiligung fremder Aktionäre zu fördern, der Vorrang eingeräumt wurde. Das Erfordernis der Einheit verhält sich insofern subsidiär. Die unternehmerische Beteiligung in einer bestimmten Höhe war gerade kein Selbstzweck, sondern im Vordergrund stand die ausschließliche Verwirklichung des gemeinnützigen Zwecks.

b) Gemeinnützigkeitsrecht – Pflicht zur zeitnahen Mittelverwendung

Im deutschen Gemeinnützigkeitsrecht ist in § 55 Abs. 1 Nr. 5 AO der sog. Grundsatz der zeitnahen Mittelverwendung niedergelegt. Dieser beruht auf der Erkenntnis, dass das Gemeinnützigkeitsrecht, welches die zeitnahe Förderung gemeinnütziger Zweckverwirklichung steuerlich durch Steuerfreiheit bei den Ertragsteuern, der Erbschaftsteuer, beim Spendenabzug und zur Zeit der Stiftungserrichtung 1967 auch bei der Vermögensteuer privilegiert, sicherstellen muss, dass nicht irgendwann gemeinnützige Zwecke verwirklicht werden, sondern dies fortlaufend, zeitnah und ausschließlich erfolgt. Die zeitnahe Mittelverwendung knüpft nach der gesetzlichen Regelung an Ausschüttungen aus der Unternehmung an. Wenn eine Stiftung, zumal wenn sie Minderheitsaktionärin ist, keine Dividenden erhält, kann sie diese auch nicht für gemeinnützige Zwecke ausgeben. Die zugeflossenen Dividenden müssen nach der gemeinnützigkeitsrechtlichen Konzeption aber auch nicht sofort für gemeinnützige Zwecke ausgegeben werden. Vielmehr lässt das Gesetz in begrenztem Rahmen die Bildung von Rücklagen zu. So bestimmt § 62 AO, dass Rücklagen gebildet werden können, um nachhaltig gemeinnützige Projekte verfolgen zu können, die dann allerdings konkret bereits festgelegt werden müssen. Insbesondere erlaubt § 62 Abs. 1 AO, dass eine Rücklage zum Erwerb von Gesellschaftsrechten zur Erhaltung der prozentualen Beteiligung an einer Kapitalgesellschaft gebildet werden darf. Zudem darf ein Drittel des Überschusses aus der Vermögensverwaltung, dies sind insbesondere Dividenden aus der Beteiligung an einer Kapitalgesellschaft, einer Rücklage zugeführt werden. Mit diesen Bestimmungen erkennt das Gesetz typisierend an, dass eine gemeinnützige Stiftung, aber auch andere gemeinnützige Körperschaften, ihre Ertragsgrundlage erhalten müssen, sollen sie nachhaltig gemeinnützige Zwecke verfolgen können. Die sog. Drittel-Rücklage erlaubt typisierend, dass der Inflationsanteil in Vermögenserträgen einer Rücklage zugeführt werden kann, um einem inflationären Wertschwund des Dotationskapitals der Stiftung zu begegnen. Mit der Rücklage zum Erhalt der Kapitalbeteiligung wird dem Gedanken Rechnung getragen, dass ein Stifter die Stiftung auf den Erhalt des Unternehmens verpflichten kann. In der Sprache der Satzung der *Alfried Krupp von Bohlen und Halbach-Stiftung* heißt dies, dass bei Entscheidungen zur Vermögensverwaltung die Einheit des Unternehmens möglichst gewahrt und seine weitere Entwicklung gefördert werden soll. Dies kann aber nur tun, wer ausreichend finanzielle Mittel hat, um ggf. bei Kapitalerhöhungen mitziehen zu können. Dafür bietet § 62 Abs. 1 Nr. 4 AO ein Gestaltungsmittel für gemeinnützige Stiftungen. Somit erlaubt das geltende Gemeinnützigkeitsrecht wie das Stiftungsrecht durchaus, dass eine Stiftung eine gewisse Vorsorge trifft, um dauerhaft eine Beteiligung an einem Unternehmen erhalten zu können. So hat auch die *Alfried Krupp von Bohlen und Halbach-Stiftung* in den Jahren 2003 bis 2008 aus Dividendenausschüttungen angesparte Rücklagen genutzt, um die Beteiligung an der *thyssenkrupp AG* wieder auf 25 v.H. aufzustocken. Allerdings besteht diese Erlaubnis zum Thesaurieren nicht grenzenlos, sondern u.U. kann eine Stiftung gezwungen sein, sich von einer unternehmerischen Beteiligung zu trennen. Die gesetzlichen Regelungen i.V.m. den Vorgaben des Stifters in der Stiftungssatzung lassen den Organen typischerweise ein weites Ermessen, damit sie unter Abwägung aller Umstände im Einzelfall eine vertretbare Entscheidung fällen können. Die landläufige Vorstellung, eine Stiftung müsse in Bezug auf ein Stiftungsunternehmen um jeden Preis am Unternehmen festhalten, ist in dieser Form verfehlt. Andererseits sind die Stiftungsorgane nach § 4 Abs. 3 der Satzung verpflichtet, die Einheit des Unternehmens möglichst zu wahren und dieses zu fördern. All dies gilt es ggf. abzuwägen.

c) Ermessen der Stiftungsorgane

Sowohl stiftungsrechtlich als auch gemeinnützigkeitsrechtlich ist eine Stiftung in bestimmten Grenzen legitimiert, Gewinne zu thesaurieren, um das Stiftungskapital dauerhaft zu erhalten. Die Stiftungsorgane müssen stets das Erfordernis, die gemeinnützigen Zwecke zu verwirklichen und die Ertragsgrundlagen in Form einer unternehmerischen Beteiligung oder sonstigen Vermögens zu erhalten, in Einklang miteinander bringen. Einerseits soll Vorsorge getroffen werden, um einem möglichen Wertschwund in Bezug auf das unternehmerische Vermögen vorzubeugen. Andererseits müssen aber die gemeinnützigen Zwecke verwirklicht werden. Insofern steht den Stiftungsorganen kein unbegrenztes Ermessen zu. Vielmehr regelt das Gemeinnützigkeitsrecht, in welchem Umfang Rücklagen gebildet werden dürfen. Das Stiftungsrecht gibt, wie dargestellt, vor, unter welchen Umständen eine Vermögensumschichtung geboten ist und eine Trennung von unternehmerischem Vermögen zulässig ist.

Die Stiftungsorgane haben auf dieser Grundlage die wirtschaftliche Lage fortlaufend zu analysieren, um dann ggf. eine vertretbare Entscheidung zu treffen. Kern der Überlegungen ist stets, wie sich die zukünftige unternehmerische Entwicklung auf dem jeweiligen Markt denn darstellen könnte. Derartige Prognoseentscheidungen sind typischerweise von hoher Unsicherheit geprägt. Bei dieser Sachlage kommt den Stiftungsorganen deswegen ein weites Ermessen zu. Hinterher zu wissen, wie die Entwicklung verlaufen ist, ist naturgemäß weitaus einfacher, als die Entwicklung eines Unternehmens auf einem bestimmten Markt vorherzusehen. Wesentlich ist, dass die Stiftungsorgane ihre Entscheidungen aus einer ex ante-Perspektive treffen und ihnen daher ein weites Ermessen zukommt. Die Pflicht der Stiftungsorgane bezieht sich, zumal dann, wenn nur noch eine Minderheitsbeteiligung an einem Unternehmen gehalten wird, darauf, fortlaufend sich umfassend über die Lage des Unternehmens zu informieren, um ggf. entscheiden zu können, ob eine Trennung von der Unternehmensbeteiligung angezeigt sein könnte oder eine weitere Reduktion des Aktienbesitzes für die Vermögensentwicklung besser wäre. Naturgemäß sind derartige Prognosen ausgesprochen schwierig und deswegen auch kaum justiziabel. Nichtsdestotrotz besteht die Pflicht, sich insoweit umfassend zu informieren und auf dieser Grundlage jeweils eine vertretbare Entscheidung zu treffen.

IV. Governance und Organisationsverfassung

Die Governance und Organisationsverfassung einer unternehmensverbundenen Stiftung wird durch die §§ 80 ff. BGB und die Stiftungsgesetze der Länder nicht näher adressiert. Vielmehr verweist § 85 BGB dahingehend auf das Stiftungsgeschäft.[119] Daher enthält auch die Satzung der *Alfried Krupp von Bohlen und Halbach-Stiftung* eigenständige Regelungen zur Organisationsverfassung (siehe IV.1.). Dabei besteht allerdings die Besonderheit der in der Satzung angelegten Unternehmensverbindung, die einen unmittelbaren Einfluss auf die Organisationsverfassung hat (siehe IV.2.). Schließlich wirkt sich die Unternehmensverbindung nicht nur auf die Organisationsverfassung der *Alfried Krupp von Bohlen und Halbach-Stiftung* aus, sondern schlägt sich auch in der Satzung des Unternehmens, an dem die Beteiligung besteht (heute *thyssenkrupp AG*), nieder (siehe IV.3.).

1. Trennung von Leitung und Überwachung als Grundstruktur

Die Satzung der *Alfried Krupp von Bohlen und Halbach-Stiftung* folgt für die Organisationsstruktur der Stiftung einem typischen Muster.[120] Die Organe der Stiftung sind das Kuratorium und der Vorstand (§ 6 Satzung).

a) Kuratorium

Dem Kuratorium kommt dabei vor allem eine Überwachungsfunktion zu (§§ 7 ff. Satzung). Dieses kann zu Erreichung dieser Aufgabe auch einen Stiftungsbeirat berufen (§ 7 Abs. 2 Satzung), wovon derzeit kein Gebrauch gemacht wird. Die Mitglieder des Kuratoriums werden durch eine Beschlussfassung in diesem mit einfacher Mehrheit bestellt (§§ 8 Abs. 2, 9 Abs. 2 Satzung). Für die Mitgliedschaft im Kuratorium werden durch die Satzung keine weiteren Vorgaben gemacht. Insbesondere finden sich dort keinerlei Vorgaben, dass Angehörige der Familie *von Bohlen und Halbach* dort vertreten sein müssen.[121] Bei der Auswahl der Kuratoriumsmitglieder ist dieses auch nicht gezwungen, auf Familienmitglieder zurück-

---

119 Zur Governance einer unternehmensverbundenen Stiftung etwa *Jakob/Uhl*, (Fn. 1), § 80 BGB Rdnr. 497 f.; *Richter*, (Fn. 1), § 10 Rdnr. 38 ff.; *Weitemeyer*, (Fn. 1), § 80 Rdnr. 198 ff.
120 Für das typische duale System vgl. nur *Hüttemann*, DB 2017, 591, 596; *Richter*, (Fn. 1), § 10 Rdnr. 41 mit einer entsprechenden Empfehlung; vgl. auch *Schiffer/Pruns*, BB 2013, 2755, 2759 f.
121 Zu diesem Aspekt während der Satzungsgestaltung II.5.e)bb).

zugreifen[122], auch wenn dies auf den ersten Blick aufgrund der besonderen Verbindung der Stiftung mit dem Unternehmen *Krupp* und damit mit der Familie nahezuliegen scheint. Tatsächlich wurde dieser Aspekt auch gerichtlich – allerdings ohne Erfolg – geltend gemacht.[123] Auch lässt sich dies nicht aus dem Umstand ableiten, dass die aufgrund der *Lex Krupp* erlassene Satzung des Familienunternehmens *Fried. Krupp* einen Familienrat enthielt[124], der in seinem Aufgabenbereich durchaus mit einem Aufsichtsrat oder – eben im stiftungsrechtlichen Sinne – mit einem Kuratorium vergleichbar war.[125] Das Charakteristikum einer unternehmensverbundenen Stiftung ist eben die Verbindung eines Unternehmens bzw. von dessen Rechtsträger mit einer Stiftung. Eine darüber hinausgehende Verbindung zu den ehemaligen Anteilseignern des Rechtsträgers oder deren Familie wird dadurch gerade nicht begründet. Zudem ist zu beachten, dass solche Strukturen in Form eines familiären Einflusses auf das Kuratorium oder ein anders strukturiertes Aufsichtsorgan durchaus in der Satzung vorgesehen werden können. Davon ist bei der *Alfried Krupp von Bohlen und Halbach-Stiftung* aber kein Gebrauch gemacht worden.[126] Dieser fehlende familiäre Einfluss entspricht bei genauerer Betrachtung letztlich auch der Organisationsstruktur des Unternehmens *Krupp* im 19. und 20. Jahrhundert[127], da bei diesem stets die Konzentration der Unternehmensleitung auf eine einzige Person im Vordergrund stand und den übrigen Familienmitgliedern kein Einfluss gewährt wurde. Lediglich bei der Schaffung des Familienunternehmens *Fried. Krupp* durch die *Lex Krupp* wurden die übrigen Familienmitglieder mit einbezogen, was in einer historischen Rückschau aber eher die Ausnahme war.[128]

b) Vorstand

Dem Vorstand obliegt die laufende Verwaltung des Stiftungsvermögens (§ 11 Abs. 1 Satzung). Darüber muss er dem Kuratorium berichten (§ 11 Abs. 2 Satzung).

---

122 Zur vorrangigen Berücksichtigung des Unternehmensinteresses gegenüber Familieninteressen etwa *Richter* (Fn. 1), § 10 Rdnr. 42 mit einer Betonung des Grundsatzes „*Firma vor Familie*"; *Schiffer/Pruns*, BB 2013, 2755, 2760. Bei gemeinnützigen Stiftungen gilt „gemeinnützige Zweckverwirklichung vor Firma".

123 OLG Hamm v. 3.11.1999 - 8 U 220/98, NJOZ 2001, 170 – Nichtannahme durch BGH v. 7.12.2000 – III ZR 355/99.

124 Dazu II.4.d).

125 Ebenso OLG Hamm (Fn. 122), 174 f.

126 Siehe dazu II.5.e).bb).

127 Siehe II.1. bis II.3.

128 Dazu II.4.d).

Zudem ist der Vorstand an die Beschlüsse des Kuratoriums gebunden und muss diese umsetzen (§ 11 Abs. 1 Satz 1 Hs. 2 Satzung). Die Einzelheiten der Befugnisse werden in einer Geschäftsordnung geregelt, was von der stiftungsrechtlichen Gestaltungsfreiheit ebenfalls umfasst ist. Die Pflicht zur laufenden Verwaltung des Vermögens darf nicht missverstanden werden, als sei dies gleichsam ein Selbstzweck. Vielmehr steht im Mittelpunkt der Aufgabenstellung die Verwirklichung der gemeinnützigen Zwecke aus den Erträgen des Stiftungsvermögens. Das Vermögen wird laufend verwaltet, um diese Aufgabe dauerhaft erfüllen zu können.

c) Geschäftsführendes Mitglied des Kuratoriums

Eine Besonderheit bei der Satzungsgestaltung stellt das Amt des geschäftsführenden Kuratoriumsmitgliedes dar (§ 8 Abs. 2 Satz 2, Abs. 3 Satz 2 der Satzung), da mit diesem die Trennung von Leitung und Überwachung durchbrochen wurde. Dieses geschäftsführende Kuratoriumsmitglied führte nicht nur den Vorsitz im Kuratorium (§ 9 Abs. 1 Satz 2 der Satzung), sondern war zugleich Mitglied des Vorstands (§ 12 Abs. 1 der Satzung). Dieses Amt hatte vom Zeitpunkt der Gründung der Satzung bis zu seinem Tod *Berthold Beitz* inne, der darüber hinaus auch Vorsitzender des Aufsichtsrats der *Fried. Krupp GmbH* war. In beiden Ämtern war er zwar Vorsitzender des Organs, aber natürlich als Teil von Kollegialorganen in deren Entscheidungsfindung einbezogen. Diese Position wurde *Berthold Beitz* allerdings nicht auf Lebenszeit eingeräumt, da § 8 Abs. 3 Satz 2 der Satzung die Amtszeit des geschäftsführenden Kuratoriumsmitgliedes auf längstens zwölf Jahre beschränkte, so dass es einer mehrfachen Neubestellung bedurfte. Letzteres war nach § 8 Abs. 3 Satz 3 der Satzung ausdrücklich zulässig. Die Amtszeit (des geschäftsführenden Kuratoriumsmitgliedes) als Mitglied des Vorstands war nach § 12 Abs. 2 Satz 1 an die als geschäftsführendes Kuratoriumsmitglied gekoppelt. Mit dem Tod von *Berthold Beitz* im Jahr 2013 kam es zur Abschaffung des geschäftsführenden Kuratoriumsmitgliedes, so dass die Trennung von Leitung und Überwachung in der heutigen Fassung der Satzung umfassend verankert ist.

2. Einfluss und Bedeutung der Unternehmensverbindung

Auch wenn die Organisationsstruktur der *Alfried Krupp von Bohlen und Halbach-Stiftung* somit nahezu idealtypisch ist, stellt sich die Frage, ob sich aus der Unternehmensverbindung weitere Vorgaben oder Einschränkungen ableiten lassen. Dieser Umstand wird bereits in dem Testamentsvollstreckerbericht von 1971 deutlich, wo es heißt, dass die Stiftung eine *besondere und bleibende Verantwortung trägt, die über das materielle Interesse eines Aktionärs hinausgeht.*[129] Die Ableitung konkreter verbandsrechtlicher Vorgaben aus einer solchen Verantwortung fällt gleichwohl schwer. Dabei spielt weniger der Umstand eine Rolle, dass der Zweck der Stiftung nach § 2 der Satzung auf philanthropische Zwecke beschränkt ist, da sich die Unternehmensverbindung aus dem Gesamtkontext ohne Weiteres erschließen lässt.

a) Ansätze für eine Ableitung von Organpflichten aus der Unternehmensverbindung

Aber selbst wenn man aus der Unternehmensverbindung konkrete Folgen für die Governance oder die Organisationsverfassung insgesamt ableiten oder entwickeln wollte, würde sich zunächst die Grundfrage stellen, welcher Art und Weise diese überhaupt wären oder konkret, welche Organpflichten sich daraus ableiten ließen.

aa) (Fehlende) Beiderseitige Exklusivität der Unternehmensverbindung

Ausgangspunkt entsprechender Überlegungen könnte die Annahme einer beiderseitigen Exklusivität der Unternehmensverbindung dergestalt sein, dass sich zum einen andere Gesellschafter als die *Alfried Krupp von Bohlen und Halbach-Stiftung* an dem Rechtsträger des Unternehmens *Krupp* nicht beteiligen dürfen und dass diese zum anderen keine Beteiligungen an anderen Unternehmen begründen darf, so dass die Organe beider Rechtsträger entsprechenden Einschränkungen unterliegen würden.[130] Die Entwicklung einer solchen Exklusivität der Unternehmensverbindung ist, wie oben erläutert, aus gemeinnützigkeitsrechtlicher Sicht verboten und nach der Stiftungssatzung und dem Willen des Stifters nicht gewollt und daher fernliegend. Zum einen sieht die Satzung in § 4 Abs. 2 Satz 1 ausdrücklich vor, dass die Stiftung weiteres Vermögen erwerben kann, ohne dass dieser Vermögenserwerb auf andere Gegenstände als Unternehmensbeteiligungen beschränkt ist. Zudem regelt § 4 Abs. 4 Satz 1 der Satzung, dass die Stiftung bei der Verwaltung des Vermögens und bei der Verfügung über einzelne Vermögenswerte im Rahmen der Satzung und der Gesetze frei ist. Zwar ist in § 4 Abs. 4 Satz 3 für die Vermögensverwaltung die Richtlinie, möglichst die Einheit des Unternehmens *Fried. Krupp* zu wahren und dessen weitere Entwicklung zu fördern, statuiert.

---

129 *Berthold Beitz, Dedo von Schenk*, (Fn. 69), S. 25.
130 Dazu etwa *Hüttemann*, DB 2017, 591, 597 f.

Daraus kann aber eine solche Exklusivität nicht abgeleitet werden. Hinzu kommt, dass bei den Vorarbeiten zur Stiftungssatzung ausdrücklich darauf abgestellt wurde, dass die Überführung des Unternehmens in eine Kapitalgesellschaft auch der Möglichkeit der Gewinnung neuen Kapitals dienen soll.[131] Für den Stifter war entscheidend, dass die Stiftung als gemeinnützig anerkannt werden kann und die sich daraus ergebenden Begrenzungen beachtet werden. Somit begründet die Unternehmensverbindung gerade keine Exklusivität im Verhältnis von Stiftung und Unternehmen.

bb) (Keine) Beschränkung der Vermögensverwaltung durch die Wahrung Einheit des Unternehmens

In einer gewissen sachlichen Nähe zu dieser im Ergebnis nicht anzunehmenden beiderseitigen Exklusivität der Unternehmensverbindung steht die Frage nach einer möglichen Beschränkung der Vermögensverwaltung durch die Richtlinie, die Einheit des Unternehmens möglichst zu wahren. Die Wahrung der Einheit des Unternehmens findet sich nicht nur in der Präambel der Satzung, sondern zudem auch in § 4 Abs. 4 Satz 2 der Satzung, wo die Vermögensverwaltung geregelt ist. Die genaue Bedeutung lässt sich nur unter Beachtung der gemeinnützigkeitsrechtlichen und stiftungsrechtlichen Gestaltungsgrenzen verstehen. In § 4 Abs. 4 Satz 2 der Satzung wird die Wahrung der Einheit des Unternehmens, offenkundig aufgrund der Gespräche im Finanzministerium, im Vergleich zur Präambel nicht unerheblich relativiert, da diese nur möglichst gewahrt werden darf. Das unbedingte Festhalten am Unternehmen wäre gemeinnützigkeitsrechtlich unzulässig, da dann in Widerspruch zu § 2 der Satzung die Stiftung nicht ausschließlich gemeinnützigen Zwecken dienen würde. Damit ist die Wahrung der Einheit des Unternehmens kein Selbstzweck. Im Vorfeld der Stiftungsgründung wurden noch ganz andere Überlegungen angestellt, da dort ausdrücklich die Gewinnung frischen Kapitals – und damit neuer Gesellschafter – als einer der zentralen Vorteile der Gründung einer Kapitalgesellschaft hervorgehoben wird.[132] Dabei macht es im Ergebnis keinen Unterschied, ob die „neuen" Gesellschafter durch eine originäre Zeichnung neuer Anteile oder durch den Erwerb von bereits bestehenden Anteilen hinzutreten. Hinzu kommt, dass die Wahrung der Einheit des Unternehmens letztlich ihre historische Rechtfertigung bzw. ihren Ursprung in dem Anliegen der vorherigen Generationen der Familie *Krupp* hat, das Unternehmen bei

131 Memorandum von *Schröder*, (Fn. 85), S. 22, wo es heißt: „*... das Stiftungsvermögen in eine AG einzubringen, die ihrerseits durch Ausgabe junger Aktien sich neues Kapital am Kapitalmarkt verschaffen kann.*".

132 Siehe den Nachweis in Fn. 129.

einem Generationswechsel vollständig auf eine Person der nächsten Generation zu übertragen.[133] Dieses Anliegen ist für die Stiftung hingegen nicht mehr von Bedeutung, da eine einheitliche Übertragung auf künftige Generationen gerade nicht mehr stattfinden wird. Anders ausgedrückt gibt es niemanden, dem die Stiftung das Unternehmen *Krupp* in seiner Gesamtheit übertragen könnte. Dieser Gedankengang lag zudem schon dem Nachtragstestament von *Friedrich Alfred Krupp* aus dem Jahr 1898 zugrunde und wurde auch im Vorfeld der Gründung der Stiftung erörtert. Konkret heißt es in dem Memorandum von *Schürmann, Hanewinkel* und *Beusch* von 1961, *dass es ähnliche Gedanken waren, die den Großvater des Herrn von Bohlen und Halbach veranlassten, den Verkauf des Unternehmens für den Fall vorzusehen, dass durch eine persönliche Eigenschaft des Erben, nämlich seine Minderjährigkeit, die ordnungsgemäße und sachgerechte Leitung des Unternehmens in Frage gestellt wären.*[134]

Unabhängig davon stellt sich aber auch die Frage nach der ökonomischen Sinnhaftigkeit der Wahrung einer solchen Einheit des Unternehmens. Unternehmen zeichnen sich in der heutigen Zeit durch immer kürzere Entwicklungszyklen aus, die eine Planung des Fortbestands des Unternehmens über mehrere Jahrzehnte unmöglich machen. Dies zeigt sich nicht zuletzt gerade an dem Unternehmen *Krupp*, das die Herausforderungen in seiner wechselvollen Geschichte nicht aufgrund der Wahrung der Einheit des Unternehmens, sondern aufgrund der ständigen Anpassung an sich wandelnde unternehmerische Herausforderungen und Marktveränderungen bewältigt hat. Betrachtet man die Zeit der Gründung der Stiftung und vergleicht diese mit der in der heutigen Zeit bestehenden wirtschaftlichen und technischen Dynamik, wird schnell deutlich, dass die nach dem Tod von *Alfried Krupp von Bohlen und Halbach* einsetzenden wirtschaftlichen Entwicklungen und der Niedergang der Kohle- und Stahlindustrie in diesem Umfang nicht vorhersehbar waren und mit einem Festhalten an der Einheit des Unternehmens in seiner 1967 bestehenden Gestalt der Totalverlust des gestifteten Vermögens gedroht hätte, weswegen das Unternehmen seit 1967 erhebliche grundlegende Veränderungen erfahren hat und die Stiftung heute Minderheitsaktionärin mit wenigen Sonderrechten ist.

---

133 Dies geschah beim Unternehmensübergang von *Friedrich Krupp* an *Alfred Krupp* im Jahr 1848 (siehe II.2.), beim Unternehmensübergang von *Alfred Krupp* an *Friedrich Alfred Krupp* im Jahr 1887 (siehe II.2.), beim Unternehmensübergang von *Friedrich Alfred Krupp* an *Bertha Antoinette Krupp* im Jahr 1902 (siehe II.3.) und schließlich auch beim Unternehmensübergang von *Bertha Antoinette Krupp* an *Alfried Krupp von Bohlen und Halbach* im Jahr 1943 (siehe II.4.).
134 *Schürmann, Hanewinkel* & *Beusch*, (Fn. 85), S. 12 f.

cc) (Keine) Etablierung eines Konzern(-stiftungs-)interesses

Ein weiterer Ansatzpunkt für die Ableitung konkreter Folgen aus der Unternehmensverbindung ist die Etablierung einer Art Konzern(-stiftungs-)interesses. Auch wenn die Stiftung und das Unternehmen heute zwei rechtlich selbständige Rechtsträger darstellen, waren diese vor dem Tod von *Alfried Krupp von Bohlen und Halbach* sozusagen in dessen Person verbunden. Mit der Schaffung der Stiftung und der erforderlichen Umwandlung des Einzelunternehmens in eine Kapitalgesellschaft kam es zu einer Aufspaltung. Daher könnte erwogen werden, einen Interessengleichlauf zwischen Stiftung und dem Rechtsträger des Unternehmens anzunehmen. Die Begründung eines solchen Konzerninteresses ist dem deutschen Gesellschaftsrecht alles andere als fremd (§ 308 Abs. 1 Satz 2 AktG)[135]. Allerdings ist es fernliegend, dieses in dem vorliegenden Regelungszusammenhang fruchtbar zu machen. Es ist gerade eine entscheidende Weichenstellung gewesen, das Unternehmen mit einer Gewinnerzielungsabsicht in eine Kapitalgesellschaft zu überführen, während die philanthropischen Zwecke bei der Stiftung verortet wurden. Das Unternehmen sollte Mittel werden, um diese Zwecke nachhaltig erfüllen zu können. Somit besteht zwischen beiden Rechtsträgen eben gerade kein Gleichlauf von (Unternehmens-)Interesse oder Zwecksetzung, wie dies etwa bei Abschluss eines Beherrschungsvertrags erreicht wird. Dies wird auch daran deutlich, dass die Stiftung nach § 4 Abs. 3 der Satzung auch Zuwendungen Dritter erhalten kann, so dass deren Kapitalzuflüsse gerade nicht zwingend auf diejenigen aus dem Unternehmen *Krupp* beschränkt sind.

dd) (Keine) Ableitung einer Treuhänderstellung aus der Unternehmensverbindung

In unmittelbarem Zusammenhang damit steht die Frage, ob eine Art von Treuhänderstellung der Stiftung für die (bisherigen) Anteilseigner in der Form angenommen werden kann, dass die Stiftung die Anteile an dem jeweiligen Unternehmensrechtsträger nur für einen bestimmten Zeitraum hält und mit Fortfall oder Erreichen des Stiftungszwecks diese wieder an den Stifter oder dessen Nachkommen zurückgewährt. Aber auch die Ableitung dieser Rechtsfolge aus dem Umstand der Unternehmensverbindung ist mehr als fernliegend. Die Übertragung des Unternehmens an die Stiftung erfolgte ohne jede zeitliche Befristung oder (auflösende) Bedingung. Vielmehr sollte die Stiftung endgültig Inhaberin des Unternehmens *Krupp* werden und mit diesem den in § 2 der Satzung formulierten Zwecken dienen. Gegen eine treuhänderische Bindung der Stiftungsorgane

135 Dazu nur *Altmeppen*, in: Münchener Kommentar zum AktG, 5. Aufl. 2020, § 308 Rdnr. 102 ff.

spricht zudem § 14 der Satzung, wonach das Vermögen der Stiftung im Falle einer Auflösung an eine als steuerbegünstigt anerkannte, vom Kuratorium zu bestimmende steuerbegünstigte Körperschaft oder Stiftung zwecks ausschließlicher und unmittelbarer Verwendung für die in § 2 der Satzung festgelegten gemeinnützigen Zwecke fällt. Diese sog. Vermögensbindungsklausel, die in der Satzung verankert werden muss, war aus gemeinnützigkeitsrechtlichen Gründen zwingend (heute § 55 Abs. 1 Nr. 4 iVm. §§ 59, 60 AO), um die angestrebten Steuervorteile zu erreichen. Eine lediglich treuhänderische Bindung der Stiftungsorgane im Sinne der Erhaltung des Unternehmens *Krupp* für nachfolgende Generationen der Familie war somit nicht möglich.

b) Bestehende Gestaltungsfreiheit

Zentrales Problem der Ableitung konkreter Einschränkungen für die Stiftungsorgane aufgrund der Unternehmensverbundenheit ist die dahingehende grundsätzlich bestehende Gestaltungsfreiheit des Stifters, die aber durch die gemeinnützigkeitsrechtlichen Vorgaben der ausschließlichen und selbstlosen gemeinnützigen Zweckerfüllung und das stiftungsrechtliche Verbot der Unternehmensselbstzweckstiftung wiederum begrenzt ist. So hätten zwar weitere Präzisierungen in Bezug auf die Verwaltung des unternehmerischen Vermögens bei der Stiftungserrichtung in der Satzung der Stiftung vorgesehen werden können, wovon im Fall der *Alfried Krupp von Bohlen und Halbach-Stiftung* aber gerade kein Gebrauch gemacht wurde. Insofern können solche Einschränkungen auch nicht im Nachhinein entwickelt werden.

c) Differenzierung nach gewählter Unternehmensrechtsform?

Diese somit nicht existierenden Einschränkungen der Stiftungsorgane aufgrund der Unternehmensverbundenheit dürften schließlich auch unabhängig davon bestehen, welche Rechtsform der Unternehmensrechtsträger hat. Zwar bestehen insofern nicht unerhebliche Unterschiede, etwa hinsichtlich eines Weisungsrechts zwischen GmbH und AG. Allerdings geht es bei diesem Aspekt um die Frage, inwiefern die Stiftung als (Allein-)Gesellschafter Einfluss auf die Unternehmensleitung nehmen kann. Die Etablierung einer umgekehrten Wirkung in Form einer Beschränkung der Stiftungsorgane kann daraus nicht abgeleitet werden.

V. Strukturveränderungen und Fortentwicklung

In einem unmittelbaren Zusammenhang mit der Unternehmensverbindung steht die Frage der Zulässigkeit von Strukturveränderungen und der Fortentwicklung der Stiftung. Dabei geht es auch in diesem Zusammenhang[136] um das Spannungsverhältnis zwischen dem Wesen des Unternehmens, sich fortwährend geänderten Bedingungen anzupassen, und dem Wesen der Stiftung, möglichst auf Dauer unverändert gemäß dem Stifterwillen fortzubestehen.[137] Allerdings setzt die Stiftungssatzung nur einen Rahmen, zu welchem Zweck die Erträge verwendet werden dürfen, inwiefern das gestiftete Vermögen zu erhalten ist und wie die Organe der Stiftung, die die wesentlichen Entscheidungen fällen müssen, besetzt werden. Die Organe sind frei, bei Beachtung dieses Rahmens die Stiftung fortwährend an geänderte Bedingungen anzupassen.

1. Allgemeine Vorgaben für Satzungsänderungen

Ausgangspunkt ist – mangels einer entsprechenden gesetzlichen Regelung – § 13 der Satzung, wonach die Satzung durch einen Beschluss des Kuratoriums mit einer ¾-Mehrheit geändert werden kann. Dabei sieht § 13 Abs. 2 der Satzung allerdings vor, dass Satzungsänderungen den Zweck der Stiftung nicht berühren dürfen und zudem dazu dienen sollen, dass die Stiftung bei sich wandelnden Verhältnissen diesen Zweck in einer dem Willen des Stifters entsprechenden Weise wirksam verfolgen kann. Diese Regelungen sind für eine Stiftungssatzung nicht ungewöhnlich und finden sich in dieser Weise bei vielen Stiftungen.[138] Sie sind stiftungsrechtlich zwingend, da die Änderungsbefugnis der Organe nicht ungebunden besteht, sondern der ausdrückliche oder mutmaßliche Wille des Stifters deren Entscheidungshoheit begrenzt.

---

136 Dazu bereits im Rahmen der Governance IV.2.

137 Zu diesem Spannungsverhältnis etwa *Hoffmann-Becking*, ZHR 178 (2014), 491, 499 („*Eine Verbindung zwischen Stiftung und Unternehmen „auf Gedeih und Verderb“ ist weder sinnvoll noch rechtlich möglich...*“); *Hüttemann*, ZHR 167 (2003), 35, 62; *ders.*, DB 2018, 591, 598; *Richter*, (Fn. 1), § 10 Rdnr. 181; *Schauhoff*, FS Spiegelberger, 2009, S. 1341, 1346.

138 Vgl. dazu etwa *Lange*, in: BeckOGK, Stand 1.10.2020, § 87 BGB Rdnr. 65 ff. mit weiteren Nachweisen.

2. Einfluss und Bedeutung der Unternehmensverbindung

Die eigentliche Herausforderung für die Strukturveränderungen und die Fortentwicklung der Stiftung ist aber auch in diesem Zusammenhang die Unternehmensverbindung. Dabei geht es um die zentrale Frage, inwiefern diese Unternehmensverbindung selbst Gegenstand einer Strukturveränderung sein kann. Dabei sind letztlich zwei Vorgehensweisen denkbar. Zum einen stellt sich die Frage, ob eine Satzungsänderung zur Aufhebung der Unternehmensverbindung durchgeführt werden kann (siehe V.2.a)). Zum anderen ist zu erörtern, ob die Unternehmensverbindung stattdessen oder daneben durch eine (vollständige) Veräußerung der Unternehmensanteile erfolgen kann (siehe V.2.b)), womit die Unternehmensverbindung rein faktisch beendet wird.

a) Satzungsänderung zur Aufhebung der Unternehmensverbindung

Das Problem der Aufhebung der Unternehmensverbindung durch eine Satzungsänderung besteht zunächst darin, dass diese in der Satzung der *Alfried Krupp von Bohlen und Halbach-Stiftung* keinen ausdrücklichen Niederschlag gefunden hat. So kommt diese vor allem in der Präambel durch die dort festgehaltene Wahrung der Einheit des Unternehmens zum Ausdruck, die aber gerade keinen Eingang in § 2 der Satzung gefunden hat, der die Zwecke der Stiftung regelt.[139] Im Übrigen findet sich dieser Gedanke nur in § 4 Abs. 3 Satz 2 der Satzung in abgeschwächter Form, da dort lediglich festgehalten wird, dass die Einheit des Unternehmens *möglichst* gewahrt werden soll. Daher ergibt sich schon aus dem Wortlaut der Satzung, dass es sich dabei nicht um einen dem Zweck der Stiftung gleichzusetzenden Grundsatz handelt. Daher kann auch dieser Gedanke, in dem die Unternehmensverbindung in der Satzung ihren stärksten Niederschlag gefunden hat, im Rahmen einer Satzungsänderung aus der Satzung entfernt werden, wenn die Aufrechterhaltung der Unternehmensverbindung nicht mehr möglich ist, weil ansonsten die gemeinnützige Zweckverwirklichung gefährdet ist. Solange dagegen gemeinnützige Zweckverwirklichung und die Richtlinie der Vermögensverwaltung, die Einheit des Unternehmens möglichst zu wahren und dessen weitere Entwicklung zu fördern, nicht in einen Widerspruch zueinander treten, steht die Streichung dieser Satzungsbestimmungen möglicherweise im Widerspruch zum Stifterwillen.

139 Zur Bedeutung dieses Aspekts im Rahmen der Vorbereitung der Gründung der Stiftung siehe II.5.e)cc).

b) Faktische Aufhebung der Unternehmensverbindung durch (vollständige) Veräußerung der Unternehmensanteile

Für eine faktische Aufhebung der Unternehmensverbindung durch eine (vollständige) Veräußerung der Unternehmensanteile dürfte im Ergebnis nichts anderes gelten. Auch in diesem Zusammenhang gilt es, die in § 2 der Satzung zum Ausdruck kommende Zwecksetzung der Stiftung in eine Art praktische Konkordanz mit der Stellung der Stiftung als Gesellschafterin an dem Rechtsträger des Unternehmens *Krupp* zu bringen. Soweit daher die Zweckerreichung am besten dadurch gewährleistet werden kann, dass die Unternehmensanteile vollständig veräußert werden, darf dem Rechnung getragen werden. Regelmäßig wird ungewiss sein, ob das Unternehmen besser veräußert und eine alternative Vermögensanlage gewählt wird oder ob jetzt der richtige Zeitpunkt ist, sich vom Unternehmen zu trennen. Die Pflicht der Organe besteht darin, die Marktlage und weitere Entwicklungschancen für das Unternehmen einzuschätzen und auf der Grundlage gegebenenfalls zu entscheiden. Auch in diesem Zusammenhang spielt die fehlende *Ewigkeitsgewähr* eines Unternehmens die entscheidende Rolle. Wollte man dies anders sehen, würde man das Schicksal der Stiftung untrennbar mit dem des Unternehmens verknüpfen, womit der Zweck der Stiftung gerade konterkariert werden würde.[140] Denn so würde ein aus welchen Gründen auch immer erfolgender Niedergang eines Unternehmens automatisch mit dem Ende der Stiftung einhergehen, womit keiner der vom Stifter verfolgten Zwecke erreicht werden würde. Dem kann auch nicht entgegengehalten werden, dass es dem Stifterwillen entspricht, eher das Unternehmen als die Stiftung weiterzuführen. Vielmehr haben die Testamentsvollstrecker in Konkretisierung des Stifterwillens schon aus gemeinnützigkeitsrechtlichen und stiftungsrechtlichen Gründen in der Stiftungssatzung den Organen die Freiheit eingeräumt, die Unternehmensbeteiligung gegebenenfalls vollständig zu veräußern. Zum einen stellt die (vollständige) Veräußerung der Unternehmensanteile letztlich nur eine *ultima ratio* dar. Zum anderen ist der hypothetische Stifterwille in Fällen eines umfassenden Niedergangs des Unternehmens darauf gerichtet, die Beteiligung gegebenenfalls vollständig zu veräußern. Schließlich würde ein stoisches Festhalten an den Unternehmensanteilen weder zu einer Rettung des Unternehmens noch der Stiftung

---

140 In diesem Sinne auch *Hoffmann-Becking*, ZHR 178 (2014), 491, 499 („*Eine Verbindung zwischen Stiftung und Unternehmen „auf Gedeih und Verderb" ist weder sinnvoll noch rechtlich möglich...*"); ebenso *Hüttemann*, ZHR 167 (2003), 35, 62; *Rawert*, ZEV 1999, 294 297 („*Die Stiftung muss sich also von ihm [dem Geschäftsbetrieb s.i.c.] trennen können, wenn es im Interesse des Stiftungszwecks oder einer möglichst sicheren und ertragreichen Anlage des Stiftungsvermögens geboten erscheint.*"); *Schauhoff*, FS Spiegelberger, 2009, S. 1341, 1346.

führen. Wenn das Unternehmen aufgrund äußerer oder innerer Gründe nur durch eine Übernahme oder Integration in ein anderes Unternehmen zukunftssicher ausgestaltet werden kann, wäre eine Verweigerung der Mitwirkung der unternehmensverbundenen Stiftung kaum mit den Interessen und Absichten des Stifters zu vereinbaren.

VI. Fazit

Die *Alfried Krupp von Bohlen und Halbach-Stiftung* ist eine typische gemeinnützige unternehmensverbundene Stiftung. Im Vordergrund steht die Verfolgung der gemeinnützigen Zwecke. Die Beteiligung an dem Unternehmen *Fried. Krupp GmbH* bzw. den Rechtsnachfolgern war stets Mittel zum Zweck. Stiftungsrechtlich durfte die Beteiligung kein Selbstzweck sein. Gemeinnützigkeitsrechtlich mussten ausschließlich gemeinnützige Zwecke verfolgt werden. Die Thesaurierung von Dividendenausschüttungen auf Ebene der Stiftung ist zwar in Grenzen gemeinnützigkeitsrechtlich erlaubt, im Grundsatz gilt aber, dass sämtliche Mittel zeitnah für die gemeinnützige Zweckverfolgung eingesetzt werden müssen. Den rechtlichen Spielraum, den das Stiftungs- und Gemeinnützigkeitsrecht dem Stifter bzw. den Testamentsvollstreckern für die Gestaltung einer unternehmensverbundenen gemeinnützigen Stiftung ließ, haben diese rechtmäßig genutzt, indem den Organen in der Satzung als Richtlinie der Vermögensverwaltung vorgegeben wurde, möglichst die Einheit des Unternehmens zu wahren und dessen Entwicklung zu fördern. Seit der Errichtung der Stiftung im Jahr 1967 haben sich die Rahmenbedingungen für das Unternehmen vielfach und grundlegend geändert. Die Stiftung hat, entsprechend der stifterischen Vorgabe, die Entwicklung des Unternehmens gefördert und zwei Fusionen zugelassen sowie die Veräußerung wesentlicher Teilbereiche des Unternehmens erlaubt. Der Preis dafür war, dass der Einfluss auf das Unternehmen erheblich gesunken ist gegenüber den Möglichkeiten bei Errichtung der Stiftung. Diese Entscheidungsspielräume hat die Stiftungssatzung den Organen gelassen, damit diese einerseits fortlaufend die gemeinnützigen Zwecke verwirklichen, das gestiftete Vermögen nach Möglichkeit wertmäßig erhalten können und, solange dies möglich ist, die Einheit des Unternehmens möglichst wahren und dessen Entwicklung fördern können und andererseits den Stifterwillen unter Berücksichtigung neuer Gegebenheiten fortentwickeln können.

Anhang – Satzung der *Alfried Krupp von Bohlen und Halbach-Stiftung* vom 24. November 1967

Präambel

Der am 30. Juli 1967 in Essen verstorbene Alleininhaber der Firma Fried. Krupp, Essen, Herr Dipl.-Ing. Dr.-Ing. e.h. Alfried Krupp von Bohlen und Halbach, hat in seiner am 23. September 1966 im Notariat Zürich (Altstadt) beurkundeten öffentlichen Letztwilligen Verfügung eine rechtsfähige Stiftung errichtet und zur Alleinerbin seines gesamten Vermögens eingesetzt. Zweck der Stiftung soll es nach den vom Stifter in seiner letztwilligen Verfügung getroffenen Anordnungen sein:

a) die Einheit des Unternehmens Fried. Krupp dem Willen seinen Vorfahren entsprechend auch für die fernere Zukunft zu wahren;
b) mit den ihr aus dem Unternehmen Fried. Krupp anfallenden Erträgnissen nach näherer Bestimmung ihrer Satzung philanthropischen Zwecken zu dienen, insbesondere der Förderung der Forschung, der Lehre, der Wissenschaften, des Erziehungs- und Gesundheitswesens und der schönen Künste.

Der Stifter hat die von ihm berufenen Testamentsvollstrecker mit der Aufgabe betraut, das Nähere über die Satzung und die Organe der Stiftung zu bestimmen und die gesetzlich vorgeschriebene Genehmigung zu erwirken.

Aufgrund dieser letztwilligen Verfügung des Stifters geben die von ihm berufenen Testamentsvollstrecker,

Berthold Beitz,
Arndt von Bohlen und Halbach,
Dr. Dedo von Schenck,

der Stiftung die nachfolgende

Satzung.

I. Name, Sitz und Zweck der Stiftung

§ 1

(1) Die Stiftung führt den Namen „Alfried Krupp von Bohlen und Halbach-Stiftung“.

(2) Sie hat ihren Sitz in Essen.

§ 2

Die Stiftung verfolgt philanthropische Ziele; sie dient ausschließlich und unmittelbar gemeinnützigen Zwecken, indem sie aus ihren Mitteln

a) die Wissenschaft in Forschung und Lehre einschließlich des wissenschaftlichen Nachwuchses,
b) das Erziehungs- und Bildungswesen,
c) das Gesundheitswesen,
d) Literatur, Musik und bildende Kunst

im In- und Ausland fördert.

§ 3

Das Geschäftsjahr ist das Kalenderjahr.

II. Das Stiftungsvermögen

§ 4

(1) Die Stiftung ist von ihrem Stifter, Herrn Dr. Alfried Krupp von Bohlen und Halbach, durch LETZTWILLIGE VERFÜGUNG zur Alleinerbin seines gesamten Vermögens einschließlich des in der Firma Fried. Krupp zusammengefaßten Vermögens eingesetzt worden. Der Erbfall ist am 30. Juli. 1967 eingetreten.

(2) Die Stiftung kann weiteres Vermögen erwerben. Sie kann insbesondere Anteile an einer Kapitalgesellschaft, die das Unternehmen Fried. Krupp fortführt, übernehmen und im Zusammenhang hiermit das auf sie durch den Erbfall übergegangene Vermögen auf diese Kapitalgesellschaft ganz oder teilweise übertragen. § 5 Abs. 1 dieser Satzung bleibt unberührt.

(3) Bei der Verwaltung ihres Vermögens und bei Verfügung über einzelne Vermögenswerte ist die Stiftung im Rahmen der Satzung und der jeweils geltenden Gesetze frei. Die Stiftung und ihre Organe sollen jedoch bei Entscheidungen, die sich auf ihre Beteiligung an der das Unternehmen Fried. Krupp fortführenden Kapitalgesellschaft beziehen, im Geiste des Stifters und seiner Vorfahren darauf achten, daß die Einheit dieses Unternehmens möglichst gewahrt und seine weitere Entwicklung gefördert wird.

§ 5

(1) Aus den Erträgen der Stiftung sind zunächst die Kosten ihrer Verwaltung und die gesetzlichen Abgaben zu decken. Rücklagen dürfen gebildet werden, soweit es erforderlich ist, um die satzungsmäßigen Zwecke nachhaltig zu erfüllen. Der dann verbleibende Überschuß darf nur für die in § 2 der Satzung angeführten Zwecke verwendet werden.

(2) Niemand darf durch Zuwendungen, die dem Zweck der Stiftung fremd sind, oder durch unverhältnismäßig hohe Vergütungen begünstigt werden.

III. Organe der Stiftung

§ 6

Die Organe der Stiftung sind das Kuratorium und der Vorstand.

§ 7

(1) Das Kuratorium ist dafür verantwortlich, daß die Stiftung die in ihrer Satzung festgelegten Zwecke erfüllt. Es legt die Grundsätze für die Verwaltung des Stiftungsvermögens fest, überwacht ihre Ausführung und bestimmt die Verwendung der Vermögenserträge. Das Kuratorium entscheidet insbesondere auch darüber, welchem der satzungsgemäß zu fördernden Zwecke im Rahmen der zur stehenden Mittel jeweils den Vorrang zu geben ist.

(2) Das Kuratorium kann einen Stiftungsbeirat berufen, dessen Aufgaben und Zuständigkeiten im einzelnen in einer vom Kuratorium zu erlassenden Geschäftsordnung festzulegen sind.

§ 8

(1) Das Kuratorium besteht aus sieben Mitgliedern.

(2) Die ersten Mitglieder des Kuratoriums werden von den Testamentsvollstreckern des Stifters berufen, alle späteren Mitglieder durch Beschluß des Kuratoriums. Eines der Mitglieder kann zum geschäftsführenden Kuratoriumsmitglied werden.

(3) Die Amtszeit der Mitglieder des Kuratoriums beträgt sieben Jahre vorn Tag der Berufung an. Die Amtszeit des geschäftsführenden Kuratoriumsmitglieds kann bei der Berufung auf längstens zwölf Jahre festgesetzt werden. Erneute Berufungen sind zulässig. Die Amtszeit endet spätestens mit der Vollendung des 70. Lebensjahres.

(4) Jedes Mitglied des Kuratoriums kann aus wichtigem Grunde durch einstimmigen Beschluß aller anderen Mitglieder des Kuratoriums vorzeitig abberufen werden.

(5) Scheidet ein Mitglied vor Ablauf der Amtszeit durch Tod, Rücktritt oder Abberufung aus, so hat das Kuratorium alsbald ein neues Mitglied zu berufen. Beträgt die Zahl der Mitglieder weniger als drei Personen, so sollen der Präsident des Oberlandesgerichts Düsseldorf, der Präsident des Oberlandesgerichts Hamm und der Rektor der Technischen Hochschule Aachen gemeinsam mit den verbliebenen Mitgliedern des Kuratoriums die notwendigen Nachwahlen vornehmen. Hilfsweise soll § 29 BGB entsprechend angewendet werden.

§ 9

(1) Den Vorsitz im Kuratorium führt das geschäftsführende Kuratoriumsmitglied, sofern ein solches bestellt ist. Anderenfalls wählt das Kuratorium aus seiner Mitte für die Dauer von jeweils drei Jahren en einen Vorsitzenden.

(2) Das Kuratorium ist beschlußfähig, wenn sich mindestens die Hälfte seiner Mitglieder an der Beschlußfassung beteiligt. Soweit diese Satzung nichts anderes vorsieht, faßt es seine Beschlüsse mit einfacher Mehrheit der Abstimmenden; bei Stimmengleichheit entscheidet die Stimme des Vorsitzenden. Ist ein geschäftsführendes Kuratoriumsmitglied bestellt, so erfordern Beschlüsse gegen seine Stimme eine Zweidrittenmehrheit der Abstimmenden.

§ 10

Das Kuratorium gibt sich eine Geschäftsordnung. In ihr sollen insbesondere auch die Stellvertretung des Vorsitzenden, die Aufgaben des geschäftsführenden Kuratoriumsmitgliedes und die Vergütung für die Kuratoriumsmitglieder in einer den Umfang ihrer Tätigkeit berücksichtigenden Höhe geregelt werden.

§ 11

(1) Der Vorstand führt die laufende Verwaltung des Stiftungsvermögens; er ist dem Kuratorium verantwortlich und hat dessen Beschlüsse auszuführen. Im einzelnen werden die Befugnisse des Vorstandes zur Geschäftsführung in einer vom Kuratorium zu erlassenden Geschäftsordnung festgelegt, in der auch die der Zustimmung des Kuratoriums unterliegenden Rechtsgeschäfte und Maßnahmen aufzuführen sind.

(2) Der Vorstand hat dem Kuratorium regelmäßig, längstens vierteljährlich über seine Tätigkeit und über den Stand der Vermögensverwaltung zu berichten. Er hat für jedes abgelaufene Geschäftsjahr eine Jahresabschlußrechnung aufzustellen, die innerhalb von drei Monaten nach Schluß des Geschäftsjahres einem vom Kuratorium bestimmten Wirtschaftsprüfer zuzuleiten und zusammen mit dem Prüfungsbericht unverzüglich dem Kuratorium zur Beschlußfassung vorzulegen ist.

§ 12

(1) Der Vorstand besteht aus einem oder mehreren Mitgliedern. Eines der Vorstandsmitglieder ist das geschäftsführende Kuratoriumsmitglied, sofern ein solches bestellt ist. Der erste Vorstand wird von den Testamentsvollstreckern des Stifters ernannt; die weiteren Vorstandsmitglieder werden vom Kuratorium bestellt.

(2) Mit Ausnahme des geschäftsführenden Kuratoriumsmitgliedes, dessen Amtszeit als Vorstandsmitglied sich mit der als Mitglied des Kuratoriums deckt, werden die Vorstandsmitglieder auf höchstens vier Jahre bestellt. Sie können aus wichtigem Grunde jederzeit abberufen werden. Für ihre Ansprüche aus dem Anstellungsvertrag gelten die gesetzlichen Bestimmungen.

(3) Der Vorstand vertritt die Stiftung gemäß §§ 86 und 26 BGB im Rechtsverkehr. Sind mehrere Vorstandsmitglieder bestellt, so sind zwei von ihnen befugt, die Stiftung zu vertreten. Ist ein geschäftsführendes Kuratoriumsmitglied bestellt, so ist es jedoch befugt, in seiner Eigenschaft als Vorstandsmitglied unabhängig davon, ob neben ihm weitere Vorstandmitglieder bestellt sind, die Stiftung allein zu vertreten.

IV. Satzungsänderung und Auflösung

§ 13

(1) Änderungen der Satzung erfordern einen Beschluß des Vorstandes, dessen Rechtswirksamkeit der Zustimmung des Kuratoriums mit mindestens fünf Stimmen einschließlich der des geschäftsführenden Kuratoriumsmitglieds bedarf, sofern ein solches bestellt ist.

(2) Die Satzungsänderungen dürfen den Zweck der Stiftung nicht berühren; sie sollen vielmehr dazu dienen, daß die Stiftung bei sich wandelnden Verhältnissen diesen Zweck in einer dem Willen des Stifters entsprechenden Weise wirksam verfolgen kann. Die Befugnis zur Satzungsänderung umfasst insbesondere auch die Herstellung und Erhaltung der Voraussetzungen dafür, daß die Stiftung steuerlich als gemeinnützig anerkannt wird.

§ 14

(1) Der Vorstand kann die Stiftung durch Beschluß auflösen, wenn sie ihnen Zweck nicht mehr in einer dem Willen des Stifters entsprechenden Weise erfüllen kann. Dieser Beschluß bedarf der Zustimmung des Kuratoriums durch einstimmigen Beschluß seiner Mitglieder.

(2) Im Falle der Auflösung oder Aufhebung der Stiftung fällt das Vermögen an eine als steuerbegünstigt anerkannte, vorn Kuratorium zu bestimmende Körperschaft oder Stiftung zwecks ausschließlicher Verwendung für die in § 2 der Satzung festgelegten gemeinnützigen Zwecke. Hierüber hat den Vorstand einen Beschluß zu fassen, welcher der Zustimmung des Kuratoriums mit mindestens fünf Stimmen bedarf, und zwar einschließlich der Stimme des geschäftsführenden Kuratoriumsmitgliedes, sofern ein solches bestellt ist.

Berthold Beitz
Arndt von Bohlen und Halbach
Dr. Dedo von Schenck

Jens Koch und Philipp Maximilian Holle

§ 18 Vom Staatsunternehmen zur börsennotierten Aktiengesellschaft – Die Satzung der Deutschen Telekom AG

Inhaltsübersicht

https://doi.org/10.1515/9783110733839-019

I. Einführung

Anders als die meisten sonstigen Vertragstypen zeichnen sich Gesellschaftsverträge dadurch aus, dass sie die Grundlage für ein unternehmerisches Zusammenwirken bilden, dessen weitere Fortentwicklung für die Parteien bei Vertragsschluss nur in sehr begrenztem Maße vorhersehbar ist. Das kleine Start-Up kann sich zum Weltkonzern wandeln, die Eigentümerstrukturen können sich vollständig verändern, die anfängliche Kapitalausstattung kann sich als ungenügend erweisen, das ursprünglich gewählte Rechtskleid kann zu eng werden und der juristischen Anpassung bedürfen. Der Gesellschaftsvertrag ist dann oft nur der Ausgangspunkt für diese Entwicklung und kann im Laufe der Zeit erheblichen und manchmal auch ganz erstaunlichen Veränderungen unterliegen.

Bei der *Deutschen Telekom AG* liegen die Verhältnisse anders. Das Erstaunliche ihrer Entwicklungsgeschichte liegt nicht darin, welchen unvorhersehbaren Wandlungen das Unternehmen nach dem Abschluss des Gesellschaftsvertrags unterworfen war, sondern es ist der Weg hin zu dem Vertragsschluss, der das Faszinosum dieser Unternehmensgründung ausmacht. Sie ist ein Lehrstück der Entstaatlichung und Privatisierung und nur wer sich die Mühe macht, vom Endpunkt des Gesellschaftsvertrags geschichtlich zu seinen Anfängen zurückzureisen, der kann nachvollziehen, welche Hürden es zu überwinden galt, um eine Unternehmung, die in der Rechtsform einer Behörde auf der Grundlage der jeweils geltenden Organisationsgesetze geführt wurde, in einen privatwirtschaftlich organisierten Weltkonzern umzuwandeln. Eine solche historische Zeitreise illustriert sehr eindrucksvoll, dass ein Privatisierungsakt dieser Größenordnung keineswegs dadurch vollzogen werden kann, dass die Unternehmung hauruckartig in die Rechtsform einer Aktiengesellschaft gepresst wird. Vielmehr mussten die Statuten über mehr als einhundert Jahre hinweg mithilfe legislativer Begleitakte Schritt für Schritt „entstaatlicht" und einer aktienrechtlichen Corporate Governance-Struktur angenähert werden, bevor das Rechtskleid dann auch formal wechselte und in der Folge letzte staatliche Sonderrechte nach und nach beseitigt wurden.[1]

1 Ein lesenswerter Rundgang aus betriebswirtschaftlicher Sicht findet sich für die Jahre 1945 bis 1996 bei *Witte*, ZfB Ergänzungsheft 3/2002, S. 1 ff.

II. Entstehung des Fernmeldewesens in Deutschland und seine staatliche Vereinnahmung

Die Anfänge dessen, was wir heute als Telekommunikation bezeichnen, hießen früher Fernmeldewesen und konnten sich zunächst für lange Zeit nur in staatlicher Hand entfalten. Angesichts seiner erheblichen militärischen und infrastrukturellen Bedeutung ließ der Staat keine private Initiative zu. Schon beim Einzug der Telegraphie in der ersten Hälfte des 19. Jahrhunderts beanspruchte der Staat das Recht für sich, Telegraphennetze und -dienste zu errichten und zu betreiben.[2] Wie ernst der Staat damit machte, zeigte sich unter anderem daran, dass Verstöße hiergegen mit Gefängnis bestraft werden konnten und – beim Bestehen eines entsprechenden Verdachts – Wohnungen und Geschäftsräume anders als ansonsten üblich auch zur Nachtzeit durchsucht werden konnten.[3]

Zu Zeiten des Deutschen Bundes verwalteten die einzelnen Staaten ihr jeweiliges Fernmeldewesen durch speziell dafür geschaffene Staatsverwaltungen.[4] Mit der Reichsgründung im Jahr 1871 wurden diese zu einer einheitlichen Staatsverkehrsanstalt zusammengefasst (Art. 48 Reichsverfassung 1871, sog. *Generaldirektion der Telegraphen*).[5] Bereits zu diesem frühen Zeitpunkt wurden erste unternehmerische Bezüge erkennbar: Die erforderlichen Ausgaben waren grundsätzlich aus den Einnahmen zu bestreiten (Art. 49 Satz 2 und 3 Reichsverfassung 1871); die Leitung war einem Generalpostmeister anvertraut und unterstand lediglich politischer Aufsicht.[6]

In der Folge gewann diese Staatsverkehrsanstalt durch zwei Entwicklungen deutlich an Ausmaß: Zum einen wurde das Telegraphenwesen im Jahr 1876 zur Nutzung von Verbundvorteilen und aufgrund der Ähnlichkeit im Kommunikationsanliegen mit dem ebenfalls durch eine Staatsverkehrsanstalt verwalteten

---

2 Vgl. etwa *Herrmann*, Die Deutsche Bundespost, 1986, S. 91; *Wieland* in Krakowski, Regulierung in der Bundesrepublik Deutschland, 1988, S. 195, 202.

3 Vgl. § 15 und § 21 Abs. 1 FAG (Gesetz über Fernmeldeanlagen, RGBl. I [1928], S. 8 ff.).

4 Vgl. etwa *Herrmann*, Die Deutsche Bundespost, 1986, S. 91; *Wieland* in Krakowski, Regulierung in der Bundesrepublik Deutschland, 1988, S. 195, 202.

5 Lediglich Bayern und Württemberg unterhielten bis ins Jahr 1920 noch eine eigene Verwaltung; vgl. auch *Herrmann*, Die Deutsche Bundespost, 1986, S. 92, 94.

6 Vgl. auch Begr. Reichspostfinanzgesetz, Reichstagsprotokolle 1920/24 Bd. 37 Nr. 6570, S. 6 f.; *Herrmann*, Die Deutsche Bundespost, 1986, S. 92.

Postwesen[7] zu einer *Reichspost- und Telegraphen-Verwaltung* vereinigt.[8] Zum anderen konnte die solchermaßen ins Leben gerufene *Reichspost- und Telegraphen-Verwaltung* erfolgreich den in Deutschland Einzug haltenden Telefondienst für sich beanspruchen, so dass sie letztlich den gesamten und wachsenden Fernkommunikationsmarkt verantwortete.[9]

Mit der Verantwortung wuchsen allerdings auch der wirtschaftliche Stellenwert und infolgedessen die Neigung des Staates, politisch Einfluss zu nehmen: Im Jahr 1880 erhielt die *Reichspost- und Telegraphen-Verwaltung* den Rang eines Reichsamtes. Es blieb zwar dabei, dass sie die erforderlichen Ausgaben grundsätzlich aus den Einnahmen zu bestreiten hatte (Art. 49 Satz 2 und 3 Reichsverfassung 1871). Als Reichsamt wurde sie nun aber nicht mehr selbständig von einem Generalpostmeister geleitet, sondern von einem Staatssekretär verwaltet,[10] der hierbei in hohem Maße an den Reichstag und den Reichsrat gebunden war.

III. Annäherung an korporative Strukturen in der Weimarer Republik

1. Offenlegung der Schwächen behördlicher Strukturen

Nachdem der Übergang in die Weimarer Republik ohne inhaltliche Änderungen vollzogen worden war,[11] offenbarte in der Folge die Wirtschaftskrise schonungslos die Schwächen der klassischen Behördenstruktur und zwang den Gesetzgeber

---

7 Zur Geschichte des Postwesens ausführlich *Herrmann*, Die Deutsche Bundespost, 1986, S. 87 ff.
8 *Herrmann*, Die Deutsche Bundespost, 1986, S. 92 f. („*Erste Jahrhundertentscheidung*"); *Wieland* in Krakowski, Regulierung in der Bundesrepublik Deutschland, 1988, S. 195, 203.
9 *Herrmann*, Die Deutsche Bundespost, 1986, S. 93 („*Zweite Jahrhundertentscheidung*"); *Wieland* in Krakowski, Regulierung in der Bundesrepublik Deutschland, 1988, S. 195, 203. Die Sichtweise, das Fernsprechen als eine besondere Art der Telegraphie zu verstehen, so dass es automatisch unter die hoheitlichen Rechte des Reichs falle, war nicht unumstritten, wurde vom Reichsgericht aber im Jahr 1889 geteilt (RGSt 19, 55, 56 ff.) und mit § 1 des Gesetzes über das Telegraphenwesen des Deutschen Reiches vom 6. April 1892 (RGBl. 1892, S. 467 ff.) noch einmal nachhaltig bekräftigt: „*Das Recht, Telegraphenanlagen für die Vermittelung von Nachrichten zu errichten und zu betreiben, steht ausschließlich dem Reich zu. Unter Telegraphenanlagen sind die Fernsprechanlagen mit begriffen.*"
10 *Herrmann*, Die Deutsche Bundespost, 1986, S. 92; *Wieland* in Krakowski, Regulierung in der Bundesrepublik Deutschland, 1988, S. 195, 203.
11 Im Rahmen der allgemeinen Umwandlung der Reichsämter war aus dem Reichsamt lediglich ein Reichsministerium geworden, vgl. auch *Herrmann*, Die Deutsche Bundespost, 1986, S. 94. In Art. 88 Abs. 1 der Weimarer Reichsverfassung (RGBl. 1919, S. 1383 ff.) war festgehalten, dass das Post- und Telegraphenwesen samt dem Fernsprechwesen ausschließlich Sache des Reichs sind.

zu einer vorsichtigen Annäherung an korporative Strukturen. Auch wenn die *Reichspost- und Telegraphen-Verwaltung* ihre Ausgaben grundsätzlich aus den Einnahmen zu bestreiten hatte, so war sie eben doch an den Reichshaushalt angebunden und hatte dementsprechend schwer unter den äußerst schwierigen Verhältnissen zu leiden.[12] Als ihre Finanzwirtschaft Mitte November 1923 bei Stilllegung der Notenpresse ihren Zusammenhang mit der allgemeinen Finanzwirtschaft des Reichs verlor und sie keine Zuschüsse mehr erhielt, war sie wirtschaftlich faktisch auf sich gestellt.[13] Zugleich führte die enge Bindung an den Reichstag und den Reichsrat dazu, dass es der *Reichspost- und Telegraphen-Verwaltung* nicht möglich war, ihren Betrieb zumindest ansatzweise nach kaufmännisch-wirtschaftlichen Grundsätzen zu leiten und die von ihr für erforderlich gehaltenen Maßnahmen überhaupt oder schnell genug durchzuführen.[14]

2. Verselbständigung als Sondervermögen

Da eine an sich naheliegende Privatisierung angesichts der ordnungspolitischen Konzeption nicht in Betracht kam,[15] musste der Gesetzgeber der behördentypischen Anbindung an den Staatshaushalt auf andere Weise begegnen. Er entschied sich, die *Reichspost- und Telegraphen-Verwaltung* aus dem Verwaltungsapparat des Reichs herauszulösen und sie unter der Bezeichnung *Deutsche Reichspost* als Sondervermögen zu verselbständigen. Er erhoffte sich dabei nicht nur eine Entlastung des Reichshaushalts, sondern ging auch davon aus, dass ein von den sonstigen Verbindlichkeiten des Reichs getrenntes Vermögen kreditfähiger sein würde.[16]

Von herkömmlichen Verwaltungen hob sich die *Deutsche Reichspost* fortan insoweit ab, als das ihr gewidmete und von ihr erworbene Vermögen als Sondervermögen des Reichs mit eigener Haushalts- und Rechnungsführung von dem übrigen Vermögen des Reichs, seinen Rechten und Verbindlichkeiten getrennt zu halten war (vgl. § 1 Abs. 2 Reichspostfinanzgesetz[17]). Für die Verbindlichkeiten der *Deutschen Reichspost* haftete nur dieses Sondervermögen; umgekehrt sollte

---

Das Gesetz über das Telegraphenwesen aus dem Jahr 1892 wurde im Jahr 1928 durch das Gesetz über Fernmeldeanlagen (FAG, RGBl. I [1928], S. 8ff.) ersetzt.

12 Vgl. Begr. Reichspostfinanzgesetz, Reichstagsprotokolle 1920/24 Bd. 37 Nr. 6570, S. 4.

13 Begr. Reichspostfinanzgesetz, Reichstagsprotokolle 1920/24 Bd. 37 Nr. 6570, S. 4.

14 Begr. Reichspostfinanzgesetz, Reichstagsprotokolle 1920/24 Bd. 37 Nr. 6570, S. 4.

15 Begr. Reichspostfinanzgesetz, Reichstagsprotokolle 1920/24 Bd. 37 Nr. 6570, S. 5.

16 Vgl. Begr. Reichspostfinanzgesetz, Reichstagsprotokolle 1920/24 Bd. 37 Nr. 6570, S. 5.

17 RGBl. I (1924), S. 287 ff.

dieses aber auch nicht für sonstige Verbindlichkeiten des Reichs haften (§ 1 Abs. 3 Reichspostfinanzgesetz). Zuschüsse aus der Bundeskasse waren ausgeschlossen (§ 7 Reichspostfinanzgesetz), Ablieferungen an diese aber vorgesehen (§ 8 Reichspostfinanzgesetz).

3. Modifizierung der Governance-Struktur

Auch der mit einer klassischen Behördenstruktur einhergehenden Behäbigkeit der Entscheidungsprozesse konnte mangels Privatisierung nur mittels einer „verwaltungsinternen" Modifikation der Governance-Strukturen entgegengewirkt werden. Zur Wahrung ihrer nunmehr eigenwirtschaftlichen Belange war man insoweit bestrebt, der *Deutschen Reichspost „die größtmögliche, dem Privatbetriebe bis zu einem gewissen Grade nachgebildete Bewegungsfreiheit und Beweglichkeit"* zu verschaffen.[18] Der Reichsrat forderte im Rahmen des Gesetzgebungsverfahrens, die Leitung von der Aufsicht zu trennen und damit letztlich zu dem Modell zurückzukehren, das von 1871 bis 1880 gegolten hatte.[19] Damit konnte er sich aber unter anderem wegen der Dringlichkeit einer Neuordnung nicht durchsetzen.[20] Die gegenüber herkömmlichen Verwaltungen größere Beweglichkeit sollte die Reichspost stattdessen primär durch *„ein die Mitwirkung von Reichsrat (...) und Reichsfinanzministerium zusammenfassendes Verwaltungs- und Kontrollorgan (Verwaltungsrat)"* erhalten, *„dessen möglichst kleiner Personenkreis die erforderliche wirtschaftliche Bewegungsfreiheit gewährleistet und beschleunigt."*[21]

Wie der Gesetzgeber selbst einräumte, war das Verhältnis dieses Verwaltungsrats zum Reichspostminister *„dem zwischen dem Aufsichtsrat einer Gesellschaft und deren Vorstand nicht unähnlich."*[22] So durfte der Verwaltungsrat ausweislich § 3 Abs. 1 Reichspostfinanzgesetz bis zu 31 Mitglieder umfassen, die zwar nicht wie bei der mitbestimmten Aktiengesellschaft lediglich zwei Interessengruppen (Aktionäre und Arbeitnehmer), aber im Ergebnis eben doch verschiedene, in die Unternehmung involvierte Interessengruppen verkörperten (je sieben Mitglieder auf Vorschlag des Reichstags und Reichsrats; ein Mitglied auf Vorschlag des Reichsministers der Finanzen; sieben Mitglieder des Personals; bis zu

18 Begr. Reichspostfinanzgesetz, Reichstagsprotokolle 1920/24 Bd. 37 Nr. 6570, S. 5.

19 Der Regelungsvorschlag ist abgedruckt in RegE Reichspostfinanzgesetz, Reichstagsprotokolle 1920/24 Bd. 37 Nr. 6570, S. 1; vgl. dazu ferner die Begründung des Reichstags, abgedruckt in Begr. Reichspostfinanzgesetz, Reichstagsprotokolle 1920/24 Bd. 37 Nr. 6570, S. 6.

20 Vgl. Begr. Reichspostfinanzgesetz, Reichstagsprotokolle 1920/24 Bd. 37 Nr. 6570, S. 6 f.

21 Begr. Reichspostfinanzgesetz, Reichstagsprotokolle 1920/24 Bd. 37 Nr. 6570, S. 5.

22 Begr. Reichspostfinanzgesetz, Reichstagsprotokolle 1920/24 Bd. 37 Nr. 6570, S. 8.

neun Mitglieder aus Kreisen, denen auf dem Gebiete der Wirtschaft und des Verkehrs besondere Kenntnisse und Erfahrungen zur Seite stehen) und ihre Obliegenheiten *„mit der Sorgfalt eines ordentlichen Geschäftsmanns"* zu erfüllen hatten (§ 4 Reichspostfinanzgesetz). Aufgaben des Verwaltungsrats waren nach § 6 Reichspostfinanzgesetz unter anderem, den Reichspostminister in der Führung der Geschäfte zu unterstützen, die Beachtung der durch Gesetz aufgestellten Grundsätze zu überwachen sowie Beschluss zu fassen über die Feststellung des Voranschlags und die Entlastung der Verwaltung, gewisse Finanzangelegenheiten (Kredite, Bürgschaften, Schuldentilgung), die Grundsätze der Nutzung, die Gebührenfestsetzungen, die Gestaltung der Lohntarife sowie die Übernahme neuer und die Aufgabe bestehender Geschäftszweige.

4. Überwiegen herkömmlicher Verwaltungsstrukturen

Im Großen und Ganzen entsprach die *Deutsche Reichspost* freilich weiterhin in hohem Maße dem Bild einer herkömmlichen Verwaltungsbehörde. Da sich die vom Reichsrat geforderte Trennung von Leitung und Aufsicht nicht durchsetzen konnte,[23] oblag die Verwaltung der *Deutschen Reichspost* dem Reichspostminister und damit letztlich der Person, die die öffentlichen Rechte und Pflichten des Reichs auf dem Gebiet des Post- und Fernmeldewesens wahrzunehmen hatte. Der Leitungsmaßstab war nicht gewinnorientiert, sondern ging dahin, die *Deutsche Reichspost „den Gesetzen gemäss und entsprechend den Anforderungen des Verkehrs und der deutschen Wirtschaft"* zu verwalten (§ 2 Abs. 1 Satz 2 Reichspostfinanzgesetz). In Richtung Behörde zurückgestutzt wurde die *Deutsche Reichspost* schließlich auch dadurch, dass die Beschlüsse des Verwaltungsrats auf Antrag des Reichspostministers von der Reichsregierung „overruled" werden konnten (vgl. § 6 Abs. 3 Reichspostfinanzgesetz).

IV. Führerprinzip und Wiederauferstehung des „Weimarer Modells" in der Bonner Republik

Während des Nationalsozialismus brannte sich das Führerprinzip, das keine Mitsprache bei der Leitung duldete, in sämtliche Governance-Strukturen ein. Bei der *Deutschen Reichspost* beseitigte der Gesetzgeber dementsprechend wieder die Ein-

23 Vgl. Begr. Reichspostfinanzgesetz, Reichstagsprotokolle 1920/24 Bd. 37 Nr. 6570, S. 6 f.

richtung und die Mitwirkungsbefugnisse des Verwaltungsrats. Stattdessen sah er ein sechsköpfiges Gremium vor, das lediglich eine beratende Funktion inne hatte.[24]

Nach dem Ende des zweiten Weltkriegs näherten sich die Strukturen wieder weitgehend dem Weimarer-Modell an: Aus einer zunächst in der amerikanischen und der britischen Besatzungszone gebildeten Sonderverwaltung mit eigener Wirtschaftsführung[25] ging mit der Staatswerdung der Bundesrepublik Deutschland die *Deutsche Bundespost* hervor. Für diese schrieb das Grundgesetz[26] in Art. 87 Abs. 1 Satz 1 GG bundeseigene Verwaltung mit eigenem Verwaltungsunterbau vor. Ihre interne Architektur wurde durch das Postverwaltungsgesetz (PostVwG)[27] ausgeformt. Dieses wies zwar eine weitaus größere Regelungstiefe auf als das Reichspostfinanzgesetz von 1924. Grundlegende Neuerungen gegenüber dem Weimarer Modell brachte es aber nicht.

Auch die Deutsche Bundespost unterschied sich daher als Sondervermögen des Bundes von herkömmlichen Verwaltungen (§ 3 PostVwG). Ihre Leitung oblag nunmehr dem Bundesminister für das Post- und Fernmeldewesen (§ 1 Abs. 1 Satz 2 PostVwG), der dabei gehalten war, „*die Deutsche Bundespost nach den Grundsätzen der Politik der Bundesrepublik Deutschland, insbesondere der Verkehrs-, Wirtschafts-, Finanz- und Sozialpolitik“ zu verwalten* sowie den „*Interessen der deutschen Volkswirtschaft Rechnung zu tragen*“ (§ 2 Abs. 1, 2 Satz 1 PostVwG) und wieder von einem – nunmehr 24-köpfigen – Verwaltungsrat unterstützt wurde (vgl. § 1 Abs. 1 Satz 2 PostVwG).

V. Annäherung an aktienrechtliche Strukturen – Das Poststrukturgesetz von 1989 (Postreform I)

1. Bröckelndes Fernmeldemonopol als Auslöser

Nach hohen Verlusten kamen in den 1960er Jahren Zweifel auf, ob die *Deutsche Bundespost* mit ihrer Einbindung in die staatliche Verwaltung unter enger politischer Leitung durch den Bundesminister für das Post- und Fernmeldewesen ihren Aufgaben langfristig gewachsen sein würde. Man überlegte, sie aus der Bundesverwaltung auszugliedern, um ihr einen größeren unternehmerischen Spielraum

---

24 Vgl. § 5 des Gesetzes zur Vereinfachung und Verbilligung der Verwaltung (RGBl. I [1934], S. 130).
25 Vgl. *Herrmann*, Die Deutsche Bundespost, 1986, S. 97.
26 BGBl. I (1949), S. 1 ff.
27 BGBl. I (1953), S. 676 ff.

zu gewähren („*weniger Verwaltung, mehr öffentliches Unternehmen*"). Solche Überlegungen vermochten sich politisch aber erst einmal nicht durchzusetzen.[28]

Ähnlich wie schon in der Weimarer Zeit bedurfte es erst wieder einer grundlegenden Veränderung der äußeren Umstände, um eine Änderung der Organisationsstrukturen der *Deutschen Bundespost* politisch zu bewirken. Diese Veränderungen ergaben sich daraus, dass sich der Gesetzgeber im Jahr 1989 angesichts der rasant wachsenden Technisierung, der Liberalisierungsentwicklungen im Ausland[29] sowie des von dort immer lauter werdenden Rufs nach wechselseitiger Marktöffnung[30] gezwungen sah, die ordnungspolitischen Strukturen im Fernmeldewesen zu reformieren und das staatliche Fernmeldemonopol[31] lediglich mit Blick auf das Netz und den Telefondienst aufrechtzuerhalten (sog. Netz- und Telefondienstmonopol[32]).

Dieser grundlegenden Veränderung des Marktumfelds war die *Deutsche Bundespost* mit ihren bisherigen organisationsrechtlichen Statuten nicht gewachsen: Ihr würde zwar die Ertragskraft des Netzes und vor allem des Telefondienstes erhalten bleiben.[33] Im Bereich sonstiger Telekommunikationsdienste und dem Endgerätemarkt würde sie von nun an aber als Wettbewerber bestehen müssen und

28 Präzise Darstellung bei *Witte*, ZfB Ergänzungsheft 3/2002, S. 1, 6 ff. und in Begr. RegE, BT-Drucks. 11/2854, S. 28 f.

29 Vgl. hierzu etwa *Heuermann/Neumann/Wieland* in Diedrich/Hamm/Zohlnhöfer, Die Deutsche Bundespost im Spannungsfeld der Wirtschaftspolitik, 1987, S. 415 ff.

30 Anschaulich zu den Gründen *Witte*, ZfB Ergänzungsheft 3/2002, S. 1, 11 ff.; vgl. ferner Begr. RegE, BT-Drucks. 11/2854, S. 28, 32 f.

31 Ausweislich Begr. RegE, BT-Drucks. 11/2854, S. 26 erwirtschaftete die *Deutsche Bundespost* zuletzt insgesamt ca. 80 % ihrer Leistungen im Monopol, wobei das Bundesverfassungsgericht im Jahr 1977 entschieden hatte, dass das Fernmeldemonopol sich nicht nur auf das Fernmeldenetz und die entsprechenden Dienste beziehe, sondern auch den Endgerätemarkt miteinschließe (BVerfGE 46, 120, 139 ff., 149 f. = NJW 1978, 313). Gerechtfertigt wurde das staatliche Fernmeldemonopol mittlerweile weniger mit der militärischen Bedeutung des Fernmeldewesens, sondern damit, dass das Fernmeldewesen der Infrastruktur und damit der staatlichen Daseinsvorsorge zuzuordnen sei, deren flächendeckende Bedienung durch im Wettbewerb stehende Unternehmen nicht hinreichend gewährleistet werden könne. Auch ging man davon aus, dass das Fernmeldewesen aufgrund der technischen Gegebenheiten so beschaffen sei, dass die im Markt nachgefragte Menge von einem Anbieter zu niedrigeren Kosten produziert werden könne als von jeder größeren Zahl von Unternehmen (natürliches Monopol), vgl. etwa Monopolkommission, Sondergutachten 9: Die Rolle der Deutschen Bundespost im Fernmeldewesen, 1981, S. 25 f. Zu weiteren Rechtfertigungsgründen vgl. *Herrmann*, Die Deutsche Bundespost, 1986, S. 100 ff.

32 Vgl. § 1 FAG (BGBl. I [1989], S. 1026, 1045).

33 Das war der eigentliche Grund für die Aufrechterhaltung auch des Telefondienstmonopols, vgl. Begr. RegE, BT-Drucks. 11/2854, S. 35.

hierbei auch noch dadurch benachteiligt werden, dass sie in diesen Bereichen gewisse Pflichtleistungen[34] würde erbringen müssen.[35]

2. Errichtung dreier weitgehend selbstständiger Unternehmungen innerhalb der Verwaltung

Vor diesem Hintergrund sah man sich neben der ordnungspolitischen Neuordnung dazu genötigt, die Unternehmung der *Deutschen Bundespost* soweit wie möglich von politischem Ballast zu befreien. Man konnte sich allerdings (noch) nicht dazu durchringen, die in Art. 87 Abs. 1 Satz 1 GG enthaltene Vorgabe anzutasten, wonach die *Deutsche Bundespost* in bundeseigener Verwaltung geführt wird. Dementsprechend war man auf eine verwaltungsinterne Umstrukturierung beschränkt. Sie erfolgte durch eine Ablösung des Postverwaltungsgesetzes durch ein moderneres Verfassungs- und Organisationsgesetz (PostVerfG).[36]

Dessen Ziel war es, die eher wirtschaftlichen und technischen Aufgaben in einer marktnahen Unternehmensorganisation zu verselbständigen, die unter politischer Aufsicht nach unternehmerischen Grundsätzen von Unternehmensorganen geleitet wird.[37] Dieses neue Setting war in § 1 Abs. 1 Satz 2 und 3 PostVerfG verankert, wonach *„politische und hoheitliche Aufgaben"* und die *„Rechte des Bundes auf dem Gebiet des Post- und Fernmeldewesens"* durch den Bundesminister für Post und – wie es nunmehr hieß – Telekommunikation wahrgenommen würden und der *Deutschen Bundespost „in Wahrnehmung ihres öffentlichen Auftrags im nationalen und internationalen Bereich unternehmerische und betriebliche Aufgaben des Post- und Fernmeldewesens"* oblägen.

Wegen der Größe und vielschichtigen Aufgabenstellung der *Deutschen Bundespost* entschied man sich zugleich die *Deutsche Bundespost* in die drei spezialisierten Teilbereiche *Deutsche Bundespost POSTDIENST*, *Deutsche Bundespost POSTBANK* und *Deutsche Bundespost TELEKOM* mit ihren jeweiligen Teilsondervermögen umzuorganisieren (vgl. §§ 1 Abs. 2, 2 Abs. 1 PostVerfG), wobei die einzelnen Teilbereiche im Rechtsverkehr unter ihrem Namen handeln, klagen und verklagt werden konnten (§ 5 Satz 1 PostVerfG).[38] Diese *„postinterne Konzernie-*

---

34 Vgl. dazu Begr. RegE, BT-Drucks. 11/2854, S. 35.

35 Man folgte insoweit bewusst nicht der ordnungspolitischen Konzeption, die Aktivitätsmöglichkeiten öffentlicher Unternehmen ausschließlich auf Monopolbereiche zu beschränken, vgl. Begr. RegE, BT-Drucks. 11/2854, S. 33.

36 BGBl. I (1989), S. 1026 ff. Vgl. auch Begr. RegE, BT-Drucks. 11/2854, S. 27.

37 Begr. RegE, BT-Drucks. 11/2854, S. 26 f., 30, 31.

38 Vgl. auch Begr. RegE, BT-Drucks. 11/2854, S. 30.

rung" erfolgte allerdings insofern noch halbherzig, als die drei Teilbereiche für ihre jeweiligen Verbindlichkeiten gegenseitig einstehen sollten (§ 2 Abs. 2 Satz 2 HS 2 PostVerfG).

3. Anleihen bei der Rechtsform der Aktiengesellschaft

a) Vorstand und betriebswirtschaftlich-wettbewerbsorientierte Leitungsgrundsätze

Formal gesehen waren die einzelnen drei Teilbereiche nach wie vor Bestandteil der bundeseigenen Verwaltung. Sie nahmen staatliche Aufgaben des Post- und Fernmeldewesens wahr und unterlagen öffentlichen Bindungen, so dass sie nicht wie ein privatwirtschaftliches Unternehmen beliebig und frei agieren konnten.[39] Mit Blick auf die interne Struktur der einzelnen Teilbereiche leitete die Reform die spätere Hinwendung zur Rechtsform der Aktiengesellschaft aber dennoch sichtbar ein, zumal die Regierungsbegründung diesmal an gleich mehreren aktienrechtlichen Regelungen Maß nahm.[40]

So waren die Teilbereiche zwar gehalten, „*die Nachfrage von Bürgern, Wirtschaft und Verwaltung nach Leistungen der Post-, Postbank- und Fernmeldedienste zu decken*" (§ 4 Abs. 1 Satz 1 PostVerfG) sowie die Infrastrukturdienste (Monopolaufgaben und Pflichtleistungen) und die notwendige Infrastruktur im Sinne der öffentlichen Aufgabenstellung, insbesondere der Daseinsvorsorge, nach den Grundsätzen der Politik der Bundesrepublik zu sichern (§ 4 Abs. 1 Satz 3 Post VerfG). Unter Berücksichtigung dieser Vorgaben waren die Teilbereiche aber nach betriebswirtschaftlichen Grundsätzen zu führen und sollten sich in Wahrnehmung ihrer Aufgaben am Wettbewerb beteiligen (§ 4 Abs. 1 Satz 5, 6 PostVerfG). Sie wurden selbständig von kollegial besetzten Vorständen geleitet, deren Mitglieder keine Lebenszeitbeamten waren, sondern in einem in der Regel auf fünf Jahre befristeten öffentlich-rechtlichen Amtsverhältnis zum Bund standen (§ 12 Abs. 3 PostVerfG) und die bei ihrer Tätigkeit die „*Sorgfalt eines ordentlichen und gewissenhaften Geschäftsleiters*" walten lassen mussten (§ 15 PostVerfG).

---

39 Vgl. auch Begr. RegE, BT-Drucks. 11/2854, S. 37.
40 Vgl. insbesondere Begr. RegE, BT-Drucks. 11/2854, S. 41.

b) Überwachung des Vorstands durch einen Aufsichtsrat

Neben dem Vorstand war ein 21-köpfiger und mindestens vierteljährig tagender Aufsichtsrat, bestehend aus jeweils sieben Vertretern des Bundes, der Anwender und Kunden sowie des Personals (§§ 16 ff. PostVerG) einzurichten.[41] Dieser war vom Vorstand – ganz nach dem Muster des § 90 AktG – über die beabsichtigte Geschäftspolitik, über den Gang der Geschäfte und aus sonstigen wichtigen Anlässen zu informieren (§ 15 Abs. 4 PostVerfG). Seine Hauptaufgabe bestand darin, den Vorstand zu überwachen (§ 23 Abs. 1 PostVerfG). Daneben war er an der Berufung und Abberufung der Vorstandsmitglieder beteiligt (§§ 23 Abs. 2, 13 PostVerfG). Ferner war der Aufsichtsrat in bestimmte Geschäftsangelegenheiten vom Vorstand beratend einzubeziehen (§ 23 Abs. 5 PostVerfG).

An der Leitung der Unternehmen wirkte der Aufsichtsrat über umfangreiche gesetzlich verankerte Zustimmungsvorbehalte mit. So hatte er nach Vorlage durch den Vorstand nicht nur über den Jahresabschluss und die Entlastung des Vorstands Beschluss zu fassen, sondern auch über die Feststellung des Wirtschaftsplans und wesentliche Änderungen, die Leistungsentgelte im Monopolbereich des Fernmeldewesens, die Bestimmungen über die Wirtschaftsführung des Unternehmens, die Gründung von Tochtergesellschaften, den Erwerb oder die Veräußerung von Beteiligungen oder Grundstücken sowie die Allgemeine Geschäftsordnung für das Unternehmen (§ 23 Abs. 3 PostVerfG). Schwächer als sein aktiengesetzliches Pendant war der Aufsichtsrat nach dem PostVerfG allerdings insofern, als der Vorstand ihm Auskünfte zu Anfragen verweigern durfte, soweit deren Erteilung nach vernünftiger kaufmännischer Beurteilung geeignet war, dem Unternehmen oder einem verbundenen Unternehmen einen nicht unerheblichen Nachteil zuzufügen (§ 23 Abs. 6 Satz 3 PostVerG).

c) Flexibilisierung auf nachgeordneten Leitungsebenen

Auch auf unteren Ebenen der Unternehmungen erfolgte eine Anpassung an privatwirtschaftliche Muster. Sämtliche Mitarbeiter der Unternehmen standen zwar weiterhin im Dienst des Bundes. Die Unternehmen selbst besaßen keine „*Dienstherrenfähigkeit*".[42] In Funktionen, die für die bestehende Geschäftstätigkeit oder die weitere Entwicklung und Wettbewerbsfähigkeit der Unternehmen besonders

41 Der Aufsichtsrat der *Deutschen Bundespost POSTBANK* war lediglich mit 15 Mitgliedern zu besetzen, vgl. § 16 Abs. 2 PostVerfG.

42 Begr. RegE, BT-Drucks. 11/2854, S. 51.

wichtig waren, sollte der Vorstand aber auch außertarifliche Angestellte berufen können (vgl. § 47 Abs. 2 PostVerfG). Zugleich sollte den Besonderheiten der Unternehmen der *Deutschen Bundespost* künftig im Rahmen der allgemeinen beamtenrechtlichen Regelungen durch eine besondere Ausgestaltung der Laufbahnen entsprochen werden.[43] Auch sollten die Unternehmen von den allgemeinen Bestimmungen abweichende Sonderregelungen erlassen können (§ 49 PostVerfG). Ebenso wurde Raum für höhere Gehälter, Belohnungen und Sondervergütungen geschaffen (§§ 50, 51 PostVerfG), um den Leistungswillen der Mitarbeiter und zugleich die Wirtschaftlichkeit der Unternehmen zu steigern.[44]

4. Relikte staatlicher Verwaltung

Dass die Deutsche Bundespost weiterhin Teil der bundeseigenen Verwaltung sein sollte, stand der skizzierten Verselbständigung der unternehmerischen Funktionen nicht entgegen. Es machte allerdings erforderlich, dass der Staat auf die Tätigkeit der *Deutschen Bundespost* und ihrer drei Teilbereiche unmittelbar Einfluss nehmen konnte.[45] Die *Deutsche Bundespost* musste nicht nur nach außen, sondern auch nach innen eine Institution des Staates bleiben und staatlichen Interessen Rechnung tragen.[46] Zur von Verfassungs wegen erforderlichen Einbindung der Unternehmen in die Staatsorganisation stand dem Bundesminister für Post und Telekommunikation zunächst das Recht zu, vom Vorstand und Aufsichtsrat Auskünfte, erforderliche Unterlagen bzw. Einsichtnahme verlangen zu können und Wirtschaftlichkeitsprüfungen durchzuführen (§ 31 Satz 1 PostVerfG). Eine Weitergabe der hieraus gewonnenen Erkenntnisse war zwar nur unter Berücksichtigung der Interessen der Unternehmen zulässig (§ 31 Satz 2 PostVerfG), die Weitergabe auf Grund der parlamentarischen Verantwortlichkeit gegenüber Bundestag und Bundesrat sollte in der Regel aber Vorrang vor den Interessen der Unternehmen genießen.[47]

Darüber hinaus erfolgte die staatliche Einbindung in der Weise, dass der Bundesminister für Post und Telekommunikation den Unternehmen zur Wahrung der

43 Begr. RegE, BT-Drucks. 11/2854, S. 52.
44 Begr. RegE, BT-Drucks. 11/2854, S. 54.
45 Vgl. Begr. RegE, BT-Drucks. 11/2854, S. 43.
46 Vgl. auch Begr. RegE, BT-Drucks. 11/2854, S. 44.
47 Vgl. Begr. RegE, BT-Drucks. 11/2854, S. 46. Die Regierungsbegründung betont allerdings auch, dass in jedem Einzelfall abzuwägen sei. Insbesondere sei zu prüfen, ob einem verfassungsrechtlichen Anspruch des Parlaments durch vertrauliche Auskunft in einem Ausschuss oder ähnlichem entsprochen werden könne.

Regierungspolitik allgemeine Ziele vorgeben konnte (§ 25 Abs. 1 PostVerfG),[48] die Rechtsaufsicht hinsichtlich der Aufgabenerfüllung der Unternehmen inne hatte (§ 27 PostVerfG) und bestimmte Unternehmensentscheidungen genehmigen musste oder ihnen widersprechen konnte (§ 28 PostVerfG). Vom Bundesminister zu genehmigen waren letztlich sämtliche Entscheidungen, über die der Aufsichtsrat nach § 23 Abs. 3 PostVerG Beschluss zu fassen hatte (§ 28 Abs. 1 PostVerG). Unter anderem bei der Feststellung des Wirtschaftsplans, des Jahresabschlusses sowie bei den Leistungsentgelten im Monopolbereich des Fernmeldewesens, den Bestimmungen über die Wirtschaftsführung des Unternehmens, der Gründung von Tochtergesellschaften, dem Erwerb oder der Veräußerung von Beteiligungen oder Grundstücken sowie der Allgemeinen Geschäftsordnung für das Unternehmen hatte der Bundesminister also das letzte Wort. Ebenso wirkte der Bundesminister für Post und Telekommunikation an der Berufung und Abberufung der Vorstandsmitglieder mit, wobei der Bundesregierung im Fall der Abberufung stets und im Fall der Berufung bei fehlendem Einvernehmen zwischen Bundesminister und Aufsichtsrat das Letztentscheidungsrecht zustand (§ 13 Abs. 1 bis 3 PostVerfG).

VI. Gründung von Aktiengesellschaften – Das Postneuordnungsgesetz von 1995 (Postreform II)

1. Fehlende Agilität, internationaler Wettbewerbsdruck und Finanzbedarf

Auch wenn die Postreform I die drei Teilbereiche der *Deutschen Bundespost* auf dem Papier bereits deutlich sichtbar den Strukturen einer Aktiengesellschaft annäherte, erwies es sich in der Praxis doch sehr bald als ein erhebliches Manko, dass eine Reform nur innerhalb des von Art. 87 Abs. 1 Satz 1 GG gesteckten Rahmens erfolgte und die Bereiche weiterhin in bundeseigener Verwaltung geführt wurden. Im Zeitraum von 1989 bis 1994 stieg der Umsatz der *Deutschen Bundespost TELEKOM* zwar von 38 Milliarden DM um 65 Prozent auf 64 Milliarden DM und machte das Unternehmen damit zum umsatzstärksten europäischen und weltweit zweitgrößten Netzbetreiber. Die Mitwirkung des Bundesministers für

---

48 Diese Zielsetzungen dienten nicht der aktuellen Tagespolitik, sondern galten der mittel- und langfristigen Unternehmenspolitik, vgl. Begr. RegE, BT-Drucks. 11/2854, S. 43.

Post und Telekommunikation und die Bindung an verwaltungsrechtliche und dienstrechtliche Grundsätze hemmten trotz teilweiser Lockerungen aber auch weiterhin ein flexibles unternehmerisches Handeln.[49] Anders als ihre Wettbewerber waren die Unternehmungen als Einheiten der bundeseigenen Verwaltung zugleich in ihrer internationalen Handlungsfähigkeit beschränkt. Gerade im Telekommunikationsbereich ging der Trend dahin, ganze Netze auch auf ausländischen Märkten zu errichten und zu betreiben.[50]

Die entscheidende Schwachstelle bestand aber letztlich in dem Umstand, dass die Unternehmungen als Teile der staatlichen Verwaltung größere Investitionen, die sie nicht aus Eigenmitteln finanzieren konnten, nur mithilfe staatlicher Finanzspritzen tätigen konnten. Das rächte sich im Zuge der Wiedervereinigung und dem daran anknüpfenden Aufbau Ost. Die in den neuen Bundesländern zum Aufbau der Telefondienste und des Mobilfunks erforderlichen Investitionen konnten von der *Deutschen Bundespost Telekom* – auch im Wege der Quersubventionierung durch die anderen beiden Teilbereiche der *Deutschen Bundespost* – nicht aus Eigenmitteln getätigt werden und auch der Bund war angesichts einer angespannten Haushaltslage nicht geneigt, sie zu tragen.[51] Folge war ein erhebliches Absinken der Eigenkapitalquote der *Deutschen Bundespost TELEKOM*.[52]

Die naheliegende Antwort bestand darin, die Unternehmungen der *Deutschen Bundespost* vollständig zu privatisieren und in die Rechtsform einer privaten Kapitalgesellschaft umzuwandeln. Dabei stand der Gesetzgeber vor der Standardaufgabe, die Vor- und Nachteile verschiedener Rechtskleider gegeneinander abzuwägen, wobei er hier augenscheinlich intuitiv zur Rechtsform der Aktiengesellschaft griff. Das war auch durchaus naheliegend, wenn man bedenkt, dass eine Rechtsform gesucht war, bei der die Leitung weitestgehend gegen eine Einflussnahme von außen abgesichert ist, die international große Anerkennung besitzt[53] und die „am besten" geeignet sein würde, die gegebenen Finanzierungsengpässe zu lösen.[54]

---

49 Begr. RegE, BT-Drucks. 12/7270, S. 6 i. V. m. BT-Drucks. 12/6718, S. 75.

50 Vgl. auch Begr. RegE, BT-Drucks. 12/7270, S. 6 i. V. m. BT-Drucks. 12/6718, S. 75.

51 Vgl. auch Begr. RegE, BT-Drucks. 12/7270, S. 6 i. V. m. BT-Drucks. 12/6718, S. 75: Die Deutsche Bundespost TELEKOM legte unmittelbar nach der Wiedervereinigung ein Investitionsprogramm von mehr als 60 Milliarden DM für den Zeitraum bis 1998 vor.

52 Begr. RegE, BT-Drucks. 12/7270, S. 6 i. V. m. BT-Drucks. 12/6718, S. 75: Die Eigenkapitalquote sank auf ca. 20 Prozent.

53 Begr. RegE, BT-Drucks. 12/7270, S. 6 i. V. m. BT-Drucks. 12/6718, S. 75.

54 Begr. RegE, BT-Drucks. 12/7270, S. 6 i. V. m. BT-Drucks. 12/6718, S. 75.

2. Schaffung des verfassungsrechtlichen Rahmens für eine „Entstaatlichung"

Aus juristischer Sicht war die Umwandlung der drei Teilbereiche der *Deutschen Bundespost* in Aktiengesellschaften freilich ein ausgesprochen anspruchsvolles Unterfangen, das nicht mit der Umwandlung eines privatwirtschaftlichen Unternehmens vergleichbar war, galt es doch die in der *Deutschen Bundespost* beheimateten mannigfaltigen öffentlich- und privatrechtlichen Interessen auseinanderzudividieren und für diese in der Gesamtschau eine interessengerechte Lösung zu finden. Dem zeitlich vorauszugehen hatte wiederum eine Änderung des Grundgesetzes, die es erst möglich machte, die Unternehmungen der *Deutschen Bundespost* aus der bundeseigenen Verwaltung herauszulösen und in eine Privatrechtsform zu überführen.[55]

Da der Bund weiterhin für die hoheitlichen Aufgaben im Post- und Telekommunikationsbereich zuständig bleiben sollte, begnügte man sich nicht damit, die Worte *„die Bundespost"* aus Art. 87 Abs. 1 Satz 1 GG zu tilgen, sondern fügte Art. 87f Abs. 1 und 2 in das Grundgesetz[56] ein, die bis heute vorgeben, dass *„der Bund im Bereich des Postwesens und der Telekommunikation (in bundeseigener Verwaltung) flächendeckend angemessene und ausreichende Dienstleistungen (gewährleistet)"*, diese Dienstleistungen aber *„als privatwirtschaftliche Tätigkeiten durch die aus dem Sondervermögen Deutsche Bundespost hervorgegangenen Unternehmen und durch andere private Anbieter erbracht (werden)"*.

Da sich namentlich die SPD schwer damit tat, die Unternehmungen der *Deutschen Bundespost* zu privatisieren, und damit liebäugelte, diese stattdessen in eine Anstalt des öffentlichen Rechts zu verlagern, fand darüber hinaus ein mit Blick auf die europarechtlichen Vorgaben zu staatlichen Sonderrechten[57] auf lange Sicht durchaus kritischer dritter Absatz als Kompromiss[58] Eingang in Art. 87f GG. Er besagt, dass der Bund *„unbeschadet"* der Beschränkung seiner Kompetenzen im Bereiche der Post und Telekommunikation auf hoheitliche Aufgaben *„in der Rechtsform einer bundesunmittelbaren Anstalt des öffentlichen Rechts einzelne Aufgaben in bezug auf die aus dem Sondervermögen Deutsche Bundespost hervor-*

---

55 Vgl. RegE, BT-Drucks. 12/7269, S. 1. Art. 87 GG regelt zwar primär lediglich die Zuständigkeiten zwischen Bund und Ländern. Wenn das Grundgesetz die Frage entscheidet, ob eine Materie zur Zuständigkeit des Bundes oder der Länder gehört, so liegt darin nach h. M. zugleich aber auch die Aussage, dass es sich bei ihr überhaupt um einen Sachbereich der Staatsverwaltung handelt, vgl. etwa BVerfGE 14, 105, 111 = BeckRS 1962, 103747; BVerfGE 41, 205, 218 = NJW 1976, 667.

56 BGBl. I (1994), S. 2245.

57 Vgl. hierzu im Kontext des VW-Gesetzes und der VW-Satzung *Holle*, AG 2010, 14 ff.

58 Vgl. auch *Möstl* in Maunz/Dürig, GG, 92. EL August 2020, Art. 87f Rn. 105.

gegangenen Unternehmen nach Maßgabe eines Bundesgesetzes" ausführt. Im Kern ging es darum, die Beteiligungen an den Aktiengesellschaften durch eine Anstalt des öffentlichen Rechts verwalten zu lassen, wobei es einer verfassungsrechtlichen Absicherung allein insoweit bedurfte, als – hier manifestiert sich der Kompromiss der Regierungsparteien – auch Aufgaben einbezogen werden können sollten, die an sich auf Grund der vorgenannten Regelungen in den Verantwortungsbereich der Unternehmen fallen würden.[59]

Der ebenfalls neu in das Grundgesetz eingefügte Art. 143b schrieb in seinem Absatz 1 dann konkret vor, dass das Sondervermögen *Deutsche Bundespost* nach Maßgabe eines Bundesgesetzes in Unternehmen privater Rechtsform umgewandelt wird und der Bund die ausschließliche Gesetzgebung über alle sich hieraus ergebenden Angelegenheiten inne hat. Zugleich war in einem Absatz 2 vorgesehen, dass die bislang bestehenden ausschließlichen Rechte des Bundes durch Bundesgesetz für eine Übergangszeit den aus der *Deutschen Bundespost POSTDIENST* und der *Deutschen Bundespost TELEKOM* hervorgegangenen Unternehmen verliehen werden können. Darüber hinaus wurde in einem Absatz 3 geregelt, dass die Beamten der *Deutschen Bundespost* unter Beibehaltung ihres Status als Bundesbeamte bei den privaten Unternehmen weiterbeschäftigt würden und die Unternehmen leihweise die dem Dienstherrn Bund obliegenden Befugnisse gegenüber den ihnen angehörenden Beamten ausüben dürften. Insoweit sollte durch eine ausdrückliche grundgesetzliche Regelung das sich bei einer nur einfachgesetzlichen Beleihung ergebende Verfassungsrisiko ausgeschaltet werden.[60]

3. Einfachgesetzliche Ausgestaltung der Privatisierung

a) Gründung einer Anstalt zur „qualifizierten" Anteilsverwaltung

Die einfachgesetzliche Umsetzung der Reform erfolgte durch das Postneuordnungsgesetz (PTNeuOG).[61] Wie herausfordernd gerade dieses Unterfangen war, belegt dabei allein schon der Umstand, dass es sieben neuer Gesetze und über 100 Gesetzes- und Verordnungsänderungen bedurfte, um die Umwandlung der drei

59 Vgl. auch Begr. RegE, BT-Drucks. 12/7269, S. 5: Mit Blick auf die Fragen im Zusammenhang mit der Verwaltung der Gesellschaftsanteile an den Nachfolgeunternehmen wäre eine eigene verfassungsrechtliche Bestimmung entbehrlich.
60 Begr. RegE, BT-Drucks. 12/7269, S. 6.
61 BGBl. I (1994), S. 2325 ff.

Teilbereiche der *Deutschen Bundespost* in Aktiengesellschaften zu schultern.[62] Das Gesetz zur Errichtung einer Bundesanstalt für Post und Telekommunikation Deutsche Bundespost (BAPostG)[63] widmete sich zunächst der im Grundgesetz nunmehr angelegten Errichtung einer rechtsfähigen *Bundesanstalt für Post und Telekommunikation Deutsche Bundespost* (§ 1 BAPostG). Diese unterstand der Aufsicht der Bundesrepublik – ausgeübt durch das Bundesministerium für Post und Telekommunikation – (§ 2 BAPostG) und hatte die von den Sozialdemokraten geforderten und grundgesetzlich in Art. 79 Abs. 3 GG abgesicherten *„Übergriffe"* in die zu privatisierenden Unternehmungen vorzunehmen.

Dementsprechend hatte die Bundesanstalt nicht nur die Aufgabe, die Anteile an den zu gründenden Aktiengesellschaften im Namen und für Rechnung der Bundesrepublik zu halten, zu erwerben und zu veräußern sowie die dem Bund nach dem Aktiengesetz zustehenden Aktionärsrechte wahrzunehmen und die Aktiengesellschaften schließlich an den Kapitalmarkt zu bringen (§ 3 Abs. 1 BAPostG). Zu diesen mehr oder minder herkömmlichen Aktionärsrechten gesellte sich vielmehr unter anderem das Recht, die Unternehmen zu koordinieren, Anregungen für das äußere Erscheinungsbild der Unternehmen zu unterbreiten sowie die Unternehmen bei der Ausarbeitung von Führungsgrundsätzen zu beraten (§ 3 Abs. 2 Nr. 1 bis 3 BAPostG).[64] Bei der Wahrnehmung dieser Aufgaben hatte sich die Bundesanstalt in regelmäßigen Planungskonferenzen mit den Aktiengesellschaften vorzuberaten (§ 3 Abs. 3 BAPostG). Zugleich stellte § 3 Abs. 4 BAPostG klar, dass die Bundesanstalt über die genannten Aufgaben hinaus weder Rechte noch Einfluss in Bezug auf die Unternehmen ausüben darf. Damit sollte – wenig überzeugend und ohne durchschlagenden Erfolg[65] – sichergestellt werden, dass die Bundesanstalt kein herrschendes Unternehmen im Sinne der §§ 311 ff. AktG ist.[66]

b) Umwandlung durch „spezialgesetzliche Verschmelzung zur Neugründung"

Dem formalen Errichtungsakt der Aktiengesellschaften *Deutsche Post AG*, *Deutsche Postbank AG* und *Deutsche Telekom AG* als Rechtsnachfolger des Sondervermögens *Deutsche Bundespost* widmete sich das Gesetz zur Umwandlung der Un-

62 Vgl. Beschlussempfehlung und Bericht des Ausschusses für Post und Telekommunikation, BT-Drucks. 12/8060, S. 176.
63 BGBl. I (1994), S. 2325 ff.
64 Vgl. auch Begr. RegE, BT-Drucks. 12/7270, S. 6 i. V. m. BT-Drucks. 12/6718, S. 76.
65 Vgl. dazu noch unter VIII. 3.
66 Begr. RegE, BT-Drucks. 12/7270, S. 6 i. V. m. BT-Drucks. 12/6718, S. 77.

ternehmen der Deutschen Bundespost in die Rechtsform der Aktiengesellschaft (PostUmwG).[67] Der Sache nach handelte es sich dabei jeweils um Verschmelzungen zur Neugründung: Die neu gegründeten Aktiengesellschaften sollten die vom Bund in bundeseigener Verwaltung betriebenen Sondervermögen als Sacheinlage übernehmen.[68] Der in der Regierungsbegründung noch vorgesehene Verweis auf das Umwandlungsgesetz wurde dabei allerdings aufgrund im Laufe des weiteren Gesetzgebungsverfahrens neu eingefügter ausführlicher Vorschriften über den Vermögensübergang, die die allgemeinen Umwandlungsvorschriften verdrängten, entbehrlich und man konnte es mit einem Verweis auf die Geltung des Ersten und Zweiten Teils des Ersten Buches des Aktiengesetzes belassen (vgl. § 1 Abs. 3 PostUmwG).[69]

In der Gründungsurkunde der *Deutschen Telekom AG* vom 20. Dezember 1994 ist insofern zunächst zutreffend vermerkt, dass die Satzung der Gesellschaft – wie auch die der anderen Gesellschaften – im Anhang des PostUmwG festgestellt wurde (vgl. § 11 Abs. 2 PostUmwG). Dabei handelte es sich weitgehend um eine Standardsatzung, in der der Unternehmensgegenstand – wie üblich – möglichst breit gefasst wurde („*Betätigung im gesamten Bereich der Telekommunikation und in verwandten Bereichen im In- und Ausland*", § 2 Abs. 1 Satzung Deutsche Telekom AG 1994). In § 23 war das bei Gesellschaften der öffentlichen Hand durchaus gebräuchliche und in § 54 Haushaltsgrundsätzegesetz (HGrG) angelegte Recht des Bundesrechnungshofs verankert, von der Gesellschaft Auskunft zur Klärung von Fragen zu erhalten, die bei der Betätigungsprüfung auftreten und zu diesem Zweck auch den Betrieb, die Bücher und die Schriften einsehen zu können. Von herkömmlichen Satzungen hob sich die Satzung der *Deutschen Telekom AG* lediglich durch ihren – mit Blick auf das grundsätzliche Verbot einer Vorwegbindung des Vorstands (§ 76 Abs. 1 AktG) nicht unproblematischen[70] – § 3 ab. Dieser gab vor, dass die Gesellschaft Angelegenheiten im Sinne des § 3 Abs. 2 BAPostG durch die *Bundesanstalt für Post und Telekommunikation* wahrnehmen lässt und zu diesem Zweck entgeltliche Geschäftsbesorgungsverträge mit der Bundesanstalt schließt. Das sollte den Bogen zu den Befugnissen der *Bundesanstalt für Post und Telekommunikation* schlagen, auf die Unternehmung der *Deutschen Telekom AG* in dem in § 3 Abs. 2 BAPostG genannten Umfang Einfluss zu nehmen und den ei-

---

67 BGBl. I (1994), S. 2325, 2339 ff.

68 Vgl. zum Charakter der Verschmelzung zur Neugründung als Sachgründung etwa *Haeder* in Henssler/Strohn, GesR, 5. Aufl. 2021, § 56 UmwG Rn. 5.

69 Vgl. Beschlussempfehlung und Bericht des Ausschusses für Post und Telekommunikation, BT-Drucks. 12/8060, S. 188.

70 Zum grundsätzlichen Verbot einer Vorwegbindung des Vorstands vgl. *Koch* in Hüffer/Koch, AktG, 15. Aufl. 2021, § 76 Rn. 8, 27, 41 ff.

genverantwortlich und im Grundsatz ausschließlich dem Interesse der Gesellschaft verpflichteten Vorstand zur Kooperation verpflichten.

Das Grundkapital der Gesellschaft sollte gemäß § 5 Abs. 1 der Satzung zehn Milliarden Deutsche Mark betragen und war in zweihundert Millionen Aktien im Nennbetrag von je fünfzig Deutschen Mark eingeteilt. Die Kapitalaufbringung im Wege der Sacheinlage war in § 2 PostUmwG umschrieben. Dieser war von dem Gedanken getragen, einzelne Teile der Sondervermögen der *Deutschen Bundespost* den Aktiengesellschaften nicht durch Bescheid zuzuweisen, sondern diese unmittelbar durch Gesetz übergehen zu lassen. Man wollte einen reibungslosen Vollzug des Vermögensübergangs, um die Reform möglichst schnell umsetzen zu können.[71]

Dementsprechend ordnete § 2 Abs. 1 Satz 1 PostUmwG unmittelbar an, dass die Aktiengesellschaften Rechtsnachfolger des Sondervermögens Deutsche Bundespost seien und die Teilsondervermögen der drei Teilbereiche jeweils auf die drei an ihre Stelle tretenden Aktiengesellschaften übergehen sollten. Für die mit den hoheitlichen Aufgaben der *Deutschen Bundespost* betrauten Stellen wie namentlich die *Bundesanstalt für Post und Telekommunikation* wurde demgegenüber lediglich eine Ausstattungspflicht im Zuweisungsverfahren begründet.[72] Soweit Liegenschaften (Grundstücke, grundstücksgleiche Rechte und beschränkte dingliche Rechte) des Sondervermögens *Deutsche Bundespost* von zwei Aktiengesellschaften gemeinsam genutzt würden, sollte das Eigentum daran auf den Rechtsträger übergehen, der aus dem überwiegenden Nutzer hervorgeht (§ 2 Abs. 1 Satz 5 PostUmwG). Liegenschaften, die ganz oder teilweise Aufgaben des Bundesministeriums für Post und Telekommunikation oder seiner nachgeordneten Behörden dienten, sollten zu allgemeinem Bundesvermögen werden (§ 2 Abs. 1 Satz 7 PostUmwG).

Verbindlichkeiten der Teilsondervermögen sollten auf das jeweilige Nachfolgeunternehmen übergehen (§ 2 Abs. 3 PostUmwG). Kreditverbindlichkeiten, die das Sondervermögen in seiner Gesamtheit betrafen, sollte die *Deutsche Telekom AG* übernehmen (§ 2 Abs. 2 Satz 1 PostUmwG); ihr wurde jedoch eine Rückgriffsforderung gegenüber der *Deutsche Post AG* und der *Deutsche Postbank AG* eingeräumt, soweit deren Rechtsvorgängern diese Kreditverbindlichkeiten zuzurechnen waren (§ 2 Abs. 2 Satz 2 PostUmwG). Gewähr für die Erfüllung der zum Zeitpunkt der Eintragung der drei Aktiengesellschaften in das Handelsregister be-

---

71 Vgl. Beschlussempfehlung und Bericht des Ausschusses für Post und Telekommunikation, BT-Drucks. 12/8060, S. 188 f.

72 Vgl. Beschlussempfehlung und Bericht des Ausschusses für Post und Telekommunikation, BT-Drucks. 12/8060, S. 188 f.

stehenden Verbindlichkeiten leiste der Bund (§ 2 Abs. 4 Satz 1 PostUmwG). Er sollte auch die Kreditverbindlichkeiten, die das Sondervermögen in seiner Gesamtheit betrafen und von der *Deutschen Telekom AG* übernommen wurden, weiterhin verwalten (§ 2 Abs. 4 Satz 2 PostUmwG).

c) Bewältigung personeller und finanzieller Altlasten durch Begleitgesetze

Da aus den Besonderheiten der bisherigen Rechtsform qualifizierte „*personelle und finanzielle Altlasten*" resultierten, konnte es der Gesetzgeber nicht bei der Gründung der Aktiengesellschaften und der Einrichtung einer bundeseigenen Anstalt zu ihrer Verwaltung belassen. In einem *Postpersonalrechtsgesetz* (PostPersRG)[73] galt es zunächst einfachgesetzlich die verfassungsrechtliche Vorgabe des Art. 87f Abs. 3 GG umzusetzen, wonach die Beamten der *Deutschen Bundespost* unter Beibehaltung ihres Status als Bundesbeamte bei den privaten Unternehmen weiterzubeschäftigen waren und die Unternehmen leihweise dazu befugt sein sollten, die Rechte und Pflichten des Dienstherrn Bund wahrzunehmen.

Ebenso mussten die damit zusammenhängenden besoldungs- und versorgungsrechtlichen Fragen sowie die betriebliche Interessenvertretung geregelt werden, wobei es das Ziel war, soweit irgend möglich keine Einbußen an erworbenen Rechten zu bewirken.[74] Ein Problem bestand dann aber darin, dass die Unternehmen der *Deutschen Bundespost* erst mit der Postreform I begonnen hatten, Rückstellungen für Pensionsverpflichtungen zu bilden. Diese beliefen sich zwar bereits auf einige 100 Millionen DM. Die vorher aufgelaufenen Pensionsverpflichtungen beliefen sich für alle drei Postunternehmen aber auf etwa 100 Milliarden DM. Eine Überleitung der Pensionsverpflichtungen hätte die Aktiengesellschaften daher gleich zu Beginn ihrer Tätigkeit schwer belastet und möglicherweise ihrer Chancen beraubt, im Wettbewerb mit anderen privaten Unternehmen zu bestehen.[75] Um den Aktiengesellschaften diese Lasten abzunehmen, sah das Postpersonalrechtsgesetz die Einrichtung von Unterstützungskassen vor (§§ 14 ff. PostPersRG), aus denen Pensionen und Beihilfen gezahlt werden sollten. Die Kassen wurden durch Beiträge der Unternehmen sowie aus Dividenden und Verkaufserlösen aus dem Aktienbesitz des Bundes finanziert. Die Höhe der Beitragsleis-

---

73 BGBl. I (1994), S. 2325, 2353 ff.

74 Vgl. Beschlussempfehlung und Bericht des Ausschusses für Post und Telekommunikation, BT-Drucks. 12/8060, S. 182.

75 Im Falle der *Deutschen Bundespost Postdienst* wäre eine Umwandlung wegen Überschuldung gar unmöglich gewesen, vgl. zum Ganzen auch Beschlussempfehlung und Bericht des Ausschusses für Post und Telekommunikation, BT-Drucks. 12/8060, S. 182.

tung der Aktiengesellschaften sollte langfristig vergleichbaren Belastungen von Wettbewerbern der jeweiligen Branche entsprechen.

d) Anpassung ordnungspolitischer Gesetze

Ziel der Postreform II war es allein, die drei Unternehmen der *Deutschen Bundespost* zu privatisieren. Anders als bei der Postreform I sollte der ordnungspolitische Rahmen nicht angetastet werden. Insoweit wollte man die politische Willensbildung auf europäischer Ebene abwarten, wo mittelfristig angestrebt war, einen gemeinsamen Binnenmarkt für Telekommunikation zu schaffen.[76] Namentlich die Regelungen über die Reichweite der Post- und Telekommunikationsmonopole sollten daher vorerst bis zum 31. Dezember 1997 erhalten bleiben und nunmehr lediglich durch die an die Stelle der Sondervermögen der *Deutschen Bundespost* getretenen Aktiengesellschaften wahrgenommen werden.

Vor diesem Hintergrund war es lediglich erforderlich, das Fernmeldeanlagengesetz (FAG)[77] und das Postgesetz (PostG)[78] an die neue Fassung des Grundgesetzes und an die Statusänderung der Unternehmungen der *Deutschen Bundespost* anzupassen. Zusätzlich bedurfte es eines Gesetzes über die Regulierung der Telekommunikation und des Postwesens (PTRegG)[79], das im Wesentlichen die bislang im Postverfassungsgesetz enthaltenen hoheitlichen Befugnisse des Bundes übernahm. Dabei passte es diese Befugnisse allerdings an den nunmehr privatrechtlichen Status der Nachfolgeunternehmen der *Deutschen Bundespost* an. Das hatte zur Folge, dass sämtliche Eingriffsbefugnisse verschwanden, die dem Bundesminister für Post und Telekommunikation in Bezug auf die als Sondervermögen der *Deutschen Bundespost* geführten Unternehmen zustanden. Abgesehen von den spezifischen Eingriffsrechten der *Bundesanstalt für Post und Telekommunikation* sowie einzelnen mit den Monopolleistungen verknüpften aufsichtsrechtlichen Eingriffsrechten blieben dem Bund nur seine Rechte als Allein- bzw. Mehrheitsaktionär, um auf die Unternehmen Einfluss zu nehmen.

76 Vgl. Begr. RegE, BT-Drucks. 12/7270, S. 6 i. V. m. BT-Drucks. 12/6718, S. 105.
77 BGBl. I (1994), S. 2325, 2363 ff.
78 BGBl. I (1994), S. 2325, 2368 ff.
79 BGBl. I (1994), S. 2325, 2371 ff.

VII. Emanzipation vom Staat

1. Wegfall staatlichen Alleinbesitzes infolge dreier Börsengänge

Im Anschluss an die Umwandlung emanzipierten sich die drei Aktiengesellschaften langsam aber stetig weiter vom Staat. Hierher gehört zunächst, dass die *Deutsche Telekom AG* ab dem Jahr 1996 als erste der drei Postunternehmen den Gang an die Börse wagte. Ihr war mit Blick auf die begrenzte Aufnahmefähigkeit des Kapitalmarkts gegenüber dem Bund ein „Börsenvortritt" eingeräumt worden, indem der Kapitalmarktzugang bei ihr bis zum 31. Dezember 1999 ausschließlich durch Kapitalerhöhung gegen Einlage erfolgen sollte (§ 3 Abs. 1 Satz 2 Nr. 2 BAPostG).[80] Mit zwei Börsengängen in den Jahren 1996 und 1999 erzielte die *Deutsche Telekom AG* auf diese Weise einen Gesamterlös von 20,8 Milliarden Euro (10 Milliarden im Jahr 1996 und 10,8 Milliarden im Jahr 1999).[81] Die Beteiligungsquote des Bundes sank zunächst auf 74 Prozent und dann auf 65 Prozent. Im Jahr 2000 verkaufte der Bund schließlich über die staatseigene Kreditanstalt für Wiederaufbau (KfW) einen Teil seiner Aktien. Aus diesem „dritten Börsengang" flossen rund 13 Milliarden EUR in die Staatskasse. Die Beteiligungsquote des Bundes sank auf 58 Prozent.

Alle drei Börsengänge führen bis heute die Liste der größten Börsengänge Deutschlands mit großem Vorsprung an. Dabei beeindruckten sie nicht nur durch ihr Volumen, sondern vor allem dadurch, dass sie jeweils durch bis dahin beispiellose Werbekampagnen flankiert wurden, die die „T-Aktie" vor allem Privatanlegern als sogenannte Volksaktie anpriesen und den um die Jahrtausendwende einsetzenden Börsenhype zusätzlich befeuerten. Derzeit hält der Bund als größter Aktionär der *Deutschen Telekom AG* noch einen Anteil von 31,9 Prozent der Aktien. Der Rest wird als Streubesitz geführt.[82]

---

80 Damit wurde für die *Deutsche Telekom AG* eine Eigenkapitalquote von 40 % angestrebt, vgl. Beschlussempfehlung und Bericht des Ausschusses für Post und Telekommunikation, BT-Drucks. 12/8060, S. 183 f.

81 Vgl. hierzu und zu den folgenden Kennzahlen insbesondere die anschaulichen Angaben der Investor-Relations-Abteilung der *Deutschen Telekom AG*, abrufbar unter: https://www.telekom.com/de/investor-relations/aktie/boersengaenge (zuletzt abgerufen am 16. März 2021).

82 Vgl. Aktionärsstruktur *Deutsche Telekom AG*, abrufbar unter: https://www.telekom.com/de/investor-relations/unternehmen/aktionaersstruktur (Stand: 13. November 2020, zuletzt abgerufen am 16. März 2021).

2. Monopolleistungen als befristetes Privileg und Rückbau staatlicher Sonderrechte

Eng mit dem Staat verbunden und gegenüber anderen Wettbewerbern privilegiert war die *Deutsche Telekom AG* zunächst auch noch dadurch, dass die bestehenden Post- und Telekommunikationsmonopole durch die Postreform II nicht angetastet und ihr zur Ausübung übertragen worden waren. Dabei handelte es sich allerdings um ein Privileg auf Zeit. Denn beide Monopole waren bis zum 31. Dezember 1997 befristet worden.[83] Nachdem auf Ebene der Europäischen Union entschieden worden war, das Netz- und Telefondienstmonopol zum 1. Januar 1998 aufzuheben, konnten die Monopole keinen Bestand mehr haben und wurden auch in Deutschland abgeschafft.[84]

Mit der wachsenden Öffnung der *Deutschen Telekom AG* für Anleger verschwanden zugleich die verbliebenen staatlichen Sonderrechte in Bezug auf die Gesellschaft: Die Prüfrechte des Bundesrechnungshofs gegenüber der Gesellschaft knüpften an die Stellung des Bundes als Mehrheitsaktionär an (vgl. § 53 Abs. 1 HGrG) und wurden dementsprechend aus der Satzung getilgt, als seine Beteiligungsquote zu Beginn der 2000er Jahre unter die 50-Prozent-Schwelle sank. Das in § 3 Abs. 2 Nr. 1 bis 3 BAPostG und § 3 der Satzung verankerte Sonderrecht der *Bundesanstalt für Post und Telekommunikation*, die aus der *Deutschen Bundespost* hervorgegangenen drei Aktiengesellschaften zu koordinieren, Anregungen für deren äußeres Erscheinungsbild zu unterbreiten sowie diese bei der Ausarbeitung von Führungsgrundsätzen zu beraten, wurde ohne großes Aufsehen im Jahr 2005 durch das Gesetz zur Reorganisation der Bundesanstalt für Post und Telekommunikation[85] abgeschafft, nachdem von diesem ohnehin kaum Gebrauch gemacht wurde.[86]

---

83 Siehe bereits oben unter VI. 3. d).

84 Vgl. Begr. RegE, BT-Drucks. 13/4438, S. 4 i. V. m. BT-Drucks. 13/3609, S. 33. Die einfachgesetzliche Ausführung der staatlichen Aufgabe, flächendeckend angemessene und ausreichende Dienstleistungen im Bereich der Telekommunikation zu gewährleisten (Art. 87f Abs. 1 GG), übernahm fortan das TKG, vgl. auch Begr. RegE, BT-Drucks. 13/4438, S. 4 i. V. m. BT-Drucks. 13/3609, S. 33. Das Bundesministerium für Post und Telekommunikation wurde durch Organisationserlass des Bundeskanzlers vom 17. Dezember 1997 zum Ende des Jahres 1997 aufgelöst. Seine Zuständigkeit für die Bundesanstalt für Post und Telekommunikation und seine sozialen und personellen Zuständigkeiten in Bezug auf die Beamten in den Nachfolgeunternehmen der Deutschen Bundespost wurden dem Bundesministerium für Finanzen übertragen.

85 Vgl. BGBl. I (2005), S. 2746 ff.

86 Vgl. Begr. Entwurf eines Gesetzes zur Reorganisation der Bundesanstalt für Post und Telekommunikation Deutsche Bundespost und zur Änderung anderer Gesetze, BT-Druck. 15/5573, S. 17: „*wurden bzw. werden von der Bundesanstalt nicht wahrgenommen.*“

VIII. Juristische Nachspiele

1. Kapitalmarktinformation

Im Zuge der stetigen Emanzipation voneinander bekamen die *Deutsche Telekom AG* und der Bund freilich auch zu spüren, was es bedeutete, nunmehr an die Spielregeln des Kapitalmarkt- und des Aktienrechts gebunden zu sein. Die *Deutsche Telekom AG* ereilte nach dem zweiten und vor allem dem dritten Börsengang zunächst der Vorwurf, ihre Kapitalmarktinformationspflichten verletzt zu haben. Zahlreiche Anleger klagten auf Schadenersatz für erlittene Kursverluste aufgrund vermeintlicher Prospektunrichtigkeiten.

Dabei entlud sich die Dimension der Börsengänge in der Weise, dass der Gesetzgeber sich gezwungen sah, eigens für die Bewältigung der Klagen von über 17.000 Telekom Anlegern mit dem Kapitalanleger-Musterverfahrensgesetz (KapMuG) eine neuartige Klageart zur Bündelung von Anlegerklagen zu schaffen („*lex Telekom*").[87] Die Klagen hinsichtlich des zweiten Börsengangs sind mittlerweile rechtskräftig zugunsten der *Deutsche Telekom AG* entschieden worden.[88] Das Verfahren zum „dritten Börsengang" ist noch anhängig, wobei der Bundesgerichtshof den Verkaufsprospekt aber bereits für fehlerhaft befunden hat.[89]

2. Strenge aktienrechtliche Vermögensbindung

Anlegerklagen waren letztlich auch der Auslöser dafür, dass der Bund erkennen musste, dass Vermögensverschiebungen zu ihm hin aufgrund der strengen aktienrechtlichen Vermögensbindung nicht mehr ohne Weiteres möglich waren: Im Jahr 2005 leistete die *Deutsche Telekom AG* im Rahmen eines Vergleichs Zahlungen an US-amerikanische Anleger wegen vermeintlicher Prospektunrichtigkeiten, nachdem sie zuvor in den USA aufgrund der dortigen Vorgaben die Verantwortung für den Inhalt des Verkaufsprospekts übernommen hatte.[90] Dabei handelte es sich allerdings um Aktien, die im Rahmen des dritten Börsengangs platziert wurden und somit ausschließlich um solche aus dem Bestand des Bundes. Dementsprechend hatte die *Deutsche Telekom AG* auch (vergeblich) versucht, den Bund im Vorfeld der Platzierung dazu zu bewegen, sie von Prospekthaftungs-

---

87 Vgl. etwa *Kilian*, ZRP 2018, 72; *Möllers/Weichert*, NJW 2005, 2737: Hauptauslöser.
88 Vgl. BGHZ 2013, 65ff. = NZG 2017, 378.
89 BGHZ 203, 1 Rn. 117 ff. = NJW 2015, 236.
90 Vgl. zum Sachverhalt BGHZ 190, 7 ff. = NJW 2011, 2719.

ansprüchen der Anleger freizustellen.[91]

Die *Deutsche Telekom AG* verlangte vom Bund alsdann im Klagewege Ersatz der aufgrund des Vergleichs bezahlten Beträge und der Rechtsverteidigungskosten. Am Ende war es der Bundesgerichtshof, der dem Bund Nachhilfe in Sachen aktienrechtliche Vermögensbindung erteilen musste: Die *Deutsche Telekom AG* hätte das Prospekthaftungsrisiko mit Blick auf die Aktien aus dem Bestand des Bundes nur übernehmen dürfen, wenn der Bund sich zuvor ihr gegenüber verpflichtet hätte, sie von etwaigen Kosten freizustellen. Andernfalls würden entgegen § 57 Abs. 1 Satz 1 AktG Einlagen an den (Alt-)Aktionär zurückgezahlt, so dass dieser wiederum nach § 62 AktG zur Rückgewähr der erhaltenen Leistungen verpflichtet sei, hier also zur Freistellung der Gesellschaft gegenüber den aus der Übernahme des Prospekthaftungsrisikos resultierenden Ansprüchen.[92]

In der Sache hätte das dem Bund auch einleuchten müssen. Denn letztlich übernahm die *Deutsche Telekom AG* mit dem Prospekthaftungsrisiko im Rahmen des dritten Börsengangs eine Verantwortlichkeit, obwohl am Ende allein der Bund von der Platzierung der Aktien profitierte.[93] Dass die *Deutsche Telekom AG* den angeblichen Prospektfehler am Ende selbst zu verantworten gehabt hätte, konnte mit Blick auf den gläubigerschützenden Zweck des § 57 AktG keine Rolle spielen. § 57 AktG soll das Vermögen der Gesellschaft erhalten und die Gläubiger sowie die übrigen Aktionäre unabhängig von einer gegebenenfalls schuldhaften Mitwirkung der Verwaltung davor schützen, dass der Altaktionär auf ihre Kosten der Gesellschaft Mittel entziehen kann.[94]

3. Konzernverantwortung

Die aktienrechtlichen Schutzmechanismen zugunsten von Gläubigern und Minderheitsaktionären hätten sich für den Bund auch noch zu einer ganz erheblichen Bürde entwickeln können, als die *Deutsche Telekom AG* im Jahr 2000 über ein Tochterunternehmen zwei UMTS-Lizenzpakete gegen Zahlung von insgesamt rund 8,5 Mrd. Euro von ihm erwarb. Ein außenstehender Aktionär verklagte die Bundesrepublik daraufhin zur Zahlung von Schadensersatz an die *Deutsche Telekom AG* gemäß § 317 Abs. 1, 4 i.V.m § 309 Abs. 4 AktG. Die Bundesrepublik habe

91 Vgl. BGHZ 190, 7 ff. = NJW 2011, 2719.

92 BGHZ 190, 7 Rn. 13 ff. = NJW 2011, 2719.

93 Vgl. auch BGHZ 190, 17 = NJW 2011, 2719.

94 Vgl. auch BGHZ 190, 22 = NJW 2011, 2719. Zur Kritik daran, dass der BGH als Kompensationsleistung nur bilanziell wirksame Vorteile berücksichtigen will, vgl. *Koch* in Hüffer/Koch, AktG, 15. Aufl. 2021, § 57 Rn. 15 m.w.N.

die von ihr abhängige *Deutsche Telekom AG* zur Teilnahme an einem für sie nachteiligen Bieterwettstreit im Sinne der §§ 311 Abs. 1, 317 AktG „veranlasst", an dessen Ende die *Deutsche Telekom AG* über ihre Tochtergesellschaft für den Erwerb der UMTS-Lizenzen unangemessen hohe Versteigerungsentgelte zu entrichten gehabt habe. Dabei sei insbesondere zu berücksichtigen, dass die Bundesrepublik auf Grund dreier ganz unterschiedlicher Funktionen – als Privatisierer und Aktienverkäufer, als Mehrheitsaktionär und als Versteigerer von UMTS-Lizenzen – in schwerwiegenden Interessenkonflikten befangen gewesen sei.[95]

Gefährlich war insoweit vor allem, dass die Anwendung der §§ 311 ff. AktG nicht etwa dadurch ausgeschlossen war, dass es sich beim Bund um einen öffentlich-rechtlichen Rechtsträger handelte[96] und die vom Kläger angeführten unterschiedlichen Funktionen der Bundesrepublik – trotz der als Entherrschungsklausel[97] gedachten Vorgabe in § 3 Abs. 4 BAPostG – wohl in der Tat grundsätzlich nahe gelegt hätten, eine Veranlassung im Sinne der §§ 311 Abs. 1, 317 AktG anzunehmen.[98]

Was dem Bund aber letztlich zu Gute kam, war der Umstand, dass man sich um die Jahrtausendwende von der UMTS-Technologie große Chancen zur Erschließung neuer Umsatz- und Gewinnquellen sowie zur Vergrößerung der Marktabdeckung ausrechnete und sich die *Deutsche Telekom AG* daher dazu entschlossen hatte, auf allen für sie wichtigen europäischen Märkten UMTS-Lizenzen zu erwerben. Dementsprechend ersteigerte sie unter anderem bei der UMTS-Versteigerung in Großbritannien eine solche Lizenz für ca. 6,7 Mrd. Euro. Zudem ersteigerten in Deutschland fünf weitere, damals in Deutschland marktführende Telekommunikationsunternehmen (*Vodafone*, *E-Plus*, *O2*, *Mobilcom* und *Quam*) Lizenzen zu entsprechenden Preisen wie die *Deutsche Telekom AG*. Diese Umstände ermöglichten jedenfalls in ihrer Gesamtschau den Nachweis, dass ein ordentlicher und gewissenhafter Geschäftsleiter einer nicht abhängigen Gesellschaft unter sonst gleichen Bedingungen das Rechtsgeschäft ebenso vorgenommen hätte und ein etwaiger Nachteil der *Deutsche Telekom AG* in Gestalt eines überhöhten Erwerbspreises für die UMTS-Lizenzen daher keine Folge der Abhängigkeit wäre (vgl. § 317 Abs. 2 AktG).[99]

---

95 Vgl. ausführlich zum Sachverhalt BGHZ 175, 365 Rn. 1ff. = NJW 2008, 1583 (UMTS).
96 Vgl. BGHZ 175, 365 Rn. 10 = NJW 2008, 1583 (UMTS).
97 Vgl. zu dieser Intention Begr. RegE, BT-Drucks. 12/7270, S. 6 i.V.m. BT-Drucks. 12/6718, S. 77.
98 Vgl. zu den diskutierten Beweiserleichterungen *Koch* in Hüffer/Koch, AktG, 15. Aufl. 2021, § 311 Rn. 18 ff.
99 Vgl. BGHZ 175, 365 Rn. 9ff. = NJW 2008, 1583 (UMTS); vgl. ferner *Fleischer*, NZG 2008, 371 ff.

IX. Zusammenfassung

Die Unternehmung der Deutschen Telekom AG wurde ursprünglich in der Rechtsform einer Behörde auf der Grundlage der jeweils geltenden Organisationsgesetze geführt und erst spät privatrechtlichen Statuten überstellt. Ihre Geschichte sagt viel über das Bestreben der Politik, Einfluss zu nehmen und diesen zu erhalten, sowie über die Ursachen und Gründe, hiervon wieder Abstand nehmen zu müssen. Dabei belegt sie zugleich die Vorzüge privatwirtschaftlicher Strukturen und insbesondere die Vorzüge einer aktienrechtlichen Organisationsverfassung.

Schon in den Anfängen der Unternehmung hielten mit dem Erfordernis, die Ausgaben grundsätzlich aus den Einnahmen zu bestreiten, erste unternehmerische Bezüge Einzug in die ansonsten dem Bild einer herkömmlichen Verwaltung entsprechenden Strukturen. Die in den Anfängen gegenüber dem Politikbetrieb verselbständigte Leitung hielt sich freilich nur kurz und musste schon bald wieder schwerfälliger politischer Leitung weichen.

Die Einbindung in den staatlichen Haushalt und die schwerfällige politische Leitung rächten sich in der Wirtschaftskrise im Jahr 1923. Das Einsehen bestand in einer vermögensrechtlichen Verselbständigung und der Herstellung einer *„dem Privatbetriebe bis zu einem gewissen Grade nachgebildeten Bewegungsfreiheit und Beweglichkeit“* durch *„ein die Mitwirkung von Reichsrat (...) und Reichsfinanzministerium zusammenfassendes Verwaltungs- und Kontrollorgan (Verwaltungsrat)“*.

Spätestens im Wettbewerb mit privaten Strukturen erwies sich diese moderate Auflockerung indes nicht mehr als ausreichend. Als das Fernmeldemonopol im Jahr 1989 vom Gesetzgeber zurückgestutzt wurde und die staatliche Unternehmung teilweise in den Wettbewerb eintreten sollte, war daher der nächste (nunmehr große) Schritt in Richtung privater Strukturen vonnöten: Da man am Erfordernis bundeseigener Verwaltung festhalten wollte, blieb nur, die Unternehmung möglichst umfassend von politischem Ballast zu befreien und sie zumindest soweit als möglich den Strukturen einer Aktiengesellschaft anzunähern.

Dass die Unternehmung ihr Zuhause dann schließlich in der Rechtsform der börsennotierten Aktiengesellschaft gefunden hat, ist kaum verwunderlich. Mit der *„verwaltungsinternen Aktiengesellschaft“* verzichtete man nämlich weiterhin auf drei Vorzüge, die gerade die börsennotierte Aktiengesellschaft auszeichnen: Eine (auch von politischem Einfluss komplett befreite) *eigenverantwortliche unternehmerische Leitung*, *Internationalität* sowie die Fähigkeit, *Kapital einsammeln* zu können. Am Ende ist die Geschichte der Unternehmung der *Deutschen Telekom AG* daher auch ein Stück Aktienrechtsgeschichte – auch oder umso mehr, als sie zugleich Risiken und Nebenwirkungen eines Wirtschaftens in dieser Rechtsform vor Augen geführt hat.

Anhang – Satzung der Deutschen Telekom AG vom 14. September 1994

I. Allgemeine Bestimmungen

§ 1
Firma, Sitz und Geschäftsjahr

(1) Die Aktiengesellschaft – nachstehend „Gesellschaft" genannt – führt die Firma Deutsche Telekom AG.

(2) Sie hat ihren Sitz in Bonn.

(3) Geschäftsjahr ist das Kalenderjahr.

§ 2
Gegenstand des Unternehmens

(1) Gegenstand des Unternehmens ist die Betätigung im gesamten Bereich der Telekommunikation und in verwandten Bereichen im In- und Ausland.

(2) Die Gesellschaft ist zu allen sonstigen Geschäften und Maßnahmen berechtigt, die geeignet erscheinen, dem Gegenstand des Unternehmens zu dienen. Sie kann auch andere Unternehmen gleicher oder verwandter Art im In- und Ausland gründen, erwerben und sich an ihnen beteiligen sowie solche Unternehmen leiten oder sich auf die Verwaltung der Beteiligung beschränken. Sie kann ihren Betrieb ganz oder teilweise in verbundene Unternehmen ausgliedern.

§ 3
Beauftragung der Bundesanstalt für Post und Telekommunikation Deutsche Bundespost

Die Gesellschaft läßt Angelegenheiten im Sinne des § 3 Abs. 2 des Bundesanstalt Post-Gesetzes durch die Bundesanstalt für Post und Telekommunikation Deutsche Bundespost wahrnehmen. Sie schließt zu diesem Zweck entgeltliche Geschäftsbesorgungsverträge mit der Bundesanstalt.

§ 4
Bekanntmachungen

Die Bekanntmachungen der Gesellschaft werden im Bundesanzeiger veröffentlicht.

II. Grundkapital und Aktien

§ 5
Höhe und Einteilung des Grundkapitals

(1) Das Grundkapital der Gesellschaft beträgt zehn Milliarden Deutsche Mark. Es ist eingeteilt in zweihundert Millionen Aktien im Nennbetrag von je fünfzig Deutsche Mark.

(2) Der Vorstand ist ermächtigt, das Grundkapital bis zum Ablauf von fünf Jahren seit Eintragung durch Ausgabe neuer Aktien gegen Sach- und Bareinlagen einmal oder mehrmals zu erhöhen. Der Gesamtbetrag der Erhöhungen darf die Hälfte des Grundkapitals nach Absatz 1 nicht übersteigen.

(3) Die Aktien lauten auf den Inhaber.

(4) Trifft bei einer Kapitalerhöhung der Erhöhungsbeschluß keine Bestimmung darüber, ob die neuen Aktien auf den Inhaber oder auf den Namen lauten sollen, so lauten sie auf den Inhaber.

(5) Die Form der Aktienurkunden und der Gewinnanteil und Erneuerungsscheine bestimmt der Vorstand. Über mehrere Aktien eines Aktionärs kann eine Urkunde ausgestellt werden.

(6) Bei einer Kapitalerhöhung kann die Gewinnbeteiligung neuer Aktien abweichend von § 60 des Aktiengesetzes bestimmt werden.

III. Vorstand

§ 6

Zusammensetzung und Geschäftsordnung

(1) Der Vorstand besteht aus mindestens zwei Mitgliedern. lm übrigen bestimmt der Aufsichtsrat die Zahl der Mitglieder des Vorstands.

(2) Die Mitglieder des Vorstands sollen hervorragende Kenner des Telekommunikationswesens, der Wirtschaft oder der Unternehmensführung sein. In den Aufsichtsrat, Verwaltungsrat oder Beirat eines auf Erwerb gerichteten

(3) Unternehmens darf ein Vorstandsmitglied nur mit Zustimmung des Aufsichtsrats eintreten.

(4) Der Aufsichtsrat kann einen Vorsitzenden des Vorstands sowie einen stellvertretenden Vorsitzenden des Vorstands ernennen. Es können stellvertretende Vorstandsmitglieder bestellt werden.

(5) Der Vorstand gibt sich durch einstimmigen Beschluß aller Vorstandsmitglieder eine Geschäftsordnung, die der Zustimmung des Aufsichtsrats bedarf.

§ 7

Vertretung der Gesellschaft

Die Gesellschaft wird gesetzlich vertreten durch zwei Mitglieder des Vorstands oder durch ein Mitglied des Vorstands in Gemeinschaft mit einem Prokuristen. Stellvertretende Vorstandsmitglieder stehen hinsichtlich der Vertretungsmacht ordentlichen Vorstandsmitgliedern gleich.

§ 8

Geschäftsführung

Der Vorstand führt die Geschäfte unter Beachtung der Geschäftsordnung und des vom Aufsichtsrat gebilligten Geschäftsverteilungsplans.

§ 9

Zustimmungspflichtige Geschäfte

(1) Die Geschäftsordnung des Aufsichtsrats bestimmt, welche Geschäfte der Vorstand nur mit vorheriger Zustimmung des Aufsichtsrats vornehmen darf.

(2) Der Aufsichtsrat kann jederzeit weitere Geschäfte von seiner Zustimmung abhängig machen. Er kann widerruflich die Zustimmung zu einem bestimmten Kreis von Geschäften allgemein oder für den Fall, daß das einzelne Geschäft bestimmten Bedingungen genügt, im voraus erteilen.

IV. Aufsichtsrat

§ 10
Zusammensetzung, Amtsdauer, Amtsniederlegung

(1) Der Aufsichtsrat besteht aus zwanzig Mitgliedern, und zwar zehn Aufsichtsratsmitgliedern der Aktionäre und zehn Aufsichtsratsmitgliedern der Arbeitnehmer. Die Aufsichtsratsmitglieder der Aktionäre werden von der Hauptversammlung, die Aufsichtsratsmitglieder der Arbeitnehmer werden nach den Vorschriften des Mitbestimmungsgesetzes bestellt.

(2) Die Bestellung der Aufsichtsratsmitglieder erfolgt für die Zeit bis zur Beendigung der Hauptversammlung, die über die Entlastung des Aufsichtsrats für das vierte Geschäftsjahr nach Beginn der Amtszeit beschließt. Das Geschäftsjahr, in dem die Amtszeit beginnt, wird nicht mitgerechnet. Die Hauptversammlung kann für Mitglieder der Aktionäre bei der Wahl eine kürzere Amtszeit bestimmen. Die Bestellung eines Nachfolgers eines vor Ablauf seiner Amtszeit ausgeschiedenen Mitglieds der Aktionäre erfolgt, soweit die Hauptversammlung die Amtszeit des Nachfolgers nicht abweichend bestimmt, für den Rest der Amtszeit des ausgeschiedenen Mitglieds.

(3) Mit der Bestellung eines Aufsichtsratsmitglieds kann gleichzeitig ein Ersatzmitglied bestellt werden, das Mitglied des Aufsichtsrats wird, wenn das Aufsichtsratsmitglied vor Ablauf seiner Amtszeit ausscheidet, ohne daß ein Nachfolger bestellt ist. Das Amt eines in den Aufsichtsrat nachgerückten Ersatzmitglieds der Aktionäre erlischt, sobald ein Nachfolger für das ausgeschiedene Aufsichtsratsmitglied bestellt ist, spätestens mit Ablauf der Amtszeit des ausgeschiedenen Aufsichtsratsmitglieds.

(4) Die Mitglieder und die Ersatzmitglieder des Aufsichtsrats können ihr Amt durch eine an den Vorsitzenden des Aufsichtsrats oder an den Vorstand zu richtende schriftliche Erklärung unter Einhaltung einer Frist von vier Wochen niederlegen.

§ 11
Vorsitzender und Stellvertreter

(1) Der Aufsichtsrat wählt nach Maßgabe des § 27 Abs. 1 und 2 des Mitbestimmungsgesetzes aus seiner Mitte einen Vorsitzenden und einen Stellvertreter für die in § 10 Abs. 2 dieser Satzung bestimmte Amtszeit. Die Wahl erfolgt im Anschluß an die Hauptversammlung, in der die von der Hauptversammlung zu wählenden Aufsichtsratsmitglieder der Aktionäre bestellt worden sind, in einer ohne besondere Einberufung stattfindenden Sitzung. Scheidet der Vorsitzende oder sein Stellvertreter vor Ablauf der Amtszeit aus seinem Amt aus, so hat der Aufsichtsrat eine Neuwahl für die restliche Amtszeit des Ausgeschiedenen vorzunehmen.

(2) Unmittelbar nach der Wahl des Vorsitzenden und seines Stellvertreters bildet der Aufsichtsrat zur Wahrnehmung der in § 31 Abs. 3 des Mitbestimmungsgesetzes bezeichneten Aufgabe einen Ausschuß, dem der Vorsitzende, sein Stellvertreter sowie je ein von den Mitgliedern der Arbeitnehmer und von den Mitgliedern der Aktionäre mit der Mehrheit der abgegebenen Stimmen gewähltes Mitglied angehören.

§ 12
Geschäftsordnung

Im Rahmen der zwingenden gesetzlichen Vorschriften und der Bestimmungen dieser Satzung gibt sich der Aufsichtsrat eine Geschäftsordnung.

§ 13
Einberufung

(1) Aufsichtsratssitzungen werden vom Vorsitzenden oder im Falle seiner Verhinderung von seinem Stellvertreter unter Einhaltung einer Frist von zwei Wochen einberufen. Bei der Berechnung der Frist werden der Tag der Absendung der Einladung und der Tag der Sitzung nicht mitgerechnet. In dringenden Fällen kann der Einberufende die Einberufungsfrist abkürzen und mündlich, fernmündlich, fernschriftlich, telegraphisch oder durch Telefax einberufen.

(2) Mit der Einladung sind Ort und Zeit der Sitzung sowie die einzelnen Punkte der Tagesordnung anzugeben. Ergänzungen der Tagesordnung müssen vor Ablauf der Einberufungsfrist mitgeteilt werden.

(3) Der Vorsitzende kann eine einberufene Sitzung aus wichtigem Grund aufheben oder verlegen. Er ist berechtigt, eine begonnene Sitzung kurzfristig zu unterbrechen. Über längerfristige Unterbrechungen entscheidet der Vorsitzende vorbehaltlich einer abweichenden Mehrheitsentscheidung des Aufsichtsrats.

§ 14
Beschlußfassung

(1) Beschlüsse des Aufsichtsrats werden in der Regel in Sitzungen gefaßt. Der Vorsitzende bestimmt die Reihenfolge, in der die Gegenstände der Tagesordnung verhandelt werden, sowie die Art und die Reihenfolge der Abstimmungen. Zu Gegenständen der Tagesordnung, die nicht rechtzeitig mitgeteilt worden sind, kann nur Beschluß gefaßt werden, wenn kein Mitglied dem Verfahren widerspricht. Abwesenden Mitgliedern ist in einem solchen Fall innerhalb einer vom Vorsitzenden bestimmten angemessenen Frist Gelegenheit zu geben, der Beschlußfassung zu widersprechen oder nachträglich ihre Stimme abzugeben; der Beschluß wird erst wirksam, wenn kein abwesendes Mitglied innerhalb der Frist widersprochen hat.

(2) Außerhalb von Sitzungen sind Beschlußfassungen durch schriftliche, telegraphische, fernschriftliche oder fernkopierte Stimmabgaben zulässig, wenn sich alle Mitglieder mit der vom Vorsitzenden vorgeschlagenen Art der Abstimmung einverstanden erklären oder sich an ihr beteiligen. Solche Beschlüsse werden vom Vorsitzenden schriftlich festgestellt und allen Mitgliedern zugeleitet.

(3) Der Aufsichtsrat ist beschlußfähig, wenn mindestens die Hälfte der Mitglieder, aus denen er insgesamt zu bestehen hat, persönlich oder durch schriftliche Stimmabgabe ($ 108 Abs. 3 des Aktiengesetzes) an der Beschlußfassung teilnimmt. Ein Mitglied nimmt auch dann an der Beschlußfassung teil, wenn es sich in der Abstimmung der Stimme enthält.

(4) Der Vorsitzende kann die Beschlußfassung über einzelne oder sämtliche Gegenstände der Tagesordnung auf Antrag von zwei Mitgliedern auf höchstens vier Wochen vertagen, wenn an der Beschlußfassung nicht die gleiche Zahl von Mitgliedern der Aktionäre und der Arbeitnehmer teilnehmen würde oder sonst ein erheblicher Grund für die Vertagung vorliegt. Zu einer erneuten Vertagung ist der Vorsitzende nicht befugt.

(5) Beschlüsse des Aufsichtsrats bedürfen der Mehrheit der abgegebenen Stimmen, soweit nicht gesetzlich eine andere Mehrheit zwingend vorgeschrieben ist. Ergibt eine Abstimmung Stimmengleichheit, so hat bei einer erneuten Abstimmung über denselben Gegenstand, wenn auch sie Stimmengleichheit ergibt, der Vorsitzende zwei Stimmen. Auch die zweite Stimme kann gemäß Absatz 3 schriftlich abgegeben werden. Der Aufsichtsratsvorsitzende übt sein

Zweitstimmrecht erst nach einer im Anschluß an die erste Abstimmung erfolgten Beratung durch den für die Sachfrage zuständigen Ausschuß aus. Die erneute Abstimmung ist nicht vor Ablauf einer Frist von zwei Wochen durchzuführen. Die Frist kann einvernehmlich gekürzt werden.

(6) Der Vorsitzende und – bei Verhinderung des Vorsitzenden – der Stellvertreter sind ermächtigt, im Name des Aufsichtsrats die zur Durchführung der Beschlüsse des Aufsichtsrats und seiner Ausschüsse erforderlichen Willenserklärungen abzugeben sowie Erklärungen für den Aufsichtsrat entgegenzunehmen.

§ 15
Ausschüsse

(1) Der Aufsichtsrat bestellt aus seiner Mitte – neben dem in § 11 Abs. 2 bezeichneten Ausschuß – einen Personalausschuß und einen Ausschuß für sonstige Angelegenheiten. Den Ausschüssen können, soweit gesetzlich zulässig, Entscheidungsbefugnisse des Aufsichtsrats überwiesen werden. Der Aufsichtsrat kann weitere Ausschüsse bestellen.

(2) Für das Verfahren der Ausschüsse gelten die Regelungen in den §§ 13 und 14 – mit Ausnahme des Zweitstimmrechts – entsprechend. Der Ausschuß kann aus seiner Mitte einen Vorsitzenden wählen, wenn nicht der Aufsichtsrat einen Vorsitzenden bestimmt. Der Vorsitz im Personalausschuß wird durch ein Aufsichtsratsmitglied der Arbeitnehmer, der Vorsitz im Ausschuß für sonstige Angelegenheiten durch ein Aufsichtsratsmitglied der Aktionäre geführt.

§ 16
Schweigepflicht

Die Mitglieder des Aufsichtsrats haben – auch nach dem Ausscheiden aus dem Amt – über vertrauliche Angaben und Geheimnisse der Gesellschaft, namentlich Betriebs- und Geschäftsgeheimnisse, die ihnen durch ihre Tätigkeit im Aufsichtsrat bekannt werden, Stillschweigen zu bewahren.

§ 17
Vergütung

(1) Die Mitglieder des Aufsichtsrats erhalten außer dem Ersatz ihrer Auslagen eine feste nach Ablauf des Geschäftsjahres zahlbare jährliche Vergütung, deren Höhe die Hauptversammlung festsetzt. Der Vorsitzende des Aufsichtsrats erhält das Doppelte, ein stellvertretender Vorsitzender das Eineinhalbfache dieses Betrages. Aufsichtsratsmitglieder, die nur während eines Teils des Geschäftsjahres dem Aufsichtsrat angehört haben, erhalten eine im Verhältnis der Zeit geringere Vergütung.

(2) Die auf die Vergütung und Auslagen zu zahlende Umsatzsteuer wird von der Gesellschaft erstattet.

V. Hauptversammlung

§ 18

Ort und Einberufung

(1) Die Hauptversammlung findet am Sitz der Gesellschaft oder an einem deutschen Börsenplatz statt.

(2) Die Einberufung muß mindestens einen Monat vor dem letzten Hinterlegungstag (§ 19 Abs. 2) im Bundesanzeiger bekanntgemacht werden; dabei werden der Tag der Bekanntmachung und der letzte Hinterlegungstag nicht mitgerechnet.

§ 19
Teilnahmerecht und Stimmrecht

(1) Zur Teilnahme an der Hauptversammlung und zur Ausübung des Stimmrechts in der Hauptversammlung sind diejenigen Aktionäre berechtigt, die ihre Aktien bei der Gesellschaftskasse, bei einem deutschen Notar, bei einer Wertpapiersammelbank oder bei den sonst in der Einberufung bezeichneten Stellen während der Geschäftsstunden hinterlegen und bis zur Beendigung der Hauptversammlung dort belassen. Die Hinterlegung gilt auch dann als bei einer der benannten Stellen bewirkt, wenn Aktien mit Zustimmung einer Hinterlegungsstelle für diese bei einem Kreditinstitut bis zur Beendigung der Hauptversammlung im Sperrdepot gehalten werden.

(2) Die Hinterlegung muß spätestens am siebten Tage vor der Versammlung erfolgen. Fällt der letzte Tag der Hinterlegungsfrist auf einen Sonntag, einen Sonnabend oder einen am Hinterlegungsort staatlich anerkannten allgemeinen Feiertag, so hat die Hinterlegung spätestens am vorherigen Werktag zu erfolgen.

(3) Im Falle der Hinterlegung bei einem deutschen Notar oder bei einer Wertpapiersammelbank ist die hierüber auszustellende Bescheinigung spätestens am ersten Werktag – ausgenommen der Sonnabend – nach Ablauf der Hinterlegungsfrist bei der Gesellschaft einzureichen.

§ 20
Vorsitz in der Hauptversammlung

(1) Den Vorsitz in der Hauptversammlung führt der Vorsitzende des Aufsichtsrats oder ein von ihm bestimmtes anderes Aufsichtsratsmitglied aus dem Kreis der von den Aktionären gewählten und entsandten Mitglieder. Für den Fall, daß weder der Vorsitzende des Aufsichtsrats noch ein von ihm bestimmtes Mitglied des Aufsichtsrats den Vorsitz übernimmt, wird der Vorsitzende durch die Hauptversammlung gewählt.

(2) Der Vorsitzende leitet die Versammlung. Er bestimmt die Reihenfolge, in der die Gegenstände der Tagesordnung verhandelt werden, sowie die Art und Reihenfolge der Abstimmungen.

§ 21
Beschlußfassung

(1) Je fünfzig Deutsche Mark Nennbetrag der Stammaktien gewähren in der Hauptversammlung eine Stimme.

(2) Die Beschlüsse werden, soweit nicht zwingende gesetzliche Vorschriften entgegenstehen, mit einfacher Mehrheit der abgegebenen Stimmen und, soweit das Gesetz außer der Stimmenmehrheit eine Kapitalmehrheit vorschreibt, mit der einfachen Mehrheit des bei der Beschlußfassung vertretenen Grundkapitals gefaßt.

VI. Jahresabschluß und Gewinnverwendung

§ 22
Jahresabschluß und ordentliche Hauptversammlung

(1) Der Vorstand hat in den ersten drei Monaten des Geschäftsjahres den Jahresabschluß und den Lagebericht für das vergangene Jahr aufzustellen und dem Abschlußprüfer vorzulegen. Nach Eingang des Prüfungsberichts sind der Jahresabschluß, der Lagebericht, der Prüfungsbericht und der Vorschlag für die Verwendung des Bilanzgewinns unverzüglich dem Aufsichtsrat zur Prüfung vorzulegen.

(2) Nach Eingang des Berichts des Aufsichtsrats hat der Vorstand unverzüglich die ordentliche Hauptversammlung einzuberufen, die innerhalb der ersten acht Monate eines jeden Geschäftsjahres stattzufinden hat. Sie beschließt über die Entlastung des Vorstands und des Aufsichtsrats, über die Wahl des Abschlussprüfers und über die Verwendung des Bilanzgewinns.

(3) Vorstand und Aufsichtsrat sind ermächtigt, bei der Feststellung des Jahresabschlusses den Jahresüberschuß, der nach Abzug der in die gesetzliche Rücklage einzustellenden Beträge und eines Verlustvortrags verbleibt, zum Teil oder ganz in andere Rücklagen einzustellen. Die Einstellung eines größeren Teils als der Hälfte des Jahresüberschusses ist nicht zulässig, soweit die anderen Gewinnrücklagen nach der Einstellung die Hälfte des Grundkapitals übersteigen würden.

(4) Der Bilanzgewinn wird an die Aktionäre verteilt, soweit die Hauptversammlung nicht eine andere Verwendung beschließt.

VII. Bundesrechnungshof

§ 23
Bundesrechnungshof

Der Bundesrechnungshof hat die Befugnisse nach § 54 des Haushaltgrundsätzegesetzes.

VIII. Geschäftsaufnahme

§ 24
Geschäftsaufnahme

Die Geschäfte der Deutsche Telekom AG werden am 1. Januar 1995 aufgenommen. Ab diesem Zeitpunkt gelten die Handlungen der Deutschen Bundespost TELEKOM als für Rechnung der Deutsche Telekom AG vorgenommen.

Eckart Bueren und Jennifer Crowder

§ 19 Der weltweite Technologiekonzern – Die Satzung der Google Inc./ Alphabet Inc.

Inhaltsübersicht

I. Einleitung

Internetsuche ist erst seit knapp zweieinhalb Jahrzehnten allgemein verfügbar und schon aus dem Alltag nicht mehr wegzudenken. US-amerikanische Internetnutzer verlangten bei einer Umfrage im Jahr 2017 im Mittel 17.530 USD (Medianwert) dafür, ein Jahr lang hierauf zu verzichten.[1] Internetsuche definiert Google,

1 *Brynjolfsson/Colins/Eggers*, PNAS 116 (15) 2019, 7250, 7252 f.

https://doi.org/10.1515/9783110733839-020

seit Oktober 2015 Teil der Alphabet-Holding.[2] Wie sehr, spiegelt unsere Sprache: Nur gute vier Jahre nach der Unternehmensgründung wurde das Verb „to google" von der American Dialect Society einstimmig zum nützlichsten Verb des Jahres 2002 gewählt.[3] 2004 fand „googlen" Aufnahme in den Duden,[4] 2006 zog „to google" in das Oxford English Dictionary ein. Seine Erlöse erzielt das hochprofitable Unternehmen zuvörderst mit der Monetarisierung von Nutzerdaten durch Werbeanzeigen – ein Geschäftsmodell, das in die Kritik geraten ist. Tatsächlich ist Google/Alphabet, das mit dem Slogan „Don't be evil" begann, heute ein polarisierender Akteur geworden. Mitgründer *Sergey Brin* hat gar pointiert formuliert: „Some say Google is God. Others say Google is Satan"[5].

Der vorliegende Beitrag unternimmt es mit besonderem Blick auf und für das rechtsvergleichend wenig erschlossene Forschungsobjekt des Gesellschaftsvertrages, den Werdegang dieses Unternehmens auszuleuchten, das auf der einen Schulter einen Engel und auf der anderen den Teufel zu tragen scheint. Die Entwicklung ist geprägt von zwei Ausnahme-Gründerpersönlichkeiten, deren Silicon-Valley-Start-up kometenhaft zum marktmächtigen digitalen Konglomerat aufsteigt (II., III.). Dabei sehen wir nach dem Beginn als universitäres Forschungsprojekt im ersten gesellschaftsvertraglichen Akt eine im Wesentlichen ty-

---

2 Der Klassiker zu Googles Geschichte ist *Vise/Malseed*, The Google-Story, 2005; deutsche Übersetzung ein Jahr später *Vise/Malseed*, Die Google-Story, 2006, aus dem Amerikanischen von *Rullkötter/Griese*; nachfolgend, mit teils abweichenden Schwerpunkten *Batelle*, The Search: How Google and Its Rival Rewrote the Rules of Business and Transformed Our Culture, 2005; *Kaufmanns/Siegenheim*, Die Google-Ökonomie, 2007; *Stross*, Planet Google – How One Company is Transforming our Lives, 2008; *Girard*, The Google Way, How One Company Is Revolutionizing Management As We Know It, 2009; *Lowe*, Google Speaks: Secrets of the World's Greatest Billionaire Entrepreneurs, Sergey Brin and Larry Page, 2009; *Reppesgaard*, Das Google-Imperium, 2. Aufl. 2010; *Hamen*, Google, The Company and Its Founders, 2011; in Form einer Zitatensammlung *Beahm*, The Google Boys, Sergey Brin and Larry Page in Their Own Words, 2014; aus politökonomisch-soziologischer Perspektive und auch zur Umstrukturierung *Lee*, Alphabet, the becoming of Google, 2019; ferner knapp *Schrödel*, It's a nerd's world: die Brains hinter YouTube, Google, Smartphone und Co., 2019, S. 106-112 (zu Sergey Brin und Larry Page). Hinzu kommen unzählige Bücher, die Google-Dienste erläutern oder Google als Anknüpfungspunkt nutzen, um allgemeiner Themen einer digitalen Wirtschaft und Gesellschaft zu behandeln.

3 American Dialect Society, 2002 Words of the Year, https://www.americandialect.org/2002_words_of_the_year.

4 Zunächst – wie in anderen Ländern – als Verb für „im Internet, besonders in Google suchen", seit der Folgeauflage auf markenrechtliches Drängen Googles im Sinne der Nutzung dieser Suchmaschine, ohne dass dies den allgemeinen Sprachgebrauch einschränkt (https://www.nzz.ch/newzzEQXM1K6L-12-1.53289).

5 Google-Gründer *Sergey Brin*, in *Jarboe*, A „Fireside Chat" with Google's Sergey Brin, Search Engine Watch (15.10.2003), https://www.searchenginewatch.com/2003/10/15/a-fireside-chat-with-googles-sergey-brin/.

pische US-amerikanische Wagniskapitalstruktur mit ihren Pfadabhängigkeiten und Eigentümlichkeiten sowie rasch steigender Komplexität (IV.1.). Im zweiten Akt sorgt ein in Rekordzeit entstandener Weltkonzern mit einem ungewöhnlichen Börsengang für Aufsehen, der kontroverse, teils mit ungeklärten Rechtsfragen verknüpfte Mehrstimmrechtskonstruktionen für Internetkonzerne etabliert (IV.2.). Der dritte gesellschaftsvertragliche Akt, die Umstrukturierung von Google zu Alphabet, steht für die Organisation digitaler Konglomerate und steuersparende Gestaltungen mittels Gesellschaftsrecht in der Digitalwirtschaft (IV.3.). Die Vorbildwirkung von Googles Börsengang mit Mehrstimmrechten bildet schließlich das Thema des vierten Aktes, der ein Paradebeispiel für die Wirkung von Gesellschafts(rechts)geschichten, Peer-Group-Effekten und des Wettbewerbs der Börsenplätze auf einem zunehmend globalen Kapitalmarkt liefert (V.). All dies zeigt, wie ertragreich Fallstudien besonderer Gesellschaftsverträge sein können. Um sie zu verstehen, muss man die Vertragsgestaltung im Lichte der Unternehmensentwicklung sehen, mit der die Untersuchung daher beginnt.

II. Frühe Anfänge

1. Das Zusammenfinden der Gründer

Die vielbeachtete[6] Erfolgsgeschichte von Google/Alphabet erklärt sich maßgeblich aus den Gründerpersönlichkeiten *Sergey Mikhaylovich Brin* und *Larry Page*:[7] Beide sind außergewöhnliche Mathematik- bzw. Informatik- und Techniktalente im gleichen Alter, die von ehrgeizigen Eltern früh gefördert wurden. Beide hatten dabei das besondere Glück, durch ihre Eltern, die jeweils in der Forschung, darunter als Mathematik- und Informatikprofessor, arbeiteten, sehr früh in intensiven Kontakt mit damals in Haushalten noch exotischen Computern zu gelangen. Zugleich erfüllten beide alle Attribute, die herkömmlich den typischen Silicon-Valley-Gründer kennzeichnen: „Anfang zwanzig, männlich, weiße Hautfarbe, Studium in Stanford oder am MIT, keine vorherige Bindung an die Region,[8] keine

6 Siehe *Lee* (Fn. 2), S. 27 mit einer Analyse der Themen und Motive, welche in der Geschichte von Google/Alphabet üblicherweise betont bzw. untergewichtet werden a. a. O. S. 20-39.

7 Zum Folgenden *Hamen* (Fn. 2), S. 14-24; *Vise/Malseed*, 2006 (Fn. 2), S. 27, 33-40; *Beahm* (Fn. 5), S. 125.

8 Sergey Brin wurde in Moskau geboren. Seine Eltern wanderten aus, als Brin sechs Jahre alt war.

Erfahrung in der Industrie."[9] Larry Page hatte allerdings einen neun Jahre älteren Bruder, der ebenfalls ein erfolgreicher New-Economy-Unternehmer wurde.[10]

Die Geschichte von Google begann 1995 mit dem Zusammentreffen des extrovertierten, ob seiner herausragenden mathematischen Fähigkeiten als dreist-schnoddrig beschriebenen Sergey Brin und des eher schüchternen Larry Page 1995 an der Stanford University.[11] Brin, der dort im zweiten Jahr studierte, 1995 seinen Master abschloss und im ersten Anlauf alle Examina für das Promotionsprogramm bestand, war damit beauftragt worden, einer Gruppe potentieller neuer Promotionsstudenten – darunter Page – den Campus mitsamt der Umgebung zu zeigen.[12] Obgleich beide anfangs vor allem streitbar diskutiert haben sollen, wurden sie rasch intellektuelle Seelenverwandte und enge Freunde.[13]

2. Die neue Suchmaschine

Als Page und Brin nach Promotionsthemen suchten, boten Unternehmen wie Lycos, Excite, Yahoo, Alta Vista, Magellan und AskJeeves Internetsuchmaschinen an,[14] die zwei Grundtechniken nutzten:[15] Die erste bestand darin, die Wörter in der Suchanfrage automatisch mit jenen in Dokumenten zu vergleichen und Treffer als Suchergebnis auszugeben. Dessen Elemente konnten Nutzer dann sortieren, z. B. nach Datum oder Trefferhäufigkeit. Das funktioniert gut für Fachdatenbanken, die mit speziellen Texten gespeist werden, z. B. mit Rechtstexten wie in LexisNexis. Im stark wachsenden Internet entwerteten aber viele irrelevante Treffer das Ergebnis. Einige frühe Suchmaschinen beschränkten deshalb ihre Datenbanken. Andere nutzten eine zweite Grundtechnik, das Thesaurusprinzip: Sie indexierten Internetseiten und ordneten sie thematisch in aufwendig erstellte

---

9 *Kuntz*, Gestaltung von Kapitalgesellschaften zwischen Freiheit und Zwang, 2006, S. 208.

10 *Hamen* (Fn. 2), S. 24, *Battelle* (Fn. 2), S. 73: Carl Page Jr. war Mitgründer der E-Mail-Management Gesellschaft eGroups, die im Jahr 2000 für 432 Mio. USD and Yahoo verkauft wurde. Sein Co-Gründer Scott Hassan hatte zuvor als Graduate Assistant von Page und Brin an Google bzw. BackRub mitgearbeitet.

11 *Vise/Malseed*, 2006 (Fn. 2), S. 33 f.; *Hamen* (Fn. 2), S. 27, 30 f.

12 *Vise/Malseed*, 2006 (Fn. 2), S. 33; *Kaufmanns/Siegenheim* (Fn. 2), S. 36; nach *Battelle* (Fn. 2), S. 67 erfolgte das erste Treffen im Rahmen einer Führung in der Stadt.

13 *Lee* (Fn. 2), S. 25; *Vise/Malseed*, 2006 (Fn. 2), S. 26, 33 f.

14 Überblick über die Anfänge der Internetsuche bei *Lastowka*, 73 Brooklyn L. Rev. 1327, 1332-1334 (2008).

15 Zum Folgenden *Girard* (Fn. 2), S. 13 f.; teilweise auch *Vise/Malseed*, 2006 (Fn. 2), S. 45 f.; *Lastowka*, 73 Brooklyn L. Rev. 1327, 1333 (2008).

Systeme ein.[16] Damit erreichten die frühen Suchmaschinen indes nicht die nötige Qualität und Skalierbarkeit, um das rasante Wachstum der Internetseiten sowie der Suchanfragen zufriedenstellend zu bewältigen. So war 1997 nur eine der vier größten Suchmaschinen in der Lage, sich selbst zu finden und unter den ersten zehn Suchergebnissen anzuzeigen.[17]

Der von klein auf unternehmerisch ambitionierte Page[18] interessierte sich für die Bedeutung von Verweisen zwischen Internetseiten (*Backlinks*) für die Ordnung und Strukturierung der Informationen im World Wide Web.[19] Im Laufe des Jahres 1996 überzeugte er Brin, sich ebenfalls diesem Thema zu widmen. Beide suchten damit – wie andere Suchmaschinenprojekte zu der Zeit[20] – nach Möglichkeiten, Internetseiten automatisch nach Relevanz zu sortieren. Der zentrale innovative Gedanke von Page bestand darin, Webseiten nach Reputation anhand einer Analyse der *Hyperlinks* (*Backlinks*) zu ordnen, die auf eine Webseite verweisen (sog. *linktopologisches Verfahren*). Page machte aus dieser Idee sein Ph.D.-Projekt, Brin schloss sich an.[21] Page entwickelte zunächst einen Webcrawler,[22] der Backlinks analysieren konnte. Zusammen entwickelten Page und Brin dann den PageRank-Algorithmus, das (damalige[23]) Herzstück von Google.[24] Im Grundsatz orientiert er sich daran, wie akademische Aufsätze einander zitieren und (in Datenbanken) bewertet werden.[25]

---

16 *Siegmund*, Suchmaschinenalgorithmen im Kartellrecht der EU und der USA, 2019, S. 42.

17 *Page/Brin*, Computer Networks and ISDN Systems 30 (1998), 107 f.; *Girard* (Fn. 2), S. 14.

18 Page war stark von der Biographie Nicola Teslas inspiriert, *Battelle* (Fn. 2), S. 65.

19 *Battelle* (Fn. 2), S. 68 f.

20 Dazu *Girard* (Fn. 2), S. 14 f.

21 *Vise/Malseed*, 2006 (Fn. 2), S. 46-48; *Hamen* (Fn. 2), S. 11: *Girard* (Fn. 2), S. 12..

22 Näher zu diesem ersten Schritt zum Angebot einer Internetsuche *Lewandowski*, Suchmaschinen verstehen, 2. Aufl. 2018, S. 37-49; *Siegmund* (Fn. 16), S. 44-47.

23 Heute liegen Googles Rankingsystem viele weitere Parameter und Algorithmen zugrunde. Der ursprünglich allein verwendete PageRank-Algorithmus bildet einen Bestandteil, dessen Bedeutung unterschiedlich eingeschätzt wird (siehe *Siegmund* (Fn. 16), S. 61 Fn. 180; *Lewandowski* (Fn. 22), S. 108); zu weiteren Relevanzparametern und jüngeren Weiterentwicklungen der Suchmaschinentechnik *Siegmund*, a.a.O., S. 64-71, 76-83; *Lewandowski*, a.a.O., S. 109-128.

24 Nähere Darstellung des Algorithmus bei *Page/Brin*, Computer Networks and ISDN Systems 30 (1998), 107, 109 f.; *Lewandoswki*, Suchmaschinen verstehen, 2. Aufl. 2018, S. 104-108.

25 *Page/Brin*, Computer Networks and ISDN Systems 30 (1998), 107, 109 f., dort auch zu der weiteren intuitiven Erläuterung, dass der *PageRank* die Wahrscheinlichkeit beschreibt, mit der ein Surfer, der zufällig eine Webseite erhält und sich von dort über Links weiterklickt, eine bestimmte (andere) Internetseite besucht. Bei der Parallele zwischen dem Grundgedanken des PageRank-Algorithmus und der Zitierweise in der Wissenschaft ist einschränkend zu beachten, dass es im Internet weder ein Peer Review noch eine andere Vorab-Kontrolle durch Herausgeber gibt. Außerdem besteht bei einer Gewichtung wissenschaftlicher Beiträge nach Zitaten das Problem verzerrter Zitierweisen, *Battelle* (Fn. 2), S. 69, 71; *Vise/Malseed*, 2006 (Fn. 2), S. 61 f.

Ein wichtiger Beitrag ist nicht zuletzt daran erkennbar, dass viele andere Aufsätze auf ihn verweisen. Durch eine Gewichtung dieser Links – z. B. zählt ein Link einer ihrerseits als wichtig eingeordneten Seite mehr – sowie weitere Ergänzungen und Verfeinerungen erzeugte Google qualitativ deutlich höherwertige Suchergebnisse in kürzerer Zeit.[26] Die Umsetzung dieser Idee erforderte komplexe Mathematik und Programmierung – dies erklärt die bis heute ungewöhnlich akademisch geprägte Unternehmenskultur von Google ebenso wie die vor allem zu Beginn große Unterstützung in der Wissenschaftscommunity.[27]

Die Anfänge von Google als universitäres Projekt gestalteten sich mühsam. Resultat des PageRank-Algorithmus war zunächst eine „BackRub“ genannte Suchmaschine, die in größerem Stil gespeist werden musste. Hierzu bedurfte es erheblicher, von den Gründern anfangs unterschätzter[28] Rechenkapazitäten.[29] Die Unterstützung hierfür kam in der Anfangszeit aus Stanford.[30] Bevor man die neue Suchmaschine dort ab Ende 1997 hochschulöffentlich erprobte, wurde „Backrub“ in das griffigere „Google“ umgetauft, in Anlehnung an „Googol“ bzw. „Googolplex“, die mathematische Bezeichnung für die Ziffer 1 gefolgt von 100 Nullen, anders ausgedrückt die Zahl 10^{100}. Die Namenswahl erfolgte mit Blick auf das Anliegen, sämtliche auf der Welt verfügbaren Informationen zu organisieren. Die abweichende Schreibweise ging auf einen Rechtschreibfehler zurück, der nicht korrigiert wurde, weil die Domain „Googol“ bereits vergeben war.[31]

Google wurde in Stanford rasch populär. Da damals Goldgräberstimmung im Silicon Valley herrschte, unterstütze die Universität die Arbeit an potentiell lukrativen Projekten großzügig und bezahlte Patentierungsverfahren. Auf diese Weise wurde am 09.01.1998 das PageRank-Verfahren zum Patent angemeldet und das dazugehörige Patent mit der Nr. 6.285.999 am 04.09.2001 verliehen,[32] mit der Universität Stanford als Inhaber und Larry Page als Erfinder. Für die Nutzung des Patents erhielt Stanford vom späteren Unternehmen Google 1,8 Millionen Aktien, die 2005 für 336 Mio. USD verkauft wurden.[33]

---

26 *Lastowka*, 73 Brooklyn L. Rev. 1327, 1337 (2008); *Girard* (Fn. 2), S. 15 f.

27 *Girard* (Fn. 2), S. 16.

28 *Vise/Malseed*, 2006 (Fn. 2), S. 24 f.; *Hamen* (Fn. 2), S. 11 f.

29 *Battelle* (Fn. 2), S. 72 f. Zum Webcrawler bei Google *Page/Brin*, Computer Networks and ISDN Systems 30 (1998), 107, 111-113.

30 *Hamen* (Fn. 2), S. 12, 32 f.; *Battelle* (Fn. 2), S. 77 f.

31 *Vise/Malseed*, 2006 (Fn. 2), S. 29 f. (Anlehnung an Googol), 49 (Anlehnung an Googolplex).

32 *Vise/Malseed*, 2006 (Fn. 2), S. 41 f. Zur Patentierbarkeit von Algorithmen nach US-amerikanischem Recht und der abweichenden Rechtslage in der EU *Siegmund* (Fn. 16), S. 121-149.

33 *Hamen* (Fn. 2), S. 37.

III. Vom Hochschulstart-up zum Weltkonzern

1. Google Inc. – aus der Not geboren

Mit zunehmender Bekanntheit der neuartigen Suchmaschine wuchs der Bedarf an Computer- und Serverkapazität. Page und Brin hatten mitten in ihrer Promotionsphase eigentlich nicht vor, ad hoc hauptberuflich Unternehmer zu werden.[34] Daher versuchten sie zunächst intensiv, ihre PageRank-Suchmaschinentechnologie zu lizenzieren. Indes sahen die herkömmlichen Suchanbieter nicht den Business Case für ihre Allzweck-Portalseiten.[35] Nachdem Page und Brin Google durch Rückmeldungen aus der Stanford-Community weiter verbessert hatten, wurde externe Unterstützung schließlich unverzichtbar. Ein Stanford-Professor vermittelte Brin und Page an *Andreas von Bechtolsheim*, einen der Gründer von Sun Microsystems. Dieser stellte „Google Inc." einen Scheck über 100.000 USD aus, ohne dass es bereits eine Gesellschaft hinter dem akademischen Projekt gab.[36] Um das Geld verwenden zu können, erfolgte die Inkorporierung von Google also vergleichsweise spontan am 07.09.1998 in Kalifornien,[37] mit Page als CEO und Brin als president.[38] Nachdem ein prominenter Angel-Investor gewonnen werden konnte, brachten Page und Brin kurzfristig circa eine Million USD bei weiteren Geldgebern zusammen.[39]

Mit diesen Mitteln konnte das junge Unternehmen die Räume des Studentenwohnheims verlassen. Sein erstes Büro bezog es in einer Garage in Menlo Park. Schon nach fünf Monaten, im Frühjahr 1999, wurde die Garage zu eng und Google wechselte in ein Büro in der University Avenue im Geschäftsviertel von Palo Al-

---

34 *Battelle* (Fn. 2), S. 82.

35 *Vise/Malseed*, 2006 (Fn. 2), S. 50-52, auch zu den Gründen: Man wollte sich nicht auf einen Außenseiter verlassen, die schlanke Google-Suche passte nicht zum Geschäftsmodell etablierter Portal-Anbieter, Internetnutzer möglichst lange auf ihrer Internetseite und dortigen Angeboten verweilen zu lassen und Internetsuche erschien überdies als eine relativ unlukrative Dienstleistung neben Nachrichten, Shopping-Angeboten, E-Mail usw. Zum Geschäftsmodell der Portalseiten und dessen Mängeln mit Blick auf Internetsuche auch *Battelle* (Fn. 2), S. 102-104; *Lastowka*, 73 Brooklyn L. Rev. 1327, 1335 f. (2008).

36 Der Vorschlag für den Firmennamen soll auf von Bechtolsheim zurückgehen, *Battelle* (Fn. 2), S. 85.

37 *Vise/Malseed*, 2006 (Fn. 2), S. 56 f.; *Hamen* (Fn. 2), S. 43 f.

38 *Battelle* (Fn. 2), S. 86.

39 *Vise/Malseed*, 2006 (Fn. 2), S. 57; *Battelle* (Fn. 2), S. 86.

to.[40] 2004 wurde auch dieses zu klein und das Unternehmen bezog einen Gebäudekomplex in Mountain View, den „Googleplex".[41]

2. Einwerbung von Wagniskapital

Da Google während der Zeit in Palo Alto rasant wuchs, war die anfängliche Million USD rasch verbraucht.[42] Die Suchmaschine selbst warf damals keine Gewinne ab. Ein Börsengang wäre bereits in diesem frühen Stadium im seinerzeitigen Boom-Klima des Silicon Valley[43] möglich gewesen, aber Brin und Page hatten Sorge, dass dadurch Betriebsgeheimnisse öffentlich werden und ihre Wachstumsstrategie in Gefahr geraten könnte.[44] Stattdessen wandten sich die Gründer an Wagniskapitalgeber, die im Silicon Valley zahlreich vertreten waren.[45] Nach zähen Verhandlungen stiegen im Juni 1999 die renommierten Venture-Capital-Gesellschaften Kleiner Perkins und Sequoia Capital mit jeweils 12,5 Mio. USD ein.[46] Die dazugehörigen Verträge sind nicht öffentlich, die Vertragsform als solche sowie die Besonderheiten im Silicon Valley sind aber auch im deutschsprachigen juristischen Schrifttum gut erforscht.[47] Jeweils ein Partner der beiden Risikokapitalgesellschaften, die weitere Board-Mandate bei führenden Internetunternehmen innehatten,[48] zog in das Board von Google ein.[49] Entsprechende Vereinbarungen

---

40 *Vise/Malseed,* The Google-Story (2006) S. 66 f.

41 *Staff,* Google Turns 20: How an Internet Search Engine Reshaped the World, The Verge, 27.09.2018, https://www.theverge.com/2018/9/5/17823490/google-20th-birthday-anniversary-history-milestones.

42 *Vise/Malseed,* 2006 (Fn. 2), S. 68 f.

43 Zum Dotcom-Boom an der US-Börse von der Mitte bis zum Ende der 1990er Jahre *Choo,* 20 Berkeley Tech L. J. 405, 408 f. (2005).

44 *Vise/Malseed,* 2006 (Fn. 2), S. 70.

45 Überblick zu deren Rolle vor dem Hintergrund von Googles späterem Börsengang *Choo,* 20 Berkeley Tech L. J. 405, 409 f. (2005).

46 Google Receives $25 Million in Equity Funding, http://googlepress.blogspot.com/1999/06/google-receives-25-million-in-equity.html; *Vise/Malseed,* 2006 (Fn. 2), S. 69-77.

47 Rechtsvergleichend mit Blick auf die USA und Deutschland *Kuntz* (Fn. 8), dort S. 203-216 speziell zu der Praxis der Wagniskapitalfinanzierung im Silicon Valley, die im Vergleich zu anderen Regionen deutlich gründerfreundlicher und von besonderen Anreizen zur Standardisierung geprägt ist (S. 209-211, 213 f., 216).

48 U. a. bei Yahoo, eGroups (mitbegründet von Larry Pages Bruder), Sun Microsystems und Amazon.

49 Siehe Fn. 46.

sind bei Wagniskapitalfinanzierungen üblich.[50] Page und Brin blieben Mehrheitseigner, mussten aber versprechen, einen erfahrenen Manager einzustellen.[51] Auch dies ist bei Wagniskapitalfinanzierungen verbreitet.[52]

Mit welchen wirtschaftlichen Argumenten die Risikokapitalgeber gewonnen wurden, ist nicht ganz klar. Sequoia Capital erhoffte sich eine Unterstützung der Suchfunktion des von ihnen mitfinanzierten Yahoo-Portals. Das Lizenzierungsmodell erschien noch gangbar. Eine Präsentation eines Google-Mitarbeiters hatte aber auch bereits die von Page und Brin herkömmlich scharf abgelehnte Möglichkeit von Suchmaschinenwerbung thematisiert.[53]

3. Entwicklung des Geschäftsmodells

Zur Zeit der Anfänge von Google war es bereits üblich, mit (Banner-)Werbung auf Internetseiten Geld zu verdienen. Page und Brin lehnten dadurch finanzierte Suchmaschinen aber zunächst vehement ab. In ihrem Aufsatz „The anatomy of a large-scale hypertextual Web search engine" schrieben sie 1998: „To make matters worse, some advertisers attempt to gain people's attention by taking measures meant to dislead automated search engines."[54] Das Online-Appendix A. wurde unter Verweis auf Interessenkonflikte noch deutlicher:

> "The goals of the advertising business model do not always correspond to providing quality search to users. For example, in our prototype search engine one of the top results for cellular phone is "The Effect of Cellular Phone Use Upon Driver Attention" (....). It is clear that a search engine which was taking money for showing cellular phone ads would have difficulty justifying the page that our system returned to its paying advertisers. For this type of reason and historical experience with other media, we expect that advertising funded search engines will be inherently biased towards the advertisers and away from the needs of the consumers."[55]

Im Einklang mit diesem Anspruch war die urspüngliche Version von Google werbefrei. Die zur Finanzierung angestrebte Lizenzierung der Suchmaschinen-Tech-

50 Allg. zur möglichen Ausgestaltung sowie zum Regelungsort von Vereinbarungen zur Board-Besetzung, auch in Form von covenants, *Kuntz* (Fn. 8), S. 114-120.
51 *Vise/Malseed*, 2006 (Fn. 2), S. 76, 108.
52 *Kuntz* (Fn. 8), S. 118.
53 *Battelle* (Fn. 2), S. 89, 91.
54 *Brin/Page*, Computer Networks and ISDN Systems 30 (1998) 107, 107 f.
55 http://infolab.stanford.edu/~backrub/google.html, hier gekürzt um Nachweise.

nologie[56] war indes ungeachtet einzelner Achtungserfolge weiter wenig erfolgreich und nicht profitabel.[57] Angesichts des Drucks der ersten Investoren ließen die Gründer daher schließlich Werbung zu.[58] Sie beschränkten sie aber auf reine Textanzeigen und platzierten diese durch eine Linie getrennt von den Suchergebnissen. Zudem wurden nur Anzeigen mit einem Bezug zur Suchanfrage angezeigt. Urheber dieser bahnbrechenden Idee – personalisierte Suchmaschinenwerbung – war indes nicht Google, sondern der Internetunternehmer Bill Gross, der den Wert des im Suchbegriff ausgedrückten Nutzerinteresses erkannt hatte. Sein 1998 gestartetes Unternehmen GoTo.com bot erstmalig erfolgreich einen bezahlten Suchdienst (pay-for-placement) an, der Anzeigenplätze per Auktion verkaufte. Zahlen mussten die Werbetreibenden aber nur, wenn ein Nutzer auf einen Link zu der Webseite des Werbetreibenden klickte. GoTo.com verfolgte dieses Geschäftsmodell für seine eigene Seite und lieferte Inserate an Yahoo und andere Internetportale.[59] Seine Techniken waren patentiert.

Inspiriert von GoTo.com führten Page und Brin in der zweiten Jahreshälfte 2000 eine eigene Software für mit Schlüsselwörtern verknüpfte Textanzeigen ein, AdWords.[60] Ein Partnerschaftsangebot von Gross 2001 schlugen sie aus.[61] Mit AdWords, heute Google Ads, erzielte Google 2001 erstmals ein positives Jahresergebnis.[62] Dabei wurde die ursprünglich restriktive Einstellung zu Werbung weiter aufgeweicht.[63] Im Frühjahr 2002 übernahm Google auch das Auktions- und Pay-Per-Click-Modell von GoTo.com, ergänzt (nur) dadurch, dass bei der Positionierung von Anzeigen auch deren Popularität einbezogen wurde.[64] GoTo.com, mittlerweile umfirmiert als Overture, klagte dagegen wegen Patentverletzung.[65] Der

---

56 *Stross*, Planet Google: How One Company is Transforming Our Lives (2009) Introduction, S. 4.

57 Der erste Kunde für die Lizenzierung von Googles Suchtechnologie war die Firma RedHat, womit Google aber nur 20.000 USD verdiente. Etwas später konnte Netscape gewonnen werden, aber auch dies führte Google nicht in die Profitabilität, *Battelle* (Fn. 2), S. 92 f.

58 *Lastowka*, 73 Brooklyn L. Rev. 1327, 1338 (2008).

59 *Battelle* (Fn. 2), S. 95-115; *Vise/Malseed*, 2006 (Fn. 2), S. 92 f.; *Lastowka*, 73 Brooklyn L. Rev. 1327, 1339 (2008).

60 *Vise/Malseed*, 2006 (Fn. 2), S. 92 f.

61 *Battelle* (Fn. 2), S. 115.

62 *Vise/Malseed*, 2006 (Fn. 2), S. 105: 7 Mio. USD, nach *Hamen* (Fn. 2), S. 58 bei Umsatzerlösen von 85 Mio. USD.

63 So wurde die Darstellung der Textinserate, die zunächst über den Suchergebnissen erschienen, durch eine vertikale Anordnung ersetzt und der Platz für Anzeigen auf ein Drittel der Seite vergrößert, *Vise/Malseed*, 2006 (Fn. 2), S. 103, 105.

64 *Vise/Malseed*, 2006 (Fn. 2), S. 94 f.; *Hamen* (Fn. 2), S. 56; *Battelle* (Fn. 10), S. 142.

65 *Overture Services, Inc. v. Google Inc.*, No. C02-01991 JSW.

Rechtsstreit wurde im Vorfeld des späteren Börsenganges gegen erhebliche Zahlungen Googles verglichen.[66]

Bis heute ist personalisierte Werbung die zentrale Einnahmequelle Googles. Die rasche Erweiterung der Suchmaschine auf viele Sprachen – bereits 2002 waren es 72 – erschloss die dazugehörigen räumlichen Werbemärkte. Google maximiert seine Einnahmen aus der Suchmaschinenwerbung über ein Vickrey-Auktionsmodell, überlässt es also seinen Werbekunden, mit ihren Geboten den Preis einer Anzeige zu bestimmten Schlagwörtern festzulegen.[67] Die ergänzende Berücksichtigung der Popularität einer Anzeige bei deren Positionierung fördert Klicks, an denen Google verdient, und wurde in der Öffentlichkeit als nutzerfreundliche Einschränkung der Möglichkeit, sich die beste Werbeplatzierung zu kaufen, wahrgenommen.[68] Zudem vermied Google moralische Kritik durch ein Werbeverbot für Zigaretten, Tabak, Waffen und Spirituosen.[69]

Das Anliegen, Suchergebnisse und (das Geschäftsinteresse an) Werbung zu trennen, hält Google – anders als früher GoTo.com – formal bis heute ein. Allerdings zeigen Studien, dass ein beachtlicher Teil der Google-Nutzer die unscheinbar gestaltete Werbung nicht zuverlässig von organischen Suchergebnissen unterscheiden kann und dadurch häufiger auf Anzeigen klickt.[70] Google hat danach zwar die Suche an sich nichtkommerziell gehalten. Dafür verschwimmen aber für viele Nutzer „objektive" Suchergebnisse und Werbung auf Google, weil die Abgrenzung weit weniger klar ist, als sie sein könnte.

66 Google überließ Overtures neuem Eigentümer Yahoo 2,7 Mio. Aktien, 1 % der damals ausgegebenen Google-Aktien, im Wert von damals 300 Mio. USD. Außerdem verpflichtete sich Google, Lizenzgebühren für benutzte Patente zu zahlen. Zum Ganzen *Reppesgaard* (Fn. 2), S. 67-69; *Garon*, 30 Loy. L.A. Ent. L. Rev. 429, 437 f. (2010); *Battelle* (Fn. 2), S. 116.

67 Siehe *Reppesgaard* (Fn. 2), S. 61-64. Bei dem Modell der Vickrey-Auktion erhält der Höchstbietende den Zuschlag, muss aber nur den Preis des zweithöchsten Gebots zahlen.

68 *Battelle* (Fn. 2), S. 142 f.

69 *Hamen* (Fn. 2), S. 57; *Vise/Malseed*, 2006 (Fn. 2), S. 161 f.; *Reppesgaard* (Fn. 2), S. 120, auch zur fehlenden Stringenz der Standards.

70 Siehe *Lewandowski/Sünkler/Hanisch*, Information – Wissenschaft & Praxis 70 (1) 2019, 3-13; *Lewandowski/Kerkmann/Rümmele/Sünkler*, J. of the Association for Information Science and Technology, 69 (3) 2018, 420 ff.; *Lewandowski*, J. of Information Science Theory and Practice 5 (4) 2017, 6 ff. Zu gleichsinnigen US-amerikanischen Sudien knapp *Vise/Malseed*, 2006 (Fn. 2), S. 172 f.; *Lastowka*, 73 Brooklyn L. Rev. 1327, 1345 (2008). Begünstigt wird dies dadurch, dass Google neben Ergebnissen aus dem allgemeinem Webindex auch Ergebnisse aus gesonderten Kollektionen ausgibt, wobei die Trefferdarstellung oft von jener der organischen Suche abweicht. Dadurch müssen Nutzer verschiedene bezahlte und nicht bezahlte Inhalte unterscheiden, *Lewandowski* (Fn. 22), S. 135, 197.

4. Professionalisierung der Führung

Nachdem Google zwei renommierte Venture-Capital-Investoren gewonnen hatte und es im Juli 2000 gelungen war, mit Yahoo einen Vertrag über die Lieferung von Suchergebnissen abzuschließen, war das Unternehmen etabliert.[71] Es wuchs auf allen Ebenen rasant.[72] Personalauswahl, Kundenorientierung und Produktentwicklung wurden zwar groß geschrieben, die Buchführung und Gehaltsabrechnung des Unternehmens mit damals 20 Mio. USD Umsatz und über 150 Angestellten wurde aber noch mit der Standardsoftware von Quicken für private Einkommenssteuererklärungen und Kleinstfirmen abgewickelt.[73] Damit gewärtigte Google ähnliche Wachstumsschmerzen wie viele erfolgreiche Start-ups: Einerseits hatten die Gründer Sorge, Innovation und Wachstum durch bürokratisches Management zu ersticken, andererseits gefährdete aus Investorensicht eine fehlende professionelle Führung die gute Entwicklung.

Page und Brin hatten ihren Wagniskapitalgebern zwar zugesagt, Larry Page als CEO durch einen professionellen Manager zu ersetzen. Sie waren aber wenig geneigt, dies zeitnah umzusetzen.[74] Ein solcher Unwillen der Gründer, dem Drängen nach einem externen CEO nachzukommen, ist typisch.[75] Sequoia Capital drohte schließlich, die zur Verfügung gestellten 12,5 Mio. USD zurückzufordern, wozu beide Risikokapitalgeber das Recht gehabt haben sollen.[76] Vor diesem Hintergrund und nach einiger Überzeugungsarbeit entschieden sich Page und Brin schließlich im Frühjahr 2001, Eric Schmidt, bis dato CEO des Softwareherstellers Novell Inc. und zuvor Chief Technology Officer bei Sun Microssystems, zunächst

---

71 Siehe *Vise/Malseed*, 2006 (Fn. 2), S. 101 f. Ab 2002 lieferte Google auch Suchergebnisse für AOL, *Hamen* (Fn. 2), S. 61.

72 Vgl. Opening Pre-trial Brief for Google Inc. and Independent Director Defendants, in re Google Inc. class C S'holder Litig., No. 7469-CS, 2013 WL 2728591 (Del. Ch. June 10, 2013) 10; *Hamen* (Fn. 2), S. 60 f.

73 Vise/Malseed, 2006 (Fn. 2), S. 111.

74 *Vise/Malseed*, 2006 (Fn. 2), S. 76, 107.

75 *Kuntz* (Fn. 8), S. 118, der dabei Google als Beispiel für die freiwillige Einbeziehung eines externen CEO nennt, damit allerdings die vorangegangenen Konflikte übergeht; allg. *Gorman/Sahlman*, 4 J. Bus. Venturing 231, 241 (1989); dazu, warum Gründer Wagniskapitalgebern weitgehende Rechte einräumen, die einen Austausch der Unternehmensleitung umfassen, modelltheoretisch *Hellmann*, 29 RAND J. Econ. 57 (1998).

76 *Vise/Malseed*, 2006 (Fn. 2), S. 108, 111; zum Druck der Investoren auch *Battelle* (Fn. 2), S. 131 f. US-Wagniskapitalgeber gehen bei diesem Thema üblicherweise mit harten Bandagen vor. Relativ häufig entlassen sie sogar das leitende Management, eine für die Gründer traumatische Erfahrung, *Gorman/Sahlman*, 4 J. Bus. Venturing 231, 241 (1989). Speziell im Silicon Valley, wo Reputation entscheidend ist, dienen Rechte der Investoren allerdings eher als Druckmittel und Orientierungspunkt für Verhandlungen, *Kuntz* (Fn. 8), 210.

als Chairman of the Board einzustellen.[77] Drei Monate später wurde Schmidt zudem CEO.[78] Er handelte großzügige Aktienoptionen aus, verpflichtete sich aber auch, eine Mio. USD Privatvermögen in Google zu investieren.[79] In der Diktion des Gründerduos bildeten die drei ein Triumvirat.[80] Tatsächlich überwog wohl der Einfluss von Page und Brin deutlich. Schmidt konnte aber gut einschätzen, wann es lohnte, auf einer Position zu beharren.[81] Er amtierte von 2001 bis 2011 als CEO und von 2011 bis 2015 als Executive Chairman von Google.

5. Der Weg zur digitalen Großmacht

a) Internes und externes Wachstum

Nachdem Google den Onlinewerbemarkt in Rekordzeit erobert hatte, besonders aber nach dem Börsengang 2004 verfügte das Unternehmen über die Mittel, um sein Angebot auszuweiten. Durch selbst entwickelte Dienste, vor allem aber durch bis heute über 230 Übernahmen insb. vielversprechender Start-ups und deren perfektionierte Weiterentwicklung[82] expandierte Google in immer mehr Geschäfts- und Lebensbereiche einer sich digitalisierenden Gesellschaft. Diese disruptive Entwicklung kann hier nur auszugsweise und im Stenogramm berichtet werden: [83]

– 2002 startete *Google News*,[84] das für viele Zeitungen bald unverzichtbarer Makler für Besucherströme und zugleich ungeliebter Aneigner fremder journalistischer Leistungen wurde.

---

77 Pressemitteilung, Google Inc, Dr. Eric Schmidt Joins Google's Board of Directors as Chairman (26.03.2001), http://googlepress.blogspot.com/2001/03/dr-eric-schmidt-joins-googles-board-of.html.

78 *Battelle* (Fn. 2), S. 137.

79 *Vise/Malseed*, 2006 (Fn. 2), S. 110 f.

80 *Beahm* (Fn. 2), S. 113. Näher zur Arbeitsteilung *Vise/Malseed*, 2006 (Fn. 2), S. 202-205.

81 *Vise/Malseed*, 2006 (Fn. 2), S. 112.

82 *Reppesgaard* (Fn. 2), S. 119; *Girard* (Fn. 2), S. 83. Wikipedia listet Stand 26.08.2020 insgesamt 235 abgeschlossene sowie ein laufendes Übernahmevorhaben von Google/Alphabet auf, https://en.wikipedia.org/wiki/List_of_mergers_and_acquisitions_by_Alphabet. Start-ups bilden einen wesentlichen Teil.

83 Übersichten über einige Meilensteine der Entwicklung von Google bei *Beahm* (Fn. 2), S. 125-133 (bis 2014), *Hamen* (Fn. 2), S. 96-99 (bis 2010).

84 Zur Entstehung *Vise/Malseed*, 2006 (Fn. 2), S. 130-135; kritisch zur Qualität *Stross* (Fn. 10), S. 77-80.

- 2003 wurde *Google AdSense* eingeführt, in das die Technik der im gleichen Jahr erworbenen Forma *Applied Semantics* integriert wurde. Der Dienst liefert auf Provisionsbasis kontextbezogene Anzeigen für fremde Internetseiten und ist heute für viele kleine Homepagebetreiber eine unverzichtbare Einnahmequelle,[85] hat aber auch das Problem von click fraud aufgeworfen.[86]
- 2003 wurde *Google Print*, später *Google Books* eingeführt, das ambitionierte Vorhaben, ganze Bibliotheken zu digitalisieren.
- Am 01.04.2004 kündigte Google den E-Mail-Dienst *gmail* an, der Nutzern entgeltfrei ein damals revolutionär großes Postfach bot.[87] Bis Mitte 2017 wurde er durch kontextbezogene Textwerbung finanziert, für die Google den E-Mail-Inhalt automatisch auswertete.[88]
- 2005 wurden *Google Mobile Search* eingeführt.
- Ebenfalls 2005 starteten *Google Maps*, das aus der Acquisition von *Where2 LLC* hervorging, sowie *Google Earth*, das aus der Aquisition der Firma *Keyhole* resultierte.[89]
- Im November 2005 führte Google das Trackingtool *Google Analytics* ein, die Weiterentwicklung einer Technik der im März 2005 übernommenen *Urchin Software Corporation.*[90]
- 2006 ging der Online-Bezahlservice *Google Check* (später *Google Wallet*) an den Start.
- Anfang 2006 erwarb Google das Open-Source Kamera- und Mobiltelefonbetriebssystem *Android*, das Google 2007 als im Ausgangspunkt offenes mobiles Betriebssystem einführte. Das erste Android-Smartphone kam im Folge-

---

85 Näher dazu *Reppesgaard* (Fn. 2), S. 64-66; *Lastowka*, 73 Brooklyn L. Rev. 1327, 1348-1351 (2008).

86 Click fraud bezeichnet die Praxis, dass eine Person – selbst oder über einen Algorithmus – Klicks auf eine Anzeige allein in der Absicht ausführt, Einnahmen für den Webseiteninhaber zu generieren. Motiv hierfür kann sein, einen Konkurrenten „arm zu klicken" oder sich in Form sog. Klickringe gegenseitig Einnahmen zuzuschustern. Google versucht solche „bösen" Klicks mit einem *Ad Traffic Quality Team* herauszufiltern, zum Ganzen *Reppesgaard* (Fn. 2), S. 108 f.; *Girard* (Fn. 2), S. 171-173; *Kaumanns/Siegenheim* (Fn. 2), S. 81 f.

87 Zur Entwicklung von Gmail u. a. durch Paul Buchheit und Marissa Mayer *Stross* (Fn. 2), S. 155-166; zur kontroversen Aufnahme *Vise/Malseed*, 2006 (Fn. 2), S. 148-157.

88 Ein 2004 eingebrachter Gesetzesvorschlag der kalifornischen demokratischen Politikerin Liz Figueroa, der die Praxis stark eingeschränkt hätte (SB-1822 Privacy: online communications, http://leginfo.legislature.ca.gov/faces/billTextClient.xhtml?bill_id=200320040SB1822), wurde im Gesetzgebungsverfahren entschärft (siehe https://privacyrights.org/resources/googles-new-email-service-gmail-under-fire-privacy-concerns-possible-wiretap-law; negativer Stross (Fn. 2), S. 162).

89 Dazu *Stross* (Fn. 2), S. 131-142.

90 Dazu *Liebler/Chaney*, 7 Buffalo Intellectual Property L. J. 101, 106 (2012); *Reppesgaard* (Fn. 2), S. 119.

jahr auf den Markt. Android beherrscht heute den Markt für Smartphone-Betriebssysteme. Dort sicherte es längere Zeit über Kopplungen Googles Dominanz u. a. bei mobiler Suche. In der EU ist das 2018 kartellrechtlich untersagt und bebußt worden.[91]

- Ebenfalls 2006 führte Google *Google Calendar*[92] sowie das cloudbasierte Software-as-a-Service-Paket *Google Docs & Spreadsheets* ein, das aus der webbasierten Textverarbeitung *Writely* der im März 2006 übernommenen Firma *Upstartles* hervorging.[93] 2007 kam ein Präsentationsprogramm hinzu.[94] Zusammen mit weiteren Programmen etwa für Webseitenerstellung, Text-, Sprach- und Videochat sowie dem mittlerweile eingestellten sozialen Netzwerk *Google+* firmieren diese Programme mittlerweile als *G Suite*.
- Wiederum 2006 übernahm Google per Aktientausch für 1,65 Mrd. USD das Videoportal *YouTube*, hinter dessen Erfolg *Google Video* weit hinterherhinkte, trotz erheblicher Urheberrechtsverletzungsklagen gegen YouTube.[95]
- 2008 erwarb Google für 3,1 Mrd. USD den angeschlagenen Werbedienstleister *DoubleClick*.
- 2008 veröffentlicht Google den *Chrome*-Browser zunächst für Windows, im Folgejahr für Mac und Linux. Heute ist Chrome der weltweit meistgenutzte Browser.
- 2010 stieg Google zunächst über Auftragshersteller in die Smartphoneproduktion ein, 2011 erwarb Google die Mobilfunksparte von *Motorola*,[96] 2013 folgte mit dem Chromebook der Einstieg in den Notebookbereich.
- 2011 startete Google mit *Google Fibre* den Aufbau eines eigenen Glasfasernetzes in den USA.

---

91 *Europäische Kommission*, Beschl. v. 18. Juli 2018, AT.40099 – *Google Android*; zum Ganzen instruktiv *Monopolkommission*, Wettbewerb 2020, XXIII. Hauptgutachten, Rn. 388-413.

92 *Stross* (Fn. 2), S. 154.

93 *Reppesgaard* (Fn. 2), S. 119.

94 *Stross* (Fn. 2), S. 154.

95 Näher *Kaufmanns/Siegenheim* (Fn. 2), S. 58-65: Die Rechtsrisiken bei YouTube waren so groß, dass nahezu ein Drittel des Kaufpreises treuhänderisch für latente Folgeschäden zurückgehalten wurde. Die geschäftliche Logik des Erwerbs bestand für Google darin, eine führende Position im Plattformmarkt für nutzergenerierte Inhalte zu erhalten und dort durch Werbeanzeigen sowie Partnerschaften mit der Unterhaltungsindustrie Geld zu verdienen. Interessant ist, dass Sequoia Capital auch maßgeblich an YouTube beteiligt war.

96 Dazu *Europäische Kommission*, Case No COMP/M.6381, *Google/Motorola Mobility*, Article 6 (1) (b) Non-Opposition, C(2012) 1068, 13.02.2002.

- 2012 debütierte der Speicher- und Synchronisierungsdienst *Google Drive.*
- Ebenfalls 2012 startete der Bezahldienst *Google Wallet* (später *Google Pay Send*, schließlich *Google Pay*).
- Ebenfalls 2012 wurde das Wearable *Google Glass* vorgestellt, dessen Aufzeichnungsfunktion allerdings keine Akzeptanz fand.
- 2014 erwarb Google *NestLabs* und führt seitdem *Google Nest* als Marke für Smart-Home-Produkte wie smarte Lautsprecher, Thermostate, Rauchmelder, Router, Sicherheitssysteme usw.

Google stieg so rasch zu einem starken Wettbewerber des vormaligen Hegemons Microsoft auf. Zentral für den Erfolg sind die mit den Diensten gesammelten Daten. Das Anliegen „to organize the world's information"[97] wurde über die bereits vielsagenden Informationen aus Suchanfragen hinaus[98] auf persönliche Informationen aller Art erweitert, die Nutzer Google bereitwillig zur Verfügung stellen. Dies belegt machtvoll den Erfolg des Geschäftmodells, cloudbasierte Dienste kostenlos anzubieten und durch Werbung zu monetarisieren.[99]

b) „Killer Acquisitions" und alte Ideale

Wirtschaftlich und rechtlich wandelte sich Google durch die Auffächerung des Angebots zu einem breit aufgestellten Konzern. Bei den zahlreichen Akquisitionen innovativer Start-ups konnte das zunehmend marktmächtige Google weitgehend unter dem Radar der Fusionskontrolle operieren, weil Aufkäufe oft in einer Frühphase vor horizontalen Überlappungen oder überhaupt einem klaren Marktbezug erfolgten[100] und weil die Aufgreifschwellen der Fusionskontrolle in vielen Rechtsordnungen herkömmlich umsatzbezogen definiert sind. Heute wer-

---

97 http://googlepress.blogspot.com/1999/06/google-receives-25-million-in-equity.html.

98 Eindrucksvoll *Reppesgaard* (Fn. 2), S. 135-139.

99 *Stross* (Fn. 2), S. 5.

100 *Schweitzer/Haucap/Kerber/Welker*, Modernisierung der Missbrauchsaufsicht für marktmächtige Unternehmen, Endbericht, 29.08.2018, S. 122.

den viele dieser Übernahmen – nur bedingt treffend – als „killer acquisitions“[101] kritisiert.[102]

Man würde Google Unrecht tun, den innovativen Ehrgeiz des Unternehmens auf die Weiterentwicklung von Zukäufen zu reduzieren. In einigen Sparten widmet sich Google riskanten langfristigen Forschungsprojekten („Moonshots“). Sonderlich profitabel sind diese bis heute aber nicht. Die Übernahmen bildeten hingegen die Basis für mehrere zentrale Geschäftsbereiche. Android und YouTube sind heute weltbekannt. Zugleich veranschaulicht gerade die Übernahme von *DoubleClick*, die trotz naheliegender kartellrechtlicher Vorbehalte genehmigt wurde,[103] dass die Prinzipien und Ideale, welche Page und Brin für die Suchmaschine Google zugrunde legten und die das Image des Unternehmens prägen, in anderen Geschäftsbereichen wenig leitend sind. Das 1995 gegründete DoubleClick war Pionier im Bereich der Online-Werbung. Im Jahr 2000 lieferte die Firma die Hälfte der weltweiten Online-Anzeigen, die bei DoubleClick auch aus Video- und Animationsbausteinen bestehen konnten. Zudem entwickelte DoubleClick früh Software, um den Werbeerfolg zu messen und führte sog. Tracking-Cookies ein. Als die Firma das Streben nach dem gläsernen Konsumenten u.a. mit der Übernahme eines berüchtigten Adresshändlers zu weit trieb, verlor sie allerdings ihren guten Ruf. 2005 wurde DoubleClick an einen Finanzinvestor verkauft. Google erwarb das Werbegeschäft und fasste so Fuß auf dem Markt für multimediale Werbeanzeigen, die Page und Brin zumindest bei Suchmaschinen stark kritisiert hatten.[104]

101 Der Ausdruck wurde im Pharmasektor geprägt und meint dort die Übernahme eines Startups mit einem potentiellen Konkurrenzprodukt, um dessen Entwicklung einzustellen (*Cunningham/Ederer/Song*, Killer Acquisitions, 19.04.2020, S. 2, http://dx.doi.org/10.2139/ssrn.3241707). Grob vergleichbar sind Fusionen aus der Software- und Internetbranche mit dem Ziel der Marktkonsolidierung (dazu *Girard* (Fn. 2), S. 83). Bei Googles Übernahmen ging es hingegen jedenfalls ganz überwiegend um externes Wachstum (*Girard* (Fn. 2), S. 83 f., 88; allg. *Schweitzer/Haucap/Kerber/Welker* (Fn. 100), S. 122; auch zu neuen Reformansätzen *Becker*, ZWeR 2020, 365 ff., insb. S. 371-377, 387-391).

102 So etwa *Jarsulic*, 64 Antitrust Bull. 514, 525 f. (2019) und andeutend *Unlocking digital competition (Furman Report)*, März 2019, Rn. 1.137, 1.153-1.158, 3.42-3.54 u.a. für Googles Übernahmen von YouTube, Waze und DeepMind; in der deutschen und europäischen Debatte steht der Zusammenschluss Facebook/WhatsApp im Vordergrund, siehe *Becker*, ZWeR 2020, 365, 367, 372.

103 *Entscheidung der Kommission* vom 11.3.2008 zur Feststellung der Vereinbarkeit eines Zusammenschlusses mit dem Gemeinsamen Markt und dem EWR-Abkommen (Sache COMP/M.4731 *Google/ DoubleClick*); *Statement of Federal Trade Commisson Concerning Google/DoubleClick*, FTC File No. 071-0170; Commissioner *Harbour* gab ein dissentierendes, Commissioner *Leibowitz* ein zustimmendes Statement ab.

104 Zum Ganzen *Reppesgaard* (Fn. 2), S. 246-255.

6. Unternehmenskultur

Für ein Wachstumsunternehmen, besonders wenn es viele Übernahmen integrieren muss, ist die Unternehmenskultur zentral. Sie bietet Ordnung und Orientierung, stabilisiert und vermittelt Sinn. Dadurch reduziert sie Komplexität und erleichtert organisationale Anpassung sowie interne Koordination. Zugleich fördert sie die Motivation und Identifikation der Mitarbeiter.[105] Googles Unternehmenskultur ist stark von zwei Einflüssen geprägt.

a) Mathematisch-technische Prägung

Der erste wichtige Faktor sind die Ziele und Prinzipien der Gründerpersönlichkeiten.[106] Ihre mathematisch-technische Prägung sowie die damit verbundene Ambition, Antworten möglichst durch umfassende Datenerfassung und präzise Berechnung zu finden, zeigt sich darin, dass bei Google die gesamte Unternehmensaktivität, soweit sinnvoll möglich, gemessen und ausgewertet wird. Das gilt für das Nutzerverhalten, für Tests neuer Ideen, den Kauf von Start-ups sowie die Auswahl, Interaktion und Tätigkeit der Mitarbeiter.[107] Das Vertrauen darauf, dass technische Lösungen Antworten auf alle Arten von Problemen bereithalten und das Streben nach mathematischer Vorhersehbarkeit von Entwicklungen prägen, wie Google geführt wird.[108]

b) Mitarbeiterorientierung, Managementansatz und Außenwahrnehmung

Zweitens ist Googles Unternehmenskultur von den Wurzeln in Stanford mit seiner hochqualifizierten und umworbenen Studentenschaft beeinflusst. Daher strebten Page und Brin früh ein Arbeitsumfeld an, dass hochtalentierte kreative Köpfe anzog und deren volle Konzentration auf die Arbeit förderte. Dies hat drei zentrale Ausprägungen:

Die erste, besonders bekannte Ausprägung sind die Annehmlichkeiten für Mitarbeiter. Bereits am 17. November 1999 wurde als Angestellter Nr. 56 in Mountain View ein Küchenchef eingestellt, der Google zudem durch eine frühere Tätig-

---

105 *Sackmann*, Unternehmenskultur, 2. Aufl. 2017, S. 59-62. Zur Bedeutung kompatibler Unternehmenskulturen bei Übernahmen a. a. O. S. 19.

106 *Battelle* (Fn. 2), S. 137.

107 Näher *Reppesgaard* (Fn. 2), S. 47-50, 52; *Girard* (Fn. 2), S. 97-101.

108 *Reppesgaard* (Fn. 2), S. 49.

keit für eine Kultband bei internetaffinen Bewerbern aufwertete. Dies und das hochwertige kostenlose Essensangebot trugen maßgeblich zur guten Atmosphäre im Unternehmen und seiner Beliebtheit bei Absolventen bei.[109] Heute gibt es neben Gratismahlzeiten Sporteinrichtungen, Fitnesstrainer, Friseure, Fahrräder und Massageservices direkt im Googleplex.[110] Ähnliches ist mittlerweile bei erfolgreichen Internetfirmen verbreitet – Google war hierfür wegweisend.

Die zweite Ausprägung ist ein spezieller Personalführungs- und Managementansatz für Programmierer und Ingenieure, der als Management-Modell für die Wissensökonomie beschrieben worden ist.[111] Besonders bekannt ist die 80/20-Regel, derzufolge Googles Entwickler und Ingenieure 20 % ihrer Arbeitszeit für eigenständig definierte Projekte nutzen dürfen (sofern sie diese durch zügige Arbeit an zugewiesenen Projekte freihalten können). Der Ansatz erinnert an universitäre Beschäftigungsverhältnisse und fördert Innovation sowie Kreativität. Bei Google gingen hieraus etwa Google News und eine Erweiterung von AdSense hervor.[112] Außerdem werden im Bereich der Software-Entwickler viele Entscheidungen auf Ebene kleiner Teams[113] durch Abstimmungen oder das Peer-Review-Verfahren getroffen.[114] Diesem unterliegen auch selbstdefinierte Projekte aus der 80/20-Regel.[115] Projekte, Ziele und Kompetenzen werden zudem früh in einem Firmenintranet publik gemacht, was gegenseitigen Ansporn und Kontrolle verstärkt sowie die Koordination von Teams und Wissen erleichtert.[116] Durch diese Instrumente kann Google vergleichsweise wenig hierarchisch sein.[117] Oft übersehen wird allerdings, dass die Abteilungen, die mit Verkauf, Marketing, Finanzen, juristischen Fragen oder Übernahmen zu tun haben, die deutlich nüchternere

109 *Vise/Malseed*, 2006 (Fn. 2), S. 188-196.
110 *Girard* (Fn. 2), S. 2.
111 *Girard* (Fn. 2), S. 3.
112 Zum ganzen *Girard* (Fn. 2), S. 64-67. Google adaptierte damit die 15 %-Regel des Forschungs- und Industrieunternehmens 3M. Aus dieser gingen die bekannten Post-it-Notizklebezettel hervor.
113 Näher zu den Vorteilen kleiner Teams und einer ensprechend starken Aufteilung von Aufgaben *Girard* (Fn. 2), S. 105-110.
114 Zum Ganzen *Girard* (Fn. 2), S. 69-74. Die Peer-Review-Diskussionsrunden sind für Programmierer Motivation, Ansporn und Kontrolle, aber auch eine mögliche Konfliktquelle.
115 *Girard* (Fn. 2), S. 66 f.
116 *Girard* (Fn. 2), S. 114-117.
117 *Vise/Malseed*, 2006 (Fn. 2), S. 21; *Girard* (Fn. 2), S. 104 ff., insb. 106, 119: Eine mittlere Managementebene entstand erst schrittweise. Die Zahl der Angestellten pro Vorgesetztem ist deutlich höher als herkömmlich. Nach *Reppesgaard* (Fn. 2), S. 43-45 wechseln selbst hochrangige Mitarbeiter regelmäßig ihre Büros.

Handschrift des klassischen Managers Eric Schmidt tragen.[118] Auch die 80/20-Regel gilt für Verkaufs- und Verwaltungspersonal nicht.[119]

Die dritte Ausprägung schlägt die Brücke zur Außenwahrnehmung von Google. Sie betrifft das Selbstverständnis und das Image des Unternehmens. Wie zentral letzteres für datengetriebene Geschäftsmodelle sein kann, illustriert das Negativbeispiel DoubleClick. In der Phase von Googles intensivem Wachstum Mitte 2001 stand aber zunächst der interne Umgang im Fokus. Um diesen anzuleiten, ließen Page und Brin Googles Kernwerte ausarbeiten. Das Ergebnis war der Leitspruch „Don't be evil". Er setzte sich rasch als Motto auch für das Verhalten gegenüber Dritten und der Gesellschaft durch. Intern entwickelte er Identifikationskraft und wurde als Verpflichtung empfunden.[120] An der Spitze war man sich allerdings des Leerformelcharakters bewusst. Eric Schmidt soll auf die Frage, was „Don't be evil" bedeute, erwidert haben, böse sei das, was Sergey Brin für böse erklärte.[121] Nun bietet Googles innovative Suchmaschine zweifellos großen gesellschaftlichen Mehrwert. In Verbindung mit der (tatsächlich oder vermeintlich[122]) restriktiven Einstellung zu Suchmaschinenwerbung profitierte Google so von seinem guten Ruf zu einer Zeit, als Microsoft verbreitet als monopolistischer Tyrann wahrgenommen wurde.[123]

Tatsächlich hat Google aber im Streben nach Wachstum und Marktführerschaft immer schon beachtliche Wettkampfhärte bewiesen. Sie zeigte sich früh an Rechtsstreitigkeiten um Googles Geschäftsmodell.[124] Später hat Google nach kar-

---

118 *Reppesgaard* (Fn. 2), S. 52.

119 *Girard* (Fn. 2), S. 202.

120 *Battelle* (Fn. 2), S. 137-139.

121 *Vise/Malseed*, 2006 (Fn. 2), S. 203. In ähnlicher Weise soll der frühe Google-Investor Jeff Bezos in einem Interview mit Blick auf das Motto ausgeführt haben: „Well, of course you shouldn't be evil. But then again, you shouldn't have to brag about it either.", *Battelle* (Fn. 2), S. 139.

122 Pointiert zum Widerspruch zwischen Motto und Geschäftsgebahren *Lastowka*, 73 Brooklyn L. Rev. 1327, 1332 (2008): "Google thus presents a fascinating contradiction between its profit model and its self-conception."

123 *Vise/Malseed*, 2006 (Fn. 2), S. 99. Ähnliches galt früher gegenüber dem Konkurrenten Yahoo, a. a. O., S. 172.

124 Von herausragender Bedeutung war der Patentrechtsstreit mit *Overture Services, Inc.* (oben Fn. 65, 66).

Ebenfalls bedeutsam für das Geschäftsmodell sind Markenrechtsstreitigkeiten, die sich gegen die ab dem Vorfeld des Börsenganges sehr liberale Praxis Googles (ebenso Overtures) wandten, die Schaltung von Anzeigen anknüpfend an Markennamen dritter Unternehmen zuzulassen. Ein Werbetreibender konnte so z. B. eine Anzeige für Suchen nach dem Markennamen seines Konkurrenten schalten (dazu etwa *Vise/Malseed*, 2006 (Fn. 2), S. 211-218; *Battelle* (Fn. 2), S. 180-183). Hiergegen gab es zahlreiche Klagen, u.a. *Government Employees Ins. Co. (GEICO) v. Google, Inc.*, 330 F. Supp. 2d 700 (E.D. Va. 2004); eingehend zu der Problematik *Franklyn/Hyman*, 26 Harv. J. L.

tellbehördlichen Festellungen seine Marktmacht ähnlich missbraucht wie zuvor Microsoft.[125] Nach mehreren Bußgeldverfahren in der EU folgt nun eine Kartellklage in den USA.[126]

Auch im Übrigen sind die Zusammenhänge komplexer: Bei Google verschwimmen für viele Nutzer generische Suchergebnisse und Werbung. Anfänglich hochgehaltene Standards wurden mit zunehmendem Erfolg aufgeweicht.[127] Außerdem erscheint die Mission „to organize the world's information, making it universally accessible and useful"[128] in einer digitalisierten Gesellschaft bei personenbezogenen Daten zunehmend problematisch. Darauf bezogene, rückblickend nicht immer taktvoll artikulierte Ziele[129] wirken bei dem nun marktmächtigen Weltkonzern anders als bei einem jungen Start-up.

Ein weiteres Beispiel für den Konflikt zwischen Erfolgsstreben und „don't be evil" war Googles Engagement in China. Nach einigem Zögern entschied sich Google angesichts der enormen Wachstumsaussichten, in den dortigen Markt einzutreten und sich insoweit der staatlichen Zensur zu unterwerfen. Dies wurde als fundamentaler Bruch mit Googles Ziel objektiver Internetsuche wahrgenommen.[130] In ähnlicher Weise hat die Frage, inwieweit Google zur Verbesserung von Waffentechnologie beitragen sollte, intern für heftige Diskussionen gesorgt, weil es als Widerspruch zum Unternehmensmotto empfunden wurde und wird.[131]

& Techn. 481 (2013); *Lim*, 14 UCLA Entertainment L. Rev. 265 (2007), beide mit Überblick über das bisherige Fallrecht; *Lastowka*, 73 Brooklyn L. Rev. 1327, 1359 ff. (2008), auch umfassend zu Markenrecht und Suchmaschinen; aus deutscher Sicht *Ziegenhaus*, Die Verwendung fremder Kennzeichen im Keyword Advertising: eine Markenrechtsverletzung?, 2011; aus europäischer Sicht *Zejda*, 7 (2016) JIPITEC 18.

Weitere Streitigkeiten um geistige Eigentumsrechte betreffen etwa Google Books (dazu *Orly*, Google Book Search und vergleichendes Urheberrecht, 2012) sowie Urheberrechtsverletzungen durch YouTube-Videos, siehe für die USA *Viacom International, Inc. v. YouTube, Inc.*, No. 07 Civ. 2103, 2010 WL 2532404.

Heute stehen die schon seit längerem bestehenden Datenschutzbedenken gegen Dienste wie Google Analytics im Vordergrund, siehe rechtsvergleichend *Liebler/Chaney*, 7 Buffalo Intellectual Property L. J. 101 ff. (2012) (USA, EU, knapp Deutschland).

125 Oben III.4.a) bei Fn. 91 und die dortigen Nachweise.

126 FAZ, Amerika plant Kartellklage gegen Google, Samstag 5.9.2020, Nr. 207, S. 18.

127 Siehe Fn. 124 zur erst restriktiven, später liberalen Zulassung von Anzeigen anknüpfend an Markennamen.

128 http://googlepress.blogspot.com/1999/06/google-receives-25-million-in-equity.html.

129 Für ausgewählte Zitate siehe *Stross* (Fn. 2), S. 16.

130 *Reppesgaard* (Fn. 2), S. 123-132; *Battelle* (Fn. 2), S. 204-210; *Lee* (Fn. 2), S. 80. Mittlerweile ist Google wieder in China aktiv.

131 *Fang*, Google continues investments in military and police AI technology through venture capital arm, https://theintercept.com/2019/07/23/google-ai-gradient-ventures/.

Sogar in Bezug auf die maßstabsbildenden Arbeitsbedingungen wird der Ruf des progressiven Vorzeigeunternehmens nun zuweilen von Kritik an Rückständigkeit übertönt: Vorwürfe zum Umgang der Unternehmensführung mit Anzeigen sexueller Belästigung am Arbeitsplatz[132] und zum Lohngefälle zwischen männlichen und weiblichen Mitarbeitern erhielten durch die „Google Walkouts[133]“ mit über 20.000 Angestellten viel Aufmerksamkeit. Kritische Stimmen attestieren Google, dass eine scheinbar auf Leistung, Kreativität und Engagement bei Informatik und Technik bezogene Führung diese Probleme lediglich verdeckt habe.[134]

IV. Gesellschaftsrechtliche Struktur

Google (heute Alphabet) führt seinen enormen Erfolg – vom Start-up zu einem der wertvollsten Unternehmen der Welt in weniger als 15 Jahren – gerade auch auf seine gesellschaftsrechtliche Strukur zurück. Sie zeichnet sich durch eine Stimmrechtsverteilung aus, die den Gründern maßgeblichen Einfluss sichert und es ihnen dadurch ermöglicht, eigenständig und langfristig zu handeln: „We have protected Google from outside pressures, and the temptation to sacrifice future opportunities to meet short-term demands. Long-term product investments, like Chrome and YouTube, which now enjoy phenomenal usage, were made with a significant degree of independence.“[135] Herausgebildet hat sich die heutige Struktur allerdings erst über mehrere Schritte in den verschiedenen Phasen des Unternehmens. Mehrfach verliefen diese holprig und konfliktbehaftet.

---

132 *Dave*, Alphabet board sued on allegations of sexual misconduct cover-up, 10.01.2019, https://www.reuters.com/article/us-alphabet-lawsuit/alphabet-board-sued-on-allegations-of-sexual-misconduct-cover-up-idUSKCN1P42RJ; *Elias*, Alphabet's board of directors is investigating executives over inappropriate relationships (06.11.2019), https://www.cnbc.com/2019/11/06/alphabet-board-investigating-inappropriate-relationships-by-execs.html.

133 *Lee* (Fn. 2), S. 97 f.; *Drösser*, Google Walkout. „Wir sind nicht nur Angestellte, wir sind Besitzer“ (07.11.2018), https://www.zeit.de/digital/internet/2018-11/google-walkout-mitarbeiter-proteste-sexismus.

134 *Lee* (Fn. 2), S. 86-107.

135 Opening Pretrial Brief of Google Inc. and Independent Director Defendants, In re Google Inc. class C S'holders Litig., No. 7469-CS, 2013 WL 2728591 (Del. Ch. June 10, 2013) 12.

1. Kalifornien

a) Wahl der Jurisdiktion

Bei Google, einem Produkt der Gründerschmiede des Silicon Valley, erfolgte die erstmalige Inkorporierung vergleichsweise spontan am 04.09.1998 in Kalifornien als *Google Inc.*, seit Oktober 2002 als *Google Technology Inc.*[136] In den USA liegt die Gesetzgebungskompetenz für das corporation law bei den Einzelstaaten, von denen sich viele nicht am Model Business Corporation Act orientieren.[137] Kollisionsrechtlich gilt jedenfalls im Grundsatz und in den meisten Staaten die *internal affairs doctrine*, derzufolge das Binnenrecht einer Gesellschaft dem Recht ihres Gründungsstaates unterliegt.[138] Die Wahl des Inkorporationsstaates ist entsprechend bedeutsam.[139]

Kalifornien gehört zu den wichtigen Inkorporierungsstaaten,[140] in deren Kreis Delaware die führende Rolle einnimmt.[141] Bei den Neugründungen liegt Kalifornien aber vor Delaware. Dafür wird angeführt, dass Kalifornien mit dem General Corporation Law von 1977 ein modernes und innovatives Gesetz geschaffen hat, welches in erheblichen Teilen auch für nicht börsennotierte corporations gilt, die in einem anderen Gliedstaat gegründet wurden, aber in wesentlichem Umfang in Kalifornien tätig sind.[142] Generell ist bei einem Tätigkeitsschwerpunkt in dem Staat, in dem das Unternehmen entsteht, zunächst in aller Regel eine dortige Inkorporierung vorzugswürdig,[143] zumal sie später, z. B. nach Erreichen hinreichender Größe, geändert werden kann.[144] Dies kommt Kalifornien mit seiner starken

---

136 Certificate of Amendment of the Sixth Amended and Restated Articles of Incorporation of Google Inc., CA (11.10.2002), https://businesssearch.sos.ca.gov/Document/RetrievePDF?Id=02119530-6256869.

137 Näher *Merkt*, US-amerikanisches Gesellschaftsrecht, 2. Aufl. 2013, Rn. 196.

138 *Gevurtz*, Corporation Law, 2. Aufl. 2010, S. 34 f.; *Cox/Hazen*, Business Organisations Law, 4. Aufl. 2016, S. 65 f.

139 Siehe *Henn/Alexander*, Laws of Corporations, 1983, S. 181 ff., mit einer Liste von 110 Punkten, die bei der Wahl des Gründungsstaates zu beachten sind.

140 *Merkt* (Fn. 137), Rn. 196.

141 *Merkt* (Fn. 137), Rn. 241 f.

142 Siehe Cal. Corp. Code § 2115; *Merkt* (Fn. 137), Rn. 244; näher *Gevurtz* (Fn. 138), S. 36 f. (Einschränkung der internal affairs doctrine); *Cox/Hazen* (Fn. 138), S. 87 f.

143 Sie vermeidet eine unnötige Belastung durch die sog. qualification, dazu *Gevurtz* (Fn. 138), S. 36.

144 *Macey/Moll/Hamilton*, The Law of Business Organizations, 3. Aufl. 2017, S. 141; *Gevurtz* (Fn. 138), S. 38 f.

Industrie und Gründerszene zugute. Die Wahl von Kalifornien als Rechtsstandort lag nach alledem nahe.

b) Wahl der Rechtsform

Schwieriger zu beantworten ist die Frage, warum Google als *corporation* gegründet wurde. Mitte der 1990er Jahre wählten die meisten Technologie-Start-ups des Silicon Valley diese Rechtsform.[145] Für sie spricht, dass Kalifornien einen etablierten Rechtsrahmen für die corporation bot. Gleichwohl erstaunte diese Praxis Gesellschafts- und Steuerrechtler. Denn für (anderweitig unternehmerisch tätige) Investoren in ein Silicon-Valley-Start-up erschien die Rechtsform der steuerlich transparenten *partnership* erheblich günstiger. Mit entsprechender Gestaltung steht sie funktional nicht hinter der corporation zurück.[146] Dass sie bei Silicon-Valley-Start-ups gleichwohl wenig populär war (und ist), hatte mehrere, bis heute umstrittene Gründe:[147]

Erstens stand und steht für optimistische Wagniskapitalgeber das Steuerrecht nicht im Vordergrund.[148] Zweitens war (und ist) die corporation mit Blick auf

---

145 *Bankman*, 41 UCLA L. Rev. 1737, 1739 f. (1994).

146 *Bankman*, 41 UCLA L. Rev. 1737, 1741-1747 (1994), allerdings mit Einschränkungen a. a. O. S. 1753-1755 für Individualinvestoren und steuerbefreite institutionelle Investoren wie Pensionsfonds und Universitätsstiftungen; zusammenfassend zu den Steuervorteilen transparenter Rechtsformen wie der partnership (*flow through entities*) aus heutiger Sicht *Polsky*, 70 Hastings L. J. 409, 413-415 (2019).

147 Zu dem Themenkomplex etwa *V. Fleischer*, 57 Tax L. Rev. 137 (2003) (Er argumentiert, dass Agency-Kosten, Transaktionskosten und die praktische Anwendung einiger wichtiger steuerrechtlicher Regelungen verhindern, dass Silicon-Valley-Wagniskapitalgeber bei Start-ups die theoretischen Steuervorteile der LLC nutzen statt die corporation zu wählen.); *Goldberg*, 55 Tax Lawyer 923 (2002) (Goldberg kommt nach eingehender Untersuchung der typischen Argumente für die Wahl der incorporation durch Silicon-Valley-Start-ups zu dem Schluss, dass diese Argumente Mythen seien und in aller Regel die LLC vorzugswürdig sei.); *Johnson*, 29 Va. Tax Rev. 29 (2009) (allgemein zu Venture Capital Funds, die ihre Investitionen üblicherweise als getrennte corporations führen; *Johnson* weist alle rationalen Erklärungen, die dafür diskutiert werden, zurück.); *Polsky*, 70 Hastings L. J. 409, 436 ff. (2019) (Er argumentiert zum einen, dass die transparente Besteuerung (*flow-through taxation*) Komplikationen für die Compliance und für spätere Transaktionen mit sich bringe, die bei der corporation nicht aufträten. Außerdem laufe der Vorteil der LLC, dass der Käufer bei einem Erwerb von LLC-Anteilen von einem erhöhten Anschaffungswert (*stepped-up basis*) profitieren könne, der seine eigene Steuerlast bei seinem späteren Verkauf verringert, weitgehend leer, weil dieser Vorteil am Markt nicht eingepreist werde und damit für den Verkäufer nicht realisierbar sei.).

148 Dies liegt auch daran, dass sich die in Rede stehenden Vorteile transparenter Besteuerung nicht zuletzt aus Möglichkeiten der Verlustverrechnung ergeben. Dies ist kein Argument, das bei

einen etwaigen späteren Gang an die Börse günstiger, wobei freilich die Kosten einer Umwandlung einer partnership deren anfängliche Steuervorteile nicht aufgezehrt hätten.[149] Drittens nutzen Start-ups Aktien und Aktienoptionen zur Vergütung und Motivation von Schlüsselarbeitnehmern. Zwar könnte man dafür im Prinzip gleichwertig auch Anteile an einer Partnership verwenden. Dies wäre Angestellten aber schwer vermittelbar und auf die dafür nötige juristische Strukturierung woll(t)en sich Gründer mit gegenüber Wagniskapitalgebern unterlegenen Rechtskenntnissen nicht einlassen.[150]

Aus ähnlichen Gründen könnten sich Kenner des US-amerikanischen Gesellschaftsrechts fragen, warum Google nicht in der hybriden Rechtsform der LLC gegründet wurde, zumal Google heute in der Alphabet-Struktur zu einer LLC geworden ist. Hierfür liegen neben den vorgenannten zwei weitere Gründe nahe: Erstens begann der steile Aufstieg der LLC statistisch ablesbar erst ab Mitte der 1990er Jahre und dauerte bis weit in die 2000er Jahre.[151] Zur Zeit der Gründung Googles war die LLC also noch nicht vollständig in der Praxis angekommen. Bis heute ist die Rechtsklarheit bei ihr relativ gesehen geringer.[152] Zweitens besteht auch bei der LLC das Problem der Informationsasymmetrie: Die LLC weist als Standard verschiedene Gestaltungsmerkmale auf, die für Wagniskapitalgeber einerseits sowie Page und Brin (ebenso wie heutige Gründer) andererseits unerwünscht gewesen sein werden.[153] Sie sind zwar dispositiv, die nötigen weit-

---

Geldgebern, die man für eine Investition in ein vielversprechendes Unternehmen gewinnen will, besonders überzeugend wirken wird.

149 Zu beidem *Bankman*, 41 UCLA L. Rev. 1737, 1747-1750, 1764-1766 (1994).

150 *Bankman*, 41 UCLA L. Rev. 1737, 1750-1753 (1994).

151 Siehe die statistische Angaben von 1996 bis 2010 zur gesamten Zahl der Gesellschaften in Form von corporation, LLC und limited partnership in einem bestimmten Jahr bei *Merkt* (Fn. 137), Rn. 44, bei dem die LLC einen Spitzenwert im Jahr 2006 erreicht; mit Blick auf Neugründungen zeigen die Statistiken von *Chrisman*, 15 Fordham J. Corp. & Fin. L. 459, 468-478 (2010) einen ungebrochenen Aufstieg der LLC über alle Berichtsjahre 2004 bis 2007; allgemein zu den Gründen für den Aufstieg der LLC *Röder*, ZHR 184 (2020) 457, 476-478.

152 *Macey/Moll/Hamilton* (Fn. 144), S. 911; *Polsky*, 70 Hastings L. J. 409, 442 (2019).

153 Aus Investorensicht ist nachteilig, dass die Anteile an einer LLC im Ausgangspunkt weniger verkehrsfähig sind als jene an einer corporation. Ihre vollständige Übertragung ist grundsätzlich nur mit Zustimmung aller Gesellschafter möglich. Hiervon kann gewöhnlich vertraglich abgewichen werden (*Macey/Moll/Hamilton* (Fn. 144), S. 997; *Gevurtz* (Fn. 138), S. 10 f., der daher Übertragungsregeln als wenig entscheidend für die Wahl der Rechtsform erachtet). Allerdings erhält die LLC damit ein einzelfallspezifisches Rechtskleid.
Aus Gründersicht gilt, dass Page und Brin bereits damals großen Wert darauf legten, Google weiter eigenständig führen zu können. Auch zu diesem Anliegen passte die corporation besser als die LLC, die, wenngleich wiederum weitgehend dispositiv, eher vom Leitbild einer demokratischen Führung bei wichtigen Entscheidungen ausgeht (dazu allg. *Gevurtz* (Fn. 138), S. 12 f.).

gehenden Abweichungen von Standardregeln der LLC wären aber beratungsaufwendig gewesen,[154] hätten Googles spontane Gründung also verzögert und verteuert.[155] Zudem nutzte Google wie viele Start-ups die Ausgabe von Anteilen bzw. von Optionen auf deren Erwerb von Anfang an intensiv als Instrument, um Mitarbeiter und weitere wichtige Personen zu vergüten und zu motivieren (näher IV.1.c)cc)). Hierfür wären Anteile an der damals noch wenig etablierten Rechtsform LLC in einzelfallspezifischer Ausgestaltung wiederum weniger attraktiv gewesen als solche an einer corporation.

Bis heute gilt, dass Silicon-Valley-Start-ups überwiegend die Rechtsform der corporation wählen, während „normale" Unternehmensgründungen heute überwiegend als LLC erfolgen.[156] Die skizzierte Debatte um die Gründe hierfür dauert an.[157]

c) Satzung (articles of incorporation)

aa) Gründungsdokumente

Die Gründung einer corporation ist kein Hexenwerk:[158] Die Gesellschaftsgründer (*incorporators*) müssen in Kalifornien bei dem Secretary of State of the State of California ein Gründungsdokument (*articles of incorporation*, oft auch *corporate charter* genannt[159]) mit bestimmten Mindestangaben[160] einreichen. Der Secretary of State erteilt hierüber und über bezahlte Gebühren eine Bestätigung, wodurch die corporation zur Rechtsperson wird. Die articles of incorporation sind in Kali-

154 Zu diesem Aspekt allgemein *Gevurtz* (Fn. 138), S. 13 f.

155 Siehe allg. zu diesem Punkt sowie zur Bedeutung einer schnellen Abwicklung ohne vermeidbaren Aufwand bei frühen Finanzierungsrunden von Start-ups *Polsky*, 70 Hastings L. J. 409, 442 f. (2019), der darin heute, nach Etablierung der LLC, aber kein entscheidendes Hindernis mehr sieht.

156 *Polsky*, 70 Hastings L. J. 409, 415 (2019); *Goldberg*, 55 Tax Lawyer 923 (2002).

157 Siehe Fn. 146, 147.

158 Siehe *Bainbridge*, Corporate Law, 3. Aufl. 2015, S. 13: "astonishingly simple process".

159 *Min*, 43 J. Corp. Law 289, 290 Fn. 1 (2018).

160 California Corporations Code § 202: Angaben zu Klassen und Serien von Aktien (dazu sogleich bb)), Angaben zur Firma, eine vorgegebene, sehr weite Formel zum Geschäftszweck, das Gesellschaftskapital und seine Stückelung, die Anschrift der Gesellschaft sowie einen Empfangsbevollmächtigten für die Zustellung im Prozess. Die Dauer der Gesellschaft sowie die Gesellschaftsgründer und Gründungsdirektoren sind in Kalifornien nur fakultative Angaben, siehe California Corporations Code § 200.

fornien über die Webseite des California Secretary of State abrufbar.[161] Das gilt auch für Google (Technology) Inc.

Um über die Rechtsfähigkeit hinaus Handlungsfähigkeit zu erlangen, muss auf einer Gründungsversammlung ein *board of directors* gewählt werden, das seinerseits die *executive officers* bestellt und die sog. *bylaws* der corporation beschließt.[162] Letztere enthalten nähere Regelungen zur Corporate Governance, vor allem mit Blick auf Aktionärsversammlungen sowie die directors und officers. Die bylaws sind grundsätzlich nicht öffentlich,[163] es sei denn, es greifen kapitalmarktrechtliche Offenlegungspflichten. In der rechtlichen Hierarchie stehen die articles of incorporation als grundlegendes Dokument über den bylaws.[164]

bb) Mehrklassenaktienstruktur bei Wagniskapitalfinanzierungen

California Corporations Code § 400(a) ermöglicht es, ähnlich wie andere Gesellschaftsrechte der USA, eine oder mehrere Klassen oder Serien von Aktien oder beides auszugeben.[165] Sie können mit vollem Stimmrecht oder ohne jedes Stimmrecht sowie mit weiteren Rechten, Vorzügen, Sonderrechten und Beschränkungen ausgestattet sein, die in den articles genannt oder autorisiert sind. (Nur) Serien ermöglichen es, die Aktien einer Klasse unterschiedlich auszugestalten. Innerhalb einer Serie gilt wieder das Gebot der Einheitlichkeit.[166] Die articles of incorporation müssen neben formalen Angaben die Gesamtzahl der Aktien jeder Klasse und jeder Serie nennen, mitsamt den Rechten, Vorzügen, Privilegien und Beschränkungen, die für die jeweiligen Klassen oder Serien von Aktien oder ihre Inhaber gelten.[167] Die Art und Weise, wie solche Regelungen von Gerichten ausgelegt werden, macht es erforderlich, hierbei möglichst sämtliche vorhersehbaren Umstände explizit zu regeln.[168]

Bei Google wurde von diesen Möglichkeiten in den Phasen der Wagniskapitalfinanzierung Gebrauch gemacht. Dies ist im Silicon Valley üblich. Die Betei-

---

161 https://businesssearch.sos.ca.gov/.

162 Die Bylaws können in den meisten Gesellschaften einseitig von den Direktoren oder den Aktionären geändert werden, während die corporate charter (articles of incorporation) nur mit Zustimmung der Aktionäre geändert werden kann, *Min*, 43 J. Corp. Law 289, 290 Fn. 1, 294 (2018). Zu typischen Inhalten des jeweiligen Dokuments *Bainbridge* (Fn. 158), S. 14-16.

163 *Bainbridge* (Fn. 158), S. 16.

164 *Min*, 43 J. Corp. Law 289, 294 (2018); *Cox/Hazen* (Fn. 138), S. 87; siehe Del. Code Ann. tit. 8, § 109(b).

165 Allg. zu diesen Möglichkeiten *Merkt* (Fn. 137), Rn. 516-518.

166 California Corporations Code § 400(b).

167 California Corporations Code § 202(g).

168 *Kuntz* (Fn. 8), S. 70 f., nachfolgend mit Darstellung der Bandbreite möglicher Regelungen.

ligung an einer durch Wagniskapital finanzierten Gesellschaft wird dabei differenziert ausgestaltet: Während die Gründer überwiegend Stammanteile (*common shares*[169]) halten, halten die Kapitalgeber Vorzugsanteile mit Konvertierungsoption (*convertible preferred shares*[170]).[171] Deren Beliebtheit hat vorrangig steuerliche Gründe.[172] Regelmäßig zu beobachtende Vorzüge betreffen Dividenden und die Liquidation. Eine Konvertierungsoption gewährt das Recht, die Anteile in Stammanteile umzuwandeln.[173]

Die Finanzierung erfolgt gewöhnlich in mehreren Runden. Die Anfangsfinanzierung wird so bemessen, dass bestimmte Meilensteine erreicht werden können. Anschließend wird über weitere Mittel verhandelt, wobei die Aktienstruktur so angepasst wird, dass sie das Verhältnis neuer Mittel zum Wert der Gesellschaft widerspiegelt.[174] Den einzelnen Finanzierungsrunden werden Anteilsserien zugeordnet, beginnend mit der Erstrundenfinanzierung in der Startup Phase durch Anteile der „Series A". Die „Series B" bezeichnet die Investition im Rahmen der ersten Phase des Expansionsstadiums und so weiter.[175] Aus Gründersicht ist es dabei zentral, bereits zu Beginn hart zu verhandeln, so wie Page und Brin es taten (oben III.2.)). Denn bereits in der ersten Finanzierungsrunde werden die Anker für spätere Runden gesetzt, weil nachfolgende Kapitalgeber in aller Regel mindestens die gleiche Rechtsposition wie Inhaber der Vorzugsanteile der ersten Serie verlangen.[176]

cc) Entwicklung der Struktur bei Google

Die Ausgestaltung der articles of incorporation von Google Inc. (California) folgte in groben Zügen dem geschilderten Muster von Wagniskapitalfinanzierungen im

---

169 California Corporations Code § 159: "Common shares" means shares which have no preference over any other shares with respect to distribution of assets on liquidation or with respect to payment of dividends.

170 California Corporations Code § 176: "Preferred shares" means shares other than common shares.

171 *Bankman*, 41 UCLA L. Rev. 1737, 1740 (1994).

172 *Kuntz* (Fn. 8), S. 183 f., der erläutert, dass die Steuervorteile wohl vorrangig durch laxen Gesetzesvollzug entstehen.

173 Zum ganzen *Kuntz* (Fn. 8), S. 62 f., auch zum Ergebnis: „Damit verfügen die Kapitalgeber über eine Beteiligungsform, die ihnen einerseits mit herkömmlicher Eigenkapitalbeteiligung qua Common Shares vergleichbare residuale Gewinnverteilungsrechte bietet und andererseits den mit typischen Fremdkapitaltiteln verbundenen Befriedigungsvorrang garantiert."

174 *Bankman*, 41 UCLA L. Rev. 1737, 1740 (1994).

175 *Kuntz* (Fn. 8), S. 13.

176 *Kuntz* (Fn. 8), S. 214 f.

Silicon Valley. Zugleich macht sie die spontane Gründung sowie den wachsenden Kapitalbedarf anschaulich.

Die ursprüngliche Version der articles of incorporation vom 04.09.1998 umfasste kaum mehr als eine Seite. Nach der neunten Änderung vom 16.06.2003 war das Dokument auf dicht bedruckte 21 Seiten zuzüglich ein paar Zeilen angewachsen.

Bereits in der ersten Fassung findet sich eine Zweiklassenaktienstruktur. Neben *common shares* (Stammaktien) gestatteten die articles of incorporation vom 04.09.1998 *preferred shares* (Vorzugsaktien) in einer oder mehreren Serien.[177] Das board wurde ermächtigt, über deren Ausgabe zu beschließen, dabei die Rechte, Vorzüge, Privilegien und Einschränkungen noch nicht ausgegebener preferred shares festzulegen und zu verändern sowie die Zahl der Aktien jeder Serie zu bestimmen.

Während die ursprüngliche Fassung vom 04.09.1998 insgesamt 13 Mio. autorisierte Aktien vorsah, davon 12 Mio. als common stock und 1 Mio. als preferred stock, war die zulässige Gesamtzahl knapp fünf Jahre später, in der Fassung vom 16.06.2003, auf rund 864,7 Mio. Aktien hochgeschnellt, davon 400 Mio. *common stock*, 300 Mio. *class A senior common stock* und rund 165 Mio. *preferred stock* in acht Serien.[178] Die größten Sprünge gab es gegen Anfang und Ende: Nur einen Monat nach Inkorporierung, am 10.11.1998, wurde die Gesamtzahl autorisierter Aktien auf knapp 27 Mio. mehr als verdoppelt, nur ein halbes Jahr später erneut fast verdoppelt (21.05.1999: ca. 46 Mio.), drei Monate später wieder nahezu verdoppelt (06.08.1999: 92,5 Mio.). Sodann folgte nach relativ kleinen Veränderungen (insbesondere: 22.09.2000: ca. 112,7 Mio; 31.05.2002: 116,7 Mio.) die nächste Verdopplung am 17.02.2003 auf 216,7 Mio. und schließlich im Zuge eines Aktiensplits fast unmittelbar eine Verdreifachung (21.02.2003: 864,7 Mio.).

Hierbei muss man sich vergegenwärtigen, dass Google erst in den Jahren 2000/2001 ein profitables Geschäftsmodell entwickelte. Die frühen Änderungen zeigen also das starke Wachstum und die rasant steigende Bewertung bei knapper Kasse. Die hinzukommenden Klassen und Serien von preferred shares deuten auf Finanzierungsrunden hin. Außerdem vergütete das junge Google Angestellte in der Frühphase zu einem erheblichen Teil mit Aktienoptionen. Anfangs, als das Unternehmen noch mehr Risiken barg, sollen Page und Brin sie großzügig an ihre

177 Articles of Incorporation of Google Inc., CA (04.09.1998) Art. IV, https://businesssearch.sos.ca.gov/Document/RetrievePDF?Id=02119530-4701822.

178 Series A Preferred, Series A-1 Preferred, Series B Preferred, Series B-1 Preferred usw. bis Series D und D-1.

Freunde aus Stanford und an andere Angestellte verteilt haben.[179] Sogar dem ersten Küchenchef Charlie Ayers boten Page und Brin an, Aktienoptionen günstiger zu erwerben. Ayers, der bei Google weniger verdiente als bei seinem vorherigen Arbeitgeber, konnte das nur mit einem Kredit seines Vaters annehmen.[180] 2001 wurde Eric Schmidt bei seiner Einstellung als Chairman und CEO durch millionenschwere Aktienoptionen und privat erworbene Vorzugsaktien zum größten Aktionär unter den Angestellten.[181]

Die Ausgestaltung der verschiedenen Klassen und Serien spiegelte ebenfalls im Wesentlichen die Merkmale einer typischen Silicon-Valley-Strukturierung wider: Dividendenrechte und Vorzüge der preferred shares waren näher geregelt.[182] Außerdem enthielten die articles of incorporation in späteren Fassungen zunehmend eingehendere Regelungen von Umwandlungsrechten (*conversion rights*) der Inhaber von preferred stock und senior common stock sowie zu Konstellationen einer automatischen Umwandlung in common stock, namentlich bei einem Börsengang.[183]

Im Einzelnen räumte die Satzung vom 11.11.1998 den Inhabern der series A preferred shares einen Dividendenvorzug (*noncumulative*[184]) von 0,05 USD pro Aktie ein.[185] Darüber hinaus vermittelten die wandelbaren[186] series A preferred shares einen einfachen (*non-participating*) Liquidationsvorzug.[187] In Kombination mit ebenfalls geregelten optionalen Umwandlungsrechten steigert dies den Anreiz der Kapitalgeber, weiter in ein erfolgreiches Unternehmen zu investieren und

---

179 *Vise/Malseed*, 2006 (Fn. 2), S. 110. Im Silicon Valley akzeptieren sogar auf Gründer fokussierte Kanzleien eine Stundung der Vergütungsforderung oder eine Vergütung mit Anteilen, *Kuntz* (Fn. 8), S. 212 mit Fn. 915.

180 *Vise/Malseed*, 2006 (Fn. 2), S. 193.

181 *Vise/Malseed*, 2006 (Fn. 2), S. 110.

182 Preference dividends, noncumulative dividends, liquidation preference.

183 Eingehend zu conversion rights und automatischer Konversion einschließlich zur Steuerungswirkung verschiedener Varianten der Ausgestaltung *Kuntz* (Fn. 8), S. 83-94.

184 Amended and Restated Articles of Incorporation of Google Inc., CA (11.11.1998) Art. III 1. (a), https://businesssearch.sos.ca.gov/Document/RetrievePDF?Id=02119530-6182861. Diese Ausgestaltung ist im Silicon Valley üblich, anders als außerhalb des Silicon Valley, *Kuntz* (Fn. 8), S. 72.

185 Amended and Restated Articles of Incorporation of Google Inc., CA (11.11.1998) (Fn. 184), Art. III 1. (b); allg. zur Bedeutung von Dividendenvorzügen bei Wagniskapitalfinanzierungen *Kuntz* (Fn. 8), S. 74-76.

186 Amended and Restated Articles of Incorporation of Google Inc., CA (11.11.1998) (Fn. 184), Art. III 4. (a).

187 Amended and Restated Articles of Incorporation of Google Inc., CA (11.11.1998) (Fn. 184), Art. III 2.; allg. dazu *Kuntz* (Fn. 8), S. 76-83.

den Anreiz der Gründer, auf diesen Erfolg hinzuarbeiten.[188] Für den Fall, dass das Unternehmen an die Börse geht, sah die Satzung vor, dass die preferred shares nach Maßgabe einer bestimmten *conversion rate* automatisch in common shares umgewandelt werden.[189] Das Stimmrecht der preferred shares richtete sich ebenfalls nach der conversion rate.[190]

Mit der geänderten Satzung vom 21.05.1999[191] führte Google mehrere Klassen von preferred shares ein, wobei sich diese sowohl in ihren Stimmrechten als auch in der Höhe der vorab ausgezahlten Vorzugsdividende und des Liquidationsvorzugs unterschieden. Die Vorzugsrechte der series B sowie series B-1 preferred shares überstiegen die der series A sowie series A-1 preferred shares um ein Vielfaches.[192] Hier zeigt sich der beschriebene Ankereffekt bei Verhandlungsrunden.

Im Zuge einer Satzungsänderung vom 22.09.2000 kamen weitere Klassen von Vorzugsaktien hinzu (series C und series C-1 preferred shares).[193] Am 31.05.2002 folgten series D und series D-1 preferred shares.[194] Anfang 2003 wurde der bisherige „common stock" in „class A senior common stock" getauscht.[195]

dd) Direktorenwahl und -haftung

Bereits die erste Fassung der articles of incorporation enthielt eine weitestmögliche Beschränkung der Schadensersatzhaftung von Direktoren sowie die Möglich-

188 Näher *Kuntz* (Fn. 8), S. 84 f.

189 Amended and Restated Articles of Incorporation of Google Inc., CA (11.11.1998) (Fn. 184), Art. III 4. (b).

190 Amended and Restated Articles of Incorporation of Google Inc., CA (11.11.1998) (Fn. 184), Art. III 3.

191 Amended and Restated Articles of Incorporation of Google Inc., CA (21.05.1999), https://businesssearch.sos.ca.gov/Document/RetrievePDF?Id=02119530-6200278.

192 Amended and Restated Articles of Incorporation of Google Inc., CA (21.05.1999) (Fn. 191), Art. III (B) 1. (a) und 2. (a).

193 Fifth Amended and Restated Articles of Incorporation of Google Inc., CA (22.09.2000) Art. III (A), https://businesssearch.sos.ca.gov/Document/RetrievePDF?Id=02119530-6252228.

194 Sixth Amended and Restated Articles of Incorporation of Google Inc., CA (31.05.2002) Art. III (A), https://businesssearch.sos.ca.gov/Document/RetrievePDF?Id=02119530-6223280.

195 Seventh Amended and Restated Articles of Incorporation of Google Inc., CA (07.02.2003) Art. III. (B), https://businesssearch.sos.ca.gov/Document/RetrievePDF?Id=02119530-6246993.

keit, *corporate agents* von der Haftung freizustellen.[196] Die zweite Fassung vom 11.11.1998 ergänzte *protective covenants*.[197]

Seit der Fassung vom 21.05.1999 enthielten die articles of incorporation Bestimmungen zur Direktorenwahl durch die verschiedenen Aktionärsgruppen: Die Inhaber von preferred stock wählten als Klasse zwei *preferred directors*, jene von common stock als Klasse drei *common directors* und beide zusammen als eine Klasse einen *joint director*.[198]

2. Delaware

a) Wechsel der Jurisdiktion

2003, im Vorfeld des späteren Börsenganges, fusionierte Google Technology Inc. auf die am 22.10.2002 gegründete Gesellschaft Google Inc. (Delaware).[199] Im Ergebnis änderte das Unternehmen so sein Inkorporationsstatut. Ein Wechsel nach Dalaware, die führende US-Rechtsordnung für im Fortune 500 gelisteten Gesellschaften, ist in den USA vor allem bei Großunternehmen häufig.[200] Dies liegt an Vorzügen des dortigen Gesellschaftsrechts: Delaware bietet das umfangreichste gesellschaftsrechtliche Fallrecht und damit einen besonders verlässlichen Rechtsrahmen.[201] Hinzu treten eine gesellschaftsrechtlich besonders versierte Gerichtsbarkeit und Anwaltschaft.[202] Für große kapitalmarktorientierte Unternehmen fällt außerdem die managementfreundliche Grundhaltung stark ins Gewicht: Delaware schützt Direktoren recht gut vor *derivative suits* und gestattet hinrei-

---

196 Articles of Incorporation of Google Inc., CA (04.09.1998), (Fn. 177) Art. V.1. Letzteres wurde später ausgebaut, siehe Seventh Amended and Restated Articles of Incorporation of Google Inc., CA (07.02.2003), (Fn. 195) Art. IV.2.

197 Amended and Restated Articles of Incorporation of Google Inc., CA (11.11.1998), (Fn. 184) Art. III 5; allg. dazu bei Wagniskapitalfinanzierungen *Kuntz* (Fn. 8), S. 119 f.

198 Amended and Restated Articles of Incorporation of Google Inc., CA (21.05.1999), (Fn. 191) Art. III (B) 3. (b).

199 Agreement and Plan of Merger of Google Inc. a Delaware Corporation and Google Technology Inc. a California Corporation (29.08.2003), https://businesssearch.sos.ca.gov/Document/RetrievePDF?Id=02119530-7109679.

200 *Merkt* (Fn. 137), Rn. 242, *Romano*, 1 J. L. Econ.Org. 225, 244-246 (1985), beide mit Zahlenmaterial; allg. *Romano*, 8 Cardozo L. Rev. 709, 718 f. (1987); *Fisch*, 68 U.Cin. L. Rev. 1061 (2000).

201 *Romano*, 8 Cardozo L. Rev. 709, 722 (1987).

202 Eingehend zu Vorzügen der Rechtsprechung *Fisch*, 68 U.Cin.L.Rev. 1061 (2000); zum Ganzen *Merkt* (Fn. 137), Rn. 243.

chend weit Abwehrmaßnahmen gegen Übernahmen.[203] Für Google war daher gerade mit Blick auf die geplante Börseneinführung ein Wechsel nach Delaware vorteilhaft.

Delaware stellt anders als Kalifornien keine Gesellschaftsdokumente zum öffentlichen Abruf bereit. Allerdings müssen sowohl das certificate of incorporation[204] als auch die bylaws bei und nach einem Börsengang aufgrund kapitalmarktrechtlicher Vorschriften offengelegt werden. Sie sind dann über die EDGAR-Datenbank[205] der Securities and Exchanges Commission abrufbar. Auf diese Weise ist das certificate of incorporation von Google Inc. (Del) zwar noch nicht in der Ausgangsversion vom 22.10.2002, aber ab der ersten Änderung in der Fassung vom 27.08.2003 öffentlich verfügbar.[206] Die bylaws liegen bereits in der ersten Fassung vom 22.10.2002 vor.

b) Börsengang 2004: Motive und ungewöhnliche Organisation

Page und Brin hatten eigentlich wenig Interesse an einem Börsengang. Insbesondere die damit eingehergehende Transparenz über das Geschäft von Google sahen sie als Risiko[207] – Google hatte schließlich selbst den zentralen Baustein von der Konkurrenz adaptiert. Dessen ungeachtet war ein Börsengang letztlich unausweichlich, um den Wagniskapitalgebern und zahlreichen Angestellten mit Aktien(optionen) einen profitablen Ausstieg zu ermöglichen.[208] Hinzu kam, dass Google mittlerweile so viele Aktien an Mitarbeiter ausgegeben hatte, dass die Grenzen der damaligen Fassung von rule 701 Securities Act 1933 überschritten

203 *Romano*, 1 J. L. Econ.Org. 225, 280 (1985); *Bebchuk/Ferrell*, 87 Virginia L. Rev. 111, 116, 118 ff., 135 ff. (2001); stark differenzierend *Bebchuk/Cohen*, 46 J. L. & Ec. 383, 404 ff. (2003).

204 Im Gesellschaftsrecht Delawares wird die grundlegende corporate charter als "certificate of incorporation" bezeichnet, im kalifornischen Gesellschaftsrecht als „articles of incorporation", *Min*, 43 J. Corp. Law 289, 294 Fn. 17 (2018).

205 EDGAR steht für: electronic data gathering and retrival system.

206 Amended and Restated Certificate of Incorporation of Google Inc. https://www.sec.gov/Archives/edgar/data/1288776/000119312504073639/dex301.htm.

207 *Vise/Malseed*, 2006 (Fn. 2), S. 163; *Reppesgaard* (Fn. 2), S. 114.

208 *Vise/Malseed*, 2006 (Fn. 2), S. 164; allg. zu dahinterstehenden *harvesting agreements Choo*, 20 Berkeley Tech L. J. 405, 410 (2005). Außerdem führte Google 2007 ein *transferable stock option program* ein, das Angestellten erlaubt, zugeteilte Optionen (*vested options*) in einer Online-Auktion zu verkaufen, um besser ihre Gesamtvergütung zu kontrollieren, ihr Vermögen zu diversifizieren und das mit den Optionen verbundene Risiko zu verringern, *Girard* (Fn. 2), S. 203.

waren und Google ohnehin zu Quartals- und Jahresfinanzberichten verpflichtet war.[209] Damit bestand kein Grund zur Verzögerung mehr.[210]

Bei dem Börsengang hatten Page und Brin zwei Anliegen: Sie wollten ihre unternehmerische Unabhängigkeit behalten – ihr Mittel dazu waren Mehrstimmrechtsaktien. Außerdem wollten sie den Börsengang kosteneffizient nach ihren Vorstellungen ohne Rücksichtnahme auf Usancen der Wall Street bewerkstelligen.

Üblicherweise erfolgt eine Erstemission mit dem sog. *Book-Building-Verfahren*[211] über Investmentbanken, die sich für eine erhebliche Gebühr[212] verpflichten, die Aktien zu einem festgelegen Mindestpreis zu übernehmen und über die Einholung von Zeichnungsangeboten den Ausgabekurs festlegen.[213] Um die Aktien leicht weiterveräußern zu können, hat die Investmentbank anders als der Emittent ein Interesse an einem relativ niedrigen Ausgabekurs – ein Grund für das verbreitete *underpricing*.[214] Die Investmentbanken sorgen im Vorfeld des Börsenganges für Investoreninteresse etwa durch Roadshows und teilen die übernommenen Aktien zu, wobei sie oft ihren bevorzugten Anlegern Vorrang einräumen.[215]

Google wollte all dies nicht hinnehmen und entschied sich im Rahmen der Börseneinführung überwiegend[216] für das in den USA kaum gebräuchliche,[217] ge-

---

209 Siehe Amendment No. 9 to Form S-1 Registration Statement (18.08.2004), S. 18 f., https://www.sec.gov/Archives/edgar/data/1288776/000119312504142742/ds1a.htm#toc.

210 *Reppesgaard* (Fn. 2), S. 114.

211 Allg. zum Book-Building-Verfahren *Langenbucher*, Aktien- und Kapitalmarktrecht, 4. Aufl. 2018, § 13 Rn. 44; *Poelzig*, Kapitalmarktrecht, 2018, § 7 Rn. 190.

212 *Choo*, 20 Berkeley Tech L. J. 405, 412 (2005); *Oesterle*, 1 Entrep. Bus. L. J. 369, 370-372 (2006): 5-10 % des aggregierten IPO-Wertes.

213 Bezogen auf die USA allg. *Hazen*, The Law of Securities Regulation, 7. Aufl. 2017, S. 72 f.; *Hild*, 3 J. Bus. L. & Technology 41, 43-46 (2008).

214 *Hofmaier/Winterhalter/Wiedemann*, M&A Review 2018, 33, dort auch zu weiteren Erklärungen.

215 Näher *Hild*, 3 J. Bus. L. & Technology 41, 45 f. (2008), demzufolge 10-20 % an bevorzugte Individualkunden zugeteilt werden, zudem weitere Anteile an institutionelle Anleger mit langer Geschäftsbeziehung zur Investmentbank; knapp *Choo*, 20 Berkeley Tech L. J. 405, 412 f. (2005).

216 Ca. 15 % der Aktien wurden nach dem üblichen Verfahren zugeteilt, näher *Choo*, 20 Berkeley Tech L. J. 405, 421 mit Fn. 71 (2005); *Oh*, 42 Wake Forest L. Rev. 853, 876 (2007).

217 Vor Google wurde es in den USA erst zehnmal für Aktienemissionen verwendet, *Choo*, 20 Berkeley Tech L. J. 405, 417 f., 431 f. (2005). Eine Variante der Dutch Auction (*sealed-bid price-discriminiatory auction*) war allerdings bei Aktienemissionen in Japan von 1989 bis 1997 gängig. Außerdem war die Dutch Auction als uniform-price auction bis 1998 in den USA für die Emission von Staatsanleihen und in abgewandelter Form seit 1964 bei Aktienemissionen in Frankreich üblich, *Hild*, 3 J. Bus. L. & Technology 41, 47-49 (2008).

bührensparende[218] und vergleichsweise demokratische Verfahren einer modifizierten[219] *Dutch auction*[220] (*sealed-bid uniform-price auction*), das auf den Tulpenverkauf in den Niederlanden zurückgeht. Jeder Interessent kann online Gebote abgeben, so dass große und kleine Anleger im Wesentlichen gleich behandelt werden.[221] Google profitierte hierbei von seiner großen Bekanntheit[222] und bestand darauf, bereits eine Ordergröße von fünf Aktien zu berücksichtigen, um auch Kleinanleger zum Zuge kommen zu lassen.[223] Die Investoren geben an, wie viele Aktien sie zu welchem Preis kaufen möchten. Nach Auktionsschluss werden die Aktien beginnend mit dem Meistbietenden „von oben nach unten" verteilt, bis der Markt geräumt ist. Dabei zahlen alle Erwerber den Preis desjenigen Bieters, der als letzter noch Aktien bekommen hat.[224] Dies ähnelte dem Auktionsverfahren, mit dem Google seine Anzeigen vertreibt. Für derartige IPO-Modelle wird u. a. angeführt, dass der Kurs nach der Erstemission weniger schwanke[225], da der Auktionsmechanismus dem „Underpricing" entgegenwirke.[226]

Auch in anderer Hinsicht agierte Google bei seinem vielbeachteten[227] Börsengang an der NASDAQ ungewöhnlich und in einem Anfang 2004 für Technologiefirmen eher schlechten Börsenumfeld ungeschickt.[228] Dies führt zu vielen Nach-

---

218 *Choo*, 20 Berkeley Tech L. J. 405, 429 (2005): Im normalen Verfahren hätte Google eine Gebühr von ca. 7 % an die Konsortialführer zahlen müssen, so konnte Google eine Gebühr von 2,8 % aushandeln.

219 Modifiziert deshalb, weil Google sich vorbehielt, den Ausgabekurs abweichend von anfänglichen Vorgaben festzulegen, *Oh*, 42 Wake Forest L. Rev. 853, 877 f. (2007).

220 Form S-1 Registration Statement (29.04.2004), S. 25 ff., https://www.sec.gov/Archives/edgar/data/1288776/000119312504073639/ds1.htm.

221 *Choo*, 20 Berkeley Tech L. J. 405, 414 (2005): "more 'democratic' offering", mit Diskussion der Kritik an dieser Charakterisierung a. a. O. S. 427-429.

222 *Choo*, 20 Berkeley Tech L. J. 405, 418 (2005).

223 *Vise/Malseed*, 2006 (Fn. 2), S. 167; *Reppesgaard* (Fn. 2), S. 115.

224 Knapp *Hazen* (Fn. 213), S. 71; näher *Choo*, 20 Berkeley Tech L. J. 405, 415-417 (2005).

225 So auch Page und Brin: „Our goal is to have an efficient market price—a rational price set by informed buyers and sellers—for our shares at the IPO and afterward. Our goal is to achieve a relatively stable price in the days following the IPO and that buyers and sellers receive a fair price at the IPO", Google Inc., Founders' IPO Letter, Form S-1 Registration Statement (29.04.2004) (Fn. 220), S. v.

226 Eingehend zu Vor- und Nachteilen mit kritischem Befund und empirischer Auswertung *Oh*, 42 Wake Forest L. Rev. 853 (2007); *Choo*, 20 Berkeley Tech L. J. 405, 415-417 (2005).

227 *Choo*, 20 Berkeley Tech L. J. 405 (2005): "most talked IPO of 2004".

228 Zur restriktiven Informationspolitik und zum ungewöhnlichen Börsenprospekt *Vise/Malseed*, 2006 (Fn. 2), S. 168-170; *Reppesgaard* (Fn. 2), S. 115; zum Playboy-Interview, das während der sog. Schweigezeit erschien und als Anhang in den Prospekt aufgenommen werden musste, siehe Amendment No. 9 to Form S-1 Registration Statement (18.08.2004) (Fn. 209), S. 22, F-38, Appendix B, B.-1 bis B.11; zum erst kurz vor dem Börsengang beigelegten Rechtsstreit mit Overture oben Fn. 65, 66; zu Rückerwerbsangebot (*rescission offer*) für ca. 23 Mio. Aktien, deren Ausfragen und Beanstandungen der Börsenaufsicht.[229] Der einflussreiche Stimmrechtsberater ISS erteilte aufgrund der geplanten Mehrstimmrechte ein desaströses Corporate-Governance-Rating.[230] Die Zahl der auszugebenden Aktien und die zunächst angepeilte Preisspanne von 108 bis 135 USD mussten vor diesem Hintergrund auf 85 bis 95 USD herabgesetzt werden, wovon nur 85 USD erzielt wurden.[231]

Der Börsengang erlöste so 1,67 Mrd. USD, von denen 1,2 Mrd. Google zuflossen.[232] Weit bedeutsamer als dieser Betrag waren die Aktien, die bei Google verblieben und nun als Akquisitionswährung – später etwa für YouTube – oder zur Generierung weiterer Barmittel zur Verfügung standen.[233] Dies galt umso mehr, als der von vielen Unruhefaktoren untermalte Börsengang aus Anlegersicht ein voller Erfolg wurde: Googles Notierung startete mit einem unmittelbaren Preissprung auf ca. 100 USD. Im Februar 2005, nur ein halbes Jahr nach der Börseneinführung, war der Preis der Google-Aktie bereits auf 210,86 USD geklettert,[234] zweieinhalb Jahre später gar auf über 741 USD gestiegen.[235]

Der Börsengang veränderte die Unternehmenskultur spürbar. Viele Mitarbeiter aus der Frühphase hatte Google zu Multimillionären gemacht.[236] Für spätere

---

gabe an Mitarbeiter ohne Einhaltung kapitalmarktrechtlicher Vorgaben erfolgt war, siehe Amendment No. 9 to Form S-1 Registration Statement (18.08.2004) (Fn. 209), S. 18 f., 111 f.

229 *Vise/Malseed*, 2006 (Fn. 2), S. 174; in gewissem Maße sind Kommentare der Aufsicht allerdings normal, siehe *Hazen* (Fn. 213), S. 79, 139 ff.

230 *Huang*, 2 J. of Bus. L. 137, 143 (2017).

231 Auch zur heftigen Kritik daran *Choo*, 20 Berkeley Tech L. J. 405, 422-424 (2005); *Oh*, 42 Wake Forest L. Rev. 853, 857 f., 877 f. (2007); *Sirkin/Rivlin*, SEC Approves Google IPO, Company Cuts Share Prive, N.Y. Times (18.08.2004), https://www.nytimes.com/2004/08/18/technology/sec-approves-google-ipo-company-cuts-share-price.html.

232 Dazu *Choo*, 20 Berkeley Tech L. J. 405 (2005). Die übrigen 473 Mio. gingen an Leitungspersonen und Investoren von Google, die Aktien veräußert hatten.

233 *Reppesgaard* (Fn. 2), S. 119.

234 *Choo*, 20 Berkeley Tech L. J. 405 (2005). Die spätere Entwicklung war dann zunächst wechselhaft (a. a. O., S. 425 f.).

235 https://www.sueddeutsche.de/digital/google-im-zeitraffer-aus-der-garage-an-die-boerse-1.691320. Von 2007 bis 2012 fiel der Kurs dann, bevor er neue Höhen bis 1.200 USD erklomm, https://www.handelsblatt.com/finanzen/maerkte/ipo/google-aktie-1300-prozent-gewinn-in-zehn-jahren-/10368258.html?ticket=ST-3640587-k4JuG3DYmRcfOdrcdpMl-ap5.

236 *Choo*, 20 Berkeley Tech L. J. 405, 434 f. (2005). Angesichts der hohen Zahl ausgegebener Aktien an Mitarbeiter gab es bei Googles Börsengang fünf gestaffelte Lock-up-Perioden anstatt der üblichen einen. Bei Auslaufen der zweiten bis fünften Lock-up-Periode wurden jeweils erheblich mehr Aktien von Mitarbeitern veräußert als zuvor Gegenstand des Börsenganges gewesen waren, a. a. O., S. 425 mit Fn. 84. Allein zwischen Juli 2004 und Januar 2009 veräußerte Brin Anteile im Wert von 2,23 Mrd. USD, Page im Wert von 2,19 Mrd. USD und Eric Schmidt im Wert von 1,68 Mrds. USD. Omid Kordestani, einer von Googles ersten 40 Angestellten und „head of global sales and

Zugänge war das nicht mehr erreichbar.[237] Zugleich wurden die Strukturen bedingt durch das große Wachstum und kapitalmarktrechtliche Compliance-Vorschriften bürokratischer,[238] aber auch professioneller.[239]

c) Satzung (certificate of incorporation, bylaws)

aa) Umwandlungsmöglichkeiten der alten Mehrklassenaktienstruktur

Mit Blick auf die Interessenlage der Beteiligten reizvoll erscheint die Frage, wie der Übergang der bisherigen Anteile an common stock und preferred stock in diversen, unterschiedlich ausgestalteten Serien von Google (Cal.) nach Google (Del.) und sodann in die für den Börsengang nötige Form gestaltet wurde. Das certificate of incorporation von Google Inc. (Del.) in der Fassung vom 27.8.2003 sah genau die gleiche Anzahl und Ausgestaltung von common und preferred stock vor wie die letzte Fassung der articles of incorporation von Google Inc. (Cal.). Insofern wurde also die Position aller Anteilsinhaber – abgesehen von dem Wechsel der Jurisdiktion – zunächst erhalten.

Beide corporate charters regelten – wie bei Wagniskapitalfinanzierungen üblich[240] – eine automatische Umwandlung aller Anteile von preferred stock und class A senior stock in Stammanteile (common stock) im Fall eines Börsenganges (*underwritten public offering*).

Durch eine Pflichtumwandlung gehen sämtliche Präferenzen unter.[241] Die automatische Umwandlung stand jeweils neben einem – gleichfalls üblichen – optionalen Umwandlungsrecht. Für Umwandlungskonstellationen wird ein bestimmter Konversionspreis pro Vorzugsanteil festgelegt. Die Umtauschquote ergibt sich aus dem Verhältnis des Preises für die Vorzugsanteile und des Konversionspreises. Je geringer der Konversionspreis ist, desto mehr Stammanteile erhält der Vorzugseigner.[242]

---

business development“, veräußerte im gleichen Zeitraum Anteile im Wert von 1,33 Mrd. USD, der Risikokapitalgeber John Doerr von Kleiner Perkins im Wert von 848 Mio. USD.

237 Näher, auch zu damit verbundenen Management- und Governanceproblemen (drohendes „Kastensystem“ zwischen früh und später eingestellten Mitarbeitern; Insiderhandel) *Girard* (Fn. 2), S. 202-207.

238 *Reppesgaard* (Fn. 2), S. 118 f., auch dazu, dass bis 2006 aus diesen Gründen 100 der 300 ersten Google-Mitarbeiter das Unternehmen verließen.

239 *Reppesgaard* (Fn. 2), S. 121.

240 Zu den gängigen Ausgestaltungsformen näher *Kuntz* (Fn. 8), S. 88 f.

241 *Kuntz* (Fn. 8), S. 79, 88-94.

242 *Kuntz* (Fn. 8), S. 83.

Damit war bereits ein Weg eröffnet, preferred stock in common stock umzuwandeln. Hierfür wurden dann mit einem „second and amended certificate of incorporation" von Google Inc. (Del.) vom 28.06.2004 neue Regelungen getroffen.

bb) Neu: A- und B-Aktien

Im Zuge der Börseneinführung wurde eine neue Zweiklassenaktienstruktur geschaffen:

- Unmittelbar mit der Einreichung des „second and amended certificate of incorporation" von Google Inc. (Del.) vom 28.06.2004 beim Secretary of State of Delaware wandelten sich im Rahmen einer Rekapitalisierung (*recapitalisation*[243]) alle ausgegebenen Anteile des *common stock* jeweils in eine Aktie *class A common stock* um, die eine Stimme pro Aktie vermittelte.
- Alle ausgegebenen Anteile des *class A senior common stock* wandelten sich jeweils in eine Aktie *class B common stock* um, die zehn Stimmen pro Aktie vermittelte.
- Für die Anteile des *preferred stock* war ebenfalls eine automatische Umwandlung in *class B common stock* zu der dann maßgeblichen Umwandlungsquote unmittelbar vor dem Abschluss des Verkaufs von common stock in einem garantierten öffentlichen Zeichnungsangebot (underwritten public offering) zu einem bestimmten Mindestpreis pro Aktie und einem bestimmten Mindestgesamtvolumen vorgesehen, die jeweils sehr niedrig bemessen waren.[244] Der Börsengang von Google erfüllte trotz seiner ungewöhnlichen Gestaltung diese Anforderung.[245] Außerdem konnte eine automatische Umwandlung in class B common stock auf einen Mehrheitsbeschluss der Eigner von preferred stock erfolgen.

---

243 Allgemein zu Rekapitalisierungen *Merkt* (Fn. 137), Rn. 1374-1379 (insb. mit Blick auf preferred stock).

244 Second Amended and Restated certificate of Incorporation of Google Inc.. DE (28.06.2004), Art. 4 Sec. 4(b) https://www.sec.gov/Archives/edgar/data/1288776/000119312504114518/dex3011.htm.

245 Siehe Fn. 216 sowie Amendment No. 2 to Registration Statement on Form S-1 21.06.2004 https://www.sec.gov/Archives/edgar/data/1288776/000119312504105566/dex9901.htm, S. 99: "Upon the closing of this offering, each outstanding share of our preferred stock will be converted into one share of class B common stock."

Anteilseigener von class A und class B common stock wählten grundsätzlich als eine Klasse,[246] sofern es nicht um die Veränderung ihrer (Vor-)Rechte ging.[247] Es entschied also die Mehrheit aller Stimmen, ohne dass es auf eine mehrheitliche Billigung auch der class A shareholders ankam. Damit waren die bisherigen Eigner von class A senior common stock und preferred stock mit ihren neuen class B shares als zukünftige Herrscher über Google auserkoren. Beim Börsengang wurden die class A shares über das Auktionsverfahren zugeteilt. Die class B shares wurden hingegen nicht gelistet.[248] Sie verblieben in den Händen der Gründer, wichtiger Vorstandsmitglieder sowie Mitarbeiter, um so weiter die Kontrolle über das Unternehmen sicherzustellen.[249] Page, Brin und Eric Schmidt verfügten so zusammen über 37,6 % der Stimmen.[250] Gemeinsam mit den ranghöchsten Managern kamen sie auf 61 % der Stimmen.[251]

Über die ungleiche Stimmrechtsgewichtung hinaus bestanden keine Unterschiede zwischen den class A und class B shares.[252] Wird eine B-Aktie (rechtlich und wirtschaftlich) an eine Person übertragen, die weder Gründer noch „Founder's Permitted Entity" ist, so wandelt sich die B-Aktie in eine A-Aktie mit einfachem Stimmrecht um. Daneben war jederzeit eine optionale Umwandlung möglich.[253]

Diese Mehrstimmrechtskonstruktion – fungible class A Shares mit einer Stimme pro Aktie, unübertragbare class B Shares mit dem zehn Stimmen – entsprach

---

246 Zum Ganzen Second Amended and Restated certificate of Incorporation of Google Inc., DE (28.06.2004), Art. 3 Sec. 2, 3(a), 3(a)(i) (Fn. 244); später Third Amended and Restated Certificate of Incorporation of Google Inc., DE (24.08.2004), Art. 4 Sec. 2(a), https://www.sec.gov/Archives/edgar/data/1288776/000119312511032930/dex301.htm.

247 *Lin*, 2017 Col. Bus. L. Rev. 453, 490 (2017).

248 Amendment No. 2 to Registration Statement on Form S-1, Google Inc., 21.06.2004 (Fn. 245), S. 103.

249 Form S-1 Registration Statement (29.04.2004) (Fn. 220), S. 21.

250 Plaintiffs' Opening Pre-trial Brief, in re Google Inc. class C S'holder Litig., No. 7469-CS, 2013 WL 2728583 (Del. Ch. Jun. 10, 2013), S. 8.

251 *Reppesgaard* (Fn. 2), S. 116. Nachfolgend stieg dieser Anteil sogar noch etwas, weil das relative Gewicht von Page, Brin und Schmidt zunahm, als andere hochrangige Manager ihre B-Aktien veräußerten. Am 28.5.2005 kontrollierten die drei 66,2 % der Stimmen, Plaintiffs' Opening Pre-trial Brief, in re Google Inc. class C S'holder Litig., No. 7469-CS, 2013 WL 2728583 (Del. Ch. Jun. 10, 2013), S. 9.

252 Third Amended and Restated Certificate of Incorporation of Google Inc., DE (24.08.2004) (Fn. 246), Art. 4 Sec. 2 (e).

253 Third Amended and Restated Certificate of Incorporation of Google Inc., DE (24.08.2004) (Fn. 246), Art. 4 Sec. 2 (f) (iii); für eine zusammenfassende und vereinfachte Darstellung siehe Amendment No. 2 to Registration Statement on Form S-1, Google Inc., 21.06.2004 (Fn. 245), S. 99.

dem in den USA herkömmlich Üblichen.[254] Bei Börsengängen waren solche Konstruktionen zur Zeit von Googles IPO aber selten. Bei jungen Technologiefirmen kamen sie praktisch nicht vor.

Nach dem Börsengang am 19.08.2004 sah die dritte geänderte und neu formulierte Fassung des certificate of incorporation wieder die Möglichkeit vor, neue preferred shares auszugeben. Außerdem konnten die Inhaber von common stock per Mehrheitsbeschluss, wobei A- und B-shares als eine Klasse gewertet wurden, die Anzahl der autorisierten Aktien verringern (bis zur Zahl der umlaufenden Aktien) oder erhöhen.[255] Die Mehrheit der Gründer und Manager behielt so Einfluss auf die Kapitalstruktur – das sollte 2012 relevant werden.

Den IPO-Dokumenten fügten Page und Brin – dies war ungewöhnlich[256] – einen idealistischen, allgemeinverständlich geschriebenen und auch im Internet veröffentlichten Gründerbrief (Letter from the Founders – „An Owner's Manual" for Google's Shareholders[257]) bei, in dem sie ihre Überlegungen zur Börseneinführung darlegten. Der Entwurf stammte wohl von Page und Brin selbst, wurde aber von Sequoia Capital (Michael Moritz) überarbeitet. Die Gründer betonten ihr Anliegen, die Unternehmensaktien einem breiten Publikum an Kleininvestoren zugänglich zu machen,[258] und rechtfertigten ihre Entscheidung zugunsten von Mehrstimmrechtsaktien: Sie sollten dafür sorgen, dass Google als börsennotiertes Unternehmen seine langfristige Ausrichtung beibehalten kann.[259] Auch der Charakter einer gründergeführten Gesellschaft sollte bewahrt werden.[260] Page und Brin verwiesen dazu auf führende US-amerikanische Zeitungen, bei denen die Eigentümerfamilien durch gestufte Stimmrechte die redaktionelle Unabhängigkeit

---

254 Siehe *Bainbridge* (Fn. 158), S. 424; empirisch *Gompers/Ishii/Metrick*, Rev. Fin. Stud. 23 (2010), 1051, 1052 f.

255 Third Amended and Restated Certificate of Incorporation of Google Inc., DE (24.08.2004) (Fn. 246), Art. 4 Sec. 1.

256 *Vise/Malseed*, 2006 (Fn. 2), S. 169.

257 Google Inc., Founders' IPO Letter, Form S-1 Registration Statement (29.04.2004) (Fn. 220), S. i-vii.

258 Google Inc., Founders' IPO Letter, Form S-1 Registration Statement (29.04.2004) (Fn. 220), S. iv.

259 "As a private company, we have concentrated on the long term, and this has served us well. As a public company, we will do the same. In our opinion, outside pressures too often tempt companies to sacrifice long-term opportunities to meet quarterly market expectations. Sometimes this pressure has caused companies to manipulate financial results in order to 'make their quarter.' In Warren Buffett's words, 'We won't 'smooth' quarterly or annual results: If earnings figures are lumpy when they reach headquarters, they will be lumpy when they reach you'", Form S-1 Registration Statement (29.04.2004) (Fn. 220), S. i.

260 *Vise/Malseed*, 2006 (Fn. 2), S. 171.

sicherten.[261] Dem Ziel einer langfristigen Ausrichtung diente außerdem die angekündigte Abstandnahme von Quartalsergebnisprognosen, wobei sich Page und Brin auf Warren Buffet beriefen.[262]

cc) (Weitere) Abwehrmaßnahmen gegen Übernahmen

Neben der Mehrstimmrechtsaktienstruktur im certificate of incorporation sahen die bylaws von Google Inc. in der zum Zeitpunkt der Börseneinführung geltenden Fassung zahlreiche weitere gesellschaftsrechtliche Gestaltungen zur Sicherung der Kontrolle der class-B-Stimmrechtsmehrheit vor. Sie nutzten das Spektrum des im Recht von Delaware Möglichen auf breiter Front:

- So stand dem Board das Recht zu, leere Direktorenplätze und leitende Angestellte (*officers*[263]) neu zu besetzen.[264]
- Die Direktoren waren mit den weitestmöglichen Kompetenzen ausgestattet und weitestmöglich von einer Haftung freigestellt,[265] konnten aber jederzeit mit Stimmrechtsmehrheit der Anteilseigner abberufen werden.[266] Letzteres entspricht der Grundregel in Delaware, sofern kein *classified board* besteht,[267] was bei Google nicht der Fall war. Der chairman of the board sollte zwar unabhängig sein (*outside director*).[268] Von weitergehenden Börsen

---

261 *Vise/Malseed*, 2006 (Fn. 2), S. 171 f., auch dazu, dass die von Page und Brin gezogenen Parallelen zwischen dem Angebot Googles und einer Tageszeitung bei Lichte betrachtet allenfalls eingeschränkt tragen.

262 *Vise/Malseed*, 2006 (Fn. 2), S. 170.

263 Allg. zu dieser Gruppe *Merkt* (Fn. 137), Rn. 661 ff.

264 Amended and Restated Bylaws of Google Inc. (18.08.2004) Art. III Sec. 3.4 (Directors), Art. V Sec. 5.2, 5.5 (Officers), https://www.sec.gov/Archives/edgar/data/1288776/000119312511032930/dex302.htm; Third Amended and Restated Certificate of Incorporation of Google Inc., DE (24.08.2004) (Fn. 246), Art. 9 (Directors).

265 Third Amended and Restated Certificate of Incorporation of Google Inc., DE (24.08.2004) (Fn. 246), Art. 6 Sec. 1, Art. 7 Sec. 1; Amended and Restated Bylaws of Google Inc. (18.08.2004) (Fn. 264), Art. III Sec. 3.1, Art. IX Sec. 9.1, 9.2 ("[...] if such person acted in good faith and in a manner such person reasonably believed to be in or not opposed to the best interests of the corporation [...]").

266 Third Amended and Restated Certificate of Incorporation of Google Inc., DE (24.08.2004) (Fn. 246), Art. 9 Sec. 2; Amended and Restated Bylaws of Google Inc. (18.08.2004) (Fn. 264), Art. III Sec. 3.13.

267 Del. Code Ann. tit. 8, § 141(k). Dazu sowie zur Entwicklung der Rechstlage auch in weiteren US-Bundesstaaten *Cools*, ECFR 2011, 199, 232.

268 Amended and Restated Bylaws of Google Inc. (18.08.2004) (Fn. 264), Art. V Sec. 5.6.

regeln, die eine Mehrheit unabhängiger Direktoren im Board verlangen,[269] dürfte Google aber als *controlled company* ausgenommen gewesen sein.[270]

- Wenn Aktionäre neue Kandidaten für das Board benennen wollten, mussten sie dies vorab schriftlich mit bestimmten Informationen mitteilen (*advance notice bylaws*).[271] Dies schränkt die Nominierungsmöglichkeiten der Aktionäre ein.[272] Eine solche Regelung dient neben der ordnungsgemäßen Information im Vorfeld einer Aktionärsversammlung als Verteidigungsstrategie gegen aktivistische Aktionäre, indem das amtierende Board Zeit für die Vorbereitung einer Strategie gegen die „Rebellen" erhält.[273] Das Board selbst konnte neue Kandidaten ohne eine solche advance notice vorschlagen.
- Die Kumulierung von Stimmrechten bei der Wahl von Direktoren war unzulässig.[274] Dadurch wird es Minderheitsaktionären unmöglich, eigene Kandidaten bei der Besetzung von Vorstandsposten durchzusetzen.[275] Außerdem galt für die Wahl der Direktoren das in den USA standardmäßige *plurality voting*. Es führt, anders als *majority voting*, zur Wahl der Nominierten mit den meisten „Ja"-Stimmen, unabhängig von der Zahl der Enthaltungen. Dies bedeutet eine geringere Verantwortlichkeit gegenüber den Aktionären[276] und begünstigt eine entschieden agierende Mehrheit.
- Aktionäre konnten Beschlüsse nur in Versammlungen fassen[277] und dadurch weniger schnell Maßnahmen ergreifen. Insbesondere kann ein Mehrheitseigner hierdurch nicht die bylaws ändern oder Direktoren abberufen, ohne eine Versammlung abzuhalten.

---

269 Zu Einzelheiten *Bainbridge* (Fn. 158), S. 90-94.

270 NYSE Euronext, Inc., NYSE Listed Company Manual § 303A.00.

271 Ermächtigung: Third Amended and Restated Certificate of Incorporation of Google Inc., DE (24.08.2004) (Fn. 246), Art. 10; Umsetzung: Amended and Restated Bylaws of Google Inc. (18.08.2004) (Fn. 264), Art. II Sec. 2.15 in Verbindung mit Sec. 2.14 (grundsätzlich zwischen 90 und 120 Tage vor der Versammlung).

272 *Fisch*, 61 Emory L. J. 436, 488 (2012).

273 *Cox/Thomas*, 42 Del. J. Corp. L. 323, 367 f. (2018), mit Erörterung der gerichtlichen Bewertung solcher Klauseln durch die Rechtsprechung in Delaware a. a. O., S. 367-374; kürzer *Cox/Hazen* (Fn. 138), S. 359 f.

274 Amended and Restated Bylaws of Google Inc. (18.08.2004) (Fn. 264), Art. II Sec. 2.9; Third Amended and Restated Certificate of Incorporation of Google Inc., DE (24.08.2004) (Fn. 246), Art. 6 Sec. 9.

275 Näher dazu sowie zur günstigen Wirkung von cumulative voting für die Minderheit *Bainbridge* (Fn. 158), S. 264 -266; *Merkt* (Fn. 137), Rn. 620-623.

276 *Min*, 43 J. Corporation L. 289, 307 f. (2018); *Bainbridge* (Fn. 158), S. 262-264.

277 Amended and Restated Bylaws of Google Inc. (18.08.2004) (Fn. 264), Art. II Sec. 2.10.

- Zudem konnte der Vorstand ohne Zustimmung der Hauptversammlung nach eigenem Ermessen Vorzugsaktien ausgeben[278] und damit eine Übernahme finanziell unattraktiv machen bzw. von einem solchen Vorhaben abschrecken (*poison pill*).
- Einer Transaktion mit Kontrollwechsel (*change in control transaction*), sei es in Form einer Fusion, eines Kaufs aller wesentlichen Vermögenswerte der Gesellschaft oder einer Ausgabe von mehr als 2 % der ausstehenden Aktien mit der Folge, dass eine Person oder Gruppe mehr als 50 % der Stimmrechtsmacht erwirbt, musste eine Aktionärsversammlung mit einer Mehrheit der ausgegebenen Anteile und einer Mehrheit von 60 % aller präsenten oder vertretenen Anteile zustimmen.[279]
- Die Gesellschaft machte nicht von der Möglichkeit Gebrauch, aus Del. Code Ann. tit. 8, § 203, "Business combinations with interested stockholders" (sog. *Freezeout Statute* oder *Delaware Anti-Takeover Statute*) herauszuoptieren.[280] Die Norm verbietet gewisse Formen der Übernahme einer Gesellschaft (Zusammenschluss oder Erwerb wesentlicher Teile des Gesellschaftsvermögens) durch einen Aktionär, der mit mind. 15 % beteiligt ist, sofern nicht (u. a.) das Board zustimmt oder der Aktionär bereits drei Jahre mindestens 85 % der nach dem Gesetz einzuberechnenden Anteile gehalten hat.[281]

dd) Ergebnis

Die Gestaltungen in dem certificate of incorporation sowie den bylaws von Google Inc. (Del.) erreichten in der Zusammenschau, dass die Stimmrechtsmehrheit, bei Google also die kontrollierenden class-B-Aktionäre, jederzeit die Zusammensetzung des Boards steuern konnte, das seinerseits über weite Kompetenzen verfügte. Zugleich war die Gesellschaft mit starken Abwehrinstrumenten gegen Übernahmen und gegen aktivistische (class-A-)Aktionäre ausgestattet. class B shares

278 Third Amended and Restated Certificate of Incorporation of Google Inc., DE (24.08.2004) (Fn. 246), Art. 4 Sec. 4.

279 Third Amended and Restated Certificate of Incorporation of Google Inc., DE (24.08.2004) (Fn. 246), Art. 4 Sec. 3; dazu auch Amendment No. 2 to Registration Statement on Form S-1, Google Inc., 21.06.2004 (Fn. 245), S. 102.

280 Zur Opt-out-Möglichkeit bei Gründung Del. Code Ann. tit. 8, § 203 (b)(1); einen späteren Outopt gestattet Del. Code Ann. tit. 8, § 203 (b)(3).

281 Allg. dazu *Merkt* (Fn. 137), Rn. 1483 f.; bezogen auf Google siehe zusammenfassend Amendment No. 2 to Registration Statement on Form S-1, Google Inc., 21.06.2004 (Fn. 245), S. 103; Form S-1 Registration Statement (29.04.2004) (Fn. 220), S. 22.

konnten Aktivisten von vorneherein nicht erwerben. Eine Übernahme gegen den Willen der Gründer und Manager sowie des board war somit unmöglich.[282] Zugleich war die Gestaltung darauf angelegt, Google nicht auf ewig, sondern nur zugunsten der Gründerpersönlichkeiten und des frühen engeren Führungsteams der Aktionärsdemokratie zu entziehen. In den Worten von Page und Brin:

> "By investing in Google, you are placing an unusual long term bet on the team, especially Sergey and me, and on our innovative approach. (...) In the transition to public ownership, we have set up a corporate structure that will make it harder for outside parties to take over or influence Google. (...) The main effect of this structure is likely to leave our team, especially Sergey and me, with increasingly significant control over the company's decisions and fate, as Google shares change hands."[283]

d) Rekapitalisierung 2012: Ausgabe der C-Aktien

aa) Ausgangspunkt und rechtliche Problematik

Das certificate of incorporation von Google Inc. (Del.) zum Zeitpunkt des Börsenganges ermächtigte die Anteilseigner mit Mehrheitsbeschluss, neue Aktien auszugeben. Dieser Punkt erwies sich für die Gründer als sehr bedeutsam: Page und Brin sowie der obere Führungszirkel altgedienter Mitarbeiter veräußerten schrittweise immer mehr Aktien,[284] sei es zur Diversifizierung des eigenen Vermögens oder zur Finanzierung eigener Projekte. Außerdem wurden beständig neue A-Aktien für die leistungsorientierte Mitarbeitervergütung und für die umfangreiche M&A-Aktivität benötigt, wodurch das relative Stimmgewicht der verbliebenen B-Aktien sank. Im Jahr 2010 war absehbar, dass der Gründerzirkel hierdurch die Kontrolle über Google in wenigen Jahren verlieren würde.[285] Dies wollten Page und Brin unbedingt vermeiden. Wieso diese unerwünschte Entwicklung nicht von vorneherein durch vorsorgende Vertragsgestaltung vermieden wurde, ist unklar – Gründer und Unternehmen verwiesen auf das außergewöhnlich und damit wohl

---

282 Siehe Amendment No. 2 to Registration Statement on Form S-1, Google Inc., 21.06.2004 (Fn. 245), S. 101-103.

283 Amendment No. 2 to Registration Statement on Form S-1, Google Inc., 21.06.2004 (Fn. 245), S. 28 f.

284 Dazu bereits oben Fn. 236, 237; zudem Plaintiffs' Opening Pre-trial Brief, in re Google Inc. class C S'holder Litig., No. 7469-CS, 2013 WL 2728583 (Del. Ch. Jun. 10, 2013), S. 9; Opening Pretrial Brief of Google Inc. and Independent Director Defendants, In re Google Inc. class C S'holders Litig., No. 7469-CS, 2013 WL 2728591 (Del. Ch. June 10, 2013), S. 1.

285 *McKinnon*, 5 Michigan Bus. & Entrepr. L. Rev. 81, 85 f. (2015); *Goshen/Hamdani*, 120 Col. L. Rev. 941, 943 (2020).

für alle unerwartet schnelle Wachstum.[286] Denkbar erscheint ferner, dass der Kontrollverlust beim Börsengang aus sicherer zeitlicher Entfernung eher akzeptabel erschien als als bevorstehendes Ereignis. Die Gestaltungsmöglichkeiten waren nun durch die Börsenregeln der NASDAQ begrenzt. Gesellschaften mit Mehrstimmrechtsaktien dürfen zwar an die Börse gehen. Sobald dies geschehen ist, darf die Gesellschaft Stimmrechte vorhandener Aktionäre aber nicht mehr durch Handlungen oder Emissionen in ungleichartiger Weise verringern oder einschränken.[287]

bb) Gestaltung und Begründung

Vor diesem Hintergrund entschied sich die Unternehmensführung im April 2012 auf Betreiben von Page und Brin nach circa zweijähriger Vorbereitung[288] in einem speziellen, freilich letztlich auch durch die Gründer getragenen Board-Ausschuss,[289] neben der bestehenden Zweiklassenaktienstruktur als Dividende eine dritte Klasse stimmrechtsloser Aktien, sog. C-Aktien, auszugeben. Die bestehenden Aktieninhaber (A- wie B-Aktien) erhielten sie pro rata. Die Ausschüttung der C-Aktien erachtete die NASDAQ als mit ihren Börsenregeln vereinbar, weil die eine Stimme, welche A-Aktien gewährten, unberührt blieb.[290]

Für diese *midstream recapitalization* musste das certificate of incorporation der Google Inc. (Del.) geändert werden. Dies erforderte neben der Zustimmung des Board eine Billigung der Anteilseigner.[291] 85,3 % der Inhaber der A-Aktien stimmten gegen den Vorgang. Allerdings votierten sie gemäß dem certificate of incorporation – abweichend vom meist üblichen Standard[292] – als eine Klasse mit den B-Aktien. Aufgrund der weiterhin übermächtigen Stimmrechte der Gründer

286 Opening Pretrial Brief of Google Inc. and Independent Director Defendants, In re Google Inc. class C S'holders Litig., No. 7469-CS, 2013 WL 2728591 (Del. Ch. June 10, 2013), S. 16.

287 *NASDAQ, Inc.*, NASDAQ Stock Market Rules IM-5640, https://listingcenter.nasdaq.com/rulebook/nasdaq/rules/nasdaq-5600-series; *Bainbridge* (Fn. 158), S. 424; *McKinnon*, 5 Michigan Bus. & Entrepr. L. Rev. 81, 84 (2015).

288 Näher auch zu den ab 2010 begonnenen Vorbereitungen aus der Sicht Googles Opening Pretrial Brief of Google Inc. and Independent Director Defendants, In re Google Inc. class C S'holders Litig., No. 7469-CS, 2013 WL 2728591 (Del. Ch. June 10, 2013), S. 2-4, 17-24.

289 Sehr krit. *McKinnon*, 5 Michigan Bus. & Entrepr. L. Rev. 81, 86 (2015) und *Wen*, 162 U. Pa. Law Rev. 1495, 1499 (2014), die ebenso wie die Kläger davon ausgehen, dass die Board-Mitglieder das Ansinnen unter dem Druck von Page und Brin nur um den Preis des Mandatsverlustes hätten ablehnen können.

290 *McKinnon*, 5 Michigan Bus. & Entrepr. L. Rev. 81, 86 (2015).

291 *Min*, 43 J. Corp. Law 289, 294 (2018); *Goshen/Hamdani*, 120 Col. L. Rev. 941, 943 (2020).

292 *Gevurtz* (Fn. 138), S. 781.

und der Führungsebene durch die bei ihnen verbliebenen B-Aktien (zusammen 56,1 % der Stimmen bei 15 % Eigenkapitalbeteiligung[293]) wurde das Vorhaben daher wie erwartet im Juni 2012 angenommen.[294]

Im Anschluss sah die Kapitalstruktur gemäß dem Fourth Amended and Restated Certificate of Incorporation of Google Inc. (Del.) wie folgt aus: Zu – jeweils autorisierten – 9 Mrd. class A common stock und 3 Mrd. class B common stock traten 3 Mrd. class C capital stock sowie 100 Mio. Vorzugsaktien hinzu, alle im Nennwert von 0,001 USD.[295] Die C-Aktien verfügten über die gleichen Rechte auf Dividenden und andere Ausschüttungen wie die Anteile des common stock, abgesehen davon, dass Aktiendividenden in Form von class C shares statt als A- bzw. B-shares gewährt wurden.[296] Auch im Fall einer Übernahme waren C-Aktien grundsätzlich gleichgestellt.[297] Bei Liquidation der Gesellschaft sollten die class C shares in class A common stock umgetauscht werden, wofür eine entsprechende Reserve vorgeschrieben war.[298]

Die Ausgabe der C-Aktien sowie die Möglichkeit, diese zu verkaufen, verschaffte dem Unternehmen zusätzliche Liquidität für Investitionen und erlaubte es, aktienbasierte Vergütungsregelungen beizubehalten, ohne die Kontrolle der Gründer und hochrangigen Manager zu verwässern.[299] Indem es so gelang, den Zeitpunkt, zu dem Google Inc. der Kontrolle öffentlicher Anleger unterfallen würde, weiter hinauszuzögern,[300] verschob die Ausgabe der C-Aktien Kontrollmöglichkeiten von den öffentlichen Anlegern hin zu den Gründern Page und Brin.[301]

---

293 Plaintiffs' Opening Pre-trial Brief, in re Google Inc. class C S'holder Litig., No. 7469-CS, 2013 WL 2728583 (Del. Ch. Jun. 10, 2013), S. 7 f.; *McKinnon*, 5 Michigan Bus. & Entrepr. L. Rev. 81, 86 (2015); *Lee*, 5 Harvard Bus. L. Rev. 301, 303 (2015).

294 *Goshen/Hamdani*, 120 Col. L. Rev. 941, 943 (2020).

295 Fourth Amended and Restated Certificate of Incorporation of Google Inc., DE (22.06.2012), Art. 4 Sec. 1, https://www.sec.gov/Archives/edgar/data/1288776/000119312512312575/d357361dex301.htm.

296 Fourth Amended and Restated Certificate of Incorporation of Google Inc., DE (22.06.2012) (Fn. 295), Art. 4 Sec. 5(a), (b).

297 Fourth Amended and Restated Certificate of Incorporation of Google Inc., DE (22.06.2012) (Fn. 295), Art. 4 Sec. 5(e).

298 Fourth Amended and Restated Certificate of Incorporation of Google Inc., DE (22.06.2012) (Fn. 295), Art. 4 Sec. 5(c).

299 *Lee*, 5 Harvard Bus. L. Rev. 301, 304 (2015).

300 *Lee*, 5 Harvard Bus. L. Rev. 301, 306 (2015); Plaintiffs' Opening Pre-trial Brief, in re Google Inc. class C S Plaintiffs' Opening Pre-trial Brief holder Litig., No. 7469-CS, 2013 WL 2728583 (Del. Ch. Jun. 10, 2013), S. 40.

301 *Goshen/Hamdani*, 120 Col. L. Rev. 941, 943 (2020).

Google und sein board rechtfertigten sich damit, dass die Aufrechterhaltung der Gründerkontrolle zentral für den weiteren Unternehmenserfolg sei.[302]

Um Bedenken vorzugreifen, hatte Googles Board-Ausschuss zwei einschränkende Vereinbarungen mit den Gründern durchgesetzt:[303] Ein *transfer restriction agreement* zwischen Google, Page, Brin und Schmidt schrieb u. a. vor, dass die Gründer und Schmidt so lange, bis der gemeinsame Stimmenanteil von Page und Brin unter 34 % fiel, C-Aktien nur zusammen mit B-Aktien veräußern durften (*stapling provisions*).[304] Dies sollte verhindern, dass sich die Gründer durch den Verkauf ihrer C-Aktien Liquidität ohne Einbußen bei ihrer Stimmrechtsmacht verschaffen konnten. Allerdings kann auch ein Stimmenanteil von 34 % noch Kontrolle begründen,[305] und Googles Direktoren konnten die Vereinbarung mit Mehrheitsbeschluss beenden.[306] Hinzu trat ein *equal treatment amendment* in Form der bereits skizzierten Änderung der articles of incorporation.[307] Es besagte, dass bei einem Zusammenschluss (*business combination*), der die Zustimmung der Aktionäre voraussetzt, alle Aktienklassen gleich behandelt werden.[308] Allerdings schien der Eintritt eines solchen Szenarios auf absehbare Zeit rein hypothetisch. Andere Formen eines Kontrollwechsels waren zudem nicht erfasst.[309] Abgesehen davon war der Stimmrechtsvorteil von B-Aktien unübertragbar und eine Kontrollprämie für sie entsprechend unsicher. Die zugesagte Gleichbehandlung erschien daher nicht als nennenswertes Zugeständnis. Die breite Ablehnung durch die A-Aktionäre zeigte denn auch überdeutlich, dass weder die Argumente Googles noch die einschränkenden Vereinbarungen überzeugten.

---

302 Opening Pretrial Brief of Google Inc. and Independent Director Defendants, In re Google Inc. class C S'holders Litig., No. 7469-CS, 2013 WL 2728591 (Del. Ch. June 10, 2013), S. 5 f., 16 f.

303 *Lee*, 5 Harvard Bus. L. Rev. 301, 304 f. (2015).

304 Google Inc., Current Report (Form 8-K), Transfer Restriction Agreement § 10(b) (Ex. 4.01, 4.02, 4.03) (March 25, 2014), https://www.sec.gov/Archives/edgar/data/1288776/00011931251411 6456/d699871d8k.htm.

305 Siehe nur *Lee*, 5 Harvard Bus. L. Rev. 301, 306 f. (2015).

306 Plaintiffs' Opening Pre-trial Brief, in re Google Inc. class C S'holder Litig., No. 7469-CS, 2013 WL 2728583 (Del. Ch. Jun. 10, 2013), S. 27 f.

307 Fourth Amended and Restated Certificate of Incorporation of Google Inc., DE (22.06.2012) (Fn. 295), Art. IV, Section 5, Clause (e).

308 Plaintiffs' Opening Pre-trial Brief, in re Google Inc. class C S'holder Litig., No. 7469-CS, 2013 WL 2728583 (Del. Ch. Jun. 10, 2013), S. 27 f.

309 Plaintiffs' Opening Pre-Trial Brief, In re Google Inc. class C S'holder Litig., No. 7469-CS, 2013 WL 2728583 (Del. Ch. June 10, 2013) 28, 51; siehe dazu auch Fn. 304.

cc) Rechtsstreit

Ein Teil der Minderheitsaktionäre, angeführt u.a. von dem Pensionsfonds der Stadt Brockton in Massachusetts, wollte sich mit der Rekapitalisierung nicht abfinden und strengte eine Sammelklage gegen Google, Page, Brin, Schmidt sowie weitere Board-Mitglieder an. Die Umsetzung der Rekapitalisierung wurde während der Verfahrensdauer ausgesetzt.

Juristisch warfen die klagenden class A shareholder den Beklagten eine Verletzung von Treue- und Sorgfaltspflichten vor.[310] Bei der *midstream recapitalization* hätten die Direktoren nicht unbefangen im Interesse der Gesellschaft entschieden, weshalb *self dealing* in Rede stehe. Die Maßnahme diene allein dazu, die Position der herrschenden Gesellschafter Page und Brin zu stärken. Die Class-A-Aktionäre würden unfair benachteiligt, weil ihre wirtschaftliche Beteiligung durch die Ausgabe stimmrechtsloser C-Aktien zur Mitarbeitervergütung verwässert werde und weil der kombinierte Wert von A- und C-Aktien ex post unter dem Wert der A-Aktien vor der Rekapitalisierung liegen werde.[311] Das Verhalten unterliege folglich einer gerichtlichen Überprüfung gemäß dem strengen *entire fairness standard*.

Google argumentierte, die Entscheidung diene der langfristigen Wertschöpfung, sei von unabhängigen und unbefangenen Direktoren gebilligt worden und daher gemäß der großzügigen *business judgment rule* nur eingeschränkt überprüfbar. Außerdem genüge sie jedenfalls auch dem entire fairness standard.[312]

Hinter diesem Streit steht die nach wie vor ungeklärte Rechtsfrage, welcher Prüfungsmaßstab richtigerweise für eine *midstream recapitalization* gilt, also eine gewisse Zeit nach der Gründung erfolgende Kapitalmaßnahme, die Kontrollrechte in der Gesellschaft umverteilt.[313] Bei Konflikten über Zahlungsrechte wenden die Gerichte Delawares, sofern es um eine Transaktion mit dem kontrollierenden Aktionär oder eine Handlung geht, die diesen wirtschaftlich begünstigt (*self dealing*), im Ausgangspunkt den *entire fairness standard* (auch: *intrinsic fairness standard*[314]) an. Danach muss der Kontrollaktionär die Fairness der Transaktion

---

310 In der Rechtsprechung wird insoweit oftmals nicht klar differenziert, vgl. *Merkt*, (Fn. 137) Rn. 898.

311 Plaintiffs' Opening Pre-trial Brief, in re Google Inc. class C S'holder Litig., No. 7469-CS, 2013 WL 2728583 (Del. Ch. Jun. 10, 2013), S. 5, 49 f.

312 Opening Pretrial Brief of Google Inc. and Independent Director Defendants, In re Google Inc. class C S'holders Litig., No. 7469-CS, 2013 WL 2728591 (Del. Ch. June 10, 2013), S. 25 ff.

313 *Goshen/Hamdani*, 120 Col. L. Rev. 941, 944 (2020); *Gevurtz* (Fn. 138), S. 781 f. Zu der Problematik *Lee*, 5 Harvard Bus. L. Rev. 301 (2015); *Lin*, 2017 Col. Bus. L. Rev. 453, 485 ff. (2017); *Goshen/Hamdani*, 120 Col. L. Rev. 941 (2020); thematisch eng verbunden *Goshen/Hamdani*, 125 Yale L. J. 560, 594 ff., insb. 605 ff., zudem S. 590 mit Fn. 99 (2016).

314 *Merkt* (Fn. 137), Rn. 1410.

bezogen auf das Verfahren (*fair dealing*) und den Preis (*fair price*) beweisen.[315] Davon entlastet ist er nur, wenn die in Rede stehende Handlung von einem Komitee unabhängiger und unbefangener (*disinterested*) Direktoren sowie von einer Mehrheit der Minderheitsaktionäre gebilligt worden ist (sog. *MFW conditions*[316]) – dann gilt die *business judgment rule*.[317] Greift sie, wird das Urteil eines directors oder officers in einer geschäftlichen Angelegenheit nach der Grundsatzentscheidung *Smith v. Van Gorkom* nicht im Einzelnen gerichtlich überprüft, sofern die Interessen der Gesellschaft und des handelnden directors nicht in Konflikt miteinander standen (*disinterested judgment*), der director sich vor seiner Entscheidung in angemessener Weise sachkundig gemacht hat (*informed judgment*) und in dem vernünftigen Glauben gehandelt hat, dass seine Entscheidung im besten Interesse der Gesellschaft war (*rational belief*).[318]

Soweit eine Änderung von Kontrollrechten oder allgemeiner der Corporate Governance in Rede steht, ist die Rechtsprechung in Delaware hingegen uneinheitlich. *Self dealing* setzt voraus, dass der Kontrollaktionär durch die Veränderung etwas unter Ausschluss von und zum Schaden der Minderheit erhält.[319] Das ist nicht gegeben, wenn eine Maßnahme rechtlich gesehen für alle Aktionäre in gleicher Weise erfolgt, so wie die Ausgabe der C-Aktien bei Google, selbst wenn das Ergebnis den Aktionären faktisch uneinheitlich zugute kommt.[320] Delawares Gerichte wenden in Spielarten dieser Konstellation herkömmlich meist die *business judgment rule* an. Ob dieser herkömmliche Ansatz nach wie vor gilt, ist aber unsicher. Neuere gerichtliche Äußerungen tendieren bei einer Verschiebung von Kontrollmöglichkeiten eher zum *entire fairness standard*.[321] Googles midstream recapitalization hat dies wohl bestärkt.[322]

315 *Rosenblatt v. Getty Oil Co.*, 493 A.2d 929, 937 (Del. 1985).

316 Nach *Kahn v. M & F Worldwide Corp.*, 88 A.3d 635, 644 (Del. 2014).

317 Zum Ganzen *Goshen/Hamdani*, 120 Col. L. Rev. 941, 949-952 (2020).

318 *Smith v. Van Gorkom*, 488 A.2d 858 (Del. 1985).

319 *Sinclair Oil Corp. v. Levien*, 280 A.2d 717, 720 (Del. 1971).

320 *Ivanhoe Partners v. Neymont Mining Corp.*, 533 A.2d 585, 602 (Del. Ch. 1987); *Goshen/Hamdani*, 120 Col. L. Rev. 941, 953 f. (2020).

321 *Goshen/Hamdani*, 120 Col. L. Rev. 941, 954-961 (2020), mit Fällen zu dual-class recapitalization, tenure voting recapitalization, Veränderung der Board-Besetzung, sowie dem Übergang von einer Zweiklassen- zu einer Dreiklassen-Aktienstruktur bei den (versuchten) Rekapitalisierungen von Google, Facebook, IAC, NRG Yield und dem umgekehrten Fall CBS; für eine Fairness-Prüfung wohl auch *Gevurtz* (Fn. 138), S. 782.

322 So *Goshen/Hamdani*, 120 Col. L. Rev. 941, 991 (2020).

dd) Vergleich

Nachdem der Ausgang der Sache *Google Inc. class C Shareholder Litigation* offen schien,[323] Äußerungen von Chancellor Strine aber wohl eher den Beklagten zuzuneigten,[324] verglichen sich die Parteien kurz vor Beginn des eigentlichen Verfahrens.[325] Ein Teil der Kritik an der midstream recapitalization gründete in der Erwartung, dass der Marktwert der neu ausgegebenen C-Aktien ohne Stimmrecht unter dem Wert der A-Aktien mit Stimmrecht liegen würde. Google würde daher zur Einhaltung aktienbasierter Vergütungsregelungen und für Übernahmen relativ mehr C-Aktien als A-Aktien aufwenden müssen. Dieses Mehr an voll dividendenberechtigten C-Aktien drohte die wirtschaftliche Position der A-Aktionäre zu verwässern.[326] Zugleich sahen sich die A-Aktionäre um eine Ausschüttung stimmberechtigter Aktien mit höherem Wert gebracht.

Der Kompromiss bestand im Wesentlichen darin, den Markt über die Höhe etwaiger Einbußen dadurch entscheiden zu lassen, dass die Class-A-Aktionäre junge Aktien ohne Stimmrecht erhalten würden.[327] Google verpflichtete sich, einen gewissen, nach näheren Vorgaben zu berechnenden Prozentsatz des Abschlags zu zahlen, mit dem die stimmrechtslosen C-Aktien ein Jahr nach ihrer Emission im Verhältnis zu den A-Aktien notierten, vorausgesetzt, dieser Abschlag betrug über 1 %, und begrenzt auf einen Unterschied von 5 %.[328] Infolge dieser „*true-up*"-Regelung zahlte Google später über 560 Millionen USD an die Kläger.[329] Außerdem wurde das *transfer restriction agreement* leicht verschärft, indem für seine Aufkündigung durch das board Anforderungen an dessen Unabhängigkeit und Einstimmigkeit festgelegt sowie eine Ankündigungsfrist von 30 Tagen vorgeschrie-

---

323 So *Goshen/Hamdani*, 120 Col. L. Rev. 941, 958 f. (2020).

324 Chancellor *Strine* betonte, dass für die Beklagtenseite der Präzedenzfall *Williams v. Geier*, 671 A.2d 1368, 1370-1371 (Del. 1996) sowie die Zustimmung unabhängiger Direktoren ins Gewicht fiel, Settlement Hearing and Rulings of the Court, In re Google Inc. class C S'holder Litig., No. 7469-CS, 2013 WL 6735045, S. 25 f. (Seitenzählung des westlaw-generierten Dokuments).

325 Order and Final Judgment, In re Google Inc. class C S'holder Litig., No. 7469-CS, 2013 WL 5949928 (Del. Ch. Nov. 6, 2013).

326 *Lee*, 5 Harvard Bus. L. Rev. 301, 305 f. (2015).

327 *Nicholas/Marsh*, Dual-Class: The Consequences of Depriving Institutional Investors of Corporate Voting Rights, Harvard Law School Forum on Corporate Governance, 17.05.2017, https://corpgov.law.harvard.edu/2017/05/17/dual-class-the-consequences-of-depriving-institutional-investors-of-corporate-voting-rights/.

328 Siehe die vorläufige Fassung *Google Inc.*, Current Report (Form 8-K), Ex. 99.1 Stipulation of Compromise and Settlement (Aug. 2, 2013), S. 6-8, https://www.sec.gov/Archives/edgar/data/1288776/000119312513418880/d618226dex991.htm; *McKinnon*, 5 Michigan Bus. & Entrepr. L. Rev. 81, 86 (2015).

329 *Nicholas/Marsh* (Fn. 327).

ben wurde.[330] Darüber hinaus verzichteten Google und das Board wohl im Fall gerichtlicher Überprüfung auf Einwände gegen den entire fairness standard.[331]

In der Literatur wird der Fall ebenso wie sein Ausgang unterschiedlich beurteilt. Auf der einen Seite steht scharfe Kritik in dem Sinne, dass die Schutzmechanismen die nachteiligen Auswirkungen der Rekapitalisierung für die Inhaber von A-Aktien nicht aufgewogen hätten.[332] Dagegen wendet eine neuere Ansicht ein, dass sich die Änderung des Machtgefüges in einem Unternehmen nicht objektiv bewerten lasse. Deshalb sei die nötige Abwägung zwischen der Verwirklichung der Visionen fähiger Gründer und einer Minimierung von Agenturkosten firmenspezifisch anhand einer Auslegung der privatautonom vereinbarten Unternehmenssatzung zu treffen und die business judgment rule anzuwenden.[333]

3. Alphabet-Holding, 2015/2017

a) Überblick und betriebswirtschaftliche Einordnung

Die berichteten Neu- und Weiterentwicklungen durch internes und externes Wachstum haben Google Inc. stark verändert: Aus einem auf den Markt für Internetsuche und Suchmaschinenwerbung fokussierten Unternehmen ist ein weltweites digitales Konglomerat geworden. Für Organisation und Management solcher Konglomerate haben Wirtschaftswissenschaft und Praxis Ansätze mit unterschiedlichen Graden der Entscheidungsdelegation entwickelt.[334] Daneben tritt der Gesichtspunkt, dass die gesellschaftsrechtliche Organisation eines Kon-

330 Google Inc., Current Report (Form 8-K), Transfer Restriction Agreement § 10(b) (Ex. 4.01, 4.02, 4.03) (March 25, 2014) (Fn. 304), S. 3.

331 So jedenfalls in der vorläufigen Version, die in diesem Punkt aber noch überarbeitet werden sollte, *Google Inc.*, Stipulation of Compromise and Settlement (Aug. 2, 2013) (Fn. 328), S. 9.

332 In diesem Sinne *Lee*, 5 Harvard Bus. L. Rev. 301, 306-311 (2015); wohl auch *Lin*, 2017 Col. Bus. L. Rev. 453, 490 (2017) („This was clearly a pro-insider distorted midstream amendment by controlling-minority shareholders").

333 Dahingehend *Goshen/Hamdani*, 120 Col. L. Rev. 941, 986 ff. (2020). Dieser Ansatz deckt sich mit den Ausführungen von Chancellor *Leo Strine* im Fall Google. Er nahm auf die bereits bestehende Mehrstimmrechtsaktienstruktur Bezug und leitete aus dieser die Erwartungshaltung der öffentlichen Anleger ab, dass die Unternehmensgründer auch weiterhin an ihrer Kontrolle werden festhalten wollen, *Settlement Hearing and Rulings of the Court, In re Google Inc. class C S'holder Litig.*, No. 7469-CS, 2013 WL 6735045, S. 26 (Seitenzählung des westlaw-generierten Dokuments).

334 Allg. *Frese/Graumann*, Grundlagen der Organisation, 10. Aufl. 2012, S. 424 ff., insb. S. 455 f. zu M-Form vs. U-Form; *Mäntysaari*, Organising the Firm, 2012, S. 115-128; *Thommen/Achleitner/Hachmeister* u. a., Allgemeine Betriebswirtschaftslehre, 2017, S. 463-476.

glomerats juristische Arbitragemöglichkeiten erschließen kann. Sie ergeben sich daraus, dass (1) die externe Transparenz eines Geschäftsbereichs von seiner rechtlichen Positionierung in einer Konzernhierarchie abhängt, (2) bestimmte Gestaltungen steuerlich ggf. deutlich günstiger sind als andere und dass (3) sich Haftungsrisiken unterschiedlich ausgeprägt separieren lassen. Außerdem kann das rechtliche Erscheinungsbild die Außenwahrnehmung der Geschäftsfelder in der Öffentlichkeit sowie am Kapitalmarkt und damit Marketing sowie Finanzierung beeinflussen.

Dieses Potpourri von Gründen eröffnet den dritten und vorerst letzten großen Akt der gesellschaftsvertraglichen Entwicklung von Google: Die Umstrukturierung von Google in eine sog. unreife, integrierte, typische Managementholding.[335] Eine *integrierte Managementholding* fasst die Unternehmensleitung und bestimmte Zentralbereiche (insbesondere: unternehmensstrategisches Management und Finanzierung) in der Holdingobergesellschaft zusammen. In einer *typischen* Holding sind die einzelnen nachgeordneten Geschäftsbereiche nicht nur wirtschaftlich, sondern auch rechtlich selbständig. *Unreif* ist eine Holding, wenn sich diese Geschäftsbereiche in der Höhe ihrer jeweiligen Umsätze stark unterscheiden.

In diesem Sinne steht seit 2015 nun die neu geschaffene Holdinggesellschaft Alphabet Inc. an der Konzernspitze. Ihr sind alle Geschäftsbereiche spartenförmig als eigenständige Töchter untergeordnet. Neben dem Unternehmen Google, das nun das Rechtskleid einer LLC trägt, sind dies die Biotechnologiefirma Calico LLC, Google Fiber und Google Nest, die Forschungssparte für „Moonshots" Google X, die Private-Equity-Tochter Capital G (vormals: Google Capital), die Venture-Capital-Tochter GV (vormals: Google Ventures) sowie die Sparte Life Sciences.[336] Die Tochter Google LLC dominiert diese „other bets" allerdings wirtschaftlich stark. Sie bietet alle für den Konzern kommerziell zentralen Dienste an (Search, Android, YouTube, Play, Maps, Ads) und erwirtschaftet den Löwenanteil des Umsatzes.

b) Technik der Umstrukturierung (*reverse triangular merger*)

Rechtlich verlief die Umstrukturierung in zwei Etappen. Die erste, größere Etappe erfolgte breit kommunziert im Sommer 2015 und war so strukturiert, dass der gesamte Vorgang, ein *reverse triangular merger*,[337] gemäß Del. Code Ann. tit. 8,

335 Zum Folgenden *Thommen/Achleitner/Hachmeister* u.a. (Fn. 334), S. 466-468.
336 Näher, insb. zu den Tätigkeitsgebieten dieser Sparten *Lee* (Fn. 2), S. 48-51.
337 Allg. dazu *Cox/Hazen* (Fn. 138), S. 606 f.

§ 251(g) keiner Zustimmung der Anteilsinhaber bedurfte und steuerfrei war.[338] Die zweite, kleinere Etappe folgte eher klandestin zwei Jahre später.

In der ersten Etappe wurde zunächst Alphabet Inc., die zukünftige Holdinggesellschaft („Holdco"), nach dem Recht Delawares als hundertprozentige Tochter von Google Inc. und gesellschaftsrechtliches Ebenbild der Mutter gegründet. Anzahl und Ausstattung der autorisierten Anteile class A common stock, class B common stock, class C capital stock und preferred stock stimmten exakt mit jenen bei Google Inc. gemäß dem Stand des oben besprochenen Fourth Amended and Restated Certificate of Incorporation überein. Auch sämtliche übrige Bestimmungen des Certificate of Incorporation sowie der Bylaws waren bei der Gründung von Alphabet Inc. identisch mit den entsprechenden Satzungsdokumenten der Google Inc.[339] Weiterhin wurde eine Tochtergesellschaft von Alphabet gegründet, Maple Technologies Corp. („Merger Sub"). Diese Tochtergesellschaft wurde 2015 derart „with and into" Google Inc. verschmolzen, dass Google Inc. als „überlebende Gesellschaft" und neue Alphabet-Tochter aus der Transaktion hervorging.[340] Dadurch blieben alle von Google geschlossenen Verträge bestehen.[341] Die A-, B- und C-Shares an Google Inc. wandelten sich automatisch in entsprechende Anteile an Alphabet Inc. um.[342]

Die directors von Google wurden mit dem Vollzug der Fusion directors von Alphabet.[343] Wie früher bei Google wurde Page CEO, Brin president und Eric Schmidt übernahm die Funktion des executive chairman. Zugleich übernahm Alphabet alle Verpflichtungen Googles aus Aktienvergütungsplänen.[344]

Mit Wirksamwerden von Fusion und Aktientausch änderte die „überlebende" Gesellschaft Google Inc. ihr certificate of incorporation: Erstens wurde die autorisierte Zahl der class A-, B- und C-Aktien sowie der Vorzugsaktien auf jeweils 500 Stück herabgesetzt. Zweitens wurde jede Maßnahme oder Transaktion mit oder

338 *Bogenschneider/Heilmeier*, 16 Hous. Bus. & Tax L. J. 1, 6 f. (2016).

339 Dazu Del. Code Ann. tit. 8, § 251(g) (1), (3), (4); Agreement and Plan of Merger, S. 1, https://www.sec.gov/Archives/edgar/data/1652044/000119312515336577/d82837dex21.htm.

340 Agreement and Plan of Merger (Fn. 339), S. 2.

341 *Bogenschneider/Heilmeier*, 16 Hous. Bus. & Tax L. J. 1, 8 (2016); allg. *Cox/Hazen* (Fn. 138), S. 606 f.

342 Dazu Del. Code Ann. tit. 8, § 251(g) (2); Agreement and Plan of Merger (Fn. 339), S. 2, 4 f. Anteile von preferred stock hatte Google Inc. (Del.) nicht ausgegeben.

343 Dazu Del. Code Ann. tit. 8, § 251 (g)(6); *Bogenschneider/Heilmeier*, 16 Hous. Bus. & Tax L. J. 1, 7 (2016). Laut Agreement and Plan of Merger (Fn. 339), S. 3 f. blieben zugleich die Direktoren und leitenden Angestellten (directors and officers) der bis dato rechtlich selbständigen Google Inc. bei der neuen Tochter bis zu ihrer Amtszeit oder einer Neubestellung im Amt. Dies dürfte vorrangig das Übergangsstadium betroffen haben.

344 Agreement and Plan of Merger (Fn. 339), S. 2, 5 f. („Compensation Plan Agreement").

unter Beteiligung der nunmehrigen Tochter Google Inc., die gemäß dem Gesellschaftsrecht Delawares oder dem certificate of incorporation der Zustimmung der Aktionäre bedarf, zusätzlich an die Zustimmung der Aktionäre von Alphabet mit dem gleichen Quorum gebunden.[345]

Dieser 2015 umgesetzte Teil der Umstrukturierung blieb insofern halbherzig, als die verschiedenen Sparten mit den jeweiligen Tochtergesellschaften zwar durch die Schaffung von Alphabet als Muttergesellschaft organisatorisch weitgehend getrennt wurden, rechtlich allerdings weiter Google Inc. gehörten.[346] Dies wurde in der Schlussetappe der Umstrukturierung 2017 geändert. Hierzu gründete Alphabet Inc. eine Zwischenholding, genannt XXVI Holdings Inc. (Del.), als hundertprozentige Tochter. Dieser übertrug Alphabet die Anteile an Google Inc. Anschließend wurde Google Inc. identitätswahrend in eine LLC umgewandelt („Google LLC").[347] Letzteres dürfte sich aus den bekannten Vorzügen der LLC erklären, während die bei der Gründung 1998 noch relevanten Nachteile der LLC[348] 2017 keine Rolle mehr spielten. Die LLC lässt sich sehr flexibel ausgestalten und verbindet eine Haftungsbegrenzung mit den Steuervorteilen einer partnership.[349] Die Gesellschafter haben ein Wahlrecht nach den *check the box rules*,[350] ob sie steuerrechtlich als corporation oder als partnership behandelt werden wollen. Im letztgenannten Fall werden die Gewinne bei den Gesellschaftern als Einkommen versteuert.[351]

---

345 Dazu Del. Code Ann. tit. 8, § 251 (g)(7); Agreement and Plan of Merger (Fn. 339), S. 3.

346 N.N. Googles neue Mutter heißt XXVI, 2.9.2017, https://www.n-tv.de/wirtschaft/Googles-neue-Mutter-heisst-XXVI-article20014466.html; *Sullivan*, Will Alphabet's new structure make Google's business more transparent, or less?, 1.9.2017, https://www.fastcompany.com/40462340/alphabet-google-xxvi-holdings-restructuring-reorganization-transparency.

347 *FCC Form 603 Transfer*, Licensee: Google Inc., Transferor: Google Inc., Transferee: Google LLC, Description of the Transaction and Public Interest Statement, https://wireless2.fcc.gov/UlsEntry/attachments/attachmentViewRD.jsp;ATTACHMENTS=nhpkfr5dfV3XcTsGgv1LJ6HMm21WmnnvXpNpLJSJZWqRhqp5PhNy!1852253160!-681254274?applType=search&fileKey=1761353524&attachmentKey=20214044&attachmentInd=applAttach ("In accordance with Delaware statutes, the conversion of Google to Google LLC is analogous to a name change.").

348 Oben IV.1.a), S. 16.

349 *Merkt* (Fn. 137), Rn. 165; *Cox/Hazen* (Fn. 138), S. 24.

350 Treas.Reg. §§ 301.7701-3(a) (2008); *Cox/Hazen* (Fn. 138), S. 24-26.

351 *Cox/Hazen* (Fn. 138), S. 23 f. *Merkt* (Fn. 137), Rn. 167 führt zudem aus, dass für LLCs keine franchise tax anfällt. Allerdings besteuern zumindest einige Bundesstaaten LLCs mit einer „franchise tax" genannten Steuer, wenngleich teils erst ab bestimmten Schwellenwerten und/oder günstigeren Sätzen als bei der corporation.

Im Ergebnis wurden also alle Google-Aktionäre gesellschaftsrechtlich und wirtschaftlich verlustfrei zu Alphabet-Aktionären. Unmittelbar unter Alphabet Inc. steht in der Konzernstruktur nun die XXVI Holdings Inc., welche die Anteile an der Google LLC sowie den „other bets" hält. Frühere Töchter bzw. Beteiligungen Googles stehen nun organisatorisch und rechtlich neben Google, das als primus inter pares aber fast alle Gewinne der Holding erwirtschaftet. Alphabet steuert die Kapitalverteilung innerhalb der Holding, übernimmt das strategische Management und bestimmt die CEOs der Töchter sowie deren Vergütung.[352]

c) Kritische Würdigung

aa) Transparenz

Google begründete die Holdingstruktur bei ihrer Einführung 2015 damit, dass sie das Gesamtunternehmen geordneter und nachvollziehbarer mache und bei Google sowie den anderen Sparten einen Fokus auf ihre jeweiligen Möglichkeiten und Ziele fördere.[353] Diese Begründung greift Kritik von Investoren daran auf, dass Google sein hochprofitables Kerngeschäft mit wenig tragfähigen „pet projects" verband.[354] Der Alphabetkonzern sollte nun eher Warren Buffets Berkshire Hathaway ähneln.[355] Auch den nachfolgenden Schritt 2017 rechtfertigte Google knapp mit einer effizienteren Organisation und höherer Transparenz.[356] Bekannt wurde er allerdings nur durch eine Pflichtmitteilung an eine US-Aufsichtsbehörde[357] und Presseberichte, was nicht recht zu den Bekundungen passen will. Die Wirtschaftspresse erkannte zudem rasch, dass die erhöhte Transparenz und Durchsichtigkeit nur für Alphabet intern gilt: Hier geben die Finanzberichte der Töchter an die Mutter nun allein die Resultate der jeweiligen Sparte wieder, deren jeweiliges Ma-

---

352 Press release, Google Announces Plans for New Operating Structure, 10.08.2015, https://abc.xyz/investor/news/releases/2015/0810/.

353 Press release (Fn. 352) („cleaner and more accountable"); sehr krit. zur Unschärfe dieser Pressemitteilung *Bogenschneider/Heilmeier*, 16 Hous. Bus. & Tax L. J. 1, 11 (2016).

354 *The FT View*, Buyer remorse explains Google's restructuring, Financial Times (11.08.2015), https://www.ft.com/content/54d41ae8-4025-11e5-9abe-5b335da3a90e.

355 *Rushe/Thielman*, Google to restructure into new holding company called Alphabet, The Guardian (11.08.2015), https://www.theguardian.com/technology/2015/aug/10/google-alphabet-parent-company; *Waters*, FT Interview with Google co-founder and CEO Larry Page, Financial Times (31.20.2014), https://www.ft.com/content/3173f19e-5fbc-11e4-8c27-00144feabdc0.

356 *FCC Form 603 Transfer*, Licensee (Fn. 347): „As a result of the corporate reorganization, Alphabet and Google will be able to operate in a more efficient, economical, and transparent manner, allowing the companies to concentrate on their revenue generating activities (...)."

357 *FCC Form 603 Transfer*, Licensee (Fn. 347).

nagement sich exklusiv dem eigenen Kerngeschäft widmen kann. Die hochprofitable Google LLC ist dadurch zugleich von Risiken anderer „bets“ abgeschirmt.[358] Nach außen könnte die Verschiebung der einzelnen Sparten auf eine untere Holdingebene aber, so die Befürchtung, die Granularität der Berichterstattung weiter verringern.[359] Die Google LLC mit ihrem einzigen Gesellschafter Alphabet Inc. ist nicht verpflichtet, Geschäftsergebnisse zu veröffentlichen.[360] Alphabet betreibt seinerseits nur eine spartanische Webseite, die sich auf einen Brief von Page und Brin, Basis-Investoreninformationen sowie einzelne Links beschränkt. Dies ist wenig geeignet, Befürchtungen neuer Verschwiegenheit und Undurchsichtigkeit zu entkräften,[361] zumal die Gründer schon früher Publizität über die Geschäftstätigkeit vermeiden wollten.

bb) Steuervermeidung

Während Alphabet/Google Management-, Kommunikations- und Transparenzgründe für die Umstrukturierung betont, hat die Literatur herausgearbeitet, dass die neue Holdingstruktur (auch) erhebliche Steuersparmöglichkeiten eröffnet. Generell ist die Gestaltungspraxis im Gesellschaftsrecht oft kaum ohne Steuerrecht zu denken. In der Digitalwirtschaft gilt dies in besonderem Maße, weil steuersparende Gewinnverschiebungen besonders leicht fallen, wenn nicht Fabriken, sondern nur Immaterialgüterrechte verlagert werden müssen, während digitale Dienste unabhängig vom Geschäfts- oder Satzungssitz weltweit entwickelt, gewartet und angeboten werden können.

In seinem internationalen Geschäft hat Google die dadurch eröffneten Möglichkeiten bereits lange vor der Umstrukturierung zu Alphabet genutzt. Besonders bekannt ist die in Bezug auf die europäischen Konzerntöchter eingesetzte Struktur des *Double Irish, Dutch Sandwich.*[362] Solche nicht nur, aber insbesondere von großen Digitalkonzernen in erheblichem Umfang genutzten Möglichkeiten[363] ha-

---

358 Googles neue Mutter heißt XXVI, 2.9.2017 (Fn. 346).

359 *Sullivan* (Fn. 346).

360 *Lomas*, Google parent Alphabet forms holding company, XXVI, to complete 2015 corporate reorganization, Tech Crunch (04.09.2017), https://techcrunch.com/2017/09/04/google-parent-alphabet-forms-holding-company-xxvi-to-complete-2015-corporate-reorganization/.

361 Näher und sehr krit. *Lee* (Fn. 2), S. 31. *Googles Press release* (Fn. 352) begründete dies damit, dass nicht Alphabet als Marke, sondern die Töchter im Vordergrund stehen sollen.

362 Eingehend zu dieser Struktur bei Google sowie ihrer Entwicklung nach dem Start der irischen Tochter in 2003, einschließlich späterer Einbeziehung der Bermuda-Inseln als Steueroase *Kleinbard*, 11 Fl. Tax Rev. 699, 706-713 (2011).

363 Für einen Überblick über die empirische Forschung zum Ausmaß von Steuervermeidungsstrategien *Riedel*, Rev. of Ec. 69 (2018), 169.

ben zunächst Rufe nach einer Digitalsteuer lauter werden lassen und mittlerweile zu einer übergreifenden Reformdebatte und ersten legislativen Gegenmaßnahmen geführt.[364]

Ähnliche Mechanismen betreffen auch das Kerngeschäft in den USA, wo manche US-Bundesstaaten steuerlich besonders günstige Regelungen vorsehen. Zu diesen gehört Delaware, das vielen geradezu als Steueroase gilt.[365] Delaware stellt Gesellschaften, deren einzige Aktivität in der Verwaltung und dem Management von immateriellen Anlagen oder physischen Vermögenswerten außerhalb seines Territoriums besteht, von der Körperschaftssteuer vollständig frei (sog. *Delaware loophole*).[366] Die Gründung von Alphabet als IP-Holdinggesellschaft ermöglicht daher insbesondere, in Kombination mit konzerninternen Lizenzvereinbarungen mit Tochtergesellschaften steuerfreie Lizenzeinnahmen in Delaware zu generieren, während die Ausgaben der Tochterunternehmen in anderen Bundesstaaten unter bestimmten Voraussetzungen steuerlich abgesetzt werden können.[367] Eine Literaturstimme hat vor diesem Hintergrund die aggressive Vermeidung einzelstaatlicher Körperschaftssteuern sogar als mutmaßlichen Hauptgrund von Googles Reorganisation ausgemacht.[368] In welchem Umfang Alphabet von den Steuersparmöglichkeiten Gebrauch gemacht hat, ist freilich

---

364 Zu Reforminitiativen der OECD *Bußmann/Reusch/Majewski*, DB 2020, 584; *Kowallik*, DB 2020, 1143; zu Vorschlägen der EU und unilateralen Maßnahmen einzelner EU-Mitgliedsstaaten *Keuper*, DB 2020, 407 ff., 471 ff.; *Spilker*, Der Konzern 2019, 385; zum Country-by-Country-Reporting *Frehner*, Expert Focus 2020, 553; ferner zur am 1.1.2020 in Deutschland eingeführten Mitteilungspflicht für grenzüberschreitende Steuergestaltungen *Stöber*, DB 2020, 983.

365 *Garside*, Google's Alphabet restructure could get boost from Delaware tax loophole, The Guardian (11.08.2015), https://www.theguardian.com/technology/2015/aug/11/google-alphabet-delaware-tax-loophole; instruktiv *Institute of Taxation and Economic Policy*, Delaware: An Onshore Tax Haven, December 2015. Allerdings ist zu beachten, dass die franchise tax für Gesellschaften in Delaware traditionell besonders hoch ist, weshalb steuerlich motivierte Reinkorporierungen nach Delaware insgesamt selten sind, *Romano*, 1 J. L. Econ.Org. 225, 255-258 (1985).

366 Del. Code Ann. tit. 30, § 1902(b)(8).

367 Im Einzelnen *Bogenschneider/Heilmeier*, 16 Hous. Bus. & Tax L. J. 1, 5 f., 13-32 (2016): So ermöglicht die Struktur, (1) steuerfreie Lizenzeinnahmen in Delaware zu generieren und zugleich Lizenzkosten in Bundesstaaten, die kein sog. *combined reporting* vorsehen, steuermindernd geltend zu machen, (2) Lizenzeinnahmen in Bundesstaaten mit *combined reporting* aus der Steuerbemessungsgrundlage auszunehmen und (3) im Ausland liegende Gelder durch geschickte Gestaltung der Lizenzeinnahmen von Auslandstöchtern steuerfrei in die USA zu transferieren. Hinzu kommen juristische Ansatzpunkte, um Besteuerungsregelungen angesichts von Rechtsunsicherheiten bei der Anwendung des sog. *unitary business principle* und gestützt auf die sog. *commerce clause* in Verbindung mit der *due process clause* anzugreifen. Für eine allgemeine Einführung in die Thematik *Institute of Taxation and Economic Policy*, Delaware: An Onshore Tax Haven, December 2015, S. 2-4, 7.

368 *Bogenschneider/Heilmeier*, 16 Hous. Bus. & Tax L. J. 1, 4 (2016).

unbekannt, weil Delaware Unternehmen keine entsprechende Offenlegung vorschreibt.[369]

V. Google als Vorbild für das Silicon Valley und darüber hinaus

Das gesellschaftsrechtliche Interesse an Google/Alphabet resultiert nicht nur aus der weltweiten Bedeutung des faszinierenden Unternehmens, das wirtschaftlich und rechtlich neue Wege beschritten hat, sondern auch daraus, dass Google/Alphabet mit alledem Vorbild für viele digitale Start-ups geworden ist. Gesellschaftsrechtlich gilt das zuvörderst für Googles in Delaware implementierte Mehrstimmrechtskonstruktion. Hingegen waren eilige Versuche, Googles darauf aufbauende Rekapitalisierung von 2012 nachzuahmen, wenig erfolgreich.[370] Der holprige Börsengang mit einer modifizierten *Dutch auction* hat diesem Verfahren ebenfalls keinen Auftrieb beschert.[371] Stattdessen geht bei Digitalunternehmen nun ein Trend zum *direct listing*.[372] Bei gesellschaftsrechtlich vermittelten Steuervermeidungsstrategien wird Google als Trendverstärker gesehen.

---

369 *Bogenschneider/Heilmeier*, 16 Hous. Bus. & Tax L. J. 1, 15 (2016); *Garside*, Google's Alphabet restructure could get boost from Delaware tax loophole, The Guardian (11.08.2015), https://www.theguardian.com/technology/2015/aug/11/google-alphabet-delaware-tax-loophole.

370 Näher *Goshen/Hamdani*, 120 Col. L. Rev. 941, 944 f. mit Fn. 23, 959-961, 967 f. mit Fn. 133, 984 (2020) m. w. N., sowie teilweise *Lin*, 2017 Col. Bus. L. Rev. 453, 492 f. (2017): Nach dem für Google günstigen Vergleich kündigten *Facebook* und *InterActiveCorp (IAC)* ähnliche *midstream recapitalizations* mit einem Übergang von einer Zwei- zu einer Drei-Klassen-Aktienstruktur an. Facebook begründete dies ähnlich wie zuvor Google. Indes gaben Facebook und IAC ihre Pläne auf, nachdem bedeutende Investoren dagegen Klagen erhoben hatten. Facebook hatte zu diesem Zeitpunkt bereits 67,5 Mio. USD Anwaltskosten aufgewandt. Eine weitere *midstream recapitalization* nach dem Muster Googles unternahm die Portfoliogesellschaft *NRG Yield* auf Betreiben ihres Kontrollaktionärs NRG Energy. NYG Yield hielt dabei aber von vornherein die MFW-Bedingungen ein. Eine gegen den Vorgang angestrengte Klage blieb erfolglos, *IRA Tr. FBO Bobbie Ahmed v. Crane*, No. 12742-CB, 2017 WL 7053964 (Del. Ch. Dec. 11, 2017).

371 Von 1999 bis 2007 wurde es insgesamt 17 mal genutzt. Auch international hat es sich nicht durchgesetzt, *Oh*, 42 Wake Forest L. Rev. 853, 880 ff. (2007).

372 Dazu *Melzer*, Kreditwesen 2018, 14; *Flocke*, Wirtschaftswoche Nr. 50, 29.11.2019, S. 96 f. nennt AirBnB, Spotify und Slack.

1. Google und die US-Kontroverse um Mehrstimmrechte

Die Debatte um Mehrstimmrechtsaktien reicht in den USA ebenso weit zurück wie die Geschichte der corporation. Zur Zeit des Konzessionssystems waren zunächst disproportionale Stimmrechtsverteilungen mit dem Ziel der Machtbegrenzung üblich,[373] bevor ein Trend zu „one share one vote" einsetzte. Dieser Grundsatz ging als dispositive Regelung in die ab dem Jahr 1811 erlassenen[374] einzelstaatlichen *general corporation laws* ein.[375] Um 1900 folgten ihm die meisten corporations in den USA.[376] Vor allem ab 1918 führten aber mehr und mehr Gesellschaften eine stimmberechtigte und eine stimmrechtslose Klasse common stock ein.[377] Hiergegen formierte sich Widerstand, intellektuell angeführt vom Harvard-Professor *William Z. Ripley*,[378] der bei Präsident, Kongress und dem Justice Department Widerhall fand.[379] Dies veranlasste die New York Stock Exchange im Januar 1926 zu der Ankündigung, in Zukunft bei Anträgen auf Börsennotierung der Stimmrechtskontrolle besondere Beachtung zu schenken.[380] 1940 verbat die NYSE grundsätzlich die Notierung nicht stimmberechtigter Aktien.[381] Diese Linie blieb intakt, bis in den 1980er Jahren angesichts einer Welle feindlicher Übernahmen Mehrstimmrechtskonstruktionen stark zunahmen. Zugleich erwuchs der NYSE ernsthafte Konkurrenz durch AMEX[382] und NASDAQ[383], die Mehrstimmrechte zuließen. Die NYSE setzte daher 1984 ihre strengen Regelungen aus und beantragte 1986 eine SEC-Genehmigung für laxere Vorgaben.[384] Die SEC erließ daraufhin rule 19c-4 für

---

373 Näher *Davis*, Essays in the Earlier History of American Corporations, Bd. 4, 1917, S. 323 f.; *Williston*, 2 Harv. L. Rev. 149, 156 f. (1888); *Wells*, in: Hill/Thomas, Research Handbook on shareholder power, 2015, 13, 16 f.

374 Dazu *Cox/Hazen* (Fn. 138), S. 52.

375 *Bainbridge*, 69 Wash. U. L. Quarterly 565, 568 (1991).

376 *Stevens*, 40 Q. J. Econ. 353, 354 (1926); *Seligman*, 54 Geo. Wash. L. Rev. 687, 693 f. (1986).

377 *Stevens*, 40 Q. J. Econ. 353, 355 ff. (1926); *Berle/Means*, The Modern Corporation and Private Property, 1932, S. 75 f.; *Flocos*, 138 U. Penn. L. Rev. 1761 f. (1990).

378 Besonders bekannt: *Ripley*, Main Street and Wall Street, 1926, S. 77, 84-95, 102-106, auch in Zusammenhang mit anderen Methoden zur rechtlichen oder faktischen Beschneidung von Stimmrechten.

379 Zu einschlägigen Gesetzgebungsvorhaben *Fischel*, 54 U. Chicago L. Rev. 119, 120 f. (1987).

380 Näher *Seligman*, 54 Geo. Wash. L. Rev. 687, 697 f. (1986); *Berle/Means* (Fn. 377), S. 76.

381 Näher *Seligman*, 54 Geo. Wash. L. Rev. 687, 699 f. (1986).

382 Nunmehr NYSE MKT LLC.

383 Computerhandelssystem der National Association of Securities Dealers, NASD.

384 *Seligman*, 54 Geo. Wash. L. Rev. 687, 688, 692 f., 700 f. (1986); *Bainbridge*, 69 Wash. U. L. Quarterly 565, 570 f., 575-577 (1991).

alle US-Wertpapiermärkte.[385] Die Regelung untersagte eine Börsennotierung von Aktien inländischer Emittenten, wenn Stimmrechte der Inhaber ausgegebener Aktien eingeschränkt werden, verbot insoweit also die Einführung von Mehrstimmrechtsaktien nach dem Börsengang. Der United States Court of Appeals for the District of Columbia Circuit erklärte rule 19c-4 zwar mangels Kompetenz der SEC für nichtig.[386] Jedoch erließen NYSE, AMEX und NASDAQ bereits kurz vor bzw. nach dem Urteil auf Betreiben der SEC mit rule 19c-4 deckungsgleiche Listing-Standards.[387] Dieser Rechtsstand gilt bis heute.[388]

Zur Zeit von Googles Börsengang waren Mehrstimmrechte börsennotierter Unternehmen neben prominenten Einzelfällen[389] vor allem bei Presse- und Medienunternehmen geläufig, die argumentierten, auf diese Weise die redaktionelle Unabhängigkeit zu sichern.[390] Neue Börsengänge mit Mehrstimmrechten waren hingegen im zeitlichen Umfeld kaum vorgekommen.[391] Für Internet-Technologiefirmen war die Struktur 2004 ungebräuchlich.[392] In diesem Umfeld löste Googles Vorbild bei Börsengängen aus dem Silicon-Valley einen Trend zu Mehrstimmrechtskonstruktionen, gepaart mit weiteren Gestaltungen zum Erhalt der Gründerkontrolle, aus.[393] Eine seit 2003 jährlich durchgeführte Erhebung der Kanzlei Fenwick & West, die Corporate-Governance-Praktiken und Trends von Unternehmen in den Indizes S&P 100 und Silicon Valley 150 vergleicht, zeichnet dies nach. Ihr zufolge wird der Trend zu Mehrstimmrechten im Silicon Valley vor allem von großen bis mittleren Unternehmen getragen. Der historische Befund, dass Mehrstimmrechte im S&P 100 häufiger sind, hat sich seit 2015 zugunsten des Silicon Valley 150 umgekehrt, wobei Gesellschaften mit Mehrstimmrechten in beiden In-

---

385 Voting Rights Listing Standards: Disenfranchisement Rule, 17 C.F.R. § 240.19c-4. Eingehend zu dieser Regelung *Bainbridge*, 69 Wash. U. L. Quarterly 565, 577-587 (1991).

386 *Bus. Roundtable v. Securities and Exchange Commission*, 905 F.2d 406 (D.C. Cir. 1990).

387 *Bainbridge*, 69 Wash. U. L. Quarterly 565, 625 f. (1991); *Glover/Thamodaran*, 27 (3) Insights: Corp. & Sec. L. Advisor 1, 2 (2013).

388 Siehe *NASDAQ, Inc.*, NASDAQ Stock Market Rules IM-5640 (Fn. 287); *NYSE Euronext, Inc.*, NYSE Listed Company Manual 313.00, https://nyseguide.srorules.com/listed-company-manual/document?treeNodeId=csh-da-filter!WKUS-TAL-DOCS-PHC-%7B0588BF4A-D3B5-4B91-94EA-BE9F17057DF0%7D–WKUS_TAL_5667%23teid-100; *NYSE Euronext, Inc.*, NYSE MKT LLC Company Guide Sec. 122, https://nyseamericanguide.srorules.com/company-guide.

389 Etwa Berkshire Hathaway Inc., Comcast, Zoetis und Nike.

390 Siehe *Ashton*, 68 St. John's L. Rev. 863, 939-941 (1994), der allerdings auch ein historisch häufiges Vorkommen bei Technologieunternehmen erwähnt. Mehrstimmrechte haben etwa die New York Times, CBS, Clear Channel, Viacom, die Washington Post und News Corp.

391 *Hirst/Kastiel*, 99 Boston U. L. Rev. 1229, 1262 (2019).

392 *Reppesgaard* (Fn. 2), S. 116.

393 *Hirst/Kastiel*, 99 Boston U. L. Rev. 1229, 1261-1263 (2019); *Condon*, 68 Emory Law J. 335, 349 (2018); *Wen*, 162 U. Pa. Law Rev. 1495, 1497 (2014).

dizes nach wie vor eine deutliche Minderheit bilden.[394] Zum Kreis der bekannten Technologieunternehmen mit Mehrstimmrechten gehören neben dem Pionier Alphabet/Google etwa Facebook, LinkedIn,[395] Workday, Square, Zynga, Fitbit, GoPro, Dropbox, Lyft[396] und Snap Inc. sowie zeitweilig Yelp und Groupon.[397]

Diese Entwicklung hat vor allem dadurch Kontroversen ausgelöst, dass einige Unternehmen deutlich über das Vorbild Google hinausgegangen sind.[398] So ergänzten LinkedIn und Facebook Mehrstimmrechte und die bereits von Google eingesetzten Erschwernisse für engagierte Investoren durch ein *staggered board*.[399] Der Spieleanbieter Zynga führte bereits zum Börsengang eine Drei-Klassen-Aktienstruktur ein, die dem CEO das 70fache Stimmgewicht der öffentlichen Investoren sichert.[400] Das nicht profitable soziale Netzwerk Snap Inc. offerierte öffentlichen Anlegern bei seinem Börsengang – dem größten seit jenem von Facebook 2012 – sogar nur stimmrechtslose A-Aktien. Dies führte zu erheblicher Entrüstung, tat einem erfolgreichen Börsendebüt aber keinen Abbruch.[401]

2. Ausstrahlung über den Wettbewerb der Börsenplätze

Die weltweite Konkurrenz der Börsenplätze verbunden mit der hohen Attraktivtät des US-amerikanischen Kapitalmarktes lassen diesen von Google ausgelösten US-Trend zu IPOs von Technologiefirmen mit Mehrstimmrechten international ausstrahlen. Besonders illustrativ hierfür ist die Börse Hongkongs. Sie lehnte seit 1989 eine Notierung von Mehrstimmrechten in Übernahme der alten Politik der

394 Siehe *Fenwick & West LLP*, Corporate Governance Practives and Trends, A Comparison of Large Public Companies and Silicon Valley Companies, 2014 (S. 33), 2015 (S. 33), 2016 (S. 33), 2017 (S. 31), 2018 (S. 34), 2019 (S. 35); inhaltlich übereinstimmend *Sharfman*, 63 Villanova L. Rev. 1, 10 (2018); *Condon*, 68 Emory Law J. 335, 349 f. (2018); *McKinnon*, 5 Michigan Bus. & Entrepr. L. Rev. 81, 82 (2015); *Hirst/Kastiel*, 99 Boston U. L. Rev. 1229, 1261 (2019).

395 2016 wurde LinkedIn für 26 Mrd. USD von Microsoft gekauft.

396 Dazu *Bebchuk/Kastiel*, The Perils of Lyft's Dual-Class Structure, 3.4.2019, https://corpgov.law.harvard.edu/2019/04/03/the-perils-of-lyfts-dual-class-structure/#more-117137.

397 Groupon verband Mehrstimmrechte mit einer Sunset-Klausel, die inzwischen gegriffen hat, *Hirst/Kastiel*, 99 Boston U. L. Rev. 1229, 1270 (2019).

398 *Hirst/Kastiel*, 99 Boston U. L. Rev. 1229, 1261 f. (2019).

399 Zur speziellen Regelung bei Faceook mit einem bedingten staggered board für den Fall des Kontrollverlustes von Mark Zuckerberg *Ganor*, 10 Ohio State Bus. L. J. 147, 165-168 (2016).

400 Krit. *Wen*, 162 U. Pa. Law Rev. 1495, 1509 f. (2014).

401 *Friedman*, SNAP Debuts in NYSE, 3.3.2017, http://www.corporatesecuritieslawblog.com/2017/03/snap-ipo-debuts-on-nyse/. Snap hat ähnlich wie Google eine Struktur mit A-Aktien (kein Stimmrecht), B-Aktien (einfaches Stimmrecht) und C-Aktien (zehnfaches Stimmrecht), brachte aber nur erstere an die Börse.

NYSE ab.[402] Hierdurch fiel Hongkong im Wettbewerb um die Notierung von Technologieunternehmen des chinesischen Festlands, die 70 % aller börsennotierten Unternehmen aus Festlandchina stellten und seit 2011 überwiegend mit Mehrstimmrechten an die Börse gingen, hinter US-Handelsplätze zurück.[403] Als sich sogar der chinesische Internetgigant Alibaba mit einer asymmetrischen Kontrollstruktur[404] nach seiner Ablehnung u.a. in Hongkong 2014 für die NYSE entschied,[405] gab Hongkong seine strikte Haltung auf und lässt seitdem in gewissen Grenzen „dual class"-Strukturen zu.[406] Den gleichen Schritt ging Mitte 2018 Singapur, wo Mehrstimmrechte erst seit 2016 gesellschaftsrechtlich zugelassen sind[407] und 2012 Manchester United ohne Möglichkeit eines Listings mit Mehrstimmrechten zugunsten der NYSE absagte.[408] Sogar London hat angesichts des internationalen Wettbewerbs um Tech-IPOs zum Missfallen institutioneller Anleger begonnen, eine Reform der Vorgaben für das Premiumsegment zu erwägen.[409] Auch in der britischen Wissenschaft ist jüngst der Ruf laut geworden, das Verbot von dual class stock im Premiumsegment für „the British Google" zu lockern.[410] Nachdem der Wettbewerb um Inkorporierungen auf dem europäischen Festland in ähnlicher Weise zu liberalen Regelungen für Mehrstimmrechte in Italien führte, hat eine berufene Stimme sogar ein „Disappearing Taboo of Multiple Voting Shares" ausgemacht.[411]

---

402 *Jiang*, The Company Lawyer 40 (2019), 259, 260; zur Übernahme der Regelung der NYSE von 1983 *Huang*, 2 J. of Bus. L. 137, 146 (2017).

403 *Hong Kong Exchange*, Concept Paper weithed voting rights, August 2014, cp2014082, S. 30-38.

404 Eingehend dazu *Fried/Kamar*, Alibaba, A Case Study of Synthetic Control, ECGI Law Working Paper N° 533/2020, July 2020.

405 Dazu *Condon*, 68 Emory Law J. 335, 338 (2018).

406 Näher *Jiang*, The Company Lawyer 40 (2019), 259 ff.; *Huang*, 2 J. of Bus. L. 137, 146-151 (2017).

407 Näher *Jiang*, The Company Lawyer 40 (2019), 189-191.

408 *Ventoruzzo*, ZVglRWiss 114 (2015) 192, 198.

409 *Huang*, 2 J. of Bus. L. 137, 145 (2017); Thomas/Stafford/Jenkins, UK seeks change in listing rules to lure tech start-ups, 5.11.2019, https://www.ft.com/content/d4d2da5a-fee8-11e9-be59-e49b2a136b8d; Bagot/Sperber, London's Premium Segment and High-Growth Companies: Return of the Dual-Class Structure, 23.02.2020, https://corpgov.law.harvard.edu/2020/02/23/londons-premium-segment-and-high-growth-companies-return-of-the-dual-class-structure/#1; von offizieller Seite knapp FCA, Review of the Effectiveness of Primary Markets: The UK Primary Markets Landscape, DP17/2, Februar 2017, Rn. 1.20 f.

410 *Reddy*, Cambridge L. J. 79 (2020), 315 ff., mit dem programmatischen Titel: „Finding the British Google: Relaxing the Prohibition of Dual-Class Stock From The Premium-Listing of the London Stock Exchange."

411 *Ventoruzzo*, ZVglRWiss 114 (2015) 192–214.

3. Gegenbewegung

Institutionelle Investoren als Kapitalnachfrager lehnen Mehrstimmrechte indes nach wie vor vehement ab. In den USA zeigen dies regelmäßige Stellungnahmen des Council for Institutional Investors (CII)[412] sowie von Stimmrechtsberatern.[413] Auch Google hatte bei seinem Börsengang ein desaströses Corporate-Governance-Rating erhalten.[414] Besonderes Momentum bekam die Gegenbewegung nach dem als extrem empfundenen Börsengang von Snap.[415] Als Reaktion hierauf und auf Appelle des CII an die führenden Indexanbieter[416] haben diese zum Teil tiefgreifende Änderungen vorgenommen:[417] FTSE Russell macht nun die (Neu-)Aufnahme in seine Indizes davon abhängig, dass mehr als 5 % der Stimmrechte in den Händen öffentlicher Investoren sind.[418] S&P Dow Jones verweigert seitdem Gesellschaften mit mehreren Aktienklassen eine (Neu-)Aufnahme in den S&P Composite 1500 und davon abgeleitete Indizes wie den bedeutsamen S&P 500.[419] MSCI entschied sich hingegen nach divergierenden Ankündigungen und langer Konsultation gegen eine Änderung seiner Indizes und kündigte stattdessen eine neue Indexserie an, die ungleiche Stimmrechte bei der Gewichtung berücksichtigen soll.[420]

---

412 Zu dessen Stellungnahmen gegenüber Börsen *Sharfman*, 63 Villanova L. Rev. 1, 6 (2018) m. w. N.

413 Allg. *Condon*, 68 Emory Law J. 335, 350 (2018).

414 Fn. 230.

415 *Hirst/Kastiel*, 99 Boston U. L. Rev. 1229, 1231 f (2019).

416 Letter from *Bertsch*, Exec. Dir., Council of Institutional Investors, to FTSE Russell Governance Board (24.03.2017), http://www.cii.org/files/issues_and_advocacy/correspondence/2017/03_24_17_letter_ftse.pdf; Letter from *Bertsch*, Exec. Dir., Council of Institutional Investors, to MSCI Equity Index Committee (29.03.2017), http://www.cii.org/files/issues_and_advocacy/correspondence/2017/03_29_17_MSCI_letter_request_for_consultation.pdf; Memorandum from the Council of Institutional Investors, to S&P Dow Jones Indices (27.04.2017), http://www.cii.org/files/issues_and_advocacy/correspondence/2017/20170426%20CII%20comment%20S&P%20no%20vote%20share.pdf.

417 Dazu *Hirst/Kastiel*, 99 Boston U. L. Rev. 1229, 1263-1266 (2019).

418 FTSE Russel, FAQ, Minimum Voting Rights Hurdle, Februar 2021, https://research.ftserussell.com/products/downloads/Minimum_Voting_Rights_Hurdle_FAQ.pdf.

419 Pressemitteilung, S&P Dow Jones Indices, S&P Dow Jones Indices Announces Decision on Multi-Class Shares and Voting Rules (31.07.2017), https://www.spice-indices.com/idpfiles/spice-assets/resources/public/documents/561162_spdjimulti-classsharesandvotingrulesannouncement7.31.17.pdf?force_download=true; zur wirtschaftlichen Bedeutung *Sharfman*, 63 Villanova L. Rev. 1, 4 (2018).

420 MSCI Will Retain the MSCI Global Investable Market Indexes Unchanged and Launch a New Index Series

Der Effekt dieser neuen Form der „Corporate Governance by Index Exclusion“[421] bleibt abzuwarten. Grundstürzende Effekte sind unwahrscheinlich. Erste Auswertungen sprechen aber dafür, dass diese Maßnahmen sowie der darin liegende symbolische Sieg für Investoren zu einem leichten Rückgang von Börsengängen mit Mehrstimmrechten geführt und weitere Extreme wie Snap vorerst verhindert haben.[422] In diesem Rahmen versuchen Unternehmen aber weiter, das für Investoren Akzeptable auszureizen. Die jüngste Wegmarke hat Palantir mit class F shares gesetzt, die den Gründern stets 49,999 % der Stimmrechte sichern.[423]

Im Ergebnis stehen sich in Gestalt von institutionellen Investoren, teilweise unterstützt durch Indexanbieter, auf der einen Seite sowie den Börsen als selbstregulierenden Organisationen und (Tech-)Emittenten auf der anderen Seite zwei gegensätzliche Positionen zu Mehrstimmrechten in der US-Kapitalmarktpraxis gegenüber, ohne dass damit in der Zusammenschau ein befriedigendes Ergebnis erreicht wäre.[424] Das letzte Wort dürfte daher noch nicht gesprochen sein.

4. Einfluss auf die wissenschaftliche Debatte

Die von Google ausgelöste Welle von Börsengängen mit Mehrstimmrechten in der Digitalwirtschaft hat die wissenschaftliche Debatte um Mehrstimmrechtsaktien weiter angetrieben.[425] Die klassischen, durch historische Erfahrung untermauerten Warnungen vor Mehrstimmrechtskonstruktionen gehen dahin, dass diese oft

---

Reflecting the Preferences of Investors on Unequal Voting Structures, 30.10.2018, https://www.msci.com/documents/10199/238444/PR_Voting_Results.pdf/0b548379-fbe7-71c7-b392-7140b2215cc9.

421 Eingehend *Hirst/Kastiel*, 99 Boston U. L. Rev. 1229 (2019).

422 *Hirst/Kastiel*, 99 Boston U. L. Rev. 1229, 1268-1272 (2019).

423 Waters, Palantir goes public but founders will have control for life, 29.09.2020, https://www.ft.com/content/27eddb59-1770-4ad8-a07f-6a940e20e00c.

424 Siehe SEC Commissioner *R. J. Jackson Jr.*, Perpetual Dual-Class Stock: The Case Against Corporate Royalty, https://www.sec.gov/news/speech/perpetual-dual-class-stock-case-against-corporate-royalty#_ftnref28; *Condon*, 68 Emory Law J. 335, 351 (2018); *Solomon*, 2019 BYU L. Rev. 533, 564 f. (2020).

425 Siehe zusätzlich zu den in vorstehenden Teilen zitierten Beiträgen exemplarisch *Cremers/Lauterbach/Pajuste*, The Life-Cycle of Dual Class Firms, ECGI Finance Working Paper N° 550/2018, April 2018; *Choi*, 8 Harv. Bus. L. Rev. 53 (2018); *Bebchuk/Kastiel*, 103 Virginia L. Rev. 585 (2017); *Goshen/Squire*, 117 Col. L. Rev. 767 (2017); *Lin*, Col. Bus. L. Rev. 454 (2017); speziell zu tenure voting *Berger/Solomon/Benjamin*, 72 Bus. Law. 295 (2017); *Dallas/Berry*, 40 Del. J. Corp. L. 541 (2015); aus europäischer Sicht ferner *Pernazza*, ECFR 2017, 37; ökonomisch etwa *Kalay/Karakás/Pant*, J. Fin. 59 (2014), 1235; *McGuire/Wang/Wilson*, Accounting Rev. 89 (2014), 1487; Chemmadazu dienen, ein unfähiges Management gegen äußeren Druck abzuschirmen (*managerial entrenchment*)[426] und dass die begünstigten Aktionäre ihre überproportionale Stimmrechtsmacht in Sondervorteile zum Nachteil der Stimmrechtsminderheit ummünzen können (*private benefits of control*).[427] Mehrstimmrechte zeugen danach von schlechter Corporate Governance.[428] Diese Sicht steht in Kontrast zu der von Google beförderten Popularität solcher Gestaltungen bei vielen erfolgreichen Digitalkonzernen.[429] Die klassischen Begründungen für Mehrstimmrechte, dass sie eine Unternehmensleitung mit lohnenden Investitionsplänen vor schädlichem Druck zu kurzfristigen Ergebnissen schützen,[430] Resultat privatautonomer, effizienter Verhandlungsprozesse sein können[431] und dass ein Schaden für Erwerber nicht privilegierter Aktien von vornherein durch Einpreisung des Minus an Kontrolle in deren Kurs ausscheide,[432] können das nur bedingt erklären. Denn diese Argumente gelten zumindest im Grundsatz für alle Unternehmen. Zwar sind Technologiefirmen besonders von Innovation, damit verbundenen (finanziellen) Wagnissen und schnellen Entscheidungen abhängig.[433] Diese und ähnliche Aspekte[434] betreffen aber nicht nur Geschäftsmodelle im Internet. Außerdem liefert die umfangreiche empirische Forschung zum her-

---

nur/Jiao, J. Banking & Fin. 36 (2012), 305; *Gompers/Ishii/Metrick*, Rev. Fin. Stud. 23 (2010), 1051; *Masulis/Wang/Xie*, J. Fin. 64 (2009), 1697; *Adams/Ferreira*, Rev. Fin. 12 (2008) 51.

426 *Wen*, 162 U. Pa. Law Rev. 1495, 1497-1502 (2014); *Gompers/Ishii/Metrick*, Rev. Fin. Stud. 23 (2010), 1051 für starke Abweichungen von Kapital- und Stimmrechtsanteil; krit. *Gilson*, 73 Virginia L. Rev. 807, 809 (1987), der darauf verweist, dass geschlossene Gesellschaften auch keiner externen Kontrolle unterliegen, weshalb ein Börsengang mit Mehrstimmrechten keine Änderung bedeute.

427 *Wen*, 162 U. Pa. Law Rev. 1495, 1499, 1516 (2014); empirisch mit Blick auf die USA *Masulis/Wang*, J. Fin. 64 (2009), 1697.

428 In diesem Sinne *Bebchuk/Kraakman/Triantis*, in: Morck (Hrsg.), Concentrated Corporate Ownership, 2000, S. 295, insb. 295-298.

429 *Choi*, 8 Harv. Bus. L. Rev. 53, 56 f. (2018).

430 *Dent*, 54 George Wash. L. Rev. 725, 748 f. (1986); für spezifische Investitionen des Managements *Fischel*, 54 U. Chicago L. Rev. 119, 137-140 (1987); im Überblick *Lin*, 2017 Col. Bus. L. Rev. 453, 474 -475 (2017) m.w.N.

431 *Ashton*, 68 St. John's L. Rev. 863, 869-872 (1994); *Fischel*, 54 U. Chicago L. Rev. 119, 140-142 (1987).

432 *Gilson*, 73 Virginia L. Rev. 807, 808 f. (1987); *Fischel*, 54 U. Chicago L. Rev. 119, 147 (1987); *Ashton*, 68 St. John's L. Rev. 863, 868, 935 f. (1994); a.A. *Wen*, 162 U. Pa. Law Rev. 1495, 1504-1507 (2014).

433 *Ashton*, 68 St. John's L. Rev. 863, 938, 942 (1994); *Lin*, 2017 Col. Bus. L. Rev. 453, 473 f. (2017).

434 Siehe den Überblick über Branchen mit prominenten Gesellschaften mit Mehrstimmrechten bei *Glover/Thamodaran*, 27 Insights: Corp. & Sec. L. Advisor 1, 3 (2013).

kömmlichen Widerstreit keine eindeutige Bestätigung für die eine oder andere Seite.[435]

Der von Google ausgelöste Trend zu Mehrstimmrechten fügt der Debatte insofern eine neue Facette hinzu, als er von Unternehmen getragen wird, deren Gründer mit besonderen Fähigkeiten auf Märkten agieren, die sich durch Innovation und Disruption auszeichnen und in denen zunächst Wachstum vor Profitabilität geht.[436] Das führt zu der Frage, ob diese Faktoren Mehrstimmrechtskonstruktionen rechtfertigen. Tatsächlich zeigen Studien, dass (börsengehandelte) gründergeführte Unternehmen verglichen mit ähnlichen, nicht gründergeführten Unternehmen überdurchschnittlich erfolgreich sind.[437] Mit Blick auf den Trend zu Börsengängen im Silicon Valley ist das in zwei eng verwandte Argumentationsstränge übersetzt worden:[438]

Der erste verweist darauf, dass für eine optimale firmenspezifische Corporate Governance neben den herkömmlich im Vordergrund stehenden Agency-Kosten auch die Prinzipal-Kosten zu berücksichtigen sind. Richtigerweise müsse die daraus resultierende Summe der gesamten Kontrollkosten minimiert werden, also z.B. auch jene aus einer fehlgeleiteten Einflussnahme von Aktionären, die nicht die unternehmerischen Fähigkeiten und das Know-How der Gründer haben. Hiermit werden Mehrklassen-Aktienstrukturen im Bereich der Informationstechnologie, namentlich bei Google, erklärt.[439] Der zweite Argumentationsstrang verweist darauf, dass Mehrstimmrechte fähigen Gründern ermöglichen, ihre unternehmerische Vision nach einem Börsengang auf gesicherter Grundlage weiterzuverfolgen. Dies kommt den Anlegern zugute, wenn die Gründer richtig liegen.[440] Investoren, die Aktien von Unternehmen wie Alphabet kaufen, nehmen die erhöhten Agenturkonfliktkosten zwecks Erhalt der Gründervision in Kauf. Die Gründer unterliegen außerdem durch ihr starkes Engagement im Unternehmen sowie durch die typische Illiquidität stimmrechtsbegünstigter Anteile einem Lock-in Effekt, der ihre Interessen zumindest partiell den langfristigen Interessen der anderen

435 Auch zu anderen Formen der Trennung von Kapitalanteil und Stimmgewicht *Adams/Ferreira*, Rev. of Fin. 12 (2008), 51, 84 f.; speziell zu Mehrstimmrechten *Goshen/Squire*, 117 Colum. L. Rev. 767, 815 f. (2017).

436 *Condon*, 68 Emory Law J. 335, 343 (2018); *Glover/Thamodaran*, 27 Insights: Corp. & Sec. L. Advisor 1, 3 (2013).

437 Dazu *Felden/Hack*, Management von Familienunternehmen, 2014, S. 109-111 m.w.N.

438 Geschlossene Darstellung dieser Argumente bei *Sharfman*, 63 Villanova L. Rev. 1, 21-31 (2018).

439 *Goshen/Squire*, 117 Colum. L. Rev. 767, 806 f. (2017).

440 *Goshen/Hamdani*, 120 Col. L. Rev. 941, 946 f., 961 ff. (2020); *Goshen/Hamdani*, 125 Yale L. J. 560, 588-591 (2016).

Aktionäre angleicht.[441] Gestützt wird diese Argumentation durch Beteiligungserwerbe (auch) von gut informierten, nicht indexgebundenen Investoren und aktivistischen Hedgefonds an Technologieunternehmen mit Mehrstimmrechtskonstruktionen einschließlich Snap Inc.[442]

Prononcierte Kritiker von Mehrstimmrechten haben vor diesem Hintergrund ihre Position etwas zurückgenommen und wenden sich nun jedenfalls gegen dauerhafte Mehrstimmrechte. Stattdessen schlagen sie *sunset provisions* vor, wobei das Spektrum der für angemessen erachteten Frist zwischen drei bis fünf Jahren und zehn bis 15 Jahren liegt. Danach soll es einer Verlängerung der Mehrstimmrechtskonstruktion durch die Aktionäre bedürfen.[443] Dahinter steht die Überlegung, dass die Kosten einer Abkehr vom „one share, one vote"-Prinzip mit zunehmender zeitlicher Entfernung zum Börsengang steigen, während die potentiellen Vorteile, etwa die besonderen Führungsqualitäten eines Gründers, ebenso wie sein prozentualer Anteil am Eigenkapital der Gesellschaft mit voranschreitender Zeit in der Regel abnehmen.[444] Die Gestaltung bei Google/Alphabet enthält durch die Unübertragbarkeit der B-Aktien bereits eine (Höchst-)Frist für den Bestand der Mehrstimmrechte, die allerdings deutlich länger ausfällt als die eben genannten Vorschläge.

Dessen ungeachtet gehen solche vermittelnden Überlegungen in die richtige Richtung. Die über 200 Jahre alte Debatte um Mehrstimmrechte speist sich letztlich daraus, dass deren denkbarer Nutzen, etwa zur Absicherung fähiger Gründer oder zur Stärkung engagierter Insider, und die möglichen Nachteile in Gestalt mangelnder Managementkontrolle und Missbrauchsgefahren zwei Seiten derselben Medaille sind. Dabei können, wie das Beispiel Googles illustriert, Mehrstimmrechtskonstruktionen nur im Lichte flankierender Satzungsregelungen, rechtlicher Grenzen und alternativer Mechanismen zum Schutz der Minderheit im

---

441 In diesem Sinne zu firmenspezifischen Investitionen *Fischel*, 54 U. Chicago L. Rev. 119, 137 (1987); zu einem Lock-in durch nicht-übertragbare private benefits of control *Choi*, 8 Harv. Bus. L. Rev., 53, 59 (2018).

442 *Sharfman*, 63 Villanova L. Rev. 1, 19-21 (2018).

443 *Bebchuck/Kastiel*, 103 Virginia L. Rev. 585, 590, 626 (2017) schlagen einen Zeitraum von zehn oder 15 Jahren vor, ggf. zusätzlich mit dann gradueller Zurückführung des Mehrstimmrechts über mehrere Jahre (S. 625 f. Fn. 114); vorsichtig sympathisierend SEC Commissioner *Jackson*, Perpetual Dual-Class Stock: The Case Against Corporate Royalty, 15.02.2018, mit Fn. 32, https://www.sec.gov/news/speech/perpetual-dual-class-stock-case-against-corporate-royalty; der Council of Institutional Investors will eine solche Regelung hingegen nur bei einer Frist von drei bis fünf Jahren akzeptieren, Memorandum from the Council of Institutional Investors, to S&P Dow Jones Indices (27.04.2017), S. 3, 5, http://www.cii.org/files/issues_and_advocacy/correspondence/2017/20170426%20CII%20comment%20S&P%20no%20vote%20share.pdf.

444 *Bebchuck/Kastiel*, 103 Virginia L. Rev. 585, 604-606 (2017).

Gesellschafts- und Kapitalmarktrecht beurteilt werden.[445] Rechtsordnungen wie die USA, Schweden, Frankreich und das traditionell vorsichtige Hongkong tragen dem in unterschiedlicher Weise Rechnung. Jedenfalls aber scheint in rechtsvergleichender Fließrichtung die entscheidende Frage zu Mehrstimmrechtskonstruktionen in jüngerer Zeit weniger zu lauten, ob sie generell zulässig sein sollten, sondern vielmehr unter welchen Umständen und Schutzvorkehrungen dies der Fall sein sollte.[446]

VI. Fazit und Ausblick

Der Werdegang von Google/Alphabet lässt uns in rasanter Abfolge Zeuge von drei gesellschaftsvertraglichen Stadien werden: Google begann als akademisches Projekt, das notgedrungen zu einem exemplarischen Silicon-Valley-Start-up mit einer komplexen Aktienstruktur wurde. Lehrreich ist neben deren Entwicklung u.a. die gesellschafts- und steuerrechtlich unverständig erscheinende Rechtsformwahl, die sich erst aus den Eigenheiten des Start-up-Daseins erklärt. Nach einigem Zögern ging das rasch gewachsene Google mit einem selten genutzten Auktionsverfahren an die Börse und implementierte eine bei Internetunternehmen bis dato unübliche Mehrstimmrechtskonstruktion. Der dadurch ausgelöste weltweite Trend zu solchen Gestaltungen bei Digitalunternehmen dauert bis heute an und bietet ein Lehrstück über Peer-Group-Effekte und den Wettbewerb der Börsenplätze. Einige Jahre später wurde diese Struktur um stimmrechtslose Aktien erweitert – eine Spielart spezieller Mehrheits-Minderheitskonflikte bei Mehrstimmrechtskonstruktionen. Die letzte große Veränderung führt zu Alphabet, einer multinationalen Technologie-Holding mit klarer Spartenaufteilung, aber auch erheblichem Steuervermeidungspotential. Für das rechtsvergleichende Studium von Gesellschaftsverträgen ist all dies ungemein ertragreich.

Google selbst wird seit mehreren Jahren nicht mehr von den Gründern, sondern von Sundar Pichai geführt, einem Stanford-Absolvent mit technischer Ausbildung, der seit 2004 bei Google arbeitet. Der wirtschaftliche Erfolg ist ungebrochen – Alphabet gehört heute zu den wertvollsten Unternehmen der Welt.

---

445 Allg. *Glover/Thamodaran*, 27 Insights: Corp. & Sec. L. Advisor 1, 6 f. (2013); *Gurrea-Martínez*, Theory, Evidence, and Policy on Dual-Class Shares: A Country-Specific Response to a Global Debate, Ibero-American Institute for Law and Finance Working Paper Series 3/2019 (EBOR, im Erscheinen).

446 In diesem Seine auch *Gurrea-Martínez*, Theory, Evidence, and Policy on Dual-Class Shares: A Country-Specific Response to a Global Debate, Ibero-American Institute for Law and Finance Working Paper Series 3/2019 (EBOR, im Erscheinen); *Choi*, 8 Harv. Bus. L. Rev., 53, 74, 79 f. (2018).

Der weltweite Anteil von Google auf dem Markt für Internetsuche ist im April 2019 auf 93 % geschätzt worden.[447] Jedenfalls für die Staaten des EWR gelten solche Werte[448] stabil seit über zehn Jahren.[449] Diese Marktposition verdankt Google/Alphabet seinen (Nutzer-)Daten. Sie sind, so heißt es oft, das „neue Öl" im Internetzeitalter.[450] Die Metapher weist zugleich auf frappierende Parallelen zwischen Google/Alphabet und Standard Oil hin, der ersten Probebohrung zu US-amerikanischen Gesellschaftsverträgen in diesem Band: Beide Unternehmen begannen mit einem Geschäftsfeld, aus dessen Erfolg heraus sie ein Konglomerat errichteten, beide erreich(t)en überragende Marktanteile, bei beiden riefen die hierzu eingesetzen Methoden u. a. kartellrechtliche Kritik und Sanktionen hervor, und beide beschritten für Gesellschaftsverträge prägende Pfade. Insofern stehen beide exemplarisch für Unternehmensgiganten ihrer Zeit. Ob auch Google zerschlagen wird, erscheint zurzeit der Abfassung dieses Beitrags eher unwahrscheinlich, aber offen. Eine behördliche Kartellklage in den USA steht unmittelbar bevor. Google ist darauf vorbereitet – das erste eigene Lobbybüro in Washington eröffnete das Unternehmen 2005.[451]

---

447 So *ACCC*, Digital Platforms Inquiry, Final Report, June 2019, S. 62. Im Statitsta-Dossier „Google" (Abruf 10.08.2020) bestätigt eine Statistik einen Weltmarktanteil um die 90 % (S. 28, ID 225953), während andere präsentierte Statistiken für die Desktop-Suche einen Anteil von 70 % (S. 8/28, ID 222849) oder 85 % (S. 29, ID 301012) ausweisen.

448 2015 hielt Google in 27 von 30 Ländern des EWR einen Marktanteil von über 90 % bei Internetsuche (*Commission Decision* of 27.6.2017 relating to proceedings under Article 102 of the Treaty on the Functioning of the European Union and Article 54 of the Agreement on the European Economic Area (AT.39740 – Google Search (Shopping)), S. 58-60); Ausnahmen: Tschechien (79,7 %), Vereinigtes Königreich (86 %) und Norwegen (89 %). Bei mobiler Internetsuche betrugen die Werte nahezu überall ca. 95 % (a. a. O., S. 71–73). Nur ein kleiner Anteil der Google-Nutzer verwendet parallel in signifikantem Umfang andere Suchmaschinen (a. a. O., S. 67 f.).

449 Seit 2008 lag der Marktanteil in 28 der 30 EWR-Länder stets über 85 %, *Commission Decision* (AT.39740 – Google Search (Shopping)) (Fn. 448), S. 60-62. Ähnliches gilt (mindestens) seit 2009 für Australien, ACC (Fn. 447), a.a.O. S. 65.

450 Zu Sinn und Grenzen dieser Metapher *Bueren*, ZWeR 2019, 403, 407 f.

451 *Reppesgaard* (Fn. 2), S. 121 f., auch zum Hintergrund; dazu, dass das heutige Alphabet Lobbying wie ein konventionelles Unternehmen agiert *Lee* (Fn. 2), S. 77.

Anhang
Gründungsartikel von Google Inc. und Alphabet Inc.

I.

The name of this corporation is Google Inc.

II.

The purpose of this corporation is to engage in any lawful act or activity for which a corporation may be organized under the General Corporation Law of California other than the banking business, the trust company business or the practice of a profession permitted to be incorporated by the California Corporations Code.

III.

The name and address in the State of California of this corporation's initial agent for service of process is:

David C. Drummond
Wilson Sonsini Goodrich & Rosati
650 Page Mill Road
Palo Alto, CA 94304-1050

IV.

This corporation is authorized to issue two classes of shares of stock, designated "Common Stock" and "Preferred Stock". The total number of shares of Common Stock which this corporation is authorized to issue is 12,000,000 shares with a par value of $001 per share. The total number of shares of Preferred Stock which this corporation is authorized to issue is 1,000,000 with a par value of $001 per share.

The Preferred Stock may be issued from time to time in one or more series pursuant to a resolution or resolutions providing for such issue duly adopted by the board of directors (authority to do so being hereby expressly vested in the board). The board of directors is further authorized to (i) determine and alter the rights, preferences, privileges and restrictions granted to or imposed upon any wholly unissued series of Preferred Stock and (ii) fix the number of shares of any series of Preferred Stock and-the designation of such series of Preferred Stock. The board of directors, within limits and restrictions stated in any resolutions of the board of directors originally fixing the number of shares constituting any series, may increase or decrease (but not below the number of shares in any such series then outstanding) the number of shares of any series subsequent to the issue of shares of that series.

V.

1. Limitation of Directors' Liability. The liability of the directors of this corporation for monetary damages shall be eliminated to the fullest extent permissible under California law.

2. Indemnification of Corporate Agents. This corporation is authorized to indemnify its agents to the fullest extent permissible under California law. For purposes of this provision the term "agent" has the meaning set forth in Section 317 of the California Corporations Code.

3. Repeal or Modification. Any repeal or modification of the foregoing provisions of this Article V shall not adversely affect any right of indemnification or limitation of liability of an agent of this corporation relating to acts or omissions occurring prior to such appeal or modification.

Dated: September 3, 1998

David C. Drummond, Incorporator

AMENDED AND RESTATED CERTIFICATE OF INCORPORATION OF ALPHABET INC.

a Delaware Corporation

Alphabet Inc., a corporation organized and existing under the laws of the State of Delaware (the "Corporation"), hereby certifies as follows:

A. The name of the Corporation is Alphabet Inc. The Corporation's original Certificate of Incorporation was filed with the Secretary of State of the State of Delaware on July 23, 2015.
B. This Amended and Restated Certificate of Incorporation was duly adopted in accordance with Sections 242, 245 and 228 (by written consent of the sole stockholder of the Corporation) of the General Corporation Law of the State of Delaware, and restates, integrates and further amends the provisions of the Corporation's Certificate of Incorporation.
C. The text of the Certificate of Incorporation of this Corporation is hereby amended and restated in its entirety, effective October 2, 2015, at 4:01 p.m., EDT, as set forth in Exhibit A attached hereto.

WITNESS WHEREOF, the Corporation has caused this Amended and Restated Certificate of Incorporation to be executed by the undersigned officer, thereunto duly authorized, this second day of October 2015.

ALPHABET INC.
a Delaware corporation

By: /s/ Larry Page
Name: Larry Page
Title: Chief Executive Officer

ARTICLE I

The name of this corporation is Alphabet Inc. (hereinafter, the "Corporation").

ARTICLE II

The address of the Corporation's registered office in the State of Delaware is 2711 Centerville Road, Suite 400, City of Wilmington, County of New Castle, Delaware 19808. The name of its registered agent at such address is Corporation Service Company.

ARTICLE III

The nature of the business or purposes to be conducted or promoted by the Corporation is to engage in any lawful act or activity for which corporations may be organized under the General Corporation Law of the State of Delaware.

ARTICLE IV

Section 1. Authorized Shares. This Corporation is authorized to issue nine billion (9,000,000,000) shares of class A Common Stock, par value $0.001 per share (the "class A Common Stock"), three billion (3,000,000,000) shares of class B Common Stock, par value $0.001 per share (the "class B Common Stock", and together with the class A Common Stock, the "Common Stock"), three billion (3,000,000,000) shares of class C Capital Stock, par value $0.001 per share (the "class C Capital Stock"), and one hundred million (100,000,000) shares of Preferred Stock, par value $0.001 per share. The number of authorized shares of any class or classes of stock may be increased or decreased (but not below the number of shares thereof then outstanding) by the affirmative vote of the holders of at least a majority of the voting power of the issued and outstanding shares of Common Stock of the Corporation, voting together as a single class.

Section 2. Common Stock. A statement of the designations of each class of Common Stock and the powers, preferences and rights and qualifications, limitations or restrictions thereof is as follows:

(a) Voting Rights.

(i) Except as otherwise provided herein or by applicable law, the holders of shares of class A Common Stock and class B Common Stock shall at all times vote together as one class on all matters (including the election of directors) submitted to a vote or for the consent of the stockholders of the Corporation.

(ii) Each holder of shares of class A Common Stock shall be entitled to one (1) vote for each share of class A Common Stock held as of the applicable date on any matter that is submitted to a vote or for the consent of the stockholders of the Corporation.

(iii) Each holder of shares of class B Common Stock shall be entitled to ten (10) votes for each share of class B Common Stock held as of the applicable date on any matter that is submitted to a vote or for the consent of the stockholders of the Corporation.

(b) Dividends. Subject to the preferences applicable to any series of Preferred Stock, if any, outstanding at any time, the holders of class A Common Stock and the holders of class B Common Stock shall be entitled to share equally, on a per share basis, in such dividends and other distributions of cash, property or shares of stock of the Corporation as may be declared by the Board of Directors from time to time with respect to the Common Stock out of assets or funds of the Corporation legally available therefor; provided, however, that in the event that such dividend is paid in the form of shares of Common Stock or rights to acquire Common Stock, the holders of class A Common Stock shall receive class A Common Stock or rights to acquire class A Common Stock, as the case may be, and the holders of class B Common Stock shall receive class B Common Stock or rights to acquire class B Common Stock, as the case may be.

(c) Liquidation. Subject to the preferences applicable to any series of Preferred Stock, if any outstanding at any time, in the event of the voluntary or involuntary liquidation, dissolution, distribution of assets or winding up of the Corporation, the holders of class A Common Stock and the holders of class B Common Stock shall be entitled to share equally, on a per share basis, all assets of the Corporation of whatever kind available for distribution to the holders of Common Stock.

(d) Subdivision or Combinations. If the Corporation in any manner subdivides or combines the outstanding shares of one class of Common Stock, the outstanding shares of the other class of Common Stock will be subdivided or combined in the same manner.

(e) Equal Status. Except as expressly provided in this Article IV, class A Common Stock and class B Common Stock shall have the same rights and privileges and rank equally, share ratably and be identical in all respects as to all matters. Without limiting the generality of the foregoing, (i) in the event of a merger, consolidation or other business combination requiring the approval of the holders of the Corporation's capital stock entitled to vote thereon (whether or not the Corporation is the surviving entity), the holders of the class A Common Stock shall have the right to receive, or the right to elect to receive, the same form of consideration, if any, as the holders of the class B Common Stock and the holders of the class A Common Stock shall have the right to receive, or the right to elect to receive, at least the same amount of consideration, if any, on a per share basis as the holders of the class B Common Stock, and (ii) in the event of (x) any tender or exchange offer to acquire any shares of Common Stock by any third party pursuant to an agreement to which the Corporation is a party or (y) any tender or exchange offer by the Corporation to acquire any shares of Common Stock, pursuant to the terms of the applicable tender or exchange offer, the holders of the class A Common Stock shall have the right to receive, or the right to elect to receive, the same form of consideration as the holders of the class B Common Stock and the holders of the class A Common Stock shall have the right to receive, or the right to elect to receive, at least the same amount of consideration on a per share basis as the holders of the class B Common Stock.

(f) Conversion. [...]

(ii) Each share of class B Common Stock shall be convertible into one (1) fully paid and nonassessable share of class A Common Stock at the option of the holder thereof at any time upon written notice to the transfer agent of the Corporation.

(iii) Each share of class B Common Stock shall automatically, without any further action, convert into one (1) fully paid and nonassessable share of class A Common Stock upon a Transfer of such share, other than a Transfer:

(1) from a Founder, or such Founder's Permitted Entities, to the other Founder, or such Founder's Permitted Entities.

(2) by a class B Stockholder who is a natural person to any of the following Permitted Entities, and from any of the following Permitted Entities back to such class B Stockholder and/or any other Permitted Entity established by or for such class B Stockholder: [...]

(iv) Each share of class B Common Stock held of record by a class B Stockholder who is a natural person, or by such class B Stockholder's Permitted Entities, shall automatically, without any further action, convert into one (1) fully paid and nonassessable share of class A Common Stock upon the death of such class B Stockholder, provided, however, that:

(1) If a Founder, or such Founder's Permitted Entity (in either case, the "Transferring Founder") Transfers exclusive Voting Control (but not ownership) of shares of class B Common Stock to the other Founder (the "Transferee Founder") which Transfer of Voting Control is contingent or effective upon the death of the Transferring Founder, then each share of class B Common Stock that is the subject of such Transfer shall automatically convert into one (1) fully paid and nonassessable share of class A Common Stock upon that date which is the earlier of: (a) nine (9) months after the date upon which the Transferring Founder died, or (b) the date upon which the Transferee Founder ceases to hold exclusive Voting Control over such shares of class B Common Stock; provided, further, that if the Transferee Founder shall die within nine (9) months following the death of the Transferring Founder, then a trustee designated by the Transferee Founder and approved by the Board of Directors may exercise Voting Control over: (x) the Transferring Founders' shares

of class B Common Stock and, in such instance, each such share of class B Common Stock shall automatically convert into one (1) fully paid and nonassessable share of class A Common Stock upon that date which is the earlier of: (A) nine (9) months after the date upon which the Transferring Founder died, or (B) the date upon which such trustee ceases to hold exclusive Voting Control over such shares of class B Common Stock; and (y) the Transferee Founders' shares of class B Common Stock (or shares held by an entity of the type referred to in paragraph (2) below established by or for the Transferee Founder) and, in such instance, each such share of class B Common Stock shall automatically convert into one (1) fully paid and nonassessable share of class A Common Stock upon that date which is the earlier of: (A) nine (9) months after the date upon which the Transferee Founder died, or (B) the date upon which such trustee ceases to hold exclusive Voting Control over such shares of class B Common Stock; and [...]

Section 5. class C Capital Stock. A statement of the designation of the class C Capital Stock and the powers, preferences and rights and qualifications, limitations or restrictions thereof is as follows:

(a) Voting. Except as otherwise required by applicable law, shares of class C Capital Stock shall have no voting power and the holders thereof, as such, shall not be entitled to vote on any matter that is submitted to a vote or for the consent of the stockholders of the Corporation.

(b) Dividends. Subject to the preferences applicable to any series of Preferred Stock, if any, outstanding at any time, the holders of class C Capital Stock shall be entitled to receive, on a per share basis, the same form and amount of dividends and other distributions of cash, property or shares of stock of the Corporation as may be declared by the Board of Directors from time to time with respect to shares of the Common Stock out of assets or funds of the Corporation legally available therefor; provided, however, that in the event that such dividend is paid in the form of shares of Common Stock or rights to acquire Common Stock, the holders of class C Capital Stock shall receive class C Capital Stock or rights to acquire class C Capital Stock, as the case may be.

(c) Conversion upon Liquidation. Immediately prior to the earlier of (i) any distribution of assets of the Corporation to the holders of the Common Stock in connection with a voluntary or involuntary liquidation, dissolution, distribution of assets or winding up of the Corporation pursuant to Section 2(c) or (ii) any record date established to determine the holders of capital stock of the Corporation entitled to receive such distribution of assets, each outstanding share of the class C Capital Stock shall automatically, without any further action, convert into and become one (1) fully paid and nonassessable share of class A Common Stock. The Corporation shall at all times reserve and keep available out of its authorized but unissued shares of class A Common Stock, solely for the purpose of effecting the conversion of the shares of class C Capital Stock pursuant to this Section 5(c), such number of its shares of class A Common Stock as shall from time to time be sufficient to effect the conversion of all outstanding shares of class C Capital Stock into shares of class A Common Stock.

(d) Subdivision or Combinations. If the Corporation in any manner subdivides or combines the outstanding shares of any class of Common Stock, the outstanding shares of the class C Capital Stock will be subdivided or combined in the same manner. The Corporation shall not subdivide or combine the outstanding shares of the class C Capital Stock unless a subdivision or combination is made in the same manner with respect to each class of Common Stock.

(e) Equal Status. Except as expressly provided in this Article IV, class C Capital Stock shall have the same rights and privileges and rank equally, share ratably and be identical in all respects to the Common Stock as to all matters. Without limiting the generality of the foregoing, (i) in the event of a merger, consolidation or other business combination of the Corporation requiring the approval of the holders of the Corporation's capital stock entitled to vote thereon (whether or not the Corporation is the surviving entity), the holders of the class C Capital Stock shall receive the same amount and form of consideration, if any, on a per share basis as the consideration, if any, received by holders of the class A Common Stock in connection with such merger, consolidation or combination (provided that if holders of class A Common Stock are entitled to make an election as to the amount or form of consideration such holders shall receive in any such merger, consolidation or combination with respect to their shares of class A Common Stock, the holders of class C Capital Stock shall be entitled to make the same election as to their shares of class C Capital Stock), and (ii) in the event of (x) any tender or exchange offer to acquire any shares of Common Stock by any third party pursuant to an agreement to which the Corporation is a party or (y) any tender or exchange offer by the Corporation to acquire any shares of Common Stock, pursuant to the terms of the applicable tender or exchange offer, the holders of the class C Capital Stock shall receive the same amount and form of consideration on a per share basis as the holders of the class A Common Stock (provided that if holders of class A Common Stock are entitled to make an election as to the amount or form of consideration such holders shall receive in any such tender or exchange offer with respect to their shares of class A Common Stock, the holders of class C Capital Stock shall be entitled to make the same election as to their shares of class C Capital Stock).

[...]

Holger Fleischer und Konstantin Horn

§ 20 Die Idee der Welt-AG: Das Business Combination Agreement von Daimler-Benz/Chrysler

Inhaltsübersicht

I. Einführung

Es glich einem Paukenschlag, als Jürgen Schrempp und Robert Eaton am 7. Mai 1998 in London vor die internationale Presse traten und verkündeten, dass sich Daimler-Benz und Chrysler in der „ersten Welt AG“[1] zusammenschließen wür-

1 Zitat des damaligen Vorstandsvorsitzenden von Daimler-Benz Jürgen Schrempp auf der Halbjahrespressekonferenz 1998. Diese Formulierung wurde in der Wirtschaftspresse schnell übernommen: vgl. Börsen-Zeitung vom 31.7.1998, Nr. 144, S. 6, Der Daimler-Benz-Konzern zur Jahresmitte; *Döring*, Börsen-Zeitung vom 12.9.1998, Nr. 175, S. 7, Corporate Governance in der Welt-AG; *Herdt*, Börsen-Zeitung, 8.12.1998, Nr. 236, S. 11, Champagner für Investmentbanker.

https://doi.org/10.1515/9783110733839-021

den.[2] Damit war die erste große transatlantische Fusion unter Beteiligung eines deutschen Unternehmens auf den Weg gebracht.[3] Sie läutete die fünfte M&A-Welle ein, die man als Ära der Mega-Mergers zu bezeichnen pflegt.[4]

Der Veröffentlichung der angestrebten Transaktion gingen intensive Verhandlungen voraus, die mehrfach kurz vor dem Scheitern standen. Nur unter größten Anstrengungen gelang es den Beteiligten, eine Einigung zu erreichen. Angesichts der harten Verhandlungen sollte man annehmen, dass die Satzung der DaimlerChrysler AG deutliche Spuren des gegenseitigen Gebens und Nehmens aufweist. Doch weit gefehlt: Tatsächlich handelt es sich bei dieser Satzung um ein Modell von der Stange. Die Mühen, die es gekostet hat, die erste Welt-AG zu schmieden, sieht man weder der Gründungssatzung[5] noch den kurz darauf vorgenommenen Änderungen[6] an.

Aufschlussreicher ist das Business Combination Agreement (BCA) zwischen der Daimler-Benz AG, der Chrysler Corporation und der damals noch als Oppenheim AG firmierenden DaimlerChrysler AG vom 7. Mai 1998.[7] Auf über 60 Seiten legt es minutiös fest, wie Daimler-Benz und Chrysler zusammengeführt und auf welche Weise das Unternehmen anschließend geleitet werden soll. Es ist das „Kerndokument des Zusammenschlusses“[8] und sei daher im Folgenden näher vorgestellt. Die Begleitumstände seines Zustandekommens sind rechtstatsächlich gut dokumentiert: Mehrere Protagonisten auf Berater-[9] und Unternehmensseite[10] haben im Nachhinein einen Blick hinter die Kulissen gewährt; ferner haben juris-

2 Der Spiegel titelte: „Das ist ein Hammer!“, Heft 20/1998, S. 104.

3 Vgl. *Decher*, in Horn (Hrsg.), Cross-Border Mergers and Acquisitions and the Law, S. 105.

4 Vgl. *Schiessl*, FS Wegen, 2015, S. 313, 315.

5 Satzung vom 4.5.1998, UR-Nr. 1159/1998 des Düsseldorfer Notars Dr. Norbert Zimmermann.

6 Vgl. die Satzungsänderungen vom 17.5.1998 und vom 13.7.1998, UR-Nr. 1545/1998 und 1817/1998 des Düsseldorfer Notars Dr. Norbert Zimmermann, mit denen im Wesentlichen die erforderlichen Änderungen vorgenommen wurden, um die zunächst als rein vermögensverwaltende Vorratsgesellschaft gegründete Gesellschaft zu aktivieren (insbesondere Änderung der Firma und des Unternehmensgegenstands).

7 Das Dokument ist abrufbar unter: https://www.sec.gov/Archives/edgar/data/791269/0000950123-98-004713.txt (zuletzt abgerufen am 1.6.2020).

8 So *Thoma/Reuter*, M&A Review 1999, 314, 315.

9 Vgl. *Decher*, FS Lutter, 2000, S. 1209; *ders.*, ECFR 2007, 5; *ders.* (Fn. 3), S. 105; *Thoma/Reuter*, M&A-Review 1999, 314.

10 Vgl. *Endres*, ZHR 163 (1999), 441; *Gentz*, in Schwalbach (Hrsg.), Corporate Governance, 2. Aufl. 2003, S. 2; *Rodewig*, in K. Schmidt/Riegger (Hrsg.), RWS-Forum 15, Gesellschaftsrecht 1999, 2000, S. 167.

tische Dissertationen[11] und journalistische Reportagen[12] den Fall eingehend aufbereitet.

II. Der Weg zum Zusammenschluss

Vor einer Beschäftigung mit den Einzelheiten des BCA lohnt ein Blick auf die Ausgangslage beider Unternehmen vor dem Zusammenschluss.

1. Ausgangslage von Daimler-Benz

Im Jahr 1995 übernahm Jürgen Schrempp den Vorstandsvorsitz bei Daimler-Benz. In der vorangegangenen Dekade hatte sich Daimler-Benz unter Edzard Reuter als integrierter Technologiekonzern sehr breit aufgestellt.[13] Diese Strategie war aber nicht von Erfolg gekrönt.[14] Viele der zugekauften Beteiligungen konnten die Gewinnerwartungen nicht erfüllen und mussten mitunter gar von den profitablen Konzernteilen über Wasser gehalten werden.[15]

Kurz nachdem Schrempp das Ruder übernommen hatte, änderte er mit einem ehrgeizigen Umstrukturierungsprogramm den Kurs. Er setzte sich zum Ziel, Daimler-Benz auf die gewinnbringenden Konzernteile zurückzuschneiden.[16] Anders als unter der Ägide von Edzard Reuter sollte der *shareholder value* im Vordergrund stehen.[17] Es wurde die Marschroute ausgegeben, dass jedes Konzernunternehmen eine Profitabilität von 12% auf das eingesetzte Kapital zu erreichen

---

11 Vgl. *Stöcker*, Rechtsfragen grenzüberschreitender Unternehmenszusammenschlüsse – unter besonderer Berücksichtigung des Falls Daimler/Chrysler, 2003; allgemein auch *Komo*, Grenzüberschreitende Zusammenschlüsse britischer und deutscher Unternehmen, 2008.

12 Vgl. *Appel/Hein*, Der DaimlerChrysler Deal, 2. Aufl. 1998; *Waller*, Wheels on Fire, 2001; *Vlasic/Stertz*, Taken for a Ride, 2001.

13 Vgl. *Appel/Hein* (Fn. 12), S. 36 f.

14 Vgl. *Waller* (Fn. 12), S. 84.

15 Vgl. *Appel/Hein* (Fn. 12), S. 37.

16 Vgl. *Waller* (Fn. 12), S. 85; *Appel/Hein* (Fn. 12), S. 41.

17 Vgl. *Waller* (Fn. 12), S. 91 mit der Anekdote, dass von zehn Managern, die Schrempp zu Beginn seiner Amtszeit nach dem Aktienkurs von Daimler-Benz fragte, acht den Aktienkurs nicht kannten und zwei eine falsche Antwort gaben; *Steger/Amann*, Corporate Governance: How to Add Value, 2009, S. 166: „Schrempp saw himself as a protagonist of shareholder value"; *Appel/Hein* (Fn. 12), S. 41; ferner Handelsblatt Nr. 101 vom 26.5.1995, S. 23, wonach *Schrempp* die Maxime „Profit, Profit, Profit!" ausgegeben habe.

habe – ansonsten müsse es aus dem Portfolio von Daimler-Benz ausscheiden.[18] Diese Vorgabe war kein reines Lippenbekenntnis, sondern wurde von Schrempp mit Unterstützung seines Strategie-Vorstands Eckhard Cordes auch gegen innere Widerstände durchgesetzt.[19] Selbst vor Traditionsunternehmen wie AEG, an dem Daimler-Benz eine Mehrheitsbeteiligung besaß, machte die Umstrukturierung nicht Halt:[20] AEG wurde in seine Einzelteile zerlegt, Daimler-Benz behielt die nützlichen Teile und verkaufte den Rest.[21] Alexander Dibelius, ein Investment-Banker von Goldman Sachs, der später auch maßgeblich an den Verhandlungen des DaimlerChrysler-Zusammenschlusses beteiligt war, beschrieb das Umstrukturierungsprogramm von Schrempp und Cordes als den Beginn einer „can-do" statt einer „yes, but"-Mentalität.[22]

Die Neuausrichtung des Konzerns führte im Jahr 1995 zu erheblichen Verlusten. Schon kurz nach Schrempps Amtsübernahme gab Daimler-Benz eine Gewinnwarnung heraus und schloss das Jahr mit einem gewaltigen Konzernverlust von DM 5,7 Mrd. ab.[23] Im Folgejahr wurde erstmals in der Unternehmensgeschichte keine Dividende gezahlt.[24] Schon Ende des Jahres 1996 zeigte die Radikalkur jedoch Wirkung. Die Profitabilitätskennzahlen hatten sich deutlich verbessert, der Aktienkurs erreichte neue Höhen.[25]

---

18 Vgl. *Waller* (Fn. 12), S. 95.

19 Vgl. *Waller* (Fn. 12), S. 85; das Umstrukturierungsprogramm brachte Schrempp den Titel „Rambo der Nation" ein, Zitat von *Walter Riester*, vgl. etwa „Krach im Bullshit Castle", Der Spiegel, Nr. 43/1996, S. 114.

20 Vgl. *Appel/Hein* (Fn. 12), S. 38; *Waller* (Fn. 12), S. 85: „Suddenly, nothing was sacred. Even better, the new generation [of managers] was given licence to slaughter yersterday's sacred cows."

21 Vgl. *Waller* (Fn. 12), S. 86 f.: „The AEG case was typical of the way in which Daimler-Benz was restructured. A hit-squad of senior managers, backed up by expert external advisors, developed an action plan under conditions of total secrecy. When the plan was finally unveiled it was forced through quickly despite internal resistance."

22 Zitiert nach *Waller* (Fn. 12), S. 87.

23 Vgl. *Appel/Hein* (Fn. 12), S. 41.

24 Vgl. *Appel/Hein* (Fn. 12), S. 41.

25 Vgl. *Waller* (Fn. 12), S. 98; ferner *Appel/Hein* (Fn. 12), S. 42.

2. Ausgangslage von Chrysler

Nach großen wirtschaftlichen Schwierigkeiten zum Ende der 1980er-Jahre begannen die 1990er-Jahre für Chrysler überaus erfolgreich.[26] Unter Führung von Bob Lutz und Robert Eaton erlebte Chrysler im Jahr 1994 das erfolgreichste Jahr der Unternehmensgeschichte. Man verkaufte insgesamt 2,5 Mio. Fahrzeuge, erwirtschaftete einen Umsatz von 52 Mrd. $ und erzielte einen Gewinn von 3,7 Mrd. $.[27]

Dieser wirtschaftliche Erfolg spülte viel Liquidität in die Kassen: Im Jahr 1995 standen über acht Mrd. $ liquide Mittel in der Bilanz.[28] Vom Chrysler-Management als Sicherheitspuffer für schlechte Zeiten gedacht,[29] weckte dieser Barbestand Begehrlichkeiten, insbesondere bei Chryslers größtem Aktionär Kirk Kerkorian. Da der Aktienkurs gemessen am Gewinn zudem sehr niedrig war,[30] veröffentliche Kerkorian über seine Beteiligungsgesellschaft Tracinda am 12. April 1995 ein 23 Mrd. $ schweres Übernahmeangebot.[31] Die Offerte war als Leveraged Buyout konzipiert. Zu etwa 5 Mrd. $ sollte sie aus Chryslers Barbestand finanziert werden; woher die restlichen knapp 18 Mrd. $ kommen sollten, war dagegen bei Abgabe des Angebots noch ungeklärt.[32] Vor allem deshalb wies das *board* von Chrysler die Übernahmeofferte mit scharfen Worten[33] zurück.[34] Da sich im Nachhinein keine Investoren fanden, um die klaffende Finanzierungslücke zu schließen, zog Kerkorian sein Angebot einige Wochen später einstweilen zu-

---

26 Vgl. *Appel/Hein* (Fn. 12), S. 24 ff.; *Bennet*, New York Times vom 13.4.1995, Section A, Page 1, The Surprising Bid for Chrysler: „[...] Chrysler, which has made one of the biggest corporate turnarounds of the 1990's."

27 Vgl. *Appel/Hein* (Fn. 12), S. 28.

28 Vgl. *Waller* (Fn. 12), S. 112; *Bennet*, New York Times vom 13.4.1995, Section A, Page 1, The Surprising Bid for Chrysler.

29 Vgl. *Bennet*, New York Times vom 13.4.1995, Section A, Page 1, The Surprising Bid for Chrysler; *Bennet*, New York Times vom 20.4.1995, Section D, Page 2, For Chrysler, a Question of How Much Cash is Enough.

30 Das Kurs-Gewinn-Verhältnis hat laut *Waller* (Fn. 12), S. 113 bei gerade einmal 4,4 gelegen; ferner *Bennet*, New York Times vom 13.4.1995, Section A, Page 1, The Surprising Bid for Chrysler.

31 Vgl. *Bennet*, New York Times vom 13.4.1995, Section A, Page 1, The Surprising Bid for Chrysler.

32 Vgl. *Waller* (Fn. 12), S. 110; s. auch *Bennet*, New York Times vom 13.4.1995, Section A, Page 1, The Surprising Bid for Chrysler.

33 „Not a single non-Chrysler Dollar of that financing – according to Tracinda's statements – has been lined up. We have grave doubts that such a financing is feasible. [...] Even if this immense financing could be accomplished, the result would be a crippled company.", Stellungnahme des *board* von Chrysler vom 24.4.1995, abrufbar unter: <https://sec.report/Document/0000950109-95-005430/>.

34 „[Chrysler's Reaktion] amounted to not just a formal rejection, but a public scolding", *Bennet*, New York Times, vom 25.4.1995, Section D, Page 1, Kerkorian Bid For Chrysler Is Rejected.

rück.[35] Der Streit zwischen Kerkorian und dem *board* von Chrysler um die hohen Barreserven schwelte jedoch im Verlaufe des Jahres 1995 weiter. In dieser Zeit gab es offenbar auch Gespräche zwischen Daimler-Benz und Chrysler über eine Überkreuzbeteiligung zur Abwehr von Kerkorians Übernahmevorhaben, die aber letztlich im Sande verliefen.[36] Anfang 1996 legte Chrysler den Streit mit Kerkorian ohne Hilfe von Daimler-Benz bei:[37] In einer Vereinbarung mit Chrysler verpflichtete sich Kerkorian, von seinem Übernahmevorhaben Abstand zu nehmen, seine Beteiligung an Chrysler in den folgenden fünf Jahren nicht auszubauen[38] sowie in diesem Zeitraum mit der Mehrheit der übrigen Chrysler-Aktionäre[39] zu stimmen.[40] Im Gegenzug sollte Chrysler alle Geschäftstätigkeiten außerhalb der Automobilsparte einstellen, den Umfang seines Aktienrückkaufprogramms auf 2 Mrd. $ verdoppeln und einem Repräsentanten von Kerkorian einen Sitz im *board* einräumen.[41]

Nach Abwehr des Übernahmeversuchs setzte Chrysler seinen wirtschaftlichen Erfolgskurs fort – Absatzzahlen und Profitabilität stiegen weiter an.[42] Im Jahr 1997 überließ Lutz das operative Geschäft Robert Eaton und zog sich auf den Posten des stellvertretenden Vorsitzenden des *board* zurück.[43]

---

35 Vgl. *Bennet*, New York Times vom 1.6.1995, Section D, Page 1, Kerkorian Bid for Chrysler Is Ended, at Least For Now.

36 Vgl. *Waller* (Fn. 12), S. 144 ff.; *Steger/Amann* (Fn. 17), S. 168 berichten von einem angestrebten Joint Venture.

37 Vgl. *Meredith*, New York Times vom 9.2.1996, Section A, Page 1, In Deal Ending Takeover Effort, Chrysler to Sell Non-Auto Lines.

38 Ziffer 5 des standstill-agreement zwischen Kerkorian und Chrysler, abrufbar unter: <https://sec.report/Document/0000950130-96-000462/>, dortiges exhibit 3.

39 Ziffer 4 (b) des standstill-agreement zwischen Kerkorian und Chrysler, abrufbar unter: <https://sec.report/Document/0000950130-96-000462/>, dortiges exhibit 3.

40 Vgl. *Meredith*, New York Times vom 9.2.1996, Section A, Page 1, In Deal Ending Takeover Effort, Chrysler to Sell Non-Auto Lines.

41 Vgl. das standstill and settlement agreement zwischen Kerkorian und Chrysler vom 8.2.1996, abrufbar unter: <https://sec.report/Document/0000950130-96-000462/>, dortiges exhibit 2; *Meredith*, New York Times vom 9.2.1996, Section A, Page 1, In Deal Ending Takeover Effort, Chrysler to Sell Non-Auto Lines, Börsen-Zeitung vom 10.2.1996, Nr. 29, S. 6, Chrysler erweitert Aktienrückkäufe.

42 Vgl. *Appel/Hein* (Fn. 12), S. 28 f.

43 Vgl. *Appel/Hein* (Fn. 12), S. 29.

3. Der Beginn des Geheimprojekts Gamma

Nach den Umstrukturierungen bei Daimler-Benz konnte Schrempp aus einer Position der Stärke das zweite große Ziel seiner Amtszeit angehen: das Automobilgeschäft von Daimler-Benz durch Akquisitionen deutlich zu vergrößern und auf ausländischen Märkten, namentlich in Asien und den Vereinigten Staaten, zu expandieren.[44]

Unter Leitung von Schrempp und Cordes führten die Strategen von Daimler-Benz eine Bestandsaufnahme der weltweiten Automobilindustrie durch und prüften allfällige Kooperationsmöglichkeiten.[45] Man kam zu dem Ergebnis, dass nur ein Zusammenschluss mit Chrysler wirtschaftlich sinnvoll sei.[46] Auch Chrysler war auf der Suche nach einem Partner. Zum einen wollte das Unternehmen insbesondere auf dem europäischen Markt weiter expandieren,[47] zum anderen dürfte dem *board* von Chrysler klar gewesen sein, dass man weiterhin ein Übernahmeziel war.[48] Im Spätsommer 1997 machte man sich bei Daimler-Benz unter dem Projektnamen „Gamma"[49] an die Vorbereitungen für einen möglichen Zusammenschluss mit Chrysler.[50]

Den ersten Kontakt zu Chrysler knüpfte Schrempp bei einem scheinbar zufälligen Zusammentreffen mit Bob Lutz auf der Internationalen Automobilausstellung in Frankfurt im Herbst 1997. Im Nachgang zu diesem Gespräch wurde ein Termin zwischen Schrempp und Eaton vereinbart, der anlässlich der Detroit Auto Show im Januar 1998 stattfand.[51] Man traf sich am Hauptsitz von Chrysler in Auburn Hills in der Nähe von Detroit. In einem Gespräch, das nur wenige Minuten dauerte,[52] unterbreitete Schrempp Eaton den Vorschlag für eine Fusion. Eaton

---

44 Vgl. *Waller* (Fn. 12), S. 83; ferner *Appel/Hein* (Fn. 12), S. 43; *Steger/Amann* (Fn. 17), S. 166 ff.

45 Im Einzelnen hierzu *Grube*, in Lucks (Hrsg.), Transatlantic Mergers and Acquisitions, 2005, S. 58, 59 ff.

46 Vgl. *Appel/Hein* (Fn. 12), S. 72; *Steger/Amann* (Fn. 17), S. 168.

47 Vgl. *Appel/Hein* (Fn. 12), S. 73.

48 Vgl. *Steger/Amann* (Fn. 17), S. 169; *Meredith*, New York Times vom 9.2.1996, Section A, Page 1, In Deal Ending Takeover Effort, Chrysler to Sell Non-Auto Lines; s. auch *Waller* (Fn. 8), S. 182.

49 Der Name Gamma wurde gewählt, weil es der dritte Buchstabe des griechischen Alphabets ist und Chrysler das dritte Unternehmen, mit dem man einen Zusammenschluss in Erwägung zog. Zunächst war der Name „Projekt Blitz" vorgesehen, der aber aufgrund der Assoziation mit dem Begriff Blitzkrieg verworfen wurde, vgl. *Appel/Hein*, (Fn. 12), S. 72 f.; *Waller* (Fn. 12), S. 170.

50 Vgl. *Appel/Hein* (Fn. 12), S. 72.

51 Vgl. *Appel/Hein* (Fn. 12), S. 76; *Steger/Amann* (Fn. 17), S. 169.

52 Nach dem Treffen habe Schrempp berichtet, dass nicht einmal genug Zeit gewesen sei, einen Kaffee zu trinken, vgl. *Appel/Hein* (Fn. 12), S. 77; *Vlasic/Stertz* (Fn. 12), S. 188: „‚He didn't even have the chance to offer me coffee.'"

signalisierte, dass auch bei Chrysler schon im Einzelnen über eine Fusion mit Daimler-Benz nachgedacht worden war, erbat sich aber zunächst Bedenkzeit.[53] Nach internen Beratungen teilte Eaton Schrempp Ende Januar 1998 mit, dass Chrysler in konkrete Verhandlungen einsteigen wolle.[54]

Die Verhandlungen begannen Mitte Februar 1998 und fanden unter absoluter Geheimhaltung statt. Man wollte um jeden Preis verhindern, dass Gerüchte über den geplanten Zusammenschluss an die Öffentlichkeit drangen, weil eine solche Information die Börsenkurse der Fusionspartner erheblich beeinflusst und den Zusammenschluss womöglich in Frage gestellt hätte.[55]

Der Kreis der Eingeweihten wurde deshalb so eng wie möglich gezogen. Angeblich soll es in beiden Unternehmen lange Zeit nur jeweils 25 Personen gegeben haben, die an dem Deal gearbeitet haben.[56] Selbst diese wussten offenbar größtenteils nicht über alle Einzelheiten Bescheid, sondern jeweils nur so viel, wie sie wissen mussten, um ihrer Rolle in den Verhandlungen gerecht werden zu können.[57] Diese Geheimhaltung nahm bei Daimler-Benz noch schärfere Formen an als bei Chrysler. Während das gesamte *board* von Chrysler schon von dem ersten Gespräch zwischen Eaton und Schrempp an informiert war,[58] wusste der Großteil des Vorstands und Aufsichtsrats von Daimler-Benz bis April 1998 gar nichts von den Gesprächen mit Chrysler. Nur einzelne Vorstandsmitglieder, allen voran Eckhard Cordes[59] sowie der Aufsichtsratsvorsitzende Hilmar Kopper, waren unterrichtet.[60] Nicht einmal der Finanzvorstand von Daimler-Benz, Manfred Gentz, wurde in die Verhandlungen eingeweiht. Seine Rolle in den Verhandlungen übernahm Alexander Dibelius von Goldman Sachs.[61] Auf Seiten von Chrysler waren von Beginn an Investmentbanker von Credit Suisse First Boston beteiligt.[62]

Auch in den Verhandlungen selbst wurden strenge Geheimhaltungsmaßnahmen ergriffen.[63] Daimler-Benz und Chrysler erhielten die Decknamen Denver und Cleveland. Für die Verhandlungen benutzte man stets andere Hotels. Zudem wird

---

53 Vgl. *Appel/Hein* (Fn. 12), S. 77; *Steger/Amann* (Fn. 17), S. 169; *Waller* (Fn. 12), S. 161 ff.

54 Vgl. *Appel/Hein* (Fn. 12), S. 81; *Waller* (Fn. 12), S. 169.

55 Vgl. *Steger/Amann* (Fn. 12), S. 169; *Thoma/Reuter*, M&A Review 1999, 314; *Waller* (Fn. 12), S. 182.

56 Vgl. *Appel/Hein* (Fn. 12), S. 81 f.; s. auch *Steger/Amann* (Fn. 17), S. 166 („very limited number"); *Waller* (Fn. 12), S. 182.

57 Vgl. *Appel/Hein* (Fn. 12), S. 82.

58 Vgl. *Steger/Amann* (Fn. 17), S. 164 und 173.

59 Vgl. *Steger/Amann* (Fn. 17), S. 169: „Cordes became the key dealmaker behind the merger."

60 Vgl. *Appel/Hein* (Fn. 12), S. 91; *Steger/Amann* (Fn. 17), S. 164.

61 Vgl. *Appel/Hein* (Fn. 12), S. 92; s. auch *Steger/Amann* (Fn. 17), S. 169.

62 Vgl. *Appel/Hein* (Fn. 12), S. 115 ff.

63 Vgl. *Steger/Amann* (Fn. 17), S. 169: „Secrecy became an obsession."

berichtet, dass vor jedem Verlassen des Besprechungsraums die Tür zunächst einen Spalt weit geöffnet worden sei, um zu sehen, ob die Luft rein war.[64] Die an den Verhandlungen Beteiligten sollen sich ferner Legenden zurecht gelegt haben, falls sie bei den Verhandlungen unterbrochen würden.[65]

Für den Fall, dass die Fusionspläne während der Verhandlungsphase an die Öffentlichkeit gelangten, gab es Notfallpläne der Presseabteilungen. Diese mussten aber nie aus der Schublade geholt werden.[66] Während der Verhandlungsphase deutete nur eine kurze, aber letztlich im Ungefähren bleibende Notiz[67] in der Börsen-Zeitung am 29. April 1998 auf den Zusammenschluss hin.[68] Erst am Tag vor der Veröffentlichung des Zusammenschlusses erschien im Wall Street Journal ein Artikel, der über den geplanten Zusammenschluss in großer Detailtiefe berichtete.[69] Wie der Journalist an diese Informationen kam, blieb im Nachhinein ungeklärt.[70]

III. Das Entstehen des Business Combination Agreement

Das BCA wurde keine drei Monate nach dem Beginn der Verhandlungen, am 7. Mai 1998, abgeschlossen – eine bemerkenswerte Leistung der Kautelarjuris-

64 Vgl. *Appel/Hein* (Fn. 12), S. 84 f.; Spiegel, Heft 20/1998, S. 104: „Das ist ein Hammer".
65 Näher hierzu *Appel/Hein* (Fn. 12), S. 85.
66 Vgl. *Appel/Hein* (Fn. 12), S. 85 f.
67 Vgl. Börsen-Zeitung vom 29.4.1998, Nr. 81, S. 5, Wilde Sparkassen: „Ein Geraune liegt in der Luft. Glaubt man der Gerüchteküche, dann dürfte in den nächsten Tagen mit einem Mega-Deal in Sachen Mergers & Acquisitions zu rechnen sein, der den Fall Krupp/Thyssen noch in den Schatten stellen werde. Die Vorbereitungen seien ‚weit fortgeschritten', wird kolportiert, und als Datum sei bereits der 15. Mai anvisiert worden. Um wen handelt es sich? Das wüßten wir alle gern. Insofern wird die Küche mit wilden Vermutungen gewürzt. Die Palette für aktuelle Mega-Deals mit deutschen Unternehmen ist relativ begrenzt. In Fachkreisen wird denn auch ein Konsortialbid vermutet, bei dem ein deutsches zusammen mit einem ausländischen Unternehmen ein grenzüberschreitendes Takeover starten könnte. Einzelheiten erfahren wir in Kürze – oder auch nicht."
68 Vgl. *Appel/Hein* (Fn. 12), S. 87.
69 Vgl. *Lipin/Steinmetz/Simison*, Chrysler, Daimler Agree to Merge In Deal That Will Reshape Industry, Wall Street Journal vom 6.5.1998, abrufbar unter <https://www.wsj.com/articles/SB894338148364453500> (zuletzt abgerufen am 1.6.2020).
70 Vgl. *Appel/Hein* (Fn. 12), S. 105 ff.; *Waller* (Fn. 12), S. 224. Zu dem Journalisten Lipin, der regelmäßig schon im Vorfeld großer Transaktionen über vertrauliche Informationen verfügte, *Kurtz*, Fortune Tellers: Inside Wall Street's Game of Money, Media and Manipulation, 2000, S. 38 ff., zum Fall DaimlerChrysler S. 39.

ten[71] beider Fusionspartner.[72] Zur Einordnung dieser Leistung muss man sich vor Augen führen, dass die Rechtsberater mit dem BCA juristisches Neuland betraten, denn dieser Vertragstyp war damals in Deutschland noch unbekannt.[73] Die deutschen Anwälte konnten nicht auf Muster in Formularbüchern zurückgreifen und nur darüber spekulieren, wie deutsche Gerichte ein BCA behandeln würden. Heutzutage sind die Grenzen der Gestaltungsfreiheit durch gerichtliche Entscheidungen[74] sowie Beiträge aus der Wissenschaft abgesteckt[75] und das BCA ist zu einem erprobtem Mittel der deutschen Gestaltungspraxis geworden.[76] Obwohl die rechtlichen Rahmenbedingungen damit inzwischen deutlich klarer sind, stellt die Verhandlung eines BCA für einen Zusammenschluss vom Kaliber DaimlerChrysler auch heutige M&A-Anwälte vor eine anspruchsvolle Gestaltungsaufgabe, die in weniger als drei Monaten kaum zu erfüllen ist.[77]

---

71 Vgl. zu den Beratern bei der Transaktion FAZ vom 5.6.1998, S. 29, Bei der Fusion Daimler Chrysler leisten die Anwälte Schwerstarbeit"; *Appel/Hein* (Fn. 12), S. 118 ff.; *Vlasic/Stertz* (Fn. 12), S. 202 ff.; *Waller* (Fn. 12), S. 209. Daimler-Benz wurde von Skadden, Arps, Slate, Meagher & Flom und Shearman & Sterling beraten, federführend war Georg Thoma; Chrysler wurde von Debevoise & Plimpton und Bruckhaus Westrick Heller Löber beraten, federführend waren Harald Voss und Christian Decher. Hengeler Mueller Weitzel Wirtz kam im weiteren Verlauf der Transaktion die Rolle eines neutralen Ratgebers zu, der unter Führung von Michael Hoffmann-Becking, ohne die Interessen der einen oder anderen Seite vertreten zu müssen, über die in Erwägung gezogenen Fusionsmodelle urteilen sollte.

72 Vgl. *Appel/Hein* (Fn. 12), S. 118: „[W]ir brauchen für diesen Deal die besten Leute, die es auf der Welt gibt", sagte ein Daimler-Vorstand über die Auswahl der Rechtsberater für die Fusion.

73 Vgl. *Aha*, BB 2001, 2225; *Teichmann*, ZGR 2002, 383, 419; *Thoma/Reuter*, M&A Review 1999, 314. In den Vereinigten Staaten war die Entwicklung dagegen schon weiter, vgl. etwa *Volk/Leicher/Koloski*, 33 San Diego Law Review (1996), 1077 ff. m.w.N., die sich im Detail mit den Rechtsproblemen eines BCA auseinandersetzen; im bilanzrechtlichen Kontext wurden BCA sogar schon im Jahr 1970 erwähnt, vgl. Proposed APB Opinion, 44 St. John's Law Review (1970), 969, 994, wobei aber unklar ist, ob hiermit BCA im heutigen Sinne gemeint sind.

74 Mittlerweile wurden die Grenzen der Gestaltungsfreiheit durch gerichtliche Entscheidungen abgesteckt, vgl. etwa OLG München NZG 2008, 753; NZG 2013, 459; OLG Schleswig NZG 2008, 868; LG München I NZG 2019, 384.

75 Vgl. aus dem reichhaltigen Schrifttum etwa *Fleischer*, ZHR 172 (2008), 538, 555 ff.; *Reichert*, ZGR 2015, 1, 9 ff.; monographisch *Wiegand*, Investorenvereinbarungen und Business Combination Agreements bei Aktiengesellschaften, 2017.

76 Muster finden sich heute in den einschlägigen Formularbüchern, vgl. etwa *Seibt*, in Seibt (Hrsg.), Beck'sches Formularbuch Mergers & Acquisitions, 3. Aufl. 2018, Formular K.II.2., S. 1801 ff.

77 Zu Folgendem teilweise bereits *Fleischer/Horn*, DB 2019, 2675.

1. Anforderungen an die Gestaltung

Daimler-Benz und Chrysler legten ihren Rechtsberatern eine lange Wunschliste für die Ausgestaltung des Zusammenschlusses und des vorbereitenden BCA vor.[78]

Vor allem sollte die Transaktionsstruktur den Grundgedanken eines *merger of equals* zum Ausdruck bringen[79] und gerade nicht wie eine Übernahme von Chrysler durch Daimler-Benz wirken.[80] Als Konzernspitze sollte eine weltweit tätige börsennotierte Aktiengesellschaft fungieren, deren Anteile sowohl in den Vereinigten Staaten als auch in Deutschland handelbar waren.[81] Beide Konzerne und ihre Kulturen wollte man so weit wie möglich integrieren.[82] Negative steuerliche Auswirkungen für die Fusionspartner, das neue Unternehmen und die Aktionäre sollten nach Kräften vermieden werden.[83] Alle diese Ziele sollten mit größtmöglicher Transaktionssicherheit verwirklicht werden.[84] Insoweit war man einmal darauf bedacht, das Blockade- oder Rückabwicklungsrisiko durch opponierende Aktionäre zu reduzieren.[85] Zum anderen wollte man das mühsam ausgehandelte Wertverhältnis[86] der Fusionspartner in möglichst geringem Umfang zur Disposition eines Gerichts stellen.[87] Damit sollte nicht zuletzt der durch Abfindungen oder bare Zuzahlungen drohende Liquiditätsabfluss begrenzt werden.[88]

---

78 Vgl. *Vlasic/Stertz* (Fn. 12), S. 202 ff.
79 Vgl. *Decher* (Fn. 3), S. 105, 106; *Rodewig* (Fn. 10), S. 167 f.
80 Befeuert durch eine unglückliches Interview von Schrempp hatte die Frage, ob es sich um eine Übernahme oder einen Zusammenschluss gleichberechtigter Partner handelte, noch ein gerichtliches Nachspiel, vgl. *Tracinda Corp. v. DaimlerChrysler AG*, 502 F.3d 212, 215 (2007): „In 2000, the CEO of DaimlerChrysler, Jurgen Schrempp, made public statements suggesting that these management changes were exactly what he and other Daimler-Benz executives had wanted prior to the merger. In response, various Chrysler shareholders [...] brought suit against DaimlerChrysler, Daimler-Benz, Schrempp, Manfred Gentz, and Hilmar Kopper (Defendants), alleging fraud, misrepresentation, and other violations of the federal securities laws in connection with the merger. The Chrysler shareholders alleged that, had they known the merger was a takeover, rather than a 'merger of equals', they would have demanded a change-in control premium upon consummation of the merger."
81 Vgl. *Decher* (Fn. 3), S. 105, 106.
82 Vgl. *Decher* (Fn. 3), S. 105, 106; *Rodewig* (Fn. 10), S. 167.
83 Vgl. *Decher* (Fn. 9), S. 1209, 1210; *Rodewig* (Fn. 10), S. 167, 168.
84 Vgl. *Decher* (Fn. 3), S. 105, 106.
85 Vgl. *Decher* (Fn. 9), S. 1209, 1211; *Rodewig* (Fn. 10), S. 167, 168.
86 Näher dazu unten III 5.
87 Vgl. *Decher* (Fn. 9), S. 1209, 1211.
88 Vgl. *Baums*, JITE 155 (1999), 119, 125.

2. Rechtsform

Vor diese außerordentlich komplexe Gestaltungsaufgabe[89] gestellt, klärten die Rechtsberater zuerst, wo die neue Konzernspitze ihren Sitz haben sollte – eine Frage von großer rechtlicher wie symbolischer Bedeutung.[90] Aus steuerlichen Gründen zog man die Niederlande in Betracht,[91] die als neutrales Sitzland auch den Gedanken des *merger of equals*[92] betont hätten.[93] Hiergegen sprach jedoch, dass beide Fusionspartner keinerlei Erfahrung mit dem niederländischen Recht hatten.[94] Außerdem hätte eine Ansiedlung der Konzernspitze in den Niederlanden für die Aktionäre von Daimler-Benz zu einer erheblichen steuerlichen Belastung in Deutschland geführt. Der Aktientausch wäre nämlich steuerlich als Verkauf der Daimler-Benz-Aktie und anschließender Kauf der Aktie der Konzernspitze gewertet worden. Für den größten Aktionär von Daimler-Benz, die Deutsche Bank[95], hätte dies wegen der Differenz von Kurs- und Buchwert der Aktie eine steuerliche Belastung von etwa neun Mrd. DM bedeutet.[96] Da man auf die Unterstützung der Deutschen Bank für den Zusammenschluss angewiesen war,[97] wäre eine derartige Belastung ein „„show-stopper"“[98] gewesen. Letztlich führte kein Weg an der Wahl einer deutschen AG als Konzernspitze vorbei. Man hielt daher im BCA fest:

> „NewCo is an Aktiengesellschaft duly incorporated and validly existing under the laws of the Federal Republic of Germany (...)."[99]

---

89 *Waller* (Fn. 12), S. 177 f. zitiert einen der beteiligten Anwälte wie folgt: „Doing a deal where nobody pays any tax is the most difficult kind of transaction under normal circumstances. By normal, I mean without the complication of a cross-border dimension. Here we were dealing with two legal systems, two stock exchanges, two business cultures, two styles of corporate governance, two accounting systems. It is impossible to overestimate just how difficult and complicated it was to do this deal."
90 Vgl. *Waller* (Fn. 12), S. 171: „part emotional, part legal".
91 Näher *Appel/Hein* (Fn. 12), S. 96; *Waller* (Fn. 12), S. 171.
92 Die Bezeichnung *merger of equals* stammt nach *Waller* (Fn. 12), S. 175 von Alexander Dibelius.
93 Dazu *Decher* (Fn. 9), S. 1209, 1210; *Waller* (Fn. 12), S. 171.
94 Vgl. *Decher* (Fn. 9), S. 1209, 1210; *ders.* (Fn. 3), S. 105, 107.
95 Zum Zeitpunkt des Zusammenschlusses war die Deutsche Bank mit etwas über 20 % an Daimler-Benz beteiligt, vgl. *Stöcker* (Fn. 11), S. 39.
96 Vgl. *Decher* (Fn. 3), S. 105, 108; *Rodewig* (Fn. 10), S. 167, 168; *Stöcker* (Fn. 11), S. 39.
97 So *Decher* (Fn. 3), S. 105, 105.
98 *Decher* (Fn. 3), S. 105, 108.
99 Section 6.1 BCA.

Durch die Wahl der deutschen Rechtsform konnte man zudem allfälligen Bedenken der Belegschaft von Daimler-Benz Rechnung tragen[100] und die Standortwahl nach außen mit einem „Hohelied auf die deutsche Mitbestimmung"[101] begründen. Unabhängig davon hatten die Verhandlungsführer von Daimler-Benz wohl auch Skrupel, eine deutsche Industrie-Ikone aus Deutschland abwandern zu lassen.[102]

3. Struktur des Zusammenschlusses

Mit der Entscheidung für eine deutsche Konzernspitze war das Ziel festgelegt, der genaue Weg dorthin aber noch nicht vorgezeichnet. Ihn ausfindig zu machen, stellte die Rechtsberater der Fusionspartner vor große Herausforderungen.[103] Die Anwälte zerbrachen sich hierüber bei einem mehrtägigen Verhandlungsmarathon in New York den Kopf.[104]

Am nächsten gelegen hätte an sich eine Verschmelzung von Chrysler auf Daimler-Benz. Diese Variante kam jedoch deshalb nicht in Betracht, weil ungeklärt war, ob das hiesige Recht die Verschmelzung einer US-amerikanischen Gesellschaft auf eine deutsche zulässt.[105] Es mussten daher Alternativen gefunden werden.[106]

---

100 Vgl. *Appel/Hein* (Fn. 12), S. 97; *Decher* (Fn. 3), S. 105, 108; *Döring*, Börsen-Zeitung vom 12.09.1998, S. 7; *Waller* (Fn. 12), S. 171.

101 *Döring*, Börsen-Zeitung vom 12.9.1998, S. 7.

102 Dazu *Appel/Hein* (Fn. 12), S. 96: „Auch für einen als kühl geltenden Strategen wie Schrempp wäre es zu diesem Zeitpunkt unmöglich gewesen, Deutschlands größten Konzern ins Ausland abwandern zu lassen. Im Nachhinein gaben die Daimler-Verhandler zu, daß für sie niemals ernsthaft zur Debatte stand, Daimler etwa in eine niederländische Aktiengesellschaft umzuwandeln. Aber es stärkt ihre Position, wenn das Gegenüber scheinbar Alternativen besitzt."

103 So *Decher* (Fn. 3), S. 105, 106; *ders.* (Fn. 9), S. 1209, 1211.

104 Vgl. *Vlasic/Stertz* (Fn. 12), S. 202; *Waller* (Fn. 12), S. 174 ff.

105 Vgl. *Decher* (Fn. 3), S. 105, 109. Zum damaligen Streitstand einerseits *Horn*, ZIP 2000, 473, 477 (teilweise bejahend); andererseits *Hoffmann*, NZG 1999, 1077, 1078 f. (verneinend); beide m.w.N.

106 Ausführlich zu verschiedenen denkbaren Gestaltungen *Stöcker* (Fn. 11), S. 67 ff.; ferner *Baums*, JITE 155 (1999), 119, 122 ff.; *Decher*, ECFR 2007, 5, 6 ff.; *Thoma/Reuter*, M&A Review 1999, 314 f.

a) Übernahme von Chrysler durch Daimler-Benz

In Betracht kam einmal eine Übernahme von Chrysler durch Daimler-Benz: Die Daimler-Benz AG führt eine Sachkapitalerhöhung unter Bezugsrechtsausschluss zugunsten der Chrysler-Aktionäre durch. Diese legen ihre Chrysler-Aktien in die Daimler-Benz AG ein.

Die Kapitalerhöhung wäre jedoch erheblichen Anfechtungsrisiken ausgesetzt gewesen: Zum einen hätte der Bezugsrechtsausschluss unter dem Gesichtspunkt der materiellen Beschlusskontrolle[107] angegriffen werden können. Zum anderen hätte die Kapitalerhöhung nach § 255 AktG mit der Begründung angefochten werden können, dass die jungen Aktien zu einem unangemessenen Ausgabebetrag ausgegeben wurden. Da damals das Freigabeverfahren nach § 246a AktG noch nicht zur Verfügung stand[108], um eine bestandssichernde (§ 246a Abs. 4 S. 2 AktG) und rasche Eintragung von Kapitalmaßnahmen zu ermöglichen, hätten diese Risiken die Transaktionssicherheit schwer belastet.[109] Dies gilt zumal vor dem Hintergrund, dass just zum Zeitpunkt des Zusammenschlusses der „Höhepunkt des Geschäftsmodells räuberischer Aktionäre" erreicht war.[110] Zudem ging man davon aus, dass die Aktien aus der Kapitalerhöhung im Falle einer Anfechtungsklage einer separaten Börsennotierung bedurft hätten, um eine Rückabwicklung der Kapitalerhöhung zu ermöglichen.[111]

b) Aufnahme der Chrysler-Aktionäre in eine Tochtergesellschaft von Daimler-Benz

Die Anfechtungsrisiken im Zusammenhang mit einer Kapitalerhöhung hätten sich freilich umschiffen lassen: Die Daimler-Benz AG hätte eine Tochtergesellschaft gründen können, in welche die Aktionäre von Chrysler ihre Anteile im Wege der Sachkapitalerhöhung einbringen. Diese Tochtergesellschaft hätte anschließend auf die Daimler-Benz AG verschmolzen werden können.[112] Da die Daimler-Benz AG zum Zeitpunkt der Kapitalerhöhung einziger Aktionär der Tochtergesellschaft ge-

---

107 BGHZ 71, 40, 44 f. – Kali & Salz.

108 Eingeführt durch das UMAG im Jahr 2005 (BGBl. I S. 2802); weiterentwickelt mit dem ARUG im Jahr 2009 (BGBl. I S. 2479).

109 Vgl. hierzu *Rodewig* (Fn. 10), S. 167, 168 f.; *Decher*, ECFR 4 (2007), 5, 10; *ders.* (Fn. 9), S. 1209, 1212 f.

110 So wörtlich *Rodewig* (Fn. 10), S. 167, 173 f.; gleichsinnig *Decher* (Fn. 9), S. 1209, 1213.

111 Vgl. *Decher* (Fn. 9), S. 1209, 1213.

112 Vgl. *Rodewig* (Fn. 10) S. 167, 169.

wesen wäre, hätte kein Anfechtungsrisiko hinsichtlich des Kapitalerhöhungsbeschlusses bestanden. Allerdings hätte der nachfolgende *upstream merger* durch Anfechtungsklagen der Aktionäre von Daimler-Benz torpediert werden können, deren Anfechtungsrecht in diesem Fall nicht von § 14 Abs. 2 UmwG beschnitten gewesen wäre. Insbesondere in dieser Konstellation wäre auch der Ausgang des verschmelzungsrechtlichen Freigabeverfahrens nach § 16 UmwG offen gewesen, sodass eine zügige Eintragung der Verschmelzung nicht sichergestellt gewesen wäre.

Ein nachfolgender *downstream merger* der Daimler-Benz AG auf die Tochtergesellschaft wäre ebenfalls keine Option gewesen. Hier wäre zwar das Anfechtungsrecht der Daimler-Benz Aktionäre durch § 14 Abs. 2 UmwG stark eingeschränkt gewesen. Es hätte aber ein beträchtliches Nachbewertungsrisiko gedroht: Sämtliche Aktionäre von Daimler-Benz hätten in diesem Fall Anspruch auf bare Zuzahlung nach § 15 UmwG gehabt, wenn das im Spruchverfahren angerufene Gericht den Aktionären von Daimler-Benz zu einer abweichenden Unternehmensbewertung gekommen wäre und ein anderes Umtauschverhältnis festgelegt hätte. Schon eine geringe Verschiebung des Umtauschverhältnisses hätte ob der enormen Zahl zuzahlungsberechtigter Aktionäre zu massiven Liquiditätsabflüssen geführt.[113]

c) Die Lösung: Zweistufiges NewCo-Modell

Um sich aus dieser verschmelzungsrechtlichen Zwickmühle zu befreien, nahmen die Architekten der Transaktion Anleihen bei dem Zusammenschluss der amerikanischen Upjohn Inc mit der schwedischen Pharmacia AB,[114] der im Jahr 1995 vollzogen wurde.[115]

---

113 Vgl. *Decher* (Fn. 9), S. 1209, 1217 und *Stöcker* (Fn. 11), S. 87, die beide von einem drohenden Nachzahlungsbetrag in zweistelliger Milliardenhöhe (DM) sprechen; ferner *Thoma/Reuter*, M&A Review 1999, 314, 318; *Schiessl*, AG 1999, 442, 446. Für die Chrysler-Seite war das Spruchverfahren offenbar sehr befremdlich, dem General Counsel O'Brien wird das Zitat zugeschrieben: „‚In Delaware, if you have a merger and a particular shareholder doesn't like the price, he can ask for appraisal rights. It's a fairly mechanical process and they do it all the time. [...] In Germany, they have this *spruchverfahren*, which is sort of an appraisal right on steroids. Even if you vote for the deal and take the stock, you could go and contest the deal again.'", zitiert nach *Vlasic/Stertz* (Fn. 12), S. 203 (Hervorhebung im Original).

114 Vgl. das Business Combination Agreement von Upjohn Inc. und Pharmacia AB, abrufbar unter https://www.nasdaq.com/markets/ipos/.ashx?filingid=510883 dort S. 67 ff. (zuletzt abgerufen am 8.8.2019). Das hieraus hervorgegangene Unternehmen Pharmacia & Upjohn ist im Jahr 2003 in Pfizer aufgegangen.

115 Vgl. *Appel/Hein* (Fn. 12), S. 121.

aa) Die angestrebte Transaktionsstruktur

Das Modell sah vor, die Aktien von Daimler-Benz und Chrysler in eine neugegründete deutsche Aktiengesellschaft einzubringen, an der die Aktionäre von Daimler-Benz und Chrysler beteiligt werden. Nach Gründung der Konzernspitze durch einen Treuhänder sollte die Transaktion in zwei Strängen verlaufen, je einen für die deutsche und die amerikanische Seite. Die Daimler-Benz-Aktien sollten durch ein Tauschangebot eingesammelt werden: Im Gegenzug für die Aktien an Daimler-Benz sollten die Aktionäre Anteile an der Konzernspitze erhalten. Danach sollte Daimler-Benz auf die Konzernspitze verschmolzen werden, um so zu verhindern, dass außenstehende Aktionäre im Konzern zurückbleiben.[116] Die Verschmelzung auf der zweiten Stufe sollte bereits vor Durchführung des Umtauschangebots beschlossen werden. Das Anfechtungsrisiko wurde auf diese Art gering gehalten, denn vor dem Vollzug des Umtauschangebots war in der neuen Konzernobergesellschaft nur der Treuhänder anfechtungsberechtigt, der sie zuvor gegründet hatte. Der amerikanische Strang der Transaktion bestand aus einem *reverse triangular merger,* der – stark verkürzt[117] – dazu führt, dass Chrysler zu einer Tochtergesellschaft der neuen Konzernspitze wird und die Chrysler-Aktionäre zu Aktionären der Konzernspitze. Diese Transaktionsstruktur wurde im BCA festgeschrieben und spiegelt sich in dessen Aufbau wider. So regeln die ersten drei Artikel des BCA nacheinander das Umtauschangebot, den *reverse triangular merger* und die Verschmelzung von Daimler-Benz auf die neue Konzernspitze.[118]

bb) Mindestannahmeschwelle des Tauschangebots

Bei diesem Modell musste sichergestellt werden, dass das Aktionariat des zusammengeschlossenen Unternehmens nach dem Umtauschangebot zu mehr als der Hälfte aus ehemaligen Aktionären von Daimler-Benz bestand; ansonsten hätte die Transaktion negative steuerliche Auswirkungen für die Chrysler-Aktionäre ge-

---

116 Vgl. *Decher* (Fn. 9), S. 1209, 1217 ff.; *Stöcker* (Fn. 11), S. 39 ff.; *Thoma/Reuter,* M&A Review, 1999, 314, 317.

117 In den Einzelheiten ist der *reverse triangular merger* relativ komplex, vgl. hierzu aus dem deutschsprachigen Schrifttum *Baums,* FS Zöllner, 2000, S. 65; *Merkt,* US-amerikanisches Gesellschaftsrecht, 3. Aufl. 2013, Rn. 1268 ff.; aus dem amerikanischen Schrifttum *Bainbridge,* Corporate Law, 3. Aufl. 2015, S. 385 f.; *Clark,* Corporate Law, 1985, S. 430 ff.

118 Article I: Daimler-Benz Exchange Offer; Article II: Chrysler Merger; Article III: Daimler-Benz Merger.

habt.[119] In den Verhandlungen errechnete man, dass mindestens 80 % der Daimler-Benz Aktionäre ihre Aktien in das Tauschangebot einliefern mussten, um diese Voraussetzung zu erfüllen. Dementsprechend legte man im BCA 80 % als Mindestannahmeschwelle für das Übernahmeangebot fest.[120] Im September 1998 erhielt man von den amerikanischen Steuerbehörden jedoch die verbindliche Auskunft, dass die steuerlich günstige Behandlung auch schon bei einer Mindestannahmeschwelle von 75 % gesichert sei. Das Tauschangebot wurde daher später mit dieser Schwelle versehen.[121]

cc) Beteiligung der Hauptversammlung von Daimler-Benz

Bei der Planung der Transaktionsstruktur mussten sich die deutschen Rechtsberater unweigerlich mit der Frage auseinandersetzen, ob die Hauptversammlung von Daimler-Benz über die Transaktion als Ganze zu beschließen hatte. Eine geschriebene Hauptversammlungskompetenz bestand insofern zwar nicht. Es wurde aber darüber diskutiert, ob sich eine ungeschriebene Hauptversammlungskompetenz aus den Holzmüller-Grundsätzen[122] oder kraft Sachzusammenhangs[123] ergeben könnte.[124] Die Architekten der Fusion kamen zwar zu dem Ergebnis, dass die individuelle Entscheidungsmöglichkeit der Aktionäre im Umtauschangebot eine Zustimmung der Hauptversammlung entbehrlich mache.[125] Da die Holzmüller-Grundsätze zum damaligen Zeitpunkt noch nicht durch die Gelatine-Entscheidungen[126] konkretisiert und entschärft worden waren, verblieb aber ein gewisses Maß an Rechtsunsicherheit. Aus Gründen äußerster rechtlicher Vorsorge entschloss man sich deshalb, die Hauptversammlung über das von den Fusionspartnern geplante Konzept beschließen zu lassen.[127] Der damit verbundene zusätzliche Aufwand hielt sich ohnehin in Grenzen, da in jedem Fall vor Vollzug des Übernahme-

---

119 Vgl. im Einzelnen *Fleischmann*, DB 1998, 1883; *Stöcker* (Fn. 11), S. 42; *Thoma/Reuter*, M&A Review 1999, 314, 319; *Waller* (Fn. 12), S. 184 f.

120 Vgl. Section 1.1 BCA.

121 Vgl. hierzu *Thoma/Reuter*, M&A-Review 1999, 314, 319.

122 BGHZ 83, 122 – Holzmüller; zu den Gründen und Hintergründen dieser Entscheidung *Fleischer/Heinrich*, in Fleischer/Thiessen (Hrsg.), Gesellschaftsrechts-Geschichten, 2018, § 10.

123 Dazu BGHZ 82, 188 – Hoesch/Hoogovens.

124 Vgl. *Baums* (Fn. 117), S. 65, 73 ff.; *Decher* (Fn. 9), S. 1209, 1222.

125 Vgl. *Decher* (Fn. 3), S. 105, 112.

126 BGHZ 159, 30 – Gelatine II; BGH NZG 2004, 575 – Gelatine I; dazu *Fleischer*, NJW 2004, 2335.

127 Vgl. *Decher* (Fn. 3), S. 105, 112: „by reasons of utmost legal care"; allerdings nicht ausdrücklich zum zweistufigen Modell, sondern zu der Variante, dass die Transaktion nach dem Übernahmeangebot beendet wird.

angebots eine außerordentliche Hauptversammlung einberufen werden musste, um über die Verschmelzung zu beschließen.[128]

Nach dem Zusammenschluss von Daimler-Benz und Chrysler blieb eine breite Debatte über die Frage nach einer Hauptversammlungskompetenz aus. In den wenigen Stellungnahmen wurde eine ungeschriebene Hauptversammlungskompetenz zwar vereinzelt bejaht,[129] größtenteils wurde sie jedoch abgelehnt.[130] Dynamik gewann die Diskussion erst mit dem Zusammenschluss von Linde und Praxair im Jahr 2017.[131] Im Nachgang zu dieser Transaktion erhoben einige Linde-Aktionäre beim LG München I Klage und begehrten die Feststellung, dass der Zusammenschluss der Hauptversammlung hätte vorgelegt werden müssen.[132] Erste Stellungnahmen, darunter die eines ehemaligen Mitglieds des II. Zivilsenats des BGH, sprachen sich für eine ungeschriebene Kompetenz aus.[133] Hierauf aufbauend hat sich eine breitere Diskussion im aktienrechtlichen Schrifttum entwickelt. Die ganz überwiegende Meinung verneint eine ungeschriebene Kompetenz für Transaktionen nach dem DaimlerChrysler-Modell.[134] Hierbei wird häufig auf den bereits von den DaimlerChrysler-Beratern als entscheidend herausgestellten As-

---

128 Vgl. *Rosengarten*, Liber Amicorum Buxbaum, 2000, S. 445, 459.

129 Vgl. *Horn*, ZIP 2000, 473, 479: „Zusammenschlussverträge bedürfen nach den Grundsätzen der Holzmüller-Entscheidung des BGH gleichwohl der Zustimmung der Hauptversammlung, weil der Zusammenschluss unter Gleichen in die rechtlichen und wirtschaftlichen Verhältnisse der Kapitalgesellschaft tief eingreift.“; *ders.*, Liber Amicorum Buxbaum, 2000, S. 315, 328; wohl auch in diesem Sinn *Großfeld*, GS Lüderitz, 2000, S. 233, 236.

130 Vgl. *Decher* (Fn. 9), S. 1209, 1224; *Marsch-Barner*, in Semler/Volhard (Hrsg.), Arbeitshandbuch Unternehmensübernahmen, 2001, § 7 Rn. 61; *Reichert*, ebenda, § 17 Rn. 62; *Rosengarten* (Fn. 128), S. 445, 456 ff.; *Stöcker* (Fn. 11), S. 118 ff.

131 Bereits nach dem Zusammenschlussvorhaben der Deutschen Börse mit der New York Stock Exchange im Jahr 2011 wurde das Thema am Rande in Rechtsprechung und Schrifttum behandelt. Das OLG Frankfurt sprach sich im Zusammenhang mit einer Anfechtungsklage gegen Entlastungsbeschlüsse für Vorstand und Aufsichtsrat der Deutschen Börse *obiter* gegen eine ungeschriebene Kompetenz aus: OLG Frankfurt NZG 2014, 1017, 1019; vgl. ferner *Spindler*, in Schmidt/Lutter, AktG, 3. Aufl. 2015, § 119 Rn. 40a; *Muck*, Defizite im Deutschen Übernahmerecht, 2016, Rn. 852 ff.

132 Vgl. die Pressemitteilung der Deutschen Schutzgemeinschaft für Wertpapierbesitz vom 24.10.2017, welche die klagenden Aktionäre beriet, abrufbar unter: https://www.dsw-info.de/presse/archiv-pressemitteilungen/pressemitteilungen-2017/ (zuletzt abgerufen am 1.6.2020).

133 Vgl. *Strohn*, ZHR 182 (2018), 114, 144 ff.; mit anderer Begründung auch *Hoffmann*, in Spindler/Stilz, AktG, 4. Aufl. 2019, § 119 Rn. 33a.

134 Gegen eine ungeschriebene Hauptversammlungskompetenz etwa Emmerich/*Habersack*, Aktien- und GmbH-Konzernrecht, 9. Aufl. 2019, vor § 311 ff. AktG Rn. 45a; *Hippeli*, NZG 2019, 535; *Koch*, ZGR 2019, 588, 603 ff.; *Schmolke*, in VGR (Hrsg.), Gesellschaftsrecht in der Diskussion 2018, 2019, S. 137, 158 ff.; *Seidel/Kromer*, AG 2019, 206, 208 f.; *Wilsing*, FS Marsch-Barner, 2018, S. 595, 600 ff.; *Zetzsche*, in Köln. Komm. AktG, 3. Aufl. 2019, § 179a Rn. 39 ff.

pekt rekurriert, dass die individuelle Entscheidung im Übernahmeangebot eine Beschlussfassung in der Hauptversammlung ersetze.[135] Das LG München I ist der herrschenden Lehre Ende des Jahres 2018 beigetreten.[136]

4. Führungspositionen und Corporate Governance

Nach der Klärung der Rechtsform des zusammengeschlossenen Unternehmens galt es, die Führungspositionen zu besetzen. Im BCA nahm sich Article IV „NewCo AG Governance After the Effective Time" dieser Fragen an.

a) Vorstand

aa) Besetzung

Zunächst hielt man vertraglich fest, dass das zusammengeschlossene Unternehmen drei Jahre lang von einer Doppelspitze bestehend aus Eaton und Schrempp geführt werden sollte:

> „For three years following the Effective Time, Jurgen E. Schrempp and Robert J. Eation shall be the Co-CEOs and Co-Chairmen (Vorstandsvorsitzende) of the Management Board (Vorstand) of NewCo AG and members of the Office of the Chairmen of NewCo AG."[137]

Den Beteiligten war jedoch bewusst, dass eine Doppelspitze zwar ein geeignetes Führungsmodell für eine Übergangszeit, aber keine dauerhafte Lösung darstellte.[138] Daher vereinbarten Schrempp und Eaton untereinander, dass Eaton nach drei Jahren ausscheiden und Schrempp den zusammengeschlossenen Konzern alleine führen sollte.[139] In den Verhandlungen um die Führung soll Schrempp angeboten haben, sich zurückzuziehen und Eaton die Führung zu überlassen.[140] Ob es

---

135 Bündig z. B. *Habersack* (Fn. 134), vor § 311 AktG, Rn. 45a: „Die autonome Entscheidung des Aktionärs kompensiert auch insoweit ein kollektives Mitspracherecht der Aktionärsgesamtheit."
136 LG München I NZG 2019, 384 – Linde; die Berufung ist beim OLG München unter dem Aktenzeichen 7 U 448/19 anhängig.
137 Section 4.1 (d) BCA.
138 Vgl. *Waller* (Fn. 12), S. 180.
139 Vgl. *Appel/Hein* (Fn. 12), S. 94 und 197; das Ausscheiden von Eaton ist nicht ausdrücklich im Vertrag festgehalten, wurde aber bereits auf der Pressekonferenz, die der Ankündigung der Transaktion folgte, bekanntgegeben, vgl. *Vlasic/Stertz* (Fn. 12), S. 248.
140 Vgl. *Vlasic/Stertz* (Fn. 12), S. 206; *Waller* (Fn. 12), S. 179 ff.

sich hierbei um ein aufrichtiges Zurückstellen persönlicher Belange[141] oder um einen gewieften Schachzug[142] handelte, lässt sich nicht beurteilen. Eaton nahm das Angebot jedenfalls nicht an und bot seinerseits an, sich vor Schrempp zurückzuziehen.[143]

Neben Schrempp und Eaton sollten alle bisherigen Vorstandsmitglieder von Daimler-Benz und die *executive directors* von Chrysler einstweilen in den Vorstand des neuen Unternehmens einziehen.[144] Man wollte hier aus negativen Erfahrungen lernen, die man bei anderen Fusionen beobachtet hat. An einem Gerangel um die Vorstandspositionen war Anfang 1998 etwa ein Fusionsversuch von Glaxo Wellcome und Smith Kline Beechan gescheitert.[145] Allen Vorstandsmitgliedern – und allen anderen Mitarbeitern – wurde zudem garantiert, dass sie in den ersten zwei Jahren nach der Fusion keine finanziellen Einbußen hinnehmen müssten.[146] Die Daimler-Benz-Seite sollte im Vorstand des zusammengeschlossenen Unternehmens ein Übergewicht erhalten. Neben den jeweils acht Vorstandsmitgliedern von Daimler-Benz und Chrysler wurden daher zwei Vorstandsmitglieder von Daimler-Benz-Tochtergesellschaften aufgenommen, sodass sich ein Zahlenverhältnis von 10:8 ergab.[147]

Das BCA erklärte die Integration von Daimler-Benz und Chrysler zur Chefsache, indem es vorschrieb, dass der Vorstand des zusammengeschlossenen Unternehmens einen eigenen Integrationsausschuss bilden sollte:

> „The NewCo AG Management Board (Vorstand) shall establish an Integration committee with consultative function which shall consist of the Co-Chairmen of the Management Board of NewCo AG, who shall also serve as Co-Chairmen of the Integration Committee, and 12

---

141 So soll *Schrempp* gesagt haben: „If this is the right thing for both companies, I will not let my personal situation impact it."; dazu *Vlasic/Stertz* (Fn. 12), S. 206; ganz ähnlich auch der Bericht von *Waller* (Fn. 12), S. 179.

142 Vgl. *Vlasic/Stertz* (Fn. 12), S. 206: „important tactical maneuver"; *Waller* (Fn. 12), S. 179 f.: „It was a typical Schrempp negotiating tactic – offering to lay down his own career for the sake of something much larger than himself."

143 Vgl. *Vlasic/Stertz* (Fn. 12), S. 206.

144 Vgl. *Appel/Hein* (Fn. 12), S. 197; über die Verteilung der einzelnen Vorstandsressorts berichten *Vlasic/Stertz* (Fn. 12), S. 235 ff.

145 Vgl. *Appel/Hein* (Fn. 12), S. 197; *Waller* (Fn. 12), S. 179.

146 Section 8.2 BCA: „For at least two years following the Effective Time (...), NewCo shall provide or cause to be provided to current and former employees and directors of Chrysler and its subsidiaries and Daimler-Benz and its subsidiaries compensation and benefits that are at least as favorable in the aggregate as the compensation and benefits they were entitled to receive immediately prior to the Effective Time (...)"; dazu *Appel/Hein* (Fn. 12), S. 198.

147 Section 4.1 (d) BCA; dazu *Appel/Hein* (Fn. 12), S. 204.

members (including such Co-Chairmen), 50 % of which shall be designated by Chrysler and 50 % shall be designated by Daimler-Benz."[148]

bb) Vom Global Play zum Global Pay[149]

Die Gehaltsunterschiede auf der Führungsebene von Daimler-Benz und Chrysler waren enorm. Der Chrysler-CEO Robert Eaton erhielt im Jahr 1997 eine Gesamtvergütung von etwa 20 Mio. DM – in etwa genauso viel wie der gesamte Vorstand von Daimler-Benz zusammen.[150] Diese Unterschiede hatten ihren Grund vor allem in der unterschiedlichen Zusammensetzung der Bezüge. Bei Daimler-Benz machte das Fixgehalt den Großteil der Gesamtbezüge aus, variable Komponenten spielten eine untergeordnete Rolle. Aktienoptionsprogramme steckten bei den deutschen Aktiengesellschaften im Allgemeinen und bei Daimler-Benz im Besonderen noch in den Kinderschuhen.[151] In den Vereinigten Staaten war der Großteil der Gesamtvergütung dagegen aktienbasiert und damit von der Steigerung des Börsenwerts der Gesellschaft abhängig. Diese unterschiedlichen Ansätze mussten zusammengeführt werden. Vor dem Zusammenschluss versicherten Kopper und Schrempp zwar, dass es „keine willkürliche Anhebung der deutschen Gehälter auf amerikanisches Niveau" geben solle und eine „flächendeckende Amerikanisierung" ausgeschlossen sei.[152] In Deutschland waren schließlich Gehälter, wie sie Robert Eaton bezog, kaum vermittelbar.[153] Auf eine Angleichung der Gehälter auf der obersten Führungsebene konnte man jedoch letztlich nicht verzichten. Zum einen hätte es unweigerlich zu Spannungen geführt, wenn im Vorstand für

148 Section 4.2 BCA.

149 So die Kapitelüberschrift bei *Appel/Hein* (Fn. 12), S. 162.

150 Vgl. *Steger/Amann* (Fn. 17), S. 179.

151 Vgl. *Endres*, ZHR 163 (1999), 441, 450; zur damaligen Zeit wurde über diese Programme intensiv diskutiert, vgl. *Baums*, FS Claussen, 1997, S. 3; *Feddersen*, ZHR 161 (1997), 269; *Hüffer*, ZHR 161 (1997), 214; *Kohler*, ZHR 161 (1997), 246; *Lutter*, ZIP 1997, 1. Der bekannte aktivistische Kleinaktionär Prof. Ekkehard Wenger strengte Klagen gegen die Einführung von Aktienoptionsprogrammen bei mehreren DAX-Gesellschaften an, vgl. LG Frankfurt ZIP 1997, 1030 (Deutsche Bank); OLG Stuttgart ZIP 1998, 1482 (Daimler-Benz); OLG Braunschweig ZIP 1998, 1585 (Volkswagen).

152 Zitat von Kopper auf der außerordentlichen Daimler-Benz-Hauptversammlung anlässlich des Vollzugs des Zusammenschlusses, zitiert nach FAZ vom 19.9.1998, Nr. 218, S. 13, Neue Gehaltsstruktur bei Daimler-Chrysler; s. auch *Appel/Hein* (Fn. 12), S. 163.

153 Karl Feuerstein, damaliger Vorsitzender des Gesamtbetriebsrats von Daimler-Benz: „Ein solches Einkommen ist in Deutschland nicht zu vermitteln." Auch das Verhältnis von durchschnittlichem Einkommen eines Arbeitnehmers im Konzern im Vergleich zum Einkommen im Management sorgte für Unmut, vgl. etwa den damaligen stellvertretenden Betriebsratsvorsitzenden von Daimler-Benz: „Wenn ich bei Gehältern Verhältnisse von 10 zu 1 höre, halte ich das für unanständig.", jeweils zitiert nach *Appel/Hein*, (Fn. 12), S. 162 f.

Positionen mit gleichem Anforderungsprofil und gleicher Verantwortung weit voneinander abweichende Gehälter gezahlt worden wären.[154] Zum anderen war die auch international konkurrenzfähige Bezahlung erforderlich, um nicht allzu anfällig für Abwerbeversuche insbesondere amerikanischer Konkurrenten zu sein.[155] Die Angleichung der Bezüge wurde durch Einführung eines Vergütungssystems mit vier Einzelkomponenten bewerkstelligt. Danach sollten alle Vorstandsmitglieder zunächst ein Fixgehalt etwa auf dem Niveau des Daimler-Benz-Vorstands beziehen. Dieses Grundgehalt wurde um drei erfolgsabhängige Komponenten ergänzt: einen jährlich bar ausgezahlten Bonus sowie Phantom Stocks und „echte" Aktienoptionen als mittelfristige Leistungsanreize.[156]

b) Aufsichtsrat

Auch die Besetzung des Aufsichtsrats wurde im BCA festgelegt. Zunächst sollte der Aufsichtsrat zwölf Mitglieder haben. Die Hälfte der Sitze sollte an bisherige Mitglieder der Anteilseignerseite des Daimler-Benz-Aufsichtsrats gehen, die andere Hälfte mit *outside directors* des *board* von Chrysler besetzt werden.[157] Den Vorsitz sollte für mindestens zwei Jahre der damalige Aufsichtsratsvorsitzende von Daimler-Benz, Hilmar Kopper, übernehmen.[158] Sobald der Aufsichtsrat von DaimlerChrysler unter das Mitbestimmungsgesetz fällt, sollte er auf 20 Sitze anwachsen. Die Anteilseignerseite sollte dann jeweils zur Hälfte mit Personen besetzt werden, die von der Anteilseignerseite des Daimler-Benz-Aufsichtsrats vorgeschlagen wurden, und zur anderen Hälfte mit Personen, welche die *outside members* des *board* von Chrysler vorschlugen.[159]

Auf der Arbeitnehmerseite des Aufsichtsrats gab es ein klares Übergewicht zugunsten von Daimler-Benz. Letztlich hat nur ein einziger Vertreter der amerikanischen Arbeitnehmer seinen Weg in den ersten Aufsichtsrat von DaimlerChrysler gefunden.[160]

---

154 *Appel/Hein* (Fn. 12), S. 164 zitieren Eaton mit den Worten: „Auch die Gehälter der übrigen Vorstandsmitglieder von Chrysler und Daimler müssen angeglichen werden. Es wird sonst schwierig, wenn alle an einem Tisch sitzen und gleich viel leisten müssen."

155 Vgl. *Appel/Hein,* (Fn. 12), S. 166.

156 Vgl. *Appel/Hein* (Fn. 12), S. 165 f.

157 Section 4.1 (b) BCA.

158 Section 4.1 (c) BCA: „For a period of not less than two years following the Effective Time, the current Chairman of Daimler-Benz's Supervisory Board (Aufsichtsrat) shall continue to be Chairman of the NewCo AG Supervisory Board."

159 Section 4.1 (b) BCA.

160 Vgl. *Appel/Hein* (Fn. 12), S. 205 ff.

c) Weitere Gremien

Im Gegenzug zur Wahl der deutschen Rechtsform kam man der Chrysler-Seite in Corporate-Governance-Fragen entgegen. Die deutsche AG wurde gleichsam mit US-amerikanischer Corporate Governance gekreuzt.[161] Neben Vorstand und Aufsichtsrat sollte ein sogenanntes *Shareholder Committee* nach dem Vorbild des *board* einer US-amerikanischen *corporation* gebildet werden.[162] Besetzt mit den Anteilseignervertretern des Aufsichtsrats, den beiden Vorstandsvorsitzenden und vier weiteren ehemaligen Aufsichtsratsmitgliedern[163], sollte es auch in das operative Geschäft eingebunden sein[164] und häufiger tagen als der Aufsichtsrat.[165] Da ein zusätzliches Organ, das mit Kompetenzen der gesetzlich vorgesehenen Organe ausgestattet ist, der aktienrechtlichen Satzungsstrenge zuwiderläuft, war das *Shareholder Committe* nur ein beratendes Gremium ohne formale Entscheidungskompetenz.[166] Während es von manchen als „kleines Zugeständnis"[167] abgetan wurde, sahen andere hierin die praktische Übernahme des amerikanischen *board*-Systems – eine hochbrisante[168] und bis dahin unbekannte Mischung aus deutschem Gesellschaftsrecht und US-amerikanischer Corporate Governance.[169] Die Regelungen zum Shareholder-Committee fanden jedoch keinen Eingang in das BCA.

Auf Verlangen der Arbeitnehmerseite des Aufsichtsrats[170] und um die vom MitbestG geforderte Parität herzustellen[171], wurde später ein spiegelbildliches *Labour Committee* gebildet, das mit den Arbeitnehmervertretern des Aufsichtsrats und weiteren Arbeitnehmervertretern aus den Vereinigten Staaten und Kanada besetzt werden sollte.[172] So erhielten auch die nordamerikanischen Arbeitnehmer

161 Vgl. *Gentz* (Fn. 10), S. 2, 11: „The described corporate governance of the DaimlerChrysler Group attempts to reconcile German legal requirements and German usage with American practice."

162 Vgl. *Endres*, ZHR 163 (1999), 441, 448.

163 Vgl. *Endres*, ZHR 163 (1999), 441, 448.

164 Vgl. *Gentz* (Fn. 10), 1. Aufl. 2001, S. 2, 10: „On the other [hand], it deals in depth with strategic and operating questions posed by the Company's senior management and, to that end, draws on reports from the chairmen and select, individual members of the Management Board."

165 Vgl. *Döring*, Börsen-Zeitung vom 12.9.1998, S. 7.

166 Vgl. *Endres*, ZHR 163 (1999), 441, 448; *Gentz* (Fn. 10), S. 2, 9.

167 So *Appel/Hein* (Fn. 12), S. 100, andererseits aber auch S. 208 f.

168 So *Schumacher*, Die Zeit vom 17.9.1998.

169 Vgl. *Döring*, Börsen-Zeitung vom 12.9.1998, S. 7.

170 Dazu *Gentz* (Fn. 10), S. 2, 10.

171 So die Erklärung des damaligen Aufsichtsratsmitglieds von Daimler-Benz und Vorstandsmitglieds der Deutschen Bank *Endres*, ZHR 163 (1999), 441, 448.

172 Vgl. FAZ vom 18.12.1998, S. 23.

von Chrysler eine angemessene Vertretung, die durch das deutsche Mitbestimmungsrecht nicht gewährleistet war.[173]

d) Arbeitssprache

Als Arbeitssprache für die Leitung des zusammengeschlossenen Unternehmens legt das BCA Englisch fest:

> "Language. Following the Effective Time, English shall be the official language for the management of NewCo AG."[174]

Die Regelung trug dem Umstand Rechnung, dass es für das bisherige Management von Chrysler wohl kaum zumutbar gewesen wäre, Deutsch zu lernen.[175] Eine sinnvolle Zusammenarbeit wäre damit vermutlich ohnehin nur auf Englisch möglich gewesen. Dass die Regelung trotzdem ausdrücklichen Eingang in das BCA gefunden hat, dürfte neben Motiven der Klarstellung auch damit zu erklären sein, dass sie den Gedanken des *merger of equals* betont: Zwar handelt es sich bei der neuen Konzernspitze formal um einen deutschen Rechtsträger, in den Organen wird aber nicht Deutsch, sondern Englisch gesprochen.

e) Headquarters

Der Gedanke des *merger of equals* wurde außerdem durch die Einrichtung zweier Firmenzentralen zur Geltung gebracht:

> "Operational Headquarters. Following the Effective Time, NewCo AG shall maintain two operational headquarters: one located at the current headquarters of Daimler-Benz, and one located at the current headquarters of Chrysler."[176]

Diese Regelung bekräftigte, dass Chrysler im zusammengeschlossenen Konzern nicht zu einer Außenstelle von Daimler-Benz degradiert werden sollte, auch wenn das neue Unternehmen seinen Sitz in Deutschland nehmen würde.

---

173 Näher *Gentz* (Fn. 10), S. 2, 10.
174 Section 4.4 BCA.
175 Vgl. *Vlasic/Stertz* (Fn. 12), S. 249: „Virtually all German executives spoke English. None of the Americans, with the notable exception of Lutz, spoke German."
176 Section 4.3 BCA.

5. Umtauschverhältnis

Ein besonders heikler Verhandlungspunkt betraf das Verhältnis, in dem die Anteile von Daimler-Benz und Chrysler in Aktien des zusammengeschlossenen Unternehmens getauscht werden sollten. Schwierigkeiten dürfte er vor allem deshalb bereitet haben, weil der Zusammenschluss ein solcher unter Gleichen sein sollte. Bei der Festsetzung der Umtauschquote mussten die Fusionspartner jedoch deutlich Farbe bekennen, wen sie für den größeren – zumindest wertvolleren – Fusionspartner hielten.[177]

Nachdem die Unterhändler lange um das Umtauschverhältnis gerungen und schließlich einen Vorschlag erarbeitet hatten, setzten sich Schrempp und Eaton hinter verschlossenen Türen zusammen, um das Umtauschverhältnis zu besiegeln.

> „Was nur noch ein formaler Akt sein soll, zieht sich über Stunden hin. Draußen bangen ihre Stäbe, die Wochen an dem Umtauschverhältnis gefeilt haben. Schließlich läßt sich Schrempp einen Taschenrechner in den Raum reichen. ‚Da dachten wir, es ist endgültig vorbei', erinnert sich einer. Irgendwann kommt Schrempp dann aus der Tür, verzieht keine Miene. Erst dann sagt er schlicht: ‚Die Sache steht.'"[178]

Vereinbarungsgemäß sollte das Aktionariat des fusionierten Unternehmens zu 57 % aus ehemaligen Daimler-Benz-Aktionären und zu 43 % aus ehemaligen Chrysler-Aktionären bestehen.[179] Die Daimler-Benz-Aktien sollten danach 1:1 gegen Aktien des zusammengeschlossenen Unternehmens getauscht werden.[180] Je-

---

177 Zu den Verhandlungen über das Umtauschverhältnis *Appel/Hein* (Fn. 12), S. 94 ff.; *Vlasic/Stertz* (Fn. 12), S. 215 ff. und 220 ff.; *Waller* (Fn. 12), S. 187 ff.

178 *Appel/Hein* (Fn. 12), S. 95 f.; dies entspricht auch der Schilderung von *Vlasic/Stertz* (Fn. 12), S. 222 ff. und *Waller* (Fn. 12), S. 188 ff.: „Worry turned to panic when the message came down from the room that they needed a calculator."

179 Pressemitteilung von Daimler-Benz und Chrysler anlässlich der Veröffentlichung des Zusammenschlusses, abrufbar unter: https://www.sec.gov/Archives//data/791269/0000950123-98-004713.txt (dortiges Item 7, (c), 99.2 – am Ende des Dokuments).

180 Section 1.1 BCA: „Newco AG shall commence an offer (the 'Daimler-Benz Exchange Offer') to [...] the holders of Ordinary Shares of DM 5 nominal value each of Daimler-Benz [...] to exchange, subject to the Daimler-Benz Exchange offer Conditions, one no par value Ordinary Share of Newco AG (the 'Newco Ordinary Shares') for each Daimler-Benz Ordinary Share held by such holder [...]." Bei der sich an das Übernahmeangebot anschließenden Verschmelzung von Daimler-Benz auf die neue Konzernspitze sollten die Anteile ebenfalls im Verhältnis 1:1 getauscht werden, vgl. Section 3.3 BCA.

der Chrysler-Aktionär sollte etwa 0,547 Aktien des zusammengeschlossenen Unternehmens[181] für jede Chrysler-Aktie erhalten.[182] Im BCA wurde dieses Verhältnis nicht als absolute Zahl, sondern als längere Formel niedergelegt, die auch noch Ereignisse nach Vertragsschluss berücksichtigen sollte, etwa die Höhe einer noch ausstehenden Dividendenzahlung durch Daimler-Benz sowie die Auswirkungen des von Daimler-Benz durchgeführten Schütt-aus-hol-zurück-Verfahrens[183].[184]

6. Firma

Die Gesellschaft, die das fusionierte Unternehmen tragen sollte, wurde über einen Treuhänder, den Bankier Christoph Freiherr von Oppenheim, gegründet.[185] Sie erblickte unter der provisorischen Firma „Oppenheim AG" das Licht der Welt, weil am Tag ihrer Gründung in New York noch immer hartnäckig über den Namen des zusammengeschlossenen Unternehmens verhandelt wurde – ganze drei Tage bevor die Fusionspläne öffentlich gemacht werden sollten.[186]

Die Namensfindung war eine schwierige und emotional aufgeladene Frage.[187] Die Namen Daimler-Benz und Chrysler standen für die Tradition und Identität des jeweiligen Unternehmens. Jede Änderung des Namens mag als unerwünschte Abkehr von der eigenen Tradition wahrgenommen worden sein.[188] Erschwerend kam hinzu, dass Daimler-Benz und Chrysler als große und erfolgreiche Unternehmen Projektionsflächen für den deutschen und amerikanischen Na-

181 Im BCA ist noch von American Depository Receipts die Rede, s. hierzu unten III 7: Global Registered Share.

182 Pressemitteilung von Daimler-Benz und Chrysler anlässlich der Veröffentlichung des Zusammenschlusses, abrufbar unter: https://www.sec.gov/Archives/edgar/data/791269/0000950123-98-004713.txt (dortiges Item 7, (c), 99.2 – am Ende des Dokuments).

183 Allgemein hierzu *Katzenstein*, in Spindler/Stilz, AktG, 4. Aufl. 2019, § 27 AktG Rn. 153 ff.

184 Vgl. im Einzelnen Section 2.4 (b) BCA: Conversion of Chrysler Common Stock in the Chrysler Merger.

185 Vgl. die Gründungssatzung der DaimlerChrysler AG vom 4.5.1998, UR-Nr. 1159/1998 des Düsseldorfer Notars Norbert Zimmermann; FAZ vom 8.5.1998, S. 27; *Rodewig* (Fn. 10), S. 167, 170.

186 Vgl. *Appel/Hein* (Fn. 12), S. 101 ff.

187 Vgl. *Waller* (Fn. 12), S. 171: „Finally, there was one critical point around which issues of emotion, power, control and patriotic pride could easily crystallise: the name of the new company."

188 Zum identitätsstiftenden Moment des Firmennamens vgl. *Appel/Hein* (Fn. 12), S. 102; s. auch *Vlasic/Stertz* (Fn. 12), S. 249: „Each side was fiercely protective of its identity", allerdings nicht ausdrücklich mit Bezug auf die Auseinandersetzung um den Firmennamen, vgl. insofern *Vlasic/Stertz* (Fn. 12), S. 225.

tionalstolz waren.[189] Durch den Zusammenschluss mit einem ausländischen Partner drohte dieser Stolz angekratzt zu werden. Suggeriert der neue Name, dass der ausländische Fusionspartner fortan das Sagen hat – was bei einer Reihung der Namen der Fusionspartner unausweichlich ist – gilt dies umso mehr. Womöglich spielte auch der persönliche Stolz der Verhandelnden eine Rolle; es lag schließlich nicht fern, dass der Name der zusammengeschlossenen Gesellschaft in der Öffentlichkeit als Indikator dafür herangezogen werden könnte, welche Seite in den Verhandlungen die Oberhand behalten hat.[190]

Die Fronten in den Verhandlungen waren dementsprechend verhärtet. Eaton bestand zunächst auf Chrysler-Daimler-Benz, Schrempp beanspruchte unter Verweis auf die relativen Größen von Daimler-Benz und Chrysler die umgekehrte Reihung der Namen.[191] Die Fusion drohte an dieser Auseinandersetzung über den Namen noch auf der Zielgeraden zu scheitern.[192] Die für beide Seiten akzeptable Kompromisslösung wurde bekanntermaßen darin gefunden, dass Chrysler sich zwar an zweiter Stelle einreihte, Daimler-Benz sich dafür aber von dem prestigeträchtigen Namen von Carl Benz trennen musste.[193] Im BCA wurde dementsprechend festgehalten:

> „[...] the name of NewCo AG [shall] be changed and legally registered in all appropriate jurisdictions as ‚Daimler Chrysler Aktiengesellschaft'."[194]

Diese Vorgabe wurde mit einer Satzungsänderung vom 13.7.1998 umgesetzt.[195] Obwohl der Name von Carl Benz damit nicht Teil der Firma wurde, ging sein Erbe nicht vollständig verloren. Sein Konterfei fand einen Platz zwischen dem von

189 Vgl. etwa die Ressentiments, die auf der Hauptversammlung von Chrysler gegen Daimler-Benz als deutsches Unternehmen geäußert wurden, unten im Text zu und in Fn. 226.

190 Auch bei jüngeren grenzüberschreitenden Zusammenschlussvorhaben erwies sich die Einigung auf einen Namen als schwieriges Unterfangen, vgl. *Fleischer/Horn*, DB 2019, 2675, 2682.

191 Vgl. *Appel/Hein* (Fn. 12), S. 102; s. auch *Badrtalei/Bates*, 24 International Journal of Management (2007), 303, 308 f.

192 Chronisten der Transaktion berichten, dass Schrempp bereit gewesen sein soll, die Transaktion scheitern zu lassen, sollte der Name von Daimler nicht an erster Stelle stehen. Den Austausch zwischen Eaton und Schrempp schildern *Vlasic/Stertz* (Fn. 12), S. 239 (Schrempp: „‚It is a showstopper for me'"); *Waller* (Fn. 12), S. 216 ff., 220 (Schrempp: „It's a show-stopper, I'm not agreeing with that.").

193 Zu den Einzelheiten der Verhandlungen über die Firma *Appel/Hein* (Fn. 12), S. 101 ff.; *Vlasic/Stertz* (Fn. 12), S. 237 ff.; *Waller* (Fn. 12), S. 211 ff., insbesondere S. 216 ff. (Chapter 14 – What's in a name?).

194 Section 1.6 BCA.

195 Satzungsänderung vom 13.7.1998, UR-Nr. 1817/1998 des Düsseldorfer Notars Norbert Zimmermann.

Gottlieb Daimler und Walther Chrysler auf der Aktienurkunde der DaimlerChrysler AG.[196] Chronisten der DaimlerChrysler-Fusion berichten, dass Eaton zunächst strikt dagegen war, Carl Benz auf der Aktie von DaimlerChrysler zu verewigen. Er konnte hiervon jedoch bei einem gemeinsamen Bier mit Schrempp überzeugt werden. Entscheidend für Eatons Zustimmung war angeblich das Versprechen von Schrempp, Eaton eine von ihm persönlich bezahlte Replik des dreirädrigen Mercedes-Benz-Patent-Motorwagens von 1886 zu überlassen.[197]

7. Global Registered Share

Auch bei der Börsennotierung von DaimlerChrysler betraten die Rechtsberater Neuland. Bis zum Jahr 1998 führte deutsche Aktiengesellschaften nur ein Umweg an die New Yorker Börse (NYSE). Aktien der Gesellschaft mussten bei einer amerikanischen Depotbank hinterlegt werden, welche im Gegenzug Hinterlegungsscheine, sog. *American Depository Receipts* (ADR), ausgab. Die ADR, nicht die Aktie selbst, konnten dann an der New Yorker Börse gehandelt werden. In der ursprünglichen Fassung des BCA war eben diese Form der mittelbaren Börsennotierung für DaimlerChrysler vorgesehen.[198] Später entschloss man sich jedoch, den zu dieser Zeit gerade neu geschaffenen Weg einer Direktnotierung an der NYSE über eine sogenannte *Global Registered Share*[199] zu beschreiten. Denn die Fusionspartner kamen überein, dass eine Direktnotierung an den heimischen Börsenplätzen von Daimler-Benz und Chrysler eher dem Geist eines *merger of equals* entsprach.[200] So wurde die Aktie der DaimlerChrysler AG nach Vollzug des Übernahmeangebots als erste deutsche Gesellschaft überhaupt mit einer Global Registered Share[201] an der New Yorker Börse gehandelt.[202]

---

196 Vgl. *Waller* (Fn. 12), S. 196.

197 Diese Anekdote berichten *Appel/Hein* (Fn. 12), S. 141.

198 Im BCA wird ohne nähere Erörterung davon ausgegangen, dass die Aktien der DaimlerChrysler AG über ADR gehandelt werden würden, vgl. etwa Section 9.11 (b) (Stock Exchange Listings).

199 Eingehend hierzu *Gruson*, AG 2004, 358; *Karolyi*, 9 J. Corp. Fin. 409 (2003); s. auch *Preissler*, WM 2001, 113.

200 Vgl. *Thoma/Reuter*, M&A-Review 1999, 314, 319.

201 Vgl. *Gruson*, AG 2004, 358, 360; *Karolyi*, 9 J. Corp. Fin. 409 (2003); *Waller* (Fn. 12), S. 196.

202 Das Konzept der Global Registered Share hat sich im Nachhinein für deutsche Unternehmen nicht durchgesetzt, es wird typischerweise auf die mittelbare Notierung über ADR zurückgegriffen, vgl. *Harrer*, in Drinhausen/Eckstein (Hrsg.), Beck'sches Handbuch der AG, 3. Aufl. 2018, § 20 Rn. 98; *Werlen/Sulzer*, in Habersack/Mülbert/Schlitt (Hrsg.), Unternehmensfinanzierung am Kapitalmarkt, 4. Aufl. 2019, § 45 Rn. 194. Für einen Überblick zu den jeweiligen Vor- und Nachteilen

8. Rechtswahl und Prorogation

Das BCA bestimmt auch das anwendbare Recht. Abgesehen von Aspekten, die kraft Natur der Sache deutschem Recht unterstehen müssen, sollte auf die gesamte Transaktion – das BCA eingeschlossen – das Recht von Delaware Anwendung finden:

> „The Daimler-Benz Merger, the Daimler-Benz Exchange Offer (to the extent it is conducted in Germany) and the capital contribution in kind included in the U. S. Share Exchange shall be governed by and effected in accordance with German law. In all other respects, this Agreement shall be governed by and effected in accordance with Delaware law without regard to the principles of conflicts of laws thereof."[203]

Folgerichtig sollten auch etwaige Streitigkeiten im Zusammenhang mit dem BCA vor den Gerichten in Delaware ausgetragen werden.[204]

In diesen Regelungen zu Rechtswahl und Prorogation lag ein Zugeständnis an die Chrysler-Seite, die das deutsche Recht wohl in verschiedener Hinsicht für rückständig und wenig praxistauglich hielt.[205] Weil man nicht wusste, wie ein deutsches Gericht mit einem BCA umgehen würde, dürfte dieses Zugeständnis der Daimler-Benz-Seite aber kein allzu großes Unbehagen bereitet haben.

---

des Kapitalmarktzugangs über Global Registered Shares und American Depositary Receipts *Strauch*, in Marsch-Barner/Schäfer (Hrsg.), Handbuch börsennotierte AG, 4. Aufl. 2018, § 11 Rn. 35 ff.; *Karolyi*, 9 J. Corp. Fin. 409, 414 ff. (2003).

203 Section 12.4 BCA.

204 Section 12.15 BCA: „Each of the parties hereto (a) consents to submit itself to the personal jurisdiction of any federal court located in the State of Delaware of any Delaware state court in the event any dispute arises out of or relates to this Agreement or any of the transactions contemplated by this Agreement, (b) agrees that it will not attempt to deny or defeat such personal jurisdiction by motion or other request for leave from any such court, including, without limitation, a motion to dismiss on the grounds of forum non conveniens, (c) agrees that it will not bring any action arising out of or relating to this Agreement or any of the transactions contemplated by this Agreement in any court other than a federal court sitting in the State of Delaware or a Delaware state court […]."

205 Vgl. etwa *Vlasic/Stertz* (Fn. 12), S. 203; *Waller* (Fn. 12), S. 195 f.; jeweils im Zusammenhang mit dem Spruchverfahren.

IV. Der Vollzug des Business Combination Agreement

1. Zustimmung der Hauptversammlungen

Der Vollzug des Zusammenschlusses begann am 18. September 1998 mit außerordentlichen Hauptversammlungen der Fusionspartner in Stuttgart und Wilmington (Delaware).

a) Daimler-Benz

Zur Daimler-Benz-Hauptversammlung erschienen über 15.000 Aktionäre.[206] Ihnen wurden zwei Beschlussvorlagen unterbreitet: erstens ein Konzeptbeschluss, mit dem sich der Vorstand von Daimler-Benz zu allen Maßnahmen ermächtigen ließ, die erforderlich waren, um die Fusion mit Chrysler zu vollziehen.[207] Zweitens sollte die Hauptversammlung von Daimler-Benz der Verschmelzung von Daimler-Benz auf DaimlerChrysler zustimmen, die auf der zweiten Stufe der Transaktion vorgesehen war.[208]

Die Aktionäre stimmten mit überwältigender Mehrheit für beide Beschlussvorlagen: Der Konzeptbeschluss erhielt eine Zustimmung von 99,89 Prozent, die Verschmelzung gar 99,9 Prozent des in der Hauptversammlung vertretenen Grundkapitals.[209] Auf der Hauptversammlung meldeten sich jedoch auch kritische Stimmen – allen voran Ekkehard Wenger, ein langjähriger Kritiker von Daimler-Benz, der erst kurz zuvor mit einer Klage gegen das Aktienoptionsprogramm von Daimler-Benz vor dem OLG Stuttgart[210] gescheitert war.[211] Die Veranstaltung zog sich aufgrund der insgesamt 77 Wortmeldungen[212] sehr lange hin. Kurz vor Mitternacht – nach über 13 Stunden, während derer 11,5 Stunden lang ausschließlich Fragen beantwortet wurden[213] – beendete der Aufsichtsratsvorsit-

---

206 Vgl. FAZ vom 21.9.1998, S. 23.

207 Punkt 1 der Tagesordnung zur 15. außerordentlichen Hauptversammlung der Daimler-Benz AG am 18.09.1998, Bundesanzeiger Nr. 146 vom 8.8.1998, S. 11685.

208 Punkt 2 der Tagesordnung zur 15. außerordentlichen Hauptversammlung der Daimler-Benz AG am 18.09.1998, Bundesanzeiger Nr. 146 vom 8.8.1998, S. 11685.

209 Vgl. FAZ vom 21.9.1998, S. 23; *Stöcker* (Fn. 11), S. 61.

210 OLG Stuttgart AG 1998, 529.

211 Vgl. *Appel/Hein* (Fn. 12), S. 160.

212 Vgl. *Herdt*, Börsen-Zeitung vom 22.9.1998, S. 1.

213 Vgl. *Rodewig* (Fn. 10), S. 167, 173.

zende Hilmar Kopper die Hauptversammlung.[214] Manche Kleinaktionäre empfanden das Ende der Hauptversammlung dennoch als „abrupt"[215] und hätten es lieber gesehen, wenn die Hauptversammlung gleich für zwei Tage angesetzt worden wäre.[216] Die Daimler-Benz-Juristen hielten die Beendigung der Hauptversammlung nach 13 Stunden dagegen für angezeigt, weil die weiteren Wortmeldungen aus ihrer Sicht nur noch dazu dienten, Anfechtungsgründe zu provozieren.[217] Angesichts der Tatsache, dass einzelne Aktionäre kurz vor 20 Uhr noch mit einem Katalog von 55 Fragen ans Rednerpult traten,[218] erscheint diese Bewertung nicht völlig aus der Luft gegriffen.

Die Anfechtungsklagen ließen dann auch nicht lange auf sich warten. Bis zum Ende der Anfechtungsfrist wurden beim LG Stuttgart derer vier gegen den Verschmelzungsbeschluss erhoben.[219] Sie konnten im Dezember 1998 durch einen vom Gericht vorgeschlagenen Vergleich zwischen Daimler-Benz und den klagenden Aktionären aus der Welt geschafft werden.[220] Der Vergleich sah vor, dass Daimler-Benz die lange Liste an Fragen, die in der Hauptversammlung gestellt wurden, aber unbeantwortet blieben, beantwortet und die Kläger im Gegenzug ihre Klagen zurücknehmen.[221]

b) Chrysler

Bei der Hauptversammlung von Chrysler ging es dagegen deutlich ruhiger zu. Es reisten gerade einmal 150 Aktionäre an.[222] Doch auch Eaton musste sich den Fragen kritischer Aktionäre stellen.[223] Die Hauptkritikpunkte lagen zum einen in der

---

214 Vgl. *Herdt*, Börsen-Zeitung vom 22.9.1998, S. 1. Dagegen war das *shareholder meeting* von Chrysler, bei dem über den Zusammenschluss abgestimmt wurde, eine Angelegenheit von gerade einmal zwei Stunden, vgl. Börsen-Zeitung vom 19.9.1998, S. 6, Kontrastprogramm im Hotel du Pont.
215 *Wenger*, JITE 155 (1999), 128, 132: „abruptly stopping the shareholder meeting, although a lot of questions were still unanswered or could not even be asked."
216 Vgl. *Herdt*, Börsen-Zeitung vom 22.9.1998, S. 1.
217 Vgl. *Rodewig* (Fn. 10), S. 167, 173.
218 Näher *Herdt*, Börsen-Zeitung vom 22.9.1998, S. 1: „In unfreiwilliger Komik beklagte ein Aktionär, der – als es auf 20 Uhr zuging – noch 55 Fragen in petto hatte, den ‚Rückfall in die Steinzeit der Hauptversammlungen'."
219 Vgl. Börsen-Zeitung vom 24.10.1998, S. 9.
220 Vgl. Börsen-Zeitung vom 12.12.1998, S. 1.
221 Vgl. Börsen-Zeitung vom 12.12.1998, S. 1.
222 Vgl. *Appel/Hein* (Fn. 12), S. 147 und 149; s. auch *Waller* (Fn. 12), S. 235.
223 Vgl. *Appel/Hein* (Fn. 12), S. 150 ff.

Befürchtung, es handele sich um eine verkappte Übernahme von Chrysler durch Daimler-Benz, nicht um einen Zusammenschluss unter Gleichen.[224] Zum anderen war die Erinnerung an den Zweiten Weltkrieg bei manch einem Amerikaner noch sehr präsent und die Vergangenheit von Daimler-Benz im Dritten Reich[225] wohlbekannt. So musste sich Eaton den Vorwurf „You are selling us out to war criminals“ gefallen lassen.[226] Es gab die Befürchtung, man würde die gesamte jüdische Kundschaft verlieren.[227] Letztlich stimmte jedoch auch die Hauptversammlung von Chrysler mit 97,5 % für den Zusammenschluss.[228] Die Zustimmung von Kirk Kerkorian als weiterhin größtem Aktionär von Chrysler konnte man sich bereits zum Zeitpunkt des BCA-Abschlusses sichern. Denn am 7. Mai 1998 wurde zwischen den Fusionspartnern sowie Kerkorian und seiner Beteiligungsgesellschaft Tracinda ein Shareholder Agreement geschlossen, welches Kerkorian und seine Beteiligungsgesellschaft dazu verpflichtete, den Zusammenschluss in der Hauptversammlung von Chrysler zu unterstützen.[229]

2. Übernahmeangebot und Verschmelzung

Schon wenige Tage nach der Hauptversammlung von Daimler-Benz, am 24. September 1998, begann das 30-tägige Umtauschangebot.[230] Für jede Daimler-Benz-

224 Vgl. *Appel/Hein,* (Fn. 12), S. 142: Bereits im Vorfeld der Hauptversammlung wurde von einer anonymen Person, die nach eigenen Angaben ein Chrysler-Mitarbeiter war, eine Internetseite veröffentlicht, auf der im Umfang von 40 DIN A4-Seiten erläutert wurde, weshalb es sich um eine Übernahme und nicht um einen Zusammenschluss gleichberechtigter Partner handele. Die Internetseite ist mittlerweile, soweit ersichtlich, nicht mehr abrufbar.
225 Vgl. hierzu *Appel/Hein* (Fn. 12), S. 35 f.; ausführlich zur Geschichte von Daimler-Benz im Nationalsozialismus *Gregor*, Stern und Hakenkreuz. Daimler-Benz im Dritten Reich, 1997.
226 Zitiert nach *Schlesinger/Duff*, Americans Shrug Off Latest Foreign Invasion, Wall Street Journal vom 15. Dezember 1998; vgl. auch *Waller* (Fn. 12), S. 232 f.: „‚Chrysler produced tanks for General Patton and Mercedes was producing war armaments for Adolf Hitler. How do you explain this to your assembly worker?', a reporter from CNBC asked Bob Eaton.“
227 Vgl. *Appel/Hein* (Fn. 12), S. 155.
228 Vgl. *Appel/Hein* (Fn. 12), S. 158; *Waller* (Fn. 12), S. 235.
229 Section 1.1 des Shareholder Agreement vom 7. Mai 1998: „The Stockholder shall vote all of the shares of Chrysler Common Stock beneficially owned by such Stockholder in favor of the Business Combination Agreement and each of the transactions contemplated thereby and any actions required in furtherance hereof and thereof, in each case as recommended by Chrysler's Board of Directors so long as the Business Combination Agreement is not amended in a manner that would adversely affect the form or amount of the merger consideration or otherwise adversely affect the Stockholder.“, abrufbar unter: <https://www.secinfo.com/dsvr4.74j6.b.htm>.
230 Vgl. Börsen-Zeitung vom 25.9.1998, S. 4.

Aktie wurde eine Aktie von DaimlerChrysler offeriert. Um den Anreiz zur Einlieferung zu erhöhen, sollte sich das Umtauschverhältnis für alle Daimler-Benz-Aktionäre auf 1:1,05 verbessern, wenn eine Annahmequote von mindestens 90 Prozent erzielt wurde.[231] Die Quote von 90 Prozent war entscheidend für eine günstige bilanzielle Behandlung der Transaktion.[232] Die Mindestannahmeschwelle wurde abweichend vom ursprünglichen BCA auf 75 % festgelegt.[233]

Daimler-Benz begleitete das Angebot mit einer breit angelegten Informationskampagne, welche die Aktionäre von den Vorzügen der Transaktion überzeugen sollte.[234] Diese Kampagne wurde ob ihrer angeblichen Aggressivität und ihrer vermeintlichen Fehlinformationen vereinzelt scharf kritisiert.[235] Sie verfehlte die gewünschte Wirkung nicht – am Ende der (verlängerten)[236] Annahmefrist hatten insgesamt 98 % der Daimler-Benz-Aktionäre ihre Anteile eingeliefert.[237] Die auf der zweiten Stufe vorgesehene Verschmelzung von Daimler-Benz auf DaimlerChrysler wurde nach dem Vergleich über die Anfechtungsklagen am 21. Dezember 1998 in das Handelsregister eingetragen.[238] Die Transaktion war damit schon ein gutes halbes Jahr nach ihrer Ankündigung im Mai 1998 vollzogen.

Ihre Nachwehen in Form des Spruchstellenverfahrens fanden dagegen erst im Jahr 2012 mit einem Nichtannahme-Beschluss des BVerfG ein Ende.[239] Erstinstanzlich hatte das LG Stuttgart im Jahr 2006 eine bare Zuzahlung von 22,15 € je Daimler-Benz-Aktie festgelegt,[240] was sich zu einem Gesamtbetrag von etwa 230 Mio. € summiert hätte.[241] Das OLG Stuttgart kassierte diesen Beschluss jedoch im Jahr 2010 und wies die Anträge auf Festsetzung einer Zuzahlung insgesamt zurück.[242] Die hiergegen gerichtete Verfassungsbeschwerde blieb ohne Erfolg.[243]

---

231 Vgl. Börsen-Zeitung vom 22.9.1998, S. 8.
232 Die Parteien strebten an, den Zusammenschluss nach der sog. *pooling-of-interests* Methode zu bilanzieren, um die Aufdeckung stiller Reserven zu verhindern, vgl. *Stöcker* (Fn. 11), S. 42 f. m.w.N.
233 Hierzu bereits oben III 3 c bb.
234 Vgl. hierzu *Appel/Hein* (Fn. 12), S. 181 f.; *Waller* (Fn. 12), S. 234.
235 Vgl. *Wenger*, JITE 155 (1999), 128, 130.
236 Vgl. Börsen-Zeitung vom 27.10.1998, S. 1.
237 Vgl. Börsen-Zeitung vom 10.11.1998, S. 8.
238 Vgl. Börsen-Zeitung vom 31.12.1998, S. 70.
239 BVerfG AG 2012, 647 – DaimlerChrysler; dazu aus bewertungsrechtlicher Sicht *Klöhn/Verse*, AG 2013, 2 einerseits; *Fleischer/Bong*, NZG 2013, 881 andererseits.
240 LG Stuttgart AG 2007, 52.
241 Vgl. Börsen-Zeitung vom 22.8.2006, S. 1.
242 OLG Stuttgart AG 2011, 49.
243 BVerfG AG 2012, 647 – DaimlerChrysler.

V. Schluss

DaimlerChrysler sollte eine vergleichsweise kurze Episode bleiben. Als das BVerfG den Rechtsstreit um die bare Zuzahlung endgültig beendete, war DaimlerChrysler schon seit geraumer Zeit Wirtschaftsgeschichte: Durch den Verkauf von Chrysler an den Finanzinvestor Cerberus war die erste Welt-AG im Jahr 2007 wieder in ihre Einzelteile zerlegt worden.[244]

Obwohl sich die Beteiligten darüber im Klaren waren, dass der Erfolg eines Zusammenschlusses mit der Integration beider Unternehmen steht und fällt,[245] wird im Nachhinein gerade die misslungene Integration als Grund für das Scheitern des Zusammenschlusses genannt.[246] In wirtschaftlicher Hinsicht ist DaimlerChrysler damit bis heute ein mahnendes Beispiel dafür, die Schwierigkeiten der Zusammenführung unterschiedlicher Unternehmenskulturen nicht zu unterschätzen. Aus juristischer Sicht fällt das Resümee dagegen deutlich positiver aus. Mit dem BCA haben die Kautelarjuristen der Fusionspartner in Deutschland Neuland betreten und eine Zusammenschlussmethode ersonnen, die bis heute – von Änderungen im Detail abgesehen[247] – *state of the art* für den grenzüberschreitenden Zusammenschluss von börsennotierten Unternehmen ist.[248]

---

244 Handelsblatt Nr. 93 vom 15.5.2007, S. 1.

245 Vgl. *Appel/Hein* (Fn. 12), S. 113; *Endres*, ZHR 163 (1999), 441, 447; *Rodewig* (Fn. 10), S. 167 f.; im Einzelnen zur Post Merger Integration *Grube* (Fn. 45), S. 58, 63 ff.

246 Vgl. nur *Eberle*, „Land der begrenzten Möglichkeiten", Handelsblatt Nr. 66 vom 3.4.2007, S. 18.

247 Vgl. für eine Gegenüberstellung *Fleischer/Horn*, DB 2019, 2675.

248 Näher *Fleischer/Horn*, DB 2019, 2675, 2683; hellsichtig bereits *Thoma/Reuter*, M&A-Review 1999, 314: „Das DaimlerChrysler-Konzept kann als Modell für andere transnationale Unternehmenszusammenschlüsse dienen, die die Gründung eines weltweit operierenden Unternehmens zum Ziel haben."; ähnlich *Decher*, FAZ vom 13.8.1999, S. 22: „Die Fusion wurde als Blaupause für internationale Unternehmenszusammenschlüsse bezeichnet und rasch nachgeahmt." Schon kurz nach dem Fall DaimlerChrysler wurden die letztlich gescheiterten Fusionsvorhaben von VIAG und Algroup sowie Deutsche Telekom und Telecom Italia nach dem gleichen Strickmuster geplant, vgl. hierzu *Fockenbrock*, Märchenhafte Fusion unter Gleichen, Handelsblatt Nr. 78 vom 23.4.1999, S. 2; vgl. aus jüngerer Zeit auch den Zusammenschluss von Linde und Praxair sowie die schließlich gescheiterten Zusammenschlussvorhaben der Deutschen Börse zunächst mit der New York Stock Exchange, später mit der London Stock Exchange.

Anhang: Auszug aus dem BCA[249]

BUSINESS COMBINATION AGREEMENT

among

DAIMLER-BENZ AKTIENGESELLSCHAFT

CHRYSLER CORPORATION

and

OPPENHEIM AKTIENGESELLSCHAFT

Dated as of May 7, 1998

BUSINESS COMBINATION AGREEMENT (this “Agreement”), dated as of May 7, 1998, among Daimler-Benz Aktiengesellschaft, an Aktiengesellschaft organized and existing under the laws of the Federal Republic of Germany (“Daimler-Benz”),Chrysler Corporation, a Delaware corporation (“Chrysler”), and Oppenheim Aktiengesellschaft, an Aktiengesellschaft organized and existing under the laws of the Federal Republic of Germany (“Newco AG”).

WHEREAS, Daimler-Benz and Chrysler desire to combine their respective businesses, stockholder groups, managements and other constituencies in a merger-of-equals transaction upon the terms and subject to the conditions of this Agreement;

WHEREAS, Daimler-Benz, Chrysler and Newco AG desire to make certain representations, warranties, covenants and agreements in connection with the transactions contemplated by this Agreement;

WHEREAS, the Supervisory Board (Aufsichtsrat) of Newco AG and the Management Board (Vorstand) of each of Daimler-Benz and Newco AG and the Board of Directors of Chrysler have approved the transactions contemplated by this Agreement in accordance with the laws of their respective jurisdictions of organization and have authorized the execution and delivery of this Agreement;

WHEREAS, Deutsche Bank Atkiengesellschaft [sic!] has informed Daimler-Benz that such stockholder supports the transactions involving Daimler-Benz and Newco AG contemplated by this Agreement;

WHEREAS, Tracinda Corporation has entered into a Stockholder’s Agreement, dated the date hereof, among Daimler-Benz, Chrysler and such stockholder (the “Chrysler Stockholder’s Agreement”), pursuant to which such stockholder has agreed to vote all shares of Chrysler Common Stock owned by it in favor of the transactions involving Chrysler contemplated by this Agreement at the Chrysler Stockholders Meeting;

249 Das Dokument ist abrufbar unter: https://www.sec.gov/Archives//data/791269/0000950123-98-004713.txt (zuletzt abgerufen am 1.6.2020).

WHEREAS, for United States federal income tax purposes the parties intend that (i) the Chrysler Exchange, (a) will qualify as a reorganization within the meaning of Section 368(a) of the Internal Revenue Code of 1986, as amended (the "Code"), and/or (b) when integrated with the Daimler-Benz Exchange Offer and taking into account the Daimler-Benz Merger, will be treated as a transaction described in Section 351(a) of the Code, (ii) the Daimler-Benz Exchange Offer either (a) when integrated with the Chrysler Merger and the U. S. Share Exchange, will be treated as a transaction described in Section 351(a) of the Code or (b) if integrated with the Daimler-Benz Merger, will qualify as a reorganization within the meaning of Section 368(a) of the Code, and (iii) this Agreement shall be, and is hereby, adopted as a plan of reorganization for purposes of Section 368(a) of the Code;

WHEREAS, the parties intend that the Chrysler Merger, together with the U. S. Share Exchange, will qualify for an exception to the general rule of Section 367(a)(1) of the Code;

WHEREAS, for German tax purposes the Daimler-Benz Exchange Offer and the Daimler-Benz Merger are intended not to result in the recognition of any gain or loss by Newco AG, Daimler-Benz and stockholders of Daimler-Benz;

WHEREAS, for financial reporting purposes the parties intend that the transactions contemplated by this Agreement will be accounted for as a "pooling-of-interests" transaction under United Stated generally accepted accounting principles ("US GAAP"); and

WHEREAS, capitalized terms used in this Agreement and not elsewhere defined shall have the respective meanings set forth in Exhibit A hereto;

NOW, THEREFORE, in consideration of the foregoing and the mutual representations, warranties, covenants and agreements herein contained, and intending to be legally bound hereby, Daimler-Benz, Chrysler and Newco AG agree as follows:

ARTICLE I

DAIMLER-BENZ EXCHANGE OFFER

Section 1.1. The Daimler-Benz Exchange Offer. Promptly after the Daimler-Benz Stockholder Approval and the vote necessary to obtain the Chrysler Stockholder Approval and so long as this Agreement has not been terminated in accordance with Section 11.1, Newco AG shall commence an offer (the "Daimler-Benz Exchange Offer"), which may consist of one offer made in the United States and one made elsewhere, to (i) the holders of Ordinary Shares of DM 5 nominal value each of Daimler-Benz or the corresponding no par value share, as the case may be (the "Daimler-Benz Ordinary Shares"), to exchange, subject to the Daimler-Benz Exchange Offer Conditions, one no par value Ordinary Share of Newco AG (the "Newco Ordinary Shares") for each Daimler-Benz Ordinary Share held by such holder, and (ii) the holders of Daimler-Benz American Depositary Shares representing Daimler-Benz Ordinary Shares ("Daimler-Benz ADSs") to exchange, subject to the Daimler-Benz Exchange Offer Conditions, one Newco American Depositary Share representing one Newco Ordinary Share ("Newco ADSs") for each Daimler-Benz ADS held by such holder (such one-for-one exchange offered in the foregoing clauses (i) and (ii) being referred to herein as the "Daimler-Benz Exchange Offer Ratio"). The obligation of Newco AG to issue Newco Ordinary Shares in exchange for Daimler-Benz Ordinary Shares and to cause the issuance of Newco ADSs in exchange for Daimler-Benz ADSs, in each case tendered pursuant to the Daimler-Benz Exchange Offer, shall be subject only to this Agreement not having been terminated pursuant to Section 11.1 and to the satisfaction or waiver (if permissible under this Agreement and effected in accordance with Section 12.11) of (1) the condition that such number of Daimler-Benz Ordinary Shares and Daimler-Benz ADSs which in the aggregate represent at least that number of outstanding Daimler-Benz Ordinary Shares required for the transactions contemplated by this Agreement to be accounted for as a "pooling-of-interests" under US GAAP shall have been validly tendered, not withdrawn and available for purchase immediately prior to the Daimler-Benz Exchange Offer Expiration Date (the "Minimum Condition"); and (2) the conditions set forth in Article X of this Agreement, other than the condition set forth in Section 10.1(i) (together with the Minimum Condition, the "Daimler-Benz Exchange Offer Conditions"). The Minimum Condition shall not be waived and the Daimler-Benz Exchange Offer Ratio shall not be amended without the written consent of both Chrysler and Daimler-Benz; provided, however, if the number of Daimler-Benz Ordinary Shares and Daimler-Benz ADSs validly tendered, not withdrawn and available for purchase immediately prior to the Daimler-Benz Exchange Offer Expiration Date shall not satisfy the Minimum Condition, but shall be in excess of 80 % of the capital stock of Daimler-Benz on a Fully Diluted Basis (the "80 % Minimum"), the Minimum Condition shall mean the 80 % Minimum unless Chrysler and Daimler-Benz otherwise agree. The expiration date of the Daimler-Benz Exchange Offer shall initially be the date which is 30 days after commencement of the Daimler-Benz Exchange Offer (such date, as it may be extended as provided herein, the "Daimler-Benz Exchange Offer Expiration Date") and, if any of the Daimler-Benz Exchange Offer Conditions is unsatisfied at such time and if requested by either Chrysler or Daimler-Benz, or if requested by either Chrysler or Daimler-Benz pursuant to clause (ii) below, shall be extended by Newco AG from time to time thereafter until the earliest of (i) the maximum period permitted under the German Takeover Code ([Ü]bernahmekodex der B[ö]rsensachverst[ä]ndigenkommission beim Bundesministerium der Finanzen) (the "German Takeover Code") or as otherwise approved by the Executive Office of the Takeover Commission ([Ü]bernahmekommission pursuant to the German Takeover Code) (the "Executive Office of the Takeover Commission"), (ii) the close of business (Frankfurt time) on the day on which Daimler-Benz and Newco AG have publicly announced that all of the Daimler-Benz Exchange Offer Conditions shall have been satisfied or that they have been duly waived (or, if later, a date that is five business days following the initial expiration date, if either Chrysler or Daimler-Benz shall have requested Newco AG to extend the Daimler-Benz Exchange Offer Expiration Date to such date) and (iii) such time as this Agreement is terminated in accordance with Section 11.1. Subject only to the conditions set forth above, at the earliest practicable time following the Daimler-Benz Exchange Offer Expiration Date, Newco AG shall accept for exchange and shall exchange all Daimler-Benz Ordinary Shares and Daimler-Benz ADSs validly tendered and not withdrawn (the "German Share Exchange") and shall effect the German Share Exchange in accordance with applicable law by registering the increase of the Newco AG stated share capital in kind with the commercial register (Handelsregister) for Newco AG.

[...]

Section 1.6. Newco AG Name. Unless Newco AG's legally registered name shall previously have been established as such, promptly following the consummation of the Daimler-Benz Exchange Offer, Newco AG, Daimler-Benz and Chrysler shall cause the name of Newco AG to be changed and legally registered in all appropriate jurisdictions as "Daimler Chrysler Aktiengesellschaft."

ARTICLE II

CHRYSLER MERGER

Section 2.1. Formation of Chrysler Merger Sub. As promptly as possible following the date hereof, Newco AG shall appoint a United States bank or trust company or other independent financial institution in the United States reasonably satisfactory to Daimler-Benz and Chrysler to act as exchange agent for the U. S. Share Exchange and the delivery of the U. S. Merger Consideration to former stockholders of Chrysler (the "U. S. Exchange Agent"). Following such appointment, the U. S. Exchange Agent or Chrysler shall cause to be incorporated pursuant to the DGCL a corporation which shall be a constituent company in the Chrysler Merger ("Chrysler Merger Sub"). Daimler-Benz, Newco AG and Chrysler shall enter into an Exchange Agent Agreement with the U. S. Exchange Agent in form and substance reasonably satisfactory to Daimler-Benz and Chrysler, which agreement shall set forth the duties, responsibilities and obligations of the U. S. Exchange Agent consistent with the terms of this Agreement. Solely to accommodate the transactions described in this Article II, the U. S. Exchange Agent shall hold all of the issued and outstanding shares of common stock, par value $.01 per share, of Chrysler Merger Sub (the "Chrysler Merger Sub Common Stock").

Section 2.2. Chrysler Merger. Upon the terms and subject to the conditions of this Agreement and in accordance with the DGCL, at the Effective Time, Chrysler Merger Sub shall be merged with and into Chrysler (the "Chrysler Merger"), and Chrysler shall be the surviving corporation in the Chrysler Merger (the "U. S. Surviving Corporation"). The corporate existence of Chrysler, with all its purposes, rights, privileges, franchises, powers and objects, shall continue unaffected and unimpaired by the Chrysler Merger and, as the U. S. Surviving Corporation, it shall be governed by the laws of the State of Delaware and succeed to all rights, assets, liabilities and obligations of Chrysler Merger Sub in accordance with Section 259(a) of the DGCL. The separate existence and corporate organization of Chrysler Merger Sub shall cease at the Effective Time.

Section 2.3. The U. S. Share Exchange. Upon the terms and subject to the conditions of this Agreement, as soon as possible after the Effective Time, Newco AG will issue the U. S. Merger Consideration to the U. S. Exchange Agent for the account of the former stockholders of Chrysler, and the U. S. Exchange Agent will contribute, for the account of the former stockholders of Chrysler, all of the issued and outstanding shares of Surviving Corporation Common Stock to Newco AG as a transfer in kind (the "U. S. Share Exchange"). Subject to Section 9.16, such exchange shall be effected in accordance with Sections 52 and 183 et seq. (including in particular Section 187) of the German Stock Corporation Law (Aktiengesetz) by registering the contribution in kind agreement (Einbringungsvertrag) and the increase of the Newco AG stated share capital with the commercial register (Handelsregister) for Newco AG. At the Effective Time, the obligation of the parties to effect the U. S. Share Exchange shall be unconditional.

Section 2.4. Conversion of Chrysler Common Stock in the Chrysler Merger. At the Effective Time, by virtue of the Chrysler Merger and without any action on the part of the holder of any share of common stock, par value $1.00 per share, of Chrysler (including the associated preferred share purchase rights, the "Chrysler Common Stock"):

(a) The Chrysler Common Stock which is held by Chrysler as treasury stock (or held by any wholly owned Subsidiary of Chrysler) shall be cancelled and retired and shall cease to exist, without any conversion thereof, and no payment shall be made with respect thereto.

(b) Each share of Chrysler Common Stock issued and outstanding immediately prior to the Effective Time (other than any shares canceled pursuant to Section 2.4(a)) shall be converted into the right to receive, upon surrender of the certificate formerly representing such share of Chrysler Common Stock pursuant to Section 2.5, that fraction of a Newco ADS expressed as a decimal carried to 4 digits which results from the computation in the Exchange Ratio Formula. Such decimal fraction of a Newco ADS is referred to herein as the "U. S. Exchange Ratio" and the Newco Ordinary Shares (including those represented by Newco ADSs) to be issued in the Chrysler Merger are referred to herein as the "U. S. Merger Consideration." Notwithstanding the foregoing, prior to the delivery of the Newco ADSs to the U. S. Exchange Agent pursuant to Section 2.5 for the account of the former stockholders of Chrysler in the U. S. Share Exchange, each such stockholder shall, in addition to his, her or its right to receive such Newco ADSs, have a continuing ownership interest in the U. S. Surviving Corporation identical in all respects to his, her or its ownership interest in Chrysler immediately prior to the Effective Time, such ownership interest to be extinguished automatically upon such delivery of Newco ADSs to the U. S. Exchange Agent.

(c) The Exchange Ratio Formula shall be the following:

$$\text{Exchange Ratio} = \frac{102.4929 \text{ x } (\text{DP x DAP}) + \text{SOP}}{(\text{DAP x DP}) \text{ X } (\text{DAP} + \text{SOP})}$$

As used in the Exchange Ratio Formula, the following terms have the following meaning:

"DAP" refers to Daimler-Benz's adjusted price per Daimler-Benz Ordinary Share and is herein defined to mean (i) that number of Deutsche Marks equal to 190.8 minus the sum of (A) the per Daimler-Benz Ordinary Share regular annual dividend in respect of the year 1997 payable on or about May 28, 1998, plus (B) the per Daimler-Benz Ordinary Share amount of the Special Distribution payable on or about June 15, 1998, or (ii) in the event that Daimler-Benz fails to pay its previously announced Special Distribution payable on or about June 15, 1998, that number of Deutsche Marks equal to 185.09 minus the per Daimler-Benz Ordinary Share regular annual dividend in respect to the year 1997 payable on or about May 28, 1998.

"SOP" refers to Daimler-Benz's Schutt aus/Hol zuruck share offering proceeds and is herein defined to mean (i) the aggregate amount of net proceeds, expressed in Deutsche Marks, received by Daimler-Benz in respect of its global offering of rights to acquire Daimler-Benz Ordinary Shares and Daimler-Benz ADSs, which is currently scheduled to become effective on or about June 8, 1998, and which is described generally in the Registration Statement (File No. 333-8662) filed with the SEC on April 22, 1998 (the "Rights Offering"), divided by (ii) 516,748,337 if the Rights are not distributed to the holders of the Notes or 523,299,381 if the Rights are distributed to such holders; provided that SOP shall equal 0 if the Rights Offering is canceled or otherwise is not consummated.

"DP" refers to the Rights Offering discounted price expressed as a percentage of the then current market price and is herein defined to mean that decimal fraction carried to four digits determined by dividing (1) the offering price per new Daimler-Benz Ordinary Share (expressed in Deutsche Marks) in the Rights Offering by (2) the reported last sale price per Daimler-Benz Ordinary Share on the FSE, as reported by the FSE, on the last full trading day which immediately precedes the public announcement of the price at which a holder of a Right will be entitled to purchase a Daimler-Benz Ordinary Share pursuant to the Rights Offering; provided that DP shall equal 1 if the Rights Offering is canceled or otherwise is not consummated.

d) Each share of Chrysler Merger Sub Common Stock issued and outstanding immediately prior to the Effective Time shall continue to be an issued and outstanding share of common stock, par value $.01 per share, of the U. S. Surviving Corporation ("Surviving Corporation Common Stock").

[...]

ARTICLE III

DAIMLER-BENZ MERGER

Section 3.1. Daimler-Benz Merger. As soon as practicable following the date hereof, Newco AG and Daimler-Benz shall enter into a merger agreement pursuant to Section 5 of the German Transformation Act (Umwandlungsgesetz) which shall be in form and substance reasonably satisfactory to Daimler-Benz and Chrysler (the "German Merger Agreement"). In accordance with the German Merger Agreement, the German Stock Corporation Law (Aktiengesetz) and the German Transformation Act (Umwandlungsgesetz) (the "German Stock Corporation Law (Aktiengesetz)" and, together with the German Transformation Act (Umwandlungsgesetz), the "GSCL"), Daimler-Benz shall be merged with and into Newco AG (the "Daimler-Benz Merger"), and Newco AG shall be the surviving corporation in the Daimler-Benz Merger (the "German Surviving Corporation"). As a consequence of the Daimler-Benz Merger, the corporate existence of Daimler-Benz will cease and Newco AG will succeed to all rights, assets, liabilities and obligations of Daimler-Benz in accordance with the GSCL.

[...]

Section 3.3. Conversion of Daimler-Benz Ordinary Shares and Daimler-Benz ADSs in the Daimler-Benz Merger. At the German Effective Time, by virtue of the Daimler-Benz Merger and without any action on the part of the holder of any Daimler-Benz Ordinary Shares, the stockholders of Daimler-Benz (other than Daimler-Benz or Newco AG) shall automatically become stockholders of Newco AG. Each Daimler-Benz Ordinary Share shall embody solely the right to receive one Newco Ordinary Share in exchange for such Daimler-Benz Ordinary Share, and each Daimler-Benz ADS shall embody solely the right to receive one Newco ADS in exchange for such Daimler-Benz ADS (such exchange ratio being referred to herein as the "Daimler-Benz Merger Exchange Ratio" and the Newco Ordinary Shares, including those represented by the Newco ADSs, to be issued in the Daimler-Benz Merger are referred to herein as the "Daimler-Benz Merger Consideration").

[...]

ARTICLE IV

NEWCO AG GOVERNANCE AFTER THE EFFECTIVE TIME

Section 4.1. Newco AG Governance after Effective Time. Daimler-Benz, Chrysler and Newco AG agree that after the Effective Time, Newco AG shall have a corporate governance structure reflecting that the transactions contemplated herein are a merger of equals. Without the intention to interfere with the rights and powers of Newco's Shareholders meeting, Supervisory Board and the Management Board (Vorstand) and subject to Sections 95 et seq., Section 84 of the German Stock Corporation Law and Sections 6 et seq. of the Co-determination Law of 1976, they will recommend to their respective shareholders and organizational bodies the following:

(a) Newco AG Articles of Association (Satzung) and Management Board (Vorstand) Rules of Procedure (Geschäftsordnung). The Articles of Association (Satzung) of Newco AG and the

Management Board (Vorstand) Rules of Procedure (Geschäftsordnung) of Newco AG, in each case, following the Effective Time, shall be in form and substance reasonably acceptable to Daimler-Benz and Chrysler.

(b) Newco AG Supervisory Board. Until the Newco AG Supervisory Board has to be composed in accordance with the Co-determination Law of 1976, the Newco AG Supervisory Board shall be composed of twelve members representing the shareholders, six of whom shall have been recommended, immediately prior to the Effective Time, by Daimler-Benz from the then-current non-employee representative members (Anteilseignervertreter) of the Supervisory Board of Daimler-Benz and six of whom shall have been recommended, immediately prior to the Effective Time, by Chrysler from the then-current outside members of the Board of Directors of Chrysler. For the period thereafter, the Newco AG Supervisory Board shall consist of twenty members (Section 7 of the Co-determination Law of 1976); five of the members of the restructured Newco AG Supervisory Board shall have been recommended by Daimler-Benz from non-employee representative members (Anteilseignervertreter) of the Supervisory Board of Daimler-Benz and five of the members shall have been recommended by Chrysler from the outside members of the Board of Directors of Chrysler.

(c) Chairman of the Supervisory Board (Aufsichtsrat). For a period of not less than two years following the Effective Time, the current Chairman of Daimler-Benz's Supervisory Board (Aufsichtsrat) shall continue to be Chairman of the Newco AG Supervisory Board.

(d) Composition of Newco AG Management Board (Vorstand). The Management Board (Vorstand) of Newco AG shall consist of 18 members. In general, 50 % of such members shall be those designated by Chrysler, and 50 % of such members shall be those designated by Daimler-Benz, and there will be two additional members with responsibility for Daimler-Benz's non-automotive businesses. For three years following the Effective Time, J[ü]rgen E. Schrempp and Robert J. Eaton shall be the Co-CEOs and Co-Chairmen (Vorstandsvorsitzende) of the Management Board (Vorstand) of Newco AG and members of the Office of the Chairmen of Newco AG. If any person designated as a member of the Office of the Chairman or the Management Board of Newco AG ceases to be a full-time employee of either Chrysler or Daimler-Benz at or before the Effective Time, Daimler-Benz, in the case of any such employee of Daimler-Benz on the date hereof or any such employee to be designated by Daimler-Benz, or Chrysler, in the case of any such employee of Chrysler on the date hereof or any such employee to be designated by Chrysler, shall designate another person to serve in such person's stead.

Section 4.2. Integration Committee. The Newco AG Management Board (Vorstand) shall establish an Integration Committee with consultative function which shall consist of the Co-Chairmen of the Management Board of Newco AG, who shall also serve as Co-Chairmen of the Integration Committee, and 12 members (including such Co-Chairmen), 50 % of which shall be designated by Chrysler and 50 % of which shall be designated by Daimler-Benz.

Section 4.3. Operational Headquarters. Following the Effective Time, Newco AG shall maintain two operational headquarters: one located at the current headquarters of Daimler-Benz, and one located at the current headquarters of Chrysler.

Section 4.4. Language. Following the Effective Time, English shall be the official language for the management of Newco AG.

ARTICLE V

REPRESENTATIONS AND WARRANTIES

[...]

ARTICLE VI

NEWCO AG REPRESENTATIONS AND WARRANTIES

Newco AG represents and warrants to Chrysler as follows:

Section 6.1. Corporate Organization. Newco AG is an Aktiengesellschaft duly incorporated and validly existing under the laws of the Federal Republic of Germany and has the corporate power and authority to own, operate and lease all of its properties and assets and to carry on its business as it is now being conducted or presently proposed to be conducted.

[...]

ARTICLE VII

CONDUCT OF BUSINESS PENDING THE EFFECTIVE TIME

[...]

ARTICLE VIII

EMPLOYEE BENEFIT MATTERS

Section 8.1. Newco AG Retention/Personnel Policy. In general, and subject to the specific provisions of this Article VIII, Daimler-Benz, Chrysler and Newco AG have agreed that, consistent with the practices of Daimler-Benz and Chrysler, Newco AG will seek to attract and retain superior quality executive, managerial, technical and administrative personnel in every market in which it conducts activities and will generally implement compensation and benefit plans and policies necessary to achieve this objective. It is the specific intention that Newco AG's compensation and benefit programs (including stock options) will be competitive with those provided generally in the U. S. domestic automotive and automotive finance industry and the German automotive and automotive finance industry, respectively, both with respect to the type and variety of programs as well as the level of benefits afforded.

Section 8.2. Benefits. (a) For at least two years following the Effective Time (such period, the "Initial Period"), Newco AG shall provide or cause to be provided to current and former employees and directors of Chrysler and its Subsidiaries and Daimler-Benz and its Subsidiaries compensation and benefits that are at least as favorable in the aggregate as the compensation and benefits they were entitled to receive immediately prior to the Effective Time (including, without limitation, benefits pursuant to pension plans, savings plans, medical plans and programs, lay-off policies, deferred compensation arrangements and retiree benefit plans, policies and arrangements); provided that, with respect to employees who are subject to collective bargaining, all benefits shall be provided in accordance with the applicable collective bargaining or other labor agreements. Newco AG shall honor, and shall cause its Subsidiaries to honor, pursuant to their terms all employee benefit obligations to current and former employees and directors of Chrysler and Daimler-Benz.

[...]

ARTICLE IX

ADDITIONAL AGREEMENTS

[...]

ARTICLE X

CLOSING CONDITIONS

[...]

ARTICLE XI

TERMINATION, AMENDMENT AND WAIVER

[...]

ARTICLE XII

MISCELLANEOUS

[...]

Section 12.4. Governing Law. The Daimler-Benz Merger, the Daimler-Benz Exchange Offer (to the extent it is conducted in Germany) and the capital contribution in kind included in the U. S. Share Exchange shall be governed by and effected in accordance with German law. In all other respects, this Agreement shall be governed by and effected in accordance with Delaware law without regard to the principles of conflicts of laws thereof.
[...]

Section 12.8. Enforcement of Agreement. The parties hereto agree that money damages or other remedy at law would not be sufficient or adequate remedy for any breach or violation of, or any default under, this Agreement by them and that in addition to all other remedies available to them, each of them shall be entitled to the fullest extent permitted by law to an injunction restraining such breach, violation or default or threatened breach, violation or default and to any other equitable relief, including, without limitation, specific performance, without bond or other security being required.
[...]

Section 12.10. Reservation of Right to Revise Transaction. If the implementation and mechanics prove not to be operable, the parties will use their reasonable best efforts to change the method of effecting the business combination between Chrysler and Daimler-Benz contemplated hereby, and each party will cooperate in such efforts, including to provide for a different form of transaction to effect the business combination of Chrysler and Daimler-Benz, provided, that no such change shall (a) alter or change the amount or kind of consideration to be received by holders of Chrysler Common Stock, Daimler-Benz Ordinary Shares or Daimler-Benz ADRs, (b) adversely affect the tax treatment to Chrysler, Daimler-Benz, Newco AG or their respective stockholders as a result of the transactions contemplated hereby, or (c) materially delay receipt of any material approval referred to in this Agreement or the consummation of the transactions contemplated hereby. Newco AG shall be bound by any changes to the transactions contemplated hereby that are agreed to by Chrysler and Daimler-Benz in accordance with this Section 12.10.
[...]

Section 12.15. Consent to Jurisdiction. Each of the parties hereto (a) consents to submit itself to the personal jurisdiction of any federal court located in the State of Delaware or any Delaware state court in the event any dispute arises out of or relates to this Agreement or any of the transactions contemplated by this Agreement, (b) agrees that it will not attempt to deny or defeat such personal jurisdiction by motion or other request for leave from any such court, including, without limitation, a motion to dismiss on the grounds of forum non conveniens, (c) agrees that it will not bring any action arising out of or relating to this Agreement or any of the transactions contemplated by this Agreement in any court other than a federal court sitting in the State of Delaware or a Delaware state court, and (d) waives any right to a trial by jury with respect to any claim, counterclaim or action arising out of or in connection with this Agreement or the transactions contemplated hereby.

IN WITNESS HEREOF, Daimler-Benz, Chrysler and Newco AG have caused this Agreement to be duly executed as of the day and year first above written.

DAIMLER-BENZ AKTIENGESELLSCHAFT

[Unterschriften]

CHRYSLER CORPORATION

[Unterschriften]

OPPENHEIM AKTIENGESELLSCHAFT

[Unterschriften]

Sebastian Mock und Elisabeth Fuhrmann

§ 21 Der staatliche Kulturkonzern – der Gesellschaftsvertrag der Bundestheater-Holding GmbH

Inhaltsübersicht

I. Einleitung

Die Organisation und vor allem die Finanzierung des Kulturwesens ist in den meisten Staaten traditionell eine staatliche Aufgabe, hat doch die überwiegende Zahl der traditionsreichen Kulturbetriebe ihren Ursprung oft in der höfischen Kultur. Dabei muss aber nicht gezwungenermaßen auf klassische Organisationsfor-

https://doi.org/10.1515/9783110733839-022

men des Verwaltungsrechts zurückgegriffen werden.[1] Vielmehr können auch traditionsreiche Kulturbetriebe in privatrechtlichen Organisationsformen strukturiert werden, wofür neben der hier zu beleuchtenden *Bundestheater-Holding GmbH* etwa – in Deutschland – die *Hamburgische Staatsoper GmbH*[2] oder die *Deutsches Nationaltheater und Staatskapelle Weimar GmbH* genannt werden kann. Die Wahl einer privatrechtlichen Rechtsform scheint dabei sogar so beliebt zu sein, dass sich der *Deutsche Bühnenverein* veranlasst sah, einen GmbH-Mustervertrag für Theaterbetriebe zu entwickeln und bereitzustellen.[3] Ein insofern herausragendes Beispiel ist die Organisation der österreichischen Bundestheater, bei denen nicht nur auf die GmbH als privatrechtliche Organisationsform zurückgegriffen wurde, sondern die unter dem Dach der *Bundestheater-Holding GmbH* eine Art Kulturkonzern bilden, zu dem die *Burgtheater GmbH*, die *Wiener Staatsoper GmbH*, die *Volksoper GmbH* und die *ART for ART Theaterservice GmbH* gehören.

II. Historische Entwicklung

1. Anfänge der österreichischen Bundestheater

Die Geschichte der österreichischen Bundestheater hat ihre Anfänge nicht bei der Gründung einer der drei heutigen Bundestheater Burgtheater, Staatsoper und Volksoper, sondern wenige Jahrzehnte davor, nämlich beim Bau des Kärntnertortheaters, welches heute nicht mehr existiert. Im Juli 1708 bewilligte der damalige *Kaiser Joseph I.* den Bau des Kärntnertortheaters durch die Stadt Wien. Gleichzeitig sprach der Kaiser der Stadt ein *privilegium privatissivum* aus, wonach niemand außer der Stadt Wien ein Theater erbauen oder betreiben durfte.[4] Bespielt wurde das Kärntnertortheater jedoch nicht von der Stadt Wien, sondern von verschiedenen Schauspielgruppen und Pächtern, die über die Jahre hinweg immer wieder wechselten.[5] Dieses Theaterprivileg kam ab dem Jahr 1741 (nach dem Tod Kaiser

---

1 Zu den Erscheinungsformen des Kulturverwaltungsrechts ausführlichst *Germelmann*, Kultur und staatliches Handeln – Grundlagen eines öffentlichen Kulturrechts in Deutschland, 2013.

2 Dazu *Germelmann*, (Fn. 1), S. 511 f.

3 Dazu *Germelmann*, (Fn. 1), S. 513 f.

4 *Bammer*, Theater und Verfassung. Eine historisch-systematische Untersuchung der (verfassungs)rechtlichen Stellung der Bundestheater unter besonderer Berücksichtigung der Kunstfreiheit und der Kompetenzverteilung, 1990, S. 31.

5 *Hadamowsky*, Wien – Theatergeschichte: Von den Anfängen bis zum Ende des Ersten Weltkriegs, 1988, S. 170 ff.

Karl VI.) dem Hof zu, was dazu führte, dass dem Theater in Wien zunächst die Freiheit fehlte, sich in die Breite zu entwickeln.[6]

2. Wiener Staatsoper und Burgtheater

a) Theater nächst der kaiserlichen Burg

Am 11. März 1741 schloss Erzherzogin *Maria Theresia* einen Pachtvertrag mit dem Unternehmer *Joseph Carl Selliers*, der das Kärntnertortheater pachtete. Die ersten 20 Paragraphen dieses Vertrages regelten die Verpflichtung *Selliers*, nun auch Opern aufzuführen – die Oper war bis 1740 ein Vorrecht des Hofes gewesen – und enthielten detaillierte Bestimmungen wie oft und auf welche Weise *Selliers* eine Oper aufzuführen hatte.[7] Anschließend folgte § 21 des Pachtvertrages: *„Ihre Königliche Mayestät willigte allergnädigst" ein, Selliers „das Hof-Ballhauß nebst dem dabey befindlichen kleinen Stöckhl oder Gebäu, in so lang dieser wegen deren freyen Hof-Operen geschlossene Contract fürwähren wird, zu dem Ende und mit dem Obligo zu überlassen, daß er solches zu einen Opera und respective Comoedien-Hauß auf aigene Unkösten innerlich zurichte, infolgsahm das Theatrum mit aller Zugehör nebst dem Auditorio und Gallerien (weillen außer deren Königlichen keine andere Logen verstattet werden) propriis sumptibus errichte*".[8] Dieser Paragraph des Pachtvertrags war jener, der das heutige Burgtheater begründete. Dem Pächter wurde es gestattet, das Hofballhaus zu einem Theater umzubauen und zu betreiben; es stand zu dieser Zeit leer, da das Ballspiel – eine frühe Form des heutigen Tennis – aus der Mode gekommen war.[9] Dem Pachtvertrag ist außerdem zu entnehmen, dass *Maria Theresia* beabsichtigte, das „Theater nächst der kaiserlichen Burg", wie das Burgtheater anfangs bezeichnet wurde, nicht exklusiv dem höfischen Besuch vorzuenthalten, sondern es der Allgemeinheit gegen Bezahlung zur Verfügung zu stellen. Der Pächter durfte nämlich *„selber von denen dahin einlassenden Auditoribus (die Königl. Freylogen ausgenohmen) eine nach Unterschied des Plazes selbst regulirende Bezahlung einnehmen und mithin die Nutzung dieses Theatri sich zuaignen.*"[10]

---

6 *Hadamowsky*, (Fn. 5), S. 200.
7 *Hadamowsky*, (Fn. 5), S. 201.
8 *Hadamowsky*, (Fn. 5), S. 202.
9 *Czeike*, Historisches Lexikon Wien – Band 1, 2004, S. 522.
10 *Hadamowsky*, (Fn. 5), S. 202 f.

b) Die Hoftheater

Im November 1761 ereignete sich im Kärntnertortheater eine verheerende Katastrophe: während einer Theatervorstellung brach ein Feuer aus, welches das gesamte Gebäude vernichtete. Der Hof kaufte daraufhin die Brandstätte von der Stadt Wien und errichtete das Gebäude an derselben Stelle wieder.[11] Durch diesen Kauf des Kärntnertortheaters und der Zulassung des allgemeinen Besuchs ins Burgtheater zwanzig Jahre zuvor schuf *Maria Theresia* jenes Hoftheaterimperium, das noch bis zum Jahr 1999 von der Republik Österreich – und von da an von der *Bundestheater-Holding GmbH* – verwaltet wurde.[12]

Sowohl das neu errichtete Kärntnertortheater als auch das Burgtheater wurden zunächst verpachtet. Als der Pächter beider Theater 1776 insolvent wurde, nahm Kaiser *Joseph II.* dies zum Anlass, das gesamte Wiener Theaterwesen neu zu regeln. Er führte die Schauspielfreiheit ein, nach der es jedermann freigestellt war, das Publikum in der Stadt und vor der Stadt zu unterhalten, auch entgeltlich. Die gänzliche Oberaufsicht über das gesamte Schauspiel wurde als „Polizeygeschäft" an die niederösterreichische Regierung übertragen. Die beiden Hoftheater wurden bis 1794 nicht mehr verpachtet, sondern unmittelbar durch den Hof verwaltet.[13] In dieser Zeit konnten dank der Schauspielfreiheit private Theater gegründet werden. In der (damaligen) Vorstadt Wiens entstanden in dieser Zeit das Theater in der Leopoldstadt (1781), das Theater auf der Wieden (1787) und das Theater in der Josefstadt (1788), das heute noch existiert und somit das älteste, noch bestehende private Theater darstellt. Die Schauspielfreiheit dauerte jedoch nur bis zum Jahr 1794 an; anlässlich der erneuten Verpachtung der Hoftheater im Jahr 1794 hatte auch die Schauspielfreiheit ein (vorübergehendes) Ende. Erst mit der Theaterordnung 1850[14] als Folge des Endes der Theaterzensur nach der Märzrevolution 1848 war es wieder möglich, private Theater zu errichten und zu betreiben.[15]

Die Hoftheater wurden von nun an nicht mehr verpachtet, sondern standen seit 1849 wieder unter Hofverwaltung.[16] Zur Führung der Theater wurden Direktoren bestellt, zunächst *Franz Ignaz von Holbein* für das Burgtheater, das von da an als „k. k. Hof- und Nationaltheater" bezeichnet wurde. Es wurde jedoch rasch

11 *Czeike*, Historisches Lexikon Wien – Band 3, S. 468.
12 *Hadamowsky*, (Fn. 5), S. 200.
13 *Bammer*, (Fn. 4), S. 32.
14 Verordnung des Ministeriums des Inneren vom 25. November 1850, wodurch eine Theaterordnung erlassen wird (Theaterordnung), RGBl. 454.
15 *Hadamowsky*, (Fn. 5), S. 256.
16 *Czeike*, (Fn. 11), S. 468.

die allgemeine Meinung vertreten, dass das Burgtheater Reformen dringend nötig hätte. Das „Öconomicum" wurde bei *Holbein* in guten Händen gesehen, jedoch wurde das „Artisticum" als problematisch beurteilt. Kaiser *Franz Joseph I.* bestellte daher 1849 *Heinrich Laube* als „artistischen Direktor des Hoftheaters in der Burg", *Holbein* trug von da an den Titel „Ökonomischer Direktor des k. k. Hofburgtheaters".[17] Die Machtbefugnisse der beiden Direktoren wurde streng getrennt: gemäß der Dienstinstruktion, der dem Dekret zur Ernennung von Laube beilag, *„wählt der artistische Direktor die Stücke, theilt die Rollen aus, hält Lese- und Theaterproben und bestimmt den Tag der ersten Aufführung eines neues Stückes. [...] Er hat täglich Einsicht in die Kaßarapporte zu nehmen und darnach die Beliebtheit der Stücke zu erwägen, somit ganz abgespielte, in ökonomischer und artistischer Beziehung whertlose Stücke bei Seite zu legen."*[18] *Holbein* als ökonomischer Direktor erhielt folgende Instruktion: *„Er besorgt alle Geldanweisungen an die Kaßa. Alle Ankäufe von Stoffen und sonstigen Effekten, Beischaffung von Dekorazionen und Kostümen (zu welch' letzteren dem artistischen Direktor zusteht, seine Wünsche bekanntzugeben), Akkorde mit den Lieferanten etz. kurz alles, was auf Ökonomie Bezug hat, gehört zu seinem Wirkungskreis, dagegen mengt er sich in nichts, was die artistische Leitung betrifft, er unterschreibt keine Contrakte der Schauspieler oder sonstiger zum Kunstfache gehöriger Individuen, er korrespondirt mit Niemand über artistische Gegenstände [...]".*[19] Die Bestellung eines artistischen und eines ökonomischen Direktors ist insofern interessant, als ein Blick in das heute geltende BThOG[20] zeigt, dass auch dort, nämlich in § 12 Abs. 3, vorgesehen ist, dass in den Bühnengesellschaften zwei Geschäftsführer bestellt werden – ein Geschäftsführer für die künstlerischen Angelegenheiten und ein Geschäftsführer für die kaufmännischen Angelegenheiten. Auch in den Gesellschaftsverträgen der *Burgtheater GmbH*, der *Wiener Staatsoper GmbH* und der *Volksoper GmbH* findet sich dementsprechend jeweils unter § 8 die Bestimmung, dass ein künstlerischer und ein kaufmännischer Geschäftsführer zu bestellen ist.[21]

Eine Bestellung von zwei Direktoren wurde 1849 jedoch nur für das Burgtheater vorgenommen. Für das Kärntnertortheater wurde die Leitung und Verwaltung an *Holbein* als Administrator sowohl in artistischer als auch in ökonomischer Hin-

17 *Hadamowsky*, (Fn. 5), S. 382 f.

18 *Hadamowsky*, (Fn. 5), S. 382.

19 *Hadamowsky*, (Fn. 5), S. 383.

20 Bundesgesetz über die Neuorganisation der Bundestheater (Bundestheaterorganisationsgesetz – BThOG), BGBl. I, S. 1417.

21 Siehe dazu IV.6.c).

sicht übertragen.[22] Das Kärntnertortheater wurde nunmehr als „k. k. Operntheater nächst dem Kärnthnerthore" bezeichnet, da Opern seit 1810 fast ausschließlich im Kärntnertortheater und nicht mehr auch im Burgtheater aufgeführt wurden.[23]

c) k. k. Operntheater

Ende 1857 beschloss Kaiser *Franz Joseph I.* die Stadt Wien zu erweitern. Die „Stadt" (der heutige 1. Gemeindebezirk Wiens) sollte um die damaligen Vorstädte (die heutigen Bezirke 2 bis 9 Wiens) erweitert werden. Bis zu diesem Zeitpunkt wurde die Stadt durch die Stadtmauer und den Stadtgraben von den Vorstädten getrennt. An Stelle der Stadtmauer und des Stadtgrabens sollte nach dem Vorbild des Pariser Boulevards eine Prachtstraße entstehen, nämlich die heutige Ringstraße. Dort sollten öffentliche Prachtbauten ihren Platz finden, unter anderem auch die beiden Hoftheater.[24] Bereits seit 1852 gab es Pläne, das kaiserliche Opernhaus neu zu erbauen, da beim Wiederaufbau des Kärntnertortheaters nach dessen Brand die Mauern der Ruine verwendet worden waren; für einen Neubau eines repräsentativen kaiserlichen Opernhauses war aber vor der Stadterweiterung kein Platz. Um das durch die Stadterweiterung gewonnene Areal zu verwalten, wurde vom Kaiser beim Ministerium des Inneren ein Stadterweiterungsfonds ins Leben gerufen, aus dem die Kosten sämtlicher Regulierungen, Bauführungen und sonstigen Herstellungen im Zusammenhang mit der Stadterweiterung zu tragen waren. Für den Bau des neuen Opernhauses wurde ein Komitee eingesetzt, der Kaiser genehmigte 1861 die Pläne des neuen Opernhauses, nachdem ein Architekturwettbewerb ausgeschrieben war. Der Bau nahm acht Jahre in Anspruch und schließlich wurde das „k. k. Operntheater – Neues Haus" – die heutige Staatsoper – 1869 eröffnet.[25] Die letzte Vorstellung im Kärntnertortheater, dem Vorgänger der Staatsoper, fand 1870 statt, anschließend wurde es abgerissen.[26]

Mit der seit 1858 durchgeführten Stadterweiterung und der damit einhergehenden Neugestaltung Wiens benötigte auch das Burgtheater ein neues, größeres Gebäude. Am 12. Oktober 1888 fand die letzte Vorstellung im alten Gebäude, am 14. Oktober 1888 die erste Vorstellung im neuen Gebäude des Burgtheaters auf der Ringstraße im „k. k. Hofburgtheater" statt.[27]

---

22 *Hadamowsky*, (Fn. 5), S. 418.
23 *Hadamowsky*, (Fn. 5), S. 362.
24 *Hadamowsky*, (Fn. 5), S. 431.
25 *Hadamowsky*, (Fn. 5), S. 432.
26 *Czeike*, (Fn. 11), S. 469.
27 *Czeike*, (Fn. 9), S. 522 f.

d) Ende der Monarchie in Österreich

Der Zerfall der Monarchie in Österreich im Jahr 1918 hatte naturgemäß auch für die beiden Hoftheater, also Burgtheater und Staatsoper, wesentliche Folgen. Durch das Gesetz betreffend die Landesverweisung und die Übernahme des Vermögens des Hauses Habsburg-Lothringen vom 3. April 1919[28] wurde die Republik Österreich Eigentümerin des gesamten beweglichen und unbeweglichen hofärarischen Vermögens.[29] Die Hoftheater waren Teil des hofärarischen Vermögens, da dieses in § 6 HabsburgerG als *„das bisher von den Hofstäben und deren Ämtern verwaltete Vermögen*" legaldefiniert wird. Zunächst wurde ein mit dem Kriegsgeschädigtenfondsgesetz 1919[30] gebildeter Stiftungsfonds – der Kriegsgeschädigtenfonds – Eigentümer der Hoftheater. Mit Vollzugsanweisung der Staatsregierung vom 21. Mai 1920 betreffend die Verwaltung der ehemals hofärarischen Theater[31] – die Ermächtigung für die Vollzugsanweisung fand sich in § 2 des KGFG – gingen die ehemaligen Hoftheater schließlich ins Staatseigentum über. Die Theater wurden gem § 1 der Vollzugsanweisung von nun an als „Österreichische Staatstheater" geführt und wurden dem Staatsamt für Inneres und Unterricht, dem Unterrichtsamt, unterstellt. Entsprechend der österreichischen Bundesverfassung erfolgte eine Umbenennung der Staatstheater in die Bundestheater.

3. Kaiser-Jubiläums-Stadttheater

Auf eine vom Burgtheater und der Staatsoper ganz verschiedene Entstehungsgeschichte blickt die Volksoper zurück. Die Erweiterung der Stadt Wien schritt Ende 1890 weiter voran als beschlossen wurde, die damaligen Vororte (das sind die heutigen Bezirke 11 bis 19 Wiens) in „Groß-Wien" einzugemeinden.[32] Damit einhergehend wurde bereits seit Beginn der 1890er die Idee propagiert, ein Theater an der Grenze des 9. zum 18. Bezirk zu erbauen, da die bereits existierenden Theater für die Bewohner dieser Gegenden zu weit entfernt waren.[33] 1895 gründeten schließlich einige Kommunalpolitiker, Bürger und Theaterleute den „Verein des

---

28 Gesetz betreffend die Landesverweisung und die Übernahme des Vermögens des Hauses Habsburg-Lothringen 1919 (HabsburgerG), StGBl 1919/209.
29 *Bammer*, (Fn. 4), S. 53.
30 Kriegsgeschädigtenfondsgesetz 1919 (KGFG) StGBl 1920/573.
31 StGBl 1920/229.
32 *Gieler*, Die Geschichte der Volksoper in Wien von Rainer Simons bis 1945, 1961, S. 7.
33 *Hadamowsky*, (Fn. 5), S. 751.

Jubiläum-Theaters in Wien“, dessen Zweck gemäß § 2 der Vereinsstatuten *„die Errichtung und der Betrieb eines Theaters im 9. und 18. Bezirke in Wien, unter dem Namen ‚Kaiser-Franz-Josef-Theater‘ oder ‚Jubiläum-Theater‘“* anlässlich des 50-jährigen Regierungsjubiläums *Franz Joseph I.* war.[34] Der Bau des Theaters wurde durch die Ausgabe von Anteilsscheinen finanziert, der Baugrund stand im Eigentum der Gemeinde Wien. Der Verein, der sich nunmehr „Verein des Kaiserjubiläums Stadttheaters in Wien“ nannte, schloss daher im Jahr 1897 einen Pachtvertrag mit der Gemeinde Wien. Darin wurde unter anderem festgelegt, dass der Verein das Theater errichtet und die Gemeinde Wien dem Verein das Theater für die Dauer von 52 Jahren gegen einen jährlichen Pachtzins überlässt. In Punkt 18. des Pachtvertrages wurde festgelegt, dass *„das Theater nicht als ein auf Gewinn berechnetes Unternehmen errichtet wird, sondern es ist stiftungsmäßig von beiden vertragsschließenden Teilen für ewige Zeiten festzustellen, daß dasselbe ausschließlich bestimmt ist, vor allem eine Pflegestätte deutscher Kunst zu sein.“* Auch heute findet sich in § 2 des jeweiligen Gesellschaftsvertrags der *Burgtheater GmbH*, der *Wiener Staatsoper GmbH* und der *Volksoper GmbH* die Bestimmung, dass die Tätigkeit der Gesellschaften nicht auf Gewinn gerichtet und Zweck der Gesellschaften die Erfüllung des kulturpolitischen Auftrages des § 2 Abs 1 BThOG sei. Der im Pachtvertag von 1897 aufgenommene und schließlich auch in die Vereinsstatuten übernommene Zweck des Kaiser-Jubiläums-Stadttheaters war jedoch deutlich patriotischer als heute und zum Teil auch antisemitisch geprägt. Im Vordergrund stand die Förderung des deutschen Volksstückes, Werke ausländischer Schriftsteller durften nur ausnahmsweise aufgeführt werden. Werke, die geeignet waren, das patriotische Gefühl zu verletzten oder die *„Liebe zum deutschen Stammesvolke zu beeinträchtigen“* waren verboten, ebenso wie Werke jüdischer Autoren und Komponisten.[35] Das Theater wurde schließlich im Dezember 1898 feierlich eröffnet. Seit 1908 trägt das Theater den Namen „Volksoper“, da darin auch Opern und Singspiele aufgeführt wurden, die vor allem vom Mittelstand stark besucht waren.[36]

Im Zuge des Anschlusses Österreichs 1938 wurde der Verein, der die Volksoper bis dahin betrieben hatte, behördlich aufgelöst, da dem Verein auch Juden angehörten. Die Volksoper wurde von der Stadt Wien übernommen, die die Volksoper als „Städtische Wiener Volksoper“ weiterführte.[37]

Der Zweite Weltkrieg führte nicht nur zu dieser Veränderung für die Volksoper, sondern war in gewisser Weise auch ein auslösendes Ereignis für die Ein-

---

34 *Czeike*, Historisches Lexikon Wien – Band 5, S. 552.
35 *Gieler*, (Fn. 32), S. 12.
36 *Czeike*, (Fn. 34), S. 552.
37 *Czeike*, (Fn. 34), S. 553.

gliederung der Volksoper in die Österreichischen Bundestheater. Aufgrund ihrer geografischen Lage erlitt das Gebäude der Volksoper keinerlei Kriegsschäden. Dies im Gegensatz zum Gebäude der Staatsoper, das aufgrund eines Bombenangriffes am Ende des Zweiten Weltkrieges abbrannte. Die Staatsoper war nach diesem Ereignis nicht nur auf der Suche nach einer neuen (temporären) Spielstätte, sondern auch nach einem Ersatz für den komplett verbrannten Bühnenbild- und Kostümfundus. Die Wahl fiel dabei auf die Volksoper, wo das Staatsopernensemble unter der Bezeichnung „Opernhaus der Stadt Wien. Wiener Staatsopernensemble" am 1. Mai 1945 die ersten Vorstellungen gab.[38] Die Staatsoper griff zehn Jahre lang auf die Volksoper als Spielstätte zurück, bis das wieder errichtete Gebäude der Staatsoper am Ring im November 1955 wiedereröffnet wurde. Im Jahr 1955 wurde schließlich auch die Volksoper in die Österreichischen Bundestheater eingegliedert.[39]

4. Der Österreichische Bundestheaterverband

Um die Verwaltung der Bundestheater durch den Bund zweckmäßiger zu gestalten, wurde 1971 durch Erlass des Bundesministeriums für Unterricht und kulturelle Angelegenheiten (BMUK)[40] der Österreichische Bundestheaterverband[41] geschaffen. Der Verband war eine eigene (ohne Rechtspersönlichkeit ausgestattete) Einrichtung des zuständigen Ministeriums gem. § 7 Abs 5 BMG und administratives Bindeglied zwischen den Bundestheatern und dem Ministerium. Neben Kritik an der Sinnhaftigkeit des Bundestheaterverbands und dessen fehlender gesetzlicher Verankerung wurde in den 1980er Jahren auch zunehmend die Wirtschaftlichkeit des Bundestheaterverbands in Frage gestellt. So forderte der Rechnungshof bereits bei seiner ersten Prüfung des Bundestheaterverbands 1975 und auch bei der darauffolgenden Prüfung 1987 die Schaffung einer privatwirtschaftlichen Führung der Bundestheater.[42] Die Notwendigkeit einer Effi-

---

38 *Dabelstein*, Stunde Null – Volksoper: Quo vadis? Die Wiener Volksoper nach dem Zweiten Weltkrieg, Maske und Kothurn 1995/41, 85.

39 *Springer/Stoss*, Privatisierung Museen, Theater. Die Ausgliederung der Österreichischen Bundestheater, in: *Khol/Ofner/Burkert-Dottolo/Karner* (Hrsg), Österreichisches Jahrbuch für Politik 2006 (2007), S. 563 564.

40 Erlass des BMUK von 10.5.1971, Z 984-Präs-71, VOBl 1971/43.

41 Der Österreichische Bundestheaterverband umfasste neben Staatsoper, Burgtheater und Volksoper auch das Akademietheater, das seit 1922 die zweite Spielstätte des Burgtheaters und auch im Bundestheaterkonzern eine Dependance des Burgtheaters darstellt.

42 *Straßl*, Die Kulturpolitik des Bundes, 2001, S. 123.

zienzsteigerung und kostensparenden Organisationsreform der Bundestheater wurde in Folge des Rechnungshofberichts im zuständigen Ministerium zwar anerkannt, den Schritt zur Anpassung der Rechtsform wollte man jedoch noch nicht wagen.[43] Dies, obwohl bereits Überlegungen zur geeignetsten rechtlichen Form angestellt wurden. Dabei wurde die Konstruktion eines Wirtschaftskörpers sui generis, bei dem verschiedene gesellschaftsrechtliche Elemente zu einer für den Theaterbetrieb angemessenen Form kombiniert werden sollten, abgelehnt und ein Rückgriff auf vorhandene Formen des Kapitalgesellschaftsrechts bevorzugt. Bei diesen Diskussionen wurde auch stets die Ansicht vertreten, dass privatwirtschaftliches Handeln durch den Staat bei einer Eingliederung nicht oder nur sehr schwer möglich sei. Es wurde deshalb schon rasch das primäre Ziel verfolgt, die Bundestheater aus der staatlichen Verwaltung auszugliedern, um so eine Grundlage für „echtes" privatwirtschaftliches Handeln zu schaffen.[44]

Es war also erkennbar, dass die Bundestheater in der Organisation des Bundestheaterverbandes weder sparsam noch kostenverantwortlich agierten. In der Kritik stand vor allem der Umstand, dass die Finanzen der Theater zentral vom Bundestheaterverband verwaltet wurden und ein eigenverantwortliches Wirtschaften der Direktoren der Häuser nicht möglich war. Wirtschaftete der Direktor eines Hauses sparsam, kamen die eingesparten Gelder nicht seinem Haus zugute, sondern flossen zurück zum Bundestheaterverband.[45] Ähnlich verhielt es sich mit Sponsorengeldern: war es einem Direktor möglich, Sponsorengelder für sein Haus zu lukrieren, gingen diese direkt an den Bundestheaterverband und wurden dort in das Budget aufgenommen. Es war daher nicht nur der Rechnungshof, der die Wirtschaftlichkeit des Bundestheaterverbands kritisierte, auch innerhalb des Verbandes herrschte Unzufriedenheit. So hieß es im Bericht des Österreichischen Theaterverbandes aus dem Jahr 1995/96: *„Eine Ausgliederung der Österreichischen Bundestheater, das heißt die Schaffung einer oder mehrerer Kapitalgesellschaften anstelle der derzeitigen unklaren, rechtlich nicht ausreichend geregelten und daher nur pseudo-öffentlich-rechtlichen Organisationsform ist dann vorbehaltslos zu befürworten und zu unterstützen, wenn sie auch tatsächlich zu dem richtigen, heute von allen Seiten geforderten Ergebnis führt: mehr wirtschaftliche, insbesondere budgetäre Bewegungsfreiheit für die Häuser, damit mehr Kostenverantwortung und da-*

43 Bericht des BMUKS, III-100 BlgNR 17. GP, 15. Dieser Bericht wurde 1988 vom Bundesministerium für Unterricht, Kunst und Kultur nach Entschließung dazu im Parlament als Reaktion auf den Bericht des Rechnungshofes aus dem Jahr 1987erstellt.

44 Bericht des BMUKS, (Fn. 43), S. 13.

45 *Korinek*, Die Organisationsformen von Kultureinrichtungen in Österreich, in: *Brünner/Mantl/Welan* (Hrsg.), Art goes law, 2005, S. 130.

mit mehr Kostenbewusstsein aller Teilbereiche des Gesamtbetriebes!“[46] Vor diesem Hintergrund bildete sich daher der Konsens, dass die Ausgliederung der Bundestheater unumgänglich war.

5. Neuorganisation der Bundestheater unter dem Dach der Bundestheater-Holding GmbH

Im Jahr 1999 wurde das Vorhaben schließlich durch Schaffung einer rechtlichen Grundlage in Form des BThOG und der Errichtung der *Bundestheater-Holding GmbH*, der *Burgtheater GmbH*, der *Wiener Staatsoper GmbH*, der *Volksoper Wien GmbH* und der *Theaterservice GmbH* verwirklicht. Die *Theaterservice GmbH* entstand im Rahmen der Ausgliederung mit dem Ziel, eine organisatorische Einheit für die Erbringung von Dienstleitungen für die Bühnengesellschaften unter marktwirtschaftlichen Rahmenbedingungen zu schaffen. Vorgesehen war eine fünfjährige Übergangsfrist, innerhalb der die Bühnengesellschaften verpflichtet waren, die Leistungen der *Theaterservice GmbH* nach Bedarf in Anspruch zu nehmen. Nach Ablauf dieser Frist fiel diese Verpflichtung; die Bühnengesellschaften haben nun benötigte Dienstleistungen öffentlich auszuschreiben und die *Theaterservice GmbH* hat sich wie alle anderen Anbieter um den Auftrag zu bewerben.[47] Die Dienstleitungen der *Theaterservice GmbH* umfassen insbesondere den Bereich Dekorationsbau, Kostümherstellung, Hochbau und Bühnentechnik und Kartenvertrieb.[48] Bei Errichtung stand die *Theaterservice GmbH* zu 100 % im Eigentum der *Bundestheater-Holding GmbH*. Nach Ablauf der erwähnten Fünfjahresfrist wurden die Geschäftsanteile der *Theaterservice GmbH* anteilig an die Bühnengesellschaften übertragen, sodass die *Bundestheater-Holding GmbH* nunmehr 51,1 % und die *Burgtheater GmbH*, die *Wiener Staatsoper GmbH* und die *Volksoper Wien GmbH* jeweils 16,3 % an der *Theaterservice GmbH* halten. 2012 erfolgte die Umbenennung von *Theaterservice GmbH* in *ART for ART Theaterservice GmbH*.[49]

---

46 Bericht 1995/96 des Österreichischen Bundestheaterverbands, III-71 der Beilagen 10. GP, S. 9. Das Zitat stammt von Dr. *Georg Springer*, der ab 1991 Generalsekretär des Österreichischen Bundestheaterverbands und von 1999 bis 2014 Geschäftsführer der Bundestheater-Holding GmbH war.

47 ErläutRV 1207 Blg NR 20. GP, S. 20.

48 Siehe § 2 des Gesellschaftsvertrags der Theaterservice GmbH.

49 Dies wurde mit der Unterscheidungskraft und dem hohen nationalen und internationalen Bekanntheitsgrad der schon zuvor verwendenten Markenbezeichnung „ART for ART“ begründet (siehe Protokoll der Generalversammlung der Theaterservice GmbH vom 26.6.2012).

Weshalb sich der Gesetzgeber bei der Neuorganisation der Bundestheater der Rechtsform der GmbH bedient hat, lässt sich aus den Gesetzesmaterialien nicht eindeutig erschließen. Es erscheint jedoch naheliegend, dass man „das Rad nicht neu erfinden" wollte, sondern auf eine bereits bestehende Rechtsform zurückgreifen wollte. In einem internationalen Vergleich hat sich wohl gezeigt, dass die GmbH (bzw. vergleichbare Rechtsformen) zur Führung von Theatereinrichtung geeignet scheinen.[50] Auch rund 15 Jahre nach der Ausgliederung wurde die Rechtsform der GmbH als gut geeignete Rechtsform der Bundestheater beurteilt. Auch hier beschränkte sich die Begründung jedoch auf internationale Vergleiche. So wurde festgestellt, dass die GmbH die in Deutschland und Österreich am häufigsten genutzte Rechtsform für Theater mit mehr als 300 Mitarbeitern ist.[51] Eine tiefergehende, kritische Auseinandersetzung mit der Rechtsformwahl fehlt aber leider auch hier.

Im Verfahren der Neuorganisation der Bundestheater wurde stets betont, dass es sich nicht um eine Privatisierung der Bundestheater handle, sondern um eine Ausgliederung. Eine Privatisierung sollte auch nicht erreicht werden, da der Staat dennoch die Verantwortlichkeit trägt, Kunst zu fördern.[52] Primäre Ziele der Ausgliederung waren neben der Absicherung des Kunstbetriebes auf höchstem künstlerischen Niveau die Selbstständigkeit der Budgets der einzelnen Bühnen und deren volle Verantwortung für das wirtschaftliche Ergebnis; die Verantwortlichkeit und die Kompetenzen hinsichtlich des Budgets sollten also dort angesiedelt werden, wo die Kosten entstehen.[53] Damit einhergehend erhoffte man sich die Steigerung der Kostentransparenz und der Kosteneffizienz sowie eine Steigerung der Eigenverantwortung der Häuser.[54]

Inwieweit dieses Vorhaben – insbesondere in Hinblick auf die Steigerung der Kosteneffizienz – gelungen ist, lässt sich natürlich in Frage stellen. So stand insbesondere die Geschäftsführung der *Burgtheater GmbH* in der Kritik. Der Rechnungshof wurde daher zur Überprüfung der Gebarung der *Burgtheater GmbH* beauftragt und stellte fest, dass die Geschäftsführung in den Geschäftsjahren 2008/09 bis 2011/12 *„nicht nach den Erfordernissen einer wirtschaftlichen, zweckmäßigen und sparsamen Gebarung unter Bedachtnahme auf die verfügbaren Mittel erfolgte."*[55] Im Geschäftsjahr 2012/13 wies die *Burgtheater GmbH* einen Bilanzver-

50 643. Sitzung des Bundesrates vom 22.7.1998, Stenographisches Protokoll, S. 31.
51 Integrated Consoluting Group, Bericht Projekt „Optimierung der Struktur der Bundestheater-Holding-GmbH", 2014, S. 14.
52 643. Sitzung des Bundesrates vom 22.7.1998, Stenographisches Protokoll, S. 36.
53 ErläutRV 1207 Blg NR 20. GP, (Fn. 47), S. 14.
54 643. Sitzung des Bundesrates, (Fn. 50), S. 31.
55 Bericht des Rechnungshofs, Burgtheater GmbH, 2016/6, S. 17.

lust von über 19,6 Mio. Euro auf, was dazu führte, eine Analyse der Struktur des Bundestheater-Konzerns zu beauftragen. Im Ergebnisbericht dieser Analyse wird zusammengefasst jedoch die Meinung vertreten, dass es insgesamt zu Einsparungen gekommen sei, da die Bundestheater seit der Ausgliederung praktisch weniger finanzielle Mittel aus öffentlicher Hand erhalten haben, weil die Anpassung der Basisabgeltung[56] über die Jahre deutlich unter der Inflationsrate lag. Dass die Bundestheater trotz dieser Einsparungen (der Ergebnisbericht spricht von 200 Mio. Euro an Einsparung in 14 Jahren) ihr Leistungsprogramm nicht einschränken mussten, wird als zentraler Erfolg der Ausgliederung und damit einhergehend der Organisationsstruktur gewertet.[57]

III. Der Gesellschaftsvertrag zwischen öGmbHG und dem Bundestheaterorganisationsgesetz (BThOG) als Sondergesetz

Betrachtet man den Gesellschaftsvertrag der *Bundestheater-Holding GmbH* fällt ohne weiteres ins Auge, dass dieser nicht nur wie ein typischer GmbH-Gesellschaftsvertrag auf das öGmbHG Bezug nimmt, sondern in gleichem Maße Referenzen zum Bundestheaterorganisationsgesetz (BThOG) enthält. Das Bundestheaterorganisationsgesetz (BThOG), das ausschließlich die Bundestheater adressiert, liest sich hinsichtlich seines Inhalts und seiner Struktur in weiten Teilen selbst wie ein Gesellschaftsvertrag. So wird in diesem die Aufgaben der Gesellschaften (§ 4 BThOG) und deren Organisationsverfassung (§§ 12 ff. BThOG) adressiert. Gleichwohl geht vom BThOG eine stärkere Bindungswirkung aus, handelt es sich dabei doch um ein Gesetz, auch wenn dieses „nur" auf die *Bundestheater-Holding GmbH* und ihre Tochtergesellschaften Anwendung findet.

---

56 Siehe dazu IV.3.
57 Integrated Consoluting Group, (Fn. 51), S. 11.

IV. Gesellschaftsvertrag der *Bundestheater-Holding GmbH* als Kulturkonzernrecht

1. Zweck und Gegenstand des Unternehmens

Der Zweck der *Bundestheater-Holding GmbH* beschränkt sich ausweislich § 2 Abs. 1 Gesellschaftsvertrag auf eine strategische Führung der einzelnen Bundestheater. Dabei wird insbesondere die Trennung zwischen der künstlerischen und der kaufmännischen Leitung nach § 12 Abs. 3 BThOG betont.[58] Die Einzelheiten dieser strategischen Führung der einzelnen Bundestheater wird in § 2 Abs. 2 des Gesellschaftsvertrags dann recht kleinteilig geregelt. So wird dort auf eine Vielzahl von Einzelaspekten eingegangen, die aufgrund der bei der gegenüber den einzelnen Tochtergesellschaften bestehenden Leitungsmacht der *Bundestheater-Holding GmbH* eigentlich nicht regelungsbedürftig wären. Dieser Regelungsumfang bzw. -dichte dürfte ihren Ursprung wohl in dem öffentlich-rechtlichen Ursprung der Bundestheater haben. Dies scheint auf den ersten Blick auch der Grund dafür zu sein, dass in § 2 Abs. 2 des Gesellschaftsvertrags gleich mehrfach die Aufgabe des Abschlusses von Leistungs- oder Zielvereinbarungen sowohl für die *Bundestheater-Holding GmbH* selbst als auch für die einzelnen Tochtergesellschaften erwähnt wird, womit ein Brückenschlag zum Verwaltungsrecht[59] vorzuliegen scheint. Die Bestimmung über den Abschluss der Leistung- und Zielvereinbarung ist aber tatsächlich erst seit der Letztfassung des Gesellschaftsvertrags zu finden. Der Gesellschaftsvertrag wurde 2015 neu gefasst und insbesondere § 2 wurde ausgebaut. Das geht auf eine Gesetzesänderung zurück, da nach dem Burgtheaterskandal 2015 die Organisationsstruktur der Bundestheater von einem externen Consulting Unternehmen analysiert und die Empfehlung abgegeben wurde, die Position der *Bundestheater-Holding GmbH* und die Zusammenarbeit und Abstimmung zwischen den Gesellschaften zu stärken, was auch getan wurde.[60] Diese verwaltungsrechtliche Vorprägung scheint ferner in § 2 Abs. 2 lit. b) des Gesellschaftsvertrags deutlich zu werden, wonach die *Bundestheater-Holding GmbH* diverse Richtlinien für die Tochtergesellschaften erlassen soll.[61] Auch diese

---

58 Dazu ausführlich IV.2.a).

59 So regelt auch § 13 UG den Abschluss von Leistungsvereinbarungen für einen Zeitraum von jeweils drei Jahren zwischen dem Bund und den einzelnen Universitäten.

60 ErläutRV 679 BlgNR 25. GP.

61 Dies scheinen Anklänge an die alte Bundestheaterorganisation zu sein. So auch *Korinek*, (Fn. 45), S. 134.

Bestimmungen zu den Konzernrichtlinien wurden in der aktuellen Fassung gegenüber der Vorfassung des Gesellschaftsvertrags ausgebaut.[62] Somit wird deutlich, dass die verwaltungsrechtliche Vorprägung tatsächlich der Erkenntnis geschuldet ist, dass eine rein oder klassisch privatrechtlich ausgestaltete Organisationsstruktur nicht ausreichend gewesen wäre und vielmehr verwaltungsrechtliche Elemente erforderlich waren.

2. Organisationsverfassung

Für die Organisationsverfassung scheint der Gesellschaftsvertrag der *Bundestheater-Holding GmbH* auf allgemeine Strukturen des GmbH-Rechts zurückzugreifen, sieht dieser doch neben der Geschäftsführung und der Generalversammlung einen Aufsichtsrat vor (§ 5 des Gesellschaftsvertrages). Tatsächlich ergeben sich aber insofern eine ganze Reihe von Besonderheiten, die aber vor allem bei den Tochtergesellschaften bestehen.[63] Zudem bestand mit dem Publikumsforum ein besonders Organ, das jedoch nach einer ersten rechtlichen Evaluierung des Bundestheater 2009 wieder abgeschafft wurde.[64]

a) Geschäftsführung

Für die Geschäftsführung der *Bundestheater-Holding GmbH* bleibt es in § 6 des Gesellschaftsvertrages bei einer typischen Aufgabenumschreibung für den Geschäftsführer einer Holding-Gesellschaft. So muss der Geschäftsführer insbesondere bei der Ausübung der Mitgliedschaftsrechte in den Tochtergesellschaften deren gemeinnützigen Zweck beachten (§ 6 Abs. 7 des Gesellschaftsvertrags). Ebenso wie bei der Umschreibung des Unternehmensgegenstands[65] fällt auch in diesem Zusammenhang auf, dass die Pflichten des oder der Geschäftsführers recht kleinteilig beschrieben werden und in großen Teilen lediglich das Gesetzesrecht wiedergegeben wird. Zudem ist es bemerkenswert, dass der Gesellschaftsvertrag in § 7 nicht weniger als 29 Fälle nennt, bei denen ein Zustimmungspflicht des Aufsichtsrats besteht. Auch hier scheint die frühere öffentlich-rechtliche Organisationsstruktur mit einer ungleich höheren Kontrolldichte ihre Spuren hinter-

62 Der Erlass von Richtlinien für die Tochtergesellschaften findet sich aber bereits seit der Stammfassung des BThOG in § 4 Abs 1 Z 2.

63 Dazu IV.6.

64 Dazu IV.2.d).

65 Siehe IV.1.

lassen zu haben. Eine Besonderheit für die Geschäftsführung besteht schließlich nach § 12 des Gesellschaftsvertrags, wonach diese – neben dem Aufsichtsrat als anderes Organ – dem Public Corporate Governance Kodex (PCGK) unterworfen sind bzw. Abweichungen davon im jährlichen Corporate Governance Bericht begründet darzustellen sind. Die bisherige Praxis zeigt, dass davon teilweise rege Gebrauch gemacht wird. Illustre Beispiele sind etwa das Verbot der Erbringungen von Vergünstigungen gegenüber den Mitgliedern des Überwachungsorgans (Ziff. 11.6.5. PCGK), das nicht für die Gewährung von Regiekarten von Aufsichtsratsmitglieder gelten soll oder die in § 13 Abs. 4 BThOG angeordnete Mitgliedschaft des Geschäftsführers der *Bundestheater-Holding GmbH* in den Aufsichtsräten der Tochtergesellschaften, obwohl dies Ziff. 11.6.6. PCGK widerspricht. Bemerkenswert ist schließlich, dass in Übereinstimmung mit Ziff. 12.3. PCGK die Vergütung der Geschäftsleitung vollumfänglich offengelegt wird, obwohl dies nach dem öGmbHG nicht erforderlich ist.

b) Aufsichtsrat

Zudem wird in § 8 des Gesellschaftsvertrages ein Aufsichtsrat vorgesehen, der – unabhängig vom Vorliegen der Voraussetzungen des § 29 Abs. 1 Nr. 3 öGmbHG[66] – nach § 13 BThOG gebildet werden muss. Dahingehend ergeben sich aus einer kulturrechtlichen oder kulturkonzernrechtlichen Sicht keine Besonderheiten.

c) Generalversammlung

Weiterhin setzt sich der Gesellschaftsvertrag auch mit der Generalversammlung in § 9 auseinander, was insofern überraschend ist als dass die *Bundestheater-Holding GmbH* aufgrund der fehlenden Übertragbarkeit der Geschäftsanteile (§ 3 Abs. 3 Satz 2 BThOG) nur die Republik Österreich als Gesellschafterin haben kann.[67]

---

66 Die Pflicht zur Bildung eines Aufsichtsrats ergibt sich aus dem Umstand, dass die *Bundestheater-Holding GmbH* Tochtergesellschaften mit mehr als 300 Arbeitnehmern einheitlich (§ 15 Abs. 1 öAktG) leitet (§ 29 Abs. 1 Nr. 3 GmbHG).
67 Siehe IV.4.

d) Publikumsforum

Schließlich war in § 16 BThOG die Schaffung eines Publikumsforums bei den einzelnen (Bühnen-)Tochtergesellschaften vorgesehen. Danach war ein Publikumsforum einzurichten, bei dem die Erfüllung des kulturpolitischen Auftrages, das Marketing und der Kartenvertrieb und die Organisationsabläufe von Publikumsinteresse zu erörtern war. Die Einrichtung dieses Publikumsforums schien in der Praxis jedoch zu erheblichen logistischen Problemen geführt zu haben, die in weiterer Folge rechtliche Probleme aufwarfen, da die praktischen Probleme zur Unmöglichkeit der Erfüllung der gesetzlichen Bestimmung geführt hatten.[68] Problematisch war in erster Linie, dass das Publikum der Bundestheater die Einrichtung des Publikumsforums nicht aufnahm, was sich in der äußerst niedrigen Wahlbeteiligung bei der Wahl der Mitglieder des Publikumsforums niederschlug.[69] § 16 BThOG sieht jedoch weiterhin die regelmäßige Abhaltung von Publikumsgesprächen vor, deren Gegenstand deckungsgleich mit denen des ehemaligen Publikumsforums ist. Insbesondere soll die Geschäftsführung im Rahmen der Publikumsgespräche auf Fragen und Anregungen des Publikums eingehen. Über diese Gespräche sind Protokolle anzufertigen, die dem Aufsichtsrat der *Bundestheater-Holding GmbH* vorzulegen sind. Diesen Gesprächen kommt dabei weder konkrete rechtliche Bedeutung zu, noch können daraus Vorgaben für die Geschäftsleitung der *Bundestheater-Holding GmbH* oder der (Bühnen-)Tochtergesellschaften abgeleitet werden.

3. Finanzverfassung

Für die Finanzverfassung ergeben sich für die typischerweise nicht selbsttragenden Kulturbetriebe besondere Herausforderungen. So weisen die Gesetzesmaterialien zum BThOG selbst darauf hin, dass für die Bundestheater im Jahr 1998 ein Defizit von 2,3 Mrd. Schilling (= ca. 170 Mio. Euro) ausgewiesen wurde, da die Einnahmen nur ca. 20 % der Ausgaben abdeckten.[70] Die Jahresabschlüsse der jünge-

---

68 *Karasek Wietrzyk Rechtsanwälte GmbH*, Executive Summary der rechtlichen Evaluierung des Bundestheaterkonzerns, S. 14f.
69 ErläutRV 1586 Blg NR 24. GP, S. 4, wonach bei der letzten durchgeführten Wahl von 1,3 Mio. jährlichen BesucherInnen nur 217 Personen von ihrem aktiven Wahlrecht Gebrauch gemacht haben.
70 ErläutRV 1207 Blg NR 20. GP, (Fn. 47), S. 14 f.

ren Zeit[71] weisen zwar durchweg Bilanzgewinne aus, die aber vollständig auf Zuschüssen von staatlicher Seite basieren. Letztere werden durch § 7 Abs. 2 BThOG adressiert, wonach der Bund derzeit jährlich 162,936 Millionen Euro als Basisabgeltung leistet. Darüber hinaus kann der Bund aber auch weitere Zuschüsse leisten (§ 7 Abs. 3 BThOG). Die Formulierung der Basisabgeltung stellt nicht weniger als eine gesetzlich angeordnete betragsmäßig begrenzte Verlustausgleichspflicht dar. Im Gesellschaftsvertrag der *Bundestheater-Holding GmbH* selbst wird dieser Aspekt nicht adressiert. So wird lediglich in § 3 des Gesellschaftsvertrags das Stammkapital der *Bundestheater-Holding GmbH* auf 11,5 Mio. Euro festgesetzt. Damit liegt die Kapitalausstattung der *Bundestheater-Holding GmbH* deutlich über den in § 9a Abs. 2 öGmbHG geforderten 35.000 Euro, ohne dass insbesondere vor dem Hintergrund des strukturell angelegten und ungleich höheren Defizits einsichtig ist, warum von diesem gesetzlichen Erfordernis derart massiv abgewichen wurde.

4. Mitgliedschaft

Die Mitgliedschaft an der *Bundestheater-Holding GmbH* wird vom Gesellschaftsvertrag kaum geregelt. So wird dieser Aspekt lediglich in § 2 Abs. 2 und 3 des Gesellschaftsvertrag adressiert, wonach der Bund 100 % des Stammkapitals übernimmt, die Wahrnehmung der Gesellschafterrechte dem Bundeskanzler/der Bundeskanzlerin obliegt und eine Übertragung der Gesellschaftsanteile an der *Bundestheater-Holding GmbH* an Dritte generell unzulässig ist. Damit wird nicht weniger als die ewige Alleingesellschafterstellung der Republik Österreich an der *Bundestheater-Holding GmbH* festgeschrieben, womit zugleich eine Teilfinanzierung des Theaterbetriebs durch externe Investoren ausgeschlossen ist. Diese strategische Grundentscheidung kann auch nicht durch eine Änderung des Gesellschaftsvertrags aufgeweicht werden, da § 3 Abs. 3 Satz 2 BThOG die Übertragbarkeit der Gesellschaftsanteile der *Bundestheater-Holding GmbH* an Dritte ausschließt. Diese Grundentscheidung wirft zunächst die Frage auf, ob die Wahl einer GmbH als Organisationsform für die Holding und die Tochtergesellschaften tatsächlich zutreffend ist, da ein Wesenskern des GmbH-Gesellschaftsrecht in Form der Übertragbarkeit der Gesellschaftsanteile damit unmög-

---

71 So hat etwa die *Burgtheater GmbH* für das Geschäftsjahr 2016/2017 einen Bilanzgewinn von ca. 850.000 Euro, für das Geschäftsjahr 2017/18 einen Bilanzgewinn von ca. 1,8 Mio Euro und für das Geschäftsjahr 2018/19 einen Bilanzgewinn von ca. 3,7 Millionen Euro erwirtschaftet, wobei gleichzeitig jährlich eine Basisabgeltung in Höhe von ca. 48 Millionen Euro an die *Burgtheater GmbH* gezahlt wurde.

lich gemacht wird. Daraus den Vorwurf der Rechtsformverfehlung abzuleiten fällt gleichwohl schwer und dürfte wohl unzutreffend sein. Im österreichischen Gesellschaftsrecht wird gleichwohl diskutiert, ob § 76 Abs 2 Satz 3 öGmbHG den gänzlichen Ausschluss der Übertragbarkeit des Geschäftsanteils erlaubt oder nicht, wobei nach der herrschenden Meinung[72] – im Gegensatz zum deutschen Meinungsbild[73] – ein gänzlicher Ausschluss unzulässig sein soll. Diese Diskussion dürfte aufgrund der spezialgesetzlichen Regelung in § 3 Abs 3 BThOG aber müßig sein, auch wenn sich die interessante Frage stellt, ob aus § 3 Abs 3 BThOG nicht umgekehrt ein vollständiger Ausschluss auch im österreichischem Gesellschaftsrecht möglich sein müsste. Ungleich interessanter ist aber die Frage nach der europarechtlichen Zulässigkeit einer solchen Beschränkung, da insofern Bedenken im Hinblick auf die Kapitalverkehrsfreiheit (Art. 63 AEUV) erhoben werden könnten.

5. Auflösung und Beendigung

Keine besonderen Regelungen haben schließlich Aspekte der Auflösung und Beendigung der Gesellschaft im Gesellschaftsvertrag erfahren. Dies ist allerdings wenig überraschend, da eine Liquidation in Form einer Veräußerung der einzelnen Beteiligungen an den Tochtergesellschaften an Dritte vor dem Hintergrund der kulturpolitischen Bedeutung der Bundestheater für die Republik Österreich schlicht (politisch) nicht vorstellbar ist und wegen § 3 Abs. 3 BThOG auch unzulässig wäre. Zudem wäre eine solche Auseinandersetzung aufgrund der (zwingenden) Alleingesellschafterstellung der Republik Österreich auch nicht erforderlich. Schließlich dürfte das artverwandte Szenario der Insolvenz der *Bundestheater-Holding GmbH* nur theoretisch denkbar sein. Dabei ist zudem zu beachten, dass insbesondere die historischen Gebäude der Bundestheater ohnehin nicht im Eigentum der *Bundestheater-Holding GmbH* oder ihrer Tochtergesellschaften stehen, sondern die *Bundestheater-Holding GmbH* an diesen nur einen unentgeltlichen Fruchtgenuss (§§ 509 ff. ABGB) eingeräumt bekommen hat (§ 5 Abs. 2 Nr. 1 BThOG), der im (theoretischen und fernliegenden) Fall der

---

72 *Rauter*, in: Straube/Ratka/Rauter, Wiener Kommerntar zum GmbHG, Loseblatt Stand 1.10.2019, § 76 Rdnr. 25.

73 Vgl. nur *Reichert/Weller*, in: Münchener Kommentar zum GmbHG, 3. Aufl. 2018, § 15 Rdnr. 393; *Servatius*, in: Baumbach/Hueck, GmbHG, 22. Aufl. 2019, § 15 Rdnr. 38.

Eröffnung eines Insolvenzverfahrens über das Vermögen der *Bundestheater-Holding GmbH* aber wohl (nicht) ohne Weiteres beendet werden würde.[74]

6. Gesellschaftsverträge der Tochtergesellschaften als kulturkonzernrechtliche Projektionsfläche

Richtet man den Blick über den Gesellschaftsvertrag der *Bundestheater-Holding GmbH* hinaus in die Gesellschaftsverträge der vier Tochtergesellschaften (die *Burgtheater GmbH*, die *Wiener Staatsoper GmbH*, die *Volksoper GmbH* und die *ART for ART Theaterservice GmbH*) wird das Bild des Kulturkonzerns noch weiter vervollständigt.

a) Zweck und Gegenstand der Unternehmen

So ist zunächst in jedem der einzelnen Gesellschaftsverträge ein klarer kulturpolitischer – und nicht auf Gewinnerzielung ausgerichteter – Auftrag festgehalten. So sollen die *Burgtheater GmbH*, die *Wiener Staatsoper GmbH* und die *Volksoper GmbH* unter anderem die klassische deutschsprachige und internationale Theaterkurst und Kultur pflegen, das Zeitgenössische und innovative Entwicklungen unter besonderer Berücksichtigung österreichischen Kunstschaffens fördern und die österreichische Bühnenkunst international repräsentieren.[75]

b) Finanzverfassung

Für die Finanzverfassung sehen die Gesellschaftsverträge der Tochtergesellschaften keine größeren Besonderheiten vor. So sind die Tochtergesellschaften mit

74 Grundsätzlich ist ein Fruchtgenussrecht als verwertbares und veräußerbares Recht in der Insolvenz Teil der Vermögensmasse des Schuldners und kann im Rahmen der Insolvenz verwertet werden (*Winkler*, in Fenyves/Kerschner/Vonkilch, Großkommentar zum ABGB – Klang-Kommentar, 2016, § 511 Rdnr. 12).

75 Die Gesellschaftsverträge der drei GmbH sind insofern wortgleich und lauten alle:
„*Der kulturpolitische Auftrag der Burgtheater GmbH/Wiener Staatsoper GmbH/Volksoper GmbH, deren Tätigkeit nicht auf Gewinn ausgerichtet ist, umfasst*
1. *die Pflege der klassischen deutschsprachigen und internationalen Theaterkunst und Kultur,*
2. *die Förderung des Zeitgenössischen und innovativer Entwicklungen unter besonderer Berücksichtigung österreichischen Kunstschaffens und dessen Stärkung im internationalen Vergleich sowie*
3. *die internationale Repräsentation österreichischer Bühnenkunst.*"

einem Stammkapital von 6,25 Millionen Euro (*Burgtheater GmbH*), 3,1 Millionen Euro (*Volksoper GmbH*) bzw. 13,5 Millionen Euro (*Wiener Staatsoper GmbH*) ausgestattet, ohne dass klar erkennbar ist, warum das Stammkapital zwischen den einzelnen Tochtergesellschaften so unterschiedlich festgesetzt wurde, zumal der Kapitalbedarf aller Tochtergesellschaften damit nicht einmal ansatzweise abgedeckt werden kann. Dies wird über die *Bundestheater-Holding GmbH* durch den Bund im Rahmen der in § 7 Abs. 2 BThOG festgesetzten Basisabgeltung erreicht, ohne dass allerdings das BThOG, der Gesellschaftsvertrag der *Bundestheater-Holding GmbH* oder der Tochtergesellschaften regelt, in welchem Verhältnis diese Basisabgeltung auf die einzelnen Tochtergesellschaften verteilt werden soll. Daher dürfte es sich dabei um eine unternehmerische Entscheidung der Geschäftsführung der *Bundestheater-Holding GmbH* handeln. Neben dem Startkapital der einzelnen Tochtergesellschaften und der in § 7 BThOG geregelten Basisabgeltung sehen die einzelnen Gesellschaftsverträge der Tochtergesellschaften noch zahlreiche weitere Einnahmen vor, die erneut sehr kleinteilig geregelt sind. So werden in den Gesellschaftsverträgen neben den Einnahmen aus Großveranstaltungen wie dem *Wiener Opernball*[76] teilweise auch Einnahmen aus Garderobengebühren[77] oder Zuwendungen aus Erbschaften und Vermächtnissen[78] erwähnt. Auch in diesem Zusammenhang stellt sich die Frage nach der Regelungsbedürftigkeit im Gesellschaftsvertrag, da diese Einnahmen neben den sonstigen im Gesellschaftsvertrag genannten Einnahmen alle in einem unmittelbaren Zusammenhang mit der Geschäftstätigkeit der Tochtergesellschaften stehen.

c) Organisationsverfassung

Eine zentrale Besonderheit in den Gesellschaftsverträgen der Tochtergesellschaften stellt die dort vorgesehene Trennung der Geschäftsführung dar, wonach die Tochtergesellschaften eine(n) künstlerische(n) und eine(n) kaufmännische(n) Geschäftsführer(-in) haben müssen[79], die ihren historischen Ursprung in der Organisation der Hoftheater hat.[80] Neben dieser historischen Erklärung ergibt sich auch aus verfassungsrechtlicher Sicht die Frage, ob die Schaffung eines solchen künst-

76 § 5 Abs. 2 lit. b) Gesellschaftsvertrag Wiener Staatsoper GmbH.
77 § 5 Abs. 2 lit. b) Gesellschaftsvertrag der Volksoper GmbH und der Burgtheater GmbH.
78 § 5 Abs. 4 Gesellschaftsvertrag Wiener Staatsoper GmbH, Gesellschaftsvertrag der Volksoper GmbH und der Burgtheater GmbH.
79 § 8 Abs. 1 Gesellschaftsvertrag Wiener Staatsoper GmbH, Gesellschaftsvertrag der Volksoper GmbH und der Burgtheater GmbH.
80 Siehe II.2.b).

lerischen Direktors nicht zwingend erforderlich ist, um der abwehrrechtlichen Komponente der Kunstfreiheit (Art. 17a StGG; Art. 5 Abs. 3 GG) zu entsprechen.[81] Gerade das GmbH-Recht bietet aufgrund der Weisungsgebundenheit der Geschäftsführer (§ 20 Abs. 1 öGmbHG) eine Möglichkeit des Staates als Alleingesellschafter direkt und bindend auf die Geschäftsleitung Einfluss zu nehmen. Mit der Schaffung des künstlerischen Geschäftsführers und seiner privilegierten Stellung wird dem vorgebeugt. Somit werden die verfassungsrechtlichen Vorgaben auf gesellschaftsrechtlicher Ebene nachgezeichnet.

Die im Vergleich zum kaufmännischen Geschäftsführer privilegierte Stellung des künstlerischen Geschäftsführers ergibt sich zunächst daraus, dass sich dieser schon terminologisch mit der Bezeichnung Direktor absetzen darf. Zudem kommt ihm ein Dirimierungsrecht zu, womit er sich daher gegen den kaufmännischen Geschäftsführer bei Meinungsverschiedenheiten durchsetzen kann.[82] Allerdings müssen derartige Meinungsverschiedenheiten dem Aufsichtsrat zur Kenntnis gebracht werden.[83] Zudem ist der künstlerische Geschäftsführer (Direktor) ausdrücklich weisungsfrei gestellt und unterliegt daher nicht dem Weisungsrecht der Generalversammlung nach § 20 Abs. 1 öGmbHG. Weiterhin bestehen auch bei der Bestellung der beiden Geschäftsführer Unterschiede. Während der kaufmännische Geschäftsführer durch den/die Bundeskanzler/-in nach Anhörung der Geschäftsführung und des Aufsichtsrats der *Bundestheater-Holding GmbH* erfolgt[84], findet auf die Bestellung des künstlerischen Geschäftsführers das Stellenbesetzungsgesetz[85] mit der nicht ganz unerheblichen Abweichung Anwendung, dass mit dieser Funktion auch Personen betraut werden können, die sich nicht auf diese Funktion beworben haben[86], womit letztlich wohl gemeint ist, dass die künstlerischen Geschäftsführer aktiv eingeworben werden können, auch wenn sich diese auf die reguläre Ausschreibung nicht beworben haben. Keine ausdrückliche Erwähnung hat die Haftung der Geschäftsführer gefunden, obwohl auch diese im österreichischen GmbH-Recht einer Regelung im Gesellschaftsvertrag zugänglich

81 Ausführlich *Germelmann*, (Fn. 1), S. 515, 549 ff.

82 § 8 Abs. 3 Satz 1 Gesellschaftsvertrag Wiener Staatsoper GmbH, Gesellschaftsvertrag der Volksoper GmbH und der Burgtheater GmbH.

83 § 8 Abs. 3 Satz 2 Gesellschaftsvertrag Wiener Staatsoper GmbH, Gesellschaftsvertrag der Volksoper GmbH und der Burgtheater GmbH.

84 § 12 Abs. 4 BThOG in Verbindung mit § 8 Abs. 2 Satz 1 Gesellschaftsvertrag Wiener Staatsoper GmbH, Gesellschaftsvertrag der Volksoper GmbH und der Burgtheater GmbH.

85 BGBl. I Nr. 26/1998.

86 § 12 Abs. 2 BThOG in Verbindung mit § 8 Abs. 2 Satz 1 Gesellschaftsvertrag Wiener Staatsoper GmbH, Gesellschaftsvertrag der Volksoper GmbH und der Burgtheater GmbH.

ist.[87] Insofern stellt sich die zentrale Frage, ob die in den Gesellschaftsverträgen vorgenommene Trennung der Aufgabenbereiche der beiden Geschäftsführer auch auf deren Haftung durchschlägt. Dies dürfte ausweislich § 25 Abs. 2 öGmbHG nicht anzunehmen sein, womit der künstlerische Geschäftsführer mit dem kaufmännischen Geschäftsführer solidarisch haftet. Zwar könnte man überlegen, ob eine solche solidarische Haftung wegen des sehr begrenzten und haftungstechnisch wohl wenig relevanten künstlerischen Geschäftsbereichs abzulehnen ist. Allerdings steht solchen Überlegungen der eindeutige – und im Gegensatz zu vielen anderen Bestimmungen des BThOG und der Gesellschaftsverträge der Tochtergesellschaften nicht abbedungene – Wortlaut von § 25 Abs. 2 öGmbHG entgegen. Dass es sich bei dieser Problematik nicht um ein rein theoretisches Problem handelt, zeigen die seit der Schaffung der einzelnen Gesellschaften immer wieder auftretenden Geschäftsführungsprobleme im Hinblick auf die Budgetverwaltung. Ob der Geschäftsführer der *Bundestheater-Holding GmbH* in Vertretung von dieser allerdings bei den einzelnen Tochtergesellschaften Haftungsansprüche gegen deren Geschäftsführer tatsächlich einmal geltend macht, dürfte wohl angezweifelt werden, auch wenn es nicht völlig ausgeschlossen ist.

V. Statt eines Fazits – Privatrechtlich organisierte staatliche Kulturkonzerne als Zukunftsmodell?

Betrachtet man sich die Gesellschaftsverträge des Kulturkonzern *Bundestheater* insgesamt, muss eine umfassende Pfadabhängigkeit in der Organisationsstruktur konstatiert werden. Zwar hat man den Bundestheatern ein privatrechtliches Kleid versehen, die vorher bestehenden öffentlich-rechtlichen Strukturen sind aber gleichwohl in vielerlei Hinsicht beibehalten worden. Damit ist die zentrale Frage zu stellen, welcher Vorteil mit der Überführung der Bundestheater in diese Organisationsform verbunden ist. Nähert man sich dieser Frage aus einer verbandsrechtlichen Sicht, dürften die Vorteile kaum dort zu verorten sein. Der Vorteil der beschränkten Haftung ist für die Bundestheater nicht wirklich relevant. Bei deren Betrieb handelt es sich nicht um ein Unternehmen, dessen Risiko die Gesellschafter zur Vermeidung der eigenen Haftung nur in der Rechtsform einer Kapitalgesellschaft betreiben wollen. Zwar ist ein Kulturbetrieb in der Regel nicht selbsttragend, die insofern entstehenden Kosten entstehen aber unabhängig von der

87 *Nowotny*, in: *Kalss/Nowotny/Schauer* (Hrsg.), Österreichisches Gesellschaftsrecht, 2. Aufl. 2017, Rz. 4/252.

konkreten Organisationsform. Somit ist zugleich ein weiterer möglicher Vorteil der Schaffung von privatrechtlichen Kapitalgesellschaften in Form der bilanziellen Ausgliederung, die man auch kritischer als *Schattenhaushalt* bezeichnen kann, nicht gegeben. Ein Vorteil der Wahl einer privatrechtlichen Organisationsform wäre zudem die Möglichkeit der Gewinnung externer Investoren und somit die Erweiterung des Kapitals, was bei der *Bundestheater-Holding GmbH* und den Tochtergesellschaften aber schon der Sache nach gesetzlich ausgeschlossen ist, so dass von dieser Option auch kein Gebrauch gemacht werden kann. Ebenso wenig scheint das Steuerrecht als Erklärungsmuster zu taugen, da der Gesetzgeber mit der Schaffung des BThOG ohnehin eine Vielzahl von Ausnahmetatbeständen inklusive § 8 BThOG mit einer Regelung zur Abgabenbefreiung geschaffen hat, die bei jeder Organisationsform so im Großen und Ganzen hätten angeordnet werden können. Die Antwort auf die eingangs gestellte Frage nach der Sinnhaftigkeit der Wahl dieser Organisationsstruktur dürfte wohl in der besseren Organisierbarkeit der einzelnen Bundestheater zu suchen sein, womit ein originär konzern- und kein allgemein verbandsrechtlicher Aspekt die tragende Säule dieses Konzepts ist.

Anhang – Gesellschaftsvertrag der Bundestheater-Holding Gesellschaft mit beschränkter Haftung

Präambel

Durch § 3 Abs. 1 des Bundesgesetzes über die Neuorganisation der Bundestheater BThOG, BGBl. I Nr. 108/1998 in seiner ursprünglichen Fassung, wurde der Bundeskanzler/die Bundeskanzlerin ermächtigt, im Einvernehmen mit dem Bundesminister für Finanzen/der Bundesministerin für Finanzen eine Gesellschaft mit beschränkter Haftung mit dem Firmennamen „Bundestheater-Holding Gesellschaft mit beschränkter Haftung" abgekürzt „Bundestheater-Holding GmbH" zu gründen. Die Zustimmung des Bundesministers für Finanzen/der Bundesministerin für Finanzen zur Gründung wurde mit GZ 22 0701/2-11/5a/99 erteilt. Die Gesellschaft wurde am 09. Juli 1999 in das Firmenbuch FN 184066 k eingetragen.

Mit BKA-KU.30.600/0070-II/8/2015 wurde die Neufassung der Erklärung über die Errichtung der Bundestheater-Holding Gesellschaft mit beschränkter Haftung gemäß § 3 Abs. 7 BThOG vom Bundeskanzler im Einvernehmen mit dem Bundesminister für Finanzen beschlossen.

§ 1 Firma, Sitz, Dauer

(1) Die Firma der Gesellschaft lautet: „Bundestheater-Holding GmbH".

(2) Die Gesellschaft hat ihren Sitz in Wien.

(3) Die Gesellschaft wird auf unbestimmte Zeit errichtet.

(4) Das erste Geschäftsjahr beginnt mit der Eintragung der Gesellschaft im Firmenbuch und endet am darauffolgenden 31. August. Die weiteren Geschäftsjahre beginnen jeweils am 1. September und enden am darauffolgenden 31. August.

§ 2 Gegenstand des Unternehmens

(1) Aufgabe der Bundestheater-Holding GmbH ist es, die Tochtergesellschaften Wiener Staatsoper GmbH, Burgtheater GmbH, Volksoper Wien GmbH und ART for ART Theaterservice GmbH entsprechend dem kulturpolitischen Auftrag gemäß § 2 BThOG unter Bedachtnahme auf die Weisungsfreiheit gemäß § 12 Abs. 3 BThOG strategisch zu führen.

(2) In diesem Sinne hat die Bundestheater-Holding GmbH die Funktion einer strategischen Management-Holding für die Tochtergesellschaften. Ihr obliegen insbesondere folgende Aufgaben:
   a) die Ausübung der Gesellschafterrechte an den Tochtergesellschaften; in diesem Zusammenhang obliegt ihr insbesondere die Beschlussfassung (im Falte der gemäß § 3 Abs. 3 BThOG erlaubten Übertragung von Geschäftsanteilen an Dritte erfolgt die Beschlussfassung im Rahmen der jeweiligen Generalversammlung der Gesellschafter/Gesellschafterinnen, sofern nicht die entsprechende Beschlussfassung gemäß dem BThOG der Bundestheater-Holding GmbH übertragen ist) über folgende Gegenstände:
      – die Prüfung und Feststellung des Jahresabschlusses und der Einhaltung der Public Corporate Governance Bestimmungen des Bundes sowie die Entscheidung der Bedeckung der Abgänge und Verwendung der Überschüsse;

- die Entlastung der Geschäftsführer/Geschäftsführerinnen und Aufsichtsräte;
- die Einforderung von Einzahlungen auf die Stammeinlagen;
- die Rückzahlung von Nachschüssen; die Entscheidung über die Erteilung der Prokura und Handelsvollmachten;
- die Geltendmachung von Ersatzansprüchen gemäß § 35 Abs. 1 Z 6 GmbHG;
- Erstattung eines Vorschlages zur Aufteilung der Mittel gemäß § 7 Abs. 2 und 3 BThOG an den Bundeskanzler/an die Bundeskanzlerin;
- der Abschluss von Verträgen, durch welche die Gesellschaft vorhandene oder herzustellende, dauernd zu ihrem Geschäftsbetrieb—bestimmte Anlagen oder unbewegliche Gegenstände für eine ein Fünftel des Stammkapitals übersteigende Vergütung erwerben soll, sowie die Abänderung solcher Verträge zu Lasten der Gesellschaft, sofern es sich nicht um den Erwerb von Liegenschaften im Wege der Zwangsversteigerung handelt;
- der Abschluss von Leistungs–und Zielvereinbarungen für den Bundestheaterkonzern für jeweils drei Jahre (Dreijahrespläne) mit dem Bundeskanzler/mit der Bundeskanzlerin;
- die Genehmigung der Unternehmenskonzepte gemäß § 6 Abs. 1 BThOG;
- die Genehmigung der Ein- und Mehrjahresplanungen der Tochtergesellschaften (Unternehmensbudgets und Personalpläne) bis 30. Juni jeden Jahres mit Geltung für das folgende Geschäftsjahr;
- Regelungen zur Prüfung und Überwachung der Tochtergesellschaften.

b) die Erlassung von
   - Konzernrichtlinien für die Bundestheater-Holding GmbH und deren Tochtergesellschaften,
   - Richtlinien über das Zusammenwirken der Tochtergesellschaften sowie die
   - Festlegung von Prüfrechten und begleitender Kontrolle gegenüber den Tochtergesellschaften;

c) die Errichtung und Weiterentwicklung eines konzerneinheitlichen Buchhaltungs- und Rechnungswesens, Beteiligungs- und Finanzcontrollings, Personalverrechnungswesens, internen Kontrollsystems (IKS), Innenrevision und IT-Systems;

d) der Abschluss von Leistungs- und Zielvereinbarungen für jeweils drei Jahre (Dreijahrespläne) mit den Tochtergesellschaften;

e) die Festlegung der Leistungen, die aus konzernstrategischen oder wirtschaftlichen Gründen von der Theaterservice GmbH für den Konzern zu erbringen sind;

f) die Instandhaltungs- und Herstellungsmaßnahmen an den im Fruchtgenuss der Gesellschaften gemäß § 3 BThOG stehenden Liegenschaften und Gebäuden;

g) entgeltliche Überlassung der im Fruchtgenuss der Bundestheater-Holding GmbH stehenden Liegenschaften und Gebäude an die Bühnengesellschaften zur Nutzung, soweit dies für die Wahrnehmung ihrer Aufgaben erforderlich ist.

(3) Die Gesellschaft ist berechtigt, im In- und Ausland Zweigniederlassungen zu errichten, sich an anderen Unternehmen im In- und Ausland zu beteiligen, solche Unternehmen zu erwerben, zu errichten und zu veräußern, Grundstücke, grundstücksähnliche Rechte zu erwerben und zu veräußern, sowie alle Geschäfte einschließlich Interessensgemeinschaften einzugehen, die geeignet sind, mittelbar oder unmittelbar die Aufgaben der Gesellschaft zu fördern; ausgenommen hiervon sind Bankgeschäfte. Die Gesellschaft ist berechtigt, nach Maßgabe datenschutzrechtlicher Bestimmungen, personenbezogene Daten automationsunterstützt zu ermitteln und zu verarbeiten.

§ 3 Stammkapital und Stammeinlage

(1) Das Stammkapital der Gesellschaft beträgt EUR 11.500.000,– (Euro elf Millionen fünfhunderttausend).

(2) Die Stammeinlage ist zur Gänze eingebracht und einbezahlt. Der Bund übernimmt 100 % des Stammkapitals. Die Ausübung der Gesellschafterrechte an der Bundestheater-Holding GmbH für den Bund obliegt dem Bundeskanzler/der Bundeskanzlerin.

(3) Die Übertragung von Geschäftsanteilen an der Bundestheater-Holding GmbH an Dritte ist unzulässig.

§ 4 Bekanntmachungen

Die Bekanntmachungen der Gesellschaft an den Gesellschafter/die Gesellschafterin werden durch eingeschriebenen Brief vorgenommen. Gesetzlich vorgeschriebene Veröffentlichungen erfolgen im „Amtsblatt zur Wiener Zeitung“.

§ 5 Organe der Gesellschaft

(1) Die Organe der Gesellschaft sind:
   a) die Geschäftsführung
   b) der Aufsichtsrat
   c) die Generalversammlung

§ 6 Geschäftsführung und Vertretung nach außen

(1) Die Bundestheater-Holding GmbH hat einen Geschäftsführer/eine Geschäftsführerin/ oder zwei Geschäftsführer/Geschäftsführerinnen.
Jeder Geschäftsführer/Jede Geschäftsführerin ist auf die Dauer von bis zu fünf Jahren zu bestellen.

(2) Die Bestellung der Geschäftsführung der Bundestheater-Holding GmbH erfolgt gemäß § 12 Abs 2 BThOG durch den Bundeskanzler/durch die Bundeskanzlerin nach Anhörung des Aufsichtsrates der Bundestheater-Holding GmbH.

(3) Die Angelegenheiten der Geschäftsführung der Bundestheater-Holding GmbH sind bei Bestellung von zwei Mitgliedern der Geschäftsführung von diesen kollektiv zu besorgen, wobei ein Geschäftsführer/eine Geschäftsführerin durch den Bundeskanzler/die Bundeskanzlerin zum Sprecher/zur Sprecherin der Geschäftsführung bestimmt ist. Besteht in Angelegenheiten der Geschäftsführung zwischen den beiden Mitgliedern der Geschäftsführung keine Einigung, ist die Auffassung des Sprechers/der Sprecherin der Geschäftsführung entscheidend (Dirimierungsrecht). Derartige Entscheidungen sind dem Aufsichtsrat unverzüglich zur Kenntnis zu bringen.

(4) Die Funktionsperiode des/der zum Zeitpunkt der Gesamtrechtsnachfolge gemäß § 5 Abs. 1 BThOG bestellten Geschäftsführers/Geschäftsführerin wird durch Absatz 1 nicht berührt.

(5) Jeder Geschäftsführer/Jede Geschäftsführerin ist verpflichtet, die Geschäfte der Gesellschaft unter eigener Verantwortung mit der Sorgfalt eines ordentlichen und gewissenhaften Geschäftsmannes auszuüben.

(6) Jeder Geschäftsführer/Jede Geschäftsführerin ist an die Beschlüsse des Gesellschafters/der Gesellschafterin gebunden und der Gesellschaft gegenüber verpflichtet, bei Ausübung seiner/ihrer Befugnisse alte Anordnungen und Beschränkungen einzuhalten, die durch Gesetz,

durch die Errichtungserklärung, durch die Geschäftsordnung und durch Konzernrichtlinien oder durch den Aufsichtsrat im Rahmen seiner Befugnisse festgelegt werden.

(7) Jeder Geschäftsführer/Jede Geschäftsführerin ist unbeschadet seiner/ihrer gesetzlichen oder sonstigen Obliegenheit verpflichtet, bei der Geschäftsführung auf die ausschließliche und unmittelbare Erfüllung des gemeinnützigen Zweckes der Tochtergesellschaften Burgtheater GmbH, Wiener Staatsoper GmbH und Volksoper Wien GmbH bedacht zu sein und in diesem Sinne die Beschlüsse des Gesellschafters/der Gesellschafterin zu befolgen.

(8) Ist nur ein Geschäftsführer/eine Geschäftsführerin bestellt, so vertritt dieser/diese die Gesellschaft selbständig. Die Bestellung von Einzelprokuristen ist zulässig.

(9) Sind zwei Mitglieder für die Geschäftsführung bestellt, so wird die Gesellschaft durch beide Mitglieder gemeinsam oder durch einen Geschäftsführer/eine Geschäftsführerin gemeinsam mit einem Prokuristen/einer Prokuristin vertreten.

(10) Die Geschäftsführung legt dem Aufsichtsrat innerhalb der gesetzlichen Fristen folgende Unterlagen zur Kenntnisnahme vor:
  a) den vom Abschlussprüfer/von der Abschlussprüferin geprüften Jahresabschluss und Konzernabschluss sowie den mit dem Lagebericht zusammengefassten Konzernlagebericht; ab dem Geschäftsjahr 2013/2014 ist dem Jahresabschluss der Bundestheater-Holding der Corporate Governance Bericht für die Gesellschaft anzuschließen;
  b) den Vorschlag über die Verwendung des Bilanzgewinnes;

(11) Die Geschäftsführung hat bis 30. Juni jeden Jahres eine mittelfristige Planung der Unternehmensbudgets und Personalpläne (Planung für drei Geschäftsjahre) dem Aufsichtsrat zur Genehmigung vorzulegen und für die Einrichtung eines Planungs- und Berichterstattungssystems zu sorgen, das die Erfüllung der Berichterstattungspflichten durch die Unternehmensleitung nach den gesetzlichen Vorschriften, den Vorgaben des Gesellschafters/der Gesellschafterin und den Vorgaben des Bundesministers/der Bundesministerin für Finanzen hinsichtlich der Einrichtung eines Beteiligungs- und Finanzcontrollings gewährleistet.

(12) Die Geschäftsführung hat Einschauberichte des Rechnungshofes samt ihrer Stellungnahme dem Aufsichtsrat zur Einsicht und Behandlung vorzulegen.

§ 7 Zustimmungspflichtige Geschäfte

(1) Folgende Geschäfte dürfen gemäß § 13 Abs. 9 a BThOG nur mit Zustimmung des Aufsichtsrats vorgenommen werden:
  1. der Erwerb und die Veräußerung von Beteiligungen (§ 189a Z 2 UGB), der Erwerb, die Veräußerung und die Stilllegung von Unternehmen und Betrieben sowie Austöchterungen der Bundestheater-Holding GmbH und der Tochtergesellschaften;
  2. der Erwerb, die Veräußerung und die Belastung von Liegenschaften;
  3. die Errichtung und die Schließung von Zweigniederlassungen;
  4. Investitionen, die Anschaffungskosten von Euro 500.000,00 im Einzelnen und Euro 1.000.000,00 insgesamt in einem Geschäftsjahr übersteigen;
  5. die Aufnahme von Anleihen, Darlehen und Krediten, die Euro 200.000,00 im Einzelnen oder insgesamt in einem Geschäftsjahr Euro 700.000,00 übersteigen;
  6. die Gewährung von Darlehen und Krediten, soweit sie nicht zum gewöhnlichen Geschäftsbetrieb gehört und im Einzelfall Euro 50.000,00 überschritten werden;
  7. die Aufnahme und Aufgabe von Geschäftszweigen und Produktionsarten;

8. die Festlegung allgemeiner Grundsätze der Geschäftspolitik, insbesondere der mehrjährigen Gesamtplanungen der Bundestheater-Holding GmbH;
9. die Festlegung des Jahresbudgets der Gesellschaft im Rahmen der mehrjährigen Gesamtplanung;
10. die Festlegung von Konzernrichtlinien für die Bundestheater-Holding GmbH und deren Tochtergesellschaften sowie der Richtlinien gemäß § 4 Abs. 1 Z 2 BThOG;
11. die Festlegung von Grundsätzen für die Gewährung von Gewinn- oder Umsatzbeteiligungen und Pensionszusagen an Geschäftsführer/Geschäftsführerinnen und leitende Angestellte im Sinne des § 80 Abs. 1 des Aktiengesetzes 1965 sowie Genehmigung solcher Vereinbarungen bei den Tochtergesellschaften;
12. der Abschluss von Verträgen mit Mitgliedern des Aufsichtsrats, durch die sich diese außerhalb ihrer Tätigkeit im Aufsichtsrat gegenüber der Gesellschaft oder einem Tochterunternehmen (§ 189a Z 7 UGB) zu einer Leistung gegen ein nicht bloß geringfügiges Entgelt verpflichten; dies gilt auch für Verträge mit Unternehmen, an denen ein Aufsichtsratsmitglied ein erhebliches wirtschaftliches Interesse hat;
13. die Übernahme einer leitenden Stellung (§ 80 Abs. 1 des Aktiengesetzes) in der Gesellschaft innerhalb von zwei Jahren nach Zeichnung des Bestätigungsvermerks durch den Abschlussprüfer/die Abschlussprüferin, durch den Konzernabschlussprüfer/die Konzernabschlussprüferin, durch den Abschlussprüfer/die Abschlussprüferin eines bedeutenden verbundenen Unternehmens oder durch den/die den jeweiligen Bestätigungsvermerk unterzeichnenden Wirtschaftsprüfer/unterzeichnende Wirtschaftsprüferin sowie eine für ihn/sie tätige Person, die eine maßgeblich leitende Funktion bei der Prüfung ausgeübt hat, soweit dies nicht gemäß § 27 Ic UGB untersagt ist;
14. der Abschluss von Kollektivverträgen sowie der Abschluss von Betriebsvereinbarungen der Bundestheater-Holding GmbH und der Tochtergesellschaften, die von grundsätzlicher Bedeutung sind;
15. der Vorschlag an den Bundeskanzler/an die Bundeskanzlerin zur Abberufung der kaufmännischen Geschäftsführer/Geschäftsführerinnen der Tochtergesellschaften mit Zweidrittelmehrheit;
16. die Bestellung der Abschlussprüfer/Abschlussprüferinnen des Jahresabschlusses der Tochtergesellschaften;
17. die Feststellung des Jahresabschlusses der Tochtergesellschaften;
18. der Vorschlag an den Bundeskanzler/die Bundeskanzlerin zur Aufteilung der Basisabgeltung gemäß § 7 BThOG;
19. die Genehmigung der Unternehmenskonzepte gemäß S 6 Abs. 1 BThOG;
20. die Genehmigung der Ein- und Mehrjahresplanungen der Tochtergesellschaften (Unternehmensbudgets und Personalpläne) bis 30. Juni jeden Jahres mit Geltung für das folgende Geschäftsjahr sowie der Leistungs- und Zielvereinbarungen für jeweils drei Jahre (Dreijahrespläne) mit den Tochtergesellschaften;
21. der Abschluss von Leistungs- und Zielvereinbarungen für den Bundestheaterkonzern für jeweils drei Jahre (Dreijahrespläne) mit dem Bundeskanzler/der Bundeskanzlerin;
22. die Festlegung der Leistungen, die gemäß § 4 Abs. 1 Z 5 BThOG von der Theaterservice GmbH für den Konzern zu erbringen sind.

(2) Darüber hinaus bedürfen insbesondere auch folgende Geschäfte der Zustimmung des Aufsichtsrats:
1. die Erteilung und der Widerruf einer Prokura;

2. das Eingehen mehrjähriger Verpflichtungen, der einen in der Geschäftsordnung für die Geschäftsführung angeführten angemessenen Schwellenwert überschreitet;
3. der Abschluss von Rahmenvereinbarungen gemäß § 9 Abs. 3 BThOG;
4. die Gründung und Schließung von Zweig- und Auslandsniederlassungen;
5. der Erwerb und die Veräußerung von Grundstücken sowie der Erwerb, die Errichtung und Veräußerung von Unternehmen im Ausland;
6. der Abschluss von Verträgen mit dem Abschlussprüfer/mit der Abschlussprüferin über zusätzliche, nicht mit der Prüfung des Jahresabschlusses unmittelbar im Zusammenhang stehende Beratungs- oder sonstige Dienstleistungen;
7. sonstige Rechtsgeschäfte, die in der Geschäftsordnung für die Geschäftsführung der Zustimmung des Aufsichtsrats vorbehalten sind.

Der Aufsichtsrat der Bundestheater-Holding GmbH hat darüber hinaus gemäß § 13 Abs. 9 BThOG folgende Aufgaben:

1. Erstattung von Vorschlägen an den Gesellschafter/die Gesellschafterin der Bundestheater-Holding GmbH zur Bestellung der Abschlussprüfer/der Abschlussprüferin des Jahresabschlusses und Feststellung des Jahresabschlusses der Gesellschaft;
2. Entgegennahme von Berichten über die Gestion, den Kosten- und Ertragsverlauf und die innerbetriebliche Budgetkontrolle der Holding und der Tochtergesellschaften;
3. Erlassung einer Geschäftsordnung für die Geschäftsführung der Bundestheater-Holding GmbH, in der unter Beachtung des § 30j GmbHG Betragsgrenzen für Investitionen, Kreditaufnahmen und Dienstverträge, ab denen die Zustimmung des Aufsichtsrates einzuholen ist, festzulegen sind;
4. Genehmigung der Geschäftsordnungen der Aufsichtsräte der Tochtergesellschaften;
5. Genehmigung der Controllingberichte der Holding.

(3) Verweigert der Aufsichtsrat seine Zustimmung zu bestimmten Geschäften oder Maßnahmen gemäß Abs. 1 oder 2, so ist die Geschäftsführung nur dann berechtigt, das Geschäft oder die Maßnahme dennoch durchzuführen, wenn sie vorher, unter Bekanntgabe der vom Aufsichtsrat geäußerten Bedenken, die Zustimmung der Generalversammlung eingeholt hat.

(4) Maßnahmen der Geschäftsführung, die zu einer erheblichen Veränderung der Geschäftstätigkeit oder zu einer grundlegenden Veränderung der Vermögens-, Finanz oder Ertragslage oder der Risikostruktur des Unternehmens führen können, bedürfen der vorherigen Zustimmung sowohl des Aufsichtsrates als auch des Gesellschafters/der Gesellschafterin.

(5) Sonstige, sich nach den gesetzlichen Bestimmungen ergebende Zustimmungserfordernisse bleiben davon unberührt.

§ 8 Aufsichtsrat

(1) Für die Bundestheater-Holding GmbH ist gemäß S 13 BThOG ein Aufsichtsrat zu bestellen, welcher sich aus sechs Mitgliedern und einer Arbeitnehmerinnen-Vertretung bestehend aus drei entsendeten Personen gemäß § 110 Arbeitsverfassungsgesetz zusammensetzt. Ein Arbeitnehmervertreter/eine Arbeitnehmervertreterin, der nicht bereits im Aufsichtsrat der Bundestheater-Holding GmbH vertretenen Tochtergesellschaft, nimmt, sofern der Vorsitz nicht anderes bestimmt, ohne Stimmrecht an den Sitzungen des Aufsichtsrates teil.

(2) Der Aufsichtsrat wählt aus seiner Mitte den Vorsitzenden/die Vorsitzende und einen Stellvertreter/eine Stellvertreterin. Für die Wahl ist die einfache Mehrheit der abgegebenen Stimmen

und die Zustimmung der Mehrheit der Mitglieder des Aufsichtsrates gemäß S 13 Abs. 3 Z 1 bis 3 BThOG erforderlich.

(3) Ein Aufsichtsratsmitglied kann ein anderes Aufsichtsratsmitglied schriftlich mit seiner/ihrer Vertretung bei einer einzelnen Sitzung betrauen. Ein so vertretenes Mitglied des Aufsichtsrates ist bei der Feststellung der Beschlussfähigkeit des Aufsichtsrates nicht mitzuzählen. Das Recht, den Vorsitz zu führen, kann nicht übertragen werden.

(4) Ein Aufsichtsratsmitglied kann ein anderes Aufsichtsratsmitglied schriftlich ermächtigen, an seiner/ihrer Stelle in einer Sitzung eine schriftliche Stimmabgabe zu überreichen.

(5) Die Tagesordnung wird vom Vorsitzenden/von der Vorsitzenden unter Bedachtnahme auf die Anträge der Geschäftsführung und die Anträge von Aufsichtsratsmitgliedern festgesetzt.

(6) Der Aufsichtsrat ist beschlussfähig, wenn alle Aufsichtsratsmitglieder ordnungsgemäß eingeladen wurden und mindestens die Hälfte der Mitglieder, darunter der/die Vorsitzende oder sein Stellvertreter/seine Stellvertreterin, anwesend sind.

(7) In dringenden Fällen kann der/die Vorsitzende schriftlich oder in vergleichbarer Form (insb. per Telefax oder E-Mail) abstimmen lassen, ohne dass der Aufsichtsrat zu einer Sitzung zusammentritt (Rundlaufverfahren), wenn kein Aufsichtsratsmitglied innerhalb der vom Vorsitzenden/von der Vorsitzenden festzulegenden Frist von mindestens drei Tagen nach Versendung der Unterlage gegen dieses Verfahren schriftlich Widerspruch erhebt. Ein Beschluss kommt zustande, wenn alle Aufsichtsratsmitglieder zur Stimmabgabe eingeladen wurden und innerhalb der vom Vorsitzenden/von der Vorsitzenden bestimmten Frist, mindestens die Hälfte der Mitglieder, darunter der/die Vorsitzende oder sein Stellvertreter/seine Stellvertreterin, ihre Stimme abgegeben haben. Die Vertretung durch andere Aufsichtsratsmitglieder ist im Rundlaufverfahren nicht zulässig.

(8) Die Beschlüsse des Aufsichtsrates werden mit einfacher Mehrheit der abgegebenen Stimmen gefasst. Bei Stimmengleichheit – auch bei Wahlen – entscheidet der/die Vorsitzende.

(9) Beschlüsse über Maßnahmen, die der Zustimmung oder Genehmigung des Aufsichtsrates bedürfen, sind für die Geschäftsführung bindend.

(10) Die Mitglieder des Aufsichtsrates erhalten bei Sitzungen des Aufsichtsrates oder eines Ausschusses ein Anwesenheitsentgelt, dessen Höhe von der Generalversammlung festgesetzt wird, und den Ersatz ihrer Auslagen.

(11) Die Generalversammlung kann darüber hinaus eine jährliche Vergütung festsetzen. Für eine über die allgemeinen Aufgaben des Aufsichtsrates hinausgehende außerordentliche Tätigkeit eines seiner Mitglieder kann der Aufsichtsrat eine besondere Vergütung beschließen.

(12) Beginnt oder endet die Funktion eines Aufsichtsratsmitgliedes während des Geschäftsjahres, wird die Vergütung anteilsmäßig gewährt.

§ 9 Generalversammlung

(1) Die durch das Gesetz oder durch die Errichtungserklärung dem Gesellschafter/der Gesellschafterin vorbehaltenen Beschlüsse werden in der Generalversammlung gefasst.

(2) Die Generalversammlung beschließt die Geschäftsordnung für den Aufsichtsrat.

(3) Beschlüsse des Gesellschafters/der Gesellschafterin können gemäß § 34 GmbHG auch schriftlich gefasst werden.

(4) Die Generalversammlung findet mindestens einmal jährlich am Sitz der Gesellschaft oder am Sitz des Gesellschafters/der Gesellschafterin statt.

(5) Der Geschäftsführung obliegt die Information des Gesellschafters/der Gesellschafterin über den Stand der Umsetzung seiner Zielvorgaben und der Unternehmensstrategie. Die Unterlagen der Berichterstattung an den Aufsichtsrat sind dem Gesellschafter/der Gesellschafterin zur Kenntnisnahme vorzulegen.

(6) Die Einberufung der Generalversammlung kann durch die Geschäftsführer/innen, durch den Aufsichtsrat und durch den Gesellschafter/die Gesellschafterin erfolgen. Die Einberufung erfolgt schriftlich unter Bekanntgabe der Tagesordnung. Zwischen dem Tag der Aufgabe der Einladung und dem Tag der Generalversammlung muss mindestens ein Zeitraum von 7 Tagen liegen.

(7) Die Ausübung des Stimmrechts durch einen Bevollmächtigten/eine Bevollmächtigte ist zulässig, doch bedarf es hierzu einer schriftlichen, auf die Ausübung dieses Rechtes lautenden Vollmacht.

§ 10 Rechnungslegung

(1) Für die Aufstellung des Jahresabschlusses gelten die gesetzlichen Bestimmungen.

(2) Die Geschäftsführung hat daher im Sinne des § 22 GmbHG und § 222 UGB in den ersten fünf nachfolgenden Monaten für das abgelaufene Geschäftsjahr den Jahresabschluss samt Anhang sowie einen allenfalls gesetzlich erforderlichen Lagebericht aufzustellen.

(3) Der Jahresabschluss ist dem Gesellschafter/der Gesellschafterin unverzüglich nach Erstellung in Abschrift zu übersenden und innerhalb der gesetzlichen Frist der Generalversammlung zur Feststellung bzw. Beschlussfassung vorzulegen. Die Beschlussfassung kann aber auch im Umlaufwege erfolgen, wenn der Gesellschafter/die Gesellschafterin seine/ihre Zustimmung dazu erteilt. Der Gesellschafter/die Gesellschafterin erklärt, über die gesetzlichen Offenlegungspflichten in Kenntnis zu sein.

(4) Ab dem Geschäftsjahr 2013/2014 ist dem Gesellschafter/der Gesellschafterin unter einem mit dem Jahresabschluss der Corporate Governance Bericht gemäß den Regeln des Bundes Public Corporate Governance Kodex in der jeweils geltenden Fassung vorzulegen.

(5) Die Generalversammlung beschließt innerhalb der gesetzlichen Frist eines jeden Geschäftsjahres über Prüfung und Feststellung des Jahresabschlusses sowie die Entlastung des Geschäftsführers/der Geschäftsführerin und des Aufsichtsrates. Die Verwendung des jährlichen Bilanzgewinnes wird durch Beschluss des Gesellschafters/der Gesellschafterin festgelegt.

(6) Der Gesellschafter/die Gesellschafterin ist berechtigt, in die Bücher der Gesellschaft Einsicht zu nehmen.

(7) Die Abschlussprüfer/Die Abschlussprüferinnen haben alle zwei Jahre im Rahmen der Abschlussprüfung die Einhaltung der Grundsätze der Sparsamkeit, Wirtschaftlichkeit und Zweckmäßigkeit zu prüfen. Die Beurteilung künstlerischer Entscheidungen steht ihnen nicht zu. Die Abschlussprüfer/die Abschlussprüferinnen sind spätestens alle sechs Jahre zu wechseln.

§ 11 Schlussbestimmungen

(1) Soweit in dieser Errichtungserklärung keine anderen Bestimmungen enthalten sind, gelten für die Gesellschaft die Vorschriften des Gesetzes über Gesellschaften mit beschränkter Haftung, die Bestimmungen des Unternehmensgesetzbuches sowie das Bundestheaterorganisationsgesetz, in ihrer jeweils geltenden Fassung.

(2) Sollte eine der Bestimmungen der Errichtungserklärung nicht rechtswirksam sein oder künftig ungültig oder faktisch undurchführbar werden, so wird dadurch die Gültigkeit und Verbindlichkeit der übrigen Vertragsbestimmungen nicht berührt.

(3) Der Gesellschafter/die Gesellschafterin verpflichtet sich, anstelle der nicht rechtswirksamen bzw. nicht weiter anwendbaren Bestimmung eine neue zu beschließen oder festzulegen, die dem wirtschaftlichen Zweck der obsoleten Bestimmungen am nächsten kommt.

§ 12 Bundes Public Corporate Governance Kodex

Die Organe und Organmitglieder der Bundestheater-Holding GmbH sind verpflichtet, die Regeln und Grundsätze des Bundes Public Corporate Governance Kodex in der jeweils geltenden Fassung mit der Sorgfalt eines ordentlichen und gewissenhaften Geschäftsmannes zu beachten, soweit dem keine gesetzlichen Bestimmungen entgegenstehen. Abweichungen von zwingenden Regelungen oder Empfehlungen des Kodex sind im jährlichen Corporate Governance Bericht begründet darzustellen.

Birgit Weitemeyer

§ 22 Die gemeinnützige Kapitalgesellschaft – Der Gesellschaftsvertrag der Bucerius Law School gGmbH*

Inhaltsübersicht

I. Gründung der Bucerius Law School als erste private Jura-Hochschule in Deutschland

Als der große Rechtsanwalt, Politiker und Verleger der Wochenzeitschrift DIE ZEIT *Gerd Bucerius* im Jahr 1995 im Alter von 89 Jahren starb, hatte er bereits im Jahr 1971 die anfänglich mit 100.000 DM ausgestattete gemeinnützige Zeit-Stiftung errichtet, der er, kinderlos, nach seinem Tode sein gesamtes Vermögen zukommen lassen wollte. Der Stiftung wurde als Einnahmequelle der Nießbrauch an dem Titel der Zeitschrift übertragen, das Kuratorium der Stiftung sollte über die Unabhängigkeit des Presseorgans wachen.[1] Nach *Bucerius* Tod wurde der

* Die Autorin dankt Herrn Prof. Dr. Dr. h.c. mult. *Karsten Schmidt* und Herrn Prof. Dr. *Michael Göring* für wertvolle Hinweise.

1 *Dahrendorf*, Liberal und unabhängig. Gerd Bucerius und seine Zeit, 2000, S. 242.

https://doi.org/10.1515/9783110733839-023

Verlag an die Verlagsgruppe Georg von Holtzbrinck veräußert, wo er heute noch beheimatet ist.[2] Das Wirtschaftsunternehmen DIE ZEIT und die gemeinnützige ZEIT-Stiftung Gerd und Ebelin Bucerius sind seitdem getrennt und das lange Ringen um eine Nachfolgelösung mithilfe einer Stiftungslösung fand ein Ende. Heute ist das Stiftungsvermögen von rund 794 Mio. Euro[3] breit am Kapitalmarkt investiert und und dient ebenso wie die Karl-Schlecht-Stiftung[4] als Beispiel dafür, dass Unternehmen und Stiftung auch getrennte Wege gehen können.[5]

Angesichts des immensen Stiftungsvermögens stellte sich alsbald die Frage, ob neben den diversen Projekten und Förderprogrammen nicht auch eine größere Einrichtung als „Leuchttum" geschaffen werden sollte. Das und die Erfahrungen aus der Mitte des Kuratoriums mit den US-amerikanischen Law Schools führte im Jahr 2000 zur Gründung der Bucerius Law School als erste private Hochschule für Rechtswissenschaft in Deutschland, die jährlich rund 116 Studierende bis zur Ersten Juristischen Staatsprüfung führt. Organisiert ist sie als gemeinnützige GmbH, deren Geschäftsanteile zu 100 % die ZEIT-Stiftung Ebelin und Gerd Bucerius hält. Die Hochschule befindet sich im ehemaligen Museums- und Institutsgebäude des Botanischen Instituts der Universität Hamburg im Park Planten un Blomen in der Nähe des Bahnhofs Hamburg-Dammtor. Das Grundstück ist Teil des Stiftungsvermögens und wird an die Hochschule vermietet.

Mit der Gründung der Hochschule verband sich die Hoffnung der Stiftung, die juristische Ausbildung in Deutschland um einige Innovationen zu ergänzen. Hervorzuheben sind eine straffe, in Trimester unterteilte Studienorganisation, ein verpflichtendes Auslandstrimester an einer der zahlreichen Partneruniversitäten, der parallel erworbene akademische Abschluss des Bachelor of Laws (LL.B.), das obligatorische Studium generale und die verpflichtenden fremdsprachlichen und wirtschaftswissenschaftlichen Kurse. Ungewöhnlich ist auch, dass die Bewerber in einem zweistufigen Auswahlverfahren ausgewählt werden und für deutsche Verhältnisse nicht unerhebliche Studiengebühren entrichten, wobei ein „umgekehrter Generationenvertrag" die Möglichkeit eröffnet, dass diese vorgestreckt

---

2 *Dahrendorf*, Liberal und unabhängig. Gerd Bucerius und seine Zeit, 2000, S. 264.

3 https://www.zeit-stiftung.de/stiftung/zahlenunddaten/, Stand in Buchwerten zum 31.12.2019, Abruf 1.3.2021.

4 Gegründet von Karl Schlecht, dem ehemaligen Eigentümer des an einen chinesischen Investor verkauften schwäbischen Unternehmens Putzmeister.

5 Vgl. zur Tendenz der Perpetuierung von Unternehmen von Stiftungen nur *Meinecke*, Stiftungen als Instrumente der Unternehmensnachfolge, 2019 m. w. N., krit. *Rawert*, ZGR 2018, 835 ff. m. w. N.

und erst nach dem Eintritt in das Berufsleben zehn Jahre lang in Höhe von jährlich 9 % des Einkommens zurückgezahlt werden.[6]

II. Motive für die Gemeinnützigkeit

Hinter der Gründung einer gemeinnützigen GmbH stehen in erster Linie steuerliche Überlegungen. Gemeinnützige Körperschaften sind von den Ertragsteuern befreit, soweit sie keinen wirtschaftlichen Geschäftsbetrieb unterhalten. Im Einzelnen gehört dazu die Befreiung von der Körperschaftsteuer (§ 5 Abs. 1 Nr. 9 KStG) und der Gewerbesteuer (§ 3 Nr. 6 GewStG). Hinzu kommen Steuerbefreiungen bei der Grundsteuer (§ 3 Abs. 1 Nr. 3 lit. b GrStG)[7] und es ermäßigt sich die Umsatzsteuersatz für die Leistungen gemeinnütziger Körperschaften[8] auf 7 % (§ 12 Abs. 2 Nr. 8 lit. a UStG).[9] Darüber hinaus enthält das Umsatzsteuerrecht eine Reihe von speziellen Steuerbefreiungen, die an den Gemeinnützigkeitsstatus anknüpfen, so auch für Bildungsleistungen.[10] Schließlich bleiben freigiebige Zuwendungen an gemeinnützige Körperschaften wie z. B. Spenden oder Erbschaften als nicht steuerbare Vermögensmehrungen in der sog. ideellen Sphäre ohne Ertragsteuerbelastung und im Erbschaft- und Schenkungssteuerrecht nach § 13 Abs. 1 Nr. 16 lit. b, c, Nr. 17 ErbStG steuerfrei. Der Staat verzichtet damit auf Steuern, die er normalerweise von diesen Körperschaften erheben könnte, sofern deren Tätigkeiten nach dem Katalog des § 52 Abs. 2 AO als gesellschaftlich förderungswürdig angesehen werden.

Daneben bestehen steuerliche Anreize, damit Privatpersonen oder Organisationen Geld oder Sachmittel an gemeinnützige Körperschaften spenden. Insbesondere wird den Spendern ermöglicht, ihre Spende einkommensmindernd

6 Die Rückzahlungen sind gedeckelt auf maximal das Doppelte der regulären Studiengebühren plus Basiszinssatz. Die Regelung ist bei erfolgreichen Start-up-Gründern bereits zum Tragen gekommen.

7 Immobilien einer gemeinnützigen Körperschaft sind grundsteuersteuerbefreit, wenn sie für begünstigte Zwecke genutzt werden, *Kühnold*, in: Lippross/Seibel, Basiskommentar Steuerrecht, 118. Lfg., 2020, § 3 GrStG Rn. 21.

8 Dabei handelt es sich in der Regel um Umsätze aus Zweckbetrieben oder Vermögensverwaltung.

9 Gemeinnützigkeit führt nicht automatisch zu einer umsatzsteuerlichen Steuerbefreiung. Die Differenzierung zwischen Umsatzsteuer- und Gemeinnützigkeitsrecht ergibt sich daraus, dass das Gemeinnützigkeitsrecht nationales Recht ist, während das Umsatzsteuerrecht stark vom Europarecht beeinflusst wird, vgl. *Kohlhepp*, DStR 2019, 129 (136) sowie umfassend Weitemeyer/Achatz/Schauhoff (Hrsg.), Umsatzsteuer für den Nonprofit-Sektor, 2019.

10 *Wiesch/Achatz*, in: Weitemeyer/Achatz/Schauhoff (Hrsg.), Umsatzsteuer für den Nonprofit-Sektor, 2019, Kap. 15, S. 533 ff.

steuerlich geltend zu machen.[11] Soweit Unternehmen die Spendenhöchstbeträge ausgeschöpft haben, können sie alternativ Zuwendungen im Rahmen des Sponsorings vornehmen, die sich bei ihnen als Betriebsausgaben (für Werbezwecke), für den gemeinnützigen Empfänger aber nur als nicht steuerbare Einnahmen aus Vermögensverwaltung darstellen.[12] Durch das Buchwertprivileg des § 6 Abs. 1 Nr. 4 S. 4 EStG können Wirtschaftsgüter aus einem Betriebsvermögen für gemeinnützige Zwecke zum Buchwert entnommen werden, sodass die Aufdeckung stiller Reserven im Unternehmen vermieden wird. Es wurde eingeführt, um die Spendenbereitschaft zu fördern und die wirtschaftliche Grundlage der gemeinnützigen wissenschaftlichen Institutionen zu erweitern.[13]

Ebenso bedeutend ist der durch die Gemeinnützigkeit geschaffene Vertrauensbonus für die Organisation. Der Steuerbefreiung wegen Gemeinnützigkeit kommt für die Öffentlichkeit eine „statusklärende" Funktion der besonderen staatlichen Förderungswürdigkeit zu, wie *Rainer Hüttemann* im Gutachten für den 72. Deutschen Juristentag zutreffend feststellt. Sie wirke wie ein staatliches Gütesiegel, eröffne den Zugang zu öffentlichen oder privaten Fördergeldern und weiteren Vergünstigungen.[14] Hintergrund dieser besonderen Wertschätzung ist im Kern das steuerliche Verbot der Gewinnausschüttung und dass die Finanzverwaltung darüber wacht, ob die satzungsmäßige Gemeinnützigkeit auch der tatsächlichen Geschäftsführung entspricht. Die staatliche Aufsicht schafft in besonderem Maße öffentliches Vertrauen, auch wenn sie aufgrund der Beschränkung auf eine Rechtskontrolle keine Gewähr für den möglichst effektiven Einsatz der Mittel bieten kann[15] – letzeres muss durch eine sinnvolle gesellschaftsrechtliche Governance garantiert werden. Dies deckt sich mit der These des US-amerikanischen Wirtschafts- und Rechtswissenschaftler *Henry Hansmann*, der die Existenz von Non-Profit-Organisationen auf ein Vertragsversagen aufgrund eines Informationsdefizits zurückführt. Bei besonders komplexen und schwer zu beurteilenden Dienst-

---

11 § 10b Abs. 1 EStG, § 9 Abs. 1 Nr. 2 KStG, § 9 Nr. 5 GewStG.

12 Siehe sogenannten Sponsoring-Erlass der Finanzverwaltung, Bundesministerium der Finanzen vom 18.02.1998, IV B 2-S 2144-40/98, BStBl. I 1998, 212.

13 Begründung zum Entwurf eines Gesetzes über die Gewährung von Investitionszulagen und zur Änderung steuerrechtlicher und prämienrechtlicher Vorschriften (Zweites Steueränderungsgesetz 1968) vom 18.08.1969, BT-Drucks. V/3890, S. 20.

14 *Hüttemann*, Gutachten G zum 72. Deutschen Juristentag, Empfiehlt es sich, die rechtlichen Rahmenbedingungen für die Gründung und Tätigkeit von Non-Profit-Organisationen übergreifend zu regeln?, 2018, G 19; ebenso *Momberger*, Social Entrepreneurship, 2015, S. 214 ff.; *Schauhoff*, in: Schauhoff, Handbuch der Gemeinnützigkeit, 3. Aufl., 2010, Grundlegung Rn. 37.

15 *Buchna/Leichinger/Seeger/Brox*, Gemeinnützigkeit im Steuerrecht, 11. Aufl., 2015, S. 21; *Hüttemann*, NJW-Beilage 2018, 55 ff.; *Momberger*, Social Entrepreneurship, 2015, S. 207 f.; *Weitemeyer/Vogt*, NZG 2014, 12 ff.

leistungen und/oder bei solchen, bei denen der zahlende Nachfrager der Güter mit dem Konsumenten nicht identisch ist, könnten die Nachfrager nicht auf ausreichende Informationen zurückgreifen, um deren Qualität beurteilen zu können. Beispiele sind Krankenhäuser, Altersheime, Kindertagesstätten oder die Entwicklungshilfe. Da kommerzielle Anbieter dazu tendierten, Informationsasymmetrie auszunutzen, suchten die Nachfrager nach anderen Kriterien für die Qualität der angebotenen Leistung. Ein solches Kriterium sei die besondere Vertrauenswürdigkeit einer Non-Profit-Organisation, die aufgrund des Verbots, Gewinn auszuschütten, weniger Anreizen unterworfen sei, das Wissengefälle auszunutzen.[16] Der Aspekt des Vertrauens in die Uneigennützigkeit der Hochschule spielt sicher eine Rolle bei einer Bildungseinrichtung wie der Bucerius Law School und er zeigt sich auch daran, dass vergleichbare Angebote im Markt von gemeinnützigen Einrichtungen oder von staatlicher Seite ebenfalls unter Verzicht auf private Gewinnmaximierung erbracht werden.

III. Der Gesellschaftsvertrag

Die Bucerius Law School ist nach § 1 ihres Gesellschaftsvertrags (GV) eine Gesellschaft mit beschränkter Haftung mit Sitz in Hamburg. Ihr Zweck ist laut § 2 Abs. 1 GV u. a. die Förderung der Rechtswissenschaft, welcher insbesondere durch die Errichtung und den Betrieb der Bucerius Law School, Hochschule für Rechtswissenschaften, verwirklicht wird. § 2 Abs. 2 GV statuiert, dass die Gesellschaft ausschließlich gemeinnützige Zwecke im Sinne der Abgabenordnung (AO) verfolgt und verweist damit auf das Gemeinnützigkeitssteuerrecht der §§ 51 bis 68 AO.

Anhand des Gesellschaftsvertrags der Bucerius Law School gGmbH lässt sich eine ganze Reihe von typischen Entwicklungen im Gesellschaftsrecht im Allgemeinen und im Recht gemeinnützigen Kapitalgesellschaften im Besonderen zeigen, die *Holger Fleischer* und *Sebastian Mock* in ihrer Analyse rechtstätsächlicher Gesellschaftsverträge aus unterschiedlichsten Zeiten und Jurisdiktionen herausgearbeitet haben. So ist der Gesellschaftsvertrag der Bucerius Law School gGmbH mit seinem gemeinnützigen Zweck ein Beispiel für die große Bandbreite möglicher Gesellschaftszwecke und zeigt aufgrund der gemeinnützigkeitsrecht-

16 *Hansmann*, The Role of Nonprofit Enterprise, The Yale Law Journal 1989, Bd. 89, S. 835 – 901; ebenso *Steinberg*, Economic Theories of Nonprofit Organizations, in: Powell (ed.), The Nonprofit Sector – A Research Handbook, 2006, S. 117 – 139.

lichen Vorgaben der Abgabenordnung „Elemente staatlicher Vorprägung".[17] Nicht nur der Unternehmensgegenstand[18] weist aufgrund der Verzahnung mit den gemeinnützigen Zwecken der AO Besonderheiten auf, auch im Übrigen folgt aus dem einzuarbeitenden Gemeinnützigkeitsrecht in die Satzung eine gewisse Standardisierung[19] bei der Gestaltung gemeinnütziger Kapitalgesellschaften. Die Verzahnung mit der Hochschulsatzung bietet ein Beispiel für „Trabanten" des Gesllschaftsvertrags[20] und verdeutlicht das Vorausschreiten der Gestaltungspraxis gegenüber dem Gesetzgeber, der die Rechtsform einer gemeinnützigen GmbH erst spät und auch nur mittelbar anerkannt hat.[21] Schließlich bieten fast alle seiner Vertragsklauseln Anschauungsmaterial für die These, dass die Lektüre der Kommentare zum GmbH-Recht[22] allein den Blick verstellen würde für die Besonderheit der Gestaltung einer gemeinnützigen Kapitalgesellschaftsatzung, die noch dazu die öffentlich-rechtlichen Vorgaben einer staatlich anerkannten Hochschule implementieren muss.

1. Non-Profit-Neutralität des deutschen Gesellschaftsrechts

Der Gesellschaftsvertrag der Bucerius Law School gGmbH stellt ein Musterbeispiel für eine im Dritten Sektor in Deutschland gängige hybride Gestaltung einer gemeinnützigen Stiftung, der ZEIT-Stiftung Ebelin und Gerd Bucerius (teilweise finden sich auch Vereine an der Spitze),[23] als alleinige Gesellschafterin einer ebenfalls gemeinnützigen, aber wirtschaftlich tätigen GmbH dar. Weitere übliche Hybride sind privatnützige Stiftungen als Unternehmensträger von gewerblichen Unternehmen wie im Fall von ALDI Nord[24] oder gemeinnützige Stiftungen mit gewerblichen Tochtergesellschaften wie im Fall der Else Kröner-Fresenius-Stiftung, die als Komplementärin zu 29 % an der Fresenius SE & Co. KGaA beteiligt ist,[25] oder der ebenfalls gemeinnützigen Bertelsmann Stiftung, die im Rahmen eines Doppelstiftungsmodells die Mehrheit der Anteile, aber nicht der Stimmrechte an

---

17 Hierzu *Fleischer/Mock*, NZG 2020, 161 (164).
18 Hierzu *Fleischer/Mock*, NZG 2020, 161 (165).
19 Hierzu *Fleischer/Mock*, NZG 2020, 161 (167).
20 Hierzu *Fleischer/Mock*, NZG 2020, 161 (168).
21 Hierzu *Fleischer/Mock*, NZG 2020, 161 (169).
22 Hierzu *Fleischer/Mock*, NZG 2020, 161 (169).
23 Vgl. etwa zum ADAC den Beitrag von *Leuschner*, in diesem Band.
24 Vgl. hierzu den Tatbestand von OVG Schleswig, Urteil v. 7.12.2017, 3 LB 3/17, npoR 2018, 262; bestätigt durch BVerwG, Beschl. v. 6.3.2019, 6 B 135/18, npoR 2019, 125 = NZG 2019, 867.
25 https://boerse.ard.de/boersenwissen/boersengeschichte-n/das-erbe-des-dr-fresenius100.html, Abruf am 10.4.2020.

der Bertelsmann AG hält. Naturgemäß stellen sich bei Familienstiftungen als Holding und bei nicht gemeinnützigen Tochtergesellschaften noch einmal ganz andere Fragestellungen[26] als im vorliegenden Kontext.

Auch zeigt sich anhand der Bucerius Law School gGmbH exemplarisch die für Deutschland typische Non-Profit-Neutralität der Rechtsformen. Neben den rund 600.000 Idealvereinen (§ 21 BGB)[27] und rund 23.000 Stiftungen (§ 80 BGB)[28] als geborene Non-Profit-Organistionen ohne vermögensrechtliche Beteiligungen von Mitgliedern ist hierzulande die Rechtsform der gemeinnützigen GmbH besonders verbreitet. Die Tatsache, dass im deutschen Recht die GmbH (§§ 1, 4 S. 2 GmbHG)[29] und daneben die Aktiengesellschaft (§ 3 Abs. 1 AktG)[30] für jeden beliebigen, gesetzlich zulässigen Zweck vorgesehen werden können, macht auch Kapitalgesellschaften[31] für gemeinwohlorientierte Unternehmen attraktiv.[32] Laut des ZiviZ-Surveys des Stifterverbandes für die Deutsche Wissenschaft waren im Jahr 2016 über 11.000 gemeinnützige GmbH im Handelsregister eingetragen. Da gemeinnützige GmbHs den Zusatz nicht immer in ihrer Firma tragen und in diesem Fall nicht als „gemeinnützige" oder „gGmbH" identifizierbar sind, ist sogar von einer größeren Anzahl auszugehen.[33] Auch das steuerliche Gemeinnützigkeitsrecht ist grundsätzlich rechtsformneutral.[34] Es setzt lediglich voraus, dass das begünstigte Rechtssubjekt eine Körperschaft i. S. d. KStG ist (§ 51 Abs. 1 S. 1, 2 AO) und schließt damit nur Einzelpersonen und Personengesellschaften aus.

---

26 Vgl. zu dem Doppelstiftungsmodell und den Grenzen der unternehmensverbundenen Stiftungen *Weitemeyer*, in: Achleitner/Block/Graf Strachwitz/Hosseini (Hrsg.), Stiftungsunternehmen: Theorie und Praxis, 2018, S. 49 ff.; zu gewerblichen Tochtergesellschaften *Weitemeyer*, GmbHR 2021, 57 ff.

27 Rund 600.000 Vereine im Jahr 2016, vgl. *Priemer/Krimmer/Labigne*, ZiviZ-Survey 2017, S. 50.

28 23.230 Stiftungen zum 31.12.2019, vgl. https://www.stiftungen.org/stiftungen/zahlen-und-daten/grafiken-zum-download.html, Abruf am 10.4.2020.

29 Vgl. nur *Ullrich*, Gesellschaftsrecht und steuerliche Gemeinnützigkeit, 2009, passim; *Cramer*, in: Scholz, GmbHG, 12. Aufl., 2018, § 1 Rn. 8 ff.

30 *Momberger*, Social Entrepreneurship, 2015, S. 95 ff.; ausführlich zur Gemeinnützigkeit von Aktiengesellschaften *Bayer/Hoffmann*, AG 2007, 347 ff.; *Weber*, Die gemeinnützige Aktiengesellschaft, 2014.

31 Denkbar wären auch Handelsgesellschaften mit ideellen Zwecken, wenn man es akzeptiert, dass die Kaufmannseigenschaft nicht einen Erwerbszweck für ihre Gesellschafter voraussetzt, sondern eine Gewinn- oder Einnahmeerzielung am Markt ausreichen lässt, vgl. hierzu *Hüttemann*, in: Festschrift für Wulf-Henning Roth, 2011, S. 240 ff. Allerdings verhindert das Erfordernis einer Körperschaft in § 51 Abs. 1 AO eine steuerliche Gemeinnützigkeit für Personengesellschaften.

32 *Momberger*, Social Entrepreneurship, 2015, S. 87 ff., 103.

33 *Priemer/Krimmer/Labigne*, ZiviZ (Zivilgesellschaft in Zahlen)-Survey 2017, S. 51.

34 *Musil*, in: Hübschmann/Hepp/Spitaler, AO/FGO, 256. Lfg., 2020, § 51 AO Rn. 20.

Die Rechtsform der GmbH bietet sich für gemeinnützige Vorhaben mit einem hohen Kapitaleinsatz an, z. B. für große Forschungseinrichtungen oder für so genannte Stiftungs-GmbHs,[35] mit denen Stiftungen mit den Mitteln des Gesellschaftsrechts simuliert werden, um eine größere Flexibilität anzustreben und die behördliche Stiftungsaufsicht zu vermeiden.[36] Anders als beim Idealverein spielt es bei der GmbH zwar steuerlich (dazu unten), aber nicht zivilrechtlich eine Rolle, ob ein wirtschaftlicher oder ein ideeller Zweck verfolgt wird. Das hat den Vorteil, dass die Rechtsform auch bei einer Weiterentwicklung der wirtschaftlichen Tätigkeit passend bleibt, während beim Idealverein die Grenzen des Nebenzweckprivilegs einzuhalten[37] oder die wirtschaftlichen Tätigkeiten auf gewerbliche Tochtergesellschaften auszugründen sind.[38] Zudem lässt sich eine GmbH als Einpersonengesellschaft auch durch nur einen Initiatior, wie im Fall der Bucerius Law School gGmbH durch die ZEIT-Stiftung Ebelin und Gerd Bucerius, gründen (§ 1 GmbHG), während beim Verein regelmäßig sieben Gründungsmitglieder erforderlich sind, § 56 BGB. Schließlich ist die GmbH aufgrund ihrer Governance-Struktur mit einem oder mehreren gegenüber der Alleingesellschafterin weisungsabhängigen Geschäftsführern (§ 37 Abs. 1 GmbHG) schlagkräftiger, um ein (gemeinnütziges) Unternehmen zu führen, zumal die Gesellschaft anders als Verein oder Stiftung alle Vorgaben des Kapitalschutzes, des Unternehmensmitbestimmungsrechts, der Eintragung in das Handelsregister mit Publiziätswirkung der Vertretungsregelungen, der verpflichtenden Rechnungslegung (§§ 328, 267 HGB) und deren Offenlegung (§ 325 HGB)[39] zu erfüllen hat und damit im Rechtsverkehr kalkulierbar ist. Gegenüber der gesellschaftsrechtlich ebenso zulässigen gemeinnützigen Aktiengesellschaft bietet sich die GmbH wegen ihrer großen Gestaltungsoffenheit und der Weisungsbefugnis gegenüber der Geschäftsleitung bei einem oder wenigen Gesellschaftern an, während die gAG mit ihrem in Aktien zerlegten Grundkapital der Einbindung einer Vielzahl von Aktionären mit ideeller Zweckverfolgung wie der Unterstützung eines Zoologischen Garten bei der Berliner Zoo AG oder der ökologischen Landwirtschaft bei der Regionalwert AG dienen kann.[40]

---

35 *Seer*, in: Tipke/Kruse, AO/FGO, 159. Lfg., 2020, § 51 AO Rn. 3.

36 Grundlegend *K.Schmidt*, in: Hopt/Reuter (Hrsg.), Stiftungsrecht in Europa, 2001, S. 175 ff.

37 Zuletzt BGHZ 215, 69 = npoR 2017, 156; *Weitemeyer/Bornemann*, npoR 2020, 99 ff.

38 Hierzu die ADAC-Entscheidung des BGH BGHZ 85, 84 = JZ 1984, 97 mit heutiger Einordnung durch *Leuschner*, ZIP 2015, 356 ff.; *ders.*, NZG 2017, 16 ff. zur Parallele beim FC Bayern München e.V.

39 Vgl. zu den erheblichen Lücken bei anderen Rechtsformen *Krimmer/Weitemeyer* et al., Transparenz im Dritten Sektor, 2014.

40 Ausführlich zur Gestaltung und zum Einsatz der gAG zur „Mitgliederbindung“ und zum Fundraising *Weber*, Die gemeinnützige Aktiengesellschaft, 2014.

Die Vorzüge gemeinnütziger Kapitalgesellschaften sprechen sich inzwischen auch im Ausland herum, so dass man der Zweckoffenheit des deutschen Kapitalgesellschaftsrechts durchaus eine gewisse Vorreiterrolle zusprechen kann. Bislang erlauben die Rechtsordnungen des romanischen Rechtskreises Handelsgesellschaften nur gewerbliche Tätigkeiten. So verfolgen belgische und französische Kapitalgesellschaften den Zweck, erzielte Gewinne an ihre Mitglieder auszuschütten und können daher nicht den Status der Gemeinnützigkeit erlangen.[41] Allerdings ist mit der *société à finalité sociale* (SFS) auf der Grundlage von Artikel 661-669 des belgischen Gesellschaftsgesetzbuchs neuerdings ein Rechtsrahmen für Rechtsformen geschaffen worden, die gewerbliche Aktivitäten durchführen dürfen (was wiederum den belgischen Vereinen verboten ist), jedoch bis auf eine geringe Eigenkapitalverzinsung keine Gewinnausschüttungen an ihre Gesellschafter vorsehen.[42] Die SFS hat sich nicht recht durchgesetzt, da sie einer Reihe von Restriktionen unterworfen ist, wie beispielsweise der Begrenzung von Stimmrechten oder des Rechts für jeden Angestellten, Anteile zu erwerben.[43] In Frankreich ist im Jahr 2001 als Sonderform gegenüber Kapitalgesellschaften und Genossenschaften die *société coopérative d'intérêt collectif* (SCIC) eingeführt worden, die soziale Ziele verfolgen darf und Beschränkungen hinsichtlich der Gewinnausschüttung unterliegt, jedoch keine steuerliche Förderung erfährt, was sie in der Praxis wohl als wenig attraktiv erscheinen lässt.[44] Inzwischen sind aber auch in Frankreich in Umsetzung des Gesetzesentwurfs „Plan d'action pour la croissance et la transformation des entreprises (PACTE)“[45] mit der Änderung von Art. 1833 § 2 des Code Civil Unternehmen für gesellschaftliches Engagement geöffnet worden.[46] Das Schweizer Recht erlaubt der GmbH erst seit dem Jahr 2008 nichtgewerbliche Tätigkeiten,[47] während die Aktiengesellschaft dort schon länger für gemeinnützige Tätigkeiten genutzt wird.[48] Im US-amerikanischen Gesell-

41 *Momberger*, Social Entrepreneurship, 2015, S. 243; *von Hippel/Walz*, in: von Hippel/Walz (Hrsg.), Spenden- und Gemeinnützigkeitsrecht in Europa, 2007, S. 89 (107).

42 Vgl. *Momberger*, Social Entrepreneurship, 2015, S. 276 ff.

43 Beschreibung des Centre d'Economie Sociale, Université de Liège, http://www.ces.uliege.be/societe-a-finalite-sociale-sfs/, Abruf am 10.04.2020; *Momberger*, Social Entrepreneurship, 2015, S. 276 ff.

44 Hierzu *Momberger*, Social Entrepreneurship, 2015, S. 242 f.

45 Vgl. http://www.assemblee-nationale.fr/15/pdf/projets/pl1088.pdf., Abruf am 10.4.2020.

46 Vgl. *Fleischer* ZGR 2018, 703 (728 ff.); sowie Section 172 (1) UK Companies Act 2006, hierzu *Fleischer* ZGR 2017, 411 (419 f.)

47 Obligationenrecht (GmbH-Recht sowie Anpassungen im Aktien-, Genossenschafts-, Handelsregister- und Firmenrecht), Änderung vom 16.12.2005, BBl. 2005, 7289.

48 Vgl. *Schönenberg*, Venture Philantropie. Zulässigkeit und haftungsrechtliche Konsequenzen für Schweizer Stiftungen und deren Organe, 2011.

schaftsrecht ist die *corporation* zwar für vielfältige Zwecke einsetzbar,[49] dort hat aber die Doktrin des *shareholder value*-Ansatzes zur Rechtsunsicherheit darüber beigetragen, inwiefern die „normale" For-Profit Corporation für soziale oder gemischte Zwecke verwandt werden darf und damit ebenfalls zur Ausbildung neuer, gemeinwohlorientierter Rechtsformen geführt.[50] Die demgegenüber unbestrittene Zweckoffenheit des deutschen Kapitalgesellschaftsrechts ist so einzigartig, dass eine internationale ökonomische Studie zur Steuerquote von deutschen Unternehmen statt zu einer steuerlichen Gewinnbelastung von nominell 29,5 % nur zu einer Quote von 19,6 % gelangt war, da offenbar u. a. auch steuerbefreite gemeinnützige Unternehmen einbezogen worden waren, die keine Steuern für ihre Zweckbetriebe zahlen und so die Quote verfälscht haben.[51]

2. Firma

Die Firma der Hochschule lautet nach § 1 Abs. 2 GV „Bucerius Law School. Hochschule für Rechtswissenschaft gemeinnützige GmbH". Geklärt ist durch die Änderung in § 4 S. 2 GmbHG durch das Gesetz zur Stärkung des Ehrenamtes vom 21.3.2013[52] inzwischen, dass die GmbH im Rechtsverkehr ein kleines „g" als Abkürzung für „gemeinnützig" in der Firma führen darf, ohne dass dies den irreführenden Anschein einer rechtlich nicht exisitierenden Rechtsform hervorruft.[53] Mittelbar ist damit zugleich die (allerdings vorher auch nicht bestrittene) Non-Profit-Eignung der GmbH gesetzlich bestätigt worden. Bestritten wird auch nicht mehr die Zulässigkeit des Rechtsformzusatzes „gUG" für eine gemeinnützige Unternehmergesellschaft,[54] weil hier nichts anderes als für die GmbH gilt. Für Genossenschaften und Aktiengesellschaften ist die Abkürzung gebräuchlich, aber nicht gesetzlich eingeführt, für Verein und Stiftung wird sie rechtspolitisch gefordert, damit alle gemeinnützigen Rechtformen in Deutschland mit dem Zusatz „g" auf ihren besonderen Status hinweisen können.[55] Dies ist ein plastisches Beispiel

---

49 Vgl. *Fleischer/Mock*, NZG 2020, 161 (164) m. w. N.; zur Ausbildung der Charitable Corporation *Richter*, Rechtsfähige Stiftung und Charitable Corporation, 2001.

50 Vgl. nur *Momberger*, Social Entrepreneurship, 2015, S. 104 ff., 254 ff., 289; *Möslein/Mittwoch*, RabelZ 80, 2016, 400 (401 ff.) m. w. N.; *Krause/Kindler*, Non Profit Law Yearbook 2010/2011, 85 ff.

51 Vgl. „Studie zur Steuerquote widerlegt", FAZ v. 30.12.2019, S. 16.

52 BGBl. I 2013, 556.

53 MüKoHGB/*Heidinger*, 4. Aufl., 2016, § 18 Rn. 189.

54 BGH npoR 2020, 313 gegen OLG Karlsruhe npoR 2020, 33.

55 Vgl. *Arnold/Burgard/Droege/Hüttemann/Jakob/Leuschner/Rawert/Roth/Schauhoff/Segna/Weitemeyer*, Professorenentwurf zur Stiftungsrechtsreform 2020, Beilage zu ZIP Heft 10/2020, S. 6.

für die Innovationskraft der Gestaltungspraxis, der der Gesetzgeber erst mit Verzögerung folgt.[56]

3. Anpassung der Satzung an die Vorgaben des Gemeinnützigkeitsrechts

Deutlich zeigt die Satzung der Bucerius Law School gGmbH, dass das steuerliche Gemeinnützigkeitsrecht das Organisationsrecht der zivilrechtlichen Rechtform prägt.[57] Das folgt daraus, dass die Satzung einer gemeinnützigen GmbH die Rechtsform an die Anforderungen des Gemeinnützigkeitsrechts anzupassen hat. Gemäß § 60 Abs. 1 S. 2 AO haben gemeinnützige Organisationen eine zwingende Mustersatzung nach dem Vorbild der Anlage 1 der AO für die nur aus steuerlichen Gründen notwendigen Bestimmungen zu verwenden. Diese Formalie wurde durch das Jahressteuergesetz 2009[58] eingeführt, um der Finanzverwaltung die Prüfungslast abzunehmen, während vorher die gesetzlichen Anforderungen der AO in beliebiger Form erfüllt werden konnten. Bestehende Satzungen wie die der im Jahr 2000 gegründeten Bucerius Law School gGmbH mussten zwar nur insoweit angepasst werden, als sie geändert wurden,[59] eine vollständige Anpassung wird jedoch empfohlen.[60] Der aktuelle Gesellschaftsvertrag entspricht weitgehend der Mustersatzung. Erforderlich sind danach vor allem folgende Klauseln:

a) Anpassung von Zweck und Gegenstand des Unternehmens

aa) Prägung durch das Gemeinnützigkeitsrecht

Im Einzelnen werden gemäß § 59 Hs. 1 AO die gemeinnützigkeitsrechtlichen Steuervergünstigungen nur gewährt, wenn sich aus der Satzung, dem Stiftungsgeschäft oder der sonstigen Verfassung ergibt, welchen Zweck die Körperschaft verfolgt, dass der Zweck den Anforderungen der §§ 52 bis 55 AO entspricht und dass er ausschließlich und unmittelbar verfolgt wird (Grundsatz der satzungs-

56 Hierzu *Fleischer/Mock*, NZG 2020, 161 (169).

57 *Hüttemann*, Gutachten G zum 72. Deutschen Juristentag, Empfiehlt es sich, die rechtlichen Rahmenbedingungen für die Gründung und Tätigkeit von Non-Profit-Organisationen übergreifend zu regeln?, 2018, G 19, 67 ff.

58 Jahressteuergesetz 2009 v. 19.12.2008, BGBl. I 2794, 2827.

59 Art. 97 § 1f Abs. 2 EGAO, BGBl. I 2008, 2830.

60 *Seer*, in Tipke/Kruse, AO/FGO, 159. Lfg., 2020, § 60 AO Rn. 3 m.w.N.

mäßigen Gemeinnützigkeit).[61] Gemäß § 59 Hs. 2 AO, § 63 Abs. 1 AO muss die tatsächliche Geschäftsführung diesen Satzungsbestimmungen entsprechen (Grundsatz satzungsmäßiger Geschäftsführung).[62] Aufgrund dieser satzungsmäßigen Verankerung bilden die Vorgaben des Gemeinnützigkeitssteuerrechts die gesellschaftsrechtlichen Leitlinien der Geschäftsführung und der anderen Organe.[63] Entgegen dem Einwand von *Lars Leuschner* bildet das Gemeinnützigkeitssteuerrecht daher nicht nur das Gerüst für die finanziellen Ausstattung der Organisation (mit Vorgaben etwa zur zeitnahen Mittelverwendung durch eingeschränkte Rücklagenbildung, § 55 Abs. 1 Nr. 5 iVm § 62 AO) und gibt auch keine bestimmte Governance vor,[64] aber es prägt doch über Zweck, Gegenstand und der Verpflichtung der Organe auf die Einhaltung der Vorgaben der AO das gesamte Tun der Organisation.

Der Zweck einer gemeinnützigen GmbH muss einem der in § 52 Abs. 2 AO aufgezählten Katalogzwecke entsprechen und es müssen in der Satzung sämtliche Zwecke genannt werden, die tatsächlich verfolgt werden sollen, sonst kann die Abweichung der tatsächlichen Geschäftsführung von den Satzungszwecken zur Versagung der Anerkennung als gemeinnützige Körperschaft führen.[65] Die Bestimmung der steuerbegünstigten Zwecke in der Satzung hat also abschließenden Charakter[66] und dient der Finanzverwaltung zur Überwachung der gemeinnützigkeitsrechtlichen Anforderungen.

Im Fall der Bucerius Law School gGmbH ist Gesellschaftszweck nach § 2 Abs. 1 (a) GV „die Förderung der Rechtswissenschaft in Forschung und Lehre, insbesondere das Angebot einer internationalen, praxisnahen und leistungsorientierten Juristenausbildung“, nach § 2 Abs. 1 (b) GV „die Förderung der Rechts-

---

61 Dazu ausführlich *Hüttemann*, Gemeinnützigkeits- und Spendenrecht, 4. Auflage (2018), Rn. 4.122 ff.

62 Dazu ausführlich *Seer*, in: Tipke/Kruse, AO/FGO, 159. Lfg., 2020, § 63 AO Rn. 1 ff.

63 *Hüttemann*, Gutachten G zum 72. Deutschen Juristentag, Empfiehlt es sich, die rechtlichen Rahmenbedingungen für die Gründung und Tätigkeit von Non-Profit-Organisationen übergreifend zu regeln?, 2018, G 19.

64 Referat von *Leuschner* zum 72. Deutschen Juristentag, Welche Vorkehrungen sind aus der Sicht des Wirtschaftsrechts zu treffen, um den Belangen der Mitglieder, Gläubiger und ggf. Arbeitnehmer von wirtschaftlich tätigen Non Profit Organisationen Rechnung zu tragen? Band II/1, 2018, P 67 f.

65 Aus diesem Grund werden in Krisenzeiten wie etwa bei der jetzt durch Sars-COVID-19 ausgelösten Pandemie regelmäßig diese Anforderungen verwaltungsseitig gelockert, damit alle gemeinnützigen Organisationen derartige vorrangige, nicht in ihrer Satzung verankerte Zweck verfolgen dürfen, BMF-Schr. v. 9.4.2020, BStBl. I 2020, xx.

66 *Hüttemann*, Gemeinnützigkeits- und Spendenrecht, 4. Auflage (2018), Rn. 4.130; vgl. auch *Richter*, in: Richter, Stiftungsrecht, 2019, § 27 Rn. 125.

und Wirtschaftswissenschaften in ihrem Schnittbereich" (beides entspricht § 52 Abs. 2 Nr. 1 AO) und nach § 3 Abs. 1 (c) GV „die Förderung der Volks- und Berufsbildung einschließlich der Studentenhilfe" (entspricht § 52 Abs. 2 Nr. 7 AO). Damit deckt die Satzung die erforderlichen Tätigkeitsbereiche der Hochschule hinlänglich breit ab.

bb) Unterscheidung zwischen Gesellschaftszweck und Unternehmensgegenstand

Aufgrund der Übernahme der gemeinnützigkeitsrechtlichen Vorgaben werden in vergleichbaren Satzungen wie auch bei der Bucerius Law School gGmbH unter der Satzungsklausel zum „Zweck" neben den Förderzwecken im Sinne des § 52 Abs. 2 AO, hier der Förderung der Wissenschaft und Forschung, auch die Art und Weise und die Mittel der Zweckverwirklichung näher bezeichnet. Die steuerliche Mustersatzung gibt eine solche Zweiteilung wortwörtlich vor, damit die Finanzverwaltung prüfen kann, ob das konkrete Vorhaben tatsächlich den weiten und abstrakten Förderzwecken der AO entspricht und mit den gemeinnützigkeitsrechtlichen Anforderungen der Förderung der Allgemeinheit (§ 52 Abs. 1 AO), dem Erfordernis der Selbstlosigkeit (§ 55 AO), der Ausschließlichkeit (§ 56 AO) und der Unmittelbarkeit (§ 57 AO) im Einklang steht. So wäre beispielsweise eine Gesellschaft, deren Zweck die Hochschulbildung nur von jungen Leuten eines Geschlechts ist, möglicherweise mangels Förderung der Allgemeinheit nicht gemeinnützig.[67]

Aufgrund dieser Vorgaben ist es gemeinnützigen Satzungen aber vielfach nicht eindeutig zu entnehmen, inwiefern es sich um den eigentlichen Gesellschaftszweck der gemeinnützigen Gesellschaft handelt oder ob nur mögliche Tätigkeiten und Modalitäten umschrieben werden. Geläufig ist die Unterscheidung zwischen dem Verbandszweck, der nach § 33 Abs. 1 S. 2 BGB (analog) nur einstimmig geändert werden darf, und dem Gegenstand des Unternehmens (vgl. § 23 Abs. 3 Nr. 2 AktG), der der einfachen Satzungänderung unterliegt.[68] Bei gewerblichen Unternehmen ist die Unterscheidung ohne den Einfluss der gemeinnützigkeitssteuerlichen Mustersatzung klarer erkennbar. Häufig wird nur der Unternehmensgegenstand, und dieser auch möglichst weit (zB der Betrieb einer Hypothekenbank,[69] das Halten und Verwalten von Beteiligungen), satzungsmäßig festgelegt, um der Geschäftsleitung eine größere Bandbreite unternehmeri-

---

67 Vgl. hierzu die Freimaurerentscheidung des BFH BFHE 258, 124 = BStBl. II 2018, 218; hierzu im Detail *Weitemeyer/Wrede*, npoR 2018, 3 ff.; *Weitemeyer*, npoR 2020, 67 f.

68 *K. Schmidt*, Gesellschaftsrecht, 4. Aufl. 2002, § 4 II 3, S. 65.

69 Beispiel nach BGH NJW 2013, 1958.

scher Tätigkeiten ohne das Erfordernis einer Satzungsänderung zu ermöglichen.[70] Der engere Verbandszweck, also etwa die ideelle oder die unternehmerische Tätigkeit, wird meist gar nicht ausdrücklich formuliert und ergibt sich mittelbar aus dem Unternehmensgegenstand.

Bei gemeinnützigen Organisationen ist die Unterscheidung aufgrund der Mustersatzung der AO schwieriger. So wird etwa der engere Verbandszweck im Sinne des § 33 Abs. 1 S. 2 BGB eines Vereins *„als den den Charakter des Vereins festlegenden obersten Leitsatz der Vereinstätigkeit definiert, der für das Wesen der Rechtspersönlichkeit des Vereins maßgebend ist und der das Lebensgesetz des Vereins – seine große Linie – bildet, um derentwillen sich die Mitglieder zusammengeschlossen haben und mit dessen Abänderung schlechterdings kein Mitglied bei seinem Beitritt zum Verein rechnen kann*".[71] Demgemäß hat das OLG Nürnberg die Änderung der Satzung eines Schützenvereins dahingehend, dass an Stelle der Ausübung des „Schieß- und Bogensports" lediglich noch die Ausübung des „Bogensports" Vereinszweck ist, nicht als Zweckänderung im Sinne des § 33 Abs. 1 S. 2 BGB eingestuft.[72] Die Unterscheidung zwischen dem engeren Verbandszweck und den Modalitäten seiner Verwirklichung dient dem Schutz der Privatautonomie der Verbandsmitglieder und führt aufgrund der gemeinnützigkeitsrechtlich gebotenen doppelten Zweckangabe zu mitunter schwierigen Auslegungsfragen. Naturgemäß spielt die Frage aber, ob zu dem engeren Verbandszwecks die Förderung von Wissenschaft und Forschung dient oder enger der Betrieb einer Hochschule für Rechtswissenschaft, keine größere Rolle bei einer Einpersonengesellschaft wie der Bucerius Law School gGmbH, da die Alleingesellschafterin jederzeit – vorbehaltlich der gemeinnützigkeitsrechtlichen Bestimmungen – einstimmig den Verbandszweck wie den Unternehmensgegenstand ändern könnte, während sie bei Stiftungen aufgrund der Unabänderlichkeit des Stiftungszwecks besonders virulent ist.[73]

---

70 Hierzu *Fleischer/Mock*, NZG 2020, 161 (165) m.w.N.

71 OLG Nürnberg Rpfl. 2016, 159 Rn. 61 unter Berufung auf BGHZ 96, 245 und BayObLG München NJW-RR 2001, 1260; OLG Düsseldorf NZG 2020, 956 Rn. 22 m.w.N.

72 OLG Nürnberg Rpfl. 2016, 159.

73 Hierzu *Weitemeyer*, in: Bumke/ Röthel (Hrsg.), Autonomie im Recht. Gegenwartsdebatten über einen rechtlichen Grundbegriff, Tübingen 2017, S. 201 ff.

b) Ausschluss des Anspruchs auf laufenden Gewinn und Liquidationsgewinn

Das Spezifikum aller Non-Profit-Organisationen gleich welcher Rechtsform und Rechtsordnung besteht in ihrem Gewinnausschüttungsverbot,[74] international als „*non-distribution constraint*"[75] bezeichnet. Verboten ist nicht die *Gewinnerzielung*, sondern gem. § 55 Abs. 1 Nr. 1 AO die *Ausschüttung* eines laufenden oder eines Liquidationsgewinnes an nicht gemeinnützige Mitglieder oder Dritte. Non-Profit-Organisationen sind entweder ausschließlich ideell tätig oder unterliegen, wenn sie Einnahmen in Form von Entgelten erzielen, dem Verbot, Gewinne an ihre Mitglieder auszuschütten. In Deutschland gibt dies bei gemeinnützigen Organisationen der Grundsatz der Selbstlosigkeit des § 55 AO vor.[76] Bei den geborenen Non-Profit-Organisationen wie dem Verein und der Stiftung ist bereits zivilrechtlich keine Beteiligung an dem Vermögen der juristischen Person vorgesehen. Bei den gekorenen Non-Profit-Organisationen in den Rechtsformen der Kapitalgesellschaften (oder der Genossenschaft) müssen die Ansprüche auf den Gewinn und auf die Auskehrung eines Liquidationserlöses durch die Satzung ausdrücklich ausgeschlossen werden.[77] Mitglieder dürfen auch bei ihrem Ausscheiden aus der Körperschaft oder bei Auflösung der Körperschaft nicht mehr als die eingezahlten Kapitalanteile (Bareinlagen) und den gemeinen Wert ihrer Sacheinlagen (Einlagen i. S. d. Handelsrechts) zurückerhalten. Die Regelung des § 55 Abs. 1 Nr. 2 AO dehnt das allgemeine Gewinnausschüttungsverbot des § 55 Abs. 1 Nr. 1 S. 2 AO auf die Liquidation der Körperschaft und das Ausscheiden eines Mitglieds aus, um zu verhindern, dass das steuerbegünstigt gebildete Vermögen die steuerbegünstigte Sphäre verlässt.[78] Der Begriff der Mitglieder umfasst in diesem Zusammenhang sowohl Mitglieder (eines Vereins) als auch Gesellschafter wie im Fall der Bucerius Law School gGmbH.[79] Dem Gemein-

---

74 *von Hippel/Walz*, Rechtsvergleichender Generalbericht, in: Walz/von Auer/von Hippel (Hrsg.), Spenden- und Gemeinnützigkeitsrecht in Europa, 2007, S. 89 (122, 129 ff.).

75 *Brakman Reiser/Miller*, in: Jung (Hg.), Stärkung des Stiftungswesens. Verhandlungen der Fachgruppe für vergleichendes Handels- und Wirtschaftsrecht anlässlich der 35. Tagung für Rechtsvergleichung vom 10. bis 12. September 2015 in Bayreuth, 2017, S. 27 (32); *Fishman*, in: Hopt/v. Hippel (Hrsg.), Comparative Corporate Governance of Non-Profit-Organizations, 2010, S. 131 f.; rechtsvergleichend *von Hippel*, Grundprobleme von Nonprofit-Organisationen, 2007, S. 15 ff.

76 Hierzu *Hüttemann*, Gutachten G zum 72. Deutschen Juristentag, Empfiehlt es sich, die rechtlichen Rahmenbedingungen für die Gründung und Tätigkeit von Non-Profit-Organisationen übergreifend zu regeln?, 2018, G 9 f., G 35 ff. m. w. N.

77 G 47, vgl. auch *Ullrich*, Gesellschaftsrecht und steuerliche Gemeinnützigkeit, 2009, 45 ff. sowie *Weber*, Die gemeinnützige Aktiengesellschaft, 2014, passim.

78 *Seer*, in: Tipke/Kruse, AO/FGO, 159. Lfg., 2020, § 55 AO Rn. 21.

79 Vgl. § 55 Abs. 1 Nr. 1 S. 2 AO. Bei Stiftungen sind auch der Stifter und seine Erben, bei gemeinnützigen Betrieben gewerblicher Art die Trägerkörperschaften umfasst, vgl. § 55 Abs. 3 AO. Sind

nützigkeitsrecht geschuldet sind deshalb die Passagen in § 2 Abs. 2 GV, wonach die Gesellschaft ausschließlich und unmittelbar gemeinnützige Zwecke im Sinne des Abschnitts „Steuerbegünstigte Zwecke" der Abgabenordnung verfolgt und in § 2 Abs. 4 GV, in dem die Selbstlosigkeit verankert ist. Der Bezug von Gewinnanteilen oder sonstigen Zuwendungen aus den Mitteln der Gesellschaft ist ausgeschlossen. Auch der Anspruch auf einen Liqudationsgewinn ist ausgeschlossen, indem die Gesellschafter bei ihrem Ausscheiden aus der Gesellschaft, bei der Auflösung oder auch beim Wegfall der steuerbegünstigten Zwecke nur den Nennbetrag ihrer Kapitalanteile oder den gemeinen Wert ihrer geleisteten Sacheinlagen zurückerhalten dürfen. Die gleiche Regelung findet sich noch einmal in § 16 GV zu den Rechtsfolgen des Ausscheidens eines Gesellschafters.[80]

Der Wert der Sacheinlagen wird mit dem gemeinen Wert im Zeitpunkt der Einlage in die Gesellschaft bestimmt, damit stille Reserven, die unter den (günstigen) Bedingungen der Steuerprivilegierung entstanden sind, nicht in die nicht gemeinnützige Sphäre des Gesellschafters entnommen werden können. Der Verlust der Wertsteigerung stellt daher keine Eigentumsverletzung dar, sondern ist eine logische Konsequenz der Steuerbefreiung.[81] Die über die Anfangswerte hinausgehenden stillen Reserven sind bei einer Auflösung der Gesellschaft nach § 55 Abs. 1 Nr. 4 AO ausschließlich für steuerbegünstigte Zwecke zu verwenden (Grundsatz der Vermögensbindung). Die Identität der steuerbegünstigten Zwecke ist nach dem Ende der Körperschaft nicht mehr erforderlich.[82] In der Praxis erfolgt dies durch eine Klausel in der Satzung, wonach die Gelder an einen bestimmten Anfallsberechtigten oder an die öffentliche Hand fallen. Im Fall der Bucerius Law School gGmbH ist Anfallberechtigte die ZEIT-Stiftung Ebelin und Gerd Bucerius als alleinige Gesellschafterin, was eine probate Lösung ist, wenn die Alleingesellschafterin selbst steuerbefreit ist.

Im Übrigen sind Anfallsklauseln durchaus geeignet, Begehrlichheiten zu wecken, wie das Beispiel der Zeppelin Stiftung zeigt, die im Jahr 1947 durch die provisorische Landesregierung in Württemberg im Einvernehmen mit der französischen Besatzungsmacht und der anfallsberechtigten Stadt Friedrichhafen wegen

---

an einer Körperschaft Personenvereinigungen beteiligt, sind auch deren Mitglieder als Mitglieder i. S. d. § 55 Abs. 1 Hs. 1 AO anzusehen, siehe dazu *Seer*, in: Tipke/Kruse, AO/FGO, 159. Lfg., 2020, § 55 AO Rn. 4.

80 Diese Doppelung ist der Mustersatzung geschuldet, die die Regelung im Zusammenhang mit der Auflösung der Gesellschaft verortet, gesellschaftsrechtlich klarer ist sie aber auch noch einmal für das Ausscheiden des Gesellschafters am Ende der Satzung vermerkt.

81 *Seer*, in Tipke/Kruse, AO, 159. Lfg., 2020, § 55 AO Rn. 21; *Leisner-Egensperger* DStZ 2008, 292, 299; a. A. *Schopp* BB 1985, 493, 494.

82 *Koenig*, in: Koenig, 3. Aufl., 2014, § 55 AO Rn. 27.

der – tatsächlich nur vorübergehenden – Unmöglichkeit der Erfüllung der Zwecke der Luftfahrt und der Luftfahrtforschung nach dem Zweiten Weltkrieg aufgehoben und deren Stiftungsvermögen, u. a. die Aktien der Firma ZF Friedrichshafen, auf die Stadt übertragen wurde.[83] In den USA hat bis vor wenigen Jahren die umgekehrte Situation bestanden, wonach eine Anfallklausel selbst aus steuerlichen Gründen nicht erforderlich war, so dass verbreitet enterbte Verwandte die Auflösung von Charities wegen Zweckverfehlung oder Unmöglichkeit des Zwecks betrieben haben.[84]

4. Governance

a) Organe

Die Hochschulleitung der Bucerius Law School besteht aus dem Präsidenten bzw. aktuell der Präsidentin, dem Vizepräsidenten, dem Geschäftsführer und dem stellvertretenden Geschäftsführer, deren Tätigkeit durch einen Aufsichtsrat überwacht wird. In ihrem Gesellschaftsvertrag sind neben dem obligatorischen (§ 6 Abs. 1 GmbHG) Geschäftsführer (§ 5 GV) hingegen nur ein Kuratorium als Beratungsorgan und ein (fakultativer) Aufsichtsrat verankert, so dass die Präsidentin nicht Organ der GmbH ist.

Das Kuratorium besteht aus einem Vorstandsmitglied der Stiftung, einem vom Kuratorium der Stiftung benannten Mitglied sowie bis zu weiteren 15 Personen, deren Wahl durch die Gesellschafterversammlung, also durch die Stiftung als Alleingesellschafterin, erfolgt, § 8 GV. Das Kuratorium wählt den Präsidenten und den Vizepräsenten der Bucerius Law School nach Anhörung des Aufsichtsrats und hat vorrangig beratende Aufgaben im Hinblick auf die wissenschaftliche Begleitung der Hochschule, § 9 GV.

Daneben statuiert die Satzung einen Aufsichtsrat, bestehend aus einem Vorstand der Stiftung und bis zu vier weiteren von der Gesellschafterversammlung, also der Stiftung, gewählten Mitgliedern, § 12 GV. Der Aufsichtsrat ist nach § 52 Abs. 1 GmbHG fakultativ, da die Hochschule (einmal abgesehen von der unter 2.000 liegenden Zahl an Arbeitnehmern) als Tendenzbetrieb mit überwiegend wissenschaftlichen Zwecken nach § § 1 Abs. 4 Nr. 1 MitbestG gemäß § 6 MitbestG nicht einen unternehmensmitbestimmenden Aufsichtsrat einzurichten hat. Der

83 Ausführlich zu diesem Fall *Kämmerer/Weitemeyer*, in: Festschrift für Karsten Schmidt, 2019, S. 595 ff.; VG Sigmaringen ZStV 2021, 31 und Anm. *Weitemeyer*, npoR 2021, Heft 4.
84 Umfassend *Busch*, Die Cy-près-Doktrin – Änderungen des Stiftungszwecks in den USA und in Deutschland, 2021.

Aufsichtsrat der Bucerius Law School hat die üblichen Aufgaben der Aufsicht über die Geschäftsführung wie die Bestellung, Abberufung, Aufsicht und Entlastung der Geschäftsführung, der Festellung des Jahresabschlusses, hat aber ergänzend zum Kuratorium auch beratende Funktion. Damit kommt den Geschäftsführern die haftungsmindernde Wirkung der Entlastung mit Präklusionswirkung über das Verbot des venire contra factum proprium gemäß § 242 BGB zugute.[85] Ob eine solche Entlastung auch bei der Rechtsformalternative der Stiftung möglich ist, ist, obwohl es der gängigen Kautelarpraxis entspricht, bis heute ungeklärt[86] und zeigt erneut den Vorzug der GmbH-Rechtsform.

Die Governance der Bucerius Law School gGmbH weist mit dem beratenden Kuratorium und dem fakultativen Aufsichtsrat gegenüber dem gesetzlichen Mindestbestand weitere Organe auf, wie es zum Ausgleich für die aufgrund des Fehlens privater Gewinninteressen tendenziell geringeren Kontrollanreize jedenfalls für größere Non-Profit-Organisationen verbreitet gefordert wird.[87]

b) Bestellung, Anstellung und Vergütung der Geschäftsführung

Wie üblicherweise wird auch in der Satzung der Bucerius Law School gGmbH zwischen der Bestellung der Geschäftsführer als Organe der Gesellschaft durch den Aufsichtsrat und nach Anhörung des Vorsitzenden des Kuratoriums (§ 5 Abs. 2 GV) und der Anstellung auf der Grundlage eines Dienstvertrags unterschieden. Den Anstellungsvertrag mitsamt der Vergütungsregelung schließt der Aufsichtsrat mit dem Geschäftsführer, § 13 Abs. 1 GV.

Auch dieses Dienstverhältnis ist gemeinnützigkeitsrechtlich geprägt. Die Vorschrift des § 55 I Nr. 3 AO soll sicherstellten, dass die Mittel der gemeinnützigen Körperschaft nicht für satzungsfremde Zwecke verwendet werden. Hiernach dürfen Nichtmitglieder ebenso wie Mitglieder, soweit sie nicht in ihrer Eigenschaft als Mitglieder tätig werden, Vergütungen und Entgelte aller Art nur für Leistungen im Rahmen des Satzungszwecks erhalten, und die Vergütungen einschließlich der Altersvorsorge oder Reisekostenpauschalen dürfen nicht unverhältnismäßig hoch sein. Die Bedeutung des Selbstlosigkeitsgrundsatzes wird darin gesehen,

---

85 Grundlegend *Karsten Schmidt*, ZGR 1978, 426 ff.; *Burgard*, in: Krieger/Uwe H. Schneider, Handbuch Managerhaftung, 3. Aufl. 2017, Rn. 6.48. m. w. N.

86 Offen gelassen in BGH ZIP 2015, 166; dazu *Burgard/Heimann*, NZG 2016, 166 ff.; umfassend *Segna*, in: Festschrift für Seibert, 2019, S. 809 ff. m. w. N.; dafür etwa *Weitemeyer*, in: MüKo/BGB, 8. Aufl. 2018, § 86 Rn. 52; dagegen etwa *Rösing*, Die Entlastung im Stiftungsrecht, 2013, S. 56 ff.

87 Vgl. umfassend *von Schönfeld*, Leitungs- und Kontrollstrukturen in gemeinnützigen Organisationen, 2017.

„die Ressourcen der gemeinnützigen Körperschaft vor dem satzungswidrigen Zugriff ihrer Entscheidungsträger [zu] schützen und einen möglichst effizienten Ressourceneinsatz für die steuerbegünstigten Satzungsziele der Körperschaft" sicherzustellen,[88] eine inhaltliche Verbindung zwischen der Verfolgung ideeller Zwecke mit dem Ausschluss von Investoren von der Gewinnausschüttung herzustellen[89] und zu verhindern, „dass eine gemeinnützige Körperschaft durch ihre Mitglieder zur Verfolgung eigenwirtschaftlicher Ziele missbraucht wird."[90]

Kürzlich ist die Frage angemessener Vergütungen für Organe einer Wohlfahrtseinrichtung gerichtlich aufgegriffen worden,[91] so dass bei gemeinnützigen Unternehmen durchaus ein Risiko in Bezug auf Gehaltszahlungen an Mitarbeiter besteht, zumal der Maßstab noch nicht geklärt ist. Offen war insbesondere, ob zur Beurteilung der Angemessenheit entsprechend den Grundsätzen der verdeckten Gewinnausschüttung in § 8 Abs. 3 S. 2 KStG auf einen externen Fremdvergleich der Branchenüblichkeit zurückgegriffen werden muss und wie dieser auszusehen hätte, etwa durch Vergleich mit Unternehmen der gleichen Branche (Wohlfahrtspflege, Bildung) und der vergleichbaren Trägerschaft (öffentliche, gewerbliche oder gemeinnützige Anbieter?). Nach verbreiteter, inzwischen durch den BFH bestätigten, Auffassung sollen die Grundsätze der verdeckten Gewinnausschüttung anzuwenden sein, weil es wie dort darum gehe, die Angemessenheit der Vergütung zu bestimmen.[92] Problematisch ist jedoch, dass das Erfordernis angemessener Vergütungen im Gemeinnützigkeitsrecht einem anderen Zweck dient (Schutz vor überhöhten Gehältern auf Kosten der Steuerersparnis) als die verdeckte Gewinnausschüttung nach § 8 Abs. 3 S. 2 KStG (Gewährleistung des Trennungsprinzip der Körperschaft gegenüber ihrem Gesellschafter). So sind die Vergütungen von Fremdgeschäftsführern körperschaftsteuerlich nicht begrenzt. Es sollte daher nicht ein strenger Fremdvergleich wie bei der verdeckten Gewinnausschüttung vorgenommen werden, sondern den zuständigen Organen, hier dem Aufsichtsrat, eine gewissen Einschätzungsprärogative zugebilligt werden. Der BFH billigt immerhin eine gewisse Bandbreite zulässiger Vergütungszusagen zu.

---

88 *von Holt*, in: Winheller/Geibel/Jachmann, Gesamtes Gemeinnützigkeitsrecht, 2017, § 55 AO Rn. 2.

89 *Walz*, JZ 2002, 268 (270 f.).

90 *Seer*, in: Tipke/Kruse, AO/FGO, 159. Lfg., 2020, § 55 AO Rn. 1.

91 BFH npoR 2020, 303 m. Anm. *Kirchhain/Kampermann*; eingehend zudem *Kampermann*, Organvergütung in gemeinnützigen Körperschaften, 2018, S. 243 ff.

92 *Fein/Jansen*, StuW 2019, 241 ff.; *Kampermann*, Organvergütungen in gemeinnützigen Körperschaften, 2018, S. 254 ff.; *Musil*, in: Hübschmann/Hepp/Spitaler, AO/FGO, 256. Lfg., 20120, § 55 AO Rn. 213.

c) Sorgfaltspflichten, Haftung

Weil das Steuerrecht vorgibt, dass die steuerlichen Vorgaben etwa zum gemeinnützigen Zweck, zur Selbstlosigkeit, zur Rücklagenbildung und zur wirtschaftlichen Betätigung in der Satzung der Körperschaften verankert werden, haben diese Satzungsregelungen nicht nur Grundlagencharakter für die Organisationen und stehen nicht zur Disposition der Geschäftsleiter, sondern bestimmt das steuerliche Gemeinnützigkeitsrecht im vollem Umfang die zivilrechtlichen Legalitätspflichten vorrangig der Geschäftsleitung und der anderer Organe.[93] Ob man so weit gehen muss wie das LG München im Fall einer bekannten deutschen gemeinnützigen Stiftung, wonach die Vertretungsmacht des Vorstands auf den Umfang der zulässigen gemeinnützigen Tätigkeiten beschränkt sei und daher bei Rechtsgeschäften, die gemeinnützigkeitsschädlich wären, nicht die Stiftung verpflichtet wird, sondern der Vorstand als Vertreter ohne Vertretungsmacht handelt und nach § 179 BGB haftet,[94] ist angesichts der Ablehnung der ultra vires Lehre im deutschen Zivilrecht zweifelhaft.

Bei der GmbH besteht demgegenüber insoweit Rechtssicherheit für den Rechtsverkehr, als interne Beschränkungen der Vertretungsmacht nach § 37 Abs. 2 GmbHG gegenüber Dritten keine Wirkung haben. Die in der Satzung implementierten Vorgaben des Gemeinnützigkeitsrechts wirken daher nur intern und legen den Maßstab für die Sorgfaltspflichten des Geschäftsführers nach § 43 GmbH fest.[95] Entspricht die Satzung etwa zwar den gesetzlichen Anforderungen, stellt sich aber im Veranlagungsverfahren heraus, dass die tatsächliche Geschäftsführung nicht den Satzungsvorgaben entsprach, führt dies dazu, dass das gemeinnützige Unternehmen im jeweiligen Veranlagungszeitraum nicht steuerbegünstigt war. Etwaige Steuerersparnisse aus diesen Zeiträumen sind dem Fiskus zurückzuerstatten, wobei die Anordnung verhältnismäßig sein muss (vgl. § 60 Abs. 2 AO).[96] Der schwerstmögliche Verstoß ist gegeben, wenn eine gemeinnützige Körperschaft den Grundsatz der Vermögensbindung nicht beachtet, also

---

93 *Hüttemann*, Gutachten G zum 72. DJT, Empfiehlt es sich, die rechtlichen Rahmenbedingungen für die Gründung und Tätigkeit von Non-Profit-Organisationen übergreifend zu regeln?, 2018, G 19, G 67 ff.

94 So LG München, Urt. v. 8.5.2019, 29 O 3129/14, nicht veröffentlicht, im Fall der Schlaganfallhilfe-Stiftung, aufgehoben durch OLG München, Urt. v. 22.5.2020, 15 U 3037/19 m. Anm. *Uhl*, EWiR 2021, 43.

95 *Hüttemann*, Gutachten G zum 72. DJT, Empfiehlt es sich, die rechtlichen Rahmenbedingungen für die Gründung und Tätigkeit von Non-Profit-Organisationen übergreifend zu regeln?, 2018, G 19, G 67 ff.

96 Klein/*Gersch*, 14. Aufl., 2018, § 63 AO Rn. 2; Koenig/*Koenig*, 3. Aufl., 2014, § 59 AO Rn. 8; *Bott*, in: Schauhoff, Handbuch der Gemeinnützigkeit, 3. Aufl., 2010, § 10 Rn. 51 f., 80, 84.

entgegen § 55 Abs. 1 Nr. 1 S. 1 AO zum Beispiel Gewinne an Organe ausschüttet, etwa aufgrund von übermäßig hohen Gehältern (s.o.). In diesem Fall soll die Steuerbegünstigung nicht nur für den Veranlagungszeitraum entfallen, in dem der Verstoß geschah, sondern auch für davorliegende Zeiträume (§ 61 Abs. 3 AO).[97] Ziel dieser gravierenden Rechtsfolge ist es zu verhindern, dass Organisationen in einem Jahr steuerbegünstigt Gelder einsammeln und sich im nächsten Jahr dafür entscheiden, den Gemeinnützigkeitsstatus „aufzugeben" und die staatlich subventionierten Gelder an Vorstand oder Gesellschafter auszukehren.

Die Pflicht zur Steuernachzahlung erstreckt sich nicht nur auf die Körperschaftsteuer und Gewerbesteuer, welche für die gemeinnützige Körperschaft selber angefallen wären,[98] sondern nach § 10b Abs. 4 EStG gegebenenfalls auch auf Steuern, die seine Spender eigentlich hätten zahlen müssen, von denen diese aber aufgrund ihrer Spende an die vermeintlich gemeinnützige Körperschaft befreit wurden. Hintergrund ist, dass der Spender auf eine einmal erhaltene Zuwendungsbescheinigung vertrauen können soll und seine Spende daher in jedem Fall einkommensmindernd geltend machen kann, ohne eine Nachzahlungspflicht zu befürchten.[99]

Im Fall von vorsätzlichem oder grob fahrlässigem Handeln können die Geschäftsführer als gesetzlichen Vertreter der GmbH auch persönlich für diese Steuerschuld der Gesellschaft haftbar gemacht werden (§§ 34, 69 AO).[100] Diese Unsicherheit belastet gemeinnützige Unternehmen im Gegensatz zu nicht steuerbefreiten Gewerbetreibenden ganz erheblich. Daher wird zu Recht gefordert, dass sowohl beim Verbot der Gewährung unangemessener Vergünstigungen in § 55 Abs. 1 Nr. 3 AO als auch in der Vorschrift des § 63 Abs. 1 S. 2 AO über die Anforderungen an die tatsächliche Geschäftsführung eine Entsprechung zur Business Judgment Rule des § 93 Abs. 1 S. 2 AktG aufgehommen wird, damit die Geschäftsführer wenigstens insofern mit gewerblichen Managern gleichgestellt werden.[101]

---

97 Klein/*Gersch*, 14. Aufl., 2018, § 63 AO Rn. 2; Koenig/*Koenig*, 3. Aufl., 2014, § 61 AO Rn. 7, § 63 AO Rn. 7; *Bott*, in: Schauhoff, Handbuch der Gemeinnützigkeit, 3. Aufl., 2010, § 10 Rn. 53, 120 ff.

98 Differenziert zu den einzelnen Steuern *Bott*, in: Schauhoff, Handbuch der Gemeinnützigkeit, 3. Aufl., 2010, § 10 Rn. 90 ff.

99 Vgl. §§ 10b Abs. 4 S. 1 EStG, 9 Abs. 3 S. 1 KStG und 9 Nr. 5 S. 13 GewStG; *Schauhoff*, in: Schauhoff, Handbuch der Gemeinnützigkeit, 3. Aufl., 2010, § 11 Rn. 111.

100 Klein/*Rüsken*, 14. Aufl., 2018, § 69 AO Rn. 1 ff.; *Schauhoff*, in: Schauhoff, Handbuch der Gemeinnützigkeit, 3. Aufl., 2010, § 3 Rn. 114, 118.

101 *Hüttemann*, Gutachten G zum 72. DJT, Empfiehlt es sich, die rechtlichen Rahmenbedingungen für die Gründung und Tätigkeit von Non-Profit-Organisationen übergreifend zu regeln?, 2018, G 58 m.w.N.; ebenso MüKoBGB/*Weitemeyer*, 8. Aufl., 2018, § 86 Rn. 33.

Auch für die strafrechtliche Haftung ist das Gemeinnützigkeitsrecht relevant. Nach der Rechtsprechung des BGH in Strafsachen ist für die Annahme pflichtwidrigen Verhaltens des Untreuetatbestandes nach § 266 Abs. 1 StGB die Verletzung einer das betreute Vermögen schützenden besonderen Norm erforderlich.[102] Die das Organ gegenüber dem eigenen Rechtsträger treffende allgemeine Legalitätspflicht führe nicht zu einer Pflichtwidrigkeit im Sinne von § 266 Abs. 1 StGB, sonst würde nahezu jeder Rechtsverstoß eine Untreuestrafbarkeit begründen, was die verfassungsrechtlich gebotene Beschränkung der Strafbarkeit auf evidente Fälle unterlaufen würde.[103] Dementsprechend hatte das OLG Celle im Falle einer massiven Mittelfehlverwendung entschieden, dass ein Verstoß gegen das Gebot der Selbstlosigkeit nach § 55 AO keine Verletzung der Vermögensbetreuungspflicht im Sinne von § 266 Abs. 1 StGB begründe, weil § 55 AO nicht dem Zweck diene, das Vermögen der gemeinnützigen GmbH zu schützen.[104] Vor dem Hintergrund der zutreffenden These von dem Gemeinnützigkeitssteuerrecht als Organisationsrecht des Dritten Sektors greift dies zu kurz. Denn zwar sollen die Vorschriften der §§ 51 ff. AO in der Tat nicht in erster Linie das Vermögen der begünstigten gemeinnützigen Körperschaft schützen.[105] Durch die Verankerung des Gebots der satzungsmäßigen Mittelverwendung, § 55 Abs. 1 Nr. 1 Satz 1, oder des Verbots der Drittnützigkeit, Nr. 3 AO aufgrund von § 60 Abs. 1 Satz 2 AO sowie der Mustersatzung werden sie aber zugleich Teil der Satzung und binden insoweit die Geschäftsführungsbefugnis des Organs im Bereich der Vermögensverwaltung.[106]

5. Gesellschaft und Hochschule

Auffällig ist, dass das Präsidium der Hochschule in der GmbH-Satzung zwar insofern genannt wird, als es durch das Kuratorium gewählt wird, aber nicht Organ der GmbH ist. Andere Gremien der Hochschule wie der Senat und die Studierendenvertretung sowie die Hochschulmitglieder kommen in dem Gesellschaftsver-

102 BGHSt 55, 288 (301); BGHSt 56, 203 ff.

103 BGHSt 55, 288 (301 f).

104 OLG Celle Beschl. vom 23.8.2012 – 1 Ws 248/12; wistra 2013, 37; im Volltext bei BeckRS 2012, 20312; zustimmend Schönke/Schröder/*Perron*, StGB, 30. Auflage 2019, § 266 Rn. 19a.

105 *Musil* in Hübschmann/Hepp/Spitaler, 256. Lfg., 2020, Vor §§ 51 – 68 AO, Rn. 36; *Gersch* in Klein, AO, 14. Auflage 2018, Vorb. zu § 51, Rn. 3.

106 So *Th. Schneider*, npoR 2020, 182 (184) unter Hinweis auf BGHSt 56, 203 (212) zur Möglichkeit, grundsätzlich nichtvermögensschützende Normen des ParteienG durch Aufnahme in die Satzung zum Gegenstand der Vermögensbetreuung(haupt)pflicht zu machen.

trag der Bucerius Law School gGmbH gar nicht vor. Alle diese Ämter und Funktionen sind neben weiteren Regelungen einer Hochschulsatzung vorbehalten, die mit dem Gesellschaftsvertrag durch Verweisungen verzahnt ist. So soll nach § 5 Abs. 4 GV als Geschäftsführer nur bestellt werden, wer auch die Voraussetzung für die Bestellung nach der Hochschulsatzung erfüllt. Das Kuratorium wählt den Präsidenten und den Vizepräsidenten der Hochschule, § 9 Abs. 1 (a) GV. Und schließlich heißt es in § 9 Abs. 3 GV: „Das Kuratorium erfüllt seine Aufgaben in Übereinstimmung mit den Bestimmungen der Hochschulsatzung in der jeweiligen, von der zuständigen Behörde der Freien und Hansestadt Hamburg genehmigten Fassung."

Diese Trennung mit gleichzeitiger Verzahnung von Gesellschaftsvertrag und Hochschulsatzung ist spezifisch für eine staatlich anerkannte private Hochschule als gegenüber ihrer Trägerkörperschaft getrennten Einrichtung. Aufgrund der verfassungsrechtlichen Vorgaben, insbesondere der Freiheit von Forschung und Lehre nach Art. 5 Abs. 3 GG,[107] sieht das öffentlich-rechtliche Landeshochschulrecht zwingende Vorgaben für staatlich anerkannte Hochschulen vor, die von der Aufsichtsbehörde genehmigt werden müssen, § 112 ff. Hamburgisches Hochschulgesetz.[108] In der Hochschulsatzung finden sich Bestimmungen über die Wissenschaftsfreiheit der Professorenschaft, zur Selbstverwaltung durch das Präsidium, den Senat und die Studierendenschaft mit ihrer Vertretung. „Die Hochschule" ist mithin von ihrem Träger, der Bucerius Law School gGmbH, zu unterscheiden. Das scheint zunächst befremdlich, ist aber keinesfalls ein Sonderrecht der Bucerius Law School im Besonderen oder privater Hochschulen im Allgemeinen. Denn es lässt sich sogar für die „klassische" staatliche Hochschule oder Universität diskutieren, ob man zwischen der Hochschule und ihrem Träger unterscheiden kann.[109] Bei staatlichen Hochschulen in öffentlich-rechtlicher Trägerschaft wirkt sich diese Trennung allerdings kaum aus, während sie bereits für die Organisation von Hochschulen als Körperschaften des öffentlichen Rechts in der Trägerschaft einer Stiftung des öffentlichen Rechts (so wie beispielsweise die Europa-Universität Viadrina)[110] und erst recht für Hochschulen in privater Trägerschaft

107 Zuletzt BVerfG NVwZ 2020, 1829 zu den Anforderungen an das Mitwirkungsrecht der Professorenschaft (Duale Hochschule Baden-Württemberg) sowie BVerfG NVwZ 2020, 1826 zur Med. Hochschule Hannover.

108 HambHG v. 18.7.2001, HmbGVBl. 2001, S. 171.

109 Vgl. umfassend *Mirjam Johanna Müller*, Die Rechtsform der wissenschaftlichen Hochschule, 2014, S. 147 ff. m. w. N.

110 Gesetz über die Errichtung der „Stiftung Europa-Universität Viadrina Frankfurt (Oder) v. 14.12.2007, GVBl. I, S. 206.

bedeutsam ist.[111] *Walter Bayer* und *Thomas Hoffmann* machten im Jahr 2010 94 solcher staatlich anerkannten Privathochschulen in der Rechtsform der GmbH oder AG aus.[112]

Hintergrund für diese Trennung ist, dass die Rechtsform der GmbH als geschlossene Kapitalgesellschaft verbreitet als ungeeignet eingestuft wird, als Trägerkörperschaft für eine Hochschule zu fungieren. Die Mitglieder der Hochschule, insbesondere die ständig wechselnde Studierendenschaft, sind in der Tat wegen des zwingenden Erwerbs von Kapitalanteilen, der Eintragungspflicht der Gesellschafter (§§ 16 Abs. 1, 40 GmbHG), der umständlichen Erhöhung der Geschäftsanteile und der Form der notariellen Beurkundung für die Übertragung von Anteilen (§ 15 Abs. 3 GmbHG) nicht als Gesellschafter denkbar.[113] Allerdings lassen sich die Geschäftsanteile alternativ einem festen Gesellschafterkreis zuordnen und die „Mitglieder" der Hochschule über Hochschulordnungen integrieren. Die notwendigen Hochschulorgane wie Präsidium oder Senat können soweit wie möglich als Organe der GmbH ausgestaltet werden, der Präsident/die Präsidentin etwa als Geschäftsführer der GmbH.[114]

Gegenüber diesem Einheitsmodell, das die GmbH-Form weitgehend auf eine Hochschule überträgt, beruht das Trennungsmodell der Bucerius Law School (wie auch das der EBS Law School) darauf, die GmbH mit einem (Allein)gesellschafter, einem oder mehreren Geschäftsführern und ihrer Gesellschaftsverfassung als Trägerin der Hochschule von der Hochschule selbst mit ihrer grundrechtlich geprägten Hochschulverfassung zu trennen.[115] Die GmbH übernimmt den Betrieb der

111 *K. Schmidt*, in: Kämmerer/Rawert (Hrsg.), Hochschulstandort Deutschland, 2003, S. 105 (111 f.); *ders.*, in: Festschrift Heldrich, 2005, S. 1295 ff.; *Mirjam Johanna Müller*, Die Rechtsform der wissenschaftlichen Hochschule, 2014, S. 264.

112 *Bayer/Hoffmann*, AG 2010, R340.

113 *Mirjam Johanna Müller*, Die Rechtsform der wissenschaftlichen Hochschule, 2014, S. 201 ff., S. 272; *Erichsen* et al, Möglichkeiten und Grenzen der rechtlichen Organisation von Hochschulen, Bericht erstellt im Auftrag der Behörde für Wissenschaft und Forschung, Hamburg, 2001, S. 37; *Priester*, GmbHR 1999, 149 (150); *Rawert*, Anhörung im Ausschuss für Wissenschaft und Forschung des Landtags NRW am 18.1.2001, Ausschussprotokoll 13/165, S. 22; *Sandberger*, WissR, Beiheft 15 (2005), S. 19 (49). Die gleichen Gründe sprechen gegen die flächendeckende Umwandlung der traditionellen Vereine der Wohlfahrtspflege, die notwendig geworden wäre, hätte der BGH nicht in seinen Kita-Entscheidungen deren wirtschaftlichen Betätigungen großzügig im Rahmen des Nebenzweckprivilegs anerkannt, BGHZ 215, 69 = npoR 2017, 156; vgl. dazu *Weitemeyer/Bornemann*, npoR 2020, 99 ff.

114 *K. Schmidt*, in: Kämmerer/Rawert (Hrsg.), Hochschulstandort Deutschland, 2003, S. 105 (112 f.) am Beispiel der Universitäten Witten-Herdecke und der International University Bremen.

115 *K. Schmidt*, in: Kämmerer/Rawert (Hrsg.), Hochschulstandort Deutschland, 2003, S. 105 (114 ff.); *ders.*, in: Festschrift für Heldrich, 2005, S. 1295 (1308); *Battis/Grigoleit*, ZRP 2002, 65 (67 f.); *Mirjam Johanna Müller*, Die Rechtsform der wissenschaftlichen Hochschule, 2014, S. 270.

Hochschule und die Bereitstellung und Verwaltung der finanziellen Mittel.[116] Der Geschäftsführer der GmbH entspricht dem Kanzler der öffentlich-rechtlichen Universität. Die Hochschule in Trägerschaft der GmbH kann man sich als „virtuelle" juristische Person und damit als Denkfigur vorstellen, die u. a. auch zur Erhellung der unselbständigen Stiftung[117] beiträgt. Es verwundert daher nicht, dass *Karsten Schmidt*, dessen wissenschaftliche „Lieblingsbeschäftigung"[118] solche virtuellen juristischen Personen sind, als spiritus rector der Bucerius Law School das Trennungsmodell favorisiert und in der Satzung implementiert hat. Die Hochschule ist ein „*realer* Verband, doch nur *virtuelle* Rechtsperson" und bedarf zur Erfüllung ihrer Aufgaben der GmbH als treuhänderischer Rechtsträger,[119] die trotz ihres Firmennamens damit nicht „die Hochschule" ist, sondern nur deren treuhänderisches Rechtssubjekt. Damit lebt die Hochschule mit ihrem Senat, der Präsidentin, dem Kuratorium, der Studierendenvertretung und allen Hochschulmitgliedern ganz nach der aus dem Hochschulrecht abgeleiteten Hochschulsatzung, die GmbH mit ihrer Alleingesellschafterin, den Geschäftsführern und dem Aufsichtsrat ganz nach Gesellschaftsrecht. Auch der Wissenschaftsrat propagiert das Trennungsmodell, um durch die institutionelle Entflechtung die akademische Unabhängigkeit zu gewährleisten.[120] „Die Governance einer Hochschule muss die verschiedenen Interessen der Hochschulangehörigen berücksichtigen; sie muss Handlungsspielräume so verteilen, dass die Autonomie einzelner Akteure gewahrt bleibt und diese sich zugunsten der Hochschule insgesamt abstimmen können".[121] Der Wissenschaftsrat schlägt aber kein konkretes „einheitliches Governance-Modell" vor, vielmehr seien die Hochschulen zu ermutigen, „ihre Governance-Strukturen und –prozesse innerhalb eines gesetzlichen Rahmens gemäß ihren eigenen Gegebenheiten und Möglichkeiten auszugestalten".[122]

---

116 Krit. *Kämmerer*, in: Kämmerer/Rawert (Hrsg.), Hochschulstandort Deutschland, 2003, S. 119 (127): „Gefahr der schleichenden Aushöhlung des Numerus clausus privatrechtlicher Organisationsformen".

117 Vgl. etwa *Sandweg*, Die virtuelle Stiftung in der notariellen Praxis, BWNotZ 2017, 126 ff.

118 *K. Schmidt*, in: Kämmerer/Rawert (Hrsg.), Hochschulstandort Deutschland, 2003, S. 105 (116) mit Verweis auf *ders.*, in: Hopt/Reuter (Hrsg.), Stiftungsrecht in Europa, 2001, S. 175 ff. betr. unselbständige Stiftungen; *ders.*, in Festschrift Bezzenberger, 2000, S. 401 ff. betr. GmbH & Still. Zur unselbstständigen Stiftung vgl. auch *Schlüter*, GmbHR 2002, 587 (580 f.). Vgl. auch *Rawert*, in: Festschrift für Karsten Schmidt zum 70. Geburtstag, 2009, S. 1323 (1332 ff.).

119 *K. Schmidt*, in: Kämmerer/Rawert (Hrsg.), Hochschulstandort Deutschland, 2003, S. 105 (116); *ders.*, in: Festschrift Heldrich, 2005, S. 1295 ff.; zust. *Bayer/Hoffmann*, AG 2010, R340 (R341).

120 Wissenschaftsrat, Leitfaden der Institutionellen Akkreditierung, Stand Juni 2010, S. 20.

121 Wissenschaftsrat-Drs. 7328-18 v. 19.10.2018, S. 6.

122 Wissenschaftsrat-Drs. 7328-18 v. 19.10.2018, S. 6.

Es bleiben beim Trennungsmodell die zwingenden Kompetenzen der Geschäftsführung vor allem für die Vertretung nach außen (§ 35 Abs. 1 GmbHG) und die Einhaltung der Vorschriften über die Kapitalerhaltung sowie die Überlegung, dass der Gesellschafter die GmbH auf der Grundlage der Verbandsautonomie selbst bei Einräumung von Sonderrechten nach § 35 BGB notfalls immer auflösen könne. Während die Trennungslösung für öffentlich-rechtliche Hochschulen daher nicht empfohlen werden könne, hätten private Hochschulen keine Alternative.[123] Allerdings zeigt die Praxis, dass auch staatliche Hochschulen in klassischer Form der öffentlich-rechtlichen Körperschaft nicht vor einer politisch motivierten (Teil-)Auflösung gefeit sind, wie der Fall der juristischen Fakultät der Technischen Universität Dresden zeigt.

Konsequenz der hiesigen Konstruktion ist es daher, dass „die Hochschule" als Verband der Hochschulmitglieder nicht rechtsfähig ist, sie also nach außen bei Rechtsgeschäften jeder Art durch die Geschäftsführung der GmbH vertreten werden muss.[124] Dies hat die Autorin bereits selbst erlebt, als die Hamburger Hochschulen als gemeinsamen Forschungsverband das „Hamburg Institut for Advanced Studies (HIAS)" in Vereinsform gegründet haben, und für die Bucerius Law School nicht wie bei den staatlichen Einrichtungen der Präsident/die Präsidentin zeichnungsberechtigt war (§ 81 Abs. 2 HambHG), sondern es der Erteilung einer Vollmacht durch den Geschäftsführer (§ 35 GmbHG i. V. m. § 167 BGB) bedurfte. Diese Einschränkungen sind aber lösbar, entscheidend ist, dass die Befugnisse des Geschäftsführers nach innen gemäß § 37 Abs. 1 GmbHG beschränkbar sind. Solche Beschränkungen sieht der Gesellschaftsvertrag der Bucerius Law School gGmbH in § 5 GV auch vor.

Damit illustriert der Vertrag der Bucerius Law School die These, dass neben dem Gesellschaftsvertrag seine „Trabanten" [125] einen entscheidenden Einfluss auf die reale Verbandspersönlichkeit nehmen können ebenso wie die Feststellung, dass zur geglückten Gestaltung eines Gesellschaftsvertrags nicht nur die Kommentare des Gesellschaftsrechts herangezogen genommen werden,[126] sondern auch das steuerliche Gemeinnützigkeitsrecht ebenso wie das öffentlich-rechtliche Hochschulrecht Eingang in die Vertragsgestaltung finden müssen.

---

123 *Mirjam Johanna Müller*, Die Rechtsform der wissenschaftlichen Hochschule, 2014, S. 263 ff., S. 272; a. A. *K. Schmidt*, in: Kämmerer/Rawert (Hrsg.), Hochschulstandort Deutschland, 2003, S. 105 (116); *ders.*, in: Festschrift für Heldrich, 2005, S. 1295 (1308); *Battis/Grigoleit*, ZRP 2002, 65 (67 f.).

124 *K. Schmidt*, in: Kämmerer/Rawert (Hrsg.), Hochschulstandort Deutschland, 2003, S. 105 (116).

125 Hierzu *Fleischer/Mock*, NZG 2020, 161 (168).

126 Hierzu *Fleischer/Mock*, NZG 2020, 161 (169).

6. Gründungsaufwand

Nach § 18 GV trägt die Gesellschaft, wie im Kapitalgesellschaftsrecht üblich und im angemessenenen Umfang zulässig (vgl. § 26 Abs. 2 AktG),[127] ihre Gründungskosten selbst, die auf 10.000 € beschränkt sind. Zudem werden auch die Kosten einer Kapitalerhöhung mit bis zu 10 % des jeweiligen Erhöhungsbetrag der Gesellschaft übertragen.

Im Vereins- und Stiftungsrecht ist die Zulässigkeit der Übertragung ihres Gründungsaufwands nicht ausdrücklich geregelt, wird aber ebenfalls auf der Grundlage entsprechender Satzungsklauseln befürwortet.[128] Auf einem anderen Blatt steht es, ob auch das Gemeinnützigkeitssteuerrecht solche Gestaltungen aktzeptiert. Da aber allgemein angemessene Verwaltungskosten zur gemeinnützigen Zweckverfolgung entstehen dürfen, sind Gründungskosten bei gemeinnützigen Kapitalgesellschaften in den Grenzen des Gesellschaftsrechts anerkannt.[129]

IV. Gestaltungsfreiheit durch hybride Rechtsformen

Einen weiteren Vorteil für gemeinnützige Unternehmen an der Schnittstelle zwischen Markt und Dritter Sektor stellt die Gestaltungsfreiheit des deutschen Gesellschaftsrechts dar. Es ermöglicht hybride Formen wie beispielsweise gemeinnützige Vereine oder Stiftungen mit gewerblichen Tochtergesellschaften.[130] Diese sind in der Gründung, Leitung und Kontrolle zwar aufwendiger als eine einheitliche Struktur einer gemeinnützigen Organisation mit partieller Steuerpflicht eines wirtschaftlichen Geschäftsbetriebs (§ 14 AO, § 64 AO, § 5 Abs. 1 Nr. 9 KStG),[131] erlauben aber dem gemeinnützigen Bereich eine Haftungsabschirmung. So hat die gemeinnützige Bucerius Law School gGmbH ihrerseits eine nicht gemeinnützige Tochter-GmbH mit dem Zweck der Einnahmeerzielung. Dies spiegelt sich im Finanzierungsmix der Hochschule wider: Der Etat der Hochschule betrug 2016 17,8 Millionen Euro, der ausschließlich privat finanziert wird. Er setzt sich aus Studi-

---

127 BGHZ 107, 1; *Fastrich*, in: Baumbach/Hueck, GmbHG, 22. Aufl. 2019, § 5 Rn. 7 m.w.N.
128 Eingehend *Hüttemann/Rawert*, ZIP 2020, 245 ff.
129 *Ullrich*, Gesellschaftsrecht und steuerliche Gemeinnützigkeit, 2011, S. 262 ff.; ebenso für Verein und Stiftung *Hüttemann/Rawert*, ZIP 2020, 245 ff.
130 Mit weiteren Beispielen und ausführlicher Darstellung und Bewertung *Momberger*, Social Entrepreneurship, 2015, S. 222 ff.
131 *Höll*, npoR 2012, 11 (13); *Momberger*, Social Entrepreneurship, 2015, S. 226 f. m.w.N.

engebühren und Zuwendungen Dritter zusammen, wobei hier vor allem die ZEIT-Stiftung Ebelin und Geld Bucerius hervortritt, die rund 40 % zum Etat beisteuert. Durch die nicht gemeinnützige Tochtergesellschaft der Education GmbH erzielt die Hochschule Einkünfte durch Weiterbildungsangebote für Juristen und die Vermietung der eigenen Räumlichkeiten sowie der Organisation von Fremdveranstaltungen.[132]

Ein weiterer Grund für derartige Ausgründungen war in der Vergangenheit für wirtschaftlich tätige Idealvereine nach § 21 BGB die Gefahr der Rechtsformverfehlung,[133] die allerdings durch die Rechtsprechung des BGH[134] für gemeinnützige Vereine weitgehend gebannt wurde, weil im Rahmen des Nebenzweckprivilegs für die Beurteilung, ob die wirtschaftliche Tätigkeit einem „nichtwirtschaftlichen Hauptzweck des Beteiligten zu- und untergeordnet und Hilfsmittel zu dessen Erreichung" ist,[135] der Anerkennung der Vereine als gemeinnützig im Sinne der §§ 51 ff. AO entscheidende Indizwirkung beigemessen wurde.[136] Es verbleiben aber für alle gemeinnützigen Organisationsformen die steuerlichen Risiken einer umfangreichen wirtschaftlichen Tätigkeit. Soweit § 55 Abs. 1 Hs. 1 AO die vorrangige Verfolgung eigenwirtschaftlicher Zwecke untersagt, wurde in der Vergangenheit von der Verwaltung die sogenannte „Geprägetheorie" angewendet, nach welcher die Selbstlosigkeit der Körperschaft zu verneinen sei, wenn ihr die wirtschaftliche Tätigkeit bei einer Gesamtbetrachtung das Gepräge gibt. Maßgebliche Beurteilungskriterien waren unter anderem die erzielten Einnahmen sowie der Zeit- und Personalaufwand.[137] Die Geprägetheorie sah sich vielfacher Kritik ausgesetzt, insbesondere weil die Abgrenzungskriterien zu unsicher waren und zu-

132 Vgl. www.law-school.de/hochschulprofil, letzter Abruf 1.3.2021.

133 Vgl. etwa OLG Brandenburg npoR 2015, 199 (200); *Reuter*, npoR 2015, 200; *Leuschner*, npoR 2016, 99 ff.

134 BGH npoR 2017, 156 Rn. 20.

135 BGH npoR 2017, 156 Rn. 21.

136 BGH npoR 2017, 156 Rn. 23; vgl. bereits KG Rpfleger 2005, 1999 ff.; OLG Schleswig, npoR 2013, 164 ff.; *Reichert*, Vereins- und Verbandsrecht, 13. Aufl., 2016, Rn. 163; *Reuter*, NZG 2008, 881 (886 ff.); *Sauter/Schweyer/Waldner*, Der eingetragene Verein, 20. Aufl., 2016, S. 32; *Schauhoff/Kirchhain*, ZIP 2016, 1857 (1866); *Terner*, DNotZ 2011, 636; eindeutig gegen jede Verknüpfung *Beuthien*, WM 2017, 645 (646); *Hüttemann*, Gemeinnützigkeits- und Spendenrecht, 4. Aufl., 2018, Rn. 2.35.

137 Vgl. AEAO zu § 55 Nr. 2 i. d. F. des BMF-Schreibens vom 15.02.2002, BStBl. 2002 I, 267; OFD Kiel, DB 2003, 2360; OFD Frankfurt a. M., DStZ 2003, 817; OFD Koblenz SeEK AO 1997 § 55 Nr. 24; zum Ganzen *Leisner-Egensperger*, DStZ 2008, 292 (295 f.); Buchna/*Leichinger*/Seeger/Brox, 11. Aufl., 2015, S. 120.

dem den Regelungen zur partiellen Steuerpflicht des wirtschaftlichen Geschäftsbetriebs (§§ 64 ff. AO) widersprachen, die eine zulässige Mittelbeschaffung durch wirtschaftliche Betätigung gerade voraussetzen.[138] Nachdem der BFH[139] und die Finanzverwaltung[140] die Geprägetheorie nicht mehr verfolgen, ist nicht mehr der Umfang der wirtschaftlichen und ideellen Tätigkeiten an sich entscheidend, sondern vielmehr, ob die erwirtschafteten Mittel der Körperschaft zweckgerichtet für die gemeinnützigen Zwecke eingesetzt werden. Das heißt die wirtschaftliche Tätigkeit muss der Verwirklichung der steuerbegünstigten Zwecke funktional dienen und darf nicht „Selbstzweck" sein.[141] Einigkeit besteht auch darüber, dass ein Zweckbetrieb i.S.d. §§ 65–68 AO die Anerkennung der Körperschaft als gemeinnützig nicht ausschließt, da ein Zweckbetrieb unmittelbar der Verwirklichung der gemeinnützigen Zwecke dient.[142] Ein Zweckbetrieb setzt voraus, dass er in seiner Gesamtrichtung dazu dient, die steuerbegünstigten satzungsmäßigen Zwecke der Körperschaft zu verwirklichen (§ 65 Nr. 1 AO), die Zwecke nur durch einen solchen Geschäftsbetrieb erreicht werden können (§ 65 Nr. 2 AO) und der wirtschaftliche Geschäftsbetrieb zu nicht begünstigten Betrieben derselben oder ähnlicher Art nicht in größerem Umfang in Wettbewerb tritt, als es bei Erfüllung der steuerbegünstigten Zwecke unvermeidbar ist (§ 65 Nr. 3 AO). Entgeltliche Tätigkeit und ideeller Zweck fallen zusammen,[143] wie im Fall der Bucerius Law School gGmbH der Betrieb einer Bildungseinrichtung.

Nach Aufgabe der „Geprägetheorie" setzt das Gebot der Ausschließlichkeit der wirtschaftlichen Betätigung von Non-Profits Grenzen.[144] Der BFH greift in seiner Entscheidung zur Auftragsforschung eines wissenschaftlichen Instituts und

---

138 Eingehend jeweils *Hüttemann*, Wirtschaftliche Betätigung und steuerliche Gemeinnützigkeit, 1991, S. 53 ff.; *Seer/Wolsztynski*, Steuerrechtliche Gemeinnützigkeit der öffentlichen Hand, 2002, S. 214 ff.; *Schiffer/Sommer*, BB 2008, 2432 (2434 ff.); *Weitemeyer/Mager*, Non Profit Law Yearbook 2008, 2009, S. 69 ff.; *Wallenhorst*, DStR 2009, 717 (719); *Droege*, Gemeinnützigkeit im offenen Steuerstaat, 2010, S. 207 ff.

139 *Seer*, in: Tipke/Kruse, AO/FGO, 159. Lfg., 2020, § 55 AO Rn. 6; für die Rechtsprechung des BFH siehe BFHE 186, 546, BStBl. II 2002, 162; BFHE 217, 1, BStBl. II 2007, 631.

140 BMF, Schreiben v. 17.01.2012, BStBl. I 2012, 83 (85) Nr. 6 lit. a; hierzu *Hüttemann*, DB 2012, 250 (252 f.); *Köster*, DStZ 2012, 195 (198).

141 *Seer*, in: Tipke/Kruse, AO/FGO, 159. Lfg., 2020, § 55 AO Rn. 6; für die Rechtsprechung des BFH siehe BFHE 186, 546, BStBl. II 2002, 162; BFHE 217, 1, BStBl. II 2007, 631.

142 AEAO zu § 56 Nr. 1 S. 2; BFHE 165, 484, BStBl. II 1992, 62; BFHE 181, 57, BStBl. II 1996, 583; *Seer*, in: Tipke/Kruse, AO/FGO, 159. Lfg., 2020, § 56 AO Rn. 2; *Hüttemann*, Gemeinnützigkeits- und Spendenrecht, 4. Aufl., 2018, Rn. 6.2, 6.3.

143 *Hüttemann*, NJW-Beilage 2018, 55 (56).

144 *Fischer*, Gemeinnützigkeitsrechtliche Änderungen des Anwendungserlasses zur Abgabenordnung (AEAO), jurisPR-SteuerR 8/2012, Anm. 1; vgl. auch *Graffe*, Non Profit Law Yearbook 2011/2012, S. 147 ff.

ihm folgend die Finanzverwaltung inhaltliche Kriterien der Prägetheorie erneut auf. Auch im Schrifttum wird eine umfangreiche wirtschaftliche Betätigung gemeinnütziger Organisationen unter Berufung auf vergleichbare Regelungen in anderen Ländern – wie Österreich, der Schweiz, Frankreich und den USA[145] weiter kritisch gesehen. *Hüttemann* stellt demgegenüber vornehmlich darauf ab, ob der wirtschaftliche Geschäftsbetrieb ausreichende Renditen für die gemeinnützige Tätigkeit erwirtschaftet. Solange solche Unsicherheiten bestehen, sind gemeinnützige Organisationen aus Gründen der Sicherheit immer noch gehalten, umfangreiche und erfolgreiche wirtschaftliche Tätigkeiten in gewerbliche Tochtergesellschaften auszugliedern.

aa) Holdingstruktur

Im Fall einer solchen Ausgliederungslösung bilden die Gewinnausschüttungen der gewerblichen Tochter-GmbH bei der gGmbH steuerfreie Einnahmen aus Vermögensverwaltung. Die Vereinnahmung der Gewinne begründet auf der Ebene der gemeinnützigen Mutter-GmbH keinen steuerpflichtigen wirtschaftlichen Geschäftsbetrieb, falls sich das Halten der Beteiligung auf die übliche Ausübung der Gesellschafterrechte beschränkt, selbst wenn die Tochtergesellschaft zu 100 % im Anteilsbesitz der Mutterträgerschaft steht.[146] Ein wirtschaftlicher Geschäftsbetrieb läge nur vor, „wenn die Körperschaft über eine Zusammenfassung mehrerer Beteiligungen in einer Holding planmäßig Unternehmenspolitik betreibt oder in anderer Weise entscheidenden Einfluss auf die Geschäftsführung der Kapitalgesellschaft ausübt und damit durch sie unmittelbar selbst am allgemeinen wirtschaftlichen Verkehr teilnimmt".[147] Ein derartiges aktives Eingreifen der Träger-

145 Vgl. hierzu *von Hippel/Walz*, in: *dies.* (Hrsg.), Spenden- und Gemeinnützigkeitsrecht in Europa, 2007, S. 89 (154 f., 266 ff.); *Weitemeyer*, Non Profit Law Yearbook 2011/2012, S. 91 (105 ff.); *Colombo*, Internal Revenue Service and State Revenue Department oversight of nonprofit organizations in the United States, in: Hopt/von Hippel (Ed.), Comparative Corporate Governance of Non-Profit Organizations, 2010, S. 914 (926 f.).

146 BFH/NV 2010, 312; ebenso BFHE 103, 56; BFHE 195, 239; BFH/NV 2003, 64, vgl. auch die Verwaltungsmeinung in R 5.7 Abs. 5 S. 3 der KStR 2015; *Alvermann*, FR 2006, 262; *Mueller-Thuns/Jehke*, DStR 2010, 905; *Eggers*, DStR 2007, 461; *Engelsing/Muth*, DStR 2003, 917; *Meining*, DStR 2006, 352; *Schauhoff*, in: Schauhoff, Handbuch der Gemeinnützigkeit, 3. Aufl., 2010, § 7 Rn. 68; *Buchna*, Gemeinnützigkeit im Steuerrecht, 11. Aufl., 2015, S. 286; *Wallenhorst*, in: Wallenhorst/Halaczinsky, Die Besteuerung gemeinnütziger und öffentlich-rechtlicher Körperschaften, 7. Aufl., 2017, Rn. F 46.

147 BFHE 103, 56; ähnlich EuGH, Urt. v. 10.1.2006 – C-222/04 „Cassa di Risparmio di Firenze", Slg. 2006, I-289, Rn 143; R 5.7 Abs. 5 S. 4 mit Verweis auf R 4.1 Abs. 2 S. 2-5 KStR 2015; sowie zuletzt FG Düsseldorf EFG 2020, 65 Rn. 78.

körperschaft in die Geschäftsführung der Tochter-GmbH liegt noch nicht allein in der hundertprozentigen Beteiligung an ihr, da dies keine Vermutung einer Einflussnahme auf die Geschäftsleitung begründe.[148] Insofern kommt es im Gemeinnützigkeitssteuerrecht anders als im Konzernrecht mit der Konzernvermutung des § 17 Abs. 2 AktG auf eine tatsächliche Einflussnahme an. Das wird aber angenommen, wenn der Vorstand der Trägerkörperschaft und die Geschäftsführung der Tochtergesellschaft personenidentisch sind[149] oder die gemeinnützige Mutter und die gewerbliche Tochter zusammenwirken, um ein gemeinsames Leistungspaket anzubieten.[150] Derartige steuerlich riskante Gestaltungen sind daher zu vermeiden.

bb) Gefahr der Betriebsaufspaltung

Ein weiteres Risiko hybrider Gestaltungen stellt die Figur der Betriebsaufspaltung dar, nach der die Einnahmen aus der gewerblichen Tochtergesellschaft bei der Mutterträgerkörperschaft ebenfalls zu solchen aus wirtschaftlichem Geschäftsbetrieb führen können. Eine Betriebsaufspaltung setzt eine sachliche und personelle Verflechtung zwischen Besitz- und Betriebsunternehmen voraus.[151] Die personelle Verflechtung wird bereits durch eine Mehrheitsbeteiligung des Besitzunternehmens an dem Betriebsunternehmen hergestellt, da die Beteiligung den Gesellschafter in die Lage versetzt, in der Betriebsgesellschaft seinen Willen durchzusetzen. Dass im Rahmen der Vermögensverwaltung nach § 14 AO die Grundsätze der Betriebsaufspaltung Anwendung finden und damit auch Non-Profit-Organisationen Besitzunternehmen einer Betriebsaufspaltung sein können, entspricht der überwiegenden Auffassung.[152] So hatte der BFH zu entscheiden, ob mit der gewerblichen Tochtergesellschaft, einem Bildungswerk, das den gleichen Namen wie die Mutterträgerschaft, ein Verband, führte, mit der Überlassung eines Namensrechts eine sachliche Verpflichtung eingetreten ist. Obwohl auch immaterielle Wirtschaftsgüter eine wesentliche Geschäftsgrundlage einer Betriebsgesellschaft bilden können, lehnte der BFH die Überlassung im konkreten

148 *Wallenhorst*, in: Wallenhorst/Halaczinsky, Die Besteuerung gemeinnütziger und öffentlich-rechtlicher Körperschaften, 7. Aufl. 2017, Rn. F 46; *Alvermann*, FR 2006, 262; *Engelsing/Muth*, DStR 2003, 917; a. A. *Arnold*, DStR 2005, 581.

149 Vgl. hierzu den konkreten Sachverhalt in BFH/NV 2010, 312.

150 FG Düsseldorf EFG 2020, 65 Rn. 78; Rev. anhängig beim BFH Az. V R 49/19; Details vgl. *Weitemeyer*, GmbHR 2021, 57 ff.

151 BFHE 103, 440; BFH/NV 1995, 597.

152 BFH/NV 1997, 825.

Fall ab. Eine Tochterkapitalgesellschaft führe ihren Namen aus eigenem Recht und der Trägerkörperschaft stehe es frei, die Firma der Tochter-GmbH zu bestimmen. Durch die Verbindung seines Namens mit der Firma der Tochter-GmbH sei der personenrechtliche Bezug zum Namen des Klägers aufgehoben worden.[153] Damit ist es steuerrechtlich unschädlich, dass die gewerbliche Tochter als „Bucerius Education GmbH" firmiert.

V. Fazit

Das deutsche Kapitalgesellschaftsrecht ist mit seiner Zweckoffenheit und seinen vielfältigen Gestaltungsmöglichkeiten sehr gut geeignet, als Hülle für Non-Profit-Organisationen zu dienen, ja sogar für eine gemeinnützige, staatlich anerkannte Hochschule. Neuer Rechtsformen, wie das verbreitet gefordert wird, bedarf es hierfür nicht.[154] Allerdings sind die Grenzen des Gemeinnützigkeitsrechts zu beachten, die sowohl den Gestalter des Gesellschaftsvertrags als auch die Organe der Gesellschaft zur peniblen Einhaltung einer Reihe von Regelungen zwingen, die über das „normale" Kapitalgesellschaftsrecht hinausgehen.

Deutlich wird nach der Analyse der Klauseln des Gesellschaftsvertrags der Bucerius Law School gGmbH, dass die steuerliche Mustersatzung das gesellschaftsrechtliche System freier Körperschaftsbildung unterläuft. Während der Gesetzgeber im Gesellschaftsrecht die frühere hoheitliche Genehmigung der Statuten aufgegeben und die Gründung von Kapitalgesellschaften in die Privatautonomie entlassen hat,[155] wird zur Erlangung der Steuervorteile weiterhin auf die staatliche Kontrolle gesetzt und entsprechen die Gesellschaftsverträge gemeinnütziger Kapitalgesellschaften damit in weiten Teilen dem steuerlichen Musterprotokoll.

---

153 BFH/NV 2010, 312.

154 So ausführlich *Weitemeyer*, in: Burgi/Möslein (Hrsg.), Zertifizierung nachhaltiger Kapitalgesellschaften – „Good Companies" im Schnitteld von Markt und Staat, 2021, S. 177 ff.

155 Hierzu *Fleischer/Mock*, NZG 2020, 161 (164).

Anhang

Gesellschaftsvertrag der Bucerius Law School – Hochschule für Rechtswissenschaft –

§ 1
Rechtsform, Firma, Sitz

(1) Die Gesellschaft ist eine Gesellschaft mit beschränkter Haftung.

(2) Die Firma der Gesellschaft lautet:
Bucerius Law School
Hochschule für Rechtswissenschaft gemeinnützige GmbH

(3) Die Gesellschaft hat ihren Sitz in Hamburg.

§2
Zweck, Gegenstand, Gemeinnützigkeit

(1) Zweck der Gesellschaft ist
(a) die Förderung der Rechtswissenschaft in Lehre und Forschung, insbesondere das Angebot einer internationalen, praxisnahen und leistungsorientierten Juristenausbildung,
(b) die Förderung der Rechts- und Wirtschaftswissenschaften in ihrem Schnittbereich sowie
(c) die Förderung der Volks- und Berufsbildung einschließlich der Studentenhilfe.

(2) Die Bucerius Law School Hochschule für Rechtswissenschaft gemeinnützige GmbH mit Sitz in Hamburg verfolgt ausschließlich und unmittelbar gemeinnützige Zwecke im Sinne des Abschnitts „Steuerbegünstigte Zwecke“ der Abgabenordnung.
Der Gesellschaftszweck wird verwirklicht insbesondere durch
(a) Errichtung und Betrieb der Bucerius Law School – Hochschule für Rechtswissenschaften mit ihren Studiengängen,
(b) das Angebot eines weiterbildenden, internationalen und interdisziplinären Masterstudiengangs,
(c) die Veranstaltung von Symposien, Vorträgen, Konferenzen und Tagungen sowie
(d) die Vergabe von Stipendien, die finanzielle Unterstützung von Studenteninitiativen, die Übernahme von Kosten für Studenten, die an studentischen nationalen und internationalen Wettbewerben teilnehmen, die Finanzierung der Unterbringung von Studierenden und Teilnehmern von Programmen der Bucerius Law School sowie durch Angebote für die sportliche Betätigung der Studenten.

Zweck der Gesellschaft ist auch die Beschaffung von Mitteln für die Verwirklichung der vorbezeichneten gemeinnützigen Zwecke durch Körperschaften des öffentlichen Rechts, andere steuerbegünstigte Körperschaften sowie ausländische Körperschaften. Dieser Satzungszweck wird verwirklicht durch die Weiterleitung der Mittel an Körperschaften des öffentlichen Rechts, andere steuerbegünstigte Körperschaften sowie ausländische Körperschaften zur Verwendung für die vorbezeichneten gemeinnützigen Zwecke.

(3) Eine Weiterleitung von Mitteln der Gesellschaft an eine ausländische Körperschaft erfolgt nur, sofern sich der Empfänger verpflichtet, jährlich spätestens neun Monate nach Abschluss eines jeden Geschäftsjahres einen detaillierten Rechenschaftsbericht über die Verwendung der von der Gesellschaft erhaltenen Mittel vorzulegen. Ergibt sich aus diesem Rechenschaftsbericht jedoch nicht, dass mit den erhaltenen Mitteln ausschließlich die satzungsmäßigen Zwecke der Gesellschaft verfolgt worden sind, oder kommt der Empfänger der Mittel der Ver-

pflichtung zur Vorlage des Rechenschaftsberichts nicht nach, wird die Weiterleitung der Gesellschaftsmittel unverzüglich eingestellt.

(4) Die Gesellschaft ist selbstlos tätig. Sie verfolgt nicht in erster Linie eigenwirtschaftliche Zwecke. Mittel der Gesellschaft dürfen nur für die satzungsmäßigen Zwecke verwendet werden. Die Gesellschafter dürfen keine Gewinnanteile und auch keine sonstigen Zuwendungen aus Mitteln der Gesellschaft erhalten. Sie erhalten bei ihrem Ausscheiden oder bei Auflösung der Gesellschaft oder bei Wegfall steuerbegünstigter Zwecke nicht mehr als ihre eingezahlten Kapitalanteile und den gemeinen Wert ihrer geleisteten Sacheinlagen zurück. Es darf keine Person durch Ausgaben, die dem Zweck der Gesellschaft fremd sind oder durch unverhältnismäßig hohe Vergütungen begünstigt werden.

(5) Bei Auflösung der Gesellschaft oder bei Wegfall steuerbegünstigter Zwecke fällt das Vermögen der Gesellschaft, soweit es die eingezahlten Kapitalanteile der Gesellschafter und den gemeinen Wert der von den Gesellschaftern geleisteten Sacheinlagen übersteigt, an die ZEIT-Stiftung Ebelin und Gerd Bucerius, die es unmittelbar und ausschließlich für gemeinnützige Zwecke, insbesondere zur Förderung von Wissenschaft und Forschung, zu verwenden hat.

§ 3
Stammkapital, Stammeinlage

(1) Das Stammkapital der Gesellschaft beträgt
EUR 1.500.000,00 (Euro eine Million fünf hunderttausend).

(2) Das Stammkapital ist zu 100 % eingezahlt.

(3) Mehrere Geschäftsanteile eines Gesellschafters können, sobald sie voll geleistet sind und eine Nachschusspflicht nicht besteht, mit Zustimmung des betroffenen Gesellschafters durch Gesellschafterbeschluss zu einem Geschäftsanteil zusammengelegt werden.

§ 4
Verfügung über Geschäftsanteile

Die Verfügung über einen Geschäftsanteil oder einen Teil eines Geschäftsanteils, insbesondere die Abtretung oder Verpfändung, ist nur mit Zustimmung aller Gesellschafter zulässig.

§ 5
Geschäftsführung

(1) Die Gesellschaft hat einen Geschäftsführer / eine Geschäftsführerin oder mehrere Geschäftsführer. Sind mehrere Geschäftsführer vorhanden, so geben sie sich eine Geschäftsordnung, die ihre Aufgaben festlegt. Die Geschäftsordnung bedarf der Zustimmung des Aufsichtsrats.

(2) Die Geschäftsführer der Gesellschaft werden nach Anhörung des Kuratoriumsvorsitzenden von dem Aufsichtsrat bestellt.

(3) Für den Abschluss, die Änderung und die Beendigung von Dienstverträgen mit Geschäftsführern gilt § 13 (1) c) der Satzung.

(4) Als Geschäftsführer sollen nur Personen bestellt werden, die auch die Voraussetzungen für eine Bestellung zum Geschäftsführer der Bucerius Law School nach deren Hochschulsatzung erfüllen.

(5) Die Geschäftsführer sind verpflichtet, die Geschäfte der Gesellschaft in Übereinstimmung mit dem Gesetz, dem Gesellschaftsvertrag und den Beschlüssen der Gesellschafter sowie des Aufsichtsrates zu führen. Die Geschäftsführer sind zur Erstattung von Berichten an den Aufsichtsrat entsprechend den sinngemäß anzuwendenden Regeln des § 90 Aktiengesetz verpflichtet.

(6) Die Geschäftsführer bedürfen der Zustimmung der Gesellschafter für
(a) die Errichtung und Aufhebung von Zweigniederlassungen,
(b) den Erwerb oder die Veräußerung von Unternehmen, Betrieben oder Teilbetrieben,
(c) den Erwerb, die Veräußerung und die Belastung von Beteiligungen an anderen Unternehmen,
(d) alle Verpflichtungsgeschäfte, die über den gewöhnlichen Geschäftsbetrieb hinausgehen, insbesondere die den Wert von 5 von 100 des Haushalts des abgelaufenen Geschäftsjahres übersteigen,
(e) alle Geschäfte, welche die Gesellschafter durch Gesellschafterbeschluss für zustimmungsbedürftig erklären,
(f) die Ausübung des Stimmrechts aus Geschäfts- oder Gesellschaftsanteilen an Tochtergesellschaften der Gesellschaft; insbesondere müssen die erforderlichen Zustimmungen eingeholt werden, wenn in Tochtergesellschaften der Gesellschaft Geschäfte durchgeführt werden sollen, die nach den Buchstaben a) bis f) zustimmungspflichtig sind, sowie
(g) die inhaltliche Ausgestaltung und Ausrichtung der Bucerius Law School – Hochschule für Rechtswissenschaft – sowie wesentliche Änderungen ihrer Ausgestaltung und Ausrichtung.

(7) Die Geschäftsführung bedarf der Zustimmung des Aufsichtsrats zur Vornahme folgender Maßnahmen und Rechtsgeschäfte:
- Kauf oder Anmietung von Grundstücken, grundstücksgleichen Rechten oder Räumlichkeiten.
- Aufnahme von Darlehen.
- Ausweitung der Kapazität der Bucerius Law School; hierunter fällt nicht die Aufnahme von bis zu 110 v.H. der pro Studienjahrgang vorgesehenen Zahl an Studierenden.

(8) Die Zustimmung nach Abs. 6 oder 7 kann im Einzelfall oder generell durch einen von den Gesellschaftern und vom Aufsichtsrat gebilligten Unternehmensplan gemäß Abs. 9 erteilt werden.

(9) Die Geschäftsführung erstellt für jedes Geschäftsjahr einen Unternehmensplan (Programm-, Organisations-, Personal-, Investitions- und Finanzplan), der dem Aufsichtsrat spätestens drei Monate vor Beginn des Planungsjahres vorzulegen ist. Der im Rahmen des Unternehmensplans vorzulegende Finanz- und Investitionsplan ist unter Beachtung der vom Aufsichtsrat festgelegten Finanzgrenzen zu erstellen; der Finanz- und Investitionsplan bedarf der Genehmigung durch die Gesellschafterversammlung.

(10) Bis zur Bestellung eines Kuratoriums sowie eines Aufsichtsrats stehen die vorgenannten Rechte und Pflichten ausschließlich den Gesellschaftern zu.

§ 6
Vertretung

(1) Sind mehrere Geschäftsführer bestellt, so wird die Gesellschaft durch zwei Geschäftsführer gemeinschaftlich oder durch einen Geschäftsführer in Gemeinschaft mit einem Prokuristen vertreten.

(2) Der Aufsichtsrat kann Geschäftsführer durch Beschluss zur Einzelvertretung ermächtigen bzw. von den Beschränkungen des § 181 BGB befreien, sofern die Gesellschafter dem nicht widersprechen.

§ 7
Gesellschafterbeschlüsse und Gesellschafterversammlung

(1) Die Beschlüsse der Gesellschafter werden in Gesellschafterversammlungen gefasst. Außerhalb von Versammlungen kann die Beschlussfassung schriftlich, fernschriftlich oder unter Einsatz sonstiger telekommunikativer Mittel erfolgen, wenn sich jeder Gesellschafter an der Abstimmung beteiligt und mit dieser Form der Abstimmung einverstanden ist. Ist nur ein Gesellschafter vorhanden, so gilt § 48 Abs. 3 GmbHG.

(2) Die Gesellschafterversammlung findet am Sitz der Gesellschaft statt. Sie wird durch die Geschäftsführer, den Vorsitzenden des Aufsichtsrats oder einen mit der Mehrheit des Stammkapitals beteiligten Gesellschafter mit einer Frist von zwei Wochen unter Mitteilung der Tagesordnung schriftlich einberufen. Jedes Mitglied der Geschäftsführung und der Vorsitzende des Aufsichtsrats sind einberufungsberechtigt. Bei Eilbedürftigkeit kann die Einberufung in angemessener kürzerer Frist erfolgen. § 50 GmbHG bleibt unberührt.
Sind sämtliche Gesellschafter vertreten und mit der Beschlussfassung einverstanden, so können die Beschlüsse auch dann gefasst werden, wenn die für die Einberufung und Ankündigung geltenden gesetzlichen oder gesellschaftsvertraglichen Vorschriften nicht eingehalten worden sind.

(3) Die Gesellschafterversammlung wird durch den Vorsitzenden/die Vorsitzende des Aufsichtsrats oder bei seiner/ihrer Verhinderung von einem oder einer stellvertretenden Vorsitzenden des Aufsichtsrats geleitet. Die Gesellschafter können einen anderen Versammlungsleiter bestimmen. Der Versammlungsleiter/die Versammlungsleiterin hat für eine Protokollierung der Gesellschafterversammlung zu sorgen.

(4) Eine Gesellschafterversammlung ist beschlussfähig, wenn mehr als die Hälfte des Stammkapitals vertreten ist. Ist dies nicht der Fall, ist durch eingeschriebenen Brief an jeden Gesellschafter mit einer Frist von vier Wochen, bei Eilbedürftigkeit mit einer angemessenen kürzeren Frist, eine neue Gesellschafterversammlung mit gleicher Tagesordnung einzuberufen. Diese ist ohne Rücksicht auf das vertretene Stammkapital beschlussfähig, falls hierauf in der Einberufung hingewiesen wird.

(5) Abwesende Gesellschafter können sich in der Versammlung durch Mitgesellschafter oder durch Mitglieder des Kuratoriums und des Aufsichtsrats vertreten lassen. Der/die Vorsitzende kann den Nachweis durch schriftliche Vollmacht verlangen. Mit Zustimmung der Mehrheit der Gesellschafter kann der/die Vorsitzende einen zur Berufsverschwiegenheit verpflichteten Dritten als Vertreter eines Gesellschafters zulassen.

(6) Über Verhandlungen der Gesellschafterversammlung und über Gesellschafterbeschlüsse ist, soweit nicht eine notarielle Beurkundung oder Beglaubigung erforderlich ist, unverzüglich ein Protokoll anzufertigen, in welchem der Tag der Verhandlung, der Gegenstand der Beschlussfassung sowie die gefassten Beschlüsse anzugeben sind. Das Protokoll ist von dem Versammlungsleiter/der Versammlungsleiterin zu unterzeichnen. Jedem Gesellschafter, Mitglied des Aufsichtsrats und Mitglied des Kuratoriums ist eine Abschrift des Protokolls zu übermitteln.

(7) Die Anfechtung eines Beschlusses durch Klage ist außer in den Fällen der Nichtigkeit (§ 241 AktG) nur binnen Monatsfrist ab Zugang des Protokolls möglich.

§ 8
Kuratorium

(1) Die Gesellschaft hat ein Kuratorium, das die ihm nach diesem Gesellschaftsvertrag zustehenden Rechte und Pflichten hat.

(2) Das Kuratorium besteht aus
  (a) einem vom Vorstand der ZEIT-Stiftung Ebelin und Gerd Bucerius benannten Vorstandsmitglied der Stiftung,
  (b) einem vom Kuratorium der ZEIT-Stiftung Ebelin und Gerd Bucerius benannten Mitglied,
  (c) weiteren bis zu 15 Personen, wobei die Gesamtzahl der Mitglieder des Kuratoriums eine ungerade Zahl sein soll.

Die Wahl der Mitglieder gem. Ziffer 2 c) erfolgt durch die Gesellschafterversammlung.

(3) Die Amtszeit der Mitglieder des Kuratoriums beträgt 4 Jahre. Die Wiederwahl ist zulässig. Eine Abberufung von Kuratoriumsmitgliedern ist nur aus wichtigem Grund möglich.

(4) Jedes Kuratoriumsmitglied kann sein Amt jederzeit ohne Angabe von Gründen mit einer Frist von drei Monaten zum Ende des Kalendermonats durch schriftliche Erklärung gegenüber der Gesellschaft niederlegen, die die anderen Mitglieder des Kuratoriums unverzüglich schriftlich zu unterrichten hat.

(5) Die Kuratoriumsmitglieder sind nicht an Weisungen gebunden. Sie haben ihre Entscheidungen nach bestem Wissen und Gewissen zu treffen.

§ 9
Aufgaben und Rechte des Kuratoriums

(1) Das Kuratorium hat insbesondere folgende Aufgaben:
  (a) Wahl des Präsidenten und Vizepräsidenten der Bucerius Law School nach Anhörung des Aufsichtsrats.
  (b) Wissenschaftliche Begleitung der Bucerius Law School.
  (c) Beratung der Leitung bei der Gestaltung der Bucerius Law School im Hinblick auf Programm, Lehrpläne, Studium Generale und Studierbedingungen.
  (d) Beratung der Leitung und der Gesellschafter über die Einrichtung möglicher weiterer Studiengänge.
  (e) Beratung und Mitwirkung bei der Finanzierung der Bucerius Law School,
  (f) Begründung und Erhaltung von Kontakten zu Persönlichkeiten und Einrichtungen, die die Bucerius Law School zu fördern bereit sind oder dafür gewonnen werden sollen.

(2) Das Kuratorium kann die Einsetzung von ständigen Ausschüssen beschließen.

(3) Das Kuratorium erfüllt seine Aufgaben in Übereinstimmung mit den Bestimmungen der Hochschulsatzung in der jeweiligen, von der zuständigen Behörde der Freien und Hansestadt Hamburg genehmigten Fassung.

§ 10
Ordnung des Kuratoriums

(1) Das Kuratorium wählt aus seiner Mitte für die Dauer seiner Amtszeit einen Vorsitzenden/eine Vorsitzende und bis zu zwei stellvertretende Vorsitzende. Scheidet der/die Vorsitzende vor Ablauf seiner/ihrer Amtszeit aus, hat das Kuratorium unverzüglich einen neuen Vorsitzenden/eine neue Vorsitzende zu wählen. Ein gleiches gilt für die stellvertretenden Vorsitzenden.

(2) Das Kuratorium wird von dem/der Vorsitzenden schriftlich oder durch Einsatz telekommunikativer Mittel einberufen. Das Kuratorium tritt zusammen, so oft es die Erfüllung seiner Aufgaben erfordert, mindestens jedoch einmal im Kalenderhalbjahr. Jedes Mitglied des Kuratoriums kann unter Angabe des Zweckes und der Gründe die Einberufung verlangen.

(3) Das Kuratorium ist beschlussfähig, wenn mindestens die Hälfte seiner Mitglieder anwesend oder vertreten ist. Abwesende Kuratoriumsmitglieder können sich durch anwesende vertreten lassen. Der Vorsitzende kann die Vorlage einer schriftlichen Vollmacht verlangen. Das Kuratorium entscheidet mit einfacher Mehrheit der abgegebenen Stimmen. Enthaltungen werden nicht mitgezählt. Bei Stimmengleichheit entscheidet die Stimme des/der Vorsitzenden.

(4) Beschlüsse in schriftlicher, fernschriftlicher, fernmündlicher oder mündlicher Form oder unter Einsatz sonstiger telekommunikativer Mittel sind zulässig, wenn alle Mitglieder einer solchen Beschlussfassung zustimmen.

(4) Über Sitzungen des Kuratoriums sowie über die nicht in Sitzungen gefassten Kuratoriumsbeschlüsse sind Niederschriften anzufertigen, die der oder die Vorsitzende zu unterzeichnen und allen Kuratoriumsmitgliedern zuzusenden hat.

(5) Der Präsident und der Geschäftsführer der Bucerius Law School nehmen ohne Stimmrecht an den Sitzungen des Kuratoriums teil. Der Vorsitzende kann mit Zustimmung der Mehrheit andere Teilnehmer ohne Stimmrecht zulassen.

(6) Das Kuratorium kann sich eine Geschäftsordnung geben.

§ 11
Vergütung der Kuratoriumsmitglieder

Grundsätzlich ist die Tätigkeit der Kuratoriumsmitglieder ehrenamtlich, die Kuratoriumsmitglieder erhalten lediglich ihre Auslagen erstattet.
Den Mitgliedern des Kuratoriums kann für ihre Tätigkeit eine von der Gesellschafterversammlung festgesetzte angemessene Vergütung gewährt werden. § 2 Abs. 4, letzter Satz bleibt unberührt.

§ 12
Aufsichtsrat

(1) Die Gesellschaft hat einen Aufsichtsrat, der die ihm nach diesem Gesellschaftsvertrag zustehenden Rechte und Pflichten hat. Die Bestimmungen des Aktiengesetzes werden gemäß § 52 Abs. 1 GmbH-Gesetz ausgeschlossen.

(2) Der Aufsichtsrat besteht aus
   (a) einem vom Vorstand der ZEIT-Stiftung Ebelin und Gerd Bucerius benannten Vorstandsmitglied der Stiftung als Aufsichtsratsvorsitzendem,
   (b) bis zu vier weiteren von der Gesellschafterversammlung gewählten Aufsichtsratsmitgliedern.

(3) Die Amtszeit der Mitglieder des Aufsichtsrats beträgt 4 Jahre. Wiederwahl ist zulässig. Die Mitglieder des Aufsichtsrats bleiben nach Ablauf ihrer Amtszeit bis zur Neuwahl im Amt.

(4) Jedes Aufsichtsratsmitglied kann sein Amt jederzeit ohne Angabe von Gründen mit einer Frist von drei Monaten zum Ende des Kalendermonats durch schriftliche Erklärung gegenüber der Gesellschaft niederlegen, die die anderen Mitglieder des Aufsichtsrats sowie die ZEIT-Stiftung Ebelin und Gerd Bucerius unverzüglich schriftlich zu unterrichten hat.

(5) Für die Tätigkeit des Aufsichtsrats kann von der Gesellschafterversammlung eine angemessene Aufwandsentschädigung festgesetzt werden.

(6) Die Aufsichtsratsmitglieder sind nicht an Weisungen gebunden. Sie haben ihre Entscheidungen nach bestem Wissen und Gewissen zu treffen.

§ 13
Aufgaben des Aufsichtsrats

(1) Der Aufsichtsrat nimmt die folgenden Aufgaben und Befugnisse der Gesellschafter wahr:
   (a) Bestellung, Abberufung und Entlastung der Geschäftsführer.
   (b) Zustimmung zu Bestellung und Abberufung von Prokuristen.
   (c) Abschluss, Änderung und Beendigung der Anstellungsverträge mit den Geschäftsführern.
   (d) Aufsicht über die Geschäftsführung.
   (e) Feststellung des ordnungsgemäßen Jahresabschlusses der Gesellschaft.
   (f) Beratung der Geschäftsführung bei der Erfüllung des Gesellschaftszwecks sowie Behandlung der Berichte der Geschäftsführung der Gesellschaft und der Leitung der Bucerius Law School.
   (g) Beratung und Mitwirkung bei der Finanzierung der Bucerius Law School.
   (h) Aufbau von Kontakten zu Persönlichkeiten und Einrichtungen, die die Bucerius Law School zu fördern bereit sind oder dafür gewonnen werden sollen.

(2) Der Aufsichtsrat gibt sich eine Geschäftsordnung.

§ 14
Geschäftsjahr

Geschäftsjahr ist das Kalenderjahr. Das erste Geschäftsjahr ist ein Rumpfgeschäftsjahr und beginnt mit der Eintragung der Gesellschaft in das Handelsregister. Es endet mit dem auf die Eintragung in das Handelsregister folgenden 31. Dezember.

§ 15
Jahresabschluss, Lagebericht, Ergebnisverwendung

(1) Die Geschäftsführer haben in den ersten drei Monaten des Geschäftsjahres für das vergangene Geschäftsjahr den Jahresabschluss samt Anhang und Lagebericht aufzustellen.

(2) Der Jahresabschluss ist durch einen Abschlussprüfer zu prüfen. Der Prüfungsbericht ist dem Aufsichtsrat unverzüglich nach Eingang vorzulegen.

(3) Die Geschäftsführer haben den Jahresabschluss samt Anhang und den Lagebericht unverzüglich nach der Aufstellung zusammen mit ihrem Ergebnisverwendungsvorschlag dem Aufsichtsrat zum Zwecke der Feststellung des Jahresabschlusses vorzulegen.

(4) Der Aufsichtsrat hat spätestens bis zum Ablauf der ersten acht Monate nach Ablauf des Geschäftsjahres die Feststellung des Jahresabschlusses zu beschließen.

(5) Etwaige Überschüsse können einer Gewinnrücklage zugeführt werden.

§ 16
Ausscheiden eines Gesellschafters

Scheidet ein Gesellschafter aus der Gesellschaft aus, so darf er aus dem Vermögen der Gesellschaft nicht mehr als die eingezahlte Einlage bzw. den gemeinen Wert einer geleisteten Sacheinlage zurückerhalten.

§ 17
Bekanntmachung

Die Bekanntmachungen der Gesellschaft erfolgen nur durch Veröffentlichung im elektronischen Bundesanzeiger.

§ 18
Gründungsaufwand

Die Gesellschaft trägt die mit ihrer Gründung verbundenen Kosten und Steuern (Notar- und Gerichtskosten, Steuern, Veröffentlichungskosten) bis zur Höhe von 10.000,– Euro.
Die Gesellschaft trägt die Kosten der Kapitalerhöhung vom 16.8.2002 sowie die Kosten von künftigen Kapitalerhöhungen (Gerichtsgebühren, Veröffentlichungskosten, Notarkosten, sowie ggf. Vergütung für vorbereitende Beratungstätigkeit) und ihrer Durchführung (Übernahmeerklärung und ggf. Erfüllung) bis zu höchstens 10 % des Kapitalerhöhungsbetrages nebst evtl. Agio oder Rücklage.

Chris Thomale und Jonathan Pock

§ 23 Air Berlin: Close corporation und PLC & Co. KG – Rechtsformenarbitrage mit angloamerikanischen Scheinauslandsgesellschaften*

Inhaltsübersicht

---

* Erstautor ist Professor für Internationales Unternehmens- und Wirtschaftsrecht an der Universität Wien und Professor für Rechtsvergleichung an der Università Degli Studi Roma Tre. Zweitautor ist Doktorand und Assistent an der Universität Wien.
Für wertvolle Hinweise und anregende Diskussionen ist zu danken (alphabetisch, ohne Titel): *Peter Ansari, Magdalena Biereder, Moritz Eichmair, Florian Hule, Sophie Kandutsch, Felix Kernbichler, Christoph Lukas, Marina Murko, Elias Pock, Leonard Soldo* und *Vera Vogelauer*.

https://doi.org/10.1515/9783110733839-024

I. Einführung

Der 28. April und die Luftfahrt: An diesem Tag hob 1910 zum ersten Mal ein Flugzeug in der Nacht ab,[1] am selben Tag im Jahr 1937 überquerte ein kommerzielles Passagierflugzeug erstmals den Pazifik und eröffnete die Möglichkeit einer Weltumrundung für private Passagiere[2] und schließlich startete am 28. April 1979 der erste Air Berlin-Flug vom Flughafen Berlin-Tegel.[3] In den darauffolgenden 38 Jahren bis zur Insolvenz 2017 schrieb Air Berlin nicht nur einen wesentlichen Teil der deutschen und europäischen Luftfahrtgeschichte, sondern wird – wie sich herausstellen wird – auch in die Rechtsgeschichte eingehen. Denn die Gesellschaft passte sich chamäleonartig an ihre politische, rechtliche und ökonomische Umgebung an. Selbst mehrere Wechsel des „Rechtskleides" sind für Unternehmen zwar nichts gänzlich Unbekanntes,[4] doch erscheinen drei Rechtsformen aus verschiedenen Jurisdiktionen – USA, UK und Deutschland – innerhalb von 16 Jahren schon rekordverdächtig. Medial präsent sowie wissenschaftlich diskutiert war vor allem die letzte Rechtsform: die PLC & Co. KG. Will man nun ihren Gesellschafts*vertrag* analysieren, gelangt man tatsächlich zu zwei Gesellschafts*verträgen strictu sensu*: erstens die Articles of Association der Air Berlin PLC[5] und zweitens

---

1 *The New York Times*, Story of Night Flight, 29. April 1910, S. 3, https://www.nytimes.com/1910/04/29/archives/aviators-tell-of-great-race-paulhan-writes-that-maze-of-london.html?sq=%22louis+paulhan%22&scp=1&st=p (zuletzt abgerufen am 15.3.2021).

2 *Oakland Tribune*, Air Clipper Spans Sea to Hong Kong, Vol. CXXVI, No. 118, 28. April 1937, S. 19, https://www.newspapers.com/image/130506084 (zuletzt abgerufen am 15.3.2021).

3 *Tagesspiegel*, Air-Berlin-Gründer Lundgren „Ich wollte immer ein gutes, kleines Unternehmen", Tagesspiegel vom 30.4.2019, https://www.tagesspiegel.de/berlin/air-berlin-gruender-lundgren-ich-wollte-immer-ein-gutes-kleines-unternehmen/24246094.html (zuletzt abgerufen am 15.3.2021).

4 Dies wird oft durch Wachstum ausgelöst und die Rechtsform entwickelt sich von Personengesellschaften in Richtung Kapitalgesellschaften, siehe etwa Anekdoten wie Siemens (OHG, KG, AG), Bankhaus Sal. Oppenheim (OHG, KG, KGaA), Standard Oil (*partnership*, *Ohio joint stock corporation*) bei *Fleischer/Mock*, Gesellschaftsverträge und Satzungen im Wandel der Zeiten, NZG 2020, 161 (163).

5 Air Berlin PLC Articles of Association (as altered by special resolutions dated 18 April 2006), Companies House, Nr. 05643814, 9. Mai 2006, https://beta.companieshouse.gov.uk/company/

der Air Berlin PLC & Co. Luftverkehrs KG.[6] Für ein vollständiges Bild aller Rechte und Pflichten sowie der ökonomischen Hintergrundkräfte sind freilich auch die Syndikatsverträge und Geschäftsordnungen, sowie die anwendbaren Corporate Governance Codes von zentraler Bedeutung. Im Rahmen der Untersuchung soll auch auf letztgenannte eingegangen werden. Außerdem gilt es, in den Verträgen zwar nicht explizit genannte, aber für die Rechtsform wesentliche, implizite Annahmen über das anwendbare Recht zu erörtern. Dazu gehört insbesondere der Vergleich zur Rechtsform der Aktiengesellschaft.

Im Folgenden wird zunächst die Geschichte Air Berlins mit besonderem Augenmerk auf die eingesetzten Rechtsformen und Umgründungen erläutert (sogleich II.). Im Anschluss ist die Zulässigkeit inländischer Kapitalgesellschaft & Co. KG zu referieren, da Air Berlin auch als GmbH & Co. KG auftrat und diese Rechtsform sowohl dogmatisch als auch *in concreto* der Auslandsgesellschaft & Co. vorgelagert war. War schon die GmbH & Co. KG umstritten, nimmt nicht Wunder, dass auch und gerade die *ausländische* Kapitalgesellschaft & Co. KG auf grundlegende Bedenken stieß. Spätestens seit der richtungsweisenden EuGH-Rechtsprechung um die Jahrtausendwende greifen diese Zweifel hingegen *de lege lata* nicht mehr (III.). Die erklärte Hauptmotivation für den 2006 vorgenommenen Gestaltungswechsel in eine PLC & Co. KG lag bei der Air Berlin darin, die deutsche Arbeitnehmermitbestimmung im Sinne des MitbestG (1976) zu umgehen. Deswegen ist auf die Streitfrage, ob sich die Arbeitnehmermitbestimmung auf Scheinauslandsgesellschaften[7] erstreckt, besonders einzugehen. Denn dieses Motiv der Gesellschaftsrechtsarbitrage hat sich nicht erledigt, sondern dürfte im Gegenteil angesichts wachsender Regulierung – wie zuletzt etwa die Geschlechterquote für den Aufsichtsrat von internationalen Großunternehmen[8] – sogar an Bedeutung gewinnen. Neben weiteren Bereichen des Gesellschaftsrechts ergeben sich auch kapitalmarktrechtliche Besonderheiten, die es zu untersuchen gilt, da die PLC nicht an ihrer „Heimatbörse", der London Stock Exchange, sondern via „*European passporting*" an der Frankfurter Wertpapierbörse (FWB) gelistet war (IV.). An-

---

05643814/filing-history. Sofern nicht anders gekennzeichnet, beziehen sich alle Ausführungen auf den Companies Act (CA) 2006. Ursprünglich unterlag die PLC jedoch dem CA 1985.

6 Gesellschaftsvertrag der Air Berlin PLC & Co. Luftverkehrs KG in der ab 31. Dezember 2005, 23.59 Uhr gültigen Fassung. Für eine gesamtheitliche und über die KG hinausgehende Analyse spricht auch die Börsennotierung der PLC sowie der Umstand, dass der Konzern unter der Air Berlin PLC neben der Air Berlin PLC & Co. Luftverkehrs KG auch andere Gesellschaften wie etwa die Air Berlin PLC & Co. Cabin Service KG umfasste.

7 Der Beitrag versteht darunter Gesellschaften, welche nach ausländischem Recht gegründet wurden und über einen ausländischen Satzungssitz verfügen, aber ihren tatsächlichen Verwaltungssitz in Deutschland haben.

8 § 96 Abs 2 S 1 AktG.

schließend wird mit einem Hinweis auf zwingendes Öffentliches Recht, etwa im Hinblick auf Steuern und Luftfahrtregulierung, verdeutlicht, dass wesentliche Teile des Wirtschaftsrechts arbitragefest bleiben (V.). Daneben zeigen sich auch in der prozessrechtlichen Einbettung der Air Berlin wichtige Besonderheiten: Zum einen ist die (internationale) Zuständigkeit für innergesellschaftliche Streitigkeiten inklusive einer Schiedsklausel im KG-Gesellschaftsvertrag zu untersuchen, zum anderen warf das Insolvenzverfahren im deutsch-österreichischen Zusammenhang schwerwiegende Fragen des Internationalen Insolvenzrechts auf (VI.). Diese umfangreiche Stoffsammlung bietet den Anlass, einige Summen zu Sinn und Unsinn von Rechtsarbitrage überhaupt zu ziehen (VII.) und einen Ausblick auf die Rechtsentwicklung post Brexit zu wagen (VIII.). Zusammenfassende Kernthesen halten die Ergebnisse der Untersuchung fest (IX.).

II. Air Berlin – Wegmarken einer turbulenten Geschichte

1. 1978: Geburt als Air Berlin, Inc.

Die Ära Air Berlin beginnt im Jahr 1977 in West-Berlin. Der U.S.-Amerikaner und vormalige Pan American World Airways („Pan Am")-Pilot Kim Lundgren sah eine Marktlücke und beschloss zusammen mit seinem Geschäftspartner F. R. Klinicki, mit einem Kleinflugzeug einen Lufttaxi-Service anzubieten.[9] Um dies umzusetzen, mussten sie in ihrem Herkunftsstaat „Rechtsform-shoppen". Die westlichen alliierten Besatzungsmächte hatten sich nämlich für West-Berlin und die dorthin führenden Luftkorridore die Regulierung des Flugverkehrs vorbehalten[10] und erlaubten nur Fluggesellschaften aus Frankreich, Großbritannien und den USA.[11]

---

9 *Tagesspiegel*, Air-Berlin-Gründer Lundgren „Ich wollte immer ein gutes, kleines Unternehmen".
10 Siehe Convention on the Settlement of Matters Arising Out of the War and the Occupation, unterzeichnet in Bonn am 26. Mai 1952, geändert durch Schedule IV zum Protocol on the Termination of the Occupation Regime in the Federal Republic of Germany, unterzeichnet in Paris am 23. Oktober 1954, Chapter 12 Art 5: "*In the exercise of their responsibilities with respect to Berlin the Three Powers will continue to regulate all air traffic to and from the Berlin air corridors established by the Allied Control Authority.* [...]". Für den Rest der Bundesrepublik Deutschland wurde die Regulierung der zivilen Luftfahrt durch Chapter 12 Art 1 hingegen grundsätzlich an die BRD übertragen.
11 Vgl Air Berlin IPO Prospekt 2006, 65; *Tagesspiegel*, Air-Berlin-Gründer Lundgren „Ich wollte immer ein gutes, kleines Unternehmen". Die jeweiligen Zivilluftfahrt-Attachés der Drei Mächte waren zuständig für die Lizenzerteilung und vor Air Berlin hatten nur die drei Fluggesellschaften Air France, British Airways und Pan American die Luftkorridore bedient, siehe United States Civil

Daher gründeten Lundgren und Klinicki im März 1977 die *closely held Oregon corporation*[12] Air Berlin, Inc., die zwei Monate später in Berlinair, Inc. umbenannt wurde.[13] Im November 1977 starteten die ersten Flüge,[14] doch die Partnerschaft sollte nicht halten. Es dauerte nicht lange, bis Lundgren seinen Partner Klinicki aus dem Geschäft ausschloss: Als der Pauschalreiseveranstalter Berliner Flug-Ring (BFR) einen Flugpartner suchte, verhandelte dieser zunächst mit der Berlinair, Inc., vertreten durch Lundgren.[15] Den lukrativen Vertrag schloss Lundgren jedoch letzten Endes nicht für Berlinair, Inc., sondern im Namen der im Juli 1978 neu gegründeten – und in Lundgrens Alleineigentum stehenden – Air Berlin Charter Company.[16] Diese entwickelte sich schließlich zu der heute bekannten Fluglinie und wurde 1982 wiederum in den Namen der ursprünglich gemeinsam gegründeten Gesellschaft umbenannt: Air Berlin, Inc.[17] Der aus diesem Ausschluss resultierende Rechtsstreit wurde bis zum *Oregon Supreme Court*[18] getragen und gilt in den Vereinigten Staaten als Lehrbuchbeispiel für die *corporate opportunity doctrine* (Geschäftschancenlehre).[19]

Trotz dieser konfliktreichen Anfänge wuchs die Fluglinie weiter. Die Erteilung der Lizenz durch die amerikanische Federal Aviation Administration verzögerte sich zunächst und geschah schließlich erst fünf Tage[20] vor dem ersten Flug im

---

Aeronautics Board, Economic Decisions of the Civil Aeronautics Board, Vol. 92, October to November 1981, 339.

12 Siehe näher zur *close corporation* etwa *Bungert*, Die GmbH im US-amerikanischen Recht – Close Corporation (1993) 14 ff.

13 Siehe *registry number* 120355-15 im *business registry* des U. S.-Bundesstaates Oregon, abrufbar unter http://egov.sos.state.or.us/br/pkg_web_name_srch_inq.show_detl?p_be_rsn=154343&p_srce=BR_INQ&p_print=TRUE (zuletzt abgerufen am 15.3.2021). Die Gründer sowie Lelco, Inc., ein Familienunternehmen der Lundgrens, hielten jeweils 33 %, siehe Oregon Supreme Court, Apr 23, 1985, *Klinicki v. Lundgren*, 298 Or. 662 (Or. 1985) Rz 664.

14 Oregon Supreme Court, Apr 23, 1985, *Klinicki v. Lundgren*, 298 Or. 662 (Or. 1985) Rz 664.

15 Oregon Supreme Court, Apr 23, 1985, *Klinicki v. Lundgren*, 298 Or. 662 (Or. 1985) Rz 664.

16 Oregon Supreme Court, Apr 23, 1985, *Klinicki v. Lundgren*, 298 Or. 662 (Or. 1985) Rz 664 f.

17 Siehe *registry number* 129748-12 im *business registry* des U. S.-Bundesstaates Oregon, abrufbar unter http://egov.sos.state.or.us/br/pkg_web_name_srch_inq.show_detl?p_be_rsn=400846&p_srce=BR_INQ&p_print=FALSE (zuletzt abgerufen am 15.3.2021).

18 Siehe Oregon Court of Appeals, May 22, 1984, Klinicki v. Lundgren, CA A20084, 67 Or. App. 160 (Or. Ct. App. 1984) und Oregon Supreme Court, Apr 23, 1985, Klinicki v. Lundgren, SC S30590, S30611, 298 Or. 662 (Or. 1985).

19 Siehe etwa *Beatty/Samuelson*, Introduction to Business Law[5] (2015) Appendix C16, *Mann/Roberts*, Essentials of Business Law and the Legal Environment[13] (2017) 703. Vgl auch bei *Fleischer*, Verdeckte Gewinnausschüttung: Die Geschäftschancenlehre im Spannungsfeld zwischen Gesellschafts- und Steuerrecht, DStR 1999, 1249 (1252).

20 Die Lizenz wurde per 22.4.1979 erteilt, United States Civil Aeronautics Board, Economic Decisions of the Civil Aeronautics Board, Vol. 92, October to November 1981, 336.

April 1979, welcher Urlauber vom Flughafen Berlin-Tegel nach Palma de Mallorca brachte.[21] Um ihre Staatszugehörigkeit klarzustellen, musste Air Berlin überdies hinter der Firma die Buchstaben „USA“ führen.[22] Anfang der 1980er folgte auch die Erlaubnis, Flüge in die USA anzubieten.[23] Die Gesellschaftsstruktur musste überdies diverse Nationalitätserfordernisse erfüllen[24] – ein Thema, das ein Jahrzehnt später auch die erste große Umgründung Air Berlins prägen sollte (dazu gleich 2.).

Das Geschäft lief in den folgenden Jahren wechselhaft.[25] Dennoch war die amerikanische Rechtsform mehr als ein Jahrzehnt ein wesentlicher Wettbewerbsvorteil für Air Berlin, da das regulatorische Umfeld als massive *barrier to entry*[26] all jene Fluggesellschaften, die nicht einer der drei Westmächte angehörten, vom West-Berliner Luftverkehrsmarkt ausschloss. Dies galt namentlich auch für die Deutsche Lufthansa AG, die trotz ihres Berliner Ursprungs aufgrund ihrer Herkunft West-Berlin nicht anfliegen durfte,[27] ein Hindernis, welches sie erst ab 1988 durch ein *joint venture* mit Air France überwand.[28] Doch schon kurze Zeit später änderte sich nicht nur die europäische Politik, sondern auch die Organisationsstruktur der Air Berlin grundlegend.

---

21 *Tagesspiegel*, Air-Berlin-Gründer Lundgren „Ich wollte immer ein gutes, kleines Unternehmen“.

22 *Tagesspiegel*, Air-Berlin-Gründer Lundgren „Ich wollte immer ein gutes, kleines Unternehmen“.

23 Siehe United States Civil Aeronautics Board, Economic Decisions of the Civil Aeronautics Board, Vol. 92, October to November 1981, 331.

24 Für die Fluglizenz in den USA musste es sich um eine U.S.-Gesellschaft handeln, deren *president* sowie mindestends zwei Drittel des *boards* U.S.-Staatsbürger sind und mindestens 75 % der Gesellschaft in Besitz oder unter Kontrolle von Staatsbürgern sind, siehe Section 401 (a), 101 (3), 101 (16) Federal Aviation Act of 1958, zitiert nach United States Civil Aeronautics Board, Economic Decisions of the Civil Aeronautics Board, Vol. 92, October to November 1981, 341.

25 *Tagesspiegel*, Air-Berlin-Gründer Lundgren „Ich wollte immer ein gutes, kleines Unternehmen“.

26 Grundlegend zu *barriers to entry* als eine der “*five forces*” bei *Porter*, How Competitive Forces Shape Strategy, Harvard Business Review, Vol. 57, No. 2 (March–April), 1979, 137 (138 f).

27 *Soon-Kil Hong*, Civil aviation cooperation between North Korea and South Koream, in *Cheng/Kim*, The Utilization of the World's Air Space and Free Outer Space in the 21st Century (2000) 135 f.

28 1988 startetet die Deutsche Lufthansa mit Air France mit kalkulierten Mehrheitsverhltnissen (respektive 49 % und 51 %), um den Beschränkungen zu entsprechen, das *joint venture* Euroberlin France, das über einen Hub in West-Berlin Flüge in die BRD anbot, vgl *Haanappel*, The external aviation relations of the European Economic Community and of EEC Member States into the twenty-first century (Part II), Air Law, Volume 14, Issue 3 (1989) 122 (137 FN 93), *Teuscher*, Zur Liberalisierung des Luftverkehrs in Europa, in *Jürgensen/Kantzenbach*, Wirtschaftspolitische Studien 92 (1994) 264. Selbst flog die Lufthansa erst ab Oktober 1990, *Pompl*, Luftverkehr, Eine ökonomische und politische Einführung[5] (2007) 213.

2. 1991: Air Berlin GmbH & Co. Luftverkehrs KG nach dem Mauerfall

Dem Air Berlin-Gründer war schon in den Jahren vor dem Mauerfall bewusst, dass er sich für die kommende Liberalisierung positionieren und seine Gesellschaft von Grund auf würde umstrukturieren müssen.[29] Denn wenngleich die Rechtsform ursprünglich ein Segen für Air Berlin gewesen war, wurde sie nach dem Mauerfall zum Fluch: Der Sonderstatus Berlins wurde aufgehoben[30] und Lundgren benötigte aus feindesrechtlichen Gründen Mehrheitsgesellschafter mit deutscher Staatsangehörigkeit.[31] Kurze Zeit später wurden die Staatsbürgerschaftsanforderungen zwar auf alle EG-Bürger und -Staaten ausgeweitet,[32] doch nützte dies Lundgren und seiner Gesellschaft – beides Drittstaatsangehörige – freilich nicht. Deshalb sollte die Air Berlin GmbH & Co. Luftverkehrs KG an die Stelle der Air Berlin, Inc. treten.

Der Umgründungsprozess lief wie folgt ab: Zuerst wurde die Air Berlin Beteiligungsgesellschaft mbH gegründet,[33] die Komplementärin der Air Berlin GmbH & Co. Luftverkehrs KG wurde.[34] Kim Lundgren übernahm nur jeweils 24 % der

---

29 *Tagesspiegel*, Air-Berlin-Gründer Lundgren „Ich wollte immer ein gutes, kleines Unternehmen".

30 Vgl Art 1 Abs 1 S 1 Vertrag über die abschließende Regelung in bezug auf Deutschland, vom 12. September 1990, BGBl. II S. 1317, 1320.

31 Vgl Air Berlin IPO Prospekt 2006, 65. Vgl den damals anwendbaren § 3 Abs 1 Luftverkehrsgesetz (LuftVG) in der Fassung vom 14.1.1981, wonach nur Luftfahrzeuge von Gesellschaften in der Luftfahrzeugrolle eintragungsfähig waren, wenn das ausschließliche Eigentum, das überwiegende Vermögen oder Kapital der sowie die tatsächliche Kontrolle über die Gesellschaft deutschen Staatsangehörigen zustand und die Mehrheit der Vertretungsberechtigten oder persönlich haftenden Personen deutsche Staatsangehörige waren.

32 Durch Art 4 Abs 2 VO (EU) 2407/92 des Rates vom 23. Juli 1992 über die Erteilung von Betriebsgenehmigungen an Luftfahrtunternehmen, ABl L 240/1, 1 wurden die Verfahren harmonisiert und Luftfahrtunternehmen müssen nur mehr über Mehrheitsbeteiligung im Eigentum und unter tatsächlicher Kontrolle von *Mitgliedsstaaten* oder deren Staatsangehörigen stehen. Diese Bestimmung ist heute abgelöst durch Art 4 lit f VO (EU) 1008/2008 des Europäischen Parlaments und des Rates vom 24. September 2008 über gemeinsame Vorschriften für die Durchführung von Luftverkehrsdiensten in der Gemeinschaft (Neufassung), Abl L 293/3, 3.

33 Die Eintragung im Handelsregister erfolgte am 14. Juni 1991 mit Joachim Hunold als Geschäftsführer und einem Stammkapital von 50.000 DM. Der Geschäftszweck beschränkte sich auf die Beteiligung als Komplementärin an einer KG, die im Flugverkehr tätig ist, siehe historischer Handelsregisterauszug der Air Berlin Beteiligungsgesellschaft mbH, Amtsgericht Charlottenburg, HR B 38364, Blatt 1.

34 Die Eintragung der KG im Handelsregister erfolgte am 18. Juli, siehe historischer Handelsregisterauszug der Air Berlin GmbH & Co. Luftverkehrs KG, Amtsgericht Charlottenburg, HR A 23373, Blatt 1.

GmbH- und Kommanditanteile.[35] Es handelte sich um eine „GmbH & Co. KG im engeren Sinn“,[36] da die GmbH-Gesellschafter – überdies mit der gleichen Beteiligungsquote – auch Kommanditisten waren. In weiterer Folge trat die Air Berlin, Inc. als Kommanditistin[37] und GmbH-Gesellschafterin[38] ein, bis sie 1993 jeweils wieder ausschied.[39] Vermutlich brachte die Air Berlin, Inc. beim Eintritt in die KG das Flugunternehmen per Sacheinlage ein, was jedoch anhand der öffentlichen Daten nicht vollständig nachvollzogen werden kann.[40] Die KG führte das Unternehmen jedenfalls fort,[41] was Air Berlin zur einzigen U.S.-amerikanischen Fluglinie machte, die jemals einen „Nationalitätswechsel“ vollzog.[42] Air Berlin nutzte die Liberalisierung des europäischen Luftverkehrs,[43] expandierte weiter und erwarb 2004 auch 24 % der Anteile an der österreichischen NIKI Luftfahrt GmbH.[44] Strategisch positionierte sich Air Berlin am oberen Ende des schnell wachsenden Billigflugsegments.[45]

---

35 Siehe Liste der Gesellschafter der Air Berlin Beteiligungsgesellschaft mbH vom 16.4.1991 und historischer Handelsregisterauszug der Air Berlin GmbH & Co. Luftverkehrs KG, Blatt 1.

36 *Mueller-Thuns* in *Hesselmann/Tillmann/Mueller-Thuns*, Handbuch GmbH & Co. KG[22] (2020) Rz 1.4.

37 Per 28. August 1991. Die Einlage betrug 1.286.500 DM. Gleichzeitig erhöhte Joachim Hunold seine Einlage auf 2.427.000 DM und zwei weitere Kommanditisten (Hans-Joachim Knieps und Se-Rudo Reise Gesellschaft mit beschränkter Haftung) leisteteten Einlagen iHv jeweils 1.875.000 DM. Im Juni 1992 schied Kim Lundgren aus der KG aus und übertrug seinen Anteil an die Air Berlin, Inc. Siehe zu all dem historischer Handelsregisterauszug der Air Berlin GmbH & Co. Luftverkehrs KG, Amtsgericht Charlottenburg, HR A 23373, Blatt 1 f.

38 Siehe Liste der Gesellschafter der Air Berlin Beteiligungsgesellschaft mbH vom 16.12.1991.

39 Ihren Beteiligungen übertrug sie an die Ehefrau des Gründers, Reidun Waagaard Lundgren: Historischer Handelsregisterauszug der Air Berlin GmbH & Co. Luftverkehrs KG, Amtsgericht Charlottenburg, HR A 23373, Blatt 3 (die Eintragung erfolgte erst 1994) und Liste der Gesellschafter der Air Berlin Beteiligungsgesellschaft mbH vom 26. August 1993.

40 Bei Einbringung eines Unternehmens in eine bestehende KG ist umstritten, ob § 25 HGB oder 28 HGB p.a. anwendbar ist, vgl mwN *Thiessen*, in *K. Schmidt*, Münchener Kommentar zum HGB[5] I (2021) § 25 Rn 31, § 28 Rn 10. In Österreich ist bei der Einbringung eines Unternehmens § 38 UGB anwendbar, s *Dehn* in *U. Torggler*, UGB[3] § 38 Rz 16 f (2019).

41 Air Berlin IPO Prospekt, 65.

42 So *Tagesspiegel*, Air-Berlin-Gründer Lundgren „Ich wollte immer ein gutes, kleines Unternehmen“.

43 Vgl für eine Übersicht insbesondere über die drei Liberalisierungspakete der EG zwischen 1987 und 1992 *Pompl*, Luftverkehr, Eine ökonomische und politische Einführung[5] (2007) 429 ff.

44 Air Berlin IPO Prospekt, 65.

45 *Pompl*, Luftverkehr, Eine ökonomische und politische Einführung[5] (2007) 107; siehe auch Air Berlin IPO Prospekt, 1.

3. 2006: Börsengang als Air Berlin PLC & Co. Luftverkehrs KG

Die Vorbereitungen auf den Börsengang führten 2005 und 2006 zur nächsten internationalen und einer der „komplexesten“[46] Umstrukturierungen in Deutschland und England:[47] Die bestehenden GmbH-Gesellschafter, die auch Kommanditisten waren, sollten im Gegenzug für ihre bisherigen Beteiligungen an der neu zu gründenden PLC beteiligt werden. Diese sollte dafür die Komplementär-GmbH ersetzen sowie die Kommanditisten kontrollieren. Mithin brachten die Gesellschafter ihre Beteiligungen an der Air Berlin GmbH und an der Air Berlin GmbH & Co. Luftverkehrs KG zunächst jeweils in eine eigene, neu gegründete GmbH ein.[48] Per 31.12.2005 wurden diese GmbH wiederum von den jeweiligen Gesellschaftern in die Air Berlin PLC als Sacheinlagen (*contributions in kind*)[49] im Gegenzug für proportionale PLC *shares* eingebracht.[50] Diese Einbringungsverträge wurden interessanterweise deutschem Recht unterworfen,[51] obwohl der Einbringungsvertrag in Deutschland kein Kauf oder Tausch, sondern ein (unselbständiger) Teil des Gesellschaftsvertrages ist.[52] Am selben Tag trat die Air Berlin PLC als Komplementärin in die KG ein und die Air Berlin Beteiligungsgesellschaft mbH trat aus.[53] So

---

46 So einer der betreuenden Anwälte, siehe *Juve Verlag*, Flug in neue Sphären: Der IPO von Air Berlin stellte Freshfields und Shearman vor neue Aufgaben, 29.6.2006, https://www.juve-verlag.at/nachrichten/deals/2006/06/flug-in-neue-sphaeren-der-ipo-von-air-berlin-stellte-freshfields-und-shearman-vor-neue-aufgaben, zuletzt abgerufen am 15.3.2021.

47 Die folgende Darstellung stellt die Umgründung vereinfacht dar. Diese umfasste eine große Anzahl von Zwischenschritten, etwa zur Auflösung von Treuhandverhältnissen und zwischengeschalteten Gesellschaften, siehe genauer Air Berlin IPO Prospekt 2006, 96 f.

48 Einbringungsverträge, Air Berlin PLC, Statement of affairs, Companies House, Nr. 05643814, 19. April 2006, https://beta.companieshouse.gov.uk/company/05643814/filing-history; Air Berlin IPO Prospekt 2006, 96 f. Dies ist der Grund für die sieben fast gleichnamigen Kommanditistinnen der Air Berlin PLC & Co. Luftverkehrs KG: Pegasus Erste Luftfahrtbeteiligungsgesellschaft mbH, Pegasus Zweite Luftfahrtbeteiligungsgesellschaft mbH etc., siehe § 2 Abs 3 Gesellschaftsvertrag der Air Berlin PLC & Co. Luftverkehrs KG, in der ab 31. Dezember 2005 23:59 Uhr gültigen Fassung. Sie auch Liste der Gesellschafter der Air Berlin Beteiligungsgesellschaft mbH vom 7.2.2006.

49 Siehe stellvertretend für alle Einbringungsverträge § 1 Z 1.2 Anlage A der Einbringungsverträge.

50 Air Berlin IPO Prospekt 2006, 97. Siehe näher die Einbringungsverträge.

51 Außerdem wurde als Gerichtsstand Berlin festgelegt und der deutschen Fassung des Vertrags bei Abweichungen Vorrang vor der englischen eingeräumt, vgl stellvertretend für alle Einbringungsverträge § 4 Anlage A der Einbringungsverträge.

52 Mit Nw der hM *Schall*, in *Hirte/Mülbert/Roth/Hopt/Wiedemann*, Großkommentar AktG Online[5] (2015) § 27 Rz 101.

53 Air Berlin IPO Prospekt 2006, 97; Chronologischer Handelsregisterauszug der Air Berlin PLC & Co. Luftverkehrs KG, Amtsgericht Charlottenburg, HR A 23373, Blatt 10.

war der Großteil der Umgründung zum Jahresende abgeschlossen. Am 1.1.2006 traten noch Gewinnabführungsverträge (*profit and loss pooling agreements*) zwischen der Air Berlin PLC und den einzelnen GmbH, welche die Kommanditanteile hielten, in Kraft.[54] Es fällt auf, dass die Gesellschafter nur mehr an der Komplementärin beteiligt waren, welche selbst (mittelbar) die Kommanditanteile hielt, sodass es sich um keine „PLC & Co. KG im engeren Sinn"[55] handelte.

Trotz des Einsatzes der PLC als neue Konzernmutter blieb der Bezug zu Berlin bestehen und die Gesellschaft wurde zum Lehrbuchbeispiel einer Scheinauslandsgesellschaft: Die im *companies house* eingetragene PLC hatte zwar ihr *registered office* in London,[56] doch der tatsächliche Verwaltungssitz lag – wie auch gesellschaftsvertraglich festgehalten[57] – in Berlin. Überdies eröffnete sie eine Zweigniederlassung in Berlin.[58] Satzungs-[59] und Verwaltungssitz der Kommanditgesellschaft lagen weiterhin unverändert ebenfalls in Berlin.

Die Entscheidung begründete der damalige CEO Joachim Hunold öffentlich insbesondere als Umgehungskonstruktion wider die Arbeitnehmermitbestimmung im Aufsichtsrat,[60] denn diese sei „das größte Übel, das wir heute haben."[61] Von der Rechtsform erwartete man sich überdies eine bessere Vergleichbarkeit mit Wettbewerbern im Billigflugsegment.[62]

Auch die Notierung an der Frankfurter Börse indiziert, dass die operative Verbindung zu England minimal war – hätte es doch aufgrund der Rechtsform und Londons Vorreiterrolle als globaler Finanzhub[63] nahegelegen, zumindest auch an

---

54 Siehe stellvertretend Handelsregisterbekanntmachung der Pegasus Erste Luftfahrtbeteiligungsgesellschaft mbH vom 1.9.2006, Amtsgericht Charlottenburg, HRB 99506 B; Air Berlin IPO Prospekt 2006, 97.

55 Analog zur „GmbH & Co. KG im engeren Sinn", dazu schon oben 2.

56 Air Berlin PLC, Registered office changed, 23.12.2005, Companies House, Nr. 05643814, https://beta.companieshouse.gov.uk/company/05643814/filing-history.

57 Art 180 S 1 Air Berlin PLC Articles of Association.

58 Air Berlin PLC Zweigniederlassung, Amtsgericht Charlottenburg (Berlin) HRB 100000 B, eingetragen seit 11.1.2006.

59 Chronologischer Handelsregisterauszug der Air Berlin GmbH & Co. Luftverkehrs KG, Amtsgericht Charlottenburg, HR A 23373, Blatt 1 ff; § 1 Z 2 Gesellschaftsvertrag der Air Berlin PLC & Co. Luftverkehrs KG, in der ab 31. Dezember 2005 23:59 Uhr gültigen Fassung.

60 *Tagesspiegel*, „Wir übertreffen derzeit unsere Ziele", Tagesspiegel vom 02.05.2006, https://www.tagesspiegel.de/wirtschaft/wir-uebertreffen-derzeit-unsere-ziele/707104.html, zuletzt abgerufen am 15.3.2021; *FAZ*, „Air Berlin hat die niedrigsten Personalkosten", FAZ vom 22.04.2006, https://www.faz.net/aktuell/finanzen/interview-air-berlin-hat-die-niedrigsten-personalkosten-1230167.html, zuletzt abgerufen am 15.3.2021.

61 *Welt am Sonntag*, „Mitbestimmung ist das größte Übel", Welt am Sonntag vom 19.09.2004.

62 Etwa Ryanair und Easyjet dienten als Referenz, vgl *Juve Verlag*, Flug in neue Sphären: Der IPO von Air Berlin stellte Freshfields und Shearman vor neue Aufgaben, 29.6.2006.

der London Stock Exchange zu notieren. Im Vorfeld und beim Börsengang beriet Freshfields Bruckhaus Deringer in rechtlicher Hinsicht, während die Commerzbank und Morgan Stanley als *joint global coordinators* und *joint bookrunners* (Konsortialführer) fungierten.[64] Aufgrund mangelnder Nachfrage musste die Emission zunächst verschoben und der Ausgabepreis nach unten angepasst werden. Doch am 11.5.2006 glückte das Pioniervorhaben schließlich: Mit Air Berlin notierte erstmals eine englische Gesellschaft an der Frankfurter Börse mit einem Emissionsvolumen von € 510 Millionen und einer Marktkapitalisierung[65] von € 717 Millionen. Es flossen jedoch nur € 235 Millionen der Gesellschaft direkt als frisches Kapital zu – die anderen 54 % des Erlöses mussten an Altgesellschafter ausbezahlt werden.[66]

Air Berlin verfolgte nach dem *listing* weiterhin eine aggressive Wachstumsstrategie, die neben organischem Wachstum und Expansion der Flotte[67] auch auf Akquisitionen setzte, wie insbesondere der DBA Luftfahrtgesellschaft mbH (2006),[68] der LTU Group und 49 % der schweizerischen Belair Airlines AG[69] (2007) sowie schrittweise bis zur gänzlichen Übernahme der österreichischen NIKI Luftfahrten GmbH (2011).[70] Bis 2011 stieg die Anzahl der beförderten Passagiere konstant, danach stagnierte sie und nahm im weiteren Verlauf sogar leicht ab.[71]

63 London war 2007 im Global Financial Centres Index (GFCI), der die Wettbewerbsfähigkeit globaler Finanzzentren misst, noch vor New York auf Platz 1, während Frankfurt nur Platz 6 belegte, siehe *City of London*, The Global Financial Centres Index 2 (September 2007) 11.

64 Überdies waren NORD/LB und Société Générale *co-lead managers*, Air Berlin IPO Prospekt 1.

65 Gemessen am Emissionspreis.

66 Siehe zum Ganzen *Juve Verlag*, Zweite Landung geglückt: Air Berlin vertraut Freshfields beim IPO – Shearman berät die Banken, 18.5.2006, https://www.juve-verlag.at/nachrichten/deals/2006/05/zweite-landung-geglueckt-air-berlin-vertraut-freshfields-beim-ipo-shearman-beraet-die-banken, zuletzt abgerufen am 15.3.2021. Während solche Sekundärverkäufe im Rahmen von IPOs grundsätzlich üblich sind, lagen diese bei Air Berlin deutlich über dem Durchschnitt; dieser lag etwa in den USA zwischen 1985 und 2004 bei 17 % des Erlöses für *secondary sales*, siehe *Celikyurt/Sevilir/Shivdasani*, Journal of Financial Economics 96 (2010) 345 (349).

67 Vgl Air Berlin Jahresbericht 2006, 63 f.

68 Air Berlin Jahresbericht 2006, 48 f.

69 Air Berlin Jahresbericht 2007, 125 ff.

70 Air Berlin Jahresbericht 2011, 127.

71 So verbuchte Air Berlin 2000: 7.813 Mrd. Passagierkilometer, 2005: 20.527, 2011: 52.140 und 2016: 45.815, *Statista*, Air Berlin transport volume 2000-2016, https://www.statista.com/statistics/457917/air-berlin-transport-volume-in-million-revenue-passenger-km/, zuletzt abgerufen am 15.3.2021.

Nach vielen Jahren mit finanziellen Schwierigkeiten beendete der Großaktionär Etihad Airways, der knapp 30 % der *shares* hielt, die finanzielle Unterstützung und Air Berlin meldete als zweitgrößte deutsche und siebentgrößte europäische Fluggesellschaft am 15. August 2017 Insolvenz an.[72] Am 27. Oktober 2017 stellte das Unternehmen schließlich den Geschäftsbetrieb ein.[73] Mit 8.656 betroffenen Mitarbeitern war dies eine der größten Insolvenzen Deutschlands.[74]

III. Die ausländische Körperschaft & Co. KG im Spiegel nationalen Typenzwangs

1. Die inländische Körperschaft & Co. KG als „Kind der Gesetzesumgehung"[75]

Als gedankliche „Vorstufe" zur ausländischen Körperschaft & Co. KG soll zunächst die Rechtsform der GmbH & Co. KG erläutert werden. Auch Air Berlin trat – nach ihrer Zeit als Inc. und vor jener als PLC – als GmbH & Co. KG auf. Der Hauptgrund für die Gründung einer GmbH & Co. KG ist die gezielte Typenvermischung zur Erlangung von Vorteilen aus „beiden Welten": So ist insbesondere keine natürliche Person der Haftung als Komplementär ausgesetzt und die KG unterliegt als Personengesellschaft trotzdem der Transparenzbesteuerung.[76] Weiter zur Beliebtheit trug bei, dass sich bis ins Jahr 2000 außerdem durch diese Konstruktion Rechnungslegungs- und Publizitätsvorschriften umgehen ließen, weil Kapitalgesellschaften & Co. erst danach in die diesbezüglichen für Kapitalgesellschaften geltenden Regeln einbezogen wurden.[77] Diese Hintergründe haben der GmbH & Co. KG

---

72 Europäische Kommission, Decision C(2017) 6080 (2017) Rz 9 ff.

73 Etihad Airways PJSC v. Prof. Dr. Lucas Flöther (2019) EWHC 3107 (Comm) Rz 21.

74 Im Jahr 2017 handelte es sich gemessen an den Mitarbeitern um die größte Insolvenz, *Creditreform*, Insolvenzen in Deutschland, Jahr 2017, 16, https://www.creditreform.com/fileadmin/user_upload/crefo/download_de/news_termine/wirtschaftsforschung/insolvenzen-deutschland/analyse_UE-2017.pdf, zuletzt abgerufen am 15.3.2021.

75 Nach *K. Schmidt*, Gesellschaftsrecht[4] (2002) 1626.

76 Es wird zwar formell der Selbstorganschaft entsprochen, faktisch liegt aber Fremdorganschaft vor, *Grunewald* in *K. Schmidt*, Münchener Kommentar zum HGB[4] III (2019) § 161 Rz 50 ff. Außerdem weist das KG-Innenrecht größere Flexibilität als das der GmbH auf und der KG-Gesellschaftsvertrag wird nicht veröffentlicht, vgl für Österreich *Artmann/Rüffler*, Gesellschaftsrecht[2] (2020) Rz 469.

77 Diese Änderung brachte das Kapitalgesellschaften und Co.-Richtlinien-Gesetz vom 24.2.2000 (BGBl. 2000 I 154) in Umsetzung der RL 90/605/EWG des Rates vom 8. November 1990 zur Ände-

nicht nur zu großer praktischer Relevanz verholfen, vielmehr ist die GmbH & Co. KG rechtsempirisch sogar der *Regelfall* der Kommanditgesellschaft: Nach Schätzungen von *Kornblum* haben 90 % (!) der KG in Deutschland keine natürliche Person als Komplementär.[78] Dass die praktische Zulässigkeit dieser Konstruktion nicht selbstverständlich ist, zeigt ein rechtsvergleichender Blick in die Schweiz: Dort können nur natürliche Personen unbeschränkt haftende Gesellschafter einer KG sein.[79] In Deutschland hingegen bestätigte zunächst das Bayerische Oberste Landesgericht[80] und im Anschluss auch das Reichsgericht vor knapp einem Jahrhundert die GmbH & Co. KG als zulässige Konstruktion.[81] Sowohl vor als auch nach dieser Entscheidung des Reichsgerichts war die Zulässigkeit in der Lehre umstritten und blieb es das gesamte 20. Jahrhundert über.[82] Dies ändert freilich nichts an der rechtsrealistischen Anerkennung, die nicht zuletzt durch den deutschen Gesetzgeber über die Bezugnahme auf Kapitalgesellschaften & Co. KG in zahlreichen gesetzlichen Bestimmungen bestätigt wurde.[83] In Österreich klärte der OGH bereits 1906, dass GmbHs grundsätzlich Gesellschafter von Personengesellschaften wer-

---

rung der Richtlinien 78/660/EWG und 83/349/EWG über den Jahresabschluß bzw. den konsolidierten Abschluß hinsichtlich ihres Anwendungsbereichs, siehe näher *Scheffler*, Neue Vorschriften zur Rechnungslegung, Prüfung und Offenlegung nach dem Kapitalgesellschaften & Co.-Richtlinie-Gesetz, DStR 2000, 529 (529 ff); *Teichmann*, Die Auslandsgesellschaft & Co., ZGR 2014, 220 (221 f).

78 Stand 1.1.2018, *Kornblum*, Bundesweite Rechtstatsachen zum Unternehmens- und Gesellschaftsrecht (Stand 1.1.2018), GmbHR 2018, 669 (675).

79 Ausdrücklich Art 594 Abs 2 OR, vgl nur *Baudenbacher* in *Honsell/Vogt/Watter*, Basler Kommentar zum Obligationenrecht II[4] (2012) Art 594 Rz 11. Eine Änderung dieser Bestimmung wurde auch in jüngerer Zeit vom Gesetzgeber ausdrücklich abgelehnt, u. a. weil die Komplexität dieser Rechtsform hoch und für die Zielgruppe – KMUs – nicht geeignet sei, vgl Botschaft zur Revision des Obligationenrechts vom 19. Dezember 2001, 3167 f.

80 BayObLG v. 16.2.1912 – I ZS Reg III 12/12, BayObLGZ 13 (1913), 69.

81 RG 4. 7. 1922, II B 2/22 RGZ 101 (105) (aA noch die Unterinstanzen). In dieser Entscheidung zog das Höchstgericht in Zweifel, dass der Anreiz bloß in steuerlichen Umgehungsgedanken aufgrund damals neuer Vorschriften lag und sah grundsätzlich auch legitime wirtschaftliche Interessen in der Ausgestaltungsform. Außerdem sei die Kreditwürdigkeit einer GmbH nicht *per se* schlechter als jene einer natürlichen Person, *ibd* 103 f. In der Praxis war schon damals der Appetit groß, denn nach dieser Entscheidung wurden zwischen Februar und Oktober 1912 allein in München 80 KGs mit einer GmbH als Komplentärin gegründet, siehe *Fleischer/Wansleben*, Die GmbH & Co. KG als kautelarjuristische Erfolgsgeschichte, GmbHR 2017, 169 (172).

82 Vgl RG 4. 7. 1922, II B 2/22 RGZ 102 f; *Fleischer/Wansleben*, Die GmbH & Co. KG als kautelarjuristische Erfolgsgeschichte, GmbHR 2017, 169 (174); beide mwN. Aus neuerer Zeit auch: *K. Schmidt*, Gesellschaftsrecht[4] (2002) 1661, der die GmbH & Co. KG als „Sündenfall des Gesellschaftsrechts mit gravierenden Folgen" bezeichnet.

83 S etwa §§ 19 Abs 2, 125a Abs 1 HGB, § 39 Abs 4 S 1 InsO.

den können[84] und scheint die Zulässigkeit der GmbH & Co. KG also solche nie in Frage gestellt zu haben.[85] Mittlerweile ist die Rechtsform in Österreich gesetzgeberisch[86] und auch sonst allgemein anerkannt.[87]

England kennt eine solche Verbreitung nicht: Dort scheint eine *limited partnership* mit einem (haftungsbeschränkten) *general partner* und mehren *limited partners* – also gewissermaßen das englische Pendant zur Kapitalgesellschaft & Co. KG – kaum im allgemeinen Unternehmertum, sondern bloß für die Strukturierung von (Venture Capital-)Fonds ein beliebtes Vehikel zu sein.[88] Seit 2001 steht überdies die *limited liability partnership* zur Verfügung, die eine beschränkte Gesellschafterhaftung mit Transparenzbesteuerung[89] verbindet.[90]

2. Die ausländische Körperschaft & Co. KG als Vertiefung der Gesetzesumgehung

Für die Prüfung der Beteiligung einer PLC an einer deutschen KG ist zunächst der internationale Maßstab klärungsbedürftig: Ausgangspunkt ist das Gesellschaftsstatut, also die maßgebliche Rechtsordnung, nach welcher gesellschaftsrechtliche Fragen im systembegrifflichen Sinne zu lösen sind.[91] Dieses ist zwar nicht gesetzlich geregelt, doch folgt die Rechtsprechung seit Anfang des 20. Jahrhunderts der sogenannten Sitztheorie,[92] welche überdies in Österreich ausdrücklich

---

84 So OGH v. 18.7.1906, in *Adler/Clemens* (Begr.), Sammlung handelsrechtlicher *Entscheidungen* 13 (1910), S. 414 (AC Nr. 2589). Die Eintragung scheiterte *in concreto* jedoch an der fehlenden österreichischen Zwegniederlassung der deutschen GmbH.

85 Vgl *Epicoco/Walch*, Der Rechtsformzusatz der GmbH & Co. KG, NZ 2019, 1 (1 f); mwN *N. Arnold* in Die GmbH & Co. KG: Gedenkschrift für Wolf-Dieter Arnold^2 (2016) 2.

86 Vgl etwa §§ 14 Abs 1 S 2, 19 Abs 2, 189 Abs 1 Z 2 UGB, § 4 Z 3 EKEG, § 22 Abs 2 URG, § 67 IO, § 110 Abs 7 ArbVG, s zur Entwicklung *W.-D. Arnold*, Die GmbH & Co. KG im österreichischen Recht, GmbHR 1994, 371 (373).

87 *W.-D. Arnold*, ibd. Die Unternehmerpraxis verwendete die GmbH & Co. KG jedoch erst seit ihrer steuerlichen Anerkennung 1963, vgl mwN *N. Arnold* in Die GmbH & Co. KG 2f.

88 Vgl *Morse*, Partnership and LLP Law^8 (2015) Rz 9.01; *Witney*, The UK Private Fund Limited Partnership: a "new" tax transparent vehicle for onshore funds, LSE Law Policy Briefing 19, 2017, 2 f.

89 Jedoch nur bei unternehmerischer Betätigung („*trade or business with a view to profit*"), siehe Sec 10 Limited Liability Partnerships Act 2000.

90 *Morse*, Partnership and LLP Law^8 (2015) Rz 10.1 ff.

91 Vgl nur *Kindler* in MüKo BGB XIII^8 (2021) Int.Ges., Rz 2.

92 Siehe nur mwN *Kindler* in MüKo BGB, Int.Ges., Rz 361 und BGH, Entscheidung vom 30. Januar 1970 – V ZR 139/68 – BGHZ 53, 181-184 (juris Rz 10).

kodifiziert ist[93]: Das Gesellschaftsstatut richtet sich danach – unabhängig vom Gründungsort der Gesellschaft – nach dem Staat, in dem der Verwaltungssitz gelegen ist. Unter dieser Prämisse erging folgender Beschluss:

Soweit ersichtlich erklärte erstmals – wie auch schon bei der GmbH & Co. KG – das Bayerische Oberste Landesgericht im Jahr 1986 eine (englische) *limited* & Co. KG für zulässig[94] und die weitere Judikatur schloss sich dem an.[95] Unter Annahme des tatsächlichen Verwaltungssitzes in England sprach das Gericht der *limited* in Deutschland zunächst die allgemeine Rechtsfähigkeit zu.[96] Zusätzlich musste die *limited* die besondere Rechtsfähigkeit haben, sich an einer Kommanditgesellschaft zu beteiligen, was sowohl nach englischem als auch nach deutschem Recht zu beurteilen war:[97] Das Gericht führte aus, dass sich aus Sicht des Vereinigten Königreichs juristische Personen an Personengesellschaften – und auch im Ausland – beteiligen können.[98] Überdies müssten sich nach den Vorgaben des Europarechts rechtsfähige ausländische Gesellschaften wie inländische als Komplementär beteiligen dürfen.[99]

Kritiker dieses Beschlusses und der Konstruktion im allgemeinen argumentierten, dass die Typenvermischung schon bei der GmbH & Co. KG unklar sei, was durch Hinzufügen einer weiteren Rechtsordnung unzumutbar werde und gegen die Sitztheorie verstoße.[100] Es würden die Normen der Kapitalaufbringung,[101] Of-

---

93 § 10 IPRG: „Das Personalstatut einer juristischen Person oder einer sonstigen Personen- oder Vermögensverbindung, die Träger von Rechten und Pflichten sein kann, ist das Recht des Staates, in dem der Rechtsträger den tatsächlichen Sitz seiner Hauptverwaltung hat."

94 BayOBLG, Beschluss vom 21.3.1986, 3 Z 148/85, GmbHR 1986, 305 (305 ff) (aA noch die erste Instanz).

95 Siehe etwa für eine schweizerische AG, OLG Saarbrücken, Beschluss v. 21. April 1989 – 5 W 60/88, NJW 1990, 647 und weitere Nw bei *Höhne*, Die Ltd. & Co. KG (2011) 91 FN 3. Nur vereinzelt wurde auch noch in jüngerer Zeit in der unterinstanzlichen Rsp ausländischen juristischen Personen die Stellung als einzige Komplementärin versagt, s etwa AG Bad Oeynhausen, GmbHR 2005, 692.

96 BayOBLG, GmbHR 1986, 307.

97 Vgl auch *Lüke*, in *Hesselmann/Tillmann/Mueller-Thuns*, Handbuch GmbH & Co. KG[22] (2020) Rz 2.494.

98 Siehe nur BayOBLG, GmbHR 1986, 307.

99 BayOBLG, GmbHR 1986, 308.

100 *Großfeld*, in *Staudinger*, Kommentar zum BGB, Internationales Gesellschaftsrecht (Neubearbeitung 1998) Rz 541 ff; *Ebenroth/Auer*, Die ausländische Kapitalgesellschaft & Co. KG — ein Beitrag zur Zulässigkeit grenzüberschreitender Typenvermischung, DNotZ 1990, 139 (153). Ebenfalls zweifelnd *Ebke*, Die „ausländische Kapitalgesellschaft & Co. KG" und das europäische Gemeinschaftsrecht, Besprechung der Entscheidung BayObLGZ 1986, 61, ZGR 1987, 245 (267 f).

101 *Ebenroth/Auer*, Die ausländische Kapitalgesellschaft & Co. KG — ein Beitrag zur Zulässigkeit grenzüberschreitender Typenvermischung, DNotZ 1990, 139 (160 ff).

fenlegung der Vertretungsverhältnisse[102] und des MitbestG[103] unterlaufen und der *numerus clausus* der Gesellschaftsformen durchbrochen.[104] Aus rechtsrealistischer Sicht haben diese Standpunkte heute freilich keine Grundlage mehr: Das EuGH-Entscheidungstrio *Centros*,[105] *Überseering*[106] und *Inspire Art*[107] ebnete bekanntlich den Weg für den Einsatz (schein-)ausländischer EU-Gesellschaften im Inland, denn seither ist bei EU-Sachverhalten die Gründungstheorie anwendbar: Diese Gesellschaften sind im Inland rechts- und parteifähig und gesellschaftsrechtliche Fragen sind trotz Verwaltungssitz in Deutschland im Grundsatz (zu Ausnahmen siehe noch unten) nach ihrem „Heimatrecht" zu beurteilen.[108] Damit verwarf der EuGH auch die genannten Bedenken, denn diese privilegierten EU-Gesellschaften müssen auch in Bezug auf die Komplementärfähigkeit wie inländische behandelt werden.[109] Die Stellung als Komplementär wegen eines ausländischen Personalstatuts zu verweigern, wäre eine nicht gerechtfertigte Beschränkung der Niederlassungsfreiheit nach Artt 49 und 54 AEUV.[110]

Die Umgründung der Air Berlin ab dem Jahr 2005 fand nach den genannten wegweisenden Entscheidungen des EuGH statt. Die mit dieser Rechtsprechung einhergehende Rechtssicherheit dürfte mutmaßlich für die Führungskräfte bei der Wahl der englischen Rechtsform eine entscheidende Rolle gespielt haben. Dabei ist die Fluglinie jedenfalls kein Einzelfall: Es gibt in Deutschland 2.316 *limited* & Co. KGs.[111] Seit einigen Jahren zeichnet sich jedoch ein Rückwärtstrend ab – im

---

102 *Ebenroth/Auer*, Die ausländische Kapitalgesellschaft & Co. KG — ein Beitrag zur Zulässigkeit grenzüberschreitender Typenvermischung, DNotZ 1990, 139 (157 ff).

103 *Großfeld*, in *Staudinger*, Kommentar zum BGB, Internationales Gesellschaftsrecht (Neubearbeitung 1998) Rz 554; *Ebenroth/Auer*, Die ausländische Kapitalgesellschaft & Co. KG — ein Beitrag zur Zulässigkeit grenzüberschreitender Typenvermischung, DNotZ 1990, 139 (156 f).

104 Zu alledem *Ebenroth/Hopp*, Die ausländische Kapitalgesellschaften KG, JZ 1989, 883 (889).

105 EuGH 9.3.1999, Rs. C-212/97 – *Centros*.

106 EuGH 5.11.2002, Rs. C-208/00 – *Überseering*.

107 EuGH 30.9.2003, Rs. C-167/01 – *Inspire Art*.

108 *Kindler* in MüKo BGB, Int.Ges., Rz 5 f.

109 *Kindler* in MüKo BGB, Int.Ges., Rz 557 f; *Teichmann*, Die Auslandsgesellschaft & Co., ZGR 2014, 220 (225 f).

110 Siehe nur *Lüke*, in *Hesselmann/Tillmann/Mueller-Thuns*, Handbuch GmbH & Co. KG[22] (2020) Rz 2.498; *Teichmann*, ZGR 2014, 220 (227); AA – wohlgemerkt vor Anwendung der Gründungstheorie durch den EuGH – *Ebke*, Die „ausländische Kapitalgesellschaft & Co. KG" und das europäische Gemeinschaftsrecht, ZGR 1987, 245 (256 ff).

111 Stand 1.1.2019, *Kornblum*, GmbHR 2019, 689 (690). Insgesamt waren per 1.1.2020 5.862 britische *limiteds* in Deutschland eingetragen, vgl *Kornblum*, GmbHR 2020, 677 (678). Auf den Zuwachs dieser Gesellschaftsformen reagierte der Gesetzgeber ausdrücklich mit der Schaffung der UG, BT-Drs. 354/07, 55 f. Die Zahlen bezeugen einen Erfolg gegenüber ausländischen Rechtsfor-

Jahr 2010 waren es noch ca. 5.000[112] (dazu noch unter VIII. im Zusammenhang mit dem Brexit).

IV. Gesellschafts- und Kapitalmarktrechtsarbitrage

1. Deutschlandbezug, Unternehmensgegenstand und Satzungsautonomie

Vor jeder näheren inhaltlichen Analyse fällt bereits die Vertragsurkunde der PLC Articles of Association äußerlich durch ihre Länge und überdies den hohen Grad an Detailliertheit ins Auge: Der Vertrag umfasst 67 Seiten und 242 Artikel. Die Satzung der Deutschen Lufthansa AG umfasst vergleichsweise bloß 22 Paragraphen auf 10 Seiten.[113] Eine ähnliche Länge weist auch der Gesellschaftsvertrag der Air Berlin PLC & Co. Luftverkehrs KG mit 11 Seiten und 23 Paragraphen auf. Nachdem die PLC mittelbar oder unmittelbar alle KG-Gesellschafterpositionen innehatte, ist die Vertragsgestaltung der KG als Konzerntochtergesellschaft nur von sekundärem Interesse. Der KG-Gesellschaftsvertrag weist auch keine speziell internationalen Elemente auf,[114] was sich durch die Stellung als Konzerntochter erklären lässt.

Bei der Lektüre des Gesellschaftsvertrages der PLC findet sich demgegenüber ein deutlicher normativer Bezug zu Deutschland: „*The place of central and effective management of the Company is to be Berlin, Germany. Consequent to this, all board meetings shall be convened and held in the Federal Republic of Germany.*"[115] Entsprechend soll das *board* bei einer Änderung von Ort und Zeit des *general meetings* den neuen Zeitpunkt und Ort in „*at least two newspapers having a national circulation in the Federal Republic of Germany*" ankündigen.[116] Es finden sich wei-

men in Deutschland, denn es gab zuletzt bei steigendem Trend 152.710 UGs (*Kornblum*, GmbHR 2020, 678) und 11.191 UG & Co. KGs (Kornblum, GmbHR 2019, 690).

112 *Kornblum*, Bundesweite Rechtstatsachen zum Unternehmens- und Gesellschaftsrecht (Stand 1.1.2010), GmbHR 2010, 739 (745).

113 Siehe Satzung der Deutschen Lufthansa Aktiengesellschaft (Fassung Juni 2020), https://investor-relations.lufthansagroup.com/fileadmin/downloads/de/corporate-governance/DLH_Satzung_Juni_2020.pdf (zuletzt abgerufen am 15.3.2021).

114 *Fleischer/Mock*, Gesellschaftsverträge und Satzungen im Wandel der Zeiten, NZG 2020, 161 (164).

115 Art 180 Air Berlin PLC Articles of Association.

116 Art 86 Air Berlin PLC Articles of Association.

tere Hinweise auf Deutschland,[117] wie auf die Frankfurter Wertpapierbörse[118] und die Clearstream AG,[119] die Abwicklungs- und Verwahrgesellschaft derselben sowie bei der „*disqualification as a director*" auf die deutsche InsO[120].

Bei der PLC ergeben sich schon auf den ersten Blick einige Besonderheiten. Im *Memorandum of Association*[121] wurde eine *objects-clause* festgeschrieben, welche den Unternehmensgegenstand beschreibt und knapp drei Seiten mit 20 detaillierten Unterpunkten umfasst.[122] Neben zu erwartenden *objects* wie „*carry on business as an airline and air transport company*" finden sich auch trivial anmutende Passagen wie „*pay for any* [...] *property acquired by the Company*". Zur Sicherheit wird darüber hinaus klargestellt, dass die *objects* unter der „*widest interpretation*" auszulegen sind. All dies lässt sich als Vorsichtsmaßnahme gegenüber der angloamerikanischen *ultra-vires*-Doktrin erklären,[123] welche jedoch seit 1991 in Bezug auf (zu) eng formulierte *objects* Transaktionen mit Dritten nicht mehr gefährdet.[124] Heute regelt Sec. 39 para 1 CA 2006: „*The validity of an act done by a company shall not be called into question on the ground of lack of capacity by reason of anything in the company's constitution.*" Der Unternehmensgegenstand der KG ist im Kontrast dazu sehr kurz gehalten.[125] Ebenso lag der Zweck der Air Berlin

117 Siehe etwa Art 74 (*Convening general meetings*) und 128 (*Delivery/receipt of proxy appointment*) Air Berlin PLC Articles of Association.

118 Siehe etwa Art 136 – 138 Air Berlin PLC Articles of Association.

119 Siehe etwa Art 123 – 126, 138 – 139 Air Berlin PLC Articles of Association. Heute Clearstream International S.A.

120 Art 164 Air Berlin PLC Articles of Association.

121 Bis 2009 enthielt das *Memorandum* wesentliche Elemente der Verfassung einer *company* wie etwa nach Sec 2 para 1 (c) CA 1985 die *objects* und war kaum abänderbar. Die Bestimmungen aus solchen „*old style memorandums*" wie bei Air Berlin werden heute gem Sec 28 CA 2006 als Teil der *Articles* behandelt, s *Davies/Worthington*, Gower's Principles of Modern Company Law[10] (2016) Rz 4-5 FN 11 und Rz 4-33.

122 Art 4 Air Berlin PLC Memorandum of Association (as altered by sole member's written resolution passed on 16 December 2005), Companies House, Nr. 05643814, 19. Dezember 2006, https://beta.companieshouse.gov.uk/company/05643814/filing-history.

123 *Fleischer/Mock*, Gesellschaftsverträge und Satzungen im Wandel der Zeiten, NZG 2020, 161 (166).

124 *Mayson/French/Ryan*, Company Law[36] (2019) 616 f, *Davies/Worthington*, Gower's Principles of Modern Company Law[10] (2016) Rz 7-29. Wenn der Dritte nicht in *good faith* kontrahierte, kann sich jedoch noch heute ein zu enges *object* auf die Vertretungsmacht der Organe durchschlagen, siehe Sec. 40 CA 2006, *Mayson/French/Ryan*, Company Law 622.

125 § 3 des Gesellschaftsvertrages der Air Berlin PLC & Co. Luftverkehrs KG lautet: „1. Gegenstand des Unternehmens ist die Durchführung von Linien-, Charter- und sonstigen Flügen im gewerblichen Luftverkehr sowie das Luftfrachtgeschäft. 2. Die Gesellschaft kann alle Geschäfte betreiben, die der Erreichung der vorgenannten Zwecke unmittelbar oder mittelbar förderlich sind.

Beteiligungsgesellschaft mbH, also der Vorgängerin der PLC, in der Beteiligung als Komplementärin.[126]

Deutschland sticht mit der rechtsvergleichend „einzigartigen“[127] Satzungsstrenge nach § 23 Abs 5 S 1 AktG, wonach nur vom AktG abgewichen werden kann, wenn dies *ausdrücklich* zugelassen wird, innerhalb der EU deutlich heraus.[128] Im VK hat die Vertragsautonomie hingegen gegenüber dem zwingenden Recht größeres Gewicht,[129] denn die *articles of association* können – im direkten Gegensatz zum deutschen Beispiel – alles regeln, was nicht ausdrücklich als zwingend bezeichnet wurde.[130] Dieser Grundsatz wurde nicht ausdrücklich kodifiziert, er wird schlichtweg vorausgesetzt und ist damit „*too obvious to be worth stating*“.[131] Mithin sind die *model articles*[132] auch bloßer *default* und gänzlich dispositiv.[133] Diese Rechtslage ist am ehesten vergleichbar mit der Satzungsauto-

---

Sie kann gleichartige oder ähnliche Unternehmen im In- und Ausland gründen, erwerben, sich an solchen beteiligen, solche vertreten und Interessen- und Arbeitsgemeinschaften eingehen.“

126 „Beteiligung als Komplementärin an einer KG, deren Geschäftszweck die Durchführung von Linien-, Charter- und sonstigen Flügen im gewerblichen Luftverkehr sowie das Luftfrachtgeschäft ist.“ Es wird jedoch klargestellt, dass die GmbH alle weiteren Geschäfte betreiben kann, die der Erreichung des Zwecks unmittelbar oder mittelbar förderlich sind, etwa ähnliche Unternehmen zu gründen, zu erwerben etc., siehe § 2 des Gesellschaftsvertrags der Air Berlin Beteiligungsgesellschaft mbH idF vom 6. Mai 1991, Amtsgericht Charlottenburg, HR B 38364, Blatt 1. Dass die GmbH sich als Komplementärin beteiligen wird, muss auch im Unternehmensgegenstand zum Ausdruck kommen, vgl *Lüke*, in *Hesselmann/Tillmann/Mueller-Thuns*, Handbuch GmbH & Co. KG[22] (2020) Rz 3.11.

127 So etwa *Haberer*, Zwingendes Kapitalgesellschaftsrecht, Rechtfertigung und Grenzen (2009) 263.

128 *Hopt*, Gestaltungsfreiheit im Gesellschaftsrecht in Europa, in *Lutter/Wiedemann*, Gestaltungsfreiheit im Gesellschaftsrecht, Deutschland, Europa und USA, ZGR Sonderheft 13, 1998, 123 (126); In Österreich gibt es mangels entsprechender Bestimmung zumindest bei nicht notierten Gesellschaften eine weitere Satzungsautonomie, welche jedoch bei notierten Gesellschaften eingeschränkt wird, OGH 8.5.2013, 6 Ob 28/13 f.

129 *Rajak*, Gestaltungsfreiheit im Gesellschaftsrecht des Vereinigten Königreichs, in *Lutter/Wiedemann*, Gestaltungsfreiheit im Gesellschaftsrecht, Deutschland, Europa und USA, ZGR Sonderheft 13, 1998, 187 (213 f).

130 *Haberer*, Zwingendes Kapitalgesellschaftsrecht, Rechtfertigung und Grenzen (2009) 263.

131 So *Davies/Worthington*, Gower's Principles of Modern Company Law[10] (2016) Rz 3-13.

132 Formuliert vom Secretary of State: Sec. 19 para 1 CA 2006: "*The Secretary of State may by regulations prescribe model articles of association for companies.*" und abrufbar unter https://www.gov.uk/guidance/model-articles-of-association-for-limited-companies (zuletzt abgerufen am 15.3.2021).

133 Siehe Sec. 19 para 3 und Sec. 20 para 1 CA 2006; *Davies/Worthington*, Gower's Principles of Modern Company Law[10] (2016) Rz 3-14 f.

nomie nach § 45 Abs 1 GmbHG[134] und §§ 109, 161 Abs 1 HGB[135], welche die Rechtsform der Air Berlin bis zur Umgründung prägte, und innerhalb welcher die Air Berlin-Gesellschafter und Geschäftsführer gewohnt waren zu agieren. So mag die mangelnde Flexibilität des deutschen Aktienrechts ein weiterer Grund für die Wahl der PLC gewesen sein, welche im Gegensatz zur GmbH als Publikumsgesellschaft insbesondere die Möglichkeit der Börsennotierung bietet.

2. Organe

a) Verhältnis zwischen *directors* und *shareholders*

Zwischen Deutschland und dem Vereinigten Königreich bestehen „tief greifende Unterschiede im Grundverständnis der Gesellschafterstellung".[136] Der an der Londoner Börse vorherrschende Streubesitz[137] führt dazu, dass sich das englische Gesellschaftsrecht weniger auf Konflikte zwischen Groß- und Kleinaktionären fokussiert als das deutsche.[138] Vielmehr liegt das Hauptaugenmerk auf dem klassischen *principal agent*-Konflikt zwischen der Aktionärsgesamtheit und der Unternehmensleitung, weshalb etwa die Unternehmensleiterhaftung streng und detailliert geregelt ist.[139] Die Direktoren der PLC sind auch enger an die Aktionäre gebunden als dies bei Vorständen einer deutschen AG der Fall ist, da PLC-Aktionäre ein unverzichtbares Recht haben, die Direktoren mit einfacher Mehrheit jederzeit und ohne Begründung abzuberufen.[140] Darin wird ein wirksamer Mecha-

---

134 *Liebscher*, in *Fleischer/Goette*, Münchener Kommentar zum GmbHG II^3 (2019) § 45 Rn 2 ff.

135 *Psaroudakis*, in *Heidel/Schall*, Handelsgesetzbuch Handkommentar^3 (2019) § 109 Rz 1 ff.

136 So *Fleischer*, AG 2012, 769.

137 So sind in der Hälfte der deutschen und auch österreichischen börsengelisteten Unternehmen (ausgenommen Finanzinstitute) mehr als 50 % der Stimmrechte in einem „Block" kontrolliert, während im Vereinigten Königreich der größte „Blockholder" im Median nur knapp 10 % der Stimmrechte kontrolliert, siehe *Becht/Mayer* in *Barca/Becht*, The Control of Corporate Europe (2001) 19. Für Daten bis 2012 siehe auch *Aminadav/ Papaioannou*, Corporate Control around the World, The Journal of Finance, Volume 75, Issue 3, June 2020, 1191 (1205 ff).

138 Air Berlin hatte bis zum Börsengang eine sehr konzentrierte Aktionärsstruktur, mit insgesamt sieben Aktionären, wobei zwei davon zusammen 51 % der Anteile kontrollierten, vgl Air Berlin IPO Prospekt 2006, 98.

139 *Fleischer*, AG 2012, 769. Siehe die ausführlich geregelten Pflichten der *directors* in sec. 170 – 225 CA 2006, welche durch den CA 2006 erstmals kodifiziert wurden, vgl *Mayson/French/Ryan*, Company Law 458 ff.

140 Sec. 168 CA 2006, s *Mayson/French/Ryan*, Company Law 422 ff, *Armour/Enriques/Hansmann/Kraakman* in *Kraakman et al.* 56.

nismus zur Senkung der in diesem Verhältnis typischerweise entstehenden Agenturkosten gesehen.[141] Bei der Analyse des Einflusses der Aktionäre fällt überdies die ausführliche, 16 Artikel umfassende Regelung von *proxies* und *corporate representatives* auf.[142]

Überdies können nach den Articles of Association eine Mehrheit von drei Vierteln der *directors* einen anderen *director* abberufen.[143] Dagegen kann bei der deutschen Aktiengesellschaft nur der Aufsichtsrat Vorstandsmitglieder abberufen und auch das nur aus wichtigem Grund. Ein solcher liegt unter anderem vor, wenn die Hauptversammlung dem Vorstand das Vertrauen entzieht.[144]

b) Kleines one-tier board

In Deutschland und Österreich sieht das AG-Recht eine zwingend dualistische Leitungsstruktur, bestehend aus Vorstand und Aufsichtsrat, vor. Im angloamerikanischen Raum, und so auch bei der PLC, gibt es hingegen ein *one-tier board*, welches zur Geschäftsführung *und* Überwachung des Managements ermächtigt ist.[145] So bestand das *board* der Air Berlin nach der Umgründung aus fünf *non-executive directors* (nichtgeschäftsführenden Direktoren) und vier *executive directors* (geschäftsführenden Direktoren) inklusive einem *chairman*.[146] Die rechtlichen Unterschiede zwischen *one-tier* und *two-tier boards* können allgemein durch die konkret gelebte Unternehmenskultur verschwimmen, etwa durch informelle Koalitionen zwischen Vorstand und Aufsichtsrat.[147] Auch kann sich ein *one-tier board* durch die Auslagerung von Aufsichtsfunktionen in einzelne Ausschüsse, bestehend aus nichtgeschäftsführenden Direktoren, funktionell der Governancestruktur mit Aufsichtsrat annähern,[148] was Air Berlin zumindest in

141 *Armour/Enriques/Hansmann/Kraakman* in *Kraakman et al.* 55.

142 Art 119 – 135 Air Berlin PLC Articles of Association. Siehe heute: Art 3j RL (EU) 2017/828 des Europäischen Parlaments und des Rates vom 17. Mai 2017 zur Änderung der Richtlinie 2007/36/EG im Hinblick auf die Förderung der langfristigen Mitwirkung der Aktionäre, ABl L132/1, 1.

143 Art 164 lit g Air Berlin Articles of Association.

144 § 84 Abs 3 S 1 und 2 AktG, es sei denn, das Vertrauen wurde aus offenbar unsachlichen Gründen entzogen (S 2 aE *leg cit)*, *Spindler* in Münchener Kommentar zum Aktiengesetz[5] (2019) § 84 Rz 1, 5. Ebenso § 75 Abs 4 S 1 und 2 öAktG, siehe *Kalss* in MüKo AktG[5] (2019) § 84 Rz 273 ff.

145 *Armour/Enriques/Hansmann/Kraakman* in *Kraakman et al.* 50.

146 Air Berlin Jahresbericht 2006, 69.

147 *Armour/Enriques/Hansmann/Kraakman* in *Kraakman et al.* 51.

148 *Ibd*; *Hopt*, Der Aufsichtsrat, Bedeutungswandel, Konvergenz, unternehmerische Mitverantwortung, Pflichten- und Haftungszuwachs, ZGR 2019, 507 (517).

drei sensiblen Bereichen über ein *audit*, ein *nominations* sowie ein *remuneration committee* umsetzte.[149]

Auch die Anzahl der Mitglieder des Leitungsorgans mag bei der Entscheidung zugunsten der englischen Rechtsform eine Rolle gespielt haben, da Gesellschaften mit kleineren *boards* mannigfaltige Vorteile, etwa insbesondere höhere Marktbewertungen, zugeschrieben werden.[150] So musste das *board* der Air Berlin gesellschaftsvertraglich nur aus *mindestens* zwei Personen bestehen.[151] Eine Aktiengesellschaft dieser Größe hätte allein 12 Aufsichtsratsmitglieder[152] und mindestens zwei Vorstandsmitglieder haben müssen.[153]

3. Sonderanknüpfung im Aufsichtsorgan

a) Arbeitnehmermitbestimmung und ihre Umgehung

Ausländische Kapitalgesellschaften machen in Deutschland nur einen Bruchteil aller Kapitalgesellschaften aus, doch ist auffällig, dass einige von ihnen besonders große Belegschaften aufweisen. So hatte Air Berlin vor der Insolvenz über 8.500[154], die Rolls-Royce Deutschland Ltd & Co. KG über 2.500[155], die Alba plc & Co. KG über 8.000[156] und die – bis 2019 in dieser Rechtsform auftretende[157] – Mül-

---

149 Air Berlin Jahresbericht 2016, 70 f: Alle bestanden aus *non-executive directors* mit Ausnahme des *nominations committee*, welchem auch der CEO angehörte. Die *proceedings* der *committees* unterlagen den Regeln der Articles of Association in Bezug auf *proceedings of directors*, sofern das *board* nicht anderes beschloss, s Art 159 letzter Satz Articles of Association Air Berlin PLC.

150 *Yermack*, Higher market valuation of companies with a small board of directors, Journal of Financial Economics, 40 (1996) 185 (185 ff) zu U. S.-amerikanischen Industrieunternehmen. Investoren reagieren überdies – zumindest kurzfristig – negativ auf eine Erweiterung des *boards* um mehr als vier Mitglieder, was freilich bei den Überlegungen zum *IPO pricing* eine Rolle gespielt haben kann, *ibd* 208 f.

151 Art 140 Air Berlin PLC Articles of Association.

152 § 7 Abs 1 Z 1 MitbestG 1976.

153 § 76 Abs 2 S 2 AktG, da das Grundkapital mehr als € 3 Millionen betrug. Die Satzung kann die Anzahl zwar auf eine Person herabsetzen, doch ist freilich bei börsengelisteten Unternehmen dieser Größenordnung eine größere Zahl üblich – auch Air Berlin hatte fünf geschäftsführende Direktoren.

154 Dazu schon oben II.3.

155 Bloomberg, https://www.bloomberg.com/profile/company/6656136Z:GR, abgerufen am 2.2.2020.

156 https://www.alba.info/unternehmen/ueber-uns/, zuletzt abgerufen am 15.3.2021.

157 Siehe zur neuen Rechtsform noch unten VII.

ler Ltd. & Co. KG[158] 35.000 Mitarbeiter.[159] Deshalb liegt es nahe, dass die Umgehung der Mitbestimmungsregeln eine wesentliche Motivation für die Wahl dieser Rechtsform war, was, wie erläutert, im Fall von Air Berlin auch offen genau so kommuniziert wurde.[160] Während ein Großteil der europäischen Staaten mittlerweile die eine oder andere Form der Arbeitnehmermitbestimmung kennt, sticht Deutschland selbst innerhalb Kontinentaleuropas mit der paritätischen Mitbestimmung deutlich heraus.[161] Der Kontrast zum angloamerikanischen Rechtskreis, dem eine solche Arbeitnehmermitbestimmung gänzlich fremd ist[162] – es gibt insbesondere keine Mitbestimmung in den Gesellschaftsorganen einer *public limited company* – fällt noch stärker aus. Seit 2019 erweitert der UK Corporate Governance Code zwar für alle im *Premium Main Market* der Londoner Börse gelisteten Gesellschaften den Arbeitnehmereinfluss in kleinen Schritten,[163] diese Regelung ist jedoch mit dem Umfang der deutschen nicht annähernd vergleichbar:

Nach §§ 1, 4 Abs 1 DrittelbG besteht der Aufsichtsrat bei Gesellschaften, die mehr als 500, aber weniger als 2.000 Arbeitnehmer haben, zu einem Drittel aus Arbeitnehmervertretern. Mangels eigener gesetzlicher Regelung, etwa wie nach § 4 MitbestG (1976), gilt dies jedoch nicht bei Kapitalgesellschaften & Co. KG,[164] sodass die Air Berlin zunächst in dieser Rechtsform nicht drittelbeteiligt war. §§ 1 Abs 1, 7 Abs 1 MitbestG (1976) ordnen für Unternehmen mit über 2.000 Arbeitnehmern eine paritätische Mitbestimmung an: Die *Hälfte* der Aufsichtsratsmitglieder

158 https://www.mueller-drogerie.at/unternehmen/historie-fakten/fakten/?itm_content=kw28&itm_medium=4er-kombibanner&itm_campaign=fakten&itm_position=historie, zuletzt abgerufen am 15.3.2021.

159 Nach einer Studie der Hans Böckler Stiftung gab es in Deutschland 2014 insgesamt 69 Unternehmen in der Form einer ausländischen Kapitalgesellschaft & Co. KG mit mehr als 500 Arbeitnehmern, wobei 51 davon über 2.000 Beschäftigte hatten, *Sick*, Report der Hans Böckler Stifung Nr. 8, Februar 2015, 8.

160 Oben II.3. Zu anderen Umgehungsformen wie etwa die Stiftung & Co. KG s *Habersack* in *Ulmer/Habersack/Henssler*, Mitbestimmungsrecht[4] (2018) MitbestG § 4 Rz 7 mwN; *Ulmer/Habersack* in *Ulmer/Habersack/Henssler*, MitbestG § 1 Rz 29 f.

161 *Enriques/Hansmann/Kraakman/Pargendler* in *Kraakman et al.*, The Anatomy of Corporate Law, A Comparative and Functional Approach[3] (2017) 90.

162 *Ibd*; *Gerner-Beuerle/Schillig*, Comparative Company Law 458 mwN.

163 Nach Section 1, Provision 5 des UK Corporate Governance Code July 2018, https://www.frc.org.uk/getattachment/88bd8c45-50ea-4841-95b0-d2f4f48069a2/2018-UK-Corporate-Governance-Code-FINAL.pdf (zuletzt abgerufen am 15.3.2021) zum *workforce engagement* soll mindestens eine der folgenden Möglichkeiten verwendet werden: Ein *director appointed from the workforce*, ein *formal workforce advisory panel* und ein *designated non-executive director*. Dies betraf die Air Berlin aufgrund des zeitlichen Anwendungsbereichs und der Notierung an der Frankfurter Börse freilich nie.

164 Siehe nur *Habersack* in *Ulmer/Habersack/Henssler*, Mitbestimmungsrecht, DrittelbG § 1 Rz 9.

ist aus dem Kreis der Arbeitnehmer zu bestellen.[165] Basierend darauf erweitert § 4 Abs 1 MitbestG (1976) den Anwendungsbereich u. a. auf AG & Co. KG und GmbH & Co. KG, sofern die Mehrheit der Kommanditisten auch die Mehrheit an der Komplementärgesellschaft hält.[166] Air Berlin nahm jedoch auch schon vor der Umgründung, also noch als GmbH & Co. KG, trotz kurzzeitigen Überschreitens der 2.000 Mitarbeiter-Schwelle in der Unternehmensgruppe[167] und identer Mehrheitsverhältnisse der GmbH- und KG-Gesellschafter[168] keine Arbeitnehmervertreter in den Aufsichtsrat auf.[169]

Dogmatisch besonders komplex ist nun die Frage, ob das MitbestG (1976) – entgegen der verbreitenden Auffassung – auch auf die Air Berlin PLC anzuwenden gewesen wäre. Im Einzelnen:

aa) Grundanknüpfung: Keine Mitbestimmung

Die Arbeitnehmermitbestimmung fällt nach herrschender Meinung unter das Gesellschaftsstatut, weil sie eine „Verfassungsfrage", nämlich die Zusammenset-

---

165 In Österreich ist für Aktiengesellschaften und einige weitere Gesellschaftsformen gem §§ 110 Abs 1 S 1, Abs 5 ArbVG ebenfalls die Teilnahme von Vertretern des Betriebsrats im Aufsichtsrat vorgesehen: Für jeweils zwei Kapitalvertreter ist ein Arbeitnehmervertreter zu bestellen, was zur sog „Drittelparität" führt.

166 Es besteht überdies eine Ausnahme, wenn der Komplementär selbst einen Betrieb mit über 500 Mitarbeitern betreibt. In Österreich sind nach § 110 Abs 7 ArbVG GmbH & Co. KG mitbestimmt, wenn die GmbH nach dem Gesellschaftsvertrag oder Gesetz aufsichtsratspflichtig ist. Eine Pflicht zur Einrichtung eines AR besteht u. a., wenn die Anzahl der Arbeitnehmer 300 übersteigt, s § 29 Abs 1 öGmbHG. Weil diese Bestimmung nur von der GmbH spricht, stellt sich in Österreich schon die Frage, ob auch andere verdeckte Kapitalgesellschaften der Mitbestimmung unterliegen. Teleologisch lässt sich eine Ausdehnung der Mitbestimmung etwa auf eine AG & Co. KG durchaus rechtfertigen, da die Interessenlage dieselbe ist, *Jabornegg* in *Strasser/Jabornegg/Resch*, ArbVG § 110 Rz 37 (Stand 1.12.2006, rdb.at).

167 2003: 1.956, 2004: 2.146, 2005: 2.488, Air Berlin IPO Prospekt 5.

168 Siehe Chronologischer Handelsregisterauszug der Air Berlin GmbH & Co. Luftverkehrs KG, Amtsgericht Charlottenburg, HR A 23373, Blatt 1 ff und Liste der Gesellschafter der Air Berlin Beteiligungsgesellschaft mbH vom 6.5.2003 und 7.12.2005.

169 Anhand der öffentlichen Daten kann soweit ersichtlich nicht ganz nachvollzogen werden, wie Air Berlin damals die Mitbestimmung umging. Siehe etwa zur Aufteilung von Divisionen auf mehrere Kaptitalgesellschaften & Co. KG mwN *Habersack* in *Habersack/Henssler*, Mitbestimmungsrecht^{3} (2018) MitbestG § 4 Rz 3. Siehe auch zur Umgehung in der Praxis durch Einsatz mehrerer Gesellschaften unter einer *ausländischen* Konzernmutter – eine Konstruktion, die auch Air Berlin einsetzte, da neben der Air Berlin PLC & Co. Luftverkehrs KG auch die Air Berlin PLC & Co. Cabin Service KG zeitweise über 500 Arbeitnehmer beschäftigte – bei *Sick/Pütz*, WSI-Mitteilungen 1/2011 (36 f); *Sick*, Unternehmensmitbestimmung für ausländische Gesellschaften – Inkonsistenzen beheben! GmbHR 2011, 1196 (1197).

zung und Willensbildung im Aufsichtsorgan, betrifft.[170] Die Regelung ist also – anders als die *betriebliche* Mitbestimmung – nicht etwa arbeitsrechtlich zu qualifizieren.[171] Dies ergibt sich aus dem Zweck des Mitbestimmungsrechts: Gleichberechtigte Teilhabe der Belegschaft an unternehmerischen Entscheidungen.[172] So sind nach der Grundanknüpfung mangels Regelung im englischen Recht bei Air Berlin grundsätzlich keine Arbeitnehmervertreter in den Aufsichtsrat zu entsenden.

bb) Arbeitnehmermitbestimmung als Eingriffsnorm

Trotz Verweisung auf ein bestimmtes Gesellschaftsstatut kann dieses durch einseitig-zwingende Eingriffsnormen via Sonderanknüpfung punktuell durchbrochen werden. Somit können einzelne Normen und Fragen selbstständig angeknüpft werden.[173] Eingriffsnormen haben in der Regel wirtschafts-, gesellschafts-, und/oder sozialpolitischen Charakter und regeln überindividuelle, öffentliche Interessen, welche über den bloßen Ausgleich von Parteiinteressen hinausgehen.[174] Eine kodifizierte Definition liefert auch Art 9 Abs 1 Rom I-VO[175], der zwar gemäß Art 1 Abs 2 lit f Rom I-VO nicht auf das Gesellschaftsrecht anwendbar, aber doch „Ausdruck eines allgemeinen kollisionsrechtlichen Prinzips" ist.[176]

Damit eine Regelung überhaupt internationalen Geltungswillen beanspruchen kann, muss sie zumindest national indispositiv sein.[177] Dies ist bei § 1, 4 MitbestG (1976) der Fall: Diese Bestimmungen sind zwingend, und auf ihre Anwendung kann nicht, auch nicht durch die Arbeitnehmer, verzichtet werden.[178]

170 *Kindler* in MüKo BGB, Int.Ges., Rz 573 mwN.

171 *v. Bar/Mankowski*, Internationales Privatrecht II[2] (2019) § 7 Rz 203 mwN.

172 *Weller*, Unternehmensmitbestimmung für Auslandsgesellschaften, in: Festschrift Peter Hommelhoff (2012) 1275 (1285).

173 *Harms/Rentsch/Thomale/Weller*, ZGR 2015, 370 mwN. Die Lehre von der Sonderanknüpfung international zwingender Normen wurde von *Wilhelm Wengler* begründet, *Wengler*, Die Anknüpfung des zwingenden Schuldrechts im internationalen Privatrecht, ZVglRWiss 54 (1941) 168 (168 ff, 211).

174 Siehe nur *Harms/Rentsch/Thomale/Weller*, ZGR 2015, 370 mwN.

175 „Eine Eingriffsnorm ist eine zwingende Vorschrift, deren Einhaltung von einem Staat als so entscheidend für die Wahrung seines öffentlichen Interesses, insbesondere seiner politischen, sozialen oder wirtschaftlichen Organisation, angesehen wird, dass sie ungeachtet des nach Maßgabe dieser Verordnung auf den Vertrag anzuwendenden Rechts auf alle Sachverhalte anzuwenden ist, die in ihren Anwendungsbereich fallen."

176 *Magnus*, in *Staudinger*, Kommentar zum Bürgerlichen Gesetzbuch, EGBGB/Internationales Privatrecht, ROM-I-VO (2016) Art 9 Rz 15.

177 Siehe nur *Harms/Rentsch/Thomale/Weller*, ZGR 2015, 375.

178 *Habersack* in *Habersack/Henssler*, Mitbestimmungsrecht[4] (2018) MitbestG § 1 Rz 16 mwN.

International zwingend sind Normen, welche nicht (nur) auf den Ausgleich von Individualinteressen der Vertragsparteien, sondern stets zumindest auch auf das Interesse des Gemeinwohls abzielen.[179] Nachdem in jüngerer Zeit eine Erstreckung der paritätischen Mitbestimmung auf Scheinauslandsgesellschaften zwar *de lege ferenda* vorgeschlagen,[180] aber letztendlich nicht umgesetzt wurde,[181] wird vertreten, es fehle am internationalen Geltungswillen.[182] Außerdem stünden etwa die inländischen Umgehungsmöglichkeiten[183] sowie die vielen „Mängel" der Mitbestimmung einer internationalen Geltung entgegen.[184]

Diese Argumente können letztendlich nicht überzeugen: Die betreffenden Bestimmungen gehen in ihrem Zweck und ihrer Wirkung nämlich über einen bloßen Interessenausgleich unter Privaten hinaus, da sie politischen, sozialen und wirtschaftlichen Charakter haben.[185] Es handelt sich damit um „grundlegende sozialpolitische Ordnungsvorstellungen der Bundesrepublik Deutschland",[186] was auch jene, die sich gegen eine Qualifikation als Eingriffsnorm aussprechen, eingestehen.[187] Das MitbestG (1976) beansprucht nach den Gesetzesmaterialien zwar keine grundsätzliche Geltung für im Ausland gegründete Gesellschaften, doch sehr wohl für solche, die ihren „Sitz im Geltungsbereich des Grundgesetzes" ha-

---

179 Vgl BAG, 29.10.1992 – 2 AZR 267/92 –, BAGE 71, 297, Rz 81; BAG, 24.8.1989 – 2 AZR 3/89 –, BAGE 63, 17 Rz 61; *Weller*, in FS Hommelhoff 1289 f.

180 Siehe den Antrag BTDrucks. 17/2122 und näher *Weller*, in FS Hommelhoff 1283 f.

181 Siehe die negative Beschlussempfehlung des BT-Ausschusses für Arbeit und Soziales, BT-Drs. 17/7696. Auch in Österreich besteht keine ausdrückliche Erstreckung.

182 So *Oetker*, Die zwingende Geschlechterquote für den Aufsichtsrat – vom historischen Schritt zur Kultivierung einer juristischen terra incognita, ZHR 179 (2015) 707 (713).

183 *Borsutzky*, Die international-privatrechtliche Anknüpfung des Rechts der Unternehmensmitbestimmung, EuZA 2014, 437 (442).

184 Siehe *Sandrock*, Gehören die deutschen Regelungen über die Mitbestimmung auf Unternehmensebene wirklich zum deutschen ordre public? AG 2004, 57 (60 f, 64).

185 Näher *Weller*, in FS Hommelhoff 1289.

186 *Kindler* in MüKo BGB, Int.Ges., Rz 578; *Franzen*, Niederlassungsfreiheit, internationales Gesellschaftsrecht und Unternehmensmitbestimmung, RdA 2004, 257 (259); siehe auch *Harms/Rentsch/Thomale/Weller*, ZGR 2015, 373. AA etwa *Oetker*, Die zwingende Geschlechterquote für den Aufsichtsrat – vom historischen Schritt zur Kultivierung einer juristischen terra incognita, ZHR 179 (2015), 707 (713), der zwar die sozialpolitischen Ordnungsvorstellungen der Regelung nicht bestreitet, eine Anwendung aber an einer fehlenden normativen Grundlage scheitern lässt. AA auch *Sandrock*, Gehören die deutschen Regelungen über die Mitbestimmung auf Unternehmensebene wirklich zum deutschen ordre public? AG 2004, 57 (60 f, 64), der die Mitbestimmung grundlegend kritisiert und folgert: „Derart mangelhafte Normen können keine unbedingte Geltung beanspruchen".

187 Siehe etwa *Borsutzky*, Die international-privatrechtliche Anknüpfung des Rechts der Unternehmensmitbestimmung, EuZA 2014, 437 (442). *Oetker*, ZHR 2015, 713.

ben.[188] Damit war wohl *Verwaltungs*sitz gemeint, hatte doch der BGH[189] diesen erst wenige Jahre zuvor, nämlich 1970, erstmals ausdrücklich als den international-privatrechtlich maßgeblichen Sitz festgestellt. Somit handelt es sich im Ergebnis um eine Eingriffsnorm.

cc) Substitution von „Aktiengesellschaft" im MitbestG

Gegen eine analoge Anwendung auf Auslandsgesellschaften wird verbreitet mit dem Wortlaut des § 1 Z 1 MitbestG (1976) argumentiert, der keine ausländischen Rechtsformen nennt.[190] Schon dieses Argument überzeugt nicht, konnte der Gesetzgeber doch nicht jede mögliche ausländische Gesellschaft aufzählen: Sachnormen sind in aller Regel nur auf Inlandssachverhalte zugeschnitten.[191] Darüber hinaus wird indessen das Fehlen einer planwidrigen Regelungsücke bemängelt.[192]

Den beiden Argumenten ist die international-privatrechtliche Figur der Substitution entgegenzuhalten:[193] Diese bietet die Möglichkeit, Tatbestandsmerkmale inländischer Sachnormen durch ausländische Sachnormen zu ersetzen (substituieren).[194] Anders als bei der Analogie wird dabei keine planwidrige Lücke verlangt.[195] Die Voraussetzungen sind vielmehr *erstens* „Substitutionsoffenheit" der

---

188 BT-Drs. 7/4845, 4. So auch *Kindler* in MüKo BGB, Int.Ges., Rz 578. AA *Ulmer/Habersack* in *Ulmer/Habersack/Henssler*, Mitbestimmungsrecht, MitbestG § 1 Rz 6a mit Zweifeln, ob dieses spezielle Problem vom Gesetzgeber tatsächlich erkannt wurde.

189 BGH, Entscheidung vom 30. Januar 1970 – V ZR 139/68 –, BGHZ 53, 181 (juris Rz 10); *Trautrims*, Geschichte und Bedeutung von Sitz- und Gründungstheorie im deutschen Recht, ZHR 176 (2012), 435 (452).

190 So etwa *Merkt*, Unternehmensmitbestimmung für ausländische Gesellschaften? ZIP 2011, 1237 (1239) mwN. Ähnlich *Oetker*, ZHR 2015, 713 mit Verweis auf § 25 Abs 1 S 1 MitbestG und § 3 Abs 2 Montan-MitbestG, die jeweils auf deutsches gesellschaftsrechtliches Organisationsrecht Bezug nehmen; siehe auch die Nw bei *Ulmer/Habersack* in *Ulmer/Habersack/Henssler*, Mitbestimmungsrecht, MitbestG § 1 Rz 6a.

191 *v. Bar/Mankowski*, Internationales Privatrecht I[2] (2003) § 4 Rz 17; *Weller*, in FS Hommelhoff 1277.

192 Siehe dazu *Merkt*, ZIP 2011, 1239 mwN.

193 Für eine Substitution auch etwa *Franzen*, RdA 2004, 260; *Kindler* in MüKo BGB, Int.Ges., Rz 579.

194 *v. Hein* in Münchener Kommentar zum BGB[8] (2020) Einleitung zum Internationalen Privatrecht, Rz 247; *Weller*, GmbH-Anteilsabtretungen in Basel, zugleich Besprechung von BGHZ 199, 270, ZGR 2014, 865 (875).

195 So auch speziell zur Mitbestimmung *Kindler*, in MüKo BGB, Int.Ges., Rz 579; *Harms/Rentsch/Thomale/Weller*, ZGR 2015, 374.

inländischen Sachnorm und *zweitens* Funktionsäquivalenz zwischen dem System- und dem Substitutionsbegriff.[196]

Substitutionsoffenheit liegt im Zweifel vor, Gegenteiliges bedürfte einer besonderen Begründung mit dem Zweck der Sachnorm.[197] Dies wäre etwa dann der Fall, wenn der Gesetzgeber eine Rechtsfigur in einem streng inländischen und damit idiosynkratischen Sinne versteht.[198] Der Gesetzgeber wollte die betreffende Regelung jedoch auf alle Gesellschaften mit Verwaltungssitz in Deutschland ausdehnen.[199] Funktionsäquivalenz ist überdies gegeben, wenn das in Frage kommende ausländische Rechtsinstitut einer inländischen Rechtserscheinung – nach Zweck und in den wesentlichen Zügen – gleichwertig ist,[200] wobei insbesondere die soziale und ökonomische Bedeutung relevant ist.[201] Die Aktiengesellschaft als Publikumsgesellschaft drängt sich hier nahezu auf[202] und entspricht funktional der *public limited company*.[203] Folglich ist das Wort „Aktiengesellschaft" in § 1 Z 1 MitbestG (1976) mit „*public limited company*" zu substituieren.

Schließlich ist dem Einwand rechtstechnischer Probleme[204] beim isolierten „Einpflanzen"[205] der Mitbestimmung etwa in der *public limited company* entgegenzuhalten, dass die Arbeitnehmervertreter als *non-executive directors* einer PLC bestellt werden können.[206] Dies passt ohne Weiteres in die englische Systematik, schlägt doch der UK Corporate Governance Code selbst diese Möglichkeit

---

196 *v. Bar/Mankowski*, Internationales Privatrecht I^2 (2003) § 7 Rz 243; mwN *Weller*, ZGR 2014, 875, *v. Hein* in MüKo BGB, Einleitung Int. Privatrecht, Rz 252 ff.

197 MwN *v. Hein* in MüKo BGB, Einleitung Int. Privatrecht, Rz 252.

198 *Weller*, ZGR 2014, 876.

199 BT-Drs. 7/4845, 4, s dazu oben. Eine Ausdehnung auf Auslandsgesellschaften ist dem deutschen Gesellschaftsrecht überdies nicht fremd, siehe *Harms/Rentsch/Thomale/Weller*, ZGR 2015, 381 mwN zu §§ 1, 3, 191 Abs 1 UmwG beim identitätswahrenden Hereinformwechsel von einer unionsausländischen in eine deutsche Rechtsform oder bei der Geschäftsführerhaftung für Zahlungen nach Insolvenzreife gem § 64 GmbHG aF.

200 *v. Hein* in MüKo BGB, Einleitung Int. Privatrecht, Rz 255 mwN.

201 *v. Bar/Mankowski*, Internationales Privatrecht I^2 (2003) § 7 Rz 243.

202 *Harms/Rentsch/Thomale/Weller*, ZGR 2015, 382.

203 Vgl nur *Höhne*, Ltd. & Co. KG 20.

204 *Merkt*, ZIP 2011, 1241 f; *Zimmer*, Nach „Inspire Art": Grenzenlose Gestaltungsfreiheit für deutsche Unternehmen? NJW 2003, 3585 (3591); *Bayer*, Auswirkungen der Niederlassungsfreiheit nach den EuGH-Entscheidungen Inspire Art und Überseering auf die deutsche Unternehmensmitbestimmung, AG 2004, 534 (535); vgl auch *obiter dictum* BGH, Vorlagebeschluss v. 30.3.2000 – VII ZR 370/98, ZIP 2000, 967, 968 – Überseering: „Beispielsweise ist nicht erkennbar, wie die unternehmerische Mitbestimmung des deutschen Rechts in einer ausländischen Gesellschaft verwirklicht werden soll, die keinen Aufsichtsrat hat."

205 Nach *Merkt*, ZIP 2011, 1242.

206 So auch schon *Franzen*, RdA 2004, 261.

vor.[207] Daneben kann ein solcher formal-technischer Grund kaum die mit der Eingriffsnorm verfolgten, öffentlichen Zwecke verdrängen.

dd) Grundfreiheitskonformität

Nachdem gezeigt werden konnte, dass die Arbeitnehmermitbestimmung nach vorzugswürdiger Ansicht – sei es über eine Sonderanknüpfung als Eingriffsnorm, sei es im Wege der Substitution auf Sachrechtsebene – auch EU-Auslandsgesellschaften wie der Air Berlin PLC entgegengehalten werden kann, stellt sich die Frage, ob dieses international-privatrechtliche Ergebnis vor dem Hintergrund der Niederlassungsfreiheit gemäß Artt 49, 54 AEUV Bestand hat. Dies ist der Fall:

Die Anwendung der deutschen Mitbestimmung auf Auslandsgesellschaften ist durch den Eingriff in ihre Organisationsfreiheit zunächst eine Beschränkung der Niederlassungsfreiheit, welche der *Cassis de Dijon/Gebhard* Formel entsprechen muss.[208] Artt 151 lit f, 153 AEUV, welche die Mitbestimmung namentlich erwähnen, bestätigen, dass Mitbestimmung dem Arbeitnehmerschutz dient, welchen der EuGH als zwingenden Grund des Allgemeininteresses anerkannt hat.[209] Die Mitbestimmung ist überdies geeignet, dem Arbeitnehmerschutz zu dienen.[210] Schließlich ist die Erstreckung der Mitbestimmung erforderlich, da kein milderes Mittel zur Verfügung steht. Auch ist insbesondere die betriebliche Mitbestimmung kein solches Mittel, da diese keine unternehmerische, strategische Teilhabe an der Unternehmensführung bietet.[211] Wie erläutert, schadet auch die monistische *board*-Struktur der Air Berlin PLC nicht.[212] Die Anwendung ist schließlich diskriminierungsfrei, da sie auch für inländische Gesellschaften gilt.[213]

---

207 Dazu schon oben: Section 1, 5 des UK Corporate Governance Code, schlägt zur *stakeholder*-Einbindung unter anderem einen *director appointed from the workforce* vor.

208 EuGH 30.11.1995, Rs. C-55/94 – *Gebhard*, Tz 37; *Weller*, in FS Hommelhoff 1290.

209 EuGH 5.11.2002, Rs C-208/00 – *Überseering*, Tz 92. Eingehend zur Mitbestimmung als zwingender Grund des Allgemeininteresses, *Weiss/Seifert*, Der europarechtliche Rahmen für ein „Mitbestimmungserstreckungsgesetz", ZGR 2009, 542 (549 ff).

210 *Weller*, in FS Hommelhoff 1293.

211 *Kindler* in MüKo BGB, Int.Ges., Rz 577 mwN, *Weller*, in FS Hommelhoff 1293 mwN.

212 *Weller*, in FS Hommelhoff 1294 f mwN.

213 *Kindler* in MüKo BGB, Int.Ges., Rz 575 mwN.

b) Geschlechterquote im Aufsichtsrat

Neben der Umgehung der Mitbestimmung hat sich in jüngerer Zeit ein weiterer Trend abgezeichnet: Manche prognostizieren für Geschlechterquoten im Aufsichtsrat von Großunternehmen ähnliche Vermeidungsstrategien.[214] Bezüglich der Air Berlin führt die Grundanknüpfung zunächst zu keiner zwingenden Geschlechterquote, da das englische Gesellschaftsstatut[215] keine entsprechende Regelung kennt. Auch der UK Corporate Governance Code gibt in diesem Kontext nur relativ vage Empfehlungen.[216] Dem gegenüber steht § 96 Abs 2 S 1 AktG, wonach bei börsennotierten Gesellschaften, die unter das MitbestG (1976)[217] fallen, Frauen und Männer zu jeweils mindestens 30 % im Aufsichtsrat vertreten sein müssen.[218] Die Rechtsfolge bei einem Verstoß ist gem Satz 6 *leg cit* denkbar streng: Nichtigkeit der Wahl.[219] Sieht man die unternehmerische Mitbestimmung nicht als Eingriffsnormen an, so ist es freilich konsequent, die nach § 96 Abs 1 AktG darauf aufbauende Geschlechterquote bei Scheinauslandsgesellschaften ebenfalls unangewendet zu lassen.[220] Folgt man jedoch der oben erläuterten Ansicht, ergibt sich bei näherer Prüfung, dass auch die Geschlechterquote eine Eingriffsnorm darstellt:[221]

---

214 Zur Vermeidung der seit 2008 zwingenden Quotenregel etwa durch Wechsel der Rechtsform in Norwegen siehe empirisch *Ahern/Dittmar*, The Changing of the Boards: The Impact on Firm Valuation of Mandated Female Board Representation, The Quarterly Journal of Economics (2012) 127 (1), 137 (183 ff).

215 Es handelt sich nämlich um Organisationsverfassungsrecht, siehe nur *Kindler* in MüKo BGB, Int.Ges., Rz 571.

216 Principle J des UK Corporate Governance Code lautet: "[...] *Both appointments and succession plans should be based on merit and objective criteria and, within this context, should promote diversity of gender, social and ethnic backgrounds, cognitive and personal strengths.*"; Vgl auch Section 3, Provision 23: "*The annual report should describe the work of the nomination committee, including [...] the gender balance of those in the senior management and their direct reports.*"

217 Oder unter Montan-Mitbestimmungsgesetz oder Mitbestimmungsergänzungsgesetz.

218 In Österreich wurde 2017 nach dem „zum Vorbild genommene[n] deutsche[n] Modell" (JAB 1742 BlgNR 25. GP 1) eine Quotenregelung im Aufsichtsrat eingeführt (§ 86 Abs 7 öAktG).

219 So auch in Österreich, siehe § 86 Abs 8 S 1 öAktG; Vgl mwN *Eckert/Schopper* in *Artmann/Karollus*, AktG II[6] § 86 Rz 42 (Stand 1.10.2018, rdb.at). Im Unterschied zu Deutschland sind jedoch auch nicht börsennotierte Gesellschaften erfasst, wenn sie dauernd mehr als 1.000 Arbeitnehmer beschäftigen.

220 So etwa *Oetker*, ZHR, 2015, 712 f; *Drygala*, in *K. Schmidt/Lutter*, AktG[4] (2020) § 96 AktG Rz 33.

221 Dagegen *Oetker*, ZHR 2015, 712 f; *Hopt/Roth*, in *Hirte/Mülbert/Roth/Hopt/Wiedemann*, Großkommentar AktG Online[5] (2019) § 96 Rz 100; *Hölters*, Aktiengesetz[3] (2017) § 96 Rz 44; *Hüffer/Koch*, Aktiengesetz[15] (2021) § 96 Rz 14; *Spindler/Stilz*, Aktiengesetz[4] (2019) § 96 Rz 31b; *Grobe*, Die Geschlechterquote für Aufsichtsrat und Vorstand, AG 2015, 289 (291).

Die Quotenregelung ist national und international zwingend, da sie nicht dispositiv ist und überdies nicht bloß private Interessen fördert – sie betrifft nämlich nicht (nur) die unmittelbar betroffenen Gesellschaften, sondern hat eine marktordnende und sozialpolitische Wirkung:[222] Insbesondere geht es um den „Wirtschaftsstandort Deutschland"[223] und um „explizit gleichstellungspolitische Ziele"[224].

Da das Eingriffsrecht das anwendbare Recht nicht weiter verdrängen soll als notwendig, sind Tatbestand und Rechtsfolge differenziert zu betrachten, so dass bei einem Verstoß nicht zwingend Nichtigkeit folgt, sondern das Sanktionsregime des Gesellschaftsstatuts passend anzuwenden ist.[225] Im englischen Gesellschaftsrecht gibt es zwar kein allgemeines Aktionärsrecht zur Überprüfung von Hauptversammlungsbeschlüssen, doch gibt es vereinzelt Vorschriften zur Beschlusskontrolle im *Companies Act*.[226] Gegen die fehlerhafte Wahl von Direktoren können im Vereinigten Königreich sowohl die *company* als auch ihre *members* vorgehen.[227]

---

222 Näher *Harms/Rentsch/Thomale/Weller*, ZGR 2015, 376 ff. Dem folgend *Kindler* in MüKo BGB, Int.Ges., Rz 572. AA *Drygala*, in *K. Schmidt/Lutter* § 96 Rz 33, der keine „Anzeichen" für einen gesetzgeberischen Eingriffswillen sieht; Ähnlich *Seibt*, Geschlechterquote im Aufsichtsrat und Zielgrößen für die Frauenbeteiligung in Organen und Führungsebenen in der Privatwirtschaft, ZIP 2015, 1193 (1195).

223 BT-Drs. 18/3784, 42.

224 BT-Drs. 18/3784, 52.

225 *Harms/Rentsch/Thomale/Weller*, 2015, 379 f. Unter anderem daran lässt *Grobe*, Die Geschlechterquote für Aufsichtsrat und Vorstand, AG 2015, 289 (291) die Anwendung scheitern, da der „praktische Nutzen" einer Regelung ohne Nichtigketisfolge gering sei.

226 *Fleischer*, Reformperspektiven des aktienrechtlichen Beschlussmängelrechts im Lichte der Rechtsvergleichung, AG 2012, 765 (768) mwN, eine besondere Kontrolle von Beschlüssen gibt es etwa gem Sec. 98 CA 2006 bei der Umwandlung ein *public limited company* in eine *private limited company* oder gem Sec. 721 CA 2006 beim Erwerb eigener Anteile. Beispielsweie Sec. 157 para 4 CA 2006 erklärt die Bestellung einer Person unter 16 Jahren als Direktor *void*: „*An appointment made in contravention of this section is void.*"

227 *Mayson/French/Ryan*, Company Law 426, 564. Art 184 der Air Berlin PLC Articles of Assocation stellen jedoch Folgendes klar: „*All acts done by a meeting of the board [...] or by a person acting as a director [...] shall, notwithstanding that it be afterwards discovered that there was a defect in the appointment of any director [...] or that any of them were disqualified from holding office, or had vacated office, or were not entitled to vote, be as valid as if every such person had been duly appointed and was qualified and had continued to be a director [...] and had been entitled to vote.*"

Aus sachrechtlicher Sicht ist das Tatbestandsmerkmal „AG" durch die entsprechende ausländische Publikumsgesellschaft, in England also die PLC,[228] zu ersetzen.[229] Im monistischen System bieten sich, wie bei der Mitbestimmung ausgeführt, nichtgeschäftsführende Direktoren für die Umsetzung der Quote an,[230] womit man auch vermeidet, die Quote auf das gesamte Leitungsorgan zu erstrecken.[231]

Wie bei der Mitbestimmung liegt auch hier kein Verstoß gegen die Niederlassungsfreiheit durch die Erstreckung vor, insbesondere ist die Geschlechtergleichstellung etwa nach Art 157 Abs 4 AEUV, Art 23 Abs 2 GRC ein wesentlicher Bestandteil des Unionsrechts und ein zwingender Grund des Allgemeinwohls.[232] Im Ergebnis ist daher auch die Geschlechterquote auf PLCs mit Verwaltungssitz in Deutschland anzuwenden.

4. Gesellschaftsrechtlicher Normenmangel

a) (Kein) Corporate Governance Code

Durch die gewählte Konstruktion schaffte es Air Berlin, den UK Corporate Governance Code und den Deutschen Corporate Governance Kodex auf einen kleinsten gemeinsamen Nenner zu reduzieren: Nachdem die Gesellschaft nicht in London notierte, fiel sie nicht in den Anwendungsbereich des UK Corporate Governance Code (damals noch „Combined Code)".[233] Der deutsche Corporate Governance Kodex adressiert hingegen nur „deutsche" börsennotierte Gesellschaften,[234] sodass Gesellschaften mit ausländischem Sitz und Notierung in Deutschland dem Kodex

---

228 Dazu schon oben IV.3.a)cc).

229 Für eine kollisionsrechtliche Zulässigkeit der Substitution auch *Seibt*, ZIP 2015, 1195, der nur hinsichtlich der Substituierbarkeit des Merkmals der paritätischen Mitbestimmung Zweifel hat.

230 Dagegen etwa wegen „beträchtlichen Anpassungsproblemen" *Seibt*, ZIP 2015, 1195.

231 Diese Folge wendet jedoch *Drygala*, in *K. Schmidt/Lutter* § 96 Rz 33 gegen die Anwendung auf monistische Systeme ein.

232 *Kindler* in MüKo BGB, Int.Ges., Rz 572; Näher *Harms/Rentsch/Thomale/Weller*, ZGR 2015, 384 ff. AA *Hüffer/Koch*, Aktiengesetz[14] (2020) § 96 Rz 14 weil die Regelung mit „bewusster Lückentoleranz nur punktuell für enge Sachverhalte vorgeschrieben wird".

233 FCA Listing Rules, Jan 21, 9.8.6 para 6.

234 Ebenso Österreichischer Corporate Governance Kodex, Jänner 2021, 11 siehe auch FCA Listing Rules 9.8.6 para 6 ("*listed company incorporated in the United Kingdom*").

nicht unterliegen.[235] Dies nahm Air Berlin zum Anlass, sich zwar freiwillig dem UK Corporate Governance Code zu unterwerfen. Regelungen, die im Deutschen Corporate Governance Kodex nicht vorkamen und teilweise für die Führungskräfte von Vorteil waren, wendete die Gesellschaft jedoch mit der Begründung nicht an, sie erleide sonst einen Wettbewerbsnachteil.[236]

b) Keine anwendbares Übernahmerecht nach dem Börsengang

Im Übernahmerecht führte die Notierung der Air Berlin PLC an einer deutschen Börse zu einem Normenmangel[237], da unmittelbar nach dem Initial Public Offering (IPO) weder deutsches noch englisches Übernahmerecht anwendbar waren. Auf diesen Umstand wurde auch im IPO-Prospekt speziell für Minderheitsaktionäre als *risk factor* hingewiesen:[238] Einerseits war das (damals neue) deutsche WpÜG trotz Air Berlins Notierung an einem organisierten Markt im Inland[239] nicht anwendbar, weil es nur bestimmte, nämlich inländische Rechtsformen, erfasste.[240] Andererseits war auch der englische *City Code on Takeovers and Mergers* nur auf englische *public limited companies* anwendbar, die ihren „*place of central management*" im VK hatten.[241] Die einfachste Auflösung eines solchen Normenmangels liegt in der Harmonisierung: Mit der Umsetzung der Übernah-

---

235 *v. Werder* in *Kremer u. a.*, Deutscher Corporate Governance Kodex[8] 2021 Präambel Rz 73. Zum Vorschlag, dies auf börsennotierte Gesellschaft jeder Herkunft auszuweiten vgl *Sünner*, Genügt der Deutsche Corporate Governance Kodex seinen Ansprüchen? AG 2012, 265 (266).

236 Siehe Air Berlin Jahresbericht 2006, 73: Etwa bei den Kündigungsfristen und der Bestellungsdauer der *executive directors* entsprach Air Berlin nicht dem Deutschen Corporate Governance Kodex.

237 Dazu näher *v. Hein* in MüKo BGB, Einleitung Int. Privatrecht, Rz 268.

238 Air Berlin IPO Prospekt 18.

239 §§ 1, 2 Abs 7 WpÜG idF vom 20.12.2001.

240 § 2 Abs 3 WpÜG idF vom 20.12.2001 erwähnte nur AGs oder KgaA Sitz im Inland, vgl *Kalss/Zollner*, Anwendungsbereich und Überwachung des deutschen Wertpapiererwerbs- und Übernahmegesetzes, SWI 2001, 491 (492 f). Auch in Österreich waren ausländische Gesllschaften nicht erfasst, vgl § 2 ÜbG idF vom 1.1.1999.

241 Vgl den paragraph 4 (a) idF von 2000: "*The Panel will normally consider a company to be resident only if it is incorporated in the United Kingdom, the Channel Islands […] and has its place of central management in one of those jurisdictions*", Hervorhebung der Autoren, zitiert nach *Ogowewo*, The application of the residence test in the City Code's jurisdictional rule, Comp. Law. 2002, 23 (7), 216 (216).

me-RL[242] wurde diese Anwendungslücke geschlossen, so dass seit 14.7.2006, mithin über zwei Monate nach dem Listing der Air Berlin PLC, das WpÜG[243] teilweise – nämlich insbesondere für Fragen der Gegenleistung, des Inhalts der Angebotsunterlage und des Angebotsverfahrens – anwendbar war.[244] Der *City Code* war unter der *shared jurisdiction* ebenfalls teilweise anwendbar:[245] Etwa für Arbeitnehmerinformation und gesellschaftsrechtliche Fragen, insbesondere betreffend den Anteil kontrollbegründender Stimmrechte.[246]

5. Finanzverfassung

Durch die europäische Harmonisierung wesentlicher Aspekte der Kapitalaufbringung und -erhaltung bietet dieser Bereich weniger Arbitragespielraum als das Organisationsrecht. In diesem Rahmen konnte die Air Berlin dennoch die verbleibende Flexibilität ausnutzen und einige Bestimmungen in die Articles of Association aufnehmen, die eine AG-Satzung nicht erlaubt hätte.

Eine Rechtsformarbitrage zur Umgehung der Mindestkapitalvorschriften mittels einer englischen *private limited company* wie bei *Centros*,[247] die sonst oft die Diskussion prägte,[248] war freilich nicht Ziel der Air Berlin, was allein die Wahl der *public* (!) *limited company* belegt. Diese wurde schon durch Art 6 Abs 1 UAbs 1 der zweiten Gesellschaftsrechtsrichtlinie einheitlichen europäischen Standards unterworfen.[249] Die Air Berlin PLC ging aber noch weit über das Minimum hinaus:

---

242 Art 2 Abs 1 lit b RL (EG) 2004/25/EG des Europäischen Parlaments und des Rates vom 21. April 2004 betreffend Übernahmeangebote, ABl. Nr. L 142/12, 12 definiert Zielgesellschaft allgemeiner als „Gesellschaft, deren Wertpapiere Gegenstand eines Angebots sind".

243 § 2 Abs 3 Z 2 WpÜG erwähnt seither „Gesellschaften mit Sitz in einem anderen Staat des Europäischen Wirtschaftsraums", sodass nach hM Scheinauslandsgesellschaft wie eine Air Berlin mit *registered office* in London erfasst sind, vgl *Angerer*, in *Angerer/Geibel/Süßmann*, Wertpapiererwerbs- und Übernahmegesetz (WpÜG)[3] (2017) § 1 Rz 47 ff.

244 So § 1 Abs 3 Z 1, Z 2 lit a und Z 2 letzter Satz WpÜG in Umsetzung von Art 4 Abs 2 lit e Satz 1 Übernahme-RL. Genauer siehe § 2 der (basierend auf § 1 Abs 4 WpÜG erlassenen) WpÜG-Anwendbarkeitsverordnung.

245 Sec 3 lit (a) (iii) (A) City Code (2.5.17) unterwarf unseren Fall der *shared jurisdiction*: "*a company which has its registered office in the United Kingdom whose securities are admitted to trading on a regulated market in one or more member states of the European Economic Area but not on a regulated market in the United Kingdom*".

246 Vgl Art 4 Abs 2 lit e Satz 2 Übernahme-RL.

247 EuGH 9.3.1999, Rs. C-212/97 – *Centros*.

248 Vgl etwa die Materialien zur Einführung der UG in Deutschland, BT-Drs. 354/07, 55 f.

249 RL (EU) 77/91/EWG, Zweite Richtlinie des Rates vom vom 13. Dezember 1976 zur Koordinierung der Schutzbestimmungen, die in den Mitgliedstaaten den Gesellschaften im Sinne des Arti-

Nach Art 6 des Memorandum of Association hatte sie ein *share capital* von über € 100 Millionen.[250]

Im Rahmen der Umwandlung konnte Air Berlin für die Einbringung der GmbH- und KG-Anteile in die neue PLC per Sacheinlage (dazu schon oben II.3.) von einer speziellen Erleichterung im englischen Recht Gebrauch machen. Während in Deutschland diesbezüglich schon lange strenge Maßstäbe gesetzt wurden, war die englische Rechtslage historisch vergleichsweise locker und ist dies weiterhin für *private companies*: Direktoren können die Bewertung weitgehend selbst vornehmen[251] und Gerichte überprüfen Bewertungen nur bei schwerwiegenden Problemen wie Betrug.[252] Die zweite Gesellschaftsrechtsrichtlinie brachte jedoch EU-weit ein strengeres Regime, etwa durch Einsatz unabhängiger Sachverständiger zur Prüfung des Wertes, welches auch *public limited companies* betraf.[253] Während in Deutschland auch einzubringende Unternehmen im Rahmen einer Kapitalerhöhung grundsätzlich nach § 183 Abs 3 AktG in einem aufwändigen Verfahren idR mit ihrem Ertragswert zu bewerten sind,[254] bietet der Companies Act Erleichterungen etwa für *mergers* und *arrangements*,[255] was der Air Berlin die Umgründung mutmaßlich vereinfachte.

---

kels 58 Absatz 2 des Vertrages im Interesse der Gesellschafter sowie Dritter für die Gründung der Aktiengesellschaft sowie für die Erhaltung und Änderung ihres Kapitals vorgeschrieben sind, um diese Bestimmungen gleichwertig zu gestalten, ABl L 26/1, 1. Nach Englischen *common law* gab es davor kein *minimum capital requirement*, siehe *Gerner-Beuerle/Schillig* 732. Heute liegt der Mindeststandard bei € 25.000 nach Art 45 Abs 1 RL (EU) 2017/1132 des Europäischen Parlaments und des Rates vom 14. Juni 2017 über bestimmte Aspekte des Gesellschaftsrechts, ABl L 169/46, 46. Die *public limited company* hat nach section 763 para 1 lit a CA 2006 mindestens 50.000 GBP bzw. das Äquivalent in EUR aufzubringen, wobei nur ein Viertel eingezahlt werden muss, siehe *Mayson/French/Ryan*, Company Law 55.

250 Genauer: € 100.000.000 und £ 50.000. Dies wurde durch eine *resolution* erhöht – vor Umwandlung in eine *public limited company* im Gründungsprozess betrug es bloß € 1.000.

251 *Gerner-Beuerle/Schillig* 748.

252 *Mayson/French/Ryan*, Company Law 168.

253 *Gerner-Beuerle/Schillig* 748, siehe etwa Art 9 f RL (EU) 77/91/EWG, Zweite Richtlinie des Rates vom 13. Dezember 1976 zur Koordinierung der Schutzbestimmungen, die in den Mitgliedstaaten den Gesellschaften im Sinne des Artikels 58 Absatz 2 des Vertrages im Interesse der Gesellschafter sowie Dritter für die Gründung der Aktiengesellschaft sowie für die Erhaltung und Änderung ihres Kapitals vorgeschrieben sind, um diese Bestimmungen gleichwertig zu gestalten, ABl L 26/1, 1.

254 *Wiedemann*, in *Hirte/Mülbert/Roth/Hopt/Wiedemann*, Großkommentar AktG Online[4] (2006) § 183 Rz 81; Näher zur Einbringung und Bewertung von Unternehmen *Schall*, in *Hirte/Mülbert/Roth/Hopt/Wiedemann*, Großkommentar AktG Online[5] (2015) § 27 Rz 199 ff.

255 Siehe Sec. 103 para 3, 5 CA 1985 idF vom 22.7.2004; heute sec. 593 – 595 CA 2006. Zu einem möglichen Verstoß gegen Art 49 Abs 4 und 5 RL (EU) 2017/1132 des Europäischen Parlaments und des Rates vom 14. Juni 2017, ABl L 169/46, 46 siehe *Gerner-Beuerle/Schillig* 749 FN 261.

Überdies bietet der Companies Act bei Gewinnausschüttungen, einem Kernelement der Aktionärsrechte, mehr Flexibilität als das AktG: Die Hauptversammlung beschließt nach § 174 Abs 1 S 1 AktG über die Verwendung des Bilanzgewinns. Vorstand und Aufsichtsrat können dabei grundsätzlich Überschüsse bis zur Hälfte des Bilanzgewinns auch gegen den Willen der Aktionäre in Gewinnrücklagen einstellen.[256] Bei der PLC liegt die Entscheidung grundsätzlich bei den *shareholders*, doch kann im Gesellschaftsvertrag sogar die ausschließliche Befugnis, über Dividenden zu entscheiden, den Direktoren verliehen werden.[257] Von dieser Flexibilität machte Air Berlin in den Articles of Association Gebrauch und ging über die nach deutschem Recht möglichen Grenzen hinaus: Die Aktionäre stimmen zwar über Gewinnausschüttungen ab, die Articles of Association sehen aber vor, dass *„no dividend shall exceed the amount recommended by the board.*“ [258] Dies läuft im Wesentlichen auf ein gegenseitiges Vetorecht zwischen *shareholders* und *board* hinaus.[259]

In Deutschland kann der Vorstand gem § 59 AktG erst nach Ablauf des Geschäftsjahres, mit betragsmäßigen Beschränkungen sowie nur mit Zustimmung des Aufsichtsrats Abschlagszahlungen auf den Bilanzgewinn veranlassen. Zwischendividenden aus dem *laufenden* Geschäftsjahr sind hingegen nicht möglich.[260] Gerade diese Option eröffnet hingegen das englische Recht, basierend entweder auf dem letztem Jahresabschluss oder auf *interim accounts*.[261] Davon machte Art 201 der Articles of Association Gebrauch und erweiterte somit den Spielraum gegenüber den im deutschen Recht bestehenden Grenzen beträchtlich: "*[T]he board may pay interim dividends if it appears to the board that they are justified by the profits of the Company available for distribution*".[262]

Die Articles of Association erwähnen ausdrücklich die Möglichkeit der Gesellschaft, eigene Anteile zu erwerben.[263] Beim Erwerb eigener Aktien auf dem offe-

---

256 § 58 Abs 2 S 1 AktG. Nach S 2 kann die Satzung zu mehr oder weniger ermächtigen, jedoch dürfen nach S 3 die Gewinnrücklagen in diesem Fall die Hälfte des Grundkapitals nicht übersteigen.

257 *Davies/Worthington*, Gower's Principles of Modern Company Law[10] (2016) Rz 12-1.

258 Art 200 Air Berlin PLC Articles of Association. So auch Art 70 Abs 1 und 2 der *Model Articles for Public Companies*, https://www.gov.uk/guidance/model-articles-of-association-for-limited-companies (zuletzt abgerufen am 15.3.2021).

259 *Davies/Worthington*, Gower's Principles of Modern Company Law[10] (2016) Rz 12-1.

260 Siehe nur *Fleischer*, in *K. Schmidt/Lutter*, AktG[4] (2020) § 59 AktG Rz 18.

261 *Davies/Worthington*, Gower's Principles of Modern Company Law[10] (2016) Rz 12-7.

262 So auch Art 70 Abs 1 der *Model Articles for Public Companies*.

263 Art 71 Air Berlin PLC Articles of Association.

nen Markt, welcher auch in Deutschland verbreitet eingesetzt wird,[264] ist der Companies Act 2006 flexibler als das AktG.[265] So gibt es etwa keine Obergrenze für die Anzahl der zu erwerbenden Anteile,[266] während § 71 Abs 1 Z 8 AktG die Höchstgrenze bei 10 % des Grundkapitals ansetzt.[267]

Air Berlin schuf verschiedene Aktiengattungen,[268] wovon große englische börsennotierte Unternehmen gerne Gebrauch machen.[269] Vor dem Börsengang wurden als Vorbereitung 100.000.000 *ordinary shares* mit € 1 Nennkapital ausgegeben. Außerdem wurden 50.000 „*A shares*" mit einem Nennkapital von je £ 1 proportional an die pre-IPO Gesellschafter verteilt.[270] Inhaber dieser zweiten *share class* sollten zwar bei „*winding up or other return of capital*" vor allen anderen *shareholders* befriedigt werden, doch sind sie weder am Gewinn beteiligt, noch können sie an *general meetings* teilnehmen.[271] Diese „*A shares*" entsprechen nach deutschem Verständnis stimmrechtslosen Vorzugsaktien nach §§ 11 S 1 Alt 2, 12 Abs 1 S 2 AktG, weil mit diesen nur eine Beteiligung am Gesellschaftsvermögen einhergeht.

6. IPO und erste Zeichen der Kapitalmarktunion als Unterstützer der Rechtsformarbitrage

Neben dem bereits angesprochenen Normenmangel im Übernahmerecht[272] soll kurz auf kapitalmarktrechtliche Aspekte des Börsengangs eingegangen werden,

264 Zwischen 1998 und 2010 wurden in Deutschland 210 Aktienrückkaufprogramme angekündigt, im Vereinigten Königreich 146 und in den USA 11.096, *Manconi/Peyer/Vermaelen*, Are Buybacks Good for Long-Term Shareholder Value? Evidence from Buybacks around the World, Journal of Financial and Quantitative Analysis, Vol. 54, No. 5, Oct. 2019, 1899 (1907).

265 *Gerner-Beuerle/Schillig* 775.

266 Art 60 Abs 1 UAbs 2 lit b RL (EU) 2017/1132 des Europäischen Parlaments und des Rates vom 14. Juni 2017 über bestimmte Aspekte des Gesellschaftsrechts, ABl L 169/46, 46 lässt heute die Einführung einer Höchstzahl der zu erwerbenden Aktien den Mitgliedstaaten offen, was das VK ausnützte und Sec 725 CA 2006, der bis dahin die Grenze postulierte, wieder aufhob, siehe *Davies/Worthington*, Gower's Principles of Modern Company Law[10] (2016) Rz 13-25.

267 So auch § 65 Abs 2 S 1 öAktG.

268 *Gerner-Beuerle/Schillig* 386. Der CA 2006 erlaubt dies nur indirekt, indem er etwa in sec. 550 die Möglichkeit mehrerer *classes of shares* voraussetzt.

269 *Shearman & Sterling LLP/Institutional Shareholder Services/European Corporate Governance Institute*, Report on the Proportionality Principle in the European Union (2007) 125 ff, www.ecgi.global/content/one-share-one-vote-2007 (zuletzt abgerufen am 15.3.2021).

270 Air Berlin IPO Prospekt 97.

271 Art 16 Air Berlin PLC Articles of Association.

272 Dazu oben IV.4.b).

der, wie dargelegt, mit der Umgründung in die PLC & Co. KG in untrennbarem Zusammenhang steht.[273] Das Vorhaben, eine PLC in einem sonst rein inlandsbezogenen Sachverhalt einzusetzen, wurde neben der Schlüsselrolle des EuGH zusätzlich durch europäisches Sekundärrecht unterstützt:

Der Air Berlin-Börsengang gilt als Paradebeispiel für „*European passporting*“[274] nach der damals geltenden Europäischen Prospektrichtlinie[275], welche in Deutschland durch §§ 17, 18 Wertpapierprospektgesetz (WpPG)[276] umgesetzt wurde.[277] In der Kapitalmarktpraxis spielen solche Verfahren eine große Rolle: Knapp ein Viertel aller Prospekte wird auf diese Weise in andere Mitgliedstaaten „exportiert“,[278] und Deutschland ist einer der größten Zielstaaten von Prospekten.[279] Das Verfahren funktioniert wie folgt: Wird die Bundesanstalt für Finanzdienstleistungsaufsicht (BaFin) von der zuständigen Behörde eines anderen EWR-Staates über einen gebilligten Prospekt im Rahmen des vorgesehenen Verfahrens notifiziert, ist dieser ohne zusätzliches Bewilligungsverfahren in Deutschland gültig.[280] Die BaFin muss für den Prospekt auch keine Veröffentlichung durchführen; diese muss nur nach den Bestimmungen des Ursprungsstaates stattfinden.[281] Die britische Financial Conduct Authority (FCA) genehmigte den Prospekt der Air Berlin PLC und nachdem die BaFin im beschriebenen Verfahren verständigt wurde, erfolgte schließlich die Notierung der Aktien an der Frankfurter Wertpapierbörse.[282]

273 Dazu oben II.3.

274 *Veil*, European Capital Markets Law² (2017) 288.

275 Artt 17, 18 der RL 2003/71/EG des Europäischen Parlaments und des Rates vom 4 November 2003 betreffend den Prospekt, der beim öffentlichen Angebot von Wertpapieren oder bei deren Zulassung zum Handel zu veröffentlichen ist, und zur Änderung der Richtlinie 2001/34/EG, Abl L 345/64, 64.

276 Wertpapierprospektgesetz vom 22. Juni 2005 in der bis 20.07.2019 gültigen Fassung (BGBl. I S. 1698).

277 In Österreich erfolgte die Umsetzung in § 7 Abs 3 und 4 Kapitalmarktgesetz (KMG) vom 9.8.2005 und in Großbritannien in Section 87H Financial Markets and Services Act vom 1.7.2005.

278 ESMA Report on prospectus activity in 2018, ESMA31-62-1360, 31.10.2019, 17.

279 Nach Luxemburg und Österreich ist Deutschland drittgrößter „Importeur“ und überdies zweitgrößter „Exporteur“ von Prospekten, *ibd* 15, 18.

280 § 17 Abs 3 WpPG in der bis 20.07.2019 gültigen Fassung, siehe auch Art 17 Abs 1 Prospekt-RL. Die Bescheinigung oder Notifizierung der Billigung musste überdies den Spracherfordernissen nach § 19 Abs 4 WpPG entsprechen.

281 *Groß*, Kapitalmarktrecht⁶ (2016) WpPG § 17 Rn 3.

282 *Veil*, European Capital Markets Law² (2017) 288.

Die Harmonisierung in diesem Bereich schreitet fort: Mehr als ein Jahrzehnt nach dem genannten Börsengang löste die Europäische Prospektverordnung[283] die -richtlinie ab und brachte beim *„passporting"* einige Veränderungen, die das erklärte Ziel der VO als „wesentliche[n] Schritt zur Vollendung der Kapitalmarktunion"[284] weiter unterstützen. Insbesondere wird die European Securities and Markets Authority (ESMA) verstärkt eingebunden,[285] und wurden Anreize für Emittenten für die Verwendung des *„European passports"* geschaffen.[286] Dies zeigt, wie das aufsichtsrechtliche Umfeld durch Bereitstellen effizienter Verfahren für das Listing ausländischer Gesellschaften an inländischen Börsen auch den Einsatz ausländischer Rechtsformen zwecks Rechtsformarbitrage vereinfacht. Im Gegensatz dazu scheint eine *Aufsichtsrechts*arbitrage nicht Ziel der Air Berlin gewesen zu sein, da wesentliche Bereiche wie Prospekt- und auch Marktmissbrauchsrecht zunehmend harmonisiert wurden und überdies der Börsenort in Frankfurt lag. An diesen Marktort ist beim *private enforcement* nach vorzugswürdiger Ansicht auch international-privatrechtlich nach Art 4 Abs 1 Rom II-VO bei der Kapitalmarktinformationshaftung anzuknüpfen.[287]

---

283 VO (EU) 2017/1129 des Europäischen Parlaments und des Rates vom 14. Juni 2017 über den Prospekt, der beim öffentlichen Angebot von Wertpapieren oder bei deren Zulassung zum Handel an einem geregelten Markt zu veröffentlichen ist und zur Aufhebung der Richtlinie 2003/71/ EG, Abl L 168/12, 12.

284 ErwG 1 Prospekt-VO. Siehe dazu auch *Thomale*, Internationale Kapitalmarktinformationshaftung, ZGR 2020, 332 (333).

285 Diese ist schon seit ihrer Einrichtung neben der staatlichen Aufsichtsbehörde über die Prospekte zu verständigen, siehe Art 25 Abs 3 Prospekt-VO (zuvor Art 18 Abs 3 Prospekt-RL idF RL (EU) 2010/78/EU 1129 des Europäischen Parlaments und des Rates vom 24 November 2010, ABl L 331/120, 120 umgesetzt in Deutschland durch § 18 Abs 1 S 1 WpPG idF BGBl. I 2011, 2427, 4.12.2011). Die ESMA kann nach Art 24 Abs 2 S 2 Prospekt-VO (zuvor Art 17 Abs 2 S 2 Prospekt-RL idF RL (EU) 2010/78/EU, 24.11.2010) auch die Behörde des Herkunftsmitgliedstaates über den Bedarf neuer Angaben unterrichten. Außerdem wurde ein Notifizierungsportal durch die ESMA eingerichtet, über welches alle Übermittlungen von Bescheinigungen und Dokumenten zwischen staatlichen Behörden ablaufen, siehe Art 25 Abs 6 Prospekt-VO.

286 So stellt etwa Art 25 Abs 5 Prospekt-VO klar, dass die involvierten Finanzmarktaufsichtsbehörden für das Verfahren keine Gebühren erheben.

287 Näher *Thomale*, Internationale Kapitalmarktinformationshaftung, ZGR 2020, 332 (346 ff). Deutschland ist überdies durch die Haftung von Ad hoc-Publizitätspflichten nach § 97 WpHG bereits bei grob fahrlässiger Verletzung im europäischen (und internationalen) Kontext besonders streng, siehe *Thomale/Weller*, Ad hoc-Publizitätshaftung – § 97 WpHG im Rechtsvergleich, in: Festschrift für Gerd Krieger (2020) 1009 (1010 ff), was aus Sicht der Entscheidungsträger auch gegen deutsche Börsen als Arbitragestandort sprechen kann.

V. Öffentliches Wirtschaftsrecht

1. Öffentlich-rechtliche Regulierung von Luftfahrtunternehmen

Luftfahrt ist ein sensibler und daher streng regulierter Rechtsbereich. Die Regulierung reicht über öffentlich-rechtliche Verwaltungsvorschriften hinaus und bis in das Gesellschaftsrecht hinein. So gelten die europarechtlich harmonisierten Staatsbürgerschaftserfordernisse, welche die Geschichte Air Berlins wesentlich prägten (dazu schon oben II.), noch heute: Mitgliedstaaten und/oder deren Staatsangehörige müssen – zumindest mittelbar – zu mehr als 50 % am Unternehmen beteiligt sein und dieses auch tatsächlich kontrollieren.[288] Ist das nicht der Fall, hat die zuständige Behörde die Betriebsgenehmigung zu entziehen.[289] In Deutschland stellt daher das Luftverkehrsnachweissicherungsgesetz (LuftNaSiG) für börsennotierte Aktiengesellschaften, die Luftfahrtunternehmen betreiben, diverse Mechanismen bereitet, um den Staatsbürgerschaftserfordernissen zu entsprechen. So schreibt § 2 LuftNaSiG erhöhte Anforderungen für die Ausgestaltung der Aktien in Bezug auf die Identifikation der Inhaber und ihrer Herkunft vor. Überdies erlaubt § 4 *leg cit* spezielle Kapitalmaßnahmen, etwa Aktienrückkäufe und die Ausgabe neuer Aktien, um zu verhindern, dass die 50 %-Grenze überschritten wird, und § 5 *leg cit* enthält eine Veräußerungspflicht der Aktionäre.

Diese „Hilfestellung"[290] des deutschen Gesetzgebers, aus der nach § 1 Abs 2 *leg cit* mit ¾-Mehrheit hinausoptiert werden kann, nutzte Air Berlin nur indirekt und mit Abweichungen durch eine spezielle Satzungsausgestaltung. Unter der Überschrift „*Limitations on ownership*"[291] findet sich eine umfangreiche, neun Seiten umfassende Regelung zur erleichterten Einhaltung der europarechtlichen Vorgaben – und damit zur Vermeidung eines Lizenzverlustes. Es wurde neben dem *CI Register*[292] (Aktienregister) ein „*Seperate Non-EU Register*" eingerichtet, in das alle EU-ausländischen Investoren eingetragen wurden.[293] Nach diesen Sonderregeln dürfen die Direktoren neue *shareholders* erst dann als solche eintragen, wenn diese ihre Nationalität offengelegt haben.[294] Weiters stehen den Direktoren Möglichkeiten zur Verfügung, welche über die Aufforderung zum Verkauf der

288 Art 4 lit f VO (EU) 1008/2008, Abl L 293/3, 3, siehe dazu schon oben II.

289 Art 3 Abs 2 VO (EU) 1008/2008.

290 So BT-Drs. 13/7246, 10.

291 Art 47 – 62 Air Berlin PLC Articles of Association.

292 "*CI means an interest in the ordinary shares in the capital of the Company traded and settled through Clearstream*", Art 2 Air Berlin PLC Articles of Association.

293 Art 49 Air Berlin PLC Articles of Association.

294 Art 40 (a) Air Berlin PLC Articles of Association.

shares[295] bis – bei Verzug mit dem Verkauf über 10 Tage – hin zu Zwangsverkäufen reichen: „[*T*]*he directors may arrange for the sale* [...] *on behalf of the registered holder*".[296] Hier zeigt sich ein weiterer Aspekt, in dem Air Berlin der Unternehmensleitung, verglichen mit der deutschen Rechtslage, mehr Rechte als den Aktionären überträgt. Denn die Ermächtigung des Vorstandes zur Aufforderung zur Veräußerung und in weiterer Folge zur möglichen Verlustigerklärung nach § 5 LuftNaSiG bedarf eines satzungsändernden Beschlusses mit drei Vierteln des vertretenen Grundkapitals und der Zustimmung des Aufsichtsrats.

2. Steuern und Rechnungslegung

In Bezug auf das Steuer- und Rechnungslegungsregime brachte die Wahl der Rechtsform keine wesentliche Änderung. Denn die Air Berlin PLC unterlag durch ihre Notierung an der Deutschen Börse gleichermaßen wie notierte Aktiengesellschaften den internationalen Rechnungslegungsstandards (IFRS).[297] Die KG war nach § 264b HGB von der Verpflichtung befreit, einen Jahresabschluss und einen Lagebericht offenzulegen, da sie in den Konzernabschluss der PLC einbezogen wurde.[298]

Da das Ertragssteuerrecht auf den tatsächlichen Verwaltungssitz abstellt, gibt es auch in dieser Hinsicht keine wesentlichen Unterschiede zur AG. So sind nach § 1 Abs 1 KStG jene Körperschaften unbeschränkt steuerpflichtig, die „ihre Geschäftsleitung oder ihren Sitz im Inland" haben. „Geschäftsleitung" definiert § 10 AO als „Mittelpunkt der geschäftlichen Oberleitung",[299] welcher im Fall der Air Berlin in Berlin lag. Somit war Air Berlin mit statutarischem Sitz im Ausland, aber effektivem Verwaltungssitz im Inland unbeschränkt körperschaftssteuerpflichtig.[300]

295 Art 52 (b) (i) Air Berlin PLC Articles of Association.

296 Art 52 (b) (ii) Air Berlin PLC Articles of Association.

297 Art 4 VO (EU) 1606/2002 des Europäischen Parlaments und des Rates vom 19. Juli 2002 betreffend die Anwendung internationaler Rechnungslegungsstandards, Abl L 243/1, 1. Diese Regelung war ab 2005 verpflichtend, also noch vor Umgründung und Börsengang. Vgl zur Umstellung von HGB-Rechnungslegung auf IFRS Air Berlin IPO Prospekt 137 f. Beispielsweise konnten Flugzeuge nun statt über 12 bereits über 10 Jahren abgeschrieben werden.

298 Siehe etwa Bekanntmachung der Air Berlin PLC & Co. Luftverkehrs KG vom 2.3.2009 nach §§ 264 Abs. 3, 264b HGB zum Geschäftsjahr 2007.

299 Siehe auch *Gersch* in *Klein*, Abgabenordnung[15] (2020) § 10 Rz 1 f.

300 Vgl *Rengers* in *Blümich*, Kommentar, KStG § 1 Rz 142 (Stand: 155. EL, Nov 2020). Entsprechend rechnete Air Berlin bereits im Rahmen der Umgründung mit einer unbeschränkten Körperschaftssteuerpflicht in Deutschland, siehe Air Berlin IPO Prospekt 2006, 100.

Die untypische Kombination sowie die Restrukturierung lösten jedoch diverse Abgaben in nicht trivialer Höhe aus. Air Berlin musste das formelle Eigentum aller Aktien zur Notierung an der Frankfurter Wertpapierbörse an eine Clearingstelle übertragen, was im Vereinigten Königreich eine *stamp duty* (Stempelgebühr) auslöste.[301] Air Berlin optierte, diese für den Börsengang und eine weitere Emission im Jahr 2009 vorab iHv rund € 7,5 Millionen zu bezahlen, um zu vermeiden, dass weitere Transaktionen innerhalb des Clearinghauses einer Gebühr unterfallen.[302] Dies illustriert, welche direkten Kosten Air Berlin zu tragen bereit war, um in dieser Rechtsform auftreten zu können: Die *stamp duty* allein machte fast 19 % des Gewinns für 2006, das Jahr der IPO, oder etwa 4 % des netto IPO-Erlöses aus.[303] Durch die Restrukturierung entstanden weitere Kosten. So fielen etwa knapp € 60 Millionen Kapitalertragssteuer an und Verlustvorträge iHv € 6 Millionen verfielen,[304] was zu den erhöhten (auch laufenden) Transaktionskosten der speziellen Rechtsform hinzukam.[305]

VI. Keine wesentliche Prozessrechtsarbitrage

1. International zerstreute Gerichtsstände für innergesellschaftliche Streitigkeiten

In der Satzung der PLC findet sich keine spezielle Gerichtsstandsvereinbarung und – im Gegensatz zur KG (dazu gleich unten) – auch keine Schiedsklausel. Aufgrund des Auseinanderfallens von Satzungs- und Verwaltungssitz ergeben sich Besonderheiten bei der internationalen Zuständigkeit für gesellschaftsrechtliche

---

301 EuGH 19.10.2017, Rs C-573/16 – *Air Berlin plc vs. Commissioners for Her Majesty's Revenue & Customs.*

302 Siehe Air Berlin IPO Prospekt 2006, 107 und näher EuGH 19.10.2017, Rs C-573/16 – *Air Berlin plc vs. Commissioners for Her Majesty's Revenue & Customs*, wo der der EuGH die Erhebung dieser Gebühr schließlich für unzulässig erklärte, da es sich bloß um eine formelle Eigentumsübertragung zwecks Börsennotierung und später Kapitalerhöhung handelte.

303 Der Gewinn 2006 belief sich auf € 40 Millionen, Air Berlin Jahresbericht 2007, 109 und der netto IPO-Erlös betrug € 195,5 Millionen, Air Berlin Jahresbericht 2006, 26.

304 Air Berlin IPO Prospekt 49.

305 Siehe zum gesteigterten Beratungsaufwand etwa *Lüke*, in *Hesselmann/Tillmann/Mueller-Thuns*, Handbuch GmbH & Co. KG[22] (2020) Rz 2.518. Die Kosten – etwa "*language, certification and translation costs, information costs for legal advice, double accounting obligations (for main company and branch)*" werden in der Praxis oft unterschätzt, siehe *Ringe*, Corporate Mobility in the European Union – a Flash in the Pan? An empirical study on the success of lawmaking and regulatory competition ECFR 2013, 230 (261 f).

Streitigkeiten nach Art 24 Z 2 Brüssel Ia-VO.[306] Diese richtet sich nämlich nach dem Sitz, wobei dieser nach S 2 *leg cit* ausdrücklich[307] nach dem anwendbaren IPR der *lex fori* zu bestimmen ist. Mithin ist bei EU-Gesellschaften der *Satzungs*sitz maßgeblich, sodass bei englischen[308] Scheinauslandsgesellschaften wie Air Berlin auch englische Gerichte zuständig sind.[309] Diese ausschließliche Zuständigkeit führte mithin zwangsweise weg von einem deutschen Gerichtsstand, um den die Air Berlin durchaus bemüht war: Sogar die PLC-Einbringungsverträge wurden nicht nur deutschem Recht sondern auch der Zuständigkeit der Berliner Gerichte unterworfen,[310] und auch die KG ging einen anderen Weg:

Ihr Gesellschaftsvertrag enthält folgende Schiedsklausel zugunsten eines in Berlin zu formierenden Schiedsgerichtes: „Alle Streitigkeiten aus oder im Zusammenhang mit diesem Vertrag werden ausschließlich durch ein Schiedsgericht entschieden. [...] Das Schiedsgericht tagt am Ort des Sitzes des Gesellschaft."[311] Fraglich ist jedoch, ob die Klausel in dieser Absolutheit zulässig ist. Aus dem Gesellschaftsvertrag entspringende Individualrechte wie die im KG-Vertrag geregelten Angebotspflichten bei Veräußerung[312] oder Vorkaufsrechte[313] können im Gegensatz zu rein körperschaftsrechtlichen Streitigkeiten nämlich nicht in einer Schieds*klausel* nach § 1029 Abs 2 ZPO vereinbart werden, denn dafür wäre eine

---

306 Betreffend Gültigkeit, Nichtigkeit oder Auflösung einer Gesellschaft oder Gültigkeit der Beschlüsse ihrer Organe.

307 Und damit anders als Art 63 Abs 1 Brüssel Ia-VO: „Gesellschaften und juristische Personen haben für die Anwendung dieser Verordnung ihren Wohnsitz an dem Ort, an dem sich a) ihr satzungsmäßiger Sitz, b) ihre Hauptverwaltung oder c) ihre Hauptniederlassung befindet."

308 Auch schedule 1 para 10 (2) (a) der Civil Jurisdiction and Judgments Order 2001 stellt klar, dass ein Sitz einer Gesellschaft im UK bereits vorliegt, wenn *„it was incorporated or formed under the law of a part of the United Kingdom*".

309 BGH Urt. v. 12. 7. 2011 – II ZR 28/10, NJW 2011, 3372 Rz 15 ff; *Vossler*, in *Vorwerk/Wolf*, BeckOK ZPO[39] Brüssel Ia-VO Art 24 Rz 24 (Stand: 1.12.20); *Stadler*, in *Musielak/Voit*, ZPO[17] (2020) EuGVVO Art 24 Rz 7; *Gottwald*, in Münchener Kommentar zur ZPO[5] (2017) Brüssel Ia-VO Art 24 Rz 30.

310 Dazu schon oben II.3.

311 § 23. Abgesehen von der einleitenden Einschränkung „Soweit gesetzlich zulässig" war die Schiedsklausel der vormaligen Komplementär-GmbH wortgleich, siehe § 13 Z 2 des Gesellschaftsvertrags der Air Berlin Beteiligungsgesellschaft mbH.

312 § 15 Nr 2 lit a: „Beabsichtigt ein Kommanditist, seine Beteiligung ganz oder teilweise zu veräußern, so hat er sie zuvor den anderen Kommanditisten im Verhältnis von deren Beteiligung schriftlich anzubieten. [...]"

313 § 15 Nr 2 lit b: „Soweit das Angebot nicht nach Maßgabe der Regelung in § 15 Nr. 2.a) angenommen wird, kann der Kommanditist seine Beteiligung an Dritte veräußern. Den übrigen Kommanditisten steht jeweils ein Vorkaufsrecht nach dem Maß ihrer Beteiligung zu. [...]"

gesonderte Urkunde notwendig.[314] Es fällt überdies auf, dass der Vertrag vor der Erstreckung der Grundsätze zur Schiedsfähigkeit von Beschlussmängeln von Kapitalgesellschaften[315] auf Personengesellschaften durch den BGH-Beschluss *Schiedsfähigkeit III*[316] geschlossen wurde. Seither muss das Schiedsverfahren nämlich unter dem Verdikt der Nichtigkeit in einer dem Rechtsschutz durch staatliche Gerichte gleichwertigen Weise ausgestaltet sein.[317] In der Vertragpraxis empfiehlt sich daher nunmehr eine entsprechende vertragliche Ausgestaltung.[318]

2. Insolvenzrecht als Souveränitätsreserve und Grenze der Arbitrage

a) „Deutsche" Air Berlin-Insolvenz

Neben der Eröffnung des Insolvenzerfahrens[319] für die Air Berlin PLC & Co. Luftverkehrs *KG*,[320] mit Satzungs- und Verwaltungssitz in Berlin wurde auch die Zuständigkeit des Amtsgericht Charlottenburg für die Air Berlin *PLC* festgestellt.[321]

---

314 *Mueller-Thuns* in *Hesselmann/Tillmann/Mueller-Thuns*, Handbuch GmbH & Co. KG[22] (2020) 1253 mwN.

315 BGH, Urteil v. 6.4.2009, II ZR 255/08 – *Schiedsfähigkeit II*, DNotZ 2009, 938.

316 BGH, Beschluss v. 6.4.2017, I ZB 23/16 – *Schiedsfähigkeit III*, SchiedsVZ 2017, 194.

317 Insbesondere müssen Gesellschafter über das Verfahren informiert werden mit der Möglichkeit, als Nebenintervenient beizutreten, alle Gesellschafter oder eine neutrale Stelle müssen die Schiedsrichter auswählen und Streitigkeiten zum gleichen Beschlussgegenstand sind auf ein Schiedsgericht zu konzentieren, BGH, Beschluss v. 6.4.2017, I ZB 23/16 – *Schiedsfähigkeit III*, SchiedsVZ 2017, 195, Rz 25. Zu weitergehenden Fragen und dogmatisch kritisch vgl *Wenzel* in *Hesselmann/Tillmann/Mueller-Thuns*, Handbuch GmbH & Co. KG[22] (2020) Rz 4.173b ff mwN.

318 Siehe für eine Musterformulierung *Mueller-Thuns* in *Hesselmann/Tillmann/Mueller-Thuns*, Handbuch GmbH & Co. KG[22] (2020) 1253 f.

319 Im Rahmen des Insolvenzverfahrens stellten sich auch Probleme mit einem „umgekehrten Torpedo" bei der internationalen Zuständigkeit für Streitigkeiten zwischen Air Berlin und dem Großaktionär Etihad wegen Schadenersatz wegen Nichterfüllung einer Patronatserklärung, welche jedoch den Rahmen dieses Beitrags sprengen würden. Siehe näher *Fölsing*, Treffer versenkt oder Ziel verfehlt? – Umgekehrter Torpedo gegen Insolvenzverwalter, ZInsO 2020, 282; Etihad Airways PJSC v. Prof. Dr. Lucas Flöther (2019) EWHC 3107 (Comm).

320 Beschluss des AG Charlottenburg vom 1.11.2017, Az 36a IN 4295/17, https://airberlin-inso.de/start (zuletzt abgerufen am 15.3.2021).

321 Beschluss des AG Charlottenburg vom 1.11.2017, Az 36a IN 4301/17, https://airberlin-inso.de/start (zuletzt abgerufen am 15.3.2021).

Für die Eröffnung des Insolvenzverfahrens sind nämlich nach Art 3 Abs 1 S 1 EuInsVO die Gerichte des Staates zuständig, in dem die hauptsächlichen Interessen des Schuldners liegen (*centre of main interest*, COMI). Das ist nach Art 3 Abs 1 S 2 EuInsVO der „Ort, an dem der Schuldner gewöhnlich der Verwaltung seiner Interessen nachgeht und der für Dritte feststellbar ist", wobei Art 3 Abs 1 UAbs 2 S 1 EuInsVO diesen widerleglich am Satzungssitz vermutet.[322] Abweichend vom so vermuteten COMI der Air Berlin PLC in London/VK gelang der Gegenbeweis, nämlich des COMI am Verwaltungssitz in Berlin, problemlos.[323]

Das Insolvenzstatut (*lex fori concursus*) richtet sich darauf aufbauend gem Art 7 Abs 1 EuInsVO nach dem Staat der Verfahrenseröffnung, weshalb deutsches Insolvenzrecht anzuwenden war. Dies veranschaulicht, dass eine Rechtsformarbitrage durch Einsatz von Scheinauslandsgesellschaften – i.e. mit COMI im Inland – im Insolvenzrecht nicht fruchtet: Es war unstrittig, dass das Insolvenzverfahren der Air Berlin PLC in Deutschland und nach deutschem Insolvenzrecht abzuwickeln war. Das Insolvenzstatut schafft für Staaten folglich eine Souveränitätsreserve in Bezug auf Gesellschaften mit COMI innerhalb der eigenen Staatsgrenzen, von welcher das grundsätzlich anwendbare Gesellschaftsstatut zu trennen ist.[324] Bei Abgrenzungsschwierigkeiten ist bei der Qualifikation insolvenznaher Gläubigerschutzinstrumente danach zu unterscheiden, ob die betreffenden Regeln auch den Schutz und die Gleichbehandlung von Minderheitsgesellschaftern (dann Gesellschaftsstatut) oder bloß generischen Gläubigerschutz bezwecken

---

322 „Bei Gesellschaften oder juristischen Personen wird bis zum Beweis des Gegenteils vermutet, dass der Mittelpunkt ihrer hauptsächlichen Interessen der Ort ihres Sitzes ist." Deutlicher sind die englische und französische Fassung, die von *registered office* und *siège statutaire* sprechen. *Kindler* in MüKo BGB[8] (2021) Art 3 EuInsVO Rz 24; Vgl *Lurger/Melcher*, Handbuch, Rz 7/10.

323 Dieser Gegenbeweis gelingt nach ErwG 30 S 2 EUInsVO „wenn sich die Hauptverwaltung der Gesellschaft in einem anderen Mitgliedstaat befindet als in dem Mitgliedstaat, in dem sich der Sitz der Gesellschaft befindet, und wenn eine Gesamtbetrachtung aller relevanten Faktoren die von Dritten überprüfbare Feststellung zulässt, dass sich der tatsächliche Mittelpunkt der Verwaltung und der Kontrolle der Gesellschaft sowie der Verwaltung ihrer Interessen in diesem anderen Mitgliedstaat befindet."

324 Näher *Thomale*, Die Scheinauslandsgesellschaft in der Krise (Teil 1), JBl 2021, 14 (15 ff).

(dann Insolvenzstatut).[325] So sind beispielsweise § 64 S 1 GmbHG aF und § 92 Abs 2 AktG aF (§ 15b InsO nF) auch auf Scheinauslandsgesellschaften anwendbar.[326]

Das deutsche Insolvenzrecht drehte sich jedenfalls ursprünglich primär um Schuldeintreibung, während englisches Insolvenzrecht zunehmend einer „*rescue culture*“ folgt.[327] Die Attraktivität zeigt sich praktisch auch dadurch, dass deutsche Unternehmen in der Vergangenheit strategisch ihr COMI nach England verlegten, um vom englischen Insolvenzrecht Gebrauch zu machen.[328] Die Air Berlin konnte von flexibleren Instrumenten, wie etwa der Möglichkeit der Gläubiger, den Insolvenzverwalter zu wählen[329] und *schemes of arrangement* zu vereinbaren,[330] aufgrund des anwendbaren deutschen Insolvenzstatuts also im Ergebnis nicht profitieren.

b) „Österreichische“ NIKI-Insolvenz

Dieselbe Bestimmung, die das Verfahren und damit das anwendbare Insolvenzstatut für die PLC ohne Schwierigkeiten nach Deutschland brachte, führte bei der

325 Dem Insolvenzstatut unterliegen auch die Insolvenzverschleppungshaftung und das Eigenkapitalersatzrecht, näher *Thomale*, Die Scheinauslandsgesellschaft in der Krise, JBl 2021, 94 ff. Hingegen sind englische Instrumente wie *fraudulent trading* (Sec. 213 Insolvency Act 1986) und *wrongful trading* (Sec. 214 Insolvency Act 1986) Teil des englischen Insolvenzstatuts. *Wrongful trading* statuiert eine persönliche, unbeschränkte Haftung der Geschäftsleiter, wenn sie in der Unternehmenskrise „*knew or ought to have concluded that there was no reasonable prospect that the company would avoid going into insolvent liquidation*“ und nicht alle möglichen Schritte unternahmen, um den Schaden der Gesellschaftsgläubiger zu minimieren. Dieses Rechtsinstitut führt jedoch in der Praxis kaum zu Haftungsfällen, *Kindler* in MüKo BGB, Art 7 EuInsVO Rz 72 ff.

326 Zur GmbH EuGH v. 10.12.2015, C-594/14 (Kornhaas); *Kindler* in MüKo BGB, EuInsVO Art 7, Rz 87.

327 *Eidenmüller*, Comparative Corporate Insolvency Law, in *Gordon/Ringe*, The Oxford Handbook of Corporate Law and Governance (2018) 1003 (1013).

328 Siehe zum Wegzug nach England von Hans Brochier, Schefenacker und der Deutschen Nickel, *Weller*, Die Verlegung des Center of Main Interest von Deutschland nach England, ZGR 2008, 835 (836 f, 844). Siehe auch *Thomale*, JBl 2021, 15. Siehe auch BT-Drs. 17/5712, 4.5.2011, wo die gezielte Abwanderung von Unternehmen nach England zwecks Sanierung nach englischem Recht ausdrücklich als Motivation für die Weiterentwicklung des deutschen Sanierungsrecht genannt wird.

329 Näher *Weller*, Die Verlegung des Center of Main Interest von Deutschland nach England, ZGR 2008, 835 (838 f).

330 Siehe dazu näher *Payne*, Cross-border Schemes of Arrangement and Forum Shopping, European Business Organization Law Review, 2013, 14, 563 (563 ff).

Tochtergesellschaft NIKI Luftfahrt GmbH zu Streitigkeiten hinsichtlich der internationalen Zuständigkeit. Zunächst erteilte das AG Charlottenburg auch für Niki vorbereitende Anordnungen nach §§ 20 f InsO, da es die Vermutungsregel als widerlegt ansah,[331] doch erklärte das LG Berlin in der Folge das AG Charlottenburg zugunsten der österreichischen Gerichtsbarkeit, genauer: zugunsten des LG Korneuburg,[332] für international unzuständig.[333]

Das LG Berlin ließ die Zuständigkeit am hohen Maßstab zur Widerlegung der Vermutungsregel zugunsten des Satzungssitzes scheitern,[334] wobei es für die Feststellung des COMI eine beachtliche Zahl an Faktoren gegeneinander abwog. Die Kontrolle der Insolvenzschuldnerin durch eine andere Gesellschaft reiche noch nicht aus, aus der in Berlin gelegenen „Operationszentrale" könne nicht geschlossen werden, dass die maßgeblichen Steuerungstätigkeiten in Berlin erfolgen, die Aufsichtsbehörde befinde sich in Österreich, ein Großteil der Arbeitsverträge unterliege österreichischem Recht, das Air Berlin-Insolvenzverfahren wirke sich auf Nikis COMI nicht aus und entgegen ErwG 28 der EuInsVO habe Niki ihre Gläubiger und die Öffentlichkeit auch nicht über eine Verlegung des COMI nach Berlin unterrichtet.[335] Das LG Korneuburg stützte sich auf ähnliche Elemente und lokalisierte das COMI in Wien-Schwechat: Die Air Berlin PLC & Co. Luftverkehrs KG sei nur indirekte Minderheitsgesellschafterin und eine österreichische Privatstiftung sei Mehrheitsgesellschafterin, wesentliche operative Tätigkeiten werden am Flughafen Wien erbracht, Niki sei in Österreich steuerlich veranlagt und verfüge über eine österreichische Umsatzsteuer-Identifikationsnummer, die Betriebsgenehmigung der österreichischen Behörde würde bei einem Wechsel des Hauptgeschäftssitzes nach Deutschland verloren gehen, die Flugzeuge verfügen über österreichische Hoheitszeichen, sämtliche 850 Mitarbeiter befinden sich in Österreich und die Arbeitsverträge unterliegen österreichischem Recht und auch der Jahresabschluss weise auf den österreichischen Sitz hin.[336]

Während die Entscheidung im Ergebnis *de lege lata* zwar nachvollziehbar ist, illustriert dieses Verfahren die Schwächen des europäischen Insolvenzrechts und dabei insbesondere den fehlenden Entwicklungsschritt zur Konzerninsolvenz: Eine Aufteilung der Verfahren erhöht die Transaktionskosten für alle Beteiligten

---

331 Beschluss des AG Charlottenburg vom 13.12.2017 – Az 36n IN 6433/17, ZIP 2018, 41 (41 ff).
332 LG Korneuburg, Beschluss vom 12.1.2018 – 36 S 5/18 d, ZIP 2018, 393 (396).
333 LG Berlin, Beschluss vom 8.1.2018 – 84 T 2/18, NZI 2018, 85.
334 LG Berlin, Beschluss vom 8.1.2018 – 84 T 2/18, NZI 2018, 85 (87).
335 LG Berlin, Beschluss vom 8.1.2018 – 84 T 2/18, NZI 2018, 85 (87 f).
336 LG Korneuburg, Beschluss vom 12.1.2018 – 36 S 5/18 d, ZIP 2018, 393 (396).

inklusive Gläubigern und lässt Synergieeffekte durch Verbindung mehrerer Insolvenzverfahren ungenutzt.[337]

VII. Lehren aus dem Fall Air Berlin

1. Races to the top, the bottom and below the bottom

Was betriebswirtschaftlich und rechtsgestalterisch durch Ausnutzung von Rechtsarbitrage bis hin zum gänzlichen Normenmangel als freiheitlicher, rational eigeninteressierter Umgang mit internationaler Lösungsdiversität erscheint, wirkt aus regulierungstheoretischer Sicht disruptiv, weil die innere Wertungskohärenz der Aufnahmerechtsordnung – hier: der deutschen – gefährdet wird. Nun mag es Bereiche geben, in denen diese Disruption erwünscht ist, weil sie möglicherweise Ineffizienzen der heimischen Rechtsordnung offenlegt und so Wachstumsimpulse auslöst (*race to the top*). In anderen Bereichen aber unterminiert sie letztlich jedweden rechtlichen Ordnungsrahmen und führt im schlimmsten Fall zu einem selbstzerstörerischen Deregulierungswettbewerb (*race to the bottom*), der bisweilen sogar zu einer Kombination von Regulierungsminima in den einzelnen Teilbereichen (*race below the bottom*)[338] gesteigert wird.

Die Untersuchung der Air Berlin und ihrer Gesellschaftsverträge liefert zunächst einige Denkanstöße für das deutsche Aktienrecht: Wesentliche gestalterische Freiheit brachte das gezielte Ausnutzen der Satzungsautonomie der PLC als Gegenpol zur AG-Satzungsstrenge,[339] als gesellschaftsrechtliche Meta-Arbitrage zugunsten nicht bloß einer bestimmten Regel oder Augestaltung, sonden als Import der (weitgehenden) Autonomie *per se*. Die Satzung der PLC verdeutlicht dabei, wie Gesellschaftsverträge auf ihre Regelungsumgebung antworten: Sind AG-Satzungen in der Regel entsprechend wortkarg,[340] können Verträge wie Gesellschaftervereinbarungen und insbesondere auch Satzungen nach englischem Recht den weiten Spielraum vollständig ausnutzen. Die Air Berlin lebte Privat- und Parteiautonomie, was ihr erlaubte, effizientere und auf ihre konkreten Bedürfnisse maßgeschneiderte Regelungen in die Satzung aufzunehmen. Im Organisationsrecht fällt zunächst neben dem monistischen Leitungsorgan Air Berlins insbesondere seine Größe auf: Dem im Vergleich zur AG kleinen *board* werden in

337 Näher *Thomale*, Der „Mittelpunkt der hauptsächlichen Interessen" bei Gesellschaftsinsolvenzen mit Auslandsberührung, zu LG Berlin, 8.1.2018 – 84 T 2/18, IPRax 2018, 254 (255 ff).

338 *Thomale*, Verstärkte Zusammenarbeit als Einigungsersatz, ZEuP 2015, 517 (534 ff).

339 Dazu oben IV.1.

340 Zur vergleichweise kurz gefassten Satzung der Deutschen Lufthansa AG oben IV.1.

der ökonomischen Literatur diverse Vorteile zugeschrieben.[341] Auch der Normenmangel bei *Corporate Governance Codes*, die zwar freilich weitgehend nicht verbindlich sind, aber dennoch ein wichtiges Signal an den Kapitalmarkt darstellen, erweiterte den privatautonomen Handlungsspielraum, welchen Air Berlin durch „Rosinenpicken" auszunutzen wusste.[342] Überdies wusste Air Berlin die Zielsetzung des LuftNaSiG, aus dem deutsche Gesellschaften hinausoptieren können, durch privatautonome *Selbstregulierung* in der Satzung umzusetzen, um die luftverkehrsrechtlichen Nationalitätserfordernisse der Aktionäre zu gewährleisten[343] und veranschaulichte dadurch, dass statt staatlicher auch eine solche Selbstregulierung zum gewünschten Ergebnis führen kann. Zuletzt sei als Regulierungsanstoß für Deutschland die Möglichkeit der (echten) Zwischendividende genannt, die auch in Deutschland nach Meinung vieler *de lege ferenda* der Satzungsautonomie überlassen werden sollte.[344] Andere Bereiche lassen hingegen eher ein *race to the bottom* befürchten: Das wohl meistdiskutierte Thema in diesem Zusammenhang sind die Mindestkapitalvorschriften,[345] welche freilich bei Air Berlin keine Rolle spielten.[346] Neben der angesprochenen Größe des *boards* ist die Zusammensetzung desselben eine regulierungstheoretisch wesentliche Frage, denn aus rechtspraktischer (Ab-)Sicht[347] ermöglicht der Einsatz ausländischer Gesellschaften, im Aufsichtrat sowohl Mitbestimmung als auch Geschlechterquote zu vermeiden. Dies unterminiert, wie dargelegt, wesentliche Teile der deutschen Rechtsordnung, und es bleibt zu hoffen, dass in diesem Bereich kein *race to the bottom* stattfinden wird. Dies mag nicht zuletzt dadurch gemildert werden, dass sich „Exportrechtsordnungen" selbst auf die deutsche zubewegen, wie dies etwa in den jüngeren Bestimmungen des englischen Corporate Governance Code geschieht.[348]

Das Beispiel Air Berlin verdeutlicht überdies die Komplexität von Arbitragevorgängen, welche auch in der Verschränkung mehrerer Märkte liegen kann. Die zu Beginn eingesetzte US-amerikanische *close corporation* war noch von den Luftverkehrsbeschränkungen der alliierten Besatzungsmächte getrieben: Die ame-

341 Dazu oben IV.2.b).

342 Dazu oben IV.4.a).

343 Dazu oben V.1.

344 Siehe mwN *Fleischer*, in *K. Schmidt/Lutter*, AktG[4] (2020) § 59 AktG Rz 18.

345 Vgl idZ *Braun/Eidenmüller/Engert/Hornuf*, Unternehmensgründungen unter dem Einfluss des Wettbewerbs der Gesellschaftsrechte, ZHR 177 (2013), 131 (131 ff, 145) die *prima facie* positive Enwicklungen wie den Anstieg von Gesellschaftsgründungen nach entsprechenden Gesellschaftsrechtsreformen aufzeigen.

346 Dazu oben IV.5.

347 Anders aber die hier vertetenene Ansicht, siehe oben IV.3.

348 Zum Arbeitnehmereinfluss oben IV.3.a) und zur Diversität siehe IV.3.b).

rikanischen Gründer passten die Rechtsform an das regulatorische Umfeld an. Theoretisch ließe sich dies als Umgehung oder Missbrauch, als Marktversagen des Wettbewerbs der Rechtsordnungen konstruieren. In Wahrheit bereicherte Air Berlin jedoch durch diese *Aufsichts*arbitrage den bis dato nur aus drei etablierten Anbietern der Westmächte – Air France, British Airways und Pan American – bestehenden, oligopolartigen West-Berliner Flugmarkt während der damaligen geopolitischen Spannungen.[349] Diese fundamentale Liberalität westlicher Marktwirtschaft, die auf die Eigeninitiative privater Akteure setzt und deshalb bewusst sogar die sektorale Ineffektivität öffentlicher, in diesem Fall sogar feindesrechtlicher Regulierung in Kauf nimmt, mag gerade in Berlin das richtige Zeichen in Richtung der kommunistischen DDR gesendet haben.

2. Das Harmonisierungsdilemma

Wie ist das vielschichtigte Problem der Rechtsarbitrage sachgerecht zu regulieren? Ein effektiver Weg ist die Harmonisierung: Rechtsarbitrage bedeutet in weiten Teilen die Ausnutzung regulativer Unterschiede. Verschwinden oder verringern sich diese, geht entsprechend auch das Gestaltungsphänomen der Rechtsarbitrage zurück. Andererseits wird so auch die internationale Suche nach der effizientesten Lösung einer Gestaltungsfrage eingestellt, Harmonisierung unterdrückt somit gleichsam alle genannten „*races*" – sowohl diejenigen *to the top* als auch diejenigen *to and below the bottom*. Darin besteht das „Harmonisierungsdilemma", ein lokales Optimum im Zielkonflikt zwischen Flexibilität und Effektivität der Rechtsordnungen zu finden.

Richtigerweise ist zu differenzieren: Materiellrechtliche Harmonisierungen durch EU-Sekundärrecht bieten sich an, wo sich – insbesondere in einem zuvor ausgespielten Wettbewerb der Rechtsordnungen – eine Regel als gemeinwohlfördernd herausgestellt hat. Sie verbietet sich hingegen dort, wo noch fundamentale Unsicherheit darüber besteht, welche Regel die wirtschaftlichste ist. So leuchtet etwa ein, dass Großunternehmen einheitliche, harmonisierte Rechnungslegungsstandards beachten sollten, unabhängig davon, welche (supra)nationale Rechsform sie wählen und ob sie nun in Frankfurt oder London notieren.[350] Auch der angesprochene übernahmerechtliche Normenmangel für englische Gesellschaften mit Notierungen in Deutschland wurde durch die Übernahme-RL effektiv und

349 Dazu oben II.1.
350 Dazu oben V.2.

effizient beseitigt.[351] Der Fall Air Berlin verdeutlicht, dass Publikumsgesellschaften wie AG und PLC im Bereich der Harmonisierung weiter entwickelt sind als geschlossene Gesellschaften. Dieser Befund ließe sich durch zahlreiche weitere Regelungsbereiche erhärten wie beispielweise die weitgehend harmonisierten Sachaufbringungsvorschriften.[352] Für eine Harmonisierung spricht aus ökonomischer Sicht überdies, dass eine Arbitrage zwar teilweise kosteneffizienteres Recht importiert, doch fallen dabei „Importzölle" in Form von erhöhten Transaktionskosten an, die den Effizienzgewinn wieder mindern. Dies sei am Extrembeispiel Air Berlin veranschaulicht: Dort ist das Delta von Kosten und Vorteil der Konstruktion mutmaßlich negativ, denn die Umgründung löste neben den massiven Transaktionskosten in Form von insbesondere Beratungskosten auch Kosten durch diverse Abgaben iHv über € 67 Millionen aus.[353] Diese Zahl steht – wenngleich freilich zahlreiche andere Faktoren auf diesen einen Einfluss haben – dem Gewinn von ca. € 61 Millionen gegenüber, den Air Berlin seit Umgründung bis zur Insolvenz *insgesamt* verbuchte.[354]

In anderen Bereichen, etwa beim oben erwähnte Spielraum von Satzungen, scheint es hingegen angemessen, die Suche nach einer optimalen Lösung dem Markt zu überlassen. Dem Markt der Rechtsformen[355] muss insofern genügend Raum gelassen werden, damit nationale Rechtsordnungen – im gewünschten Rahmen – um die effizienteste Rechtsform konkurrieren können.[356]

---

351 Dazu oben IV.4.b).

352 Dazu oben IV.5.

353 Dazu oben V.2.

354 Die einzigen profitablen Geschäftsjahre waren 2006 (€40M) und 2007 (€21M), Air Berlin Jahresbericht 2007, 109, und seither schreib Air Berlin nur Verluste, siehe *Centre for Aviation*, Airberlin must aim for a profit in 2016 after eighth straight operating loss in 2015, https://centreforaviation.com/analysis/reports/airberlin-must-aim-for-a-profit-in-2016-after-eighth-straight-operating-loss-in-2015-and-1q2016-loss-279882 (zuletzt abgerufen am 15.3.2021).

355 Vgl zum „Markt der Märkte" bei Börsenplätzen auch *Thomale/Walter*, Delisting als Regulierungsaufgabe, ZGR 2016, 679 (724 f).

356 Insofern ist auch eine übermäßige Harmonisierung etwa durch nur europäische Gesellschaftsformen schädlich, als sie den Wettbewerb einzelner Staaten beendet, siehe näher *Thomale*, Verstärkte Zusammenarbeit als Einigungsersatz? – Eine Gegenrede am Beispiel des Europäischen Privat- und Gesellschaftsrechts, ZEuP 2015, 517 (536 f).

VIII. Schlussbemerkung: Zukunft der Ltd. & Co. KG nach dem Brexit

1. Brexit: Stand und Rechtsfolgen

Trotz Inkrafttretens des Abkommens über den Austritt des Vereinigten Königreichs aus der Europäischen Union zum 1.2.2020[357] gab es innerhalb der EU zunächst keine unmittelbaren privatrechtlichen Konsequenzen für britische Gesellschaften, da das Abkommen[358] in Art 126 einen Übergangszeitraum bis zum 31.12.2020 vorsieht. Der deutsche Gesetzgeber hat zumindest für grenzüberschreitende Verschmelzungen mit § 122m UmwG eine weitere Schonphase von (bis zu) zwei Jahren nach dem endgültigen Austritt geschaffen, wenn der Verschmelzungsplan vor dem Ausscheiden des VK oder Ablauf des Übergangszeitraums notariell beurkundet wurde: Diese Gesellschaften bestehen ausdrücklich in ihrer Form während des Verschmelzungsvorgangs weiter.[359]

Seit Ablauf dieser Übergangsfrist führt der Brexit ohne „*deal*" im Gesellschaftsrecht zu großer Rechtsunsicherheit,[360] denn das Vereinigte Königreich wird fortan als bloßer Drittstaat geführt, und folglich richtet sich das anwendbare Gesellschaftsrecht (wieder) nach der Sitztheorie.[361] Wenngleich die traditionelle

---

357 Mitteilung im Amtsblatt der Europäischen Union, L 29/189, 31.1.2020.

358 Abkommen über den Austritt des Vereinigten Königreichs Großbritannien und Nordirland aus der Europäischen Union und der Europäischen Atomgemeinschaft, L 29/7, 31.1.2020.

359 BT-Drs. 505/18, 8: „Ferner ergibt sich aus der Neuregelung, dass diese Gesellschaften in ihrer bisherigen Rechtsform auch über das Wirksamwerden des Brexits oder das Ende eines Übergangszeitraums hinaus für den Zeitraum als fortbestehend behandelt werden, der für die Durchführung und den Abschluss des Verschmelzungsverfahrens erforderlich ist."

360 Vorausgesetzt, das Vereinigte Königreich tritt dem Europäischen Wirtschaftsraum (EWR) nicht bei, denn dann würde die Niederlassungsfreiheit weiter gelten, vgl *Weller/Thomale/Benz*, Englische Gesellschaften und Unternehmensinsolvenzen in der Post-Brexit-EU, NJW 2016, 2378 (2380). Automatisch wird das VK wohl nicht Mitglied des EWR, *Grzeszick/Verse*, Auswirkungen eines harten Brexit auf britische Gesellschaften in NZG Deutschland – der Gesetzgeber ist gefordert! NZG 2019, 1129 (1129 f).

361 Siehe nur BGH 27.10.2008, II ZR 158/06 – *Trabrennbahn*, NJW 2009, 289 ff für eine schweizerische AG. Siehe aber jüngst zum EU-UK Trade and Cooperation Agreement (EU-UK TCA), das mit 1.1.2021 vorläufig in Kraft trat, *J. Schmidt*, Brexit: Implikationen des EU-UK TCA im Bereich des Gesellschaftsrechts, GmbHR 2021, 229 (229 ff), die insbesondere aus den *national* und *most favoured nation treatment*-Regeln ableitet, dass auf engliche Gesellschaften grundsätzlich weiterhin die Gründungstheorie anwendbar sei.

Sitztheorie, nach der solche Gesellschaften als rechtlich inexistent behandelt werden, mittlerweile überholt ist, bleiben nach der sogenannten „modifizierten Sitztheorie“[362] oder „Wechselbalglehre“ massive Unsicherheiten: Die englische Kapitalgesellschaft ist aufgrund des zwingenden *numerus clausus* in eine entsprechende inländische Rechtsform umzudeuten.[363] Die der PLC entsprechende Publikumsgesellschaft wäre grundsätzlich die AG, doch scheitert eine Umdeutung nach wohl herrschender Lehre schon an der fehlenden konstitutiven Eintragung in das Handelsregister sowie an der fehlenden notariellen Form des Gesellschaftsvertrags respektive der Satzung.[364] Daher kann die PLC nur in eine Außen-GbR oder OHG transponiert werden,[365] die zwar rechtsfähig sind, aber insbesondere eine unbeschränkte Gesellschafterhaftung mit sich bringen.[366] Am Rande sei bemerkt, dass dadurch zwar das ursprüngliche Kernziel der Air Berlin erreicht wäre, denn die Arbeitnehmermitbestimmung wäre wieder umgangen, da diese bei (echten) Personengesellschaften nicht anwendbar ist;[367] doch wäre allein die unbeschränkte Gesellschafterhaftung so unattraktiv, dass diese Form der Umgehung ausscheiden würde.[368] Noch größere Probleme birgt die Rechtslage in Österreich, da die OG erst mit konstitutiver Eintragung im Firmenbuch entsteht[369] und die GesbR[370] als nicht rechtsfähig angesehen wird.[371] Die englische Kapitalgesellschaft verlöre in Österreich also gleichsam nicht allein die institutionelle Haftungsbeschränkung, sondern auch das Trennungsprinzip und ihre Rechtsfähigkeit überhaupt.[372]

---

362 Der Judikaturwandel erfolgte erst nach der Jahrtausendwende, siehe BGH 1.7.2002 – II ZR 380/00, NJW 2002, 3539.

363 *Weller/Thomale/Benz*, NJW 2016, 2380.

364 *Weller*, Die “ Wechselbalgtheorie“, in Festschrift für Wulf Goette zum 65. Geburtstag (2011) 583 (592).

365 Auch der Gesetzgeber ist – im Anschluss an den BGH – in Bezug auf englische Gesellschaften dieser Auffassung, BT-Drs. 505/18, 1.

366 *Ibd.*

367 *Kindler* in MüKo BGB, Int.Ges., Rz 573.

368 *Weller*, in FS Hommelhoff 1283.

369 § 123 Abs 1 UGB, vgl *Schauer* in *Kalss/Nowotny/Schauer*, Österreichisches Gesellschaftsrecht^2 Rz 2/338 (Stand 1.6.2017, rdb.at).

370 *Lurger/Melcher*, Handbuch, Rz 7/16.

371 § 1175 Abs 2 ABGB, vgl *Kalss/Schauer* in *Kalss/Nowotny/Schauer*, Österreichisches Gesellschaftsrecht, Rz 2/9.

372 *Eckert*, Internationales Gesellschaftsrecht (2010) 497 ff bemüht sich um Abmilderung der Konsequenzen dieser schlichten Gesetzesanwendung, konnte sich jedoch mit seinen durchaus bedenkenswerten Vorschlägen nicht durchsetzen.

Für englische Scheinauslandsgesellschaften, die erst nach dem Austrittsvotum gegründet wurden, war diese Folge gewissermaßen absehbar.[373] Altgesellschaften, also jene, die schon vor der Entscheidung gegründet wurden, vertrauten hingegen zulässigerweise noch auf ihr Niederlassungsprivileg aus Artt 49, 54 AEUV.[374] Teilweise wird behauptet, auch solche Altgesellschaften seien – ohne Übergangsfrist – nicht mehr als solche anzuerkennen, frei gemäß dem germanistischen Grundsatz: „wo du dein Vertrauen gelassen hast, da sollst du es suchen."[375] Eine interessengerechte und gleichzeitig systemkohärente Lösung wäre hingegen, für Altgesellschaften eine intertemporale Ausnahme zu machen und diese in Hinblick auf die Gründung und vergangene Handlungen weiter nach der Gründungstheorie zu beurteilen.[376]

Speziell für Air Berlin wurde – wohlgemerkt: noch vor Einstellung des Geschäftsbetriebes – in der Lehre befürchtet, dass bei Umdeutung in eine selbstorganschaftlich vertretene OHG „das Chaos ausbricht".[377] Dem ist beizupflichten: Eine OHG kann etwa nicht börsennotiert sein. Zudem stellte sich eine Reihe eigenartiger Fragen, wie etwa, ob Anleger – seien es Großaktionäre wie Etihad oder der kleine Privatanleger von nebenan – nun über Nacht einerseits nach § 125 HGB selbstorganschaftlich vertretungsbefugt werden und andererseits aus § 128 HGB haften. Es zeigt sich: Die Frage nach der mechanischen Umqualifikation englischer Altgesellschaften in deutsche oder österreichische Personengesellschaften ernsthaft zu stellen bedeutet, sie zu verneinen.

---

373 *Weller/Thomale/Zwirlein*, Brexit: Statutenwechsel und Acquis communautaire, ZEuP 2018, 892 (903).

374 *Weller/Thomale/Zwirlein*, Brexit: Statutenwechsel und Acquis communautaire, ZEuP 2018, 892 (903).

375 So *Teichmann/Knaier*, Brexit – Was nun? IWRZ 2016, 243 (245).

376 Näher *Weller/Thomale/Zwirlein*, Brexit: Statutenwechsel und Acquis communautaire, ZEuP 2018, 892 (903 ff); siehe auch schon *Weller/Thomale/Benz*, NJW 2016, 2381 f; Ähnlich *Mohamed*, Effekte des Brexit aus europäisch gesellschaftsrechtlicher Perspektive, de lege lata über lege ferenda, ZVglRWiss (2018) 189 (204 ff). Für einen Bestandsschutz nach Art 7 EGBGB p.a. *Mäsch/Gausing/Peters*, Deutsche Ltd., PLC und LLP: Gesellschaften mit beschränkter Lebensdauer? – Folgen eines Brexits für pseudo-englische Gesellschaften mit Verwaltungssitz in Deutschland, IPRax 2017, 49 (54 f). Gegen einen Bestandsschutz *Seeger*, Die Folgen des „Brexit" für die britische Limited mit Verwaltungssitz in Deutschland, DStR 2016, 1817 (1819 ff). Gegen eine längere Übergangsfrist auch *Teichmann/Knaier*, Brexit – Was nun? IWRZ 2016, 243 (245).

377 So *Mäsch/Gausing/Peters*, Deutsche Ltd., PLC und LLP: Gesellschaften mit beschränkter Lebensdauer? – Folgen eines Brexits für pseudo-englische Gesellschaften mit Verwaltungssitz in Deutschland, IPRax 2017, 49 (55).

2. Reaktionen des Arbitragemarkts

Die Rechtsunsicherheit zur Frage, welche Lösungsmöglichkeit sich in der Praxis durchsetzen wird, birgt ein nicht zu unterschätzendes unternehmerisches Risiko,[378] welches den ohnehin fortdauernden Rückwärtstrend der Zahl der im Handelsregister eingetragenen *limiteds* der letzten Jahre[379] weiter beschleunigt hat: Während die Zahl der eingetragenen *limiteds* zwischen 2010 und 1.1.2020 um zwei Drittel abnahm und nur mehr 5.862 beträgt[380], hat der Bestand allein im Kalenderjahr 2019 um 13,3 % abgenommen.[381] Es ist auch eine Migration der Auslandsgesellschaften via grenzüberschreitender Verschmelzung „zurück" nach Deutschland festzustellen. War das VK zwischen 2012 und 2017 noch ein *net receiving state* grenzüberschreitender Umwandlungen, ist seither eine Trendwende zu verzeichnen. 2019 gab es sogar nur mehr einen einzigen Zuzugsfall nach England, der ganzen 87 Wegzugsfällen gegenübersteht. Dabei machte Deutschland als Zielland zwischen 2017 und 2019 über 50 % der britischen Wegzugsfälle aus.[382] Dies bedeutet aber nicht unbedingt, dass deutsche Gesellschaften nun vermehrt in anderen Mitgliedsstaaten zur Arbitrage eingesetzt werden, sondern ist wahrscheinlich schlicht darauf zurückzuführen, dass die Anzahl der englischen *limiteds* mit Verwaltungssitz in Deutschland vergleichsweise hoch ist.[383]

Wenngleich die ehemals beliebten englischen Rechtsformen nunmehr unattraktiv geworden sind und ein „harter gesellschaftsrechtlicher Brexit" jede Praktibilität beendet, geht der europäische Wettbewerb der Gesellschaftsformen dennoch weiter und lässt sich auch durch den Brexit nicht hemmen. Einige Gesellschaften wählen noch immer keines der deutschen „Angebote", sondern weichen auf Rechtsformen aus anderen Staaten aus. Diesen Weg ging etwa die Drogeriekette Müller im Jahr 2019, welche die bis dahin bestehende englische *private limited company* als Komplementärin durch eine liechtensteinische GmbH ersetzte[384] – mutmaßlich zur Umgehung der deutschen Mitbestimmung.

---

378 So auch *Mohamed/Biermeyer/Meyer*, Die Brexit-Flucht auf dem empirischen Prüfstand, Reflexionen einer europäischen Studie, ZfPW, 2020, 114 (121).

379 Dazu schon oben III.2.

380 Per 1.1.2020, *Kornblum*, GmbHR 2020, 677 (687).

381 Im Vorjahr lag der Rückgang bei 8,7 %, *ibid*.

382 Stand: 31.8.2019. Siehe zum Ganzen inklusive graphischer Veranschaulichung bei *Mohamed/Biermeyer/Meyer*, Die Brexit-Flucht auf dem empirischen Prüfstand, Reflexionen einer europäischen Studie, ZfPW, 2020, 114 (116 ff).

383 *Mohamed/Biermeyer/Meyer*, ZfPW, 2020, 123.

384 https://kundmachungen.li/AktuellsteNeugründungen/Details?nr=FL00026042559&Firma=MVG+Beteiligungs+GmbH&ort=Vaduz&datum=04.02.2019 (zuletzt abgerufen am 15.3.2021).

3. Schlussfolgerungen

Aus Sicht der betroffenen Unternehmen greift ein lediglich richterrechtlicher und damit einstweilen rechtsunsicherer Vertrauensschutz zu kurz.[385] Obwohl die erläuterte intertemporale Ausnahme bereits *de lege lata* viel für sich hat, wäre im Sinne der Rechtssicherheit eine klare gesetzliche Regelung wünschenswert. Diese sollte über den Anwendungsbereich des UmwG hinausgehen und generell alle Gesellschaften betreffen, da deren Interesse an Bestandsschutz gegenüber den umzuwandelnden Gesellschaften nicht zu vernachlässigen ist. Dabei könnte man sich am österreichischen Gesetzgeber orientieren:[386] Dieser hat schon im März 2019 ausdrücklich vorgesehen, dass bis Ende 2020 für die kollisionsrechtliche Beurteilung der betreffenden Gesellschaften, die bis Inkrafttreten des Austrittsabkommens registriert wurden, das Vereinigte Königreich weiter als Mitgliedstaat der Europäischen Union gilt.[387] Dieses Gesetz wäre jedoch nur bei einem Austritt ohne Austrittsabkommen gemäß Art 50 Abs 2 EUV in Kraft getreten.[388] Nun könnte der deutsche Gesetzgeber weil keine *gesellschaftsrechtliche* Einigung mit dem VK getroffen wurde – sei es durch bilaterale Abkommen, wie sie etwa zwischen Deutschland und den USA existieren,[389] sei es durch ein Abkommen mit der EU mit Wirkung für alle Mitgliedsstaaten – eine eigene Übergangsregel treffen. Dort wäre eine Klarstellung einerseits in Bezug auf das Fortbestehen und zusätzlich eine Übergangsfrist anzuraten, die es den Gesellschaften erlaubt, in angemessener Zeit und kostenschonend das „Rechtskleid" zu wechseln.

---

385 Ähnlich *Grzeszick/Verse*, Auswirkungen eines harten Brexit auf britische Gesellschaften in Deutschland – der Gesetzgeber ist gefordert! NZG 2019, 1129 (1136).

386 So auch *Grzeszick/Verse*, NZG 2019, 1136.

387 Art 14 Abs 1 und 2, Brexit-Begleitgesetz 2019. Nach der Regierungsvorlage droht diesen Gesellschaften nämlich „das Ende der Anerkennung als ausländische juristische Personen und damit unter Umständen auch eine persönliche Haftung der Gesellschafter" und es werden konkrete Lösungsmöglichkeiten vorgeschlagen: Einbringung des Betriebes in eine österreichische GmbH oder AG, eine grenzüberschreitende Verschmelzung auf eine österreichische Kapitalgesellschaft oder eine „nach der EuGH-Judikatur zuzulassende grenzüberschreitende Verlegung des Satzungssitzes", siehe ErlRV 491 BlgNR. XXVI. GP 13.

388 Art 14 Abs 2 *leg cit.*

389 Art XXV Deutsch-US-Amerikanischer Handels-, Schifffahrts- und Freundschaftsvertrags von 1954. Siehe auch Art IX des US-amerikanisch-österreichischen Freundschaftsvertrags 1931.

IX. Thesen

1. Gesellschaftsverträge sind stets das Ergebnis einer Anpassung an und einer Einbettung in ihre rechtliche Umgebung. Bei der Air Berlin PLC wird dies schon durch den Umfang und Detaillierungsgrad der 67 Seiten und 242 Artikel umfassenden Satzung evident. Auch die durch die *ultra vires*-Doktrin erklärbare ausführliche *objects-clause* in Art 4 des *Memorandum of Association* spiegelt die englische Rechtskultur wider.
2. Die Gesellschaftsverträge der PLC und der KG lassen sich nur in der Zusammenschau verstehen. Dabei ist der PLC-Gesellschaftsvertrag von primärem Interesse, da die KG eine bloße Konzerntochter war und ihr Vertrag überdies – abgesehen von der englischen Komplementärin – keine Hinweise auf die internationale Verknüpfung enthält. Außerdem steht die Rechtsform in untrennbarem Zusammenhang mit dem IPO an der FWB im Jahr 2006, das durch die ersten Schritte zur Kapitalmarktunion, insbesondere das *passporting*, wesentlich unterstützt wurde.
3. Die Air Berlin PLC machte aus ihrer Umgehungsabsicht kein Geheimnis, denn schon ein erster Blick auf Art 180 der Articles of Association erweist sie als *Schein*auslandsgesellschaft: „*The place of central and effective management of the Company is to be Berlin, Germany.*“ Die Umgehung der deutschen unternehmerischen Mitbestimmung blieb zwar im Vertragstext unerwähnt, doch wurde dieses Kernziel objektiv erreicht, da das MitbestG (1976) in der derzeitigen Praxis nicht auf Auslandsgesellschaften erstreckt wird. Nach hier vertretener Ansicht schlagen die §§ 1, 4 *leg cit* jedoch als Eingriffsnorm via Sonderanknüpfung auf Scheinauslandsgesellschaften durch. Ihre Vorgaben sind bei monistischen Gesellschaftsformen statt im Aufsichtsrat bei den nicht-geschäftsführenden Direktoren umzusetzen. Die Geschlechterquote im Aufsichtsrat ist ebenfalls eine solche Eingriffsnorm, die nach demselben Mechanismus ebenso für Auslandsgesellschaften gilt.
4. Im Fokus von Air Berlins Rechtsarbitrage lag das Organisationsrecht. Neben der mangelnden Einbindung der Arbeitnehmer (These 3) und der kleineren Anzahl an Mitgliedern im *board* wurden den Direktoren Rechte eingeräumt, die über die Möglichkeiten des Vorstands einer AG deutlich hinausgehen: Diese hatten etwa nach Art 200 der Articles of Association effektiv ein Vetorecht auf die Höhe von Dividenden, denn „*no dividend shall exceed the amount recommended by the board*“, und konnten nach Art 201 unabhängig von den *shareholders* über Zwischendividenden verfügen. Umgekehrt hatten die Anteilseigner jedoch das Recht, Direktoren direkt abzuberufen.
5. Bei der europäischen Luftfahrtregulierung stößt die Rechtsformwahlfreiheit an eine zwingende Grenze. Durch Nationalitätserfordernisse respektive

„Überfremdungsschutz" greift das Unionsrecht in das Gesellschaftsstatut ein. Bei der Air Berlin sollte eine ausführliche gesellschaftsvertragliche Regelung zu *„Limitations on ownership"* in Anlehnung an das deutsche LuftNaSiG die Einhaltung der diesbezüglichen Vorgaben gewährleisten. Diese Vertragsklauseln veranschaulichen zusätzlich zur allgemeinen Arbitrage im Organisationsrecht (These 4) die Macht der Direktoren der Air Berlin, denn diese konnten, im Gegensatz zur deutschen Regelung, ohne Mitwirkung anderer Organe *shareholders* im Rahmen des Veräußerungsverfahrens enteignen: *„the directors may arrange for the sale* [...] *on behalf of the registered holder"*.

6. Nationale Gesellschaftsrechte sind nicht auf das Auseinanderfallen von Heimatrechtsordnung und Verwaltungssitz ausgelegt. Dementsprechend gingen mit den Arbitragevorteilen der PLC auch Rechtsunsicherheit und Normenmangel einher. So war kein *Corporate Governance Code* – weder der englische noch der deutsche – anwendbar und für kurze Zeit auch kein Übernahmerecht; Letzteres wurde auch im Air Berlin IPO-Prospekt als wesentlicher Risikofaktor für Anleger genannt.
7. Eine weitere wesentliche Grenze der Gesellschaftsrechtsarbitrage liegt im deutschen Insolvenzrecht, das eine nationale Souveränitätsreserve bildet. Dieses war anwendbar, da die Insolvenzverfahren der KG sowie der PLC aufgrund des *centre of main interest* in Berlin zu führen waren. Bei der Tochtergesellschaft NIKI Luftfahrt GmbH war hingegen aufgrund derselben Regelung das LG Korneuburg in Österreich zuständig.
8. Brexit und die daraus resultierenden Unsicherheiten machen englische Rechtsformen neuerdings unattraktiv, denn entsprechende Scheinauslandsgesellschaften sind in Deutschland und Österreich grundsätzlich in eine OHG oder GbR respektive GesbR umzudeuten. Obwohl diese Probleme für Altgesellschaften mit einer intertemporalen Ausnahme in der Sache angemessen bewältigt werden können, ist unter dem Gesichtspunkt der Rechtssicherheit eine gesetzliche Übergangsregelung vorzuziehen.
9. Aus regulierungstheoretischer Perspektive sollte Harmonisierung nur dort stattfinden, wo sich bestimmte Lösungen bereits verlässlich als gemeinwohlfördernd herausgestellt haben. Wo dies nicht geklärt ist, wäre es vorzugswürdig, dem Markt der Gesellschaftsrechte das Finden einer optimalen Lösung zu überlassen (*race to the top*). Hier bietet der Fall Air Berlin einige Denkanstöße, etwa durch den Kontrast der englischen Satzungsautonomie mit der deutschen Satzungsstrenge, welche *de lege ferenda* zugunsten der Vertragsautonomie gelockert werden sollte.

Anhang – Gesellschaftsvertrag der Air Berlin PLC & Co. Luftverkehrs KG

§ 1 – Firma und Sitz

1. Die Firma der Gesellschaft lautet:
   Air Berlin PLC & Co. Luftverkehrs KG
2. Der Sitz der Gesellschaft ist Berlin.

§ 2 – Gesellschafter/Einlagen

1. Persönlich haftende Gesellschafterin ist die Air Berlin PLC.
   Die Komplementärin leistet keine Kapitaleinlage.
2. Das Kommanditkapital (nachfolgend auch Nominalkapital genannt) beträgt Euro 55.000.000,00. Es ist aufgeteilt in die gemäß Abs. 3 übernommenen Anteile.
3. Das Kommanditkapital halten folgende Kommanditisten:

3.1 Pegasus Erste Luftfahrtbeteiligungsgesellschaft mbH, Berlin (vormals Brilliant 197. GmbH) eine Kommanditeinlage von	Euro 2.200.000,00
3.2 Pegasus Zweite Luftfahrtbeteiligungsgesellschaft mbH, Berlin (vormals Brilliant 198. GmbH) eine Kommanditeinlage von	Euro 13.750.000,00
3.3 Pegasus Dritte Luftfahrtbeteiligungsgesellschaft mbH, Berlin (vormals Brilliant 199. GmbH) eine Kommanditeinlage von	Euro 6.875.000,00
3.4 Pegasus Vierte Luftfahrtbeteiligungsgesellschaft mbH, Berlin (vormals Brilliant 200. GmbH) eine Kommanditeinlage von	Euro 6.875.000,00
3.5 Pegasus Fünfte Luftfahrtbeteiligungsgesellschaft mbH, Berlin (vormals Brilliant 201. GmbH) eine Kommanditeinlage von	Euro 14.300.000,00
3.6 Pegasus Sechste Luftfahrtbeteiligungsgesellschaft mbH, Berlin (vormals Brilliant 202. GmbH) eine Kommanditeinlage von	Euro 2.750.000,00
3.7 Pegasus Siebte Luftfahrtbeteiligungsgesellschaft mbH, Berlin (vormals Brilliant 203. GmbH) eine Kommanditeinlage von	Euro 8.250.000,00.

§ 3 – Gegenstand

1. Gegenstand des Unternehmens ist die Durchführung von Linien-, Charter- und sonstigen Flügen im gewerblichem Luftverkehr sowie das Luftfrachtgeschäft.
2. Die Gesellschaft kann alle Geschäfte betreiben, die der Erreichung der vorgenannten Zwecke unmittelbar oder mittelbar förderlich sind. Sie kann gleichartige oder ähnliche Unternehmen im In- und Ausland gründen, erwerben, sich an solchen beteiligen, solche vertreten und Interessen- und Arbeitsgemeinschaften eingehen.

§ 4 – Geschäftsjahr

Das Geschäftsjahr ist das Kalenderjahr.

§ 5 – Organe

1. Organe der Gesellschaft sind:
   1. die Geschäftsführung
   2. die Gesellschafterversammlung.

2. Die Gesellschafterversammlung kann durch Mehrheitsbeschluß mit mindestens 70 % der Stimmen die Einführung eines Aufsichtsrats beschließen.

§ 6 – Geschäftsführung und Vertretung

1. Die Geschäftsführung der Gesellschaft steht allein der Air Berlin PLC als persönlich haftender Gesellschafterin zu. Den Kommanditisten steht ein Widerrufsrecht gem. § 164 HGB nicht zu.
2. Die Komplementärin erhält für ihre Tätigkeit von der Gesellschaft ihre Personalkosten sowie alle sonstigen Aufwendungen erstattet, die sie in ihrer Eigenschaft als persönlich haftende Gesellschafterin im Interesse der Gesellschaft macht.

§ 7 – Gesellschafterversammlung

1. Die ordentliche Gesellschafterversammlung hat jährlich in den ersten acht Monaten des Geschäftsjahres stattzufinden. Sie ist durch die persönlich haftende Gesellschafterin einzuberufen.
2. Außerdem kann jeder Gesellschafter bei Bedarf die Einberufung einer außerordentlichen Gesellschafterversammlung verlangen. Die Tagesordnung ist mit der Aufforderung bekannt zu geben.

§ 8 – Fristen

Die Gesellschafterversammlung ist mit einer Frist von zwei Wochen mittels eingeschriebenen Briefs einzuberufen. Der Tag der Absendung und der Tag des Zugangs des Schreibens werden nicht mitgerechnet. Die Tagesordnung ist bei der Einberufung mitzuteilen.

§ 9 – Beschlußfassung

1. In der Gesellschafterversammlung werden Beschlüsse mit einer Mehrheit von 51 % der abgegebenen Stimmen gefaßt, soweit nicht dieser Gesellschaftsvertrag im einzelnen andere Mehrheiten vorschreibt.
2. Änderungen des Gesellschaftsvertrages bedürfen der Zustimmung aller Gesellschafter. Kapitalerhöhungen, Kapitalherabsetzungen oder die Umwandlung des Unternehmens in eine andere Rechtsform werden mit einer Mehrheit von 70 % der abgegebenen Stimmen gefaßt.
3. Die Gesellschafterversammlung ist beschlußfähig, wenn mindestens 75 % des Kommanditkapitals gemäß § 2 vertreten ist. Ergibt sich Beschlußunfähigkeit, so ist sofort eine neue Gesellschafterversammlung – unter Berücksichtigung von § 8 – einzuberufen.
   Diese ist ohne Rücksicht auf die Zahl der vertretenen Stimmen beschlußfähig. Darauf ist in der Einladung hinzuweisen.
4. Die Gesellschafter können sich in der Gesellschafterversammlung durch einen Mitgesellschafter oder einen Dritten aufgrund einer schriftlichen Vollmacht vertreten lassen. Die Zulassung eines Dritten bedarf der Zustimmung der Gesellschafterversammlung. Diese darf nur aus wichtigem Grund versagt werden.
5. Die Kommanditisten haben folgende Stimmen:

a) Pegasus Erste Luftfahrtbeteiligungsgesellschaft mbH	40 Stimmen
b) Pegasus Zweite Luftfahrtbeteiligungsgesellschaft mbH	250 Stimmen
c) Pegasus Dritte Luftfahrtbeteiligungsgesellschaft mbH	125 Stimmen
d) Pegasus Vierte Luftfahrtbeteiligungsgesellschaft mbH	125 Stimmen
e) Pegasus Fünfte Luftfahrtbeteiligungsgesellschaft mbH	260 Stimmen
f) Pegasus Sechste Luftfahrtbeteiligungsgesellschaft mbH	50 Stimmen
g) Pegasus Siebte Luftfahrtbeteiligungsgesellschaft mbH	150 Stimmen.

   Die Air Berlin PLC ist nicht stimmberechtigt.

6. Die persönlich haftende Gesellschafterin stellt sicher, daß über die Beschlüsse der Gesellschafterversammlung eine Niederschrift angefertigt wird und den Gesellschaftern zugestellt wird. Ein Widerspruch gegen einen Beschluß muß binnen 3 Wochen nach Zugang der Niederschrift schriftlich bei der Komplementärin geltend gemacht werden.

§ 10 – Aufgabe der Gesellschafterversammlung

Die Gesellschafterversammlung hat die Bilanz und die Gewinn- und Verlustrechnung festzustellen.

Sie wählt den Abschlußprüfer.

Im übrigen beschließt sie in den in diesem Vertrag und im Gesetz vorgesehenen Fällen.

§ 11 – Kontrollrechte

Die Kommanditisten haben die Rechte von Gesellschaftern einer offenen Handelsgesellschaft, die von der Geschäftsführung ausgeschlossen sind (§ 118 HGB). Sie können diese Rechte auch durch von ihnen beauftragte dritte Personen ausüben lassen.

§ 12 – Jahresabschluß und Prüfung

Der Jahresabschluß ist innerhalb von 6 Monaten nach Schluß des Geschäftsjahres aufzustellen. Der Jahresabschluß ist unter Einbeziehung der Buchführung durch einen Wirtschaftsprüfer zu prüfen.

§ 13 – Ergebnisverteilung

Das Jahresergebnis der Gesellschaft wird wie folgt verteilt:
1. Die Komplementärin erhält zu Lasten des Ergebnisses eine Vorwegvergütung in Höhe von 5 % ihres Stammkapitals.
2. Der verbleibende Gewinn steht den Gesellschaftern im Verhältnis ihrer Nominalkapitalanteile zu.
3. Über die Vornahme und die Höhe von steuerlichen Sonderabschreibungen beschließt die Gesellschafterversammlung mit 70 % der abgegebenen Stimmen.

§ 14 – Variable Kapitalkonten und Entnahmen

1. Alle über das Nominalkapital hinausgehenden Beträge (Gewinn und Verlust, Einlagen, Entnahmen) werden auf einem variablen Kapitalkonto erfaßt.
2. Guthaben werden zum Zinssatz von 3 % über dem Basiszinssatz zulasten des Aufwandes verzinst. Zinsen aus Guthaben auf dem variablen Kapitalkonto können insoweit, wie ein Guthaben vorhanden ist, entnommen werden, ohne daß es hierzu eines besonderen Beschlusses der Gesellschafterversammlung bedarf. Der Gewinn der Gesellschaft kann von jedem Gesellschafter in Höhe von 12,4 % des auf ihn entfallenden Nominalkapitals entnommen werden, soweit nicht die Gesellschafterversammlung mit einer Mehrheit von 70 % der abgegebenen Stimmen etwas anderes beschließt.
3. Entnahmen aus einem negativen variablen Kapitalkonto können nur aufgrund eines mit 70 % der abgegebenen Stimmen gefaßten Gesellschafterbeschlusses vorgenommen werden. Negative Kapitalkonten sind von den Gesellschaftern mit 3 % über dem Basiszinssatz jährlich zu verzinsen.
4. Unter Anrechnung des gem. Abs. 2 entnommenen Gewinnes können die Gesellschafter den Betrag entnehmen, der 50 % des Gewinnes (ermittelt nach Maßgabe der Steuerbilanz) entspricht.

§ 15 – Abtretung der Beteiligung, Unterbeteiligung

1. Die Komplementärin kann ihre Beteiligung nicht abtreten.
2. Für eine Abtretung der Kommanditbeteiligung gelten die folgenden Regelungen:
   a) Beabsichtigt ein Kommanditist, seine Beteiligung ganz oder teilweise zu veräußern, so hat er sie zuvor den anderen Kommanditisten im Verhältnis von deren Beteiligung schriftlich anzubieten. Die Kommanditisten können das Angebot binnen einer Frist von 2 Monaten annehmen. Nehmen ein oder mehrere Kommanditisten das ihnen gemachte Angebot innerhalb der vorgenannten Frist nicht an, so können die anderen Kommanditisten das Angebot im Verhältnis ihrer Beteiligung binnen einer weiteren Frist von 1 Monat annehmen. Die Kommanditisten können auch mit einer Mehrheit von 51 % der ihnen zustehenden Stimmen einen Dritten benennen, der das Angebot in dem von dem Kommanditisten bestimmten Umfang innerhalb der im Satz 2 dieses Absatzes bestimmten Zweimonatsfrist annehmen kann.
   b) Soweit das Angebot nicht nach Maßgabe der Regelung in § 15 Nr. 2.a) angenommen wird, kann der Kommanditist seine Beteiligung an Dritte veräußern. Den übrigen Kommanditisten steht jeweils ein Vorkaufsrecht nach dem Maß ihrer Beteiligung zu. Sollten ein oder mehrere Kommanditisten das ihnen zustehende Vorkaufsrecht nicht innerhalb eines Monats nach Erhalt einer beglaubigten Abschrift des Kaufvertrages ausüben, so wächst dieses Vorkaufsrecht den übrigen Kommanditisten nach Maßgabe ihrer Beteiligung zu, die berechtigt sind, dieses Vorkaufsrecht innerhalb eines weiteren Monats auszuüben. Der Vertrag des Verkäufers mit dem Dritten kann vorsehen, daß der Dritte berechtigt ist, vom Vertrag zurückzutreten, wenn die den übrigen Kommanditisten zustehenden Vorkaufsrechte nicht vollständig ausgeübt werden.
3. Die Einräumung von Unterbeteiligungen gleich welcher Art an Geschäftsanteilen bedarf der Zustimmung aller Kommanditisten.

§ 16 – Kündigung

1. Die Gesellschaft ist nur aus wichtigem Grunde mit einjähriger Frist zum Ende eines Geschäftsjahres kündbar. Die Kündigung ist erstmals auf den 31.12.1996 zulässig. Ein wichtiger Grund liegt nicht vor, wenn die zugrundeliegenden Umstände von dem Kündigenden zu vertreten sind oder seiner Sphäre zuzurechnen sind.
2. Der kündigende Gesellschafter stimmt schon jetzt zu, daß der oder die verbleibenden Gesellschafter berechtigt sind, nach Kündigung, aber vor Ausscheiden des Kündigenden, einen neuen Gesellschafter aufzunehmen. Durch den neu eintretenden Gesellschafter darf der Wert der Beteiligungen des ausscheidenden Gesellschafters nicht geschmälert werden.

§ 17 – Fortsetzung der Gesellschaft

Im Fall der Kündigung sind die Mitgesellschafter berechtigt, die Gesellschaft fortzuführen. Sollten von mehreren Gesellschaftern nicht alle zur Fortführung bereit sein, sind die übrigen Gesellschafter zur Fortführung berechtigt. Der oder die kündigenden Gesellschafter scheiden aus und werden gemäß §§ 18 und 19 abgefunden.

§ 18 – Abfindungsguthaben

1. Ein ausscheidender Gesellschafter erhält eine Abfindung. Der Betrag der Abfindung entspricht dem Verkehrswert des Geschäftsanteils. Der errechnete Abfindungsbetrag ist dem ausscheidenden Gesellschafter in sechs Halbjahresraten auszuzahlen. Die erste Halbjahresrate ist sechs Monate nach dem Ausscheidungszeitpunkt fällig. Das Restguthaben ist mit 2 % über

dem jeweiligen Basiszinssatz der Bundesbank zu verzinsen. Die Zinsen sind halbjährlich nachträglich fällig. Die Schuld kann nach Kündigung mit einmonatiger Frist jederzeit abgelöst werden.

2. Der Abfindungsbetrag ist jeweils auf den Schluß eines Geschäftsjahres zu errechnen. Scheidet ein Gesellschafter zu einem anderen Zeitpunkt aus der Gesellschaft aus, ist maßgebender Zeitpunkt der Schluß des Geschäftsjahres vor dem Ausscheidungstag.
3. Sollte irgendein Streit über die Bewertung entstehen, so entscheidet darüber als Schiedsgutachter gemäß § 317 BGB ein Wirtschaftsprüfer, den das Institut der Wirtschaftsprüfer in Deutschland e.V., Düsseldorf, auf Antrag einer Partei ernennen soll.
4. Die Kosten des Schiedsgutachters sind gemäß den Bestimmungen des § 91 ZPO zu verteilen.

§ 19 – Sicherheitsleistung

Eine Sicherheitsleistung wegen etwaiger Inanspruchnahme durch die Gesellschaftsgläubiger oder Befreiung von den Geschäftsschulden kann der Ausscheidende nicht verlangen.

§ 20 – Ausschluß eines Gesellschafters

1. Wird über das Vermögen eines Kommanditisten das Konkurs- oder Vergleichsverfahren eröffnet oder kündigt der Gläubiger eines Kommanditisten die Gesellschaft, so wird die Gesellschaft nicht aufgelöst. Der betreffende Kommanditist scheidet mit dem Zeitpunkt aus der Gesellschaft aus, an dem das Konkurs- oder Vergleichsverfahren eröffnet oder an dem die Kündigung wirksam geworden wäre.
   Ein Kommanditist scheidet weiter aus der Gesellschaft aus, wenn er gleichzeitig an der Komplementärgesellschaft beteiligt ist und diese Beteiligung endet oder wenn er aus einem anderen wichtigen Grund aus der Gesellschaft ausgeschlossen wird.
   Die Gesellschaft wird in diesem Fall von den übrigen Gesellschaftern fortgesetzt. Die Abfindung des ausscheidenden Kommanditisten richtet sich nach §§ 18 und 19 dieses Gesellschaftsvertrages.
2. Tritt eines der in § 20 Nr. 1 genannten Ereignisse in der Person der persönlich haftenden Gesellschafterin ein, so wird die Gesellschaft aufgelöst, es sei denn die Kommanditisten beschließen einstimmig im Zusammenhang mit dem Ausschliessungsbeschluß bzw. 30 Tage nach Eröffnung des Konkurs- und Vergleichsverfahrens oder dem Wirksamwerden der Kündigung die Gesellschaft mit einem neuen von ihnen benannten persönlich haftenden Gesellschafter fortzusetzen.

§ 21 – Tod eines Gesellschafters

Beim Tod eines Kommanditisten wird die Gesellschaft mit seinen Erben fortgesetzt. Mehrere Erben haben unverzüglich einen Vertreter zu bestimmen, der für die Erben die gesellschaftsrechtlichen Rechte und Pflichten wahrnimmt. Bis zur Ernennung eines solchen Vertreters ruht das Stimmrecht. Hat der verstorbene Kommanditist Testamentsvollstreckung angeordnet, die auch die Beteiligung an der Gesellschaft umfaßt, ist der Testamentsvollstrecker befugt, die gesellschaftsrechtlichen Mitwirkungsrechte des Erben einschließlich des Stimmrechtes aus der Beteiligung auszuüben.

§ 22 – Wettbewerbsverbot

Ein Gesellschafter darf nicht mittelbar oder unmittelbar im Wettbewerb mit der Gesellschaft treten. Als mittelbarer Wettbewerb gilt nicht die Beteiligung an einer börsennotierten Gesellschaft bis zu 5 % des Grundkapitals der Gesellschaft.

Verstößt ein Gesellschafter gegen dieses Wettbewerbsverbot so können die übrigen Gesellschafter unbeschadet der ihnen sonst zustehenden Rechte die Rechte aus § 113 HGB geltend machen sowie durch Gesellschafterbeschluß den Gesellschafter aus der Gesellschaft ausschließen. Die Abfindung des ausscheidenden Gesellschafters richtet sich nach §§ 18 und 19 dieses Gesellschaftsvertrages.

Entsprechendes gilt, wenn ein Dritter, der im Sinne des § 15 AktG mit einem Gesellschafter verbunden ist, mittelbar oder unmittelbar mit der Gesellschaft in Wettbewerb tritt.

§ 23 – Allgemeine Vorschriften

Änderungen oder Ergänzungen des Gesellschaftsvertrages können nur durch schriftliche Vereinbarung und einen im Protokoll festgehaltenen Gesellschafterbeschluß erfolgen.

Dieser Vertrag bleibt auch gültig, wenn einzelne Vorschriften des Gesellschaftsvertrages sich als ungültig erweisen.

Die ungültige Vorschrift ist durch Beschluß der Gesellschafter so zu ergänzen oder umzudeuten, daß der mit der ungültigen Vorschrift beabsichtigte Zweck erreicht wird.

Entsprechend ist zu verfahren, wenn sich bei Durchführung des Vertrages ergänzungsbedürftige Lücken ergeben.

Alle Streitigkeiten aus oder im Zusammenhang mit diesem Vertrag werden ausschließlich durch ein Schiedsgericht entschieden. Das Schiedsgericht besteht aus zwei Schiedsrichtern (Beisitzern) und einem Obmann (Vorsitzender). Jede Partei ernennt einen der Beisitzer. Der Vorsitzende wird auf Antrag der betreibenden Partei vom Präsidenten der zuständigen Industrie- und Handelskammer benannt. Er muß die Fähigkeit zum Richteramt haben. Das Schiedsgericht tagt am Ort des Sitzes der Gesellschaft. Das Schiedsgericht hat nach geltendem Recht zu entscheiden. Sofern ein Schiedsspruch von mehreren Schiedsrichtern zu fällen ist, entscheidet die einfache Mehrheit. Darüber bestimmen die Schiedsrichter das Verfahren unter Berücksichtigung der einschlägigen Vorschriften der Zivilprozeßordnung nach pflichtgemäßem Ermessen.

Sebastian Mock und Christian Illetschko

§ 24 Der deutsch-österreichische Familien-Automobilkonzern – der Gesellschaftsvertrag der Porsche Piëch Holding GmbH

Inhaltsübersicht

https://doi.org/10.1515/9783110733839-025

I. Einleitung

Die Entscheidung des Erfinders *Ferdinand Porsche*, im Alter von 55 Jahren mit der Gründung eines Konstruktionsbüros in Stuttgart den Schritt in die Selbständigkeit zu wagen, markiert die Geburtsstunde des heute umsatzstärksten Players der Automobilindustrie, des integrierten Automobilkonzerns Volkswagen-Porsche[1]. Die fast hundertjährige Geschichte des Unternehmens ist reich an Ereignissen und Meilensteinen, die das Unternehmen aus gesellschaftsrechtlicher Perspektive wesentlich geprägt haben. Von der Gründung der *Dr. Ing. h.c. F. Porsche GmbH* (1931) unter Beteiligung familienexterner Gesellschafter über die Teilung des Unternehmens in die spätere *Porsche Holding GmbH* in Österreich und die spätere *Dr.-Ing. h.c. F. Porsche AG* in Deutschland (1947) war *Porsche* stets eng mit den gesellschaftsrechtlich getrennten Volkswagenwerken verwoben, bis die beiden Unternehmen schließlich 2009 in einem „integrierten Automobilkonzern" zusammengeführt wurden. Dieser Beitrag widmet sich der chronologischen Aufarbeitung der gesellschaftsrechtlichen Unternehmensgeschichte und geht dabei anhand des Gesellschaftsvertrags der *Porsche Piëch Holding GmbH* und der Stiftungsurkunde der *Ferdinand Karl Beta Privatstiftung* auch der Frage nach, wie sich der Einfluss der Gründerfamilie auf die Gesellschaft seit der Gründung verändert hat.

II. Konstruktionsbüro in Stuttgart

1. Das späte Unternehmertum von Ferdinand Porsche

„*[...] Anfang 1930, als der Vertrag meines Vaters mit Steyr gelöst war, verloren wir keine Zeit und rüsteten zum Umzug. Vater war fest entschlossen sich selbständig zu machen. Für andere zu arbeiten, beschwor für ihn immer wieder neue Probleme herauf. Er war ein Mann, der genau wußte, was er machen wollte und wie er es machen wollte. Jede Bevormundung war seiner Natur zuwider [...]*", beschreibt *Ferry Por-*

1 Zur Volkswagen-Gruppe gehören heute neben Volkswagen und Porsche auch Marken wie Audi, Seat, Skoda, Bentley oder Scania; die Umsatzerlöse des Volkswagen Konzerns im Geschäftsjahr 2019 betrugen 252,6 Milliarden Euro (Geschäftsbericht 2019 der Volkswagen AG, S. 22; veröffentlicht unter https://www.volkswagenag.com/presence/investorrelation/publications/annual-reports/2020/volkswagen/Y_2019_d.pdf; abgerufen am 23.04.2020).

sche[2] (1909-1998) in seiner Autobiographie[3] den Start seines Vaters Dr. Ing. h.c.[4] *Ferdinand Porsche* (1875-1951) in die Selbständigkeit. Der in Maffersdorf (Böhmen) geborene Erfinder war zu diesem Zeitpunkt 55 Jahre alt und konnte auf eine bewegte berufliche Laufbahn zurückblicken.[5] Bereits während seiner Tätigkeit bei der *Vereinigte Elektrizitäts-AG Béla Egger* in Wien meldete er 1896 für seine Konstruktion des Radnabenelektromotors sein erstes Patent an. Nach seinem Wechsel zu den Lohner-Werken machte sich *Ferdinand Porsche* unter anderem mit der Konstruktion der ersten Elektro- und Hybridautos einen Namen. Während seiner Zeit in Wien heiratete er *Aloisa Johanna Kaes*. 1904 wurde Tochter *Louise Porsche*[6] geboren, 1909 Sohn *Ferry*. Damals war *Porsche* schon als Entwicklungs- und Produktionsleiter bei Austro-Daimler in Wiener Neustadt tätig, 1923 wurde er Technischer Direktor und Vorstandsmitglied der Daimler-Motoren-Werke in Stuttgart. Nachdem *Porsche* Daimler-Benz 1929 in einem Streit zu einer Zeit verlässt, zu der die Angebote für gutverdienende Konstrukteure in der krisengebeutelten Automobilbranche mehr als überschaubar waren,[7] wagte er in Stuttgart den Schritt in die Selbstständigkeit.

2. Die Gründung der Dr. Ing. h.c. F. Porsche GmbH (1931)

Den gesellschaftsrechtlichen Startpunkt der Erfolgsgeschichte Porsche stellte die Gründung der *Dr. Ing. h.c. F. Porsche GmbH, Konstruktionen und Beratung für Motoren und Fahrzeuge* dar, die am 25. April 1931 in das Handelsregister beim Amts-

---

2 Ferdinand Anton Ernst Porsche wurde wie viele andere in der Familie nach dem Unternehmensgründer benannt, zur besseren Unterscheidbarkeit von seinem Vater wird er in der Folge (wie es auch innerhalb der Familie üblich war) Ferry genannt.

3 *Bentley/F. Porsche*, Porsche – Ein Traum wird Wirklichkeit. Ein Auto macht Geschichte, 1978, S. 73.

4 Seine Ehrendoktortitel, die auch Teil des Firmenwortlauts wurden, hatten ihm 1917 die Technische Hochschule Wien und 1924 die Technische Hochschule Stuttgart verliehen (*Pyta/Havemann/Braun*, Porsche – Vom Konstruktionsbüro zur Weltmarke, 2017, S. 23). Porsche absolvierte nach seiner Lehre in der elterlichen Elektrowerkstatt zwar Abendkurse an der Reichberger Staatsgewerbeschule, theoretische Vorlesungen an der technischen Hochschule Wien besuchte er aber nur als außerordentlicher Hörer (*Fürweger*, Die PS-Dynastie – Ferdinand Porsche und seine Nachkommen, 2007,S. 14 f).

5 Vgl. zum Werdegang von Ferdinand Porsche ua *Müller*, Ferdinand Porsche – Ein Genie unserer Zeit, 3. Aufl. 1965; *Pyta/Havemann/Braun*, (Fn. 4); *Müller*, Ferdinand Porsche. Der Vater des Volkswagens, 4. Aufl. 1998; *Pfundner*, Austro Daimler und Steyr. Rivalen bis zur Fusion. Die frühen Jahre des Ferdinand Porsche, 2007.

6 Seit der Hochzeit 1928 mit dem Rechtsanwalt Anton Piëch (1894-1952) Louise Piëch.

7 *Pyta/Havemann/Braun*, (Fn. 4), S. 28 f.

gericht Stuttgart eingetragen wurde.[8] Ausschlaggebendes Motiv für die Gründung einer GmbH (und nicht etwa einer Personengesellschaft) war, die Haftung auf die Einlage zu beschränken und somit im Falle eines Konkurses das Vermögen der Familie, insbesondere die Villa am Feuerbacher Weg in Stuttgart, keinem Risiko auszusetzen.[9] Nicht das damals erforderliche Stammkapital von 20.000 Reichsmark, sondern insbesondere der darüber hinausgehende Finanzierungsbedarf für den Aufbau des Konstruktionsbüros stellte eine enorme finanzielle Herausforderung dar. Alleine konnte *Ferdinand Porsche* die erforderlichen Mittel für die Büroräumlichkeiten in der Innenstadt Stuttgarts, die erforderlichen Werkzeuge sowie die Gehälter der 19 Mitarbeiter, die er von früheren Arbeitgebern abgeworben hatte,[10] nicht aufbringen, und eine Finanzierung über das Fremdkapital von Kreditinstituten scheiterte an der unzureichenden Bonität.[11] Schon in der Startphase des Unternehmens war es also erforderlich, auch familienexterne Gesellschafter zu beteiligen. Mit dem ehemaligen Rennfahrer *Adolf Rosenberger* (1900-1967) hat *Porsche* nicht nur einen finanzstarken Mitgesellschafter, sondern auch einen in der Geschäftswelt gut vernetzten und in kaufmännischen Fragen versierten Partner gefunden.[12] Vom Stammkapital in Höhe von 30.000 Reichsmark übernahm *Ferdinand Porsche* mit einer Beteiligung von 80 % (24.000 Reichsmark) die klare Stellung des Mehrheitsgesellschafters. Daneben waren sein Schwiegersohn und Jurist *Anton Piëch* sowie *Adolf Rosenberger* mit jeweils 10 % beteiligt.[13] *Rosenberger* fungierte auch als Geschäftsführer, wofür ihm ein Bruttolohn iHv 1.000 Reichsmark pro Monat zuzüglich Boni zugestanden wurde.[14] Sohn *Ferry Porsche* war zunächst nicht als Gesellschafter beteiligt, übernahm aber 1932 im Alter von

---

8 *Pyta/Havemann/Braun*, (Fn. 4), S. 35 verweisen auf den Bericht des Diplomkaufmanns Dieter Niethammer über die Gründungsprüfung für die Dr. Ing. h.c. F. Porsche Aktiengesellschaft (1972), Wirtschaftsarchiv Baden-Württemberg, Stuttgart, A 16 2001/290.

9 *Pyta/Havemann/Braun*, (Fn. 4), S. 35.

10 *Nelson*, Die Volkswagen-Story. Biographie eines Autors, 1968, S. 38.

11 „*[...] Die finanzielle Lage der Firma Porsche war alles andere als rosig. Unsere Hauptsorge galt ihrem Fortbestehen. Deshalb wurde mit dem Sparen daheim in der Familie angefangen* [...]" (*Bentley/F. Porsche*, (Fn. 3), S. 78 zur schwierigen Startphase der Gesellschaft).

12 Sein wohl größter Beitrag zum späteren Erfolg der *Porsche GmbH* war die Schaffung von Finanzierungsmöglichkeiten, die nach dem Weltkrieg mit bis zu 200.000 Reichsmark beziffert wurden (zur tatsächlichen Höhe der Finanzierung differenzierend *Pyta/Havemann/Braun*, (Fn. 4), S. 36); so kreditierte *Rosenberger's* Cousin *Rudolf Metzger* etwa 40.000 Reichsmark, für die *Rosenberger* haftete (*Pyta/Havemann/Braun*, (Fn. 4), S. 119).

13 Andere Quellen gehen von einer je 15 %-igen Beteiligung der beiden Minderheitsgesellschafter aus, vgl. etwa *Meck*, Auto Macht Geld – Die Geschichte der Familie Porsche Piëch, 2017, S. 52; *Fürweger*, Ferdinand K. Piëch – Der Jahrhundert-Manager, 2011, S. 22.

14 *Pyta/Havemann/Braun*, (Fn. 4), S. 36-37, bezugnehmend auf den Vertrag zwischen der Porsche GmbH und Rosenberger vom 20. Oktober 1931, GLAK, 480-11122-1.

23 Jahren bereits einige Aufgaben im Unternehmen.[15] Eine Trendwende der zunächst prekären wirtschaftlichen Gesamtsituation wurde erst im Frühjahr 1933 erreicht, als das Konstruktionsbüro vom Automobilhersteller *Auto Union* einen Auftrag zur Konstruktion und Entwicklung eines deutschen Grand-Prix-Rennwagens erhielt.[16] Für das Engagement im wirtschaftlich riskanten Rennwagensektor wurde schon im November 1932 mit der *Hochleistungs-Fahrzeug-Bau GmbH (HFB)* eine eigene Gesellschaft gegründet. Weder die *Porsche GmbH* noch die Familie *Porsche* waren aber als Gesellschafter an der *HFB-GmbH* beteiligt, *Porsche* steuerte nur seine Arbeit als Ingenieur bei.[17]

3. Die Rolle familienfremder Gesellschafter

Wohl durch die schlechte wirtschaftliche Lage bedingt wollte *Rosenberger* nicht länger als Geldbeschaffer fungieren und kündigte im September 1932 sein Ausscheiden als Geschäftsführer zum Jahresende an.[18] *Rosenberger* blieb dem Unternehmen aber weiter verbunden. So blieb nicht nur seine Gesellschafterstellung aufrecht, er engagierte sich auch in der Suche eines geeigneten Nachfolgers für seine Funktion als kaufmännischer Geschäftsführer und Geldbeschaffer. Dieser wurde mit *Hans Baron von Veyder-Malberg* (1886-1966) gefunden, der ähnlich wie *Rosenberger* finanzstark und kaufmännisch versiert, darüber hinaus als ehemaliger Rennfahrer auch eng mit dem Kerngeschäft der Gesellschaft vertraut war.[19] *Malberg* gewährte der *Porsche GmbH* „Überbrückungsgelder" in Form eines Privatdarlehens iHv bis zu 40.000 RM, die durch *„buchmäßige Forderungen oder Ansprüche der Ges.m.b.H., die erst in Zukunft fällig werden"*[20], mehr oder weniger abgesichert wurden. *Malberg* wurde mit einer Beteiligung von 10 % als Gesell-

15 *Fürweger*, (Fn. 4), S. 38.

16 *Pyta/Havemann/Braun*, (Fn. 4), S. 43.

17 *Pyta/Havemann/Braun*, (Fn. 4), S. 55; beteiligt war neben *Rosenberger* und Oberingenieur *Rabe* auch *Hellmut Hoffmann*, der wohl von Rosenberger zu seinem finanziellen Engagement bewegt wurde.

18 *„[...] Rosenberger bedrängte uns ständig, einen anderen Geldgeber zu suchen. Er wollte aus der Firma Porsche so schnell wie möglich aussteigen und Deutschland verlassen. [...]"* (*Bentley/F. Porsche*, (Fn. 3), S. 86).

19 *Pyta/Havemann/Braun*, (Fn. 4), S. 119 f.; Ferry Porsche sieht seinen Schwager *Anton Piëch* dafür verantwortlich, *Malberg* als Nachfolger von *Rosenberger* gefunden zu haben (*Bentley/F. Porsche*, (Fn. 3), S. 86).

20 *Pyta/Havemann/Braun*, (Fn. 4), S. 122, bezugnehmend auf eine Aktennotiz vom 30.01.1933 über die Übereinkunft zwischen *Ferdinand Porsche*, *Baron Malberg*, *Rosenberger* und *Piëch*, Archiv Prototyp Museum Hamburg, Nachlass Veyder-Malberg.

schafter aufgenommen, indem er einen Geschäftsanteil iHv 3.000 RM von *Ferdinand Porsche* übernahm.[21] Mit Jänner 1933 waren vier Gesellschafter an der GmbH beteiligt: *Ferdinand Porsche* zu 70 %; *Rosenberger*, *Baron Malberg* und *Piëch* teilten sich die restlichen 30 % zu gleichen Teilen.[22] *Rosenberger* blieb der Gesellschaft zunächst nicht nur als Gesellschafter erhalten, sondern engagierte sich auch als Vertreter für Konstruktionsleistungen außerhalb Deutschlands und bahnte Geschäftsbeziehungen in England an.[23] Zu einer endgültigen Beendigung der Geschäftsbeziehung kam es schließlich, nachdem der bereits 1935 nach Paris gesiedelte *Rosenberger* als Jude kaum noch nach Deutschland reisen konnte und seine Auslandstätigkeit für *Porsche* alles andere als erfolgreich war. Mit Notariatsakt vom 30. Juli 1935 trat *Rosenberger* seinen 10 %igen Gesellschaftsanteil zum Nominale von 3.000 RM an *Ferdinand (Ferry) Porsche Junior* ab.[24] Der mit dem Nominale in Anbetracht der florierenden Entwicklung des Unternehmens außergewöhnlich niedrige Kaufpreis überrascht und war auch Gegenstand eines Rechtsstreits nach dem Krieg.[25] Zweieinhalb Jahre nach *Rosenberger* verließ mit *Malberg* der letzte verbleibende familienfremde Gesellschafter die *Porsche GmbH*. Am 14. Dezember 1937 kaufte *Porsche* den Geschäftsanteil von *Malberg* um das 9-fache Nominale (27.000 RM) und schenkte diesen noch am gleichen Tag seinen beiden Kindern *Louise* und *Ferry*. Das Herausdrängen externer Gesellschaft war von dem Ziel der Etablierung eines reinen Familienunternehmens geprägt. Die Motivation war nicht politisch rassenideologisch getrieben, wobei die politischen Rahmenbedingungen die Erreichung des Ziels zumindest bei der Abfindung *Rosenbergers* wohl erleichterten. An der nunmehr reinen Familiengesellschaft waren neben *Ferdinand Porsche* mit 70 % die Familien seiner beiden Kinder mit jeweils 15 % beteiligt (15 % *Ferry Porsche*, 5 % *Louise Piëch*, 10 % *Anton Piëch*).[26]

---

21 Die Darstellung von *Bentley/F. Porsche*, (Fn. 3), S. 86 sowie 287, wonach *Malberg* den Gesellschaftsanteil direkt von *Rosenberger* gekauft hätte, scheint verkürzt zu sein, auch die Höhe der Abfindung wird in der Autobiographie nicht thematisiert.

22 *Pyta/Havemann/Braun*, (Fn. 4), S. 122.

23 Zur weiteren Zusammenarbeit vgl. *Bentley/F. Porsche*, (Fn. 3), S. 287; *Pyta/Havemann/Braun*, (Fn. 4), S. 123 f.

24 *Pyta/Havemann/Braun*, (Fn. 4), S. 125-128.

25 Zu den Hintergründen ausführlich *Pyta/Havemann/Braun*, (Fn. 4), S. 119 ff; eine (freilich nicht überparteiliche) Darstellung der „Tatsachen" findet sich auch in *Bentley/F. Porsche*, (Fn. 3), S. 287; vgl. auch III.4.a) zur Verlängerung der Vermögenssperre über die *Porsche KG* in Stuttgart, die durch diesen Rechtsstreit ausgelöst wurde, und die in Folge notwendige Gründung einer weiteren Gesellschaft für den Wiederaufbau in Stuttgart nach dem Zweiten Weltkrieg.

26 Dazu *Pyta/Havemann/Braun*, (Fn. 4), S. 95; vgl. auch die Vereinbarung zwischen *Ferdinand Porsche*, *Ferry Porsche*, *Anton Piëch* und *Louise Piëch* vom 15. Oktober 1943, HStA Stuttgart, EA 6-201 Bü 1214, die eine Darstellung der Beteiligungsverhältnisse enthält.

4. Die Umgründung in eine (reine) Familien-KG (1937)

Anders als bei der Gründung 1931 war die mittlerweile sehr erfolgreiche *Porsche GmbH* nicht mehr auf externe Gesellschafter als Geldgeber angewiesen und auch die risikoaverse Sichtweise hinsichtlich des Schutzes des Privatvermögens von *Ferdinand Porsche* schien nicht mehr so stark ausgeprägt gewesen zu sein wie zum Gründungszeitpunkt. Die Familiengesellschaft wurde am 14. Dezember 1937, zeitgleich mit dem Ausscheiden des letzten familienfremden Gesellschafters *Malberg*, in eine Kommanditgesellschaft umgewandelt.[27] Die Beteiligungsverhältnisse wurden im Rahmen der Umgründung in die *Dr. Ing. h.c. F. Porsche KG* nicht verändert. *Ferdinand Porsche* war mit 70 % als Komplementär beteiligt, seine beiden Kinder sowie sein Schwiegersohn als Kommanditisten. Ausschlaggebend für die Umgründung waren die detaillierten Berechnungen der *Treuhand-Aktiengesellschaft*, der Wirtschaftsprüfungsgesellschaft des Konstruktionsbüros, die in unterschiedlichen Szenarien erhebliche Steuerersparnisse einer KG gegenüber einer GmbH offenbarten.[28] Auch war es *Ferdinand Porsche* als Komplementär möglich, große Teile des Ende 1937 mit 661.000 RM bezifferten Gesellschaftsvermögens in sein Privatvermögen zu entnehmen.[29] Darüber hinaus war eine Personengesellschaft wegen der personellen Identität von persönlich haftendem Gesellschafter und Geschäftsführer auch gut mit dem im NS-Staat populären Bilde des „Betriebsführers" kompatibel, was sich in damaligen Reformen des Gesellschaftsrechts niederschlug.[30] In der Außenwahrnehmung war *Ferdinand Porsche* als einziger Komplementär einer Kommanditgesellschaft noch stärker als in seiner früheren Rolle als GmbH-Mehrheitsgesellschafter der geniale Techniker, der alleine für den Erfolg des Unternehmens verantwortlich ist und für diesen auch persönlich einsteht.

5. Die Gründung von Volkswagen

Die Erfolgsgeschichte des Familienunternehmens kann nur schwer getrennt von der Entwicklung von Volkswagen betrachtet werden.[31] *Ferdinand Porsche* war

---

27 *Pyta/Havemann/Braun*, (Fn. 4), S. 95, bezugnehmend auf die Urkunde betreffend Beschlüsse einer Gesellschafterversammlung vom 14. Dezember 1937, PA. Fa.G.3.1.1./9.

28 *Pyta/Havemann/Braun*, (Fn. 4), S. 93, bezugnehmend auf ein Schreiben der Treuhand-Aktiengesellschaft an die Porsche GmbH, 16. Juni 1937, PA. Fa.F.1.1.2/10.

29 *Pyta/Havemann/Braun*, (Fn. 4), S. 95.

30 *Pyta/Havemann/Braun*, (Fn. 4), S. 94.

31 Ausführlich zur Geschichte von Volkswagen *Schneider*, Volkswagen – Eine deutsche Geschichte, 2016.

nicht nur für die Entwicklung des „Kraft-der-Freude“ (KdF)-Wagens, der später als VW-Käfer in die Geschichte eingehen sollte, verantwortlich, sondern auch prominent in dessen Produktion eingebunden. Das verschaffte dem *Porsche*-Konstruktionsbüro den endgültigen Durchbruch und bot dem „genialen Erfinder“ eine willkommene Bühne im Zentrum der öffentlichen Wahrnehmung und Anerkennung.[32] Wie in diesem Beitrag noch zu zeigen sein wird, waren die Wege der beiden bis zur Schaffung eines „integrierten Automobilkonzerns“ im Jahre 2009 gesellschaftsrechtlich getrennten Unternehmensgruppen stets eng verzahnt.[33]

Am 11. Februar 1933, in der zweiten Woche seiner Regierung, verkündete *Hitler* im Rahmen der Berliner Automobilmesse die „Sieben Punkte zur Volksmotorisierung“.[34] Seine Erwartungen waren als Appell an die deutsche Automobilindustrie gerichtet und überaus ehrgeizig: Ein „Volkswagen“ musste Platz für fünf Personen bieten, eine Höchstgeschwindigkeit von 100 km/h erreichen, einen Spritverbrauch von maximal 7l aufweisen, aber um maximal 1.000 Reichsmark verkauft werden.[35] Am 22. Juni 1934 wurde zwischen dem *Reichsverband der Deutschen Automobilindustrie (RDA)* und der *Porsche GmbH* ein Volkswagen-Konstruktionsvertrag geschlossen, „*um die Motorisierung des deutschen Volkes auf der Grundlage einer Gemeinschaftsarbeit, unter Einsatz der besten Kräfte des deutschen Automobilwesens, mit allen Mitteln zum Wohle des Deutschen Reiches zu fördern*“.[36] Im Juli 1935 war der erste Prototyp der Volkswagen-Serie fertig, der in der Garage der *Porsche*-Villa gebaut wurde.[37] Ende 1936 wurden im Rahmen eines Erprobungsprogramms umfangreiche Testfahrten mit drei Probewägen absolviert.[38]

Während die private Automobilindustrie in die Entwicklung des „Kraft der Freude“ (KdF)-Wagens stark eingebunden war, sollte die Produktion in NS-Regie

---

32 *Pyta/Havemann/Braun*, (Fn. 4), S. 155.

33 Dazu unten II.5.

34 *Müller*, Ferdinand Porsche – Ein Genie unserer Zeit, 3. Aufl. 1965, S. 99-100.

35 *Fürweger*, (Fn. 13), S. 26; *Schneider*, (Fn. 31), S. 36.

36 Zitiert in *Müller*, (Fn. 34), S. 100; Der Vertrag sah unter anderem vor, dass Porsche innerhalb von zehn Monaten den ersten Prototyp abliefern muss, wobei der Wagen auf Basis einer 50.000-Stück-Serie nicht teurer als 990 RM sein durfte. Mit einem Budget von monatlich 20.000 RM waren die für *Porsche* verfügbaren Mittel mehr als überschaubar, auch weil der RDA die Realisierbarkeit des von *Hitler* verordneten Projekts anzweifelte; dazu auch *Bentley/F. Porsche*, (Fn. 3), S. 106.

37 *Bentley/F. Porsche*, (Fn. 3), S. 114.

38 *Müller*, (Fn. 34), S. 103.

unter der Leitung der *Deutschen Arbeitsfront (DAF*[39]*)* erfolgen.[40] Dazu wurde die *Gesellschaft zur Vorbereitung des Volkswagens (GEZUVOR)* gegründet.[41] Am Stammkapital iHv 480.000 Reichsmark waren die *Treuhand-Gesellschaft für wirtschaftliche Unternehmungen mbH (TWU)* mit 100.000 RM und die *Vermögensverwaltung der Deutschen Arbeitsfront mbH (VV)* mit 380.000 RM beteiligt. Der Gesellschaftsvertrag wurde von drei Funktionären der *Deutschen Arbeitsfront (DAF)* unterzeichnet, die Eintragung in das Handelsregister beim Amtsgericht Berlin erfolgte am 2. Juni 1937. Gegenstand des Unternehmens war die *„Planung und technische Entwicklung des deutschen Volkswagens"*.[42] Als Geschäftsführer wurden *Ferdinand Porsche*, der Kaufmann *Jakob Werlin* und der DAF-Amtsleiter *Bobo Lafferentz* bestellt. Neben dem Hauptsitz in Berlin war die Gesellschaft schon von Beginn an in einem Büro innerhalb der Geschäftsräume der *Porsche KG* in Stuttgart tätig, was die enge Verzahnung zwischen den beiden Unternehmen verdeutlicht.

Nachdem aus der *GEZUVOR* 1938 die *Volkswagenwerk GmbH* wurde, wurde Fallersleben, das heutige Wolfsburg, als *„Stadt des KdF-Wagens"* auserkoren. 1939 wurde das dortige Werk offiziell eröffnet, die Sitzverlegung der Gesellschaft nach Wolfsburg wurde erst am 29. Juli 1948 in das Handelsregister des Amtsgerichts Fallersleben eingetragen.[43] Als zu Kriegsbeginn erst 600 KdF-Wagen ausgeliefert waren, entwarf das *Porsche* Konstruktionsbüro Panzer anstatt Rennwagen und Personenautos, die dann in den Volkswagenwerken produziert wurden. *Ferdinand Porsche* habe dabei aber bloß die Fahrgestelle und nicht die Waffen darauf konstruiert, wie sein Enkel *Ferdinand Piëch* später betont.[44] *Ferdinand Porsche* und *Anton Piëch*, die maßgeblich an der Leitung des Volkswagenwerks beteiligt waren, sollen auch den Einsatz von Kriegsgefangenen und KZ-

---

39 Die Deutsche Arbeitsfront wurde 1933 nach der Zerschlagung der freien Gewerkschaften als Einheitsverband der Arbeitnehmer und Arbeitgeber im nationalsozialistischen Deutschland gegründet.

40 *„[...] Der RDA sollte das gesamte Volkswagenprojekt an die Deutsche Arbeitsfront als ‚Geste des guten Willens' ohne spätere Rückzahlung abgeben [...]"* (*Bentley/F. Porsche*, (Fn. 3), S. 122-123).

41 *Müller*, (Fn. 34), S. 113.

42 § 2 des Gesellschaftsvertrags vom 28. Mai 1937, auszugsweise veröffentlicht und kurz kommentiert in der Multimedialen Volkswagen-Chronik, https://www.volkswagenag.com/de/group/history/chronicle/1937_1945.html [abgerufen am 11.04.2020]. Am 21. Oktober 1937 wurde der Gesellschaftsvertrag in einer außerordentlichen Gesellschafterversammlung angepasst: Aus steuerlichen Gründen war der Zweck der Gesellschaft nicht die Erzielung von Gewinnen, vielmehr wurde die Gesellschaft *„[...] zur ausschließlichen Verfolgung des gemeinnützigen Zweckes der Planung und technischen Entwicklung des Deutschen Volkswagens gegründet [...]"*, im Falle der Auflösung der Gesellschaft sollte das Vermögen der „NS-Gemeinschaft Kraft durch Freude" zufließen.

43 Multimediale Volkswagen-Chronik (Fn. 42).

44 *Fürweger*, (Fn. 13), S. 31 verweist auf diese Aussage *Ferdinand Piëchs* im Gespräch mit dem Autor.

Häftlingen als Zwangsarbeiter inmitten der zu Kriegsende 17.000 Köpfe umfassenden Belegschaft beantragt haben.[45] Später wurde *Porsche*, wie auch zahlreiche andere Industrielle der damaligen Zeit, wegen seiner engen Beziehungen zum Nationalsozialismus und seiner Parteimitgliedschaft in der NSDAP kritisiert.[46] Immerhin wurde *Ferdinand Porsche*, der während der Testfahrten neben *Hitler* auf der Rückbank eines von Sohn *Ferry* gelenkten Volkswagen-Prototyps saß, zum Wehrwirtschaftsführer und Honorarprofessor der Technischen Hochschule Stuttgart ernannt.[47]

III. Rückzug nach Österreich und die Ursprünge der *Porsche Holding*

1. Vermögenstransfer über die Grenze

Als 1942/43 Industriebetriebe zunehmend zum Ziel alliierter Bombenangriffe geworden sind, wurde die *Porsche KG* zur Verlagerung ihres auch für die Rüstungsindustrie relevanten Konstruktionsbüros aufgefordert.[48] Für die Familie war dabei ein österreichischer Standort attraktiv – nicht nur weil die Gesellschafter und einige Schlüsselmitarbeiter ihre Wurzeln in Österreich hatten, sondern auch weil man sich dadurch im Falle einer Niederlage im Zweiten Weltkrieg Vorteile erhoffte.[49] Um den Vermögenstransfer vorzubereiten, wurde vorsorglich schon im Oktober 1943 eine Vereinbarung zwischen den Gesellschaftern der *Porsche KG* geschlossen, die eine Trennung des Gesellschaftsvermögens *„sofort nach Kriegs-*

---

45 *Fürweger*, (Fn. 13), S. 31; zur Rolle von Porsche-Piëch in der NS-Zeit vgl. auch 32-33.

46 Dazu ausführlich etwa *Viehöver*, Der Porsche-Chef Wendelin Wiedeking – mit Ecken und Kanten an die Spitze, 2003, S. 65 ff; *Pyta/Havemann/Braun*, (Fn. 4), S. 155 ff., 307 ff; *Fürweger*, (Fn. 13), S. 30.

47 *Pyta/Havemann/Braun*, (Fn. 4), S. 309.

48 *Pyta/Havemann/Braun*, (Fn. 4), S. 327.

49 *„[...] Anfang 1943 befahl uns das regionale Rüstungskommando der Wehrmacht, wegen der ständig zunehmenden schweren Bombardierungen Stuttgarts unseren Betrieb in die Tschechoslowakei zu verlagern. [...] Man mußte kein Prophet sein, um vorauszusagen, wie das Kriegsende aussehen würde. In der Tschechoslowakei wären wir von zutiefst gegen alles Deutsche aufgebrachten Gegnern umgeben gewesen, die sich für die Zeit der Besatzung rächen wollten. Als ein in Österreich geborenes ‚Ehrenmitglied' des Deutschen Reiches gefiel mir diese Vorstellung nicht. Ich setzte mich deshalb mit dem militärischen Oberkommando in Salzburg in Verbindung und erkundigte mich, ob sie nicht einen anderen Standort wüßten [...]“* (*Bentley/F. Porsche*, (Fn. 3), S. 221).

ende" vorsah.[50] In der Vereinbarung war vorgesehen, dass *Anton* und *Louise Piëch* aus der *Porsche KG* austreten und unter Mitnahme bestimmter Vermögenswerte und Patente eine neue Gesellschaft in Kärnten, Salzburg oder Wien gründen sollten. *Ferdinand* und *Ferry Porsche* sollten das restliche Gesellschaftsvermögen in Stuttgart in ihr Alleineigentum übernehmen, wobei ein gegenseitiges Mitbenützungs- und Vorkaufsrecht an den Patenten sowie eine Verpflichtung zu „*engster Zusammenarbeit in allen Belangen*" vereinbart wurde.[51] Die Standortwahl fiel auf Gmünd (Kärnten), wo eine Fläche für die Verlegung der Fertigung und Entwicklung mit 300 Mitarbeitern gefunden werden konnte.[52] In Zell am See (Salzburg), dem österreichischen Wohnort der Familie,[53] bot die Fliegerschule Platz für andere Bereiche des Betriebs. Nach der Befreiung durch die Alliierten erwies sich die Standortwahl als aus äußerst vorteilhaft. Während der Familie der Zugriff auf das in Stuttgart befindliche Vermögen wegen der von den US-Behörden verhängten Property Control entzogen war,[54] wurden *Ferdinand Porsche* und seinen Nachkommen weitgehende Verfügungsbefugnisse über das in Österreich befindliche Vermögen eingeräumt. Das galt sowohl für das Schüttgut und die Bankguthaben im US-amerikanisch verwalteten Salzburg als auch für das Betriebsvermögen im britisch besetzten Kärnten.[55] Nicht wegen der *Porsche KG*, sondern wegen deren Engagement in den Volkswagenwerken wurden *Ferdinand* und *Ferry Porsche* sowie *Anton Piëch* 1945 festgenommen.[56] *Ferdinand Porsche* wurde

50 Vereinbarung zwischen *Ferdinand Porsche*, *Ferry Porsche*, *Anton Piëch* und *Louise Piëch* vom 15. Oktober 1943, HStA Stuttgart, EA 6-201 Bü 1214, „*[...] Die formelle Durchführung der in diesem Vertrag vereinbarten Trennung des Gesellschaftsvermögens und der Bildung der Gesellschaft Piëch erfolgt sofort nach Kriegsende. Im internen Verhältnis wird eine vollkommen getrennte Buchhaltung eingerichtet. Der Betrieb Piëch geht auf Rechnung von Piëch, der Betrieb Porsche auf Rechnung von Porsche. [...]*".

51 Punkt 3.) und 4.) der Vereinbarung zwischen *Ferdinand Porsche*, *Ferry Porsche*, *Anton Piëch* und *Louise Piëch* vom 15. Oktober 1943, HStA Stuttgart, EA 6-201 Bü 1214.

52 Vgl. *Fürweger*, (Fn. 4), S. 80. Das Porsche-Konstruktionsbüro in Gmünd wurde im Werk eines Holz-Industriellen untergebracht, wobei das Sägewerk zur Tarnung bestehen blieb.

53 1942 kaufte *Ferry Porsche* im Auftrag seines Vaters das Schüttgut, einen Bauernhof in Zell am See (Salzburg), als Rückzugsort für die Familie. Für die Sanierung des Bauernhofs wurde von *Porsches* Privatsekretär die Umleitung von Baumaterial veranlasst, das eigentlich für NS-Residenzen auf dem Obersalzberg gedacht war. (*Fürweger*, (Fn. 13), S. 37 f.).; „*[...] Die gesamte Porsche-Familie versammelte sich unterdessen in Zell am See. Mein Schwager traf aus Wolfsburg ein, mein Vater kam aus Wien, und ich [...] blieb ebenfalls hier wohnen. [...]*" (*Bentley/F. Porsche*, (Fn. 3), S. 233).

54 *Bentley/F. Porsche*, (Fn. 3), S. 233.

55 *Pyta/Havemann/Braun*, (Fn. 4), S. 339-341.

56 Dazu ausführlich *Müller*, (Fn. 34), S. 190 ff.

gegen Leistung einer Kaution erst im Juli 1947 aus der französischen Gefangenschaft entlassen und im Mai 1948 endgültig freigesprochen.[57]

2. Gründung der *Porsche Konstruktionen Ges.m.b.H.* in Gmünd (1947)

Die Überführung des in Gmünd befindlichen, noch immer der deutschen *Porsche KG* zugeordneten Betriebsvermögens in österreichisches Eigentum erforderte die Einbringung in eine Gesellschaft, an der nur österreichische Staatsbürger beteiligt waren.[58] Zu diesem Zweck wurde am 1. April 1947 die *Porsche Konstruktionen Ges.m.b.H.* mit Sitz in Gmünd gegründet, die den Grundstein der späteren *Porsche Holding* in Österreich bildet. Als Gesellschafterin kam aus dem Familienkreis nur *Louise Piëch* in Betracht, weil sich *Ferdinand Porsche* und *Anton Piëch* in französischer Gefangenschaft befanden und *Ferry Porsche*, wie auch sein Vater, 1934 die deutsche Staatsbürgerschaft angenommen hatte.[59] Der in Gmünd befindliche Teilbetrieb der deutschen *Porsche KG* musste daher in einem ersten Schritt an *Louise Piëch* übertragen und anschließend in die österreichische Gesellschaft eingebracht werden. Mit Vertrag vom 20. Februar 1947 wurden die in Gmünd befindlichen Vermögenswerte der *Porsche KG* mit der Forderung der Kommanditistin *Louise Piëch* verrechnet,[60] wobei die betroffenen Vermögenswerte zur Dokumen-

---

57 Dazu näher *Pyta/Havemann/Braun*, (Fn. 4), S. 341-358, vgl. auch *Fürweger*, (Fn. 13), S. 43 f., wonach sich die Alliierten auch für die im Gmünd befindlichen Konstruktionspläne interessierten.

58 Vgl. dazu den 11. Punkt des Gründungsvertrags der Porsche-Konstruktionen Gesellschaft m.b. H. (Notariatsakt über den Gesellschaftsvertrag zwischen *Louise Piëch* und *Karl Rabe*, 1. April 1947, Landesgericht Salzburg, HRA 1.572) „*[...] Frau Louise Piëch und Herr Oberingenieur Karl Rabe erklären an Eidesstatt, dass sie österreichische Staatsbürger sind und dass Frau Louise Piëch nicht zu den in § 17 (2) und (3) des Verbotsgesetzes 1947 aufgezählten Personen gehört, da sie nicht Mitglied und nicht Anwärterin der Partei war, während Herr Oberingenieur Karl Rabe als Minderbelasteter zu den im § 17 (3) der Verbotsgesetzes 1947 genannten Personen gehören. [...]*".

59 *Pyta/Havemann/Braun*, (Fn. 4), S. 365; Zur Rolle von Louise auch *Müller*, (Fn. 34), S. 197.

60 Vertrag zwischen der *Dr. Ing. h.c. F. Porsche K.G., Ferdinand Porsche, Anton Piëch, Ferry Porsche* und *Louise Piëch* vom 20. Februar 1947, Landesgericht Salzburg, HRA 1.572; die Forderung von *Louise Piëch* iHv ATS 608.439,85 wurde mit Vermögenswerten im Wert von ATS 583.766,82 verrechnet, den restlichen Teil der Forderung belässt *Louise Piëch* der *Porsche K.G.* als Darlehen (Punkt II. des Vertrags). Aus der Aufstellung der übernommenen Aktiven und Passiven geht hervor, dass *Louise Piëch* den Teilbetrieb vollständig übernimmt und auch in schwebende Geschäfte sowie Verträge, „*[...] welche die Porsche KG mit den Mitgliedern ihrer Gefolgschaft abgeschlossen hat [...]*" eintritt (Punkt IV. und V. des Vertrags).

tation einer Wertäquivalenz mit der bloß fünfprozentigen Beteiligung *Louise Piëchs* an der *Porsche KG* stark unterbewertet wurden.[61]

Neben *Louise Piëch*, die mit 18.000 Schilling am Stammkapital der *Porsche Konstruktionen Ges.m.b.H.* iHv 20.000 Schilling beteiligt war, wurde – wie auch schon bei der Gründung der *Porsche GmbH* in Stuttgart – die Beteiligung eines familienexternen Gesellschafters erforderlich. Oberingenieur *Karl Rabe* (1895-1968), langjähriger Mitarbeiter des Konstruktionsbüros und außerdem der von den Briten bestellte öffentliche Vermögensverwalter des in Österreich befindlichen Vermögens der *Porsche KG*,[62] übernahm mit einer Stammeinlage iHv 2.000 Schilling 10 % der Gesellschaft. Gegenstand der Gesellschaft war die „*Verwertung von Porsche-Konstruktionen, die Konstruktion und Fertigung anderer Erzeugnisse, sowie die Beratung in allen technischen Fragen.*“.[63] Beide Gesellschafter wurden im Gesellschaftsvertrag zu einzelvertretungsbefugten Geschäftsführern bestellt, ein Widerruf der Geschäftsführungsbefugnis ist nur bei Vorliegen eines wichtigen Grundes zulässig (5.). Bei gewöhnlichen Geschäften kommt den beiden Geschäftsführern innerhalb ihres jeweiligen Ressorts Einzelgeschäftsführungsbefugnis zu, über den gewöhnlichen Geschäftsbetrieb hinausgehende Handlungen erfordern die Stimmenmehrheit aller Geschäftsführer (6.). Die Gesellschafter sind im Verhältnis ihrer Geschäftseinlagen am Reingewinn beteiligt (8.), die Übertragung von Geschäftsanteilen bedarf der einfachen Stimmenmehrheit der Gesellschafter und somit der Zustimmung von *Louise Piëch* (9.). Die Gründung der *Porsche Konstruktionen Ges.m.b.H.* ermöglichte die Wiederaufnahme des Unternehmensbetriebs in Gmünd. Mit dem Team seines Vaters stellte *Ferry Porsche* 1948 in Gmünd den ersten Rennwagen des Typs *Porsche 356* fertig – das erste Auto, das den Namen *Porsche* trug.

3. Die wegweisende Vereinbarung mit Volkswagen

Ferry Porsche legte nicht nur mit der Konstruktion des Typs 356 einen wichtigen Grundstein für den späteren Erfolg der *Porsche KG* als Sportwagenhersteller. Darüber hinaus sicherte er auch die langfristige Zusammenarbeit mit *Volkswagen*. In Wolfsburg wurde der ehemalige Opel-Manager *Heinrich Nordhoff* (1899-1968) von den Briten zum VW-Generaldirektor ernannt und verantwortete die Produktion des Käfers, der ursprünglich der von *Porsche* designte KdF-Wagen war. In zähen Verhandlungen um den Fortbestand des noch unter *Hitler* abgeschlossenen Li-

61 Dazu *Pyta/Havemann/Braun*, (Fn. 4), S. 365.

62 Dazu auch *Bentley/F. Porsche*, (Fn. 3), S. 260 f.

63 Notariatsakt über den Gesellschaftsvertrag zwischen Louise Piëch und Karl Rabe, 1. April 1947, Landesgericht Salzburg, HRA 1.572.

zenzvertrags[64] verzichtete *Ferry* zwar auf das damals vereinbarte Exklusivrecht an allen Entwicklungsarbeiten.[65] Der *Porsche-KG* wurde aber ein Auftrag für die Weiterentwicklung des *Volkswagens* (monatlich 40.000 Mark Einnahmen) sowie eine Lizenzgebühr von 0,1 % des Brutto-Listenpreises für jeden gebauten Käfer zugestanden,[66] was 1950 fünf Mark pro Käfer entsprach. Die Lizenzgebühr wurde bis 1972 bezahlt; damals wurden 15 Millionen Käfer verkauft. Auch erhielt *Porsche* (was den 356er betrifft nachträglich) die Genehmigung, auf Basis von VW-Teilen einen Sportwagen zu bauen, der über das VW-Vertriebsnetz verkauft und in VW-Werkstätten gewartet werden sollte.[67] Zusätzlich wurden die Familien *Porsche* und *Piëch* zu österreichischen Generalimporteuren aller VW-Produkte in Österreich, was die Grundlage für den späteren Erfolg der *Porsche Holding* in Salzburg darstellt. Die starke Verhandlungsposition verschaffte *Ferry Porsche* dabei die Sorge von *Volkswagen*, das Konstruktionsbüro könnte das *know how* bei Konkurrenzunternehmen einbringen, insbesondere weil die Entwicklungsarbeiten bei *Volkswagen* von Beginn an in der „externeren Entwicklungsabteilung" *Porsche* erfolgten.[68] Der zwischen der *Volkswagenwerk GmbH* und *Porsche Konstruktionen GmbH* in Gmünd abgeschlossene Vertrag wurde von *Nordhoff* und *Ferry Porsche* am 17. September 1948 in Reichenhall gezeichnet.[69]

---

64 Dazu *Bentley/F. Porsche*, (Fn. 3), S. 273.

65 „*[...] Das Volkswagenwerk ist bereit, Porsche bei solchen Entwicklungsarbeiten durch Erteilung von Aufträgen zu beteiligen. Porsche wird ihre Erfahrungen, Kenntnisse, Ideen und Unterlagen dafür zur Verfügung stellen. [...] Der Umfang dieser Arbeiten wird, soweit Porsche damit beauftragt wird, nach den sich ergebenden Notwendigkeiten von der Leitung des Volkswagenwerks laufend bestimmt.*" (Abschrift des Vertrags zwischen der VOLKSWAGENWERK GmbH., Wolfsburg, und der PORSCHE KONSTRUKTIONEN GmbH., Gmünd vom 17. September 1948, HStA Stuttgart, EA 6-201 Bü 1214).

66 „*Porsche erhält für die Einräumung der vorgenannten Rechte vom Volkswagenwerk eine Lizenzgebühr in Höhe von 1 Promille des Bruttolistenpreises für Fahrzeuge oder Sonderaggregate (s. I/1) in Normalausführung. Die Lizenzgebühr ist für jedes ab 1. Januar 1948 hergestellte Fahrzeug zu entrichten. [...] Die Verpflichtung zur Zahlung endet mit der Einstellung der Herstellung des Volkswagens in seiner jetzigen Form, spätestens jedoch mit dem 31. Dezember 1954.*" (Abschrift des Vertrags zwischen der VOLKSWAGENWERK GmbH., Wolfsburg, und der PORSCHE KONSTRUKTIONEN GmbH., Gmünd vom 17. September 1948, HStA Stuttgart, EA 6-201 Bü 1214).

67 *Fürweger*, (Fn. 13), S. 45 ff.

68 „*Sein Beweggrund war wohl, auszuschließen, daß wir für irgendeine andere Firma ein dem Volkswagen ähnliches Auto konstruierten. [...] Daher ging ich bei den Verhandlungen davon aus, möglichst viele Vorteile für uns auszuhandeln, die dem Volkswagenwerk aber keine Kosten verursachen würden.*" (*Bentley/F. Porsche*, (Fn. 3), S. 276).

69 Abschrift des Vertrags zwischen der VOLKSWAGENWERK GmbH., Wolfsburg, und der PORSCHE KONSTRUKTIONEN GmbH., Gmünd vom 17. September 1948, HStA Stuttgart, EA 6-201 Bü 1214.

4. Getrennte Wege, gemeinsames Vermögen

Während *Ferdinand Porsche* bis 1945 keine aktiven Schritte zur Übergabe des Unternehmens an seine Nachkommen gesetzt hatte,[70] scheint sich das Schicksal des Familienunternehmens während dessen Gefangenschaft entschieden zu haben. Auch nach seiner Freilassung übernahm der gesundheitlich angeschlagene Unternehmensgründer bis zu seinem Tod im Jahr 1951 bloß die Rolle eines wohlwollenden Beobachters des Geschehens.[71] Maßgeblichen Einfluss auf die weitere Entwicklung des Unternehmens hatte aber die Ausgliederung eines Teils des Betriebsvermögens nach Österreich und die damit einhergehende Aufteilung der Patente, die 1943 bloß als vorübergehende Absicherung und nicht als endgültige Aufspaltung der Gesellschaft gedacht war.[72] *„Nach dem Tod meines Vaters und meines Schwagers gehörten die Firmen in Deutschland und Österreich je zur Hälfte meiner Schwester und mir. Wir einigten uns, ohne groß Verträge abzuschließen, dass meine Schwester den österreichischen Betrieb und ich den deutschen Betrieb führen sollte. In wichtigen Dingen sollten wir uns gegenseitig absprechen.*“, schreibt *Ferry Porsche* später in seiner Autobiographie.[73]

a) Die Rückkehr von *Ferry Porsche* nach Stuttgart

Mit der Aufhebung der Property Control über das Vermögen der *Porsche KG* in Stuttgart leitete *Ferry Porsche* den Wiederaufbau des dortigen Konstruktionsbüros und die Verlagerung der Sportwagenproduktion ein. Die Rechte am Sportwagen *Porsche 356* wurden gegen eine Lizenzgebühr von einer Million Schilling von der österreichischen GmbH auf die deutsche KG übertragen.[74] Weil im August 1949

70 *Pyta/Havemann/Braun*, (Fn. 4), S. 361.

71 *„Was mir in jener Zeit Sorge bereitete, war die nachlassende Gesundheit meines Vaters. Obwohl sein Geist wie eh und je hellwach war, hatte er nicht mehr die Energie und scheinbar unerschöpfliche Vitalität früherer Tage. [...] Ich konnte in Zukunft nicht mehr mit seiner aktiven Hilfe rechnen. Vater war jedoch sehr zufrieden, daß es uns gelang, 50 erstklassige Sportwagen in weniger als zwölf Monaten herzustellen.*“ (*Bentley/F. Porsche*, (Fn. 3), S. 273-274).

72 *Pyta/Havemann/Braun*, (Fn. 4), S. 364

73 *Bentley/F. Porsche*, (Fn. 3), S. 330; dazu auch *Fürweger*, (Fn. 13), S. 47 f.

74 *“Mit Rücksicht darauf, dass die G.m.b.H. der K.G. durch den vorliegenden Vertrag das alleinige Recht zur Herstellung und zum Vertriebe des Wagens im In- und Auslande einräumt, sowie für die Überlassung aller Konstruktionszeichnungen, Werkstattzeichnungen und Beschreibungen für die serienmässige Herstellung des Sportwagens Typ 356, zahlt die K.G. die G.m.b.H. als Anteil an den der G.m.b.H. bisher erwachsenen Konstruktions- und Entwicklungskosten den Betrag von 1.000.000,– (i.W.: einer Million) österr. Schillinge, zahlbar im Überweisungsverkehr nach Österreich in Gmünd“*

eine erneute Vermögenssperre über die *Porsche KG* in Stuttgart verhängt wurde,[75] musste der Wiederaufbau über eine andere Gesellschaft erfolgen. Als Übergangslösung wurde am 26. November 1949 die *Porsche-Konstruktionen Gesellschaft mit beschränkter Haftung* in Stuttgart gegründet. Neben *Ferry Porsche*, der 15.000 DM des Stammkapitals von 20.000 DM übernahm, wurde – wie auch schon oft in der Vergangenheit des Familienunternehmens – ein familienexterner Gesellschafter beteiligt. Der habilitierte Volkswirt *Albert Prinzing*, den *Ferry Porsche* schon seit seiner Jugendzeit kannte, übernahm neben einem Anteil von 25 % am Stammkapital auch die kaufmännischen Agenden der Gesellschaft. Im Gesellschaftsvertrag wurde *Ferry Porsche* zum Geschäftsführer bestellt und von den Beschränkungen des § 181 BGB befreit (§ 5), die Übertragung der Anteile an der Gesellschaft bedarf seiner Zustimmung (§ 4).[76] 1950 wurde *Prinzing* neben *Porsche* zum einzelvertretungsbefugten Geschäftsführer bestellt.[77] *Ferry Porsche* war als Schlüsselfigur sowohl an der *Porsche KG* als Familiengesellschaft als auch an der *Porsche-Konstruktionen GmbH* beteiligt. Die *Porsche-Konstruktionen-GmbH* erzielte Einnahmen aus Lizenzen für einen entwickelten Ackerschlepper und aus Konstruktionsleistungen für das Volkswagenwerk, Lizenzgebühren aus der VW-Käfer-Produktion fließen an die *Porsche KG*.[78] Anders als sein Vater führte *Ferry Porsche* die Sportwagenproduktion von Beginn an ohne Unterstützung *Anton Piëchs*, der *Piëch*-Zweig der Familie blieb aber weiterhin an der *Porsche KG* beteiligt. Nachdem der Zugriff auf das Vermögen der *Porsche KG* wieder möglich war, wurde die *Porsche Konstruktionen GmbH* 1951 liquidiert und das Vermögen mit 15. April 1952 in die *Dr. Ing. h.c. F. Porsche KG* eingebracht.[79]

(Punkt IV. der Abschrift des Vertrags zwischen der Porsche Konstruktionen G.m.b.H. (Gmünd) und der Dr. Ing. h.c. F. Porsche K.G. (Stuttgart) vom 1. Dezember 1949, HStA Stuttgart, EA 6-201 Bü 1214).

75 Grund für die Vermögenssperre war ein Rechtsstreit mit Rosenberger über dessen Abfindung beim Ausscheiden aus der GmbH in Stuttgart (dazu oben III.2.), der letztlich mit einem Vergleich beigelegt werden konnte: Rosenberger wurden von der Porsche KG und Ferry Porsche 50.000 DM sowie ein Porsche-Sportwagen zugestanden (*Pyta/Havemann/Braun*, (Fn. 4), S. 378 f., bezugnehmend auf den vor dem Landgericht Stuttgart am 26. September 1950 abgeschlossenen Vergleich); nach *Bentley/F. Porsche*, (Fn. 3) einigte man sich in einem „*Kompromiß*", man gab ihm „*kostenlos einen neuen Volkswagen und mehrere Tausend Mark*".

76 Vereinbarung über die Errichtung einer Gesellschaft mit beschränkter Haftung vom 29. November 1949, Staatsarchiv Ludwigsburg FL 300/31 I, Bü 2858.

77 *Pyta/Havemann/Braun*, (Fn. 4), S. 380; Zur offenbar vertrauensvollen Zusammenarbeit *Bentley/F. Porsche*, (Fn. 3), S. 283, wonach sich der Beitrag seines bald „*wichtigsten Partners*" zum Erfolg als „*ungeheuer wertvoll*" erwies.

78 *Pyta/Havemann/Braun*, (Fn. 4), S. 384-385.

79 Vgl. dazu die Gesellschafterliste der Porsche Konstruktionen G.m.b.H. vom 3. April 1952, Staatsarchiv Ludwigsburg FL 300/31 I, Bü 2858.

b) Die Übersiedlung der Porsche Holding nach Salzburg

Während sich *Ferry Porsche* der Sportwagenproduktion in Stuttgart widmete, bauten *Louise* und *Anton Piëch* die Geschäfte der *Porsche Konstruktionen Gesellschaft m.b.H.* in Österreich weiter aus. 1949 wurde der Firmensitz nach Salzburg verlegt, in Gmünd wurde eine Zweigniederlassung errichtet.[80] Insbesondere anhand der österreichischen Gesellschaft lässt sich erkennen, dass die Verteilung der Kompetenzen innerhalb der Familie bloß faktisch, nicht aber gesellschaftsrechtlich verwirklicht war. Erst 1950 wurde auch *Anton Piëch* zum einzelvertretungsbefugten Geschäftsführer bestellt, bevor er kurz darauf überraschend verstarb und *Louise Piëch* die Leitung des Unternehmens vollständig übernahm.[81] Unternehmensgegenstand war die „*Vertretung von Porschekonstruktionen und die Beratung in allen technischen Fragen, ferner Konstruktionen und fabrikmäßige Erzeugung auf dem Gebiete des Fahrzeug-, Motor- und Maschinenbaues und Fabrikation von Ersatz- und Bestandteilen.*“[82] Bereits im September 1949 wurde auf den Namen *Ferry Porsche* ein Gewerbeschein für den „*Handel mit Kraftfahrzeugen und deren Ersatzteile, beschränkt auf Erzeugnisse der Wolfsburger Motorenwerke*“ ausgestellt. Gesellschafter der *Porsche Konstruktionen Gesellschaft m.b.H.* waren bis 1954 aber weiterhin nur die Gründungsgesellschafter *Louise Piëch* und *Karl Rabe.*[83] Mit Änderung des Gesellschaftsvertrags vom 18. Februar 1954 wurde der Geschäftsanteil von *Karl Rabe* zunächst gegen das Nominale seiner Stammeinlage von ATS 2.000 an *Louise Piëch* übertragen,[84] erst später schien neben *Louise Piëch* auch *Ferry Porsche* als Gesellschafter auf. 1955 erfolgte die Umgründung der *Porsche Konstruktionen Gesellschaft m.b.H* in die *Porsche Konstruktionen K.G.*, an der *Louise Piëch* als Komplementärin und *Ferry Porsche* mit einer Kommanditeinlage

---

80 Beurkundung des Protokolls der außerordentlichen Generalversammlung der Gesellschafter der Firma „Porsche Konstruktionen Gesellschaft m.b.H.“ vom 28. Oktober 1949, Landesgericht Salzburg, HRA 1.572.

81 *Fürweger*, (Fn. 4), S. 123 ff.

82 Historischer Handelsregisterauszug der Porsche Konstruktionen Gesellschaft m.b.H., veröffentlicht auf der Homepage der Porsche Holding Gesellschaft m.b.H. (https://www.porsche-holding.com/de/geschichte/louise-Piëch-ferry-porsche/eine-marke-entsteht, abgerufen am 12.4. 2020).

83 Beurkundung des Protokolls der außerordentlichen Generalversammlung der Gesellschafter der Firma „Porsche Konstruktionen Gesellschaft m.b.H.“ vom 28. Oktober 1949, Landesgericht Salzburg, HRA 1.572.

84 Notariatsakt, aufgenommen in Salzburg am 18. Februar 1954, Landesgericht Salzburg, HRA 1.572; „*[...] Diese Geschäftsanteilsübertragung geschah zwischen den Parteien bereits mit Wirkung vom 1.1.1948, doch ist bis nun eine dem § 76 Abs 2 GmbHG entsprechende Beurkundung der Übertragung nicht erfolgt und wird jetzt nachgetragen. [...]*“.

iHv ATS 500.000 als Kommanditist beteiligt waren.[85] Auf Grundlage des mit Volkswagen geschlossenen Vertrags wurde die spätere *Porsche Holding* in Österreich unter der Führung von *Louise Piëch* vor allem als Generalimporteur der Produkte von Volkswagen erfolgreich und baute ein breites Angebot an Services und Dienstleistungen auf.[86]

IV. Übernahme durch die dritte Generation

1. Rückzug der Familienmitglieder aus dem operativen Management

Obwohl die Aufgabenverteilung zwischen *Louise Piëch* und *Ferry Porsche* nach dem Tod ihres Vaters gesellschaftsrechtlich nicht dokumentiert wurde und beide Geschwister Gesellschafter beider Unternehmensteile waren, funktionierte die Zusammenarbeit weitgehend reibungslos. Wie schon ihr Vater scheinen es die beiden aber verabsäumt zu haben, die Übergabe an die nächste Generation frühzeitig zu klären und für klare Machtverhältnisse zu sorgen. Dennoch wurden die Nachkommen der dritten Generation schon früh in die betriebliche Tätigkeit eingebunden.[87] *Ernst Piëch* leitete gemeinsam mit seiner Mutter *Louise* als Co-Geschäftsführer das Autohaus in Salzburg, in Stuttgart waren Bruder *Ferry* und die Cousins *Ferdinand Alexander* und *Hans-Peter Porsche* für die Produktion zuständig. Die Beteiligung der Nachkommen am Gesellschaftsvermögen erfolgte frühzeitig, Ende der Sechzigerjahre hielten *Ferry* und *Louise* sowie ihre insgesamt acht Kinder jeweils 10 % des Unternehmens.[88] Nach einem gescheiterten Versuch, den Nachfolgekonflikt 1970 in Form einer Gruppentherapie am Schüttgut beizulegen, fiel 1971 die Entscheidung zum Rückzug aller Familienmitglieder aus dem operativen Management. Als Grund für diese Entscheidung gibt *Ferry Porsche* später an, dass *„die Zusammenarbeit zwischen meinen Kindern und den Kindern*

---

85 Beurkundung des Protokolls der Generalversammlung der Gesellschafter der Firma Porsche Konstruktionen Gesellschaft m.b.H. vom 29. Juni 1955, Landesgericht Salzburg, HRA 1.572.

86 Nachdem bereits 1966 der erste Leasingvertrag abgeschlossen wurde, erfolgte 1981 die Gründung der Porsche Bank Aktiengesellschaft (FN 58517f) und der Porsche Versicherungs Aktiengesellschaft (FN 64820z).

87 Zur Mitwirkung der einzelnen Nachfahren vgl. *Bentley/F. Porsche*, (Fn. 3), S. 330 ff.

88 *Schneider*, (Fn. 31), S. 128; *Meck*, (Fn. 13), S. 151; dazu *Bentley/F. Porsche*, (Fn. 3), S. 330: *„Wir entschlossen uns, mit unseren Kindern Rentenverträge abzuschließen, und da sowohl meine Schwester vier Kinder als auch ich vier Kinder habe, teilten wir so, daß jedes Familienmitglied zehn Prozent erhielt"*.

meiner Schwester nicht so [war], wie wir uns das erhofft hatten". Außerdem galt es zu vermeiden, dass eine gemischte Geschäftsführung aus naheliegenden Gründen immer die Entscheidungen von Familienmitgliedern favorisieren würde.[89]

2. Umgründung in die *Dr.-Ing. h.c. F. Porsche AG*

Um das neue Machtgefüge im Familienunternehmen gesellschaftsrechtlich abbilden zu können, wurde die *Porsche KG* in Stuttgart mit August 1972 in die *Dr.-Ing. h.c. F. Porsche AG* umgewandelt. Alle zehn Familienmitglieder waren zu gleichen Teilen als Aktionäre beteiligt,[90] ein Börsengang sowie eine Ausgabe weiterer Aktien an familienfremde Gesellschaft erfolgte (vorerst) nicht. Weil Familienmitglieder keine Vorstandsposten bekleiden durften, verließen die zuvor intensiv im Betrieb engagierten Enkel *Ferdinand Porsches*, *Ferdinand Piëch*[91] und *Ferdinand Alexander Porsche*, das Unternehmen. Das Ringen um Einfluss verlagerte sich in den strikt paritätisch besetzen Aufsichtsrat.[92] Den Einfluss übten die jeweiligen Clans über deren Familiensprecher *Wolfgang Porsche* und *Hans-Michael Piëch* aus, die als „Sprachrohr zum Management" fungierten und die innerhalb der Familienzweige demokratisch getroffenen Entscheidungen kommunizierten.[93] Als *Ernst Fuhrmann* zum ersten nicht familienzugehörigen Vorstandsvorsitzenden bestellt wurde, hatte *Ferry Porsche* sein Büro als Aufsichtsratschef in unmittelbarer Nähe, was die weiterhin dominante Rolle der Eigentümerfamilie(n) unterstreicht.[94]

---

89 *Bentley/F. Porsche*, (Fn. 3), S. 332.

90 *Bentley/F. Porsche*, (Fn. 3), S. 332.

91 *Ferdinand Piëch* (1937-2019) wurde später Vorstandsvorsitzender (1993-2002) und anschließend bis 2005 Aufsichtsratsvorsitzender von Volkswagen; zu seinem Lebensweg ausführlich *Fürweger*, (Fn. 13).

92 „*Von dieser Zeit an können Familienmitglieder nur über den Aufsichtsrat die Geschäftsführung der Firma Porsche beeinflussen*" (*Bentley/F. Porsche*, (Fn. 3), S. 333).

93 *Fürweger*, (Fn. 13), S. 69 f.

94 „*In unserem Falle ist die Bindung der Aktionäre zum Unternehmen außerordentlich eng. Sie fühlen sich noch als den Mitarbeitern und der Allgemeinheit verpflichtete Unternehmer.*", schreibt Porsche über den 1972 zwölf Mitglieder umfassenden Aufsichtsrat und die Hauptversammlung, die sich zu diesem Zeitpunkt aus insgesamt elf Mitgliedern der Familien Porsche und Piëch zusammensetzt (*Bentley/F. Porsche*, (Fn. 3), S. 352 f.).

3. Börsengang nach dem „Ernst-Fall"

1984 erfolgte der Börsengang der *Dr.-Ing. h.c. F. Porsche AG*, der wegen einer heute als „Ernst-Fall" bezeichneten Familienkrise notwendig wurde. Einer der Nachkommen *Ferdinand Porsches* in der Dritten Generation, *Ernst Piëch* (geboren 1929), wollte nach einem missglückten Immobiliengeschäft seine Anteile heimlich an einen arabischen Investor verkaufen. Die restlichen Familienmitglieder machten von ihrem Vorkaufsrecht Gebrauch und übernahmen die Aktien zu einem dreistelligen Millionenbetrag, zu deren Finanzierung sowohl der Börsengang als auch die finanzielle Unterstützung der österreichischen Porsche-Gesellschaft erforderlich wurde. Um den Einfluss der Familie weiter zu sichern, wurden aber bloß nicht stimmberechtigte Vorzugsaktien ausgegeben. Die Stimmen in der Hauptversammlung und im Aufsichtsrat blieben somit in der Hand der Familie, wobei die über die Ausübung des Vorkaufsrechts erworbenen Anteile zu gleichen Teilen zwischen den beiden Familienstämmen aufgeteilt wurden. Im Ergebnis hielten die *Porsches* nun 53,7 % der Aktien und im Laufe der Jahre auch einen weiteren Sitz im Aufsichtsrat. In Salzburg war die Aufteilung weiterhin 50:50, die österreichische Gesellschaft steuerte 80 Millionen Mark durch den Erwerb eines Aktienpakets an der Porsche-Sportwagenfabrik bei.[95] Die negative Erfahrung aus dem „Ernst-Fall" war wohl auch ein wesentlicher Grund dafür, die Regelungen zur Anteilsübertragung sowie das Aufgriffsrecht künftig besonders ausführlich zu regeln.[96]

4. Entwicklung der Porsche-Gesellschaft(en) in Österreich

Aus gesellschaftsrechtlicher Sicht weit weniger übersichtlich als die Entwicklung der 1931 in Stuttgart gegründeten *Dr. Ing. h. c. F. Porsche GmbH* zur *Dr. Ing. h.c. F. Porsche KG (1937)* und schließlich zur Dr.-Ing. h.c. F. *Porsche AG* (1972) lässt sich die Entwicklung der österreichischen Gesellschaft darstellen. Aus der 1947 gegründeten und unter der Firmenbuchnummer FN 25834t eingetragene *Porsche-Konstruktionen-Ges.m.b.H.* wurde mit 9. September 1955 durch Umwandlung die *Porsche Konstruktionen K.G.*[97] Ein Jahr nach der Gründung der Aktiengesellschaft in Deutschland wurde in Österreich am 14. Februar 1973 die *Porsche Gesellschaft m.b.H.* (später *Porsche Österreich Gesellschaft m.b.H.*, FN 50257h) im (damaligen)

---

95 *Fürweger*, (Fn. 13), S. 72.

96 Dazu unten V.

97 Historischer Stand des Firmenbuchs/Handelsregisters, LG Salzburg, HRB 198 Sb (abgerufen über den *Wirtschafts-Compass* am 28.02.2020).

Handelsregister eingetragen, die am 26. März 1973 selbständig vertretungsbefugter Komplementär der *Porsche Konstruktionen K.G.* wurde. Naheliegend ist, dass diese Gesellschaft bei der Restrukturierung des österreichischen Unternehmensteils in eine Familienholding eine zentrale Rolle gespielt hat. In den Folgejahren wurden zahlreiche weitere Gesellschaften[98] gegründet und in die Konzernstruktur eingebettet, auf deren nähere Darstellung hier zugunsten der Übersichtlichkeit (insbesondere wegen häufiger Umgründungen, Gesellschafterwechsel und Änderungen der oft sehr ähnlichen Firmenwortlaute[99]) verzichtet wird. Spätestens mit der Volkswagen-Übernahme 2009 scheint die *Porsche Piëch Holding GmbH*[100] die zentrale Holding-Gesellschaft der Familienmitglieder in Österreich geworden zu sein.[101]

5. Wiedervereinigung mit Volkswagen

Nach dem Zweiten Weltkrieg entwickelten sich *Porsche* und *Volkswagen* als gesellschaftsrechtlich unabhängige Konzerne weiter, wobei der zwischen *Ferry Porsche* und *Nordhoff* abgeschlossene Vertrag die Grundlage für eine enge Zusammenarbeit bildete.[102] Als es 2009 zum Zusammenschluss von *Porsche* und *Volkswagen* in Form eines integrierten Automobilkonzerns kam, ist aus den einst von den Nationalsozialisten gegründeten Volkswagen-Werken ein multinational agierendes Großunternehmen hervorgegangen, das 1960 auf Grundlage des Volkswagen-Gesetzes teilprivatisiert wurde.

a) Teilprivatisierung von Volkswagen durch das VWGmbHÜG

1945 wurde das Volkswagenwerk gemäß Kontrollratsgesetz Nr. 52 von der britischen Militärregierung beschlagnahmt und bis zur Übergabe in deutsche Hand treuhändig verwaltet.[103] 1949 wurde das Protokoll zur offiziellen Übergabe der *Volkswagenwerk GmbH* in die Treuhänderschaft der Bundesregierung unterzeich-

98 Vgl. etwa die unter den Firmenbuchnummern FN 54496 t, FN 27015 d, FN 50257 h eingetragenen Gesellschaften.

99 ZB Porsche Österreich Gesellschaft m.b.H, Porsche Austria Gesellschaft m.b.H., Porsche Gesellschaft m.b.H., Porsche Beteiligungs-Gesellschaft m.b.H.

100 FN 145704x.

101 Zur Porsche Piëch Holding GmbH sowie zu deren Gesellschaftsvertrag vgl. ausführlich unten V.

102 Dazu oben III.3.

103 Multimediale Volkswagen-Chronik (Fn. 42).

net, die Verwaltung übernahm das Land Niedersachsen.[104] Mit 28. Juli 1960 trat das „Gesetz über die Überführung der Anteilsrechte an der Volkswagenwerk Gesellschaft mit beschränkter Haftung in private Hand (VWGmbHÜG)",[105] oft als „VW-Gesetz" bezeichnet, in Kraft, das die Grundlage für die Umwandlung von Volkswagen in eine Aktiengesellschaft[106] sowie für die Teilprivatisierung des Unternehmens bildete. Mit der Eintragung in das Handelsregister beim Amtsgericht Wolfsburg wurde aus der *Volkswagenwerk GmbH* am 22. Juli 1960 die *Volkswagenwerk AG*.

b) Ausgabe von Aktien mit „Sozialrabatt"

Nach § 3 VWGmbHÜG musste die Bundesregierung Aktien im Wert von 60 % des Grundkapitals veräußern, wobei in den ersten beiden Monaten pro Käufer nur Aktien im Wert von 500 DM (§ 6 VWGmbHÜG), für die Belegschaft im Wert von 1.000 DM (§ 7 VWGmbHÜG), ausgegeben wurden. Dabei wurde ein bis zu 25 %iger „Sozialrabatt" gewährt, dessen konkrete Höhe vom steuerpflichtigen Jahreseinkommen sowie vom Familienstand und von der Anzahl der Kinder des Erwerbers abhängig war (§ 6 VWGmbHÜG).[107] Nach Ablauf der Zwei-Monats-Frist wurden weitere Aktienpakete im Wert von bis zu 1.000 DM vergeben, wobei Mitglieder der Belegschaft auch hier bevorzugt wurden (§ 8 VWGmbHÜG). Erst anschließend erfolgte die Zulassung der Aktie zum Börsenhandel und der Verkauf der übrigen Aktien (§ 9 VWGmbHÜG).

c) Einfluss der staatlichen Minderheitsgesellschafter

Nach der Veräußerung von 60 % des Grundkapitals als Volksaktien waren die Bundesrepublik Deutschland sowie das Land Niedersachsen zu je 20 % beteiligt,[108] das Volkswagen-Gesetz sicherte aber weiter den staatlichen Einfluss auf das Unternehmen. Mit Ausnahme der Bundesrepublik Deutschland und dem Land Niedersachsen war das Stimmrecht eines Aktionärs für die Dauer von zehn

104 Multimediale Volkswagen-Chronik (Fn. 42).

105 21. Juli 1960 (BGBl. I S. 585).

106 Vgl. § 1 Abs 1 VWGmbHÜG „*Die Volkswagenwerk Gesellschaft ist unverzüglich in eine Aktiengesellschaft umzuwandeln*".

107 Die Inanspruchnahme der Rabatte wurde an die Einhaltung einer zweijährigen Veräußerungssperre geknüpft (§ 10 VWGmbHÜG).

108 Der Veräußerungserlös kam der Stiftung Volkswagen zugute.

Jahren ab Inkrafttreten des Gesetzes auf die Anzahl von Stimmen beschränkt, die Aktien im Gesamtnennbetrag des zehntausendsten Teils des Grundkapitals gewähren, selbst wenn ein 0,01 % des Grundkapitals übersteigendes Aktienpaket gehalten wurde (§ 2 VWGmbHÜG). Neben diesen Stimmrechtsbeschränkungen sah § 4 des VWGmbHÜG auch eine Sicherung des staatlichen Einflusses über die Verfassung der Gesellschaft vor. Der Bundesrepublik Deutschland und dem Land Niedersachsen kam das Recht zur Entsendung von je zwei Aufsichtsratsmitgliedern zu (§ 4 Abs 1 VWGmbHÜG), die Errichtung und Verlegung von Produktionsstätten bedarf eines Aufsichtsratsbeschlusses mit 2/3-Mehrheit (§ 4 Abs 2 VWGmbHÜG). Auch die Konsensquoren in der Hauptversammlung wurden im Vergleich zu den aktienrechtlichen Regelungen von der einfachen auf eine ¾-Mehrheit bzw von der ¾-Mehrheit auf eine 4/5-Mehrheit des bei der Beschlussfassung vertretenen Grundkapitals erhöht (§ 4 Abs 3 VWGmbHÜG). Sowohl der Bundesrepublik Deutschland auch dem Land Niedersachsen kam dadurch eine Sperrminorität bei Satzungsänderungen zu.

d) Fortbestand unionsrechtlich problematischer Gesetzesbestimmungen als Satzungsbestandteile

Nach dem Auslaufen des zeitlich befristeten § 1 Abs 2 VWGmbHÜG trat 1970 eine Stimmrechtsdeckelung von 20 % des Grundkapitals in Kraft, sodass weiterhin kein Einzelaktionär mehr Stimmen als die Bundesrepublik Deutschland oder das Land Niedersachen ausüben konnte.[109] Während das Bundesverfassungsgericht die Privatisierung zunächst als verfassungskonform bestätigt hat,[110] wurden die Stimmrechtsbeschränkung, das Entsenderecht und die Verringerung der Sperrminorität später vom EuGH als unzulässiger Eingriff in die Kapitalverkehrsfreiheit für rechtswidrig erklärt.[111] In einer Gesetzesreform wurden die Stimmrechtsbeschränkungen und die Entsendungsrechte in den Aufsichtsrat zwar aufgehoben, die Sperrminorität von 20 % bei Satzungsänderungen sowie die erforderliche 2/3-Mehrheit im Aufsichtsrat bei der Errichtung und Verlegung von Produktions-

109 § 1 Abs 1 Zweites Gesetz zur Änderung des Gesetzes über die Überführung der Anteilsrechte an der Volkswagenwerk Gesellschaft mit beschränkter Haftung in private Hand vom 31. Juli 1970, Bundesgesetzblatt Teil I 1970 Nr. 75 vom 04.08.1970.

110 BVerfG v. 17.5.1961 – 1 BvR 579/60, BVerfGE 12, 354.

111 EuGH v. 23.10.2007 – C-112/05 (*Kommission der Europäischen Gemeinschaften gegen Bundesrepublik Deutschland*), Slg. I-623.

stätten (§ 4 Abs 2 und 3 VWGmbHÜG) blieben aber aufrecht.[112] In der heute gültigen Satzung[113] der *Volkswagen AG* ist sowohl die Zustimmungsflicht des Aufsichtsrats zu Entscheidungen über Produktionsstätten (§ 9 Abs 1 Z 3[114] iVm § 15 Abs 4[115] der Satzung) als auch die Verringerung der Sperrminorität auf 20 % (§ 25 Abs 2 der Satzung[116]) in der ursprünglichen Form enthalten. Das führt im Ergebnis dazu, dass Satzungsänderungen gegen die Stimme des Landes Niedersachsen nicht möglich sind und dass den im Aufsichtsrat stimmberechtigten Arbeitnehmervertretern ein Vetorecht gegen die Verlegung von Produktionsstätten zukommt. Das Recht des Landes Niedersachsen, zwei Mitglieder in den Aufsichtsrat zu entsenden, bleibt durch Satzungsbestimmung trotz der Aufhebung der entsprechenden Bestimmung im VW-Gesetz aufrecht (§ 11 Abs 1 der Satzung).[117]

6. Schaffung eines „integrierten Automobilkonzerns"

Am 25. September 2005 verkündet die *Dr. Ing. h.c. F. Porsche AG*, (zunächst) zur Absicherung vor einer feindlichen Übernahme von *Volkswagen* und dem Schutz der vertraglichen Beziehungen, 20 % der Anteile an der *Volkswagen AG* erwerben

112 Gesetz zur Änderung des Gesetzes über die Überführung der Anteilsrechte an der Volkswagenwerk Gesellschaft mit beschränkter Haftung in private Hand v. 8.12.2008, BGBl. I, 2369.

113 Satzung der Volkswagen AG vom 31.7.2019, abrufbar unter https://www.volkswagenag.com/presence/investorrelation/publications/corporate-governance/2019/Satzung_Juli%202019.pdf [abgerufen am 15.04.2020].

114 *„Der Vorstand bedarf der vorherigen Zustimmung des Aufsichtsrats zur Vornahme folgender Geschäfte [...] Z 3 Errichtung und Verlegung von Produktionsstätten"*.

115 *„Beschlüsse über die Errichtung und Verlegung von Produktionsstätten bedürfen der Mehrheit von zwei Drittel der Mitglieder des Aufsichtsrats."*

116 *„Beschlüsse der Hauptversammlung, für die nach gesetzlichen Vorschriften eine Mehrheit erforderlich ist, die mindestens drei Viertel des bei der Beschlussfassung vertretenen Grundkapitals umfasst, bedürfen einer Mehrheit von mehr als vier Fünftel des bei der Beschlussfassung vertretenen Grundkapitals der Gesellschaft. Dies gilt insbesondere, aber nicht ausschließlich, für alle Maßnahmen der Kapitalbeschaffung und Kapitalherabsetzung, für sonstige Satzungsänderungen und Maßnahmen nach dem Umwandlungsgesetz sowie für Beschlüsse nach dem Wertpapiererwerbs- und Übernahmegesetz, die gesetzlich einer Mehrheit bedürfen, die mindestens drei Viertel des bei der Beschlussfassung vertretenen Grundkapitals beträgt."*

117 *„Der Aufsichtsrat besteht aus zwanzig Mitgliedern. Das Land Niedersachsen ist berechtigt, zwei Mitglieder in den Aufsichtsrat zu entsenden, solange dem Land Niedersachsen unmittelbar oder mittelbar mindestens 15 Prozent der Stammaktien der Gesellschaft gehören."*

zu wollen. Die Beteiligung wurde in den Folgejahren sukzessive aufgestockt.[118] Um die Beteiligung an *Volkswagen* vom operativen Geschäft zu trennen, wurde das Vermögen der *Dr. Ing. h.c. F. Porsche AG* in die *Porsche Vermögensverwaltung AG*, eine 100 %ige Tochtergesellschaft, ausgegliedert. Anschließend wurde die *Dr. Ing. h.c. F. Porsche AG* als Holding in die *Porsche Automobil Holding SE* umgegründet. Die *Porsche Vermögensverwaltung AG*, mit der ein Beherrschungs- und Gewinnabführungsvertrag zugunsten der *Porsche Automobil Holding SE* abgeschlossen wurde, wurde in *Dr. Ing. h.c. F. Porsche AG* umbenannt.[119] Nachdem Porsche 2008 bereits einen erheblichen Anteil am Grundkapital von *Volkswagen* übernommen hatte, scheiterte der Übernahmeversuch an der Finanzierung während der Finanzkrise. Nach langen Verhandlungen wurde schließlich die Bildung eines „integrierten Automobilkonzerns" verkündet.[120] Zur Finanzierung wurde die *Qatar Holding LLC* mit 10 % an den Stammaktien der *Porsche Automobil Holding SE* beteiligt, zu der ursprünglich geplanten Verschmelzung der *Porsche Automobil Holding SE* auf die *Volkswagen AG* kam es schließlich nicht.

Heute sind sowohl die *Dr. Ing. h.c. F. Porsche AG* als auch die *Porsche Holding GmbH* in Salzburg als 100 %ige Tochtergesellschaften der *Volkswagen AG* in den VW-Konzern integriert.[121] Die Por*sche SE* hält per 31. Dezember 2019 31,3 % des gezeichneten Kapitals und 53,1 % der Stimmrechte an der *Volkswagen AG*, dem Land Niedersachsen kommt mit 20 % der Stimmrechte weiterhin eine Sperrminorität für Satzungsänderungen zu.[122] An der *Porsche SE* halten Mitglieder der Familie nach Angaben des Unternehmens 100 % der stimmberechtigten Stammaktien.[123] Im Ergebnis wurden die Porsche-Gesellschaften in Deutschland und

---

118 Vgl. dazu ua die Pressemitteilungen der Porsche Automobil Holding SE vom 17. September 2008, 26. Oktober 2008 und 6. Jänner 2009, veröffentlicht unter https://www.porsche-se.com/mitteilungen/pressemitteilungen [abgerufen am 23.04.2020].

119 Vgl. dazu ausführlich die Tagesordnung zur außerordentlichen Hauptversammlung der Aktionäre der Dr. Ing. h.c. F. *Porsche AG* am 26. Juni 2007 in Stuttgart, abrufbar unter https://www.porsche-se.com/unternehmen/ueber-uns [abgerufen am 15.4.2020] sowie die dort veröffentlichten Informationen für Aktionäre.

120 Vgl. Pressemitteilung der Porsche Automobil Holding SE vom 07. Mai 2005, veröffentlicht unter https://www.porsche-se.com/mitteilungen/pressemitteilungen/details/news/detail/News/schaffung-eines-integrierten-automobilkonzerns-wird-angestrebt [abgerufen am 23.04.2020].

121 Die Beteiligung an der Porsche Holding Gesellschaft m.b.H. in Salzburg (FN 50411i) wird über die Volkswagen Holding Österreich GmbH (FN 327430s) gehalten, die wiederum eine 100 % ige Tochtergesellschaft der Volkswagen Aktiengesellschaft in Deutschland ist.

122 https://www.volkswagenag.com/de/InvestorRelations/shares/shareholder-structure.html [abgerufen am 15.04.2020];

123 „*Die Stammaktien werden, soweit dies der Porsche SE bekannt ist, mittelbar ausschließlich von Mitgliedern der Familien Porsche und Piëch gehalten.*" (https://www.porsche-se.com/investor-relations/aktie/, abgerufen am 15.4.2020).

Österreich zwar in den Volkswagen-Konzern integriert, der Einfluss der Familiendynastie auf Volkswagen wird durch den Mehrheitseigentümer *Porsche Automobil Holding SE* aber mittelbar sichergestellt.

V. Gesellschaftsvertrag der Porsche Piëch Holding GmbH – Die Machtverteilung der neun Familienstämme

Wie die Nachfahren von *Ferdinand Porsche* in der dritten und vierten Generation ihren Einfluss auf den „integrierten Automobilkonzern" heute regeln, wird durch die aktuelle Fassung des 107 Seiten umfassenden Gesellschaftsvertrags der *Porsche Piëch Holding GmbH* vom 18. November 2014[124] eindrucksvoll offenbart. Heute sind an der am 6. Juni 1996 unter der Firma *Porsche Holding Gesellschaft m.b.H.* ersteingetragenen Gesellschaft mit Sitz in Salzburg (§ 1) insgesamt 21 natürliche Personen sowie drei Privatstiftungen als Gesellschafter beteiligt, die einen Anteil von je 0,1 % bis 12,4 % am Stammkapital iHv 16,812 Mio. EUR halten. Der Unternehmensgegenstand ist sehr weit gefasst und umfasst neben Beteiligungs- und Holding-Geschäften auch etwa den Handel und das Leasinggeschäft mit Fahrzeugen, den Betrieb von Tankstellen und Autowaschstraßen, die Lagerung und Bearbeitung von Fahrzeugen und die Ausübung des Bauträgergewerbes (§ 2).

Im Jahresabschluss der Gesellschaft zum 31. Dezember 2018 werden Finanzanlagen ausgewiesen, die zu Anschaffungskosten mit 1,91 Mrd. EUR bewertet sind.[125] Obwohl die Aktionärsstruktur der *Porsche Automobil Holding SE* in Stuttgart nicht öffentlich einsehbar ist, ist wegen des Volumens der Finanzanlagen der *Porsche Piëch Holding GmbH* naheliegend, dass neben der Beteiligung an österreichischen Gesellschaften als 100 %ige Tochtergesellschaften[126] auch Aktien der

---

124 Aktuelle Fassung des Gesellschaftsvertrags vom 18.11.2014, Urkundensammlung des FBG Salzburg zu FN 145704x, Geschäftsfall 569 45 Fr 7344/14d [abgerufen über den Wirtschafts-Compass am 16.04.2020].

125 Jahresabschluss zum Stichtag 31.12.2018, Urkundensammlung des FBG Salzburg zu FN 145704x, Geschäftsfall 569 45 Fr 6770/19d [abgerufen über den Wirtschafts-Compass am 16.04.2020].

126 Porsche Beteiligungs GmbH (FN 344705w), Porsche Gesellschaft m.b.H. (FN 42333f).

Porsche Holding SE über die *Porsche Piëch Holding GmbH* gehalten werden.[127] Anders als die Satzung der *Porsche Automobil Holding SE*[128] erlaubt der Gesellschaftsvertrag der *Porsche Piëch Holding GmbH*, der im Porsche-Konzern schon in der Vergangenheit in ähnlichen Versionen in Geltung war,[129] einen tiefen Einblick in die Entscheidungsstrukturen des Familienunternehmens.

1. Gesellschaftergruppen

Zu Beginn des Gesellschaftsvertrags werden insgesamt neun Gesellschaftergruppen definiert, die für die Ausübung der Gesellschafterrechte maßgeblich sind. Die Nachfahren des Gründers *Ferdinand Porsche* in dritter Generation[130] „*[...] und ihre jeweiligen Abkömmlinge bilden jeweils für sich einen Familienstamm und, soweit sie als Gesellschafter beteiligt sind, jeweils für sich eine Gesellschaftergruppe*" (§ 3.5.1.). Auch Geschäftsanteile, die über Privatstiftungen und Beteiligungsgesellschaften gehalten werden, sind den Familiengruppen zugeordnet.[131] Gesellschafterrechte der Mitglieder einer Gesellschaftergruppe, insbesondere das Stimmrecht, können nur durch einen gemeinsamen Vertreter („Gruppendelegierter") ausgeübt werden.[132] Ausnahmen davon sind in § 3.7 vorgesehen und bestehen nur für die Ausübung einiger weniger Gesellschafterrechte, die meist den jeweiligen Geschäftsanteil betreffen (zB Kündigung, Übertragung des Geschäftsanteils, Geltendmachung von Vorkaufs- und Aufgriffsrechten, Geltendmachung von Rechten aus dem Gewinnverwendungsbeschluss). Hinsichtlich der Generalversammlung besteht nur ein Recht auf Empfang der Einladung sowie auf den

---

127 Dieser Eindruck bestätigt sich auch in einigen Bestimmungen des Gesellschaftsvertrags, die direkt auf den *Volkswagen*-Konzern Bezug nehmen, etwa § 10.11.

128 Vgl. Satzung der *Porsche Automobil Holding SE* mit Sitz in Stuttgart vom 04.07.2018, abrufbar unter https://www.porsche-se.com/fileadmin/downloads/investorrelations/mandatorypublications/constitution/Satzung_PSE_04072018.pdf [23.04.2020].

129 Vgl. etwa den Gesellschaftsvertrag der Porsche Gesellschaft m.b.H. vom 04.08.2006, Urkundensammlung des FBG Salzburg zu FN 42333f, Geschäftsfall 569 45 Fr 726/06a, der weitgehend ähnliche Regelungen enthält.

130 Im Gesellschaftsvertrag sind das namentlich die Enkelkinder *Ferdinand Porsches*: Herr Prof. *Ferdinand Alexander Porsche*, Frau *Louise Daxler-Piëch*, Herr Dipl.Ing. Dr. h.c. *Ferdinand Piëch*, Herr *Gerhard Porsche*, Herr Ing. *Hans-Peter Porsche*, Herr Dr. *Hans Michel Piëch*, Herr Dr. *Wolfgang Porsche*, Herr Ing. *Ernst Piëch*. Außerdem bilden Frau *Marlene Porsche*, die geschiedene Ehegattin von *Gerhard Porsche*, und ihre Nachkommen eine eigene Gesellschaftergruppe (§ 3.5.1.).

131 Vgl. dazu auch die umfangreichen Regelungen zu Privatstiftungen und Beteiligungsgesellschaften unter V.3.c) .

132 Vgl. zur Generalversammlung unten V.2.d).

Empfang von Protokollen und Beschlüssen, die Teilnahme und die Ausübung des Stimmrechts ist weitgehend den Gruppendelegierten vorbehalten (§ 3.7 lit e). Der Gesellschaftsvertrag regelt zwar, wer als Gruppendelegierter in Frage kommt (§ 3.12),[133] die nähere Ausgestaltung des Innenverhältnisses ist aber Aufgabe einer jeden Gesellschaftergruppe selbst (§ 3.8). Der Gruppendelegierte ist zur Ausübung der Gesellschafterrechte aller Mitglieder der jeweiligen Gesellschaftergruppe befugt, wenn er sich mit (einfacher) Mehrheit des Stammkapitals der Gesellschaftergruppe legitimiert (§ 3.10). Solange sich kein Gruppendelegierter legitimiert hat, können Rechte der Gesellschafter dieser Gesellschaftergruppe aus dem Gesellschafterverhältnis, insbesondere das Stimmrecht, nicht wahrgenommen werden, soweit diese durch einen Gruppendelegierten wahrgenommen werden müssen (§ 3.11). Somit folgt der Gesellschaftsvertrag einer klaren innerfamiliären Trennung und sieht insofern keine familieninterne Willensbildung vor, die dann im Rahmen der einzelnen Beteiligungen umgesetzt wird. Insofern zeichnet sich die bestehende Struktur nicht durch ein sogenanntes *Family Office* aus. Möglicherweise existiert ein solches aber innerhalb der einzelnen Gesellschaftergruppen.[134]

2. Organe der Gesellschaft

Die Regelungen zu den Organen der Gesellschaft (§§ 8 ff.) zeigen, wie die Familienmitglieder ihren Einfluss auf die Gesellschaft ausüben. Während der Gesellschaftsvertrag auch familienfremde Geschäftsführer zulässt, ist die Mitsprache in der Generalversammlung sowie im Gesellschafterausschuss weitgehend Familienangehörigen vorbehalten. Sowohl durch die Stimmrechtsausübung durch Gruppendelegierte in der Generalversammlung als auch durch die begrenzte Anzahl der Mitglieder im Gesellschafterausschuss kommt nur einzelnen Gesellschaftern eine wesentliche Rolle in Entscheidungsprozessen zu. Darüber hinaus ist

---

133 Neben Abkömmlingen von *Ferdinand Porsche* senior können per Gesellschafterbeschluss unter bestimmten Voraussetzungen auch deren Ehegatten als Gruppendelegierte zugelassen werden (§ 3.12). Der Begriff „Ehegatte“ wird in § 21.1 des Gesellschaftsvertrags auch definiert: „*Ehegatten im Sinne des Gesellschaftsvertrages sind Ehegatten, solange bis die Ehe, außer durch Tod, beendet wurde.*“ Auch Privatstiftungen eines Familienstamms oder Beteiligungsgesellschaften können Gruppendelegierte sein (§ 3.7), wobei dann besondere Regelungen zur Bevollmächtigung zur Anwendung kommen (§ 13.2).

134 Ausführlich zum Family Office etwa *Zetzsche*, in: Vogt/Fleischer/Kalss, Recht der Familiengesellschaften, 2017, S. 153 ff.; vgl. auch insgesamt zur Familienverfassung *Fleischer*, ZIP 2016, 1509 ff.; *Holler*, ZIP 2018, 553 ff.

auch ein Gesellschaftertag eingerichtet, der aber kein Organ der Gesellschaft und nicht mit formalen Kompetenzen ausgestattet ist. Im Gesellschaftsvertrag finden sich zwar Regelungen zum Aufsichtsrat, ein solcher ist aber seit 2014 nicht mehr eingerichtet.[135]

a) Geschäftsführung

Die Gesellschaft hat einen oder mehrere Geschäftsführer und wird jeweils durch zwei Geschäftsführer oder einen Geschäftsführer gemeinsam mit einem Prokuristen vertreten, wobei durch Generalversammlungsbeschluss auch Einzelvertretung vorgesehen werden kann (§ 9). Derzeit hat die Gesellschaft mit *Wolfgang Porsche* und *Hans Michael Piëch* zwei Geschäftsführer, die jeweils einen Familienstamm repräsentieren.[136] Die Personalhoheit über die Geschäftsführung, die neben der Bestellung und Abberufung auch den Abschluss der Anstellungsverträge umfasst, kommt wie nach dem gesetzlichen Modell (§§ 15 ff. öGmbHG) der Generalversammlung zu, die zuvor aber zur Anhörung des Gesellschafterausschusses verpflichtet ist (§ 9.3).

b) Aufsichtsrat

Die Gesellschaft kann gemäß § 10.1 des Gesellschaftsvertrags einen Aufsichtsrat erhalten, seit 2014 besteht jedoch kein Aufsichtsrat mehr.[137] Eine Verpflichtung zur Bestellung eines Aufsichtsrats nach § 29 öGmbHG besteht trotz des hohen Stammkapitals nicht, weil weder mehr als fünfzig Gesellschafter beteiligt sind, noch die Zahl der Arbeitnehmer im Durchschnitt dreihundert übersteigt.[138] Wenn ein Aufsichtsrat eingerichtet ist, besteht dieser aus vier bis sechs Mitgliedern (An-

---

135 Vgl. den historischen Firmenbuchauszug der Porsche Piëch Holding GmbH (FN 145704x) [abgerufen über den Wirtschafts-Compass am 23.04.2020].

136 Vgl. Firmenbuchauszug der Porsche Piëch Holding GmbH (FN 145704x) [abgerufen über den Wirtschafts-Compass am 23.04.2020].

137 Mit 18.03.2014 (Geschäftsfall 24 Fr 1221/14 a) wechselten die derzeitigen Geschäftsführer Hans Michael Piëch und Wolfgang Porsche in die Geschäftsführung, zuvor waren familienexterne Geschäftsführer tätig.

138 Als durchschnittliche Zahl der Arbeitnehmer während des Geschäftsjahres (§ 237 Abs 1 Z 6 UGB) wird in den Bilanzen des Unternehmens seit 2012 berichtet, dass keine Arbeitnehmer beschäftigt werden; vgl. dazu die in der Urkundensammlung des Firmenbuchs veröffentlichten Jahresabschlüsse der Porsche Piëch Holding GmbH (FN 145704x), abgerufen über den Wirtschafts-Compass am 23.04.2020.

teilseignervertretern), von denen mindestens zwei Abkömmlinge des Gründers *Ferdinand Porsche senior* sein müssen (§§ 10.1, 10.2.2.). Der vom Aufsichtsrat gewählte Vorsitzende und dessen Stellvertreter müssen Abkömmlinge von *Ferdinand Porsche senior* sein (§ 10.4). Für Beschlüsse des Aufsichtsrats ist ein Präsenzquorum von 2/3 der Mitglieder (§ 10.6) erforderlich, Beschlüsse werden mit einfacher Mehrheit der abgegebenen Stimmen gefasst (§ 10.7). Hinsichtlich der Überwachungsmöglichkeiten und Auskunftsbefugnisse gegenüber der Geschäftsführung sind familienfremde Aufsichtsratsmitglieder mit einer wesentlichen Einschränkung konfrontiert. Lehnt die Geschäftsführung die von einem einzelnen Aufsichtsratsmitglied geforderte Berichterstattung ab, so kann der Bericht nur dann verlangt werden, wenn der Vorsitzende des Aufsichtsrats oder zwei andere Mitglieder des Aufsichtsrates, wovon zumindest eines Anteilseigner ist, das Vorliegen unterstützen (§ 10.11).[139] Der Katalog an Geschäften, die nur mit Zustimmung des Aufsichtsrats zulässig sind (§ 30j Abs 5 öGmbHG) wird in § 10.13 des Gesellschaftsvertrags über Betragsgrenzen näher präzisiert.[140]

c) Gesellschafterausschuss

Der Gesellschafterausschuss besteht aus mindestens vier und höchstens sechs Mitgliedern, die Abkömmlinge von *Ferdinand Porsche senior* sein müssen, wobei im Einzelfall auch andere Personen zu Mitgliedern des Gesellschafterausschusses gewählt werden können.[141] Der vom Gesellschafterausschuss aus dessen Mitte zu wählende Vorsitzende sowie dessen Stellvertreter müssen jedenfalls Abkömmlinge von *Ferdinand Porsche senior* sein (§ 11.3). Die Mitglieder des Gesellschafterausschusses werden von der Generalversammlung für eine Funktionsperiode von

---

139 Das gilt auch für Berichte im „*Zusammenhang mit Beteiligungen an (i) der Porsche Gesellschaft mit beschränkter Haftung, HRB 2072 des Amtsgerichtes Stuttgart und/oder deren Beteiligungsgesellschaften (insbesondere auch der Porsche Automobil Holding SE, HRB 724512 des Amtsgerichtes Stuttgart […] oder (iii) der VOLKSWAGEN AKTIENGESELLSCHAFT, HRB 100484 des Amtsgerichtes Braunschweig*". Auch diese Bestimmung legt nahe, dass der Porsche Piëch Holding GmbH eine wesentliche Rolle an der Beteiligung der Familienmitglieder an der Porsche Automobil Holding SE sowie der Volkswagen AG zukommt.

140 So bedarf der Erwerb und die Veräußerung von Beteiligung erst ab einem Transaktionswert von 4 Mio EUR der Zustimmung des Aufsichtsrats. Einzelinvestitionen bis zu EUR 700.000 kann die Geschäftsführung ohne Zustimmung des Aufsichtsrats tätigen, solange ein Jahresvolumen von 1,5 Mio EUR an nicht bereits im Rahmen eines Investitionsprogramms oder eines Finanzplans genehmigten Investitionen nicht überschritten wird.

141 Dazu näher § 11.1.

jeweils vier Jahren gewählt (§ 11.1.2).[142] Der Gesellschafterausschuss fasst seine Beschlüsse mit einer nach Köpfen bestimmten Mehrheit von 75 % (§ 11.7). Für die Beschlussfähigkeit müssen grundsätzlich alle Mitglieder anwesend sein. Ist das Präsenzquorum nicht erfüllt, muss innerhalb eines Zeitraums von vier bis sieben Tagen eine neuerliche Sitzung mit der gleichen Tagesordnung anberaumt werden, deren Beschlussfähigkeit bereits ab drei anwesenden Mitgliedern gegeben ist. Kommt die Beschlussfähigkeit dennoch nicht zustande, geht die Beschlusskompetenz auf die Generalversammlung über (§ 11.6).

Die Kompetenzen des Gesellschafterausschusses, die sich aus dem Gesellschaftsvertrag und aus Beschlüssen der Generalversammlung ergeben (§ 12.1), sind sehr umfangreich ausgestaltet und betreffen viele Funktionen, die typischerweise einem Aufsichtsrat zukommen. Neben der Beratung und Überwachung der Geschäftsführung (§ 12.2), der Prüfung des Jahresabschlusses und des Vorschlags zur Gewinnverteilung (§ 12.5), der Beratung der Generalversammlung und des Gesellschaftertages (§ 12.6) und der Vertretung der Gesellschaft bei Rechtsgeschäften und Rechtsstreitigkeiten mit Geschäftsführern (§ 12.9) kommt dem Gesellschafterausschuss auch ein Zustimmungsrecht zu bestimmten Rechtsgeschäften zu (§ 12.10). Der Katalog zustimmungspflichtiger Geschäfte erinnert an die Bestimmungen zum Aufsichtsrat (§ 10.13), sieht aber oft niedrigere Betragsgrenzen[143] und zusätzliche Arten zustimmungspflichtiger Geschäfte[144] vor. Darüber hinaus kommt dem Gesellschafterausschuss das alleinige Entscheidungsrecht über die Pflichten der Gesellschafter, insbesondere hinsichtlich deren Vertraulichkeit und der Tätigkeitsbeschränkung (§ 16[145]) sowie über die Überwachung

142 Einer Minderheit von 20 % des Stammkapitals kommt das Recht der Entsendung eines nicht stimmberechtigten Delegierten zu, wenn sie in den Wahlen des gesamten Gesellschafterausschusses nicht für die bestellten Mitglieder gestimmt haben. Der in den Gesellschafterausschuss Delegierte hat entweder ein Gruppendelegierter oder ein Dritter zu sein, wobei für Dritte die Gemeinhaltungsverpflichtung (§ 14.9) sowie die Wettbewerbsbeschränkung (§ 16a.2 Abs 2) gelten.

143 Etwa bei der Veräußerung oder Belastung von Liegenschaften ist ab einem Transaktionswert von EUR 500.000 im Einzelfall und insgesamt EUR 1 Mio pro Geschäftsjahr die Zustimmung des Gesellschafterausschusses erforderlich (§ 12.10 lit b), der Aufsichtsrat muss erst ab einem Transaktionswert von EUR 1 Mio im Einzelfall oder EUR 1,5 Mio Gesamtvolumen pro Geschäftsjahr zustimmen (§ 10.13 lit b).

144 So ist beim Abschluss von Anstellungsverträgen mit leitenden Angestellten mit Bruttobezügen über EUR 300.000 (§ 12.10 lit h) und bei der Erteilung von Prokuren sowie der Bestellung von Geschäftsführern von Beteiligungsgesellschaften (§ 12.10 lit i) die Zustimmung des Gesellschafterausschusses, nicht aber die Zustimmung des Aufsichtsrats erforderlich.

145 Natürlichen Personen ist es als Gesellschafter unter Berücksichtigung der Treuepflicht grundsätzlich gestattet, „*jede beliebige Tätigkeit auszuüben. [...] Eine konkurrenziernde Tätigkeit oder beabsichtigte konkurrenzierende Tätigkeit ist zu unterlassen, wenn unverkennbar die nahelie-*

der Einhaltung der besonderen Bestimmungen für Beteiligungsgesellschaften und Privatstiftungen (§ 16a) zu (§ 12.7).

Während hinsichtlich der Verantwortung und Haftung der Mitglieder des Gesellschafterausschusses die gesetzlichen Regelungen zum Aufsichtsrat zur Anwendung kommen (§ 11.11), finden entsprechend der expliziten gesellschaftsvertraglichen Regelung des § 11.12 alle anderen gesetzlichen Bestimmungen über den Aufsichtsrat keine Anwendung auf den Gesellschafterausschuss.[146] Alle nach „*einer Änderung der Rechtslage oder der Judikatur*" entstehenden Hindernisse für die Ausübung der Befugnisse des Gesellschafterausschusses sollen dazu führen, dass [nur] die davon berührten Zuständigkeiten auf die Generalversammlung übergehen.

d) Generalversammlung

Zur Teilnahme an der Generalversammlung und zur Beschlussfassung sind nur die Gruppendelegierten sowie Gesellschafter zugelassen, die keiner Gruppe angehören (§ 13.1). Gesellschafter, die nicht Gruppendelegierte sind, dürfen nur an der Beschlussfassung über Beschlussgegenstände teilnehmen, die nicht von der Vertretung der Gruppendelegierten umfasst sind.[147] Beschlüsse der Generalversammlung werden mit einer Mehrheit von 75 % der abgegebenen Stimmen bei Anwesenheit oder Vertretung von mindestens 75 % des Stammkapitals gefasst, soweit das Gesetz oder der Gesellschaftsvertrag keine andere Mehrheit vorschreibt. Das gilt auch für Änderungen des Gesellschaftsvertrags und der Änderung des Unternehmensgegenstands. Die Beschlussfassung über den Jahres- und Langfristplan erfolgt mit einfacher Mehrheit (§ 15). Zu den Kompetenzen der Generalversammlung zählen neben den gesetzlich zugewiesenen Kompetenzen (§ 13.16 lit l; § 35 öGmbHG) unter anderem auch die Zustimmung zu Geschäftsführungsmaßnahmen außergewöhnlicher Bedeutung, etwa dem Abschluss von Verträgen mit dem

gende Gefahr besteht, dass die Betätigung zum offenbaren Schaden der Gesellschaft gereicht" (§ 16.3).

146 Vgl. dazu auch RIS-Justiz RS0121278, wonach zwingende gesetzliche Bestimmungen wie das Entsendungsrecht von Arbeitnehmervertretern (§ 110 ArbVG) auch auf freiwillig eingerichtete Aufsichtsräte und analog auch auf anders bezeichnete Gremien (zB „Verwaltungsrat") angewendet werden, wenn diesen Gremien die Kernkompetenzen eines Aufsichtsrats zugeordnet werden. Die Arbeitnehmermitbestimmung ist für die *Porsche Piëch Holding GmbH* aber insofern nicht relevant, weil die Gesellschaft keine Arbeitnehmer beschäftigt und auch über Unternehmensgruppenrelegungen keine Arbeitnehmer zuzurechnen sind (dazu auch Fn. 138).

147 Siehe V.1.

VW-Konzern oder Verträgen mit einem Transaktionswert von mehr als 7,5 Mio. EUR (§ 13.16 lit i).

e) Gesellschaftertag

„*Der Gesellschaftertag dient der Information der Gesellschafter über Angelegenheiten der Gesellschaft*" (§ 14.4) und hält regelmäßig zwei Sitzungen pro Kalenderjahr ab (§ 14.7). Der Teilnehmerkreis ist in § 14.1 präzise definiert, vereinfacht sind familienfremde Personen von der Teilnahme weitgehend ausgeschlossen.[148] Die Teilnahmeberechtigten sind über Gegenstand und Inhalt des Gesellschaftertages zu strengem Stillschweigen verpflichtet, dieses Stillschweigen ist auch schriftlich gegenüber der Gesellschaft zu erklären (§ 14.9). Der Bruch der Stillschweigensverpflichtung oder die Verweigerung der Unterfertigung der Verpflichtungserklärung zum Stillschweigen kann vom Gesellschafterausschuss mit dem Ausschluss von einzelnen weiteren Sitzungen oder auf Dauer sanktioniert werden. Formale Beschluss- und Entscheidungskompetenzen kommen dem Gesellschaftertag nach den Bestimmungen des Gesellschaftsvertrags allerdings nicht zu.

3. Schutz vor unmittelbarer und mittelbarer Beteiligung familienfremder Gesellschafter

a) Aufgriffsrechte bei Kündigung eines Gesellschafters

Jeder Gesellschafter kann die Gesellschaft unter Einhaltung einer Kündigungsfrist von einem Jahr zum Schluss eines Geschäftsjahres kündigen (§ 5.1). Den übrigen Gesellschaftern kommt dann ein Aufgriffsrecht zu, sie können innerhalb von drei Monaten ab Kündigungserklärung schriftlich die gänzliche oder teilweise Übertragung des Geschäftsanteils des kündigenden Gesellschafters verlangen (§ 5.3.1). Im ersten Schritt hat jeder Gesellschafter Anspruch auf den Anteil, der dem Verhältnis seines Geschäftsanteiles zu den Geschäftsanteilen der übrigen Gesellschafter entspricht, unabhängig von der tatsächlichen Ausübung des Aufgriffsrechts anderer Gesellschafter. Wird der Geschäftsanteil des kündigenden Gesellschafters dadurch nicht oder nur zum Teil aufgegriffen, können die verbleibenden Gesellschafter nochmals ihre Aufgriffsabsicht erklären. Der einzelne Gesellschafter, der die Ausübung des Aufgriffsrechts erklärt, bekommt dann einen

---

148 Vgl. dazu ausführlich § 14.1.

Anteil am noch verbleibenden Geschäftsanteil des ausscheidenden Gesellschafters, der seinem Geschäftsanteil im Verhältnis zu den Geschäftsanteilen der übrigen Gesellschafter entspricht, die ihr Aufgriffsrecht ausgeübt haben (§ 5.3.2). Die Parität der von den beiden Familienstämmen *Porsche* und *Piëch* gehaltenen Beteiligungen wird durch die Regelungen zum Aufgriffsrecht nicht sichergestellt bzw berücksichtigt. Zur Auflösung der Gesellschaft kommt es nach der Kündigung nur, wenn der Geschäftsanteil des kündigenden Gesellschafters nicht durch das Aufgriffsrecht der Mitgesellschafter verteilt wird (§ 5.3.6.).

Der Abtretungspreis bestimmt sich nach § 7. Der zur Abtretung verpflichtete Gesellschafter und die Gesellschaft bestimmen je einen Sachverständigen. Die Sachverständigen ermitteln den Abtretungspreis unter Zugrundelegung des gemeinen Wertes des Unternehmens, wobei Ertragsaussichten und die Belastung von Geschäftsanteilen durch dingliche Rechte wie Fruchtgenussrechte berücksichtigt werden. Können sich die Sachverständigen innerhalb von zehn Monaten ab dem Ausscheidungsstichtag nicht auf einen Abtretungspreis einigen, bestellen die beiden Sachverständigen (oder subsidiär der Präsident der Rechtsanwaltskammer Wien) einen Wirtschaftsprüfer bzw eine Wirtschaftsprüfungsgesellschaft als Schiedsgutachter (§ 7.1). Bestimmungen hinsichtlich des maßgeblichen Bilanzstichtags sowie hinsichtlich der Berücksichtigung von schwebenden Geschäften finden sich in §§ 7.2 ff des Gesellschaftsvertrags. Der Abtretungspreis ist vom Ausscheidungsstichtag mit dem Basiszinssatz[149] zu verzinsen und fünf gleichen Jahresraten zu bezahlen (§ 7.6, § 7.7).

b) Aufgriffsrechte aus anderen Gründen

Ein Aufgriffsrecht kommt den Mitgesellschaftern auch dann zu, wenn über das Vermögen eines Gesellschafters ein Insolvenzverfahren eröffnet wird (§ 5.4.2.) oder wenn in seinen Geschäftsanteil Exekution geführt wird (§ 5.4.3.). Außerdem regelt § 5.4.4. die Möglichkeit einer Ausschlussklage, die an die Voraussetzungen für die gerichtliche Kündigung des Personengesellschaftsrechts (§ 133 UGB[150]) anknüpft. Das Vorliegen der dafür nötigen Voraussetzungen wird vom Schiedsgericht (§ 25) auf Antrag von Gesellschaftern festgestellt, die insgesamt mindestens 75 % des Stammkapitals auf sich vereinigen, wobei die Stimmen des betroffenen Gesellschafters nicht mitgezählt werden. Die Ermittlung des Abtre-

149 Sollte kein Basiszinssatz mehr veröffentlicht werden, ist ein Zinssatz von 2,5 % maßgeblich (§ 7.6).

150 Im Gesellschaftsvertrag wird noch auf die entsprechende Regelung des § 133 öHGB vor dem HaRÄG 2005 verwiesen.

tungspreises richtet sich auch in den Fällen der §§ 5.3.2, 5.4.2. und 5.4.4. nach § 7, wobei dann ein Abschlag von 20 % des ermittelten Abtretungspreises zur Anwendung kommt (§ 7.5).

c) Übertragung von Geschäftsanteilen

Zu Lebzeiten ist die Übertragung des Geschäftsanteils eines Gesellschafters nur auf Familienmitglieder[151] sowie Privatstiftungen und Beteiligungsgesellschaften von Familienmitgliedern möglich (§ 6.1)[152]. Erfolgt die Übertragung des Gesellschaftsanteils dennoch an eine Person, die die Voraussetzungen des § 6.1 nicht erfüllt, kommt den Mitgesellschaftern ein Vorkaufs-/Aufgriffsrecht zu (§ 6.7). Die Generalversammlung kann das Vorkaufsrecht anstelle der vorkaufsberechtigten Gesellschafter auch Dritten zuweisen (§ 6.7.3.). Der Kaufpreis bei Ausübung des Vorkaufsrechts entspricht dem in dem verbindlichen Kaufangebot genannten Kaufpreis (§ 6.10.).[153] Kurzfristige Änderung der Bestimmungen zur Übertragung von Geschäftsanteilen, die innerhalb von sechs Monaten nach der Beschlussfassung in Kraft treten sollen, erfordern die Stimmen sämtlicher Gesellschafter.[154]

d) Vererbung von Geschäftsanteilen

Auch am Erb- und Vermächtnisweg ist die Übertragung des Gesellschaftsanteils nur auf Familienmitglieder[155] sowie Privatstiftungen und Beteiligungsgesellschaften von Familienmitgliedern möglich (§ 19.2)[156]. Wird der Geschäftsanteil an einen Nichtberechtigten vererbt, kommt den Mitgesellschaftern ein Aufgriffsrecht zu, sofern nicht durch Generalversammlungsbeschluss eine Ausnahme zugelassen wird oder die Erben den betreffenden Geschäftsanteil innerhalb von 24 Monaten auf einen Nachfolgeberechtigten zu mit diesem vereinbarten Bedingungen

151 Das sind Abkömmlinge von Ferdinand Porsche senior sowie von Marlene Porsche (§ 6.1 lit a und b).

152 Zu den Bestimmungen zu Privatstiftungen und Beteiligungsgesellschaften vgl. unten V.2.e).

153 Eine Überprüfung durch Sachverständige ist gem § 6.10.1. möglich.

154 Änderungen, die später als 6 Monate nach Beschlussfassung in Kraft treten, können mit vertragsändernder Mehrheit beschlossen werden; Änderungen der Mehrheitserfordernisse erfordern die Zustimmung von 90 % des Stammkapitals (§ 6.8).

155 Das sind Abkömmlinge von Ferdinand Porsche senior sowie von Marlene Porsche (§ 6.1 lit a und b).

156 Zu den Bestimmungen zu Privatstiftungen und Beteiligungsgesellschaften vgl. unten V.3.e).

übertragen (§ 19.3). Bis zur Übertragung an einen Berechtigten ruhen die Rechte aus dem Geschäftsanteil des verstorbenen Gesellschafters (§ 19.4).

e) Schutz vor mittelbarer Beteiligung durch Regelungen für Privatstiftungen und Beteiligungsgesellschaften

Die Geschäftsanteile an der *Porsche Piëch Holding GmbH* werden oft nicht direkt von natürlichen Personen, sondern indirekt über Privatstiftungen[157] gehalten. Um die Wirksamkeit der oben beschriebenen Regelungen auch bei mittelbaren Beteiligungen sicherzustellen, sieht der Gesellschaftsvertrag auch umfangreiche Regelungen für beteiligte Gesellschaften und Privatstiftungen vor, deren Nichteinhaltung mit dem Ruhen der Gesellschafterrechte aber auch mit der Begründung eines Aufgriffsrechts am jeweiligen Gesellschaftsanteil sanktioniert wird (§ 5.5.4). Die Regelungen sind insgesamt sehr komplex und in unterschiedlichen Abschnitten des Gesellschaftsvertrags geregelt. Das liegt unter anderem daran, dass einige Regelungen erst nachträglich eingefügt und an bereits bestehende Privatstiftungen angepasst werden mussten.[158]

Durch diese umfangreichen Regelungen wird insbesondere sichergestellt, dass familienfremde Personen nicht mittelbar eine Beteiligung an der *Porsche Piëch Holding GmbH* erhalten können. So dürfen an einer Beteiligungs-GmbH sowie an einer Beteiligungs-Holding-GmbH ausschließlich Personen, die auch Gesellschafter der *Porsche Piëch Holding GmbH* sein dürfen (§ 6.1 lit a), oder Privatstiftungen der Familienstämme beteiligt sein.[159] Die Beteiligungsgesellschaft muss darüber hinaus eine nach deutschem oder österreichischem Recht errichtete GmbH mit Sitz in Deutschland oder Österreich sein (§ 6.1f b), auch für den satzungsmäßigen und tatsächlich ausgeübten Gegenstand des Unternehmens sieht der Gesellschaftsvertrag genaue Vorgaben vor (§ 6.1f d). Außerdem muss die Übertragung der Anteile an den Beteiligungsgesellschaften der Zustimmung der jeweiligen Generalversammlung unterliegen, selbst für die Übertragung am Weg der Gesamtrechtsfolge bestehen Vorgaben (§ 6.1f lit f). Ausschließlich den Gesellschaftern der Gesellschaften muss auch die Kompetenz zur Bestellung und Abberufung der Geschäftsführer zukommen (§ 6.1f lit g). Geschäftsführer müssen bis

157 Das sind derzeit die *Ferdinand Karl Beta Privatstiftung*, die *FLOTTE Privatstiftung* sowie die *KR Louise Piëch Privatstiftung*.

158 Vgl. dazu insbesondere § 16a und dort die Bestimmungen zur *MAHAVATO Privatstiftung* (Stiftungsurkunde in der Fassung vom 28.5.1996), die Frau *Marlene Porsche* zugeordnet war, aber heute nicht mehr an der *Porsche Piëch Holding GmbH* beteiligt ist.

159 Dazu ausführlich § 6.1.f. a).

auf wenige Ausnahmen ebenfalls der Familie angehören (§ 6.1 f lit h). Privatstiftungen müssen nach dem österreichischen Privatstiftungsgesetz errichtet sein und ihren Sitz in Österreich haben (§ 6.1a lit a). Familienfremde Personen sind als Begünstigte und Letztbegünstigte sowie als Stifter weitgehend ausgeschlossen (§ 6.1a lit b und d) und Zuwendungen der Privatstiftung zu gemeinnützigen Zwecken sind nur zulässig, soweit dadurch der Charakter als Privatstiftung eines Familienstammes nicht geändert wird (§ 6.1a lit c). Entsprechende Regelungen sieht der Gesellschaftsvertrag auch für Beteiligungs-Kommanditgesellschaften vor (§ 6.1e).

Neben der Verhinderung des Eintritts nicht berechtigter Gesellschafter ist auch die Zuordnung der jeweiligen Beteiligungsgesellschaften und Privatstiftung zu den Gesellschaftergruppen[160] der *Porsche Piëch Holding GmbH* geregelt. Dabei sind insbesondere Privatstiftungen problematisch, die über verschiedene Gesellschaftergruppen übergreifend errichtet werden, weil das Auswirkungen auf die Stimmrechtsausübung in der Generalversammlung über Gruppendelegierte hat.[161] Privatstiftungen mehrerer Familienstämme sind daher nur eingeschränkt zulässig (§ 6.1.b), das zulässige Beteiligungsausmaß über direkt oder indirekt gehaltene Stammeinlagen ist mit 20 % beschränkt (§ 6.1b lit c).

4. Verpflichtender Schiedsgerichtsvertrag

§ 22 des Gesellschaftsvertrags verpflichtet alle Gesellschafter, sich der am 25. Mai 1999 abgeschlossenen Schiedsvereinbarung[162] zu unterwerfen. Das Schiedsgericht entscheidet unter Ausschluss des ordentlichen Rechtswegs über alle Streitigkeiten aus oder im Zusammenhang mit dem Gesellschaftsvertrag während oder nach Ablauf des Gesellschaftsverhältnisses einschließlich Auslegungsfragen des Gesellschaftsvertrags.[163] Das im Einzelfall zusammentretende Schiedsgericht mit Sitz in Salzburg besteht aus drei Schiedsrichtern (§§ 2, 4 des Schiedsgerichtsvertrages). Die klagende sowie die beklagte Partei können je einen Schiedsrichter ernennen, die ernannten Schiedsrichter bestellen dann einvernehmlich einen

160 Siehe V.1.

161 Siehe V.2.d).

162 Der Schiedsgerichtsvertrag vom 25. Mai 1999 ist als Beilage 1 zum Gesellschaftsvertrag (Fn. 114) in der Urkundensammlung des Firmenbuchgerichts Salzburg veröffentlicht.

163 Vgl. § 22 des Gesellschaftsvertrags; dem Schiedsgerichtsvertrag sind neben dem Gesellschaftsvertrag der *Porsche Piëch Holding GmbH* auch andere Vereinbarungen zwischen den Vertragsparteien unterworfen, der Anwendungsbereich ist im Schiedsgerichtsvertrag geregelt.

Vorsitzenden. Subsidiär kann dem Präsidenten der Rechtsanwaltskammer für Salzburg und dem Präsidium des Internationalen Schiedsgerichts der Wirtschaftskammer Österreich die Kompetenz zur Ernennung einzelner Schiedsrichter bzw. des Vorsitzenden zukommen (§ 2 des Schiedsgerichtsvertrags). Sowohl für materiell-rechtliche Fragen aus dem Gesellschaftsvertrag als auch auf den Schiedsgerichtsvertrag ist österreichisches Recht anzuwenden (§ 7 des Schiedsgerichtsvertrags). Den Schiedsrichtern ist hinsichtlich des Verfahrensablaufs einschließlich der Bestellung von Sachverständigen sowie der Festsetzung der Verfahrenskosten ein weiter Ermessensspielraum eingeräumt (§ 5 des Schiedsgerichtsvertrags).

VI. Stiftungsurkunde der *Ferdinand Karl Beta Privatstiftung* – das Vermächtnis von *Ferdinand Piëch*

Kein anderes Familienmitglied hat die jüngere Geschichte des Unternehmens so stark geprägt wie *Ferdinand Piëch* (1937-2019). Nachdem *Piëch* 1972 seine Funktion als Technischer Geschäftsführer bei Porsche zurücklegen musste,[164] war er nach einigen Jahren im Management von *Audi* zunächst als Vorsitzender des Vorstands (1993-2002) und später als Vorsitzender des Aufsichtsrats (2002-2015) von Volkswagen tätig.[165] Um „*[...] den Einfluss der Familie Dr. h. c. Ferdinand Karl Piëch auf [...]*" seine Unternehmensbeteiligungen „*[...] durch einheitliche Ausübung der Rechte [...] zu sichern [...] und das Familienvermögen zur Versorgung und Unterstützung der Begünstigten aus dem Kreis der Familie Dr. h. c. Ferdinand Karl Piëch zu erhalten und zu mehren*",[166] errichtete *Piëch* 2007 die *Ferdinand Karl Alpha Privatstiftung* sowie die *Ferdinand Karl Beta Privatstiftung*. In die *Ferdinand Karl Alpha Privatstiftung* wurden die von *Piëch* mittelbar gehaltenen Beteiligun-

164 Zur Umgründung in eine Aktiengesellschaft sowie zum Rückzug aller Familienmitglieder aus dem operativen Management (1972) ausführlich oben IV.1.

165 Vgl. zum Lebensweg von Ferdinand Piech *Fürweger*, (Fn. 13) sowie *Piech*, Auto.Biographie, 2004.

166 Teil der Präambel der Stiftungsurkunde der Ferdinand Karl Beta Privatstiftung idF der Änderungserklärung vom 16.10.2017, Urkundensammlung des FBG Salzburg, FN 297513 w, Geschäftsfall 24 Fr 6980/18 z.

gen an der deutschen *Porsche Automobil Holding SE* eingebracht,[167] die *Ferdinand Karl Beta Privatstiftung* war für die Beteiligungen an den österreichischen Porsche-Gesellschaften[168] vorgesehen. Nachdem sich die Beteiligungsstruktur der Familienmitglieder am integrierten Automobilkonzern seit Errichtung der Privatstiftungen grundlegend geändert hat, kommt der *Ferdinand Karl Beta Privatstiftung* durch ihre 10 %ige Beteiligung an der *Porsche Piëch Holding GmbH*[169] ein nicht unerheblicher Einfluss in der Familienholding zu.[170] Die fast wortgleichen Stiftungsurkunden der beiden nach dem österreichischen Privatstiftungsgesetz (PSG) errichteten Privatstiftungen mit Sitz in Salzburg umfassen jeweils 37 Seiten. Stifter sind neben *Ferdinand Piëch* und seiner letzten Ehefrau *Ursula Piëch* jeweils eine österreichische GmbH, eine englische Limited und eine Anstalt nach liechtensteinischem Recht.[171]

1. Stiftungszweck und Begünstigte

„*Der Zweck der Privatstiftung ist die Versorgung und Unterstützung der Begünstigten durch Geld-, Sach- und sonstige Leistungen sowie die Verwaltung des Familienvermögens, das der Privatstiftung zugewendet und aus den Vermögenszuwendungen der Stifter und den Erträgen der Privatstiftung angeschafft wird*" (Artikel 3.1.). Zur Verwirklichung des Stiftungszwecks ist die Privatstiftung trotz Beschränkung auf bestimmte Tätigkeiten (Artikel 3.3.) zum Abschluss von Rechtsgeschäften jeglicher Art berechtigt, wobei die Veräußerung bestimmter Beteiligungen zur Erreichung des Stiftungszwecks bereits in der Stiftungsurkunde vorgesehen ist (Artikel 3.2.). Begünstigte können neben *Ferdinand Piëch* nur dessen „*eheliche und uneheliche Abkömmlinge*", von solchen Abkömmlingen vor Vollendung des

---

167 Präambel der Stiftungsurkunde der *Ferdinand Karl Alpha Privatstiftung* idF der Änderungserklärung vom 16.10.2017, Urkundensammlung des FBG Salzburg, FN 297512 v, Geschäftsfall 24 Fr 6821/17 g.

168 Das waren die *Porsche Holding Gesellschaft m.b.H.* und die *Porsche Gesellschaft m.b.H.* mit Sitz in Salzburg.

169 Zum Gesellschaftsvertrag oben V.

170 Die *Ferdinand Karl Alpha Privatstiftung* ist Mehrheitsgesellschafter der Dipl.Ing. Dr.h.c. *Ferdinand K. Piech GmbH*, FN 202342m, deren Unternehmensgegenstand der Erwerb, die Inhaberschaft und die Verwaltung von Beteiligungen an der *Porsche Gesellschaft mit beschränkter Haftung* (Stuttgart, HRB 2072 des Amtsgerichts Stuttgart) und der *Porsche Automobil Holding SE* ist (vgl. dazu Punkt 2.1.1. des Gesellschaftsvertrags der Dipl.Ing. Dr.h.c. *Ferdinand K. Piech GmbH* vom 27.7.2016, Urkundensammlung des FBG zu FN 202342m, Geschäftsfall 569 24 Fr 3395/16i).

171 Bei der *Ferdinand Karl Beta Privatstiftung* sind das die *Ferdinand Karl Beta Stifter GmbH*, die *Ferdinand Karl Beta Limited* und die *Ferdinand Karl Beta Anstalt*.

16. Lebensjahres adoptierte Personen und Gesellschaften sein, die den Vorschriften der Gesellschaftsverträge der Familiengesellschaften entsprechen müssen, an denen die Privatstiftung beteiligt ist (Artikel 6.1.1.).[172] Als Begünstigte kommen auch Ehegatten von *Ferdinand Piëch* oder dessen Nachkommen in Betracht. Die Stiftungsurkunde sieht aber vor, dass *Ursula Piëch*, die Ehefrau von *Ferdinand Piëch*, ihre Rechte als Stifterin und ihre Begünstigtenstellung verliert, wenn die Ehe aus einem anderen Grund als durch Ableben von *Ferdinand Piëch* endet oder wenn sie nach dem Ableben von *Ferdinand Piëch* erneut heiratet. Diese Regelung gilt sinngemäß auch für Ehegatten der Abkömmlinge von *Ferdinand Piëch* (Artikel 6.1.3.[173]). Die Rechte der Begünstigten sind wie auch die Zuwendungen an Begünstigte nicht in der Stiftungsurkunde, sondern in der öffentlich nicht zugänglichen Stiftungszusatzurkunde geregelt (Artikel 6.3.).

2. Schrittweise Übergabe des Zepters an die Nachkommen

Die Stiftungsurkunde sieht zunächst einen weitreichenden Einfluss *Ferdinand Piëchs* vor.[174] Zu seinen Lebzeiten erfolgt die Feststellung bzw Bestimmung von Begünstigten und Letztbegünstigten ausschließlich durch ihn (Artikel 6.2.2.).[175] Außerdem bestellt *Ferdinand Piëch* die Mitglieder des Stiftungsvorstands, selbst wenn er selbst Mitglied des Stiftungsvorstands ist (Artikel 9.2.2.). Auch die Abberufung der Mitglieder des Stiftungsvorstands aus wichtigem Grund erfolgt zunächst durch *Ferdinand Piëch* (Artikel 9.3.2.). Gemäß Art 11.1.1. gehört *Ferdinand Piëch* dem ersten Stiftungsbeirat an und bestellt auch die weiteren Mitglieder des ersten Stif-

---

172 Vgl. dazu etwa die strengen Vorgaben des Gesellschaftsvertrags der *Porsche Piech Holding GmbH* (V.3.e)).

173 „*Bei Einleitung eines Verfahrens auf Scheidung, Nichtigerklärung oder Auflösung aus sonstigem Grund der Ehe zwischen Dr. h. c. Ferdinand Karl Piech und Ursula Piech sowie bei Beendigung der Ehe auf andere Weise als durch Ableben von Dr. h. c. Ferdinand Karl Piech, ferner bei Wiederverheiratung von Ursula Piech nach dem Ableben von Dr. h. c. Ferdinand Karl Piech, erlöschen die Rechte aus der Stellung von Ursula Piech als Stifterin und ihre Anwartschaft auf Begünstigtenstellung sowie, falls eine Feststellung oder Bestimmung als Begünstigte (Artikel 6.2.1.) bereits erfolgt ist, ihre Stellung als Begünstigte, ferner eine allfällige Stellung als Mitglied des Stiftungsbeirates und alle mit diesen Positionen aufgrund der Stiftungsurkunde oder dem Privatstiftungsgesetz in der jeweils geltenden Fassung („PSG") verbundenen Rechte und Pflichten. Die vorstehende Regelung gilt sinngemäß für andere Ehegatten(innen) im Sinne von Artikel 6.1.1.d.*".

174 Vgl. zum hohen Maß an Gestaltungsfreiheit und zu den Eingriffsmöglichkeiten des Stifters in der österreichischen Privatstiftung *Kalss*, in: Nowotny/Kalss/Schauer, Gesellschaftsrecht, 2. Aufl. 2017, Rn. 7/3 und Rn. 7/27 ff.

175 Die Bestellung von Ferdinand Piech als Begünstigter erfolgt ausschließlich durch den Stiftungsvorstand.

tungsbeirats (Art 11.2.1.). Ihm kommt auch das Recht zur jederzeitigen Abberufung der Mitglieder des Stiftungsbeirats ohne Angabe von Gründen zu (Artikel 11.3.2.). Die Beschlussfähigkeit des Stiftungsbeirats setzt die Anwesenheit *Ferdinand Piëchs* voraus, solange dieser dem Stiftungsbeirat angehört (Artikel 8.3.8.). Anders als seine noch nicht zu Vollbegünstigten bestellten Abkömmlinge hat Ferdinand Piëch *„Anspruch auf Auskunft über alle Angelegenheiten der Privatstiftung sowie auf Einsicht in die Bücher und Unterlagen der Privatstiftung*" (Artikel 10.3.3.).[176] Außerdem kann *Ferdinand Piëch* die Stiftungsurkunde allein ändern (Artikel 20.1.1.), und zwar in allen Bestimmungen, einschließlich der Beseitigung oder Änderung des Widerrufs- und Änderungsrechts anderer Stifter (Artikel 20.2.1.).

Für die Zeit nach dem Tod *Ferdinand Piëchs* sieht die Stiftungsurkunde zunächst eine zentrale Rolle von *Ursula Piëch* vor. Gemäß Artikel 11.1.1. wird sie Mitglied des Stiftungsbeirats und ist berechtigt, die weiteren Mitglieder zu bestellen (Artikel 11.2.2.) und jederzeit ohne Angabe von Gründen abzuberufen (Artikel 11.3.2.). Die Beschlussfähigkeit des Stiftungsbeirats setzt die Anwesenheit von *Ursula Piëch* sowie eines weiteren Mitglieds voraus, solange sie dem Stiftungsbeirat angehört (Artikel 8.3.8.b.). Somit beeinflusst sie auch die Zusammensetzung des Stiftungsvorstands, dessen Mitglieder nach dem Ableben von *Ferdinand Piëch* vom Stiftungsbeirat gewählt werden (Artikel 9.2.3.) und für die Feststellung bzw Bestimmung der Begünstigten und Letztbegünstigten zuständig sind (Artikel 6.2.3.). *Ursula Piëch* kommt auch das Widerrufsrecht der Privatstiftung zu (Artikel 18.4.).[177] Auch das Recht zur Änderung der Stiftungsurkunde kommt ihr nach Artikel 20.1.2. alleine zu, wobei sie anders als *Ferdinand Piëch* den inhaltlichen Beschränkungen des Artikel 20.2.2. unterliegt. All diese Rechte verliert *Ursula Piëch* aber, wenn sie nach dem Tod *Ferdinand Piëchs* erneut heiratet (vgl. nur Artikel 6.1.3., 11.2.2., 11.3.4.).

Erst nach dem Tod *Ursula Piëchs* oder im Falle ihrer erneuten Heirat geht der Einfluss, insbesondere die Kompetenz zur Bestellung der Beiratsmitglieder, auf die Nachkommen über (11.2.3.). Für die Machtverteilung zwischen seinen insgesamt dreizehn Kindern aus vier unterschiedlichen Beziehungen sieht *Ferdinand Piëch* in der Stiftungsurkunde durch die Definition von insgesamt vier *„Begünstigtengruppen*" klare Regelungen vor (Art 11.2.3.a). Die fünf Kinder aus seiner ersten Ehe mit *Corina Piëch* und die drei Kinder aus seiner zweiten Ehe mit *Ursula Piëch* bilden je-

176 Ansonsten hat der Stiftungsvorstand *„über alle Angelegenheiten der Privatstiftung Stillschweigen zu bewahren und angemessene Vorkehrungen zur Geheimhaltung zu treffen*" (Art 10.3.1). *„Der Stiftungsvorstand ist insbesondere nicht berechtigt, Abkömmlingen von Dr. h. c. Ferdinand Karl Piech, die noch nicht zu Vollbegünstigten bestellt sind, Auskünfte zu erteilen oder Einsicht zu gewähren*" (Artikel 10.3.2.).

177 Voraussetzung für die Wirksamkeit der Widerrufs ist aber die Zustimmung der *Ferdinand Karl Beta Stifter GmbH*. Ein Verzicht auf das Widerrufsrecht ist möglich (Artikel 18.4.).

weils eine Begünstigtengruppe, die zur Bestellung von je zwei Beiratsmitgliedern berechtigt sind. Die drei Kinder aus seiner Beziehung mit *Marlene Porsche* sowie die zwei weiteren Kinder aus seiner Beziehung mit *Herma Hutter* bilden jeweils weitere Gesellschaftergruppen, welchen (nur) das Recht zur Wahl je eines Beiratsmitglieds zukommt. Als Beiratsmitglieder wählbar sind nur Mitglieder der jeweiligen Begünstigtengruppe oder (mit Zustimmung der anderen Beiratsmitglieder) andere Abkömmlinge von *Frau Louise Piëch* sowie deren Ehegatten (Artikel 11.2.3. b) bis d)).[178] Die Mitglieder einer Begünstigtengruppe bilden die *Versammlung der Begünstigtengruppe*, alle Begünstigten gemeinsam die *Begünstigtenversammlung* (Artikel 13). Beide Versammlungen sind aber keine Organe der Privatstiftung (Artikel 7.2.). Die Veräußerung der Beteiligung an wichtigen Beteiligungsgesellschaften (Artikel 3.3.a) oder die Zustimmung der Privatstiftung zur Änderung der Gesellschaftsverträge dieser Gesellschaften bedarf der Zustimmung einer Mehrheit von 75 % bzw 80 % in der *Begünstigtenversammlung*, bemessen nach den in der Stiftungszusatzurkunde festgelegten Begünstigtenanteilen (Art 10.2.4.).

3. Inhaltliche Verzahnung mit dem Gesellschaftsvertrag der *Porsche Piëch Holding GmbH*

Als Gesellschafter der *Porsche Piëch Holding GmbH* unterliegt die *Ferdinand Karl Beta Privatstiftung* strengen Vorgaben des Gesellschaftsvertrags der *Piëch Holding GmbH*, die die Verhinderung des Einflusses familienfremder Personen über mittelbare Beteiligungen zum Zweck haben. Daher trifft die Stiftungsurkunde der *Ferdinand Karl Beta Privatstiftung* in Anlehnung an diese Vorgaben Regelungen, um die Auslösung eines Aufgriffsrechts der Mitgesellschafter in der *Porsche Piëch Holding GmbH* am Geschäftsanteil der *Ferdinand Karl Beta Privatstiftung* zu vermeiden.[179] So sieht Artikel 3.5. der Stiftungsurkunde vor, dass „*die Privatstiftung im Sinne des § 3.5.2. des Gesellschaftsvertrags der Porsche Piëch Holding GmbH dem Familienstamm Dr. h. c. Ferdinand Karl Piëch zuzurechnen*" und keine stammesübergreifende Gesellschaft im Sinne des vorgenannten Gesellschaftsvertrags ist.[180] Außerdem muss der Stiftungsvorstand den Gesellschafterausschuss der *Porsche Piëch Holding GmbH* über Änderungen der Stiftungserklärung, über Ver-

178 Dazu genauer, insbesondere zur Zulässigkeit von Ehegatten und zur Maßgeblichkeit der Verwirklichung von Ausschlussgründen hinsichtlich der Begünstigtenstellung nach den Vorschriften der Stiftungszusatzurkunde, Artikel 11.2.3.d) und 11.2.4.

179 Dazu oben V.3.e).

180 Zu den Gesellschaftergruppen im Gesellschaftsvertrag der *Porsche Piech Holding GmbH* oben V.1.

änderungen der Besetzung von Stiftungsvorstand, Stiftungsbeirat und anderen Organen bzw. ähnlichen Einrichtungen und auch über die Feststellung von Begünstigten und Letztbegünstigten informieren (Artikel 10.2.12.). Auch die Zulässigkeit von Ehegatten als Beiratsmitglieder knüpft an die Bestimmungen von § 3.12 des Gesellschaftsvertrags der *Porsche Piëch Holding GmbH* an (Artikel 11.2.3.d). Darüber hinaus sind die Wettbewerbsverpflichtungen der Gesellschafter der *Porsche Piëch Holding GmbH* gemäß dem Gesellschaftsvertrag dieser Gesellschaft auf Abkömmlinge von *Ferdinand Piëch* anwendbar, sofern diese Begünstigte, Letztbegünstigte oder Mitglieder des Stiftungsvorstands, Stiftungsbeirats oder ähnlicher Organe sind (Artikel 21.1.).

VII. Fazit

Aus der Auseinandersetzung mit der gesellschaftsrechtlichen Entwicklung der Unternehmensgeschichte von *Porsche* und *Volkswagen* können zwei wesentliche Erkenntnisse gewonnen werden. Zunächst wird deutlich, dass wichtige gesellschaftsrechtliche Schritte in der Unternehmensgeschichte nicht immer optimiert und geplant wurden, sondern oft sehr stark von äußerlichen Faktoren bestimmt waren. Beispiele dafür sind etwa die Gründung der Gesellschaft wegen der für *Ferdinand Porsche* unattraktiven Arbeitsmarktsituation, der rasante Aufstieg im Windschatten der im Nationalsozialismus gegründeten Volkswagenwerke, die Spaltung der Gesellschaft wegen der kriegsbedingt notwendigen Vermögensverlagerung nach Österreich und der Vermögenssperren durch die Alliierten, die Umgründung in eine Aktiengesellschaft wegen eines Nachfolgekonflikts und schließlich auch die Schaffung des „integrierten Automobilkonzerns" von *Volkswagen* und *Porsche* als Folge des gescheiterten Übernahmeversuchs. Darauf aufbauend kann aber als zweite Erkenntnis abgeleitet werden, dass die Erben von *Ferdinand Porsche* offenbar aus der Geschichte gelernt haben und die Entscheidungshoheit über die Zukunft des Unternehmens keineswegs dem Zufall überlassen möchten, sondern mit einem äußerst komplexen Gesellschaftsvertrag für eine Familien-Holding Vorsorge getroffen haben. Das verdeutlicht neben dem Gesellschaftsvertrag der *Porsche Piëch Holding GmbH*, in dem durch ein mehr als 100-seitiges Regelwerk für alle Eventualitäten vorgesorgt zu sein scheint, auch die Stiftungsurkunde der *Ferdinand Karl Beta Privatstiftung*.

Anhang – Gesellschaftsvertrag der *Porsche Piech Holding GmbH* (Auszug)[181]

§ 3

Stammkapital und Stammeinlagen, Gesellschaftergruppe, Vertretung durch Gruppendelegierte

...

3.5

3.5.1 Herr Prof. Ferdinand Alexander Porsche, Frau Louise Daxer-Piëch, Herr Dipl. Ing. Dr. h.c. Ferdinand Piëch, Herr Gerhard Porsche, Herr Ing. Hans-Peter Porsche, Herr Dr. Hans Michel Piëch, Herr Dr. Wolfgang Porsche, Frau Marlene Porsche, Herr Ing. Ernst Piëch und ihre jeweiligen Abkömmlinge bilden jeweils für sich einen Familienstamm und, soweit sie Gesellschafter sind, jeweils für sich eine Gesellschaftergruppe. Die Zugehörigkeit einer dieser Personen zu einer Gesellschaftergruppe ist unabhängig von der Herkunft und Erwerbsweise des Geschäftsanteiles, jedoch vorbehaltlich der Regelung nach 3.5.2 Abs 8 und nach 3.6.

3.5.2 Übt ein Gesellschafter, der nach 3.5.1 Mitglied einer Gesellschaftergruppe ist, das Recht, seinen Geschäftsanteil ganz oder teilweise nach 6.1 lit. c) oder 19.2 lit. c) auf eine Privatstiftung eines Familienstammes nach 6.1a zu übertragen, aus, und erwirbt die Privatstiftung durch die Übernahme dieses Geschäftsanteiles erstmals die direkte Gesellschafterstellung, ohne bereits indirekt Gesellschafter zu sein (ist sie also nicht bereits direkter oder indirekter Gesellschafter) („direkter Ersterwerb“), gehört die Privatstiftung zu jener Gesellschaftergruppe und zu jenem Familienstamm, der/dem dieser Gesellschafter zugehört bzw., wenn er seinen Geschäftsanteil zur Gänze übertragen hat, zugehört hat. Dasselbe gilt, wenn mehrere Gesellschafter, die nach 3.5.1 Mitglied derselben Gesellschaftergruppe sind, diese Rechte gleichzeitig ausüben und für die Privatstiftung ein direkter Ersterwerb vorliegt.

Abs 1 gilt entsprechend, wenn eine Privatstiftung eines Familienstammes nach 6.1a, die nach Abs 1 einer Gesellschaftergruppe zugehört, das Recht nach 6.1 lit. c) ausübt und ihren Geschäftsanteil ganz oder teilweise (unter Einhaltung von 6.1a lit. d)) auf eine (andere) Privatstiftung eines Familienstammes nach 6.1a überträgt und für diese Privatstiftung ein direkter Ersterwerb vorliegt.

Übt ein Gesellschafter, der nach 3.5.3 und 3.5.5 keiner Gesellschaftergruppe zugehört, das Recht, seinen Geschäftsanteil ganz oder teilweise nach 6.1 lit. c) oder 19.2 lit. c) auf eine Privatstiftung eines Familienstammes nach 6.1a zu übertragen, aus, und liegt für die Privatstiftung ein direkter Ersterwerb vor, gehört die Privatstiftung zu jener Gesellschaftergruppe und zu jenem Familienstamm, deren Mitglieder und gegebenenfalls deren Ehegatten nach der Stiftungserklärung als Begünstigte und Letztbegünstigte festzustellen sind (6.1a lit. b)). Für die Zugehörigkeit zu einer Gesellschaftergruppe und einem Familienstamm ist es unschädlich, wenn (a) nach der Stiftungserklärung Mitglieder eines oder

181 Aufgrund der Länge des Gesellschaftsvertrags erfolgt hier nur ein Abdruck der Regelungen zu den Gesellschaftergruppen (§ 3.5.) und zum Gesellschaftertag (§ 14).

mehrerer anderer Familienstämme als Begünstigte oder Letztbegünstigte festgestellt werden können, sofern kein Mitglied dieses (dieser) Familienstammes (Familienstämme), keiner deren Ehegatten, und keine durch Gesellschafterbeschluss gestattete und diesem Familienstamm zugeordnete Gesellschaft, die (Mitglieder, Ehegatten und Gesellschaften) nach der Stiftungserklärung als Begünstigte und Letztbegünstigte feststellbar sind, mehr als Begünstigter oder Letztbegünstigter festgestellt werden kann, insbesondere weil diese verstorben sind oder eine Feststellung als Begünstigter nicht annehmen oder verzichten („Wegfall“, „Wegfallen“ des Familienstammes), und, gegebenenfalls zusätzlich, (b) Gesellschaften Begünstigte oder Letztbegünstigte sind, sofern diese durch Gesellschafterbeschluss gestattet und diesem Familienstamm zugeordnet sind. Sind nach der Stiftungserklärung Begünstigte und Letztbegünstigte einer Privatstiftung eines Familienstammes nach 6.1a ausschließlich Gesellschaften, die durch Gesellschafterbeschluss gestattet sind, so ist die Zugehörigkeit der Privatstiftung zu einem Familienstamm für den Fall, dass ein direkter Ersterwerb nach diesem Absatz erfolgt, durch Gesellschafterbeschluss festzulegen. Ferner kann der Gesellschafterbeschluss Bedingungen für die Zulassung der jeweiligen Gesellschaft festlegen; sofern derartige Bedingungen nicht mehr eingehalten werden, ist die jeweilige Gesellschaft nicht länger zugelassen und daher nicht mehr als Begünstige und Letztbegünstigte gestattet.

Übernimmt eine Privatstiftung eines Familienstammes nach 6.1a einen Gesellschaftsanteil an einer Beteiligungsgesellschaft (wie in 6.1 letzter Absatz definiert) und erwirbt damit erstmals die indirekte Gesellschafterstellung, ohne bereits direkt Gesellschafter zu sein (ist sie also nicht bereits direkter oder indirekter Gesellschafter) („indirekter Ersterwerb“), so gelten hinsichtlich der Zugehörigkeit dieser Privatstiftung zu einem Familienstamm und – im Falle eines späteren oder gleichzeitigen Erwerbs von Geschäftsanteilen an der Gesellschaft – zu einer Gesellschaftergruppe die Regelungen dieses 3.5.2 Abs 1 (in Verbindung mit Abs 2) und Abs 3 sinngemäß. Dies gilt auch für den Fall, dass eine Privatstiftung eines Familienstammes nach 6.1a bereits an einer Gesellschaft mit beschränkter Haftung oder einer Kommanditgesellschaft beteiligt ist, bevor diese eine Beteiligungsgesellschaft nach den Regelungen dieses Gesellschaftsvertrags wird, und die Privatstiftung eines Familienstamms auf diesem Wege die indirekte Gesellschafterstellung erwirbt (sie also nicht bereits direkter oder indirekter Gesellschafter ist) (ebenfalls ein „indirekter Ersterwerb“).

Übernimmt eine Privatstiftung nach dem direkten oder indirekten Ersterwerb weitere Geschäftsanteile an der Gesellschaft oder einer Beteiligungsgesellschaft, ändert sich dadurch die durch den direkten oder indirekten Ersterwerb begründete Zugehörigkeit zu einer bestimmten Gesellschaftergruppe nicht. Die Zugehörigkeit einer Privatstiftung eines Familienstammes nach 6.1a zu einem Familienstamm und gegebenenfalls zu einer Gesellschaftergruppe ändert sich lediglich gemäß 6.1c.

Eine Beteiligungsgesellschaft gehört jenem Familienstamm – und soweit sie Gesellschafter ist, jener Gesellschaftergruppe – an, welchem (welcher) ihre (direkten oder indirekten) Gesellschafter zugehören. Für die Zugehörigkeit zu einer Gesellschaftergruppe und einem Familienstamm ist es unschädlich, wenn neben Gesellschaften, die einem Familienstamm zugehören, eine Privatstiftung mehrerer Familienstämme oder eine Beteiligungsgesellschaft, die keinem Familienstamm und keiner Gesellschaftergruppe angehört, (direkt oder indirekt) beteiligt ist. Sofern an einer Beteiligungsgesellschaft ausschließlich eine Privatstiftung mehrerer Familienstämme oder eine Beteiligungsgesellschaft, die keinem Familienstamm und keiner Gesellschaftergruppe angehört, direkt beteiligt ist, so gehört die Beteiligungsgesellschaft (und somit gemäß dem ersten Satz dieses 3.5.2 Abs 6 auch die von ihr direkt oder indirekt gehaltenen Beteiligungsgesellschaften, sofern an diesen nicht andere Gesellschafter beteiligt sind, die einem Familienstamm angehören) keinem Familienstamm und keiner Gesellschaftergruppe an und unterliegt daher keinen für Familienstämme und Gesellschaftergruppen als solche in dem Gesellschaftsvertrag getroffenen Regelungen. Klarstellend wird festgehalten, dass daher Beteiligungsgesellschaften, an denen nicht nur eine Privatstiftung mehrerer Familienstämme, sondern daneben auch Mitglieder eines Familienstamms oder Privatstiftungen eines Familienstamms beteiligt sind, dem jeweiligen Familienstamm zugehören.

Die Zugehörigkeit einer Beteiligungsgesellschaft zu einem Familienstamm und soweit sie Gesellschafter ist, einer Gesellschaftergruppe ändert sich im Falle eines direkten oder indirekten Gesellschafterwechsels an der jeweiligen Beteiligungsgesellschaft, wenn hierdurch die Zurechnung zu entweder einem anderen Familienstamm oder zu keinem Familienstamm nach vorstehendem Absatz zu erfolgen hat.

Erwerben Personen, die als Gesellschafter verschiedenen Gesellschaftergruppen zugehören bzw. zugehören würden, gemäß § 6 oder gemäß § 19 gemeinsam einen Geschäftsanteil an der Gesellschaft, haben sie entweder unverzüglich das Miteigentum am Geschäftsanteil an der Gesellschaft durch Aufteilung desselben aufzuheben oder sich unverzüglich, wenn möglich noch vor dem Erwerb dieses Geschäftsanteiles, hinsichtlich dieses Geschäftsanteiles für die gemeinsame Zugehörigkeit zu einer (einzigen) der Gesellschaftergruppen, denen sie zugehören bzw. zugehören würden, endgültig zu entscheiden. Sie haben dieses Wahlrecht und diese Wahlpflicht durch gemeinsame schriftliche Erklärung gegenüber der Gesellschaft, welcher dieser Gesellschaftergruppen sie bezüglich dieses Geschäftsanteiles alleine und endgültig zugehören wollen, auszuüben bzw. zu erfüllen. Bis zum Vorliegen dieser Erklärung oder zur Aufhebung des Miteigentums ruht das Stimmrecht aus diesem Geschäftsanteil. Wird das Miteigentum an diesem Geschäftsanteil ganz oder teilweise aufgehoben und Alleineigentum begründet, richtet sich für den Alleineigentümer die Zugehörigkeit zu einer Gesellschaftergruppe nach den übrigen Bestimmungen dieses 3.5.

Erwerben Personen, die verschiedenen Familienstämmen zugehören bzw. zugehören würden, gemeinsam einen Gesellschaftsanteil an einer Beteiligungsgesellschaft, haben sie unverzüglich durch geeignete Maßnahmen entweder (i) sicherzustellen, dass die Beteiligungsgesellschaft nach den Regelungen des 3.5.2 Abs 6 ausschließlich einem Familienstamm zugehört, oder (ii) sicherzustellen, dass die Beteiligungsgesellschaft nach den Regelungen des 3.5.2 Abs 6 keinem Familienstamm zugehört. Bis zur Sicherstellung der Maßnahmen nach (i) und (ii) ruht das Stimmrecht aus dem Geschäftsanteil, der von der jeweiligen Beteiligungsgesellschaft direkt oder indirekt gehalten wird.

3.5.3 Andere als die vorgenannten Personen, somit auch Privatstiftungen mehrerer Familienstämme nach 6.1b und Beteiligungsgesellschaften, an denen weder direkt noch indirekt Mitglieder eines Familienstamms oder eine Privatstiftung eines Familienstamms nach 6.1a, sondern außer Beteiligungsgesellschaften ausschließlich eine Privatstiftung mehrerer Familienstämme nach 6.1b beteiligt ist/sind, gehören keiner der genannten Familienstämme und Gesellschaftergruppen an und unterliegen daher keinen für Familienstämme und Gesellschaftergruppen als solche in dem Gesellschaftsvertrag getroffenen Regelungen.

3.5.4 Eine Gesellschaftergruppe besteht unabhängig vom Ausscheiden einzelner ihrer Mitglieder aus welchem Grund auch immer fort. Eine Gesellschaftergruppe fällt weg, wenn weder die in 3.5.1 namentlich genannte Person, noch einer ihrer Abkömmlinge, noch eine Privatstiftung eines Familienstammes nach 6.1a, die dieser Gesellschaftergruppe zugehört, noch eine Beteiligungsgesellschaft, die dieser Gesellschaftergruppe zugehört, mehr Gesellschafter ist. Die Gesellschaftergruppe lebt wieder auf, wenn zumindest die in 3.5.1 namentlich genannte Person, einer ihrer Abkömmlinge, oder eine Privatstiftung eines Familienstammes nach 6.1a, die dieser Gesellschaftergruppe zugehört, oder eine Beteiligungsgesellschaft, die dieser Gesellschaftergruppe zugehört, wieder Gesellschafter ist.

3.5.5 Üben mehrere Gesellschafter, die Mitglieder verschiedener Gesellschaftergruppen sind, das Recht, ihre Geschäftsanteile ganz oder teilweise nach 6.1 lit. d) oder 19.2 lit. d) auf eine Privatstiftung mehrerer Familienstämme nach 6.1b zu übertragen, gleichzeitig aus, und liegt für die Privatstiftung ein Ersterwerb vor, gehört die Privatstiftung keinem Familienstamm und keiner Gesellschaftergruppe an. Übernimmt die Privatstiftung nach dem Ersterwerb weitere Geschäftsanteile an der Gesellschaft oder Gesellschaftsanteile an einer Beteiligungsgesellschaft, wird auch dadurch die Zugehörigkeit zu einer bestimmten Gesellschaftergruppe nicht begründet. Die Regelungen dieses 3.5.5 gelten im Fall des indirekten Ersterwerbs durch eine Privatstiftung mehrerer Familienstämme nach 6.1b sinngemäß.

3.5.6 Die FLOTTE Privatstiftung, die MAHAVATO Privatstiftung und die KR Louise Piëch Privatstiftung sind im Zeitpunkt der Neufassung des Gesellschaftsvertrages am 28. 12. 2005 bereits Gesellschafter gewesen. In jenem Zeitpunkt gehören die FLOTTE Privatstiftung als Privatstiftung nach 6. 1a zur Gesellschaftergruppe Ing. Ernst Piëch, die MAHAVATO Privatstiftung als Privatstiftung nach 6.1a zur Gesellschaftergruppe Marlene Porsche und die KR Louise Piëch Privatstiftung als Privatstiftung nach 6.1b der Familienstämme Piëch zu keiner Gesellschaftergruppe.

3.5a Soweit in diesem Gesellschaftsvertrag darauf abgestellt wird, dass Mitglieder eines bestimmten Familienstammes oder bestimmter Familienstämme Begünstigte oder Letztbegünstigte einer Privatstiftung sein müssen, wird diese Voraussetzung auch dann erfüllt, wenn kein Begünstigter festgestellt ist, aber die Stiftungserklärung der Privatstiftung vorsieht, dass, sobald Begünstigte festzustellen sind, vorbehaltlich der Regelungen für den Wegfall eines Familienstammes, nur Mitglieder dieses Familienstammes bzw. dieser Familienstämme und gegebenenfalls deren Ehegatten als Begünstigte oder Letztbegünstigte festgestellt werden dürfen („potentielle Begünstigte").

3.6 Gehört ein Gesellschafter aufgrund seiner Abstammung zu mehreren Gesellschaftergruppen, hat er das Wahlrecht und die Wahlpflicht zwischen diesen Gesellschaftergruppen. Er hat, jedoch vorbehaltlich der Regelung nach Abs 3, dieses Wahlrecht und diese Wahlpflicht hinsichtlich des Gesellschaftsanteiles oder Teil eines solchen, aufgrund dessen Erwerbs, sei es unter Lebenden, sei es von Todes wegen, er die Gesellschafterstellung erworben hat, unverzüglich durch schriftliche Erklärung gegenüber der Gesellschaft, welcher dieser Gesellschaftergruppen er mit diesem Gesellschaftsanteil bzw. Teil eines solchen unwiderruflich alleine zugehören will, auszuüben bzw. zu erfüllen. Bis zum Vorliegen dieser Erklärung ruht sein Stimmrecht.

Für den Fall des Hinzuerwerbs eines weiteren Geschäftsanteiles oder eines Teiles eines solchen unter Lebenden oder von Todes wegen gehört der hinzuerwerbende Gesellschafter („Erwerber") auch mit dem weiteren Geschäftsanteil oder Teil eines solchen der für ihn nach Abs 1 Satz 2 oder Abs 3 Satz 1 maßgeblichen Gesellschaftergruppe an. Er ist jedoch, sofern der Hinzuerwerb von einem Mitglied einer Gesellschaftergruppe erfolgt, der er aufgrund seiner Abstammung angehören könnte, aber aufgrund früherer Ausübung des Wahlrechts nach Abs 1 Satz 2 oder Bestimmung des Erblassers nach Abs 3 Satz 1 nicht angehört, berechtigt und gegebenenfalls verpflichtet, hinsichtlich des hinzuerworbenen Geschäftsanteils oder Teils eines solchen nach Abs 4 vorzugehen.

Wenn im Falle des Abs 1 der Erwerb des Geschäftsanteiles oder Teils eines solchen von Todes wegen erfolgt, kann der Erblasser durch Verfügung von Todes wegen mit unmittelbarer Wirkung gegenüber den Gesellschaftern und der Gesellschaft die Erklärung des Erwerbers, welcher Gruppe er mit dem erworbenen Geschäftsanteil oder Teil eines solchen angehören will, ersetzen. Im Falle des Abs 2 kann der Erblasser durch Verfügung von Todes wegen dem Erwerber mit unmittelbarer Wirkung gegenüber den Gesellschaftern und der Gesellschaft auferlegen, hinsichtlich des hinzuerworbenen Geschäftsanteils oder Teils eines solchen nach Abs 4 vorzugehen, sofern die dafür in Abs 2 Satz 2 genannten Voraussetzungen erfüllt sind.

Vereinigt sich im Falle des Abs 2 Satz 2 der hinzuerworbene Geschäftsanteil oder Teil eines solchen mit dem bisherigen Geschäftsanteil oder Teil eines solchen des Erwerbers, so ist dennoch der hinzuerworbene Geschäftsanteil oder Teil eines solchen endgültig der Gesellschaftergruppe des übertragenden Gesellschafters bzw. des Erblassers zuzuordnen, wenn der Erwerber wie folgt verfährt. Er überträgt einen Teil seines vereinigten Geschäftsanteiles im Umfang des nach Abs 2 hinzuerworbenen Teiles zur treuhändigen Ausübung der Gesellschafterrechte nach Maßgabe von 3.7 auf ein durch den übertragenden Gesellschafter bzw. den Erblasser oder durch die Mehrheit der Gesellschaftergruppe des übertragenden Gesellschafters bzw. des Erblassers als Treuhänder bestimmtes Mitglied dieser Gesellschaftergruppe. Im Falle des Todes eines Treuhänders oder der Beendigung eines Treuhandverhältnisses kann die Übertragung nach Satz 2 auch wiederholt (auch als Weiterübertragung durch den früheren Treuhänder) erfolgen. Auf schriftliches Verlangen derjenigen Mitglieder der Gesellschaftergruppe des übertragenden Gesellschafters bzw. Erblassers, die nicht aufgrund ihrer Abstammung mehreren Gesellschaftergruppen angehören können, sind der Erwerber und seine jeweiligen Rechtsnachfolger in den betreffenden Geschäftsanteil oder Teil eines solchen verpflichtet, die treuhändige Übertragung nach Satz 2 oder Satz 3 innerhalb von drei Monaten ab Zugang des schriftlichen Verlangens vorzunehmen und danach aufrecht zu erhalten, solange der Anlaß der Treuhand besteht. Bei Zuwiderhandlung gegen diese Verpflichtung sind diejenigen Mitglieder der Gesellschaftergruppe des übertragenden Gesellschafters bzw. des Erblassers, die nicht aufgrund ihrer Abstammung mehreren Gesellschaftergruppen angehören können, entsprechend 5.3 Satz 2, 5.3.1, 5.3.2, 5.3.4, 5.3.5 Satz 1, 2 und 7 in Verbindung mit § 7 berechtigt, den betreffenden Geschäftsanteil oder betreffenden Teil eines solchen gegen Zahlung des Abtretungspreises aufzugreifen. Jedes Mitglied der Gesellschaftergruppe des übertragenden Gesellschafters bzw. des Erblassers, das nicht aufgrund seiner Abstammung mehreren Gesellschaftergruppen angehören kann, ist berechtigt, die Gesellschaft, die übrigen Mitglieder der Gesellschaftergruppe des übertragenden Gesellschafters bzw. des Erblassers, die nicht aufgrund ihrer Abstammung mehreren Gesellschaftergruppen angehören können, sowie das betroffene Mitglied der Gesellschaftergruppe des übertragenden Gesellschafters bzw. des Erblassers in Schriftform von einer solchen Zuwiderhandlung zu unterrichten. Der Zugang dieser Unterrichtung an die Gesellschaft löst den Lauf der Frist nach 5.3.1 aus.

Der Treuhänder gemäß Abs 4 ist berechtigt, in den Fällen des 3.7 lit. f) und lit. g) aus seinem um den treuhändig gehaltenen Teil vergrößerten Geschäftsanteil uneinheitlich, das

heißt mit verschiedenem Inhalt für den treuhändig gehaltenen Teil und den Geschäftsanteil im übrigen, abzustimmen. Der Treuhänder ist ferner berechtigt, die Gesellschaft für den treuhändig gehaltenen Teil seines um diesen Teil vergrößerten Geschäftsanteiles (einheitlicher Geschäftsanteil) oder für den Geschäftsanteil im übrigen uneinheitlich, das heißt ohne für den einheitlichen Geschäftsanteil insgesamt vom Recht zur Kündigung Gebrauch machen zu müssen, zu kündigen (Teilkündigung). Entsprechendes wie hinsichtlich des Rechtes zur Teilkündigung gilt für die Geltendmachung von Vorkaufs-, Aufgriffs- und sonstigen Übernahmerechten aufgrund des Gesellschaftsvertrages.
Die Regelungen dieses 3.6 gelten auch für Gesellschafter einer Beteiligungsgesellschaft sinngemäß.

3.7 Vorbehaltlich von § 14 können die Gesellschafterrechte der Mitglieder einer Gesellschaftergruppe innerhalb der Gesellschaft und gegenüber den Mitgesellschaftern nur einheitlich durch einen der Gesellschaft zu benennenden gemeinsamen Vertreter („Gruppendelegierter") ausgeübt werden. Dieser kann auch eine Privatstiftung eines Familienstammes nach 6.1a, eine Beteiligungs-KG oder eine Beteiligungs-GmbH dieser Gesellschaftergruppe sein, allerdings gilt 13.2 entsprechend (3.8 Satz 3).
Diese Regelung gilt nicht für
a) die Kündigung der Gesellschaft, die Übertragung eines Geschäftsanteiles sowie die Geltendmachung von Vorkaufs-, Aufgriffs- und sonstigen Übernahmerechten aufgrund des Gesellschaftsvertrages;
b) das Recht nach § 22 Abs 2 Satz 1 GmbHG und auf Prüfung des Jahresabschlusses nach 18.4;
c) die Geltendmachung von Rechten aus einem Gewinnverwendungsbeschluß;
d) die Wahrnehmung der Gesellschafterrechte im streitigen, außerstreitigen oder einem schiedsgerichtlichen Verfahren;
e) den Empfang der Einladung zu Generalversammlungen und Protokolle derselben, sowie für den Empfang von Gesellschafterbeschlüssen, Protokollen hierüber, Protokollen über Gesellschafterausschußsitzungen sowie Gesellschafterausschußbeschlüsse; Protokolle über Gesellschafterausschußsitzungen sowie Gesellschafterausschußbeschlüsse sind an die Gesellschafter nur auf deren Verlangen zu übersenden;
f) Gesellschafterbeschlüsse über eine Kapitalerhöhung sowie über eine Schmälerung der Gewinnbeteiligung oder des Auseinandersetzungsguthabens sowie für andere Beschlüsse, die der Einstimmigkeit oder der Zustimmung eines Mitgliedes der Gesellschaftergruppe bedürfen;
g) Gesellschafterbeschlüsse, die von den Gruppendelegierten mit der Mehrheit nach 13.11 der Generalversammlung zur Entscheidung vorgelegt werden.

3.8 Gruppendelegierter kann ein Mitglied dieser Gesellschaftergruppe oder ein nach 3.12 zugelassener Ehegatte sein. Besteht die Gesellschaftergruppe nur aus einem Gesellschafter, so ist dieser zugleich der Gruppendelegierte. Für Gruppendelegierte gilt 13.4 Abs 1, für eine Privatstiftung eines Familienstammes nach 6.1a, eine Beteiligungs-KG oder eine Beteiligungs-GmbH als Gruppendelegierter gilt 13.2 entsprechend.

3.9 Die nähere Ausgestaltung ihres Innenverhältnisses ist Aufgabe einer jeden Gesellschaftergruppe selbst. Die Gesellschaftergruppen haben sich zuhanden der Gruppendelegierten über die Regelungen der Bestellung und Abberufung der Gruppendelegierten sowie die Regelungen der Willensbildung schriftlich informiert zu halten.

3.10 Ein Gesellschafter oder ein nach 3.12 zugelassener Ehegatte ist zur Ausübung der Gesellschafterrechte aller Mitglieder dieser Gesellschaftergruppe befugt, wenn er sich durch eine zumindest von der Mehrheit der Mitglieder dieser Gesellschaftergruppe, gemessen am Stammkapital, über das diese Gesellschaftergruppe verfügt, für die Dauer von jedenfalls vier Jahren erteilte, jedoch auch vorzeitig widerrufbare schriftliche Vollmacht als Gruppendelegierter dieser Gesellschaftergruppe legitimiert.
Erweitert sich eine Gesellschaftergruppe durch hinzugekommene Gesellschafter, hat sich für diese Gesellschaftergruppe innerhalb von sechs Monaten ein Gesellschafter oder ein nach 3.12 zugelassener Ehegatte durch eine Vollmacht nach Abs 1 der erweiterten Gesellschaftergruppe als Gruppendelegierten zu legitimieren. Es genügt aber auch die Vorlage einer Vollmacht der hinzugekommenen Gesellschafter für den bisherigen Gruppendelegierten. Während der in Satz 1 genannten sechs Monate, längstens aber bis zur Vorlage einer solchen Vollmacht, nehmen die hinzugekommenen Gesellschafter ihre Gesellschafter rechte selbst wahr, während in dieser Zeit die bisherigen Gesellschafter durch den bisherigen Gruppendelegierten vertreten werden. Sollte nach Ablauf der sechs Monate keine Vollmacht nach Satz 1 oder 2 vorliegen, treten die Rechtsfolgen nach 3.11 ein.

3.11 Solange sich kein Gesellschafter oder nach 3.12 zugelassener Ehegatte als Gruppendelegierter nach 3.10 legitimiert hat, können die Rechte der Gesellschafter dieser Gesellschaftergruppe aus dem Gesellschaftsverhältnis, insbesondere das Stimmrecht, nicht ausgeübt werden, soweit diese Rechte durch einen Gruppendelegierten wahrgenommen werden müssen.

3.12 Die Gesellschafter können durch Gesellschafterbeschluss gestatten, dass ein Ehegatte eines Abkömmlings von Herrn Prof. Dr. Ing. h.c. Ferdinand Porsche senior, geboren am 03. September 1875, gestorben am 30. Jänner 1951, berechtigt ist, ab einem und bis zu einem bestimmten durch Gesellschafterbeschluss festzulegenden Zeitpunkt oder Ereignis Gruppendelegierter der Gesellschaftergruppe des Abkömmlings zu sein. Ein solcher Beschluss kann nur mit Einwilligung des Gruppendelegierten der betreffenden Gesellschaftergruppe und, wenn der Ehegatte ab dem Tode seines Ehepartners zugelassen ist, nach dem Tode des Ehepartners mit Einwilligung des überlebenden Ehegatten aufgehoben werden.
Soweit der Gesellschaftsvertrag zulässt, dass sich ein Gesellschafter oder Gruppendelegierter durch einen nach diesem 3.12 zugelassenen Ehegatten vertreten lassen kann oder dieser Ehegatte in Generalversammlungen oder Gesellschaftertagen anwesend sein kann, ist dies bereits ab dem Beschluss nach diesem 3.12 Abs 1 und nicht erst ab dem in diesem Beschluss festgelegten anfänglichen Zeitpunkt oder Ereignis zulässig, soweit nicht dieser Beschluss diesbezüglich etwas anderes bestimmt.
Alle Rechte eines nach 3.12 zugelassenen Ehegatten, die auf dieser Zulassung beruhen, enden mit Ablauf des im Beschluss nach diesem 3.12 Abs 1 bezeichneten Zeitpunktes.

§ 14

Gesellschaftertag

14.1 Zur Teilnahme am Gesellschaftertag sind alle Gesellschafter, die Mitglieder des Gesellschafterausschusses, mit Ausnahme der familienfremden Mitglieder, die Mitglieder des Aufsichtsrates und die Gruppendelegierten, nach 3.12 zugelassene Ehegatten, jeweils der Gesellschaft und der Porsche GmbH, hinsichtlich letzterer Gesellschafter und der Mitglieder des Aufsichtsrates jedoch nur insofern, als sie Abkömmlinge von Herrn Prof. Dr. Ing. h.c. Ferdinand Porsche senior sind, zugelassen. Die Begünstigten und potentiell Begünstigten einer Privatstiftung, sofern es sich hierbei um Abkömmlinge von Herrn Prof. Dr. Ing. h.c. Ferdinand Porsche senior oder um Frau Marlene Porsche handelt, sind ebenfalls zur Teilnahme am Gesellschaftertag berechtigt. Die Gesellschafter von Beteiligungs-GmbHs, Beteiligungs-KGs, Beteiligungs-Holding-GmbHs, Komplementär-GmbHs und KG-Holding-GmbHs, soweit es sich hierbei um Abkömmlinge von Herrn Prof. Dr. Ing. h.c. Ferdinand Porsche senior oder um Frau Marlene Porsche handelt, sind ebenfalls zur Teilnahme am Gesellschaftertag berechtigt.

14.2 Der Gesellschaftertag kann mit einfacher Mehrheit beschließen, daß Mitglieder der Geschäftsführung, des Aufsichtsrates, des Gesellschafterausschusses, Sachverständige oder sonstige Dritte vom Gesellschaftertag gehört werden.

14.3 Ein Gesellschafter hat das Recht, sich am Gesellschaftertag durch einen anderen Gesellschafter vertreten zu lassen.

Vertreter gemäß Abs 1 haben eine schriftliche Vollmacht oder sonstige Legitimation vorzulegen, die von der Gesellschaft in Verwahrung zu nehmen ist.

14.4 Der Gesellschaftertag dient der Information der Gesellschafter über Angelegenheiten der Gesellschaft. 13.5 gilt entsprechend.

14.5 Die Sitzungen des Gesellschaftertages werden vom Vorsitzenden des Gesellschafterausschusses mit eingeschriebenem Brief unter Angabe der Tagesordnung und unter Einhaltung einer Einberufungsfrist von drei Wochen einberufen, wobei der Tag der Aufgabe des Einladungsschreibens zur Post und der Versammlungstag nicht mitgerechnet werden. Der Vorsitzende des Gesellschafterausschusses bestimmt Ort, Tag und Stunde der Sitzung des Gesellschaftertages, die in Salzburg stattfindet, es sei denn, daß alle Gesellschafter mit einem anderen Ort einverstanden sind.

14.6 Der Vorsitzende des Gesellschafterausschusses ist Vorsitzender des Gesellschaftertages.

14.7 Der Gesellschaftertag hält regelmäßig zwei Sitzungen je Kalenderjahr ab.

Eine Sitzung des Gesellschaftertages ist im übrigen einzuberufen, wenn das Interesse der Gesellschaft die Einberufung aus einem sonstigen Grund erfordert, die Geschäftsführung oder Gesellschafter, deren Stammeinlagen zusammen mindestens 25 % (fünfundzwanzig Prozent) des Stammkapitals betragen, unter Angabe des Zwecks und der Beratungsgegenstände schriftlich die Einberufung des Gesellschaftertages verlangen.

Wurde eine Einberufung abgelehnt oder binnen zwei Wochen nach Eingang des Antrages die Sitzung des Gesellschaftertages nicht einberufen, so können die Antragsteller selbst eine Sitzung des Gesellschaftertages einberufen; hierfür gilt 14.5 entsprechend.

14.8 13.9 gilt entsprechend.

14.9 Die am Gesellschaftertag Teilnahmeberechtigten sind über Gegenstand und Inhalt des Gesellschaftertages zu strengem Stillschweigen verpflichtet. Sie haben sich durch schriftliche Erklärung gegenüber der Gesellschaft zu diesem Stillschweigen gesondert zu verpflichten. Neben sonstigen Folgen des Bruches der Stillschweigeverpflichtung steht dem Gesellschafterausschuß frei, in einem solchen Falle den betreffenden Teilnahmeberechtigten vom Gesellschaftertag für einzelne weitere Sitzungen oder auf Dauer auszuschließen. Selbiges gilt, wenn die Unterfertigung der schriftlichen Verpflichtungserklärung zum Stillschweigen verweigert wird. Für die am Gesellschaftertag Teilnahmeberechtigten gelten die Bestimmungen des 16.3 sinngemäß.

Sebastian Mock

§ 25 Vom Amateurverein zur Profisport-Kapitalgesellschaft – Die Satzung der HSV Fußball AG

Inhaltsübersicht

https://doi.org/10.1515/9783110733839-026

I. Einleitung

Die Entstehung von Sport- und Turnvereinen in der napoleonischen Zeit war ein prägender Aspekt für die Entstehung des deutschen Vereinswesens.[1] Im Rahmen dieser allgemeinen Sportvereine nahm der Fußball allerdings gegen Ende des 19. Jahrhunderts verhältnismäßig spät eine besondere Stellung ein, da der Fußball zunächst als undeutsche Sportart[2] wahrgenommen oder auch als *Fußlümmelei*[3] bezeichnet wurde. Zu Beginn des 20. Jahrhunderts kam es allerdings zu einer rasanten Entwicklung, die durch die Gründung des *Deutschen Fußball-Bundes e.V. (DFB)* in Leipzig am 28. Januar 1900 befördert wurde, der sich unter anderem der Ordnung und Strukturierung der zahlreichen regionalen Ligen annahm.[4] In diesem Zusammenhang kam es auch zur Einführung eines Wettbewerbes, bei dem der Deutsche Meister ermittelt wurde; diesen Titel gewann 1903 erstmals der *VfB Leipzig e. V.* Auch wenn der Fußball im Rahmen allgemeiner Sportvereine oder spezieller Fußballvereine organisiert war, setzte Ende des 20. Jahrhunderts eine neue Entwicklung ein, in deren Rahmen andere Organisationsformen eingeführt wurden, um neue Finanzierungsmöglichkeiten zu erschließen. Diese Entwicklung ereilte auch den *Hamburger Sport-Verein e.V.*, der 2014 seine Profifußball-Abteilung auf die *HSV Fußball AG* ausgliederte und damit grundlegend neu organisierte.

II. Vom *Hamburger Sport-Verein e.V.* zur *HSV Sport Aktiengesellschaft*

Der *Hamburger Sport-Verein e.V.* wurde am 21. Juli 1919 durch einen Zusammenschluss von insgesamt zwei bzw. drei[5] Vereinen gegründet.[6] Dabei handelte es

---

1 Für einen gesamthistorischen Kontext etwa *Nipperdey*, Deutsche Geschichte – 1800-1866, 1998, S. 279 f.

2 Zum Beitrag des Fußballsports zur kulturellen Identitätsstiftung in Deutschland ausführlich *Pyta*, in: Pyta, Der lange Weg zur Bundesliga – Zum Siegeszug des Fußballs in Deutschland, 2004, S. 1 ff.

3 *Pyta*, (Fn. 2), S. 10.

4 Dazu umfassend *Gerhardt*, 100 Jahre DFB – die Geschichte des Deutschen Fußball-Bundes, 1999.

5 Die Vereinigung am 2. Juni 1919 erfolgte lediglich unter Beteiligung des *SC Germania von 1887 e.V.* und dem *Hamburger SV 1888 e.V.* Letzterem war wenige Wochen zuvor am 12. Mai 1919 bereits der *FC Falke 1906 e.V.* beigetreten.

6 Zum durchaus komplexen „HSV-Stammbaum" *Skrentny/Spiegelberg*, 125 Jahre HSV – Das Jubiläumsbuch, 2012, S. 23.

sich um den *SC Germania von 1887*[7], den *Hamburger Fussball-Club von 1888* (ab dem 26. Februar 1914 *Hamburger SV 1888 e.V.*)[8] und den *FC Falke 1906 e.V.*[9]. Die Gründung erfolgte dabei nicht als eine – zur damaligen Zeit für das Vereinsrecht unbekannte[10] – Verschmelzung, sondern durch eine Neugründung. Allerdings legte man bereits zum damaligen Zeitpunkt offenbar Wert auf eine größere Tradition und bestimmte in der Gründungssatzung als Gründungstag den 29. September 1887, obwohl es sich dabei lediglich um das Gründungsdatum des *SC Germania von 1887* handelte. Dieser Gründungstag findet sich bis heute in der Satzung des *Hamburger Sport-Verein e.V.* (§ 1 Abs. 2 Satz 2). Aus vereinsrechtlicher Sicht wurde diese Vorverlegung des Gründungsdatums vom zuständigen Vereinsregister anscheinend nicht beanstandet, was wohl darauf zurückzuführen ist, dass das Gründungsdatum bis heute lediglich ein fakultativer Inhalt der Vereinssatzung ist (*arg.* § 57 BGB), dem – neben dem Errichtungsdatum (§ 59 Abs. 3 BGB) – keine rechtliche Bedeutung zukommt. Diese Organisationsform des eingetragenen Vereins hatte für einen Zeitraum von fast einhundert Jahren Bestand und wurde – jedenfalls im Hinblick auf die Lizenzspielerabteilung – erst auf der Mitgliederversammlung des *Hamburger Sport-Verein e.V.* am 25. Mai 2014 aufgegeben, indem mit einer Mehrheit von 86,9 % die Umwandlung durch Ausgliederung der Lizenzspielerabteilung in die *HSV Fußball AG* beschlossen wurde, die allerdings schon am 31. Mai 1991 als *HSV Sport Aktiengesellschaft* errichtet worden war. Diese war

---

7 Der *SC Germania von 1887* ging selbst aus einem Zusammenschluss der Leichtathletikvereine *Hohenfelder SC* und *Wandsbek-Marienthaler SC* am 29. September 1887 hervor (*Metelmann/Vinke*, Mythos HSV, 2012, S. 9). Der *SC Germania von 1887* war eines der Gründungsmitglieder des *Deutschen Fußball-Bundes e.V.*, der am 28. Januar 1900 gegründet wurde. Dazu etwa *Skrentny/Spiegelberg*, (Fn. 6), S. 22 ff.

8 Der *Hamburger Fussball-Club von 1888* wurde am 1. Juni 1888 von Schülern des Wilhelm-Gymnasiums in Harvestehude gegründet. In den Jahren 1895 und 1898 trat der *FS Viktoria 95* dem *Hamburger FC 1888* bei. 1909 wurde eine Satzungsänderung beschlossen und am 30. Juni 1909 eine Eintragung im Vereinsregister durchgeführt. Am 3. Februar 1914 erfolgte eine Umbenennung in *Hamburger SV 1888 e.V.*, der sich am 27. Juli 1918 mit dem *SC Victoria e.V.* zur *Kriegsvereinigung Victoria-Hamburg 88 e.V.* zusammenschloss. Der *Hamburger Fussball-Club von 1888* war ebenfalls eines der Gründungsmitglieder des *Deutschen Fußball-Bundes e.V.* Dazu etwa *Skrentny/Spiegelberg*, (Fn. 6), S. 24 ff.

9 Der *FC Falke 1906 e.V.* wurde am 5. März 1906 von Schülern einer Oberrealschule in Eppendorf gegründet. Am 12. Mai 1919 trat der *FC Falke 1906 e.V.* dem *Hamburger FC 1888 e.V.* bei. Dazu etwa *Skrentny/Spiegelberg*, (Fn. 6), S. 25 f.

10 So war zum damaligen Zeitpunkt lediglich eine Verschmelzung bzw. Fusion von Aktiengesellschaften zulässig, da §§ 305 f. HGB 1900 dies ausdrücklich für diese gestattete. Eine (analoge) Anwendung dieser Vorschrift wurde abgelehnt (jedenfalls für den Anwendungsbereich nur die AG und die KGaA erwähnend *Staub*, HGB, 8. Aufl. 1906, § 305 Rdnr. 1).

Anfang der 1990er Jahre mit dem Versuch der Entschuldung des *HSV* durch Ausgabe von Aktien gescheitert, da die Aktie seinerzeit kaum Käufer fand.[11]

III. Grundmodell der Profifußball-AG

Die Gründung einer Tochter-AG durch einen Sportverein ist inzwischen ein im Profifußball relativ verbreitetes Organisationsmodell. So waren in der Saison 2019/20 in der Bundesliga sowie in der 2. Bundesliga und der 3. Bundesliga insgesamt vier Teilnehmer in der Rechtsform der Aktiengesellschaft organisiert.[12] Hintergrund dieser Entwicklung ist der seit Ende der 1990er Jahre bestehende erhöhte Finanzierungsbedarf der Teilnehmer der Fußball-Bundesligen (siehe III.1.) und die fehlende Eignung der Rechtsform des Idealvereins (siehe III.2.). Grundsätzlich ermöglicht auch dieses Modell die Teilnahme an den deutschen und internationalen Wettbewerben (siehe III.3.), ist insofern aber nicht alternativlos (siehe III.4.).

1. Erhöhter Finanzierungsbedarf und Veränderung der ökonomischen Grundlagen des Profi-Fußballs

Der in den deutschen Bundesligen und den europäischen Wettbewerben organisierte Fußball hat in den vergangenen 30 Jahren einen enormen ökonomischen Wandel durchlebt.[13] Während bis in die 1970er Jahre ein Großteil der bei deutschen Vereinen spielenden Fußballer noch nebenberuflich tätig war und von den Vereinen lediglich geringe Aufwandsentschädigungen erhielt, kamen in den 1970er Jahren die ersten Vollprofi-Spieler auf. Insbesondere die Gehälter stiegen in der Folge schnell an und sorgten für erhebliche Budgeterhöhungen bei den Vereinen, die in der Anfangszeit vor allem noch durch steigende Sponsorenein-

---

11 Dazu etwa Frankfurter Rundschau vom 15.2.1991, S. 9; Wirtschaftswoche vom 15.3.1991 („Anleger im Abseits") oder der Spiegel vom 11.3.1991; insgesamt zu dieser gescheiterten Emission *Segna*, ZIP 1997, 1901, 1902.

12 Dabei handelte es sich neben der *HSV Fußball AG* (Ausgliederung in 2014) um die *Eintracht Frankfurt Fußball AG* (gegründet 2000), die *FC Bayern München AG* (gegründet 2001) und die *VfB Stuttgart 1893 AG* (Ausgliederung in 2017).

13 Dazu im Überblick etwa Hammann/Schmidt/Welling (Hrsg.), Ökonomie des Fußballs – Grundlegungen aus volks-und betriebswirtschaftlicher Perspektive, 2004 mit zahlreichen Beiträgen.

nahmen ausgeglichen werden konnten.[14] Ein weiterer Kostenfaktor waren die ebenfalls schnell ansteigenden Transferausgaben, die die Vereine aufbringen mussten, um im internationalen Wettbewerb mithalten zu können. Letztere Entwicklung wurde durch das *Bosman*-Urteil des EuGH aus dem Jahr 1995[15] enorm beschleunigt, da der EuGH Transfer-Beschränkungen nach Ablauf der Vertragszeit und nationale Spielerkontingente für europarechtlich unzulässig erachtete. Damit wurden grenzüberschreitende Transfers erheblich erleichtert, die in der Folgezeit in ihrer Zahl dramatisch zunahmen und somit ein europäischer Markt für Fußballlizenzspieler geschaffen wurde.[16] Diese Entwicklungen führten vor allem seit Mitte der 1990er Jahren zu einem stetigem Anwachsen der Gesamtaufwendungen der an der Bundesliga teilnehmenden Verbände, denen allerdings gleichwohl immer neue Umsatzrekorde gegenüberstanden. So konnte die *Deutsche Fußball Liga GmbH* in ihrem jährlichen Wirtschaftsreport 2020 den 15. Umsatzrekord in Folge und – für die Erstligisten – das erstmalige Überschreiten der Vier-Milliarden-Euro-Umsatzmarke vermelden.[17] Die Personalaufwendungen für Spieler betrugen dabei bei allen Erstligisten ca. 1,4 Milliarden Euro, bei denen Transferausgaben noch nicht inbegriffen sind.[18] Vergleicht man dies mit der Situation im Jahr 2004/05 wird die rasante Entwicklung deutlich, da der Gesamtumsatz seinerzeit noch bei 1,5 Mrd. Euro lag[19] und sich somit in den vergangenen 15 Jahren auf ca. 266 % erhöht hat. Die Ausgaben für Transfers lagen 2018/19 für die Erstligisten bei ca. 842 Millionen Euro und waren damit ca. achtzig (!) Mal so hoch wie 2002/2003 (10,7 Millionen Euro[20]). Die Personalkosten für den Spielbetrieb der Ersten Bundesliga betrugen 2002/2003 lediglich ca. 28 Millionen Euro[21] und haben sich aus heutiger Sicht um den Faktor fünfzig (!) erhöht.[22]

---

14 Darauf bereits hinweisend *DFB-Bundestag*, Sicherstellung der „Eckwerte" des DFB bei der Ausgliederung von Kapitalgesellschaften aus Fußballvereinen der Bundesligen, Amtliche Mitteilungen des DFB vom 31.3.1999, S. 1 ff.

15 EuGH v. 15.12.1995 – C-415/93 (*Union royale belge des sociétés de football association ASBL* gegen *Jean-Marc Bosman, Royal club liégeois SA gegen Jean-Marc Bosman und andere und Union des associations européennes de football (UEFA) gegen Jean-Marc Bosman*), Slg. I-463; dazu ausführlich *Schröder*, JZ 1996, 248; *Trautwein*, JA 1996, 457; *Wertenbruch*, EuZW 1996, 82.

16 *Feess*, ZEuP 2005, 365; *Steinz*, ZEuP 2005, 340; *Wertenbruch*, NJW 2017, 3060; kritisch *Born*, ZEuP 2005, 378 ff., der darin eine erhebliche Schwächung der Finanzkraft der Bundesligaclubs sieht.

17 *DFL*, Wirtschaftsreport 2020, 2020, abrufbar unter www.dfl.de.

18 *DFL*, (Fn. 17), S. 23.

19 *DFL*, Bundesliga Report 2006, 2007, S. 40.

20 *DFL*, (Fn. 19), S. 97.

21 *DFL*, (Fn. 19), S. 97.

22 *DFL*, (Fn. 17), S. 23.

2. Fehlende Eignung der Rechtsform des eingetragenen Idealvereins

Die Bewältigung dieses Finanzierungsbedarfs stellte die in der Rechtsform des eingetragenen Vereins organisierten deutschen Fußballvereine vor enorme Herausforderungen, da die traditionellen Einnahmequellen zunehmend nicht in der Lage waren, diesen hohen Zusatzbedarf abzudecken. Für mögliche Eigenkapitalfinanzierungen ist die Rechtsform des eingetragenen Idealvereins wenig geeignet (siehe III.2.a)). Zudem bringt der mit dem erhöhten Finanzierungsbedarf wachsende Geschäftsbetrieb das Nebenzweckprivileg an seine Grenzen (siehe III.2.b)). Weiterhin ergeben sich auch im Hinblick auf die Gemeinnützigkeit (siehe III.2.c)) und die Durchführbarkeit von Mitgliederversammlungen nicht unerhebliche Komplikationen (siehe III.2.d)).

a) Beschränkungen der Eigenkapitalfinanzierung eingetragener Vereine

Das Hauptproblem der Organisationsform des eingetragenen Idealvereins sind die beschränkten Eigenkapitalfinanzierungsmöglichkeiten. So wird das deutsche Vereinsrecht von dem Grundsatz geprägt, dass eine Person nur über eine Mitgliedschaft verfügen kann, womit Mehrfachbeteiligungen an eingetragenen Idealvereinen schon der Sache nach ausgeschlossen sind. Zwar können auch Mehrstimmrechte für einzelne Mitglieder eingeräumt werden.[23] Diese stellen dann aber Sonderrechte (§ 35 BGB) dar, für deren Einräumung alle (anderen) Mitglieder zustimmen müssen, was somit außerhalb der Gründung des Vereins faktisch unmöglich ist.[24] Daher kann bei einem eingetragenen Idealverein keine Kapitalerhöhung durchgeführt werden, bei der ein bereits bestehendes Mitglied die neuen Mitgliedschaften gegen Zahlung von (Eigen-)Kapital erwirbt. Zwar kann bei einem Beitritt eines neuen Mitglieds dessen Beitrag im Grundsatz frei festgesetzt und auch als gespaltene Beitragspflicht ausgestaltet werden[25], so dass man sich faktisch der Vereinbarung eines Agio annähert. Allerdings ist das neue Mitglied im Umfang dann ebenso wie alle anderen Mitglieder an dem eingetragenen Idealverein beteiligt. Zu-

---

23 *Stöber/Otto*, Handbuch zum Vereinsrecht, 11. Aufl. 2016, Rdnr. 801, 861.
24 *Stöber/Otto*, (Fn. 23), Rdnr. 209, 801.
25 BGH v. 2.6.2008 – II ZR 289/07, NZG 2008, 675; *Könen*, in: BeckOGK, Stand 1.11.2020, § 38 Rdnr. 161; *Wagner*, in: Reichert/Schimke/Dauernheim, Handbuch Vereins- und Verbandsrecht, 14. Aufl. 2018, Kapitel 2 Rdnr. 846; *Schwennicke*, in: Staudinger, BGB, Neubearbeitung 2019, § 38 Rdnr. 42.

dem kann der Investor nur bedingt (rechtlich) sicherstellen, dass die investierten Mittel tatsächlich ausschließlich in seinem Sinne investiert werden.

b) Zweifelhaftes Nebenzweckprivileg und die Gefahr der Rechtsformverfehlung

Ein weiterer Aspekt ist die möglicherweise bestehende Rechtsformverfehlung bei einer Beibehaltung der Rechtsform des eingetragenen Idealvereins. Insbesondere seit den 1970er Jahren kam es bei den meisten Bundesligisten zu einem enormen Anwachsen des Geschäftsbetriebs. Dieses stetige Wachstum hat sich in den 2000er Jahren noch einmal enorm verschärft und führte zu immer neuen Umsatzrekorden.[26] Diese Entwicklung warf zunehmend die Frage auf, ob die Beibehaltung der Rechtsform des eingetragenen Idealvereins überhaupt noch zulässig ist, da es sich bei den Vereinen eigentlich um wirtschaftliche Vereine (§ 22 BGB) handelt. Dreh- und Angelpunkt dieser Frage war dabei, ob das in der höchstrichterlichen Rechtsprechung entwickelte Nebenzweckprivileg[27] aufgrund der Größe des Geschäftsbetriebs schon überschritten ist, was von der ganz herrschenden Meinung tatsächlich angenommen wird.[28] In der jüngeren Rechtsprechung ist gleichwohl eine grundsätzlich großzügigere Handhabung des Nebenzweckprivilegs festzustellen, so dass sich tatsächliche Beschränkungen jedenfalls dann nicht ableiten lassen, soweit die Gemeinnützigkeit nicht völlig in den Hinter-

---

26 Siehe III.1.

27 Grundlegend BGH v. 29.9.1982 – I ZR 88/80 (*ADAC*), BGHZ 85, 84, 93 = NJW 1983, 569; dazu ausführlich *Leuschner*, in: Fleischer/Thiessen, Gesellschaftsrechts-Geschichten, 2018, S. 379 ff.; vgl. zuvor aber schon BGH v. 30.11.1954 – I ZR 147/53, BGHZ 15, 315, 319 = NJW 1955, 422; BGH v. 14.7.1966 – II ZB 2/66, BGHZ 45, 395, 397, 398 = NJW 1966, 2007; jüngst auch BGH 11.9.2018 – II ZB 11/17, NZG 2018, 1392 Rn. 15 ff.; BGH v. 16.5.2017 – II ZB 7/16, NJW 2017, 1943 Rn. 21, 29 ff.

28 So etwa *von Appen/Schwarz*, npor 2014, 111 ff.; *Balzer*, ZIP 2001, 175, 181; *Burghardt*, SpuRt 2013, 142, 143; *ders.*, Die Beteiligung an einer Fußballkapitalgesellschaft vor dem Hintergrund der wirtschaftlichen Betätigung von Idealvereinen, 2012, S. 102; *Dück/Stiegler/Terhorst/Weidt*, ZStV 2017, 41, 42 f.; *Heckelmann*, AcP 179 (1979), 1, 40; *Hopt*, BB 1991, 778, 780; *Menke*, Die wirtschaftliche Betätigung nichtwirtschaftlicher Vereine, 1998, S. 49; *Punte*, SpuRt 2017, 46, 47; *Schad*, NJW 1998, 2411, 2413; *Müller*, Der deutsche Berufsfußball – vom Idealverein zur Kapitalgesellschaft, 2000, S. 87; *Nahrwold*, Die wirtschaftliche Betätigung von Idealvereinen am Beispiel der Ausgliederungsvorhaben der Fußballbundesligavereine, 2003, S. 84; *Segna*, ZIP 1997, 1901, 1903; *Summerer*, in: Fritzweiler/Pfister/Summerer, Praxishandbuch Sportrecht, 4. Aufl. 2020, Kapitel 3 Rdnr. 102 f.; *Wagner*, NZG 1999, 469, 473; a. A. und eine Überschreitung des Nebenzweckprivilegs ablehnend – allerdings basierend auf deutlich älteren Daten – OLG Frankfurt/Main v. 14.3.1985 – 6 U 53/84 (Kart), WRP 1985, 500, 501; *Füllgraf*, DB 1983, 2267.

grund tritt.[29] Daraus folgt vor allem für die Traditionsvereine, dass sie sich auf das Nebenzweckprivileg berufen können, zumal diese neben dem Profifußball meist generell im Breitensport tätig sind.[30] Für zur Teilnahme am Profifußball in der heutigen Zeit neu zu gründende Vereine wäre dies freilich anders zu beantworten, da der Geschäftsbetrieb dann in der Regel nur aus der Teilnahme am Profifußball bestehen würde. Tatsächlich stellt sich dieses Problem aber nicht, da Neugründungen heute – wie etwa das Beispiel *RasenBallsport Leipzig GmbH*[31] zeigt – nicht mehr in der Rechtsform des Vereins erfolgen. Die Frage der Rechtsformverfehlung aufgrund der Überschreitung des Nebenzweckprivilegs stellt sich aber nicht nur bei dem Betrieb der Profisportabteilung im Verein, sondern auch bei der Ausgliederung auf eine Tochtergesellschaft.[32]

c) Verlust der Gemeinnützigkeit?

Die Diskussion um das Nebenzweckprivileg setzt sich im Steuerrecht im Rahmen des Gemeinnützigkeitsprivilegs fort und steht nach der höchstrichterlichen Rechtsprechung[33] in einer Wechselwirkung mit dieser. Die Gemeinnützigkeit wird allgemein in § 52 Abs. 1 Satz 1 AO definiert, wonach eine solche bei einer Körperschaft vorliegt, wenn deren Tätigkeit darauf gerichtet ist, die Allgemeinheit auf materiellem, geistigem oder sittlichem Gebiet selbstlos zu fördern. Dazu zählt ausweislich § 52 Abs. 2 Nr. 21 AO auch der Sport. Der Umstand, dass neben dem unbezahlten auch der bezahlte – und damit der Profisport[34] – gefördert wird, ist grundsätzlich unschädlich (§ 58 Nr. 8 AO), zumal die Lizenzspielerabteilungen voll steuerpflichtige wirtschaftliche Geschäftsbetriebe (§ 14 S. 1 AO) sind. Allerdings stellt sich insofern die Frage, ob eben dieser Bezug zur Allgemeinheit aufgrund der einseitigen Ausrichtung auf den Profifußball und dessen wirtschaftlicher Dominanz in dem Verein noch besteht.[35] Ein zentrales Argument ist auch in

---

29 BGH v. 16.5.2017 – II ZB 7/16, BGHZ 215, 69 Tz. 29 = NJW 2017, 1943 mit der Betonung, dass der Umfang des Geschäftsbetriebs für die Einordnung als Idealverein allein nicht aussagekräftig ist. Zu dieser Entscheidung auch ausführlich *Mock/Mohamed*, DStR 2017, 2232 ff. und 2288 ff.

30 So auch *Gubitz/Hildebrand*, NZG 2017, 495, 498.

31 Siehe dazu V.

32 Siehe III.3.b).

33 BGH (Fn. 29), Tz. 21 ff., wonach die Gemeinnützigkeit eine Indizwirkung für die Nichtwirtschaftlichkeit hat. Dazu *Mock/Mohamed*, DStR 2017, 2232 ff. und 2288; *Schauhoff*, npoR 2016, 241, 244 f.; *Schauhoff/Kirchhain* ZIP 2016, 1857 ff.

34 Kritisch dazu etwa *Koenig*, in: Koenig, AO, 3. Aufl. 2014, § 58 Rdnr. 17.

35 Dazu *Burghardt*, SpuRt 2013, 142, 143; *Fuhrmann*, SpuRt 1995, 12, 16; *Punte*, SpuRt 2017, 46, 48; *Steinbeck/Menke*, NJW 1998, 2169, 2171.

dieser Diskussion freilich der Umstand, dass die meisten Traditionsvereine trotz der medialen Hauptaufmerksamkeit auf den Profifußball im gesamten Breitensport tätig sind.

Dass dieser Aspekt für die Rechtsform des eingetragenen Idealvereins zentrale Bedeutung haben kann, zeigt etwa die Entwicklung in Österreich, wo nach einem Erlass des Finanzministeriums aus 2015[36] Sportvereine die Gemeinnützigkeit verlieren, wenn sie eine (wie auch immer geartete) Profisportabteilung betreiben. Eine solche liegt schon dann vor, wenn mehr als die Hälfte aller eingesetzten Spieler Profispieler sind, was schon bei einem individuellen Saisoneinkommen von mehr als 21.000 Euro der Fall ist. Den Verlust der Gemeinnützigkeit können die Sportvereine nur durch die Ausgliederung der Profisportabteilungen auf eine (Tochter-)Kapitalgesellschaft verhindern, weswegen insbesondere im Bereich des Fußballs alle Teilnehmer der Ersten und Zweiten Österreichischen Bundesliga inzwischen als Kapitalgesellschaften organisiert sind.

d) Unkalkulierbarkeit von Mitgliederversammlungen und die Idee von deren Professionalisierung

Schließlich stellt sich bei der Rechtsform des Idealvereins das Problem der fehlenden Vorhersehbarkeit von Mitgliederversammlungen, die man auch unter dem Stichwort der fehlenden Professionalisierung betrachten kann. Insbesondere die großen Traditionsvereine zeichnen sich durch eine hohe Mitgliederzahl aus, die zu den tatsächlichen Präsenzen auf den Mitgliederversammlungen in keinem Verhältnis steht. So liegt die Präsenzquote auf der Mitgliederversammlung oft unter 10 % und ist zudem sehr wechselhaft, so dass vor allem Personalentscheidungen für den Aufsichts- oder Beirat meist nicht vorhersehbar oder großen Zufälligkeiten unterworfen sind. Dies stellt sich vor allem für Investoren und Sponsoren als nachteilhaft dar, da somit nicht sichergestellt ist, ob größere Investitionen letztlich sachgerecht verwendet werden, da man befürchten muss, dass sich die Personalsituation nach einer Mitgliederversammlung verändert. Dieser Konflikt, der seine Ursache in dem Widerstreit von traditioneller Fankultur und neuen Finanzierungsformen von Sportverbänden hat, kann durch die Ausgliederung auf eine Tochter-Kapitalgesellschaft entschärft werden, da die Mitglieder des Vereins auf der Mitgliederversammlung keinen unmittelbaren Einfluss auf die Geschäftsleitung der Profisport-Tochtergesellschaft mehr nehmen können. In der Rechtsform der (Tochter-)AG ist diese Trennung der Einflusssphären am stärksten aus-

36 Erlass des BMF vom 27.2.2015, BMF-010219/0074-VI/4/2015, BMF-AV Nr. 40/201.

geprägt, da der Vorstand die AG nach § 76 Abs. 1 AktG eigenverantwortlich leitet und damit keinen Weisungen des „Mutter-Vereins" unterworfen ist. In dieser Unabhängigkeit und im Idealfall damit verbundenen Professionalisierung der Geschäftsleitung der Profi-Fußball-Abteilung liegt ein nicht zu unterschätzender Vorteil des Ausgliederungsmodells.[37] Nichtsdestotrotz ist dies aus verbandsrechtlicher Sicht etwas gewöhnungsbedürftig, da es letztlich darum geht, den Einfluss der Mitglieder des Vereins zu mediatisieren und die Profi-Fußball-Abteilung von diesen unabhängig zu machen. Bei Lichte besehen ist dieses Erfordernis der Unabhängigkeit der Geschäftsleitung von den Mitgliedern/Gesellschaftern aber nicht einzigartig. So ist dieses Motiv etwa auch bei Kulturbetrieben in Form von Kapitalgesellschaften anzutreffen und dort aufgrund der verfassungsrechtlich geschützten Kunstfreiheit (Art. 5 Abs. 3 GG) sogar zwingend.[38]

3. Rechtliche Zulässigkeit der Profifußball-AG

Für die Gründung einer Profifußball-Tochter-AG stellt sich zunächst die Frage nach der sportrechtlichen Zulässigkeit (siehe III.3.a)). Darüber hinaus ergibt sich aber auch aus allgemeiner verbandsrechtlicher Sicht Diskussionsbedarf hinsichtlich der Zulässigkeit dieses Modells, der unter dem Stichwort der Rechtsformverfehlung geführt wird (siehe III.3.b)).

a) Sportrechtliche Vorgaben

Die sportrechtlichen Vorgaben für die Zulässigkeit der Profifußball-AG ergeben sich aus einem wenig durchsichtigen Mehrebenensystem von nationalen und internationalen Sportverbänden. Im Zentrum stehen dabei die Vorgaben der *DFL Deutsche Fußball Liga e.V.* (fortan *DFL e.V.*) als Veranstalter[39] der Bundesliga und der 2. Bundesliga. Der wohl wichtigste Aspekt ist in diesem Zusammenhang die sogenannte 50+1-Regel, die in § 8 Abs. 2 Satzung des *DFL e.V.* und § 16c Satzung des *DFB e.V.* enthalten ist. Danach ist eine Mitgliedschaft für eine Kapitalgesell-

---

37 Ebenso *von Appen/Schwarz*, npor 2014, 111, 113; *Burghardt*, SpuRt 2013, 142, 143; *Punte*, SpuRt 2017, 46, 49.

38 Vgl. dazu den Beitrag von *Mock/Fuhrmann* zum Gesellschaftsvertrag der Bundestheater Holding GmbH (in diesem Band § 21).

39 Ausweislich der Präambel der Satzung des *DFL Deutsche Fußball Liga e.V.* hat dieser nur das Nutzungsrecht an den zum *Deutschen Fußball-Bund e.V. (DFB)* gehörenden Vereinseinrichtungen Bundesliga und 2. Bundesliga.

schaft in diesem Verein als Voraussetzung für eine Teilnahme an der Bundesliga und der 2. Liga nur möglich, wenn ein Verein mehrheitlich an dieser beteiligt ist.[40] Diese allgemeinhin als 50+1-Regel bezeichnete Vorgabe hat ihren Ursprung in dem Beschluss des DFB aus dem Jahr 1998, Ausgliederungen von Lizenzspielerabteilungen auf Kapitalgesellschaften zuzulassen[41], dabei aber einen zu großen Einfluss von Wirtschaftsfaktoren auf den Fußball zu verhindern.[42] Die Rechtmäßigkeit dieser Regelung ist dabei gleich aus mehreren Gesichtspunkten zweifelhaft. So wird gegen diese die Vereinigungsfreiheit (Art. 9 GG)[43], die europäische Kapitalverkehrsfreiheit (Art. 63 ff. AEUV)[44] und das Wettbewerbsrecht[45] angeführt, ohne dass diese Aspekte freilich jemals gerichtlich abschließend[46] festgestellt wurden. Tatsächlich beschränken sich die Vorgaben des *DFL e.V.* bzw. des *DFB e.V.* nicht nur auf die 50+1-Regelung. Vielmehr sehen diese weitere – aus verbandsrechtlicher Sicht äußerst relevante – Vorgaben vor. So muss in der Satzung der Profifußball-Tochter-AG nicht nur eine Unterwerfung unter die Vereinsstrafgewalt des Ligaverbands bzw. des DFB erfolgen, sondern generell eine sinngemäße Geltung der Pflichten gegenüber dem Ligaverband bzw. dem DFB vorgesehen werden.[47] Darüber hinaus sieht die Lizenzierungsordnung des *DFL e.V.* allgemeine Rahmenbedingungen[48] für die Satzung eines Lizenzvereins – also an den Wettbewerben Bundesliga oder 2. Bundesliga teilnehmenden Verbänden – vor, die dann zwingend Eingang in die Satzung finden müssen. Ziel dieser Vorgaben ist es, eine einheitliche und den gewachsenen Erfordernissen des Lizenzfußballs gerecht werdende Führungsstruktur im Lizenzfußball zu erreichen.[49] Schließlich sind zudem auch noch die Vorgaben der *Union of European Football Associations (UEFA)* sowie der *Fédération Internationale de Football Association*

---

40 Dazu ausführlich *Lorz*, in: Stopper/Lentze, Handbuch Fußball-Recht, 2. Aufl. 2018, Kapitel 21 Rdnr. 15 ff.; *Stopper/Karlin*, in: Stopper/Lentze, Handbuch Fußball-Recht, 2. Aufl. 2018, Kapitel 22 Rdnr. 3 ff. mit jeweils umfangreichen weiteren Nachweisen.

41 Siehe Nachweise in Fn. 14.

42 Allgemein zur 50+1-Regel etwa *Burghardt*, SpuRt 2013, 142 ff.; siehe auch die Nachweise in Fn. 40.

43 Wohl auch *Dück/Stiegler/Terhorst/Weidt*, ZStV 2017, 41, 45.

44 *Stopper/Karlin*, (Fn. 40), Kapitel 22 Rdnr. 16 ff.; *Dück/Stiegler/Terhorst/Weidt*, ZStV 2017, 41, 45.

45 So etwa *Stopper*, WRP 2009, 413 ff.; *ders./Karlin*, (Fn. 40), Kapitel 22 Rdnr. 18; wohl auch *Dück/Stiegler/Terhorst/Weidt*, ZStV 2017, 41, 45.

46 Bisher gibt es nur eine Entscheidung des Ständigen Schiedsgerichts des DFB v. 25.8.2011, SpuRt 2011, 259 ff.

47 Siehe zu diesen sportrechtlichen Querverbindungen VII.3.

48 Anhang III (Rahmenbedingungen für die Satzung eines Lizenzvereins) der Lizenzierungsordnung des *DFL Deutsche Fußball Liga e.V.*, abrufbar unter www.dfb.de.

49 So die Vorbemerkung der Rahmenbedingungen (Fn. 48).

(FIFA) zu beachten, die insbesondere zum Schutz der Wettbewerbsintegrität bestehen.[50]

b) Profifußball-Tochter-AG als Rechtsformverfehlung?

Die Ausgliederung der Profisport-Abteilung aus einem Verein auf eine Tochter-AG ist aus vereinsrechtlicher Sicht aber nicht unproblematisch, da damit das Nebenzweckprivileg erneut[51] überschritten werden könnte.[52] Diese zunächst im Schrifttum teilweise angestoßene Diskussion[53] erlangte durch eine Entscheidung des AG München aus dem Jahr 2016[54] einen vorläufigen Höhepunkt.[55] Auf Anregung des Osnabrücker Professor *Lars Leuschner* war das AG München mit der Frage konfrontiert, ob beim *FC Bayern München e.V.* eine Rechtsformverfehlung vorliegt. Das Besondere an dieser Konstellation war dabei, dass der *FC Bayern München e.V.* seine Profisportabteilung tatsächlich schon 2001 auf eine Tochter-AG (die *FC Bayern München AG*) ausgegliedert hatte, so dass sich das AG München nicht mit der Frage auseinanderzusetzen hatte, ob der Geschäftsbetrieb einer international erfolgreichen Fußballmannschaft gegen das Nebenzweckprivileg verstößt. Vielmehr war *nur* zu erörtern, ob das Nebenzweckprivileg durch den Geschäftsbetrieb über eine Tochter-AG verletzt war. Dies lehnte das AG München unter Verweis auf die höchstrichterliche Rechtsprechung zum Nebenzweckprivileg überzeugend ab. Damit ist die Diskussion über die Reichweite des Nebenzweckprivilegs bei Sportvereinen freilich nicht abgeschlossen, zumal die Frage im Raum bleibt, ob dem Verein auch nach der Ausgliederung die wirtschaftliche Betätigung der ausgegliederten Gesellschaft zugerechnet werden muss.[56] Die vom AG München insofern offenbar[57] geäußerte Auffassung, dass die Zurechnung aufgrund der fehlenden Weisungsabhängigkeit des Vorstands der Tochter-AG ausscheidet[58], dürfte dabei jedenfalls hinsichtlich der Be-

50 Dazu ausführlich *Stopper/Karlin*, (Fn. 40), Kapitel 22 Rdnr. 32 ff. und 41 ff.

51 Zum Nebenzweckprivileg bei Betrieb einer Profisport-Abteilung im Rahmen des Idealvereins siehe III.2.b).

52 Dazu etwa *Gubitz/Hildebrand*, NZG 2017, 495, 498; *Leuschner*, NZG 2017, 16, 19.

53 *Beuthien*, NZG 2015, 449; *Leuschner*, ZIP 2015, 356.

54 AG München v. 15.9.2016 – V R 2463, (unveröffentlicht); dazu etwa *Wettich*, GWR 2016, 403.

55 Dazu ausführlich *Dück/Stiegler/Terhorst/Weidt*, ZStV 2017, 41 ff.

56 Dazu etwa *von Appen/Schwarz*, npor 2014, 111, 113; *Dück/Stiegler/Terhorst/Weidt*, ZStV 2017, 41, 43; *Gubitz/Hildebrand*, NZG 2017, 495, 499.

57 So jedenfalls *Gubitz/Hildebrand*, NZG 2017, 495, 499.

58 AG München (Fn. 54).

gründung wenig überzeugend sein.[59] Somit schwebt über der Verwendung der Rechtsform des eingetragenen Idealvereins noch immer das Damoklesschwert der Rechtsformverfehlung.[60]

4. Alternative Strukturen und Modelle der externen Finanzierung von Profi-Fußball-Abteilungen

Die Ausgliederung von Profi-Fußball-Abteilungen auf eine Tochter-AG ist allerdings nur eines von vielen Modellen zur externen Finanzierung. Daneben haben sich in den vergangenen Jahren in Deutschland zahlreiche andere Modelle etabliert.[61] Dazu zählen zunächst verschiedenste Arten der Aufnahme von Fremdkapital bei Einzelpersonen in Form von Nachrangdarlehen oder stillen Beteiligungen oder am geregelten oder ungeregelten Kapitalmarkt durch die Emission von Schuldverschreibungen etwa in Form von Fananleihen. Daneben finden sich aber auch andere Formen der Eigenkapitalfinanzierung, die entweder im KGaA-Modell[62] oder teilweise durch die Gründung einer Tochter-GmbH[63] erfolgt. Klassische Formen wie etwa die Finanzierung über Spenden kommen für den Bereich des Profi-Fußballs schnell an ihre Grenzen, da das erforderliche Finanzierungsvolumen nur durch sehr hohe Einzelspenden erreicht werden kann. Diese sind allerdings schwer zu realisieren, da die Spender nach der erfolgten Spende keinerlei Mitspracherechte oder einen Einfluss auf die Verwendung der Spenden haben. Der kritischste Punkt dürfte aber die steuerrechtliche Behandlung von Spenden sein. Soweit die Profi-Fußball-Abteilung als nicht gemeinnütziger Verein organisiert ist oder eben die Gemeinnützigkeit verliert, unterliegen Zuwendungen der Schenkungsteuer, soweit ihnen keine Gegenleistung des Vereins gegenübersteht.[64] Eine solche Gegenleistung im schenkungssteuerrechtlichen Sinne kann dabei selbst bei dem Recht des Zuwendenden, auf die Zusammensetzung einer Vereinsmannschaft Einfluss nehmen zu können, nicht angenommen

59 *Gubitz/Hildebrand*, NZG 2017, 495, 499; *Leuschner*, NZG 2017, 16, 20.

60 Ebenfalls Zweifel äußernd *von Appen/Schwarz*, npor 2014, 111, 113; *Dück/Stiegler/Terhorst/Weidt*, ZStV 2017, 41, 45 f.; *Gubitz/Hildebrand*, NZG 2017, 495, 499.

61 Zur Finanzierung von Fußball-Vereinen ausführlich *Dworak*, Finanzierung für Fußballunternehmen, 2010; *Schneider*, in: Stopper/Lentze, Handbuch Fußball-Recht, 2. Aufl. 2018, Kapitel 24.

62 Dazu ausführlich etwa *Arnold*, FS Fenn, 2000, S. 9 ff.; *Lorz*, (Fn. 40), Kapitel 21 Rdnr. 46 ff.

63 Vgl. dazu *Lorz*, (Fn. 40), Kapitel 21 Rdnr. 37 ff.

64 *Von Appen/Schwarz*, npor 2014, 111, 113; ausführlich *Schauhoff/Fischer*, Non Profit Law Yearbook 2002, 2003, S. 199 ff.

werden.[65] Zuwendungen an gemeinnützige Körperschaften unterliegen nach § 13 Abs. 1 Nr. 16b ErbStG zwar nicht der Schenkungssteuer. Allerdings ist eine solche Gemeinnützigkeit für Tochtergesellschaften mit einer Profi-Fußball-Abteilung kaum zu erreichen, so dass dieses Modell mit einer Ausgliederung in der Regel nicht kombiniert werden kann.

5. Zwischenergebnis

Die Ausgliederung der Profi- oder Lizenzspielerabteilung auf eine Aktiengesellschaft ermöglicht vor allem die Erschließung neuer Finanzierungsquellen und eine Professionalisierung der Organisationsstruktur, was mit einer Fankultur im traditionellen Sinne freilich wenig vereinbar ist. Eine abschließende Rechtssicherheit besteht bei diesem Modell allerdings nicht, da die Frage der Vereinbarkeit mit dem Nebenzweckprivileg höchstrichterlich nicht geklärt ist. Eine gewisse Ironie stellt es dabei dar, dass die höchstrichterliche Rechtsprechung aber die Vorgaben für das *traditionelle Modell* in Form des Betriebs der Profi- oder Lizenzspielerabteilung im Idealverein inzwischen wohl gelockert hat, so dass eine Ausgliederung vor diesem Hintergrund sogar größere Rechtsunsicherheit als die Beibehaltung des *traditionellen Modells* birgt. Gleichwohl bleiben zahlreiche andere Vorteile, so dass eine Rückkehr vom Ausgliederungs- zum *traditionellen Modell* – etwa in Form von Verschmelzungen – nicht zu erwarten ist.[66]

IV. Gründung durch Ausgliederung

Die Gründung einer Aktiengesellschaft zur Teilnahme an einem Sportwettbewerb ist grundsätzlich durch eine Neugründung denkbar. Bei bereits bestehenden Vereinen erfolgt die Gründung allerdings in der Regel durch eine Ausgliederung nach §§ 123 Abs. 3 Nr. 1, 125 ff. UmwG, wovon auch der *Hamburger Sport-Verein e.V.* im Jahr 2014 Gebrauch gemacht hat.[67] Für diesen Ausgliederungsvorgang ergeben sich dabei keine sportrechtlichen oder sonstigen Besonderheiten. Die für die Teilnahme an der Bundesliga erforderliche Mitgliedschaft beim *DFL e.V.* konnte frei-

---

65 BFH v. 15.3.2007 – II R 5/04, BFHE 215, 540 = DStR 2007, 799.

66 Ebenso in der Einschätzung *Alte/Mailänder*, npor 2017, 244 ff.

67 Ausgliederungs- und Übernahmevertrag zwischen der *HSV Sport AG* und dem *Hamburger Sport-Verein e.V.* vom 27.5.2014, Urkundenrolle 1821/2014 EN, abrufbar im Handelsregister.

lich aufgrund deren fehlender Übertragbarkeit (§ 38 Satz 1 BGB)[68] nicht auf die spätere *HSV Fußball AG* übergehen. Allerdings hat die spätere *HSV Fußball AG* die Mitgliedschaft wohl durch eine gesonderte Vereinbarung mit dem *DFL e.V.* erhalten.[69] Dieser Aspekt wird zwar auch in § 24 Abs. 1 Satzung *HSV Fußball AG* geregelt, stellt bei Lichte besehen aber einen wohl irrelevanten Fremdkörper in der Satzung dar, da diese nicht regeln kann, ob die *HSV Fußball AG* tatsächlich Mitglied des *DFL e.V.* ist.

V. Fußballsport als Unternehmensgegenstand

Betrachtet man die einzelnen Satzungsbestandteile und nähert sich zunächst dem Unternehmensgegenstand der *HSV Fußball AG* stellt man wenig Überraschendes fest. Nach § 2 der Satzung besteht dieser in der Beteiligung am bezahlten und unbezahlten Fußballsport innerhalb und außerhalb der Lizenzligen des DFB und der DFL und der Fortführung des bisherigen Geschäftsbetriebs des *Hamburger Sport-Verein e.V.* (§ 2 Abs. 1 Satz 2 Satzung *HSV Fußball AG)*. Darüber hinaus ist der Gegenstand des Unternehmens aber auch der Erwerb und die Verwaltung eigenen Vermögens (§ 2 Abs. 3 Satz 1 Satzung *HSV Fußball AG)*. Für diesen Zweck kann die *HSV Fußball AG* alle Geschäfte eingehen, die zur Förderung dieses Gesellschaftszwecks geeignet sind. Eine nicht unerhebliche Einschränkung ergibt sich aber aus § 2 Abs. 3 Satz 2 Satzung *HSV Fußball AG*, wonach der Erwerb von Beteiligungen an anderen vom *DFB e.V.* und der *DFL e.V.* lizenzierten Fußball-Kapitalgesellschaften ausgeschlossen ist. Damit werden die Vorgaben von § 8 Abs. 3 UAbs. 2 Satzung *DFL e.V.* umgesetzt, womit die Entwicklung einer wettbewerbsverzerrenden Konzernstruktur mit anderen Fußballverbänden vermieden werden soll. Interessanterweise ist ein solcher Beteiligungserwerb aber nur für „deutsche" Fußball-Kapitalgesellschaften ausgeschlossen, so dass der Aufbau einer internationalen Konzernstruktur durchaus möglich ist. Zudem berührt diese Regelung nur die Beteiligung der *HSV Fußball AG* an anderen Gesellschaften, die selbst an der Bundesliga teilnehmen. Daneben stellt sich die Frage, inwiefern ein Aktionär an mehreren „Fußball-Kapitalgesellschaften" beteiligt sein darf, was ebenfalls durch die Satzung beschränkt wird.[70]

---

68 Zur fehlenden Übertragbarkeit der Mitgliedschaft bei Teilidentität bei Umwandlungsvorgängen *Könen*, (Fn. 25), § 38 Rdnr. 109.

69 Vgl. § 8 Abs. 3 Satzung *DFL Deutsche Fußball Liga e.V.*

70 Siehe VIII.2.c).

VI. Finanzverfassung

Hinsichtlich der Finanzverfassung wartet die Satzung der *HSV Fußball AG* mit einigen aktienrechtlichen Besonderheiten auf.

1. Grundkapital

So beträgt das Grundkapital derzeit[71] ca. 4,6 Mio. Euro und liegt somit deutlich über den Mindestvorgaben von § 7 AktG. Diese Höhe ist allerdings weniger betriebswirtschaftlichen Gegebenheiten geschuldet oder auf einen tatsächlichen Finanzierungsbedarf zurückzuführen. Vielmehr geht dieser Betrag auf die zahlreichen Kapitalerhöhungen zurück, die im Rahmen des Einstiegs verschiedener Sponsoren bzw. Aktionäre durchgeführt wurden. Eine tatsächliche Bedeutung dürfte die Höhe des Grundkapitals und die Beteiligung der Sponsoren als Aktionäre nicht haben. Da die Satzung für die Ausgabe der neuen Aktien an Sponsoren keine Vorgaben für ein Agio macht, ist dieses vom Vorstand festzusetzen (§ 186 Abs. 2 AktG).[72] Insofern besteht hier die Möglichkeit den von dem jeweiligen Sponsor aufgebrachten Betrag von Fall zu Fall auf den Nennbetrag der ausgegebenen Aktien und ein Agio zu verteilen.

Das Grundkapital ist nach § 4 Abs. 1 Satz 2 Satzung *HSV Fußball AG* in Nennbetragsaktien mit einem Nennbetrag von einem Euro eingeteilt. Die Nutzung von Nennbetragsaktien statt der seit 1998 zulässigen Stückaktien erscheint dabei wenig innovativ. Mit der Festsetzung des nach § 8 Abs. 2 Satz 1 AktG kleinstmöglichen Nennbetrags auf einen Euro handelt es sich aber faktisch um Stückaktien, da andere (noch kleinere) Nennbeträge aufgrund von § 8 Abs. 2 Satz 1 AktG nicht möglich sind, an größeren Nennbeträgen kein Interesse besteht[73] und die Anzahl der Aktien mit der Höhe des Grundkapitals übereinstimmt. Die kleine Stückelung des Nennbetrags dürfte darauf zurückzuführen sein, dass man damit umfangreiche Kapitalmaßnahmen durchführen kann, ohne die Mindestbeteiligung des *Hamburger Sport-Vereins e.V.* zu gefährden.[74]

---

71 Stand 25. August 2020.

72 Zur Kompetenz für die Festsetzung des Agio bei Kapitalerhöhungen vgl. *Mock*, in: Großkommentar zum AktG, 5. Aufl. 2017, § 9 Rdnr. 91 ff.; *Vatter*, in: BeckOGK, Stand 1.7.2020, § 9 Rdnr. 9.

73 Siehe dazu ausführlich IX.1.b).

74 Siehe insbesondere zum Bezugsrecht VIII.1.b).

2. Verankerung der 50+1-Regel

Eine erhebliche Einschränkung der Finanzverfassung ergibt sich aus § 4 Abs. 3 Satzung *HSV Fußball AG*, wonach der *Hamburger Sport-Verein e.V.* immer Hauptaktionär mit einer Beteiligung von mindestens 50 % plus eine Aktie am Grundkapital bleibt. Hintergrund dieser Klausel ist die 50+1-Regel.[75] Die Formulierung dieser Satzungsklausel liest sich bei genauerer Betrachtung allerdings weniger wie eine rechtliche Vorgabe, sondern eher wie eine Feststellung. Ein Unterschied für die rechtliche Tragweite dieser Satzungsklausel dürfte daraus aber nicht abgeleitet werden. Vielmehr folgt aus dieser, dass sowohl ein Kapitalerhöhungsbeschluss der Hauptversammlung als auch die Ausübung des genehmigten Kapitals durch den Vorstand diese Vorgabe berücksichtigen müssen. Daher wäre ein entsprechender Hauptversammlungsbeschluss, der zu einem Unterschreiten dieser Mindestbeteiligung des *Hamburger Sport-Vereins e.V.* führen würde, nach § 243 Abs. 1 AktG aufgrund des Verstoßes gegen die Satzung anfechtbar; ein Nichtigkeitsgrund wäre hingegen nicht abzuleiten. Die Erhebung einer entsprechenden Anfechtungsklage wäre in einem solchen Fall nicht nur für den Vorstand aktienrechtlich geboten (§ 245 Nr. 4 AktG)[76], sondern für die weitere Teilnahme am Spielbetrieb der Bundesliga und 2. Bundesliga essentiell, da bei einem Verstoß gegen die 50+1-Regel der Lizenzentzug droht.

3. Aktienausgabe im Rahmen eines genehmigten Kapitals

Schließlich findet sich in der Satzung der *HSV Fußball AG* auch ein genehmigtes Kapital (§ 4 Abs. 5 Satzung *HSV Fußball AG*), wonach der Vorstand für einen Zeitraum von fünf Jahren nach Eintragung der Satzungsänderung neue Aktien gegen Bar- oder Sacheinlagen ausgeben darf; das Grundkapital darf insofern aber nur um 655.866 Euro erhöht werden, was ca. 14 % des derzeitigen Grundkapitals entspricht. Die Verankerung dieser Kapitalmaßnahme in der Satzung scheint darauf zurückzuführen zu sein, dass auch bei der *HSV Fußball AG* ein Bedarf nach einer flexiblen und schnellen Kapitalzufuhr besteht. Selbstverständlich ist dies freilich nicht, da die Durchführung von Hauptversammlungen aufgrund des doch sehr überschaubaren Aktionärskreises recht kurzfristig möglich sein sollte.

---

75 Siehe dazu ausführlich III.3.a).

76 Zur Anfechtungspflicht bei Drohen eines Gesellschaftsschadens vgl. nur *Hüffer/Koch*, AktG, 14. Aufl. 2020, § 245 Rdnr. 36; *Hüffer/Schäfer*, in: Münchener Kommentar zum AktG, 4. Aufl. 2016, § 243 Rdnr. 131 f.; monographisch dazu auch *Mock*, Die Heilung fehlerhafter Rechtsgeschäfte, 2014, S. 513 ff.

VII. Organisationsverfassung

Auch die Organisationsverfassung der *HSV Fußball AG* scheint auf den ersten Blick keine Besonderheiten aufzuweisen. Die *HSV Fußball AG* folgt der aktienrechtlich zwingend (§ 23 Abs. 5 AktG) vorgegebenen dualistischen Organisationsverfassung.

1. Starre Organisationsstruktur als Verhandlungsvorteil

Auch wenn dies aus Sicht des Aktienrechts wenig überraschend ist, besteht darin doch ein erheblicher Unterschied zur Organisationsverfassung der Traditionsvereine in der Rechtsform des Idealvereins, da diese aufgrund der durch § 25 BGB eingeräumten Gestaltungsfreiheit typischerweise gleich über eine ganze Reihe verschiedenster Gremien verfügen, ohne dass deren Aufgabenbereiche klar voneinander abzugrenzen sind. Dies zeigt sich etwa beim *Hamburger Sport-Verein e.V.*, der über ein Präsidium, einen Beirat, einen Amateurvorstand, einen Ehrenrat, einen Seniorenrat, eine Abteilungsleitung Fördernde Mitglieder und einen Rechnungsprüfer verfügt, die in der Satzung alle als Organe des Vereins bezeichnet werden (§ 13 Satzung *Hamburger Sport-Verein e.V.*). Insofern hat die Ausgliederung der Profi-Fußball-Abteilung auf die *HSV Fußball AG* zu einer enormen Vereinfachung und Verschlankung der Organisationsstrukturen im Hinblick auf die Profifußball-Abteilung geführt. Damit ist auch bei diesem Organisationsmodell das Motiv der besseren Strukturierung und Lenkung einzelner „Unternehmensbestandteile“ als Motiv der Konzernbildung vorzufinden.[77] Zudem ist zu beachten, dass die Organisationsstruktur aufgrund der Satzungsstrenge (§ 23 Abs. 5 AktG) zwingend vorgegeben ist und nicht abgeändert werden kann. Darin liegt aber tatsächlich ein erheblicher Vorteil der AG im Rahmen des Ausgliederungsprozesses, da dadurch langwierige Mitspracherechte von allerlei Gremien nicht vorgesehen werden können. Die AG ist insofern ein *Take-it-or-leave-it*-Modell, was bei der – aus Sicht der Fans als „bisherige Eigentümer“ – emotionalen Grundentscheidung der Ausgliederung erheblich zur Versachlichung beiträgt.[78]

---

77 Zu den Motiven der Konzernbildung vgl. etwa *Emmerich/Habersack*, Konzernrecht, 11. Aufl. 2020, § 1 III.

78 Die Satzungsstrenge hingegen eher als einen negativen Umstand betrachtend etwa *Lorz*, (Fn. 40), Kapitel 21 Rdnr. 87 mit einer Betonung der geringeren Flexibilität.

2. Vorstand

Die *HSV Fußball AG* verfügt über einen aus einer oder mehreren Person(en) bestehenden Vorstand (§ 5 Abs. 1 Satzung *HSV Fußball AG*), der die Geschäfte nach Maßgabe der Gesetze, der Satzung und der Geschäftsordnung zu führen hat (§ 6 Abs. 1 Satzung *HSV Fußball AG*). Insofern ergeben sich aktienrechtlich keine Besonderheiten, wenn man von den besonderen Inkompatibilitätsvorschriften nach § 25 Abs. 1 Satzung *HSV Fußball AG* absieht. Tatsächlich dürfte der Unterschied zur Rechtslage vor der Ausgliederung in seiner Bedeutung aber nicht zu unterschätzen sein. Der Vorstand der *HSV Fußball AG* kann diese eigenverantwortlich und damit weisungsfrei leiten (§ 76 AktG) und ist damit deutlich unabhängiger als ein Vorstand eines Vereins, vor allem wenn dieser – wie etwa beim *Hamburger Sport-Verein e.V.* – über zahllose weitere Organe mit wenig präziser Zuständigkeitsabgrenzung verfügt. Problematisch ist insofern allerdings, dass eben diese eigenverantwortliche Leitung in unzulässiger Weise durch die sportrechtlichen Satzungsregelungen eingeschränkt wird.[79]

3. Aufsichtsrat

Daneben besteht ein Aufsichtsrat, der sich aus sechs Mitgliedern zusammensetzt (§ 7 Abs. 1 Satzung *HSV Fußball AG*). Dieser zahlenmäßigen Beschränkung kommt dabei eine enorme Bedeutung zu. Die großen Traditionsvereine zeichnen sich typischerweise durch Aufsichts- oder Beiräte mit einer großen Anzahl von Mitgliedern aus, die oftmals zahlenmäßig nicht zwingend beschränkt sind bzw. aufgrund der großen Anzahl verschiedener Gremien mit sehr vielen Personen besetzt sind.[80] Dadurch ist erfahrungsgemäß eine Sicherstellung einer Verschwiegenheit kaum zu gewährleisten, auch wenn die Mitglieder der Beiräte eines Vereins selbstverständlich einer Verschwiegenheitspflicht unterliegen. Gerade der *Hamburger Sport-Verein e.V.* war dafür vor der Ausgliederung der Profifußball-Abteilung auf die *HSV Fußball AG* ein negatives Beispiel, da vertrauliche Informationen aus den Beiratssitzungen typischerweise innerhalb weniger Stunden ihren Weg in die Tagespresse fanden. Dass vorliegend ein Bedürfnis nach einem verhältnismäßig kleinen Aufsichtsrat besteht, zeigt sich auch daran, dass mit der Beschränkung auf sechs Mitglieder die gesetzlich vorgegebene Maximalgröße von 15

79 Siehe VII.3.

80 Dies gilt etwa für den *Hamburger Sport-Verein e.V.*, bei dem das Präsidium aus drei, der Beirat aus fünf und der Ehrenrat aus fünf Personen besteht.

Mitgliedern[81] deutlich unterschritten wurde. Etwaige Vorgaben des Mitbestimmungsrechts sind für die *HSV Fußball AG* – wie für alle in einer eigenen Kapitalgesellschaft organisierten Profi-Fußball-Abteilungen – nicht relevant, da die dafür erforderlichen Arbeitnehmerzahlen bei weitem nicht erreicht werden.

Zudem ist zu beachten, dass die Wahl der Aufsichtsratsmitglieder auf der Hauptversammlung der *HSV Fußball AG* deutlich professioneller und selektiver vorgenommen werden kann. Durch die geringe Anzahl von Aktionären (derzeit fünf) kann ein deutlich professionellerer Auswahlprozess erfolgen, ohne dass man dabei von Zufallsmehrheiten mit der Folge der Wahl entsprechender „Überraschungskandidaten" abhängig ist, wie dies früher beim *Hamburger Sport-Verein e.V.* der Fall war. Interessant ist zudem, dass § 7 Abs. 2 Satz 1 Satzung *HSV Fußball AG*[82] vorsieht, dass der Präsident des *Hamburger Sport-Verein e.V.* ein geborenes Mitglied des Aufsichtsrats ist. Der Sache nach dürfte es sich dabei um ein Entsenderecht handeln, da der *Hamburger Sport-Verein e.V.* aufgrund der 50+1-Regel stets Aktionär der *HSV Fußball AG* bleiben muss, so dass es sich um einen Fall von § 101 Abs. 2 Satz 1 Alt. 2 AktG (*Entsenderecht für bestimmte Aktionäre*) handelt. Dafür spricht auch, dass bei einem Ausscheiden des Präsidenten der Vize-Präsident automatisch Mitglied des Aufsichtsrats wird (§ 7 Abs. 3 Satz 5 Satzung *HSV Fußball AG*). Eine Besonderheit besteht allerdings darin, dass dem *Hamburger Sport-Verein e.V.* kein Recht zur Auswahl einer bestimmten Person als Aufsichtsratsmitglied eingeräumt wird, sondern das Entsenderecht mit der Wahl des Präsidenten des *Hamburger Sport-Verein e.V.* sozusagen gleichzeitig ausgeübt wird. Der Hintergrund dieser Gestaltung dürfte wohl auch in dem Umstand zu suchen sein, dass man den Interessen der Mitgliederversammlung des *Hamburger Sport-Verein e.V.* an einer Einflussnahmemöglichkeit auf den Aufsichtsrat der *HSV Fußball AG* entsprechen wollte, zumal die Mitgliederversammlung bei einem rechtsfähigen Verein dem Vorstand dahingehend eine verbindliche Weisung erteilen könnte. Im Ergebnis dürften an der Zulässigkeit von § 7 Abs. 2 Satz 1 Satzung *HSV Fußball AG* aber keine Zweifel bestehen, da es aus Sicht der *HSV Fußball AG* egal ist, ob der *Hamburger Sport-Verein e.V.* als Hauptaktionär sein Entsenderecht eigenständig ausübt oder dieses mit der Person des Präsidenten verknüpft ist. Nachteilig – ohne aber eine fehlende rechtliche Zulässigkeit zu begründen – ist diese Gestaltung lediglich für den *Hamburger Sport-Verein e.V.*, da dieser keinen direkten Einfluss mehr auf das Entsenderecht hat, da dessen Ausübung sowohl in der Satzung der *HSV Fußball AG* als auch der Satzung des *Ham-*

---

81 Da die *HSV Fußball AG* über ein Grundkapital von 4.594.134 Euro verfügt, ergibt sich eine Maximalgröße von fünfzehn Mitgliedern (§ 95 Abs. 1 Satz 4 AktG).

82 Dies sieht im Übrigen auch § 18 Abs. 7 Satzung *Hamburger Sport-Verein e.V.* vor.

burger Sport-Verein e.V. geregelt ist, was aber offenbar bewusst so gestaltet wurde. Wollte man gleichwohl in der geborenen Aufsichtsratsmitgliedschaft des Präsidenten des *Hamburger Sport-Verein e.V.* eine unzulässige Regelung sehen, hätte dies fatale Folgen. Da es dann an einer wirksamen Entsendung fehlt, wäre der Präsident schon kein Aufsichtsratsmitglied; auf eine Anfechtung nach § 251 Abs. 1 AktG käme es dann mangels Bestellungsbeschluss schon nicht an.

4. Hauptversammlung

Schließlich verfügt die *HSV Fußball AG* über eine Hauptversammlung, für die in der Satzung die aktienrechtstypischen Regelungen enthalten sind. Die meist zwingenden Regelungen passen freilich nur bedingt zu der überschaubaren Aktionärsstruktur der *HSV Fußball AG.* Dies gilt insbesondere für die Einberufungsfrist von 30 Tagen (§ 15 Abs. 3 Satzung *HSV Fußball AG*), was bei einer Anzahl von lediglich fünf Aktionären inklusive des *Hamburger Sport-Verein e.V.* als Hauptaktionär wenig Sinn macht, nun einmal aber durch § 123 Abs. 1 Satz 1 AktG vorgegeben wird. Auch bei den Kompetenzen der Hauptversammlung folgt die Satzung der *HSV Fußball AG* den aktienrechtlichen Vorgaben und enthält insofern nichts Überraschendes. An dieser Stelle zeigt sich aber auch wieder die an sich fehlende (umfassende) Eignung der Rechtsform der AG für eine Profi-Fußball-Tochtergesellschaft. Dies wird vor allem bei der Gewinnverwendung deutlich. Nach § 22 Satzung *HSV Fußball AG* beschließt die Hauptversammlung über die Gewinnverwendung, ohne dabei größeren Beschränkungen unterworfen zu sein. Daher könnte die Hauptversammlung auch eine Ausschüttung beschließen, woran die Aktionäre freilich kein Interesse haben, da ihre Mitgliedschaft letztlich altruistisch[83] ausgestaltet ist. Insofern sind die in § 22 Satzung *HSV Fußball AG* in Bezug genommenen Regelungen zur Dividendenauszahlung praktisch nicht relevant, zumal ein Ausschüttungsbeschluss gegen den *Hamburger Sport-Verein e.V.* als zwingenden[84] Hauptaktionär nicht gefasst werden kann.

83 Siehe VIII.
84 Zur 50+1-Regel siehe III.3.a).

5. Verbindlichkeit externer Satzungen, Statute und Ordnungen des *DFL e.V.* und des *DFB e.V.*

Aus organisationsrechtlicher Perspektive ist schließlich die in § 24 Abs. 2 Satz 1 Satzung *HSV Fußball AG* angeordnete Verbindlichkeit der externen Satzungen, Statute und Ordnungen des *DFL e.V.* und des *DFB e.V.* bemerkenswert. Danach sind die Satzungen, die Statuten, die Ordnungen und Durchführungsbestimmungen des *DFL* e.V., des *DFB* und seiner Regional- und Landesverbände sowie die Entscheidungen und Beschlüsse der Organe dieser Verbände und der DFL als Beauftragte des *DFL e.V.* für die *HSV Fußball AG* verbindlich.

a) Bindung der Gesellschaft und/oder ihrer Organe?

Dabei stellt sich als erstes die Frage, welche Art von Verbindlichkeit mit diesen dynamischen Verweisklauseln[85] zum Ausdruck kommen soll. Da es sich um eine Satzungsregelung handelt, dürfte es sich wohl nicht nur um eine externe Bindung der *HSV Fußball AG* handeln, da diese ohne weiteres durch den Beitritt der *HSV Fußball AG* als Mitglied bei den genannten Organisationen oder durch vertragliche Vereinbarungen mit diesen hergestellt werden kann. Vielmehr ist mit dieser Regelung wohl beabsichtigt, eine Bindungswirkung auch im Innenverhältnis zu begründen. Dafür spricht insbesondere der Umstand, dass diese Satzungsregelung sich zum einen auch bei anderen Teilnehmern der Bundesliga in anderen Rechtsformen findet und zum anderen, dass § 11 lit. b) Satzung *DFL e.V.*[86] ausdrücklich darauf abstellt, dass unter anderem auch die Organe und die Einzelmitglieder (!) der Gesellschaft diesen Bindungen unterliegen. Auch wenn somit offenbar eine interne Bindung gemeint sein soll[87], bestehen aber Zweifel an deren Zulässigkeit.

---

85 Zu diesen insgesamt *Heermann*, ZHR 174 (2010), 250 ff.

86 § 11 lit. b) Satzung *DFL e.V. lautet:*

„Die Mitglieder sind verpflichtet,

...

b) die für sie als Mitglieder geltenden Verpflichtungen sinngemäß in ihre Satzung bzw. in ihre Gesellschaftsverträge zu übernehmen und dafür zu sorgen, dass sie selbst und ihre Einzelmitglieder sowie die Organe und Mitarbeiter, die Spieler und Betreuer der Mannschaften sich den einschlägigen Bestimmungen der Satzungen des DFL e.V. und des DFB sowie der Ordnungen beider Verbände und des Ligastatuts sowie den Entscheidungen und Beschlüssen der zuständigen Gremien unterwerfen,

...“

87 Zur Bindung der Aktionäre IX.1.d).

b) Vorstand

Für den Vorstand ergibt sich dies aus dem Grundsatz der eigenverantwortlichen Leitung der Gesellschaft (§ 76 Abs. 1 AktG). Dem Aktienrecht ist eine Leitung einer Aktiengesellschaft unter Fremdeinfluss im Grundsatz nicht fremd, allerdings lassen sich klare Grenzen dafür aus der bisherigen Rechtsprechung und dem Schrifttum nur bedingt ableiten.[88] Eine gewisse Parallele zwischen der in § 24 Abs. 2 Satz 1 Satzung *HSV Fußball AG* vorgenommenen Selbstbindung besteht aber mit konzernexternen Betriebsführungsverträgen, zu denen aber auch kein einheitliches Meinungsbild im Schrifttum existiert.[89] Zentrale Argumente dürften im vorliegenden Fall die fehlende Teilnahmemöglichkeit an der Bundesliga und der 2. Bundesliga sein, da die fehlende Umsetzung von § 11 lit. b) Satzung *DFL e.V.* einer Lizenzierung für den Spielbetrieb entgegensteht. Damit würde aus der Unzulässigkeit der Bindung letztlich die fehlende Eignung der AG für die Teilnahme am Spielbetrieb der Bundesliga und der 2. Bundesliga folgen. Überzeugender dürfte daher sein, grundsätzlich von einer Vereinbarkeit von § 24 Abs. 2 Satz 1 Satzung *HSV Fußball AG* mit § 76 Abs. 1 AktG auszugehen, insofern aber im Rahmen der organschaftlichen Sorgfaltspflicht keine allumfassende Bindung anzunehmen.[90] Dies hätte zur Folge, dass eine Bindung des Vorstands grundsätzlich anzunehmen ist, diese aber durch das Gesellschaftsinteresse überlagert wird, so dass gerade keine uneingeschränkte Befolgungspflicht besteht. Somit könnten die Vorstandsmitglieder gegenüber der *HSV Fußball AG* nach § 93 Abs. 2 AktG auch dann haften, wenn sie ihre Entscheidung auf Satzungen, Statute und Ordnungen des *DFL e.V.* und/oder des *DFB e.V.* gestützt haben.

c) Aufsichtsrat

Für den Aufsichtsrat scheint die in § 24 Abs. 2 Satz 1 Satzung *HSV Fußball AG* vorgesehene Bindung weniger problematisch, findet der Grundsatz der eigenverant-

---

88 Dazu ausführlich *Fleischer*, in. BeckOGK, Stand 15.1.2020, § 76 Rdnr. 75 ff.; *ders.*, FS Schwark, 2009, S. 137 ff.; *Hüffer/Koch*, (Fn. 76), § 76 Rdnr. 27; *Kort*, in: Großkommentar zum AktG, 5. Aufl. 2015, § 76 Rdnr. 41; *Mertens/Cahn*, in: Kölner Kommentar zum AktG, 3. Aufl. 2010, § 76 Rdnr. 48; *Spindler*, in: Münchener Kommentar zum AktG, 5. Aufl. 2019, § 76 Rdnr. 27 ff.

89 Für einen Überblick zum Meinungsstand vgl. *Fleischer*, (Fn. 88), § 76 Rdnr. 79 f. mit umfangreichen Nachweisen aus dem Schrifttum.

90 Mit einer solchen Differenzierung beim Problem der Fremdbestimmung des Vorstands einer AG auch *Fleischer*, (Fn. 88), § 76 Rdnr. 76; *ders.*, FS Schwark, 2009, S. 137, 155; *Hüffer/Koch*, (Fn. 76), § 76 Rdnr. 27.

wortlichen Leitung der AG durch den Vorstand (§ 76 Abs. 1 AktG) beim Aufsichtsrat doch keine Entsprechung. Allerdings stellt sich auch beim Aufsichtsrat letztlich ein ähnlich gelagertes Problem in der Form, inwiefern die Vorgaben des *DFL* e.V. bzw. des *DFB e.V.* bei der Bestimmung der für den Aufsichtsrat geltenden Überwachungsmaßstäbe[91] verbindlich sind. Im Ergebnis wird man dabei zum gleichen Ergebnis wie beim Vorstand kommen.[92]

6. Unterwerfung unter die Vereinsstrafgewalt des *DFL e.V.* bzw. des *DFB e.V.*

Bemerkenswert ist zudem die in § 24 Abs. 2 Satz 3 und 4 Satzung *HSV Fußball AG* vorgesehene Unterwerfung unter die Vereinsstrafgewalt des *DFL e.V.* bzw. des *DFB e.V.* Dies ist sportrechtlich betrachtet durchaus keine ungewöhnliche Regelung, ist eine eigene Vereinsstrafgewalt doch in nahezu allen Weltsportorganisationen vorzufinden. Aus aktienrechtlicher Sicht dürften sich dahingehend keine neuen Aspekte ergeben, die über die im allgemeinen verbandsrechtlichen Kontext geäußerten Bedenken[93] hinausgehen.

VIII. Konzernrechtliche Einbindung in den *Hamburger Sport-Verein e.V.*

Schließlich ist erstaunlich, dass die Satzung jenseits der Verankerung der 50+1-Regel[94] und der geborenen Mitgliedschaft des Präsidenten im Aufsichtsrat[95] wenig Vorsorge für eine konzernrechtliche Verbindung zwischen der *HSV Fußball* AG und dem *Hamburger Sport-Verein e.V.* getroffen hat. Erstaunlicherweise fehlt es insbesondere an dem Abschluss eines Unternehmensvertrags (§§ 291 ff. AktG) zwischen beiden Gesellschaften. Dies muss überraschen, da sich auf diese Weise jenseits der Personalhoheit über den Aufsichtsrat aufgrund der 50+1-Regel eine direkte Einflussnahme sicherstellen ließe. Tatsächlich wird der Abschluss eines

---

91 Dazu nur *Habersack*, in: Münchener Kommentar zum AktG, 5. Aufl. 2019, § 111 Rdnr. 29 ff.; *Hopt/Roth*, in: Großkommentar zum AktG, 5. Aufl. 2018, § 111 Rdnr. 102 ff.

92 Siehe VII.3.b).

93 Vgl. dazu etwa *Summerer*, (Fn. 28), Kapitel 3 (S. 269 ff.); vgl. auch jüngst BGH v. 20.9.2016 – II ZR 25/15, BGHZ 212, 70 = NZG 2016, 1315.

94 Siehe VI.2.

95 Siehe VII.3.

solchen Unternehmensvertrags im sportrechtlichen Schrifttum auch nicht empfohlen oder erwähnt.[96] Hintergrund dürfte sein, dass an einer über die bloße Mehrheitsbeteiligung hinausgehenden Einflussnahme kein tatsächlicher Bedarf besteht bzw. die durch die Ausgliederung erreichte Professionalisierung der Organisationsstruktur der Profifußball-Abteilung wieder verlorengehen würde, da die Mitgliederversammlung des *Hamburger Sport-Verein e.V.* dann wieder eine Einflussnahmemöglichkeit erhalten würde.

IX. Die (altruistische) Mitgliedschaft

Hinsichtlich der Mitgliedschaft der Aktionäre an der *HSV Fußball AG* ergeben sich auf den ersten Blick keine Besonderheiten. Bei einer näheren Betrachtung erscheint dies jedoch anders, da die für Aktionäre an einer unternehmerisch tätigen Aktiengesellschaft relevanten Mitgliedschaftsrechte bei der *HSV Fußball AG* in großen Teilen wenig Bedeutung haben.

1. Vermögens- und Verwaltungsrechte

a) Gewinnbeteiligung ohne geplante Ausschüttungen

Dies gilt vor allem für das Gewinn- oder Dividendenrecht, was durch die Satzung in keiner Form modifiziert wird. Insofern findet sich in § 22 Satzung *HSV Fußball AG* eine Regelung, die in keinem spezifischen Zusammenhang mit dem Unternehmensgegenstand der *HSV Fußball AG* steht. So kann die Hauptversammlung danach über die Gewinnverwendung beschließen. Zudem kann sogar eine Abschlagsdividende nach § 59 AktG beschlossen werden (§ 22 Abs. 3 Satzung *HSV Fußball AG*). Das Überraschende daran ist, dass nach dem Unternehmensgegenstand der *HSV Fußball AG* die Vornahme von Gewinnausschüttungen fernliegend ist. Zwar ist die *HSV Fußball AG* gerade nicht gemeinnützig tätig; allerdings ist sie auch nicht klassisch gewinnorientiert in dem Sinn, dass entstehende Gewinne tatsächlich an alle Aktionäre ausgeschüttet werden sollen. Vielmehr besteht das Ziel des Unternehmens darin, entstehende Gewinne zu reinvestieren. Die an der *HSV Fußball AG* beteiligten Aktionäre haben an dieser Beteiligung gerade nur ein philanthropisches oder sportliches Interesse und begründen diese nicht aufgrund

96 Darauf jedenfalls nicht eingehend *Lorz*, (Fn. 40), Kapitel 21 Rdnr. 70 ff., obwohl dieser intensiv auf die Möglichkeiten der Einflusssicherung eingeht.

von Gewinninteressen. Dass die Gewinnausschüttungen gleichwohl in der Satzung Niederschlag gefunden haben und dort nicht ausgeschlossen oder weitestgehend beschränkt sind, ist der Satzungsstrenge (§ 23 Abs. 5 AktG) geschuldet. Tatsächliche Bedeutung haben diese nicht.

b) Bezugsrecht

Ähnlich verhält es sich mit dem Bezugsrecht (§ 186 Abs. 1 AktG). Dieses wird in der Satzung – aufgrund des im Aktienrecht dahingehend schon nicht bestehenden Gestaltungsspielraums – nicht eingeschränkt und findet nur im Rahmen des genehmigten Kapitals Erwähnung (§ 4 Abs. 5 Satz 2 Satzung *HSV Fußball AG*). Eine besondere Bedeutung sollte das Bezugsrecht allerdings nicht haben, zumal in § 4 Abs. 3 Satzung *HSV Fußball AG* die Wahrung der 50 %+1 und in § 14 Abs. 2 lit. h) Satzung *Hamburger Sport-Verein e.V.*[97] sogar die Wahrung der 75 %-Schwelle festgelegt ist.

aa) (Regelmäßig) Keine Ausübung des Bezugsrechts des *Hamburger Sport-Verein e.V.* als Hauptaktionär

Für den *Hamburger Sport-Verein e.V.* als Hauptaktionär kommt eine Ausübung des Bezugsrechts bei Kapitalerhöhungen schon nicht in Betracht. Zwar wäre es für diesen grundsätzlich möglich, bei einer Kapitalerhöhung mitzuwirken, allerdings dürften dafür die erforderlichen Mittel fehlen. Zudem würde sich ein solcher Vorgang aus der Perspektive des Konzerns als reine *linke Tasche rechte Tasche* darstellen und wäre wenig zielführend, da auf diese Weise „nur" Kapital vom *Hamburger Sport-Verein e.V.* an die *HSV Fußball AG* transferiert werden würde. Eine umfassende Kapitalgenerierung bei der *HSV Fußball AG* durch Dritte würde dann gerade nicht stattfinden.

---

97 § 14 Abs. 2 lit. h) Satzung *Hamburger Sport-Verein e.V.* lautet:
2. Die Mitgliederversammlung ist insbesondere für folgende Angelegenheiten zuständig:
...
h) Zustimmung zu Entscheidungen, durch die ein Gesellschafter der HSV Fußball AG allein oder mit einem anderen Unternehmen eine Beteiligung von 25 % oder mehr des Kapitals oder der Stimmrechte erhält oder durch die die Anteile oder Stimmrechte des HSV e.V. auf einen Anteil von 75 % oder darunter sinken, ebenso für die Beschlussfassung über eine entsprechende Kapitalerhöhung. Für diese Beschlüsse ist neben der Zustimmung der Mitgliederversammlung die Zustimmung der Mehrheit der Präsidiumsmitglieder des HSV e.V. in der Hauptversammlung der HSV Fußball AG notwendig.

bb) (Meist) Keine Ausübung des Bezugsrechts durch die übrigen (Alt-)Aktionäre

Aber auch für die sonstigen Aktionäre hat das Bezugsrecht kaum Bedeutung, da weder der Erhalt der relativen Beteiligungshöhe noch die Beteiligung am Gesellschaftsvermögen[98] für diese wirtschaftlich von Bedeutung ist. Daher ist bei Kapitalerhöhungen weniger relevant, ob ein Altaktionär seine bisherige Beteiligungsquote erhalten möchte. Entscheidend ist vielmehr, ob der Altaktionär bereit ist, der *HSV Fußball AG* neues (Eigen-)Kapital zur Verfügung zu stellen. Darin unterscheidet sich die Position eines Aktionärs einer Profisport-Tochter-AG erheblich von derjenigen eines Aktionärs einer regulär unternehmerisch tätigen AG. Diese fehlende Bedeutung des Bezugsrechts für die Altaktionäre zeigt sich etwa auch in der Praxis bei anderen Fußballvereinen mit Profifußball-Töchtergesellschaften.[99]

cc) Problem der langfristigen Wahrung der 50 %+1- bzw. 75 %-Schwelle

Auf lange Sicht stellt sich freilich die Frage, wie die in § 4 Abs. 3 Satzung *HSV Fußball AG* festgelegte Mehrheitsbeteiligung des *Hamburger Sport-Verein e.V.* und die überdies bestehende Beschlusslage der Mitgliederversammlung des *Hamburger Sport-Verein e.V.* mit immer weiteren Kapitalerhöhungen vereinbart werden kann. Auch wenn alle (anderen) Altaktionäre auf das Bezugsrecht verzichten oder gegen dessen Ausschluss nicht vorgehen, bleibt für den *Hamburger Sport-Verein e.V.* das Problem der stetigen Verringerung der Beteiligungshöhe, so dass ein Unterschreiten der 50 % bzw. 75 %-Schwelle droht. Da der Nennbetrag der Aktien allerdings nur einen Euro beträgt und die jungen Aktien mit einem frei festsetzbaren Agio ausgegeben werden können[100], dürfte die 50 % bzw. 75 %-Schwelle nicht schnell erreicht werden. Aber selbst bei einem drohenden Überschreiten lässt sich eine Wahrung der 50 % bzw. 75 %-Schwelle (rechts-)technisch durch unterschiedliche Ausgabebeträge bewerkstelligen, indem die jungen Aktien vom *Hamburger Sport-Verein e.V.* zum Nennbetrag von einem Euro und von dem (neuen) Sponsor zu einem aufgrund eines Agio höheren Ausgabebetrag bezogen werden. Darüber hinaus besteht stets die Möglichkeit der Kapitalerhöhung mit Ausgabe der jungen Aktien zum Nennbetrag unter Ausschluss des Bezugsrechts für alle Aktionäre mit Ausnahme des *Hamburger Sport-Verein e.V.*, so dass der *Ham-*

---

98 Zu diesen Zwecken des Bezugsrechts vgl. nur *Hüffer/Koch*, (Fn. 76), § 186 Rdnr. 5; *Schürnbrand*, in: Münchener Kommentar zum AktG, 4. Aufl. 2016, § 186 Rdnr. 1 ff.

99 So hat die *FC Bayern München AG* in der Vergangenheit Kapitalerhöhungen (etwa 2014) durchgeführt, bei denen die bisherigen Aktionäre vom Bezugsrecht ausgeschlossen waren (vgl. Niederschrift über die außerordentliche Hauptversammlung der FC Bayern München AG vom 21.2.2014, abrufbar unter www.handelsregister.de).

100 Siehe VI.1.

burger Sport-Verein e.V. seine prozentuale Beteiligung an der *HSV Fußball AG* mit einem überschaubaren Kapitaleinsatz ausbauen kann. Diese Punkte dürften der Hintergrund für die Wahl von Nennbetrags- statt Stückaktien[101] in der Satzung sein.

dd) Kein Blockadepotential durch (unzufriedene) Altaktionäre

Schließlich stellt sich die Frage, ob das Erfordernis des Ausschlusses oder des Verzichts auf das Bezugsrecht durch die Altaktionäre nicht für diese ein Blockadepotential begründen kann. So ist es etwa theoretisch denkbar, dass einzelne Altaktionäre weitere Kapitalerhöhungen aufgrund einer Unzufriedenheit mit der Geschäftsführung dadurch blockieren, indem sie nicht auf ihr Bezugsrecht verzichten oder gegen dessen Ausschluss im Wege der Feststellungsklage vorgehen. Dieses Szenario ist allerdings wenig wahrscheinlich, da die Altaktionäre sich in diesem Fall an der Kapitalerhöhung beteiligen und selbst den entsprechenden Anteil Aktien zeichnen müssten. Zudem dürften an die materielle Rechtfertigung des nach § 186 Abs. 3 Satz 1 AktG möglichen Ausschlusses des Bezugsrechts geringe Anforderungen zu stellen sein, da die Beteiligung an der AG ohnehin nicht unternehmerischen Zwecken dient und die Wahrung von Vermögensinteressen der Altaktionäre nicht im Vordergrund steht. Hinzu kommt, dass auch vor dem Hintergrund der letztgenannten Aspekte die Treuepflicht[102] eine große Rolle spielt und einer Geltendmachung des Bezugsrechts bzw. einer gerichtlichen Geltendmachung dessen ungerechtfertigten Ausschlusses entgegenstehen dürfte. Ein Ausschluss dieser Unwägbarkeiten durch eine ausdrückliche Satzungsklausel ist aufgrund der Satzungsstrenge (§ 23 Abs. 5 AktG) nicht möglich.

c) Stimmrecht

Schließlich kommt den Aktionären ein Stimmrecht zu. Dabei sieht § 16 Abs. 1 Satzung *HSV Fußball AG* für jede Aktie eine Stimme vor, wobei jeder Aktionär seine Stimmen nur einheitlich ausüben kann (§ 16 Abs. 2 Satzung *HSV Fußball AG*). Auch letzteres ist aktienrechtlich ohne weiteres zulässig (§ 134 Abs. 4 AktG).

---

101 Siehe VI.1.
102 Siehe VIII.2.b).

2. Pflichten

a) Einlagepflicht

Die Hauptpflichten der Aktionäre ergeben sich aus dem allgemeinen Aktienrecht und bestehen vor allem in der Erbringung der Einlage (§ 54 Abs. 1 AktG). Darüber hinaus besteht die Möglichkeit der Vereinbarung eines Agio (§ 9 Abs. 1 AktG), was für das Organisationsmodell der Profisport-Tochter-AG durchaus von Interesse ist, da sich damit umfangreiche Kapitalzuflüsse bewerkstelligen lassen, ohne dass in gleichem Umfang in die Beteiligungsstruktur eingegriffen wird.[103] Dies ist vor allem wegen der zwingenden 50+1-Regel[104] äußerst relevant. Scheinbarer Nachteil der Vereinbarung eines Agio ist die dadurch ausgelöste Kapitalbindung nach § 272 Abs. 2 Nr. 1 HGB. Da beim Profisport-Tochter-AG-Modell aber ohnehin keine Absicht einer Gewinnerzielung, sondern nur einer möglichst ausgeglichenen Bilanz besteht, ergeben sich daraus keine Schwierigkeiten. Die Kapitalrücklage kann zum Ausgleich eines etwaigen Jahresfehlbetrags nach § 150 Abs. 3 Nr. 1 AktG aufgelöst werden, so dass das durch das Agio eingebrachte Kapital für die Zwecke der AG umfassend eingesetzt werden kann.[105] Keine Bedeutung dürfte hingegen die Vereinbarung wiederkehrender nicht in Geld bestehender Leistungen (§ 55 Abs. 1 AktG) haben, auch wenn diese Möglichkeit aufgrund der fehlenden Übertragbarkeit der Aktien ohne Zustimmung der *HSV Fußball AG* besteht, da andere Mittelzuflüsse als Kapital für den Betrieb einer Profifußball-Tochter-AG wenig relevant sind.

b) Treue- und Verschwiegenheitspflicht als besondere Herausforderungen

Eine besondere Bedeutung dürfte ferner die Treue- und Verschwiegenheitspflicht haben, da die Aktionärsstruktur bei einer Profifußball-Tochter-AG typischerweise sehr überschaubar ist und eher einer geschlossenen Kapitalgesellschaft als einer Publikumsgesellschaft ähnelt. Ausgangspunkt dabei ist die von der höchstrichterlichen Rechtsprechung auch für die Aktiengesellschaft anerkannte Treuepflicht.[106] Da die Mitgliedschaft an der Profifußball-Tochter-AG nicht den typischen Zwecken einer Aktiengesellschaft dient und eher altruistisch ausgeprägt

103 Siehe VIII.1.b).
104 Siehe III.3.a).
105 Zur Auflösung der Kapitalrücklage ausführlich *Mock*, in: Großkommentar zum AktG, 5. Aufl. 2019, § 150 Rdnr. 80 ff.
106 BGH v. 13.2.1976 – II ZR 61/74 (*Audi/NSU*), AG 1976, 218.

ist, dürften bei dieser aktienrechtlichen Sonderkonstellation höhere Bindungen durch die Treuepflicht anzunehmen sein. Ziel der Aktionäre ist eben nicht die Beteiligung an dem Unternehmen der Profifußball-Tochter-AG, sondern eher die Förderung des Fußballsports des Muttervereins, der sich durch die Ausgliederung auf die Profifußball-Tochter-AG in dieser konzentriert. Insofern dürften bei der Profifußball-Tochter-AG eher Stimmbindungspflichten anzunehmen sein, um den Fortbestand und die Fortentwicklung der Profifußball-Tochter-AG zu sichern. Auch wenn der Mutterverein aufgrund der 50+1-Regel stets die Mehrheitskontrolle in der Hauptversammlung der Profifußball-Tochter-AG hat, dürften die Stimmpflichten vor allem bei der für Satzungsänderungen erforderlichen ¾-Mehrheit relevant sein. Der wichtigste Fall ist dabei die Aufnahme neuer Gesellschafter und der Ausschluss des Bezugsrechts[107].

Darüber hinaus dürfte aber auch eine Verschwiegenheitspflicht als besondere Ausprägung der Treuepflicht anzunehmen sein. Eine solche besteht für Aktionäre – im Gegensatz zu Gesellschaftern anderer Gesellschaftsformen[108] – zwar eher nicht, da diese ihr Auskunftsrecht ohnehin nur auf der Hauptversammlung (§ 131 AktG) geltend machen können und die Auskunftserteilung auch dort gegenüber allen erfolgt. Allerdings dürfte dies bei einer Profisport-Tochter-AG abweichend zu beurteilen sein. Aufgrund des typischerweise kleinen und überschaubaren Aktionärskreises und dem stärkeren Bedürfnis der Unterrichtung der Aktionäre über Angelegenheiten der Geschäftsführung – etwa über geplante Transferaktivitäten oder Trainerverpflichtungen – muss insofern eine grundsätzliche Verschwiegenheitspflicht angenommen werden. Dies gilt nicht zuletzt vor dem Hintergrund, dass sich zahlreiche Geschäftsführungsmaßnahmen wie etwa die Verpflichtung einzelner Spieler mit hohen Ablösesummen nur realisieren lassen, wenn die Aktionäre weiteres Kapital zur Verfügung stellen. Die insofern anzunehmende Verschwiegenheitspflicht der Aktionäre darf allerdings nicht mit einer generellen Schweigepflicht im Hinblick auf Angelegenheiten der Profifußball-Tochter-AG verwechselt werden. Den Aktionären steht es natürlich frei, sich in der Öffentlichkeit über die Angelegenheiten der Profifußball-Tochter-AG zu äußern, solange dabei keine internen Informationen preisgegeben werden. Schließlich stellt sich in diesem Zusammenhang die Frage nach der Sanktionierung von Verstößen gegen die insoweit anzunehmende Verschwiegenheitspflicht, wobei es sich dabei wohl eher um eine rein theoretische Fragestellung handelt. Die im Ak-

107 Siehe VIII.1.b).

108 OLG Frankfurt/Main 7.9.1991 – 11 U 21/91, GmbHR 1992, 668 (*für die GmbH & Co. KG*); für die GmbH *Bayer*, in: Lutter/Hommelhoff, GmbHG, 20. Aufl. 2020, § 51a Rdnr. 31 ff.; *Fastrich*, in: Baumbach/Hueck, GmbHG, 22. Aufl. 2019, § 13 Rdnr. 28; *Wicke*, GmbHG, 4. Aufl. 2020, § 13 Rdnr. 20.

tienrecht bestehenden Sanktionsmechanismen dürften bei der übersichtlichen Aktionärsstruktur kaum anzuwenden sein, zumal damit ein unverhältnismäßig hoher Reputationsverlust verbunden wäre und künftige Geldgeber abgeschreckt werden würden.

c) Beschränkung der Begründung weiterer Beteiligungen

Die Aktionäre unterliegen schließlich der Pflicht, keine weiteren Beteiligungen von mehr als 10 % an anderen, am Spielbetrieb teilnehmenden Kapitalgesellschaften bzw. insgesamt an mehr als drei Kapitalgesellschaften zu begründen. Dies ergibt sich aus § 8 Abs. 6 Satzung *DFL e.V.*, der über § 24 Abs. 2 Satz 2 Hs. 2 Satzung *HSV Fußball AG* auch für die Aktionäre gelten soll. Jedenfalls sieht § 24 Abs. 2 Satz 2 Hs. 2 Satzung *HSV Fußball AG* vor, dass die Aktionäre *Sorge dafür tragen, nicht gegen diese Regelung zu verstoßen.* Auch in diesem Zusammenhang bestehen erhebliche Zweifel daran, ob die Aktionäre durch die Satzung dahingehend umfassend gebunden werden können. Letztlich dürfte eine solche Verpflichtung nur gegenüber der *HSV Fußball AG* bestehen, soweit man aus der Formulierung *Sorge dafür tragen* nicht sogar das Bestehen einer tatsächlichen Pflicht ablehnt. Hinsichtlich der Sanktionen für einen Pflichtverstoß bliebe der *HSV Fußball AG* nur der Ausschluss des jeweiligen Aktionärs, was nach § 23 Abs. 1 lit. c) Satzung *HSV Fußball AG* ausdrücklich möglich ist. Dass diese Problematik nicht rein theoretischer Natur ist, zeigt die bisherige Praxis bei anderen Vereinen. Der prominenteste Fall dürfte der von der österreichischen *Red Bull GmbH* initiierte „Red-Bull-Fußball-Konzern" sein, zudem nicht nur (mittelbar) die österreichische *FC Red Bull Salzburg GmbH*, sondern auch die deutsche *RasenBallsport Leipzig GmbH* gehören.[109]

d) Relevanz der dynamischen Verweisklausel?

In einem unmittelbaren Zusammenhang mit der in § 24 Abs. 2 Satz 2 Hs. 2 Satzung *HSV Fußball AG* vorgesehenen Beschränkung der Begründung weiterer Mitgliedschaften durch die Aktionäre steht die allgemeinere Frage der Pflichtenbindung der Aktionäre aufgrund der dynamischen Verweisklausel in § 24 Abs. 2

---

109 Die *Red Bull GmbH* hält ausweislich der im Handelsregister abrufbaren Gesellschafterliste 99 von 100 Geschäftsanteilen der *RasenBallsport Leipzig GmbH* und war ursprünlich auch Alleingesellschafterin der *FC Red Bull Salzburg GmbH*, hat letztere Stellung ausweislich des Firmenbuchs aber zugunsten des *Vereins FC Red Bull Salzburg* aufgegeben.

Satz 1 Satzung *HSV Fußball AG*. Dabei stellt sich zuvörderst die Frage, ob die Aktionäre durch diese überhaupt erfasst werden sollen. Dagegen spricht vor allem der Umstand, dass § 24 Abs. 2 Satz 2 Hs. 2 Satzung *HSV Fußball AG* nur auf die Gesellschaft Bezug nimmt und die Aktionäre lediglich in § 24 Abs. 2 Satz 2 Hs. 2 Satzung *HSV Fußball AG* Erwähnung finden. Versteht man die Erwähnung der Gesellschaft so, dass dadurch auch die Aktionäre erfasst werden sollen, stellt sich die Frage nach der Zulässigkeit einer solchen Bindung. Diese Frage ist sowohl in der Rechtsprechung[110] als auch im Schrifttum[111] bisher nur für das Vereinsrecht erörtert worden, lässt sich als allgemeiner körperschaftsrechtlicher Aspekt aber auch auf die Aktiengesellschaft übertragen. Zentrale Punkte, die gegen eine Zulässigkeit einer solcher Klausel oder jedenfalls ihrer Bindungswirkung sprechen, sind vor allem § 179 Abs. 1 Satz 1 AktG als aktienrechtliche Parallelregelung zu § 71 BGB.

3. (Fehlende) Übertragbarkeit der Aktien

Eine Besonderheit besteht zudem bei der Übertragbarkeit der Aktien. Diese ist nach § 4 Abs. 4 Satz 1 Satzung *HSV Fußball AG* von einer vorherigen Zustimmung der Gesellschaft abhängig. Die Entscheidungskompetenz ist dabei der Hauptversammlung zugewiesen (§ 4 Abs. 4 Satz 2 Satzung *HSV Fußball AG*). Derartige Übertragungsbeschränkungen sind aktienrechtlich ohne Weiteres auch im Hinblick auf die Entscheidungskompetenz der Hauptversammlung zulässig (§ 68 Abs. 2 Satz 1 und 2 AktG). Interessanter dürfte der Grund für die Aufnahme einer solchen Übertragungsbeschränkung sein. Einen tatsächlichen Markt für die Aktien einer Profifußball-Tochter-AG dürfte es kaum geben, zumal die Aktien nicht einmal verbrieft sind (§ 4 Abs. 2 Satzung *HSV Fußball AG*) und diese insofern auch keinen Sammlerwert entwickeln können. Der Hauptgrund dürfte in dem Bedürfnis der Kenntnis von der genauen Aktionärszusammensetzung sein, die sich aufgrund der Übertragbarkeit der Namensaktien mittels Blankoindossament anders nicht sicher bewerkstelligen lässt.

---

110 Grundlegend BGH v. 28.11.1994 – II ZR 11/94 (*Reiterliche Vereinigung*), BGHZ 128, 93, 99 = NJW 1995, 583; BGH v. 10.10.1988 – II ZR 51/88, NJW-RR 1989, 376, 378; OLG Frankfurt/Main v. 9.3.1982 – 20 W 577/81, NJW 1983, 2576; OLG Hamm v. 24.7.1987 – 15 W 7/87, NJW-RR 1988, 183, 184, OLG Dresden v. 3.2.2005 – U 1900/04 Kart, BeckRS 2011, 16699.

111 Zum bestehenden Meinungsbild ausführlich *Heermann*, ZHR 174 (2010), 250, 257 f.; *Summerer*, (Fn. 28), S. 261 ff. mit jeweils weiteren Nachweisen.

X. Fazit

Die Ausgliederung einer Profi-Fußball-Abteilung aus einem Idealverein auf eine Aktiengesellschaft ist jedenfalls aus aktienrechtlicher Sicht ein bemerkenswerter Vorgang, da diese auf zahlreiche Motive zurückzuführen ist, die in der aktienrechtlichen Praxis ansonsten eine geringe Rolle spielen oder sogar als Nachteil wahrgenommen werden. Auch wenn die Rechtsform der Aktiengesellschaft somit ein *perfect match* für die Modernisierung der Organisationsstrukturen des Profi-Fußballs zu sein scheint, kommt diese dort auch an ihre Grenzen. Dies gilt insbesondere für die Mitgliedschaft, die dort eine völlige andere Rolle spielt. Gleichwohl sollte man sich davor hüten, in diesem Zusammenhang von einer Pervertierung der Rechtsform AG auszugehen.

Anhang – Die Satzung der *HSV Fußball AG*

Abschnitt 1 – Allgemeine Bestimmungen

§ 1 – Firma, Sitz und Geschäftsjahr der Gesellschaft

(1) Die Gesellschaft führt die Firma

HSV Fußball AG.

(2) Die Gesellschaft hat ihren Sitz in Hamburg.

(3) Das Geschäftsjahr beginnt am 1. Juli eines jeden Jahres und endet mit dem 30. Juni des folgenden Jahres.

§ 2 – Gegenstand des Unternehmens

(1) Gegenstand des Unternehmens ist die Beteiligung am bezahlten und unbezahlten Fußballsport innerhalb und außerhalb der Lizenzligen des Deutschen Fußball-Bundes e.V. („DFB"), des DFL Deutsche Fußball Liga e.V. („DFL e.V.") und der Deutschen Fußball Liga GmbH („DFL"), insbesondere durch Fortführung des Geschäftsbereichs Profifußball des Hamburger Sport-Vereins e.V. einschließlich der Verwertung und Nutzung aller zur Verfügung stehenden gegenwärtigen und künftigen Rechte.

(2) Die Gesellschaft soll – soweit rechtlich möglich – Träger aller Zulassungen und Lizenzen sein, die ihre Mannschaften, insbesondere ihre Fußballmannschaften, zur Benutzung von Einrichtungen und zur Durchführung nationaler oder internationaler Clubwettbewerbe berechtigen, insbesondere Träger der Zulassungen und Lizenzen zur Benutzung der Vereinseinrichtungen des DFB und des DFL e.V. sowie der Einrichtungen der DFL.

(3) Weiterer Unternehmensgegenstand ist der Erwerb und die Verwaltung eigenen Vermögens, insbesondere die Beteiligung an und die Geschäftsführung bei anderen Gesellschaften. Der Erwerb von Beteiligungen an anderen vom DFB und vom DFL e.V. lizenzierten Fußball-Kapitalgesellschaften ist ausgeschlossen.

(4) Die Gesellschaft kann alle Geschäfte eingehen, die geeignet sind, den Gesellschaftszweck zu fördern, insbesondere Dienstleistungen erbringen sowie Grundstücke erwerben, verwalten und veräußern. Die Geschäftstätigkeit der Gesellschaft kann auch durch Tochter-, Beteiligungs- und Gemeinschaftsunternehmen ausgeübt werden.

§ 3 – Bekanntmachungen

Die Bekanntmachungen der Gesellschaft erfolgen im Bundesanzeiger.

Abschnitt 2 – Grundkapital und Aktien

§ 4 – Höhe und Einteilung des Grundkapitals; Aktien

(1) Das Grundkapital der Gesellschaft beträgt € 4.594.134,00 (in Worten: vier Millionen fünfhundertvierundneunzig Tausend einhundertvierunddreißig). Es ist eingeteilt in 4.594.134 auf den Namen lautende Nennbetragsaktien im Nennbetrag von je € 1,00.

(2) Der Anspruch der Aktionäre auf Verbriefung ihrer Anteile ist ausgeschlossen.

(3) Der Hamburger Sport-Verein e.V. bleibt bei Hinzutreten weiterer Aktionäre immer Mehrheitsaktionär mit einer Beteiligung von mindestens 50 % plus einer Aktie am Grundkapital der Gesellschaft.

(4) Die Aktien können nur mit Zustimmung der Gesellschaft übertragen werden. Über die Erteilung der Zustimmung beschließt die Hauptversammlung.

(5) Der Vorstand ist ermächtigt, das Grundkapital für höchstens fünf Jahre nach Eintragung der Satzungsänderung durch Ausgabe neuer Namensaktien zum Nennbetrag von € 1,00 (Nennwertaktien) gegen Sach- oder Bareinlagen einmal oder mehrmals, insgesamt jedoch höchstens in Höhe von € 655.866,00 (in Worten: sechshundertfünfundfünfzig Tausend achthundertsechsundsechzig), zu erhöhen. Der Vorstand entscheidet über einen Ausschluss des Bezugsrechts. Die Entscheidungen des Vorstands bedürfen der Zustimmung des Aufsichtsrats.

Abschnitt 3 — Vorstand

§ 5 – Zusammensetzung und Geschäftsordnung des Vorstandes

(1) Der Vorstand besteht aus einer oder mehreren Personen.

(2) Der Aufsichtsrat bestellt die Vorstandsmitglieder und bestimmt ihre Zahl. Er kann stellvertretende Vorstandsmitglieder bestellen. Der Aufsichtsrat kann ein Vorstandsmitglied zum Vorsitzenden des Vorstandes ernennen.

(3) Die Beschlüsse des Vorstandes werden mit Stimmenmehrheit gefasst. Ist ein Vorstandsvorsitzender ernannt, so gibt bei Stimmengleichheit seine Stimme den Ausschlag, sofern mindestens drei Vorstandsmitglieder bestellt sind.

(4) Die Geschäftsordnung für den Vorstand wird durch den Aufsichtsrat erlassen.

§ 6 – Geschäftsführung und Vertretung, Bericht im Hamburger Sport-Verein e.V.

(1) Die Mitglieder des Vorstandes haben die Geschäfte der Gesellschaft nach Maßgabe der Gesetze, dieser Satzung sowie der Geschäftsordnung für den Vorstand zu führen.

(2) Ist nur ein Vorstandsmitglied bestellt, ist dieses stets alleinvertretungsberechtigt. Besteht der Vorstand aus mehreren Personen, wird die Gesellschaft durch zwei Vorstandsmitglieder gemeinsam oder ein Vorstandsmitglied in Gemeinschaft mit einem Prokuristen gesetzlich vertreten. Der Aufsichtsrat kann Einzelvertretungsbefugnis und Befreiung vom Verbot der Mehrfachvertretung gemäß § 181 2. Alt. BGB erteilen.

(3) Der Aufsichtsrat kann in einer Geschäftsordnung für den Vorstand anordnen, dass bestimmte Arten von Geschäften seiner Zustimmung bedürfen.

(4) Der Vorstand berichtet im Rahmen seiner gesetzlichen Pflichten den Aktionären über den Geschäftsverlauf unter Darstellung der sportlichen und wirtschaftlichen Situation in der Hauptversammlung.

Abschnitt 4 — Aufsichtsrat

§ 7 – Aufsichtsrat

(1) Der Aufsichtsrat besteht aus 6 Mitgliedern.

(2) Geborenes Aufsichtsratsmitglied ist der Präsident des Hamburger Sport-Verein e.V. Die übrigen Mitglieder des Aufsichtsrates wählt die Hauptversammlung.

(3) Die Amtszeit der gewählten Aufsichtsratsmitglieder dauert bis zur Beendigung der Hauptversammlung, die über die Entlastung für das 4. Geschäftsjahr nach Beginn der Amtszeit beschließt. Das Geschäftsjahr, in dem die Amtszeit beginnt, wird nicht mitgerechnet. Die Wahl des Nachfolgers eines vor Ablauf der regulären Amtszeit ausscheidenden Aufsichtsratsmitgliedes erfolgt, soweit kein Ersatzmitglied vorgesehen ist, für den Rest der Amtszeit des ausscheidenden Mitgliedes. Eine Wiederwahl ist möglich. Sollte der Präsident des Hamburger Sport-Verein e.V. aus seinem Amt im Verein vor Ablauf der Amtszeit ausscheiden, nimmt der Vizepräsident des Vereins das Aufsichtsratsmandat bis zur Neuwahl des Präsidenten wahr.

(4) Gleichzeitig mit den Aufsichtsratsmitgliedern können für ein oder mehrere zu wählende Aufsichtsratsmitglieder Ersatzmitglieder gewählt werden. Sie werden nach einer bei der Wahl festzulegenden Reihenfolge Mitglieder des Aufsichtsrats, wenn die Aufsichtsratsmitglieder, als deren Ersatzmitglieder sie gewählt wurden, vor Ablauf der Amtszeit aus dem Aufsichtsrat ausscheiden. Tritt ein Ersatzmitglied an die Stelle des Ausgeschiedenen, so erlischt das Amt des Ersatzmitglieds, falls in der nächsten oder übernächsten Hauptversammlung nach Eintritt des Ersatzfalles eine Neuwahl für den Ausgeschiedenen stattfindet, mit Beendigung dieser Hauptversammlung, anderenfalls mit Ablauf der restlichen Amtszeit des Ausgeschiedenen.

(5) Die Mitglieder des Aufsichtsrates können ihr Amt durch eine an den Vorstand zu richtende Erklärung unter Einhaltung einer Frist von 4 Wochen niederlegen. Eine Kopie der Niederlegungserklärung soll an den Vorsitzenden des Aufsichtsrates übersandt werden. Das Recht zur sofortigen Amtsniederlegung aus wichtigem Grund bleibt hiervon unberührt.

§ 8 – Vorsitzender und Stellvertreter

(1) Der Aufsichtsrat wählt unmittelbar im Anschluss an die Hauptversammlung, in der die Aufsichtsratsmitglieder bestellt worden sind, für die Dauer seiner Amtszeit aus seiner Mitte den Vorsitzenden des Aufsichtsrates und mindestens einen Stellvertreter. Werden mehrere Stellvertreter gewählt, ist im Wahlbeschluss festzulegen, in welcher Reihenfolge die Stellvertreter anstelle des Vorsitzenden den Vorsitz führen sollen.

(2) An den Sitzungen des Aufsichtsrates nehmen die Mitglieder des Vorstandes teil, sofern der Aufsichtsrat im Einzelfall keine abweichende Anordnung trifft.

§ 9 – Rechte und Pflichten des Aufsichtsrats

(1) Der Aufsichtsrat hat alle Rechte und Pflichten, die ihm durch Gesetz, durch diese Satzung oder in sonstiger Weise zugewiesen werden.

(2) Dem Aufsichtsrat obliegt insbesondere:
   a) die Überwachung der Geschäftsführungstätigkeit des Vorstandes gemäß § 111 AktG;
   b) die Entgegennahme und Prüfung des Jahresabschlusses sowie der Vorschläge des Vorstandes zur Verwendung des Bilanzgewinnes.

(3) Der Vorstand hat dem Aufsichtsrat laufend in dem vom Gesetz festgelegten Umfang (§ 90 AktG) zu berichten. Darüber hinaus kann der Aufsichtsrat einen Bericht verlangen über Angelegenheiten der Gesellschaft, insbesondere über rechtliche und geschäftliche Vorgänge, die für die Lage der Gesellschaft von erheblicher Bedeutung sein können.

§ 10 – Geschäftsordnung

Der Aufsichtsrat kann sich im Rahmen der gesetzlichen Vorschriften und den Bestimmungen dieser Satzung eine Geschäftsordnung geben.

§ 11 – Einberufung von Sitzungen des Aufsichtsrates

(1) Der Aufsichtsrat muss mindestens zwei Sitzungen im Kalenderhalbjahr abhalten, es sei denn, er beschließt, dass nur eine Sitzung im Kalenderhalbjahr abzuhalten ist.

(2) Aufsichtsratssitzungen werden vom Vorsitzenden mit einer Frist von 7 Tagen schriftlich einberufen. Bei der Berechnung der Frist werden der Tag der Absendung der Einladungen und der Tag der Sitzung nicht mitgerechnet. In dringenden Fällen kann der Vorsitzende diese Frist angemessen verkürzen und mündlich, fernmündlich, per Telefax oder per E-Mail einberufen. Mit der Einberufung ist die Tagesordnung mitzuteilen.

§ 12 – Beschlussfassung

(1) Beschlussfassungen des Aufsichtsrates werden in der Regel in Sitzungen gefasst. Außerhalb von Sitzungen können auf Anordnung des Vorsitzenden des Aufsichtsrates schriftliche, fernmündliche, per Telefax oder per E-Mail durchgeführte Beschlussfassungen erfolgen, wenn kein Mitglied diesem Verfahren innerhalb einer vom Vorsitzenden bestimmten angemessenen Frist widerspricht.

(2) Abwesende Aufsichtsratsmitglieder können an Abstimmungen des Aufsichtsrates dadurch teilnehmen, dass sie durch andere Aufsichtsratsmitglieder schriftliche Stimmabgaben überreichen lassen.

(3) Den Vorsitz bei Verhandlungen und Abstimmungen führt der Vorsitzende des Aufsichtsrates. Er bestimmt auch die Art der Abstimmung.

(4) Die Beschlüsse des Aufsichtsrates werden mit einfacher Stimmenmehrheit gefasst.

(5) Über die Verhandlungen und Beschlüsse des Aufsichtsrates sind Niederschriften anzufertigen, die vom Vorsitzenden und im Falle seiner Verhinderung vom jeweiligen Sitzungsleiter zu unterzeichnen sind. In der Niederschrift sind Ort und Tag der Sitzung, die Teilnehmer, die Gegenstände der Tagesordnung sowie der wesentliche Inhalt und die Beschlüsse des Aufsichtsrates anzugeben.

§ 13 – Verschwiegenheit

Jedes Mitglied des Aufsichtsrates ist verpflichtet, Stillschweigen über alle vertraulichen Angaben und Geheimnisse der Gesellschaft, namentlich über Betriebs- und Geschäftsgeheimnisse zu wahren, die ihm durch seine Tätigkeit im Aufsichtsrat bekannt geworden sind, und zwar auch über die Beendigung seines Amtes als Aufsichtsratsmitglied hinaus. Bei Ablauf des Mandats sind alle vertraulichen Unterlagen an den Vorsitzenden des Aufsichtsrates zurückzugeben.

§ 14 – Vergütung

Die Mitglieder des Aufsichtsrates erhalten keine Vergütung. Sie haben Anspruch auf Ersatz ihrer Aufwendungen.

Abschnitt 5 — Hauptversammlung

§ 15 – Ort und Einberufung

(1) Die Hauptversammlung findet am Sitz der Gesellschaft statt.

(2) Die Hauptversammlung wird durch den Vorstand oder in den gesetzlich vorgeschriebenen Fällen durch den Aufsichtsrat einberufen.

(3) Die Einberufung muss mindestens 30 Tage vor dem Tag der Hauptversammlung erfolgen. Der Tag der Einberufung und der Tag der Hauptversammlung werden dabei nicht mitgerechnet.

(4) Die Hauptversammlung kann Beschlüsse ohne Einhaltung der Bestimmungen der §§ 121 128 AktG fassen, wenn alle Aktionäre erschienen oder vertreten sind und kein Aktionär der Beschlussfassung widerspricht.

§ 16 – Stimmrecht

(1) Je € 1,00 Nennbetrag einer Aktie gewähren eine Stimme. Jeder Aktionär kann seine Stimmen nur einheitlich ausüben.

(2) Die Erteilung der Vollmacht zur Ausübung des Stimmrechts bedarf der Textform.

§ 17 – Zuständigkeit

(1) Die Hauptversammlung, die über die Entlastung des Vorstands und des Aufsichtsrats und die Gewinnverwendung beschließt (ordentliche Hauptversammlung), findet innerhalb der ersten acht Monate eines jeden Geschäftsjahres statt.

(2) Unbeschadet der Bestimmungen des Absatzes 1 beschließt die Hauptversammlung insbesondere über:
   a) die Verwendung des Bilanzgewinns;
   b) die Entlastung des Vorstands;
   c) die Wahl und die Abberufung der zu wählenden Mitglieder des Aufsichtsrats sowie die Entlastung der Mitglieder des Aufsichtsrats;
   d) die Bestellung von Sonderprüfern;
   e) die Bestellung des Abschlussprüfers;
   f) Satzungsänderungen;
   g) Maßnahmen der Kapitalbeschaffung und der Kapitalherabsetzung;
   h) die Auflösung der Gesellschaft.

§ 18 – Vorsitz

(1) Den Vorsitz in der Hauptversammlung führt der Vorsitzende des Aufsichtsrats, im Falle seiner Verhinderung einer seiner Stellvertreter oder ein vom Aufsichtsrat zu bestimmendes Mitglied des Aufsichtsrates. Ansonsten wird der Vorsitzende durch die Hauptversammlung gewählt.

(2) Der Vorsitzende leitet die Hauptversammlung und bestimmt die Reihenfolge der Verhandlungsgegenstände sowie die Art und Weise der Abstimmungen und das Verfahren bei Wahlen.

§ 19 – Beschlussfassung und Niederschrift

(1) Beschlüsse der Hauptversammlung bedürfen, soweit nicht das Gesetz oder diese Satzung zwingend etwas anderes vorschreibt, der einfachen Mehrheit der abgegebenen Stimmen.

(2) Jeder Beschluss der Hauptversammlung ist in eine von dem Vorsitzenden zu unterzeichnende Niederschrift aufzunehmen. Werden Beschlüsse gefasst, für die das Gesetz eine 3/4- oder eine größere Mehrheit des vertretenen Grundkapitals bestimmt, ist der Beschluss durch eine über die Verhandlung notariell aufgenommene Niederschrift zu beurkunden.

Abschnitt 6 — Jahresabschluss

§ 20 – Jahresabschluss

(1) Der Vorstand stellt innerhalb der gesetzlichen Fristen für das vergangene Geschäftsjahr den Jahresabschluss (Jahresbilanz, Gewinn- und Verlustrechnung nebst Anhang) sowie den Lagebericht auf und legt sie unverzüglich dem Aufsichtsrat mit einem Vorschlag über die Verwendung des Bilanzgewinns vor.

(2) Der Aufsichtsrat hat den Jahresabschluss, den Lagebericht und den Vorschlag für die Verwendung des Bilanzgewinns zu prüfen und über das Ergebnis seiner Prüfung schriftlich an die Hauptversammlung zu berichten. Er hat seinen Bericht innerhalb eines Monats, nachdem ihm die Vorlagen zugegangen sind, dem Vorstand zuzuleiten. Am Schluss des Berichts hat der Aufsichtsrat zu erklären, ob er den vom Vorstand aufgestellten Jahresabschluss billigt. Billigt der Aufsichtsrat nach Prüfung den Jahresabschluss, ist dieser festgestellt.

(3) Unverzüglich nach Eingang des Berichts des Aufsichtsrats hat der Vorstand die ordentliche Hauptversammlung einzuberufen. Der Jahresabschluss, der Lagebericht des Vorstands, der Bericht des Aufsichtsrats und der Vorschlag des Vorstands für die Verwendung des Bilanzgewinns sind von der Einberufung an in den Geschäftsräumen der Gesellschaft zur Einsicht der Aktionäre auszulegen, sofern die vorgenannten Dokumente nicht für denselben Zeitraum über die Internetseite der Gesellschaft zugänglich sind.

§ 21 – Rücklagen

(1) Stellen Vorstand und Aufsichtsrat den Jahresabschluss fest, so können sie Beträge bis zur Hälfte des Jahresüberschusses in andere Gewinnrücklagen einstellen; sie sind darüber hinaus ermächtigt, weitere Beträge bis zu einem Viertel des Jahresüberschusses in andere Gewinnrücklagen einzustellen, solange und soweit die anderen Gewinnrücklagen die Hälfte des Grundkapitals nicht übersteigen und auch nach der Einstellung nicht übersteigen würden.

(2) Stellt die Hauptversammlung den Jahresabschluss fest, so ist ein Viertel des Jahresüberschusses in andere Gewinnrücklagen einzustellen.

(3) Bei der Errechnung des gemäß Abs. 1 oder Abs. 2 in andere Gewinnrücklagen einzustellenden Teils des Jahresüberschusses sind vorweg Zuweisungen zur gesetzlichen Rücklage und Verlustvorträge abzuziehen.

§ 22 – Gewinnverwendung

(1) Die Hauptversammlung beschließt über die Verwendung des sich aus dem festgestellten Jahresabschluss ergebenden Bilanzgewinns. Sie kann auch eine andere Verwendung bestimmen, als sie in § 58 Abs. 3 Satz 1 AktG vorgesehen ist.

(2) In einem Kapitalerhöhungsbeschluss kann die Gewinnverteilung neuer Aktien abweichend von § 60 Abs. 2 Satz 3 AktG festgesetzt werden.

(3) Nach Ablauf eines Geschäftsjahres kann der Vorstand mit Zustimmung des Aufsichtsrats im Rahmen des § 59 AktG eine Abschlagdividende an die Aktionäre ausschütten.

Abschnitt 7 – Einziehung von Aktien

§ 23 – Einziehung von Aktien

(1) Eine zwangsweise Einziehung von Aktien eines Aktionärs ist gestattet,
  a) wenn über das Vermögen des Aktionärs das Insolvenzverfahren eröffnet oder die Eröffnung eines solchen Verfahrens mangels Masse abgelehnt wird oder wenn der Aktionär die Richtigkeit seines Vermögensverzeichnisses an Eides statt zu versichern hat,
  b) wenn die Aktien des Aktionärs von dessen Gläubiger gepfändet werden und der Pfändungsbeschluss nicht binnen zwei Monaten nach Zugang aufgehoben wird,
  c) wenn in der Person des Aktionärs ein wichtiger Grund, insbesondere in Form schweren gesellschaftsschädigenden Verhaltens, besteht; als wichtiger Grund gilt dabei auch der Fall, dass der betreffende Aktionär unmittelbar oder mittelbar mit einer Beteiligung von 10 % oder mehr der Stimmrechte oder des Kapitals an mehr als einer Kapitalgesellschaft der Lizenzligen oder an mehr als drei Kapitalgesellschaften der Lizenzligen beteiligt ist.

(2) Stehen Aktien mehreren Mitberechtigten ungeteilt zu, ist die Einziehung zulässig, wenn deren Voraussetzungen nur in der Person eines Mitberechtigten vorliegt.

(3) Über die Einziehung entscheidet die Hauptversammlung durch Beschluss. Der Vorstand hat die Einziehung dem betroffenen Aktionär gegenüber durch ein Schreiben zu erklären. Ab dem Zugang der Erklärung des Vorstands ruht das Stimmrecht des betroffenen Aktionärs.

(4) Die Einziehung der Aktien erfolgt gegen Zahlung einer angemessenen Vergütung.

(5) Die Einziehungsvergütung ist in vier gleich großen Teilbeträgen zu zahlen. Der erste Teilbetrag ist, soweit gesetzlich zulässig, drei Monate nach Erklärung der Einziehung durch den Vorstand der Gesellschaft, andernfalls zum gesetzlich frühestmöglichen Zeitpunkt zu zahlen. Die folgenden Teilbeträge sind jeweils ein Jahr nach Fälligkeit des vorausgegangenen Teilbetrags zur Zahlung fällig. Ausstehende Einziehungsvergütungen sind ab Fälligkeit jeweils per anno mit dem um 2 Prozentpunkte erhöhten jeweils gültigen Basiszinssatz nach § 247 BGB zu verzinsen. Die Gesellschaft ist im Rahmen des gesetzlichen Zulässigen jederzeit berechtigt, Zahlungen vor Fälligkeit zu leisten.

(6) Sofern und soweit die Zahlung einer Einziehungsvergütung gegen § 62 AktG verstoßen würde, gelten Zahlungen auf den Hauptbetrag als zum gemäß Abs. 5 bestimmten Satz verzinslich, Zinszahlungen als unverzinslich gestundet.

Abschnitt 8 – Mitgliedschaften und Rechtsgrundlagen; Inkompatibilität

§ 24 – Mitgliedschaften und Rechtsgrundlagen

(1) Die Gesellschaft erwirbt mit der Lizenz für die Teilnahme am Spielbetrieb der Bundesliga oder der 2. Bundesliga die ordentliche Mitgliedschaft im DFL e.V.

(2) Die Satzungen, die Statuten, die Ordnungen und Durchführungsbestimmungen des DFL e.V., des DFB und seiner Regional- und Landesverbände sowie die Entscheidungen und Beschlüsse der Organe dieser Verbände und der DFL als Beauftragte des DFL e.V. sind für die Gesellschaft verbindlich. Dies gilt insbesondere auch für die Beschränkung von Mehrfachbeteiligungen eines Rechtsträgers in mehreren Clubs der Lizenzligen; der jeweilige Aktionär hat dafür Sorge zu tragen, nicht gegen diese Regelungen zu verstoßen Die Gesellschaft unterwirft sich der Vereinsstrafgewalt des DFL e.V. und des DFB sowie des Landes- und/oder Regional-

verbandes, die durch vorstehend genannte Regelungen und Organentscheidungen einschließlich der Sanktionen ausgeübt werden. Sie überträgt ihre Vereinsstrafgewalt dem DFL e.V. bzw. dem DFB zur Ausübung durch deren Rechtsorgane im Rahmen von deren Zuständigkeit.

§ 25 – Inkompatibilität

(1) Zu Mitgliedern von Organen der Gesellschaft (Aufsichtsrat, Vorstand) dürfen keine Personen bestellt werden, die Mitglied von Organen anderer Gesellschaften oder Vereine der Bundesliga, der 2. Bundesliga, der 3, Liga oder der Regionalliga oder von Muttervereinen im Sinne der DFB-Bestimmungen mit Ausnahme des Hamburger Sport-Vereins e.V. sind.

(2) Mitarbeiter oder Mitglieder von Organen von Unternehmen, die zu mehreren Vereinen oder Tochtergesellschaften der Deutschen Lizenzligen, der 3. Liga oder der Regionalliga bzw. Muttervereinen oder mit diesen Vereinen oder Gesellschaften verbundenen Unternehmen in wirtschaftlich erheblichem Umfang in vertraglichen Beziehungen im Bereich der Vermarktung, einschließlich des Sponsorings, oder des Spielbetriebs stehen und/oder an ihnen bedeutend beteiligt sind, dürfen ebenfalls nicht Mitglieder von Organen (Aufsichtsrat, Vorstand) der Gesellschaft sein.

(3) § 100 Abs. 4 AktG bleibt unberührt.

Abschnitt 9 — Schlussbestimmungen

§ 26 – Auflösung

(1) Im Falle der Auflösung der Gesellschaft erfolgt die Abwicklung durch die Mitglieder des Vorstands.

(2) Das nach Berichtigung der Verbindlichkeiten verbleibende Vermögen der Gesellschaft wird unter den Aktionären im Verhältnis ihrer Anteile am Grundkapital verteilt.

§ 27 – Änderungen der Satzungsfassung

Der Aufsichtsrat ist befugt, Änderungen der Satzung zu beschließen, die nur deren Fassung betreffen.

§ 28 – Salvatorische Klausel

Ist eine Bestimmung dieser Satzung unwirksam oder sollten sich Lücken herausstellen, so wird die Gültigkeit der übrigen Bestimmungen dadurch nicht berührt. Die Aktionäre sind verpflichtet, anstelle der unwirksamen Bestimmungen bzw. zur Ausfüllung der Lücken eine Regelung zu setzen, die soweit rechtlich möglich dem am nächsten kommt, was die Aktionäre nach Sinn dieser Satzung gewollt haben oder, hätten sie die Lücke bedacht, gewollt haben würden.

Sebastian Mock und Timo Cöster

§ 26 Die stille Publikumsgesellschaft – Der Beteiligungs- und Gesellschaftsvertrag der Garbe Logimac AG

Inhaltsübersicht

I. Einleitung

Die stille Gesellschaft ist von den *kaufmännischen Beteiligungsformen* eine der ältesten, gehen deren Wurzeln doch bis auf die mittelalterlichen Stadtrechte zurück.[1] Der Gesetzgeber des ADHGB und des späteren HGB hat die stille Gesellschaft vor diesem Hintergrund auch in seine gesellschaftsrechtlichen Kodifikati-

1 Vgl. dazu im Überblick nur *Jung*, in: Blaurock, Handbuch Stille Gesellschaft, 9. Aufl. 2020, Rdnr. 3.1. ff.

https://doi.org/10.1515/9783110733839-027

onsbemühungen einbezogen und deren Grundtypus in den bis heute erhalten gebliebenen §§ 230–236 HGB geregelt. Da die Vorschriften zur stillen Gesellschaft seit ihrer Schaffung weitgehend als disponibel betrachtet wurden[2] und die Gesellschaftspraxis davon reichlich Gebrauch machte[3], muss bei der stillen Gesellschaft zwischen der (typisch) stillen Gesellschaft und der atypisch stillen Gesellschaft unterschieden werden.[4] Eine besondere Form letzterer stellt die mehrgliedrige stille Gesellschaft dar, die im (grauen) Kapitalmarkt weite Verbreitung gefunden hat und die auch an der hier zu untersuchenden *Garbe Logimac AG* begründet wurde.

II. Historische Entwicklung der *Garbe Logimac AG*

Die *Garbe Logimac AG* war ein Teil der *Garbe Gruppe*, bei der es sich um ein wenig transparentes Geflecht diverser Unternehmen der Logistik- und Immobilienbranche handelt. Die Gründung der *Garbe Logimac AG* erfolgte als *PROVISTA Sechsundneunzigste Vermögensverwaltungs-Aktiengesellschaft* am 30. November 2000 mit Eintragung im Handelsregister beim AG Hamburg und damit offensichtlich als Vorratsgesellschaft. Am 23. Juli 2001 beschloss die Hauptversammlung eine vollständige Neufassung der Satzung. Dabei wurde nicht nur die Firma in *Garbe Logimac AG* geändert, sondern auch eine Kapitalerhöhung um 450.000 € durchgeführt, so dass das Grundkapital 500.000 € betrug. Zudem erfolgte eine Änderung des Unternehmensgegenstandes.[5] Nach der Gründung der *Garbe Logimac AG* wurden Beteiligungen durch die *Rothmann & Cie. AG* aus Hamburg in Form einer

2 So etwa schon *Hahn*, ADHGB – Band I, 1863, Art. 250 § 6 am Ende (siehe Fn. 8).

3 Illustrativ etwa Staub, HGB – Band I, 8. Aufl. 1906, § 335 Anm. 25, wo es heißt: „*Der Vertrag ist auch den mannigfachsten Modifikationen zugänglich.*“

4 Siehe III.1.

5 Dieser lautete fortan:
„*Der Erwerb, die Verwaltung und Veräußerung eigenen Vermögens, insbesondere der Erwerb und der Verkauf, die Errichtung, Baureifmachung und Bebauung, die Entwicklung, der Betrieb, die Vermietung und Verpachtung, die Verwaltung, die genehmigungsfreie Verwertung und sonstige wirtschaftliche Vermarktung von Immobilien (insbesondere Lager- und Logistikimmobilien), Grundstücken und grundstücksgleichen Rechten im In- und Ausland; die Gründung, der Erwerb, die Verwaltung und die Veräußerung von Unternehmen und Unternehmensbeteiligungen im In- und Ausland, insbesondere von Grundstücks-, Objekt- und Projektgesellschaften sowie die Eingehung, Verwaltung und Aufgabe einer stillen Beteiligung an der LCD Logistic Center Development GmbH, Hamburg; die Erbringung, der Vertrieb und die Vermarktung von Internet-, EDV- und Kommunikationsleistungen, insbesondere die Entwicklung und der Betrieb von Internet-Portalen im Bereich Logistik, die Bereitstellung eines Internet Data Warehouse für Fremdreparaturen sowie von Teile- und Überholungsdaten im Internet für den Erwerb bzw. Überholung durch Dritte, die Durchführung von*

atypisch stillen Beteiligung als *LogisFonds* mit einem Platzierungsvolumen von 50 Millionen Euro vertrieben[6], die von einer nicht genau bezifferbaren Anzahl von Anlegern mit einem Gesamtvolumen von ca. 60 Millionen gezeichnet wurden.[7] Ausweislich des Emissionsprospekts sollte dieses Kapital in Logistik-Immobilien investiert werden, die anschließend vermietet oder veräußert werden sollten.[8] Die Beteiligungen sollten eine Mindestlaufzeit von 10 bis 15 Jahren haben und waren ab einer Mindesteinlage von 10.000 € bzw. einer Rateneinlage ab 50 € pro Monat möglich. In der Überschussprognose für die Anleger waren für den Zeitraum 2005 bis 2010 Ergebniszuweisungen zwischen 8,9 % bis 9,1 % angegeben, die im Zeitraum von 2012 bis 2018 auf 10,6 % bis 15,8 % steigen sollten.[9] Tatsächlich konnten diese Prognosen nicht einmal ansatzweise erreicht werden und es kam zu einem Totalverlust für die Anleger, was durch die Wirtschaftspresse entsprechend negativ begleitet wurde.[10] Auf der Hauptversammlung vom 21. Januar 2014 erfolgte eine Änderung der Firma in *LogisFonds I AG*, womit sozusagen die Bezeichnung der atypisch stillen Beteiligung in die Firma übernommen wurde. Bereits wenige Jahre später erfolgte schließlich eine Umwandlung der *LogisFonds I AG* in *LogisFonds I GmbH* durch Formwechsel, der am 21. Juli 2017 im Handelsregister eingetragen wurde. Quasi parallel dazu wurde die atypisch stille Gesellschaft zum 31. Januar 2017 aufgelöst. Dabei verblieb für die Anleger allerdings ein negatives Auseinandersetzungsguthaben. Damit war das Kapitel *Garbe Logimac AG* für die Anleger aber keineswegs abgeschlossen, da diese eine Aufforderung zum Ausgleich des negativen Auseinandersetzungsguthabens erhielten, das Gegenstand zahlloser Gerichtsverfahren wurde, bei denen vor allem die fehlende Aufklärung über die Risiken dieser Kapitalanlage bei deren Abschluss im Mittelpunkt steht.[11]

Internet und Softwareprojekten, insbesondere für die Luftfahrtindustrie, und das Entwickeln von Internet-Seiten."

6 Emissionsprospekt 2004/2005 LogisFonds – die Renditebeteiligung – ein Immobilienfonds der GARBE Logimac AG.

7 Die im Gesellschaftsvertrag in Aussicht gestellte Eintragung im Handelsregister unterblieb (dazu IV.2.). Anhand des Jahresabschlusses der *Garbe Logimac AG* aus dem Jahr 2010 kann davon ausgegangen werden, dass stille Beteiligungen im Wert von insgesamt ca. 11,3 Millionen Euro ausgegegeben wurden.

8 Emissionsprospekt (8), S. 7.

9 Emissionsprospekt (8), S. 42.

10 So etwa Hamburger Abendblatt vom 12.09.2013: „*Wir befürchten, dass nahezu das gesamte Geld der Gesellschafter verloren ist. ...Der erst in diesem Jahr vorgelegte Geschäftsbericht für 2009 veranlasst uns zu dieser Einschätzung.*"

11 Beispielhaft etwa LG Hamburg v. 23.9.2011 – 323 O 150/11, BeckRS 2015, 7977, nachfolgend OLG Hamburg v. 21.3.2014 – 11 U 201/12, BeckRS 2015, 7976 und schließlich nachfolgend BGH v. 19.5.2015 – II ZR 163/14, VuR 2015, 307.

III. Entwicklung und aktueller Stand der mehrgliedrigen stillen Gesellschaft

1. Von der typischen zur mehrgliedrigen stillen Gesellschaft

Die Emission des *LogisFonds 1* in Form der mehrgliedrigen stillen Gesellschaft ist ein typisches Erscheinungsbild des (grauen) Kapitalmarkts der vergangenen 30 Jahre. Der historische Gesetzgeber hat die stille Gesellschaft in den §§ 230 ff. HGB als rein zweigliedrige stille Gesellschaft ausgestaltet, bei der sich der stille Gesellschafter an dem Handelsgewerbe (eines anderen) beteiligt (§ 230 Abs. 1 HGB). Allerdings weist bereits die Literatur in der Anfangszeit des ADHGB darauf hin, dass sich auch mehrere Personen als stille Gesellschafter an dem Inhaber des Handelsgewerbes beteiligen können und dass diese dabei auch eine Gesellschaft unter sich abschließen können.[12] Der Vorteil des Einsatzes der stillen Publikumsgesellschaften dürfte zu dieser Zeit vor allem in der Schaffung einer Publikumsgesellschaft unter Umgehung des bis zur 1. Aktienrechtsnovelle von 1870[13] noch geltenden Konzessionssystems bestanden haben.[14] Damit dürfte auch erklärbar sein, warum jedenfalls die Kommentarliteratur in der Zeit danach kaum noch auf die stille Publikumsgesellschaft eingegangen ist.

Während in der Gestaltungspraxis somit wieder an der Grundstruktur der Zweigliedrigkeit festgehalten und lediglich der Umfang der Rechte des stillen Gesellschafters sukzessive ausgebaut wurde, trat vor allem seit den 1970er Jahren[15]

---

12 So heißt es etwa bei *Hahn*, (Fn. 2), Art. 250 § 6: „*Der Inhaber eines Handelsgewerbes kann mit mehreren Personen stille Gesellschaftsverträge abschließen. An sich berühren sich diese Verträge nicht. Der eine stille Gesellschafter steht mit dem anderen ebenso wenig in einem Rechtsverhältniss, wie die mehreren Gläubiger eines Schuldners in einem solchen stehen. Die stillen Gesellschafter können jedoch auch unter sich eine Gesellschaft abschliessen, und es können auch die mehreren stillen Gesellschaftsverhältnisse mit Bezug auf einander und in einem Acte abgeschlossen werden. Das innere Verhältniss wird in diesen Fällen, wie überhaupt, durch die Uebereinkunft der Parteien normirt.*“ Darauf aber etwa nicht eingehend *Koch*, ADHGB, 1863, Art. 250 (S. 269).

13 Gesetz, betreffend die Kommanditgesellschaften auf Aktien und die Aktiengesellschaften v. 11.6.1870, BGBl. des Norddeutschen Bundes S. 375.

14 So auch *Kauffeld*, in: Blaurock, Handbuch Stille Gesellschaft, 9. Aufl. 2020, Rdnr. 19.14.

15 Tatsächlich ist der genaue (erneute) Ursprung dieser Gestaltungsvariante oder gar deren Urheber bis heute nicht bekannt. Festzustellen ist lediglich, dass seit den 1990er Jahren der Begriff der mehrgliedrigen stillen Gesellschaft vermehrt im Schrifttum verwendet wurde (so etwa *Iber*, Die mehrgliedrige stille Gesellschaft als Unternehmensform zur freiwilligen Beteiligung von Arbeitnehmern, RdA 1973, 303; später auch *Albracht*, Die stille Gesellschaft im Recht der Publikumspersonengesellschaften, 1990; *Reusch*, Die stille Gesellschaft als Publikumspersonengesellschaft, 1989).

die mehrgliedrige stille Gesellschaft (erneut) als Erscheinungsform hinzu, bei der sich mehrere stille Gesellschafter an einem Handelsgewerbe beteiligen.[16] Aufgrund des darin liegenden Abweichens von dem Regelungsgehalt der §§ 230 ff. HGB wurden alle diese Gestaltungsformen als atypisch stille Gesellschaften bezeichnet. In den vergangenen Jahren hat sich aber mehr und mehr eine terminologische Unterscheidung zwischen der (einfach) atypisch stillen Gesellschaft und der mehrgliedrigen stillen Gesellschaft durchgesetzt.[17] Der entscheidende Durchbruch für die umfassende Anerkennung der mehrgliedrigen stillen Gesellschaft dürfte – neben den Vorarbeiten von *Florstedt*[18] und *K. Schmidt*[19] – die Leitentscheidung des BGH vom 19. November 2013[20] sein, womit die Grundsätze der fehlerhaften Gesellschaft auch für die mehrgliedrige stille Gesellschaft für anwendbar erklärt wurden.

2. Gestaltungsformen der mehrgliedrigen stillen Gesellschaft

Tatsächlich ist bei der Betrachtung der mehrgliedrigen stillen Gesellschaft aber Vorsicht geboten, da die Gestaltungspraxis auch bei dieser nicht einem einheitlichen Muster folgt, sondern unterschiedliche Subtypen hervorgebracht hat.[21] Diese lassen sich im Großen und Ganzen folgendermaßen unterscheiden, wobei die entscheidende Gemeinsamkeit ist, dass es sich bei allen Gestaltungsvarianten um stille Publikumsgesellschaften handelt.

a) (Einfache) Mehrgliedrige stille Gesellschaft

Bei der (einfachen) mehrgliedrigen stillen Gesellschaft oder typisch atypisch stillen Gesellschaft[22] umfasst die gesellschaftsrechtliche Bindung dabei sowohl den

16 Zu den Anfängen *Wiedemann*, NZG 2016, 1, 2 f.; vgl. auch *Kauffeld*, (Fn. 14), Rdnr. 19.14 ff. zu den verschiedenen Gestaltungsvarianten.

17 Dahingehend nunmehr differenzierend *Harbarth*, in: Staub, HGB, 5. Aufl. 2015, § 230 Rdnr. 67 ff.; *Mock*, in: Röhricht/Graf von Westphalen/Haas, HGB, 5. Aufl. 2019, § 230 Rdnr. 21 ff.; *Wackerbarth*, in: Heymann, HGB, 3. Aufl. 2020, § 230 Rdnr. 61 ff. und 76 ff.

18 *Florstedt*, Der „stille Verband", 2007.

19 *K. Schmidt*, NZG 2009, 361 ff.; NZG 2011, 361 ff.; später auch umfassend *ders.*, ZHR 178 (2014), 10 ff.

20 BGH v. 19.11.2013 – II ZR 383/12, BGHZ 199, 104 = NZG 2013, 1422.

21 Für die Gestaltungsvarianten *Mock*, (Fn. 17), § 230 Rdnr. 150 ff.; *Wackerbarth*, (Fn. 17), § 230 Rdnr. 77 ff.

22 So vor allem *K. Schmidt*, NZG 2016, 4, 5.

Geschäftsinhaber als auch die stillen Gesellschafter, so dass diese ein gemeinsames Rechtsverhältnis mit Verbandscharakter[23] bilden. Dies lässt sich folgendermaßen illustrieren:

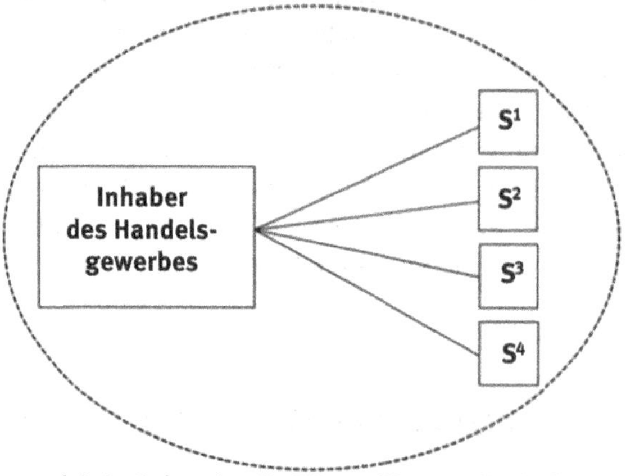

(einfache) mehrgliedrige stille Gesellschaft

b) Innen-KG und Treuhandmodell

Eine weitere Gestaltungsform bildet die sogenannte Innen-KG[24]. Bei dieser Form ist die Position der stillen Gesellschafter vertraglich weitgehend derjenigen von Kommanditisten angenähert ist, so dass sich die Rechtsstellung der Anleger also an der von Kommanditisten orientiert, auch wenn diese *nur* stille Gesellschafter sind. Die vertragliche Nachzeichnung der Kommanditistenstellung ist dabei nicht zwingend oder exklusiv. Vielmehr kann grundsätzlich jede Art von Gesellschafterstellung (GmbH-Gesellschafter, Aktionär etc.) vertraglich nachgezeichnet werden. In der Gestaltungspraxis wird aber in der Regel die Kommanditistenstellung als Vertragsgegenstand gewählt.

Diese Variante kann zudem mit dem sogenannten Treuhandmodell[25] kombiniert werden, bei dem sich die stillen Gesellschafter bei der (einfachen) mehrgliedrigen stillen Gesellschaft nicht direkt an dem Geschäftsinhaber beteiligen, sondern die Beteiligung beim Treuhandmodell unter Einschaltung einer Service-

---

23 *Mock*, (Fn. 17), § 230 Rdnr. 152; *K. Schmidt*, in: Münchener Kommentar zum HGB, 4. Aufl. 2019, § 230 Rdnr. 84; ähnlich *Harbarth*, (Fn. 17), § 230 Rdnr. 108.
24 Dazu *K. Schmidt*, ZHR 178 (2014), 10 ff.; vgl. auch *Mock*, (Fn. 17), § 230 Rdnr. 153.
25 Das Treuhandmodell ebenfalls als stille Publikumsgesellschaft anerkennend *Wiedemann*, WM 2014, 1985, 1988.

Kapitalgesellschaft (Treuhänder) erfolgt, die wiederum an dem eigentlichen Investitionsziel in Form einer stillen Gesellschaft beteiligt ist.[26] Somit liegt im Ergebnis nur eine mittelbare Beteiligung des Anlegers vor. Die Gestaltungsform lässt sich folgendermaßen darstellen:

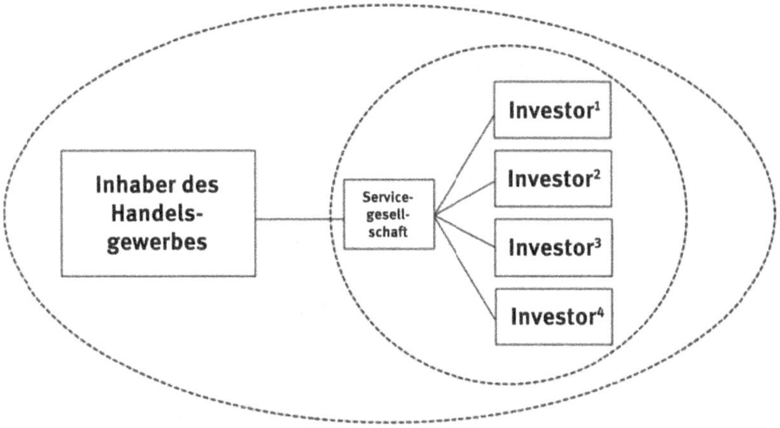

Kombination von mehrgliedriger stiller Gesellschaft und dem Treuhandmodell

c) Kombination des Treuhandmodells mit dem Quasi-Gesellschafter

Schließlich kann die mehrgliedrige stille Gesellschaft auch mit einer Stellung der Anleger als Quasi-Gesellschafter kombiniert werden. Dabei handelt es sich um eine Abweichung von der (massenhaft begebenen) mittelbaren Kommanditbeteiligung im Treuhandmodell dahingehend, dass den Anlegern (= Treugebern) im Gesellschaftsvertrag der KG die Stellung eines Quasi-Gesellschafters[27] eingeräumt wird.[28] Damit ergibt sich die aus verbandsrechtlicher Sicht seltsame Folge, dass in

26 BGH v. 11.1.2011 – II ZR187/09, NZG 2011, 276, 277 f.; BGH v. 20.3.2006 – II ZR 326/04, DStR 2006, 1003; BGH v. 8.5.2006 – II ZR 123/05, NZG 2006, 540; BGH v. 2.7.2001 – II ZR 304/00, NZG 2001, 936; vgl. hierzu auch *Grunewald*, in: Münchener Kommentar zum HGB, 4. Aufl. 2019, § 161 Rdnr. 115; *Mock*, (Fn. 17), § 230 Rdnr. 154; *Notz*, in: Ebenroth/Boujong/Joost/Strohn, HGB, 4. Aufl. 2020, § 177a Anh. 2 Rdnr. 11 f.; a. A. aber *Altmeppen*, NZG 2010, 1321, 1326; *Holler*, ZIP 2010, 2429, 2431 ff.

27 Mit dieser Begrifflichkeit etwa BGH v. 30.1.2018 – II ZR 95/16, NZG 2018, 539 Tz. 20 ff.; BGH v. 5.2.2013 – II ZR 134/11, BGHZ 196, 131 Tz. 14 ff.; BGH v. 18.9.2012 – II ZR 201/10, NZG 2012, 1345 Tz. 11; BGH v. 11.10.2010 – II ZR 242/09, NZG 2011, 1432 Tz. 17; BGH v. 11.11.2008 – XI ZR 468/07, BGHZ 178, 271 Tz. 20; *Schürnbrand*, ZGR 2014, 256, 259 f.

28 *Mock*, (Fn. 17), § 230 Rdnr. 156.

einem Gesellschaftsvertrag eine Person erwähnt wird, die selbst kein Gesellschafter ist, im Rahmen des Gesellschaftsvertrags aber wie ein solcher behandelt werden soll. Diese Gestaltungsform wird teilweise auch als qualifizierte Treuhand oder offene Treuhand bezeichnet.[29]

3. Sinn und Unsinn der mehrgliedrigen stillen Gesellschaft

Diese bei der stillen Publikumsgesellschaft somit nicht gerade geringe Gestaltungsraffinesse wirft zwangsläufig die Frage auf, welcher Nutzen diesem Aufwand gegenübersteht. Während die Publikums-KG (mit einer echten Kommanditistenstellung der Anleger) vor allem ein Kind der Abschreibungsbranche[30] ist, kann ein vergleichbarer Befund für die verschiedenen Formen der stillen Publikumsgesellschaft nicht gemacht werden. Dies zeigt sich schon daran, dass die stillen Publikumsgesellschaften ihren Durchbruch tatsächlich zu einer Zeit schafften, als großzügige Abschreibungen als Mittel der Investitionsförderung schon weitgehend der Vergangenheit angehörten. Zudem ist die für die Nutzung als Mittel der steuerlichen Optimierung erforderliche Qualifikation des stillen Gesellschafters bei allen (!) Formen der stillen Publikumsgesellschaft als steuerlicher Mitunternehmer nicht abschließend geklärt.[31] Die Motivlage für die Wahl dieser Gestaltungsform ist eher von den Interessen der Initiatoren getrieben. Für die Anleger ergeben sich – neben dem bei jeder Anlageform bestehenden Renditeinteresse – im Zusammenhang mit der mehrgliedrigen stillen Gesellschaft keine unmittelbaren Vorteile. Zu nennen wäre – neben der ohnehin durch das Kapitalgesellschaftsrecht bereitgestellten beschränkten Haftung – insofern nur die Anonymität, an der aber Kleinanleger kein wirkliches Interesse haben.[32] Der entscheidende Vorteil der stillen Publikumsgesellschaften ist vielmehr bei den Initiatoren darin zu suchen, dass die mehrgliedrige stille Gesellschaft die Kontrolle der Geschäftsführung durch die Anleger erschwert bis unmöglich macht. Eine tatsächliche Corporate Governance[33] ist

---

29 Beispielsweise *Schäfer*, ZHR 177 (2013), 619, 620; *Schürnbrand*, ZGR 2014, 256, 259; ebenso BGH v. 5.2.2013 – II ZR 134/11, BGHZ 196, 131 Tz. 21.

30 So vor allem *K. Schmidt*, Gesellschaftsrecht, 4. Aufl. 2002, § 57 I 1 b) (S. 1666) mit der Feststellung *„Die Publikumspersonengesellschaft ist vor allem – aber nicht ausschließlich! – ein Kind der Abschreibungsbranche*“; ähnlich *Fleischer*, NZG 2020, 601, 607.

31 Ausführlich dazu *Levedag*, in: Blaurock, Handbuch Stille Gesellschaft, 9. Aufl. 2020, Rdnr. 20.70 ff. und § 21.

32 Ausführlich *Mock*, (Fn. 17), § 233 Rdnr. 16 ff; anders und ein solches Interesse annehmend *Armbrüster*, Die treuhänderische Beteiligung an Gesellschaften, 2001, S. 49 ff.; *Schürnbrand*, ZGR 2014, 256, 259.

33 Zur Organisationsverfassung ausführlich VI.

bei den stillen Publikumsgesellschaften meist kaum vorzufinden, weswegen in zunehmendem Maße die (analoge) Anwendung anlegerschützender Normen in den Mittelpunkt der Diskussion gerät.[34]

IV. Gründung

Für die Gründung einer mehrgliedrigen stillen Gesellschaft bedarf es eines Vertragsschlusses zwischen dem Geschäftsinhaber und den stillen Gesellschaftern, da diese gemeinsam eine Innengesellschaft bilden.[35] Bei der stillen Publikumsgesellschaft an der *Garbe Logimac AG* ergeben sich dahingehend schon erhebliche Zweifel, da dieser Umstand aus dem Gesellschaftsvertrag schon nicht ohne Weiteres abgeleitet werden kann (siehe IV.1.). Zudem wurden die geltenden (konzernrechtlichen) Vorgaben für die Transparenz der Beteiligungen nicht beachtet (siehe IV.2.).

1. Fehlende (ausdrückliche) Nennung der Mehrgliedrigkeit

Für die Gründung der stillen Publikumsgesellschaft an der *Garbe Logimac AG* – oder wie es § 1 des Vertrags ausdrückt für die Begründung – geht § 1 trotz seines recht umfangreichen Regelungsaspekts erstaunlicherweise auf wesentliche Aspekte nicht ein. So wird dort zwar die Rollenverteilung in der stillen Gesellschaft mit der *Garbe Logimac AG* als Geschäftsinhaber und den Anlegern als stillen Gesellschaftern beschrieben. Auf den entscheidenden Aspekt der Bildung einer Innengesellschaft zwischen allen Anlegern und der *Garbe Logimac AG* wird aber nicht eingegangen. Insofern wird dort nur ausgeführt, dass sich die Anleger als atypisch stille Gesellschafter beteiligen, ohne dass die Atypizität genauer beschrieben wird. Betrachtet man daher § 1 des Gesellschaftsvertrags isoliert, hat man keineswegs den Eindruck, dass es sich um eine mehrgliedrige stille Gesellschaft handelt. Dies wird vielmehr nur aus den verschiedenen Einzelregelungen des Gesellschaftsvertrags, wie etwa § 7 (*Gesellschaftsbeschlüsse*) oder § 8 (*Gesellschafterversammlung*), und der Präambel deutlich, die zwischen der atypisch stillen *Gesellschaft* und den atypisch stillen *Gesellschaftern* unterscheidet, womit deutlich wird, dass die (atypisch stille) Gesellschaft mehrere Gesellschafter hat.[36]

34 *Mock*, (Fn. 17), § 230 Rdnr. 159; auf den Aspekt des Anlegerschutzes weder bei Abschluss noch bei Ausübung der Beteiligung eingehend *K. Schmidt*, ZHR 178 (2014), 10 ff.
35 Dazu nur *Mock*, (Fn. 17), § 230 Rdnr. 167 ff.; *K. Schmidt*, (Fn. 23), § 230 Rdnr. 85.
36 So auch OLG Hamburg (Fn. 11).

Beide Regelungen machen nur Sinn, wenn die Anleger untereinander eine Innengesellschaft bilden, da es nur dann zu einer Gesellschafterversammlung und zu Gesellschaftsbeschlüssen kommen kann. Dass damit nicht die Beschlussfassung in der *Garbe Logimac AG* selbst gemeint sein kann, ergibt sich aus dem Umstand, dass Nichtaktionären ein Stimmrecht in der Hauptversammlung schon nicht eingeräumt werden kann[37] und die Anleger Aktien der *Garbe Logimac AG* nicht zeichnen. Die fehlende (ausdrückliche) Erwähnung der Begründung einer Innengesellschaft zwischen den Anlegern wirft zudem das Problem des sukzessiven Beitritts der Anleger auf.[38] Da zwischen diesen eine Innengesellschaft nach §§ 705 ff. BGB begründet wurde, bedarf der Beitritt eines jeden Anlegers der Zustimmung aller bereits beigetretenen Anleger. Insofern könnte man zwar mit einer konkludenten Zustimmung zur Aufnahme neuer Gesellschafter arbeiten, die in dem Gesellschaftsvertrag der atypisch stillen Gesellschaft angelegt ist. Dies erscheint bei Lichte besehen aber doch recht ergebnisgetrieben und favorisiert die Initiatoren, die ohne weiteres für eine entsprechende Regelung hätten sorgen können. Zur Verwirrung trägt schließlich § 2 Abs. 1 des Gesellschaftsvertrags bei, da dieser ausdrücklich darauf hinweist, dass die (atypisch stille) Gesellschaft mit dem jeweiligen Gesellschafter begründet wird. Damit wird aber letztlich nur klargestellt, dass es sich um eine einfache mehrgliedrige stille Gesellschaft und nicht um eine Innen-KG handelt und jeder Anleger somit zwei Gesellschaftsverträge in Form des atypisch stillen Beteiligungsvertrags und der Innengesellschaft mit allen anderen Anlegern abschließt.

Vor diesem Hintergrund muss schon die Frage gestellt werden, ob dieser Gesellschaftsvertrag den erforderlichen Transparenzanforderungen genügt, die inhaltlich von einem durchschnittlichen Anleger nachvollzogen werden können. Die insofern für das AGB-Recht relevante Regelung des § 305c BGB findet wegen § 310 Abs. 4 BGB aber keine Anwendung auf die mehrgliedrige stille Gesellschaft.[39] Allerdings dürfte sich der gleiche Gehalt aus §§ 138, 242 BGB ableiten lassen, die hinsichtlich des Kontrollmaßstabs weitgehend einer Kontrolle nach den §§ 305 ff. BGB entsprechen.[40] Nimmt man dies an, stellt sich freilich die nicht unbedingt einfach zu beantwortende Folgefrage der Rechtsfolgen. Im Grundsatz

37 Arg. 129 Abs. 3 AktG.

38 Die fehlende Adressierung der Innengesellschaft in dem Gesellschaftsvertrag hingegen für unproblematisch haltend OLG Hamburg (Fn. 11).

39 Ebenso *Kauffeld*, (Fn. 14), Rdnr. 19.43; ausführlich dazu *Mock*, in: Thüsing/Graf von Westphalen, Vertragsrecht und AGB-Klauselwerke, Loseblatt Stand 11/2019, Gesellschaftsrecht Rdnr. 31; einschränkend noch *Mock*, ZIP 2016, 497, 505.

40 BGH v. 22.9.2015 – II ZR 310/14 ZIP 2016, 266; BGH v. 27.11.2000 – II ZR 218/00, ZIP 2001, 243, 244; *Kauffeld*, (Fn. 14), Rdnr. 19.43; *K. Schmidt*, (Fn. 23), § 230 Rdnr. 125.

müsste man dann wohl nur auf § 1 des Gesellschaftsvertrags abstellen und insofern annehmen, dass zwischen dem Anleger und der *Garbe Logimac AG* lediglich eine zweigliedrige stille Gesellschaft abgeschlossen wurde. Für die in diesen Fällen meist relevante Frage der fehlenden Aufklärung über die Risiken der Kapitalanlage[41] dürfte das allerdings kaum Auswirkungen haben.

2. (Fehlende) Eintragung im Handelsregister

In gewisser Weise überraschend ist zudem § 2 Abs. 3 des Gesellschaftsvertrags, wonach die Hauptversammlung der *Garbe Logimac AG* jedem stillen Beteiligungsvertrag mit einem Anleger zustimmen muss und der Vertrag im Handelsregister eingetragen wird. Da es sich bei der *Garbe Logimac AG* um eine Aktiengesellschaft handelt, ist dies aus einer konzernrechtlichen Sicht durchaus richtig und nachvollziehbar, werden stille Gesellschaften an Aktiengesellschaften von der höchstrichterlichen Rechtsprechung doch als Teilgewinnabführungsvertrag[42] nach § 292 Abs. 1 Nr. 2 AktG qualifiziert, so dass die §§ 292 ff. AktG auf diese grundsätzlich Anwendung finden.[43] Diesen hohen formalen Anforderungen begegnet der Gesellschaftsvertrag allerdings recht flexibel, indem in § 2 Abs. 4 S. 2 einfach festgestellt wird, dass die Hauptversammlung dem Hinzutreten atypisch stiller Gesellschafter bereits zugestimmt hat. Damit soll offenbar eine Art Vorratsbeschluss gemein sein. Der begrenzte Nutzen dieser Regelungen wird offenbar, wenn man einen Blick in das Handelsregister wirft. Denn seit der Einführung von § 294 AktG werden beim Bestehen einer Vielzahl von Teilgewinnabführungsverträgen an deren Eintragung geringere Anforderungen gestellt, da nach § 294 Abs. 1 S. 1 Hs. 2 AktG *anstelle des Namens des anderen Vertragsteils auch eine an-*

41 Dazu ausführlich *Mock*, (Fn. 17), § 161 Rdnr. 130 ff.

42 BGH v. 21.7.2003 – II ZR 109/02, BGHZ 156, 38, 43; BGH v. 29.11.2004 – II ZR 6/03, NZG 2005, 261, 262; BGH v. 21.3.2005 – II ZR 140/03, NZG 2005, 472, 473; BGH v. 8.5.2006 – II ZR 123/05, BB 2006, 1405, 1407; OLG Stuttgart v. 16.6.1999 – 20 U 5/99, NZG 2000, 93; OLG Celle v. 22.9.1999 – 9 U 1/99, NZG 2000, 85, 86; OLG Celle v. 15.5.1996 – 9 U 41/95, AG 1996, 370; OLG München v. 19.12.2003 – 21 U 5489/02, NZG 2004, 230, 232; OLG Celle v. 22.9.1999 – 9 U 1/99, NZG 2000, 85; *Harbarth*, (Fn. 17), § 230 Rdnr. 154; *K. Schmidt*, (Fn. 23), § 230 Rdnr. 116 mwN.

43 BGH 21.7.2003 – II ZR 109/02, BGHZ 156, 38, 43; BGH 29.11.2004 – II ZR 6/03, NZG 2005, 261, 262; OLG Düsseldorf 12.7.1996 – 17 U 201/95, AG 1996, 473; OLG Celle 15.5.1996 – 9 U 41/95, AG 1996, 370 (für die atypische stille Beteiligung); *Blaurock*, FS Großfeld, 1999, S. 83 85 ff.; *Bachmann/Veil*, ZIP 1999, 348 ff.; *Gehrlein*, in: Ebenroth/Boujong/Joost/Strohn, HGB, 4. Aufl. 2020, § 230 Rdnr. 29; *K. Schmidt*, ZGR 1984, 295, 298 ff.; *Westermann*, FS Ulmer, 2003, S. 657, 662.

dere Bezeichnung eingetragen werden kann, die den jeweiligen Teilgewinnabführungsvertrag konkret bestimmt.[44] Zwar sind die im chronologischen Abdruck eingetragenen atypisch stillen Beteiligungsverträge nicht nummeriert, insofern das in der Gesetzesbegründung genannte Regelbeispiel nicht erfüllt. Jedoch lassen sich die atypisch stillen Beteiligungsverträge über den Verweis auf die Blattnummern im Sonderband (vgl. Spalten 6 und 7, Eintragungen zu lit. b) im chronologischen Abdruck) womöglich identifizieren. Insofern könnte man den Regelungszweck des § 294 AktG als gewahrt sehen. Da die *Garbe Logimac AG* bzw. die spätere *LogisFonds I AG* in die *LogisFonds I GmbH* umgewandelt wurde, hat sich dieses Problem spätestens in diesem Zeitpunkt erledigt, da die höchstrichterliche Rechtsprechung einen stillen Beteiligungsvertrag an einer GmbH nicht den §§ 292 ff. AktG unterwirft, so dass diese nicht im Handelsregister einzutragen sind. Die sich daraus ergebende Frage, ob der Mangel der vor dem Formwechsel nicht eingetragenen stillen Beteiligungen (= Teilgewinnabführungsverträge) durch den Formwechsel beseitigt wurde, dürfte zu verneinen sein.

V. Finanzverfassung

Hinsichtlich der Finanzverfassung ergeben sich aus dem Gesellschaftsvertrag kaum Besonderheiten. Nach § 3 sind die Anleger zur Leistung einer Einlage verpflichtet, die auch in Raten erbracht werden kann. Zur Vermeidung einer Überschuldung der *Garbe Logimac AG* sieht § 11 Abs. 6 des Gesellschaftsvertrags eine umfassende Nachrangabrede vor, womit es sich bei der Einlage um faktisches Eigenkapital[45] handelt. Die Vereinbarung einer solchen Klausel ist nach der höchst-

44 In der Gesetzesbegründung (BT-Drucks. 14/6855, S. 21) heißt es dazu:
„Die interessierten Gläubiger und potenziellen Aktionäre der Gesellschaft können sich durch Einsichtnahme des Vertrages, der jedenfalls nach § 294 Abs. 1 Satz 2 AktG der Anmeldung beizufügen ist, die notwendigen Informationen verschaffen....Weiterhin können die Registergerichte bei einer Vielzahl von Teilgewinnabführungsverträgen anstelle des Namens des anderen Vertragsteils auch eine Bezeichnung wählen, mit Hilfe derer der jeweilige Teilgewinnabführungsvertrag bestimmbar ist...Die neue Regelung erlaubt es den Registergerichten, bei einer Anmeldung von einer Vielzahl von Teilgewinnabführungsverträgen eine andere Bezeichnung – wie beispielsweise eine Nummerierung – zu verwenden: Das Registergericht kann jedem eingegangenen Teilgewinnabführungsvertrag eine Nummer zuweisen und anschließend eintragen, dass die Gesellschaft Teilgewinnabführungsverträge (z. B. in Form eines stillen Gesellschaftsvertrages) mit den zugewiesenen Nummern (z. B. 1 – 50 000) abgeschlossen hat.“

45 Zur Bilanzierung von Nachrangkapital vgl. nur *Mock*, in: Hachmeister/Kahle/Mock/Schüppen, Bilanzrecht, 2. Aufl. 2020, § 272 Rdnr. 44 mit weiteren Nachweisen.

richterlichen Rechtsprechung[46] auch zulässig, auch wenn diese aus Sicht des Anlegerschutzes äußerst zweifelhaft ist.[47] Darüber hinaus ist von den Anlegern ein Agio in Höhe von 6 % (§ 3 Abs. 3 des Gesellschaftsvertrags) zu leisten, was grundsätzlich zulässig ist, da das Agio nicht auf bestimmte Gesellschaftsformen beschränkt ist, sondern es sich dabei allgemein um einen Aufpreis bei der Ausgabe von Gesellschaftsanteilen handelt. Dies ist auch bei der stillen Gesellschaft denkbar, auch wenn diese selbst nicht rechnungslegungspflichtig ist.[48] Für die Gewinn- und Verlustbeteiligung ergeben sich wenig Besonderheiten. So sieht § 11 des Gesellschaftsvertrags eine entsprechende Beteiligung der Anleger vor.[49]

VI. Organisationsverfassung

Charakteristisches Merkmal stiller Publikumsgesellschaften ist deren kapitalistische, weitgehend verselbständigte Organisationsstruktur.[50] Geschäftsinhaber der hier interessierenden stillen Publikumsgesellschaft ist laut § 1 Abs. 1 des Gesellschaftsvertrags die *Garbe Logimac AG*. Nach § 6 Nr. 1 des Gesellschaftsvertrags ist diese mit der Geschäftsführung der stillen Publikumsgesellschaft betraut. Dem Vorstand der *Garbe Logimac AG* obliegt nach § 76 Abs. 1 AktG die Leitung der Aktiengesellschaft und somit auch die der stillen (Publikums-)Gesellschaft. Die von der Leitungsebene der stillen Publikumsgesellschaft zu beachtenden rechtlichen Rahmenbedingungen wurden bereits an anderer Stelle abgebildet.[51] Aufmerksamkeit erfahren soll hier vielmehr die gerade aus Anlegerschutzgesichtspunkten berechtigte Frage, ob Corporate-Governance-Vorgaben auch in der Organisationsverfassung der stillen Publikumsgesellschaft zu berücksichtigen sind. Als Fürsprecherin einer Ausstrahlungswirkung der Corporate Governance lässt sich die bereits konstatierte körperschaftliche Prägung von stillen Publikumsgesellschaften anführen. Klare Worte findet der Deutsche Corporate Governance Index (DCGK) hierzu im vorletzten Absatz seiner Präam-

46 Grundlegend BGH v. 5.3.2015 – IX ZR 133/14, BGHZ 204, 231 = NJW 2015, 1672; dazu *Mock*, in: Uhlenbruck, InsO, 15. Aufl. 2019, § 19 Rdnr. 233 ff.
47 Dazu etwa *Mock*, JZ 2015, 525 ff.
48 Vgl. *Mock*, (Fn. 17), § 230 Rdnr. 121 ff.
49 Dazu ausführlich VII.1.a).
50 Vgl. ausführlich *Kauffeld*, (Fn. 14), Rdnr. 18.1 ff.
51 *Mock*, (Fn. 17), § 230 Rdnr. 91 ff.; *K. Schmidt*, (Fn. 23), § 230 Rdnr. 138 ff.

bel[52], in welchem er die Anwendbarkeit seiner Bestimmungen auf börsennotierte Gesellschaften und Gesellschaften mit Kapitalmarktzugang im Sinne des § 161 Abs. 1 S. 2 AktG erstreckt; ferner wird darin festgehalten, dass die Empfehlungen und Anregungen des Kodex nicht kapitalmarktorientierten[53] Gesellschaften zur Orientierung dienen mögen. Als nicht kapitalmarktorientiertes Unternehmen steht der stillen Publikumsgesellschaft damit *expressis verbis* frei, ob sie die Vorgaben des DCGK beachtet, gar eine Entsprechenserklärung im Sinne des § 161 Abs. 2 AktG abgibt oder sich von dem vorsichtig formulierten Orientierungsvorschlag[54] des DCGK für nicht kapitalmarktorientierte Unternehmen unbeeindruckt zeigt. Dem rechtspolitischen Bedürfnis nach mehr Anlegerschutz im Recht der stillen Publikumspersonengesellschaft könnte rechtsdogmatisch allenfalls mit einer analogen Anwendung von § 161 AktG Schützenhilfe geleistet werden. Diskutabel wäre, die defizitäre Ausprägung anlegerschützender Vorschriften im personengesellschaftlichen Gesetzesrecht zu bemühen, um eine entsprechende Regelungslücke zu konstruieren. Eine andere Sprache spricht der Wortlaut des § 161 Abs. 1 S. 1 AktG, indem er schon nicht börsennotierte Aktiengesellschaften von seinem Anwendungsbereich ausnimmt. Fernab der gesetzgeberisch getroffenen Differenzierung zwischen nicht börsennotierten und börsennotierten Aktiengesellschaften dürfte es sich als schwierig gestalten, gerade zwischen börsennotierten Aktiengesellschaften und auf dem grauen Kapitalmarkt emittierenden stillen Publikumsgesellschaften das verbindende Band der vergleichbaren Interessenlage zu spannen. Dessen ungeachtet würden infolge einer Rechtsanalogie über den Umweg der Corporate Governance aktienrechtliche Vorgaben in der stillen Publikumsgesellschaft pauschal Anwendung finden, ohne dass letzterer eine einzelfallmäßige Übertragbarkeitsprüfung vorausgegangen wäre. Dem Rechtsanwender böte sich – unbeschadet der skizzierten rechtsdogmatischen Hindernisse – demnach bloß ein Weg hin zu mehr Rechtsunsicherheit. Daher wird man an dieser Stelle an einem aktiven Eingreifen des Gesetzgebers nicht vorbeikommen, das aber nicht erkennbar ist. So enthält etwa der vor kurzem vorgelegte *Mauracher Entwurf zur Reform des Rechts der Per-*

---

52 DCGK in der Fassung vom 15.03.2021, abrufbar unter https://www.dcgk.de//files/dcgk/usercontent/de/download/kodex/191216_Deutscher_Corporate_Governance_Kodex.pdf (Stand: 05.06.2020).

53 Der Begriff der Kapitalmarktorientierung ist legaldefiniert in § 264d HGB.

54 Vgl. ferner die Präambel in der Vorgängerfassung des DCGK vom 07.02.2017 mit der noch verbindlicher anmutenden Formulierung: „*Auch nicht kapitalmarktorientierten Gesellschaften wird die Beachtung des Kodex empfohlen*“, abrufbar unter https://www.dcgk.de/files/dcgk/usercontent/de/download/kodex/170424_Kodex.pdf (Stand: 05.06.2020).

sonengesellschaften keinerlei Regelungen oder Tendenzen, die in diese Richtung deuten. Dies dürfte sicherlich darauf zurückzuführen sein, dass der Anlegerschutz im grauen Kapitalmarkt bis heute mehrheitlich auf ein den Schutz beim Beitritt durch die Grundsätze der Kapitalanlageberatung[55] reduziert wird, obwohl im Aktienrecht sich schon seit langem die Erkenntnis durchgesetzt hat, dass Anlegerschutz nicht nur auf den Beitritt, sondern auch auf die lebende Gesellschaft ausgedehnt werden muss.[56]

VII. Mitgliedschaft

Die rechtlichen Modalitäten der Mitgliedschaft stiller Gesellschafter werden von den §§ 230 ff. HGB lediglich grob umrissen. Soweit der Gesetzgeber den Weg hin zu privatautonomen Gesellschaftsvereinbarungen freigemacht hat, zeigen sich Rechte und Pflichten stiller Gesellschafter daher vielfach erst mit Blick auf den der stillen (Publikums-)Gesellschaft zugrundeliegenden Beteiligungs- und Gesellschaftsvertrag.

1. Rechte

Das juristische Arsenal stiller Gesellschafter lässt sich in die Gattungen *Nichtvermögensrechte*[57] und *Vermögensrechte* unterteilen. Gerade die Ausgestaltung letzterer entscheidet in der Praxis darüber, ob sich die stille Anlagebeteiligung für den einzelnen Kapitalanleger überhaupt als lukrativ erweisen kann.

a) Gewinnbeteiligung

„*Ist der Anteil des stillen Gesellschafters am Gewinn und Verlust nicht bestimmt, so gilt ein den Umständen nach angemessener Anteil als bedungen*“ besagt schon die

55 Dazu *Mock*, (Fn. 17), § 161 Rdnr. 131 ff.
56 Zum Zusammenhang von Corporate Governanc und Anlegerschutz vgl. nur *Leyens*, in: Großkommentar zum AktG, 5. Aufl. 2018, § 161 Rdnr. 24 ff. mit umfangreichen weiteren Nachweisen.
57 Hierunter fallen vor allem Informationsrechte, dazu *Cöster*, Minderheitenrechte in der Publikumspersonengesellschaft, 2021, S. 96 ff.; *Seffer/Erhardt*, Münchener Handbuch des Gesellschaftsrechts – Band II, 5. Aufl. 2019, § 81 Rdnr. 1 ff.

Vorschrift des § 231 Abs. 1 HGB[58]. Deren ausfüllungsbedürftiges gesetzgeberisches Rechtskorsett soll insoweit also nur Anwendung finden, sofern eine Rückbesinnung auf den eigentlichen Kern des Gesellschaftsrechts, namentlich den der (stillen) Gesellschaft zugrundeliegenden Gesellschaftsvertrag, keine Abhilfe verspricht.

Verwundern soll daher nicht, dass (atypisch) stille Gesellschaftsverträge ganz regelmäßig mit Details zur Gewinnbeteiligung der stillen Gesellschafter aufwarten. Als geradezu ausgefeiltes Exempel lesen sich hierzu die Vorgaben in § 11 des Gesellschaftsvertrags. Danach bilden in der Handelsbilanz der *Garbe Logimac AG* festgestellte Gewinne bzw. Verluste die Berechnungsgrundlage für die Ermittlung der Gewinn- und Verlustbeteiligung eines jeden atypisch stillen Gesellschafters. Zulasten einer etwaigen Gewinnbeteiligung der stillen Gesellschafter wirkt sich die in § 11 Abs. 1 lit. b) des Gesellschaftsvertrags vorgesehene Geschäftsführungsvergütung aus. Danach beansprucht die *Garbe Logimac AG* als Geschäftsinhaberin für ihre geschäftsführenden Tätigkeiten der stillen Publikumsgesellschaft eine ergebnisunabhängige Vergütung in Höhe von 0,9 % p.a. auf die jeweils am Jahresende gezeichneten Einlagen aller Gesellschafter.

Eine präzise Vertragslektüre ist dem renditegeneigten stillen Gesellschafter ferner zu empfehlen bei § 11 Abs. 1 lit. c) des Gesellschaftsvertrags. Demnach beansprucht der Geschäftsinhaber, sofern sich das nach § 11 Abs. 1 des Gesellschaftsvertrags zu errechnende Ergebnis als positiv darstellt, hiervon einen Vorabgewinn von 10 %. Gegen eine derartige Minderung des Vorabgewinns der Stillen erhebt der Gesetzgeber keine Einwände; allein der Ausschluss der Gewinnbeteiligung soll nach § 231 Abs. 2 Hs. 2 HGB unzulässig sein. Da die Gewinnbeteiligung des stillen Gesellschafters als konstitutiv für das Bestehen der stillen Gesellschaft gilt, liegt im Falle einer entsprechenden Gewinnausschlussklausel eine herkömmliche Innengesellschaft bürgerlichen Rechts nach den §§ 705 ff. BGB vor.[59] Für die Beurteilung des Gewinnrechts der Anleger stillen Publikumsgesellschaft an der *Garbe Logimac AG* ist zudem ein Blick in die Jahresabschlüsse der *Garbe Logimac AG* lohnenswert. So weist etwa die Gewinn- und Verlustrechnung des Jahresabschlusses für das Geschäftsjahr 2010 Rechts- und Beratungskosten von 1,9 Millionen Euro, die im Vorjahr (2009) bei 1,4 Millionen Euro gelegen haben. Diesen hohen Kosten stehen betriebliche Erträge von ca. 3,4 Mil-

---

58 Vgl. dazu auch schon Art. 254 ADHGB v. 05.06.1869, BGBl. des Norddeutschen Bundes Band 1869, Abs. 32, S. 456: *„Ist über die Höhe der Betheiligung des stillen Gesellschafters am Gewinn und Verlust nichts vereinbart, so wird dieselbe nach richterlichem Ermessen, nöthigenfalls unter Zuziehung von Sachverständigen, festgestellt.*"

59 Konsequent *Servatius*, in: Henssler/Strohn, Gesellschaftsrecht, 4. Aufl. 2019, § 231 HGB Rdnr. 8.

lionen Euro für beide Geschäftsjahre gegenüber, womit sich diese beiden Posten ungefähr die Waage halten.

b) Bezugsrecht

Im Personengesellschaftsrecht ist die Suche nach einer gesetzlichen Bezugsrechtsregelung zum Schutze vor Verwässerung vergeblich. Dies scheint zunächst nicht verwunderlich, werden Personengesellschaften doch typischerweise charakterisiert durch einen kleinen Gesellschafterkreis, wie er Ausdruck im zugrundeliegenden Gesellschaftsvertrag gefunden hat. Die Aufnahme neuer Gesellschafter bedarf insoweit einer Änderung der Gesellschaftssatzung mit Zustimmung aller beteiligten Gesellschafter, weswegen eine verhältniswahrende Teilhabe regelmäßig individuell vereinbart wird, bevor alle Zustimmungen zur Aufnahme des neuen Gesellschafters vorliegen. Wenngleich methodisch ebenfalls zum Recht der Personengesellschaften zugehörig, zeichnet sich die stille Publikumsgesellschaft allerdings maßgeblich durch die Vielzahl der an ihr kapitalistisch beteiligten Anleger aus.[60] Ungeachtet der Frage, ob man bereits eine stille Gesellschaft, deren stille Gesellschafter im Rahmen einer BGB-Innengesellschaft koordiniert sind, als stille Publikumsgesellschaft bzw. als mehrgliedrige stille Gesellschaft begreift, oder eine solche nur unter Einbindung des Geschäftsinhabers annimmt, bedarf die Aufnahme neuer Gesellschafter der Zustimmung der Mitgesellschafter.[61] Eine solche Zustimmung wird im Gesellschaftsvertrag zwar nicht ausdrücklich antizipiert erteilt, sie kann im Wege ergänzender Vertragsauslegung allerdings noch am ehesten in dem Hinweis auf die Beteiligung weiterer atypisch stiller Gesellschafter (§ 1 Nr. 3 des Gesellschaftsvertrags) gesehen werden. Spätestens an diesem Punkt ertönt gerade auch in der (personengesellschaftsrechtlichen) stillen Publikumsgesellschaft der berechtigte Ruf nach einem Bezugsrecht. Freilich scheint dabei der analoge Rückgriff auf das Bezugsrecht für Aktionäre aus § 186 AktG[62] verheißungsvoll. Die der Kautelarpraxis zu verdankende Atypizität[63] der stillen Publikumsgesellschaft drängt der konstatierten Regelungslücke die Eigenschaft der Planwidrigkeit förmlich auf. Ebenso

60 Siehe III.

61 Zu Gestaltungsmöglichkeiten stiller Publikumsgesellschaften, vgl. *Mock/Cöster*, GmbHR 2018, 67, 68.

62 Ausführlich zu Inhalt und Reichweite des Bezugsrechts nach § 186 AktG *Ekkenga*, in: Kölner Kommentar zum AktG, Bd. 4, 3. Aufl. 2017, Rdnr. 2 ff.; *Schürnbrand*, in: Münchener Kommentar zum AktG, 4. Aufl. 2016, § 186 Rdnr. 22 ff.

63 Siehe III.

auf der Hand liegt die anlassbezogene gleichartige Interessenlage von Gesellschaftern einer mehrgliedrigen stillen (Publikums-)Gesellschaft sowie Aktionären einer (Publikums-)AG. Zwar wurde der Weg der Bezugsrechtsanalogie zugunsten von Anlegern einer mehrgliedrigen stillen (Publikums-)Gesellschaft – soweit ersichtlich – bislang noch nicht eingeschlagen. Mithilfe der unumgänglichen Wegmarken der planwidrigen Regelungslücke und der vergleichbaren Interessenlage steht einem Aufbruch in diese Richtung jedoch nichts im Wege. Eine andere Frage ist, inwieweit ein anerkanntes Bezugsrecht der stillen Gesellschafter einem gewillkürten Ausschluss zugänglich ist. Nach § 186 Abs. 3 S. 1 AktG kann das Bezugsrecht ganz oder zum Teil nur im Beschluss über die Erhöhung des Grundkapitals ausgeschlossen werden. Die Übertragung dieser aktiengesetzlich vorgegebenen Maßgabe erweist sich konzeptionell als problematisch, bedarf doch der Beitritt weiterer stiller Gesellschafter zur stillen Publikumsgesellschaft keines Kapitalerhöhungsbeschlusses. Insofern stellt sich die Frage, womit dem vorgenannten aktienrechtlichen Mitspracherecht in der stillen Publikumspersonengesellschaft weitgehend entsprochen werden könnte. Insoweit könnte überlegt werden, ob hierfür in der stillen Publikumspersonengesellschaft zeitnah vor Aufnahme weiterer stiller Gesellschafter ein bloßer, auf den Ausschluss von Bezugsrechten gerichteter Gesellschafterbeschluss zu fordern ist.

2. Pflichten

Zu Beginn einer stillen Beteiligung an einem Handelsgewerbe steht nach § 230 Abs. 1 HGB die Pflicht des stillen Gesellschafters, die Vermögenseinlage so zu leisten, dass sie in das Vermögen des Inhabers des Handelsgeschäfts übergeht. Dementsprechend sieht § 3 Abs. 1 des Gesellschaftsvertrags vor, dass die an der *Garbe Logimac AG* atypisch still beteiligten Gesellschafter *„die in der Beitrittserklärung vereinbarten Einmal- und/oder Rateneinlagen“* zu leisten, also einzuzahlen, haben. Neben dieser vermögensrechtlichen Hauptpflicht[64] haben stille Gesellschafter vor allem ein nichtvermögensrechtliches Pflichtenprogramm zu befolgen. Zu den wohl grundlegendsten nichtvermögensrechtlichen Pflichten dürfen sowohl die gesellschaftliche Treuepflicht als auch die Verschwiegenheitspflicht gezählt werden.

64 Einzelheiten bei *K. Schmidt*, (Fn. 23), § 230 Rdnr. 143 f. mwN.

a) Treuepflicht

Die gesellschaftliche Treuepflicht, also die gesellschaftsspezifische Pflicht, auf die mitgliedschaftlichen Belange von Mitgesellschaftern Rücksicht zu nehmen und – fernab bloßer Beitragsleistungen – den konsentierten Gesellschaftszweck zu fördern, hat der Gesetzgeber weder im Aktienrecht noch im Recht der stillen Gesellschaft ausdrücklich vorgesehen. Gleichwohl wird die rechtsdogmatische Grundlage der mittlerweile rechtsformübergreifend anerkannten[65] gesellschaftlichen Treuepflicht in weiten Teilen der Autorenschaft im Zusammenschluss auf die Verfolgung eines gemeinsamen Zwecks gesehen, wie er in den zugrundeliegenden (stillen) Gesellschaftsvertrag Einzug gefunden hat.[66] Folglich bestimmen sich Inhalt und Intensität der Treuepflicht vor dem Hintergrund der vertraglichen Ausgestaltung der mitgliedschaftlichen Stellung der beteiligten Gesellschafter. Insofern sind Treuepflichten kraft der vorwiegend kapitalistischen Mitgliedsstruktur in stillen Publikumsgesellschaften regelmäßig weniger ausgeprägt als in idealtypisch organisierten Personengesellschaften, hat der individuelle Gesellschafter doch bei letzteren regelmäßig mehr Einflussmöglichkeiten auf die Geschicke der Gesellschaft. Dabei entfaltet gesellschaftliche Treuepflicht in der stillen Publikumsgesellschaft sowohl Geltung gegenüber dem Geschäftsinhaber wie auch den übrigen stillen Gesellschaftern. Ausdrückliche Vereinbarungen gesellschaftlicher Treuepflichten sind in Satzungen stiller Gesellschaften allerdings nur selten zu beobachten.[67] Umso auffälliger ist daher die in § 1 Nr. 2 des Gesellschaftsvertrags festgehaltene Zweckförderungspflicht: Mit ihr verpflichtet sich der (atypisch) stille Gesellschafter, den in § 1 des Gesellschaftsvertrags festgehaltenen Gesellschaftszweck des Geschäftsinhabers *Garbe Logimac AG* zu fördern, womit die gesellschaftliche Treuepflicht der stillen Gesellschafter im stillen Beteiligungsvertrag in geradezu redundanter Weise wiederholt wird. Trotz der vorwiegend kapitalistischen Organisationsstruktur stiller Publikumsgesellschaften besteht die Möglichkeit, in Ausnahmefällen aus der Treuepflicht Handlungs- und Unterlassungspflichten atypisch stiller Gesellschafter zu begründen. Auf diese Möglichkeit der Rechtsfindung griff die Rechtsprechung bereits in zahlreichen

65 Dazu nur *Lieder*, in: Oetker, HGB, 6. Aufl. 2019, § 109 Rdnr. 25 mwN.

66 Siehe nur *Jung*, in: Blaurock, Handbuch Stille Gesellschaft, 9. Aufl. 2020, Rdnr. 12.29; *K. Schmidt*, (Fn. 23), S. 587 f.; freilich lassen sich aus der Satzung der *Garbe Logimac AG* vor dem Hintergrund unzulässiger Rechtswirkungen zulasten Dritter keine den – nicht als Aktionär beteiligten – stillen Gesellschafter betreffenden Treuepflichten ableiten.

67 Stille Beteiligungsverträge ohne Klauseln weitergehender Förderungspflichten des Gesellschaftszwecks finden sich etwa bei *von der Heydt*, Münchener Vertragshandbuch, Bd. 1, 8. Aufl. 2018, IX. 2 sowie *Lang*, in: Hopt, Vertrags- und Formularbuch, 4. Aufl. 2013, II. G. 1. f.

Entscheidungen zurück.[68] In der jüngeren Vergangenheit leistete der Bundesgerichtshof mit seiner sog. *Sanieren oder Ausscheiden* Rechtsprechungsreihe[69] einen wichtigen Beitrag. Der Senat gelangte darin zu der Auffassung, die gesellschaftliche Treuepflicht könne eine Pflicht des stillen Gesellschafters zeitigen, einer notwendigen Sanierung erforderlichenfalls zuzustimmen.[70] Denkbar wäre zudem, mithilfe der Treuepflicht eine solche Zustimmung des stillen Gesellschafters zu fingieren.[71]

b) Verschwiegenheitspflicht

Die sog. Verschwiegenheitspflicht kann als besondere Ausprägung der gesellschaftlichen Treuepflicht, d.h. als Form der Unterlassungspflicht, verstanden bzw. bereits ausdrücklich im Beteiligungs- und Gesellschaftsvertrag festgehalten werden. Eine entsprechende vertragliche Regelung findet sich in § 14 Nr. 3 des Gesellschaftsvertrags, der die stillen Gesellschafter dazu anhält, *„über alle ihnen durch Wahrnehmung ihrer Einsichtsrechte bekannt gewordenen Angelegenheiten der AG Stillschweigen zu bewahren, soweit es die gesellschaftsrechtliche Treuepflicht verlangt.“* Die den stillen Gesellschaftern der *Garbe Logimac AG* vertraglich oktroyierte Verschwiegenheitspflicht ist damit letztlich deklaratorischer Natur, zumal sie Rekurs auf die gesellschaftsrechtliche Treuepflicht nimmt. Um Unstimmigkeiten über die Reichweite der Verschwiegenheitspflicht möglichst einzudämmen, sind dennoch gesellschaftsvertragliche Konkretisierungen anzuraten. Diese haben sich an einer Inhaltskontrolle nach Treu und Glauben messen zu lassen.[72] Mit dieser vereinbar werden im Grundsatz Klauseln sein, die den beteiligten stillen Gesellschaftern die Pflicht auferlegen, Stillschweigen zu bewahren über im Rahmen des stillen Beteiligungsverhältnisses erworbene Geschäftsinformationen, soweit deren Mitteilung an Dritte nicht gesetzlich oder durch übergeordnete Interessen geboten ist.

---

68 Vgl. die Nachweise bei *Habermeier*, in: Staudinger, BGB, 13. Neubearb. 2013, § 705 Rdnr. 52.
69 BGH v. 19.10.2009 – II ZR 240/08, BGHZ 183, 1 = NZG 2009, 1347; BGH v. 25.01.2011 – II ZR 122/09, NZG 2011, 510; BGH v. 09.06.2015 – II ZR 420/13, NZG 2015, 995.
70 Vgl. ausführlich hierzu und zu den Voraussetzungen einer etwaigen Zustimmungspflicht *von Rummel/Enge*, NZG 2017, 256 ff.
71 Vgl. nur *Harbarth*, (Fn. 17), § 230 Rdnr. 205.
72 Ausführlich zur gesellschaftsrechtlichen Inhaltskontrolle nach den Grundsätzen von Treu und Glauben, vgl. *Cöster*, (Fn. 57), S. 55.

3. Übertragbarkeit

Die Übertragung der stillen Beteiligung auf Dritte erscheint als Alternative zur ordentlichen Kündigung aus vielerlei Gründen interessant, etwa zur faktischen Umgehung bestehender Kündigungsfristen (§ 16 Nr. 1 des Gesellschaftsvertrags) oder zur Realisierung eines womöglich lukrativen Veräußerungserlöses. Allerdings gilt die stille Beteiligung vor dem Hintergrund des § 717 S. 1 BGB als grundsätzlich nicht übertragbar, wobei § 717 S. 2 BGB hiervon vereinzelte vermögensrechtliche Ansprüche ausnimmt.[73] Doch lassen sich auch der Privatautonomie personengesellschaftsrechtlicher Verbände Argumente entnehmen, vertragsunterworfenen Gesellschaftern verbandsinterne Vereinbarungen zur Verkehrsfähigkeit stiller Beteiligungen zu gestatten.[74] Diese Erkenntnis hat Ausdruck gefunden in § 15 des Gesellschaftsvertrags, der die Übertragbarkeit der atypisch stillen Beteiligung für zulässig erklärt. Darin wird die Übertragung allerdings an mehrere Voraussetzungen geknüpft, darunter insbesondere an die Zustimmung[75] der *Garbe Logimac AG*. Vor allem teleologisch ist nichts dagegen einzuwenden, eine Übertragbarkeit der stillen Beteiligung in typischerweise weniger personalistisch als kapitalistisch geprägten stillen Beteiligungsverhältnissen mit Zustimmung des Geschäftsinhabers zuzulassen. Rechtstatsächlich handelt es sich bei der Übertragung der stillen Beteiligung um einen Fall der Vertragsübernahme.[76] Schon aus diesem Grund bedarf es neben der Zustimmung des übertragenden und des übernehmenden stillen Gesellschafters zusätzlich derjenigen des Geschäftsinhabers. In atypisch stillen Gesellschaften mit mehreren stillen Gesellschaftern erfordert der alle Beteiligten umfassende gesellschaftsrechtliche Verbund[77] die Zustimmung der übrigen stillen Gesellschafter, auch wenn dieses notwendige Zustimmungserfordernis in der satzungsmäßigen Aufzählung der Übertragungsvoraussetzungen der stillen Beteiligung (§ 15 des Gesellschaftsvertrags) keine Erwähnung findet. Im Gesell-

73 Hierzu *Harbarth*, (Fn. 17), § 230 Rdnr. 244; abw. jedoch *Keul*, in: Münchener Handbuch des Gesellschaftsrechts – Band II, 5. Aufl. 2019, § 88 Rdnr. 3 ff., allerdings ohne auf § 717 BGB einzugehen.
74 Ausführlich zur Anteilsübertragung in Personengesellschaften *Reiff/Nannt*, DStR 2009, 2376 ff. mwN.
75 Sofern es auf die Identität des stillen Gesellschafters nicht ankommt, wovon § 234 Abs. 2 HGB im Grundsatz ausgeht, bzw. der übertragende und übernehmende stille Gesellschafter über eine gleichartige Bonität verfügen, kann sich aus § 242 BGB gegen den Geschäftsinhaber ein Anspruch auf Zustimmung ergeben, vgl. hierzu *K. Schmidt*, (Fn. 23), § 230 Rdnr. 176 mwN.
76 *Mock*, (Fn. 17), § 230 Rdnr. 109; vgl. auch *Keul*, (Fn. 73), § 88 Rdnr. 1, 3, der die stille Beteiligung als selbständige Rechtsposition begreift und ihr eine Übertragbarkeit im Wege der Abtretung attestiert.
77 Dies ist insbesondere in der als Innen-KG gestalteten mehrgliedrigen stillen Gesellschaft der Fall, vgl. dazu *Mock/Cöster*, GmbHR 2018, 67, 69.

schaftsvertrag wird die erforderliche Zustimmung zur Übertragung atypisch stiller Beteiligungen ebenso wenig *expressis verbis* antizipiert erteilt. Denkbar wäre allenfalls, im Wege ergänzender Vertragsauslegung des § 15 des Gesellschaftsvertrags zu einer entsprechenden Einwilligung zur Aufnahme weiterer Gesellschafter zu gelangen. Denn der ansonsten bei jeder Übertragungshandlung notwendige Verwaltungsaufwand in Form der Zustimmungseinholung eines jeden stillen Gesellschafters dürfte insbesondere bei hoher Vertriebsaktivität der stillen Publikumsgesellschaft unter Beachtung von Treu und Glauben und der Verkehrssitte nicht im Interesse der Beteiligten liegen.

Im Falle des Todes des stillen Gesellschafters ergibt sich die Übertragbarkeit der stillen Beteiligung aus einem Umkehrschluss zu § 234 Abs. 2 HGB. Kraft Erbfolge tritt der Erbe oder treten die Erben an die Stelle des stillen Gesellschafters. In letzterem Falle gestattet § 18 Nr. 2 des Gesellschaftsvertrags die Ausübung der Gesellschafterrechte nur durch einen gemeinsamen Bevollmächtigten.[78]

VIII. Satzungs- und Strukturänderungen

Gesellschaftliche Strukturänderungen bedürfen in vielen Fällen einer vorangehenden Neujustierung der zugrundeliegenden Gesellschaftssatzung. So offenkundig dieser Befund häufig sein mag, kann er doch im Recht der Aktiengesellschaft & Still auf einige Besonderheiten stoßen, von deren Beachtung die Realisierung der intendierten Änderungen abhängt.

1. Zustimmungsbedürfnisse und Satzungsänderungen

Stille Beteiligungsverträge an Aktiengesellschaften werden als Teilgewinnabführungsverträge im Sinne von § 292 Abs. 1 Nr. 2 AktG begriffen.[79] Das wirksame Zustandekommen stiller Beteiligungsverträge bedarf nach § 293 Abs. 1 S. 1 AktG der Zustimmung[80] der Hauptversammlung der Aktiengesellschaft sowie gemäß § 294 Abs. 2 AktG der anschließenden Eintragung in das Handelsregister der Gesellschaft. Außenstehenden Aktionären steht kein angemessener Ausgleich im Sinne des § 304 AktG zu, sieht dessen Wortlaut doch lediglich Ausgleichszahlungen bei Gewinn-

---

78 Vgl. auch *Heckschen*, in: Fuhrmann/Wälzholz, Formularbuch Gesellschaftsrecht, 3. Aufl. 2018, Muster M 21.4 Rdnr. 35.
79 Vgl. die Nachweise in Fn. 41.
80 Nach § 293 Abs. 1 S. 2 AktG bedarf der Zustimmungsbeschluss einer Mehrheit, die mindestens drei Viertel des bei der Beschlussfassung vertretenen Grundkapitals umfasst.

abführungsverträgen im Sinne des § 291 Abs. 1 S. 1 AktG vor.[81] Ebenso wenig besteht für die Aktionäre der zur Teilgewinnabführung verpflichteten Aktiengesellschaft die Möglichkeit, eine Abfindung im Sinne von § 305 AktG zu erhalten.

Im Übrigen ist vorstellbar, im stillen Beteiligungsvertrag Strukturänderungen innerhalb der Aktiengesellschaft unter den Vorbehalt eines Zustimmungsbeschlusses der stillen Gesellschafter zu stellen (§ 6 Nr. 2 des Gesellschaftsvertrags). Gemessen an der daraus resultierenden Abhängigkeit von der stillen Gesellschaft könnte in einem solchen Zustimmungsvorbehalt jedoch eine Verletzung der Verbandsautonomie der Aktiengesellschaft gesehen werden.[82] Erachtet man atypische Mitspracherechte der stillen Gesellschafter als lediglich schuldrechtlicher Natur, entfalten diese auf das Binnenorganisationsrecht der Aktiengesellschaft keine konstitutive Wirkung.[83] Eine Nichtbeachtung kann im Innenverhältnis jedoch Schadensersatzansprüche nach den §§ 280 ff. BGB begründen.

Auch bei Änderungen des stillen Beteiligungsvertrages sind Besonderheiten zu beachten: Das Gesetzesrecht idealtypischer Personengesellschaften fordert für Änderungen des Gesellschaftsvertrages die Zustimmung sämtlicher beteiligter Gesellschafter. Aus Praktikabilitätsgründen, insbesondere um einer tatsächlichen Blockade seitens einzelner Anleger vorzubeugen, wird das im Personengesellschaftsrecht als Regelfall vorgesehene Einstimmigkeitsprinzip (vgl. §§ 161 Abs. 2, 119 Abs. 1 HGB, 709 Abs. 1 BGB) in publikumspersonengesellschaftsrechtlichen Vertragswerken regelmäßig durch das Mehrheitsprinzip ersetzt. In Konsequenz daraus knüpft § 7 Nr. 2 S. 3 des Gesellschaftsvertrags das Zustandekommen von Gesellschafterbeschlüssen über Änderungen des Gesellschaftsvertrages an eine qualifizierte Mehrheit[84] abgegebener Stimmen. Vertraglich nicht vorgesehen sind darin hingegen Minderheitenrechte für überstimmte stille Gesellschafter. Auch die Möglichkeit der ordentlichen Kündigung – unter Beachtung der entsprechenden Fristen – wird dem stillen Beteiligten nur wenig Trost spenden.[85] Gänzlich ausgeliefert ist der stille Beteiligte der Gesellschafterma-

---

81 Vgl. dazu ferner die amtliche Überschrift des entsprechenden Abschnitts der §§ 304 – 307 AktG („*Sicherung der außenstehenden Aktionäre bei Beherrschungs- und Gewinnabführungsverträgen*").

82 In diese Richtung etwa *Veil*, in: BeckOGK, Stand 1.2.2021, § 292 Rdnr. 23.

83 Zustimmend *Blaurock*, in: Blaurock, Handbuch Stille Gesellschaft, 9. Aufl. 2020, Rdnr. 4.32; etwas anderes gilt bei Beherrschungsverträgen im Sinne des § 291 Abs. 1 S. 1 AktG; zur Differenzierung zwischen Beherrschungs- und Teilgewinnabführungsverträgen im Zusammenhang mit stillen Gesellschaften, vgl. *Schulze-Osterloh*, ZGR 1974, 427 ff.

84 In Anlehnung an das Kapitalgesellschaftsrecht berechnet sich die Mehrheit abgegebener Stimmen nicht nach Köpfen, sondern nach voll eingezahlten Einlagen, vgl. § 7 Nr. 3 des Gesellschaftsvertrags.

85 Berücksichtigung finden müssen insoweit auch etwaige nachteilige steuerliche Konsequenzen einer vorzeitigen Loslösung von der Gesellschaft.

jorität dennoch nicht: Vor allem die Lehre vom Kernbereich der Mitgliedschaftsrechte ist in der Lage, den stillen Gesellschafter vor Eingriffen in den Kernbereich seiner Mitgliedschaft zu bewahren.[86] Schließlich gelten den mitgliedschaftlichen Kernbereich verletzende Beschlüsse als nichtig.[87]

2. Umwandlung der stillen Beteiligung

Neben der Umwandlung der geschäftsinhabenden Aktiengesellschaft in eine andere Rechtsform kann das Bedürfnis bestehen, die stille Beteiligung in einen Aktienanteil am Geschäftsinhaber umzuwandeln. Genutzt wird diese Möglichkeit klassischerweise in sog. *Debt-to-equity* Konstellationen zur Befriedigung von Gläubigern (des Geschäftsinhabers), wobei sich die Rückzahlungspflicht der stillen Einlage als *debt* und der zu erwerbende Aktienanteil am Geschäftsinhaber als *equity* darstellen.[88] Allerdings folgt eine Transformation der stillen Beteiligung an einer Aktiengesellschaft hin zu Aktienanteilen keinem umwandlungsgesetzlichen Tatbestand.[89] Vielmehr können stille Beteiligungen im Wege der Sachkapitalerhöhung in die geschäftsinhabende Aktiengesellschaft eingebracht werden.[90] Ist in idealtypischen zweigliedrigen stillen Gesellschaften die Einbringung der Sacheinlage vollzogen, erlischt das stille Beteiligungsverhältnis durch Konfusion.[91] In stillen Publikumspersonengesellschaften wird eine Vereinbarung, der zufolge das stille Beteiligungsverhältnis mit dem Vollzug der Sacheinlage beendet werden soll, so auszulegen sein, dass der im zweigliedrigen Einlageverhältnis bestehende Anspruch auf Rückzahlung der stillen Einlage nach § 364 Abs. 1 BGB erlischt und der stille Gesellschafter aus dem nichtvermögensrechtlichen, mitgliedschaftlichen Verhältnis ausscheidet.[92]

---

86 Hierzu und zu der jüngeren Rechtsprechungstendenz des Bundesgerichtshof, vgl. ausführlich *Cöster*, (Fn. 57), S. 84 ff.

87 *Cöster*, (Fn. 57), S. 84 ff.

88 So etwa betreffend typisch stille Beteiligungen, *K. Schmidt*, NZG 2016, 4.

89 Zur fehlenden Qualifikation einer stillen Gesellschaft als umwandlungsrechtlicher Rechtsträger, vgl. *Harbarth*, (Fn. 17), § 234 Rdnr. 71; *Roth*, in: Baumbach/Hopt, HGB, 39. Aufl. 2020, § 230 Rdnr. 29.

90 Vgl. BGH v. 03.11.2015 – II ZR 13/14 = NZG 2015, 1396 zur Sacheinlage in der GmbH.

91 Vgl. *Mock*, GmbHR 2015, 1319 f. (*Einbringung der Sacheinlage in GmbH*); *Wedemann*, in: Oetker, HGB, 6. Aufl. 2019, § 234 Rdnr. 32.

92 Instruktiv zur Differenzierung zwischen zweigliedrigem Einlageverhältnis und mehrgliedrigem Mitgliedschaftsverhältnis, vgl. *K. Schmidt*, in: FS Bezzenberger, 2000, S. 401 ff.; vgl. aber auch *Lamprecht*, in: Blaurock, Handbuch Stille Gesellschaft, 9. Aufl. 2020, § 9 Rdnr. 17.60, der

IX. Zusammenhang von atypisch stiller Beteiligung und Satzung des Geschäftsinhabers

Die Satzung der *Garbe Logimac AG* sowie der stille Beteiligungsvertrag bilden das jeweilige Vertragsfundament der betreffenden Gesellschaftsform. Der stille Beteiligungsvertrag formt zudem die dogmatische Brücke etwaiger Verflechtungen zwischen der atypisch stillen Gesellschaft und der *Garbe Logimac AG*, sieht er doch gerade an letzterer ein stilles Beteiligungsverhältnis vor. Im stillen Beteiligungsvertrag ist die Mitwirkung der *Garbe Logimac AG* als Geschäftsinhaberin gefordert. Somit entfalten Satzungsvorgaben der Aktiengesellschaft zur gesellschaftsinternen Willensbildung gegenüber der stillen Gesellschaft eine mittelbare Außenwirkung. Gegenüber der geschäftsinhabenden Aktiengesellschaft kann die Erfüllung vertraglicher Pflichten – abhängig von der einzelfallmäßigen Ausgestaltung des stillen Beteiligungsvertrages – klageweise geltend gemacht werden.[93] Soweit die Aktiengesellschaft bei dessen Abschluss wirksam vertreten wurde, sind darin festgehaltene Vereinbarungen, die den Pflichtenkreis der Aktiengesellschaft erweitern, nicht als unzulässige Regelungen zulasten Dritter zu qualifizieren. Umgekehrt berechtigt der stille Beteiligungsvertrag den Geschäftsinhaber, die Leistung der stillen Einlagen einzufordern. Zur Begründung einer entsprechenden Leistungsklage dient der Einlageanspruch aus dem stillen Beteiligungsvertrag, der Klageantrag bezieht sich auf Leistung der dinglichen Einlage in das Vermögen des Geschäftsinhabers. Zum Teil sind stille Beteiligungsverträge wiederum mit (atypischen) Geschäftsführungs- respektive Weisungsbefugnissen gegenüber dem Geschäftsinhaber versehen. Ähnlich wie in stillen Gesellschaftsverträgen vorgesehene Zustimmungsvorbehalte[94] kommt diesen lediglich schuldrechtliche Wirkung zu, soweit sie nicht unternehmensvertraglich legitimiert sind.[95]

---

eine Beendigung des stillen Beteiligungsverhältnisses und eine davon unabhängige Sacheinlage in der Kapitalgesellschaft beschreibt.

93 Ausführlich *Mock/Cöster*, GmbHR 2018, 67.

94 Siehe oben Punkt VIII.1.

95 Vgl. *Veil*, (Fn. 82), § 292 Rdnr. 23 f.; *Gehrlein*, (Fn. 43), § 230 Rdnr. 66 mwN.

X. Zusammenfassung und Ausblick

Der atypisch stille Beteiligungsvertrag an der *Garbe Logimac AG* veranschaulicht exemplarisch das Dilemma mehrgliedriger stiller Publikumsgesellschaften. Teile der Kautelarpraxis sehen sich angesichts der vom Gesetzgeber bereit gestellten Privatautonomie im Recht der stillen Gesellschaft auf den Plan gerufen, diese zulasten von Kapitalanlegern zu bemühen. Demgegenüber ermöglichte gerade erst die gesetzgeberische Zurückhaltung im Recht der stillen Gesellschaft das Entstehen mehrgliedriger stiller Publikumsgesellschaften. Ein Mittelweg, der den berechtigten (pekuniären) Interessen der Gesellschaftsinitiatoren Rechnung trägt und zugleich den stillen Gesellschaftern in ihrer Position als Anleger hinreichenden Schutz gewährt, scheint gangbar, bislang zumindest aber noch nicht abschließend gefunden. Auch deshalb erfährt vor allem das Bedürfnis nach minderheitsrechtsschützenden Ansätzen zugunsten stiller Gesellschafter weiterhin Aktualität, werden mehrgliedrige stille Publikumsgesellschaften doch häufig – wie im Fall der *Garbe Logimac AG* – als probate Anlagevehikel für die Akkumulation großer Kapitalsummen ausgemacht.

Doch auch jenseits großer Kapitalanlagesammelstellen können (mehrgliedrige) stille Gesellschaften – zumindest rechtstheoretisch – nützliche Rahmenbedingungen bieten: Gerade für Familienunternehmen erweist sich der geminderte Gründungsaufwand mehrgliedriger stiller Gesellschaften als attraktiver Vorteil gegenüber der Errichtung (weiterer) Kapitalgesellschaften. Ferner befreit die Rechtsnatur der mehrgliedrigen stillen Gesellschaft als Innengesellschaft vor Buchführungs- und Bilanzierungspflichten (vgl. § 238 HGB). Entscheidend für die Wahl der mehrgliedrigen stillen Gesellschaft dürfte allerdings die Möglichkeit sein, Familienmitglieder am wirtschaftlichen Erfolg des Familienbetriebs partizipieren zu lassen, ohne diesen operative Mitwirkungsrechte einzuräumen.

Schließlich stellt sich die Frage nach dem weiteren Schicksal der mehrgliedrigen stillen Gesellschaft. Insbesondere die Probleme des unzureichenden Anlegerschutzes und der nahezu vollständig fehlenden Corporate Governance werfen die Frage nach der Erforderlichkeit einer gesetzlichen Verankerung auf.[96] Ein dafür bereits vorliegender Entwurf[97] wurde in der jüngsten Diskussion über die Reform des Personengesellschaftsrechts nicht aufgegriffen. Daher bleibt zu befürchten, dass die mehrgliedrige stille Gesellschaft auch fortan wie im Fall der *Garbe Logimac AG* eher für negative Schlagzeilen sorgen und somit wenig Chancen ha-

---

96 Bereits die Schaffung einer ausdrücklichen Regelung fordernd *Wiedemann*, WM 2014, 1985, 1988 und *ders.*, NZG 2016, 1 ff., ohne allerdings einen konkreten Vorschlag zu unterbreiten.
97 Ausführlich mit einem eigenen Vorschlag *Kauffeld/Mock*, ZIP 2019, 1411 ff.

ben wird, sich als alternatives Finanzierungsinstrument vor allem für mittelständische Unternehmen zu etablieren.

Anhang – Atypisch stiller Gesellschaftsvertrag der *Garbe Logimac AG*

Präambel

Die Garbe Logimac AG {im folgenden: „AG" oder „Geschäftsinhaber" genannt) beabsichtigt, ein auf den Logistikmarkt ausgerichtetes Immobilien- und Beteiligungsportfolio entsprechend ihrem Unternehmensgegenstand aufzubauen. Zur Finanzierung der bevorstehenden Expansion bietet die AG unternehmerisch orientierten Anlegern mit diesem Vertrag die Möglichkeit, sich an ihr atypisch still zu beteiligen und so an der wirtschaftlichen Entwicklung der AG teilzuhaben. Zie1 dabei ist es, innerhalb der nächsten Jahre eine bedeutende Marktstellung im Bereich der Logistik-Immobilien einzunehmen.

Konkrete Angebote zum Erwerb von Logistik-Immobilien und Beteiligungen liegen der AG schon jetzt vor. Weitere Investitionen werden parallel zum Aufbau des Eigenkapitals folgen. Sofern in den folgenden Bestimmungen dieses Vertrages von „Gesellschaft" oder „Gesellschaftern" die Rede ist, sind hiermit die atypisch stille Gesellschaft bzw. die atypisch stillen Gesellschafter gemeint.

§ 1 Begründung der Gesellschaft

1. Die AG ist Inhaber des Unternehmens. Gegenstand der AG sind
   - der Erwerb, die Verwaltung und Veräußerung eigenen Vermögens, insbesondere der Erwerb und der Verkauf, die Errichtung, Baureifmachung und Bebauung, die Entwicklung, der Betrieb, die Vermietung und Verpachtung, die Verwaltung, die genehmigungsfreie Verwertung und sonstige wirtschaftliche Vermarktung von Immobilien (insbesondere Lager- und Logistik-Immobilien), Grundstücken und grundstücksgleichen Rechten im In- und Ausland;
   - die Gründung, der Erwerb, die Verwaltung und die Veräußerung von Unternehmen und Unternehmensbeteiligungen im In- und Ausland, insbesondere von Grundstücks-, Objekt- und Projektgesellschaften, sowie die Eingehung, Verwaltung und Aufgabe einer stillen Beteiligung an der LCD Logistic Center Development GmbH, Hamburg;
   - die Erbringung, der Vertrieb und die Vermarktung von Internet-, EDV- und Kommunikationsleistungen, insbesondere die Entwicklung und der Betrieb von Internet-Portalen im Bereich Logistik, die Bereitstellung eines Internet Data Warehouse für Fremdreparaturen sowie von Teile- und Überholungsdaten im Internet für den Erwerb bzw. Überholung durch Dritte, die Durchführung von Internet- und Softwareprojekten, insbesondere für die Luftfahrtindustrie, und das Entwickeln von Internetseiten;

   sowie die Erbringung sämtlicher hiermit im Zusammenhang stehenden Dienstleistungen. Die AG kann den Gesellschaftszweck selbst oder durch Tochter- und Beteiligungsunternehmen verwirklichen.

   Die AG ist zu allen nicht erlaubnispflichtigen Geschäften und Maßnahmen berechtigt, die dem Gegenstand des Unternehmens dienen, und kann im Rahmen dazu notwendiger, erteilter Genehmigungen insoweit auch als Makler, Bauträger sowie Generalübernehmer oder -unternehmer tätig werden unter Einschluss der in § 34 c GewO genannten Geschäfte.

   Die AG darf andere Unternehmen gründen, erwerben und sich an ihnen beteiligen; ferner darf sie Zweigniederlassungen im In- und Ausland errichten. Sie ist ferner berechtigt, Unternehmensverträge im Sinne von §§ 291, 292 AktG, insbesondere Gewinnabführungs- und Beherrschungsverträge abzuschließen und Interessengemeinschaften einzugehen.

2. Die Anleger beteiligen sich am Handelsgewerbe des Geschäftsinhabers als atypisch stille Gesellschafter entsprechend dem Zeichnungsschein (Beitrittserklärung) und den folgenden Bestimmungen mit den jeweils vereinbarten Einlagen. Atypisch bedeutet, dass die Gesellschafter gemäß §§ 10, 11 und 17 dieses Vertrages an Gewinn und Verlust sowie an den stillen Reserven der Vermögenssubstanz beteiligt sind und Mitwirkungsrechte nach § 14 dieses Vertrages haben, welche über die eines typischen stillen Gesellschafters hinausgehen. Der Geschäftsinhaber und die Gesellschafter verpflichten sich, den im vorstehenden Absatz genannten Gesellschaftszweck zu fördern.
3. Den Gesellschaftern ist bekannt, dass sich an der AG Aktionäre sowie weitere atypisch stille Gesellschafter nach Maßgabe des § 5 Abs. 1 dieses Vertrages beteiligen. Der Geschäftsinhaber hat darüber hinaus das jederzeit ausübbare Recht, sein Grundkapital von zur Zeit 500.000 Euro auf bis zu 30 Millionen Euro nominal zu erhöhen. Den Gesellschaftern steht in diesem Fall ein Recht zur entsprechenden Erhöhung ihrer jeweiligen Einlage nicht zu. Sie erklären sich hiermit ausdrücklich einverstanden.
4. Die atypisch stillen Gesellschaftsbeteiligungen werden in ihrer jeweiligen Höhe in ein bei der AG geführtes Beteiligungsbuch eingetragen.

§ 2 Wirksamwerden und Dauer der Gesellschaft, Geschäftsjahr

1. Die Gesellschaft mit dem jeweiligen Gesellschafter beginnt, sobald der Gesellschafter das Aufgeld (Agio) gemäß § 3 Abs. 3 dieses Vertrages und die Einmaleinlage (bei Einmalanlegern) bzw. die laufzeitabhängige Anzahlung (inkl. Agio) gemäß § 3 Abs. 3 und die erste Rate (bei Ratenanlegern) geleistet hat.
2. Die Gesellschaft wird auf unbestimmte Dauer abgeschlossen. Die Mindestlaufzeit beträgt entsprechend der Vereinbarung mit dem jeweiligen Gesellschafter 10, 11, 12, 13, 14 oder 15 Jahre vom Beginn der Gesellschaft nach Abs. 1 an gerechnet, wobei das erste Jahr der Beteiligung als volles Jahr gerechnet wird.
3. Die Beitrittserklärung des Gesellschafters wird zunächst dem Vorstand der AG zur Annahme vorgelegt. Danach wird der Vertrag – die Einzahlung gemäß Abs. 1 vorausgesetzt – der Hauptversammlung der AG zur Zustimmung vorgelegt. Nach erfolgter Zustimmung wird der Vertrag zur Eintragung zum Handelsregister gemäß § 294 Aktiengesetz angemeldet.
   Mit der vollzogenen Eintragung des Vertrages in das Handelsregister der AG wird die atypisch stille Beteiligung des Gesellschafters an der AG rückwirkend auf den in Abs. 1 genannten Zeitpunkt wirksam.
4. Der Geschäftsinhaber ist berechtigt und verpflichtet, sich auf die Beitrittserklärung unverzüglich zu erklären, die Zustimmung der Hauptversammlung zum Vertrag in gesammelter Form mindestens quartalsweise zu beantragen und Eintragungsanträge beim Handelsregister aus Kostengründen gesammelt, längstens in Halbjahresabständen, zu stellen. In genereller Form hat die Hauptversammlung des Geschäftsinhabers dem Hinzutreten atypisch stiller Gesellschafter bereits zugestimmt.
5. Geschäftsjahr ist das Kalenderjahr.

§ 3 Einlagen, Aufgeld [Agio], Abtretung der Einlagenforderung, Mittelfreiggabekontrolle

1. Die Gesellschafter haben die in der Beitrittserklärung vereinbarten Einmal- und/oder Rateneinlagen zu leisten.

2. Die Mindesteinlage bei Einmalanlegern beträgt grundsätzlich 10.000 Euro; höhere Beträge müssen durch 100 glatt teilbar sein. Die monatliche Mindestrate für Ratenanleger beträgt grundsätzlich 50 Euro; höhere Beträge müssen durch 10 glatt teilbar sein. Der Geschäftsinhaber ist in Ausnahmefällen berechtigt, dem Wunsch einzelner Gesellschafter zu entsprechen, sich mit geringeren Einmal- und Rateneinlagen als den genannten Mindesteinlagebeträgen zu beteiligen.
3. Die Gesellschafter leisten ein Aufgeld (Agio) in Hohe von 6 Prozent der von ihnen in der Beitrittserklärung übernommenen Gesamtzeichnungssumme. Das Agio verfällt nach Begleichung; ein Anspruch auf Rückzahlung des Agios besteht nicht. Ratenanleger haben eine nach der vereinbarten Mindestlaufzeit des Vertrages gestaffelte Anzahlung zu leisten. Die Höhe der Anzahlung (einschließlich des Agios} beträgt bei einer vereinbarten Mindestlaufzeit von:
   - 10 Jahren: 30 Monatsraten
   - 11 Jahren: 32 Monatsraten
   - 12 Jahren: 34 Monatsraten
   - 13 Jahren: 36 Monatsraten
   - 14 Jahren: 38 Monatsraten
   - 15 Jahren: 40 Monatsraten

   Der das Agio übersteigende Teil der laufzeitabhängigen Anzahlung wird auf die Einzahlungsdauer angerechnet, die sich entsprechend verkürzt.
4. Die AG ist zur sicherungsweisen
   Abtretung der Einlageforderungen gegen die Gesellschafter an Dritte im Rahmen und zur Förderung ihres Unternehmenszweckes berechtigt.
5. Im Hinblick auf die Vielzahl der Gesellschafter unterliegen die geleisteten Anzahlungen und Einmalzahlungen sowie das jeweils fällige Agio und bei Ratenanlegern zusätzlich die erste Rate einer Mittelfreigabekontrolle. Die beauftragte Wirtschaftsprüfungs-gesellschaft als Mittelfreigabe-kontrolleurin gibt das auf das von ihr für die Gesellschaft eingerichtete Treuhandkonto eingezahlte atypisch stille Gesellschaftskapital frei, wenn die beiden nachstehenden Voraussetzungen erfüllt sind:
   - Die AG weist der Mittelfreigabekontrolleurin durch Übersendung einer Kopie der von ihr gegengezeichneten Beitrittserklärung des Gesellschafters nach, dass sie diese angenommen hat; und
   - das Aufgeld (Agio) und die Einmalzahlung (bei Einmalanlegern} bzw. die laufzeitabhängige Anzahlung (inkl. Agio) und die erste Rate (bei Ratenanlegern) sind dem Treuhandkonto vollständig gutgeschrieben.

   Solange die vorstehenden Bedingungen nicht erfüllt sind, kann die Weiterleitung der eingezahlten Einlagen auf ein Konto der AG nur in der Weise erfolgen, dass eine Verfügung über das Konto der Zustimmung der Mittelfreigabekontrolleurin bedarf.
6. Hält ein Gesellschafter die in diesem Vertrag und/oder in der Beitrittserklärung vereinbarten Zahlungsfälligkeiten nicht ein, so ist der Geschäftsinhaber berechtigt, anfallende Verzugszinsen (§ 16 Abs. 2 Buchstabe a)) und sämtliche in diesem Zusammenhang anfallenden Kosten und Gebühren, insbesondere Rücklastschrift- und Rückscheckgebühren, Kosten von Einwohnermeldeamtsanfragen usw. dem Einlagekonto des Gesellschafters zu belasten.
   Darüber hinaus werden dem Einlagekonto des Gesellschafters als Bearbeitungspauschale je Rücklastschrift pauschal 7,50 Euro und je Mahnung pauschal 2 Euro belastet. Der Geschäftsinhaber ist berechtigt, die Pauschalen entsprechend der Kostenentwicklung anzupassen.
   Ein etwaiges Recht des Geschäftsinhabers auf Kündigung bleibt unberührt.

§ 4 Nachschußpflicht

1. Eine Verpflichtung der Gesellschafter zur Leistung von Nachschüssen besteht vorbehaltlich der Regelungen nach Abs. 2 sowie gemäß § 16 Abs. 2 Buchstabe a) und § 17 Abs. 1 Buchstabe d) nicht.
2. Im Falle der Eröffnung des Insolvenzverfahrens über das Vermögen der AG sind die Gesellschafter gemäß § 236 Abs. 2 HGB zur Einzahlung rückständiger und zurückgewährter Einlagen in die Insolvenzmasse bis zu dem Betrag verpflichtet, welcher zur Deckung ihrer Anteile am Verlust erforderlich ist.

§ 5 Gesellschaftskapital, Konten des Gesellschafters

1. Der Geschäftsinhaber beabsichtig, Einlagen atypisch stiller Gesellschafter unter Einbeziehung der Gesamtleistungsverpflichung der Ratenzahler bis zur Höhe von insgesamt 300 Millionen Euro zuzüglich Agio aufzunehmen. Der Geschäftsinhaber ist berechtigt und ermächtigt,
   - die Aufnahme von Gesellschaftern zu beenden, bevor der Betrag von 300 Millionen Euro erreicht ist, oder
   - über den beabsichtigten Betrag von 300 Millionen Euro hinaus Einlagen atypisch stiller Gesellschafter von weiteren bis zu 75 Millionen Euro, insgesamt also von bis zu 375 Millionen Euro zuzüglich Agio aufzunehmen.
2. Für jeden Gesellschafter wird für jede Einlage ein gesondertes Kapitalkonto geführt, das sich aus folgenden drei Unterkonten zusammensetzt:
   - dem Einlagekonto,
   - dem Gewinn- und Verlustkonto sowie
   - dem Privatkonto.

   Das Einlagekonto, das Gewinn- und Verlustkonto sowie das Privatkonto sind jeweils zum 31. Dezember jeden Jahres miteinander zu verrechnen und ergeben zusammen das Kapitalkonto des Gesellschafters. Die Konten sind sowohl im Haben als auch im Soll unverzinslich.
3. Auf dem Einlagekonto werden die Einlagen des einzelnen Gesellschafters verbucht. Dieses Konto ist maßgeblich für die Gewinn- und Verlustbeteiligung des einzelnen Gesellschafters.
4. Auf dem Gewinn- und Verlustkonto werden die dem Gesellschafter zugewiesenen Gewinn- und Verlustanteile gebucht.
5. Auf dem Privatkonto werden die Agioforderungen und Agiozahlungen sowie etwaige Auszahlungen nach § 12 Abs. 1 dieses Vertrages gebucht.

§ 6 Geschäftsführung

1. Die Geschäftsführung steht allein dem Geschäftsinhaber zu. Dies gilt im Einzelfall insbesondere für sämtliche durch den satzungsmäßigen Unternehmensgegenstand der AG gedeckten Geschäfte unabhängig von ihrem Geschäftsvolumen.
2. Eines zustimmenden Gesellschaftsbeschlusses gemäß § 7 dieses Vertrages bedarf der Geschäftsinhaber unbeschadet abweichender Regelungen in diesem Vertrag ausschließlich für folgende Maßnahmen:
   a) Durchführung von Investitionsvorhaben, welchen der Anlageausschuß gemäß § 9 Abs. 2 Buchstabe a) dieses Vertrages widersprochen hat;
   b) Genehmigung des festgestellten handelsrechtlichen Jahresabschlusses der AG als Grundlage für die Ergebnisverteilung nach § 11 (vgl. § 13 Abs. 4)
   c) Änderungen des Gesellschaftsvertrages der Gesellschaft;
   d) Auflösung der AG;

e) Verschmelzung der AG auf einen neuen Rechtsträger;
f) Umwandlung der AG in eine Personengesellschaft;
g) vollständige Einstellung des Gewerbebetriebes der AG (dies gilt nicht für die Veräußerung von Beteiligungen an anderen Unternehmen und/oder Immobilien);
h) Aufnahme neuer und Aufgabe bestehender Geschäftszweige;
i) Abschluß, Änderung und Aufhebung von Verträgen, durch welche die AG
   – sich verpflichtet, ihren Gewinn ganz oder zum Teil an einen anderen abzuführen oder mit einem anderen zusammenzulegen. Hiervon ausgenommen ist der Abschluß von atypisch stillen Beteiligungsverträgen mit weiteren atypisch stillen Gesellschaftern auf der Grundlage eines diesem Vertrag entsprechenden Vertrages bis zur Höhe einer Gesamtzeichnungssumme (ohne Agio) von 375 Millionen Euro (vgl. § 5 Abs. 1 dieses Vertrages) und die Beendigung dieser Verträge (z. B. durch Kündigung); der Gesellschafter stimmt diesen Maßnahmen bereits jetzt ausdrücklich zu;
   – den Betrieb ihres Unternehmens oder eines wesentlichen Unternehmensteiles an einen anderen verpachtet oder sonst überlässt; Aktionären, Mitgliedern der Organe oder Mitarbeitern des Geschäftsinhabers oder Gesellschaftern (einschließlich ihrer Angehörigen) Pensions- und Versorgungszusagen gewährt.

Die Zustimmungserfordernisse gemäß der ersten beiden Spiegelstriche gelten nicht für den jeweils umgekehrten Fall (z. B. Eingehung eines Gewinnabführungsvertrages als Organträger);

k) die Veräußerung des Handelsgeschäftes der AG als Ganzes; hiervon nicht erfasst ist die Veräußerung von Aktien an der AG; dies gilt ferner nicht für die Veräußerung von einzelnen Beteiligungen an anderen Unternehmen und/oder Immobilien. Das Zustimmungserfordernis gilt ferner nicht für eine Veräußerung des Handelsgeschäftes der AG als Ganzes, wenn diese vor dem Hintergrund der oder im Hinblick auf die Finanzierung vom Geschäftsinhaber an ausscheidende und/ oder ausgeschiedene Gesellschafter zu zahlender Abfindungsguthaben erfolgt. Zu einer solchen Veräußerung des Handelsgeschäftes der AG als Ganzes erteilen die Gesellschafter bereits jetzt ausdrücklich ihre Zustimmung.

§ 7 Gesellschaftsbeschlüsse

1. Gesellschaftsbeschlüsse werden nach Wahl des Geschäftsinhabers entweder in Gesellschafterversammlungen gemäß § 8 oder im schriftlichen Beschlußverfahren herbeigeführt.
2. Gesellschaftsbeschlüsse werden, soweit nicht Gesetz oder dieser Vertrag etwas anderes bestimmen, mit einfacher Mehrheit der abgegebenen Stimmen gefaßt. Bei Stimmengleichheit gilt ein Antrag als abgelehnt. Ist Gegenstand der Beschlußfassung
   a) Änderungen des Gesellschaftsvertrages der Gesellschaft;
   b) Auflösung der AG;
   c) Verschmelzung der AG auf einen neuen Rechtsträger;
   d) Umwandlung der AG in eine Personengesellschaft;
   e) vollständige Einstellung des Gewerbebetriebes der AG (dies gilt nicht für die Veräußerung von Beteiligungen an anderen Unternehmen und/oder Immobilien); Aufnahme neuer und Aufgabe bestehender Geschäftszweige; so bedarf der Gesellschaftsbeschluß einer Mehrheit von 75 Prozent der abgegebenen Stimmen. Enthaltungen gelten als nicht abgegebene Stimmen.
3. Jeder Gesellschafter hat je voll eingezahlte 10 Euro seiner Einlage eine Stimme. Der Geschäftsinhaber hat je voll eingezahlte 10 Euro seines Grundkapitals eine Stimme. Jeder Gesellschafter und der Geschäftsinhaber sind berechtigt, sich bei Beschlußfassungen von einem Dritten vertreten zu lassen. Die Vollmacht ist schriftlich zu erteilen.

4. Bei Beschlußfassungen im Wege des schriftlichen Beschlußverfahrens hat die Aufforderung zur schriftlichen Beschlußfassung durch den Geschäftsinhaber schriftlich an die der AG zuletzt mitgeteilte Anschrift der Gesellschafter zu erfolgen. Die Aufforderung muss die Gegenstände, über die Beschluß gefaßt wird, enthalten. Beschlußfähigkeit ist bei schriftlichen Beschlußfassungen stets gegeben. Die Frist zur Abgabe der Stimmen beträgt einen Monat ab Zugang der Aufforderung zur schriftlichen Beschlußfassung bei dem Gesellschafter. Die Aufforderung zur schriftlichen Beschlußfassung gilt dem Gesellschafter 3 Werktage nach dem Absendedatum der Aufforderung als zugegangen. Für die Einhaltung der Stimmabgabefrist ist der Zugang der Stimmabgabe bei der AG maßgeblich. Die AG hat über Inhalt und Ergebnis von schriftlichen Beschlußfassungen ein Schlußprotokoll zu fertigen, durch den Vorstand unterzeichnen zu lassen, in den Geschäftsräumen der AG auszulegen und den dies anfordernden Gesellschaftern zuzusenden.
5. Ein Widerspruch gegen den Inhalt des Protokolls und/oder die Unwirksamkeit eines Gesellschaftsbeschlusses können nur schriftlich und nur innerhalb einer Ausschlußfrist von einem Monat ab Auslegung des Protokolls geltend gemacht werden. Nach Fristablauf tritt Heilung eines etwaigen Mangels ein.

§ 8 Gesellschafterversammlung

1. Gesellschafterversammlungen werden vom Geschäftsinhaber oder – unter den in § 9 Abs. 2 Buchstabe c) genannten Voraussetzungen – vom Anlageausschuß einberufen. Wenn Gesellschafter, die zusammen mehr als 10 Prozent des atypisch stillen Gesellschaftskapitals repräsentieren, ei-ne Gesellschafterversammlung unter schriftlicher Angabe von Gründen hierfür verlangen, so hat der Geschäftsinhaber dies unter Übersendung der geltend gemachten Gründe unverzüglich allen Gesellschaftern schriftlich mitzuteilen. Verlangen innerhalb eines Monats nach Absendung der Mitteilung Gesellschafter, die zusammen mehr als 25 Prozent des atypisch stillen Gesellschaftskapitals repräsentieren, schriftlich eine Gesellschafterversammlung, so hat der Geschäftsinhaber unverzüglich eine Gesellschafterversammlung einzuberufen.
2. Die Frist zur Einberufung von Gesellschafterversammlungen beträgt einen Monat. Sie erfolgt schriftlich an die zuletzt mitgeteilte Anschrift der Gesellschafter. Die Einberufung muss auch die Tagesordnung enthalten. Maßgeblich für die Einhaltung der Einberufungsfrist ist das Datum der Absendung der Einberufung.
3. Jeder Gesellschafter ist berechtigt, sich auf Gesellschafterversammlungen von einem Dritten vertreten zu lassen. Die Vollmacht ist schriftlich zu erteilen.
4. Eine Beschlußfähigkeit bei Gesellschafterversammlungen ist unabhängig von der Zahl der anwesenden oder vertretenen Stimmen gegeben. Für die Stimmrechte in der Gesellschafterversammlung gilt § 7 Abs. 3.
5. Der Geschäftsinhaber ist berechtigt, im Interesse der AG auch andere Personen an Gesellschafterversammlungen teilnehmen zu lassen, deren Erscheinen er für erforderlich hält.
6. Der Versammlungsleiter wird durch den Geschäftsinhaber bestimmt. Über Gesellschafterversammlungen ist ein Protokoll zu führen, das von dem Versammlungsleiter zu unterzeichnen, vom Geschäftsinhaber in den Geschäftsräumen der AG auszulegen und den dies anfordernden Gesellschaftern zuzusenden ist. § 7 Abs. 5 gilt entsprechend.

§ 9 Ablageausschuß

1. Die Gesellschaft hat einen aus drei Mitgliedern bestehenden Anlageausschuß. Die Ausschußmitglieder werden durch Gesellschaftsbeschluß gewählt. Die Wahl erfolgt für eine Amtsperiode von höchstens drei Geschäftsjahren und soll rechtzeitig vor Ablauf der Amtsperiode der Vorgänger erfolgen. Wiederwahl ist möglich. Die Ausschußmitglieder müssen natürliche Personen und können Gesellschafter oder Dritte sein; sie müssen über die notwendige Sachkenntnis und Erfahrung verfügen, die dem Umfang und der Bedeutung ihres Amtes entsprechen. Personen, die mit der AG oder ihren Gesellschaftern unmittelbar oder mittelbar in einem Wettbewerbsverhältnis stehen, sind als Ausschußmitglieder ausgeschlossen. Die Mitglieder des ersten Anlageausschusses werden von der Scientia Treuhand GmbH benannt; eine Bestätigung bzw. Neuwahl des Ausschusses durch die Gesellschafter erfolgt spätestens im Rahmen der ersten Beschlußfassung über die Genehmigung des Jahresabschlusses.
   Jedes Ausschußmitglied kann sein Amt ohne Angabe von Gründen mit einer Frist von 6 Monaten zum Ende eines Geschäftsjahres und bei Vorliegen eines wichtigen Grundes ohne Einhaltung einer Frist durch schriftliche Erklärung gegenüber dem Geschäftsinhaber niederlegen. Jedes Ausschußmitglied kann durch Gesellschaftsbeschluß abberufen werden, wenn ein wichtiger Grund vorliegt. Scheidet während einer Amtsperiode ein Ausschußmitglied aus, soll unverzüglich ein neues Ausschußmitglied für den Rest der laufenden Amtsperiode gewählt werden.
2. Der Anlageausschuß überwacht die Geschäftsführung der Geschäftsinhaberin nach Maßgabe folgender Bestimmungen:
   a) Der Ausschuß hat die Aufgabe, die ihm vom Vorstand der AG nach Maßgabe von dessen Geschäftsordnung vom 30. Oktober 2001 vorzulegenden Investitionsvorhaben auf die Einhaltung der darin niedergelegten Anlagegrundsätze zu überprüfen. Die Überprüfung erfolgt hierbei auf der Grundlage der dem Ausschuß vom Vorstand der AG vorzulegenden Informationen und Unterlagen. Bei der Überprüfung und Beschlußfassung hat der Ausschuß die sich aus den jeweiligen Investitionsvorhaben ergebenden zeitlichen Beschränkungen der jeweiligen Vorstandsvorlage zu beachten.
      Der Anlageausschuß entscheidet über die ihm vorgelegten Investitionsvorhaben durch Beschluß. Er ist berechtigt, einem ihm vorzulegen- den Investitionsvorhaben zu widersprechen, wenn die Anlagegründsätze nicht eingehalten sind oder ernsthafte Zweifel an der Einhaltung der Anlagegrundsätze bestehen.
      Beschlüsse des Anlageausschusses über Investitionsvorhaben sind unverzüglich dem Vorstand mitzuteilen. Im Falle eines Widerspruchs gegen das geprüfte Investitionsvor haben ist der Beschluß schriftlich zu begründen und unverzüglich auch dem Aufsichtsrat der AG zuzuleiten. Im Falle eines Widerspruches bedarf der Vorstand der AG für die Durchführung des abgelehnten Investitionsvorhabens gemäß § 6 Abs. 2 Buchstabe a) eines zustimmenden Gesellschaftsbeschlusses.
      Eine Änderung der Anlagegrundsätze in der Geschäftsordnung des Vorstandes der AG führt nur dann zu einer Änderung der vom Anlageausschuß zu überprüfenden Anlagegrundsätze wenn der Ausschuß einer solchen Änderung zugestimmt hat.
   b) Der Ausschuß kann jederzeit Auskunft über alle Angelegenheiten der AG verlangen und sich auch selbst darüber informieren; er kann insbesondere die Bücher und Schriften des Geschäftinhabers einsehen und prüfen. Der Geschäftsinhaber hat den Ausschuß entsprechend § 90 Abs. 1und 2 AktG über die beabsichtigte Geschäftspolitik, die Rentabilität, den Gang der Geschäfte sowie Geschäfte der AG, die von besonderer Bedeutung sein können, zu unterrichten.

c) Der Ausschuß ist berechtigt, von dem Geschäftsinhaber die Einberufung einer Gesellschafterversammlung zu verlangen oder eine Gesellschafterversammlung selbst einzuberufen, sofern das Wohl der Gesellschaft dies erfordert. Er ist ferner berechtigt, bei Beschlußfassungen der Gesellschaft eigene Beschlußanträge einzubringen. Die Ausschußmitglieder sind berechtigt, an Gesellschafterversammlungen teilzunehmen. Sofern der Vorstand gegen wesentliche Bestimmungen seiner Geschäftsordnung zum Schaden der Gesellschaft verstößt, ist der Ausschuß berechtigt, dem Aufsichtsrat der AG die Abberufung von Vorstandsmitgliedern der AG zu empfehlen.

3. Der Anlageausschuß wählt nach jeder Änderung seiner Zusammensetzung aus seiner Mitte einen Vorsitzenden und einen stellvertretenden Vorsitzenden. Der Ausschuß tritt zusammen, sooft die Erfüllung seiner Aufgaben es erfordert. Jedes Ausschußmitglied und der Geschäftsinhaber können unter Angabe des Zwecks und der Grunde die Einberufung einer Ausschußsitzung verlangen. Jedes Ausschußmitglied hat dafür Sorge zu tragen, dass im Falle seiner Verhinderung bei einer Beschlußfassung eine von ihm zu benennende Person als Stellvertreter an seiner Stelle an der Beschlußfassung teilnimmt. Der Anlageausschuß ist beschlußfähig, wenn mindestens zwei Mitglieder an der Beschlußfassung teilnehmen bzw. vertreten sind. Er entscheidet mit einfacher Mehrheit der abgegebenen Stimmen. Enthaltungen werden nicht mitgezählt. Bei Stimmengleichheit gibt die Stimme des Vorsitzenden bzw. ggf. seines Stellvertreters den Ausschlag. Beschlußfassungen des Ausschusses erfolgen schriftlich (auch per Telefax) oder — wenn kein Mitglied einer solchen Beschlußfassung widerspricht — mündlich oder per E-Mail. Über Beschlüsse des Ausschusses sind Niederschriften anzufertigen, die der Vorsitzende zu unterzeichnen und allen Ausschußmitgliedern sowie dem Geschäftsinhaber zu übersenden hat. Der Anlageausschuß kann sich selbst eine Geschäftsordnung geben.
4. Die Ausschußmitglieder sind bei der Ausübung ihres Amtes nicht an Weisungen gebunden; sie haben ihre Entscheidungen nach bestem Wissen und Gewissen zu treffen. Die Haftung der Ausschußmitglieder ist auf vorsätzliches und grob fahrlässiges Handeln beschränkt.
5. Der Anlageausschuß insgesamt hat Anspruch auf eine Vergütung je volles Geschäftsjahr in Höhe von 45.000 Euro zzgl. etwaiger MwSt. sowie gegen Nachweis Anspruch auf Ersatz angemessener Auslagen. Der Ausschuß wird sich über eine angemessene Verteilung der Vergütung unter den Ausschußmitgliedern verständigen und den Geschäftsinhaber entsprechend unterrichten. Die Vergütung kann im Zusammenhang mit der Neuwahl von Ausschußmitgliedern aufgrund Gesellschaftsbeschlusses angepaßt werden.
6. Auf den Anlageausschuß sind die Bestimmungen des Aktienrechts nicht entsprechend anzuwenden, soweit vorstehend nicht ausdrücklich etwas anderes geregelt ist.

§ 10 Beteiligung am Vermögen

1. Im Falle der Liquidation der AG erhalten die Gesellschafter entsprechend dem Verhältnis der von ihnen erbrachten Einlagen zum Gesamtbetrag der erbrachten Einlagen aller an der AG beteiligten Gesellschafter zuzüglich des voll eingezahlten Grund-kapitals des Geschäftsinhabers zum Zeitpunkt der Liquidation einen Anteil an dem Vermögen einschließlich der stillen Reserven (unter Berücksichtigung eines etwaigen Geschäftswertes). § 11 Abs. 1 Buchstabe c) findet Anwendung.
2. Im Falle des Ausscheidens eines Gesellschafters bestimmt sich seine Beteiligung am Vermögen der AG nach §§ 16 und 17 dieses Vertrages.

§ 11 Gewinn- und Verlustbeteiligung, Vorabvergütung/-gewinn, Rangrücktritt

1. Grundlage der Ergebnisverteilung auf die Gesellschafter und den Geschäftsinhaber ist das sich aus der Gemäß § 13 Abs. 1 bzw. Abs. 4 dieses Vertrages aufzustellenden Handelsbilanz der AG ergebende Ergebnis, und zwar vor Berücksichtigung der allein vom Geschäftsinhaber zu tragenden Körperschaftssteuer nebst Solidaritätszuschlag sowie vor Berücksichtigung der Ergebnisverteilung nach diesem Paragraphen, jedoch nach Berücksichtigung von Gewerbe- und sonstigen Steuern. Für die Gewinn- und Verlustbeteiligung gilt folgendes:
   a) Zunächst werden den im jeweiligen Geschäftsjahr neu beigetretenen Gesellschaftern die auf sie entfallenden Nettoplazierungskosten (Plazierungskosten abzüglich Plazierungserlöse/Agio) gesondert als Verlust zugewiesen. Das zur weiteren Verteilung zur Verfügung stehende Ergebnis erhöht sich entsprechend.
   b) Sodann erhalt die AG vorab zu Lasten des zu verteilenden Ergebnisses eine ergebnisunabhängige Geschäftsführungsvergütung in Höhe von 0,9 Prozent p.a. auf die jeweils am Jahresende gezeichneten Einlagen aller Gesellschafter; im Jahr der Geschäftsaufnahme der AG ist diese Vorabvergütung anteilig für die Zeit seit Aufnahme der Geschäftstätigkeit zu berechnen.
   c) Ist das sich nach Buchstaben und b) ergebende Ergebnis positiv (Gewinn), steht der AG ferner ein Vorabgewinn in Höhe von 10 Prozent dieses Ergebnisses zu, sobald die Gewinn- und Verlustkonten der Gesellschafter insgesamt in ihrer Summe ausgeglichen sind. In entsprechender Höhe verringert sich das für die weitere Verteilung nach Maßgabe von Abs. 2 zu berücksichtigende Ergebnis.
2. Die Gesellschafter und der Geschäftsinhaber sind an dem sich nach Berücksichtigung der Zuweisungen gemäß Abs. 1 errechneten Ergebnis wie folgt beteiligt:
   Die Gesellschafter nehmen an dem Ergebnis entsprechend dem Verhältnis der von ihnen eingezahlten Einlagen zur Summe der eingezahlten Einlagen sämtlicher Gesellschafter zuzüglich des am Bilanzstichtag voll eingezahlten Grundkapitals des Geschäftsinhabers teil. Die AG nimmt an dem Ergebnis entsprechend dem Verhältnis ihres zum Bilanzstichtag eingezahlten Grundkapitals zur Summe der eingezahlten Einlagen sämtlicher Gesellschafter zuzüglich des am Bilanzstichtag voll eingezahlten Grundkapitals des Geschäftsinhabers teil.
3. Die Verlustanteile der Gesellschafter stellen sich im Verhältnis zur AG als Ertrag, die Gewinnanteile als Aufwand dar.
4. Der für die Gewinn- und Verlustverteilung aller Gesellschafter gemäß vorstehenden Abs. 1 bis 2 maßgebliche Stand der Einlagekonten als Unterkonten der Kapitalkonten ist wie folgt zu ermitteln:
   a) Bei Einmalanlegern wird im Beitrittsjahr der Stand des Einlagekontos per 31. Dezember zeitanteilig berücksichtigt (1/12-Methode). In den folgenden Jahren wird der Stand des Einlagekontos per 31. Dezember eines Geschäftsjahres zugrunde gelegt.
   b) Bei Ratenanlegern wird im Beitrittsjahr der Stand des Einlagekontos per 31. Dezember des Beitrittsjahres zugrunde gelegt. In den Folgejahren wird der Stand des Einlagekontos zum jeweiligen 30. Juni eines Jahres zugrunde gelegt, sofern die Raten vertragsgemäß gezahlt wurden. Ist dies nicht der Fall, so wird der Stand des Einlagekontos zum 1. Januar des Jahres zugrunde gelegt.
5. Die Ergebnisanteile des jeweiligen Gesellschafters werden dem Gewinn- und Verlustkonto gutgeschrieben. Ein Entnahmerecht für auf diesem Konto ausgewiesene Gewinnanteile steht dem jeweiligen stillen Gesellschafter während der Dauer der Gesellschaft nicht zu. Vorbehaltlich etwaiger Auszahlungen nach § 12 Abs. 1 gelangen Gewinnanteile nur im Rahmen der Abfindung am Vertragsende zur Ausschüttung.

6. Die Gesellschafter treten mit ihren Auszahlungs-, Entnahme-, Ausschüttungs- und Abfindungsansprüchen im Rang hinter die Erfüllung der Forderungen von Gläubigern der AG zurück. Atypisch stille Einlagen können auch im Falle der Liquidation oder der Insolvenz der AG erst nach Befriedigung der Gläubiger zurückgefordert werden.
7. Für die steuerliche Ergebniszuweisung sind Abweichungen zwischen Handels- und Steuerbilanz – soweit möglich — jeweils den Gesellschaftern zuzuordnen, die sie betreffen; im Übrigen sind solche Abweichungen entsprechend den Regelungen nach Abs. 2 zuzuordnen. Im Jahr des Beitritts eines Gesellschafter führt dies beispielsweise dazu, dass ihm steuerlich ein Ergebnis zugewiesenen wird, welches seine Ergebnisbeteiligung nach Abs. 1 und 2 in dem Umfang übersteigt, in dem ihm nach Abs. 1 Buchstabe a) zugewiesene Plazierungskosten steuerlich nicht als sofort abzugsfähige Betriebsausgaben anerkannt werden.

§ 12 Auszahlungen (Entnahmen/Ausschüttungen)

1. Sofern und soweit es die Liquiditätslage der AG gestattet, haben atypisch stille Gesellschafter, die ihre Einlagen in Form einer Einmaleinlage erbracht haben, ab dem 2. Jahr ihrer jeweiligen Beteiligung Anspruch auf eine Auszahlung zu Lasten ihres Privatkontos, und zwar unabhängig davon, ob der Saldo des jeweiligen Kapitalkontos positiv oder negativ ist. Bei der Auszahlung handelt es sich nicht um eine Garantieverzinsung. Die Höhe der Auszahlung entspricht im
   - 2. Beteiligungsjahr 7 Prozent (pro rata temporis),
   - 3. bis 10. Beteiligungsjahr 7 Prozent
   - 11. Beteiligungsjahr 8 Prozent
   - 12. Beteiligungsjahr 9 Prozent
   - 13. Beteiligungsjahr 10 Prozent
   - 14. Beteiligungsjahr 12 Prozent
   - 15. Beteiligungsjahr 14 Prozent

   der vom jeweiligen Einmalanleger geleisteten Einmaleinlage.
   Im 2. Beteiligungsjahr erfolgt die Berechnung zeitanteilig auf der Grundlage der im 1. Beteiligungsjahr durchschnittlich erbrachten Einlage.
   Die Auszahlungen sollen jeweils spätestens bis zum 31. Oktober des jeweiligen Jahres erfolgen.
2. Darüber hinaus haben die Gesellschafter keinen Anspruch auf Entnahmen oder Ausschüttungen; die auf den jeweiligen Kapitalkonten ausgewiesenen Guthaben gelangen nur im Rahmen der Abfindung am Vertragsende zur Ausschüttung.

§ 13 Handels- und steuerrechtliche Jahresabschlüsse, Rechnungslegung

1. Die AG hat innerhalb von drei Monaten nach Ablaufeines jeden Geschäftsjahres ihren Jahresabschluß mit Anhang und Lagebericht gemäß § 264 ff. HGB aufzustellen und anschließend durch einen Wirtschaftsprüfer prüfen zu lassen. Nach Abschluß der Prüfung durch den Wirtschaftsprüfer erfolgt die Feststellung des Jahresabschlusses der AG gemäß § 172 ff. AktG.
2. In Ergänzung zum handelsrechtlichen Jahresabschluß der AG gemäß vorstehendem Abs. 1 erstellt der Geschäftsinhaber binnen einer Frist von acht Monaten nach Ablauf eines jeden Geschäftsjahres eine Steuerbilanz. Die Steuerbilanz hat den körperschafts- und einkommensteuerrechtlichen Vorschriften zu entsprechen. Werden im Rahmen der steuerlichen Ergebnisfeststellung oder aufgrund steuerlicher Außenprüfungen andere Steuerbilanzansätze als die ursprünglich bilanzierten verbindlich, so sind diese für die Gesellschafter der AG maßgeblich.

3. Der Geschäftsinhaber hat gegenüber den Gesellschaftern über die ihnen zugewiesenen Ergebnisse in der Weise Rechnung zu legen, dass er den Gesellschaftern innerhalb von acht Monaten nach Ablauf eines Geschäftsjahres den handelsrechtlichen Jahresabschluß, eine Mitteilung über die ihnen nach § 11 zugewiesenen Ergebnisse und eine Aufstellung über die Entwicklung ihrer Kapitalkonten übermittelt.
4. Über die Genehmigung des festgestellten handelsrechtlichen Jahresabschlusses der AG als Grundlage für die Ergebnisverteilung nach § 11 ist im Rahmen einer Gesellschafterversammlung oder im Wege des schriftlichen Beschlußverfahrens zu beschließen. Etwaige Einwande eines Gesellschafters gegen den festgestellten Jahresabschluß der AG können von dem Gesellschafter nur im Rahmen dieser Beschlußfassung geltend gemacht werden. Die Einberufung der Gesellschafterversammlung bzw. die Aufforderung zur schriftlichen Stimmabgabe soll spätestens innerhalb von 8 Monaten nach Ablauf des Geschäftsjahres erfolgen.
   Wird die Genehmigung nach vorstehendem Absatz nicht erteilt, so hat der Geschäftsinhaber den festgestellten handelsrechtlichen Jahresabschluß der AG als Grundlage für die Ergebnisverteilung unverzüglich nebst den hiergegen im Rahmen der Beschlußfassung schriftlich geltend gemachten Einwänden einem unabhängigen, von der Handelskammer Hamburg zu benennenden Wirtschaftsprüfer zur (Überprüfung vorzulegen. Kommt dieser Wirtschaftsprüfer zu dem Ergebnis, dass die vorgebrachten Einwände ganz oder teilweise berechtigt sind, stellt dieser eine besondere Handelsbilanz der AG auf, welche dann die für alle Gesellschafter verbindliche Grundlage für die Ergebnisverteilung nach § 11 darstellt. Kommt der Wirtschaftsprüfer zu dem Ergebnis, dass die vorgebrachten Einwände nicht berechtigt sind, so bleibt die Handelsbilanz nach § 13 Abs. 2 für alle Gesellschafter die verbindliche Grundlage für die Ergebnisverteilung nach § 11.
   Der Geschäftsinhaber hat den Gesellschaftern das Ergebnis der Prüfung durch den unabhängigen Wirtschaftsprüfer mitzuteilen. Hat der Wirtschaftsprüfer eine besondere Handelsbilanz der AG aufgestellt, die für die Ergebnisverteilung nach § 11 maßgeblich ist, findet § 13 Abs. 3 entsprechend Anwendung. Die Mitteilung soll unverzüglich erfolgen.
5. Sonstige Einwände gegen die Rechnungslegung, die nicht ausschließlich im Rahmen der Beschlußfassung gemäß Abs. 4 geltend zu machen sind, können die Gesellschafter nur innerhalb einer Frist von einem Monat seit Zugang der Mitteilung nach Abs. 3 schriftlich unter Angabe der Gründe gegenüber dem Geschäftsinhaber geltend machen. Nach ungenutztem Ablauf der Frist gilt die Rechnungslegung vom jeweiligen Gesellschafter insoweit als genehmigt. Entscheidend für die Einhaltung der Frist ist der Zugang der Einwände beim Geschäftsinhaber.
6. Die vollständigen Belege für die Geltendmachung etwaiger Sonderbetriebsausgaben der Beteiligung für ein Geschäftsjahr sind von den Gesellschaftern jeweils bis spätestens zum 31. Mai des Folgejahres bei dem Geschäftsinhaber einzureichen. Diesbezüglich ergeht seitens des Geschäftsinhabers eine besondere Aufforderung. Nach Ablauf der Frist (31. Mai) kann eine Berücksichtigung von Sonderbetriebsausgaben aus organisatorischen Gründen nicht mehr erfolgen.

§ 14 Informations- und Kontrollrechte

1. Den Gesellschaftern stehen die Informations- und Kontrollrechte gemäß § 233 HGB und gemäß § 716 BGB zu. Die Gesellschafter sind auch berechtigt, auf eigene Kosten die Informations- und Kontrollrechte durch einen Wirtschaftsprüfer wahrnehmen zu lassen.
2. Dies gilt auch nach Beendigung der Gesellschaft in dem zur Überprüfung des Auseinandersetzungsguthabens erforderlichen Umfang.
3. Die Gesellschafter haben über alle ihnen durch Wahrnehmung ihrer Einsichtsrechte bekannt gewordenen Angelegenheiten der AG Stillschweigen zu bewahren, soweit es die gesellschaftsrechtliche Treuepflicht verlangt. Diese Verpflichtung gilt auch nach Beendigung der Gesellschaft.

§ 15 Übertragbarkeit der Beteiligung

Die atypisch stille Beteiligung ist übertragbar, wenn nachfolgende Voraussetzungen erfüllt sind; eine Teilübertragung einer Beteiligung ist jedoch unzulässig. Die Übertragung einer Beteiligung bedarf zu ihrer Wirksamkeit der schriftlichen Zustimmung der AG, welche die Zustimmung nur aus wichtigem Grund verweigern darf, sofern die Übertragung zum Ende eines Geschäftsjahres erfolgt. Zur Einhaltung der Frist genügt die rechtzeitige Absendung des Widerspruchs. Die Übertragung wird erst mit Zustimmung des Geschäftsinhabers bzw. mit ungenutztem Ablauf der Widerspruchsfrist gemäß Satz 3 wirksam.

§ 16 Kündigung

1. Die Gesellschaft ist sowohl durch die Gesellschafter als auch durch den Geschäftsinhaber nach Maßgabe folgender Bestimmungen ordentlich kündbar:
   a) Die Kündigung ist nur zum Ende eines Geschäftsjahres möglich. Teilkündigungen sind nicht zulässig.
   b) Die Kündigungsfrist beträgt 12 Monate.
   c) Entsprechend der in der jeweiligen Beitrittserklärung vereinbarten Mindestvertragslaufzeit ist die Kündigung erstmals zum Ende des 10., 11., 12., 13., 14. und 15. Geschäftsjahres nach dem Beginn der Gesellschaft gemäß § 12 Abs. 1 möglich. Das Jahr des Beginns der Gesellschaft wird als volles Beteiligungsjahr mitgerechnet.

   Im Falle einer wirksamen Kündigung nach diesem Abs. 1 findet eine Auseinandersetzung der Gesellschaft nach § 17 statt.
2. Das Recht zur Kündigung dieses Vertrages aus wichtigem Grund bleibt unberührt.
   a) Bei vorzeitiger Kündigung dieses Vertrages seitens der AG aus wichtigem Grund, z. B. wegen vertragswidrigen Verhaltens oder bei Nichterfüllung der Zahlungsverpflichtungen seitens des Gesellschafters, erhält der jeweilige Gesellschafter als Abfindung den Saldo seines Kapitalkontos abzüglich einer Abgangsentschädigung zur Deckung der Emissions-, Vertriebs- und Verwaltungskosten in Höhe von 17 Prozent seiner Gesamtzeichnungssumme ohne Agio. Ergibt sich hieraus ein negativer Abfindungsbetrag, ist der ausscheidende Gesellschafter bis zur Höhe etwaiger an ihn nach § 12 Abs. 1 erfolgter Auszahlungen zur Leistung an die AG verpflichtet. Im Übrigen besteht eine Nachschußpflicht nicht. Die vorstehende Abfindung bzw. ein sich ergebender Fehlbetrag ist innerhalb von drei Monaten nach Ausscheiden des Gesellschafters zur Zahlung fällig.

      Befindet sich ein Gesellschafter, der eine Rateneinlage übernommen hat, mit mehr als 4 Einlagenraten in Verzug, so ist dies als wichtiger Grund anzusehen, der die AG nach vergeblicher Fristsetzung und Ablehnungsandrohung zur fristlosen Kündigung des Gesell-

schaftsvertrages berechtigt. Solange das Kündigungsrecht nicht ausgeübt wird, sind ab Verzugseintritt Verzugszinsen in Höhe von 12 Prozent p. a. zu entrichten.
Eine Auseinandersetzung nach § 17 findet bei Ausscheiden eines Gesellschafters nach § 16 Abs. 2 Buch stabe a) nicht statt.
b) Bei vorzeitiger Kündigung dieses Vertrages seitens eines Gesellschafters aus wichtigem Grund findet eine Auseinandersetzung nach § 17 statt.

3. Die Möglichkeit einer einvernehmlichen Beendigung von Beteiligungsverhältnissen bleibt unberührt, ohne dass hierauf ein Anspruch besteht. Dies kann beispielsweise der Fall sein, wenn der Geschäftsinhaber dem Wunsch einzelner Gesellschafter entspricht, z.B. aufgrund unverschuldeter Notlage, die dazu führt, dass diese Anleger ihren Einzahlungspflichten nicht mehr nachkommen können, vorzeitig gegen Rückerstattung der Einlage abzüglich der Kosten für Vertrieb und etwaige Auszahlungen aus der Gesellschaft auszuscheiden.
Ein Anspruch der übrigen Gesellschafter auf einvernehmliche Beendigung des Beteiligungsverhältnisses besteht nicht und wird hierdurch nicht begründet.
4. Jede Kündigung bedarf zu ihrer Wirksamkeit der Schriftform. Die Kündigung seitens der AG ist an den jeweils betroffenen Gesellschafter, diejenige des Gesellschafters an die AG zu richten. Maßgeblich für die Einhaltung der Kündigungsfrist ist das Datum des Zugangs der Kündigungserklärung. Die Kündigung oder eine etwaige einvernehmliche Vertragsaufhebung haben nicht die Auflösung der atypisch stillen Gesellschaft insgesamt zur Folge, sondern lediglich das Ausscheiden des betroffenen Gesellschafters.
5. Die im Zusammenhang mit der nach diesem § 16 erfolgenden Beendigung einer atypisch stillen Beteiligung an den jeweils ausscheidenden Gesellschafter zu erbringenden Leistungen, insbesondere das an einen gemäß § 16 Abs. 1 ausscheidenden Gesellschafter zu zahlende Abfindungsguthaben nach § 17, werden von der Gesellschaft getragen.

§ 17 Abfingungsguthaben

1. Bei Beendigung der Gesellschaft nach Maßgabe von § 16 Abs. 1 oder § 16 Abs. 2 Buchstabe b) steht dem jeweiligen Gesellschafter ein Abfindungsguthaben zu, das sich aus dem Saldo seines Kapitalkontos gemäß Buchstabe a) und dem anteiligen Auseinandersetzungswert gemäß Buchstabe b) zum Auseinandersetzungsstichtag gemäß Abs. 2 zusammensetzt und gemäß Abs. 3 auszuzahlen ist.
   a) Der ausscheidende Gesellschafter erhält den Saldo aus dem Stand seines Einlage-, Gewinn- und Verlust sowie Privatkontos am Auseinandersetzungsstichtag (unter Berücksichtigung der ihm für den Zeitraum bis zum Auseinandersetzungsstichtag zugewiesenen Ergebnisse und der nach Buchstabe zu erbringenden Leistung, aber vor Berücksichtigung des anteiligen Auseinandersetzungswertes). Der Saldo des Kapitalkontos wird dem ausscheidenden Gesellschafter im Rahmen der Auszahlung des Abfindungsguthabens ausgezahlt.
   b) Der Auseinandersetzungswert entspricht den stillen Reserven (einschließlich eines etwaigen Geschäftswertes) des Unternehmens zum Auseinandersetzungsstichtag. Die Ermittlung des Auseinandersetzungswertes erfolgt auf der Basis des Ertragswertes oder eines höheren Substanzwertes der AG. Aus schwebenden Geschäften resultierende Gewinne, Verluste und stille Reserven bleiben unberücksichtigt.
   An dem so ermittelten Auseinandersetzungswert wird der Gesellschafter unter Berücksichtigung der nachstehend aufgeführten Gewichtungsfaktoren im Verhältnis seines eingezahlten Einlagebetrages zu dem Gesamtbetrag der eingezahlten Einlagen aller an der AG beteiligten Gesellschafter und des eingezahlten Grundkapitals der AG beteiligt. Maß-

geblicher Zeitpunkt für die Ermittlung der eingezahlten Einlagen der Einmalanleger ist jeweils der Auseinandersetzungsstichtag. Für die Garbe Logimac AG wird das durchschnittlich gebundene Grundkapital zugrunde gelegt. Die eingezahlten Einlagen der Einmalanleger und das eingezahlte Grundkapital der AG werden dabei mit dem Faktor 1 gewichtet. Die Einlagen der Gesellschafter mit Rateneinlagen werden dabei wie folgt berücksichtigt: Ausgangspunkt ist die zeitanteilige und einzahlungsabhängige Berücksichtigung der Rateneinlagen entsprechend der Zinsstaffelmethode. Der sich hieraus ergebende Betrag wird abhängig vom Zeitpunkt des Ausscheidens mit folgenden Faktoren gewichtet:

- 0,58 bei Ausscheiden bis zum 10. Beteiligungsjahr
- 0,57 bei Ausscheiden im 11. Beteiligungsjahr
- 0,55 bei Ausscheiden im 12. Beteiligungsjahr
- 0,53 bei Ausscheiden im 13. Beteiligungsjahr
- 0,52 bei Ausscheiden im 14. Beteiligungsjahr
- 0,50 bei Ausscheiden im 15. Beteiligungsjahr oder danach.

Der anteilige Auseinandersetzungswert wird dem ausscheidenden Gesellschafter im Rahmen der Auszahlung des Abfindungsguthabens ausgezahlt.

c) Das Recht der AG auf einen Vorabgewinn in Höhe von 10 Prozent wird bei Ausscheiden eines Gesellschafters dadurch berücksichtigt, dass der ausscheidende Gesellschafter zu Lasten seines Gewinn- und Verlustkontos einen Betrag in Höhe von 10 Prozent des anteiligen Auseinandersetzungswertes gemäß Buchstabe b) an die AG leistet. Dieser Betrag steht als Vorabgewinn ausschließlich der AG zu und ist im Rahmen der Gewinnverteilung nach § 11 nicht zu berücksichtigen.

d) Das Abfindungsguthaben entspricht der Summe aus dem Saldo des Kapitalkontos und dem anteiligen Auseinandersetzungswert. Inn Falle eines negativen Abfindungsguthabens (also wenn ein negativer Saldo des Kapitalkontos den anteiligen Auseinandersetzungswert übersteigt) besteht eine Nachschußpflicht des ausscheidenden Gesellschafters nur in dem Umfang, in dem er Auszahlungen nach § 12 Abs. 1 erhalten hat, die eine Einlagenrückgewähr darstellen (z,B. soweit Auszahlungen nicht durch ihm zugewiesene Ergebnisse gedeckt waren). Im Übrigen besteht in diesem Fall keine Nachschußpflicht.

2. Bei Ausscheiden eines Gesellschafters zum Geschäftsjahresende ist der Zeitpunkt des Ausscheidens (Bilanzstichtag) der Auseinandersetzungsstichtag im Sinne dieses § 17.
   Bei Ausscheiden eines Gesellschafters während eines Geschäftsjahres ist der letzte Bilanzstichtag vor seinem Ausscheiden der Auseinandersetzungsstichtag im Sinne dieses § 17 und für die Ermittlung des anteiligen Auseinandersetzungswertes sowie des Saldos des Kapitalkontos maßgeblich. Die im Geschäftsjahr des Ausscheidens (also nach dem Auseinandersetzungsstichtag) geleisteten Einlagen bzw. erfolgten Auszahlungen (Ausschüttungen/Entnahmen) erhöhen bzw. mindern in diesem Fall das Abfindungsguthaben.
3. Das Abfindungsguthaben ist grundsätzlich ein Jahr nach dem Wirksamkeitszeitpunkt der jeweiligen Kündigung zur Zahlung fällig. Die AG ist jedoch berechtigt, das Abfindungsguthaben unter Berücksichtigung der Liquiditätslage erst ein Jahr nach Fälligkeit auszuzahlen. In diesem Fall ist der ausstehende Teil des Abfindungsguthabens ab Fälligkeit mit 2 Prozentpunkten p.a. über dem jeweiligen Basiszinssatz der Europäischen Zentralbank zu verzinsen. Die Zinsen sind nachträglich zu zahlen.
4. Die Ermittlung des Abfindungsguthabens erfolgt durch einen von der AG zu beauftragenden Wirtschaftsprüfer. Die Kosten der Ermittlung des Abfindungsguthabens werden von der atypisch stillen Gesellschaft getragen, sofern der Gesellschafter zum Geschäftsjahresende aus-

scheidet. Bei unterjährigem Ausscheiden eines Gesellschafters trägt dieser die Kosten der Ermittlung des Abfindungsguthabens. Der ausscheidende Gesellschafter hat das Recht, die Ermittlung des Abfindungsguthabens auf eigene Kosten durch einen Wirtschaftsprüfer seiner Wahl überprüfen lassen.

5. Ein nach den vorstehenden Bestimmungen festgesetztes Auseinandersetzungsguthaben bleibt auch dann maßgeblich, wenn die zugrunde gelegten Steuerbilanzwerte oder eine zugrunde gelegte Vermögensaufstellung der AG durch das Ergebnis einer steuerlichen Betriebsprüfung nachträglich abgeändert werden.

§ 18 Tod des Gesellschafters

1. Die atypisch stillen Gesellschaftsanteile sind vererblich. Die Erben treten an die Stelle des Gesellschafters.
2. Sind mehrere Erben vorhanden, so ist ihnen die Ausübung der Gesellschafterrechte nur durch einen gemeinsamen Bevollmächtigten gestattet, der die Rechte aus dem den Erben in gesamthänderischer Verbundenheit zustehenden atypisch stillen Gesellschaftsanteil wahrnimmt. Bis zur schriftlichen Benennung des Bevollmächtigten ruhen die Mitwirkungs-, Informations- und Stimmrechte aus der atypisch stillen Beteiligung.
3. Die Erbfolge ist durch die Vorlage eines Erbscheines oder eines Erbnachweises entsprechend § 35 Grundbuchordnung nachzuweisen.
4. Entsprechendes gilt für Vermächtnisnehmer.

§ 19 Datenverarbeitung

1. Die Gesellschafter willigen ein, dass der Geschäftsinhaber die von ihnen auf der Beitrittserklärung angegebenen personenbezogenen Daten sowie die während der Dauer bis zur Beendigung der Gesellschaft bekanntgewordenen Daten speichert und verarbeitet.
2. Die Datenverarbeitung erfolgt unter Beachtung der einschlägigen Datenschutzgesetze zur umfassenden Verwaltung der Beteiligung.
3. Der Geschäftsinhaber übermittelt diese Daten nur an die zur Verwaltung der Gesellschaft beauftragten Unternehmen. Eine Weitergabe dieser Daten an die Gesellschafter ist nicht gestattet. Der Geschäftsinhaber stellt sicher, dass die personenbezogenen Daten gelöscht werden, sofern die weitere Speicherung nicht mehr notwendig ist.

§ 20 Erfüllungsort/Gerichtsstand

Erfüllungsort ist Hamburg. Der Gerichtsstand für sämtliche Streitigkeiten aus diesem Vertrag bestimmt sich nach den gesetzlichen Vorschriften. Für den Fall der Sitzverlegung ins Ausland oder Unkenntnis des Wohnsitzes bzw. gewöhnlichen Aufenthaltsortes des einzelnen Gesellschafters wird bei Klageerhebung durch die AG Hamburg als örtlich zu ständiger Gerichtsstand vereinbart.

§ 21 Schriftform und savatorische Klausel

1. Änderungen und Ergänzungen dieses Vertrages bedürfen zu ihrer Wirksamkeit der Schriftform. Dieses gilt auch für die Aufhebung des Schriftformerfordernisses selbst.
2. Sollte eine Bestimmung dieses Vertrages unwirksam sein oder werden oder der Vertrag eine Lücke enthalten, so bleibt die Rechtswirksamkeit der übrigen Bestimmungen hiervon unberührt. Anstelle der unwirksamen Bestimmung gilt eine wirksame Bestimmung als vereinbart, die der von den Parteien gewollten wirtschaftlich in rechtlich zulässiger Weise am nächsten kommt. Dieses gilt entsprechend im Falle einer vertraglichen Regelungslücke.

Jessica Schmidt

§ 27 Die supranationale Gesellschaft – die Satzung der Airbus SE

Inhaltsübersicht

I. Von den Anfängen zur Airbus SE

1. Erste Schritte

Nach dem zweiten Weltkrieg war der Flugzeugmarkt von den US-amerikanischen Firmen *Boeing*, *McDonnell Douglas* und *Lockheed* dominiert: sie hielten 80 % des Weltmarkts für Großflugzeuge.[1] Nachdem die Nachfrage nach Flugreisen immer weiter wuchs, begannen auch europäische Flugzeugbauer wie *Sud Aviation* (Frankreich), *British Aircraft Corporation* (UK) und *Hawker Siddeley Aviation* (UK) Pläne für neue, größere Flugzeuge zu entwerfen.[2] Es wurde jedoch bald klar, dass diese Pläne aus ökonomischen Gründen zum Scheitern verurteilt waren.[3] Ohne ein gemeinsames europäisches Programm zur Entwicklung und Produktion von Flugzeugen würde es nicht gelingen, der US-amerikanischen Dominanz wirksam entgegenzutreten.[4]

1 *Aris*, Close to the sun. How Airbus challenged America's domination of the skies, 2002, S. 21; *Engler*, Zur Entstehung europäischer Solidarität, 2016, S. 118 f.

2 <https://www.airbus.com/company/history/aircraft-history/1967-1969.html>.

3 <https://www.airbus.com/company/history/aircraft-history/1967-1969.html>; *Hayward* (1987–88) 64 International Affairs 11, 13.

4 <https://www.airbus.com/company/history/aircraft-history/1967-1969.html>.

https://doi.org/10.1515/9783110733839-028

Deutschland, Frankreich und das Vereinigte Königreich verpflichteten sich daher im Juli 1967 in einem Memorandum of Understanding[5],

> „for the purpose of strengthening European co-operation in the field of aviation technology and thereby promoting economic and technological progress in Europe, to take appropriate measures for the joint development and production of an airbus."[6]

Ziel war der Bau eines Airbus A300, eines zweistrahligen Flugzeugs für Kurz- und Mittelstrecken.

In der Projektdefinitionsphase (1967/68) arbeiteten aufgrund der Vereinbarung der beteiligten Regierungen die *Deutsche Airbus GmbH* (DE)[7], *Sud Aviation* (FR) und *Hawker Siddeley Aviation* (UK) zusammen.[8]

Im März 1969 zog sich dann allerdings das Vereinigte Königreich aus dem Projekt Airbus zurück. Grund hierfür waren zum einen Zweifel an der wirtschaftlichen Machbarkeit, zum anderen der Umstand, dass *Rolls Royce* die Triebwerke für den geplanten Airbus A300 nicht würde liefern können, weil es bereits Triebwerke für *Lockheed* baute.[9]

Deutschland und Frankreich hielten jedoch weiter am Traum von einem europäischen Airbus fest. Um keine Zeit zu verlieren, beschlossen die deutsche und die französische Regierung, das Projekt auf zweiseitiger Basis fortzuführen und weiteren Regierungen den späteren Beitritt offenzuhalten.[10] Am 29. Mai 1969 un-

---

5 Exemplar in B 136/7733.

6 <https://www.airbus.com/company/history/aircraft-history/1967-1969.html>.

7 Die *Deutsche Airbus GmbH* war eine von den am Projekt beteiligten deutschen Gesellschaften speziell für diesen Zweck gegründete GmbH. Gesellschafter zu je 20 % waren die *Dornier GmbH*, die *Messerschmidt-Werke-Flugzeug Union Sud GmbH* (eine Tochtergesellschaft der *Messerschmitt AG*), die *Siebelwerke/ATG GmbH* (eine Tochtergesellschaft von *Bölkow*), die *Vereinigte Technische Flugtechnische Werke GmbH (VFW)* und die *Hamburger Flugzeugbau GmbH (HFB)*. 1969 fusionierten *Messerschmitt, Bölkow* und *HFB* zu *Messerschmitt-Bölkow-Blohm GmbH (MBB)*; *VFB* und *Fokker* fusionierten zur *VFW-Fokker*. Im September 1970 schied die *Dornier GmbH* wegen des hohen Eigenkapitalbedarfs aus; ihre Anteile wurden zu 5 % von MBB und zu 15 % von VFW-Fokker übernommen. Gesellschafter der *Deutsche Airbus GmbH* waren damit nur noch *MBB* (65 %) und *VFW-Fokker* (35 %). Vgl. zum Ganzen BT-Drs. 6/1044, S. 21; *Financial Times* v. 6.9.1967, S. 22: „West German airbus group formed"; *Financial Times* v. 3.7.1968, S. 5: „German aircraft men form joint company"; *Financial Times* v. 13.5.1969, S. 7: „Fokker and VFW to merge"; *Financial Times* v. 9.10.1969, S. 7: „Partners needed for take-off"; *Financial Times* v. 17.9.1970, S. 7: „Dornier quits airbus plan".

8 BT-Drs. 6/1044, S. 21.

9 Vgl. BT-Drs. 6/1044, S. 21; *Engler*, Zur Entstehung europäischer Solidarität, 2016, S. 121; *Hayward* (1987-88) 64 International Affairs 11, 13; <https://www.airbus.com/company/history/aircraft-history/1968-1969.html>.

10 BT-Drs. 6/1044, S. 21.

terzeichneten der französische Verkehrsminister *Jean Chamant* und der deutsche Wirtschaftsminister *Karl Schiller* auf der Pariser Luftfahrtschau eine Vereinbarung über die Verwirklichung des „Airbus-300 B".[11]

Trotz des Rückzugs der britischen Regierung blieb übrigens *Hawker Siddeley Aviation* weiterhin als für den Bau der Flügel verantwortliches Subunternehmen am Airbus-Projekt beteiligt.[12]

2. Airbus Industrie G.I.E.

Um besser organsierte und effizientere Strukturen zu schaffen, wurde das Projekt dann am 18. Dezember 1970 in eine gesellschaftsrechtliche Struktur gegossen: die *Airbus Industrie G.I.E.*, ein *groupement d'intérêt économique* (wirtschaftliche Interessenvereinigung) nach französischem Recht (zunächst mit Sitz in Paris, ab 1974 in Toulouse).[13]

Gesellschafter waren auf französischer Seite die *Société Nationale Industrielle Aérospatiale (SNIAS)* (die durch einen Zusammenschluss von *SEREB, Sud Aviation* und *Nord Aviation* entstanden war) und auf deutscher Seite die *Deutsche Airbus GmbH*; beide hielten jeweils eine Beteiligung von 50 %.[14] Durch die Beteiligung von *VFW-Fokker* an der *Deutsche Airbus GmbH* waren auch die Niederlande involviert.[15]

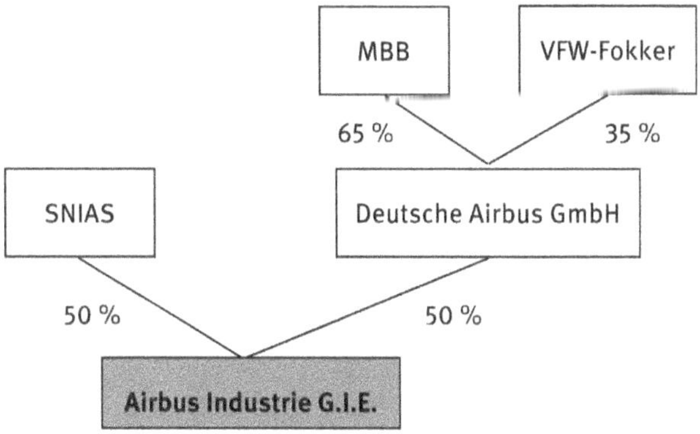

11 <https://www.airbus.com/company/history/aircraft-history/1968-1969.html>.
12 BT-Drs. 6/1044, S. 21 f.; *Financial Times* v. 24.5.1971, S. 21: „Hawker Siddeley in Airbus project".
13 <https://www.airbus.com/company/history/aircraft-history/1970-1972.html>.
14 <https://www.airbus.com/company/history/aircraft-history/1970-1972.html>.
15 Vgl. auch BT-Drs. 6/1044, S. 21.

Im Januar 1972 trat die spanische *Construcciones Aeronáuticas SA (CASA)* der *Airbus Industrie G.I.E.* mit einer Beteiligung von 4,2 % bei; die Anteile von *SNIAS* und *Deutsche Airbus GmbH* reduzierten sich dadurch auf jeweils 47,9 %.[16]

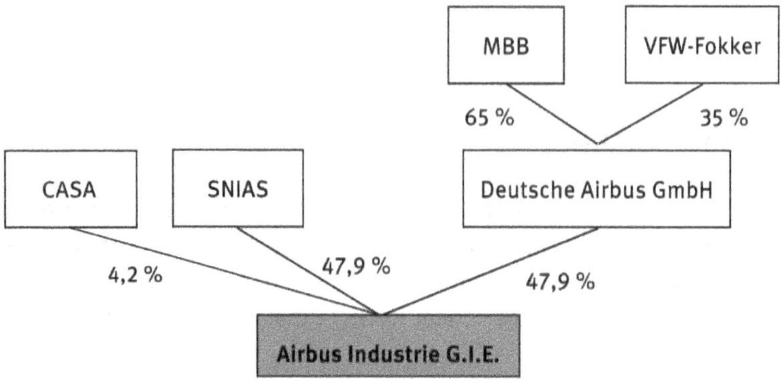

Am 28. Oktober 1972 erfolgte der erste Testflug des A300.[17] Nun galt es, das Flugzeug auch erfolgreich zu verkaufen. Ein erster Letter of Intent für die Bestellung von sechs Flugzeugen war zwar bereits am 3. September 1970 durch Air France erfolgt.[18] Lufthansa bestellte jedoch erst im Dezember 1972 die ersten drei Flugzeuge.[19] Der Absatz am Weltmarkt verlief zunächst schleppend. Der Durchbruch kam erst, nachdem es 1978 gelungen war, die US-amerikanische Eastern Airlines von den technologischen und wirtschaftlichen Vorteilen des A300 zu überzeugen und ihr 23 Flugzeuge (mit einer Option für neun weitere) zu verkaufen.[20]

Im Juli 1978 erfolgte dann der Startschuss für das zweite Mitglied der Airbus-Familie, den A310, der zwar kleiner war, aber eine größere Reichweite hatte.[21]

Diese ersten wirtschaftlichen Erfolge und der neue A310 bewegten dann auch das Vereinigte Königreich, zum 1. Januar 1979 wieder offiziell an Bord zu kommen.[22] Die *British Aerospace plc (BA)*, die 1977 durch Verstaatlichung von *Hawker*

16 *Engler*, Zur Entstehung europäischer Solidarität, 2016, S. 122.
17 <https://www.airbus.com/company/history/aircraft-history/1970-1972.html>.
18 <https://www.airbus.com/company/history/aircraft-history/1970-1972.html>.
19 *Financial Times* v. 21.12.1972, S. 6: „Lufthansa orders three European airbuses".
20 <https://www.airbus.com/company/history/aircraft-history/1977-1979.html>.
21 <https://www.airbus.com/company/history/aircraft-history/1977-1979.html>.
22 *Financial Times* v. 25.10.1978, S. 1: „France agrees to UK rejoining Airbus project"; *Financial Times* v. 25.10.1978, S. 44: „UK returns to Airbus project".

Siddeley Aviation und *British Aircraft Corporation* entstanden war[23], übernahm eine Beteiligung von 20 % an *Airbus Industrie G.I.E.*[24] Dadurch sank die Beteiligung von *SNIAS* und *Deutsche Airbus GmbH* auf jeweils 37,9 % ab.[25] Damit die britische Seite nicht überstimmt werden konnte, wurde die Beschlussmehrheit im Aufsichtsrat von 75 % auf 80 % angehoben.[26]

Im Mai 1979 trat außerdem mit Unterstützung der belgischen Regierung die *Belairbus SA* (ein Zusammenschluss von drei belgischen Unternehmen) dem Airbus Projekt bei – allerdings nicht als Gesellschafterin der *Airbus Industrie G.I.E.*, sondern nur als assoziierte Partnerin.[27]

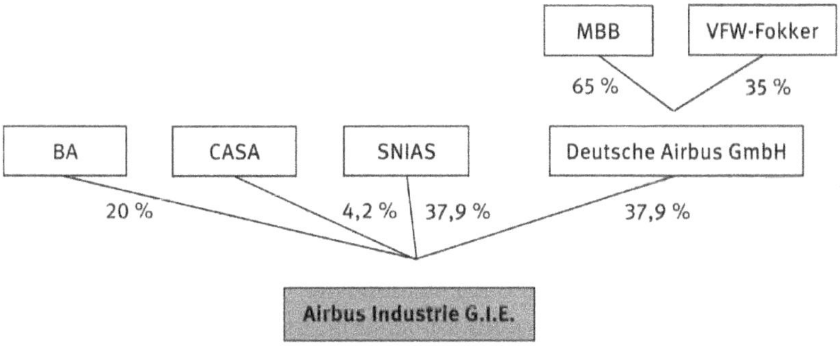

Nachdem VFW-Fokker ihre Kollaboration vor dem Hintergrund wirtschaftlicher Schwierigkeiten Anfang 1980 aufgelöst hatte, erfolgte 1981 eine Fusion von VFW auf MBB.[28]

23 Aircraft and Shipbuilding Industries Act 1977, c. 3.

24 <https://www.airbus.com/company/history/aircraft-history/1977-1979.html>.

25 <https://www.airbus.com/company/history/aircraft-history/1977-1979.html>.

26 *Aris*, Close to the sun. How Airbus challenged America's domination oft he skies, 2002, S. 115; *Engler*, Zur Entstehung europäischer Solidarität, 2016, S. 122.

27 *Financial Times* v. 4.5.1979, S. 6: „Belgium joins Airbus group"; *Engler*, Zur Entstehung europäischer Solidarität, 2016, S. 122; *Hayward* (1987-88) 64 International Affairs 11, 15.

28 *Financial Times* v. 12.2.1980, S. 21: „VFW and Fokker part company in aerospace reshuffle"; *Financial Times* v. 2.12.1980, S. 25: „Go-ahead for merger of MBB and VFW"; *Financial Times* v. 1.6.1981, S. XI: „Merger will strengthen European competitiveness"; *Michaels*, „Szenen eines Verlöbnisses", Die Zeit v. 12.12.1980.

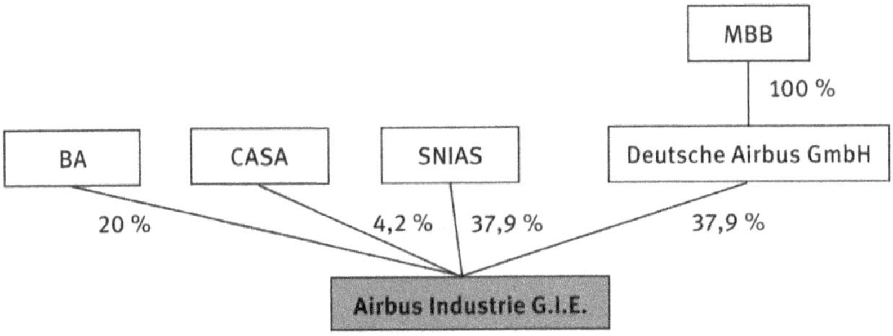

Am 2. März 1984 wurde der offizielle Start des Airbus A320-Programms verkündet.[29] Der A320 war das erste in Serie gefertigte Flugzeug, das ausschließlich über „fly by wire" (also rein elektronisch) gesteuert wurde – für Airbus ein großer Coup und ein Verkaufsschlager.[30]

1989 kam es dann auf deutscher Seite zu wichtigen Veränderungen: *MBB* wurde am 6. September 1989 von der *DASA (Deutsche Aerospace AG)* übernommen.[31] Die *DASA* war selbst erst am 19. Mai 1989 durch seine Fusion der zum Daimler-Konzern gehörenden *Dornier GmbH*, der *Motoren- und Turbinen-Union (MTU)* sowie von zwei Teilen der *AEG AG* entstanden.[32] Am 1. Januar 1995 wurde die *DASA* in *Daimler-Benz Aerospace AG* umbenannt, im November 1998 dann in *DaimlerChrysler Aerospace AG*.[33]

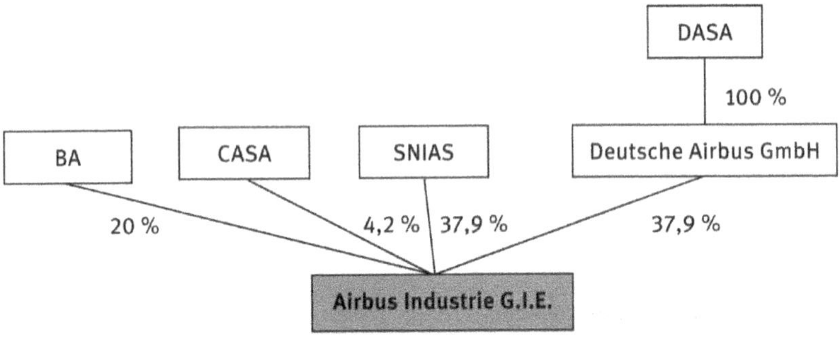

29 <https://www.airbus.com/company/history/aircraft-history/1980-1987.html>.
30 <https://www.airbus.com/company/history/aircraft-history/1980-1987.html>.
31 <https://de.wikipedia.org/wiki/DASA_(Luft-_und_Raumfahrtkonzern)>.
32 <https://de.wikipedia.org/wiki/DASA_(Luft-_und_Raumfahrtkonzern)>.
33 <https://de.wikipedia.org/wiki/DASA_(Luft-_und_Raumfahrtkonzern)>.

In der Folgezeit wuchs Airbus stetig weiter. 1990 konnte erstmals ein Gewinn erwirtschaftet werden.[34] Anfang der 1990er begannen dann auch die Überlegungen für den Bau eines „Superjumbo“, der zunächst als „A3XX“ bezeichnet wurde (und aus dem dann schließlich der Airbus A380 wurde).[35]

3. Airbus SAS

Das enorme Wachstum und die Pläne für das Mammutprojekt eines neuen „Superjumbo“ machten jedoch immer deutlicher, dass die bisherige *G.I.E.*-Struktur ineffizient und intransparent war.[36] Die beteiligten Unternehmen hatten zwar die Entwicklung und Produktion untereinander aufgeteilt, aber alle finanziellen Details ihrer jeweiligen Operationen geheim gehalten und teils über Transferpreise gefeilscht.[37] Es bedurfte daher dringend einer strukturellen Rationalisierung.[38]

Nachdem *Aérospatiale* 1998 privatisiert worden war und 1999 mit *Matra* zu *Aérospatiale Matra* fusioniert hatte, wurden im Kreis der Airbus-Partner verschiedene Modelle erörtert.[39] Schließlich einigte man sich auf die Gründung einer Aktiengesellschaft niederländischen Rechts, in der die Aktivitäten von *DASA*, *Aérospatiale Matra* und *CASA* gebündelt wurden: Die am 3. April 2000 gegründete *European Aeronautic, Defence and Space Company NV (EADS)*.[40] Anteilsinhaber von *EADS* waren die *Daimler Chrysler AG* (30,2 % direkt sowie 2,8 % indirekt), *SOGEADE* (eine Holding, die zu 50 % dem französischen Staat und zu 50 % *Lagardère* gehörte) (30,2 %), *SEPI* (eine Holding des spanischen Staats) (5,5 %) und der französische Staat (0,3 %); 31 % waren free float.[41]

34 <https://www.airbus.com/company/history/aircraft-history/1991-1992.html>.

35 <https://www.airbus.com/company/history/aircraft-history/1993-2000.html>; *Financial Times* v. 9.3.1993, S. 2: „Airbus plans Jumbo Boeing challenger“.

36 <https://www.airbus.com/company/history/aircraft-history/1993-2000.html>; *Financial Times* v. 24.7.2000, S. VI: „Change of status will end years of financial mystery“.

37 <https://www.airbus.com/company/history/aircraft-history/1993-2000.html>; *Financial Times* v. 24.7.2000, S. VI: „Change of status will end years of financial mystery“.

38 <https://www.airbus.com/company/history/aircraft-history/1993-2000.html>; *Financial Times* v. 24.7.2000, S. VI: „Change of status will end years of financial mystery“.

39 <https://www.airbus.com/company/history/aircraft-history/1993-2000.html>; *Engler,* Zur Entstehung europäischer Solidarität, 2016, S. 130 f.

40 <https://www.airbus.com/company/history/aircraft-history/1993-2000.html>; Handelsregisterauszug (KvK-nummer 24288945).

41 *EADS*, Documentation for the Annual General Meeting 2002, S. 6.

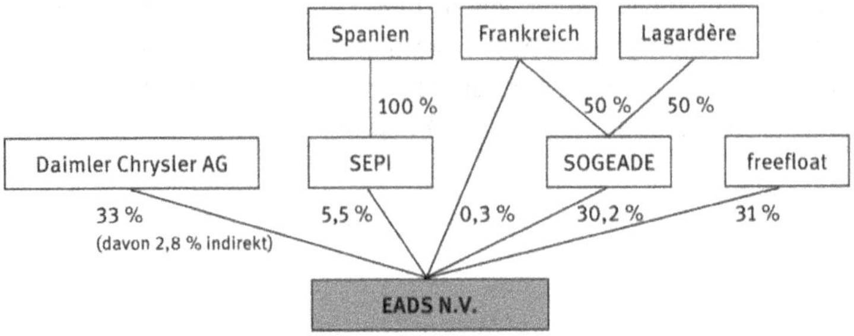

Die *British Aerospace plc* (BA) hatte zwar zunächst ebenfalls mit der *DASA* über einen Zusammenschluss verhandelt[42], die Verhandlungen scheiterten jedoch. *BA* hatte dann stattdessen 1999 *Marconi Electronic Systems Ltd.*, eine Tochtergesellschaft von *General Electric*, in der das Verteidigungselektronikgeschäft gebündelt war, erworben und sich daraufhin zum 5. Mai 2000 in *BAE Systems plc* umbenannt.[43]

Nach diesen Umstrukturierungen im Gesellschafterkreis wurde die *Airbus Industrie G.I.E.* dann im Jahr 2001 in die *Airbus S.A.S.*[44], eine *société par actions simplifiée* nach französischem Recht umgewandelt. Das *conseil d'administration* (Verwaltungsrat) bestand aus sieben Mitgliedern, von denen fünf von *EADS* und zwei von *BAE Systems* bestimmt wurden.[45] Das *directoire* (Direktorium) bestand aus 10 Mitgliedern, von denen acht von *EADS* und zwei von *BAE Systems* bestimmt wurden.[46] *Président* wurde *Noël Forgeard.*[47]

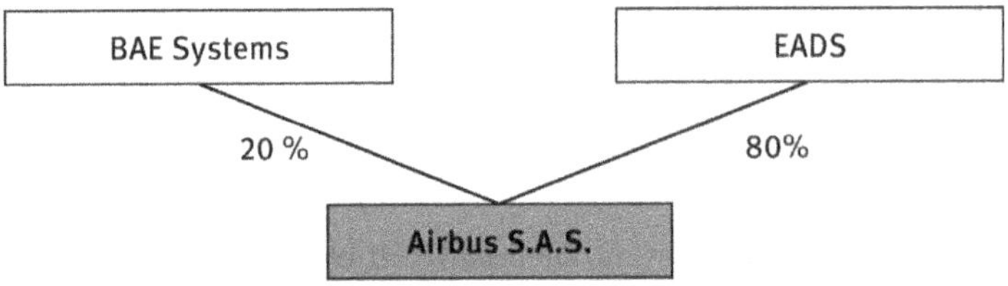

42 *Financial Times* v. 12.10.1998, S. 1: „BAe and Dasa plan to merge".

43 <https://www.airbus.com/company/history/aircraft-history/1993-2000.html>; <https://beta.companieshouse.gov.uk/company/01470151>; *Financial Times* v. 19.1.1999, S. 1: „BAe wins Marconi with £ 7.8bn bid".

44 Siret 383 474 814 00100; FAZ v. 12.7.2001: „Offizielle Gründung von Airbus SAS besiegelt".

45 <https://www.airbus.com/company/history/aircraft-history/1993-2000.html>; *Financial Times* v. 24.7.2000, S. VI: „Change of status will end years of financial mystery".

46 <https://www.airbus.com/company/history/aircraft-history/1993-2000.html>; *Financial Times* v. 24.7.2000, S. VI: „Change of status will end years of financial mystery".

47 *Financial Times* v. 24.7.2000, S. VI: „Change of status will end years of financial mystery".

Parallel zur Schaffung der neuen Gesellschaftsstruktur erfolgte am 19. Dezember 2000 der offizielle industrielle Startschuss für den neuen Superjumbo, der nun den Namen „A380" trug.[48] 2003 gelang es *Airbus* einen weiteren wichtigen Meilenstein zu setzen: Trotz der Auswirkungen des Abschwungs nach 9/11 erreichte *Airbus* einen Marktanteil von 52 % bei ausgelieferten Flugzeugen und überholte damit erstmals den Erzrivalen *Boeing*.[49] Am 18. Januar 2005 wurde der A380 das erste Mal offiziell präsentiert.[50]

4. Airbus Group N.V.

In der Folgezeit wuchs *Airbus* stetig weiter, die *Airbus*-Familie wurde um verschiedene weitere Flugzeugtypen erweitert und 2016 wurde das 10.000 Flugzeug ausgeliefert.[51]

2012 gab es Verhandlungen über einen Zusammenschluss zwischen *EADS* und *BAE Systems*[52], die jedoch am Widerstand der deutschen Regierung scheiterten[53].

Bei *EADS* kam es daraufhin 2013 zu einer *Rochade* in der Aktionärs- und Führungsstruktur. Nachdem *Daimler* und *Lagardère* ihre Beteiligung über die Jahre reduziert hatten (Ende 2011 hielten die *DASA* und *SOGEADE* jeweils nur noch 22,35 %), wollten *Daimler* und *Lagardère* nun vollständig ausscheiden. Nun musste eine Lösung gefunden werden, um das deutsch-französische Gleichgewicht weiter zu gewährleisten. Am 5. Dezember 2012 schlossen *EADS* und ihre Hauptaktionäre (*Daimler AG, DASA, SOGEADE, Lagardère, SOGEPA, SEPI* und die *KfW*) eine Mehrparteienvereinbarung über weitreichende Veränderungen der Aktionärs- und Führungsstruktur; die Hauptversammlung von *EADS* beschloss am 27. März 2013 die notwendigen Umsetzungsmaßnahmen.[54] Damit ergab sich nun bei *EADS* zum 31. Dezember 2013 folgende neue Eigentümerstruktur[55]:

48 <https://www.airbus.com/company/history/aircraft-history/1993-2000.html>.
49 <https://www.airbus.com/company/history/aircraft-history/2001-2004.html>.
50 <https://www.airbus.com/company/history/aircraft-history/2004-2007.html>.
51 <https://www.airbus.com/company/history/aircraft-history/2016.html>.
52 *Financial Times* v. 12.9.2012: „EADS and BAE in defence tie-up talks" (<https://www.ft.com/content/158eefa4-fcf1-11e1-a4f2-00144feabdc0>).
53 *Financial Times* v. 10.10.2012: „Diplomatic deadlock kills BAE-EADS deal" (<https://www.ft.com/content/f78ae4f2-1205-11e2-b9fd-00144feabdc0>); FAZ v. 10.10.2012: „Unternehmen geben Deutschland Schuld an Scheitern der Fusion" (<https://www.faz.net/aktuell/wirtschaft/eads-und-bae-unternehmen-geben-deutschland-schuld-an-scheitern-der-fusion-11920684.html>).
54 *EADS*, Documentation for the Extraordinary General Meeting 2013, S. 13 f.; *Airbus Group*, Documentation for the Extraordinary General Meeting 2014, S. 10.
55 *Airbus Group*, Documentation for the Annual General Meeting 2014, S. 11.

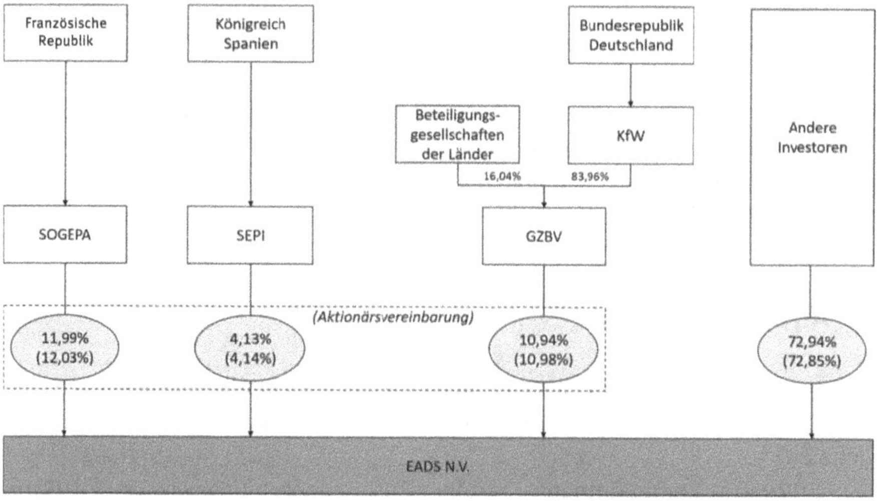

Beteiligung am Kapital und (in Klammern) an den Stimmrechten zum 31.12.2013

Zudem agierte die Gesellschaft ab dem 1. Januar 2014 als *Airbus Group N.V.*; die entsprechende Änderung der Satzung wurde allerdings erst in der Hauptversammlung vom 27. April 2014 beschlossen[56] und am 2. Juni 2014 wirksam[57].

5. Airbus Group SE

Airbus wollte nun aber „richtig" europäisch werden: In der Hauptversammlung am 27. Mai 2015 wurde deshalb mit einer Mehrheit von 99,99 % die Umwandlung in eine Societas Europaea (die *Airbus Group SE*) beschlossen.[58] Der Formwechsel wurde am 28. Mai 2015 wirksam.[59]

Hauptzweck des Formwechsels in die SE war es, der breitgefächerten operativen Präsenz des Konzerns in den verschiedenen europäischen Ländern Rechnung

56 *Airbus Group*, Documentation for the Annual General Meeting 2014, S. 3; *Airbus Group*, AGM voting results 2014.
57 Handelsregisterauszug (KvK-nummer 24288945).
58 *Airbus Group*, Documentation for the Annual General Meeting 2015, S. 3; *Airbus Group*, AGM voting results 2015.
59 Handelsregisterauszug (KvK-nummer 24288945).

zu tragen.[60] Zusammen mit der Umfirmierung in *Airbus Group* sollte eine SE als Konzern-Holding die einheitliche „corporate identity" sowie die Identifizierung von Arbeitnehmern und Aktionären mit der Gesellschaft verbessern und den supranationalen Charakter und das supranationale Image des Konzerns stärken, während zugleich das multinationale Gesicht erhalten bleiben sollte.[61]

6. Airbus SE

2016 wurde dann beschlossen, die Konzernstruktur noch weiter zu vereinfachen und effizienter zu machen und die Prozesse zu digitalisieren.[62] Als ein Kernelement dieser Reorganisation sollte die *Airbus Group SAS* (vormals *EADS France SAS*) auf die *Airbus SAS* verschmolzen werden[63], was dann Mitte 2017 geschah.[64]

Zum 1. Januar 2017 wurde zudem die einheitliche Bezeichnung *Airbus* für den gesamten Konzern eingeführt.[65] Im Einklang damit[66] wurde auf der Hauptversammlung am 12. April 2017 dann die Änderung der Firma der Top-Holding von *Airbus Group SE* in *Airbus SE* beschlossen; dies wurde noch am selben Tag wirksam.[67]

Zum 31. Dezember 2020 war die Eigentümerstruktur folgende:[68]

---

60 *Airbus Group*, Documentation for the Annual General Meeting 2015, S. 5; Report relating to the draft terms of conversion, 2.1.

61 *Airbus Group*, Documentation for the Annual General Meeting 2015, S. 5; Report relating to the draft terms of conversion, 2.1.

62 Ad-hoc release, 30.9.2016: Airbus steps up integration <https://www.airbus.com/newsroom/press-releases/en/2016/09/Ad-hoc-release–Airbus-Steps-Up-Integration.html>.

63 Ad-hoc release, 30.9.2016: Airbus steps up integration <https://www.airbus.com/newsroom/press-releases/en/2016/09/Ad-hoc-release–Airbus-Steps-Up-Integration.html>.

64 Bodacc A n°20170095 publié le 18/05/2017, Annonce n° 576.

65 Ad-hoc release, 30.9.2016: Airbus steps up integration <https://www.airbus.com/newsroom/press-releases/en/2016/09/Ad-hoc-release–Airbus-Steps-Up-Integration.html>.

66 *Airbus Group*, Documentation for the Annual General Meeting 2017, S. 9.

67 *Airbus Group*, Documentation for the Annual General Meeting 2017, S. 9; Handelsregisterauszug (KvK-Nummer 24288945).

68 *Airbus SE*, 2020, Report of the Board of Directors, S. 7 f.

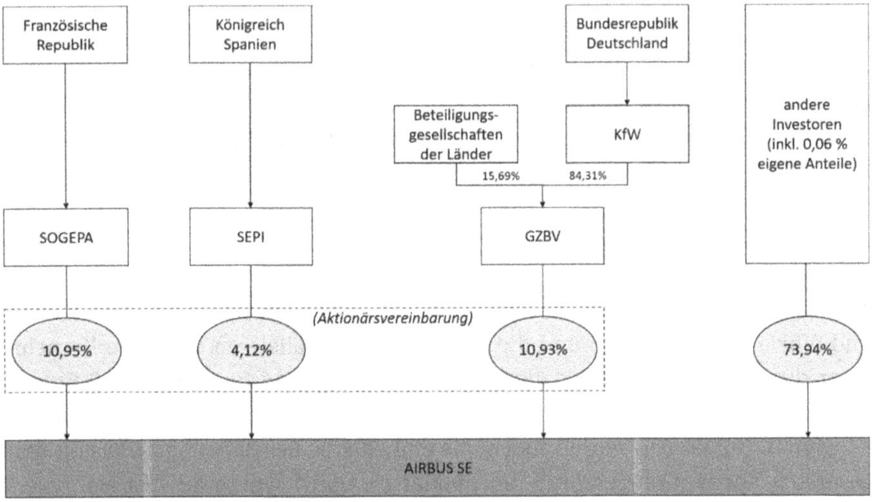

Beteiligung am Kapital zum 31.12.2020

Die Konzernstruktur von *Airbus* sieht (stark vereinfacht) folgendermaßen aus:

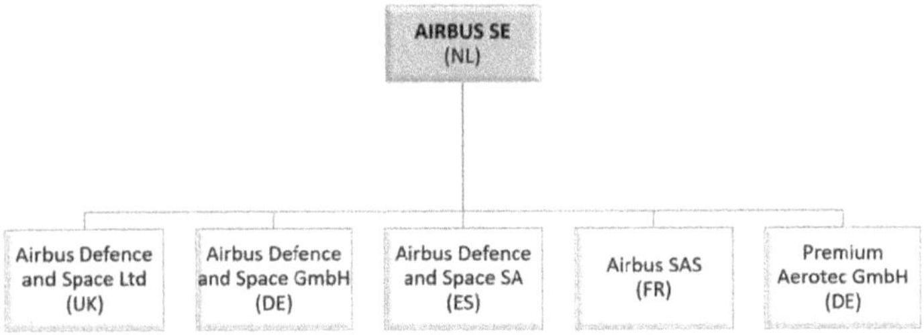

	Daimler (Chrysler) AG über DASA	**Deutschland über GZBV** (2012 noch über KfW)	**Frankreich**	**SOGEADE**	**SOGEPA**	**SEPI**	**Public**
31.12.2001	33,00		0,30	30,20		5,50	31,00
31.12.2002	32,87		0,06	30,13		5,51	30,16
31.12.2003	32,80		0,06	30,07		5,50	30,10
31.12.2004	30,20		0,06	30,20		5,52	33,25
31.12.2005	29,89		0,06	29,89		5,47	33,39
31.12.2006	22,47		0,06	29,96		5,48	40,99
31.12.2007	22,52		0,06	27,53		5,49	43,88
31.12.2008	22,50		0,06	25,00		5,49	46,56
31.12.2009	22,46		0,06	22,46		5,48	49,15
31.12.2010	22,46		0,06	22,46		5,47	49,16
31.12.2011	22,35		0,06	22,35		5,45	49,35
31.12.2012	14,78	2,75	0,06	22,16		5,40	54,23
31.12.2013		10,94			11,99	4,13	72,94
31.12.2014		10,92			10,94	4,12	74,02
31.12.2015		10,91			10,93	4,12	74,04
31.12.2016		11,09			11,11	4,18	73,62
31.12.2017		11,07			11,08	4,17	73,68
31.12.2018		11,04			11,06	4,16	73,74
31.12.2019		10,94			10,96	4,13	73,97
31.12.2020		10,93			10,95	4,12	73,94

Entwicklung der Eigentümerstruktur im Überblick

II. Die Satzung der Airbus SE

Die spezifischen Besonderheiten der Satzung[69] der *Airbus SE* werden erst vor dem Hintergrund der dargestellten Historie richtig verständlich. Sie reflektieren den supranationalen Charakter der Gesellschaft, ihre ganz besondere Aktionärsstruktur und die wirtschaftlich-strategische Bedeutung von *Airbus* für die beteiligten Mitgliedstaaten.

1. Ergänzung und Überlagerung durch Aktionärsvereinbarungen

Wie bereits dargestellt, wurden im Kontext des Revirements der Aktionärsstruktur 2013 weitreichende Aktionärsvereinbarungen geschlossen. Die Satzung der *Airbus SE* ist passgenau auf diese Aktionärsvereinbarungen abgestimmt und wird durch diese nicht nur wesentlich geprägt, sondern auch in wichtigen Punkten ergänzt und überlagert.

a) *Grandfathering Agreement*

Zum einen schlossen die bisherigen Hauptaktionäre – der französische Staat, *SOGEPA*, der deutsche Staat, die *KfW* und *GZBV* – ein *Grandfathering Agreement*[70], um ihre bestehenden Einflussrechte zu sichern. Zur Umsetzung in der Satzung näher unten II.2.g)cc).

b) Aktionärsvertrag zwischen *SOGEPA*, *GZBV* und *SEPI*

Zum anderen schlossen *SOGEPA*, *GZBV* und *SEPI* einen neuen Aktionärsvertrag.[71]

Dieser enthält insbesondere auch Vereinbarungen zur Führungsstruktur der Gesellschaft und zum Abstimmungsverhalten in der Hauptversammlung, die in

69 Abrufbar unter <https://www.airbus.com/content/dam/corporate-topics/strategy/governance/Articles-of-Association.pdf>.

70 Zusammenfassung des Inhalts: *Airbus SE*, Documentation for the Annual General Meeting 2020, S. 17 f.

71 Zusammenfassung des Inhalts: *Airbus SE*, Documentation for the Annual General Meeting 2020, S. 18 f.

den Regelungen der Satzung und den *Board Rules* reflektiert werden (dazu unten II.2.d), II.2.e)).

Weiterhin sieht der Aktionärsvertrag eine Ausbalancierung der Interessen an der Gesellschaft dergestalt vor, dass *SOGEPA* und der französische Staat sowie *GZBV* und der deutsche Staat zu jeweils insgesamt ca. 12 %, *SEPI* und der spanische Staat zu insgesamt ca. 4 % beteiligt sein sollen.[72]

Zudem soll die Gesamtbeteiligung aller Parteien des Aktionärsvertrags stets unter 30 % der Stimmrechte der Gesellschaft oder unter dem Schwellenwert liegen, ab dem ein Pflichtangebot erforderlich ist.[73]

Schließlich enthält der Aktionärsvertrag auch Regelungen zur Übertragung von Wertpapieren:[74] Zulässig sind Übertragungen von Wertpapieren durch einen der Aktionäre an eine mit ihm verbundene Gesellschaft. Es besteht ein anteiliges Vorkaufsrecht der Aktionäre für den Fall, dass ein Aktionär die Übertragung von Wertpapieren, die von ihm gehalten werden, direkt an einen Dritten oder über den Markt beabsichtigt. Weiterhin besteht ein Kaufoptionsrecht zugunsten der Parteien des Aktionärsvertrags für den Fall, dass das Aktienkapital oder die Stimmrechte einer Partei nicht mehr mehrheitlich direkt oder indirekt vom französischen, deutschen oder spanischen Staat gehalten werden. Schließlich steht *SEPI* ein Mitverkaufsrecht für den Fall zu, dass die französische und die deutsche Seite gemeinsam anbieten, die Gesamtheit aller ihrer Stimmrechtsanteile zu übertragen.

2. Einzelne interessante Punkte der Satzung

a) Sitz

Nach Art. 2 Abs. 2 der Satzung befindet sich der Satzungssitz in Amsterdam und die Hauptverwaltung in den Niederlanden (die Originalfassung der Satzung ist deshalb auch auf Niederländisch, *Airbus* stellt auf seiner Webseite aber auch eine englische Übersetzung zur Verfügung).

Bei der Gründung von *EADS* war Amsterdam ganz bewusst als Standort gewählt worden. Grund hierfür waren zum einen die steuer- und gesellschaftsrecht-

72 Zusammenfassung des Inhalts: *Airbus SE*, Documentation for the Annual General Meeting 2020, S. 18.

73 Zusammenfassung des Inhalts: *Airbus SE*, Documentation for the Annual General Meeting 2020, S. 18 f.

74 Zusammenfassung des Inhalts: *Airbus SE*, Documentation for the Annual General Meeting 2020, S. 18 f.

lichen Vorteile für Holdinggesellschaften in den Niederlanden.[75] Zum anderen wollte man aus politischen Gründen einen „neutralen“ Ort, um das deutsch-französische Gleichgewicht zu wahren.[76]

Ursprünglich hatte die Satzung von *EADS* nur vorgesehen, dass der „corporate seat“ in Amsterdam sei („Zij is gevestigd te Amsterdam“). Nach Art. 7 S. 1 SE-VO muss der Satzungssitz einer SE jedoch in demselben Mitgliedstaat liegen wie die Hauptverwaltung. Im Zuge des Formwechsels in die SE wurde daher in Art. 2 Abs. 2 der Satzung ausdrücklich bestimmt, dass sich der Satzungssitz in Amsterdam und die Hauptverwaltung in den Niederlanden befindet.[77] Da der niederländische Gesetzgeber im Rahmen der Ausführung der SE-VO durch das Uw-SE[78] nicht von der Option des Art. 7 S. 2 SE-VO (Zwang zu Satzungssitz und Hauptverwaltung am selben Ort) Gebrauch gemacht hat, musste als Hauptverwaltungssitz nicht zwingend Amsterdam vorgesehen werden, sondern man konnte durch die bloße Bestimmung der Niederlande ein wenig Spielraum lassen.

b) Unternehmensgegenstand

Unternehmensgegenstand der *Airbus SE* ist gem. Art. 3 der Satzung das Halten, Koordinieren und Verwalten von Beteiligungen an und die Finanzierung und Übernahme von Verbindlichkeiten, die Stellung von Sicherheiten und/oder Garantien für juristische Personen, Personengesellschaften, Unternehmensverbände(n) und Unternehmen, die involviert sind in: (a) der Luftfahrt-, Verteidigungs-, Raumfahrt- und/oder Kommunikationsindustrie; oder (b) Aktivitäten, die dazu komplementär, unterstützend oder ergänzend sind.

Dies spiegelt zum einen die Funktion als Top-Holding wider, zum anderen die verschiedenen Sparten des *Airbus*-Konzerns: kommerzielle Flugzeuge, Helikopter, Verteidigung und Raumfahrt.

---

75 *FAZ* v. 22.10.1999, S. 17: „Schlechtes Steuerklima für Holdings“.

76 *Reinke*, Geschichte der deutschen Raumfahrtpolitik, 2004, S. 424.

77 Proposed amendments to the articles of association of Airbus Group N.V. <https://www.airbus.com/content/dam/events/annual-general-meeting/explanatory-table-changes-articles-of-association.pdf>.

78 Wet van 17 maart 2005 tot uitvoering van verordening (EG) Nr. 2157/2001 van de Raad van de Europese Unie van 8 oktober 2001 betreffende het statuut van de Europese vennootschap (SE) (Uitvoeringswet verordening Europese vennootschap).

c) Kapital und Aktien

Für alle Kapitalfragen gilt für die *Airbus SE* aufgrund der partiellen Generalverweisung in Art. 5 SE-VO niederländisches Recht. Dieses differenziert zwischen *maatschappelijk kapitaal* (*authorised capital*/genehmigtes Kapital), *geplaatste kapitaal* (*issued capital*/gezeichnetes Kapital) und *gestort kapitaal* (eingezahltes Kapital) (vgl. Art. 2:67 BW[79]). Das *maatschappelijk kapitaal* (*authorised capital*/genehmigtes Kapital) ist der Höchstbetrag, bis zu dem Aktien ausgegeben und gezeichnet werden können, ohne die Satzung ändern zu müssen.[80] Das *geplaatste kapitaal* (*issued capital*/gezeichnetes Kapital) ist die Summe der Nennbeträge von Aktien, die bei der Gründung oder später von den Gesellschaftern übernommen worden sind.[81]

Nach Art. 4 der Satzung hat die *Airbus SE* ein „maatschappelijk kapitaal" (*authorised capital*/genehmigtes Kapital) von 3 Milliarden Euro. Das *geplaatste kapitaal* (*issued capital*/gezeichnetes Kapital) betrug zum 31. Dezember 2020 insgesamt rund 784 Millionen Euro.[82]

Die Aktien haben nach Art. 4 der Satzung einen Nennwert von 1 Euro.

Nach Art. 9.1 der Satzung handelt es sich grundsätzlich um Namensaktien, die Direktoren können aber auch Inhaberaktien ausgeben. Von dieser Option wurde auch Gebrauch gemacht, es existieren sowohl Namens- als auch Inhaberaktien.

Gelistet sind die Aktien der *Airbus SE* (ISIN: NL0000235190) an der Euronext Paris, am Regulierten Markt der Frankfurter Börse, an der Bolsa de Madrid, der Bolsa de Bilbao, der Bolsa de Barcelona und der Bolsa de Valencia.

d) Leitungsverfassung

aa) Monistische SE

Das nach Art. 38 lit. b SE-VO bestehende Wahlrecht im Hinblick auf die Leitungsverfassung hat die *Airbus SE* zugunsten eines monistischen Systems ausgeübt; das Verwaltungsorgan der *Airbus SE* wird in der Satzung als *board of directors* bezeichnet. Damit wurde die bisherige Struktur beibehalten, denn *EADS* hatte von Anfang an eine monistische Struktur.

Der durch die SE-VO, das niederländische Recht und die Satzung abgesteckte Rechtsrahmen für das *board of directors* wird durch auf der Basis von Art. 18.3

---

79 Burgerlijk Wetboek.

80 Jung/Krebs/Stiegler/*Nuckel*, Gesellschaftsrecht in Europa, 2019, § 16 Rn. 212.

81 Jung/Krebs/Stiegler/*Nuckel*, Gesellschaftsrecht in Europa, 2019, § 16 Rn. 212.

82 Genau: 784 149 270 Euro (*Airbus SE*, 2020, Report of the Board of Directors of Airbus SE, S. 6).

der Satzung erlassene *Internal Rules for the Board of Directors (Board Rules)*[83] ergänzt.

bb) Zusammensetzung des *board of directors*

(1) Allgemeines

Das *board of directors* besteht nach Art. 17.1 , 17.2 der Satzung aus maximal 12 *directors*, einem *executive director* und max. 11 *non-executive directors*. Die genaue Zahl der *non-executive directors* wird durch das *board of directors* bestimmt. Nach Ziff. 2.5 S. 1 *Board Rules* muss es mindestens 9 *non-executive independent directors* geben.

Der einzige *executive director* ist nach Art. 17.3 der Satzung zugleich *Chief Executive Officer (CEO)*. Außerdem muss das *board of directors* einen *non-executive director* zum *chairman of the board of directors* bestellen (Art. 17.3 der Satzung).

CEO von *Airbus* ist seit 2019 *Guillaume Faury*. *Chairman of the board of directors* ist seit 16.4.2020 *René Obermann*. Daneben gibt es zehn weitere *non-executive directors* (d.h. die statutarische Obergrenze wird voll ausgeschöpft): *Victor Chu, Jean-Pierre Clamadieu, Ralph D. Crosby, Jr., Lord Drayson (Paul), Mark Dunkerley, Stephan Gemkow, Catherine Guillouard, Amparo Moraldeda, Claudia Nemat* und *Carlos Tavares*.

(2) Bestellung und Abberufung

Die *directors* werden gem. Art. 43 Abs. 3 S. 1 SE-VO von der Hauptversammlung bestellt; Ziff. 17.4 der Satzung ist insofern nur deklaratorischer Natur. Nach Ziff. 17.5 S. 1 der Satzung erfolgt die Bestellung auf der Basis eines vom *board of directors* erstellten Vorschlags (damit macht die Satzung von der Regelungsermächtigung in Art. 2:133 Abs. 1 BW Gebrauch). Ein Hauptversammlungsbeschluss über die Bestellung eines *directors* ohne oder in Abweichung von einem solchen Vorschlag des *board of directors* bedarf nach Ziff 17.5. S. 1 der Satzung einer Mehrheit von mindestens zwei Dritteln der wirksam abgegebenen Stimmen, die mindestens die Hälfte des bei der Beschlussfassung vertretenen gezeichneten Kapitals vertreten. Näher zur Nominierung von *directors* noch unten II.2.d)bb)(5).

Die Amtszeit der *directors* beträgt nach Ziff. 17.7 S. 1 der Satzung, die damit dem Regelungsauftrag des Art. 46 Abs. 1 SE-VO nachkommt, drei Jahre; eine Wiederwahl ist möglich (Art. 46 Abs. 2 SE-VO i.V.m. Ziff. 7.7 S. 2 der Satzung).

---

83 *Airbus SE*, Internal Rules for the Board of Directors, 29.7.2020, <https://www.airbus.com/content/dam/corporate-topics/strategy/governance/Internal-Rules-BoardofDirectors.pdf>.

Die Abberufung der *directors* richtet sich im monistischen System mangels Regelung in der SE-VO gem. Art. 9 Abs. 1 lit. c Ziff. ii SE-VO nach dem nationalen Recht.[84] Nach Art. 2:134 Abs. 1 S. 1 BW kann ein *director* jederzeit von der Person, die ihn ernannt hat, suspendiert oder abberufen werden; Art. 17.4 S. 1 der Satzung stellt insofern nur noch einmal klar, dass die Hauptversammlung die *directors* jederzeit abberufen oder suspendieren kann. Der *executive director* kann zudem gem. Art. 17.4 der Satzung jederzeit auch vom *board of directors* suspendiert werden (vgl. auch Art. 2:134 Abs. 1 S. 2 BW).

(3) Aufgaben des *board of directors* und Beschlussfassung

Zentrale Aufgabe des *board of directors* ist nach Art. 43 Abs. 1 S. 1 SE-VO die Führung der Geschäfte der SE.

Art. 18.3 S. 4 der Satzung enthält in Ausführung des Regelungsauftrags in Art. 48 Abs. 1 UAbs. 1 SE-VO einen umfangreichen Katalog von Geschäften, die eines Beschlusses des *board of directors* bedürfen. Nach Art. 18.4 der Satzung i. V. m. Ziff. 2.3 S. 3 i. V. m. Annex A *Board Rules* ist für bestimmte Beschlüsse eine qualifizierte Mehrheit erforderlich. Zu den sog. *reserved matters*, die eines Beschlusses mit qualifizierter Mehrheit bedürfen, gehören z. B.: die Änderung des operativen Hauptsitzes der Gesellschaft oder von Hauptunternehmen der *Airbus*-Gruppe (Art. 18.3 S. 4 lit. g der Satzung i. V. m. Ziff. 2.3 S. 3 i. V. m. Annex A lit. p *Board Rules*) oder die Begründung oder Beendigung von strategischen Allianzen oder Kooperationsvereinbarungen (Art. 18.3 S. 4 lit. g der Satzung i. V. m. Ziff. 2.3 S. 3 i. V. m. Annex A lit. v, lit. dd *Board Rules*).

Nach dem von *SOGEPA*, *GZBV* und *SEPI* geschlossenen Aktionärsvertrag können alle Mitglieder des *board of directors* bei *reserved matters* frei ihre persönliche Meinung äußern.[85]

(4) Ausschüsse

Nach Ziff. 5.1 S. 1 *Board Rules* bildet das *board of directors* einen Prüfungsausschuss (*audit committee*), einen Vergütungs-, Nominierungs- und Governance-Ausschuss (*remuneration, nominiation and governance committee [RNG committee]*) sowie einen Ethik- und Compliance-Ausschuss (*ethics and compliance comittee [E&C committee]*). Die Aufgaben und Zusammensetzung dieser Ausschüsse sind in Ziff. 6-8 *Board Rules* näher spezifiziert. Daneben kann das *board of directors* noch weitere Ausschüsse bilden (Ziff. 5.1 S. 2 *Board Rules*).

---

84 *Lutter/Bayer/J. Schmidt*, EuropUR, 6. Aufl. 2018, 45.136 m. w. N.
85 *Airbus SE*, Documentation for the Annual General Meeting 2020, S. 18.

(5) Persönliche Voraussetzungen

Directors können nach Art. 17.1 der Satzung nur natürliche Personen sein. Da das niederländische Recht auch juristische Personen als Organmitglieder zulassen würde[86], wäre dies gem. Art. 47 Abs. 1 UAbs. 1 SE-VO auch bei einer niederländischen SE möglich; hiervon wurde jedoch kein Gebrauch gemacht.

Um zu gewährleisten, dass die *Airbus SE* im Einklang mit ihrer Tradition als europäisches Projekt auch europäisch gemanagt wird, schreibt Ziff. 2.5 S. 3 der *Board Rules* vor, dass die Mehrheit der Mitglieder des *board of directors* (d.h. mindestens 7 der 12 Mitglieder) EU-Bürger sein müssen und dass wiederum die Mehrheit davon (d.h. mindestens 4 von 12 Mitgliedern) neben der EU-Staatsbürgerschaft auch ihren Wohnsitz in der EU haben müssen. Nach Ziff. 7.2 *Board Rules* hat das *RNG committee* bei der Nominierung neuer *directors* zudem darauf zu achten, dass in Bezug auf die Zahl der Mitglieder des *board of directors* das Gleichgewicht zwischen den Nationalitäten im Hinblick auf die wichtigsten industriellen Zentren von *Airbus* erhalten bleibt (speziell unter den Staatsangehörigen der von Frankreich, Deutschland, Spanien und dem Vereinigten Königreich, in denen die wichtigsten industriellen Zentren von *Airbus* liegen). Das *board of directors* soll also insbesondere auch den Nationalitätenproporz der beteiligten (Mitglied-)Staaten widerspiegeln.

Satzung und *Internal Rules* stellen zudem sicher, dass die beteiligten Mitgliedstaaten Einfluss auf die Besetzung des *board of directors* haben und so ihre strategischen und Sicherheitsinteressen wahren können. Nach Art. 17.5 der Satzung (vgl. auch Ziff. 7.4 *Board Rules*) müssen bei der Nominierung von *directors* die Verpflichtungen, welche die Gesellschaft durch das *French State Security Agreement* (Sicherheitsvereinbarung mit dem französischen Staat) sowie durch das *German State Security Agreement* (Sicherheitsvereinbarung mit dem deutschen Staat) gegenüber Frankreich bzw. Deutschland übernommen hat, berücksichtigt werden. Der von *SOGEPA, GZBV* und SEPI geschlossene Aktionärsvertrag sieht vor, dass *SOGEPA, GZBV* und *SEPI* allen Beschlussvorlagen im Zusammenhang mit der Wahl von *board*-Mitgliedern zustimmen, die der Hauptversammlung der Gesellschaft in Übereinstimmung mit den Bedingungen des *German State Security Agreement* und des *French State Security Agreement* vorgelegt werden.[87] Wenn eine Person, die gemäß eines dieser *Security Agreements* zum *director* bestellt werden soll, aus irgendeinem Grund nicht nominiert wird, müssen sich *SOGEPA, GZBV* und *SEPI* nach besten Kräften darum bemühen, dass diese Person

86 *Argumentum ex* Art. 2:129a Abs. 1 S. 4 BW; Jung/Krebs/Stiegler/*Nuckel*, Gesellschaftsrecht in Europa, 2019, § 16 Rn. 155 m.w.N.

87 *Airbus SE*, Documentation for the Annual General Meeting 2020, S. 18.

zum *director* bestellt wird.[88] *SOGEPA* und *GZBV* müssen die Bestellung eines spanischen Staatsangehörigen unterstützen, den ihnen *SEPI* als Mitglied des *board of directors* vorschlagen darf, sofern diese Person die Anforderungen an einen *independent director* i.S.d. *Board Rules* erfüllt; sie müssen in der Gesellschafterversammlung für die Bestellung dieser Person und gegen die Bestellung jeder anderen Person stimmen.[89] Sollte das *French State Security Agreement* und/oder das *German State Security Agreement* aus irgendeinem Grund beendet worden sein, so schlagen *SOGEPA* bzw. die *KfW* ggf. zwei Personen vor und *SOGEPA*, *GZBV* und *SEPI* müssen sich nach Kräften darum bemühen, dass diese Personen zu *directors* bestellt werden.[90]

Nach Ziff. 2.5 S. 2 der *Board Rules* darf allerdings kein *director* ein aktiver Beamter sein. Dadurch soll offenbar eine zu enge Verknüpfung mit den Regierungen der beteiligten Mitgliedstaaten verhindert werden. Dies schließt indes nicht aus, dass frühere Beamte *directors* werden können (so war z.B. *Lord Drayson* einige Jahre lang Minister im UK).

e) Hauptversammlung

aa) Allgemeines

Nach Art. 54 Abs. 1 S. 1 SE-VO tritt die Hauptversammlung mindestens einmal im Kalenderjahr binnen sechs Monaten nach Abschluss des Geschäftsjahres zusammen; Ziff. 20.2 der Satzung ist insofern nur deklaratorischer Natur.

Nach Art. 20.1 der Satzung wird die Hauptversammlung in Amsterdam, Den Haag, Rotterdam oder Haarlemmermeer (Schiphol Airport) abgehalten.

Art. 20.5 der Satzung gestattet dem *board of directors* im Einklang mit Art. 53 SE-VO i.V.m. Art. 2:117b Abs. 1 BW, zu entscheiden, dass eine Teilnahme an der Hauptversammlung mittels elektronischer oder Video-Kommunikation möglich ist. Davon wird auch seit Bestehen der *Airbus SE* Gebrauch gemacht, indem *internet voting* über das System *VOTACCESS/VOXALY* zugelassen wird.[91] Die Hauptversammlung 2020 in Amsterdam war insoweit freilich vor dem Hintergrund der Covid-19-Krise noch einmal besonders speziell: Es war kein *director* anwesend, sondern die *Airbus SE* wurde durch ihren niederländischen Anwalt repräsentiert; Aktionäre wurden nur unter strikter Einhaltung von Abstandsregeln zugelassen.[92]

---

88 *Airbus SE*, Documentation for the Annual General Meeting 2020, S. 18.
89 *Airbus SE*, Documentation for the Annual General Meeting 2020, S. 18.
90 *Airbus SE*, Documentation for the Annual General Meeting 2020, S. 18.
91 Vgl. *Airbus SE*, Information Notice 2015, S. 4; Airbus *SE*, Information Notice 2020, S. 7.
92 <https://www.airbus.com/investors/annual-general-meetings.html >.

Zudem riet *Airbus* nachdrücklich von der physischen Teilnahme ab und empfahl Stimmrechtsvertretung.[93]

bb) Beschlussfassung

Beschlüsse der Hauptversammlung bedürfen nach Art. 57 SE-VO grundsätzlich der einfachen Mehrheit der abgegebenen Stimmen; Art. 25.1 der Satzung ist insofern nur klarstellender Natur.

Satzungsänderungen bedürfen jedoch nach Art. 59 Abs. 1 SE-VO einer Mehrheit von nicht weniger als zwei Dritteln der abgegebenen Stimmen, sofern die Rechtsvorschriften im Sitzstaat der SE keine größere Mehrheit vorsehen oder zulassen. Art. 2:120 Abs. 1 S. 1 BW gestattet es explizit, in der Satzung eine höhere Mehrheit vorzusehen. In Ausnutzung dieser Option enthält Art. 26.2 der Satzung der *Airbus SE* eine Liste von Satzungsbestimmungen, die nur mit einer Mehrheit von mindestens 75 % der abgegebenen Stimmen geändert werden können. Hierzu gehören insbesondere Art. 2.2 (Satzungssitz und Hauptverwaltung), Art. 14-16 betreffend Übertragungsbeschränkungen und korrespondierende Mitteilungspflichten[94] sowie Art. 18.4 betreffend Beschlüsse der *directors*[95].

Die Regelungen zur Beschlussfassung werden ebenfalls durch den Aktionärsvertrag ergänzt und überlagert. Diese sieht u. a. vor, dass sich *SOGEPA* und *GZBV* über jede der Gesellschafterversammlung unterbreitete Beschlussvorlage beraten, außer wenn sich diese auf *reserved matters* oder die *Board Rules* beziehen.[96] Wenn die Umsetzung eines *reserved matters*[97] eines Hauptversammlungsbeschlusses bedarf, beraten sich *SOGEPA* und *GZBV* mit dem Ziel, zu einer gemeinsamen Position zu gelangen; sollte dies nicht gelingen, so bleibt es *SOGEPA* und *GZBV* unbenommen, nach eigenem freien Ermessen ihre Stimme abzugeben.[98]

f) Bezugsrecht

Nach Art. 2:96a BW besteht ein Bezugsrecht der Aktionäre nur bei Barkapitalerhöhungen, sofern die Satzung nichts Abweichendes vorsieht. Art. 6.1 der Satzung

93 <https://www.airbus.com/investors/annual-general-meetings.html >.
94 Dazu noch unten II.2.g).
95 Dazu bereits oben II.2.d)bb) (3).
96 *Airbus SE*, Documentation for the Annual General Meeting 2020, S. 18
97 Dazu bereits oben II.2.d)bb) (3).
98 *Airbus SE*, Documentation for the Annual General Meeting 2020, S. 18.

sieht ein generelles Bezugsrecht vor, erweitert dieses also auch auf Sachkapitalerhöhungen.

g) Haltebeschränkungen und Informationspflichten

Eine spezifische Besonderheit der Satzung der *Airbus SE* sind Erwerbs- und Haltebeschränkungen für Aktien sowie flankierende Informationspflichten. Nachdem die Höhe der Beteiligungen unter direktem oder indirektem Staatseinfluss gesenkt und der *free float* erhöht worden waren, sollen diese Regelungen die Wahrung der Interessen der Gesellschaft und der Stakeholder (einschließlich aller Aktionäre) gewährleisten, indem die Möglichkeit einer Einflussnahme, die über den verpflichtenden Veräußerungsschwellenwert hinausgeht, und die Möglichkeit von Übernahmen eingeschränkt werden.[99] Insbesondere geht es dabei offenbar auch um die Sicherung des Einflusses der beteiligten Mitgliedstaaten und des tradierten Gleichgewichts zwischen diesen.

aa) Haltebeschränkungen und Veräußerungspflicht

Nach Art. 15.1 der Satzung darf – vorbehaltlich der in Art. 16 vorgesehenen Ausnahmen[100] – kein Aktionär eine Beteiligung halten, die den *mandatory disposal threshold* (verpflichtenden Veräußerungsschwellenwert) überschreitet. Dieser liegt nach der Definition in Art. 1 der Satzung bei 15 %. Entsprechendes gilt auch bei Aktionärsgemeinschaften und anderen Personen, die gemeinsam eine Beteiligung halten (*acting in concert*).

Der Begriff der Beteiligung (*interest*) umfasst nach der Definition in Art. 1 nicht nur Aktien und Stimmrechte, die direkt vom Aktionär gehalten werden, sondern auch andere Instrumente, die nach Art. 5:33(1) WFT[101] (niederländisches Gesetz zur Finanzaufsicht) als Aktien und Stimmrechte gelten und der niederländischen Börsenaufsicht AFM[102] gemeldet werden müssen, wenn bestimmte Schwellenwerte erreicht oder überschritten werden. Erfasst sind also z. B. auch Wandelanleihen oder Call-Optionen.

Jeder Aktionär, dessen Beteiligung diesen Schwellenwert überschreitet (*excess shareholder*) bzw. jeder Aktionär, der im Rahmen eines *acting in concert* eine

---

99 *Airbus SE*, Documentation for the Annual General Meeting 2020, S. 18; *EADS*, Supplement to the Report of the Board of Directors issued on 7 Febuary 2013, S. 2.

100 Dazu unten II.2.g).

101 Wet op het financieel toezicht, Stb. 2006, 475.

102 Autoriteit Financiële Markten, Homepage: <www.afm.nl>.

Beteiligung hält, die den Schwellenwert überschreitet (*excess concert*), muss seine den Schwellenwert übersteigenden Aktien auf schriftliche Aufforderung der Gesellschaft (*disposal notice*) hin entweder veräußern oder eine andere Maßnahme treffen, die dazu führt, dass er nicht mehr *excess shareholder* oder *excess concert* ist (Art. 15.2).

Mit Zugang der *disposal notice* wird das Recht des Aktionärs zur Teilnahme an der Hauptversammlung sowie sein Stimmrecht und sein Recht auf Dividenden in Bezug auf die *excess shares* (Überschussaktien) automatisch suspendiert (Art. 15.4 S. 1).

Wenn der betreffende Aktionär nicht innerhalb von 14 Tagen nach der *disposal notice* nachweist, dass er seine *excess shares* veräußert hat oder er auf andere Weise nicht mehr *excess shareholder* ist, wird sein Recht zur Teilnahme an der Hauptversammlung, sein Stimmrecht und sein Recht auf Dividenden automatisch in Bezug auf *alle* seine Aktien suspendiert (Art. 15.5a). Zudem hat die Gesellschaft dann unwiderrufliche Vertretungsmacht zur Übertragung seiner *excess shares* an die *Excess Shares Foundation* (*Stichting Surplus Aandelen*) gegen *depository receipts* (Hinterlegungsscheine) (Art. 15.5b). Bei der *Stichting Surplus Aandelen* handelt es sich um eine speziell zu diesem Zweck gegründete Stiftung niederländischen Rechts. Mit der Übertragung der *excess shares* an diese Stiftung endet automatisch die Suspendierung der Rechte des Aktionärs (Art. 15.6 S. 1). Die Stiftung übt die Rechte aus den *excess shares* aus, muss diese aber sobald wie möglich veräußern, wenn sie entweder insgesamt mindestens 15 % der Aktien hält oder jedenfalls spätestens, wenn sie die betreffenden Aktien mehr als sechs Monate gehalten hat (Art. 15.6).

bb) Flankierende Informationspflichten

Damit die *Airbus SE* überhaupt rechtzeitig vom Überschreiten des Schwellenwerts erfährt und eine *disposal notice* erlassen kann, etabliert Art. 14 der Satzung flankierende Informationspflichten.

Nach Art. 14.1 der Satzung muss ein Aktionär die Gesellschaft schriftlich informieren, wenn: (a) eine Mitteilung an die AFM nach den Regelungen zur Beteiligungstransparenz in Kapitel 5.3.3 WFT (Umsetzung der TrRL[103]) erfolgen muss, (b) wenn ein Aktionär allein oder im Rahmen eines *acting in concert* den *mandatory disposal threshold* erreicht, überschreitet oder unterschreitet, und (c) wenn ein

---

103 RL 2004/109/EG des EP und des Rates v. 15.12.2004 zur Harmonisierung der Transparenzanforderungen in Bezug auf Informationen über Emittenten, deren Wertpapiere zum Handel auf einem geregelten Markt zugelassen sind, und zur Änderung der RL 2001/34/EG, ABlEU v. 31.12.2004, L 390/38.

excess shareholder oder *excess concert*, der nicht unter die Ausnahmen nach Art. 16.1 b, c, d, e oder f fällt, eine Rechtshandlung vornimmt, die zu einer Änderung seiner Beteiligung führt.

Art. 14.2–14.4 der Satzung regeln Details zum Zeitpunkt und Inhalt der Mitteilung.

Wenn die Gesellschaft merkt, dass ein Aktionär seiner Mitteilungspflicht nicht nachgekommen ist, kann sie nach Art. 14.5 der Satzung mittels einer schriftlichen[104] Aufforderung verlangen, dass der Aktionär dies innerhalb einer angemessenen Frist von maximal 14 Tagen tut; solange der Aktionär seiner Mitteilungspflicht nach einer solchen Aufforderung nicht nachkommt, ist sein Recht auf Teilnahme an der Hauptversammlung und sein Stimmrecht suspendiert.

cc) Ausnahmen

Art. 16 der Satzung sieht im Einklang mit dem *Grandfathering Agreement* eine Reihe von Ausnahmen für Personen und Aktionärsgemeinschaften vor, die am Tag des Inkrafttretens der Satzungsbestimmungen am 2.4.2013 (sog. *exemption day*, vgl. Art. 1) in Art. 14–16 Beteiligungen hielten (sog. *grandfathering*).

Art. 16.1a enthält eine generelle Ausnahme für Personen und Aktionärsvereinigungen, die am 2.4.2013 Beteiligungen hielten, die Aktien und Stimmrechte oder andere Instrumente umfassten, und die insgesamt 15 % des ausgegebenen Aktienkapitals der Gesellschaft überstiegen. Für diese Personen gelten Obergrenzen, die im Wesentlichen dem tatsächlichen Aktienbestand und den tatsächlichen Stimmrechten, die sie am 2.4.2013 hielten, entsprechen, sowie weitere Einschränkungen.

Art. 16.1b enthält eine spezielle Ausnahme für Personen, dem am 2.4.2013 eine „tatsächliche Beteiligung" („*real intest*"), d.h. rechtliches und wirtschaftliches Eigentum an mehr als 15 % der Aktien oder Stimmrechte der Gesellschaft hielten. Für sie gilt die *grandfathering*-Regelung ohne weitere Einschränkungen. Diese Ausnahmeregelung gilt insbesondere für *SOGEPA*, die am 2.4.2013 knapp über 15 % hielt.[105]

Art. 16.1c enthält eine spezielle Ausnahme für Aktionärsgemeinschaften, die am 2.4.2013 eine tatsächliche Beteiligung von mehr als 15 % hielten. Diese Ausnahme gilt auch für jede Person, die am 2.4.2013 Mitglied einer solchen Aktionärsgemeinschaft war, aber nur solange sie Mitlied derselben ist. Diese Ausnahme-

104 Wenn die Adresse des Aktionärs der Gesellschaft nicht bekannt ist, genügt nach Art. 14.6 der Satzung auch ein Hinweis auf der Webseite.

105 *Airbus SE*, Documentation for the Annual General Meeting 2020, S. 16.

regelung wird nicht davon berührt, ob Mitglieder ausscheiden. Diese Ausnahme gilt für die Aktionärsgemeinschaft aus *SOGEPA, GZBV* und *SEPI*, da sie am 2.4.2013 rechtlicher und wirtschaftlicher Eigentümer von insgesamt rund 35 % der Aktien und Stimmrechte waren.[106]

Art. 16.1d, 16.1e und 16.1f statuieren weitere spezielle Ausnahmeregelungen für aus einer Aktionärsgemeinschaft, für welche die *grandfathering*-Regelung gilt, ausscheidende Personen (d), Neumitglieder solcher Aktionärsgemeinschaften (e) sowie mit solchen Aktionärsgemeinschaften verbundene Gesellschaften (f).

Eine spezielle Ausnahme gilt ferner nach Art. 16.1g für Personen, die ein öffentlichen Angebot abgeben und die danach mindestens 80 % des ausgegebenen Kapitals der Gesellschaft halten. Da der *free float* derzeit jedoch nur 73,9 % beträgt, müsste der Bieter, um mit einem Übernahmeangebot so erfolgreich zu sein, neben den (meisten) *free float*-Aktionären freilich auch entweder *SOGEPA* oder *GZBV* zur Annahme des Angebots überzeugen. Dies ist wohl allenfalls unter ganz speziellen Umständen vorstellbar.

Schließlich gibt es noch spezielle Ausnahmen für die Gesellschaft selbst und die von ihr kontrollierten Unternehmen (Art. 16.1h) sowie für die *Excess Shares Foundation* (Art. 16.1i).

Art. 16.2–16.8 enthalten dann weitere konkretisierende und ergänzende Bestimmungen sowie Mitteilungspflichten.

dd) Konsequenzen

Insgesamt bewirken diese sehr ausdifferenzierten und für alle denkbaren Fälle ausgestalteten Regelungen, dass grundsätzlich niemand mehr als 15 % der Anteile an der *Airbus SE* erwerben kann und somit der Einfluss der Aktionärsgemeinschaft aus *SOGEPA, GZBV* und *SEPI* gesichert ist.

III. Resümee

„We make it fly“ – Mit Airbus ist es tatsächlich gelungen, den europäischen Traum zum Fliegen zu bringen. Die Geschichte von Airbus ist nicht nur eine Geschichte von Erfindungs- und Pioniergeist, sondern zugleich ein zentraler Teil europäischer Industriegeschichte und ein Musterbeispiel für das Potential europäischer Kooperation und Integration.

106 *Airbus SE*, Documentation for the Annual General Meeting 2020, S. 16.

Die *tour d'horizon* durch die Geschichte von Airbus und die heutige Satzung der *Airbus SE* illustriert zugleich auch sehr schön, welche kreativen Gestaltungen im Gesellschaftsrecht in Europa und im europäischen Gesellschaftsrecht möglich sind. Mit dem 2015 erfolgten Rechtsformwechsel in eine Societas Europaea hat Airbus den europäischen Traum auch auf gesellschaftsrechtlicher Ebene zum Fliegen gebracht. Die *Airbus SE* verwirklicht das ursprüngliche Idealbild der Societas Europaea: eine supranationale europäische Gesellschaftsform für ein genuin europäisches Unternehmen.

Die Erfolgsgeschichte der *Airbus SE* zeigt, von welch grundlegender Bedeutung es ist, die enormen Potentiale der europäischen Kooperation und Integration auch in Zukunft aktiv zu nutzen, um die aktuellen und künftigen Herausforderungen zu meistern. Make it fly!

Anhang – Articles of Association

DEFINITIONS AND INTERPRETATION Article 1.

1.1. The following words and expressions shall have the following meanings when used in these Articles of Association: [enthält von "Affiliates" bis "WTF" knapp 40 Legaldefinitionen, die hier nicht mitabgedruckt werden]

NAME, REGISTERED OFFICE AND HEAD OFFICE Article 2.

2.1. The name of the Company is: Airbus SE

2.2. It has its registered office in Amsterdam and its head office in the Netherlands.

OBJECTS Article 3.

The objects of the Company are to hold, co-ordinate and manage participations or other interests in and to finance and assume liabilities, provide for security and/or guarantee debts of legal entities, partnerships, business associations and undertakings that are involved in:

a. the aeronautic, defence, space and/or communication industry; or
b. activities that are complementary, supportive or ancillary thereto.

CAPITAL AND SHARES Article 4.

The authorised capital of the Company is equal to three billion euro (EUR 3,000,000,000.–), divided into three billion (3,000,000,000) shares, each with a nominal value of one euro (EUR 1,–).

ISSUE OF SHARES Article 5.

5.1. Shares shall be issued pursuant to a resolution of the General Meeting or of the Board of Directors, if the Board of Directors has been designated to have such authority by a resolution of the General Meeting for a fixed period not exceeding five years.

5.2. The General Meeting or the Board of Directors, if the Board of Directors is empowered to resolve to issue shares, shall lay down the price and the further conditions of issue.

5.3. The Board of Directors shall have the power, without prior approval of the General Meeting, to perform legal acts relating to:

a. the subscription for shares, when special obligations are imposed on the Company;
b. the acquisition of shares on a basis other than that on which participation in the Company is open to the public;
c. non-cash contributions on shares.

5.4. The General Meeting cannot resolve to issue shares, or to grant rights to subscribe for shares, in respect of which there is no preferential subscription right (by virtue of Dutch law, or because it has been excluded by means of a resolution of the competent corporate body), for an aggregate issue price in excess of five hundred million euro (EUR 500,000,000.–) per share issuance. Similarly, the General Meeting cannot resolve to designate the Board of Directors to have authority to adopt a resolution as referred to in the previous sentence.

PREFERENTIAL SUBSCRIPTION RIGHT Article 6.

6.1. Subject to the provisions of Section 2:96a of the Dutch Civil Code, each holder of existing shares shall, in the event of an issue of shares, have a preferential subscription right in proportion to the aggregate nominal value of his existing shares.

6.2. The preferential subscription right may be limited or excluded by a resolution of the General Meeting.

6.3. The preferential subscription right may also be limited or excluded by the Board of Directors, if the General Meeting has designated the Board of Directors to have authority to issue shares and to limit or to exclude the preferential subscription right by resolution for a fixed period not exceeding five years.

PURCHASE AND DISPOSAL OF COMPANY'S OWN SHARES Article 7.

7.1. The Company may acquire, for consideration, fully paid up shares in its own capital or depository receipts issued for such shares if such acquisition is in accordance with Section 2:98 of the Dutch Civil Code.

7.2. The Company may dispose of acquired shares.

CAPITAL REDUCTION Article 8.

The General Meeting may resolve to reduce the issued share capital by the cancellation of shares or by a reduction in the nominal value of shares by means of an amendment to the Articles of Association.

SHARES AND SHARE CERTIFICATES Article 9.

9.1. The shares shall be in registered form or – should the Board of Directors so decide in respect of all or certain shares – in bearer form.

9.2. Shares shall be registered in the shareholders' register without the issue of a share certificate or – should the Board of Directors so decide in respect of all or certain shares – with the issue of a certificate. Share certificates shall be issued in such form as the Board of Directors may determine. Registered shares shall be numbered in the manner to be determined by the Board of Directors. Bearer share certificates shall be issued for bearer shares. These bearer share certificates shall be numbered and letters may also be used. The Board of Directors may issue bearer share certificates that represent more than one share; bearer share certificates can be exchanged for different bearer share certificates free of charge at all times. The bearer share certificates shall be signed by a Director, whose signature may be in facsimile form.

9.3. The Board of Directors may establish rules with respect to the issuance of bearer share certificates and their dividend coupon sheets.

SHARES HELD IN UNDIVIDED OWNERSHIP Article 10.

If one or more shares or depository receipts for one or more shares or a usufruct in or pledge on one or more shares is held by more than one Person, the Company may decide that the joint owners thereof shall only be represented vis-à-vis the Company by one Person jointly designated by them in writing. In the absence of such a designation, all rights attaching to the relevant share (s) shall be suspended, except the right to receive dividends and other distributions. For shares which are kept in custody by a securities clearing or settlement institution acting as such in the ordinary course of its business the Company can grant an exemption from such requirement.

USUFRUCT IN AND PLEDGE ON SHARES Article 11.

The shareholder shall have the voting rights on shares subject to a pledge or usufruct, unless otherwise provided pursuant to Article 24.2 hereof and allowed by, respectively, Sections 2:88 and 2:89 of the Dutch Civil Code. Usufructuaries and pledgees in respect of the shares who do not have voting rights shall not have the rights conferred by law on holders of depository receipts issued with the cooperation of the Company.

SHAREHOLDERS' REGISTER Article 12.

12.1. The Board of Directors shall maintain a shareholders' register for the registered shares. This register may consist of one or more parts.

12.2. Part(s) of the register can be held outside the Netherlands to comply with legislation or stock exchange regulations applicable in such location(s).

12.3. The register shall contain all particulars laid down by law and those that the Board of Directors deems otherwise necessary.

12.4. Persons whose names appear or should appear in the register shall report any change of address in writing.

TRANSFER OF SHARES Article 13.

13.1. The transfer of registered shares or of a limited right therein shall be effected in accordance with Section 2:86c of the Dutch Civil Code, if shares or depository receipts for shares are listed in the manner set out in that Section, or otherwise in accordance with Section 2:86 of the Dutch Civil Code.

13.2. The Company shall comply with applicable stock exchange regulations in respect of the transfer of shares.

NOTIFICATION OBLIGATION Article 14.

14.1. Each shareholder shall be required to notify the Company in writing:
  a. if an AFM Notification must be made by:
    (i) that shareholder; and/or
    (ii) another Person in respect of an Interest held by that shareholder to the extent the circumstances that gave rise to the requirement for such Person to make the AFM Notification are known or should have been known to the shareholder;
  b. if the Interest of such shareholder, alone or together with the Interest(s) of any Person (s) Acting in Concert with him, reaches, exceeds or falls below the Mandatory Disposal Threshold;
  c. if he is an Excess Shareholder or an Excess Concert Shareholder, in both cases, who is not exempt under Article 16.1 paragraphs b., c. , d. , e. or f. , and performed a legal act which caused a change in the Interest of that Excess Shareholder or Excess Concert Shareholder, as the case may be, or a change in the composition, nature and/or size of any Interest of any member within the relevant Excess Concert.

14.2. Notifications pursuant to Article 14.1 paragraph a. must be made at the same time as the corresponding AFM Notification must be made pursuant to Chapter 5.3 WFT. Notifications pursuant to Article 14.1 paragraphs b. or c. must be made forthwith (onverwijld) within the meaning of Sections 5:38 and 5:39 or Section 5:72a WFT, as the case may be.

14.3. The notifications to the Company as referred to in Article 14.1 must at least contain:
  a. all information to be published by the AFM pursuant to the AFM Notification under Chapter 5.3 WFT or, in the case of notifications to the Company pursuant to Article 14.1 paragraphs b. or c., should have been published by the AFM if notification to the AFM would have been obligatory under Chapter 5.3 WFT;
  b. any other information provided to the AFM in the AFM Notification or, in the case of notifications to the Company pursuant to Article 14.1 paragraphs b. or c., should have been provided to the AFM if notification to the AFM would have been obligatory under Chapter 5.3 WFT, including the composition, nature and size of the Interest of each Person referred to in Article 14.1 paragraphs a., b. or c., as the case may be;

c. the name, place of residence, address and e-mail address and, unless in the case of a natural person, the identity of the ultimate Controlling Entity of each Person referred to in Article 14.1 paragraphs a., b. or c., as the case may be;

d. (if applicable) the details of any agreements and other arrangements on the basis of which the AFM Notification in respect of one or more shares was required to be made or, in the case of notifications to the Company pursuant to Article 14.1 paragraphs b. or c., should have been required to be made to the AFM if notification to the AFM would have been obligatory under Chapter 5.3 WFT; in the case of notifications to the Company pursuant to Article 14.1 paragraph c., a description of the transaction or other legal act which caused the relevant change, as well as the parties thereto and the composition, nature and size of the Interest of the relevant shareholder and each Person Acting in Concert with him immediately before and immediately after the relevant change.

14.4. Upon written request of the Company, a shareholder must provide the Company with:

a. documentation evidencing the information referred to in Article 14.3 paragraphs a. through e.; and

b. such other information and/or documentation which the Company may reasonably request in order to ascertain the composition, nature and size of the Interest of that shareholder, the Interest(s) of the Person(s) Acting in Concert with him (if any), the Person referred to in Article 14.1 paragraph a. subparagraph (ii), or the Person Acting in Concert with him as referred to in Article 14.1 paragraph b.

14.5. If the Company becomes aware that a shareholder has failed to comply with any obligation imposed by Articles 14.1 through 14.4, the Company may demand, by means of a written notice, that the shareholder comply with such obligation within a reasonable period of at most fourteen (14) days after the date of said notice as stipulated by the Company in such notice. For as long as the shareholder has not complied with this obligation following said notice, the right to attend and vote at General Meetings with respect to his shares shall be suspended.

14.6. Without prejudice to Article 1.4, for the purpose of Articles 14.4 and 14.5 the reference to "written" also includes the posting of a notice on the Company's website to the relevant shareholder, unless the address of the relevant shareholder is known to the Company.

ACQUISITION AND HOLDING RESTRICTION AND MANDATORY DISPOSAL Article 15.

15.1. Without prejudice to the exemptions referred to in Article 16, no shareholder or Concert may hold an Interest exceeding the Mandatory Disposal Threshold.

15.2. Any Excess Shareholder and any Excess Concert Shareholder must, upon written request of the Company (for the purpose of this Article, a "Disposal Notice") either dispose of his Excess Shares or take any other action which will result in him no longer being an Excess Shareholder or Excess Concert Shareholder, respectively, provided that such disposal or other action may not result in:

a. an increase of the Interest of a Person (other than the Excess Shares Foundation) who already is an Excess Shareholder or an Excess Concert Shareholder; or

b. a Person (other than the Excess Shares Foundation) becoming, as a result of such disposal or other action, an Excess Shareholder or an Excess Concert Shareholder.

15.3. The Company shall issue a Disposal Notice to an Excess Shareholder or to Excess Concert Shareholders immediately after having become aware of the fact that he/they became an Excess Shareholder or Excess Concert Shareholders, respectively.

15.4. Upon receipt of a Disposal Notice, the right of the relevant Excess Shareholder or any Excess Concert Shareholder to attend and vote at General Meetings with respect to his Excess Shares or to receive dividends or other distributions with respect to such Excess Shares, shall automatically be suspended. Once the relevant shareholder has complied with his obligations under Article 15.1 and has provided evidence thereof to the reasonable satisfaction of the Company, the foregoing suspended rights will resume as per such moment.
For the avoidance of doubt, if the foregoing suspended rights with respect to the Excess Shares of the relevant shareholder resume in a period between the Registration Date for any particular General Meeting and the moment of such General Meeting, such shareholder will not be entitled to attend or vote at that General Meeting with respect to those Excess Shares.
The Company shall be entitled to take all appropriate actions to ensure that the foregoing suspension is effective until the suspended rights resume in accordance with the provisions above. In the case of rights with respect to Excess Shares held by Excess Concert Shareholders being suspended, such suspension shall be effective proportional to their respective shareholdings, which proportionality will be determined by the Company at its discretion based on the information available to it (and the Company may rely on such information for determining such proportion and without further investigation).

15.5. In the event that the relevant Excess Shareholder or Excess Concert Shareholders, as the case may be, has/have not, within fourteen (14) days after the date of the Disposal Notice, provided evidence reasonably satisfactory to the Company that he/they has/have disposed of his/their Excess Shares or has/have otherwise ceased to be an Excess Shareholder or Excess Concert Shareholders:

a. the right of the relevant Excess Shareholder or Excess Concert Shareholders, as the case may be, to attend and vote at General Meetings with respect to all of his/their shares or to receive dividends or other distributions with respect to all of such shares, shall automatically be suspended; the last four sentences of Article 15.4 shall apply to such suspension mutatis mutandis; and
b. the Company shall have an irrevocable power of attorney to transfer the Excess Shares of such Excess Shareholder or Excess Concert Shareholders, as the case may be, to the Excess Shares Foundation in exchange for depository receipts for such Excess Shares; in the case of an Excess Concert, the Company shall, as soon as possible, transfer the Excess Shares of the Excess Concert Shareholders to the Excess Shares Foundation and shall endeavour to do so in proportion to their respective shareholdings to the extent such proportion is known to the Company based on the information available to it (and the Company may rely on such information for determining such proportion at its discretion and without further investigation).

15.6. If Excess Shares are transferred to the Excess Shares Foundation in exchange for depository receipts for such Excess Shares, then the suspension of the rights with respect to those Excess Shares shall be lifted automatically, and the Excess Shares Foundation shall be entitled to exercise all rights with respect to such shares in accordance with the terms of administration which will be applicable to the depository receipts issued by the Excess Shares Foundation. The Excess Shares Foundation shall, subject to and in accordance with the provisions of such terms of administration, dispose of shares held by it as soon as possible once and to the extent that the Excess Shares Foundation holds fifteen percent (15 %) or more of the Company's issued share capital and in any case if the Excess Shares Foundation has held the respective shares for a period of more than six months, irrespective of the percentage of the Company's issued share capital held by the Excess Shares Foundation.

15.7. If the obligation under Article 15.2 to dispose of Excess Shares or to take any other action as described therein vests in two or more shareholders, this obligation shall be deemed to have been complied with upon such a disposal of Excess Shares or the performance of such other action by one or more of these shareholders in accordance with Article 15.2, or on their behalf, if that disposal or other action results in none of these shareholders continuing to be an Excess Shareholder or Excess Concert Shareholder.

15.8. Without prejudice to Article 1.4, for the purpose of Article 15.2 the reference to "written" also includes the posting of a notice on the Company's website to the relevant shareholder, unless the address of the relevant shareholder is known to the Company.

EXEMPTIONS Article 16.

16.1. Article 15 does not apply to:

General exemption

a. a Person or Concert who/which on the Exemption Date held an Interest exceeding the Mandatory Disposal Threshold and who/which is not exempt from Article 15 pursuant to any of the other provisions of this Article 16.1, provided that:
   (i) the exemption under this paragraph a. also extends to each Person who is a member of such Concert on the Exemption Date, but only for as long as such Person is a member of the Concert concerned; upon such Person ceasing to be a member of such Concert (including upon the termination thereof) the exemption under this paragraph a. shall no longer apply to him;
   (ii) if a Person or Concert is exempt under this paragraph a. , such Person or Concert may not increase:
      – his/its Interest above the percentage of his/its Interest held on the Exemption Date (the "Grandfathered Interest Threshold"); the percentage of shares held by such Person or Concert above the higher of (the "Grandfathered Shareholding Threshold"):
      (x) the percentage of the Company's issued share capital represented by the shares held by the Person or Concert concerned on the Exemption Date, plus the percentage of the Company's issued share capital represented by any shares acquired or subscribed for by hinMit as a result of obligations to do so which existed on the Exemption Date; and
      (y) fifteen percent (15 %);
      the percentage of voting rights held by such Person or Concert above the higher of (the "Grandfathered Voting Threshold"):
      (x) the percentage of the Company's issued share capital represented by the voting rights held by the Person or Concert concerned on the Exemption Date, plus the percentage of the Company's issued share capital represented by any voting rights acquired or subscribed for by him/it as a result of obligations to do so which existed on the Exemption Date; and
      (y) fifteen percent (15 %);

(iii) if at any time either:
  - the Interest of a Person or Concert exempt under this paragraph a.; and/or
  - the percentage of the Company's issued share capital represented by shares held by a Person or Concert exempt under this paragraph a.; and/or
  - the percentage of the Company's issued share capital represented by voting rights held by a Person or Concert exempt under this paragraph a.,

  decreases to a percentage lower than such Person's or Concert's Grandfathered Interest Threshold, Grandfathered Shareholding Threshold and/or Grandfathered Voting Threshold, respectively, then such lower percentage will, from then on, be deemed to be such Person's or Concert's Grandfathered Interest Threshold, Grandfathered Shareholding Threshold and/or Grandfathered Voting Threshold, respectively, provided that a Grandfathered Shareholding Threshold or Grandfathered Voting Threshold will not decrease to a percentage equal to or lower than fifteen percent (15 %);

(iv) shares held by a Person or Concert exempt under this paragraph a. will be treated as Excess Shares in accordance with Article 15, to the extent required in order for his/its Interest, or the percentage of shares and/or voting rights comprised in his/its Interest, to no longer exceed his/its Grandfathered Interest Threshold, Grandfathered Shareholding Threshold or Grandfathered Voting Threshold, respectively;

(v) the exemption under this paragraph a. will cease to apply to the Person or Concert concerned if at any time his/their Grandfathered Interest Threshold has reached a percentage equal to or lower than fifteen percent (15 %);

Specific exemption for certain Persons

b. a Person who on the Exemption Date held a Real Interest of more than fifteen percent (15 %);

Specific exemption for certain Concerts

c. a Concert which on the Exemption Date held a Real Interest of more than fifteen percent (15 %), provided that:

(i) the exemption under this paragraph c. also extends to each Person who is a member of such Concert on the Exemption Date, but only for as long as such Person is a member of the Concert concerned; upon such Person ceasing to be a member of such Concert (including upon the termination thereof) the exemption under this paragraph c. shall no longer apply to him (without prejudice, however, to the exemption under paragraph d. which can apply to him subject to the provisions thereof);

(ii) without prejudice to paragraph d. below, in case the exemption under subparagraph (i) of this paragraph c. ceases to apply to such Person, any shares held by such Person and his Affiliates will be treated as Excess Shares in accordance with Article 15 to the extent the Interest of such Person and his Affiliates exceeds the Mandatory Disposal Threshold;

(iii) the exemption under this paragraph c. will remain applicable to the Concert concerned if a Person ceases to be a member of such Concert (other than as a result of the termination thereof);

Specific exemption for Persons following exit from an exempt Concert

d. a Person who

(i) is not exempt under paragraph b. above;

(ii) was on the Exemption Date a member of a Concert referred to in paragraph c. above;

(iii) on the Exemption Date held a Real Interest of more than two point five percent (2.5 %);

(iv) ceases to be a member of the Concert concerned (including upon the termination thereof); and

(v) holds a Real Interest of more than fifteen percent (15 %) at the time he ceases to be a member of the Concert concerned (including upon the termination thereof), provided that:

(x) such Person will from then on only be exempt from Article 15 if and to the extent that the Real Interest held at that point in time by such Person exceeds fifteen percent (15 %) of the issued share capital of the Company (the "Individual Concert Termination Threshold");

(y) if at any time the Interest held by such Person would subsequently exceed a percentage equal to the percentage of the relevant Individual Concert Termination Threshold, any shares held by that Person and his Affiliates will be treated as Excess Shares in accordance with Article 15 to the extent such Interest exceeds such Individual Concert Termination Threshold;

Specific exemption for newcomers to an exempt Concert

e. a Person who becomes a member of a Concert referred to in paragraph c. above after the Exemption Date, other than as a result of him becoming an Affiliate of a Person who was a member of such Concert on the Exemption Date, provided that:

(i) such new member holds not only the legal title to the shares comprised in his Interest but also the economic entitlement thereto;

(ii) such new member meets at least one of the two following requirements:

– his accession to the Concert concerned has been approved by the Board of Directors, which approval will not be unreasonably withheld; or

– the new member is a Financial Institution which:

(x) does not, directly or indirectly, hold a material interest in a competitor of the Company, nor is, directly or indirectly, a Controlled Undertaking of a competitor of the Company; and

(y) does not have any voting rights regarding shares in the Company and cannot direct in any manner the voting in the General Meeting by the other members of the Concert concerned;

(iii) the Individual Interest held by such new member and his Affiliates may not exceed the Mandatory Disposal Threshold at any time;

(iv) if at any time the Individual Interest of such new member and his Affiliates would exceed the Mandatory Disposal Threshold, any shares held by such new member and his Affiliates will be treated as Excess Shares in accordance with Article 15 to the extent such Individual Interest exceeds the Mandatory Disposal Threshold;

(v) upon such new member ceasing to be a member of the Concert concerned (including upon the termination thereof), the exemption under this paragraph e. shall no longer apply to him and any shares held by such new member and his Affiliates will be treated as Excess Shares in accordance with Article 15 to the extent the Interest of such new member and his Affiliates exceeds the

Mandatory Disposal Threshold;

Specific exemption for a new Affiliate of an exempt Concert

f. a Person who becomes a member of a Concert referred to in paragraph c. above after the Exemption Date as a result of him becoming an Affiliate of a Person who was a member of such Concert on the Exemption Date, provided that:

(i) the exemption under this paragraph f. will not apply to such Person if his becoming an Affiliate of the Person who was a member of the Concert concerned on the Exemption Date causes the latter to no longer be controlled by its Ultimate Controlling Entity;

(ii) paragraph d. above applies to an Affiliate as referred to in this paragraph f. mutatis mutandis when that Affiliate ceases to be a member of the Concert concerned other than as a result of ceasing to be an Affiliate as described in Article 16.3, provided that in such case paragraph d. above can apply to such Affiliate regardless of the percentage of his Real Interest on the Exemption Date (if any);

Specific exemption for a Person making a public offer

g. a Person (including, but not limited to, a Person who is no longer partially or fully exempt from Article 15 pursuant to any of the other provisions of this Article 16) who has made a public offer for the shares in the capital of the Company in accordance with applicable laws that has received a minimum acceptance of at least eighty percent (80 %) of the issued share capital of the Company, provided that such Person accepts and acquires all properly tendered shares in such offer and further provided that this percentage is deemed to include any shares already held by such Person making the offer;

Specific exemption for the Company and its Controlled Undertakings

h. the Company itself and, as long as they qualify as such, its Controlled Undertakings; and

Specific exemption for the Excess Shares Foundation

i. the Excess Shares Foundation.

16.2. For the purpose of determining whether a Person qualifies for an exemption under any of paragraphs b. through g. of Article 16.1 and/or Article 16.3, the number of shares and voting rights, as well as the legal title to shares and/or economic entitlement thereto, held by any and all Affiliates of the Person concerned shall be attributed to such Person.

16.3. Each Affiliate who is a Controlling Entity or a Controlled Undertaking of the Person who is exempt from Article 15 pursuant to any of paragraphs b. through f. of Article 16.1 or a Controlled Undertaking of the Ultimate Controlling Entity, if any, of such Person, shall also be exempt from Article 15, but only if, and for as long as:

a. the relevant exemption continues to apply according to the provisions thereof; and

b. the Affiliate is the Ultimate Controlling Entity referred to in the introduction of this sentence or the Affiliate continues to be a Controlled Undertaking of such Ultimate Controlling Entity. If

(i) a Person or Affiliate exempted under any of the paragraphs b. , c. or d., is a Controlled Undertaking on the Exemption Date; or

(ii) a Person or Affiliate exempted under paragraph e. or f., is a Controlled Undertaking on the date such Person or Affiliate accedes to a Concert exempted under paragraph c.,

such exemption(s) will cease to apply to such Person or Affiliate, if he/it ceases to be a Controlled Undertaking of the Controlling Entity that is/was his/its Ultimate Controlling Entity on the relevant date.'

If a Person or Affiliate ceases to be exempt from Article 15 pursuant to this Article 16.3, any shares held by such Person or Affiliate will be treated as Excess Shares in accordance with

Article 15 to the extent such Person's or Affiliate's Interest exceeds the Mandatory Disposal Threshold.

Notwithstanding the foregoing, this Article 16.3 shall not cause any Affiliate of a Person who is exempt from Article 15 pursuant to paragraph c. of Article 16.1 who became an Affiliate of such Person after the Exemption Date to be exempt by virtue of such Person's exemption under paragraph c. of Article 16.1. The immediately preceding sentence is without prejudice to the exemption under paragraph f. of Article 16.1, which can apply to him subject to the provisions thereof.

16.4. If a Person accedes to a Concert referred to in Article 16.1 paragraph c. while such Person, upon accession, is not exempt from Article 15 in accordance with Article 16.1 paragraphs e. or f., all shares comprised in the Individual Interest of such Person and his Affiliates, will be treated as Excess Shares in accordance with Article 15.

16.5. A Person, Concert or a member of a Concert exempt from Article 15 pursuant to any of the paragraphs a. through f. of Article 16.1 may waive his/its right to be so exempted by notifying the Company to that effect in writing. Upon receipt by the Company of such a notification, such exemption(s) to the extent it/they has/have been waived will no longer apply to such Person, Concert or member of such Concert, as the case may be. In addition, notwithstanding the applicability of an exemption pursuant to any of the paragraphs a. through f. of Article 16.1, upon receipt by the Company of a copy of a binding advice or judgment confirming that such Person, Concert or member of a Concert should no longer be exempt from Article 15 pursuant to any of the paragraphs a. through f. of Article 16.1, such exemption(s) to the extent it/they has/have been specified in the binding advice or judgment, will no longer apply to such Person, Concert or relevant member of such Concert, as the case may be. In the event the notification, binding advice or judgment, referred to in the preceding sentences, relates to the exemption pursuant to Article 16.1 paragraph b., the effect of such notification, binding advice or judgment, to cease the application of such exemption can be temporary in nature in the sense that such exemption will only be suspended and will revive upon receipt by the Company of a new notification, binding advice or judgment as described in the first notification, binding advice or judgment, to the effect that such exemption will revive. If and as long as the application of the exemption is suspended in accordance with the preceding sentence, Article 15 will apply to such Person.

16.6. Without prejudice to Article 14, each Person or Concert exempt from Article 15 pursuant to any of the paragraphs a. through f. of Article 16.1 must give notice thereof to the Company within two weeks following (x) the Exemption Date if it concerns an exemption under any of the paragraphs a. through d. of Article 16.1, or (y) the date of becoming a member of the relevant Concert if it concerns an exemption under either of the paragraphs e. or f. of Article 16.1, provided that in respect of the exemption of Article 16.1 paragraph f. this obligation will only apply if the new Affiliate holds shares; such a notice by a Concert may be sent by any member thereof on the Concert's behalf. In the case of a Person or Concert giving such notice, such notice will specify:

a. which exemption(s) apply/applies to him/them;
b. the reason(s) why he/they consider(s) the relevant exemption(s) to be applicable to him/them;
c. the total number of shares held by him/them or (where relevant) by his/their Affiliates on the relevant date, as well as the composition, nature and/or size of the Individual Interest of such Person, Concert or Affiliates, as the case may be.

16.7. Upon written request of the Company, a Person or Concert who/which sent a notice described in Article 16.6 must provide the Company with:

a. documentation evidencing the information referred to in Article 16.6 paragraphs a. through c.; and
b. such other information and/or documentation which the Company may reasonably request in order to ascertain the accuracy of the information referred to in Article 16.6 paragraphs a. through c.

In the case of a Concert, the above obligation may be satisfied by any member of such Concert on the Concert's behalf.

16.8. Any Person or Concert who/which fails to comply with Articles 16.6 and/or 16.7 shall be assumed not to be exempt from Article 15 pursuant to any of the paragraphs a. through f. of Article 16.1 unless he/they can demonstrate, to the reasonable satisfaction of the Company, that he/they was/were exempt from Article 15.

BOARD OF DIRECTORS Article 17.

17.1. The Company has a Board of Directors consisting of at most twelve natural persons.

17.2. The Board of Directors consists of one executive Director and a maximum of eleven non-executive Directors (such latter number to be determined by the Board of Directors).

17.3. The Board of Directors shall appoint a non-executive Director to be chairman of the Board of Directors and shall appoint the sole executive Director to be Chief Executive Officer.

17.4. The General Meeting shall appoint the Directors and shall at all times be empowered to suspend or dismiss any Director. In addition, the Board of Directors shall at all times be empowered to suspend the executive Director.

17.5. Directors shall be appointed on the basis of a proposal to be drawn up by the Board of Directors. A resolution of the General Meeting on any appointment that is not made in accordance with (or is made without) such a proposal will require a majority of at least two thirds of the valid votes cast at a General Meeting representing at least half of the Company's issued share capital. When making a proposal, the Board of Directors shall take into account:

a. the Company's undertakings to the French State pursuant to the amendment to the French State Security Agreement as it is in effect from time to time; and
b. the Company's undertakings to the German State pursuant to the German State Security Agreement as it is in effect from time to time.

17.6. At a General Meeting, votes can only be cast to appoint a Director in respect of candidates whose names are stated for that purpose in the agenda of that General Meeting or the explanatory notes thereto.

17.7. Each Director shall retire at the close of the annual General Meeting held three years following his appointment. A retiring Director can always be re-elected.

17.8. If a Director is suspended and the General Meeting does not resolve to dismiss him within three months from the date of suspension, the suspension shall lapse. A suspended Director shall be given an opportunity to account for his actions at the General Meeting and to be assisted by counsel in doing so.

17.9. The General Meeting shall determine the policy concerning remuneration of the Board of Directors with due observance of the relevant statutory requirements. The Board of Directors shall determine the remuneration and the further conditions of employment of each Director with due observance of the remuneration policy; the Chief Executive Director will not take part in the decision-making on his remuneration.

DUTIES AND TASKS OF THE BOARD OF DIRECTORS Article 18.

18.1. Subject to the restrictions laid down in these Articles of Association and taking into account Article 18.2, the Board of Directors shall be charged with the management of the Company. In performing their duties, Directors shall be guided by the interests of the Company and of the enterprise connected with it.

The Board of Directors shall meet at least once every three months to discuss the progress and foreseeable development of the Airbus Group's business.

18.2. Subject to mandatory Dutch law, the Directors may allocate their duties to one or more non-executive Directors and to the Chief Executive Director, by virtue of internal rules or otherwise, provided that:

a. the Chief Executive Officer shall be charged with the day-to-day operations of the Company; and
b. the supervision of the performance of Directors' duties cannot be taken away from the non-executive Directors.

The Board of Directors may determine in writing, by virtue of its internal rules or otherwise, that in respect of duties allocated to one or more Directors as referred to above, those Directors may validly adopt resolutions.

18.3. The Board of Directors will draw up rules governing its internal affairs, its own decision-making and the allocation of duties among the Directors. Such rules shall not apply to the extent that they violate the provisions of these Articles of Association. Resolutions of the Board of Directors (in a meeting or in writing) shall be adopted in accordance with the provisions of such rules.

The Board of Directors should at least adopt resolutions concerning the following categories of matters, all as may be further specified in the internal rules referred to above from time to time:

a. changing the nature or scope of the business, the organisational structure (when material) or the corporate identity of the Airbus Group;
b. setting the agenda for and proposing resolutions to the General Meeting;
c. approving the Company's annual accounts and determining the auditor's remuneration;
d. approving Airbus Group's overall strategy and strategic plan, operational business plan and yearly budget, and setting and monitoring Airbus Group's major performance and operating targets;
e. approving Airbus Group's remuneration strategies and (proposals for) the appointment (and the service contracts as the case may be), suspension and dismissal of Airbus Group's key management (including the chairman of the Board of Directors, Chief Executive Officer, other Directors and the members of the Company's executive committee);
f. establishing and amending internal rules governing certain bodies within the Airbus Group;
g. changing the location of the operational headquarters of the Company or of the principal companies of the Airbus Group, and the location or relocation of activities or industrial sites material to the Airbus Group;
h. approving material investments, divestments or the initiation of programs, as well as the entering into or termination of strategic alliances or cooperation agreements;
i. repurchasing, cancelling or issuing shares (or similar changes to the Company's share capital);

j. approving the framework for material financing arrangements (including loans, credits, sureties and guarantees);
k. approving shareholder policies, major actions and announcements to the capital markets;
l. approving principles and guidelines governing the conduct of the Airbus Group in matters involving non-contractual liabilities (including environmental matters, quality assurance, integrity and other matters as specified in the internal rules of the Board of Directors); and
m. deciding on other measures or business of fundamental significance or involving an abnormal level of risk.

18.4. All resolutions of the Board of Directors shall be passed by either a simple majority or a special majority of the valid votes cast, as prescribed in the internal rules referred to in Article 18.3, and such internal rules shall specify any quorum requirements applicable to resolutions of the Board of Directors. In any event, a resolution of the Board of Directors to amend the provisions listed in clause 1.2(i) of the internal rules of the Board of Directors will require a unanimous vote in a meeting of the Board of Directors with no more than one Director not being present or represented.
The chairman of the Board of Directors shall not have a casting vote in the event of a tied vote of the Board of Directors.

18.5. A Director shall not take part in the deliberations or decision-making if he has a direct or indirect personal interest which conflicts with the interests of the Company and of the enterprise connected with it. If as a result thereof no resolution of the Board of Directors can be adopted, the resolution is adopted by the General Meeting.

18.6. The Directors shall be entitled to have themselves represented by any other Director by means of an authorisation in writing.

18.7. If there is a vacancy in respect of one or more Directors or if one or more Directors are permanently incapacitated or prevented from acting (ontstentenis of belet), including as a result of a conflict of interests as described in the first sentence of Article 18.5, the relevant Director(s) shall be temporarily replaced by the natural person(s) whom the Board of Directors has designated for that purpose. If all Directors are permanently incapacitated or prevented (ontstentenis of belet) from acting, including as a result of a conflict of interests as described in the first sentence of Article 18.5, and including the situation where there is a vacancy in respect of all of the Directors, the management shall be temporarily entrusted to the natural person(s) whom the General Meeting has at any given time designated for this purpose.

REPRESENTATION Article 19.

19.1. The Company is represented either by the full Board of Directors or by the Chief Executive Officer individually.

19.2. In addition, the Company may be represented by one or two attorneys in fact, in the latter event acting jointly, with due observance of the limits of his or their authority.

GENERAL MEETINGS Article 20.

20.1. General Meetings will be held at Amsterdam, Den Haag, Rotterdam or Haarlemmermeer (Schiphol Airport).

20.2. At least one General Meeting shall be held each year, within six months after the end of the financial year at which among other issues shall be dealt with the appointment of one or more experts whose duty shall be to examine the annual accounts over the running year.

20.3. Furthermore, General Meetings shall be held as often as the Board of Directors deems necessary, without prejudice to the provisions of the following paragraphs.

20.4. The Board of Directors shall be obliged to hold a General Meeting within the statutory term:

a. when required under Section 2:108a of the Dutch Civil Code as a result of a decrease of the Company's equity (eigen vermogen); or

b. after a written request to that effect by one or more shareholders collectively representing at least one-tenth of the issued share capital; the request must contain a detailed list of the items to be discussed at the General Meeting.

20.5. If the Board of Directors so decides, General Meetings may be attended by means of electronic and video-communication from the locations mentioned in the convening notice.

NOTICE PERIOD Article 21.

The Board of Directors shall convene a General Meeting by means of a notice published on the Company's website with due observance of the minimum convening period under mandatory Dutch law.

CONVENING REQUIREMENTS Article 22.

22.1. The convening notice shall state the items as required under Dutch law. Shareholders and all other Persons who are entitled under the Dutch Civil Code to attend the General Meeting may consult the documents for the General Meeting at the Company's offices and at such other locations as the Board of Directors shall determine. Free copies shall also be obtainable at these locations.

22.2. The discussion of items in respect of which this procedure has not been followed may still be separately announced in a corresponding manner with due observance of the statutory minimum convening period.

22.3. The Board of Directors shall announce the date of the annual General Meeting at least ten (10) weeks before the General Meeting.

22.4. Matters, which one or more shareholders or other parties with meeting rights collectively representing at least the applicable statutory threshold have requested in writing to be put on the agenda for a General Meeting, shall be included in the convening notice or shall be announced in the same fashion, if the substantiated request or a proposal for a resolution has been received by the Company no later than on the sixtieth day before the General Meeting.

22.5. A request as referred to in Article 22.4 may only be made in writing. The Board of Directors can decide that "in writing" is understood to include a request that is recorded electronically.

ATTENDING GENERAL MEETINGS Article 23.

23.1. Each holder of one or more shares and all other Persons who are entitled to do so by law shall have the power, either in person or by means of a written proxy, to attend the General Meeting, to speak and to exercise the right to vote in accordance with Article 24 hereof.

23.2. The Board of Directors shall facilitate the electronic submission of proxies, in such way as explained in the convening notice. A shareholder or another Person who has the right to attend a General Meeting can see to it that he is represented by more than one proxy holder, provided that only one proxy holder can be appointed for each share.

23.3. If the Board of Directors so decides, each shareholder is entitled, in person or by means of a written proxy, to attend the General Meetings, to speak and to exercise the right to vote by electronic means of communication, all this in accordance with Section 2: 117a of the Dutch Civil Code.

23.4. For the purposes and provisions of this Article 23, the Persons who have the right to attend and to vote at General Meetings are those who are on record in a register designated for that purpose by the Board of Directors on the Registration Date, irrespective of who may be entitled to the shares at the time of that General Meeting.

23.5. Any Person who is entitled to exercise the rights set out in Article 23.1 (either in person or by means of a written proxy) and is attending the General Meeting from another location within the meaning of Article 20.5, in such manner that the chairman of the General Meeting is convinced that such Person is properly participating in the General Meeting, shall be deemed to be present or represented at the General Meeting, shall be entitled to vote and shall be counted towards a quorum accordingly.

23.6. In advance of a General Meeting, as a prerequisite to attending and voting at such General Meeting, the Company, or alternatively a Person so designated by the Company, must be notified in writing by each Person entitled and intending to attend the General Meeting, not earlier than the Registration Date, of:

a. his intention to attend the General Meeting; and
b. his identity, as well as the composition, nature and size of his Interest.

Ultimately on the day mentioned in the convening notice, the above-mentioned notification must be received by the Company, or alternatively a Person so designated by the Company. Upon request by the Company, a Person who has sent the above-mentioned notification may be required to submit such further documents and information to the Company in relation to his Interest within a reasonable time period, as may be reasonably requested by the Company. For as long as a shareholder has not complied with such a request, the right to attend and vote at the General Meeting concerned with respect to his shares shall be suspended.

23.7. The Company may direct that any Person who is entitled to attend a General Meeting will be required to identify himself, upon entry of the General Meeting, by means of a valid passport or a valid driver's license and to be submitted to such security restrictions or arangements as the Company may consider to be appropriate under the circumstances. The Company, in its absolute discretion, may authorise Persons to refuse entry to, or to eject from, such General Meeting any Person who fails to comply with these requirements or restrictions.

23.8. In respect of each General Meeting, the Board of Directors can decide, in accordance with Section 2:117b of the Dutch Civil Code, that votes cast by electronic means of communication or by post prior to a relevant General Meeting, are considered equivalent to votes that are cast during a General Meeting. These votes may not be cast prior to the Registration Date.

THE RIGHT TO VOTE AT GENERAL MEETINGS OF SHAREHOLDERS Article 24.

24.1. Each share shall entitle its holder to cast one vote.

24.2. Only shareholders shall have the right to vote. The right to vote can be granted to a usufructuary. The right to vote can be granted to a pledgee, but only with prior consent of the Board of Directors.

24.3. No vote may be cast at the General Meeting on a share that is held by the Company or a subsidiary; nor for a share in respect of which one of them holds the depository receipts. Usufructuaries and pledgees of shares that are held by the Company or its subsidiaries, are, however, not excluded from their voting rights, in case the right of usufruct or pledge was vested before the share was held by the Company or its subsidiary.

24.4. Shares on which no vote may be cast shall be disregarded for the purpose of determining the extent to which shareholders have voted, are present or represented or the extent to which share capital has been contributed or is represented.

VOTING AT GENERAL MEETINGS OF SHAREHOLDERS Article 25.

25.1. All resolutions shall be passed by a simple majority of the votes cast except if a special majority is prescribed in these Articles of Association or by law.

25.2. Invalid and blank votes and abstentions shall be regarded as not having been cast.

25.3. The chairman of the General Meeting shall determine the method of voting.

25.4. If none of those entitled to vote objects, resolutions, including appointments, may also be passed by acclamation, following a proposal to that effect by the chairman of the General Meeting.

AMENDMENT TO ARTICLES OF ASSOCIATION AND DISSOLUTION Article 26.

26.1. Resolutions:

a. to amend the Articles of Association; or
b. to dissolve the Company, shall only be capable of being passed with a majority of at least two thirds of the valid votes cast at a General Meeting.

26.2. In deviation of Article 26.1, any amendment to the text, purport or application of the following Articles (or the definitions used in those Articles) shall only be capable of being passed with a majority of at least seventy-five percent (75 %) of the valid votes cast at a General Meeting:

a. Article 2.2 (concerning the registered office and head office);
b. Article 5.4 (concerning a material issue of shares, or granting of rights to subscribe for shares, without preferential subscription rights);
c. Article 14 (concerning notification obligations);
d. Article 15 (concerning the acquisition and holding restrictions and mandatory disposal of shares);
e. Article 16 (concerning the exemptions from Article 15);
f. Article 17.5 (concerning the making of a proposal for the appointment of a Director); and

Article 18.4 (concerning the adoption of resolutions by the Board of Directors).

26.3. The notice convening a General Meeting at which a resolution to amend the Articles of Association or to dissolve the Company will be proposed must always clearly state the purpose of the General Meeting. If the purpose is to amend the Articles of Association, the proposal, containing the literal text of the proposed amendment, must be available for inspection by shareholders and holders of depository receipts at the Company's offices, from the day the General Meeting is convened until after the end of the General Meeting.

Free copies shall be obtainable by shareholders and holders of depository receipts at such locations as the Board of Directors shall determine.

CHAIRMANSHIP AND SECRETARIAT OF THE GENERAL MEETING OF SHAREHOLDERS Article 27.

27.1. The General Meeting shall be chaired by the chairman of the Board of Directors. If the chairman of the Board of Directors is not present at the General Meeting, the General Meeting shall elect its own chairman from amongst the Directors present or represented at the General Meeting. If no Directors are present or represented at the General Meeting, the General Meeting shall be free to elect its own chairman at its discretion.

27.2. The chairman of the General Meeting shall appoint one of those present to take minutes, which he and the appointed secretary shall adopt and, in evidence thereof, sign. If the proceedings at the General Meeting are laid down in a notarial report, no minutes will be required and the signing of the official report by the notary shall suffice.

27.3. The English language will be used in the General Meeting, unless the chairman decides otherwise.

27.4. Each Director or one or more Persons entitled to vote who collectively hold at least ten per cent of the issued share capital, and the chairman of the General Meeting shall at all times be empowered to order the drawing up of a notarial report at the expense of the Company.

FINANCIAL YEAR AND ANNUAL ACCOUNTS Article 28.

28.1. The financial year of the Company shall coincide with the calendar year.

28.2. The Company shall close its books on the thirty-first of December of each year. The Board of Directors shall draw up the annual financial report, consisting of the audited annual accounts, the board report and statements as referred to in Section 5:25c WFT and the Company shall make these generally available within four months therefrom. The audited annual accounts, consisting of a balance sheet, a profit and loss account, explanatory notes and consolidated accounts shall be submitted by the Board of Directors to the General Meeting for adoption.

RESERVES AND PROFIT ALLOCATION Article 29.

29.1. The Board of Directors shall determine which part of the profit shown in the adopted annual accounts in respect of a financial year shall be attributed to reserves.

29.2. The remaining profit, insofar as it is distributable, shall, with due observance of the provisions of Article 30.1, be at the disposal of the General Meeting for distribution to the shareholders in proportion to their respective shareholdings.

29.3. Shares that the Company holds in its own capital and on which no profit may be distributed shall be disregarded for the purpose of calculating the allocation of profits.

29.4. The General Meeting may dispose of a reserve only upon a proposal of the Board of Directors and to the extent it is permitted by law and these Articles of Association.

DIVIDENDS, INTERIM DIVIDENDS AND OTHER DISTRIBUTIONS Article 30.

30.1. Profits may only be distributed after adoption of the annual accounts from which it appears that the distribution is allowed. The distribution may only be made to the extent that the shareholders' equity of the Company is greater than the amount of the paid and called-up part of the capital increased by the reserves that must be maintained by law.

30.2. The General Meeting may, if proposed by the Board of Directors, resolve on distributions from the Company's distributable reserves, provided that the requirement referred to in the second sentence of Article 30.1 has been met.

30.3. The General Meeting may, if proposed by the Board of Directors, resolve that all or part of a distribution on shares shall be made not in cash but in shares in the Company, or in the form of assets.

30.4. The Board of Directors may, prior to the adoption of the annual accounts in any financial year, resolve to distribute one or more interim dividends which shall be charged against the expected dividend of the relevant year, provided that it appears from an interim statement of assets and liabilities signed by the Board of Directors as referred to in Section 2:105 (4) of the Dutch Civil Code that the requirement referred to in the second sentence of Article 30.1 has been met.

30.5. If a dividend, an interim dividend or another distribution is declared, the Persons entitled thereto shall be the shareholders (or others, if they have a right to receive such dividend, interim dividend or other distribution) as at a record date to be determined by the Board of Directors for that purpose; this may not be a date which lies before the date on which the dividend, interim dividend or other distribution was declared.

30.6. The declaration of a dividend, an interim dividend or another distribution to the shareholders shall be made known to them, together with the relevant record date referred to in Article 30.5, within seven days after such declaration. Declared dividends, interim dividends or other distributions shall be payable on such date(s) as determined by the Board of Directors.

30.7. Dividends, interim dividends or other distributions on shares shall be paid by transfer to the bank or giro accounts designated in writing to the Company by or on behalf of the shareholders at the latest fourteen days after their announcement.

30.8. No distributions shall be made on shares that the Company holds in its own capital, unless a usufruct has been established on these shares or depository receipts have been issued for them.

30.9. The claim for payment of a dividend or other distribution shall lapse five years after the day on which such claim becomes due and payable.

30.10. The claim for payment of interim dividends shall lapse five years after the day on which the claim for payment of the dividend against which the interim dividend could be distributed becomes due and payable. LIQUIDATION Article 31.

31.1. If the Company is dissolved, it shall be liquidated by the Board of Directors or other Persons designated by the General Meeting.

31.2. The General Meeting which resolves to dissolve the Company shall also determine the remuneration to be paid to the liquidators.

31.3. The liquidation shall furthermore be effected in accordance with the provisions of Book 2 of the Dutch Civil Code.

31.4. The Articles of Association shall, insofar as possible, remain in effect during the liquidation.

31.5. The balance of the Company's assets after its debts have been paid shall be distributed to the shareholders in proportion to their respective shareholdings.

Holger Fleischer und Sebastian Mock

Die Vermessung der Welt der Gesellschaftsverträge und Satzungen*

Inhaltsübersicht

* Dieser Beitrag ist zuerst in NZG 2021, 173 erschienen.

https://doi.org/10.1515/9783110733839-029

I. Gesellschaftsverträge – ein rechtswissenschaftliches Entdeckungsland

Gesellschaftsverträge bilden die Grundbausteine der verbandsrechtlichen Ordnung. Gleichwohl haben sie bisher bemerkenswert wenig Aufmerksamkeit erfahren. Ein Forschungsprojekt allein ist kaum geeignet, diese Lücke zu schließen. Es kann aber vielversprechende neue Forschungsperspektiven aufzeigen und durch sein Beispiel weiterführende Anregungen geben. In diesem Sinne sind insgesamt 27 Fallstudien entstanden, welche die Welt der Gesellschaftsverträge vermessen und zugleich die hinter ihnen stehenden Unternehmen und Organisationen in den Blick nehmen.[1] Die Spannbreite reicht von einer altrömischen *societas* aus Siebenbürgen über die Medici und die niederländisch-ostindische Compagnie bis hin zu Google; von den Fuggern, über Siemens und die Auto Union bis hin zur FIFA, der Bucerius Law School und dem ADAC; von der I.G. Farben bis hin zur Alfried Krupp von Bohlen und Halbach-Stiftung. Bei alledem tritt eine ungeheure Gestaltungsvielfalt zu Tage.

II. Gesellschaftsverträge zwischen Privatsache und öffentlicher Angelegenheit

Wer mehr über Gesellschaftsverträge in Erfahrung bringen möchte, muss ihrer zunächst habhaft werden. Dies erweist sich zum Teil als außerordentlich mühsam, weil keineswegs alle Gesellschaftsverträge ohne Weiteres zugänglich sind. Bei historischen Statuten können Unternehmensarchive helfen, die es nach dem Vorbild des Krupp-Archivs von 1905[2] heute bei vielen großen Unternehmen gibt. Für frühere Perioden kann man gelegentlich auf Familienarchive zurückgreifen, etwa auf das besonders gut erhaltene Familien- und Stiftungsarchiv der Fugger, das in das Jahr 1554 zurückreicht.[3] Gelegentlich führt auch ein Blick in die amtlichen Gesetzessammlungen weiter,[4] weil die Statuten der Aktiengesellschaften dort unter der Geltung des Konzessionssystems publiziert werden mussten. Vereinzelt ist

1 Versammelt in diesem Band.

2 Dazu *Kohne*, Archiv und Wirtschaft 13 (1980), 37; *Schröder*, Der Archivar 13 (1960), 305.

3 Dazu und zur Überlieferung des Fuggerschen Handelsarchivs *Karg*, Archiv und Wirtschaft 27 (1994), 69.

4 Für ein Beispiel: Gesetz-Sammlung für die Königlichen Preußischen Staaten, 1855, S. 40 ff.: „Statuten für die Rheinische Eisenbahngesellschaft".

man auf glückliche Zufälle angewiesen, etwa in Form der Entdeckung zweier Wachstafeln, die 1855 aus einer Goldgrube in Siebenbürgen geborgen wurden und den einzigen aus der Antike überlieferten *Societas*-Vertrag in lateinischer Sprache enthalten.[5]

Bei Statuten bestehender Gesellschaften hilft das öffentlich zugängliche (Handels-)Register – allerdings nur begrenzt. Eine Einreichungspflicht besteht lediglich für Körperschaften (§ 37 Abs. 4 Nr. 1 AktG, § 8 Abs. 1 Nr. 1 GmbHG, § 11 Abs. 2 Nr. 1 GenG, § 59 Abs. 2 BGB), nicht aber für Personengesellschaften und Stiftungen. Dafür gibt es unterschiedliche Gründe. Für die Außengesellschaft bürgerlichen Rechts fehlt derzeit[6] bereits ein Register, in dem ein Gesellschaftsvertrag *de lege ferenda* hinterlegt werden könnte. Gleiches gilt – wie ihre Bezeichnung schon zum Ausdruck bringt – für die stille Gesellschaft; bei Inanspruchnahme des Kapitalmarkts ist aber gelegentlich eine freiwillige Publizität zu beobachten.[7] Bei Personenhandelsgesellschaften erstreckt sich die Anmeldepflicht nach §§ 106 Abs. 2, 162 Abs. 1 HGB nicht auf den Gesellschaftsvertrag. Stiftungen müssen zwar die Satzung bei der Stiftungsaufsicht zur Genehmigung einreichen; dort ist die Satzung aber nicht allgemein zugänglich. Im Rahmen dieses Forschungsprojekts ist es immerhin gelungen, die bisher streng geheime Satzung der Alfried Krupp von Bohlen und Halbach-Stiftung[8] einzusehen und erstmals der Öffentlichkeit zugänglich zu machen.[9] In Zukunft könnte sich die Lage dadurch verbessern, dass Personen, die historische oder sonstige wissenschaftliche Forschung betreiben, Zugang zu Inhalten notarieller Urkunden und Verzeichnisse erhalten sollen, soweit nach dem Tag der Beurkundung mehr als 70 Jahre vergangen sind.[10]

Die unterschiedliche Zugänglichkeit wirft die wenig behandelte Frage auf, wann Gesellschaftsverträge öffentlich zugänglich sein sollten und wann sie Privatsache bleiben dürfen. Bisher verläuft die Trennlinie zwischen Körperschaften und Gesellschaften im engeren Sinne, was schon deshalb nicht ganz zweifelsfrei ist, weil inzwischen fast jede Rechtsform mittelbar auf dem Kapitalmarkt in Er-

---

5 Näher dazu *Fleckner/Kachabia*, § 1 in diesem Band; s. auch *Meissel*, Societas. Struktur und Typenvielfalt des römischen Gesellschaftsvertrages, 2004, S. 171 ff.

6 Vgl. aber § 707b BGB-RegE eines Gesetzes zur Modernisierung des Personengesellschaftsrechts.

7 Dazu am Beispiel der atypischen stillen Beteiligung an der Garbe Logimac AG *Mock/Cöster*, § 26 in diesem Band mit Abdruck des Beteiligungsvertrages.

8 Vgl. zuletzt *Brors/Knitterscheidt*, Der Kampf um das Familienvermächtnis, Handelsblatt Nr. 204 vom 21.11.2020, S. 44.

9 Abgedruckt bei *Mock/Schauhoff*, Anhang zu § 17 in diesem Band.

10 So § 18a Abs. 1 BNotO-E; dazu Begr. RegE eines Gesetzes zur Modernisierung des notariellen Berufsrechts und zur Änderung weiterer Vorschriften vom 18.11.2020, S. 145 ff.

scheinung treten kann. Vollständige Transparenz ist freilich auch bei den registrierungspflichtigen Körperschaften nicht gewährleistet, wenn und soweit die Gesellschafter wichtige Regelungen in Nebenabreden verstecken, die ihrerseits als Innengesellschaften bürgerlichen Rechts nicht publizitätspflichtig sind („Schattensatzung"[11]). Von Bedeutung ist dies vor allem bei Familiengesellschaften, doch hat sich auch insoweit keine einheitliche Praxis herausgebildet: Während es sich etwa bei dem Gesellschaftsvertrag des Hamburger Familienunternehmens Tchibo um eine wortkarge Standard-GmbH-Satzung handelt,[12] zeichnet sich der Vertrag der österreichischen Porsche Piech Holding GmbH durch weitschweifige Regelungen zum Binnenverhältnis der Gesellschafter auf nicht weniger als 107 Seiten aus.[13]

Trotz Satzungspublizität bereitet die Ermittlung der geltenden Fassung gelegentlich Kopfzerbrechen. Dies gilt vor allem für ältere Gesellschaften, deren Satzung mehrfach geändert wurde; bei ihnen lässt sich manchmal nicht mit letzter Sicherheit feststellen, welchen Inhalt ihre Statuten genau haben. Ein Beispiel bildet die Satzung der Hamburger Hochbahn AG, die seit 1911 immer wieder geändert wurde, ohne dass alle zwischenzeitlichen Versionen in der Registerakte dokumentiert sind.[14] Ein in mancher Hinsicht vergleichbares Verifizierungsproblem hatte sich früher bei GmbH-Gesellschaftsanteilen gestellt; die dafür im Rahmen des MoMiG von 2008 gefundene Lösung eines gutgläubigen Erwerbs hilft hier allerdings nicht weiter. Neben tatsächlichen Ermittlungsschwierigkeiten können bei zeitlich aufeinanderfolgenden Statutenordnungen auch intrikate Rechtsfragen auftreten, die das – bisher kaum erforschte – intertemporale Statutenrecht betreffen.[15]

III. Arten von Gesellschaftsverträgen und Rechtsformen

„Nur die Fülle führt zur Klarheit" – ob dieses Schiller-Wort auch für gesellschaftsrechtliche Untersuchungen gilt, mag dahinstehen. Jedenfalls ist es ein Anliegen

---

11 *Noack*, Gesellschaftervereinbarungen bei Kapitalgesellschaften, 1994, S. 34 f.

12 Vgl. *Lieder*, GmbHR 2020, 929 Rn. 41: „spartanischer Gesamtcharakter".

13 Näher *Mock/Illetschko*, § 24 in diesem Band.

14 Dazu *Mock/Beckmann*, § 13 in diesem Band.

15 Dazu anhand eines Beispielsfalls aus dem schweizerischen Übernahmerecht zuletzt *Vischer*, SJZ 2020, 479.

des hier vorgestellten Forschungsprogramms, die gesellschaftsvertragliche Perspektivenvielfalt nach Kräften abzubilden.

1. Vielfalt von Rechtsformen

So verschieden wie die genannten Unternehmen und Organisationen sind die Rechtsformen, derer sie sich bedien(t)en. Dies beginnt mit einer römischrechtlichen *societas*, in moderner Begrifflichkeit eine Innengesellschaft bürgerlichen Rechts, die den Urquell des heutigen Personengesellschaftsrechts bildet.[16] Von den sonstigen Gesellschaften im engeren Sinne spielen OHG und KG eine große Rolle, gerade als Ausgangsrechtsform für Unternehmensgründer (Fugger) oder als Rechtskleid für die generationenübergreifende Familien-KG (Sal. Oppenheim), aber auch in Gestalt der Kapitalgesellschaft & Co. KG (Air Berlin). Gleichfalls präsent ist die stille Gesellschaft, und zwar sowohl in ihrer ursprünglichen Form als auch in ihrer modernen Variante als mehrgliedrige atypische Publikumsgesellschaft.

Was die Körperschaften anbelangt, sind vor allem AG (Siemens) und GmbH (Tchibo) vielfach vertreten, aber ebenso der eingetragene Verein (ADAC). Außerdem kommt die Europäische Aktiengesellschaft vor (Airbus). Obwohl streng genommen nicht mehr zum Gesellschaftsrecht gehörend, findet die unternehmensverbundene Stiftung gleichfalls Berücksichtigung (Alfried Krupp von Bohlen und Halbach-Stiftung). Punktuell werden schließlich auch ausländische Rechtsformen aus Vergangenheit (Medici[17]) und Gegenwart einbezogen (Google[18], FIFA[19]). Ein Nachfolgeprojekt könnte sich stärker der internationalen und rechtsvergleichenden Dimension von Gesellschaftsverträgen widmen.

2. Varianz von Gesellschaftsverträgen und ähnliche Regelungsinstrumente

Unter den näher behandelten Gesellschaftsverträgen gibt es neben gewöhnlichen Verträgen auch manche Sonderformen und Mischgebilde. Hierzu gehört aus der Frühphase des Gesellschaftsrechts die Gründungsurkunde der Vereinigten Ost-

16 Näher *Fleischer*, in ders. (Hrsg.), Personengesellschaften im Rechtsvergleich, 2021, § 1 Rn. 24 m.w.N.

17 Florentiner *compagnia*.

18 *Corporation* zunächst nach dem Recht von Kalifornien, später nach dem Recht von Delaware.

19 Verein zunächst französischen, später schweizerischen Rechts.

indischen Compagnie der Niederlande (VOC) vom März 1602. Auf einem staatlichen Hoheitsakt (Octroy) beruhend, enthielt sie zahlreiche Vorgaben zu den Interna des Korporationslebens, die heute in einer Satzung geregelt wären.[20] Man kann daher auch von einer gesetzlichen Satzung sprechen.[21] Ein weiteres Mischgebilde begegnet in dem Gründungsstatut der ersten österreichischen Spar-Casse vom August 1819, dessen rudimentäre Bestimmungen durch ein Reglement und sog. Instruktionen ergänzt wurden; letztere lassen sich am ehesten mit einer modernen Geschäftsordnung vergleichen.[22] Schwierig zu greifen ist des Weiteren das berühmte Generalregulativ der Firma Fried. Krupp aus dem Jahre 1872: Es hat teils den Charakter einer Arbeitsordnung für alle Bediensteten, teils den eines Organisationsreglements und Pflichtenhefts für das Leitungspersonal.[23] Ein „nachgeformtes Rechtsgeschäft“[24] *par excellence* stellte das Standard Oil Trust Agreement vom Januar 1882 dar: Es bildete das stabile Organisationsgefüge des Korporationsrechts mit seinen erprobten Regeln zur Willensbildung der Anteilseigner und zur Kontrolle der Verwaltung auf schuldrechtlicher Ebene nach, indem es Trust-Zertifikate mit Mitverwaltungsrechten schuf, die von ihren Inhabern in einer jährlichen Versammlung ausgeübt wurden.[25] So entstand ein Konstrukt, das keine *corporation* war, aber wie eine solche funktionierte.[26] Schließlich gibt es noch eine Reihe ähnlicher Regelungsinstrumente, angefangen von vorbereitenden Vereinbarungen in einem Business Combination Agreement[27] bis hin zu dauerhaften Abreden in einem begleitenden Syndikatsvertrag oder in einer Familienverfassung. Ein Nachfolgeprojekt könnte sich dieser höchst diversen Begleit- und Nebenordnungen („Trabanten“[28]) zum Gesellschaftsvertrag in größerer Tiefe und mit einem systematischeren Zugriff annehmen.

---

20 Vgl. *Jahntz*, Privilegierte Handelscompagnien in Brandenburg und Preußen, 2006, S. 20.
21 Näher *Fleischer/Pendl*, § 5 in diesem Band.
22 Eingehend zu alledem *Kalss/Nicolussi*, § 6 in diesem Band.
23 Erläuterung und Abdruck bei *Schröder*, Zeitschrift für Firmengeschichte und Unternehmerbiographie 1 (1956), 35.
24 Begriff: *Rabel*, ZRG (RA) 27 (1906), 290.
25 Näher *Fleischer/Horn*, RabelsZ 83 (2019), 507, 528, 532 ff.
26 So auch *Rice v. Rockefeller*, 31 N.E. 907, 908 (N.Y. 1892): „And while it [= the Standard Oil Trust] is not a corporation, it by the agreement took some of the attributes of a corporation.“
27 Dazu am Beispiel DaimlerChrysler *Fleischer/Horn*, DB 2019, 2675.
28 *Fleischer/Mock*, NZG 2020, 161, 168.

IV. Ausgestaltung von Gesellschaftsverträgen

Die Musterung der einzelnen Gesellschaftsverträge und Satzungen hat zu einer Vielzahl weiterführender Beobachtungen geführt, von denen hier nur einige wenige erwähnt werden können.[29]

1. Gesellschaftszweck versus Zweck der Vertragsgestaltung

Eine erste Beobachtung betrifft die Unterscheidung von Gesellschafts- und Gestaltungszweck. Alle Statuten verfolgen einen bestimmten Gesellschaftszweck, der häufig erwerbswirtschaftlicher, vereinzelt aber auch ideeller Natur ist, etwa bei der Bucerius Law School gGmbH. Dieser dogmatische Gesellschafts- oder Verbandszweck darf nicht mit dem außerdogmatischen Zweck der Vertragsgestaltung verwechselt werden. Drei Beispiele: (1) Die Bundestheater Holding GmbH verfolgt den Zweck des Betriebs der drei österreichischen Staatstheater; Zweck der Gestaltung ist die organisatorische Abtrennung und Aufrechterhaltung der budgetären Disziplin.[30] (2) Die Satzung der HSV Fußball AG weist als Zweck die Förderung des Fußballsports und die Teilnahme an verschiedenen Wettbewerben aus; Zweck der Gestaltung ist die organisatorische Separierung der Profifußball-Abteilung vom Restverein.[31] (3) Die Satzung der Alfried Krupp von Bohlen und Halbach-Stiftung weist einen philanthropischen Zweck aus; Zweck der Gestaltung war es ursprünglich, die Einheit des Unternehmens Krupp zu erhalten, indem man seine Aufsplitterung im Rahmen der Erbfolge vermeidet. Satzungs- und Gestaltungszweck stehen hier aufgrund des Niedergangs der Kohle- und Stahlindustrie mittlerweile in einem Widerspruch, so dass es einer Priorisierung bedarf, um die aktuell heftig gerungen wird.[32]

2. Nutzung und Nichtnutzung von Gestaltungsspielräumen

Wie ein roter Faden zieht sich durch sämtliche Einzelstudien die Frage, inwieweit die Beteiligten von allfälligen Gestaltungsspielräumen Gebrauch gemacht haben. Dabei erweist sich das Personengesellschaftsrecht über alle Epochen hinweg als

29 Zu anderen Beobachtungen schon *Fleischer/Mock*, NZG 2020, 161, 162 ff., 165 ff.
30 Vgl. *Mock/Fuhrmann*, § 21 in diesem Band.
31 Vgl. *Mock*, § 25 in diesem Band.
32 Vgl. *Mock/Schauhoff*, § 17 in diesem Band.

ein Hort gelebter Privatautonomie, wie sich stellvertretend an der stillen Gesellschaft zeigt: „Der Vertrag ist auch den mannigfachsten Modifikationen zugänglich“[33], hatte Staub schon im Jahre 1906 notiert, und ein gutes Jahrhundert später hat die kautelarjuristische Kreativität die mehrgliedrige Gesellschaft hervorgebracht, den „stillen Verband“[34], den der BGH im Jahre 2013 endgültig anerkannt hat.[35] Ein zweigeteiltes Bild präsentiert sich dagegen im Aktienrecht. Bis zur Aktienrechtsreform von 1937 haben die Beteiligten die ihnen zur Verfügung stehenden Gestaltungsmöglichkeiten weidlich genutzt, wie die Ursprungsstatuten von Allianz und Siemens veranschaulichen.[36] In einer empirischen Untersuchung zu den Satzungen aller 689 an der Berliner Börse zugelassenen Gesellschaften resümierte Flechtheim im Jahre 1929, dass jede Satzung eine „eigentümliche Mischung von individuellen und typischen Bestimmungen“[37] bilde. Seine Materialsammlung spiegle die „Vielseitigkeit und Buntscheckigkeit des Satzungsrechts, seinen Reichtum an Nuancen“[38] wider. Unter dem Aktiengesetz von 1937 und erst recht unter dem von 1965 mit seinem Grundsatz der Satzungsstrenge sind die statutarischen Gestaltungsmöglichkeiten stark zusammengeschrumpft. Eintönigkeit und Uniformität beherrschen heute jedenfalls bei den großen börsennotierten Gesellschaften das Bild.[39] Ein Bedürfnis nach größerer Satzungsautonomie besteht in diesem Segment nur bei bestimmten Realtypen, namentlich bei Familiengesellschaften, die zu diesem Zweck gerne auf die flexiblere KGaA ausweichen. Paradigmatische Beispiele bilden Henkel und Merck.[40]

3. Typenkombination und Grundtypenvermischung

In Ausübung der gesellschaftsvertraglichen Gestaltungsfreiheit hatten sich hierzulande schon früh hybride Gestaltungsformen herausgebildet, allen voran die

---

33 *Staub*, HGB, 8. Aufl. 1906, § 335 Rn. 25.

34 *Florstedt*, Der „stille Verband“, 2007.

35 BGHZ 199, 104.

36 Zur Ursprungssatzung der Allianz *Fleischer/Chatard*, § 10 in diesem Band; zu der von Siemens *Fleischer*, AG 2019, 481.

37 *Flechtheim*, in Flechtheim/Wolff/Schmulewitz, Die Satzungen der deutschen Aktiengesellschaften, 1929, Vorwort, S. XI.

38 *Flechtheim* (Fn. 37), S. XII.

39 Zur Satzungsgestaltung in den DAX-Unternehmen *Fleischer/Maas*, AG 2020, 761.

40 Näher zu diesen beiden Unternehmen und allgemein zu börsennotierten Familienunternehmen *Fleischer/Maas*, DB 2021, 51; zur Unternehmensgeschichte von Merck zuletzt *Burhop/Kißener/Schäfer/Scholtyseck*, Merck. Von der Apotheke zum Weltkonzern, 2018.

GmbH & Co. KG.[41] Die Kapitalgesellschaft & Co. macht in jüngerer Zeit auch vor den Landesgrenzen nicht mehr Halt, wie die Air Berlin PLC & Co. Luftverkehrs KG veranschaulicht, die eine Mischung aus deutschem Personen- und englischem Kapitalgesellschaftsrecht darstellt.[42] Andere Typenvermischungen im weiteren Sinne sind auf den ersten Blick nicht unbedingt zu erkennen. Dies gilt etwa für die HSV Fußball AG, bei der die Ausgliederung aus dem Hamburger Sport-Verein e.V. vor allem das Ziel hatte, sich dem Vereinsrecht mit seinem umfangreichen Einfluss der Mitglieder zu entledigen. Schließlich finden sich in gewisser Weise auch Typenvermischungen zwischen den Rechtsgebieten. Dies trifft z.B. für die österreichische Bundestheater Holding GmbH und ihre Tochtergesellschaften zu: Zwar handelt es sich bei ihnen um einen klassischen GmbH-Konzern, doch lassen die einzelnen Gesellschaftsverträge die früheren verwaltungsrechtlichen Strukturen deutlich erkennen.[43]

4. Komplexität und Trivialität von Gesellschaftsverträgen

Hinsichtlich der Komplexität oder Trivialität der untersuchten Gesellschaftsverträge sind starke Ausschläge in beide Richtungen zu verzeichnen, ohne dass sich hierfür ein universales Erklärungsmuster findet. Jedenfalls taugen Unternehmensgröße oder -bedeutung nicht als Gradmesser für die Regelungstiefe der Statuten. So erwiesen sich die Satzungen vergangener Industriegiganten wie der Fried. Krupp AG, der I.G. Farben AG oder der Auto Union AG als geradezu simplistisch, obwohl ihrer jeweiligen Gründung äußerst komplizierte Vorgänge zugrunde lagen. Womöglich hielt man eingehendere Regelungen für nicht erforderlich, weil es festgefügte Mehrheitsverhältnisse unter den Aktionären gab. Umgekehrt begegnet bei ungleich kleineren Unternehmen mitunter eine erstaunliche Regelungsdichte. Ein Beispiel dafür bietet der Gesellschaftsvertrag der österreichischen Porsche Piech Holding GmbH, der zur Interessenkoordination beider Familien mit Gruppendelegierten für alle neun Gesellschaftergruppen, dem Gesellschafterausschuss und dem Gesellschaftertag gleich mehrere spezielle Gesellschaftsorgane vorsieht.[44]

41 Näher zu den Gründen und Hintergründen ihrer Anerkennung durch das BayObLGZ 13, 69 aus dem Jahre 1912 *Fleischer/Wansleben*, in Fleischer/Thiessen (Hrsg.), Gesellschaftsrechts-Geschichten, 2018, § 1.

42 Näher *Thomale/Pock*, § 23 in diesem Band.

43 Dazu *Mock/Fuhrmann*, § 21 in diesem Band.

44 Näher *Mock/Illetschko*, § 24 in diesem Band.

5. Neuerungen in Gesellschaftsverträgen

Wer die Augen nach größeren und kleineren gesellschaftsrechtlichen Neuerungen offenhält, wird bei einem Rundgang durch die behandelten Statuten vielfach fündig. So begegnet man schon in den Gesellschaftsverträgen der Medici und Fugger einem ausgefeilten Wettbewerbsverbot, dessen Verletzung unter anderem durch ein Eintrittsrecht der Gesellschaft sanktioniert wurde.[45] Mit der ersten Anpassung des VOC-Octroy von 1623 hat ein neunköpfiger Überwachungsausschuss Einzug gehalten, in dem manche einen Vorläufer des modernen Aufsichtsrats erblicken;[46] ferner ein Rechnungsausschuss, mit dem erstmals ein spezielles Organ zum Schutz der Kapitalanleger geschaffen wurde.[47] Zudem nutzten die VOC-Direktoren die Sachdividende, indem sie die Gewinnbeteiligung vornehmlich in Naturalien (Muskatnüsse, Pfeffer, Nelken) auszahlten.[48] Im späten 19. Jahrhundert sah die Ursprungssatzung der Allianz gestaffelte Amtszeiten von Aufsichtsratsmitgliedern vor; außerdem verpflichtete sie die Vorstandsmitglieder, Allianz-Aktien zu erwerben und in der Hauptkasse der Gesellschaft als Kaution zu hinterlegen,[49] was an heutige *share-ownership-guidelines* erinnert. Diesseits und jenseits des Atlantiks, etwa in der Satzung der Auto Union AG oder im Organisationsreglement des Standard Oil Trust, führte man spezialisierte Ausschüsse ein und nahm damit die heutige Ausschussbildung im Verwaltungsorgan vorweg.[50] Zudem ersann die kautelarjuristische Kreativität zu allen Zeiten neuartige Leitungsorgane: die „Versammlung der Siebzehn Herren" im VOC-Octroy, den im Aktiengesetz nicht vorgesehenen „Zentralausschuss" bei der I.G. Farben AG oder das „Shareholder Committee" als praeterlegales Führungsgremium der DaimlerChrysler AG.

---

45 Monographisch *Swoboda*, Das Wettbewerbsverbot unter Handelsgesellschaftern, vorzugsweise nach deutschem Recht. Eine rechtsgeschichtliche Untersuchung, 1931, S. 27.

46 So etwa *Lehmann*, Die geschichtliche Entwicklung des Aktienrechts bis zum Code de commerce, 1895, S. 65; s. auch *Klein*, Die neueren Entwicklungen in Verfassung und Recht der Aktiengesellschaft, 1904, S. 10.

47 Vgl. *Robertson/Funnel*, Accounting by the First Public Company, 2014, S. 158.

48 Vgl. *Gaastra*, in Schmitt/Schleich/Beck (Hrsg.), Kaufleute als Kolonialherren: Die Handelswelt der Niederländer vom Kap der Guten Hoffnung bis Nagasaki 1600–1800, 1988, S. 9.

49 Vgl. *Fleischer/Chatard*, § 10 in diesem Band.

50 Zur großen Bedeutung der Ausschussbildung bei Standard Oil *Chernow*, Titan – The Life of John D. Rockefeller, Sr., 1998/2004, S. 228: „The secret to unifying the dozens of affiliated concerns proved to be the committee system patented by Standard Oil."

V. Archetypen von Gesellschaftsformen

Von besonderem Erkenntniswert sind weiterhin jene Statuten, die durch ihren Pioniercharakter die Fortentwicklung des Gesellschaftsrechts maßgeblich beeinflusst haben.

1. Frühform der OHG

In diese Reihe gehört der erste schriftliche Gesellschaftsvertrag von Ulrich, Georg und Jakob Fugger vom August 1494. Er wird als eine offene Handelsgesellschaft[51], ja sogar als „die erste offene Handelsgesellschaft Deutschlands“[52] bezeichnet. Ob diese Zuschreibung zutrifft oder einen Anachronismus darstellt, wird unterschiedlich beurteilt.[53] Einvernehmen herrscht aber darüber, dass die einzelnen Rechte und Pflichten der Gesellschafter in dem Fuggerschen Vertrag viel eingehender, schärfer und klarer ausgesprochen wurden als in allen aus früherer Zeit bekannten Verträgen.[54] Durch seine sorgfältige Abfassung und seinen hochstehenden juristischen Aufbau ragt der Vertrag aus den zeitgenössischen Vereinbarungen heraus und bildet daher ein (rechts-)geschichtliches Dokument ersten Ranges.[55]

---

51 In diesem Sinne etwa *Peterka*, ZHR 73 (1913), 387, 392; dezidiert auch *Rehme*, ZRG (GA) 47 (1927), 487, 523: „Ohne Zweifel liegt eine offene Handelsgesellschaft vor.“

52 *Reinhardt*, Jakob Fugger der Reiche aus Augsburg. Zugleich ein Beitrag zur Klärung und Förderung unseres Verbandswesens, 1926, S. 80.

53 Kritisch etwa *Cordes*, in Handwörterbuch zur deutschen Rechtsgeschichte, 2. Aufl. 2008, Bd. I, Stichwort: Fugger und Welser, Sp. 1821, 1872: „Das Interesse der Rechtsgeschichte an den F.[uggern] und W.[elsern] galt zum einen der gesellschaftsrechtlichen Struktur ihrer Handelshäuser, doch eine systematisch überzeugende Einordnung muss scheitern: Die Gestaltungen waren so individuell, dass die heutigen gesellschaftsrechtlichen Typen als Charakterisierung wenig taugen.“

54 Näher *Peterka*, ZHR 73 (1913), 387, 392; gleichsinnig *Simnacher*, Die Fugger-Testamente des 16. Jahrhunderts, 1960, S. 64.

55 Anschaulich *Pölnitz*, Jakob Fugger, Kaiser, Kirche und Kapital in der oberdeutschen Renaissance, Bd. I, 1949, S. 57: „Jener 14. August 1494, an dem Ulrich, Georg und Jakob ihre Namen unter den ersten eigentlichen Fuggerschen Gesellschaftsvertrag setzten, und man ihre Siegel in das weiche Wachs drückte, ward ein denkwürdiges Ereignis in der deutschen Wirtschaft.“

2. Vorläufer der AG

Als ein verbandsrechtlicher Archetyp lässt sich auch die Vereinigte Ostindische Compagnie der Niederlande ansprechen, die man schon früh als „Vorläufer unserer heutigen Aktiengesellschaften“[56] bezeichnet hat. Diese bis heute verbreitete Einordnung[57] stützt sich unter anderem auf drei zentrale Strukturmerkmale in ihrem Octroy: Erstens hob sich die VOC mit einer Laufzeit von 21 Jahren markant von den bisherigen Gelegenheitsgesellschaften für eine einzige Expedition ab. Hinzu kam mit einer Kapitalbindung von zehn Jahren ein zweites innovatives Konstruktionselement, das man heutzutage bündig als „capital lock-in“ bezeichnet.[58] Eine dritte spektakuläre Neuerung bildete die Finanzierung der VOC durch eine Vielzahl von Kapitalanlegern quer durch alle Bevölkerungsschichten. Vor diesem Hintergrund und weiteren Reformen im Jahre 1623 hat man die VOC im Schrifttum mit Recht als eine „fundamental legal innovation“[59] bezeichnet, die international rasch Verbreitung gefunden hat.[60] Verglichen mit den Aktiengesellschaften des 19. und 20. Jahrhunderts fehlten ihr freilich noch eine mit grundlegenden Kompetenzen ausgestattete Hauptversammlung und Mitwirkungsrechte der Aktionäre.[61]

---

56 *Schmoller*, Jahrbuch für Gesetzgebung, Verwaltung und Volkswirtschaft im Deutschen Reich 17 (1893), 359, 360.

57 Vgl. etwa *Assmann*, in Großkomm. AktG, 4. Aufl. 1992, Einl. Rn. 13; *Cordes* (Fn. 53), Stichwort: Aktiengesellschaft, Sp. 132; *Schmoeckel/Maetschke*, Rechtsgeschichte der Wirtschaft, 2. Aufl. 2016, Rn. 245.

58 Eingehend etwa *Blair*, 51 UCLA L. Rev. 387 (2003).

59 *Dari-Mattiacci/Gelderblom/Jonker/Perrotti*, 33 Journal of Law, Economics & Organization 193, 223 (2017); ähnlich *Harris*, in Wells (Hrsg.), Research Handbook on the History of Corporate and Company Law, 2018, S. 88, 94: „The quantum leap of the business corporation that involved the raising of joint-stock capital on an unprecedented scale, relying on more sophisticated financial design, longer-term basis, took place only with the formation of the EIC and VOC, in 1600 and 1602 respectively.“

60 Eingehend dazu etwa *Hartung*, Geschichte und Rechtsstellung der Compagnien in Europa, 2000.

61 Dazu auch *Steensgard*, in Aymard (Hrsg.), Dutch Capitalism and World Capitalism, 1982, S. 235, 239: „The crudeness and lack of sophistication remains an unchallenged fact if the VOC is compared to a nineteenth- or twentieth-century commercial organisation. But if the Dutch company is compared to the institutions which it superseded, the picture is reversed, and the company organisation stands out not with the clumsiness of an old-fashioned piece of machinery, but with the elegance of a spinning jenny.“

3. Prototyp des Trusts und der Holdinggesellschaft

Einen historischen Kooperationsvertrag der ersten Stunde bildet ferner das Standard Oil Trust Agreement von 1882, das man als „Mother of Trusts“[62] zu bezeichnen pflegt. Seine neuartige Treuhandkonstruktion fand rasch Eingang in die zeitgenössischen Formular- und Erläuterungsbücher[63] und lieferte die Blaupause für weitere Trusts, die während des wirtschaftlichen Aufschwungs bis zur Jahrhundertwende das industrielle Bild Amerikas prägten.[64] Auch hierzulande stießen der Standard Oil Trust und mit ihm das gesamte unternehmensbezogene US-amerikanische Trustwesen auf reges Interesse. Beide dienten Carl Duisberg, dem langjährigen Bayer-Vorstand, als Inspirationsquelle für die von ihm vorgedachte Vereinigung deutscher Farbenhersteller in der späteren I.G. Farben.[65] Im Jahre 1899 ist dann nach der Liberalisierung des Gesellschaftsrechts in New Jersey eine Holdinggesellschaft nahtlos an die Stelle des Standard Oil Trust getreten[66] und hat diese Organisationsform in Gestalt der „Effektenübernahmegesellschaft“[67] auch jenseits des Atlantiks populär gemacht.[68]

VI. Genese und Gestaltungsreichtum gängiger Gesellschafts- und Organisationstypen

Frische Einsichten vermittelt das gesellschaftsvertragliche Repertorium außerdem zur Herausbildung und Variationsbreite gesellschaftsrechtlicher Real- und Organisationstypen.

---

62 *Wells*, The Work, Wealth and Happiness of Mankind, 1932, S. 446.
63 Vgl. etwa *Cook*, Trusts, 1888, Appendix B, S. 78 ff.
64 Vgl. *Fleischer/Horn*, RabelsZ 83 (2019), 507, 511.
65 Näher *Schmolke*, § 14 in diesem Band.
66 Zu den rechtlichen und wirtschaftlichen Hintergründen *Fleischer/Horn*, § 9 in diesem Band.
67 Begriff: *Liefmann*, Beteiligungs- und Finanzierungsgesellschaften, 1909, S. 70.
68 Zu den historischen Wurzeln der Holding in Europa *Lutter/Bayer*, in dies. (Hrsg.), Holding-Handbuch, 6. Aufl. 2020, § 1 Rn. 10 m.w.N.

1. Familiengesellschaften aller Art

Einen besonderen Realtyp bilden zunächst Familiengesellschaften. Dass sie an der Wiege des altrömischen Gesellschaftsrechts standen und dass auch die meisten Handelshäuser im Mittelalter den Charakter von Familiengesellschaften hatten, ist gut dokumentiert.[69] Ihre zahlenmäßige Dominanz zeigte sich sprachlich etwa darin, dass man die Kaufmannsbücher im mittelalterlichen Italien schlicht *libri di famiglia* nannte.[70] Der erschlossene Thesaurus an Familiengesellschaftsverträgen reicht über Zeit- und Ländergrenzen hinweg von den Medici und den Fuggern über Sal. Oppenheim und Siemens bis hin zu Krupp, Tchibo und Porsche. Er vermittelt einen unmittelbaren Eindruck von der Interaktionsdynamik und den Kräfteverhältnissen innerhalb eines Familienunternehmens. Ein Thema mit Variationen bilden dabei die Schwierigkeiten und Fallstricke bei der Nachfolgeplanung sowie die unterschiedlichen Weitergabeformen von Gesellschaftsanteilen an nachfolgende Generationen.[71]

2. Beteiligung der öffentlichen Hand

Verbreitet anzutreffen, aber vergleichsweise wenig erforscht sind Gesellschaften unter Beteiligung der öffentlichen Hand.[72] Chronologisch sind hier zunächst die Handelscompagnien des 17. Jahrhunderts zu nennen, allen voran die niederländische VOC und die English East India Company, die eine jüngere Literaturstimme anschaulich als „Staatlichkeitsunternehmer"[73] mit hybrider Struktur bezeichnet: „auf der einen Seite die frühe Schwester moderner Aktiengesellschaften, auf der anderen Seite eine staatlich privilegierte Einrichtung"[74]. In moderner Begrifflichkeit könnte man auch von einer Protoform der Public Private Partnership sprechen.[75] Frühe Beispiele für eine Verstaatlichung vormals privater Aktiengesellschaften bildeten in der Weimarer Republik die Hamburger Hochbahn AG,

69 Vgl. *Fleischer*, NZG 2017, 1201, 1202 ff. m. w. N.

70 Vgl. *Plumpe*, Unternehmensgeschichte im 19. und 20. Jahrhundert, 2018, S. 4.

71 Näher zu den Grundformen der Kleinfamilien-, Stammes-Großfamilien- und Mehrfamilien-Organisation *Fleischer*, BB 2019, 2819 ff. m. w. N.

72 Für eine aktuelle Bestandsaufnahme *Kalss/Fleischer/Vogt* (Hrsg.), Der Staat als Aktionär, 2019.

73 *Schuppert*, Verflochtene Staatlichkeit. Globalisierung als Governance-Geschichte, 2014, S. 38.

74 *Schuppert* (Fn. 73), S. 48.

75 Näher *Schuppert* (Fn. 73), S. 52.

ursprünglich von Siemens & Halske und der AEG gegründet, sodann in den Mehrheits- und später in den Alleinbesitz der Freien und Hansestadt Hamburg übergegangen,[76] sowie die Sanierungsfusion mehrerer sächsischer Automobilhersteller zur staatlich kontrollierten Auto Union AG mit Sitz in Chemnitz, dem Vorgänger der heutigen Audi AG.[77] Genau den umgekehrten Weg vom Staatsunternehmen zur Aktiengesellschaft hat die Deutsche Telekom AG durch das Postneuordnungsgesetz vom November 1994 eingeschlagen, bevor sie im Jahre 1996 sogar an die Börse ging.[78]

3. Frühformen und Spielarten der Konzernbildung

Was zuletzt den Konzern anbelangt, so ist er keineswegs erst im 19. oder 20. Jahrhundert entstanden. „Erfunden" wurde er vielmehr schon im Florenz der Renaissance.[79] Das Bankhaus der Medici errichtete in seiner Blütezeit Mitte des 15. Jahrhunderts Dependancen in London und Brügge, Genf, Avignon und Lyon. Diese Dependancen wurden – anders als bis dato üblich – nicht als unselbständige Zweigniederlassungen, sondern als rechtlich selbständige Tochtergesellschaften gegründet.[80] So entstand erstmals ein europäischer Personengesellschaftskonzern mit der Florentiner Muttergesellschaft der Medici als Konzernspitze.[81] Im Kapitalgesellschaftsrecht hielten konzernrechtliche Strukturen hierzulande seit dem frühen 20. Jahrhundert breitflächig Einzug, exemplarisch eingefangen in den berühmten Interessengemeinschaftsverträgen der I.G. Farben von 1904 und 1916.[82] Begünstigt durch die fortschreitende Inflation[83] und konzernfreundliche steuerrechtliche Rahmenbedingungen[84], bildeten sich dann zu Beginn der 1920er Jahre

76 Vgl. *Mock/Beckmann*, § 13 in diesem Band.

77 Vgl. *Mock*, § 15 in diesem Band.

78 Näher *Koch/Holle*, § 18 in diesem Band.

79 Zu dieser Kollektivleistung des Florentiner Wirtschaftssystems *Goldthwaite*, The Economy of Renaissance Florence, 2009, S. 15; zusammenfassend *Schneider*, Zeitschrift für Unternehmensgeschichte 61 (2016), 64, 76; vertiefend mit vier Schlaglichtern auf das fächerübergreifende Forschungsfeld von Konzernrecht und Unternehmensgeschichte *Fleischer*, JZ 2021, 217.

80 Grundlegend *de Roover*, The Rise and Decline of the Medici Bank, 1397–1494, 1963, S. 78: „a combination of partnerships all controlled by a 'parent' firm."

81 Vgl. *Fazzini/Fici/Montrone/Terzani*, Int. Bus. & Econ. Research J. 15 (2016), 271, 283: „In detail we found evidence that the Banco de' Medici was essentially a bank holding company [...]."

82 Näher *Schmolke*, § 14 in diesem Band.

83 Dazu *Bühler*, Steuerrecht der Gesellschaften und Konzerne, 3. Aufl. 1956, S. 293 mit Fn. 3.

84 Zum Schachtelprivileg und zur Organschaft *Bühler* (Fn. 83), S. 284 ff., 312 ff.

gewaltige Konzerne,[85] die man anschaulich als „industrielle Herzogtümer"[86] beschrieb. Illustrationsmaterial zu den unternehmerischen Motiven und Vorgehensweisen hält etwa der „Allianz-Konzern"[87] bereit, der schon im Jahre 1922 aus nicht weniger als dreizehn Sach- und Lebensversicherungsgesellschaften bestand[88] und in rasantem Tempo weiterwuchs.[89]

VII. Gesellschaftsverträge und die vielfältigen Rollen des Gesetzgebers

1. Der fehlende Gesetzgeber

Im Gesellschaftsrecht ist der Gesetzgeber erst vergleichsweise spät auf den Plan getreten. Lange Zeit waren die Gesellschafter daher auf sich gestellt und mussten dafür sorgen, dass ihr Vertragswerk alle wesentlichen Abreden enthielt. So erklärt sich die große Detailtiefe der überlieferten Medici- oder Fugger-Gesellschaftsverträge. Ähnliches gilt für die gesellschaftsrechtlichen Vorschriften im VOC-Octroy, deren Aufnahme schon deshalb einer praktischen Notwendigkeit entsprang, weil weder die hergebrachten lokalen Gesetze noch das gemeine Recht einen hinrei-

---

85 Zahlenmaterial bei Statistisches Reichsamt, Konzerne, Interessengemeinschaften und ähnliche Zusammenschlüsse im Deutschen Reiche 1926, 1927, S. 13. Grundlegend mit breitem interdisziplinären und rechtsvergleichenden Zugriff *Spindler*, Recht und Konzern, 2003, S. 1 mit der programmatischen Aussage: „Begreift man die Genese von Rechtsinstituten als komplexen Interaktionsprozeß zwischen Wirtschafts- und Unternehmensentwicklungen, so ist die Untersuchung der Rezeption von Rechtsentwicklungen im Entscheidungsprozeß von davon betroffenen Unternehmen und auf die Ausbildung von Rechtsfiguren unerläßlich."

86 *Friedländer*, Konzernrecht unter Berücksichtigung der amerikanischen Praxis, 2. Aufl. 1954, S. 9.

87 Dazu *Kisch*, Fünfzig Jahre Allianz, 1940, S. 32: „Der Begriff ‚Allianzkonzern', der wohl schon vorher in Versicherungs- und sonstigen Wirtschaftskreisen gelegentlich gebraucht sein wird, begegnet uns als ein nunmehr offizieller zum erstenmal in der Mai-Nummer 1922 der Allianz-Zeitung."

88 Vgl. *Borscheid*, 100 Jahre Allianz, 1990, S. 45.

89 Zur Gliederung des Allianz-Konzerns im Jahre 1931 die Übersicht bei *Feldman*, Die Allianz und die deutsche Versicherungswirtschaft 1933–1945, 2000, S. 53, ergänzt um die Einordnung auf S. 42: „Der Allianz-Konzern war, wie Tafel 1 zeigt, eine komplexe Organisation, bestehend aus einer zentralen Konzernleitung in Berlin, einer Reihe von Tochtergesellschaften, von denen einige Spezialgesellschaften waren, und einer Kette von Zweigniederlassungen in verschiedenen Städten des Reichs."

chenden Rechtsrahmen für die Compagnie bereitstellten.[90] Ein gesonderter Gesellschaftsvertrag, wie er bei anderen Handelscompagnien nach Erteilung des Octroy häufig noch zustande kam, wurde bei der VOC nicht geschlossen. Angesichts fehlender gesetzlicher Typisierung nimmt es auch nicht wunder, dass die Gesellschafter bis in das 19. Jahrhundert hinein häufig auf eine genaue Bezeichnung ihrer Rechtsform verzichteten. So bleibt etwa bei den frühen Verträgen von Salomon Oppenheim und Friedrich Krupp mit ihren jeweiligen Geldgebern unklar, ob es sich um eine OHG oder eine stille Gesellschaft handelte.[91]

2. Der inspirierte Gesetzgeber

Die frühen Handelsgesellschaftsverträge, die sich vielerorts zu einem Gesellschaftsrechtsbrauch verdichtet hatten, bildeten häufig die Grundlage für die spätere Gesellschaftsrechtsgesetzgebung.[92] Nirgends zeigt sich dies deutlicher als im Binnenrecht der OHG: Die Regelungen zum Aufwendungs- und Verlustersatz (§ 110 HGB), zur Verzinsungspflicht bei verspäteter Einlagezahlung (§ 111 HGB) und zum Wettbewerbsverbot (§§ 112, 113 HGB) fanden sich allesamt schon in der spätmittelalterlichen Vertragspraxis. In ähnlicher Weise zog der österreichische Gesetzgeber im 19. Jahrhundert Inspiration aus den schon bestehenden Sparkassensatzungen und erließ sogar entsprechende Mustersatzungen, die faktisch einen erheblichen Einfluss auf die Satzungsgestaltung ausübten, rechtlich allerdings nur als unverbindliche Richtschnur und Leitlinie wirkten.[93] Im 20. Jahrhundert hat sich der Gesetzgeber bei der Kodifizierung der Unternehmensverträge (§§ 291 ff. AktG) an der Vertragstypologie orientiert, die Kautelarjuristen in der Weimarer Republik ausgearbeitet hatten.[94]

---

90 Vgl. *Gmür*, FS Westermann, 1974, S. 167, 180 ff.

91 Vgl. *Fleischer/Tittel*, FuS 2020, 10, 11.

92 Dazu etwa *Lutz*, Die rechtliche Struktur süddeutscher Handelsgesellschaften in der Zeit der Fugger, Bd. I, 1976, S. 479.

93 Vgl. *Kalss*, in Studiengesellschaft für Wirtschaft und Recht (Hrsg.), Privatisierung der Rechtsetzung, 2018, S. 173, 189.

94 Näher dazu *Thiessen*, in Bergmann/Fleischer et al. (Hrsg.), Vom Konzern zum Einheitsunternehmen, 2020, S. 3, 5 ff. unter dem Titel „Der Konzern – eine Schöpfung der Kautelarjurisprudenz".

3. Der intervenierende Gesetzgeber

An anderen Stellen entschloss sich der Gesetzgeber hingegen, der gängigen Statutenpraxis entgegenzutreten, weil er sie für überholt, verbesserungsbedürftig oder gar schädlich hielt. Eine solche Intervention hat im Aktienrecht etwa hinsichtlich der Aufsichtsratskompetenzen stattgefunden. Auch nach der Aktienrechtsnovelle von 1884 und dem HGB von 1897 konnte der Satzungsgeber dem Aufsichtsrat über dessen Überwachungsaufgabe hinaus weitreichende Leitungsbefugnisse gewähren.[95] Hiervon haben bedeutende börsennotierte Unternehmen wie Siemens und Allianz Gebrauch gemacht, so dass der Aufsichtsrat bei ihnen zum eigentlichen Machtzentrum avancierte.[96] Daraus erwachsene Irritationen und Unsicherheiten im Rechtsverkehr veranlassten den Reformgesetzgeber von 1937 dazu, fortan eine „klare Trennungslinie zwischen den Befugnissen des Aufsichtsrats und denen des Vorstands"[97] zu ziehen.

Ein weiteres legislatorisches Einschreiten betraf Mehrstimmrechte, die nach § 252 Abs. 1 Satz 4 HGB 1897 ausdrücklich erlaubt und zum Schutz vor unerwünschten Übernahmen gerade in den Inflationsjahren der Weimarer Republik weit verbreitet waren.[98] Sie gerieten allerdings durch ihren exzessiven Gebrauch in Verruf. So führte die Hamburger Hochbahn AG im Jahre 1925 zugunsten der Freien und Hansestadt Hamburg eine B-Vorzugsaktie ein, auf die 48.900 von insgesamt bestehenden 233.530 Stimmen in der Generalversammlung entfielen[99] – ein Wert, der nur noch von den Hamburger Elektrizitätswerken übertroffen wurde, die eine einzelne Aktie mit 308.000 Stimmen ausstatteten.[100] Der Reformgesetzgeber bestimmte deshalb in § 12 Abs. 2 AktG 1937, dass Mehrstimmrechte unzulässig sind, ließ Altfälle aber unberührt. Auch der Reformgesetzgeber von 1965 konnte sich nicht zu einer endgültigen Eliminierung von Mehrstimmrechten durchringen, sondern ermöglichte den Gesellschaften nur eine vereinfachte Abschaffung bestehender Sonderrechte, bevor das KonTraG von 1998 ihr Erlöschen zum 1. Juni 2003 vorsah, sofern die Hauptversammlung nicht durch Zustimmungsbeschluss von drei Vierteln des vertretenen Grundkapitals an ihnen fest-

---

95 Rückblickend *Lutter*, in Bayer/Habersack (Hrsg.), Aktienrecht im Wandel, Bd. 2, 2007, S. 389, 395; aus der zeitgenössischen Spruchpraxis OLG Hamburg ZHR 35 (1889), 247.

96 Näher *Fleischer*, AG 2019, 481 (Siemens); *Fleischer/Chatard*, § 10 in diesem Band (Allianz).

97 Amtl. Begr. zum AktG von 1937, Vorbemerkung zu §§ 70–124 (Verfassung der Aktiengesellschaft).

98 Für eine Statistik *Schmalenbach*, Finanzierungen, 1928, S. 261.

99 Dazu *Mock/Beckmann*, § 13 in diesem Band.

100 Kritisch dazu unter ausdrücklicher Nennung beider Beispiele *Müller-Erzbach*, Entartung des Aktienwesens, 1926, S. 11.

hielt. Bei der Hamburger Hochbahn wurden die Mehrstimmrechtsaktien erst im August 2001 abgeschafft. Berücksichtigt man, dass Mehrstimmrechtsaktien in vielen Rechtsordnungen abermals auf dem Vormarsch sind und womöglich auch in Deutschland wieder zugelassen werden,[101] scheinen die Statuten, die an ihnen noch Jahrzehnte nach ihrer Abschaffung festhielten, das zähe Ringen mit dem Gesetzgeber doch gewonnen zu haben.

4. Der regulierende Gesetzgeber

Die Einflussnahme des Gesetzgebers beschränkt sich aber nicht allein auf gesellschaftsrechtliche Regelungen, sondern erfolgt auch durch Vorgaben in anderen Rechtsgebieten. So hat die Regulierung bestimmter Wirtschaftsbereiche zu allen Zeiten in den Gesellschaftsverträgen tiefe Spuren hinterlassen. Für die Versicherungsbranche lässt sich dies an der Gründungssatzung der Allianz vom Februar 1890 ablesen: Verstreut über den ganzen Satzungstext finden sich dort Belege dafür, dass die Allianz unter der Kontrolle der Königlichen Preußischen Staatsregierung stand; bis zum Inkrafttreten des Versicherungsaufsichtsgesetzes von 1901 war die Aufsicht über das Versicherungswesen Sache der Einzelstaaten.[102] Ein jüngeres Beispiel für solche öffentlich-rechtlichen Interferenzen bildet die Regulierung von Luftfahrtunternehmen durch das Luftverkehrsnachweissicherungsgesetz, dessen Vorgaben etwa bei der Ausgestaltung der *articles of association* von Air Berlin zu berücksichtigen waren.[103] Neben dem öffentlichen Wirtschaftsrecht nimmt vor allem das Gemeinnützigkeits- und Steuerrecht massiven Einfluss auf die Gestaltung privatrechtlicher Statuten. Dies zeigt sich namentlich an dem Gesellschaftsvertrag der Bucerius Law School gGmbH,[104] aber auch an der Satzung der Alfried Krupp von Bohlen und Halbach-Stiftung. Bei der Krupp-Familie bildete neben der Erbschaftsteuer das neue Familien- und Erbrecht des BGB einen Störfaktor für die Nachfolgeplanung. Mit jedem Generationenübergang musste hier nach 1900 teils mit Hilfe von Sondergesetzen eine Zwischenlösung gefunden werden, bevor das Problem mit der Stiftungsgründung von 1968 endgültig gelöst wurde.[105] Selbst das Verfassungsrecht nimmt vereinzelt direkten Einfluss auf die

---

101 Zur Debatte um die Wiedereinführung von Mehrstimmrechtsaktien *Mock/Beckmann*, § 13 in diesem Band; aus rechtsökonomischer Sicht zuletzt *Becht/Kamisarenka/Pajuste*, J.L. & Econ. 63 (2020), 473.

102 Näher *Tigges*, Geschichte und Entwicklung der Versicherungsaufsicht, 1985, S. 56 ff.

103 Dazu *Thomale/Pock*, § 23 in diesem Band.

104 Näher *Weitemeyer*, § 22 in diesem Band.

105 Zu alledem *Mock/Schauhoff*, § 17 in diesem Band.

Vertragsgestaltung, wie die zwingende Verankerung der künstlerischen Unabhängigkeit (Art. 17a öStGG, Art. 5 Abs. 3 GG) für den künstlerischen Direktor im Gesellschaftsvertrag der Bundestheater-Holding GmbH zeigt.[106]

5. Der private Gesetzgeber

Schließlich hat die gesellschaftsvertragliche Erkundungstour veranschaulicht, dass neben dem staatlichen Gesetzgeber auch private Akteure Einfluss auf die Ausgestaltung von Gesellschaftsverträgen nehmen. Ein herausragendes Beispiel ist die Fédération Internationale de Football Association (FIFA), deren Statuten sich gerade nicht darauf beschränken, diesen Verein nach französischem bzw. später schweizerischem Recht zu organisieren. Vielmehr enthalten sie umfassende Vorgaben für die Organisation von Fußballverbänden auf der ganzen Welt.[107] Sie bilden daher gewissermaßen die wichtigste Rechtsquelle eines Weltvereinskonzernrechts. Unvereinbarkeiten mit den Vorgaben des nationalen Verbandsrechts werden unter Berufung auf den quasi-völkerrechtlichen Alleinvertretungsanspruch der FIFA für den Weltfußball hingenommen.

VIII. Neuentdeckung von Gesellschaftsverträgen und Kooperation mit Nachbarfächern

Die vertiefte Beschäftigung mit ausgewählten Statuten aus Geschichte und Gegenwart hat unsere ursprüngliche Vermutung erhärtet, dass Gesellschaftsverträge einen außerordentlich lohnenden Forschungsgegenstand bilden. Ihre Auswertung ist nicht auf bestimmte gesellschaftsrechtliche Fragestellungen beschränkt: Sie kann sowohl dazu beitragen, einzelne Rechtsfiguren besser zu verstehen, als auch das allgemeine Reflexionswissen über gesellschaftsrechtliche Anpassungs- und Entwicklungsprozesse zu vermehren. Zu alledem eröffnet eine Neubefassung der Rechtswissenschaft mit Gesellschaftsverträgen bisher kaum erkundete Kooperationsmöglichkeiten mit den Geistes- und Wirtschaftswissenschaften, namentlich mit der Allgemeinen Geschichte sowie der Wirtschafts- und der Unternehmensgeschichte:

106 Dazu *Mock/Fuhrmann*, § 21 in diesem Band.
107 Näher *Mock/Mohamed*, § 12 in diesem Band.

1. Gesellschaftsverträge und Allgemeine Geschichte

In den Gesellschaftsverträgen und Satzungen spiegeln sich nicht selten Landes- oder sogar Weltgeschichte wider. Zuweilen greifen die betreffenden Gesellschafter direkt in den Lauf der Geschichte ein, wie Jakob Fugger, der früh Beziehungen zum Hause Habsburg knüpfte und aus dem gewaltigen Gesellschaftsvermögen den Aufstieg des gleichaltrigen Kaisers Maximilians I. und später auch die Kaiserwahl Karls V. finanzierte.[108] Ähnlich lag es bei den Medici, die über weite Strecken des 15. Jahrhunderts die Geschicke der Florentiner Republik bestimmten und über enge Verbindungen zur römischen Kurie verfügten, seit Baldassare Cossa, ein enger Freund von Giovanni di Bicci de' Medici, im Jahre 1410 zum (Gegen-) Papst Johannes XXIII. gewählt wurde.[109] Mitunter ist sogar der Gesellschaftsvertrag selbst ein Stück Weltgeschichte, etwa der *contrato de Panamá* vom März 1526, in dem sich Francisco Pizarro mit zwei weiteren Gesellschaftern zur Eroberung des Inka-Reichs zusammenschloss – „eines der berühmtesten Dokumente der spanischen Entdeckungsgeschichte“[110], „ja der Geschichte Amerikas überhaupt“[111]. In diese Reihe gehört auch das Gründungsdokument der Vereinigten Ostindischen Compagnie der Niederlande von 1602, das zu den „wichtigsten Urkunden in der Geschichte der Niederlande“[112] zählt. Aus jüngerer Zeit könnte man ferner die sog. Lex Krupp nennen, jenen „Erlaß des Führers über das Familienunternehmen der Firma Fried. Krupp“ vom 12. November 1943[113], mit dem die Fried. Krupp AG in ein Einzelunternehmen in Familienbesitz mit besonders geregelter Nachfolge umgewandelt wurde, weil sich das Unternehmen „in 132 Jahren überragende, in ihrer Art einzige Verdienste um die Wehrkraft des deutschen Volkes erworben“[114] habe.

108 Näher *Häberlein*, in Burckhardt (Hrsg.), Die Fugger und das Reich, 2008, S. 65, 73.

109 Dazu etwa *Reinhardt*, Die Medici. Florenz im Zeitalter der Renaissance, 5. Aufl. 2013, S. 26.

110 *Kellenbenz*, VSWG 69 (1982), 153, 177.

111 *Damler*, § 4 in diesem Band.

112 *Klerk de Reus*, Geschichtlicher Ueberblick der administrativen, rechtlichen und finanziellen Entwicklung der Niederländisch-Ostindischen Compagnie, 1894, S. 1.

113 RGBl. 1943, I, 655.

114 So die Präambel des Erlasses; näher zu alledem *Abelshauser*, in Gall (Hrsg.), Krupp im 20. Jahrhundert, 2002, S. 267, 317 ff.

2. Gesellschaftsverträge und Wirtschaftsgeschichte

Viele der untersuchten Gesellschaftsverträge lassen uns *en miniature* an den größeren Etappen der Wirtschaftsgeschichte teilhaben. Repräsentativ für die enorme Wachstumsdynamik und den rasanten Wandel der Rechts- und Finanzierungsformen in der zweiten Hälfte des 19. Jahrhunderts ist der steile Aufstieg von Siemens: 1847 als Telegraphen-Bauanstalt Siemens & Halske OHG in einem Berliner Hinterhof gegründet, war das Familienunternehmen zunächst überaus erfolgreich, geriet dann aber beim Ausbau des kapitalintensiven Starkstromgeschäfts gegenüber der längst börsennotierten Konkurrenz ins Hintertreffen und fand erst mit der Umwandlung in eine Aktiengesellschaft 1897 wieder zurück in die Erfolgsspur.[115] Die Blitzkarriere der Privatbanken und ihren späteren Kampf gegen die kapitalkräftigeren Aktienbanken führt uns die Gesellschaftsvertragsgeschichte von Sal. Oppenheim & Cie. vor Augen. Über die Entwicklung der Chemiebranche zu einer hiesigen Leitindustrie, ihre Existenznöte in den wirtschaftlichen Krisenjahren der Weimarer Republik und ihre spätere Indienstnahme für die nationalsozialistische Kriegswirtschaft erfahren wir mehr durch die Unternehmensvertrags- und Satzungsgeschichte der I.G. Farben. Die Anfänge der Automobilindustrie als einer weiteren Leitindustrie in Deutschland scheinen in den historischen Ursprüngen der Chemnitzer Auto Union AG auf. Nach dem Zweiten Weltkrieg lässt sich am Beispiel der Allianz die Bildung der sog. „Deutschland AG" studieren: Sie hatte ihr enormes Prämienaufkommen aus dem Versicherungsgeschäft beizeiten in Industriebeteiligungen investiert und besaß schon 1958 Aktien von 113 deutschen Unternehmen. Auf diese Weise partizipierte sie am langanhaltenden Wirtschaftsaufschwung der Nachkriegszeit und bildete als „Financier der deutschen Wirtschaft"[116] gemeinsam mit der Münchener Rück und der Deutschen Bank das Zentrum eines Verflechtungsnetzwerkes deutscher Großunternehmen,[117] das sich erst um die Jahrtausendwende auflöste.[118] Einen Blick hinter die Kulissen der

---

115 Näher aus gesellschaftsrechtlicher Perspektive *Fleischer*, AG 2019, 481; aus wirtschafts- und unternehmensgeschichtlicher Sicht *Pohl*, Zeitschrift für Unternehmensgeschichte 26 (1981), 143, 154 ff.

116 *Borscheid* (Fn. 88), S. 430.

117 Vgl. *Kammerath*, Methodische und empirische Grundlagen der quantitativen Erfassung kontrollierender Verbindungen deutscher Unternehmen mit ihren direkten und indirekten Anteilseignern, Gutachten des ifo-Institutes im Auftrag des Bundeswirtschaftsministeriums, 1999, S. 75, wonach die Allianz das mit weitem Abstand am stärksten in Ring- und Überkreuzverflechtungen eingebundene Unternehmen war.

118 Vgl. *Ringe*, 63 Am. J. Comp. L. 493 (2015); *Streck/Höppner* (Hrsg.), Alle Macht dem Markt? Fallstudien zur Abwicklung der Deutschland AG, 2003.

Luftfahrtindustrie erlauben die Statuten von Air Berlin und Airbus[119]. Welche wirtschaftlichen Auswirkungen die digitale Disruption zeitigt und wie die modernen US-amerikanischen Technologie-Unternehmen entstanden sind, lässt sich paradigmatisch an den gesellschaftsrechtlichen Strukturen von Google nachverfolgen,[120] angefangen von der vergleichsweise spontanen Gründung als *corporation* nach kalifornischem Recht im September 1998 über den Formwechsel zu einer Delaware *corporation* im Vorfeld des Börsengangs von 2004 bis hin zur neu geschaffenen Alphabet-Holding von 2015 und dem abermaligen Formwechsel von Google zu einer LLC.[121]

3. Gesellschaftsverträge und Unternehmensgeschichte

Bei der juristischen Erschließung von Gesellschaftsverträgen hilft schließlich ein vergewissernder Seitenblick auf die Unternehmensgeschichte.[122] Durch sie erhalten Gesellschaftsrechtler Zugang zu einzigartigem empirischen Material, das vielfach schon in Unternehmensfestschriften, Unternehmerbiographien und Unternehmensstudien aufbereitet ist, wenn auch unter einem anderen fachlichen Blickwinkel.[123] Quer durch alle Branchen, von der Schwerindustrie über die Textil- und Bekleidungsindustrie bis hin zum Maschinenbau, von der chemischen und elektrotechnischen Industrie über die Automobilbranche und den Handel bis hin zu Banken und Versicherungen, gibt es profunde Untersuchungen zu einzelnen Unternehmen, die eine Fülle auch rechtlich relevanter Informationen enthalten.[124] Auf diese Weise erhält man einen seltenen Einblick in das Innenleben eines Unternehmens, kann Entscheidungsprozesse z.B. zur Organisationsgestaltung oder Rechtsformwahl besser nachvollziehen und erfährt in umfangreichen Briefeditionen etwa von Alfred Krupp, Werner v. Siemens oder Carl Duisberg aus erster Hand mehr über das Selbstverständnis unternehmensprägender Gründerpersönlichkeiten.

Bei alteingesessenen Traditionsunternehmen kann es sogar gelingen, Firmen-, Wirtschafts- und Unternehmensrechtsgeschichte miteinander zu verweben,

119 Eingehend zur Airbus SE *J. Schmidt*, § 27 in diesem Band.

120 Näher *Bueren*, § 19 in diesem Band.

121 Zu „Choice-of-Entity Decisions" von Silicon Valley Start-Ups *Polsky*, 70 Hastings L.J. 409 (2019) mit dem Eröffnungssatz: „Perhaps the most fundamental role of the business lawyer is to recommend the optimal entity choice for nascent business enterprises."

122 Weiterführend *Berghoff*, Moderne Unternehmensgeschichte, 2. Aufl. 2016.

123 Ausführlicher zu Folgendem *Fleischer*, ZGR 2021, Heft 2.

124 Umfassende Literaturangaben bei *Plumpe* (Fn. 70), S. 133–189.

so dass ein Gesamtbild von seltener Tiefenschärfe entsteht. In diesem Sinne lässt sich etwa die Geschichte der Ersten Spar-Casse (heute: Erste Group Bank AG) als eine Geschichte von 200 Jahren Wirtschaftsentwicklung in Österreich und der Habsburgermonarchie erzählen; zugleich ist sie ein Spiegelbild der Gesellschaftsentwicklung in diesem – heute – mehrere Länder umfassenden Wirtschafts- und Lebensraum.[125] Ein ähnliches Panorama kann man hierzulande etwa für Allianz und Siemens zeichnen. Die Einzelstationen ihrer ereignisreichen Geschichte sind geradezu repräsentativ für größere Wellenbewegungen im Aktien- und Kapitalmarktrecht sowie in Wirtschaft und Gesellschaft. Gleiches steht für die – noch zu schreibende – Satzungsgeschichte der Deutschen Bank zu erwarten.[126] Mikro- und Makrogeschichte können dabei einander ergänzen[127] und müssen nicht „nebeneinander leben wie feindliche Nachbarn, die sich meistens nicht beachten und gelegentlich aneinander herumkritteln“[128].

IX. Wesentliche Ergebnisse

1. Gesellschaftsverträge und Satzungen bilden gleichsam die gesellschaftsrechtliche Ursuppe. Sie hatte es schon gegeben, bevor der moderne Gesetzgeber für sie im 19. und 20. Jahrhundert einen kodifikatorischen Rahmen errichtete. Mit der allmählichen Durchnormierung des gesamten Gesellschaftsrechts ist der einzelne Gesellschaftsvertrag ins Hintertreffen geraten. Ihn mitsamt seinem ökonomischen, sozialen und zeitgeschichtlichen Umfeld wieder stärker in den Vordergrund zu rücken, eröffnet vielversprechende neue Forschungsperspektiven. Ein exemplarischer Zugriff über konkrete Gesellschaftsverträge und Satzungen – so die zentrale These – fördert das Verständnis gesellschaftsrechtlicher Grundstrukturen und Entwicklungszusammenhänge und schärft unseren Blick für institutionelle Details.

2. Für eine Auswertung von Gesellschaftsverträgen muss man ihrer zunächst habhaft werden. Bei historischen Statuten können Firmen- und Familienarchive

---

125 Näher *Kalss/Nicolussi*, § 6 in diesem Band.

126 Unternehmensgeschichtliche Vorarbeiten nun von *Nützenadel/Schenk/Plumpe*, Deutsche Bank: Die globale Hausbank 1870–2020, 2020.

127 Zum Verhältnis beider Ansätze in der Geschichtswissenschaft *Schlumbohm* (Hrsg.), Mikrogeschichte, Makrogeschichte: komplementär oder inkommensurabel?, 2. unveränderte Aufl. 2000.

128 So für das Verhältnis von Mikro- und Makrosoziologie *Knorr-Cetina*, in Knorr-Cetina/Cicourel (Hrsg.), Advances in social theory and methodology: Toward an integration of micro- and macro-sociology, 1981, S. 1, 25 (dort im englischen Original).

helfen, vereinzelt auch Zufallsfunde. Von den heutigen Gesellschaftsformen unterliegen nur Körperschaften, nicht aber Personengesellschaften und Stiftungen einer Veröffentlichungspflicht ihrer Statuten. Ob diese rechtsformbezogene Grenzziehung zwischen öffentlicher Angelegenheit und Privatsache das Richtige trifft, wird wenig diskutiert. Unabhängig davon ist vollständige Transparenz auch bei Körperschaften nicht gewährleistet, wenn und soweit deren Gesellschafter wichtige Regelungen in nicht publizitätspflichtigen Nebenabreden verstecken. Umgekehrt kann man bei stillen Publikumsgesellschaften gelegentlich eine freiwillige Publizität beobachten.

3. Um die gesellschaftsvertragliche Perspektivenvielfalt angemessen abzubilden, wurden möglichst viele Rechtsformen berücksichtigt: von der passageren Innengesellschaft bürgerlichen Rechts bis hin zur börsennotierten Aktiengesellschaft als Unternehmensspitze eines Weltkonzerns. Größtenteils handelt es sich um inländische Gesellschaften. Ein Nachfolgeprojekt könnte sich stärker der internationalen und rechtsvergleichenden Dimension von Gesellschaftsverträgen widmen.

4. Neben gewöhnlichen Statuten hat der Streifzug durch die Landschaft der Gesellschaftsverträge auch manche Sonderformen und Mischgebilde zu Tage gefördert: gesetzliche Satzungen in Gestalt des Octroys für Handelscompagnien, nachgeformte Gesellschaftsverträge in Form schuldrechtlicher Treuhandvereinbarungen, Unternehmensordnungen für Bedienstete und Leitungspersonal, vorbereitende Abreden zum Zwecke der grenzüberschreitenden Zusammenführung von Unternehmen. Auch hier bietet sich künftig eine Vertiefung und stärkere Systematisierung an.

5. Hinsichtlich der Ausgestaltung von Gesellschaftsverträgen hat eine Erkundungstour durch die Gestaltungspraxis zu einer Fülle von Einzelbeobachtungen geführt. Dies gilt etwa für die Unterscheidung von Gesellschafts- und Gestaltungszweck, die Nutzung und Nichtnutzung von Gestaltungsspielräumen, Typenkombinationen und Grundtypenvermischungen, die Komplexität und Trivialität von Gesellschaftsverträgen sowie für kleinere und größere Rechtsinnovationen in den Statuten.

6. Von besonderem Erkenntniswert ist weiterhin das Studium jener Statuten, die durch ihren Pioniercharakter den Fortgang des Gesellschaftsrechts maßgeblich gefördert haben. Dies gilt insbesondere für die Frühform der OHG (Fugger-Vertrag), den Vorläufer der Aktiengesellschaft (VOC-Octroy) und den Prototyp des Trusts sowie der Holding-Gesellschaft (Standard Oil Trust Agreement).

7. Außerdem gibt das gesellschaftsvertragliche Repertorium Aufschluss über Genese und Gestaltungsreichtum gängiger Real- und Organisationstypen, angefangen von Familiengesellschaften aller Art über Gesellschaften unter Beteiligung der öffentlichen Hand bis hin zur Konzernbildung. Entgegen landläufiger

Ansicht lassen sich Protoformen multinationaler Konzerne sowie der Private Public Partnerschaft schon im 15. bzw. frühen 17. Jahrhundert ausmachen; im Grundsatz bekannt war bereits die frühe Schrittmacherrolle der Familiengesellschaften für die Entfaltung des Personengesellschaftsrechts.

8. Der Gesetzgeber nimmt im Umgang mit Gesellschaftsverträgen ganz verschiedene Rollen ein. Je nach historischer Ausgangslage und Zielsetzung kann man den fehlenden, inspirierten, intervenierenden, regulierenden und privaten Gesetzgeber unterscheiden.

9. Schließlich eröffnet eine Neubefassung der Rechtswissenschaft mit Gesellschaftsverträgen bisher kaum erkundete Kooperationsmöglichkeiten mit den Geistes- und Wirtschaftswissenschaften, namentlich mit der Allgemeinen Geschichte sowie der Wirtschafts- und Unternehmensgeschichte. Insbesondere die überreichen Quellen- und Wissensbestände der modernen Unternehmensgeschichte bieten eine wahre Fundgrube für die gesellschaftsrechtliche Grundlagenforschung.

Verzeichnis der Autorinnen und Autoren

Christoph **Beckmann,** Doktorand an der Universität Hamburg, Fakultät für Rechtswissenschaft

Prof. Dr. Eckart **Bueren,** Inhaber des Lehrstuhls für Bürgerliches Recht, Kartellrecht, Handels- und Gesellschaftsrecht sowie Rechtsvergleichung an der Georg-August-Universität Göttingen

Yannick **Chatard,** Wissenschaftlicher Mitarbeiter am Max-Planck-Institut für ausländisches und internationales Privatrecht in Hamburg

Dr. Timo **Cöster,** Rechtsreferendar am Oberlandesgericht Düsseldorf und wissenschaftlicher Mitarbeiter im Bereich (Schieds-)Gerichtsverfahren bei Orrick, Herrington & Sutcliffe LLP in Düsseldorf

Jennifer **Crowder,** Wissenschaftliche Mitarbeiterin am Lehrstuhl für Bürgerliches Recht, Kartellrecht, Handels- und Gesellschaftsrecht sowie Rechtsvergleichung von Prof. Dr. Eckart Bueren an der Georg-August-Universität Göttingen

PD Dr. Daniel **Damler,** Assoziierter Wissenschaftler am Max-Planck-Institut für europäische Rechtsgeschichte in Frankfurt am Main, Rechtsanwalt bei SZA Schilling, Zutt & Anschütz, Mannheim/Frankfurt am Main

Prof. Dr. Andreas Martin **Fleckner,** LL.M. (Harvard), MPA (Harvard), Inhaber der Professur für Bürgerliches Recht, Römisches Recht und Handelsrecht an der Humboldt-Universität zu Berlin

Prof. Dr. Dr. h.c. Holger **Fleischer,** LL.M. (Michigan), Direktor am Max-Planck-Institut für ausländisches und internationales Privatrecht in Hamburg, Affiliate Professor an der Bucerius Law School

Mag. Elisabeth **Fuhrmann,** LL.M. (Melbourne), Universitätsassistentin am Institut für Zivil- und Zivilverfahrensrecht (Abteilung für Unternehmens- und Insolvenzrecht) am Department für Privatrecht der Wirtschaftsuniversität Wien

Dr. Philipp Maximilian **Holle,** Wissenschaftlicher Mitarbeiter und Habilitand am Lehrstuhl für Bürgerliches Recht, Handels- und Gesellschaftsrecht von Professor Dr. Jens Koch an der Rheinischen Friedrich-Wilhelms-Universität Bonn

Dr. Konstantin **Horn,** Ehem. Wissenschaftlicher Assistent am Max-Planck-Institut für ausländisches und internationales Privatrecht in Hamburg

Christian **Illetschko,** LL.M. (WU) MSc (WU), Universitätsassistent am Institut für Zivil- und Zivilverfahrensrecht (Abteilung für Unternehmens- und Insolvenzrecht) am Department für Privatrecht der Wirtschaftsuniversität Wien

Amin **Kachabia,** Wissenschaftlicher Mitarbeiter an der Humboldt-Universität zu Berlin

https://doi.org/10.1515/9783110733839-030

ıis der Autorinnen und Autoren

.ss, LL.M. (Florenz), Universitätsprofessorin und Vorständin am Institut
cht der Wirtschaftsuniversität Wien

ı, Inhaber des Lehrstuhls für Bürgerliches Recht, Handels- und Gesellschafts-
ıchen Friedrich-Wilhelms-Universität Bonn

.euschner, Inhaber des Lehrstuhls für Bürgerliches Recht, Handels- und Gesell-
der Universität Osnabrück

n **Lieder,** LL.M. (Harvard), Direktor der Abteilung Wirtschaftsrecht des Instituts für Wirt-
cht, Arbeits- und Sozialrecht der Albert-Ludwigs-Universität Freiburg, Richter am
ıg-Holsteinischen Oberlandesgericht

)r. Sebastian **Mock,** LL.M. (NYU), Universitätsprofessor und Stellvertretender Vorstand
ıstitut für Zivil- und Zivilverfahrensrecht (Abteilung für Unternehmens- und Insolvenzrecht)
Department für Privatrecht der Wirtschaftsuniversität Wien, Attorney-at-Law (New York)

r. Jean **Mohamed,** Mag. iur., LL.M. (LSE), zum Zeitpunkt des Verfassens des Beitrags an London School of Economics and Political Science (LSE) und Goodenough College (trust); Universität Hamburg, Seminar für Handels-, Schifffahrts- und Wirtschaftsrecht

Dr. Julia **Nicolussi,** Universitätsassistentin post-doc am Institut für Unternehmensrecht der Wirtschaftsuniversität Wien

Dr. Matthias **Pendl,** Wissenschaftlicher Referent am Max-Planck-Institut für ausländisches und internationales Privatrecht in Hamburg

Mag. Jonathan **Pock,** Universitätsassistent am Institut für Unternehmens- und Wirtschaftsrecht der Universität Wien

Prof. Dr. Stephan **Schauhoff,** Rechtsanwalt, Partner bei Flick Gocke Schaumburg, Honorarprofessor an der Rheinischen Friedrich-Wilhelms-Universität Bonn

Prof. Dr. Jessica **Schmidt,** LL.M. (Nottingham), Inhaberin des Lehrstuhls für Bürgerliches Recht, deutsches, europäisches und internationales Unternehmens- und Kapitalmarktrecht (Zivilrecht I) an der Universität Bayreuth

Prof. Dr. Klaus Ulrich **Schmolke,** LL.M. (NYU), Inhaber des Lehrstuhls für Bürgerliches Recht, Handels-, Gesellschafts- und Wirtschaftsrecht an der Friedrich-Alexander-Universität Erlangen-Nürnberg

Julia **Tittel,** Wissenschaftliche Assistentin am Max-Planck-Institut für ausländisches und internationales Privatrecht in Hamburg